o·bi·ge [オービゲ] 形 上記〈上述〉の (☆ 名詞につけて) ▷ die *obige* Adresse 上記の住所

hoch
[ho:x ホーホ]

— 形 (比較 höher, 最上 höchst) (☆ 格語尾を伴かな場合は hoh...)

❶ (高さが)高い (☆ 人の身長には groß を用いる) ein *hohes* Gebäude
高い建物
Wie *hoch* ist der Baum?
その木は高さがどのくらいありますか
Die Türme ragen *hoch* auf.
塔が高くそびえている

❷ (位置が)高い ▷ Das Flugzeug fliegt sehr *hoch*. 飛行機は非常に高いところを飛ぶ / Das

— 副 ❶ 高く, 上へ ▷ Hände *hoch*! 手を上げろ / 《比ゆ》Kopf *hoch*! 元気を出せ (← 頭を上げろ)

❷ 非常に, とても ▷ Das ist wirklich *hoch* interessant. それは本当にとても興味深い

❸ 《数学》…乗 ▷ zwei *hoch* drei 2 の 3 乗

stolz [シュトルツ] (比較 -er, 最上 -est)

形 ❶ 《auf+④と》[…⁴を]誇りにしている; 誇らしい, 誇らしげな ▷ Er ist *stolz* auf dich. 彼は君のことを誇りにしている / Wir sind *stolz* auf unsere Erfolge. 私たちは成功を誇りにしている / Sie hat eine *stolze* Miene. 彼女は誇らしげな表情をしている

❷ 誇り高い, 自尊心が強い, 高慢な ▷ Er ist zu *stolz*, um andere um Hilfe zu bitten. 彼は人に助けを頼むにはプライドが高すぎる

Ab·schluss [アップ·シュルス] 男 der (単2格 -es; 複 ..schlüsse)

❶ 《複なし》(所定の成果を上げた)終了, 完結 ▷ nach *Abschluss* des Studiums 大学を修了したのち / einen *Abschluss* machen 修了試験に合格する

❷ (契約などの)締結

(イディオム) *zum Abschluss* 締めくくりに ▷ *zum Abschluss* ein Lied singen 締めくくりに歌を1曲歌う

zum Abschluss kommen (仕事などが)終わる

Ab·schluß (旧⇒新) Abschluss

Ab·schluss·prü·fung (旧 ..schluß..)
[アップ·シュルス·プリューフング] 女 die (単2格 -; 複 -en) 終了〈卒業〉試験

Ab·schluss·zeug·nis (旧 ..schluß..)
[アップ·シュルス·ツォイクニス] 中 das (単2格 ..nisses; 複 ..nisse) 修了証書, 卒業証明書

形容詞・副詞

名詞につけてしか用いられない形容詞は語幹に ⒩ をつけた形で

用法の指示

形 は形容詞としての, 副 は副詞としての用法を示す

auf＋4 格名詞と結びつくことを示す
動詞と同様に補足成分を指示

新・旧正書法

新・旧どちらのつづりからも引ける

旧の見出しには新を参照するよう, 記号とともにつづりを示す

複合語は旧正書法のつづりを新正書法の見出しに併記

略語・記号一覧

自	自動詞	過分	過去分詞
他	他動詞	完了	完了の助動詞
再	再帰動詞	接I	接続法第I式
分離	分離動詞	接II	接続法第II式
非分離	非分離動詞	単	単数
男	男性名詞	複	複数
女	女性名詞	略	略語
中	中性名詞	⊗	反義語
複名	複数形名詞	＝	同義語
形	形容詞	(イディオム)	慣用句
副	副詞	旧	旧正書法
前	前置詞	(旧⇒新)	新正書法の指示
接	接続詞	☞	参照
命令	命令形	/	句例の区切り,
複数	複数形		交換可能
現在	現在形	〈 〉	交換可能
過去	過去形	[ ]	省略可能

Excel
Deutsch-Japanisches Wörterbuch

エクセル
独和辞典

東京外国語大学教授
在間 進 編

郁文堂

Herausgegeben von Susumu Zaima
© Ikubundo Verlag AG, Tokyo 2004
Printed in Japan
ISBN 4-261-07261-0

装丁 / バーズツウ
挿絵 / 長沼　弘
写真提供 / オリオンプレス，佐藤和弘，
Klaus Thiele, Käthe Wohlfahrt

まえがき

　『エクセル独和辞典』は「見やすい！　わかりやすい！　使いやすい！」をモットーに作成したドイツ語学習辞典です．「初学者用ドイツ語学習辞典」として最も重要なことは，初学者がドイツ語を学ぶ上で必要とする情報が「すぐに」「簡単に」，そして「正確に」見つけ出せることでしょう．そのためにはどうしたらよいのか——いろいろ考え，いろいろ工夫を重ね，たどり着いたのがこの『エクセル独和辞典』です．『エクセル独和辞典』の使いよさにはきっとみなさんにも満足してもらえることでしょう．

　『エクセル独和辞典』の作成に際し，特に，次のことに心がけました．
- ▶ 見出し語は，現代ドイツ語の実際上の必要性・効率性に基づき，約2万語とする．
- ▶ 基本的な約2000語は，調べやすいように，色刷りにする．また，中でも特に重要な約500語は大きな活字で示す．
- ▶ 発音表記には，日本語の特色である音標文字「カナ」を利用するが，特に重要な約500語には発音記号にも慣れるよう，両者を併記する．
- ▶ 複雑な記号は可能な限り使用を避け，初学者でも，すぐ利用できるようにする．
- ▶ 学習上，重要でかつ複雑な情報は，紙面を節約せず，表などを多用し，見やすくする(たとえば，動詞の活用，冠詞類の格変化など)．また，すべての動詞に過去形，過去分詞形を載せる．
- ▶ 訳語は，厳選するとともに，すぐ探し出せるよう，できる限り行頭に揃える．また，訳語の重要度に応じて，赤太字，黒太字などを用いるなど，視覚的な効果を最大限に利用する．
- ▶ 語義の記述には，具体的なイメージが湧くように，補足的な説明も適宜つける．視覚的理解が不可欠な場合にはイラストを入れる．
- ▶ 用例は，日常会話にもすぐ応用できるよう，典型的かつ実際的なものをできるだけ多く載せる．
- ▶ 助動詞，前置詞，接続詞，冠詞類など，文法的語彙の意味用法は詳しく記述し，文法辞典としても使えるようにする．

▶ 重要な関連情報は，適宜，枠記事などによって提示するが，細かな情報も注として随時，取り上げる．

『エクセル独和辞典』は，すでにドイツ語を習った人にも，「活用辞典」として十二分に利用してもらえるものです．実際のコミュニケーションは，すでに統計的に実証されているように，一定の，かなり限られた語彙と表現で成り立っています．まず，枠で囲んだ赤見出しの約500語を，次に枠で囲んでいない赤見出し語の約1500語を，そしてそれも赤太字，黒太字の語義を例文とともに覚えるならば，みなさんのドイツ語運用能力は効率よくグーンと向上するはずです．この『エクセル独和辞典』がドイツ語を熱心に学ぼうとするみなさんの学習上のよき手助けになることを心から願うものです．

なお，今回，このような形で『エクセル独和辞典』を完成させることができたのも，日本の独和辞典作りの先駆的業績があってのことであることは言うまでもありませんが，個々の具体的な作業に際しては，一人ひとりお名前を挙げることが出来ないほど，実に多くの先輩，友人，後輩およびドイツ・オーストリアのネイティヴ・スピーカーの方々に大変お世話になりました．ここに心から篤くお礼を申し上げます．また，本書の企画立案から完成まで，常に優しく見守って下さいました郁文堂社長大井敏行氏，本書完成のために，生活のすべてを捧げたと言ってもよいほどの情熱を傾け，見事にその責務を果たされた斉木満穂氏にも心から感謝申し上げます．

2000年 春

編　　者

『エクセル独和辞典』の使い方

本書は,細かな規則に基づいて作成してありますが,ここでは,本書を使いこなすため必要と思われる要点のみを示します. なお,表紙裏の「使い方早見表」も参照してください.

A 本辞典一般に関すること

1 見出し語

1–1 色刷りの見出し語は,約 2000 語の重要語を示す.活字の大きなものは,その中でも特に重要な約 500 語(=最重要語)を示す.

1–2 見出し語の分綴(行末などでつづりを分ける)箇所は,「·」を入れて示す. 分綴については付録「VII 分綴法」(990 ページ)を参照. なお,分離動詞の分離記号「|」は同時に分綴箇所を示す.

Ab·rei·se
ab|rei·sen

*見出し語の配列は,つづりが同じ場合,小文字で始まる語を大文字で始まる語の前に載せる. また,ss は ß の前に,a, o, u, au は ä, ö, ü, äu の前に載せる.

2 発音とつづりの読み方

最重要語 500 語については,発音記号とカナの両方,それ以外の見出し語についてはカナのみにする. カナ表記では,アクセントの位置を太字にし,長母音であることは「ー」によって示す.詳細は,付録「II 発音とつづりの読み方」の「4 つづりの読み方」(938 ページ)を参照.

A·bend [áːbnt アーベント]
Ab·rei·se [アップ·ライゼ]

3 変化形

動詞・名詞・形容詞・副詞の変化形の表記については「**B 各品詞**」を参照.

4 語義(訳語)

4–1 語義(訳語)の配列は頻度的な重要度に基づく. なお,重要な語義(訳語)は,赤太字及び,黒太字で示す.

4–2 語義(訳語)の補助的説明は( )《 》で示す. 語義そのものに関する場合は( )で,語義の使用状況,使用条件などに関する場合は《 》で示す. 日本語の訳語がつけにくい場合は《 》による説明だけのこともある.

Notlüge [ ] ...(困った状況から逃げ出すために)仕方なくつくうそ
oder [ ] ...《脅しの意味合いを伴って》さもないと
na [ ] ...《質問などを導入して》Na, wie geht's?
└─ 発音がはいることを示す

語義(訳語)の後ろにも,語義に関する補足説明は( )で,文法的な制限などは(☆)によって随時示す.

abends [　] … 晩に，夕方に（「毎晩」のような反復の意味でも用いられる）
mögen [　] … …したい（☆ ふつう疑問文ないし否定文で）

4-3 関連語は，有意義と思われる場合，意味とともに（☆　）によって示す．また，反義語は ⓡ によって，同義語は ＝ によって示す．

Abendessen [　] … （☆「朝食」は Frühstück,「昼食」は Mittagessen）
hart [　] … （ⓡ weich）
Ökonomie [　] … （＝Wirtschaft）

関連記事も，時に応じて，☞ を用いて示す: たとえば（用法: ☞ Deutschland）．

4-4 文体，使用分野，使用地域などは，必要に応じて次のように示す:《口語》《比ゆ》《料理》など．

5　用　例

用例中の見出し語はイタリックによって示す．なお，句例などで，再帰代名詞につけた上付きの数字 ³ や ⁴ は格（3格，4格）を示す．

Haus [　] … sich⁴ wie zu *Haus[e]* fühlen
Pfeife [　] … sich³ eine *Pfeife* anzünden

＊用例の区切りは / によって示す．補足成分（動詞と必ず結合する文成分；詳細は付録「IV 文法キーポイント」A 2-1 の注を参照）を削除して用いる用例の場合，∥ によって示す．

6　慣　用　句

重要な慣用句などは，(イディオム) の印をつけて一括して太字のイタリックで示す．

(イディオム) ***Bis nachher!***《別れぎわに》またあとで

B　各 品 詞

1　動　詞

1-1 他動詞・自動詞・再帰動詞・非人称動詞に分ける．
　a）自動詞　　: 4格名詞とも再帰代名詞とも義務的に結合しない動詞
　b）他動詞　　:（再帰代名詞と義務的に結合せず）4格名詞と結合する動詞
　c）再帰動詞　: 再帰代名詞と義務的に結合する動詞

なお，非人称動詞は，たとえば次のように示す: **regnen** [　] … 自〖非人称で〗*es regnet*…

1-2 動詞の過去形，過去分詞形は，すべての動詞に載せる．また，完了の助動詞も 完了h，完了s によって示す．両者ともに用いられる場合は 完了h,s と示す．完了の助動詞が語義によって異なる場合は，語義毎に示す．

plaudern [　] （plauderte; geplaudert; 完了h）
platzen [　] （platzte; geplatzt; 完了s）
holpern [　] … （holperte; geholpert; 完了h,s）
heilen [　] … ── 他〖完了h〗
　　　　　　　── 自〖完了s〗

1-3 現在人称変化形は，重要語の場合，不規則変化ならば，表にして示すか，過去形，過去分詞形と並べて，du, er の人称変化形のみを載せる．口調上の e，語幹が −s で終わる動詞などの場合も同

様に扱う. 表は, たとえば, 見出し語 helfen などを参照.

abfahren [ ] ... (du fährst ab; er fährt ab; fuhr ab; abgefahren; 匠刀s)
melden [ ] ... (du meldest, er meldet; meldete; gemeldet; 匠刀h)
putzen [ ] (du, er putzt; putzte; geputzt; 匠刀h)

重要語でない場合, er の人称変化形のみを載せる(一部 du の人称変化形も).

bergen [ ] ... (er birgt; barg; geborgen; 匠刀h)
nachsehen [ ] ... (er sieht nach; sah nach; nachgesehen; 匠刀h)

なお, 規則変化をする動詞であっても, 規則か不規則かがまぎらわしいものに限っては, er の場合の変化形, 過去形と過去分詞の形を載せる.

beantragen [ ] ... (er beantragt; beantragte; beantragt; 匠刀h)

1-4 補足成分(動詞と必ず結合する文成分)は,〚 〛の中に,④ 場所 などの記号を用いて, 対応する語義記述の部分では〔 〕の中に, ‥⁴, … などの記号を用いて示す.〔‥⁴を〕などの箇所に具体例を書き入れる場合もある.

essen [ ] ...〚④と〛〔‥⁴を〕食べる
wohnen [ ] ...〚場所 と〛〔…に〕住んでいる
backen [ ] ...〚④と〛〔パン・ケーキなど⁴を〕焼く

形容詞なども補足成分として現れる場合, … (対応する語義部分では …)によって示す.

halten [ ] ...〚④+für… と〛〔‥⁴を…と〕思う

2 名　詞

2-1 名詞の文法上の性は, 見出し語の発音のすぐ後に, 男, 女, 中 と定冠詞の形によって示す.

男性名詞: **Saft** [ ] 男 *der*
女性名詞: **Sage** [ ] 女 *die*
中性名詞: **Salz** [ ] 中 *das*

揺れがある場合はまれな方を( )の中に入れて示す.

Teil [ ] 男 *der* (中 *das*)

また, 必ず定冠詞と結びついて用いられる名詞の場合, 定冠詞を見出し語の前につけて示す.

der **Rhein** [ ] 男

2-2 名詞の格変化は, 単数2格と複数1格の形を( )に入れて示す. その際, 単数の略語として 単, 複数の略語として 複 を用いる. 見出し語と同形の部分は「 - 」で示すが, 語幹がウムラウトしたり, 語形が変わる場合には全書する.

Stufe [ ] ... (単 2 格 -; 複 -n)
Stuhl [ ] ... (単 2 格 -[e]s; 複 Stühle)

*教科書などで頻繁に使用される名詞は, 表にして格変化形を示す(たとえば Haus を参照).

合成語・複合語の場合は, 語形が変わる部分のみを載せる.

Spielplatz [ ] ... (単 2 格 -es; 複 ..plätze)
Studentin [ ] ... (単 2 格 -; 複 ..tinnen)

男性弱変化名詞など，特殊な変化をする名詞は単数3格4格の形も示す．

Student [　] ... ([単] 2·3·4格 -en; [複] -en)

2-3　複数形が用いられない，あるいはまれにしか用いられない場合，([単] 2格 -; [複] なし) あるいは ([単] 2格 -; まれに [複] -e) と示す．個々の語義に関する場合は〖[複] なし〗〖[複] はまれ〗と示す．

Luft [　] ... ([単] 2格 -; [複] なし)

Regen [　] ... ([単] 2格 -s; まれに [複] -)

Not [　] ... ❶〖[複] なし〗

... ❷〖[複] はまれ〗

また，複数形でのみ用いられる語は [複名] と示す: **Ferien** [　] [複名]

2-4　形容詞から名詞化されたものは，語尾 -e をつけて見出し語とし，(形容詞変化 ☞ Alt*e* 表 I)，(形容詞変化 ☞ Alt*e* 表 II) によって格変化を指示する．

Kranke [　] [男] *der*/[女] *die* (形容詞変化 ☞ Alt*e* 表 I)

3　形容詞・副詞

3-1　形容詞の用法の制限がある場合，(☆ 名詞につけて) (☆ 述語として用いない) などのように指示する．名詞につけてしか用いられない形容詞は，語幹に -e をつけた形を載せる．

obig*e* [　] ... (☆ 名詞につけて)

3-2　比較変化形は，最重要語の場合，全書する．また，最重要語ではない場合，必要に応じてウムラウトするものと口調上の e を入れるものに限り，比較級と最上級を示す．

schlecht [　] ([比較] schlechter, [最上] schlechtest)

hoch [　] ... ([比較] höher, [最上] höchst)

geschickt [　] ... ([比較] -er, [最上] -est)

3-3　形容詞の補足成分の指示は動詞に準じる．

stolz [　] ... 〖auf+④と〗〔...⁴を〕誇りにしている

a A [aː アー]

Aal [アール] [男] *der* ([単] 2格 -[e]s; [複] -e) 《魚》ウナギ

aa·len [アーレン] (aalte; geaalt; [完了]h)
[再] 《口語》〖[sich]^{4}と〗ながながと寝そべる

a.a.O. [アム アン・ゲフューアテン〈アン・ゲゲーベネン〉オルト] 〖*a*m *a*ngeführten 〈*a*ngegebenen〉 *O*rt の略語〗上述の箇所で

Aas [アース] [中] *das* ([単] 2格 -es; [複] -e) (動物の腐りつつある)死骸(しがい)

aa·sen [アーゼン] (aaste; geaast; [完了]h)
[自] 《口語》〖mit＋③と〗〔金など^{3}を〕むだに使う

ab [アップ]
— [前] 〖③，ときに④支配〗
❶ 《出発地点》〖3格のみ〗…から (☆名詞はふつう無冠詞) ▷ Der Zug fährt *ab* Mainz. 列車はマインツ発だ / 〖副詞と〗 *ab* hier ここから
❷ 《開始時点》 …から ▷ *Ab* acht Uhr bin ich wieder zu Hause. 8時から私は再び家にいる / 〖副詞と〗 *ab* heute きょうから
❸ 《数量的領域》 …から ▷ Jugendliche *ab* 16 Jahren 〈Jahre〉 16歳以上の若者
— [副] ❶ 離れて ▷ weit *ab* vom Weg 道から遠く離れて / Drei Kilometer *ab* gibt es eine Tankstelle. 3キロ離れたところにガソリンスタンドがある / Hut *ab*! 脱帽
❷ 《時刻表で》 …発 ([反] an) ▷ Berlin *ab* 17.00 ベルリン発17時
[イディオム] ***ab sein*** (ボタンなどが)取れている，はずれている
ab und zu ときどき，ときたま
von ... ab …から ▷ *von* Köln *ab* ケルンから / *von* heute *ab* きょうから

> ★ **ab ..** [アップ..] 〖分離前つづり〗
> a) 《離れる》 *ab*fahren 乗り物で出発する，*ab*schicken 発送する
> b) 《とれる》 *ab*brechen 折り取る，*ab*waschen 洗い落とす
> c) 《獲得》 *ab*kaufen 買い取る，*ab*nehmen 取り上げる
> d) 《模倣》 *ab*schreiben 書き写す，*ab*zeichnen 写生する
> e) 《汚れのない状態》 *ab*stauben ほこりを払う，*ab*waschen 洗ってきれいにする
> f) 《消耗した状態》 *ab*nutzen 使い古す，*ab*tragen 着古す

ab|än·dern [アップ・エンデルン] [分離]
(änderte ab; abgeändert; [完了]h)
[他] 〖④と〗〔..^{4}を〕少しだけ変える，変更〈修正〉する

Ab·än·de·rung [アップ・エンデルング] [女] *die* ([単] 2格 -; [複] -en) 変更，修正

ab|ar·bei·ten [アップ・アルバイテン] [分離]
(arbeitete ab; abgearbeitet; [完了]h)
— [他] 〖④と〗〔借金など^{4}を〕働いて返す ▷ Er *arbeitete* die Schuld *ab.* 彼は借金を働いて返した
— [再] 〖[sich]^{4}と〗くたくたに疲れるまで働く

Ab·art [アップ・アールト] [女] *die* ([単] 2格 -; [複] -en) 変種，異種

ab·ar·tig [アップ・アールティヒ] [形] 正常でない; (特に性的に)異常な，変態的な

Ab·bau [アップ・バオ] [男] *der* ([単] 2格 -[e]s; [複] なし) (建物などの)解体; (テントなどの)撤去

ab|bau·en [アップ・バオエン] [分離]
(baute ab; abgebaut; [完了]h)
— [他] ❶ 〖④と〗〔建物・機械など^{4}を〕解体する，〔テント・陣地など^{4}を〕撤去する ▷ ein Gerüst *abbauen* 足場を取り払う / 《比ゆ》 Vorurteile *abbauen* 偏見を取り除く
❷ 〖④と〗〔賃金・税など^{4}を〕徐々に引き下げる; 〔..^{4}の〕人員を削減する，縮小する ▷ die Löhne *abbauen* 賃金を引き下げる
❸ 〖④と〗〔石炭など^{4}を〕採掘する
— [自] (人が精神的・肉体的に)衰える

ab|be·kom·men [アップ・ベコメン] [分離]
(bekam ab; abbekommen; [完了]h)
[他] ❶ 〖④と〗〔..^{4}を〕分けてもらう ▷ Er *bekam* auch ein Stück Kuchen *ab.* 彼もケーキを1切れ分けてもらった
❷ 《口語》〖④と〗〔損害など^{4}を〕被る，受ける ▷ Bei dem Unfall hat er nichts *abbekommen.* 事故のとき彼はまったくけがをしなかった
❸ 《口語》 〖④と〗 〔..^{4}を〕苦労して取る ▷ Er hat den Rost vom Messer *abbekommen.* 彼はナイフのさびを取った

ab|be·stel·len [アップ・ベシュテレン] [分離]
(bestellte ab; abbestellt; [完了]h)
[他] 〖④と〗〔注文・予約したものなど^{4}を〕取り消す，キャンセルする ▷ Er *bestellte* die Zeitung *ab.* 彼は新聞の予約購読を取り消した

ab·be·stellt [アップ・ベシュテルト] abbestellen の [過分]

Abbestellung

Ab·be·stel·lung [アップ・ベシュテルング] 女 die
(⊕ 2格 -; ⊕ -en) 〈注文など〉の取り消し, キャンセル

ab|bie·gen [アップ・ビーゲン] 分離
(bog ab; abgebogen)
—自 〖匠Zs〗(道などが)折れ曲がる;(人などがわきへ)曲がる ▷ Der Weg *biegt* nach rechts *ab*. 道は右へ折れ曲がっている
—他 〖匠Zh〗❶〖④と〗〔指など⁴を〕逆の方向に曲げる
❷〖④と〗〔不都合なこと⁴を〕(じょうずに振舞って)防ぐ, かわす ▷ unangenehme Fragen *abbiegen* 不愉快な質問をかわす

ab|bil·den [アップ・ビルデン] 分離
(bildete ab; abgebildet)
他〖④と〗…⁴を模写する, 写真にとる ▷ Auf der Ansichtskarte war ein Schloss *abgebildet*. 絵ハガキには城が描かれていた〈写されていた〉

Ab·bil·dung [アップ・ビルドゥング] 女 die (⊕ 2格 -; ⊕ -en)
❶〖⊕ なし〗絵などで示すこと; 模写
❷ 挿し絵, 図解 (⊕ Abb.)

ab|bin·den [アップ・ビンデン] 分離
(band ab; abgebunden; 匠Zh)
他 ❶〖④と〗〔結んであるもの⁴を〕ほどいてはずす ▷ die Schürze *abbinden* エプロンをはずす
❷〖④と〗…⁴を縛って止血する ▷ das Bein mit einem Tuch *abbinden* 足を布で縛って止血する

Ab·bit·te [アップ・ビッテ] 女 die (⊕ 2格 -; ⊕ -n)〈やや古語〉(正式の)謝罪, 陳謝

ab|bit·ten [アップ・ビッテン] 分離
(bat ab; abgebeten; 匠Zh)
他〖④と〗〖+③と〗〖…³に…⁴を〕謝罪する

ab|bla·sen [アップ・ブラーゼン] 分離
(er bläst ab; blies ab; abgeblasen; 匠Zh)
他〈口語〉〖④と〗〔計画・催しなど⁴を〕取りやめる, 中止する ▷ Das Fest ist *abgeblasen* worden. 祝典は取りやめになった

ab|blät·tern [アップ・ブレッテルン] 分離
(blätterte ab; abgeblättert; 匠Zs)
自 (ペンキなどが)はげ落ちる

Ab·blend·licht [アップ・ブレント・リヒト] 中 das (⊕ 2格 -[e]s; ⊕ なし) (ヘッドライトの)減光した光, ロービーム

ab|blit·zen [アップ・ブリッツェン] 分離
(blitzte ab; abgeblitzt; 匠Zs)
自〈口語〉〖mit+③と〗〔要求・願いなど³を〕拒絶される
《イディオム》 ④+*abblitzen lassen* …⁴の要求・願いなどを拒絶する

ab|blo·cken [アップ・ブロッケン] 分離
(blockte ab; abgeblockt; 匠Zh)
他〖④と〗…⁴を阻む, 拒む, 妨げる

ab|bre·chen [アップ・ブレッヒェン] 分離
(er bricht ab; brach ab; abgebrochen)
—他〖匠Zh〗❶〖④と〗〔…⁴を〕(ポキンと)折り取る(意図せずに折る場合も含む) ▷ einen Ast *abbrechen* 枝を折り取る / Beim Stürzen hat er sich einen Zahn *abgebrochen*. 転んだときに彼は歯を折った
❷〖④と〗〔組み立てたもの⁴を〕取りはずす, 取り払う ▷ ein Gerüst *abbrechen* 足場を取りはずす
❸〖④と〗〔建造物など⁴を〕取り壊す ▷ ein altes Haus *abbrechen* 古くなった家を取り壊す
❹〖④と〗〔仕事・交渉など⁴を〕打ち切る, 中断する ▷ Er hat seinen Urlaub *abgebrochen*. 彼は休暇を中断した
❺〖④と〗〔関係など⁴を〕絶つ
—自 ❶〖匠Zs〗折れて取れる ▷ Die Messerspitze ist *abgebrochen*. ナイフの先が折れた
❷〖匠Zh〗突然止まる, 中断する, とぎれる ▷ Die Musik *bricht ab*. 音楽が突然止む

ab|bren·nen [アップ・ブレネン] 分離
(brannte ab; abgebrannt)
—他〖匠Zh〗〔小屋など⁴を〕焼き払う
—自〖匠Zs〗焼失する, 燃え尽きる

Ab·bruch [アップ・ブルフ] 男 der (⊕ 2格 -[e]s; ⊕ ..brüche)
❶ (建造物などの)取り壊し, 解体
❷ (交渉などの)打ち切り, 中断

ab|bu·chen [アップ・ブーヘン] 分離
(buchte ab; abgebucht; 匠Zh)
他〖④と〗〔お金⁴を〕(口座から)引き落とす

Ab·bu·chung [アップ・ブーフング] 女 die (⊕ 2格 -; ⊕ なし) (口座からの)引き落とし

Abc [アーベーツェー] 中 das (⊕ 2格 -; まれに ⊕ -)
❶ (集合的に)アルファベット
❷ (物事の)いろは, 初歩

Abc-Schüt·ze [アーベーツェー・シュッツェ] 男 der (⊕ 2·3·4格 -n; ⊕ -n) 小学校1年生

ABC-Waf·fen [アーベーツェー・ヴァッフェン] 複名 ABC 兵器(原子・生物・化学の3種兵器の総称)

ab|dan·ken [アップ・ダンケン] 分離
(dankte ab; abgedankt; 匠Zh)
自 (高い位にある人が)職を辞する; (王が)退位する

ab|drän·gen [アップ・ドレンゲン] 分離
(drängte ab; abgedrängt; 匠Zh)
他〖④と〗…⁴をわきへ押しのける ▷ Die Polizei *drängte* die Demonstranten von der Straße *ab*. 警察はデモ隊を道路から排除した

ab|dre·hen [アップ・ドレーエン] 分離
(drehte ab; abgedreht)
—他〖匠Zh〗❶〖④と〗ひねって〔…⁴の〕スイッチを切る, 栓を止める (⊕ andrehen) ▷ das

①, ②, ③, ④=1格, 2格, 3格, 4格の名詞

abenteuerlich

Licht *abdrehen* 電灯のスイッチを切る / Hast du das Wasser *abgedreht*? 君は水道の栓を締めたか
❷ 《④と》〔…⁴を〕ねじり取る ▷ den Knopf von der Jacke *abdrehen* ボタンを上着からねじり取る
❸ 《④と》〔顔など⁴を〕背ける
❹ 《④と》〔映画など⁴の〕撮影を終える
――自 〔完了h,s〕（飛行機・船が）向き〈針路〉を変える

Ab·druck [アップ・ドルック] 男 der
―― (②格 -[e]s; 複 -e)
❶《複なし》印刷；（新聞などへの）掲載 ▷ der *Abdruck* eines Artikels 記事の掲載
―― (②格 -[e]s; 複 ..drücke) 押しつけてできる型；跡 ▷ die *Abdrücke* von Füßen im Sand 砂にできた足跡

ab|dru cken [アップ・ドルッケン] 他動
(druckte ab; abgedruckt; 完了h)
（他）《④と》〔原稿など⁴を〕新聞〈雑誌〉に載せる

ab|drü·cken [アップ・ドリュッケン] 他動
(druckte ab; abgedrückt; 完了h)
―― 自 (ピストルの)引き金を引く ▷ Er *drückte* sofort *ab*. 彼はすかさず引き金を引いた
―― 他 ❶《④と》〔身体の部分⁴を〕押えて血・息などを止める ▷ eine Ader *abdrücken* 血管を押えて血を止める
❷《④と》〔…⁴の〕型を取る ▷ Zähne in Gips *abdrücken* 石膏で歯の型を取る
―― 再 ❶《sich⁴+方向と》〔…から〕けって離れる ▷ Er *drückte* sich kraftvoll vom Sprungbrett *ab*. 彼は飛び込み台から力強くけって飛び込んだ
❷《sich⁴と》跡が残る ▷ Seine Füße *drückten* sich im Boden *ab*. 彼の足跡が地面に残っていた

ab|eb·ben [アップ・エッベン] 自動
(ebbte ab; abgeebbt; 完了s)
自 （程度が）弱まる；(量が)減る

a·bend [アーベント] 副 (旧⇒新) Abend

★ abend は、従来の正書法で heute, morgen, gestern および曜日を表す語と結びつき「…の晩に」という意味で用いられていたが、新正書法では下に示したように大文字書きされるか一語書きされる:
heute *abend* ⇒ heute *Abend*「今晩」
morgen *abend* ⇒ morgen *Abend*「明晩」
gestern *abend* ⇒ gestern *Abend*「昨晩」
Montag *abend* ⇒ Montag*abend*「月曜日の晩」

A·bend ―――
[áːbnt アーベント]
男 der （②格 -s; 複 -e)

❶ 晩，夕方(日暮れから夜の12時近くまでの時間を指す；それから日の出までが Nacht)
Es wird *Abend*. 夕方になる
am *Abend* 夕方〈晩〉に
am späten *Abend* 夕方遅く
vom Morgen bis zum *Abend* 朝から晩まで
Wir essen zu *Abend*. 私たちは夕食を食べる
eines *Abends* ある晩
jeden *Abend* 毎晩
der Heilige *Abend* クリスマスイブ
Guten *Abend*! 今晩は
❷ （催しのある）夕べ，夜会 ▷ ein musikalischer *Abend* 音楽の夕べ
(イディオム) *gestern Abend* 昨晩
heute Abend 今晩
morgen Abend 明晩

A·bend·brot [アーベント・ブロート] 中 das （②格 -[e]s; 複なし）(質素な，ふつうパンを伴った)夕食

A·bend·es·sen [アーベント・エッセン] 中 das
（②格 -s; 複 -)
夕食，晩餐（☆「朝食」は Frühstück,「昼食」は Mittagessen) ▷ Was gibt's heute zum *Abendessen*? きょうの夕食は何ですか

A·bend·gym·na·si·um [アーベント・ギュムナーズィウム] 中 das （②格 -s; 複 ..nasien) 夜間ギムナジウム

A·bend·kas·se [アーベント・カッセ] 女 die （②格 -; 複 -n) (芝居などの)当日券売り場

A·bend·kleid [アーベント・クライト] 中 das （②格 -[e]s; 複 -er) イブニングドレス

A·bend·land [アーベント・ラント] 中 das （②格 -[e]s; 複なし) (文化的な視点で)西欧，ヨーロッパ

A·bend·mahl [アーベント・マール] 中 das （②格 -[e]s; 複なし) (プロテスタントの)聖餐式 ▷ das letzte *Abendmahl* 最後の晩餐

A·bend·rot [アーベント・ロート] 中 das （②格 -s; 複なし) 夕焼け（☆「朝焼け」は Morgenrot)

a·bends [アーベンツ]
副 晩に，夕方に(「毎晩」のような反復の意味でも用いられる) ▷ *abends* [um] 9 Uhr 晩の9時に / von morgens bis *abends* 朝から晩まで
[注] 曜日を表す語と結びつき、「…曜日の夕方に」と言う場合、新正書法では一語書きされる: Mittwoch abends ⇒ mittwochabends「水曜日の夕方に」

A·ben·teu·er [アーベント・イアー] 中 das （②格 -s; 複 -) 冒険；特異な体験 ▷ ein gefährliches *Abenteuer* 危険な冒険

a·ben·teu·er·lich [アーベントイアーリヒ]

完了h, 完了s＝完了の助動詞 haben, sein

Abenteuerspielplatz

囲 ❶ 冒険に富んだ，波瀾_{はらん}万丈の ▷ eine *abenteuerliche* Geschichte 冒険物語 ❷ (企てなどが)冒険的な，大胆な

A·ben·teu·er·spiel·platz [アーベントイアー・シュピール・プラッツ] 男 *der* (第2格 -es; 複 ..plätze)(家を建てるなど，物作りをして遊ぶ)子供用体験広場

a·ber
[á:bɐ アーバー]

―― 接《並列》
しかし，だが (☆ 文中に置かれることもある)
Er ist groß, *aber* sie ist klein.
彼は大きいが彼女は小さい
Sie schlief, er *aber* wachte.
彼女は寝ていたが彼は起きていた
Er ist streng, *aber* gerecht.
彼は厳しいが公平だ
Es ist *aber* so！そうなんだってば
《後ろに doch を伴うことがある》
Er war kein guter Läufer, *aber* doch ein guter Schwimmer. 彼は走るのは速くないが泳ぐのはうまい

(イディオム) *zwar ..., aber* たしかに〜だが… ▷ Er ist *zwar* noch jung, *aber* schon sehr erfahren. 彼はたしかにまだ若いが すでに非常に多くの経験を積んでいる

―― 副 ❶ (意味を強めて) *Aber* ja！もちろんそうだよ / *Aber* gern！もちろん喜んで / *Aber* natürlich 〈sicher〉！もちろんですよ / Das ist *aber* schrecklich！それは実にひどい
❷ (驚きなどを表して) Du hast *aber* viel Bücher！ 君はそれにしても本をたくさん持っているね / *Aber* Hans！ハンスったら / *Aber, aber*！やれやれなんてことを，困ったもんだ

A·ber [アーバー] 中 *das* (第2格 -s; 複 -) 異議，抗議
(イディオム) *ohne Wenn und Aber*（「もし」とか「しかし」とか)つべこべ言わずに

A·ber·glau·be [アーバー・グラオベ] 男 *der* (第2格 -ns, 3·4格 -n;《複 なし》) 迷信 ▷ Es ist ein *Aberglaube*, dass dreizehn eine Unglückszahl ist. 13が不吉な数だというのは迷信だ

a·ber·gläu·bisch [アーバー・グロイビシュ] 囲 迷信的な ▷ Er ist *abergläubisch*. 彼は迷信家だ

ab·er·ken·nen [アップ・エアケネン] 分離
(erkannte ab; aberkannt; 完了h)
他《第2格h》《❹と》《法律》(判決によって)[..³から..⁴を]剝奪_{はくだつ}する (☆ 非分離で用いられることもまれにある)

a·ber·mals [アーバー・マールス] 副《文語》もう一度，再度

ab·fah·ren [アップ・ファーレン] 分離
(du fährst ab, er fährt ab; fuhr ab; abgefahren)
―― 自(第2格s) ❶《(人が) 乗り物で出発する；(乗り物が) 発車する》▷ Er wird bald *abfahren*. 彼はまもなく出発するでしょう / Der Zug *fährt* in vier Minuten *ab*. 列車は4分後に出発する
❷《口語》《auf+❹と》[異性・音楽などに]夢中になる
―― 他《第2格h》❶《❹と》《..⁴を》車などで運び去る ▷ Aus dem Wald hat man Holz *abgefahren*. 森から木材が運び出された
❷《❹と》《..⁴を》車で巡回する；くまなく旅行する (☆ 完了の助動詞に sein も用いる)
❸《❸+❹と》《..³の身体部分⁴を》車などでひいて切断する ▷ Bei dem Unfall wurde ihm ein Arm *abgefahren*. その事故で彼は腕を1本失った
❹《口語》《❹と》[回数券など⁴を]使い終わる；[タイヤ⁴を]すり減らす

Ab·fahrt [アップ・ファールト] 女 *die* (第2格 -; 複 -en)
❶ 出発，発車 (☆「到着」は Ankunft) ▷ die *Abfahrt* des Zuges 列車の出発
❷ (スキー) 滑降；斜面
❸ (高速自動車道の)出口；分岐点(本線からはずれていく道路)

Ab·fahrts·lauf [アップ・ファールツ・ラオフ] 男 *der* (第2格 -[e]s; 複 ..läufe) (スキー) 滑降

Ab·fall [アップ・ファル] 男 *der* (第2格 -[e]s; 複 ..fälle)
❶ ごみ，屑_{くず}；廃棄物
❷《複 なし》(信仰などからの) 離反 ▷ der *Abfall* von Gott 神からの離反

Ab·fall·be·sei·ti·gung [アップ・ファル・ベザイティグング] 女 *die* (第2格 -; まれに 複 -en) 廃棄物処理

Ab·fall·ei·mer [アップ・ファル・アイマー] 男 *der* (第2格 -s; 複 -) ごみバケツ

ab·fal·len [アップ・ファレン] 分離
(er fällt ab; fiel ab; abgefallen)
自 ❶ (離れて)落ちる；(塗料などが)はげ落ちる ▷ Die Blätter *fallen ab*. 葉が落ちる
❷ 離反する ▷ Er ist von Gott *abgefallen*. 彼は神への信仰を捨てた
❸《für に》..のもうけとして残る ▷ Was *fällt* für mich *ab*, wenn ich euch helfe？ 君たちの手助けをした場合 私はどのくらいもらえますか
❹ (土地などが)傾斜している ▷ Das Gelände *fällt* steil *ab*. その土地は傾斜が急だ
❺ (圧力・能力などが)低下する ▷ Seine Leistungen sind in der letzten Zeit *abgefallen*. 彼の成績は最近低下した
❻《gegen+❹と》《..⁴に比べて》劣る ▷ Der zweite Band des Romans *fällt* gegen den

ersten stark *ab*. その小説の第2巻は第1巻よりもずっと劣る

ab·fäl·lig [アップ・フェリヒ] 形 (評価が)否定的な ▷ eine *abfällige* Bemerkung 否定的なコメント

Ab·fall·pro·dukt [アップ・ファル・プロドゥクト] 中 *das* (⊕ 2格 -[e]s; ⊕ -e)
❶ 廃棄物
❷ リサイクル製品

Ab·fall·stoff [アップ・ファル・シュトフ] 男 *der* (⊕ 2格 -[e]s; ⊕ -e) 廃棄物

Ab·fall·ton·ne [アップ・ファル・トネ] 女 *die* (⊕ 2格 -; ⊕ -n) 大型のごみ収集容器

Ab·fall·wirt·schaft [アップ・ファル・ヴィルトシャフト] 女 *die* (⊕ 2格 -; ⊕ なし) 廃棄物の処理と利用

ab·fan·gen [アップ・ファンゲン] 分離
(er fängt ab; fing ab; abgefangen; 完了h)
他 ❶ 【④と】[…⁴を](用件があって)つかまえる(待ち受ける場合も、あとから追いかけて行く場合もある) ▷ den Briefträger auf der Treppe *abfangen* 郵便配達人を階段で待ち受けてつかまえる / Ich *fing* ihn ab, um ihn zu warnen. 私は警告するために彼を待ち受けて〈後から追いかけて行って〉つかまえた
❷ 【④と】[スパイなど⁴を]つかまえる; [手紙など⁴を]横取りする
❸ 【④と】[襲ってくるものなど⁴を]くい止める ▷ den Vorstoß des Feindes *abfangen* 敵の進撃をくい止める
❹ 【④と】[…⁴を]再び制御〈コントロール〉する ▷ den schleudernden Wagen *abfangen* スリップする自動車を再びコントロールする

ab·fer·ti·gen [アップ・フェルティゲン] 分離
(fertigte ab; abgefertigt; 完了h)
他 ❶ 【④と】(所定の手続きに基づいて)[…⁴の]用件を処理する ▷ einen Antragsteller *abfertigen* 申請者の用件を処理する / Die Reisenden wurden bei der Passkontrolle schnell *abgefertigt*. 旅行者たちの旅券検査は敏速に処理された
❷ 《口語》【④と】[…⁴を]冷たくあしらう

ab·fin·den [アップ・フィンデン] 分離
(fand ab; abgefunden; 完了h)
—— 再[sich⁴+mit+③と][…³を](仕方ないものとして)受け入れる、[…³に]従う ▷ Ich habe mich mit meinem Schicksal *abgefunden*. 私は自分の運命に従った
—— 他 【④と】[…⁴に](補償などに関して)満足〈納得〉してもらう、補償する ▷ Wir konnten ihn mit Geld *abfinden*. 私たちは彼と金銭で話をつけることができた

Ab·fin·dung [アップ・フィンドゥング] 女 *die* (⊕ 2格 -; ⊕ -en) 補償、賠償; 示談金

ab·flau·en [アップ・フラオエン] 分離
(flaute ab; abgeflaut; 完了s)
自 (風・騒ぎなどが)弱まる、衰える ▷ Der Wind ist *abgeflaut*. 風は弱まった

ab·flie·gen [アップ・フリーゲン] 分離
(flog ab; abgeflogen)
—— 自 [完了s] 飛び去る; (飛行機が)離陸する ▷ Der Vogel *fliegt ab*. 鳥が飛び去る / Das Flugzeug ist um 19 Uhr *abgeflogen*. 飛行機は19時に飛び立った
—— 他 [完了h] 【④と】[ある場所⁴を](あるものを求めて)くまなく探る、飛行機で偵察する (☆ 南ドイツ・オーストリアでは完了の助動詞として sein も用いる)

ab·flie·ßen [アップ・フリーセン] 分離
(floss ab; abgeflossen; 完了s)
自 流れ出る、流れ去る ▷ Das Wasser *fließt* nur langsam *ab*. 水はけが非常に遅い

Ab·flug [アップ・フルーク] 男 *der* (⊕ 2格 -[e]s; ⊕ ..flüge) (飛行機の)離陸、出発 (⊕ Ankunft)

Ab·fluss [アップ・フルス] 男 *der* (⊕ 2格 -es; ⊕ ..flüsse)
❶ (⊕ なし) (水などの)流出
❷ 排水口、排水路

Ab·fluß [旧⇒新] Abfluss

Ab·fluss·rohr (⊕ ..fluß..) [アップ・フルス・ロー ア] 中 *das* (⊕ 2格 -[e]s; ⊕ -e) 排水管

Ab·fol·ge [アップ・フォルゲ] 女 *die* (⊕ 2格 -; ⊕ -n) 順番、順序

ab·fra·gen [アップ・フラーゲン] 分離
(fragte ab; abgefragt; 完了h)
他 【④と】【③と】+【④と】[…⁴,³に…について]試問する ▷ Der Lehrer *fragt* den Schüler die Vokabeln *ab*. 先生は生徒に単語のテストをする

Ab·fuhr [アップ・フーア] 女 *die* (⊕ 2格 -; ⊕ なし) (車などで)運び去ること、搬出

ab·füh·ren [アップ・フューレン] 分離
(führte ab; abgeführt; 完了h)
—— 他 【④と】[…⁴を]連行する、拘引する ▷ Die Gangster wurden *abgeführt*. ギャングたちは連行された
❷ 【④と】[会費・税金など⁴を]支払う
—— 自 便通(通じ)をよくする ▷ Feigen *führen ab*. イチジクは通じをよくする

Ab·ga·be [アップ・ガーベ] 女 *die* (⊕ 2格 -; ⊕ -n)
❶ (⊕ なし) (荷物などを)預けること; (投票用紙の)交付; (貸出図書の)返却 ▷ die *Abgabe* des Gepäcks 手荷物の預け入れ
❷ (⊕ なし) (品物の)販売 ▷ die *Abgabe* nur an Erwachsene 成人のみを対象とした販売
❸ 【⊕ で】税金; (公共施設が徴収する)使用料

Ab·gang [アップ・ガング] 男 *der* (⊕ 2格 -[e]s; ⊕ ..gänge)
❶ (⊕ なし) (ある場所から)立ち去ること; 《劇》

Abgas

退場
❷ 〖(複) なし〗（職・学校などから）去ること; 退職, 辞任; 卒業; 中途退学 ▷ nach dem *Abgang* von der Schule 学校を出たのちに
❸ 退場者; 卒業者, 中途退学者;（病院の）退院者 ▷ An unserer Schule haben wir fünf *Abgänge*. 私たちの学校では5人がやめていく
【イディオム】 sich³ *einen guten Abgang verschaffen* きれいな引き際を見せる

Ab·gas [アップ・ガース] 中 *das*（(単) 2格 -es; (複) -e）〖ふつう (複) で〗排気ガス

ab·gas·arm [アップ・ガース・アルム] 形 （車などが）排気ガスの少ない

Ab·gas·grenz·wer·te [アップ・ガース・グレンツ・ヴェーァテ] 複名 排気ガス許容値

Ab·gas·ka·ta·ly·sa·tor [アップ・ガース・カタリュザートーァ] 男 *der*（(単) 2格 -s; (複) -en）（自動車の）排気ガス浄化装置

ab·gas·re·du·ziert [アップ・ガース・レドゥツィーァト] 形 排気ガス低減の

Ab·gas·rei·ni·gung [アップ・ガース・ラィニグング] 女 *die*（(単) 2格 -; (複) -en）排気ガス浄化

Ab·gas·tur·bi·ne [アップ・ガース・トゥルビーネ] 女 *die*（(単) 2格 -; (複) -n）排気ガスタービン

ab·ge·ar·bei·tet [アップ・ゲアルバィテット] 形 （仕事で）疲れきった, やつれた

ab|ge·ben [アップ・ゲーベン] 分離
(er gibt ab; gab ab; abgegeben; 完了h)
— 他 ❶ 〖④+bei+③と〗〖‥⁴を‥³に〗渡す, 手渡す ▷ Der Briefträger *gibt* ein Paket beim Nachbarn *ab*. 郵便配達は小包を隣人に渡す
❷ 〖④と〗〔手荷物・服など⁴を〕預ける ▷ Er hat seinen Mantel in der Garderobe *abgegeben*. 彼はコートをクロークに預けた
❸ 〖④と〗〔‥⁴を〕分け与える；〔役職など⁴を〕譲り渡す ▷ Willst du mir nicht ein Stück von deiner Schokolade *abgeben*? 君のチョコレートをひとかけら私にくれませんか
❹ 〖④と〗〔使用した物など⁴を〕（安く）売る ▷ einen Gebrauchtwagen billig *abgeben* 中古車を安く売る
❺ 〖④と〗〔熱など⁴を〕放出する ▷ Der Ofen *gibt* nur wenig Wärme *ab*. そのストーブは少ししか暖かくならない
❻ 〖④と〗〔‥⁴の〕役割を果たす, 〔‥⁴で〕ある ▷ Sie *gibt* eine perfekte Hausfrau *ab*. 彼女は申し分のない主婦である
【イディオム】 *eine Erklärung abgeben* 説明する
einen Schuss abgeben 発砲する
— 再 〖(sich)⁴+mit+③と〗〔‥³と〕かかわり合う ▷ Mit diesen Leuten *geben* wir uns nicht *ab*. こういう人たちとは我々はかかわりをもたない

ab·ge·bo·gen [アップ・ゲボーゲン] abbiegen の 過分

ab·ge·brannt [アップ・ゲブラント] 形 《口語》無一文の ▷ Ich bin *abgebrannt*. 私は文無しだ

ab·ge·brüht [アップ・ゲブリュート] 形 《口語》（道徳的なことに）無感覚になった, 良心のとがめを感じない

ab·ge·dro·schen [アップ・ゲドロッシェン] 形 《口語》（ことばなどが）言い古された, 陳腐な

ab·ge·fah·ren [アップ・ゲファーレン] abfahren の 過分

ab·ge·feimt [アップ・ゲファィムト] 形 悪賢い, 抜け目のない

ab·ge·hackt [アップ・ゲハックト] 形 （話し方などが）つっかえつっかえの, とぎれとぎれの

ab·ge·han·gen [アップ・ゲハンゲン] abhängen 自 の 過分

ab·ge·hängt [アップ・ゲヘンクト] abhängen 他 の 過分

ab|ge·hen [アップ・ゲーエン] 分離
(ging ab; abgegangen; 完了s)
自 ❶ （活動の場から）去る, 退場する ▷ Er ist von der Schule *abgegangen*. 彼は学校を退学〈卒業〉した
❷ （ボタンなどが）取れる；（ペンキなどが）はげ落ちる ▷ Mir ist ein Knopf von dem Jackett *abgegangen*. 私のジャケットからボタンが取れた
❸ 《口語》 欠けている ▷ Ihm *geht* jedes Taktgefühl *ab*. 彼には繊細な神経がまったくない
❹ 〖(理屈)と〗（事が）〔…に〕進展する ▷ Die Sitzung *geht* glatt *ab*. 会議はスムーズに進む / 〖非人称主語 es と〗Ohne Ärger *geht* es nie *ab*. トラブルなしではすまない
❺ （寄生虫・結石などが）排出される；（郵便物などが）発送される
❻ 〖von+③と〗〔計画・習慣など³を〕変える, やめる ▷ Er *ging* von seiner Meinung *ab*. 彼は意見を変えた

ab·ge·holt [アップ・ゲホールト] abholen の 過分

ab·ge·klärt [アップ・ゲクレーァト] 形 （経験を積んだ結果）思慮深い, 分別ざかりの

ab·ge·le·gen [アップ・ゲレーゲン] 形 （集落などが）へんぴな〈人里離れた〉ところにある

ab·ge·lehnt [アップ・ゲレーント] ablehnen の 過分

ab·ge·macht [アップ・ゲマハト]
— abmachen の 過分
— 〖成句で〗*Abgemacht!* よし決めた, 了承した

ab·ge·neigt [アップ・ゲナィクト]（☆ 述語として）
形 ❶ 〖③と〗〔‥³に対し〕否定的である ▷ Er ist dem Plan *abgeneigt*. 彼はその計画に乗り気でない
❷ 〖③と〗〔‥³が〕嫌いである ▷ Sie ist ihm nicht *abgeneigt*. 彼女は彼が嫌いではない

ab·ge·nom·men [アップ・ゲノメン] abnehmen の (過分)

Ab·ge·ord·ne·te [アップ・ゲオルドネテ] 男 der / 女 die (形容詞変化 ☞ Alte 表 I)
(国会などの)**議員**, 代表士 (® Abg.)

ab·ge·ris·sen [アップ・ゲリッセン]
形 ❶ (服などが)ぼろぼろの, 擦り切れた
❷ (文章・話し方などが)支離滅裂な

Ab·ge·sand·te [アップ・ゲザンテ] 男 der / 女 die (形容詞変化 ☞ Alte 表 I)《文語》使者

ab·ge·schla·gen [アップ・ゲシュラーゲン] 形 疲れきった

ab·ge·schlos·sen [アップ・ゲシュロッセン] abschließen の (過分)

ab·ge·se·hen [アップ・ゲゼーエン] 副 〖von+③と〗[..³を]除いて, 別として ▷ alle, *abgesehen von dir* 君を除いて全員 / *abgesehen davon, dass* … ということは別として

ab·ge·spannt [アップ・ゲシュパント] 形 (全力を尽くし)疲れきった, 疲労した

ab·ge·stan·den [アップ・ゲシュタンデン] 形 (空気・水などが)よどんだ

ab·ge·trock·net [アップ・ゲトロックネット] abtrocknen の (過分)

ab|ge·wöh·nen [アップ・ゲヴェーネン] (分離)
(gewöhnte ab; abgewöhnt; (完了)h)
── 他 〖③+④と〗[..³に悪い習慣⁴を]やめさせる (® angewöhnt) ▷ Ich muss ihm das Fluchen *abgewöhnen*. 私は彼の悪態をつく癖をやめさせねばならない
── 再 〖(sich)³+④と〗[悪い習慣⁴を]やめる ▷ Ich habe mir das Rauchen *abgewöhnt*. 私はタバコをやめた

ab·ge·zählt [アップ・ゲツェールト] 〘成句で〙 *das Fahrgeld abgezählt bereithalten* 運賃を釣り銭のいらないように準備する

ab|gra·sen [アップ・グラーゼン] (分離)
(graste ab; abgegrast; (完了)h)
他 ❶ 〖④と〗(家畜が)[..⁴の]草を食い尽くす ▷ Das Vieh *graste* die Wiese *ab*. 牛たちは草原の草を食い尽くしてしまった
❷ 《口語》〖④と〗(探し物を求めて)[..⁴を]探し回る ▷ die ganze Stadt nach einem Buch *abgrasen* 本を求めて町じゅうを探し回る

Ab·grund [アップ・グルント] 男 der (® 2 格 -[e]s; ® ..gründe) 深い谷, 深淵

ab·grün·dig [アップ・グリュンディヒ] 形 (秘密など)途方もない, 底知れぬ, 深いなぞを秘めた

ab|gu·cken [アップ・グッケン] (分離)
(guckte ab; abgeguckt; (完了)h)
自《口語》カンニングする

ab|ha·ken [アップ・ハーケン] (分離)
(hakte ab; abhakt; (完了)h)
他 〖④と〗[..⁴に]処理済みの鉤印を〈チェック〉をつける ▷ die Namen auf der Liste *abhaken* リストの名前にチェックをつける

ab|hal·ten [アップ・ハルテン] (分離)
(er hält ab; hielt ab; abgehalten; (完了)h)
他 ❶ 〖④と〗〖会議・祝祭など⁴を〗催す ▷ Die Konferenz wird am Sonntag *abgehalten*. 会議は日曜日に開かれる
❷ 〖④と〗[..⁴を]防ぐ, 遮る ▷ Die Wände *halten* den Lärm *ab*. その壁は騒音を防ぐ
❸ 〖④+von+③と〗[..⁴が..³するのを]妨げる, じゃまする ▷ Sie *hielt* ihn von der Arbeit *ab*. 彼女は彼の仕事のじゃまをした
(イディオム) *ein Kind abhalten* 用足しができるように子供を少し持ち上げてやる

Ab·hal·tung [アップ・ハルトゥング] 女 die (® 2 格 –; ® -en)
❶ (物事をしようとする際)妨げになること
❷ (® なし) (会議などの)開催

ab·han·den [アプハンデン] 副〘成句で〙 *abhanden kommen* なくなる ▷ Meine Uhr ist mir *abhanden gekommen*. 私は時計をなくした

Ab·hand·lung [アップ・ハンドルング] 女 die (® 2 格 –; ® -en) 論文

Ab·hang [アップ・ハング] 男 der (® 2 格 -[e]s; ..hänge) (山・丘などの)斜面

ab|hän·gen [アップ・ヘンゲン] (分離)
── 自 (hing ab; abgehangen; (完了)h)
❶ 〖von+③と〗[..³に]依存する ▷ Er *hängt* finanziell von seinem Vater *ab*. 彼は経済的に父親に依存している
❷ 〖von+③と〗[..³]しだいである, [..³に]左右される ▷ Von dieser Entscheidung *hing* seine Zukunft *ab*. この決定に彼の将来がかかっていた / Das *hängt* davon *ab*, wie viel Zeit er hat. それは彼にどのくらいの時間があるかによる
❸ (肉が食べごろになるまで)つり下げておかれる ▷ Das Fleisch muss noch einige Tage *abhängen*. その肉はもう数日つり下げておかなくてはならない
── 他 (hängte ab; abgehängt; (完了)h)
❶ 〖④と〗〖掛けてあるもの⁴を〗取りはずす (☆「掛ける」は hängen) ▷ ein Bild von der Wand *abhängen* 壁から絵を取りはずす
❷ 〖④と〗〖車両⁴を〗切り離す ▷ Der Speisewagen wird in Hamburg *abgehängt*. 食堂車はハンブルクで切り離される
❸ 《口語》〖④と〗〖追手など⁴を〗うまくまく; 《スポーツ》〖競争相手⁴を〗引き離す

ab|hän·gig [アップ・ヘンギヒ] ((比較) -er, (最上) -st)
形 ❶ 〖von+③と〗[..³]しだいである ▷ Der Ausflug ist vom Wetter *abhängig*. 遠足は天候しだいだ
❷ 〖von+③と〗[..³に]依存している, 頼っている ▷ Er ist von seinen Eltern noch finanziell

abhängig. 彼は経済的にまだ親に頼っている
❸ 従属した ▹ ein *abhängiger* Staat 属国

Ab·hän·gig·keit [アップ・ヘンギヒカイト] [女] *die* ([単] 2 格 –; [複] –en) 依存, 従属

ab|här·ten [アップ・ヘルテン] [分離]
(härtete ab; abgehärtet; [完了]h)
[他] 〘④と〙〔体^{4}を〕(病気などにかからないように)鍛える, 鍛錬する ▹ Er *härtete* seinen Körper durch Sport *ab*. 彼はスポーツで体を鍛えた / 〘再帰的に〙 Er *härtet* sich gegen Erkältung *ab*. 彼はかぜをひかないように体を鍛える

ab|hau·en [アップ・ハオエン] [分離]
(hieb ab; abgehauen)
— [他] 〘[完了]h〙〘④と〙〔‥^{4}を〕(道具で)打ち落とす, 切り落とす ▹ einen Ast vom Baum *abhauen* 枝を木から打ち落とす
— [自] 〘[完了]s〙《口語》逃げる, ずらかる (☆ 過去形 haute ab はやや文語) ▹ *Hau ab*! 逃げろ

ab|he·ben [アップ・ヘーベン] [分離]
(hob ab; abgehoben; [完了]h)
— [他] ❶ 〘④と〙〔‥^{4}を〕(持ち上げて)取りのける ▹ den Deckel *abheben* ふたを取る / Er *hob* den Hörer *ab*. 彼は受話器を取った
❷ 〘④と〙〔預金^{4}を〕下ろす, 引き出す ▹ Ich muss Geld von der Bank *abheben*. 私はお金を銀行から下ろさなければならない
— [自] (飛行機・ロケットが)離陸する
— [再] 〘[sich]^{4}と〙 際立って見える ▹ Der Turm *hebt* sich gegen den Abendhimmel *ab*. 塔は夕空にくっきりと浮かび上がる

ab|hei·len [アップ・ハイレン] [分離]
(heilte ab; abgeheilt; [完了]s)
[自] (傷などが)完治する

ab|hel·fen [アップ・ヘルフェン] [分離]
(er hilft ab; half ab; abgeholfen; [完了]h)
[自] 〘③と〙〔困窮・危険など^{3}を〕(適切な手段で)取り除く

ab|het·zen [アップ・ヘッツェン] [分離]
(hetzte ab; abgehetzt; [完了]h)
[再] 〘[sich]^{4}と〙《口語》急いだためにへとへとになる

Ab·hil·fe [アップ・ヒルフェ] [女] *die* ([単] 2 格 –; [複] なし) (弊害などの)除去, 是正

ab|ho·len [アップ・ホーレン] [分離]
(holte ab; abgeholt; [完了]h)
[他] ❶ 〘④と〙〔持って行くように用意されたもの^{4}を〕取って来る, 受け取りに行く ▹ Er *holte* die Theaterkarten an der Kasse *ab*. 彼は(予約していた)芝居のチケットを券売り場で受け取って来た
❷ 〘④と〙〔‥^{4}を〕(約束の場所で会って)連れて来る, 迎えに行く ▹ den Freund am 〈vom〉 Bahnhof *abholen* 友人を駅で出迎えて連れて来る / Sie *holte* ihn zum Spaziergang *ab*. 彼女は(待っている)彼を訪れて散歩に連れ出した

ab|hö·ren [アップ・ヘーレン] [分離]
(hörte ab; abgehört; [完了]h)
[他] ❶ 〘③+④と〙〔‥^{3}に‥^{4}について〕試問する ▹ Der Lehrer *hört* mir die Vokabeln *ab*. 教師は私に単語について質問して答えさせる
❷ 《医学》〘④と〙〔‥^{4}を〕聴診する
❸ 〘④と〙〔電話の会話など^{4}を〕ひそかに聞く, 盗聴する

A·bi·tur [アビトゥーア] [中] *das* ([単] 2 格 –s; まれに [複] –e) ギムナジウム〈高等学校〉卒業試験(大学入学資格試験にもなる) ▹ das *Abitur* machen 高校卒業試験を受ける〈受けて合格する〉

A·bi·tu·ri·ent [アビトゥリエント] [男] *der* ([単] 2·3·4 格 –en; [複] –en) (ギムナジウム卒業・大学入学の)資格試験受験〈合格〉者

A·bi·tu·ri·en·tin [アビトゥリエンティン] [女] *die* ([単] 2 格 –; [複] ..tinnen) Abiturient の女性形

A·bi·tur·zeug·nis [アビトゥーア・ツォイクニス] [中] *das* ([単] 2 格 ..nisses; [複] ..nisse) ギムナジウム〈高等学校〉卒業証書(大学入学資格証にもなる)

ab|kap·seln [アップ・カプセルン] [分離]
(kapselte ab; abgekapselt; [完了]h)
[再] 〘[sich]^{4}と〙 殻に閉じこもる ▹ Er hat sich von der Umwelt *abgekapselt*. 彼は周囲との接触を絶ち自分の殻に閉じこもった

ab|kau·fen [アップ・カオフェン] [分離]
(kaufte ab; abgekauft; [完了]h)
[他] ❶ 〘③+④と〙〔‥^{3}から‥^{4}を〕買い取る ▹ Er *kaufte* ihr ein gebrauchtes Auto *ab*. 彼は彼女から中古の自動車を買い取った
❷ 《口語》〘③+④と〙〔‥^{3}の‥^{4}を〕信じる (☆ 否定詞と用いる) ▹ Diese Geschichte *kauft* dir niemand *ab*. 君のこんな話はだれも信じない

Ab·kehr [アップ・ケーア] [女] *die* ([単] 2 格 –; [複] なし) (以前の考え方・信仰などを)捨てる〈変える〉こと

ab|klap·pern [アップ・クラッペルン] [分離]
(klapperte ab; abgeklappert; [完了]h)
[他] 《口語》〘④と〙(あるものを求めて)〔‥^{4}を〕次々と訪れる, かけずり回る

ab|klin·gen [アップ・クリンゲン] [分離]
(klang ab; abgeklungen; [完了]s)
[自] 《文語》 ❶ (音などが)しだいに小さくなる ▹ Der Lärm *klingt ab*. 騒音がしだいに静まる
❷ (感情などが)静まる; (炎症などが)やわらぐ

ab|klop·fen [アップ・クロプフェン] [分離]
(klopfte ab; abgeklopft; [完了]h)
[他] ❶ 〘④と〙〔汚れ^{4}を〕たたいて取り除く, はたき落とす ▹ den Schnee vom Mantel *abklopfen* 雪をコートからはたき落とす / Er hat sich den Staub *abgeklopft*. 彼は体からほこりをはたき落とした
❷ 〘④と〙 〔‥^{4}を〕たたいてきれいにする ▹ einen Teppich *abklopfen* じゅうたんをたたいてきれい

にする
❸ 〘④と〙〔‥^{4}を〕たたいて調べる;《医学》打診する ▹ die Wand *abklopfen* 壁をたたいて(空洞などを)調べる

ab|knal·len [アップ・クナレン] [分離]
(knallte ab; abgeknallt; [完了]h)
[他]《口語》〘④と〙〔‥^{4}を〕冷酷に撃ち殺す

ab|kni·cken [アップ・クニッケン] [分離]
(knickte ab; abgeknickt)
── [他] 〘[完了]h〙〘④と〙〔茎など^{4}を〕ぽきっと折り取る;(下の方へ)折り曲げる
── [自] 〘[完了]s〙 (通りなどが)折れ曲がる; (身体を)屈曲する

ab|knöp·fen [アップ・クネプフェン] [分離]
(knöpfte ab; abgeknöpft; [完了]h)
[他] ❶ 〘④と〙〔ボタンで留めてあるもの^{4}を〕取り外す
❷《口語》〘③+④と〙〔‥^{3}から‥^{4}を〕(有無を言わせず)取り上げる, 巻き上げる

ab|ko·chen [アップ・コッヘン] [分離]
(kochte ab; abgekocht; [完了]h)
[他] 〘④と〙〔水など^{4}を〕煮沸消毒する;〔薬草など^{4}を〕煎じる

ab|kom·man·die·ren [アップ・コマンディーレン] [分離] (kommandierte ab; abkommandiert; [完了]h)
[他]《軍事》〘④+[場所]と〙〔‥^{4}を…に〕派遣する;《口語》(仕事などをやらせるために)行かせる

ab|kom·men [アップ・コメン] [分離]
(kam ab; abgekommen; [完了]s)
[自] ❶ 〘von+③と〙〔本来の方向^{3}から〕それる ▹ Der Wagen *kam* von der Fahrbahn *ab.* 車は車道からそれた /《比ゆ》Er ist vom Thema *abgekommen.* 彼は本題からそれた
❷ 〘von+③と〙 〔計画など^{3}を〕あきらめる ▹ Er ist ganz von seinem Plan *abgekommen.* 彼は計画を完全にあきらめた

Ab·kom·men [アップ・コメン] [中] *das* ([単]2格 -s; [複] -) (主に国家間の)**協定**, 条約

ab·kömm·lich [アップ・ケムリヒ] [形] (仕事などから)抜け出られる, いなくてもすむ (☆ 述語として; ふつう否定形で) ▹ Ich bin im Moment nicht *abkömmlich.* 私はいま仕事から手が離せない

Ab·kömm·ling [アップ・ケムリング] [男] *der* ([単]2格 -s; [複] -e)《やや古語》子孫, 後裔

ab|krat·zen [アップ・クラッツェン] [分離]
(kratzte ab; abgekratzt)
── [他] 〘[完了]h〙 ❶ 〘④+von+③と〙〔よごれなど^{4}を‥^{3}から〕かき落とす
❷ 〘④と〙〔よごれなどをかき落として‥^{4}を〕きれいにする
[自] 〘[完了]s〙《俗語》くたばる (=sterben)

ie·gen [アップ・クリーゲン] [分離]
e ab; abgekriegt; [完了]h)

[他]《口語》❶ 〘④と〙〔お菓子など^{4}を〕分けてもらう
❷ 〘④と〙〔損害など^{4}を〕被る, 受ける
❸ 〘④と〙〔汚れ・さびなど^{4}を〕苦労してとる

ab|küh·len [アップ・キューレン] [分離]
(kühlte ab; abgekühlt)
── [他] 〘[完了]h〙〘④と〙〔身体など^{4}を〕冷やす
── [自] 〘[完了]s〙 (スープ・エンジンなどが)冷える
[イディオム] ***es kühlt [sich] ab*** 気温が下がる

Ab·kunft [アップ・クンフト] [女] *die* ([単]2格 -; [複]なし)《文語》血筋, 家系

ab|kür·zen [アップ・キュルツェン] [分離]
(kürzte ab; abgekürzt; [完了]h)
[他] ❶ 〘④と〙〔‥^{4}を〕(距離的・時間的に)**短くする** ▹ den Weg *abkürzen* 近道をする / Er hat seinen Besuch *abgekürzt.* 彼は訪問を早めに切りあげた
❷ 〘④と〙〔‥^{4}を〕略語化する, 略語で表す ▹ einen Namen *abkürzen* 名前を略語化する

Ab·kür·zung [アップ・キュルツング] [女] *die* ([単]2格 -; [複] -en)
❶ **略語** ([略] Abk.)
❷ 近道 ▹ eine *Abkürzung* gehen 近道を行く
❸ (会議などを)時間的に短くすること

ab|la·den [アップ・ラーデン] [分離]
(er lädt ab; lud ab; abgeladen; [完了]h)
[他] ❶ 〘④と〙〔積み荷^{4}を〕下ろす (☆「積む」は aufladen) ▹ Möbel vom Lastwagen *abladen* 家具をトラックから下ろす
❷ 〘④と〙(積み荷を下ろして)〔車・船など^{4}を〕からにする ▹ einen Lastwagen *abladen* 積み荷を下ろしてトラックをからにする
❸ 〘④+auf+④と〙〔仕事・責任など^{4}を‥^{4}に〕押しつける

Ab·la·ge [アップ・ラーゲ] [女] *die* ([単]2格 -; [複] -n) (書類などの)保管場所; (携帯品などの)預かり所

ab|la·gern [アップ・ラーゲルン] [分離]
(lagerte ab; abgelagert)
── [他] 〘[完了]h〙〘④と〙〔‥^{4}を〕沈積〈堆積〉させる ▹ Der Fluss *lagert* hier viel Schlamm *ab.* 川のこの辺は泥土が多量に沈積する
── [自] 〘[完了]h,s〙 貯蔵されることによって熟成する ▹ Der Wein muss noch *ablagern.* そのワインはまだ貯蔵して熟成させなければならない

Ab·lass [アップ・ラス] [男] *der* ([単]2格 -es; [複] ..lässe)《カトリック》贖宥, 免罪

Ab·laß [旧⇨新] Ablass

ab|las·sen [アップ・ラッセン] [分離]
(er lässt ab; ließ ab; abgelassen; [完了]h)
── [他] ❶ 〘④と〙〔水・ガスなど^{4}を〕流し出す, 排出する ▹ das Wasser aus der Badewanne *ablassen* 浴槽の水を抜く
❷ 〘④と〙 (水などを流して)〔‥^{4}を〕からにする ▹

Ablauf

Sie hat die Badewanne *abgelassen*. 彼女は水を抜いて浴槽をからにした
❸ 〖④+④と〗〔‥³を‥⁴を〕(求めに応じて)譲り渡す, 手放す ▷ Er ließ mir das Buch billig *ab*. 彼は私にその本を安く譲ってくれた
❹ 〖④と〗〔‥⁴の〕値引きをする ▷ Er *lässt* ihr 10 Prozent *ab*. 彼は彼女に10パーセント値引きする
── 自〖文語〗〖von+③と〗〔計画など³を〕やめる, 断念する

Ab·lauf [アップ・ラオフ] 男 der (⑬2格 -[e]s; ..läufe)
❶ (出来事・プログラムなどの)経過, 進行 ▷ der reibungslose *Ablauf* der Verhandlungen 交渉の順調な経過
❷ (⑳なし)(時間の)過ぎ去ること; (期間の)終了 ▷ vor *Ablauf* der Frist 期間の満了前に
❸ (浴槽などの)排水口

ab·lau·fen [アップ・ラオフェン] 分離
(er läuft ab; lief ab; abgelaufen)
── 自〖匠s〗 ❶ (期間が)終わる, (書類などの)有効期限が切れる ▷ Die Frist *läuft ab*. 期限が切れる / Der Pass ist längst *abgelaufen*. このパスポートは有効期限がとっくに切れている
❷ (水などが)流れ出る; (水などが流れて)からになる ▷ Das Wasser aus der Wanne *ablaufen* lassen 浴槽の水を抜く / Die Badewanne *läuft* schlecht *ab*. この浴槽は水はけが悪い
❸ (水などが)流れ落ちる ▷ Der Regen *läuft* vom Schirm *ab*. 雨が傘から流れ落ちる
❹ (巻いてあるものが)終わりまで解ける ▷ Das Kabel *läuft ab*. ケーブルが終わりまで繰り出される / Das Spielzeug *läuft ab*. 玩具が(ぜんまいが解け切って)止まる
❺ (事が)進展する, 進む ▷ Die Diskussion ist glatt *abgelaufen*. 討論はスムーズに進行した
── 他 ❶ 〖匠h,s〗〖④と〗〔ある地域⁴を〕探しものをしながら調べながら歩く
❷ 〖④と〗〔靴など⁴を〕履きつぶす

Ab·le·ben [アップ・レーベン] 中 das (⑬2格 -s; ⑳なし)〖文語〗死

ab·le·gen [アップ・レーゲン] 分離
(legte ab; abgelegt; 匠h)
── 他 ❶ 〖④と〗〔服・帽子など⁴を〕脱ぐ ▷ Er *legte* Mantel und Hut *ab*. 彼はコートと帽子を脱いだ / Bitte *legen* Sie *ab*!《客に対して》どうぞコートをお脱ぎください
❷ 〖④と〗〔‥⁴を〕(不用になって)脱ぎ捨てる, もはや着ない ▷ die Trauerkleidung *ablegen* (喪が明けて)喪服を脱ぐ /《過去分詞》*abgelegte* Kleidung 着古して着なくなった衣類
❸ 〖④と〗〔‥⁴を〕(一定の場所に)置く ▷ Wo soll ich das Päckchen *ablegen*? この小包をどこに置いたらいいのですか
イディオム *ein Geständnis ablegen* 告白をする
eine Prüfung ablegen 試験を受ける

ab·leh·nen [アップ・レーネン] 分離
(lehnte ab; abgelehnt; 匠h)
── 他 ❶ 〖④と〗〔勧められたもの⁴を〕断る ▷ ein Geschenk *ablehnen* 贈り物を断る / Ich muss leider Ihre Einladung *ablehnen*. 私は残念ながらご招待をお断りしなければなりません
❷ 〖④と〗〔要求など⁴を〕拒否する ▷ einen Antrag *ablehnen* 申請を却下する /〖zu 不定詞句と〗Er *lehnt* es *ab*, mitzukommen. 彼はいっしょに行くことを拒否する
❸ 〖④と〗〔‥⁴を〕認めない, 受け入れない ▷ Ich *lehne* jede Verantwortung für diesen Vorfall *ab*. 私はこの事件に対してどんな責任も認めない

Ab·leh·nung [アップ・レーヌング] 女 die (⑬2格 -; まれに⑳ -en) 断ること, 拒絶, 拒否

ab·lei·ten [アップ・ライテン] 分離
(leitete ab; abgeleitet; 匠h)
── 他 ❶ 〖④と〗〔水など⁴を〕他の方向に導く ▷ den Fluss *ableiten* 川の進路を変える / Der Rauch wurde *abgeleitet*. 煙はわきへ導き出された
❷ 〖④+von+③と〗〔‥⁴が‥³に〕由来すると考える ▷ Er *leitet* seine Herkunft von den Einwanderern *ab*. 彼は自分の祖先が移民であると考える
── 再 〖sich⁴+aus+④と〗〔‥³に〕由来する;〔‥³から〕生じる ▷ Das Wort *leitet* sich aus dem Lateinischen *ab*. この語はラテン語に由来する

Ab·lei·tung [アップ・ライトゥング] 女 die (⑬2格 -; ⑳ -en)
❶ 〖⑳なし〗他の方向へ導くこと ▷ die *Ableitung* des Wassers 水の排出
❷《言語》派生語

ab·len·ken [アップ・レンケン] 分離
(lenkte ab; abgelenkt; 匠h)
他 ❶ 〖④と〗〔‥⁴を〕他の方向へ導く ▷ den Wagen von der Straße *ablenken* 車を通りから外れた道に入れる
❷ 〖④と〗〔関心・興味など⁴を〕わきにそらす ▷ den Verdacht von sich³ *ablenken* 嫌疑を自分からそらす // Er *lenkte* schnell *ab*. 彼は急いで話題を変えた
❸ 〖④と〗〔‥⁴の〕気をまぎらす;〔‥⁴の〕注意をわきにそらす ▷ einen Kranken *ablenken* 病人の気をまぎらす / *Lenk* mich nicht *ab*! 私の気をそらすようなことをするな

Ab·len·kung [アップ・レンクング] 女 die (⑬2格 -; ⑳ -en) 気をまぎらすこと; 気晴らし

ab·le·sen [アップ・レーゼン] 分離

(er liest ab; las ab; abgelesen; [完了]h)
[他] ❶ 〖④と〗〔書いてあるもの⁴を〕読み上げる, 〔スピーチ⁴を〕原稿を見ながらする
❷ 〖④と〗〔…⁴を〕(測定器などから)読み取る, 〔…⁴の〕使用量などを読み取る
❸ 〖④+aus+③と〗〔…⁴を…³から〕推測する

ab|leug·nen [アップ・ロイグネン] [分離]
(leugnete ab; abgeleugnet; [完了]h)
[他] 〖④と〗〔…⁴を〕(事実なのに事実でないと)否定する, 否認する ▷ Er *leugnet* seine Schuld *ab.* 彼は(自分に責任があるのに)自分には責任がないと言う

ab|lie·fern [アップ・リーフェルン] [分離]
(lieferte ab; abgeliefert; [完了]h)
[他] 〖④と〗〔品物など⁴を〕(指示通りに)引き渡す, 配達する, 送り届ける ▷ die bestellte Ware pünktlich *abliefern* 注文の品物を期限通りに引き渡す

ab|lö·schen [アップ・レッシェン] [分離]
(löschte ab; abgelöscht; [完了]h)
[他] 〖④と〗〔黒板の字など⁴を〕ぬぐって消す

ab|lö·sen [アップ・レーゼン] [分離]
(löste ab; abgelöst; [完了]h)
── [他] ❶ 〖④と〗〔付着物⁴を〕はがす ▷ eine Briefmarke *ablösen* 切手をはがす / die Tapete von der Wand *ablösen* 壁紙を壁からはがす
❷ 〖④と〗〔…⁴と〕(仕事などを)交代する ▷ einen Kollegen bei der Arbeit *ablösen* 同僚と仕事を交代する
── [再] 〖[sich]⁴と〗 はがれる, はげ落ちる ▷ Der Fingernagel *löste* sich *ab.* つめがはがれた

Ab·lö·sung [アップ・レーズング] [女] *die* ([単] 2 格 −; [複] なし)
❶ (付着物を)はがすこと; はがれること
❷ (代金などの)一括払い

ab|luch·sen [アップ・ルクセン] [分離]
(luchste ab; abgeluchst; [完了]h)
[他] 《口語》〖④と〗〔…⁴を〕だまし取る, 策略を用いて手に入れる

ab|ma·chen [アップ・マッヘン] [分離]
(machte ab; abgemacht; [完了]h)
[他] ❶ 〖④と〗〔…⁴を〕取りはずす, 取り除く ▷ das Schild von der Tür *abmachen* 表札をドアから取りはずす / Der Arzt *machte* ihm den Verband *ab.* 医者は彼の包帯をはずした
❷ 〖④と〗〔…⁴を〕申し合わせる, 取り決める ▷ Wir müssen noch einen Termin für unser nächstes Treffen *abmachen.* 私たちはまだ次に会う日取りを決めなければならない / 〖zu 不定詞句と〗 Wir haben *abgemacht*, uns am Mittwoch zu treffen. 私たちは水曜日に会うことにした
❸ 〖④と〗〔事件など⁴を〕処理する, 片をつける ▷ Können wir das nicht unter uns *abmachen?* そのことは私たちの間で処理できませんか

Ab·ma·chung [アップ・マッフング] [女] *die* ([単] 2 格 −; [複] −en) 申し合わせ, 取り決め

ab|ma·gern [アップ・マーゲルン] [分離]
(magerte ab; abgemagert; [完了]s)
[自] やせる

ab|ma·len [アップ・マーレン] [分離]
(malte ab; abgemalt; [完了]h)
[他] 〖④と〗〔…⁴を〕写生する, 模写する

ab|mar·schie·ren [アップ・マルシーレン] [分離]
(marschierte ab; abmarschiert; [完了]s)
[自] 行進しながら出発する

ab|mel·den [アップ・メルデン] [分離]
(meldete ab; abgemeldet; [完了]h)
[他] 〖④と〗〔…⁴が〕(あるところから)出て行くことを届け出る ([反] anmelden) ▷ Er *meldet* sein Kind von der Schule *ab.* 彼は子供の退学届を出す / 〖再帰的に〗 Er hat sich polizeilich *abgemeldet.* 彼は転出届を警察に出した
[イディオム] ***das Telefon abmelden*** 電話の使用中止を届け出る

Ab·mel·dung [アップ・メルドゥング] [女] *die* ([単] 2 格 −; [複] −en) 転出届, 退学届, (使用中止などの)届け出

ab|mes·sen [アップ・メッセン] [分離]
(er misst ab; maß ab; abgemessen; [完了]h)
[他] 〖④と〗〔長さなど⁴を〕はかる, 測定する

Ab·mes·sung [アップ・メッスング] [女] *die* ([単] 2 格 −; [複] −en) 寸法, サイズ

ab|mü·hen [アップ・ミューエン] [分離]
(mühte ab; abgemüht; [完了]h)
[再] 〖[sich]⁴+mit+③と〗〔問題など³に〕苦労して取り組む ▷ Vergeblich *mühte* er sich damit *ab*, sein Auto zu reparieren. 彼は自動車を修理しようといろいろ試みたがむだだった

ab|murk·sen [アップ・ムルクセン] [分離]
(murkste ab; abgemurkst; [完了]h)
[他] 《口語》〖④と〗〔…⁴を〕殺す

Ab·nah·me [アップ・ナーメ] [女] *die* ([単] 2 格 −; まれに [複] −n)
❶ (量・体重などの)減少 ▷ die *Abnahme* der Vorräte 蓄えの減少
❷ (商品の)購入, 買い取り ▷ Preisnachlass bei *Abnahme* größerer Mengen 多量に購入する際の値引き
❸ (官庁などによる)検査, 監査

ab|neh·men [アップ・ネーメン] [分離]
(du nimmst ab, er nimmt ab; nahm ab; abgenommen; [完了]h)
── [自] ❶ (体重が)減る, やせる ([反] zunehmen) ▷ Er hat zusehends an Gewicht *abgenommen.* 彼は目に見えて体重が減った
❷ (程度・量などが)減少する; (月が)欠ける ▷ Die Vorräte *nehmen ab.* 蓄えが減る / 〖現在分

A

詞で〛ein *abnehmender* Mond 欠けていく月

— [他] ❶〚④と〛〔…^{4}を〕**取りはずす**, 取り去る ▷ den Deckel *abnehmen* ふたを取る / Er *nimmt* die Brille *ab.* 彼はめがねをはずす / Niemand *nahm* den Hörer *ab.* だれも電話に出なかった

❷〚③+④と〛〔…^{3}から…^{4}を〕取り上げる ▷ Der Polizist wollte ihm den Ausweis *abnehmen.* 警察官は彼から身分証明書を取り上げようとした

❸《口語》〚③+④と〛〔…^{3}に…^{4}を〕(料金として)要求する ▷ Er *nahm* ihr für die Reparatur 400 Euro *ab.* 彼は彼女に修理代金として 400 ユーロ請求した

❹〚③+④と〛〔…^{3}の荷物・責任など^{4}を〕引き受ける ▷ einer alten Frau den Koffer *abnehmen* 年とった婦人のトランクを持ってやる

❺〚③+④と〛〔…^{3}から…^{4}を〕買い取る ▷ Er hat uns die alten Sachen *abgenommen.* 彼は私たちから中古品を買い取ってくれた

❻〚④と〛〔…^{4}を〕(認可できるかどうか)検査する ▷ ein Fahrzeug *abnehmen* 乗り物を検査する

❼〚④と〛〔指紋など^{4}を〕写し取る

Ab·nei·gung [アップ・ナイグング] [女] *die* (㊥ 2 格 –; まれに ㊥ –en) **反感**, **嫌悪** ▷ Sie hat gegen ihn eine *Abneigung.* 彼女は彼に対して反感を抱いている

ab·norm [アプ・ノルム] [形] ふつうでない, 異常な (㊜ normal)

ab·nor·mal [アップ・ノルマール] =abnorm

ab|nut·zen [アップ・ヌッツェン] [分離]
(nutzte ab; abgenutzt; [完了]h)
— [他]〚④と〛〔…^{4}を〕使い古す;〔衣服^{4}を〕着古す,〔靴^{4}を〕履きつぶす ▷ Die Möbel sind schon sehr *abgenutzt.* [状態受動] その家具はもうひどく使い古されている
— [再]〚[sich]^{4}と〛(使い古され)使えなくなる

ab|nüt·zen [アップ・ニュッツェン] [分離] (nützte ab; abgenützt; [完了]h)《南$_{ドイツ}$・$_{オーストリア}$》=abnutzen

A·bon·ne·ment [アボネマーン] [中] *das* (㊥ 2 格 -s; ㊥ -s) (新聞・雑誌などの)**予約購読**; (劇場などの定期会員としての)座席予約

A·bon·nent [アボネント] [男] *der* (㊥ 2·3·4 格 -en; ㊥ -en) (定期刊行物の)予約購読者

a·bon·nie·ren [アボニーレン]
(abonnierte; abonniert; [完了]h)
[他]〚④と〛〔定期刊行物^{4}を〕予約購読する ▷ eine Zeitung *abonnieren* 新聞を予約購読する

ab|ord·nen [アップ・オルドネン] [分離]
(ordnete ab; abgeordnet; [完了]h)
[他]〚④と〛〔…^{4}を〕(代表として)派遣する ▷ Sie *ordneten* ihn zu der Tagung *ab.* 彼らは彼を会議に派遣した

Ab·ord·nung [アップ・オルドヌング] [女] *die* (㊥ 2 格 –; ㊥ -en)
❶〚㊥なし〛(代表団の)派遣
❷ 派遣団, 使節団

A·bort [アボルト] [男] *der* (㊥ 2 格 -[e]s; ㊥ -e)《官庁》(簡易な, 特に公衆用の)便所 (=Toilette)

ab|pa·cken [アップ・パッケン] [分離]
(packte ab; abgepackt; [完了]h)
[他]〚④と〛〔商品^{4}を〕小分けして包む ▷ Eier zu zehn Stück *abpacken* 卵を 10 個ずつ包装する

ab|pfei·fen [アップ・プファイフェン] [分離]
(pfiff ab; abgepfiffen; [完了]h)
[他]《$_{スポーツ}$》〚④と〛〔ゲームなど^{4}を〕(ホイッスルを吹いて)終了〈中断〉させる (㊜ anpfeifen)

ab|pla·gen [アップ・プラーゲン] [分離]
(plagte ab; abgeplagt; [完了]h)
[再]〚[sich]^4+mit+③と〛〔…^{3}と〕苦労して取り組む

ab|pral·len [アップ・プラレン] [分離]
(prallte ab; abgeprallt; [完了]s)
[自]〚von 〈an〉+③と〛〔…^{3}に〕(当たって)はね返る ▷ Der Ball *prallte* von 〈an〉 der Wand *ab.* ボールは壁に当たってはね返った

ab|ra·ten [アップ・ラーテン] [分離]
(er rät ab; riet ab; abgeraten; [完了]h)
[自]〚③+von+③と〛〔…^{3}に…^{3}を〕しないように忠告する, 思いとどまらせる ▷ Er *rät* ihr von der Reise *ab.* 彼は彼女に旅行をやめるように忠告する /〚zu 不定詞句と〛Er hat mir *abgeraten,* das zu tun. 彼は私にそれをすべきでないと言った

ab|räu·men [アップ・ロイメン] [分離]
(räumte ab; abgeräumt; [完了]h)
[他] ❶〚④と〛〔…^{4}を〕取り去る, 片づける ▷ die Teller *abräumen* 皿を下げる
❷〚④と〛(食器などを下げて)〔テーブルなど^{4}を〕きれいにする

ab|re·a·gie·ren [アップ・レアギーレン] [分離]
(reagierte ab; abreagiert; [完了]h)
— [他]〚④+an+③と〛〔怒りなど^{4}を…^{3}にぶつけて〕発散させる ▷ Er *reagiert* seine schlechte Laune an ihr *ab.* 彼は彼女に八つ当たりする
— [再]〚[sich]^{4}と〛(怒りなどを誰かにぶつけて)気持ちを落ち着かせる

ab|rech·nen [アップ・レヒネン] [分離]
(rechnete ab; abgerechnet; [完了]h)
— [他]〚④と〛〔…^{4}を〕**差し引く** ▷ die Unkosten vom Gewinn *abrechnen* 雑費を収益から差し引く / Die Steuer wird vom Gehalt *abgerechnet.* 税金は給料から差し引かれる
— [自] ❶(貸し借りなどを)**清算する** ▷ Wann können wir über unsere Ausgaben *abrechnen*? いつ支払いの清算ができますか
❷〚mit+③と〛〔…^{3}と〕決着をつける ▷ Mit dem Kerl muss ich noch *abrechnen.* やつとはまだ話をつけなければならない

Ab·rech·nung [アップ・レヒヌング] 囡 *die* (働 2格 -; 働 -en)
❶ 決算; 決算書 ▷ die *Abrechnung* unterschreiben 決算書に署名する
❷ (仕返しなどによる物事の)決着; 報復

ab|rei·ben [アップ・ライベン] 分離
(rieb ab; abgerieben; 現了h)
── 他 ❶ 《④+von+③と》〔汚れ・さびなどを…³から〕こすり落とす
❷ 《④と》〔…⁴を〕こすってきれいにする
❸ 《④と》〔…⁴の身体を〕(タオルなどで)ふいて乾かす
── 再 《sich⁴と》(タオルなどで)身体をふいて乾かす

Ab·rei·se [アップ・ライゼ] 囡 *die* (働 2格 -; まれに 働 -n) (旅行の)出発, 旅立ち ▷ Er verschiebt seine *Abreise*. 彼は出発を延期する

ab|rei·sen [アップ・ライゼン] 分離
(reiste ab; abgereist; 現了s)
自 旅行に出る ▷ Er ist nach Köln *abgereist*. 彼はケルンに向けて出発した

ab|rei·ßen [アップ・ライセン] 分離
(riss ab; abgerissen;)
── 他 《現了h》❶ 《④と》〔…⁴を〕引きはがす, もぎ取る ▷ ein Kalenderblatt *abreißen* カレンダーを1枚めくって取る / Er riss ihr die Maske vom Gesicht *ab*. 彼は彼女の顔からマスクを引きはがした
❷ 《④と》〔建物などを〕取り壊す
── 自 《現了s》❶ (糸などが)ぷつんと切れる; (ボタンなどが)ちぎれる ▷ Ein Faden ist *abgerissen*. 糸が切れた
❷ (続いていたものが急に)とぎれる ▷ Das Gespräch ist plötzlich *abgerissen*. 会話は突然とぎれた

ab|rich·ten [アップ・リヒテン] 分離
(richtete ab; abgerichtet; 現了h)
他 《④と》(特に動物⁴を)調教する, 教え込む

ab|rie·geln [アップ・リーゲルン] 分離
(riegelte ab; abgeriegelt; 現了h)
他 ❶ 《④と》〔部屋・戸などを〕かんぬきで閉める ▷ Er *riegelte* die Tür *ab*. 彼はドアにかんぬきをかけた
❷ 《④と》〔道路などを〕閉鎖する

Ab·riss [アップ・リス] 男 *der* (働 2格 -es; 働 -e)
❶ 《働 なし》(建物などの)取り壊し ▷ Der *Abriss* des Hauses dauert eine Woche. 家の取り壊しは1週間かかる
❷ 概説, 概要

Ab·riß 旧⇒新 Abriss

ab|rü·cken [アップ・リュッケン] 分離
(rückte ab; abgerückt)
── 他 《現了h》《④+von+③と》〔…⁴を壁際など³から〕(押して)少し離す, ずらす
── 自 《現了s》❶ 《von+③と》〔…³から〕少し離

れる, 身体をずらす
❷ 《von+③と》〔ある考え方など³から〕距離を置く

ab|ru·fen [アップ・ルーフェン] 分離
(rief ab; abgerufen; 現了h)
他 《④と》〔注文品などの〕引き渡しを要求する; 〔コンピュータに蓄えられたデータ⁴を〕呼び出す

ab|run·den [アップ・ルンデン] 分離
(rundete ab; abgerundet; 現了h)
他 ❶ 《④と》〔角などを〕丸くする
❷ 《④と》〔数などの〕端数を切り捨てる(☆ まれに「切り上げる」ことを意味する)
❸ 《④と》〔報告・プログラム・味などを〕完全なものにする, 仕上げる

ab·rupt [アブルプト] 形 (終わりなどが)突然の, 出し抜けの, 唐突な;《副詞的に》突然, 急に

ab|rüs·ten [アップ・リュステン] 分離
(rüstete ab; abgerüstet; 現了h)
自 軍備を縮小する (反 aufrüsten) ▷ Die Großmächte *rüsten ab*. 大国は軍備を縮小する

Ab·rüs·tung [アップ・リュストゥング] 囡 *die* (働 2格 -; 働 なし) 軍備縮小

ab|rut·schen [アップ・ルッチェン] 分離
(rutschte ab; abgerutscht; 現了s)
自 ❶ (支えを失って)すべり落ちる, わきにすべる; (車が)スリップする
❷ 《口語》(成績などが)落ちる, 悪くなる

ab|sä·beln [アップ・ゼーベルン] 分離
(säbelte ab; abgesäbelt; 現了h)
他 《口語》《④と》〔肉などを〕雑なやり方で切り取る

ab|sa·cken [アップ・ザッケン] 分離
(sackte ab; abgesackt; 現了s)
自 《口語》❶ (地面などが)沈む
❷ (飛行機がエアポケットに入り)急激に高度を下げる
❸ (成績などが)落ちる, 悪くなる

Ab·sa·ge [アップ・ザーゲ] 囡 *die* (働 2格 -; 働 -n) (招待などに対する)断り, 拒絶 (反 Zusage)

ab|sa·gen [アップ・ザーゲン] 分離
(sagte ab; abgesagt; 現了h)
他 ❶ 《④と》〔計画したものを〕取りやめにする ▷ eine Veranstaltung *absagen* 催しを取りやめる
❷ 《③+④と》〔…³に…⁴の〕取りやめ〈取り消し〉を通知する ▷ Er *sagte* ihr seinen Besuch *ab*. 彼は彼女に訪問できないと通知した // Wir müssen leider *absagen*. 私たちは残念ながら取りやめねばなりません

ab|sah·nen [アップ・ザーネン] 分離
(sahnte ab; abgesahnt; 現了h)
他 《口語》《④と》〔大金などを〕まんまとせしめる

Ab·satz [アップ・ザッツ] 男 *der* (働 2格 -es; 働

..sätze)
❶ (文章の)**段落**, 節 ▷ im letzten *Absatz* 最後の節で / einen *Absatz* machen 改行する
❷ (階段の)踊り場
❸ (靴の)かかと
❹ 〖[複] はまれ〗(商品などの)売れ行き ▷ Diese Ware findet guten *Absatz.* この商品はよく売れる

ab|sau·gen [アップ·ザオゲン] [分離]
(saugte ab; abgesaugt; [完了]h)
[他] ❶ 〖④と〗〔ほこり·水など⁴を〕吸い取る
❷ 〖④と〗〔じゅうたんなど⁴を〕(掃除機などで)きれいにする

ab|schaf·fen [アップ·シャッフェン] [分離]
(schaffte ab; abgeschafft; [完了]h)
[他] 〖④と〗〔法律など⁴を〕**廃止する**, 撤廃する ▷ die Todesstrafe *abschaffen* 死刑を廃止する

Ab·schaf·fung [アップ·シャッフング] [女] *die* ([単] 2 格 –; [複] なし) (法律などの)廃止, 撤廃

ab|schal·ten [アップ·シャルテン] [分離]
(schaltete ab; abgeschaltet; [完了]h)
— [他] ❶ 〖④と〗〔‥⁴の〕スイッチを切る ([反] anschalten) ▷ den Fernseher *abschalten* テレビのスイッチを切る
❷ 〖④と〗〔‥⁴を〕(スイッチで)切る, 遮断する ▷ Der Strom wurde *abgeschaltet.* 電流が遮断された
— [自] 《口語》 ❶ (興味を失い)注意を傾けなくなる ▷ Einige Zuhörer hatten bereits *abgeschaltet.* 何人かの聴衆はすでにもう聞いていなかった
❷ 心配ごとなどを忘れる ▷ im Urlaub einmal richtig *abschalten* 休暇をとって一度しっかり休息する

ab·schät·zig [アップ·シェッツィヒ] [形] (発言などが)軽蔑(けいべつ)的な, 見下した

Ab·schaum [アップ·シャオム] [男] *der* ([単] 2 格 –s; [複] なし) (人間の)くず

Ab·scheu [アップ·ショイ] [男] *der* ([単] 2 格 –[e]s; [複] なし) 嫌悪の念 ▷ Vor ihm hatte sie tiefen *Abscheu.* 彼のことを彼女はひどく忌み嫌っていた

ab·scheu·lich [アプショイリヒ]
— [形] ❶ いやな, 吐き気を催すような ▷ Das schmeckt *abscheulich.* これはひどい味だ
❷ (特に道徳的に)嫌悪すべき, けしからぬ ▷ eine *abscheuliche* Tat 嫌悪すべき行為
— [副] 《口語》《否定的な意味合いで》ひどく, やけに ▷ Es ist *abscheulich* kalt. やけに寒い

ab|schi·cken [アップ·シッケン] [分離]
(schickte ab; abgeschickt; [完了]h)
[他] 〖④と〗〔手紙など⁴を〕発送する ▷ einen Brief 〈ein Paket〉 *abschicken* 手紙〈小包〉を発送する

ab|schie·ben [アップ·シーベン] [分離]
(schob ab; abgeschoben; [完了]h)
[他] ❶ 〖④+von+③と〗〔‥⁴を壁際など³から〕(押して)少し離す, ずらす
❷ 〖④+auf+④と〗〔仕事·責任など⁴を‥⁴に〕押しつける, 転嫁する
❸ 〖④と〗〔難民など⁴を〕国外に追放する, 強制送還する

Ab·schied [アップシート] [男] *der* ([単] 2 格 –s 〈まれに –es〉; まれに [複] –e)
別れ ▷ ein trauriger *Abschied* 悲しい別れ
[イディオム] ④+***zum Abschied küssen*** ‥⁴に別れのキスをする
von+③ ***Abschied nehmen*** ‥³に別れを告げる

Ab·schieds·fei·er [アップシーツ·ファイアー] [女] *die* ([単] 2 格 –; [複] –n) 送別会

Ab·schieds·kuss ([旧] ..kuß) [アップシーツ·クス] [男] *der* ([単] 2 格 –es; [複] ..küsse) 別れのキス

Ab·schieds·par·ty [アップシーツ·パーティ] [女] *die* ([単] 2 格 –; [複] –s) お別れパーティー

ab|schie·ßen [アップ·シーセン] [分離]
(schoss ab; abgeschossen; [完了]h)
[他] ❶ 〖④と〗〔弾丸·魚雷など⁴を〕**発射する** ▷ eine Rakete 〈ein Gewehr〉 *abschießen* ロケット〈小銃〉を発射する
❷ 〖④と〗〔動物⁴を〕撃ち殺す
❸ 〖④と〗〔戦車など⁴を〕撃破する; 〔飛行機⁴を〕撃墜する ▷ Das Flugzeug wurde *abgeschossen.* 飛行機は撃墜された
❹ 〖③+④と〗〔‥³から‥⁴を〕(砲撃によって)失わせる ▷ Ihm wurden im Krieg beide Beine *abgeschossen.* 彼は戦争で両足を失った
❺ 《口語》〖④と〗〔政治家など⁴を〕失脚させる

ab|schin·den [アップ·シンデン] [分離]
(schindete ab; abgeschindet; [完了]h)
[再] 《口語》〖[sich]⁴と〗ひどく苦労する

ab|schir·men [アップ·シルメン] [分離]
(schirmte ab; abgeschirmt; [完了]h)
[他] 〖④と〗〔‥⁴を〕守る ▷ die Augen mit der Hand *abschirmen* 目を手で守る

ab|schlach·ten [アップ·シュラハテン] [分離]
(schlachtete ab; abgeschlachtet; [完了]h)
[他] 〖④と〗〔‥⁴を〕虐殺する; 〔家畜など⁴を〕(やむを得ず)殺す

Ab·schlag [アップ·シュラーク] [男] *der* ([単] 2 格 –[e]s; [複] ..schläge) 分割払い; 割引き, 値引き

ab|schla·gen [アップ·シュラーゲン] [分離]
(er schlägt ab; schlug ab; abgeschlagen; [完了]h)
[他] ❶ 〖④と〗〔‥⁴を〕たたき落とす, 打ち落とす ▷ einen Ast abschlagen 枝をたたき落とす / Er hat Nüsse mit einem Stock *abgeschlagen.* 彼はクルミを棒でたたき落とした
❷ 〖③+④と〗〔‥³の依頼など⁴を〕はねつける, 断る

ab·schlä·gig [アップ・シュレーギヒ] 形 拒絶の，断りの ▷ eine *abschlägige* Antwort bekommen 断りの返事をもらう

Ab·schlepp·dienst [アップ・シュレップ・ディーンスト] 男 *der* (⊕ 2格 -[e]s; ⊕ -e) (故障車・事故車の)牽引営業，レッカーサービス

ab|schlep·pen [アップ・シュレッペン] 分離
(schleppte ab; abgeschleppt; 匿了h)
—他【4と】[…⁴を]引きずって行く，牽引する ▷ das falsch geparkte Auto *abschleppen* 駐車違反の車を牽引する
—再《口語》《sich》[…⁴+mit+③と][…³を]苦労して運ぶ ▷ Er hat sich mit dem Koffer *abgeschleppt*. 彼はトランクを苦労して運んだ

ab|schlie·ßen [アップ・シュリーセン] 分離
(du, er schließt ab; schloss ab; abgeschlossen; 匿了h)
—他 ❶【4と】[ドア・部屋など⁴を]鍵をかけて閉める ▷ die Tür *abschließen* ドアに鍵をかける / Er hat das Zimmer *abgeschlossen*. 彼は部屋に鍵をかけた
❷【4と】[…⁴を](所定の成果を上げて)完了する，終了する，締めくくる ▷ das Studium mit dem Examen *abschließen* 試験を受けて大学での勉学を修了する / 《事物を主語にして》Ein Feuerwerk *schloss* die Feierlichkeiten *ab*. 花火が祭典を締めくくった
❸【4と】(契約などを)結ぶ; […⁴の)契約を結ぶ
❹【4と】[…⁴を]隔離する，遮断する ▷ Das Dorf wurde durch die Lawine von der Umwelt *abgeschlossen*. 村は雪崩で外界から遮断された / 《再帰的に》Er *schließt* sich von der Umwelt *ab*. 彼は世間との交渉を絶つ
—自【mit+③と】[…³で]終わる ▷ Der Roman *schließt* mit einem Happyend *ab*. その小説はハッピーエンドで終わる

Ab·schluss [アップ・シュルス] 男 *der* (⊕ 2格 -es; ⊕ ..schlüsse)
❶ (⊕ なし) (所定の成果を上げた)終了，完結 ▷ nach *Abschluss* des Studiums 大学を修了したのち / einen *Abschluss* machen 修了試験に合格する
❷ (契約などの)締結
《イディオム》*zum Abschluss* 締めくくりに ▷ *zum Abschluss* ein Lied singen 締めくくりに歌を1曲歌う
zum Abschluss kommen (仕事などが)終わる

Ab·schluß 〈旧つづり〉 Abschluss

Ab·schluss·prü·fung (⊕ ..schluß..)
[アップ・シュルス・プリューフング] 女 *die* (⊕ 2格 -; ⊕ -en) 終了〈卒業〉試験

Ab·schluss·zeug·nis (⊕ ..schluß..)
[アップ・シュルス・ツォイクニス] 中 *das* (⊕ 2格 ..nisses; ⊕ ..nisse) 修了証書，卒業証明書

ab|schme·cken [アップ・シュメッケン]
(schmeckte ab; abgeschmeckt; 匿了h)
—他 ❶【4と】[…⁴の]味をみる ▷ eine Speise *abschmecken* 食事の味をみる
❷【4と】[…⁴の]味を(調味料で)調える

ab|schmie·ren [アップ・シュミーレン] 分離
(schmierte ab; abgeschmiert; 匿了h)
—他【4と】[機械など⁴に]潤滑油〈グリス〉をさす

ab|schnei·den [アップ・シュナイデン] 分離
(schnitt ab; abgeschnitten; 匿了h)
—他 ❶【4と】[…⁴を]切り取る，切り落とす ▷ eine Scheibe Brot *abschneiden* パンを1切れ切り取る / Ich habe mir mit dem Messer fast den Daumen *abgeschnitten*. 私は危うく親指を切り落とすところだった
❷【4と】(髪など⁴を)(切って)短くする ▷ die Haare *abschneiden* 髪をカットする / sich³ die Fingernägel *abschneiden* つめを切る
❸【4と】[…⁴を](周囲から)遮断する，孤立させる ▷ Das Dorf war vier Tage lang *abgeschnitten*. [状態受動] その村は4日間孤立状態にあった
《イディオム》③+*das Wort abschneiden* …³のことばを遮る
③+*den Weg abschneiden* …³より手回りする
—自【前題と】(…の)成果を収める ▷ Er hat im Examen gut *abgeschnitten*. 彼は試験でよい成績を収めた

Ab·schnitt [アップ・シュニット] 男 *der* (⊕ 2格 -[e]s; ⊕ -e)
❶ (本の)節 ▷ Ich muss noch den letzten *Abschnitt* überarbeiten. 私はまだ最後の節に手を入れなければならない
❷ (切り取った)部分; (入場券の)半券; (用紙などの)控え; (郵便為替の)受領票
❸ (人生などの)一時期

ab|schnü·ren [アップ・シュニューレン] 分離
(schnürte ab; abgeschnürt; 匿了h)
—他【4と】[…⁴を]ひもなどで縛って血行を止める ▷ den Arm *abschnüren* 腕を縛って血行を止める
《イディオム》③+*die Luft abschnüren* …³を息ができなくする

ab|schre·cken [アップ・シュレッケン] 分離
(schreckte ab; abgeschreckt; 匿了h)
—他 ❶【4と】[…⁴を]おじけづかせる，ひるませる
❷《料理》【4と】[…⁴を](水などに入れて)急に冷やす

ab·schre·ckend [アップ・シュレッケント] 形 見せしめの ▷ ein *abschreckendes* Beispiel 見せしめ

ab|schrei·ben [アップ・シュライベン] 分離
(schrieb ab; abgeschrieben; 匿了h)
—他 ❶【4と】[…⁴を]書き写す; 清書する ▷ einen Text *abschreiben* テキストを書き写す

Abschrift

❷ 〖④と〗〔他人の書いたものなど⁴を〕許可なく書き写す, カンニングする ▷ Er *schreibt* die Schularbeiten von seinem Nachbarn *ab*. 彼は宿題を隣の生徒のを見て書き写す

❸《口語》〖④と〗〔‥⁴を〕(ないものとして)あきらめる ▷ Das habe ich längst *abgeschrieben*. そのことは私はとっくにあきらめている

❹〖④と〗〔鉛筆など⁴を〕書き減らす

— 自〖③と〗〔‥³に〕断りの手紙を書く ▷ Ich musste ihm leider *abschreiben*. 私は残念ながら彼に断りの手紙を書かなければならなかった

Ab·schrift [アップ·シュリフト] 女 die (複 2格-; 複-en) 写し, コピー (=Kopie) ▷ in *Abschrift* コピーで

Ab·schuss [アップ·シュス] 男 der (複 2格-es; 複 ..schüsse)

❶ (弾丸·ロケットなどの)発射

❷ (獲物を)射止めること ▷ Wild zum *Abschuss* freigeben 獣〈鳥〉を射撃の的にするために解き放つ

Ab·schuß 〔旧⇨新〕 Abschuss

ab·schüs·sig [アップ·シュスィヒ] 形 (道などが)傾斜の急な

ab|schüt·teln [アップ·シュッテルン] 分離
(schüttelte ab; abgeschüttelt; 完了h)
他〖④と〗〔‥⁴を〕振るい落とす ▷ den Schnee vom Mantel *abschütteln* コートを振って雪を落とす

ab|schwä·chen [アップ·シュヴェッヒェン] 分離
(schwächte ab; abgeschwächt; 完了h)
— 他〖④と〗〔ことばの調子など⁴を〕弱める, やわらげる ▷ Er hat seine Äußerungen *abgeschwächt*. 彼は発言内容をやわらげた

— 再〖(sich)④と〗弱まる, やわらぐ ▷ Das Interesse *schwächte* sich allmählich *ab*. 関心が徐々に薄れた

ab|schwat·zen [アップ·シュヴァッツェン] 分離
(schwatzte ab; abgeschwatzt; 完了h)
他《口語》〖③+④と〗〔お金など⁴を‥³から〕(次から次へと)適当なことを言ってせしめる

ab|schwei·fen [アップ·シュヴァイフェン] 分離
(schweifte ab; abgeschweift; 完了s)
自 (話が)わき道にそれる ▷ Er *schweifte* oft vom Thema *ab*. 彼の話はしばしばテーマからそれた

ab|schwen·ken [アップ·シュヴェンケン] 分離
(schwenkte ab; abgeschwenkt; 完了s)
自 (隊列などが)向きを変える

ab|schwir·ren [アップ·シュヴィレン] 分離
(schwirrte ab; abgeschwirrt; 完了s)
自《口語》立ち去る

ab|schwö·ren [アップ·シュヴェーレン] 分離
(schwor ab; abgeschworen; 完了h)
自〖文語〗〖③と〗〔誓いをたてて〕〔悪い習慣など³

と〕関係を断つ, 縁を切る;〔教義など³を〕捨てる

ab|se·hen [アップ·ゼーエン] 分離
(er sieht ab; sah ab; abgesehen; 完了h)
— 自 ❶〖von+③と〗〔‥³を〕思いとどまる, 見合わせる ▷ Wir wollen von einer Bestrafung *absehen*. 私たちは処罰をしないつもりだ

❷〖von+③と〗〔‥³を〕問題にしない, 度外視する ▷ Von kleinen Fehlern wollen wir zunächst *absehen*. 小さなまちがいはさしあたり問題にしないことにしよう

— 他〖④と〗〔‥⁴を〕予測する (☆ ふつう否定詞と) ▷ Die Folgen lassen sich nicht *absehen*. 結果は予測がつかない

イディオム *es auf*+④ *abgesehen haben* ‥⁴にねらいをつけている ▷ Sie *hat es auf* ihn *abgesehen*. 彼女は彼が目当てだ / Sie *hat es nur auf* sein Geld *abgesehen*. 彼女は彼の金だけが目当てだ

ab|sein [アップ·ザイン] (er ist ab; war ab; abgewesen; 完了s) 自 abgesehen; 完了h) **ab sein** (分けて書く) ☞ ab

ab·sei·tig [アップ·ザイティヒ] 形 (興味などが)ふつうでない, 風変わりな; 異常な

ab·seits [アップ·ザイツ]
— 前〖②支配〗…から離れて ▷ *Abseits* des Weges steht ein Gasthaus. 道から離れて飲食店が1軒立っている

— 副 (ある場所から)離れたところに ▷ Sein Haus liegt *abseits*. 彼の家は離れたところにある / *abseits* vom Dorf 村から離れたところに

ab|sen·den [アップ·ゼンデン] 分離 (sendete 〈sandte〉 ab; abgesendet 〈abgesandt〉; 完了h)
他 ❶〖④と〗〔郵便物など⁴を〕発送する (=abschicken)

❷〖④と〗〔使者など⁴を〕派遣する

Ab·sen·der [アップ·ゼンダー] 男 der (複 2格-s; 複 -) 差出人, 発送人 (略 Abs.;「受取人」は Empfänger) ▷ *Absender* nicht vergessen! 差出人の住所などをお忘れなく

ab|ser·vie·ren [アップ·ゼルヴィーレン] 分離
(servierte ab; abserviert; 完了h)
他 ❶《口語》〖④と〗〔‥⁴を〕首にする

❷〖④と〗(食べ終わった食器を)下げる

ab|set·zen [アップ·ゼッツェン] 分離
(setzte ab; abgesetzt; 完了h)
— 他 ❶〖④と〗〔帽子·めがねなど⁴を〕取る, 取りはずす (反 aufsetzen) ▷ den Hut *absetzen* 帽子を取る / Setz mal die Maske *ab*! マスクを取れ

❷〖④と〗〔荷物など⁴を〕下へ置く ▷ Sie *setzte* den Koffer *ab*. 彼女はトランクを下へ置いた

❸〖④と〗〔同乗者など⁴を〕(ある場所まで乗せて行き)降ろす ▷ Könnten Sie mich bitte am Bahnhof *absetzen*? 私を駅で降ろしていただけますか

[A]

❹ 〚④と〛〔使用しているもの⁴を〕(一時的に)わきに置く(☆ その際何かの行為を中断する) ▷ Er *setzte* das Glas vom Mund *ab.* 彼はグラスを口から離した(飲むことをやめる)
❺ 〚④と〛〔薬⁴の〕使用を中断する
❻ 〚④と〛〔‥⁴を〕沈積〈沈殿〉させる ▷ Der Fluss *setzt* Schlamm *ab.* 川に泥が沈積する
❼ 〚④と〛〔‥⁴を〕解任〈罷免〉する
❽ 〚④と〛〔‥⁴を〕削除する;〔必要経費など⁴を〕(税金などから)控除する ▷ ein Konzert vom Spielplan *absetzen* コンサートを演目からはずす
❾ 〚④と〛〔‥⁴を〕(大量に)売りさばく
― [再] ❶ 〚[sich]⁴と〛(泥などが)沈積〈沈殿〉する
❷ 〚[sich]⁴と〛(他の国へ)逃走する, 逃亡する ▷ Er hat sich in den Westen *abgesetzt.* 彼は西側に逃亡した

Ab·sicht [アップ・ズィヒト] [女] *die* ([単] 2 格 −; [複] −en)
意図; 計画, もくろみ ▷ böse *Absicht* 悪意 / 〚zu 不定詞句と〛 Er hat die *Absicht* zu kommen. 彼は来るつもりでいる
[イディオム] ***mit Absicht*** わざと
ohne Absicht 何気なく, うっかり

ab·sicht·lich [アップ・ズィヒトリヒ] [形] 故意の, 意図的な; 〚副詞的に〛 わざと ▷ eine *absichtliche* Beleidigung 故意の侮辱 / Das hat er *absichtlich* getan. それは彼はわざとやったのだ

ab|sit·zen [アップ・ズィッツェン] [分離]
(saß ab; abgesessen)
― [自] 〚[完了]s〛(主に馬から)下りる([反] aufsitzen)
― [他] 〚[完了]h〛《口語》 ❶ 〚④と〛〔‥⁴の〕刑期を勤め上げる ▷ drei Jahre *absitzen* 3 年の刑期を終える
❷ 〚④と〛〔一定の時間⁴を〕ただ漫然と過ごす ▷ Er *sitzt* jeden Tag seine acht Stunden im Büro *ab.* 彼は毎日 8 時間ただ漫然と事務所で過ごしている

ab·so·lut [アブゾルート]
― [形] ❶ 絶対の, 絶対的な([反] relativ) ▷ die *absolute* Mehrheit 絶対多数 / *absolute* Ruhe 絶対安静
❷ 完全な, 完璧な ▷ *absolute* Glaubensfreiheit 完全な信教の自由 / *absolutes* Vertrauen 無条件の信頼
❸ (君主などが)専制的な
― [副] 絶対に, まったく ▷ Das ist *absolut* unmöglich. それは絶対に不可能だ

Ab·so·lu·ti·on [アブゾルツィオーン] [女] *die* ([単] 2 格 −; [複] −en) 《カトリック》 罪の赦し

Ab·so·lu·tis·mus [アブゾルティスムス] [男] *der* ([単] 2 格 −; [複] なし) 《政治》 絶対主義; 絶対王制, 専制君主制

ab·sol·vie·ren [アブゾルヴィーレン]
(absolvierte; absolviert; [完了]h)
[他] ❶ 〚④と〛〔学校など⁴を〕卒業する;〔一定の課程⁴を〕修了する ▷ das Gymnasium *absolvieren* ギムナジウムを卒業する
❷ 〚④と〛〔課題など⁴を〕やり遂げる
❸ 〚④と〛〔試験など⁴に〕合格する

ab|son·dern [アップ・ゾンデルン] [分離]
(sonderte ab; abgesondert; [完了]h)
― [他] ❶ 〚④と〛〔感染症患者など⁴を〕隔離する ▷ die kranken Tiere von den gesunden *absondern* 病気の動物を健康な動物から引き離す
❷ 〚④と〛〔汗・膿・唾液など⁴を〕分泌する ▷ Die Wunde *sondert* Eiter *ab.* 傷から膿が出ている
― [再] 〚[sich]⁴+von+③と〛〔周囲³との〕接触を避ける, 交際を断つ ▷ Er *sondert* sich von seinen Bekannten *ab.* 彼は知人たちとの交際を断っている

Ab·son·de·rung [アップ・ゾンデルング] [女] *die* ([単] 2 格 −; [複] −en)
❶ (汗・膿などの)分泌物
❷ 〚[複] なし〛(汗・膿などの)分泌

ab·sor·bie·ren [アブゾルビーレン]
(absorbierte; absorbiert; [完了]h)
[他] ❶ 《化学など》 〚④と〛〔蒸気・放射線など⁴を〕吸収する
❷ 〚④と〛(仕事などが)〔‥⁴の〕時間・体力を必要とする(「時間をうばったり体力を消耗させる」の意)

ab|spal·ten [アップ・シュパルテン] [分離]
(spaltete ab; abgespaltet 〈abgespalten〉; [完了]h)
― [他] 〚④と〛(丸太などから)〔薪など⁴を〕割って作る
― [再] 〚[sich]⁴+von+③と〛(一部のグループが)〔‥³から〕分離する

ab|span·nen [アップ・シュパネン] [分離]
(spannte ab; abgespannt; [完了]h)
[他] 〚④と〛〔馬・馬車など⁴を〕はずす ▷ das Pferd *abspannen* 馬をはずす

Ab·span·nung [アップ・シュパヌング] [女] *die* ([単] 2 格 −; [複] なし) (肉体的・精神的な)疲労

ab|spa·ren [アップ・シュパーレン] [分離]
(sparte ab; abgespart; [完了]h)
[再] 〚[sich]³+④+von+③と〛〔‥³を倹約して‥⁴を〕手に入れる

ab|spei·sen [アップ・シュパイゼン] [分離]
(speiste ab; abgespeist; [完了]h)
[他] 〚④と〛〔ものを頼みに来た人など⁴を〕(わずかなもので)体よく追い払う, 適当にあしらう

ab·spens·tig [アップ・シュペンスティヒ] [形] 〚成句で〛 ③+④+***abspenstig machen*** ‥³から‥⁴を奪い取る

ab|sper·ren [アップ・シュペレン] [分離]
(sperrte ab; abgesperrt; [完了]h)
[他] ❶ 〚④と〛〔‥⁴への〕通行を遮断する,〔‥⁴を〕閉

鎖する ▷ Die Polizei *sperrt* die Straße *ab*. 警察は道路を封鎖する
❷《南ドイ・オーストリア》【④と】〔部屋など⁴に〕鍵をかける

Ab·spra·che [アップ·シュプラーヘ] 囡 *die* (働 2 格 -; 働 -n) 取り決め, 申し合わせ ▷ eine geheime *Absprache* treffen 秘密の申し合わせをする

ab|spre·chen [アップ·シュプレッヒェン] 分離
(er spricht ab; sprach ab; abgesprochen; 完了h)
他 ❶ 【④と】[…⁴を]取り決める, 申し合わせる ▷ in Zusammentreffen *absprechen* 会合の約束をする / Wir müssen die neue Maßnahme *absprechen*. 私たちは新たな措置を取り決めねばならない
❷ 【③+④と】[…³に…⁴が]ないと言う ▷ Sie hat ihm den guten Willen *abgesprochen*. 彼女は彼には善意がないと言った

ab|sprin·gen [アップ·シュプリンゲン] 分離
(sprang ab; abgesprungen; 完了s)
自 (高い所・乗り物などから)飛び降りる

Ab·sprung [アップ·シュプルング] 男 *der* (働 2 格 -s; 働 ..sprünge) (高い所などから)飛び降りること

ab|stam·men [アップ·シュタメン] 分離
(stammte ab; abgestammt; 完了s, ただし完了はまれ)
自 ❶ 【von+③と】[…³の]子孫である ▷ Der Mensch *stammt* vom Affen *ab*. 人間の祖先は猿である
❷ 【von+③と】[…³に]由来する, […³から]派生する ▷ Dieses Wort *stammt* vom Lateinischen *ab*. この語の起源はラテン語だ

Ab·stam·mung [アップ·シュタムング] 囡 *die* (働 2 格 -; 働 なし) 血筋, 家系 ▷ Er ist von vornehmer *Abstammung*. 彼は高貴な生まれである

Ab·stand [アップ·シュタント] 男 *der* (働 2 格 -[e]s; 働 ..stände)
❶ (空間的・時間的な)隔たり, 間隔 ▷ der *Abstand* zwischen den Autos 車間距離 / in einem *Abstand* von zwei Jahren 2 年の間隔をおいて
❷ 【働 なし】(心理的な)距離 ▷ den gebührenden *Abstand* wahren (人とのつきあいで)適当な距離を保つ

(イディオム) *mit Abstand* ずばぬけて (☆ 最上級と) ▷ Das ist *mit Abstand* der beste Wein. それはずばぬけてよいワインだ
von+*Abstand nehmen* …³を断念する ▷ Er musste *von* dem Plan *Abstand nehmen*. 彼はその計画を断念しなければならなかった

ab|stat·ten [アップ·シュタッテン] 分離
(stattete ab; abgestattet; 完了h)
他 《文語》【成句で】③+*einen Besuch abstatten* …³を訪問する

③+*seinen Dank abstatten* …³にお礼を言う (☆ seinen は主語に応じて変える)

ab|stau·ben [アップ·シュタオベン] 分離
(staubte ab; abgestaubt; 完了h)
他 ❶ 【④と】[…⁴の]ほこりを払う ▷ die Bücher *abstauben* 本のほこりを払う
❷ 《口語》【④と】[…⁴を]くすねる, ちょろまかす

ab|ste·chen [アップ·シュテッヒェン] 分離
(er sticht ab; stach ab; abgestochen; 完了h)
自 【gegen+④】〈von+③〉と】[…⁴⁽³⁾と]著しく異なる; 対照〈コントラスト〉をなす ▷ Sie *stach* durch ihre Kleidung von den anderen *ab*. 彼女は服装で他の人と比べ際立っていた

Ab·ste·cher [アップ·シュテッヒャー] 男 *der* (働 2 格 -s; 働 -) (旅行中の)寄り道 ▷ einen *Abstecher* nach Köln machen ケルンへ寄り道をする

ab|ste·cken [アップ·シュテッケン] 分離
(steckte ab; abgesteckt; 完了h)
他 【④と】[…⁴に](杭などを打って)境界をつける, [コースなど⁴を]標示する

ab|ste·hen [アップ·シュテーエン] 分離
(stand ab; abgestanden; 完了h)
自 (体から)突き出している, 張り出している ▷ Ihre Zöpfe *stehen* weit *ab*. 彼女のお下げ髪は飛びはねている / 【現在分詞で】*abstehende* Ohren 張り出している耳

ab|stei·gen [アップ·シュタイゲン] 分離
(stieg ab; abgestiegen; 完了s)
自 ❶ 【von+③と】[乗り物・馬などから]おりる (働 aufsteigen) ▷ vom Fahrrad *absteigen* 自転車から降りる
❷ 【場所と】[…に]投宿する, 宿泊する ▷ Er ist in einem Hotel *abgestiegen*. 彼はホテルに宿泊した
❸ 《スポーツ》(チームが)下位リーグに落ちる

ab|stel·len [アップ·シュテレン] 分離
(stellte ab; abgestellt; 完了h)
他 ❶ 【④と】[手に持っているもの⁴を]下に置く ▷ Sie *stellt* ihren Koffer auf dem Bürgersteig *ab*. 彼女は持っていたトランクを歩道の上に置く (☆ 3・4 格支配の前置詞の場合, 3 格が用いられる)
❷ 【④と】[使わなくなったもの⁴を]一時的にしまう; [自転車・自動車など⁴を](わき道などに)一時的に止めておく ▷ die alten Möbel im Keller *abstellen* 古い家具を地下室にしまっておく
❸ 【④と】[機械など⁴の]作動を止める; [水道・ガスなど⁴を]止める
❹ 【④と】[欠陥など⁴を]除去する
❺ 【④+auf+④と】[…⁴を…⁴に]合わせる ▷ Das Programm wurde ganz auf den Publikumsgeschmack *abgestellt*. この番組は完全に視聴者の好みに合わせてつくられた

ab|stem·peln [アップ·シュテムペルン] 分離

①, ②, ③, ④=1 格, 2 格, 3 格, 4 格の名詞

(stempelte ab; abgestempelt; [完了]h)
[他]〘④と〙〔証明書など⁴に〕スタンプを押す

ab|ster·ben [アップ·シュテルベン] [分離]
(er stirbt ab; starb ab; abgestorben; [完了]s)
[自] ❶ (植物が)枯れていく
❷ (手足·指先などの)感覚がなくなる, しびれる
▷ Meine Füße sind *abgestorben.* 私は足がしびれた

Ab·stieg [アップ·シュティーク] [女] *der* ([単] 2格 -[e]s; [複] -e)
❶〘[複] はまれ〙(高い所から)下りること; 下山 ([反] Aufstieg) ▷ den *Abstieg* vom Gipfel beginnen 頂上からの下山を始める /《比ゆ》ein wirtschaftlicher *Abstieg* 経済的衰退
❷ 下り坂 ▷ ein steiler *Abstieg* 急な下り坂

ab|stim·men [アップ·シュティメン] [分離]
(stimmte ab; abgestimmt; [完了]h)
— [自] 投票する, 採決する ▷ geheim *abstimmen* 秘密投票をする
— [他] 〘④+auf+④と〙〔··⁴を··⁴に〕適応させる ▷ Er *stimmt* seine Rede auf die Zuhörer *ab.* 彼はスピーチの内容を聴衆に合わせる

Ab·stim·mung [アップ·シュティムング] [女] *die* ([単] 2格 -; [複] -en)
❶ 投票, 票決 ▷ Der Antrag ist zur *Abstimmung* gekommen. その提案は票決に付された
❷ 適応させること ▷ die *Abstimmung* der Vorträge mit dem Programm 講演内容をプログラムに合わせること

abs·ti·nent [アプスティネント] [形] 節制している; (特に)禁酒の ▷ *abstinent* leben 禁酒の生活をおくる

ab|stop·pen [アップ·シュトッペン] [分離]
(stoppte ab; abgestoppt; [完了]h)
[他] ❶〘④と〙〔車など⁴を〕止める, 停止させる
❷〘④と〙〔時間など⁴を〕ストップウォッチで測る

ab|sto·ßen [アップ·シュトーセン] [分離]
(er stößt ab; stieß ab; abgestoßen; [完了]h)
[他] ❶〘④と〙〔··⁴を〕突いて離す ▷ das Boot vom Ufer *abstoßen* ボートを岸から突き離す
❷〘④と〙〔··⁴を〕(急いで)売り払う, 処分する ▷ Er hat alle Aktien *abgestoßen.* 彼は株券をすべて(下落する前に)処分した
❸〘④と〙(あることが)〔··⁴に〕反発を感じさせる, 反感を起こさせる
[イディオム] ***Schulden abstoßen*** 借金をさっさと返す

ab·sto·ßend [アップ·シュトーセント] [形] (態度などが)反発を起こさせる

ab|stot·tern [アップ·シュトッテルン] [分離]
(stotterte ab; abgestottert; [完了]h)
[他]《口語》〘④と〙〔車など⁴の〕代金を分割で支払う

abs·tra·hie·ren [アプストラヒーレン]
(abstrahierte; abstrahiert; [完了]h)
— [他]〘④と〙〔一般性など⁴を〕引き出す
— [自]《文語》〘von+③と〙〔··³を〕考慮に入れない, 度外視する

ab|strah·len [アップ·シュトラーレン] [分離]
(strahlte ab; abgestrahlt; [完了]h)
[他]〘④と〙〔熱など⁴を〕放射する

abs·trakt [アプストラクト] [形] 抽象的な ([反] konkret) ▷ *abstrakte* Begriffe 抽象概念

ab|strei·ten [アップ·シュトライテン] [分離]
(stritt ab; abgestritten; [完了]h)
[他]〘④と〙〔··⁴を〕否認する ▷ Er *streitet* es *ab,* dabei gewesen zu sein. 彼はその場に居合わせなかったと主張する

Ab·strich [アップ·シュトリヒ] [男] *der* ([単] 2格 -[e]s; [複] -e)〘ふつう [複] で〙(経費などの)削減, 減額

abs·trus [アプストルース] [形] (考えなどが)分かりにくい, 混乱した, 支離滅裂な

ab|stu·fen [アップ·シュトゥーフェン] [分離]
(stufte ab; abgestuft; [完了]h)
[他] ❶〘④と〙〔給料など⁴に〕等級をつける; 〔色⁴に〕濃淡をつける
❷〘④と〙〔斜面など⁴を〕階段状にする

ab|stump·fen [アップ·シュトゥムプフェン] [分離]
(stumpfte ab; abgestumpft)
— [他]〘[完了]h〙 ❶〘④と〙〔··⁴を〕(物事に対して)鈍感〈無関心〉にする ▷ Diese Erlebnisse haben ihn *abgestumpft.* これらの体験は彼を何事にも無関心な人間にした
❷〘④と〙〔とがった部分⁴を〕丸くする ▷ eine Kante *abstumpfen* 角を丸くする
— [自]〘[完了]s〙(物事に対して)鈍感〈無関心〉になる

Ab·sturz [アップ·シュトゥルツ] [男] *der* ([単] 2格 -es; [複] ..stürze) 墜落 ▷ bei dem *Absturz* des Flugzeuges 飛行機の墜落の際に

ab|stür·zen [アップ·シュテュルツェン] [分離]
(stürzte ab; abgestürzt; [完了]s)
[自] (高いところから)墜落する, 転落する ▷ Ein Flugzeug *stürzte ab.* 飛行機が墜落した

ab|stüt·zen [アップ·シュテュッツェン] [分離]
(stützte ab; abgestützt; [完了]h)
— [他]〘④と〙〔地下道·壁など⁴を〕(崩れ落ちないように)支柱で支える
— [再]〘[sich]⁴+von+③と〙〔床·壁など³から〕(手足をつっぱって)身体を離した状態にする

ab·surd [アプズルト] [形] (考えなどが)不条理な, ばかげた ▷ eine *absurde* Idee ばかげた考え

Abs·zess [アプスツェス] [男] *der* ([単] 2格 -es; [複] -e)《医学》膿瘍

Ab·szeß [旧⇒新] Abszess

Abt [アプト] [男] *der* ([単] 2格 -[e]s; [複] Äbte) 修道

院長

Äb·te [エプテ] Abt の [複数]

ab|tau·en [アップ・タオエン] [分離]
(taute ab; abgetaut)
— [他] 〖[完了]h〗 〖[4]と〗 〔‥^{4}の〕氷を溶かす ▷ Er hat den Kühlschrank *abgetaut*. 彼は冷蔵庫の霜を取った
— [自] 〖[完了]s〗 氷が溶けてなくなる; (氷が)溶ける ▷ Die Fenster sind *abgetaut*. 窓の氷が溶けてなくなった

Ab·teil [アプ・タイル] [中] *das* ([単] 2 格 -[e]s; [複] -e)
(客車内の)**仕切られた車室**, コンパートメント

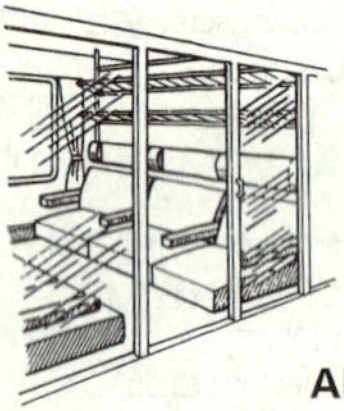

Abteil

Ab·tei·lung [アプ・タイルング] [女] *die* ([単] 2 格 -; [複] -en)
(大きな組織の)**部門**, 部局 ([略] Abt.)

ab|tip·pen [アップ・ティッペン] [分離]
(tippte ab; abgetippt; [完了]h)
[他]《口語》〖[4]と〗〔手書き原稿など^{4}を〕タイプライターで打つ

Äb·tis·sin [エプティッスィン] [女] *die* ([単] 2 格 -; [複] ..sinnen) Abt の女性形

ab|tö·ten [アップ・テーテン] [分離]
(tötete ab; abgetötet; [完了]h)
[他]〖[4]と〗〔バクテリア・菌など^{4}を〕(残らず)殺す

ab|tra·gen [アップ・トラーゲン] [分離]
(er trägt ab; trug ab; abgetragen; [完了]h)
[他] ❶ 〖[4]と〗〔地面の一部など^{4}を〕取り除く ▷ das verseuchte Erdreich *abtragen* 汚染された地面を取り除く
❷ 〖[4]と〗 (水などが土などを運び去って)〔起伏のある場所^{4}を〕平らにする
❸ 〖[4]と〗〔老朽化した建物など^{4}を〕取り壊す ▷ eine Mauer *abtragen* 壁を取り壊す
❹ 〖[4]と〗〔衣服^{4}を〕着古す; 〔靴^{4}を〕履き古す

ab·träg·lich [アップ・トレークリヒ] [形] 〖[3]と〗〔‥^{3}に〕害を与える, 〔‥^{3}を〕損なう (☆ ふつう述語として)

ab|trans·por·tie·ren [アップ・トランスポルティーレン] [分離] (transportierte ab; abtransportiert; [完了]h)
[他] 〖[4]と〗〔‥^{4}を〕(乗り物で)運び去る, 搬出する ▷ Der Verletzte wurde ins Krankenhaus *abtransportiert*. 負傷者は病院に運ばれて行った

ab|trei·ben [アップ・トライベン] [分離]
(trieb ab; abgetrieben)
— [他] 〖[完了]h〗 ❶ 〖[4]と〗〔子供^{4}を〕下ろす ▷ ein Kind *abtreiben* 子供を下ろす // Sie hat im dritten Monat *abgetrieben*. 彼女は 3 ヵ月で下ろした
❷ 〖[4]と〗 (風・水などが)〔‥^{4}を〕押し流す ▷ Die Strömung hat ihn weit ins Meer *abgetrieben*. 潮流が彼を遠く沖へ押し流した
— [自]〖[完了]s〗(船・気球などが)押し流される

Ab·trei·bung [アップ・トライブング] [女] *die* ([単] 2 格 -; [複] -en)《医学》堕胎 ▷ eine *Abtreibung* vornehmen 堕胎を行う

ab|tren·nen [アップ・トレネン] [分離]
(trennte ab; abgetrennt; [完了]h)
[他]〖[4]と〗〔ついて〈つながって〉いるもの^{4}を〕切り離す, 切り取る ▷ den Abschnitt der Eintrittskarte *abtrennen* 入場券の半券を切り取る

ab|tre·ten [アップ・トレーテン] [分離]
(er tritt ab; trat ab; abgetreten)
— [他]〖[完了]h〗 ❶ 〖[4]と〗〔‥^{4}を〕譲る ▷ Er *tritt* mir seine Theaterkarte *ab*. 彼は私に芝居のチケットを譲ってくれる / Er hat seine Rechte an uns *abgetreten*. 彼は私たちに彼の権利を譲ってくれた
❷ 〖[4]と〗〔汚れ^{4}を〕(マットなどにこすりつけて)落とす ▷ den Schnee von den Schuhen *abtreten* 靴から雪を落とす
❸ 〖[4]と〗〔じゅうたんなど^{4}を〕すり切れた〈すり減った〉状態にする
— [自]〖[完了]s〗(ある場所から)去る; (舞台から)退場する ▷ vom Podium *abtreten* 演壇から降りる

Ab·tre·ter [アップ・トレーター] [男] *der* ([単] 2 格 -s; [複] -) (玄関前の)靴ぬぐい, ドアマット

ab|trock·nen [アップ・トロックネン] [分離]
(du trocknest ab, er trocknet ab; trocknete ab; abgetrocknet)
— [他] 〖[完了]h〗 〖[4]と〗 〔‥^{4}の〕**水気をふき取る** ▷ das Geschirr *abtrocknen* 食器をふく / sich^3 die Hände *abtrocknen* 手を(タオルなどで)ふく / Die Mutter *trocknet* das Kind *ab*. 母親は子供の体をふく
— [自] 〖[完了]s〗 すっかり乾く ▷ Die Wäsche ist schnell *abgetrocknet*. 洗濯物がすぐに乾いた

ab·trün·nig [アップ・トリュニヒ] [形]《文語》不誠実な, 背いた ▷ Er ist seinem Glauben *abtrünnig* geworden. 彼は自分の信仰に背いた

ab|tun [アップ・トゥーン] [分離]
(tat ab; abgetan; [完了]h)
[他]〖[4]と〗〔抗議など^{4}を〕真剣に取り上げない, あっさりと退ける ▷ Er hat den Einwand mit einem Lachen *abgetan*. 彼は異議を一笑に付した

Abweichung

ab|tup·fen [アップ・トゥプフェン] 分離
(tupfte ab; abgetupft; 支配h)
他 ❶ 《④と》〔血など⁴を〕(綿などで軽くたたいて)取り去る
❷ 《④と》〔額など⁴を〕(綿などで軽くたたいて)きれいにする

ab|ver·lan·gen [アップ・フェアランゲン] 分離
(verlangte ab; abverlangt; 支配h)
他 《③+④と》〔…³にふつう以上のこと⁴を〕要求する

ab|wä·gen [アップ・ヴェーゲン] 分離
(wog〈まれに wägte〉ab; abgewogen〈まれに abgewägt〉; 支配h)
他 《④と》〔…⁴を〕慎重に検討する ▷ die Vor- und Nachteile *abwägen* プラス面とマイナス面を考える

ab|wäh·len [アップ・ヴェーレン] 分離
(wählte ab; abgewählt; 支配h)
他 《④と》〔…⁴を〕採決によって解任する

ab|wäl·zen [アップ・ヴェルツェン] 分離
(wälzte ab; abgewälzt; 支配h)
他 《④と》〔いやなこと⁴を〕(他人に)押しつける ▷ Er *wälzt* immer die Schuld auf einen andern *ab*. 彼はいつも責任を他人に転嫁する

ab|wan·deln [アップ・ヴァンデルン] 分離
(wandelte ab; abgewandelt; 支配h)
他 《④と》〔テーマなど⁴を〕(ふつう少しだけ)変える

ab|war·ten [アップ・ヴァルテン] 分離
(wartete ab; abgewartet; 支配h)
他 ❶ 《④と》〔…⁴の到着〈到来〉を待つ ▷ den Briefträger *abwarten* 郵便配達人の来るのを待つ / eine günstige Gelegenheit *abwarten* 好機の到来を待つ
❷ 《④と》〔…⁴の終わるのを待つ ▷ Wir haben das Gewitter *abgewartet*. 私たちは雷雨の収まるのを待った
イディオム *Abwarten und Tee trinken!* まあ落ち着きなさい(←待ちながらお茶でも飲みなさい)

ab·wärts [アップ・ヴェルツ]
副 下方へ (⇔ aufwärts) ▷ Die Straße führt *abwärts*. 道路は下り坂だ
イディオム *es geht mit*+③ *abwärts* 《口語》…³の状況などが悪くなる, 悪化する

ab|wärts|ge·hen [アップ・ヴェルツ・ゲーエン] 分離
(ging abwärts; abwärtsgegangen; 支配s) 自
(旧⇒新) **abwärts gehen** (分けて書く) ☞ abwärts

ab|wa·schen [アップ・ヴァッシェン] 分離
(er wäscht ab; wusch ab; abgewaschen; 支配h)
他 ❶ 《④と》〔…⁴を〕洗ってきれいにする ▷ Er *wäscht* das Geschirr *ab*. 彼は食器を洗ってきれいにする // Wir müssen noch *abwaschen*. 私たちはまだ食器を洗わなければならない
❷ 《④と》〔汚れなど⁴を〕洗い落とす ▷ Er hat den Schmutz vom Auto *abgewaschen*. 彼は自動車の汚れを洗い落とした

Ab·was·ser [アップ・ヴァッサー] 中 *das* (⊕ 2格 -s; ⊕ ..wässer) 廃水, 下水, 汚水

ab|wech·seln [アップ・ヴェクセルン] 分離
(wechselte ab; abgewechselt; 支配h)
再 ❶ 《*sich*⁴+mit+③と》〔…³と〕(仕事などを)交代する ▷ Er *wechselt* sich mit ihr am Lenkrad *ab*. 彼は彼女と運転を交代する /《相互的に》Sie *wechselten* sich bei der Arbeit *ab*. 彼らは仕事を交代した
❷ 《*sich*⁴+mit+③と》〔…³と〕交互に現れる ▷ Wälder *wechseln* sich mit Wiesen *ab*. 森が草地と代わる代わる現れる

ab·wech·selnd [アップ・ヴェクセルント] 副 交互に, 代わる代わる ▷ Sie heulte und fluchte *abwechselnd*. 彼女は泣きわめいたり悪態をついたりした

Ab·wechs·lung [アップ・ヴェクスルング] 女 *die* (⊕ 2格 -; ⊕ -en) 気分転換, 気晴らし ▷ zur *Abwechslung* 気分転換のために

ab·wechs·lungs·reich [アップ・ヴェクスルングス・ライヒ] 形 (風景などが)変化に富んだ, 退屈しない

ab·we·gig [アップ・ヴェーギヒ] 形 一般的ではない, 変な, 誤った ▷ Ich finde diesen Gedanken nicht so *abwegig*. 私はこの考えをそう変だとは思わない

Ab·wehr [アップ・ヴェーア] 女 *die* (⊕ 2格 -; なし)
❶ (敵などの)撃退; (物事の)拒絶, 抵抗
❷ 《スポ》ディフェンス陣

ab|weh·ren [アップ・ヴェーレン] 分離
(wehrte ab; abgewehrt; 支配h)
他 ❶ 《④と》〔敵・攻撃など⁴を〕撃退する ▷ den Gegner *abwehren* 敵を撃退する
❷ 《④と》〔好ましくないもの⁴を〕追い払う, 寄せつけない ▷ Fliegen *abwehren* ハエを追い払う / einen Besucher *abwehren* 訪問客を断る
❸ 《④と》〔災難など⁴を〕防ぐ, 阻止する
❹ 《④と》〔嫌疑・感謝など⁴を〕はねつける ▷ Sie *wehrte* den Dank kühl *ab*. 彼は謝礼を冷たくはねつけた

ab|wei·chen [アップ・ヴァイヒェン] 分離
(wich ab; abgewichen; 支配s)
自 ❶ 《von+③と》〔コースなど³から〕はずれる, それる, 逸脱する ▷ vom Weg *abweichen* 道からはずれる
❷ 《von+③と》〔…³と〕違っている, 異なる ▷ Mein Ergebnis *weicht* teilweise von seinem *ab*. 私の結果は部分的に彼のと違っている /《相互的に》Unsere Ansichten *weichen* voneinander *ab*. 私たちの見解は異なる

Ab·wei·chung [アップ・ヴァイヒュング] 女 *die* (⊕ 2格 -; ⊕ -en)

abweisen

❶ (コースなどから)はずれる〈それる〉こと, 逸脱
❷ (あるものと)違っている〈異なっている〉こと

ab|wei·sen [アップ・ヴァイゼン] 分離
(wies ab; abgewiesen; 匠h)
他 ❶ 《④と》〔願い・要求・贈り物など⁴を〕拒絶する, はねつける ▷ eine Bitte *abweisen* 頼みをはっきりと断る
❷ 《④と》〔…⁴を〕追い返す, 追い払う ▷ Er hat den Bettler *abgewiesen*. 彼はこじきを追い払った

ab|wen·den [アップ・ヴェンデン] 分離
(wandte〈wendete〉ab; abgewandt〈abgewendet〉; 匠h)
他 ❶ 《④と》〔顔・目など⁴を〕わきへ向ける, そらす, そむける ▷ den Blick von ihm *abwenden* 目を彼からそらす / 〔再帰的に〕Er wandte〈wendete〉sich entrüstet *ab*. 彼は怒って背を向けた
❷ 〔規則変化のみ〕《④と》〔危険・戦争など⁴を〕防ぐ ▷ Sie haben die Gefahr von uns *abgewendet*. 彼らは私たちが危険にさらされるのを防いでくれた

ab|wer·ben [アップ・ヴェルベン] 分離
(er wirbt ab; warb ab; abgeworben; 匠h)
他 《④と》〔人材・顧客など⁴を〕引き抜く, 奪う

ab|wer·fen [アップ・ヴェルフェン] 分離
(er wirft ab; warf ab; abgeworfen; 匠h)
他 ❶ 《④と》〔…⁴を〕(上から)投げ落とす, 投下する ▷ Flugblätter *abwerfen* ビラを空からまく
❷ 《④と》〔利益⁴を〕もたらす ▷ Das Geschäft *wirft* gewaltige Gewinne *ab*. その商売はばく大な利益をもたらす

ab|wer·ten [アップ・ヴェーアテン] 分離
(wertete ab; abgewertet; 匠h)
他 《④と》〔通貨⁴の〕平価を切り下げる (反 aufwerten) ▷ den Dollar *abwerten* ドルの平価を切り下げる / 〔現在分詞で〕〔比ゆ〕eine *abwertende* Bemerkung 相手を見くびったコメント

Ab·wer·tung [アップ・ヴェーアトゥング] 女 *die* (⓶2格 -; -en) 平価切下げ

ab·we·send [アップ・ヴェーゼント]
形 ❶ 欠席している; 不在の (反 anwesend) ▷ Zwei Schüler sind *abwesend*. 生徒が2人欠席している
❷ ぼんやりした, 上の空の ▷ Sie saß stumm und *abwesend* da. 彼女は沈黙したままぼんやりと座っていた

Ab·we·sen·de [アップ・ヴェーゼンデ] 男 *der* / 女 *die* (形容詞変化 ☞ Alte 表Ⅰ) 不在者, 欠席者

Ab·we·sen·heit [アップ・ヴェーゼンハイト] 女 *die* (⓶2格 -; なし) いないこと; 不在, 欠席 (反 Anwesenheit) ▷ In meiner *Abwesenheit* wurde das besprochen. 私のいないところでそのことが話し合われた

ab|wi·ckeln [アップ・ヴィッケルン] 分離
(wickelte ab; abgewickelt; 匠h)
他 ❶ 《④と》〔巻いてある糸・ひもなど⁴を〕繰り出す, ほどく ▷ den Verband *abwickeln* 包帯をほどく
❷ 《④と》〔仕事など⁴を〕(決められた通りに一歩一歩)処理する ▷ einen Auftrag rasch *abwickeln* 委託の仕事を手早く処理する

ab|wie·gen [アップ・ヴィーゲン] 分離
(wog ab; abgewogen; 匠h)
他 《④と》〔一定の量だけ⁴を〕量る ▷ 2 Kilo Mehl *abwiegen* 小麦粉を2キロ分だけ量る (☆「小麦粉全体の中から2キロ分だけ量って取り出す」の意)

ab|wim·meln [アップ・ヴィメルン] 分離
(wimmelte ab; abgewimmelt; 匠h)
他《口語》《④と》〔…⁴を〕(厄介なものとして)断る, 厄介払いする ▷ Er hat die Arbeit *abgewimmelt*. 彼は(口実などを使って)仕事をうまく断った

ab|win·ken [アップ・ヴィンケン] 分離
(winkte ab; abgewinkt; 匠h)
自 (手などで)拒否〈拒絶〉の合図をする

ab|wi·schen [アップ・ヴィッシェン] 分離
(wischte ab; abgewischt; 匠h)
他 ❶ 《④と》〔ほこりなど⁴を〕ふき取る
❷ 《④と》〔…⁴を〕(ふいて)きれいにする

ab|wür·gen [アップ・ヴュルゲン] 分離
(würgte ab; abgewürgt; 匠h)
他 《④と》〔批判・要求など⁴を〕抑えつける, ひねりつぶす ▷ die Kritik *abwürgen* 批判を抑えつける / 〔比ゆ〕den Motor *abwürgen* エンストさせる

ab|zah·len [アップ・ツァーレン] 分離
(zahlte ab; abgezahlt; 匠h)
他 ❶ 《④と》〔…⁴の〕代金を分割払いする ▷ das Auto *abzahlen* 自動車の代金を分割で払う
❷ 《④と》〔負債⁴を〕分割で返済する

ab|zäh·len [アップ・ツェーレン] 分離
(zählte ab; abgezählt; 匠h)
他《④と》〔…⁴の〕数を数える ▷ die Schüler *abzählen* 生徒の数を数える

Ab·zah·lung [アップ・ツァールング] 女 *die* (⓶2格 -; ⓶ -en) (月賦などの)分割払い ▷ ein Auto auf *Abzahlung* kaufen 車を分割払いで買う

Ab·zei·chen [アップ・ツァイヒェン] 中 *das* (⓶2格 -s; ⓶ -) (所属・栄誉などを示す)バッジ, 記章

ab|zeich·nen [アップ・ツァイヒネン] 分離
(zeichnete ab; abgezeichnet; 匠h)
── 他 ❶ 《④と》〔…⁴を〕写生する, 模写する ▷ eine Blume *abzeichnen* 花を写生する
❷ 《④と》〔書類など⁴に〕(イニシャルなどで)署名する, サインする ▷ ein Protokoll *abzeichnen* 議

A

事録にサインする

― [再]〘[sich]⁴と〙(傾向などが)はっきりしてくる, (輪郭などが)くっきりと浮かび上がる

ab|zie·hen [アップ・ツィーエン] [分離]
(zog ab; abgezogen)

― [他]〘[完了]h〙 ❶〘④と〙〔‥⁴を〕(引いて)**取り去る**, はぎ取る ▷ den Ring vom Finger *abziehen* 指輪を指から抜く / Er *zieht* jeden Tag den Bettbezug *ab.* 彼は毎日シーツを取りはずす

❷〘④と〙〔‥⁴の〕覆い〈皮〉を取り去る, はぎ取る ▷ Pfirsiche *abziehen* 桃の皮をむく / Sie hat die Betten *abgezogen.* 彼女はベッドのシーツを取りはずした

❸〘④と〙〔‥⁴の〕コピーをとる; 《写真》〔ネガ⁴を〕焼き付ける

❹〘④と〙〔ある金額など⁴を〕差し引く ▷ fünf Euro *abziehen* (値段などから) 5 ユーロを差し引く / die Steuern vom Gehalt *abziehen* 税金を給料から差し引く

❺〘④と〙〔部隊など⁴を〕引き揚げる, 撤収する

― [自]〘[完了]s〙 ❶ (軍隊などが)撤退する

❷ (霧などがある場所から) なくなる; (あらしなどが)去る

ab|zie·len [アップ・ツィーレン] [分離]
(zielte ab; abgezielt; [完了]h)

[自]〘auf+④と〙〔‥⁴を〕目指して〈ねらって〉いる ▷ Worauf *zielt* diese Maßnahme *ab*? この措置のねらいは何ですか

Ab·zug [アップ・ツーク] [男] *der* ([単] 2 格 -[e]s; [複] ..züge)

❶〘[複] はまれ〙《軍事》**撤退**

❷ 排気口, 排水口 ▷ ein *Abzug* über dem Herd レンジの上の排気口

❸〘[複] なし〙 排気, 排水 ▷ der *Abzug* des Rauches 煙の排出

❹〘[複] なし〙 控除, 差し引き ▷ nach *Abzug* der Unkosten 雑費を差し引いて

❺〘ふつう [複] で〙 源泉徴収される税金 ▷ der Lohn ohne *Abzüge* 〈mit *Abzügen*〉 税込〈手取り〉賃金

❻ (銃の)引き金

❼《写真》陽画, ポジ; コピー ▷ *Abzüge* machen lassen 焼き付けをしてもらう

ab·züg·lich [アップ・ツュークリヒ] [前]〘②支配〙 …を除いて (☆ 冠詞・形容詞を伴わない名詞は, 単数の場合無語尾, 複数の場合は 3 格語尾をつける) ▷ ein Preis *abzüglich* 5% Skonto 5 パーセント割引いた値段

ab|zwei·gen [アップ・ツヴァイゲン] [分離]
(zweigte ab; abgezweigt)

― [自]〘[完了]s〙 (道・枝などが)分かれる, 分岐する ▷ Der Weg *zweigt* hier *ab.* 道はここで分かれる

― [他]〘[完了]h〙〘④と〙〔お金など⁴を〕(ある目的のために)取っておく; 流用〈横流し〉する

ach [アッハ]〘間投詞〙
《意外・驚きなどを表して》**ああ** ▷ *Ach* so! ああ そう / *Ach* ja! ああ そうだね / *Ach* Gott! ああ どうしよう

A·chil·les·seh·ne [アヒレス・ゼーネ] [女] *die* ([単] 2 格 -; [複] -n) アキレス腱

Ach·se [アクセ] [女] *die* ([単] 2 格 -; [複] -n)
❶《一般的に》**軸**
❷ 車軸, シャフト

Ach·sel [アクセル] [女] *die* ([単] 2 格 -; [複] -n) **腋窩**(えきか), わき[の下] ▷ unter der *Achsel* Fieber messen わきの下で熱を計る

[イディオム] ***mit den Achseln zucken*** 《当惑・無関心の表現として》肩をすくめる

acht

[axt アハト]

― 〘基数〙 **8** (用法: ☞ drei)
heute in *acht* Tagen 来週のきょう

― [形]〘序数〙 **第 8 の**, 8 番目の (用法: ☞ dritt)

[イディオム] ④+***außer acht lassen*** [旧⇒新] ④+ **außer Acht lassen** ☞ Acht

sich⁴ vor+③ ***in acht nehmen*** [旧⇒新] **sich⁴ vor** +③ **in Acht nehmen** ☞ Acht

Acht [アハト] [女] *die*〘成句で〙 ④+***außer Acht lassen*** ‥⁴を気にかけない, 無視する ▷ Sie *ließ* seinen Wunsch *außer Acht.* 彼女は彼の希望を無視した

auf+④ ***Acht geben*** (子供・健康・車など)⁴に注意する, 気をつける ▷ *Gib auf* das Kind *Acht*! 子供から目を離さないでください

sich⁴ vor+③ ***in Acht nehmen*** ‥³に用心する ▷ *Nimm* dich *vor* dem Hund *in Acht*! その犬には用心しなさい

ach·tel [アハテル] [形]〘分数〙 8 分の 1 の (☆ 格語尾をつけない) ▷ ein *achtel* Liter 8 分の 1 リットル

ach·ten [アハテン] (du achtest, er achtet; achtete; geachtet; [完了]h)

― [他] ❶〘④と〙〔‥⁴を〕**尊敬する**; 高く評価する ([反] verachten) ▷ Das Volk *achtet* den Präsidenten. 国民は大統領を尊敬している

❷〘④と〙〔他人の気持ちなど⁴を〕尊重する

― [自] ❶〘auf+④と〙〔‥⁴に〕**注意を払う**, 留意する ▷ Er *achtete* nicht auf die Passanten. 彼は通行人に注意を払わなかった

❷〘auf+④と〙〔‥⁴に〕気をつける ▷ Bitte *achte* auf das Kind! 子供に気をつけていてください(目を離さないでください)

äch·ten [エヒテン] (ächtete; geächtet; [完了]h)
[他]《文語》 ❶〘④と〙〔‥⁴を〕(共同体などから)追放する

❷ 【④と】〔制度など⁴を〕手厳しく批判する, 弾劾する

Ach·ter·bahn [アハター・バーン] 囡 die (⸸ 2格 -; ⸸ -en) ジェットコースター (☆軌道が8の字形をしていることによる) ▷ *Achterbahn fahren* ジェットコースターに乗る

ach·te·te [アハテテ] achten の 過去

acht|ge·ben [アハト・ゲーベン] 自動 (er gibt acht; gab acht; achtgegeben; 医口h) 自 (但 を 新 **Acht geben** (分けて書く) ☞ Acht

acht·los [アハト・ロース] 形 不注意な, うかつな, 無思慮な ▷ Er wirft *achtlos* eine brennende Zigarette im Wald weg. 彼は不注意にも燃えているタバコを森に投げ捨てる

Ach·tung [アハトゥング] 囡 (⸸ 2格 -; ⸸ なし)

❶ 注意 (呼び掛け・号令などに用いられる) ▷ *Achtung*, Stufen! 階段に注意

❷ 尊敬, 敬意 (⇔ Verachtung) ▷ vor dem Lehrer *Achtung* haben 先生に対して尊敬の念をもつ / Alle *Achtung*!《口語》《賛嘆を表して》まったくすばらしい

acht·zehn [アハ·ツェーン]
【基数】**18** (用法: ☞ drei)

acht·zehnt [アハ·ツェーント] 形 【序数】第18の, 18番目の (用法: ☞ dritt)

acht·zig [アハツィヒ]
【基数】**80** (用法: ☞ drei)

acht·zigst [アハツィヒスト] 形 【序数】第80の, 80番目の (用法: ☞ dritt)

äch·zen [エヒツェン] (ächzte; geächzt; 医口h)
自 (苦痛などのために) うめく ▷ leise *ächzen* 小さな声でうめく / (比ゆ) Die Dielen *ächzten*. 床板がミシミシいった

A·cker [アッカー] 男 der (⸸ 2格 -s; ⸸ Äcker) 畑, 耕地

Ä·cker [エッカー] Acker の 複数

A·cker·bau [アッカー・バオ] 男 der (⸸ 2格 -[e]s; ⸸ なし) 農耕, 耕作, 農業

A·cker·flä·che [アッカー・フレッヒェ] 囡 die (⸸ 2格 -; ⸸ -n) 耕地, 畑

A·dam [アーダム] 男 der (⸸ 2格 -s; ⸸ なし)《聖書》アダム (神が創造した人類の始祖)

A·dams·ap·fel [アーダムス·アプフェル] 男 der (⸸ 2格 -s; ⸸ ..äpfel) (特に男性の)のどぼとけ

A·dams·kos·tüm [アーダムス·コステューム] 中 das 〚成句で〛 *im Adamskostüm* 《口語》(男性が)裸で

a·dä·quat [アデクヴァート] 形 適切な, 適当な, 妥当な ▷ eine *adäquate* Bezeichnung 適切な表示

ad·die·ren [アディーレン]
(addierte; addiert; 医口h)
他 【④と】〔…⁴を〕加算する, たす (⇔ subtrahieren) ▷ 55 und 33 *addieren* 55 と 33 を加算する

Ad·di·ti·on [アディツィオーン] 囡 die (⸸ 2格 -; ⸸ -en)《数学》加法, たし算

A·del [アーデル] 男 der (⸸ 2格 -s; ⸸ なし)《集合的に》貴族 [階級] (☆一人ひとりの貴族を指す場合は Adlige を用いる) ▷ Er ist von altem *Adel*. 彼は古い貴族の出だ

A·der [アーダー] 囡 die (⸸ 2格 -; ⸸ -n) 血管

Ad·jek·tiv [アトイェクティーフ] 中 das (⸸ 2格 -s; ⸸ -e)《文法》形容詞

Ad·ju·tant [アトユタント] 男 der (⸸ 2·3·4格 -en; ⸸ -en)《軍事》副官

Ad·ler [アードラー] 男 der (⸸ 2格 -s; ⸸ -)《鳥》ワシ ▷ Der *Adler* ist der König der Vögel. ワシは鳥の王だ

Ad·ler·na·se [アードラー・ナーゼ] 囡 die (⸸ 2格 -; ⸸ -n) わし鼻, かぎ鼻

ad·lig [アードリヒ] 形 貴族の, 貴族階級に属する ▷ eine *adlige* Familie 貴族の一族

Ad·li·ge [アードリゲ] 男 der / 囡 die (形容詞変化 ☞ Alte 表 I) 貴族 (☆一人ひとりの貴族を指す; 集合的に用いる場合は Adel)

Ad·mi·ral [アトミラール] 男 der (⸸ 2格 -s; ⸸ -e)《軍事》海軍大将, 監督

A·dolf [アードルフ]《男名》アードルフ

A·do·nis [アドーニス] 男 der (⸸ 2格 -; ⸸ ..nisse) (ギリシャ神話のアドニスのような)美青年

a·dop·tie·ren [アドプティーレン]
(adoptierte; adoptiert; 医口h)
他 【④と】〔…⁴を〕養子にする ▷ Sie haben ein Mädchen *adoptiert*. 彼らは女の子を養子にした

Ad·res·sat [アドレサート] 男 der (⸸ 2·3·4格 -en; ⸸ -en) (郵便物の)受取人 (=Empfänger; ⇔ Absender)

Ad·res·se [アドレッセ] 囡 die (⸸ 2格 -; ⸸ -n) 住所, (特に)あて名 (=Anschrift) ▷ Sie notiert seine *Adresse*. 彼女は彼の住所を書き留める

ad·res·sie·ren [アドレスィーレン]
(adressierte; adressiert; 医口h)
他 【④と】〔手紙など⁴に〕あて名を書く

ad·rett [アドレット] 形 こぎれいな, こざっぱりした ▷ Sie ist immer *adrett* angezogen. 彼女はいつもこぎれいな服装をしている

Ad·vent [アドヴェント] 男 der (⸸ 2格 -[e]s; まれに ⸸ -e)《キリスト教》待降節 (クリスマス直前の4週間を指す) ▷ vor *Advent* 待降節の前に

Ad·vents·kranz [アドヴェンツ·クランツ] 男 der (⸸ 2格 -es; ⸸ ..kränze) (モミの小枝で編んだ)待降節の環状の飾り

Ad·verb [アドヴェルプ] 中 das (⸸ 2格 -s; ⸸ ..verbien)《文法》副詞

Ad·vo·kat [アトヴォカート] 男 *der* (⊕ 2·3·4格 -en; ⊛ -en) (⟨オースイ⟩) 弁護士 (☆ドイツでは Rechtsanwalt)

Af·fä·re [アフェーレ] 女 *die* (⊕ 2格 -; ⊛ -n)
❶ (不快な・厄介な)事件, 出来事
❷ 性的な関係 ▷ Er hatte eine *Affäre* mit ihr. 彼は彼女と性的な関係を持っていた

Af·fe [アッフェ] 男 *der* (⊕ 2·3·4格 -n; ⊛ -n)
❶ 猿
❷ 《罵言》ばか者; やつ ▷ Du *Affe*! このばか者めが

Af·fekt [アフェクト] 男 *der* (⊕ 2格 -[e]s; ⊛ -e) (激しい)興奮 ▷ im *Affekt* かっとなって

af·fek·tiert [アフェクティーアト] 形 気取った, もったいぶった, きざな ▷ Er lacht *affektiert*. 彼はきざな笑い方をする

Af·fen·lie·be [アッフェン・リーベ] 女 *die* (⊕ 2格 -; ⊛ なし)盲愛, 溺愛

Af·fen·schan·de [アッフェン・シャンデ] 女 *die* 〘成句で〙 Das 《Es》 ist eine *Affenschande*. それはひどい

af·fig [アッフィヒ] 形〘口語〙気取った, きざな

Af·front [アフローン] 男 *der* (⊕ 2格 -s; ⊛ -s) 〘文語〙大いなる侮辱

Af·ri·ka [ア[ー]フリカ] (⊕ *das*) 《地名》アフリカ (用法: ☞ Deutschland)

Af·ri·ka·ner [アフリカーナー] 男 *der* (⊕ 2格 -s; ⊛ -) アフリカ人

af·ri·ka·nisch [アフリカーニッシュ] 形 アフリカの, アフリカ人の

Af·ter [アフター] 男 *der* (⊕ 2格 -s; ⊛ -) (人・動物の)肛門

AG [アーゲー]〘Aktiengesellschaft の略語〙株式会社

A·gent [アゲント] 男 *der* (⊕ 2·3·4格 -en; ⊛ -en) スパイ, 諜報員 (=Spion) ▷ Er arbeitete als *Agent* für eine feindliche Macht. 彼はスパイとして敵国のために働いていた

Ag·gres·si·on [アグレスィオーン] 女 *die* (⊕ 2格 -; ⊛ -en)〘心理〙攻撃的態度; (敵国に対する)攻撃, 侵略

ag·gres·siv [アグレスィーフ] 形 攻撃的な; (運転などが)乱暴な ▷ ein *aggressiver* Mensch 攻撃的な人間 / Er fährt sehr *aggressiv*. 彼の運転の仕方は非常に乱暴だ

Ag·gres·si·vi·tät [アグレスィヴィテート] 女 *die* (⊕ 2格 -; ⊛ なし) 攻撃性

Ag·gres·sor [アグレッソーア] 男 *der* (⊕ 2格 -s; ⊛ -en) 侵略国

Ag·gres·so·ren [アグレソーレン] Aggressor の 複数

a·gie·ren [アギーレン] (agierte; agiert; 助 h) 自〘文語〙〘⊕と〙(…のように)行動する

a·gil [アギール] 形 (肉体的・精神的に)元気な, 活発な; 敏捷な

A·gi·ta·ti·on [アギタツィオーン] 女 *die* (⊕ 2格 -; まれに ⊛ -en) 煽動, アジ

a·gi·tie·ren [アギティーレン] (agitierte; agitiert; 助 h) 自 (政治的な問題で)扇動する, 世論を喚起する, 政治的宣伝活動をする

Ä·gyp·ten [エギュプテン] (⊕ *das*) 《国名》エジプト (用法: ☞ Deutschland)

Ä·gyp·ter [エギュプター] 男 *der* (⊕ 2格 -s; ⊛ -) エジプト人

ä·gyp·tisch [エギュプティッシュ] 形 エジプト[人]の; エジプト語の

ah [アー]〘間投詞〙《驚きなどを表して》ああ ▷ *Ah* so! ああそういうわけか / *Ah* deshalb! ああそのためか / *Ah*, wie interessant! ああなんと興味深い

Ahn [アーン] 男 *der* (⊕ 2格 -s ⟨-en⟩, 3·4格 -en; ⊛ -en)〘ふつう ⊛ で〙先祖

ahn·den [アーンデン] (ahndete; geahndet; 助 h) 他 〘文語〙〘④と〙(ふつう公的機関が)(不正な行為を)罰する

äh·neln [エーネルン] (ähnelte; geähnelt; 助 h) 自〘③と〙〔…³に〕似ている ▷ Sie *ähnelt* ihrer Mutter. 彼女は母親に似ている

ah·nen [アーネン] (ahnte; geahnt; 助 h)
❶ 他〘④と〙〔…について〕うすうすわかる; 〔未来のこと⁴を〕予測する ▷ ein Geheimnis 〈die Wahrheit〉 *ahnen* 秘密にされていること〈本当のこと〉がうすうすわかる
❷〘④と〙〔不幸な出来事など⁴を〕予感する ▷ Er hatte das Unglück *geahnt*. 彼はその災難を予感していた

ähn·lich

[ɛːnlɪç エーンリヒ]

比較 ähnlicher 最上 ähnlichst

形 ❶〘③と〙〔…³に〕**似ている**
Er ist seinem Vater sehr *ähnlich*.
彼は父親によく似ている
〘相互的に〙
Sie sehen sich zum Verwechseln *ähnlich*.
彼らは見まちがえるほど容貌が似ている
Das sieht ihm *ähnlich*.
それはやつのやりそうなことだ
❷ 似たような, 同じような ▷ *ähnliche* Gedanken 似たような考え / Er reagiert *ähnlich* wie sein Bruder. 彼は兄弟と同じような反応をする
❸〘③と〙〔…³の〕ように (☆ 名詞の前に置き前置詞的に) ▷ *ähnlich* einem Pfeil 矢のように
〘イディオム〙 *oder so ähnlich* あるいはそれに似た ▷ Er heißt Müller *oder so ähnlich*. 彼の名はミュラーとかそんなもんだ

Ähnlichkeit

A

und ähnliches (旧⇨新) *und Ähnliches* その他これに類するもの，等々 ▷ *Bücher, Zeitschriften und Ähnliches* 本や雑誌等々

Ähn·lich·keit [エーンリヒカイト] 囡 *die* (⊕ 2 格 -; ⊕ -en) (容貌などが) 似ていること, 類似点

Ah·nung [アーヌング] 囡 *die* (⊕ 2 格 -; ⊕ -en) 予感 ▷ *Meine Ahnung hat mich nicht getrogen.* 私の予感は的中した
(イディオム) *eine Ahnung haben* 《口語》知っている ▷ *Hast du eine Ahnung, wo er ist?* 君は彼がどこにいるか知っているかい
Keine Ahnung! 《問いに答えて》まったく知りません

ah·nungs·los [アーヌングス・ロース] 形 何の予感ももたない ▷ *Er war völlig ahnungslos.* 彼は(そのことを)まったく予想もしていなかった

A·horn [アーホルン] 男 *der* (⊕ 2 格 -s; ⊕ -e) 《植物》カエデ

Äh·re [エーレ] 囡 *die* (⊕ 2 格 -; ⊕ -n) 《植物》穂 ▷ *Ähren lesen* 落ち穂を拾う

Aids [エイズ] 甲 *das* (⊕ 2 格 -; ⊕ なし) 『英語の *acquired immune deficiency syndrome* の略語』エイズ (☆ ふつう無冠詞で)

Aids·in·fi·zier·te [エイズ・インフィツィーアテ] 男 *der* / 囡 *die* (形容詞変化 ☞ Alte 表 I) エイズ感染者

Aids·kran·ke [エイズ・クランケ] 男 *der* / 囡 *die* (形容詞変化 ☞ Alte 表 I) エイズ患者

Aids·test [エイズ・テスト] 男 *der* (⊕ 2 格 -[e]s; ⊕ -s ⟨-e⟩) 《医学》エイズ検査

Aids·the·ra·pie [エイズ・テラピー] 囡 *die* (⊕ 2 格 -; ⊕ -n) エイズ治療 [法]

Air·bag [エーア・ベク] 男 *der* (⊕ 2 格 -s; ⊕ -s) (車の)エアバッグ

Air·bus [エーア・ブス] 男 *der* (⊕ 2 格 ..busses; ⊕ ..busse) エアバス (ヨーロッパで開発された近距離用大型旅客機)

A·ka·de·mie [アカデミー] 囡 *die* (⊕ 2 格 -; ⊕ -n) アカデミー, 学士院, 芸術院

A·ka·de·mi·en [アカデミーエン] Akademie の 複数

A·ka·de·mi·ker [アカデーミカー] 男 *der* (⊕ 2 格 -s; ⊕ -) 大学教育を受けた人

a·ka·de·misch [アカデーミシュ]
形 ❶ 大学の (☆ 述語として用いない) ▷ *eine akademische Bildung* 大学の教育 / *ein akademischer Grad* 学位 / *das akademische Viertel* 大学の 15 分 (☆ 大学ではよく講義が定刻より 15 分遅れて始まるが, この定刻後の 15 分を指す)
❷ 《否定的意味合いで》(説明などが)理論的過ぎる

A·ka·zie [アカーツィエ] 囡 *die* (⊕ 2 格 -; ⊕ -n) 《植物》アカシア

ak·kli·ma·ti·sie·ren [アクリマティズィーレン] (akklimatisierte; akklimatisiert; 過去 h)
再 《*sich*⁴と》(環境などに)慣れる ▷ *Hast du dich im neuen Job schon akklimatisiert?* 君はもう新しい仕事に慣れたかい

Ak·kord [アコルト] 男 *der* (⊕ 2 格 -[e]s; ⊕ -e) 《音楽》和音

Ak·kor·de·on [アコルデオン] 甲 *das* (⊕ 2 格 -s; ⊕ -s) 《楽器》アコーディオン

Ak·ku·mu·la·tor [アクムラートーア] 男 *der* (⊕ 2 格 -s; ⊕ -en) 蓄電池

Ak·ku·mu·la·to·ren [アクムラトーレン] Akkumulator の 複数

ak·ku·rat [アクラート] 形 きちょうめんな, きちんとした; 《副詞的に》入念に, 綿密に

Ak·ku·sa·tiv [アクザティーフ] 男 *der* (⊕ 2 格 -s; ⊕ -e) 《文法》対格, 4 格

Ak·ne [アクネ] 囡 *die* (⊕ 2 格 -; ⊕ なし) 《医学》座そう, にきび

Ak·ro·bat [アクロバート] 男 *der* (⊕ 2 格 -2·3·4 格 -en; ⊕ -en) 軽業師, 曲芸師

Akt [アクト] 男 *der* (⊕ 2 格 -[e]s; ⊕ -e)
❶ 行為, 行動 ▷ *Sein Selbstmord war ein Akt der Verzweiflung.* 彼の自殺は絶望の末の行為だった
❷ (劇の)幕
❸ 裸体画, 裸像

Ak·te [アクテ] 囡 *die* (⊕ 2 格 -; ⊕ -n) 《ふつう複で》書類 ▷ *dicke Akten* 分厚い書類

Ak·ten·ta·sche [アクテン・タッシェ] 囡 *die* (⊕ 2 格 -; ⊕ -n) 書類かばん, ブリーフケース

Ak·teur [アクテーア] 男 *der* (⊕ 2 格 -s; ⊕ -e) 俳優

Ak·tie [アクツィエ] 囡 *die* (⊕ 2 格 -; ⊕ -n) 株, 株式, 株券

Ak·ti·en·ge·sell·schaft [アクツィエン・ゲゼルシャフト] 囡 *die* (⊕ 2 格 -; ⊕ -en) 株式会社 (略 AG)

Ak·ti·on [アクツィオーン] 囡 *die* (⊕ 2 格 -; ⊕ -en) (組織的な)行動, 活動 ▷ *Das Komitee trat in Aktion.* 委員会は活動に入った

Ak·ti·ons·ra·di·us [アクツィオーンス・ラーディウス] 男 *der* (⊕ 2 格 -; ⊕ ..radien)
❶ 《文語》活動〈行動〉範囲
❷ (飛行機などの)航続距離

ak·tiv [アクティーフ]
形 ❶ 積極的な, 能動的な (⇔ passiv) ▷ *aktive* Unterstützung 積極的な支持 / *politisch aktiv sein* 政治に対して積極的である
❷ 活動している, 活動的な ▷ *ein aktives* Mitglied 実際に活動している会員 / 《ス*ポ*》 *ein aktiver* Sportler 現役選手

ak·ti·vie·ren [アクティヴィーレン] (aktivierte; aktiviert; 過去 h)
他 《④と》[..⁴を]積極的に活動させる ▷ *die*

①, ②, ③, ④ = 1 格, 2 格, 3 格, 4 格の名詞

Jungend zu politischer Mitarbeit *aktivieren* 政治活動に積極的に参加するように青少年を仕向ける

Ak·ti·vi·tät [アクティヴィテート] [女] *die* (単 2格 –; 複 –en) 活動, 積極〈能動〉性

Akt·mo·dell [アクト・モデル] [中] *das* (単 2格 –s; 複 –e) ヌードモデル

ak·tu·a·li·sie·ren [アクトゥアリズィーレン] (aktualisierte; aktualisiert; [完了]h)
[他] 〘④と〙〔辞書・旅行書など⁴を〕(現状に合うように)書き直す

Ak·tu·a·li·tät [アクトゥアリテート] [女] *die* (単 2格 –; 複 なし) 今日的意義, 時局性

ak·tu·ell [アクトゥエル]
[形] ❶ **現在(関心を呼ぶ)重要な**, 今日的な ▷ ein *aktuelles* Thema 今日的なテーマ / Dieses Problem ist nicht mehr *aktuell*. この問題は現在もはや重要ではない
❷ (服装などが)流行の, はやりの

A·kus·tik [アクスティック] [女] *die* (単 2格 –; 複 なし) 音響学; 音響効果

a·kus·ti·sche [アクスティシュ] [形] 音響上の (☆名詞につけて) ▷ Die *akustischen* Verhältnisse im Konzertsaal sind gut. コンサートホールの音響状態はよい

akut [アクート]
[形] ❶ 緊急の, 差し迫った ▷ Diese Gefahr ist jetzt nicht *akut*. この危険はいまや差し迫ったものではない
❷ 《医学》急性の (反 chronisch)

Ak·zent [アクツェント] [男] *der* (単 2格 –[e]s; 複 –e)
❶ 《言語》**アクセント**, 強勢 (=Betonung); アクセント符号
❷ 〘複 なし〙 (特定地域に特有の)抑揚, なまり ▷ mit Berliner *Akzent* ベルリンなまりで
[イディオム] ***auf*+④ *einen besonderen Akzent legen*** …⁴に特に力点を置く

ak·zep·ta·bel [アクツェプターベル] [形] 受け入れられる, 受諾できる (☆ 語尾がつくと akzeptabl.. となる) ▷ Die Bedingung ist nicht *akzeptabel*. その条件は受諾できない

ak·zep·tab·le [アクツェプタープレ] ☞ akzeptabel

ak·zep·tie·ren [アクツェプティーレン] (akzeptierte; akzeptiert; [完了]h)
[他] ❶ 〘④と〙〔…⁴を〕受け入れる, 受諾する ▷ eine Bedingung *akzeptieren* 条件を受け入れる
❷ 〘④と〙〔…⁴を〕(仲間として) 認める ▷ Er wurde in der Gruppe *akzeptiert*. 彼はグループに受け入れられた

à la carte [ア ラ カルト] [副] (定食ではなく)メニューから好みの料理を選んで, アラカルトで

A·larm [アラルム] [男] *der* (単 2格 –[e]s; 複 –e) **[非常]警報** ▷ Der *Alarm* hat eine Stunde gedauert. 警報は1時間も鳴りやまなかった / *Alarm* geben 警報を出す
[イディオム] ***blinder Alarm*** 誤りの警報; 《比ゆ》空騒ぎ

a·lar·mie·ren [アラルミーレン] (alarmierte; alarmiert; [完了]h)
[他] ❶ 〘④と〙〔警察・消防署など⁴に〕**急報する**, 急を知らせる, 出動を要請する ▷ die Feuerwehr *alarmieren* 消防隊に急報する
❷ 〘④と〙〔…⁴を〕不安に陥れる ▷ Diese Meldungen *alarmierten* alle. これらの報告はみんなを不安に陥れた

A·las·ka [アラスカ] ([中] *das*) 《地名》アラスカ

Alb·druck [アルプ・ドルック] [男] *der* (単 2格 –[e]s; 複 なし) (悪夢による)胸苦しさ

Al·ben [アルベン] Album の [複数]

al·bern [アルベルン] [形] **愚かな**, 子供じみた, ばかげた, つまらない ▷ Sei nicht so *albern*! そんな子供じみたまねはするな

Al·bert [アルベルト] 《男名》アルベルト

Alb·traum [アルプ・トラオム] [男] *der* (単 2格 –[e]s; 複 ..träume) 悪夢

Al·bum [アルブム] [中] *das* (単 2格 –s; 複 Alben) アルバム; 写真帳, 切手帳

Al·ge [アルゲ] [女] *die* (単 2格 –; 複 –n) 《植物》藻も, 海藻かいそう

Al·geb·ra [アルゲブラ] [女] *die* (単 2格 –; 複 なし) 《数学》代数

a·li·as [アーリアス] [副] またの名は, 別名, …こと ▷ Roger Moore *alias* James Bond ジェームズボンドことロジャー モアー

A·li·bi [アーリビ] [中] *das* (単 2格 –s; 複 –s) **アリバイ**; 言い訳, 弁解

A·li·men·te [アリメンテ] [複名] (男が払う, 私生児に対する)養育費

Al·ko·hol [アルコホール] [男] *der* (単 2格 –s; 複 –e)
❶ 《化学》**アルコール**
❷ 〘複 なし〙 アルコール飲料, 酒

al·ko·hol·frei [アルコホール・フライ] [形] (飲み物などが) アルコールを含まない

Al·ko·ho·li·ker [アルコホーリカー] [男] *der* (単 2格 –s; 複 –) 大酒のみ; アルコール中毒者

Al·ko·ho·li·ke·rin [アルコホーリケリン] [女] *die* (単 2格 –; 複 ..rinnen) Alkoholiker の女性形

al·ko·ho·lisch [アルコホーリシュ] [形] アルコールを含んだ ▷ *alkoholische* Getränke アルコール飲料

Al·ko·ho·lis·mus [アルコホリスムス] [男] *der* (単 2格 –; 複 なし) 《文語》アルコール中毒

all [アル] ☞ aller

All [アル] [中] *das* (単 2格 –s; 複 なし) 《文語》宇宙

Al·lah [アッラ]《人名》アラー（イスラム教の唯一神）

al·le [アレ] ☞ **aller**

— 形《口語》なくなった，使い果たした（☆ 名詞につけて用いない）▷ Das Geld ist *alle*. 金はもうない

Al·lee [アレー] 女 *die* （⑮ 2 格 -; ⑯ -n）並木通り，並木道 ▷ die Kastanienbäume in der *Allee* 並木通りのマロニエ

Al·le·en [アレーエン] Allee の 複数

Al·le·go·rie [アレゴリー] 女 *die* （⑮ 2 格 -; ⑯ -n）アレゴリー，寓意，喩たとえ

Al·le·go·ri·en [アレゴリーエン] Allegorie の 複数

al·le·go·risch [アレゴーリシュ] 形 寓意的な，たとえ話風の

al·lein
[aláin アライン]

— 形（☆ 名詞につけて用いない）
❶ ひとりで，他を交えずに
allein reisen
ひとりで旅行する
Sie war *allein* im Zimmer.
彼女はひとりで部屋の中にいた
Lass mich *allein*！
ひとりにしてくれ
《複数の人に関しても用いる》
Hier sind wir ganz *allein*.
ここにいるのは私たちだけだ
Kann ich mit Ihnen *allein* sprechen？
あなたと二人きりでお話ができますか
❷ ひとりで，独力で
Das kann ich *allein* machen.
それは私ひとりでできる
Das Kind kann schon *allein* laufen.
その子はもうひとりで歩ける
Er will ganz *allein* damit fertig werden.
彼は自分だけでそのことを解決するつもりだ
❸ ひとりぼっちの，寂しい ▷ sich⁴ *allein* fühlen
ひとりぼっちと感じる / Ich bin so *allein*. 私は本当にひとりぼっちだ

(イディオム) *allein stehend* 独身の; 身寄りのない;（家などが）孤立してくぽつんと〉立っている

nicht allein ～, sondern auch ... ～だけでなく…もまた

von allein 《口語》ひとりでに ▷ Die Krankheit ist *von allein* weggegangen. 病気は自然に治った

— 副 ❶《文語》もっぱらくただ〉…だけ ▷ Er *allein* 〈*Allein* er〉 ist daran schuld. その責任はもっぱら彼だけにある

❷ …だけでも（☆ ふつう schon を伴う）▷ Schon *allein* der Gedanke daran ist schrecklich. そのことは考えるだけでも恐ろしい

— 接《並列》しかしながら（☆ aber よりも意味が強く，文語的）

al·lei·ne [アライネ]《北ドイツ》＝allein 副

al·lei·ni·ge [アライニゲ] 形 ただ 1 人く1 つ〉の，唯一の（☆ 名詞につけて）▷ der *alleinige* Erbe ただ 1 人の相続人

Al·lein·ste·hend [アライン・シュテーエント] 形
（旧⇒新）allein stehend （分けて書く）☞ allein

Al·lein·ste·hen·de 男 *der* / 女 *die* [アライン・シュテーエンデ]（形容詞変化 ☞ Alte 表 I）独身の人; 身寄りのない人

al·lem [アレム] ☞ **aller**

al·le·mal [アレ・マール] 副《口語》《未来の事柄に関する確信を表して》とにかく，いずれにしても ▷ Das Geld reicht *allemal*. 金はいずれにしても足りる / Wird es funktionieren？－*Allemal*! うまくいくだろうか－かならず

(イディオム) *ein für allemal* （旧⇒新） **ein für alle Mal** a）今後ずっと ▷ Ich verbiete es dir *ein für alle Mal*. 私は今後とも君にそのことを禁止する

b）きっぱりと ▷ Ich sage dir das *ein für alle Mal*. 私は君にこのことをきっぱり言っておく

al·len [アレン] ☞ **aller**

al·len·falls [アレン・ファルス]
副 せいぜい ▷ Das reicht *allenfalls* für drei Personen. それはせいぜい 3 人分だ / Es kann *allenfalls* noch zehn Minuten dauern. それは続いてもせいぜいもう 10 分だ

al·lent·hal·ben [アレント・ハルベン] 副《文語》いたるところに，どこでも（＝überall）

al·ler
[alɐ アラー]

《定冠詞類》

格	男 性	女 性	中 性	複 数
①	aller	alle	alles	alle
②	alles	aller	alles	aller
③	allem	aller	allem	allen
④	allen	alle	alles	alle

[注] 今日では男性・中性 2 格で弱変化もする ▷ die Wurzel allen Übels「すべての悪の根源」; 他の冠詞類が現れる場合，しばしば無語尾でそれらに前置される ▷ all die Bücher「これらの本すべて」

— 代《複数形の普通名詞と》
❶ すべての，どの…もみな
alle Kinder
すべての子供たち
alle schönen Mädchen
どの美しい少女もみな
all die Erinnerungen これらの思い出すべて
《複数と; 反復を表して》

Allgemeinheit

alle fünf Minuten 5分おきに
〖前置詞句で〗
auf *alle* Fälle どんな場合でも
unter *allen* Umständen どんなことがあっても
vor *allen* Dingen とりわけ
❷〖名詞的に〗 ▷ *Alle* sind dagegen. みんなそれに反対だ /〖同格的に〗Sie sind *alle* da. 彼らは全員来ている

——〖単数形の物質名詞・抽象名詞と〗

❶ **あらゆる**, すべての
alle Arbeit allein tun
仕事をすべて一人でする
Aller Anfang ist schwer.
《ことわざ》何事も初めは難しい
Ich habe *all* mein Geld verloren.
私は金をすべて失ってしまった
〖名詞を省略して〗
alles Mögliche tun 可能なことをすべてする
Alles Gute！お元気で
〖前置詞句で〗〖意味を強めて〗
in *aller* Eile 大急ぎで
mit *aller* Kraft 全力で
trotz *aller* Mühe あらゆる努力にもかかわらず
❷〖名詞的に; alles の形で〗
a)〖事物を表して〗すべてのこと ▷ Das ist *alles*. (話すことは)これですべてだ / *Alles* ist in Ordnung. すべて順調だ / *Alles* hat seine zwei Seiten. 物事にはすべて二つの面がある / Das ist *alles*, was ich gehört habe. それが私の聞いたすべてだ
b)《口語》〖人の集合を表して〗みんな, 全員 ▷ *Alles* aussteigen！どなたもお降りください
《イディオム》 **alles andere als …** まったく…でない ▷ Er ist *alles andere als* dumm. 彼は決してばかではない

alles auf einmal 一度に何もかも ▷ Ich kann nicht *alles auf einmal* tun. 私は何もかも一度にはできない

alles in allem すべてひっくるめて ▷ *Alles in allem* kostet es 10 000 Euro. それは総額10000ユーロだ

alles oder nichts 一かバチか
über alles 何にもまして ▷ Er liebt grünen Tee *über alles*. 彼は緑茶を何にもまして好きだ
vor allem とりわけ

al·ler·best [アラー・ベスト] 形〖best の強調形〗
最良の, いちばん良い

al·ler·dings [アラー・ディングス]
副 ❶〖限定を表して〗**ただし**; もっとも ▷ Er kommt auch, *allerdings* etwas später. 彼も来るよただし少し遅れてね / Ich muss *allerdings* zugeben, dass … もっとも…ということは私も認めざるをえない
❷〖強い肯定を表して〗**もちろん**, 確かに（☆特に相手が疑いの気持ちをもっている場合に）▷ Hast du das etwa gewusst？– *Allerdings*！ひょっとして君はそのことを知っていたのか—もちろん

al·ler·erst [アラー・エーアスト] 形 最初の, いちばん初めの ▷ in der *allererstern* Reihe 最前列

Al·ler·gie [アレルギー-] 女 *die* (⊞2格 -; ⊞ -n)
アレルギー

Al·ler·gi·en [アレルギーエン] Allergie の複数

al·ler·gisch [アレルギシュ] 形 アレルギー性の; アレルギー体質の ▷ *allergische* Krankheiten アレルギー性疾患 / Er ist gegen Erdbeeren *allergisch*. 彼はイチゴに対してアレルギーを起こす /《比喩》Gegen Mathematik ist er *allergisch*. 数学が彼は感覚的に嫌いだ

al·ler·hand [アラー・ハント] 形《口語》かなり多くの（☆格語尾をつけない）▷ *allerhand* Bücher かなり多くの本 /〖名詞的に〗Er weiß *allerhand*. 彼はかなり多くのことを知っている

al·ler·lei [アラーライ] 形 多種多様な, いろいろの（☆格語尾をつけない）▷ *allerlei* Pflanzen 多種多様な植物 /〖名詞的に〗sich[4] über *allerlei* unterhalten いろいろのことについて歓談する

al·ler·liebst [アラー・リープスト]
形〖liebst の強調形〗
❶ 最愛の ▷ sein *allerliebstes* Spielzeug 彼の最も大事にしているおもちゃ
❷〖子供などが〗とてもかわいい

Al·ler·wer·tes·te [アラー・ヴェーアテステ] 男 *der*（形容詞変化 ☞ Alte 表I）《口語》尻 しり

al·les [アレス] ☞ aller

all·ge·mein [アル・ゲマイン]
——（比較 -er, 最上 -st）
❶ **一般的な**, 世間一般の（☆名詞につけて）▷ die *allgemeine* Lage 一般情勢 / die *allgemeine* Meinung 世間一般の意見 / auf *allgemeinen* Wunsch 一般の要望に応じて
❷ **全般的な**, 一般論的な（☆名詞につけて）▷ eine *allgemeine* Frage 全般的な質問 / eine *allgemeine* Bildung 一般教養 / Seine Darstellung war viel zu *allgemein*. 彼の記述はあまりにも一般論的すぎた
❸ すべて〈たいてい〉の人に関する〈適用される〉 ▷ das *allgemeine* Wahlrecht 普通選挙権
《イディオム》 **im allgemeinen**（旧⇒新）**im Allgemeinen** 一般的に
—— 副 みんなから ▷ Er ist *allgemein* beliebt. 彼はみんなに好かれている

All·ge·mein·bil·dung [アル・ゲマイン・ビルドゥング] 女 *die*（⊞2格 -; ⊞ なし）一般教養

All·ge·mein·heit [アル・ゲマインハイト] 女 *die*（⊞2格 -; ⊞ なし）
❶ **公共, 社会全般** ▷ das Wohl der *Allgemeinheit* 公共の福祉

Allianz

❷ 一般論的の〈全般的〉であること ▷ Ausführungen von zu großer *Allgemeinheit* あまりに一般論的すぎる説明

Al·li·anz [アリアンツ] 囡 *die* (⓵2格 -; ⓶ -en) 同盟，連合

Al·li·ier·te [アリイーアテ] 男 *der* (形容詞変化 ☞ Alte 表1)〔ふつう ⓶ で〕同盟国

all·jähr·lich [アル・イェーアリヒ] 形 毎年の ▷ die *alljährlichen* Festspiele 毎年行われるフェスティバル

all·mäch·tig [アル・メヒティヒ] 形 (神などが)全能の，無限の力をもった

all·mäh·lich [アルメーリヒ]
—— 副 しだいに，徐々に ▷ Es wird *allmählich* dunkel. 徐々に暗くなる
—— 形 (進行が)ゆるやかな (☆名詞につけて) ▷ eine *allmähliche* Entwicklung ゆるやかな進展

all·seits [アル・ザイツ] 副 あらゆる方面で，いたるところで ▷ Es wird *allseits* gefordert, dass ... あらゆる方面から…ということが要求されている

All·tag [アル・ターク] 男 *der* (⓵2格 -[e]s; まれに ⓶ -e)

❶ 日常，ふだん (☆定冠詞を必ず伴う) ▷ der graue *Alltag* 灰色の(希望や楽しみのない)毎日 / Nun hat der *Alltag* wieder begonnen. 今またいつもの平凡な日々が始まった / im *Alltag* ふだん

❷ 平日 ▷ am *Alltag* 平日に

all·täg·lich [アル・テークリヒ]
形 ❶ 平凡な，ありふれた ▷ ein *alltäglicher* Mensch 平凡な人
❷ 毎日の，日々の ▷ *alltägliche* Kleidung ふだん着

all·tags [アル・タークス] 副 平日に，ふだんの日に

All·tags·le·ben [アル・タークス・レーベン] 中 *das* (⓵2格 -s; ⓶ なし) 日常生活

all·wis·send [アル・ヴィッセント] 形 (神などが)全知の，何でも知っている

all·zu [アル・ツー] 副 あまりにも，極端に ▷ Sie macht *allzu* viele Fehler. 彼女はまちがいがあまりにも多すぎる / Es ist nicht *allzu* weit von hier. ここからそれほど遠くない

Alm [アルム] 囡 *die* (⓵2格 -; ⓶ -en) (夏期の放牧に利用される)高原放牧地

Al·mo·sen [アルモーゼン] 中 *das* (⓵2格 -s; ⓶ -)

❶ (話にならないほど)わずかな報酬；(突き返したいほど)価値のない贈り物
❷《やや古語》施し物

Alp·druck [アルプ・ドルック] (旧⇒新) Albdruck
Al·pen [アルペン] 複名〔山脈名〕アルプス
Al·pha·bet [アルファベート] 中 *das* (⓵2格 -[e]s; ⓶ -e) アルファベット (☆語源的にはギリシア文字の Alpha と Beta を合成したもの)

al·pha·be·tisch [アルファベーティッシュ] 形 アルファベット順の

al·pha·be·ti·sie·ren [アルファベティズィーレン] (alphabetisierte; alphabetisiert; 助h)
他(⓸と)[‥⁴と] Karteikarten *alphabetisieren* 索引カードをアルファベット順に並べる

al·pin [アルピーン]
形 ❶ アルプスの；高山[性]の ▷ *alpine* Pflanzen 高山植物
❷〔アルプス〕登山の；(ｽｷｰ) アルペン競技の ▷ die *alpine* Ausrüstung 登山装備

Alp·traum [アルプ・トラオム] (旧⇒新) Albtraum

als

[als アルス]

接〔従属；定動詞後置〕

❶《時間》(…した)とき
Als er das Haus verließ, begann es zu regnen. 彼が家を出たとき雨が降り始めた
〚kaum と呼応して〛
Wir waren kaum daheim angekommen, *als* es auch schon zu regnen anfing.
私たちが家に着くやいなや雨が降り始めた

類語
als 過去に1度生じた出来事を表す
Als ich gehen wollte, da läutete das Telefon. 私が出かけようとしたとき電話が鳴った
wenn 過去に反復的に生じた出来事を表す
Wenn wir ihn einluden, hatte er immer keine Zeit. 私たちが招待するとき彼にはいつも時間がなかった

❷《比較》〔比較級や anders と〕…より，…と
Ich bin älter *als* er.
私は彼より年上だ
Er ist heute ganz anders *als* sonst.
彼はきょうはふだんのときとまったく違う
〚2つの特性を比較して〛
Sie ist mehr schön *als* klug.
彼女は賢いというよりも美しい
〚als のあとに文を伴って〛
Er ist jünger, *als* er aussieht.
彼は見かけよりも若い

❸ …として ▷ Ich schenke dir die Halskette *als* Andenken. 私は君にこのネックレスを思い出として贈る / *Als* dein Freund möchte ich dir raten, es nicht zu tun. 君の友人として私は君にそれをしないように忠告したい (☆ dein Freund は ich と同格であるため1格) / Ich betrachte die Angelegenheit *als* erledigt. 私はこの件を解決ずみとみなす /〚solcher と〛Die Tasche *als* solche ist sehr praktisch. このバッグ自体は非常に

⓵, ⓶, ⓷, ⓸=1格, 2格, 3格, 4格の名詞

実用的だ（☆ Tasche が女性名詞だから solche となる）

イディオム *als ob* ⟨*als wenn*⟩ ... あたかも…のように（☆ als+定動詞の形になることもある；文中の定動詞はふつう接続法 II、ときに接続法 I や直説法も用いられる）▷ Er tut, *als ob* er schliefe ⟨*als schliefe er*⟩. 彼はあたかも眠っているようなふりをする / Er lachte, *als wenn* ihm alles gleichgültig wäre. 彼はすべてがどうでもよいかのように笑った /『独立的に』*Als ob* ich das nicht wüsste! 私がそれをまるで知らないみたいじゃないか（もう知っているよ）

sowohl ~ als auch ... ~も…も ▷ *sowohl* er *als auch* du 彼も君も

um so+比較級, *als* ... …なので ますます~ ▷ Ich möchte das Konzert sehr gern hören, *um so* mehr, *als* ich den Dirigenten persönlich kenne. 私は指揮者を個人的に知っているのでますますそのコンサートが聞きたい

zu ~, als dass ... ~すぎて…できない ▷ Er ist noch *zu* klein, *als dass* er das verstünde. 彼はそれを理解するにはまだ幼すぎる（☆ verstünde は verstehen の接続法 II）

als·bald [アルス・バルト] 副《文語》ただちに

al·so [アルゾー]

副 ❶ したがって、だから ▷ Es ist schon spät, *also* müssen wir gehen. もう遅いから行かなきゃならない / Es brannte Licht – *also* musste jemand da sein. 明かりがついていた―だからだれかがいるにちがいなかった（☆ 文頭の es は穴埋め）

❷ 要するに ▷ Ihm gefällt die Musik der Wiener Klassik, *also* Haydn, Mozart und Beethoven. 彼が好きなのはウィーン古典派 要するにハイドン、モーツァルトおよびベートーヴェンの音楽だ

❸ そうすると、それでは ▷ Soll ich *also* morgen kommen? 私はそうすると明日来ればよいのですね / Du kommst *also* nicht mit? 君はそれではいっしょに来ないんだね / Wir treffen uns *also* morgen! ではあす会うことにしましょう

❹《口語》《提案・確認などの導入に》*Also*, gehen wir! じゃ行きましょう / *Also*, kommt jetzt! さあ 来いよ / *Also*, auf Wiedersehen! それではさようなら / *Also* gut! じゃいいですよ / Na *also*! ほら思った通りだ

alt

[alt アルト]

| 比較 älter | 最上 ältest |

形 ❶ 年とった、老いた（⊗ jung）
ein *alter* Mann
年とった男
ein *alter* Baum 老木
Zum Lernen ist man nie zu *alt*.
勉学には年をとりすぎているということはない

❷ 《数詞などと》…歳の
Wie *alt* ist sie? 彼女は何歳ですか
Sie ist zwanzig Jahre *alt*. 彼女は20歳です
Wie *alt* schätzen Sie ihn?
彼のことを何歳だと思いますか
ein 100 Jahre *altes* Haus
築後100年の家

❸ 古い、使い古した（⊗ neu）
alte Münzen 古銭
alte Kleider weggeben 古着を処分する

❹ 古くからの、昔からの ▷ eine *alte* Gewohnheit 古くからの習慣 / ein *alter* Freund 昔からの友人 / eine *alte* Familie 旧家

❺ かつての、以前の、昔の ▷ seine *alten* Schüler 彼の昔の教え子たち / Meine *alte* Wohnung war noch kleiner. 私の以前の住まいはもっと小さかった / in *alten* Zeiten 昔

❻《口語》《親しみを込めた呼びかけに》Na, *alter* Freund, wie geht's! ねえ君 調子はどうだい（☆ 男性のみが使う）

イディオム *alt und jung* 旧⇒新 **Alt und Jung** 老いも若きも

Alt [アルト] 男 der (⊕ 2格 -s; ⊕ なし)《音楽》アルト（女性・少年の低音域）▷ [im] *Alt* singen アルトで歌う

Al·tar [アルタール] 男 der (⊕ 2格 -[e]s; ⊕ Altäre)（教会の）祭壇

Al·tä·re [アルテーレ] Altar の 複数

alt·ba·cken [アルト・バッケン] 形（パンなどが）古くなった

Al·te [アルテ]

— 男 der / 女 die（形容詞変化；表 I）

格	男性	女性	複数
①	der Alte	die Alte	die Alten
②	des Alten	der Alten	der Alten
③	dem Alten	der Alten	den Alten
④	den Alten	die Alte	die Alten
①	ein Alter	eine Alte	Alte
②	eines Alten	einer Alten	Alter
③	einem Alten	einer Alten	Alten
④	einen Alten	eine Alte	Alte

老人 ▷ Nehmt Rücksicht auf die *Alten*! 年老いた人に思いやりをもちなさい / mein *Alter* おやじ；うちの亭主 / meine *Alte* うちの女房

— 中 das（形容詞変化；表 II；⊕ なし）

①	das Alte	etwas Altes
②	des Alten	—
③	dem Alten	etwas Altem
④	das Alte	etwas Altes

古いもの ▷ *Altes* und Neues 古いものと新しいもの

Al·ten·heim [アルテン・ハイム] 田 *das* (⊕2格 -[e]s; ⊕-e) 老人ホーム

Al·ten·hil·fe [アルテン・ヒルフェ] 囡 *die* (⊕2格 -; ⊕なし) 老齢者扶助

Al·ter [アルター] 田 *das* (⊕2格-s; まれに ⊕-)
❶ 年齢 ▷ Er starb im *Alter* von 42 Jahren. 彼は42歳で亡くなった / Für sein *Alter* ist er sehr groß. 年の割りに彼はとても大きい
❷ (事物の)古さ
❸ 高齢; 老年期 ▷ Im *Alter* lässt oft die Konzentration nach. 年をとるとしばしば集中力が低下する
❹《集合的に》老人 (⊠ Jugend)

äl·ter [エルタ―] 形 〖alt の比較級〗 mein *älterer* Bruder 私の兄 / Er ist *älter* als ich. 彼は私より年上だ /〖絶対比較級〗 ein *älterer* Herr 初老〈年配〉の紳士 (☆50歳から65歳くらいの人を指す)

Äl·te·re [エルテレ] 男 *der* / 囡 *die* (形容詞変化 ☞ Alte 表I) 年上の人, 年長者

al·tern [アルテルン] (alterte; gealtert; 直Is) 自 (目に見えて) 年をとる, ふける

al·ter·na·tiv [アルテルナティーフ] 形
❶ 代わりになる ▷ eine *alternative* Lösung 代わりの解決案 / *alternative* Energien 代替エネルギー
❷ 二者択一の ▷ Er machte *alternativ* zwei Vorschläge. 彼はどちらか1つを選ぶように2つの提案をした

Al·ter·na·ti·ve [アルテルナティーヴェ] 囡 *die* (⊕2格 -; ⊕-n)
❶ 別の可能性 ▷ Es gibt keinerlei *Alternative*. 別の可能性(選択の余地)はまったくない
❷ 二者択一 ▷ Ich wurde vor die *Alternative* gestellt. 私は二者択一を迫られた

Al·ter·na·tiv·ener·gie [アルテルナティーフ・エネルギー] 囡 *die* (⊕2格 -; ⊕-n) 代替エネルギー

Al·ters·gren·ze [アルタース・グレンツェ] 囡 *die* (⊕2格 -; まれに ⊕-n) 定年 ▷ die *Altersgrenze* erreichen 定年に達する

Al·ters·heim [アルタース・ハイム] 田 *das* (⊕2格-[e]s; ⊕-e) 老人ホーム

Al·ter·tum [アルタートゥーム] 田 *das* (⊕2格-s; ⊕なし) (特にギリシャ・ローマの)古代

al·ter·tüm·lich [アルタートューム リヒ] 形 古代の; 古風な, 古臭い

äl·test [エルテスト] 形 〖alt の最上級〗 mein *ältester* Sohn 私の長男

Äl·tes·te [エルテステ] 男 *der* / 囡 *die* (形容詞変化 ☞ Alte 表I) 最年長者;《口語》長男, 長女

Alt·glas [アルト・グラース] 田 *das* (⊕2格 なし) (リサイクルされる)空きびん

Alt·glas·be·häl·ter [アルト・グラース・ベヘルター] 男 *der* (⊕2格-s; ⊕-) (リサイクル用の)空きびん回収ボックス

alt·klug [アルト・クルーク] 形 (子供などが)おとなびた, ませた

Alt·last [アルト・ラスト] 囡 *die* (⊕2格 -; ⊕-en)《ふつう で》(廃棄物による)汚染地区; 汚染廃棄物

ält·lich [エルトリヒ] 形 年配の, もう若くない

alt·mo·disch [アルト・モーディシュ] 形 流行遅れの; 古風な ▷ *altmodische* Kleidung 流行遅れの服

Alt·pa·pier [アルト・パピーア] 田 *das* (⊕2格-s; ⊕なし) 古紙

Alt·pa·pier·samm·lung [アルト・パピーア・ザムルング] 囡 *die* (⊕2格 -; ⊕-en) 古紙回収

Alt·stadt [アルト・シュタット] 囡 *die* (⊕2格 -; ⊕..städte) (歴史的建物などが残っている)旧市街

alt·vä·te·risch [アルト・フェーテリシュ] 形 (考え方などが)古風な

alt·vä·ter·lich [アルト・フェーターリヒ] 形 (振舞いなどが)威厳のある

Alt·wei·ber·som·mer [アルト・ヴァイバー・ゾマー] 男 *der* (⊕2格-s; ⊕-) (初秋の)よく晴れた日

Alu·mi·ni·um [アルミーニウム] 田 *das* (⊕2格-s; ⊕なし) アルミニウム

Alz·hei·mer [アルツハイマー] 囡 *die* (⊕2格 -; ⊕なし)《口語》アルツハイマー病 (☆ふつう無冠詞で; =Alzheimerkrankheit)

Alz·hei·mer·krank·heit [アルツハイマーク ランクハイト] 囡 *die* (⊕2格 -; ⊕なし)《医学》アルツハイマー病

am [アム] 〖an と定冠詞 dem の融合形〗 *am* Meer 海辺で / *am* Sonntag 日曜日に /〖最上級を作って〗Sie singt *am* besten. 彼女の歌が一番じょうずだ

A·ma·de·us [アマデーウス]《男名》アマデウス

A·mal·gam [アマルガーム] 田 *das* (⊕2格-s; ⊕-e)《化学》アマルガム(水銀と他の金属との合金)

Ama·teur [アマテーア] 男 *der* (⊕2格-s; ⊕-e) アマチュア, しろうと; アマチュア選手 ▷ Dieser Akt wurde von einem *Amateur* gezeichnet. この裸体画はしろうとの描いたものだ

der **A·ma·zo·nas** [アマツォーナス] 男 (⊕2格 -; ⊕なし)《川名》アマゾン川 (☆定冠詞を必ず伴う)

A·ma·zo·ne [アマツォーネ] 囡 *die* (⊕2格 -; ⊕-n)
❶ 《スポーツ》《口語》女性馬術家
❷ 男っぽい女性

Am·bi·ti·on [アムビツィオーン] 囡 *die* (⊕2格 -; ⊕-en)《ふつう で》野心, 功名心

Am·bi·va·lenz [アンビヴァレンツ] 囡 die (⊕ 2 格 -; ⊛ -en) アンビバレンス(二つの矛盾する感情)
Am·boss [アンボス] 男 der (⊕ 2 格 -es; ⊛ -e) 《工具》アンビル, 金敷
Am·boß 旧⇒新 Amboss
am·bu·lant [アンブラント] 形《医学》外来の ▷ ein *ambulanter* Patient 外来患者
A·mei·se [アーマイゼ] 囡 die (⊕ 2 格 -; ⊛ -n) 《昆虫》アリ ▷ weiße *Ameisen* 白アリ
a·men [アーメン] 副《キリスト教》アーメン(祈りなどの結びのことば)
A·me·ri·ka [アメーリカ] 中 das 《地名・国名》アメリカ (用法: ⇨ Deutschland) ▷ die Vereinigten Staaten von *Amerika* アメリカ合衆国
A·me·ri·ka·ner [アメリカーナー] 男 der (⊕ 2 格 -s; ⊛ -) アメリカ人, 米国人
A·me·ri·ka·ne·rin [アメリカーネリン] 囡 die (⊕ 2 格 -, ⊛ ..rinnen) Amerikaner の女性形
a·me·ri·ka·nisch [アメリカーニシュ] 形 アメリカ[人]の; アメリカ英語の
Am·me [アンメ] 囡 die (⊕ 2 格 -; ⊛ -n) 乳母
Am·nes·tie [アムネスティー] 囡 die (⊕ 2 格 -; ⊛ -n) 《法律》大赦
Am·nes·ti·en [アムネスティーエン] Amnestie の複数
am·nes·tie·ren [アムネスティーレン] (amnestierte; amnestiert; 助h) 他 ④と [..⁴を] 大赦を与える
A·mok [アーモク／アモック] 男 der (⊕ 2 格 -s; ⊛ なし)《医学》アモク(狂暴性の精神錯乱) ▷ *Amok* laufen 精神錯乱に陥り刃物を持って走り回り人を殺す／*Amok* fahren 車を乱暴に走らせて事故を起こす
Am·pel [アンペル] 囡 die (⊕ 2 格 -; ⊛ -n)
❶ (交通の)信号機 ▷ Die *Ampel* an der Kreuzung zeigte Rot. 交差点の信号は赤だった
❷ (比較的小さな)つり下げ式照明器具; つり下げ式植木鉢
Am·phi·bie [アムフィービエ] 囡 die (⊕ 2 格 -; ⊛ -n)《動物》両生類
Am·phi·the·a·ter [アムフィーテアーター] 中 das (⊕ 2 格 -s; ⊛ -)(特に古代の)円形闘技場, 円形劇場
Am·pul·le [アンプレ] 囡 die (⊕ 2 格 -; ⊛ -n)《医学》アンプル
am·pu·tie·ren [アムプティーレン] (amputierte; amputiert; 助h) 他 ④と [手足など⁴を](手術によって)切断する ▷ Ihm musste ein Bein *amputiert* werden. 彼は足を切断しなければならなかった
Am·sel [アムゼル] 囡 die (⊕ 2 格 -; ⊛ -n)《鳥》クロウタドリ(ツグミの一種)

Ams·ter·dam [アムステルダム] (中 das)《都市名》アムステルダム(オランダの首都; ⇨ 地図 B-2)
Amt [アムト] 中 das (⊕ 2 格 -[e]s; ⊛ Ämter)
❶ 公職, 官職
❷ 《複 なし》職務; 役目
❸ 役所, 官庁 ▷ das Auswärtige *Amt* 外務省
Äm·ter [エムター] Amt の複数
am·tie·ren [アムティーレン] (amtierte; amtiert; 助h) 自 ❶ (ある一定の)公職についている
❷ (公職を)代行する ▷ der zurzeit *amtierende* Bürgermeister 市長代行
amt·lich [アムトリヒ] 形 ❶ 役所の, 公の ▷ eine *amtliche* Äußerung 公の発表／die *amtliche* Sprache 公用語／das *amtliche* Kennzeichen 自動車登録番号標
❷ 職務上の ▷ in *amtlichem* Auftrag 職務上の委任を受けて
A·mu·lett [アムレット] 中 das (⊕ 2 格 -[e]s; ⊛ -e)(ふつう首にかける)お守り, 魔よけ
a·mü·sant [アミュザント] 形 (物語などが)愉快な, おもしろい
A·mü·se·ment [アミュスマーン／アミュズ..] 中 das (⊕ 2 格 -s; ⊛ -s) 楽しみ, 娯楽
a·mü·sie·ren [アミュズィーレン] (amüsierte; amüsiert; 助h)
— 他 ④と [..⁴を] 楽しませる, おもしろがらせる ▷ Diese Geschichte *amüsierte* ihn. この話は彼をおもしろがらせた
— 再 ❶ 《sich⁴と》楽しむ, 楽しく時間を過ごす ▷ *Amüsiert* euch gut! 十分に楽しんでください
❷ 《sich⁴+über+④と》[..⁴を]おもしろがる, おかしがる ▷ Er *amüsierte* sich über die Antwort des Kindes. 彼は子供の答えをおもしろがった

an

[an アン]

— 前 《③・④支配; 空間関係の表示において位置を表す場合は 3 格, 方向を表す場合は 4 格を支配する》
☆ 定冠詞との融合形: am, ans
☆ 代名詞との結合形: daran, woran など
❶ 《3·4 格》(近接・密着)
a) 《3 格》(位置)…のそばで〈に〉, …(の表面)に接して
Er steht *an* der Tür.
彼はドアのそばに立っている
An der Wand hängt ein Bild.
壁に絵が掛かっている
Sie sitzen *am* Tisch.
彼らはテーブルについている
Bonn liegt *am* Rhein. ボンはライン河畔にある

A

〖entlang と〗
Die Straße führt *am* Fluss entlang.
道は川に沿って通じている
〖vorbei と〗
Er geht *an* mir vorbei.
彼は私のそばを通り過ぎて行く
〖連語で〗
Seite *an* Seite 並んで
Sie wohnen Tür *an* Tür.
彼らは家が隣り合わせだ
b) 〖4 格〗 《方向》 …のそばへ〈に〉, …(の表面)へ〈に〉
Er geht *ans* Fenster.
彼は窓際へ行く
Er hängt ein Bild *an* die Wand.
彼は絵を壁に掛ける
an die See fahren 海へ行く
〖bis と〗
Das Wasser reichte ihr bis *an* die Knie.
水は彼女のひざまで達した
❷ 〖3 格〗《時点》 …(のとき)に ▷ *am* Abend 晩に (☆ Nacht「夜」の場合は in ▷ in der Nacht 夜に) / *an* einem Sonntag ある日曜日に / *am* 31. (einunddreißigsten) Dezember 12 月 31 日に (☆ 月名のみを述べる場合は in ▷ im Dezember 12 月に)
❸ 〖3 格〗《仕事などの対象》…と取り組んで, …に勤務している ▷ *an* einem Buch schreiben 本を書いている / Er ist Lehrer *an* dieser Schule. 彼はこの学校の先生だ
❹ 〖3 格〗《手掛かり》…のところで, …によって ▷ Sie nahm ihn *am* Arm. 彼女は彼の腕を取った / Ich habe ihn *an* der Stimme erkannt. 私は声で彼だと分かった
❺ 〖3 格〗《原因》 …が原因で ▷ *an* Malaria sterben マラリアで死ぬ
❻ 〖3 格〗《内容》 …において ▷ Er ist reich *an* Erfahrungen. 彼は経験が豊富だ
❼ 〖3·4 格〗《対象》 …に対して
a) 〖3 格〗 *an* einer Versammlung teilnehmen 集会に参加する
b) 〖4 格〗 *an* die Tür klopfen 戸をたたく
❽ 〖am ..sten の形で; 形容詞·副詞の最上級〗 Er hat *am* besten gesungen. 彼が最もじょうずに歌った / Schwarzbrot ist *am* gesündesten. 黒パンは健康に最もよい

> ★ 述語的用法で, いくつかのものを比較する場合には der 〈die, das〉 ..ste の形式のほうが好まれる ▷ Hans ist der Fleißigste von allen Schülern. ハンスは生徒の中で最も勤勉です

[イディオム] ***an die***+[数字] 《口語》 約, ほぼ ▷ Er hat *an die* 400 Euro verloren. 彼は約 400 ユーロなくした
an [und für] sich それ自体, 本来
von ... an …から ▷ *von* jetzt *an* 今から / *von* Anfang *an* 初めから
── [副] 《時刻表で》 …着 ([反] ab) ▷ Berlin *an* 17.00 ベルリン着 17 時
── [形] 〖成句で〗 ***an sein*** 《口語》 (明かり·テレビ·ラジオなどの) スイッチが入っている ([反] aus) ▷ Das Licht ist *an.* 明かりがついている

> ★ **an ..** [アン..] 〖分離前つづり〗
> **a**) 《付着》 *an*kleben はりつける, *an*binden 縛りつける
> **b**) 《方向》 *an*brüllen ほえかかる, *an*sprechen 話しかける
> **c**) 《開始》 *an*brennen 燃え始める, *an*fahren (乗り物が) 動きだす

a·na·log [アナローク] [形] (他の事例と) 類似の ▷ eine *analoge* Situation 類似の状況 / *analog* [zu] diesem Fall この事例に即して
A·na·lo·gie [アナロギー] [女] *die* ([単] 2 格 –; [複] –n) 類似 ▷ in *Analogie* zu+③ …³と同じ方式で
A·na·lo·gi·en [アナロギーエン] Analogie の [複数]
a·na·lo·gisch [アナローギシュ] ＝analog
An·al·pha·bet [アン·アルファベート] [男] *der* ([単] 2·3·4 格 –en; [複] –en) 文盲 [の人]
An·al·pha·be·ten·tum [アン·アルファベーテントゥーム] [中] *das* ([単] 2 格 –s; [複] なし) 文盲
An·al·pha·be·tin [アン·アルファベーティン] [女] *die* ([単] 2 格 –; [複] ..tinnen) Analphabet の女性形
A·na·ly·se [アナリューゼ] [女] *die* ([単] 2 格 –; [複] –n) 分析
a·na·ly·sie·ren [アナリュズィーレン]
(analysierte; analysiert; [完了]h)
[他] 〖④と〗 [..⁴を] 分析する, 詳細に検討する ▷ die Lage *analysieren* 状況を分析する
A·nä·mie [アネミー] [女] *die* ([単] 2 格 –; [複] –n) 《医学》 貧血症
A·nä·mi·en [アネミーエン] Anämie の [複数]
A·nam·ne·se [アナムネーゼ] [女] *die* ([単] 2 格 –; [複] –n) 《医学》 既往歴, 病歴
A·na·nas [アナナス] [女] *die* ([単] 2 格 –; [複] –〈..nasse〉) 《植物》 パイナップル
A·nar·chie [アナルヒー] [女] *die* ([単] 2 格 –; [複] –n) 無政府状態
A·nar·chi·en [アナルヒーエン] Anarchie の [複数]
a·nar·chisch [アナルヒシュ] [形] 無政府状態の
A·nar·chis·mus [アナルヒスムス] [男] *der* ([単] 2

A·nar·chist [アナルヒスト] 男 der (2・3・4格 -en; 複 -en) 無政府主義者, アナーキスト

An·äs·the·sie [アン・エステズィー] 女 die (2格 -; 複 -n) 〖医学〗(病気・麻酔などによる)知覚麻痺, 麻酔

An·äs·the·si·en [アン・エステズィーエン] Anästhesie の 複数

A·na·to·mie [アナトミー] 女 die (2格 -; 複 なし) 解剖学

an|bah·nen [アン・バーネン] 分動
(bahnte an; angebahnt; 完了h)
—— 再 (sich⁴と)(ある事の)道が開ける, 兆しが生まれる ▷ Zwischen den beiden *bahnte* sich eine Freundschaft *an*. 両者の間に友情が芽生えた
—— 他 〖④と〗〔..⁴の〕道を開く, 緒⁵をつける ▷ neue Geschäftsverbindungen *anbahnen* 新しい取引先を開拓する

an|bän·deln [アン・ベンデルン] 分動
(bändelte an; angebändelt; 完了h)
自 《口語》〖mit+③と〗〔異性³と〕(不真面目な気持ちで)関係を結ぶ ▷ Er wollte mit ihr *anbändeln*. 彼は彼女といい仲になろうとした

An·bau [アン・バオ] 男 der (2格 -[e]s; 複 ..bauten)
❶ 〖複 なし〗建て増し, 増築 ▷ Der *Anbau* einer Garage ist nötig. ガレージの建て増しが必要である
❷ 増築した部分

an|bau·en [アン・バオエン] 分動
(baute an; angebaut; 完了h)
他 ❶ 〖④と〗〔建物⁴を〕建て増す, 増築する ▷ eine Garage an das Haus *anbauen* 家にガレージを建て増す
❷ 〖④と〗〔穀物・野菜など⁴を〕(大規模に)栽培する, 作付けする

an|be·hal·ten [アン・ベハルテン] 分動
(er behält an; behielt an; anbehalten; 完了h)
他 《口語》〖④と〗〔衣類など⁴を〕(脱がないで)着たままでいる; 履いたままでいる

an·bei [アン・バイ] 副 (あるものに)添えて, 同封して ▷ *Anbei* senden wir Ihnen das gewünschte Muster. 同封にてご希望のサンプルをお送りいたします

an|bei·ßen [アン・バイセン] 分動
(biss an; angebissen; 完了h)
—— 他 〖④と〗〔果物・パンなど⁴を〕一口かじる, かじりつく ▷ einen Apfel *anbeißen* リンゴをかじる
—— 自 (魚がえさに)食いつく

an|be·rau·men [アン・ベラオメン] 分動
(beraumte an; anberaumt; 完了h)
他 〖④と〗〔会議など⁴の〕日取りを〈場所〉を決める

an|be·ten [アン・ベーテン] 分動
(betete an; angebetet; 完了h)
他 ❶ 〖④と〗〔神・偶像など⁴を〕崇める ▷ Götter *anbeten* 神々を崇める
❷ 〖④と〗〔..⁴を〕(神のように)熱狂的に崇拝する

An·be·tracht [アン・ベトラハト] 男 der 〖成句で〗
in Anbetracht+②〔..²を考慮して〕 ▷ *in Anbetracht* der schwierigen Lage 難しい状況を考慮して
in Anbetracht dessen, dass ... …ということを考慮して

an|bie·dern [アン・ビーデルン] 分動
(biederte an; angebiedert; 完了h)
再 (sich⁴+bei+③と)〔..³に〕取り入ろうとする ▷ Er *biederte* sich mit Geschenken bei ihr *an*. 彼は贈り物で彼女に取り入ろうとした

an|bie·ten [アン・ビーテン] 分動 (du bietest an, er bietet an; bot an; angeboten; 完了h)
—— 他 ❶ 〖③+④と〗〔..³に飲み物など⁴を〕勧める ▷ dem Gast eine Tasse Kaffee *anbieten* 客にコーヒーを1杯勧める / Darf ich Ihnen ein Stück Kuchen *anbieten*? ケーキを1切れいかがですか
❷ 〖③+④と〗〔..³に..⁴を〕申し出る; 提供する ▷ Er *bietet* ihr seinen Platz *an*. 彼は彼女に自分の席に座るように申し出る / Die Volkshochschule *bietet* einen Kurs in Joga *an*. 成人学校はヨガの講習会を開く / Sie hat ihm das Du *angeboten*. 彼女は彼に du で呼び合うことを提案した
❸ 〖④と〗〔商品⁴を〕勧める ▷ Der Kaufmann *bietet* Kartoffeln *an*. 商人はジャガイモを買うように勧める / ein Haus zum Verkauf *anbieten* 家を売りに出す
—— 再 ❶ 〖sich⁴と〗(手助けを)申し出る ▷ sich als Vermittler *anbieten* 仲介役を買って出る
❷ 〖sich⁴と〗 (適当な〈考慮に値する〉ものとして)頭に浮かぶ, 考えられる ▷ Eine andere Möglichkeit *bietet* sich nicht *an*. 他の可能性は考えられない

An·bie·ter [アン・ビーター] 男 der (2格 -s; 複 -) (商品の)提供者, プロバイダー

an|bin·den [アン・ビンデン] 分動
(band an; angebunden; 完了h)
他 〖④と〗〔犬など⁴を〕縛り〈結び〉つける, つなぐ

An·blick [アン・ブリック] 男 der (2格 -[e]s; 複 -e)
❶ 光景
❷ 〖複 なし〗見ること ▷ Sie erschrak beim *Anblick* einer Spinne. 彼女はクモを見てびっくりした

an|bli·cken [アン・ブリッケン] 分動
(blickte an; angeblickt; 完了h)
他 〖④と〗〔..⁴を〕見つめる

an|bre·chen [アン・ブレッヒェン] 分動

anbrennen

(er bricht an; brach an; angebrochen)
—他 [[⇒h]] [[④と]] [ふつう飲食物⁴に] (封をあけるなどして) 手をつける ▷ eine Tafel Schokolade *anbrechen* 板チョコを(包みを取りはずし)少し折って食べる / Er hat die Flasche Wein bereits *angebrochen*. 彼はワインのびんをもうあけてしまった
—自 [[⇒s]] 《文語》(新しい時代・時期が)始まる

an|bren·nen [アン・ブレネン] [他自]
(brannte an; angebrannt)
—他 [[⇒h]] [[④と]] [‥に] 火をつける, 点火する ▷ eine Kerze *anbrennen* ろうそくに火をつける
—自 [[⇒s]] ❶ 燃え始める ▷ Das Holz ist endlich *angebrannt*. 木はやっと燃え始めた
❷ (料理しているものが)焦げつく ▷ Die Milch ist *angebrannt*. ミルクが焦げた

an|brin·gen [アン・ブリンゲン] [他]
(brachte an; angebracht; [⇒h])
他 ❶ [[④と]] [‥⁴を] 取りつける ▷ einen Spiegel an der Wand *anbringen* 鏡を壁に取りつける (☆ 3・4格支配の前置詞の場合, ふつう3格が用いられる) / Neue Schilder wurden *angebracht*. 新しい看板が取りつけられた
❷ 《口語》 [[④と]] [‥⁴を] (どこからか)持って来る, 連れて来る ▷ Die Kinder *brachten* ein Kaninchen *an*. 子供たちはウサギをどこからか連れて来た
❸ [[④と]] [願い事など⁴を] 口に出す; [知識など⁴を] 披露する ▷ Ich konnte meine Bitte nicht *anbringen*. 私は私の願いを口に出せなかった

An·bruch [アン・ブルフ] [男] der (嬰 2格 -[e]s; なし) 《文語》 始まり ▷ bei *Anbruch* des Tages 〈der Nacht〉 夜明け〈日暮れ〉に

an|brül·len [アン・ブリュレン] [他]
(brüllte an; angebrüllt; [⇒h])
他 《口語》 [[④と]] [‥⁴を] どなりつける; (獣などが)ほえかかる

An·dacht [アン・ダハト] [女] die (嬰 2格 -; -en)
❶ (黌教)(朝夕の短い)祈り, 礼拝 ▷ Die *Andacht* beginnt um 5 Uhr. 礼拝は5時に始まる
❷ [なし] 思いに没入していること; 敬虔(けいけん)な気持ち ▷ Sie war in stille *Andacht* versunken. 彼女は沈思黙考していた

an·däch·tig [アン・デヒティヒ] [形] 注意深い, 神経を集中した

an|dau·ern [アン・ダオエルン] [自]
(dauerte an; angedauert; [⇒h])
自 (ある状態が)続く, 終わらないでいる, 持続する ▷ Die Sitzung *dauerte an*. 会議は長く続いた

an·dau·ernd [アン・ダオエルント] [形] 絶え間のない; [副詞的に] 絶え間なく, しじゅう (☆ 述語としては用いない) ▷ der *andauernde* Regen 絶え間なく降り続く雨

An·den·ken [アン・デンケン] [中] das (嬰 2格 -s; 嬰 -)
❶ [なし] 思い出, 記念 ▷ zum *Andenken* an den Toten einen Kranz auf das Grab legen 死者への思い出に墓に花輪を供える
❷ 思い出の品, 記念品 ▷ Der Ring ist ein *Andenken* an meine Großmutter. この指輪は祖母の形見です

an·de·re
[ándərə アンデレ]

[形] (☆ 名詞につけて)
❶ ほかの, 別の
andere Schuhe anziehen
別の靴に履きかえる
Gibt es noch *andere* Fragen ?
ほかにまだ質問がありますか
Ich hatte keine *andere* Wahl.
私にはほかの選択はありえなかった
mit *anderen* Worten 別のことばで言えば
[名詞的に]
Das haben *andere* auch schon gesagt.
そのことはもうほかの人も言っている(言い古されたことだ)
[不定代名詞などと]
etwas *anderes* 何か別のもの
Ich gebe dir alles *andere*, nur nicht das Buch. 私は君にほかのものはすべてあげるが その本だけはだめだ
Ich möchte mit jemand *anderem* sprechen.
私はだれか別の人と話がしたい
❷ 〖しばしば als と呼応して〗 異なった, 違った ▷ kein *anderer* als du 君以外のだれも…でない / Ich bin *anderer* Meinung. 私の意見は異なる (☆ Meinung は2格) / (地) *Andere* Länder, *andere* Sitten. 所変われば品変わる
❸ 《2つあるものについて》 もうひとつの (☆ ふつう定冠詞を伴う) ▷ die *andere* Hälfte 他の半分 / das *andere* Ufer 向こう岸 / 〖ein と呼応して〗 In der einen Hand hielt er ein Glas, in der *anderen* eine Zigarette. 彼は片方の手にグラスを もう片方の手にはタバコを持っていた
❹ 次の ▷ am *anderen* Tag 次の日に / ein *anderes* Mal 次回に / 〖ein と呼応して〗 eine Geschichte nach der *anderen* erzählen 次から次へと物語を語る / Er ist von einem Geschäft zum *anderen* gelaufen. 彼は店を次から次へと回った / einer nach dem *anderen* 次々と / von einem Tag zum *anderen* その日その日で

(イディオム) *alles andere als …* およそ…でない ▷ Er

ist *alles andere als* gewissenhaft. 彼はおよそ誠実ではない

der 〈die, das〉 eine oder andere 何らかの ▷ *auf die eine oder andere* Weise 何らかの方法で（☆ 名詞の性に応じて冠詞の形を変える）

nichts anderes als ... …しかない ▷ *Er konnte nichts anderes tun als* warten. 彼は待つより仕方がなかった

und andere およびその他の人々〈もの〉（旧 u.a.）

und anderes およびその他のもの（旧 u.a.）

unter anderem 〈anderen〉 とりわけ（☆ 人を意識する場合はふつう anderen を用いる）（旧 u.a.）

zum einen ~, zum anderen ... まず～ それに加えて… ▷ *Zum einen* habe ich kein Geld und *zum anderen* gar keine Lust. まず私はお金がないし それにその気もまったくない

an·de·ren·falls [アンデレン・ファルス] 副 そうしなければ、さもないと ▷ *Du musst dich beeilen, anderenfalls* verpasst du den Bus. 急がなきゃだめだよ さもないとバスに乗り遅れるよ

an·de·rer·seits [アンデラー・ザイツ] 副 他方では（☆ ふつう einerseits と組み合わされる）▷ Einerseits machte das ihr Spaß, *andererseits* Angst. 一方ではそれは彼女を喜ばせはしたが 他方では不安にもした

an·der·mal [アンダー・マール] 副 【成句で】 *ein andermal* またいつか、いつか別の機会に ▷ Das machen wir *ein andermal*. それはいつか別のときにしましょう

än·dern
[έndɐn エンデルン]

現在	ich änd[e]re	wir ändern
	du änderst	ihr ändert
	er ändert	sie ändern
過去	ich änderte	wir änderten
	du ändertest	ihr ändertet
	er änderte	sie änderten
過分	geändert	完了 haben

—— 他 ❶ 【4格と】〔…⁴を〕(部分的に)**変える**, 変更する

den Rock *ändern*
スカートを作り変える

Das Flugzeug *ändert* seinen Kurs.
飛行機はコースを変える

類語
ändern 物を部分的に変える
verändern 物を外観的に変える

❷ 【4格と】〔意見・事態など⁴を〕(まったく異なったものに)**変える**
Er *änderte* seine Meinung.
彼は意見を変えた
Das ist nicht zu *ändern*.
それはほかにどうしようもない

❸ 【4格と】〔…⁴の態度・考え方などを〕**変える**
Dieses Erlebnis hat ihn sehr *geändert*.
この経験で彼は大いに変わった

—— 再 【sich⁴と】(状況・人などが)**変わる**
Das Wetter *ändert* sich.
天候が変わる

an·dern·falls [アンデルン・ファルス] ＝anderenfalls

an·ders
[ándɐs アンダース]

副 ❶ **違った〈異なった〉ふうに, 別のやり方で**
Sie ist ganz *anders* geworden.
彼女はすっかり人が変わった
Es geht nicht *anders*. それはほかにしょうがない
【als と呼応して】
Sie denkt *anders* als er.
彼女は彼と考えが異なる

❷ 【不定〈疑問〉代名詞・疑問副詞などと】他の, 別の ▷ jemand *anders* だれか別の人 / irgendwo *anders* どこか別のところで / Ich habe niemand *anders* gesehen. 私はだれもほかの人には会わなかった

an·ders·ar·tig [アンダース・アールティヒ] 形（種類・性質の)異なった, 別の ▷ eine ganz *andersartige* Denkweise まったく別の考え方

an·der·seits [アンダー・ザイツ] ＝andererseits

an·ders·wie [アンダース・ヴィー] 副 《口語》別の方法〈やり方〉で

an·ders·wo [アンダース・ヴォー] 副 《口語》ほかの所で、よそで

än·der·te [エンデルテ] ändern の 過去

an·dert·halb [アンデルト・ハルプ] 形 【分数】1と2分の1の（☆ 格語尾をつけない; ＝eineinhalb）▷ *anderthalb* Liter 1 リットル半 / in *anderthalb* Stunden 1 時間半後に

Än·de·rung [エンデルング] 女 die (旧 2格 -; 旧 -en) 変更, 修正

an·der·wei·tig [アンダー・ヴァイティヒ] 形 別の, ほかの ▷ *anderweitige* Probleme 他の問題
イディオム 〔4格〕＋*anderweitig verwenden* …⁴を別のやり方で使う

an|deu·ten [アン・ドイテン] 分離
(deutete an; angedeutet; 完了 h)

—— 他 ❶ 【4格と】〔…⁴を〕**ほのめかす, それとなく言う** ▷ Er *deutete an*, dass er teilnehmen werde. 彼は参加することをほのめかした

❷ 【4格と】〔…⁴を〕**ざっと〈大まかに〉示す** ▷ mit ein paar Strichen eine Figur *andeuten* 数本の線である姿の輪郭を示す

—— 再 【sich⁴と】(出来事・変化などの)**兆候が見える** ▷ Es *deutet* sich eine Verbesserung *an*. 改善の兆候が見える（☆ 文頭の es は穴埋め）

A

An·deu·tung [アン・ドイトゥング] 囡 die (⑯2格 -; ⑯ -en)
❶ 示唆，ほのめかし ▷ Sie sprach nur in *Andeutungen* von ihren Zukunftsplänen. 彼女は将来の計画についてあいまいにしか話さなかった
❷ (出来事・変化などの)兆候，(表情などの)かすかな現れ ▷ Er sah mich mit der *Andeutung* eines Lächelns an. 彼は私にほほえみを浮かべて私を見た

An·drang [アン・ドラング] 男 der (⑯2格 -[e]s; ⑯ なし) (人が)押し寄せること，殺到，混雑，人だかり ▷ Der *Andrang* bei der Eröffnung war enorm. 開店の際の混雑はものすごかった

an|dre·hen [アン・ドレーエン] 分離
(drehte an; angedreht; 匠h)
他 ❶ 【④と】【…⁴の】スイッチを(回して)入れる (⑯ abdrehen) ▷ Würdest du bitte das Fernsehen *andrehen*? テレビをつけてくれないか / Licht *andrehen* 照明のスイッチを入れる
❷ 【④と】〔栓など⁴を〕ひねる；〔水など⁴を〕(栓などをひねって)出す
❸ 《口語》【③＋④と】〔…³に…⁴を〕だまして売りつける

and·rer·seits [アンドラー・ザイツ] ＝andererseits

an|dro·hen [アン・ドローエン] 分離
(drohte an; angedroht; 匠h)
他 【③＋④と】〔…⁴をすると言って…³を〕脅す ▷ Er *drohte* ihr *an*, sie zu entlassen. 彼は彼女を解雇すると言って脅した

an|ecken [アン・エッケン] 分離
(eckte an; angeeckt; 匠s)
自 《口語》【bei＋③と】〔…³の〕機嫌を損ねる，怒らす ▷ Wegen seiner Kleidung *eckte* er beim Chef *an*. 服装のことで彼は主任の機嫌を損ねた

an|eig·nen [アン・アイグネン] 分離
(eignete an; angeeignet; 匠h)
再 ❶ 【sich³＋④と】〔知識など⁴を〕身につける，習得する ▷ Er hat sich viele Kenntnisse *angeeignet*. 彼はたくさんの知識を身につけた
❷ 【sich³＋④と】〔財産など⁴を〕横領する，着服する

an·ei·nan·der [アン・アイナンダー] 副 《前置詞 an と einander「互い」の結合形；前置詞 an の意味用法に準じて用いられる》 Sie denken oft *aneinander*. 彼らはよく互いに相手のことを考える (☆ an+³ denken …³のことを考える)
〔イディオム〕 ***aneinander geraten*** けんかをする ▷ Sie sind heute *aneinander geraten*. 彼らはきょうけんかをした / Er *geriet* wegen des Erbes mit ihr *aneinander*. 彼は遺産のことで彼女とけんかになった

an·ein·an·der|ge·ra·ten [アン・アイナンダー・ゲラーテン] 分離 (er gerät aneinander; geriet aneinander; aneinandergeraten; 匠s) 自 (旧⇒新)

aneinander geraten (分けて書く) ☞ aneinander

A·nek·do·te [アネクドーテ] 囡 die (⑯2格 -; -n) 逸話

an·er·kannt [アン・エアカント] 形 (広く一般に)認められた，定評のある ▷ ein international *anerkannter* Musiker 国際的に認められた音楽家

an|ekeln [アン・エーケルン] 分離
(ekelte an; angeekelt; 匠h)
他 【④と】(悪臭などが)〔…⁴に〕吐き気〈嫌悪〉を催させる ▷ Der schlechte Geruch *ekelt* mich *an*. このひどい臭いに私はむかっとくる

an|er·ken·nen [アン・エアケネン] 分離
(erkannte an; anerkannt; 匠h) (☆ 現在・過去時制ではまれに非分離でも用いられる)
他 ❶ 【④と】〔功績・功労など⁴を〕認める，高く評価する ▷ Wir *erkennen* seine Verdienste *an*. 私たちは彼の功績を認める
❷ 【④と】〔…⁴を〕(正当であるとして)受け入れる，承認する ▷ Wir *erkennen* seine Forderungen *an*. 私たちは彼の要求を承認する / einen Staat diplomatisch *anerkennen* 国家を承認する

An·er·ken·nung [アン・エアケヌング] 囡 die (⑯2格 -; ⑯ なし)
❶ (功績などを)認めること，高く評価すること ▷ Sie sprach ihm ihre *Anerkennung* aus. 彼女は彼に称賛のことばを述べた
❷ 《政治》(国家などの)承認；《法律》認知
〔イディオム〕 ***Anerkennung finden*** 評価される ▷ Dieser Plan *fand* nicht seine *Anerkennung*. この計画は彼に高く評価されなかった

an|fah·ren [アン・ファーレン] 分離
(er fährt an; fuhr an; angefahren)
― 自 (匠s) (乗り物が)動きだす ▷ Der Zug ist langsam *angefahren*. 列車はゆっくり動きだした
― 他 (匠h) ❶ 【④と】(自動車などに乗って)〔…⁴に〕ぶつかる，衝突する ▷ einen Fußgänger *anfahren* 歩行者に車をぶつける
❷ 【④と】〔…⁴を〕(トラックなどで)運んで来る，配達する ▷ Kies *anfahren* 砂利を運んで来る
❸ 【④と】(乗り物に乗って)〔…⁴を〕目指して進む ▷ Zuerst haben sie Bonn *angefahren*. 初め彼らはボンを目指した
❹ 《口語》【④と】〔…⁴を〕激しくしかりつける，がみがみ言う

An·fahrt [アン・ファールト] 囡 die (⑯2格 -; ⑯ -en)
❶ (目的地まで)乗り物で行く〈やって来る〉こと ▷ Die *Anfahrt* dauert mindestens zwei

①, ②, ③, ④ =1格, 2格, 3格, 4格の名詞

anfertigen

Stunden. 到着まで少なくとも2時間はかかる
❷ (トラックなどで)運んで来ること, 配達

An·fall [アン・ファル] 男 der (⸢2格 -[e]s; ⸢ ..fälle)《医学》発作 ▷ einen schweren *Anfall* bekommen はげしい発作に襲われる

an|fal·len 分離
(er fällt an; fiel an; angefallen)
── 他《匠丁h》《④と》[..⁴に]突然襲いかかる ▷ Unser Hund hat den Briefträger *angefallen*. 私たちの犬が郵便配達人に突然襲いかかった
── 自《匠丁s》(仕事などが)たまる; (出費などが)余分に生じる

an·fäl·lig [アン・フェリヒ] 形 (病気などに)かかりやすい, 抵抗力の弱い ▷ Er ist für〈gegen〉Erkältung sehr *anfällig*. 彼はとてもかぜをひきやすい

An·fang
[ánfaŋ アン・ファング]
男 der (⸢2格 -[e]s; ⸢ ..fänge)

❶《⸢なし》始まり, 発端 (⸢ Ende)
ein guter *Anfang*
順調な滑り出し
Aller *Anfang* ist schwer.
《ことわざ》何事もはじめは難しい
❷《⸢なし》はじめの部分, 初期 ▷ Ich habe den *Anfang* der Vorlesung versäumt. 私は講義のはじめの部分を聞き逃した / von *Anfang* bis Ende はじめから終わりまで /《無冠詞で; 月名などと》*Anfang* Mai kommt sie. 5月のはじめに彼女が来る / Er ist *Anfang* fünfzig. 彼は50代のはじめだ
❸《⸢で》(進歩などの)初期段階
イディオム **am Anfang** はじめは ▷ *Am Anfang* war noch alles in Ordnung. はじめはすべてがまだ順調だった
den Anfang machen《口語》一番最初に始める, 口火を切る
von Anfang an はじめから ▷ *Von Anfang an* war ich dagegen. はじめから私はそれに反対だった

An·fän·ge [アン・フェンゲ] Anfang の 複数

an|fan·gen
[ánfaŋən アン・ファンゲン] 分離

直現	ich fange … an	wir fangen … an
	du fängst … an	ihr fangt … an
	er fängt … an	sie fangen … an
直過	ich fing … an	wir fingen … an
	du fingst … an	ihr fingt … an
	er fing … an	sie fingen … an
過分	angefangen	匠丁 haben

── 他 ❶《④と》[..⁴を]始める (=beginnen; ⸢ beenden)
ein Gespräch *anfangen* 会話を始める
《zu 不定詞句と》
Wir *fingen an*, ein Haus zu bauen.
私たちは家を建て始めた
Wann *fangen* wir endlich *an* ?
いつになったら始めるのですか
❷《④と》[..⁴を]する, 行う ▷ Was *fangen* wir nun *an* ? さて何をしようか / Mit der Rechenmaschine kann ich nichts *anfangen*. 計算機を私はまったく使いこなせない
── 自 ❶ 始まる (⸢ aufhören, enden)
Das Konzert *fängt* um 20 Uhr *an*.
コンサートは20時に始まる
Hier *fängt* der Wald *an*.
ここから先は森だ
Der Film *fängt* mit einem Mord *an*.
その映画は殺人で始まる
《zu 不定詞句と》
Das Auto *fing* allmählich *an* zu rosten〈zu rosten *an*〉. 車が徐々にさび始めた
❷《mit+③と》[..³を]始める ▷ mit dem Essen *anfangen* 食事を始める

An·fän·ger [アン・フェンガー] 男 der (⸢2格 -s; ⸢ -) 初心者, 初学者, 新米

an·fäng·lich [アン・フェングリヒ] 形 最初〈はじめ〉のころの ▷ die *anfänglichen* Schwierigkeiten 初期の段階の困難

an·fangs [アン・ファングス]
副 はじめは, 最初のうちは ▷ *Anfangs* ging alles gut. はじめはすべてうまくいった

an|fas·sen [アン・ファッセン] 分離
(fasste an; angefasst; 匠丁h)
── 他 ❶《④と》[..⁴に]さわる, 触れる ▷ den heißen Ofen *anfassen* 熱いストーブにさわる / Fass mich nicht *an* ! 私にさわるな
❷《④+副と》扱う, あしらう ▷ Sie hat ihn rücksichtslos *angefasst*. 彼女は彼を容赦なく扱った
❸《④と》[問題・課題などに]着手する, 取りかかる ▷ eine Aufgabe geschickt *anfassen* 任務にじょうずに取りかかる
イディオム **Fass doch mal mit an !** ちょっと手を貸してくれ

an|fech·ten [アン・フェヒテン] 分離
(er ficht an; focht an; angefochten; 匠丁h)
── 他《④と》[..⁴の]無効を主張する, [..⁴に]異議を申し立てる

an|fer·ti·gen [アン・フェルティゲン] 分離
(fertigte an; angefertigt; 匠丁h)
── 他《④と》[文書などを]作成する;[商品など⁴を](手作業によって)作る ▷ eine Liste *anfertigen* リストを作成する / sich³ beim Schneider einen Anzug *anfertigen* lassen 仕立て屋で背

anfeuern

広を1着作ってもらう

an|feu・ern [アン・フォイエルン] 分離
(feuerte an; angefeuert; 匠h)
他 【④と】[‥⁴を]奮い立たせる, 激励する ▷ Die Zuschauer *feuern* die Spieler durch Zurufe *an*. 観客は選手に声援を送り奮い立たせる

an|fle・hen [アン・フレーエン] 分離
(flehte an; angefleht; 匠h)
他 【④と】[‥⁴に]懇願する, 哀願する ▷ Ich *flehe* dich *an*, geh nicht fort! 頼むから行かないでくれ

an|flie・gen [アン・フリーゲン] 分離
(flog an; angeflogen; 匠h)
他 【④と】[‥⁴に]向かって飛ぶ ▷ den Flughafen *anfliegen* (航空機が)空港に向かって飛行する / Die Lufthansa *fliegt* Tokio *an*. ルフトハンザは東京への路線をもっている
(イディオム) *angeflogen kommen* 飛んで来る ▷ Ein Flugzeug *kam angeflogen*. 飛行機が1機飛んで来た

An・flug [アン・フルーク] 男 der (⊕2格-[e]s; ⊕..flüge)
❶ (航空機の)着陸態勢の飛行 ▷ Die Maschine ist bereits im *Anflug*. 飛行機はすでに着陸態勢に入っている
❷ かすかな量 (☆修飾語句を伴う) ▷ Auf ihrem Gesicht zeigte sich ein *Anflug* von Röte. 彼女の顔にほんのり赤みがさした

an|for・dern [アン・フォルデルン] 分離
(forderte an; angefordert; 匠h)
他 【④と】[‥の送付・交付などを]求める, 請求する; [応援などを⁴を]要請する ▷ zusätzliche Arbeitskräfte *anfordern* 人員を増やすように要請する

An・for・de・rung [アン・フォルデルング] 女 die (⊕2格-; ⊕-en)
❶ (⊕なし)請求, 要請 ▷ die *Anforderung* von Katalogen カタログの請求
❷ (⊕で)(仕事上の)要求 ▷ Die an ihn gestellten *Anforderungen* waren zu hoch. 彼に課せられた要求は高すぎた

An・fra・ge [アン・フラーゲ] 女 die (⊕2格-; ⊕-n)問い合わせ, 照会 ▷ eine telefonische *Anfrage* 電話による問い合わせ

an|fra・gen [アン・フラーゲン] 分離
(fragte an; angefragt; 匠h)
自 [bei‥³に]問い合わせる, 照会する ▷ Sie *fragt* bei ihm *an*, ob sie kommen könne. 彼女は彼に来てもかまわないか問い合わせる

an|freun・den [アン・フロインデン] 分離
(freundete an; angefreundet; 匠h)
再 [(sich)⁴+mit+③と][‥³と]友達になる (☆複数形の主語とともに相互的に用いることもある ▷ Sie *freunden* sich miteinander *an*. 彼らは友達になる)

(イディオム) *sich⁴ mit+③ anfreunden können* (事態の変化など)³になじむことができる

an|füh・len [アン・フューレン] 分離
(fühlte an; angefühlt; 匠h)
— 他 【④と】[額などを](どうなっているかと)さわってみる
— 再 【(sich)⁴+随意と】さわった感じが[‥]だ ▷ Dieser Stoff *fühlt* sich rau *an*. この生地はざらざらした感じがする

an|füh・ren [アン・フューレン] 分離
(führte an; angeführt; 匠h)
他 ❶ 【④と】[理由・例などを⁴を]挙げる, 持ち出す ▷ Gründe *anführen* 理由を挙げる / Er *führte* zu seiner Entschuldigung *an*, dass der Wecker nicht geklingelt habe. 彼は目覚し時計が鳴らなかったからだと弁解した
❷ 【④と】[‥⁴を]引用する ▷ ein Wort von Nietzsche *anführen* ニーチェのことばを引用する / 《過去分詞で》am *angeführten* Ort 上記引用箇所で (⊕ a.a.O.)
❸ 【④と】[‥⁴を]率いる, 先導〈指揮〉する ▷ einen Festzug *anführen* 祭りのパレードの先頭に立つ
❹ 《口語》【④と】[‥⁴を]いっぱい食わす, だます

An・füh・rer [アン・フューラー] 男 der (⊕2格-s; ⊕-) (集団などを)率いる人;《ふつう否定的な意味で》首領, 首謀者

An・füh・rungs・zei・chen [アン・フューレングス・ツァイヒェン] 中 das (⊕2格-s; ⊕-) 《ふつう⊕で》引用符

An・ga・be [アン・ガーベ] 女 die (⊕2格-; ⊕-n)
❶ 述べること, 報告 ▷ genaue *Angaben* über einen Unfall 事故に関する正確な報告
❷ (⊕なし)《口語》ほら, 大ぶろしき

an|ge・ben [アン・ゲーベン] 分離
(er gibt an; gab an; angegeben; 匠h)
— 他 ❶ 【④と】[‥⁴を]述べる, 挙げる; 申し立てる ▷ Namen und Adresse *angeben* 名前と住所を述べる / 《zu 不定詞句と》Er *gibt an*, zu Hause gewesen zu sein. 彼は家にいたと言っている / 《過去分詞で》am *angegebenen* Ort 上述の箇所で (⊕ a.a.O.)
❷ 【④と】[‥⁴を]指示する, 定める ▷ den Takt *angeben* 拍子をとる
❸ 【④と】[‥⁴を](点・線などで)示す ▷ die Lage des Dorfes *angeben* 村の位置を(地図などで)示す
(イディオム) ④+*als Grund angeben* ‥⁴を理由に挙げる

— 自 《口語》[mit+③と][‥³を]自慢する

An・ge・ber [アン・ゲーバー] 男 der (⊕2格-s; ⊕-)《口語》ほら吹き

an・geb・lich [アン・ゲープリヒ] 形 自称の, 表向きの ▷ seine *angebliche* Tante 彼のおばと称す

状態, 随意, 場所, 方向, ‥ =状態, 様態, 場所, 方向, ‥を表す語句

る人 / *Angeblich* ist sie krank. 彼女は病気だと言っている

an·ge·bo·ren [アン・ゲボーレン] 形 生まれつきの，生来の ▷ eine *angeborene* Krankheit 先天性の病気

An·ge·bot [アン・ゲボート] 田 *das* (®2格-[e]s; ®-e)
❶ (® なし) (商品の)供給 ▷ *Angebot* und Nachfrage 需要と供給
❷《集合的に》(店頭などに並べられた)商品 ▷ Das *Angebot* an Obst war nicht sehr groß. 店頭の果物の量はそう多くなかった
❸ (売り物などの)申し出 ▷ Als ich sein Haus kaufen wollte, machte er mir ein großzügiges *Angebot*. 私が彼の家を買おうとしたとき彼は気前のよい値段をつけてくれた

an·ge·bo·ten [アン・ゲボーテン] anbieten の 分

an·ge·bracht [アン・ゲブラハト] 形 (その状況に)ふさわしい，適切な ▷ Die Bemerkung ist hier nicht *angebracht*. この発言はこの場にはふさわしくない

an·ge·bun·den [アン・ゲブンデン] 形 (口語)〖mit 〈wegen〉+❸と〗〖義務などに〗束縛されている，[··³に束縛されて]自分の時間がない

an·ge·fan·gen [アン・ゲファンゲン] anfangen の 分

an·ge·grif·fen [アン・ゲグリッフェン]
— angreifen の 分
— 形 疲れきった，やつれた

an·ge·hal·ten [アン・ゲハルテン] anhalten の 分

an·ge·hei·tert [アン・ゲハイテルト] 形 ほろ酔いの，一杯機嫌の ▷ Er war *angeheitert*. 彼はほろ酔い気分だった

an|ge·hen [アン・ゲーエン] 分
(ging an; angegangen)
— 他 〖匠h〗(☆南ドイツ・オーストリア・スイスでは完了の助動詞に sein が用いられる)
❶ 〖❹と〗〖··³に〗関係する，かかわる (☆ 完了では用いない) ▷ Das *geht* dich nichts *an*. それは君には関係ないことだ / was deinen Vorschlag *angeht* 君の提案に関しては
❷ 〖❹+um+❹と〗〖··⁴に··⁴を〗頼む，ねだる ▷ Sie hat ihn um Geld *angegangen*. 彼女は彼にお金をねだった
❸ 〖❹と〗〖··³に〗取り組む ▷ ein Thema von einer anderen Seite *angehen* テーマに他の面からせまる
❹ 〖❹と〗〖··³を〗襲う，攻撃する ▷ Das Wildschwein *ging* den Jäger *an*. イノシシは狩人を襲った
— 自 〖匠s〗《口語》燃え出す; (明かりが)つく (® ausgehen)

an·ge·hen·de [アン・ゲーエンデ] 形 なりたての，駆け出しの (☆ 名詞につけて) ▷ ein *angehender* Arzt 駆け出しの医者

an|ge·hö·ren [アン・ゲヘーレン] 分離
(gehörte an; angehört; 匠h)
自 ❶ 〖❸と〗〖ある集団〗に所属している，一員である ▷ einer Partei 〈einem Verein〉 *angehören* ある政党〈協会〉に所属している
❷ 〖❸と〗〖ある時代³の〗ことだ ▷ Das *gehört* der Vergangenheit *an*. それは過去のことだ

An·ge·hö·ri·ge [アン・ゲヘーリゲ] 男 *der* / 女 *die* (形容詞変化 ☞ Alte 表 I)
❶ 〖ふつう ® 複〗家族の一員，親族，親類
❷ (会社などの)構成員，メンバー

An·ge·klag·te [アン・ゲクラークテ] 男 *der* / 女 *die* (形容詞変化 ☞ Alte 表 I) (刑事訴訟の)被告人 (☆ 民事訴訟の「被告」は Beklagte)

an·ge·kom·men [アン・ゲコメン] ankommen の 分

An·gel [アングル] 女 *die* (®2格-; ®-n)
❶ (糸・釣り針などを含めて)釣りざお
❷ (ドアなどの)ちょうつがい

An·ge·le·gen·heit [アン・ゲレーゲンハイト] 女 *die* (®2格-; ®-en)
用件 ▷ eine dringende *Angelegenheit* 急を要する用件 / in einer privaten *Angelegenheit* 個人的な用件で

an·geln [アングルン] (angelte; geangelt; 匠h) 他 〖❹と〗〖魚⁴を〗釣る ▷ Forellen *angeln* マスを釣る // *angeln* gehen 釣りに行く

An·gel·punkt [アングル・プンクト] 男 *der* (®2格-[e]s; ®-e)
❶ (政治活動・流行などの)中心地
❷ (事柄の)かなめ，いちばん重要なところ

An·gel·ru·te [アングル・ルーテ] 女 *die* (®2格-; ®-n) 釣りざお

An·gel·schnur [アングル・シュヌーア] 女 *die* (®2格-; ®..schnüre) 釣り糸

an·ge·macht [アン・ゲマハト] anmachen の 分

an·ge·mel·det [アン・ゲメルデット] anmelden の 分

an·ge·mes·sen [アン・ゲメッセン] 形 (状況などに)相応の，適切な ▷ Die Strafe ist *angemessen*. その処罰は適切だ / eine dem Alter *angemessene* Bezahlung 年相応の報酬

an·ge·nehm [アンゲネーム] (比較 -er, 最上 -st)
形 気持ちのよい ▷ Es ist *angenehm* kühl. 涼しくて気持ちがいい / eine *angenehme* Überraschung うれしい驚き (☆ 予期しない贈り物・訪問などに関して) / Er ist ein *angenehmer* Mensch. 彼は好感のもてる人だ
イディオム ***Angenehme Ruhe !*** お休みなさい (☆ 就寝時のあいさつ)

A

Sehr angenehm! 初めまして, どうぞよろしく (☆紹介されたときのあいさつ)

an·ge·nom·men [アン・ゲノメン] annehmen の [過分]

An·ge·pass·te [アン・ゲパステ] [男] *der* / [女] *die* (形容詞変化 ☞ Alte 表 I) (周囲・大勢に)順応する人

An·ge·paß·te [旧⇒新] Angepasste

an·ge·regt [アン・ゲレークト] [形] (討論・会話などが)活発な

an·ge·ru·fen [アン・ゲルーフェン] anrufen の [過分]

an·ge·schla·gen [アン・ゲシュラーゲン]
[形] ❶ (自信などが)傷ついた, (健康などが)損なわれた
❷ (ぶつけて)少し欠けた ▷ ein *angeschlagenes* Glas 少し欠けているグラス

an·ge·se·hen [アン・ゲゼーエン]
— ansehen の [過分]
— [形] 信望のあつい, 人望のある, 尊敬されている ▷ Er ist bei allen *angesehen.* 彼はすべての人に尊敬されている

An·ge·sicht [アン・ゲズィヒト] [中] *das* ([単] 2 格 -[e]s; [複] なし) 《文語》 顔 (=Gesicht)

an·ge·sichts [アン・ゲズィヒツ] [前] 〘②支配〙 《文語》 …を目の前にして ▷ *angesichts* dieser Tatsache この事実に直面して

An·ge·stell·te [アン・ゲシュテルテ] [男] *der* / [女] *die* (形容詞変化 ☞ Alte 表 I)
従業員, 社員, サラリーマン

an·ge·tan [アン・ゲターン] [形] 〘von+③と〙 〔‥[3]に〕心をとらえられている, 魅了されている

an·ge·trun·ken [アン・ゲトルンケン] [形] ほろ酔い気分の, 一杯機嫌の

an·ge·wand·te [アン・ゲヴァンテ] [形] 応用を目指した (☆ 名詞につけて) ▷ *angewandte* Linguistik 応用言語学

an·ge·wie·sen [アン・ゲヴィーゼン] [形] 〘auf+④と〙 〔‥[4]に〕頼らざるをえない ▷ Sie ist ganz auf seine Hilfe *angewiesen.* 彼女は彼の助けを是非とも必要としている

an|ge·wöh·nen [アン・ゲヴェーネン] [分離]
(gewöhnte an; angewöhnt; [完了]h)
— [再] 〘[sich][3]+④と〙 〔‥[4]の〕習慣〈癖〉を身につける ([反] abgewöhnen) ▷ Sie hat sich das Rauchen *angewöhnt.* 彼女はタバコを吸うようになった
— [他] 〘③+④と〙 〔‥[3]に‥[4]の〕習慣〈癖〉をつける ▷ Er hat seinen Kindern *angewöhnt*, pünktlich zu sein. 彼は子供たちに時間を守る習慣をつけた

An·ge·wohn·heit [アン・ゲヴォーンハイト] [女] *die* ([単] 2 格 -; [複] -en) (ふつう悪い)習慣, 癖

an·ge·zo·gen [アン・ゲツォーゲン] anziehen の [過分]

an·ge·zün·det [アン・ゲツュンデット] anzünden の [過分]

An·gi·na [アンギーナ] [女] *die* ([単] 2 格 -; まれに[複] Anginen) 《医学》 扁桃腺炎

An·gi·nen [アンギーネン] Angina の [複数]

an|glei·chen [アン・グライヒェン] [分離]
(glich an; angeglichen; [完了]h)
— [他] 〘④+③ 〈an+④〉と〙 〔‥[4]を‥[3(4)]に〕合わせる ▷ die Löhne den Preisen 〈an die Preise〉 *angleichen* 賃金を物価に合わせる
— [再] 〘[sich][4]+③ 〈an+④〉 と〙 〔‥[3(4)]に〕適応する, 順応する ▷ Sie haben sich einander *angeglichen.* 彼らはお互いに自分を相手の生き方に合わせた

Ang·ler [アングラー] [男] *der* ([単] 2 格 -s; [複] -) 釣りをする人, 釣り人

Ang·lis·tik [アングリスティック] [女] *die* ([単] 2 格 -; [複] なし) 英語英文学

an|grei·fen [アン・グライフェン] [分離]
(griff an; angegriffen; [完了]h)
[他] ❶ 〘④と〙 〔‥[4]を〕**攻撃する**; 《スポーツ》 アタックする ▷ den Feind überraschend *angreifen* 敵のふいを突いて攻撃する
❷ 〘④と〙 〔蓄えなど[4]に〕手をつける ▷ Ich habe das Guthaben noch nicht *angegriffen.* 私は預金にまだ手をつけなかった
❸ 〘④と〙 (ある事が)〔‥[4]の健康などを〕損なう, 疲れさす ▷ Die Krankheit hat ihn sehr *angegriffen.* 病気で彼は体が非常に弱くなった
❹ 〘④と〙 〔金属など[4]を〕腐食する ▷ Der Rost *greift* das Eisen *an.* 鉄がさびる

An·grei·fer [アン・グライファー] [男] *der* ([単] 2 格 -s; [複] -) 攻撃者

An·griff [アン・グリフ] [男] *der* ([単] 2 格 -[e]s; [複] -e) 攻撃 ([反] Verteidigung)
[イディオム] ④+***in Angriff nehmen*** ‥[4]に着手する ▷ Die Arbeit wird bald *in Angriff genommen.* その仕事にまもなく手がつけられる

an·griffs·lus·tig [アン・グリフス・ルスティヒ] [形] 攻撃的な

An·griffs·punkt [アン・グリフス・プンクト] [男] *der* ([単] 2 格 -[e]s; [複] -e) (人から攻撃されやすい)弱み, 弱点

angst [アングスト] [形] 〘③と〙 〔‥[3]が〕不安な, 心配な ▷ Ihm wird *angst* [und bange]. 彼は不安になる

Angst [アングスト] [女] *die* ([単] 2 格 -; [複] Ängste)
❶ **不安**, 恐れ ▷ *Angst* vor der Prüfung haben 試験を前にして不安がっている / Eine unbestimmte *Angst* erfasste sie. ある漠然とした不安が彼女を襲った
[イディオム] ***in großer Angst*** ひどく心配して
vor Angst 不安のあまり

anheben

類語
Angst 事態の成行きなどに対する不安
Furcht 特定の対象に対する恐れ

---

❷ 心配, 気遣い ▷ Sie ist um ihn in *Angst*. 彼女は彼のことを気遣っている

Ängs·te [エングステ] Angst の複数

ängst·lich [エングストリヒ] (比較 -er, 最上 -st)
形 ❶ 臆病な, 小心な;〖副詞的に〗不安げに ▷ ein *ängstlicher* Mensch 臆病者 / Sei nicht so *ängstlich*! そうびくつくな
❷ きわめて細心の ▷ Er war *ängstlich* darauf bedacht, keinen Fehler zu machen. 彼はまちがいをおかさないようにひどく気を遣っていた

Ängst·lich·keit [エングストリヒカイト] 女 *die* (複 2格 -; 複 なし) 心配

an|gu·cken [アン・グッケン] 分離
(guckte an; angeguckt; 完了h)
他《口語》〖4格と〗〖…⁴を〗じっと見つめる

an|gur·ten [アン・グルテン] 分離
(gurtete an; angegurtet; 完了h)
再〖sich⁴と〗(自動車・航空機の中などで)安全ベルトを締める

an|ha·ben [アン・ハーベン] 分離
(er hat an; hatte an; angehabt; 完了h)
他《口語》〖4格と〗〖衣服など⁴を〗身につけている(靴なども含む, ただし「帽子をかぶっている」は aufhaben) ▷ Sie *hat* ein neues Kleid *an*. 彼女は新しいドレスを着ている
イディオム ❸+*nichts anhaben können* …³になんの危害も加えられない ▷ Er *kann* dir *nichts anhaben*. 彼は君になんの手出しもできない

an|haf·ten [アン・ハフテン] 分離
(haftete an; angehaftet; 完了h)
自〖3格と〗(汚れなどが)〖…³に〗付着している ▷ Hier *haften* noch Farbreste *an*. ここにまだペンキの残りが付着している / 〖比ゆ〗Diesem System *haften* schwere Mängel *an*. このシステムには重大な欠陥がある

an|hal·ten [アン・ハルテン] 分離 (du hältst an, er hält an; hielt an; angehalten; 完了h)
— 他 ❶〖4格と〗〖車など⁴を〗止める;〖人⁴を〗呼び止める ▷ das Auto *anhalten* 車を止める / den Atem *anhalten* 息を止める / Er *hielt* mich auf der Straße *an*. 彼は道で私を呼び止めた
❷〖4格+zu+3格と〗(注意などをして)〖…⁴に…³ができるようにする ▷ Die Mutter *hält* die Kinder zur Höflichkeit *an*. 母親は子供たちをしつけて礼儀作法を守れるようにする
— 自 ❶(車などが)止まる, 停車する; (人が)立ち止まる ▷ Das Auto *hielt* vor dem Haus *an*. 車は家の前に止まった
❷(一定の状態が)長く続く, 持続する ▷ Regen und Kälte *halten an*. 雨と寒さが続く

an·hal·tend [アン・ハルテント] 形 長く続く ▷ ein *anhaltender* Regen 降りやまない雨

An·hal·ter [アン・ハルター] 男 *der*〖成句で〗*per Anhalter fahren* ヒッチハイクをする

An·halts·punkt [アン・ハルツ・プンクト] 男 *der* (複 2格 -[e]s; 複 -e) (推測などの)根拠, よりどころ ▷ Es gibt keinen sicheren *Anhaltspunkt* für seine Schuld. 彼の有罪を示す確かな根拠はない

an·hand [アン・ハント] 前〖2支配; an Hand の結合形〗…に基づいて, …をもとにして ▷ *anhand* der Unterlagen 資料をもとにして /〖von を伴って〗*anhand* von Beweisen 証拠に基づいて

An·hang [アン・ハング] 男 *der* (複 2格 -[e]s; 複に ..hänge) 付録, 補遺

an|hän·gen [アン・ヘンゲン] 分離
— 他 (hängte an; angehängt; 完了h)
❶〖4+an+4格と〗〖…⁴を…⁴に〗掛ける(⇔ abhängen) ▷ ein Schildchen an die Tür *anhängen* 小さな表札をドアのところに掛ける / Er *hängte* einen Zettel an das Paket *an*. 彼は札を小包につけた
❷〖4格と〗〖車両⁴を〗つなぐ, 連結する ▷ einen Wagen an den Zug *anhängen* 車両を列車に連結する
❸〖4格と〗〖…⁴を〗(終わりに)つけ加える ▷ ein Nachwort *anhängen* 後書きを巻末につける
❹《口語》〖3格・4格と〗〖…³に罪など⁴を〗着せる ▷ Sie wollten ihm den Diebstahl *anhängen*. 彼らは盗みの罪を彼に着せようとした
— 自 (hing an; angehangen; 完了h)
〖3格と〗〖イデオロギーなど³を〗信奉する

An·hän·ger [アン・ヘンガー] 男 *der* (複 2格 -s; 複 -)
❶ 信奉者, 支持者; (スポーツ選手・芸能人などの)ファン ▷ die *Anhänger* einer Partei ある政党の支持者たち
❷ トレーラー, 連結車 ▷ ein Lastkraftwagen mit *Anhänger* トレーラーつきのトラック
❸《装飾》ペンダント, ロケット

An·hän·ge·rin [アン・ヘングリン] 女 *die* (複 2格 -; 複 ..rinnen) Anhänger の女性形

an·häng·lich [アン・ヘングリヒ] 形 なついている, 忠実な ▷ Der Hund ist sehr *anhänglich*. この犬はとてもなついている

An·häng·lich·keit [アン・ヘングリヒカイト] 女 *die* (複 2格 -; 複 なし) なついていること

an|häu·fen [アン・ホイフェン] 分離
(häufte an; angehäuft; 完了h)
— 他〖4格と〗〖金など⁴を〗ためる, 蓄える ▷ Geld *anhäufen* 金をためる / Wissen *anhäufen* 知識を蓄える
— 再〖sich⁴と〗(書類・仕事などが)たまる

an|he·ben [アン・ヘーベン] 分離

完了h, 完了s＝完了の助動詞 haben, sein

(hob an; angehoben; [完了]h)
[他] ❶ 〖④と〗〔‥^{4}を〕(一時的に)持ち上げる
❷ 〖④と〗〔値段・給料・水準など^{4}を〕上げる

an·heim [アン・ハイム] [副] 〖成句で〗③＋④＋***anheim stellen*** ‥^{3}に(決定など)^{4}を任せる

an·hei·melnd [アン・ハイメルント] [形] くつろいだ気持ちにさせる, くつろげる

an·heim|stel·len [アン・ハイム・シュテレン] [分離]
(stellte anheim; anheimgestellt; [完了]h) [他] 《文語》 [旧⇨新] **anheim stellen** (分けて書く) ☞ anheim

an|hei·zen [アン・ハイツェン] [分離]
(heizte an; angeheizt; [完了]h)
[他] ❶ 〖④と〗〔ストーブなど^{4}の〕火をおこす ▷ den Ofen *anheizen* ストーブの火をおこす
❷ 《口語》〖④と〗〔討論など^{4}を〕あおる, 〔雰囲気など^{4}を〕いっそう高める〈勢いづける〉

an|herr·schen [アン・ヘルシェン] [分離]
(herrschte an; angeherrscht; [完了]h)
[他] 〖④と〗〔‥^{4}を〕(高飛車な調子で)どなりつける

an|heu·ern [アン・ホイエルン] [分離]
(heuerte an; angeheuert; [完了]h)
— [他] 〖④と〗〔船員^{4}を〕雇う
— [自] 船員として働く

An·hieb [アン・ヒーブ] [男] *der* 〖成句で〗 ***auf Anhieb*** 1 回で, 即座に ▷ Alles glückte *auf Anhieb.* すべて 1 回でうまくいった

an|him·meln [アン・ヒメルン] [分離]
(himmelte an; angehimmelt; [完了]h)
[他] 《口語》〖④と〗〔スターなど^{4}を〕熱狂的にあがめる

an|hö·ren [アン・ヘーレン] [分離]
(hörte an; angehört; [完了]h)
— [再] ❶ 〖[sich]^3＋④と〗〔演奏など^{4}を〕(注意を集中して)聞く, 〔‥^{4}に〕耳を傾ける ▷ *sich* eine Sendung *anhören* 放送に耳を傾ける / Du musst dir das Konzert *anhören.* 君はそのコンサートを聞くべきだよ
❷ 〖[sich]^4＋[様態]と〗〔…のように〕聞こえる ▷ Sein Vorschlag *hört* sich gut *an.* 彼の提案は聞いた限りではよさそうだ
— [他] ❶ 〖④と〗〔‥^{4}の願い事・苦情などを〕しっかりと聞く ▷ Sie hat ihn bis zu Ende *angehört.* 彼女は彼の言うことを最後まで聞いてやった
❷ 〖④＋mit と〗〔‥^{4}を〕偶然耳にする ▷ Er hat ein Gespräch am Nachbartisch mit *angehört.* 彼は隣のテーブルの会話を小耳にはさんだ

An·hö·he [アン・ヘーエ] [女] *die* ([単] 2 格 –; [複] –n) 高台

A·nis [アーニス/アニース] [男] *der* ([単] 2 格 –es; [複] なし) 《植物》 アニス (香料・薬として用いる)

an|kämp·fen [アン・ケムプフェン] [分離]
(kämpfte an; angekämpft; [完了]h)
[自] 〖gegen＋④と〗〔嵐・困難など^{4}と〕たたかう ▷ gegen den Schlaf *ankämpfen* 眠気とたたかう

An·kauf [アン・カオフ] [男] *der* ([単] 2 格 –[e]s; [複] ..käufe) 購入, 買いつけ

an|kau·fen [アン・カオフェン] [分離]
(kaufte an; angekauft; [完了]h)
[他] 〖④と〗〔高価な商品・大量の商品など^{4}を〕購入する, 買いつける (☆ ④は集合名詞あるいは複数形の名詞)

An·ker [アンカー] [男] *der* ([単] 2 格 –s; [複] –) 錨(いかり) ▷ Ein Schiff liegt vor *Anker.* 船が錨を下ろしている〈停泊している〉

An·kla·ge [アン・クラーゲ] [女] *die* ([単] 2 格 –; [複] なし) 《法律》 **公訴, 起訴** ▷ wegen＋② unter *Anklage* stehen ‥^{2}の罪で起訴されている

an|kla·gen [アン・クラーゲン] [分離]
(klagte an; angeklagt; [完了]h)
[他] 《法律》〖④と〗〔‥^{4}を〕**起訴〈公訴〉する** ▷ Er wurde wegen Mordes *angeklagt.* 彼は殺人のかどで起訴された

An·klä·ger [アン・クレーガー] [男] *der* ([単] 2 格 –s; [複] –) 《法律》 起訴人; 検事, 検察官

an|klam·mern [アン・クラメルン] [分離]
(klammerte an; angeklammert; [完了]h)
— [他] 〖④と〗〔‥^{4}を〕(クリップなどで)留める ▷ die Wäsche *anklammern* 洗濯物を洗濯ばさみで留める
— [再] 〖[sich]^4＋an＋④と〗〔‥^{4}に〕しがみつく ▷ Sie *klammerte* sich voller Angst an ihn *an.* 彼女は不安で胸がいっぱいになり彼にしがみついた

An·klang [アン・クラング] [男] *der* ([単] 2 格 –[e]s; [複] ..klänge) 〖[複] で〗(あるもの・ある人を)思い起こさせる類似点
[イディオム] ***Anklang finden*** (提案などが)賛同〈共鳴〉を得る

an|kle·ben [アン・クレーベン] [分離]
(klebte an; angeklebt)
— [他] 〖[完了]h〗〖④と〗〔‥^{4}を〕(接着剤で)はりつける ▷ Plakate 〈Tapete〉 *ankleben* ポスター〈壁紙〉をはりつける
— [自] 〖[完了]s〗(のり・ガムなどが)はりつく, くっつく

an|kli·cken [アン・クリッケン] [分離]
(klickte an; angeklickt; [完了]h)
[他] 《コンピュータ》〖④と〗〔‥^{4}を〕(マウスで)クリックする

an|klin·geln [アン・クリンゲルン] [分離]
(klingelte an; angeklingelt; [完了]h)
[他] 《口語》〖④と〗〔‥^{4}に〕電話をかける (＝anrufen)

an|klin·gen [アン・クリンゲン] [分離]
(klang an; angeklungen; [完了]h)
[自] ❶ (声の響きなどに)感じとれる, それとなく現れている ▷ In seinen Worten *klang* ein wenig Kritik *an.* 彼のことばには批判の響きも少しあった

❷ 〚an+④と〛 (あることが)〔…^{4}を〕思い起こさせる, 感じさせる

an|klop·fen [アン・クロプフェン] [分離]
(klopfte an; angeklopft; [完了]h)
[自] (部屋に入る際に)ドアをたたく, ノックする ▷ Er *klopfte* leise *an.* 彼はドアを軽くノックした

an|knip·sen [アン・クニプセン] [分離]
(knipste an; angeknipst; [完了]h)
[他]《口語》〚④と〛〔電気など^{4}の〕スイッチを入れる

an|knöp·fen [アン・クネプフェン] [分離]
(knöpfte an; angeknöpft; [完了]h)
[他]〚④と〛〔フードなど^{4}を〕ボタンで留める

an|knüp·fen [アン・クニュプフェン] [分離]
(knüpfte an; angeknüpft; [完了]h)
— [自]〚an+④と〛〔…^{4}を〕受け〈引き〉継ぐ; (演説などで)引き合いに出す ▷ an alte Tradition *anknüpfen* 古い伝統を受け継ぐ
— [他]〚④と〛〔関係など^{4}を〕つける ▷ geschäftliche Beziehungen *anknüpfen* 商売上の関係をつける

an|kom·men

[ánkɔmən アン・コメン] [分離]

[現在]			
ich komme	… an	wir kommen	… an
du kommst	… an	ihr kommt	… an
er kommt	… an	sie kommen	… an
[過去]			
ich **kam**	… an	wir kamen	… an
du kamst	… an	ihr kamt	… an
er kam	… an	sie kamen	… an
[過分] angekommen	[完了] sein		

[自] ❶ **到着する**
Der Zug *kommt* um 8 Uhr *an.*
列車は8時に到着する
Er ist am Bahnhof *angekommen.*
彼は駅に到着した
(☆3・4格支配の前置詞の場合3格が用いられる)
Sie *kamen* pünktlich in Bonn *an.*
彼らは時間どおりにボンに着いた

[類語]
ankommen (一般的な意味で)到着する
eintreffen 待っていた人などが到着する
landen 飛行機などが着陸する
einlaufen 船が着く

❷ 〚auf+④と〛〔…^{4}〕しだいである ▷ Es *kommt* auf dich *an,* ob wir morgen abreisen. 私たちがあす旅立つかどうかは君しだいだ / 〚非人称主語 es と〛 Es *kommt* auf das Wetter *an.* 天気しだいだ
❸ (車などが)近づいて来る ▷ Der Wagen *kam* in großem Tempo *an.* その車はすごいスピードで近づいて来た
❹ (肯定的に評価されて)受け入れられる ▷ Der Schlager ist gut *angekommen.* この流行歌は受けがよかった
[イディオム] ③+***kommt es auf***+④ ***an*** …^{3}にとって…^{4}が重要である ▷ *Auf* die paar Euro *kommt es* mir nun wirklich nicht *an.* そんな数ユーロ私には実際どうでもいい
es auf+④ ***ankommen lassen*** …^{4}になるとしてもちゅうちょ〈しり込み〉しない ▷ *Auf* den Prozess werde ich *es ankommen lassen.* 私は訴訟も辞さないつもりだ
gegen+④ ***nicht ankommen*** …^{4}に勝てない ▷ *Gegen* ihn *kommt* man *nicht an.* 彼にはだれもかなわない / Er *kam gegen* die Vorurteile *nicht an.* 彼は偏見を打ち破ることができなかった

an|krei·den [アン・クライデン] [分離]
(kreidete an; angekreidet; [完了]h)
[他]《口語》〚③+④と〛〔…^{3}の…^{4}を〕(腹を立てて)非難する ▷ Diesen Irrtum wird er dir *ankreiden.* この思い違いのことで彼は君を非難するだろう

an|kreu·zen [アン・クロイツェン] [分離]
(kreuzte an; angekreuzt; [完了]h)
[他]〚④と〛〔…^{4}に〕× 印をつける ▷ einen Namen in einer Liste *ankreuzen* リストの中の名前に × 印をつける

an|kün·di·gen [アン・キュンディゲン] [分離]
(kündigte an; angekündigt; [完了]h)
— [他]〚④と〛〔近く行われること^{4}を〕予告する, 通知する ▷ eine Veranstaltung in der Zeitung *ankündigen* 催し物を新聞で予告する
— [再]〚sich^{4}と〛兆しが見える ▷ Der Frühling *kündigt* sich *an.* 春の気配が感じられる

An·kün·di·gung [アン・キュンディグング] [女] *die* ([単]2格 -; [複] -en) (近く行われることの)予告, 通知

An·kunft [アン・クンフト] [女] *die* ([単]2格 -; [複] なし)
到着 ▷ die *Ankunft* des Zuges erwarten 列車の到着を待つ

an|kur·beln [アン・クルベルン] [分離]
(kurbelte an; angekurbelt; [完了]h)
[他]《口語》〚④と〛〔産業など^{4}を〕活気づける, 〔…^{4}に〕活を入れる ▷ die Industrie 〈Wirtschaft〉 *ankurbeln* 産業〈経済〉を活気づける

an|lä·cheln [アン・レッヒェルン] [分離]
(lächelte an; angelächelt; [完了]h)
[他]〚④と〛〔…^{4}に〕微笑みかける

an|la·chen [アン・ラッヘン] [分離]
(lachte an; angelacht; [完了]h)
— [他]〚④と〛〔…^{4}に〕笑いかける
— [再]《口語》〚sich^3+④と〛〔…^{4}と〕ねんごろ〈いい仲〉になる

An·la·ge [アン・ラーゲ] [女] *die* ([単]2格 -; [複] -n)

❶ 施設 ▷ militärische *Anlagen* 軍事施設 / eine öffentliche *Anlage* 公園
❷ 装置 ▷ eine elektrische *Anlage* 電気装置
❸ 素質; 体質 ▷ Er hat eine gute *Anlage*, um ein Musikinstrument zu spielen. 彼は楽器を演奏する才能に恵まれている / eine *Anlage* zu Allergien アレルギー体質
❹ 投資
❺ (作品などの)構成, 作り
(イディオム) als *Anlage* ⟨in der *Anlage*⟩ 同封して

An·lass [アン・ラス] 男 *der* (⑫ 2格 -es; ⑬ ..lässe)
❶ きっかけ ▷ der *Anlass* des Streites 争いのきっかけ / Das ist kein *Anlass* zur Besorgnis. それは心配する必要はない
❷ 機会, チャンス ▷ bei feierlichen *Anlässen* 祝いごとの際に
(イディオム) ❸ +*Anlass zu*+③ *geben* …³に…³のきっかけを与える
❹ +*zum Anlass nehmen* …⁴をきっかけにする

An·laß (旧⇒新) Anlass

an·las·sen [アン・ラッセン] 分離
(er lässt an; ließ an; angelassen; (完了)h)
— 他 ❶ (口語) 《④と》〔服など⁴を〕身につけたままでいる(靴なども含む) ▷ *Lassen* Sie Ihren Mantel *an*! コートは着たままでいてください
❷ (口語) 〔明かり・ガスなど⁴を〕つけたままにしておく ▷ Er *ließ* die Scheinwerfer *an*. 彼はヘッドライトをつけたままにしておいた
❸ 《④と》〔エンジン・車など⁴を〕始動させる
— 再 (口語) 《(sich)⁴+(様態)と》〔…の仕方で〕始まる, 展開する ▷ Das Geschäft *lässt* sich gut *an*. 商売の滑り出しは好調だ

An·las·ser [アン・ラッサー] 男 *der* (⑫ 2格 -s; ⑬ -) (機械) (エンジンの)始動装置, スターター

an·läss·lich [アン・レスリヒ] 前 《②支配》…の折に, …に際して ▷ *anlässlich* seines 50. (fünfzigsten) Geburtstages 彼の 50 歳の誕生日の折に

an·läß·lich (旧⇒新) anlässlich

an|las·ten [アン・ラステン] 分離
(lastete an; angelastet; (完了)h)
他 《③+④と》〔…³に罪など⁴を〕負わせる, 〔…³が…⁴の〕犯人だと主張する

An·lauf [アン・ラウフ] 男 *der* (⑫ 2格 -[e]s; ⑬ ..läufe) (スポ) 助走 ▷ einen *Anlauf* verlängern 助走距離を長くする
(イディオム) einen (neuen) *Anlauf nehmen* ⟨*machen*⟩ 新しいスタートをきる, もう一度試みる

an|lau·fen [アン・ラオフェン] 分離
(er läuft an; lief an; angelaufen)
— 自 ((完了)s) ❶ (機械などが)動き始める, 始動する ▷ Die Maschine *läuft an*. 機械が始動する
❷ (キャンペーン・捜索・生産などが)始まる
❸ (窓ガラス・めがねなどが)曇る
(イディオム) *angelaufen kommen* 走って来る ▷ Sie kam weinend *angelaufen*. 彼女は泣きながら走って来た
rot ⟨*blau*⟩ *anlaufen* (顔が)赤く⟨青く⟩なる ▷ Er ist vor Zorn *rot angelaufen*. 彼は怒りのあまり顔が赤くなった
— 他 〔(海)h〕《④と》(船が)〔…⁴に〕寄港する ▷ Das Schiff hat den Hafen nicht *angelaufen*. 船は港に寄らなかった

an|le·gen [アン・レーゲン] 分離
(legte an; angelegt; (完了)h)
— 他 ❶ 《④と》〔…⁴を〕(あるものに接触させて)置く, 立てる, 当てる ▷ ein Lineal *anlegen* 定規を当てる
❷ 《④と》〔…⁴を〕建設する; 〔目録など⁴を〕作成する ▷ einen Park *anlegen* 公園を造る / Die Stadt plant, einen neuen Flughafen *anzulegen*. 町は新しい空港の建設を計画している
❸ 《④と》〔…⁴を〕投資する; 〔比較的大きな金額〕を支出する ▷ Er *legte* sein Geld in Gemälden *an*. 彼は金を絵に投資した
❹ 《③+④と》〔体など⁴に包帯・鎖など⁴を〕つける
❺ 《文語》《④と》〔式服など⁴を〕着る ▷ ein Abendkleid *anlegen* イブニングドレスを身につける
(イディオム) einen strengen Maßstab an+④ *anlegen* …⁴に厳しい基準を当てはめる
es auf+④ *anlegen* (よくないこと)⁴を意図的に起こそうとする ▷ Sie hat *es* dar*auf angelegt*, ihn zu ärgern. 彼女のねらいは彼を怒らせることだった
Hand anlegen (力仕事などの際に)手を貸す ▷ Er *legte* fleißig *Hand an*. 彼は熱心に手助けした
— 自 (船が)接岸する ▷ Das Schiff *legte* am Kai *an*. 船は埠頭ふとうに横づけになった

an|leh·nen [アン・レーネン] 分離
(lehnte an; angelehnt; (完了)h)
— 他 ❶ 《④と》〔…⁴を〕寄せ掛ける, 立て掛ける ▷ die Leiter an die Wand *anlehnen* はしごを壁に立て掛ける
❷ 《④と》〔戸・窓など⁴を〕少しすき間があくように閉める(細めに開いている状態を指す) ▷ Das Fenster ist nur *angelehnt*. (状態受動)窓はきちんと閉まっていない
— 再 ❶ 《(sich)⁴+an+④と》〔…⁴に〕寄り掛かる, もたれる ▷ *sich* an die Wand *anlehnen* 壁にもたれる
❷ 《(sich)⁴+an+④と》〔…⁴に〕のっとる, よりどころにする ▷ *sich* eng an ein Vorbild *anlehnen* 手本に厳密に準拠する

Anmerkung

an|lei·ern [アン・ライエルン] 分離
(leierte an; angeleiert; 完了h)
他《口語》《4と》〈会話など4を〉始める

An·lei·he [アン・ライエ] 囡 die (単2格 -; 複 -n)
(債券などによる比較的多額の, 長期にわたる)借り入れ, 資金調達 ▷ eine Anleihe aufnehmen 起債する

an|lei·nen [アン・ライネン] 分離
(leinte an; angeleint; 完了h)
他《4と》〈犬など4を〉綱でつなぐ, 綱につなぐ

an|lei·ten [アン・ライテン] 分離
(leitete an; angeleitet; 完了h)
他《4と》〈..³に〉〈仕事・宿題など4の〉やり方を教える, 手ほどきをする ▷ einen Lehrling anleiten 見習いに仕事を教える

An·lei·tung [アン・ライトゥング] 囡 die (単2格 -; 複 -en)
❶ 手ほどき, 指導 ▷ unter der Anleitung des Lehrers 先生の指導の下で
❷ 手引き書, 取り扱い説明書

an|ler·nen [アン・レルネン] 分離
(lernte an; angelernt; 完了h)
他《4と》〈4を〉〈職業につけるように〉仕込む, 養成する ▷ einen Lehrling anlernen 見習いを仕込む

an|lie·gen [アン・リーゲン] 分離
(lag an; angelegen; 完了h)
自〈服などが〉体にぴったり合う ▷ Das Trikot liegt eng am Körper an. そのレオタードは体にぴったり合っている

An·lie·gen [アン・リーゲン] 中 das (単2格 -s; 複 -) (人に対する)お願い, 頼み事 ▷ Ich habe ein Anliegen an Sie. あなたにお願いしたいことがあります

an·lie·gend [アン・リーゲント] 形 (所有地・村落などが)隣接する

An·lie·ger [アン・リーガー] 男 der (単2格 -s; 複 -) 道路〈水路〉沿いの住民 ▷ Anlieger frei! 沿道居住者の車両のみ進入可 (☆ 道路標識)

an|lo·cken [アン・ロッケン] 分離
(lockte an; angelockt; 完了h)
他 ❶《4と》〔動物など4を〕おびきよせる
❷《4と》〈顧客など4を〉引きつける, 引きよせる

an|ma·chen [アン・マッヘン] 分離
(machte an; angemacht; 完了h)
他《口語》❶《4と》〔明かりなど4を〕つける; 〔ストーブ・暖炉など4に〕火をつける (反 ausmachen) ▷ das Licht anmachen 明かりをつける / Mach doch bitte das Fernsehen an! テレビをつけてくれ
❷《4と》〔ポスターなど4を〕取り〈はり〉つける ▷ Gardinen anmachen カーテンを取りつける
❸《4と》〈..4を〉混ぜ合わせる ▷ Salat mit Essig und Öl anmachen サラダに酢とオイルを入れて混ぜ合わせる
❹《4と》(ふつう男性が)〈女性4に〉言い寄る ▷ Mach mich nicht an! 私にちょっかいをださないで

an|mah·nen [アン・マーネン] 分離
(mahnte an; angemahnt; 完了h)
他《4と》〔支払いなど4を〕(書面で)催促する

an|ma·len [アン・マーレン] 分離
(malte an; angemalt; 完了h)
他《口語》❶《4と》〈..³に〉ペンキなどを塗る
❷《4と》〔略図など4を〕(黒板などに)書く, 描く

an|ma·ßen [アン・マーセン] 分離
(maßte an; angemaßt; 完了h)
再《sich³+4と》〈..4を〉能力〈資格〉もないのにする

an·ma·ßend [アン・マーセント] 形 不遜な, 横柄な, 思い上がった

an|mel·den [アン・メルデン] 分離
(du meldest an, er meldet an; meldete an; angemeldet; 完了h)
— 他 ❶《4と》〔来訪など4を〕(前もって)知らせる, 通知〈連絡〉する ▷ einen Besuch anmelden 訪問をあらかじめ知らせる
❷《4と》〈..⁴の参加など4を〉申し込む ▷ Er meldete sein Kind im Kindergarten an. 彼は幼稚園に子供の入園を申し込んだ
❸《4と》〈..⁴の転入など4を〉届け出る (反 abmelden) ▷ Er meldet seine Familie polizeilich an. 彼は警察に家族の住民登録をする
❹《4と》〔意見・要求など4を〕述べる ▷ starke Bedenken anmelden 強い危惧を表明する
(イディオム) sich⁴ anmelden lassen (受付などを通して)面会を申し入れる
— 再 ❶《sich⁴と》〈診察などを〉予約する ▷ Er hat sich beim Arzt angemeldet. 彼は医者に診察を予約した
❷《sich⁴と》〈講習会などに〉申し込む ▷ sich zu einem Kurs anmelden 講習会の申し込みをする
❸《sich⁴と》〈転入などを〉届け出る ▷ Nach der Ankunft in der Bundesrepublik muss man sich beim Einwohnermeldeamt anmelden. (ドイツ)連邦共和国に着いたのち住民登録課に居住届を出さなければならない

An·mel·dung [アン・メルドゥング] 囡 die (単2格 -; 複 -en) (役所などへの)届け出; (講習会などへの)申し込み ▷ die polizeiliche Anmeldung 警察への居住の届け出

an|mer·ken [アン・メルケン] 分離
(merkte an; angemerkt; 完了h)
他《3+4と》〈..³のようすから..⁴に〉気づく, わかる ▷ Man merkt ihm seinen Ärger an. 彼のようすから彼が怒っているのがわかる

An·mer·kung [アン・メルクング] 囡 die (単2格

完了h, 完了s＝完了の助動詞 haben, sein

A

-; [複] -en) 注, 注解 ([略] Anm.)

An·mut [アン・ムート] [女] *die* ([単] 2 格 -; [複] なし) 優雅さ, 優美さ

an|mu·ten [アン・ムーテン] [分離]
(mutete an; angemutet; [完了]h)
[他] 〖④+[様態]と〗(態度などが)〔..⁴に…の〕印象を与える ▷ Ihr Verhalten *mutete* mich merkwürdig *an.* 彼女の態度に私は奇妙な感じを抱いた

an·mu·tig [アン・ムーティヒ] [形] 優雅な, 優美な

an|nä·hen [アン・ネーエン] [分離]
(nähte an; angenäht; [完了]h)
[他] 〖④と〗〔..⁴を〕縫いつける ▷ Sie *nähte* einen Knopf *an.* 彼女はボタンを縫いつけた

an·nä·hernd [アン・ネーエルント] [副] およそ, ほぼ, おおかた ▷ *annähernd* tausend Menschen およそ千名の人

An·nah·me [アン・ナーメ] [女] *die* ([単] 2 格 -; [複] -n)
❶ **仮定**, 想定 ▷ eine falsche *Annahme* まちがった仮定 / in der *Annahme*, dass ... …という仮定のもとに
❷ 〖[複] なし〗(郵便物などの)受け取り, 受領 ▷ die *Annahme* eines Paketes verweigern 小包の受け取りを拒否する
❸ (提案などの)承認, 採択

an·nehm·bar [アン・ネーム・バール] [形] 受け入れられる, 受諾できる ▷ Das Angebot ist durchaus *annehmbar.* その申し出は文句なく受け入れることのできるものだ

an|neh·men [アン・ネーメン] [分離] (du nimmst an, er nimmt an; nahm an; angenommen; [完了]h)
— [他] ❶ 〖dass 文と〗〔…と〕**仮定する**, 前提する ▷ *Nehmen* wir *an,* wir hätten kein Wasser 〈dass wir kein Wasser hätten〉. 私たちに水がないと仮定してみよう
❷ 〖④と〗〔差し出されるもの⁴を〕**受け取る** ▷ ein Geschenk *annehmen* 贈り物を受け取る / Das kann ich doch nicht *annehmen*! それはやはり私は受け取ることができません
❸ 〖④と〗〔申し出・援助など⁴を〕**受け入れる**; 〔動議など⁴を〕承認する ▷ die Einladung *annehmen* 招待に応じる
❹ 〖dass 文と〗〔…と〕推測する ▷ Ich *nehme an,* dass sie uns die Antwort gibt. 私は彼女は私たちに返事をくれると思う
❺ 〖④と〗〔..⁴の〕受け入れを許可する ▷ Nach 6 Uhr werden keine Patienten mehr *angenommen.* 6 時以降は患者はもはや受けつけない
❻ 〖④と〗〔習慣など⁴を〕身につける ▷ schlechte Gewohnheiten *annehmen* 悪い習慣を身につける
[イディオム] ***angenommen, dass ...*** …と仮定すれば
ein Kind annehmen 子供を養子にする
Gestalt* 〈*Formen*〉 *annehmen (結果などが)はっきりした〈具体的な〉ものになる ▷ Seine Brutalität *nahm* immer schlimmere *Formen an.* 彼の残虐性はますますたちの悪いものになった
— [再] 《文語》〖[sich]⁴+②と〗〔..²の〕めんどうをみる

An·nehm·lich·keit [アン・ネームリヒカイト] [女] *die* ([単] 2 格 -; [複] -en) 〖ふつう [複] で〗 快適さ, 快適なこと〈もの〉 ▷ Das Leben in der Stadt hat viele *Annehmlichkeiten.* 都市の生活には快適なことがたくさんある

An·non·ce [アノーンセ] [女] *die* ([単] 2 格 -; [複] -n) (新聞・雑誌などの)広告

an·non·cie·ren [アノンスィーレン]
(annoncierte; annonciert; [完了]h)
[他] 〖④と〗〔..⁴の〕広告を出す

an|öden [アン・エーデン] [分離]
(ödete an; angeödet; [完了]h)
[他] 《口語》〖④と〗(田舎の暮しなどが)〔..⁴を〕とても退屈させる

a·no·mal [アノマール] [形] 《文語》 ふつうでない, 異常な (=anormal)

a·no·nym [アノニューム] [形] 匿名の ▷ ein *anonymer* Brief 匿名の手紙

A·no·ny·mi·tät [アノニュミテート] [女] *die* ([単] 2 格 -; [複] なし) 匿名であること ▷ die *Anonymität* wahren 実名を明かさないままでいる

A·no·rak [アノラック] [男] *der* ([単] 2 格 -s; [複] -s) アノラック (フードのついた防寒用ヤッケ; 元々エスキモーのことば)

an|ord·nen [アン・オルドネン] [分離]
(ordnete an; angeordnet; [完了]h)
[他] ❶ 〖④と〗〔..⁴を〕(職務上の権限で)**命じる, 指示する** ▷ eine Untersuchung *anordnen* 調査を命じる / 〖zu 不定詞句と〗 Er *ordnete an,* die Gefangenen zu entlassen. 彼は捕虜を釈放するように指示した
❷ 〖④と〗〔..⁴を〕秩序立てて並べる, 配列する ▷ die Kartei alphabetisch *anordnen* カード目録をアルファベット順にする

An·ord·nung [アン・オルドヌング] [女] *die* ([単] 2 格 -; [複] -en)
❶ (職務上の権限に基づく)**命令, 指示**
❷ (一定の基準に基づく)配列

a·nor·mal [ア・ノルマール] [形] ふつうでない, 異常な ([反] normal)

an|pas·sen [アン・パッセン] [分離]
(passte an; angepasst; [完了]h)
— [他] 〖④+③と〗〔..⁴を..³に〕**合わせる, 適合〈調和〉させる** ▷ einen Mantel der Figur *anpassen* コートを体形に合わせる / Er *passte* seine Kleidung der Jahreszeit *an.* 彼は服装を季節に合わせた
— [再] 〖[sich]⁴+③と〗〔..³に〕順応〈適応〉する ▷

sich der Zeit *anpassen* 時代に順応する

An·pas·sung [アン・パッスング] [女] *die* ([単] 2格 –; まれに [複] –en) 適合; (環境などへの)順応

an·pas·sungs·fä·hig [アン・パッスングス・フェーイヒ] [形] 適応能力〈順応能力〉のある ▷ Er ist sehr *anpassungsfähig*. 彼は非常に適応力がある

an|pfei·fen [アン・プファイフェン] [分離]
(pfiff an; angepfiffen; [完了]h)
[他] 《$\frac{スポ}{ーツ}$》〚④と〛〔ゲームなど⁴を〕(ホイッスルを吹いて)開始させる ([反] abpfeifen)

An·pfiff [アン・プフィフ] [男] *der* ([単] 2格 –s; [複] –e)
❶ 試合開始〈再開〉のホイッスル
❷ 《口語》激しい叱責(しっせき)

an|pö·beln [アン・ペーベルン] [分離]
(pöbelte an; angepöbelt; [完了]h)
[他] 《口語》〚④と〛〔..⁴に〕からむ, 言いがかりをつける

an|pran·gern [アン・プランゲルン] [分離]
(prangerte an; angeprangert; [完了]h)
[他]〚④と〛〔..⁴を〕(公にする形で)糾弾する, 弾劾する ▷ Unsitten *anprangern* 悪弊を公然と非難する

an|prei·sen [アン・プライゼン] [分離]
(pries an; angepriesen; [完了]h)
[他]〚④と〛〔商品・性能など⁴を〕推奨する ▷ Der Händler *preist* seine Ware *an*. その商人は自分の商品を推奨する

An·pro·be [アン・プローベ] [女] *die* ([単] 2格 –; [複] –n) 仮縫い (仮に縫った洋服を試着してみること) ▷ zur *Anprobe* gehen 仮縫いに行く

an|pro·ben [アン・プローベン] [分離] (probte an; angeprobt; [完了]h) =anprobieren

an|pro·bie·ren [アン・プロビーレン] [分離]
(probierte an; anprobiert; [完了]h)
[他]〚④と〛〔服など⁴を〕**試着する**(靴・手袋なども含む) ▷ Ich möchte gern diese drei Kostüme *anprobieren*. 私はこの3着のスーツを試着してみたいのですが

an|pum·pen [アン・プムペン] [分離]
(pumpte an; angepumpt; [完了]h)
[他] 《口語》〚④と〛〔..⁴に〕金をせびる ▷ Er hat mich um 50 Euro *angepumpt*. 彼は私から50ユーロせびり取った

An·rai·ner [アン・ライナー] [男] *der* ([単] 2格 –s; [複] –) 《特に南$\frac{ドイ}{ツ}$・$\frac{オース}{トリア}$》隣の住人

an|rech·nen [アン・レヒネン] [分離]
(rechnete an; angerechnet; [完了]h)
[他] ❶〚④と〛〔..⁴を〕下取りする ▷ das alte Auto mit 2 000 Euro *anrechnen* 古い自動車を2000ユーロで下取りする
❷〚④と〛〔費用など⁴を〕請求する ▷ Die kleinen Beträge *rechne* ich nicht *an*. これらの小さな額は勘定に入れません
[イディオム] ③+④+***hoch anrechnen*** ..³の..⁴を高く評価する ▷ Ich *rechne* [es] ihm *hoch an*, dass er mir damals geholfen hat. 私は彼が当時私に手助けしてくれたことを高く評価している

An·recht [アン・レヒト] [中] *das* ([単] 2格 –[e]s; [複] –e) 要求〈請求〉権 ▷ Er hat kein *Anrecht* auf diese Wohnung. この住居に対して彼にはなんの権利もない

An·re·de [アン・レーデ] [女] *die* ([単] 2格 –; [複] –n) **呼称**, 呼びかけのことば(例えば du, Sie, Herr X など) ▷ „Du" ist eine vertrauliche *Anrede*. du は親しい間柄の呼称である

an|re·den [アン・レーデン] [分離]
(redete an; angeredet; [完了]h)
[他] ❶〚④と〛〔..⁴に〕**話しかける** ▷ Er hat mich auf der Straße *angeredet*. 彼は通りで私に話しかけた
❷〚④+mit+③と〛〔..⁴に..³で〕呼びかける ▷ Sie *redete* ihn mit seinem Titel *an*. 彼女は彼に肩書きをつけて呼びかけた

an|re·gen [アン・レーゲン] [分離]
(regte an; angeregt; [完了]h)
[他] ❶〚④と〛〔..⁴をする〕**きっかけを与える** ▷ Prof. Eroms hat diese Dissertation *angeregt*. エロムス教授がこの博士論文を書くきっかけを与えてくれた
❷〚④+zu+③と〛〔..⁴に..³をする〕きっかけを与える ▷ Das *regte* ihn zum Nachdenken *an*. そのことで彼は考え込んでしまった
❸〚④と〛〔..⁴を〕(刺激して)活発にする ▷ Bewegung *regt* den Appetit *an*. 体を動かすと食欲が促進される

an·re·gend [アン・レーゲント] [形] (話し合い・討論などが)刺激的な, 示唆に富む ▷ Der Vortrag war sehr *anregend*. その講演は非常に示唆に富むものだった

An·re·gung [アン・レーグング] [女] *die* ([単] 2格 –; [複] –en)
❶ (行動へのきっかけになる)刺激, 有益な示唆 ▷ Von diesem Buch habe ich neue *Anregungen* erhalten. この本から私は新しい刺激を受けた
❷ 活発にさせる〈刺激する〉こと ▷ ein Mittel zur *Anregung* des Kreislaufs 血行促進剤

an|rei·chern [アン・ライヒェルン] [分離]
(reicherte an; angereichert; [完了]h)
[他]〚④と〛〔..⁴の〕内容を強化する; 〔ウランなど⁴を〕凝縮する ▷ Lebensmittel mit Vitaminen *anreichern* 食品にビタミンを添加する

An·rei·se [アン・ライゼ] [女] *die* ([単] 2格 –; まれに [複] –n) (目的地までの)旅行; (旅の)往路 ▷ Die *Anreise* dauert 8 Stunden. 目的地に着くまで8時間かかる

anreisen

an|rei·sen [アン・ライゼン] 分離
(reiste an; angereist; 完了 s)
自（乗り物を使って遠くから）やって来る，到着する ▷ Viele Besucher *reisen* morgen *an*. たくさんの訪問客があす到着する

an|rei·ßen [アン・ライセン] 分離
(riss an; angerissen; 完了 h)
他《口語》《④と》(包みの封を切って)[…⁴を]使い始める，[…⁴に]手をつける ▷ die letzte Schachtel Zigaretten *anreißen* タバコの最後の箱に手をつける

An·reiz [アン・ライツ] 男 der (複 2格 -es; 複 -e)
(あることをする気にさせる)刺激，励み
イディオム ③ +*einen Anreiz zu*+③ *bieten* …に…³する意欲を起こさせる

an|rei·zen [アン・ライツェン] 分離
(reizte an; angereizt; 完了 h)
他《④+zu+③と》[…⁴に…³をするように]そそのかす，けしかける

an|rem·peln [アン・レムペルン] 分離
(rempelte an; angerempelt; 完了 h)
他《口語》《④と》[…⁴に](わざと)ぶつかる ▷ Er *rempelte* alle Passanten *an*. 彼は通行人に次から次へとぶつかった

an|ren·nen [アン・レネン] 分離
(rannte an; angerannt; 完了 s)
自《gegen+④と》[…⁴に向かって]突進〈突撃〉する
イディオム *angerannt kommen* 走って来る

An·rich·te [アン・リヒテ] 女 die (複 2格 -; 複 -n) サイドボード(料理の置ける台付きの食器戸棚)

an|rich·ten [アン・リヒテン] 分離
(richtete an; angerichtet; 完了 h)
他 ❶《④と》[料理⁴を]盛りつける ▷ Ihr könnt kommen, das Essen ist *angerichtet*. [状態受動]来てもいいよ 食事の支度はできている
❷《④と》[不幸な出来事⁴を]引き起こす ▷ Der Taifun hat große Schäden *angerichtet*. 台風によって大きな損害が生じた

an|rol·len [アン・ロレン] 分離
(rollte an; angerollt)
— 自 (完了 s) (列車などが)(ゆっくり)動き始める
— 他 (完了 h)《④と》[たるなど⁴を]転がしながら運び込む

an·rü·chig [アン・リュヒヒ] 形 (バー・飲み屋などが)評判の悪い，悪いうわさのある

an|rü·cken [アン・リュッケン] 分離
(rückte an; angerückt; 完了 s)
自 (警察・消防などが)出動して来る；(軍隊が)進軍してくる

An·ruf [アン・ルーフ] 男 der (複 2格 -[e]s; 複 -e)
電話 ▷ einen *Anruf* bekommen 電話を受ける / Ich erwarte seinen *Anruf*. 私に彼から電話がかかって来ることになっている

---

an|ru·fen
[ánruːfn̩ アン・ルーフェン] 分離

現在	ich rufe … an	wir rufen … an
	du rufst … an	ihr ruft … an
	er ruft … an	sie rufen … an

過去	ich rief … an	wir riefen … an
	du riefst … an	ihr rieft … an
	er rief … an	sie riefen … an

| 過分 | angerufen | 完了 haben |

— 他 ❶《④と》[…⁴に]電話をかける
den Freund *anrufen*
友人に電話をかける
Ruf mich doch morgen Nachmittag *an*!
あすの午後電話をください
Heute habe ich ihn dreimal vergeblich *angerufen*. きょう私は彼のところに 3 回電話をしたが連絡がとれなかった

類語
anrufen (相手と連絡がとれない場合も含み)電話をかける
telefonieren 電話で話をする

❷《文語》《④と》[…⁴に]嘆願する
— 自《場所と》[…に]電話をかける ▷ *Ruf* doch mal *an*! 一度電話をください / bei+③ *anrufen* …³のところに電話をかける

an|rüh·ren [アン・リューレン] 分離
(rührte an; angerührt; 完了 h)
他 ❶《④と》[…⁴に]手を触れる (☆ふつう否定詞と) ▷ Hier darf man nichts *anrühren*. ここにあるものはどれも手を触れてはいけない / Er hat das Essen nicht *angerührt*. 彼は食事に手をつけなかった
❷《④と》[…⁴を](水などに溶かして)かき混ぜる ▷ Farben mit Wasser *anrühren* 絵の具を水で溶く / einen Teig *anrühren* こねて生地をつくる

ans [アンス] 〈an と定冠詞 das の融合形〉 Er geht *ans* Fenster. 彼は窓際に行く

An·sa·ge [アン・ザーゲ] 女 die (複 2格 -; 複 -n)
(競技結果などの)アナウンス；(テレビ番組などの)予告 ▷ die *Ansage* machen アナウンスをする

an|sa·gen [アン・ザーゲン] 分離
(sagte an; angesagt; 完了 h)
— 他《④と》[出し物・放送など⁴を](観客・視聴者などに)告げる，知らせる ▷ das Programm *ansagen* 番組の案内をする
— 再《sich⁴と》(訪問などを)前もって知らせる ▷ Mein Freund hat sich für fünf Uhr *angesagt*. 私の友人は 5 時に来ると連絡してきた

An·sa·ger [アン・ザーガー] 男 der (複 2格 -s; 複 -) (テレビ・ラジオの)アナウンサー

An·sa·ge·rin [アン・ザーゲリン] 女 die (複 2格 -; 複 ..rinnen)《Ansager の女性形》女性アナウン

an|sam・meln [アン・ザメルン] 分離 (ich sammle an; sammelte an; angesammelt; 完了h)
— 再 〖sich⁴と〗(在庫・仕事などが)たまる; (ほこりなどが)積もる ▷ Viel Staub hat sich *angesammelt*. ほこりが厚く積もった
— 他〖④と〗(財宝・富など⁴を)ためる, 蓄積する

An・samm・lung [アン・ザムルング] 女 *die* (複 2格 -; 複 -en)
❶ ためた〈収集した〉もの
❷ 群衆, 人だかり

an・säs・sig [アン・ゼッスィヒ] 形 〖場所 と〗[…に]居住している (☆ ふつう述語として)

An・satz [アン・ザッツ] 男 *der* (複 2格 -es; 複 ..sätze)
❶ (始まりの)兆候, 兆し, 萌芽 ▷ *Ansätze* zu einer Besserung zeigen 回復への兆しを見せる / Er hat einen *Ansatz* zum Bauch. 彼は腹が出だした
❷ (特に身体部分の)つけ根 ▷ der *Ansatz* des Halses 首のつけ根

an|schaf・fen [アン・シャッフェン] 分離
(schaffte an; angeschafft; 完了h)
他〖④と〗(大量のもの・高価なものなど⁴を)購入する, 買い入れる ▷ Er hat für die Bibliothek viele neue Bücher *angeschafft*. 彼は図書館に新しい本をたくさん買いそろえた / Hast du dir neue Möbel *angeschafft*? 君は新しい家具を購入したのか

An・schaf・fung [アン・シャッフング] 女 *die* (複 2格 -; 複 -en)
❶ 〖複 なし〗購入, 買い入れ
❷ 購入〈買い入れ〉品

an|schal・ten [アン・シャルテン] 分離
(schaltete an; angeschaltet; 完了h)
他〖④と〗(電気など⁴の)スイッチを入れる (反 abschalten) ▷ das Fernsehen *anschalten* テレビのスイッチを入れる

an|schau・en [アン・シャオエン] 分離
(schaute an; angeschaut; 完了h)
他〖特に南ドイツ・オーストリア・スイス〗〖④と〗[…⁴を]見る, 見つめる (=ansehen) ▷ Sie *schaute* ihn vorwurfsvoll *an*. 彼女は彼を非難に満ちたまなざしで見つめた

an・schau・lich [アン・シャオリヒ] 形 (物事が)はっきりしてくるような, わかりやすい, 明快な ▷ eine *anschauliche* Darstellung わかりやすい描写

An・schau・ung [アン・シャオウング] 女 *die* (複 2格 -; 複 -en) (物事の)見方, 考え方, 見解 ▷ fortschrittliche *Anschauungen* 進歩的な考え方 / Was ist Ihre *Anschauung* von der Ehe? あなたの結婚観はどのようなものですか

An・schein [アン・シャイン] 男 *der* (複 2格 -[e]s; 複 なし)《文語》見かけ, 外観, ようす ▷ Er gibt sich den *Anschein*, als könnte er alles. 彼はなんでもできるかのように見せかける
イディオム **dem 〈allem〉 Anschein nach** 見受けるところ, どうやら

an・schei・nend [アン・シャイネント] 副 見たところ〈どうやら〉[…のようだ] ▷ Er hat *anscheinend* kein Geld. 見たところ彼は金を持っていないようだ

an|schie・ßen [アン・シーセン] 分離
(schoss an; angeschossen; 完了h)
他〖④と〗[…⁴に]鉄砲で傷を負わせる ▷ einen Hirsch *anschießen* シカに弾で傷を負わせる

An・schiss [アン・シス] 男 *der* (複 2格 -es; 複 -e)《口語》大目玉

An・schiß 旧⇒新 Anschiss

An・schlag [アン・シュラーク] 男 *der* (複 2格 -[e]s; 複 ..schläge)
❶ 掲示, ポスター ▷ einen *Anschlag* am schwarzen Brett lesen 掲示板の張り紙を読む
❷ 暗殺; (人の殺傷・施設の破壊などをねらった)襲撃 ▷ einen *Anschlag* auf einen Politiker planen 政治家の暗殺を計画する
❸ 〖複 なし〗(キーなどの)たたきぐあい, タッチ
❹ 〖機械〗(レバー・トランクなどの)それ以上動かせない箇所 ▷ die Heizung bis zum *Anschlag* aufdrehen 暖房を全開にする

an|schla・gen [アン・シュラーゲン] 分離
(er schlägt an; schlug an; angeschlagen)
— 他 完了h ❶ 〖④と〗[掲示物⁴を]はりつける, 掲示する ▷ ein Plakat am schwarzen 〈an das schwarze〉Brett *anschlagen* 掲示板にポスターをはる
❷ 〖④と〗[ピアノなどのキー⁴を]たたく; [和音など⁴を]弾く
イディオム **einen Ton anschlagen** ある調子で話す ▷ *einen ernsten Ton anschlagen* 真剣な口調で話す
— 再 完了h 〖sich³+④と〗[頭・膝など⁴を]ぶつける ▷ Ich habe mir den Kopf an der Tür *angeschlagen*. 私は頭を戸にぶつけた
— 自 完了s 〖an+④と〗[…⁴に]激しくぶつかる, 打ち当たる ▷ Er ist mit dem Kopf an die Wand *angeschlagen*. 彼は頭を壁にぶつけた

an|schlie・ßen [アン・シュリーセン] 分離
(schloss an; angeschlossen; 完了h)
— 他 ❶ 〖④と〗[器具など⁴を]接続する ▷ ein elektrisches Gerät *anschließen* 電気器具を(コンセントに)つなぐ / einen Schlauch an die Wasserleitung *anschließen* ホースを水道管につなぐ
❷ 〖④と〗[…⁴を](鎖などで)結びつける ▷ das Fahrrad am Zaun *anschließen* 自転車を柵に(チェーンロックで)つなぐ

完了h, 完了s＝完了の助動詞 haben, sein

A

❸〘④と〙〔ことば・コメントなど^{4}を〕つけ加える ▷ Er *schloss* an seine Rede einige Worte des Dankes *an.* 私は演説の最後に感謝のことばを二言三言つけ加えた

— [自] 隣接する ▷ Der Garten *schließt* an das Haus *an.* 庭は家に隣接している

— [再] ❶〘[sich]^{4}と〙(講演・討論などが)引き続いて行われる ▷ An den Vortrag *schließt* sich eine Diskussion *an.* 講演に引き続いて討論が行われる

❷〘[sich]^4+③と〙〔…^{3}に〕加わる, 参加する; 同調する ▷ *sich* einem Streik *anschließen* ストライキに加わる / *sich* einer Meinung *anschließen* ある意見に同調する

an·schlie·ßend [アン・シュリーセント] [副]《文語》(前の出来事に)引き続いて, そのあと ▷ *Anschließend* gingen sie in ein Weinlokal. (会合などが終わった)そのあと彼らはワイン酒場に行った

An·schluss [アン・シュルス] [男] *der* ([単] 2格 -es; [複] ..schlüsse)

❶ (水道・電気・ガスなどの) **接続** ▷ Unser Wochenendhaus hat noch keinen elektrischen *Anschluss.* 私たちの週末用別荘はまだ電気が来ていない

❷ (電話の)接続 ▷ Er wollte gestern bei ihr anrufen, bekam aber keinen *Anschluss.* 彼はきのう彼女のところに電話をかけようとしたがつながらなかった

❸ (交通機関の)接続, 連絡 ▷ Der Zug hat um 14 Uhr *Anschluss* nach Bern. この列車は14時のベルン行きに接続する

❹〘[複] なし〙(人との)つながり, コンタクト ▷ *Anschluss* suchen 人とのつながりを求める

[イディオム] ***im Anschluss an***+④ …^{4}に引き続いて ▷ *Im Anschluss an* den Vortrag fand eine Diskussion statt. 講演に引き続いて討論が行われた

An·schluß [旧⇒新] **Anschluss**

an|schmie·gen [アン・シュミーゲン] [分離] (schmiegte an; angeschmiegt; [完了]h)

[再]〘[sich]^4+an+④と〙〔…^{4}に〕(心地よさなどを求めて)体をぴったりくっつける, 寄り添う

an|schmie·ren [アン・シュミーレン] [分離] (schmierte an; angeschmiert; [完了]h)

[再]《口語》〘[sich]^{4}と〙(うっかりして)体・服などを汚す

an|schnal·len [アン・シュナレン] [分離] (schnallte an; angeschnallt; [完了]h)

— [他]〘④と〙〔…^{4}を〕(締め金などで)留める ▷ die Skier *anschnallen* スキーをつける

— [再]〘[sich]^{4}と〙シート〈座席〉ベルトを締める ▷ Fluggäste müssen sich *anschnallen.* 飛行機の乗客は座席のベルトを締めなければならない

an|schnau·zen [アン・シュナオツェン] [分離] (schnauzte an; angeschnauzt; [完了]h)

[他]《口語》〘④と〙〔…^{4}を〕どなりつける, しかりつける

an|schnei·den [アン・シュナイデン] [分離] (schnitt an; angeschnitten; [完了]h)

[他] ❶〘④と〙〔パン・ハムなど^{4}を〕(食べるために)切り始める ▷ Sie *schnitt* den Kuchen *an.* 彼女はケーキにナイフを入れた

❷〘④と〙〔問題など^{4}を〕(話題として)取り上げる

an|schrei·ben [アン・シュライベン] [分離] (schrieb an; angeschrieben; [完了]h)

[他] ❶〘④と〙〔…^{4}を〕(黒板などに)書く, 書きつける ▷ ein Wort mit Kreide *anschreiben* 単語をチョークで書く

❷〘④と〙〔…^{4}に〕文書で問い合わせる ▷ eine Behörde *anschreiben* 役所に書面を送る

[イディオム] ④+***anschreiben lassen*** (代金など)^{4}をつけにしてもらう

an|schrei·en [アン・シュライエン] [分離] (schrie an; angeschrien; [完了]h)

[他]〘④と〙〔…^{4}を〕どなりつける

An·schrift [アン・シュリフト] [女] *die* ([単] 2格 -; [複] -en) **住所**; (特に)あて名 (=Adresse)

an|schul·di·gen [アン・シュルディゲン] [分離] (schuldigte an; angeschuldigt; [完了]h)

[他]《文語》〘④+②〈wegen+②〉と〙〔…^{4}を…^{2}の罪で〕告発する

an|schwär·zen [アン・シュヴェルツェン] [分離] (schwärzte an; angeschwärzt; [完了]h)

[他]《口語》〘④と〙〔…^{4}を〕中傷する

an|schwel·len [アン・シュヴェレン] [分離] (er schwillt an; schwoll an; angeschwollen; [完了]s)

[自] ❶ (身体の一部などが) はれ上がる ▷ Der verstauchte Fuß ist *angeschwollen.* くじいた足がはれ上がった

❷《否定的な意味合いで》(程度が)強まる; (量などが)増える ▷ Der Lärm *schwillt* immer mehr *an.* 騒音はますますひどくなる

an|schwin·deln [アン・シュヴィンデルン] [分離] (schwindelte an; angeschwindelt; [完了]h)

[他]《口語》〘④と〙〔…^{4}に〕(平然と)うそをつく, だます

an|se·hen [アン・ゼーエン] [分離] (du siehst an, er sieht an; sah an; angesehen; [完了]h)

— [再] 〘[sich]^3+④と〙〔…^{4}を〕(じっくり) **見る** ▷ *sich* einen Film *ansehen* 映画を見る / Ich habe mir die Bilder *angesehen.* 私はそれらの絵を鑑賞した

— [他] ❶〘④と〙〔…^{4}を〕**見る**, 見つめる ▷ Er *sieht* seine Hände *an.* 彼は自分の手を見つめる // *Sieh* mal *an*! ごらんよ, これは驚いた

❷〘④+als〈für〉…〙〔…^{4}を…と〕見なす, 考える ▷ Ich *sehe* es als meine Pflicht *an,* ihm

Ansprache

zu helfen. 彼を助けるのは私の義務だと思う ❸ 〖③+④と〗〔…³の外見などから…⁴を〕見てとる ▷ Man *sieht* ihm sein Alter nicht *an*. 彼の年齢は外見からではわからない

❹ 〖④+[状態]と〗〔…⁴を…のように〕評価〈判断〉する ▷ Wir *sehen* die Sache ganz anders *an*. 私たちは事態をまったく違うように見ている

(イディオム) [状態]+*anzusehen sein* 見た感じが… ▷ Das *ist* lustig *anzusehen*. それはおもしろそうに見える

An·se·hen [アン・ゼーエン] 中 *das* (第2格 -s; 第なし) 名声, 信望 ▷ Er verlor sein *Ansehen*. 彼は信望を失った

an·sehn·lich [アン・ゼーンリヒ] 形 《文語》 ❶ (数量的に)相当の, かなりの ▷ ein *ansehnliches* Vermögen かなりの財産 ❷ (外見が)りっぱな

an|sein [アン・ザイン] 分離 (er ist an; war an; angewesen; [完了] s) 自 《口語》 [旧⇒新] an sein (分けて書く) ☞ an 形

an|set·zen [アン・ゼッツェン] 分離 (setzte an; angesetzt)

— 他 [完了] h ❶ 〖④と〗〔…⁴を〕継ぎ足す; 縫いつける ▷ ein Stück Rohr *ansetzen* 管を1つ継ぎ足す / die Ärmel *ansetzen* そでを縫いつける

❷ 〖④と〗〔…⁴を〕口に当てる ▷ eine Trompete 〈ein Glas〉 *ansetzen* トランペット〈グラス〉を口に当てる

❸ 〖④と〗〔…⁴の〕日時などを定める ▷ die Sitzung für den 3. (dritten) Mai *ansetzen* 会議を5月3日に開くことに決める

❹ 〖④+④と〗〔…⁴をある任務⁴に〕差し向ける, 投入する ▷ drei Mitarbeiter auf das neue Projekt *ansetzen* 新しいプロジェクトに協力者を3名投入する

❺ 〖④と〗〔植物が〕〔花・実など⁴を〕つける; 〔カビ・さびなど⁴を〕生じる ▷ Die Pflanzen *setzen* Knospen *an*. 植物がつぼみをつける

❻ 〖④と〗〔…⁴を〕見積もる ▷ die Kosten zu hoch *ansetzen* 費用を高く見積もりすぎる

❼ 〖④と〗〔材料⁴を〕混ぜる; 〔生地など⁴を〕混ぜてつくる

— 自 [完了] s 〖zu+③と〗〔…³を〕まさにしようとする ▷ Das Flugzeug *setzte* zur Landung *an*. 飛行機は着陸態勢に入った / Sie *setzte* mehrmals zum Sprechen *an*. 彼女は何度も話そうとした(話しかけた)

— 再 [完了] h 〖[sich]⁴と〗〔カビ・さびなどが〕つく, 付着する ▷ Am Eisen hat sich Rost *angesetzt*. 鉄にさびがついた

An·sicht [アン・ズィヒト] 女 *die* (第2格 -; 第 -en)

❶ 意見, 見解 ▷ Sie hat ihre *Ansicht* über ihn geändert. 彼女は彼に対する意見を変えた / Er war der *Ansicht*, dass … 彼は…という意見だった (☆ Ansicht は2格) / Meiner *Ansicht* nach 〈Nach meiner *Ansicht*〉 hat sie Recht. 私の意見では彼女は正しい

❷ (風景などの)絵, 写真

❸ (建物などの, 一定の方向から見た)眺め ▷ die vordere *Ansicht* des Schlosses 城を前面から見たようす

(イディオム) *zur Ansicht* (商品を)見たり調べたりするために ▷ Können Sie mir die Ware *zur Ansicht* schicken? その品物を見てみたいので送ってくれますか

An·sichts·kar·te [アン・ズィヒツ・カルテ] 女 *die* (第2格 -; 第 -n) 絵はがき

an|sie·deln [アン・ズィーデルン] 分離 (siedelte an; angesiedelt)

— 再 〖[sich]⁴+[場所]と〗〔…に〕移住する, 住みつく ▷ Er hat sich auf dem Land *angesiedelt*. 彼はいなかに住みついた

— 他 〖④+[場所]と〗〔…⁴を…に〕移住させる, 住みつかせる

An·sin·nen [アン・ズィネン] 中 *das* (第2格 -s; 第 -) 《文語》 無理〈不当〉な要求

an·sons·ten [アン・ゾンステン] 副 《口語》 ❶ さもないと, そうしなければ ❷ そのほかに[は], それ以外に[は] (=sonst)

an|span·nen [アン・シュパネン] 分離 (spannte an; angespannt; [完了] h)

他 〖④と〗〔馬など⁴を〕車につなぐ

an|spie·len [アン・シュピーレン] 分離 (spielte an; angespielt; [完了] h)

自 〖auf+④と〗〔…⁴を〕あてこする, ほのめかす ▷ Sie hat auf sein Alter *angespielt*. 彼女は彼の年齢のことをあてこすった

An·spie·lung [アン・シュピールング] 女 *die* (第2格 -; 第 -en) あてこすり

an|spit·zen [アン・シュピッツェン] 分離 (spitzte an; angespitzt; [完了] h)

他 ❶ 〖④と〗〔鉛筆など⁴を〕とがらす ❷ 《口語》 〖④と〗〔…⁴を〕駆り立てる (=anstacheln)

An·sporn [アン・シュポルン] 男 *der* (第2格 -[e]s; 第なし) (やる気を起こさせる)励まし, 刺激 ▷ Belohnung ist ein *Ansporn* zu höheren Leistungen. ほうびは成績を向上させる励みになる

an|spor·nen [アン・シュポルネン] 分離 (spornte an; angespornt)

他 〖④+zu+③と〗〔…⁴を…³に〕(報酬などを約束して)駆り立てる

An·spra·che [アン・シュプラーヘ] 女 *die* (第2格 -; 第 -n) (比較的短い)あいさつ, スピーチ, 式辞 ▷ eine *Ansprache* halten あいさつのことばを述べる

(旧⇒新)=新正書法の指示, (旧)=旧正書法の指示

A

an|spre·chen [アン・シュプレッヒェン] [分離]
(er spricht an; sprach an; angesprochen; [完了]h)
— [他] ❶ 〖④と〗〔..^{4}に〕話しかける（＝anreden）▷ Ich wurde heute von einem Unbekannten *angesprochen.* 私はきょう見知らぬ人から話しかけられた
❷ 〖④と〗〔問題など^{4}を〕持ち出す，言及する ▷ die finanziellen Schwierigkeiten *ansprechen* 財政上の問題を持ち出す
❸ 〖④+auf+④と〗〔..^{4}に..^{4}について〕意見をたずねる ▷ Er hat mich auf den gestrigen Vorfall *angesprochen.* 彼は私にきのうの事件について意見をたずねた
❹ 〖④と〗〔..^{4}の〕心に訴える，心を打つ ▷ Der Film hat viele Menschen *angesprochen.* その映画は多くの人々の心を打った
[イディオム] ④+***mit „du" ansprechen*** ..^{4}に du で話しかける
— [自] 〖auf+④と〗〔刺激・薬など^{4}に〕反応を示す ▷ Der Apparat *spricht* auf die leiseste Berührung *an.* その装置はほんの少し触れただけで反応を示す

an·spre·chend [アン・シュプレッヒェント] [形] 人の心をひきつける，魅力的な ▷ Sie hat ein *ansprechendes* Äußeres. 彼女の容貌ようぼうは魅力的だ

an|sprin·gen [アン・シュプリンゲン] [分離]
(sprang an; angesprungen)
— [自] 〖[完了]s〗（エンジンなどが）始動する ▷ Der Motor *springt an.* エンジンが始動する
— [他] 〖[完了]h〗〖④と〗〔..^{4}に〕跳びつく，跳びく襲い〉かかる ▷ Der Hund *springt* ihn freudig bellend *an.* 犬は彼にうれしそうにほえながら跳びつく
[イディオム] ***angesprungen kommen*** 跳びはねながらやって来る ▷ Die Kinder *kamen* alle *angesprungen.* 子供たちはみな跳びはねながらやって来た

An·spruch [アン・シュプルフ] [男] *der* （[単] 2格 -[e]s; [複] ..sprüche）
❶ 要求 ▷ Er stellt große *Ansprüche.* 彼は要求が多い
❷（要求する）権利 ▷ den *Anspruch* auf das Grundstück verlieren 土地に対する権利を失う
[イディオム] ④+***in Anspruch nehmen***（申し出など）^{4}を利用する ▷ Darf ich Ihre Hilfe einmal in *Anspruch nehmen*? あなたの手助けを一度お願いしてもよろしいですか

an·spruchs·los [アン・シュプルフス・ロース]
[形] ❶ 要求〈文句〉の少ない，欲ばらない ▷ ein *anspruchsloser* Mensch 欲のない人
❷（作品などが）平凡な，内容のない

an·spruchs·voll [アン・シュプルフス・フォル]
[形] ❶ 要求〈注文〉の多い，好みのうるさい ▷ ein *anspruchsvolles* Publikum 目〈耳〉のこえた観衆〈聴衆〉
❷（作品などが）優れた，内容のある

an|sta·cheln [アン・シュタッヘルン] [分離]
(stachelte an; angestachelt; [完了]h)
[他] 〖④+zu+③と〗〔..^{4}を..^{3}に〕駆り立てる ▷ Der Erfolg *stachelte* ihn zu neuen Anstrengungen *an.* 成功は彼を新たな努力へと駆り立てた

An·stalt [アン・シュタルト] [女] *die* （[単] 2格 -; [複] -en）（精神病患者などを収容する）施設
[イディオム] ***Anstalten machen***+***zu*** 不定詞句 …をしようとするしぐさを見せる ▷ Als sein Vorgesetzter ins Zimmer kam, *machte* er *Anstalten* aufzustehen. 彼は上司が部屋に入って来たので立ち上がろうとした

An·stand [アン・シュタント] [男] *der* （[単] 2格 -[e]s; [複] なし）礼儀，エチケット ▷ Er hat keinen *Anstand.* 彼は礼儀を知らない

an·stän·dig [アン・シュテンディヒ]
— [形] ❶ 礼儀にかなった，礼儀正しい;（道義的に）しっかりした，りっぱな ▷ sich^4 *anständig* benehmen 礼儀正しく振舞う / Er ist ein *anständiger* Mensch. 彼はりっぱな人だ
❷《口語》（物事が）まともな，ちゃんとした ▷ ein *anständiges* Gehalt 十分な給料 / ein *anständiges* Deutsch ちゃんとしたドイツ語
— [副]《口語》かなり，相当 ▷ Sie war *anständig* betrunken. 彼女は相当酔っていた

An·stän·dig·keit [アン・シュテンディヒカイト]
[女] *die* （[単] 2格 -; [複] なし）礼儀にかなっていること，礼儀正しいこと

an·stands·hal·ber [アン・シュタンツ・ハルバー]
[副] 儀礼上 ▷ *Anstandshalber* besuchte sie ihn. 儀礼上彼女は彼を訪問した

an·stands·los [アン・シュタンツ・ロース] [副]（ためらったり・もめたりせずに）あっさり ▷ eine Ware *anstandslos* zurücknehmen（返された）品物をあっさり引き取る

an·statt [アン・シュタット]（＝statt）
— [前] 〖②支配〗…の代わりに ▷ Ich nahm ihn *anstatt* meiner Frau mit. 私は家内の代わりに彼を連れて行った
— [接] 〖zu 不定詞句と〗…をする代わりに ▷ Er ging ins Theater, *anstatt* seinen Freund zu besuchen. 彼は友人を訪ねる代わりに芝居を見に行った / 〖dass 文と〗《やや古語》*Anstatt* dass er arbeitete, trieb er sich draußen herum. 彼は仕事をせずに外でぶらぶらしていた

an|ste·cken [アン・シュテッケン] [分離]
(steckte an; angesteckt; [完了]h)
— [他] ❶ 〖④と〗〔..^{4}に〕（病気などを）うつす ▷ Sie hat ihn mit ihrer Erkältung *angesteckt.*

anstreichen

彼女は彼にかぜをうつした / Er hat uns alle mit seiner Fröhlichkeit *angesteckt*. 彼の陽気さに私たちみんなが釣り込まれた
❷ 【④と】〔…⁴を〕針〈ピン〉で留める，〔指輪⁴を〕はめる ▷ eine Brosche an das Kleid *anstecken* ドレスにブローチをつける
❸ 【④と】〔ろうそく・タバコなど⁴に〕火をつける
── 再 ❶ 〘sich⁴と〙（病気に）感染する ▷ Ich habe mich bei ihm *angesteckt*. 私は彼に病気をうつされた

an·ste·ckend [アン・シュテッケント] 形 伝染性の ▷ eine *ansteckende* Krankheit 伝染病

an·ste·hen [アン・シュテーエン] 分離
(stand an; angestanden; 完h)
自 ❶（窓口などで順番が来るまで）列に並ぶ für Theaterkarten *anstehen* 芝居の切符を手に入れるために並んで待つ
❷（仕事などが）残っている ▷ Diese Arbeit *steht* noch *an*. この仕事はまだ片づかずに残っている

イディオム ④ ǀ *anstehen lassen* …⁴を延ばす ▷ eine Entscheidung ein paar Tage *anstehen lassen* 決定を数日延ばす

an·stei·gen [アン・シュタイゲン] 分離
(stieg an; angestiegen; 完s)
自 ❶（道などが）上り坂になる；（地形が）上がり勾配になる ▷ Die Straße *steigt* allmählich *an*. 道路が徐々に上り坂になっている
❷（温度・水位・物価などが）上がる，上昇する ▷ Das Wasser *steigt* weiter *an*. 水位がさらに上昇する
❸（人数・交通量・生産量などが）増える，増加する ▷ Die Besucherzahl ist stark *angestiegen*. 訪れる人の数が非常に増加した

an·stel·le [アン・シュテレ] 前〘②支配〙; an Stelle の結合した形〙…の代わりに（＝statt）▷ *anstelle* des Lehrers 先生の代わりに

an·stel·len [アン・シュテレン] 分離
(stellte an; angestellt; 完h)
── 他 ❶ 【④と】〔…⁴の〕**スイッチを入れる**；（栓などを開いて）〔ガスなど⁴を〕出す（反 abstellen）▷ das Fernsehen *anstellen* テレビのスイッチを入れる / Er hat die Heizung *angestellt*. 彼は暖房のスイッチを入れた
❷ 【④と】〔…⁴を〕雇う ▷ Ich habe ihn als Verkäufer *angestellt*. 私は彼を販売員として雇った
❸《口語》【④と】〔…⁴を〕する ▷ Ich habe schon alles Mögliche *angestellt*, um sie wieder zu sehen. 私は彼女と再会するためにもうできることはすべてした / 〘否定的な意味合いで〙Er hat etwas Dummes *angestellt*. 彼はばかなことをしでかした
❹ 【④＋an＋④と】〔…⁴を…⁴に〕立て掛ける ▷

eine Leiter an die Wand *anstellen* 壁にはしごを掛ける
── 再 ❶ 〘sich⁴と〙（窓口などで）列に並ぶ
❷《口語》〘sich⁴＋形容詞と〙〔…の〕振舞いをする ▷ *sich* geschickt *anstellen*（問題などを前にして）処理の仕方がじょうずだ

An·stel·lung [アン・シュテルング] 女 *die*（複2格 -; 複 -en）
❶〘複 なし〙雇用，採用 ▷ die *Anstellung* neuer Mitarbeiter 新しい従業員の雇用
❷ 勤め口，職

An·stieg [アン・シュティーク] 男 *der*（複2格 -[e]s; 複 なし）
❶（道などが）上り坂になること；（坂などを）上ること ▷ der steile *Anstieg* der Straße 道の急勾配 / einen mühsamen *Anstieg* hinter sich³ haben 苦労して上り終える
❷（物価・気温などの）上昇 ▷ der plötzliche *Anstieg* der Preise 物価の急激な上昇

an·stif·ten [アン・シュティフテン] 分離
(stiftete an; angestiftet; 完h)
他 ❶ 【④と】〔争い・騒乱など⁴を〕引き起こす；〔陰謀など⁴を〕たくらむ
❷ 【④＋zu＋③と】〔…⁴に…³を〕そそのかしてさせる ▷ Sie hat ihn zum Mord *angestiftet*. 彼女は彼をそそのかして人を殺させた

an·stim·men [アン・シュティメン] 分離
(stimmte an; angestimmt; 完h)
他 【④と】〔…⁴を〕歌い始める，演奏しだす

An·stoß [アン・シュトース] 男 *der*（複2格 -es; 複 ..stöße)
❶（ある行動の）きっかけ
❷〘サッカー〙キックオフ

イディオム *bei*＋③ *Anstoß erregen* …³の不興を買う

an·sto·ßen [アン・シュトーセン] 分離
(er stößt an; stieß an; angestoßen)
── 他 【④と】〔…⁴を〕軽く突く，つつく（合図のため故意にすることもあればまちがってすることもある）▷ Sie *stieß* ihn heimlich unter dem Tisch mit dem Fuß *an*. 彼女はテーブルの下でこっそりと彼のことを足でつついた
── 自 ❶〘完h〙（乾杯の際に）グラスをカチンと合わせる ▷ Wir haben auf seine Gesundheit *angestoßen*. 私たちは彼の健康を祝して乾杯した
❷〘完s〙〘an＋④と〙〔テーブルなど⁴に〕ぶつかる
❸〘完s〙〘bei＋③と〙〔…³の〕不興をかう，機嫌を損なう

an·stö·ßig [アン・シュテースィヒ] 形（無作法で）不快感を与える；卑猥な

an|strei·chen [アン・シュトライヒェン] 分離
(strich an; angestrichen; 完h)
他 ❶ 【④と】〔…⁴に〕（ペンキ・うるしなどを）塗る ▷

完h, 完s＝完了の助動詞 haben, sein

den Zaun *anstreichen* 垣根にペンキを塗る
❷ 〖④と〗〔‥に〕(線を引いて)印をつける
(イディオム) *Frisch angestrichen!*《はり紙などで》ペンキ塗りたて

an·stren·gen [アン・シュトレンゲン] 分離
(strengte an; angestrengt; 助h)
— 〖(sich⁴)と〗大いに努力する, がんばる ▷ Ihr müsst euch in der Schule mehr *anstrengen*. 君たちは学校の勉強をもっとがんばらなければならない
— 他 ❶ 〖④と〗〔能力⁴を〕振り絞る, 奮い起す ▷ Er *strengt* seine Kräfte *an*. 彼は全力を振り絞る
❷ 〖④と〗〔神経・体など⁴を〕疲れさせる, 消耗させる ▷ Das Sprechen hat den Kranken sehr *angestrengt*. 話をしたため病人は非常に疲れた

an·stren·gend [アン・シュトレンゲント] 形 (仕事などが)骨の折れる, きつい ▷ Die Reise war sehr *anstrengend*. その旅はとてもきつかった

An·stren·gung [アン・シュトレングング] 囡 die (⊕2格 -; ⊕ -en)
❶ 努力, 骨折り ▷ Du musst deine *Anstrengungen* verdoppeln. 君はこれまでの倍の努力をしなければならない
❷ (肉体的・精神的な)負担, 疲労 ▷ sich⁴ von den *Anstrengungen* der Reise erholen 旅の疲れをいやす

An·strich [アン・シュトリヒ] 男 der (⊕2格 -[e]s; ⊕ -e) 塗装;（塗装の）色合い

An·sturm [アン・シュトゥルム] 男 der (⊕2格 -[e]s; まれに ⊕ ..stürme) 殺到(たくさんの人がいっぺんに押し寄せること) ▷ Der *Ansturm* auf die Eintrittskarten ist jedesmal sehr groß. 入場券を求めて毎回すごい数の人が殺到する

An·ta·go·nis·men [アンタゴニスメン] Antagonismus の 複数

An·ta·go·nis·mus [アンタゴニスムス] 男 der (⊕2格 -; ⊕ ..nismen) 《文語》克服できない対立

die **Ant·ark·tis** [アント・アルクティス] 囡 (⊕2格 -; ⊕ なし)〔地名〕南極地方 (☆定冠詞を必ず伴う; ⊗ Arktis)

an|tas·ten [アン・タステン] 分離
(tastete an; angetastet; 助h)
他 ❶ 〖④と〗〔貯蓄など⁴に〕手をつける
❷ 〖④と〗〔権利など⁴を〕侵害する;〔名誉など⁴を〕傷つける

An·teil [アン・タイル] 男 der (⊕2格 -[e]s; ⊕ -e)
❶ 取り分, 持ち分, 負担分 ▷ Er verzichtet auf seinen *Anteil*. 彼は自分の取り分を放棄する
❷ (⊕ なし) 興味, 関心; 同情
(イディオム) *an*+③ *Anteil nehmen*〈*zeigen*〉‥³に関心をいだく〈示す〉 ▷ *an* der Politik regen *Anteil nehmen* 政治に積極的な関心をいだく

An·teil·nah·me [アン・タイル・ナーメ] 囡 die (⊕2格 -; ⊕ なし) 同情, 関心, 興味 ▷ aufrichtige *Anteilnahme* zeigen 心からの同情を示す / im Geschehen mit *Anteilnahme* verfolgen 出来事を関心をもって見守る

An·ten·ne [アンテネ] 囡 die (⊕2格 -; ⊕ -n)（テレビなどの）アンテナ

An·tho·lo·gie [アントロギー] 囡 die (⊕2格 -; ⊕ -n) アンソロジー(詩文などの選集)

Anth·ro·po·lo·gie [アントロポロギー] 囡 die (⊕2格 -; ⊕ なし) 人類学

An·tho·lo·gi·en [アントロギーエン] Anthologie の 複数

an·ti.., An·ti.. [アンティ..]【接頭辞; 形容詞, 名詞などにつけて;「反…」の意】*anti*autoritär 反権威主義の / *Anti*semitismus 反ユダヤ主義

an·ti·au·to·ri·tär [アンティ・アオトリテーア] 形 反権威主義の

An·ti·ba·by·pil·le [アンティ・ベービー・ピレ] 囡 die (⊕2格 -; ⊕ -n) 経口避妊薬, ピル

an·ti·bak·te·ri·ell [アンティ・バクテリエル] 形 抗菌性の

An·ti·bi·o·ti·kum [アンティ・ビオーティクム] 中 das (⊕2格 -s; ⊕ ..biotika) 抗生物質

An·ti·bi·o·ti·ka [アンティ・ビオーティカ] Antibiotikum の 複数

an·tik [アンティーク]
形 ❶ 古代の ▷ die *antike* Kultur 古代の文化
❷ (家具などが)古風な, アンチックな

An·ti·ke [アンティーケ] 囡 die (⊕2格 -; ⊕ なし) 古代ギリシャ・ローマ時代; 古代文化

An·ti·kör·per [アンティ・ケルパー] 男 der (⊕2格 -s; ⊕ -)〔ふつう ⊕ で〕〔医学〕抗体

An·ti·no·mie [アンティノミー] 囡 die (⊕2格 -; ⊕ -n) 二律背反, アンチノミー

An·ti·no·mi·en [アンティノミーエン] Antinomie の 複数

An·ti·pa·thie [アンティパティー] 囡 die (⊕2格 -; ⊕ -n)《文語》反感, 嫌悪 (⊗ Sympathie)

An·ti·pa·thi·en [アンティパティーエン] Antipathie の 複数

an|tip·pen [アン・ティッペン] 分離
(tippte an; angetippt; 助h)
他 ❶ 〖④と〗〔‥³を〕(指先で)軽く突く〈軽く触れる〉 ▷ Sie *tippte* ihn von hinten *an*. 彼女は彼を後ろから軽く突いた
❷《口語》〖④と〗〔問題など⁴に〕それとなく言及する

An·ti·qua·ri·at [アンティクヴァリアート] 中 das (⊕2格 -[e]s; ⊕ -e) 古本屋

an·ti·qua·risch [アンティクヴァーリシュ] 形 (特

A

に本が) 古い, 古くなった (☆ 述語として用いない) ▷ *antiquarische* Bücher 古書

an·ti·quiert [アンティクヴィーアト] [形] (考え方・ことばなどが) 古風な, 時代遅れの

An·ti·qui·tät [アンティクヴィテート] [女] *die* ([単] 2格 –; [複] –en) 〘ふつう [複] で〙 古美術品, 骨董こっとう

An·ti·se·mit [アンティ・ゼミート] [男] *der* ([単] 2・3・4格 –en; [複] –en) 反ユダヤ主義者

An·ti·se·mi·tis·mus [アンティ・ゼミティスムス] [男] *der* ([単] 2格 –; [複] なし) 反ユダヤ主義

An·ti·the·se [アンティ・テーゼ] [女] *die* ([単] 2格 –; [複] –n) アンチテーゼ (すでになされている命題に対立する命題)

Ant·litz [アントリッツ] [中] *das* ([単] 2格 –es; [複] –e) 《文語》 顔 (=Gesicht)

An·to·nym [アントニューム] [中] *das* ([単] 2格 –s; [複] –e) 《言語学》 反義語, 反意語 ([反] Synonym)

An·trag [アン・トラーク] [男] *der* ([単] 2格 –[e]s; [複] ..träge)

❶ 申請; 申請書

❷ (会議などでの) 動議, 提議

an|tra·gen [アン・トラーゲン] [分離]
(er trägt an; trug an; angetragen; [完了]h)
[他] 《文語》 〘③+④と〙 〔..³に手助けなど⁴を〕 申し出る

an|tref·fen [アン・トレッフェン] [分離]
(er trifft an; traf an; angetroffen; [完了]h)
[他] 〘④と〙 〔..⁴に〕 (出かけて行って) 会う; 出会う ▷ Wann und wo kann ich ihn *antreffen*? いつどこで私は彼に会えますか

an|trei·ben [アン・トライベン] [分離]
(trieb an; angetrieben; [完了]h)
[他] ❶ 〘④+zu+③と〙 〔..⁴を仕事など³に〕 駆り〈せき〉たてる ▷ Er hat uns zur Arbeit *angetrieben.* 彼は私たちを仕事へとせきたてた
❷ 〘④と〙 (エンジンなどが) 〔乗り物・器械など⁴を〕 動かす ▷ Das Boot wird elektrisch *angetrieben.* そのボートは電気で動く
❸ 〘④と〙 (波などが) 〔..⁴を〕 岸へ運ぶ, 打ち寄せる ▷ Gestern wurde eine Leiche *angetrieben.* きのう死体が打ち寄せられた

an|tre·ten [アン・トレーテン] [分離]
(er tritt an; trat an; angetreten)
— [他] 〘[完了]h〙 ❶ 〘④と〙 〔職務など⁴に〕 就く ▷ Wann können Sie diese Stelle *antreten*? あなたはいつこの勤務に就くことができますか / Sie hat seine Nachfolge *angetreten.* 彼女は彼の後任になった
❷ 〘④と〙 〔旅など⁴に〕 出る, 〔帰路など⁴に〕 つく ▷ eine Reise nach China *antreten* 中国への旅に出る / den Heimweg *antreten* 家路につく
— [自] 〘[完了]s〙 ❶ 整列する ▷ Die Schüler sind der Größe nach *angetreten.* 生徒たちは背の大きい順に整列した
❷ (仕事場などに) 現れる, 出て来る ▷ Sie sind pünktlich zum Dienst *angetreten.* 彼らは時間どおりに出勤した / 《スポーツ》 Er ist gegen den Weltmeister *angetreten.* 彼は世界チャンピオンと対戦した

An·trieb [アン・トリープ] [男] *der* ([単] 2格 –[e]s; [複] –e)
❶ (行為に人を) 駆りたてるもの; やる気 ▷ Das hat ihm neuen *Antrieb* gegeben. それは彼に新たな行動へのエネルギーを与えた / aus eigenem *Antrieb* 自発的に
❷ (機械の) 原動力, 推進力; 駆動装置

An·triebs·kraft [アン・トリープス・クラフト] [女] *die* ([単] 2格 –; [複] ..kräfte) 原動力

an|trin·ken [アン・トリンケン] [分離]
(trank an; angetrunken; [完了]h)
[他] 〘成句で〙 ***sich³ einen [Rausch] antrinken*** 飲んで一杯機嫌になる
sich³ Mut antrinken 酒を飲んで勇気を出す

An·tritt [アン・トリット] [男] *der* ([単] 2格 –[e]s; [複] なし) (旅などへの) 出立; (職務などへの) 就任

an|tun [アン・トゥーン] [分離]
(tat an; angetan; [完了]h)
[他] 〘③+④と〙 〔..³に危害など⁴を〕 加える ▷ *Tu* mir das nicht *an*! 私にそんなことをしないでくれ
[イディオム] ***sich³ etwas antun*** 自殺をする

Ant·wort [アントヴォルト] [女] *die* ([単] 2格 –; [複] –en)
❶ (質問・手紙などに対する) 答え, 返事 ▷ die *Antwort* auf eine Frage 質問に対する答え / Er gab ihr keine *Antwort.* 彼は彼女に返事をしなかった / Sie bekam nur eine kurze *Antwort.* 彼女は簡単な返事しかもらえなかった
❷ 反応, 応答 ▷ Sein Fernbleiben war die *Antwort* auf diese Beleidigung. 彼が来なくなったのがこの侮辱に対する反応だった

ant·wor·ten

[ántvɔrtn̩ アントヴォルテン]

[現在]	ich antworte	wir antworten
	du **antwortest**	ihr **antwortet**
	er **antwortet**	sie antworten
[過去]	ich antwortete	wir antworteten
	du antwortetest	ihr antwortetet
	er antwortete	sie antworteten
[過分]	geantwortet	[完了] haben

[自] 答える, 返事をする
höflich *antworten*
ていねいに答える
Kannst du nicht *antworten*?
君は答えられないのか
〘auf+④と〙
Antworte mir auf meine Frage!

私の質問に答えろ
〖返事の内容と〗
Was hast du ihm *geantwortet*？
君は彼に何と答えたのか
Er *antwortete*, dass … 彼は…と答えた

類語
antworten（一般的な意味で）答える
beantworten 質問に対してきちんと(はぐらかすことなく)答える
erwidern 相手の意見や質問に対して返答する

ant·wor·te·te [アントヴォルテテ] antworten の 過去

an|ver·trau·en [アン・フェアトラオエン] 分離
(vertraute an; anvertraut; 医7h)
――他 ❶ 〖③+④と〗〔…³に…⁴を〕(信頼して)任せる ▷ Er *vertraute* ihr sein ganzes Vermögen *an*. 彼は彼女に全財産を任せた
❷ 〖③+④と〗〔…³に秘密など⁴を〕打ち明ける ▷ Ich *vertraue* dir mein Geheimnis *an*. 私は君に秘密を打ち明ける
――再〖sich⁴+③と〗〔…³に〕心中を打ち明ける ▷ Du kannst dich mir ruhig *anvertrauen*. 君は安心して私に本心を打ち明けてかまわない

an|wach·sen [アン・ヴァクセン] 分離
(er wächst an; wuchs an; angewachsen; 医7s)
自 (量などが)絶えず増える ▷ Der Verkehr *wächst* bedrohlich *an*. 交通量が危険な状態になるほど増える
❷ (植物が)根づく，(移植した皮膚などが)定着する

An·walt [アンヴァルト] 男 der (⊕ 2格 -[e]s; ⊕ ..wälte) 弁護士（＝Rechtsanwalt）

An·wäl·te [アンヴェルテ] Anwalt の 複数

An·wäl·tin [アンヴェルティン] 女 die (⊕ 2格 -; ⊕ ..tinnen) Anwalt の 女性形

An·wand·lung [アン・ヴァンドルング] 女 die (⊕ 2格 -; ⊕ -en) (一時的に起こる)気分，気まぐれ ▷ Er folgte einer plötzlichen *Anwandlung* und reiste ab. 彼は突然の気まぐれに身をまかせ旅に出た

an|wär·men [アン・ヴェルメン] 分離
(wärmte an; angewärmt; 医7h)
他〖④と〗〔食事・寝床など⁴を〕少し温める

An·wär·ter [アン・ヴェルタ-] 男 der (⊕ 2格 -s; ⊕ -) (ある地位に対する)候補者 ▷ Er ist einer der *Anwärter* auf diesen Posten. 彼はこのポストの候補者の一人である

An·wart·schaft [アン・ヴァルトシャフト] 女 die (⊕ 2格 -; ⊕ なし) (ある地位などに就ける・称号などをもらえる)見込み ▷ die *Anwartschaft* auf eine Assistentenstelle haben 助手ポストに就ける見込みがある

an|wei·sen [アン・ヴァイゼン] 分離
(wies an; angewiesen; 医7h)
他 ❶ 〖④+zu 不定詞句と〗〔…³に…するように〕指図する ▷ Ich habe ihn *angewiesen*, die Sache sofort zu erledigen. 私は彼にその問題をすぐ片づけるように指図をした
❷ 〖③+④と〗〔…³に仕事・部屋など⁴を〕割り当てる ▷ Man hat mir diese Arbeit *angewiesen*. 私はこの仕事を割り当てられた
❸ 〖④と〗〔お金などを〕(為替で)送金する

An·wei·sung [アン・ヴァイズング] 女 die (⊕ 2格 -; ⊕ -en)
❶ 〘文語〙指図
❷ 説明書
❸ (口座などへの)振り込み

an|wen·den [アン・ヴェンデン] 分離
(wandte 〈wendete〉 an; angewandt 〈angewendet〉; 医7h)
他 ❶ 〖④と〗〔…⁴を〕用いる，使用する ▷ eine List *anwenden* 策略を用いる / Gewalt *anwenden* 暴力を用いる / ein Heilmittel richtig *anwenden* 治療薬を正しく用いる
❷ 〖④+auf+④と〗〔…⁴を…⁴に〕適用する ▷ Wir haben diese Prinzipien auf die Wirtschaft *angewendet* 〈*angewandt*〉. 私たちはこの原理を経済に適用した

An·wen·der [アン・ヴェンダ-] 男 der (⊕ 2格 -s; ⊕ -) (コンピュータの)ユーザー

An·wen·dung [アン・ヴェンドゥング] 女 die (⊕ 2格 -; ⊕ -en)
❶ 使用 ▷ die richtige *Anwendung* eines Mittels 薬の正しい使用
❷ (原理などの)適用，応用 ▷ die *Anwendung* der Theorie auf die Praxis 理論の実践への応用

イディオム *Anwendung finden* 使用される ▷ Roboter *finden* in dieser Autofabrik *Anwendung*. ロボットがこの自動車工場では使用されている

An·wen·dungs·pro·gramm [アン・ヴェンドゥングス・プログラム] 中 das (⊕ 2格 -s; ⊕ -e) (コンピュータの)アプリケーションソフト

an|wer·ben [アン・ヴェルベン] 分離
(er wirbt an; warb an; angeworben; 医7h)
他〖④と〗〔働き手などを〕募る，募集する ▷ Arbeitskräfte *anwerben* 働き手を募集する

an|wer·fen [アン・ヴェルフェン] 分離
(er wirft an; warf an; angeworfen; 医7h)
他〖④と〗〔エンジンなど⁴を〕始動させる

An·we·sen [アン・ヴェーゼン] 中 das (⊕ 2格 -s; ⊕ -) (地所・家屋からなる)家屋敷

an·we·send [アン・ヴェーゼント] 形 (その場に)居合わせる，出席〈参列〉している (⊕ abwesend) ▷ Sie war bei der Feier *anwesend*. 彼女はパーティーに出席していた

An·we·sen·de [アン・ヴェーゼンデ] 男 *der* / 女 *die*（形容詞変化 ☞ Alte 表I）(その場に)居合わせる人, 出席〈参列〉者 ▷ alle *Anwesenden* 出席〈参列〉者全員

An·we·sen·heit [アン・ヴェーゼンハイト] 女 *die*（⊛2格 -; ⊛ なし）(その場に)居合わせること, 出席, 参列（⊗ Abwesenheit）▷ Davon darf man in seiner *Anwesenheit* nicht sprechen. そのことは彼のいるところで話してはいけない

an|wi·dern [アン・ヴィーデルン] 分離
(widerte an; angewidert; 完了h)
他【④と】[..⁴を]不快な気分にさせる, むかむかさせる

An·woh·ner [アン・ヴォーナー] 男 *der*（⊛2格 -s; ⊛ -）近隣の住民

An·wurf 男 *der*（⊛2格 -[e]s; ⊛ ..würfe）非難, 悪口

An·zahl [アン・ツァール] 女 *die*（⊛2格 -; ⊛ なし）
❶【不定冠詞と】《全体の中の不特定数を表して》若干の数; ある数 ▷ eine *Anzahl* Schüler 〈von Schülern〉 何人かの生徒 / eine große *Anzahl* Gäste 客の多数
❷【定冠詞と】(一定の, ただ明示されていない)総数 ▷ Die *Anzahl* der Teilnehmer steht noch nicht fest. 参加者の総数はまだ確定していない

an|zah·len [アン・ツァーレン] 分離
(zahlte an; angezahlt; 完了h)
他【④と】[..⁴を]頭金〈分割払いの初回金〉として払う ▷ Wie viel muss ich *anzahlen*? 頭金はいくら払えばよいのですか

An·zah·lung [アン・ツァールング] 女 *die*（⊛2格 -; ⊛ -en）頭金

an|zap·fen [アン・ツァプフェン] 分離
(zapfte an; angezapft; 完了h)
他【④と】(ビール・ワインなどを注ぐために)[たるなど⁴の]口を開ける
イディオム *eine Telefonleitung anzapfen*《口語》電話回線に盗聴装置をつける

An·zei·chen [アン・ツァイヒェン] 中 *das*（⊛2格 -s; ⊛ -）
❶ 前ぶれ, 前兆; (病気などの)兆候 ▷ die *Anzeichen* eines Gewitters 雷雨の前ぶれ
❷ (心の状態を示す)ようす, そぶり ▷ Er ließ keinerlei *Anzeichen* von Reue erkennen. 彼は後悔の色をまったく示さなかった

an|zeich·nen [アン・ツァイヒネン] 分離
(zeichnete an; angezeichnet; 完了h)
他 ❶【④と】[..⁴を](黒板などに)書く, 描く
❷【④と】[テキストの一部の語句など⁴に]印をつける

An·zei·ge [アン・ツァイゲ] 女 *die*（⊛2格 -; ⊛ -n）
❶ (新聞などの)広告; (婚約・結婚などの個人的な)通知 ▷ eine *Anzeige* bei der Zeitung aufgeben 新聞に広告を掲載する
❷ (特に警察への)訴え;《法律》告発

an|zei·gen [アン・ツァイゲン] 分離
(zeigte an; angezeigt; 完了h)
他 ❶【④と】[..⁴を](新聞などに)公に知らせる, 前もって知らせる ▷ die Geburt eines Kindes in der Zeitung *anzeigen* 子供の誕生の通知を新聞に載せる / Der Verlag hat die neuen Bücher *angezeigt*. 出版社は新刊書の広告を出した
❷【④と】[犯人など⁴を]訴える, 告発する ▷ Sie haben ihn wegen Diebstahls *angezeigt*. 彼らは彼を窃盗で告発した
❸【④と】[犯罪など⁴を]届け出る ▷ einen Diebstahl bei der Polizei *anzeigen* 盗難届を警察に出す
❹【④と】[..⁴を](計器類で)表示する; (計器類が)[..⁴を]示す ▷ die Änderung der Fahrtrichtung rechtzeitig *anzeigen* 走行方向の変更をタイミングよく知らせる / Das Barometer *zeigt* schönes Wetter *an*. 気圧計は晴天を示している

an|zet·teln [アン・ツェッテルン] 分離
(zettelte an; angezettelt; 完了h)
他【④と】[暴動など⁴を](たくらみで)引き起こす

an|zie·hen [アン・ツィーエン] 分離
(zog an; angezogen; 完了h)
— 他 ❶【④と】[衣類など⁴を]身につける(靴・靴下・手袋にも用いる)[⊗ ausziehen] ▷ ein Kleid *anziehen* ドレスを着る / Sie *zieht* sich Strümpfe *an*. 彼女はストッキングをはく
❷【③+④と】[..³に..⁴を]着せる ▷ Die Mutter *zieht* dem Kind frische Wäsche *an*. 母親は子供に洗いたての下着を着せる
❸【④と】[..⁴に]服を着せる ▷ Die Mutter *zieht* das Kind *an*. 母親は子供に服を着せる
❹【④と】[足・あごなど⁴を]引き寄せる ▷ das Kinn *anziehen* あごを引く
❺【④と】(磁石が)[..⁴を]引き寄せる; (物が)[湿気・においなど⁴を]吸収する ▷ Das Magnet *zieht* Eisen *an*. 磁石は鉄を引きつける
❻【④と】[..⁴の]心を引きつける ▷ Sein heiteres Wesen *zieht* alle *an*. 彼の明るい性質はみんなの心を引きつける / Die Buchmesse hat wieder zahlreiche Besucher *angezogen*. 書籍見本市は再び見物人を大勢集めた
❼【④と】[綱など⁴を]引っ張る ▷ Er *zog* zwei Saiten leicht *an*. 彼は弦を2本軽く張った
❽【④と】[ねじ・ブレーキなど⁴を]締める ▷ die Schraube *anziehen* ねじを締める
— 再 【sich⁴と】衣服を着る ▷ Das Kind kann sich schon allein *anziehen*. その子はもうひとりで服を着ることができる /《過去分詞で》Sie

ist elegant *angezogen.* 彼女の服装はエレガントだ

an·zie·hend [アン・ツィーエント] 形 魅力的な，人を引きつける ▷ eine *anziehende* Frau 魅力的な女性

An·zie·hungs·kraft [アン・ツィーウングス・クラフト] 女 *die* (⊕2格 -; ⊕ ..kräfte) 《物理》引力；魅力

An·zug
[ántsu:k アン・ツーク]
男 *der* (⊕2格 -[e]s; ⊕ ..züge)

(男性の上下そろいの)**背広**, スーツ
Er trägt einen dunklen *Anzug.*
彼はダークスーツを着ている
イディオム *im Anzug sein* (危険・あらしなどが)接近中である

An·zü·ge [アン・ツューゲ] Anzug の 複数
an·züg·lich [アン・ツュークリヒ]
形 ❶ (人の弱点などにそれとなく触れる)嫌みな，あてこするような
❷ (冗談などが)下品な，きわどい

an|zün·den [アン・ツュンデン] 分離
(du zündest an, er zündet an; zündete an; angezündet; 完了h)
他 《4格》 [..に]**火をつける** ▷ ein Streichholz *anzünden* (すって)マッチに火をつける / sich³ eine Zigarette *anzünden* タバコに火をつける / Er *zündete* ein Feuer im Ofen *an.* 彼はストーブの火をつけた

an|zwei·feln [アン・ツヴァイフェルン] 分離
(zweifelte an; angezweifelt; 完了h)
他 《4格》 [..に関して]疑い〈疑念〉を持つ

a·part [アパルト] 形 (服などが)独特で魅力のある ▷ Der Mantel ist *apart.* そのコートはきわめてユニークで魅力的だ

A·part·ment [アパルトメント] 中 *das* (⊕2格 -s; ⊕ -s) (1人用の)小アパート，ワンルームマンション

A·pa·thie [アパティー] 女 *die* (⊕2格 -; ⊕ -n) 無関心，無感動

A·pa·thi·en [アパティーエン] Apathie の 複数

a·pa·thisch [アパーティシュ] 形 (何事にも)関心をもたない

Ap·fel
[ápfl アプフェル]
男 *der* (⊕2格 -s; ⊕ Äpfel)

格	単 数	複 数
①	der Apfel	die Äpfel
②	des Apfels	der Äpfel
③	dem Apfel	den Äpfeln
④	den Apfel	die Äpfel

《植物》リンゴ
einen *Apfel* schälen
リンゴの皮をむく
in den sauren *Apfel* beißen
《比ゆ》いやなことをやむをえずする

Äp·fel [エプフェル] Apfel の 複数
Ap·fel·baum [アプフェル・バオム] 男 *der* (⊕2格 -[e]s; ⊕ ..bäume) リンゴの木
Ap·fel·saft [アプフェル・ザフト] 男 *der* (⊕2格 -[e]s; ⊕ ..säfte) リンゴジュース
Ap·fel·si·ne [アプフェルズィーネ] 女 *die* (⊕2格 -; ⊕ -n) 《植物》オレンジ
Ap·fel·stru·del [アプフェル・シュトルーデル] 男 *der* (⊕2格 -s; ⊕ -) アプフェルシュトルーデル(薄いケーキ生地をロール形に巻いたアップルパイ)

A·po·ka·lyp·se [アポカリュプセ] 女 *die* (⊕2格 -; ⊕ なし) 《文語》(世の終わりを思わせるような)大災害, 大災難

A·pos·tel [アポステル] 男 *der* (⊕2格 -s; ⊕ -) 《キリスト教》使徒

A·po·the·ke [アポテーケ] 女 *die* (⊕2格 -; ⊕ -n)
薬局, 薬屋 ▷ Das Mittel bekommt man in jeder *Apotheke.* その薬はどの薬局でも手に入る

A·po·the·ker [アポテーカー] 男 *der* (⊕2格 -s; ⊕ -) 薬剤師

Ap·pa·rat [アパラート] 男 *der* (⊕2格 -[e]s; ⊕ -e)
❶ **器械**, 装置 ▷ den *Apparat* einschalten 器械のスイッチを入れる
❷ 《口語》**電話機** ▷ Bleiben Sie bitte am *Apparat*!《電話の相手に》そのまま切らずにお待ちください / Wer ist am *Apparat*?《電話の相手に》どちら様ですか
❸ 《⊕ はまれ》(官庁・企業などの)機構, 組織 ▷ ein militärischer *Apparat* 軍事機構

Ap·pa·ra·tur [アパラトゥーア] 女 *die* (⊕2格 -; ⊕ -en) 《集合的に》(一定の機能を果たす)装置[一式]

Ap·par·te·ment [アパルトマーン] 中 *das* (⊕2格 -s; ⊕ -s) = Apartment

Ap·pell [アペル] 男 *der* (⊕2格 -s; ⊕ -e) 呼びかけ，訴え，アピール；警告

ap·pel·lie·ren [アペリーレン]
(appellierte; appelliert; 完了h)
自 《an+4格》 [..に]訴えかける，アピールする ▷ an die Bewohner *appellieren* 住民にアピールする / 《比ゆ》Sie *appellierte* an seine Vernunft. 彼女は彼の理性に訴えた

Ap·pe·tit [アペティート/..ティット] 男 *der* (⊕2格 -[e]s; ⊕ なし)
食欲 ▷ den *Appetit* verlieren 食欲を失う / Er bekam auf einmal großen *Appetit* auf

Fisch. 彼は急に魚がとても食べたくなった
(イディオム) *Guten Appetit!*【食卓でのあいさつとして】おいしく召し上がりください(←よい食欲を); いただきます

ap·pe·tit·lich [アペティートリヒ] 形 おいしそうな, 食欲をそそる ▷ *appetitlich* aussehen おいしそうに見える /《比ゆ》ein *appetitliches* junges Mädchen 魅力的な若い女の子

ap·plau·die·ren [アプラオディーレン]
(applaudierte; applaudiert; (匠 h)
自《③と》[…に]拍手喝采する

Ap·plaus [アプラオス] 男 der (⊕2格 -es; 複 なし) 拍手喝采 (=Beifall)

Ap·ri·ko·se [アプリコーゼ] 女 die (⊕2格 -; -n)《植物》アンズ

Ap·ril
[apríl アプリル]
男 der (⊕2格 -[s]; まれに 複 -e)

4月 (略 Apr.)
der launische *April*
気まぐれの4月
am ersten〈zweiten〉*April*
4月1日〈2日〉に
im *April*
4月に
Anfang〈Mitte, Ende〉*April*
4月はじめ〈中ごろ, 終わり〉に

★「月名」(すべて男性名詞)
Januar	1月	Februar	2月
März	3月	April	4月
Mai	5月	Juni	6月
Juli	7月	August	8月
September	9月	Oktober	10月
November	11月	Dezember	12月

A·qua·rell [アクヴァレル] 中 das (⊕2格 -s; 複 -e) 水彩画

A·qua·ri·en [アクヴァーリエン] Aquarium の 複数

A·qua·ri·um [アクヴァーリウム] 中 das (⊕2格 -s; 複 Aquarien) (魚などを飼育するための)水槽, 鉢

Ä·qua·tor [エクヴァートーア] 男 der (⊕2格 -s; 複 なし) 赤道

ä·qua·to·ri·al [エクヴァトリアール] 形 赤道の

Ä·ra [エーラ] 女 die (⊕2格 -; まれに 複 Ären)《文語》(出来事などで特徴づけられる)時代

A·ra·ber [アーラバー/アラ../アラ..] 男 der (⊕2格 -s; 複 -) アラブ人; アラビア人

A·ra·bi·en [アラービエン] (中 das)《地名》アラビア《用法: ☞ Deutschland》

a·ra·bisch [アラービシュ] 形 アラブ[人]の; アラ

ビア[語]の ▷ eine *arabische* Ziffer アラビア数字

Ar·beit [アルバイト] 女 die (⊕2格 -; -en)
❶ 労働, 仕事 ▷ körperliche〈geistige〉*Arbeit* 肉体〈知的〉労働 / eine interessante *Arbeit* 興味深い仕事 / viel *Arbeit* haben すべきことがたくさんある, 忙しい / an die *Arbeit* gehen 仕事に取りかかる / Du störst mich bei der *Arbeit*. 君は仕事のじゃまになる
❷【複 なし】(職としての)仕事, 働き口, 勤め口 ▷ Er sucht eine neue *Arbeit*. 彼は新しい仕事を探している / ohne *Arbeit* sein 失業中である
❸【複 なし】苦労, 骨折り ▷ Das kostet viel *Arbeit*. それは大変骨が折れる
❹ 研究成果; 論文; (生徒の)答案, レポート ▷ eine wissenschaftliche *Arbeit* veröffentlichen 科学論文を発表する
❺ (芸術家などの)作品, 製作物

ar·bei·ten
[árbaitn アルバイテン]

現在	ich arbeite	wir arbeiten
	du arbeitest	ihr **arbeitet**
	er arbeitet	sie arbeiten
過去	ich arbeitete	wir arbeiteten
	du arbeitetest	ihr arbeitetet
	er arbeitete	sie arbeiteten
過分	gearbeitet	完了 haben

── 自 ❶ 働く, 仕事をする
fleißig *arbeiten*
熱心に働く
Er hat den ganzen Tag *gearbeitet*.
彼は一日中働いた
an der Lösung einer Aufgabe *arbeiten*
問題の解決に取り組んでいる
für den Frieden *arbeiten*
平和のために尽力する
❷ 勤めている ▷ Meine Frau *arbeitet* bei der Post. 私の妻は郵便局に勤めている
❸ (機械などが)作動する; (心臓などの器官が)活動する ▷ Der Motor *arbeitet* einwandfrei. モーター〈エンジン〉は申し分なく作動している
── 再 ❶《sich⁴+状態と》働きすぎて〔…に〕なる ▷ Sie hat sich krank *gearbeitet*. 彼女は働きすぎて病気になった
❷《sich⁴+方向と》〔…を〕苦労しながら進む ▷ *sich* durch Schnee *arbeiten* 雪の中を苦労しながら進む
(イディオム) *es arbeitet sich*+《様態》+《場所》など 仕事をするのに…は…だ ▷ In diesem Betriebe *arbeitet es sich gut*. この会社は働きやすい

Ar·bei·ter [アルバイター] 男 der (⊕2格 -s; 複 -)
❶ 労働者 ▷ Die *Arbeiter* traten in den

(旧⇒新)=新正書法の指示, (旧)=旧正書法の指示

Streik. 労働者たちはストライキに突入した
❷ 働く人 (☆ 形容詞を伴う) ▷ Er ist ein schneller *Arbeiter*. 彼は仕事が早い

Ar·bei·te·rin [アルバイテリン] [女] *die* ([単] 2 格 –; [複] ..rinnen) Arbeiter の女性形

ar·bei·te·te [アルバイテテ] arbeiten の [過去]

Ar·beit·ge·ber [アルバイト·ゲーバー] [男] *der* ([単] 2 格 –s; [複] –) 雇用者, 雇い主 ([反] Arbeitnehmer)

Ar·beit·neh·mer [アルバイト·ネーマー] [男] *der* ([単] 2 格 –s; [複] –) 被雇用者, 従業員, 労働者 ([反] Arbeitgeber)

ar·beit·sam [アルバイトザーム] [形] 《文語》 よく働く, 熱心に働く

Ar·beits·amt [アルバイツ·アムト] [中] *das* ([単] 2 格 –[e]s; [複] ..ämter) 職業安定所

ar·beits·fä·hig [アルバイツ·フェーイヒ] [形] (肉体的·精神的に)働くことのできる, 就労可能な

Ar·beits·klei·dung [アルバイツ·クライドゥング] [女] *die* ([単] 2 格 –; [複] なし) 作業衣

Ar·beits·kli·ma [アルバイツ·クリーマ] [中] *das* ([単] 2 格 –s; [複] なし) 職場の雰囲気

Ar·beits·kraft [アルバイツ·クラフト] [女] *die* ([単] 2 格 –; [複] ..kräfte)
❶ (人的資源としての)労働力, 人手, 働き手 ▷ neue *Arbeitskräfte* einstellen 新しい人手を雇い入れる
❷ 〚[複] なし〛 作業能力 ▷ die menschliche *Arbeitskraft* durch Maschinen ersetzen 人間の作業能力の代わりを機械にさせる

ar·beits·los [アルバイツ·ロース] [形] 失業している ▷ Sie ist schon seit Monaten *arbeitslos*. 彼女はもう数ヵ月前から職がない

Ar·beits·lo·se [アルバイツ·ローゼ] [男] *der* / [女] *die* (形容詞変化 ☞ Alte 表 I) 失業者

Ar·beits·lo·sen·geld [アルバイツ·ローゼン·ゲルト] [中] *das* ([単] 2 格 –[e]s; [複] なし) 失業保険金

Ar·beits·lo·sen·ver·si·che·rung [アルバイツ·ローゼン·フェアズィッヒェルング] [女] *die* ([単] 2 格 –; [複] –en) 失業保険

Ar·beits·lo·sig·keit [アルバイツ·ローズィヒカイト] [女] *die* ([単] 2 格 –; [複] なし) 失業

Ar·beits·markt [アルバイツ·マルクト] [男] *der* ([単] 2 格 –[e]s; [複] ..märkte) 労働市場

Ar·beits·platz [アルバイツ·プラッツ] [男] *der* ([単] 2 格 –es; [複] ..plätze)
❶ 職場, 勤め口 ▷ Er hat vor kurzem seinen *Arbeitsplatz* verloren. 彼は最近失業した
❷ 仕事場 ▷ Er räumt seinen *Arbeitsplatz* auf. 彼は仕事場を片づける

Ar·beits·platz·wech·sel [アルバイツ·プラッツ·ヴェクセル] [男] *der* ([単] 2 格 –s; [複] –) 転職

Ar·beits·schutz [アルバイツ·シュッツ] [男] *der* ([単] 2 格 –es; [複] なし) (法律による)労働者保護

Ar·beits·stel·le [アルバイツ·シュテレ] [女] *die* ([単] 2 格 –; [複] –n) 勤め口, 職; 職場

Ar·beits·su·chen·de [アルバイツ·ズーヘンデ] [男] *der* / [女] *die* (形容詞変化 ☞ Alte 表 I) 求職者

Ar·beits·tag [アルバイツ·ターク] [男] *der* ([単] 2 格 –[e]s; [複] –e) (1 日の, 定められた)就労時間 ▷ einen harten *Arbeitstag* hinter sich³ haben つらい一日の勤務を終える

ar·beits·un·fä·hig [アルバイツ·ウン·フェーイヒ] [形] (肉体的·精神的に)働くことのできない, 就労不可能な

Ar·beits·ver·hält·nis [アルバイツ·フェアヘルトニス] [中] *das* ([単] 2 格 ..nisses; [複] ..nisse)
❶ 雇用関係
❷ 〚[複] で〛 (職場の)労働環境

Ar·beits·ver·mitt·lung [アルバイツ·フェアミットルング] [女] *die* ([単] 2 格 –; [複] –en) 職業紹介

Ar·beits·zeit [アルバイツ·ツァイト] [女] *die* ([単] 2 格 –; [複] –en)
❶ 労働時間 ▷ gleitende *Arbeitszeit* フレックスタイム制
❷ (仕事などに要する〈与えられた〉)作業時間

Ar·beits·zim·mer [アルバイツ·ツィマー] [中] *das* ([単] 2 格 –s; [複] –) 仕事部屋, 書斎

Ar·chä·o·lo·gie [アルヒェオロギー] [女] *die* ([単] 2 格 –; [複] なし) 考古学

Ar·chi·tekt [アルヒテクト] [男] *der* ([単] 2·3·4 格 –en; [複] –en) 建築家, 建築技師

ar·chi·tek·to·nisch [アルヒテクトーニシュ] [形] 建築上の

Ar·chi·tek·tur [アルヒテクトゥーア] [女] *die* ([単] 2 格 –; [複] –en)
❶ 〚[複] なし〛 建築学
❷ 建築様式

Ar·chiv [アルヒーフ] [中] *das* ([単] 2 格 –s; [複] –e)
❶ 公文書; 史料
❷ 文書保管所〈室〉, 文庫

A·re·na [アレーナ] [女] *die* ([単] 2 格 –; [複] Arenen) (階段状の観客席を周囲に設けた)競技場, スタジアム; (古代ローマの)闘技場

A·re·nen [アレーネン] Arena の [複数]

arg [アルク]
── [形] ([比較] ärger, [最上] ärgst) たちの悪い, ひどい, 大変な ▷ ein *arger* Streich 悪質ないたずら / eine *arge* Enttäuschung ひどい幻滅
── [副] 《口語》 大変, ひどく ▷ Das ist *arg* teuer. それは大変高い

Ar·gen·ti·ni·en [アルゲンティーニエン] ([中] *das*) 《国名》 アルゼンチン

är·ger [エルガー] arg の [比較]

Är·ger [エルガー] [男] *der* ([単] 2 格 –s; [複] なし)
❶ 怒り, 腹立ち (☆ Zorn より軽い怒りを表す) ▷

Er konnte seinen *Ärger* nicht unterdrücken. 彼は自分の怒りを抑えることができなかった / vor *Ärger* 怒りのあまり
❷ 腹の立つ〈嫌な〉こと, しゃくにさわること ▷ Heute gab es viel *Ärger*. きょうは嫌なことがたくさんあった / Ich habe mit ihr viel *Ärger* gehabt. 私は彼女にさんざん手を焼いた

är·ger·lich [エルガーリヒ] (比較 -er, 最上 -st)
形 ❶ 怒っている, 腹を立てている ▷ Er ist *ärgerlich* über den Misserfolg. 彼は失敗に腹を立てている
❷ 腹立たしい ▷ Es ist sehr *ärgerlich*, dass … …とは非常に腹立たしい

är·gern [エルゲルン] (ärgerte; geärgert; 完了 h)
—再 〖sich⁴ と〗怒る, 腹を立てる ▷ Ich habe mich über ihn *geärgert*. 私は彼に腹を立てた
—他 ❶ 〖④ と〗からかう ▷ den kleinen Bruder *ärgern* 弟をかまう
❷ 〖④ と〗〖‥⁴ を〗怒らせる ▷ Es *ärgert* ihn, dass … 彼は…がしゃくにさわる

Är·ger·nis [エルガーニス] 中 (単2格 -nisses; 複 -nisse) (人を煩わす)不愉快な〈厄介な〉出来事 ▷ die kleinen *Ärgernisse* des Alltags 日常のささいな厄介事

är·ger·te [エルゲルテ] ärgern の 過去

arg·los [アルク・ロース]
形 ❶ 悪気〈悪気〉のない ▷ eine *arglose* Bemerkung 悪意のない発言
❷ (人の善意を)信じている, (人を)疑うことを知らない ▷ Er ging *arglos* auf das Angebot ein. 彼は何も疑わずに申し出を受けた

ärgst [エルクスト] arg の 最上

Ar·gu·ment [アルグメント] 中 (単2格 -[e]s; 複 -e) 論拠

Ar·gu·men·ta·ti·on [アルグメンツィオーン] 女 die (単2格 -; 複 -en) 論証

ar·gu·men·tie·ren [アルグメンティーレン] (argumentierte; argumentiert; 完了 h)
自 論拠をあげる, 論証を行う ▷ für〈gegen〉+④ *argumentieren* …⁴ に賛成〈反対〉の論拠をあげる

Arg·wohn [アルク・ヴォーン] 男 der (単2格 -[e]s; 複 なし)〖文語〗猜疑心, 不信

arg·wöh·nen [アルク・ヴェーネン] (argwöhnte; geargwöhnt; 完了 h)
他〖文語〗〖④ と〗〖‥ ではないかと〗疑念を持つ

arg·wöh·nisch [アルク・ヴェーニシュ] 形 うたぐり深い; [副詞的に] 不信の念をもって

A·rie [アーリエ] 女 die (単2格 -; 複 -n)〖音楽〗アリア, 詠唱

A·ris·to·krat [アリストクラート] 男 der (単2・3・4格 -en; 複 -en) 貴族

A·ris·to·kra·tie [アリストクラティー] 女 die (単2格 -; 複 なし) 貴族制

die **Ark·tis** [アルクティス] 女 (単2格 -; 複 なし)〖地名〗北極地方 (☆ 定冠詞を必ず伴う; 反 Antarktis)

arm

[arm アルム]

| 比較 ärmer | 最上 ärmst |

形 ❶ 貧しい, 貧乏な (反 reich)
eine *arme* Familie
貧しい家庭
Er war damals bitter *arm*.
彼は当時ひどく貧乏だった
❷ かわいそうな, 哀れな ▷ Du *armes* Kind！かわいそうな君は

イディオム *arm an*+③ *sein* …³ に乏しい ▷ Diese Früchte *sind arm an* Vitaminen. これらの果実はビタミンに乏しい / Sein Leben *war arm an* Freude. 彼の人生は喜びの少ないものだった

..arm [..アルム]〖接尾辞; 形容詞を作る〗…の乏しい ▷ fett*arm* 低脂肪の / nikotin*arm* ニコチンの少ない

Arm [アルム] 男 der (単2格 -es 〈まれに -s〉; 複 -e)
腕 ▷ kräftige *Arme* たくましい腕 / den Mantel über den *Arm* nehmen コートを腕に抱える / *Arm* in *Arm* 腕を組んで

Arm·band [アルム・バント] 中 das (単2格 -[e]s; 複 ..bänder) 腕輪, ブレスレット

Arm·band·uhr [アルム・バント・ウーア] 女 die (単2格 -; 複 -en) 腕時計

Arm·bruch [アルム・ブルフ] 男 der (単2格 -[e]s; 複 ..brüche) 腕の骨折

Ar·me [アルメ] 男 der 女 die (形容詞変化 ☞ Alte 表I) 貧しい人

Ar·mee [アルメー] 女 die (単2格 -; 複 -n)《集合的に》(一国の)軍, 軍隊; 陸軍; (いくつかの師団からなる)軍団 ▷ die reguläre *Armee* 正規軍

Ar·me·en [アルメーエン] Armee の 複数

Är·mel [エルメル] 男 der (単2格 -s; 複 -) 袖 ▷ ein Kleid ohne *Ärmel* 袖のないワンピース

är·mer [エルマー] arm の 比較

ärm·lich [エルムリヒ] 形 貧しそうな, みすぼらしい ▷ Er lebte sehr *ärmlich*. 彼は非常にみすぼらしい暮らしをしていた

arm·se·lig [アルム・ゼーリヒ] 形 とてもみすぼらしい, 貧弱な ▷ eine *armselige* Hütte とてもみすぼらしい小屋

ärmst [エルムスト] arm の 最上

Ar·mut [アルムート] 女 die (単2格 -; 複 なし) 貧困, 貧乏 ▷ in *Armut* leben 貧乏な暮らしをする / 〚ことわざ〛 *Armut* ist keine Schande. 貧しさは恥ではない

A·ro·ma [アローマ] 中 das (単2格 -s; 複 -s

Aromen

⟨Aromen⟩》(特に植物性嗜好品の)香り; 風味 ▷ das *Aroma* des Kaffees コーヒーの香り

A·ro·men [アローメン] Aroma の 複数

Ar·ran·ge·ment [アランジュマーン] 中 *das* (⊕ 2格 -s; 複 -s) (芸術的にアレンジされた)配置; 編曲; (催しなどの)手配, おぜん立て

ar·ran·gie·ren [アランジーレン] (arrangierte; arrangiert; 完了h)
—— 他 《④と》《…⁴の》手配〈おぜん立てなど〉をする, 手筈を整える ▷ ein Treffen zwischen Staatsmännern *arrangieren* 政治家の会合の手筈をととのえる
—— 再 《sich⁴+mit+③と》《…³と》折り合う, 話をつける ▷ Du musst dich mit ihm *arrangieren*. 君は彼と話をつけなければならない

Ar·rest [アレスト] 男 *der* (⊕ 2格 -[e]s; 複 -e) 拘禁, 拘留

ar·ro·gant [アロガント] 形 傲慢な, 不遜な, 思い上がった

Ar·ro·ganz [アロガンツ] 女 *die* (⊕ 2格 -; 複 なし) 傲慢さ, 不遜さ, 思い上がり

Arsch [アルシュ] 男 *der* (⊕ 2格 -[e]s; 複 Ärsche) 《口語》尻, けつ (=Gesäß)

Är·sche [エルシェ] Arsch の 複数

Art [アールト] 女 *die* (⊕ 2格 -; 複 -en)
❶《複なし》仕方, やり方 ▷ die einfachste *Art* もっとも簡単なやり方 / auf diese *Art* [und Weise] このやり方で
❷ 種類;《動植物》種 ▷ Obst aller *Art*[en] あらゆる種類の果物
❸《複なし》(生まれつきもっている)性質, 性分, たち ▷ Sie hat eine stille *Art*. 彼女は性格がおとなしい

Ar·ten·schutz [アールテン·シュッツ] 男 *der* (⊕ 2格 -es; 複 なし) (絶滅に瀕している動植物の)種の保護

Ar·te·rie [アルテーリエ] 女 *die* (⊕ 2格 -; 複 -n) 動脈 (=Schlagader; ⇔ Vene)

ar·tig [アールティヒ] 形 (子供が)おとなしい, すなおな ▷ Sei *artig*! おとなしくしなさい

..ar·tig [..アールティヒ] 《接尾辞; 形容詞を作る》…のような ▷ affen*artig* 猿のような / blitz*artig* 稲妻のような / seiden*artig* 絹のような

Ar·ti·kel [アルティーケル] 男 *der* (⊕ 2格 -s; 複 -)
❶ (商売で扱う)品, 商品 ▷ Dieser *Artikel* ist ausverkauft. この品物は売り切れである
❷ (新聞·雑誌などの)記事, 論説 ▷ einen *Artikel* schreiben 記事を書く
❸《文法》冠詞 ▷ der bestimmte ⟨unbestimmte⟩ *Artikel* 定〈不定〉冠詞
❹ (法律などの)条項

ar·ti·ku·lie·ren [アルティクリーレン] (artikulierte; artikuliert; 完了h)

—— 他 ❶《④と》《考えなど⁴を》ことばなどで表す
❷《④+副詞》《単語など⁴を…に》発音する
—— 再《sich⁴+《考えなどを》《…に》ことばで表す ▷ Er kann sich gut *artikulieren*. 彼は自分の考えをじょうずに表現できる

Ar·til·le·rie [アルティルリー] 女 *die* (⊕ 2格 -; まれに 複 -n) 砲兵隊

Ar·tist [アルティスト] 男 *der* (⊕ 2·3·4格 -en; 複 -en) (サーカス·寄席の)芸人

Arz·nei [アルツナイ] 女 *die* (⊕ 2格 -; 複 -en) 薬, 薬剤 ▷ eine *Arznei* einnehmen 薬を飲む

Arz·nei·kas·ten [アルツナイ·カステン] 男 *der* (⊕ 2格 -s; 複 ..kästen) 薬箱

Arzt

[a:ɐ̯tst アールツト]

男 *der* (⊕ 2格 -es; 複 Ärzte)

格	単数	複数
①	der Arzt	die Ärzte
②	des Arztes	der Ärzte
③	dem Arzt	den Ärzten
④	den Arzt	die Ärzte

医者, 医師
zum *Arzt* gehen
医者のところへ行く
Er ist *Arzt*.
彼は医者です
Bei welchem *Arzt* sind Sie in Behandlung?
あなたはどの医者にかかっているのですか

Ärz·te [エーアツテ] Arzt の 複数

Ärz·tin [エーアツティン] 女 *die* (⊕ 2格 -; 複 ..tinnen) (Arzt の女性形) 女医

ärzt·lich [エーアツトリヒ] 形 医者の, 医師の ▷ eine *ärztliche* Untersuchung 医者の診察

As [アス] 《旧·新》Ass

A·sche [アッシェ] 女 *die* (⊕ 2格 -; まれに 複 -n) 灰; 燃えがら ▷ die *Asche* von der Zigarre abstreifen 葉巻の灰を落とす

A·schen·be·cher [アッシェン·ベッヒャー] 男 *der* (⊕ 2格 -s; 複 -) 灰皿

A·schen·brö·del [アッシェン·ブレーデル] 中 *das* (⊕ 2格 -s; 複 なし) (グリム童話の)灰かぶり姫, シンデレラ (☆ ふつう無冠詞で)

A·schen·put·tel [アッシェン·プッテル] 中 *das* (⊕ 2格 -s; 複 なし) =Aschenbrödel

A·scher·mitt·woch [アッシャー·ミトヴォホ] 男 *der* (⊕ 2格 -s; 複 -[e]s; 複 -) 灰の水曜日 (カーニバルの後の四旬節の初日)

ä·sen [エーゼン] (äste; geäst; 完了h)
自 (シカ·ヤギなどが)草を食う ▷ Die Rehe *äsen* auf der Lichtung. ノロが森の空き地で草を食べている

A·si·at [アズィアート] 男 *der* (⊕ 2·3·4格 -en; 複

-en) アジア人

a·si·a·tisch [アズィアーティシュ] 形 アジアの ▷ China ist ein *asiatisches* Land. 中国はアジアの国だ

A·si·en [アーズィエン] (田 *das*)《地名》アジア (用法: ☞ Deutschland)

a·so·zi·al [ア・ツィアール] 形 反社会的な ▷ ein *asoziales* Verhalten 反社会的な行為

As·pekt [アスペクト] 男 *der* (⊕ 2格 -[e]s; ⊕ -e)(問題などを扱う)観点;(問題などの扱われるべき)面 ▷ ein Problem unter finanziellem *Aspekt* betrachten 問題を経済的な観点でながめる

As·phalt [アスファルト/アスファルト] 男 *der* (⊕ 2格 -s; ⊕ -e) アスファルト

As·pi·rant [アスピラント] 男 *der* (⊕ 2·3·4格 -en; ⊕ -en)《文語》志望者, 志願者

Ass [アス] 田 *das* (⊕ 2格 -es; ⊕ -o) (トランプの)エース

aß [アース] essen の 過去Ⅰ

ä·ße [エーセ] essen の 接Ⅱ

As·ses·sor [アセッソーア] 男 *der* (⊕ 2格 -s; ⊕ -en) 試補(上級公務員採用候補者)

As·ses·so·ren [アセソーレン] Assessor の 複数

as·si·mi·lie·ren [アスィミリーレン] (assimilierte; assimiliert; 助h) 他《文語》《sich⁴+an+④と》[··⁴に]順応〈適応〉する

As·sis·tent [アスィステント] 男 *der* (⊕ 2·3·4格 -en; ⊕ -en)(大学の)助手;(医者などの)アシスタント

As·sis·ten·ten·stel·le [アスィステンテン・シュテレ] 女 *die* (⊕ 2格 -; ⊕ -n) 助手〈アシスタント〉ポスト

As·sis·ten·tin [アスィステンティン] 女 *die* (⊕ 2格 -; ⊕ ..tinnen) Assistent の女性形

as·sis·tie·ren [アスィスティーレン] (assistierte; assistiert; 助h) 自《③と》[··³の]助手をつとめる

Ast [アスト] 男 *der* (⊕ 2格 -es〈まれに -s〉; ⊕ Äste)(幹から直接分かれている太い)枝 ▷ ein dicker〈dünner〉*Ast* 太い〈細い〉枝

Äs·te [エステ] Ast の 複数

As·ter [アスター] 女 *die* (⊕ 2格 -; ⊕ -n)《植物》アスター(キク科の1年生草本)

Äs·thet [エステート] 男 *der* (⊕ 2·3·4格 -en; ⊕ -en) 審美眼のある人

Äs·the·tik [エステーティック] 女 *die* (⊕ 2格 -; ⊕ -en)

❶ 美学

❷《⊕ なし》美意識, 審美眼; 美, 美しさ

äs·the·tisch [エステーティシュ] 形 美学[上]の; 美的な ▷ *ästhetische* Maßstäbe 美学上の基準

Asth·ma [アストマ] 田 *das* (⊕ 2格 -s; ⊕ なし) 喘息ぜんそく

Ast·ro·lo·ge [アストロローゲ] 男 *der* (⊕ 2·3·4格 -n; ⊕ -n) 占星術師

Ast·ro·lo·gie [アストロロギー] 女 *die* (⊕ 2格 -; ⊕ なし) 占星術

Ast·ro·naut [アストロナオト] 男 *der* (⊕ 2·3·4格 -en; ⊕ -en)(特にアメリカの)宇宙飛行士

Ast·ro·no·mie [アストロノミー] 女 *die* (⊕ 2格 -; ⊕ なし) 天文学

ast·ro·no·misch [アストロノーミシュ] 形 天文[学]の ▷ *astronomische* Beobachtungen 天文観測 /《比ゆ》*astronomische* Preise 桁けた外れの値段

A·syl [アズュール] 田 *das* (⊕ 2格 -s; ⊕ -e)

❶《⊕ はまれ》(外国の政治犯・亡命者に与えられる)保護 ▷ um politisches *Asyl* bitten 政治的保護を求める

❷ (困窮者・難民などの)収容〈保護〉施設

A·sy·lant [アズュラント] 男 *der* (⊕ 2·3·4格 -en; ⊕ -en) 政治的保護を求める人

A·te·li·er [アテリエー] 田 *das* (⊕ 2格 -s; ⊕ -s)(画家などの)仕事場, アトリエ;(映画などの)スタジオ

A·tem [アーテム] 男 *der* (⊕ 2格 -s; ⊕ なし) 息 ▷ den *Atem* holen 息を吸う / den *Atem* ausstoßen 息を吐く / vor Schreck den *Atem* anhalten 驚きのあまり息をのむ / Er ist außer *Atem*. 彼は息を切らしている / Er kommt wieder zu *Atem*. 彼はほっと一息つく

a·tem·be·rau·bend [アーテム・ベラオベント] 形 (曲技などが)息をのむような

a·tem·los [アーテム・ロース] 形 息を切らした, 息も絶え絶えの

A·tem·not [アーテム・ノート] 女 *die* (⊕ 2格 -; ⊕ なし) 呼吸困難

A·tem·pau·se [アーテム・パオゼ] 女 *die* (⊕ 2格 -; ⊕ -n) 一息入れる間, 短い休憩 ▷ eine *Atempause* einlegen 一息つく

A·tem·zug [アーテム・ツーク] 男 *der* (⊕ 2格 -[e]s; ⊕ ..züge) 1回の呼吸(息を吸うことのみを表すこともある)

A·the·is·mus [アテイスムス] 男 *der* (⊕ 2格 -; ⊕ なし) 無神論

A·the·ist [アテイスト] 男 *der* (⊕ 2·3·4格 -en; ⊕ -en) 無神論者

A·then [アテーン] (田 *das*)《都市名》アテネ(ギリシャ共和国の首都)

Ä·ther [エーター] 男 *der* (⊕ 2格 -s; ⊕ なし)《化学》エーテル

ä·the·risch [エテーリシュ] 形《化学》(揮発しやすく)芳香性の

Ath·let [アトレート] 男 *der* (⊕ 2·3·4格 -en;

-en)
❶ 競技者, スポーツ選手
❷ 筋骨たくましい男

ath·le·tisch [アトレーティシュ] 形 (体などが)筋骨たくましい

At·lan·ten [アトランテン] Atlas の 複数

der At·lan·tik [アトランティク] 男 (単2格 -s; 複 なし) 大西洋 (☆ 定冠詞を必ず伴う; der Atlantische Ozean とも言う; 「太平洋」は der Pazifik, der Stille Ozean)

At·las [アトラス] 男 der (単2格 -‹..lasses›; 複 Atlanten ‹..lasse›) 地図帳; 図解書 ▷ eine Stadt im *Atlas* suchen 町を地図帳で探す

At·las·se [アトラッセ] Atlas の 複数

at·men [アートメン]
(du atmest, er atmet; atmete; geatmet; 匠 h)
自 呼吸する, 息をする ▷ tief *atmen* 深呼吸する

at·me·te [アートメテ] atmen の 過去

At·mo·sphä·re [アトモスフェーレ] 女 *die* (単2格 -; 複 -n)
❶ 大気
❷ 〖複 なし〗雰囲気 ▷ Es herrschte eine gespannte *Atmosphäre*. 緊張した雰囲気があたりに漂っていた (☆ 文頭の es は穴埋め)

At·mung [アートムング] 女 *die* (単2格 -; 複 なし) 呼吸

A·tom [アトーム] 中 *das* (単2格 -s; 複 -e) 《物理》原子

a·to·mar [アトマール] 形 原子の; 原子力の; 核兵器の

A·tom·bom·be [アトーム・ボムベ] 女 *die* (単2格 -; 複 -n) 原子爆弾 (略 A-Bombe)

A·tom·ener·gie [アトーム・エネルギー] 女 *die* (単2格 -; 複 なし) 原子力, 核エネルギー

A·tom·kraft·werk [アトーム・クラフト・ヴェルク] 中 *das* (単2格 -[e]s; 複 -e) 原子力発電所

A·tom·krieg [アトーム・クリーク] 男 *der* (単2格 -[e]s; 複 -e) 核戦争

A·tom·macht [アトーム・マハト] 女 *die* (単2格 -; 複 ..mächte) 核保有国

A·tom·phy·sik [アトーム・フュズィーク] 女 *die* (単2格 -; 複 なし) 原子物理学

A·tom·re·ak·tor [アトーム・レアクトーア] 男 *der* (単2格 -s; 複 -en) 原子炉

A·tom·test [アトーム・テスト] 男 *der* (単2格 -[e]s; 複 -s ‹-e›) 核実験

A·tom·trans·port [アトーム・トランスポルト] 男 *der* (単2格 -[e]s; 複 -e) 核物質輸送

A·tom·waf·fe [アトーム・ヴァッフェ] 女 *die* (単2格 -; 複 -n) 〖ふつう 複 で〗核兵器

At·ta·cke [アタッケ] 女 *die* (単2格 -; 複 -n)
❶ 攻撃
❷ 《医学》発作

at·ta·ckie·ren [アタキーレン]
(attackierte; attackiert; 匠 h)
他 ❶ 〖④を〗〔敵など⁴を〕攻撃する
❷ 〖④と〗〔..⁴を〕厳しく批判する

At·ten·tat [アッテンタート] 中 *das* (単2格 -[e]s; 複 -e) (政治的動機による)暗殺 ▷ ein *Attentat* auf den Präsidenten planen 大統領の暗殺を計画する

At·ten·tä·ter [アッテン・テーター] 男 *der* (単2格 -s; 複 -) 暗殺者, 刺客

At·test [アテスト] 中 *das* (単2格 -[e]s; 複 -e) (医師の)診断書

At·trak·ti·on [アトラクツィオーン] 女 *die* (単2格 -; 複 -en) (サーカスなどの)呼び物, アトラクション ▷ Der Löwe war die größte *Attraktion* des Zirkus. ライオンはそのサーカスの最大の呼び物だった

at·trak·tiv [アトラクティーフ] 形 人を引きつける, 魅力的な ▷ eine *attraktive* Frau 魅力的な女性 / ein *attraktives* Angebot 魅力的な申し出

At·trap·pe [アトラッペ] 女 *die* (単2格 -; 複 -n) 模造品, にせ物

At·tri·but [アトリブート] 中 *das* (単2格 -[e]s; 複 -e)
❶ 《文語》特質, 特性, 特徴
❷ 《文法》付加語

ät·zen [エッツェン] (ätzte; geätzt; 匠 h)
—— 自 (酸などが)腐食する
—— 他 〖④+in+④と〗〔絵柄などを..⁴に〕エッチングする

auch

[aux アオホ]

副 ❶ …もまた
Er hat *auch* Recht.
彼の言うことも正しい
Kommst du *auch* mit?
君もいっしょに来るかい
Ich *auch*! 私も
〖関連する語句の直前に〗
Auch ich war dabei. 私もその場にいた
❷ その上 ▷ Sie ist schön und *auch* klug. 彼女は美しくその上賢い / Ich kann nicht, ich will *auch* nicht. 私はできないし またするつもりもない
❸ さえも ▷ *Auch* der Klügste kann sich irren. どんなに賢い人でもまちがえることがある
❹ 〖事実との一致を表して〗実際また ▷ So ist es *auch*! 実際そうなんだよ / 〖理由づけの意味合いで〗Ich gehe jetzt, es ist *auch* schon spät. もう行くよ もう遅いから
❺ 《不満などを表して》Warum kommst du *auch* so spät? なんでまた君はこんなに遅くなって

①, ②, ③, ④=1格, 2格, 3格, 4格の名詞

auf

から来るのか / Wozu denn *auch*? いったいまた何のために

❻ 〖疑問文で〗《疑いなどの気持ちを表して》Hast du die Haustür *auch* wirklich abgeschlossen? 君は本当に玄関のドアに鍵をかけたかい

❼ 〖疑問詞による認容文で; ふつう後続の主文の語順に影響を与えない〗was er *auch* [immer] sagen mag たとえ何を彼が言おうとも / was *auch* [immer] geschieht たとえ何が起きようとも / wer *auch* [immer] kommen mag たとえだれが来ようとも / wann *auch* [immer] du kommst いつ君が来ようとも

(イディオム) *auch nicht* ... …さえも…でない ▷ Auf diese Weise wirst du *auch nicht* einen Cent sparen. このようなやり方では君は１セントも貯金できないよ

auch wenn ... 《認容を表して》[たとえ]…であっても (☞ wenn ... auch) ▷ Wien ist schön, *auch wenn* es regnet. 雨が降っているときでもウィーンは美しい / Ich würde sie nicht besuchen, *auch wenn* ich ihre Adresse wüsste. 私は彼女の住所を知っていても彼女を訪れるようなことはしないでしょう

wenn ... *auch* 《認容を表して》…であっても[それでも] (☞ auch wenn ...) ▷ *Wenn* es *auch* schneit, geht er in die Stadt. 雪が降っても彼は町へ行く

Au·di [アオディ] 男 *der* (⊕ ２格 -s; ⊛ -s) 《商標》アウディ (自動車)

au·di·o·vi·su·ell [アオディオ・ヴィズエル] 形 視聴覚の; 視聴覚教育用の

auf

[auf アオフ]

―― 前 〖③・④支配; 空間関係の表示において位置を表す場合は３格, 方向を表す場合は４格を支配する〗
☆ 定冠詞との融合形: aufs
☆ 代名詞との結合形: darauf, worauf など

❶ 〖３・４格〗《空間》

a) 〖３格〗《位置》…の上で〈に〉 (⊗ unter)
auf der Bank sitzen
ベンチに腰掛けている
Das Buch liegt *auf* dem Tisch.
本は机の上にある
auf der Straße 路上で
auf dieser Seite こちら側で

b) 〖４格〗《方向》…の上へ〈に〉
auf den Tisch schlagen
机の上をたたく
sich⁴ *auf* die Bank setzen
ベンチに座る
ein Buch *auf* den Tisch legen
本を机の上に置く
Wir steigen *auf* einen Berg. 私たちは山に登る

❷ 〖３・４格〗《公共施設などの場所》

a) 〖３格〗…で
auf dem Bahnhof warten 駅で待つ
auf dem Postamt Briefmarken kaufen
郵便局で切手を買う

b) 〖４格〗《方向》…へ〈に〉
auf den Markt gehen 市場へ行く
ein Paket *auf* die Post bringen
小包を郵便局へ出しに行く

★「駅に行く」ことをドイツ語で表す場合, **auf** を用いて Er geht *auf* den Bahnhof. と言えば「ある用事を果たす」ことが, **in** を用いて Er geht *in* den Bahnhof. と言えば「建物の中へ入る」ことが, **zu** を用いて Er geht *zum* Bahnhof. と言えば「移動の方向」が強く意識される

❸ 〖３・４格〗《行為の場所》

a) 〖３格〗…で ▷ *auf* der Tagung 会議で
b) 〖４格〗《方向》…へ〈に〉 ▷ *auf* ein Fest gehen 祝典に出かける / *auf* Urlaub fahren 休暇旅行へ行く

❹ 〖４格〗《予定の期間》…の予定で ▷ Sie ist *auf* drei Monate ins Ausland gefahren. 彼女は３ヵ月の予定で外国へ行った

❺ 〖４格〗《方法》…で, …の方法で ▷ *auf* diese Weise このやり方で / 《言語名と》 *auf* Deutsch ドイツ語で

❻ 〖３・４格〗《目標・対象》…に対して

a) 〖４格〗 *auf*+❹ warten …⁴を待つ
b) 〖３格〗 *auf*+❸ bestehen …³に固執する

❼ 〖４格〗《基準》…に応じて (☆ hin を伴うことが多い) ▷ Ich habe die Uhr *auf* seinen Rat hin gekauft. 私は彼の助言に従ってその時計を買った

❽ 〖４格〗《連続》…に続いて ▷ Tropfen *auf* Tropfen 一滴一滴 / 《von と》in der Nacht von Montag *auf* Dienstag 月曜から火曜の夜にかけて

❾ 〖４格〗《距離》…の距離まで, …の距離で ▷ *auf* 100 Meter herankommen 100 メートルのところまで近づく / ❹+*auf* 40 Meter erkennen …⁴であることが 40 メートル先からわかる

❿ 〖４格〗《割当》…につき ▷ 3 Tropfen *auf* ein Glas Wasser 水１杯につき３滴

⓫ 〖絶対最上級を作って〗 *aufs* Beste 非常によく / Wir grüßen Sie *aufs* Herzlichste. 私たちはあなたに心からのあいさつを送ります

(イディオム) *auf einmal* 同時に ▷ Er wollte alles *auf einmal* erledigen. 彼はすべてのことを同時に処理しようとした

auf ewig ⟨*immer*⟩ 永遠に

bis auf+❹ a) …⁴も含めて ▷ *bis auf* den

医了h, 医了s＝完了の助動詞 haben, sein

letzten Yen 最後の 1 円まで
b) ‥^{4}を除いて ▷ Alle erschienen *bis auf* einen. 1 人を除いてみんな姿を見せた
— [副] ❶ 〘命令文で〙 上へ ▷ *Auf*! 立て
❷ 〘間投詞的に〙 さあ ▷ *Auf*, zur Stadt! さあ町へ出発だ
[イディオム] ***auf und ab*** 上下に, あちらこちらへ
— [形] 〘成句で〙 ***auf sein*** 《口語》 **a)** (ドア・店などが)あいている ▷ Das Fenster *ist auf*. 窓があいている
b) 起床している, 起きている ▷ *Ist* Hans schon *auf*? ハンスはもう起きているか

> ★ **auf ..** [アオフ..] 〘分離前つづり〙
> **a)** 《上に》 *auf*springen 跳び上がる, *auf*steigen 乗る, *auf*kleben はる
> **b)** 《開いた状態》 *auf*brechen こじあける, *auf*schieben 押してあける
> **c)** 《起きた状態》 *auf*bleiben 寝ないで起きている, *auf*rütteln 揺り起こす
> **d)** 《突発》 *auf*flackern 突然ゆらゆらと燃え上がる, *auf*lodern 突然燃え上がる
> **e)** 《語幹の形容詞の状態へ》 *auf*lockern ゆるめる (<locker), *auf*muntern 元気づける (<munter)

auf|ar·bei·ten [アオフ・アルバイテン] [分離]
(arbeitete auf; aufgearbeitet; [完了]h)
[他] ❶ 〘④と〙〔たまった書類など^{4}を〕片づける
❷ 〘④と〙〔家具^{4}を〕(新品同様に)修繕する

auf|at·men [アオフ・アートメン] [分離]
(atmete auf; aufgeatmet; [完了]h)
[自] 深く息をつく; ほっとする

auf|bah·ren [アオフ・バーレン] [分離]
(bahrte auf; aufgebahrt; [完了]h)
[他] 〘④と〙〔ひつぎなど^{4}を〕安置する

Auf·bau [アオフ・バオ] [男] *der* ([単] 2 格 -[e]s; [複] ..bauten)
❶ 〘[複] なし〙 (テント・屋台などの)組み立て; (社会体制・経済などの)建設
❷ 〘[複] なし〙 (都市などの)再建, 復興
❸ 〘[複] なし〙 (ドラマなどの)構成, 構造
❹ 屋上に建て増した部分

auf|bau·en [アオフ・バオエン] [分離]
(baute auf; aufgebaut; [完了]h)
— [他] ❶ 〘④と〙〔‥^{4}を〕組み立てる ([反] abbauen) ▷ ein Zelt *aufbauen* テントを張る / 〘wieder と〙 den zerstörten Stadtkern wieder *aufbauen* 破壊された町の中心部を再建する / 《比ゆ》 eine Theorie auf einer Annahme *aufbauen* 仮定に基づいて理論を組み立てる
❷ 〘④と〙〔制度・組織など^{4}を〕作り上げる ▷ eine Armee *aufbauen* 軍隊を組織する / Ich habe mir eine neue Existenz *aufgebaut*. 私は新しい生活を築いた
❸ 〘④と〙〔‥^{4}を〕きれいに並べる ▷ die Weihnachtsgeschenke auf dem Tisch *aufbauen* クリスマスの贈り物をテーブルの上に並べる
❹ 〘④と〙〔選手・政治家など^{4}を〕養成する ▷ einen Sänger *aufbauen* 歌手を養成する
— [自] 〘auf+③と〙〔‥^{3}に〕基づく ▷ Sein Plan *baut* auf den neuesten Erkenntnissen *auf*. 彼の計画は最新の知識に基づいている
— [再] 〘[sich]^{4}と〙 (人の前に)立ちはだかる ▷ Er *baute* sich vor ihnen *auf*. 彼は彼らの前に立ちはだかった

auf|bäu·men [アオフ・ボイメン] [分離]
(bäumte auf; aufgebäumt; [完了]h)
[再] ❶ 〘[sich]^{4}と〙 (馬などが)棒立ちになる ▷ Das Pferd *bäumte* sich *auf*. 馬が棒立ちになった
❷ 〘[sich]^4+gegen+④と〙〔‥^{4}に対して〕立ち上がる,〔圧政など^{4}に〕抵抗する

auf|bau·schen [アオフ・バオシェン] [分離]
(bauschte auf; aufgebauscht; [完了]h)
[他] 〘④と〙〔出来事を〕誇張して話す

Auf·bau·ten [アオフ・バオテン] Aufbau の [複数]

auf|be·geh·ren [アオフ・ベゲーレン] [分離]
(begehrte auf; aufbegehrt; [完了]h)
[自] 《文語》 〘gegen+④と〙〔宿命など^{4}に〕逆らう

auf|be·rei·ten [アオフ・ベライテン] [分離]
(bereitete auf; aufbereitet; [完了]h)
[他] 〘④と〙〔鉱石など^{4}を〕精錬〈製錬〉する;〔飲料水など^{4}を〕浄化する

auf|bes·sern [アオフ・ベッセルン] [分離]
(besserte auf; aufgebessert; [完了]h)
[他] 〘④と〙〔‥^{4}を〕(質的・量的に)改善する;〔知識など^{4}を〕向上させる;〔給料など^{4}を〕上げる

auf|be·wah·ren [アオフ・ベヴァーレン] [分離]
(bewahrte auf; aufbewahrt; [完了]h)
[他] 〘④と〙〔貴重品など^{4}を〕**保管する**, しまっておく ▷ Schmuck im Safe *aufbewahren* 宝石類を金庫に保管する

Auf·be·wah·rung [アオフ・ベヴァールング] [女] *die* ([単] 2 格 -; [複] なし) 保管

auf|bie·ten [アオフ・ビーテン] [分離]
(bot auf; aufgeboten; [完了]h)
[他] 〘④と〙〔力など^{4}を〕傾注する;〔警察・軍隊など^{4}を〕投入する ▷ alle Kräfte *aufbieten* 全力をつくす

auf|bin·den [アオフ・ビンデン] [分離]
(band auf; aufgebunden; [完了]h)
[他] 〘④と〙〔‥^{4}を〕ひもなどをほどいて開ける;〔エプロンなど^{4}を〕はずす

auf|blä·hen [アオフ・ブレーエン] [分離]
(blähte auf; aufgebläht; [完了]h)
[再] ❶ 〘[sich]^{4}と〙 (帆などが)パンパンに〈丸く〉膨らむ
❷ 〘[sich]^{4}と〙 いばる

auf|bla·sen [アオフ・ブラーゼン] [分離]
(er bläst auf; blies auf; aufgeblasen; [完了]h)
— [他] 〘④と〙〔風船など⁴を〕(息を吹き込んで)膨らます
— [再] 〘[sich]⁴と〙 いばる

auf|blei·ben [アオフ・ブライベン] [分離]
(blieb auf; aufgeblieben; [完了]s)
[自] ❶ **寝ないで起きている** ▷ Sie sind die ganze Nacht *aufgeblieben.* 彼らは夜通し起きていた
❷ (ドア・窓などが)あいたままになっている

auf|bli·cken [アオフ・ブリッケン] [分離]
(blickte auf; aufgeblickt; [完了]h)
[自] 見上げる; (読んでいる本などから)目を上げる

auf|blü·hen [アオフ・ブリューエン] [分離]
(blühte auf; aufgeblüht; [完了]s)
[自] ❶ (花などが)**開く**, 開花する; (経済などが)盛んになる ▷ Die Rose ist *aufgeblüht.* バラが咲いた
❷ (人が)元気になる (=aufleben)

auf|bo·cken [アオフ・ボッケン] [分離]
(bockte auf; aufgebockt; [完了]h)
[他] 〘④と〙〔特に車⁴を〕(ジャッキなどで)架台にのせる

auf|brau·chen [アオフ・ブラオヘン] [分離]
(brauchte auf; aufgebraucht; [完了]h)
[他] 〘④と〙〔金・エネルギーなど⁴を〕(最後の残りまで)使い果たす

auf|brau·sen [アオフ・ブラオゼン] [分離]
(brauste auf; aufgebraust; [完了]s)
[自] ❶ (水が沸騰して)たぎる; (海が荒れて)波立つ
❷ 激こうする, かっとなる

auf|bre·chen [アオフ・ブレッヒェン] [分離]
(er bricht auf; brach auf; aufgebrochen)
— [他] 〘[完了]h〙 ❶ 〘④と〙〔…⁴を〕**こじあける** ▷ den Tresor *aufbrechen* 金庫を破る
❷ 〘④と〙〔舗装・路面など⁴を〕掘り返す
— [自] 〘[完了]s〙 ❶ (花・つぼみなどが)開く ▷ Die Knospen *brechen auf.* つぼみが開く
❷ (傷口などが)ぱっくり口をあける ▷ Die Eisdecke ist *aufgebrochen.* 張りつめた氷が割れた
❸ (旅行などに)出発する, 出かける

auf|brin·gen [アオフ・ブリンゲン] [分離]
(brachte auf; aufgebracht; [完了]h)
[他] ❶ 〘④と〙〔勇気・力など⁴を〕奮い起こす ▷ Er hat den Mut dazu *aufgebracht*, seine Liebe zu gestehen. 彼は愛を打ち明けようと勇気を奮い起こした
❷ 〘④と〙〔資金など⁴を〕工面する
❸ 〘④と〙〔流行・新語・うわさなど⁴を〕はやらせる, 広める ▷ eine neue Mode *aufbringen* ニューモードをはやらせる
❹ 〘④と〙〔…⁴を〕怒らせる ▷ Diese Bemerkung hat ihn *aufgebracht.* その発言は彼を怒らせた / Er war sehr *aufgebracht.* [状態受動] 彼は非常に怒っていた
❺ 《口語》 〘④と〙〔ドアなど⁴を〕(苦労してやっと)あけることができる ▷ Ich *bringe* die Kiste nicht *auf.* 私はこの箱をあけることができない

Auf·bruch [アオフ・ブルフ] [男] *der* ([単] 2格 -[e]s; [複] なし) 出発

auf|brü·hen [アオフ・ブリューエン] [分離]
(brühte auf; aufgebrüht; [完了]h)
[他] 〘④と〙〔コーヒーなど⁴を〕(熱湯で)入れる ▷ Ich *brühe* dir neuen Kaffee *auf.* 新しいコーヒーを入れましょう

auf|bür·den [アオフ・ビュルデン] [分離]
(bürdete auf; aufgebürdet; [完了]h)
[他] 〘③+④と〙〔…³に仕事・責任など⁴を〕負わせる ▷ Er hat mir die ganze Arbeit *aufgebürdet.* 彼は私に仕事を全部押しつけた

auf|de·cken [アオフ・デッケン] [分離]
(deckte auf; aufgedeckt; [完了]h)
— [他] ❶ 〘④と〙〔⁴の〕覆いを取る ▷ das Bett *aufdecken* ベッドのカバーを取る / den Kranken zur Untersuchung *aufdecken* 診察のために病人の毛布をはぐ
❷ 〘④と〙〔不正など⁴を〕暴く, 暴露する ▷ ein Verbrechen *aufdecken* 犯罪を暴く
— [自] 《口語》 食卓の用意をする

auf|don·nern [アオフ・ドネルン] [分離]
(donnerte auf; aufgedonnert; [完了]h)
[再] 《口語》 〘[sich]⁴と〙 ものすごくめかしこむ

auf|drän·gen [アオフ・ドレンゲン] [分離]
(drängte auf; aufgedrängt; [完了]h)
— [他] 〘③+④と〙〔…³に…⁴を〕押しつける, 無理強いする, 押し売りする ▷ Sie *drängt* ihm ein Stück Kuchen *auf.* 彼女は彼にケーキを 1 切れ無理に勧める
— [再] ❶ 〘[sich]⁴+③と〙〔…³に〕(相手の気持ちも考えないで) 親切を押し売りする ▷ Ich will mich Ihnen nicht *aufdrängen.* 私はあなたに親切の押し売りをするつもりはない
❷ 〘[sich]⁴+③と〙 (考えなどが)〔…³の〕心に執拗しつようにに浮かぶ ▷ Der Verdacht *drängt* sich mir *auf.* 疑惑が抑えても頭をもたげてくる

auf|dre·hen [アオフ・ドレーエン] [分離]
(drehte auf; aufgedreht; [完了]h)
— [他] 〘④と〙〔栓⁴を〕ひねってあける ([反] zudrehen) ▷ den Gashahn *aufdrehen* ガス栓をあける / das Radio *aufdrehen* (つまみを回して) ラジオの音量を上げる
— [自] 《口語》 (アクセルを踏んで) スピードを出す

auf·dring·lich [アオフ・ドリングリヒ] [形] (願い事などを叶えてもらおうとして) しつこい, あつかましい ▷ ein *aufdringlicher* Vertreter しつこいセールスマン

auf·ei·nan·der [アオフ・アイナンダー] 副 【前置詞 auf と einander「互い」の結合形; 前置詞 auf の意味用法に準じて用いられる】 aufeinander achten 互いに注意を払う (☆ auf+④ achten …⁴に注意する)

Auf·ent·halt [アオフ・エントハルト] 男 der (⊕ 2 格 -[e]s; ⊕ -e)
❶ 滞在, 逗留 ▷ den Aufenthalt verlängern 滞在を延ばす
❷ (列車などの)停車 ▷ Der Zug hat fünf Minuten Aufenthalt. 列車は 5 分停車する
❸ 滞在地

auf|er·le·gen [アオフ・エアレーゲン]
(erlegte auf; auferlegt; 匠h)
他 【③+④と】 […³に義務・罰など⁴を】課する

auf|er·ste·hen [アオフ・エアシュテーエン] 分離
(erstand auf; auferstanden; 匠s)
自 《宗教》(死者が)生き返る, よみがえる, 復活する

Auf·er·ste·hung [アオフ・エアシュテーウング] 女 die (⊕ 2 格 -; ⊕ なし) 《宗教》復活, 蘇生

auf|es·sen [アオフ・エッセン]
(er isst auf; aß auf; aufgegessen; 匠h)
他 【④と】 […⁴を】残さず食べる

auf|fah·ren [アオフ・ファーレン] 分離
(er fährt auf; fuhr auf; aufgefahren)
— 自 【匠s】 ❶ 【auf+④と】 […⁴に】車などに乗っていてぶつかる, 衝突する ▷ Er ist auf ein parkendes Auto aufgefahren. 彼は駐車している車にぶつかった
❷ (十分な車間距離をとらずに)接近して走る ▷ Fahr nicht so dicht auf! そんなに接近して走るな(車間距離をとれ)
❸ (物思いなどから)はっとして我に返る ▷ aus dem Schlaf auffahren ぎょっとして眠りからさめる
— 他 【匠h】 (口語) 【④と】 (酒・食事など⁴を】ふんだんに出す, 気前よく振舞う

Auf·fahrt [アオフ・ファールト] 女 die (⊕ 2 格 -; ⊕ -en)
❶ (高速道路への)進入路, 入口ランプ
❷ 車寄せ

auf|fal·len [アオフ・ファレン] 分離
(er fällt auf; fiel auf; aufgefallen; 匠s)
自 ❶ 人目を引く, 目立つ ▷ Er fällt durch seine hohe Stimme überall auf. 彼は声がかん高いのでどこにいても目立つ
❷ 【③と】 […³の]注意を引く, 目に留まる ▷ Er ist mir sofort aufgefallen. 彼はすぐ私の目に留まった

auf·fal·lend [アオフ・ファレント]
— 形 人目を引く, 目立つ ▷ Das Kleid ist zu auffallend. このワンピースは派手すぎる
— 副 《強調を表して》とても ▷ Sie war auffallend still. 彼女はとても静かだった

auf·fäl·lig [アオフ・フェリヒ] 形 人目を引く, 目立つ ▷ ein auffälliges Kleid 人目を引くドレス

auf|fan·gen [アオフ・ファンゲン] 分離
(er fängt auf; fing auf; aufgefangen; 匠h)
他 ❶ 【④と】 【動いているもの⁴を】受け止める ▷ einen Ball auffangen ボールを受け止める / das stolpernde Kind auffangen つまずいて転びそうになった子供を抱き止める / 《比ゆ》 einen Funkspruch auffangen 無線を傍受する
❷ 【④と】 〔雨水など⁴を〕(容器などに)受ける
❸ 【④と】 〔難民など⁴を〕一時的に収容する
❹ 【④と】 […⁴を】(衝撃がやわらぐように) 食い止める ▷ einen Schlag mit dem Arm auffangen パンチを腕で食い止める / 《比ゆ》 die Preissteigerungen auffangen 物価上昇の悪い影響が広く及ばないようにする

auf|fas·sen [アオフ・ファッセン] 分離
(fasste auf; aufgefasst; 匠h)
他 ❶ 【④+als…と】 […⁴を…と】解釈する ▷ Er hat meine Frage als Beleidigung aufgefasst. 彼は私の質問を侮辱と受け取った / eine Bemerkung falsch auffassen 発言を誤解する
❷ 【④と】 […⁴を】理解する ▷ Er fasste alles richtig auf. 彼は何でも正しく理解した

Auf·fas·sung [アオフ・ファッスング] 女 die (⊕ 2 格 -; ⊕ -en) …についての見方, 考え方, 見解 ▷ eine einseitige Auffassung 一面的な見方 / eine strenge Auffassung von der Ehe haben 結婚に関して厳しい考え方をもっている / Ich bin der Auffassung, dass… 私は…という意見です (☆ Auffassung は 2 格) / nach seiner Auffassung 〈seiner Auffassung nach〉 彼の考えでは

auf|fin·den [アオフ・フィンデン] 分離
(fand auf; aufgefunden; 匠h)
他 【④と】 […⁴を】(長いこと探して)見つける, 発見する (☆ ふつう不定形で; 否定詞と) ▷ Frank ist nicht aufzufinden. フランクが見つからない

auf|fla·ckern [アオフ・フラッケルン] 分離
(flackerte auf; aufgeflackert; 匠s)
自 (ろうそくなどが時々) 突然ゆらゆら燃え上がる

auf|flie·gen [アオフ・フリーゲン] 分離
(flog auf; aufgeflogen; 匠s)
自 ❶ (鳥などが)飛び立つ
❷ (ドアなどが)突然開く
❸ 《口語》(犯罪組織などが)壊滅する

auf|for·dern [アオフ・フォルデルン] 分離
(forderte auf; aufgefordert; 匠h)
他 【④+zu+③と】 […⁴に…³を】要求する, 求める ▷ eine Dame zum Tanz auffordern 婦人にダンスを申し込む / 【zu 不定詞句と】 Der Polizist forderte ihn auf, seinen Ausweis zu zeigen.

①, ②, ③, ④ =1格, 2格, 3格, 4格の名詞

警察官は彼に身分証明書を呈示することを求めた

Auf·for·de·rung [アオフ・フォルデルング] 囡 *die* (⑯2格 -; ⑯ -en) **要求, 要請** ▷ eine schriftliche *Aufforderung* 書面による要請

auf│fres·sen [アオフ・フレッセン]
(er frisst auf; fraß auf; aufgefressen; 助h)
他 ❶ 〈④と〉〈動物が〉〈…⁴を〉残さず食べる
❷《口語》〈④と〉〈心痛などが〉〈…⁴を〉〈病気になるほど〉すっかり消耗させる

auf│fri·schen [アオフ・フリッシェン] 分離
(frischte auf; aufgefrischt)
── 他〈助h〉〈④と〉〈家具⁴を〉修繕する;〔古い友情など⁴を〕新たにする, よみがえらせる
── 圓〈助h,s〉〈風が〉強くなる

auf│füh·ren [アオフ・フューレン] 分離
(führte auf; aufgeführt; 助h)
── 他 ❶〈④と〉〔劇など⁴を〕上演〈上映〉する;〔楽曲を〕演奏する ▷ eine Oper *aufführen* オペラを上演する / einen neuen Film *aufführen* 新作映画を上映する
❷〈④と〉〔理由・事例など⁴を〕挙げる,（リストに）記載する ▷ Gründe ⟨Beispiele⟩ *aufführen* 理由〈例〉を挙げる
── 匣〈sich⁴ + 様態と〉〔…のように〕振舞う ▷ *sich* anständig *aufführen* 礼儀正しく振舞う

Auf·füh·rung [アオフ・フュールング] 囡 *die* (⑯2格 -; ⑯ -en) **上演, 上映, 演奏** ▷ eine gelungene *Aufführung* 成功した上演〈上映, 演奏〉
(イディオム) ④ + *zur Aufführung bringen* …⁴を上演〈上映, 演奏〉する

Auf·ga·be [アオフ・ガーベ] 囡 *die* (⑯2格 -; ⑯ -n)
❶ 任務, 勤め, 課題 ▷ eine unangenehme *Aufgabe* übernehmen いやな任務を引き受ける / Er betrachtet es als seine *Aufgabe*, ihr zu helfen. 彼は彼女を助けることを彼の使命と考える
❷《⑯なし》中断, 放棄, 断念 ▷ Er entschloss sich zur *Aufgabe* seiner Pläne. 彼は計画を断念する決心をした
❸（ふつう数学の）問題;《ふつう⑯で》（学校の）宿題

Auf·gang [アオフ・ガング] 男 *der* (⑯2格 -[e]s; ⑯ ..gänge)
❶ 上り階段 ▷ Dieses Theater hat vier *Aufgänge*. この劇場には上り階段が4つある
❷《⑯なし》（天体が）昇ること（⇔ Untergang）▷ auf den *Aufgang* der Sonne warten 日の出を待つ

auf│ge·ben [アオフ・ゲーベン] 分離 (du gibst auf, er gibt auf; gab auf; aufgegeben; 助h)
他 ❶〈④と〉〈…⁴を〉放棄する, 断念する, あきらめる ▷ Pläne *aufgeben* 計画をあきらめる /

Wegen seiner Krankheit musste er seinen Beruf *aufgeben*. 病気のため彼は退職しなければならなかった // In der dritten Runde *gab* der Boxer *auf*. 3ラウンドでそのボクサーは試合を放棄した
❷〈④と〉〔..⁴を〕（ある業務を行ってもらうために）窓口に出す ▷ einen Brief bei der Post *aufgeben* 手紙を郵便局の窓口に出す / den Koffer bei der Bahn *aufgeben* トランクの運送を鉄道に委託する / Er *gibt* eine Anzeige bei einer Tageszeitung *auf*. 彼は広告を日刊新聞に出す
❸〈④と〉〔宿題など⁴を〕課する ▷ Unser Lehrer *gibt* immer zu viel *auf*. 私たちの先生はいつも宿題をたくさん出しすぎ
❹〈④と〉〔..⁴を〕見放す ▷ Der Arzt *gab* den Kranken *auf*. 医者はその病人を見放した

auf·ge·bläht [アオフ・ゲブレート] 形（お腹などが）パンパンに膨らんでいる

Auf·ge·bot [アオフ・ゲボート] 囲 *das* (⑯2格 -[e]s; まれに ⑯ -e)
❶（戸籍役場・教会による）結婚の公示
❷（警察・軍隊などの）投入

auf·ge·dreht [アオフ・ゲドレート] 形《口語》はしゃいだ, 上機嫌の

auf·ge·dun·sen [アオフ・ゲドゥンゼン] 形（顔などが）むくれた, はれ上がった

auf·ge·gan·gen [アオフ・ゲガンゲン] aufgehen の過分

auf·ge·ge·ben [アオフ・ゲゲーベン] aufgeben の過分

auf│ge·hen [アオフ・ゲーエン] 分離
(ging auf; aufgegangen; 助s)
圓 ❶（天体が）昇る（⇔ untergehen）▷ Die Sonne *geht auf*. 太陽が昇る / Der Mond ist *aufgegangen*. 月が昇った
❷（ドアなどが）開く, あく ▷ Die Tür *ging auf*. ドアが開いた
❸（結び目などが）緩む ▷ Der Knoten *ging* immer wieder *auf*. 結び目は何度も緩んだ
❹ 発芽する;（つぼみが）ほころびる;（パン生地などが酵母によって）膨れる ▷ Die Saat ist *aufgegangen*. 種が芽を出した
❺（計算で）割り切れる ▷ Die Division *geht auf*. その割り算は割り切れる
❻〈③と〉〔..³に〕明らかに〈わかるように〉なる ▷ Mir ist erst jetzt der Sinn deiner Bemerkung *aufgegangen*. 私にはようやくいまになって君が言ったことの意味がわかった
❼〈in + ③と〉〔..³に〕没頭する, 熱中する ▷ Sie *ging* ganz in ihrem Beruf *auf*. 彼女は自分の仕事に完全に没頭した

auf·ge·ho·ben [アオフ・ゲホーベン] aufheben の過分

助h, 助s＝完了の助動詞 haben, sein

auf・ge・hört [アオフ・ゲヘーアト] aufhören の 過分

auf・ge・kratzt [アオフ・ゲクラッツト] 形 機嫌がよい; はしゃいでいる

auf・ge・legt [アオフ・ゲレークト] 形 [成句で] *gut* ⟨*schlecht*⟩ *aufgelegt sein* 機嫌がいい⟨悪い⟩

auf・ge・macht [アオフ・ゲマハト] aufmachen の 過分

auf・ge・nom・men [アオフ・ゲノメン] aufnehmen の 過分

auf・ge・passt [アオフ・ゲパスト] aufpassen の 過分

auf・ge・räumt [アオフ・ゲロイムト] aufräumen の 過分

auf・ge・regt [アオフ・ゲレークト]
— aufregen の 過分
— 形 興奮した ▷ Er war sehr *aufgeregt*. 彼はとても興奮していた

auf・ge・schlos・sen [アオフ・ゲシュロッセン] 形 (広く物事に)心が開いている、開放的な、親しみやすい ▷ Sie ist immer *aufgeschlossen* für neue Ideen. 彼女はいつも新しい考えに関心⟨興味⟩をもっている

auf・ge・schrie・ben [アオフ・ゲシュリーベン] aufschreiben の 過分

auf・ge・stan・den [アオフ・ゲシュタンデン] aufstehen の 過分

auf・ge・wacht [アオフ・ゲヴァハト] aufwachen の 過分

auf・ge・weckt [アオフ・ゲヴェックト] 形 (子供が)利口な、利発な

auf|grei・fen [アオフ・グライフェン] 分離
(griff auf; aufgegriffen; 匠h)
他 ❶ 〖4と〗〔犯罪者など⁴を〕捕まえる、逮捕する

❷ 〖4と〗〔問題など⁴を〕取り上げる ▷ die vorherige Frage noch einmal *aufgreifen* 前の問題をもう一度取り上げる

auf・grund [アオフ・グルント] 前 〖②支配〗(根拠を表して)…に基づいて(=auf Grund) ▷ *aufgrund* dieser Zeugenaussagen これらの証人の供述に基づいて / 〖*von* と〗 *aufgrund* von neuen Berichten 新しい報告に基づいて

Auf・guss [アオフ・グス] 男 *der* (複2格 -es; 複 ..güsse) (茶・薬草などの)煎じ出し

Auf・guß 〖旧⇒新〗 Aufguss

auf|ha・ben [アオフ・ハーベン] 分離
(er hat auf; hatte auf; aufgehabt; 匠h)
— 他 〖口語〗 ❶ 〖4と〗〔店・窓・目など⁴を〕あけている、あけておく ▷ Du musst die Augen *aufhaben*. 君は目をあけていなければならない

❷ 〖4と〗〔帽子など⁴を〕かぶっている; 〔めがねを〕かけている ▷ Er *hat* eine neue Mütze *auf*. 彼は新しい帽子をかぶっている

❸ 〖4と〗〔宿題⁴を〕課せられている ▷ Heute haben wir nichts *auf*. きょうは宿題がない

— 自 〖口語〗(店などが)あいている ▷ Am Sonntag *hat* das Geschäft nicht *auf*. 日曜日はその店はあいていない

auf|hal・sen [アオフ・ハルゼン] 分離
(halste auf; aufgehalst; 匠h)
他 〖口語〗〖③+④と〗〔…³に仕事・責任など⁴を〕負わせる

auf|hal・ten [アオフ・ハルテン] 分離
(er hält auf; hielt auf; aufgehalten; 匠h)
— 再 ❶ 〖sich⁴+場所と〗〔…に〕滞在する、(一定の期間)とどまる ▷ Sie halten sich zurzeit an der See *auf*. 彼らは目下海辺に滞在している

❷ 〖sich⁴+mit+③と〗〔…³に〕大切な時間を多く費やす、かかずらう ▷ Sie haben sich mit diesen Fragen zu lange *aufgehalten*. 彼らはこれらの問題とあまりにも長くかかり合いすぎた

— 他 ❶ 〖4と〗〔…⁴を〕阻止する; 引き留める ▷ den Vormarsch des Feindes *aufhalten* 敵の前進を食い止める / Ich bin *aufgehalten* worden. 《遅刻をしたときなどの言い訳に》ちょっと用事ができてしまったもので

❷ 〖4と〗〔災害・インフレなど⁴を〕食い止める ▷ Sie konnten die Katastrophe nicht mehr *aufhalten*. 彼らは大災害をもはや食い止めることができなかった

❸ 〖口語〗〖4と〗〔ドア・手など⁴を〕あけたままにしておく ▷ *Halt* mal bitte die Tür *auf*! ドアを(手などで押さえて)あけておいてくれ

auf|hän・gen [アオフ・ヘンゲン] 分離
(hängte auf; aufgehängt; 匠h)
— 他 ❶ 〖4と〗〔帽子・絵など⁴を〕掛ける、つるす ▷ die Wäsche *aufhängen* 洗濯物を干す

❷ 〖口語〗〖4と〗〔…⁴を〕縛り首⟨絞首刑⟩にする

イディオム [*den Hörer*] *aufhängen* 電話を切る⟨受話器を置く⟩

— 再 〖sich⁴と〗首をつる ▷ Er hat sich *aufgehängt*. 彼は首をつった

Auf・hän・ger [アオフ・ヘンガー] 男 *der* (複2格 -s; 複 -)
❶ (コートなどの)襟⟨吊り⟩
❷ (新聞記事の)格好のねた

auf|he・ben [アオフ・ヘーベン] 分離
(hob auf; aufgehoben; 匠h)
他 ❶ 〖4と〗〔落ちている物⁴を〕拾い上げる ▷ ein Handtuch vom Boden *aufheben* タオルを床⟨から⟩拾い上げる

❷ 〖4と〗〔…⁴を〕助け起こす ▷ Er *hebt* einen Gestürzten *auf*. 彼は倒れた人を助け起こす

❸ 〖4と〗〔…⁴を〕取っておく、保存⟨保管⟩する ▷ ein Stück Kuchen *aufheben* ケーキを1切れ取っておく / Sie *hob* alle seine Briefe zur Erinnerung *auf*. 彼女は彼の手紙をすべて思い

出のために取っておいた
❹ 〖④と〗〔法令・条約など^{4}を〕廃棄〈廃止〉する ▷ die Todesstrafe *aufheben* 死刑を廃止する
❺ 〖④と〗〔‥^{4}を〕相殺する, 帳消しにする ▷ Der Verlust *hebt* den Gewinn *auf*. その損失は利益を帳消しにする
❻ 〖④と〗〔会議など^{4}を〕(公式に)終える

Auf·he·ben [アオフ・ヘーベン] [中] *das* 〖成句で〗 ***viel Aufheben[s] von***+③ ***machen*** ‥^{3}について大げさに騒ぐ

auf|hei·tern [アオフ・ハイテルン] [分離]
(heiterte auf; aufgeheitert; [完了]h)
— [他] 〖④と〗〔‥^{4}を〕元気づける, 励ます
— [再] 〖[sich]^{4}と〗(表情などが)晴れやかになる, 晴れ晴れとしてくる; (天候などが)晴れ上がる

auf|ho·len [アオフ・ホーレン] [分離]
(holte auf; aufgeholt; [完了]h)
[他] 〖④と〗〔遅れなど^{4}を〕取り戻す, 挽回(ばんかい)する ▷ Der Zug *holte* die Verspätung *auf*. 列車は遅れを取り戻した

auf|hor·chen [アオフ・ホルヒェン] [分離]
(horchte auf; aufgehorcht; [完了]h)
[自] 耳をすます, 聞き耳を立てる

auf|hö·ren

[áufhø:rən アオフ・ヘーレン] [分離]

[現在]

ich höre	... auf	wir hören	... auf
du hörst	... auf	ihr hört	... auf
er hört	... auf	sie hören	... auf

[過去]

ich **hörte**	... **auf**	wir hörten	... auf
du hörtest	... auf	ihr hörtet	... auf
er hörte	... auf	sie hörten	... auf

[過分] aufgehört [完了] haben

[自] ❶ 〖zu 不定詞句と〗〔…を〕やめる ([反] anfangen, beginnen)
Er *hört auf* zu lachen.
彼は笑うのをやめる
❷ 〖mit+③と〗〔‥^{3}を〕やめる
Er *hört* frühzeitig mit der Arbeit *auf*.
彼は早めに仕事をやめる

[類語]
aufhören (最終的か一時的かに関係なく)やめる
abbrechen 突然途中でやめる
unterbrechen 近々再び始めることを前提に一時的にやめる

❸ (出来事が)やむ, とぎれる
Der Regen *hörte* endlich *auf*.
雨はやっと上がった
〖zu 不定詞句と〗
Es wird bald *aufhören* zu schneien.
雪はまもなくやむだろう

auf|kau·fen [アオフ・カオフェン] [分離]
(kaufte auf; aufgekauft; [完了]h)
[他] 〖④と〗〔‥^{4}を〕買い占める, 買い切る (☆ ④は集合名詞あるいは複数形の名詞)

auf|klap·pen [アオフ・クラッペン] [分離]
(klappte auf; aufgeklappt; [完了]h)
[他] 〖④と〗 〔ふたなど^{4}を〕パタンとあける ▷ den Koffer *aufklappen* トランクのふたをパタンとあける / einen Liegestuhl *aufklappen* デッキチェアをパタンと開く

auf|kla·ren [アオフ・クラーレン] [分離]
(klarte auf; aufgeklart; [完了]h)
[自] (天候などが)晴れ上がる

auf|klä·ren [アオフ・クレーレン] [分離]
(klärte auf; aufgeklärt; [完了]h)
— [他] ❶ 〖④と〗〔なぞなど^{4}を〕**解明する**, 明らかにする ▷ ein Verbrechen *aufklären* 犯罪を解明する
❷ 〖④+über+④と〗 〔‥^{4}に複雑なこと^{4}を〕(説明して)わからせる ▷ Sie hat ihn über die Gefahr *aufgeklärt*. 彼女は彼にその危険性について説明してわからせた
❸ 〖④と〗 〔子供^{4}に〕性教育をする ▷ Sie ist noch nicht *aufgeklärt*. [状態受動] 彼女はまだ性教育を受けていない
— [再] ❶ 〖[sich]^{4}と〗 (天気が)晴れる ▷ Der Himmel *klärt* sich *auf*. 空が晴れる
❷ 〖[sich]^{4}と〗(事件などが)解明される

Auf·klä·rung [アオフ・クレールング] [女] *die* ([単] 2格 –; まれに [複] –en)
❶ (犯罪などの)**解明**
❷ (複雑な問題などを説明して)わからせること, 啓発; 性教育

auf|kle·ben [アオフ・クレーベン] [分離]
(klebte auf; aufgeklebt; [完了]h)
[他] 〖④と〗〔‥^{4}を〕はる, はりつける ▷ eine Briefmarke *aufkleben* 切手をはる

auf|kna·cken [アオフ・クナッケン] [分離]
(knackte auf; aufgeknackt; [完了]h)
[他] 〖④と〗〔クルミなど^{4}を〕パリッと割る

auf|knöp·fen [アオフ・クネプフェン] [分離]
(knöpfte auf; aufgeknöpft; [完了]h)
[他] 〖④と〗〔服など^{4}の〕ボタンをはずす ([反] zuknöpfen)

auf|ko·chen [アオフ・コッヘン] [分離]
(kochte auf; aufgekocht)
— [他] 〖[完了]h〗〖④と〗〔‥^{4}を〕煮たてる
— [自] 〖[完了]s〗 煮たつ, 煮えたつ

auf|kom·men [アオフ・コメン] [分離]
(kam auf; aufgekommen; [完了]s)
[自] ❶ (あらしなどが)起こる, 生じる; (うわさ・流行などが)広まる ▷ Ein Gewitter *kommt auf*. 雷雲が発生する / Wie ist das Gerücht *aufge-*

kommen? どのようにうわさは広まったのか
❷ 〘für+④と〙〔‥^{4}を〕賠償〈補償〉する ▹ Er muss für den Schaden *aufkommen*. 彼はその損害を賠償しなければならない

auf|krem·peln [アオフ・クレムペルン] [分離]
(krempelte auf; aufgekrempelt; [完了]h)
[他] 〘④と〙〔裾^{すそ}など^{4}を〕まくり〈たくし〉上げる

auf|kün·di·gen [アオフ・キュンディゲン] [分離]
(kündigte auf; aufgekündigt; [完了]h)
[他] 〘④と〙〔契約など^{4}の〕解約を通知する
[イディオム] ③+***die Freundschaft aufkündigen*** ‥^{3}に絶交すると伝える

auf|la·den [アオフ・ラーデン] [分離]
(er lädt auf; lud auf; aufgeladen; [完了]h)
[他] ❶ 〘④と〙〔荷物など^{4}を〕積み込む ([反] abladen) ▹ die Möbel *aufladen* 家具を積み込む
❷ 〘④と〙〔バッテリーなど^{4}に〕充電する ▹ den Rasierapparat an der Steckdose *aufladen* 電気かみそりをコンセントに差して充電する

Auf·la·ge [アオフ・ラーゲ] [女] *die* ([単] 2 格 -; [複] -n)
❶ (出版物の)**版** ([略] Aufl.) ▹ zweite *Auflage* 第 2 版
❷ 発行部数 ▹ Die *Auflage* beträgt 20 000 Exemplare. 発行部数は 2 万部である
❸ (権利の行使などに伴う)義務, 条件 ▹ Es wird dem Mieter zur *Auflage* gemacht, dass er sich um den Garten kümmert. 賃借人には庭の手入れをすることが義務づけられる

auf·la·gen·stark [アオフ・ラーゲン・シュタルク]
[形] 発行部数の多い

auf|las·sen [アオフ・ラッセン] [分離]
(er lässt auf; ließ auf; aufgelassen; [完了]h)
[他]《口語》 ❶ 〘④と〙〔窓・店など^{4}を〕あけたままにしておく; 〔帽子^{4}を〕かぶったままでいる ▹ *Lass* die Tür *auf*! ドアはあけたままにしておいてくれ / Er *ließ* die Mütze *auf*. 彼は帽子をかぶったままでいた
❷ 〘④と〙〔子供など^{4}を〕起こしておく, 起きているのを許す ▹ Er hat die Kinder gestern Nacht etwas länger *aufgelassen*. 彼は昨夜子供たちが少し遅くまで起きているのを許してやった

auf|lau·ern [アオフ・ラオエルン] [分離]
(lauerte auf; aufgelauert; [完了]h)
[自] 〘③と〙〔‥^{3}を〕待ち伏せする ▹ Er *lauerte* ihr im Dunkeln *auf*. 彼は彼女を暗やみで待ち伏せした

Auf·lauf [アオフ・ラオフ] [男] *der* ([単] 2 格 -[e]s; [複] ..läufe)
❶ (特定の場所に自発的に集まった)群衆, 人だかり ▹ Es gab einen großen *Auflauf* vor dem Kino. 映画館の前に大きな人だかりができていた
❷《料理》アウフラウフ (グラタン風の料理)

auf|lau·fen [アオフ・ラオフェン] [分離]
(er läuft auf; lief auf; aufgelaufen; [完了]s)
[自] 〘auf+④と〙(船が)〔浅瀬など^{4}に〕乗り上げる, 座礁する ▹ Das Segelschiff ist auf ein Riff *aufgelaufen*. その帆船は岩礁に乗り上げた

auf|le·ben [アオフ・レーベン] [分離]
(lebte auf; aufgelebt; [完了]s)
[自] ❶ (自然・人などが)生気を取り戻す, 元気になる ▹ Die Natur *lebte* nach dem Regen *auf*. 自然は雨が降ったあと生気を取り戻した
❷ (物事が)活発になる ▹ Der Kampf *lebte* wieder *auf*. 戦闘は再び激しくなった

auf|le·gen [アオフ・レーゲン] [分離]
(legte auf; aufgelegt; [完了]h)
[他] ❶ 〘④と〙〔‥^{4}を〕**上に置く**, のせる ▹ eine Schallplatte *auflegen* レコードをかける / eine Tischdecke *auflegen* テーブルクロスをかける / ein Pflaster auf die Wunde *auflegen* 膏薬^{こうやく}を傷にはる
❷ 〘④と〙〔本^{4}を〕出版する ▹ Das Buch wird nicht wieder *aufgelegt*. この本は再版されない
[イディオム] ***[den Hörer] auflegen*** 電話を切る ▹ Sie hat *[den Hörer]* einfach *aufgelegt*. 彼女はさっさと電話を切った

auf|leh·nen [アオフ・レーネン] [分離]
(lehnte auf; aufgelehnt; [完了]h)
[再] 〘[sich]^4+gegen+④と〙〔‥^{4}に〕反抗〈抵抗〉する ▹ Das Volk *lehnte* sich gegen die Tyrannei *auf*. 人民は圧政に抵抗した

auf|le·sen [アオフ・レーゼン] [分離]
(er liest auf; las auf; aufgelesen; [完了]h)
[他] 〘④と〙〔‥^{4}を〕拾い集める ▹ Er kniete auf dem Boden und *las* die Scherben *auf*. 彼は床にひざまずいて破片を拾い集めた

auf|lie·gen [アオフ・リーゲン] [分離]
(lag auf; aufgelegen; [完了]h)
[自] 〘[場所]と〙〔公共施設などで〕閲覧に供されている; (自由に持って行けるように用紙などが)置かれている

auf|lo·ckern [アオフ・ロッケルン] [分離]
(lockerte auf; aufgelockert; [完了]h)
[他] ❶ 〘④と〙〔固まったもの^{4}を〕ほぐす ▹ Er *lockert* den Boden mit einer Hacke *auf*. 彼は大地をくわでほぐす
❷ 〘④と〙〔‥^{4}を〕くつろげるものにする, やわらげる ▹ ein Wohngebiet durch Grünanlagen *auflockern* 住宅地を緑地で心の休まるものにする

auf|lo·dern [アオフ・ローデルン] [分離]
(loderte auf; aufgelodert; [完了]s)
[自]《文語》(炎などが)突然燃え上がる

auf|lö·sen [アオフ・レーゼン] [分離]
(löste auf; aufgelöst; [完了]h)
— [他] ❶ 〘④と〙〔‥^{4}を〕**溶かす** ▹ Zucker in Kaffee *auflösen* 砂糖をコーヒーに溶かす / Er

löst Salz in Wasser *auf*. 彼は塩を水に溶かす
❷ 〖④と〗〔取り決めなど⁴を〕解消する ▷ einen Vertrag *auflösen* 契約を解消する
❸ 〖④と〗〔団体・集会など⁴を〕解散させる ▷ Die Polizei *löste* die Demonstration *auf*. 警察はデモを解散させた
—— 再 ❶ 溶ける ▷ Zucker *löst sich* in Wasser *auf*. 砂糖は水に溶ける
❷ 〖sich⁴と〗(団体・集会などが)解散する

Auf·lö·sung [アオフ・レーズング] 囡 *die* (砲2格 -; 覆 -en)
❶ (取り決めなどの)解消
❷ (団体・集会などの)解散

auf|ma·chen [アオフ・マッヘン] 分離
(machte auf; aufgemacht; 既了h)
—— 他 ❶ 《口語》〖④と〗〔…⁴を〕あける, 開く (⇔ zumachen) ▷ eine Tür *aufmachen* 戸をあける / einen Brief *aufmachen* 手紙をあける / eine Flasche *aufmachen* ビンの口をあける
❷ 《口語》〖④と〗〔…⁴を〕開店する ▷ eine Filiale *aufmachen* 支店を開設する
—— 自 《口語》(店などが)あく, 開く; 開店する ▷ Das Geschäft *macht* um 9 Uhr *auf*. 店は9時にあく / Diese Boutique hat letzte Woche neu *aufgemacht*. このブティックは先週開店した
—— 再 〖sich⁴と〗出かける, 出発する ▷ Wir haben uns um sechs Uhr *aufgemacht*. 私たちは6時に出発した

Auf·ma·chung [アオフ・マッフング] 囡 *die* (砲2格 -; 覆 -en)
❶ 《口語》身なり, かっこう
❷ (ショーウインドーなどの)飾りつけ; (商品の)包装; (本の)装丁

Auf·marsch [アオフ・マルシュ] 男 *der* (砲2格 -[e]s; 覆 ..märsche) 行進, パレード; (軍隊が)行進し配置につくこと

auf|mar·schie·ren [アオフ・マルシーレン] 分離
(marschierte auf; aufmarschiert; 既了s)
自 (特に軍隊が)行進し配置につく

auf·merk·sam [アオフ・メルクザーム] (比較 -er, 最上 -st)
形 ❶ 注意深い ▷ *aufmerksam* zusehen 注意深く見る / Darf ich Sie darauf *aufmerksam* machen, dass …? …ということをあなたに指摘してもよろしいですか
❷ (周囲に対して)よく気のつく, 親切な ▷ Das ist sehr *aufmerksam* von Ihnen. それはどうもご親切に

Auf·merk·sam·keit [アオフ・メルクザームカイト] 囡 *die* (砲2格 -; 覆 -en)
❶ 〖覆 なし〗注意, 注意力 ▷ Seine *Aufmerksamkeit* ließ nach. 彼の注意力は衰えた / Ich bitte um *Aufmerksamkeit*! 注意して聞いてください
❷ 心遣い, 心配り
❸ 心ばかりの贈り物 ▷ Er brachte ihr eine kleine *Aufmerksamkeit* mit. 彼は彼女にささやかな贈り物を持って来た

auf|mö·beln [アオフ・メーベルン] 分離
(möbelte auf; aufgemöbelt; 既了h)
他 《口語》〖④と〗〔…⁴を〕元気づける, 励ます

auf|mu·cken [アオフ・ムッケン] 分離
(muckte auf; aufgemuckt; 既了h)
自 〖gegen+④と〗〔…⁴に〕逆らう

auf|mun·tern [アオフ・ムンテルン] 分離
(munterte auf; aufgemuntert; 既了h)
他 〖④と〗〔…⁴を〕元気づける, 励ます ▷ Ich habe ihn mit einem Witz *aufgemuntert*. 私は冗談を言って彼を元気づけた / 〖事物を主語にして〗Der Kaffee hat mich *aufgemuntert*. コーヒーを飲んで私は元気になった

auf·müp·fig [アオフ・ミュプフィヒ] 形 《口語》反抗的な

Auf·nah·me [アオフ・ナーメ] 囡 *die* (砲2格 -; 覆 -n)
❶ 録音, 録画, 撮影; 写真 ▷ die *Aufnahme* eines Konzerts コンサートの録音 / Ich habe von ihr zwei *Aufnahmen* gemacht. 私は彼女の写真を2枚撮った
❷ 〖覆 なし〗(交渉・仕事などの)開始 ▷ die *Aufnahme* diplomatischer Beziehungen 外交関係の樹立
❸ 〖覆 なし〗収容; (会員などの)受け入れ ▷ die *Aufnahme* eines Patienten im Krankenhaus 病院への患者の収容
❹ 〖覆 なし〗取り入れること ▷ die *Aufnahme* eines Wortes in ein Lexikon 事典へのある語の採録
❺ 〖覆 なし〗(食物などの)摂取; (貸し付け金などの)借り入れ

Auf·nah·me·ge·bühr [アオフ・ナーメ・ゲビューア] 囡 *die* (砲2格 -; 覆 -en) 入会金

Auf·nah·me·prü·fung [アオフ・ナーメ・プリューフング] 囡 *die* (砲2格 -; 覆 -en) 入学試験

auf|neh·men [アオフ・ネーメン] 分離
(du nimmst auf, er nimmt auf; nahm auf; aufgenommen; 既了h)
他 ❶ 〖④と〗〔交渉・仕事など⁴を〕始める ▷ Verhandlungen wieder *aufnehmen* 交渉を再開する / Nach seiner Krankheit *nahm* er die Arbeit wieder *auf*. 病気をしたあと彼はその仕事を再び始めた
❷ 〖④と〗〔…⁴を〕録音〈録画〉する; 撮影する ▷ eine Fernsehsendung *aufnehmen* テレビ放送を録画する / eine Oper auf Tonband *aufnehmen* オペラをテープに録音する
❸ 〖④と〗〔客など⁴を〕迎え入れる, (病院などに)収

容する ▷ Wir sind freundlich *aufgenommen* worden. 私たちは温かく迎え入れられた
❹ 【④と】（学校・団体などが）[..⁴を]受け入れる ▷ Der Tennisklub hat 20 neue Mitglieder *aufgenommen*. テニスクラブは 20 名の新しい会員を受け入れた
❺ 【④と】[..⁴を]収容できる，入れられる（☆ ふつう können を伴って）▷ Der Saal kann 1 000 Personen *aufnehmen*. そのホールは 1000 名収容できる
❻ 【④＋in＋④と】[..⁴を..¹に]取り入れる，加える ▷ ein Theaterstück in den Spielplan *aufnehmen* 芝居を演目に加える
❼ 【④と】[..⁴を]受けとめる，受け入れる ▷ eine Nachricht gelassen *aufnehmen* 知らせを冷静に受けとめる / Der Film wurde vom Publikum gut *aufgenommen*. 映画は観客に好評を博した
❽ 【④と】[..⁴を]（地面などから）持ち〈拾い〉上げる ▷ ein Taschentuch vom Boden *aufnehmen* ハンカチを地面〈床⁴〉から拾い上げる
❾ 【④と】[知識など⁴を]吸収する ▷ Das Kind *nimmt* alles schnell *auf*. その子供はなんでも飲み込みが早い
❿ 【④と】[貸し付け金⁴を]借り入れる
⓫ 【④と】[..⁴を]記録する，書き留める ▷ Die Polizei *nahm* den Unfall *auf*. 警察は事故の記録をとった
⓬ 【④と】[水など⁴を]吸収する；[栄養⁴を]摂取する

(イディオム) *es mit*＋③ *aufnehmen* ..³と互角である，..³に引けを取らない ▷ *Mit* ihm *nehme* ich *es* im Trinken noch allemal *auf*. 飲むことにかけては私は彼にまだまだ引けを取らない

auf|nö·ti·gen [アオフ・ネーティゲン]
(nötigte auf; aufgenötigt; 助h)
他【③＋④と】[..³に食べ物・契約など⁴を]無理に勧める

auf|op·fern [アオフ・オプフェルン] 分離
(opferte auf; aufgeopfert; 助h)
再【sich⁴と】犠牲になる ▷ Sie *opferte* sich für die Familie *auf*. 彼女は家族の犠牲になった

auf|päp·peln [アオフ・ペッペルン] 分離
(päppelte auf; aufgepäppelt; 助h)
他《口語》【④と】（丈夫・元気になるように）[..⁴の]世話をする

auf|pas·sen [アオフ・パッセン] 分離
(du, er passt auf; passte auf; aufgepasst; 助h)
自 ❶【auf＋④と】[..⁴に]気をつける ▷ auf die Autos *aufpassen* 自動車に気をつける / Pass auf die Kinder *auf*! 子供たちを しっかり見ていてくれ // Pass *auf*! 気をつけろ，ぼやぼやするな
❷（人のことばなどに）注意を払う ▷ beim Unterricht gut *aufpassen* 授業を熱心に聞く

auf|peit·schen [アオフ・パイチェン] 分離
(peitschte auf; aufgepeitscht)
他 ❶【④と】[..⁴を]波立たせる ▷ Der Sturm *peitschte* das Meer *auf*. 嵐で海が波立った
❷【④と】[..⁴を]興奮させる

auf|plat·zen [アオフ・プラッツェン] 分離
(platzte auf; aufgeplatzt; 助s)
自 はじけて開く；（縫い目が）ほころびる ▷ Die Knospe *platzte auf*. つぼみがはじけて開いた

auf|plus·tern [アオフ・プルーステルン] 分離
(plusterte auf; aufgeplustert; 助h)
― 他【④と】[羽⁴を]逆立てる
― 再 ❶【sich⁴と】（鳥が）羽を逆立てる
❷《口語》【sich⁴と】いばる；ひけらかす

auf|po·lie·ren [アオフ・ポリーレン] 分離
(polierte auf; aufpoliert; 助h)
他【④と】[家具など⁴を]ピカピカに磨きあげる

Auf·prall [アオフ・プラル] 男 der（⚄2格 -[e]s; ⚄ -e) 衝突

auf|pral·len [アオフ・プラレン] 分離
(prallte auf; aufgeprallt; 助s)
自【auf＋③〈④〉と】[..³,⁽⁴⁾に]衝突する ▷ Das Flugzeug *prallte* auf dem Wasser *auf*. 飛行機が水面に激突した

Auf·preis [アオフ・プライス] 男 der（⚄2格 -es; ⚄ -e）割増し金，追加料金

auf|pro·bie·ren [アオフ・プロビーレン] 分離
(probierte auf; aufprobiert; 助h)
他【④と】[帽子⁴を]試しにかぶってみる；[メガネ⁴を]試しにかけてみる

auf|pul·vern [アオフ・ブルフェルン] 分離
(pulverte auf; aufgepulvert; 助h)
― 他【④と】（コーヒーなどが）[..⁴を]元気づける ▷ Der schwarze Kaffee *pulverte* ihn *auf*. ブラックのコーヒーを飲んで彼は元気になった
― 再【sich⁴と】（コーヒーなどを飲んで）元気になる

auf|pum·pen [アオフ・プムペン] 分離
(pumpte auf; aufgepumpt; 助h)
他【④と】[タイヤ・ボールなど⁴に]ポンプで空気を入れる ▷ die Reifen eines Autos *aufpumpen* 自動車のタイヤに空気を入れる

auf|put·schen [アオフ・プッチェン] 分離
(putschte auf; aufgeputscht; 助h)
― 他【④と】[..⁴を]扇動する，そそのかす ▷ die Bevölkerung *aufputschen* 住民を扇動する
― 再【sich⁴と】（薬などによって）自分を奮い立たせる ▷ Er versuchte, sich mit Drogen *aufzuputschen*. 彼は薬物で元気をつけようとした

auf|quel·len [アオフ・クヴェレン] 分離
(er quillt auf; quoll auf; aufgequollen; 助s)
自（パン生地などが水分を吸収して）膨れる，ふやける

auf|raf·fen [アオフ・ラッフェン] 分離
(raffte auf; aufgerafft; 助h)

aufrufen

―佃 【（４）と】〔散らばったもの⁴を〕かき集めて拾い上げる ▷ Er raffte die Papiere vom Boden *auf*. 彼は床に落ちた書類をかき集めて拾い上げた

―再 ❶ 【（sich)⁴と】（元気を奮い起こしてやっと）立ち上がる ▷ Er *raffte* sich vom Stuhl *auf*. 彼はやっといすから立ち上がった

❷ 【sich⁴+zu+③と】〔..³をしようと〕元気を奮い起こす ▷ *sich* zu nichts *aufraffen* 何もする気にならない / Er *raffte* sich *auf*, einen Brief zu schreiben. 彼はやっと手紙を書く決心をした

auf|rap·peln [アオフ・ラッペルン] 分離
(rappelte auf; aufgerappelt; 匪h)
再 【sich⁴と】（元気を奮い起こしてやっと）立ち上がる

auf|rau·en [アオフ・ラオエン] 分離
(raute auf; aufgeraut; 匪h)
佃 【（４）と】（サンドペーパーなどで）〔..⁴の〕面をざらざらにする

auf|rau·hen [アオフ・ラオエン] 旧⇒新 aufrauen

auf|räu·men [アオフ・ロイメン] 分離
(räumte auf; aufgeräumt; 匪h)
―佃 【（４）と】〔..⁴を〕片づける, 整理整頓する ▷ die Spielsachen *aufräumen* おもちゃを片づける / Er *räumte* sein Zimmer *auf*. 彼は部屋を片づけた

―自 【mit+③と】〔..³を〕取り除く, 一掃する ▷ mit den Vorurteilen *aufräumen* 先入観を取り除く

auf·recht [アオフ・レヒト] 形 直立の, まっすぐな ▷ *aufrecht* sitzen 背筋を伸ばして座っている

auf·recht|er·hal·ten [アオフ・レヒト・エアハルテン] 分離 (er erhält aufrecht; erhielt aufrecht; aufrechterhalten;
佃 【（４）と】〔..⁴を〕維持する, 守る ▷ die Ordnung *aufrechterhalten* 秩序を維持する / den Kontakt mit+③ *aufrechterhalten* ..³とコンタクトを維持する

auf|re·gen [アオフ・レーゲン] 分離
(regte auf; aufgeregt; 匪h)
―再 ❶ 【sich⁴と】興奮する ▷ *Regen* Sie sich nicht *auf*! 興奮するなよ

❷ 〔口語〕【sich⁴+über+④と】〔..⁴に〕いきどおる

―佃 【（４）と】〔..⁴を〕興奮させる ▷ Die Nachricht *regte* mich *auf*. その知らせは私を興奮させた

auf·re·gend [アオフ・レーゲント] 形 興奮させる, センセーショナルな ▷ ein *aufregender* Film センセーショナルな映画

Auf·re·gung [アオフ・レーグング] 女 die (@２格 -; @ -en) 興奮 ▷ in *Aufregung* geraten 興奮する / Er stotterte vor *Aufregung*. 彼は興奮のあまりどもった

auf|rei·ben [アオフ・ライベン] 分離
(rieb auf; aufgerieben)
―再 【sich⁴と】（体力・神経を消耗し）疲れ果てる ▷ Er hat sich bei dieser Arbeit *aufgerieben*. 彼はこの仕事で心身ともに疲れ果てた

―佃 【（４）と】〔体力・神経など⁴を〕消耗させる ▷ Die Sorge *rieb* seine Gesundheit *auf*. 心労で彼は体をこわした

auf|rei·ßen [アオフ・ライセン] 分離
(riss auf; aufgerissen)
―佃 【匪h】❶ 【（４）と】〔窓・ドアなど⁴を〕勢いよく開く ▷ ein Fenster *aufreißen* 窓を勢いよく開く / die Augen *aufreißen*（驚いて）目を見張る / sich³ die Bluse *aufreißen* ブラウスの胸元をくいとはだける

❷ 【（４）と】〔封筒・包装など⁴を〕破いてあける ▷ einen Brief *aufreißen* 封筒を破いて開く / die Straße *aufreißen* 道路を掘り起こす

―自 【匪s】 裂ける, 裂け目ができる ▷ Die Tüte *reißt auf*. 袋が裂ける

❷ （雲が）切れる

auf|rich·ten [アオフ・リヒテン] 分離
(richtete auf; aufgerichtet;
―佃 ❶ 【（４）と】〔..⁴を〕（まっすぐに）起こす, 立てる ▷ eine zusammengesunkene alte Frau *aufrichten* くずれるように倒れた老婦人を助け起こす

❷ 【（４）と】〔..⁴を〕元気づける ▷ Sie *richtete* ihn durch freundlichen Zuspruch *auf*. 彼女は親切なことばをかけて彼を元気づけた

―再 ❶ 【sich⁴と】起き〈立ち〉上がる ▷ Der Kranke *richtet* sich im Bett *auf*. 病人はベッドの中で起き上がる

❷ 【sich⁴と】（精神的に）立ち直る

auf·rich·tig [アオフ・リヒティヒ] 形 （自分の心に）正直〈率直〉な ▷ ein *aufrichtiger* Mensch 率直な人 / （強調を表して）Es tut mir *aufrichtig* leid. 本当に残念ですく申し訳ありません〉

Auf·rich·tig·keit [アオフ・リヒティヒカイト] 女 die (@２格 -; @ なし) 正直, 率直

auf|rol·len [アオフ・ロレン] 分離
(rollte auf; aufgerollt; 匪h)
佃 ❶ 【（４）と】〔..⁴を〕（軸などに）巻く ▷ Er *rollt* die Schnur auf ein Stück Holz *auf*. 彼はひもを１本の木片に巻きつける

❷ 【（４）と】〔巻いてあるもの⁴を〕広げる ▷ eine Landkarte *aufrollen* 地図を広げる

auf|rü·cken [アオフ・リュッケン] 分離
(rückte auf; aufgerückt; 匪h)
自 （列などで生じた間隔を詰めながら）前に進む

Auf·ruf [アオフ・ルーフ] 男 der (@２格 -[e]s; @ -e) （市民などへの）呼びかけ, アピール

auf|ru·fen [アオフ・ルーフェン] 分離
(rief auf; aufgerufen; 匪h)

他 ❶ 〈④と〉(多数の人の中から)[…⁴の]名前を呼び上げる ▷ einen Schüler *aufrufen* (授業中に)生徒の名前を呼び上げる / die Patienten einzeln *aufrufen* 患者の名前を一人ひとり呼び上げる

❷ 〈④＋zu＋③と〉[…⁴に…³を]呼びかける ▷ die Bevölkerung zu Spenden *aufrufen* 住民に寄付を呼びかける

Auf·ruhr [アオフ・ルーア] 男 *der* (複 2格 -[e]s; まれに 複 -e) 反乱, 騒乱, 暴動

auf|rüh·ren [アオフ・リューレン] 分離
(rührte auf; aufgerührt; 匠h)
他 ❶ 〈④と〉[…⁴の感情を]かき立てる ▷ Die Geschichte *rührte* ihn im Innersten *auf*. この物語は彼を心の奥底から興奮させた

❷ 〈④と〉[記憶・本能など⁴を]呼びさます ▷ Der Anblick hat seine Instinkte *aufgerührt*. この光景は彼の本能を呼びました

❸ 〈④と〉[古いこと⁴を]蒸し返す ▷ eine alte Geschichte immer wieder *aufrühren* 古い話を何度も蒸し返す

Auf·rüh·rer [アオフ・リューラー] 男 *der* (複 2格 -s; 複 -) 反乱者

auf·rüh·re·risch [アオフ・リューレリシュ] 形 (群衆などが)暴動状態にある; (演説などが)扇動的な

auf|run·den [アオフ・ルンデン] 分離
(rundete auf; aufgerundet; 匠h)
他 〈④と〉[数⁴の]端数を切り上げる

auf|rüs·ten [アオフ・リュステン] 分離
(rüstete auf; aufgerüstet; 匠h)
自 軍備を拡張する (反 abrüsten)

auf|rüt·teln [アオフ・リュッテルン] 分離
(rüttelte auf; aufgerüttelt; 匠h)
他 〈④と〉[眠っている人⁴を]揺り起こす

aufs [アオフス] [auf と定冠詞 das の融合形] Butter *aufs* Brot streichen バターをパンに塗る

auf|sa·gen [アオフ・ザーゲン] 分離
(sagte auf; aufgesagt; 匠h)
他 〈④と〉[詩など⁴を]暗唱する, そらんじる

auf|sam·meln [アオフ・ザメルン] 分離
(sammelte auf; aufgesammelt; 匠h)
他 〈④と〉[…⁴を]拾い集める ▷ Abfälle *aufsammeln* ごみを拾い集める

auf·säs·sig [アオフ・ゼッスィヒ] 形 反抗的な ▷ ein *aufsässiges* Kind 反抗的な子供

Auf·satz [アオフ・ザッツ] 男 *der* (複 2格 -es; 複 ..sätze) 作文; [科学]論文

auf|sau·gen [アオフ・ザオゲン] 分離 (saugte 〈sog〉 auf; aufgesaugt 〈aufgesogen〉; 匠h)
他 〈④と〉[水など⁴を]吸収する, 吸い込む ▷ Der Schwamm *saugt* das Wasser *auf*. スポンジは水を吸収する

auf|scheu·chen [アオフ・ショイヒェン] 分離
(scheuchte auf; aufgescheucht; 匠h)
他 〈④と〉[動物⁴を](脅かして)追い〈狩り〉立てる

auf|schich·ten [アオフ・シヒテン] 分離
(schichtete auf; aufgeschichtet; 匠h)
他 〈④と〉[本など⁴を]積み重ねる ▷ Bücher *aufschichten* 本を積み重ねる

auf|schie·ben [アオフ・シーベン] 分離
(schob auf; aufgeschoben; 匠h)
他 ❶ 〈④と〉[…⁴を]延期する ▷ die Abreise auf den nächsten Tag *aufschieben* 出発を次の日に延期する

❷ 〈④と〉[引き戸など⁴を]押してあける

Auf·schlag [アオフ・シュラーク] 男 *der* (複 2格 -[e]s; 複 ..schläge)
❶ 割増し金 ▷ Für das Frühstück muss ein *Aufschlag* gezahlt werden. 朝食は割増し金を払わねばならない

❷ (そで・襟などの)折り返し

❸ [球技] サーブ

auf|schla·gen [アオフ・シュラーゲン] 分離
(er schlägt auf; schlug auf; aufgeschlagen)
— 他 〈匠h〉 ❶ 〈④と〉[…⁴を]打って割る ▷ ein Ei *aufschlagen* 卵を割る

❷ 〈④と〉[ページなど⁴を]開く, あける ▷ *Schlagt* die Seite 7 *auf*! 7ページを開きなさい

❸ 〈④と〉[テントなど⁴を]組み立てる

— 再 〈匠h〉 〈④と〉＋〈ⓢich〉[…⁴を]ぶつける, 打ちつける ▷ Er hat sich das Knie *aufgeschlagen*. 彼はひざをぶつけてしまった

— 自 ❶ 〈匠s〉[auf＋③〈④〉と][…³⁽⁴⁾に]激しくぶつかる ▷ Das Flugzeug *schlug* auf dem Boden *auf*. 飛行機は大地に激突した

❷ 〈匠h〉 値段を上げる ▷ Der Kaufmann *schlägt* erheblich *auf*. 商人は大幅に値段を上げる

❸ 〈匠h〉 《球技》サーブする ▷ Wer *schlägt auf*? だれがサーブするのか

auf|schlie·ßen [アオフ・シュリーセン] 分離
(schloss auf; aufgeschlossen; 匠h)
— 他 〈④と〉[…⁴を]鍵であける (反 zuschließen) ▷ die Tür *aufschließen* ドアの鍵をあける
— 自 [列などの]間隔をつめる

auf|schlit·zen [アオフ・シュリッツェン] 分離
(schlitzte auf; aufgeschlitzt; 匠h)
他 〈④と〉[封筒など⁴を](ナイフなどで)切り開く

Auf·schluss [アオフ・シュルス] 男 *der* (複 2格 -es; 複 ..schlüsse) (不明なことを)解明する情報 ▷ Seine Briefe geben wichtige *Aufschlüsse* über seine Leiden. 彼の手紙は彼の苦悩を解明する重要な情報を与えてくれる

Auf·schluß (旧⇒新) Aufschluss

auf|schlüs·seln [アオフ・シュリュッセルン] 分離
(schlüsselte auf; aufgeschlüsselt; 匠h)

auf|schluss·reich (㊥ ..schluß..) [アオフ・シュルス・ライヒ] 形 啓発的な ▷ Seine Bemerkung war sehr *aufschlussreich*. 彼の発言には啓発されるところが非常に多かった

auf|schnap·pen [アオフ・シュナッペン] 分離
(schnappte auf; aufgeschnappt; 匠h)
他《口語》《④と》[‥⁴を]小耳にはさむ

auf|schnei·den [アオフ・シュナイデン] 分離
(schnitt auf; aufgeschnitten; 匠h)
—— 他 ❶《④と》[‥⁴を]切って開く ▷ einen Briefumschlag *aufschneiden* 封筒を切って開く
❷《④と》[パン・ハムなど⁴を]薄く〈こまかく〉切る, スライスする ▷ den Braten vor dem Essen *aufschneiden* 焼肉を食事の前にこまかく切る
—— 自 ほらを吹く

Auf·schnei·der [アオフ・シュナイダー] 男 der (㊥ 2格 -s; ㊥ -)《口語》ほら吹き

Auf·schnitt [アオフ・シュニット] 男 der (㊥ 2格 -[e]s; ㊥ なし)《集合的に》(ハム・ソーセージなどの)薄切り ▷ kalter *Aufschnitt* コールドミート

auf|schre·cken [アオフ・シュレッケン]
(schreckte auf; aufgeschreckt)
—— 他 [匠h]《④と》[‥⁴を]驚いて跳び上がらせる ▷ Ein Aufschrei hat ihn *aufgeschreckt*. 叫び声で彼は驚いて跳び上がった
—— 自 [匠s] 驚いて跳び上がる (☆過去形として不規則形 schrak auf も用いられる) ▷ Er *schreckte* 〈*schrak*〉 durch ein Geräusch *auf*. 彼は物音に驚いて跳び上がった

Auf·schrei [アオフ・シュライ] 男 der (㊥ 2格 -[e]s; ㊥ -e)(突然の)叫び声, 悲鳴

auf|schrei·ben [アオフ・シュライベン] 分離
(schrieb auf; aufgeschrieben; 匠h)
他 ❶《④と》[‥⁴を](忘れないように)書き留める, メモする ▷ Er hat seine Gedanken *aufgeschrieben*. 彼は自分の考えを書き留めた / Ich habe mir die Adresse *aufgeschrieben*. 私は住所をメモした
❷《④と》[不法行為を行った人⁴の]名前・住所などを書き留める ▷ Der Polizist *schrieb* den Falschparker *auf*. 警察官は違法駐車した人の車の登録ナンバーを書き留めた

Auf·schrift [アオフ・シュリフト] 女 die (㊥ 2格 -; ㊥ -en)(商品の)内容表示, (ラベルの)表示 ▷ Die *Aufschrift* auf dem Etikett war unleserlich. ラベルの文字は読みにくかった

Auf·schub [アオフ・シューブ] 男 der (㊥ 2格 -[e]s; ㊥ なし)延期, 猶予 ▷ *Aufschub* gewähren 猶予を認める / ohne *Aufschub* ただちに

auf|schwat·zen [アオフ・シュヴァッツェン] 分離
(schwatzte auf; aufgeschwatzt;
他《③+④と》[‥³に‥⁴を]ことば巧みに売りつける〈買わせる〉

auf|schwem·men [アオフ・シュヴェメン] 分離
(schwemmte auf; aufgeschwemmt; 匠h)
他《④と》(ビールなどが)[身体など⁴を]ぶくぶくに太らせる

Auf·schwung [アオフ・シュヴング] 男 der (㊥ 2格 -[e]s; ㊥ ..schwünge)(景気などの)上向き, 活況 ▷ einen *Aufschwung* nehmen (景気などが)上向く

auf|se·hen [アオフ・ゼーエン] 分離
(er sieht auf; sah auf; aufgesehen; 匠h)
自 見上げる; (読んでいる本などから)目を上げる

Auf·se·hen [アオフ・ゼーエン] 中 das (㊥ 2格 -s; ㊥ なし) 世間の注目, センセーション ▷ Dieser Vorfall hat großes *Aufsehen* erregt. この事件は大きなセンセーションを巻き起こした

Auf·se·her [アオフ・ゼーアー] 男 der (㊥ 2格 -s; ㊥ -)監視人, 守衛, 看守

auf|sein [アオフ・ザイン] 分離 (er ist auf; war auf; aufgewesen; 匠s) 自《口語》(匡⇒新) **auf sein** (分けて書く)☞ **auf**

auf|set·zen [アオフ・ゼッツェン] 分離
(setzte auf; aufgesetzt; 匠h)
—— 他 ❶《④と》[帽子・仮面など⁴を]かぶる, [めがね⁴を]かける (㊥ absetzen) ▷ einen Hut *aufsetzen* 帽子をかぶる /(比喩) eine ernste Miene *aufsetzen* 真剣な顔つきをする
❷《③+④と》[‥³に‥⁴を]かぶせる ▷ dem Kind eine Mütze *aufsetzen* 子供に帽子をかぶせる
❸《④と》[‥⁴を](あるものの上に)置く ▷ Er *setzt* den Tonarm auf die Schallplatte *auf*. 彼はトーンアームをレコード盤の上に置く / Wasser *aufsetzen* (沸かすために)水を火にかける
❹《④と》[議事録・報告書など⁴を]作成する
—— 再《sich⁴と》(寝ている状態から)体を起こす ▷ Der Kranke *setzte* sich im Bett *auf*. 病人はベッドに身を起こした
—— 自 (飛行機などが)着陸する

Auf·sicht [アオフ・ズィヒト] 女 die (㊥ 2格 -; ㊥ なし)
❶ 監視, 監督 ▷ strenge *Aufsicht* führen 厳しく監視する / unter polizeilicher *Aufsicht* stehen 警察の監視下にいる
❷《口語》監視人, 管理人

auf|sit·zen [アオフ・ズィッツェン] 分離
(saß auf; aufgesessen; 匠s)
自 ❶ (馬などに)乗る, またがる (㊥ absitzen) ▷ Er *saß auf* und ritt davon. 彼は馬にまたがり走り去った
❷《④と》[ぺてんなど³に]ひっかかる, 乗せられる

auf|spal·ten [アオフ・シュパルテン] 分離 (spaltete auf; aufgespaltet 〈aufgespalten〉; 匠h)

匠h, 匠s=完了の助動詞 haben, sein

— [他] 〖[4]と〗〔板・丸太など^{4}を〕割る
— [再] 〖[sich]^{4}と〗(党などが)分裂する

auf|span·nen [アオフ・シュパネン] [分離]
(spannte auf; aufgespannt; [完了]h)
[他] 〖[4]と〗〔傘など^{4}を〕広げる; 〔紙など^{4}を〕(製図版などの上に)ピンと張る

auf|spa·ren [アオフ・シュパーレン] [分離]
(sparte auf; aufgespart; [完了]h)
[他] 〖[4]と〗〔‥^{4}を〕とっておく, 残しておく ▷ das Beste bis zuletzt *aufsparen* 一番いい物を最後までとっておく

auf|sper·ren [アオフ・シュペレン] [分離]
(sperrte auf; aufgesperrt; [完了]h)
[他] ❶《口語》〖[4]と〗〔口など^{4}を〕開ける
❷《南(ドイツ・オーストリア)》〖[4]と〗〔ドアなど^{4}を〕鍵(かぎ)で開ける

auf|spie·len [アオフ・シュピーレン] [分離]
(spielte auf; aufgespielt; [完了]h)
— [自] (婚礼・ダンスなどの際に)演奏する ▷ Eine Kapelle *spielt* zum Tanz *auf.* バンドがダンスのために演奏をする
— [再] 〖[sich]^{4}と〗《口語》もったいぶる, 偉ぶる

auf|spie·ßen [アオフ・シュピーセン] [分離]
(spießte auf; aufgespießt; [完了]h)
[他] 〖[4]と〗〔‥^{4}を〕突き刺して取る ▷ ein Stück Fleisch *aufspießen* 肉を一切れ突き刺して取る

auf|split·tern [アオフ・シュプリッテルン] [分離]
(splitterte auf; aufgesplittert)
— [自] 〖[完了]s〗(板などがいくつかの破片に)割れる
— [再] 〖[完了]h〗〖[sich]^{4}と〗(党などが)分裂する

auf|spren·gen [アオフ・シュプレンゲン] [分離]
(sprengte auf; aufgesprengt; [完了]h)
[他] 〖[4]と〗〔ドアなど^{4}を〕こじ開ける; 爆破して穴を開ける

auf|sprin·gen [アオフ・シュプリンゲン] [分離]
(sprang auf; aufgesprungen; [完了]s)
[自] ❶ 跳び上がる, 跳ね上がる ▷ Er ist entsetzt vom Stuhl *aufgesprungen.* 彼は驚いていすから跳び上がった
❷ 〖auf+[3]と〗〔列車など^{4}に〕飛び乗る ▷ Er *sprang* auf die fahrende Straßenbahn *auf.* 彼は走っている路面電車に飛び乗った
❸ (錠・扉などが)勢いよく開く ▷ Das Schloss des Koffers *sprang auf.* トランクの錠がパチンと開いた

auf|spü·ren [アオフ・シュピューレン] [分離]
(spürte auf; aufgespürt; [完了]h)
[他] 〖[4]と〗〔‥^{4}を〕捜し出す, 居所を突き止める ▷ Die Polizei *spürte* den Verbrecher *auf.* 警察は犯罪者の居所を突き止めた

auf|sta·cheln [アオフ・シュタッヘルン] [分離]
(stachelte auf; aufgestachelt; [完了]h)
[他] 〖[4]+zu+[3]と〗〔‥^{4}を‥^{3}に〕扇動する, あおる, 駆り立てる ▷ Er *stachelte* das Volk zum Widerstand *auf.* 彼は人民を抵抗するように扇動した

auf|stamp·fen [アオフ・シュタムプフェン] [分離]
(stampfte auf; aufgestampft; [完了]h)
[自] 激しく地面を踏む; 地団太を踏む

Auf·stand [アオフ・シュタント] [男] *der* ([単] 2格 -[e]s; [複] ..stände) 蜂起(ほうき), 暴動, 反乱 ▷ Der *Aufstand* gegen die Regierung wurde niedergeschlagen. 政府に対する暴動は鎮圧された

auf·stän·disch [アオフ・シュテンディシュ] [形] 暴動〈反乱〉を起こした ▷ *aufständische* Bauern 一揆(いっき)を起こした農民たち

auf|stau·en [アオフ・シュタオエン] [分離]
(staute auf; aufgestaut; [完了]h)
[他] 〖[4]と〗〔河川^{4}を〕せき止める ▷ einen Fluss durch einen Damm *aufstauen* 川をダムでせき止める

auf|ste·chen [アオフ・シュテッヒェン] [分離]
(er sticht auf; stach auf; aufgestochen; [完了]h)
[他] 〖[4]と〗〔水ぶくれなど^{4}を〕突き刺して開ける〈破る〉

auf|ste·cken [アオフ・シュテッケン] [分離]
(steckte auf; aufgesteckt; [完了]h)
[他] ❶ 〖[4]と〗〔髪など^{4}を〕(上方に持っていって)留める ▷ Sie *steckte* sich das Haar *auf.* 彼女は(ヘアピンで)髪を結い上げた
❷《口語》〖[4]と〗〔仕事など^{4}を〕中止する, 断念する

auf|ste·hen

[áufʃteːən アオフ・シュテーエン] [分離]

[現在]			
ich stehe	... auf	wir stehen	... auf
du stehst	... auf	ihr steht	... auf
er steht	... auf	sie stehen	... auf
[過去]			
ich stand	... auf	wir standen	... auf
du standst	... auf	ihr standet	... auf
er stand	... auf	sie standen	... auf
[過分]	aufgestanden	[完了]	sein, haben

[自] ❶ 〖[完了]s〗起きる, 起床する
Er *steht* jeden Tag um 5 Uhr *auf.*
彼は毎日 5 時に起きる
❷ 〖[完了]s〗(座って・寝ている状態から)立ち上がる, 起き上がる
vom Stuhl *aufstehen*
いすから立ち上がる
Der Gestürzte *stand* mühsam *auf.*
転んだ人はやっとのことで起き上がった
❸ 〖[完了]h〗《口語》(窓などが)あいたままである ▷ Die Tür hat die ganze Nacht *aufgestanden.* ドアは一晩中あいたままだった

auf|stei·gen [アオフ・シュタイゲン] [分離]
(stieg auf; aufgestiegen; [完了]s)

[自] ❶ (山などに)登る ([反] absteigen) ▷ zum Gipfel *aufsteigen* 山頂を目指して登る
❷ (飛行機・気球などが)上昇する; (煙などが)立ちのぼる; (水泡などが) 浮かび上がる ▷ Das Flugzeug ist *aufgestiegen.* 飛行機は上昇していった
❸ (自転車・馬などに)乗る
❹ (怒り・疑惑などが)生じる
❺ 出世する, 昇進する ▷ Er ist zum Direktor *aufgestiegen.* 彼は所長に昇進した
❻ 《スポーツ》(上位リーグに)昇格する

auf|stel·len [アオフ・シュテレン] [分離]
(stellte auf; aufgestellt; [完了]h)
— [他] ❶ 〖④と〗〔··⁴を〕(特定の場所に)置く ▷ Stühle im Saal *aufstellen* ホールにいすを並べる
❷ 〖④と〗〔足場・テントなど⁴を〕組み立てる, 建てる ▷ ein Gerüst 〈eine Baracke〉 *aufstellen* 足場〈バラック〉を建てる.
❸ 〖④と〗〔警察官など⁴を〕配置する ▷ Wachen *aufstellen* 見張りを置く
❹ 〖④と〗〔候補者・証人など⁴を〕立てる ▷ einen Kandidaten *aufstellen* 候補者を立てる
❺ 〖④と〗〔学説・計画など⁴を〕立てる; 〔プログラム・リストなど⁴を〕作成する ▷ eine neue Theorie *aufstellen* 新しい学説を立てる
❻ 〖特定の名詞⁴と〗 eine Behauptung *aufstellen* ある主張をする / einen neuen Rekord *aufstellen* 新記録を樹立する
— [再] 〖[sich]⁴と〗 並んで立つ, 整列する ▷ Viele Leute *stellten* sich an der Straße entlang *auf.* 大勢の人が通りに沿って並んで立っていた

Auf·stel·lung [アオフ・シュテルング] [女] *die* ([単] 2格 -; まれに [複] -en)
❶ (候補者の)擁立
❷ (プログラムなどの)作成, 構築
❸ リスト, 一覧表

Auf·stieg [アオフ・シュティーク] [男] *der* ([単] 2格 -[e]s; [複] -e)
❶ (山に)登ること, 登山 ([反] Abstieg) ▷ einen *Aufstieg* unternehmen 登山をする
❷ 登り道, 登山路
❸ 発展, 躍進, 出世 ▷ der *Aufstieg* Japans zur Weltmacht 世界的強国への日本の躍進

auf|stö·bern [アオフ・シュテーベルン] [分離]
(stöberte auf; aufgestöbert; [完了]h)
[他] ❶ 《口語》〖④と〗〔··⁴を〕探し出す
❷ 〖④と〗(犬などが)〔獲物⁴を〕駆り出す

auf|sto·cken [アオフ・シュトッケン] [分離]
(stockte auf; aufgestockt; [完了]h)
[他] 〖④と〗〔建物⁴に〕階を建て増す ▷ Wir müssen unser Haus *aufstocken.* 私たちは上にさらに建て増しをしなければならない

auf|sto·ßen [アオフ・シュトーセン] [分離]
(er stößt auf; stieß auf; aufgestoßen)
— [他] 〖[完了]h〗 ❶ 〖④と〗〔ドアなど⁴を〕強く押して〈ついて〉あける ▷ die Fensterläden *aufstoßen* 窓のよろい戸を押してあける
❷ 〖④と〗〔··⁴を〕ぶつける ▷ sich³ den Kopf *aufstoßen* 頭を(梁などに)打ちつける
— [自] ❶ 〖[完了]h〗 げっぷをする
❷ 〖[完了]s〗《口語》〖③と〗〔··³の〕目に留まる (☆ふつう好ましくないことについて用いる) ▷ Mir ist nichts Verdächtiges *aufgestoßen.* 疑わしいことに私は何も気づかなかった

auf·stre·bend [アオフ・シュトレーベント] [形] (企業などが)新興の, 台頭する, 躍進する; 向上心にあふれる

Auf·strich [アオフ・シュトリヒ] [男] *der* ([単] 2格 -[e]s; [複] なし) (ジャム・バターなどのように)パンの上に塗るもの ▷ Nimmst du Butter oder Marmelade als *Aufstrich*? パンに塗るのはバターにしますかジャムにしますか

auf|stüt·zen [アオフ・シュテュッツェン] [分離]
(stützte auf; aufgestützt; [完了]h)
— [他] 〖④と〗〔腕・ひじなど⁴を〕つく ▷ die Arme auf den Tisch *aufstützen* テーブルに両腕をつく
— [再] 〖[sich]⁴と〗 体を支える ▷ *Stütze* dich mit den Ellbogen nicht so auf den Tisch *auf*! テーブルにそんなふうにひじをつくな

auf|su·chen [アオフ・ズーヘン] [分離]
(suchte auf; aufgesucht; [完了]h)
[他] ❶ 〖④と〗〔··⁴を〕必要があって訪れる ▷ Ich muss einen Arzt *aufsuchen.* 私は医者にかからねばならない
❷ 〖④と〗〔··⁴に〕(用事があって) 行く ▷ den Speisesaal 〈eine Bar〉 *aufsuchen* 食堂〈バー〉に行く

Auf·takt [アオフ・タクト] [男] *der* ([単] 2格 -[e]s; まれに [複] -e) (一連の出来事の)幕開け, 皮切り, 序幕 ▷ Die Vorstellung war ein guter *Auftakt* der Festspiele. その上演は演劇祭のよい幕開けになった

auf|tan·ken [アオフ・タンケン] [分離]
(tankte auf; aufgetankt; [完了]h)
[他] 〖④と〗〔飛行機・車など⁴に〕燃料を補給する

auf|tau·chen [アオフ・タオヘン] [分離]
(tauchte auf; aufgetaucht; [完了]s)
[自] (水中から)浮かび上がる ([反] untertauchen) ▷ Das U-Boot *tauchte* wieder *auf.* 潜水艦が再び浮上した / Nach langer Zeit *tauchte* er wieder bei uns *auf.* 久し振りに彼が再び私たちのところへ現れた

auf|tau·en [アオフ・タオエン] [分離]
(taute auf; aufgetaut)
— [自] 〖[完了]s〗 ❶ (氷・雪などが)溶ける ▷ Der Schnee ist *aufgetaut.* 雪が溶けた
❷ (人が)打ち解ける ▷ Er *taut* in Gesell-

aufteilen

...schaft nur langsam *auf*. 彼は人前ではなかなか打ち解けない

— 他 （完了h） ❶ 〖④と〗〔氷など⁴を〕溶かす; 〔冷凍食品など⁴を〕解凍する ▷ Die Sonne taute das Eis *auf*. 太陽は氷を溶かした

❷ 〖④と〗〔…の〕氷を溶かす ▷ ein Türschloss *auftauen* ドアの錠に凍りついた氷を溶かす

auf|tei·len [アオフ・タイレン] 分離
(teilte auf; aufgeteilt; 完了h)
他 ❶ 〖④と〗〔…⁴を〕分配する ▷ den Kuchen *aufteilen* ケーキを分配する
❷ 〖④と〗〔…⁴を〕組分けする ▷ die Schüler in Klassen *aufteilen* 生徒をクラス分けする

Auf·tei·lung [アオフ・タイルング] 女 die (単2格 -; 複 -en) （物の）分配; （人などの）グループ分け

auf|ti·schen [アオフ・ティッシェン] 分離
(tischte auf; aufgetischt;)
他 ❶ 〖④と〗〔豪華なごちそう⁴を〕食卓に並べる
❷ 《口語》〖④と〗〔うそ・いい加減な言い訳など⁴を〕言う

Auf·trag [アオフ・トラーク] 男 der (単2格 -[e]s; 複 ..träge)
❶ 任務, 指図 ▷ einen *Auftrag* ausführen 任務を遂行する / Ich habe den *Auftrag* bekommen, einen Bericht zu schreiben. 私は報告書を書くように指図を受けました / im *Auftrag* von Herrn X X 氏の委任を受けて
❷ 注文

auf|tra·gen [アオフ・トラーゲン] 分離
(er trägt auf; trug auf; aufgetragen; 完了h)
— 他 ❶ 〖④と〗〔塗料・軟膏など⁴を〕(薄く均等に)塗る ▷ Er *trug* die Salbe dünn auf die Wunde *auf*. 彼は傷口に薄く軟膏を塗った
❷ 〖③+④と〗〔…³に…⁴を〕委託〈依頼〉する ▷ Sie hat mir *aufgetragen*, ihn zu besuchen. 彼女は私に彼を訪問するよう頼んだ
❸ 〖④と〗〔衣類など⁴を〕(着られなくなるまで)着古す
❹ 《文語》〖④と〗〔料理など⁴を〕食卓に供する
— 自 （服が人を）太って見せる ▷ Die Jacke *trägt* nicht *auf*. この上着は着太りしない

Auf·trag·ge·ber [アオフ・トラーク・ゲーバー] 男 der (単2格 -s; 複 -) （任務などの）依頼者, 委任人

auf|tref·fen [アオフ・トレッフェン] 分離
(er trifft auf; traf auf; aufgetroffen; 完了s)
自 〖auf+④〈③〉と〗 （飛行物体などが墜落して）〔…⁴⁽³⁾に〕突き当たる

auf|trei·ben [アオフ・トライベン] 分離
(trieb auf; aufgetrieben; 完了h)
他 ❶ 《口語》〖④と〗〔…⁴を〕(探し回って)やっと見つける ▷ Er hat ein Taxi *aufgetrieben*. 彼はやっとタクシーを見つけた
❷ 〖④と〗〔…⁴を〕膨張させる, 発生させる ▷ Die Hefe *treibt* den Teig *auf*. 酵母は生地を膨らます

auf|tren·nen [アオフ・トレネン] 分離
(trennte auf; aufgetrennt; 完了h)
他 ❶ 〖④と〗〔縫い目など⁴を〕ほどく
❷ 〖④と〗〔縫った〈編んだ〉ものなど⁴を〕ほどく

auf|tre·ten [アオフ・トレーテン] 分離
(er tritt auf; trat auf; aufgetreten; 完了s)
自 ❶ 〖(副詞)と〗〔…の〕態度をとる, 振舞う ▷ würdevoll *auftreten* 威厳ある態度をとる
❷ （歩行のために）足を地面などにつける ▷ Er konnte nicht *auftreten*. 彼は(足をくじいたりして)歩くことができなかった
❸ （特定の役割をもって）公的な場に出る ▷ Er ist in einem Prozess als Zeuge *aufgetreten*. 彼は証人として出廷した
❹ （俳優などが）舞台に立つ, 出演する ▷ auf einer großen Bühne *auftreten* 大きな舞台に出演する
❺ （問題などが急に, あるいは予期せず）生じる, 現れる ▷ Schwierigkeiten *traten auf*. 難題が生じた / Pocken *treten* nur selten *auf*. 天然痘はまれにしか発生しない

Auf·tre·ten [アオフ・トレーテン] 中 das (単2格 -s; 複 なし) 態度, 振舞い

Auf·trieb [アオフ・トリープ] 男 der (単2格 -[e]s; 複 なし) 勢い, 活力 ▷ Diese Nachricht gab ihm wieder *Auftrieb*. この知らせは彼に再び活力を与えた

Auf·tritt [アオフ・トリット] 男 der (単2格 -[e]s; 複 -e)
❶ （舞台へ）登場すること; 出演
❷ （劇）（幕の一部としての）場 (☆「幕」は Akt)

auf|trump·fen [アオフ・トルムプフェン] 分離
(trumpfte auf; aufgetrumpft; 完了h)
自 〖mit+③と〗〔…³で〕自分の優位を見せつける ▷ Er *trumpfte* mit seinen Leistungen *auf*. 彼は成績〈業績〉で自分の優秀さを見せつけた

auf|tun [アオフ・トゥーン] 分離
(tat auf; aufgetan; 完了h)
— 他 《口語》〖④と〗〔…⁴を〕偶然見つける ▷ Ich habe einen guten Friseur *aufgetan*. 私はじょうずな床屋を見つけた
— 再 〖sich⁴と〗（新しい世界などが）急に目の前に開ける ▷ Ein weites Tal *tat* sich vor ihr *auf*. 広大な谷が彼女の目の前に開けた

auf|wa·chen [アオフ・ヴァッヘン] 分離
(wachte auf; aufgewacht; 完了s)
自 目がさめる ▷ Ich bin heute früh *aufgewacht*. 私はきょうは早く目がさめた

auf|wach·sen [アオフ・ヴァクセン] 分離 (er wächst auf; wuchs auf; aufgewachsen; 完了s)
自 成長する, 育つ ▷ Er ist auf dem Land *aufgewachsen*. 彼はいなかで育った

Auf·wand [アオフ・ヴァント] 男 *der* (覆2格 -[e]s; 覆なし)(金・時間などを)費やすこと ▷ Dieser *Aufwand* an Geld war nicht erforderlich. この出費は必要なかった

auf·wän·dig [アオフ・ヴェンディヒ] 形 (多額の)費用のかかる ▷ Sie lebt sehr *aufwändig*. 彼女は非常にぜいたくな暮らしをしている

auf·wär·men [アオフ・ヴェルメン] (wärmte auf; aufgewärmt; 助h)
— 他 ❶ 〖④と〗〔冷えた料理など⁴を〕温め直す ▷ das Essen *aufwärmen* 食事を温め直す ❷ 〖口語〗〖④と〗〔古い話など⁴を〕蒸し返す ▷ Er *wärmte* eine alte Geschichte immer wieder *auf*. 彼は古い話を再三再四蒸し返した
— 再 〖sich⁴と〗(ストーブ・温かい飲み物などで)体を温める ▷ Er hat sich mit einer Tasse Kaffee *aufgewärmt*. 彼はコーヒーを1杯飲んで体を温めた

auf·wärts [アオフ・ヴェルツ]
副 上方へ (覆 abwärts) ▷ Die Straße führt *aufwärts*. 道路は上り坂だ
〖イディオム〗 **es geht mit**＋③ *aufwärts* 《口語》(物事の状況など)がよくなっていく

auf·wärts|ge·hen [アオフ・ヴェルツ・ゲーエン] 分離 (ging aufwärts; aufwärtsgegangen; 助s)
自 〈旧⇒新〉 **aufwärts gehen** 〈分けて書く〉 ☞ aufwärts

auf·we·cken [アオフ・ヴェッケン] 分離 (weckte auf; aufgeweckt; 助h)
他 〖④と〗〔…⁴の〕目をさまさせる (ふつう物音で目がさめることを表す) ▷ Der Lärm hat mich *aufgeweckt*. 騒音で私は目がさめた

auf·wei·chen [アオフ・ヴァイヒェン] 分離 (weichte auf; aufgeweicht)
— 他 〖助h〗〖④と〗〔…⁴を〕(水などに浸して)柔らかくする; (雨などが)〔道など⁴を〕ぬかるみにする
— 自 〖助s〗柔らかくなる; (道が)ぬかる

auf·wei·sen [アオフ・ヴァイゼン] 分離 (wies auf; aufgewiesen; 助h)
他 〖④と〗〔…⁴が〕認められる ▷ Dieser Apparat *weist* viele Mängel *auf*. この装置には多くの欠陥が認められる

auf|wen·den [アオフ・ヴェンデン] (wendete 〈wandte〉 auf; aufgewendet 〈aufgewandt〉; 助h)
他 〖④と〗〔時間・労力など⁴を〕費やす, 投入する ▷ für die Arbeit viel Zeit *aufwenden* その仕事に多くの時間を費やす

auf·wen·dig [アオフ・ヴェンディヒ] ＝aufwändig

Auf·wen·dun·gen [アオフ・ヴェンドゥンゲン] 複名 (仕事に伴う)費用, 支出 ▷ Die *Aufwendungen* für dieses Projekt betragen über drei Millionen Euro. このプロジェクトのための費用は300万ユーロ以上になる

auf|wer·fen [アオフ・ヴェルフェン] 分離 (er wirft auf; warf auf; aufgeworfen; 助h)
他 〖④と〗〔問題など⁴を〕投げかける, 話題にする ▷ In der Diskussion wurden heikle Fragen *aufgeworfen*. 討論の中で微妙な問題が提起された

auf|wer·ten [アオフ・ヴェーアテン] (wertete auf; aufgewertet; 助h)
他 〖④と〗〔通貨の〕平価を切り上げる (覆 abwerten)

Auf·wer·tung [アオフ・ヴェーアトゥング] 女 *die* (覆2格 -; 覆 -en) 平価切上げ

auf|wi·ckeln [アオフ・ヴィッケルン] 分離 (wickelte auf; aufgewickelt; 助h)
他 〖④と〗〔ひもなど⁴を〕巻きつける ▷ die Schnur auf eine Spule *aufwickeln* ひもを巻き枠に巻きつける

auf|wie·geln [アオフ・ヴィーゲルン] 分離 (wiegelte auf; aufgewiegelt; 助h)
他 〖④と〗〔…⁴を〕扇動する, そそのかす ▷ die Menge gegen die Regierung *aufwiegeln* 政府に反抗するように群衆を扇動する

auf|wie·gen [アオフ・ヴィーゲン] (wog auf; aufgewogen; 助h)
他 〖④と〗〔…⁴の〕埋め合わせになる ▷ Der Erfolg *wog* alle Mühe nicht *auf*. このような成果はまったく苦労したかいのないものだった

Auf·wind [アオフ・ヴィント] 男 *der* (覆2格 -[e]s; 覆 -e) 上昇気流; (比ゆ)勢い, 活力

auf|wir·beln [アオフ・ヴィルベルン] 分離 (wirbelte auf; aufgewirbelt)
— 他 〖助h〗〖④と〗〔ほこりなど⁴を〕吹き〈巻き〉上げる ▷ Der Wind hat den Staub *aufgewirbelt*. 風がほこりを吹き上げた
— 自 〖助s〗(ほこり・雪などが)舞い上がる

auf|wi·schen [アオフ・ヴィッシェン] 分離 (wischte auf; aufgewischt)
他 ❶ 〖④と〗〔水など⁴を〕(ぞうきんなどで)ふき取る ▷ Sie *wischte* das verschüttete Wasser *auf*. 彼女はこぼした水をふき取った
❷ 〖④と〗〔床など⁴を〕ふいてきれいにする ▷ den Fußboden *aufwischen* 床をふく

auf|wüh·len [アオフ・ヴューレン] 分離 (wühlte auf; aufgewühlt; 助h)
他 ❶ 〖④と〗〔…⁴を〕掘り起こす〈返す〉 ▷ Der Bagger *wühlt* die Erde *auf*. パワーシャベルは土を掘り返す
❷ 〖④と〗〔水面など⁴を〕激しく波立たせる ▷ Der Wind hat den See *aufgewühlt*. 風で湖は波立った
❸ 〖④と〗(音楽などが)〔…⁴の〕心を揺り動かす

auf|zäh·len [アオフ・ツェーレン] 分離 (zählte auf; aufgezählt; 助h)

aufzäumen

他【④と】[..⁴を](1つ1つ)数え上げる, 列挙する ▷ Er hat seine Verdienste *aufgezählt*. 彼は自分の功績を数え上げた

auf|zäu・men [アオフ・ツォイメン] 分離
(zäumte auf; aufgezäumt; 匠 h)
他【④と】[馬⁴に]馬勒ᵇをつける

auf|zeich・nen [アオフ・ツァイヒネン] 分離
(zeichnete auf; aufgezeichnet; 匠 h)
他【④と】[..⁴を]書き留める ▷ Er *zeichnet* seine Erinnerungen *auf*. 彼は自分の思い出を書き留める

Auf・zeich・nung [アオフ・ツァイヒヌング] 女 die
(⊕2格 -; ⊗ -en)
❶《ふつう ⊗ で》(思い出などの)記録, 手記
❷ 録画, 録音

auf|zei・gen [アオフ・ツァイゲン] 分離
(zeigte auf; aufgezeigt; 匠 h)
他【④と】[..⁴を]はっきり示す ▷ Probleme *aufzeigen* 問題をはっきり示す

auf|zie・hen [アオフ・ツィーエン] 分離
(zog auf; aufgezogen)
—他【匠 h】❶【④と】[ブラインド・錨ⁱᵏなど⁴を]引き上げる ▷ Er hat eine Fahne *aufgezogen*. 彼は旗を揚げた
❷【④と】[..⁴を]引いてあける ▷ eine Gardine *aufziehen* カーテンをあける
❸【④と】[弦・キャンバスなど⁴を]取りつける; はりつける ▷ eine Leinwand auf einen Rahmen *aufziehen* キャンバスを枠に張る
❹【④と】[..⁴の]ぜんまいを巻く ▷ Er *zieht* seine Uhr *auf*. 彼は時計のぜんまいを巻く
❺《口語》【④と】[..⁴を]からかう ▷ Sie haben den neuen Schüler wegen seines Namens *aufgezogen*. 彼らは新入りの生徒を名前のことでからかった
❻《口語》【④と】[催し物⁴を](準備して)開催する ▷ Das Fest wurde groß *aufgezogen*. 祝典は盛大に行われた
❼【④と】[..⁴を]育てあげる ▷ Sie hat vier Kinder *aufgezogen*. 彼女は子供を4人育てあげた
—自【匠 s】❶《行進しながらしかるべき場所に》立つ ▷ Die Wache ist *aufgezogen*. 衛兵が部署についた
❷《あらしなどが》近づいて来る ▷ Ein Gewitter *zieht auf*. 雷雲が近づいて来る

Auf・zucht [アオフ・ツフト] 女 die (⊕2格 -; ⊗ なし)(特に家畜の子の)飼育

Auf・zug [アオフ・ツーク] 男 der (⊕2格 -[e]s; ..züge)
❶ エレベーター; 巻き上げ機 ▷ Nehmen wir den *Aufzug* oder die Rolltreppe? エレベーターにしましょうかエスカレーターにしましょうか
❷《劇》幕
❸《おかしな》服装, 身なり, いでたち ▷ In diesem *Aufzug* kann ich mich nicht sehen lassen. こんな服装じゃ私は人前に出られない

Au・ge [アオゲ] 中 das (⊕2格 -s; ⊗ -n)
❶ 目 ▷ traurige *Augen* 悲しそうな目 / große *Augen* machen (びっくりして)目を丸くする /《比ゆ》ein *Auge*〈beide *Augen*〉zudrücken 大目に見る / Er hat die ganze Nacht kein *Auge* zugetan. 彼は一晩中一睡もしなかった / auf einem *Auge* blind sein 片方の目が見えない / mit bloßen *Augen* 肉眼で / unter vier *Augen* 2人だけで, 内密に
❷ 視力 ▷ Sie hat gute〈schlechte〉*Augen*. 彼女は視力がいい〈悪い〉
イディオム *Auge in Auge* 向かい合って
Auge um Auge, Zahn um Zahn. 目には目を歯には歯を (☆聖書)
Aus den Augen, aus dem Sinn.《ことわざ》去る者は日々に疎し (=目に見えなくなるものは意識からも去る)

Au・gen・arzt [アオゲン・アールツト] 男 der (⊕2格 -es; ⊗ ..ärzte) 眼科医

Au・gen・blick [アオゲン・ブリック] 男 der (⊕2格 -[e]s; ⊗ -e) 瞬間, ちょっとの間 ▷ Einen *Augenblick*, bitte! ちょっとお待ちください / Ich bin im *Augenblick* sehr beschäftigt. 私はいま非常に忙しい / den Zug im letzten *Augenblick* erreichen 列車にぎりぎりのところで間に合う

au・gen・blick・lich [アオゲン・ブリックリヒ]
—形 目下の, 現在の, 今の ▷ die *augenblickliche* Lage 目下の状況 / Ich habe *augenblicklich* keine Zeit. 私はいま時間がない
—副 即刻 ▷ Verlassen Sie *augenblicklich* den Raum! 即刻部屋から出て行ってください

Au・gen・braue [アオゲン・ブラオエ] 女 die (⊕2格 -; ⊗ -n) 眉毛ᵏᵉ

Au・gen・maß [アオゲン・マース] 中 das (⊕2格 -es; ⊗ なし)
❶ 目測の能力 ▷ nach *Augenmaß* 目測で
❷ 状況の判断能力

au・gen・schein・lich [アオゲン・シャインリヒ]
形《文語》明らかな, 明白な;《副詞的に》明らかに [..³に]

Au・gen・trop・fen [アオゲン・トロプフェン] 複名 点眼薬, 目薬

Au・gen・zeu・ge [アオゲン・ツォイゲ] 男 der (⊕2・3・4格 -n; ⊗ -n) 目撃者

Augs・burg [アオクスブルク] (中)(das)《都市名》(地図 E-4)

Au・gust
[augúst アオグスト]
男 der (⊕2格 -[e]s〈-〉; まれに ⊗ -e)

8月 (⊗ Aug.) (用法: ☞ April)

Au·gus·tus [アオグストゥス]《男名》アウグストゥス

Auk·ti·on [アオクツィオーン] [女] *die* ([単] 2格 –; [複] –en) 競売, せり, オークション (＝Versteigerung)

Au·la [アオラ] [女] *die* ([単] 2格 –; [複] Aulen⟨–s⟩) (大学・高校などの)講堂

Au·len [アオレン] Aula の [複数]

aus

[aus アオス]

— [前]〘③支配〙

☆ 代名詞との結合形: daraus, woraus など

❶《方向》…の中から

aus dem Zimmer kommen
部屋の中から出て来る
ein Buch *aus* dem Regal nehmen
本を 1 冊書棚から取り出す
Er hat mir *aus* Bonn geschrieben.
彼は私にボンから手紙をよこした
aus einem Glas trinken
グラスから飲む
aus der Mode kommen 流行遅れになる

[類語]
aus 内部から ▷ Er steigt *aus* dem Auto aus. 彼は自動車から降りる
von 表面から ▷ Er steht *von* der Bank auf. 彼はベンチから立ち上がる

❷《出身》…から, …出身の ▷ Er kommt *aus* Köln. 彼はケルンの出身だ / Sie ist *aus* guter Familie. 彼女は良家の出だ
❸《出所》…から ▷ ein Lied *aus* alten Zeiten 昔から伝わる歌
❹《材料》…製の ▷ eine Bank *aus* Holz 木製のベンチ / *aus* einem Kleid eine Bluse machen ワンピースからブラウスを作る
❺《原因》…から, …のために ▷ *aus* Eifersucht 嫉妬から / *aus* diesem Grund この理由から

[類語]
aus 意図的な行為の原因 ▷ Wir haben es nur *aus* Spaß gesagt. 私たちはそれをただ冗談で言っただけだ
vor 非意図的な行為の原因 ▷ Das Kind hat *vor* Schmerzen geschrien. 子供は痛みのあまり泣き叫んだ

[イディオム] ***von mir aus***《口語》私ならかまいません ▷ Kann ich hier rauchen? – *Von mir aus.* ここでタバコを吸ってもいいですか―私ならかまいません

— [副]〘von と〙…から ▷ von hier *aus* ここから / vom Fenster *aus* 窓から

aus sein **a)** 終わっている ▷ Die Sitzung *ist aus.* 会議は終わった / 〘非人称主語 es と〙 Zwischen uns *ist* es *aus.* 私たちの仲ももうおしまいだ / Mit ihm *ist* es *aus.* 彼はもうだめだ
b) (火などが)消えている ([反] an) ▷ Das Feuer *ist aus.* 火は消えた // Licht *aus*! 明かりを消せ
c) (スイッチなどが)切れている ▷ Das Fernsehen *war aus.* テレビは切れていた
d) 外に出ている ▷ Er *ist aus.* 彼は外出している / Der Ball *ist aus.* ボールは場外に出た

★ **aus..** [アオス..]〘分離前つづり〙
a)《外へ》*aus*gehen 外出する, *aus*fließen 漏れる
b)《取り出す》*aus*drücken しぼり出す, *aus*reißen 引っ張って抜く
c)《選出》*aus*suchen 選び出す, *aus*wählen 選び出す
d)《物のない状態》*aus*räumen (中の物を取り出して)からにする, *aus*schütten (中身を出して)からにする
e)《汚れのない状態》*aus*klopfen たたいてきれいにする, *aus*lecken きれいになめる
f)《消えた⟨切れた⟩状態》*aus*blasen 吹き消す, *aus*drehen スイッチを回して切る
g)《完了》*aus*arbeiten 仕上げる, *aus*lesen 読み終える

aus|ar·bei·ten [アオス・アルバイテン] [分離]
(arbeitete aus; ausgearbeitet; [完了]h)
[他]〘④と〙〔草案など⁴を〕仕上げる ▷ einen Vortrag *ausarbeiten* 講演を仕上げる

aus|ar·ten [アオス・アールテン] [分離]
(artete aus; ausgeartet; [完了]s)
[自]〘in＋④ ⟨zu＋③⟩と〙〔好ましくない状態⁴⁽³⁾に〕なる, 悪化する ▷ Der Streit *artete* in eine Schlägerei *aus.* 口論は殴り合いになった

aus|at·men [アオス・アートメン] [分離]
(atmete aus; ausgeatmet; [完了]h)
[他]〘④と〙〔息など⁴を〕吐き出す ([反] einatmen) ▷ Luft durch den Mund *ausatmen* 空気を口から吐き出す // langsam *ausatmen* ゆっくり息を吐き出す

aus|ba·den [アオス・バーデン] [分離]
(badete aus; ausgebadet; [完了]h)
[他]《口語》〘④と〙〔特に他人の失敗など⁴の〕後始末をする ▷ Ich musste seinen Leichtsinn *ausbaden.* 私は彼の軽率さのしりぬぐいをしなければならなかった

aus|bau·en [アオス・バオエン] [分離]
(baute aus; ausgebaut; [完了]h)

aus|be·din·gen [アオス・ベディンゲン] 分離
(bedang aus; ausbedungen; 匪h)

再《文語》《sich³+④と》〔十分な報酬など⁴を〕条件とする

aus|bes·sern [アオス・ベッセルン] 分離
(besserte aus; ausgebessert; 匪h)

他《④と》〔..⁴を〕修理〈修繕・修復〉する ▷ ein Dach *ausbessern* 屋根を修理する

aus|beu·len [アオス・ボイレン] 分離
(beulte aus; ausgebeult; 匪h)

他 ❶《④と》〔..⁴の〕へこみを直す ▷ den Kotflügel *ausbeulen* フェンダーのへこみを直す

❷《④と》〔衣類⁴を〕(肘・膝などの部分が丸く外にたるむように)着古す

Aus·beu·te [アオス・ボイテ] 名 die (働 2 格-; まれに 働 -n) (鉱石・石炭などの)産出量;（活動によって得られる）成果 ▷ die wissenschaftliche *Ausbeute* der Untersuchungen 調査の学問的成果

aus|beu·ten [アオス・ボイテン] 分離
(beutete aus; ausgebeutet; 匪h)

他《④と》〔..⁴を〕搾取する，食い物にする ▷ die Arbeiter *ausbeuten* 労働者を搾取する

aus|be·zah·len [アオス・ベツァーレン] 分離
(bezahlte aus; ausbezahlt; 匪h)

他 ❶《④+④と》〔..³に〕賃金・収益・報奨金・遺産など⁴を〕支払う

❷《④と》〔労働者・出資者・相続人などに〕しかるべき金額を支払う

aus|bil·den [アオス・ビルデン] 分離
(bildete aus; ausgebildet; 匪h)

— 他 ❶《④と》〔..⁴を〕(職業につけるように)養成〈育成〉する ▷ Nachwuchs *ausbilden* 後継者を育成する / sich⁴ als Krankenschwester *ausbilden* lassen 看護婦になるための教育を受ける

❷《④と》〔..⁴を〕(訓練によって)発達させる ▷ Fähigkeiten *ausbilden* 能力を十分に伸ばす

— 再《sich⁴と》(才能などが)ゆっくりと)発達する;（花が）開花する

Aus·bil·der [アオス・ビルダー] 男 der (働 2 格 -s; 働 -) (職業教育を行う)指導員

Aus·bil·dung [アオス・ビルドゥング] 名 die (働 2 格 -; 働 -en)
(特に職業につけるように)養成〈育成〉すること，職業教育 ▷ die militärische *Ausbildung* 軍事教育 / Er hat eine gute *Ausbildung* erhalten. 彼はしっかりした職業教育を受けた

aus|bit·ten [アオス・ビッテン] 分離
(bat aus; ausgebeten; 匪h)

再《sich³+④と》〔..⁴を〕切に求める ▷ sich Bedenkzeit *ausbitten* 考える時間をくれるように頼む / Ich *bitte* mir Ruhe *aus*! お静かにお願いします

aus|bla·sen [アオス・ブラーゼン] 分離
(er bläst aus; blies aus; ausgeblasen; 匪h)

他《④と》〔ろうそく・マッチなど⁴を〕吹き消す

aus|blei·ben [アオス・ブライベン] 分離
(blieb aus; ausgeblieben; 匪s)

自 (予期したことが)起こらない;（待っていた人が）来ない ▷ Die Gäste *blieben aus*. 客は来なかった / Die Menstruation ist *ausgeblieben*. 生理がなかった

aus|blen·den [アオス・ブレンデン] 分離
(blendete aus; ausgeblendet; 匪h)

他《映画・などど》《④と》〔映像・音声⁴を〕フェードアウト〈ダウン〉する (® einblenden)

Aus·blick [アオス・ブリック] 男 der (働 2 格 -[e]s; 働 -e) 眺め，眺望，見晴らし ▷ Sie genießen den *Ausblick* auf die Berge. 彼らは山の眺めを楽しむ

aus|boo·ten [アオス・ボーテン] 分離
(bootete aus; ausgebootet; 匪h)

他《口語》《④と》〔..⁴を〕(ある地位・立場から)押しのける，け落とす

aus|bre·chen [アオス・ブレッヒェン] 分離
(er bricht aus; brach aus; ausgebrochen)

— 他《匪h》《④と》〔..⁴を〕壊して取る，はぎ(もぎ)取る ▷ Steine aus der Mauer *ausbrechen* 壁の石をはぎ取る / Ich habe mir einen Zahn *ausgebrochen*. 私は歯を折った

— 自《匪s》❶ (囚人・動物などが)脱走する，逃げ出す ▷ Der Häftling ist wieder *ausgebrochen*. その囚人はまた脱走した

❷ (火事・戦争などが)突然起こる;（火山などが）爆発する ▷ Ein Streik ist *ausgebrochen*. ストライキが起こった

❸ 〔in+④と〕〔..⁴の〕状態に陥る，突然..⁴し出す ▷ in Tränen 〈Lachen〉 *ausbrechen* 突然泣き〈笑い〉出す

aus|brei·ten [アオス・ブライテン] 分離
(breitete aus; ausgebreitet; 匪h)

— 他 ❶《④と》〔たたんであるもの⁴を〕広げる;〔腕・翼⁴を〕広げる ▷ die Zeitung *ausbreiten* 新聞を広げる / Er *breitete* die Straßenkarte auf dem Boden *aus*. 彼は道路地図を地面に広げた

❷《④と》〔..⁴を〕(見渡せるように)並べて置く，広げる ▷ den Inhalt eines Pakets auf dem Tisch *ausbreiten* 包みの中身をテーブルの上に

①，②，③，④=1 格，2 格，3 格，4 格の名詞

広げる
― 再【sich⁴と】(火・うわさ・病気などが)広がる, 広まる ▷ Das Feuer hat sich *ausgebreitet*. 火が広がった / Das Unkraut *breitet* sich *aus*. 雑草がはびこる

Aus·brei·tung [アオス・ブライトゥング] 女 *die* (複2格 -; 複 なし) 拡大, 拡張, 拡散, 伝播でん, 普及

aus|bren·nen [アオス・ブレネン] 分離
(brannte aus; ausgebrannt; 完了s)
自 (建物・車などが)外枠を残してすっかり焼ける

Aus·bruch [アオス・ブルフ] 男 *der* (複2格 -[e]s; 複に ..brüche)
❶ 脱走, 脱出 ▷ der *Ausbruch* der Häftlinge 囚人たちの脱走
❷ (突然の)発生, 突発, 勃発ぼっ ▷ der *Ausbruch* einer Epidemie 流行病の発生
❸ (感情・火山などの)爆発

aus|brü·ten [アオス・ブリューテン] 分離
(brütete aus; ausgebrütet; 完了h)
他 ❶【④と】(ひな・卵⁴を)かえす, 孵化ふかさせる
❷《口語》【④と】(かぜなど⁴に)なりかかっている ▷ eine Grippe *ausbrüten* かぜ気味である

aus|bü·geln [アオス・ビューゲルン] 分離
(bügelte aus; ausgebügelt; 完了h)
他《口語》【④と】(過ちなど⁴を)直す;〔損害など⁴の〕埋め合わせをする

aus|bür·gern [アオス・ビュルゲルン] 分離
(bürgerte aus; ausgebürgert; 完了h)
他【④と】[..⁴の]国籍を剥奪はくだつする

aus|bürs·ten [アオス・ビュルステン] 分離
(bürstete aus; ausgebürstet; 完了h)
他 ❶【④と】[..⁴を]ブラシできれいにする ▷ einen Mantel *ausbürsten* コートにブラシをかけてきれいにする / das Haar *ausbürsten* 髪を十分にブラッシングする
❷【④と】〔ほこりなど⁴を〕ブラシで払う ▷ den Staub aus dem Mantel *ausbürsten* ブラシでほこりをコートから払う

Ausch·witz [アオシュヴィッツ] 中 *das* 《都市名》アウシュヴィッツ(ポーランド; ナチスの強制収容所があった都市)

Aus·dau·er [アオス・ダオアー] 女 *die* (複2格 -; 複 なし) (努力などを続ける)忍耐力, 根気, ねばり ▷ Er hat keine *Ausdauer*. 彼は根気がない

aus·dau·ernd [アオス・ダオエルント] 形 根気のある, ねばり強い ▷ Er ist ein *ausdauernder* Arbeiter. 彼はねばり強い労働者だ

aus|deh·nen [アオス・デーネン] 分離
(dehnte aus; ausgedehnt; 完了h)
― 他 ❶【④と】[..⁴を]膨張させる ▷ Die Hitze *dehnt* die Schienen *aus*. 暑さでレールが膨張する
❷【④と】〔領域など⁴を〕広げる, 拡大する ▷ Er *dehnt* seinen Einfluss auf andere *aus*. 彼は他者への影響力を拡大する
❸【④と】[..⁴の期間を]延ばす ▷ einen Aufenthalt *ausdehnen* 滞在を延ばす
― 再 ❶【sich⁴と】(金属などが)膨張する;(取り引きなどが)拡大する ▷ Wasser *dehnt* sich bei Erwärmung *aus*. 水は温めると膨張する
❷【sich⁴と】(平地などが)広がる ▷ Vor mir *dehnte* sich ein See *aus*. 私の前に湖が広がっていた

Aus·deh·nung [アオス・デーヌング] 女 *die* (複2格 -; 複 -en) 膨張, 拡大; 延長

aus|den·ken [アオス・デンケン] 分離
(dachte aus; ausgedacht; 完了h)
他【④と】[..⁴を]考え出す ▷ Er *denkt* sich immer neue Ausreden *aus*. 彼はいつでも新しい口実を考え出す
(イディオム) ①+*ist nicht auszudenken* …は想像できない ▷ Die Folgen *sind nicht auszudenken*. その結果には計り知れないものがある

aus|dre·hen [アオス・ドレーエン] 分離
(drehte aus; ausgedreht; 完了h)
他 ❶【④と】〔電気・テレビなどの⁴〕スイッチを回して切る
❷【④と】〔水など⁴を〕(栓をひねって)止める

Aus·druck [アオス・ドルック] 男 *der* (複2格 -[e]s; 複 ..drücke)
❶ 表現 ▷ beleidigende *Ausdrücke* 侮辱的な表現 / Diesen *Ausdruck* habe ich noch nie gehört. このような表現は私はまだ一度も聞いたことがない
❷【複 なし】表現の様式〈仕方〉 ▷ Er besitzt Gewandtheit im *Ausdruck*. 彼は表現が巧みだ
❸【複 なし】(感情などの)表出 ▷ Sein Gesicht bekam einen mitleidigen *Ausdruck*. 彼の顔に同情の表情が浮かんだ / mit 〈ohne〉 *Ausdruck* 感情を込めて〈込めずに〉
(イディオム) ④+*zum Ausdruck bringen* …⁴を(ことばに)表す
zum Ausdruck kommen 表される ▷ Seine Meinung *kommt* in seinem Verhalten deutlich *zum Ausdruck*. 彼の意見は彼の態度にはっきり表されている

Aus·drü·cke [アオス・ドリュッケ] Ausdruck の 複数

aus|drü·cken [アオス・ドリュッケン] 分離
(drückte aus; ausgedrückt; 完了h)
― 他 ❶【④+③と】[..⁴を…に]表現する ▷ einen Gedanken richtig *ausdrücken* 考えを適切に表現する
❷【④と】〔気持ち⁴を〕述べる ▷ Er *drückte* ihr seinen Dank *aus*. 彼は彼女に感謝の気持ちを述べた

ausdrücklich

❸ 【④と】〔…⁴を〕表す ▷ Ihre Augen *drückten* unendliche Trauer *aus*. 彼女の目は果てしない悲しみを表していた

❹ 【④と】〔果汁などを〕しぼり出す; 〔…⁴から〕(果汁・水分などを)しぼり出す ▷ den Saft aus einer Zitrone *ausdrücken* レモンから汁をしぼり出す / eine Zitrone *ausdrücken* レモンの汁をしぼり出す

(イディオム) *eine Zigarette ausdrücken* タバコを(灰皿などに)押しつけて消す

── 再 〖sich⁴+様態〗と〗(気持ち・考えなどを)〔…の仕方で〕表現する ▷ Habe ich mich richtig 〈klar〉 *ausgedrückt*? 私は適切に〈はっきりと〉表現したでしょうか

aus·drück·lich [アオス・ドリュックリヒ] 形 (表現の仕方が)明確な, はっきりとした (☆ 述語として用いない) ▷ ④+*ausdrücklich* verbieten …⁴をはっきりと禁止する

aus·drucks·voll [アオス・ドルックス・フォル] 形 (目などが)表情豊かな

Aus·drucks·wei·se [アオス・ドルックス・ヴァイゼ] 女 *die* (覚 2格 -; 複 -n) 表現の仕方, 言い回し, ことば遣い

aus|düns·ten [アオス・デュンステン] 分離 (dünstete aus; ausgedünstet; 完了h) 他 【④と】〔臭気などを〕出す, 発散する

Aus·düns·tung [アオス・デュンストゥング] 女 *die* (覚 2格 -; 複 -en) (臭気の)発散

aus·ei·nan·der [アオス・アイナンダー] 副〖前置詞 aus と einander「互い」の結合形〗(空間的に・時間的に)離れて ▷ Sie wohnen weit *auseinander*. 彼らは遠く離れて住んでいる

(イディオム) ③+④+*auseinander setzen* …³に…⁴を(詳細に)説明する ▷ Er hat ihr die Pläne eingehend *auseinander gesetzt*. 彼は彼女に計画を詳しく説明した

sich⁴ mit+③ *auseinander setzen* **a)** …³と正面から取り組む ▷ sich *mit* einem Problem kritisch *auseinander setzen* ある問題と批判的に取り組む

b) …³と議論を戦わす ▷ Er hat sich *mit* dem politischen Gegner *auseinander gesetzt*. 彼は政敵と議論を戦わした

---

auseinander gehen
a) (結婚・婚約・友情などの関係が)解消される
b) (従来の関係が解消され, ふつう2人の人が)別れる
c) (人々が)散り散りに立ち去って行く
d) (道などが)分かれる; (意見などが)分かれる
e) 《口語》(家具などが)ばらばらに壊れる
f) 《口語》太る

---

aus·ei·nan·der|ge·hen [アオス・アイナンダー・ゲーエン] 分離 (ging auseinander; auseinandergegangen; 完了s) 自 (但⇒新) **auseinander gehen** (分けて書く) ☞ auseinander

aus·ei·nan·der|set·zen [アオス・アイナンダー・ゼッツェン] 分離 (setzte auseinander; auseinandergesetzt; 完了h) 再他 (但⇒新) **auseinander setzen** (分けて書く) ☞ auseinander

Aus·ei·nan·der·set·zung [アオス・アイナンダー・ゼッツング] 女 *die* (覚 2格 -; 複 -en)

❶ (問題などと)正面から取り組むこと ▷ Ohne eine *Auseinandersetzung* mit dem Problem wird es nicht gehen. その問題と正面から取り組むことなくしては事は進まないだろう

❷ 争い; 論争 ▷ eine *Auseinandersetzung* mit+③ haben …³と争う

aus·er·se·hen [アオス・エアゼーエン] 形《文語》〖zu+③〗〚für+④〗と〚…⁴になるように〈…⁴をするように〉〛定められている (☆ ふつう述語として)

aus|er·wäh·len [アオス・エアヴェーレン] 分離 (erwählte aus; auserwählt; 完了h)

他《文語》【④と】〔…⁴を〕選び出す

aus|fah·ren [アオス・ファーレン] 分離 (er fährt aus; fuhr aus; ausgefahren)

── 自 (完了s) 車などで出かける, ドライブに行く ▷ Sie sind am Nachmittag *ausgefahren*. 彼らは午後車で出かけた

── 他 ❶ 【④と】〔…⁴を〕乳母車・車いすなどで散歩に連れて行く ▷ ein Baby im Kinderwagen *ausfahren* 赤ん坊を乳母車で散歩に連れて行く

❷ 【④と】〔…⁴を〕車で届ける, 配送する ▷ Pakete *ausfahren* 小包を配送する

❸ 【④と】〔飛行機の車輪・アンテナなどの収納部分⁴を〕機械操作で出す ▷ eine Antenne *ausfahren* アンテナを伸ばす

❹ 【④と】(車が)〔道路などを⁴を〕傷める (☆ ふつう受動形あるいは過去分詞で) ▷ *ausgefahrene* Wege 車でごこぼこにえぐられた道

(イディオム) ④+*voll ausfahren* (車など)⁴の性能を最大限に発揮させる ▷ Er hat seinen Wagen nie *voll ausgefahren*. 彼は一度も車を全速力で走らせたことがない

Aus·fahrt [アオス・ファールト] 女 *die* (覚 2格 -; 複 -en)

❶ (地下・駐車場などの)出口 (反 Einfahrt) ▷ die *Ausfahrt* eines Hofes 中庭の出口 / *Ausfahrt* freihalten! 出口につき駐車禁止 (← 出口をあけておくこと)

❷ ドライブ ▷ eine *Ausfahrt* machen ドライブをする

Aus·fall [アオス・ファル] 男 *der* (覚 2格 -[e]s; 複 ..fälle)

❶ 〖複 なし〗(歯・髪などが)抜けること; 脱毛

❷ 〖複 なし〗(催し物などの)中止, 取りやめ

❸ (機械などの)突然の停止, 故障; (人の)突然の欠勤〈欠場〉
❹ 《経済》(生産などの)低下, 減少

aus|fal·len [アオス・ファレン] [分離]
(er fällt aus; fiel aus; ausgefallen; [完了]s)
[自] ❶ (歯・髪などが)抜ける ▷ Die Haare *fallen aus.* 髪が抜ける
❷ (催し物などが)**中止〈取りやめ〉になる** ▷ Der Unterricht *fällt* heute *aus.* 授業はきょうはない
❸ (電流などが)急に止まる; (機械などが)急に機能しなくなる ▷ Der Strom *fällt aus.* 停電になる / Die Klimaanlage ist *ausgefallen.* エアコンが故障した
❹ (病気などで)思いもよらず欠席する ▷ Zwei Kollegen *fallen* wegen Krankheit *aus.* 2人の同僚が病気で欠勤する
❺ 〚[様態]と〛〔…の〕結果になる ▷ Die Arbeit ist gut *ausgefallen.* その仕事は成功に終わった

aus·fal·lend [アオス・ファレント] [形] 侮辱的な; 厚かましい

aus·fäl·lig [アオス・フェリヒ] [形] 侮辱的な; 厚かましい

aus|fer·ti·gen [アオス・フェルティゲン] [分離]
(fertigte aus; ausgefertigt; [完了]h)
[他] 《官庁》〚④と〛〔公的な文書⁴を〕発行する; 作成する

aus·fin·dig [アオス・フィンディヒ] [形] 〚成句で〛 ④ + ***ausfindig machen*** ‥⁴を(長い間探したのち)見つけ出す ▷ Er hat den Täter *ausfindig gemacht.* 彼は犯人を見つけ出した

aus|flie·gen [アオス・フリーゲン] [分離]
(flog aus; ausgeflogen)
— [自] 〚[完了]s〛 (鳥が)巣から飛び立つ; (ひななどが)巣立つ
[イディオム] ***Alle sind ausgeflogen.*** 《口語》誰も家にいなかった
— [他] 〚[完了]h〛〚④と〛〔‥⁴を〕飛行機で救出する

aus|flie·ßen [アオス・フリーセン] [分離]
(floss aus; ausgeflossen; [完了]s)
[自] ❶ (液体が)漏れる
❷ (液体の入った容器が)漏る

aus|flip·pen [アオス・フリッペン] [分離]
(flippte aus; ausgeflippt; [完了]s)
[自] 《口語》 ❶ (麻薬を常用し)現実から逃避する; 意識的に社会からドロップアウトする
❷ 自制〈分別〉を失う
❸ (感激の余り)有頂天になる

Aus·flucht [アオス・フルフト] [女] *die* ([単] 2格 –; [複] ..flüchte) 〚ふつう [複] で〛 言い逃れ

Aus·flug [アオス・フルーク] [男] *der* ([単] 2格 –[e]s; [複] ..flüge) **遠足**, ハイキング ▷ einen *Ausflug* machen 遠足をする

Aus·fluss [アオス・フルス] [男] *der* ([単] 2格 –es; [複] ..flüsse)
❶ 《医学》分泌物; おりもの, こしけ
❷ (水などの)流出; 流水口

Aus·fluß [旧⇒新] Ausfluss

aus|fra·gen [アオス・フラーゲン] [分離]
(fragte aus; ausgefragt; [完了]h)
[他] 〚④と〛〔‥⁴に〕根掘り葉掘りたずねる ▷ Sie hat ihn über seine Familie *ausgefragt.* 彼女は彼に家族のことをしつこくたずねた

aus|fres·sen [アオス・フレッセン] [分離]
(er frisst aus; fraß aus; ausgefressen; [完了]h)
[他] ❶ 〚④と〛 (動物が)〔‥⁴を〕平らげる
❷ 《口語》〚④と〛〔よからぬこと⁴を〕しでかす

Aus·fuhr [アオス・フーア] [女] *die* ([単] 2格 –; [複] –en) 〚[複] なし〛 **輸出** (＝Export; [反] Einfuhr)

aus|füh·ren [アオス・フューレン] [分離]
(führte aus; ausgeführt; [完了]h)
[他] ❶ 〚④と〛〔仕事など⁴を〕**行う**; 〔命令など⁴を〕**実行する** ▷ eine Reparatur *ausführen* 修理を行う / eine Anordnung *ausführen* 指図を実行する
❷ 〚④と〛〔‥⁴を〕輸出する (＝exportieren; [反] einführen) ▷ Unser Land *führt* hauptsächlich Getreide *aus.* 私たちの国は主に穀物を輸出している
❸ 〚④と〛 〔‥⁴を〕詳しく述べる, 説明する ▷ eine Idee umständlich *ausführen* ある考えを回りくどく説明する / wie ich oben *ausgeführt* habe 先に詳述したように
❹ 〚④と〛〔‥⁴を〕(劇場・酒場・レストランなどに招待して)連れて行く ▷ Er hat den Besuch *ausgeführt.* 彼は客を(食事などの)もてなしに連れ出した
❺ 〚④と〛〔体の不自由な人など⁴を〕(手を引いたりして)散歩に連れて行く ▷ einen Kranken 〈Blinden〉 *ausführen* 病人〈目の見えない人〉を散歩に連れ出す / den Hund *ausführen* 犬を散歩に連れて行く

aus·führ·lich [アオス・フューアリヒ] [形] **詳しい**, 詳細な ▷ *ausführlich* über ④ + berichten ‥⁴について詳しく報告する

Aus·füh·rung [アオス・フュールング] [女] *die* ([単] 2格 –; [複] –en)
❶ 〚[複] なし〛(計画などの)実行
❷ (製品などの)作り, 仕上げ方
❸ 〚[複] で〛(詳しい)説明

aus|fül·len [アオス・フュレン] [分離]
(füllte aus; ausgefüllt; [完了]h)
[他] ❶ 〚④と〛 〔用紙など⁴に〕**記入する** ▷ ein Formular 〈einen Fragebogen〉 *ausfüllen* 書式〈アンケート用紙〉に記入する
❷ 〚④と〛〔穴など⁴を〕埋める; 〔空間⁴を〕ふさぐ ▷ einen Graben mit Kies *ausfüllen* 溝を砂利で埋める
❸ 〚④と〛 〔時間⁴を〕つぶす ▷ Er *füllte* die

A

Wartezeit mit Lesen *aus.* 彼は待ち時間を読書でつぶした
❹ 〖④と〗〔‥⁴の〕心をいっぱいにする; 〔‥⁴を〕満足させる ▹ Dieser Gedanke *füllt* ihn ganz *aus.* この考えで彼の頭は完全にいっぱいだ / Die Hausarbeit *füllt* sie nicht *aus.* 家事に彼女は満足していない

Aus·ga·be [アオス・ガーベ] [女] *die* ([単] 2 格 –; [複] –n)
❶ 〖ふつう [複] で〗 **支出**, 出費 ([反] Einnahme) ▹ große *Ausgaben* machen 多額の出費をする
❷ 〖[複] なし〗 (物の)分配 ▹ die *Ausgabe* der Bücher an die Schüler 生徒への本の配布
❸ (書籍の体裁などに関する)版 (☆ 第 1 版, 第 2 版と言う場合は Auflage) ▹ eine gekürzte *Ausgabe* 簡約版
❹ (新聞・雑誌の)号; 《放送》(ニュースなどの, ある特定の時間の)放送 ▹ In welcher *Ausgabe* stand die Anzeige? その広告はどの号に載っていたのですか / die letzte *Ausgabe* der Tagesschau (テレビの)きょうのニュースの最終版

Aus·gang [アオス・ガング] [男] *der* ([単] 2 格 –[e]s; [複] ..gänge)
❶ **出口** ([反] Eingang) ▹ Sie wartet am *Ausgang* auf ihn. 彼女は出口のところで彼を待っている
❷ 〖[複] なし〗 結末; (時代の)終わり ▹ eine Geschichte mit glücklichem *Ausgang* ハッピーエンドの物語
❸ 《軍隊》 外出許可

Aus·gangs·punkt [アオス・ガングス・プンクト] [男] *der* ([単] 2 格 –[e]s; [複] –e) 出発点

Aus·gangs·sper·re [アオス・ガングス・シュペレ] [女] *die* ([単] 2 格 –; [複] –n) 外出禁止

aus|ge·ben [アオス・ゲーベン] [分離] (du gibst aus, er gibt aus; gab aus; ausgegeben; [完了]h)
[他] ❶ 〖④と〗〔お金⁴を〕**支出する**, 使う ▹ Er hat sein ganzes Geld *ausgegeben.* 彼は有り金をすべて使ってしまった / Wie viel hast du dafür *ausgegeben*? それにいくら払ったんだい
❷ 〖④と〗〔食料・本など⁴を〕配る, 分配する ▹ Der Koch *gibt* das Essen *aus.* コックは食事を配る
❸ 〖④+als〈für〉…〗〔‥⁴を…だと〕(偽って)言う, 称する ▹ eine Kopie als echt *ausgeben* 複製を本物だと言う / 〖再帰的に〗 Er *gibt* sich für unverheiratet *aus.* 彼は自分のことを独身だと称している
❹ 《口語》〖④と〗〔‥⁴を〕おごる (＝spendieren)

aus·ge·bucht [アオス・ゲブーフト] [形] 席がすべて予約された, 予約で満席の ▹ Der Flug nach Deutschland ist bereits *ausgebucht.* ドイツへの便はもう満席だ

aus·ge·drückt [アオス・ゲドリュックト] ausdrücken の [過分]

aus·ge·fal·len [アオス・ゲファレン] [形] 普通でない, 風変わりな, 奇妙な ▹ ein *ausgefallener* Geschmack 奇妙な趣味

aus·ge·gan·gen [アオス・ゲガンゲン] ausgehen の [過分]

aus·ge·ge·ben [アオス・ゲゲーベン] ausgeben の [過分]

aus·ge·gli·chen [アオス・ゲグリッヒェン] [形] (性格・気候などが)安定した, 落ち着いた; (結果・内容などが)よい点も悪い点も半々の

aus|ge·hen [アオス・ゲーエン] [分離] (ging aus; ausgegangen; [完了]s)
[自] ❶ (飲食などに連れ立って)**出かける**; デートをする ▹ Wir *gehen* oft zum Essen *aus.* 私たちはよく食事に外出する
❷ (火・照明などが) 消える ▹ Plötzlich *ging* das Licht *aus.* 突然明かりが消えた
❸ 〖③と〗 (蓄えなどが)〔‥³から〕なくなる; (髪・歯・羽などが)抜ける ▹ Ihm sind die Zigaretten *ausgegangen.* 彼はタバコがなくなった / In letzter Zeit *gehen* mir die Haare *aus.* 最近髪の毛が抜ける
❹ 〖[様態]と〗〔…のような〕結果になる ▹ Die Geschichte *ging* tragisch *aus.* この話は悲劇に終わった
❺ 〖von+③と〗〔ある仮定・前提³から〕出発する ▹ Er ist von falschen Voraussetzungen *ausgegangen.* 彼は誤った前提から出発した
❻ 〖von+③と〗〔‥³から〕出ている ▹ Diese Bahnlinie *geht* von Rom *aus.* この鉄道路線はローマが起点だ
❼ 〖von+③と〗 (においなどが)〔‥³から〕漂い出る, 発散する ▹ Von der Rose *geht* ein zarter Duft *aus.* バラからほのかな香りが発散している

aus·ge·hun·gert [アオス・ゲフンゲルト] [形] 飢えきった, 腹をすかせきった

Aus·geh·ver·bot [アオス・ゲー・フェアボート] [中] *das* ([単] 2 格 –[e]s; [複] –e) 外出禁止

aus·ge·las·sen [アオス・ゲラッセン] [形] (子供などが)はしゃいだ, 浮かれた

aus·ge·macht [アオス・ゲマハト]
— ausmachen の [過分]
— [形] 〖成句で〗 ***wie ausgemacht*** 取り決めたように

aus·ge·nom·men [アオス・ゲノメン]
[形] ❶ 〖前置詞的に; ①あるいは④と〗 …を除いて ▹ Alle waren da, *ausgenommen* unser Lehrer. 私たちの先生を除いて全員が出席していた / wir alle, mich *ausgenommen* 私を除いて私たち全員
❷ 〖接続詞的に; 後続する文は平叙文の語順になる〗 …を別として ▹ Sie kommen, *ausgenommen* es regnet stark. 彼らは来る 雨が強く降れば別

だが /〔前置詞句と〕Er ist täglich zu Hause, *ausgenommen* am Sonntag. 彼は日曜日を除いて毎日家にいる

aus·ge·prägt [アオス・ゲプレークト] 形（目鼻立ちなどが）はっきりした

aus·ge·rech·net [アオス・ゲレヒネット] 副《口語》よりによって，こともあろうに ▷ Warum muss sie *ausgerechnet* heute kommen？ 彼女はなぜよりによってきょう来なきゃならないのだ

aus·ge·ruht [アオス・ゲルート] ausruhen の 過分

aus·ge·schlos·sen [アオス・ゲシュロッセン] 形 ありえない，不可能な ▷ Ein Irrtum ist völlig *ausgeschlossen*. 思い違いということはまったくありえない / *Ausgeschlossen*！絶対だめだ，そんなことはありえない

aus·ge·schnit·ten [アオス・ゲシュニッテン] 形 （ドレスなどが）胸元の大きく開いた

aus·ge·se·hen [アオス・ゲゼーエン] aussehen の 過分

aus·ge·spro·chen [アオス・ゲシュプロッヘン]
—— aussprechen の 過分
—— 形 まぎれもない，はっきりした ▷ eine *ausgesprochene* Vorliebe für+4 haben …4が本当に好きだ /〔強調を表して〕Sie mag ihn *ausgesprochen* gern. 彼女は彼のことがとても好きだ

aus·ge·stie·gen [アオス・ゲシュティーゲン] aussteigen の 過分

aus·ge·wählt [アオス・ゲヴェールト] 形 選ばれた ▷ *ausgewählte* Werke 選集

aus·ge·zeich·net [アオス・ゲツァイヒネット] 形 非常にすぐれた，抜群の，卓越した ▷ ein *ausgezeichneter* Wein 極上のワイン / Sie kann *ausgezeichnet* kochen. 彼女の料理の腕前は抜群だ / Ganz *ausgezeichnet*！まったくすばらしい

aus·ge·zo·gen [アオス・ゲツォーゲン] ausziehen の 過分

aus·gie·big [アオス・ギービヒ] 形 たっぷりした，十分な ▷ ein *ausgiebiges* Frühstück 量が十分にある朝食

aus|gie·ßen [アオス・ギーセン] 分離
(goss aus; ausgegossen; 完了h)
他 ❶ 〚…4と〛〔液体を〕注ぎ出す
❷ 〚…4と〛〔…4を〕（中の液体を注ぎ出して）からにする

Aus·gleich [アオス・グライヒ] 男 der（単2格 -[e]s；まれに 複 ..e）
❶（対立などの）調整，調停，和解 ▷ einen *Ausgleich* der verschiedenen Interessen anstreben さまざまな利害の調整のために努力する
❷（損失・不足などの）埋め合わせ，補償 ▷ Als〈Zum〉*Ausgleich* treibt er Sport.（デスクワークなどの）埋め合わせに彼はスポーツをする

aus|glei·chen [アオス・グライヒェン] 分離
(glich aus; ausgeglichen; 完了h)
—— 他 ❶ 〚…4と〛〔損失・不足など4を〕埋め合わせる，補う ▷ einen Mangel *ausgleichen* 不足を補う
❷ 〚…4と〛（対立など4を）（調整によって）取り除く ▷ Die Meinungsverschiedenheiten wurden *ausgeglichen*. 意見の相違点は取り除かれた
—— 再 〚sich4〛（対立などが調整などによって）取り除かれる ▷ Die Unterschiede glichen sich wieder *aus*. 相違点は再び取り除かれた

aus|glei·ten [アオス・グライテン] 分離
(glitt aus; ausgeglitten; 完了s)
自 足をすべらせる；すべって転ぶ〈倒れる〉

aus|gra·ben [アオス・グラーベン] 分離
(er gräbt aus; grub aus; ausgegraben; 完了h)
他 〚…4と〛〔遺跡など4を〕掘り出す，発掘する ▷ eine Kiste *ausgraben* 箱を掘り出す / einen Tempel *ausgraben* 神殿を発掘する

Aus·guss [アオス・グス] 男 der（単2格 -es；複 ..güsse）流し台

Aus·guß 旧⇒新 Ausguss

aus|hal·ten [アオス・ハルテン] 分離
(er hält aus; hielt aus; ausgehalten; 完了h)
他 ❶ 〚…4と〛〔困難・苦痛など4を〕耐え抜く，持ちこたえる（＝ertragen）▷ Ich kann diese Hitze nicht *aushalten*. 私はこの暑さに耐えられない
❷ 〚es＋埋め込み4と〛〔…の〕状態がまんできる（☆ ふつう否定文か疑問文で）▷ Er *hält* es in der Stadt nicht mehr *aus*. 彼はもはや町で暮らすことができない
❸ 《口語》〚…4と〛〔性的つきあいのある人4の〕生活費のめんどうをみる ▷ Sie lässt sich von ihm *aushalten*. 彼女は彼に生活費のめんどうをみてもらっている

aus|han·deln [アオス・ハンデルン] 分離
(handelte aus; ausgehandelt; 完了h)
他 〚…4と〛〔妥協・契約など4に〕（協議を重ねて）たどり着く

aus|hän·di·gen [アオス・ヘンディゲン] 分離
(händigte aus; ausgehändigt; 完了h)
他 〚…3＋…4と〛〔…3に…4を〕手渡す；交付する ▷ Er hat ihr den Brief *ausgehändigt*. 彼は彼女にその手紙を手渡した

Aus·hang [アオス・ハング] 男 der（単2格 -[e]s；複 ..hänge）掲示

aus|hän·gen [アオス・ヘンゲン] 分離
—— 自（hing aus; ausgehangen; 完了h）
掲示してある ▷ Die Liste der Teilnehmer *hängt aus*. 参加者のリストは掲示してある
—— 他（hängte aus; ausgehängt; 完了h）
❶ 〚…4と〛〔…4を〕掲示する ▷ einen Fahrplan *aushängen* 時刻表を掲示する
❷ 〚…4と〛〔戸など4から〕（ちょうつがいなどから）はずす

aus|har·ren [アオス・ハレン] 分離
(harrte aus; ausgeharrt; 完了h)
自《文語》(辛い状況のもとに)耐え抜く, 持ちこたえる

aus|he·ben [アオス・ヘーベン] 分離
(hob aus; ausgehoben; 完了h)
他 ❶ 《④と》〔穴・溝など⁴を〕掘って作る ▷ eine Grube *ausheben* 穴を作る
❷ 《④と》〔犯罪者⁴を〕(手入れによって)逮捕する

aus|he·cken [アオス・ヘッケン] 分離
(heckte aus; ausgeheckt; 完了h)
他《口語》《④と》〔よからぬこと⁴を〕考え出す, 計画する

aus|hel·fen [アオス・ヘルフェン] 分離
(er hilft aus; half aus; ausgeholfen; 完了h)
自 ❶ 《③+mit+③と》〔…³に…³を与える〈貸す〉などして〕一時的に助ける, 急場を救う ▷ Könntest du mir mit 100 Euro *aushelfen*? 私にちょっとの間100ユーロ融通してくれないか
❷ 臨時の手助けをする ▷ einen Monat im Geschäft *aushelfen* ひと月店の手伝いをする

aus|höh·len [アオス・ヘーレン] 分離
(höhlte aus; ausgehöhlt; 完了h)
他 《④と》〔果実・木の幹など⁴を〕くりぬく, 空洞にする ▷ einen Kürbis *aushöhlen* カボチャの芯をくりぬく

aus|ho·len [アオス・ホーレン] 分離
(holte aus; ausgeholt; 完了h)
自 (動作に勢いをつけるために)身構える ▷ zum Sprung *ausholen* (両手を上げるなどして)跳躍の姿勢をとる / mit der Axt *ausholen* 斧を振り上げる

イディオム **weit ausholen** はじめの方からずっと話す ▷ Wenn ich das erzählen will, muss ich *weit ausholen*. そのことを話すならばずっと以前のことから話さねばならない

aus|hor·chen [アオス・ホルヒェン] 分離
(horchte aus; ausgehorcht; 完了h)
他 《④と》〔…⁴に〕根掘り葉掘り尋ねる (=ausfragen)

aus|ken·nen [アオス・ケネン] 分離
(kannte aus; ausgekannt; 完了h)
再《sich⁴と》(物事に)精通している ▷ *sich* in Berlin gut *auskennen* ベルリンに非常に詳しい / *Kennst* du dich mit Computern *aus*? 君はコンピューターに詳しいかい

aus|klam·mern [アオス・クラメルン] 分離
(klammerte aus; ausgeklammert; 完了h)
他 《④と》〔…⁴を〕除外する, 無視する ▷ eine heikle Frage *ausklammern* 微妙な問題を取り扱わない

aus|klei·den [アオス・クライデン] 分離
(kleidete aus; ausgekleidet; 完了h)
— 再《文語》《sich⁴と》服を脱ぐ (=ausziehen)
— 他 《④と》〔部屋など⁴の〕内側に飾り物などを張る

aus|klin·gen [アオス・クリンゲン] 分離
(klang aus; ausgeklungen; 完了s)
自 《極態と》(祭などが)〔…の状態で〕終わる

aus|klin·ken [アオス・クリンケン] 分離
(klinkte aus; ausgeklinkt; 完了h)
他 《④と》〔…⁴を〕留め金などからはずす ▷ Bomben *ausklinken* 爆弾を投下する

aus|klop·fen [アオス・クロプフェン] 分離
(klopfte aus; ausgeklopft; 完了h)
他 《④と》〔…⁴をたたいてきれいにする〕▷ einen Teppich *ausklopfen* じゅうたんをたたいてほこりを取る

aus|klü·geln [アオス・クリューゲルン] 分離
(klügelte aus; ausgeklügelt; 完了h)
他 《④と》〔計画・方法など⁴を〕(頭をひねって)考え出す ▷ ein *ausgeklügelter* Plan よく考え抜かれた計画

aus|knip·sen [アオス・クニプセン] 分離
(knipste aus; ausgeknipst; 完了h)
他《口語》《④と》〔電灯など⁴の〕スイッチを切る

aus|kno·beln [アオス・クノーベルン] 分離
(knobelte aus; ausgeknobelt; 完了h)
他 ❶ 《④と》〔…⁴を〕(さいころなどで)決める
❷ 《口語》《④と》〔方法など⁴を〕頭をひねって考え出す

aus|ko·chen [アオス・コッヘン] 分離
(kochte aus; ausgekocht; 完了h)
他 《④と》〔…⁴を〕(スープをとるために)煮込む ▷ Fleisch *auskochen* 肉の出し汁をとる

aus|kom·men [アオス・コメン] 分離
(kam aus; ausgekommen; 完了s)
自 ❶ 《mit+③と》〔…³で〕足りる, 間に合う ▷ Er *kommt* mit seinem Gehalt nicht *aus*. 彼は給料では足りない
❷ 《mit+③と》〔…³と〕仲よく〈うまく〉やっていく ▷ Mit ihm kann man nicht *auskommen*. 彼とはだれもがうまくやっていけない

イディオム **ohne+④ auskommen** …⁴なしですませる, 困らない ▷ Er *kommt* ohne dich nicht *aus*. 彼は君なしではやっていけない / Ich *komme* ohne Auto *aus*. 私は車がなくても困らない

Aus·kom·men [アオス・コメン] 中 das (複 2格 -s; 複 なし)(暮らしていく上で)十分な収入; 生計

aus|kos·ten [アオス・コステン] 分離
(kostete aus; ausgekostet; 完了h)
他 《④と》〔勝利・成功など⁴を〕十分に味わう

aus|ku·geln [アオス・クーゲルン] 分離
(kugelte aus; ausgekugelt; 完了h)
他 《sich³+④と》〔腕など⁴を〕脱臼する

aus|kund·schaf·ten [アオス・クントシャフテン

ン】[他] (kundschaftete aus; ausgekundschaftet; 匠了h)
[他]【④と】〔..⁴を〕(調査して)突き止める ▷ ein Versteck *auskundschaften* 隠れ家を突き止める

Aus·kunft[アオス・クンフト][女]*die* (⦿2格 -; ⦿ ..künfte)
❶ (問い合わせに対する)**情報**, インフォメーション ▷ Darüber kann ich keine *Auskunft* geben. そのことについてはなにもお教えできません
❷ (⦿ なし)(駅などの)**案内所**

Aus·künf·te[アオス・キュンフテ] Auskunft の [複数]

aus|ku·rie·ren[アオス・クリーレン][分離]
(kurierte aus; auskuriert; 匠了h)
— [他]【④と】〔..⁴を〕完全に治す
— [再]【sich⁴と〕完全に治る, 全快する

aus|la·chen[アオス・ラッヘン][分離]
(lachte aus; ausgelacht; 匠了h)
[他]【④と】〔..⁴を〕笑い物にする, 嘲笑する

aus|la·den[アオス・ラーデン][分離]
(er lädt aus; lud aus; ausgeladen; 匠了h)
[他] ❶【④と】〔積み荷⁴を〕降ろす ▷ die Kisten aus dem Wagen *ausladen* 木箱を車から降ろす
❷【④と】〔運搬車両など⁴を〕(積み荷を降ろして)からにする ▷ einen Lastwagen *ausladen* トラックから積み荷を降ろす

aus·la·dend[アオス・ラーデント]
[形] ❶ (建築物などが)突き出ている, 張り出した
❷ (身振りなどが)大げさな

Aus·la·ge[アオス・ラーゲ][女]*die* (⦿2格 -; ⦿ -n)
❶ (商品などの)陳列, 展示
❷【ふつう ⦿ で】立て替え金

Aus·land ———
[áuslant アオス・ラント]
[中] *das* (⦿2格 -es 〈まれに -s〉; ⦿ なし)

外国 (☆定冠詞をふつう伴う; ⦿ Inland)
ins *Ausland* reisen 外国旅行に出かける
im *Ausland* leben 外国で暮らす

Aus·län·der[アオス・レンダー][男]*der* (⦿2格 -s; ⦿ -)
外国人 ▷ Im Sommer halten sich hier viele *Ausländer* auf. 夏は当地に多くの外国人が滞在する

Aus·län·de·rin[アオス・レンデリン][女]*die* (⦿2格 -; ⦿ ..rinnen) Ausländer の女性形

aus·län·di·sche[アオス・レンディシェ][形] 外国の; 外国産の (☆名詞につけて) ▷ *ausländische* Zeitungen 外国の新聞

Aus·lands·rei·se[アオス・ランツ・ライゼ][女]*die* (⦿2格 -; ⦿ -n) 外国〈海外〉旅行

aus|las·sen[アオス・ラッセン][分離]
(er lässt aus; ließ aus; ausgelassen; 匠了h)
— [他] ❶【④と】〔..⁴を〕(順番なのに)抜かす, 飛ばす(意図的を もうっかりした場合も含む) ▷ Er hat einen Satz beim Abschreiben *ausgelassen*. 彼は書き写す際に文を1つ抜かした
❷【④と】〔機会など⁴を〕のがす ▷ keine Chance *auslassen* 機会をのがさない
❸【④+an+④】〔怒りなど⁴を..³に〕ぶつける ▷ Er *ließ* seine schlechte Laune an den Schülern *aus*. 彼は生徒たちに当たり散らした
❹【④と】〔バターなど⁴を〕溶かす
— [再]【sich⁴+über+④と】〔..⁴について〕(詳しく)意見〈考えなど〉を述べる ▷ Er hat sich sehr negativ darüber *ausgelassen*. 彼はそれについて非常に否定的な意見を述べた

aus|las·ten[アオス・ラステン][分離]
(lastete aus; ausgelastet; 匠了h)
[他] ❶【④と】〔..⁴を〕十分に働かせる ▷ Die Maschine ist nicht *ausgelastet*. [状態受動] 機械はフル運転していない
❷【④と】(仕事などが)〔..⁴の〕全力を要求する ▷ Die Hausarbeit *lastet* mich nicht *aus*. 家事だけでは私はまだ余力がある(満足していない)

Aus·lauf[アオス・ラオフ][男]*der* (⦿2格 -[e]s; ⦿ なし)(子供・犬などが)自由に動き回れる場所

aus|lau·fen[アオス・ラオフェン][分離]
(er läuft aus; lief aus; ausgelaufen; 匠了s)
[自] ❶ (容器から)流れ出る ▷ Das Öl *läuft aus*. 油が流れ出る
❷ (液体などが流れ出て)からになる ▷ Der Tank ist *ausgelaufen*. タンクがからになった
❸ (船が)出港する ▷ Das Schiff *läuft* morgen *aus*. 船はあす出港する
❹ (モーター・プロペラ・車などが)徐々に止まる ▷ Der Motor *läuft* langsam *aus*. モーター〈エンジン〉がゆっくり止まる
❺ (物事が)終わる ▷ Hier *läuft* der Weg *aus*. ここで道が終わる / Das Tal *läuft* in eine Ebene *aus*. 谷の下は平野になっている / Die Angelegenheit ist für ihn gut *ausgelaufen*. この件は彼にとってよい結果に終わった

Aus·läu·fer[アオス・ロイファー][男]*der* (⦿2格 -s; ⦿ -) (山地の)周辺部の低い山; (気圧の)張り出した部分

aus|le·cken[アオス・レッケン][分離]
(leckte aus; ausgeleckt; 匠了h)
[他] ❶【④と】〔皿など⁴を〕きれいになめる
❷【④と】〔蜜など⁴を〕(容器などから)なめて取る

aus|lee·ren[アオス・レーレン][分離]
(leerte aus; ausgeleert; 匠了h)
[他]【④と】〔容器など⁴を〕からにする ▷ den Pa-

auslegen

aus|le·gen [アオス・レーゲン] 分離
(legte aus; ausgelegt; 匿h)
他 ❶ 《4と》〔商品・新聞など4を〕(人が見られるように)並べる, 陳列する ▷ Waren im Schaufenster *auslegen* 商品をショーウインドーに並べる
❷ 《4と》〔毒など4を〕(動物が食いつくように)置く ▷ einen Köder *auslegen* えさをまく
❸ 《4+mit+3と》〔…4に…3を〕敷き詰める, 張る ▷ Er hat ein Zimmer mit Teppichen ausgelegt. 彼は部屋にじゅうたんを敷いた
❹ 《4と》〔金4を〕立て替える ▷ Kannst du für mich zehn Euro *auslegen*? 私に10ユーロ立て替えてくれますか
❺ 《4と》〔テキストなど4を〕解釈する

Aus·le·gung [アオス・レーグング] 女 *die* (® 2格 -; ® -en) 解釈, 注釈

aus|lei·ern [アオス・ライエルン] 分離
(leierte aus; ausgeleiert; 匿h)
他 《口語》❶ 《4と》〔セーターなど4を〕(洗ったりして)ぶかぶかにしてしまう
❷ 《4と》〔装置・器具など4を〕(使い過ぎたりして)機能を果たせなくする

Aus·lei·he [アオス・ライエ] 女 *die* (® 2格 -; ® -n)
❶ 《® なし》(図書の)貸し出し
❷ (図書館の)貸し出しカウンター

aus|lei·hen [アオス・ライエン] 分離
(lieh aus; ausgeliehen; 匿h)
——他 《3+4と》〔…3に…4を〕貸す ▷ Ich *leihe* ihm ein Buch *aus*. 私は彼に本を貸す / Würdest du mir bitte dein Auto morgen kurz *ausleihen*? 私に君の車をあすちょっとの間貸してくれませんか
——再 《sich³+4と》〔…4を〕借りる (☆ 再帰代名詞なしで用いることもある) ▷ Ich habe mir ein Fahrrad *ausgeliehen*. 私は自転車を借りた

aus|ler·nen [アオス・レルネン] 分離
(lernte aus; ausgelernt; 匿h)
自 (徒弟が)修行期間を終える
(イディオム) **Man lernt nie aus.** 修業に終わりはない

Aus·le·se [アオス・レーゼ] 女 *die* (® 2格 -; ® -n)
❶ 《ワイン》アウスレーゼ(完熟ブドウのよい房のみで作られたワイン)
❷ 《集合的に》 精選されたもの; えりすぐられた人々
❸ 《® なし》(最良のものの)選出, 精選

aus|le·sen [アオス・レーゼン] 分離
(er liest aus; las aus; ausgelesen; 匿h)
他 ❶ 《4と》〔本など4を〕読み終える ▷ Hast du diesen Roman *ausgelesen*? 君はこの小説を読み終えたか
❷ 《4と》〔…4を〕選び出す, 選り分ける ▷ die faulen Kartoffeln *auslesen* 腐ったジャガイモを選んでのける

aus|lie·fern [アオス・リーフェルン] 分離
(lieferte aus; ausgeliefert; 匿h)
他 ❶ 《4と》〔犯罪人など4を〕引き渡す ▷ Der Terrorist wurde an seinen Heimatstaat *ausgeliefert*. テロリストは本国へ引き渡された
❷ 《4と》〔商品4を〕市場に出す ▷ Die Bücher werden im Mai *ausgeliefert*. これらの本は5月に店頭に出回る
(イディオム) ❸+**ausgeliefert sein**〔状態受動〕…3にさらされている ▷ Sie *waren* dem Unwetter völlig *ausgeliefert*. 彼らはあらしの前にまったく無力であった

aus|lie·gen [アオス・リーゲン] 分離
(lag aus; ausgelegen; 匿h)
自 ❶ (商品などが)陳列されている
❷ (公共施設などで)閲覧に供されている; (自由に持って行けるように)用紙などが置かれている

aus|löf·feln [アオス・レッフェルン] 分離
(löffelte aus; ausgelöffelt; 匿h)
他 ❶ 《4と》〔スープなど4を〕スプーンを用いて残らず食べる
❷ 《4と》〔皿など4の〕ものをスプーンを用いて残らず食べる

aus|lö·schen [アオス・レッシェン] 分離
(löschte aus; ausgelöscht; 匿h)
他 《4と》〔火など4を〕消す

aus|lo·sen [アオス・ローゼン] 分離
(loste aus; ausgelost; 匿h)
他 《4と》〔…4を〕くじ引き〈抽選〉で決める ▷ die Reihenfolge *auslosen* 順番をくじ引きで決める

aus|lö·sen [アオス・レーゼン] 分離
(löste aus; ausgelöst; 匿h)
他 ❶ 《4と》〔機械装置4を〕作動させる ▷ den Verschluss des Fotoapparates *auslösen* カメラのシャッターを切る
❷ 《4と》〔反応など4を〕呼び〈引き〉起こす ▷ eine Kettenreaktion *auslösen* 連鎖反応を引き起こす

aus|ma·chen [アオス・マッヘン] 分離
(machte aus; ausgemacht; 匿h)
他 ❶ 《口語》《4と》〔明かり・火など4を〕消す, 〔ラジオなど4の〕スイッチを切る (® anmachen) ▷ das Licht *ausmachen* 明かりを消す / die Zigarette *ausmachen* タバコの火を消す / den Fernseher *ausmachen* テレビを消す
❷ 《口語》 《4と》〔…4を〕取り決める ▷ Hast du mit dem Zahnarzt schon einen Termin *ausgemacht*? 君はもう歯医者の予約をとってあるかい
❸ 《4と》〔…4を〕形成する ▷ Seen und Wälder *machen* den Zauber dieser Landschaft

①, ②, ③, ④ = 1格, 2格, 3格, 4格の名詞

aus. 湖と森がこの風景の魅力になっている
❹ 〘④と〙〔..⁴の数値に〕なる ▷ Die Kosten *machen* zwanzig Euro *aus.* 費用は総計 20 ユーロになる
❺ 〘④と〙〔遠方にあるもの⁴を〕発見する, 見つける ▷ ein Schiff am Horizont *ausmachen* 水平線の彼方に船を発見する
[イディオム] ③+***etwas*** 〈***nichts***〉 ***ausmachen*** ..³の迷惑になる〈ならない〉 ▷ *Macht* es Ihnen *etwas aus,* wenn ich rauche? タバコをすってもかまわないでしょうか // Das *macht nichts aus.* そんなことはなんでもない

aus|ma·len [アオス・マーレン] [分離]
(malte aus; ausgemalt; [完了]h)
— [他] ❶ 〘④と〙〔建造物⁴の〕内部に壁画などを描く
❷ 〘④と〙〔塗り絵など⁴に〕色を塗る
❸ 〘③+④と〙〔..³に見て来た情景など⁴を〕(ことばで)描写する
— [再] 〘[sich]³+④と〙〔..⁴を〕思い描く

Aus·maß [アオス・マース] [中] *das* ([単] 2 格 -es; [複] -e)
❶ 規模, 程度, スケール ▷ Das *Ausmaß* der Zerstörung ist noch nicht abzuschätzen. 破壊の規模はまだ見積もることができない / in großem *Ausmaß* 大規模に
❷ 〘ふつう [複] で〙 大きさ, 広さ ▷ Die Kongresshalle hat riesige *Ausmaße.* その会議場は途方もなく大きい

aus|mer·zen [アオス・メルツェン] [分離]
(merzte aus; ausgemerzt; [完了]h)
[他] 〘④と〙〔害虫・雑草・誤りなど⁴を〕取り除く, 一掃する, 駆除する

aus|mes·sen [アオス・メッセン] [分離]
(er misst aus; maß aus; ausgemessen; [完了]h)
[他] 〘④と〙〔..⁴の〕寸法を正確に計る

aus|mis·ten [アオス・ミステン] [分離]
(mistete aus; ausgemistet; [完了]h)
[他] ❶ 〘④と〙〔厩舎(きゅうしゃ)など⁴を〕(ふんなどをかき出して)掃除する
❷ 《口語》 〘④と〙〔引き出しなど⁴を〕整理する; 〔不用物など⁴を〕処分する

Aus·nah·me [アオス・ナーメ] [女] *die* ([単] 2 格 -; [複] -n)
例外 ▷ eine *Ausnahme* machen 例外をもうける / 《ことわざ》 Keine Regel ohne *Ausnahme.* 例外のない規則はない
[イディオム] ***mit Ausnahme von***+③ ..³を除いて
ohne Ausnahme 例外なく

Aus·nah·me·zu·stand [アオス・ナーメ・ツーシュタント] [男] *der* ([単] 2 格 -[e]s; [複] ..stände) 例外的な状態

aus·nahms·los [アオス・ナームス・ロース] [副] 例外なく

aus·nahms·wei·se [アオス・ナームス・ヴァイゼ] [副] 例外的に ▷ Ich werde es *ausnahmsweise* erlauben. それは例外的に許可しましょう

aus|neh·men [アオス・ネーメン] [分離] (er nimmt aus; nahm aus; ausgenommen; [完了]h)
— [他] ❶ 〘④と〙〔..⁴を〕除外する ▷ Ich *nehme* ihn davon *aus.* 私は彼をそのことから除外する
❷ 《口語》 〘④と〙〔..⁴の〕金を巻き上げる ▷ Sie haben ihn beim Kartenspiel *ausgenommen.* 彼らはトランプ遊びで彼の金を巻き上げた
❸ 〘④と〙 (料理用に)〔動物⁴の〕内臓を取り出す
— [再] 〘[sich]⁴+[様態]と〙 〔…のように〕見える ▷ Das Bild *nimmt* sich in diesem Zimmer sehr gut *aus.* この絵はこの部屋に掛けるととても見栄えがする

aus·neh·mend [アオス・ネーメント] [副] 特に, 特別

aus|nut·zen [アオス・ヌッツェン] [分離]
(nutzte aus; ausgenutzt; [完了]h)
[他] ❶ 〘④と〙〔..⁴を〕(ある目的のために)利用する ▷ eine Gelegenheit *ausnutzen* チャンスを利用する
❷ 〘④と〙〔..⁴を〕(自己の利益のために)利用する ▷ Er *nutzt* seine Stellung *aus.* 彼は自分の地位を利用する / Er *nutzte* seine Freunde immer *aus.* 彼は友人をいつも利用した

aus|nüt·zen [アオス・ニュッツェン] [分離] (nützte aus; ausgenützt; [完了]h) 《南ドイツ・オーストリア》 =ausnutzen

aus|pa·cken [アオス・パッケン] [分離]
(packte aus; ausgepackt; [完了]h)
[他] ❶ 〘④と〙〔..⁴を〕包みなどをあけて取り出す ▷ die Kleider aus dem Koffer *auspacken* トランクから服を取り出す
❷ 〘④と〙 〔包みなど⁴を〕(中身を取り出して)からにする ▷ den Koffer *auspacken* トランクの中身をすべて出す
❸ 《口語》 〘④と〙〔隠していたこと⁴を〕しゃべる, ぶちまける ▷ Der Verbrecher *packte* alles *aus.* 犯人はすべてしゃべった // *Pack aus!* しゃべっちまえよ

aus|plau·dern [アオス・プラオデルン] [分離]
(plauderte aus; ausgeplaudert; [完了]h)
[他] 〘④と〙〔秘密など⁴を〕べらべらしゃべってしまう

aus|po·sau·nen [アオス・ポザオネン] [分離]
(posaunte aus; ausposaunt; [完了]h)
[他] 《口語》 〘④と〙〔秘密など⁴を〕言いふらす, 触れ回る

aus|prä·gen [アオス・プレーゲン] [分離]
(prägte aus; ausgeprägt; [完了]h)
[再] 〘[sich]⁴と〙 (感情・傾向などが)はっきりと現れる

aus|pres·sen [アオス・プレッセン] [分離]
(presste aus; ausgepresst; [完了]h)

ausprobieren

他 ❶【④と】〔果物⁴を〕しぼる
❷【④と】〔果汁など⁴を〕しぼり出す

aus|pro·bie·ren [アオス・プロビーレン]
(probierte aus; ausprobiert; 完了h)
他【④と】〔新製品など⁴を〕試してみる ▷ Hast du das neue Waschmittel schon *ausprobiert*? その新しい洗剤をもう試してみましたか．

Aus·puff [アオス・プフ] 男 *der* (複2格 -[e]s; 複 -e) (エンジンの)排気管

Aus·puff·gas [アオス・プフ・ガース] 中 *das* (複2格 -es; 複 -e) (ふつう 単 で) 排気ガス

aus|pum·pen [アオス・プムペン] 分離
(pumpte aus; ausgepumpt; 完了h)
他 ❶【④と】〔水など⁴を〕ポンプでくみ出す
❷【④と】〔…⁴の〕水などをポンプでくみ出す

aus|quar·tie·ren [アオス・クヴァルティーレン] 分離
(quartierte aus; ausquartiert; 完了h)
他【④と】〔…⁴を〕(いつもいる部屋などから一時的に)他の部屋などに移す ▷ Wenn Gäste kommen, werden die Kinder *ausquartiert*. 客が来ると子供たちの寝所は他の部屋に移される

aus|quet·schen [アオス・クヴェッチェン] 分離
(quetschte aus; ausgequetscht; 完了h)
他 ❶【④と】〔果物⁴を〕しぼる
❷《口語》【④と】〔…⁴を〕(細かなことまで聞き出そうとして)質問責めにする

aus|ra·die·ren [アオス・ラディーレン] 分離
(radierte aus; ausradiert; 完了h)
他【④と】〔文字など⁴を〕消しゴムで消す ▷ ein Wort *ausradieren* 単語を消しゴムで消す

aus|ran·gie·ren [アオス・ランジーレン] 分離
(rangierte aus; ausrangiert; 完了h)
他【④と】〔…⁴を〕(不用物として)取りのける；廃棄処分にする

aus|ra·sie·ren [アオス・ラズィーレン] 分離
(rasierte aus; ausrasiert; 完了h)
他【④と】〔毛⁴を〕そる，〔うなじなど⁴の〕毛をそる

aus|ras·ten [アオス・ラステン] 分離
(rastete aus; ausgerastet; 完了s)
自 (止め具・取り付け具から)はずれる

aus|rau·ben [アオス・ラオベン] 分離
(raubte aus; ausgeraubt; 完了h)
他 ❶【④と】〔…⁴の〕身につけているものをすべて奪う
❷【④と】〔家・車など⁴から〕金目のものをすべて奪う

aus|räu·chern [アオス・ロイヒェルン] 分離
(räucherte aus; ausgeräuchert; 完了h)
他 ❶【④と】〔害虫・ネズミなど⁴を〕くん蒸剤などで駆除する
❷【④と】〔部屋など⁴を〕くん蒸剤などで消毒する

aus|räu·men [アオス・ロイメン] 分離
(räumte aus; ausgeräumt; 完了h)
他 ❶【④と】〔…⁴を〕(戸棚・部屋など⁴から)取り〈運び〉出す (☆ ④は集合名詞か複数形の名詞) ▷ die Möbel aus dem Zimmer *ausräumen* 家具を部屋から運び出す
❷【④と】〔戸棚・部屋など⁴を〕(中の物を取り出して)からにする ▷ die Wohnung *ausräumen* 住まいから家具を運び出してからにする
❸【④と】〔懸念・誤解など⁴を〕取り除く ▷ alle Missverständnisse *ausräumen* 誤解をすべて取り除く

aus|rech·nen [アオス・レヒネン] 分離
(rechnete aus; ausgerechnet; 完了h)
他【④と】〔距離・重量など⁴を〕算出する ▷ die Höhe genau *ausrechnen* 高さを正確に算出する
── 再《*sich*³+④と》〔成功の見込みなど⁴を〕予測する ▷ Er hatte sich große Chancen *ausgerechnet*. 彼はうまくいく見込みが大いにあると予測していた

Aus·re·de [アオス・レーデ] 女 *die* (複2格 -; 複 -n) 言い訳，言い逃れ，口実 ▷ nach einer *Ausrede* suchen 言い訳を探す / So eine faule *Ausrede*! よくもそんな見え透いた言い訳を(言えるもんだ)

aus|re·den [アオス・レーデン] 分離
(redete aus; ausgeredet; 完了h)
── 自 終わりまで話す，話し終える ▷ Lass mich doch erst *ausreden*! まず私にしまいまで話させてくれ
── 他【③+④と】〔…³に…⁴を〕説得してやめさせる ▷ Sie versuchte, ihm die Reise *auszureden*. 彼女は彼を説得して旅行をやめさせようとした

aus|rei·chen [アオス・ライヒェン] 分離
(reichte aus; ausgereicht; 完了h)
自 足りる，十分である ▷ Das Geld *reicht* nicht *aus*. そのお金では足りない / Dafür *reichen* seine Kenntnisse völlig *aus*. そのためには彼の知識でまったく問題ない

aus·rei·chend [アオス・ライヒェント] 形 十分な ▷ die Note „*ausreichend*" 評点「可」

Aus·rei·se [アオス・ライゼ] 女 *die* (複2格 -; 複 -n) 出国 (反 Einreise) ▷ bei der *Ausreise* den Pass vorlegen 出国の際にパスポートを呈示する

aus|rei·sen [アオス・ライゼン] 分離
(reiste aus; ausgereist; 完了s)
自 出国する (反 einreisen) ▷ Er ist bei Basel in die Schweiz *ausgereist*. 彼はバーゼルで国境を越えてスイスに入った

aus|rei·ßen [アオス・ライセン] 分離
(riss aus; ausgerissen)
── 他《完了h》【④と】〔…⁴を〕引っ張って抜く，抜き取る ▷ Unkraut *ausreißen* 雑草を引き抜く / sich³ graue Haare *ausreißen* 白髪を抜く
── 自《完了s》❶ (引っ張られて)取れる ▷ Der

〔状態〕, 〔様態〕, 〔場所〕, 〔方向〕, …=状態, 様態, 場所, 方向, …を表す語句

Griff am Koffer ist *ausgerissen*. トランクの取っ手が取れてしまった
❷《口語》(いやな環境から)逃げ出す

Aus·rei·ßer [アオス・ライナー] 男 *der* (⑮ 2格 -s; ⑯ -)《口語》家出した子供;(飼い主から)逃げ出したペット

aus|ren·ken [アオス・レンケン] 分離
(renkte aus; ausgerenkt; 匯h)
再【sich³+④と】[肩など⁴を]脱臼する

aus|rich·ten [アオス・リヒテン] 分離
(richtete aus; ausgerichtet; 匯h)
他 ❶【③+④と】[‥³に…⁴を]伝える ▷ Ich werde es ihm *ausrichten*. 私はそれを彼に伝えましょう / Ich soll Ihnen einen Gruß von ihm *ausrichten*. 彼からあなたによろしくのことです
❷【④+auf+④〈nach+③〉と】[‥⁴を…⁴(³)に]合わせる ▷ das Warenangebot auf die Bedürfnisse der Käufer *ausrichten* 商品の供給を買い手の需要に合わせる
❸【④と】[祭・祝宴など⁴を]催す, 開催する ▷ Wettkampfe *ausrichten* 競技を開催する
❹【④と】[‥⁴を]まっすぐに並べる; 整列させる
イディオム *bei*+③ *nichts〈etwas〉ausrichten* ‥³の態度を改めさせることができない〈少しできる〉▷ Mit Strafen konnten wir *bei* ihm absolut *nichts ausrichten*. 処罰では私たちは彼の態度を改めさせることができなかった

aus|rol·len [アオス・ロレン] 分離
(rollte aus; ausgerollt)
— 他【匯h】❶【④と】[巻いたもの⁴を]広げる ▷ den Teppich *ausrollen* じゅうたんを広げる
❷【④と】[パン生地など⁴を](麺棒などを転がしながら)平らにする
— 自【匯s】(列車などが)徐々に速度を落とし止まる

aus|rot·ten [アオス・ロッテン] 分離
(rottete aus; ausgerottet; 匯h)
他【④と】[ある種の動物など⁴を]根絶〈根絶やしに〉する, 絶滅させる

Aus·rot·tung [アオス・ロットゥング] 女 *die* (⑮ 2格 -; まれに ⑯ -en) 根絶, 絶滅

Aus·ruf [アオス・ルーフ] 男 *der* (⑮ 2格 -[e]s; ⑯ -e) 叫び

aus|ru·fen [アオス・ルーフェン] 分離
(rief aus; ausgerufen; 匯h)
他 ❶【④と】[‥⁴と](突然短く)大声を上げる ▷ „Nein!" *rief* sie *aus*. 「いいえ」と彼女は大声を上げた
❷【④と】[‥⁴を](スピーカーなどで)知らせる, アナウンスする ▷ die Haltestelle *ausrufen* (バスなどで)停留所の名前を告げる
❸【④と】[‥⁴を]宣言する, 布告する ▷ die Republik *ausrufen* 共和国の成立を宣言する

Aus·ru·fe·zei·chen [アオス・ルーフェ・ツァイヒェン] 中 *das* (⑮ 2格 -s; ⑯ -) 感嘆符(記号 !)

aus|ru·hen [アオス・ルーエン]
(ruhte aus; ausgeruht; 匯h)
再【sich⁴と】休む, 休息する, 休養する ▷ Wir *ruhen* uns zu Hause *aus*. 私たちは家で休養する

aus|rüs·ten [アオス・リュステン] 分離
(rüstete aus; ausgerüstet; 匯h)
他【④+mit+③と】[‥に必要なもの³を]装備する

Aus·rüs·tung [アオス・リュストゥング] 女 *die* (⑮ 2格 -; ⑯ -en)
❶ (⑯ なし) (軍隊・探検隊などに必要なものを)装備すること ▷ die *Ausrüstung* der Polizei mit Schusswaffen 警察官に銃を持たせること
❷ 装備, 装具 ▷ die *Ausrüstung* für eine Expedition 探検のための装備
❸ (特殊な)技術設備 ▷ die *Ausrüstung* des Kraftwerkes 発電所の設備

aus|rut·schen [アオス・ルッチェン] 分離
(rutschte aus; ausgerutscht; 匯s)
自 足をすべらせる; 足をすべらせて転ぶ〈倒れる〉▷ Er *rutscht* auf dem Eis *aus*. 彼は氷の上で足をすべらせる

Aus·rut·scher [アオス・ルッチャー] 男 *der* (⑮ 2格 -s; ⑯ -)《口語》失態, 失言

Aus·saat [アオス・ザート] 女 *die* (⑮ 2格 -; ⑯ -en) 種まき;(まいた)種子

aus|sä·en [アオス・ゼーエン] 分離
(säte aus; ausgesät; 匯h)
他【④と】[‥の種を]まく ▷ Er *säte* im Herbst den Weizen *aus*. 彼は秋に小麦の種をまいた

Aus·sa·ge [アオス・ザーゲ] 女 *die* (⑮ 2格 -; ⑯ -n)
❶ (法廷・警察での)供述, 証言 ▷ die *Aussage* verweigern 供述を拒否する
❷ (ある問題に対する)見解, 意見 ▷ Die *Aussagen* der Fachleute sind sehr unterschiedlich. 専門家の見解は非常にまちまちだ
❸ (芸術作品の)表現内容 ▷ ein Bild mit einer starken *Aussage* 強く訴えるものがある絵

aus|sa·gen [アオス・ザーゲン] 分離
(sagte aus; ausgesagt; 匯h)
— 自 (法廷・警察で)供述〈証言〉する ▷ Sie hat gegen ihn *ausgesagt*. 彼女は彼に不利な供述をした
— 他【④と】[作品などが][思想など⁴を]表現する ▷ Das Bild *sagt* etwas *aus*. その絵には訴えるものがある

Aus·satz [アオス・ザッツ] 男 *der* (⑮ 2格 -es; ⑯ なし)《医学》ハンセン病

aus|scha·ben [アオス・シャーベン] 分離

A

(schabte aus; ausgeschabt; [完了]h)
[他] ❶ 〖④と〗〔内部についたものなど[4]を〕かき出す, えぐり取る
❷ 〖④と〗〔‥[4]を〕(内部についたものなどをかき出して)きれいにする

aus|schach·ten [アオス・シャハテン] [分離]
(schachtete aus; ausgeschachtet; [完了]h)
[他] 〖④と〗〔穴など[4]を〕掘る;〔基礎溝など[4]を〕掘って作る

aus|schal·ten [アオス・シャルテン] [分離]
(schaltete aus; ausgeschaltet; [完了]h)
— [他] ❶ 〖④と〗〔‥[4]の〕**スイッチを切る** ([反] einschalten) ▷ den Motor *ausschalten* エンジンのスイッチを切る / den Strom *ausschalten* 電流を切る
❷ 〖④と〗〔‥[4]を〕除去〈排除〉する ▷ eine Fehlerquelle *ausschalten* 故障の原因を除去する / Er konnte seinen Rivalen *ausschalten.* 彼はライバルを排除することができた
— [再] 〖sich[4]と〗 スイッチが切れる ▷ Die Heizung *schaltet* sich von selbst *aus.* この暖房は自動的にスイッチが切れる

Aus·schal·tung [アオス・シャルトゥング] [女] *die* ([単] 2格 -; [複] なし) 除去, 排除, 除外

Aus·schank [アオス・シャンク] [男] *der* ([単] 2格 -[e]s; [複] なし)
❶ (酒場で酒類を)グラスに注いで売ること
❷ (酒場の)カウンター

aus|schei·den [アオス・シャイデン] [分離]
(schied aus; ausgeschieden)
— [他] 〖[完了]h〗〖④と〗〔‥[4]を〕排泄する (☆ 汗の場合は absondern) ▷ Kot *ausscheiden* くそをする
— [自] 〖[完了]s〗 ❶ (不適当として)考慮外になる ▷ Diese Möglichkeit *scheidet aus.* このような可能性はありえない
❷ 《文語》(役職・団体などから)退く, 退職する, 脱会する ▷ Er ist aus dem Amt *ausgeschieden.* 彼は職から退いた.
❸ 《スポーツ》予選で敗退する;(けがなどのため)棄権する

Aus·schei·dung [アオス・シャイドゥング] [女] *die* ([単] 2格 -; [複] -en)
❶ 〖[複] なし〗 排泄
❷ 〖ふつう [複] で〗 排泄物
❸ 《スポーツ》 予選

aus|schel·ten [アオス・シェルテン] [分離] (er schilt aus; schalt aus; ausgescholten; [完了]h)
[他] 〖④と〗〔‥[4]を〕大声で〈きびしく〉しかる

aus|schen·ken [アオス・シェンケン] [分離]
(schenkte aus; ausgeschenkt; [完了]h)
[他] 〖④と〗〔特に酒類[4]を〕(酒場などでグラスに注いで)出す

aus|sche·ren [アオス・シェーレン] [分離]
(scherte aus; ausgeschert; [完了]s)
[自] (走者・車などが)一列の集団から離れる ▷ aus einer Kolonne nach links *ausscheren* und zum Überholen ansetzen 左の車線へと車の長い列から離れ追い越しの態勢に入る

aus|schil·dern [アオス・シルデルン] [分離]
(schilderte aus; ausgeschildert; [完了]h)
[他] 〖④と〗〔道路・コースなど[4]に〕標識を設置する

aus|schlach·ten [アオス・シュラハテン] [分離]
(schlachtete aus; ausgeschlachtet; [完了]h)
[他] ❶ 《口語》〖④と〗〔‥[4]を〕(ある種の目的のために容赦なく)利用する ▷ den Fall politisch *ausschlachten* その事件を政治的に利用する
❷ 《口語》〖④と〗〔廃車など[4]から〕使える部品などを取り出す
❸ 〖④と〗 〔屠殺した家畜[4]から〕(販売のために)内臓を取り出す

aus|schla·fen [アオス・シュラーフェン] [分離] (er schläft aus; schlief aus; ausgeschlafen; [完了]h)
[自] 十分に眠る
[イディオム] ***seinen Rausch ausschlafen*** 酔いを眠って覚ます (☆ seinen は主語に応じて変える)

Aus·schlag [アオス・シュラーク] [男] *der* ([単] 2格 -[e]s; [複] ..schläge)
❶ 発疹, 吹き出物
❷ (計器の指針などが)振れること; 振幅, 傾き

aus|schla·gen [アオス・シュラーゲン] [分離] (er schlägt aus; schlug aus; ausgeschlagen; [完了]h)
— [他] ❶ 〖③+④と〗 〔‥[3]の歯[4]を〕(顔を殴って)折る ▷ Er hat ihr einen Zahn *ausgeschlagen.* 彼は彼女を殴って歯を1本折った
❷ 〖④と〗〔申し出など[4]を〕断る ▷ eine Einladung *ausschlagen* 招待を断る / Er hat das Angebot mitzufahren *ausgeschlagen.* 彼はいっしょに行こうという申し出を断った
— [自] ❶ (馬などが暴れて)ける ▷ Das Pferd hat *ausgeschlagen.* 馬がけった
❷ (計器の指針などが) 振れる ▷ Der Zeiger *schlägt aus.* 指針が振れる
❸ (樹木などが)葉をつける ▷ Die Bäume haben *ausgeschlagen.* 木々が葉をつけだした

aus|schlie·ßen [アオス・シュリーセン] [分離]
(schloss aus; ausgeschlossen; [完了]h)
[他] ❶ 〖④と〗〔‥[4]を〕(鍵をかけて家などから)締め出す ▷ Gestern wurde er *ausgeschlossen.* きのう彼は家から締め出されてしまった
❷ 〖④+aus+③と〗 〔‥[4]を‥[3]から〕**除名〈追放〉する** ▷ Er wurde aus der Partei *ausgeschlossen.* 彼は党から除名された
❸ 〖④+von+③と〗〔‥[4]を‥[3]に〕参加させない ▷ Man hat ihn vom Spiel *ausgeschlossen.* 彼は試合に参加させてもらえなかった
❹ 〖④+von+③と〗 〔‥[4]を‥[3]から〕除外する ▷ Kleider sind vom Umtausch *ausge-*

schlossen. [状態受動] 洋服のお取り替えはできません (☆ 店内のはり紙)

❺ 〘④と〙〔可能性など⁴を〕排除する ▷ Wir haben diese Möglichkeit *ausgeschlossen.* 私たちはこのような可能性は考慮に入れなかった / Man kann nicht *ausschließen,* dass … …という可能性がないとは言えない

❻ 〘④と〙〔思い違い・疑いなど⁴を〕生じさせない ▷ Wir müssen jeden Zweifel *ausschließen.* 私たちはどのような疑いも残らないようしなければならない

aus·schließ·lich [アオス・シュリースリヒ]

── [前]〘②支配〙; …を除いて (☆ 冠詞・形容詞を伴わない名詞は単数の場合無語尾, 複数の場合は 3 格語尾をつける; [反] einschließlich) ▷ *ausschließlich* Getränken 飲み物を除いて

── [副] もっぱら, …だけ ▷ Er lebt *ausschließlich* für seine Familie. 彼はもっぱら家族のために生きている

── [形] …の専有の (☆ 名詞につけて) ▷ sein *ausschließliches* Recht 彼にだけ与えられた権利

aus|schlüp·fen [アオス・シュリュプフェン] [分離] (schlüpfte aus; ausgeschlüpft; [完了]s)

[自] (卵などから) かえる, 孵化ふかする, 羽化する

Aus·schluss [アオス・シュルス] [男] *der* ([単] 2 格 -es; [複] ..schlüsse) 排除; 除外, 除名 ▷ unter *Ausschluss* der Öffentlichkeit 非公開で

Aus·schluß [旧⇒新] Ausschluss

aus|schmü·cken [アオス・シュミュッケン] [分離] (schmückte aus; ausgeschmückt; [完了]h)

[他] 〘④と〙〔ホールなど⁴を〕(絵画などで) 飾る

aus|schnei·den [アオス・シュナイデン] [分離] (schnitt aus; ausgeschnitten; [完了]h)

[他] 〘④と〙〔..⁴を〕切り取る, 切り抜く ▷ einen Artikel aus der Zeitung *ausschneiden* 新聞から記事を切り抜く

Aus·schnitt [アオス・シュニット] [男] *der* ([単] 2 格 -[e]s; [複] -e)

❶ (服の) 襟ぐり ▷ ein Kleid mit rundem *Ausschnitt* 丸い襟ぐりのワンピース

❷ 切り取った一部分; (新聞などの) 切り抜き, (テキストなどの) 抜粋, (映画の) カット

aus|schöp·fen [アオス・シェプフェン] [分離] (schöpfte aus; ausgeschöpft; [完了]h)

[他] ❶ 〘④と〙〔..⁴を〕くみ出す

❷ 〘④と〙〔..⁴を〕(水などをくみ出して) からにする

❸ 〘④と〙〔可能性など⁴を〕利用しつくす

aus|schrei·ben [アオス・シュライベン] [分離] (schrieb aus; ausgeschrieben; [完了]h)

[他] ❶ 〘④と〙〔単語など⁴を〕略さずに書く ▷ Er hat seinen Vornamen *ausgeschrieben.* 彼は名前を略さずに書いた

❷ 〘④と〙 (応募者を求めて)〔..⁴を〕公に発表する, 広告に出す ▷ eine Stelle *ausschreiben* 求人広告を出す / einen Wettbewerb *ausschreiben* コンテスト参加者を公募する

❸ 〘④と〙〔診断書・処方せんなど⁴を〕発行する, 出す

Aus·schrei·tun·gen [アオス・シュライトゥンゲン] [複名] (群集・デモ隊などの) 暴力行為

Aus·schuss [アオス・シュス] [男] *der* ([単] 2 格 -es; [複] ..schüsse)

❶ 委員会 ▷ ein vorbereitender *Ausschuss* 準備委員会

❷ 〘[複] なし〙《集合的》 不良品, 粗悪品

Aus·schuß [旧⇒新] Ausschuss

aus|schüt·teln [アオス・シュッテルン] [分離] (schüttelte aus; ausgeschüttelt; [完了]h)

[他] ❶ 〘④と〙〔パン屑くずなど⁴を〕はらい落とす

❷ 〘④と〙〔..⁴を〕(パン屑くずなどをはらい落として) きれいにする

aus|schüt·ten [アオス・シュッテン] [分離] (schüttete aus; ausgeschüttet; [完了]h)

[他] ❶ 〘④と〙〔..⁴を〕(容器から) ザーッと出す ▷ schmutziges Wasser *ausschütten* 汚れた水をザーッと出す.

❷ 〘④と〙〔容器⁴を〕(中身を出して) からにする

aus|schwär·men [アオス・シュヴェルメン] [分離] (schwärmte aus; ausgeschwärmt; [完了]s)

[自] (ミツバチなどが) 群をなして飛び出す

aus·schwei·fend [アオス・シュヴァイフェント]

[形] (生き方が) 奔放な, 放埒ほうらつな ▷ ein *ausschweifendes* Leben führen 放埒な人生を送る

Aus·schwei·fung [アオス・シュヴァイフング] [女] *die* ([単] 2 格 -; [複] -en) 奔放; 放埒ほうらつ

aus|se·hen

[áusze:ən アオス・ゼーエン] [分離]

[現在]	ich sehe … aus		wir sehen … aus	
	du **siehst** … **aus**		ihr seht … aus	
	er **sieht** … **aus**		sie sehen … aus	
[過去]	ich sah … aus		wir sahen … aus	
	du sahst … aus		ihr saht … aus	
	er sah … aus		sie sahen … aus	
[過分]	ausgesehen		[完了] haben	

[自] 〘[状態]と〙〔…のように〕**見える**

Er *sieht* traurig *aus.*
彼は悲しそうに見える
Das *sieht* wie Gold *aus.*
それは金のように見える
Sie *sieht* älter *aus,* als sie ist.
彼女は実際の年齢より年上に見える
Er *sieht aus,* als ob er krank wäre.
彼は病気のように見える
Sie ist nicht so jung, wie sie *aussieht.*
彼女は見かけほど若くない

Aus·se·hen [アオス・ゼーエン] [中] *das* ([単] 2 格

aussein

-s; (複 なし) (人の)ようす, 顔つき; (建物などの)外観 ▷ Du solltest die Menschen nicht nach ihrem *Aussehen* beurteilen. 君は人を見かけで判断してはいけない

aus|sein [アオス・ザイン] 分離 (er ist aus; war aus; ausgewesen; 接続Ⅱs) 自 《口語》(旧⇨新 **aus sein** (分けて書く)) 《口語》☞ **aus**

au·ßen [アオセン]
副 ❶ 外で (反 innen) ▷ die Tür von *außen* schließen ドアを外から閉める / Die Tür geht nach *außen* auf. そのドアが外に向かって開く
❷ 外側で ▷ Der Becher ist innen und *außen* vergoldet. [状態受動] そのカップは内側と外側に金めっきがしてある

Au·ßen·han·del [アオセン・ハンデル] 男 der (複 2 格 -s; 複 なし) 貿易, 通商

Au·ßen·mi·nis·ter [アオセン・ミニスター] 男 der (複 2 格 -s; 複 -) 外務大臣

Au·ßen·po·li·tik [アオセン・ポリティーク] 女 die (複 2 格 -; 複 なし) 外交政策

Au·ßen·sei·te [アオセン・ザイテ] 女 die (複 2 格 -; 複 -n) 外側, 外面

Au·ßen·sei·ter [アオセン・ザイター] 男 der (複 2 格 -s; 複 -) アウトサイダー, 一匹狼 ぱぱ

Au·ßen·stän·de [アオセン・シュテンデ] 複名 《商業》未回収金

Au·ßen·ste·hen·de [アオセン・シュテーエンデ] 男 der / 女 die (形容詞変化 ☞ Alte 表Ⅰ) 部外者

Au·ßen·wirt·schaft [アオセン・ヴィルトシャフト] 女 die (複 2 格 -; 複 なし) (外国との)対外経済

au·ßer [アオサー]
前 《③・④支配》
❶ 《3格》《除外》…を除いて, 以外には ▷ Ich esse alles *außer* Gurke. 私はキュウリ以外なら何でも食べる / *Außer* dir habe ich keinen Freund. 君以外に私は友人がいない
❷ 《3格》《追加》…のほかに (☆ noch などがよく付加される) ▷ *Außer* den beiden Jungen haben sie noch ein kleines Mädchen. その2人の男の子のほかに彼らにはまだ小さな女の子がいる
❸ 《3・4格》《圏外》(☆ 名詞はふつう無冠詞)
a) 《3格》…の外で ▷ *außer* Sicht sein 視界の外にある / Er ist *außer* Gefahr. 彼は危機を脱した
b) 《4格》…の外へ ▷ den Gegner *außer* Gefecht setzen 敵の戦闘能力を失わせる
❹ 《前置詞句などと》…を除けば ▷ Das Kind schreit nie, *außer* in der Nacht. この子は夜以外は決して泣かない
イディオム *außer dass* … …を除けば ▷ Der Urlaub war sehr schön, *außer dass* ich mich erkältet habe. 休暇はかぜをひいたことを除けば非常にすばらしかった
außer sich sein 我を忘れている ▷ Er *ist außer* sich vor Wut. 彼は怒りのあまり我を忘れている
außer Stande =außerstande
außer [wenn] … …でないならば ▷ Ich komme, *außer [wenn]* es regnet. 雨が降らない限り私は来ます

au·ßer·dem [アオサー・デーム]
副 その上, そのほかに ▷ Er ist reich, *außerdem* sieht er gut aus. 彼は金持ちで その上ハンサムだ / 《しばしば und に伴って》Es gibt Bier und *außerdem* Wein. ビールがあり そしてそのほかにワインもある

äu·ße·re [オイセレ] (☆ 名詞につけて)
形 ❶ 外の, 外側の (反 innere) ▷ die *äußere* Form 外形 / die *äußere* Schicht 外側の層
❷ 外部からの, 外的な ▷ ein *äußerer* Anlass 外的なきっかけ

Äu·ße·re [オイセレ] 中 das (形容詞変化 ☞ Alte 表Ⅱ) 外観, 外見 ▷ ein gepflegtes *Äußeres* haben 身だしなみがきちんとしている / Er achtet auf sein *Äußeres*. 彼は体裁に気をつける / nach dem *Äußeren* urteilen 外見で判断する

au·ßer·ge·wöhn·lich [アオサー・ゲヴェーンリヒ] 形 普通以上の, 並外れた ▷ eine *außergewöhnliche* Begabung 並外れた才能 / 《強調を表して》Er ist *außergewöhnlich* groß. 彼は並外れて大きい

au·ßer·halb [アオサー・ハルプ]
— 前 《②支配》
❶ 《空間・領域》 …の外で〈に〉 ▷ *außerhalb* des Hauses 戸外に / Das liegt *außerhalb* seines Fachgebietes. それは彼の専門領域外のことだ / 《von と》*außerhalb* von Köln ケルンの郊外で
❷ 《時間》…の時間外に ▷ Kommen Sie bitte *außerhalb* der Arbeitszeit! どうぞ就労時間外に来てください
— 副 市〈郊〉外に ▷ Er wohnt *außerhalb*. 彼は市外に住んでいる

äu·ßer·lich [オイサーリヒ]
形 ❶ 外見上の ▷ eine *äußerliche* Ähnlichkeit 外見上の類似性 / Er hat sich nur *äußerlich* verändert. 彼は外見が変わっただけだ
❷ (薬が)外用の ▷ ein Medikament zur *äußerlichen* Verwendung 外用薬
❸ ▷ Seine Ruhe ist nur *äußerlich*. 彼の落ち着きはうわべだけだ

Äu·ßer·lich·keit [オイサーリヒカイト] 女 die (複 2 格 -; 複 -en) 《ふつう 複 で》外見, 外面; うわべ〈うわっつら〉のこと

äu·ßern [オイセルン] (äußerte; geäußert; 接続Ⅱh)
— 他 《④と》《意見など⁴を》述べる ▷ *Äußern*

Sie Ihre Meinung! 意見を述べなさい
—再 ❶ 〖sich⁴と〗 意見を述べる ▷ Er hat sich zu diesem Thema geäußert. 彼はこのテーマに対して意見を述べた
❷ 〖sich⁴と〗 (感情・病気などが外に)現れる ▷ Die Krankheit äußert sich durch hohes Fieber. この病気は高熱がその兆候である

au·ßer·or·dent·lich [アオサー・オルデントリヒ]
—形 ❶ 通常ではない; 特別の, 臨時の ▷ eine außerordentliche Gelegenheit 特別の機会 / eine außerordentliche Versammlung 臨時集会
❷ 普通以上の, 並外れた ▷ eine außerordentliche Begabung 並外れた才能
—副 非常に, とても ▷ Er hat sich außerordentlich gefreut. 彼はとても喜んだ

äu·ßerst [オイサースト]
—副 きわめて, 極度に, このうえなく ▷ Das ist äußerst wichtig. それはきわめて重要だ
—形 ❶ 〖äußere の最上級〗 最も外側の, 最も遠く離れた ▷ am äußersten Ende des Landes 国のいちばんはずれに
❷ 極度の, 非常な ▷ äußerste Spannung 極度の緊張 / Sie war in äußerster Gefahr. 彼女はきわめて危険な状態にあった

au·ßer·stan·de [アオサー・シュタンデ] 副 〖zu 不定詞句と〗 〖…〗できる状況にない, できない (= außer Stande) ▷ Er ist außerstande, den Termin einzuhalten. 彼は期限を守れる状況にない

Äu·ßers·te [オイサーステ] 中 das (形容詞変化 ☞ Alte 表 II) 極限 ▷ bis zum Äußersten gehen 極限まで行く
(イディオム) aufs ⟨auf das⟩ Äußerste きわめて, 極度に ▷ Sie war aufs Äußerste erregt. 彼女は極度に興奮していた

Äu·ße·rung [オイセルング] 女 die (⓾2格 -; ⓾ -en) 発言 ▷ eine unvorsichtige Äußerung machen 不用意な発言をする

aus·set·zen [アオス・ゼッツェン] 分離
(setzte aus; ausgesetzt; 完了h)
—他 ❶ 〖④と〗 〖子供などを〗置き去りにする ▷ einen Säugling aussetzen 乳児を捨てる
❷ 〖④と③と〗 〖…⁴を…³に〗さらす (☞ しばしば状態受動で) ▷ Wir sind ständig radioaktiver Strahlung ausgesetzt. 私たちは絶えず放射線にさらされている / 〖再帰的に〗Er setzt sich damit dem Spott aus. 彼はそのことで笑いものになる
❸ 〖④と〗〖賞金など⁴を〗懸ける ▷ Auf seinen Kopf sind 50 000 Euro ausgesetzt. 〖状態受動〗彼の首に5万ユーロの賞金が懸けられている
(イディオム) etwas ⟨nichts⟩ an+③ auszusetzen haben …³に何かしらけちをつける⟨けちをつけない⟩ ▷ Er hat immer etwas an meiner Arbeit auszusetzen. 彼はいつも私の仕事に何かしらけちをつける
—自 ❶ (機械・脈などが突然)止まる, 停止する ▷ Der Motor setzte plötzlich aus. モーター〈エンジン〉が突然止まった
❷ 〖mit+③と〗 〖トレーニングなど³を〗一時的に止める, 中断する

Aus·sicht [アオス・ズィヒト] 女 die (⓾2格 -; ⓾ -en)
❶ 〖⓾なし〗眺め, 眺望, 見晴らし ▷ Von dem Fenster hat man eine herrliche Aussicht aufs Meer. その窓からは海の眺めがすばらしい
❷ 〖しばしば ⓾ で〗(将来の)見通し, 見込み ▷ Wie stehen deine Aussichten, eine Anstellung zu bekommen? 君の採用してもらえる見込みはどうですか
(イディオム) ④+in Aussicht haben (ポストなど)⁴をもらえる見込みがある

aus·sichts·los [アオス・ズィヒツ・ロース] 形 (うまくいく)見込みのない, 見通しのたたない ▷ eine aussichtslose Lage 絶望的な状況

aus·sie·deln [アオス・ズィーデルン] 分離
(siedelte aus; ausgesiedelt; 完了h)
他 〖④と〗〖ある地域の住民⁴を〗(強制的に)移住させる

Aus·sied·ler [アオス・ズィードラー] 男 der (⓾2格 -s; ⓾ -) (東ヨーロッパ地域からのドイツ系)移住者

aus·sit·zen [アオス・ズィッツェン] 分離
(saß aus; ausgesessen; 完了h)
他 〖④と〗〖危機など⁴に対し〗(おのずと解決されることを期待して)何もせずにいる

aus·söh·nen [アオス・ゼーネン] 分離
(söhnte aus; ausgesöhnt; 完了h)
再 〖sich⁴+mit+③と〗〖…³と〗仲直りする, 和解する ▷ Er hat sich mit seinem Bruder ausgesöhnt. 彼は兄弟と仲直りした (☆ 複数形の主語とともに相互的に用いられることもある ▷ Sie haben sich ausgesöhnt. 彼らは仲直りした)

Aus·söh·nung [アオス・ゼーヌング] 女 die (⓾2格 -; まれに ⓾ -en) 仲直り, 和解

aus·son·dern [アオス・ゾンデルン] 分離
(sonderte aus; ausgesondert; 完了h)
他 〖④と〗〖…⁴を〗選び出す, より分ける (☆ ふつう ④ は集合名詞あるいは複数形の名詞)

aus·sor·tie·ren [アオス・ゾルティーレン] 分離
(sortierte aus; aussortiert; 完了h)
他 〖④と〗〖…⁴を〗選び出す, より分ける (☆ ふつう ④ は集合名詞あるいは複数形の名詞)

aus·span·nen [アオス・シュパネン] 分離
(spannte aus; ausgespannt; 完了h)
—自 (仕事から離れて)しばらくの間休養する ▷ Du musst endlich einmal ausspannen. 君

aussparen 102

もうそろそろ休養をとらなきゃだめだよ
— 他 ❶《口語》〖③+④と〗〔…³から…⁴を〕横取りする ▷ Er hat mir die Freundin *ausgespannt*. 彼は私からガールフレンドを横取りした
❷〖④と〗〔馬など⁴を〕（車などから）はずす

aus|spa·ren[アオス・シュパーレン]分離
(sparte aus; ausgespart; 匠h)
他〖④と〗〔場所⁴を〕（物を置いたりするために）あけておく

aus|sper·ren[アオス・シュペレン]分離
(sperrte aus; ausgesperrt; 匠h)
他〖④と〗〔…⁴を〕（鍵をかけて）締め出す；〔労働者⁴を〕ロックアウトする

aus|spie·len[アオス・シュピーレン]分離
(spielte aus; ausgespielt; 匠h)
— 自（ジラ）（始めるための）最初のカードを出す
— 他 ❶（ジラ）〖④と〗〔…⁴を〕（始めるための最初のカードとして）出す
❷《口語》〖④+gegen+④と〗〔…⁴を…⁴と〕争わせて漁夫の利をしめる
❸（球技）〖④と〗〔ディフェンダーなど⁴を〕かわす

aus|spi·o·nie·ren[アオス・シュピオニーレン]分離
(spionierte aus; ausspioniert; 匠h)
他〖④と〗〔秘密など⁴を〕ひそかにさぐる；〔…に関することを〕ひそかにさぐる

Aus·spra·che[アオス・シュプラーヘ]女 die (複2格 -; -n)
❶（ふつう複 なし）発音 ▷ eine gute *Aussprache* よい発音
❷（問題解決のための）話し合い，討議 ▷ eine *Aussprache* über+④ führen …⁴について話し合いをする

aus|spre·chen[アオス・シュプレッヒェン]分離
(du sprichst aus, er spricht aus; sprach aus; ausgesprochen; 匠h)
— 他 ❶〖④と〗〔…⁴を〕発音する ▷ ein Wort richtig *aussprechen* 単語を正しく発音する / Wie *spricht* man dieses Wort *aus*? この語はどう発音するのですか
❷〖④と〗〔考え・気持ちなど⁴を〕述べる，口に出す ▷ Er *sprach* offen *aus*, was jeder dachte. 彼はだれもが考えていたことを公然と口に出して述べた /《文語》Ich *spreche* Ihnen meinen herzlichsten Dank aus. あなたに心からお礼を申し上げます
— 再 ❶〖sich⁴と〗意見を述べる ▷ Er *sprach* sich für〈gegen〉das Projekt *aus*. 彼はそのプロジェクトに賛成〈反対〉であることを表明した / sich über+④ lobend *aussprechen* …⁴のことをほめる
❷〖sich⁴と〗心中を打ち明ける ▷ Er wollte sich einmal bei ihr offen *aussprechen*. 彼は彼女に一度思っていることを包み隠さず話そうとした

❸〖sich⁴+同意と〗発音するのが〔…〕だ ▷ Das Wort *spricht* sich schwer *aus*. この単語は発音が難しい
— 自 話し終わる ▷ Lass ihn doch *aussprechen*! 彼に最後まで言わせろよ

Aus·spruch[アオス・シュプルフ]男 der (複2格 -[e]s; 複 ..sprüche) （有名人の味わいのある）ことば ▷ Dieser *Ausspruch* stammt von Nietzsche. このことばはニーチェのものだ

aus|spü·len[アオス・シュビューレン]分離
(spülte aus; ausgespült; 匠h)
他 ❶〖④と〗〔…⁴を〕すすいで取る ▷ das Shampoo aus den Haaren *ausspülen* シャンプーを髪からすすいで取る
❷〖④と〗〔…⁴を〕（洗剤などで）すすいできれいにする ▷ den Krug *ausspülen* ジョッキをすすいできれいにする / sich³ den Mund *ausspülen* 口をすすぐ

Aus·stand[アオス・シュタント]男 der (複2格 -[e]s; まれに 複 ..stände) ストライキ

aus|stat·ten[アオス・シュタッテン]分離
(stattete aus; ausgestattet; 匠h)
他〖④と+③と〗〔…¹に…³を〕備えつける ▷ ein Zimmer mit Möbeln *ausstatten* 部屋に家具を備えつける / ein Buch mit Illustrationen *ausstatten* 本に挿絵を入れる

Aus·stat·tung[アオス・シュタットゥング]女 die (複2格 -; -en)
❶（住居の）調度；家具
❷（建物などの）設備；（車などの）装備
❸（本の）装丁；（舞台などの）装置

aus|ste·chen[アオス・シュテッヒェン]分離
(er sticht aus; stach aus; ausgestochen; 匠h)
他〖④と〗〖④+in+③と〗〔…⁴を競技など³で〕打ち負かして今までの順位から）押しのける
❷〖④と〗〔ある形のもの⁴を〕くりぬいて作る，型抜きする
(イディオム) ③+*die Augen ausstechen* …³の目を（突き刺して）失明させる

aus|ste·hen[アオス・シュテーエン]分離
(stand aus; ausgestanden; 匠h)
— 他〖④と〗〔不安など⁴を〕耐え抜く，がまんし通す ▷ Er hat große Angst *ausgestanden*. 彼は大きな不安に耐えた
(イディオム) ④+*nicht ausstehen können* …⁴が好きになれない，がまんできない ▷ Ich *kann* diesen Menschen *nicht ausstehen*. 私はこんな人は好きになれない
— 自 まだなされていない，まだ来ていない ▷ Seine Entscheidung *stand* immer noch *aus*. 彼の決断はいまだ下されていなかった / Die Antwort auf mein Schreiben *steht* noch *aus*. 私の書簡に対する返事はまだ来ていない

aus|stei·gen[アオス・シュタイゲン]分離
(stieg aus; ausgestiegen; 匠s)

①, ②, ③, ④=1格, 2格, 3格, 4格の名詞

austragen

〘自〙(乗り物から)**降りる**(⇔ einsteigen) ▷ Der Zug hielt, und wir *stiegen aus*. 列車が止まって私たちは降りた / Alles *aussteigen*! Endstation! どなた様もお降りください 終点です / 《比ゆ》Er wollte aus dem Projekt *aussteigen*. 彼はそのプロジェクトから手を引きたかった

Aus·stei·ger [アオス・シュタイガー] 〘男〙 der (⊕ 2 格 -s; ⊕ -) 《口語》(価値観などの相違に基づく既成社会からの)離脱者

aus|stel·len [アオス・シュテレン] 〘分離〙
(stellte aus; ausgestellt; 完了 h)
〘他〙❶〚④と〛〚商品など⁴を〛**陳列する**, 展示する ▷ im Schaufenster Badeanzüge *ausstellen* ショーウインドーに水着を陳列する
❷〚④と〛〚証明書・旅券など⁴を〛発行する, 交付する

Aus·stel·lung [アオス・シュテルング] 〘女〙 die (⊕ 2 格 -; ⊕ -en)
❶ **展示会**, 展覧会 ▷ eine *Ausstellung* antiker Möbel アンティーク家具展示会 / in eine *Ausstellung* gehen 展示会へ行く
❷ (⊕ なし)(証明書・旅券などの)交付, 発行

Aus·stel·lungs·hal·le [アオス・シュテルングス・ハレ] 〘女〙 die (⊕ 2 格 -; ⊕ -n) 展示館

aus|ster·ben [アオス・シュテルベン] 〘分離〙
(er stirbt aus; starb aus; ausgestorben; 完了 s)
〘自〙(動物・植物の種などが)死に絶える, 死滅する

Aus·steu·er [アオス・シュトイアー] 〘女〙 die (⊕ 2 格 -; ⊕ なし) 嫁入り道具(持参金も含む)

Aus·stieg [アオス・シュティーク] 〘男〙 der (⊕ 2 格 -[e]s; ⊕ -e) 降車口 (⇔ Einstieg)

aus|stop·fen [アオス・シュトプフェン] 〘分離〙
(stopfte aus; ausgestopft; 完了 h)
〘他〙❶〚④と〛+mit+〚③と〛〚..⁴を..³を〛詰める
❷〚④と〛〚動物⁴を〛剥製ばくせいにする

aus|sto·ßen [アオス・シュトーセン] 〘分離〙
(er stößt aus; stieß aus; ausgestoßen; 完了 h)
〘他〙❶〚④と〛〚..⁴を〛**追放〈除名〉する** ▷ Er wurde aus einem Verein *ausgestoßen*. 彼は協会から除名された
❷〚④と〛〚叫びなど⁴を〛発する ▷ einen Fluch *ausstoßen* のろいを発する / einen tiefen Seufzer *ausstoßen* 深いため息をつく / 《比ゆ》Der Vulkan *stößt* Rauchwolken *aus*. 火山が煙雲を噴き出す

aus|strah·len [アオス・シュトラーレン] 〘分離〙
(strahlte aus; ausgestrahlt; 完了 h)
〘他〙❶〚④と〛〚..⁴を〛**放送〈放映〉する** ▷ einen Spielfilm *ausstrahlen* 劇映画を放映する
❷〚④と〛〚光・熱など⁴を〛出す, 放射する ▷ Die Lampe *strahlte* ein mildes Licht *aus*. そのランプは穏やかな光を放っていた / 《比ゆ》Werner *strahlte* Freude *aus*. ヴェルナーは喜んでいるようすだった

Aus·strah·lung [アオス・シュトラールング] 〘女〙 die (⊕ 2 格 -; ⊕ -en) 放送, 放映

aus|stre·cken [アオス・シュトレッケン] 〘分離〙
(streckte aus; ausgestreckt; 完了 h)
— 〘他〙〚④と〛〚手足など⁴を〛伸ばす ▷ Er *streckte* seine Arme *aus*. 彼は両腕を伸ばした
— 〘再〙 (sich⁴と) 体を伸ばす; 背伸びをする ▷ Er *streckte* sich im Bett *aus*. 彼はベッドで体を伸ばした

aus|strei·chen [アオス・シュトライヒェン] 〘分離〙
(strich aus; ausgestrichen; 完了 h)
〘他〙〚④と〛〚..⁴を〛線を引いて消す ▷ ein falsches Wort *ausstreichen* 間違った単語を線で消す

aus|streu·en [アオス・シュトロイエン] 〘分離〙
(streute aus; ausgestreut; 完了 h)
〘他〙〚④と〛〚粒状のものなど⁴を〛一面にまく (☆ ④ は集合名詞あるいは複数形の名詞)

aus|su·chen [アオス・ズーヘン] 〘分離〙
(suchte aus; ausgesucht; 完了 h)
〘他〙〚④と〛〚..⁴を〛選び出す ▷ Sie *suchte* für ihren Mann eine schöne Krawatte *aus*. 彼女は夫のためにすてきなネクタイを選んだ / Ich *suche* mir ein Kleid *aus*. 私は(自分の着る)ドレスを選ぶ

Aus·tausch [アオス・タオシュ] 〘男〙 der (⊕ 2 格 -[e]s; ⊕ なし) **交換**, 取り替え; (人の)交流 ▷ der *Austausch* der defekten Teile 欠陥部品の取り替え
〈イディオム〉*im Austausch gegen*+〚④〛 ..⁴と交換に

aus|tau·schen [アオス・タオシェン] 〘分離〙
(tauschte aus; ausgetauscht; 完了 h)
〘他〙❶〚④と〛〚..⁴を〛(新しいものと)**取り替える** ▷ die defekten Teile *austauschen* 欠陥部品を取り替える
❷〚④と〛〚..⁴を〛交換する ▷ Ich *tauschte* mit ihm Briefmarken *aus*. 私は彼と切手を交換した / Gefangene *austauschen* 捕虜を交換する
❸〚④と〛〚意見・考えなど⁴を〛交わす

aus|tei·len [アオス・タイレン] 〘分離〙
(teilte aus; ausgeteilt; 完了 h)
〘他〙〚④と〛〚..⁴を〛分配する ▷ Der Lehrer *teilt* die Hefte an die Schüler *aus*. 先生は生徒たちにノートを配る

Aus·ter [アオスター] 〘女〙 die (⊕ 2 格 -; ⊕ -n) 《貝》カキ

aus|to·ben [アオス・トーベン] 〘分離〙
(tobte aus; ausgetobt; 完了 h)
— 〘自〙(嵐などが)荒れ狂った後に治まる〈静かになる〉
— 〘再〙 (sich⁴と) (遊び・スポーツなどで)あり余る力を発散させる

aus|tra·gen [アオス・トラーゲン] 〘分離〙
(er trägt aus; trug aus; ausgetragen; 完了 h)
〘他〙❶〚④と〛〚郵便物・新聞など⁴を〛配達する

完了 h, 完了 s＝完了の助動詞 haben, sein

Australien

▷ Der Briefträger *trägt* die Post *aus*. 郵便配達人が郵便物を配達する
❷【４と】〔争いなど⁴を〕決着をつける ▷ *Tragt eure Streitigkeiten unter euch aus!* 君たちの争い事は自分たちの間で片をつけなさい

Aust·ra·li·en [アオストラーリエン]（囲 *das*）《国名》オーストラリア（用法: ☞ Deutschland）

Aust·ra·li·er [アオストラーリアー] 男 *der*（複 2 格 -s; 複 -）オーストラリア人

aust·ra·lisch [アオストラーリシュ] 形 オーストラリア［人］の

aus|trei·ben [アオストライベン] 分離
(trieb aus; ausgetrieben; 完了 h)
他 ❶【３＋４と】〔…³から悪癖など⁴を〕(思い切った手段で)やめさせる
❷【４と】〔悪霊・悪魔など⁴を〕(お祓いなどをして)追い出す

aus|tre·ten [アオス・トレーテン] 分離
(er tritt aus; trat aus; ausgetreten)
— 他 (完了h) ❶【４と】〔火⁴を〕踏み消す ▷ eine brennende Zigarette *austreten* 火のついているタバコを踏み消す
❷【４と】〔階段など⁴を〕踏み減らす ▷ *Die Treppenstufen sind ausgetreten*. [状態受動] 階段は踏み減らされていた
— 自 (完了s) ❶ [aus+３と]〔…³から〕脱退する ▷ aus einem Verein *austreten* 協会から脱退する
❷ (液体が)流れ出す; (ガスが)漏れて出る ▷ Aus dem Tank *traten* gefährliche Dämpfe *aus*. タンクから危険な蒸気が漏れた

aus|trick·sen [アオス・トリクセン] 分離
(trickste aus; ausgetrickst)
他 ❶ (スポーツ)【４と】〔…⁴を〕トリックプレーでかわす
❷【４と】〔同業者など⁴を〕出し抜く

aus|trin·ken [アオス・トリンケン] 分離
(trank aus; ausgetrunken; 完了h)
他【４と】〔…⁴を〕飲み干す ▷ Er *trinkt* das Bier *aus*. 彼はそのビールを飲み干す / ein Glas Bier *austrinken* グラスを飲み干す // *Trink aus!* 飲み干せ

Aus·tritt [アオス・トリット] 男 *der*（複 2 格 -[e]s; 複 -e）
❶ 脱退; 脱会, 離党
❷ (液体の)流出; (ガスなどの)漏出

aus|trock·nen [アオス・トロックネン] 分離
(trocknete aus; ausgetrocknet)
— 自 (完了s) (池・大地・木などが)からからに乾ききる ▷ Der Boden ist *ausgetrocknet*. 大地はからからに乾いてしまった
— 他 (完了h)【４と】〔…⁴を〕からからに乾かす ▷ Die Sonne hat den Boden *ausgetrocknet*. 日差しを浴びて大地はからからに乾いた

aus|tüf·teln [アオス・テュフテルン] 分離
(tüftelte aus; ausgetüftelt; 完了h)
他 《口語》【４と】〔計画など⁴を〕(辛抱強く)作り上げる, 考案する

aus|üben [アオス・ユーベン] 分離
(übte aus; ausgeübt; 完了h)
他 ❶【４と】〔仕事など⁴を〕する;〔ある職業⁴に〕ついている ▷ Er *übt* keinen Beruf *aus*. 彼は職業についていない
❷【４と】〔権力・権利など⁴を〕行使する ▷ die Macht *ausüben* 権力を行使する
❸【４と】〔作用・影響など⁴を〕及ぼす ▷ Druck auf+４ *ausüben* …⁴に圧力を加える / Sie *übt* einen schlechten Einfluss auf ihn *aus*. 彼女は彼に悪い影響を与える.

Aus·ver·kauf [アオス・フェアカオフ] 男 *der*（複 2 格 -[e]s; 複 ..käufe）
(店じまいなどの)在庫一掃バーゲンセール

aus·ver·kauft [アオス・フェアカオフト] 形 売り切れた ▷ Die Ware ist *ausverkauft*. その品物は売り切れだ / Das Kino ist *ausverkauft*. その映画館は切符が売り切れだ

aus|wach·sen [アオス・ヴァクセン] 分離 (er wächst aus; wuchs aus; ausgewachsen; 完了h)
再【sich⁴+zu+３と〕拡大〈発展〉などして〔…³に〕なる ▷ Dieser Mangel *wächst* sich zu einer großen Gefahr *aus*. この欠陥は大きな危険要素になる

Aus·wahl [アオス・ヴァール] 女 *die*（複 2 格 -; 複 -en）
❶ 《複 なし》選択 ▷ die *Auswahl* des Materials 材料の選択 / eine *Auswahl* treffen 選び出す
❷ 《集合的に》(選べるように)各種取りそろえられた商品, 品数 ▷ Die *Auswahl* an Möbeln ist nicht groß. 取りそろえられた家具の数は多くない / in reicher *Auswahl* 品数を豊富に取りそろえて
❸ 選集; 精選品; 選抜チーム

aus|wäh·len [アオス・ヴェーレン] 分離
(wählte aus; ausgewählt; 完了h)
他【４と】〔…⁴を〕選び出す ▷ einen Nachfolger *auswählen* 後継者を選び出す

Aus·wan·de·rer [アオス・ヴァンデラー] 男 *der*（複 2 格 -s; 複 -）(国外への)移住者, 移民（⇔ Einwanderer）

aus|wan·dern [アオス・ヴァンデルン] 分離
(wanderte aus; ausgewandert; 完了s)
自 (国外へ)移住する（⇔ einwandern）▷ Nach dem Krieg *wanderten* viele nach Amerika *aus*. 戦後多くの人がアメリカに移住した

aus·wär·ti·ge [アオス・ヴェルティゲ] (☆ 名詞につけて)
形 ❶ よその土地の, よその土地からの ▷ eine

〈状態〉,〈様態〉,〈場所〉,〈方向〉,…⁴=状態, 様態, 場所, 方向, …を表す語句

auswärtige Schule 居住地以外にある学校 / *auswärtige* Teilnehmer よその土地からの参加者

❷ 外国に関する, 外交上の ▷ das *Auswärtige* Amt 外務省

aus·wärts [アオス・ヴェルツ]

[副] ❶ よそで, よその土地で ▷ *auswärts* arbeiten よその土地で働く

❷ (自宅でなく)外で ▷ *auswärts* essen 外食する

aus|wa·schen [アオス・ヴァッシェン] [分離] (er wäscht aus; wusch aus; ausgewaschen; [完了]h)

[他] ❶ 〖④と〗〔汚れなど⁴を〕洗い落とす

❷ 〖④と〗〔…⁴を〕(汚れを洗い落として)きれいにする

❸ 〖④と〗(波などが)〔岩など⁴を〕浸食する

aus|wech·seln [アオス・ヴェクセルン] [分離] (wechselte aus; ausgewechselt; [完了]h)

[他]〖④と〗〔…⁴を〕取り替える, 交代させる ▷ eine Glühbirne *auswechseln* 電球を取り替える / 《スポーツ》 einen Torwart *auswechseln* ゴールキーパーを交代させる

Aus·weg [アオス・ヴェーク] [男] *der* ([単] 2格 -[e]s; [複] -e) (行き詰まった状況から)のがれる方策, 打開策 ▷ nach einem *Ausweg* suchen 打開策を探す

aus·weg·los [アオス・ヴェーク・ロース] [形] (行き詰まった状況から)のがれる方策のない, 行き詰まった ▷ sich⁴ in einer *ausweglosen* Lage befinden 行き詰まった状況にある

aus|wei·chen [アオス・ヴァイヒェン] [分離] (wich aus; ausgewichen; [完了]s)

[自] ❶ 〖③と〗〔…³を〕かわす, よける ▷ einem Wagen *ausweichen* 車をよける

❷ 〖③と〗〔…³を〕避ける, のがれようとする ▷ Er *weicht* ihr seit einigen Tagen *aus.* 彼は数日前から彼女のことを避けている / einer Entscheidung *ausweichen* 決断を延ばし延ばしにする / 〖現在分詞で〗 eine *ausweichende* Antwort (責任逃れの) のらりくらりした返事

Aus·weis [アオス・ヴァイス] [男] *der* ([単] 2格 -es; [複] -e)

証明書 ▷ einen *Ausweis* vorzeigen 証明書を呈示する

aus|wei·sen [アオス・ヴァイゼン] [分離] (wies aus; ausgewiesen; [完了]h)

— [他] ❶ 〖④と〗〔…⁴を〕追放〈放逐〉する ▷ einen Ausländer aus dem Lande *ausweisen* 外国人を国外に追放する

❷ 〖④+[様態]と〗 (書類などが)〔…⁴が…であることを〕証明する ▷ Der Pass *weist* ihn als Japaner *aus.* パスポートは彼が日本人であることを証明する

— [再] 〖[sich]⁴と〗 (書類などによって)身元〈本人であることなど〉を証明する ▷ Er *wies* sich durch seinen Führerschein *aus.* 彼は本人であることを運転免許証で証明した

Aus·weis·pa·pie·re [アオス・ヴァイス・パピーレ] [複名] 証明書類

aus|wei·ten [アオス・ヴァイテン] [分離] (weitete aus; ausgeweitet; [完了]h)

— [他] ❶ 〖④と〗〔範囲・規模など⁴を〕拡大する ▷ den Handel mit dem Ausland *ausweiten* 外国との取り引きを拡大する

❷ 〖④と〗〔服・靴など⁴を〕だぶだぶ〈ぶかぶか〉にしてしまう

— [再] 〖[sich]⁴と〗 (範囲・規模などが)拡大する ▷ Dieser Zwischenfall *weitete* sich zum Krieg *aus.* この突発的事件は戦争に拡大していった

aus·wen·dig [アオス・ヴェンディヒ]

[副] 暗記して, そらで ▷ Wir müssen das Gedicht bis morgen *auswendig* lernen. 私たちはその詩をあすまでに暗記しなければならない

aus|wer·fen [アオス・ヴェルフェン] [分離] (er wirft aus; warf aus; ausgeworfen; [完了]h)

[他] ❶ ④と〗〔釣りざお・網など⁴を〕投げ込む ▷ den Anker *auswerfen* 投錨(とうびょう)する

❷ 〖④と〗 (機械などが)〔一定の量のもの⁴を〕(自動的に)生産する

aus|wer·ten [アオス・ヴェーアテン] [分離] (wertete aus; ausgewertet; [完了]h)

[他] 〖④と〗〔…⁴を〕(どのような結論を引き出せるかと)分析する ▷ Dokumente *auswerten* 記録を分析する

aus|wir·ken [アオス・ヴィルケン] [分離] (wirkte aus; ausgewirkt; [完了]h)

[再] 〖[sich]⁴+auf+④と〗〔…⁴に〕影響を及ぼす ▷ Lohnerhöhungen *wirken* sich auf die Preise *aus.* 賃金の上昇は物価に影響を及ぼす

Aus·wir·kung [アオス・ヴィルクング] [女] *die* ([単] 2格 -; [複] -en) 影響

aus|wi·schen [アオス・ヴィッシェン] [分離] (wischte aus; ausgewischt; [完了]h)

[他] 〖④と〗〔…⁴を〕(ふいて) きれいにする ▷ das Glas mit einem Tuch *auswischen* グラスを布巾(ふきん)できれいにする / sich³ die Augen *auswischen* 目をぬぐう

[イディオム] ③+***eins auswischen*** …³に(特に仕返しの)意地悪をする

Aus·wuchs [アオス・ヴークス] [男] *der* ([単] 2格 -es; [複] ..wüchse) 〖ふつう [複] で〗 度を越すことによる悪い結果, 行き過ぎ, 肥大化 ▷ der Kampf gegen die *Auswüchse* der Bürokratie 官僚主義の肥大化に対する闘い

aus|wuch·ten [アオス・ヴフテン] [分離] (wuchtete aus; ausgewuchtet; [完了]h)

[他] 《工学》 〖④と〗〔車輪など⁴を〕バランスよく回転

するようにする

aus|zah·len [アオス・ツァーレン] 分離
(zahlte aus; ausgezahlt; 完了h)
— 他 〔④と〕〔賃金・賞金など⁴を〕支払う ▷ das Gehalt *auszahlen* 給料を支払う
— 再 〔(sich)⁴と〕（労力などが）報われる ▷ Seine Mühe wird sich *auszahlen*. 彼の苦労は報われるだろう

aus|zäh·len [アオス・ツェーレン] 分離
(zählte aus; ausgezählt; 完了h)
他〔④と〕〔…⁴の〕数を正確に数える

Aus·zah·lung [アオス・ツァールング] 女 *die* (単2格 -; 複 -en) （賃金などの）支払い

aus|zeich·nen [アオス・ツァイヒネン] 分離
(zeichnete aus; ausgezeichnet; 完了h)
— 他 ❶〔④と〕〔…⁴を〕表彰する ▷ Er ist *ausgezeichnet* worden. 彼は表彰された
❷〔④と〕（ある特性が）〔…⁴を〕際立たせる, 特徴づける ▷ Fleiß *zeichnet* ihn *aus*. 彼は際立って勤勉だ
— 再 〔(sich)⁴と〕 際立つ, 抜きん出る ▷ Hans *zeichnet* sich durch Fleiß *aus*. ハンスは勤勉さにおいて際立っている

Aus·zeich·nung [アオス・ツァイヒヌング] 女 *die* (単2格 -; 複 -en)
❶ 〔複 なし〕 表彰 ▷ die *Auszeichnung* der Preisträger 入賞者の表彰
❷ 勲章, メダル, 賞, 名誉称号 ▷ ein Examen mit *Auszeichnung* bestehen 試験に優で合格する

aus|zie·hen [アオス・ツィーエン] 分離
(zog aus; ausgezogen)
— 他 〔完了h〕 ❶〔④と〕〔服など⁴を〕脱ぐ（靴・靴下・手袋にも用いる; 反 anziehen）▷ Sie *zog* Schuhe und Strümpfe *aus*. 彼女は靴とストッキングを脱いだ
❷〔③＋④と〕〔…³から…⁴を〕脱がせる ▷ Sie *zieht* dem Kind das Hemd *aus*. 彼女は子供のシャツを脱がせる
❸〔④と〕〔…⁴から〕服を脱がせる ▷ Die Mutter *zieht* das Kind *aus*. 母親は子供の服を脱がせる
❹〔④と〕〔縮められてしまわれているもの⁴を〕引き出す〔伸ばす〕▷ die Antenne am Auto *ausziehen* 車のアンテナを引き伸ばす
— 再 〔完了h〕 ❶〔(sich)⁴と〕服を脱ぐ ▷ Er hat sich schnell *ausgezogen*. 彼はすばやく服を脱いだ
❷〔(sich)³＋④と〕〔とげなど⁴を〕引き抜く
— 自 〔完了s〕（住まいなどを）引き払う（反 einziehen）▷ Vor Weihnachten müssen wir *ausziehen*. クリスマスの前に私たちは家を引き払わねばならない

Aus·zu·bil·den·de [アオス・ツー・ビルデンデ] 男

der / 女 *die* （形容詞変化 ☞ Alte 表1） 〔*ausbilden* の未来受動分詞〕職業訓練を受ける人

Aus·zug [アオス・ツーク] 男 *der* (単2格 -[e]s; 複 ..züge)
❶ 抜粋; 概要, レジュメ ▷ *Auszüge* aus einer Rede hören 演説の抜粋を聞く / in *Auszügen* 要約の形で
❷〔複 なし〕（住まいを）引き払うこと;（スポーツ選手などの）退場

aus·zugs·wei·se [アオス・ツークス・ヴァイゼ] 副 抜粋の形で

au·then·tisch [アオテンティシュ] 形 （テキストなどが）真正の, ほんものの;（出来事などが）本当にあった;（報告などが）信頼するにたる

Au·to
[áuto アオト]
中 *das* (単2格 -s; 複 -s)

格	単　数	複　数
①	das Auto	die **Autos**
②	des Auto**s**	der Autos
③	dem Auto	den Autos
④	das Auto	die Autos

自動車（＝Wagen）
ein gebrauchtes *Auto*
中古車
mit dem *Auto* nach München fahren
車でミュンヒェンへ行く
Er fährt gut *Auto*. 彼は車の運転がじょうずだ

Au·to·at·las [アオト・アトラス] 男 *der* (単2格 -..lasses; 複 ..lanten ⟨..lasse⟩) ドライブマップ

Au·to·bahn [アオト・バーン] 女 *die* (単2格 -; 複 -en)
アウトバーン（ドイツの高速自動車道）▷ auf der *Autobahn* fahren アウトバーンを走る

Autobahn

Au·to·bahn·drei·eck [アオト・バーン・ドライ・エック] 中 *das* (単2格 -s; 複 -e) （2本のアウトバーンがＹ字形に合流し1本になる）アウトバーン合流〈分岐〉点

Au·to·bahn·kreuz [アオト・バーン・クロイツ] 中 *das* (単2格 -es; 複 -e) アウトバーンジャンクショ

①, ②, ③, ④＝1格, 2格, 3格, 4格の名詞

ン（立体交差の他のアウトバーンに移れるところ）

Au·to·be·sit·zer [アオト・ベズィッツァー] [男] *der* ([単] 2格 -s; [複] -) 自動車の所有者

Au·to·bus [アオト・ブス] [男] *der* ([単] 2格 ..busses; [複] ..busse) バス (＝Bus, Omnibus)

Au·to·di·dakt [アオト・ディダクト] [男] *der* ([単] 2·3·4格 -en; [複] -en) 独学者

Au·to·dieb [アオト・ディーブ] [男] *der* ([単] 2格 -[e]s; [複] -e) 自動車どろぼう

Au·to·fäh·re [アオト・フェーレ] [女] *die* ([単] 2格 -; [複] -n) カーフェリー

Au·to·fah·ren [アオト・ファーレン] [中] *das* ([単] 2格 -s; [複] なし) ドライブ

Au·to·fah·rer [アオト・ファーラー] [男] *der* ([単] 2格 -s; [複] -) ドライバー, 自動車を運転する人

Au·to·fahrt [アオト・ファールト] [女] *die* ([単] 2格 -; [複] -en) ドライブ

Au·to·gramm [アオトグラム] [中] *das* ([単] 2格 -s; [複] -e) (有名人の) サイン

Au·to·kar·te [アオト・カルテ] [女] *die* ([単] 2格 -; [複] -n) 道路地図, ロードマップ

Au·to·kenn·zei·chen [アオト・ケンツァイヒェン] [中] *das* ([単] 2格 -s; [複] -) (車の) 登録ナンバー

Au·to·ki·no [アオト・キーノ] [中] *das* ([単] 2格 -s; [複] -s) ドライブインシアター

Au·to·mat [アオトマート] [男] *der* ([単] 2·3·4格 -en; [複] -en)

❶ **自動販売機** ▷ ein *Automat* für Zigaretten タバコの自動販売機

❷ (機械の) 自動装置, 自動工作機械

au·to·ma·tisch [アオトマーティシュ]

[形] ❶ **自動の**, オートマチックの ▷ ein Auto mit *automatischer* Kupplung オートマチック車 (←自動クラッチの車)

❷ (物事が) **自動的な** ▷ einen Vertrag *automatisch* verlängern 契約を自動的に延長する

❸ (反応などが) 無意識の

Au·to·num·mer [アオト・ヌマー] [女] *die* ([単] 2格 -; [複] -n) 《口語》(車の) 登録ナンバー (＝Autokennzeichen)

Au·tor [アオトーア] [男] *der* ([単] 2格 -s; [複] -en) (小説・研究書などの) **著者, 作者** ▷ Der *Autor* dieses Romans ist ein junger Japaner. この小説の作者は若い日本人である

Au·to·ren [アオトーレン] Autor の [複数]

Au·to·ren·nen [アオト・レネン] [中] *das* ([単] 2格 -s; [複] -) カーレース

Au·to·rin [アオトーリン] [女] *die* ([単] 2格 -; [複] ..rinnen) Autor の女性形

au·to·ri·tär [アオトリテーア] [形] **権威主義的な** ▷ eine *autoritäre* Erziehung 権威主義的な教育

Au·to·ri·tät [アオトリテート] [女] *die* ([単] 2格 -; [複] -en)

❶ 〖[複] なし〗 **権威** ▷ die *Autorität* des Vaters 父親の権威

❷ 権威者, 大家 ▷ Er ist eine *Autorität* auf seinem Gebiet. 彼は彼の専門分野における権威である

Au·to·schlos·ser [アオト・シュロッサー] [男] *der* ([単] 2格 -s; [複] -) 自動車修理工

Au·to·un·fall [アオト・ウンファル] [男] *der* ([単] 2格 -[e]s; [複] ..fälle) 自動車事故

Au·to·ver·kehr [アオト・フェアケーア] [男] *der* ([単] 2格 -s; まれに [複] -e) 自動車交通

Au·to·ver·leih [アオト・フェアライ] [男] *der* ([単] 2格 -[e]s; [複] -e) **カーレンタル**

A·ver·si·on [アヴェルズィオーン] [女] *die* ([単] 2格 -; [複] -en) 《文語》 嫌悪, 反感

Axt [アクスト] [女] *die* ([単] 2格 -; [複] Äxte) 斧おの (☆ Beil より刃が短く柄が長い)

Äx·te [エクステ] Axt の [複数]

A·zu·bi [アツービ]

— [男] *der* ([単] 2格 -s; [複] -s) 《口語》(男性の) 職業訓練を受ける人 (＝der Auszubildende)

— [女] *die* ([単] 2格 -; [複] -s) 《口語》(女性の) 職業訓練を受ける人 (＝die Auszubildende)

b B [be: ベー]

Ba·by [ベービ] 中 *das* (単2格 -s; 複 -s)
赤ん坊 (☆「乳児」は Säugling) ▷ Sie bekommt ⟨erwartet⟩ ein *Baby*. 彼女は妊娠している

Ba·by·sit·ter [ベービ・ズィッター] 男 *der* (単2格 -s; 複 -) ベビーシッター

Bach [バッハ] 男 *der* (単2格 -es ⟨まれに -s⟩; 複 Bäche) 小川

Bä·che [ベッヒェ] Bach の 複数

Back·bord [バック・ボルト] 中 *das* (プラス 格 *der*) (単2格 -[e]s; まれに 複 -e) (前方を見て、船・飛行機の)左舷さん (☆ ふつう無冠詞で; 反 Steuerbord) ▷ nach *Backbord* 左舷へ

Ba·cke [バッケ] 女 *die* (単2格 -; 複 -n) 頬ほお (= Wange) ▷ rote *Backen* haben 赤いほっぺたをしている

ba·cken

[bákn̩ バッケン]

現在	ich backe	wir backen
	du bäckst⟨backst⟩	ihr backt
	er bäckt⟨backt⟩	sie backen
過去	ich backte	wir backten
	du backtest	ihr backtet
	er backte	sie backten
過分	gebacken	完了 haben

[注] 過去 の古形: buk

— 他 ❶ 《4》と〔パン・ケーキなど⁴を〕焼く
Die Großmutter *backte* Plätzchen.
祖母はクッキーを焼いた
Sie *bäckt* gern.
彼女はケーキを焼くのが好きだ
❷〔肉・魚など⁴を〕フライにする
— 自 (パン・ケーキなどが)焼ける ▷ Der Kuchen muss eine Stunde *backen*. そのケーキは1時間焼かなければならない

Bä·cker [ベッカー] 男 *der* (単2格 -s; 複 -) パン屋(職人を指す) ▷ zum *Bäcker* gehen パン屋に行く

Bä·cke·rei [ベッケライ] 女 *die* (単2格 -; 複 -en) ベーカリー、パン屋; パン製造所

Back·ofen [バック・オーフェン] 男 *der* (単2格 -s; 複 ..öfen) パン焼きがま; オーブン

bäckst [ベックスト] backen の 現在

Back·stein [バック・シュタイン] 男 *der* (単2格 -s; 複 -e) (北ドイツ) れんが

bäckt [ベックト] backen の 現在

back·te [バックテ] backen の 過去

Bad [バート] 中 *das* (単2格 -es ⟨まれに -s⟩; 複 Bäder)
❶ 浴室, バスルーム ▷ Wohnung mit Küche und *Bad* 台所・バスつきの住居
❷ 入浴 ▷ ein *Bad* nehmen 入浴する
❸ ふろの湯⟨水⟩ ▷ Das *Bad* ist zu heiß. ふろの湯が熱すぎる
❹ 湯治場; 水浴場, プール
❺《複 なし》水泳

Ba·de·an·zug [バーデ・アンツーク] 男 *der* (単2格 -[e]s; 複 ..züge) (女性用のワンピースの)水着

Ba·de·hau·be [バーデ・ハオベ] 女 *die* (単2格 -; 複 -n) 水泳帽

Ba·de·ho·se [バーデ・ホーゼ] 女 *die* (単2格 -; 複 -n) 水泳パンツ

Ba·de·man·tel [バーデ・マンテル] 男 *der* (単2格 -s; 複 ..mäntel) バスローブ; ビーチガウン

Ba·de·mat·te [バーデ・マッテ] 女 *die* (単2格 -; 複 -n) バスマット

ba·den [バーデン]
(du badest, er badet; badete; gebadet; 完了 h)
— 自 ❶ ふろに入る, 入浴する ▷ Er *badet* täglich. 彼は毎日ふろに入る
❷ 泳ぐ (=schwimmen) ▷ Nach der Schule gehen wir *baden*. 放課後私たちは泳ぎに行く

— 他 《4》と〔…⁴を〕ふろに入れる ▷ Sie *badet* das Baby täglich. 彼女は毎日赤ん坊をふろに入れる

Ba·den-Würt·tem·berg [バーデン・ヴュルテムベルク] (中 *das*) 《州名》 バーデン・ヴュルテンベルク(ドイツ南西部)

Bä·der [ベーダー] Bad の 複数

ba·de·te [バーデテ] baden の 過去

Ba·de·wan·ne [バーデ・ヴァネ] 女 *die* (単2格 -; 複 -n) 浴槽, 湯船

Ba·de·zim·mer [バーデ・ツィマー] 中 *das* (単2格 -; 複 -) 浴室, バスルーム

ba·ga·tel·li·sie·ren [バガテリズィーレン]
(bagatellisierte; bagatellisiert; 完了 h)
他 《4》と〔危険など⁴を〕軽くみる, 軽視する, ささいなこととして扱う

Bag·ger [バッガー] 男 *der* (単2格 -s; 複 -) パワーショベル, 浚渫しゅんせつ機, 掘削機

Ba·guette [バゲット] 女 *die* (単2格 -; 複 -n) / 中 *das* (単2格 -s; 複 -s) バゲット(棒状のフランス

風白パン）

Bahn [バーン] 囡 *die* (⊕ 2 格 -; ⊕ -en)
❶ 鉄道 ▷ mit der *Bahn* reisen 鉄道を使って旅行する
❷ (天体などの)軌道; (ロケットなどの)弾道 ▷ die *Bahn* eines Satelliten 人工衛星の軌道
❸ (自動車道路の)車線;《ﾆｯﾌﾟ》トラック, 走路 ▷ eine Straße mit drei *Bahnen* 3車線の道路
❹ (新たに切り開く〈開かれる〉)通り道 ▷ sich³ eine *Bahn* durch den Schnee machen 雪の中に通り道をつくる
❺ (織物・壁紙などの) 帯状に切ったもの ▷ zwei *Bahnen* der Tapete 壁紙2枚
❻《北ドイ》路面電車 (=Straßenbahn)

bahn·bre·chend [バーン・ブレッヒェント] 形 画期的な, エポックメーキングな

bah·nen [バーネン] (bahnte; gebahnt; 囲ｺh)
他 《(③)+(④)と》[…⁴のために道⁴を]開く ▷ Er *bahnte* ihr einen Weg durch den Schnee. 彼は彼女のために雪を踏み分けてやった / 《再帰的に》Er hat sich einen Weg durch die Menge *gebahnt*. 彼は群衆をかき分けて進んだ

Bahn·fahrt [バーン・ファールト] 囡 *die* (⊕ 2 格 -; ⊕ -en) 鉄道旅行

Bahn·hof
[báːnhoːf バーン・ホーフ]
男 *der* (⊕ 2 格 -[e]s; ⊕ ..höfe)

格	単 数	複 数
①	der Bahnhof	die Bahnhöfe
②	des Bahnhof[e]s	der Bahnhöfe
③	dem Bahnhof	den Bahnhöfen
④	den Bahnhof	die Bahnhöfe

❶ 駅, 停車場
zum *Bahnhof* gehen
駅に行く
Der Zug fährt in den *Bahnhof* ein.
列車が駅に入って来る
❷ 駅舎 ▷ Im *Bahnhof* gibt es einen Friseur. 駅の構内に床屋がある

Bahn·steig [バーン・シュタイク] 男 *der* (⊕ 2 格 -[e]s; ⊕ -e) (駅の)プラットホーム

Bahn·über·gang [バーン・ユーバー・ガング] 男 *der* (⊕ 2 格 -[e]s; ⊕ ..gänge) 踏切

Bah·re [バーレ] 囡 *die* (⊕ 2 格 -; ⊕ -n) 担架; 棺台

Ba·jo·nett [バヨネット] 中 *das* (⊕ 2 格 -[e]s; ⊕ -e) 銃剣

Bak·te·rie [バクテーリエ] 囡 *die* (⊕ 2 格 -; ⊕ -n) (ふつう で) 細菌, バクテリア

Bak·te·ri·o·lo·gie [バクテリオロギー] 囡 *die* (⊕ なし) 細菌学

Ba·lan·ce [バランーセ/..ス] 囡 *die* (⊕ 2 格 -;

⊕ -n) バランス, 平衡, 均衡 ▷ die *Balance* halten 〈verlieren〉バランスを保つ〈失う〉

ba·lan·cie·ren [バランスィーレン]
(balancierte; balanciert)
— 自 《囲ｺs》バランスをとって歩く ▷ Er ist über ein Seil *balanciert*. 彼はロープの上をバランスをとって歩いた
— 他 《囲ｺh》《(④)と》(倒れたりしないように) […⁴の]バランスをとる ▷ einen Korb auf dem Kopf *balancieren* 頭の上でかごのバランスをとる

bald
[balt バルト]
比較 eher 最上 am ehesten

副 まもなく, じきに
Sie wird *bald* kommen.
彼女はまもなく来るでしょう
bald danach その後まもなく
so *bald* wie möglich〈möglichst *bald*〉
できるだけ早く
Bis *bald*! ではまたあとで
(イディオム) *bald* ..., *bald* ~ あるときは…あるときは~ ▷ *Bald* weinte er, *bald* lachte er. 彼はあるときは泣きあるときは笑った

bal·di·ge [バルディゲ] 形 間もない, 近いうちの (☆ 名詞につけて) ▷ Auf *baldiges* Wiedersehen! ではまた近いうちに

Balg [バルク] 男 *der* (⊕ 2 格 -[e]s; ⊕ Bälge)
❶ (動物の)はいだ皮
❷ ふいご

Bäl·ge [ベルゲ] Balg の 複数

bal·gen [バルゲン] (balgte; gebalgt; 囲ｺh)
再 《sich⁴ と》(子供たちがふざけて)つかみ合う, 取っ組み合う ▷ Die Jungen *balgten* sich um das Spielzeug. 男の子たちがおもちゃの取り合いをしていた

Bal·ken [バルケン] 男 *der* (⊕ 2 格 -s; ⊕ -) 角材;《建築》梁はり

Bal·kon [バルコン/..コーン] 男 *der* (⊕ 2 格 -s; ⊕ -s 〈-e〉)
❶ バルコニー
❷ (集合的に)(劇場などの)バルコニー席 ▷ Wir haben Karten für den *Balkon*. 私たちはバルコニー席の座席券を持っている

Ball [バル] 男 *der* (⊕ 2 格 -[e]s; ⊕ Bälle)
❶ ボール, 球
❷ 舞踏会, ダンスパーティー

Bal·la·de [バラーデ] 囡 *die* (⊕ 2 格 -; ⊕ -n)《文学・音楽》バラード

Bal·last [バラスト/バラスト] 男 *der* (⊕ 2 格 -[e]s; ⊕ なし) (気球の)砂のう, (船などの)バラスト, 底荷

Bäl·le [ベレ] Ball の 複数

bal·len [バレン] (ballte; geballt; 囲ｺh)
— 他 《(④)と》[…⁴を](固めて)丸くする ▷ die

Ballen

Hand zur Faust *ballen* 手を丸めてこぶしをつくる

— 囲 【《sich》4と】 かたまり〈球状〉になる ▷ Der Schnee *ballt* sich zu Klumpen. 雪がかたまりになる

Bal·len [バレン] 男 *der* (単2格 -s; 複 -) (製品をひもでくくった)包み, 梱ﾞ

Bal·le·ri·na [バレリーナ] 女 *die* (単2格 -; 複 ..rinen) バレリーナ

Bal·le·ri·nen [バレリーネン] Ballerina の 複数

bal·lern [バレルン] (ballerte; geballert)
自 【口語】 ❶ 【《h》】(続けざまに)パンパンと射つ

❷ 【《s》】【an〈gegen〉+4と】【..4を】ドン[ドン]と勢いよくぶつかる

Bal·lett [バレット] 中 *das* (単2格 -[e]s; 複 -e) バレエ; バレエ団 ▷ das klassische *Ballett* クラシックバレエ

Bal·lon [バロン/..ローン] 男 *der* (単2格 -s; 複 -s〈-e〉) (軽)気球; 風船

Ball·spiel [バル・シュピール] 中 *das* (単2格 -[e]s; 複 -e) 球技

Bal·sam [バルザーム] 男 *der* (単2格 -s; 複 なし) バルサム (芳香性の樹脂; 香料・鎮痛剤などに用いられる)

Bam·bus [バムブス] 男 *der* (単2格 -〈..busses〉; 複 ..busse) 竹

ba·nal [バナール] 形 平凡な, 月並みな, 陳腐な ▷ *banale* Worte 月並みなことば

Ba·na·ne [バナーネ] 女 *die* (単2格 -; 複 -n) バナナ ▷ Er isst gern *Bananen*. 彼はバナナが好きだ

Ba·nau·se [バナオゼ] 男 *der* (単2・3・4格 -n; 複 -n) (文化的なことに興味をもたない)俗物

band [バント] binden の 過去

Band

— 中 *das* [バント] (単2格 -es〈まれに -s〉; 複 Bänder)

❶ (飾り・包装などに用いる)リボン, テープ ▷ ein *Band* knoten リボン〈テープ〉を結ぶ / ein *Band* im Haar tragen リボンを髪につけている

❷ (録音・録画の)テープ ▷ Musik auf *Band* aufnehmen 音楽をテープに吹き込む

❸ ベルトコンベヤー (=Fließband)

— 男 *der* [バント] (単2格 -es〈まれに -s〉; 複 Bände) (書籍の)巻 (略 Bd., 複数形は Bde.) ▷ der zweite *Band* 第2巻 / Goethes Werke in zwanzig *Bänden* 全20巻のゲーテ著作集

— 女 *die* [ベント] (単2格 -; 複 -s) 《音楽》 バンド, 楽団

Ban·da·ge [バンダージェ] 女 *die* (単2格 -; 複 -n) テーピング, サポーター; 《ボクシング》 バンデージ

ban·da·gie·ren [バンダジーレン] (bandagierte; bandagiert; 過去分 h)
他 【4と】【..に】(弾力性のある)包帯〈テーピング〉を巻く

Ban·de [バンデ] 女 *die* (単2格 -; 複 -n)

❶ (犯罪者などの)一味 ▷ Der Anführer der *Bande* wurde festgenommen. 一味の首謀者は逮捕された

❷ 《戯語》(子供・若者などの)一群 ▷ So eine *Bande*! なんという連中だ

bän·de [ベンデ] binden の 接続II

Bän·de [ベンデ] Band 男 の 複数

Bän·der [ベンダー] Band 中 の 複数

bän·di·gen [ベンディゲン] (bändigte; gebändigt; 過去分 h)
他 【4と】【動物4を】ならす; 〔子供など4を〕おとなしくさせる

Ban·dit [バンディート/..ディット] 男 *der* (単2・3・4格 -en; 複 -en) 盗賊

Band·wurm [バント・ヴルム] 男 *der* (単2格 -[e]s; 複 ..würmer) 《虫》サナダムシ

bang [バング] =bange

ban·ge [バンゲ] (比較 banger 〈bänger〉, 最上 bangst 〈bängst〉)
形 不安な, 心配な ▷ in *banger* Erwartung 期待と不安のうちに / Ihm wird *bange*. 彼は不安になる (☆ ❸を伴うことに注意)

ban·gen [バンゲン] (bangte; gebangt; 過去分 h)
自 【文語】【um+4と】【..4のことを】心配する ▷ Die Mutter *bangt* um ihr krankes Kind. 母親は病気の子供のことを心配する

bän·ger [ベンガー] bange の 比較

bängst [ベングスト] bange の 最上

Bank [バンク] 女 *die*

— (単2格 -; 複 Bänke)

ベンチ; (学校・教会などの)長い腰掛け ▷ sich im Park auf eine *Bank* setzen 公園のベンチに腰を下ろす

— (単2格 -; 複 -en)

銀行 ▷ Die *Bank* steht der Kirche gegenüber. 銀行は教会の向かいにある / ein Konto bei einer *Bank* eröffnen 口座を銀行に開く

Bän·ke [ベンケ] Bank「ベンチ」の 複数

Ban·ki·er [バンキエー] 男 *der* (単2格 -s; 複 -s) 銀行家

Bank·no·te [バンク・ノーテ] 女 *die* (単2格 -; 複 -n) 銀行券, 紙幣

Bank·räu·ber [バンク・ロイバー] 男 *der* (単2格 -s; 複 -) 銀行強盗

bank·rott [バンク・ロット] 形 破産〈倒産〉した ▷ eine *bankrotte* Firma 倒産した会社

Bank·rott [バンク・ロット] 男 *der* (単2格 -[e]s; 複 -e) 破産, 倒産 ▷ *Bankrott* gehen 破産〈倒産〉する / Die Firma steht kurz vor dem *Bankrott*. 会社は破産寸前だ

Bann [バン] 男 *der* (単2格 -[e]s; 複 なし)

①, ②, ③, ④=1格, 2格, 3格, 4格の名詞

❶ 人を金縛りに〈とりこに〉する力 ▷ im *Bann* der Musik 音楽に魅了されて / ④+in *Bann* halten ..⁴を魅了する
❷《ｶﾄﾘｯｸ》(教皇による)破門, 追放

ban·nen [バンネン] (bannte; gebannt; [完了]h)
[他]《文語》〖④と〗[..⁴を](呪文じゅもんなどで)金縛りにする, 呪縛じゅばくする (☆ 主に過去分詞で) ▷ Er blieb wie *gebannt* stehen. 彼は金縛りにあったように立ち止まった

Ban·ner [バンナー] [中] *das* ([単] 2格 -s; [複] -) 旗; のぼり, 旗印

bar [バール]
[形] ❶ 現金の ▷ *bares* Geld 現金 / Möchten Sie *bar* oder mit Scheck bezahlen? お支払いは現金になさいますか小切手になさいますか
❷《文語》純然たる, まったくの ▷ Das ist *barer* Unsinn. それはまったくのナンセンスだ

..bar [..バール]〖接尾辞; 動詞の語幹と形容詞を作る〗…できる ▷ anwend*bar* 適用できる / brenn*bar* 可燃性の / halt*bar* 持ちのよい

Bar [バール] [女] *die* ([単] 2格 -; [複] -s)
❶ バー, 酒場 ▷ in die *Bar* gehen バーに行く
❷ (バーの)カウンター ▷ sich⁴ an die *Bar* setzen カウンターに座る

Bär [ベーア] [男] *der* ([単] 2·3·4格 -en; [複] -en)《動物》クマ ▷ Der *Bär* brummt. クマがうなる / 《天文》der Große 〈Kleine〉 *Bär* 大〈小〉熊ぐま座

Ba·ra·cke [バラッケ] [女] *die* ([単] 2格 -; [複] -n) バラック, 仮小屋

Bar·bar [バルバール] [男] *der* ([単] 2·3·4格 -en; [複] -en) 未開人, 野蛮人

bar·ba·risch [バルバーリシュ]
[形] ❶ (犯罪などが)残虐な, 残忍な
❷ (風俗などが)野蛮な, 粗野な, 無教養な
❸《口語》(暑さ·寒さ·騒音などが)ものすごい

Bä·ren·dienst [ベーレン·ディーンスト] [男] *der*〖成句で〗③+***einen Bärendienst leisten*** 〈***erweisen***〉(善意でしたのに)..³にかえって迷惑をかけてしまう

Bä·ren·hun·ger [ベーレン·フンガー] [男] *der* ([単] 2格 -s; [複] なし)《口語》ひどい空腹, 腹ぺこ

Ba·rett [バレット] [中] *das* ([単] 2格 -[e]s; [複] -e) バレット(聖職者·裁判官などのかぶる, 縁のない平たい帽子)

bar·fuß [バール·フース] [副] はだしで, 素足で ▷ Sie lief *barfuß* über den Rasen. 彼女ははだしになって芝生の上をかけて行った

barg [バルク] bergen の [過去]

Bar·geld [バール·ゲルト] [中] *das* ([単] 2格 -[e]s; [複] なし) 現金 ▷ Ich hatte kein *Bargeld* bei mir. 私は現金を身につけていなかった

Ba·ri·ton [バーリトン/バリ..] [男] *der* ([単] 2格 -s; [複] -e)《音楽》バリトン(男性のテノールとバスの間の音域); バリトン歌手

barm·her·zig [バルム·ヘルツィヒ] [形]《文語》慈悲深い

ba·rock [バロック] [形] バロック[様式·時代]の ▷ ein *barocker* Bau バロック建築

Ba·rock [バロック] [中] *das* / [男] *der* ([単] 2格 -[s]; [複] なし) バロック様式

Ba·ro·me·ter [バロメーター] [中] *das* ([単] 2格 -s; [複] -) 気圧計, 晴雨計, バロメーター ▷ Das *Barometer* steigt 〈fällt〉. バロメーターが上がる〈下がる〉

Ba·ron [バローン] [男] *der* ([単] 2格 -s; [複] -e) 男爵

Bar·ren [バレン] [男] *der* ([単] 2格 -s; [複] -)
❶ (貴金属の)延べ棒 ▷ ein *Barren* Gold 金の延べ棒
❷《体操》平行棒

Bar·ri·e·re [バリエーレ] [女] *die* ([単] 2格 -; [複] -n) 柵さく, (通行止めの)横木; 障害物

Bar·ri·ka·de [バリカーデ] [女] *die* ([単] 2格 -; [複] -n) バリケード

barsch [バルシュ] [形] (返事などが)無愛想な, つっけんどんな, すげない

Barsch [バルシュ] [男] *der* ([単] 2格 -[e]s; [複] -e) パーチ(40 センチほどになる食用の淡水魚; スズキの類)

barst [バルスト] bersten の [過去]

Bart [バールト] [男] *der* ([単] 2格 -es 〈まれに -s〉; [複] Bärte)
❶ ひげ ▷ ein Mann mit *Bart* ひげを生やした男 / einen *Bart* tragen ひげを生やしている / Er lässt sich einen *Bart* wachsen. 彼はひげを生やす
❷ (鍵かぎの)歯(先端のぎざぎざの部分)

Bär·te [ベールテ] Bart の [複数]

bär·tig [ベーアティヒ] [形] ひげのある ▷ ein *bärtiger* Mann ひげを生やした男

bart·los [バールト·ロース] [形] ひげのない

Bar·zah·lung [バール·ツァールング] [女] *die* ([単] 2格 -; [複] -en) (商品引き渡しと同時の)現金払い

Ba·sar [バザール] [男] *der* ([単] 2格 -s; [複] -e)
❶ 慈善市, バザー
❷ バザール(中近東諸国の市場)

Base·ball [ベース·ボール] [男] *der* ([単] 2格 -s; [複] なし) 野球 ▷ *Baseball* spielen 野球をする

Ba·sel [バーゼル] ([中] *das*)《都市名》バーゼル(スイス北部; ☞ 地図 C-5)

Ba·sen [バーゼン] Basis の [複数]

ba·sie·ren [バズィーレン]
(basierte; basiert; [完了]h)
[自]《文語》〖auf+③と〗[..³に]基づく

Ba·sis [バーズィス] [女] *die* ([単] 2格 -; [複] Basen) 基盤, 土台 ▷ die wirtschaftliche *Basis* 経済的基盤 / Diese Theorie ruht auf einer soliden *Basis*. この理論はしっかりした基盤に基づいている

Bas·ket·ball [バ[ー]スケット・バル] 男 *der* (⊕ 2格 -[e]s; ⊕ なし) バスケットボール

Bass [バス] 男 *der* (⊕ 2格 -es; ⊕ Bässe)
❶《音楽》バス(男声の最低音域); バス歌手
❷《楽器》コントラバス

Baß (旧⇒新) Bass

Bäs·se [ベッセ] Bass の 複数

Bass·gei·ge (⊕ **Baß**..) [バス・ガイゲ] 女 *die* (⊕ 2格 -; ⊕ -n)《楽器》コントラバス (= Bass)

Bas·sin [バセーン] 中 *das* (⊕ 2格 -s; ⊕ -s)(ふつうコンクリートで作られた)水槽, プール

Bas·sist [バスィスト] 男 *der* (⊕ 2·3·4格 -en; -en) バス歌手; コントラバス奏者

Bast [バスト] 男 *der* (⊕ 2格 -es〈まれに -s〉; ⊕ -e) 靭皮(植物の外皮の下にある柔らかな内皮)

bas·ta [バスタ]《間投詞》《口語》もうおしまい(これ以上つべこべ言うな)

Bas·tard [バスタルト] 男 *der* (⊕ 2格 -[e]s; ⊕ -e)《生物》雑種 ▷ Maulesel sind *Bastarde* aus Pferd und Esel. ラバは馬とロバの雑種だ

bas·teln [バステルン] (bastelte; gebastelt; 助 h)
— 自 趣味でものを作る, 日曜大工をする ▷ Er *bastelt* gern. 彼は趣味でものを作るのが好きだ / 〖an+③と〗 Er *bastelt* an einem Regal. 彼は書棚を作っている
— 他 〖④と〗〔…⁴を〕趣味で作る ▷ Er *bastelt* ein Modellflugzeug. 彼は模型飛行機を組み立てる

bat [バート] bitten の 過去I

Ba·tail·lon [バタリヨーン] 中 *das* (⊕ 2格 -s; ⊕ -e)《軍事》大隊

bä·te [ベーテ] bitten の 接II

Bat·te·rie [バテリー] 女 *die* (⊕ 2格 -; ⊕ -n) 電池, バッテリー ▷ die *Batterie* aufladen 電池に充電する

bat·te·rie·be·trie·ben [バテリー・ベトリーベン] 形 バッテリー駆動の

Bat·te·ri·en [バテリーエン] Batterie の 複数

Bau [バオ] 男 *der*
— (⊕ 2格 -[e]s; ⊕ なし)
❶ 建築, 建設, 建造, 製造 ▷ den *Bau* eines Hauses planen 家を建てることを計画する / Die neue Schule ist im *Bau*. 新しい学校は建設中である
❷ 建築〈工事〉現場 ▷ Er arbeitet auf dem *Bau*. 彼は工事現場で働いている
❸ 体格 ▷ von kräftigem *Bau* sein 体格ががっしりしている
— (⊕ 2格 -[e]s; ⊕ Bauten) 建築物, 建物
— (⊕ 2格 -[e]s; ⊕ -e) (アナグマなどの)巣穴

Bauch [バオホ] 男 *der* (⊕ 2格 -es〈まれに -s〉; ⊕ Bäuche)
❶ 腹, 腹部 ▷ den *Bauch* einziehen 腹を引っ込める / einen *Bauch* bekommen 腹が出てくる / auf dem *Bauch* liegen 腹ばいになっている / nichts im *Bauch* haben (何も食べていなくて)空腹である
❷ (たる・びんなどの)胴

Bäu·che [ボイヒェ] Bauch の 複数

bau·chig [バオヒヒ] 形 (容器などが)胴の膨らんだ ▷ eine *bauchige* Vase 胴の膨らんだ花びん

Bauch·schmerz [バオホ・シュメルツ] 男 *der* (⊕ 2格 -es; ⊕ -en)《ふつう 複数 で》腹痛

bau·en [バオエン] (baute; gebaut; 助 h)
— 他 ❶ 〖④と〗〔…⁴を〕建てる, 建造する ▷ ein Haus *bauen* 家を建てる / eine Brücke *bauen* 橋を建設する / Der Vogel *baut* sich ein Nest. 鳥は巣を作る

類語
bauen (一般的な意味で)建てる
aufbauen 取り壊しの容易なものを組み立てる
erbauen 比較的大きな, 記念になるものを建てる

❷ 〖④と〗〔…⁴を〕(機械部品を組み立てて)製造する ▷ Die Firma *baut* einen neuen Autotyp. その会社はニューモデルの自動車を製造する
❸ 〖④と〗〖巣穴で④を〕作る
— 自 ❶ 家を建てる ▷ Er hat schon vor Jahren *gebaut*. 彼はもう数年前に家を建てた
❷ 〖an+③と〗〔…³を〕建てている, 建築中だ ▷ Wir *bauen* an einer Kirche. 私たちは教会を建築中だ
❸ 〖auf+④と〗〔…⁴を〕信頼する ▷ Auf seine Erfahrungen können wir *bauen*. 彼の経験は信頼できる

Bau·er [バオアー]
— 男 *der* (⊕ 2格 -n〈まれに -s〉, 3·4格 -n; ⊕ -n) 農民, 農夫, 百姓 (☆ 軽蔑的な意味合いを伴うことがある; ふつう Landwirt を用いる) ▷ Die *Bauern* arbeiteten auf dem Feld. 農夫たちは畑で働いていた
— 中 *das* / 男 *der* (⊕ 2格 -s; ⊕ -) 鳥かご

Bäu·e·rin [ボイエリン] 女 *die* (⊕ 2格 -; ⊕ ..rinnen)《Bauer の女性形》農婦

bäu·er·lich [ボイアーリヒ] 形 農民の; 農村の ▷ das *bäuerliche* Leben 農民の生活

Bau·ern·haus [バオエルン・ハオス] 中 *das* (⊕ 2格 -es; ⊕ ..häuser) 農家, 百姓家

Bau·ern·hof [バオエルン・ホーフ] 男 *der* (⊕ 2格 -[e]s; ⊕ ..höfe) 農民の家屋敷 (農地を含むこともある)

bau·fäl·lig [バオ・フェリヒ] 形 (建物などが)倒壊しそうな, 老朽化した

Bau·fir·ma [バオ・フィルマ] 女 *die* (⊕ 2格 -; ⊕ ..firmen) 建設会社

Bau·herr [バォ・ヘル] [男] *der* ([単] 2·3·4 格 -n; [複] -en) 建築主, 施主

Bau·kas·ten [バォ・カステン] [男] *der* ([単] 2 格 -s; [複] ..kästen) 積み木箱

Baum

[baum バオム]

[男] *der* ([単] 2 格 -es 〈まれに -s〉; [複] Bäume)

格	単 数	複 数
①	der Baum	die Bäume
②	des Baumes	der Bäume
③	dem Baum	den Bäumen
④	den Baum	die Bäume

木, 樹木 (☆ 木材としての「木」は Holz)
einen *Baum* pflanzen
木を植える
Der *Baum* trägt Früchte.
木が実をつけている
Die *Bäume* lassen ihre Blätter fallen.
木々が葉を落とす
Er sieht den Wald vor lauter *Bäumen* nicht. 《比ゆ》 彼は木を見て森を見ない(小さなことにこだわって全体を見失う)

Bäu·me [ボイメ] Baum の [複数]

Bau·meis·ter [バォ・マイスター] [男] *der* ([単] 2 格 -s; [複] -) 建築士 (＝Architekt)

bau·meln [バオメルン]
(baumelte; gebaumelt; [完了]h)
[自] 《口語》 (垂れ下がって)ぶらぶら揺れている
[イディオム] ***die Beine baumeln lassen*** 足をブラブラさせる

Baum·ku·chen [バオム・クーヘン] [男] *der* ([単] 2 格 -s; [複] -) バウムクーヘン (木の年輪のようなケーキ)

Baum·wol·le [バオム・ヴォレ] [女] *die* ([単] 2 格 -; [複] なし) 《植物》 ワタ(綿); 木綿 ▷ ein Hemd aus *Baumwolle* 綿のシャツ

Bau·platz [バォ・プラッツ] [男] *der* ([単] 2 格 -es; [複] ..plätze) 建設用地

bäu·risch [ボイリシュ] [形] 品のない, 無作法な

bau·schen [バオシェン]
(bauschte; gebauscht; [完了]h)
── [他] 〖④と〗 〔…⁴を〕膨らます ▷ Der Wind *bauscht* die Segel. 風が帆を膨らます
── [再] 〖[sich]⁴と〗 (特に風で)膨らむ ▷ Die Vorhänge *bauschten* sich im Wind. カーテンが風で膨らんだ

Bau·stel·le [バォ・シュテレ] [女] *die* ([単] 2 格 -; [複] -n) 建設〈工事〉現場 ▷ Das Betreten der *Baustelle* ist verboten. [状態受動] 建設現場への立ち入りは禁止されている

bau·te [バオテ] bauen の [過去]

Bau·ten [バオテン] Bau「建造物」の [複数]

Bau·werk [バォ・ヴェルク] [中] *das* ([単] 2 格 -[e]s; [複] -e) (比較的大きな文化的価値のある)建築物, 建造物

bay·e·risch [バイエリシュ] [形] バイエルンの

Bay·ern [バイエルン] (([中] *das*) 《州名》 バイエルン(ドイツ南東部)

bay·risch [バイリシュ] [形] ＝bayerisch

★ **be..** [ベ..] 〖非分離前つづり〗
a) 《形容詞を語幹にして状態変化を表す他動詞を作る》
*be*freien 解放する (← *frei*), *be*ruhigen 落ち着かせる (← *ruhig*)
b) 《名詞を語幹にして物の具備・付着などを表す他動詞を作る》
*be*grenzen 境をなす (← *Grenze*), *be*waffnen 武装させる (← *Waffe*)
c) 《自動詞の前置詞目的語や 3 格目的語を 4 格目的語とする他動詞を作る》
*be*antworten 答える (＜*auf*+④ antworten), *be*drohen 脅す (＜③+drohen)
d) 《方向の前置詞句を 4 格目的語とする他動詞を作る》
*be*treten 入る (← *in*+④ treten), *be*legen 覆う (← ④+*auf*+④ legen)

be·ab·sich·ti·gen [ベアップズィヒティゲン] [非分離]
(beabsichtigte; beabsichtigt; [完了]h)
[他] 〖④と〗 〔…⁴を〕**意図する**, するつもりである ▷ Wir *beabsichtigen*, morgen nach Bonn zu fahren. 私たちはあすボンへ行くつもりです / Das war nicht *beabsichtigt*. [状態受動] それは意図したことではなかった

be·ach·ten [ベアハテン] [非分離]
(beachtete; beachtet; [完了]h)
[他] ❶ 〖④と〗 〔…⁴に〕**注意を払う** (☆ ふつう否定形で) ▷ Er hat sie überhaupt nicht *beachtet*. 彼は彼女に目もくれなかった
❷ 〖④と〗 〔規則など⁴を〕守る ▷ beim Autofahren die Verkehrsregeln *beachten* 自動車を運転するに際し交通規則を守る

be·acht·lich [ベアハトリヒ] [形] かなりの, 相当の; 注目に値する, 評価すべき ▷ eine *beachtliche* Summe かなりの金額 / eine *beachtliche* Leistung 注目に値する業績

be·ach·tens·wert [ベアハテンス・ヴェーアト] [形] (功績などが)注目に値する

Be·ach·tung [ベアハトゥング] [女] *die* ([単] 2 格 -; [複] なし) (規則などを)守ること, 遵守

Be·am·te [ベアムテ] [男] *der* (形容詞変化 ☞ Alte 表 I)
公務員, 役人, 官吏 ▷ ein hoher *Beamter* 高級官吏

Be·am·tin [ベアムティン] [女] *die* ([単] 2 格 -; [複] ..tinnen) Beamte の女性形

beängstigend

be·ängs·ti·gend [ベエングスティゲント] 形 不安にさせるような，気づかわしい ▷ eine *beängstigende* Stille 不気味な静けさ

be·an·spru·chen [ベアンシュプルッヘン] 非分離
(beanspruchte; beansprucht; 助h)
他 ❶ 《4と》(権利に基づいて)[...⁴を]請求する，要求する ▷ Er *beanspruchte* sein Erbteil. 彼は自分の相続分を要求した / Ich will seine Güte nicht länger *beanspruchen*. 私はこれ以上彼の親切に甘えるつもりはありません
❷ 《4と》(物が)〔場所・スペース⁴を〕必要とする ▷ Die neuen Möbel *beanspruchen* viel Raum. その新しい家具はかなりの場所をとる
❸ 《4と》(仕事などが)〔...⁴の時間・体力などを〕必要とする ▷ Sein Beruf *beansprucht* ihn ganz. 仕事で彼は忙殺される

be·an·stan·den [ベアンシュタンデン] 非分離
(beanstandete; beanstandet; 助h)
他《4と》〔...⁴に〕異議を唱える，文句をつける ▷ eine Rechnung *beanstanden* 請求書に異議を唱える

be·an·tra·gen [ベアントラーゲン] 非分離
(er beantragt; beantragte; beantragt; 助h)(☆動詞 tragen ではなく名詞 Antrag からの派生形であるため規則変化)
他 ❶ 《4と》〔...⁴を〕**申請する**，願い出る ▷ ein Visum *beantragen* ビザを申請する / Er hat ein Stipendium *beantragt*. 彼は奨学金を願い出た
❷ 《4と》〔...⁴を〕(会議・裁判などで)要求する ▷ eine Abstimmung *beantragen* 評決を求める

be·ant·wor·ten [ベアントヴォルテン] 非分離
(beantwortete; beantwortet; 助h)
他《4と》〔...⁴に〕(きちんと)答える ▷ eine Frage *beantworten* 質問に答える / die Frage mit einem Kopfnicken *beantworten* その質問にうなずく

be·ar·bei·ten [ベアルバイテン] 非分離
(bearbeitete; bearbeitet; 助h)
他 ❶ 《4と》〔書類などを⁴〕(審査・調査して)**処理する** ▷ einen Antrag *bearbeiten* 申請を審査[し処理]する
❷ 《4と》〔問題などを⁴〕(研究テーマなどとして)取り上げる ▷ Diese Frage möchte ich bald *bearbeiten*. この問題を私は近いうちに取り上げたいと思っている
❸ 《4と》〔原稿に⁴〕手を加える；〔小説など⁴を〕改作する，脚色する ▷ ein Buch für einen Film *bearbeiten* ある本を映画用に脚色する
❹ 《4と》〔木・石などを⁴〕加工する，細工する；〔土地⁴を〕耕す ▷ Der Künstler *bearbeitet* den Marmor. その芸術家は大理石を加工する
❺ 《4と》〔...⁴の〕手入れをする ▷ den Fußboden mit einem Scheuermittel *bearbeiten* 磨き粉で床の手入れをする
❻ 《口語》《4と》〔...⁴を〕説得しようとしつこく試みる ▷ Sie haben ihn so lange *bearbeitet*, bis er einwilligte. 彼らは彼が承諾するまで説得し続けた

Be·ar·bei·tung [ベアルバイトゥング] 女 die (複2格-; 複-en)
❶ 《複なし》(書類などの)審査，処理，(石・木などの)加工，(畑などの)耕作
❷ (文学作品などの)改作

Beat·mu·sik [ビート・ムズィーク] 女 die (複2格-; 複なし) ビート音楽

be·auf·sich·ti·gen [ベアオフズィヒティゲン] 非分離
(beaufsichtigte; beaufsichtigt; 助h)
他《4と》〔...⁴を〕監視(監督)する ▷ die Gefangenen *beaufsichtigen* 捕虜を監視する

be·auf·tra·gen [ベアオフトラーゲン] 非分離
(er beauftragt; beauftragte; beauftragt; 助h)(☆動詞 tragen ではなく名詞 Auftrag からの派生形であるため規則変化)
他《4と+mit+3と》〔...⁴に...³を〕委託する ▷ eine Firma mit der Arbeit *beauftragen* 会社にその仕事を委託する / Ich habe ihn *beauftragt*, die Bücher abzuholen. 私は彼に本を取って来るように頼んだ

be·bau·en [ベバオエン] 非分離
(bebaute; bebaut; 助h)
他 ❶ 《4と》〔土地などに⁴〕建物を建てる ▷ Er hat das Grundstück mit Mietshäusern *bebaut*. 彼はその土地に貸家を建てた
❷ 《4と》〔畑などを⁴〕耕す，耕作する

be·ben [ベーベン] (bebte; gebebt; 助h)
自 ❶ (大地などが)揺れる，振動する ▷ Minutenlang *bebte* die Erde. 数分間大地が揺れた
❷ (人・身体などが)はげしく震える ▷ Vor Wut *bebte* seine Stimme. 怒りのあまり彼の声は震えていた

be·bil·dern [ベビルデルン] 非分離
(bebilderte; bebildert; 助h)
他《4と》〔本などに⁴〕挿し絵を入れる

Be·cher [ベッヒャー] 男 der (複2格-s; 複-) コップ (ふつうガラス製でないものを指す) ▷ ein *Becher* aus Plastik プラスチック製のコップ

Becher

be·chern [ベッヒェルン]
(becherte; bechert; 助h)
自《口語》大いに酒を飲む

Be·cken [ベッケン] 中 das (複2格-s; 複-)
❶ (壁に取りつけられた)洗面台；(台所の)流し；

(水洗便所の)便器 ▷ sich³ im *Becken* die Hände waschen 洗面台で手を洗う

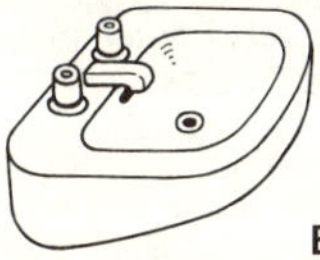

Becken

❷ (プール・噴水などの)水槽;《解剖》骨盤
❸ 〚[複] で〛《楽器》シンバル

be·dacht [ベダハト]
— bedenken の [過分]
— [形] 〚成句で〛 ***auf*+④ *bedacht sein*** …⁴に気を配っている, 注意をはらっている ▷ Er *war* stets dar*auf bedacht*, einen guten Eindruck zu machen. 彼はいつも人にいい印象を与えようと心がけていた

Be·dacht [ベダハト] [男] *der* 〚成句で〛 ***mit*** 〈***voll***〉 ***Bedacht*** 慎重に

be·dach·te [ベダハテ] bedenken の [過去]

be·däch·tig [ベデヒティヒ] [形] 慎重な, 落ち着いた, ゆっくりした ▷ ein *bedächtiger* Mensch 慎重な人 / mit *bedächtigen* Schritten ゆっくりした足取りで

be·dan·ken [ベダンケン] [非分離]
(bedankte; bedankt; [完了]h)
[再] 〚[sich]⁴と〛 礼を言う ▷ Er *bedankte* sich bei ihr für die Einladung. 彼は彼女に招待の礼を言った

be·darf [ベダルフ] bedürfen の [現在]

Be·darf [ベダルフ] [男] *der* ([単] 2 格 -s 〈まれに -es〉; [複] なし) 需要, 必要 ▷ Es besteht ein großer *Bedarf* an Lebensmitteln. 食料品に対して大きな需要がある (☆ 文頭の es は穴埋め)
[イディオム] ***bei Bedarf*** 必要のある場合に
[je] nach Bedarf 必要に応じて

be·dau·er·lich [ベダオアーリヒ] [形] 残念な, 遺憾な ▷ ein *bedauerlicher* Irrtum 残念な思い違い

be·dau·ern [ベダオエルン] [非分離]
(ich bedau[e]re; bedauerte; bedauert; [完了]h)
[他] ❶ 〚④と〛〔…⁴を〕**気の毒に思う**, 同情する ▷ Sie ist wirklich zu *bedauern*. 彼女は実に気の毒だ
❷ 〚④と〛〔…⁴を〕**残念に思う** ▷ Ich *bedauere* diesen Vorfall aufrichtig. 私はこの事件を心から残念に思う / 〚dass 文と〛 Ich *bedauere* sehr, dass ich nicht mitkommen kann. 私はいっしょに行けないのがとても残念です
[イディオム] ***[Ich] bedaure!*** 残念だが (☆ 誘いなどを断るときに)

Be·dau·ern [ベダオエルン] [中] *das* ([単] 2 格 -s; [複] なし) 遺憾の念, 残念な気持ち ▷ Zu meinem *Bedauern* kann ich nicht kommen. 残念ながら私は行くことができません

be·dau·ert [ベダオエルト] bedauern の [現在], [過分]

be·dau·er·te [ベダオエルテ] bedauern の [過去]

be·de·cken [ベデッケン] [非分離]
(bedeckte; bedeckt; [完了]h)
[他] ❶ 〚④+mit+③と〛〔…⁴を…³で〕**覆う**, かぶせる ▷ den Leichnam mit einem Tuch *bedecken* 遺体を布で覆う / Der Boden war mit Teppichen *bedeckt*. [状態受動] 床はじゅうたんが敷かれていた / Der Rock *bedeckt* gerade noch ihre Knie. スカートは彼女のひざをかろうじて隠している
❷ 〚④と〛〔…⁴の一面を〕覆う ▷ Schnee *bedeckt* die Erde. 雪が大地を覆う

be·deckt [ベデックト] bedecken の [現在], [過分]

be·deck·te [ベデックテ] bedecken の [過去]

be·den·ken [ベデンケン] [非分離]
(bedachte; bedacht; [完了]h)
[他] ❶ 〚④と〛〔…⁴を〕**よく考える** ▷ Du solltest die Folgen *bedenken*. 君は結果をよく考えておいたほうがいい
❷ 《文語》〚④+mit+③と〛〔…⁴に…³を〕贈る, 与える ▷ Zum Geburtstag wurde er mit Geschenken *bedacht*. 誕生日に彼は贈り物をもらった
[イディオム] ③+④+***zu bedenken geben*** …³に…⁴の注意を喚起する

Be·den·ken [ベデンケン] [中] *das* ([単] 2 格 -s; [複] –) 〚ふつう [複] で〛 (ある行動をちゅうちょさせる)**疑念**, 不審, 懸念 ▷ *Bedenken* gegen einen Plan äußern 計画に懸念を表明する

be·denk·lich [ベデンクリヒ]
[形] ❶ 憂慮すべき, 容易ならぬ ▷ eine *bedenkliche* Lage 憂慮すべき事態
❷ 疑念〈不審〉を抱いた ▷ ein *bedenkliches* Gesicht machen 不審そうな顔をする

be·deu·ten [ベドイテン] [非分離] (du bedeutest, er bedeutet; bedeutete; bedeutet; [完了]h)
[他] ❶〚④と〛〔…⁴を〕**意味する** ▷ Das *bedeutet* einen Trost für mich. それは私にとって慰めだ / Er wusste, was es *bedeutet*, kein Geld zu haben. 彼はお金がないということが何を意味するかを知っていた
❷ 〚④と〛 (単語などが)〔…⁴という〕**意味を表す** ▷ Das Wort „Frau" *bedeutete* ursprünglich etwas anderes als heute. 「Frau (女性)」という語は本来今日とは異なった意味をもっていた
❸ 〚④と〛〔…⁴の〕意味〈重要性〉をもつ (☆ ④ は etwas, viel, nichts, alles など) ▷ Er *bedeutet* viel bei seinen Kollegen. 彼は同僚の間で重きをなしている / Die Kinder *bedeuten* ihr alles. 子供たちは彼女にとってすべてだ

B

❹ 〖[4]と〗〔‥⁴の〕前兆である ▷ Die Wolken *bedeuten* Sturm. この雲はあらしの前触れだ

be·deu·tend [ベドイテント]

── [形] ❶ (出来事などが) 意味のある, 重要な, 価値のある ▷ ein *bedeutendes* Ereignis 重要な出来事 / Wir sind unserem Ziel einen *bedeutenden* Schritt näher gekommen. 私たちは私たちの目標に一歩大きく近づいた

❷ (人物・作品などが) 偉大な, すぐれた ▷ ein *bedeutender* Gelehrter 偉大な学者

── [副] 《比較級などを強めて》大いに, 著しく ▷ Heute ist es *bedeutend* wärmer als gestern. きょうはきのうよりずっと暖かい

be·deu·tet [ベドイテット] bedeuten の [現在], [過分]

be·deu·te·te [ベドイテテ] bedeuten の [過去]

be·deut·sam [ベドイトザーム]

[形] ❶ (出来事などが) 意味のある, 重要な

❷ (眼差し・笑いなどが) 意味ありげな

Be·deu·tung [ベドイトゥング] [女] *die* ([単] 2格 -; [複] -en)

❶ (語・象徴などの) **意味** ▷ Das Wort hat mehrere *Bedeutungen*. この単語は意味がいくつもある

❷ 〖[複] なし〗(物事の) **意味**, 重要性 ▷ Das Ereignis ist von historischer *Bedeutung*. この出来事は歴史的な意味をもっている

be·deu·tungs·voll [ベドイトゥングス・フォル]

[形] ❶ (出来事などが) 意味のある, 重要な

❷ (眼差し・笑いなどが) 意味ありげな

be·die·nen [ベディーネン] [非分離]

(bediente; bedient; [完了]h)

── [他] ❶ 〖[4]と〗〔客⁴に〕(料理などを) **給仕する**; (売子などとして) **応対する** ▷ Der Kellner *bedient* die Gäste schnell. そのウエーターは客への給仕が迅速だ / Hier wird man gut *bedient*. ここは客に対するサービスがよい / Werden Sie schon *bedient*? 《客に向かって》ご注文はうけたまわりましたか // Wer *bedient* hier? だれがここの係ですか

❷ 〖[4]と〗〔機械など⁴を〕操作する, あやつる ▷ einen Kran *bedienen* クレーンを操作する

── [再] ❶ 〖[sich]⁴と〗(料理などを) **自分で取る** ▷ Bitte, *bedienen* Sie sich! どうぞご遠慮なさらずにお取りください

❷ 《文語》〖[sich]⁴+[2]と〗〔‥²を〕使う, 用いる ▷ Er *bedient* sich eines Zitats. 彼は引用を用いる

Be·diens·te·te [ベディーンステテ] [男] *der* / [女] *die* (形容詞変化 ☞ Alte 表 I) 役人, 公務員

be·dient [ベディーント] bedienen の [現在], [過分]

be·dien·te [ベディーンテ] bedienen の [過去]

Be·die·nung [ベディーヌング] [女] *die* ([単] 2格 -; [複] なし)

❶ **サービス**, 給仕; (客の) 応対 ▷ *Bedienung* inbegriffen サービス料込みで

❷ (機械などの) 操作

[イディオム] ***Bedienung, zahlen bitte!*** 《特にウェートレスに対して》勘定お願いします

be·din·gen [ベディンゲン] [非分離]

(bedingte; bedingt; [完了]h)

── [他] 〖[4]と〗〔‥⁴の〕原因となる, 〔‥⁴を〕引き起こす ▷ Der Motorschaden *bedingte* eine Notlandung. エンジンの故障が原因で不時着した / Seine Krankheit ist psychisch *bedingt*. [状態受動] 彼の病気は精神的な原因によるものだ

── [再] 〖[sich]⁴と〗(出来事・状態などが) 相互に依存する, 相関関係にある

be·dingt [ベディングト] [形] 条件つきの (☆ 述語として用いない) ▷ eine *bedingte* Erlaubnis 条件つきの許可 / Das ist *bedingt* richtig. それは条件つきで正しい

Be·din·gung [ベディングング] [女] *die* ([単] 2格 -; [複] -en)

条件, 制約 ▷ harte *Bedingungen* stellen 厳しい条件をつける / unter keiner *Bedingung* どんな条件でも…ない / unter der *Bedingung*, dass ... …という条件で

be·din·gungs·los [ベディングングス・ロース] [形] 無条件の; 〖副詞的に〗無条件で ▷ eine *bedingungslose* Kapitulation 無条件降伏

be·drän·gen [ベドレンゲン] [非分離]

(bedrängte; bedrängt; [完了]h)

[他] ❶ 〖[4]と〗〔陣地など⁴を〕攻めたてる

❷ 〖[4]と〗(心配などが)〔‥⁴を〕悩ませる, 苦しめる

[イディオム] [4]+***mit Fragen bedrängen*** ‥⁴を質問攻めにする

be·dro·hen [ベドローエン] [非分離]

(bedrohte; bedroht; [完了]h)

[他] ❶ 〖[4]と〗〔‥⁴を〕(暴力を用いて) **脅す**, 脅迫する ▷ Er *bedroht* mich mit dem Messer. 彼は私をナイフで脅す

❷ 〖[4]と〗(病気・災害などが)〔‥⁴を〕おびやかす ▷ Eine Seuche *bedroht* die Bevölkerung. 伝染病が住民をおびやかす

be·droh·lich [ベドローリヒ]

[形] ❶ (状況などが) 不安を覚えるほどの, 危険な

❷ (雲の様子などが) 不気味な

Be·dro·hung [ベドローウング] [女] *die* ([単] 2格 -; [複] -en) (人の生活などを) おびやかすこと; 脅迫

be·drü·cken [ベドリュッケン] [非分離]

(bedrückte; bedrückt; [完了]h)

[他] 〖[4]と〗(心配などが)〔‥⁴の〕心に重くのしかかる ▷ Die Krankheit des Sohnes *bedrückt* mich. 息子の病気が私の心に重くのしかかっている

be·drü·ckend [ベドリュッケント] [形] (雰囲気などが) 重苦しい, 息苦しい

be·drückt [ベドリュックト] 形 しょげている, 意気消沈した ▷ Er ist sehr *bedrückt*. 彼はとてもしょげている

be·dür·fen [ベデュルフェン] 非分動
(er bedarf; bedurfte; bedurft; 助h)
自《文語》[②と][..²を]必要とする ▷ Wir *bedürfen* deiner Hilfe. 私たちは君の助けが必要だ

Be·dürf·nis [ベデュルフニス] 中 *das* (® 2格 ..nisses; ® ..nisse) (欠如から生じる)欲求 ▷ ein großes *Bedürfnis* nach Schlaf fühlen 眠りたくてしかたがない

be·dürf·nis·los [ベデュルフニス・ロース] 形 欲のない, つましい

be·durft [ベドゥルフト] bedürfen の 過分

be·durf·te [ベドゥルフテ] bedürfen の 過基

be·dürf·tig [ベデュルフティヒ] 形 困窮している
イディオム ②+*bedürftig sein*《文語》..²を必要としている ▷ der Ruhe *bedürftig sein* 安静を必要としている

..be·dürf·tig [..ベデュルフティヒ][接尾辞; 形容詞を作る] …が必要な ▷ erholungs*bedürftig* 休養が必要な / hilfs*bedürftig* 助けの必要な

Beef·steak [ビーフ・ステーク] 中 *das* (® 2格 -s; ® -s) ビーフステーキ ▷ deutsches *Beefsteak* ハンバーグステーキ

be·eh·ren [ベエーレン] 非分動
(beehrte; beehrt; 助h)
他《文語》[④+mit+③と][..⁴を]訪問・臨席など³で]敬意を表す
イディオム *Beehren Sie uns bald wieder!*《客などに向かって》近いうちにまたおいでください

be·ei·len [ベアイレン] 非分動
(beeilte; beeilt; 助h)
再 [(sich)⁴と]急ぐ ▷ *Beeil* dich! 急げ / [mit+③と] Er *beeilt* sich mit seiner Arbeit. 彼は仕事を急ぐ

be·eilt [ベアイルト] beeilen の 現在, 過分

be·eil·te [ベアイルテ] beeilen の 過基

be·ein·dru·cken [ベアイン・ドルッケン] 非分動
(beeindruckte; beeindruckt; 助h)
他 [④と][..⁴に]強い印象〈感銘〉を与える ▷ Das Gemälde *beeindruckte* ihn. その絵は彼に強い印象を与えた

be·ein·flus·sen [ベアイン・フルッセン] 非分動
(beeinflusste; beeinflusst; 助h)
他 [④と][..⁴に]影響を与える ▷ Dieses Ereignis hat sein Denken *beeinflusst*. この出来事は彼の考え方に影響を与えた

be·ein·fluss·te [ベアイン・フルステ] beeinflussen の 過基

be·ein·träch·ti·gen [ベアイン・トレヒティゲン] 非分動 (beeinträchtigte; beeinträchtigt; 助h)
他 [④と][..⁴を]損なう ▷ Alkohol *beeinträchtigt* das Reaktionsvermögen. アルコールは物事に反応する能力を鈍らせる

be·en·den [ベエンデン] 非分動 (du beendest, er beendet; beendete; beendet; 助h)
他 [④と][..⁴を]終える (® anfangen) ▷ den Streit *beenden* 争いを終える /[事物を主語にして] Ein Unfall hat seine Karriere *beendet*. ある事故で彼の出世は終わってしまった

類語
beenden (中断の場合も含め, 一般的な意味で)終える
abschließen 目標の達成とともに終える

be·en·det [ベエンデット] beenden の 現在, 過分

be·en·de·te [ベエンデテ] beenden の 過基

be·en·di·gen [ベエンディゲン] =beenden

be·er·di·gen [ベエーアディゲン] 非分動
(beerdigte; beerdigt; 助h)
他 [④と][..⁴を]埋葬する ▷ Der Verstorbene wurde heute auf dem Friedhof *beerdigt*. 死者はきょう墓地に埋葬された

Be·er·di·gung [ベエーアディグング] 女 *die* (® 2格 -; ® -en) 埋葬

Bee·re [ベーレ] 女 *die* (® 2格 -; ® -n) (ブドウ・イチゴ・トマトなどの)実 (果肉が柔らかく汁の多いものを指す)

Beet [ベート] 中 *das* (® 2格 -[e]s; ® -e) 苗床, 花壇 ▷ *Beete* anlegen 苗床を作る

Beet·ho·ven [ベートホーフェン]《人名》ベートーベン (☆ Ludwig van Beethoven はドイツの作曲家. 1770-1827)

be·fä·hi·gen [ベフェーイゲン] 非分動
(befähigte; befähigt; 助h)
他 [④+zu+③と][..⁴に..³を]可能にする ▷ Das *befähigte* ihn dazu, Schwierigkeiten zu überwinden. そのことは彼に困難を克服する力を与えた

be·fä·higt [ベフェーイヒト] 形《文語》有能な, 才能のある ▷ ein *befähigter* Lehrer 有能な教師

Be·fä·hi·gung [ベフェーイグング] 女 *die* (® 2格 -; まれに ® -en) (職務などを果たす)能力

be·fahl [ベファール] befehlen の 過基

be·fah·ren [ベファーレン] 非分動
(er befährt; befuhr; befahren; 助h)
他 [④と][道路などを](乗り物で)走る, 〔川・海など⁴を〕航行する (☆ ふつう受動形で) ▷ Diese Straße darf nur mit 20 Kilometern *befahren* werden. この道路は時速20キロでしか走れない

be·fährt [ベフェーアト] befahren の 現在

Be·fall [ベファル] 男 *der* (® 2格 -[e]s; ® なし) (植物の)被害, 病虫害

be·fal·len [ベファレン] 非分動

(旧⇒新)=新正書法の指示, (旧)=旧正書法の指示

befällt

(er befällt; befiel; befallen; 完了h)
他 ❶ 《④と》(感情などが)[…⁴を]襲う,とらえる ▷ Mich *befiel* Angst. 私は不安になった
❷ 《④と》(伝染病・害虫などが)[…⁴を]襲う,取りつく (☆ ふつう受動形で) ▷ Die Bäume sind von Schädlingen *befallen*. [状態受動] 木々は害虫にやられている

be·fällt [ベフェルト] befallen の 現在
be·fand [ベファント] befinden の 過去
be·fan·gen [ベファンゲン]
形 ❶ (雰囲気などに)気後れした,ぎこちない ▷ eine *befangene* Konversation ぎこちない会話 / Er antwortete ihr *befangen*. 彼は彼女におずおずと答えた
❷ 〖法律〗予断をもった

be·fas·sen [ベファッセン] 非分離
(befasste; befasst; 完了h)
再 〘sich⁴+mit+③と〙[…³に]取り組む,かかわり合う ▷ Er *befasste* sich lange mit dieser Frage. 彼は長い間この問題に取り組んだ

Be·fehl [ベフェール] 男 *der* (複2格 -[e]s; 複 -e)
❶ 命令,指図,指令 ▷ den *Befehl* verweigern 命令を拒む / 〘zu 不定詞句と〙 Ich habe den *Befehl*, das Zimmer zu durchsuchen. 私は部屋を捜索するように命じられている / 《軍隊》Zu *Befehl*! かしこまりました
❷ (複 なし)指揮[権]

be·feh·len

[bəféːlən ベフェーレン] 非分離

現在	ich befehle	wir befehlen
	du befiehlst	ihr befehlt
	er befiehlt	sie befehlen
過去	ich befahl	wir befahlen
	du befahlst	ihr befahlt
	er befahl	sie befahlen
過分	befohlen	完了 haben

他 ❶ 《③+④と》[…³に…⁴を]命じる,命令する
Er *befiehlt* ihr strengstes Stillschweigen. 彼は彼女に絶対に言しないように命じる
〘zu 不定詞句と〙
Er *befahl* ihr, ihm zu folgen.
彼はついて来るように彼女に命じた
❷ 《④+方向と》[…に…へ]行くように命令する

be·feh·li·gen [ベフェーリゲン] 非分離
(befehligte; befehligt; 完了h)
他 《軍事》《④と》[…⁴を]指揮する

Be·fehls·ha·ber [ベフェールス・ハーバー] 男 *der* (複2格 -s; 複 -) 《軍事》指揮官, 司令官

be·fes·ti·gen [ベフェスティゲン] 非分離
(befestigte; befestigt; 完了h)
他 ❶ 《④+場所と》[…⁴を…に]固定する ▷ ein Schild an der Tür *befestigen* 表札を戸に固定する (☆ 3・4格支配の前置詞の場合3格を用いる)
❷ 《④と》[道路・岸などを]堅固にする

Be·fes·ti·gung [ベフェスティグング] 女 *die* (複2格 -; 複 -en) (物の)固定; (堤防などの)補強

be·fiehlst [ベフィールスト] befehlen の 現在
be·fiehlt [ベフィールト] befehlen の 現在
be·fiel [ベフィール] befallen の 過去

be·fin·den [ベフィンデン] 非分離
(befand; befunden; 完了h)
―― 再 〘sich⁴+場所と〙[…に]いる, ある ▷ Er *befindet* sich im Zimmer. 彼は部屋にいる
❷ 〘sich⁴+状態と〙[…の状態に]ある ▷ Sie *befanden* sich in einer schwierigen Lage. 彼らは困難な状況にあった
❸ 《文語》〘sich⁴+状態と〙(体のぐあい・調子が)[…]だ ▷ Er *befindet* sich heute wohl. 彼はきょう体のぐあいがよい
―― 他 《文語》〘④+für ⟨als⟩〙[…⁴を…と]思う, 判断する, 鑑定する ▷ Er wurde für schuldig *befunden*. 彼は有罪の判決を受けた

Be·fin·den [ベフィンデン] 中 *das* (複2格 -s; 複 なし) 健康状態, 容態

be·find·lich [ベフィントリヒ] 形 《文語》〘場所と〙[…に]ある

be·flei·ßi·gen [ベフライスィゲン] 非分離
(befleißigte; befleißigt; 完了h)
再 《文語》〘sich⁴+②と〙〔行儀作法・正しい発音などを²を身につけようと〕一生懸命努める

be·flis·sen [ベフリッセン] 形 《文語》(召使いなどが)仕事熱心な, まめまめしい

be·flü·geln [ベフリューゲルン] 非分離
(beflügelte; beflügelt; 完了h)
他 《文語》《④と》[…⁴を]奮い立たせる, かき立てる ▷ Die Hoffnung *beflügelte* ihn. 希望は彼を奮い立たせた

be·foh·len [ベフォーレン] befehlen の 過分
be·fol·gen [ベフォルゲン] 非分離
(befolgte; befolgt; 完了h)
他 《④と》(規則など⁴を)守る; (命令など⁴に)従う ▷ Sie *befolgte* seinen Rat. 彼女は彼の助言に従った

be·för·dern [ベフェルデルン] 非分離
(beförderte; befördert; 完了h)
他 ❶ 《④と》[…⁴を]輸送する, 運搬する ▷ Güter mit der Bahn *befördern* 貨物を鉄道で輸送する
❷ 《④と》[…⁴を]昇進〈昇格・昇任〉させる ▷ Er wurde zum Direktor *befördert*. 彼は所長に昇進した

Be·för·de·rung [ベフェルデルング] 女 *die* (複2格 -; 複 -en)
❶ 輸送, 運搬
❷ 昇進, 昇格, 昇任

be·fra·gen [ベフラーゲン] 非分離
(befragte; befragt; 完了h)

Begattung

他【④と】[..⁴に]たずねる，質問する ▷ einen Zeugen *befragen* 証人を尋問する / einen Rechtsanwalt *befragen* 弁護士に相談する

be·frei·en [ベフライエン] 非分離
(befreie; befreit; 庒了h)
— 他 ❶【④と】[..⁴を]解放する，救出する ▷ ein Land vom Faschismus *befreien* 国をファシズムから解放する / Die Polizei hat die Geiseln *befreit*. 警察は人質を救出した
❷【④+von+③と】[..⁴を義務など³から]免除する ▷ Er ist von Steuern *befreit*. [状態受動] 彼は税金を免除されている / den Schüler vom Unterricht *befreien* 生徒に授業の欠席を認める
❸【④+von+③と】[..⁴の..³を]取り除く ▷ Sie hat ihn von seinen Sorgen *befreit*. 彼女は彼の心配を取り除いた
— 再【sich⁴+von+③と】[..³から]自由になる，解放される

Be·frei·ung [ベフライウング] 女 *die* (⊕ 2格-; ⊕ -) 解放，救出; (義務などからの)免除

be·frem·den [ベフレムデン] 非分離
(befremdete; befremdet; 庒了h)
他【④と】[..⁴に]奇異な感じを抱かせる ▷ Sein Verhalten hat uns *befremdet*. 彼の態度は私たちに奇異な感じを抱かせた

be·freun·den [ベフロインデン] 非分離
(befreundete; befreundet; 庒了h)
再【sich⁴+mit+③と】[..³と]友達になる ▷ Ich habe mich sehr schnell mit ihm *befreundet*. 私はとても早く彼と友達になった (☆ 複数形の主語とともに相互的に用いることもある / ☆ Sie haben sich sehr schnell miteinander *befreundet*. 彼らはとても早く友達になった)

be·freun·det [ベフロインデット] 形 親交がある，親しい関係にある ▷ Ich bin mit ihr schon lange *befreundet*. 私はもう長いこと彼女と親しくしています / [相互的に] Sie sind eng miteinander *befreundet*. 彼らは親しくつき合っている

be·frie·di·gen [ベフリーディゲン] 非分離
(befriedigte; befriedigt; 庒了h)
他 ❶【④と】[..⁴を]満足させる ▷ Das Ergebnis *befriedigte* ihn nicht. その結果に彼は満足しなかった / Sie ist schwer zu *befriedigen*. 彼女は満足させるのが難しい
❷【④と】[食欲など⁴を]満たす; [望みなど⁴を]かなえる ▷ Ich kann seine Wünsche nicht *befriedigen*. 私は彼の望みをかなえてやることができない

be·frie·di·gend [ベフリーディゲント]
形 ❶ (人を)満足させる，満足できる ▷ eine *befriedigende* Lösung 満足のいく解決
❷ (成績が)良の

Be·frie·di·gung [ベフリーディグング] 女 *die* (⊕ 2格-; ⊕ なし) (欲求などを)満たすこと; 満足，充足

be·fruch·ten [ベフルフテン] 非分離
(befruchtete; befruchtet; 庒了h)
他 ❶【④と】[..⁴に]受精〈受粉〉させる ▷ Blüten werden von Insekten oder vom Wind *befruchtet*. 花は昆虫あるいは風によって受粉する / sich⁴ künstlich *befruchten* lassen 人工受精を施してもらう / [過去分詞で] ein *befruchtetes* Ei 受精卵
❷【④と】[..³に]生産的な刺激を与える ▷ Seine Forschungen *befruchteten* die moderne Psychologie. 彼の研究は近代心理学に有益な刺激を与えた

Be·fruch·tung [ベフルフトゥング] 女 *die* (⊕ 2格-; ⊕ -en) 受精，受粉 ▷ eine künstliche *Befruchtung* 人工受精

Be·fug·nis [ベフークニス] 女 *die* (⊕ 2格-; ⊕ ..nisse) 権利，権限 ▷ die *Befugnis* zu+③ haben ..³に対する権利を持つ

be·fugt [ベフークト] 形《文語》【zu+③と】[..³の]権限〈資格〉のある

be·fuhr [ベフーア] befahren の 過去

Be·fund [ベフント] 男 *der* (⊕ 2格-[e]s; ⊕ -e) (検査などの)結果 ▷ ein ärztlicher *Befund* 医者の所見 / Der *Befund* war negativ. 検査結果は陰性だった

be·fun·den [ベフンデン] befinden の 過分

be·fürch·ten [ベフュルヒテン] 非分離
(befürchtete; befürchtet; 庒了h)
他【④と】[悪い事態になること⁴を]心配する，恐れる ▷ Ich *befürchte* das Schlimmste. 私は最悪の事態を恐れる

be·für·wor·ten [ベフューア·ヴォルテン] 非分離
(befürwortete; befürwortet; 庒了h)
他【④と】[..⁴を](意見などを述べて)支持する ▷ Der Plan wurde von ihm *befürwortet*. この計画は彼に支持された

be·gab [ベガープ] begeben の 過去

be·gabt [ベガープト] 形 才能のある ▷ Sie ist künstlerisch *begabt*. 彼女には芸術的才能がある

Be·ga·bung [ベガーブング] 女 *die* (⊕ 2格-; ⊕ -en) 才能 ▷ eine große *Begabung* haben 大いなる才能をもっている

be·gan·gen [ベガンゲン] begehen の 過分

be·gann [ベガン] beginnen の 過去

be·gat·ten [ベガッテン] 非分離
(begattete; begattet; 庒了h)
— 再【sich⁴と】(動物が)交尾する
— 他【④と】..⁴と交尾する

Be·gat·tung [ベガットゥング] 女 *die* (⊕ 2格-; ⊕ -en) 交尾

庒了h, 庒了s=完了の助動詞 haben, sein

begeben

be·ge·ben [ベゲーベン] 非分離
(er gibt; begab; begeben; 助 h)
再《文語》[[sich]]⁴+4方向と][…へ]赴く, 行く ▷ Er hat sich auf den Heimweg *begeben*. 彼は帰途についた

Be·ge·ben·heit [ベゲーベンハイト] 女 *die* (複 2 格 -; 複 -en)《文語》(変わった)出来事

be·geg·nen [ベゲーグネン] 非分離 (du begegnest, er begegnet; begegnete; begegnet; 助 s)
自 ❶ (3と)[…に](予期せずに)会う, 出会う, 出くわす ▷ Ich bin ihm kürzlich *begegnet*. 私は彼に最近会いました /《相互的に》Sie sind sich zufällig *begegnet*. 彼らは偶然出会った /《比ゆ》Dieser Meinung *begegnet* man gelegentlich. このような意見はときおり耳にする
❷《文語》〔3+様態と〕[…の態度で]接する, あしらう ▷ Er *begegnete* ihr höflich. 彼は彼女に礼儀正しく接した
❸《文語》〔3+様態と〕[…に…の態度で]対処する ▷ Er *begegnet* allen Schwierigkeiten mit Umsicht. 彼はあらゆる困難に慎重に対処する

be·geg·net [ベゲーグネット] begegnen の 現在, 過分

be·geg·ne·te [ベゲーグネテ] begegnen の 過去

Be·geg·nung [ベゲーグヌング] 女 *die* (複 2 格 -; 複 -en) 出会い ▷ Der Kongress war eine Stätte internationaler *Begegnung*. その会議は国際的な出会いの場だった

be·ge·hen [ベゲーエン] 非分離
(beging; begangen; 助 h)
他 ❶ 〔4と〕[罪・過ちなど⁴を]犯す ▷ Er hat eine Dummheit *begangen*. 彼はばかなことをした / Selbstmord *begehen* 自殺をする
❷ 〔4と〕[線路など⁴を]巡回する, パトロールする
❸《文語》〔4と〕[誕生日・祭日など⁴を]祝う

be·geh·ren [ベゲーレン] 非分離
(begehrte; begehrt; 助 h)
他 〔4と〕[…との]性的関係を強く求める ▷ eine Frau〈einen Mann〉*begehren* ある女性〈男性〉と性的関係をもちたがる

be·geis·tern [ベガイステルン] 非分離
(begeisterte; begeistert; 助 h)
— 他 ❶ 〔4と〕[…⁴を]感激〈熱狂〉させる ▷ Die Aufführung *begeisterte* die Zuschauer. その公演に観客は感激した
❷ 〔4+für+4と〕[…⁴を…⁴に]熱中させる
— 再 [[sich]]⁴と〕感激する; 熱中する ▷ Er *begeistert* sich für den Sport. 彼はスポーツに熱中する

be·geis·tert [ベガイステルト]
形 感激した, 熱狂した ▷ Die Zuhörer waren von dem Konzert *begeistert*. 聴衆はそのコンサートに感激していた

❷ 熱狂的な ▷ ein *begeisterter* Jazzfan 熱狂的なジャズファン

Be·geis·te·rung [ベガイステルング] 女 *die* (複 2 格 -; 複 なし) 感激, 熱狂, 熱中 ▷ Die *Begeisterung* hielt nicht lange an. 感激は長くは続かなかった

be·gibt [ベギープト] begeben の 現在

Be·gier·de [ベギーアデ] 女 *die* (複 2 格 -; 複 -n) 欲望, 情欲

be·gie·rig [ベギーリヒ] 形 〔auf+4〕〈nach+3〉と〕[…⁴⁽³⁾を]熱望している ▷ Er ist auf die Antwort *begierig*. 彼は返事を待ちこがれている / mit *begierigen* Blicken 欲望のまなざしで

be·gie·ßen [ベギーセン] 非分離
(begoss; begossen;)
他 ❶ 〔4と〕[花など⁴に]水などをかける
❷《口語》〔4と〕[誕生日など⁴を]祝って酒を飲む

be·ging [ベギング] begehen の 過去

Be·ginn [ベギン] 男 *der* (複 2 格 -[e]s; 複 なし) 開始 (⇔ Ende) ▷ *Beginn* der Vorstellung ist 19 Uhr. 上映〈演〉の開始は19時である / kurz nach *Beginn* des Unterrichts 授業の開始後すぐに / am〈bei, zu〉*Beginn* はじめに

be·gin·nen

[bagínan ベギンネン]

現在	ich beginne	wir beginnen
	du beginnst	ihr beginnt
	er beginnt	sie beginnen
過去	ich begann	wir begannen
	du begannst	ihr begannt
	er begann	sie begannen
過分	begonnen	助 haben

— 他 ❶ 〔4と〕[…⁴を]始める
Er *beginnt* die Arbeit.
彼は仕事を始める
《zu 不定詞句と》
Sie *begann* zu weinen.
彼女は泣き始めた
❷ 〔4と〕[…⁴を]する ▷ Ich wusste nicht, was ich *beginnen* sollte. 私は何をしたらよいのかわからなかった / Was soll ich nun mit ihm *beginnen*? さて彼のことはどうしたらいいのだろう
— 自 ❶ 始まる ▷ Der Unterricht *beginnt* um 9 Uhr. 授業は9時に始まる / Das Wort *beginnt* mit B. その単語はBで始まる / Hinter der Brücke *beginnt* die Autobahn. 橋の向こうからアウトバーンが始まっている
❷ 〔mit+3と〕[仕事など³を]始める

be·glau·bi·gen [ベグラオビゲン] 非分離
(beglaubigte; beglaubigt;)
他 〔4と〕[文書など⁴を]公証〈認証〉する

be·glei·chen [ベグライヒェン]

Begründung

(beglich; beglichen; 匹h)
他《文語》《④と》〔請求書など⁴を〕支払う,〔負債など⁴を〕返済する

be·glei·ten [ベグライテン] 非分離 (du begleitest, er begleitet; begleitete; begleitet; 匹h)
他 ❶ 《④と》〔…⁴に〕同行する, 送って行く ▷ Darf ich Sie *begleiten*? お供してもよろしいですか / Sie *begleitete* ihn zum Bahnhof. 彼女は駅まで彼を送って行った
❷ 《④と》〔…⁴の〕伴奏をする ▷ den Sänger auf dem Klavier *begleiten* 歌手のピアノ伴奏をする

Be·glei·ter [ベグライター] 男 der (複2格 -s; 複 -) 同行者, 同伴者, 連れの人

be·glei·tet [ベグライテット] begleiten の 匹在, 匹h

be·glei·te·te [ベグライテテ] begleiten の 匹去

Be·glei·tung [ベグライトゥング] 女 die (複2格 -; 複 -en)
❶ 《複 はまれ》同行, 同伴, エスコート;《音楽》伴奏 ▷ Er bietet ihr seine *Begleitung* an. 彼は彼女に送って行くと申し出る / Sie kam in *Begleitung* eines älteren Herrn. 彼女は初老の紳士を同伴して来た
❷ 同行者, 随員 (☆集合的に用いられることもある)

be·glich [ベグリヒ] begleichen の 匹去

be·gli·chen [ベグリッヒェン] begleichen の 匹分

be·glü·cken [ベグリュッケン] 非分離 (beglückte; beglückt; 匹h)
他《文語》《④と》〔…⁴を〕(贈り物などで)喜ばせる

be·glück·wün·schen [ベグリュック・ヴュンシェン] 非分離 (beglückwünschte; beglückwünscht; 匹h)
《④と》〔…⁴に〕祝辞を述べる ▷ Sie *beglückwünschten* ihn zum Geburtstag. 彼らは彼に誕生日のお祝いを言った

be·gna·det [ベグナーデット] 形《文語》(特に芸術的な)才能に恵まれた

be·gna·di·gen [ベグナーディゲン] 非分離 (begnadigte; begnadigt; 匹h)
他 《④と》〔…⁴に〕恩赦を与える

be·gnü·gen [ベグニューゲン] 非分離 (begnügte; begnügt; 匹h)
再 《sich⁴+mit+③と》〔…³で〕満足する ▷ Man muss sich mit dem *begnügen*, was man hat. 人は持っているもので満足しなければならない

be·gon·nen [ベゴンネン] beginnen の 匹分

be·goss [ベゴス] begießen の 匹去

be·gos·sen [ベゴッセン] begießen の 匹分

be·gra·ben [ベグラーベン] 非分離 (er begräbt; begrub; begraben; 匹h)
他 ❶《④と》〔…⁴を〕葬る, 埋葬する ▷ Sie haben gestern den Toten *begraben*. 彼らはきのう死者を埋葬した
❷《④と》〔希望・計画など⁴を〕ないものとする, 捨てる ▷ Er hat seine Hoffnungen längst *begraben*. 彼は希望をとっくに捨ててしまった

Be·gräb·nis [ベグレープニス] 中 das (複2格 ..nisses; 複 ..nisse) 埋葬; 葬式, 葬儀

be·gräbt [ベグレープト] begraben の 匹在

be·grei·fen [ベグライフェン] 非分離 (begriff; begriffen; 匹h)
他 《④と》〔意味など⁴を〕理解する, 把握する ▷ einen Zusammenhang *begreifen* 関連を理解する / Ich *begreife* nicht, wie man so etwas tun kann. どうしてそんなことができるのか私には理解できない / Das Kind *begreift* schnell. その子供は飲み込みが早い

be·greif·lich [ベグライフリヒ] 形 理解できる, 納得のいく ▷ Seine Einstellung ist *begreiflich*. 彼の考え方は理解できる

be·gren·zen [ベグレンツェン] 非分離 (begrenzte; begrenzt; 匹h)
他 ❶《④と》〔柵などが〕〔敷地など⁴の〕境をなす;(建物などが)〔…⁴を〕取り囲む
❷《④と》〔速度など⁴を〕制限する, 限定する

be·grenzt [ベグレンツト] 形 制限された, 限定された;(知識などが)限られた

be·griff [ベグリフ] begreifen の 匹去

Be·griff [ベグリフ] 男 der (複2格 -[e]s; 複 -e)
❶ 概念 ▷ ein abstrakter *Begriff* 抽象概念
❷ 観念, 表象 ▷ keinen *Begriff* von+③ haben …³がさっぱりわからない / sich³ von+③ einen *Begriff* machen …³を想像する
イディオム im *Begriff* sein+zu 不定詞句 ちょうど…しようとしている ▷ Er *war* im *Begriff* zu gehen. 彼はちょうど行こうとしていたところだった

be·grif·fen [ベグリッフェン] begreifen の 匹分

be·griff·lich [ベグリフリヒ] 形《文語》概念[上]の;(思考などが)概念的な

be·griffs·stut·zig [ベグリフス・シュトゥッツィヒ] 形 理解するのが遅い, のみ込みの悪い

be·grub [ベグループ] begraben の 匹去

be·grün·den [ベグリュンデン] 非分離 (begründete; begründet; 匹h)
他 ❶《④と》〔…⁴を〕理由づける, 〔…⁴の〕根拠を挙げる ▷ Er kann seine Behauptung nicht *begründen*. 彼は自分の主張に対し根拠を挙げることができない / Er *begründete* seine Abwesenheit mit Krankheit. 彼は欠席したのは病気のためだと述べた
❷《④と》《文語》〔理論など⁴を〕立てる

Be·grün·der [ベグリュンダー] 男 der (複2格 -s; 複 -)(特に学説・芸術の流派などの)創始者

Be·grün·dung [ベグリュンドゥング] 女 die (複2格 -; 複 -en)

❶ 理由, 根拠 ▷ eine *Begründung* angeben 理由を挙げる
❷ (理論などを)立てること

be·grü·ßen [ベグリューセン] 非分離
(du, er begrüßt; begrüßte; begrüßt; 完了h)
他 ❶ 【④と】〔客⁴などに〕(歓迎の)**あいさつをする** ▷ Er *begrüßt* die Gäste höflich. 彼は客にてい ねいにあいさつする /〔相互的に〕Sie *begrüßten* sich mit Handschlag. 彼らは互いに握手した
❷ 【④と】〔提案・決定などを〕**歓迎する** ▷ Wir *begrüßen* seinen Entschluss. 私たちは彼の決 心を歓迎する

be·grüßt [ベグリュースト] begrüßen の 現在, 過分

be·grüß·te [ベグリューステ] begrüßen の 過去

Be·grü·ßung [ベグリューズング] 女 die (複 2格 -; 複 -en)（歓迎の）あいさつ

be·güns·ti·gen [ベギュンスティゲン] 非分離
(begünstigte; begünstigt; 完了h)
他 ❶ 【④と】(状況などが)〔..⁴に〕有利に働く
❷ 【④と】〔..⁴を〕(他より)優遇する, ひいきする

be·gut·ach·ten [ベグート・アハテン] 非分離
(begutachtete; begutachtet; 完了h)
他 【④と】〔..⁴を〕鑑定する; 詳細に検討する ▷ ein Bild *begutachten* 絵の鑑定をする

be·gü·tert [ベギュテルト] 形 資産のある

be·haart [ベハールト] 形 (足・胸などが)毛のはえ ている

be·hä·big [ベヘービヒ] 形 (太っていて)動きの鈍 い

be·haf·tet [ベハフテット] 形 〔成句で〕 *mit*+③ *behaftet sein* (物事が欠陥など)³を持っている; (病気)³にかかっている

be·ha·gen [ベハーゲン] 非分離
(behagte; behagt; 完了h)
自 【④と】〔..³の〕気に入る

Be·ha·gen [ベハーゲン] 中 das (複 2格 -s; 複 な し) 快い〈満足した〉気分 ▷ den Wein mit *Behagen* schlürfen ワインをうまそうにちびちび飲む

be·hag·lich [ベハークリヒ] 形 快い気分にさせ る, 気持ちよい ▷ Er raucht *behaglich* seine Pfeife. 彼は気持ちよさそうにパイプをくゆらす

be·half [ベハルフ] behelfen の 過去

be·hält [ベヘルト] behalten の 現在

be·hal·ten [ベハルテン] 非分離 (du behältst, er behält; behielt; behalten; 完了h)
他 ❶ 【④と】〔..⁴を〕(手放さずに)**取っておく**; 返 さないでおく ▷ ein Bild als Andenken *behalten* 写真を思い出に取っておく / Das übrige Geld kannst du *behalten*. 残りのお金は取って おいていいよ / Darf ich das Buch noch einige Tage *behalten*? この本をもう二三日お借りして いてもいいですか
❷ 【④+場所と】〔..⁴を元の位置に〕**置いておく** ▷ den Hut auf dem Kopf *behalten* 帽子をか ぶったままでいる
❸ 【④+場所と】〔..⁴を…に〕引き留める, とどめ ておく ▷ Sie hat ihn über Nacht bei sich *behalten*. 彼女は彼を自宅に泊めた
❹ 【④と】〔..⁴を〕保つ, 維持する ▷ die Nerven *behalten* 落ち着きを保つ / Sie *behält* immer ihre gute Laune. 彼女はいつも上機嫌だ
❺ 【④と】〔..⁴を〕記憶にとどめる ▷ Ich kann seinen Namen nicht *behalten*. 私は 彼の名前をどうしても覚えていられない

Be·häl·ter [ベヘルター] 男 der (複 2格 -s; 複 -) 容器, 入れ物, タンク

be·hältst [ベヘルツト] behalten の 現在

be·hän·de [ベヘンデ] 形 敏捷な, 機敏な, す早い ▷ Sie ist *behände* wie eine Katze. 彼女 は猫のように敏捷だ

be·han·deln [ベハンデルン] 非分離
(ich behandle; behandelte; behandelt; 完了h)
他 ❶ 【④+様態と】〔..⁴を…のように〕**取り扱う** ▷ ein Gerät vorsichtig *behandeln* 器具を注 意深く取り扱う / Er hat mich als Freund *behandelt*. 彼は私を友人として扱った
❷ 【④と】〔..⁴を〕(会議・授業などで)**取り上げる**, 論じる; テーマとして扱う ▷ ein Problem ausführlich *behandeln* 問題を詳細に論じる / Der Roman *behandelt* das Leben Goethes. その小説はゲーテの一生を描いている
❸ 【④と】〔..⁴を〕**治療する**, 〔..⁴の〕手当てをする ▷ Von wem werden Sie *behandelt*? だれの 治療をお受けですか
❹ 【④+mit+③と】〔..⁴に..³で〕処理を施す ▷ den Boden mit Wachs *behandeln* 床にワッ クスを塗る

be·han·delt [ベハンデルト] behandeln の 現在, 過分

be·han·del·te [ベハンデルテ] behandeln の 過去

Be·hand·lung [ベハンドルング] 女 die (複 2格 -; 複 -en)
❶ (機器などの)**取り扱い**; (人の)扱い
❷ (問題などを)取り上げること, 論じること
❸ (医学)(傷などの)治療, 手当て

be·har·ren [ベハレン] 非分離
(beharrte; beharrt; 完了h)
自 【auf〈bei〉+③と】〔..³を〕固持する ▷ Er hat auf seinem Entschluss *beharrt*. 彼は決 心を変えようとはしなかった

be·harr·lich [ベハルリヒ] 形 頑強な, ねばり強 い, 根気強い

Be·harr·lich·keit [ベハルリヒカイト] 女 die (複 2格 -; 複 なし) 頑強さ, ねばり強さ, 根気

be·haup·ten [ベハオプテン] 非分離
(du behauptest, er behauptet; behauptete; be-

①, ②, ③, ④=1格, 2格, 3格, 4格の名詞

haupt; 完了h)

— 他 ❶ 《④と》〔…⁴を〕**主張する**, 言い張る ▷ das Gegenteil *behaupten* 反対のことを主張する /《zu 不定詞句と》Er *behauptet*, mich gesehen zu haben. 彼は私を見たと主張する /《dass 文と》Sie *behauptet*, dass er verreist sei. 彼女は彼が旅に出たと言い張った

❷ 《④と》〔地位・立場など⁴を〕守り通す ▷ Er konnte seinen Standpunkt *behaupten*. 彼は自分の立場を守り通すことができた

— 再 《sich⁴と》持ちこたえる, 頑張り通す ▷ Sie konnte sich in ihrer Stellung *behaupten*. 彼女は自分の地位を確保することができた

be·haup·tet [ベハオプテット] behaupten の 現在, 過分

be·haup·te·te [ベハオプテテ] behaupten の 過去

Be·haup·tung [ベハオプトゥング] 女 *die* (複 2 格 -; 複 -en) 主張 ▷ eine *Behauptung* widerlegen ある主張を論駁する

Be·hau·sung [ベハオズング] 女 *die* (複 2 格 -; 複 -en) 住まい, 住居 ▷ eine ärmliche *Behausung* みすぼらしい住まい

be·he·ben [ベヘーベン] 非分離
(behob; behoben; 完了h)
他 《④と》〔欠陥・困難・疑いなど⁴を〕取り除く ▷ Die Störung wurde schnell *behoben*. 障害はすぐに取り除かれた

be·hei·ma·tet [ベハイマーテット] 形 《場所と》〔…〕出身の, 産の ▷ Der Koala ist in Australien *beheimatet*. コアラはオーストラリアに生息している

be·hei·zen [ベハイツェン] 非分離
他 《④と》〔部屋など⁴を〕暖房する

be·hel·fen [ベヘルフェン] 非分離
(er behilft; behalf; beholfen; 完了h)
再 ❶ 《sich⁴+mit+③と》〔…で〕間に合わせる, 急場をしのぐ
❷ 《sich⁴+ohne+④と》〔…なしで〕すませる, 切り抜ける

be·helfs·mä·ßig [ベヘルフス・メースィヒ] 形 間に合わせの, 一時しのぎの ▷ eine *behelfsmäßige* Unterkunft 応急の宿泊施設

be·hel·li·gen [ベヘリゲン] 非分離
(behelligte; behelligt; 完了h)
他 《④と》〔…⁴を〕(頼み事などで)煩わす ▷ Ich möchte Sie nicht weiter *behelligen*. 私はあなたをこれ以上煩わせたくないのです

be·hen·de [ベヘンデ] 旧=新 behände

be·her·ber·gen [ベヘアベルゲン] 非分離
(beherbergte; beherbergt; 完了h)
他 《④と》〔…⁴を〕泊める

be·herr·schen [ベヘルシェン] 非分離

(beherrschte; beherrscht; 完了h)

— 他 ❶ 《④と》〔…⁴を〕**支配する** ▷ das Land *beherrschen* 国を支配する / Seit ein paar Jahren *beherrscht* dieses Produkt den Markt. 数年来この製品が市場を支配している
❷ 《④と》〔外国語・技能など⁴を〕**マスターする** ▷ vier Sprachen *beherrschen* 4 カ国語をマスターする
❸ 《④と》〔感情など⁴を〕抑える, コントロールする ▷ Er *beherrschte* seinen Zorn. 彼は怒りを抑えた

— 再 《sich⁴と》自制する ▷ Er konnte sich nur schwer *beherrschen*. 彼はやっとの思いで自分の感情を抑えることができた

be·herrscht [ベヘルシュト] 形 (態度などが)折り目正しい, 落ち着いた

be·hielt [ベヒールト] behalten の 過去

be·hilf·lich [ベヒルフリヒ] 形 《成句で》❸-+*behilflich sein* 《文語》…の手助けになる ▷ Er war mir beim Aussteigen *behilflich*. 彼は私が(車などから)降りる際に手助けしてくれた

be·hilft [ベヒルフト] behelfen の 現在

be·hin·dern [ベヒンデルン] 非分離
(behinderte; behindert; 完了h)
他 《④と》〔…⁴を〕じゃまする, 妨げになる ▷ Starke Schneefälle *behinderten* den Verkehr. 豪雪で交通が妨げられた

be·hin·dert [ベヒンデルト] 形 (身体・精神などに)障害のある ▷ ein *behindertes* Kind 障害のある子供

Be·hin·der·te [ベヒンデルテ] 男 *der* / 女 *die* (形容詞変化 ☞ Alte 表 I) 障害者

Be·hin·de·rung [ベヒンデルング] 女 *die* (複 2 格 -; 複 -en)
❶ じゃま, 妨害
❷ 《複 なし》(身体・精神などの)障害

be·hob [ベホープ] beheben の 過去

be·ho·ben [ベホーベン] beheben の 過分

be·hol·fen [ベホルフェン] behelfen の 過分

Be·hör·de [ベヘーアデ] 女 *die* (複 2 格 -; 複 -n) 役所, 官庁

be·hü·ten [ベヒューテン] 非分離
(behütete; behütet; 完了h)
他 《④と》〔…⁴を〕(危険などが及ばないように)守る ▷ Er *behütet* das Kind davor, dass ihm etwas zustößt. 彼は事故が起きないように子供を見守る

イディオム *Gott behüte!* とんでもない (☆ 強い拒絶の表現)

be·hut·sam [ベフートザーム] 形 慎重な, 用心深い

bei
[bai バイ]

完了h, 完了s＝完了の助動詞 haben, sein

beibehalten

前〔③支配〕
☆ 定冠詞との融合形: beim
☆ 代名詞との結合形: dabei, wobei など

❶《位置》…のそばで〈に〉, …の近くで〈に〉
Er sitzt *bei* seinen Freunden.
彼は友達のそばに座っている
Sein Haus steht *bei* einem Springbrunnen.
彼の家は噴水のそばにある
〖(近郊)と〗
Potsdam liegt *bei* Berlin.
ポツダムはベルリンの近郊にある

❷《存在場所》…のところで〈に〉
Sie wohnt *bei* ihrem Onkel.
彼女はおじさんのところに住んでいる
Dieses Zitat fand ich *bei* Goethe.
この引用を私はゲーテの作品で見つけた
bei der Post arbeiten 郵便局で働く

❸《拠り所》…のところで ▷ Sie packt ihn *bei* der Schulter. 彼女は彼の肩をつかむ

❹《関連》…の場合 ▷ Es war genauso wie *bei* mir. 事情は私の場合とまったく同じだった

❺《時間》…の際に, …中に ▷ *bei* einem Fest 祝典の際に / Er war gerade *bei* der Arbeit. 彼はちょうど仕事中だった / 〖名詞化した動詞と〗 *beim* Waschen 洗濯中に / Vorsicht *beim* Aussteigen！お降りの際には注意してください

❻《状況》…の状況で ▷ *bei* Kerzenlicht ろうそくの光のもとで / Er war wieder *bei* Bewusstsein. 彼は再び意識を取り戻していた

❼《条件》…の場合に (☆ ふつう無冠詞で) ▷ *bei* schönem Wetter 天気がよければ / *Bei* Regen fällt die Veranstaltung aus. 雨の場合には催しは中止になる

❽《原因・理由》…であるから (☆ ふつう定冠詞類と) ▷ *Bei* diesem Regen bleiben wir lieber zu Hause. この雨では私たちは家にとどまったほうがよい

❾《認容》(である) にもかかわらず (☆ all や最上級と) ▷ *bei* all seiner Klugheit 彼の賢さにもかかわらず / Sein Verhalten kann ich *beim* besten Willen nicht verstehen. 彼の振舞いはどうしても理解できない (← 一生懸命理解しようと思うのだが)

〘イディオム〙❹ +*bei sich*³ *haben* …⁴を身につけている, 携帯している ▷ Ich *habe* kein Geld *bei* mir. 私はお金を持ち合わせていない

★ **bei..** [バイ..]『分離前つづり』
《添付》*bei*fügen 添付する, *bei*legen 添える

---

bei·be·hal·ten [バイ·ベハルテン] 分離
(er behält bei; behielt bei; beibehalten; 完了 h)
他〔④と〕〘習慣·態度など⁴を〙維持く保持〉する
▷ Er hat seine Lebensweise *beibehalten*. 彼は彼の生き方をずっと変えなかった

bei·brin·gen [バイ·ブリンゲン] 分離
(brachte bei; beigebracht; 完了 h)
他 ❶〔③+④と〕〔…³に…⁴を〕教える, 教え込む, 覚え込ませる ▷ den Kindern das Lesen *beibringen* 子供たちに本を読むことを教える
❷《口語》〔③+④と〕〔…³に悪い知らせなど⁴を〕(相手の気持ちをいたわりながら)知らせる ▷ Er *bringt* ihr eine traurige Nachricht schonend *bei*. 彼は彼女に悲しい知らせをいたわりながら伝える

Beich·te [バイヒテ] 女 *die* (⑯ 2格 -; ⑯ -n) 懺悔；〘(カトリック)〙告解

beich·ten [バイヒテン]
(beichtete; gebeichtet; 完了 h)
他 ❶〘(キリスト教)〙〔④と〕〔…⁴を〕懺悔する
❷〔④と〕〔…⁴を〕(良心のとがめから)告白する

bei·de
[báidə バイデ]

形 (☆ 後続の形容詞はふつう弱変化)
❶《複数形の名詞と》両方〈双方〉の
seine *beiden* Kinder
彼の両方の子供
Beide Schuhe sind kaputt.
靴は両方とも壊れている
mit *beiden* Händen 両手で
〖名詞を省略して〗
Alle *beide* sind wieder da.
二人とも戻って来ている
Ich habe die *beiden* gestern gesehen.
私はその二人をきのう見た
〖同格的に〗
Wir sprechen *beide* Englisch.
私たちは二人とも英語を話す
ihr *beide[n]* 君たち二人
für uns *beide* 私たち二人にとって
❷《名詞的に；中性単数で》両方[とも] ▷ *Beides* ist möglich. 両方[ともに]可能だ / Sie hat *beides* gekauft, den Rock und die Bluse. 彼女はスカートもブラウスも両方とも買った

bei·der·seits [バイダー·ザイツ]
—— 前〔②支配〕…の両側にく で〉
—— 副 双方に, 双方とも

bei·ei·nan·der [バイ·アイナンダー] 副〘前置詞 bei と einander「互いに」の結合形；前置詞 bei の意味用法に準じて用いられる〙 Die ganze Familie ist *beieinander*. 家族が全員集まっている

Bei·fah·rer [バイ·ファーラー] 男 *der* (⑯ 2格 -s; ⑯ -) (助手席に座っている)同乗者; (トラックなどの)運転助手

Bei·fah·rer·sitz [バイ·ファーラー·ズィッツ] 男 *der* (⑯ 2格 -es; ⑯ -e) (自動車の)助手席

Bei·fall [バイ·ファル] 男 *der* (⑯ 2格 -[e]s; ⑯ ⓝ

Beisetzung

い)

❶ 拍手, 喝采 ▷ viel *Beifall* bekommen たくさんの拍手を受ける

❷ 同意, 賛同 ▷ *Beifall* finden 賛同を得る

bei·fäl·lig [バイ・フェリヒ] 形 賛成の, 同意の

bei|fü·gen [バイ・フューゲン] 分離

(fügte bei; beigefügt; 匠h)

他 【③+④と】[…³に…⁴を]添付する; (手紙などに)同封する ▷ Er hat dem Brief die Fotos *beigefügt*. 彼は手紙に写真を同封した

beige [ベージュ/..ジェ] 形 ベージュ色の (☆ 名詞につけて用いる場合 [ベージェ]) ▷ ein *beiges* Kleid ベージュ色のドレス

Bei·ge·schmack [バイ・ゲシュマック] 男 *der* (⊕2格 -[e]s; ⊕なし) (本来の味を損なう)別のものの味 ▷ Bier aus der Dose hat oft einen metallischen *Beigeschmack*. 缶ビールは金属っぽい味のすることがよくある

bei·ge·tra·gen [バイ・ゲトラーゲン] beitragen の 過分

Bei·hil·fe [バイ・ヒルフェ] 囡 *die* (⊕2格 -; ⊕ -n)

❶ (国の)補助金; 扶養手当, 救済金

❷ (法律)幇助, 従犯

bei|kom·men [バイ・コメン] 分離

(kam bei; beigekommen; 匠s)

自 ❶ 【③と】[…³に]言うことを聞かす, 態度などを改めさせる ▷ Ihm ist nicht *beizukommen*. 彼は手におえない

❷ 【③と】[問題など³を]解決する, 克服する

Beil [バイル] 中 *das* (⊕2格 -[e]s; ⊕ -e) 小さな斧, 手斧 (☆ Axt より柄が短い)

Bei·la·ge [バイ・ラーゲ] 囡 *die* (⊕2格 -; ⊕ -n)

❶ (新聞・雑誌の)折り込み〈とじ込み〉広告

❷ (料理)添え物, 付け合わせ

bei·läu·fig [バイ・ロイフィヒ] 形 (発言が)付随的な, ついでの ▷ ④+*beiläufig* erwähnen …⁴についても触れる

bei|le·gen [バイ・レーゲン] 分離

(legte bei; beigelegt; 匠h)

他 ❶ 【③+④と】[…³に…⁴を]添える, 添付する; 同封する ▷ einem Brief ein Foto *beilegen* 手紙に写真を同封する

❷ 【③と】[争いなど³を]解決する, 調停する.

Bei·leid [バイ・ライト] 中 *das* (⊕2格 -[e]s; ⊕なし) お悔やみ, 弔意 ▷ Er spricht ihr sein *Beileid* aus. 彼は彼女にお悔やみを言う

bei|lie·gen [バイ・リーゲン] 分離

(lag bei; beigelegen; 匠h)

自 【③と】[…³に]添えてある, 添付されている; 同封してある

bei·lie·gend [バイ・リーゲント] 副 《文語》(あるものに)添えて, 添付して; 同封して

beim [バイム] 〖bei と定冠詞 dem の融合形〗Wir treffen uns *beim* Bahnhof. 私たちは駅のそばで会う

bei|mes·sen [バイ・メッセン] 分離

(er misst bei; maß bei; beigemessen; 匠h)

他 【③+④と】[…³に意義・価値など⁴を]認める

Bein [バイン] 中 *das* (⊕2格 -es〈まれに -s〉; ⊕ -e)

❶ (人間・動物の)脚, 足 (☆ くるぶしから下の部分は Fuß) ▷ das rechte 〈linke〉 *Bein* 右〈左〉脚 / Er hat lange *Beine*. 彼は足が長い / Die Spinne hat acht *Beine*. クモは脚が8本だ / 《比ゆ》Das Fahrrad hat *Beine* gekriegt. 自転車がなくなった〈盗まれた〉(← 足が生えてどこかへ行ってしまった)

❷ (家具・器具などの長い)脚 (☆ 短いものは Fuß) ▷ An dem Stuhl ist ein *Bein* abgebrochen. いすの脚が1本折れた

イディオム *mit einem Bein im Grabe stehen* 片足を棺桶に(← 墓に)突っ込んでいる(死にかけている)

wieder auf den Beinen sein 再び健康になる

bei·nah [バイ・ナー] [口語] ＝beinahe

bei·na·he [バイ・ナーエ/バイ・ナー..]

副 (数量が)ほとんど; 〖接続法Ⅱと〗あやうく[…するところだった] ▷ *beinahe* jeden Tag ほとんど毎日 / Sie wäre *beinahe* gestolpert. 彼女はあやうくつまずくところだった

be·in·hal·ten [ベインハルテン] 非分離

(beinhaltete; beinhaltet; 匠h)

他 《文語》【④と】(法律・書簡などが)[…⁴を]内容として含む, […⁴が]書かれている

bei|pflich·ten [バイ・プフリヒテン] 分離

(pflichtete bei; beigepflichtet; 匠h)

自 【③と】[…³に](はっきり)賛成する, 同意する

bei·sam·men [バイ・ザメン] 副 いっしょに, 集まって

Bei·schlaf [バイ・シュラーフ] 男 *der* (⊕2格 -[e]s; ⊕なし) 《文語》性交

Bei·sein [バイ・ザイン] 中 *das* 〖成句で〗*im Beisein*+② 〈*von*+③〉..²⁽³⁾の立ち会いのもとに

bei·sei·te [バイ・ザイテ] 副 わきへ ▷ einen Tisch *beiseite* schieben テーブルをわきへ押しのける / Spaß *beiseite*! 冗談はさておき

イディオム ④+*beiseite legen* …⁴をわきへ置く; 《比ゆ》(お金)⁴を貯金する

bei|set·zen [バイ・ゼッツェン] 分離

(setzte bei; beigesetzt; 匠h)

他 《文語》【④と】[…⁴を]埋葬する ▷ den Toten in aller Stille *beisetzten* 死者を内々で埋葬する

Bei·set·zung [バイ・ゼッツング] 囡 *die* (⊕2格 -; ⊕ -en) 《文語》埋葬 ▷ Die *Beisetzung* findet am Mittwoch statt. 埋葬は水曜日に執り行われる

B

Bei·spiel
[báɪʃpiːl バイ・シュピール]
[中] *das* ([単] 2格 –[e]s; [複] –e)

❶ 例, 実例
ein treffendes *Beispiel*
適切な例
Beispiele anführen 例を挙げる
❷ 手本, 模範, 見本 ▷ ein schlechtes *Beispiel* 悪い手本
[イディオム] ***ohne Beispiel sein*** 他に類を見ない
zum Beispiel ([略] z.B.) たとえば ▷ Viele Tiere, *zum Beispiel* Elefanten, haben ein sehr gutes Gedächtnis. 多くの動物 たとえば象は非常に記憶力がいい

bei·spiel·haft [バイ・シュピールハフト] [形] 手本になりうる, 模範的な

bei·spiel·los [バイ・シュピール・ロース] [形] 例のない, 比類ない, またとない

bei·spiels·wei·se [バイ・シュピールス・ヴァイゼ] [副] たとえば (＝zum Beispiel)

bei|sprin·gen [バイ・シュプリンゲン] [分離]
(sprang bei; beigesprungen; [完了]s)
[自]〚③と〛〔けが人・遭難者など^{4}を〕急いで助ける

bei·ßen [バイセン]
(du, er beißt; biss; gebissen; [完了]h)
— [自] ❶ かむ, かじる, かみつく ▷ in den Apfel *beißen* リンゴをかじる / sich^3 in 〈auf〉 die Zunge *beißen* 舌をかむ / Der Hund *biss* nach seinem Bein. 犬は彼の足をかもうとした / Der Hund *beißt*. この犬はかみつく(かみつく癖がある)
❷ (虫などが)刺す; (魚が)食いつく ▷ Die Fische *beißen* heute gut. 魚の食いがきょうはいい
❸ (煙などが)しみる, ひりひりする ▷ Der Rauch *beißt* in die 〈den〉 Augen. 煙が目にしみる
— [他] ❶〚④と〛〔‥^{4}を〕かむ, かみくだく ▷ Ich kann das harte Brot nicht mehr *beißen*. 私はかたいパンがもうかめない
❷〚④と〛〔‥^{4}に〕かみつく ▷ Der Hund hat ihn ins Bein *gebissen*. その犬は彼の足にかみついた
— [再]〚相互的に〛〚[sich]^{4}と〛(色などが)調和しない ▷ Die Farben *beißen* sich. これらの色は調和しない

bei·ßend [バイセント] [形] (皮肉・批判などが)辛辣(しんらつ)な, 痛烈な

Bei·stand [バイ・シュタント] [男] *der* ([単] 2格 –[e]s; [複] なし) 助力 ▷ ③＋*Beistand* leisten 困っている‥^{3}を助ける

bei|ste·hen [バイ・シュテーエン] [分離]
(stand bei; beigestanden; [完了]h)
[自]〚③と〛〔‥^{3}に〕助力する ▷ Er hat ihr in der Not *beigestanden*. 彼は困っている彼女を助けた

bei|steu·ern [バイ・シュトイエルン] [分離]
(steuerte bei; beigesteuert; [完了]h)
[他]〚④＋zu＋③と〛〔‥^{4}で催しものなど^{3}に〕貢献する ▷ Geld zu einer Party *beisteuern* パーティーを催すのに費用を一部負担する

Bei·trag [バイ・トラーク] [男] *der* ([単] 2格 –[e]s; [複] ..träge)
❶ 貢献, 寄与 ▷ einen *Beitrag* zu＋③ leisten ‥^{3}に貢献する
❷ 会費; (保険などの)掛け金 ▷ *Beiträge* kassieren 会費を徴収する
❸ (新聞・雑誌・論文集への)寄稿

bei|tra·gen [バイ・トラーゲン] [分離]
(er trägt bei; trug bei; beigetragen; [完了]h)
[自]〚zu＋③と〛〔‥^{3}に〕貢献する, 寄与する ▷ zur kulturellen Entwicklung *beitragen* 文化の発展に貢献する / Er hat viel 〈nichts〉 dazu *beigetragen*, dass ... 彼は‥することに大いに貢献した〈何も貢献しなかった〉

bei|tre·ten [バイ・トレーテン] [分離]
(er tritt bei; trat bei; beigetreten; [完了]s)
[自]〚③と〛〔団体など^{3}に〕加入する ▷ Er ist diesem Verein *beigetreten*. 彼はこの協会に加入した

Bei·tritt [バイ・トリット] [男] *der* ([単] 2格 –[e]s; [複] –e) (団体への)加入, 加盟, 入会; 入党 ([反] Austritt)

Bei·werk [バイ・ヴェルク] [中] *das* ([単] 2格 –[e]s; [複] なし) 付属物; 装飾

bei|woh·nen [バイ・ヴォーネン] [分離]
(wohnte bei; beigewohnt; [完了]h)
[自]《文語》〚③と〛〔式典など^{3}に〕(聴衆・招待客として)参列する, 出席する

Bei·ze [バイツェ] [女] *die* ([単] 2格 –; [複] –n) (木材の)着色剤; (金属の)腐食剤

bei·zei·ten [バイ・ツァイテン] [副]《やや古語》遅れないように, 間に合うように

be·ja·hen [ベヤーエン] [非分離]
(bejahte; bejaht; [完了]h)
[他] ❶〚④と〛〔質問など^{4}に〕はいと答える, 肯定する ([反] verneinen) ▷ Er hat alle meine Fragen *bejaht*. 彼は私の質問にすべてはいと答えた
❷〚④と〛〔‥^{4}を〕肯定する; 〔計画など^{4}に〕同意する ▷ das Leben *bejahen* 人生を肯定する

be·jahrt [ベヤールト] [形]《文語》かなり年をとった, 高齢の

be·kam [ベカーム] bekommen の [過去]

be·kämp·fen [ベケムプフェン] [非分離]
(bekämpfte; bekämpft; [完了]h)
[他]〚④と〛〔不正など^{4}と〕闘う ▷ den Rassismus *bekämpfen* 人種差別と闘う / eine Seuche *bekämpfen* 疫病と闘う / Ungeziefer *bekämpfen* 害虫の駆除に努める

Be·kämp·fung [ベケムプフング] [女] *die* ([単] 2格 –; [複] なし) (不正などとの)闘い; (害虫の)駆除

be·kannt
[bəkánt ベカント]

— bekennen の [過分]

— [形] ([比較] bekannter, [最上] bekanntest)

❶ (世間に)**知られている**, 周知の, 有名な
ein *bekannter* Arzt
有名な医師
Das Hotel ist dafür *bekannt*, dass ...
そのホテルは…ということで有名である
Er ist als Lügner *bekannt*.
彼はうそつきだという評判だ

❷ (ある人に)**知られている**, なじみの ▷ ein *bekanntes* Gesicht なじみの顔 / Er ist mir *bekannt*. 彼のことを私は知っている / Das kommt mir *bekannt* vor. それは私には見覚え〈聞き覚え〉があるように思える

[イディオム] ④+***bekannt geben*** 〈***machen***〉 ‥^{4}を(メディアなどによって)一般に知らせる, 公表する ▷ das Ergebnis der Prüfung *bekannt geben* 試験の結果を公表する
bekannt werden (事件などが)公になる, 世間に知れる
mit+③ ***bekannt sein*** 〈***werden***〉 ‥^{3}と知り合いである〈知り合いになる〉 ▷ Ich *bin mit* ihr nur flüchtig *bekannt*. 私は彼女とはちょっとした知り合いでしかない

> ④+***mit***+③ ***bekannt machen***
> a) ‥^{4}に‥^{3}について知らせる
> b) ‥^{4}を‥^{3}に引き合わせる ▷ Sie hat ihn *mit* ihrem Vater *bekannt gemacht*. 彼女は彼を父親に引き合わせた

be·kann·te [ベカンテ] bekennen の [過去]

Be·kann·te [ベカンテ] [男] *der* / [女] *die* (形容詞変化 ☞ Alte 表 I)
知り合い, 知人 ▷ ein *Bekannter* von mir 私の知り合い (☆ 男性を指す)

be·kannt|ge·ben [ベカント・ゲーベン] [分離] (er gibt bekannt; gab bekannt; bekanntgegeben; [完了]h) [他] [旧⇨新] **bekannt geben** (分けて書く) ☞ bekannt

be·kannt·lich [ベカントリヒ] [副] 周知のように ▷ Der Walfisch ist *bekanntlich* ein Säugetier. クジラは周知のように哺乳(ほにゅう)動物である

be·kannt|ma·chen [ベカント・マッヘン] [分離] (machte bekannt; bekanntgemacht; [完了]h) [他] [旧⇨新] **bekannt machen** (分けて書く) ☞ bekannt

Be·kannt·schaft [ベカントシャフト] [女] *die* ([単] 2格 –; [複] –en)
❶ 〘[複] なし〙 知り合いであること, つき合い ▷ eine langjährige *Bekanntschaft* 長年のつき合い / mit+③ *Bekanntschaft* schließen ‥^{3}と知り合いになる
❷ 交際範囲 ▷ Er hat viele junge Leute in seiner *Bekanntschaft*. 彼の知り合いには若い人が多くいる
❸ 〘ふつう [複] で〙 知人 ▷ Sie hatte viele *Bekanntschaften*. 彼女には多くの知人がいた

be·kannt|wer·den [ベカント・ヴェーアデン] [分離] (wurde bekannt; bekanntgeworden; [完了]s) [自] [旧⇨新] **bekannt werden** (分けて書く) ☞ bekannt

be·keh·ren [ベケーレン] [非分離] (bekehrte; bekehrt; [完了]h)
— [他] 〘④と〙 〔‥^{4}の〕信念などを変えさせる; 《宗教》改宗させる
— [再] 〘[sich]^{4}と〙 信念などを変える; 《宗教》改宗する

Be·keh·rung [ベケールング] [女] *die* ([単] 2格 –; [複] –en) 改宗

be·ken·nen [ベケンネン] [非分離] (bekannte; bekannt; [完了]h)
— [他] 〘④と〙 〔罪など^{4}を〕認める, 白状する; 〔信仰など^{4}を〕告白する ▷ eine Sünde *bekennen* 罪を認める / 〘zu 不定詞句と〙 Er *bekannte*, gelogen zu haben. 彼はうそをついたことを認めた
— [再] 〘[sich]^4+zu+③と〙 〔‥^{3}を〕信じていることを世間に対してはっきり言う ▷ Er *bekennt* sich zu einem Glauben. 彼はある信仰をもっていることを告白する
[イディオム] ***sich***^{4} ***schuldig bekennen*** 自分に罪があることを認める ▷ Er *bekannte* sich *schuldig*. 彼は自分の罪を認めた

Be·kennt·nis [ベケントニス] [中] *das* ([単] 2格 ..nisses; [複] ..nisse) (罪などの)告白; 《キリスト教》信仰告白 ▷ Er legt ein *Bekenntnis* seiner Sünden ab. 彼は罪の告白をする

be·kla·gen [ベクラーゲン] [非分離] (beklagte; beklagt; [完了]h)
— [再] 〘[sich]^4+über+④と〙 〔‥^{4}について〕苦情〈不平〉を言う ▷ Er *beklagt* sich über seinen Vorgesetzten. 彼は上司のことでぐちをこぼす
— [他] 〘④と〙 〔‥^{4}を〕嘆き悲しむ ▷ den Tod eines Freundes *beklagen* 友の死を嘆き悲しむ

Be·klag·te [ベクラークテ] [男] *der* / [女] *die* (形容詞変化 ☞ Alte 表 I) (民事訴訟の)被告

be·klei·den [ベクライデン] [非分離] (bekleidete; bekleidet; [完了]h)
[他] 〘④と〙 〔高い地位・官職^{4}に〕就いている ▷ Er *bekleidet* einen hohen Posten. 彼は高い地位に就いている

be·klei·det [ベクライデット] [形] 〘成句で〙 ***mit***+③ ***bekleidet sein*** ‥^{3}を着ている ▷ Er *war* nur mit Hemd und Hose *bekleidet*. 彼はシャツとズボンを身に着けているだけだった

Be·klei·dung [ベクライドゥング] 囡 *die* (⊕2格 -; まれに ⊕ -en)《集合的に》衣服, 服装《☆用途を想定する場合に用いる》▷ leichte *Bekleidung* für den Sommer 夏用の身軽な服装

be·klem·mend [ベクレメント] 形 (不安などで)重苦しい, 息苦しい ▷ ein *beklemmendes* Gefühl 重苦しい感じ

Be·klem·mung [ベクレミュング] 囡 *die* (⊕2格 -; ⊕ -en) (不安などによる)重苦しさ, 息苦しさ

be·klom·men [ベクロメン] 形 (声などが)不安そうな, 心配そうな

be·kom·men

[bəkɔmən ベコメン] 非分離

現在	ich bekomme	wir bekommen
	du bekommst	ihr bekommt
	er bekommt	sie bekommen
過去	ich bekam	wir bekamen
	du bekamst	ihr bekamt
	er bekam	sie bekamen
過分	bekommen	助動 haben, sein

— 他 (助h) ❶ 《④と》〔…⁴を〕もらう, 受け取る
einen Brief *bekommen*
手紙を受け取る
einen Befehl *bekommen*
命令を受ける
fünf Wochen Urlaub *bekommen*
5週間の休暇をもらう
Sie hat ein Kind *bekommen*.
彼女は子供が生まれた

❷ 《④と》〔…⁴を〕(努力して)手に入れる ▷ eine neue Stellung *bekommen* 新しい職を得る / Karten für ein Konzert *bekommen* コンサートの切符を手に入れる

❸ 〈〔…ʲの〕状態になる ▷ Angst *bekommen* 不安になる / Hunger *bekommen* 腹が減る / Er *bekommt* graue Haare. 彼は白髪になる / Wir *bekommen* bald Regen. じきに雨になる

❹ 《④と》〔…⁴を〕してもらう; くらう《☆④は動作名詞》▷ einen Kuss *bekommen* キスしてもらう / eine Strafe *bekommen* 処罰される / eine Ohrfeige *bekommen* びんたをくらう

❺ 《④+過去分詞と》〔…⁴を…てし〕もらう ▷ Er *bekommt* eine Krawatte geschenkt. 彼はネクタイを贈られる / eine Rechnung zugeschickt *bekommen* 請求書を送ってもらう

❻ 《口語》《④+方向と》〔…⁴を…に〈から〉〕移動させる ▷ einen Nagel nicht in die Wand *bekommen* 釘を壁に打ち込めない / den Fleck aus dem Kleid *bekommen* 染みをドレスから取る

❼ 《口語》《④+状態と》〔…⁴を…の状態に〕する ▷ Ich habe die Arbeit nicht fertig *bekommen*. 私はその仕事を終えられなかった

❽ 《zu 不定詞句と》〔…すること〕ができる; 〔…〕しなければならない ▷ Hier *bekommt* man alles zu kaufen. ここでは何でも買える / Er hat manches böse Wort zu hören *bekommen*. 彼は悪意のあることばをいくつも聞かねばならなかった

— 自 (助s) 《③と》〔…³の〕性に合う ▷ Das Essen ist mir nicht *bekommen*. その食事は私の体質に合わなかった

be·kömm·lich [ベケムリヒ] 形 消化によい ▷ ein *bekömmliches* Essen 消化によい食事

be·kräf·ti·gen [ベクレフティゲン] 非分離
(bekräftigte; bekräftigt; 助h)
他 《④と》〔約束など⁴を〕(本気だと)強調する

be·kreu·zi·gen [ベクロイツィゲン] 非分離
(bekreuzigte; bekreuzigt; 助h)
再 《カトリック》《sich⁴と》十字を切る

be·krie·gen [ベクリーゲン] 非分離
(bekriegte; bekriegt; 助h)
他 《文語》《④と》〔…⁴と〕戦争する

be·küm·mern [ベキュムルン] 非分離
(bekümmerte; bekümmert; 助h)
他 《④と》〔…⁴を〕心配〈憂慮〉させる ▷ Sein Gesundheitszustand *bekümmert* mich. 彼の健康状態が私は気がかりだ

be·küm·mert [ベキュメルト] 形 心配〈憂慮〉している, 気にやんでいる ▷ ein *bekümmertes* Gesicht machen 浮かぬ顔をする

be·kun·den [ベクンデン] 非分離
(bekundete; bekundet; 助h)
他 《文語》《④と》〔関心・同情など⁴を〕はっきりと示す

be·la·den [ベラーデン] 非分離
(er belädt; belud; beladen; 助h)
他 《④と》〔…⁴に〕(荷などを)積む, 積み込む, 載せる ▷ ein Schiff mit Holz *beladen* 船に木材を積み込む

be·lädt [ベレート] beladen の 現在

Be·lag [ベラーク] 男 *der* (⊕2格 -[e]s; ⊕ ..läge)

❶ (損耗などを防ぐため表面に)かぶせる〈張る〉もの ▷ den *Belag* der Straße erneuern 道路の舗装を新しくする

❷ 《⊕ なし》(表面にできた)薄い層; (鏡などの)曇り ▷ einen weißen *Belag* auf der Zunge haben 舌の上に白い層ができている

be·la·gern [ベラーゲルン] 非分離
(belagerte; belagert; 助h)
他 ❶ 《④と》〔城など⁴を〕包囲する
❷ 《④と》〔…⁴を〕取り巻く, 取り囲む, 〔…⁴に〕群がる, 殺到する

Be·lang [ベラング] 男 *der* (⊕2格 -[e]s; ⊕ -e)

──────
状態, 態, 場所, 方向, …=状態, 様態, 場所, 方向, …を表す語句

beleuchten

〖働で〗利益
イディオム *von* 〈*ohne*〉 *Belang sein* 重要である〈ない〉

be·lan·gen [ベランゲン] 非分離
(belangte; belangt; 匿ロh)
他 〖④と〗[‥⁴を]告訴する

be·lang·los [ベラング・ロース] 形 重要でない, 取るに足りない

be·las·sen [ベラッセン] 非分離
(er belässt; belief; belassen; 匿ロh)
他 〖④+bei〈in〉+③と〗[‥⁴を‥³の]ままにしておく ▷ *Wir wollen es dabei belassen.* 私たちはそのままにしておくつもりだ

be·lässt [ベレスト] belassen の 現在

be·las·ten [ベラステン] 非分離
(belastete; belastet; 匿ロh)
他 ❶ 〖④と〗[‥⁴の]心にのしかかる, 負担になる ▷ *Sein Unglück belastete uns sehr.* 彼の不幸は私たちの心に非常に重くのしかかった
❷ 〖④+mit+③と〗[‥⁴に‥³の]負担を負わせる ▷ *Ich will dich nicht mit Kleinigkeiten belasten.* 私は些細なことで君を煩わせたくない
❸ 〖④と〗[橋・車両などに]荷重をかける
❹《法律》〖④と〗[(証言などが)‥⁴の]不利に働く ▷ *Die Zeugenaussagen belasten den Angeklagten.* 証人の供述は被告人に不利になった / 〖現在分詞で〗*belastende Aussagen machen* (被告人にとって)不利になる証言をする

be·läs·ti·gen [ベレスティゲン] 非分離
(belästigte; belästigt; 匿ロh)
他 ❶ 〖④と〗[‥⁴を]煩わす ▷ *Es tut mir leid, Sie mit dieser Angelegenheit belästigen zu müssen.* この件でごめんどうをおかけしなければならないことを申し訳なく思います
❷ 〖④と〗[‥⁴に]絡む ▷ *Der Betrunkene hat ein Mädchen belästigt.* 酔っ払いは女の子に絡んだ

Be·las·tung [ベラストゥング] 名 *die* (働2格 -; 働 -en)
❶ (精神的・物質的な)負担
❷ 荷重 ▷ *zulässige Belastung* 最大積載量

Be·las·tungs·zeu·ge [ベラストゥングス・ツォイゲ] 男 *der* (働2·3·4格 -n; 働 -n)《法律》被告に不利な供述をする証人

be·lau·fen [ベラオフェン] 非分離
(er belief; belief; belaufen; 匿ロh)
再 〖sich+auf+④と〗[‥⁴の金額]になる

be·läuft [ベロイフト] belaufen の 現在

be·le·ben [ベレーベン] 非分離
(belebte; belebt; 匿ロh)
— 他 ❶ 〖④と〗[(物事が)‥⁴を]元気づける ▷ *Der Wein belebte ihn.* そのワインを飲んで彼は元気を取り戻した
❷ 〖④と〗[人の活動を]活気づける ▷ *Konkurrenz belebt das Geschäft.* 競争は商売を活気づける
— 再 〖*sich*⁴と〗(通りなどが)活気を帯びる, にぎやかになる ▷ *Der Markt belebt sich.* 市場が活気を帯びる

be·lebt [ベレープト] 形 (通りなどが)活気のある, にぎやかな

Be·leg [ベレーク] 男 *der* (働2格 -[e]s; 働 -e)
(支払いなどを証明する)書き付け, 領収書, 請求書

be·le·gen [ベレーゲン] 非分離
(belegte; belegt; 匿ロh)
他 ❶ 〖④と〗[‥⁴を]覆う ▷ *den Fußboden mit einem Teppich belegen* 床にじゅうたんを敷く
❷ 〖④と〗[大学の講義などを]聴講届を出す
❸ 〖④と〗[‥⁴を](資料などによって)証明する, 裏付ける ▷ *Er hat die Ausgaben durch Quittungen belegt.* 彼は支出を領収書で証明した

Be·leg·schaft [ベレークシャフト] 名 *die* (働2格 -; 働 -en)(集合的に)(1つの企業の)全従業員

be·legt [ベレークト]
形 ❶ (ホテルの部屋などが予約などで)ふさがっている
❷ 具などを載せた ▷ *belegtes Brötchen* オープンサンドイッチ

be·leh·ren [ベレーレン] 非分離
(belehrte; belehrt; 匿ロh)
他 〖④と〗[‥⁴に]教える, わからせる ▷ *Sie belehrt ihn, wie er sich zu verhalten hat.* 彼女は彼にどのように振舞うべきかを教える

be·leibt [ベライプト] 形 よく太った, 丸々とした

be·lei·di·gen [ベライディゲン] 非分離
(beleidigte; beleidigt; 匿ロh)
他 〖④と〗[‥⁴を]侮辱する, [‥⁴の]感情を害する ▷ *Mit diesen Worten hat sie ihn tief beleidigt.* こう言って彼女は彼を深く傷つけた / 〖現在分詞で〗*beleidigende Worte* 侮辱的なことば

be·lei·digt [ベライディヒト]
— beleidigen の 過去, 過分
— 形 侮辱された, 感情を害された ▷ *ein beleidigtes Gesicht machen* 感情を害した顔つきをする / *sich⁴ beleidigt fühlen* 侮辱されたと感じる

be·lei·dig·te [ベライディヒテ] beleidigen の 過去

Be·lei·di·gung [ベライディグング] 名 *die* (働2格 -; 働 -en) 侮辱, 名誉毀損 ▷ *Das ist eine Beleidigung für mich!* それは私に対する侮辱だ

be·le·sen [ベレーゼン] 形 (本を読んで)博識の

be·leuch·ten [ベロイヒテン] 非分離
(beleuchtete; beleuchtet; 匿ロh)

[他] ❶ 〖④と〗〔‥^{4}を〕照らす, 照らし出す ▷ die Bühne *beleuchten* 舞台を照らし出す
❷ 〖④と〗〔問題点など^{4}を〕調べる, 考える ▷ Das Thema müssen wir etwas näher *beleuchten.* そのテーマはもう少し詳しく調べる必要がある

Be·leuch·tung [ベロイヒトゥング] [女] *die* ([単] 2 格 –; [複] –en)
❶ 照明 ▷ Bei dieser *Beleuchtung* kann man nicht arbeiten. この照明では仕事ができない
❷ (問題点などを)調べる〈考える〉こと

Bel·gi·en [ベルギエン] ([中] *das*)《国名》ベルギー (用法: ☞ Deutschland)

Bel·gi·er [ベルギアー] [男] *der* ([単] 2 格 –s; [複] –) ベルギー人

bel·gisch [ベルギシュ] [形] ベルギー[人]の (☆ ベルギーの公用語はフランス語とオランダ語であるが, ドイツに近い地方ではドイツ語も使われる)

be·lich·ten [ベリヒテン] [非分離]
(belichtete; belichtet; [完了]h)
[他]《写真》〖④と〗〔フィルムなど^{4}を〕感光させる, 露出する ▷ Das Foto ist zu stark *belichtet.* [状態受動] この写真は露出オーバーだ

Be·lie·ben [ベリーベン] [中] *das* ([単] 2 格 –s; まれに [複] –) 好み, 意向 ▷ nach *Belieben* 好きなように

be·lie·big [ベリービヒ]
— [形] 任意の, 随意の ▷ über ein *beliebiges* Thema diskutieren 任意のテーマについて議論する
— [副] 好きなように, 好きなだけ ▷ Du kannst das Buch *beliebig* lange behalten. 君はその本を好きなだけ長く持っていていいよ

be·liebt [ベリープト] ([比較] –er, [最上] –est)
[形] 好かれている, 人気のある ▷ ein *beliebter* Lehrer 好かれている先生 / Sie ist bei allen Kollegen *beliebt.* 彼女はすべての同僚に好かれている / sich^4 bei+③ *beliebt* machen ‥^{4}に取り入る / das *beliebte* Thema よく取り上げられるテーマ

be·lief [ベリーフ] belaufen の [過去]

be·lie·fern [ベリーフェルン] [非分離]
(belieferte; beliefert; [完了]h)
[他]〖④と〗〔‥^{4}に〕品物を配達する, 納品する

be·ließ [ベリース] belassen の [過去]

bel·len [ベレン] (bellte; gebellt; [完了]h)
[自] (犬などが)ほえる ▷ Der Hund *bellte.* 犬がほえた

be·log [ベローク] belügen の [過去]

be·lo·gen [ベローゲン] belügen の [過分]

be·loh·nen [ベローネン] [非分離]
(belohnte; belohnt; [完了]h)
[他]〖④と〗〔‥^{4}に〕報いる ▷ Sie *belohnt* ihn für seine Mühe. 彼女は彼の労に報いる / Seine Ausdauer wurde durch den Erfolg *belohnt.* 彼のがんばりは成功によって報われた

be·lohnt [ベローント] belohnen の [現在], [過分]

be·lohn·te [ベローンテ] belohnen の [過去]

Be·loh·nung [ベローヌング] [女] *die* ([単] 2 格 –; [複] –en) 報酬, 褒美, 賞金

be·lud [ベルート] beladen の [過去]

be·lü·gen [ベリューゲン] [非分離]
(belog; belogen; [完了]h)
[他]〖④と〗〔‥^{4}に〕うそをつく, うそを言ってだます ▷ Er hat seinen Lehrer *belogen.* 彼は先生にうそをついた

be·lus·ti·gen [ベルスティゲン] [非分離]
(belustigte; belustigt; [完了]h)
[他]〖④と〗〔‥^{4}を〕楽しませる, おもしろがらせる

be·mäch·ti·gen [ベメヒティゲン] [非分離]
(bemächtigte; bemächtigt; [完了]h)
[再]《文語》〖[sich]^4+②と〗〔権力など^{2}を〕(力ずくで)奪う, 奪取する

be·ma·len [ベマーレン] [非分離]
(bemalte; bemalt; [完了]h)
[他]〖④と〗〔‥^{4}に〕絵などを描く; 色を塗る

be·män·geln [ベメンゲルン] [非分離]
(bemängelte; bemängelt; [完了]h)
[他]〖④と〗〔‥^{4}を〕とがめる,〔‥^{4}に〕文句をつける ▷ Sie *bemängelte* sein Verhalten. 彼女は彼の態度をとがめた

be·maß [ベマース] bemessen の [過去]

be·merk·bar [ベメルク・バール] [形] 目につく, 目立つ ▷ Er versuchte vergebens, sich *bemerkbar* zu machen. 彼は(身振りなどで)自分に気づかせようとしたがむだだった

be·mer·ken [ベメルケン] [非分離]
(bemerkte; bemerkt; [完了]h)
[他] ❶ 〖④と〗〔‥^{4}に〕気づく ▷ Sie *bemerkte* seine Verlegenheit. 彼女は彼の困惑に気づいた
❷ 〖④と〗〔‥^{4}を〕述べる, 付言する ▷ Er *bemerkte* zu Recht, dass ... 彼が…と述べたのは正しい / 〖過去分詞で〗 nebenbei *bemerkt* ついでに言うと

be·mer·kens·wert [ベメルケンス・ヴェーアト]
— [形] 注目に値する
— [副] 非常に, とても

be·merkt [ベメルクト] bemerken の [現在], [過分]

be·merk·te [ベメルクテ] bemerken の [過去]

Be·mer·kung [ベメルクング] [女] *die* ([単] 2 格 –; [複] –en) (短い)論評, コメント ▷ eine kritische *Bemerkung* 批判的な論評 / eine *Bemerkung* zu+③ machen ‥^{3}についてコメントする

be·mes·sen [ベメッセン] [非分離]
(er bemisst; bemaß; bemessen; [完了]h)
[他]〖④と〗〔時間・蓄えなど^{4}の〕量を見積もる;〔刑

など⁴の〕量を決める ▷ die Zeit zu kurz *bemessen* 時間を内輪に見積もり過ぎる / 〘過去分詞で〙 eine genau *bemessene* Dosis 正確に量られた薬の服用量

be·misst [ベミスト] bemessen の [現在]

be·mü·hen [ベミューエン] [非分離]
(bemühte; bemüht; [完了]h)
— [再] ❶ 〘[sich]⁴と〙 努力する ▷ Er hat sich vergeblich *bemüht*. 彼は努力したがむだだった / 〘zu 不定詞句と〙 Er *bemühte* sich, seinen Ärger zu unterdrücken. 彼は怒りを抑えようと努力した
❷ 〘[sich]⁴+um+④と〙 〔..⁴を得ようと〕努力する ▷ *sich* um eine Stellung *bemühen* 職を得ようと努力する / Sie hat sich um ihn *bemüht*. 彼女は彼の好意を得ようと努力した

[類語]
sich⁴ bemühen 努力目標を前面に出して努力する (☆ ふつう zu 不定詞句あるいは um+④ を伴う)
sich⁴ anstrengen 努力という行為自体を前面に出して努力する

❸ 〘[sich]⁴+um+④と〙 〔..⁴のために〕世話をやく ▷ Er *bemühte* sich um den Verletzten. 彼は負傷者の世話をやいた
— [他] 《文語》〘④と〙〔..⁴の〕手を煩わす, 手助けを求める ▷ Darf ich Sie noch einmal *bemühen*? もう一度お手数をおかけしてもよろしいでしょうか

be·müht [ベミュート] bemühen の [現在], [過分]

be·müh·te [ベミューテ] bemühen の [過去]

Be·mü·hung [ベミューウング] [女] *die* ([単] 2 格 –; [複] –en) 〘ふつう [複] で〙 努力, 骨折り ▷ Alle seine *Bemühungen* waren umsonst. 彼の努力はすべてむだだった

be·mut·tern [ベムッテルン] [非分離]
(bemutterte; bemuttert; [完了]h)
[他] 〘④と〙〔..⁴を〕母親のように世話する

be·nach·rich·ti·gen [ベナーハリヒティゲン] [非分離] (benachrichtigte; benachrichtigt; [完了]h)
[他] 〘④と〙〔..⁴に〕知らせる ▷ Sie hat ihn von ihrer Heirat *benachrichtigt*. 彼女は彼に結婚する〈した〉ことを知らせた

be·nach·tei·li·gen [ベナーハタイリゲン] [非分離]
(benachteiligte; benachteiligt; [完了]h)
[他] 〘④と〙〔..⁴を〕(他人と比べて)不利になるように扱う ▷ Sie hat ihn immer *benachteiligt*. 彼女は彼にいつも損な役割を与えた / 〘過去分詞で〙 sich⁴ *benachteiligt* fühlen 不利に扱われていると感じる

be·nahm [ベナーム] benehmen の [過去]

be·neh·men [ベネーメン] [非分離] (du benimmst, er benimmt; benahm; benommen; [完了]h)
[再] 〘[sich]⁴+[様態]と〙 〔…のように〕振舞う ▷ Er hat sich anständig *benommen*. 彼は礼儀正しく振舞った

Be·neh·men [ベネーメン] [中] *das* ([単] 2 格 –s; [複] なし) 振舞い, 態度 ▷ ein bescheidenes *Benehmen* 控え目な態度 / Er hat kein *Benehmen*. 彼は行儀がわるい

be·nei·den [ベナイデン] [非分離]
(beneidete; beneidet; [完了]h)
[他] 〘④と〙〔..⁴を〕うらやむ ▷ Alle *beneiden* ihn. 皆は彼のことをうらやむ / Er ist nicht zu *beneiden*. 彼のようにはなりたくない(←彼はうらやむべき存在ではない) / 〘um+④と〙 Ich *beneide* ihn um seine Energie. 私は彼のエネルギーがうらやましい

be·nimmst [ベニムスト] benehmen の [現在]

be·nimmt [ベニムト] benehmen の [現在]

be·nom·men [ベノムメン]
— benehmen の [過分]
— [形] (意識などが)もうろうとした ▷ Er war von dem Sturz ganz *benommen*. 彼は墜落して意識がまったくもうろうとしていた

be·nö·ti·gen [ベネーティゲン] [非分離]
(benötigte; benötigt; [完了]h)
[他] 《文語》〘④と〙〔..⁴を〕必要とする ▷ Ich *benötige* deine Hilfe dringend. 私は君の助けが今すぐにも必要だ

be·nut·zen

[bənʊ́tsn̩ ベヌッツェン] [非分離]

[現在]	ich	benutze	wir	benutzen
	du	**benutzt**	ihr	benutzt
	er	**benutzt**	sie	benutzen
[過去]	ich	**benutzte**	wir	benutzten
	du	benutztest	ihr	benutztet
	er	benutzte	sie	benutzten
[過分]		**benutzt**	[完了]	haben

[他] ❶ 〘④と〙〔..⁴を〕使用する
einen Gasherd zum Kochen *benutzen*
ガスレンジを料理のために使う
Darf ich mal dein Handtuch *benutzen*?
君のタオルをちょっと使ってもいいですか
❷ 〘④と〙〔..⁴を〕利用する
die U-Bahn *benutzen*
地下鉄を利用する
den Raum als Gästezimmer *benutzen*
部屋を客間として利用する
Sie *benutzte* ihn nur für ihre Karriere.
彼女は彼を出世のためだけに利用した

be·nüt·zen [ベニュッツェン] [非分離] (benützte; benützt; [完了]h) 《南ドイツ・オーストリア》 ＝benutzen

be·nut·zer·freund·lich [ベヌッツァー・フロイントリヒ] [形] 利用者にやさしい, ユーザーフレンドリーな

be·nutzt [ベヌッツト] benutzen の [現在], [過分]

be·nutz·te [ベヌッツテ] benutzen の [過去]

Be·nut·zung [ベヌッツング] 囡 *die* (⸺2格 -; ⸺なし) 使用, 利用 ▷ die *Benutzung* öffentlicher Verkehrsmittel 公共交通機関の利用

Be·nüt·zung [ベニュッツング] 囡 *die* (⸺2格 -; ⸺なし) (南ドイツ・オーストリア)＝Benutzung

Ben·zin [ベンツィーン] 匣 *das* (⸺2格 -s; ⸺-e) ガソリン; ベンジン ▷ Der Wagen verbraucht 10 Liter *Benzin* auf 100 km. この車は100キロ走るのに10リットルのガソリンを消費する

be·obach·ten [ベオーバハテン] 非分離
(du beobachtest, er beobachtet; beobachtete; beobachtet; 匠*h*)

他 ❶ 〖④と〗〔…⁴の動き・変化などを〕**観察する** ▷ Er *beobachtet* den Flug der Vögel. 彼は鳥の飛ぶようすを観察する / Er *beobachtet* die Kinder in ihrer Entwicklung. 彼は子供たちの成長を観察する

類語
beobachten 動きや変化などに注目して観察する
betrachten 性状や外見などに注目して観察する

❷ 《文語》〖④と〗〔…⁴に〕気づく; 確認する ▷ Ich habe schon oft *beobachtet*, dass … 私はすでに幾度となく…ということに気づいた

Be·obach·ter [ベオーバハター] 男 *der* (⸺2格 -s; ⸺-) 観察者

be·obach·tet [ベオーバハテット] beobachten の 現在, 過去

be·obach·te·te [ベオーバハテテ] beobachten の 過去

Be·obach·tung [ベオーバハトゥング] 囡 *die* (⸺2格 -; ⸺-en) 観察

be·quem [ベクヴェーム] (比較 -er, 最上 -st)
形 ❶ **快適な**, 楽な ▷ ein *bequemer* Stuhl 座り心地のよいいす / Machen Sie es sich *bequem*! どうぞお楽にしてください (☆ es は形式目的語)

❷ 安易な, たやすい ▷ eine *bequeme* Lösung 安易な解決 / Man kann den Ort *bequem* erreichen. その場所はたやすく行くことができる

❸ 無精な, ものぐさな

be·que·men [ベクヴェーメン] 非分離
(bequemte; bequemt; 匠*h*)

再 《文語》〖sich⁴+zu+③と〗〔…³をする気に〕やっとなる

Be·quem·lich·keit [ベクヴェームリヒカイト] 囡 *die* (⸺2格 -; ⸺-en)
❶ 〖⸺なし〗快適さ; 無精, ものぐさ
❷ 快適な設備

be·rät [ベレート] beraten の 現在

be·ra·ten [ベラーテン] 非分離
(er berät; beriet; beraten; 匠*h*)

⸺他 ❶ 〖④と〗〔…⁴に〕助言する ▷ Sie *berät* ihn beim Einkauf. 彼女は買い物に際し彼に助言をする

❷ 〖④と〗〔…⁴について〕協議する, 相談する ▷ Wir haben das neue Projekt *beraten*. 私たちは新しいプロジェクトについて協議した

⸺自 〖über+④と〗〔…⁴について〕協議する, 相談する

Be·ra·ter [ベラーター] 男 *der* (⸺2格 -s; ⸺-) コンサルタント, 相談員, 顧問

Be·ra·tung [ベラートゥング] 囡 *die* (⸺2格 -; ⸺-en)
❶ 〖⸺なし〗助言〔すること〕 ▷ juristische *Beratung* 法律相談
❷ 協議

be·rau·ben [ベラオベン] 非分離
(beraubte; beraubt; 匠*h*)

他 〖④と〗〔…⁴から〕金品などを強奪する

be·rau·schen [ベラオシェン] 非分離
(berauschte; berauscht; 匠*h*)

再 ❶ 《文語》〖sich⁴+an+③と〗〔美しいものなど³に〕酔いしれる, 感激する

❷ 〖sich⁴+an+③と〗〔酒³で〕酔っ払う

be·rech·nen [ベレヒネン] 非分離
(berechnete; berechnet; 匠*h*)

他 ❶ 〖④と〗〔費用・距離など⁴を〕**算出する**, 算定する ▷ den Umfang eines Dreiecks *berechnen* 三角形の周囲の長さを算出する

❷ 〖③+④と〗〔…³に…⁴の〕費用を請求する ▷ Die Verpackung hat er mir nicht *berechnet*. 包装代を彼は私に請求しなかった

❸ 〖④+auf〈für〉+④と〗〔…⁴を…⁴と〕見積もる ▷ Die Bauzeit wird auf sechs Monate *berechnet*. 建築期間は6カ月と見積もられる

be·rech·nend [ベレヒネント] 形 打算的な, 損得を考える

Be·rech·nung [ベレヒヌング] 囡 *die* (⸺2格 -; ⸺-en)
❶ 算出, 算定; 見積もり ▷ die *Berechnung* der Kosten 費用の算出 / nach meiner *Berechnung* 私の見積もりによれば
❷ 〖⸺なし〗打算 ▷ Das tut er nur aus *Berechnung*. 彼がそれをするのは打算でしかない

be·rech·ti·gen [ベレヒティゲン] 非分離
(berechtigte; berechtigt; 匠*h*)

他 〖④+zu+③と〗〔…⁴に…³の〕権利〈資格〉を与える ▷ Diese Karte *berechtigt* dich zum kostenlosen Eintritt. この券があれば君は無料で入場できる

be·rech·tigt [ベレヒティヒト]
形 ❶ 権利〈資格〉のある ▷ Wir sind *berechtigt*, die Turnhalle zu benutzen. 私たちは体育館を使用する資格がある

❷ 正当な, もっともな ▷ ein *berechtigter* Einwand 正当な異議

Be·rech·ti·gung [ベレヒティグング] 囡 *die* (⸺

2格 –; まれに [複] –en)

❶ 権利, 資格 ▷ die *Berechtigung* zum Unterrichten 授業をする資格

❷ (要求などの)正当性

be·red·sam [ベレートザーム] [形] 雄弁な, 能弁な (=beredt)

be·redt [ベレート] [形] 雄弁な, 能弁な ▷ ein *beredter* Anwalt 雄弁な弁護士

Be·reich [ベライヒ] [男] *der* ([単] 2格 –[e]s; [複] –e)

❶ **地区**, 地域 ▷ Die Fahrkarte gilt nur im *Bereich* der Stadt. この切符は市内のみ通用する

❷ **領域**, 分野; (勢力の及ぶ)範囲 ▷ im *Bereich* der Physik 物理学の分野で

be·rei·chern [ベライヒェルン] [非分離] (bereicherte; bereichert; [完了]h)

— [他] 〖④と〗〔…^{4}を〕豊かにする ▷ Er hat sein Wissen *bereichert*. 彼は自分の知識を豊かにした / Diese Reise hat ihn *bereichert*. この旅行で彼は精神的に豊かになった

— [再] 〖[sich]^{4}と〗 (不正な手段で)財産を増やす ▷ Er hat sich während des Krieges am Eigentum anderer *bereichert*. 彼は戦争中他人の財産で私腹をこやした

Be·rei·fung [ベライフング] [女] *die* ([単] 2格 –; [複] –en) (一台の車の)タイヤ一式

be·rei·ni·gen [ベライニゲン] [非分離] (bereinigte; bereinigt; [完了]h)

[他] 〖④と〗〔誤解など^{4}を〕取り除く; 〔争いなど^{4}を〕解決する ▷ Missverständnisse *bereinigen* 誤解を取り除く

be·rei·sen [ベライゼン] [非分離] (bereiste; bereist; [完了]h)

[他] 〖④と〗〔…^{4}を〕旅行して回る ▷ Als Vertreter hat er viele Städte *bereist*. セールスマンとして彼は多くの都市を旅して回った

be·reit

[bəráit ベライト]

[形] ❶ **準備〈用意〉のできた**

Sie sind zur Abfahrt *bereit*.

彼らは出発の用意ができている

❷ 〖zu+③と〗〔…^{3}をする〕心構えができた, 意志がある ▷ Er ist *bereit*, ein Geständnis abzulegen. 彼は自白する心構えができている

be·rei·ten [ベライテン] [非分離] (bereitete; bereitet; [完了]h)

[他] ❶ 〖③+④と〗〔…^{3}に…^{4}を〕与える, もたらす ▷ Sie *bereitet* mir oft Freude. 彼女は私をしばしば喜ばせてくれる / 〖事柄を主語にして〗 Dieses Problem *bereitete* ihr schlaflose Nächte. この問題で彼女は何日も眠れなかった

❷ 〖④と〗〔食事・寝床など^{4}の〕支度をする ▷ eine Speise *bereiten* 食事の支度をする / Sie *bereitete* ihm ein Bett. 彼女は彼の寝床の支度をした

be·reit|hal·ten [ベライト・ハルテン] [分離] (er hält bereit; hielt bereit; bereitgehalten; [完了]h)

[他] 〖④と〗〔…^{4}を〕(すぐ出せるように)用意しておく ▷ Bitte das Geld abgezählt *bereithalten*! 釣り銭のいらないようにお願いします

be·reits [ベライツ]

[副] **すでに**, もう (=schon) ▷ Ich habe *bereits* gegessen. 私はもう食事をすませました / Oh, es ist *bereits* sechs Uhr, eigentlich wollte ich noch einkaufen gehen. あれ もう6時だ 本当はまだ買い物に行きたかったのに

Be·reit·schaft [ベライトシャフト] [女] *die* ([単] 2格 –; [複] –en)

❶ 〖[複]なし〗 準備〈用意〉ができていること

❷ 警察機動隊

be·reit|ste·hen [ベライト・シュテーエン] [分離] (stand bereit; bereitgestanden; [完了]h)

[自] 用意〈準備〉ができている ▷ Das Essen *steht bereit*. 食事の用意ができている

be·reit|stel·len [ベライト・シュテレン] [分離] (stellte bereit; bereitgestellt; [完了]h)

[他] 〖④と〗〔資金など^{4}を〕用意する, 提供する ▷ Die Regierung *stellt* für das Projekt 20 Millionen Euro *bereit*. 政府はそのプロジェクトのために2000万ユーロの支援を用意する

be·reit·wil·lig [ベライト・ヴィリヒ] [形] (手助けなどを)進んで〈嫌がらずに〉する; 〖副詞的に〗 進んで, 少しも嫌がらずに

be·reu·en [ベロイエン] [非分離] (bereute; bereut; [完了]h)

[他] 〖④と〗〔…^{4}を〕**後悔する** ▷ Er *bereute*, dass er nicht mitgegangen war. 彼はいっしょに行かなかったことを後悔した

Berg

[bɛrk ベルク]

[男] *der* ([単] 2格 –es 〈まれに –s〉; [複] –e)

格	単数	複数
①	der Berg	die Berge
②	des Berges	der Berge
③	dem Berg	den Bergen
④	den Berg	die Berge

❶ **山** (☆「丘」は Hügel)

ein hoher *Berg*

高い山

auf einen *Berg* steigen

山に登る

vom *Berg* ins Tal blicken

山から谷を見おろす

ein *Berg* von Arbeit

《比ゆ》仕事の山

Der Kranke ist über den *Berg.* 病人は峠を越えた
Der Täter war längst über alle *Berge.* 犯人はとっくに逃げてしまっていた（←すべての山の向こうに行ってしまった）
❷ 《 で》 山地 ▷ zur Erholung in die *Berge* fahren 休養のために山に行く

berg·ab [ベルク・アップ] 副 山を下って (⇔ bergauf) ▷ *bergab* fahren （乗り物で）山を下って行く

berg·auf [ベルク・アオフ] 副 山を上って (⇔ bergab) ▷ *bergauf* fahren （乗り物で）山を上って行く

Berg·bahn [ベルク・バーン] 女 *die* (働 2 格 -; 働 -en) 登山鉄道、ケーブルカー、ロープウエー

Berg·bau [ベルク・バオ] 男 *der* (働 2 格 -[e]s; 働 なし) 採鉱、鉱業

ber·gen [ベルゲン]
(du birgst, er birgt; barg; geborgen; 匠h)
他《④と》[··⁴を]救出する; [死者など⁴を]収容する ▷ die Passagiere des gesunkenen Schiffes lebend *bergen* 沈没した船の乗客を無事に救出する

Berg·gip·fel [ベルク・ギプフェル] 男 *der* (働 2 格 -s; 働 -) 山頂

Berg·hüt·te [ベルク・ヒュッテ] 女 *die* (働 2 格 -; 働 -n) 山小屋、ヒュッテ

ber·gig [ベルギヒ] 形 山の多い ▷ eine *bergige* Landschaft 山地の風景

Berg·kamm [ベルク・カム] 男 *der* (働 2 格 -[e]s; 働 ..kämme) 山の背、尾根

Berg·schuh [ベルク・シュー] 男 *der* (働 2 格 -[e]s; 働 -e) 登山靴

Berg·stei·ger [ベルク・シュタイガー] 男 *der* (働 2 格 -s; 働 -) 登山者、登山家

Berg·werk [ベルク・ヴェルク] 中 *das* (働 2 格 -[e]s; 働 -e) 鉱山、鉱業所

Be·richt [ベリヒト] 男 *der* (働 2 格 -[e]s; 働 -e) 報告、報道 ▷ ein ausführlicher *Bericht* 詳細な報告

be·rich·ten [ベリヒテン] 非分離 (du berichtest, er berichtet; berichtete; berichtet; 匠h)
— 他 《③+④と》[··³に··⁴を]報告する ▷ Er hat mir alles *berichtet.* 彼は私になんでも報告した // Sie *berichtete* aufgeregt, dass ... 彼女は興奮して…と報告した
— 自 《über+④ 〈von+③〉と》[··⁴について]報告する ▷ Er *berichtete* über seine Reise 〈von seiner Reise〉. 彼は旅行について報告した

be·rich·tet [ベリヒテット] berichten の 過去, 過分

be·rich·te·te [ベリヒテテ] berichten の 過去

be·rich·ti·gen [ベリヒティゲン] 非分離
(berichtigte; berichtigt; 匠h)
— 他 ❶ 《④と》[誤りなど⁴を]訂正する、直す ▷ falsche Zahlen in einer Liste *berichtigen* リストのまちがった数字を訂正する
❷ 《④と》[··⁴の発言などの]誤りを正す
— 再 《sich⁴と》(発言などの)誤りを改める

be·rief [ベリーフ] berufen の 過去

be·riet [ベリート] beraten の 過去

be·rit·ten [ベリッテン] 形 馬に乗った ▷ *berittene* Polizei 騎馬巡査隊

Ber·lin [ベルリーン] 中 *das* 《都市名》ベルリン（ドイツの首都; ☞ 地図 F-2)

Ber·li·ner [ベルリーナー]
— 形 ベルリンの （☆ 格語尾をつけない） ▷ *Berliner* Mauer ベルリンの壁 / *Berliner* Weiße ベルリーナー・ヴァイセ（ビールの一種）
— 男 *der* (働 2 格 -s; 働 -) ベルリン市民; ベルリン出身の人

Bern [ベルン] 中 *das* 《都市名》ベルン（スイスの首都; ☞ 地図 C-5)

Bern·hard [ベルンハルト] 《男名》ベルンハルト

Bern·har·di·ner [ベルンハルディーナー] 男 *der* (働 2 格 -s; 働 -) セントバーナード犬（特に雪山遭難者の救助犬として用いられる）

bers·ten [ベルステン]
(du, er birst; barst; geborsten; 匠s)
自《文語》裂ける、ひび割れる ▷ Beim Erdbeben *barsten* die Wände. 地震の際壁にひびが入った /《比ゆ》Er *barst* fast vor Lachen. 彼は抱腹絶倒した

be·rüch·tigt [ベリュヒティヒト] 形 評判の悪い ▷ eine *berüchtigte* Kneipe 評判のよくない飲み屋

be·rück·sich·ti·gen [ベリュック・ズィヒティゲン] 非分離 (berücksichtigte; berücksichtigt; 匠h)
他 ❶ 《④と》[··⁴を]考慮する、考えに入れる ▷ Wir müssen sein Alter *berücksichtigen.* 私たちは彼の年齢を考慮しなくてはならない
❷ 《④と》[··⁴の]希望などに応ずる ▷ die Bestellung *berücksichtigen* 注文に応ずる / Wir konnten den Bewerber nicht *berücksichtigen.* 私たちはその応募者を選考に入れることができなかった

Be·rück·sich·ti·gung [ベリュック・ズィヒティグング] 女 *die* (働 2 格 -; 働 なし) 考えに入れること、考慮 ▷ unter *Berücksichtigung* der Vor- und Nachteile 損得を勘定に入れて

Be·ruf [ベルーフ] 男 *der* (働 2 格 -[e]s; 働 -e) 職業、職 ▷ ein freier *Beruf* 自由業 / Was sind Sie von *Beruf*? あなたの職業は何ですか / Er ist von *Beruf* Lehrer. 彼の職業は先生です

be·ru·fen [ベルーフェン] 非分離
(berief; berufen; 匠h)

①, ②, ③, ④=1格, 2格, 3格, 4格の名詞

— [他]〘④と〙〔..⁴を〕(高い地位などへ)招聘しょうへいする, 任命する ▷ Er wurde als Professor nach Köln *berufen.* 彼は教授としてケルンへ招かれた
— [再]〘[sich]⁴+auf+④と〙〔..⁴を〕(証人〈証拠〉として)引き合いに出す, 盾に取る ▷ Er *berief* sich dabei auf das Gesetz. 彼はその際に法律を引き合いに出した
[イディオム] ***sich⁴ zu***+③ ***berufen fühlen*** ..³に向いていると思う ▷ Er *fühlt* sich *zum* Lehrer *berufen.* 彼は教師に向いていると思う

be·ruf·lich [ベルーフリヒ] [形] 職業上の ▷ Er hat *berufliche* Schwierigkeiten. 彼は仕事上の問題を抱えている

Be·rufs·aus·bil·dung [ベルーフス・アオス・ビルドゥング] [女] *die* ([単] 2格 −; まれに [複] −en) 職業教育

Be·rufs·er·fah·rung [ベルーフス・エアファールング] [女] *die* ([単] 2格 −; [複] −en) 職業経験

Be·rufs·ge·heim·nis [ベルーフス・ゲハイムニス] [中] *das* ([単] 2格 ..nisses; [複] なし) (医師などの)守秘義務

Be·rufs·krank·heit [ベルーフス・クランクハイト] [女] *die* ([単] 2格 −; [複] −en) 職業病

Be·rufs·schu·le [ベルーフス・シューレ] [女] *die* ([単] 2格 −; [複] −n) 職業学校 (Hauptschule を修了し職業訓練を受ける人のための定時制学校: ☞ Schule)

Be·rufs·sol·dat [ベルーフス・ゾルダート] [男] *der* ([単] 2·3·4格 −en; [複] −en) 職業軍人

be·rufs·tä·tig [ベルーフス・テーティヒ] [形] 職業についている ▷ eine *berufstätige* Frau 職業婦人 / Sie ist halbtags *berufstätig.* 彼女は半日働いている

Be·ru·fung [ベルーフング] [女] *die* ([単] 2格 −; まれに [複] −en)
❶ 招聘しょうへい, 任命 ▷ eine *Berufung* an die Universität Köln erhalten ケルン大学へ招聘される
❷ 〘[複] なし〙 引き合いに出すこと ▷ unter *Berufung* auf das Gesetz 法律を引き合いに出して
❸ 〘[複] なし〙 (自分に課せられた)使命; 天職

be·ru·hen [ベルーエン] [非分離]
(beruhte; beruht; [完了]h)
[自]〘auf+③と〙〔..³に〕基づく, 起因する ▷ Seine Aussagen *beruhen* auf Wahrheit. 彼の供述は真実に基づいている
[イディオム] ④+***auf sich³ beruhen lassen*** ..⁴をそのままにしておく ▷ *Lassen* wir die Sache *auf sich beruhen!* その件はそのままにしておこう

be·ru·hi·gen [ベルーイゲン] [非分離]
(beruhigte; beruhigt; [完了]h)
— [他]〘④と〙〔..⁴を〕**落ち着かせる**, なだめる ▷ ein weinendes Kind *beruhigen* 泣いている子供をなだめる / 〘現在分詞で〙 *beruhigende* Musik 心の落ち着く音楽
— [再]〘[sich]⁴と〙(人が)**落ち着く**; (風などが)静まる ▷ Das Kind hat sich allmählich *beruhigt.* 子供はしだいに落ち着いた / Der Sturm *beruhigte* sich. あらしが静まった

be·ru·higt [ベルーイヒト]
— beruhigen の [現在], [過分]
— [形] (心が落ち着いて)安心している ▷ Wenn es so ist, dann bin ich *beruhigt.* もしそうなら私は安心だ / *beruhigt* einschlafen 安心して眠る

be·ru·hig·te [ベルーイヒテ] beruhigen の [過去]

be·rühmt [ベリュームト] ([比較] −er, [最上] −est)
[形] **有名な**, 著名な, 名高い ▷ ein *berühmtes* Buch 有名な本

Be·rühmt·heit [ベリュームトハイト] [女] *die* ([単] 2格 −; [複] −en)
❶ 〘[複] なし〙 有名, 著名 ▷ *Berühmtheit* erhalten 有名になる
❷ 有名人, 名士

be·rüh·ren [ベリューレン] [非分離]
(berührte; berührt; [完了]h)
[他] ❶ 〘④と〙〔..⁴に〕**触れる**, 接触する, さわる(意図的にする場合も意図せずにする場合も含む) ▷ Er *berührte* versehentlich ihre Hand. 彼はうっかり彼女の手に触れてしまった / Bitte nichts *berühren!* 物には手を触れないでください
❷ 〘④と〙〔..⁴に〕**言及する** ▷ Er hat dieses Problem nicht *berührt.* 彼はこの問題に言及しなかった
❸ 〘④と〙〔..⁴の〕心を動かす ▷ Seine Worte haben uns tief *berührt.* 彼のことばに私たちは強く心を動かされた

be·rührt [ベリューアト] berühren の [現在], [過分]

be·rühr·te [ベリューアテ] berühren の [過去]

Be·rüh·rung [ベリュールング] [女] *die* ([単] 2格 −; [複] −en)
❶ 触れること, 接触 ▷ eine leichte *Berührung* 軽い接触
❷ 〘[複] なし〙 言及 ▷ Die *Berührung* dieses Themas war ihr unangenehm. このテーマに触れることは彼女にとっていやなことだった

be·sa·gen [ベザーゲン] [非分離]
(besagte; besagt; [完了]h)
[他] 〘④と〙 〔..⁴と〕書かれている ▷ Die Vorschrift *besagt*, dass ... その規約には…と書かれている

be·sah [ベザー] besehen の [過去]

be·sänf·ti·gen [ベゼンフティゲン] [非分離]
(besänftigte; besänftigt; [完了]h)
[他]〘④と〙(ことばなどをかけて)〔..⁴を〕落ち着かせる, なだめる

be·sann [ベザン] besinnen の [過去]

be·saß [ベザース] besitzen の [過去]

[B]

Be·satz [ベザッツ] [男] *der* ([単] 2 格 -es; [複] ..sätze) (フリル・レースなどの)縁〈すそ〉飾り

Be·sat·zung [ベザッツング] [女] *die* ([単] 2 格 -; [複] -en)
❶《集合的に》(飛行機・船などの)乗組員, 搭乗員 ▷ Die *Besatzung* des Flugzeugs ist beim Absturz ums Leben gekommen. 飛行機の搭乗員は墜落の際に死亡した
❷〘[複] なし〙占領軍, 駐留軍

Be·sat·zungs·macht [ベザッツングス・マハト] [女] *die* ([単] 2 格 -; [複] ..mächte) 占領国

Be·sat·zungs·zo·ne [ベザッツングス・ツォーネ] [女] *die* ([単] 2 格 -; [複] -n) 占領地区

be·sau·fen [ベザオフェン] [非分離] (er besäuft; besoff; besoffen; [完了]h)
[再]《口語》〘[sich]⁴と〙酔っぱらう

be·säuft [ベゾイフト] besaufen の [現在]

be·schä·di·gen [ベシェーディゲン] [非分離] (beschädigte; beschädigt; [完了]h)
[他]〘④と〙〔..⁴に〕損傷を与える ▷ Bei dem Verkehrsunfall wurde mein Auto *beschädigt*. 交通事故で私の自動車は損傷を受けた

be·schä·digt [ベシェーディヒト] beschädigen の [現在], [過分]

be·schä·dig·te [ベシェーディヒテ] beschädigen の [過去]

Be·schä·di·gung [ベシェーディグング] [女] *die* ([単] 2 格 -; [複] なし) 損傷, 破損

be·schaf·fen [ベシャッフェン]
— [非分離] (beschaffte; beschafft; [完了]h)
[他]〘④と〙〔資金・資材など⁴を〕(苦労して)調達する, 手に入れる ▷ das nötige Material für die Arbeit *beschaffen* 仕事に必要な資材を調達する / Wer kann ihm eine Wohnung *beschaffen*? だれが彼の住まいの世話をしてやれますか
— [形]〘[状態]と〙〔…という〕性状をもっている ▷ Das Material ist so *beschaffen*, dass es Wasser abstößt. その素材は水をはじくようにできている

be·schäf·ti·gen [ベシェフティゲン] [非分離] (beschäftigte; beschäftigt; [完了]h)
— [再] ❶〘[sich]⁴+mit+③と〙〔..³に〕取り組む, 携わる, 従事する ▷ *sich* mit einem Problem *beschäftigen* ある問題に取り組む
❷〘[sich]⁴+mit+③と〙〔..³の〕相手をする, めんどうをみる ▷ Sie *beschäftigt* sich wenig mit den Kindern. 彼女はあまり子供たちのめんどうをみない
— [他] ❶〘④と〙〔労働者など⁴を〕雇う, 使う ▷ Die Firma *beschäftigt* 1 000 Arbeiter. この会社は労働者を 1000 人雇っている
❷〘④と〙(問題などが)〔..⁴の〕心に掛かる ▷ Diese Angelegenheit *beschäftigt* ihn unablässig. このことは絶えず彼の心に掛かっている
❸〘④と〙〔..⁴に〕(仕事・遊びなどを)させる ▷ die Kinder mit einem Spiel *beschäftigen* 子供たちを遊ばせる

be·schäf·tigt [ベシェフティヒト]
— beschäftigen の [現在], [過分]
— [形] ❶ 忙しい ▷ Ich bin sehr *beschäftigt*. 私はとても忙しい
❷〘mit+③と〙〔..³を〕しているところである ▷ Sie war damit *beschäftigt*, die Wäsche aufzuhängen. 彼女は洗濯物を干しているところだった
❸ 雇われている ▷ Er ist bei der Post *beschäftigt*. 彼は郵便局に勤務している

be·schäf·tig·te [ベシェフティヒテ] beschäftigen の [過去]

Be·schäf·tig·te [ベシェフティヒテ] [男] *der* / [女] *die* (形容詞変化 ☞ Alte 表 I) 従業員

Be·schäf·ti·gung [ベシェフティグング] [女] *die* ([単] 2 格 -; [複] -en)
❶ 職, 仕事 ▷ Er ist ohne *Beschäftigung*. 彼は職がない
❷ (仕事・暇つぶしとして人が携わる)行為 ▷ Du musst *Beschäftigung* haben, dann vergisst du deinen Kummer. 君は何かやることをもつべきだ そうすれば悩みも忘れる
❸ (問題などに)取り組むこと ▷ nach eingehender *Beschäftigung* mit diesen Problemen これらの問題を詳しく考察したのちに

be·schä·men [ベシェーメン] [非分離] (beschämte; beschämt; [完了]h)
[他]〘④と〙〔..⁴に〕恥ずかしいと思わせる ▷ Deine Großzügigkeit *beschämt* mich! 君の寛大さには穴があったら入りたい気持ちだ
[イディオム] ***über*+④ *beschämt sein*** ..⁴を恥じている

be·schä·mend [ベシェーメント] [形] 恥ずべき ▷ eine *beschämende* Einstellung 恥ずべき考え方 /《程度を強めて》Sein Lohn ist *beschämend* niedrig. 彼の賃金は(恥ずかしくなるほど)とてもわずかだ

be·schat·ten [ベシャッテン] [非分離] (beschattete; beschattet; [完了]h)
[他]〘④と〙〔..⁴を〕尾行する

be·schau·lich [ベシャオリヒ] [形] 平穏な, 安らかな ▷ ein *beschauliches* Leben führen 平穏な生活を送る

Be·scheid [ベシャイト] [男] *der* ([単] 2 格 -[e]s; [複] なし) 知らせ, 通知 ▷ einen *Bescheid* bekommen 知らせを受ける / Bitte sagen Sie mir *Bescheid*, wenn … もし…ならば私に知らせてください
[イディオム] ***Bescheid wissen*** よく知っている ▷ Ich weiß schon *Bescheid*. 私はもうよくわかっています

be·schei·den [ベシャイデン] (比較 -er, 最上 -st)
形 ❶ 謙虚な, 控え目な; 欲のない ▷ ein bescheidenes Benehmen 控え目な態度
❷ 質素な, つましい ▷ Sie lebt bescheiden. 彼女はつましく暮らしている
❸ (収入などが)ささやかな, わずかな

Be·schei·den·heit [ベシャイデンハイト] 女 die (複 2 格 -; 複 なし) 謙虚, 控え目

be·schei·ni·gen [ベシャイニゲン] 非分離
(bescheinigte; bescheinigt; 完了h)
他【④と】〔..⁴を〕(書類によって)証明する ▷ den Empfang des Geldes bescheinigen お金の受領を証明する(受取書を出す)

Be·schei·ni·gung [ベシャイニグング] 女 die (複 2 格 -; 複 -en) 証明書

be·schen·ken [ベシェンケン] 非分離
(beschenkte; beschenkt; 完了h)
他【④と】〔..⁴に〕贈り物をする ▷ die Kinder reich beschenken 子供たちに贈り物をたくさんあげる

be·sche·ren [ベシェーレン] 非分離
(bescherte; beschert; 完了h)
他 ❶【③+④と】〔..³に..⁴を〕クリスマスプレゼントとして贈る
❷【④+mit+③と】〔..⁴に..³を〕クリスマスプレゼントとして贈る

Be·sche·rung [ベシェールング] 女 die (複 2 格 -; 複 -en) クリスマスプレゼントを贈ること

be·schie·ßen [ベシーセン] 非分離
(beschoss; beschossen; 完了h)
他【④と】〔敵・陣地など⁴を〕(連続して)射撃〈砲撃〉する

be·schimp·fen [ベシムプフェン] 非分離
(beschimpfte; beschimpft; 完了h)
他【④と】〔..⁴を〕ののしる, 罵倒する ▷ Er beschimpfte mich als Lügner. 彼は私をうそつきと罵倒した

Be·schlag [ベシュラーク] 男 der (複 2 格 -[e]s; 複 ..schläge)
❶ (ドアなどの)装飾金具
❷ 【ふつう 複 なし】(馬の)蹄鉄
イディオム ④+in Beschlag nehmen ..⁴を独占する, 一人占めにする ▷ Die Kinder nahmen die Tante die ganze Zeit über in Beschlag. 子供たちは伯母をずっと独占した

be·schla·gen [ベシュラーゲン]
— 非分離 (er beschlägt; beschlug; beschlagen)
— 他【完了h】【④と】〔..⁴に〕金具などを打ちつける ▷ einen Schuh beschlagen 靴底に鋲を打つ / ein Fass mit Reifen beschlagen たるにたがをはめる / ein Pferd beschlagen 馬に蹄鉄を打つ
— 自【完了s】(窓ガラス・めがねなどが)曇る; (食品に)かびがはえる
— 形 (ある分野に)精通している, 詳しい

be·schlag·nah·men [ベシュラーク・ナーメン]
(beschlagnahmte; beschlagnahmt; 完了h)
他【④と】〔盗品など⁴を〕差し押さえる, 押収する

be·schlägt [ベシュレークト] beschlagen の 現在

be·schlei·chen [ベシュライヒェン] 非分離
(beschlich; beschlichen; 完了h)
他《文語》【④と】(不安などが)〔..⁴の〕心をいつのまにか占めるようになる

be·schleu·ni·gen [ベシュロイニゲン] 非分離
(beschleunigte; beschleunigt; 完了h)
— 他【④と】〔..⁴を〕速める ▷ Er beschleunigte seine Schritte. 彼は歩調を速めた / Licht und Wärme beschleunigen das Wachstum der Pflanzen. 光と温度は植物の生長を促進する
— 自【複数と】加速が〔…〕だ ▷ Das Auto beschleunigt gut. この車は加速がいい

be·schlich [ベシュリヒ] beschleichen の 過去

be·schli·chen [ベシュリッヒェン] beschleichen の 過分

be·schlie·ßen [ベシュリーセン] 非分離 (du, er beschließt; beschloss; beschlossen; 完了h)
他 ❶【④と】〔..⁴を〕決める, 決心する ▷ Er beschloss, sich ein Haus zu kaufen. 彼は家を買うことを決心した
❷【④と】〔..⁴を〕しめくくる, 終える ▷ Er beschloss seine Rede mit dem Wunsch, dass … 彼はスピーチを…という願いでしめくくった

be·schloss [ベシュロス] beschließen の 過去

be·schlos·sen [ベシュロッセン] beschließen の 過分

be·schlug [ベシュルーク] beschlagen の 過去

Be·schluss [ベシュルス] 男 der (複 2 格 -es; 複 ..schlüsse)
決議, 議決 ▷ einen Beschluss über+④ fassen ..⁴について決議をする

Be·schluß 旧⇒新 Beschluss

Be·schlüs·se [ベシュリュッセ] Beschluss の 複数

be·schmut·zen [ベシュムッツェン] 非分離
(beschmutzte; beschmutzt; 完了h)
他【④と】〔..⁴を〕汚す ▷ Er hat sich beim Essen das Hemd beschmutzt. 彼は食事のときにシャツを汚してしまった

be·schnei·den [ベシュナイデン] 非分離
(beschnitt; beschnitten; 完了h)
他【④と】〔生け垣など⁴を〕刈り込む; 〔紙など⁴を〕(端がまっすぐになるように)切る; 〔鳥の羽など⁴を〕短く切る

be·schnitt [ベシュニット] beschneiden の 過去

be·schnit·ten [ベシュニッテン] beschneiden の 過分

be·schö·ni·gen [ベシェーニゲン] 非分離

(beschönigte; beschönigt; 區h)
他【④と】〔失敗など⁴を〕取り〈言い〉繕う ▷ Ich will nichts *beschönigen*. 私は弁解するつもりはない

be·schoss [ベショス] beschießen の 過去
be·schos·sen [ベショッセン] beschießen の 過分
be·schrän·ken [ベシュレンケン] 非分離
(beschränkte; beschränkt; 區h)
— 他 ❶【④と】〔..⁴を〕制限する ▷ die Zahl der Teilnehmer *beschränken* 参加者の数を制限する
❷【④と】〔権利・自由など⁴を〕制約〈制限〉する ▷ Sie *beschränkte* ihn in seiner Freiheit. 彼女は彼の自由を制約した
— 再《sich⁴+auf+④と》〔..⁴に〕限定する ▷ In der Diskussion muss man sich auf das Wesentliche *beschränken*. 議論は本質的な点に限って行われねばならない

be·schrankt [ベシュランクト] 形 (踏み切りが)遮断機のある
be·schränkt [ベシュレンクト]
形 ❶ 制限された，限られた ▷ Die Zahl der Plätze war *beschränkt*. 座席の数は限られていた
❷ 知能の低い ▷ Er ist etwas *beschränkt*. 彼は知能が少し低い

be·schrei·ben [ベシュライベン] 非分離
(beschrieb; beschrieben; 區h)
他 ❶【④と】〔..⁴を〕(ことばで)描写する ▷ den Täter *beschreiben* 犯人の人相風体を述べる
❷【④と】〔円など⁴を〕描きながら動く ▷ Das Flugzeug *beschrieb* mehrere Kreise. 飛行機は何回も旋回した

Be·schrei·bung [ベシュライブング] 女 die (複 2 格 -; 複 -en) (ことばによる)描写
be·schrieb [ベシュリープ] beschreiben の 過去
be·schrie·ben [ベシュリーベン] beschreiben の 過分
be·schrif·ten [ベシュリフテン]
(beschriftete; beschriftet; 區h)
他【④と】〔..⁴に〕ラベルを貼る，表題・名前などを書く；分類番号などをつける ▷ Einmachgläser *beschriften* 保存用ビンに(内容を示す)ラベルを貼る

be·schul·di·gen [ベシュルディゲン] 非分離
(beschuldigte; beschuldigt; 區h)
他《④+②と》〔..⁴を..²の〕犯人だと主張する ▷ Er hat mich des Diebstahls *beschuldigt*. 彼は私がその窃盗の犯人だと主張した

Be·schuss [ベシュス] 男 der (複 2 格 -es; 複 な し) 射撃, 砲撃; 非難 ▷ unter *Beschuss* geraten 砲火〈非難〉を浴びる
Be·schuß 區⇒動 Beschuss

be·schüt·zen [ベシュッツェン] 非分離
(beschützte; beschützt; 區h)
他【④と】〔..⁴を〕守る, 保護する ▷ Ich *beschütze* dich! ぼくが君を守る

Be·schwer·de [ベシュヴェーアデ] 女 die (複 2 格 -; 複 -n)
❶【複 で】(肉体的な)痛み, 苦痛 ▷ Wo haben Sie *Beschwerden*? どこが痛むのですか
❷ 苦情, 不平 ▷ Was haben Sie für *Beschwerden*? どのような苦情をおもちですか

be·schwe·ren [ベシュヴェーレン] 非分離
(beschwerte; beschwert; 區h)
— 再《sich⁴と》苦情〈不平〉を言う ▷ Sie hat sich über schlechte Bedienung *beschwert*. 彼女はサービスの悪さに苦情を言った

類語
sich⁴ beschweren 不当なことに関して責任者に苦情を言う
sich⁴ beklagen 不愉快なことに関して人に不平を言う

— 他【④と】〔..⁴に〕重しをのせる ▷ Briefe *beschweren* (飛ばないように)手紙の上に重しをのせる

be·schwer·lich [ベシュヴェーアリヒ] 形 (仕事などが)骨の折れる, 難儀な, つらい
be·schwert [ベシュヴェーアト] beschweren の 過分
be·schwer·te [ベシュヴェーアテ] beschweren の 過去
be·schwich·ti·gen [ベシュヴィヒティゲン] 非分離 (beschwichtigte; beschwichtigt; 區h)
他 ❶【④と】〔..⁴を〕なだめる
❷【④と】〔興奮など⁴を〕静める, 和らげる

be·schwin·deln [ベシュヴィンデルン]
(beschwindelte; beschwindelt; 區h)
他《口語》【④と】〔..⁴に〕(平然と)うそをつく, だます

be·schwingt [ベシュヴィングト] 形 (リズムなどが)軽快な, 軽やかな；リズムのある
be·schwipst [ベシュヴィプスト] 形《口語》ほろ酔いの, 一杯機嫌の
be·schwor [ベシュヴォーア] beschwören の 過去
be·schwo·ren [ベシュヴォーレン] beschwören の 過分
be·schwö·ren [ベシュヴェーレン] 非分離
(beschwor; beschworen; 區h)
他 ❶【④と】〔..⁴を〕誓う, 誓約する ▷ Ich kann *beschwören*, dass ich das Licht ausgemacht habe. 私は電気を消したと断言できる
❷【④+zu 不定詞句と】〔..⁴に…を〕懇願〈哀願〉する ▷ Sie *beschwor* ihn, sie nicht zu verlassen. 彼女は彼に捨てないようにと懇願した

besitzen

❸ 《4格》〔霊・悪魔など⁴を〕(魔力で)操る ▷ Mit Zauberformeln kann er den Teufel *beschwören*. 呪文によって彼は悪魔祓いをすることができる

be·seelt [ベゼールト] 形 生気のある, 生き生きとした
  イディオム **von**+❸ *beseelt sein* (期待など)³で胸が一杯である

be·se·hen [ベゼーエン] 非分離
  (er besieht; besah; besehen; 匹了h)
  他 《4格》〔…⁴を〕じっくり見る

be·sei·ti·gen [ベザイティゲン] 非分離
  (beseitigte; beseitigt; 匹了h)
  他 ❶《4格》〔…⁴を〕取り除く, 片づける ▷ Abfälle *beseitigen* ごみを片づける / alle Schwierigkeiten *beseitigen* あらゆる困難を除去する
  ❷《口語》《4格》〔…⁴を〕消す (☆「殺害する」の婉曲的表現) ▷ Man hat ihn *beseitigt*, weil er zu viel wusste. 彼は知りすぎたために消された

Be·sen [ベーゼン] 男 der (単2格 -s; 複 -) ほうき, ブラシ; (料理用の)泡立て器

be·ses·sen [ベゼッセン] besitzen の 過分

be·set·zen [ベゼッツェン] 非分離
  (du, er besetzt; besetzte; besetzt; 匹了h)
  他 ❶《4格》〔…⁴を〕占拠〈占領〉する ▷ ein Land *besetzen* ある国を占領する
  ❷《4格》〔地位・役など⁴に〕(人を)就ける, 配する ▷ Die Stelle muss mit einem erfahrenen Fachmann *besetzt* werden. そのポストは経験のある専門家で埋めねばならない
  ❸《4格》〔…⁴に〕(飾りなどを)縫いつける ▷ ein Kleid mit Borten *besetzen* ドレスに縁飾りを縫いつける

be·setzt [ベゼッツト]
  — besetzen の 過分, 匹了s
  — 形 占められている, ふさがっている (☆述語として) ▷ Alle Tische sind *besetzt*. どのテーブルもふさがっている / Das Theater war voll *besetzt*. 劇場は大入り満員だった / Es ist *besetzt*. (電話が)話し中である / Besetzt! 使用中 (☆トイレの表示)

be·setz·te [ベゼッツテ] besetzen の 過去

Be·set·zung [ベゼッツング] 女 die (単2格 -; 複 -en)
  ❶《複 なし》占拠, 占領; (ポストなどに人を)就けること
  ❷《集合的に》配役, キャスト ▷ die *Besetzung* ändern 配役を変える

be·sich·ti·gen [ベズィヒティゲン] 非分離
  (besichtigte; besichtigt; 匹了h)
  他 《4格》〔…⁴を〕見学〈見物〉する; 視察する ▷ ein berühmtes Bauwerk *besichtigen* 有名な建築物を見学する

be·sich·tigt [ベズィヒティヒト] besichtigen の 過分, 匹了s

be·sich·tig·te [ベズィヒティヒテ] besichtigen の 過去

Be·sich·ti·gung [ベズィヒティグング] 女 die (単2格 -; 複 -en) 見学, 見物, 視察

be·sie·deln [ベズィーデルン] 非分離
  (besiedelte; besiedelt; 匹了h)
  他 《4格》〔…⁴に〕入植する

be·sie·delt [ベズィーデルト] 形 《状態》と 人口密度の〔…な〕▷ ein sehr dicht 〈dünn〉 *besiedeltes* Land 人口密度のとても高い〈低い〉国

be·sie·gen [ベズィーゲン] 非分離
  (besiegte; besiegt; 匹了h)
  他 ❶《4格》〔相手チーム・敵など⁴を〕打ち負かす, 打ち破る ▷ die Feinde im Kampf *besiegen* 敵を戦いで打ち破る
  ❷《4格》〔欲望・困難⁴に〕打ち勝つ, 〔…⁴を〕克服する

be·sieht [ベズィート] besehen の 現在

be·sin·nen [ベズィンネン] 非分離
  (besann; besonnen; 匹了h)
  再 ❶《文語》《4格》と よく考える, 思案する ▷ Er *besann* sich einen Augenblick. 彼は一瞬思案した
  ❷《4格》+auf+《4格》〔…⁴を〕思い出す (=*sich erinnern*) ▷ Ich *besinne* mich kaum auf ihn. 私は彼のことをほとんど思い出さない

be·sinn·lich [ベズィンリヒ] 形 (ことばなどが)物事をじっくり考えさせるような, (時期などが)物事をじっくり考えるべき

Be·sin·nung [ベズィンヌング] 女 die (単2格 -; 複 なし)
  ❶ 意識 ▷ Er verliert die *Besinnung*. 彼は意識を失う / ohne 〈bei〉 *Besinnung* sein 意識がない〈ある〉
  ❷ 熟考 ▷ In dem Rummel kommt man nicht zur *Besinnung*. その騒ぎではじっくり考えることができない

Be·sitz [ベズィッツ] 男 der (単2格 -es; 複 なし)
  ❶ 所有物, 財産 ▷ Wir haben unseren ganzen *Besitz* verloren. 私たちは全財産を失った
  ❷ 所持, 所有 ▷ Das Haus ging in seinen *Besitz* über. その家は彼のものになった / im *Besitz* von+❸ sein ‑³を所有している

be·sit·zen [ベズィッツェン] 非分離
  (du, er besitzt; besaß; besessen; 匹了h)
  他 ❶《4格》〔…⁴を〕持っている, 所有している ▷ Er *besitzt* viele Bücher. 彼は本をたくさん持っている
  ❷《4格》〔能力など⁴を〕備えている ▷ Fantasie *besitzen* 想像力がある / Er hat die Frechheit *besessen*, zu behaupten, dass … 彼はずうずう

B

しくも…と主張した

Be·sit·zer [ベズィッツァー] [男] *der* ([単] 2格 -s; [複] -) 所有者, 持ち主

be·soff [ベゾッフ] besaufen の [過去]

be·sof·fen [ベゾッフェン]
— besaufen の [過分]
— [形]《口語》ぐでんぐでんに酔った, 泥酔した

be·soh·len [ベゾーレン] [非分離]
(besohlte; besohlt; [完了]h)
[他]〘④と〙〔靴⁴に〕靴底を張る

be·sol·den [ベゾルデン] [非分離]
(besoldete; besoldet; [完了]h)
[他] 〘④と〙〔特に公務員・軍人⁴に〕給料〈俸給〉を払う

be·son·de·re [ベゾンデレ]
[形] (☆ 名詞につけて)
❶ (ふつうとは違う)特別の, 個別の ▹ eine *besondere* Regelung 特別な取り決め
❷ 格別な, 並々ならぬ ▹ eine *besondere* Ehre 格別な名誉
[イディオム] ***im besonderen*** [旧⇨新] **im Besonderen**
☞ Besondere

Be·son·de·re [ベゾンデレ] [中] *das* (形容詞変化 ☞ Alte 表 II) 特別なこと ▹ Das ist doch nichts *Besonderes*. それは別に大したことではない
[イディオム] ***im Besonderen*** 特に ▹ sich⁴ für Musik, *im Besonderen* für Rock interessieren 音楽, 特にロックに興味をもつ

Be·son·der·heit [ベゾンダーハイト] [女] *die* ([単] 2格 -; [複] -en) 特色, 特殊性, 独自性

be·son·ders [ベゾンダース]
[副] ❶ 特に, とりわけ ▹ *besonders* im Winter 特に冬には
❷ 別個に ▹ Diese Frage müssen wir *besonders* behandeln. この問題は私たちは別個に扱わねばならない
❸《程度を表して》特別に, 格別に ▹ Sie haben *besonders* fleißig gearbeitet. 彼らはことのほか勤勉に働いた
[イディオム] ***nicht besonders*** 大して〈あまり〉よくない

be·son·nen [ベゾンネン]
— besinnen の [過分]
— [形] 思慮深い, 慎重な

be·sor·gen [ベゾルゲン] [非分離]
(besorgte; besorgt; [完了]h)
[他] ❶〘④と〙〔…⁴を〕手に入れる, 調達する ▹ Fahrkarten *besorgen* 乗車券を買う / Können Sie mir ein Taxi *besorgen*? タクシーを1台呼んでくれますか
❷〘④と〙〔任務など⁴を〕(心を配って)行う, 果たす ▹ den Haushalt *besorgen* 家事をみる

Be·sorg·nis [ベゾルクニス] [女] *die* ([単] 2格 -; [複] ..nisse) 心配, 不安, 憂慮 ▹ Es besteht kein Grund zur *Besorgnis*. 心配する理由は何もない (☆ 文頭の es は穴埋め)

be·sorgt [ベゾルクト]
— besorgen の [現在], [過分]
— [形]〘um+④と〙〔…⁴を〕心配している ▹ Sie war sehr *besorgt* um seine Gesundheit. 彼女は彼の健康をとても心配していた

be·sorg·te [ベゾルクテ] besorgen の [過去]

Be·sor·gung [ベゾルグング] [女] *die* ([単] 2格 -; [複] -en)
❶ 買い物 ▹ in der Stadt *Besorgungen* 〈eine *Besorgung*〉 machen 町で買い物をする
❷〘[複] なし〙(物事の)処理

be·spit·zeln [ベシュピッツェルン] [非分離]
(bespitzelte; bespitzelt; [完了]h)
[他]〘④と〙〔…⁴を〕ひそかに見張る, 尾行する

be·sprach [ベシュプラーハ] besprechen の [過去]

be·spre·chen [ベシュプレッヒェン] [非分離]
(er bespricht; besprach; besprochen; [完了]h)
— [他] ❶〘④と〙〔…⁴を〕論じる, 話し合う ▹ Diese Angelegenheit müssen wir in Ruhe *besprechen*. この件は落ち着いて話し合わねばならない
❷〘④と〙〔本など⁴を〕批評する, 論評する ▹ ein neu erschienenes Buch *besprechen* 新刊書を批評する
— [再]〘[sich]⁴+mit+③と〙〔…³と〕話し合う, 相談する ▹ Ich habe mich mit ihm über diesen Vorfall *besprochen*. 私は彼とこの事件について話し合った

Be·spre·chung [ベシュプレッヒュング] [女] *die* ([単] 2格 -; [複] -en)
❶ 論じること, 討論; 会議, 話し合い ▹ eine *Besprechung* abhalten 会議を開く
❷ (新聞・雑誌などでの)論評, 批評; 書評

be·spren·gen [ベシュプレンゲン] [非分離]
(besprengte; besprengt; [完了]h)
[他]〘④と〙〔…⁴に〕水などをふりかける

be·spricht [ベシュプリヒト] besprechen の [現在]

be·sprit·zen [ベシュプリッツェン] [非分離]
(bespritzte; bespritzt; [完了]h)
[他]〘④と〙〔…⁴に〕水などをかける; (車が)〔通行人⁴に〕泥水などをはねかける

be·spro·chen [ベシュプロッヘン] besprechen の [過分]

be·sprü·hen [ベシュプリューエン] [非分離]
(besprühte; besprüht; [完了]h)
[他]〘④と〙〔植物など⁴に〕水・殺虫剤などをしぶきにしてかける

bes·ser

[bέsɐ ベッサー]

[形] ❶〘gut, wohl の比較級〙よりよい
eine *bessere* Methode

bestätigen

よりよい方法
Fühlst du dich *besser*?
気分はよくなったか
Es ist *besser*, dass du sofort abfährst.
君はすぐ出発したほうがいい
《als と呼応して》
ein *besserer* Koch als er
彼より腕のいいコック
Er singt *besser* als du.
彼は君より歌がじょうずだ
《話者の判断を表して》
Du gehst *besser* sofort nach Hause.
君はすぐに家に帰ったほうがいい
❷《ふつう皮肉に》上流社会の（☆名詞につけて）
▷ ein *besserer* Herr 上流社会の紳士
(イディオム) *besser gesagt* もっと正確に言えば ▷ Sie kannte ihn wenig oder, *besser gesagt*, gar nicht. 彼女は彼とほとんど いやもっと正確に言えばまったく面識がなかった

Bes·se·re [ベッセレ] 中 *das*（形容詞変化 ☞ Alte 表 II）よりよいもの ▷ Haben Sie nicht noch etwas *Besseres*?《店などで》もう少しよいものはありませんか

bes·sern [ベッセルン]
(besserte; gebessert; 助動 h)
—— 自《sich と》(状況・天候などが)よくなる；(人が)態度などを改める ▷ Das Wetter hat sich *gebessert*. 天候はよくなった / Er hat versprochen, sich zu *bessern*. 彼は改心することを約束した
—— 他《④と》〔…⁴の〕態度などを改めさせる ▷ Die Strafe hat ihn nicht *gebessert*. 罰を受けても彼は改心しなかった

Bes·se·rung [ベッセルング] 女 *die*（単2格 –；複 なし）(病状などの)回復；(状況などの)改善, 改良, 修正 ▷ Gute *Besserung*!《病人に向かって》お大事に

Bes·ser·wis·ser [ベッサー・ヴィッサー] 男 *der*（単2格 –s；複 –）なんでも知っていると思い込んでいる人

Bes·ser·wis·se·rei [ベッサー・ヴィッセライ] 女 *die*（単2格 –；複 なし）なんでも知っていると思い込んでいること

best
[bɛst ベスト]

形《gut の最上級；副詞的に用いられる場合は am besten の形になる》**最もよい**, 一番よい
sein *bester* Freund
彼の一番の親友
das *beste* Wörterbuch
最もよい辞書
《絶対最上級として》
Er ist ein Mann in den *besten* Jahren.
彼は男盛りだ（30歳から50歳）
(イディオム) ④+*zum Besten haben*〈*halten*〉…⁴をからかう
am besten 最もよい ▷ Das gefällt mir *am besten*. それが私には一番気に入っている / Er arbeitet *am besten* in der Nacht. 彼は夜が最もよく仕事ができる / Es ist *am besten*, wenn … …するのが最もよい
aufs Beste〈*beste*〉極めてよく ▷ Er hat das *aufs Beste* geregelt. 彼はそれを極めてうまく片づけた
Es ist das beste, wenn … (旧⇒新) Es ist das Beste, wenn … ☞ Beste
der〈*die, das*〉*erste beste* (旧⇒新) der〈die, das〉erstbeste ☞ erstbeste

be·stach [ベシュターハ] bestechen の 過去
be·stahl [ベシュタール] bestehlen の 過去
be·stand [ベシュタント] bestehen の 過去

Be·stand [ベシュタント] 男 *der*（単2格 –[e]s；複 ..stände）
❶ 現在高, 保有量；在庫, 手持ち, ストック
❷《複 なし》存続, 存立 ▷ den *Bestand* der Firma gefährden 会社の存立を危うくする / Die Freundschaft war nicht von *Bestand*. その友情は長続きしなかった

be·stan·den [ベシュタンデン] bestehen の 過分

be·stän·dig [ベシュテンディヒ]
形 ❶ 絶え間ない ▷ *beständig* über Magenschmerzen klagen 始終胃痛を訴える
❷（状態などが）持続的な, 長続きする, 安定した ▷ Das Wetter ist *beständig*. 天気は安定している

Be·stän·dig·keit [ベシュテンディヒカイト] 女 *die*（単2格 –；複 なし）持続, 安定；絶え間のないこと, 永続

Be·stand·teil [ベシュタント・タイル] 男 *der*（単2格 –[e]s；複 –e）構成要素, 成分

be·stär·ken [ベシュテルケン] 非分離
(bestärkte; bestärkt; 助動 h)
他《④+in+③と》〔…⁴の…³を〕(支持を表明するなどして)強固なものにする ▷ Er *bestärkte* mich in meinem Vorsatz. 彼によって私の決意は強くなった

be·stä·ti·gen [ベシュテーティゲン] 非分離
(bestätigte; bestätigt; 助動 h)
—— 他 ❶《④と》〔…⁴を〕(正しいと)認める, 〔…⁴の〕受領を通知する ▷ Die Meldung ist bisher amtlich nicht *bestätigt* worden. この報道はこれまで公式には認められていない /《商業》Wir *bestätigen* den Empfang Ihres Schreibens vom 3. (dritten) März. 3月3日付の貴簡を受領いたしました
❷《④と》〔疑いなど⁴を〕**証明する**, 裏付ける ▷ Das *bestätigt* meinen Verdacht. それは私の

(旧⇒新)=新正書法の指示, (旧)=旧正書法の指示

[B]

疑いを裏付ける

— [再] 〚[sich]⁴と〛(ニュースなどが)事実であることが確認される, (懸念などが)事実と認められる ▷ Die Nachricht hat sich leider *bestätigt*. その知らせは残念ながら事実であることがわかった

Be·stä·ti·gung [ベシュテーティグング] [女] *die* ([単] 2格 –; [複] –en) (ニュースなどを)正しいと認めること

be·stat·ten [ベシュタッテン] [非分離]
(bestattete; bestattet; [完了]h)
[他]《文語》〚④と〛〔死者⁴を〕埋葬する

Be·stat·tung [ベシュタットゥング] [女] *die* ([単] 2格 –; [複] –en)《文語》埋葬

be·stau·nen [ベシュタオネン] [非分離]
(bestaunte; bestaunt; [完了]h)
[他] 〚④と〛〔…⁴を〕びっくりして見る ▷ Die Kinder *bestaunten* seinen neuen Sportwagen. 子供たちは彼の新しいスポーツカーに驚嘆して見入っていた

Bes·te [ベステ]
— [男] *der* / [女] *die* (形容詞変化 ☞ Alte 表 I) 最もすぐれた人 ▷ der 〈die〉 *Beste* in unserer Klasse 私たちのクラスの首席
— [中] *das* (形容詞変化 ☞ Alte 表 II) 最良のもの, 最善[のこと] ▷ Ich habe mein *Bestes* getan. 私は最善を尽くした
[イディオム] ***Es ist das Beste, wenn ...*** …するのが最もよい ▷ *Es* wird *das Beste sein, wenn* wir gleich abfahren. 私たちはすぐ出発するのが最もよいでしょう

be·ste·chen [ベシュテッヒェン] [非分離]
(er besticht; bestach; bestochen; [完了]h)
[他] 〚④と〛〔…⁴を〕**買収する** ▷ Er hat einen Zeugen mit Geld *bestochen*. 彼は証人を金で買収した

be·stech·lich [ベシュテヒリヒ] [形] (役人などが)買収できる, 賄賂(わいろ)のきく

Be·ste·chung [ベシュテッヒュング] [女] *die* ([単] 2格 –; [複] –en) **買収**, 贈収賄 ▷ aktive 〈passive〉 *Bestechung* 贈賄〈収賄〉

Be·steck [ベシュテック] [中] *das* ([単] 2格 –[e]s; [複] –e)
❶ **一揃**(ひとそろ)**いの食器** (ふつう Messer「ナイフ」, Gabel「フォーク」, Löffel「スプーン」の一揃い) ▷ ein *Besteck* mehr auflegen 食器をもう一揃いテーブルに並べる (☆ 複数形は数詞と用いられる ▷ fünf *Bestecke* 5 人分の食器)
❷《医学》(医者の用いる)器具一式(メス, ピンセットなど)

be·ste·hen [ベシュテーエン] [非分離]
(bestand; bestanden; [完了]h)
— [他] 〚④と〛〔試験など⁴に〕**受かる** ▷ Er hat die Prüfung mit Auszeichnung *bestanden*. 彼は試験に抜群の成績で受かった
— [自] ❶ (物事が)**ある, 存在している** ▷ Es *besteht* kein Zweifel an seiner guten Absicht. 彼の善意は疑う余地もない (☆ 文頭の es は穴埋め) / Das Geschäft *besteht* schon lange. この店はもう長いこと続いている
❷ 〚aus+③と〛〔…³から〕成る, できている ▷ Die Säulen *bestehen* aus Marmor. これらの円柱は大理石でできている / Wasser *besteht* aus Wasserstoff und Sauerstoff. 水は水素と酸素からできている
❸ 〚in+③と〛〔…³に〕ある ▷ Seine Aufgabe *besteht* in der Erledigung der Korrespondenz. 彼の任務は通信の処理だ / Der Unterschied *besteht* darin, dass ... 相違は…にある
❹ 〚auf+③と〛〔…³を〕あくまでも主張する, 〔…³に〕固執する ▷ Er *bestand* hartnäckig auf seinem Recht. 彼は自分の正しさを頑固に主張した

be·steh·len [ベシュテーレン] [非分離]
(er bestiehlt; bestahl; bestohlen; [完了]h)
[他] 〚④と〛〔…⁴から〕金品などを盗む

be·stei·gen [ベシュタイゲン] [非分離]
(bestieg; bestiegen; [完了]h)
[他] 〚④と〛〔山など⁴に〕登る; 〔列車など⁴に〕乗る

be·stel·len [ベシュテレン] [非分離]
(bestellte; bestellt; [完了]h)
[他] ❶ 〚④と〛〔…⁴を〕**注文する** ▷ Ich habe mir eine Flasche Wein *bestellt*. 私はワインを1本注文した // Haben Sie schon *bestellt*? 注文はおすみですか (☆ レストランなどで客に対して)
❷ 〚④と〛〔切符・部屋など⁴を〕**予約する** ▷ Er *bestellt* sich für Mittwoch eine Flugkarte. 彼は水曜日の航空券を予約する / ein Taxi *bestellen* タクシーを呼ぶ
❸ 〚④+[場所]と〛〔…⁴を…に〕呼び出す ▷ Ich bin hierher *bestellt* worden. 私はここに呼び出された
❹ 〚③+④と〛〔…³に伝言など⁴を〕伝える ▷ *Bestelle* ihm schöne Grüße von mir! 彼に私からよろしくと伝えてくれ // Kann 〈Soll〉 ich etwas *bestellen*? 何かことづけがありますか〈何かことづけましょうか〉
❺ 〚④と〛〔畑など⁴を〕耕す

be·stellt [ベシュテルト] bestellen の [現在], [過分]

be·stell·te [ベシュテルテ] bestellen の [過去]

Be·stel·lung [ベシュテルング] [女] *die* ([単] 2格 –; [複] –en) **注文** ▷ auf *Bestellung* 注文に応じて

bes·tens [ベステンス] [副] 非常によく ▷ Die Konferenz ist *bestens* vorbereitet. [状態受動] 会議は非常によく準備されている / Ich danke Ihnen *bestens* für Ihre Hilfe. あなたの手助けに対し心から感謝します

be·steu·ern [ベシュトイエルン] [非分離]
(besteuerte; besteuert; [完了]h)

他 〖④と〗〔‥⁴に〕課税する

be·sticht [ベシュティヒト] bestechen の 現在

Bes·tie [ベスティエ] 女 die (⊕ 2格 -; ⊕ -n) 野獣

be·stieg [ベシュティーク] besteigen の 過去

be·stie·gen [ベシュティーゲン] besteigen の 過分

be·stiehlt [ベシュティールト] bestehlen の 現在

be·stim·men [ベシュティメン] 非分離
(bestimmte; bestimmt; 完了h)
—他 ❶ 〖④と〗〔‥⁴を〕(権限をもって)定める, 決める ▷ die Reihenfolge *bestimmen* 順序を定める / den Hochzeitstag *bestimmen* 結婚式の日取りを決める / Er hat mich zu seinem Nachfolger *bestimmt*. 彼は私を彼の後継者に指名した
❷ 〖④と〗〔‥⁴を〕(調査して)確定する, 決める ▷ das Alter eines Fundes *bestimmen* 出土品の年代を確定する
❸ 〖④+für+④と〗〔‥⁴を‥⁴に〕割り振る, 予定する (☆ ふつう状態受動で) ▷ Das Geld ist für dich *bestimmt*. このお金は君にあげることになっている
—自 〖über+④と〗〔‥⁴を〕思い通りにする ▷ Über mein Geld *bestimme* ich selbst. 私のお金は私が自分で思い通りにする

be·stimmt [ベシュティムト]
— bestimmen の 現在, 過分
— 形 ❶ 一定の, ある特定の; 定められた ▷ *bestimmte* Leute ある特定の人々 / zur *bestimmter* Zeit 定められた時間に
❷ (口調などが)きっぱりした, 断固とした ▷ Er lehnte *bestimmt* ab. 彼はきっぱりと断った
— 副 きっと, まちがいなく, 絶対 ▷ Er wird *bestimmt* kommen. 彼はきっと来るでしょう / Das ist *bestimmt* nicht richtig. それは絶対正しくない

be·stimm·te [ベシュティムテ] bestimmen の 過去

Be·stim·mung [ベシュティムング] 女 die (⊕ 2格 -; ⊕ -en)
❶ 規則, 規程
❷ (⊕ なし) (権限をもって)定めること, (調査して)確定すること ▷ die *Bestimmung* der Reihenfolge 順序の決定 / die *Bestimmung* des Alters eines Bauwerks 建築物の年代の確定
❸ (⊕ なし) (本来の決められた)用途 ▷ Die Brücke wurde ihrer *Bestimmung* übergeben. 橋は開通した

be·sto·chen [ベシュトッヘン] bestechen の 過分

be·stoh·len [ベシュトーレン] bestehlen の 過分

be·stra·fen [ベシュトラーフェン] 非分離
(bestrafte; bestraft; 完了h)

他 〖④と〗〔‥⁴を〕罰する, 処罰する ▷ einen Verbrecher streng *bestrafen* 犯罪者をきびしく処罰する / Dieses Vergehen wird mit Gefängnis *bestraft*. この違反行為には禁固刑が科せられる

be·straft [ベシュトラーフト] bestrafen の 現在, 過分

be·straf·te [ベシュトラーフテ] bestrafen の 過去

be·strah·len [ベシュトラーレン] 非分離
(bestrahlte; bestrahlt; 完了h)
他 〖④と〗〔‥⁴を〕放射線などで治療する

Be·stre·ben [ベシュトレーベン] 中 das (⊕ 2格 -s; ⊕ なし) 〖zu 不定句と〗〔…しようとする〕努力 ▷ sein *Bestreben*, den Flüchtlingen zu helfen 難民の手助けをしようとする彼の努力

be·strebt [ベシュトレープト] 形 〖zu 不定句と〗〔…しようと〕努力している, 努めている ▷ Er war *bestrebt*, die Wünsche aller Leute zu berücksichtigen. 彼はみんなの望みを考慮しようと努めていた

Be·stre·bung [ベシュトレーブング] 女 die (⊕ 2格 -; ⊕ -en) 〖ふつう ⊕ で〗努力

be·strei·chen [ベシュトライヒェン] 非分離
(bestrich; bestrichen; 完了h)
他 〖④+mit+③と〗〔‥⁴に‥³を〕塗る ▷ ein Brot mit Butter *bestreichen* パンにバターを塗る

be·strei·ken [ベシュトライケン] 非分離
(bestreikte; bestreikt; 完了h)
他 〖④と〗〔工場など⁴を〕ストライキによって操業不能にする

be·strei·ten [ベシュトライテン] 非分離
(bestritt; bestritten; 完了h)
他 ❶ 〖④と〗〔‥⁴に〕反論(反駁)する ▷ eine Behauptung *bestreiten* ある主張に反論する / Er *bestreitet*, mich gesehen zu haben. 彼は私に会わなかったと言う / Es lässt sich nicht *bestreiten*, dass … …ということは反駁できない
❷ 〖④と〗〔費用・生計・学費など⁴を〕負担する, 賄う ▷ die Kosten der Reise selbst *bestreiten* 旅行の費用を自分で賄う

be·streu·en [ベシュトロイエン] 非分離
(bestreute; bestreut; 完了h)
他 〖④+mit+③と〗〔‥⁴に‥³を〕ふりかける ▷ das Fleisch mit Salz und Pfeffer *bestreuen* 肉に塩とコショウをふりかける

be·strich [ベシュトリヒ] bestreichen の 過去

be·stri·chen [ベシュトリッヒェン] bestreichen の 過分

be·stritt [ベシュトリット] bestreiten の 過去

be·strit·ten [ベシュトリッテン] bestreiten の 過分

Best·sel·ler [ベストゼラー] 男 der (⊕ 2格 -s; ⊕ -) ベストセラー

完了h, 完了s＝完了の助動詞 haben, sein

bestürmen

be·stür·men [ベシュテュルメン] 非分離
(bestürmte; bestürmt; 完了h)
他 《4と》[..³に](要求を満たすに)迫る
イディオム 《4》+*mit Bitten bestürmen* ..⁴にしつこくせがむ
《4》+*mit Fragen bestürmen* ..⁴を質問攻めにする

be·stürzt [ベシュテュルツト] 形 (不幸な出来事などで)衝撃を受けた, 狼狽した ▷ Er war tief *bestürzt* über den Tod seines Freundes. 彼は友人の死にとても狼狽していた

Be·such [ベズーフ] 男 der (単2格 -[e]s; 複 -e)
❶ 訪問; (客としての)滞在 ▷ einen *Besuch* machen 訪問する / zu *Besuch* kommen 訪ねて来る / Er ist bei ihr auf ⟨zu⟩ *Besuch*. 彼は彼女のところを訪れている
❷ 《複 なし》来客, 訪問客 ▷ Wir haben heute *Besuch*. 私たちはきょう来客がある (☆無冠詞で) / Unser *Besuch* ist wieder abgereist. 私たちの客はふたたび旅立って行った
❸ (名所・催し物などの)見学, 見物; (学校などに)通うこと

be·su·chen

[bəzúːxn̩ ベズーヘン] 非分離

現在		
ich besuche	wir besuchen	
du besuchst	ihr besucht	
er besucht	sie besuchen	
過去		
ich besuchte	wir besuchten	
du besuchtest	ihr besuchtet	
er besuchte	sie besuchten	
過去分詞 besucht		完了 haben

他 ❶ 《4と》[..⁴を] 訪問する, 訪れる
einen Freund *besuchen*
友人を訪問する
einen Kranken im Krankenhaus *besuchen*
入院中の病人を見舞う
Besuchen Sie mich doch mal in meiner neuen Wohnung. 一度私の新しい住まいを見に来て下さい
❷ 《4と》[催し物など⁴に]行く; [名所など⁴を]見物に行く ▷ ein Konzert *besuchen* 音楽会に行く / Er hat letztes Jahr Rom *besucht*. 彼は去年ローマを訪れた
❸ 《4と》[学校など⁴に]通う; [授業など⁴に]出る ▷ die Universität *besuchen* 大学に通う / Vorlesungen *besuchen* 聴講する

Be·su·cher [ベズーハー] 男 der (単2格 -s; 複 -)
❶ 来客, 訪問者 ▷ Der *Besucher* ist schon wieder abgereist. その客はもうまた旅立った
❷ 観客, 見物人 ▷ Er ist ein ständiger *Besucher* des Theaters. 彼はこの劇場の常連だ

be·sucht [ベズーフト] besuchen の 過去, 過分

be·such·te [ベズーフテ] besuchen の 過去

be·tagt [ベタークト] 形 《文語》高齢の, 年老いた

be·tä·ti·gen [ベテーティゲン] 非分離
(betätigte; betätigt; 完了h)
—他 《4と》[機械など⁴を]作動させる, 操作する ▷ die Bremse *betätigen* ブレーキをかける / einen Hebel *betätigen* レバーを動かす
—再 《sich⁴と》(ある特定の分野で)働く, 活動する ▷ *sich* als Reporter *betätigen* レポーターとして働く / Er *betätigt* sich politisch. 彼は政治活動をしている

be·täu·ben [ベトイベン] 非分離
(betäubte; betäubt; 完了h)
他 《医学》《4と》[..⁴に]麻酔をかける

be·tei·li·gen [ベタイリゲン] 非分離
(beteiligte; beteiligt; 完了h)
—再 《sich⁴+an+3と》[..³に]参加する, 関与する ▷ *sich* am Gespräch *beteiligen* 会話に加わる / *sich* finanziell an einem Geschäft *beteiligen* 事業に出資する /《過去分詞》Waren Sie an dem Unfall *beteiligt*? あなたはその事故に関与していたのですか
—他 《4+an+3と》[..⁴を収益など³に]あずからせる; 参加させる ▷ *Arbeiter* am Gewinn *beteiligen* 労働者に利益を分配する

Be·tei·li·gung [ベタイリグング] 女 die (単2格 -; 複 -en) 参加 ▷ die *Beteiligung* an dem Wettbewerb 競技会〈コンテスト〉への参加

be·ten [ベーテン] (betete; gebetet; 完了h)
—自 祈る ▷ zu Gott *beten* 神に祈る
—他 《4と》[祈り⁴を]唱える ▷ das Vaterunser *beten* 主の祈りを唱える

be·teu·ern [ベトイエルン] 非分離
(beteuerte; beteuert; 完了h)
他 《4と》[..⁴を](力を込めて)主張する ▷ Er hat mehrfach seine Unschuld *beteuert*. 彼は何度も自分の無実を主張した

Be·ton [ベト[ー]ン] 男 der (単2格 -s; 複 なし) コンクリート (☆「セメント」は Zement) ▷ eine Brücke aus *Beton* コンクリートの橋

be·to·nen [ベトーネン] 非分離
(betonte; betont; 完了h)
他 ❶ 《4と》[..⁴を]強調〈力説〉する ▷ Ich möchte *betonen*, dass ... 私は…ということを強調したい
❷ 《4と》[音節・語など⁴に]アクセント〈強勢〉を置く ▷ Im Deutschen wird allgemein die Stammsilbe *betont*. ドイツ語では一般に語幹の音節にアクセントが置かれる

be·tont [ベトーント]
形 ❶ アクセント〈強勢〉のある
❷ (意識的に)強調された, わざとらしい;《副詞的に》ことさらに ▷ mit *betonter* Höflichkeit こと

(状態), (様態), (場所), (方向), …=状態, 様態, 場所, 方向, …を表す語句

さら丁寧に

Be·to·nung [ベトーヌング] 囡 die (⊕ 2格 -; ⊕ -en) アクセント, 強勢; 強調 ▷ Bei diesem Wort liegt die *Betonung* auf der zweiten Silbe. この単語はアクセントが第 2 音節にある

Be·tracht [ベトラハト] 男 der [成句で]
④ + *außer Betracht lassen* …⁴を無視する, 問題にしない
④ + *in Betracht ziehen* …⁴を考慮に入れる
außer Betracht bleiben 考慮されていない
in Betracht kommen 考慮される

be·trach·ten [ベトラハテン] 非分離
(du betrachtest, er betrachtet; betrachtete; betrachtet; 定形h)
他 ❶ 【④と】 […⁴の性状・外観などを] 観察する ▷ ein Bild eingehend *betrachten* 絵を詳しく見る / Sie *betrachtet* ihn von oben bis unten. 彼女は彼を上から下までじろじろ見る / [再帰的に] Sie *betrachtet* sich im Spiegel. 彼女は自分の姿を鏡でじっくり見る
❷ 【④と】 […⁴を] (一定の方法で) 考察する ▷ eine Frage objektiv *betrachten* 問題を客観的に考察する / [過去分詞で] genau *betrachtet* 厳密に言えば
❸ 【④ + als …】 […⁴を…と】みなす ▷ Ich *betrachte* ihn als meinen Freund. 私は彼を私の友達とみなす

Be·trach·ter [ベトラハター] 男 der (⊕ 2格 -s; ⊕ -) 観察者, 観賞者; 考察者

be·trach·tet [ベトラハテット] betrachten の 現在, 過分

be·trach·te·te [ベトラハテテ] betrachten の 過去

be·trächt·lich [ベトレヒトリヒ] 形 相当な, かなりの ▷ eine *beträchtliche* Summe 相当な金額 / [状態変化の動詞・比較級を強めて] die Miete *beträchtlich* erhöhen 家賃をかなり上げる

Be·trach·tung [ベトラハトゥング] 囡 die (⊕ 2格 -; ⊕ -en)
❶ [⊕ なし] 観察
❷ (文書にまとめた) 考察

be·traf [ベトラーフ] betreffen の 過去

Be·trag [ベトラーク] 男 der (⊕ 2格 -[e]s; ⊕ ..träge)
金額 ▷ eine Quittung im *Betrag* von 300 Euro 300 ユーロの領収書

Be·trä·ge [ベトレーゲ] Betrag の 複数

be·tra·gen [ベトラーゲン] 非分離 (du beträgst, er beträgt; betrug; betragen; 定形h)
— 他 【④と】 […⁴の] 額〈数値〉になる ▷ Die Rechnung *beträgt* 500 Euro. 勘定は500 ユーロになる / Die Breite *beträgt* 2 m. 幅は2 メートルある

— 再 【sich⁴ + 副詞と】 […のように] 振舞う ▷ Er hat sich ihr gegenüber unfreundlich *betragen*. 彼は彼女に対して不親切な態度をとった

Be·tra·gen [ベトラーゲン] 中 das (⊕ 2格 -s; ⊕ なし) 振舞い, 態度

be·trägst [ベトレークスト] betragen の 現在

be·trägt [ベトレークト] betragen の 現在

be·trank [ベトランク] betrinken の 過去

be·trat [ベトラート] betreten の 過去

be·trau·en [ベトラウエン] 非分離
(betraute; betraut; 定形h)
他 《文語》 【④ + mit + ③と】 […⁴に重要なこと³を] (信用して) 任せる

be·trau·ern [ベトラオエルン] 非分離
(betrauerte; betrauert; 定形h)
他 【④と】 […⁴の] 死を悼む

Be·treff [ベトレフ] 男 der (⊕ 2格 -[e]s; ⊕ -e) 《文語》 用件 (⊕ Betr.: 書類などの上書きに用いる) ▷ *Betreff*: Ihr Schreiben vom 15. Februar 2 月 15 日付の貴信の件につきご返事致します

be·tref·fen [ベトレッフェン] 非分離
(er betrifft; betraf; betroffen; 定形h)
他 【④と】 […⁴に] かかわる, 関係する ▷ Dieser Vorwurf *betrifft* mich nicht. この非難は私には関係ない
イディオム *was* + ④ + *betrifft* …⁴に関しては ▷ *Was* mich *betrifft*, bin ich gesund. 私に関しては健康です

be·tref·fend [ベトレッフェント] 形 問題になっている, 当該の ▷ die *betreffende* Person 該当者 / die *betreffende* Regel 当該の規則

Be·tref·fen·de [ベトレッフェンデ] 男 der / 囡 die (形容詞変化 ☞ Alte 表 I) 該当者

be·trei·ben [ベトライベン] 非分離
(betrieb; betrieben; 定形h)
他 ❶ 【④と】 […⁴を] 積極的に行う, 推し進める ▷ Politik *betreiben* 政治活動をする / Er *betreibt* sein Studium sehr ernsthaft. 彼は大学での勉学をとてもまじめにやっている
❷ 【④と】 [商売・店など⁴を] 営む, 経営する ▷ Ackerbau *betreiben* 農業を営む / ein Geschäft *betreiben* 商店を経営する

be·tre·ten [ベトレーテン]
— 非分離 (du betrittst, er betritt; betrat; betreten; 定形h)
他 【④と】 [部屋など⁴の] 中へ入る ▷ Ich werde sein Haus nie mehr *betreten*. 私は彼の家にはもう決して行かない / [名詞化して] Das *Betreten* der Baustelle ist verboten. [状態受動] 工事現場への立ち入りは禁止されている

— 形 きまりの悪い, 当惑した ▷ ein *betretenes* Gesicht machen きまりの悪そうな〈当惑した〉顔をする

be·treu·en [ベトロイエン] 非分離
(betreute; betreut; 完了h)
他 ❶ 〖④と〗〖…⁴の〗世話をする, めんどうをみる ▷ die Kinder *betreuen* 子供たちのめんどうをみる
❷ 〖④と〗(助言などによって)〖…⁴が〗うまくいくようにめんどうをみる ▷ ein Projekt *betreuen* プロジェクトの相談役を務める / Sie *betreut* in seiner Abwesenheit das Geschäft. 彼女は彼のいない間店のめんどうをみる

be·trieb [ベトリープ] betreiben の 過去

Be·trieb [ベトリープ] 男 der (単2格 -[e]s; 複 -e)
❶ 企業, 会社 ▷ ein privater 〈staatlicher〉 *Betrieb* 民間〈国営〉企業
❷ (複 なし) 操業; (機械の)稼働 ▷ den *Betrieb* aufnehmen 操業を始める / Die Maschine ist außer 〈in〉 *Betrieb*. その機械は稼働していない〈稼働中だ〉
❸ (複 なし)《口語》活気, 混雑, 騒がしさ ▷ In dem Laden war großer *Betrieb*. その店は大変混雑していた

be·trie·ben [ベトリーベン] betreiben の 過分

be·trieb·sam [ベトリープザーム] 形 (人が)忙しく働く, せわしい, 活動的な

Be·triebs·an·lei·tung [ベトリープス・アン・ライトゥング] 女 die (単2格 -; 複 -en) (比較的大きく複雑な機械の)操作マニュアル

Be·triebs·sys·tem [ベトリープス・ズュステーム] 中 das (単2格 -s; 複 -e) 〘コンピュ〙オペレーティングシステム, OS

Be·triebs·wirt·schaft [ベトリープス・ヴィルトシャフト] 女 die (複 なし) 経営学

be·trifft [ベトリフト] betreffen の 現在

be·trin·ken [ベトリンケン] 非分離
(betrank; betrunken; 完了h)
再 〖sich⁴と〗酔っぱらう ▷ Er hat sich aus Kummer *betrunken*. 彼は心痛のあまり酔っぱらった

be·tritt [ベトリット] betreten の 現在
be·trittst [ベトリッツト] betreten の 現在

be·trof·fen [ベトロッフェン]
— betreffen の 過分
— 形 (不快な出来事などで)困惑した, 狼狽した ▷ Sie war über seine groben Bemerkungen sehr *betroffen*. 彼女は彼の乱暴なことばにとても困惑していた

Be·trof·fen·heit [ベトロッフェンハイト] 女 die (単2格 -; 複 なし) 困惑, 狼狽

be·trog [ベトローク] betrügen の 過去
be·tro·gen [ベトローゲン] betrügen の 過分
be·trü·ben [ベトリューベン]
(betrübte; betrübt; 完了h)
他 〖④と〗〖…⁴を〗悲しませる (☆ ふつう過去分詞で)
▷ Sie sahen sehr *betrübt* aus. 彼らはとても悲しんでいるように見えた

be·trüb·lich [ベトリューブリヒ] 形 (状況・事件などが)悲しい気持ちにさせる

be·trug [ベトルーク] betragen の 過去
Be·trug [ベトルーク] 男 der (単2格 -[e]s; 複 なし) 詐欺, ペテン

be·trü·gen [ベトリューゲン] 非分離
(betrog; betrogen; 完了h)
他 ❶ 〖④と〗〖…⁴を〗だます ▷ eine Firma *betrügen* 会社をだます / Sie hat ihren Mann *betrogen*. 彼女は夫を裏切った(不貞を働いた)
❷ 〖④+um+④と〗〖…⁴から…⁴を〗だまし取る ▷ Sie haben ihn um sein ganzes Geld *betrogen*. 彼らは彼をだまして有り金をすべて巻き上げた

Be·trü·ger [ベトリューガー] 男 der (単2格 -s; 複 -) 詐欺師, いかさま師

be·trun·ken [ベトルンケン]
— betrinken の 過分
— 形 酔った, 酔っぱらった ▷ Jeden Abend kommt er *betrunken* nach Hause. 毎晩彼は酔っぱらって家に帰って来る

Be·trun·ke·ne [ベトルンケネ] 男 der / 女 die (形容詞変化 ☞ Alte 表 I) 酔っぱらい

Bett
[bɛt ベット]
中 das (単2格 -es 〈まれに -s〉; 複 -en)

ベッド, 寝台, 寝床
ein breites *Bett*
幅の広いベッド
das *Bett* machen
ベッドを整える
sich⁴ ins *Bett* legen
体をベッドに横たえる
ins 〈zu〉 *Bett* gehen 就寝する
ein Kind ins *Bett* bringen
子供をベッドに寝かせる
Er liegt schon zwei Wochen im *Bett*.
彼はもう2週間病気で寝ている

Bett·de·cke [ベット・デッケ] 女 die (単2格 -; 複 -n) 掛け布団, 毛布; ベッドカバー

bet·teln [ベッテルン]
(bettelte; gebettelt; 完了h)
自 ❶ 物乞いをする ▷ auf der Straße *betteln* 往来で物乞いをする
❷ 〖um+④と〗(子供などが)〖…⁴を〗ねだる, せがむ ▷ um Schokolade *betteln* チョコレートをねだる

bet·ten [ベッテン] (bettete; gebettet; 完了h)
他 《文語》〖④と〗〖病人など⁴を〗そっと寝かせる

Bet·ti·na [ベッティーナ] 《女名》 ベッティーナ

bett·lä·ge·rig [ベット・レーゲリヒ] 形 病床にある; 寝たきりの ▷ Er ist schon lange *bettläge-*

rig. 彼はもう長いこと病床にある

Bett·la·ken [ベット・ラーケン] [中] *das* ([単] 2格 -s; [複] -) シーツ, 敷布

Bett·ler [ベットラー] [男] *der* ([単] 2格 -s; [複] -) こじき, 物乞(ものご)い

Bett·tuch [ベット・トゥーフ] [中] *das* ([単] 2格 -[e]s; [複] ..tücher) シーツ

Bettuch [旧⇒新] Betttuch

Bett·zeug [ベット・ツォイク] [中] *das* ([単] 2格 -[e]s; [複] なし) 《集合的に》寝具, 夜具

be·tu·lich [ベトゥーリヒ] [形] (動作が)ゆっくりした ▷ In ihrer *betulichen* Art goss sie den Kaffee in die Tassen. ゆっくりした調子で彼女はコーヒーをカップに注いだ

beu·gen [ボイゲン] (beugte; gebeugt; [完了]h)

── [他] 〚④と〛〔体の一部⁴を〕曲げる, かがめる (☆物を「曲げる」は biegen) ▷ die Arme *beugen* 腕を曲げる / 〚過去分詞で〛 *gebeugt* gehen 腰をかがめて歩く / 《比ゆ》 Nichts *beugt* seinen eisernen Willen. 何事も彼の鉄の意志はくじけない

── [再] ❶ 〚[sich]⁴と〛 身をかがめる; 身を乗り出す ▷ Der Arzt *beugt* sich über den Kranken. 医者は病人の上に身をかがめる

❷ 〚[sich]⁴+③と〛〔圧力など³に〕屈服する

Beu·le [ボイレ] [女] *die* ([単] 2格 -; [複] -n)

❶ (打撲による)こぶ, 腫(は)れ ▷ Er hat eine *Beule* an der Stirn. 彼は額にこぶができている

❷ (ぶつけたりしてできる)でこぼこ, へこみ ▷ Das Auto hat mehrere *Beulen.* その車はへこみがいくつかできている

be·un·ru·hi·gen [ベウン・ルーイゲン] [非分離] (beunruhigte; beunruhigt; [完了]h)

── [他] 〚④と〛〔..⁴を〕不安にする, 心配させる ▷ Diese Nachricht hat ihn tief *beunruhigt.* この知らせは彼を非常に不安にさせた

── [再] 〚[sich]⁴と〛 不安になる, 心配する

be·ur·lau·ben [ベウーアラオベン] [非分離] (beurlaubte; beurlaubt; [完了]h)

[他] ❶ 〚④と〛 〔..⁴に〕休暇を与える ▷ Sein Chef *beurlaubte* ihn für ein paar Tage. 主任は彼に数日の休暇を与えた

❷ 〚④と〛〔..⁴を〕(問題などを起こしたため)休職にする

be·ur·tei·len [ベウアタイレン] [非分離] (beurteilte; beurteilt; [完了]h)

[他] 〚④と〛〔..⁴を〕判断〈評価〉する ▷ Das kann ich nicht *beurteilen.* そんなことは私は判断できない / Sie *beurteilt* einen Menschen nach seinem Äußeren. 彼女は人を外見で判断する

Be·ur·tei·lung [ベウアタイルング] [女] *die* ([単] 2格 -; [複] -en) 判断, 評価

Beu·te [ボイテ] [女] *die* ([単] 2格 -; [複] なし) 《集合的に》略奪品; 獲物

Beu·te·kunst [ボイテ・クンスト] [女] *die* ([単] 2格 -; [複] ..künste) (戦争時の)略奪美術品

Beu·tel [ボイテル] [男] *der* ([単] 2格 -s; [複] -) (ひもで口をしばる, 比較的小さな)袋 ▷ ein *Beutel* aus Leder 皮袋

be·völ·kern [ベフェルケルン] [非分離] (bevölkerte; bevölkert; [完了]h)

[他] ❶ 〚④と〛〔..⁴に〕住む ▷ Das Gebiet ist dicht 〈schwach〉 *bevölkert.* [状態受動] この地域は人口密度が高い〈低い〉

❷ 〚④と〛(人が)〔..⁴に〕群がる, あふれる ▷ Viele Touristen *bevölkerten* die Straßen. たくさんの旅行者たちが通りにあふれていた

Be·völ·ke·rung [ベフェルケルング] [女] *die* ([単] 2格 -; [複] -en)

《集合的に》(ある地域の)住民; 人口 (☆個々の「住民」は Einwohner) ▷ Die *Bevölkerung* der Erde wächst ständig. 地球の人口は絶えず増加している

Be·völ·ke·rungs·ex·plo·si·on [ベフェルケルングス・エクスプロズィオーン] [女] *die* ([単] 2格 -; [複] -en) 人口の爆発的な増加

be·voll·mäch·ti·gen [ベフォル・メヒティゲン] [非分離] (bevollmächtigte; bevollmächtigt; [完了]h)

[他] 〚④+zu+③と〛〔..⁴に..³の〕全権を委任する ▷ Er *bevollmächtigte* mich zum Abschluss eines Vertrages. 彼は私に条約締結の全権を委任した

Be·voll·mäch·tig·te [ベフォル・メヒティヒテ] [男] *der* / [女] *die* (形容詞変化 ☞ Alte 表 I) 全権を委任された人, 全権委員〈使節〉

be·vor

[bəfóːɐ̯ ベフォーア]

[接] 〚従属; 定動詞後置〛

❶ …する前に, …する以前に

Komm noch einmal zu mir, *bevor* du abfährst. 出発する前にもう一度私のところに来てくれ

Kurz *bevor* er starb, änderte er das Testament. 彼は死ぬ直前に遺言状の内容を変えた

❷ 〚否定詞を伴って〛…しないならば, …しないうちは ▷ *Bevor* die Hausaufgaben nicht fertig sind, dürft ihr nicht spielen. 宿題がすまないうちは君たちは遊んではいけません

be·vor·mun·den [ベフォーア・ムンデン] [非分離] (bevormundete; bevormundet; [完了]h)

[他] 〚④と〛〔..⁴に〕いちいち指図する ▷ Ich lasse mich nicht länger von dir *bevormunden.* 私はもうこれ以上君の指図をいちいち受けない

be·vor|ste·hen [ベフォーア・シュテーエン] [分離] (stand bevor; bevorgestanden; [完了]h)

[自] 目前に〈身近に〉迫っている ▷ Seine Abreise *steht bevor.* 彼の出発は目前に迫っている / 〚現在分詞で〛 *bevorstehende* Wahlen 目前に

迫っている選挙

be·vor·zu·gen [ベフォーア・ツーゲン] 非分離
(bevorzugte; bevorzugt; 完了h)
他 ❶ 【④と】[‥⁴のほうを】(他のものよりも)好む ▷ Herr Engel *bevorzugt* Rotwein. エンゲルさんは赤ワインのほうが好きだ
❷ 【④と】[‥⁴を】(他よりも)優遇する；[‥⁴を]ひいきする (⇔ benachteiligen) ▷ Unser Lehrer *bevorzugt* die Mädchen vor den Jungen. 私たちの先生は男子よりも女子をひいきする

be·wa·chen [ベヴァッヘン] 非分離
(bewachte; bewacht; 完了h)
他 【④と】[‥⁴を]監視する，見張る ▷ die Grenze *bewachen* 国境を監視する

be·wach·sen [ベヴァクセン] 形 (植物で)覆われている ▷ Die Mauer war mit Moos *bewachsen*. 壁はコケで覆われていた

be·waff·nen [ベヴァフネン] 非分離
(bewaffnete; bewaffnet; 完了h)
他 【④と】[‥⁴に]武装させる ▷ die Bauern *bewaffnen* 農民たちに武器を持たせる / 《再帰的に》Er *bewaffnete* sich mit einem Messer. 彼はナイフで武装した

be·waff·net [ベヴァフネット] 形 武装した ▷ schwer *bewaffnete* Truppen 重装備の部隊 / ein *bewaffneter* Aufstand 武装蜂起

be·wah·ren [ベヴァーレン] 非分離
(bewahrte; bewahrt; 完了h)
他 ❶ 【④+vor+③と】[‥⁴を‥³から]守る ▷ den Wald vor dem Aussterben *bewahren* 森を枯死から守る
❷ 【④と】[‥⁴を]持ち〈保ち〉続ける ▷ Fassung *bewahren* 落ち着きを失わない / Sie *bewahrten* Stillschweigen darüber. 彼らはそのことについて沈黙を守った
❸ 【④と】[貴重品など⁴を]しまっておく (＝aufbewahren)

be·wäh·ren [ベヴェーレン] 非分離
(bewährte; bewährt; 完了h)
再 【sich⁴と】(実績などを通して)能力がある〈役に立つ〉ことなどを示す ▷ Er muss sich in der neuen Stellung erst *bewähren*. 彼は新しいポストでまず実績を示さなければならない / Dieses Medikament hat sich seit Jahren bestens *bewährt*. この薬は数年前からきわめて効き目があることが実証されている

be·wahr·hei·ten [ベヴァールハイテン] 非分離
(bewahrheitete; bewahrheitet; 完了h)
再 【sich⁴と】真実であることが明らかになる ▷ Seine Vermutung hat sich *bewahrheitet*. 彼の推測どおりであることが明らかになった

be·währ·te [ベヴェーアテ] 形 定評のある (☆ 名詞につけて) ▷ ein *bewährtes* Mittel 定評のある薬

Be·wäh·rung [ベヴェールング] 女 *die* (複2格 -; 複 -en)
❶ (有能であることなどの)実証，証明
❷ 《法律》執行猶予

Be·wäh·rungs·frist [ベヴェールングス・フリスト] 女 *die* (複2格 -; 複 -en) 《法律》執行猶予期間

be·wäl·ti·gen [ベヴェルティゲン] 非分離
(bewältigte; bewältigt; 完了h)
他 【④と】[困難なこと⁴を]克服する，成し遂げる ▷ Wie soll ich dieses Problem allein *bewältigen*? この問題を私一人でどうやって解決したものだろうか / die Vergangenheit *bewältigen* 過去を克服する

be·wan·dert [ベヴァンデルト] 形 【in〈auf〉+③と】[‥³に]精通している ▷ Er ist in der Musik sehr *bewandert*. 彼は音楽に非常に精通している

Be·wandt·nis [ベヴァントニス] 女 *die* 《成句で》*mit*+③ *hat es … Bewandtnis* ‥³には‥の事情がある ▷ *Mit* seiner Frau *hatte es eine besondere Bewandtnis*. 彼の奥さんにはある特別な事情があった

be·warb [ベヴァルプ] bewerben の 過去

be·wäs·sern [ベヴェッセルン] 非分離
(bewässerte; bewässert; 完了h)
他 【④と】[田など⁴に](灌漑 かんがい 設備で)水を引く

be·we·gen [ベヴェーゲン] 非分離
— (bewegte; bewegt; 完了h)
— 他 ❶ 【④と】[‥⁴を]動かす，移動させる ▷ den Arm *bewegen* 腕を動かす / Er konnte den Tisch nicht allein *bewegen*. 彼はテーブルを一人では動かせなかった
❷ 【④と】[‥⁴の]心を動かす，感動〈興奮〉させる ▷ Seine Worte haben alle tief *bewegt*. 彼のことばは皆を深く感動させた
❸ 【④と】(考えなどが)[‥⁴の]心を占める ▷ Dieser Plan *bewegt* mich seit langem. ずっと前からこの計画で私の頭はいっぱいだ
— 再 ❶ 【sich⁴と】動く；行動する；運動する ▷ Er konnte sich vor Schmerzen nicht *bewegen*. 彼は苦痛のため動けなかった / Die Fahnen *bewegen* sich im Wind. 旗が風に揺れる / Er muss sich viel körperlich *bewegen*. 彼は大いに運動しなくてはならない
❷ 【sich⁴+③〈zu+③と〉】[‥へ]移動して行く〈来る〉 ▷ Der Zug *bewegt* sich zum Friedhof. 行列は墓地の方へ進んで行く
— (bewog; bewogen; 完了h)
他 【④+zu+③と】[‥⁴を‥³する]気にさせる ▷ Was hat ihn wohl zur Abreise *bewogen*? 何が彼を出発する気にさせたのだろうか / 《zu 不定詞句と》Sie *bewog* ihn, das Haus zu kaufen. 彼女は彼にその家を買う気にさせた

Be·weg·grund [ベヴェーク・グルント] [男] *der* ([単] 2 格 -[e]s; [複] ..gründe) (行動の)動機

be·weg·lich [ベヴェークリヒ]
[形] ❶ 動く, 動かせる ▷ Die Puppe hat *bewegliche* Arme und Beine. その人形は手足が動く
❷ (反応が)す早い, 機敏な ▷ Er ist [geistig] sehr *beweglich.* 彼は頭の回転が非常に早い

be·wegt [ベヴェークト] bewegen の [現在], [過分]

be·weg·te [ベヴェークテ] bewegen の [過去]

Be·we·gung [ベヴェーグング] [女] *die* ([単] 2 格 -; [複] -en)
❶ (物の)動き ▷ Der Zug setzt sich in *Bewegung.* 列車が動き始める
❷ 動作, 身振り ▷ Er machte eine abwehrende *Bewegung.* 彼は断るしぐさをした
❸ 〘[複] なし〙(体の)運動 ▷ Er hat zu wenig *Bewegung.* 彼は運動不足だ
❹ 〘[複] なし〙感動, 興奮 ▷ Er konnte seine *Bewegung* nicht verbergen. 彼は感動を隠すことができなかった
❺ (政治的・社会的・思想的な)運動

be·wei·nen [ベヴァイネン] [非分離]
(beweinte; beweint; [完了]h)
[他] 〘④と〙〔..⁴の死を〕悼む; 〔..⁴の不幸などを〕嘆き悲しむ

Be·weis [ベヴァイス] [男] *der* ([単] 2 格 -es; [複] -e)
❶ 証拠 ▷ Haben Sie dafür *Beweise*? あなたはそれを証明するものを持っていますか / Das ist der beste *Beweis* dafür, dass ... これは…に対する最もよい証拠だ
❷ 証(あかし), 表れ ▷ Diese Äußerung ist ein *Beweis* seiner Schwäche. このような発言は彼の弱さの表れだ

be·wei·sen [ベヴァイゼン] [非分離]
(du, er beweist; bewies; bewiesen; [完了]h)
[他] ❶ 〘④と〙〔..⁴を〕証明する, 立証する ▷ Er hat seine Unschuld eindeutig *bewiesen.* 彼は自分の無実をはっきり証明した / Ich habe ihr *bewiesen,* dass sie Unrecht hat. 私は彼女にまちがっていることを証明して見せた
❷ 〘④と〙〔..⁴を〕示す ▷ Er hat seinen Mut oft *bewiesen.* 彼はしばしば勇気を示した

be·wen·den [ベヴェンデン] [非分離]
[自] 〘成句で〙 ***es bei 〈mit〉＋③ bewenden lassen*** ..³だけで十分とする

be·wer·ben [ベヴェルベン] [非分離] (du bewirbst, er bewirbt; bewarb; beworben; [完了]h)
[再] 〘[sich]⁴＋um＋④と〙〔..⁴に〕応募する, 申し込む ▷ *sich* um eine Stelle *bewerben* ある職に応募する / *sich* um ein Stipendium *bewerben* 奨学金の出願をする

Be·wer·ber [ベヴェルバー] [男] *der* ([単] 2 格 -s; [複] -) 応募〈志願・申込〉者 ▷ Für diesen Posten gibt es mehrere *Bewerber.* このポストには応募者が数名いる

Be·wer·bung [ベヴェルブング] [女] *die* ([単] 2 格 -; [複] -en) 応募, 申し込み; 願書, 申込書

be·werk·stel·li·gen [ベヴェルク・シュテリゲン] [非分離] (bewerkstelligte; bewerkstelligt; [完了]h)
[他] 〘④と〙〔..⁴を〕(いろいろ苦労して)達成する, 成し遂げる ▷ Ich werde es *bewerkstelligen,* dass sie das Grundstück verkauft. 私は彼女が土地を売るようにさせてみせる

be·wer·ten [ベヴェーアテン] [非分離]
(bewertete; bewertet; [完了]h)
[他] 〘④と〙〔..⁴を〕評価する, 査定する

be·wies [ベヴィース] beweisen の [過去]

be·wie·sen [ベヴィーゼン] beweisen の [過分]

be·wil·li·gen [ベヴィリゲン] [非分離]
(bewilligte; bewilligt; [完了]h)
[他] 〘④と〙〔申請など⁴を〕認める, 認可する ▷ Mein Antrag wurde nicht *bewilligt.* 私の申請は認可されなかった

be·wirbst [ベヴィルブスト] bewerben の [現在]

be·wirbt [ベヴィルプト] bewerben の [現在]

be·wir·ken [ベヴィルケン] [非分離]
(bewirkte; bewirkt; [完了]h)
[他] 〘④と〙〔..⁴を〕引き起こす ▷ Das Unwetter *bewirkte* eine Überschwemmung. この悪天候は洪水を引き起こした

be·wir·ten [ベヴィルテン] [非分離]
(bewirtete; bewirtet; [完了]h)
[他] 〘④と〙〔客など⁴を〕もてなす ▷ Sie *bewirtete* ihre Gäste mit Tee und Kuchen. 彼女はお客を紅茶とケーキでもてなした

be·wog [ベヴォーク] bewegen「…する気にさせる」の [過去]

be·wo·gen [ベヴォーゲン] bewegen「…する気にさせる」の [過分]

be·woh·nen [ベヴォーネン] [非分離]
(bewohnte; bewohnt; [完了]h)
[他] 〘④と〙〔..⁴に〕住む, 居住する ▷ Er *bewohnt* ein großes Haus. 彼は大きな家に住んでいる

Be·woh·ner [ベヴォーナー] [男] *der* ([単] 2 格 -s; [複] -) 住民, 居住者, 住人

be·wöl·ken [ベヴェルケン] [非分離]
(bewölkte; bewölkt; [完了]h)
[再] 〘[sich]⁴と〙雲に覆われる, 曇る ▷ Der Himmel *bewölkte* sich plötzlich. 空は突然雲に覆われた

be·wölkt [ベヴェルクト] [形] (空が)曇っている

Be·wöl·kung [ベヴェルクング] [女] *die* ([単] 2 格 -; [複] なし)
❶ 曇ること
❷ 《集合的に》(空を覆っている)雲

be·wor·ben [ベヴォルベン] bewerben の [過分]

bewundern

be·wun·dern [ベヴンデルン] 非分離
(bewunderte; bewundert; 匿h)
他 ❶ 【④と】[…⁴に]感心〈敬服〉する ▷ Ich *bewundere* seine Ausdauer. 私は彼の辛抱強さに頭が下がった
❷ 【④と】[〔作品など⁴に〕感動する ▷ Er *bewunderte* das Gemälde. 彼はその絵に感動した

be·wun·dert [ベヴンデルト] bewundern の 現在, 過分

be·wun·der·te [ベヴンデルテ] bewundern の 過去

Be·wun·de·rung [ベヴンデルング] 女 *die* (⊕ 2格 -; ⊕ なし) 感心, 敬服; 感動

be·wusst [ベヴスト]
形 ❶ 意識的な, 故意の ▷ Das habe ich ganz *bewusst* getan. それを私はまったく故意にやった
❷ 自覚をもった ▷ *bewusst* handeln 自覚をもって行動する / *bewusst* oder unbewusst 自覚しているようがいまいが
❸ すでに触れた, 問題の (☆ 名詞につけて) ▷ Er hat mir das *bewusste* Buch mitgebracht. 彼は私に問題の本を持って来てくれた
イディオム *sich³* + ② *bewusst sein* …²を自覚している, 知っている ▷ Er *ist sich* des Fehlers voll *bewusst*. 彼はそのまちがいを十分自覚している *sich³* + ② + *bewusst werden* …²に気づく

be·wußt 旧→新 bewusst

be·wusst·los (⊕ ..wußt..) [ベヴスト・ロース]
形 意識不明の, 失神した ▷ Sie brach *bewusstlos* zusammen. 彼女は気を失って倒れた

Be·wusst·lo·sig·keit (⊕ ..wußt..) [ベヴスト・ローズィヒカイト] 女 *die* (⊕ 2格 -; ⊕ なし) 意識不明, 失神状態

Be·wusst·sein (⊕ ..wußt..) [ベヴスト・ザイン] 中 *das* (⊕ 2格 -s; ⊕ なし)
❶ 意識 ▷ das *Bewusstsein* verlieren 意識を失う / wieder zu *Bewusstsein* kommen 再び正気に戻る
❷ 自覚 ▷ das nationale *Bewusstsein* 国民としての自覚

be·zah·len

[bətsá:lən ベツァーレン] 非分離

現在	ich bezahle	wir bezahlen
	du bezahlst	ihr bezahlt
	er bezahlt	sie bezahlen
過去	ich bezahlte	wir bezahlten
	du bezahltest	ihr bezahltet
	er bezahlte	sie bezahlten
過分	bezahlt	匿h haben

他 ❶ 【④と】[…⁴の]代金を支払う ▷ eine Ware bar *bezahlen* 品物の代金を現金で支払う

Herr Ober, ich möchte bitte *bezahlen*. ボーイさん, お勘定をお願いします
❷ 【④と】[…⁴の]報酬〈賃金〉を支払う ▷ Ich kann den Arzt nicht *bezahlen*. 私は医者の支払いができない
❸ 【④と】[家賃・料金など⁴を]払う ▷ die Miete *bezahlen* 家賃を払う / das Taxi *bezahlen* タクシー代を払う

be·zahlt [ベツァールト] bezahlen の 現在, 過分

be·zahl·te [ベツァールテ] bezahlen の 過去

Be·zah·lung [ベツァールング] 女 *die* (⊕ 2格 -; ⊕ -en)
❶ 代金の支払い
❷ 報酬, 賃金

be·zäh·men [ベツェーメン] 非分離
(bezähmte; bezähmt; 匿h)
—他 【④と】[欲望・感情・好奇心など⁴を]抑える
—再 【*sich*⁴と】(欲望などを抑えて)自制する

be·zau·bern [ベツァオベルン] 非分離
(bezauberte; bezaubert; 匿h)
他 【④と】[…⁴を]魅了する ▷ Sie *bezauberte* alle durch ihre Schönheit. 彼女は美しさでみんなを魅了した

be·zau·bernd [ベツァオベルント] 形 魅力的な, すばらしい ▷ eine *bezaubernde* junge Frau 魅力的な若い女性

be·zeich·nen [ベツァイヒネン] 非分離
(bezeichnete; bezeichnet; 匿h)
他 ❶ 【④+als …】[…⁴を…と]呼ぶ ▷ Er *bezeichnet* mich als seinen Freund. 彼は私を友人だという / Diese Arbeit kann man als gelungen *bezeichnen*. この仕事は成功したといえる
❷ 【④と】[…⁴を]意味する, 表す, 指す ▷ Das Wort *bezeichnet* verschiedene Dinge. この語はいくつもの意味がある
❸ 【④と】[…⁴に]印⁵をつける ▷ Er *bezeichnet* die Kisten mit Nummern. 彼は木箱に番号をつける

be·zeich·nend [ベツァイヒネント] 形 特徴的な, 独特な ▷ Diese Äußerung ist für ihn sehr *bezeichnend*. この発言はとても彼らしい

Be·zeich·nung [ベツァイヒヌング] 女 *die* (⊕ 2格 -; ⊕ -en)
❶ 名称 ▷ Für diesen Gegenstand gibt es mehrere *Bezeichnungen*. この物を指すのにいくつもの名称がある
❷ (⊕ なし) 印⁵をつけること ▷ die *Bezeichnung* der Kisten 木箱に印をつけること

be·zeu·gen [ベツォイゲン] 非分離
(bezeugte; bezeugt; 匿h)
他 【④と】[アリバイなど⁴を]証言する ▷ Sie *bezeugte*, den Angeklagten am Tatort gesehen zu haben. 彼女は被告を犯行現場で見た

①, ②, ③, ④=1格, 2格, 3格, 4格の名詞

と証言した

be·zich·ti·gen [ベツィヒティゲン] 非分離
(bezichtigte; bezichtigt; 完了h)
他 ((4格+2格)) [‥⁴を‥²の]犯人だと主張する ▷ Man *bezichtigte* ihn des Diebstahls. 彼は窃盗の容疑をかけられた

be·zie·hen [ベツィーエン] 非分離
(bezog; bezogen; 完了h)
— 再 ❶ ((sich⁴+auf+4格)) [‥⁴に]関連する,関係する ▷ Diese Bemerkung *bezieht* sich auf den gestrigen Vorfall. この発言はきのうの出来事に関するものだ
❷ ((sich⁴+auf+4格)) [‥⁴を]引き合いに出す ▷ *sich* auf eine Urkunde *beziehen* 記録文書を引き合いに出す
— 他 ❶ ((4格)) [‥⁴に] (カバーなどを)かぶせる, 張る ▷ ein Bett frisch *beziehen* ベッドに新しいシーツをかける
❷ ((4格)) [‥⁴に]移り住む, 入居する ▷ Er hat ein neues Haus *bezogen*. 彼は新しい家に引っ越した
❸ ((4格+auf+4格)) [‥⁴を‥⁴に]関係づける ▷ Er *bezieht* immer alles auf sich. 彼はいつもなんでも自分と関係づける
❹ ((4格)) [給料・年金など⁴を] (定期的に)受け取る
❺ ((4格)) 《文語》 [商品など⁴を]取り寄せる
イディオム *einen klaren Standpunkt beziehen* 《文語》立場を明確にする

Be·zie·hung [ベツィーウング] 女 die (複2格-; 複-en)
❶ 関係, 関連 ▷ Zwischen diesen zwei Vorfällen besteht keine *Beziehung*. これら2つの事件の間には関連がない
❷ ((ふつう複で)) (社会的な)関係; コネ ▷ die diplomatischen *Beziehungen* zu einem Staat abbrechen ある国との外交関係を絶つ / Er hat überall *Beziehungen*. 彼はいたるところにコネがある
❸ (ふつう性的な)関係 ▷ mit+3格 eine *Beziehung* haben ‥³と関係がある
❹ (問題になる)点 ▷ In jeder *Beziehung* hat er Recht. どの点でも彼は正しい
イディオム ((4格+zu+3格)) *in Beziehung setzen* ‥⁴を‥³に関連づける
in Beziehung zu+3格 *stehen* ‥³と関連がある

be·zie·hungs·wei·se [ベツィーウングス・ヴァイゼ] 副 《並列》(略 bzw.)
❶ または, もしくは ▷ Sie tranken Wein *bzw.* Bier. 彼らはワインもしくはビールを飲んだ
❷ より詳しく言えば ▷ Er wohnt in Bonn *bzw.* in einem Vorort von Bonn. 彼はボンというよりはむしろボンの郊外に住んでいる

be·zif·fern [ベツィッフェルン] 非分離
(bezifferte; beziffert; 完了h)
再 ((sich⁴+auf+4格)) [‥⁴の金額に]なる

Be·zirk [ベツィルク] 男 der (複2格-[e]s; 複-e)
区域, 地区 ▷ Seine Wohnung befindet sich in einem anderen *Bezirk* der Stadt. 彼の住まいは町の他の地区にある

be·zog [ベツォーク] beziehen の 過去
be·zo·gen [ベツォーゲン] beziehen の 過分

Be·zug [ベツーク] 男 der (複-[e]s; 複..züge)
❶ (まくらなどの)カバー; (ベッドの)シーツ; (ソファーなどの)張り布
❷ ((複 なし)) (定期的な)購入, 購読
❸ ((複 で)) 収入, 給料
イディオム *Bezug auf*+4格 *nehmen* ‥⁴を引き合いに出す
in Bezug auf+4格 ‥⁴に関して

be·züg·lich [ベツーークリヒ] 前 ((2格支配)) 《文語》 ‥に関して (=in Bezug auf+4格) ▷ *Bezüglich* dieser Frage hat er sich nicht geäußert. この問題に関して彼は意見を述べなかった

be·zwang [ベツヴァンク] bezwingen の 過去
be·zwe·cken [ベツヴェッケン] 非分離
(bezweckte; bezweckt; 完了h)
他 ((4格)) [‥⁴を]意図する, 目指す ▷ Was *bezweckst* du mit dieser Frage? 君のこの質問の意図は何か

be·zwei·feln [ベツヴァイフェルン] 非分離
(bezweifelte; bezweifelt; 完了h)
他 ((4格)) [‥⁴に]疑い〈疑念〉を持つ

be·zwin·gen [ベツヴィンゲン] 非分離
(bezwang; bezwungen; 完了h)
他 ❶ ((4格)) [‥⁴を]屈服させる; [山などを]征服する ▷ den Gegner *bezwingen* 敵を屈服させる
❷ ((4格)) [欲望・感情など⁴を]抑える, こらえる ▷ Er konnte seinen Ärger nicht *bezwingen*. 彼は怒りを抑えることができなかった

be·zwun·gen [ベツヴンゲン] bezwingen の 過分

BH [ベーハー] 男 der (複2格-s; 複-s) 《口語》 [*Büsten*halter の略語] ブラジャー

Bhf. [バーン・ホーフ] [*Bahnhof* の略語] 駅

Bi·bel [ビーベル] 女 die (複2格-; 複-n) 聖書, バイブル

Bi·ber [ビーバー] 男 der (複2格-s; 複-)
❶ 《動物》ビーバー
❷ ((複 なし)) ビーバーの毛皮

Bib·lio·gra·fie [ビブリオグラフィー] 女 die (複2格-; 複-n) (論文などの)文献リスト

Bib·lio·gra·fi·en [ビブリオグラフィーエン] Bibliografie の 複数

Bib·lio·gra·phie =Bibliografie

Bib·lio·thek [ビブリオテーク] 女 die (複2格-; 複-en)

完了h, 完了s=完了の助動詞 haben, sein

Bibliothekar

図書館, 図書室 ▷ in die *Bibliothek* gehen 図書館に行く

Bib·li·o·the·kar [ビブリオテカール] 男 *der* (⊕ 2格 -s; ⊛ -e) 図書館員, 司書

bib·lisch [ビーブリシュ] 形 聖書の, 聖書からの

bie·der [ビーダー] 形 愚直な, ばか正直な;(見た目などが)ぱっとしない

bie·gen [ビーゲン] (bog; gebogen)
— 他 [定h] [④と] [‥⁴の] 曲げる (☆ 体の一部を「曲げる」は habe) ▷ Er *biegt* einen Ast nach unten. 彼は枝を下に曲げる
— 再 [定h] [(sich)⁴と] (力が加わって)曲がる, たわむ ▷ Die Blumen *biegen* sich im Wind. 花が風に大きく揺れる
— 自 [定s] [(um+④) ⟨in+④⟩と] [‥⁴を⟨‥⁴の方へ⟩]曲がる ▷ Das Auto ist um die Ecke *gebogen*. その車は角を曲がった

bieg·sam [ビークザーム] 形 (材料などが)曲げやすい, (身体などが)しなやかな

Bie·gung [ビーグング] 女 *die* (⊕ 2格 -; ⊛ -en) 湾曲, カーブ ▷ Sein Haus steht an der *Biegung* des Flusses. 彼の家は川が湾曲している所にある

Bie·ne [ビーネ] 女 *die* (⊕ 2格 -; ⊛ -n) 《昆虫》ミツバチ ▷ Die *Bienen* schwärmen. ミツバチが群がる / Er ist fleißig wie eine *Biene*. 彼はミツバチのように勤勉だ

Bier

[biːɡ ビーア]

中 *das* (⊕ 2格 -[e]s; ⊛ -e)

ビール
dunkles *Bier*
黒ビール
ein Glas *Bier* trinken
ビールをグラス1杯飲む
ein kleines ⟨großes⟩ *Bier*
小さな⟨大きな⟩グラスに入ったビール
『数詞を直接つけることもある; 複数語尾はつけない』
ein ⟨zwei, drei⟩ *Bier* bestellen
ビールを1⟨2, 3⟩杯注文する

Bier·bauch [ビーア·バオホ] 男 *der* (⊕ 2格 -[e]s; ⊛ ..bäuche) 《口語》ビール腹

Bier·de·ckel [ビーア·デッケル] 男 *der* (⊕ 2格 -s; ⊛ -) ビアコースター, ビアマット

bier·ernst [ビーア·エルンスト] 形 《口語》くそまじめな

Bier·fass (⊕ **..faß**) [ビーア·ファス] 中 *das* (⊕ 2格 -es; ⊛ ..fässer) ビヤだる

Bier·glas [ビーア·グラース] 中 *das* (⊕ 2格 -es; ⊛ ..gläser) ビールグラス

Bier·krug [ビーア·クルーク] 男 *der* (⊕ 2格 -[e]s; ⊛ ..krüge) ビールジョッキ

Bier·ru·he [ビーア·ルーエ] 女 *die* (⊕ 2格 -; ⊛ なし) 泰然自若

Biest [ビースト] 中 *das* (⊕ 2格 -[e]s; ⊛ -er) 《口語》不快な奴〈動物·もの〉

bie·ten [ビーテン]
(du bietest, er bietet; bot; geboten; 定h)
— 他 ❶ [④と] (競売で) [‥⁴の]値をつける ▷ Er *bot* für ein Bild 1 000 Euro. 彼はある絵に1000ユーロの値をつけた
❷ [④と] [娯楽など⁴を]提供する ▷ Was wird zurzeit in der Oper *geboten*? 現在オペラ劇場では何をやっていますか
❸ [④と] [可能性など⁴を]与える ▷ Der Urlaub *bot* ihm endlich die Gelegenheit, bei seiner Familie zu sein. 休暇をとることによって彼はやっと家族のもとにいることができるようになった
❹ [③+④と] [‥³に手助けなど⁴を]与える ▷ Er *bietet* ihr den Arm. 彼は彼女に腕を貸す
❺ [④と] [様相など⁴を]見せる ▷ Die Stelle des Unfalls *bot* ein schreckliches Bild. 事故の現場は恐ろしい様相を呈していた
《イディオム》 *sich*³+④+*bieten lassen* ‥を甘んじて受ける ▷ Das *lasse* ich mir nicht *bieten*. そのようなことは私は認めることができない
— 再 ❶ [(sich)⁴+③と] (可能性などが)[‥³に]生ずる ▷ Eine gute Chance *bot* sich ihm. 彼はよい機会に恵まれた
❷ (光景などが)現れる

Bi·ki·ni [ビキーニ] 男 *der* (⊕ 2格 -s; ⊛ -s) 《水着》ビキニ

Bi·lanz [ビランツ] 女 *die* (⊕ 2格 -; ⊛ -en) ❶ 《商業》貸借対照[表] ▷ eine *Bilanz* aufstellen 貸借対照表を作成する
❷ (物事の最終的な)結果, 総決算 ▷ die erschütternde *Bilanz* des Zweiten Weltkrieges 第二次世界大戦のショッキングな結果

Bild

[bɪlt ビルト]

中 *das* (⊕ 2格 -es ⟨まれに -s⟩; ⊛ -er)

格	単　数	複　数
①	das Bild	die **Bilder**
②	des Bild**es**	der Bilder
③	dem Bild	den Bild**ern**
④	das Bild	die Bilder

❶ 絵, 絵画; 挿絵
ein *Bild* malen
絵を描く
ein Buch mit vielen *Bildern*
挿絵のたくさん入った本
❷ 写真, (テレビなどの)画像 ▷ ein *Bild* vergrößern 写真を拡大する
❸ 光景, ようす ▷ Die Straße bot ein fried-

binden

liches *Bild*. 通りは平和な様相を見せていた
❹ イメージ，表象 ▷ ein falsches *Bild* von+③ haben …³について誤ったイメージをもつ

bil·den [ビルデン]
(du bildest, er bildet; bildete; gebildet; 助h)
— 他 ❶ 〔④と〕〔…⁴を〕作る 《美術》造形する ▷ eine Figur aus Marmor *bilden* 像を大理石で作る
❷ 〔④と〕〔形・列・文など⁴を〕作る ▷ Die Kinder *bilden* einen Kreis. 子供たちは輪を作る / Beispielsätze *bilden* 例文を作る
❸ 〔④と〕〔グループなど⁴を〕作る，組織する ▷ eine Regierung *bilden* 組閣する
❹ 〔④と〕〔…⁴を〕成す，形成する ▷ Der Fluss *bildet* hier die Grenze. 川がここで境界を形成している
❺ 〔④と〕〔人格など⁴を〕陶冶する，〔…⁴に〕教養を与える ▷ Reisen *bildet* den Menschen. 旅は人間をつくる /《再帰的に》Er benutzte jede Gelegenheit, um sich zu *bilden*. 彼は自分を磨くためにあらゆる機会を利用した
イディオム *sich¹ eine Meinung über*+④ *bilden* …⁴に関して自分の意見をもつ
— 自 〔sich³と〕（霧などが）生ずる；（結晶・おでき などが）できる ▷ Rauch *bildet* sich. 煙がたつ

Bil·der [ビルダー] *Bild* の複数
Bil·der·buch [ビルダー・ブーフ] 田 *das* (単2格 -[e]s; 複 ..bücher) 絵本
bil·de·te [ビルデテ] *bilden* の過去
Bild·flä·che [ビルト・フレッヒェ] 女 *die* (単2格 -; 複 -n) (映画の)スクリーン
イディオム *auf der Bildfläche erscheinen* 《口語》突然姿を現す
von der Bildfläche verschwinden 《口語》突然姿を消す
Bild·hau·er [ビルト・ハオアー] 男 *der* (単2格 -s; 複 -) 彫刻家
bild·lich [ビルトリヒ] 形 比ゆ的な ▷ *bildlich* gesprochen 比ゆ的に言うと
Bild·nis [ビルトニス] 田 *das* (単2格 -nisses; 複 ..nisse) 《文語》肖像画
Bild·punkt [ビルト・プンクト] 男 *der* (単2格 -[e]s; 複 -e) 画素，ピクセル(画面を構成する点；= Pixel)
Bild·röh·re [ビルト・レーレ] 女 *die* (単2格 -; 複 -n) ブラウン管
Bild·schirm [ビルト・シルム] 男 *der* (単2格 -[e]s; 複 -e) 《デレ・コンピュータ》画面，ディスプレー
bild·schön [ビルト・シェーン] 形 とても美しい；とてもすばらしい
Bil·dung [ビルドゥング] 女 *die* (単2格 -; 複 -en)
❶ 《複なし》形成 ▷ die *Bildung* eines Kabinetts 組閣 / die *Bildung* von Schaum 泡の形成

❷ 《複なし》教育；教養，素養 ▷ eine gründliche *Bildung* erhalten 徹底的な教育を受ける / ein Mann von *Bildung* 教養ある男
Bil·dungs·ro·man [ビルドゥングス・ロマーン] 男 *der* (単2格 -s; 複 -e) 《文学》教養小説
Bil·dungs·sys·tem [ビルドゥングス・ズュステーム] 田 *das* (単2格 -s; 複 -e) 教育体系，教育システム
Bil·dungs·we·sen [ビルドゥングス・ヴェーゼン] 田 *das* (単2格 -s; 複なし) 教育制度
Bil·lard [ビリヤルト] 田 *das* (単2格 -s; 複なし) 《スポーツ》ビリヤード，玉突き
Bil·lett [ビリエット] 田 *das* (単2格 -[e]s; 複 -s) 《スイス・オーストリア》入場券

bil·lig
[bílɪç ビリヒ]
比較 billiger 最上 billigst

形 ❶ 安い，廉価な (⇔ teuer)
eine *billige* Ware
安い品物
Gemüse ist jetzt sehr *billig*.
野菜がいま非常に安い
❷ (トリック・言い訳などが)安易な，いいかげんな ▷ Das ist ein *billiger* Trick. それはちゃちなトリックだ
bil·li·gen [ビリゲン] (billigte; gebilligt; 助h)
他 《文語》〔④と〕〔…⁴を〕承認する，〔…⁴に〕同意する (⇔ missbilligen) ▷ Der Vorschlag muss noch *gebilligt* werden. その提案はまだ承認される必要がある
Bil·li·on [ビリオーン] 女 *die* (単2格 -; 複 -en) 1兆
bim·meln [ビムメルン]
(bimmelte; gebimmelt; 助h)
自 《口語》(鈴などが)リンリン鳴る
Bims·stein [ビムス・シュタイン] 男 *der* (単2格 -[e]s; 複 -e) 軽石
bin [ビン] sein の現在
bi·när [ビネーア] 形 二値の，二要素の，二進の
Bi·när·code [ビネーア・コート /..コード] 男 *der* (単2格 -s; 複 -s) 《コンピュータ》バイナリーコード
Bi·när·sys·tem [ビネーア・ズュステーム] 田 *das* (単2格 -s; 複なし) 二進法
Bin·de [ビンデ] 女 *die* (単2格 -; 複 -n)
❶ 包帯；生理用ナプキン
❷ 腕章；目隠し
Bin·de·ge·we·be [ビンデ・ゲヴェーベ] 田 *das* (単2格 -s; 複 -) 《医学》結合組織
bin·den [ビンデン]
(du bindest, er bindet; band; gebunden; 助h)
— 他 ❶ 〔④と〕〔…⁴を…に〕縛り〈結び〉つける ▷ das Pferd an den Zaun *binden* 馬をさくにつなぐ / Sie *band* sich ein Tuch um den

Hals. 彼女はスカーフを首に巻いた
❷【④と】[..⁴を](ひもなどで)結び合わせる, 束ねる ▷ Er *bindet* Blumen zu einem Kranz. 彼は花を花輪に束ねる
❸【④と】[ネクタイ・靴ひもなど⁴を]結ぶ ▷ eine Krawatte *binden* ネクタイをしめる
❹【④と】(あるものを束ねて)[..⁴を]作る, 編む ▷ Sie *band* einen Kranz aus Blumen. 彼女は花輪を編んだ
❺【④と】(約束などが)[..⁴を]拘束する, 義務づける ▷ (☆ ふつう状態受動で) ▷ Er ist durch ein Versprechen *gebunden*. 彼は約束に縛られている
── 再【sich⁴と】(あるものに)拘束される, 義務づけられる ▷ Ich will mich noch nicht *binden*. 私はまだ自由でいたい(結婚したくない) / 〔過去分詞で〕Ist sie schon *gebunden*? 彼女はもう婚約しているのか

Bin·der [ビンダー] 男 *der* (⊕ 2格 -s; ⊕ -) ネクタイ (＝Schlips, Krawatte)

Bind·fa·den [ビント・ファーデン] 男 *der* (⊕ 2格 -s; ⊕ ..fäden) 結びひも, 細ひも

Bin·dung [ビンドゥング] 女 *die* (⊕ 2格 -; ⊕ -en)
❶ 結びつき, つながり ▷ Er hat eine starke *Bindung* an die Heimat. 彼は故郷に強い愛着をもっている
❷ (スキーの)締め具, ビンディング

bin·nen [ビンネン] 前【③〈まれに②〉支配】(時間的に)…以内に ▷ *binnen* vier Tagen 4日以内に

Bin·nen·see [ビンネン・ゼー] 男 *der* (⊕ 2格 -s; ⊕ -n) 内陸湖

Bin·se [ビンゼ] 女 *die* (⊕ 2格 -; ⊕ -n) 〔植物〕イグサ

Bin·sen·wahr·heit [ビンゼン・ヴァールハイト] 女 *die* (⊕ 2格 -; ⊕ -en) ＝Binsenweisheit

Bin·sen·weis·heit [ビンゼン・ヴァイスハイト] 女 *die* (⊕ 2格 -; ⊕ -en) 《口語》わかりきったこと, 自明の理

Bi·o·ab·fall [ビーオ・アップ・ファル] 男 *der* (⊕ 2格 -[e]s; ⊕ ..fälle) 生ごみ

Bi·o·bau·er [ビーオ・バオアー] 男 *der* (⊕ 2格 -n 〈まれに -s〉, 3・4格 -n; ⊕ -n) 有機栽培農家

Bi·o·che·mie [ビオ・ヒェミー] 女 *die* (⊕ 2格 -; ⊕ なし) 生化学

Bi·o·die·sel [ビーオ・ディーゼル] 男 *der* (⊕ 2格 -s; ⊕ -) 植物性ディーゼル油

Bi·o·gar·ten [ビーオ・ガルテン] 男 *der* (⊕ 2格 -s; ⊕ ..gärten) 有機栽培農園

Bi·o·gas [ビーオ・ガース] 中 *das* (⊕ 2格 -es; まれに ⊕ -e) (有機物の分解によって生じる)バイオ燃料ガス

Bi·o·graf [ビオ・グラーフ] 男 *der* (⊕ 2・3・4格 -en; ⊕ -en) 伝記作者

Bi·o·gra·fie [ビオ・グラフィー] 女 *die* (⊕ 2格 -; ⊕ -n) 伝記

Bi·o·gra·fi·en [ビオ・グラフィーエン] Biografie の 複数

Bi·o·graph ＝Biograf

Bi·o·gra·phie ＝Biografie

Bi·o·kost [ビーオ・コスト] 女 *die* (⊕ 2格 -; ⊕ なし) 自然食品

Bi·o·la·den [ビーオ・ラーデン] 男 *der* (⊕ 2格 -s; ⊕ ..läden) 自然食品の店

Bi·o·lo·ge [ビオローゲ] 男 *der* (⊕ 2・3・4格 -n; ⊕ -n) 生物学者

Bi·o·lo·gie [ビオロギー] 女 *die* (⊕ 2格 -; ⊕ なし) 生物学

bi·o·lo·gisch [ビオローギシュ] 形 生物学[上]の; (製品などが)天然素材の; (栽培などが)無農薬の

bi·o·lo·gisch-dy·na·misch [ビオローギシュ・デュナーミシュ] 形 (栽培などが)自然農法による

Bi·o·mas·se [ビーオ・マッセ] 女 *die* (⊕ 2格 -; ⊕ なし) バイオマス, (エネルギー資源としての)生物体総量

Bi·o·rhyth·mus [ビーオ・リュトムス] 男 *der* (⊕ 2格 -; ⊕ ..rhythmen) バイオリズム, 生体リズム

Bi·o·sphä·re [ビーオ・スフェーレ] 女 *die* (⊕ 2格 -; ⊕ なし) (地球の)生物圏

Bi·o·tech·nik [ビーオ・テヒニク] 女 *die* (⊕ 2格 -; ⊕ なし) バイオテクノロジー, 生物工学

Bi·o·ton·ne [ビーオ・トネ] 女 *die* (⊕ 2格 -; ⊕ -n) 生ごみ容器

Bi·o·top [ビオ・トープ] 男 *der* / 中 *das* (⊕ 2格 -s; ⊕ -e) (一定の植物の)生息空間

birgst [ビルクスト] bergen の 現在

birgt [ビルクト] bergen の 現在

Bir·ke [ビルケ] 女 *die* (⊕ 2格 -; ⊕ -n) 〔植物〕シラカバ

Bir·ne [ビルネ] 女 *die* (⊕ 2格 -; ⊕ -n)
❶ 《果物》[西]洋ナシ
❷ 電球 (＝Glühbirne)

Birne

birst [ビルスト] bersten の 現在

bis

[bis ビス]

── 前【④支配; 名詞は無冠詞】
❶ 《時間》…まで

bis nächsten Sonntag 次の日曜日まで / Ich warte *bis* drei Uhr. 私は3時まで待つ 《副詞と》
bis wann いつまで
von morgens *bis* abends 朝から晩まで
Bis bald 〈gleich〉!
じゃあまたあとで (☆ 別れのあいさつ)
《他の前置詞と》
bis in die Nacht [hinein] 夜中まで
bis vor kurzem 少し前まで
Er arbeitet *bis* zum Abend. 彼は晩まで働く ❷《空間》…まで ▷ Der Zug fährt *bis* Köln. その列車はケルンまで行く /《他の前置詞と》*bis* an die Knie ひざのところまで / *bis* nach München ミュンヒェンまで / Sie begleitet ihn *bis* zum Bahnhof. 彼女は彼を駅まで送って行く
❸《範囲》《ときに zu を伴って》…まで ▷ Kinder *bis* sechs Jahre 〈*bis* zu sechs Jahren〉6歳までの子供たち /《数字の間で》Das kostet 40 *bis* 50 Euro. それは40ユーロから50ユーロかかる / Die Operation dauert zwei *bis* drei Stunden. 手術は二三時間かかる
イディオム *bis auf*+④ a) …を除いて(みんな) ▷ Sie gingen alle *bis auf* einen oder zwei. 彼らは一人か二人を除いてみんな行った
b) …を含めて, …に至るまで ▷ Das Kino war *bis auf* den letzten Platz ausverkauft. 映画館は最後の1席まで売り切れだった
— 腰《従属; 定動詞後置》
《時間》(…する)まで ▷ Sie wartete, *bis* er kam. 彼が来るまで彼女は待っていた / Ich kann nicht nach Hause gehen, *bis* die Arbeit fertig ist. 私は仕事が終わらないと帰宅できない (☆ 主文に否定詞が現れる場合, 条件的意味合いが生じる)

Bi·schof [ビショフ] 男 *der* (@2格-s;@..schöfe)《宗教》(カトリックの)司教; (ギリシア正教会の)主教; (新教の)監督

bis·her [ビス・ヘーア]
副 これまで, 今まで ▷ *Bisher* war alles in Ordnung. これまではすべてが順調だった

biss [ビス] beißen の 過去

biß 旧⇒新 biss

Biss [ビス] 男 *der* (@2格-es;@-e) かむ〈かみつく〉こと; かみ傷

Biß 旧⇒新 Biss

biss·chen [ビスヒェン]《成句で》*ein bisschen* 少し[の], 少量[の] ▷ Gib mir noch *ein bisschen* Suppe! もう少しスープをください /《比較級と》Komm *ein bisschen* näher! もう少し近くに来いよ /《動詞と》Ich möchte *ein bisschen* schlafen. 私は少し眠りたい

biß·chen 旧⇒新 bisschen

bis·se [ビッセ] beißen の 接II

Bis·sen [ビッセン] 男 *der* (@2格-s;@-) (食事の)一口分; (一口の)食物 ▷ Sie konnte keinen *Bissen* hinunterbringen. 彼女は一口ものを通らなかった

bis·sig [ビッスィヒ]
形 ❶ (犬・馬などが)すぐにかみつく, かみ癖がある ▷ Vorsicht, *bissiger* Hund! 猛犬に注意 (☆ 注意を促す掲示)
❷ 辛辣(しんらつ)な, 手厳しい ▷ *bissig* antworten 辛辣な返事をする

bist [ビスト] sein の 現在

bis·wei·len [ビス・ヴァイレン] 副《文語》ときおり, ときどき

bit·te
[bítə ビッテ]

副 ❶《要求・願いなどを表して》どうぞ
Bitte setzen Sie sich!
どうぞお座りください
Entschuldigen Sie *bitte*!
どうか許してください; すみません[が]
《質問に対する肯定の返事として》
Möchten Sie noch eine Tasse Kaffee? – [Ja,] *bitte*! コーヒーをもう1杯いかがですか—ちょうだいします
❷《許可などを表して》どうぞ ▷ Kann ich das Telefonbuch haben? – *Bitte*! 電話帳拝借してよろしいでしょうか—どうぞ
❸《感謝などに対する応答を表して》どういたしまして ▷ Danke sehr! – *Bitte* [sehr 〈schön〉]! どうもありがとう—どういたしまして
イディオム *Ja, bitte!*《電話口で》はい;《訪問者に対する応対で》はい, 何のご用でしょうか
Na bitte! そら見ろ(私にはわかっていたんだ)
Wie bitte?《よく聞き取れなかったことを聞き返したり, 驚きを表して》何ですって ▷ *Wie bitte?* Hat er das wirklich gesagt? 何だって, 彼はそんなことを本当に言ったのか

Bit·te [ビッテ] 女 *die* (@2格-;@-n)
頼み, 依頼, 願い ▷ eine große *Bitte* 大きな頼みごと / eine *Bitte* erfüllen 願いをかなえる / Ich habe eine *Bitte* an Sie. あなたにお願いがあります

bit·ten
[bítn ビッテン]

現在	ich bitte	wir bitten
	du bittest	ihr bittet
	er bittet	sie bitten
過去	ich bat	wir baten
	du batst	ihr batet
	er bat	sie baten
過分	gebeten	完了 haben

— 自 頼む, 請う

完了h, 完了s=完了の助動詞 haben, sein

höflich *bitten*
ていねいに頼む
wenn ich *bitten* darf
もしお願いしてよろしければ
Darf ich *bitten*? お願いしてもいいですか（☆ 室内に入るように頼んだり、ダンスを申し込んだりするときの表現）

— 他 ❶ 《④+um+④と》〔…⁴に…⁴を〕頼む ▷ Er hat mich um Hilfe *gebeten*. 彼は私に手助けを頼んだ /《zu 不定詞句と》Ich *bitte* Sie, mir zu helfen. どうか私を助けてください // Ich *bitte* um Ruhe! 静かにしてください / Ich *bitte* tausendmal um Entschuldigung. いくえにもおわびいたします

❷ 《④+万向と》〔…に…に来るように〕頼む ▷ Sie *bittet* ihn ins Zimmer. 彼女は彼に部屋に来るように頼む

イディオム **Ich bitte Sie ⟨dich⟩!** 《憤慨・抗議を表して》とんでもない

bit·ter [ビッター] 《比較 bitt[e]rer, 最上 -st》
形 ❶ 苦い ▷ *bittere* Medizin 苦い薬
❷ つらい、苦しい ▷ eine *bittere* Erfahrung つらい経験 / eine *bittere* Enttäuschung erleben つらい失望を味わう
❸ 《程度を表して》ひどい ▷ eine *bittere* Kälte ひどい寒さ / Es ist *bitter* kalt. ひどい寒さだ

bit·ter·lich [ビッターリヒ] 副《程度を表して》ひどく、激しく ▷ *bitterlich* weinen 激しく泣く

Bitt·stel·ler [ビット・シュテラー] 男 der 《⊕2格 -s; ⊕ -》請願者、陳情者

Bi·wak [ビーヴァック] 中 das 《⊕2格 -s; ⊕ -s ⟨-e⟩》《登山の》露営, 《軍事》露営

bi·wa·kie·ren [ビヴァキーレン]
(biwakierte; biwakiert; 完了h)
自 ビバーク⟨露営⟩する、《軍事》野営する

bi·zarr [ビツァル] 形《特に形が》奇妙な、異様な、風変わりの ▷ *bizarre* Felsen 異様な形をした岩

Bi·zeps [ビーツェプス] 男 der 《⊕2格 -[es]; ⊕ -e》《上腕の》二頭筋

Bla·bla [ブラ・ブラ] 中 das 《⊕2格 -[s]; ⊕ なし》《口語》くだらないおしゃべり

Black-out, Black·out [ブレック・アオト] 男 der / 中 das 《⊕2格 -[s]; ⊕ -s》（突然の）一時的意識喪失

blä·hen [ブレーエン] (blähte; gebläht; 完了h)
— 他 《④と》〔…⁴を〕膨らます ▷ Der Wind *blähte* die Segel. 風が帆を膨らました
— 再 《sich⁴と》(帆・カーテンなどが) 膨らむ
— 自 （食物が）腸内にガスを発生させる ▷ Hülsenfrüchte *blähen*. 豆は（食べると）腸内にガスがたまる

Blä·hung [ブレーウング] 女 die 《⊕2格 -; ⊕ -en》《ふつう ⊕ で》(腸内にガスがたまって生じる)

鼓腸（☆「おなら」は Furz）

Bla·ma·ge [ブラマージェ] 女 die 《⊕2格 -; ⊕ -n》恥辱

bla·mie·ren [ブラミーレン]
(blamierte; blamiert; 完了h)
— 他 《④と》〔…⁴に〕恥をかかせる ▷ Er hat mich vor allen Leuten *blamiert*. 彼は私をみんなの前で笑いものにした
— 再 《sich⁴と》恥をさらす、笑いものになる

blank [ブランク]
形 ❶ 光沢のある、ピカピカの ▷ *blankes* Metall 光沢のある金属 / *blanke* Schuhe ピカピカの靴
❷ むきだしの、あらわな ▷ Sie saßen auf dem *blanken* Boden. 彼らは地べたにじかに座っていた

イディオム **blank sein** 無一文である ▷ Ich *bin blank*. 私は無一文だ

Bla·se [ブラーゼ] 女 die 《⊕2格 -; ⊕ -n》
❶ 気泡、泡（☆ ビールなどの「泡」は Schaum）▷ Im Wasser steigen *Blasen* auf. 水の中を気泡が浮き上がる
❷ 水ぶくれ ▷ Er hat eine *Blase* am Fuß. 彼は足に水ぶくれができている
❸ 膀胱(ぼうこう)

bla·sen [ブラーゼン]
(du, er bläst; bliest; geblasen; 完了h)
— 自 ❶ 息を吹く、息を吹きかける ▷ durch ein Rohr *blasen* パイプを通して息を吹く / Er *bläst* in die Hände, um sie zu erwärmen. 彼は手を温めようとして息を吹きかける
— 他 ❶ 《④+万向と》〔…⁴を…から〕吹き払う、〔…⁴を…へ〕吹きかける ▷ den Staub von den Büchern *blasen* 本のほこりを吹き払う / Er hat ihr den Rauch ins Gesicht *geblasen*. 彼は彼女の顔に煙を吹きかけた
❷ 《④と》〔フルートなど⁴を〕吹奏する；〔メロディーなど⁴を〕吹く ▷ Flöte *blasen* フルートを吹く / eine Melodie *blasen* メロディーを吹く // zum Angriff *blasen* 突撃ラッパを吹く

Blä·ser [ブレーザー] 男 der 《⊕2格 -s; ⊕ -》管楽器奏者

bla·siert [ブラズィーアト] 形 高慢な、思い上がった

Blas·in·stru·ment [ブラース・インストゥルメント] 中 das 《⊕2格 -[e]s; ⊕ -e》吹奏楽器、管楽器

Blas·mu·sik [ブラース・ムズィーク] 女 die 《⊕2格 -; ⊕ なし》吹奏楽

blass [ブラス] 《比較 blasser ⟨blässer⟩, 最上 blassest ⟨blässest⟩》
形 ❶ （顔色などが）青ざめた、青白い ▷ ein *blasses* Gesicht 青白い顔
❷ （色が）淡い；（光が）ぼんやりした ▷ ein *blas-*

ses Blau 淡い青 / 《比ゆ》 eine *blasse* Erinnerung an+④ haben …⁴をかすかに覚えている

blaß [旧⇨新] blass

Bläs·se [ブレッセ] [女] *die* ([単] 2格 –; [複] なし) (顔色の)青白さ, 蒼白

bläs·ser [ブレッサー] blass の [比較]

bläs·sest [ブレッセスト] blass の [最上]

bläst [ブレースト] blasen の [現在]

Blatt [ブラット] [中] *das* ([単] 2格 –es 〈まれに –s〉; [複] Blätter)

❶ (1枚1枚の) 葉 (☆ 集合的に用いる場合は Laub; 針葉樹の場合は Nadel) ▷ Die *Blätter* fallen. 葉が落ちる / 《比ゆ》 kein *Blatt* vor den Mund nehmen 歯に衣を着せない (← 葉を口に当てない)

❷ (一定の大きさに裁断した)紙; (単位として の)枚 (☆ 数量単位の場合無変化) ▷ lose *Blätter* とじていない紙 / zehn *Blatt* Papier 10枚の紙

❸ (本・ノートなどの) 1 葉 ▷ aus dem Buch mehrere *Blätter* herausreißen 本から数ページ引きちぎる

❹ 新聞

Blät·ter [ブレッター] Blatt の [複数]

blät·tern [ブレッテルン]

(blätterte; geblättert; [完了]h)

[自] 〘in+③と〙 〔本など³の〕ページをパラパラめくる ▷ Er *blättert* in einem Buch. 彼は本をパラパラとめくる

Blät·ter·teig [ブレッター·タイク] [男] *der* ([単] 2格 –[e]s; [複] –e) 《料理》 パイ生地

Blatt·gold [ブラット·ゴルト] [中] *das* ([単] 2格 –[e]s; [複] なし) 金箔

Blatt·pflan·ze [ブラット·プフランツェ] [女] *die* ([単] 2格 –; [複] –n) 観葉植物

Blatt·stiel [ブラット·シュティール] [男] *der* ([単] 2格 –[e]s; [複] –e) 《植物》 葉柄

blau

[blau ブラオ]

[比較] blauer [最上] blau[e]st

[形] ❶ 青い, 青色の

der *blaue* Himmel

青い空

blaue Augen haben

青い目をしている

Die Farbe des Kleides ist *blau.*

ドレスの色は青色だ

❷ (皮膚が)青い, 青ざめた ▷ *blaue* Lippen haben 唇の血の気がうせている

[イディオム] ***blau sein*** 《口語》 酔っている ▷ Er *war* schon völlig *blau.* 彼はもうぐでんぐでんに酔っていた

blau·äu·gig [ブラオ·オイギヒ]

[形] ❶ 青い目の

❷ (疑うことを知らぬ)無邪気な

Blau·bee·re [ブラオ·ベーレ] [女] *die* ([単] 2格 –; [複] –n) 《植物》 ブルーベリー (コケモモの一種, 実は食用; =Heidelbeere)

bläu·lich [ブロイリヒ] [形] 青みを帯びた, 青みがかった ▷ *bläuliche* Adern 青みがかった血管

Blau·licht [ブラオ·リヒト] [中] *das* ([単] 2格 –[e]s; [複] –er) (パトカー・救急車などの)青色警告灯

blau|ma·chen [ブラオ·マッヘン] [分離]

(machte blau; blaugemacht; [完了]h)

[自] 《口語》 仕事をさぼる ▷ Er *macht* zu oft *blau.* 彼は頻繁にさぼりすぎる

Bla·zer [ブレーザー] [男] *der* ([単] 2格 –s; [複] –) 《衣類》 ブレザー

Blech [ブレヒ] [中] *das* ([単] 2格 –[e]s; [複] –e) 薄く伸ばした金属板; ブリキ, トタン

Blech·blas·in·stru·ment [ブレヒ·ブラース·インストルメント] [中] *das* ([単] 2格 –[e]s; [複] –e) 金管楽器

ble·chen [ブレッヒェン]

(blechte; geblecht; [完了]h)

[自] 《口語》 (いやいや)金を払う ▷ Er musste tüchtig *blechen.* 彼はしこたま払うはめになった

ble·chern [ブレッヒェルン]

[形] ❶ (薄く伸ばした)金属板製の; ブリキ〈トタン〉製の

❷ (声などが)耳障りな

ble·cken [ブレッケン]

(bleckte; gebleckt; [完了]h)

[他] 〘成句で〙 ***die Zähne blecken*** (動物が)牙をむく

Blei [ブライ] [中] *das* ([単] 2格 –[e]s; [複] なし) 鉛

Blei·be [ブライベ] [女] *die* ([単] 2格 –; [複] なし) 《口語》 宿泊所

blei·ben

[bláibn ブライベン]

[現在]	ich bleibe	wir bleiben
	du bleibst	ihr bleibt
	er bleibt	sie bleiben
[過去]	ich blieb	wir blieben
	du bliebst	ihr bliebt
	er blieb	sie blieben
[過分]	geblieben	[完了] sein

[自] ❶ 〘[場所]と〙 〔…に〕とどまる

zu Hause *bleiben*

家にとどまる

eine Woche in Japan *bleiben*

1週間日本に滞在する

Er musste ein paar Tage im Bett *bleiben.*

彼は数日ベッドに寝ていなければならなかった

Bitte *bleiben* Sie am Apparat !

電話をお切りにならずそのままお待ちください

Das *bleibt* unter uns !
それは私たちの間だけの話だ
(⦅時間⦆と)
Wie lange kannst du noch *bleiben*?
どのくらいの間君はまだいられますか
❷ ⦅状態⦆と　いつまでも[…の]ままである ▷ ruhig *bleiben* あわてない / Das Wetter *blieb* lange Zeit schön. 天気は長い間ずっとよかった / Er ist am Leben *geblieben*. 彼は生き残った / Wir *bleiben* Freunde. 私たちはずっと友達でいる / ⦅過去分詞⦆と Die Tür *bleibt* geschlossen. ドアは閉められたままだ / ⦅不定詞⦆と Er *blieb* stehen. 彼は立ったままだった
❸ [bei+③と] (引き続き)[…に]とどまる ▷ Ich *bleibe* bei diesem Wein. (別のワインにしないで)私はこのワインを引き続いて〈これからも〉飲む / Er *blieb* bei seiner Meinung. 彼は意見を変えなかった
❹ 残っている ▷ Jetzt *bleibt* nur noch eins zu tun. いまできることはもう一つしか残っていない / Ihm *blieb* keine andere Wahl. 彼には他の選択の余地はなかった

blei·ben·de [ブライベンデ] 形 (価値などが)変わらない; (記憶などが)薄れない (☆ 名詞につけて)

bleich [ブライヒ] 形 (顔などが)青ざめた, 蒼白な ▷ Sie wurde *bleich* vor Schreck. 彼女は恐怖のあまり蒼白になった

blei·chen [ブライヒェン] (bleichte; gebleicht)
── 他 ⦅完了h⦆ [④と] [洗濯物など⁴を]漂白する, さらす; [髪⁴を]脱色する
── 自 ⦅完了s⦆ 色があせる, 退色する

blei·er·ne [ブライエルネ] 形 鉛[製]の (☆ 名詞につけて) ▷ *bleierne* Gewichte 鉛の重り / ⦅比ゆ⦆ aus einem *bleiernen* Schlaf erwachen 重苦しい眠りから目がさめる

Blei·stift
[bláıʃtıft ブライ・シュティフト]
男 der (⦅ 2 格 -[e]s; ⦅ -e)

鉛筆
ein harter ⟨weicher⟩ *Bleistift* (芯との)かたい〈やわらかい〉鉛筆
Die Spitze des *Bleistifts* ist abgebrochen. 鉛筆の先が折れた

Blen·de [ブレンデ] 女 die (⦅ 2 格 -; ⦅ -n)
❶ (カメラの)絞り
❷ (自動車などの)日よけ

blen·den [ブレンデン] (blendete; geblendet; ⦅完了h⦆)
他 ❶ [④と] (光などが)[…⁴を]まぶしがらせる ▷ Der Scheinwerfer *blendete* ihn. ヘッドライトが彼の目にまぶしかった ∥ Die Sonne *blendet*. 太陽がまぶしい
❷ [④と] […⁴を]幻惑する ▷ sich⁴ von Äußerlichkeiten nicht *blenden* lassen 外見に惑わされない

blen·dend [ブレンデント] 形 ⦅口語⦆ すばらしい ▷ Mir geht es *blendend*. 私はとても調子がよい

Blick [ブリック] 男 der (⦅ 2 格 -[e]s; ⦅ -e)
❶ (ちらっと)見ること; 視線 ▷ Ein flüchtiger *Blick* genügte. ちらっと見るだけで十分だった / einen *Blick* auf+④ werfen …⁴を一瞥する / Sie lenkte alle *Blicke* auf sich. 彼女は視線をすべて自分の方へ向けさせた
❷ (⦅ なし) 目つき, まなざし ▷ einen sanften *Blick* haben 柔和なまなざしをしている
❸ 見晴らし, 眺め

⦅イディオム⦆ einen *Blick* für+④ haben …⁴に対して見る目をもっている
mit einem Blick 一目で
Liebe auf den ersten Blick 一目惚れ

bli·cken [ブリッケン] (blickte; geblickt; ⦅完了h⦆)
自 ⦅方向⦆と […の方へ]目を向ける, 見やる ▷ auf die Uhr *blicken* 時計を見る / aus dem Fenster *blicken* 窓から外を眺める / Sie hat ihm in die Augen *geblickt*. 彼女は彼の目を見た

⦅イディオム⦆ sich¹ *blicken lassen* 姿を現す ▷ Lass dich hier nie mehr ⟨wieder⟩ *blicken*! もう二度とここには来るな

Blick·fang [ブリック・ファング] 男 der (⦅ 2 格 -[e]s; ⦅ ..fänge) (形・色などがふつうでなくて)人目をひくもの

Blick·feld [ブリック・フェルト] 中 das (⦅ 2 格 -[e]s; ⦅ なし) 視界, 視野

blick·te [ブリックテ] blicken の ⦅過去⦆

Blick·win·kel [ブリック・ヴィンケル] 男 der (⦅ 2 格 -s; ⦅ -) 観点, 視点

blieb [ブリープ] bleiben の ⦅過去⦆
blie·be [ブリーベ] bleiben の ⦅接II⦆
blies [ブリース] blasen の ⦅過去⦆
blie·se [ブリーゼ] blasen の ⦅接II⦆

blind [ブリント]
形 ❶ 目の見えない, 盲目の ▷ Er ist auf dem rechten Auge *blind*. 彼は右目が見えない
❷ 盲目的な, 無批判の; (理性を失って)激しい ▷ *blinder* Gehorsam 盲目的な服従 / *blinder* Hass 激しい憎悪 / Er war vor Eifersucht *blind*. 嫉妬のあまり彼は分別を失っていた
❸ (ガラス・鏡などが)曇りのある ▷ Die Fensterscheibe ist *blind* geworden. 窓ガラスが曇った
❹ 見せかけの ▷ eine *blinde* Tasche 飾りのポケット / ein *blindes* Fenster めくら窓 / ein *blinder* Alarm 誤報; ⦅比ゆ⦆ 空騒ぎ / ein *blinder* Passagier 不正乗車の客

⦅イディオム⦆ *blind schreiben* (パソコンなどを)ブラインドタッチで⟨キーを見ずに⟩打つ
für ⟨*gegen*⟩+④ *blind sein* …⁴に気づかない

①, ②, ③, ④=1格, 2格, 3格, 4格の名詞

Gegen seine Schwächen *war* sie *blind.* 彼の欠点に彼女はまったく気づかなかった
Liebe macht blind. 《諺》愛は盲目

Blind·darm [ブリント・ダルム] 男 *der* (@2格 -[e]s; @ ..därme) 盲腸

Blind·darm·ent·zün·dung [ブリント・ダルム・エントツュンドゥング] 女 *die* (@2格 -; @ -en) 盲腸炎

Blin·de [ブリンデ] 男 *der* / 女 *die* (形容詞変化 ☞ Alte 表I) 目の見えない人, 盲人 ▷ einen *Blinden* an der Hand führen 目の見えない人の手を引いて行く

Blin·den·hund [ブリンデン・フント] 男 *der* (@2格 -[e]s; @ -e) 盲導犬

Blin·den·schrift [ブリンデン・シュリフト] 女 *die* (@2格 -; @ -en) 点字

Blind·flug [ブリント・フルーク] 男 *der* (@2格 -[e]s; @ ..flüge) 計器飛行

Blind·gän·ger [ブリント・ゲンガー] 男 *der* (@2格 -s; @ -) 不発弾

blind·lings [ブリントリングス] 副 やみくもに, むやみやたらに ▷ *Blindlings* schlug er zu. やみくもに彼は殴りかかった

blind|schrei·ben [ブリント・シュライベン] 分離
→ (schrieb blind; blindgeschrieben; 完h) 自 (旧⇨新 *blind schreiben* (分けて書く))

blin·ken [ブリンケン] (blinkte; geblinkt; 完h) 自 ❶ ピカピカ光る, 輝く, きらめく ▷ Die Sterne *blinken* am Himmel. 星が空にきらめいている ❷ (車のウインカーを)点滅させる

Blin·ker [ブリンカー] 男 *der* (@2格 -s; @ -) (車の)ウインカー, 点滅式方向指示灯

Blink·licht [ブリンク・リヒト] 中 *das* (@2格 -[e]s; @ -er) (交差点などの)点滅信号機

blin·zeln [ブリンツェルン] (blinzelte; geblinzelt; 完h) 自 目を細めてしきりにまばたきする ▷ Sie *blinzelt* in der hellen Sonne. 彼女は明るい日差しの中で目をパチパチさせる

Blitz [ブリッツ] 男 *der* (@2格 -es; @ -e) ❶ 稲妻, 稲光 (☆「雷鳴」は Donner) ▷ Der *Blitz* hat in einen Baum eingeschlagen. 雷が木に落ちた
❷ フラッシュ ▷ Ohne *Blitz* kann man in diesem Raum nicht fotografieren. フラッシュなしではこの部屋で写真を撮ることはできない

Blitz·ab·lei·ter [ブリッツ・アップ・ライター] 男 *der* (@2格 -s; @ -) 避雷針

blit·zen [ブリッツェン] (blitzte; geblitzt; 完h) 自 (宝石などが)ピカリ〈キラリ〉と光る ▷ Ein Brillant *blitzte* in der Sonne. ダイヤが日の光を受けて光った
イディオム *es blitzt* 稲光がする ▷ *Es blitzte* und

donnerte. 稲光がして雷が鳴った

Blitz·licht [ブリッツ・リヒト] 中 *das* (@2格 -[e]s; @ -er) 《写真》フラッシュ ▷ mit *Blitzlicht* fotografieren フラッシュで写真をとる

Block [ブロック] 男 *der* (@2格 -[e]s; @ Blöcke ⟨-s⟩)
❶ (道路で四角に仕切られた) 一区画, 街区 Wir wohnen im selben *Block*. 私たちは同一の街区に住んでいる
❷ 《@ は Blöcke のみ》(岩石などの)かたまり
❸ (はぎ取り式筆記用紙の)一つづり, 1冊 ▷ ein *Block* Briefpapier 1冊の便箋

Block

❹ 《@ は Blöcke のみ》(政治的・経済的)連合体, ブロック

Blo·cka·de [ブロカーデ] 女 *die* (@2格 -; @ -n) (海上輸送などの)封鎖

Blö·cke [ブレッケ] Block の複数

Block·flö·te [ブロック・フレーテ] 女 *die* (@2格 -; @ -n) 《楽器》リコーダー, ブロックフレーテ

block·frei [ブロック・フライ] 形 《政治》ブロックに属さない, 非同盟の

Block·haus [ブロック・ハオス] 中 *das* (@2格 -es; @ ..häuser) 丸太小屋

blo·ckie·ren [ブロキーレン] (blockierte; blockiert; 完h) 他 《④と》〔国境・港湾・道路など*を*〕封鎖する, 遮断する ▷ einen Hafen *blockieren* 港を封鎖する / Der umgestürzte Lkw *blockierte* den Verkehr. 横転したトラックが交通を遮断した

blöd [ブレート] = blöde

blö·de [ブレーデ] 形 《口語》ばかばかしい, 腹立たしい ▷ eine *blöde* Frage ばかばかしい質問 / Sei doch nicht so *blöde* ! ばかなまねはよせ

Blöd·sinn [ブレート・ズィン] 男 *der* (@2格 -[e]s; @ なし) ばかげたこと ▷ Er redet nichts als *Blödsinn*. 彼はばかげたことしか話さない

blö·ken [ブレーケン] (blökte; geblökt; 完h) 自 (羊・牛などが)メー〈モー〉と鳴く

blond [ブロント] 形 ブロンドの, 金髪の ▷ Er ist *blond*, sein Bruder dunkel. 彼はブロンドで彼の兄〈弟〉はブルネットの

Blon·di·ne [ブロンディーネ] 女 *die* (@2格 -; @ -n) (若い魅力的な)ブロンド〈金髪〉女性

bloß [ブロース]
── 形 ❶ むきだしの, 裸の ▷ mit *bloßen* Füßen はだしで / mit *bloßem* Auge 肉眼で / auf der *bloßen* Erde schlafen 地面の上にじかに寝

Blöße

❷ ただの, 単なる ▷ Das ist *bloßes* Gerede. それはただのうわさだ

―圖 ❶ 《口語》…だけ, ただ ▷ Sie hat *bloß* noch 5 Euro. 彼女はあと 5 ユーロしか持っていない / 《願望文で》Hätte ich das doch *bloß* nicht gesagt! 私はそのことを言いさえしなければよかったのだが

❷ 《命令・疑問を強めて》さあ; いったい ▷ Geh mir *bloß* aus dem Wege! さあ どいて / Warum hast du das *bloß* nicht schon früher gesagt? 君はいったいなぜそのことをもっと前に言わなかったのですか / Was will er *bloß*? 彼はいったい何がしたいのだ (☆ 困惑などの意味合いで)

❸ ただし ▷ Das Konzert war toll, *bloß* war die Musik ein bisschen zu laut. そのコンサートはすばらしかったが ただ音楽が少しうるさすぎた

Blö·ße [ブレーセ] 囡 *die* (❷2格-; ❷なし) 弱み ▷ sich³ eine ⟨keine⟩ *Blöße* geben 弱みを見せる〈見せない〉

bloß|stel·len [ブロース・シュテレン] 分離
(stellte bloß; bloßgestellt; 助h)
―他 《④と》[…⁴を]さらし者にする, 恥をかかせる
―再 《sich⁴と》恥をさらす, 笑いものになる

blub·bern [ブルッベルン]
(blubberte; geblubbert; 助h)
自 (かゆ・濃いスープなどが) ぶくぶくと泡立つ

Bluff [ブルフ/ブレフ] 男 *der* (❷2格-s; ❷-s) こけおどし, はったり

bluf·fen [ブルッフェン/ブレッ..]
(bluffte; gebluft; 助h)
他 《④と》[…⁴を]はったりなどでだます

blü·hen [ブリューエン] (blühte; geblüht; 助h)
自 ❶ (花が) 咲いている ▷ Äpfelbäume *blühen* weiß und rosa. リンゴの木が白とピンクの花をつけている
❷ (商売などが) 栄えている, 盛んである

blüh·te [ブリューテ] blühen の 過去

Blu·me
[blúːma ブルーメ]
囡 *die* (❷2格-; ❷-n)

格	単　数	複　数
①	die　Blume	die　Blumen
②	der　Blume	der　Blumen
③	der　Blume	den　Blumen
④	die　Blume	die　Blumen

❶ (草花としての) 花(☆ 果樹・灌木などに咲く「花」は Blüte)
Blumen gießen
花に水をやる
Die *Blumen* blühen.
花が咲いている

❷ 《花びらや茎の部分を指して》花 ▷ *Blumen* pflücken 花を摘む / Sie steckte eine *Blume* ins Haar. 彼女は花を 1 輪髪に差した

❸ 《複 なし》(ワインの) 芳香;(コップの上に盛り上がったビールの) 泡

Blu·men·beet [ブルーメン・ベート] 中 *das* (❷2格-[e]s; ❷-e) 花壇

Blu·men·kas·ten [ブルーメン・カステン] 男 *der* (❷2格-s; ❷..kästen) (特にバルコニー用の) プランター, フラワーボックス

Blu·men·kohl [ブルーメン・コール] 男 *der* (❷2格-[e]s; ❷なし) 《植物》カリフラワー, ハナヤサイ

Blu·men·stock [ブルーメン・シュトック] 男 *der* (❷2格-[e]s; ❷..stöcke) 鉢植えの草花

Blu·men·strauß [ブルーメン・シュトラオス] 男 *der* (❷2格-es; ❷..sträuße) 花束

Blu·men·topf [ブルーメン・トプフ] 男 *der* (❷2格-[e]s; ❷..töpfe) 植木鉢

Blu·men·zwie·bel [ブルーメン・ツヴィーベル] 囡 *die* (❷2格-; ❷-n) 《植物》球根

blu·mig [ブルーミヒ] 形 (表現などが) 美文調の;(ワインが) 芳香のある

Blu·se
[blúːza ブルーゼ]
囡 *die* (❷2格-; ❷-n)

ブラウス
eine weiße *Bluse*
白いブラウス
Die neue *Bluse* steht dir gut.
その新しいブラウスは君に似合うよ

Blut [ブルート] 中 *das* (❷2格-es⟨まれに -s⟩; ❷なし)

血, 血液 ▷ *Blut* spenden 献血する / Der Verletzte hat viel *Blut* verloren. その負傷者は大量に失血した

Blut·bad [ブルート・バート] 中 *das* (❷2格-[e]s; ❷なし) 大虐殺

Blut·druck [ブルート・ドルック] 男 *der* (❷2格-[e]s; ❷なし) 血圧

Blü·te [ブリューテ] 囡 *die* (❷2格-; ❷-n)
❶ (ふつう果樹の) 花 ▷ eine rote *Blüte* 赤い花 / Der Baum ist voller *Blüten*. その木は花盛りだ / Die *Blüte* ist verwelkt. 花がしおれた
❷ 《複 なし》開花 ▷ in der Zeit der *Blüte* 開花の時期に
❸ 盛り, 全盛期 ▷ Er starb in der *Blüte* seiner Jahre. 彼は働き盛りで死んだ
❹ 《口語》偽札

blu·ten [ブルーテン] (blutete; geblutet; 助h)
自 出血する ▷ Die Wunde *blutete* stark. 傷口からひどく血が出ていた / Er *blutete* aus der Nase. 彼は鼻血を出した
《イディオム》 *schwer bluten müssen* 相当な大金を払

Blü·ten·staub [ブリューテン・シュタオプ] 男 der (⊕ 2格 -[e]s; ⊕ なし) 花粉 (=Pollen)

Blut·ent·nah·me [ブルート・エントナーメ] 女 die (⊕ 2格 -; ⊕ -n) 採血

Blut·er·guss [ブルート・エアグス] 男 der (⊕ 2格 -es; ⊕ ..güsse)《医学》血腫

Blü·te·zeit [ブリューテ・ツァイト] 女 die (⊕ 2格 -; ⊕ -en) 開花期;《比喩》全〈最〉盛期

Blut·fleck [ブルート・フレック] 男 der (⊕ 2格 -[e]s; ⊕ -en) 血痕

blu·tig [ブルーティヒ]
形 ❶ 血のついた,血だらけの ▷ ein *blutiger* Verband 血のついた包帯
❷ 血みどろの,流血の ▷ ein *blutiger* Kampf 血みどろの戦い
❸《程度を表して》まったくの,完全な ▷ ein *blutiger* Anfänger まったくの初心者

Blut·spen·de [ブルート・シュペンデ] 女 die (⊕ 2格 -; ⊕ -n) 献血, 供血

Blut·spen·der [ブルート・シュペンダー] 男 der (⊕ 2格 -s; ⊕ なし) 献血者

bluts·ver·wandt [ブルーツ・フェアヴァント] 形 血縁の

Blu·tung [ブルートゥング] 女 die (⊕ 2格 -; ⊕ -en) 出血

blut·un·ter·lau·fen [ブルート・ウンターラオフェン] 形 (ふつう目が)充血した

Blut·un·ter·su·chung [ブルート・ウンターズーフング] 女 die (⊕ 2格 -; ⊕ -en) 血液検査

Blut·ver·gif·tung [ブルート・フェアギフトゥング] 女 die (⊕ 2格 -; ⊕ -en)《医学》敗血症

Blut·wurst [ブルート・ヴルスト] 女 die (⊕ 2格 -; ⊕ ..würste) ブラッドソーセージ (豚の肉と血を主原料にして作る)

BMW [ベーエムヴェー]
── 女 die (⊕ 2格 -; ⊕ なし) [Bayerische Motorenwerke AG の略語] ビーエムダブリュー (ドイツの自動車製造会社)
── 男 der (⊕ 2格 -[s]; ⊕ -s)《商標》ビーエムダブリュー (自動車)

Bö [ベー] 女 die (⊕ 2格 -; ⊕ -en) 突風 ▷ Die *Bö* zerreißt die Segel. 突風が帆を引き裂く

Bob [ボプ] 男 der (⊕ 2格 -s; ⊕ -s) 《スポ》ボブスレー (梶とブレーキのついた鋼鉄製のそり)

Bock [ボック] 男 der (⊕ 2格 -[e]s; ⊕ Böcke)
❶ (ヤギ・羊・シカなどの) 雄
❷《体操》(踏んで越える) 4本脚の台
《イディオム》 *einen Bock schießen* へまをする

bock·bei·nig [ボック・バイニヒ] 形《口語》強情な,反抗的な

Bock·bier [ボック・ビーア] 中 das (⊕ 2格 -[e]s; ⊕ -e) ボックビール (麦汁濃度が濃い)

Bö·cke [ベッケ] Bock の 複数

bo·cken [ボッケン] (bockte; gebockt; 助 h) 自 (馬などが棒立ちになって) 動こうとしない

bo·ckig [ボッキヒ] 形 強情な,反抗的な

Bock·wurst [ボック・ヴルスト] 女 die (⊕ 2格 -; ⊕ ..würste) ボックソーセージ (脂肪分が少なく細い, ゆでて食べる)

Bo·den [ボーデン] 男 der (⊕ 2格 -s; ⊕ Böden)
❶《耕作などの利用を考えて》土地,土壌 ▷ fruchtbarer *Boden* 肥沃な土地 / den *Boden* bearbeiten 土地を耕す
❷ 地面, 床 ▷ auf dem *Boden* sitzen 地面〈床〉に座っている / Das Glas ist auf dem *Boden* gefallen. グラスが床に落ちた
❸ (容器などの) 底 ▷ den *Boden* eines Topfes scheuern 鍋の底を磨く
❹ (物置・物干し用の) 屋根裏部屋

Bö·den [ベーデン] Boden の 複数

bo·den·los [ボーデン・ロース] 形《口語》《否定的な意味合いで》ものすごい, ひどい ▷ Er ist *bodenlos* eitel. 彼は虚栄心がものすごく強い

Bo·den·schät·ze [ボーデン・シェッツェ] 複名 地下資源

Bo·den·see [ボーデン・ゼー] 男 der (⊕ 2格 -s; ⊕ なし) ボーデン湖 (ドイツ・オーストリア・スイスの国境にある湖; ☞地図 D-5)

bo·den·stän·dig [ボーデン・シュテンディヒ] 形 (文化などが) その土地特有の; (人などが) その土地に住み着いた

Bo·dy·buil·ding [ボディ・ビルディング] 中 das (⊕ 2格 -[s]; ⊕ なし) 《スポ》ボディービル

bog [ボーク] biegen の 過去

Bo·gen [ボーゲン] 男 der (⊕ 2格 -s; ⊕ なし)
❶ (武器としての) 弓 (☆「矢」は Pfeil)
❷ (弦楽器の) 弓
❸《建築》アーチ ▷ ein gotischer *Bogen* ゴシック式アーチ
❹ 弧, 湾曲 ▷ Der Fluss fließt im *Bogen* um die Stadt. 川は町を迂回して流れている
❺ (四角に裁断した) 紙

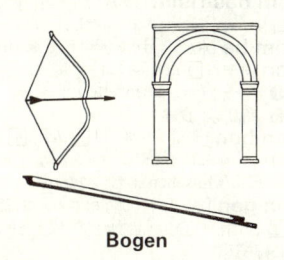

Bogen

Boh·le [ボーレ] 女 die (⊕ 2格 -; ⊕ -n) (湿地の渡し道・橋などに用いる) 厚板

Böh·men [ベーメン] 中 das 《地名》ベーメン,

ボヘミア(チェコの西部地域)

Boh·ne [ボーネ] 囡 die (⊕ 2格 -; ⊕ -n) 豆 ▷ dicke *Bohnen* ソラマメ / grüne *Bohnen* サヤインゲン / weiße *Bohnen* インゲンマメ

boh·nern [ボーネルン]
(bohnerte; gebohnert; 匿h)
他 ④と《床などを》ワックスで磨く

boh·ren [ボーレン] (bohrte; gebohrt; 匿h)
— 他 ❶ ④と〔穴などを〕あける, うがつ ▷ ein Loch in die Wand *bohren* 壁に穴をあける / Sie *bohrten* einen Brunnen. 彼らは井戸を掘った
❷ ④と〔杭・ナイフなどを〕突きさす
— 再《sich⁴と》突き刺さる ▷ Ein Dorn *bohrte* sich ihm in den Fuß. とげが彼の足に刺さった
— 自 穴をあける ▷ nach Erdöl *bohren* 石油を求めて掘る / in der Nase *bohren* 鼻をほじくる

Boh·rer [ボーラー] 男 der (⊕ 2格 -s; ⊕ -) 《工具》錐, ドリル

bö·ig [ベーイヒ] 形 (風が)突風性の; (天候が)突風の吹く

Boi·ler [ボイラー] 男 der (⊕ 2格 -s; ⊕ -) (ふつう壁に取りつけられた)ボイラー, 湯沸かし器

Bo·je [ボーイェ] 囡 die (⊕ 2格 -; ⊕ -n) (水面に浮かべる)ブイ, 浮標

Boll·werk [ボル・ヴェルク] 中 das (⊕ 2格 -[e]s; ⊕ -e) とりで, 防塁

Bol·zen [ボルツェン] 男 der (⊕ 2格 -s; ⊕ -) 《工具》ボルト

Bom·bar·de·ment [ボムバルデマーン] 中 das (⊕ 2格 -s; ⊕ -s) (激しい)砲撃, 爆撃

bom·bar·die·ren [ボムバルディーレン]
(bombardierte; bombardiert; 匿h)
他 ❶ ④と〔…を〕爆撃〈砲撃〉する
❷ ④と》《④+mit+③と》〔…³に質問・非難などを〕あびせかける; 〔…³に請願書などを〕どんどん送りつける

bom·bas·tisch [ボムバスティシュ] 形 (話し方・飾りつけなどが)大げさな, 仰々しい

Bom·be [ボムベ] 囡 die (⊕ 2格 -; ⊕ -n) 爆弾

Bon [ボン] 男 der (⊕ 2格 -s; ⊕ -s)
❶ レシート (=Kassenzettel)
❷ 商品券; 食券

Bon·bon [ボンボン/..ボーン] 男 der / 中 das (⊕ 2格 -s; ⊕ -s) ボンボン, キャンデー, ドロップ ▷ *Bonbons* lutschen ボンボンをなめる

bon·gen [ボンゲン] (bongte; gebongt; 匿h)
他《口語》④と〔品物などを〕代金をレジスターに打ち込む

Bon·mot [ボンモー] 中 das (⊕ 2格 -s; ⊕ -s)《文語》(本質をついた)うまいことば

Bonn [ボン] 中 das 《都市名》ボン(旧西ドイツの首都; ☞ 地図 C-3)

Bon·sai [ボンザイ] 中 das (⊕ 2格 -[s]; ⊕ なし) 盆栽

Bo·nus [ボーヌス] 男 der (⊕ 2格 -〈..nusses〉; ⊕ ..nusse) ボーナス, 特別配当金; (自動車保険の)無事故割引

Bon·ze [ボンツェ] 男 der (⊕ 2·3·4格 -n; ⊕ -n)《口語》(政党・組合などを牛耳っている)親分, ボス

Boom [ブーム] 男 der (⊕ 2格 -s; ⊕ -s) ブーム, 大流行, にわか景気

Boot [ボート] 中 das (⊕ 2格 -es〈まれに -s〉; ⊕ -e)
ボート ▷ [in einem] *Boot* fahren ボートに乗る / Das *Boot* ist gekentert. ボートがひっくり返った / 《比喩》Wir sitzen alle in einem *Boot*. 私たちはみんな一蓮托生だ(運命共同体だ)

boo·ten [ブーテン] (bootete; gebootet; 匿h)
他 ④と〔コンピュータ⁴を〕ブートする, 立ち上げる

Bord [ボルト]
— 男 der (⊕ 2格 -[e]s; ⊕ なし) 船縁, 舷側 ▷ eine Flasche über *Bord* werfen ビンを船から捨てる / an *Bord* gehen 船〈飛行機〉に乗る / von *Bord* gehen 船〈飛行機〉から降りる
— 中 das (⊕ 2格 -[e]s; ⊕ -e) (壁に取りつけた)棚, ボード

Bor·dell [ボルデル] 中 das (⊕ 2格 -s; ⊕ -e) 売春宿

bor·gen [ボルゲン] (borgte; geborgt; 匿h)
— 他 《③+④と》〔…¹に…⁴を〕(ふつうただで)貸す ▷ Er hat den Freund sein Auto *geborgt*. 彼は友人に車を貸した
— 再《sich³+④と》〔…⁴を〕(ふつうただで)借りる ▷ Ich habe mir ein Buch von ihm *geborgt*. 私は彼から本を借りた

Bor·ke [ボルケ] 囡 die (⊕ 2格 -; ⊕ -n) 《北ド》樹皮 (=Rinde)

bor·niert [ボルニーアト] 形 偏狭な, 頑迷な

Bör·se [ベルゼ] 囡 die (⊕ 2格 -; ⊕ -n) 株式市場; 証券取引所

Bors·te [ボルステ] 囡 die (⊕ 2格 -; ⊕ -n) (ブラシなどの; 豚・イノシシなどの)剛毛

bors·tig [ボルスティヒ] 形
❶ (動物の)剛毛の生えた; (毛などが)かたい, こわい
❷《口語》不機嫌な

Bor·te [ボルテ] 囡 die (⊕ 2格 -; ⊕ -n) (テーブルクロス・スカートなどの)へり〈くすそ〉飾り

bös·ar·tig [ベース・アールティヒ] 形
❶ (発言などが)悪意のある, 意地悪い
❷《医学》(腫瘍などが)悪性の, たちの悪い

Bö·schung [ベシュング] 囡 die (⊕ 2格 -; ⊕ -en) (特に道路・鉄道の盛り土の)斜面

bö·se [ベーゼ] (匿較 böser, 匿最 bösest)

①, ②, ③, ④ =1格, 2格, 3格, 4格の名詞

[形] ❶ (道徳的な意味で)悪い ▷ ein *böser* Mensch 悪い人 / 〘名詞化して〙 etwas *Böses* tun 悪いことをする
❷ 悪意のある ▷ Er hat eine *böse* Zunge. 彼は口が悪い / Sie hat es nicht *böse* gemeint. 彼女がそれを言ったのは悪意ではない (☆ es は形式目的語) / in *böser* Absicht 悪意で / 〘名詞化して〙 etwas *Böses* sagen 悪意のあることを言う
❸ ひどい, いやな ▷ *böse* Erfahrungen machen いやな経験をする / Die Verletzung sieht *böse* aus. 傷は見たところ相当ひどい / 〘名詞化して〙 nichts *Böses* ahnend 悪いことが起こるとも知らずに
[イディオム] ③+〈*auf*+④〉 *böse sein* …³⁽⁴⁾に怒っている ▷ *Bist* du mir nicht *böse*? 君はぼくのことを怒っていないかい
böse werden 怒る ▷ Sie *wird* immer gleich *böse*. 彼女はいつもすぐ怒る

bos·haft [ボースハフト] [形] 悪意のある, 意地悪な

Bos·heit [ボースハイト] [女] *die* ([単] 2格 –; [複] -en)
❶ 〘[複] なし〙 悪意 ▷ Das hat er nur aus *Bosheit* getan. それは彼がまったくの悪意からしたことだ
❷ 意地悪, いやがらせ

bös·wil·lig [ベース・ヴィリヒ] [形] 悪意のある

bot [ボート] bieten の [過去]

Bo·ta·nik [ボターニック] [女] *die* ([単] 2格 –; [複] なし) 植物学

bo·ta·nisch [ボターニシュ] [形] 植物学[上]の

Bo·te [ボーテ] [男] *der* ([単] 2·3·4格 -n; [複] -n) 使い, 使者, メッセンジャー

bö·te [ベーテ] bieten の [接II]

Bot·schaft [ボートシャフト] [女] *die* ([単] 2格 –; [複] -en)
❶ 大使館 (☆「領事館」は Konsulat) ▷ Die deutsche *Botschaft* befindet sich im Zentrum der Stadt. ドイツ大使館は町の中心部にある
❷ (重大な)知らせ; (大統領などの) メッセージ

Bot·schaf·ter [ボートシャフター] [男] *der* ([単] 2格 -s; [複] –) 大使 (☆「領事」は Konsul)

Bot·tich [ボッティヒ] [男] *der* ([単] 2格 -s; [複] -e) (比較的大きな)おけ, たる

Bouil·lon [ブリヨ[-]ン] [女] *die* ([単] 2格 –; まれに [複] -s) 《料理》 ブイヨン, 肉汁 (肉・骨・野菜などを煮て作る澄んだスープ)

bour·geois [ブルジョア] [形] ブルジョワの, ブルジョワ的な (☆ 格語尾 -e, -en などがつくと [..ジョアーゼ/..ジョアーゼン] のようになる)

Bour·geoi·sie [ブルジョアズィー] [女] *die* ([単] 2格 –; まれに [複] -n) 資本家階級, ブルジョアジー

Bou·tique [ブティーク] [女] *die* ([単] 2格 –; [複] -s 〈-n〉) ブティック (流行の衣類や洋品雑貨を売る小規模の専門店)

Bow·le [ボーレ] [女] *die* ([単] 2格 –; [複] -n) パンチ, ポンチ (ワインなどに果物や砂糖をミックスして冷やした飲み物)

Box [ボクス] [女] *die* ([単] 2格 –; [複] -en) 箱, 収納ボックス; (会場・ガレージなどの)一区画

bo·xen [ボクセン] (boxte; geboxt; [完了]h)
— [自] ボクシングをする ▷ Er *boxt* schon seit fünf Jahren. 彼はもう5年前からボクシングをしている / gegen+④ *boxen* …⁴とボクシングをする
— [他] 〘④と〙 [‥⁴を] げんこつで殴る

Bo·xer [ボクサー] [男] *der* ([単] 2格 -s; [複] –) ボクサー, 拳闘(けんとう)選手; 《犬》 ボクサー

Boy·kott [ボイコット] [男] *der* ([単] 2格 -s; [複] -s 〈-e〉) ボイコット

boy·kot·tie·ren [ボイコティーレン] (boykottierte; boykottiert; [完了]h)
[他] 〘④と〙 [授業・仕事・商取引きなど⁴を] ボイコットする, [‥⁴の] 不買運動をする

brach [ブラーハ] brechen の [過去]

brach|lie·gen [ブラーハ・リーゲン] [分離] (lag brach; brachgelegen; [完了]h)
[自] (土地が) 休耕中である

brach·te [ブラハテ] bringen の [過去]

brä·che [ブレーヒェ] brechen の [接II]

bräch·te [ブレヒテ] bringen の [接II]

Brahms [ブラームス] 《人名》 ブラームス (☆ Johannes Brahms はドイツの作曲家. 1833–1897)

Bran·che [ブラーンシェ] [女] *die* ([単] 2格 –; [複] -n) (職業・産業などの)部門, 分野 ▷ Sie arbeiten in der gleichen *Branche*. 彼らは同業者だ

Brand [ブラント] [男] *der* ([単] 2格 -es 〈まれに -s〉; [複] Brände) 火災, 燃焼 ▷ Die Feuerwehr löschte einen *Brand*. 消防隊は火事を消した / in *Brand* geraten 燃え上がる / ein Haus in *Brand* setzen 家に放火する

Brän·de [ブレンデ] Brand の [複数]

bran·den [ブランデン] (brandete; gebrandet; [完了]h)
[自] 〘an 〈gegen〉+④と〙 (波が) [岩など⁴に当たって] 砕け散る

Bran·den·burg [ブランデンブルク] ([中] *das*) 《州名》 ブランデンブルク (ドイツ北東部)

brand·mar·ken [ブラント・マルケン] (brandmarkte; gebrandmarkt; [完了]h)
[他] 〘④と〙 [不正など⁴を] 公然と非難する, 弾劾する

Brand·stif·ter [ブラント・シュティフター] [男] *der* ([単] 2格 -s; [複] –) 放火犯人

Brand·stif·tung [ブラント・シュティフトゥング] [女] *die* ([単] 2格 –; [複] -en) 放火

Bran·dung [ブランドゥング] [女] *die* ([単] 2格 –; [複] -en) (岸・岩などに) 当たって砕ける波

brann・te [ブランテ] brennen の 過去

Brannt・wein [ブラント・ヴァイン] 男 der (⊕ 2 格 -[e]s; ⊕ -e) (ブランデー・コニャックなどの)蒸留酒, 火酒

Bra・si・li・en [ブラズィーリエン] (田 das)《国名》ブラジル

brät [ブレート] braten の 現在

bra・ten

[brá:tn ブラーテン]

現在	ich brate	wir braten
	du brätst	ihr bratet
	er brät	sie braten

過去	ich briet	wir brieten
	du brietst	ihr brietet
	er briet	sie brieten

過分	gebraten	完了 haben

—— 他 《4と》〔肉・魚などを〕(油をひいて) 焼く, いためる (☆「揚げる」場合ふつう backen を用いる)
Fleisch *braten*
肉を焼く
Er *brät* sich ein Kotelett.
彼はカツレツを揚げる
—— 自 (肉・魚などが) 焼かれる ▷ Das Fleisch muss noch eine Weile *braten*. その肉はもう少し焼かなければならない
(イディオム) *in der Sonne braten* 《口語》肌を日に焼く ▷ Wir lassen uns *in der Sonne braten*.
私たちは肌を日に焼く

Bra・ten [ブラーテン] 男 der (⊕ 2 格 -s; ⊕ -) 焼き肉, ロースト; 焼き肉用の肉 ▷ ein knuspriger *Braten* かりかりとよく焼き上がった肉

Brat・hähn・chen [ブラート・ヘーンヒェン] 中 das (⊕ 2 格 -s; ⊕ -)《料理》ローストチキン

Brat・kar・tof・feln [ブラート・カルトッフェルン] 複名 油でいためたジャガイモ

Brat・sche [ブラーチェ] 女 die (⊕ 2 格 -; ⊕ -n)《楽器》ビオラ

Brat・schist [ブラチスト] 男 der (⊕ 2・3・4 格 -en; ⊕ -en) ビオラ奏者

brätst [ブレーツト] braten の 現在

Brat・wurst [ブラート・ヴルスト] 女 die (⊕ 2 格 -; ⊕ ..würste) 焼きソーセージ

Brauch [ブラオホ] 男 der (⊕ 2 格 -es《まれに -s》; ⊕ Bräuche) 慣習, 習わし, しきたり ▷ die ländlichen *Bräuche* bewahren いなかのしきたりを守る / Es ist ein alter *Brauch*, an Weihnachten Geschenke zu machen. クリスマスに贈り物をするのは昔からの習わしである

brauch・bar [ブラオホ・バール] 形 使用できる; 役に立つ, 有益な ▷ Mein Schirm ist zwar alt, aber noch ganz *brauchbar*. 私の傘はたしかに古いものだがまだ十分に使える

Bräu・che [ブロイヒェ] Brauch の 複数

brau・chen

[bráuxn ブラオヘン]

現在	ich brauche	wir brauchen
	du brauchst	ihr braucht
	er braucht	sie brauchen

過去	ich brauchte	wir brauchten
	du brauchtest	ihr brauchtet
	er brauchte	sie brauchten

過分	gebraucht	完了 haben

他 ❶《4と》〔..⁴を〕必要とする
Ich *brauche* Ruhe.
私は休息が必要だ
Er *braucht* dringend Geld.
彼はお金を至急必要としている
Die Kinder *brauchen* neue Schuhe.
子供たちは新しい靴が必要だ
Er *braucht* jemanden, der sich um die Kinder kümmert. 彼は子供たちの世話をしてくれる人を必要としている

❷《4と》〔..⁴の〕時間がかかる, 時間を費やす ▷ Der Zug *braucht* drei Stunden bis dahin.
汽車でそこまで行くのに 3 時間かかる

❸《4と》〔..⁴を〕消費する, 使ってしまう ▷ Der Wagen *braucht* zu viel Benzin. この車はガソリンをくいすぎる / Wir haben das ganze Geld *gebraucht*. 私たちは有り金を使い果たした
(イディオム) 4+*gut brauchen können* ..⁴を大いに役立てることができる ▷ Ich *kann* das Geld *gut brauchen*. そのお金は私に大いに役立ちます
brauchen nicht+*zu* 不定詞句 …する必要がない ▷ Er *braucht* heute *nicht zu* arbeiten. 彼はきょうは働く必要がない / Er hat *nicht zu* kommen *brauchen*. 〔現在完了〕彼は来る必要はなかった (☆ この用法では過去分詞として brauchen の形を用いる)

brauchen nur 〈*bloß*〉+*zu* 不定詞句《限定を表して》…しさえすればよい ▷ Du *brauchst bloß zu* sagen, dass du nicht willst. 君はその気がないと言いさえすればいいんだ / Bei diesem Gerät *brauchst* du *nur* den Knopf *zu* drücken. この器具はただボタンを押しさえすればよい

brauch・te [ブラオホテ] brauchen の 過去

Brauch・tum [ブラオホ・トゥーム] 中 das (⊕ 2 格 -s; ⊕ なし)《集合的に》慣習, 習わし, しきたり

Braue [ブラオエ] 女 die (⊕ 2 格 -; ⊕ -n) 眉, 眉毛 ▷ die *Brauen* hochziehen 眉をつり上げる

brau・en [ブラオエン] (braute; gebraut; 完了h)
他 ❶《4と》〔ビールを〕醸造する
❷《口語》《4と》〔飲料を〕(熱湯で) 調合してつくる ▷ einen starken Kaffee *brauen* 濃いコーヒーをいれる

Brau・e・rei [ブラオエライ] 女 die (⊕ 2 格 -; ⊕ -en)(ビールの)醸造所

braun [ブラオン] (比較 -er, 最上 -st)
形 ❶ 褐色の, 茶色の ▷ ein *braunes* Kleid 褐色のドレス / Sie hat *braunes* Haar. 彼女は栗色の髪をしている
❷ (小麦色になるほど)日焼けした ▷ Sie ist *braun* aus dem Urlaub zurückgekommen. 彼女は日焼けして休暇から帰ってきた
イディオム *braun gebrannt* 褐色に日焼けした

Bräu·ne [ブロイネ] 女 die (第2格 -; 複 なし) (特に日焼けによる肌の)小麦色

bräu·nen [ブロイネン]
(bräunte; gebräunt; 助 h)
他 ④と〔…⁴を〕きつね色に焼く(いためる); 日焼けさせる ▷ Zwiebeln in Butter *bräunen* タマネギをバターできつね色にいためる / sich⁴ auf dem Balkon *bräunen* lassen バルコニーで肌を焼く / Die Sonne *bräunt* die Haut. 日差しで肌が焼ける

braun·ge·brannt [ブラオン·ゲブラント] 形
(旧⇒新) *braun gebrannt* (分けて書く) ☞ braun

Braun·glas [ブラオン·グラース] 中 das (第2格 -es; 複 ..gläser) (分別回収される)茶色びん

bräun·lich [ブロインリヒ] 形 褐色〈茶色〉がかった ▷ Sie hat *bräunliches* Haar. 彼女は褐色がかった髪をしている

Braun·schweig [ブラオンシュヴァイク] (田 das) 《都市名》ブラウンシュヴァイク(ドイツ北東部; ☞ 地図 E-2)

Brau·se [ブラオゼ] 女 die (第2格 -; 複 -n) シャワー (=Dusche)

brau·sen [ブラオゼン] (brauste; gebraust)
— 自 ❶ 助 h) (風·波などが)ゴーゴー音をたてる, 荒れ狂う ▷ Das Meer *braust.* 海が荒れ狂う
❷ 助 s) (口語)(乗り物が)大きな音をたてて進む ▷ Der Zug ist über die Brücke *gebraust.* 列車は轟音をたてて橋を渡った
❸ 助 h) シャワーを浴びる (=duschen)
— 再 助 h) (sich⁴と) シャワーを浴びる

Braut [ブラオト] 女 die (第2格 -; 複 Bräute)
❶ 新婦, 花嫁 (関 Bräutigam)
❷ (女性の)婚約者, いいなずけの女 (=Verlobte)

Bräu·te [ブロイテ] Braut の 複

Bräu·ti·gam [ブロイティガム] 男 der (第2格 -s; 複 -e)
❶ 新郎, 花婿 (関 Braut) ▷ Der *Bräutigam* hielt eine kleine Ansprache. 新郎は短いスピーチをした
❷ (男性の)婚約者, いいなずけの男 (=Verlobter)

Braut·paar [ブラオト·パール] 中 das (第2格 -[e]s; 複 -e) 新郎新婦

brav [ブラーフ]

形 ❶ (子供が)行儀のいい, おとなしい ▷ Sei schön *brav*! ちゃんとおとなしくしていなさい
❷ (特に優れていないが)きちんとした ▷ Er hat seine Aufgaben *brav* gemacht. 彼は任務を手堅く果たした

bra·vo [ブラーヴォ] 〔間投詞〕ブラボー, いいぞ(喝采などの叫び) ▷ *bravo* rufen ブラボーと叫ぶ

Bra·vour [ブラヴーア] =Bravur

bra·vou·rös [ブラヴレース] =bravurös

Bra·vur [ブラヴーア] 女 die (第2格 -; 複 なし)《文語》すばらしい技; 勇敢

bra·vu·rös [ブラヴレース] 形 (技巧などが)すばらしい, みごとな

BRD [ベーエルデー] 《*B*undes*r*epublik *D*eutschland の略語》ドイツ連邦共和国

bre·chen
[bréçn ブレッヒェン]

現在	ich breche	wir brechen
	du brichst	ihr brecht
	er bricht	sie brechen
過去	ich brach	wir brachen
	du brachst	ihr bracht
	er brach	sie brachen
過分	gebrochen	haben, sein

— 自 ❶ 助 s) 折れる, 砕ける, こわれる ▷ Der Mast des Schiffes *bricht* im Sturm. 船のマストが強風で折れる
❷ 助 h) 〔mit+③と〕〔…³との〕関係を絶つ, 縁を切る ▷ Er hat mit ihr *gebrochen.* 彼は彼女との関係を絶った
❸ 助 h) 吐く ▷ Nach dem Essen musste er mehrmals *brechen.* 食後に彼は何度か吐かずにはいられなかった

— 他 助 h) ❶ ④と〔かたいものを⁴〕折る, 割る, 砕く, こわす
einen Zweig vom Baum *brechen*
枝を木から折る
Er *brach* sich ein Bein.
彼は足を折った
❷ ④と〔抵抗などを⁴〕打ち破る ▷ Sie haben die Blockade *gebrochen*. 彼らは封鎖を突破した / einen Rekord *brechen* 記録を破る
❸ ④と〔約束などを⁴〕破る ▷ Er hat sein Wort *gebrochen.* 彼は約束を破った / Er hat endlich sein Schweigen *gebrochen.* 彼はとうとう沈黙を破った

— 再 助 h) (sich⁴+an ⟨in⟩+③と) (光線などが)〔…³で〕屈折する; (波が)〔…³に〕当たって砕ける

Brei [ブライ] 男 der (第2格 -[e]s; 複 -e) かゆ, かゆ状の食べ物

breit [ブライト] (比較 -er, 最上 -est)
形 ❶ 幅の広い (反 schmal) ▷ ein *breiter*

Breite

Fluss 幅の広い川 / Er hat *breite* Schultern. 彼は肩幅が広い
❷ 【[数詞]などと】 […の]幅のある ▷ ein zehn Meter *breiter* Fluss 幅10メートルの川 / Der Schrank ist zwei Meter *breit* und drei Meter hoch. その戸棚は幅が2メートルで高さが3メートルだ / Wie *breit* ist dieser Tisch? このテーブルの幅はどのくらいですか
❸ (社会的に)広範囲の ▷ ein *breites* Echo finden 広く世間の反響を呼ぶ
[イディオム] *sich*⁴ *breit machen* a) (ソファーなどに座って)場所を広く占める ▷ *Mach* dich doch nicht so *breit*! (場所をとりすぎないように)ちゃんと座りなさい
b) (悪習などが)広がる

Brei·te [ブライテ] [女] *die* (⌘ 2格 -; ⌘ -n)
❶ 【[複]なし】幅 (☆「長さ」は Länge,「高さ」は Höhe) ▷ Die Straße hat eine *Breite* von drei Metern. その道路の幅は3メートルだ
❷ 緯度 (☆「経度」は Länge) ▷ nördliche 〈südliche〉 *Breite* 北〈南〉緯 / Der Ort liegt auf 40 Grad nördlicher *Breite*. その場所は北緯40度のところにある

Brei·ten·grad [ブライテン・グラート] [男] *der* (⌘ 2格 -[e]s; ⌘ -e) 《地理》緯度 (⇔ Längengrad)

breit|ma·chen [ブライト・マッヘン] [分離] (machte breit; breitgemacht; [助]h) [再] 《*sich*⁴と》 [旧⇒新] breit machen (分けて書く) ☞ breit

Breit·sei·te [ブライト・ザイテ] [女] *die* (⌘ 2格 -; ⌘ -n) (物の)長い方の側面

Bre·men [ブレーメン] [中] *das* 《都市名》ブレーメン(ドイツ北西部; ☞ 地図 D-2)

Bre·mer [ブレーマー]
— [男] *der* (⌘ 2格 -s; ⌘ -) ブレーメン市民; ブレーメン出身の人
— [形] ブレーメンの (☆ 格語尾をつけない)

Brem·se [ブレムゼ] [女] *die* (⌘ 2格 -; ⌘ -n)
ブレーキ ▷ auf die *Bremse* treten ブレーキを踏む / Das Unglück geschah, weil die *Bremsen* versagt haben. その事故はブレーキがきかなかったために起こった

brem·sen [ブレムゼン]
(du, er bremst; bremste; gebremst; [助]h)
— [自] ブレーキをかける ▷ Der Fahrer *bremste* scharf. 運転手は急ブレーキをかけた
— [他] 《[4格]と》[自動車など]にブレーキをかける ▷ Er konnte das Auto nicht mehr rechtzeitig *bremsen*. 彼は車のブレーキがもう間に合わなかった

brems·te [ブレムステ] bremsen の [過去]

bren·nen [ブレネン]
(brannte; gebrannt; [助]h)
— [自] ❶ 燃える, 燃焼する ▷ Holz *brennt*. まきが燃える / Das Haus *brennt*. 家が燃えている
❷ (明かりなどが)ともる ▷ Im Wohnzimmer *brennt* noch Licht. 居間にはまだ明かりがもっている
❸ (太陽が)照りつける ▷ Die Sonne *brennt* heute ungeheuer. きょうは太陽がぎらぎら照りつけている
❹ (傷などが)炎症を起こし痛む; ひりひりする感じを引き起こす ▷ Die Wunde *brennt* heftig. 傷がひどく痛む / Der Pfeffer *brennt* auf der Zunge. コショウで舌がひりひりする
❺ 《*auf*+[4格]と》[…⁴を]熱望する ▷ Er *brennt* auf Rache. 彼は復讐の念に燃えている
[イディオム] *Es brennt!* 火事だ
— [他] 《[4格]と》[…⁴を]高熱で〈蒸留して〉つくる ▷ Ziegel *brennen* れんがを焼く / Branntwein aus Kartoffeln *brennen* ジャガイモから蒸留酒をつくる
— [再] 《[口語]》《*sich*⁴と》やけどをする

bren·nend [ブレネント] [形] (問題などが)きわめて重要な

Bren·ner [ブレナー] [男] *der* (⌘ 2格 -s; ⌘ -) (ガスなどの)燃焼器

Brenn·es·sel [旧⇒新] Brennnessel

Brenn·nes·sel [ブレン・ネッセル] [女] *die* (⌘ 2格 -; ⌘ -n) 《植物》イラクサ

Brenn·punkt [ブレン・プンクト] [男] *der* (⌘ 2格 -[e]s; ⌘ -e) 焦点; 注目〈関心〉の的 ▷ im *Brennpunkt* des öffentlichen Interesses stehen 世間の関心の的になっている

Brenn·stoff [ブレン・シュトフ] [男] *der* (⌘ 2格 -[e]s; ⌘ -e) 燃料 ▷ feste *Brennstoffe* 固体燃料

brenz·lig [ブレンツリヒ] [形] 《[口語]》(身の安全も)危ない, 危険な

Bre·sche [ブレッシェ] [女] *die* 《成句で》 *eine Bresche schlagen* 突破口を開く *in die Bresche springen* 身をていして助ける

Bres·lau [ブレスラオ] [中] *das* 《都市名》ブレスラウ(ポーランドの文化都市ブロツワフのドイツ語名; ☞ 地図 H-3)

Brett [ブレット] [中] *das* (⌘ 2格 -es 〈まれに -s〉; ⌘ -er)
❶ 板; 棚 ▷ das schwarze *Brett* 掲示板
❷ 《[複]で》スキー板

Bret·ter [ブレッター] Brett の [複数]

Bre·zel [ブレーツェル] [女] *die* (⌘ 2格 -; ⌘ -n) プレーツェル(独特な形の塩味または甘味のある乾パン)

Brezel

brich [ブリヒ] brechen の 命令
brichst [ブリヒスト] brechen の 現在
bricht [ブリヒト] brechen の 現在

Brief
[briːf ブリーフ]

男 der (❷2格 -es〈まれに -s〉; 複 -e)

格	単 数	複 数
①	der Brief	die Briefe
②	des Briefes	der Briefe
③	dem Brief	den Briefen
④	den Brief	die Briefe

手紙, 書簡, 書状 (☆「はがき」は [Post]karte)
einen *Brief* schreiben
手紙を書く
den *Brief* frankieren
手紙に切手をはる
einen *Brief* in den Briefkasten einwerfen
手紙を郵便ポストに投函する
mit+③ *Briefe* wechseln
…³と文通をする
ein offener *Brief* 公開状

Brief·bo·gen [ブリーフ・ボーゲン] 男 der (❷2格 -s; 複 -) 便箋 (一枚一枚の便箋の紙を指す)

Brief·kas·ten [ブリーフ・カステン] 男 der (❷2格 -s; 複 ..kästen)
❶ 郵便ポスト ▷ Wo ist der nächste *Briefkasten*? 一番近いポストはどこですか
❷ (家庭の)郵便受け ▷ Er nimmt die Post aus dem *Briefkasten*. 彼は郵便受けから郵便を取り出す

Brief·kopf [ブリーフ・コプフ] 男 der (❷2格 -[e]s; 複 ..köpfe) レターヘッド (便箋上部に記される住所・氏名など)

Brief·mar·ke [ブリーフ・マルケ] 女 die (❷2格 -; 複 -n)
郵便切手 ▷ Er sammelt *Briefmarken*. 彼は切手を集めている

Brief·mar·ken·al·bum [ブリーフ・マルケン・アルブム] 中 das (❷2格 -s; 複 ..alben) 切手帳

Brief·mar·ken·au·to·mat [ブリーフ・マルケン・アオトマート] 男 der (❷2・3・4格 -en; 複 -en) 切手自動販売機

Brief·öff·ner [ブリーフ・エフナー] 男 der (❷2格 -s; 複 -) (開封用の)ペーパーナイフ

Brief·ta·sche [ブリーフ・タッシェ] 女 die (❷2格 -; 複 -n) (お金・カードなどを入れる)札〈紙〉入れ ▷ Er zieht seine *Brieftasche* heraus. 彼は札入れを取り出す

Brief·tau·be [ブリーフ・タオベ] 女 die (❷2格 -; 複 -n) 伝書バト

Brief·trä·ger [ブリーフ・トレーガー] 男 der (❷2格 -s; 複 -)

郵便配達人

Brief·um·schlag [ブリーフ・ウム・シュラーク] 男 der (❷2格 -[e]s; 複 ..schläge) 封筒

Brief·wech·sel [ブリーフ・ヴェクセル] 男 der (❷2格 -s; 複 -) 手紙のやりとり, 文通 ▷ mit+③ in *Briefwechsel* stehen …³と文通している

briet [ブリート] braten の 過去
brie·te [ブリーテ] braten の 接II
Bri·kett [ブリケット] 中 das (❷2格 -s; 複 -s) ブリケット(練炭の一種, 粉炭などを四角に固めたもの)

bril·lant [ブリリャント] 形 (演技などが)すばらしい, みごとな

Bril·le
[brílə ブリレ]

女 die (❷2格 -; 複 -n)

めがね
eine *Brille* aufsetzen
めがねをかける
eine *Brille* abnehmen
めがねをはずす
eine neue *Brille* brauchen
新しいめがねを必要とする
Er trägt eine scharfe〈schwache〉*Brille*.
彼は度の強い〈弱い〉めがねをかけている
eine *Brille* für die Nähe〈Ferne〉
近視〈遠視〉用のめがね

bril·lie·ren [ブリリーレン]
(brillierte; brilliert; 完了 h)
自 〖mit+③と〗〖…³で〗精彩を放つ, 抜きんでている ▷ Er *brillierte* mit seiner Rednergabe. 彼の弁舌の才にはずばぬけたものがあった

Brim·bo·ri·um [ブリンボーリウム] 中 das (❷2格 -s; 複 なし)《口語》(必要以上の)大騒ぎ, 空騒ぎ

brin·gen
[bríŋən ブリンゲン]

現在	ich bringe	wir bringen
	du bringst	ihr bringt
	er bringt	sie bringen
過去	ich brachte	wir brachten
	du brachtest	ihr brachtet
	er brachte	sie brachten
過分	gebracht	完了 haben

他 ❶ 〖(④+方向)と〗〔…⁴を…へ〕持って行く〈来る〉, 運ぶ
die Briefe auf die Post *bringen*
手紙を郵便局へ持って行く
einen Verletzten ins Krankenhaus *bringen*
負傷者を病院へ運ぶ
Er *brachte* den Koffer zum Bahnhof.
彼はトランクを駅へ持って行った
〖③+④と〗

Bringen Sie mir ein Glas Wasser!
私に水を1杯持って来てくれ
【(4)のみと】
Der Briefträger hat die Post *gebracht*.
郵便配達人が郵便を持って来た

類語
bringen （一般的な意味で）運ぶ
tragen 手など身体の一部を用いて歩きながら運ぶ
mitbringen 訪問する際に贈り物などとして持って来る
mitnehmen どこかに行くのに伴い，いっしょに持って出る，持って行く（☆ 無意識のこともある）

❷ 【(4)+方向と】［…⁴を…へ］**連れて行く〈来る〉**
▷ die Kinder zur Großmutter *bringen* 子供たちを祖母のところへ連れて行く / *Bring* ihn hierher! 彼をここへ連れて来い

❸ 【(4)+方向と】［…⁴を…へ］送って行く ▷ den Gast zum Bahnhof *bringen* 客を駅に送って行く / Er hat das Mädchen nach Hause *gebracht*. 彼はその娘を家へ送って行った〈送り届けた〉

❹ 【(4)と】［…⁴を］もたらす ▷ Zinsen *bringen* （預金などが）利子を生む / Diese Wolken *bringen* Regen. このような雲は雨を降らせる / Das *bringt* nichts. そんなことをしても〈言っても〉何にもならない

❺ 《口語》【(4)と】［…⁴を］掲載する; 放送〈放映〉する ▷ Er *brachte* in der Zeitschrift einen interessanten Artikel. 彼は雑誌に興味深い記事を載せた / Das zweite Programm *bringt* ein Konzert. 第2番組はコンサートを放送する

❻ 【(4)+zu+(3)と】［…⁴を…³］させる ▷ (4)+zum Lachen *bringen* …⁴を笑わせる / (4)+zum Schweigen *bringen* …⁴を黙らせる / (4)+zum Ausdruck *bringen* …⁴を表現する

(イディオム) (4)+*hinter sich* *bringen* …⁴をし終える; (障害など)を克服する

(4)+*in Aufregung bringen* …⁴を興奮させる
(4)+*in Gefahr bringen* …⁴を危険に陥れる
(4)+*in Ordnung bringen* …⁴を整理する
(4)+*um*+(4) *bringen* …⁴から…⁴を奪う ▷ Der Lärm *brachte* ihn *um* den Schlaf. 騒音で彼は眠れなかった
es [*bis*] *zu*+(3) *bringen* …³にまで出世する ▷ Er hat *es bis zum* Direktor *gebracht*. 彼は所長にまでなった

bri·sant ［ブリザント］形《文語》（テーマなどが）議論を呼ぶ, 紛争の火種を抱えた

Bri·se ［ブリーゼ］女 *die* ((輯)2格 -; (輯)-n) (特に海からの)微風

brö·cke·lig ［ブレッケリヒ］形（岩石などが）崩れやすい, もろい

brö·ckeln ［ブレッケルン］
(bröckelte; gebröckelt)
── 自 ((輯)s) はげて落ちる ▷ Der Putz ist von den Wänden *gebröckelt*. しっくいが壁からはげ落ちた
── 他 ((輯)h) 【(4)+in+(4)と】（パンなど⁴をスープなどに）砕いて入れる

Bro·cken ［ブロッケン］男 *der* ((輯)2格 -s; (輯)-) (土·岩·パンなどの)破片, かけら

bröck·lig ［ブレックリヒ］＝bröckelig

bro·deln ［ブローデルン］
(brodelte; gebrodelt; (輯)h)
自 （湯などが）たぎる, 沸騰する, 煮立つ ▷ Das Wasser *brodelte* im Topf. 湯がなべの中でたぎっていた

Brok·ko·li ［ブロッコリ］複名《植物》ブロッコリー（カリフラワーの原型）

Brom·bee·re ［ブロム·ベーレ］女 *die* ((輯)2格 -; (輯)-n) 《植物》ブラックベリー

Bron·chi·ti·den ［ブロンヒティーデン］Bronchitis の 複

Bron·chi·tis ［ブロンヒーティス］女 *die* ((輯)2格 -; (輯)..chitiden) 《医学》気管支炎

Bron·ze ［ブローンゼ］女 *die* ((輯)2格 -; (輯)なし) 青銅, ブロンズ

Bron·ze·me·dail·le ［ブローンゼ·メダリェ］女 *die* ((輯)2格 -; (輯)-n) 銅メダル

bron·zen ［ブローンゼン］形 ブロンズ〔製〕の ▷ eine *bronzene* Statue ブロンズ像

Bro·sche ［ブロッシェ］女 *die* ((輯)2格 -; (輯)-n) ブローチ ▷ eine *Brosche* anstecken ブローチをつける

bro·schiert ［ブロシーアト］形 （本が）紙とじの, 仮製本の

Bro·schü·re ［ブロシューレ］女 *die* ((輯)2格 -; (輯)-n) パンフレット, (仮綴じの)小冊子

Brö·sel ［ブレーゼル］男 *der* (南ドイツ·オーストリア)中 *das* ((輯)2格 -s; (輯)-) 〔ふつう 複 で〕パンくず

Brot
［bro:t ブロート］
中 *das* ((輯)2格 -es〈まれに -s〉; (輯)-e)

❶ パン
frisches *Brot*
焼きたてのパン
Brot backen
パンを焼く
eine Scheibe *Brot*
パン1切れ
zwei Stück *Brot*
（厚く切った）パン2切れ
flüssiges *Brot*
《比ゆ》ビール（← 液体のパン）

❷ スライスしたパン ▹ein *Brot* mit Butter streichen パンにバターを塗る / ein belegtes *Brot* オープンサンドイッチ

Bröt·chen [ブレート·ヒェン] [中] *das* ([単] 2 格 -s; [複] -)
ブレートヒェン (小型の丸いパン; Brot の縮小形) ▹ frische *Brötchen* 焼きたてのブレートヒェン

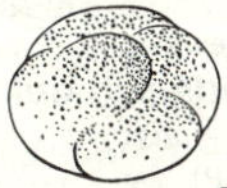

Brötchen

Bruch [ブルフ] [男] *der* ([単] 2 格 -[e]s; [複] Brüche)
❶ (機械などの)破損, 損壊 ▹der *Bruch* eines Rades 車輪の破損 / in die *Brüche* 〈zu *Bruch*〉 gehen 壊れる
❷ (関係などの)解消; (協定などの)違反 ▹der *Bruch* einer Verlobung 婚約の破棄 / der *Bruch* mit der Vergangenheit 過去との決別
❸ 骨折 ▹ein komplizierter *Bruch* 複雑骨折
❹ 《数学》分数 ▹einen *Bruch* kürzen 〈erweitern〉 約分〈通分〉する

Brü·che [ブリュッヒェ] Bruch の [複数]

brü·chig [ブリュッヒヒ] [形] 壊れやすい, もろい ▹ *brüchiges* Gestein もろい岩石

Bruch·stück [ブルフ·シュテュック] [中] *das* ([単] 2 格 -[e]s; [複] -e) かけら, 破片; (話·作品などの)断片

Bruch·teil [ブルフ·タイル] [男] *der* ([単] 2 格 -[e]s; [複] -e) ごくわずかな一部分 ▹ein *Bruchteil* der Arbeit 仕事のほんの一部 / Er reagierte im *Bruchteil* einer Sekunde. 彼は一瞬のうちに反応した

Brü·cke [ブリュッケ] [女] *die* ([単] 2 格 -; [複] -n)
橋, 橋梁(きょうりょう) ▹eine schmale *Brücke* 幅の狭い橋 / eine *Brücke* bauen 橋を造る / Die *Brücke* spannt sich über den Fluss. 橋が川の上にかかっている / Die Musik schafft eine *Brücke* zwischen den Völkern. 音楽は民族間の架け橋になる
[イディオム] ***alle Brücken hinter sich³ abbrechen*** 人や物事とのこれまでのつながりをすべて絶ち切る

Bru·der

[brú:dɐ ブルーダー]
[男] *der* ([単] 2 格 -s; [複] Brüder)

格	単 数	複 数
①	der Bruder	die Brüder
②	des Bruders	der Brüder
③	dem Bruder	den Brüdern
④	den Bruder	die Brüder

❶ 兄, 弟; 兄弟 (☆「姉〈妹〉」は Schwester, 姉妹を含む「兄弟」は Geschwister)
mein großer 〈älterer〉 *Bruder*
兄
mein kleiner 〈jüngerer〉 *Bruder*
弟
Ich habe noch einen *Bruder*.
私にはまだ兄弟が1人おります
❷ 《カトリック》修道士 ▹*Bruder* Johannes ブラザーヨハネス (☆修道士への呼びかけ)

Brü·der [ブリューダー] Bruder の [複数]

brü·der·lich [ブリューダーリヒ] [形] 兄弟らしい ▹*brüderliche* Liebe 兄弟らしい愛情 / ④+ *brüderlich* teilen …⁴を仲よく分けあう

Brü·der·lich·keit [ブリューダーリヒカイト] [女] *die* ([単] 2 格 -; [複] なし) 兄弟のような思い

Brü·der·schaft [ブリューダーシャフト] [女] *die* 〘成句で〙 ***mit***+③ ***Brüderschaft trinken*** (杯を交わして) …³と du で呼び合う関係になる

Brü·he [ブリューエ] [女] *die* ([単] 2 格 -; [複] -n) 《料理》ブイヨン, 肉汁 (＝Bouillon)

brü·hen [ブリューエン] (brühte; gebrüht; [完了]h)
[他] 〘④と〙 [トマトなど⁴に] (皮をむきやすくするために)熱湯をかける
[イディオム] ***Kaffee* 〈*Tee*〉 *brühen*** コーヒー〈お茶〉を入れる

Brüh·wür·fel [ブリュー·ヴュルフェル] [男] *der* ([単] 2 格 -s; [複] -) 《料理》(サイコロの形をした)固形ブイヨン〈肉汁〉

brül·len [ブリュレン] (brüllte; gebrüllt; [完了]h)
[自] ❶ (猛獣·牛などが)ほえる, 鳴く ▹Der Löwe *brüllte*. ライオンがほえた
❷ 大声を出す, わめく; 《口語》泣きわめく ▹ Er *brüllte*: „Ruhe!“ 彼は「静かに」と大声で叫んだ

brum·men [ブルムメン]
(brummte; gebrummt; [完了]h)
— [自] (クマなどが)うなる; (ハエなどが)ブンブンいう ▹Der Bär *brummt*. クマがうなる / 《比ゆ》Die Motoren *brummen*. モーター〈エンジン〉がブンブンうなる
— [他] 〘④と〙 [‥⁴を] (不機嫌そうに)ぼそぼそ言う ▹Was *brummst* du vor dich hin? 何を一人でぶつぶつ言っているの / ein Lied [vor sich⁴ hin] *brummen* 歌をはっきりしない声で歌う

Brum·mi [ブルムミ] [男] *der* ([単] 2 格 -s; [複] -s) 《口語》大型トラック

brum·mig [ブルムミヒ] [形] 《口語》不機嫌な, 無愛想な

brü·nett [ブリュネット] [形] (髪が)ブルネットの

Brun·nen [ブルンネン] [男] *der* ([単] 2 格 -s; [複] -)
井戸 (噴水装置のあるものもないものも指す) ▹einen *Brunnen* bohren 井戸を掘る / ein alter *Brunnen* vor der Kirche 教会の前の古い噴水

Brunst

Brunst [ブルンスト] 女 die (⊛2格 -; まれに⊛ Brünste) 発情〈交尾〉期

brüns·tig [ブリュンスティヒ] 形 (牛などが)発情した, さかりのついた

brüsk [ブリュスク] 形 (返事などが)すげない, つれない, そっけない

brüs·kie·ren [ブリュスキーレン] (brüskierte; brüskiert; 医了h) 他 《文語》《④と》〔…に対し〕すげない〈つれない〉態度をとり感情を傷つける

Brüs·sel [ブリュッセル] (⊕ das) 《都市名》ブリュッセル(ベルギーの首都; ☞地図 B-3)

Brust [ブルスト] 女 die (⊛2格 -; ⊛ Brüste)
❶ 《⊛なし》胸 (☆女性の「バスト」= Busen) ▷ eine breite *Brust* 幅の広い胸 / Der Arzt klopft seine *Brust* ab. 医者は彼の胸を打診する
❷ 乳房, おっぱい ▷ dem Säugling die *Brust* geben 乳飲み子に乳をふくませる /《両方の乳房を集合的に指して》eine üppige *Brust* 豊満なバスト

Brüs·te [ブリュステ] Brust の 複数

brüs·ten [ブリュステン] (brüstete; gebrüstet; 医了h) 再 sich⁴+mit+③と 〔…³を〕鼻にかける, 自慢する

Brust·schwim·men [ブルスト・シュヴィメン] ⊕ das (⊛2格 -s; ⊛なし)《スポーツ》平泳ぎ

Brüs·tung [ブリュストゥング] 女 die (⊛2格 -; ⊛ -en) (バルコニーなどの)手すり, 欄干

Brut [ブルート] 女 die (⊛2格 -; ⊛なし)
❶ 抱卵 ▷ künstliche *Brut* 人工孵化
❷ 一腹の子〈幼虫・稚魚〉

bru·tal [ブルタール] 形 残忍な, 残虐な, 粗暴な ▷ ein *brutales* Verbrechen 残虐な犯罪

Bru·ta·li·tät [ブルタリテート] 女 die (⊛2格 -; ⊛なし) 残忍, 残酷, 粗暴

Bru·ta·lo [ブルターロ] 男 der (⊛2格 -s; ⊛ -s) 《口語》残忍な男

brü·ten [ブリューテン] (brütete; gebrütet; 医了h) 自 ❶ (鳥がひなをかえすために)卵を温める, 卵を抱く ▷ Die Henne *brütet*. めんどりが卵を抱いている
❷ 《口語》じっくり考える

brut·to [ブルット] 副 ❶ 額面で, 税込みで (⇔ netto) ▷ Er verdient nur 2 000 Euro *brutto* im Monat. 彼の月収は税込みでたった 2 000 ユーロだ
❷ 風袋とめて, 包装の目方を含めて

Brut·to·ge·wicht [ブルット・ゲヴィヒト] ⊕ das (⊛2格 -[e]s; ⊛ -e) (包装などを含めた)総重量 (⇔ Nettogewicht)

Brut·to·in·lands·pro·dukt [ブルット・インランツ・プロドゥクト] ⊕ das (⊛2格 -[e]s; ⊛ -e) 国内総生産 (⊛ BIP)

brut·zeln [ブルッツェルン] (brutzelte; gebrutzelt; 医了h)
— 自 (加熱した脂の中で)じゅうじゅう焼ける
— 他 《口語》《④と》〔肉など⁴を〕(加熱した脂で)じゅうじゅう焼く

Bub [ブープ] 男 der (⊛2・3・4格 -en; ⊛ -en)《南ドイツ・オーストリア・スイス》男の子, 少年 (= Junge)

Bu·be [ブーベ] 男 der (⊛2・3・4格 -n; ⊛ -n) (トランプの)ジャック

Buch

[bu:x ブーフ]

⊕ das (⊛2格 -es〈まれに -s〉; ⊛ Bücher)

格	単 数	複 数
①	das Buch	die Bücher
②	des Buches	der Bücher
③	dem Buch	den Büchern
④	das Buch	die Bücher

本, 書物, 書籍
ein dickes *Buch*
厚い本
ein *Buch* schreiben
本を書く
in einem *Buch* blättern
本をパラパラとめくる
Dieses *Buch* ist vergriffen. この本は絶版だ

Buch·be·spre·chung [ブーフ・ベシュプレヒュング] 女 die (⊛2格 -; ⊛ -en) 書評

Bu·che [ブーヘ] 女 die (⊛2格 -; ⊛ -n)《植物》ブナ

Buch·ecker [ブーフ・エッカー] 女 die (⊛2格 -; ⊛ -n)《植物》ブナの実

bu·chen [ブーヘン] (buchte; gebucht; 医了h) 他 ❶《④と》(旅行のために)〈座席⁴を〉予約する ▷ Er *bucht* den Flug nach Rom. 彼はローマ行きの便を予約する
❷《④と》〔入金・利子など⁴を〕記帳する

Bü·cher [ビューヒャー] Buch の 複数

Bü·che·rei [ビューヒェライ] 女 die (⊛2格 -; ⊛ -en) (小さな)図書館, 図書室(= Bibliothek)

Bü·cher·ge·stell [ビューヒャー・ゲシュテル]

Buggy

das (⊕2格 -[e]s; ⊕ -e) 書棚

Bü·cher·hül·le [ビューヒャー・ヒュレ] 囡 die (⊕2格 -; ⊕ -n) ブックカバー

Bü·cher·re·gal [ビューヒャー・レガール] 中 das (⊕2格 -s; ⊕ -e) 本棚, 書架

Bü·cher·schrank [ビューヒャー・シュランク] 男 der (⊕2格 -[e]s; ⊕ ..schränke) (扉のついた)本棚

Buch·füh·rung [ブーフ・フュールング] 囡 die (⊕2格 -; ⊕ -en) 帳簿づけ; 簿記

Buch·hal·ter [ブーフ・ハルター] 男 der (⊕2格 -s; ⊕ -) 簿簿〈簿記〉方, 会計係

Buch·hal·tung [ブーフ・ハルトゥング] 囡 die (⊕2格 -; ⊕ -en)
❶ 帳簿づけ; 簿記
❷ (会社などの)会計課

Buch·händ·ler [ブーフ・ヘンドラー] 男 der (⊕2格 -s; ⊕ -) 書籍商

Buch·hand·lung [ブーフ・ハンドルング] 囡 die (⊕2格 -; ⊕ -en)
本屋, 書店 ▷ Er arbeitet in einer *Buchhandlung*. 彼は本屋で働いている

Büch·se [ビュクセ] 囡 die (⊕2格 -; ⊕ -n)
❶ (ふつう金属でできた円筒形の)容器, 缶, 筒 (☆「びん」は Flasche) ▷ Kaffee in einer *Büchse* aufbewahren コーヒーを缶にしまっておく
❷ 缶詰

Büch·sen·öff·ner [ビュクセン・エフナー] 男 der (⊕2格 -s; ⊕ -) 缶切り

Buch·sta·be [ブーフ・シュターベ] 男 der (⊕2格 -ns, 3·4格 -n; ⊕ -n)
(一字一字の)文字 ▷ ein großer 〈kleiner〉*Buchstabe* 大〈小〉文字 / Das Wort „Buch" besteht aus vier *Buchstaben*.「Buch(本)」という語は4文字から成る

buch·sta·bie·ren [ブーフ・シュタビーレン] (buchstabierte; buchstabiert; ⊕h)
他 《4と》《..ºの》スペルを言う ▷ *Buchstabieren* Sie bitte Ihren Namen! あなたの名前のスペルを言ってください

buch·stäb·lich [ブーフ・シュテープリヒ] 副 文字どおり

Bucht [ブフト] 囡 die (⊕2格 -; ⊕ -en) 入江, 湾 ▷ eine stille *Bucht* 静かな入江

Bu·ckel [ブッケル] 男 der (⊕2格 -s; ⊕ -)
❶ (背中の)こぶ ▷ Er hat einen *Buckel*. 彼は猫背
❷ 《口語》背中 (=Rücken)

bu·cke·lig [ブッケリヒ] = bucklig

bu·ckeln [ブッケルン] (buckelte; gebuckelt; ⊕h)
自 ❶ (猫などが)背中を丸める
❷ 《口語》(目上に対して)へつらう, おもねる

bü·cken [ビュッケン] (bückte; gebückt; ⊕h)
再 《sich⁴と》背中を丸める, 身をかがめる ▷ Er muss sich *bücken*, wenn er durch die Tür will. 彼は戸をくぐろうとするとき身をかがめねばならない

buck·lig [ブックリヒ] 形 背中の曲がった, 猫背の ▷ eine *bucklige* Frau 背中の曲がった女

Bück·ling [ビュックリング] 男 der (⊕2格 -s; ⊕ -e)
❶ 《口語》お辞儀 (=Verbeugung)
❷ 燻製ニシン

Bu·da·pest [ブーダペスト/ブダペシュト] 中 das 《都市名》ブダペスト(ハンガリーの首都)

bud·deln [ブッデルン] (buddelte; gebuddelt; ⊕h)
自 掘る, 掘り返す ▷ Die Kinder *buddeln* im Sand. 子供たちは砂を掘っている

Bud·dhis·mus [ブディスムス] 男 der (⊕2格 -; ⊕ なし) 仏教

Bud·dhist [ブディスト] 男 der (⊕2·3·4格 -en; ⊕ -en) 仏教徒

bud·dhis·tisch [ブディスティシュ] 形 仏教の

Bu·de [ブーデ] 囡 die (⊕2格 -; ⊕ -n)
❶ (市場・縁日などの)仮設小屋, 屋台 ▷ An dieser *Bude* werden Würstchen verkauft. この屋台ではソーセージを売っている
❷ 《口語》あばら家; (学生用の)家具つきの部屋

Bud·get [ビュジェー] 中 das (⊕2格 -s; ⊕ -s) 予算案

Bü·fett [ビュフェー] 中 das (⊕2格 -s; ⊕ -s 〈-e〉) 食器戸棚; (レストラン内の)カウンター
(イディオム) *kaltes Büfett* (パーティーなどの立食用)冷菜, 冷肉料理など

Büf·fel [ビュッフェル] 男 der (⊕2格 -s; ⊕ -) 水牛, 野牛

büf·feln [ビュッフェルン] (büffelte; gebüffelt; ⊕h)
他 《口語》《4と》《..ºを》猛勉強して覚える ▷ Vokabeln *büffeln* 単語をがむしゃらに覚える // für die Prüfung *büffeln* がむしゃらに試験勉強をする

Bug [ブーク] 男 der (⊕2格 -[e]s; ⊕ -e) 船首; 機首

Bü·gel [ビューゲル] 男 der (⊕2格 -s; ⊕ -) ハンガー, 洋服掛け

Bü·gel·ei·sen [ビューゲル・アイゼン] 中 das (⊕2格 -s; ⊕ -) アイロン

bü·geln [ビューゲルン] (bügelte; gebügelt; ⊕h)
他 《4と》《..ºに》アイロンをかける ▷ Hemden *bügeln* シャツにアイロンをかける // Sie hat drei Stunden *gebügelt*. 彼女は3時間アイロンをかけた

Bug·gy [バギー] 男 der (⊕2格 -s; ⊕ -s) 折りたたみ式乳母車

⊕h, ⊕s = 完了の助動詞 haben, sein

Buh·ne [ブーネ] 女 die (⌘2格 -; ⌘ -n) (護岸用の)突堤

Büh·ne [ビューネ] 女 die (⌘2格 -; ⌘ -n) 舞台, ステージ ▷ eine drehbare *Bühne* 回り舞台

buk [ブーク] backen の過去 (古形)

Bu·kett [ブケット] 中 das (⌘2格 -[e]s; ⌘ -e 〈-s〉)《文語》(美しく束ねられた大きな)花束 ▷ Sie legten ein *Bukett* am Grab nieder. 彼らは墓に花束を供えた

Bu·let·te [ブレッテ] 女 die (⌘2格 -; ⌘ -n)《北ドイツ》《料理》フリカデル (=Frikadelle)

Bul·ga·ri·en [ブルガーリエン] (中 das)《国名》ブルガリア

Bull·au·ge [ブルアオゲ] 中 das (⌘2格 -s; ⌘ -n) (船体につけられた)丸窓

Bull·dog·ge [ブルドゲ] 女 die (⌘2格 -; ⌘ -n) (犬)ブルドッグ

Bull·do·zer [ブルドーザー] 男 der (⌘2格 -s; ⌘ -) ブルドーザー

Bul·le [ブレ] 男 der (⌘ 2·3·4格 -n; ⌘ -n) 雄牛; 《口語》警察官

Bul·le·tin [ビュレテーン/ビュル..] 中 das (⌘2格 -s; ⌘ -s)《文語》公報, 公式発表

Bu·me·rang [ブ[ー]メラン] 男 der (⌘2格 -s; ⌘ -e 〈-s〉) ブーメラン (オーストラリア原住民の鎌の形をした飛び道具) ▷ einen *Bumerang* werfen ブーメランを投げる

Bum·mel [ブメル] 男 der (⌘2格 -s; ⌘ -) (特に町中を)ぶらつくこと, ぶらぶら歩くこと ▷ einen *Bummel* durch die Geschäftsstraßen machen 商店街をぶらつく

bum·meln [ブメルン] (bummelte; gebummelt)
自《口語》❶ 【過分 s】ぶらつく, ぶらぶら歩く; 飲み歩く ▷ Wir sind durch die Straßen *gebummelt*. 私たちは通りをぶらついた
❷ 【過分 h】だらだら仕事をする; 怠ける

Bum·mel·streik [ブメル・シュトライク] 男 der (⌘2格 -s; ⌘ -s) 順法闘争 (ストライキの一種)

bum·sen [ブムゼン] (bumste; gebumst)
自《口語》❶ 【過分 s】《非人称で》*es bumst* (衝突などで)ドシンと音がする ▷ *Es bumste* furchtbar. ドシンというすごい音がした
❷ 【過分 h】(戸などを)ドンドンたたく ▷ mit der Faust gegen die Tür *bumsen* こぶしで戸をドンドンたたく
❸ 【過分 s】ドシンとぶつかる ▷ Er ist mit dem Kopf an die Wand *gebumst*. 彼は頭を壁にドシンとぶつけた

Bund [ブント]
— 男 der (⌘2格 -es 〈まれに -s〉; ⌘ Bünde)
❶ (団体などの)連合, 同盟
❷ (ズボン・スカートの)ベルト芯た
— 中 das (⌘2格 -es 〈まれに -s〉; ⌘ -e) 束 (=Bündel)

Bün·de [ビュンデ] Bund 男 の複数

Bün·del [ビュンデル] 中 das (⌘2格 -s; ⌘ -) (小さな)束 ▷ ein *Bündel* Briefe 手紙の束 / ⌘+zu einem *Bündel* zusammenschnüren …⁴を束ねて一包みにする

bün·deln [ビュンデルン] (bündelte; gebündelt; 過分 h)
他【⌘ 4】[新聞紙など⁴を](ひもで結んで)束ねる

Bun·des·bahn [ブンデス・バーン] 女 die (⌘2格 -; ⌘ -en) (オーストリア・スイスの)連邦鉄道 (ドイツの鉄道は1994年に民営化された)

Bun·des·bank [ブンデス・バンク] 女 die (⌘2格 -; ⌘ なし) 連邦中央銀行 ▷ die Deutsche *Bundesbank* ドイツ連邦銀行

Bun·des·grenz·schutz [ブンデス・グレンツ・シュッツ] 男 der (⌘2格 -es; ⌘ なし) (ドイツの)連邦国境警備隊 (⌘ BGS)

Bun·des·kanz·ler [ブンデス・カンツラー] 男 der (⌘2格 -s; ⌘ -)
❶ (ドイツ・オーストリアの)連邦首相
❷ (スイスの)連邦評議会事務総長

Bun·des·land [ブンデス・ラント] 中 das (⌘2格 -[e]s; ⌘ ..länder) (連邦国家の)州

Bun·des·län·der [ブンデス・レンダー] Bundesland の複数

Bun·des·li·ga [ブンデス・リーガ] 女 die (⌘2格 -; ⌘ ..ligen) (ドイツのサッカーなどの)連邦リーグ

Bun·des·mi·nis·ter [ブンデス・ミニスター] 男 der (⌘2格 -s; ⌘ -) (ドイツ・オーストリアの)連邦大臣

Bun·des·post [ブンデス・ポスト] 女 die (⌘2格 -; ⌘ なし) (ドイツの)連邦郵便 (⌘ DBP; 1995年に民営化された)

Bun·des·prä·si·dent [ブンデス・プレズィデント] 男 der (⌘ 2·3·4格 -en; ⌘ -en) (ドイツ・オーストリア・スイスの)連邦大統領

Bun·des·rat [ブンデス・ラート] 男 der (⌘2格 -[e]s; ⌘ なし) (ドイツ・オーストリアの, 州代表によって構成される)連邦参議院; (スイスの)連邦評議会

Bun·des·re·gie·rung [ブンデス・レギールング] 女 die (⌘2格 -; ⌘ -en) 連邦政府

Bun·des·re·pu·blik [ブンデス・レプブリーク] 女 die (⌘2格 -; ⌘ なし) 連邦共和国 (☆ ふつうドイツを指す) ▷ die *Bundesrepublik* Deutschland (⌘ BRD) ドイツ連邦共和国

Bun·des·tag [ブンデス・ターク] 男 der (⌘2格 -[e]s; ⌘ なし) (ドイツの)連邦議会(国民によって直接選ばれた議員によって構成される)

Bun·des·wehr [ブンデス・ヴェーア] 女 die (⌘2格 -; ⌘ なし) (ドイツの)連邦国防軍

bün·dig [ビュンディヒ] 形 (説明などが)的確な

Bünd·nis [ビュントニス] 田 das (㊥2格 ..nisses; ㊥ ..nisse) 同盟
Bun·ga·low [ブンガロ] 男 der (㊥2格 -; ㊥ -s) バンガロー式住宅 (平らな屋根の1階建て家屋)
Bun·ker [ブンカー] 男 der (㊥2格 -s; ㊥ -) 掩蔽壕, 防空壕
bunt [ブント] (㊤較 -er, 最上 -est)
形 ❶ 色とりどりの, カラフルな ▷ *ein buntes* Kostüm カラフルな衣装 / *die Wände bunt bemalen* 壁にカラフルに描く
❷ (内容が)多種多様な, 多彩な ▷ *ein bunter Abend* 多彩な催しのある夕べ / *ein bunter Teller* (果物などが)いろいろに盛ってある皿
Bunt·stift [ブント・シュティフト] 男 der (㊥2格 -[e]s; ㊥ -e) 色鉛筆
Bür·de [ビュルデ] 女 die (㊥2格 -; まれに ㊥ -n) 《文語》(精神的な)重荷, 負担
Burg [ブルク] 女 die (㊥2格 -; ㊥ -en) (特に中世の, 山の上などに造られた)城, 山城

Burg

Bür·ge [ビュルゲ] 男 der (㊥2·3·4格 -n; ㊥ -n) 保証人 ▷ *Für dieses Darlehen brauche ich zwei Bürgen.* このローンを借りるのに私は保証人が2人必要です
bür·gen [ビュルゲン] (bürgte; gebürgt; 医う h)
自《für+④と》[..⁴を]保証する; [..⁴の]保証人になる ▷ *Diese Marke bürgt für Qualität.* この商標は品質を保証する
Bür·ger [ビュルガー] 男 der (㊥2格 -s; ㊥ -) 市民; 国民, 公民 ▷ *die Bürger der Stadt Bonn* ボンの市民たち
Bür·ge·rin [ビュルゲリン] 女 die (㊥2格 -; ㊥ ..rinnen) Bürger の女性形
Bür·ger·ini·ti·a·ti·ve [ビュルガー・イニツィアティーヴェ] 女 die (㊥2格 -; ㊥ -n) 市民〈住民〉運動
Bür·ger·krieg [ビュルガー・クリーク] 男 der (㊥2格 -[e]s; ㊥ -e) 内戦, 内乱
bür·ger·lich [ビュルガーリヒ] 形 市民の; 市民階級の (☆ふつう名詞につけて) ▷ *das bürgerliche Recht* 民法 / *die bürgerliche Gesellschaft* 市民社会
Bür·ger·meis·ter [ビュルガー・マイスター] 男 der (㊥2格 -s; ㊥ -) 市長; 町長

Bür·ger·steig [ビュルガー・シュタイク] 男 der (㊥2格 -[e]s; ㊥ -e) 歩道 ▷ *auf dem Bürgersteig parken* 歩道に駐車する
Bür·ger·tum [ビュルガートゥーム] 田 das (㊥2格 -s; ㊥ なし)《集合的に》市民階級
Burg·ru·i·ne [ブルク・ルイーネ] 女 die (㊥2格 -; ㊥ -n) 崩れ落ちた城
Bürg·schaft [ビュルクシャフト] 女 die (㊥2格 -; ㊥ -en) 保証; 保証金 ▷ *eine Bürgschaft übernehmen* 保証を引き受ける, 保証人になる
Burg·tor [ブルク・トーア] 田 das (㊥2格 -[e]s; ㊥ -e) 城門
bur·lesk [ブルレスク] 形 (劇などが)どたばたの, ふざけた, 茶化した
Bü·ro [ビュロー] 田 das (㊥2格 -s; ㊥ -s) 事務所, オフィス ▷ *ins Büro gehen* 事務所へ行く
Bü·ro·krat [ビュロクラート] 男 der (㊥2·3·4格 -en; ㊥ -en) 官僚; 官僚主義者
Bü·ro·kra·tie [ビュロクラティー] 女 die (㊥2格 -; ㊥ -n) 官僚主義; 官僚機構
Bü·ro·kra·ti·en [ビュロクラティーエン] Bürokratie の複数
bü·ro·kra·tisch [ビュロクラーティシュ] 形 官僚主義的な, 杓子じょうぎ定規の ▷ *ein bürokratischer Mensch* 官僚主義的な人
Bur·sche [ブルシェ] 男 der (㊥2·3·4格 -n; ㊥ -n) (14歳から20歳までの男性の)若者, 少年
Bur·schen·schaft [ブルシェンシャフト] 女 die (㊥2格 -; ㊥ -en) 学生組合
bur·schi·kos [ブルシコース] 形 (特に女の子が)自由奔放な, おてんばな ▷ *Das Mädchen ist recht burschikos.* この女の子はとてもおてんばだ
Bürs·te [ビュルステ] 女 die (㊥2格 -; ㊥ -n) ブラシ, はけ ▷ *die Schuhe mit einer Bürste blank reiben* 靴をブラシでピカピカに磨く
bürs·ten [ビュルステン] (bürstete; gebürstet; 医う h)
他 ❶《④と》[..⁴に] ブラシをかける ▷ *den Mantel bürsten* コートにブラシをかける
❷《④+von+③と》[..³から汚れなど⁴を]ブラシをかけて取り除く

Bus

[bus ブス]

男 der (㊥2格 Busses; ㊥ Busse)

格	単 数	複 数
①	der Bus	die Busse
②	des Busses	der Busse
③	dem Bus	den Bussen
④	den Bus	die Busse

バス

mit dem *Bus* fahren
バスに乗って行く
Dieser *Bus* fährt nur noch bis zum Hauptbahnhof. このバスは中央駅までしか行かない

Busch [ブッシュ] [男] *der* ([単] 2 格 -es 〈まれに -s〉; [複] Büsche) (根元から何本も枝分かれし, 枝や葉のうっそうとした) **低木, 灌木**かんぼく ▷ Manche *Büsche* im Garten blühen schon. 庭の低木の何本かはもう花が咲いている

Bü·sche [ビュッシェ] Busch の [複数]

Bü·schel [ビュッシェル] [中] *das* ([単] 2 格 -s; [複] -) (長く伸びたもの, たとえばわら・髪の毛などの) 束 ▷ ein *Büschel* Heu 干し草の束

bu·schig [ブッシヒ]
[形] ❶ 低木の生い茂った ▷ Das rechte Ufer des Flusses ist *buschig*. その川の右岸は低木が生い茂っている
❷ (ひげなどが) もじゃもじゃした ▷ Er hat *buschige* Augenbrauen. 彼は濃い眉まゆをしている

Bu·sen [ブーゼン] [男] *der* ([単] 2 格 -s; [複] -) (女性の) 胸, バスト ▷ Sie hat einen üppigen *Busen*. 彼女は豊満な胸をしている

Bus·sard [ブッサルト] [男] *der* ([単] 2 格 -s; [複] -e) 《鳥》 ノスリ (ワシタカの一種)

Bus·se [ブッセ] Bus の [複数]

Bu·ße [ブーセ] [女] *die* ([単] 2 格 -; [複] -n)
❶ 〘[複] なし〙 (特に宗教的理由による) 改悛かいしゅん, 悔い改め ▷ *Buße* tun 悔い改める
❷ 《法律》 罰金, 過料

bü·ßen [ビューセン] (büßte; gebüßt; [完了]h)
[他] 〘④と〙 〔…⁴を〕 **償う** ▷ Er musste seinen Leichtsinn mit dem Tod *büßen*. 彼は自分の軽率な行動を死をもって償わねばならなかった // Für diese Tat muss er *büßen*. この行為の償いを彼はしなければならない

Büs·te [ビュ[ー]ステ] [女] *die* ([単] 2 格 -; [複] -n) 胸像

Büs·ten·hal·ter [ビュステン・ハルター] [男] *der* ([単] 2 格 -s; [複] -) ブラジャー ([略] BH)

But·ter [ブッター] [女] *die* ([単] 2 格 -; [複] なし) **バター** ▷ frische *Butter* 新鮮なバター / *Butter* aufs Brot streichen バターをパンに塗る

But·ter·blu·me [ブッター・ブルーメ] [女] *die* ([単] 2 格 -; [複] -n) 黄色い花をつける野草 (特にタンポポ・キンポウゲなど)

But·ter·brot [ブッター・ブロート] [中] *das* ([単] 2 格 -[e]s; [複] -e) (薄く切って) バターを塗ったパン

But·ton [バトン] [男] *der* ([単] 2 格 -s; [複] -s) バッジ

bzw. [ベツィーウングス・ヴァイゼ] 〘*beziehungsweise* の略語〙 または, もしくは

c C [tse: ツェー]

C [ツェルズィウス] ☞ Celsius
ca. [ツィルカ] ☞ circa

Ca·fé
[kafé: カフェー]
中 *das* (⊕ 2格 -s; ⊕ -s)

喫茶店
ins *Café* gehen
喫茶店へ行く
im *Café* sitzen und Kaffee trinken
喫茶店に座ってコーヒーを飲む

Ca·fe·te·ria [カフェテリーア] 女 *die* (⊕ 2格 -; ⊕ -s) カフェテリア
Ca·mem·bert [カマンベーア] 男 *der* (⊕ 2格 -s; ⊕ -s) カマンベール (柔らかくて味が濃いチーズ)
cam·pen [ケムペン] (campte; gecampt; 完h) 自 キャンプをする ▷ Wir haben am Meer ge*campt*. 私たちは海辺でキャンプをした
Cam·ping [ケムピング] 中 *das* (⊕ 2格 -s; なし) キャンプ ▷ zum *Camping* fahren キャンプに行く
Cam·ping·platz [ケムピング・プラッツ] 男 *der* (⊕ 2格 -es; ⊕ ..plätze) キャンプ場
Cam·pus [カムプス] 男 *der* (⊕ 2格 -; ⊕ -) キャンパス (大学の敷地・施設の全体)
Cape [ケープ] 中 *das* (⊕ 2格 -s; ⊕ -s) 《衣類》ケープ
Cat·cher [ケッチャー] 男 *der* (⊕ 2格 -s; ⊕ -) プロレスラー
CD [ツェーデー] 女 *die* (⊕ 2格 -; ⊕ -s) 〔*Compact disc* の略語〕コンパクトディスク, CD
CD-Plat·te [ツェーデー・プラッテ] 女 *die* (⊕ 2格 -; ⊕ -n) コンパクトディスク (=CD)
CD-Play·er [ツェーデー・プレーヤー] 男 *der* (⊕ 2格 -s; ⊕ -) CD プレイヤー
CD-ROM [ツェーデー・ロム] 女 *die* (⊕ 2格 -; ⊕ -[s]) CD ロム (コンピュータ用の読み出し専用記憶メディア)
CD-Spie·ler [ツェーデー・シュピーラー] 男 *der* (⊕ 2格 -s; ⊕ -) =CD-Player
CDU [ツェーデーウー] 女 *die* (⊕ 2格 -; ⊕ なし) 〔*Christlich-Demokratische Union* の略語〕キリスト教民主同盟
Cel·li [チェリ] Cello の 複数
Cel·list [チェリスト] 男 *der* (⊕ 2·3·4格 -en; ⊕ -en) チェロ奏者
Cel·lo [チェロ] 中 *das* (⊕ 2格 -s; ⊕ Celli) 《楽器》チェロ ▷ *Cello* spielen チェロを弾く
Cel·si·us [ツェルズィウス] 《物理》セ氏, 摂氏 (略図 C) ▷ Wasser kocht bei 100°*C*. 水はセ氏 100 度で沸騰する (☆ 100°C は hundert Grad と読む)
Cem·ba·lo [チェムバロ] 中 *das* (⊕ 2格 -s; ⊕ -s〈Cembali〉) チェンバロ
Cent [セント/ツェント] 男 *der* (⊕ 2格 -[s]; ⊕ -[s]) セント (ドイツで用いられる EU の単一通貨および通貨単位; 100 分の 1 ユーロ; 単位表示として用いられる場合は無変化; そのコインを指すときは Centstück を用いる; 略 c, ct; 複数 cts)
Ein Euro sind hundert *Cent*.
一ユーロは 100 セントです
Er spart mit jedem *Cent*.
彼は 1 セントでも節約する
Ich brauche zwei Briefmarken zu einundfünfzig *Cent*.
私は 51 セントの切手が 2 枚必要です
Cha·let [シャレー] 中 *das* (⊕ 2格 -s; ⊕ -s) (特にスイスの) 田舎風の家
Cham·pag·ner [シャムパニャー] 男 *der* (⊕ 2格 -s; ⊕ -) シャンパン (フランス・シャンパーニュ地方の発泡酒)
Cham·pig·non [シャムピニョーン] 男 *der* (⊕ 2格 -s; ⊕ -s) 《植物》マッシュルーム, シャンピニョン
Cham·pi·on [チェムピオン] 男 *der* (⊕ 2格 -s; ⊕ -s) チャンピオン, 選手権保持者
Chan·ce [シャーンス/..セ] 女 *die* (⊕ 2格 -; ⊕ -n)
❶ チャンス, 好機 ▷ Das ist eine einmalige *Chance*. これは二度とないチャンスだ
❷ 〔ふつう複で〕(成功する) 見込み, 見通し ▷ Er hat bei ihr keine *Chancen*. 彼には彼女に好かれる見込みがない
Chan·son [シャンソーン] 中 *das* (⊕ 2格 -s; ⊕ -s) 《音楽》シャンソン
Cha·os [カーオス] 中 *das* (⊕ 2格 -; ⊕ なし) 混沌, 無秩序
cha·o·tisch [カオーティシュ] 形 混沌とした, 無秩序な, 混乱した ▷ Die Diskussion ist total *chaotisch* verlaufen. 討論はまったく混乱した状態で終わった
Cha·rak·ter [カラクター] 男 *der* (⊕ 2格 -s; ⊕ -e)
❶ 性格 ▷ Er hat einen guten *Charakter*.

完h, 完s=完了の助動詞 haben, sein

彼は性格がいい
❷ 〖複なし〗(事物の)性質, 特性, 特質 ▷ eine Landschaft mit südlichem *Charakter* 南国的な風景

(イディオム) **ein Mensch von Charakter** 意志のしっかりしている人

Cha·rak·te·re [カラクテーレ] Charakter の 複数

cha·rak·te·ri·sie·ren [カラクテリズィーレン] (charakterisierte; charakterisiert; 助動h)
他 ❶ 〖④と〗〔…⁴の〕特徴を述べる ▷ die Stadt gut *charakterisieren* 町の特徴をじょうずに述べる
❷ 〖④と〗〔…⁴の〕特色をなす, 〔…⁴を〕特徴づける ▷ Zahlreiche Seen *charakterisieren* die Landschaft. 数多くの湖が風景の特色をなしている

Cha·rak·te·ris·tik [カラクテリスティック] 囡 die (働2格 -; 働 -en) 特徴の描写; (人物の)性格描写

Cha·rak·te·ris·ti·ka [カラクテリスティカ] Charakteristikum の 複数

Cha·rak·te·ris·ti·kum [カラクテリスティクム] 中 das (働2格 -s; 働 ..ristika) 特徴, 特性

cha·rak·te·ris·tisch [カラクテリスティッシュ] 形 特徴のある, 特有の, 独特の ▷ Dieses Verhalten ist *charakteristisch* für ihn. この態度はいかにも彼らしい

cha·rak·ter·los [カラクター・ロース] 形 気骨のない, 軟弱な

char·mant [シャルマント] 形 魅力的な, チャーミングな ▷ Sie ist sehr *charmant*. 彼女は非常にチャーミングだ

Charme [シャルム] 男 der (働2格 -s; 働なし) 魅力

char·tern [チャルテルン] (charterte; gechartert; 助動h)
他 〖④と〗〔飛行機など*⁴を〕チャーターする ▷ Er hat eine Maschine *gechartert*. 彼は飛行機をチャーターした

Chas·sis [シャスィー] 中 das (働2格 - [シャスィース]; 働 - [シャスィース]) (自動車などの)シャーシー, 車台

Chauf·feur [ショフェーア] 男 der (働2格 -s; 働 -e) (タクシーなどの)運転手(乗用車を職業として運転する人を指す)

Chau·vi [ショーヴィ] 男 der (働2格 -s; 働 -s) 〖口語〗男性優位主義者

Chau·vi·nis·mus [ショヴィニスムス] 男 der (働2格 -; 働なし) ショービニズム, 狂信的愛国主義者; 男性優位主義

chau·vi·nis·tisch [ショヴィニスティシュ] 形 熱狂的愛国主義の

Chef [シェフ] 男 der (働2格 -s; 働 -s) (部・課などの)長, 主任, チーフ; 上司, 上役 ▷ Darüber muss ich mit dem *Chef* sprechen. そのことで私は上司と話をしなければならない

Chef·arzt [シェフ・アールツト] 男 der (働2格 -es; 働 ..ärzte) チーフドクター

Che·fin [シェフィン] 囡 die (働2格 -; 働 ..finnen) Chef の女性形

Che·mie [ヒェミー] 囡 die (働2格 -; 働なし) 化学

Che·mie·in·dust·rie [ヒェミー・インドゥストリー] 囡 die (働2格 -; 働 -n) 化学工業

Che·mi·ka·lie [ヒェミカーリエ] 囡 die (働2格 -; 働 -n) 〖ふつう 複 で〗化学物質

Che·mi·ka·li·en [ヒェミカーリエン] Chemikalie の 複数

Che·mi·ker [ヒェーミカー] 男 der (働2格 -s; 働 -) 化学者

che·misch [ヒェーミシュ] 形 化学の; 化学的な ▷ eine *chemische* Reaktion 化学反応 / eine Bluse *chemisch* reinigen lassen ブラウスをドライクリーニングしてもらう

..chen [..ヒェン] 〖接尾辞; 縮小名詞をつくる; 名詞につけて「小さい」などの意味を付加する〗Mädchen 女の子 / Päckchen 小包

der **Chiem·see** [キーム・ゼー] 男 〖湖名〗(働2格 -s; 働なし) キームゼー(ドイツ・バイエルン州最大の湖; 定冠詞を必ず伴う; ☞地図 F-5)

chiff·rie·ren [シフリーレン] (chiffrierte; chiffriert; 助動h)
他 〖④と〗〔通信文など*⁴を〕暗号で書く, 暗号化する(☆ふつう状態受動で)

Chi·na [ヒーナ] 中 (das) 〖国名〗中国 (用法: ☞ Deutschland) ▷ Volksrepublik *China* 中華人民共和国

Chi·na·kohl [ヒーナ・コール] 男 der (働2格 -[e]s; 働 -e) 〖植物〗ハクサイ

Chi·ne·se [ヒネーゼ] 男 der (働2·3·4格 -n; 働 -n) 中国人

Chi·ne·sin [ヒネーズィン] 囡 die (働2格 -; 働 ..sinnen) Chinese の女性形

chi·ne·sisch [ヒネーズィシュ] 形 中国[人]の; 中国語の ▷ die *chinesische* Schrift 漢字 / die *Chinesische* Mauer 万里の長城

Chi·ne·sisch [ヒネーズィシュ] 中 das (働2格 -[s]; 働なし) 中国語 (用法: ☞ Deutsch) ▷ Er spricht *Chinesisch*. 彼は中国語を話す

das **Chi·ne·si·sche** [ヒネーズィシェ] 〖形容詞変化 ☞ Alte 表 II〗中国語 (☆定冠詞を必ず伴う) ▷ ④+ins *Chinesische* übersetzen ..⁴を中国語に訳す

Chip [チップ] 男 der (働2格 -s; 働 -s)
❶ (ルーレットなどの)チップ
❷ 〖ことば〗(半導体の)チップ
❸ 〖ふつう 複 で〗ポテトチップス

Chip·kar·te [チップ・カルテ] 囡 die (❷格 -; 穗 -n) ICカード(情報を記憶させた集積回路を組み込んだプラスチック製カード)

Chi·rurg [ヒルルク] 男 der (❷・3・4格 -en; -en) 外科医

Chi·rur·gie [ヒルルギー] 囡 die (❷格 -; 穗 -n)
❶ 外科[学] (☆「内科」は die innere Medizin) ▷ ein Facharzt für *Chirurgie* 外科専門医
❷《口語》(病院の)外科病棟(☆「内科病棟」は die innere Station)

Chi·rur·gi·en [ヒルルギーエン] Chirurgie の 複数

Cho·le·ra [コーレラ] 囡 die (❷格 -; 穗 なし)《医学》コレラ

cho·le·risch [コレーリシュ] 形 怒りっぽい, かんしゃく持ちの

Cho·les·te·rin [ヒョレステリーン/コレ..] 甲 das (❷格 -s; 穗 なし) コレステロール

Chor [コーア] 男 der (❷格 -[e]s; 穗 Chöre)
合唱団; 合唱 ▷ ein gemischter *Chor* 混声合唱団 / im *Chor* singen 合唱する /《比ゆ》„Willkommen!" riefen alle im *Chor*. 「ようこそ」とみんないっせいに大きな声で言った

Cho·ral [コラール] 男 der (❷格 -s; 穗 ..räle) 聖歌; 讃美歌

Cho·rä·le [コレーレ] Choral の 複数

Chö·re [ケーレ] Chor の 複数

Cho·re·o·graf [コレオグラフ] 男 der (❷・3・4格 -en; 穗 -en)《ダンス》ダンスの振付師

Cho·re·o·gra·fie [コレオグラフィー] 囡 die (❷格 -; 穗 -n)《ダンス》ダンスの振り付け

Cho·re·o·gra·fi·en [コレオグラフィーエン] Choreografie の 複数

Cho·re·o·graph =Choreograf

Cho·re·o·gra·phie =Choreografie

Chor·pro·be [コーア・プローベ] 囡 die (❷格 -; 穗 -n) 合唱のリハーサル

Christ [クリスト] 男 der (❷・3・4格 -en; -en)
キリスト教徒 クリスチャン ▷ ein katholischer 〈evangelischer〉 *Christ* カトリック〈新〉教徒

Christ·baum [クリスト・バオム] 男 der (❷格 -[e]s; 穗 ..bäume)《南ドイツ・オーストリア》クリスマスツリー (=Weihnachtsbaum)

Chris·ten·tum [クリステントゥーム] 甲 das (❷格 -s; 穗 なし) キリスト教

Chris·ti [クリスティ] ☞ Christus

Christ·kind [クリスト・キント] 甲 das (❷格 -[e]s; 穗 なし) 幼児キリスト; (クリスマスの贈り物を運んでくるという)幼児の天使

christ·lich [クリストリヒ]
形 ❶ キリスト教の ▷ die *christliche* Religion キリスト教 / die *Christlich*-Demokratische Union キリスト教民主同盟(略 CDU) / die *Christlich*-Soziale Union キリスト教社会同盟(略 CSU)
❷ キリスト教を信じる ▷ ein *christliches* Leben führen クリスチャンとしての生活を送る

Chris·to [クリスト] ☞ Christus

Chris·tum [クリストゥム] ☞ Christus

Chris·tus [クリストゥス] 男 der (☆ 無変化、または2格 Christi, 3格 Christo, 4格 Christum)
キリスト(イエスの尊称) ▷ Jesus *Christus*. イエス キリスト / an *Christus*〈*Christum*〉glauben キリストを信じる / in *Christi* Namen キリストの御名において / 300 nach〈vor〉*Christus* 西暦〈西暦紀元前〉300年

Chrom [クローム] 甲 das (❷格 -s; 穗 なし)《化学》クロム

Chro·nik [クローニク] 囡 die (❷格 -; 穗 -en) 編年史, 年代記

chro·nisch [クローニシュ] 形《医学》慢性の (❷ akut) ▷ eine *chronische* Krankheit 慢性疾患

Chro·nist [クロニスト] 男 der (❷・3・4格 -en; 穗 -en) 編年史〈年代記〉の作者

cir·ca [ツィルカ] 副 約, およそ (☆ zirka とも書く、略 ca.; =ungefähr) ▷ *circa* drei Stunden 約3時間

Ci·ty [スィティー] 囡 die (❷格 -; 穗 -s) 中心街, 繁華街

Clan [クラーン] 男 der (❷格 -s; 穗 -e〈-s〉)《口語》(血縁・共通の利害で強く結ばれた)集団, 閥, 党

cle·ver [クレヴァー] 形《口語》《しばしば否定的な意味合いで》利口な, やり手の

Clinch [クリンチュ/..シュ] 男 der (❷格 -[e]s; 穗 なし)《ボクシング》クリンチ
イディオム mit+❸ in den Clinch gehen〈im Clinch liegen〉…³とぎこざを起こす〈いがみ合っている〉

Cli·que [クリッケ] 囡 die (❷格 -; 穗 -n)《集合的に》(いつも一緒にいる)仲間; 一派, 派閥, 徒党

Clou [クルー] 男 der (❷格 -s; 穗 -s)《口語》(催し物の)呼び物, 目玉; クライマックス, 圧巻

Clown [クラオン] 男 der (❷格 -s; 穗 -s)(サーカスなどの)道化役者

cm [ツェンティ・メーター] ☞ Zentimeter

Cock·pit [コックピット] 甲 das (❷格 -s; 穗 -s)(飛行機の)操縦室; (レーシングカーの)運転席

Cock·tail [コクテール] 男 der (❷格 -s; 穗 -s) カクテル ▷ einen *Cocktail* mixen カクテルを作る

Co·die·rung [コディールング] 囡 die (❷格 -; 穗 -en) 符号化, (プログラムの)コーディング (=Kodierung)

Co·la [コーラ] 田 das (⓶2格 -[s]; ⓷ -[s]) / 囡 die (⓶2格 -; ⓷ -〈-s〉) コーラ

Col·la·ge [コラージェ] 囡 die (⓶2格 -; ⓷ -n)《美術》コラージュ（画面に紙・写真などの切り抜いたものをはりつけたりする手法）

Colt [コルト] 男 der (⓶2格 -s; ⓷ -s) コルト式拳銃

Come-back, Come·back [カム・ベック] 田 das (⓶2格 -[s]; ⓷ -s) カムバック, 返り咲き

Co·mic [コミック] 男 der (⓶2格 -s; ⓷ -s)《ふつう ⓷ で》＝Comicstrip

Co·mic-strip [コミック・ストリップ] 男 der (⓶2格 -s; ⓷ -s)《ストーリー》漫画, 劇画, コミックス

Com·pact disc [コムパクト・ディスク] 囡 die (⓶2格 -; ⓷ -s) コンパクトディスク, CD

Com·pu·ter [コムピューター] 男 der (⓶2格 -s; ⓷ -)
コンピュータ

com·pu·ter·ge·steu·ert [コムピューター・ゲシュトイアート] 形 コンピュータ制御の

com·pu·ter·ge·stützt [コムピューター・ゲシュテュッツト] 形 コンピュータに支援された

Com·pu·ter·gra·fik [コムピューター・グラーフィック] 囡 die (⓶2格 -; ⓷ -en) コンピュータグラフィック

Com·pu·ter·kri·mi·na·li·tät [コムピューター・クリミナリテート] 囡 die (⓶2格 -; ⓷ なし) コンピュータ犯罪

Com·pu·ter·pro·gramm [コムピューター・プログラム] 田 das (⓶2格 -s; ⓷ -e) コンピュータプログラム

Com·pu·ter·satz [コムピューター・ザッツ] 男 der (⓶2格 -es; ⓷ なし) コンピュータ組版

Com·pu·ter·si·mu·la·ti·on [コムピューター・ズィムラツィオーン] 囡 die (⓶2格 -; ⓷ -en) コンピュータシミュレーション

Com·pu·ter·spiel [コムピューター・シュピール] 田 das (⓶2格 -[e]s; ⓷ -e) コンピュータゲーム

Com·pu·ter·vi·rus [コムピューター・ヴィールス] 男 der (⓶2格 -; ⓷ ..viren)《ふつう ⓷ で》コンピュータウィルス

Con·fé·ren·ci·er [コンフェランスィエー] 男 der (⓶2格 -s; ⓷ -s)（ショー・宴席などの）司会者

Con·tai·ner [コンテーナ] 男 der (⓶2格 -s; ⓷ -)（貨物輸送用の）コンテナ

cool [クール]
形《若者言葉》
❶（性格などが）冷静な, クールな
❷（とても気に入って）すてきな

Cord [コルト] 男 der (⓶2格 -[e]s; ⓷ なし)《織物》コール天

Couch [カオチュ] 囡 die (⓶2格 -; ⓷ -es)（横にもなれる, 低い背もたれ・ひじ掛けのついた）ソファー, 寝いす ▷ sich⁴ auf die *Couch* legen ソファーに横たわる

Count-down, Count·down [カオント・ダオン] 男 der (⓶2格 -[s]; ⓷ -s) カウントダウン, 秒読み;（発射直前の）総点検

Coup [クー] 男 der (⓶2格 -s; ⓷ -s)（ふつう非合法の）大胆な行動

Cou·pé [クペ] 田 das (⓶2格 -s; ⓷ -s)《車種》クーペ（ツードアの箱型自動車）

Cou·ra·ge [クラージェ] 囡 die (⓶2格 -; ⓷ なし)《口語》勇気, 度胸

cou·ra·giert [クラジーアト] 形 勇気のある, 恐れを知らない

Cou·sin [クゼーン] 男 der (⓶2格 -s; ⓷ -s)（男の）いとこ

Cou·si·ne [クズィーネ] 囡 die (⓶2格 -; ⓷ -n)（女の）いとこ

Cow·boy [カオ・ボイ] 男 der (⓶2格 -s; ⓷ -s) カウボーイ

Creme [クレーム] 囡 die (⓶2格 -; ⓷ -s 〈ｽｲｰｽ -n〉)（化粧品の）クリーム;《料理》（ケーキなどに使う）生クリーム

Crew [クルー] 囡 die (⓶2格 -; ⓷ -s)《集合的に》（飛行機・船などの）乗組員, クルー

CSU [ツェーエスウー] 囡 die (⓶2格 -; ⓷ なし)《*Christlich-Soziale Union* の略語》キリスト教社会同盟

Cup [カップ] 男 der (⓶2格 -s; ⓷ -s) 優勝杯; 優勝杯争奪戦

Cur·sor [ケーサー] 男 der (⓶2格 -s; ⓷ -s)（コンピュータの）カーソル

Cy·ber·space [サイバー・スペース] 男 der (⓶2格 -; ⓷ なし) サイバースペース,（コンピュータネットワークによる）仮想空間

d D [deː デー]

da
[daː ダー]

— 副 ❶ 《話者から少し離れた場所を指して》そこ (☆ふつう身振りを伴い, dort より近い場所を指す) ▷ *Da* wohnt er. そこに彼が住んでいる / Wo ist die Haltestelle? – *Da*. 停留所はどこですか—そこです / Wer ist denn *da*? そこにいるのはだれだ 〚他の副詞と〛 *da* draußen その外で / *Da* drüben wartet er. 向こうで彼が待っている 〚前置詞句と同格的に〛 *da* auf dem Tisch そこのテーブルの上に 〚名詞を修飾して〛 der Mann *da* そこにいる男 / He, Sie *da*! おい そこの人 / das *da* そこのそれ
❷《前文に挙げられた場所を指して》そこ ▷ Ich warte am Bahnhof, sag ihm bitte, er soll rechtzeitig *da* sein. 私は駅で待っています 彼に遅れずにそこに来るように言ってください / 〚関係副詞 wo と呼応して〛 Der Schlüssel hängt *da*, wo er hingehört. 鍵は掛けておくべきところに掛かっている
❸《話者がいる場所を指して》ここ ▷ *Da* bin ich! 私はここですよ / Da sind wir ⟨*Da* wären wir⟩! 着いた⟨どうやら着いたぞ⟩ / Ist *da* jemand? だれかいるんですか / Ist er schon *da*? 彼はもう来てますか / Ist ein Brief für mich *da*? 私への手紙はありますか / 〚wieder と〛 Ich bin gleich wieder *da*. 私はすぐに戻って来ます / Er wird bald wieder *da* sein. 彼はまもなく戻って来るでしょう
❹《口語》《物を手渡す動作を伴って; 間投詞的に》*Da* hast du die Zeitung! ほら新聞だよ / 《相手の注意を促して》Sieh *da*! ほら見てごらん / *Da* kommt er endlich! ほら 彼がやっと来た
❺《時点を指して》そのとき, その際; 当時 ▷ *Da* lachte er. そのとき彼は笑った / 〚副文に呼応して〛 Als es schließlich so weit war, *da* sank ihm der Mut. いよいよというときになって彼は勇気がなえてしまった / 〚fast, eben, kaum などと呼応して〛 Kaum war ich zu Hause, *da* klingelte es. 私が家につくや否や電話が鳴った

❻《状況・条件を指して》その場合は, そういう事情なら, それでは, それなら ▷ *Da* hast du Recht. そうなら君が正しい / *Da* kann man nichts machen. それじゃどうしようもない
❼《理由・根拠を表して》それで, だから ▷ Es regnet stark. *Da* sind die Wege unpassierbar. 雨が強く降っている それで道が通行できない
❽《口語》《前文の内容を受けて》その点では ▷ Wollen wir zusammen ein Glas Wein trinken? – *Da* bin ich einverstanden. いっしょにワインでも 1 杯いかがですか—いいですね (←それに同意します)

〔イディオム〕*Da hast du's!* そら見たことか, だから言っただろう

da und da (はっきり言う必要のない)しかじかの所で ▷ Ich hörte, dass er *da und da* wohne. 私は彼はしかじかの所に住んでいると聞いた
da und dort あちこちに
hier und da あちこちに; ときどき
von da そこから; それ以来
von da an そのとき以来
von da oben その上から

---

da sein

a) (あるところに)ある, 存在する ▷ Ich will nur für dich *da sein*. 私は君のためだけに生きるつもりだ / So etwas ist noch nicht *da gewesen*. そういうことはいまだかつてなかった
b) (あるところにいる, 出席している, 来ている ▷ *Ist* jemand *da*? だれかいますか / Ich *bin* gleich wieder *da*. すぐに戻って来ます / Sie ist gestern Abend auch *da gewesen*. 彼女は昨晩も来ていた

— 接 〚従属; 定動詞後置〛《理由》…だから, なので (☆理由を強調しない場合に用いる)
Da er krank war, konnte er nicht kommen. 彼は病気だったので来ることができなかった
Die Mutter bestrafte das Kind, *da* es gelogen hatte. 母親は子供がうそをついたので罰した
〚特に既知の理由を示す場合, ja, doch などを伴う〛 *Da* er es doch selbst zugegeben hat, können wir uns einen umständlichen Beweis ersparen. 彼はそれを自分で認めたのだから我々はめんどうな証明はせずにすむ

★ deshalb, darum などと呼応して用いる場

合，および warum に対する答えには da ではなく weil を用いる

DAAD [デーアーアーデー] 男 *der* (⊕ 2格 -; ⊕ なし)《*Deutscher Akademischer Austauschdienst* の略記》ドイツ学術交流会

da・bei [ダ・バイ/指示物を強調する場合: ダー・バイ]
副《bei と事物を表す代名詞の結合形; bei の意味用法に準じて用いられる》
❶《位置》**そのそばに** ▷ An der Ecke parkte ein Wagen, *dabei* stand ein Polizist. 角に車が駐車していた そのそばには警察官が立っていた / Eine Rechnung war nicht *dabei*. (受けとった手紙などに)請求書が入っていなかった
❷《時点》**そのときに**，その際に ▷ Sie stürzte und verletzte sich *dabei*. 彼女は転倒して そのときにけがをした / 《zu 不定詞句と》Er war gerade *dabei*, seinen Koffer zu packen. 彼はちょうどトランクを詰めているところだった
❸《関連点》**そのことで**，そのことにおける ▷ Wichtig ist *dabei*, dass … そのことで重要なのは…ということだ
❹《逆接》**それでいて**，それなのに ▷ Er ist reich und *dabei* bescheiden. 彼は金持ちであるがそれでいて謙虚だ
❺ **それに加えて**，その上 ▷ Er war blind und *dabei* gelähmt. 彼は目が見えない上に体が麻痺していた
(イディオム) **dabei bleiben** 考えを変えない
dabei sein (その場に)居合わせる，関与している ▷ Sie gingen alle zusammen weg, er *war auch dabei*. 彼らはみんないっしょに出て行ったが彼もいっしょだった

da・bei|ha・ben [ダバイ・ハーベン] 分離
(er hat dabei; hatte dabei; dabeigehabt; 完了 h) 他《口語》《④と》《"…⁴を》(パーティーなどに)参加させる《☆ふつう wollen と》

da・bei|sein [ダバイ・ザイン] (er ist dabei; war dabei; dabeigewesen; 完了 s) 自《但⇒新》**dabei sein**(分けて書く) ☞ dabei

da|blei・ben [ダ・ブライベン] 分離
(blieb da; dageblieben; 完了 s)
自 (立ち去らずに)そのままいる

Dach [ダッハ] 中 *das* (⊕ 2格 -es 〈まれに -s〉; ⊕ Dächer)
屋根 ▷ ein *Dach* neu decken 屋根を新しく葺*く / mit+③ unter einem *Dach* wohnen …³と同じ屋根の下に住む

Dach・bo・den [ダッハ・ボーデン] 男 *der* (⊕ 2格 -s; ⊕ ..böden) 屋根裏部屋

Dä・cher [デッヒャー] Dach の 複数

Dach・gar・ten [ダッハ・ガルテン] 男 *der* (⊕ 2格 -s; ⊕ ..gärten) (休憩設備のある)屋上，屋上庭園

Dach・la・wi・ne [ダッハ・ラヴィーネ] 女 *die* (⊕ 2格 -; ⊕ -n) 屋根から落ちる雪

Dach・or・ga・ni・sa・ti・on [ダッハ・オルガニザツィオーン] 女 *die* (⊕ 2格 -; ⊕ -en) 上部組織，上部団体

Dach・pfan・ne [ダッハ・プファネ] 女 *die* (⊕ 2格 -; ⊕ -n) 桟がわら(波うっているかわら)

Dach・rin・ne [ダッハ・リネ] 女 *die* (⊕ 2格 -; ⊕ -n) とい(樋)，雨どい

Dachs [ダックス] 男 *der* (⊕ 2格 -es; ⊕ -e)《動物》アナグマ

Dach・stuhl [ダッハ・シュトゥール] 男 *der* (⊕ 2格 -[e]s; ⊕ ..stühle) 小屋組み(屋根の支えになる骨組み)

dach・te [ダハテ] denken の 過去

däch・te [デヒテ] denken の 接Ⅱ

Dach・zie・gel [ダッハ・ツィーゲル] 男 *der* (⊕ 2格 -s; ⊕ -) 屋根がわら

Da・ckel [ダッケル] 男 *der* (⊕ 2格 -s; ⊕ -)《犬》ダックスフント

da・durch [ダ・ドゥルヒ/指示物を強調する場合: ダー・ドゥルヒ]
副《durch と事物を表す代名詞の結合形; durch の意味用法に準じて用いられる》
❶《手段・原因》**それによって** ▷ Ich habe das Medikament genommen und bin *dadurch* wieder gesund geworden. 私はその薬を服用し それによって再び健康になった
❷《場所》**そこを通って**
(イディオム) **dadurch, dass …** …することによって ▷ *Dadurch, dass* er den Zug verpasste, kam er zu spät. 彼は列車に乗り遅れたので遅刻した

da・für [ダ・フューア/指示物を強調する場合: ダー・フューア]
副《für と事物を表す代名詞の結合形; für の意味用法に準じて用いられる》
❶《目標・目的》**そのために** ▷ Das ist kein Werkzeug *dafür*. それはそのための工具ではない
❷《対象》**それに対して**，それに関して ▷ *Dafür* ist er noch zu jung. それには彼はまだ若すぎる / *Dafür* habe ich kein Verständnis. それは私にはわからない
❸ **その代わりに**，その代償に ▷ Sie arbeitet langsam, *dafür* aber gründlich. 彼女の仕事は遅い しかしその代わりに入念だ / Er hat 50 Euro *dafür* bezahlt. 彼はその代金として50ユーロ払った
❹ **それに賛成して**(⇔ dagegen) ▷ Ich bin *dafür*. 私はそれに賛成だ

da・ge・gen [ダ・ゲーゲン/指示物を強調する場合: ダー・ゲーゲン]
副《gegen と事物を表す代名詞の結合形; gegen の意味用法に準じて用いられる》
❶《方向》**それに向かって** ▷ *dagegen* stoßen

状態，様態，場所，方向，…＝状態，様態，場所，方向，…を表す語句

それ(いすなど)にぶつかる
❷《抵抗》**それに対して** ▷ *Dagegen* kann man nichts machen. それに対して何もできない
❸ それに反対して(⊜ dafür) ▷ Ich bin *dagegen*. 私はそれに反対です あなたにご異存がなければ
❹ それと比べて；それに反して ▷ *Dagegen* ist alles andere ein Kinderspiel. それに比べたらほかのことはすべて朝飯前だ(←子供の遊びだ) / Er ist fleißig, *dagegen* ist sie faul. 彼は勤勉だがそれに反し彼女は怠け者だ
❺ それと引き換えに ▷ Ich habe das Buch zurückgegeben und *dagegen* ein neues eingetauscht. 私はその本を返し それと引き換えに新しいのをもらった

da·heim [ダ・ハイム] 副《南ドイツ・オーストリア・スイス》自宅で；故郷で ▷ Er war lange nicht mehr *daheim*. 彼は長いこともう故郷に帰っていなかった

da·her [ダ・ヘーア/指示物を強調する場合: ダー・ヘーア]
副 ❶ **それゆえに**，だから ▷ Er hatte Fieber und konnte *daher* nicht mitkommen. 彼は熱があった だからいっしょに来ることができなかった
❷ そのことから ▷ Er hat sich benachteiligt gefühlt. *Daher* rührt seine Unzufriedenheit. 彼は不利益を受けたと感じた そのことが彼の不満の原因だ / 〚dass〈weil〉文に呼応して〛Meine Kopfschmerzen kommen *daher*, dass〈weil〉ich zu wenig schlafe. 私の頭痛は睡眠不足のためだ
❸ そこから，その場所から(⊜ dahin) ▷ *daher* kommen そこから来る

da·hin [ダ・ヒン/指示物を強調する場合: ダー・ヒン]
副 そこへ，その場所へ(⊜ daher) ▷ Der Weg *dahin* ist weit. そこへ行く道は遠い / Ist es noch weit bis *dahin*? そこまではまだ遠いのですか
(イディオム) **bis dahin** そのときまで[に]，それまで[に] ▷ *Bis dahin* müssen wir zurück sein. それまでに私たちは戻っていなければならない
dahin gehen, dass ... (発言・意見などは)…という内容である ▷ Seine Meinung *geht dahin*, *dass ...* 彼の意見は…ということだ
dahin gehend, dass ... …という意味で
dahin sein 過ぎ去った；なくなって ▷ Mein ganzes Geld *ist dahin*. 私の有り金はすべてなくなった

da·hin·ten [ダ・ヒンテン/指示物を強調する場合: ダー・ヒンテン] 副 あそこの後ろの方に ▷ *Dahinten* siehst du das Hotel. あの後ろの方にそのホテルが見えるでしょ

da·hin·ter [ダ・ヒンター/指示物を強調する場合: ダー・ヒンター]
副〚hinter と事物を表す代名詞の結合形；hinter の意味用法に準じて用いられる〛

❶《場所》**その後ろ〈向こう〉に** ▷ *Dahinter* stand ein Polizist. その(建物などの)後ろに警察官が立っていた /〚mit+❸と〛ein Haus mit einem Garten *dahinter* 裏庭のある家
❷ その背後に ▷ Er zeigte ein merkwürdiges Verhalten, was soll man *dahinter* vermuten? 彼は奇妙な態度を見せた それをどう解釈したらよいのだろう
(イディオム) ***dahinter kommen***《口語》(隠されていることを)探り出す(☆ dass 文，間接疑問文と) ▷ Ich *komme* schon *dahinter*, was er vorhat. 私はきっと彼の計画していることを探り出す
dahinter stecken《口語》(原因などとして)背後にある；背後であやつっている

da·hin·ter|kom·men [ダヒンター・コメン]
(kam dahinter; dahintergekommen; 完s)
自 (旧⇒新) **dahinter kommen**(分けて書く) ☞ dahinter

da·hin·ter|stecken [ダヒンター・シュテッケン]
(steckte dahinter; dahintergesteckt; 完h)
自 (旧⇒新) **dahinter stecken**(分けて書く) ☞ dahinter

Dah·lie [ダーリエ] 女 die(⊜ 2格-; ⊜ -n)《植物》ダリア

dal·li [ダリ]《間投詞》《口語》急いで，早く ▷ Ein bisschen *dalli*! ちょっと急いで / *Dalli, dalli*! 早く早く

da·ma·li·ge [ダー・マーリゲ] 形 当時の(☆ 名詞につけて)

da·mals [ダー・マールス]
副 当時，あのころ ▷ *Damals* war er noch ledig. 当時彼はまだ独身だった / seit *damals* 当時から

Da·me [ダーメ] 女 die(⊜ 2格-; ⊜ -n)
❶ ご婦人，女の人(女性に対するていねいな呼称) ▷ Eine junge *Dame* möchte Sie sprechen. 若い女の方がお話がしたいと申しております / Meine *Damen* und Herren! お集まりの皆様方(☆ スピーチの冒頭で)
❷ 淑女，貴婦人
❸《トランプ・チェス》クイーン

Da·men·sa·lon [ダーメン・ザロ[-]ン] 男 der (⊜ 2格-s; ⊜ -s) 美容院

Da·men·schnei·der [ダーメン・シュナイダー] 男 der(⊜ 2格-s; ⊜ -) 婦人服仕立て職人，ドレスメーカー

Da·men·wahl [ダーメン・ヴァール] 女 die(⊜ 2格-; ⊜ なし) ダーメンヴァール(婦人の方からダンスのパートナーを選ぶこと)

da·mit
── 接 [ダ・ミット]〚従属；定動詞後置〛
《目的》…するために，…であるように ▷ Er fährt an die See, *damit* er sich erholt. 彼は休養するために 海に行く(☆ 副文の主語が主文の主語と同

dämlich

一の場合, um … zu によって書き換えることができる ▷ Er fährt an die See, *um* sich *zu* erholen.) / Sprechen Sie bitte etwas lauter, *damit* man Sie auch hinten verstehen kann. 後方の人も聞き取れるようにもう少し大きな声で話してください

──副〖ダ・ミット/指示物を強調する場合: ダー・ミット〗〖mit と事物を表す代名詞の結合形; mit の意味用法に準じて用いられる〗

❶《道具》それを用いて ▷ Er holt sich Werkzeug und repariert *damit* die Maschine. 彼は工具を持って来て それで機械を修理する

❷《携帯》それを持って ▷ Sie nahm eine Kerze und ging *damit* in den Keller. 彼女はろうそくを取り それを持って地下室へ行った

❸《手段》そのことによって ▷ Sie schwimmt viel. *Damit* erhält sie sich gesund. 彼女はよく泳ぐが そのことによって彼女は健康を保っている / Was will er *damit* sagen? 彼はそのことによって何が言いたいのだ

❹《関係》それについて, それに関して ▷ *Damit* habe ich nichts zu tun. そのことに私は何のかかわりもない

❺《時間》それと同時に ▷ Der Vorhang ging auf, und *damit* begann das Spiel. 幕が上がり それと同時に芝居が始まった

❻〖口語〗《命令》と〉Her *damit*! それをよこせ / Weg *damit*! それをどけろ〈捨てろ〉

❼〖mit 支配の動詞・形容詞と〗Du sollst endlich *damit* aufhören! 君はもういいかげんにそれをやめるべきだ / Gleich ist er *damit* fertig. すぐに彼は それ(仕事など)を終える /〖dass 文, zu 不定詞句に呼応して〗Er war gerade *damit* beschäftigt, das Auto zu reparieren. 彼はちょうど自動車を修理しているところだった

däm·lich [デームリヒ] 形 〖口語〗まぬけな, ばかな

Damm [ダム] 男 *der* (⊕ 2格 -[e]s; ⊕ Dämme) 堤防, 土手, 堤 ▷ Der *Damm* ist gebrochen. 堤防が決壊した

Damm·bruch [ダム・ブルフ] 男 *der* (⊕ 2格 -[e]s; ⊕ ..brüche) ダムの決壊

Däm·me [デメ] Damm の 複数

däm·men [デメン]
(dämmte; gedämmt; 助 h)
他《文語》❶《4格と》〔水などを〕堤防でせき止める
❷《4格と》〔熱・音などを〕遮断する

däm·me·rig [デメリヒ] = dämmrig

däm·mern [デメルン]
(dämmerte; gedämmert; 助 h)
自 あたりが薄暗く〈薄明るく〉なる ▷ Der Abend *dämmerte*. 日が暮れた /〖非人称主語 es と〗Es *dämmerte*. 日が暮れた; 夜が明けた

Däm·me·rung [デメルング] 女 *die* (⊕ 2格 -; ⊕ -en) (夜明け・夕暮れ時の)薄明; 夜明け, 夕暮れ ▷ Die *Dämmerung* brach herein. 夜明け〈夕暮れ〉が訪れた

dämm·rig [デムリヒ] 形 (あたりが)薄暗い; 薄明かりの

Dä·mon [デーモン] 男 *der* (⊕ 2格 -s; ⊕ -en) 悪霊, 悪魔, デーモン ▷ Er ist von einem *Dämon* besessen. [状態受動] 彼は悪霊に取りつかれている

Dä·mo·nen [デモーネン] Dämon の 複数

Dä·mo·nie [デモニー] 女 *die* (⊕ 2格 -; ⊕ -n) 不気味な魔力

Dä·mo·ni·en [デモニーエン] Dämonie の 複数

dä·mo·nisch [デモーニシュ] 形 悪魔の, 悪魔のような ▷ *dämonische* Mächte 悪魔の力

Dampf [ダンプフ] 男 *der* (⊕ 2格 -es 〈まれに -s〉; ⊕ Dämpfe)
湯気; 蒸気 ▷ Die Küche war voller *Dampf*. 台所には湯気が立ち込めていた

Dämp·fe [デンプフェ] Dampf の 複数

damp·fen [ダンプフェン]
(dampfte; gedampft; 助 h)
自 湯気を立てる ▷ Die Suppe *dampft* noch. スープがまだ湯気を立てている

dämp·fen [デンプフェン]
(dämpfte; gedämpft; 助 h)
他 ❶《4格と》〔…4を〕ふかす, 蒸す; 〔…4に〕スチームアイロンをかける ▷ Kartoffeln *dämpfen* ジャガイモをふかす / den Rock *dämpfen* スカートにスチームアイロンをかける

❷《4格と》〔音・光などを〕弱める, やわらげる ▷ Die Teppiche *dämpfen* den Schritt. じゅうたんは足音を消す

Damp·fer [ダンプファー] 男 *der* (⊕ 2格 -s; ⊕ -) 汽船

Dämp·fer [デンプファー] 男 *der* (⊕ 2格 -s; ⊕ -) (ピアノなどの)弱音器, (オートバイなどの)マフラー
イディオム einen *Dämpfer* bekommen 《口語》気勢をそがれる

Dampf·ma·schi·ne [ダンプフ・マシーネ] 女 *die* (⊕ 2格 -; ⊕ -n) 蒸気機関

da·nach [ダ・ナーハ/指示物を強調する場合: ダー・ナーハ]

副〖nach と事物を表す代名詞の結合形; nach の意味用法に準じて用いられる〗

❶《時間》そのあとで (⊕ davor) ▷ Er trinkt Kaffee, *danach* geht er spazieren. 彼はコーヒーを飲み そのあとで散歩に行く / gleich *danach* そのあとすぐに

❷《順番》そのあと〈後ろ〉に, その次に ▷ Voran gehen die Eltern, *danach* kommen die Kinder. 先頭を親が歩き 子供たちがその後ろをついて来る

❸《方向》その方へ ▷ die Hand *danach* aus-

strecken 手をその方へ差し伸ばす
❹ 《基準》 それに従って〈基づいて〉 ▷ Du solltest *danach* handeln. 君はそれに基づいて行動すべきだ
❺ 〚nach 支配の動詞と〛 それを求めて ▷ Ich habe mich noch nicht *danach* erkundigt. 私はそのことについてまだたずねていない

Dä·ne [デーネ] [男] *der* ([単] 2·3·4 格 –n; [複] –n) デンマーク人

da·ne·ben [ダ·ネーベン / 指示物を強調する場合: ダー·ネーベン]
[副]〚neben と事物を表す代名詞の結合形; neben の意味用法に準じて用いられる〛
❶ 《場所》 その横に ▷ *Daneben* steht eine Schule. その横に学校がある / Sie stellt den Eimer *daneben.* 彼女はバケツをその横に置く
❷ そのほかに, そのかたわら ▷ Er betreibt *daneben* noch etwas Landwirtschaft. 彼はそのほかにまだ農業を少し営んでいる

da·ne·ben|ge·hen [ダネーベン·ゲーエン] [分離] (ging daneben; danebengegangen; [完了]s)
[自] (弾などが) それる; 《口語》 (実験などが) 失敗する

Dä·ne·mark [デーネ·マルク] ([中] *das*) 《国名》 デンマーク (用法: ☞ Deutschland)

dä·nisch [デーニシュ] [形] デンマーク[人]の; デンマーク語の

Dä·nisch [デーニシュ] [中] *das* ([単] 2 格 –[s]; [複] なし) デンマーク語

dank [ダンク] [前] 〚③〈まれに②〉支配; ただし複数は②のみ〛 …のおかげで, …のせいで ▷ *dank* eurem guten Willen 〈eures guten Willens〉 君たちの善意のおかげで

Dank [ダンク] [男] *der* ([単] 2 格 –es 〈まれに –s〉; [複] なし)
感謝; 感謝の念, 感謝のことば ▷ Herzlichen *Dank*! どうもありがとう / Haben Sie vielen *Dank*! ありがとうございます
[イディオム] ***Gott sei Dank!*** 《安堵(あんど)して》 やれやれ, 助かった; ありがたい
zum Dank お礼に ▷ *Zum Dank* schenkte sie ihm eine Krawatte. お礼に彼女は彼にネクタイを贈った

dank·bar [ダンク·バール]
[形] ❶ 感謝している, 感謝に満ちた ▷ Dafür bin ich Ihnen sehr *dankbar*. そのことでは私はあなたにとても感謝している / Ich wäre dir *dankbar*, wenn … もし…ならば私は君に感謝するのだが / ein *dankbarer* Blick 感謝のこもったまなざし
❷ (仕事などが) 割のいい, 得な
❸ 《口語》 (布地などが) 持ちのよい; (植物が) 手のかからない

Dank·bar·keit [ダンク·バールカイト] [女] *die* ([単] 2 格 –; [複] なし) 感謝の念

dan·ken
[dáŋkn̩ ダンケン]

[現在]	ich danke	wir danken
	du dankst	ihr dankt
	er dankt	sie danken
[過去]	ich dankte	wir dankten
	du danktest	ihr danktet
	er dankte	sie dankten
[過分]	gedankt	[完了] haben

— [自] ❶ 〚③と〛 [··³に] 感謝する, 礼を言う
Er *dankte* ihr für ihre Hilfe.
彼は彼女の手助けに礼を言った
Ich *danke* Ihnen. 感謝いたします
❷ 〚③と〛 [··³に] あいさつを返す ▷ Ich habe ihn gegrüßt, aber er hat mir nicht *gedankt*. 彼にあいさつをしたけれど彼は私にあいさつを返さなかった
[イディオム] ***danke*** ありがとう ▷ *Danke* schön 〈sehr〉! どうもありがとう / Wie geht es Ihnen? – *Danke*, gut. 調子はどうですか—ありがとう うまくいっています / Kann ich dir behilflich sein? – Ja, *danke*. お手伝いできますか—ありがとう お願いします / Möchten Sie noch ein Stück Kuchen? – Nein, *danke*. もう少しケーキをいかがですか—いいえ ありがとうございます
Nichts zu danken! 《相手のお礼に対して》 どういたしまして
— [他] 〚③+④と〛 [··³に··⁴の] 感謝をする; (感謝して) お礼をする ▷ Kein Mensch *dankte* [es] ihr, dass sie sich solche Mühe gemacht hatte. 彼女がそのような骨折りをしていたことにだれも彼女に感謝しなかった / Wie soll ich Ihnen das jemals *danken*? それはどのようにお礼したらよいのでしょうか

Dank·sa·gung [ダンク·ザーグング] [女] *die* ([単] 2 格 –; [複] –en) (特にお悔やみに対する) 謝辞

dank·te [ダンクテ] danken の [過去]

dann
[dan ダン]

[副] ❶ それから, そのあとに
Erst regnete es, *dann* schneite es.
まず雨が降り それから雪が降った
Und was hast du *dann* gesagt?
そして君はそのあとに何と言ったのか
Erst wägen, *dann* wagen! 熟慮断行
❷ 《前文などで示される時点·条件を受けて》 そのときに[は]; その場合に[は] ▷ Wenn das Wetter schlecht ist, *dann* gehen wir nicht aus. もし天気が悪い場合には私たちは外出しない / Das kann nur *dann* gelingen, wenn … それは…の場合にのみ成功しうる / *Dann* bis morgen!

じゃ あすまた
❸ さらに, そのほかに (=außerdem) ▷ Ach ja, und *dann* brauchen wir noch einen neuen Koffer. ああそうだ そのほかにまだ新しいトランクが必要だ
❹ 《未来の特定の時点を指して》 そのときに ▷ wenn es *dann* immer noch schneit もしそのときにまだ相変わらず雪が降っているならば
[イディオム] ***Bis dann!*** ではまた

da·ran [ダラン/指示物を強調する場合: ダーラン]
[副] 〔an と事物を表す代名詞の結合形; an の意味用法に準じて用いられる; 口語形 dran〕
❶ 《場所》 それに接して, そこに ▷ *Daran* hing ein Schild. そこ(ドアなど)に看板が掛かっていた
❷ 〔an 支配の動詞·形容詞と〕 ▷ Er ist nicht schuld *daran*. 彼はそのことに責任はない / Ich denke gar nicht *daran*. 私はそのことをしようとはまったく思わない / 〔dass 文などに呼応して〕 Ich zweifle *daran*, dass er immer die Wahrheit gesagt hat. 私は彼が常に真実を言ったとは信じない
[イディオム] ①+***ist daran*** …¹の番だ ▷ Jetzt *ist* er *daran*. 今度は彼の番だ

da·rauf [ダラオフ/指示物を強調する場合: ダーラオフ]
[副] 〔auf と事物を表す代名詞の結合形; auf の意味用法に準じて用いられる; 口語形 drauf〕
❶ 《場所》 その上に ▷ Stell die Vase *darauf*! 花びんはその(机などの)上に置きなさい / *Darauf* stand eine Vase. その(机などの)上に花びんが置いてあった
❷ 〔auf 支配の動詞と〕 ▷ Er hat *darauf* geschossen. 彼はそれを目がけて発砲した / Er achtet nicht *darauf*. 彼はそのことに注意を払わない / 〔dass 文に呼応して〕 Er wies *darauf* hin, dass … 彼は…ということを指摘した
❸ 《連続》 それに続いて ▷ Eine Woche *darauf* starb sie. その1週間後に彼女は死んだ / am Tag *darauf* その翌日 / unmittelbar *darauf* そのすぐあとに

da·rauf·hin [ダラオフ·ヒン/指示物を強調する場合: ダーラオフ·ヒン]
[副] ❶ それに基づいて; その結果; その後 ▷ *Daraufhin* drehte er sich um und ging. その後彼は振り返り去って行った
❷ その点に関して, その観点で ▷ ④+*daraufhin* untersuchen …⁴をその点に関して検査する

da·raus [ダラオス/指示物を強調する場合: ダーラオス]
[副] 〔aus と事物を表す代名詞の結合形; aus の意味用法に準じて用いられる; 口語形 draus〕
❶ 《方向》 その中から ▷ Sie holte *daraus* eine Bluse hervor. 彼女はその(トランクなどの)中からブラウスを取り出した
❷ 《材料》 それから ▷ Sie näht sich einen Rock *daraus*. 彼女はそれ(その生地)からスカートを縫う
❸ 《出所》 そのことから ▷ *Daraus* kannst du viel lernen. そのことから君は多くのことを学ぶことができる

dar·ben [ダルベン] (darbte; gedarbt; [完了]h)
[自] 《文語》 貧苦に苦しむ

dar|bie·ten [ダール·ビーテン] [分離]
(bot dar; dargeboten; [完了]h)
[他] 〖④と〗〔…⁴を〕上演する ▷ Es wurden Lieder und Tänze *dargeboten*. 歌と踊りが上演された (☆ 文頭の es は穴埋め)

Dar·bie·tung [ダール·ビートゥング] [女] *die* ([単] 2 格 -; [複] -en) (ショー·演芸会などの)出し物, 演目

da·rein [ダライン/指示物を強調する場合: ダーライン]
[副] 〔in と事物を表す4格代名詞の結合形; in (4格) の意味用法に準じて用いられる; 口語形 drein〕
《方向》 その中へ ([反] daraus) ▷ Er legte das Obst *darein*. 彼は果物をその(かごなどの)中へ入れた

darf [ダルフ] dürfen の [現在]

darfst [ダルフスト] dürfen の [現在]

dar·ge·stellt [ダール·ゲシュテルト] darstellen の [過分]

da·rin [ダリン/指示物を強調する場合: ダーリン]
[副] 〔in と事物を表す3格代名詞の結合形; in (3格) の意味用法に準じて用いられる; 口語形 drin〕
❶ 《位置》 その中に ▷ *Darin* ist es kalt. その中は寒い / 〔mit+③と〕 ein Zimmer mit einem Kamin *darin* 暖炉のある部屋
❷ 〔in 支配の動詞と〕 *Darin* irrst du dich. その点で君は考え違いをしている / 〔dass 文と呼応して〕 Die Schwierigkeit besteht *darin*, dass … 難しさは…という点にある.

dar|le·gen [ダール·レーゲン] [分離]
(legte dar; dargelegt; [完了]h)
[他] 〖④と〗〔…⁴を〕説明する, 詳しく述べる ▷ Ich habe ihm meine Gründe *dargelegt*. 私は彼に私の論拠を詳しく述べた

Dar·le·hen [ダール·レーエン] [中] *das* ([単] 2 格 -s; [複] -) 貸し付け[金], ローン ▷ ein *Darlehen* aufnehmen 貸し付けを受ける

Darm [ダルム] [男] *der* ([単] 2 格 -[e]s; [複] Därme) 《解剖》 腸 ▷ die Erkrankung des *Darms* 腸の疾患

Där·me [デルメ] Darm の [複数]

dar|rei·chen [ダール·ライヒェン] [分離]
(reichte dar; dargereicht; [完了]h)
[他] 《文語》 〖③+④と〗〔…³に贈り物など⁴を〕(厳かに)手渡す

dar|stel·len [ダール·シュテレン] [分離]
(stellte dar; dargestellt; [完了]h)
—[他] ❶ 〖④と〗〔…⁴を〕(絵画などで) 描く, 描き出す; (グラフなどで)表す ▷ Das Gemälde *stellt* den Künstler selbst in jungen Jahren *dar*.

その絵は芸術家自身の若いころを描いている
❷ 〖[4]と〗〔…⁴を〕(ことばで)描写する, 叙述する ▷ Er kann die Angelegenheit nicht objektiv *darstellen.* 彼はその件を客観的に述べることができない
❸ 〖[4]と〗(舞台で)〔…⁴の〕役を演じる ▷ Er hat den Othello meisterhaft *dargestellt.* 彼はオセロをみごとに演じた (☆ Othello [オテロ])
❹ 〖[4]と〗〔…⁴で〕ある, 〔…⁴を〕意味する ▷ Diese Behauptung *stellt* eine Beleidigung *dar.* そのような主張は侮辱である
[イディオム] ***etwas* 〈*nichts*〉 *darstellen*** ひとかどの〈くだらない〉人物である印象を与える ▷ Dieser Mann *stellt* doch *etwas dar.* この男性はひとかどの人物であるように見える
— [再] 〖[sich]⁴+[状態]と〗〔…の〕印象を与える, 〔…に〕思われる ▷ Das Ploblem *stellte* sich als unlösbar *dar.* その問題は解決不可能に思われた

Dar·stel·ler [ダール·シュテラー] [男] *der* ([単] 2 格 -s; [複] -) (舞台である役を)演じる人; 役者 ▷ Der *Darsteller* des Hamlet bekam gute Kritiken. ハムレットの演技者は好評を得た

Dar·stel·lung [ダール·シュテルング] [女] *die* ([単] 2 格 -; [複] -en)
❶ (絵·ことばなどによる) **描写, 叙述** ▷ eine knappe *Darstellung* 簡潔な描写 / eine grafische *Darstellung* 図表, グラフ
❷ 役を演じること, 演技 ▷ Seine *Darstellung* des Hamlet war sehr eindrucksvoll. 彼のハムレットの演技はとても印象的だった

da·rü·ber [ダリューバー/指示物を強調する場合: ダーリューバー]
[副] 〖über と事物を表す代名詞の結合形; über の意味用法に準じて用いられる; 口語形 drüber〗
❶ 《場所》 **その上方に**; その上に ([反] darunter) ▷ *Darüber* hing ein Spiegel. その上の方に鏡が掛かっていた
❷ 《方向》 **その上へ**; **それを越えて** ▷ Der Ballon flog *darüber* hinaus. 気球はそれを越えて飛んで行った
❸ 〖über 支配の動詞と〗 *Darüber* möchte ich nicht sprechen. そのことについて私は話したくない / 〖dass 文と呼応して〗 Er beschwert sich *darüber*, dass … 彼は…ということについて苦情を言う
❹ 《超過》 それ以上 ▷ Der Preis beträgt dreißig Euro oder etwas *darüber.* 値段は 30 ユーロあるいは少しそれ(30 ユーロ)を越える / Es ist schon eine Stunde *darüber.* もう 1 時間それ(予定など)を過ぎている
❺ 《期間》 その間に, そうしている間に ▷ Sie unterhielten sich angeregt, *darüber* wurde es sehr spät. 彼らは活発に話をしていたが その間にとても遅い時間になってしまった
[イディオム] ***darüber hinaus*** そのほかに, さらに ▷ *Darüber hinaus* müssen wir das Protokoll noch schreiben. そのほかに私たちはまだ議事録を書かなければならない
darüber stehen (批判·非難などに対し)超然としている

da·rü·ber|ste·hen [ダリューバー·シュテーエン] [分離] (stand darüber; darübergestanden; [完了]h)
[自] [旧⇒新] **darüber stehen** (分けて書く) ☞ darüber

da·rum [ダルム/指示物を強調する場合: ダールム]
[副] 〖um と事物を表す代名詞の結合形; um の意味用法に準じて用いられる; 口語形 drum〗
❶ 《場所》 **その周りに** ▷ Sie standen *darum* herum. 彼らはそれを囲んで立っていた / 〖mit+[3]と〗 ein Haus mit einem Garten *darum* 周りを庭に囲まれた家
❷ 〖um 支配の動詞と〗 Ich habe ihn *darum* gebeten. 私は彼にそのことを頼んだ / 〖dass 文と呼応して〗 Es handelt sich *darum*, dass … 問題は…ということだ
❸ 《理由》 そのために ▷ Er war erkältet, *darum* fehlte er. 彼はかぜをひき そのために欠席した / 〖weil 文と呼応して〗 Er hat es nur *darum* getan, weil … 彼はそれを…という理由だけでした

da·run·ter [ダルンター/指示物を強調する場合: ダールンター]
[副] 〖unter と事物を表す代名詞の結合形; unter の意味用法に準じて用いられる; 口語形 drunter〗
❶ 《場所》 **その下に** ([反] darüber) ▷ Er steht *darunter.* 彼はその下に立っている / Sie hatte nur den Badeanzug *darunter* an. 彼女はその下に水着しか着ていなかった
❷ 《集団》 その中に ▷ Es waren etwa 300 Personen anwesend, *darunter* viele junge Leute. 約 300 名の人が出席していたが その中には若い人が多くいた (☆文頭の es は穴埋め)
❸ 《数量》 それ以下で ▷ zwanzig Grad oder etwas *darunter* 20 度あるいはそれより少し下
❹ 〖unter 支配の動詞と〗 *Darunter* kann ich mir nichts vorstellen. それが何のことか私にはさっぱりわからない

das
[das ダス]
— 〖指示代名詞; es の強調形として (☞ der 「指示代名詞」)〗
❶ **それ**, そのこと
Wo hast du *das* gefunden?
どこで君はそれを見つけたの
Das bin ich. (それをしたのは)私です
〖前文を受けて〗

D

Sie hat gelogen, *das* ist sicher.
彼女はうそをついた それは確かだ
《関係文と》
Das, was er dort gesagt hat, war das Wichtigste. 彼がそこで言ったことが最も重要なことだった
《2格付加語と》
das Auto des Vaters und *das* der Mutter
父の自動車と母の自動車
❷《述語として; es の強調形》Sie sind noch jung, *das* aber bin ich nicht. 彼らはまだ若いが私はもう若くない
(イディオム) *das heißt* ⟨*das ist*⟩ すなわち, つまり, 言い換えると
das ist ... これは⟨こちらは⟩…だ(☆ 性にかかわりなく用いる。ただし, …の部分の名詞が複数形の場合は, das sind … になる) ▷ Was *ist das* hier? ここにあるのは何ですか / *Das ist* Herr Müller. こちらはミュラーさんです / *Das sind* meine Bücher. それらは私の本だ
── 《関係代名詞の中性単数 1・4格(☞ der「関係代名詞」)》das Haus, *das* an der Ecke steht 角に立っている家
── ☞ der (定冠詞・指示冠詞の中性単数 1・4格)

da|sein [ダーザイン] 分離 (er ist da; war da; dagewesen; 完了s) 自 (但⇒新) **da sein** (分けて書く) ☞ da

Da·sein [ダーザイン] 中 *das* (属 2格 -s; 複 なし) 生存; 人生 ▷ der Kampf ums *Dasein* 生存競争

das·je·ni·ge [ダス・イェーニゲ] ☞ derjenige

dass
[das ダス]

接《従属; 定動詞後置》
❶ …ということ
Ich glaube, *dass* er kommt.
私は彼が来ると思う
Ich weiß, *dass* sie krank ist.
私は彼女が病気であることを知っている
Dass er angerufen hat, freut mich sehr.〈または相関詞 es で受けて: Es freut mich sehr, *dass* er angerufen hat.〉彼が電話をくれて私は非常にうれしい
Es tut mir leid, *dass* ich zu spät gekommen bin. 遅れてしまって申し訳ありません
Die Hauptsache ist, *dass* du glücklich bist.
肝心なことは君が幸せであるということだ
《da[r]+前置詞と呼応して》
Ich zweifle nicht daran, *dass* sie kommen.
私は彼らが来ることを信じて疑わない
《名詞を修飾して》
Ich habe die Hoffnung, *dass* sich alles noch zum Guten wenden wird. 私はすべてがいずれよい方へ向かうとの期待を持っている
❷《結果》その結果… ▷ Er schlief fest, *das* er nichts hörte. 彼はぐっすり眠っていたので何も耳にしなかった
❸《目的》…するように ▷ Nimm den Mantel mit, *dass* du dich nicht erkältest. かぜをひかないようにコートを持って行きなさい
❹《独立的に》《願望》*Dass* doch alles nur ein Traum wäre! すべて夢であったらなあ

(イディオム) *[an]statt dass* ... …する代わりに ▷ *[An]statt dass* er selbst kam, schickte er seinen Sohn. 彼は自分で来る代わりに息子をこした

außer dass ... …のほかに ▷ Ich weiß nichts über ihn, *außer dass* er Arzt ist. 私は彼が医者だということ以外彼について何も知らない

es sei denn, dass ... …の場合は別にして ▷ Er kommt bestimmt, *es sei denn, dass* er krank ist. 彼はきっと来る 病気なら話は別だが

nur dass ... ただし… ▷ Unser Urlaub war sehr schön, *nur dass* es ab und zu ein Gewitter gab. 私たちの休暇はとてもすてきだったがただときおり雷雨に見舞われた

ohne dass ... …することなしに ▷ Er half mir, *ohne dass* ich ihn darum bat. 彼は私が頼みもしないのに私のことを助けてくれた / 《結果的意味合いで》Sie litt unter schweren Schmerzen, *ohne dass* sie darüber klagte. 彼女は激しい痛みに苦しんだが痛みを訴えることはなかった

so ~, dass ... とても~なので… ▷ Sie war *so* hartnäckig, *dass* er seinen Einwand zurückzog. 彼女は非常に頑固だったので彼は異議を引っ込めた

..., so dass~ …なので~ ▷ Es war kalt, *so dass* wir froren. 寒かったので私たちは凍えた

zu ~, als dass ... ~すぎて…でない ▷ Dieses Angebot klingt *zu* verführerisch, *als dass* man ihm trauen könnte. この申し出はあまりにも魅力的すぎて信じることができない

daß (但⇒新) dass

das·sel·be [ダス・ゼルベ] ☞ derselbe

da|ste·hen [ダー・シュテーエン] 分離
(stand da; dagestanden; 完了h, 南ドイツ・オーストリア s)
自《状態と》〔…の状態で〕(ある場所に)立っている; 〔…の状態で〕暮らしている
【注】da stehen と分離する場合は「そこに置いてある」という意味になる

Da·ten [ダーテン] Datum の 複数

Da·ten·au·to·bahn [ダーテン・アオトバーン] 女 *die* (属 2格 -; 複 なし) 情報ハイウェイ(光ファイバーによる未来型ネットワーク)

Da·ten·bank [ダーテン・バンク] 女 *die* (属 2格 -; 複 -en) データバンク

Da·ten·kom·pres·si·on [ダーテン・コムプレスィオーン] 囡 die (⊕ 2格 -; ⊕ -en) データ圧縮

Da·ten·lei·tung [ダーテン・ライトゥング] 囡 die (⊕ 2格 -; ⊕ -en) データ回線

Da·ten·trä·ger [ダーテン・トレーガー] 男 der (⊕ 2格 -s; ⊕ -) (フロッピーディスクなどの)データ記憶媒体

Da·ten·ver·ar·bei·tung [ダーテン・フェアアルバイトゥング] 囡 die (⊕ 2格 -; ⊕ -en) 情報〈データ〉処理

da·tie·ren [ダティーレン] (datierte; datiert; 完了h)
── 他 〔4と〕〔文書4に〕日付を記入する;〔古文書など4の〕成立年代を決める ▷ Der Brief ist vom 1. (ersten) Mai *datiert*. 〔状態受動〕その手紙は5月1日付である
── 自 《aus 〈von, seit〉+3と》〔…3の〕日付になっている;〔ある時代3の〕ものである ▷ Der Brief *datiert* vom 10. (zehnten) Juli. その手紙は7月10日の日付になっている

Da·tiv [ダーティーフ] 男 der (⊕ 2格 -s; ⊕ -e) 《文法》3格, 与格 (⊕ Dat.)

Dat·tel [ダッテル] 囡 die (⊕ 2格 -; ⊕ -n) 《植物》ナツメヤシの実

Da·tum [ダートゥム] 中 das (⊕ 2格 -s; ⊕ Daten)
❶ 日付 ▷ Welches *Datum* haben wir heute? きょうは何日ですか
❷ (⊕ で) データ, 資料 ▷ *Daten* eingeben (コンピュータに)データを入力する

Dau·er [ダオアー] 囡 die (⊕ 2格 -; ⊕ なし) (時間の)長さ, 期間 ▷ Die *Dauer* unseres Aufenthalts steht noch nicht fest. 私たちの滞在期間はまだ確定していない

(イディオム) **auf die Dauer** 長く
von Dauer sein 長く続く ▷ Sein Glück *war* nicht *von Dauer*. 彼の幸福は長くは続かなかった

dau·er·haft [ダオアーハフト] 形 (友情などが)長く続く, 永続的な; (材質などが)長持ちのする, 耐久性のある

Dau·er·kar·te [ダオアー・カルテ] 囡 die (⊕ 2格 -; ⊕ -n) 定期[乗車]券; (一定期間有効の)会員入場券

dau·ern ─

[dáuen ダオエルン]

現在	ich dauere	wir dauern
	du dauerst	ihr dauert
	er dauert	sie dauern
過去	ich dauerte	wir dauerten
	du dauertest	ihr dauertet
	er dauerte	sie dauerten
過分	gedauert	完了 haben

自 《(時間)と》〔…の時間〕続く, かかる
Die Sitzung *dauerte* eine Stunde.
会議は1時間続いた
〔非人称主語 es と〕
Es *dauerte* drei Wochen, bis ich seinen Brief bekam. 私が彼の手紙を受け取るまで3週間かかった

dau·ernd [ダオエルント]
形 ❶ 絶え間のない;《副詞的に》絶え間なく, 絶えず ▷ Bitte unterbrich mich nicht *dauernd*! 彼の話に絶えず口をはさむのはやめてくれ
❷ (施設などが)永続的な

dau·er·te [ダオエルテ] dauern の 過去

Dau·er·wel·le [ダオアー・ヴェレ] 囡 die (⊕ 2格 -; ⊕ -n) 《美容》パーマ

Dau·men [ダオメン] 男 der (⊕ 2格 -s; ⊕ -) (手の)親指 ▷ Er hat sich in den *Daumen* geschnitten. 彼は親指を切った

(イディオム) ③+**den 〈die〉 Daumen drücken** …3の幸運を祈る
④+**über den Daumen schätzen** (距離など)4を大ざっぱに見積もる

Dau·ne [ダオネ] 囡 die (⊕ 2格 -; ⊕ -n) (羽布団などにつめる)羽毛, ダウン

Dau·nen·de·cke [ダオネン・デッケ] 囡 die (⊕ 2格 -; ⊕ -n) 羽布団

da·von [ダ・フォン/指示物を強調する場合: ダー・フォン]
副 《von と事物を表す代名詞の結合形; von の意味用法に準じて用いられる》
❶ 《基点》**そこから** ▷ Er wohnt nicht weit *davon* [entfernt]. 彼はそこから遠くないところに住んでいる / Hände weg *davon*! それに手を触れるな
❷ 《対象》**そのことについて** ▷ *Davon* weiß ich nichts. そのことについて私は何も知らない
❸ 《部分と全体の関係》**そのうちの** ▷ die Hälfte *davon* その半分 /《人を指して》*Davon* fahren zehn nach Italien. そのうち10名がイタリアに行く
❹ 《原因》**そのために;** それによって ▷ Es war sehr laut, *davon* ist er aufgewacht. 非常にうるさくて 彼はそのために目がさめてしまった
❺ 《材料》**それで** ▷ Ich will mir *davon* ein Kleid nähen. 私はそれを使ってドレスを縫うつもりだ
❻ 《2格の代用》**それの** ▷ Das Gegenteil *davon* ist wahr! その逆が真実だ
❼ 《von 支配の動詞と》Sein Leben hängt *davon* ab. 彼の生命はそれしだいである /《dass 文と呼応して》Sehen wir einmal *davon* ab, dass … 私たちはひとまず…ということは考えないことにしよう

da·von|kom·men [ダフォン・コメン] 分離
(kam davon; davongekommen; 完了 s)

完了h, 完了s=完了の助動詞 haben, sein

davonlaufen

自 災難などを免れる，助かる ▷ Bei dem Unfall ist er mit einer kleinen Verletzung *davongekommen*. その事故では彼は小さなけがをしただけで事なきを得た

da·von|lau·fen [ダフォン・ラオフェン] 自動 (er läuft davon; lief davon; davongelaufen; 完了s)

自 走り去る，逃げ出す ▷ Seine Frau ist ihm *davongelaufen*. 彼の妻は彼のもとから逃げ出した

da·von|ma·chen [ダフォン・マッヘン] (machte davon; davongemacht; 完了h)

再《口語》《sichと》こっそり立ち去る，逃げ去る ▷ Er hat sich gleich wieder *davongemacht*. 彼はすぐにまたこっそり立ち去った

da·vor [ダ・フォーア / 指示物を強調する場合: ダー・フォーア]

副《vorと事物を表す代名詞の結合形; vorの意味用法に準じて用いられる》

❶《場所》その前に ▷ *Davor* ist die Haltestelle. その(建物などの)前に停留所がある / Er stellte den Tisch *davor*. 彼はテーブルをその(窓などの)前に置いた /《mit+❸と》ein Haus mit einem Garten *davor* 前庭のある家

❷《時間》その前に ▷ einige Stunden *davor* その数時間前に

❸《vor 支配の動詞と》Wir haben ihn *davor* gewarnt. 私たちは彼にそのことに用心するように言った /《zu 不定詞句, dass 文と呼応して》Er fürchtet sich *davor*, allein die Verantwortung zu tragen. 彼は責任をひとりで背負うことを恐れている

da·zu [ダ・ツー / 指示物を強調する場合: ダー・ツー]

副《zuと事物を表す代名詞の結合形; zuの意味用法に準じて用いられる》

❶《対象》そのことに対して ▷ *Dazu* habe ich keine Zeit. それをする時間は私にはない

❷《目的》そのために ▷ *Dazu* brauche ich einen Schraubenzieher. このことをするのに私はねじ回しが必要だ

❸《追加》それに加えて，その上 ▷ Gibt es auch Fleisch *dazu*? さらに肉もありますか

❹《zu 支配の動詞と》Er eignet sich nicht *dazu*. 彼はそのことに向いていない / Er ist fest *dazu* entschlossen. 彼は固くそれをする決心をしている

イディオム *im Gegensatz dazu* それに反し *noch dazu* さらにその上

da·zu|ge·hö·ren [ダツー・ゲヘーレン] 自動 (gehörte dazu; dazugehört; 完了h)

自 それに所属している；そのために必要である ▷ Alles, was *dazugehört*, fehlt ihm noch. それに必要なものすべてが彼にはまだ欠けている

da·zwi·schen [ダ・ツヴィッシェン / 指示物を強調する場合: ダー・ツヴィッシェン]

副《zwischenと事物を表す代名詞の結合形; zwischenの意味用法に準じて用いられる》

❶《場所》その間に ▷ einen Tisch *dazwischen* stellen 机をその間に置く

❷《時間》その合間に ▷ *Dazwischen* ist eine Stunde Pause. その合間に休憩が1時間ある

❸《関係》その間に ▷ Was ist der Unterschied *dazwischen*? その間の相違は何ですか

da·zwi·schen|fah·ren [ダ・ツヴィッシェン・ファーレン] 自動 (er fährt dazwischen; fuhr dazwischen; dazwischengefahren; 完了s)

自 (騒ぎ・争いなどを止めるために)間に割って入る

da·zwi·schen|fun·ken [ダ・ツヴィッシェン・フンケン] 自動 (funkte dazwischen; dazwischengefunkt; 完了h)

自《口語》(仕事・歓談などの)じゃまをする

da·zwi·schen|kom·men [ダ・ツヴィッシェン・コメン] 自動 (kam dazwischen; dazwischengekommen; 完了s)

自 (都合の悪いことなどが予期せずに)起こる ▷ Wenn nichts *dazwischenkommt*, werden wir euch noch in diesem Jahr besuchen. 何も起こらなければ私たちは君たちを今年中にでも訪問します

da·zwi·schen|tre·ten [ダ・ツヴィッシェン・トレーテン] 自動 (er tritt dazwischen; trat dazwischen; dazwischengetreten; 完了s)

自 仲裁に入る

DB [デー・ベー] 名 *die* (単2格 -; 複 なし)

❶《*Deutsche Bahn* の略語》ドイツ鉄道

❷《*Deutsche Bundesbahn* の略語》(旧西ドイツの)ドイツ連邦鉄道

DDR [デー・デー・エル] 名 *die* (単2格 -; 複 なし)《*Deutsche Demokratische Republik* の略語》ドイツ民主共和国(旧東ドイツ. 1949-90)

Dea·ler [ディーラー] 名 *der* (単2格 -s; 複 -) 麻薬密売人

De·bat·te [デバッテ] 名 *die* (単2格 -; 複 -n) 討論, 討議 ▷ eine lebhafte *Debatte* führen 活発な討論を行う

de·bat·tie·ren [デバティーレン] (debattierte; debattiert; 完了h)

他《❹と》[…4を]論議する，討議する ▷ eine Frage stundenlang *debattieren* ある問題を何時間も論議する // Sie *debattierten* laut. 彼らは大声で議論をした

De·büt [デビュー] 名 *das* (単2格 -s; 複 -s) (歌手などの)デビュー ▷ Sie gab gestern ihr *Debüt*. 彼女はきのうデビューした

De·bü·tant [デビュタント] 名 *der* (単2·3·4格 -en; 複 -en) (歌手などの)デビューする人

de·chif·frie·ren [デシフリーレン] (dechiffrierte; dechiffriert;)

他《文語》《❹と》[暗号文などを]解読する

chiffrieren)

Deck [デック] 中 *das* (⊕2格 -[e]s; ⊕ -s)
① (船の)甲板，デッキ
② (船の)あるフロア

De·cke [デッケ] 女 *die* (⊕2格 -; ⊕ -n)
① 覆い；掛けぶとん，毛布 ▷ eine warme *Decke* 暖かい掛けぶとん〈毛布〉/ (比ゆ) Am Morgen lag eine weiße *Decke* Schnee über der Wiese. 朝には雪が牧草地の上を覆っていた
② (部屋・車などの)天井 ▷ Das Zimmer hat eine hohe *Decke*. その部屋は天井が高い

De·ckel [デッケル] 男 *der* (⊕2格 -s; ⊕ -)
① (容器・箱などの)ふた，キャップ ▷ den *Deckel* abnehmen ふたを取る
② (本の)かたい表紙 (裏表紙も含む) ▷ ein *Deckel* aus Leder 革表紙
③ 《口語》帽子

de·cken [デッケン] (deckte; gedeckt; 助動 h)
— 他 ① 《4格+über+4格》 [..⁴を..⁴の上に]かぶせる ▷ Sie *deckte* ein Tuch über die Wäsche. 彼女は布を洗濯物にかぶせた
② 《4格》 [..⁴を]覆う ▷ das Dach mit Ziegeln *decken* 屋根をかわらでふく / den Tisch *decken* (食器などを並べて)食事の用意をする / Es ist *gedeckt*! 〔状態受動〕食事の支度ができたよ
③ 《4格》 [..⁴を]覆っている ▷ Der Schnee *deckt* die Erde. 雪は大地を覆っている
④ 《4格》 [..⁴を]かばう，守る；〔逃走など⁴を〕援護する ▷ Er *deckte* sie mit seinem Körper. 彼は身をもって彼女をかばった
⑤ 《4格》 〔需要など⁴を〕満たす；〔損害など⁴を〕償う，カバーする，補填する
⑥ 《4格》 [..⁴と]交尾する (☆ 特に畜産において用いられる) ▷ Der Hengst *deckte* die Stute. 雄馬は雌馬と交尾した
⑦ 《球技》《4格》 [敵の選手⁴を]マークする
— 再 《sich》 《4格+mit+3格》 [..³と]一致〈合致〉する ▷ Meine Ansicht *deckt* sich mit der seinen. 私の意見は彼のと同じだ /《相互的に》 Unsere Ansichten *decken* sich nicht völlig. 私たちの意見は完全には一致しない
— 自 (塗料などが下地を)透けて見えないようにする ▷ Die Farbe *deckt* gut. この塗料は下地をしっかりと隠す

deck·te [デックテ] decken の 過去

De·ckung [デックング] 女 *die* (⊕2格 -; まれに ⊕ -en)
① 《経済》 (損害などの)補償，補填；(需要の)充足 ▷ die *Deckung* des Schadens übernehmen 損害の補償を引き受ける
② (敵の選手への)マーク，《スポ》ディフェンス
③ 《軍事》 (砲火などの)掩蔽；庇蔽物，避難場所

de·co·die·ren [デコディーレン] 旧⇒新 dekodieren

De·fä·tis·mus [デフェティスムス] 男 *der* (⊕2格 -;) 《文語》敗北主義

De·fä·tist [デフェティスト] 男 *der* (⊕2・3・4格 -en; ⊕ -en) 敗北主義者

de·fekt [デフェクト] 形 (機械などが)欠陥〈故障〉のある ▷ Der Motor ist *defekt*. このエンジン〈モーター〉は故障している

De·fekt [デフェクト] 男 *der* (⊕2格 -[e]s; ⊕ -e) (技術的な)欠陥；故障 ▷ Der Motor hat einen *Defekt*. そのモーターには欠陥がある

de·fen·siv [デフェンズィーフ] 形
① 防御的な，防衛的な (☆ offensiv)
② (運転の仕方が)慎重な，安全な

De·fen·si·ve [デフェンズィーヴェ] 女 *die* (⊕2格 -; ⊕ なし) 防御，防衛

de·fi·nie·ren [デフィニーレン]
(definierte; definiert; 助動 h)
他 《4格》 [概念など⁴を]定義する ▷ Abstrakte Begriffe wie „Glück" sind schwer zu *definieren*. 「幸福」というような抽象概念は定義するのが難しい

De·fi·ni·ti·on [デフィニツィオーン] 女 *die* (⊕2格 -; ⊕ -en) 定義

De·fi·zit [デーフィツィット] 中 *das* (⊕2格 -s; ⊕ -e) 欠損，赤字

De·for·ma·ti·on [デ・フォルマツィオーン] 女 *die* (⊕2格 -; ⊕ -en) 《文語》変形，ゆがみ，デフォルメ；ひずみ；奇形

de·for·mie·ren [デ・フォルミーレン]
(deformierte; deformiert; 助動 h)
他 《文語》《4格》 [..⁴を](使用できないほどに)ゆがめる，変形させる

def·tig [デフティヒ] 《口語》形 粗野な〈卑俗な〉 ▷ *deftige* Witze 野卑な冗談

De·gen [デーゲン] 男 *der* (⊕2格 -s; ⊕ -) (細身の)剣；《スポーツ》エペ

de·gra·die·ren [デ・グラディーレン]
(degradierte; degradiert; 助動 h)
他 《4格+zu+3格》 [..⁴を..³に]格下げする；[..⁴の階級を..³に]下げる

deh·nen [デーネン] (dehnte; gedehnt; 助動 h)
— 他 《4格》 [..⁴を]引き伸ばす ▷ das Gummiband *dehnen* ゴムバンドを引き伸ばす
— 再 ① 《sich》 (ゴムなどが)伸びる ▷ Die Handschuhe *dehnen* sich mit der Zeit. 手袋は使っているうちに伸びる
② 《sich⁴》 手足を伸ばす ▷ Er *dehnte* und reckte sich. 彼は手足を長々と伸ばした

Deich [ダイヒ] 男 *der* (⊕2格 -[e]s; ⊕ -e) 堤防，土手

Deich·sel [ダイクセル] 女 *die* (⊕2格 -; ⊕ -n) (馬車などの)轅

deich·seln [ダイクセルン]
(deichselte; gedeichselt; 助h)
他 《口語》《4格と》〔案件など⁴を〕(巧みに)都合のよいように処理する

dein
[dain ダイン]

【不定冠詞類; 人称代名詞 du に対する所有冠詞】

格	男性	女性	中性	複数
①	dein	deine	dein	deine
②	deines	deiner	deines	deiner
③	deinem	deiner	deinem	deinen
④	deinen	deine	dein	deine

❶ 君の, おまえの
dein Auto 君の自動車
Das ist *deine* Aufgabe. それは君の任務だ
《習慣的なかかわりを表して》
Nimm *deine* Tabletten! いつもの錠剤を飲みなさい

❷ 【名詞的に; dieser に準じて変化する; 性・数は省かれた名詞に基づく】君のもの ▷ Das ist nicht mein Buch, sondern *dein[e]s*. それは私の本でなくて君のだ /【無語尾で】Was mein ist, ist auch *dein*. ぼくのものは君のものでもある

❸ 《文語》《定冠詞と; 形容詞変化をする》 Wessen Bleistift nimmst du? - Ich nehme den *deinen*. だれの鉛筆を使いますか—君のを使います /【大文字で】 Du musst das *Deine* tun. 君は義務を果たさなければならない / Grüße bitte die *Deinen* von mir! 私からご家族によろしくお伝えください

dei·ne [ダイネ] ☞ dein
dei·nem [ダイネム] ☞ dein
dei·nen [ダイネン] ☞ dein
dei·ner [ダイナー]
—— ☞ dein (不定冠詞類)
—— 【人称代名詞 du の2格】statt *deiner* 君の代わりに
dei·nes [ダイネス] ☞ dein
de·ka·dent [デカデント] 形 退廃的な, デカダン的な
De·ka·denz [デカデンツ] 女 die (⊕2格 -; ⊕なし) 退廃, デカダンス
De·kan [デカーン] 男 der (⊕2格 -s; ⊕ -e) (大学の)学部長
de·kla·mie·ren [デクラミーレン]
(deklamierte; deklamiert; 助h)
他 《文語》《4格と》〔…⁴を〕朗読する
de·ko·die·ren [デコディーレン]
(dekodierte; dekodiert; 助h)
他 《4格と》〔符号化された情報など⁴を〕デコードする, 解読する
De·ko·ra·teur [デコラトーア] 男 der (⊕2格 -s; ⊕ -e)ショーウィンドウデザイナー (☆「インテリアデザイナー」は Innenarchitekt)
De·ko·ra·ti·on [デコラツィオーン] 女 die (⊕2格 -en)
❶ 【⊕なし】飾りつけ ▷ Die *Dekoration* des Schaufensters dauerte zwei Stunden. ショーウインドウの飾りつけは2時間かかった
❷ 《集合的に》飾り, 装飾; 舞台装置
de·ko·rie·ren [デコリーレン]
(dekorierte; dekoriert; 助h)
他 ❶ 《4格と》〔ショーウィンドウなど⁴を〕飾る, 飾りつける
❷ 《4格と》〔…⁴に〕勲章を授与する
De·le·ga·ti·on [デレガツィオーン] 女 die (⊕2格 -; ⊕ -en) 派遣団, 代表団
de·le·gie·ren [デレギーレン]
(delegierte; delegiert; 助h)
他 ❶ 《4格と》〔…⁴を〕代表として派遣する ▷ Zu diesem Kongress *delegierte* man Herrn Müller. この会議に代表としてミュラー氏が派遣された
❷ 《4格と》〔権限・任務など⁴を〕委任する ▷ Der Abteilungsleiter *delegiert* die Arbeit an seine Mitarbeiter. 部長はその仕事を部下に任せる
De·le·gier·te [デレギーアテ] 男 der / 女 die (形容詞変化 ☞ Alte 表I) (代表として)派遣される〈された〉人, 使節
Del·fin [デルフィーン] 男 der (⊕2格 -s; ⊕ -e) 《動物》イルカ
de·li·kat [デリカート]
形 ❶ (食べ物が)おいしい, 美味な ▷ Das Gemüse schmeckt *delikat*. その野菜はおいしい
❷ (問題などが)微妙な, デリケートな
De·li·ka·tes·se [デリカテッセ] 女 die (⊕2格 -; ⊕ -n) 美味な食べ物, 珍味 ▷ Lachs ist eine *Delikatesse*. サケ(鮭)は珍味だ
De·likt [デリクト] 中 das (⊕2格 -[e]s; ⊕ -e) 不法行為, 犯罪 ▷ ein schweres *Delikt* begehen 重大な犯罪を犯す
De·lin·quent [デリンクヴェント] 男 der (⊕2·3·4格 -en; ⊕ -en) 《文語》犯罪者
Del·le [デレ] 女 die (⊕2格 -; ⊕ -n) 《口語》(ぶつかったりして出来る)へこみ ▷ eine *Delle* im Kotflügel des Autos 自動車のフェンダーのへこみ
Del·phin = Delfin
Del·ta [デルタ] 中 das (⊕2格 -[s]; ⊕ -s ⟨Delten⟩) (河口の)三角州, デルタ
Del·ten [デルテン] Delta の 複数
dem [デム] 男 der
De·ma·go·ge [デマゴーゲ] 男 der (⊕2·3·4格 -n; ⊕ -n) 扇動家, デマゴーグ
De·ma·go·gie [デマゴギー] 女 die (⊕2格 -;

①, ②, ③, ④=1格, 2格, 3格, 4格の名詞

(嗯) なし 扇動

De·men·ti [デメンティ] 田 das (⊕ 2格 -s; ⊛ -s)《文語》(情報などの)公式の打ち消し, 否認

de·men·tie·ren [デメンティーレン]
(dementierte; dementiert; 匠h)
⽤【④と】(公式に)打ち消す, 否認する ▷ Die Meldung wurde sogleich *dementiert*. その報道はすぐに打ち消された

dem·ent·spre·chend [デーム・エントシュプレッヒェント] 形 (反応などが)それに応じた;《副詞的に》それに応じて

dem·ge·mäß [デーム・ゲメース] 形 (反応などが)それに応じた;《副詞的に》それに応じて

dem·nach [デーム・ナーハ] 副 それによると, 従って

dem·nächst [デーム・ネーヒスト] 副 近いうちに, まもなく, じきに (=bald)

De·mo [デーモ] 囡 die (⊕ 2格 -; ⊛ -s)《口語》デモ

De·mo·krat [デモクラート] 男 der (⊕ 2·3·4格 -en; ⊛ -en) 民主主義者; (アメリカの)民主党員

De·mo·kra·tie [デモクラティー] 囡 die (⊕ 2格 -; ⊛ なし) 民主主義, デモクラシー

de·mo·kra·tisch [デモクラーティシュ] 形 民主主義の, 民主的な ▷ eine *demokratische* Entscheidung 民主的方法(多数決)による決定

de·mo·lie·ren [デモリーレン]
(demolierte; demoliert; 匠h)
⽤【④と】[..⁴を](意図的に)壊す, 破壊する ▷ Die Betrunkenen *demolierten* den Wagen. 酔っぱらいたちは車を壊した

De·monst·rant [デモンストラント] 男 der (⊕ 2·3·4格 -en; ⊛ -en) デモ参加者 ▷ Mehrere *Demonstranten* wurden von der Polizei verhaftet. デモ参加者が何人も警察に逮捕された

De·monst·ra·ti·on [デモンストラツィオーン] 囡 die (⊕ 2格 -; ⊛ -en)
❶ デモ, 示威運動
❷ (模型・実物などによる)説明, デモンストレーション
❸ (意志などの)表示; (権力などの)誇示

de·monst·ra·tiv [デモンストラティーフ] 形 これ見よがしな, あてつけがましい ▷ *Demonstrativ* verließ er den Saal. これ見よがしに彼は広間から出て行った

de·monst·rie·ren [デモンストリーレン]
(demonstrierte; demonstriert; 匠h)
— 国 デモをする, デモに参加する ▷ für den Frieden *demonstrieren* 平和のためにデモをする / gegen die Umweltverschmutzung *demonstrieren* 環境汚染に反対してデモをする

— ⽤【④と】[..⁴を](模型・実物などによって)説明する ▷ die Arbeitsweise des Motors *demonstrieren* モーターの作動の仕方を実演して見せる

de·mon·tie·ren [デモンティーレン]
(demontierte; demontiert; 匠h)
⽤【④と】[機械・設備などを]解体〈撤去〉する

de·mo·ra·li·sie·ren [デ・モラリズィーレン]
(demoralisierte; demoralisiert; 匠h)
⽤【④と】[..⁴を]意気阻喪させる

De·mo·sko·pie [デモスコピー] 囡 die (⊕ 2格 -; ⊛ -n) 世論調査

De·mo·sko·pi·en [デモスコピーエン] Demoskopie の 複数

De·mut [デームート] 囡 die (⊕ 2格 -; ⊛ なし) 謙虚, へりくだり ▷ in *Demut* へりくだって

de·mü·tig [デーミューティヒ] 形 謙虚な, へりくだった;《副詞的に》うやうやしく

de·mü·ti·gen [デーミューティゲン]
(demütigte; gedemütigt; 匠h)
⽤【④と】[..⁴を]辱しめる, [..⁴の]自尊心を傷つける ▷ Die Äußerung hat ihn sehr *gedemütigt*. その発言は彼の自尊心を非常に傷つけた

dem·zu·fol·ge [デーム・ツ・フォルゲ] 副 それに従えば, それだから

den [デン] ☞ der

de·nen [デーネン]
— 《指示代名詞 der の複数3格》Diese Schüler waren fleißig, *denen* muss man gute Noten geben. これらの生徒は勤勉だった 彼らにはよい成績をあげねばならない / 《関係文の先行詞として》Gott verzeiht *denen*, die ihre Sünden bereuen. 神は罪を悔い改めるものを許したもう

— 《関係代名詞 der の複数3格》die Freunde, *denen* er schon lange vertraute 彼がもう長いこと信頼していた友人たち

Denk·art [デンク・アールト] 囡 die (⊕ 2格 -; ⊛ -en) 考え方

denk·bar [デンク・バール]
— 形 考えられる; あり得る, 可能な ▷ Das ist durchaus *denkbar*. それはまったくあり得る
— 副《ふつう悪いことの程度を強めて》非常に, きわめて ▷ Das Wetter war *denkbar* schlecht. 天気は非常に悪かった

den·ken
[dénkn デンケン]

現在	ich denke	wir denken
	du denkst	ihr denkt
	er denkt	sie denken
過去	ich dachte	wir dachten
	du dachtest	ihr dachtet
	er dachte	sie dachten
過去分詞	gedacht	助動詞 haben

匠h, 匠s=完了の助動詞 haben, sein

Denken

―― 自 ❶ 考える, 思考する
logisch *denken*
論理的に考える
Wir müssen realistisch *denken*.
私たちは物事を現実的に考えねばならない
„ Das ist aber seltsam ", *dachte* er.
「それは実に奇妙だ」と彼は考えた

❷ 〖樣態〗と〖…の〗考え方をする ▷ großzügig 〈kleinlich〉 *denken* 太っ腹に〈了見の狭い〉考え方をする

❸ 〖über+④〗〖von+③〗+〖樣態〗と〖…⁴⁽³⁾について…の〗考えをもつ ▷ Wie *denken* Sie darüber? それについてどのように考えますか / Du solltest deswegen nicht schlecht von ihm *denken*. 君はそのことで彼のことを悪く思うべきではない

❹ 〖an+④〗〖…⁴のことを〗思う, 考える; 思い起こす ▷ Wir *denken* auch an die Kosten. 私たちは費用のことも考える / Er ist sehr egoistisch und *denkt* immer nur an sich selbst. 彼はとても利己的でついも自分のことしか考えない / Er *denkt* an seine Jugend. 彼は若い頃のことを思い起こす /《意図を表して》Er *denkt* daran, sein Geschäft zu verkaufen. 彼は店を売るつもりだ

(イディオム) *Ich denke nicht daran!* そんなことは考えない(するつもりはない)

―― 他 ❶ 〖④と〗〖…⁴と〗思う, 推測する(☆ 間接話法の文などと) ▷ Er *dachte*, es sei seine Pflicht. 彼はそれを自分の義務だと考えた / Er *dachte*, dass sie schon zu Hause sei. 彼は彼女がもう家にいると思った /〖zu 不定詞句と〗Er *dachte*, im Recht zu sein. 彼は自分の言うことが正しいと考えた / Ob sie wohl noch kommt? - Ich *denke* schon. 彼女はまだ来るだろうか―来ると思うよ

❷ 〖④を〗〖…⁴を〗考える ▷ Was *denkst* du? 君はどう考えますか(君の意見はどうですか) / Wer hätte das *gedacht*? だれがそんなことを考えただろうか(だれも考えはしなかった) / Ich habe mir nichts Böses dabei *gedacht*. 私はそのとき何の悪意もなかった

―― 再 〖(sich)³+④+樣態〗と〖…⁴を…と〗想像する ▷ Ich *dachte* mir das ganz anders. 私はそのことをまったく違ったふうに想像した // Das habe ich mir *gedacht*! そんなことだろうと思ったよ

Den·ken [デンケン] 中 *das* (㊇ 2格 -s; ㊈ なし) 考えること, 思考

Den·ker [デンカー] 男 *der* (㊇ 2格 -s; ㊈ -) 思想家; 思索家

Denk·mal [デンクマール] 中 *das* (㊇ 2格 -[e]s; ㊈ ..mäler) 記念碑;(歴史上の)文化財

Denk·mal[s]·schutz [デンクマール[ス]·シュッツ] 男 *der* (㊇ 2格 -es; ㊈ なし) (国による)文化財保護

Denk·wei·se [デンク·ヴァイゼ] 女 *die* (㊇ 2格 -; ㊈ -n) 考え方 ▷ eine naturwissenschaftliche *Denkweise* 自然科学的な考え方

denk·wür·dig [デンク·ヴュルディヒ] 形 (出来事が)覚えておくべき, 忘れてはならない

Denk·zet·tel [デンク·ツェッテル] 男 *der* (㊇ 2格 -s; ㊈ -) 〖口語〗(戒めとしての)きゅう(灸) ▷ ③+einen *Denkzettel* geben …³におきゅうをすえる

denn

[dɛn デン]

―― 接 ❶ 〖並列〗
《理由》というのは〈なぜなら〉…だから
Er ist offenbar krank, *denn* er fehlt heute. 彼は病気らしい というのは彼はきょう欠席しているから(☆ *denn* 以下の文が前文の主張の根拠を述べる)
Sie gingen wieder ins Haus, *denn* auf der Terrasse war es zu kalt geworden. 彼らは再び家の中へ入った というのはテラスは寒くなりすぎたのです(☆ *denn* 以下の文が前文の出来事の原因を述べる)

★ weil と異なり, denn は warum による疑問文の答えには用いられない

❷ 〖従属〗《比較》…より(☆ als の重複を避ける場合に用いる) ▷ Er war als Komponist berühmter *denn* als Pianist. 彼はピアニストとしてよりも作曲家として有名だった

(イディオム) 比較級+*denn je [zuvor]* 前よりも一層… ▷ mehr *denn je* 前にもまして
es sei denn, dass … …の場合は別として ▷ Er wird gewinnen, *es sei denn, dass* etwas Unvorhergesehenes passiert. 予期せぬことが起こらない限り彼は勝つであろう

―― 副 〖疑問文で〗いったい[ぜんたい]
Was ist *denn* los?
いったいどうしたんだ
Wo bleibt er *denn*?
彼はいったいどこに行ったんだ
Wie alt bist du *denn*?
君はいったい何歳なんだ
Darf ich mitgehen? - Warum *denn* nicht? いっしょに行ってもいいですか―もちろんだよ(← なぜいったい許されないのか)
Wo *denn*?
いったいどこに
Wieso *denn*? いったいどうして

den·noch [デンノッホ] 副 それでも, それにもかかわらず

De·nun·zi·ant [デヌンツィアント] 男 *der* (㊇ 2格

3·4格 -en; (旧) -en) 密告者
De·nun·zi·a·ti·on [デヌンツィアツィオーン] 囡 die ((旧) 2格 -; (旧) -en) 密告
de·nun·zie·ren [デヌンツィーレン]
(denunzierte; denunziert; (助)h)
他 《④と》〔..⁴を〕密告する ▷ Sie hat ihn bei der Polizei *denunziert*. 彼女は彼を警察に密告した

Deo [デーオ] 囲 *das* ((旧) 2格 -[s]; (旧) -s) =Deodorant
De·o·do·rant [デオドラント] 囲 *das* ((旧) 2格 -s; (旧) -s)(体臭を防ぐ)防臭剤
De·po·nie [デポニー] 囡 *die* ((旧) 2格 -; (旧) -n) ごみ〈廃棄物〉集積場
De·po·ni·en [デポニーエン] Deponieの(複)
de·po·nie·ren [デポニーレン]
(deponierte; deponiert; (助)h)
他 《④＋(場所)と》〔貴重品などを安全な場所に〕しまっておく；保管してもらう ▷ Wertsachen im Safe *deponieren* 貴重品を金庫にしまっておく

De·pot [デポー] 囲 *das* ((旧) 2格 -s; (旧) -s)
❶(食料などの)貯蔵所，(武器などの)保管所
❷(銀行などの)有価証券保管管理課
❸(電車・バスの)車両基地
Depp [デップ] 男 *der* ((旧) 2·3·4格 -en; (旧) -en)《口語》《南ド・オースト》まぬけ，のろま
De·pres·si·on [デプレスィオーン] 囡 *die* ((旧) 2格 -; (旧) -en) 《ふつう (旧) で》憂鬱*ゆううつ* ▷ Sie leidet unter *Depressionen*. 彼女はすっかりふさぎ込んでいる
de·pres·siv [デプレスィーフ] 形 (気分などが)憂鬱*ゆううつ*な
de·pri·mie·ren [デプリミーレン]
(deprimierte; deprimiert; (助)h)
他 《④と》〔..⁴を〕憂鬱*ゆううつ*な気分にさせる，〔..⁴の〕気をめいらせる ▷ Er ist *deprimiert*. [状態受動] 彼は意気消沈していた
de·pri·mie·rend [デプリミーレント] 形 (天候などが)憂鬱*ゆううつ*な気分にさせる，気をめいらせるような

der

[dɛɐ デア]

── 〔冠詞〕
── 〔定冠詞〕〔発音は上記参照〕

格	男 性	女 性	中 性	複 数
①	der	die	das	die
②	des	der	des	der
③	dem	der	dem	den
④	den	die	das	die

☆ 指示物がなんらかの原因によって特定される場合に用いる

☆ 前置詞と用いられる場合，融合することがある: am, ins, zur など

❶《文脈上既知の名詞に》その，この
Dort steht ein Haus. *Das* Haus gehört mir.
そこに家が1軒立っている その家は私のです
《物質名詞も限定される場合には定冠詞をつける》
Ich trinke *den* Kaffee schwarz.
私はこのコーヒーをブラックで飲みます

❷《修飾語句によって特定される名詞に》
der Weg zur Schule
学校への道
die Tage, die ich mit ihr verbracht habe
私が彼女と過ごした日々
《所有の3格が関連する身体部位の名詞に》
Er wäscht ihr *die* Hände.
彼は彼女の手を洗う

❸《日常生活でよく知られているものを指す名詞に》
Wann kommt *der* Briefträger? いつ郵便配達人は来るのですか

❹《総称的に》そもそも，…というもの ▷ *Der* Mensch ist ein soziales Wesen. 人間は社会的存在である / *Der* Italiener ist lebhaft. イタリア人は活発である / *Das* Auto ist ein Verkehrsmittel. 自動車は交通手段である

❺《世界に1つしか存在しないものを表す名詞に》*Die* Erde dreht sich um *die* Sonne. 地球は太陽の周りを回る /《最上級の意味合いで》Das ist *die* Idee! それはすばらしい考えだ

❻《名詞と同格的に用いられる職業名などに》*der* Schriftsteller Böll 作家ベル

❼《最上級の形容詞を伴う名詞に》 Goethe ist *der* bedeutendste Dichter. ゲーテは最も重要な作家である

❽《比率単位を表す名詞に》Sie kommen zweimal *die* Woche. 彼らは週に2度来る

❾《格を明示するために》*das* Ei *des* Kolumbus コロンブスの卵 (☆ Kolumbus [コルムブス]) / Er zieht Kaffee *dem* Tee vor. 彼は紅茶よりもコーヒーが好きだ

❿《中性以外の国名および地名・船名・ホテル名などに》*die* Schweiz スイス / in *der* Türkei トルコで / *der* Atlantik 大西洋 / *der* Rhein ライン川 / *die* Alpen アルプス山脈 / *die* Deutschland ドイツ号 (☆ 船名; 船名は女性形) / *das* Continental コンチネンタルホテル

⓫《口語》《話題になった人名に》Das ist *der* Hans. これが例のハンスだ

⓬《形容詞を伴った人名・地名に》*der* junge Schiller 若きシラー / *die* blonde Inge ブロンドのインゲ / *das* heutige Berlin 今日のベルリン

── 〔指示冠詞〕[デーア]
☆ 変化は定冠詞に準ずる，ただし必ずアクセントをもち，das, des 以外は長音
その〈この，あの〉

die Dame da そこのその婦人
Das Auto ist teurer als das. この自動車はあれより高い
〚名詞的に〛
Da ist eine blaue Bluse. *Die* nehme ich. そこに青のブラウスがある それを私は買います (☆「指示代名詞」の❷の用法と重なる)
— 〘代名詞〙
— 〚指示代名詞〛[デーア]

格	男性	女性	中性	複数
①	der	die	das	die
②	dessen	deren	dessen	deren
③	dem	der	dem	denen
④	den	die	das	die

【注】複数2格には他に関係文の先行詞としてのみ用いられる derer という別形がある (☞ derer)
☆ 必ずアクセントをもち，das, des, dessen 以外は長音
❶ 〚問題になる事物・人を直接指して〛
それ〈これ，あれ〉; その〈この，あの〉人 (☆ 人を指すのに用いると，ふつう否定的な意味合いを伴う)
Was ist denn *das*? それはいったい何ですか
Den kenne ich. そいつ(その男の人)を私は知っている
〚副詞を伴って〛
Die da meine ich. そこのその女のことを私は言っているのだ
❷ 〚文脈内の名詞を受けて〛 そのこと; その人 ▷ Wo ist denn Hans? – *Der* ist im Garten. ハンスはいったいどこにいるの—やつは庭にいるよ / Ist dieses Bild noch zu haben? – Nein, *das* ist verkauft. この絵はまだ買うことができますか—いいえ それは売約済みです / 〚修飾語句を伴って〛 Sie fuhren mit dem Auto meines Vaters und *dem* meines Onkels. 彼らは私の父の車とおじの車で行った / 〚不定関係文を受けて〛 Wer einmal gelogen hat, *dem* glaube ich nicht. 一度うそをついた人は私は信じない / 〚関係文の先行詞として〛Die Zahl *derer*, die allein leben, nimmt ständig zu. 1人で暮らしている人の数は絶えず増えている / 〚文意を受けて〛 Er war gelogen, *das* ist sicher. 彼はうそをついた それは確実だ / 〚述語を受けて; es の強調形〛 Er ist noch jung, *das* aber bin ich nicht. 彼はまだ若いが私は若くない
— 〚関係代名詞〛[デーア]

格	男性	女性	中性	複数
①	der	die	das	die
②	dessen	deren	dessen	deren
③	dem	der	dem	denen
④	den	die	das	die

☆ 性・数は主文の先行詞と同じ，格は関係文内の格関係に基づく
der Mann, *der* das gesagt hat それを言った男
die Bücher, *die* ich gestern gekauft habe 私がきのう買った本
ein Mann, *dessen* Frau gestorben ist 妻に先立たれた男
eine Frau, *deren* Mann gestroben ist 夫に先立たれた女
die Kinder, *deren* Eltern anwesend sind 親が出席している子供たち
Beweise, auf Grund *deren* er verurteilt wurde 彼が有罪の判決を受けた証拠
jene Leute, *denen* er die Meinung sagte 彼が意見を伝えた人々
Der Mann, mit *dem* sie tanzt, ist mein Vater. 彼女がいっしょに踊っている男の人は私の父です

★ 先行詞が1・2人称の代名詞の場合
人称代名詞の指す人が男性ならば男性格変化，女性ならば女性格変化をする ▷ du, *der* 〈*die*〉 Deutsch lernt ドイツ語を学ぶ君
なお，これらの人称代名詞が主語の場合，人称代名詞を反復させることがあるが，その際，定動詞は人称代名詞に呼応する ▷ du, *der* 〈*die*〉 du Deutsch lernst ドイツ語を習う君

★ 非人称 es の強調構文の場合
性・数は名詞に一致する
Es ist sein Vater, *der* mich gerettet hat. 私を救ったのは彼の父親です / Es sind meine Freunde, *die* draußen auf mich warten. 外で私を待っているのは私の友人たちです / Dieses Buch ist es, von *dem* man nun viel redet. いま話題になっているのがこの本です

der·art [デーア・アールト] 副 〚dass 文と呼応して〛 […ほど〛 ▷ Er war *derart* erschöpft, dass ... 彼は…するほど疲れすぎていた

der·ar·tig [デーア・アールティヒ] 形 このような ▷ eine *derartige* Kälte このような寒さ

derb [デルプ]
形 ❶ (冗談などが) 野卑な，下品な
❷ (態度などが) 荒っぽい，がさつな
❸ (布地などが) 丈夫な，頑丈な

Der·by [デルビ] 中 *das* (④2格 -s; 圈 -s) (競馬) ダービー (毎年行われる3歳馬の競馬; 1780年に英国のダービー卿が創始したレース)

der·einst [デーア・アインスト] 副 〚文語〛 将来，いずれいつか

de·ren [デーレン]

①, ②, ③, ④=1格, 2格, 3格, 4格の名詞

——〖指示代名詞 der の女性単数・複数2格〗
❶〖文中の先行する名詞を受けて〗die Verwandten und *deren* Kinder 親戚とその子供たち / Ich sprach mit Renate und *deren* nettem Mann. 私はレナーテとその親切なご主人と話をした
❷〖関係文の先行詞として〗Sie ist die Mutter *deren*, die wir gestern sahen. 彼女は私たちがきのう会った人の母親です
——〖関係代名詞 der の女性単数・複数2格〗die Frau, *deren* Sohn erkrankt ist 息子が病気になった女

de·rer [デーラー]〖指示代名詞 der の複数2格; 関係文の先行詞としてのみ用いられる〗Die Namen *derer*, die hier begraben sind, werden wir nicht vergessen. ここに埋葬されている人々の名前を私たちは忘れないでしょう

der·glei·chen [デーアグライヒェン]〖冠詞類; 格変化しない〗そのような ▷ *dergleichen* Dinge そのようなもの

der·je·ni·ge [デーア・イェーニゲ]
〖定冠詞類; der.. の部分は定冠詞の変化, ..jenige の部分は形容詞変化: diejenige, dasjenige, diejenig*en*; 関係文の先行詞につけて〗
derjenige Gast, den wir gestern trafen 私たちがきのう会ったお客 /〖名詞的に〗Er lobt nur *diejenigen*, die ihm schmeicheln. 彼は自分にへつらう人たちだけをほめる

der·sel·be [デーア・ゼルベ]
〖定冠詞類; der.. の部分は定冠詞の変化, ..selbe の部分は形容詞変化: dieselbe, dasselbe, dieselb*en*〗
同じ, 同一の ▷ Sie trägt *dasselbe* Kleid wie gestern. 彼女はきのうと同じワンピースを着ている /〖定冠詞が前置詞と融合すると ..selbe の部分は分離する〗Wir sitzen alle i*m selben* Boot. 私たちはみんな同じ運命だ（←同じボートに乗っている）/〖名詞的に〗Er hat *dasselbe* gesagt wie du. 彼は君と同じことを言った

des [デス] ☞ der

De·ser·teur [デゼルテーア] 男 *der*（⊕2格-s; ⊕-e）脱走兵

de·ser·tie·ren [デゼルティーレン]
(desertierte; desertiert; 完了s,h)
⾃（兵士が）脱走する ▷ Er ist von der Truppe *desertiert*. 彼は部隊から脱走した

De·ser·ti·fi·ka·ti·on [デゼルティフィカツィオーン] 中 *die*（⊕2格-; ⊕-en）砂漠化

des·halb [デスハルプ]
副 だから, そのために（＝deswegen）▷ Er ist erkältet, *deshalb* kann er nicht kommen. 彼はかぜをひいていて そのために来ることができない

De·sign [ディザイン] 中 *das*（⊕2格-s; ⊕-s）デザイン

De·sig·ner [ディザイナー] 男 *der*（⊕2格-s; ⊕-）デザイナー

des·il·lu·si·o·nie·ren [デス・イルズィオニーレン] (desillusionierte; desillusioniert; 完了h)
他〖文語〗〖④と〗[..⁴を]幻滅させる, 失望させる

Des·in·fek·ti·on [デス・インフェクツィオーン] 中 *die*（⊕2格-; ⊕-en）消毒

des·in·fi·zie·ren [デス・インフィツィーレン] (desinfizierte; desinfiziert; 完了h)
他〖④と〗[注射器・傷口など⁴を]消毒する

Des·in·te·res·se [デス・インテレッセ] 中 *das*（⊕2格-s; ⊕なし）〖文語〗無関心

des·pek·tier·lich [デスペクティーアリヒ] 形
〖文語〗（人との付き合いで）礼を失した, 度を越した

Des·pot [デスポート] 男 *der*（⊕2·3·4格-en; ⊕-en）専制君主; 独裁者

des·po·tisch [デスポーティシュ] 形 専制君主〈独裁者〉的な

des·sen [デッセン]
——〖指示代名詞 der の男性・中性単数2格; 文中の先行する名詞を受けて〗その人の ▷ Gestern besuchten uns sein Freund und *dessen* Sohn. きのう私たちを彼の友人とその人の息子さんが訪れた /〖関係文の先行詞として〗Wir trinken auf das Wohl *dessen*, der heute nicht da ist. 私たちはきょう欠席している人の健康を祝して飲む
——〖関係代名詞 der の男性・中性単数2格〗der Mann, *dessen* Sohn erkrankt ist 息子が病気になった男の人

Des·sert [デセーア] 中 *das*（⊕2格-s; ⊕-s）デザート ▷ Was gibt es als ⟨zum⟩ *Dessert*? デザートは何ですか

des·til·lie·ren [デスティリーレン]
(destillierte; destilliert; 完了h)
他〖④と〗[水・アルコールなど⁴を]蒸留する

des·to [デスト]
副〖比較級と〗それだけいっそう, ますます（☆ ふつう je+比較級と呼応して）▷ Je älter er wird, *desto* bescheidener wird er. 彼は年をとるほどいっそう謙虚になる / Je mehr, *desto* besser. 多ければ多いほどよい

de·struk·tiv [デストルクティーフ] 形〖文語〗（批判などが）非建設的な（⊕ konstruktiv）

des·we·gen [デスヴェーゲン]
副 だから, そのために（＝deshalb）▷ Sie ist krank, *deswegen* kommt sie nicht. 彼女は病気です だから来ません

De·tail [デタイ] 中 *das*（⊕2格-s; ⊕-s）細部, 細目 ▷ ins *Detail* gehen 細部〈細目〉にわたる

de·tail·liert [デタイーアト] 形〖文語〗（報告などが）詳しい

De·tek·tiv [デテクティーフ] 男 *der*（⊕2格-s; ⊕-e）[私立]探偵

de·to·nie·ren [デトニーレン]
(detonierte; detoniert; 完了s)
自 (爆弾などが大音響と共に)爆発する

deu·teln [ドイテルン]
(deutelte; gedeutelt; 完了h)
自《口語》(些細な点を取り上げて)異なった解釈をする ▷ Daran gibt es nichts zu *deuteln*. それについてはあれこれ言う余地はない

deu·ten [ドイテン] (deutete; gedeutet; 完了h)
— 他〔④と〕〔意味のわかりにくいものなどを⁴を〕解釈する;〔夢などを⁴を〕占う ▷ ein Gedicht *deuten* 詩を解釈する / Er *deutete* ihr Nicken als Zustimmung. 彼は彼女のうなずきを同意と解釈した
— 自 ❶〔auf+④と〕〔…⁴を〕指し示す ▷ Er *deutete* mit dem Finger auf die Tür. 彼はドアを指で指し示した
❷〔auf+④と〕(物事が)〔…⁴を〕予示する,〔…⁴の〕前兆である ▷ Alles *deutet* auf eine baldige Wetteränderung. すべてがまもなく天候が変化することを示している

deut·lich [ドイトリヒ] (比較 -er, 最上 -st)
形 ❶ **明瞭な**, はっきり認識できる ▷ eine *deutliche* Aussprache 明瞭な発音 / sich⁴ *deutlich* an+④ erinnern …⁴をはっきり思い出す
❷ 明白な, 誤解の恐れのない ▷ ein *deutlicher* Hinweis 誤解の恐れのない指示 / Daraus wird *deutlich*, dass … それによって…であることが明らかになる
イディオム *deutlich werden* (批判などを)あからさまにく遠慮せずに〉言う ▷ Er wurde sehr *deutlich*. 彼は非常にずけずけと物を言うようになった

deutsch
[dɔytʃ ドイチュ]

形 ❶ **ドイツ[人]の**
das *deutsche* Volk ドイツ民族
die *deutsche* Sprache ドイツ語
Er besitzt *deutsche* Staatsangehörigkeit.
彼はドイツ国籍をもっている
〘語頭を大文字にして〙die *Deutsche* Mark ドイツマルク(略 DM;ドイツの, ユーロ導入以前の通貨)
die *Deutsche* Bahn ドイツ鉄道(略 DB)
die *Deutsche* Bundespost
ドイツ連邦郵便(略 DBP)
❷ **ドイツ語の** ▷ die *deutsche* Übersetzung ドイツ語訳 / sich⁴ mit+③ *deutsch* unterhalten …³とドイツ語で歓談する(☆「ドイツ語を話す」は大文字で Deutsch sprechen と言う)
❸ ドイツ風の, ドイツ人的な ▷ das *deutsche* Gemüt ドイツ人的な心情 / *deutsch* denken ドイツ人的な考え方をする / Das ist typisch *deutsch*. それはいかにもドイツ人的だ

イディオム *auf* ⟨*in*⟩ *deutsch* 旧⇒新 auf ⟨in⟩ Deutsch ☞ Deutsch
auf gut deutsch 旧⇒新 auf gut Deutsch ☞ Deutsch

Deutsch
[dɔytʃ ドイチュ]
中 das (第2格 -[s]; 複 なし)

ドイツ語 (☆ドイツ語一般を指す場合は無冠詞; ただし個人ないし特定集団のドイツ語を指す場合は冠詞類がつく)
Er spricht *Deutsch*.
彼はドイツ語を話す
Er versteht kein Wort *Deutsch*.
彼は一言もドイツ語がわからない
ein gutes *Deutsch*
りっぱなドイツ語
Sein *Deutsch* ist akzentfrei.
彼のドイツ語はなまりがない
im heutigen *Deutsch* 今日のドイツ語で
〘授業科目として; 無冠詞で〙
Er unterrichtet *Deutsch*.
彼はドイツ語を教えている
イディオム *auf* ⟨*in*⟩ *Deutsch* ドイツ語で ▷ Wie heißt das *auf Deutsch*? それはドイツ語で何と言うのですか / Der Aufsatz ist *in Deutsch* geschrieben. その論文はドイツ語で書かれている
auf gut Deutsch もっとはっきり言えば

Deut·sche [ドイチェ]
— 男 der / 女 die (形容詞変化 ☞ Alte 表 I) **ドイツ人** ▷ ein *Deutscher* (男の)ドイツ人 / eine *Deutsche* (女の)ドイツ人 / alle *Deutschen* あらゆるドイツ人 / Sie hat einen *Deutschen* geheiratet. 彼女はドイツ人と結婚した / Er ist *Deutscher*. 彼はドイツ人だ (☆ 国籍を述べる場合無冠詞)

— 中 das (形容詞変化 ☞ Alte 表 II) **ドイツ語** (☆ 定冠詞を必ず伴う) ▷ die Aussprache des *Deutschen* ドイツ語の発音 / im *Deutschen* ドイツ語で / ④+aus dem *Deutschen* übersetzen …⁴をドイツ語から訳す

Deutsch·klas·se [ドイチュ・クラッセ] 女 die (第2格 -n) ドイツ語のクラス

Deutsch·land
[dɔ́ytʃlant ドイチュ・ラント]
(中 das)

《国名》**ドイツ**
die Bundesrepublik *Deutschland*
ドイツ連邦共和国
in *Deutschland* ドイツで
nach *Deutschland* reisen ドイツへ旅行する

★ 地名はふつう中性で, 冠詞をつけずに用いる

状態, 様態, 場所, 方向, …=状態, 様態, 場所, 方向, …を表す句句

が，形容詞などを伴う場合，冠詞が付加される ▷ das geteilte *Deutschland* 分割されたドイツ
ただし，2格で用いる場合，語尾 -s がつかない ▷ des heutigen *Berlin* 今日のベルリンの
なお，中性以外の地名はつねに冠詞をつけて用いる ▷ Wir reisen in die *Schweiz*. 私たちはスイスに旅行する

deutsch·spra·chig [ドイチュ・シュプラーヒヒ] 形 ドイツ語を話す；(授業などが)ドイツ語による ▷ die *deutschsprachige* Bevölkerung der Schweiz スイスにいるドイツ語を話す住民

Deutsch·stun·de [ドイチュ・シュトゥンデ] 女 *die* (⓾2格 -; ⓾ -n) ドイツ語の授業時間

Deutsch·un·ter·richt [ドイチュ・ウンターリヒト] 男 *der* (⓾2格 -[e]s; ⓾ なし) ドイツ語の授業

Deu·tung [ドイトゥング] 女 *die* (⓾2格 -; ⓾ -en) (夢・詩など，意味のわかりにくいものの)解釈

De·vi·se [デヴィーゼ] 女 *die*
❶ 《ふつう ⓾ で》外貨，外国為替 ▷ Das wird in *Devisen* bezahlt. それは外国為替で支払われる
❷ 標語，モットー (＝Motto)

de·vot [デヴォート] 形 (態度などが)卑屈な，こびへつらう

De·zem·ber ———
[detsέmbɐ デツェムバー]
男 *der* (⓾2格 -[s]; まれに -)

12月 (⓾ Dez.) (用法：☞ April)

de·zent [デツェント]
形 ❶ (色合い・香水などが)しつこくなく品のいい，控え目な ▷ Sie ist *dezent* geschminkt. 彼女は薄く化粧をしている
❷ (態度などが)控え目な ▷ *dezent* auf+④ hinweisen …⁴をそれとなく指摘する

d.h. [ダス ハイスト] 《*das heißt* の略語》すなわち；ただし ▷ Sie ist Beamte, *d.h.* Lehrerin. 彼女は公務員 すなわち教師だ / Ich komme morgen, *d.h.* nur wenn es nicht regnet. 私はあすまいりますただし雨が降らなければですが

Dia [ディーア] 中 *das* (⓾2格 -s; ⓾ -s) 《写真》スライド

Di·a·be·tes [ディアベーテス] 男 *der* (⓾2格 -; ⓾ なし) 《医学》糖尿病

Di·a·gno·se [ディアグノーゼ] 女 *die* (⓾2格 -; ⓾ -n) (医学の)診断 ▷ eine *Diagnose* stellen 診断を下す

di·a·go·nal [ディアゴナール] 形 斜めの ▷ *diagonale* Streifen 斜めのしま柄 / ein Buch *diagonal* lesen 本を斜めに読みとばす

Di·a·lekt [ディアレクト] 男 *der* (⓾2格 -[e]s; ⓾ -e) 方言 (＝Mundart) ▷ Er spricht *Dialekt*. 彼は方言を話す

Di·a·lek·tik [ディアレクティック] 女 *die* (⓾2格 -; ⓾ なし) 《哲学》弁証法

Di·a·log [ディアローク] 男 *der* (⓾2格 -[e]s; ⓾ -e) 対話 (⇔ Monolog) ▷ einen *Dialog* führen 対話をする

Di·a·mant [ディアマント] 男 *der* (⓾2・3・4格 -en; ⓾ -en) ダイヤモンド

di·ät [ディエート] 形 Diät

Di·ät [ディエート] 女 *die* (⓾2格 -; ⓾ なし) 食餌 療法 ▷ *Diät* essen 食餌療法にかなった食事をする
〈イディオム〉 *Diät machen* ダイエットをする

Di·ät·kur [ディエート・クーア] 女 *die* (⓾2格 -en) 食餌療法

dich [ディッヒ] 《*du* の4格》君を ▷ Sie liebt *dich*. 彼女は君のことを愛している / 《再帰代名詞として》Du irrst *dich*. 君は思い違いをしている

dicht [ディヒト]
—— 形 (⓾ -er, ⓾ -est)
❶ 密な，密生した，密集した ▷ Er hat *dichtes* Haar. 彼は髪が濃い / Die Häuser stehen hier sehr *dicht*. ここは人家が非常に密集している / 《比ゆ》ein *dichtes* Programm ぎっしり詰まったプログラム
❷ (霧・煙などが)濃い ▷ *dichter* Nebel 濃い霧
❸ (水・空気を)通さない ▷ Der Wasserhahn ist nicht mehr *dicht*. この蛇口は水がもう漏れる
—— 副 (空間的・時間的に) すぐ近くに ▷ Die Hochzeit steht *dicht* bevor. 結婚式がすぐ間近に迫っている / 《前置詞と》*dicht* neben seinem Haus 彼の家のすぐそばに

Dich·te [ディヒテ] 女 *die* (⓾2格 -; ⓾ -n) 密度，濃度

dich·ten [ディヒテン]
(dichtete; gedichtet; ⓾h)
他 ❶ (④と) [詩など⁴を]作る ▷ ein Epos *dichten* 叙事詩を作る
❷ (④と) [窓など⁴の]透き間をふさぐ；[蛇口など⁴の]漏れを止める

Dich·ter [ディヒター] 男 *der* (⓾2格 -s; ⓾ -) 詩人；(特に詩・ドラマを書く)作家 (☆ 小説を書く「作家」は Schriftsteller)

Dich·te·rin [ディヒテリン] 女 *die* (⓾2格 -; ⓾ ..rinnen) 《*Dichter* の女性形》女流詩人；女流作家

dich·te·risch [ディヒテリシュ] 形 詩的な

dicht|hal·ten [ディヒト・ハルテン] 分離
(er hält dicht; hielt dicht; dichtgehalten; ⓾h)
自 《口語》秘密をもらさない，沈黙を通す

Dich·tung [ディヒトゥング] 女 *die* (⓾2格 -; ⓾ -en)

❶ 文芸作品(特に詩・ドラマを指す); 《集合的に》文学

❷ パッキング，詰め物 ▷ die *Dichtung am Wasserhahn erneuern* 蛇口のパッキングを新しくする

dick [ディック] (比較 -er, 最上 -st)

形 ❶ 厚い 《反 dünn》 ▷ ein *dickes* Buch 厚い本 / die Butter *dick* auftragen バターをたっぷり塗る / Dieses Papier ist zu *dick*. この紙は厚すぎる

❷ 《数量》と》 […の]厚さの ▷ Das Brett ist einen Zentimeter *dick*. その板の厚さは1センチだ

❸ 太い，太った ▷ ein *dicker* Ast 太い枝 / ein *dicker* Mann 太った男 / Sie ist *dicker* geworden. 彼女は前よりも太った / Schokolade macht *dick*. チョコレートは太る

❹ 《口語》腫れた ▷ Er bekommt durch eine Entzündung ein *dickes* Knie. 彼は炎症によってひざが腫れる

❺ (ソース・スープ・ジュースなどが) どろりとした ▷ ein *dicker* Brei どろっとしたかゆ / 《諺》 Blut ist *dicker* als Wasser. 血は水よりも濃い

❻ 《口語》すごい，どえらい ▷ ein *dickes* Lob ernten すごくほめられる

❼ 《口語》親密な，親しい ▷ Sie sind *dicke* Freunde. 彼らは親しい友人だ

Dick·darm [ディック・ダルム] 男 *der* (単2格 -[e]s; 複 ..därme) 〔医学〕大腸

dick·fel·lig [ディック・フェリヒ] 形 《口語》面の皮の厚い，ずうずうしい

Di·ckicht [ディキヒト] 中 *das* (単2格 -[e]s; 複 -e) (木の密集した) 茂み，やぶ

Dick·kopf [ディック・コプフ] 男 *der* (単2格 -[e]s; 複 ..köpfe) 《口語》強情 〔頑固〕な人

Di·dak·tik [ディダクティク] 女 *die* (単2格 -; 複 -en) 教授法

di·dak·tisch [ディダクティシュ] 形 教授法の

die [ディー] ☞ der

Dieb [ディープ] 男 *der* (単2格 -es 〈まれに -s〉; 複 -e)

どろぼう，こそどろ ▷ Haltet den *Dieb*! どろぼうを捕まえてくれ

die·bi·sche [ディービシェ] 形 盗癖のある (☆ 名詞につけて)

Dieb·stahl [ディープ・シュタール] 男 *der* (単2格 -[e]s; 複 ..stähle) 盗み，窃盗 ▷ einen *Diebstahl* begehen 盗みをはたらく

die·je·ni·ge [ディー・イェーニゲ] ☞ derjenige

die·je·ni·gen [ディー・イェーニゲン] ☞ derjenige

Die·le [ディーレ] 女 *die* (単2格 -; 複 -n)

❶ 床板 ▷ Die *Dielen* knarren bei jedem Schritt. 床板は歩くたびにギーギー音をたてる

❷ (洋服掛けなどのある) 玄関ホール

die·nen [ディーネン] (diente; gedient; 完了h)

自 ❶ 〔③と〕 […³の] 役に立つ ▷ Seine Forschungen *dienen* der ganzen Menschheit. 彼の研究は全人類のために役立つものだ

❷ 〔als+①と〕 […¹として] 使われる ▷ Das alte Schloss *dient* als Museum. その古い城は博物館として使われている

❸ 〔zu+③と〕 […³のために] 用いられる ▷ Der Graben *dient* dazu, das Wasser abzuleiten. その溝は水をわきに流すために用いられる

❹ 〔③と〕 […³に] 仕える ▷ dem Staat als Beamter *dienen* 公務員として国のために働く / Er hat ihr sein Leben lang treu *gedient*. 彼は彼女に一生涯忠実に仕えた

❺ 〔軍隊〕兵役に服する

Die·ner [ディーナー] 男 *der* (単2格 -s; 複 -) 召使い，しもべ

dien·lich [ディーンリヒ] 形 役に立つ，有益な ▷ Der Hinweis ist mir sehr *dienlich*. その指摘は私にはとても有益だ

Dienst [ディーンスト] 男 *der* (単2格 -es 〈まれに -s〉; 複 -e)

❶ 《複 なし》 (役人・軍人・医師などの) 勤務，服務 ▷ den *Dienst* antreten 勤務につく / Er vernachlässigt seinen *Dienst*. 彼は勤めをおろそかにする / Haben Sie morgen *Dienst*? あなたはあす勤務がありますか / Welche Apotheke hat heute *Dienst*? きょうはどこの薬局が当番ですか (☆ 日曜・祭日は当番の薬局だけが開いている)

(イディオム) *außer Dienst* 退職したく退役した〉 〈略 a.D.〉 ▷ ein Offizier *außer Dienst* 退役将校 *im Dienst sein* 勤務に就いている
zum Dienst gehen 勤めに行く

❷ 助力，奉仕 ▷ Er bietet ihr seine *Dienste* an. 彼は彼女に助力を申し出る

Diens·tag
[di:nsta:k ディーンス・タ-ク]
男 *der* (単2格 -[e]s; 複 -e)

火曜日 《略 Di.》
am *Dienstag*
火曜日に
letzten 〈diesen, nächsten〉 *Dienstag*
先週〈今週，来週〉の火曜日
Gestern war *Dienstag*. きのうは火曜日だった
[am] *Dienstag* abend 旧⇒新 [am] Dienstagabend 火曜日の晩に

★「曜日名」(すべて男性名詞)
日曜	Sonntag	月曜	Montag
火曜	Dienstag	水曜	Mittwoch
木曜	Donnerstag	金曜	Freitag
土曜	Samstag 〈Sonnabend〉		

---

①, ②, ③, ④=1格, 2格, 3格, 4格の名詞

(☆「週」は die Woche)

diens·tags [ディーンス・タークス] 副 火曜日に (☆「毎火曜日に」のような反復の意味でも用いられる)

dienst·be·reit [ディーンスト・ベライト] 形 (薬局などが)時間外にも営業している

dienst·eif·rig [ディーンスト・アイフリヒ] 形 《しばしば軽蔑的に》職務に熱心な; (不自然なほど)親切な

Dienst·grad [ディーンス・グラート] 男 der (⊕ 2格 -[e]s; ⊕ -e) 《軍事》階級

dienst·lich [ディーンストリヒ] 形 職務上の, 仕事上の ▷ Ich bin *dienstlich* [am Kommen] verhindert. 私は仕事の都合で伺えません /《比ゆ》Plötzlich wurde sein Benehmen *dienstlich*. 突然彼は態度が事務的になった

dien·te [ディーンテ] dienen の 過去

dies [ディース] (dies*er* の別形) (事柄などを受けて)このこと ▷ *Dies* alles wusste ich nicht. このことはまったく私は知らなかった イディオム ***dies und jenes*** いろいろのこと〈もの〉

dies·be·züg·lich [ディース・ベツューグリヒ] 形 《文語》これに関する

die·se [ディーゼ] ☞ dies*er*

Die·sel [ディーゼル] 男 der (⊕ 2格 -[s]; ⊕ -) ディーゼルエンジン; ディーゼル車

die·sel·be [ディー・ゼルベ] ☞ derselb*e*

die·sel·ben [ディー・ゼルベン] ☞ derselb*e*

die·sem [ディーゼム] ☞ dies*er*

die·sen [ディーゼン] ☞ dies*er*

die·s*er*

[diːzɐ ディーザー]

【定冠詞類; 指示冠詞】

格	男性	女性	中性	複数
①	dies*er*	dies*e*	dies*es*	dies*e*
②	dies*es*	dies*er*	dies*es*	dies*er*
③	dies*em*	dies*er*	dies*em*	dies*en*
④	dies*en*	dies*e*	dies*es*	dies*e*

❶ 《近くのものを指して》この, こちらの *dieser* Baum この木
Dieser Platz ist frei.
この席はあいている
Er wohnt in *diesem* Haus hier.
彼はここのこの家に住んでいる (☆ 所有冠詞と並列的に用いられることがある ▷ *dieser* mein Tisch この私の机)

❷ 《文脈で触れられた事物を指して》この, このような ▷ Ich höre von *dieser* Sache zum ersten Mal. 私はこの件を初めて耳にする / auf *diese* Weise この方法で /《ある種の感情を込めて; 人を表す名詞と》Mit *diesem* Nachbarn möchte ich nichts zu tun haben. こんな隣人とはかかわりをもちたくない

❸ 《時間的に近いものを指して》この ▷ *diese* Nacht 今夜; 昨夜 / *diesen* Sonntag この日曜日に (☆ これからの日曜日を指すことも過ぎ去った日曜日を指すこともある) / am 5.〈fünften〉*dieses* Monats 今月の5日に / bei *dieser* Gelegenheit この機会に / in *diesen* Tagen 近いうちに; 最近 / noch in *diesem* Jahr 今年中に

❹ 《jen*er* と呼応して》(前者に対して)後者の, こっちの ▷ Ich möchte nicht *dieses*, sondern jenes Bild. 私はこっちではなくあっちの絵がほしい

❺ 《名詞的に》これ; こちらの人 ▷ Welches Fahrrad gehört dir? – *Dieses* hier. どの自転車が君のですか—ここのこれです / Wer hat es getan? – *Dieser*! だれがそれをしたのですか—この人です

❻ 《名詞的に; jen*er* と呼応して》(前者に対して)後者 ▷ Mutter und Tochter verließen den Raum, *diese* besturzt, jene belustigt. 母親と娘が部屋を出て行った 娘はうろたえて母親は愉快そうに

die·ses [ディーゼス] ☞ dies*er*

die·sig [ディーズィヒ] 形 (天候などが)もやがかかった

dies·mal [ディース・マール]
副 今度は ▷ Auch *diesmal* kam er zu spät. 今度も彼は遅刻した

dies·seits [ディース・ザイツ] 前 《②支配》…のこちら側に 〈で〉(⊕ jenseits) ▷ Er wohnt *diesseits* des Flusses. 彼は川のこちら側に住んでいる /《von + ③と》*diesseits* von der Grenze 境のこちら側に

Diet·rich [ディートリヒ] 男 der (⊕ 2格 -s; ⊕ -e) (針金で作った)錠前をあける道具

dif·fa·mie·ren [ディファミーレン] (diffamierte; diffamiert; 完了 h)
他 《文語》《④と》[..⁴を]中傷する

Dif·fe·renz [ディフェレンツ] 女 die (⊕ 2格 -; ⊕ -en)

❶ 《数量上の》差; 差額 ▷ die *Differenz* zwischen Einnahme und Ausgabe 収入と支出の差額

❷ 《ふつう ⊕ で》意見の相違 ▷ Es entstanden ernsthafte *Differenzen* zwischen den beiden. 両者の間に深刻な意見の相違が生じた (☆ 文頭の es は穴埋め)

dif·fe·ren·zie·ren [ディフェレンツィーレン] (differenzierte; differenziert; 完了 h)
自 《zwischen + ③と und + ③と》[..³と..³を]区別する ▷ Unser Chef *differenziert* genau zwischen privaten und beruflichen Angelegenheiten. 私たちの主任は私用と公用とを厳密に区別する

di·gi·tal [ディギタール] 形 デジタル方式の(☆「アナログ方式の」は analog)

di·gi·ta·li·sie·ren [ディギタリズィーレン] (digitalisierte; digitalisiert; 医型h) 他 【④と】[..^を]デジタル化する

Di·gi·ta·li·sie·rung [ディギタリズィールング] 女 die (単2格 -; 複 -en) （にじ）デジタル化

Di·gi·tal·ka·me·ra [ディギタール・カメラ] 女 die (単2格 -; 複 なし) デジタルカメラ

Di·gi·tal·tech·nik [ディギタール・テヒニク] 女 die (単2格 -; 複 なし) デジタル技術

Dik·tat [ディクタート] 中 das (単2格 -[e]s; 複 -e)

❶ (複 なし)(筆記のための)口述 ▷ Die Sekretärin wurde zum *Diktat* gerufen. 秘書が口述に呼ばれた / nach *Diktat* schreiben 口述筆記する

❷ 口述を筆記したもの ▷ Er hat nur einen Fehler im *Diktat*. 彼はディクテーションで1つしかまちがえなかった

❸ 《文語》(社会的な)強制, 強要, 押しつけ

Dik·ta·tor [ディクタートーア] 男 der (単2格 -s; 複 -en) 独裁者 ▷ einen *Diktator* stürzen 独裁者を倒す

Dik·ta·to·ren [ディクタトーレン] Diktator の 複数

dik·ta·to·risch [ディクタトーリシュ] 形 独裁的な

Dik·ta·tur [ディクタトゥーア] 女 die (単2格 -; 複 -en) 独裁; 独裁制

dik·tie·ren [ディクティーレン] (diktierte; diktiert; 医型h) 他 ❶ 【③+④と】[..³に手紙など^を]口述筆記させる, 書きとらせる

❷【③+④と】[..³に振舞い方など^を](権威的に)指図する

Dik·ti·on [ディクツィオーン] 女 die (単2格 -; まれに -en) 《文語》表現の仕方, 言葉づかい

Di·lem·ma [ディレムマ] 中 das (単2格 -s; 複 なし) ジレンマ ▷ in ein *Dilemma* geraten ジレンマに陥る

Di·let·tant [ディレタント] 男 der (単 2·3·4格 -en; 複 -en) ディレッタント, 好事家(芸術・学問を趣味などである人)

di·let·tan·tisch [ディレタンティシュ] 形 ディレッタントの, しろうとくさい

Di·let·tan·tis·mus [ディレタンティスムス] 男 der (単2格 -; 複 なし) (しろうとの)芸術趣味, 道楽

Dill [ディル] 男 der (単2格 -s; 複 なし) 《植物》イノンド, ヒメウイキョウ (セリ科の1年草; 香辛料などに用いる)

Di·men·si·on [ディメンズィオーン] 女 die (単2格 -; 複 -en)

❶ 次元, ディメンション ▷ die vierte *Dimension* 四次元

❷ 《文語》【複 で】規模 ▷ Die Katastrophe nahm ungeheure *Dimensionen* an. その災害はものすごい規模に達した

Di·ner [ディネー] 中 das (単2格 -s; 複 -s) 《文語》 (客とともに楽しむ)晩餐（ばん）, ディナー; 晩餐会

Ding [ディング] 中 das
― (単2格 -es〈まれに -s〉; 複 -e)

❶ 【ふつう 複 で】物 ▷ wertlose *Dinge* 価値のない物 / noch ein paar *Dinge* einkaufen さらにいくつかの物を買う / das *Ding* an sich 物それ自体

❷ 【複 で】出来事, 物事, …なこと (物事をこれとはっきり述べられない, あるいは述べたくない場合に用いる) ▷ alltägliche *Dinge* 日常茶飯事 / Das hängt mit anderen *Dingen* zusammen. それは他のことと関連している / Wir mussten noch einige wichtige *Dinge* besprechen. 私はさらにいくつかの重要なことについて話し合わなければならなかった

イディオム **vor allen Dingen** とりわけ

― (単2格 -es〈まれに -s〉; 複 -er) 《口語》

❶ 女の子, 子供 ▷ Sie ist ein hübsches *Ding*. 彼女はかわいい子だ

❷ (強いて名前を挙げるほどでない)物 ▷ Die alten *Dinger* solltest du endlich wegwerfen. こんな古い物はいいかげんに捨てるべきだよ

din·gen [ディンゲン] (dingte; gedungen; 医型h) 他 《文語》【④と】[殺し屋など^を]雇う

Din·ger [ディンガー] Ding「女の子」の 複数

di·nie·ren [ディニーレン] (dinierte; diniert; 医型h) 自 《文語》ディナーをとる

Di·o·xin [ディオクスィーン] 中 das (単2格 -s; 複 -e) 《化学》ダイオキシン

Diph·the·rie [ディフテリー] 女 die (単2格 -; 複 -n) 《医学》ジフテリア

Diph·the·ri·en [ディフテリーエン] Diphtherie の 複数

Di·plom [ディプローム] 中 das (単2格 -[e]s; 複 -e)

❶ 大学卒業証書

❷ ディプローム(大学の所定の課程修了者に与えられる学位) ▷ ein *Diplom* erwerben ディプロームの学位を得る

Di·plo·mat [ディプロマート] 男 der (単 2·3·4格 -en; 複 -en) 外交官; 《比喩》駆け引きのじょうずな人 ▷ Er war lange Jahre als *Diplomat* tätig. 彼は長年外交官として働いていた

Di·plo·ma·tie [ディプロマティー] 女 die (単2格 -; 複 なし) 交渉の仕方, 駆け引き

di·plo·ma·tisch [ディプロマーティシュ]

Diskretion

形 ❶ 外交の, 外交上の ▷ *die diplomatischen Beziehungen abbrechen* 外交関係を断絶する

❷ 駆け引きのじょうずな, 如才ない ▷ *ein diplomatisches Vorgehen* 抜け目のないやり方

dir [ディーア] 《du の 3 格》君に ▷ *Kann ich dir helfen?* 君の手助けができるかい /《再帰代名詞として》*Wasch dir die Hände!* 手を洗いなさい

di·rekt [ディレクト]
— **形**（比較 -er, 最上 -est）

❶ 直接の（☆ 述語として用いない; 反 indirekt）▷ *die direkte Wahl* 直接選挙 / *direkte Verhandlungen* 直接交渉 / *Ich möchte direkt mit dem Direktor sprechen.* 私は直接所長と話がしたい / *direkt proportional* 正比例して

❷ （回り道をすることなく）直接の ▷ *eine direkte Zugverbindung* 直通の列車連絡 / *Mit diesem Zug kannst du direkt nach Köln fahren.* この列車で君は直接ケルンに行くことができる / *Gehst du jetzt direkt nach Hause?* 君は今からまっすぐ家に帰るのか / *Diese Straße führt direkt zum Schloss.* この道はまっすぐ城に通じている

❸ あけすけな, あからさまな ▷ *Er ist immer sehr direkt.* 彼はいつも非常にあからさまだ

— **副** ❶ （時間的・空間的に）すぐ ▷ *direkt nach Dienstschluss* 仕事のあとすぐ / *Er kommt direkt nach dem Essen hierher.* 彼は食後すぐにここに来る / *Sie stand direkt neben ihm.* 彼女は彼のすぐ横に立っていた

❷ 《発言の強調を表して》まさに, 本当に ▷ *Das ist ja direkt rührend!* それは本当にありがたいことで（← 感動ものだ）

Di·rek·ti·on [ディレクツィオーン] **女** *die*（単 2 格 -; 複 -en）
❶ （企業・公共施設などの）首脳部, 執行部
❷ 《複 なし》運営, 管理

Di·rek·ti·ve [ディレクティーヴェ] **女** *die*（単 2 格 -; 複 -n）《文語》（上役などからの）指図, 指示

Di·rek·tor [ディレクトーア] **男** *der*（単 2 格 -s; 複 -en）
❶ （公的機関などの）長; 所長, 館長, 園長, 学校長
❷ （企業などの）長; 社長, 取締役, 頭取, 部長

Di·rek·to·rat [ディレクトラート] **中** *das*（単 2 格 -[e]s; 複 -e）
❶ （公的機関などの）長の執務室
❷ （公的機関などの）長の職

Di·rek·to·ren [ディレクトーレン] Direktor の 複

Di·rek·to·ri·en [ディレクトーリエン] Direktorium の 複

Di·rek·to·rin [ディレクトーリン] **女** *die*（単 2 格 -; 複 ..rinnen）Direktor の女性形

Di·rek·to·ri·um [ディレクトーリウム] **中** *das*（単 2 格 -s; 複 ..torien）（企業などの）重役会, 役員会

Di·rekt·über·tra·gung [ディレクト・ユーバートラーグング] **女** *die*（単 2 格 -; 複 -en）実況放送, 生中継

Di·ri·gent [ディリゲント] **男** *der*（単 2·3·4 格 -en; 複 -en）（オーケストラ・合唱などの）指揮者

Di·ri·gen·ten·stab [ディリゲンテン・シュターブ] **男** *der*（単 2 格 -[e]s; 複 ..stäbe）指揮棒

di·ri·gie·ren [ディリギーレン]（dirigierte; dirigiert; 助 h）

他 ❶ 《④ と》《楽団など⁴を》指揮する ▷ *ein Orchester dirigieren* オーケストラを指揮する

❷ 《④ + 方向句 と》《..⁴を…へ》誘導する, 案内する ▷ *das Auto aus der Garage dirigieren* 車をガレージから誘導する

Dirndl [ディルンドル]
中 *das*（単 2 格 -s; 複 -）《服飾》ディアンドル（バイエルン・チロル地方の婦人用民族衣装）

Dir·ne [ディルネ] **女** *die*（単 2 格 -; 複 -n）娼婦に, 売春婦（= Prostituierte）

Dis·ken [ディスケン] Diskus の 複

Dis·ket·te [ディスケッテ] **女** *die*（単 2 格 -; 複 -n）フロッピーディスク

Dis·ket·ten·lauf·werk [ディスケッテン・ラオフ・ヴェルク] **中** *das*（単 2 格 -[e]s; 複 -e）《コンピュータ》フロッピーディスクドライブ

Disk·jo·ckey [ディスクジョケ] **男** *der*（単 2 格 -s; 複 -s）ディスクジョッキー

Dis·ko [ディスコ] **女** *die*（単 2 格 -; 複 -s）ディスコ（= Diskothek）▷ *in die Disko gehen* ディスコに行く

Dis·ko·thek [ディスコテーク] **女** *die*（単 2 格 -; 複 -en）

❶ ディスコ（= Disko）▷ *Sie haben sich in der Diskothek kennen gelernt.* 彼らはディスコで知り合った

❷ （放送局などの）レコードライブラリー

Dis·kre·panz [ディスクレパンツ] **女** *die*（単 2 格 -; 複 -en）不一致, 乖離

dis·kret [ディスクレート]

形 ❶ （人に対して）思いやりのある, 心配りのある; 口の堅い ▷ *ein diskretes Benehmen* 思いやりのある態度

❷ 内密の, 内々の ▷ *eine heikle Angelegenheit diskret behandeln* デリケートな問題を内密に処理する

Dis·kre·ti·on [ディスクレツィオーン] **女** *die*（単 2

diskriminieren

格 -; 〈覆 なし〉《文語》
❶ 思慮, 慎重さ
❷ 秘密の保持

dis·kri·mi·nie·ren [ディスクリミニーレン]
(diskriminierte; diskriminiert; 匯了h)
他 ❶ 《④と》[··⁴を](人種的偏見などで)差別する
❷ 《④と》[··⁴を]中傷する

Dis·kus [ディスクス]男 der （⑯ 2 格 -; 匯 ..kusse ⟨Disken⟩) (スポ) (投擲用の)円盤; 円盤投げ

Dis·kus·se [ディスクセ] Diskus の 複数

Dis·kus·si·on [ディスクスィオーン] 女 die (⑯ 2 格 -; 匯 -en) ディスカッション, 討論, 議論 ▷ eine lebhafte *Diskussion* 活発な討論 / die *Diskussion* um die Kernkraftwerke 原子力発電所をめぐる議論
(イディオム) ④+*zur Diskussion stellen* ··⁴を討論の議題にする

Dis·kus·si·ons·lei·ter [ディスクスィオーンス・ライター]男 der (⑯ 2 格 -s; 匯 -) 討論の司会者

dis·ku·ta·bel [ディスクターベル] 形《文語》(提案などが)検討に値する

dis·ku·tie·ren [ディスクティーレン]
(diskutierte; diskutiert; 匯了h)
―自 《über+④と》[··⁴について]**討論をする, 議論する** ▷ Darüber *diskutiere* ich mit ihm nicht. その件では私は彼と議論をしない
―他 《④と》[··⁴について]議論する, 討論する ▷ Wir müssen diese Frage noch ausführlich *diskutieren*. 私たちはこの問題についてまだ詳細に討議しなければならない

Dis·play [ディスプレー] 中 das (⑯ 2 格 -s; 匯 -s)
❶ (コンピュータの)ディスプレイ
❷ (商品の)陳列展示

dis·po·nie·ren [ディスポニーレン]
(disponierte; disponiert; 匯了h)
自《文語》《über+④と》[··⁴を]自由に使う ▷ Sie kann über seine Ersparnisse *disponieren*. 彼女は彼の貯金を自由に使うことができる

Dis·po·si·ti·on [ディスポズィツィオーン] 女 die (⑯ 2 格 -; 匯 -en)《文語》
❶ 〈ふつう ⑯ で〉準備, 手はず
❷ (医学)(病気などの)素因
(イディオム) ③+*zur Disposition stehen* ··³の自由になる
④+*zur Disposition haben* ··⁴を自由に使える

Dis·put [ディスプート]男 der (⑯ 2 格 -[e]s; 匯 -e)《文語》口論; 論争

dis·pu·tie·ren [ディスプティーレン]
(disputierte; disputiert; 匯了h)
自 論争する, 議論する

dis·qua·li·fi·zie·ren [ディス・クヴァリフィツィーレン] (disqualifizierte; disqualifiziert; 匯了h)

他《④と》[··⁴の]失格の判定を下す, 出場資格を奪う ▷ Der Läufer wurde wegen Verlassens der Bahn *disqualifiziert*. その走者はコースからはずれたため失格になった

Dis·ser·ta·ti·on [ディセルタツィオーン] 女 die (⑯ 2 格 -; 匯 -en) (博士号の)学位請求論文, ドクター論文 (略 Diss.)

Dis·so·nanz [ディソナンツ] 女 die (⑯ 2 格 -; 匯 -en)《音楽》不協和音

Dis·tanz [ディスタンツ] 女 die (⑯ 2 格 -; 匯 -en)《文語》(空間的な)隔たり, 間隔, 距離 ▷ die *Distanz* zwischen zwei Punkten 2 点間の距離 / (比ゆ) alles aus der *Distanz* sehen すべてのことを(客観的になれるように)距離をおいて見る / *Distanz* wahren (対人関係で距離を保って)なれなれしくしない

dis·tan·zie·ren [ディスタンツィーレン]
(distanzierte; distanziert; 匯了h)
再《sich⁴+von+③と》[··³から](意見などを異にするとして)距離をとる

dis·tan·ziert [ディスタンツィーアト]
形《文語》(心理的に)距離を置いた

Dis·tel [ディステル] 女 die (⑯ 2 格 -; 匯 -n)《植物》アザミ

Dis·zip·lin [ディスツィプリーン] 女 die (⑯ 2 格 -; 匯 -en)
❶ 〈匯 なし〉規律, 秩序; 自制力 ▷ *Disziplin* halten 規律を守る / In der Klasse herrschte keine *Disziplin*. クラスは統制がとれていなかった
❷ (学問の)部門, 分野; (スポ) 種目

dis·zip·li·na·risch [ディスツィプリナーリシュ]
形 規律上の, 服務規定上の ▷ ein *disziplinarisches* Verfahren 懲戒手続

dis·zip·li·niert [ディスツィプリニーアト] 形 (軍隊などが)規律のよくとれた, しつけのよく行き届いた; 規律正しい

Di·va [ディーヴァ] 女 die (⑯ 2 格 -; 匯 -s ⟨Diven⟩) (奇矯な振舞いで話題になる)人気女性歌手〈女優〉

Di·ven [ディーヴェン] Diva の 複数

di·ver·se [ディヴェルゼ] 形《文語》さまざまな, 種々の (☆ 名詞につけて)

Di·vi·den·de [ディヴィデンデ] 女 die (⑯ 2 格 -; 匯 -n)《経済》(株式の)配当

di·vi·die·ren [ディヴィディーレン]
(dividierte; dividiert; 匯了h)
他《数学》《④と》[··⁴を]割る (反 multiplizieren) ▷ zwanzig durch fünf *dividieren* 20 を 5 で割る

Di·vi·si·on [ディヴィズィオーン] 女 die (⑯ 2 格 -; 匯 -en)《数学》割り算, 除法 (反 Multiplikation)

DM [デー・マルク]《*Deutsche Mark* の略語》ドイツマルク ▷ 2,50 *DM* 2 マルク 50 ペニヒ (☆ 読み方

①, ②, ③, ④=1 格, 2 格, 3 格, 4 格の名詞

doch
[dɔx ドッホ]

— 接《並列》**しかし**, だが
(☆ aber よりも意味が強い)
Ich wollte ihn besuchen, *doch* er war nicht zu Hause. 私は彼を訪ねるつもりだったが彼は家にいなかった
Er ist arm, *doch* nicht unglücklich. 彼は貧しいけれども不幸ではない

— 副 ❶ **それでも**
(☆ しばしば und, aber と共に用いられる)
Er war hundemüde, und *doch* ging er noch einmal hin. 彼はくたくただったが それでももう一度出かけて行った
❷《否定の疑問文に対して》**いいえ**
Kommt er nicht mit? – *Doch*!
彼はいっしょに来ないのか―いや(いっしょに行く)
Er kommt heute nicht mehr? – *Doch*!
彼はきょうもう来ないだろうね―いいえ(来ます)
❸《最初の予想通りであることを表して》やっぱり
▷ Du hast *doch* Recht. 君の言うことはやっぱり正しい / Ich habe mich *doch* nicht geirrt. 私はやっぱり思い違いをしてなかった
❹《ある事柄を再確認する形で叙述を強めて》だって, なんと言ったって ▷ Du bist *doch* kein Kind mehr. 君はもう子供じゃないんだよ /《非難などの意味合いで》Das weißt du *doch* am besten. そのことは君が一番よく知っているじゃないか
❺《ふつう平叙文の形の疑問文で》《肯定的な答えを期待して》Du kommst *doch* heute mit? 君はきょういっしょに来るんでしょう / Das ist *doch* nicht dein Ernst. それは君の本気じゃないよね
❻《驚き・怒りを表して》 いくらなんでも ▷ Das darf *doch* nicht wahr sein! まさかそんなことが本当であるはずがない
❼《命令文で》《催促などを表して》Komm *doch* endlich! いいかげんに来いよ
❽《接続法 II の願望文で》《願望を強調して》Wenn du *doch* das gleich gesagt hättest! 君がそれをすぐに言ってくれていたらなあ

イディオム *also doch* やっぱりそうだろう
Ja doch 〈*Gewiss doch*〉*!*《応答を強めて》もちろんさ
Nicht doch! 頼むからやめてくれ

Docht [ドホト] 男 *der* (⊕ 2格 -[e]s; ⊕ -e) (ろうそく・ランプなどの)芯

Dock [ドック] 中 *das* (⊕ 2格 -[e]s; ⊕ -s) (船の)ドック

Dog·ge [ドッゲ] 女 *die* (⊕ 2格 -; ⊕ -n) (動物) (鼻の平べったく短毛の)大型の番犬 ▷ eine deutsche 〈englische〉 *Dogge* グレートデー

ン〈マスチーフ〉

Dog·ma [ドグマ] 中 *das* (⊕ 2格 -s; ⊕ Dogmen) ドグマ, 独断, 教条

Dog·men [ドグメン] Dogma の 複数

Dok·tor [ドクトール] 男 *der* (⊕ 2格 -s; ⊕ -en)
❶ 博士[号の取得者](⊕ Dr.) ▷ Er ist *Doktor* der Philosophie. 彼は哲学博士だ / Herr 〈Frau〉 *Dr.* Müller ミュラー博士
❷ 《複 なし》 博士号, ドクターの学位 ▷ den *Doktor* machen 博士号をとる
❸ 《口語》 医者 (= Arzt)

Dok·to·ren [ドクトーレン] Doktor の 複数

Do·ku·ment [ドクメント] 中 *das* (⊕ 2格 -[e]s; ⊕ -e)
❶ (戸籍謄本など, 役所が交付する)**文書**, 書類 ▷ Wenn man heiraten will, muss man mehrere *Dokumente* vorlegen. 結婚しようとするならばいくつもの書類を提出しなければならない
❷ (あることを証明する)記録 ▷ Der Film ist ein erschütterndes *Dokument* des Krieges. その映画は戦争の衝撃的な記録だ

Do·ku·men·tar·be·richt [ドクメンタール・ベリヒト] 男 *der* (⊕ 2格 -[e]s; ⊕ -e) (テレビの)ドキュメンタリー番組

Do·ku·men·tar·film [ドクメンタール・フィルム] 男 *der* (⊕ 2格 -[e]s; ⊕ -e) 記録映画

do·ku·men·ta·risch [ドクメンターリシュ]
❶ (映画などが)事実に基づく, 事実を記録した
❷ 証拠書類〈記録文書〉による

do·ku·men·tie·ren [ドクメンティーレン] (dokumentierte; dokumentiert; 完了h)
— 他《文語》《❹と》《態度などを》はっきり示す
— 再《文語》《sich ❹と》《態度などが》はっきり示されている

Dolch [ドルヒ] 男 *der* (⊕ 2格 -[e]s; ⊕ -e) (ふつう両刃の)短刀, 短剣

Dolch·stoß [ドルヒ・シュトース] 男 *der* (⊕ 2格 -es; ⊕ ..stöße) 短刀で突く〈刺す〉こと

Dol·de [ドルデ] 女 *die* (⊕ 2格 -; ⊕ -n) (植物) 散形花序 (=ニンジン, サクラソウなど, 茎の先端から花柄が出て傘状に咲く花)

Dol·lar [ドラー] 男 *der* (⊕ 2格 -[s]; ⊕ -s) ドル(米国, カナダなどの貨幣および通貨単位)

dol·met·schen [ドルメッチェン] (dolmetschte; gedolmetscht; 完了h)
— 他《❹と》《…を》通訳する ▷ ein Interview *dolmetschen* インタビューの通訳をする / Er *dolmetscht* auf dem Kongress. 彼は会議で通訳をする

Dol·met·scher [ドルメッチャー] 男 *der* (⊕ 2格

Dom [ドーム] 男 *der* (⊕ 2格 -[e]s; ⊕ -e) (司教のいる)**大聖堂** ▷ der Kölner *Dom* ケルンの大

完了h, 完了s = 完了の助動詞 haben, sein

Domäne

聖堂 (☆ Kölner [ケルナー])

Kölner Dom

Do·mä·ne [ドメーネ] 囡 *die* (⊕ 2格 -; ⊛ -n)
❶ 国有農地
❷《文語》専門分野, 得意とする分野

Do·mi·nanz [ドミナンツ] 囡 *die* (⊕ 2格 -; ⊛ -en)《生物》(遺伝的)優性

do·mi·nie·ren [ドミニーレン] (dominierte; dominiert) 匦h)
── 圁《文語》(他よりも)目立つ, 支配的である
── 他《文語》④と […の行動などを]規定する, [移動車線など*を*]支配する

Do·mi·no [ドーミノ] 匣 *das* (⊕ 2格 -s; ⊛ -s)《ゲーム》ドミノ

Do·mi·zil [ドミツィール] 匣 *das* (⊕ 2格 -s; ⊛ -e)《文語》居住地

Domp·teur [ドムプテーア] 匬 *der* (⊕ 2格 -s; ⊛ -e) (野生動物の)調教師, 猛獣使い

die **Do·nau** [ドーナオ] 囡 (⊕ 2格 -; ⊛ なし)《川名》ドナウ川 (ドイツ南部に源を発し, オーストリア, ルーマニアを経て黒海に注ぐ. 全長 2850 km; 定冠詞を必ず伴う; ☞ 地図 D~I-4~5)

Don·ner [ドンナー] 匬 *der* (⊕ 2格 -s; ⊛ -) 雷, 雷鳴 (☆「稲妻」は Blitz) ▷ Der *Donner* rollt. 雷が鳴る

don·nern [ドンネルン] (donnerte; gedonnert) 圁 ❶ 匦h)《非人称で》*es donnert* 雷が鳴る ▷ *Es* blitzt und *donnert*. 稲光がして雷が鳴る
❷ 匦h) (雷のような)大きな音をとどろかせる ▷ Die Kanonen *donnern*. 大砲がとどろく
❸ 匦s)《方向と》[…へ]大きな音をたてて移動する ▷ Der Zug ist über die Brücke *gedonnert*. 汽車は轟音をたてて橋を渡った

Don·ners·tag
[dɔ́nɛstaːk ドンナース・ターク]
匬 *der* (⊕ 2格 -[e]s; ⊛ -e)

木曜日 (⊛ Do.) (用法: ☞ Dienstag)

don·ners·tags [ドナース・タークス] 副 木曜日に (☆「毎木曜日に」のような反復の意味でも用いられる)

don·ner·te [ドンネルテ] donnern の 過去

Don·ner·wet·ter [ドンナー・ヴェッター] 匣 *das* (⊕ 2格 -s; ⊛ -)《口語》大目玉, 叱責
〈イディオム〉 *Donnerwetter!* これは驚いた (すばらしい)
Zum Donnerwetter [noch einmal]! ちくしょう, いまいましい

doof [ドーフ] 形《口語》まぬけの, ばかな; (物事が)くだらない

do·pen [ドーペン] (dopte; gedopt; 匦h)
他《スポ》④と [選手・競走馬などに] 興奮剤を与える, ドーピングする (☆ ふつう状態受動で) ▷ Der Läufer war *gedopt*. そのランナーは薬物を使用していた

Do·ping [ドーピング] 匣 *das* (⊕ 2格 -s; ⊛ -)《スポ》ドーピング

Dop·pel·ad·ler [ドッペル・アードラー] 匬 *der* (⊕ 2格 -s; ⊛ -) 双頭の鷲 (紋章, 貨幣の図柄などとして用いられる)

Dop·pel·agent [ドッペル・アゲント] 匬 *der* (⊕ 2·3·4格 -en; ⊛ -en) 二重スパイ

dop·pel·deu·tig [ドッペル・ドイティヒ] 形 二通りに解釈できる ▷ Seine Aussage war *doppeldeutig*. 彼の発言は二通りに解釈できた

Dop·pel·gän·ger [ドッペル・ゲンガー] 匬 *der* (⊕ 2格 -s; ⊛ -) (見間違うほど)よく似た人, 生き写し ▷ Er hat einen *Doppelgänger*. 彼にそっくりの人がいる

Dop·pel·gän·ge·rin [ドッペル・ゲングリン] 囡 *die* (⊕ 2格 -; ⊛ ..rinnen) Doppelgänger の女性形

Dop·pel·kinn [ドッペル・キン] 匣 *das* (⊕ 2格 -[e]s; ⊛ -e) 二重あご

Dop·pel·punkt [ドッペル・プンクト] 匬 *der* (⊕ 2格 -[e]s; ⊛ -e) コロン (記号 :)

dop·pelt [ドッペルト]
形 **2倍の** ▷ die *doppelte* Summe 2倍の金額 / Er ist *doppelt* so alt wie ich. 彼は私の倍の年齢だ / ein *doppelter* Cognac ダブルのコニャック /《比喩》mit *doppelter* Zunge sprechen 二枚舌を使う

Dop·pel·te [ドッペルテ] 匣 *das* (形容詞変化 ☞ Alte 表 II) 2倍のもの ▷ Die Kosten sind auf das *Doppelte* gestiegen. 費用が倍にはね上がった

Dop·pel·zim·mer [ドッペル・ツィマー] 匣 *das* (⊕ 2格 -s; ⊛ -) (ホテルなどの)二人部屋 (ベッドはツインのこともダブルのこともある; 「一人部屋」は Einzelzimmer) ▷ ein *Doppelzimmer* für drei Nächte bestellen ツイン〈ダブル〉ベッドの部屋を3晩予約する

dop·pel·zün·gig [ドッペル・ツュンギヒ] 形 二枚舌の, 裏表のある ▷ Mann kann ihr nichts glauben, sie ist *doppelzüngig*. 彼女の言うことは何も信じられない 彼女は二枚舌を使う

Dorf [ドルフ] 匣 *das* (⊕ 2格 -es〈まれに -s〉; ⊛ Dörfer)
村 ▷ ein kleines *Dorf* 小さな村 / auf dem

Dorf wohnen 村に住んでいる / das olympische *Dorf* オリンピック村

Dorf·be·woh·ner [ドルフ・ベヴォーナー] 男 *der* (⊕2格 -s; ⊕ -) 村民, 村人

Dör·fer [デルファー] *Dorf* の 複数

Dorn [ドルン] 男 *der* (⊕2格 -[e]s; ⊕ -en) (植物の)とげ ▷ eine Pflanze mit *Dornen* とげのある植物 /《比ゆ》③÷ein *Dorn* im Auge sein …³にとって目の上のたんこぶである(←目の中のとげ)

dor·nig [ドルニヒ] 形 (灌木梵などが)とげのある

Dorn·rös·chen [ドルン・レースヒェン] 中 *das* (⊕2格 -; ⊕ なし) いばら姫(グリム童話の主人公)

dör·ren [デレン] (dörrte; gedörrt; 完了h) 他《④と》〔野菜・果実など*を*〕(保存できるように)乾燥させる ▷ Pflaumen im Backofen *dörren* プラムをオーブンで乾燥させる

dort

[dɔrt ドルト]

副 あそこに《で》, そこに《で》
Dort steht ein Haus.
あそこに家が1軒立っている
《話題になった《なっている》場所を指して》
Er war nur einmal *dort*.
彼は一度だけそこに行ったことがある
Ich komme gerade von *dort*.
私はちょうどそこから来たのです
《名詞を修飾して》
der Mann *dort* あそこの男
《前置詞句と同格的に》
dort in der Ecke あそこの角に
《他の副詞と》
dort drüben あの向こうに
dort oben あの上に
イディオム da und *dort* いろんなところに

dort·her [ドルト・ヘーア/指示的意味が強いとき: ドルト・ヘーア] 副 あそこから, そこから《☆ふつう von と》 ▷ von *dorther* あそこ《そこ》から

dort·hin [ドルト・ヒン/指示的意味が強いとき: ドルト・ヒン] 副 あそこへ, そこへ ▷ bis *dorthin* そこ《あそこ》まで

Dort·mund [ドルトムント] (中 *das*)《都市名》ドルトムント(ドイツ北西部の工業都市; ☞地図 C-3)

Do·se [ドーゼ] 女 *die* (⊕2格 -; ⊕ -n)
❶ (ふたのついた, ふつう円形の小さな)容器 ▷ eine *Dose* für Kaffee コーヒー入れ / eine *Dose* Bier 缶入りビール
❷ 缶詰 ▷ Thunfisch in *Dosen* 缶詰のマグロ / eine *Dose* aufmachen 缶詰をあける

Do·sen [ドーゼン] *Dose, Dosis* の 複数

dö·sen [デーゼン] (döste; gedöst; 完了h) 自《口語》うとうとと眠る ▷ Er hat auf dem Sofa etwas *gedöst*. 彼はソファーで少しうとうとした
イディオム *vor sich*⁴ *hin dösen* ぼんやりする ▷ Im Unterricht *döste* er *vor sich hin*. 授業中彼はぼやっとしていた

do·sie·ren [ドズィーレン] (dosierte; dosiert; 完了h) 他《④を》〔薬など*の*〕一定量を計って分ける

Do·sis [ドーズィス] 女 *die* (⊕2格 -; ⊕ Dosen) (薬などの)服用《投与》量 ▷ eine tägliche *Dosis* 1日の服用量 / eine tödliche *Dosis* zu sich nehmen 致死量を飲む

Dot·ter [ドッター] 男 *der* (中 *das*) (⊕2格 -s; ⊕ -) (卵の)黄身, 卵黄 (=Eigelb) ▷ *Dotter* und Eiweiß trennen 黄身と白身を分ける

Dou·ble [ドゥーブル] 中 *das* (⊕2格 -s; ⊕ -s) (映画撮影の際の)代役, スタンドイン, スタントマン

Do·zent [ドツェント] 男 *der* (⊕2·3·4格 -en; ⊕ -en) (大学の)講師

do·zie·ren [ドツィーレン] (dozierte; doziert; 完了h)
自 教えてやるという態度で話す

Dr. [ドクトーア] ☞ Doktor

Dra·che [ドラッヘ] 男 *der* (⊕2·3·4格 -n; ⊕ -n) 竜, ドラゴン

Dra·chen [ドラッヘン] 男 *der* (⊕2格 -s; ⊕ -) 凧誌 ▷ einen *Drachen* steigen lassen 凧を揚げる

Dra·chen·flie·gen [ドラッヘン・フリーゲン] 中 *das* (⊕2格 -s; ⊕ なし)《スポーツ》ハンググライディング

Dra·gée [ドラジェー] 中 *das* (⊕2格 -s; ⊕ -s) 糖衣錠; (砂糖やチョコレートをかぶせた)ボンボン

Draht [ドラート] 男 *der* (⊕2格 -es〈まれに -s〉; ⊕ Drähte)
針金, ワイヤ; 導線 ▷ dicker *Draht* 太い針金 / einen *Draht* spannen 針金を張る / der heiße *Draht* (国家間の)ホットライン

Dräh·te [ドレーテ] *Draht* の 複数

drah·tig [ドラーティヒ] 形 (特に男性が)小柄だが筋肉の引き締まった

draht·los [ドラート・ロース] 形 ワイヤレスの ▷ ein *drahtloses* Telefon コードレステレフォン

Draht·seil [ドラート・ザイル] 中 *das* (⊕2格 -[e]s; ⊕ -e) ワイヤロープ

Draht·zie·her [ドラート・ツィーアー] 男 *der* (⊕2格 -s; ⊕ -) (かげで人をあやつる)黒幕

dra·ko·nisch [ドラコーニシュ] 形《文語》(措置・処罰などが)非常に厳しい, 情け容赦のない

drall [ドラル] 形 (特に若い女性が)むっちりした, まるまるした

Drall [ドラル] 男 *der* (⊕2格 -[e]s; まれに ⊕ -e) 回転, 旋回

Dra·ma [ドラーマ] 中 *das* (⊕2格 -s; ⊕ Dra-

men)
❶ ドラマ, 戯曲; 劇文学 ▷ ein *Drama* aufführen 戯曲を上演する
❷ 〖[複] はまれ〗劇的な出来事〈事件〉

Dra·ma·tik [ドラマーティック] [女] *die* ([単] 2格 –; [複] なし)
❶ 息詰まるような緊張, 劇的な盛り上がり ▷ ein Geschehen voller *Dramatik* 緊張で息詰まるような出来事
❷ 〖[複] なし〗劇文学

Dra·ma·ti·ker [ドラマーティカー] [男] *der* ([単] 2格 –s; [複] –) 劇作家

dra·ma·tisch [ドラマーティシュ]
[形] ❶ 劇的な, ドラマチックな ▷ Das Spiel war sehr *dramatisch.* ゲームは非常にドラマチックだった
❷ 演劇の, 劇の ▷ die *dramatische* Dichtung 劇文学

dra·ma·ti·sie·ren [ドラマティズィーレン]
(dramatisierte; dramatisiert; [完了]h)
[他] 〖④と〗〔事件など⁴を〕ことさらに誇張する

Dra·men [ドラーメン] Drama の [複数]

dran [ドラン] [副] 〖daran の口語形〗 Ich glaub nicht *dran.* 私はそんなことは信じない / Er ist *dran.* 彼の番だ

drang [ドラング] dringen の [過去]

Drang [ドラング] [男] *der* ([単] 2格 –es 〈まれに –s〉; [複] なし) 衝動, 強い欲求

drän·geln [ドレンゲルン]
(drängelte; gedrängelt; [完了]h)
[自] 《口語》人を押しのけて進む (☆ 再帰動詞として用いることもある) ▷ [sich⁴] in der Menge nach vorn *drängeln* 群衆の中を前へ人を押し分けて進む

drän·gen [ドレンゲン]
(drängte; gedrängt; [完了]h)
— [他] ❶ 〖④+[方向]と〗〔‥⁴を…へ〕(むりやり)押しやる ▷ Sie *drängt* ihn in die Ecke. 彼女は彼を隅に押しやる
❷ 〖④+zu+③と〗〔‥⁴を‥³するように〕せき立てる ▷ Er *drängt* mich zur Entscheidung. 彼は私に決断するようにせき立てる
— [再] ❶ 〖[sich]⁴と〗ひしめく ▷ Die Menge *drängte* sich an der Kasse. 群衆は切符売り場でひしめき合っていた
❷ 〖[sich]⁴+[方向]と〗〔…へ〕押し分けて進む ▷ Er *drängt* sich durch die Menge. 彼は人込みを押し分けて進む
— [自] ❶ 〖[方向]と〗〔…へ〕押し合いながら進む ▷ Die Menschen *drängen* zu den Ausgängen. 人々は出口へ押し合いながら進む
❷ 〖auf+④と〗〔‥⁴を〕迫る ▷ Er hat auf eine Entscheidung *gedrängt.* 彼は決定を迫った
[イディオム] ***Die Zeit drängt.*** 時間が切迫している

dräng·te [ドレンクテ] drängen の [過去]

dra·pie·ren [ドラピーレン]
(drapierte; drapiert; [完了]h)
[他] ❶ 〖④と〗〔カーテンなど⁴に〕ひだ飾りをつける
❷ 〖④と〗〔壁など⁴を〕ひだ飾りのあるもので飾る

dras·tisch [ドラスティシュ]
[形] ❶ (都合の悪いことも明らかにする)あからさまな, 露骨な ▷ eine *drastische* Schilderung あからさまな描写
❷ (悪影響も伴う)思い切った, 激しい ▷ eine *drastische* Erhöhung der Preise 激しい物価の上昇

drauf [ドラオフ] [副] darauf の口語形

Drauf·gän·ger [ドラオフ・ゲンガー] [男] *der* ([単] 2格 –s; [複] –) (危険などを恐れない)大胆な人

drauf|ge·hen [ドラオフ・ゲーエン] [分離]
(ging drauf; draufgegangen; [完了]s)
[自] 《口語》 ❶ (事故などで)死ぬ
❷ (お金・蓄えなどが使い果たして)なくなる

drauf·los|ge·hen [ドラオフロース・ゲーエン]
[分離] (ging drauflos; drauflosgegangen; [完了]s)
[自] (目標に向かって)ためらわずに〈がむしゃらに〉突き進む

draus [ドラオス] [副] daraus の口語形

drau·ßen [ドラオセン]
[副] ❶ 外で, 戸外で ▷ *draußen* spielen 外で遊ぶ / *Draußen* ist es kalt. 外は寒い / Die Kinder gingen zum Spielen nach *draußen.* 子供たちは遊びに外に行った / 〖前置詞句と同格的に〗 *draußen* im Garten 外の庭で
❷ 遠く離れて ▷ *draußen* auf dem Meer はるか沖合いで

drech·seln [ドレクセルン]
(drechselte; gedrechselt; [完了]h)
[他] 〖④と〗〔‥⁴を〕旋盤・ろくろなどで作る

Dreck [ドレック] [男] *der* ([単] 2格 –[e]s; [複] なし)
《口語》 ❶ (ごみ・泥などからなる)汚らしいもの; 泥, ごみ ▷ den *Dreck* abkratzen 泥を(靴などから)かき落とす / den *Dreck* zusammenfegen 汚らしいごみを掃き集める
❷ くだらないこと; 価値のないもの ▷ sich⁴ über jeden *Dreck* ärgern どんなくだらないことにも腹を立てる
[イディオム] ***einen Dreck*** まったく…ない ▷ Das geht dich *einen Dreck* an. それは君にはまったく関係がない

dre·ckig [ドレッキヒ]
[形] 《口語》 ❶ 汚れた, 汚い ▷ Meine Schuhe sind *dreckig.* 私の靴は汚れている
❷ 下品な, 野卑な ▷ ein *dreckiger* Witz 下品な冗談

Dreh [ドレー] [男] *der* ([単] 2格 –s; [複] –s) 《口語》 (問題などを解決する)うまい思いつき, 妙案

Dreh·buch [ドレー・ブーフ] [中] *das* ([単] 2格

–[e]s; [複] ..bücher) (映画の)脚本, 台本, シナリオ

dre·hen
[dréːən ドレーエン]

[現在]	ich drehe	wir drehen
	du drehst	ihr dreht
	er dreht	sie drehen
[過去]	ich drehte	wir drehten
	du drehtest	ihr drehtet
	er drehte	sie drehten
[過分]	gedreht	[完了] haben

— [他] ❶ 〘④と〙〔…^{4}を〕回す, 回転させる
das Rad *drehen*
車輪を回す
den Griff nach links *drehen*
取っ手を左に回す
eine Tanzpartnerin im Tanz *drehen*
ダンスのパートナーを踊りながら回転させる
❷ 〘④と〙 丸めて〈回転させて〉〔…^{4}を〕作る ▷ Pillen *drehen* 丸薬を作る / ein Seil *drehen* 綱をなう / einen Film *drehen* 映画を撮影する
— [自] ❶ 〘an+③と〙〔…^{3}を〕回す, ひねる ▷ am Gashahn *drehen* ガス栓をひねる
❷ (風などが)向きを変える
— [再] ❶ 〘[sich]^{4}と〙 回る, 回転する ▷ Die Erde *dreht* sich um die Sonne. 地球が太陽の周りを回る
❷ 〘[sich]^{4}と〙(風などが) 向きを変える ▷ Der Wind hat sich *gedreht*. 風向きが変わった
❸ 〘[sich]^4+um+④と〙 (会話などが)〔…^{4}をめぐって〕行なわれる ▷ Das Gespräch *drehte* sich um dieses Thema. 会話はこの話題をめぐって行われた
[イディオム] ***es dreht sich darum, dass ...*** 話題になっているのは…である

Dreh·or·gel [ドレー・オルゲル] [女] *die* ([単] 2格 –; [複] –n) (ふつう移動式の)手回しオルガン

dreh·te [ドレーテ] drehen の [過去]

Dreh·tür [ドレー・テューア] [女] *die* ([単] 2格 –; [複] –en) 回転ドア

drei
[drai ドライ]

〘基数〙 3
drei Bücher
3 冊の本
Mein kleiner Bruder ist erst *drei*.
私の弟はやっと 3 歳だ
Es ist *drei* Uhr.
3 時だ
um *drei* Uhr 3 時に
vor *drei* Tagen 3 日前に
nicht bis *drei* zählen können
《比ゆ》ひどいばかだ (← 3 まで数えられない)
〘格を明示する場合, ②は dreier, ③は dreien〙
Das ist die Ansicht *dreier* Fachleute.
それは 3 人の専門家の見解だ

Drei·eck [ドライ・エック] [中] *das* ([単] 2格 –[e]s; [複] –e) 三角形

Drei·ei·nig·keit [ドライ・アイニヒカイト] [女] *die* ([単] 2格 –; [複] なし) 《キリスト教》(父と子と聖霊の)三位一体

drei·fach [ドライ・ファッハ] [形] 3 倍の, 三重の

Drei·fal·tig·keit [ドライ・ファルティヒカイト] [女] *die* ([単] 2格 –; [複] なし) ＝Dreieinigkeit

drei·mal [ドライ・マール] [副] 3 回, 三度

Drei·rad [ドライ・ラート] [中] *das* ([単] 2格 –[e]s; [複] ..räder) (特に子供の)三輪車

drei·ßig [ドライスィヒ]
〘基数〙 30 (用法: ☞ drei)

drei·ßigst [ドライスィヒスト] [形] 〘序数〙 第 30 の, 30 番目の (用法: ☞ dritt)

dreist [ドライスト] [形] (態度が)厚かましい, 無遠慮な, ずうずうしい ▷ Sie wird immer *dreister*. 彼女はますますずうずうしくなる

drei·zehn [ドライ・ツェーン]
〘基数〙 13 (用法: ☞ drei)

drei·zehnt [ドライ・ツェーント] [形] 〘序数〙 第 13 の, 13 番目の (用法: ☞ dritt) ▷ Heute ist Freitag, der *Dreizehnte*. きょうは 13 日の金曜日だ

dre·schen [ドレッシェン] (du drischst, er drischt; drosch; gedroschen; [完了]h)
[他] 〘④と〙〔稲・麦など^{4}を〕打穀する

Dres·den [ドレースデン] ([中] *das*) 《都市名》ドレスデン(ドイツのザクセン州の州都; ☞ 地図 F-3)

Dress [ドレス] [男] *der* ([単] 2格 –es; [複] –e) (クラブ・チームなどの)ユニフォーム

Dreß [旧⇒新] Dress

Dres·seur [ドレセーア] [男] *der* ([単] 2格 –s; [複] –e) 調教師

dres·sie·ren [ドレスィーレン] (dressierte; dressiert; [完了]h)
[他] 〘④と〙〔動物^{4}を〕調教する, 仕込む ▷ ein Pferd *dressieren* 馬を調教する

Dres·sur [ドレスーア] [女] *die* ([単] 2格 –; [複] –en)
❶ 〘[複] なし〙 調教
❷ (動物の)芸

drib·beln [ドリッベルン] (dribbelte; gedribbelt; [完了]h)
[自] 《球技》ドリブルする

dril·len [ドリレン] (drillte; gedrillt; [完了]h)
[他] 〘④と〙 (反復練習によって)〔…^{4}を〕訓練する, 鍛える

drin [ドリン] [副] 〘darin の口語形〙 Ist jemand *drin*? だれか中にいるか

drin·gen [ドリンゲン] (drang; gedrungen)

D

[自] ❶ 〚[完了]s〛〚[方向]と〛〔…に〕障害などを排除しながら入って来る〈行く〉 ▷ Wasser *dringt* in die Stube. 水が部屋に染みてくる / Der Lärm ist bis zu uns *gedrungen.* 騒音は私たちのところまで達して来た
❷ 〚[完了]h〛〚auf+[4]と〛〔..⁴を〕強く要求する ▷ Er hat auf pünktliche Zahlung der Miete *gedrungen.* 彼は家賃を遅れずに払うように強く要求してきた

drin·gend [ドリンゲント]
[形] ❶ 緊急の ▷ eine *dringende* Angelegenheit 急用 / Die Sache ist *dringend.* その件は急を要する / Ich muss dich *dringend* sprechen. 私は緊急に君と話をしなければならない
❷ たっての; 執拗な ▷ eine *dringende* Bitte たっての願い / eine *dringende* Mahnung 執拗な警告 / der *dringende* Verdacht きわめて濃厚な疑い

dring·lich [ドリングリヒ] [形] 緊急の(＝dringend)

Drink [ドリンク] [男] *der* ([単] 2格 -[s]; [複] -s) (ふつうアルコールの入った)飲料

drin·nen [ドリンネン]
[副] 室内で, 屋内で ▷ Er ist schon *drinnen.* 彼はもう室内にいる

drischst [ドリッシュスト] dreschen の [現在]

drischt [ドリッシュト] dreschen の [現在]

dritt [ドリット]
[形] 〚序数〛 第3の, 3番目の (☆ 3. とも書く) ▷ der *dritte* Mann 3番目の男 / am *dritten* März 3月3日に / Er wohnt im *dritten* Stock. 彼は4階に住んでいる / Sie kamen zu *dritt.* 彼らは3人で〈3人ずつ〉来た / 〚大文字で〛 Er beendete das Rennen als *Dritter.* 彼は競走は3着になった / das *Dritte* Reich 第三帝国 (☆ ナチスが支配した時代のドイツの異称, 1933–1945)

Drit·te [ドリッテ] [男] *der* / [女] *die* (形容詞変化 ☞ Alte 表 I)
❶ 3番目の人 ▷ Im Wettlauf wurde er *Dritter.* 競争で彼は3位になった / Richard der *Dritte* 〈Richard *III.*〉 リチャード3世
❷ 第三者, 局外者 ▷ das Urteil eines *Dritten* 第三者の判断

drit·tel [ドリッテル] [形] 〚分数〛 3分の1の (☆ 格語尾をつけない) ▷ ein *drittel* Liter 3分の1リットル

Drit·tel [ドリッテル] [中] *das* ([単] 2格 -s; [複] -) 3分の1 ▷ ein *Drittel* der Schüler 生徒の3分の1 / zwei *Drittel* des Weges 道程の3分の2

drit·teln [ドリッテルン]
(drittelte; gedrittelt; [完了]h)
[他] 〚[4]と〛〔..⁴を〕3〔等〕分する

drit·tens [ドリッテンス]
[副] 第3番目に, 第3に ▷ Erstens fehlt es an Mitteln, zweitens an geschultem Personal und *drittens* an Erfahrungen. 第1に資金が第2に訓練を受けた従業員が そして第3に経験が欠けている

Dro·ge [ドローゲ] [女] *die* ([単] 2格 -; [複] -n)
❶ 麻薬 ▷ harte *Drogen* (ヘロインなどの)強い麻薬 / weiche *Drogen* (マリファナなどの)弱い麻薬
❷ 薬種; 生薬

Dro·ge·rie [ドロゲリー] [女] *die* ([単] 2格 -; [複] -n)
薬屋, ドラッグストア (医師の処方を必要としない売薬や洗剤・化粧品などを売っている; 「薬局」は Apotheke)

Dro·ge·ri·en [ドロゲリーエン] Drogerie の [複数]

Dro·gist [ドロギスト] [男] *der* ([単] 2·3·4格 -en; [複] -en) ドラッグストアの店主; (一定の教育を受けた)ドラッグストアの店員

dro·hen [ドローエン] (drohte; gedroht; [完了]h)
[自] ❶ 〚[3]と〛〔..³を〕(ことばや身振りで)脅す, 脅かす ▷ Er *drohte* mir mit der Faust. 彼はこぶしを振り上げて私を脅した / Sie *drohte* ihm mit der Polizei, als er sie belästigte. 彼が彼女にいやがらせをしたとき彼女は警察に訴えると言って脅かした / 〚zu 不定詞句, dass 文と〛 Er *drohte* mir, mich zu entlassen 〈dass er mich entlassen werde〉. 彼は私を解雇するぞと言って脅した

> ★ bedrohen は「直接的な暴力行為で脅す」という意味で用いる

❷ (雷雨・危険などが)差し迫っている ▷ Es *droht* eine erneute Krise. 新たな危機が差し迫っている (☆ 文頭の es は穴埋め) / Ihm *droht* Gefahr. 彼に危険が差し迫っている
❸ 〚zu 不定詞句と〛 今にも〔…し〕そうである (☆ zu 不定詞句はコンマによって区切らない) ▷ Er *drohte* zusammenzubrechen. 彼は今にも倒れそうだった / Die Mauer *droht* einzustürzen. この外壁は今にも崩れそうだ

dröh·nen [ドレーネン]
(dröhnte; gedröhnt; [完了]h)
[自] とどろく, 鳴り響く ▷ Der Lärm der Motoren *dröhnt* mir in den Ohren. エンジンの騒音で私は耳がガンガンする / 〚場所を主語にして〛 Der ganze Saal *dröhnte* von der Musik. ホール中に音楽が鳴り響いていた

droh·te [ドローテ] drohen の [過去]

Dro·hung [ドローウング] [女] *die* ([単] 2格 -; [複] -en) (ことばや身振りによる)脅し, 脅迫 ▷ *Drohungen* ausstoßen 脅しのことばを吐く

drol·lig [ドロリヒ]
[形] ❶ (話などが)こっけいな, 愉快な

❷ (子供・小猫などが)かわいらしい

Drops [ドロップス] 男 der (複2格 -; 複 -) 《菓子》ドロップ

drosch [ドロッシュ] dreschen の過去

Dros·sel [ドロッセル] 女 die (複2格 -; 複 -n) 《鳥》ツグミ

dros·seln [ドロッセルン]
(drosselte; gedrosselt; 完了h)
— 他 ❶ 《4格と》 [⋯⁴の]量をしぼる; [機械⁴の]効率を落とす ▷ die Heizung drosseln 暖房を弱くする / den Motor drosseln エンジンの出力を落とす
❷ 《4格と》 [取り引き量・出費など⁴を]抑制する ▷ die Ein- und Ausfuhr von Waren drosseln 品物の輸出入を抑制する

drü·ben [ドリューベン]
副 ❶ 向こうに, 向こう側に ▷ Da drüben steht ein Haus. 向こうの方に家が1軒立っている
❷ (国境・大洋の)向こう側に ▷ Sein Sohn lebt drüben in Amerika. 彼の息子は海の向こうのアメリカに住んでいる

drü·ber [ドリューバー] 副 darüber の口語形

Druck [ドルック] 男 der
— (複2格 -[e]s; 複 Drücke)
❶ 《複 はまれ》圧力 ▷ den Druck messen 圧力を測る
❷ 《複 なし》押すこと ▷ Mit einem Druck auf diesen Knopf kann man das Licht ausmachen. このボタンを押すことでこの電気を消すことができる
❸ 《複 なし》(精神的な)圧迫, 重圧, 圧力 ▷ einen Druck auf+4格 ausüben ⋯⁴に圧力を加える / in Druck geraten 切羽詰まった状態に陥る
— (複2格 -es 《まれに -s》; 複 -e)
❶ 《複 なし》印刷 ▷ ein klarer Druck 鮮明な印刷
❷ 複製画 ▷ Das Gemälde ist nicht echt, es ist nur ein Druck. その絵は本物ではない 単なる複製だ
(イディオム) 《4格》+*in Druck geben* ⋯⁴を印刷に回す
in Druck gehen 印刷に回される ▷ Das Manuskript *geht in Druck*. その原稿は印刷に回される

Drü·cke [ドリュッケ] Druck「圧力」の複数

dru·cken [ドルッケン]
(druckte; gedruckt; 完了h)
— 他 ❶ 《4格と》 [絵・文書など⁴を]印刷する ▷ ein Buch in 10 000 Exemplaren drucken 本を1万部印刷する
❷ 《4格と》 [模様・文字など⁴を]プリントする ▷ ein Muster auf einen Stoff drucken 模様を布地にプリントする

drü·cken [ドリュッケン]
(drückte; gedrückt; 完了h)
— 他 ❶ 《4格+方向と》 [⋯⁴を⋯に]押しつける, 押しやる ▷ Er *drückt* mich zur Seite. 彼は私をわきへ押しやる / Sie *drückte* ihr Gesicht in die Kissen und weinte. 彼女は顔をまくらに押し当てて泣いた / Sie *drückte* ihm einen Fünfeuroschein in die Hand. 彼女は5ユーロ紙幣を彼の手に握らせた
❷ 《4格と》 [⋯⁴を]押す ▷ den Knopf *drücken* ボタンを押す
❸ 《4格+aus+3格と》 [⋯⁴を⋯³から]押してくしぼり)出す ▷ die Zahnpaste aus der Tube *drücken* 歯磨をチューブからしぼり出す
❹ 《4格と》 [⋯⁴を](物理的・精神的に)圧迫する ▷ Die Schuhe *drücken* mich. この靴は私には窮屈だ / Die Verantwortung *drückt* mich. 責任で気がめいる
❺ 《4格と》 [水準・賃金など⁴を]押し下げる ▷ die Preise *drücken* 物価を押し下げる
(イディオム) 《3格》+*die Hand drücken* ⋯³と握手をする ▷ Er *drückte* ihr fest *die Hand*. 彼は彼女の手をしっかりと握った
《4格》+*an sich drücken* ⋯⁴を(友情などの証しとして)強く抱きしめる ▷ Die Mutter *drückt* das Kind *an sich*. 母親は子供を抱きしめる
— 自 ❶ 《方向と》[⋯に]押す ▷ auf einen Knopf *drücken* ボタンを押す
❷ (物理的・精神的に)圧迫する ▷ *Drücken* diese Schuhe? この靴は窮屈ですか / Die Hitze *drückt*. 暑さうだる
— 再 《sich⁴と》 身体を押しつける ▷ Er *drückte sich* an die Wand. 彼は壁にへばりついた
❷ 《sich⁴と》 (義務などから)逃げる ▷ *sich* von 〈vor〉 der Arbeit *drücken* 仕事をさぼる

drü·ckend [ドリュッケント] 形 (暑さなどが)圧迫するような ▷ Es ist heute *drückend* heiß. きょうはうだるように暑い

Dru·cker [ドルッカー] 男 der (複2格 -s; 複 -) (コンピュ) プリンター; 印刷工; 印刷業者

Dru·cke·rei [ドルッケライ] 女 die (複2格 -; 複 -en) 印刷所

Druck·feh·ler [ドルック・フェーラー] 男 der (複2格 -s; 複 -) 誤植, ミスプリント

Druck·knopf [ドルック・クノプフ] 男 der (複2格 -[e]s; 複 ..knöpfe) (服の)スナップ; (装置の)押しボタン

Druck·mit·tel [ドルック・ミッテル] 中 das (複2格 -s; 複 -) (交渉相手などに)圧力をかける手段

Druck·sa·che [ドルック・ザッヘ] 女 die (複2格 -; 複 -n) (郵便) 印刷物 ▷ ein Buch als *Drucksache* schicken 本を印刷物として送る

druck·te [ドルックテ] drucken の過去

drück·te [ドリュックテ] drücken の 過去

drum [ドルム] 副 darum の口語形

drun·ter [ドルンター] 副 darunter の口語形

Drü·se [ドリューゼ] 女 die (複 2格 -; 複 -n) (解剖)(唾液腺・涙腺などの)腺

Dschun·gel [ジュンゲル] 男 der (複 2格 -s; 複 -) ジャングル, 密林

du
[du: ドゥー]

《人称代名詞; 2人称単数親称 (1格)》

①	②	③	④	所有冠詞
du	deiner	dir	dich	dein

《家族・恋人・友人などの親しい間柄の相手あるいは子供・動物などへの呼びかけとして用いられる; 敬称は Sie》

君は〈が〉, おまえは〈が〉, あなたは〈が〉

Kommst *du* mit?
いっしょに来るかい
Was machst *du*, Renate?
何をしているの レナーテ (☆ du の間柄では相手の Vorname を用いて呼びかける)
Du Dummkopf! おまえ ばかだな

(イディオム) ③+*das Du anbieten* …³に du で呼び合うことを提案する
④+*mit du anreden* …⁴を du で呼ぶ
du zueinander sagen お互いに du で呼び合う

Du·let·te [ドゥブレッテ] 女 die (複 2格 -; 複 -n) (収集品などの)重複しているもの

du·cken [ドゥッケン] (duckte; geduckt; 匿了h) 再 (sich⁴と) (危険を避けるために)身をかがめる ▷ Er *duckte* sich, um nicht gesehen zu werden. 彼は見られないように身をかがめた

Duck·mäu·ser [ドゥック・モイザー] 男 der (複 2格 -s; 複 -) (口語) 人のいいなりになる人

Du·del·sack [ドゥーデル・ザック] 男 der (複 2格 -[e]s; 複 ..säcke) (音楽) バグパイプ

Du·ell [ドゥエル] 中 das (複 2格 -s; 複 -e) 決闘, 果たし合い; (スポーツ)(2選手・2チームによる)試合

Du·ett [ドゥエット] 中 das (複 2格 -[e]s; 複 -e) 二重唱曲; 二重唱 ▷ im *Duett* singen デュエットで歌う

Duft [ドゥフト] 男 der (複 2格 -es 〈まれに -s〉; 複 Düfte) 香り, 香気 ▷ der *Duft* der Rose バラの香り

Düf·te [デュフテ] Duft の 複数

duf·ten [ドゥフテン] (duftete; geduftet; 匿了h) 自 ❶ 香りを放つ ▷ Die Blumen *duften* stark. これらの花は香りが強い.
❷ 〖nach+③〗 […³の] においがする〈香り〉がする ▷ Sie *duftet* nach Parfüm. 彼女は香水の香りがする / 〖非人称主語 es と〗 Hier *duftet* es nach Flieder. ここはライラックの香りがする

duf·tig [ドゥフティヒ] 形 (特に布地が吐く息のように)軽くて薄い ▷ Sie war *duftig* gekleidet. 彼女は薄手の服を着ていた

Duis·burg [デュースブルク] 中 das 《都市名》 デュイスブルク (ドイツ中西部の都市; ☞ 地図 C-3)

dul·den [ドゥルデン] (duldete; geduldet; 匿了h) 他 ❶ 【④と】 […⁴を】 許容する, 大目にみる (☆ ふつう否定形で) ▷ keinen Widerspruch *dulden* 反論を許さない / Die Sache *duldet* keinen Aufschub. 事態は一刻の猶予も許さない
❷ 【④と】 […⁴が】 そばにいることを許す ▷ Sie *duldeten* seine Tante nicht in ihrem Haus. 彼らは彼のおばが同居することを許さなかった

duld·sam [ドゥルトザーム] 形 (人に対して)忍耐強い, 寛容な, 寛大な

dumm [ドゥム] (比較 dümmer, 最上 dümmst)
形 ❶ ばかな, 無知の, まぬけな ▷ ein *dummer* Mensch ばかな人 / ein *dummes* Gesicht machen ばかづらをする / Er ist ziemlich *dumm*. 彼は相当ばかだ / sich⁴ *dumm* stellen 何もわからないようなふりをする
❷ (行動などが)考えが足りない, 軽率な ▷ Das war *dumm* von dir, ihr das zu sagen. 彼女にそのことを言うとは君も軽率だった (☆ 文頭の Das は zu 不定詞句を受ける)
❸ 《口語》 ばかばかしい, 腹立たしい ▷ eine *dumme* Frage ばかばかしい質問 / eine *dumme* Geschichte 腹立たしい話 / Das ist aber wirklich *dumm*. それは本当に話にもならない

düm·mer [デュマー] dumm の 比較

Dumm·heit [ドゥムハイト] 女 die (複 2格 -; 複 -en)
❶ 愚行; ばかなこと ▷ Mach keine *Dummheiten*! ばかなことをするな
❷ 【複 なし】無知, 愚鈍 ▷ Das hat er aus *Dummheit* getan. それを彼は無知であるがゆえにしてしまった

Dumm·kopf [ドゥム・コプフ] 男 der (複 2格 -[e]s; 複 ..köpfe) ばかな人, 愚か者

dümm·lich [デュムリヒ] 形 (表情などが)少し頭が弱そうな

dümmst [デュムスト] dumm の 最上

dumpf [ドゥムプフ]
形 ❶ (音などが)鈍い, こもった ▷ der *dumpfe* Klang einer Trommel 太鼓の鈍い響き
❷ (空気などが)むっとする, かび臭い ▷ *dumpfe* Kellerluft むっとする地下室の空気
❸ おぼろげな, ぼんやりした ▷ eine *dumpfe* Erinnerung おぼろげな記憶 / einen *dumpfen* Schmerz verspüren 鈍痛を感じる

Dum·ping [ダンピング] 中 das (複 2格 -s; 複 なし) ダンピング, 安売り

Dü·ne [デューネ] 女 die (複 2格 -; 複 -n) 砂丘

Dung [ドゥング] 男 der (複 2格 -[e]s; 複 なし) (肥

---

①, ②, ③, ④=1格, 2格, 3格, 4格の名詞

料として用いる)家畜の排泄物

dün·gen [デュンゲン] (düngte; gedüngt; 完了h)
他《④と》[畑・植物などに]肥料をやる

Dün·ger [デュンガー] 男 der (第2格 -s; 複 -) 肥料 ▷ künstlicher *Dünger* 化学肥料

dun·kel
[dóŋkl ドゥンケル]

比較 dunkler 最上 dunkelst

[注] 語尾がつくと dunkl.. となる

形 ❶ 暗い (反 hell)
eine *dunkle* Ecke
暗い隅
durch *dunkle* Straßen
暗い通りを通って
Im Winter wird es früh *dunkel*.
冬は早く暗くなる
❷ 黒っぽい, 黒ずんだ; (髪が)ブルネットの ▷ ein *dunkles* Rot 暗赤色 / ein *dunkles* Bier 黒ビール / Er kleidet sich *dunkel*. 彼は黒っぽい服装をする / *dunkles* Haar ブルネットの髪
❸ (声などが)低い
❹ ぼんやりした, はっきりしない ▷ eine *dunkle* Ahnung おぼろげな予感 / Ich kann mich nur *dunkel* erinnern. 私はぼんやりとしか思い出せない
❺ 怪しげな, いかがわしい ▷ *dunkle* Geschäfte いかがわしい商売 / eine *dunkle* Vergangenheit haben (人に知られてはならない)暗い過去をもつ

イディオム **im dunkeln tappen** (旧=新) **im Dunkeln tappen** (警察が手がかりがなく)暗中模索する

Dün·kel [デュンケル] 男 der (第2格 -s; 複 なし)《文語》高慢, 尊大

dün·kel·haft [デュンケルハフト] 形《文語》高慢な, 尊大な

Dun·kel·heit [ドゥンケルハイト] 女 die (第2格 -; 複 なし) 暗やみ ▷ Die *Dunkelheit* bricht herein. 暗やみが急に訪れる / bei Einbruch der *Dunkelheit* 日が暮れるとき

dün·ken [デュンケン] (dünkte; gedünkt; 完了h)《文語》《成句で》*mich* ⟨*mir*⟩ dünkt, dass ... 私には…と思える

dunk·le [ドゥンクレ] ☞ dunkel

dünn [デュン] (比較 -er, 最上 -st)

形 ❶ 薄い (反 dick) ▷ *dünnes* Papier 薄い紙 / eine Salbe *dünn* auf die Wunde auftragen 軟膏を傷口に薄く塗る
❷ 細い, やせた ▷ ein *dünner* Ast 細い枝 / eine *dünne* Frau やせた女性
❸ (空気などが)希薄な; (髪などが)薄い, まばらな ▷ *dünne* Luft 希薄な空気 / *dünnes* Haar 薄い髪 / Das Land ist *dünn* besiedelt. [状態受

動] その土地は人が少ない
❹ (飲み物などが)薄い ▷ *dünne* Suppe 薄いスープ / Er hat den Kaffee zu *dünn* gemacht. 彼はコーヒーを薄くしすぎた

Dünn·darm [デュン・ダルム] 男 der (第2格 -[e]s; 複 ..därme)《医学》小腸

dün·ne|ma·chen [デュンネ・マッヘン] 分離 (machte dünne; dünnegemacht; 完了h)
再《口語》《sichと》(気づかれないように)こっそり逃げ出す

Dunst [ドゥンスト] 男 der (第2格 -es ⟨まれに -s⟩; 複 Dünste) もや, かすみ ▷ Über dem Dorf liegt ein leichter *Dunst*. 村の上に薄いもやがかかっている

Düns·te [デュンステ] Dunst の 複数

düns·ten [デュンステン]
(dünstete; gedünstet; 完了h)
他《④と》[ジャガイモ・魚などを]蒸す

duns·tig [ドゥンスティヒ] 形 もやのかかった ▷ ein *dunstiger* Morgen もやの立ちこめた朝

Dü·nung [デューヌング] 女 die (第2格 -; 複 -en) (暴風の後の)波のうねり

Duo [ドゥーオ] 中 das (第2格 -s; 複 -s)《音楽》二重奏〈二重唱〉曲; 二重奏〈二重唱〉団

Dup·li·kat [ドゥプリカート] 中 das (第2格 -[e]s; 複 -e) (契約書などの)写し, 控え

durch
[durç ドゥルヒ]

—— 前《④支配》
☆ 定冠詞との融合形: durchs

❶《場所》…を通って
durch die Tür gehen
ドアを通って行く
durch das Fernrohr sehen
望遠鏡を通して見る
Wasser dringt *durch* die Mauer.
水が壁を通して染み込んで来る
durch die Nase sprechen 鼻声で話す
Er fährt von Deutschland *durch* Frankreich nach Spanien. 彼はドイツからフランスを通ってスペインに行く
Ein Vogel fliegt *durch* die Luft.
鳥は空中を飛ぶ
Er bohrte ein Loch *durch* die Wand.
彼は壁に穴をあけた
❷《範囲》…上を, …の中をあちこち ▷ *durch* ein Land reisen 国中を旅行する / Er bummelt *durch* die Stadt. 彼は町中をぶらつく
❸《仲介者》…を通して ▷ Ich erfuhr es *durch* meinen Freund. 私はそれを友人を通して知った.
❹《手段・原因》…によって ▷ *durch* die Anwendung neuer Methoden 新しい方法の適

durcharbeiten

用によって / einen Kasten *durch* Drücken des Knopfes öffnen ボタンを押してケースをあける / Sie hat eine Stelle *durch* seine Vermittlung erhalten. 彼女は彼の仲介で職を得た / 〖受動文で〗Die Stadt wurde *durch* ein Erdbeben zerstört. 町は地震で破壊された / 〖名詞句の中で行為者を表して〗die Entdeckung Amerikas *durch* Kolumbus コロンブスによるアメリカの発見 (☆ Kolumbus [コルムブス])
❺《時間》…の間ずっと (☆ ふつう後置される) ▷ die ganze Nacht *durch* 一晩中 / den Winter *durch* 冬中
── 副 ❶《時間》…時を少し回った ▷ Es ist zwei Uhr *durch*. 2時を少し回ったところだ
❷〖前つづり durch による分離動詞の省略形として〗Darf ich bitte *durch* [gehen]? 通り抜けてよいですか
(イディオム) *durch und durch* すっかり ▷ Er war *durch und durch* nass. 彼はすっかりぬれてしまった

★ durch..〖分離・非分離前つづり〗
〖分離〗[ドゥルヒ..]
a)《通って》*durch*scheinen (光がもれて来る); *durch*gehen 通り抜ける
b)《終わりまで》*durch*denken (終わりまで)通して考える, *durch*lesen 終わりまで読む
c)《2つの部分に》*durch*brechen 2つに折る, *durch*schneiden 2つに切る
〖非分離〗[ドゥルヒ..]
a)《通って》*durch*fahren 走り抜ける, *durch*fließen 貫いて流れる
b)《全体的に》*durch*reisen 旅する, *durch*suchen くまなく探す

---

durch|ar·bei·ten [ドゥルヒ・アルバイテン] 分離
(arbeitete durch; durchgearbeitet; 完了h)
── 自 休むことなく働き続ける ▷ Wir *arbeiten* die ganze Nacht *durch*. 私たちは夜通し働く
── 他 〖(4)と〗〖難しい本など⁴を〗詳しく読んで検討する ▷ ein Buch *durcharbeiten* 本を精読する

durch·aus [ドゥルヒ・アオス/ドゥルヒ・アオス]
副 ❶ まったく ▷ Das ist *durchaus* möglich. それはまったく可能だ / 〖質問に答えて; 否定詞と〗Aber nein, *durchaus* nicht! いいえ、そんなことはまったくありません
❷ どうしても、ぜひとも ▷ Sie möchte *durchaus* mitkommen. 彼女はどうしてもいっしょに来たいと言っている

durch|bei·ßen [ドゥルヒ・バイセン] 分離
(biss durch; durchgebissen; 完了h)
── 他 〖(4)と〗〖糸など⁴を〗かんで2つに切る〈割る〉
── 再 〖口語〗(sich⁴と) 歯をくいしばって頑張りぬく

durch|blät·tern [ドゥルヒ・ブレッテルン] 分離
(blätterte durch; durchgeblättert; 完了h)
他 〖(4)と〗〖カタログ・書類などに〗ざっと目を通す

Durch·blick [ドゥルヒ・ブリック] 男 der (稀 2格 -[e]s; 複 なし) 〖口語〗(物事の全体的な)理解, 概観 ▷ Der hat überhaupt keinen *Durchblick*. やつはまったくわかっていない

durch|bli·cken [ドゥルヒ・ブリッケン] 分離
(blickte durch; durchgeblickt; 完了h)
自 ❶〖口語〗(状況などが)把握できる ▷ Er *blickt* nicht *durch*. 彼は状況がつかめていない
❷《望遠鏡などを》通して見る

durch·blu·tet [ドゥルヒ・ブルーテット] 形 血がめぐっている ▷ Das Gehirn ist schlecht 〈gut〉 *durchblutet*. 脳に血が十分に行っていない〈行っている〉

durch·boh·ren
── 分離 [ドゥルヒ・ボーレン] (bohrte durch; durchgebohrt; 完了h)
他 〖(4)と〗〖板などに〗穴を開ける; 〔穴など⁴を〕(壁などに)開ける
── 非分離 [ドゥルヒ・ボーレン] (durchbohrte; durchbohrt; 完了h)
他 〖(4)と〗〖..⁴を〗(槍²・錐²などで)刺し通す; (弾丸などが)貫通する

durch·bo·xen [ドゥルヒ・ボクセン] 分離
(boxte durch; durchgeboxt; 完了h)
他 〖口語〗〖(4)と〗(抵抗を排して)〔要求など⁴を〕押し通す, 〔計画など⁴を〕遂行する ▷ Er hat seine Idee *durchgeboxt*. 彼は自分の考えを頑張って通した

durch·brach [ドゥルヒブラーハ] durchbrechen 非分離 の 過去

durch·bre·chen
── 分離 [ドゥルヒ・ブレッヒェン] (er bricht durch; brach durch; durchgebrochen)
── 他 〖完了h〗❶ 〖(4)と〗〔枝など⁴を〕2つに折る〈割る〉
❷ 〖(4)と〗〔壁など⁴を〕ぶち抜く
── 自 〖完了s〗❶ 折れる, 割れる
❷ (歯などが)突き出てくる
── 非分離 [ドゥルヒ・ブレッヒェン] (er bricht; durchbrach; durchbrochen; 完了h)
他 〖(4)と〗〔封鎖など⁴を〕突破する; 〔ダムなど⁴を〕決壊させる

durch|bren·nen [ドゥルヒ・ブレネン] 分離
(brannte durch; durchgebrannt; 完了h/s)
自 ❶ (ヒューズ・電球などが)切れる ▷ Die Sicherung ist *durchgebrannt*. ヒューズが切れた
❷ 〖口語〗行方をくらます ▷ Er ist mit der Kasse *durchgebrannt*. 彼は金を持ち逃げした / Seine Frau ist ihm *durchgebrannt*. 彼の奥さんは彼のところから蒸発してしまった

durch·bricht [ドゥルヒブリヒト] durchbrechen 非分離 の 現在

durch|brin·gen [ドゥルヒ・ブリンゲン] 分離
(brachte durch; durchgebracht; 匹h)
他 ❶【4と】(医療処置を施して)[…⁴の]命を救う ▷ Der Arzt *bringt* den Patienten *durch*. 医者は患者の命を救う

❷【4と】〔家族など⁴を〕苦労して養う ▷ Nach dem Tod ihres Mannes musste sie die Kinder allein *durchbringen*. 夫の死後彼女は子供たちを一人で養わねばならなかった /〔再帰的に〕*sich* ehrlich *durchbringen* 正直にどうにか暮らしていく

❸【4と】〔提案・法案など⁴を〕(反対を抑えて)通す

❹《口語》【4と】〔金など⁴を〕無益なことに使い果たす

durch·bro·chen [ドゥルヒブロッヘン] durchbrechen 非分離 の 過去分詞

Durch·bruch [ドゥルヒ・ブルフ] 男 der (⓶ 2格 -[e]s; 複 ..brüche)(成功への)突破;(封鎖などの)突破

durch·den·ken
—分離 [ドゥルヒ・デンケン] (dachte durch; durchgedacht; 匹h)
他【4と】〔計画など⁴を〕(終わりまで)通して考える
—非分離 [ドゥルヒデンケン] (durchdachte; durchdacht; 匹h)
他【4と】〔計画など⁴を〕細部までじっくり考える

durch·drang [ドゥルヒドラング] durchdringen 非分離 の 過去

durch|dre·hen [ドゥルヒ・ドレーエン] 分離
(drehte durch; durchgedreht)
—自 (匹s) ❶《口語》平静さを失う、うろたえる ▷ Er *dreht* noch *durch*. 彼はまだ平静さを取り戻していない
❷(車輪などが)空回りする、空転する
—他 (匹h) ❷【4と】〔肉など⁴を〕(器械で)細かく切り刻む、挽〈ひ〉く (☆原義は「物を回しながら器械の中を通す」という意味)

durch·drin·gen
—分離 [ドゥルヒ・ドリンゲン] (drang durch; durchgedrungen; 匹h)
自 ❶(雨などが)染みとおる ▷ Hier *dringt* der Regen *durch*. ここは雨が漏る
❷(声が)通る:(ニュースなどが)漏れてくる ▷ Die Mauer ist so dick, dass kein Geräusch *durchdringen* kann. 壁は厚いので物音が聞こえてこない
—非分離 [ドゥルヒドリンゲン] (durchdrang; durchdrungen; 匹h)
他【4と】[…⁴を]突き抜ける、貫く ▷ Einzelne Strahlen *durchdringen* die Wolken. 幾筋かの光線が雲間から差し込む
(イディオム) *von*+❸ *durchdrungen sein* …³の気持

でいっぱいである ▷ *von* Dankbarkeit *durchdrungen sein* 感謝の気持ちでいっぱいである

durch·drun·gen [ドゥルヒドルンゲン] durchdringen 非分離 の 過去分詞

durch·ei·nan·der [ドゥルヒ・アイナンダー/ドゥルヒ・アイナン..] 副〔前置詞 durch と einander「互い」の結合形〕互いに入り乱れて、乱雑に ▷ Seine Sachen sind völlig *durcheinander*. 彼の物はすっかりごちゃごちゃになっている /〔比ゆ〕Er war ganz *durcheinander*. 彼はすっかり取り乱していた

(イディオム) *durcheinander gehen*《口語》(物事が)混乱する

durcheinander reden《口語》(めいめいが同時に)勝手に話す

---
❹+*durcheinander bringen*
a) …⁴をごちゃまぜにする ▷ Sie *brachte* seine Bücher *durcheinander*. 彼女は彼の本をごちゃまぜにしてしまった
b) (概念など)⁴を混同する、取り違える ▷ zwei verschiedene Begriffe *durcheinander bringen* 2つの異なった概念を混同する
c) …⁴の頭を混乱させる ▷ Der Schock hat mich ganz *durcheinander gebracht*. そのショックで私はまったくろうたえてしまった

Durch·ei·nan·der [ドゥルヒ・アイナンダー/ドゥルヒ・アイナン..] 中 das (⓶ 2格 -s; 複 なし)乱雑;(人が引き起こす)混乱 ▷ In der Wohnung herrschte ein großes *Durcheinander*. 住まいは乱雑を極めていた

durch·ein·an·der|brin·gen [ドゥルヒ・アイナンダー・ブリンゲン] 分離 (brachte durcheinander; durcheinandergebracht; 匹h) 他 (旧⇒新) *durcheinander bringen* (分けて書く) ☞ *durcheinander*

durch·ein·an·der|ge·hen [ドゥルヒ・アイナンダー・ゲーエン] 分離 (ging durcheinander; durcheinandergegangen; 匹s) 自 (旧⇒新) *durcheinander gehen* (分けて書く) ☞ *durcheinander*

durch·ein·an·der|re·den [ドゥルヒ・アイナンダー・レーデン] 分離 (redete durcheinander; durcheinandergeredet; 匹h) 自 (旧⇒新) *durcheinander reden* (分けて書く) ☞ *durcheinander*

durch·fah·ren
—分離 [ドゥルヒ・ファーレン] (er fährt durch; fuhr durch; durchgefahren; 匹s)
自 ❶(乗り物で)走り抜ける ▷ Wir sind durch einen Tunnel *durchgefahren*. 私たちはトンネルを通り抜けた
❷(止まることなく)走り続ける ▷ Der Zug

Durchfahrt

fährt bis München *durch*. この列車はミュンヒェンまで止まらない
── 非分離 ［ドゥルヒファーレン］ (er durchfährt; durchfuhr; durchfahren 医7h)
他 ❶ 【④と】〔ある地域³を〕(乗り物で)走り抜ける, 走って回る ▷ Er hat die ganze Schweiz kreuz und quer *durchfahren*. 彼はスイス中を縦横に(乗り物で)回った
❷ 【④と】(感情などが)〔…⁴の〕体内を走る ▷ Ein Schreck *durchfuhr* mich. 恐怖が私を襲った

Durch·fahrt ［ドゥルヒ・ファールト］ 女 *die* (⑯ 2格 -; ⑯ -en)
❶ 【⑯ なし】(乗り物での)通り抜け ▷ *Durchfahrt* verboten! 車の通り抜け禁止
❷ (車の)通路, 出入り口 ▷ Bitte *Durchfahrt* freihalten! 車の出入り口につき駐車禁止 (← 出入口をあけておくこと)

durch·fährt ［ドゥルヒフェーアト］ durchfahren 非分離 の 現在

Durch·fall ［ドゥルヒ・ファル］ 男 *der* (⑯ 2格 -[e]s; ⑯ ..fälle) 下痢 ▷ *Durchfall* bekommen ⟨haben⟩ 下痢をする⟨している⟩

durch|fal·len ［ドゥルヒ・ファレン］ 分離
(er fällt durch; fiel durch; durchgefallen 医7s)
自 ❶ 〖口語〗(試験に)落第する ▷ Er ist im Examen *durchgefallen*. 彼は試験に落ちた
❷ (映画・芝居などが)不評を買う

durch|fin·den ［ドゥルヒ・フィンデン］ 分離
(fand durch; durchgefunden 医7h)
── 再 【sich⁴と】目的地にたどり着く; どうしたらよいか分かる
── 自 〖口語〗目的地などに行き着く

durch·flie·ßen
── 分離 ［ドゥルヒ・フリーセン］ (floss durch; durchgeflossen 医7s)
自 (穴などを通って)流れて行く, 流れ出る
── 非分離 ［ドゥルヒフリーセン］ (durchfloss; durchflossen 医7h)
他 【④と】(川などが)〔谷などを〕貫いて流れる

durch·floss ［ドゥルヒフロス］ durchfließen 非分離 の 過去

durch·flos·sen ［ドゥルヒフロッセン］ durchfließen 非分離 の 過分

durch·fuhr ［ドゥルヒフーア］ durchfahren 非分離 の 過去

durch·führ·bar ［ドゥルヒ・フューア・バール］ 形 実行⟨実施⟩できる

durch|füh·ren ［ドゥルヒ・フューレン］ 分離
(führte durch; durchgeführt 医7h)
他 【④と】〔計画・催しなど⁴を〕実行する, 実施する ▷ einen Plan *durchführen* 計画を実行する / eine Reparatur *durchführen* 修理をする / Wir konnten die Tagung ohne Störungen *durchführen*. 私たちは会議を支障なく行うことができた

Durch·füh·rung ［ドゥルヒ・フュールング］ 女 *die* (⑯ 2格 -; ⑯ -en) 実行, 実施

Durch·gang ［ドゥルヒ・ガング］ 男 *der* (⑯ 2格 -[e]s; ⑯ ..gänge)
❶ 【⑯ なし】(特に他人の所有地の)通り抜け ▷ *Durchgang* verboten! 通り抜け禁止
❷ 通路, 廊下 ▷ Bitte den *Durchgang* freihalten! 通路につきあけておいてください
❸ (投票など, 繰り返し行われる行為のそれぞれの)回 ▷ im ersten *Druchgang* der Wahl 第1回目の投票で

durch·ge·fro·ren ［ドゥルヒ・ゲフローレン］ 形 (体が)すっかり冷え切った

durch·ge·führt ［ドゥルヒ・ゲフェールト］ durchführen の 過分

durch|ge·hen ［ドゥルヒ・ゲーエン］ 分離
(ging durch; durchgegangen 医7s)
── 自 ❶ (門などを)通り抜ける ▷ durch die Tür *durchgehen* 戸口を通り抜ける
❷ 〖口語〗(物が穴・戸口などを)通る; (法案・動議などが)通る ▷ Der Faden *geht durch*. 糸が通る / Der Antrag *ging* glatt *durch*. 動議はすんなり通った
❸ (水などが)染みとおる; (汽車などが)直行する ▷ Durch den Mantel *geht* der Regen *durch*. コートを雨が染みてくる / Der Zug *geht* bis Wien *durch*. この列車はウィーンまで直行する
❹ (馬などが)暴走する ▷ Die Pferde sind *durchgegangen*. 馬が暴走した
❺ (会議・交渉などが)ぶっ通しで続く ▷ Die Sitzung *geht* bis zum Abend *durch*. 会議は夕方までぶっ通しで続く
イディオム ④+*durchgehen lassen* (過ちなど)⁴を見過ごす, 大目に見る ▷ So etwas soll man nicht *durchgehen lassen*. そういうことは大目に見てはならない
── 他 【④と】〔…⁴に〕(誤りなどを探すために)詳しく目を通す, 調べる ▷ die Rechnung noch einmal *durchgehen* 請求書をもう一度チェックする

durch·ge·hend ［ドゥルヒ・ゲーエント］ 副 通して ▷ Das Geschäft ist *durchgehend* geöffnet. この店は(昼休みなしで)ぶっ通しで開いている

durch|grei·fen ［ドゥルヒ・グライフェン］ 分離
(griff durch; durchgegriffen;)
自 (警察などが)断固とした処置を取る

durch|hal·ten ［ドゥルヒ・ハルテン］ 分離 (er hält durch; hielt durch; durchgehalten 医7h)
他 【④と】〔…⁴を〕耐え〈頑張り〉抜く ▷ Die Belastung *halte* ich gesundheitlich nicht *durch*. この負担に私は健康的に耐えられない / einen Streik *durchhalten* ストライキを闘い抜く

// Er hat bis zum Schluss *durchgehalten*. 彼は最後まで持ちこたえた

durch|hel·fen [ドゥルヒ・ヘルフェン] 分離 (er hilft durch; half durch; durchgeholfen; 匠h)
── 自 《口語》《④と》(苦境を切り抜けられるように)〔…³に〕助ける
── 再 《sich³と》独力で苦境を切り抜ける

durch·käm·men
── 分離 [ドゥルヒ・ケメン] (kämmte durch; durchgekämmt; 匠h)
他《④と》〔髪⁴を〕よく梳かす
── 非分離 [ドゥルヒケメン] (durchkämmte; durchkämmt; 匠h)
他《④と》(警察などが)〔…⁴を〕(隊列を組んで)くまなく捜索する

durch|kau·en [ドゥルヒ・カオエン] 分離 (kaute durch; durchgekaut; 匠h)
他 ❶《④と》〔…⁴を〕よく噛む
❷《口語》《④と》(教科内容など⁴を)(授業などで生徒が)わかるようになるまで練習させる

durch|kom·men [ドゥルヒ・コメン] 分離 (kam durch; durchgekommen; 匠s)
自 ❶ (狭い場所・障害など を) **通り抜ける** ▷ Der Bus *kommt* durch die enge Straße nicht *durch*. バスは狭い通りを通り抜けられない
❷ (列車などが) **通過する** ▷ Der Zug ist eben *durchgekommen*. 列車はちょうど通過しました
❸ (危機などを)切り抜ける ▷ Der Patient ist *durchgekommen*. 患者は危機を脱した
❹ (試験などに)合格する ▷ Morgen hat er Prüfung, hoffentlich *kommt* er *durch*. あす彼は試験だ 合格するといいのだが
❺《口語》《mit+③》〔…³に関して〕目的を達成する ▷ Ich *komme* mit der Arbeit nicht *durch*. 私にはこの仕事は無理だ
❻《口語》(ニュースなどが)放送される ▷ Eben ist eine wichtige Meldung *durchgekommen*. たった今重大なニュースが放送された
❼《口語》電話が通じる ▷ Ich bin vorhin nicht *durchgekommen*. 私は今しがた電話をしたけれども通じなかった

durch·kreu·zen
── 非分離 [ドゥルヒクロイツェン] (durchkreuzte; durchkreuzt; 匠h)
他《④と》〔計画など⁴を〕妨害する, ぶち壊す
── 分離 [ドゥルヒ・クロイツェン] (kreuzte durch; durchgekreuzt; 匠h)
他《④と》〔数字など⁴に〕×印をつけて消す

Durch·lass [ドゥルヒ・ラス] 男 der (㊁2格 -es; ㊂ ..lässe)《文語》
❶《㊇なし》(封鎖・国境などの)通行
❷ (封鎖などを)くぐり抜ける通路

Durch·laß ▷新 Durchlass

durch|las·sen [ドゥルヒ・ラッセン] 分離 (er lässt durch; ließ durch; durchgelassen; 匠h)
他 ❶《④と》〔…³に〕(封鎖・国境などの)通過を許す
❷《④と》(屋根・カーテンなどが)〔水・光など⁴を〕通す

durch·läs·sig [ドゥルヒ・レッスィヒ] 形 (水などが)漏れる ▷ Die Schuhe sind *durchlässig*. この靴は水が染みる

durch·lau·fen
── 分離 [ドゥルヒ・ラオフェン] (er läuft durch; lief durch; durchgelaufen)
── 自 (匠s) ❶ 通り抜ける, 通り過ぎる ▷ durch ein Tor *durchlaufen* 門を通り抜ける /《比ゆ》Der Kaffee ist noch nicht ganz *durchgelaufen*. コーヒーはまだこし切っていない
❷ (ある地域を)横切る ▷ Wir sind durch den Wald *durchgelaufen*. 私たちは森を横切って行った
❸ 歩き(走り)続ける ▷ Er ist drei Stunden *durchgelaufen*. 彼は3時間歩き続けた
── 他 (匠h)《④と》〔靴など⁴を〕すり減らす ▷ Er hat seine Schuhe *durchgelaufen*. 彼は靴を履きつぶした
── 非分離 [ドゥルヒラオフェン] (er durchläuft; durchlief; durchlaufen; 匠h)
他 ❶《④と》〔ある地域⁴を〕通り抜ける
❷《④と》〔学校・課程など⁴を〕修了する

durch·läuft [ドゥルヒロイフト] durchlaufen 非分離 の 現在

durch·le·ben [ドゥルヒ・レーベン] 非分離 (durchlebte; durchlebt; 匠h)
他《文語》《④と》(ある時間・時期・状況など⁴を)過ごして〈生きて〉来る, 生き抜く

durch|le·sen [ドゥルヒ・レーゼン] 分離 (er liest durch; las durch; durchgelesen; 匠h)
他《④と》〔本など⁴を〕終わりまで読む

durch·leuch·ten [ドゥルヒロイヒテン] 非分離 (durchleuchtete; durchleuchtet; 匠h)
他 ❶《④と》〔…⁴を〕レントゲン透視で検査する ▷ sich⁴ *durchleuchten* lassen レントゲン検査をしてもらう
❷《④と》〔事件など⁴を〕解明する

durch·lief [ドゥルヒリーフ] durchlaufen 非分離 の 過去

durch·lö·chern [ドゥルヒ・レッヒェルン] 非分離 (durchlöcherte; durchlöchert; 匠h)
他《④と》〔標的など⁴に〕穴だらけにする

durch|ma·chen [ドゥルヒ・マッヘン] 分離 (machte durch; durchgemacht; 匠h)
他 ❶《④と》〔困難な時期⁴を〕耐え抜く ▷ Er hat sehr schlimme Zeiten *durchgemacht*. 彼は非常にひどい時代を生き抜いてきた
❷《④と》〔学校・課程など⁴を〕卒業〈修了〉する

Durch·mes·ser [ドゥルヒ・メッサー] 男 der (

2格 -s; ⓟ -) 直径〈☆「半径」は Radius〉

durch|neh·men [ドゥルヒ・ネーメン] 分離
(er nimmt durch; nahm durch; durchgenommen; 完了h)
他【④と】〔..⁴を〕授業で取り扱う ▷ Dieses Thema haben wir schon *durchgenommen*. このテーマはすでに授業で扱った

durch|peit·schen [ドゥルヒ・パイチェン] 分離
(peitschte durch; durchgepeitscht; 完了h)
他【口語】【④と】〔法律など⁴を〕強引に通過させる

durch·que·ren [ドゥルヒクヴェーレン] 非分離
(durchquerte; durchquert; 完了h)
他【④と】〔..⁴を〕横切る, 横断する ▷ Wir müssen den Fluss *durchqueren*. 私たちは川を渡らなければならない

durch|reg·nen [ドゥルヒ・レーグネン] 分離
(regnete durch; durchgeregnet; 完了h)
自〔非人称で〕*es regnet durch* 雨漏りがする

Durch·rei·se [ドゥルヒ・ライゼ] 女 die (ⓟ 2格 -; まれに ⓟ -n)〔旅行中の〕通過
(イディオム) *auf der Durchreise sein* 旅行の途中である

durch·rei·sen
—— 分離 [ドゥルヒ・ライゼン] (reiste durch; durchgereist; 完了s)
自 (せいぜいちょっと立ち寄るくらいで)旅行の途中に通り過ぎる
—— 非分離 [ドゥルヒライゼン] (durchreiste; durchreist; 完了h)
他【④と】〔ある地域⁴を〕旅する

durch|rei·ßen [ドゥルヒ・ライゼン] 分離
(riss durch; durchgerissen)
—— 他【完了h】【④と】〔紙など⁴を〕2つに引き裂く〈ちぎる〉
—— 自【完了s】〔糸などが〕2つに切れる〈ちぎれる〉

durch|rin·gen [ドゥルヒ・リンゲン] 分離
(rang durch; durchgerungen; 完了h)
再【sich⁴+zu+③と】〔..³に〕ようやく踏み切る ▷ *sich* zum Entschluss *durchringen* ようやく決心する

durchs [ドゥルヒス]【durch と定冠詞 das の融合形】Ein Stein flog *durchs* Fenster. 石が窓から飛んできた

durch·schau·en [ドゥルヒ・シャオエン] 非分離
(durchschaute; durchschaut; 完了h)
他【④と】〔..⁴を〕見抜く ▷ Sie hat seinen Trick sogleich *durchschaut*. 彼女は彼の策略をすぐに見抜いた

durch|schei·nen [ドゥルヒ・シャイネン] 分離
(schien durch; durchgeschienen; 完了h)
自〔光がもれて来る〕▷ Die Vorhänge sind zu dünn, die Sonne *scheint durch*. カーテンが薄すぎて日の光がもれて来る

Durch·schlag [ドゥルヒ・シュラーク] 男 der (ⓟ 2格 -[e]s; ⓟ ..schläge)〔タイプライターでカーボン紙を挟んで作る〕写し, コピー

durch|schla·gen [ドゥルヒ・シュラーゲン] 分離
(er schlägt durch; schlug durch; durchgeschlagen; 完了h)
再【sich⁴と】(危険地域を通って目的地に)たどり着く; 苦しい状況の中をかろうじて生き抜く

durch|schleu·sen [ドゥルヒ・シュロイゼン] 分離
(schleuste durch; durchgeschleust; 完了h)
他〔船など⁴を〕水門を通過させる

durch|schnei·den [ドゥルヒ・シュナイデン] 分離
(schnitt durch; durchgeschnitten; 完了h)
他【④と】〔ひもなど⁴を〕2つに切る〈切断する〉

Durch·schnitt [ドゥルヒ・シュニット] 男 der (ⓟ 2格 -es〈まれに -s〉; ⓟ なし)
平均[値] ▷ Seine Leistungen liegen über〈unter〉dem *Durchschnitt*. 彼の成績は平均以上〈以下〉である
(イディオム) *im Durchschnitt* 平均して

durch·schnitt·lich [ドゥルヒ・シュニットリヒ]
形 ❶ 平均の ▷ das *durchschnittliche* Einkommen 平均所得
❷ (物事などが)平均的な, 普通の, 並の ▷ ein *durchschnittlicher* Mensch 並の人

durch|se·hen [ドゥルヒ・ゼーエン] (er sieht durch; sah durch; durchgesehen; 完了h)
—— 自 (あるものを)通して見る, のぞく ▷ Lass mich einmal durch das Fernrohr *durchsehen*! 私にちょっと望遠鏡をのぞかせてくれ
—— 他【④と】〔..⁴に〕(誤りなどを探すために)詳しく目を通す, 調べる ▷ Er hat die Liste noch nicht *durchgesehen*. 彼はまだリストに目を通していない

durch|set·zen [ドゥルヒ・ゼッツェン] 分離
(setzte durch; durchgesetzt; 完了h)
—— 他【④と】〔意志・要求など⁴を〕押し通す;〔計画など⁴を〕(抵抗を排して)遂行する ▷ Reformen *durchsetzen* 改革をやり遂げる
—— 再 ❶ 【sich⁴と】自分の意志を押し通す ▷ Er konnte sich mit seiner Meinung nicht *durchsetzen*. 彼は自分の意見を押し通すことができなかった
❷ 【sich⁴と】(思想などが世の中に)受け入れられる

Durch·sicht [ドゥルヒ・ズィヒト] 女 die (ⓟ 2格 -; ⓟ なし) 詳しく目を通す〈調べる〉こと

durch·sich·tig [ドゥルヒ・ズィヒティヒ]
形 ❶ 透明な, 透き通った, 透けて見える ▷ eine *durchsichtige* Fensterscheibe 透明な窓ガラス
❷ (画策・意図などが)見え透いた

durch|spre·chen [ドゥルヒ・シュプレッヒェン] (er spricht durch; sprach durch; durchge-

状態, 様態, 場所, 方向, …＝状態, 様態, 場所, 方向, …を表す語句

sprochen; 完了h)
他 《④と》〔…について〕十分に話し合う, 論議する ▷ Wir haben den Plan in aller Ruhe *durchgesprochen*. 私たちはこの計画をじっくり論議した

durch|ste·hen [ドゥルヒ・シュテーエン] 分離
(stand durch; durchgestanden; 完了h)
他《口語》《④と》〔苦しいことなど⁴を〕耐え抜く

durch·stieß [ドゥルヒシュティース] durchstoßen 非分離 の 過去

durch·sto·ßen
── 分離 [ドゥルヒ・シュトーセン] (er stößt durch; stieß durch; durchgestoßen; 完了s)
自 (戦線などを突破して)突き進む
── 非分離 [ドゥルヒシュトーセン] (er durchstößt; durchstieß; durchstoßen; 完了h)
他《④と》〔戦線など⁴を〕突き破る, 突破する

durch·stößt [ドゥルヒシュテースト] durchstoßen 非分離 の 現在

durch·strei·chen [ドゥルヒ・シュトライヒェン] 分離 (strich durch; durchgestrichen; 完了h)
他《④と》〔文字・文など⁴を〕(訂正などの意味で)線で消す

durch·strei·fen [ドゥルヒシュトライフェン] 非分離 (durchstreifte; durchstreift; 完了h)
他《④と》〔ある場所⁴を〕あてもなく歩き回る

durch·su·chen [ドゥルヒズーヘン] 非分離 (durchsuchte; durchsucht; 完了h)
他《④と》〔建物・荷物などの中を〕くまなく探〈捜〉す ▷ das ganze Haus nach+③ *durchsuchen* …³を求めて家中をくまなく探す / Die Polizei *durchsuchte* ihn. 警察は(ピストルなどを持っていないかと)彼を身体検査した

Durch·su·chung [ドゥルヒ・ズーフング] 女 *die* (複 2格 –; 複 –en) 家宅捜索, ボディーチェック

durch·trie·ben [ドゥルヒ・トリーベン] 形 ずる賢い, 抜け目のない ▷ ein ganz *durchtriebener* Bursche とても賢い若者

durch·wach·sen [ドゥルヒ・ヴァクセン] 形 ❶ (ベーコンなどが)脂身の混じった
❷《口語》(天候が)よかったり悪かったり

durch·wäh·len [ドゥルヒ・ヴェーレン] 分離 (wählte durch; durchgewählt; 完了h)
自 (交換を通さず)直接ダイヤルで外国に電話をかける ▷ Man kann von Tokio nach Berlin *durchwählen*. 東京からベルリンまで直通で電話をかけることができる

durch·weg [ドゥルヒ・ヴェック] 副 ほとんど例外なく, おしなべて, たいてい ▷ Das Wetter war *durchweg* gut. 天気はおしなべてよかった

Durch·zug [ドゥルヒ・ツーク] 男 *der*（複 2格 –[e]s; 複 なし）(窓の開いている部屋などを)吹き抜ける風 ▷ Ich werde mal *Durchzug* machen. (窓などを二箇所開けて)ちょっと風を入れましょう

dür·fen

[dýrfn デュルフェン]

現在	ich darf	wir dürfen
	du darfst	ihr dürft
	er darf	sie dürfen
過去	ich durfte	wir durften
	du durftest	ihr durftet
	er durfte	sie durften
過分	dürfen, gedurft	完了 haben
接I	dürfe	接II	dürfte

【話法の助動詞】
── 《不定詞と; 過去分詞は dürfen》

❶《許可》…することが許可されている, …してもよい

Der Kranke *darf* schon aufstehen.
その病人はもう起き上がることが許可されている

Darf ich etwas fragen?
ちょっと質問してもいいですか

Darf ich stören? おじゃましてもいいですか

Wo warst du heute, wenn ich fragen *darf*?
もしたずねてもかまわなければ君はきょうどこにいたの

《質問形式で》《ていねいな申し出・依頼など》

Darf ich Ihnen noch eine Tasse Tee anbieten? 紅茶をもう1杯いかがでしょうか

《nicht などの否定詞と》《禁止》

Das *darf* man nicht tun.
それはしてはならない

Hier *darf* nicht geraucht werden.
ここは禁煙だ

《法規・道徳などに基づく禁止》

Beim roten Licht *darf* man die Straße nicht überqueren. 赤信号のときは通りを横切ってはならない

So etwas *darf* man nicht sagen.
そんなことは言うべきではない

❷《十分な理由・根拠》(状況からして)…してもよい〈かまわない〉, …するのはもっともだ ▷ *Darf* ich mich darauf verlassen? そのことを当てにしてもいいですか / Du *darfst* stolz auf ihn sein. 君が彼のことを誇りに思うのはもっともだ

❸《nicht などの否定詞と》《願望・要求の間接的表現》…してはいけない, …してほしくない ▷ Du *darfst* nicht traurig sein. 君は悲しんではいけない / Du *darfst* jetzt nicht aufgeben! 君は今やめてはいけない

❹《接続法II で》《推量》…だろう ▷ Morgen *dürfte* es Regen geben. あすは雨になるだろう

イディオム *Darf* ich bitten? 《訪問客に対して》お入りいただけませんか; 《ダンスなどに促して》お願いできますか

Was darf es sein? 《店員が客に対して》何にいたしましょうか

wenn ich bitten darf お願いしてもよろしければ

—〘本動詞(不定詞)を省略して; 過去分詞は gedurft〙
❶〘分離前つづりや[方向]と; gehen などの移動動詞の省略〙〔…に〕(行っても)よい ▷ *Darf* ich durch? 通り抜けてもいいですか
❷〘tun の省略〙(…を)してもよい ▷ Das *darfst* du nicht. それを君はしてはならない

durf·te [ドゥルフテ] dürfen の [過去]

dürf·te [デュルフテ]〘dürfen の接続法 II〙
❶〘非現実話法で〙《許可》…してもよい ▷ wenn ich es tun *dürfte* もし私がそれをしてもよいならば
❷《推量》…だろう ▷ Es *dürfte* nicht schwer sein, das zu beweisen. それを証明するのは難しくないだろう /〘完了不定詞と〙Er *dürfte* noch nicht zu Hause angekommen sein. 彼はまだ帰宅していないだろう

dürf·tig [デュルフティヒ]
[形] ❶ (住い·服装などが)みすぼらしい, 貧弱な, 粗末な
❷ (知識などが)不十分な, 乏しい

dürr [デュル]
[形] ❶ (植物が)枯れた ▷ *dürre* Blätter 枯れ葉
❷ (土地が乾燥して)不毛な; (人が)やせ細った

Durst

[durst ドゥルスト]
[男] *der* ([単] 2格 -es 〈まれに -s〉; [複] なし)

のどの渇き
großen *Durst* haben
すごくのどが渇いている
den *Durst* stillen 〈löschen〉
のどの渇きをいやす

durs·ten [ドゥルステン]
(durstete; gedurstet; [完了]h)
[自]《文語》のどの渇きに悩む

dürs·ten [デュルステン]
(dürstete; gedürstet; [完了]h)
[自]〘nach+③と〙〔‥^{3}を〕渇望する
[イディオム] ***es dürstet***+④ ‥^{4}がのどが渇く (☆ 非人称主語 es は文頭以外で省略可能)

durs·tig [ドゥルスティヒ] [形] のどが渇いた ▷ Ich bin *durstig*. 私はのどが渇いている

Dusch·bad [ドゥッシュ·バート] [中] *das* ([単] 2格 -[e]s; [複] ..bäder) シャワー浴 ▷ ein *Duschbad* nehmen シャワーを浴びる

Du·sche [ドゥッシェ] [女] *die* ([単] 2格 -; [複] -n)
シャワー ▷ eine *Dusche* nehmen シャワーを浴びる / die *Dusche* zudrehen シャワーの栓を閉める / Er lässt sich im Bad eine *Dusche* einbauen. 彼は浴室にシャワーを取りつけてもらう

du·schen [ドゥッシェン]
(duschte; geduscht; [完了]h)
— [自] シャワーを浴びる ▷ kalt 〈warm〉 *duschen* 冷たい〈温かい〉シャワーを浴びる
— [再]〘[sich]^{4}と〙シャワーを浴びる ▷ Er *duscht* sich morgens. 彼は朝シャワーを浴びる

dusch·te [ドゥッシュテ] duschen の [過去]

Dü·se [デューゼ] [女] *die* ([単] 2格 -; [複] -n)《工学》ノズル, 噴射口

Dü·sen·flug·zeug [デューゼン·フルーク·ツォイク] [中] *das* ([単] 2格 -[e]s; [複] -e) ジェット機

Dus·sel [ドゥッセル] [男] *der* ([単] 2格 -s; [複] -)《口語》ばか, まぬけ, あほう

Düs·sel·dorf [デュッセルドルフ] ([中] *das*)《都市名》デュッセルドルフ (ドイツ北西部の金融·工業都市; ☞ 地図 C-3)

düs·ter [デュースター]
[形] ❶ 薄暗い ▷ Im Wald wurde es langsam *düster*. 森の中は徐々に薄暗くなった
❷ (目つきなどが)陰気な; (雰囲気などが)陰鬱な

Dut·zend [ドゥツェント] [中] *das* ([単] 2格 -s; [複] -e)
ダース (☆ 数量単位の場合無変化) ([略] Dtzd.) ▷ ein *Dutzend* Handtücher 1ダースのタオル / zwei *Dutzend* frische 〈frischer〉 Eier 新鮮な卵2ダース (☆ 後続の名詞句は同格のこともあれば2格にすることもある) / Ein *Dutzend* Äpfel kosten 〈kostet〉 6 Euro. リンゴ1ダースの値段は6ユーロだ
[イディオム] ***Dutzende von***+③ かなり多くの‥^{3} ▷ *Dutzende von* Menschen 多数の人
in 〈***zu***〉 ***Dutzenden*** 数多く, 大勢で, 大量に

du·zen [ドゥーツェン] (duzte; geduzt; [完了]h)
— [他]〘④と〙〔‥^{4}に〕du で話しかける ([反] siezen) ▷ Er hat mich *geduzt*. 彼は私に du で話しかけた
— [再]〘[sich]^4+mit+③と〙〔‥^{3}と〕du で呼び合う ▷ Er *duzt* sich mit ihr. 彼は彼女と du で呼び合う /〘相互的に〙Wollen wir uns *duzen*? du で呼び合いましょうか

Dy·na·mik [デュナーミック] [女] *die* ([単] 2格 -; [複] なし)《文語》(自ら変化し, 発展する)活力, 力強さ;《物理》力学, 動力学

dy·na·misch [デュナーミシュ] [形] (変化·進展などが)ダイナミックな

Dy·na·mit [デュナミート/..ミット] [中] *das* ([単] 2格 -s; [複] なし) ダイナマイト

Dy·nas·tie [デュナスティー] [女] *die* ([単] 2格 -; [複] -n) 王朝, 王家

Dy·nas·ti·en [デュナスティーエン] Dynastie の [複数]

D-Zug [デー·ツーク] [男] *der* ([単] 2格 -[e]s; [複] ..Züge) 急行列車 (片側に通路のあるコンパートメント車両によって編成される列車; *Durchgangszug* の略称) ▷ mit dem *D-Zug* fahren 急行列車で行く

e E [e: エー]

Eb·be [エッベ] 囡 die (覆2格 -; 覆 -n) 干潮, 引き潮 (⇔ Flut)

ebd. [エーベン・ダー/エーベン・ダー] 《ebenda の略語》先に挙げた箇所に

e·ben [エーベン]
— 副 ❶ つい今しがた ▷ Sie sind *eben* abgereist. 彼らはつい今しがた出発した
❷《時間的に》ちょうど ▷ *Eben* kommt sie herein. ちょうど彼女が入って来る
❸《他ならぬという意味で》まさに, ちょうど ▷ *eben* hier ちょうどここで / *Eben* das wollte ich sagen. まさにそのことを私は言いたかったのだ
❹《同意を表して》その通り ▷ Ich finde ihn unzuverlässig. – *Eben*! 私は彼のことを信頼できないと思う—まったくその通りだ
❺《現実は今さら変えられないという気持ちを表して》Das ist *eben* so. まさにそうなんだよ(どうしようもない) / Du hättest sie *eben* nicht heiraten sollen. 君は彼女と結婚すべきではなかったんだよ

イディオム *eben noch* かろうじて, やっとのことで ▷ Ich habe den Zug *eben noch* erreicht. 私はどうにかその列車に間に合った

nicht eben 特に…というわけではない ▷ Sie ist *nicht eben* nett. 彼女は特別親切というわけではない

— 形 平らな, 平坦な ▷ Der Weg läuft *eben* dahin. 道はそこまで平坦だ

E·ben·bild [エーベン・ビルト] 囲 das (覆2格 -[e]s; 覆 -er) 生き写し ▷ Sie war das *Ebenbild* ihrer Mutter. 彼女は母親の生き写しだった

e·ben·bür·tig [エーベン・ビュルティヒ] 形 《敵などが能力などで》匹敵する, 対等な

e·ben·da [エーベン・ダー/エーベン・ダー] 副《引用箇所を示して》先に挙げた箇所に (⇒ ebd.)

E·be·ne [エーベネ] 囡 die (覆2格 -; 覆 -n)
❶ 平地, 平野 ▷ eine weite *Ebene* 広い平野
❷ レベル, 段階 ▷ Das wurde auf höchster *Ebene* entschieden. これはトップレベルで決定された

e·ben·er·dig [エーベン・エーアディヒ] 形 《特にオーストリア》1階の

e·ben·falls [エーベン・ファルス] 副 同じように, 同じく ▷ Schönes Wochenende! – *Ebenfalls*. よい週末を—あなたも(よい週末を)

E·ben·maß [エーベン・マース] 囲 das (覆2格 -es; 覆 なし) 均斉

e·ben·mä·ßig [エーベン・メースィヒ] 形《文語》均斉のとれた

e·ben·so [エーベン・ゾー]
副 まったく同じように (☆ふつう wie と呼応する) ▷ Sie ist *ebenso* alt wie du. 彼女は君と年齢がちょうど同じだ

イディオム *ebenso gut* 同じように(…しても)構わない, (…するのも)同じようにいいことだ ▷ *Ebenso gut* könnte ich behaupten, dass ... 私は…とも同じように言うことができると思う

ebenso oft 同じ位しばしば
ebenso viel 同じ位多く
ebenso wenig 同じ位少なく

eben·so·gut [エーベン・ゾ・グート] 副 旧⇒新 ebenso gut (分けて書く) ☞ ebenso

eben·so·oft [エーベン・ゾ・オフト] 副 旧⇒新 ebenso oft (分けて書く) ☞ ebenso

eben·so·viel [エーベン・ゾ・フィール] 副 旧⇒新 ebenso viel (分けて書く) ☞ ebenso

eben·so·we·nig [エーベン・ゾ・ヴェーニヒ] 副 旧⇒新 ebenso wenig (分けて書く) ☞ ebenso

E·ber [エーバー] 囲 der (覆2格 -s; 覆 -) 雄豚

EC [エーツェー] 《*Eurocity* の略語》ヨーロッパ都市間特急, ユーロシティ

E-Cash [エー・ケッシュ] 囲 das (覆2格 -; 覆 なし) 電子マネー (電子的に決済されるお金; 英語の electronic cash)

E·cho [エヒョ] 囲 das (覆2格 -s; 覆 -s)
❶ こだま, 山びこ; 反響 ▷ Von der Bergwand schallt das *Echo* zurück. 山の絶壁から山びこがこだまして来る
❷《覆なし》(提案などに対する)反響, 共鳴 ▷ Sein Vortrag fand lebhaftes *Echo*. 彼の講演は大いに共鳴を得た

echt [エヒト] (比較 -er, 最上 -est)
形 ❶ (偽物ではなく)本物の, 純粋の (☆「偽物の」は falsch) ▷ Sie trägt nur *echten* Schmuck. 彼女は本物の装飾品しか身につけない / Sie hat sich *echt* angestrengt. 彼女は本当に頑張った / Ich habe im Lotto gewonnen! – *Echt*? 私は宝くじに当たった—本当か

類語
echt 偽物でない
wahr 虚偽でない
wirklich 架空のことでない

❷ (見せ掛けではない) **真の**, 真実の ▷ Seine Freude war *echt*. 彼の喜びは見せ掛けではなかった

❸ 典型的な ▷ Er ist ein *echter* Berliner. 彼は生粋のベルリン子だ

EC-Kar·te [エーツェー・カルテ] 囡 *die* (⑭ 2格 -; ⑭ -en) EC カード (EC が発行するクレジットカード)

E·cke [エッケ] 囡 *die* (⑭ 2格 -; ⑭ -n)

❶ (部屋・箱などの) 隅 ▷ in der *Ecke* stehen 隅に立っている

❷ (物・建物などの) 角; 街角 ▷ an der *Ecke* des Tisches stoßen 机の角にぶつかる

e·ckig [エッキヒ]

形 ❶ 角のある, 角張った (⇔ rund) ▷ ein *eckiger* Tisch 四角いテーブル / ein *eckiges* Gesicht 角張った顔

❷ (動きなどが) ぎこちない; (態度が) 繊細さのない

ECU [エキュー] 男 *der* (⑭ 2格 -[s]; ⑭ -[s]) / 囡 *die* 「2格 -; ⑭ -) 〚*E*uropean *C*urrency *U*nit「欧州通貨単位」の略語〛エキュー

e·del [エーデル] (☆ 語尾がつくと edl.. となる)

形 ❶ 高級な, 価値の高い ▷ *edle* Metalle 貴金属類 / ein *edler* Wein 高級なワイン

❷ 気高い, 崇高な ▷ ein *edler* Mensch 気高い人 / Er hat *edel* gehandelt. 彼の行動は高潔だった

❸ (形が) 上品な ▷ ein *edel* geformtes Glas 品のよい形をしたグラス

E·del·me·tall [エーデル・メタル] 田 *das* (⑭ 2格 -s; ⑭ -e) 貴金属

E·del·stein [エーデル・シュタイン] 男 *der* (⑭ 2格 -[e]s; ⑭ -e) 宝石

E·del·weiß [エーデル・ヴァイス] 田 *das* (⑭ 2格 -[es]; ⑭ -[e]) 〚植物〛エーデルワイス

E·di·tor [エーディートーア] 男 *der* (⑭ 2格 -s; ⑭ -en)〘ﾊﾟｿｺﾝ〙テキスト編集ソフト, エディタ

E·di·to·ren [エディトーレン] 男 *der* Editor の 複数

ed·le [エードレ] 形変 edel

E·feu [エーフォイ] 男 *der* (⑭ 2格 -s; ⑭ なし)〚植物〛キヅタ

Ef·fekt [エフェクト] 男 *der* (⑭ 2格 -[e]s; ⑭ -e) 結果; 効果 ▷ Der *Effekt* seiner Bemühungen war gleich null. 彼の努力の結果はゼロに等しかった / Im *Effekt* ist beides dasselbe. 効果は両方とも同じだ

ef·fek·tiv [エフェクティーフ]

形 ❶ (成果などが) 効果的な

❷ (価値などが) 実際の, 実質的な; 〚副詞的に〛実際, 本当に

ef·fekt·voll [エフェクト・フォル] 形 (人の注意を引きつける上で) 効果の大きい, 効果的な ▷ ein *effektvoller* Auftritt 効果的な登場

EG [エーゲー] 囡 *die* (⑭ 2格 -; ⑭ なし)〚*E*uropäische *G*emeinschaft の略語〛ヨーロッパ共同体

e·gal [エガール] 形〘口語〙どうでもいい (= gleichgültig; 述語として) ▷ Mir ist alles *egal*. 私にはすべてどうでもよいことです / Ob du kommst oder nicht, ist mir ganz *egal*. 君が来るか来ないかは私にとってはまったくどうでもよい / Er hat sie früher geliebt, aber jetzt ist sie ihm *egal*. 彼は以前彼女を愛したが, いま彼にとって彼女はどうでもよい存在だ /〚疑問詞と〛Du musst das erledigen, *egal* wie. 方法はどうでもよいから君はそれを片づけなければならない

Eg·ge [エッゲ] 囡 *die* (⑭ 2格 -; ⑭ -n) 馬鍬まぐわ, ハロー

eg·gen [エッゲン] (eggte; geeggt;〘助〙h)

他〚❹と〛〚畑など⁴を〛馬鍬まぐわ〈ハロー〉で耕す

E·go·is·mus [エゴイスムス] 男 *der* (⑭ 2格 -; ⑭ なし) 利己主義, エゴイズム ▷ aus *Egoismus* handeln 利己心で行動する

E·go·ist [エゴイスト] 男 *der* (⑭ 2·3·4格 -en; ⑭ -en) 利己主義者, エゴイスト

e·go·is·tisch [エゴイスティシュ] 形 利己的な, エゴイスティックな ▷ Dein Handel ist sehr *egoistisch*. 君の行動は非常に利己的だ

e·go·zent·risch [エゴ・ツェントリシュ] 形 自己中心的な

e·he [エーエ]

接〚従属; 定動詞後置〛〘文語〙…する前に (= bevor) ▷ Sie schaute kurz in den Spiegel, *ehe* sie die Tür öffnete. 彼女はドアをあける前にす早く鏡を見た

E·he [エーエ] 囡 *die* (⑭ 2格 -; ⑭ -n) 結婚, 結婚生活 ▷ eine *Ehe* schließen 〈eingehen〉結婚する / eine glückliche *Ehe* führen 幸せな結婚生活を送る / Sie hat zwei Kinder aus erster *Ehe* und ein Kind aus zweiter *Ehe*. 彼女は最初の結婚でできた 2 人の子供と 2 番目の結婚でできた 1 人の子供がいる

E·he·bruch [エーエ・ブルフ] 男 *der* (⑭ 2格 -[e]s; まれに ..brüche) 不貞, 姦通かんつう ▷ *Ehebruch* begehen 不貞をはたらく

E·he·frau [エーエ・フラオ] 囡 *die* (⑭ 2格 -; ⑭ -en) 妻 (⇔ Ehemann) ▷ Sie brachten ihre *Ehefrauen* mit. 彼らは奥さんたちを連れて来た

E·he·kri·se [エーエ・クリーゼ] 囡 *die* (⑭ 2格 -; ⑭ -n) 結婚生活の危機

E·he·leu·te [エーエ・ロイテ] 複名 夫婦 (= Ehepaar)

e·he·lich [エーエリヒ]

形 ❶ 婚姻上の (☆ 名詞につけて) ▷ *eheliche* Pflichten 婚姻に伴う義務

❷ (子供が) 嫡出の (⇔ unehelich) ▷ ein *eheliches* Kind 嫡出子

e·he·ma·li·ge [エーエ・マーリゲ] 形 かつての, 昔の (☆ 名詞につけて) ▷ sein *ehemaliger* Chef 彼の昔の上司

e·he·mals [エーエ・マールス] 副《やや古語》かつて, 昔, 以前

E·he·mann [エーエ・マン] 男 der (⊕ 2格 -[e]s; ⊕ ..männer) 夫 (⊗ Ehefrau) ▷ ein guter *Ehemann* よい夫

E·he·paar [エーエ・パール] 中 das (⊕ 2格 -[e]s; ⊕ -e)
夫婦 ▷ ein älteres *Ehepaar* 年配〈初老〉の夫婦

E·he·part·ner [エーエ・パルトナー] 男 der (⊕ 2格 -s; ⊕ -) 配偶者

e·her [エーア-]
副 ❶ 《bald の比較級》**より早く** ▷ Ich konnte nicht *eher* kommen. 私はこれ以上早くは来られなかった / Er hat *eher* geheiratet als ich. 彼は私より先に結婚した
❷ 《口語》むしろ…のほうが好ましい (=lieber) ▷ *Eher* heute als morgen. あすよりはむしろきょう
❸ 《口語》(…よりは)むしろ ▷ Er ist *eher* dumm als faul. 彼は怠け者というよりむしろ頭が悪いのだ

E·he·schlie·ßung [エーエ・シュリースング] 女 die (⊕ 2格 -; ⊕ -en)《文語》婚姻締結

e·hest [エースト] bald の 最上

E·he·streit [エーエ・シュトライト] 男 der (⊕ 2格 -[e]s; ⊕ -e) 夫婦喧嘩

Eh·re [エーレ] 女 die (⊕ 2格 -; ⊕ -n)
❶《⊕ なし》(個人の)**名誉**, 面目, 自尊心 ▷ Er wahrt〈verliert〉seine *Ehre*. 彼は面目を保つ〈失う〉/ Das ist ihm eine Sache der *Ehre*. それは彼にとって自尊心の問題なのだ / Durch die Bemerkung fühlte sie sich in ihrer *Ehre* gekränkt. その発言で彼女は自分のプライドが傷つけられたと感じた
❷ (他人から高く評価され与えられる)栄誉, 名誉, 誉れ; 敬意 ▷ Es ist mir eine große *Ehre*, Sie begleiten zu dürfen. お伴できますのは私にとって大きな栄誉です
《イディオム》③+*Ehre erweisen* …³に敬意を表する
③+*die letzte Ehre erweisen* …³の葬儀に参列する

eh·ren [エーレン] (ehrte; geehrt; 最上h)
他 ❶《④と》[…⁴を] 敬う ▷ Du sollst deine Eltern *ehren*. 君は両親を敬うべきだ
❷《④と》[…⁴を]たたえる ▷ die Sieger *ehren* 勝者をたたえる
❸《④と》[…⁴にとって]名誉なことである ▷ Sein Vertrauen *ehrt* mich. あの人に信頼されて光栄の至りです

eh·ren·amt·lich [エーレン・アムトリヒ] 形 無給の

eh·ren·rüh·rig [エーレン・リューリヒ] 形 (言動などが)名誉を傷つける, 侮辱的な

Eh·ren·wort [エーレン・ヴォルト] 中 das (⊕ 2格 -[e]s; ⊕ なし) (名誉をかけた)誓約 ▷ Er gab ihr sein *Ehrenwort*, wieder zurückzukommen. 彼は彼女にまた戻って来ると名誉にかけて誓った

ehr·er·bie·tig [エーア・エアビーティヒ] 形《文語》敬意のこもった, 恭しい

Ehr·furcht [エーア・フルヒト] 女 die (⊕ 2格 -; ⊕ なし) 畏敬, 畏怖 ▷ vor+③ *Ehrfurcht* haben …³に畏敬の念を抱いている

ehr·fürch·tig [エーア・フュルヒティヒ] 形 畏敬の念を抱いた

Ehr·geiz [エーア・ガイツ] 男 der (⊕ 2格 -es; ⊕ なし) 功名心, 野心 ▷ Er ist von *Ehrgeiz* besessen. 彼は功名心にかられている

ehr·gei·zig [エーア・ガイツィヒ] 形 功名心の強い, 野心的な ▷ *ehrgeizige* Pläne haben 野心的な計画をもっている

ehr·lich [エーアリヒ]
形 **正直な**, 誠実な, 信用のおける ▷ ein *ehrliches* Kind 正直な子供 / ein *ehrliches* Leben führen 誠実な生活を送る / Sei *ehrlich*! 正直に言いなさい
《イディオム》*Aber ehrlich!* 本当なんです
ehrlich gesagt 正直に言えば

Ehr·lich·keit [エーアリヒカイト] 女 die (⊕ 2格 -; ⊕ なし) 正直, 誠実

ei [アイ]《間投詞》
❶《驚きなどを表して》えっ
❷《特に子供を慰めながら》よしよし
《イディオム》*Ei, ei!*《軽い注意の気持ちを表して》これこれ

Ei
[ai アイ]
中 das (⊕ 2格 -[e]s; ⊕ -er)

❶ (食用の)**卵** (特に鶏卵を指す)
ein frisches *Ei* 新鮮な卵
ein weich gekochtes *Ei* 半熟の卵
❷ (鳥・魚などの)卵 ▷ ein *Ei* legen 卵を産む / Ein Vogel brütet *Eier* aus. 鳥が卵を温めてひなにする〈かえす〉
❸《生物学的意味で》卵, 卵子 ▷ ein befruchtetes *Ei* 受精卵

Ei·che [アイヒェ] 女 die (⊕ 2格 -; ⊕ -n)《植物》オーク (カシ, カシワ, ナラなど)

Ei·chel [アイヒェル] 女 die (⊕ 2格 -; ⊕ -n)《植物》オークの実, ドングリ ▷ *Eicheln* fallen herab. ドングリが落ちてくる

ei·chen [アイヒェン] (eichte; geeicht; 最上h)
他《④と》[秤・升・分銅・計測器など⁴を](検査・調整し)検定する

Eich·hörn·chen [アイヒ・ヘルンヒェン] 中 das (⊕ 2格 -s; ⊕ -)《動物》リス ▷ Ein *Eich-*

Eid

hörnchen springt von Baum zu Baum. リスが木から木へ跳び移る

Eid [アイト] 男 der (⌀2格 -es〈まれに -s〉; ⌀ -e) 宣誓, 誓約 ▷ einen *Eid* schwören 宣誓する

Ei·dech·se [アイデクセ] 女 die (⌀2格 -; ⌀ -n)《動物》トカゲ ▷ Eine *Eidechse* huscht über den Weg. トカゲがするすると道を横切る

ei·des·statt·lich [アイデス・シュタットリヒ] 形《法律》宣誓に代わる ▷ eine *eidesstattliche* Erklärung abgeben 宣誓供述書を提出する

Eid·ge·nos·sen·schaft [アイト・ゲノッセンシャフト] 女 die (⌀2格 -; ⌀ -en) (政治的・宗教的な)同盟 ▷ die Schweizerische *Eidgenossenschaft* スイス連邦 (☆スイスの正式名称)

Ei·er [アイアー] Ei の複数

Ei·fer [アイファー] 男 der (⌀2格 -s; ⌀ なし) 熱意 ▷ Sein *Eifer* ist erlahmt. 彼の熱意はうせてしまった

Ei·fe·rer [アイフェラー] 男 der (⌀2格 -s; ⌀ -) 熱狂者, 狂信者

Ei·fer·sucht [アイファー・ズフト] 女 die (⌀2格 -; ⌀ なし) 嫉妬, やきもち ▷ *Eifersucht* empfinden 嫉妬を覚える / Das hat er aus *Eifersucht* getan. 彼のその行為は嫉妬心にかられたものだ

ei·fer·süch·tig [アイファー・ズュヒティヒ] 形 嫉妬と深い ▷ ein *eifersüchtiger* Ehemann 嫉妬深い夫 / Er ist auf meinen Erfolg *eifersüchtig*. 彼は私の成功をねたんでいる

eif·rig [アイフリヒ] 形 (ふつう学生・生徒が)熱心な, 熱意のある

Ei·gelb [アイ・ゲルプ] 中 das (⌀2格 -s; ⌀ -e) 卵黄, 黄身 (=Dotter)

ei·gen [アイゲン]
— 形 ❶ 自分の, 自身の ▷ ein *eigenes* Zimmer 自分の部屋 / eine *eigene* Meinung 自分の意見 / Er hat keine *eigenen* Kinder. 彼には実の子供はいない / Jede Wohnung hat einen *eigenen* Eingang. どの住まいにも専用の入口がついている

❷《3と》[··³に]特有の ▷ Diese Gebärden sind ihr *eigen*. この身振りは彼女に特有なものだ

イディオム ⓸+*auf eigene Gefahr*〈*Verantwortung*〉*tun* ··⁴を自分の責任でする
auf eigene Faust 独力で
Das habe ich mit eigenen Augen gesehen. それを私は自分の目で見た

Ei·gen·art [アイゲン・アールト] 女 die (⌀2格 -; ⌀ -en) (ある人に独特の)癖 ▷ Sie kannte alle seine *Eigenarten*. 彼女は彼の癖をすべて知っていた

ei·gen·ar·tig [アイゲン・アールティヒ] 形 (独特で)風変わりな, 奇妙な ▷ Er ist ein *eigenartiger* Mensch. 彼は変わった人だ / Hier riecht es *eigenartig*. ここは妙なにおいがする

Ei·gen·bröt·ler [アイゲン・ブレートラー] 男 der (⌀2格 -s; ⌀ -) 一匹狼; 変人, 奇人

ei·gen·hän·dig [アイゲン・ヘンディヒ] 形 本人自らの; 自筆の ▷ Ihre *eigenhändige* Unterschrift ist nötig. あなたの直筆のサインが必要です

Ei·gen·heit [アイゲン・ハイト] 女 die (⌀2格 -; ⌀ -en) (人の持つ)特徴, 独特のもの (性質・振舞いなどを指す)

ei·gen·mäch·tig [アイゲン・メヒティヒ] 形 (権限をもたない)独断の ▷ Er hat *eigenmächtig* gehandelt. 彼は独断で行動した

Ei·gen·na·me [アイゲン・ナーメ] 男 der (⌀2格 -ns, 3·4格 -n; ⌀ -n)《文法》固有名詞

Ei·gen·nutz [アイゲン・ヌッツ] 男 der (⌀2格 -es; ⌀ なし) 私利私欲, エゴイズム

ei·gen·nüt·zig [アイゲン・ヌッツィヒ] 形 利己的な

ei·gens [アイゲンス] 副 わざわざ (=extra)

Ei·gen·schaft [アイゲン・シャフト] 女 die (⌀2格 -; ⌀ -en)
❶ (物の)特性 ▷ Eisen hat die *Eigenschaft* zu rosten. 鉄にはさびる性質がある
❷ (人の)性質 ▷ Er hat gute *Eigenschaften*. 彼は性格がいい

Ei·gen·sinn [アイゲン・ズィン] 男 der (⌀2格 -[e]s; ⌀ なし) 頑固, 強情

ei·gen·sin·nig [アイゲン・ズィニヒ] 形 頑固な, 強情な, わがままな ▷ Im Alter wurde er immer *eigensinniger*. 年をとって彼はますます頑固になった

ei·gen·stän·dig [アイゲン・シュテンディヒ] 形《文語》(文化などが)独自の

ei·gent·lich [アイゲントリヒ]
— 副 ❶《ふつう人が知らないことを指摘して》本当は, 実際は ▷ Er ist *eigentlich* Lehrer. 彼は本当は教師だ

❷ 本来は, もともとは ▷ Das ist *eigentlich* verboten. それは本来禁止されている / *Eigentlich* hast du Recht. 本来君が正しい / *Eigentlich* müsste er schon längst hier sein. 本来なら彼はもうとっくにここに到着していなければならないのだが / *Eigentlich* wollten sie nach Köln fahren, aber … 本来彼らはケルンに行くつもりだったのだが…

❸《疑問文で》《思いついたことを述べながら》ところで, そもそも ▷ Wie geht es *eigentlich* deinen Kindern? ところでお子さんはお元気ですか /《疑問を強めて》Wer sind Sie *eigentlich*? あなたはいったいなんですか

イディオム *Eigentlich nicht!* (あまりいい考えとは思わないけれど)反対ではないよ

---

①, ②, ③, ④=1格, 2格, 3格, 4格の名詞

— [形] 本当の, 本来の (☆ 名詞につけて) ▷ sein *eigentlicher* Beruf 彼の本当の職業 / die *eigentliche* Bedeutung des Wortes その語の本来の意味

Ei·gen·tum [アイゲントゥーム] [中] *das* ([単] 2 格 -s; [複] なし)
所有物, 財産 ▷ privates *Eigentum* 私有財産

Ei·gen·tü·mer [アイゲンテューマー] [男] *der* ([単] 2 格 -s; [複] -) 所有者

ei·gen·tüm·lich [アイゲンテュームリヒ/アイゲンテューム..]
[形]《文語》❶〖③と〗〔··³に〕特有の ▷ Dies ist ihm *eigentümlich.* これは彼特有のものだ
❷ 風変わりな, 奇妙な

ei·gen·wil·lig [アイゲン·ヴィリヒ] [形] (個性的で)独特の; 我の強い ▷ einen *eigenwilligen* Stil entwickeln 独特の文体をつくり出す

eig·nen [アイグネン] (eignete; geeignet; [完了]h)
[再]〖[sich]⁴+für+④と〗〔··⁴に〕ふさわしい, 向いている ▷ Er *eignet* sich für diesen Beruf. 彼はこの職業に向いている / 〖als と〗 Dieses Buch *eignet* sich gut als Geschenk. この本は贈り物に適している

Eil·bo·te [アイル·ボーテ] [男] *der* ([単] 2·3·4 格 -n; [複] -n) 速達郵便配達人 ▷ durch *Eilbote* 速達で

Eil·brief [アイル·ブリーフ] [男] *der* ([単] 2 格 -[e]s; [複] -e) 速達郵便

Ei·le [アイレ] [女] *die* ([単] 2 格 -; [複] なし) 急ぎ ▷ Der Brief hat *Eile.* その手紙は急を要する / Er ist in *Eile.* 彼は急いでいる / in großer *Eile* 大急ぎで
[イディオム] ***mit+③ hat es keine Eile*** ··³は急いでいない

Ei·lei·ter [アイ·ライター] [男] *der* ([単] 2 格 -s; [複] -)《医学》卵管

ei·len [アイレン] (eilte; geeilt)
[自] ❶〖[完了]s〗〖[方向]と〗〔···へ〕急いで行く ▷ Er ist zum Arzt *geeilt.* 彼は医者のところへ急いだ / 《ことわざ》 *Eile* mit Weile! 急がば回れ (← 時間をかけて急げ)
❷〖[完了]h〗(手紙·注文などが)急を要する, 急ぐ ▷ Dieser Brief *eilt* sehr. この手紙は非常に急を要する
[イディオム] ③+***eilt es mit***+③ ··³は··³のことを急いでいる

ei·lig [アイリヒ]
[形] ❶ 急いでいる ▷ *eilige* Schritte 急いで歩く足音 / Dieser Brief ist sehr *eilig.* この手紙はとても急いでいる(すぐに投函しなければならない) / Nur nicht so *eilig*! そんなに慌てるな
❷ 急を要する, 急ぎの ▷ Die Sache ist *eilig.* その件は急を要する

[イディオム] ***es eilig haben*** 急いでいる ▷ *Haben* Sie *es eilig*? 急いでいるのですか

Eil·zug [アイル·ツーク] [男] *der* ([単] 2 格 -[e]s; [複] ..züge) 快速列車 (特定地域間を走るが, すべての駅に停車するわけではない. 特別料金は必要ない) (＝D-Zug)

Ei·mer [アイマー] [男] *der* ([単] 2 格 -s; [複] -) バケツ, 手おけ ▷ ein *Eimer* aus Blech ブリキのバケツ

ein
[ain アイン]

—〘冠詞〙

格	男 性	女 性	中 性
①	ein	eine	ein
②	eines	einer	eines
③	einem	einer	einem
④	einen	eine	ein

—〘不定冠詞〙
☆ 指示物が不特定の場合に用いる
☆ 名詞の性·格により変化し, 複数はない
❶《文脈上初出の名詞に》ある
Sie will *einen* Arzt heiraten.
彼女は医者と結婚したがっている
Ich werde ihm *ein* Buch schenken.
私は彼に本を贈るつもりです
Auf dem Berg steht *eine* kleine Kirche.
山の上に小さな教会が立っている
《1 回の動作を示して》
eine Verbeugung machen お辞儀をする
《抽象名詞などの下位部類を示して》
eine große Freude
大きな喜び
〖属性を述べる関係文と〗
ein Café, das für seine ruhige Lage bekannt ist 静かな場所にあることで有名な喫茶店 (☆ 定冠詞の場合は限定の関係文になる ▷ das Café, in dem er saß 彼が座っていた喫茶店)
❷〖指示物の特性を表す名詞に〗
Sie ist noch *ein* Kind.
彼女はまだ子供だ
Er ist *ein* guter Arzt.
彼はいい医者だ (☆ 職業·国籍などをただ挙げる場合は無冠詞 ▷ Er ist Arzt. 彼は医者だ)
〖定義文で〗
Das Auto ist *ein* Verkehrsmittel.
自動車は交通手段である
❸《総称的に》そもそも···というものは ▷ *Ein* Kind will spielen. 子供というものは遊びたがるものだ / Mit *einem* Messer spielt man nicht. ナイフは遊びに使うものではないよ
❹〖固有名詞に〗···という人; ···のような人; ···の作品 ▷ *Ein* Herr Schmidt möchte Sie sprechen. シュミットさんという男の方がお話をしたい

einander

と申しております / Er besitzt *einen* Picasso. 彼はピカソの絵を1枚持っている (☆ Picasso [ピカソ])

―【基数】
☆ つねにアクセントをもつ

❶ **1つの**, 1人の ▷ Das macht *einen* Euro. それは1ユーロする / Herr Ober, *einen* Tee bitte! ボーイさん 紅茶を1杯ください / in *einem* Jahr 1年以内に /《時刻表示で; 無変化》Es ist *ein* Uhr zehn. 1時10分です

❷《冠詞類を伴い, 形容詞変化》1つの; 1人の ▷ die Ereignisse dieses *einen* Jahres この1年間の出来事

(イディオム) *der ⟨die, das⟩ eine ..., der ⟨die, das⟩ andere ～* 一方の人⟨ものなど⟩は…他方の人⟨ものなど⟩は～

―【名詞的に】

格	男性	女性	中性
①	ein*er*	ein*e*	ein[*e*]*s*
②	ein*es*	ein*er*	ein*es*
③	ein*em*	ein*er*	ein*em*
④	ein*en*	ein*e*	ein[*e*]*s*

―【不定冠詞の名詞的用法】
☆ つねにアクセントをもつ
☆ 性は関連する名詞に応じる

Ich habe keinen Kugelschreiber. Hast du *einen*? 私はボールペンがない 君は持っているか / Die Tasche ist hübsch. So *eine* möchte ich auch haben. そのバッグはすてきだ そんなのを私もほしい / Er hat sich ein Auto gekauft. Wir haben uns auch *eins* angeschafft. 彼は自動車を買いました 私たちも購入しました

―【基数の名詞的用法】
☆ つねにアクセントをもつ
☆ 性に関連する名詞に応じる

1人; 1つ ▷ Hast du noch Ansichtskarten? – Ja, aber nur *eine*. まだ絵はがきを持っているか ―はい でも1枚だけです /《von+③と》*Einer* von uns ist ein Verräter. 私たちの1人は裏切り者だ /《②と》*eine* dieser Fragen これらの質問の1つ / *Einer* der beiden muss gelogen haben. 2人のうちの1人がうそをついたに違いない

(イディオム) *einer nach dem anderen* 次から次と

―【不定代名詞的用法】
☆ つねにアクセントをもつ

❶《男性形》[だれか]ある人 (☆ 男性・女性の区別を明示する場合には「不定冠詞の名詞的用法」) ▷ Da hat *einer* geklopft. そのときだれかがドアをノックした /《関係文を受けて》Wir müssen *einen* finden, der mitkommt. 私たちはいっしょに来る人を探さなければならない

❷《男性形》(一般的に)人 ▷ Das soll *einer* wissen! そんなことは知っておくべきだ

★ man の2・3・4格形としても用いられる ▷ Was man nicht weiß, macht *einen* nicht heiß.《諺》知らぬが仏

❸《中性形》[ある]ひとつのこと⟨もの⟩ ▷ *Eines* muss ich dir sagen. ひとつ君に言わなきゃならないことがある

★ **ein..** [アイン..]《分離前つづり》
a)《(中へ)》*ein*reisen 入国する, *ein*treten (ある場所に)入る; *ein*bringen 運び入れる; *ein*bauen 取りつける
b)《包み込む》*ein*packen 包む, *ein*wickeln 包む
c)《壊された状態》*ein*werfen (石などを)投げて壊す, *ein*drücken へこます

ei·nan·der [アイナンダー]《相互代名詞》互いを⟨に⟩ (☆ 格語尾をつけない; 現在ではむしろ sich [gegenseitig] を用いる) ▷ Wir helfen *einander*. 私たちは互いに助け合う / Sie lieben *einander*. 彼らは互いに愛し合う

ein|ar·bei·ten [アイン・アルバイテン] 分離
(arbeitete ein; eingearbeitet)
――他 ❶《④+in+④と》[…⁴を新しい仕事など⁴に]習熟させる
❷《④+in+④と》[…⁴を…⁴に]追加する
――再《sich⁴+in+④と》[新しい仕事など⁴に]習熟する

ein|äschern [アイン・エッシェルン]
(äscherte ein; eingeäschert; 匧h)
他《④と》[建造物・町など⁴を]焼き払う; [遺体など⁴を]焼く, 火葬にする

ein|at·men [アイン・アートメン] 分離
(atmete ein; eingeatmet; 匧h)
他《④と》[気体⁴を]吸い込む (⇔ ausatmen) ▷ giftige Dämpfe *einatmen* 有毒な蒸気を吸い込む // tief *einatmen* 深く息を吸い込む

Ein·bahn·stra·ße [アイン・バーン・シュトラーセ]
女 *die* (⓸2格 -; ⓹ -n) 一方通行の道

Ein·band [アイン・バント]
男 *der* (⓸2格 -[e]s; ⓹ ..bände) (本の)装丁

ein|bau·en [アイン・バオエン] 分離
(baute ein; eingebaut; 匧h)
他 ❶《④と》[…⁴を]取りつける ▷ einen Motor in ein Auto *einbauen* エンジンを車に取りつける
❷《④と》[…⁴を](テキストなどに)組み込む ▷ Zitate in einen Vortrag *einbauen* 引用を講演のなかに組み込む

ein·be·grif·fen [アイン・ベグリッフェン] 形 (料金などに)含まれている

ein|be・hal・ten [アイン・ベハルテン] 分離
(er behält ein; behielt ein; einbehalten; 完了h)
他《文語》《④と》〔ある理由から〕〔…⁴を〕渡さないで預かっておく ▷ Die Firma *behält* einen Teil seines Gehalts *ein*. 会社は彼の給料の一部を支払わないで預かっている

ein|be・ru・fen [アイン・ベルーフェン] 分離
(berief ein; einberufen; 完了h)
他 ❶《④と》〔…⁴を〕(軍隊に)召集する ▷ Als der Krieg ausbrach, wurde er sofort *einberufen*. 戦争が勃発するとすぐ彼は軍隊に召集された
❷《④と》〔会議など⁴を〕招集する

ein|be・zie・hen [アイン・ベツィーエン] 分離
(bezog ein; einbezogen; 完了h)
他《④と》〔…⁴を〕取り入れる,含める ▷ Er *bezieht* das Ergebnis mit in seinen Bericht *ein*. 彼はその結果も報告の中に取り入れる
イディオム ④+*in eine Diskussion〔mit〕einbeziehen* (話を向けるなどして)…⁴も討論に参加するようにする

ein|bie・gen [アイン・ビーゲン] 分離
(bog ein; eingebogen; 完了s)
自 曲がる ▷ Das Auto *bog* nach rechts *ein*. 自動車は右に曲がった

ein|bil・den [アイン・ビルデン] 分離
(bildete ein; eingebildet; 完了h)
再《sich³+④と》〔…⁴を〕思い込む,錯覚する ▷ Kein Mensch verachtet dich, du *bildest* dir das nur *ein*. だれも軽蔑なんかしていないよ 君がそう思い込んでいるだけだ / Sie *bildet* sich *ein*, schön zu sein. 彼女は自分が美しいと思い込んでいる
イディオム *sich³ viel〈nichts〉auf*+④ *einbilden* …⁴を大いに自慢する〈ちっとも鼻にかけない〉

Ein・bil・dung [アイン・ビルドゥング] 女 (複 2 格 -; 複 -en)
❶ (単なる)想像,思い込み ▷ Seine Krankheit ist reine *Einbildung*. 彼の病気はまったくの思い込みだ / Dieses Problem existiert nur in seiner *Einbildung*. そのような問題があるというのは彼の思い込みでしかない
❷《複 で》妄想 ▷ an *Einbildungen* leiden 妄想に苦しむ
❸《複 なし》うぬぼれ,思い上がり

ein|bläu・en [アイン・ブロイエン] 分離
(bläute ein; eingebläut; 完了h)
他《口語》《③+④と》〔子供など³に…⁴を〕繰り返し〈きつく〉言って教えこむ

ein|blen・den [アイン・ブレンデン] 分離
(blendete ein; eingeblendet; 完了h)
他〔映画・ビデオなど〕《④と》〔映像・音声など⁴を〕挿入する,フェードインする (反 ausblenden)

ein|bleu・en [アイン・ブロイエン] 分離 旧⇒新 einbläuen

Ein・blick [アイン・ブリック] 男 der (複 2 格 -[e]s; 複 -e)
❶ (最初の大ざっぱな)知識 ▷ sich³ einen *Einblick* in die neue Arbeit verschaffen 新しい仕事のだいたいのようすをつかむ
❷ (部屋の中などを)見ること,(書類などに)目を通すこと

ein|bre・chen [アイン・ブレッヒェン] 分離
(er bricht ein; brach ein; eingebrochen)
自 ❶《④と》(泥棒などが)押し入る ▷ in einen Laden *einbrechen* 店に押し入る / Ein Dieb ist in den Keller *eingebrochen*. 泥棒が地下室に押し入った
❷《完了s》崩れ落ちる ▷ Das Gewölbe ist *eingebrochen*. 丸天井が崩れ落ちた
❸《完了s》(表面が割れたため)下に落ちる ▷ Sie ist auf dem Eis *eingebrochen*. 彼女は氷が割れて水中に落ちた

Ein・bre・cher [アイン・ブレッヒャー] 男 der (複 2 格 -s; 複 -) (家に)押し入る泥棒,押し込み強盗

ein|brin・gen [アイン・ブリンゲン] 分離
(brachte ein; eingebracht; 完了h)
他 ❶《④と》〔穀物など⁴を〕(納屋などに)運び入れる ▷ die Ernte in die Scheune *einbringen* 穀物を納屋にしまう
❷《④と》〔法案など⁴を〕提出する
❸《④と》〔利益・収益など⁴を〕もたらす ▷ Das hat ihm eine Menge Geld *eingebracht*. そのことで彼は大金を手に入れた

ein|bro・cken [アイン・ブロッケン] 分離
(brockte ein; eingebrockt; 完了h)
—他《④+in+④と》〔パンなど⁴をスープなど⁴の中に〕砕いて入れる
—再《sich³+④と》〔困難な事態など⁴を〕(自分の落ち度などで)引き起こす

Ein・bruch [アイン・ブルフ] 男 der (複 2 格 -[e]s; 複 ..brüche)
❶ (泥棒が家などに)盗みに入ること,押し込み ▷ einen *Einbruch* in ein Juweliergeschäft verüben 宝石店に押し入る
❷ (夜などの)始まり ▷ bei〈vor〉*Einbuch* der Dunkelheit 日暮れどきに〈前に〉

ein|bür・gern [アイン・ビュルゲルン] 分離
(bürgerte ein; eingebürgert; 完了h)
—他《④と》〔…⁴に〕市民権を与える ▷ Sie wird bald *eingebürgert* werden. 彼女はまもなく市民権を与えられるだろう
—再《sich⁴と》(習慣・外来語などが)根づく,定着する

Ein・bür・ge・rung [アイン・ビュルゲルング] 女 die (複 2 格 -; 複 -en) 市民権〈国籍〉取得,帰化

Ein・bu・ße [アイン・ブーセ] 女 die (複 2 格 -; 複 -n) 損失

einbüßen

ein|bü·ßen [アイン・ビューセン]
(büßte ein; eingebüßt; 完了h)
他 ❶ 《④と》〔財産など⁴を〕失う
❷ 《④と》〔手足・視力など⁴を〕(事故などで)失う

ein|däm·men [アイン・デメン] 分離
(dämmte ein; eingedämmt; 完了h)
他《④と》〔山火事・伝染病など⁴を〕食い止める

ein|de·cken [アイン・デッケン] 分離
(deckte ein; eingedeckt; 完了h)
—— 他 〘口語〙《④+mit+③と》〔…⁴に仕事など³を〕たっぷり与える
—— 再 《sich⁴+mit+③と》〔食料など³を〕蓄える

ein·deu·tig [アイン・ドイティヒ] 形 明確な、明白な、はっきりした ▷ eine *eindeutige* Absage はっきりした断り

ein·drin·gen [アイン・ドリンゲン] 分離
(drang ein; eingedrungen; 完了s)
自 ❶ 《in+④と》(水などが)〔…⁴に〕(すき間などから)入って来る〈行く〉 ▷ Das Wasser *drang* in den Keller *ein*. 水が地下室に染みて来た
❷ 《in+④と》(泥棒などが)〔…⁴に〕侵入する ▷ Der Dieb *drang* durch ein Fenster in das Haus *ein*. 泥棒は窓から家に侵入した
❸ 《in+④と》〔秘密など⁴を〕解き明かす

ein·dring·lich [アイン・ドリングリヒ] 形 (ことばなどが)迫力のある、せつせつとした

Ein·dring·ling [アイン・ドリングリング] 男 der (複 2格 -s; 複 -e) 侵入〈闖入ちんにゅう〉者

Ein·druck [アイン・ドルック] 男 der (複 2格 -[e]s; 複 ..drücke)
印象 ▷ ein unvergesslicher *Eindruck* 忘れがたい印象 / Ich hatte zunächst keinen guten *Eindruck* von ihr. 私は彼女にはじめよい印象をもっていなかった / Ich habe den *Eindruck*, dass… 私は…という印象をもっている
イディオム *auf*+④ *einen guten Eindruck machen* …⁴によい印象を与える

Ein·drü·cke [アイン・ドリュッケ] Eindruck の 複数

ein|drü·cken [アイン・ドリュッケン] 分離
(drückte ein; eingedrückt; 完了h)
他 ❶ 《④と》〔フェンダーなど⁴を〕(ものにぶつけて)へこます、〔ドア・窓など⁴を〕ものをぶつけて壊す ▷ Der Einbrecher hat die Fensterscheibe *eingedrückt*. どろぼうは(侵入するために)窓ガラスを割った
❷ 《④と》〔…⁴を〕押してへこます ▷ Der Kotflügel war *eingedrückt*. [状態受動]フェンダーはへこんでいた

ein·drucks·voll [アイン・ドルックス・フォル] 形 印象深い

ei·ne [アイネ] ☞ ein

ein·ein·halb [アイン・アイン・ハルプ] 形 〘分数〙1と2分の1の (☆ 格語尾をつけない; =anderthalb)

▷ seit *eineinhalb* Stunden 1時間半前から

ei·nem [アイネム] ☞ ein
ei·nen [アイネン] ☞ ein
ei·ner [アイナー] ☞ ein

ei·ner·lei [アイナー・ライ] 形 どうでもよい (☆ 述語として; =egal) ▷ Das ist mir *einerlei*. それは私にはどうでもよいことだ / Es ist mir nicht *einerlei*, ob… 私にとって…かどうかはどうでもよいことではない

ei·ner·seits [アイナー・ザイツ] 副 一方では、一面では (☆ ふつう andererseits と) ▷ *Einerseits* ist sie neugierig, andererseits hat sie Angst davor. 彼女は好奇心をそそられる一方それを恐れもしている

ei·nes [アイネス] ☞ ein

ein·fach

[áinfax アイン・ファッハ]

—— 形 (比較 einfacher, 最上 einfachst)
❶ **簡単な**、単純な
eine *einfache* Rechnung
簡単な計算
ein *einfacher* Trick
単純なトリック
Das ist gar nicht so *einfach*.
それは決してそう簡単ではない
❷ 質素な、つましい、地味な ▷ ein *einfaches* Essen 質素な食事 / Sie ist sehr *einfach* gekleidet. 彼女はとても地味な服装をしている
❸ 一重の、単一の;〘鉄道〙片道の ▷ ein *einfacher* Knoten 一重結び / Einmal *einfach* bitte! 片道の切符を1枚ください (☆「往復」は hin und zurück)

—— 副 ❶ (理屈なしに)とにかく ▷ Das ist *einfach* großartig. それはとにかくすばらしい / Wir haben *einfach* keine andere Möglichkeit. 私たちにはとにかく他の可能性はないのだ / Ich verstehe dich *einfach* nicht. 私は君の考えがまったくわからない
❷ さっさと ▷ Er lief *einfach* davon. 彼はさっさと走り去った

Ein·fach·heit [アイン・ファッハハイト] 女 die (複 2格 -; 複 なし) 簡単、単純; 質素

ein|fä·deln [アイン・フェーデルン] 分離
(fädelte ein; eingefädelt; 完了h)
—— 他 ❶ 《④と》〔糸⁴を〕通す;〔針⁴に〕糸を通す
❷ 〘口語〙《④と》〔策略など⁴を〕(たくみに)やってのける
—— 再 《sich⁴と》(車が連なって走っている)他の車線に入る

ein|fah·ren [アイン・ファーレン] 分離
(er fährt ein; fuhr ein; eingefahren)
—— 自 《完了s》(汽車・船などが)入る、入って来る ▷ Der Zug *fährt* bald *ein*. 列車がまもなく入っ

①, ②, ③, ④ =1格, 2格, 3格, 4格の名詞

て来る
― 他 〚完了h〛 ❶ 〚4格と〛〔収穫物など4格を〕(納屋などに)運び入れる ▷ Wir wollen morgen die Ernte *einfahren*. 私たちはあす収穫物を運び入れるつもりだ
❷ 〚4格と〛〔車など4格を〕慣らし運転する, 乗り慣らす ▷ das neue Auto *einfahren* 新しい自動車を慣らし運転する / Der Wagen ist noch nicht *eingefahren*. 〚状態受動〛この車はまだ慣らし運転が十分でない

Ein·fahrt [アイン・ファールト] 女 *die* (覆2格 -; 複 -en)
❶ (中庭・駐車場などの)入口, 進入口 (⇔ Ausfahrt) ▷ *Einfahrt* freihalten! 車の出入り口につき駐車禁止
❷ 〔複なし〕(車・列車・船などが)入ること, 進入 ▷ Vorsicht bei *Einfahrt* des Zuges! 列車の到着に注意してください

Ein·fall [アイン・ファル] 男 *der* (覆2格 -[e]s; 複 ..fälle)
❶ 思いつき ▷ ein guter *Einfall* よい思いつき
❷ (軍隊の)侵攻

ein·fal·len [アイン・ファレン] 分離
(er fällt ein; fiel ein; eingefallen; 〚完了s〛)
自 ❶ 〚3格と〛〔..3格の〕念頭に浮かぶ, 思いつく; 思い出す ▷ Mir *fiel* kein Ausweg *ein*. 打開策がまったく思いつかなかった / Sein Name *fällt* mir nicht mehr *ein*. 彼の名前を私はもう思い出せない
❷ (建物などが)倒壊する ▷ Die alte Mauer ist *eingefallen*. 古い壁が倒壊した
❸ 〚in+4格と〛〔..4格に〕侵攻する ▷ Der Feind *fiel* in unser Land *ein*. 敵が我々の国に侵攻してきた
イディオム *sich*³+4格+*einfallen lassen* (打開策など)4格を考え出す

Ein·falt [アイン・ファルト] 女 *die* (覆2格 -; 複なし) 〚文語〛無邪気, 素朴

ein·fäl·tig [アイン・フェルティヒ] 形 無邪気な, お人よしの

Ein·fa·mi·li·en·haus [アイン・ファミーリエン・ハオス] 中 *das* (覆2格 -es; 複 ..häuser) 一世帯用住宅

ein·far·big [アイン・ファルビヒ] 形 (生地が)無地の

ein·fas·sen [アイン・ファッセン] 分離
(fasste ein; eingefasst)
他 〚4格と〛〔..4格を〕囲む, 〔宝石など4格に〕縁をつける ▷ einen Garten mit einer Mauer *einfassen* 庭を塀で囲う

ein·fin·den [アイン・フィンデン] 分離
(fand ein; eingefunden)
再 〚sich⁴と〛(ある目的をもってある場所に)やって来る, 現れる ▷ Er *fand* sich in der Hotelhalle um 6 Uhr *ein*. 彼はホテルのロビーに6時にやって来た

ein·flech·ten [アイン・フレヒテン] 分離
(er flicht ein; flocht ein; eingeflochten; 〚完了h〛)
他 ❶ 〚4格+in+4格と〛〔逸話など4格を講演4格の中に〕差し挟む
❷ 〚4格+in+4格と〛〔リボンなど4格を髪など4格に〕編み込む

ein·flö·ßen [アイン・フレーセン] 分離
(flößte ein; eingeflößt; 〚完了h〛)
他 ❶ 〚3格+4格と〛〔病人など3格に..4格を〕(少しずつゆっくり)飲ませる
❷ 〚3格+4格と〛〔..3格にある種の感情4格を〕起こさせる

Ein·fluss [アイン・フルス] 男 *der* (覆2格 -es; 複 ..flüsse)
影響, 影響力 ▷ *der Einfluss* der Umwelt auf den Menschen 人間に与える環境の影響 / Sie steht unter seinem *Einfluss*. 彼女は彼の影響下にある
イディオム *auf*+4格 *Einfluss ausüben* ..4格へ影響を及ぼす

Ein·fluß 〚旧⇒新〛 Einfluss

Ein·fluss·be·reich (覆 ..fluß..) [アイン・フルス・ベライヒ] 男 *der* (覆2格 -[e]s; 複 -e) 勢力範囲

Ein·flüs·se [アイン・フリュッセ] Einfluss の 覆数

ein·för·mig [アイン・フェルミヒ] 形 単調な, 退屈な ▷ Mein Leben war sehr *einförmig*. 私の人生はとても単調なものだった

ein·frie·ren [アイン・フリーレン] 分離
(fror ein; eingefroren)
― 自 〚完了s〛凍りつく ▷ Die Wasserleitung ist *eingefroren*. 水道管が凍りついた
― 他 〚完了h〛 ❶ 〚4格と〛〔食料品など4格を〕冷凍にする ▷ Wir haben das Fleisch *eingefroren*. 彼は肉を冷凍にした
❷ 〚4格と〛〔預金・賃金・交渉など4格を〕凍結する

ein·fü·gen [アイン・フューゲン] 分離
(fügte ein; eingefügt; 〚完了h〛)
― 他 〚4格+in+4格と〛〔..4格を..4格に〕はめ込む; 挿入する ▷ ein paar Steine in den Riss *einfügen* 割れ目に石を二三個はめ込む / Er *fügte* noch einige Sätze in das Manuskript *ein*. 彼は原稿に文章をさらに二三書き加えた
― 再 〚sich⁴+in+4格と〛〔..4格に〕適合する, 順応する ▷ Er *fügte* sich schnell in die neue Umgebung *ein*. 彼はすぐに新しい環境に順応した

ein·füh·len [アイン・フューレン] 分離
(fühlte ein; eingefühlt; 〚完了h〛)
再 ❶ 〚sich⁴+in+4格と〛〔..4格の〕身になる (☆ ふつう話法の助動詞 können と) ▷ Er kann sich gut in einen anderen *einfühlen*. 彼は他人の立場

に立って考えることができる
❷ 〚[sich]^4+in+④と〛〔考え方・思いなど^{4}を〕(その人の身〈立場〉になることで)分かる

Ein·fuhr [アイン・フーア] [女] *die* ([単] 2 格 –; [複] -en) 輸入 (=Import; [反] Ausfuhr)

ein|füh·ren [アイン・フューレン] [分離]
(führte ein; eingeführt; [完了]h)
[他] ❶ 〚④と〛〔..^{4}を〕輸入する (=importieren; [反] ausführen) ▷ Erdöl aus Saudi-Arabien *einführen* サウジアラビアから石油を輸入する
❷ 〚④と〛〔制度・品物など^{4}を〕取り入れる, 採用する ▷ An unserer Schule wurde ein neues Lehrbuch *eingeführt*. 私たちの学校では新しい教科書が取り入れられた
❸ 〚④と〛〔..^{4}に〕手ほどきをする ▷ Er *führte* uns in die Philosophie *ein*. 彼は私たちに哲学の手ほどきをした
❹ 〚④+in+④と〛〔..^{4}を..^{4}に〕差し込む, 差し入れる ▷ einen Schlauch in den Magen *einführen* ゴム管を胃に差し込む
❺ 〚④+bei+③と〛〔..^{4}を..^{3}に〕引き合わせる, 紹介する ▷ Er hat das Mädchen bei seinen Eltern *eingeführt*. 彼は両親にその娘を紹介した

Ein·füh·rung [アイン・フュールング] [女] *die* ([単] 2 格 –; [複] なし) (新しい事物・制度などの) 導入, (初心者への) 手ほどき

Ein·ga·be [アイン・ガーベ] [女] *die* ([単] 2 格 –; [複] -n)
❶ 《コンピュータ》(データの) 入力, インプット
❷ 請願書, 陳情書

Ein·ga·be·tas·te [アイン・ガーベ・タステ] [女] *die* ([単] 2 格 –; [複] -n) 《コンピュータ》(キーボードの) エンターキー, 改行キー

Ein·gang [アイン・ガング] [男] *der* ([単] 2 格 -[e]s; [複] ..gänge)
❶ (建物・施設などの) **入口** ([反] Ausgang) ▷ Das Haus hat zwei *Eingänge*. その家には入口が 2 つある
❷ 〚ふつう [複] で〛 到着した郵便物 ▷ die *Eingänge* sortieren 到着した郵便物を仕分ける

Ein·gän·ge [アイン・ゲンゲ] Eingang の [複数]

ein·gän·gig [アイン・ゲンギヒ] [形] (メロディーなどが) 覚えやすい, すぐ頭に入る; (説明などが) わかりやすい

Ein·gangs·da·tum [アイン・ガングス・ダートゥム] [中] *das* ([単] 2 格 -s; [複] ..daten) (郵便物などの) 受領日

Ein·gangs·tür [アイン・ガングス・テューア] [女] *die* ([単] 2 格 –; [複] -en) 入口のドア

ein|ge·ben [アイン・ゲーベン] [分離]
(er gibt ein; gab ein; eingegeben; [完了]h)
[他] ❶ 〚④と〛〔データなど^{4}を〕(コンピュータに) 入力する
❷ 〚③+④と〛〔病人など^{3}に薬など^{4}を〕飲ませる

ein·ge·bet·tet [アイン・ゲベッテット] [形] (保護するものに) 取り囲まれた, 埋め込まれた

ein·ge·bil·det [アイン・ゲビルデット] [形] うぬぼれた, 思い上がった ▷ ein *eingebildeter* Mensch うぬぼれの強い人

ein·ge·bo·re·ne [アイン・ゲボーレネ] [形] その土地に生まれた (☆ 名詞につけて)

Ein·ge·bo·re·ne [アイン・ゲボーレネ] [男] *der* / [女] *die* (形容詞変化 ☞ Alte 表 I) 原住民 ▷ die *Eingeborenen* Australiens オーストラリアの原住民

Ein·ge·bung [アイン・ゲーブング] [女] *die* ([単] 2 格 –; [複] -en) 《文語》 インスピレーション, ひらめき, 霊感

ein·ge·fah·ren [アイン・ゲファーレン] [形] (車などが) 慣らし運転がされている

ein·ge·fleisch·te [アイン・ゲフライシュテ] [形] (習慣などが) 身についた, (変えようにも) 変えがたい (☆ 名詞につけて)
[イディオム] ***ein eingefleischter Junggeselle*** 主義として結婚しない独身者

ein|ge·hen [アイン・ゲーエン] [分離]
(ging ein; eingegangen)
— [自] 〚[完了]s〛 ❶ 〚auf+④と〛〔問題など^{4}を〕取り上げる ▷ Darauf kann ich jetzt nicht *eingehen*. そのことはいま取り上げることができません
❷ 〚auf+④と〛〔提案など^{4}を〕受け入れる ▷ Ich bin auf seinen Vorschlag nicht *eingegangen*. 私は彼の提案を受け入れなかった
❸ (郵便物などが) 到着する, 届く ▷ Briefe sind *eingegangen*. 手紙が届いた
❹ (布地が) 縮む; (主に動物が) 死ぬ; (植物が) 枯れる; (雑誌などが) 廃刊になる; (店などが) つぶれる
[イディオム] ***in die Geschichte eingehen*** 歴史に残る ▷ Sein Name wird *in die Geschichte eingehen*. 彼の名前は歴史に残るだろう
— [他] 〚ふつう [完了]s〛〚特定の名詞^{4}と〛 ▷ eine Ehe mit+③ *eingehen* ..^{3}と結婚する / ein Risiko *eingehen* 危険を冒す / eine Wette *eingehen* 賭けをする

ein·ge·hend [アイン・ゲーエント] [形] 詳細な, 立ち入った ▷ eine *eingehende* Beschreibung 詳細な記述

ein·ge·kauft [アイン・ゲカオフト] einkaufen の [過分]

ein·ge·la·den [アイン・ゲラーデン] einladen の [過分]

Ein·ge·mach·te [アイン・ゲマハテ] [中] *das* (形容詞変化 ☞ Alte 表 II) (ジャム・ピクルスなどの) 保存食品

ein·ge·schla·fen [アイン・ゲシュラーフェン] einschlafen の [過分]

ein·ge·schnappt [アイン・ゲシュナップト] 形
《口語》感情を害している

ein·ge·schrie·ben [アイン・ゲシュリーベン] 形
書留の ▷ einen Brief *eingeschrieben* schicken 手紙を書留で送る

ein·ge·ses·sen [アイン・ゲゼッセン] 形 (何世代も前から)住んでいる, 住み着いている

Ein·ge·ständ·nis [アイン・ゲシュテントニス] 中 *das* (⊕ 2格 ..nisses; ⊕ ..nisse) 《文語》(過ちなどを)認めること

ein·ge·ste·hen [アイン・ゲシュテーエン] 分離
(gestand ein; eingestanden; 完了h)
他 【4と】〔過ちな4を〕認める, 白状する

ein·ge·stellt [アイン・ゲシュテルト]
— einstellen の 過分
— 形 【副詞と】〔…な〕考え方をもった ▷ Er ist fortschrittlich *eingestellt*. 彼は進歩的な考え方をもっている

ein·ge·stie·gen [アイン・ゲシュティーゲン] einsteigen の 過分

ein·ge·tre·ten [アイン・ゲトレーテン] eintreten の 過分

Ein·ge·wei·de [アイン・ゲヴァイデ] 複名 内臓, はらわた

ein|ge·wöh·nen [アイン・ゲヴェーネン] 分離
(gewöhnte ein; eingewöhnt; 完了h)
再 【sich⁴+場所3〕〔新しい場所な3に〕慣れる

ein·glei·sig [アイン・グライズィヒ] 形《鉄道》単線の ▷ eine *eingleisige* Strecke 単線区間

ein|gra·ben [アイン・グラーベン] 分離
(er gräbt ein; grub ein; eingegraben; 完了h)
他 【4と】〔…⁴を〕(地中などに)埋める

ein|grei·fen [アイン・グライフェン] 分離
(griff ein; eingegriffen; 完了h)
自 〔in+4と〕〔…⁴に〕割って入る, 介入する ▷ Er *griff* in die Diskussion *ein*. 彼は討論に割り込んだ / Die Polizei hat energisch *eingegriffen*. 警察は断固として介入した

Ein·griff [アイン・グリフ] 男 *der* (⊕ 2格 -[e]s; ⊕ -e)
❶ (私的なことへの)干渉; (他人の権利の)侵害
❷ (特に内臓に対する)手術 (=Operation)

Ein·halt [アイン・ハルト] 男 *der* 《成句で》③ + *Einhalt gebieten* …³を阻止する, 食い止める ▷ einer Grippe *Einhalt gebieten* インフルエンザの蔓延を食い止める

ein|hal·ten [アイン・ハルテン] 分離
(er hält ein; hielt ein; eingehalten; 完了h)
他 ❶ 【4と】〔約束・期限な⁴を〕守る ▷ Er *hielt* den Termin pünktlich *ein*. 彼は期限をちゃんと守った
❷ 【4と】〔間隔・コースな⁴を〕守る, (そのまま)保つ ▷ den erforderlichen Abstand *einhalten* 必要な車間距離を保つ / Das Flugzeug *hält* den Kurs *ein*. 飛行機はコースを守る

ein|hän·gen [アイン・ヘンゲン] 分離
(hängte ein; eingehängt; 完了h)
— 自 (電話を切るために)受話器を置く ▷ Er hat *eingehängt*. 彼は受話器を置いた
— 他 【4と】〔ドアな⁴を〕蝶つがいなどに取りつける

ein·hei·misch [アイン・ハイミシュ] 形 その土地〈国〉の ▷ die *einheimische* Bevölkerung その土地の住民

ein|hei·ra·ten [アイン・ハイラーテン] 分離
(heiratete ein; eingeheiratet; 完了h)
自〔in+4と〕〔資産家な⁴に〕婿入りする, 嫁ぐ; 〔企業な⁴の〕経営陣に結婚によって加わる

Ein·heit [アインハイト] 女 *die* (⊕ 2格 -; ⊕ -en)
❶ 《複なし》統一, まとまり ▷ die politische *Einheit* 政治的統一
❷ (計量の基準になる)単位 ▷ die *Einheit* des Längenmaßes 長さの単位
❸ 《軍事》部隊

ein·heit·lich [アインハイトリヒ] 形
❶ 統一のとれた, まとまった ▷ ein *einheitliches* Vorgehen 統一のとれた行動 / zu einer *einheitlichen* Auffassung kommen 統一見解に至る
❷ (システム・計画などが)統一性〈まとまり〉のある

ein·hel·lig [アイン・ヘリヒ] 形 (意見などが)全員一致の

ein|ho·len [アイン・ホーレン] 分離
(holte ein; eingeholt; 完了h)
他 ❶ 【4と】〔…⁴に〕追いつく (☆「追い越す」はüberholen) ▷ Ich *holte* ihn gerade noch *ein*. 私は彼にやっと追いついた
❷ 【4と】〔遅れな⁴を〕取り戻す ▷ Er konnte die verlorene Zeit nicht wieder *einholen*. 彼は失った時間を二度と取り戻すことができなかった
❸ 《文語》【4と】〔情報・許可な⁴を〕(人から)もらう

Ein·horn [アイン・ホルン] 中 *das* (⊕ 2格 -[e]s; ⊕ ..hörner) 一角獣

ei·nig [アイニヒ] 形《成句で》*sich³ einig sein* 意見が一致している ▷ Wir *sind* uns darüber *einig*. 私たちはそのことについて意見が一致している / In dieser Frage *bin* ich mir mit ihm völlig *einig*. この問題で私は彼と意見がまったく同じだ

ei·ni·ge

[áınıgə アイニゲ]

《不定数詞》

格	男性	女性	中性	複数
①	einig*er*	einig*e*	einig*es*	einig*e*
②	einig*es*	einig*er*	einig*es*	einig*er*
③	einig*em*	einig*er*	einig*em*	einig*en*
④	einig*en*	einig*e*	einig*es*	einig*e*

einig*em*

[注]男性・中性単数2格で einigen になることが多い

❶《主に複数形の普通名詞と》二三の，若干の
einige Leute
何人かの人
einige hundert Menschen
数百人の人々
in *einigen* Tagen
数日のうちに
vor *einigen* Wochen
数週間前に
《名詞的に》
einige meiner Freunde
私の数名の友人
Einige standen noch herum.
二三の人がまだ周りに立っていた

★ 後続する形容詞は無冠詞の場合と同一の格語尾をつける ▷ *einige* schöne Bücher 数冊の美しい本

❷《単数形の物質名詞，抽象名詞と》多少の，いくらかの ▷ *Einiges* Geld hatte er noch. 多少のお金を彼はまだ持っていた / vor *einiger* Zeit 少し前に /《名詞的に》*Einiges* davon kenne ich schon. このことについて私は少しはもう知っています /《関係文と》Er erzählte *einiges*, was wir noch nicht wussten. 彼は私たちがまだ知らなかったことをいくつか話してくれた

★ 後続する形容詞はふつう定冠詞を伴う場合と同一の格語尾をつける ▷ mit *einigem* gutem Willen 少しの善意で

❸《ふつうアクセントを伴って》かなりの ▷ Hierin hat er *einige* Erfahrung. このことについて彼はかなりの経験がある

ei·ni·g*em* [アイニゲム] ☞ einige
ei·ni·gen [アイニゲン]
 ― 再 (einigte; geeinigt; 匠刀h)《sich⁴+mit+③と》《…³と》合意する，意見が一致する ▷ Ich habe mich darüber mit ihm *geeinigt*. 私は彼とそのことに関して意見が一致した /《相互的に》Wir *einigten* uns darauf, dass … 私たちは…ということで合意に達した
 ― ☞ einige
ei·ni·g*er* [アイニガー] ☞ einige
ei·ni·ger·ma·ßen [アイニガー・マーセン] 副 ある程度，いくらか；まあまあ ▷ Er verdient *einigermaßen*. 彼はある程度稼ぎがある /《応答文で》Wie geht es dir? – Es geht mir *einigermaßen*. 調子はどうだい―まあまあだ
ei·ni·g*es* [アイニゲス] ☞ einige
Ei·ni·gung [アイニグング] 女 die (⊕2格 -; ⊕ -en) 合意 ▷ Es kam zu keiner *Einigung*. 合意をみるに至らなかった (☆ es は非人称主語)

ein|imp·fen [アイン・イムプフェン] 分離
 (impfte ein; eingeimpft; 匠刀h)
 他《口語》《③+④と》〔子供など³に…⁴を〕繰り返し言って教えこむ

Ein·kauf [アイン・カオフ] 男 der (⊕2格 -[e]s; ⊕ ..käufe) 買い入れること，購入 ▷ ein guter *Einkauf* 上手な買い物
 《イディオム》*Einkäufe* machen 買い物をする

ein|kau·fen [アイン・カオフェン] 分離
 (kaufte ein; eingekauft; 匠刀h)
 ― 自 買い物をする ▷ Sie ist *einkaufen* gegangen. 彼女は買い物に出かけた
 ― 他《④と》〔食料品など⁴を〕買い入れる，購入する ▷ Er hat vergessen, Brot *einzukaufen*. 彼はパンを買うことを忘れた

Ein·kaufs·bum·mel [アイン・カオフス・ブメル] 男 der (⊕2格 -s; ⊕ -) ショッピングのために町をぶらつくこと

Ein·kaufs·netz [アイン・カオフス・ネッツ] 中 das (⊕2格 -es; ⊕ -e) 買い物用の網袋

Ein·kaufs·ta·sche [アイン・カオフス・タッシェ] 女 die (⊕2格 -; ⊕ -n) 買い物袋

Ein·kaufs·wa·gen [アイン・カオフス・ヴァーゲン] 男 der (⊕2格 -s; ⊕ -) (スーパーなどの) ショッピングカート

Ein·kaufs·zent·rum [アイン・カオフス・ツェントルム] 中 das (⊕2格 -s; ⊕ ..zentren) ショッピングセンター

ein|keh·ren [アイン・ケーレン] 分離
 (kehrte ein; eingekehrt; 匠刀s)
 自《口語》(ドライブなどの途中，休憩などのために) 立ち寄る

ein|kel·lern [アイン・ケレルン] 分離
 (kellerte ein; eingekellert; 匠刀h)
 他《④と》〔ジャガイモ・ワインなど⁴を〕地下室に蓄える

ein|kes·seln [アイン・ケッセルン] 分離
 (kesselte ein; eingekesselt; 匠刀h)
 他 ❶《④と》〔敵など⁴を〕包囲する
 ❷《④と》〔獣など⁴を〕追い込む

ein|klam·mern [アイン・クラメルン] 分離
 (klammerte ein; eingeklammert; 匠刀h)
 他《④と》〔単語など⁴を〕かっこに入れる ▷ Das Wort wurde *eingeklammert*. その語はかっこに入れられた

Ein·klang [アイン・クラング] 男 der
 〔成句で〕④+*mit*+③+*in Einklang bringen*《文語》…⁴を…³と調和させる
 mit+③+*in Einklang stehen*《文語》…³と一致している

ein|klei·den [アイン・クライデン] 分離
 (kleidete ein; eingekleidet; 匠刀h)
 他《④と》〔新兵など⁴に〕新しい制服を支給する

---

①, ②, ③, ④ = 1格, 2格, 3格, 4格の名詞

(イディオム) ④+*neu einkleiden* …⁴に新しい服を買い揃えて与える

ein|ko·chen [アイン・コッヘン] 分離
(kochte ein; eingekocht; 完7h)
他 〖④と〗〔果物・野菜など⁴を〕(保存用に)煮詰める

Ein·kom·men [アイン・コメン] 中 *das* (単2格 -s; 複 -) 収入, 所得 ▷ *Er hat ein festes Einkommen.* 彼は固定した収入がある

Ein·kom·men[s]·steu·er [アイン・コメン[ス]・シュトイアー] 女 *die* (単2格 -; 複 -n) 所得税

Ein·kom·men[s]·steu·er·er·klä·rung [アイン・コメン[ス]・シュトイアー・エアクレールング] 女 *die* (単2格 -; 複 -en) 所得税申告

Ein·künf·te [アイン・キュンフテ] 複名 収入, 所得

ein|la·den
[áinla:dn アイン・ラーデン] 分離

現在	ich lade … ein	wir laden … ein
	du lädst … ein	ihr ladet … ein
	er lädt … ein	sie laden … ein
過去	ich lud … ein	wir luden … ein
	du ludst … ein	ihr ludet … ein
	er lud … ein	sie luden … ein
過分	eingeladen	完7 haben

他 ❶ 〖④と〗〔…⁴を〕**招待する**, 招く (招待に伴う費用はすべて負担することが含意される)
Ich habe ihn zum Essen eingeladen.
私は彼を食事に招待した
Ich bin heute Abend eingeladen.
[状態受動] 私は今晩招待されている
Gehen wir in ein Café, ich lade Sie ein.
喫茶店へ行きましょう 私がおごります
❷ 〖④と〗〔…⁴を〕積み込む

Ein·la·dung [アイン・ラードゥング] 女 *die* (単2格 -; 複 -en)
招待, 招き; 招待状

Ein·la·ge [アイン・ラーゲ] 女 *die* (単2格 -; 複 -n)
❶ 幕間の余興
❷ (歯の)詰め物
❸ スープの実
❹ 〈ふつう 複 で〉(靴の)中敷き

Ein·lass [アイン・ラス] 男 *der* (単2格 -es; 複 なし) 〈文語〉(映画などへの)入場

Ein·laß (旧⇒新) Einlass

ein|las·sen [アイン・ラッセン] 分離
(er lässt ein; ließ ein; eingelassen; 完7h)
—他 ❶ 〖④と〗〔…⁴を〕中に入れる ▷ *Der Portier ließ niemanden ein.* ドアマンはだれも中に入れなかった
❷ 〖④と〗〔水⁴を〕(浴槽などに)中に入れる
—再 ❶ 〖sich⁴+auf〈in〉+④と〗〔好ましくないこと⁴に〕かかり合う ▷ *Lass dich nicht darauf*

ein! そんなことに手を出すな
❷ 〖sich⁴+mit+③と〗〔…³と〕つき合う (☆否定的意味合いで) ▷ *Lass dich nicht mit ihm ein!* 彼とはつき合うな

ein|lau·fen [アイン・ラオフェン] 分離
(er läuft ein; lief ein; eingelaufen)
—自 〖完7s〗 ❶ (水などが)流れ込む (☆主に lassen と) ▷ *Sie lässt Wasser in die Wanne einlaufen.* 彼女は水を浴槽に入れる
❷ (船が)入って来る ▷ *Das Schiff ist gerade eingelaufen.* 船がちょうど入港した
❸ (布地などが)縮む ▷ *Die Vorhänge sind beim Waschen eingelaufen.* カーテンは洗ったら縮んだ
—他 〖完7h〗〖④と〗〔靴など⁴を〕はきならす ▷ *Er läuft die neuen Schuhe ein.* 彼は新しい靴をはきならす

ein|le·ben [アイン・レーベン] 分離
(lebte ein; eingelebt; 完7h)
再 〖sich⁴+再動④と〗〔新しい場所などに〕慣れる

ein|le·gen [アイン・レーゲン] 分離
(legte ein; eingelegt; 完7h)
他 ❶ 〖④と〗〔フィルム・カセット・CD・靴底など⁴を〕中に入れる ▷ *einen neuen Film einlegen* 新しいフィルムを装塡(そうてん)する
❷ 《料理》〖④と〗〔野菜など⁴を〕漬ける, 漬け込む; 漬物にする
❸ 〖④と〗〔…⁴を〕(家具などに)飾りとしてはめ込む; 〔家具など⁴に〕飾りなどをはめ込む
❹ 〖④と〗〔休みなど⁴を〕挿入する; 〔臨時列車など⁴を〕増発する
(イディオム) *Berufung einlegen* 訴願する
Beschwerde einlegen 抗議を申し入れる

ein|lei·ten [アイン・ライテン] 分離
(leitete ein; eingeleitet; 完7h)
他 ❶ 〖④と〗〔催し物⁴を〕(音楽によって)開始する ▷ *Wir leiteten die Feier mit Musik ein.* 私たちは祝祭を音楽で始めた
❷ 《文語》〖④と〗〔訴訟手続きなど⁴を〕開始する

Ein·lei·tung [アイン・ライトゥング] 女 *die* (単2格 -; 複 -en) (本の)**序文**; 手引き[書]

ein|len·ken [アイン・レンケン] 分離
(lenkte ein; eingelenkt; 完7h)
自 (争い事などで)譲歩する, 態度を和らげる

ein|le·sen [アイン・レーゼン] 分離
(las ein; eingelesen; 完7h)
他 〖コンピュ〗〖④と〗〔データなど⁴を〕(スキャナーなどで)読み込む

ein|leuch·ten [アイン・ロイヒテン] 分離
(leuchtete ein; eingeleuchtet; 完7h)
自 〖③と〗〔…³にとって〕よくわかる, 納得がゆく ▷ *Dieses Argument leuchtet mir ein.* この論拠はよくわかる / 〔現在分詞で〕*eine einleuchtende Erklärung* 納得のゆく説明

ein·leuch·tend [アイン・ロイヒテント] 形（説明などが）よくわかる，納得のゆく

ein|lie·fern [アイン・リーフェルン] 分離
(lieferte ein; eingeliefert; 匿了h)
他〖④と〗〔病人・犯罪者など⁴を〕（病院・刑務所などに）入れる

ein|lö·sen [アイン・レーゼン] 分離
(löste ein; eingelöst; 匿了h)
他〖④と〗〔小切手・為替など⁴を〕現金化する；〔質⁴を〕請け出す

ein|ma·chen [アイン・マッヘン] 分離
(machte ein; eingemacht; 匿了h)
他〖④と〗〔果物・野菜など⁴を〕（煮詰めたりして）保存食にする

Ein·mach·glas [アイン・マハグラース] 中 das
(⊕ 2格 -es; ⊕ ..gläser)（ジャム・漬物などの）保存びん

ein·mal
[áinma:l アイン・マール]

副 ❶ **一度**，1 回
einmal im Monat
月に一度
Er war nur *einmal* dort.
彼はそこに一度しか行ったことがない

❷《未来の不定の時を表して》**いつか**，そのうち
Kommen Sie doch *einmal* zu uns!
そのうち私たちのところに来てください
Sie wird es *einmal* bereuen.
彼女はそれをいつか後悔するでしょう

❸《過去の不定の時を表して》**以前**，かつて ▷
Ich war schon *einmal* dort. 私はすでに以前そこに行ったことがある／《昔話の冒頭の決まり文句》Es war *einmal* ... 昔々…がおりました（☆文頭の es は穴埋め）

❹《命令文で；アクセントなしで》ちょっと，さあ（＝ mal）▷ Komm doch *einmal* her! ちょっとこっちへおいでよ／ Sag *einmal*! さあ言えよ

（イディオム）**auf einmal** 突然，急に；同時に，一度に ▷ Auf einmal fing es an zu regnen. 突然雨が降り始めた／ Ich kann nicht zwei Dinge *auf einmal* tun. 私は 2 つのことを同時にできない
erst einmal まず始めに
nicht einmal《アクセントなしで》…すらない ▷ Er kann *nicht einmal* grüßen. 彼はあいさつもろくにできない
noch einmal もう一度 ▷ Ich versuche es *noch einmal*. 私はそれをもう一度試みる
nun einmal《アクセントなしで》《今さら変えられないという気持ちを表して》（何と言ったって）とにかく ▷ Es ist *nun einmal* geschehen. それはとにかく起きてしまったのだ

ein·ma·lig [アイン・マーリヒ]
形 ❶ 1 回〈一度〉限りの ▷ eine *einmalige* Gelegenheit 1 回限りの機会
❷ またとないほどすばらしい ▷ Dieser Film ist *einmalig*. この映画はまたとないほどすばらしい／《副詞的に》Das Wetter war *einmalig* schön.
天気はまたとないほどよかった

Ein·marsch [アイン・マルシュ] 男 der (⊕ 2格 -[e]s; ⊕ ..märsche)（軍隊の）進駐；（選手の）入場行進

ein|mar·schie·ren [アイン・マルシーレン] 分離
(marschierte ein; einmarschiert; 匿了s)
自（軍隊が町などへ）進駐する；（選手が）行進しながら入場する

ein|mi·schen [アイン・ミッシェン] 分離
(mischte ein; eingemischt; 匿了h)
再〖sich⁴+in+④と〗〔…⁴に〕口を出す，干渉する ▷ Er *mischt* sich in alles *ein*. 彼はあらゆることに口を出す

ein|mot·ten [アイン・モッテン] 分離
(mottete ein; eingemottet; 匿了h)
他〖④と〗〔衣類など⁴に〕防腐剤などを入れてしまう

ein·mü·tig [アイン・ミューティヒ] 形 全員一致の，異口同音の

ein|nä·hen [アイン・ネーエン] 分離
(nähte ein; eingenäht; 匿了h)
他〖④と〗〔裏地など⁴を〕縫いつける

Ein·nah·me [アイン・ナーメ] 女 die (⊕ 2格 -; -n)
❶《ふつう ⊕ で》**収入**（⊕ Ausgabe）▷ Seine *Einnahmen* sind gestiegen. 彼の収入は増えた
❷《⊕ なし》（薬などの）服用；（陣地などの）占拠，占領

ein|neh·men [アイン・ネーメン] 分離
(er nimmt ein; nahm ein; eingenommen; 匿了h)
他 ❶〖④と〗〔薬⁴を〕服用する；《文語》〔食事など⁴を〕とる ▷ Tabletten *einnehmen* 錠剤を服用する

❷〖④と〗〔…⁴を〕収入として得る，稼ぐ ▷ Er *nimmt* monatlich 4 000 Euro *ein*. 彼は月に4000 ユーロ稼ぐ

❸〖④と〗〔場所など⁴を〕占める；〔軍事〕〔陣地など⁴を〕占領する ▷ Der Tisch *nimmt* viel Platz *ein*. このテーブルは場所を多くとる

❹〖④と〗〔席⁴に〕着く；〔地位⁴に〕就く ▷ Bitte nehmen Sie Ihre Plätze wieder *ein*. どうぞもう一度お座りください

❺〖④と〗〔ある立場⁴を〕とる ▷ Er *nahm* eine abwartende Haltung *ein*. 彼は静観的な態度をとった

（イディオム）④+**für**〈**gegen**〉+④ **einnehmen** …¹に…⁴に対する好感〈反感〉を抱かせる ▷ Seine Zuverlässigkeit *nimmt* mich sehr *für* ihn *ein*. 彼は信頼できるので私は彼にとても好感を抱いている

ein|ni·cken [アイン・ニッケン] 分離

einrichten

(nickte ein; eingenickt; 助動s)
自 居眠りする

ein|nis·ten [アイン・ニステン] 分離
(nistete ein; eingenistet; 助動h)
再《口語》《sich³+④と+場所と》〔他人の家などに〕(迷惑になるほど)長居する

Ein·öde [アイン・エーデ] 女 die (複2格-; まれに複-n) 荒涼とした土地, 荒野

ein|ord·nen [アイン・オルドネン] 分離
(ordnete ein; eingeordnet; 助動h)
— 他 《④と》〔本・カードなど⁴を〕整理して入れる
— 再 ❶《sich⁴+in+④と》〔集団などに〕順応〈適応〉する
❷《sich⁴と》(左折・右折などする際に)指定された車線に入る

ein|pa·cken [アイン・パッケン] 分離
(packte ein; eingepackt; 助動h)
他 ❶《④と》〔··⁴を〕包む ▷ Können Sie mir das Buch bitte *einpacken*? その本を包んでいただけますか
❷《④と》〔··⁴を〕詰める (反 auspacken) ▷ den Anzug in den Koffer *einpacken* 背広をトランクに詰める

ein|prä·gen [アイン・プレーゲン] 分離
(prägte ein; eingeprägt; 助動h)
— 他《③+④と》〔··³の心に··⁴を〕刻み込む;〔··³に··⁴を〕教え込む ▷ Ich habe ihm *eingeprägt*, pünktlich zu sein. 私は彼に時間を守るように教え込んだ /《再帰的に》Du musst dir diese Vorschrift genau *einprägen*. 君はこの規則をしっかり覚えておかねばならない
— 再《sich⁴と》(出来事などが記憶・心などに)刻み込まれる

ein|quar·tie·ren [アイン・クヴァルティーレン] 分離 (quartierte ein; einquartiert; 助動h)
他《④と》〔軍隊・難民など⁴を〕宿泊させる

ein|rah·men [アイン・ラーメン] 分離
(rahmte ein; eingerahmt; 助動h)
他《④と》〔絵・賞状など⁴を〕額縁に入れる

ein|ram·men [アイン・ラメン] 分離
(rammte ein; eingerammt; 助動h)
他《④と》〔杭など⁴を〕(杭打ち機などで)打ち込む

ein|ras·ten [アイン・ラステン] 分離
(rastete ein; eingerastet; 助動s)
自 (錠などが)しっかりかかる

ein|räu·men [アイン・ロイメン] 分離
(räumte ein; eingeräumt; 助動h)
他 ❶《④と》〔家具・食器など⁴を〕(しかるべき場所に)入れる, 並べる ▷ die Möbel *einräumen* 家具を(部屋へ)入れる / die Bücher in den Schrank *einräumen* 本を本箱に並べる
❷《④と》〔··⁴を〕認める, 容認する ▷ Ich *räume ein*, dass ich geirrt habe. 私は思い違いをしたことを認めます

ein|re·den [アイン・レーデン] 分離
(redete ein; eingeredet; 助動h)
再《sich³+④と》〔··⁴と〕勝手に思い込む

ein|rei·ben [アイン・ライベン] 分離
(rieb ein; eingerieben; 助動h)
他《④と》〔軟膏など⁴を〕すりこむ;〔靴・顔など⁴に〕(クリームなどを)塗る

ein|rei·chen [アイン・ライヒェン] 分離
(reichte ein; eingereicht; 助動h)
他《文語》《④と》〔申請書など⁴を〕(しかるべきところに)提出する

ein|rei·hen [アイン・ライエン] 分離
(reihte ein; eingereiht; 助動h)
再《sich⁴+in+④と》〔列など⁴に〕加わる, 入る

Ein·rei·se [アイン・ライゼ] 女 die (複2格-; 複-n) 入国 (反 Ausreise) ▷ bei der *Einreise* den Pass vorlegen 入国の際にパスポートを提示する

ein|rei·sen [アイン・ライゼン] 分離
(reiste ein; eingereist; 助動s)
自 入国する (反 ausreisen) ▷ Er ist mit der Bahn nach Österreich *eingereist*. 彼は鉄道でオーストリアに入国した

ein|rei·ßen [アイン・ライセン] 分離
(riss ein; eingerissen)
— 自《助動s》❶ 裂ける ▷ Das Papier ist *eingerissen*. 紙がやぶれた
❷ (悪習などが)はびこる, 広まる
— 他《助動h》❶《④と》〔··⁴を〕引き裂く ▷ eine Eintrittskarte *einreißen* 入場券の端をちぎる
❷《④と》〔家・壁など⁴を〕取り壊す ▷ das alte Stadtviertel *einreißen* 旧市街を取り壊す

ein|ren·ken [アイン・レンケン] 分離
(renkte ein; eingerenkt; 助動h)
— 他 ❶《③+④と》〔··³の脱臼した腕など⁴を〕整復する, 元に戻す
❷《④と》〔悪くなった人間関係など⁴を〕修復する, 元どおりにする
— 再《sich⁴と》(悪くなった人間関係などが)元どおりになる

ein|rich·ten [アイン・リヒテン] 分離
(richtete ein; eingerichtet; 助動h)
— 他 ❶《④と》〔部屋・住まいなど⁴に〕**家具調度を備える** ▷ Ich habe mein Zimmer neu *eingerichtet*. 私は部屋に新しく家具を入れて整えた
❷《④と》〔施設など⁴を〕(公共のために)設立する ▷ Hier soll ein Kindergarten *eingerichtet* werden. ここに幼稚園がつくられる予定である
(イディオム) *es so einrichten, dass ...* …になるように都合をつける ▷ Kannst du *es so einrichten*, dass …? 君は…になるように都合をつけてくれる

(旧⇒新)=新正書法の指示, (旧)=旧正書法の指示

かい
——再《sich⁴+auf+④と》[…⁴に対する]準備をする ▷ Sie *richten* sich auf den Winter *ein*. 彼らは冬に対する準備をする

Ein|rich·tung [アイン・リヒトゥング] 囡 *die* (翻 2 格 –; 翻 –en)
❶ (翻 なし) 家具調度を整えること
❷ 家具調度 ▷ eine elegante *Einrichtung* 洗練された家具調度
❸ (公共機関の) 施設

ein|ros·ten [アイン・ロステン] 分動
(rostete ein; eingerostet; 完了 s)
自 (ねじ・錠などが) さびて動かなくなる

eins
[a͜ins アインス]

——《基数》**1**
Eins und zwei ist drei.
1 たす 2 は 3
《時刻で；= ein Uhr》
um halb *eins*
12 時半に (← 1 時に向かって半分進んで)
Es hat *eins* geschlagen. 時計が 1 時を打った
《金額で》
eins zehn 1 ユーロ 10 セント
——☞ ein (不定冠詞の名詞的用法； eines (中性 1・4 格) の短縮形)

Eins [アインス] 囡 *die* (翻 2 格 –; 翻 –en) (数字の) 1

ein|sam [アインザーム]
形 ❶ 孤独な、ひとりぼっちの、寂しい ▷ ein *einsamer* Mensch 孤独な人 / sich⁴ *einsam* fühlen 寂しく感じる
❷ (通りなどが) 人気のない；(村落などが) 人里離れた

Ein·sam·keit [アインザームカイト] 囡 *die* (翻 2 格 –；翻 なし) 孤独；寂しさ ▷ die *Einsamkeit* lieben 孤独を愛する

ein|sam·meln [アイン・ザメルン] 分動
(sammelte ein; eingesammelt; 完了 h)
他《④と》[寄付金・ノートなど⁴を](クラスなどで各人から手渡しさせて) 集める

Ein·satz [アイン・ザッツ] 男 *der* (翻 2 格 –es; 翻 ..sätze)
❶ (翻 なし) (機械・人力などの) 投入 ▷ Der *Einsatz* der Polizei war notwendig. 警察の投入はやむをえなかった
❷ (翻 なし) (目的のための) 尽力 ▷ Diese Aufgabe fordert den vollen *Einsatz*. この任務は全力を尽くして当たらねばならない
❸ (翻 なし) (消防士などの) 出動；(軍隊などの) 出撃
❹ 賭金

ein|schal·ten [アイン・シャルテン] 分動
(schaltete ein; eingeschaltet; 完了 h)
——他 ❶《④と》[…⁴の] スイッチを入れる (反 ausschalten) ▷ den Motor *einschalten* モーター〈エンジン〉のスイッチを入れる
❷《④と》[…⁴に](問題解決のために) 介入させる ▷ Da müssen wir den Anwalt *einschalten*. そのことでは弁護士の意見を求めねばならない
——再《sich⁴と》(直接自分に関係のないことに) 割り込む ▷ Er *schaltete* sich in die Verhandlungen *ein*. 彼は話し合いに割り込んできた

Ein·schalt·quo·te [アイン・シャルト・クヴォーテ] 囡 *die* (翻 2 格 –；翻 –n) 視聴率

ein|schär·fen [アイン・シェルフェン] 分動
(schärfte ein; eingeschärft; 完了 h)
他《③+④と》[子供など³に…⁴するように] 繰り返し〈きつく〉言って聞かせる

ein|schät·zen [アイン・シェッツェン] 分動
(schätzte ein; eingeschätzt; 完了 h)
他《④+様態と》[…⁴に…の] 評価〈判断〉を与える ▷ Ich *schätze* ihn 〈seine Arbeit〉 hoch *ein*. 私は彼のこと〈彼の仕事〉を高く評価する

ein|schen·ken [アイン・シェンケン] 分動
(schenkte ein; eingeschenkt; 完了 h)
他《④と》[飲み物⁴を] つぐ ▷ Sie *schenkte* den Kaffee *ein*. 彼女はコーヒーをついだ // Darf ich Ihnen noch einmal *einschenken*? お代わりはいかがですか

ein|schi·cken [アイン・シッケン] 分動
(schickte ein; eingeschickt; 完了 h)
他《④と》[…⁴を](公共の機関などに) 送付する、郵送する

ein|schif·fen [アイン・シッフェン] 分動
(schiffte ein; eingeschifft; 完了 h)
——他 ❶《④と》[乗客など⁴を] 乗船させる、[荷物⁴を] 船に積み込む
——再《sich⁴と》乗船する ▷ Er *schiffte* sich nach Amerika *ein*. 彼はアメリカ行きの船に乗った

ein|schla·fen
[áinʃlaːfn̩ アイン・シュラーフェン] 分動

現在			
ich schlafe … ein	wir schlafen … ein
du schläfst … ein	ihr schlaft … ein
er schläft … ein	sie schlafen … ein

過去			
ich schlief … ein	wir schliefen … ein
du schliefst … ein	ihr schlieft … ein
er schlief … ein	sie schliefen … ein

| 過分 | eingeschlafen | 完了 | sein |

自 ❶ 眠り込む、寝入る
Er *schlief* sofort *ein*.
彼はすぐに眠り込んだ

❷ (手足などが)しびれる ▷ Mein Bein ist beim Sitzen *eingeschlafen.* 私は座っていて足がしびれた
❸《口語》(交流などが徐々に)なくなる ▷ Unser Briefwechsel ist allmählich *eingeschlafen.* 私たちの文通はしだいにとぎれてしまった

ein·schlä·fernd [アイン・シュレーフェルント] [形] 眠りにつかせる ▷ *einschläferndes* Mittel 麻酔薬 / *einschläfernde* Musik (退屈で)眠くなる音楽

ein|schla·gen [アイン・シュラーゲン] [分離]
(er schlägt ein; schlug ein; eingeschlagen)
― [他]〘[完了]h〙 ❶〘④と〙〔窓・戸など^{4}を〕たたいて壊す ▷ eine Fensterscheibe *einschlagen* 窓ガラスを打ち砕く
❷〘④と〙〔釘(くぎ)・くさびなど^{4}を〕打ち込む ▷ einen Nagel in die Wand *einschlagen* 壁に釘を打ち込む
❸〘④と〙〔…^{4}を〕包む, くるむ ▷ Sie *schlägt* das Kleid in ein Tuch *ein.* 彼女はドレスを布にくるむ
❹〘④と〙〔ある方向^{4}を〕とって進む ▷ den kürzesten Weg *einschlagen* 一番近い道を行く / in der Außenpolitik einen neuen Kurs *einschlagen* 外交で新しい路線をとる
― [自] ❶〘[完了]h,s〙(雷・砲弾などが落ちて)当たる ▷ Der Blitz hat in das Haus *eingeschlagen.* 雷が家に落ちた
❷〘[完了]h〙〘auf+④と〙〔…^{4}に〕続けざまに何度も殴りかかる ▷ Sie *schlug* zornig auf ihn *ein.* 彼女は怒って彼に打ってかかった
❸〘[完了]h,s〙《口語》(商品・作品などが)当たる, 好評を博する

ein·schlä·gi·ge [アイン・シュレーギゲ] [形] 関連している (☆ 名詞につけて) ▷ die *einschlägige* Literatur 関連文献 / in allen *einschlägigen* Geschäften nachfragen 求めている商品と関係がありそうな店すべてに問い合わせる
[イディオム] ***einschlägig vorbestraft sein*** 同じ前科がある

ein|schlei·chen [アイン・シュライヒェン] [分離]
(schlich ein; eingeschlichen; [完了]h)
[再]〘[sich]^{4}と〙(泥棒などが)忍び込む; (間違いなどが)紛れ込む

ein|schlep·pen [アイン・シュレッペン] [分離]
(schleppte ein; eingeschleppt; [完了]h)
[他]〘④と〙〔伝染病など^{4}を〕持ち込む

ein|schleu·sen [アイン・シュロイゼン] [分離]
(schleuste ein; eingeschleust; [完了]h)
[他]〘④と〙〔スパイなど^{4}を〕こっそり入り込ませる; 〔麻薬など^{4}を〕ひそかに持ち込む

ein|schlie·ßen [アイン・シュリーセン] [分離]
(schloss ein; eingeschlossen; [完了]h)
[他] ❶〘④と〙(鍵(かぎ)を掛けて)〔…^{4}を〕閉じ込める ▷ die Kinder in die ⟨der⟩ Wohnung *einschließen* 子供たちを家に閉じ込める /〘再帰的に〙Er hat sich in seinem Zimmer *eingeschlossen.* 彼は鍵をかけて自室に閉じこもった (☆ 3・4 格支配の前置詞の場合 3 格を用いる)
❷〘④と〙(鍵(かぎ)を掛けて)〔…^{4}を〕しまう ▷ Sie hat den Schmuck in einen Tresor *eingeschlossen.* 彼女は装身具類を金庫にしまった
❸〘④と〙〔…^{4}を〕含める ▷ Sie *schließt* ihn in ihr Gebet mit *ein.* 彼女は彼のことも共に祈る / Die Bedienung ist im Preis *eingeschlossen.* [状態受動] サービス料は料金に含まれている

ein·schließ·lich [アイン・シュリースリヒ]
― [副] …を含めて ▷ bis *einschließlich* 15. (fünfzehnten) März 3 月 15 日まで
― [前]〘②支配〙…を含めて (☆ 冠詞類・形容詞を伴わない名詞は単数の場合無語尾, 複数の場合 3 格語尾をつける; [反] ausschließlich) ▷ *einschließlich* aller Unkosten 雑費をすべて含めて

ein|schmei·cheln [アイン・シュマイヒェルン] [分離] (schmeichelte ein; eingeschmeichelt; [完了]h)
[再]〘[sich]^4+bei+③と〙〔上役など^{3}に〕取り入る

ein·schmei·chelnd [アイン・シュマイヒェルント] [形] (音楽などが)心地よい, 快い

ein|schmug·geln [アイン・シュムッゲルン] [分離]
(schmuggelte ein; eingeschmuggelt; [完了]h)
[他]〘④と〙〔麻薬・武器など^{4}を〕密輸入する

ein|schnap·pen [アイン・シュナッペン] [分離]
(schnappte ein; eingeschnappt; [完了]s)
[自] (鍵(かぎ)・ドアなどが) カチッと閉まる

ein|schnei·den [アイン・シュナイデン] [分離]
(schnitt ein; eingeschnitten; [完了]h)
― [他]〘④と〙〔模様など^{4}を〕(木などに)刻みつける
― [自] (服・バンドなどが)食い込む

ein·schnei·dend [アイン・シュナイデント] [形] (措置などが)思い切った, 断固たる; (変化などが)決定的な

Ein·schnitt [アイン・シュニット] [男] *der* ([単] 2 格 -[e]s; [複] -e) (人生などの)区切り ▷ Die Heirat ist ein *Einschnitt* im Leben. 結婚は人生における一つの転機だ

ein|schrän·ken [アイン・シュレンケン] [分離]
(schränkte ein; eingeschränkt; [完了]h)
― [他] ❶〘④と〙〔…^{4}を〕制限する ▷ die Zahl der Teilnehmer *einschränken* 参加者の数を制限する
❷〔…^{4}の〕活動などを制約する
― [再]〘[sich]^{4}と〙生活を切り詰める

Ein·schrän·kung [アイン・シュレンクング] [女] *die* ([単] 2 格 -; [複] -en) 制限, (活動などの)制約 ▷ ohne *Einschränkung* 無条件で

ein|schrei·ben [アイン・シュライベン] [分離]
(schrieb ein; eingeschrieben; [完了]h)

— [他] ❶ 〚④と〛〔..⁴を〕記入する, 書き込む ▷ Er *schreibt* ihre Telefonnummer in sein Adressbuch *ein.* 彼は彼女の電話番号を住所録に書き入れる
❷ 〚④と〛〔郵便物⁴を〕書留にする ▷ einen Brief *einschreiben* lassen 手紙を書留扱いにする
— [再] 〚[sich]⁴と〛 名前を登録する ▷ Ich habe mich in die Liste der Mitglieder *eingeschrieben.* 私は会員名簿に名前を登録した

[E]

Ein·schrei·ben [アイン·シュライベン] [中] *das* ([単] 2格 -s; [複] -) 《郵便》 書留 ▷ einen Brief als *Einschreiben* schicken 手紙を書留で出す

ein|schrei·ten [アイン·シュライテン] [分離]
(schritt ein; eingeschritten; [完了]s)
[自] 《文語》〚gegen+④と〛〔..⁴に対して〕断固とした態度をとる, 介入する

ein|schüch·tern [アイン·シュヒテルン] [分離]
(schüchterte ein; eingeschüchtert; [完了]h)
[他] 〚④と〛〔..⁴を〕(脅して)畏縮いしゅくさせる ▷ Er ließ sich durch nichts *einschüchtern.* 彼は何事にもひるむことがなかった

ein|schu·len [アイン·シューレン] [分離]
(schulte ein; eingeschult; [完了]h)
[他] 〚④と〛〔就学年齢に達した子供⁴を〕学校に入れる (☆ ふつう受動形で) ▷ Er wurde mit 6 Jahren *eingeschult.* 彼は6歳で学校に入った

Ein·schuss [アイン·シュス] [男] *der* ([単] 2格 -es; [複] ..schüsse) (弾丸が貫通した)穴

Ein·schuß [旧⇨新] Einschuss

ein|se·hen [アイン·ゼーエン] [分離]
(er sieht ein; sah ein; eingesehen; [完了]h)
[他] ❶ 〚④と〛〔..⁴が〕わかる, 理解できる (理由がわかって納得するの意味) ▷ Ich *sehe* überhaupt nicht *ein,* warum ich immer die ganze Arbeit machen soll. 私はなぜ自分がいつもすべての仕事をしなければならないのかまったくわからない
❷ 〚④と〛〔過ちなど⁴を〕悟る ▷ Er hat sein Unrecht *eingesehen.* 彼は自分の非を悟った
❸ 《文語》〚④と〛〔書類など⁴に〕目を通す

Ein·se·hen [アイン·ゼーエン] [中] *das* 〚成句で〛 ***ein* 〈*kein*〉 *Einsehen haben*** 《文語》 (人の置かれた立場などに対し)理解を示す〈示さない〉

ein·sei·tig [アイン·ザイティヒ]
— [形] ❶ 一面的な, 一方的な ▷ eine *einseitige* Begabung (ある特定の分野に)限られた才能 / eine *einseitige* Beurteilung 一方的な判断
❷ 一方的な ▷ eine *einseitige* Liebe 片思い
— [副] 片側〈片面〉だけ ▷ *einseitig* gelähmt sein 片側だけ麻痺まひしている / Papier nur *einseitig* bedrucken 紙の片面だけを印刷する

Ein·sei·tig·keit [アイン·ザイティヒカイト] [女] *die* ([単] 2格 -; [複] なし) (見方などが)一面的なこと

ein|sen·den [アイン·ゼンデン] [分離]
(sandte 〈まれに sendete〉 ein; eingesandt 〈まれに eingesendet〉; [完了]h)
[他] 〚④と〛〔書類など⁴を〕(特定の場所に)送る, 送付する

ein|set·zen [アイン·ゼッツェン] [分離]
(setzte ein; eingesetzt; [完了]h)
— [他] ❶ 〚④と〛〔..⁴を〕はめ込む ▷ eine neue Fensterscheibe *einsetzen* 新しい窓ガラスをはめ込む
❷ 〚④と〛〔戦力·機械など⁴を〕投入する; 〔臨時便など⁴を〕増発する ▷ Wir müssen bessere Maschinen *einsetzen.* 私たちはもっといい機械を投入すべきだ
❸ 〚④と〛〔..⁴を〕任命する ▷ einen Bürgermeister *einsetzen* 市長を任命する
❹ 〚④と〛〔..⁴を〕賭かける ▷ 10 Euro bei einer Lotterie *einsetzen* 宝くじで10ユーロ賭ける
— [再] 〚[sich]⁴+für+④と〛〔..⁴のために〕尽力する ▷ Er hat sich für Lohnerhöhung *eingesetzt.* 彼は賃上げのために力を尽くした
— [自] (気候の変化などが急に)訪れる; (音楽などが)始まる ▷ Im Oktober *setzte* die Kälte *ein.* 10月になって寒くなった

Ein·sicht [アイン·ズィヒト] [女] *die* ([単] 2格 -; [複] -en) (物事の複雑な関連などが)わかること, 洞察 ▷ neue *Einsichten* gewinnen 新たな洞察を得る / Er kommt zu der *Einsicht,* dass ... 彼は…ということがはっきりわかる
[イディオム] ***Einsicht in*+④ *nehmen*** (書類など)⁴に目を通す

ein·sich·tig [アイン·ズィヒティヒ]
[形] ❶ 分別のある ▷ sich⁴ *einsichtig* verhalten 分別のある態度をとる
❷ (理由などが)理解できる, 納得がいく

ein·sil·big [アイン·ズィルビヒ]
[形] ❶ 口数が少ない, 無口な, 寡黙な
❷ 《言語学》 1〈単〉音節の

ein|sin·ken [アイン·ズィンケン] [分離]
(sank ein; eingesunken; [完了]s)
[自] (足·車輪などがぬかるみなどに)はまり込む

ein|spa·ren [アイン·シュパーレン] [分離]
(sparte ein; eingespart; [完了]h)
[他] 〚④と〛〔経費·電力など⁴を〕節約する, 節減する; 〔人員など⁴を〕削減する, 整理する

ein|sper·ren [アイン·シュペレン] [分離]
(sperrte ein; eingesperrt; [完了]h)
[他] ❶ 〚④と〛〔..⁴を〕閉じ込める ▷ den Hund in der 〈die〉 Wohnung *einsperren* 犬を家の中に閉じ込める / 〚再帰的に〛 Er hat sich in seinem Zimmer *eingesperrt.* 彼は自分の部屋に閉じこもった
❷ 《口語》〚④と〛〔犯罪者など⁴を〕刑務所に入れる

ein|spie·len [アイン・シュピーレン] 分離
(spielte ein; eingespielt; 完了 h)
— 他 《④と》〔興行収益などを〕挙げる; 〔制作費などを〕〔興行収益で〕取り戻す
— 再 《sich》〔(新しい規則・やり方などが)定着する, すっかりなじむ
(イディオム) *aufeinander eingespielt sein*（チームなどが）息が合っている

ein|sprin·gen [アイン・シュプリンゲン] 分離
(sprang ein; eingesprungen; 完了 s)
自《für+④と》〔…⁴の〕代理をする, 代役を務める ▷ für einen erkrankten Kollegen *einspringen* 病気になった同僚の代わりをする

Ein·spruch [アイン・シュプルフ] 男 *der* (複2格 -[e]s; 複 ..sprüche)《文語》(文書による)異議, 抗議 ▷ gegen ..⁴ *Einspruch* erheben …⁴に対して異議申し立てをする

ein·spu·rig [アイン・シュプーリヒ] 形 一車線の ▷ Während des Unfalls war die Autobahn nur *einspurig* befahrbar. 事故のためアウトバーンは一車線のみ通行可能だった

einst [アインスト]
形《文語》❶ かつて, 昔 ▷ Er hat *einst* anders geurteilt. 彼はかつて違う判断をした
❷ いつか, いずれは

ein|ste·cken [アイン・シュテッケン] 分離
(steckte ein; eingesteckt; 完了 h)
他 ❶《口語》《④と》〔…⁴を〕ポストに入れる ▷ einen Brief *einstecken* 手紙を投函する
❷《④と》〔…⁴を〕差し込む ▷ den Schlüssel ins Schloss *einstecken* 鍵を錠に差し込む
❸《④と》〔…⁴を〕(持って行くためにポケットなどに)入れる ▷ Vergiss nicht, ein Taschentuch *einzustecken*! ハンカチをポケットに入れるのを忘れるな
❹《口語》《④と》〔敗北・侮辱などを〕(やむをえないこととして)甘受する

ein|ste·hen [アイン・シュテーエン] 分離
(stand ein; eingestanden; 完了 s,h)
自《für+④と》〔…⁴に対して〕責任をとる ▷ Er will für den Schaden *einstehen*. 彼は損害を弁償するつもりだ

ein|stei·gen [アイン・シュタイゲン] 分離
(stieg ein; eingestiegen; 完了 s)
自 ❶ (乗り物に)乗る, 乗り込む (旧 aussteigen) ▷ Er *stieg* in den Bus *ein*. 彼はバスに乗った / *Einsteigen* bitte! ご乗車ください
❷《④と》〔建物などに〕(よじ登って)忍び込む ▷ Der Dieb ist durch ein Fenster ins Haus *eingestiegen*. 泥棒は窓から家に忍び込んだ
❸《口語》《in+④と》〔事業などに〕参加〈企画〉する

ein|stel·len [アイン・シュテレン] 分離
(stellte ein; eingestellt; 完了 h)

— 他 ❶《④と》〔…⁴を〕しまう, しまっておく ▷ die Bücher *einstellen* 本をしまう
❷《④と》〔…⁴を〕雇い入れる, 採用する ▷ Er wurde sofort *eingestellt*. 彼はさっそく採用された
❸《④と》〔カメラなどの⁴〕焦点を合わせる; 〔テレビ・ラジオ・器具などを⁴〕調節する ▷ das Fernglas scharf *einstellen* 望遠鏡の焦点をぴったり合わせる
❹《文語》《④と》〔生産・支払いなどを⁴〕中止する

— 再 ❶《sich⁴と》(人が)来る, 現れる ▷ Wird sie sich bei uns *einstellen*? 彼女は私たちの所へ来るだろうか
❷《sich⁴+auf+④と》〔…⁴に対して〕準備をする ▷ Wir haben uns noch nicht auf den Winter *eingestellt*. 私たちはまだ冬支度をしていない

Ein·stel·lung [アイン・シュテルング] 女 *die* (複2格 -; 複 -en)
❶ (物事の)考え方, 見解 ▷ Ich habe dazu eine andere *Einstellung* als du. この点に対して私は見解が君と異なる
❷ (従業員などの)雇用, 採用; (器具などの)調節; (生産などの)中止

Ein·stieg [アイン・シュティーク] 男 *der* (複2格 -[e]s; 複 -e) 乗車口 (旧 Ausstieg)

eins·ti·ge [アインスティゲ] 形 かつての, 昔の, 以前…であった人〈もの〉〈☆ 名詞につけて〉▷ der *einstige* Weltmeister かつての世界チャンピオン

ein|stim·men [アイン・シュティメン] 分離
(stimmte ein; eingestimmt; 完了 h)
他《④と》〔楽器の⁴〕音程を合わせる

ein·stim·mig [アイン・シュティミヒ] 形 満場一致の ▷ ein *einstimmiger* Beschluss 満場一致の決議

einst·mals [アインスト・マールス] 副《文語》= einst

ein|strei·chen [アイン・シュトライヒェン] 分離
(strich ein; eingestrichen; 完了 h)
他《④と》〔儲けなどを⁴〕自分のものにする, 懐に入れる

ein|stu·die·ren [アイン・シュトゥディーレン] 分離
(studierte ein; einstudiert; 完了 h)
他 ❶《④と》〔役・歌などを⁴〕稽古などして覚え込む
❷《③+④と》〔…³に芝居・バレエなどを⁴〕稽古をつける

ein|stu·fen [アイン・シュトゥーフェン] 分離
(stufte ein; eingestuft; 完了 h)
他《文語》《④と》〔…⁴を〕分類する

Ein·sturz [アイン・シュトゥルツ] 男 *der* (複2格 -es; 複 ..stürze) 倒壊, 崩壊

ein|stür·zen [アイン・シュテュルツェン] 分離
(stürzte ein; eingestürzt; 完了 s)

einstweilen

自 倒壊〈崩壊〉する ▷ Das Haus *stürzte ein*. 家が倒壊した

einst・wei・len [アインスト・ヴァイレン] 副 当分の間, 当面

ein|tau・chen [アイン・タオヘン] 分詞
(tauchte ein; eingetaucht; 医了h)
他 〔④と〕〔(はけ・ペンなど⁴を)(ペンキ・インクなどに)〕浸す

ein|tau・schen [アイン・タオシェン] 分詞
(tauschte ein; eingetauscht; 医了h)
他 〔④と〕〔⋯⁴を〕交換する ▷ Er *tauscht* Zigaretten gegen Brot *ein*. 彼はタバコと交換にパンをもらう

ein|tei・len [アイン・タイレン] 分詞
(teilte ein; eingeteilt; 医了h)
他 ❶ 〔④+in+④と〕〔⋯⁴を部分的に〕分ける ▷ die Torte in mehrere Stücke *einteilen* ケーキをいくつかに分ける / Die Schüler wurden in fünf Gruppen *eingeteilt*. 生徒たちは5つのグループに分けられた
❷ 〔④と〕〔⋯⁴を〕割り振る ▷ Ich habe mir die Arbeit genau *eingeteilt*. 私は自分のすべき仕事をきちんと割り振った

Ein・tei・lung [アイン・タイルング] 女 (® 2格 -; ® -en) 分割, 区分, 分類

ein・tö・nig [アイン・テーニヒ] 形 (仕事・風景などが)単調な, 代わりばえのしない

Ein・topf [アイン・トプフ] 男 der (® 2格 -[e]s; ® ..töpfe) 《料理》(深鍋に野菜などを煮込んだ)ごった煮

Ein・tracht [アイン・トラハト] 女 die (® 2格 -; ® なし) 《文語》(人の)和, 協調 ▷ in *Eintracht* leben 仲よく暮らす

ein・träch・tig [アイン・トレヒティヒ] 形 仲のよい; 〖副詞的に〗仲よく

ein|tra・gen [アイン・トラーゲン] 分詞
(er trägt ein; trug ein; eingetragen; 医了h)
他 ❶ 〔④と〕〔⋯⁴を〕記入する; 登録する ▷ Er *trägt* sich den Termin in sein Notizbuch *ein*. 彼は期日をメモ帳に記入する / 〖再帰的に〗 Bitte *tragen* Sie sich in diese Liste *ein*! どうぞこのリストにお名前をご記入ください
❷ 〔③+④と〕〔⋯³に利益など⁴を〕もたらす ▷ Sein letztes Buch *trug* ihm Ruhm *ein*. 彼の最後の本は彼に名声をもたらした

ein・träg・lich [アイン・トレークリヒ] 形 (仕事・商売などが)もうかる

ein|tref・fen [アイン・トレッフェン] 分詞
(er trifft ein; traf ein; eingetroffen; 医了s)
自 ❶ (客・商品・郵便物などが)到着する ▷ Die Gäste *treffen* um 3 Uhr *ein*. 客は3時に到着する
❷ (予想などが)的中する, 現実になる

ein|trei・ben [アイン・トライベン] 分詞

他 〔④と〕〔(借金など⁴を)〕取りたてる

ein|tre・ten [アイン・トレーテン] 分詞
(du trittst ein, er tritt ein; trat ein; eingetreten)
—自 (医了s) ❶ (ある場所に)入る ▷ Bitte *treten* Sie *ein*! どうぞお入りください
❷ (政党・協会などに)入る, 会員になる (® austreten) ▷ Er ist kürzlich in einen Klub *eingetreten*. 彼は最近あるクラブに入った
❸ (出来事などが)起こる, 生じる, 始まる ▷ Was wir befürchteten, *trat ein*. 私たちの恐れていたことが起こった
❹ 〖für+④と〗〔⋯⁴のために〕尽力する ▷ Er ist sehr für mich *eingetreten*. 彼は大いに私のために尽力してくれた
—他 (医了h) 〔④と〕〔⋯⁴を〕けって壊す〈あける〉 ▷ Er hat die Tür *eingetreten*. 彼はドアを蹴破った

Ein・tritt [アイン・トリット] 男 der (® 2格 -es〈まれに -s〉; ® -e)
❶ (ある場所へ)入ること; (催し物への)入場 ▷ *Eintritt* verboten! 立ち入り禁止 / Der *Eintritt* kostet zwei Euro. 入場料は2ユーロだ
❷ (暗闇・危機などが)訪れること

Ein・tritts・geld [アイン・トリッツ・ゲルト] 中 das (® 2格 -[e]s; ® -er) (催し物などの)入場料

Ein・tritts・kar・te [アイン・トリッツ・カルテ] 女 die (® 2格 -; ® -n) 入場券 ▷ Ich habe noch keine *Eintrittskarte*. 私はまだ入場券を持っていません

ein|üben [アイン・ユーベン] 分詞
(übte ein; eingeübt; 医了h)
他 〔④と〕〔(歌・ダンスなど⁴を)〕練習して覚え込む

ein・ver・stan・den [アイン・フェアシュタンデン] 形 〖mit+③と〗〔⋯³に〕同意している ▷ Wir sind mit den Bedingungen *einverstanden*. 私たちはその条件に同意している / *Einverstanden*! 了解

Ein・ver・ständ・nis [アイン・フェアシュテントニス] 中 das (® 2格 ..nisses; ® ..nisse) 同意, 了解
(イディオム) im *Einverständnis* mit+③ ⋯³の了解のもとに

Ein・wand [アイン・ヴァント] 男 der (® 2格 -[e]s; ® ..wände) 異議 ▷ einen *Einwand* erheben 異議を申し立てる

Ein・wan・de・rer [アイン・ヴァンデラー] 男 der (® 2格 -s; ® -) (他国からの)移住者, 移民 (® Auswanderer)

ein|wan・dern [アイン・ヴァンデルン] 分詞
(wanderte ein; eingewandert; 医了s)
自 移住する (® auswandern) ▷ Er ist im Jahr 1948 in die USA *eingewandert*. 彼は1948年にアメリカ合衆国に移住した

ein·wand·frei [アインヴァント・フライ]
— [形] 申し分のない ▷ eine *einwandfreie* Arbeit 完璧な仕事
— [副] 疑問の余地なく ▷ Das ist *einwandfrei* erwiesen. [状態受動] それは疑問の余地なく証明されている

ein·wärts [アイン・ヴェルツ] [副] 内側〈内部〉に ▷ ein *einwärts* gebogener Stab 内側へ曲げられた棒

ein|wech·seln [アイン・ヴェクセルン] [分離]
(wechselte ein; eingewechselt; [完了]h)
[他] 《[スポーツ]》〖④と〗〔…^{4}を〕(メンバーチェンジさせて)出場させる

Ein·weg·fla·sche [アイン・ヴェーク・フラッシェ]
[女] *die* ([単] 2 格 –; [複] –n) (飲料用などの)使い捨てのびん (☆ びん代として一定の金額を払うびんは Pfandflasche; びんを返却すると, その金額を払い戻してくれる)

Ein·weg·sprit·ze [アイン・ヴェーク・シュプリッツェ] [女] *die* ([単] 2 格 –; [複] –n) 使い捨て注射針

Ein·weg·ver·pa·ckung [アイン・ヴェーク・フェアパックング] [女] *die* ([単] 2 格 –; [複] –en) 使い捨て包装〈容器〉

ein|wei·chen [アイン・ヴァイヒェン] [分離]
(weichte ein; eingeweicht; [完了]h)
[他] ❶〖④と〗〔洗濯物など^{4}を〕(洗濯する前に)水などにつけておく
❷〖④と〗〔豆など^{4}を〕水につけて柔らかくする

ein|wei·hen [アイン・ヴァイエン] [分離]
(weihte ein; eingeweiht; [完了]h)
[他] ❶〖④と〗〔…^{4}の〕竣工〈除幕〉の式典を行う ▷ eine Brücke *einweihen* 橋の開通式を行う
❷〖④+in+④と〗〔…^{4}に秘密など^{4}を〕こっそりと教える ▷ Sie *weihten* ihn in ihre Pläne *ein*. 彼らは彼に計画を打ち明けた

ein|wen·den [アイン・ヴェンデン] [分離]
(wandte 〈wendete〉 ein; eingewandt 〈eingewendet〉; [完了]h)
[他] 〖④と〗〔…^{4}と〕**異議を唱える** ▷ Dagegen habe ich nichts *einzuwenden*. それについて私は何も異存がない

ein|wer·fen [アイン・ヴェルフェン] [分離]
(er wirft ein; warf ein; eingeworfen; [完了]h)
[他] ❶〖④と〗〔…^{4}を〕(投入口から)**入れる** ▷ eine Münze in den Automaten *einwerfen* 硬貨を自動販売機に入れる / Er *wirft* einen Brief in den Kasten *ein*. 彼は手紙をポストに入れる
❷〖④と〗(石などを)投げて〔…^{4}を〕壊す ▷ Er hat eine Fensterscheibe *eingeworfen*. 彼は物を投げて窓ガラスを壊した
❸〖④と〗〔ことばなど^{4}を〕さしはさむ ▷ eine Frage *einwerfen* 人の話をさえぎって質問をする

ein|wi·ckeln [アイン・ヴィッケルン] [分離]
(wickelte ein; eingewickelt; [完了]h)
[他] ❶〖④と〗〔…^{4}を〕**包む**, くるむ ▷ das Geschenk in Papier *einwickeln* 贈り物を紙に包む
❷《口語》〖④と〗〔…^{4}を〕丸め込む ▷ Lass dich von ihr *einwickeln*! 彼女に丸め込まれるな

ein|wil·li·gen [アイン・ヴィリゲン] [分離]
(willigte ein; eingewilligt; [完了]h)
[自] 〖in+④と〗〔…^{4}に〕**同意〈賛成〉する** ▷ Er *willgte* in den Vorschlag *ein*. 彼はその提案に同意した

ein|wir·ken [アイン・ヴィルケン] [分離]
(wirkte ein; eingewirkt; [完了]h)
[自] 〖auf+④と〗〔…^{4}に〕影響〈作用〉を及ぼす ▷ Kannst du nicht auf sie *einwirken*, dass sie zustimmt? 賛成するように彼女に働きかけられないかい

Ein·woh·ner [アイン・ヴォーナー] [男] *der* ([単] 2 格 –s; [複] –)
住民 (個々の住民を指す. 住民を集合的に指す場合は Bevölkerung) ▷ Die Stadt hat eine Million *Einwohner*. この都市の人口は 100 万だ

Ein·wurf [アイン・ヴルフ] [男] *der* ([単] 2 格 –[e]s; [複] ..würfe)
❶ (議論などでの) 異議, 異論
❷ (手紙の)投函, (硬貨などの)投入; 《[サッカー]》スローイン
❸ 投函口, 投入口

ein|zah·len [アイン・ツァーレン] [分離]
(zahlte ein; eingezahlt; [完了]h)
[他] 〖④と〗〔家賃など^{4}を〕払い込む; 預金する ▷ Ich möchte 100 Euro auf mein Konto *einzahlen*. 私は 100 ユーロ預金をしたいのです

Ein·zah·lung [アイン・ツァールング] [女] *die* ([単] 2 格 –; [複] –en) (口座などへの)払い込み

ein|zäu·nen [アイン・ツォイネン] [分離]
(zäunte ein; eingezäunt; [完了]h)
[他] 〖④と〗〔敷地・庭など^{4}を〕垣根・柵などで囲う

Ein·zel·gän·ger [アインツェル・ゲンガー] [男] *der* ([単] 2 格 –s; [複] –) 一匹狼

Ein·zel·han·del [アインツェル・ハンデル] [男] *der* ([単] 2 格 –s; [複] なし) 小売り業 (☆「卸売り業」は Großhandel)

Ein·zel·händ·ler [アインツェル・ヘンドラー] [男] *der* ([単] 2 格 –s; [複] –) 小売り業者 (☆「卸売り業者」は Großhändler)

Ein·zel·heit [アインツェルハイト] [女] *die* ([単] 2 格 –; [複] –en)
細目, 細部 ▷ auf *Einzelheiten* eingehen 個々の点にまで立ち入る / in allen *Einzelheiten* 詳細に

ein·zeln [アインツェルン]
— [形] ❶ **個々の**, 別々の; 《単数の場合, 他のも

のといっしょでないという意味で) **1人〈1つ〉だけの** ▷ ein Heft in *einzelne* Blätter auflösen ノートを一枚一枚の紙にばらす / ein *einzelner* Spaziergänger 1人で散歩している人 / ein *einzelner* Handschuh 片方の手袋

❷ 二三の, いくつかの ▷ *einzelne* gute Bilder いくつかのいい絵 / 〘中性名詞形で〙 *Einzelnes* gefiel mir. いくつかのものが私の気に入った

[イディオム] ***im einzelnen*** [旧⇒新] ***im Einzelnen*** 個々の点にわたって, 詳細に ▷ Wir wollen es noch *im Einzelnen* besprechen. 私たちはそのことをまだ詳細に話し合うつもりだ

jeder einzelne 個々のすべて ▷ *jeder einzelne* Fehler すべての間違い / 〘名詞的に〙 *jeder Einzelne* それぞれ皆が

— [副] **別々に**, 一人ひとり ▷ Die Gäste kommen *einzeln*. 客は一人ひとり別々にやって来る / alle Bände *einzeln* kaufen 全巻をばらで買う

Ein·zel·zim·mer [アインツェル・ツィマー] [中] *das* (㊥2格 -s; ㊧ -) (ホテルの) 一人部屋, シングル[ベッドルーム] (☆「二人部屋」は Doppelzimmer) ▷ Das Hotel hat kein *Einzelzimmer*. そのホテルには一人部屋がない

ein|zie·hen [アイン・ツィーエン] [分離] (zog ein; eingezogen)

— [他] 〘[完了]h〙 ❶ 〘[④]と〙 〔…⁴を〕引きあげる; 下ろす ▷ Der Fischer *zieht* das Netz *ein*. 漁夫は網を引き上げる / eine Fahne *einziehen* (掲揚していた) 旗を下ろす

❷ 〘[④]と〙 〔身体部分⁴を〕引っ込める ▷ Die Katze *zieht* die Krallen *ein*. 猫がつめを引っ込める / den Bauch *einziehen*. おなかをへこます

❸ 〘[④]と〙 〔財産など⁴を〕没収する ▷ Man hat seinen Führerschein *eingezogen*. 彼は運転免許証を没収された

❹ 〘[④]と〙 〔貸し金など⁴を〕取り立てる

❺ 《軍事》 〘[④]と〙 〔兵員⁴を〕召集する (☆ 主に受動形で)

[イディオム] ***Erkundigungen über***+[④] ***einziehen*** …⁴について問い合わせる〈照会する〉

— [自] 〘[完了]s〙 ❶ (新居などに) 移る, 入居する (㊨ ausziehen) ▷ Sie sind gestern in das neue Haus *eingezogen*. 彼らはきのう新しい家に引っ越した

❷ (選手・部隊などが) 行進しながら入って来る

❸ (水などが) 染み込む, 吸収される

ein·zig [アインツィヒ]

— [形] **唯一の**, ただ一人〈一つ〉の ▷ die *einzige* Möglichkeit ただ一つの可能性 / Wir waren die *einzigen* Gäste. 私たちが唯一の客だった / 〘副詞的に〙 der *einzig* mögliche Weg 唯一可能な方法

— [副] ただ, もっぱら ▷ *Einzig* aus diesem Grunde hatte sie Erfolg. もっぱらこのような理由で彼女は成功を収めた

ein·zig·ar·tig [アインツィヒ・アールティヒ] [形] 無類の, 比類のない; 〘副詞的に〙 比べようもないほど

Ein·zug [アイン・ツーク] [男] *der* (㊥2格 -[e]s; ㊧ ..züge)

❶ 入居, 引っ越し (㊨ Auszug)

❷ (選手などの) 入場

Eis [アイス] [中] *das* (㊥2格 -es; ㊧ なし)

❶ **氷** ▷ Das *Eis* schmilzt. 氷が溶ける

❷ **アイスクリーム** ▷ *Eis* lutschen アイスクリームをなめる

[イディオム] ***Eis laufen*** アイススケートをする

Eis·bahn [アイス・バーン] [女] *die* (㊥2格 -; ㊧ -en) スケートリンク

Eis·bär [アイス・ベーア] [男] *der* (㊥2·3·4格 -en; ㊧ -en) 《動物》 北極グマ

Ei·sen [アイゼン] [中] *das* (㊥2格 -s; ㊧ なし)

鉄 ▷ eine Pfanne aus *Eisen* 鉄製のフライパン / das *Eisen* schmieden 鉄を鍛える

Ei·sen·bahn [アイゼン・バーン] [女] *die* (㊥2格 -; ㊧ -en)

鉄道 ▷ mit der *Eisenbahn* fahren 鉄道で行く

Ei·sen·bahn·netz [アイゼン・バーン・ネッツ] [中] *das* (㊥2格 -es; ㊧ -e) 鉄道網

Ei·sen·be·ton [アイゼン・ベトーン] [男] *der* (㊥2格 -s; ㊧ なし) 鉄筋コンクリート

Ei·sen·git·ter [アイゼン・ギッター] [中] *das* (㊥2格 -s; ㊧ -) 鉄格子

ei·sern [アイゼルン]

[形] ❶ 鉄の, 鉄製の (☆ 名詞につけて) ▷ ein *eiserner* Nagel 鉄釘 / ein *eisernes* Gitter 鉄格子

❷ 鉄のような, ゆるぎない; 〘副詞的に〙 頑として ▷ ein *eiserner* Wille 鉄の意志 / *eisern* an einer Meinung festhalten 頑としてある意見に固執する

ei·sig [アイズィヒ]

[形] ❶ (氷のように) ひどく冷たい〈寒い〉 ▷ ein *eisiger* Wind ひどく冷たい風 / Draußen ist es *eisig*. 外はひどく寒い

❷ (態度などが) 冷たい, 冷淡な ▷ Sein Blick war *eisig*. 彼の目つきは冷ややかだった

eis·kalt [アイス・カルト] [形] (水・風などが) とても冷たい; (部屋などが) とても寒々としている

Eis·kunst·lauf [アイス・クンスト・ラオフ] [男] *der* (㊥2格 -[e]s; ㊧ なし) 《スポーツ》 フィギュアスケート

Eis·lauf [アイス・ラオフ] [男] *der* (㊥2格 -[e]s; ㊧ なし) 《スポーツ》 アイススケート

eis|lau·fen [アイス・ラオフェン] [分離] (er läuft eis; lief eis; eisgelaufen; [完了]s) [自] [旧⇒新] **Eis laufen** (分けて書く) ☞ Eis

Eis·zeit [アイス・ツァイト] [女] *die* (㊥2格 -; ㊧ -en) 氷河期

ei·tel [アイテル] 形 虚栄心の強い (☆ 語尾がつくと eitl.. となる) ▷ ein *eitler* Mensch 虚栄心の強い人

Ei·tel·keit [アイテルカイト] 囡 *die* (⊕ 2格 -; ⊕ なし) 虚栄心

Ei·ter [アイター] 男 *der* (⊕ 2格 -s; ⊕ なし) うみ, 膿

ei·tern [アイテルン] (eiterte; geeitert; 匠h) 自 (傷などが)化膿する, 膿む

eit·le [アイトレ] ☞ eitel

eit·rig [アイトリヒ] 形 (傷などが)化膿した, 膿んだ

Ei·weiß [アイ・ヴァイス] 中 *das* (⊕ 2格 -es; ⊕ -⟨-e⟩)
❶ (卵の)白身, 卵白 ▷ Dotter und *Eiweiß* trennen 黄身と白身を分ける
❷ 蛋白質 ▷ pflanzliches *Eiweiß* 植物性蛋白質

E·kel [エーケル] 男 *der* (⊕ 2格 -s; ⊕ なし) 吐き気, 嫌悪感 ▷ einen *Ekel* vor ⟨gegenüber⟩ ③ haben …³に対して嫌悪感をもっている

e·kel·haft [エーケルハフト] 形 吐き気⟨嫌悪⟩を催させる ▷ ein *ekelhafter* Anblick 嫌悪を催させる光景 / *ekelhaft* riechen むかつくにおいがする

e·ke·lig [エーケリヒ] 形 =eklig

e·keln [エーケルン] (ekelte; geekelt; 匠h)
再 ⟨⟨sich⟩⁴+vor+③⟩ […³に]嫌悪を感じる ▷ Ich *ek[e]le* mich vor Spinnen. 私はクモがいやでたまらない
イディオム ③ ⟨④⟩+*ekelt es vor*+③ …³⟨⁴⟩は…³に嫌悪を感じる ▷ *Es ekelt* mich ⟨mir⟩ *vor* ihm. 私は彼がいやでしかたがない

ek·lig [エークリヒ] 形 吐き気⟨嫌悪⟩を催させる ▷ ein *ekliger* Anblick 嫌悪を催させる光景 / eine *eklige* Kröte 気味の悪いヒキガエル

eks·ta·tisch [エクスターティシュ] 形 有頂天の, 忘我の; エクスタシーの

Ek·zem [エクツェーム] 中 *das* (⊕ 2格 -s; ⊕ -e) 《医学》湿疹

e·las·tisch [エラスティシュ] 形 弾力⟨伸縮性⟩のある ▷ eine *elastische* Feder 弾力のあるばね

die **El·be** [エルベ] 囡 (⊕ 2格 -; ⊕ なし) 《川名》エルベ川 (チェコに源を発し, 北海に注ぐ. 全長 1165 km; 定冠詞を必ず伴う; ☞ 地図 G〜D-3〜2)

E·le·fant [エレファント] 男 *der* (⊕ 2·3·4格 -en; ⊕ -en)《動物》象 ▷ ein afrikanischer ⟨indischer⟩ *Elefant* アフリカ⟨インド⟩象 / Ein *Elefant* trompetet. 象がほえる

e·le·gant [エレガント] 形 エレガントな, 優雅な ▷ Sie ist sehr *elegant*. 彼女は非常にエレガントだ / 《比ゆ》 eine *elegante* Lösung 鮮やかな解決 / eine Schwierigkeit *elegant* umgehen 困難を巧みに回避する

E·le·ganz [エレガンツ] 囡 *die* (⊕ 2格 -; ⊕ なし) エレガンス, 優雅さ

E·lek·tri·ker [エレクトリカー] 男 *der* (⊕ 2格 -s; ⊕ -) 電気技師

e·lek·trisch [エレクトリシュ]
形 電気の, 電気による ▷ *elektrische* Geräte 電気器具 / ein *elektrischer* Rasierapparat 電気かみそり / Wir kochen *elektrisch*. 私たちは電気を用いて料理する

E·lek·tri·zi·tät [エレクトリツィテート] 囡 *die* (⊕ 2格 -; ⊕ なし) 電気

E·lek·tro·herd [エレクトロ・ヘーアト] 男 *der* (⊕ 2格 -[e]s; ⊕ -e) 電子レンジ

E·lek·tro·kar·di·o·gramm [エレクトロ・カルディオグラム] 中 *das* (⊕ 2格 -s; ⊕ -e) 心電図 (⊕ EKG)

E·lek·tron [エーレクトロン/エレクト..] 中 *das* (⊕ 2格 -s; ⊕ -en) 《物理》電子, エレクトロン

E·lek·tro·nik [エレクトローニク] 囡 *die* (⊕ 2格 -; ⊕ なし) エレクトロニクス, 電子工学

E·lek·tro·tech·nik [エレクトロ・テヒニク] 囡 *die* (⊕ 2格 -; ⊕ なし) 電気工学

E·le·ment [エレメント] 中 *das* (⊕ 2格 -[e]s; ⊕ -e)
❶ 要素, 成分 ▷ die religiösen *Elemente* in seinem Gemälde 彼の絵における宗教的要素
❷ 《ふつう ⊕ で》 大自然の力 ▷ die vier *Elemente* 四大元素 (☆ 一切の物体を構成すると考えられた元素; 地・水・火・風)
❸ 《⊕》《否定的意味合いで》 やから, 連中 ▷ kriminelle *Elemente* 犯罪分子

e·le·men·tar [エレメンタール] 形 基本的な, 基礎的な, 初歩的な ▷ *elementare* Rechte 基本的な権利 / *elementare* Begriffe 基礎的な概念 / die *elementaren* Kenntnisse 初歩的な知識

e·lend [エーレント]
形 ❶ みすぼらしい; 悲惨な, 惨めな ▷ eine *elende* Hütte みすぼらしい小屋 / ein *elendes* Leben führen 悲惨な生活を送る
❷ 《口語》体の調子が非常に悪い ▷ Ich fühle mich *elend*. 私は気分がまったくすぐれない
❸ あさましい, 卑しい ▷ ein *elender* Kerl あさましいやつ

E·lend [エーレント] 中 *das* (⊕ 2格 -[e]s; ⊕ なし) 悲惨, 困窮 ▷ im *Elend* sterben 悲惨な境遇で死ぬ

elf

[εlf エルフ]

【基数】**11** (用法: ☞ drei)

El·fe [エルフェ] 囡 *die* (⊕ 2格 -; ⊕ -n) (北方神話の女の)妖精, 妖魔

El·fen·bein [エルフェン・バイン] 中 *das* (⊕ 2格

-[e]s; ⦅極なし⦆象牙 ▷ eine Kette aus *Elfenbein* 象牙のネックレス

elft [エルフト]
⦅形⦆⦅序数⦆**第 11 の**, 11 番目の(用法: ☞ dritt)

E·li·sa·beth [エリーザベト] ⦅女名⦆エリーザベト

E·li·te [エリーテ] ⦅女⦆*die* (⦅単2格⦆ -; まれに ⦅複⦆ -n)
⦅集合的に⦆エリート, 少数のすぐれた人

Ell·bo·gen [エル・ボーゲン] ⦅男⦆*der* (⦅単2格⦆ -s; ⦅複⦆ -) ひじ(肘)

El·len·bo·gen [エレン・ボーゲン] ⦅男⦆*der* =Ellbogen

El·lip·se [エリプセ] ⦅女⦆*die* (⦅単2格⦆ -; ⦅複⦆ -n)
❶ 楕円
❷ (文中での語句の)省略

das **El·sass** [エルザス] ⦅中⦆(⦅単2格⦆ -[es]; ⦅複⦆なし)
⦅地名⦆エルザス, アルザス(フランス東部・ライン川左岸の地名; 定冠詞を必ず伴う)

El·saß ⦅旧⇒新⦆ Elsass

Els·ter [エルスター] ⦅女⦆*die* (⦅単2格⦆ -; ⦅複⦆ -n)
⦅鳥⦆カササギ

El·tern
[éltən エルテルン]
⦅複名⦆

両親, 親
Er hat keine *Eltern* mehr.
彼はもう両親がいない
Sie wohnt noch bei ihren *Eltern*.
彼女はまだ親元で暮らしている

E-mail [エマイ/.マーェ] ⦅中⦆ *das* (⦅単2格⦆ -s; ⦅複⦆ -s) エナメル, ほうろう

E-Mail [イー・メイル] ⦅女⦆*die* (⦅単2格⦆ -s; ⦅複⦆ -s)
⦅ユニット⦆電子メール(☆英語 Electronic *Mail*ing の略)

E·man·zi·pa·ti·on [エマンツィパツィオーン] ⦅女⦆*die* (⦅単2格⦆ -; ⦅複⦆ -en) (奴隷・婦人などの)解放, 男女同権化

e·man·zi·pie·ren [エマンツィピーレン]
(emanzipierte; emanzipiert; ⦅完了⦆h)
⦅再⦆⦅sich⁴と⦆(従属状態から)解放される, 自立する ▷ Nicht nur die Frauen, auch die Männer müssen sich *emanzipieren*. 女性だけでなく男性も因襲から解放されねばならない / ⦅過去分詞で⦆ eine *emanzipierte* Frau 自立した女性

Em·bar·go [エンバルゴ] ⦅中⦆ *das* (⦅単2格⦆ -s; ⦅複⦆ -s) (特定の国との)通商禁止, 輸出入禁止

Emb·ryo [エンブリョ] ⦅男⦆*der* (⦅オースト⦆ ⦅中⦆ *das*) (⦅単2格⦆ -s; ⦅複⦆ -s ⟨..ryonen⟩) 胎児; ⦅植物⦆胚

Emb·ryo·nen [エンブリョーネン] Embryo の ⦅複⦆

E·mig·rant [エミグラント] ⦅男⦆*der* (⦅単2·3·4格⦆ -en; ⦅複⦆ -en) (国外への)移住者, 亡命者

e·mig·rie·ren [エミグリーレン]
(emigrierte; emigriert; ⦅完了⦆s)
⦅自⦆ (経済的・政治的・宗教的理由で)外国に逃げる, 亡命する

e·mo·ti·o·nal [エモツィオナール] ⦅形⦆ 感情的な, 情緒的な ▷ Er ist ein sehr *emotionaler* Mensch. 彼は非常に情緒的な人間だ

emp·fahl [エムプファール] empfehlen の ⦅過去⦆
emp·fand [エムプファント] empfinden の ⦅過去⦆
emp·fän·de [エムプフェンデ] empfinden の ⦅接II⦆

Emp·fang [エムプファング] ⦅男⦆*der* (⦅単2格⦆ -[e]s; ⦅複⦆ ..fänge)
❶ ⦅文語⦆⦅複なし⦆受け取ること, 受領 ▷ den *Empfang* des Geldes bescheinigen お金の受領を文書で証明する(領収書を出す)
❷ レセプション, 歓迎会 ▷ zu einem *Empfang* gehen レセプションに行く
❸ ⦅複なし⦆(客を)迎えること ▷ ein herzlicher *Empfang* 心のこもった歓迎
❹ ⦅複なし⦆(放送の)受信 ▷ einen guten ⟨schlechten⟩ *Empfang* haben 受信状態がいい⟨悪い⟩

Emp·fän·ge [エムプフェンゲ] Empfang の ⦅複⦆

emp·fan·gen [エムプファンゲン] ⦅非分離⦆
(du empfängst, er empfängt; empfing; empfangen; ⦅完了⦆h)
⦅他⦆ ❶ ⦅④と⦆〔手紙・贈り物など⁴を〕**受け取る** ▷ ein Geschenk dankend *empfangen* 贈り物を感謝して受け取る
❷ ⦅④と⦆〔客など⁴を〕**迎える** ▷ Er *empfängt* den Gast in seinem Arbeitszimmer. 彼は自分の仕事場で客を迎える
❸ ⦅④と⦆〔放送など⁴を〕受信する

Emp·fän·ger [エムプフェンガー] ⦅男⦆*der* (⦅単2格⦆ -s; ⦅複⦆ -) (郵便物・金銭などの)受取人, 受領者 (⇔ Absender)
⦅イディオム⦆ *Empfänger unbekannt* (郵便物の)受取人不明

emp·fäng·lich [エムプフェングリヒ] ⦅形⦆〔für+ ④と〕〔物事⁴に対し〕敏感な, 〔お世辞など⁴に〕弱い, 〔病気など⁴に〕かかりやすい

Emp·fäng·nis [エムプフェングニス] ⦅女⦆*die* (⦅単2格⦆ -; ⦅複⦆なし) ⦅文語⦆受胎

emp·fängst [エムプフェングスト] empfangen の ⦅現在⦆

emp·fängt [エムプフェングト] empfangen の ⦅現在⦆

emp·feh·len [エムプフェーレン] ⦅非分離⦆
(du empfiehlst, er empfiehlt; empfahl; empfohlen; ⦅完了⦆h)
— ⦅他⦆ ⦅③+④と⦆ [..³に..⁴を] **勧める, 推薦する** ▷ Der Arzt *empfiehlt* ihr Spaziergänge. 医者は彼女に散歩をするように勧める / Er *empfahl* mir seinen Hausarzt. 彼は私に自分のかかりつけの医者を推薦した

― 再《文語》《sich⁴と》辞去する
イディオム *es empfiehlt sich+zu* 不定詞句 …するほうが得策である ▷ *Es empfiehlt sich*, sofort hinzugehen. 即刻行ったほうがよい

emp·feh·lens·wert [エムプフェーレンス・ヴェーアト] 形 (商品などが)勧めることのできる, 推奨に値する

Emp·feh·lung [エムプフェールング] 女 die (⊕ 2 格 -; ⊕ -en) 推薦, 勧め ▷ Auf seine *Empfehlung* fuhr sie dorthin. 彼の勧めで彼女はそこへ行った

emp·fiehlst [エムプフィールスト] empfehlen の 現在

emp·fiehlt [エムプフィールト] empfehlen の 現在

emp·fin·den [エムプフィンデン] 非分離
(du empfindest, er empfindet; empfand; empfunden; 完了h)
他 ❶ 《④と》〔痛み・寒さ・悲しみなど⁴を〕感じる ▷ tiefe Reue *empfinden* 深く後悔する / Ich habe die Schmerzen nach der Operation kaum *empfunden*. 私は手術後痛みをほとんど感じなかった
❷ 《④+als+④と》〔…⁴を…⁴と〕感じる, 思う ▷ Ich *empfand* seine Worte als Ironie. 私は彼のことばを皮肉と感じた

emp·find·lich [エムプフィントリヒ]
形 ❶ (刺激に対して)敏感な ▷ eine *empfindliche* Haut 敏感な肌 / ein *empfindliches* Kind 抵抗力の弱い子供 / gegen Hitze *empfindlich* sein 暑さに弱い
❷ (精神的に)感受性の強い, 傷つきやすい ▷ Sei doch nicht so *empfindlich*! そう神経過敏になるな
❸ 身にこたえる, 手痛い, ひどい ▷ *empfindliche* Verluste 手痛い損失
❹ (計器などが)感度がよい ▷ Die Waage ist sehr *empfindlich*. このはかりは非常に感度がよい
❺ (品物が)傷みやすい, 汚れやすい ▷ eine *empfindliche* Tapete 汚れやすい壁紙

emp·find·sam [エムプフィントザーム] 形 感受性の強い, 感じやすい

Emp·fin·dung [エムプフィンドゥング] 女 die (⊕ 2 格 -; ⊕ -en)
❶ 感覚, 知覚 ▷ Schmerz ist eine unangenehme *Empfindung*. 痛みは不快な感覚である
❷ 感情, 気持ち ▷ mit sehr gemischter *Empfindung* 非常に複雑な気持ちで

emp·fing [エムプフィング] empfangen の 過去

emp·fin·ge [エムプフィンゲ] empfangen の 接Ⅱ

emp·foh·len [エムプフォーレン] empfehlen の 過分

emp·fun·den [エムプフンデン] empfinden の 過分

em·por [エムポーア] 副 《文語》上の方へ ▷ zum Himmel *empor* 空に向かって高く

em·por|ar·bei·ten [エムポーア・アルバイテン] 分離 (arbeitete empor; emporgearbeitet; 完了h)
再 《sich⁴と》(熱心に働いて)出世する

em·pö·ren [エムペーレン]
(empörte; empört; 完了h)
― 再 《sich⁴+über+④と》〔…⁴に〕腹を立てる ▷ Ich *empörte* mich über sein Benehmen. 私は彼の態度に腹を立てた
― 他 《④と》〔…⁴を〕憤慨させる ▷ Sein Benehmen hat mich *empört*. 彼の振舞いに私は憤慨した

em·pö·rend [エムペーレント] 形 腹立たしい ▷ Sein Benehmen war *empörend*. 彼の態度は腹立たしいものだった

em·por|kom·men [エムポーア・コメン] 分離
(kam empor; emporgekommen; 完了s)
自 《文語》出世する

Em·por·kömm·ling [エムポーア・ケムリング] 男 der (⊕ 2 格 -s; ⊕ -e) 成り上がり者

Em·pö·rung [エムペールング] 女 die (⊕ 2 格 -; ⊕ なし) 憤り, 憤慨 ▷ Er zitterte vor *Empörung*. 彼は憤りのあまり体を震わした

em·sig [エムズィヒ] 形 (仕事などに)せっせと励む, 勤勉な ▷ *emsige* Bienen 勤勉なミツバチ

En·de
[ɛ́ndə エンデ]
中 *das* (⊕ 2 格 -s; ⊕ -n)

❶ 《⊕ なし》(時間的な)終わり; (催し物の)終了 (⊗ Anfang, Beginn)
das *Ende* des Lebens
人生の終わり
Ende März 3 月の終わりに
Er ist *Ende* vierzig. 彼は 40 代の終わりだ
Das Fest fand ein plötzliches *Ende*.
祝宴は突然終了した
❷ 《⊕ なし》結末 ▷ das traurige *Ende* des Films 映画の悲しい結末 / 《ことわざ》 *Ende* gut, alles gut. 終わりよければすべてよし
❸ (空間的な)終わり; (通り・町などの)はずれ; (列車などの)末尾 ▷ am *Ende* der Stadt wohnen 町のはずれに住んでいる
❹ 端, 末端 ▷ die beiden *Enden* eines Fadens 糸の両端
❺ 《口語》(針金などの)切れ端
イディオム *am Ende* 結局
am Ende sein 疲れている ▷ Ich *bin* völlig *am Ende*. 私は完全にグロッキーだ

en·den [エンデン]
(du endest, er endet; endete; geendet; 完了h)

endete

自 ❶ (時間的・空間的に)**終わる** (⇔ anfangen, beginnen) ▷ Der Vortrag *endet* gegen 20 Uhr. 講演は20時ごろに終わる / Diese Buslinie *endet* am Bahnhof. このバス路線は駅が終点だ

> ★ abschließen は一定の成果を伴って完了することを表す

❷ 〘状態と〙〔…の〕結末になる ▷ Das Stück *endet* tragisch. この戯曲は結末が悲劇的だ / Der Streit *endete* mit einer Prügelei. その争いはしまいに殴り合いになった

en·de·te [エンデテ] enden の過去形

end·gül·tig [エントギュルティヒ] 形 最終的な, 決定的な ▷ eine *endgültige* Entscheidung 最終的な決定

End·la·ger [エント・ラーガー] 中 *das* (⑯2格-s; ⑯-) (放射性物質などの)最終貯蔵処理場

end·la·gern [エント・ラーゲルン] (endlagerte; endgelagert; 完了h)
—他 〘4格と〙〔放射性物質など⁴を〕最終保管(貯蔵)処理する (☆ 不定詞・過去分詞形でのみ用いる)

End·la·ge·rung [エント・ラーゲルング] 女 *die* (⑯2格-; ⑯なし) (放射性廃棄物などの)最終保管

end·lich
[έntlɪç エントリヒ]

—副 ❶ 《待ちかねた気持ちを表して》**ようやく**, やっと, とうとう, ついに
Endlich kommt er.
ようやく彼が来た
Endlich gab er nach.
ついに彼は譲歩した
《ほっとした気持ちを表して》
Na *endlich*! やれやれ
Komm doch *endlich*!
もういいかげんに来いよ
《いらいらした気持ちを表して》
Wann bist du *endlich* fertig?
いつになったら君は終わるのだ

❷ (いろいろあって)最後に ▷ *Endlich* mussten sie nachgeben. 最後には彼らも譲歩しなければならなかった

—形 有限な ▷ Unser Leben ist *endlich*. 私たちの人生には限りがある

end·los [エント・ロース] 形 無限の, 終わりなく続く ▷ Der Tag erschien ihr *endlos*. その日は彼女には永遠に続くように思えた

En·dung [エンドゥング] 女 *die* (⑯2格-; ⑯-en) 《文法》語尾

E·ner·gie [エネルギー] 女 *die* (⑯2格-; ⑯-n) 《物理》エネルギー; 活動力, 精力

E·ner·gi·en [エネルギーエン] Energie の複数

e·ner·gisch [エネルギシュ]
形 ❶ 精力的な, エネルギッシュな ▷ *energisch* arbeiten 精力的に仕事をする
❷ 断固とした, 決然とした ▷ *energisch* protestieren 断固として抗議する

eng [エング] (比較 -er, 最上 -st)
形 ❶ **狭い** (⇔ weit) ▷ eine *enge* Straße 狭い道路 / ein *enges* Zimmer 狭い部屋 / im *engeren* Sinne 狭義で

> ★ 幅が狭い場合には schmal を用いる ▷ Er hat den See an der *schmalsten* Stelle durchschwommen. 彼は湖の最も狭いところを泳いで渡った

❷ (間隔を)詰めた, 密な ▷ Sie saßen *eng* nebeneinander. 彼らは詰めて座っていた
❸ (衣服が)きちきちの ▷ Die Hose ist mir zu *eng* geworden. このズボンは私には窮屈になった
❹ (関係が)親密な ▷ Sie sind *eng* miteinander befreundet. 彼らは親密な間柄にある

en·ga·gie·ren [アンガジーレン]
(engagierte; engagiert; 完了h)
—他 〘4格と〙〔俳優・声楽家などを⁴〕出演契約を結ぶ ▷ Er wurde beim Fernsehen *engagiert*. 彼はテレビ出演の契約を結んだ
—再 〘sich⁴と〙(社会問題などに)打ち込む ▷ *sich* für die Rechte der Minderheiten *engagieren* 少数者の権利を守る運動に参加する / 〘過去分詞で〙Er ist sozial sehr *engagiert*. 彼は社会問題に非常に積極的に関与している

En·ge [エンゲ] 女 *die* (⑯2格-; ⑯なし) 狭さ, 窮屈さ

En·gel [エンゲル] 男 *der* (⑯2格-s; ⑯-) 天使 ▷ gute *Engel* よい天使たち / 《比ゆ》Du bist mein *Engel*! 君は私の天使だ

eng·her·zig [エング・ヘルツィヒ] 形 心の狭い, 狭量の

Eng·land [エングラント] (中 *das*)《国名》イギリス, 英国; イングランド (スコットランドとウェールズを除いたグレートブリテン島の南部地域)(用法: ☞ Deutschland)

Eng·län·der [エングレンダー] 男 *der* (⑯2格-s; ⑯-) イギリス人; イングランド人

eng·lisch [エングリシュ] 形 イギリス〈英国〉[人]の; 英語の ▷ die *englische* Sprache 英語 / *englische* Literatur 英文学

Eng·lisch [エングリシュ] 中 *das* (⑯2格-[s]; ⑯なし) 英語 ▷ Er spricht *Englisch*. 彼は英語を話す / Er unterrichtet *Englisch*. 彼は英語を教えている

das **Eng·li·sche** [エングリシェ] 中 (形容詞変化 ☞ Alte 表 II) 英語 (☆ 定冠詞を必ず伴う) ▷ ④

entfalten

+ins *Englische* übersetzen …を英語に訳す

eng·stir·nig [エング・シュティルニヒ] 形 (先入観などにとらわれて)融通のきかない, 視野の狭い

En·kel [エンケル] 男 *der* (🅐2格 -s; 🅟 -) 孫

En·ke·lin [エンケリン] 囡 *die* (🅐2格 -; 🅟 -linnen) 〖Enkelの女性形〗孫娘

En·kel·kind [エンケル・キント] 囲 *das* (🅐2格 -[e]s; 🅟 -er) (特にまだ幼い)孫

e·norm [エノルム] 形 (量・程度などが)ものすごい, 法外な, 莫大な

★ **ent..** [エント..] 〖非分離前つづり〗
a)《(離れて)》 *ent*fliehen 逃走する, *ent*kommen 逃げる
b)《(取り去る)》 *ent*reißen ひったくる, *ent*nehmen 取り出す
c)《(起源・発生)》 *ent*springen …に源を発する, *ent*stammen …の出身である
d)《(解消)》 *ent*falten (巻いたものを)広げる, *ent*rollen (巻いてあるものを)広げる
e)《(語幹の名詞が表すものの除去)》 *ent*hüllen 除幕を行う (← Hülle), *ent*machten (← Macht) 権力を奪う

---

ent·band [エントバント] entbinden の 過去

ent·beh·ren [エントベーレン] 非分離
(entbehrte; entbehrt; 助 h)
— 他《(🅐と)》[..⁴]なしですます ▷ Er musste in seiner Kindheit vieles *entbehrt*. 彼は子供時代いろいろと不自由な思いをした
イディオム **+nicht entbehren können** …⁴なしではすまない ▷ Ich *kann* das Buch *nicht entbehren*. 私はその本なしでは困る
— 自《(文語)》《(🅑と)》[..²を]欠く ▷ Diese Behauptung *entbehrt* jeder Grundlage. この主張にはまったく根拠がない

ent·behr·lich [エントベーアリヒ] 形 なくてもすむ ▷ Diese Anweisung ist wirklich *entbehrlich*. このような指図は本当に不必要だ

Ent·beh·rung [エントベールング] 囡 *die* (🅐2格 -; 🅟 -en)《(文語)》欠乏, 不足, 不自由

ent·bin·den [エントビンデン] 非分離
(entband; entbunden; 助 h)
— 他《(🅐+von+🅒と)》[..⁴を義務など³から]解放する
イディオム *von einem Kind entbunden werden* 子供を産む
— 自 子供を産む

Ent·bin·dung [エントビンドゥング] 囡 *die* (🅐2格 -; 🅟 -en) 分娩 ▷ eine leichte ⟨schwere⟩ *Entbindung* 安産〈難産〉

ent·blö·ßen [エントブレーセン] 非分離
(entblößte; entblößt; 助 h)
他《(文語)》《(🅐と)》[体の一部⁴を](服などを脱いで)むき出しにする ▷ den Oberkörper *entblößen* 上半身裸になる

ent·bun·den [エントブンデン] entbinden の 過分

ent·de·cken [エントデッケン] 非分離
(entdeckte; entdeckt; 助 h)
他 ❶《(🅐と)》[..⁴を発見する ▷ einen neuen Stern *entdecken* 新星を発見する / Kolumbus hat Amerika *entdeckt*. コロンブスはアメリカ大陸を発見した (☆ Kolumbus [コルムブス])
❷《(🅐と)》[..⁴を](思いがけず)見つける ▷ ein Vogelnest *entdecken* 鳥の巣を見つける

Ent·de·cker [エントデッカー] 男 *der* (🅐2格 -s; 🅟 -) 発見者

ent·deckt [エントデックト] entdecken の 現在, 過分

ent·deck·te [エントデックテ] entdecken の 過去

Ent·de·ckung [エントデックング] 囡 *die* (🅐2格 -; 🅟 -en) 発見 ▷ eine wichtige *Entdeckung* machen 重要な発見をする

En·te [エンテ] 囡 *die* (🅐2格 -; 🅟 -n)
❶《(鳥)》カモ; アヒル ▷ Die *Enten* schnattern. カモ〈アヒル〉がガーガー鳴く
❷《(口語)》誤報

ent·eig·nen [エントアイグネン] 非分離
(enteignete; enteignet; 助 h)
他《(🅐と)》(国家が)[..⁴の]所有物を没収〈接収・収用〉する

ent·ei·len [エントアイレン] 非分離
(enteilte; enteilt; 助 s)
自《(文語)》急いで立ち去る

ent·fah·ren [エントファーレン] 非分離
(er entfährt; entfuhr; entfahren; 助 s)
自《(文語)》《(🅑と)》(ことば・ため息などが)[..³の口から]ふともれる

ent·fährt [エントフェーアト] entfahren の 現在

ent·fal·len [エントファレン] 非分離
(entfällt; entfiel; entfallen; 助 s)
自 ❶《(🅑と)》[..³の]記憶から抜け落ちる ▷ Sein Name ist mir *entfallen*. 彼の名前を私は思い出せない
❷《(auf+🅐と)》(賞金などが)[..⁴に]与えられる; (ある金額が)[..⁴の]取り分になる

ent·fällt [エントフェルト] entfallen の 現在

ent·fal·ten [エントファルテン] 非分離
(entfaltete; entfaltet; 助 h)
— 他 ❶《(文語)》《(🅐と)》(巻いたものなど⁴を)広げる ▷ eine Fahne *entfalten* 旗を広げる
❷《(🅐と)》(行動など⁴を)展開する, 繰り広げる ▷ Er *entfaltete* eine fruchtbare Tätigkeit. 彼は実りの多い活動を展開した
❸《(🅐と)》(才能など⁴を)発揮する, 伸ばす
— 再 ❶《(sich⁴と)》(花などが)開く ▷ Der Fall-

schirm *entfaltet* sich. 落下傘が開く
❷ 〖sich⁴と〗(才能などを)発揮する

ent·fer·nen [エントフェルネン] 非分離
(entfernte; entfernt; 助h)
── 他〖④と〗[..⁴を]取り除く ▷ ein Schild *entfernen* 看板を取りはずす / einen Fleck aus der Hose *entfernen* ズボンの汚れを取る
── 再〖sich⁴と〗(ある場所から)離れる, 立ち去る

ent·fernt [エントフェルント]
❶ (遠く)離れた ▷ Die Weide liegt weit *entfernt* von der Stadt. 牧場は町から遠く離れたところにある / 〖主語と〗Sein Haus liegt 2 km *entfernt* von uns. 彼の家は私たちのところから2キロ離れた所にある
❷ かすかな, ほのかな ▷ mit+③ eine *entfernte* Ähnlichkeit haben ..³にかすかに似ている

Ent·fer·nung [エントフェルヌング] 女 die (複2格 -; 複 -en)
❶ 隔たり, 距離 ▷ die *Entfernung* messen 距離を測る
❷ (複 なし)取り除くこと, 除去 ▷ die *Entfernung* der Trümmer がれきの除去

ent·fes·seln [エントフェッセルン] 非分離
(entfesselte; entfesselt; 助h)
他〖文語〗〖④と〗(ある事件などが)〔戦争・反乱など⁴を〕引き起こす

ent·fiel [エントフィール] entfallen の 過去
ent·flie·hen [エントフリーエン] 非分離
(entfloh; entflohen; 助s)
自 逃走する ▷ Er ist aus dem Konzentrationslager *entflohen*. 彼は強制収容所から逃げ出した

ent·floh [エントフロー] entfliehen の 過去
ent·flo·hen [エントフローエン] entfliehen の 過分

ent·frem·den [エントフレムデン] 非分離
(entfremdete; entfremdet; 助h)
── 再〖sich⁴+③と〗[..³に]疎遠になる ▷ Ich habe mich ihm *entfremdet*. 私は彼と疎遠になった
── 他〖④+③と〗[..⁴を..³に]疎遠な関係にする ▷ Dadurch wurde er seiner Familie völlig *entfremdet*. そのことで彼は家族と完全に疎遠になった

ent·fuhr [エントフーア] entfahren の 過去
ent·füh·ren [エントフューレン] 非分離
(entführte; entführt; 助h)
他〖④と〗[..⁴を]誘拐する,〔飛行機⁴を〕ハイジャックする ▷ Die Braut wurde am Hochzeitsabend *entführt*. 花嫁は結婚式の晩に誘拐された

Ent·füh·rer [エントフューラー] 男 der (複2格 -s; 複 -) 誘拐犯, ハイジャック犯
Ent·füh·rung [エントフュールング] 女 die (複2格 -; 複 -en) 誘拐, ハイジャック

ent·gan·gen [エントガンゲン] entgehen の 過分
ent·ge·gen [エントゲーゲン]
── 前〖③支配; 後置されることもある〗…に反して〈背いて〉▷ *entgegen* dem Befehl 〈dem Befehl *entgegen*〉命令に逆らって
── 副〖③と〗[..³に]向かって (☆ 後置される) ▷ Dem Feind *entgegen*! 敵に向かって行け

★ **entgegen..** [エントゲーゲン..]〖分離前つづり〗(方向) 向かって ▷ *entgegen*gehen 向かって行く, *entgegen*kommen 向かって来る

ent·ge·gen|brin·gen [エントゲーゲン・ブリンゲン] 分離 (brachte entgegen; entgegengebracht; 助h)
他〖③+④と〗[..³に尊敬・信頼・興味など⁴を]示す

ent·ge·gen|ge·hen [エントゲーゲン・ゲーエン] 分離 (ging entgegen; entgegengegangen; 助s)
自〖③と〗(近づいて来る人³に)向かって行く ▷ Sie *ging* ihm bis vor die Tür *entgegen*. 彼女は彼をドアの前まで迎えに出た

ent·ge·gen·ge·setzt [エントゲーゲン・ゲゼッツト]
形 ❶ 逆の, 反対の ▷ Die Schule liegt am *entgegengesetzten* Ende der Stadt. 学校は町の反対側のはずれにある
❷ 対立する ▷ *entgegengesetzte* Ansichten vertreten 対立した見解をとる

ent·ge·gen|hal·ten [エントゲーゲン・ハルテン] 分離 (er hält entgegen; hielt entgegen; entgegengehalten; 助h)
他〖③+④と〗[..³に..⁴を]反論する

ent·ge·gen|kom·men [エントゲーゲン・コメン] 分離 (kam entgegen; entgegengekommen; 助s)
自 ❶〖③と〗(近づいて行く人³に)向かって来る, 出迎える ▷ Er *kam* mir mit ausgestreckten Händen *entgegen*. 彼は手を広げて私を出迎えた / 〖現在分詞で〗das *entgegenkommende* Auto 対向車
❷〖③と〗[..³に](要望などにおいて)部分的に応じる ▷ Wir sind bereit, Ihnen darin *entgegenzukommen*. 私たちはその点であなた方の希望に応じる用意がある

Ent·ge·gen·kom·men [エントゲーゲン・コメン] 中 das (複2格 -s; 複 なし)(態度などに表れる)好意

ent·ge·gen·kom·mend [エントゲーゲン・コメント] 形 好意的な, 親切な

ent·ge·gen|neh·men [エントゲーゲン・ネーメン] 分離 (er nimmt entgegen; nahm entgegen; entgegengenommen; 助h)

[他]〘④と〙〔運ばれて来たもの⁴を〕受け取る ▷ einen Brief 〈das Geschenk〉 *entgegennehmen* 手紙〈贈り物〉を受け取る

ent·ge·gen|se·hen [エントゲーゲン・ゼーエン] [分離] (er sieht entgegen; sah entgegen; entgegengesehen; [完了]h)
[自]〘③と〙〔…³の到来を〕待ち受ける

ent·ge·gen|set·zen [エントゲーゲン・ゼッツェン] [分離] (setzte entgegen; entgegengesezt; [完了]h)
[他]〘③+④と〙〔…³への反論などとして…⁴を〕持ち出す ▷ Was hast du meiner Behauptung *entgegenzusetzen*? 私の主張にどんな反論があるのか

ent·ge·gen|ste·hen [エントゲーゲン・シュテーエン] [分離] (stand entgegen; entgegengestanden; [完了]h)
[自]〘③と〙〔昇進など³の〕妨げになる

ent·ge·gen|tre·ten [エントゲーゲン・トレーテン] [分離] (er tritt entgegen; trat entgegen; entgegengetreten; [完了]s)
[自]〘③と〙〔偏見・病気など³に〕立ち向かう

ent·geg·nen [エントゲーグネン] [非分離] (entgegnete; entgegnet; [完了]h)
[他]〘④と〙〔…⁴と〕答える, 言い返す (特に対立する意見などを述べる場合に用いる) ▷ Darauf wusste er nichts zu *entgegnen*. それに対し彼は何も返答できなかった

ent·ge·hen [エントゲーエン] [非分離] (entging; entgangen; [完了]s)
[自] **1** 〘③と〙〔…³を〕免れる ▷ Er wird seiner Strafe nicht *entgehen*. 彼は自分の罰を免れることはないであろう
2 〘③と〙〔(主語)¹を…³が〕見〈聞き〉落とす ▷ Dieser Fehler ist mir *entgangen*. このまちがいを私は見落としてしまった.
[イディオム] ***sich³+④+entgehen lassen*** (チャンスなど)⁴を逃す ▷ Diese Gelegenheit sollte man sich nicht *entgehen lassen*. このような機会は逃すべきではない.

ent·geis·tert [エントガイステルト] [形] (予期せぬことに)肝をつぶした

Ent·gelt [エントゲルト] [中] *das* ([単] 2格 -[e]s; [複] -e) 報酬

ent·ging [エントギング] entgehen の [過去]

ent·glei·sen [エントグライゼン] [非分離] (entgleiste; entgleist; [完了]s)
[自] (列車などが)脱線する

Ent·glei·sung [エントグライズング] [女] *die* ([単] 2格 -; まれに [複] -en) 脱線

ent·glei·ten [エントグライテン] [非分離] (entglitt; entglitten; [完了]s)
[自]《文語》〘③と〙〔…³の手から〕すべり落ちる

ent·glitt [エントグリット] entgleiten の [過去]

ent·glit·ten [エントグリッテン] entgleiten の [過分]

ent·hält [エントヘルト] enthalten の [現在]

ent·hal·ten [エントハルテン] [非分離] (du enthältst, er enthält; enthielt; enthalten; [完了]h)
— [他]〘④と〙〔…⁴を〕含む (☆ 受動形を作らない) ▷ Die Flasche *enthält* zwei Liter Wein. びんにはワインが 2 リットル入っている / In diesem Getränk ist Kohlensäure *enthalten*. 〔状態受動〕この飲み物には炭酸が含まれている
— [再]《文語》〘[sich]⁴+②と〙〔アルコールなど²を〕控える, 差し控える ▷ Er hat sich der Stimme *enthalten*. 彼は棄権した

ent·halt·sam [エントハルトザーム] [形] 禁欲的な; 禁酒〈禁煙〉の

Ent·halt·sam·keit [エントハルトザームカイト] [女] *die* ([単] 2格 -; [複] なし) 禁欲; 禁酒, 禁煙

ent·hältst [エントヘルツト] enthalten の [現在]

Ent·hal·tung [エントハルトゥング] [女] *die* ([単] 2格 -; [複] -en) (投票の)棄権; 白票

ent·haup·ten [エントハオプテン] [非分離] (enthauptete; enthauptet; [完了]h)
[他]《文語》〘④と〙〔…⁴の〕首を刎ねる

ent·he·ben [エントヘーベン] [非分離] (enthob; enthoben; [完了]h)
[他]《文語》〘④+②と〙〔…⁴から職務など²を〕取り上げる

ent·hem·men [エントヘムメン] [非分離] (enthemmte; enthemmt; [完了]h)
[他]〘④と〙(アルコールなどが)〔…⁴の〕自制心を奪う
[イディオム] ***völlig enthemmt sein*** まったく自制心を失っている

ent·hielt [エントヒールト] enthalten の [過去]

ent·hob [エントホープ] entheben の [過去]

ent·ho·ben [エントホーベン] entheben の [過分]

ent·hül·len [エントヒュレン] [非分離] (enthüllte; enthüllt; [完了]h)
[他] **1** 〘④と〙〔…⁴の〕除幕を行う ▷ Gestern wurde die Statue *enthüllt*. きのう彫像の除幕式が行われた
2 《文語》〘③+④と〙〔…³に秘密など⁴を〕打ち明ける

En·thu·si·as·mus [エントゥズィアスムス] [男] *der* ([単] 2格 -; [複] なし) 熱狂, 熱中, 感激

en·thu·si·as·tisch [エントゥズィアスティシュ] [形] 熱狂的な

ent·jung·fern [エントユングフェルン] [非分離] (entjungferte; entjungfert; [完了]h)
[他]《やや古語》〘④と〙〔…⁴の〕処女を奪う

ent·kam [エントカーム] entkommen の [過去]

ent·klei·den [エントクライデン] [非分離] (entkleidete; entkleidet; [完了]h)
[他]《文語》〘④と〙〔…⁴の〕服を脱がせる

ent·kom·men [エントコムメン] [非分離] (entkam; entkommen; [完了]s)

[自] 逃げる ▷ Er *entkam* über die Grenze. 彼は国外へ逃げた

ent·kräf·ten [エントクレフテン] [非分離]
(entkräftete; entkräftet; [完了]h)
[他] ❶ 〚④と〛〔相手の主張など^{4}を〕論破する
❷ 〚④と〛(苦労・病気などが)〔‥^{4}を〕消耗させる

ent·kräf·tet [エントクレフテット] [形] (病気などで)体力を消耗している, 体が弱っている

ent·la·den [エントラーデン] [非分離]
(er entlädt; entlud; entladen; [完了]h)
— [他] 〚④と〛〔‥^{4}の〕積み荷を降ろす; 〔銃^{4}の〕弾丸を抜く ([反] laden) ▷ den Wagen *entladen* 車から積み荷を降ろす
— [再] 〚[sich]^{4}と〛(雷雨が)突然起こる; (怒りなどが)爆発する; (電池などが)放電する

ent·lädt [エントレート] entladen の [現在]

ent·lang [エントラング]
— [前] 〚主に後置, ④〈まれに③〉支配; 時に前置, ③〈まれに②〉支配〛 …に沿って, …沿いに ▷ Wir liefen immer den Bach *entlang.* 私たちは小川に沿って走り続けた / *Entlang* dem Ufer standen große Bäume. 岸沿いに大きな木々が立っていた
— [副] 〚an+③と〛〔‥^{3}に〕沿って ▷ sich^4 an der Straße *entlang* stellen (人々が)通りに沿って並ぶ

ent·lar·ven [エントラルフェン] [非分離]
(entlarvte; entlarvt; [完了]h)
[他] 〚④と〛〔‥^{4}の〕正体を暴く ▷ einen Agenten *entlarven* スパイの正体を暴く / ④+als Betrüger *entlarven* ‥^{4}が詐欺師であることを暴く

ent·las·sen [エントラッセン] [非分離]
(er entlässt; entließ; entlassen; [完了]h)
[他] ❶ 〚④と〛〔‥^{4}を〕解雇する ▷ Er wurde wegen einer Unterschlagung fristlos *entlassen.* 彼は横領のために即時解雇された
❷ 〚④と〛〔‥^{4}を〕卒業させる, 退院させる, (刑務所から)釈放する

ent·lässt [エントレスト] entlassen の [現在]

Ent·las·sung [エントラッスング] [女] *die* ([単] 2格 –; [複] –en) 解雇, 退学; 釈放, 退院

ent·las·ten [エントラステン] [非分離]
(entlastete; entlastet; [完了]h)
[他] 〚④と〛〔‥^{4}の〕負担を軽くする ▷ den Chef bei der Arbeit *entlasten* 主任の仕事の負担を軽くする / Der zweite Zeuge *entlastete* den Angeklagten. 2番目の証人は被告人が有利になる証言をした

ent·lau·fen [エントラオフェン] [非分離]
(er entläuft; entlief; entlaufen; [完了]s)
[自] (犬・猫などが)逃げていなくなる

ent·läuft [エントロイフト] entlaufen の [現在]

ent·le·di·gen [エントレーディゲン] [非分離]
(entledigte; entledigt; [完了]h)
[再] 《文語》〚[sich]^4+②と〛〔‥^{2}から〕解放される ▷ *sich* eines Auftrags *entledigen* 任務を果たす

ent·lee·ren [エントレーレン] [非分離]
(entleerte; entleert; [完了]h)
[他] 〚④と〛〔容器・灰皿など^{4}を〕空にする

ent·le·gen [エントレーゲン] [形] 《文語》 都会から遠く離れた

ent·leh·nen [エントレーネン] [非分離]
(entlehnte; entlehnt; [完了]h)
[他] 〚④と〛〔単語^{4}を〕(他の言語から)借用する

Ent·leh·nung [エントレーヌング] [女] *die* ([単] 2格 –; [複] –en) 《言語学》 借用語

ent·lei·hen [エントライエン] [非分離]
(entlieh; entliehen; [完了]h)
[他] 〚④と〛〔特に本^{4}を〕借りる ▷ ein Buch aus der Bibliothek *entleihen* 本を図書館から借りる

ent·lief [エントリーフ] entlaufen の [過去]

ent·lieh [エントリー] entleihen の [過去]

ent·lie·hen [エントリーエン] entleihen の [過分]

ent·ließ [エントリース] entlassen の [過去]

ent·lo·cken [エントロッケン] [非分離]
(entlockte; entlockt; [完了]h)
[他] 〚③+④と〛〔‥^{3}から秘密・譲歩など^{4}を〕引き出す ▷ Er hat ihr ein Geständnis *entlockt.* 彼は彼女から自白を引き出した

ent·lud [エントルート] entladen の [過去]

ent·mach·ten [エントマハテン] [非分離]
(entmachtete; entmachtet; [完了]h)
[他] 〚④と〛〔専制君主・政治家など^{4}の〕権力〈影響力〉を奪う

ent·mi·li·ta·ri·sie·ren [エントミリタリズィーレン] [非分離] (entmilitarisierte; entmilitarisiert; [完了]h)
[他] 〚④と〛〔ある地域など^{4}を〕非武装化する

ent·mün·di·gen [エントミュンディゲン] [非分離]
(entmündigte; entmündigt; [完了]h)
[他] 〚④と〛(裁判所が)〔‥^{4}に〕禁治産者の宣告を下す

ent·mu·ti·gen [エントムーティゲン] [非分離]
(entmutigte; entmutigt; [完了]h)
[他] 〚④と〛〔‥^{4}を〕意気消沈させる ▷ sich^4 durch einen Misserfolg nicht *entmutigen* lassen 失敗によってもやる気を失わない

ent·nahm [エントナーム] entnehmen の [過去]

Ent·nah·me [エントナーメ] [女] *die* ([単] 2格 –; [複] –n) 取り出すこと; 採血

ent·neh·men [エントネーメン] [非分離]
(er entnimmt; entnahm; entnommen; [完了]h)
[他] 《文語》 ❶ 〚③+④と〛〔‥^{3}から‥^{4}を〕取り出す ▷ der Kasse Geld *entnehmen* 金庫からお金を取り出す
❷ 〚③+④と〛〔文面など^{3}から‥^{4}を〕見て取る, 察知する

ent·nimmt [エントニムト] entnehmen の 現在

ent·nom·men [エントノメン] entnehmen の 過分

ent·pup·pen [エントプッペン] 非分離
(entpuppte; entpuppt; 完了h)
再 《sich⁴+als+④と》〘…⁴であることが〙思いもかけず判明する ▷ Die Sache hat sich als Schwindel *entpuppt*. その件はいんちきであることがわかった

ent·rann [エントラン] entrinnen の 過去

ent·rät·seln [エントレーツェルン] 非分離
(enträtselte; enträtselt; 完了h)
他 《④と》〘秘密など⁴を〙解明する, 〘文字など⁴を〙解読する

ent·rei·ßen [エントライセン] 非分離
(entriss; entrissen; 完了h)
他 《③+④と》〘…³からハンドバッグなど⁴を〙ひったくる

ent·rich·ten [エントリヒテン] 非分離
(entrichtete; entrichtet; 完了h)
他 《④と》〘料金・会費・税金など⁴を〙払う, 払い込む

ent·rin·nen [エントリンネン] 非分離
(entrann; entronnen; 完了s)
自《文語》《③と》〘危険など³から〙免れる, 〘追手など³から〙逃れる

ent·riss [エントリス] entreißen の 過去
ent·ris·sen [エントリッセン] entreißen の 過分
ent·rol·len [エントロレン] 非分離
(entrollte; entrollt; 完了h)
他 《④と》〘巻いてあるもの⁴を〙広げる ▷ eine Fahne *entrollen* 旗を広げる

ent·ron·nen [エントロンネン] entrinnen の 過分

ent·rüs·ten [エントリュステン] 非分離
(entrüstete; entrüstet; 完了h)
再 《sich⁴と》腹を立てる, 憤慨する ▷ Sie haben sich über sein Vorgehen *entrüstet*. 彼らは彼の行動に腹を立てた /《過去分詞で》Er war *entrüstet* über diese Ungerechtigkeit. 彼はこの不正に憤慨していた

ent·sa·gen [エントザーゲン] 非分離
(entsagte; entsagt; 完了h)
自《文語》《③と》〘楽しみなど³を〙(自分の意志で, しかしいやいや)諦める

ent·sandt [エントザント] entsenden の 過分
ent·sand·te [エントザンテ] entsenden の 過去
ent·sann [エントザン] entsinnen の 過去
ent·schä·di·gen [エントシェーディゲン] 非分離
(entschädigte; entschädigt; 完了h)
他 《④と》〘…⁴に対して〙償いをする, 補償する ▷ Ich habe ihn für seinen Verlust *entschädigt*. 私は彼に損失の補償をした

Ent·schä·di·gung [エントシェーディグング] 女 *die* (④2格 –; 複 なし) 補償, 賠償, 弁償

ent·schär·fen [エントシェルフェン] 非分離
(entschärfte; entschärft; 完了h)
他 ❶《④と》〘…⁴の雰囲気などを〙和らげる
❷《④と》〘映画・本など⁴の〙問題になる箇所などを削除する
❸《④と》〘爆弾など⁴の〙点火装置〈信管〉を外す

ent·schei·den

[entʃaidn̩ エントシャイデン] 非分離

現在	ich entscheide	wir entscheiden
	du entscheidest	ihr entscheidet
	er entscheidet	sie entscheiden
過去	ich entschied	wir entschieden
	du entschied	ihr entschiedet
	er entschied	sie entschieden
過分	entschieden	完了 haben

— 再 ❶《sich⁴と》決める, 決断する
sich schnell *entscheiden*
すばやく決断する
Ich kann mich nicht *entscheiden*.
私は決められない
Er hat sich für dieses Bild *entschieden*.
彼はこちらの絵に決めた
Als Geburtstagsgeschenk für sie haben wir uns für eine Perlenkette *entschieden*. 彼女の誕生日プレゼントとして私たちは真珠のネックレスを贈ることに決めた

類語
sich⁴ *entscheiden* 複数の可能性の中から1つを選択して決める
sich⁴ *entschließen* するかしないか決める

❷《sich⁴と》〘物事が〙決まる ▷ Morgen wird [es] sich *entscheiden*, ob ich die Stelle bekommen werde oder nicht. あす私がそのポストを得られるか否かが決まるでしょう

— 他 《④と》〘…⁴を〙決定する ▷ Das kann ich nicht *entscheiden*. それは私には決定できない /《事物を主語にして》Das Los soll *entscheiden*, wer bleiben soll. くじ引きでだれが残るかを決めるべきだ

— 自 《über+④と》〘…⁴について〙決定する ▷ Darüber wird eine Kommission *entscheiden*. その点は委員会が決定するでしょう

ent·schei·dend [エントシャイデント] 形 決定的な ▷ Sie haben einen *entscheidenden* Fehler begangen. 彼らは決定的な過ちを犯した

Ent·schei·dung [エントシャイドゥング] 女 *die* (④2格 –; 複 –en)
決定, 決断 ▷ eine *Entscheidung* treffen 決定する / Die *Entscheidung* fällt mir schwer. その決断は私には難しい

ent·schied [エントシート] entscheiden の 過去

ent·schie·den [エントシーデン]
— entscheiden の 過分
— 形 決着がついている; きっぱりとした, 断固とした ▷ Seine Haltung in dieser Frage war sehr *entschieden*. この問題における彼の態度は非常にきっぱりとしていた
〈イディオム〉 *entschieden zu*+形容詞 明らかに…過ぎる ▷ Das geht *entschieden zu* weit. それは明らかに行き過ぎだ

ent·schla·fen [エントシュラーフェン] 非分離
(er entschläft; entschlief; entschlafen; 助s)
自《文語》死ぬ

ent·schläft [エントシュレーフト] entschlafen の 現在

ent·schlief [エントシュリーフ] entschlafen の 過去

ent·schlie·ßen [エントシリーセン] 非分離
(du, er entschließt; entschloss; entschlossen; 助h)
再 (sich⁴+zu+③と)[..³する]決心をする ▷ Er *entschließt* sich zu einer Reise. 彼は旅行する決心をする / 《zu 不定詞句と》Ich habe mich *entschlossen* abzufahren. 私は出発することに決めた / Er hat sich [dazu] *entschlossen*, ihr zum Geburtstag etwas zu schenken. 彼は彼女の誕生日に何か贈り物をすることに決めた

ent·schließt [エントシュリースト] entschließen の 現在

Ent·schlie·ßung [エントシュリースング] 名 die (単2格 -; 複 -en) (議会などでの)決議

ent·schloss [エントシュロス] entschließen の 過去

ent·schlos·sen [エントシュロッセン]
— entschließen の 過分
— 形 決心をした ▷ zu+③ fest *entschlossen* sein …³すると固く決心している

Ent·schlos·sen·heit [エントシュロッセンハイト] 名 die (単2格 -; 複 なし) 断固たる決意, 決然とした態度

Ent·schluss [エントシュルス] 男 der (単2格 -es; 複 ..schlüsse) 決心, 決意 ▷ einen *Entschluss* fassen 決心する / zu keinem *Entschluss* kommen 決心がつかない / Es ist sein fester *Entschluss*, daran teilzunehmen. 彼はそれに参加しようと固く決意している

Ent·schluß 旧 新 Entschluss

ent·schlüs·seln [エントシュリュッセルン] 非分離 (entschlüsselte; entschlüsselt; 助h)
他 〖④と〗[暗号など⁴を]解読する (⇔ verschlüsseln) ▷ die Botschaft des feindlichen Agenten *entschlüsseln* 敵のスパイの報告を解読する

Ent·schlüs·se·lung [エントシュリュッセルング] 名 die (単2格 -; 複 -en) (暗号などの)解読

ent·schul·di·gen
[ɛntʃɔldɪɡn̩ エントシュルディゲン] 非分離

現在	
ich entschuldige	wir entschuldigen
du entschuldigst	ihr entschuldigt
er entschuldigt	sie entschuldigen

過去	
ich entschuldigte	wir entschuldigten
du entschuldigtest	ihr entschuldigtet
er entschuldigte	sie entschuldigten

| 過分 entschuldigt | 助 haben |

— 他 ❶ 〖④と〗[..⁴を]許す
Entschuldige bitte, dass ich störe!
じゃまして申し訳ない
Ich kann sein Verhalten nicht *entschuldigen*. 私は彼の態度が許せない
Entschuldigen Sie bitte!
すみません

❷ 〖④と〗(理由を述べて)[..⁴の]弁解〈弁明〉をする ▷ Sie *entschuldigte* ihr Verhalten mit Nervosität. 彼女は自分の態度を神経質になっているためと弁解した

❸ 〖④と〗(理由を述べて)[..⁴の]欠席を通知する ▷ Er *entschuldigt* sein Kind für morgen. 彼は子供があす欠席すると届け出る

— 再 〖sich⁴と〗わびる, 許しを請う ▷ Ich *entschuldige* mich bei dir. 私は君にあやまる / Er hat sich für seine Faulheit *entschuldigt*. 彼は怠けたことをわびた

ent·schul·digt [エントシュルディヒト] entschuldigen の 現在, 過分

ent·schul·dig·te [エントシュルディヒテ] entschuldigen の 過去

Ent·schul·di·gung [エントシュルディグング] 名 die (単2格 -; 複 -en)
❶ 弁解, 言い訳 ▷ nach einer *Entschuldigung* suchen 言い訳を探す
❷ 許し, わび ▷ Ich bitte um *Entschuldigung*.〈*Entschuldigung* bitte!〉すみません
❸ (生徒などの)欠席届

ent·schwand [エントシュヴァント] entschwinden の 過去

ent·schwin·den [エントシュヴィンデン] 非分離
(entschwand; entschwunden; 助s)
自《文語》消える

ent·schwun·den [エントシュヴンデン] entschwinden の 過分

ent·sen·den [エントゼンデン] 非分離 (entsandte〈entsendete〉; entsandt〈entsendet〉; 助h)
他《文語》〖④と〗[使節団など⁴を]派遣する

ent·set·zen [エントゼッツェン] 非分離
(entsetzte; entsetzt; 助h)
— 他 〖④と〗[..⁴を]愕然とさせる ▷ Der An-

entstören

blick *entsetzte* mich sehr. その光景に私は非常に愕然とした / Ich bin völlig *entsetzt*. [状態受動] 私はびっくり仰天した
——再 (sich⁴と) 愕然とする ▷ Alle *entsetzten* sich vor diesem Anblick. みんなこの光景を見て驚愕した

Ent·set·zen [エントゼッツェン] 中 *das* (⦿ 2格 -s; ⦿ なし) (恐怖などと結びついた) 驚き, 驚愕

ent·setz·lich [エントゼッツリヒ]
形 ❶ 恐ろしくてぞっとする ▷ Das ist ja *entsetzlich*! これは本当に恐ろしいことだ
❷ 《口語》《否定的な意味合いで》ものすごい ▷ *entsetzliche* Schmerzen ものすごい痛み

ent·setzt [エントゼット] 形 愕然とした, びっくり仰天した

ent·si·chern [エントズィッヒェルン] 非分離
(entsicherte; entsichert; 完了h)
他 《④と》(銃などの) 安全装置を外す

ent·sin·nen [エントズィンネン] 非分離
(entsann; entsonnen; 完了h)
再《文語》(sich⁴+②⟨an+④⟩と) [..²,⁴を] 思い出す, 覚えている (=sich⁴ erinnern)

ent·son·nen [エントゾンネン] entsinnen の 過分

ent·sor·gen [エントゾルゲン] 非分離
(entsorgte; entsorgt; 完了h)
他 《④と》(産業廃棄物などを)処理する

Ent·sor·gung [エントゾルグング] 女 *die* (⦿ 2格 -; ⦿ -en) ごみ〈廃棄物〉処理

ent·spann [エントシュパン] entspinnen の 過去

ent·span·nen [エントシュパンネン] 非分離
(entspannte; entspannt; 完了h)
——他 《④と》(体⁴の) 緊張をほぐす, [..⁴を] リラックスさせる ▷ Massage *entspannt* die Muskeln. マッサージは筋肉をリラックスさせる
——再 ❶ (sich⁴と) 緊張から解放される, リラックスする ▷ *sich* im Urlaub *entspannen* 休暇中のんびりする
❷ (sich⁴と) (事態などが) 緩和される

Ent·span·nung [エントシュパンヌング] 女 *die* (⦿ 2格 -; ⦿ なし)
❶ リラックス, 息抜き, くつろぎ
❷ (政治的・軍事的) 緊張緩和

ent·spin·nen [エントシュピンネン] 非分離
(entspann; entsponnen; 完了h)
再 (sich⁴と) (会話などが) 始まる

ent·spon·nen [エントシュポンネン] entspinnen の 過分

ent·sprach [エントシュプラーハ] entsprechen の 過去

ent·sprang [エントシュプラング] entspringen の 過去

ent·spre·chen [エントシュプレッヒェン] 非分離
(er entspricht; entsprach; entsprochen; 完了h)
自 ❶ 《③と》 [..³に] 対応〈相応〉する ▷ Seine Behauptung *entspricht* nicht den Tatsachen. 彼の主張は事実通りではない
❷ 《③と》 [期待など³に] 沿う ▷ Das Hotel *entspricht* meinen Erwartungen. そのホテルは私の期待通りだ

ent·spre·chend [エントシュプレッヒェント]
——形 相応の, 見合った ▷ eine *entsprechende* Belohnung 相応の報酬
——前 《③支配; 後置されることもある》 …に応じて ▷ *entsprechend* unserem Vorschlag 私たちの提案に応じて

ent·spricht [エントシュプリヒト] entsprechen の 現在

ent·sprin·gen [エントシュプリンゲン] 非分離
(entsprang; entsprungen; 完了s)
自 《場所と》 [..に] 源を発する ▷ Der Rhein *entspringt* in den Alpen. ライン川はアルプスに源を発する

ent·spro·chen [エントシュプロッヘン] entsprechen の 過分

ent·sprun·gen [エントシュプルンゲン] entspringen の 過分

ent·stam·men [エントシュタンメン] 非分離
(entstammte; entstammt; 完了s)
自 《③と》 [..³の] 出身である (☆完了形はまれ)

ent·stand [エントシュタント] entstehen の 過去

ent·stan·den [エントシュタンデン] entstehen の 過分

ent·ste·hen [エントシュテーエン] 非分離
(entstand; entstanden; 完了s)
自 ❶ 存在するようになる, 発生する, 起こる ▷ Wie ist das Leben auf der Erde *entstanden*? 生命はどのようにして地上に誕生したのだろうか / Hier *entsteht* eine Schule. ここに学校が建てられる
❷ (結果として) 生じる ▷ Es werden für Sie keine Kosten *entstehen*. あなたには費用の負担がかからないでしょう (☆ 文頭の es は虚辞め)

Ent·ste·hung [エントシュテーウング] 女 *die* (⦿ 2格 -; ⦿ なし) (物事が) 存在するようになること, 発生

ent·stel·len [エントシュテレン] 非分離
(entstellte; entstellt; 完了h)
他 ❶ 《④と》 [..⁴を] (形を損ねて) 醜くする ▷ Diese Verletzung *entstellte* sein Gesicht. この傷で彼は顔が醜くなった
❷ 《④と》 [事実など⁴を] ゆがめる, 歪曲する

Ent·stel·lung [エントシュテルング] 女 *die* (⦿ 2格 -; ⦿ -en) (形を損ねて) 醜くすること; (事実などの) 歪曲

ent·stö·ren [エントシュテーレン] 非分離
(entstörte; entstört; 完了h)
他 《④と》 [電話回線など⁴から] (電波障害などの) 雑音を取り除く

完了h, 完了s=完了の助動詞 haben, sein

ent·strö·men [エントシュトレーメン] [非分離]
(entströmte; entströmt; [完了]s)
[自]《文語》〚③と〛〔‥^{3}から〕流れ出る, 漏れる

ent·täu·schen [エントトイシェン] [非分離]
(enttäuschte; enttäuscht; [完了]h)
[他]〚④と〛〔‥^{4}を〕**失望させる**;〔期待など^{4}を〕裏切る
▷ Er hat mich sehr *enttäuscht.* 彼に私は非常に失望した / Ich bin tief *enttäuscht.*〔状態受動〕私は深く失望している

ent·täuscht [エントトイシュト] enttäuschen の [現在], [過分]

ent·täusch·te [エントトイシュテ] enttäuschen の [過去]

Ent·täu·schung [エントトイシュング] [女] *die*
([単] 2 格 –; [複] –en) **失望**, 期待はずれ

ent·völ·kern [エントフェルケルン] [非分離]
(entvölkerte; entvölkert; [完了]h)
[他]〚④と〛(戦争・疫病などが)〔‥^{4}の〕人口を減少させる

ent·waff·nen [エントヴァフネン] [非分離]
(entwaffnete; entwaffnet; [完了]h)
[他]〚④と〛〔‥^{4}を〕武装解除する, 武器を取り上げる

ent·warf [エントヴァルフ] entwerfen の [過去]

ent·we·der [エントヴェーダー]
[副]〔成句で〕***entweder ～ oder ...*** **～か〔あるいは〕…** ▷ Sie kommen *entweder* heute *oder* morgen. 彼らはきょうかあす来る /〚文頭に置いた場合, 語順に影響を与えることも与えないこともある〛*Entweder* kommt mein Vater 〈*Entweder* mein Vater kommt〉 *oder* meine Mutter. 私の父親か母親が参ります

ent·wei·chen [エントヴァイヒェン] [非分離]
(entwich; entwichen; [完了]s)
[自](ガス・蒸気などが)流れ出る, 漏れる

ent·wen·den [エントヴェンデン] [非分離]
(entwendete; entwendet; [完了]h)
[他]《文語》〚④と〛〔‥^{4}を〕盗む

ent·wer·fen [エントヴェルフェン] [非分離]
(er entwirft; entwarf; entworfen; [完了]h)
[他]〚④と〛〔‥^{4}の〕輪郭〈略図〉を描く ▷ ein Gemälde *entwerfen* 絵の下絵を描く

ent·wer·ten [エントヴェーアテン] [非分離]
(entwertete; entwertet; [完了]h)
[他] ❶〚④と〛〔‥^{4}を〕(使用開始〈済み〉の印などをつけて)再使用できなくする ▷ eine Briefmarke *entwerten* 切手に消印を押す / einen Fahrschein *entwerten* 乗車券にパンチを入れる
❷〚④と〛〔お金など^{4}の〕価値を低下させる

ent·wich [エントヴィッヒ] entweichen の [過去]

ent·wi·chen [エントヴィッヒェン] entweichen の [過分]

ent·wi·ckeln [エントヴィッケルン] [非分離]
(ich entwickle; entwickelte; entwickelt; [完了]h)
— [再] ❶〚[sich]^{4}と〛**発展する**, 発達する ▷ Das Dorf hat sich zu einer kleinen Stadt *entwickelt.* その村は小さな町に発展した
❷〚[sich]^{4}と〛(熱・ガスなどが)発生する ▷ Bei dem Brand *entwickelten* sich giftige Gase その火災のとき毒ガスが発生した
— [他] ❶〚④と〛〔製品・方法など^{4}を〕**開発する**
▷ neue Maschinen *entwickeln* 新しい機械を開発する
❷〚④と〛〔考え・計画など^{4}を〕詳しく説明する
❸〚④と〛〔才能など^{4}を〕発揮する
❹〚④と〛〔熱・ガスなど^{4}を〕発生させる ▷ Die Kohle *entwickelt* große Wärme. 石炭は大きな熱を出す
[イディオム] ***einen Film entwickeln*** フィルムを現像する

ent·wi·ckelt [エントヴィッケルト] entwickeln の [現在], [過分]

ent·wi·ckel·te [エントヴィッケルテ] entwickeln の [過去]

Ent·wick·lung [エントヴィックルング] [女] *die*
([単] 2 格 –; [複] –en)
❶ **発展**, 発達;(人の)発育, 成長 ▷ die wirtschaftliche *Entwicklung* 経済的発展
❷(製品などの)**開発**;《写真》現像 ▷ die *Entwicklung* eines neuen Motors 新しいエンジン〈モーター〉の開発
❸(熱・ガスなどの)発生 ▷ die *Entwicklung* von Dampf 蒸気の発生

Ent·wick·lungs·hel·fer [エントヴィックルングス・ヘルファー] [男] *der* ([単] 2 格 –s; [複] –) (発展途上国への)開発援助協力員

Ent·wick·lungs·hil·fe [エントヴィックルングス・ヒルフェ] [女] *die* ([単] 2 格 –; [複] なし) (発展途上国への)開発援助

Ent·wick·lungs·land [エントヴィックルングス・ラント] [中] *das* ([単] 2 格 –[e]s; [複] ..länder) 発展〈開発〉途上国

Ent·wick·lungs·po·li·tik [エントヴィックルングス・ポリティーク] [女] *die* ([単] 2 格 –; [複] なし) 発展途上国援助政策

ent·wirft [エントヴィルフト] entwerfen の [現在]

ent·wi·schen [エントヴィッシェン] [非分離]
(entwischte; entwischt; [完了]s)
[自]《口語》逃げる

ent·wöh·nen [エントヴェーネン] [非分離]
(entwöhnte; entwöhnt; [完了]h)
[他] ❶〚④と〛〔赤ん坊など^{4}を〕離乳させる
❷〚④+von+③と〛〔‥^{4}に麻薬など^{3}を〕やめさせる

ent·wor·fen [エントヴォルフェン] entwerfen の [過分]

ent·wür·di·gend [エントヴュルディゲント] [形] (扱いなどが)屈辱的な

Ent·wurf [エントヴルフ] 男 der (⊕ 2格 –[e]s; ⊕ ..würfe)
❶ 草案, 草稿
❷ (家などの)設計図

ent·wur·zelt [エントヴルツェルト] 形 (故郷などを失い)根無し草になった

ent·zie·hen [エントツィーエン] 非分離
(entzog; entzogen; 完了h)
— 他 (③+④と)〔…³から…⁴を〕取り去る, 取り上げる ▷ Ihm wurde der Führerschein *entzogen*. 彼は運転免許証を取り上げられた /《比ゆ》③+die Unterstützung *entziehen* …³への援助を取りやめる
— 再 ❶ 〔sich⁴+③と〕〔…³から〕身体を離す ▷ Sie *entzog* sich seiner Umarmung. 彼女は彼の抱擁から身を離した
❷ 〔sich⁴+③と〕〔…³から〕逃れる ▷ Er *entzog* sich seinen Pflichten. 彼は義務から逃れた

ent·zif·fern [エントツィッフェルン] 非分離
(entzifferte; entziffert; 完了h)
他 (④と)〔文字·暗号など⁴を〕解読する, 判読する ▷ Diese Schrift kann ich kaum *entziffern*. この字は私はほとんど判読できない

ent·zog [エントツォーク] entziehen の 過去
ent·zo·gen [エントツォーゲン] entziehen の 過分
ent·zü·cken [エントツュッケン] 非分離
(entzückte; entzückt; 完了h)
他 《文語》(④と)(光景·音楽などの)〔…⁴を〕感激させる, 魅惑する, うっとりさせる

ent·zü·ckend [エントツュッケント] 形 かわいい, すてきな, すばらしい ▷ ein *entzückendes* Kleid すてきなドレス

ent·zückt [エントツュックト] 形 感激している ▷ Ich bin *entzückt* von der Idee. 私はその考えに感激している

Ent·zugs·er·schei·nung [エントツークス·エアシャイヌング] 女 die (⊕ 2格 –; ⊕ –en) 《ふつう ⊕ で》禁断症状

ent·zünd·bar [エントツュント·バール] 形 可燃性の

ent·zün·den [エントツュンデン] 非分離
(entzündete; entzündet; 完了h)
— 再 ❶ 〔sich⁴と〕燃え出す, 燃え上がる ▷ Das Holz hat sich *entzündet*. まきが燃え出した
❷ 〔sich⁴と〕(肌などが)炎症を起こす ▷ Ihr Hals hat sich *entzündet*. 彼女ののどは赤くはれてしまった
— 他 《文語》(④と)〔マッチ·ろうそくなど⁴に〕火をつける

ent·zünd·lich [エントツュントリヒ] 形 可燃性の; (病気が)炎症性の

Ent·zün·dung [エントツュンドゥング] 女 die (⊕ 2格 –; ⊕ –en) 《医学》炎症

ent·zwei [エント·ツヴァイ] 形 割れた, 壊れた (☆ 述語として) ▷ Das Glas ist *entzwei*. グラスは割れてしまった

ent·zwei|ge·hen [エント·ツヴァイ·ゲーエン] 分離 (ging entzwei; entzweigegangen; 完了s)
自 (ガラス·皿·めがねなどが)割れる, 壊れる

En·zi·an [エンツィアーン] 男 der (⊕ 2格 –s; ⊕ –e)《植物》リンドウ; リンドウ酒

En·zyk·lo·pä·die [エンツュクロペディー] 女 die (⊕ 2格 –; ⊕ –n) 百科事典《全書》, エンサイクロペディア

En·zyk·lo·pä·di·en [エンツュクロペディーエン] Enzyklopädie の 複数

en·zyk·lo·pä·disch [エンツュクロペーディシュ] 形 (作り方などが)百科事典的な

E·pi·de·mie [エピデミー] 女 die (⊕ 2格 –; ⊕ –n) (感染による)流行病はやりやまい (☆「伝染病」は Infektionskrankheit)

E·pi·de·mi·en [エピデミーエン] Epidemie の 複数

E·pik [エーピック] 女 die (⊕ 2格 –; ⊕ なし)《文学》叙事詩, 叙事文学

E·pi·so·de [エピゾーデ] 女 die (⊕ 2格 –; ⊕ –n) エピソード, 挿話

e·po·chal [エポハール] 形 画期的な

E·po·che [エポヘ] 女 die (⊕ 2格 –; ⊕ –n) (特徴的な)一時代, エポック ▷ die *Epoche* der Raumfahrt 宇宙旅行の時代 / Die Erfindung machte *Epoche*. その発明は画期的なものだった

er
[eː ェーア]

《人称代名詞; 3人称単数男性1格》

①	②	③	④	所有冠詞
er	seiner	ihm	ihn	sein

☆ 再帰代名詞 3·4格 sich
❶ 《問題になる男性を指して》彼は〈が〉
Er lebt in Köln.
彼はケルンに住んでいる
Er schläft immer gleich ein.
彼はいつも寝つきがいい
《er に文アクセントを置いて》
Er war es.
それは彼だった
❷ 《事物を表す男性名詞を受けて》それは〈が〉 ▷ Hol bitte meinen Mantel, *er* hängt im Schrank. コートを持って来てくれ それは洋服だんすに掛かっている

★ **er..** [エア..]《非分離前つづり》
a)《獲得》*er*arbeiten 努力して身につける, *er*kämpfen 闘い取る, *er*lernen 習得する

b)《死んだ状態》*er*schießen 射殺する, *er*schlagen 殴り殺す
c)《語幹の形容詞が表す状態に》*er*kalten (← kalt) 冷たくなる, *er*röten (← rot) 赤くなる; *er*frischen (← frisch) さっぱりした気分にする, *er*wärmen (← warm) 暖〈温〉める

er·ach·ten [エアアハテン] [非分離]
(erachtete; erachtet; [完了]h)
[他]《文語》〖④+für〈als〉...と〗〔..⁴を...と〕見なす

Er·ach·ten [エアアハテン] [中] *das* ([単] 2 格 -s; [複] -)《文語》考え ▷ meines *Erachtens*〈nach meinem *Erachten*〉私の考えでは

er·ar·bei·ten [エアアルバイテン] [非分離]
(erarbeitete; erarbeitet; [完了]h)
— [他]〖④と〗〔報告書・計画など⁴を〕(共同で検討しながら)作成する ▷ einen Bericht über das Waldsterben *erarbeiten* 森林の枯死に関する報告書を作成する
— [再] ❶〖[sich]³+④と〗〔知識など⁴を〕努力して身につける ▷ Er hat sich ein umfassendes Wissen *erarbeitet*. 彼は幅広い知識を身につけた
❷〖[sich]³+④と〗〔財産・地位など⁴を〕働いて手に入れる

Er·bar·men [エアバルメン] [中] *das* ([単] 2 格 -s; [複] なし) 哀れみ, 慈悲, 情け ▷ Er kennt kein *Erbarmen*. 彼は情け知らずだ

er·bärm·lich [エアベルムリヒ]
[形] ❶ 哀れな ▷ ein *erbärmliches* Leben führen 哀れな人生を送る
❷ (できぐあい・内容などが) おそまつな, なっていない ▷ Der Vortrag war einfach *erbärmlich*. 講演はとにかくひどかった
❸ (態度などが) 浅ましい, 卑しい
❹《否定的意味合いで》はなはだしい, ひどい ▷ Es war *erbärmlich* kalt. ひどく寒かった

er·bar·mungs·los [エアバルムングス・ロース]
[形] 情け知らずの

er·bat [エアバート] erbitten の [過去]

er·bau·en [エアバオエン] [非分離]
(erbaute; erbaut; [完了]h)
[他]〖④と〗〔比較的大きな建物⁴を〕建てる (☆ 主に受動形で) ▷ Die Kirche wurde in den Jahren 1855 bis 1865 *erbaut*. その教会は 1855 年から 1865 年の間に建てられた (☆ 1855 は achtzehnhundertfünfundfünfzig と読む)

Er·bau·er [エアバオアー] [男] *der* ([単] 2 格 -s; [複] -) 建設者; 建立者

Er·be [エルベ]
— [男] *der* ([単] 2·3·4 格 -n; [複] -n) 相続人
— [中] *das* ([単] 2 格 -s; [複] なし) 相続財産; (歴史的な) 遺産

er·ben [エルベン] (erbte; geerbt; [完了]h)
[他] ❶〖④と〗〔..⁴を〕相続する ▷ Das Haus habe ich von meinen Eltern *geerbt*. この家は私が両親から相続したものです
❷〖④と〗〔..⁴を〕遺伝的に受け継ぐ (☆ 主に完了形で) ▷ Die schmale Nase hat er vom Vater *geerbt*. 彼の細長い鼻は父親から受け継いだものだ

er·be·ten [エアベーテン] erbitten の [過分]

er·beu·ten [エアボイテン] [非分離]
(erbeutete; erbeutet; [完了]h)
[他]〖④と〗〔..⁴を〕(戦争などによって) 略奪する

Er·bin [エルビン] [女] *die* ([単] 2 格 -; [複] ..binnen) Erbe「相続人」の女性形

er·bit·ten [エアビッテン] [非分離]
(erbat; erbeten; [完了]h)
[再]《文語》〖[sich]³+④と〗〔助言・赦しなど⁴を〕請う

er·bit·tert [エアビッテルト]
[形] ❶ 憤慨した, 立腹した ▷ Er war über diese Behandlung zutiefst *erbittert*. 彼はこの扱いにひどく腹を立てていた
❷ 必死の, 頑強な, 激しい ▷ *erbitterten* Widerstand leisten 必死の抵抗をする

Erb·krank·heit [エルプ・クランクハイト] [女] *die* ([単] 2 格 -; [複] -en) 遺伝病

er·blas·sen [エアブラッセン] [非分離]
(erblasste; erblasst; [完了]s)
[自]《文語》(顔色などが) 青ざめる

er·blei·chen [エアブライヒェン] [非分離] (erbleichte; erbleicht; [完了]s) [自]《文語》= erblassen

erb·lich [エルプリヒ] [形] 遺伝性の, 遺伝による ▷ eine *erbliche* Krankheit 遺伝性疾患

er·bli·cken [エアブリッケン] [非分離]
(erblickte; erblickt; [完了]h)
[他]《文語》〖④と〗〔..⁴に〕気づく, 見つける ▷ Er *erblickte* ein Haus in der Ferne. 彼は遠くに家を 1 軒見つけた

er·blin·den [エアブリンデン] [非分離]
(erblindete; erblindet; [完了]s)
[自] 失明する ▷ Er ist auf einem Auge *erblindet*. 彼は片方の目を失明した

er·blü·hen [エアブリューエン] [非分離]
(erblühte; erblüht; [完了]s)
[自]《文語》咲き始める, 開花する

er·bo·sen [エアボーゼン] [非分離]
(erboste; erbost; [完了]h)
[他]〖④と〗〔..⁴を〕怒らせる

er·bost [エアボースト] [形] 怒っている

er·brach [エアブラーハ] erbrechen の [過去]

er·bre·chen [エアブレッヒェン] [非分離]
(er erbricht; erbrach; erbrochen; [完了]h)
— [他]〖④と〗〔食事など⁴を〕吐く ▷ Der Kranke

hat das Essen *erbrochen.* 病人は食事を吐いた // Der Betrunkene hat mehrmals *erbrochen.* 酔っ払いは何度も吐いた
— 再 [[sich⁴と]] 吐く，嘔吐する

er·bricht [エアブリヒト] erbrechen の 現在

er·bro·chen [エアブロッヘン] erbrechen の 過分

Erb·schaft [エルプシャフト] 女 *die* (⊕ 2格 -; ⊕ -en) 相続財産，遺産 ▷ Er hat eine große *Erbschaft* gemacht. 彼はばく大な財産を相続した

Erb·se [エルプセ] 女 *die* (⊕ 2格 -; ⊕ -n)《植物》エンドウ[マメ] ▷ grüne *Erbsen* グリーンピース

Erb·sün·de [エルプ・ズュンデ] 女 *die* (⊕ 2格 -; ⊕ なし) 原罪

Erd·be·ben [エーアト・ベーベン] 中 *das* (⊕ 2格 -s; ⊕ -) 地震

Erd·bee·re [エーアト・ベーレ] 女 *die* (⊕ 2格 -; ⊕ -n)《植物》イチゴ

Erd·beer·mar·me·la·de [エーアト・ベーア・マルメラーデ] 女 *die* (⊕ 2格 -; ⊕ -n) イチゴジャム

Erd·bo·den [エーアト・ボーデン] 男 *der* (⊕ 2格 -s; ⊕ なし) 地面

Er·de [エーアデ] 女 *die* (⊕ 2格 -; ⊕ なし)
❶ 地球 ▷ Die *Erde* kreist um die Sonne. 地球は太陽の周りを回る
❷ 土，土壌 ▷ fruchtbare *Erde* 肥沃な土 / Er füllt *Erde* in einen Blumentopf. 彼は植木鉢に土を入れる
❸ 地面 ▷ auf der *Erde* sitzen 地べたの上に座っている

er·denk·lich [エアデンクリヒ] 形《文語》考えうる限りの ▷ auf jede *erdenkliche* Weise ありとあらゆる方法で

Erd·er·wär·mung [エーアト・エアヴェルムング] 女 *die* (⊕ 2格 -; ⊕ なし) 地球温暖化

Erd·gas [エーアト・ガース] 中 *das* (⊕ 2格 -es; ⊕ なし) 天然ガス

Erd·ge·schoss (⊕ ..schoß) [エーアト・ゲショス] 中 *das* (⊕ 2格 -es; ⊕ -e)
1階(☆「2階」は der erste Stock; ⊕ Erd.)

Erd·ka·bel [エーアト・カーベル] 中 *das* (⊕ 2格 -s; ⊕ -) 地下ケーブル

Erd·kun·de [エーアト・クンデ] 女 *die* (⊕ 2格 -; ⊕ なし) 地理学 (= Geografie)

Erd·nuss (⊕ ..nuß) [エーアト・ヌス] 女 *die* (⊕ 2格 -; ⊕ ..nüsse) 落花生，ナンキンマメ，ピーナッツ

Erd·öl [エーアト・エール] 中 *das* (⊕ 2格 -[e]s; ⊕ なし) 石油

er·dol·chen [エアドルヒェン] 非分離
(erdolchte; erdolcht; 完了h)
他《4格と》[..⁴を]短刀で刺し殺す

er·dreis·ten [エアドライステン] 非分離

(erdreistete; erdreistet; 完了h)
再《文語》[[sich⁴+zu 不定詞句と]] 厚かましくも[…を]する

er·dros·seln [エアドロッセルン] 非分離
(erdrosselte; erdrosselt; 完了h)
他《4格と》[..⁴を]絞め殺す，絞殺する

er·drü·cken [エアドリュッケン] 非分離
(erdrückte; erdrückt; 完了h)
他 ❶《4格と》[..⁴を]押しつぶす，圧殺する ▷ Zwei Skifahrer wurden von einer Lawine *erdrückt.* スキーヤーが 2 人雪崩で押しつぶされて死んだ
❷《4格と》(仕事などが)[..⁴を](精神的に)圧迫する ▷ Die Arbeit *erdrückt* ihn fast. 仕事で彼は押しつぶされそうだ

Erd·rutsch [エーアト・ルッチュ] 男 *der* (⊕ 2格 -[e]s; ⊕ -e) 地滑り

Erd·schicht [エーアト・シヒト] 女 *die* (⊕ 2格 -; ⊕ -en) 地層

Erd·teil [エーアト・タイル] 男 *der* (⊕ 2格 -[e]s; ⊕ -e) 大陸 (= Kontinent)

er·dul·den [エアドゥルデン] 非分離
(erduldete; erduldet; 完了h)
他《4格と》(悩みなどを)耐え忍ぶ，がまんする

Er·dung [エーアドゥング] 女 *die* (⊕ 2格 -; ⊕ なし)《電気》アース

er·ei·fern [エアアイフェルン] 非分離
(ereiferte; ereifert; 完了h)
再 [[sich⁴と]] むきになる，むきになって話す

er·eig·nen [エアアイグネン] 非分離
(er eignet; ereignete; ereignet; 完了h)
再 [[sich⁴と]] (不幸などが) 起こる，発生する (☆しばしば 時間・場所と) ▷ Gestern *ereigneten* sich zehn Unfälle. きのうは事故が 10 件起こった

er·eig·net [エアアイグネット] ereignen の 現在，過分

er·eig·ne·te [エアアイグネテ] ereignen の 過去

Er·eig·nis [エアアイグニス] 中 *das* (⊕ 2格 ..nisses; ⊕ ..nisse)
出来事 ▷ ein trauriges *Ereignis* 悲しい出来事

類語

Ereignis (一般的な意味で)出来事
Vorfall 関与者にとって不快な偶発的事件
Zwischenfall 物事を中断させるような突発的事件

er·ei·len [エアアイレン] 非分離
(ereilte; ereilt; 完了h)
他《文語》《4格と》(死・悲運などが)[..⁴を]不意に襲う，見舞う

er·erbt [エアエルプト]
形 ❶ (土地・財産などが)相続された
❷ (病気などが)遺伝性の，遺伝による

er·fah·ren
[ɛɐ̯fáːrən エアファーレン]

─ 非分離 ─

現在	ich erfahre	wir erfahren
	du erfährst	ihr erfahrt
	er erfährt	sie erfahren
過去	ich erfuhr	wir erfuhren
	du erfuhrst	ihr erfuhrt
	er erfuhr	sie erfuhren
過分	erfahren	完了 haben

─ 他 ❶ 《④と》〔‥⁴を〕(聞いたり読んだりして)知る，知らされる
Ich konnte nichts Näheres *erfahren*. 私は何も詳しいことは聞けなかった
Ich habe es durch seinen Brief *erfahren*. 私はそれを彼の手紙によって知らされた
〘dass 文と〙
Ich habe *erfahren*, dass er schon hier ist. 私は彼がもうここに来ていると知らされた
❷ 《文語》《④と》〔‥⁴を〕経験する ▷ Er hat viel Schweres *erfahren*. 彼はつらいことをたくさん経験した

─ 自 〘von+③と〙〔‥³について〕(聞いたり読んだりして)知る ▷ Er *erfuhr* erst gestern von dem Unglück. 彼はきのう初めてその事故のことを知った

── 形 経験豊かな，ベテランの，熟練の ▷ ein *erfahrener* Lehrer 経験豊かな教師 / in+③ *erfahren* sein ‥³に熟練している

er·fährst [エアフェーアスト] erfahren の 現在
er·fährt [エアフェーアト] erfahren の 現在
Er·fah·rung [エアファールング] 女 die (@ 2格 -; @ -en)

❶ 《@ はまれ》 (実務上の)経験 ▷ berufliche *Erfahrung* haben 職歴がある / Er hat viel *Erfahrung* auf diesem Gebiet. 彼はこの方面にはよく精通している / Das weiß ich aus eigener *Erfahrung*. それを私は自分の経験から知っている
❷ 《ふつう @ で》(人生上の)経験，体験 ▷ bittere *Erfahrungen* machen にがい経験をする

類語
Erfahrung 実体験から得た知識・技能上の経験
Erlebnis 強く印象に残る出来事としての体験

er·fand [エアファント] erfinden の 過去
er·fas·sen [エアファッセン] 非分離
(erfasste; erfasst; 完了h)

他 ❶ 《④と》〔状況など⁴を〕把握する ▷ Er *erfasste* die Lage mit einem Blick. 彼は事態を一目で把握した
❷ 《④と》〔‥⁴を〕(データとして)把握する ▷ Wir müssen die Arbeitslosen statistisch *erfassen*. 私たちは失業者の実態を統計的にとらえておかねばならない
❸ 《④と》(車などが)〔‥⁴を〕巻き込む ▷ Der Fußgänger wurde von einem Auto *erfasst*. 歩行者は自動車に巻き込まれた
❹ 《④と》(不安・恐怖などが)〔‥⁴を〕襲う (☆ふつう受動形で) ▷ Er wurde von Furcht *erfasst*. 恐怖の念に彼は襲われた

er·fin·den [エアフィンデン] 非分離 (du erfindest, er erfindet; erfand; erfunden; 完了h)

他 ❶ 《④と》〔‥⁴を〕発明する，考案する ▷ Wer hat den Computer *erfunden*? 誰がコンピュータを発明したのですか
❷ 《④と》〔架空の話など⁴を〕作る，でっちあげる ▷ Die Figuren des Films sind frei *erfunden*. [状態受動] この映画の登場人物は実在しない (←かって に考え出されたものである)

Er·fin·der [エアフィンダー] 男 der (@ 2格 -s; @ -) 発明者，考案者
er·fin·de·risch [エアフィンデリシュ] 形 創意に富む，発明の才能がある ▷ Er ist ein *erfinderischer* Geist. 彼は発明の才がある
Er·fin·dung [エアフィンドゥング] 女 die (@ 2格 -; @ -en)

❶ 《@ なし》発明 ▷ die *Erfindung* des Dynamits ダイナマイトの発明 / eine *Erfindung* machen 発明をする
❷ 発明品;《比ゆ》作り事，でっちあげ

Er·folg [エアフォルク] 男 der (@ 2格 -[e]s; @ -e)

成功，成果 (@ Misserfolg) ▷ ein großer *Erfolg* 大成功 / mit *Erfolg* 成功裏に
イディオム **einen Erfolg mit**+③ **erzielen** ‥³で成功を収める

er·fol·gen [エアフォルゲン] 非分離
(erfolgte; erfolgt; 完了s)

自 (結果として)生じる，起こる ▷ Darauf *erfolgte* eine Detonation. それに続いて爆発が起こった / Auf sein Klopfen *erfolgte* keine Antwort. 彼のノックに対して応答がなかった

er·folg·los [エアフォルク・ロース] 形 (試みなどが)成果のない，不成功の
er·folg·reich [エアフォルク・ライヒ] 形 成功した;《副詞的に》首尾よく ▷ die Prüfung *erfolgreich* bestehen 試験に首尾よく合格する
er·for·der·lich [エアフォルダーリヒ] 形 必要な ▷ Für die Einreise ist ein Reisepass *erforderlich*. 入国には旅券が必要である
er·for·dern [エアフォルデルン] 非分離
(erforderte; erfordert; 完了h)

他《文語》《④と》(物事が)〔‥⁴を〕必要とする ▷ Die Arbeit *erfordert* meine ganze Kraft. その仕事は私の全力投入を必要とする

Er·for·der·nis [エアフォルダーニス] 中 *das*（⊕ 2 格 ..nisses; ⊕ ..nisse）《文語》必要なこと，必要条件

er·for·schen [エアフォルシェン] 非分離
(erforschte; erforscht; 助h)
他 【④と】[..⁴を]研究〈探究〉する ▷ Er *erforscht* das Verhalten der Bienen. 彼はミツバチの行動を研究している

Er·for·schung [エアフォルシュング] 女 *die*（⊕ 2 格 -; ⊕ なし）研究，探求

er·fra·gen [エアフラーゲン] 非分離
(erfragte; erfragt; 助h)
他 【④と】[意見・住所など⁴を](何度も質問して)聞き出す

er·freu·en [エアフロイエン] 非分離
(erfreute; erfreut; 助h)
— 他 【④と】[..⁴を]喜ばす ▷ Sie hat ihn mit einem Geschenk *erfreut*. 彼女は贈り物をして彼を喜ばした
— 再 【sich⁴+an+③と】[..³を]楽しむ ▷ *sich* an guter Musik *erfreuen* よい音楽を楽しむ
イディオム *sich*¹ *großer Beliebtheit erfreuen* 非常に好かれている

er·freu·lich [エアフロイリヒ] 形 喜ばしい，うれしい ▷ Das ist ja sehr *erfreulich*. それは実にうれしいことだ

er·freut [エアフロイト] 形【über+④と】[..⁴を]喜んでいる ▷ Über diese Nachricht bin ich sehr *erfreut*. この知らせを聞いて私は非常に喜んだ

er·frie·ren [エアフリーレン] 非分離
(erfror; erfroren; 助h)
自 ❶ 凍死する；(指など)凍傷になる ▷ Sie sind im Schnee *erfroren*. 彼らは雪の中で凍死した
❷ (植物が)霜〈冷害〉でだめになる

er·fri·schen [エアフリッシェン]
(erfrischte; erfrischt; 助h)
— 他 【④と】(物事が)[..⁴を]さっぱりした気分にする，元気にする ▷ Das Bad *erfrischte* ihn sehr. ふろに入り彼はとてもさっぱりした気分になった
— 再 【sich⁴と】さっぱりした気分になる，元気を回復する ▷ Ich habe mich mit einem Bad *erfrischt*. 私はひとふろ浴びてさっぱりした

Er·fri·schung [エアフリッシュング] 女 *die*（⊕ 2 格 -; ⊕ -en）清涼飲料水; (元気がつく)軽食

er·fror [エアフロール] erfrieren の 過去

er·fro·ren [エアフローレン] erfrieren の 過分

er·fuhr [エアフーア] erfahren の 過去

er·fül·len [エアフュレン] 非分離
(erfüllte; erfüllt; 助h)
— 他 ❶【④と】[要求など⁴を]満たす; [義務など⁴を]果たす ▷ Sie *erfüllte* seinen Wunsch. 彼女は彼の願いをかなえてやった
❷ 【④と】[空間⁴を]満たす ▷ Lärm *erfüllte* den Saal. 騒がしさが広間中に広がった
❸ 【④と】(感情などが)[..⁴の]心を占める，いっぱいにする ▷ Zorn und Hass *erfüllten* ihn. 怒りと憎しみで彼の心はいっぱいになった
— 再 【sich⁴と】(要求などが)満たされる，かなえられる，(恐れなどが)現実になる

Er·fül·lung [エアフュルング] 女 *die*（⊕ 2 格 -; まれに ⊕ -en）(要求などの)実現; (義務などの)遂行
イディオム *in Erfüllung gehen* (願いなどが)実現される

er·fun·den [エアフンデン] erfinden の 過分

Er·furt [エアフルト] 中 *das*《都市名》エアフルト (ドイツのテューリンゲン州の州都; ⇒地図 E-3)

er·gab [エアガープ] ergeben の 過去

er·gan·gen [エアガンゲン] ergehen の 過分

er·gän·zen [エアゲンツェン] 非分離
(ergänzte; ergänzt; 助h)
— 他 【④と】[..⁴を]補充する; [テキストなど⁴を]補足する ▷ die Vorräte *ergänzen* 在庫を補充する / Er hat seine Aussage *ergänzt*. 彼は発言を補足した
— 再 【sich⁴と】補い合う ▷ Die beiden *ergänzen* sich gut. 両者はよく補い合っている

Er·gän·zung [エアゲンツング] 女 *die*（⊕ 2 格 -; ⊕ -en）補充，補足

er·gat·tern [エアガッテルン] 非分離
(ergatterte; ergattert; 助h)
他 《口語》【④と】[手に入りにくいもの⁴を](うまいことして)手に入れる

er·gau·nern [エアガオネルン] 非分離
(ergaunerte; ergaunert; 助h)
他 【④と】[..⁴を]だまし取る，搾取する

er·ge·ben [エアゲーベン]
— 非分離 (er ergibt; ergab; ergeben; 助h)
— 他 【④と】[..⁴という結果を]もたらす，[..⁴の結果に]なる ▷ 4 mal 6 *ergibt* 24. 4 掛ける 6 は 24 / Die Untersuchung hat *ergeben*, dass … 調査の結果…であることが明らかになった
— 再 ❶ 【sich⁴と】(結果として)生じる ▷ Daraus *ergab* sich eine komplizierte Lage. そのことが原因で複雑な状況が生じた
❷ 【sich⁴と】降伏する ▷ Der Verbrecher *ergab* sich nach heftigem Widerstand der Polizei. 犯人は激しい抵抗ののち警察に降伏した
❸ 【sich⁴+in+④と】[..⁴に]逆らわずに従う ▷ Er *ergibt* sich in sein Schicksal. 彼は運命に従う
❹ 【sich⁴+③と】[悪徳など³に]おぼれる ▷ Er hat sich dem Trunk *ergeben*. 彼は飲酒におぼれた
— 形 心服した ▷ Sie ist ihm blind *ergeben*.

彼女は彼に盲目的に心服している

Er·geb·nis [エアゲープニス] 中 das (2格 ..nisses; 複 ..nisse)
結果, 結論；(計算の)答え ▷ Die Suche ist ohne *Ergebnis* verlaufen. 捜索は徒労に終わった

er·ge·hen [エアゲーエン] 非分離
(erging; ergangen; 助s)
自 《官庁》(命令・要請などが)発せられる

er·gibt [エアギーブト] ergeben の 現在

er·gie·big [エアギービヒ] 形 (産出量などが)豊富な, 収量〈収穫〉の多い；(討論などが)有益な

er·gie·ßen [エアギーセン] 非分離
(ergoss; ergossen; 助h)
再 《sich⁴と》(洪水などが田畑などに)(大量に)流れ込む, 流れ出る

er·ging [エアギング] ergehen の 過去

Er·go·no·mie [エルゴノミー] 女 die (2格 -; 複 なし) 人間工学

er·goss [エアゴス] ergießen の 過去

er·gos·sen [エアゴッセン] ergießen の 過分

er·grei·fen [エアグライフェン] 非分離
(ergriff; ergriffen; 助h)
他 ❶ 《4と》[..⁴を]**つかむ** ▷ Er *ergreift* ein Messer. 彼はナイフをつかむ / Er *ergriff* das Kind am Arm. 彼は子供の腕をつかんだ
❷ 《4と》(ある感情が)[..⁴を]襲う (☆ふつう受動形で) ▷ Er wurde von Angst *ergriffen*. 不安に彼は襲われた
❸ 《4と》[..⁴を]感動させる ▷ Diese Musik *ergriff* die Zuhörer tief. この音楽は聴衆を深く感動させた
(イディオム) *die Flucht ergreifen* 逃亡する
Maßnahmen ergreifen 措置をとる

er·grei·fend [エアグライフェント] 形 (映画・物語などが)感動的な

er·griff [エアグリフ] ergreifen の 過去

er·grif·fen [エアグリッフェン] ergreifen の 過分

Er·grif·fen·heit [エアグリッフェンハイト] 女 die (2格 -; 複 なし) (深い)感動, 感銘

er·ha·ben [エアハーベン]
❶ 《文語》(思想などが)崇高な, 荘厳な
❷ 《über+4と》[..⁴を越えて〈超越して〉]いる ▷ Über diesen Klatsch ist er *erhaben*. そんなうわさは彼は気にしていない

er·hält [エアヘルト] erhalten の 現在

er·hal·ten [エアハルテン]
(du erhältst, er erhält; erhielt; erhalten; 助h)
他 ❶ 《4と》[..⁴を]**受け取る**, 受ける (＝bekommen) ▷ einen Brief *erhalten* 手紙を受け取る / Ich *erhielt* einen Befehl. 私は命令を受けた
❷ 《4と》[..⁴を](そのままの状態に)保つ, 維持する ▷ ein Denkmal *erhalten* 記念碑を保存

する / einen Patienten künstlich am Leben *erhalten* 患者を人工的に生かしておく / [再帰的に] sich gesund *erhalten* 健康を維持する / Dieser Brauch hat sich bis heute *erhalten*. この慣習は今日まで残っている
❸ 《4と》[罰など⁴を]くらう, [賞賛など⁴を]受ける

er·hält·lich [エアヘルトリヒ] 形 《場所と》[…で]入手〈購入〉できる ▷ Dieses Medikament ist nur in Apotheken *erhältlich*. この薬は薬局でしか購入できない

er·hältst [エアヘルツト] erhalten の 現在

Er·hal·tung [エアハルトゥング] 女 die (2格 -; 複 なし) (平和・健康などの)維持；(記念碑などの)保存

er·hän·gen [エアヘンゲン] 非分離
(erhängte; erhängt; 助h)
再 《sich⁴と》首をつる ▷ Er hat sich an einem Balken *erhängt*. 彼は梁に首をつって死んだ

er·här·ten [エアヘルテン] 非分離
(erhärtete; erhärtet; 助h)
他 《4と》(実験・事実などが)[主張・疑念など⁴を]強固にする

er·he·ben [エアヘーベン] 非分離
(erhob; erhoben; 助h)
— 他 ❶ 《4と》[..⁴を][**持ち**]上げる ▷ Er *erhebt* sein Glas. 彼は(乾杯のために)グラスを上げる
❷ 《4と》[料金など⁴を]徴収する ▷ Für diese Veranstaltung wird kein Eintritt *erhoben*. この催し物は入場料がいらない
❸ 《4と+zu+3と》[..⁴を..³の地位まで]上げる ▷ Wir wollen das Vereinbarte zum Beschluss *erheben*. 私たちは合意事項を決議にまでもっていきたい
(イディオム) *Einwände erheben* 異議を唱える
Klage erheben 訴訟を起こす
— 再 《sich⁴と》❶ 立ち上がる ▷ Er *erhob* sich vom Stuhl. 彼はいすから立ち上がった
❷ 《sich⁴と》(山・記念碑などが)そびえる

er·heb·lich [エアヘープリヒ] 形 かなりの, 相当な ▷ eine *erhebliche* Menge かなりの量 / 《比較級を強めて》Sie ist *erheblich* größer als du. 彼女は君よりもかなり背が高い

Er·he·bung [エアヘーブング] 女 die (2格 -; 複 -en)
❶ 《文語》(そびえ立つ)山；反乱, 蜂起
❷ 《官庁》《ふつう複》アンケート調査

er·hei·tern [エアハイテルン] 非分離
(erheiterte; erheitert; 助h)
他 《4と》[..⁴を]愉快にする, おもしろがらせる ▷ Er *erheiterte* das Publikum mit Späßen. 彼は聴衆を冗談でおもしろがらせた

er·hel·len [エアヘレン]
(erhellte; erhellt; 助h)

— [他] ❶〘④と〙(電灯などが)〔部屋など^{4}を〕明るくする, 照らす ▹ Die Lampe *erhellte* den Raum nur spärlich. ランプが部屋を薄暗く照らすだけだった
❷〘④と〙(説明などが)〔問題点など^{4}を〕明らかにする
— [再]〘[sich]^{4}と〙(空・表情などが)明るくなる ▹ Sein Gesicht *erhellte* sich bei dieser guten Nachricht. 彼の顔はこのよいニュースを聞いて明るくなった

er·hielt [エアヒールト] erhalten の [過去]

er·hit·zen [エアヒッツェン] [非分離]
(erhitzte; erhitzt; [完了]h)
— [他]〘④と〙〔‥^{4}を〕熱する, 熱くする ▹ Wasser auf 100 Grad *erhitzen* 水を 100 度に熱する
— [再]〘[sich]^{4}と〙(ブレーキなどが)熱を帯びる;《比ゆ》興奮する

er·hob [エアホープ] erheben の [過去]

er·ho·ben [エアホーベン] erheben の [過分]

er·hof·fen [エアホッフェン] [非分離]
(erhoffte; erhofft; [完了]h)
[再]〘[sich]^3+④と〙〔よいことがもたらされること^{4}を〕期待する ▹ Ich *erhoffe* mir mehr Freizeit. 私はもっと自由時間がほしい

er·hö·hen [エアヘーエン] [非分離]
(erhöhte; erhöht; [完了]h)
— [他] ❶〘④と〙〔値段・速度・温度など^{4}を〕上げる, 増す ▹ Das Gehalt wird *erhöht*. 給料が上げられる
❷〘④と〙〔‥^{4}を〕高くする ▹ einen Damm um einen Meter *erhöhen* 堤を 1 メートル高くする
— [再]〘[sich]^{4}と〙(数量的に)上がる, 上昇する ▹ Die Zahl der Todesopfer *erhöhte* sich auf 15. 犠牲者の数は 15 名にのぼった

er·ho·len [エアホーレン] [非分離]
(erholte; erholt; [完了]h)
[再] ❶〘[sich]^{4}と〙休養する; 体力を取り戻す ▹ Er muss sich einmal richtig *erholen*. 彼は一度ちゃんと休養しなければならない
❷〘[sich]^4+von+③と〙〔ショックなど^{3}から〕立ち直る ▹ Ich kann mich von dem Schreck noch gar nicht *erholen*. 私はその驚きからまだ全然落ち着きを取り戻せない

er·hol·sam [エアホールザーム] [形] 休養になる ▹ ein *erholsamer* Urlaub 休養になる休暇

er·holt [エアホールト] erholen の [現在], [過分]

er·hol·te [エアホールテ] erholen の [過去]

Er·ho·lung [エアホールング] [女] *die* ([単] 2 格 –; [複] なし) 休養, 保養 ▹ Sie braucht *Erholung*. 彼女は休養が必要だ / zur *Erholung* ans Meer fahren 保養のために海に行く

E·ri·ka [エーリカ]
—《女名》エーリカ
— [女] *die* ([単] 2 格 –; まれに [複] -s 〈Eriken〉)《植物》ヒース

E·ri·ken [エーリケン] Erika [女] の [複数]

er·in·nern
[ɛɐ̯ˈɪnɐn エアイッネルン] [非分離]

[現在]	ich erinnere	wir erinnern
	du erinnerst	ihr erinnert
	er erinnert	sie erinnern
[過去]	ich erinnerte	wir erinnerten
	du erinnertest	ihr erinnertet
	er erinnerte	sie erinnerten
[過分]	erinnert	[完了] haben

— [再]〘[sich]^4+an+④と〙〔‥^{4}を〕思い出す, 覚えている
sich immer noch an den Krieg *erinnern* 今でも戦争のことを覚えている
An meinen Großvater kann ich mich nicht mehr *erinnern*. 祖父のことを私はもう思い出すことができない
wenn ich mich recht *erinnere* 私の記憶が正しければ
— [他] ❶〘④+an+④と〙〔‥^{4}に‥^{4}を〕思い出させる ▹ Der Herr *erinnert* mich an meinen Onkel. その紳士を見ると私はおじを思い出す
❷〘④+an+④と〙〔‥^{4}に‥^{4}を忘れないように〕注意を喚起する ▹ Man muss ihn immer an seine Pflicht *erinnern*. 彼にはいつも彼の義務を忘れないように注意しなければならない

er·in·nert [エアイッネルト] erinnern の [現在], [過分]

er·in·ner·te [エアイッネルテ] erinnern の [過去]

Er·in·ne·rung [エアイッネルング] [女] *die* ([単] 2 格 –; [複] -en)
❶ 思い出; 思い出〈記念〉の品 ▹ Das Foto ist eine hübsche *Erinnerung* an die Reise. この写真は旅行のすばらしい記念だ
❷〘[複] なし〙記憶 ▹ Daran habe ich keine *Erinnerung* mehr. そのことは私はもう覚えていない
[イディオム] ④+*in Erinnerung behalten* ‥^{4}を記憶にとどめる
zur Erinnerung an+④ ‥^{4}の記念として

er·kal·ten [エアカルテン] [非分離]
(erkaltete; erkaltet; [完了]s)
[自] (溶岩など, 熱い〈温かい〉ものが)冷たくなる

er·käl·ten [エアケルテン] [非分離] (du erkältest, er erkältet; erkältete; erkältet; [完了]h)
[再]〘[sich]^{4}と〙かぜをひく ▹ Ich habe mich beim Baden *erkältet*. 私は泳ぎに行ってかぜをひいた / 〘過去分詞で〙Ich bin sehr stark *erkältet*. 私はひどくかぜをひいている

er·käl·tet [エアケルテット] erkälten の [現在], [過分]

er·käl·te·te [エアケルテテ] erkälten の [過去]

Er·käl·tung [エアケルトゥング] [女] *die* ([単] 2 格 –; [複] -en)

erkämpfen

かぜ〔風邪〕▷ eine leichte 〈starke〉 *Erkältung* 軽い〈ひどい〉かぜ

er·kämp·fen [エアケムプフェン] 非分離
(erkämpfte; erkämpft) (⸺h)
他 《④と》〔勝利・成功など⁴を〕闘い取る, 勝ち取る

er·kannt [エアカント] erkennen の 過分

er·kann·te [エアカンテ] erkennen の 過去

er·kau·fen [エアカオフェン] 非分離
(erkaufte; erkauft) (⸺h)
他 《④と》〔権利・勝利など⁴を〕犠牲〈代償など〉を払って獲得する

er·ken·nen [エアケンネン] 非分離
(erkannte; erkannt) (⸺h)
他 ❶ 《④と》〔‥⁴を〕識別する, 見〈聞き〉分ける ▷ Es ist zu dunkel, ich kann die Schrift nicht mehr *erkennen*. 暗すぎて私は文字がもう見分けられない
❷ 《④と》〔ある特徴を手掛かりに〕〔‥⁴であることを〕知る ▷ *Erkennst* du mich nicht? 私がだれかわからないのですか / Ich *erkannte* ihn an der Stimme. 私は声で彼であることがわかった
❸ 《④と》〔誤りなど⁴に〕気づく, 〔実体など⁴を〕見抜く

er·kennt·lich [エアケントリヒ] 形 《成句で》 *sich*⁴+③+*erkenntlich zeigen* ‥³に感謝の気持ちを表す

Er·kennt·nis [エアケントニス] 女 *die* (⸺2格 -; ⸺ ..nisse) 《ふつう ⸺で》 認識 ▷ Die Forschung hat neue *Erkenntnisse* gebracht. その研究は新しい認識をもたらした / die Grenzen menschlicher *Erkenntnis* 人間の認識能力の限界
《イディオム》 *zu der Erkenntnis kommen, dass ...* ‥という認識に至る

Er·ker [エルカー] 男 *der* (⸺2格 -s; ⸺ -) 《建築》出窓

er·klä·ren [エアクレーレン] 非分離
(erklärte; erklärt) (⸺h)
— 他 ❶ 《④と》〔‥⁴を〕説明する ▷ einen Begriff *erklären* ある概念を説明する / Er *erklärte* uns, was wir nun tun müssen. 彼は私たちにいま何をしなければならないのかを説明した
❷ 《④と》〔‥⁴を〕公に表明する ▷ Er *erklärte* seinen Rücktritt. 彼は辞意を表明した
❸ 《④+für ...と》〔‥⁴を…と〕言明する ▷ Ich muss das für falsch *erklären*. 私はそのことをまちがっていると言わざるをえない
— 再 ❶ 《sich³+④と》〔‥⁴を〕理由づける ▷ Wie *erklärst* du dir das? 君はそのことをどう解釈するんだ
❷ 《sich⁴+ 様態と》 説明するのが〔…〕だ ▷ Dieser Unfall *erklärt* sich leicht. この事故は容易に説明がつく
《イディオム》 *sich*⁴ *zu*+③ *bereit erklären* ‥³をする用意があると表明する

er·klär·lich [エアクレーアリヒ] 形 (人の言動などについてなぜそうなるのかが)納得できる, 説明がつく

er·klärt [エアクレーアト] erklären の 過分, 形

er·klär·te [エアクレーアテ] erklären の 過去

Er·klä·rung [エアクレールング] 女 *die* (⸺2格 -; ⸺ -en)
説明 ▷ eine eingehende *Erklärung* 詳細な説明

er·kran·ken [エアクランケン] 非分離
(erkrankte; erkrankt) (⸺s)
自 病気になる ▷ Er ist schwer an Grippe *erkrankt*. 彼は重いインフルエンザにかかった

er·kun·den [エアクンデン] 非分離
(erkundete; erkundet) (⸺h)
他 《④と》〔軍事〕〔軍事秘密など⁴を〕探り出す, 〔地形の状況など⁴を〕探査する

er·kun·di·gen [エアクンディゲン] 非分離
(erkundigte; erkundigt) (⸺h)
再 《sich⁴+nach+③と》〔‥³を〕照会する, 問い合わせる ▷ *sich* nach dem Weg *erkundigen* 道を尋ねる / 《間接疑問文と》 *Erkundige* dich bitte, wann der Zug eintrifft. 列車がいつ到着するか問い合わせてくれ

er·lag [エアラーク] erliegen の 過去

er·lah·men [エアラーメン] 非分離
(erlahmte; erlahmt) (⸺s)
自 ❶ (身体の一部が)疲れてだるくなる
❷ (興奮・興味などが)弱まる, 衰える

er·lan·gen [エアランゲン] 非分離
(erlangte; erlangt) (⸺h)
他 《④と》〔名声・地位など⁴を〕手に入れる, 〔権利など⁴を〕獲得する

Er·lass [エアラス] 男 *der* (⸺2格 -es; ⸺ -e 〈オーストリア ..lässe〉) 《官庁》(法律などの)公布, 告示

Er·laß 旧⇒新 Erlass

er·las·sen [エアラッセン] 非分離
(er erlässt; erließ; erlassen) (⸺h)
他 《④と》〔法令・政令など⁴を〕公布する

er·lässt [エアレスト] erlassen の 現在

er·lau·ben [エアラオベン] 非分離
(erlaubte; erlaubt) (⸺h)
— 他 《③+④と》〔‥³に‥⁴を〕許可する (⇔ verbieten) ▷ Er *erlaubt* seinen Kindern alles. 彼は子供たちになんでも許可する / Meine Eltern würden das niemals *erlauben*. 私の両親ならそういうことを決して許可しないだろう / 《dass 文, zu 不定詞句と》 *Erlaubst* du, dass er mitkommt? 彼がいっしょに来てもかまわないか / Ich habe ihm *erlaubt* mitzugehen. 私は彼にいっしょに来ることを許可した / 《事物を主語にして》 Mein Gesundheitszustand *erlaubt* mir nicht, dass ich reise. 私の健康状態では旅行は不可能だ

erlosch

イディオム **Erlauben Sie 〈Erlaube〉 mal！**《口語》なぜそんなことをする〈言う〉んですか

類語
erlauben 納得して許す
zulassen 本当は納得しないが譲歩して許す
dulden あまり愉快でないことを大目に見て許す

── 再〘sich³+④と〙〔..⁴を〕あえてする，かってに行う ▷ Er *erlaubte* sich allerlei Freiheiten. 彼はしたい放題のことをした ／（ていねいな言い回しとして）Darf ich mir *erlauben*, Sie für morgen einzuladen？ あすあなたをお招きしてもよろしいでしょうか

Er・laub・nis [エアラオプニス] 囡 *die*（⊕2格 -；まれに；⊕ ..nisse）
許可 ▷ ohne die *Erlaubnis*〈mit der *Erlaubnis*〉des Chefs チーフの許可なしで〈を得て〉

er・laubt [エアラオプト] erlauben の 現在, 過分
er・laub・te [エアラオプテ] erlauben の 過去
er・läu・tern [エアロイテルン] 非分離
 （erläuterte；erläutert；医力h）
 他〘④と〙〔計画・理論など⁴を〕解説する
Er・le [エルレ] 囡 *die*（⊕2格 -；⊕ -n）《植物》ハンノキ
er・le・ben [エアレーベン] 非分離
 （erlebte；erlebt；医力h）
 他 ❶〘④と〙〔..⁴を〕経験する，体験する ▷ eine Enttäuschung *erleben* 失望を味わう ／ einen Sonnenaufgang in den Bergen *erleben* 山中での日の出を体験する ／ So etwas habe ich noch nicht *erlebt*. そんなことは私はまだ経験したことがない
 ❷〘④と〙〔..⁴を〕生きて迎える ▷ Ich möchte das Jahr 2000 *erleben*. 私は（西暦）2000年を生きて迎えたい

Er・leb・nis [エアレープニス] 中 *das*（⊕2格 ..nisses；⊕ ..nisse）経験，体験 ▷ Diese Reise war für mich ein einmaliges *Erlebnis*. この旅行は私にとってまたとない経験だった

er・le・di・gen [エアレーディゲン] 非分離
 （erledigte；erledigt；医力h）
 他〘④と〙〔仕事・任務など⁴を〕片づける，すませる，処理する ▷ Seine Bestellung wurde sofort *erledigt*. 彼の注文はさっそく処理された

er・le・digt [エアレーディヒト]
 形《口語》❶（用件などが）すんだ，片づいた ▷ Die Sache ist *erledigt*. このことはもうけりがついている
 ❷ 疲れた ▷ Er ist völlig *erledigt*. 彼は疲れきっている

er・le・gen [エアレーゲン] erliegen の 過分
er・leich・tern [エアライヒテルン] 非分離
 （erleichterte；erleichtert；医力h）
 ── 他 ❶〘③+④と〙〔..³の仕事など⁴を〕容易に

する ▷ Er wollte ihr die Arbeit *erleichtern*. 彼は彼女の仕事を軽減してやろうとした ／ Dieser Hinweis *erleichtert* das Verständnis. このような指示は理解を容易にする
 ❷〘④と〙〔心⁴の〕重荷を軽くする ▷ Er hat durch ein Geständnis sein Gewissen *erleichtert*. 彼は告白することで気持ちが楽になった
 ❸〘④と〙〔荷物など⁴を〕軽くする
 ── 再〘sich⁴と〙気が楽になる ▷ Sie *erleichterte* sich durch Tränen. 彼女は泣いて（涙を流して）気が楽になった ／〘過去分詞で〙Er ist *erleichtert*. 彼はほっとしている

er・leich・tert [エアライヒテルト] 形（悪い結果にならず）ほっとした

Er・leich・te・rung [エアライヒテルング] 囡 *die*（⊕2格 -；⊕ なし）
 ❶（仕事などの）軽減
 ❷（気が楽になって）ほっとした気持ち，安堵ど ▷ mit *Erleichterung* ほっとして

er・lei・den [エアライデン] 非分離
 （erlitt；erlitten；医力h）
 他 ❶〘④と〙〔苦しみなど⁴に〕耐える，こらえる ▷ Er hat die Schmerzen geduldig *erlitten*. 彼は痛みをがまん強く耐えた
 ❷〘④と〙〔損害・損失など⁴を〕こうむる，〔敗北など⁴を〕喫する

er・ler・nen [エアレルネン] 非分離
 （erlernte；erlernt；医力h）
 他〘④と〙〔..⁴を〕習得する，身につける ▷ Eine Fremdsprache lässt sich nicht in kurzer Zeit *erlernen*. 外国語は短期間では物にすることができない

er・le・sen [エアレーゼン] 形《文語》（味などが）精選された，極上の

er・leuch・ten [エアロイヒテン] 非分離
 （erleuchtete；erleuchtet；医力h）
 他〘④と〙〔..⁴を〕照らす（☆ふつう受動文）▷ Der Raum wird festlich von den Kerzen *erleuchtet*. その部屋はろうそくの光で華やかに照明されている

er・lie・gen [エアリーゲン] 非分離
 （erlag；erlegen；医力s）
 自〘③と〙〔..³に〕屈する ▷ der Versuchung *erliegen* 誘惑に負ける ／《比ゆ》Er ist seinen Verletzungen *erlegen*. 彼はけががもとで死んだ

er・ließ [エアリース] erlassen の 過去
er・lischt [エアリッシュト] erlöschen の 現在
er・litt [エアリット] erleiden の 過去
er・lit・ten [エアリッテン] erleiden の 過分
Erl・kö・nig [エルル・ケーニヒ] 男 *der*（⊕2格 -s；⊕ -e）妖精の王
Er・lös [エアレース] 男 *der*（⊕2格 -es；⊕ -e）（販売によって得る）利益，収益，売上げ
er・losch [エアロッシュё] erlöschen の 過去

er·lo·schen [エアロッシェン] erlöschen の 過分
er·lö·schen [エアレッシェン] 非分離
(er lischt; erlosch; erloschen; 完了 s)
自 (火・明かりが)消える ▷ Die Kerze *erlischt*. ろうそくが消える / (比ゆ) Sein Interesse *erlosch* mit der Zeit. 彼の興味は時とともに薄れた

er·lö·sen [エアレーゼン] 非分離
(erlöste; erlöst; 完了 h)
他 《4と》[…⁴を](悩み・苦痛・心配事などから)解放する ▷ Der Tod *erlöste* ihn von seinem Leiden. 彼は死んだ(←死が彼を悩みから解放する)

Er·lö·ser [エアレーザー] 男 der (複 2格 -s; 複 -)
救済者; 救世主

Er·lö·sung [エアレーズング] 女 die (複 2格 -; 複 -en) (悩み・苦しみなどからの)救済

er·mäch·ti·gen [エアメヒティゲン] 非分離
(ermächtigte; ermächtigt; 完了 h)
他 《4+zu+3と》[…⁴に…³することの]権限〈許可〉を与える ▷ Ich *ermächtige* Sie zum Abschließen des Vertrages. 私はあなたに契約を締結する権限を与えます

Er·mäch·ti·gung [エアメヒティグング] 女 die (複 2格 -; 複 -en) 権限

er·mah·nen [エアマーネン] 非分離
(ermahnte; ermahnt; 完了 h)
他 《4+zu 不定詞と》[…⁴に…するように]注意する ▷ Er *ermahnte* die Kinder, ruhig zu sein. 彼は子供たちに静かにするように注意した

Er·man·ge·lung [エアマングルング] 女 die 《成句》in Ermangelung von+3 《文語》…³がないので

er·maß [エアマース] ermessen の 過去

er·mä·ßi·gen [エアメースィゲン] 非分離
(ermäßigte; ermäßigt; 完了 h)
他 《4と》[料金などを]割り引く, 引き下げる

Er·mä·ßi·gung [エアメースィグング] 女 die (複 2格 -; 複 -en) (料金などの)値下げ, 割引 ▷ Eintrittskarten mit einer *Ermäßigung* von 20 % (Prozent) 20 パーセント引きの入場券

er·mat·ten [エアマッテン] 非分離
(ermattete; ermattet)
— 自 (完了 s) 疲れる
— 他 (完了 h) 《文語》《4と》(ちょっとしたことが)[…⁴を]疲れさす ▷ Die Schwüle hat mich *ermattet*. 蒸し暑くて私は疲れてしまった

er·mes·sen [エアメッセン] 非分離
(er ermisst; ermaß; ermessen; 完了 h)
他 《文語》《4と》[…⁴の価値などを]測る, 評価する

er·misst [エアミスト] ermessen の 現在

er·mit·teln [エアミッテルン] 非分離
(ermittelte; ermittelt; 完了 h)
他 ❶ 《4と》[犯人などを](捜査によって)突き止める, 捜し出す ▷ den Täter *ermitteln* 犯人を突き止める / Die Polizei hat sein Versteck *ermittelt*. 警察は彼の潜伏先を突き止めた
❷ 《4と》[数値などを]算出する ▷ einen Durchschnittswert *ermitteln* 平均値を算出する

er·mög·li·chen [エアメークリッヒェン] 非分離
(ermöglichte; ermöglicht; 完了 h)
他 《4と》[…⁴を]可能にする ▷ Mein Onkel hat mir das Studium *ermöglicht*. 私のおじは私が大学で学べるようにしてくれた

er·mor·den [エアモルデン] 非分離
(ermordete; ermordet; 完了 h)
他 《4と》[…⁴を]殺害する ▷ Er hat seine Frau aus Eifersucht *ermordet*. 彼は妻を嫉妬にかられて殺害した

er·mü·den [エアミューデン] 非分離
(ermüdete; ermüdet)
— 他 (完了 h) 《4と》[…⁴を]疲れさせる ▷ Das Sprechen *ermüdete* den Kranken. 話をしたために病人は疲れた
— 自 (完了 s) 疲れる

er·mun·tern [エアムンテルン] 非分離
(ermunterte; ermuntert; 完了 h)
他 《4+zu+3と》[…⁴に…³するように]元気〈勇気〉づける

er·mu·ti·gen [エアムーティゲン] 非分離
(ermutigte; ermutigt; 完了 h)
他 《4と》[…⁴を]勇気づける, 励ます ▷ Sie *ermutigte* ihn, die Arbeit fortzusetzen. 彼女は仕事を続けるように彼を励ました

er·näh·ren [エアネーレン] 非分離
(ernährte; ernährt; 完了 h)
— 他 ❶ 《4と》[…⁴に]栄養を与える ▷ Der Kranke wurde künstlich *ernährt*. 病人は人工栄養が与えられた
❷ 《4と》[家族を]扶養する ▷ Sie muss die ganze Familie alleine *ernähren*. 彼女は家族全員をひとりで養わねばならない
— 再 ❶ 《sich⁴と》栄養を摂取する ▷ Er *ernährt* sich hauptsächlich von Obst. 彼は主に果物で栄養をとる
❷ 《sich⁴と》生計を立てる

Er·näh·rung [エアネールング] 女 die (複 2格 -; まれに 複 -en)
❶ 栄養の摂取; 栄養
❷ (家族などの)扶養

er·nannt [エアナント] ernennen の 過分
er·nann·te [エアナンテ] ernennen の 過去
er·nen·nen [エアネンネン] 非分離
(ernannte; ernannt; 完了 h)
他 《4+zu+3と》[…⁴を後継者・大臣など³に]任命〈指名〉する

er·neu·ern [エアノイエルン] 非分離

①, ②, ③, ④=1格, 2格, 3格, 4格の名詞

(erneuerte; erneuert; 匿h)

他 ❶《④と》〔古いもの・破損したものなど⁴を〕(新しいものと)取り替える ▷ Die Reifen müssen *erneuert* werden. タイヤは新しいのと取り替える必要がある / einen beschädigten Zaun *erneuern* 損傷した垣根を修繕する

❷《④と》〔人間関係など⁴を〕よみがえらせる ▷ Wir haben unsere Freundschaft *erneuert*. 私たちは友情を復活させた

❸《④と》〔契約など⁴を〕更新する ▷ Er will den Vertrag *erneuern*. 彼は契約を更新するつもりだ

Er·neu·e·rung [エアノイエルング] 名 *die*（複2格 -; -en）

❶ (新品との)取り替え; (建物などの)修繕, 修復

❷ (友情などの)復活; (契約などの)更新

er·nout [エアノイト] 形《文語》新たな ▷ ein *erneuter* Versuch 新たな試み

ernst [エルンスト] 形 （比較 -er, 最上 -est）

❶ まじめな, 真剣な ▷ ein *ernstes* Gesicht machen 真剣な顔をする / ein *ernster* Film シリアスな問題を扱った映画

❷ (冗談でなく)本気の ▷ Er meint es *ernst*. 彼はそれを本気で言っている / Ich kann diese Sache nicht *ernst* nehmen. 私はこの件を真に受けることができない

❸ 深刻な, 重大な ▷ Die internationale Lage ist *ernst*. 国際情勢は深刻だ

Ernst [エルンスト] 男 *der*（複2格 -es〈まれに -s〉; 複 なし）

❶ まじめ, 真剣さ; 本気 ▷ der *Ernst* seiner Miene 彼の表情の真剣さ / Das ist mein voller *Ernst*. 私は本気でそう思っている

❷ 深刻さ, 重大さ ▷ den *Ernst* der Lage erkennen 事態の重大さに気づく

Ernst·fall [エルンストファル] 男 *der*（複2格 -[e]s; 複 なし）(恐れていたように事態が)深刻になった場合

ernst·haft [エルンストハフト] 形（☆述語として用いない）

❶ まじめな, 真剣な; 本気の ▷ ein *ernsthafter* Charakter まじめな性格 / Er macht sich *ernsthaft* Sorgen um dich. 彼は君のことを本気で心配している

❷ 深刻な, 重大な ▷ *ernsthaft* krank sein 重病である

ernst·lich [エルンストリヒ] 形（☆述語として用いない）

❶ 本気の, 真剣な ▷ Das ist mein *ernstlicher* Wille. それは私の本心なのだ

❷ 深刻な, 重大な ▷ Sie ist *ernstlich* krank. 彼女は重病だ

Ern·te [エルンテ] 名 *die*（複2格 -; 複 -n）

❶ (農作物の)取り入れ, 収穫 ▷ Die *Ernte* beginnt. 収穫が始まる

❷ 収穫物

ern·ten [エルンテン] (erntete; geerntet; 匿h)

他 ❶《④と》〔農作物を〕刈り入れる, 収穫する ▷ Getreide *ernten* 穀物を刈り入れる

❷《④と》〔..⁴を〕(ある行為の結果として)得る ▷ Er hat nur Spott *geerntet*. 彼は嘲笑を買っただけだった

er·nüch·tern [エアニュヒテルン] 非分離

(ernüchterte; ernüchtert; 匿h)

他《④と》〔..⁴の〕酔いをさます ▷ Die kalte Luft wird ihn schnell *ernüchtern*. 冷たい風にあたれば彼はすぐ酔いがさめるだろう

er·o·bern [エアオーベルン] 非分離

(eroberte; erobert; 匿h)

他《④と》〔..⁴を〕征服する ▷ eine Festung *erobern* 要塞を征服する /《比喩》Sie hat ihn mit ihrem Lachen *erobert*. 彼女は笑い声で彼の愛を手に入れた

Er·o·be·rung [エアオーベルング] 名 *die*（複2格 -; -en）

❶ (要塞などの)征服

❷ 戦利品 ▷ alle *Eroberungen* wieder zurückgeben 戦利品をすべて再び返す

er·öff·nen [エアエフネン] 非分離

(eröffnete; eröffnet; 匿h)

— 他 ❶《④と》〔店など⁴を〕新しく開く, 開業する, 〔アウトバーンなど⁴を〕一般に利用できるようにする ▷ Gestern wurde die Ausstellung *eröffnet*. 昨日その展覧会は開かれた

❷《④と》〔..⁴を〕(開始に伴う儀式的なことを行って)開く ▷ Der Präsident *eröffnete* den Kongress um 10 Uhr. 大統領は10時に会議の開会を宣言した

❸《③+④と》〔..³に予期せぬことなど⁴を〕打ち明ける ▷ Sie hat mir *eröffnet*, dass sie ein Kind erwartet. 彼女は私に妊娠していることを打ち明けた

(イディオム) *ein Konto eröffnen* 口座を開く
ein Testament eröffnen 遺言状を開封する

— 再《sich⁴+③と》(見通し・可能性などが)〔..³に〕開かれる ▷ In dieser Stellung *eröffnen* sich ihm glänzende Aussichten. この地位に就けば彼には輝かしい未来が開かれる

Er·öff·nung [エアエフヌング] 名 *die*（複2格 -; 複 -en）開業, 開催, 開会

er·ör·tern [エアエルテルン] 非分離

(erörterte; erörtert; 匿h)

他《④と》〔問題など⁴を〕討議〈論議〉する

Er·ör·te·rung [エアエルテルング] 名 *die*（複2格 -; 複 -en）討議, 論議

E·ro·si·on [エロズィオーン] 名 *die*（複2格 -; 複 -en）(流水・風による)侵食

e·ro·tisch [エロ－ティシュ] [形] 性欲をそそる, エロチックな

er·picht [エアピヒト] [形] 〚成句で〛 ***auf***+④ ***erpicht sein*** ..^{4}を手に入れたくて〈実現したくて〉たまらない, ..^{4}のことで汲々(きゅうきゅう)としている

er·pres·sen [エアプレッセン] [非分離]
(erpresste; erpresst; [完了]h)
[他] ❶ 〚④と〛〔..^{4}を〕恐喝する, ゆする ▷ Sie *erpresste* ihn schon lange Zeit. 彼女は彼をもう長いことゆすっていた
❷ 〚④と〛〔自白など^{4}を〕脅して引き出す, 〔身代金など^{4}を〕ゆすり取る

er·pro·ben [エアプロ－ベン] [非分離]
(erprobte; erprobt; [完了]h)
[他] 〚④と〛(性能・性質などを知るために)〔..^{4}を〕試す, テストする ▷ ein Gerät *erproben* 器具をテストする

er·rang [エアラング] erringen の [過去]

er·rät [エアレ－ト] erraten の [現在]

er·ra·ten [エアラ－テン] [非分離]
(er errät; erriet; erraten; [完了]h)
[他] 〚④と〛〔..^{4}を〕(推測して)言い当てる ▷ Sie hat den Absender richtig aus der Handschrift *erraten.* 彼女は筆跡から差し出し人をぴたりと言い当てた

er·rech·nen [エアレヒネン] [非分離]
(errechnete; errechnet; [完了]h)
[他] 〚④と〛〔..^{4}を〕算出する ▷ eine Entfernung *errechnen* 距離を計算する

er·re·gen [エアレ－ゲン] [非分離]
(erregte; erregt; [完了]h)
— [他] ❶ 〚④と〛〔..^{4}を〕(性的に)興奮させる ▷ Sie *erregt* ihn sinnlich. 彼女は彼の官能を刺激する
❷ 〚④と〛〔嫌悪感・センセーションなど^{4}を〕引き起こす ▷ Sein Betragen *erregte* Anstoß. 彼の態度はひんしゅくを買った
— [再] 〚[sich]^{4}と〛 興奮する, いきり立つ ▷ Er hat sich sehr darüber *erregt.* 彼はそのことで非常に興奮した / 〚過去分詞で〛 Er war vor Zorn ganz *erregt.* 彼は怒りのあまり完全にいきり立っていた

Er·re·ger [エアレ－ガ－] [男] *der* ([単] 2格 -s; [複] -)
《医学》 病原体

Er·re·gung [エアレ－グング] [女] *die* ([単] 2格 -; [複] -en) 興奮 ▷ in *Erregung* geraten 興奮状態に陥る

er·rei·chen [エアライヒェン] [非分離]
(erreichte; erreicht; [完了]h)
[他] ❶ 〚④と〛〔..^{4}にまで〕(手などが)届く ▷ Das Kind kann die Türklinke noch nicht *erreichen.* その子供はまだドアの取っ手に手が届かない
❷ 〚④と〛〔..^{4}に〕連絡がつく ▷ Wie kann ich Sie *erreichen*? どうしたらあなたに連絡できますか
❸ 〚④と〛〔列車など^{4}に〕間に合う ▷ Ich *erreichte* den Zug nicht mehr. 私は列車にもう間に合わなかった
❹ 〚④と〛〔目的地^{4}に〕到達する; 〔ある高さ・速度など^{4}に〕達する ▷ Die Hütte ist nur zu Fuß zu *erreichen.* その小屋へは歩いてしか到達することができない
❺ 〚④と〛〔目的など^{4}を〕達成する; 〔求めたもの^{4}を〕手に入れる ▷ Er *erreicht* sein Ziel. 彼は目的を達成する

er·reicht [エアライヒト] erreichen の [現在], [過分]

er·reich·te [エアライヒテ] erreichen の [過去]

er·ret·ten [エアレッテン] [非分離]
(errettete; errettet; [完了]h)
[他] 《文語》 〚④と〛〔..^{4}を〕(苦境などから)救い出す

er·rich·ten [エアリヒテン] [非分離]
(errichtete; errichtet; [完了]h)
[他] 〚④と〛〔舞台・テントなど^{4}を〕組み立てる; 〔大きな建造物など^{4}を〕建てる ▷ Auf dem Marktplatz wurde eine Tribüne *errichtet.* 中央広場に観客席が建てられた

er·riet [エアリ－ト] erraten の [過去]

er·rin·gen [エアリンゲン] [非分離]
(errang; errungen; [完了]h)
[他] 《文語》 〚④と〛〔..^{4}を〕戦い取る, 獲得する ▷ Er *errang* sich innere Unabhängigkeit. 彼は精神的な自立を獲得した

er·rö·ten [エアレ－テン] [非分離]
(errötete; errötet; [完了]s)
[自] 《文語》 (顔が喜び・恥ずかしさ・困惑などのため)赤くなる

er·run·gen [エアルンゲン] erringen の [過分]

Er·run·gen·schaft [エアルンゲンシャフト] [女] *die* ([単] 2格 -; [複] -en) 《文語》 (苦労の末に獲得した)成果

Er·satz [エアザッツ] [男] *der* ([単] 2格 -es; [複] なし)
❶ 代わりの人, 代役 ▷ einen *Ersatz* für den erkrankten Sänger finden 病気になった歌手の代役を見つける
❷ 代わりの物, 代用品
[イディオム] ***Ersatz fordern*** 補償を要求する
Ersatz leisten 弁償する

Er·satz·spie·ler [エアザッツ・シュピ－ラ－] [男] *der* ([単] 2格 -s; [複] -) 補欠選手

Er·satz·teil [エアザッツ・タイル] [中] *das* ([単] 2格 -[e]s; [複] -e) 予備の部品, スペア

er·schaf·fen [エア・シャッフェン] [非分離]
(erschuf; erschaffen; [完了]h)
[他] 《文語》 〚④と〛(神が)〔..^{4}を〕創造する, 作り出す

er·schei·nen [エアシャイネン] [非分離]
(erschien; erschienen; [完了]s)

[自] ❶〘[場所]と〙〔…に〕現れる, 姿を見せる ▷ Der Mond *erscheint* am Himmel. 月が空に出る / Ein Schiff *erschien* am Horizont. 船が1隻水平線に姿を見せた
❷ (書籍などが) 出版される, 発行される ▷ Die Zeitschrift *erscheint* einmal in der Woche. その雑誌は週に一度発行される
❸〘[3]+[状態]と〙〔…³に…のように〕思われる ▷ Seine Erklärung *erscheint* mir unverständlich. 彼の説明は私には不可解に思われる

Er·schei·nen [エアシャイネン] [中] *das* ([単] 2格 -s; [複] なし) 出現; 出版, 発行

Er·schei·nung [エアシャイヌング] [女] *die* ([単] 2格 -; [複] -en) **現象** ▷ eine meteorologische *Erscheinung* 気象現象
[イディオム] ***in Erscheinung treten*** 姿を見せる

er·schien [エアシーン] erscheinen の [過去]

er·schie·nen [エアシーネン] erscheinen の [過分]

er·schie·ßen [エアシーセン] [非分離]
(erschoss; erschossen; [完了]h)
— [他]〘[4]と〙〔…⁴を〕射殺する ▷ Er wurde auf der Flucht *erschossen*. 彼は逃走中に射殺された
— [再]〘[sich]⁴と〙(銃で) 自殺する

er·schlaf·fen [エアシュラッフェン] [非分離]
(erschlaffte; erschlafft; [完了]s)
[自] (体・腕などが) 力が抜ける, (筋肉などが) 弛緩する, (意志などが) 萎える; (肌が) たるむ

er·schla·gen [エアシュラーゲン] [非分離]
(er erschlägt; erschlug; erschlagen; [完了]h)
— [他]〘[4]と〙〔…⁴を〕殴り殺す, 撲殺する ▷ Sie hat ihn mit einem Knüppel *erschlagen*. 彼女は彼をこん棒で殴り殺した
— [形]《口語》疲れきった ▷ Wir waren ganz *erschlagen*. 私たちはまったく疲れきっていた

er·schlägt [エアシュレークト] erschlagen の [現在]

er·schlie·ßen [エアシュリーセン] [非分離]
(erschloss; erschlossen; [完了]h)
[他]〘[4]と〙〔土地・油田など⁴を〕開発する, 〔市場など⁴を〕開拓する

er·schloss [エアシュロス] erschließen の [過去]

er·schlos·sen [エアシュロッセン] erschließen の [過分]

er·schlug [エアシュルーク] erschlagen の [過去]

er·schöp·fen [エアシェプフェン] [非分離]
(erschöpfte; erschöpft; [完了]h)
[他] ❶〘[4]と〙〔…⁴を〕**使い果たす** ▷ Er hat seine Kräfte *erschöpft*. 彼は力を使い果たした
❷〘[4]と〙〔…⁴を〕疲れきらせる, 疲労困憊させる ▷ Die Arbeit *erschöpfte* ihn völlig. 仕事で彼はくたくたに疲れた

er·schöp·fend [エアシェプフェント] [形] (情報・説明などが) 完璧な, 完全な; 〘副詞的に〙細かなことまでもれなく

er·schöpft [エアシェプフト] [形] 疲労困憊して ▷ Er war völlig *erschöpft*. 彼はくたくたに疲れ果てていた

Er·schöp·fung [エアシェプフング] [女] *die* ([単] 2格 -; まれに [複] -en) 疲労困憊

er·schoss [エアショス] erschießen の [過去]

er·schos·sen [エアショッセン] erschießen の [過分]

er·schrak [エアシュラーク] erschrecken [自] の [過去]

er·schre·cken [エアシュレッケン] [非分離]
— [自] (du erschrickst, er erschrickt; erschrak; erschrocken; [完了]s)
(不意のことに) **驚く** ▷ Ich *erschrak* über seine Worte. 私は彼のことばを聞いて驚いた

[類語]
erschrecken 不意のことに声を出すほど驚く
entsetzen 恐ろしい出来事のために度を失うほど驚く

— [他] (er erschreckt; erschreckte; erschreckt; [完了]h)
〘[4]と〙〔…⁴を〕**驚かす**, こわがらせる ▷ Habe ich dich *erschreckt*? 君のことを驚かしてしまったかい

er·schreckt [エアシュレックト] erschrecken [他] の [現在], [過分]

er·schreck·te [エアシュレックテ] erschrecken [他] の [過去]

er·schrickst [エアシュリックスト] erschrecken [自] の [現在]

er·schrickt [エアシュリックト] erschrecken [自] の [現在]

er·schro·cken [エアシュロッケン]
— erschrecken [自] の [過分]
— [形] 驚いた ▷ *Erschrocken* sprang er auf. 驚いて彼は跳び上がった

er·schuf [エアシューフ] erschaffen の [過去]

er·schüt·tern [エアシュッテルン] [非分離]
(erschütterte; erschüttert; [完了]h)
[他] ❶〘[4]と〙〔…⁴を〕**振動させる**, 揺さぶる ▷ Das Erdbeben *erschütterte* den Boden. 地震が大地を揺り動かした
❷〘[4]と〙〔…⁴の〕心に衝撃を与える ▷ Der Tod des Freundes *erschütterte* ihn tief. 友人の死は彼の心に強い衝撃を与えた
❸〘[4]と〙〔権威など⁴を〕揺るがす ▷ Dieser Vorfall hat sein Ansehen *erschüttert*. この事件で彼の威信が揺るいだ

Er·schüt·te·rung [エアシュッテルング] [女] *die* ([単] 2格 -; [複] -en)
❶〘ふつう [複] なし〙(心の) 動揺, ショック ▷ Er

konnte seine *Erschütterung* kaum verbergen. 彼は動揺をほとんど隠すことができなかった
❷ 震動

er·schwe·ren [エアシュヴェーレン] [非分離]
(erschwerte; erschwert; [完了]h)
[他] 〘④と〙(物事が)〔..⁴を〕困難にする ▷ Glatteis *erschwert* das Fahren. 路面が凍ると運転がしにくくなる

E

er·schwin·deln [エアシュヴィンデルン] [非分離]
(erschwindelte; erschwindelt; [完了]h)
[再]《口語》〘[sich]³+④と〙〔..⁴を〕だまし取る, 搾取する

er·schwing·lich [エアシュヴィングリヒ] [形] (金額などが)手の届く, (値段などが)手ごろな

er·set·zen [エアゼッツェン] [非分離]
(du, er ersetzt; ersetzte; ersetzt; [完了]h)
[他] ❶ 〘④と〙〔..⁴の〕代わりになる ▷ Niemand kann den Toten *ersetzen.* だれも故人の代わりになれない
❷ 〘④と〙〔..⁴を〕取り替える ▷ Ich möchte den alten Reifen durch einen neuen *ersetzen.* 私は古いタイヤを新しいのと取り替えたい
❸ 〘④と〙〔..⁴を〕補償する, 弁償する

er·setzt [エアゼッツト] ersetzen の [現在], [過分]

er·setz·te [エアゼッツテ] ersetzen の [過去]

er·sicht·lich [エアズィヒトリヒ] [形] (理由などが)はっきり分かる, 明白な; (考えなどが)読み取れる

er·spa·ren [エアシュパーレン] [非分離]
(ersparte; erspart; [完了]h)
[他] ❶ 〘④と〙〔お金⁴を〕ためる, 貯蓄する ▷ Ich habe mir 10 000 Euro *erspart.* 私は1万ユーロためた
❷ 〘③+④と〙〔..³に..⁴を〕免れさせる ▷ Ich möchte ihr die Aufregung *ersparen.* 私は彼女が興奮しないですむようにしてやりたい / 〘再帰的に〙 Die Mühe kannst du dir *ersparen.* 君はそんな苦労はしなくてもすむ

Er·spar·nis [エアシュパールニス] [女] *die* ([単] 2格 -; [複] ..nisse)
❶ 〘ふつう [複] で〙 貯金, 蓄え ▷ Er hat seine ganzen *Ersparnisse* verloren. 彼は蓄えたお金をすべて失ってしまった
❷ 〘ふつう [複] なし〙(時間・費用などの)節約

erst

[eːɐ̯st エーアスト]

— [形] 〘eins の序数〙
❶ 第1の, 最初の ([反] letzte)
die *erste* Seite
第1ページ
der *erste* Schritt zur Versöhnung
和解への第一歩
die *ersten* Symptome einer Krankheit
病気の最初の兆候
erste Hilfe leisten
応急処置を施す
〘名詞的に〙
Er war der *Erste*, der mich warnte.
彼は私に注意してくれた最初の人だった
am *ersten* April
4月1日に
in *erster* Linie
まず第一に
zum *ersten* Mal
初めて
❷ 最上の; 《乗り物で》1等の ▷ eine Ware von *erster* Qualität 最上の品物 / eine Karte *erster* Klasse 1等の乗車券
[イディオム] ***erst recht*** ますます, なおのこと ▷ Da schrie er *erst recht.* それで彼はますます大声を出した
fürs erste ([旧⇒新]) **fürs Erste** さしあたり ▷ *Fürs Erste* soll es genug sein. さしあたりそれで満足してほしい

— [副] ❶ 《順番》最初に, まず, 先に (=zuerst) ▷ *Erst* ging alles gut. 最初はすべてがうまく行った / *Erst* möchte ich mich vorstellen. まず私から自己紹介したいと思います
❷ 《時間》初めて, ようやく ▷ *erst* heute きょう初めて / *erst* am Montag 月曜日にようやく / Das Kino fängt *erst* um 10 Uhr an. 映画は10時にならないと始まらない / Ich habe es *erst* in Berlin erfahren. 私はそれをベルリンで初めて聞いた
❸ 《数量》やっと, ようやく ▷ Er ist *erst* 13 Jahre alt. 彼はやっと13歳だ / Er hat *erst* vierzig Seiten gelesen. 彼はようやく40ページ読んだ
❹ 《発言内容を強めて》いよいよもって ▷ Sie ist schön, aber *erst* ihre Tochter. 彼女は美しいが彼女の娘ときたらもっと美しい

er·stach [エアシュターハ] erstechen の [過去]

er·stand [エアシュタント] erstehen の [過去]

er·stan·den [エアシュタンデン] erstehen の [過分]

er·star·ren [エアシュタレン] [非分離]
(erstarrte; erstarrt; [完了]s)
[自] ❶ (石膏せっこう・セメント・溶岩などが)凝固する, 固まる
❷ (体が)硬直する, こわばる; (指などが)かじかむ

er·stat·ten [エアシュタッテン] [非分離]
(erstattete; erstattet; [完了]h)
[他] 《文語》〘③+④と〙〔..³に必要経費など⁴を〕支払う
[イディオム] ***Anzeige erstatten*** 《文語》告発する

er·stau·nen [エアシュタオネン] [非分離]
(erstaunte; erstaunt)
— [他] 〘[完了]h〙〘④と〙〔..⁴を〕驚かす ▷ Ihr Verhalten hat mich sehr *erstaunt.* 彼女の態度に

私は非常に驚いた
— 自[医h]s]《文語》驚く

Er·stau·nen [エァシュタオネン] 中 *das* (⑯2格 -s; ⑯なし) 驚き ▷ Zu meinem *Erstaunen* erschien er doch. 驚いたことに彼がやって来た

er·staun·lich [エァシュタオンリヒ] 形 驚くほどの ▷ Das Auto erreichte eine *erstaunliche* Geschwindigkeit. この自動車はものすごいスピードを出した / 《程度を強めて》Er sieht *erstaunlich* jung aus. 彼は驚くほど若く見える

er·staunt [エァシュタオント]
— erstaunen の 現在, 過分
— 形 驚いた ▷ Er war über die Ergebnisse sehr *erstaunt*. 彼はその結果に驚いていた

er·staun·te [エァシュタオンテ] erstaunen の 過去

erst·bes·te [エーアスト・ベステ] 形 《成句で》 *der* 〈*die, das*〉 *erstbeste* 手近な, 行き当たりばったりの ▷ ins *erstbeste* Café gehen (選り好みすることなく)最初の喫茶店に入る

er·ste·chen [エァシュテッヒェン] 非分離
(er ersticht; erstach; erstochen; 医h])
他[④と][‥⁴を]刺し殺す

er·ste·hen [エァシュテーエン] 非分離
(erstand; erstanden; 医h])
他[④と][‥⁴を]買う, 購入する

er·stel·len [エァシュテレン] 非分離
(erstellte; erstellt; 医h])
他[④と][意見書・計画など⁴を]作成する

ers·tens [エーアステンス]
副 第1に, まず ▷ *Erstens* hat er keine Zeit und zweitens kein Geld. 彼は第一に時間がないし 第二に金がない

er·sticht [エァシュティヒト] erstechen の 現在

er·sti·cken [エァシュティッケン] 非分離
(erstickte; erstickt)
— 他[医h][④と][‥⁴を]窒息死させる ▷ Sie *erstickte* den Säugling mit einem Kissen. 彼女は乳児をクッションで窒息死させた
— 自[医h]s]窒息死する

erst·klas·sig [エーアスト・クラスィヒ] 形 第一級の, 一流の

erst·mals [エーアスト・マールス] 副 初めて

er·sto·chen [エァシュトッヘン] erstechen の 過分

er·stre·ben [エァシュトレーベン] 非分離
(erstrebte; erstrebt; 医h])
他《文語》[④と][富・名声など⁴を]得ようと努める

er·stre·cken [エァシュトレッケン] 非分離
(erstreckte; erstreckt; 医h])
再 〈*sich*⁴+方向〉[‥まで]延びる, 広がる ▷ Der Wald *erstreckt* sich von hier bis zur Stadt. 森はここから町まで延びている / 《比ゆ》Diese Bestimmung *erstreckt* sich auch auf Jugendliche. この規定は少年にも適用される

er·su·chen [エァズーヘン] 非分離
(ersuchte; ersucht; 医h])
他[④を]《④+um+④と》[‥⁴に情報・助力など⁴を]要請する

Er·su·chen [エァズーヘン] 中 *das* (⑯2格 -s; ⑯ -) 丁重なお願い〈要請〉

er·tap·pen [エァタッペン] 非分離
(ertappte; ertappt; 医h])
他[④と][‥⁴の]不正の現場を押さえる ▷ einen Schüler beim Abschreiben *ertappen* 生徒がカンニングしている現場を押さえる

er·tei·len [エァタイレン] 非分離
(erteilte; erteilt; 医h])
他《文語》[③と][‥³に‥⁴を]与える (☆ ④は行為を表す名詞) ▷ ③+einen Auftrag *erteilen* ‥³に(あることを)委託する / ③+eine Erlaubnis *erteilen* ‥³に(あることを)許可する

er·tö·nen [エァテーネン] 非分離
(ertönte; ertönt; 医h])
自(音楽・声などが)聞こえてくる

Er·trag [エァトラーク] 男 *der* (⑯2格 -[e]s; ⑯ ..träge) 《ふつう ⑯ で》《文語》
❶ (農作物の)収穫高
❷ (事業などの)収益

er·tra·gen [エァトラーゲン] 非分離
(er erträgt; ertrug; ertragen; 医h])
他[④と][‥⁴に]耐える, がまんする ▷ Sie *ertrug* tapfer alle Schmerzen. 彼女はけなげにもあらゆる苦痛に耐えた
イディオム ④+*nicht ertragen können* ‥⁴ががまんできない, 耐えられない ▷ Ich *kann* den Lärm *nicht* länger *ertragen*. 私はこの騒音にはもはやがまんができない

er·träg·lich [エァトレークリヒ] 形 耐えられる, がまんできる ▷ Die Hitze ist nicht mehr *erträglich*. この暑さはもう耐えられない

er·trag·reich [エァトラーク・ライヒ] 形 (商売などが)収益の多い; (土地などが)収穫量の多い

er·trägt [エァトレークト] ertragen の 現在

er·trank [エァトランク] ertrinken の 過去

er·träu·men [エァトロイメン] 非分離
(erträumte; erträumt; 医h])
再 〈*sich*³+④と〉[‥⁴を]手に入れたいと思っている (☆ふつう完了形で) ▷ Das habe ich mir schon seit langem *erträumt*. それは私がもう長いこと手に入れたいと思っていたものだ

er·trin·ken [エァトリンケン] 非分離
(ertrank; ertrunken; 医h]s)
自 おぼれ死ぬ, 溺死する ▷ Das Mädchen ist im Fluss *ertrunken*. 少女は川でおぼれ死んだ

er·trug [エァトルーク] ertragen の 過去

er·trun·ken [エァトルンケン] ertrinken の 過分

医h, 医h]s=完了の助動詞 haben, sein

er·tüch·ti·gen [エアテュヒティゲン] 非分離
(ertüchtigte; ertüchtigt; 完了 h)
— 他【④と】[…⁴を](練習などによって)肉体的に鍛える
— 再【sich⁴と】(練習などによって)体を鍛える

er·üb·ri·gen [エアユーブリゲン] 非分離
(erübrigte; erübrigt; 完了 h)
— 他【④と】[…⁴を]残す ▷ Können Sie etwas Zeit für mich *erübrigen*? 少しお時間を私のために割いていただけますか
— 再【sich⁴と】(議論・調査などが)不必要である

er·wa·chen [エアヴァッヘン] 非分離
(erwachte; erwacht; 完了 s)
自《文語》❶ 目をさます, 目ざめる
❷(意識・不信などが)生じる

er·wach·sen [エアヴァクセン]
— 非分離(er wächst; erwuchs; erwachsen; 完了 s)
自《文語》(しだいに)生じる, 生まれる ▷ Daraus wird kein Vorteil *erwachsen*. そこから何の利益も生じないであろう
— 形 成人した, おとなの ▷ Du bist schon *erwachsen*. 君はもうおとなだ

Er·wach·se·ne [エアヴァクセネ] 男 *der* / 女 *die* (形容詞変化 ☞ Alte 表 I)
成人, おとな ▷ ein Film für *Erwachsene* 成人向けの映画

Er·wach·se·nen·bil·dung [エアヴァクセネン・ビルドゥング] 女 *die* (複 2 格 -; 複 なし) 成人教育

er·wächst [エアヴェクスト] erwachsen の 現在

er·wä·gen [エアヴェーゲン] 非分離
(erwog; erwogen; 完了 h)
— 他【④と】[…⁴を](いろいろな面から)検討する ▷ Der Plan wurde sorgfältig *erwogen*. その計画は念入りに検討された / 【zu 不定詞句と】Er *erwägt*, aufs Land zu ziehen. 彼はいなかに引っ越すことを考えている

Er·wä·gung [エアヴェーグング] 女 *die* (複 2 格 -; 複 -en) 検討 ▷ nach reiflicher *Erwägung* じゅうぶんに検討したすえ
イディオム ④+*in Erwägung ziehen* …⁴を検討する

er·wäh·nen [エアヴェーネン] 非分離
(erwähnte; erwähnt; 完了 h)
— 他【④と】[…⁴に]言及する ▷ Er hat dich in seinem Brief lobend *erwähnt*. 彼は手紙の中で君のことをほめていた / Davon hat er nichts *erwähnt*. そのことについて彼は何も触れなかった / wie oben *erwähnt* 上述したように

er·warb [エアヴァルプ] erwerben の 過去

er·wär·men [エアヴェルメン] 非分離
(erwärmte; erwärmt; 完了 h)
— 他【④と】[…⁴を]温〈暖〉める ▷ Die Sonne *erwärmt* die Erde. 太陽が大地を温める
— 再【sich⁴と】(空気・水などが)温〈暖〉まる

er·war·ten
[ɛɐvártṇ エアヴァルテン] 非分離

現在	ich erwarte	wir erwarten
	du erwartest	ihr erwartet
	er erwartet	sie erwarten
過去	ich erwartete	wir erwarteten
	du erwartetest	ihr erwartetet
	er erwartete	sie erwarteten
過分	erwartet	完了 haben

他 ❶【④と】[…⁴の]**到来を待つ**, 待ち望む
Gäste *erwarten*
客が来るのを待つ
ein Kind *erwarten*
妊娠している
Ich *erwarte* Sie um 8 Uhr.
8 時にお待ちしております
Die Kinder können die Ferien kaum *erwarten*. 子供たちは休暇が待ちきれない
❷【④と】[…⁴を]期待する, 当てにする ▷ Von ihm ist nichts Besonderes zu *erwarten*. 彼には特別なことは何も期待できない

er·war·tet [エアヴァルテット] erwarten の 現在, 過分

er·war·te·te [エアヴァルテテ] erwarten の 過去

Er·war·tung [エアヴァルトゥング] 女 *die* (複 2 格 -; 複 -en) 期待 (☆ 具体的な内容を表す場合はふつう複数形を用いる) ▷ Sie hat unsere *Erwartungen* erfüllt. 彼女は私たちの期待に応えてくれた / Alle waren voller *Erwartung*. みんな胸をわくわくさせていた

er·war·tungs·voll [エアヴァルトゥングス・フォル] 形 (まなざしなどが)期待に満ちた, 期待にあふれた

er·we·cken [エアヴェッケン] 非分離
(erweckte; erweckt; 完了 h)
他【④と】[感情・印象などを]呼び起こす ▷ Dadurch wurde meine Neugier *erweckt*. そのことによって私の好奇心が呼び起こされた

er·weh·ren [エアヴェーレン] 非分離
(erwehrte; erwehrt; 完了 h)
再《文語》【成句で】*Ich kann mich des Eindrucks nicht erwehren, dass* … 私は…という印象を禁じ得ない

er·wei·sen [エアヴァイゼン] 非分離
(erwies; erwiesen; 完了 h)
— 再《文語》【sich⁴+④と】[…であることが]判明する, わかる ▷ Die Nachricht *erwies* sich als falsch. その知らせはまちがいであることがわかった
— 他《文語》【④と】[…⁴を]証明する (☆ ふつう状態受動で) ▷ Es ist eindeutig *erwiesen*, dass … …ということははっきりと証明されている
イディオム ③+*einen Gefallen erweisen* …³に好意

を示す

③+***einen schlechten Dienst erweisen*** …^{3}をひどい目にあわせる

er·wei·tern [エアヴァイテルン] [非分離]

(erweiterte; erweitert; [完了]h)

[他] 〘④と〙〔…^{4}を〕広げる, 拡大する, 拡張する ▷ einen Flughafen *erweitern* 飛行場を拡大する / Er muss seinen Horizont *erweitern*. 彼は視野を広げなければならない

Er·wei·te·rung [エアヴァイテルング] [女] *die* ([単] 2格 –; [複] –en) 拡大, 拡張

Er·werb [エアヴェルプ] [男] *der* ([単] 2格 –[e]s; まれに [複] –e)

❶ (土地などの)購入

❷ 生業, なりわい ▷ sich^3 einen neuen *Erwerb* suchen 新しい収入の道を探す

er·wer·ben [エアヴェルベン] [非分離] (du erwirbst, er erwirbt; erwarb; erworben; [完了]h)

— [再] ❶ 〘[sich]^3+④と〙〔…^{4}を〕(努力して)**獲得する**, 手に入れる ▷ Er hat sich ein beträchtliches Vermögen *erworben*. 彼はかなりの財産を手に入れた / *sich* die Achtung *erwerben* 尊敬を受ける

❷ 〘[sich]^3+④と〙〔知識など^{4}を〕習得する ▷ Er *erwirbt* sich sehr schnell eine Fremdsprache. 彼は外国語を習得するのが非常に早い

— [他] 〘④と〙〔高価なもの^{4}を〕購入する, 買い取る

er·werbs·los [エアヴェルプス・ロース] [形] 《官庁》失業している (=arbeitslos)

er·wi·dern [エアヴィーデルン] [非分離]

(erwiderte; erwidert; [完了]h)

[他] ❶ 〘④と〙〔…^{4}と〕答える, 返答する ▷ „Ja", *erwiderte* er. 「はい」と彼は答えた / Sie *erwiderte* mir, sie könne jederzeit kommen. 彼女は私にいつでも伺えますと答えた / 〘auf+④と〙 Auf diese Vorwürfe konnte er nichts *erwidern*. これらの非難に彼は何も返答することができなかった

❷ 〘④と〙〔…^{4}に〕(同じことをして)応じる, お返しをする ▷ einen Besuch *erwidern* 答礼の訪問をする / Sie *erwiderte* unsere Grüße. 彼女は私たちのあいさつに答礼した

er·wies [エアヴィース] erweisen の [過去]

er·wie·sen [エアヴィーゼン] erweisen の [過分]

er·wirbst [エアヴィルプスト] erwerben の [現在]

er·wirbt [エアヴィルプト] erwerben の [現在]

er·wir·ken [エアヴィルケン] [非分離]

(erwirkte; erwirkt; [完了]h)

[他] 《官庁》〘④と〙〔許可など^{4}を〕(役所・裁判所などから)もらう

er·wi·schen [エアヴィッシェン] [非分離]

(erwischte; erwischt; [完了]h)

[他] 《口語》 ❶ 〘④と〙〔…^{4}を〕(かろうじて)つかまえる ▷ Ich habe die Vase gerade noch *erwischt*, bevor sie heruntergefallen wäre. 私は花びんが落ちる前にかろうじてつかまえることができた

❷ 〘④と〙〔…^{4}を〕(立ち去る前に)つかまえる ▷ Ich *erwischte* ihn gerade, als er fortgehen wollte. 私は彼が立ち去ろうとしていたときに(話をするため)ちょうどつかまえることができた

❸ 〘④と〙〔…^{4}の〕不正の現場を押さえる (=ertappen)

❹ 〘④と〙〔乗り物^{4}に〕間に合う

❺ 〘④と〙〔座席など^{4}を〕(思いがけなく)手に入れる

[イディオム] ④+***hat es erwischt*** …^{4}が不幸な目にあう (☆ es は非人称主語) ▷ *Es hat* ihn *erwischt*. 彼はけがをした〈病気になった, 死んだ〉

er·wog [エアヴォーク] erwägen の [過去]

er·wo·gen [エアヴォーゲン] erwägen の [過分]

er·wor·ben [エアヴォルベン] erwerben の [過分]

er·wuchs [エアヴークス] erwachsen の [過去]

er·wünscht [エアヴュンシュト] [形] (結果などが)望み〈期待〉どおりの (☆ ふつう名詞につけて) ▷ ein *erwünschtes* Resultat 期待どおりの結果

[イディオム] ***nicht erwünscht sein*** 歓迎されない ▷ Sein Besuch *ist* mir *nicht erwünscht*. 彼の訪問は私は歓迎しない

er·wür·gen [エアヴュルゲン] [非分離]

(erwürgte; erwürgt; [完了]h)

[他] 〘④と〙〔…^{4}を〕絞め殺す

Erz [エーアツ] [中] *das* ([単] 2格 –es; [複] –e) 鉱石

er·zäh·len

[ɛɐ̯tsɛ́:lən エアツェーレン] [非分離]

[現在]	ich erzähle	wir erzählen
	du erzählst	ihr erzählt
	er erzählt	sie erzählen
[過去]	ich **erzählte**	wir erzählten
	du erzähltest	ihr erzähltet
	er erzählte	sie erzählten
[過分]	**erzählt**	[完了] haben

— [他] ❶ 〘④と〙〔…^{4}を〕**語る**, 話して聞かせる

eine Geschichte *erzählen*

物語を話して聞かせる

den Kindern ein Märchen *erzählen*

子供たちにおとぎ話を話して聞かせる

Erzähl mir, was du gesehen hast.

君の見たことを話してごらん

❷ 〘③+④と〙〔…^{3}に個人的なこと^{4}を〕話す ▷ Ihm kann man wirklich alles *erzählen*. 彼には本当に何でも打ち明けることができる

— [自] (物語などを)語る, 話して聞かせる ▷ Sie hat viel über ihn *erzählt*. 彼女は彼についてたくさん話した / Er kann spannend *erzählen*. 彼は人をわくわくさせながら話すことができる

Er·zäh·ler [エアツェーラー] [男] *der* ([単] 2 格 -s; [複] -) 語り手; 物語作家

er·zählt [エアツェールト] erzählen の [現在], [過分]

er·zähl·te [エアツェールテ] erzählen の [過去]

Er·zäh·lung [エアツェールング] [女] *die* ([単] 2 格 -; [複] -en)

❶ (ふつう比較的短い) 物語

❷ 〚[複] なし〛(物語を)話して聞かせること ▷ Die Kinder hörten seiner *Erzählung* zu. 子供たちは彼の話に耳を傾けた

E

er·zeu·gen [エアツォイゲン] [非分離] (erzeugte; erzeugt; [完了]h)

[他] ❶ 〚④と〛〔‥⁴を〕発生させる, 引き起こす ▷ Reibung *erzeugt* Wärme. 摩擦は熱を生じさせる

❷ 〚④と〛〔特に農産物⁴を〕生産する

Er·zeug·nis [エアツォイクニス] [中] *das* ([単] 2 格 ..nisses; [複] ..nisse) 生産物 ▷ landwirtschaftliche *Erzeugnisse* 農産物 / Der Computer ist ein japanisches *Erzeugnis*. そのコンピュータは日本製だ

Er·zeu·gung [エアツォイグング] [女] *die* ([単] 2 格 -; まれに [複] -en) (農産物・機械などの) 生産

er·zie·hen [エアツィーエン] [非分離] (erzog; erzogen; [完了]h)

[他] 〚④と〛〔‥⁴を〕教育する, しつける ▷ Sie wurde von den Großeltern *erzogen*. 彼女は祖父母によってしつけられた

[イディオム] ④+*zur* ***Selbstständigkeit erziehen*** 自主性が持てるように‥⁴を教育する

Er·zie·her [エアツィーアー] [男] *der* ([単] 2 格 -s; [複] -) 教育者

Er·zie·hung [エアツィーウング] [女] *die* ([単] 2 格 -; [複] なし)

教育, しつけ ▷ ③+eine gute *Erziehung* geben ‥³によい教育を受けさせる / Ihm fehlt jede *Erziehung*. 彼はしつけがまったくなっていない

Er·zie·hungs·geld [エアツィーウングス・ゲルト] [中] *das* ([単] 2 格 -[e]s; [複] なし) (国家からの)乳児養育手当 (ドイツでは子供の誕生後 18 ヵ月間)

er·zie·len [エアツィーレン] [非分離] (erzielte; erzielt; [完了]h)

[他] 〚④と〛〔‥⁴という〕目標を達成する ▷ einen Erfolg *erzielen* 成功を収める / einen Gewinn *erzielen* 利益をあげる

er·zog [エアツォーク] erziehen の [過去]

er·zo·gen [エアツォーゲン]

— erziehen の [過分]

— [形] 〚[状態]と〛〔…の状態に〕教育されている ▷ Das Kind ist gut *erzogen*. その子供はしつけがしっかりしている

er·zür·nen [エアツュルネン] [非分離] (erzürnte; erzürnt; [完了]h)

[他] 〚④と〛〔‥⁴を〕怒らせる ▷ Sein freches Benehmen hat den Lehrer sehr *erzürnt*. 彼の生意気な態度が先生をとても怒らせた

er·zwang [エアツヴァング] erzwingen の [過去]

er·zwin·gen [エアツヴィンゲン] [非分離] (erzwang; erzwungen; [完了]h)

[他] 〚④と〛〔同意・許可など⁴を〕強引に手に入れる; 〔自白・約束・決断など⁴を〕むりやりさせる

er·zwun·gen [エアツヴンゲン] erzwingen の [過分]

es

[ɛs エス]

〚人称代名詞; 3 人称単数中性 1・4 格(口語ではしばしば省略されて ’s になる)〛

①	②	③	④	所有冠詞
es	seiner	ihm	es	sein

☆ 再帰代名詞 3・4 格 sich

—〚代用語として〛

❶ 〚中性単数の名詞を受けて〛それは〈が〉; それを Wo ist das Buch? – *Es* liegt auf dem Tisch. その本はどこにありますか—机の上にあります Wann bekomme ich das Geld? Ich brauche *es*. いつお金をもらえますか それが必要なので す (☆ 4 格の es は文頭に置くことができない)

❷ 〚文意を受けて〛そのことは〈が〉; そのことを Sie ist zu Hause. Ich weiß *es*. 彼女は家にいる 私はそのことを知っている Schade, dass er nicht gekommen ist, er wird *es* bereuen. 彼が来なかったのは残念だ 彼はそれを後悔するだろう

> ★ 物事を受けて前置詞と結合する場合 「da[r]+前置詞」という結合形が用いられる ▷ Das Loch war so groß, dass ich *dadurch* kriechen konnte. 穴は大きかったので私ははって通り抜けることができた.

❸ 〚述語を受けて; 中性名詞のみならず, 男性・女性名詞, 形容詞の場合にも用いられる; 定動詞の直後に置く〛Sein Vater ist Arzt, er ist *es* auch. 彼の父親は医者ですが 彼も医者です / Die anderen waren müde, er war *es* nicht. 他の人たちは疲れていたが 彼は疲れていなかった

[イディオム] ***es ist ...*** それは…だ (☆ 性・数に関係なく名詞を受け, 述語が複数の場合は ***Es sind ...*** になる) ▷ Ich kenne diesen Mann. *Es ist* unser Nachbar. 私はこの男を知っている それは私たちの隣人です / Wer sind die Jungen? – *Es sind* meine Söhne. その少年たちはだれだい—私の息子たちだ / 〚話題になるもの・状況などを指して〛*Es ist* eine Katze. それは猫だ / *Sind es* echte Perlen? それは本物の真珠ですか / Wer ist da? – Ich *bin's*. そこにいるのはだれだ—私です / 〚強調構文

で; 関係文と〗 *Es ist* sein Vater, der mich gerettet hat. 私を救ってくれたのは彼の父親です

――〖相関詞として〗

❶ 〖dass 文, 間接疑問文, 不定詞句を予告して; es が必要とされるかどうかは それぞれの動詞・形容詞によって異なる; 4 格の es は文頭に置くことができない〗

Es ist schön, dass du gekommen bist. よくいらっしゃいました

Mir fällt *es* schwer, ihn zu überzeugen. 彼を納得させるのは私には難しい

Er bemerkte *es* nicht, dass sie ins Zimmer trat. 彼女が部屋に入って来たのに気づかなかった

Er ist *es* überdrüssig, dass er so lange warten muss. 彼はそんなに長く待たなければならないのに嫌気がさしている

❷ 〖文頭の「穴埋め」として; 定動詞は後出の主語に呼応する〗 *Es* kamen viele Gäste. 多くの客が来た / *Es* ist ein Unglück geschehen. 災難が起こった / *Es* war einmal ein König. 昔一人の王様がおりました /〖受動文で〗 *Es* wird in dieser Straße ein neues Haus gebaut. この通りに新しい家が建てられる /〖非人称受動文で; 定動詞はつねに 3 人称単数〗 *Es* wurde viel gegessen und getrunken. 大いに飲み食べた

★ 穴埋めの es テーマ(話題)として文頭に置く適当な文肢がない(たとえば主語が新しい情報を担い, 文中に置かれる)場合, 定動詞第 2 位の原則を守るため, 文頭に es を置くことがある. この es を「穴埋めの es」と呼ぶ. 出来事, 存在などを表す自動詞文や受動文に用いられる. 文頭に穴埋めの es が置かれた文は, やや改まった調子になり, ある事柄を紹介的に報告する意味合いをもつ.

――〖形式語として〗

❶ 〖非人称主語; 天候・時間などの表現で〗

Es regnet heute. きょう雨が降る

Es schneit ununterbrochen. 絶え間なく雪が降る

Es ist drei Uhr. 3 時だ

Es ist Frühling. 春だ

Es ist schon spät. もう遅い

〖生理現象の表現の場合, 文中で es はふつう省略される〗

Es friert mich ⟨Mich friert⟩. 私は寒い

Es ist mir kalt ⟨Mir ist kalt⟩. 私は寒い

〖人称代名詞の非人称主語として〗

Es klopft an der Tür. ドアをノックする音がする

Plötzlich klingelte *es*. 突然ベルが鳴った

Es schlägt zehn Uhr. 時計が 10 時を打つ

❷ 〖形式目的語; 文頭には置けない〗 Er hat *es* eilig. 彼は急いでいる / Er meint *es* gut mit dir. 彼は君に好意的である

❸ 〖熟語的に〗 *Es* geht mir gut. 私は調子がいい / *Es* fehlt ihm an Mut. 彼には勇気が足りない / *Es* hat mir in Berlin gefallen. 私はベルリンが気に入った / *Es* gibt noch einen ungeklärten Punkt. まだ不明の点がある / *Es* handelt sich um einen schwierigen Fall. 難しい事例だ

イディオム **es**+自動詞+*sich*+難易の副詞句 …するのは…だ ▷ Hier lebt *es sich* gut. ここは暮らしやすい / Aus diesem Glas trinkt *es sich* gut. このグラスは飲みやすい / *Es* schreibt *sich* gut mit dieser Feder. このペンは書きやすい /〖lassen を伴うこともある〗 Hier lässt *es sich* gut wohnen. ここは住みやすい / Mit diesem Material lässt *es sich* gut arbeiten. この材料は加工しやすい

E·sche [エッシェ] 囡 *die* (⊕ 2 格 -; ⊕ -n)《植物》トネリコ(モクセイ科の落葉高木)

E·sel [エーゼル] 男 *der* (⊕ 2 格 -s; ⊕ -)《動物》ロバ

Es·ka·la·ti·on [エスカラツィオーン] 囡 *die* (⊕ 2 格 -; ⊕ -en) (戦力などの)段階的拡大, エスカレーション

es·ka·lie·ren [エスカリーレン] (eskalierte; eskaliert; 完了s) 圓〖zu+³〗〖..³まで〗エスカレートする

Es·ki·mo [エスキモ] 男 *der* (⊕ 2 格 -[s]; ⊕ -[s]) エスキモー

Es·pe [エスペ] 囡 *die* (⊕ 2 格 -; ⊕ -n)《植物》ヤマナラシ(ポプラの一種;葉が風にそよぐ音が特徴的)

Es·pres·so [エスプレッソ] 男 *der* (⊕ 2 格 -[s]; ⊕ -s) エスプレッソ(細かく砕いた豆を用いるイタリア風の濃いコーヒー)

ess·bar [エス・バール] 形 食べることのできる ▷ essbare Pilze 食用キノコ

eß·bar 旧⇒新 essbar

es·sen
[ɛsn エッセン]

現在	ich esse	wir essen
	du isst	ihr esst
	er isst	sie essen
過去	ich aß	wir aßen
	du aßest	ihr aßt
	er aß	sie aßen
分詞	gegessen	完了 haben

――他 ❶ 〖④と〗〖..⁴を〗**食べる** (☆ 動物の場合は fressen を用いる)

Er *isst* Fleisch gern. 彼は肉が好きだ

einen Teller Suppe *essen* スープを 1 杯飲む (☆ スープをカップから直接飲む場合 trinken を用いることがある)

Wir gehen heute Pizza *essen*.

完了h, 完了s=完了の助動詞 haben, sein

私たちはきょうピザを食べに行く
❷ 〖④+状態と〗 食べて〔食器などを…に〕する ▷ Er hat den Teller leer *gegessen*. 彼は皿の料理を平らげた
── 自 食事をする ▷ in der Mensa *essen* 学生食堂で食事をする ▷ Hier *isst* man gut. ここの食事はおいしい / Was gibt es heute zu *essen*? きょうの食事は何ですか / (宗) Wer nicht arbeitet, der soll auch nicht *essen*. 働かざる者は食うべからず

〈イディオム〉 *kalt essen* (パン・ハム・ソーセージなどの)冷たい食事をとる

warm essen (火を使って料理をした)温かい食事をとる

zu Mittag〈*zu Abend*〉*essen* 昼食〈夕食〉をとる

── 再 〖(sich)⁴+状態と〗 食べて〔…に〕なる ▷ Hast du dich auch satt *gegessen*? 君も腹いっぱい食べたか

Es·sen [エッセン] 中 *das* (2格 -s; 複 -)
❶ 食事 ▷ ein warmes〈kaltes〉*Essen* 温かい〈冷たい〉食事 / Das *Essen* ist fertig. 食事はでき上がっている / Er hat mich zum *Essen* eingeladen. 彼は私を食事に招待してくれた
❷ 宴会 ▷ Der Botschafter gab ein *Essen* für seine Gäste. 大使はゲストのために宴会を催した

〈類語〉
Essen (一般的な意味で)食事
Imbiss 三度の食事の間にとる簡単な食事
Menü 献立の決められているコース料理, 定食
Gericht 調理された温かい料理

Es·senz [エセンツ] 女 *die* (2格 -; 複 -en)
❶ 〖ふつう 複 で〗(植物などの成分を取り出して濃縮した)エキス
❷ 〖複 なし〗本質, 核心

Es·sig [エッスィヒ] 男 *der* (2格 -s; 複 -e) 酢

Ess·löf·fel [複 Eß..] [エス・レッフェル] 男 *der* (2格 -s; 複 -) 大さじ, (特に)スープスプーン

eßt 〖旧⇒新〗 esst (essen の現在, 命令)

Ess·zim·mer [複 Eß..] [エス・ツィマー] 中 *das* (2格 -s; 複 -) 食堂

e·ta·bliert [エタブリールト] 形 (政党などが)体制の一部になった

E·ta·ge [エタージェ] 女 *die* (2格 -; 複 -n)《文語》(建物の)階 (=Stockwerk) ▷ in der zweiten *Etage* 3階で(☆1階を除いて数える)

E·tap·pe [エタッペ] 女 *die* (2格 -; 複 -n) (道のりの)一行程; (駅伝などの)区間; (発展の)一段階

E·tat [エター] 男 *der* (2格 -s; 複 -s) (特に国家の)予算

E·thik [エーティク] 女 *die* (2格 -; まれに 複 -en) 倫理学; 倫理

e·thisch [エーティシュ] 形 倫理上の

E·thos [エートス] 中 *das* (2格 -; 複 なし)《文語》(人間の行動を律する)倫理観, エートス

E·ti·kett [エティケット] 中 *das* (2格 -[e]s; 複 -en〈-s〉) (商品の)ラベル, レッテル

E·ti·ket·te [エティケッテ] 女 *die* (2格 -; まれに 複 -n) 礼儀作法, エチケット

et·li·che [エトリヒェ] 〖不定数詞; dieser に準ずる変化をする; 主に複数形の名詞と; 後続する形容詞は無冠詞の場合と同一の格語尾をつける〗 かなりの ▷ *etliche* Tage かなりの日数

E·tui [エトヴィー/..テュイー] 中 *das* (2格 -s; 複 -s) (めがね・タバコなどの)ケース, サック

et·wa [エトヴァ]
❶ 副 約, およそ, ほぼ ▷ Es dauert *etwa* fünf Minuten. それはほぼ5分続く
❷ たとえば ▷ wenn man Japan *etwa* mit Deutschland vergleicht 日本をたとえばドイツと比べるならば
❸ 〖疑問文・条件文で〗ひょっとして, もしかして ▷ Hast du das *etwa* vergessen? ひょっとして君はそれを忘れたのか / Wenn er *etwa* doch noch kommt, dann … 彼がもしかしてそれでもまだ来るのならば そのときは…

〈イディオム〉 *nicht etwa* 決して…ではない ▷ Er hat es *nicht etwa* vergessen, sondern hatte keine Zeit dazu. 彼はそれを決して忘れたのではなく時間がなかったのだ

wie etwa … たとえば ▷ andere Schriftsteller, *wie etwa* Böll, Grass … 他の作家 たとえばベル グラス…

et·was
[étvas エトヴァス]

── 〖不定代名詞; 無変化; 口語形 was〗
❶ あるもの〈こと〉, 何か
Hat er *etwas* gesagt?
彼は何か言いましたか
Hast du *etwas* von ihm gehört?
彼について何か聞きましたか
〖zu 不定詞と〗
Hast du *etwas* zu essen?
何か食べるものがありますか
〖形容詞と同格的に〗
Das ist *etwas* ganz anderes!
それはまったく別のことだ
Haben Sie *etwas* Passendes gefunden?
何か適当なものを見つけましたか
Wir wollen endlich von *etwas* anderem sprechen! もう別のことを話そう
〖関係代名詞と〗
Das ist *etwas*, was〈das〉unangenehme Folgen hat. それは好ましくない結果をもたらす

❷ いくらか，多少 ▷ Du musst *etwas* essen. 君は少し食べなきゃだめだ / Verstehst du *etwas* davon? そのことがいくらかわかりますか
(イディオム) **es *zu etwas* bringen** ひとかどの人物になる ▷ Er wird *es* noch *zu etwas* bringen. 彼はいまに相当のところまで出世するだろう
etwas für sich haben ちょっとしたものを持っている ▷ Dieser Vorschlag *hat etwas für sich*. この提案は一考に値する
so etwas そういうこと (ふつう腹立たしいようなこと) ▷ Wie kannst du *so etwas* tun! おまえはどうしてそんなことができるの
── 【名詞・形容詞などを修飾して】
いくらか[の]，少し[の]
Ich brauche noch *etwas* Geld.
私はもう少しお金が必要だ
Kann ich noch *etwas* Gemüse haben?
もう少し野菜をいただけますか
Er spricht *etwas* Chinesisch.
彼は少し中国語を話す
Ich bin *etwas* müde.
私は少し疲れている
Ich möchte noch *etwas* warten.
私はもう少し待ちたい
【比較級と】
etwas besser als zuvor 以前よりも多少よい
【zu+形容詞と】
Du gehst *etwas* zu schnell.
君は歩くのが少し速すぎる

E·ty·mo·lo·gie [エテュモロギー-] 囡 *die*(働 2 格 -; 働 -n) 語源学

E·ty·mo·lo·gi·en [エテュモロギーエン] Etymologie の

EU [エーウー] 囡 *die*《die Europäische Union の略語》ヨーロッパ連合

euch [オイヒ] 《人称代名詞 ihr の 3·4 格》
❶【3 格】君たちに ▷ *Euch* kann man nicht trauen. 君たちは信用ならない
❷【4 格】君たちを ▷ Ich besuche *euch* bald wieder. 私は近いうちに君たちをまた訪問します

eu·er
[ɔyɐ オイアー]

【不定冠詞類; 人称代名詞 ihr に対する所有冠詞】

格	男 性	女 性	中 性	複 数
①	euer	eu[e]re	euer	eu[e]re
②	eu[e]res	eu[e]rer	eu[e]res	eu[e]rer
③	eu[e]rem	eu[e]rer	eu[e]rem	eu[e]ren
④	eu[e]ren	eu[e]re	euer	eu[e]re

[注] 語尾を伴うときはふつう語幹の e を省いて eur.. とする，また語尾が -em, -en の場合，語尾の e を省いて euerm, euern とすることもまれにある

❶ 君たちの

euer Buch 君たちの本
Ich bestaune *euren* 〈*eueren*〉 Mut.
私は君たちの勇気に驚嘆する
《習慣的かかわりを表して》
Macht ihr wieder *euren* Spaziergang?
君たちはまた散歩に行くの
❷【名詞的に; dieser に準じて変化する; 性·数は省かれた名詞に基づく】君たちのもの ▷ Das ist nicht unser Ball, sondern *eurer*. これは私たちのボールではなく君たちのだ

Eu·le [オイレ] 囡 *die*(働 2 格 -; 働 -n)《鳥》フクロウ

eu·re [オイレ] ☞ euer
eu·rem [オイレム] ☞ euer
eu·ren [オイレン] ☞ euer
eu·rer [オイラー] ☞ euer
eu·res [オイレス] ☞ euer

Eu·ro
[ɔyro オイロ]

男 *der*(働 2 格 -[s]; 働 -[s]) ユーロ (ドイツで用いられる EU の単一通貨および通貨単位; 100 Cent; 単位表示として用いられる場合は無変化; そのコインを指すときは Eurostück を用いる)(図記 €)
Die Währung der Bundesrepublik ist der *Euro*. ドイツの通貨はユーロです
Ein *Euro* sind hundert Cent.
一ユーロは 100 セントです
Wie viel *Euro* kostet ein Pfund Trauben?
ブドウは 500 グラムで何オイロですか
Ein Pfund Möhren kostet einen *Euro* fünfzig. ニンジンは 500 グラムで 1 ユーロ 50 です

Eu·ro·cheque [オイロ·シェック] 男 *der*(働 2 格 -s; 働 -s) =Euroscheck

Eu·ro·cheque·kar·te [オイロ·シェック·カルテ] 囡 *die*(働 2 格 -; 働 -n) ユーロチェック·カード

Eu·ro·ci·ty [オイロ·スィティー] 男 *der*(働 2 格 -s; 働 -s) ヨーロッパ都市間特急 (働 EC)

Eu·ro·pa [オイロ·パ] 囲 *das*《地名》ヨーロッパ [大陸], 欧州 (用法: ☞ Deutschland)

Eu·ro·pä·er [オイロペーアー] 男 *der*(働 2 格 -s; 働 -) ヨーロッパ人

eu·ro·pä·isch [オイロペーイシュ] 形 ヨーロッパの, 欧州の ▷ die *Europäische* Union ヨーロッパ連合 (働 EU)

Eu·ro·scheck [オイロ·シェック] 男 *der*(働 2 格 -s; 働 -s) ユーロチェック (ヨーロッパ諸国で通用する小切手; Eurocheque とも綴る)

Eu·ro·schein [オイロ·シャイン] 男 *der*(働 2 格

Eu·ter [オイター] 中 *das* (⑴2格 -s; ⑴ -) (雌の牛・ヤギなどの)乳房

E·va [エーファ/..ヴァ] 女 *die* 《聖書》エヴァ, イヴ (☆ アダムの妻); 《女名》エーファ, エーヴァ

e·va·ku·ie·ren [エヴァクイーレン]
(evakuierte; evakuiert; 匠h)
他《④と》〔住民などを〕(危険な場所から)避難させる

E·van·ge·li·en [エヴァンゲーリエン] Evangelium の複数

e·van·ge·lisch [エヴァンゲーリシュ] 形 新教〈プロテスタント〉の; 福音主義の, 福音に従った (=protestantisch;「カトリックの」は katholisch) ▷ Er ist *evangelisch*. 彼はプロテスタントだ / *evangelische* Kirche 福音教会

E·van·ge·li·um [エヴァンゲーリウム] 中 *das* (⑴2格 -s; ⑴ ..gelien)
❶ 《⑴ なし》(キリストの)福音
❷ (新約聖書の)福音書

e·ven·tu·ell [エヴェントゥエル]
— 副 ひょっとすると, ことによると (⑴ evtl.) ▷ *Eventuell* komme ich früher. ひょっとすると私はもっと早く来るかもしれません
— 形 万一の ▷ *eventuelle* Schwierigkeiten ことによると起こるかもしれないめんどう

e·wig [エーヴィヒ]
— 形 ❶ 永遠の, 永久の; 変わることのない ▷ das *ewige* Leben (神のもとでの)永遠の生命 / auf *ewig* 永遠に, いつまでも
❷ 《口語》絶えず繰り返される ▷ das *ewige* Einerlei des Alltags 日常の相も変わらぬ単調さ
— 副 非常に長い間

E·wig·keit [エーヴィヒカイト] 女 *die* (⑴2格 -; ⑴ なし) 永遠, 永久

e·xakt [エクサクト] 形 正確な, 綿密な, 精密な ▷ eine *exakte* Definition 正確な定義 / Er ist sehr *exakt*. 彼は(仕事が)非常に綿密だ

E·xa·men [エクサーメン] 中 *das* (⑴2格 -s; ⑴ - 〈Examina〉) 試験 (=Prüfung) ▷ Sie hat das *Examen* bestanden. 彼女は試験に受かった / Er ist durchs *Examen* gefallen. 彼は試験に落ちた

E·xa·mi·na [エクサーミナ] Examen の複数

e·xe·ku·tie·ren [エクセクティーレン]
(exekutierte; exekutiert; 匠h)
他《文語》《④と》〔..³を〕処刑する

E·xe·ku·ti·on [エクセクツィオーン] 女 *die* (⑴2格 -; ⑴ -en) 《文語》処刑

E·xem·plar [エクセムプラール] 中 *das* (⑴2格 -s; ⑴ -e)
❶ (多数ある同種の物の中の)1つ ▷ Dieser Schmetterling ist ein seltenes *Exemplar*. こ

のチョウは珍種だ
❷ (印刷物の)部〈冊〉 ▷ die ersten tausend *Exemplare* des Buches その本の最初の1000部

e·xer·zie·ren [エクセルツィーレン]
(exerzierte; exerziert; 匠h)
自《軍事》(部隊が)教練をする

E·xil [エクスィール] 中 *das* (⑴2格 -s; まれに ⑴ -e) 亡命 ▷ ins *Exil* gehen 亡命する

e·xis·tent [エクスィステント] 形 存在している (☆ ふつう nicht と)

E·xis·tenz [エクスィステンツ] 女 *die* (⑴2格 -; ⑴ -en)
❶ 《⑴ なし》存在 ▷ die *Existenz* Gottes 神の存在
❷ 生存, 生活 ▷ Er muss um die nackte *Existenz* kämpfen. 彼は最低限の生活だけでも確保するために闘わなければならない
❸ 《⑴ なし》生活の基盤, 生計 ▷ sich³ eine *Existenz* aufbauen 生計を立てる
❹ 《口語》《否定的な意味合いで》人間 ▷ Er ist eine gescheiterte *Existenz*. 彼は人生の落後者だ

E·xis·tenz·be·rech·ti·gung [エクスィステンツ・ベレヒティグング] 女 *die* (⑴2格 -; まれに ⑴ -en) 生存権

E·xis·tenz·grün·der [エクスィステンツ・グリュンダー] 男 *der* (⑴2格 -s; ⑴ -) 起業家

E·xis·tenz·grün·dung [エクスィステンツ・グリュンドゥング] 女 *die* (⑴2格 -; ⑴ -en) (会社の)創業, 起業

E·xis·tenz·kampf [エクスィステンツ・カムプフ] 男 *der* (⑴2格 -[e]s; ⑴ ..kämpfe) 生存競争

e·xis·tie·ren [エクスィスティーレン]
(existierte; existiert; 匠s)
自 ❶ 存在する ▷ Diese Person *existiert* nur in deiner Fantasie. この人物は君の空想の中にしか存在しない
❷ 〖von+③と〗〔..³で〕暮らして行く (☆ しばしば können を伴う) ▷ Von vierhundert Euro im Monat kann ja niemand *existieren*. 月に400ユーロではだれも暮らしてなんか行けないよ

ex·klu·siv [エクスクルスィーフ]
— 形 ❶ 《文語》(クラブなどが)特定のメンバーに限られた
❷ (レストランなどが)高級な
— 副 特定の顧客に限って, (インタヴューなどを特定の新聞社に)独占的に

Ex·kre·ment [エクスクレメント] 中 *das* (⑴2格 -s; ⑴ -e) 《ふつう ⑴ で》排泄物, 糞尿

Ex·kur·si·on [エクスクルズィオーン] 女 *die* (⑴2格 -; ⑴ -en) 《文語》(グループによる)調査〈研究〉旅行

e·xo·tisch [エクゾーティシュ] 形 異国風の, エキ

ゾチックな; (動物・植物が)遠い異国の, 熱帯地域の

Ex·pan·si·on [エクスパンズィオーン] 囡 *die* (⸘ 2 格 -; ⸘ -en) (権力・勢力範囲などの)拡張; (企業などの)膨張

Ex·pe·di·ti·on [エクスペディツィオーン] 囡 *die* (⸘ 2 格 -; ⸘ -en)
❶ (未開の地への)調査旅行, 探検 ▷ eine *Expedition* zum Nordpol antreten 北極への調査旅行に出発する
❷ 学術調査隊

Ex·pe·ri·ment [エクスペリメント] 囲 *das* (⸘ 2 格 -[e]s; ⸘ -e) 実験 ▷ *Experimente* an Tieren durchführen 動物実験をする

ex·pe·ri·men·tell [エクスペリメンテル] 圏 実験による

ex·pe·ri·men·tie·ren [エクスペリメンティーレン] (experimentierte; experimentiert; 完了h)
⾃ 実験する ▷ mit Mäusen *experimentieren* ネズミを使って実験する

Ex·per·te [エクスペルテ] 男 *der* (⸘ 2·3·4 格 -n; ⸘ -n) 専門家, エキスパート

ex·plo·die·ren [エクスプロディーレン] (explodierte; explodiert; 完了s)
⾃ ❶ 爆発する ▷ Eine Mine *explodierte*. 地雷が爆発した / 《比喩》Bei diesen Worten ist er vor Wut *explodiert*. このことばを聞いて彼は激怒した
❷ (規模などが)急激にふくれ上がる ▷ In vielen armen Ländern *explodiert* die Bevölkerungszahl. 多くの貧しい国々では人口が爆発的に増えている

Ex·plo·si·on [エクスプロズィオーン] 囡 *die* (⸘ 2 格 -; ⸘ -en) 爆発 ▷ die *Explosion* einer Mine 地雷の爆発

ex·plo·siv [エクスプロズィーフ] 圏 爆発性の, 爆発しやすい ▷ *explosive* Stoffe 爆発性物資 / ein *explosives* Temperament かっとなりやすい気性

Ex·port [エクスポルト] 男 *der* (⸘ 2 格 -[e]s; ⸘ -e)
❶ 輸出 (反 Import)
❷ 〖ふつう ⸘ で〗 輸出品

ex·por·tie·ren [エクスポルティーレン] (exportierte; exportiert; 完了h)
他 〖④と〗〖⁴を〗輸出する (反 importieren)

ex·qui·sit [エクスクヴィズィート] 圏 《文語》(食事などが)より抜かれた, すばらしい, 特選の

ex·tern [エクステルン] 圏 外部の ▷ ein *externer* Schüler 寄宿舎に入っていない生徒

Ex·tern·spei·cher [エクステルン・シュパイヒャー] 男 *der* (⸘ 2 格 -s; ⸘ -) 外部記憶装置

ex·tra [エクストラ] 《口語》
副 ❶ わざわざ ▷ Das hat sie *extra* für dich getan. それを彼女はわざわざ君のためにした
❷ (他のものとは)別に ▷ das Frühstück *extra* bezahlen 朝食を別に払う
❸ 余分に, 特別に ▷ 100 Euro *extra* bekommen 100 ユーロ余分にもらう

Ex·tra [エクストラ] 囲 *das* (⸘ 2 格 -s; ⸘ -s) 〖ふつう ⸘ で〗(特に自動車の)特別注文〈オプション〉の付属部品

Ex·trakt [エクストラクト] 男 *der* (⸘ 2 格 -[e]s, ⸘ -e) (動植物から熱を加えるなどして取り出した)抽出物, エキス

ext·ra·va·gant [エクストラ・ヴァガント/エクストラ・ヴァガント] 圏 (様子・好みなどが)奇をてらった, 奇抜な, とっぴな

ext·rem [エクストレーム]
圏 ❶ 極端な, 極度の ▷ ein *extremes* Beispiel 極端な例 / *extreme* Kälte 極寒
❷ 急進的な, 過激な ▷ die *extreme* Linke〈Rechte〉極左〈右〉

Ext·re·mis·men [エクストレミスメン] Extremismus の 複数

Ext·re·mis·mus [エクストレミスムス] 男 *der* (⸘ 2 格 -; まれに ⸘ ..mismen) 過激〈急進〉主義

ex·zel·lent [エクスツェレント] 圏 《文語》優れた; すばらしい ▷ ein *exzellenter* Pianist 優れたピアニスト

ex·zent·risch [エクスツェントリシュ] 圏 (行動などが)風変わりな, 奇矯な

Ex·zess [エクスツェス] 男 *der* (⸘ 2 格 -es; ⸘ -e) 度を越していること, 行き過ぎ, 過度

Ex·zeß 旧⇒新 Exzess

f F [ɛf エフ]

Fa·bel [ファーベル] 囡 die (⊕2格 -; ⊕ -n) (動物を主人公にした)寓話

fa·bel·haft [ファーベルハフト] 形 《口語》(信じられないほど)すばらしい、みごとな ▷ *Das ist ja fabelhaft.* それは実にみごとだね

Fa·brik [ファブリーク] 囡 die (⊕2格 -; ⊕ -en) 工場, 製造所

Fab·ri·kant [ファブリカント] 男 der (⊕2・3・4格 -en; ⊕ -en) 工場主; (工場製品の)製造元

Fab·ri·kat [ファブリカート] 中 das (⊕2格 -[e]s; ⊕ -e) (工場で作られる)製品

fab·ri·zie·ren [ファブリツィーレン] (fabrizierte; fabriziert; 匠zh) 他 《④と》《⁴を》(ありあわせの材料で)作る ▷ *Diesen Tisch hat er selbst fabriziert.* このテーブルは彼が自分で作ったものだ

..fach [..ファッハ] 《接尾辞; 形容詞を作る》…度〈回〉の ▷ *vielfach* 何回もの, たびたびの

Fach [ファッハ] 中 das (⊕2格 -[e]s; ⊕ Fächer)
❶ 専門[分野]; 科目 ▷ *allgemeinbildende Fächer* 一般教育科目 / *Er studiert das Fach Biologie.* 彼は生物学を専攻している / *Das ist nicht mein Fach.* それは私の専門ではない
❷ (戸棚・入れ物・かばんなどの)仕切られた空間 ▷ *ein Schrank mit mehreren Fächern* いくつも仕切り棚のついた戸棚

Fach·ar·bei·ter [ファッハ・アルバイター] 男 der (⊕2格 -s; ⊕ -) (一定の資格を取った)専門工

Fach·arzt [ファッハ・アールツト] 男 der (⊕2格 -es; ⊕ ..ärzte) 専門医 ▷ *ein Facharzt für Chirurgie* 外科の専門医

Fach·aus·druck [ファッハ・アオスドルック] 男 der (⊕2格 -[e]s; ⊕ ..drücke) 専門用語, 術語

Fach·be·reich [ファッハ・ベライヒ] 男 der (⊕2格 -[e]s; ⊕ -e) 専門領域

Fach·buch [ファッハ・ブーフ] 中 das (⊕2格 -[e]s; ⊕ ..bücher) 専門書

Fä·cher [フェッヒャー]
— Fach の 複数
— 男 (⊕2格 -s; ⊕ -) 扇子, 扇, うちわ

Fach·frau [ファッハ・フラオ] 囡 die (⊕2格 -; ⊕ -en) Fachmann の女性形

Fach·hoch·schu·le [ファッハ・ホーホシューレ] 囡 die (⊕2格 -; ⊕ -n) 専門単科大学 (☞ Schule 図)

Fach·idi·ot [ファッハ・イディオート] 男 der (⊕2・3・4格 -en; ⊕ -en) 《口語》専門バカ

Fach·leu·te [ファッハ・ロイテ] Fachmann の 複数

fach·lich [ファッハリヒ] 形 専門の ▷ *fachliche Kenntnisse* 専門の知識

Fach·mann [ファッハ・マン] 男 der (⊕2格 -[e]s; ⊕ ..leute 〈..männer〉) 専門家 (⊕ Laie) ▷ *Er ist Fachmann auf diesem Gebiet.* 彼はこの分野の専門家である

fach·män·nisch [ファッハ・メニシュ] 形 専門家による; 専門家のような ▷ *ein fachmännischer Rat* 専門家の助言 / *eine Arbeit fachmännisch ausführen* 仕事を専門家的に仕上げる

Fach·ober·schu·le [ファッハ・オーバー・シューレ] 囡 die (⊕2格 -; ⊕ -n) 専門上級学校 (☞ Schule 図)

fach·sim·peln [ファッハ・ズィムペルン] (fachsimpelte; gefachsimpelt; 匠zh) 自 《口語》(専門的なことなどについて)長々と話す

Fach·spra·che [ファッハ・シュプラーヘ] 囡 die (⊕2格 -; ⊕ -n) 専門用語

Fach·stu·di·um [ファッハ・シュトゥーディウム] 中 das (⊕2格 -s; ⊕ ..studien) (大学の)専門科目の勉強

Fach·werk [ファッハ・ヴェルク] 中 das (⊕2格 -[e]s; ⊕ なし) ハーフティンバー (角材の骨組みを外部に露出させ、その間を壁土などで充填した木造家屋の建築様式)

Fachwerk

Fach·werk·haus [ファッハ・ヴェルク・ハオス] 中 das (⊕2格 -es; ⊕ ..häuser) ハーフティンバー造りの家

Fa·ckel [ファッケル] 囡 die (⊕2格 -; ⊕ -n) たいまつ

Fa·ckel·zug [ファッケル・ツーク] 男 der (⊕2格 -[e]s; ⊕ ..züge) たいまつ行列

fad [ファート] =fade
fa·de [ファーデ]
形 ❶ (飲食物が)味のない，味つけの悪い ▷ Das Bier schmeckt *fade*. そのビールは気の抜けたような味がする
❷《口語》つまらない，退屈な
Fa·den [ファーデン] 男 *der* (⊕2格 -s; ⊕ Fäden)
糸(毛糸も含む) ▷ ein seidener *Faden* 絹糸 / 《比ゆ》 den *Faden* verlieren 話の脈絡を見失う / Sein Leben hängt an einem *Faden*. 彼の生命は風前のともし火だ (←1本の糸に掛かっている)
Fä·den [フェーデン] Faden の 複数
fa·den·schei·nig [ファーデン・シャイニヒ] 形
《口語》(言い訳などが)見え透いた
Fa·gott [ファゴット] 中 *das* (⊕2格 -[e]s; ⊕ -e)
《楽器》ファゴット
fä·hig [フェーイヒ] (比較 -er, 最上 -st)
形 ❶〖zu+③と〗〔‥³が〗できる ▷ Er ist zu allem *fähig*. 彼はどんなことでもやりかねない /〖zu 不定詞句と〗Er ist nicht *fähig*, diese Aufgabe zu lösen. 彼はこの問題を解くことができない
❷ 有能な ▷ ein *fähiger* Mensch 有能な人
Fä·hig·keit [フェーイヒカイト] 女 *die* (⊕2格 -; ⊕ -en)
❶〖⊕なし〗(あることをする)能力 ▷ die *Fähigkeit* zur Abstraktion 抽象能力 / Er hat die *Fähigkeit*, diese Arbeit zu erledigen. 彼にはこの仕事を処理する能力がある
❷〖ふつう⊕で〗才能 ▷ Er hat ungewöhnliche *Fähigkeiten*. 彼は非凡な才能をもっている
fahl [ファール] 形 (顔色などが)青白い，(色などが)明るさの少ない ▷ Er war *fahl* im Gesicht. 彼は顔が土気色だった / ein *fahler* Himmel 灰白色の空
fahn·den [ファーンデン]
(fahndete; gefahndet; 完了h)
自〖nach+③と〗〔‥³を〕捜索する ▷ Die Polizei *fahndet* nach dem Mörder. 警察は殺人犯を追う
Fah·ne [ファーネ] 女 *die* (⊕2格 -; ⊕ -n)
旗 ▷ die *Fahne* des Roten Kreuzes 赤十字の旗
イディオム *eine Fahne haben* 《口語》(人が)酒臭い
類語
Fahne 国・団体などの紋章を染め抜いた，ふつう四角い旗
Flagge (特に船の)ふつうひもに取りつけられた旗
Wimpel 細長い三角形の旗，ペナント

Fah·nen·stan·ge [ファーネン・シュタンゲ] 女 *die* (⊕2格 -; ⊕ -n) 旗ざお
Fahr·bahn [ファール・バーン] 女 *die* (⊕2格 -;

⊕ -en) 車道
Fäh·re [フェーレ] 女 *die* (⊕2格 -; ⊕ -n) フェリー，渡し船 ▷ Die *Fähre* legt am Ufer an. フェリーが岸に接岸する

fah·ren
[fáːrən ファーレン]

現在	ich fahre	wir fahren
	du **fährst**	ihr fahrt
	er **fährt**	sie fahren
過去	ich fuhr	wir fuhren
	du fuhrst	ihr fuhrt
	er fuhr	sie fuhren
過分	gefahren	完了 sein, haben

―自〖完了s〗 ❶ (人が)乗り物で行く
Gehen wir zu Fuß, oder *fahren* wir?
歩いて行こうか 乗り物で行こうか
Er *fährt* mit dem Zug nach Bonn.
彼は列車でボンへ行く
〖方向と〗
ans Meer *fahren* 海へ出かける
in Urlaub *fahren* 休暇旅行に出かける
zu Verwandten *fahren* 親戚のところへ行く
❷ (乗り物が)走る
Das Auto *fährt* schnell.
その車はスピードが出る
Dieser Bus *fährt* nur sonntags.
このバスは日曜日にしか運行されない
Das Schiff *fährt* stromaufwärts.
船が川を上って行く
〖方向と〗
Fährt dieser Zug nach München?
この列車はミュンヒェンに行きますか
Bis dorthin *fährt* die U-Bahn.
そこまで地下鉄が通じている
Der Fahrstuhl *fährt* nach oben.
このエレベーターは上の階に行く
❸ (特に車を)運転する ▷ links *fahren* 左側を走る / mit großer Geschwindigkeit *fahren* 猛スピードで走る / Er *fährt* gut. 彼は運転がじょうずだ
❹〖über+④と〗〔‥⁴の上を〕手でぬぐう，こする ▷ Er *fuhr* sich mit der Hand über die Augen. 彼は目を手でこすった
―他 ❶〖完了h〗〖④と〗〔車など⁴を〕運転する，操縦する ▷ ein Motorrad *fahren* オートバイを運転する / Er hat noch nie ein Auto *gefahren*. 彼はまだ一度も車を運転したことがない / Er *fährt* einen Volkswagen. 彼はフォルクスワーゲンに乗っている
❷〖完了h〗〖④と〗〔‥⁴を〕(車などで)運ぶ ▷ Er *fährt* den Verletzten mit dem Auto ins Krankenhaus. 彼は負傷者を車で病院に運ぶ
❸〖完了s, まれに h〗〖④と〗〔ある距離⁴を〕車で走

る ▷ Zu seinem Büro muss er täglich 50 km *fahren.* 事務所まで彼は車で毎日 50 キロ走らねばならない

[イディオム] ***Auto fahren*** 車を運転する

Ski fahren スキーですべる

— [自] 〖[完了]h〗 〖[sich]⁴+[様態]と〗 運転するのに〔…〕だ ▷ Der neue Wagen *fährt* sich gut. この新しい自動車は運転がしやすい

[イディオム] ***es fährt sich***+[様態]+[場所]など 運転するのに…は…だ ▷ *Es fährt sich* gut auf der Autobahn. アウトバーンは運転がしやすい

F

Fah·rer [ファーラー] [男] *der* ([単] 2格 -s; [複] -) (自動車などの)運転者, ドライバー; (職業としての)運転手〈士〉(=Chauffeur)

Fahr·gast [ファール・ガスト] [男] *der* ([単] 2格 -[e]s; [複] ..gäste) 《文語》(バス・列車などの)乗客, 旅客 (☆「飛行機・船の乗客」は Passagier)

Fahr·geld [ファール・ゲルト] [中] *das* ([単] 2格 -[e]s; まれに [複] -er) (公共交通機関の)旅客運賃, 運賃, 乗車料金

fah·rig [ファーリヒ] [形] せかせかした, 落ち着かない ▷ *fahrige* Bewegungen せかせかした動き

Fahr·kar·te [ファール・カルテ] [女] *die* ([単] 2格 -; [複] -n)
(特に鉄道の小さな) 乗車券, 切符 ▷ eine *Fahrkarte* am Automaten lösen 乗車券を自動販売機で買う

Fahr·kar·ten·au·to·mat [ファール・カルテン・アオトマート] [男] *der* ([単] 2·3·4格 -en; [複] -en) 乗車券自動販売機

Fahr·kar·ten·kont·rol·le [ファール・カルテン・コントロレ] [女] *die* ([単] 2格 -; [複] -n) 《鉄道》検札

Fahr·kar·ten·schal·ter [ファール・カルテン・シャルター] [男] *der* ([単] 2格 -s; [複] -) 乗車券販売窓口

Fahr·kos·ten [ファール・コステン] [複名] 旅客運賃, 運賃, 乗車料金

fahr·läs·sig [ファール・レッスィヒ] [形] 不注意な, 軽はずみな ▷ Er hat *fahrlässig* gehandelt. 彼は軽率な行動をとった

Fahr·plan [ファール・プラーン] [男] *der* ([単] 2格 -[e]s; [複] ..pläne) (列車などの)時刻表, 運行表, ダイヤ ▷ den *Fahrplan* ändern ダイヤを改正する / einen *Fahrplan* kaufen 時刻表を買う / laut *Fahrplan* 運行表によれば

Fahr·preis [ファール・プライス] [男] *der* ([単] 2格 -es; [複] -e) 旅客運賃, 運賃, 乗車料金

Fahr·rad

[fá:ɐ̯ra:t ファール・ラート]

[中] *das* ([単] 2格 -es 〈まれに -s〉; [複] ..räder)

自転車

das *Fahrrad* schieben
自転車を押して行く

Fahrrad fahren
自転車に乗る

Fahr·rä·der [ファール・レーダー] Fahrrad の [複数]

Fahr·schein [ファール・シャイン] [男] *der* ([単] 2格 -[e]s; [複] -e) 《文語》(市電・バスなどの)乗車券, 切符 (=Fahrkarte)

Fahr·schu·le [ファール・シューレ] [女] *die* ([単] 2格 -; [複] -n) 自動車教習所〈学校〉 ▷ Heute habe ich *Fahrschule.* きょう自動車教習所の授業がある

fährst [フェーアスト] fahren の [現在]

Fahr·stuhl [ファール・シュトゥール] [男] *der* ([単] 2格 -[e]s; [複] ..stühle) エレベーター (☆「エスカレーター」は Rolltreppe)

Fahrt [ファールト] [女] *die* ([単] 2格 -; [複] -en)
❶ 〖[複] なし〗 (車などの)走行 ▷ während der *Fahrt* 走行中 / Nach zwei Stunden *Fahrt* kamen sie an. 2時間走ったのち 彼らは到着した / in voller *Fahrt* フルスピードで
❷ 乗り物で出かけること ▷ eine *Fahrt* nach Wien machen ウイーンに向かって旅をする / Gute *Fahrt*! お気をつけて行ってらっしゃい (☆乗り物で出かける人に対して)

fährt [フェーアト] fahren の [現在]

Fähr·te [フェーアテ] [女] *die* ([単] 2格 -; [複] -n) (シカなどの猟獣の)足跡 ▷ eine frische *Fährte* 新しい足跡

Fahr·was·ser [ファール・ヴァッサー] [中] *das* ([単] 2格 -s; [複] なし) 水路

[イディオム] ***im richtigen Fahrwasser sein*** 水を得た魚のようである

Fahr·zeug [ファール・ツォイク] [中] *das* ([単] 2格 -[e]s; [複] -e) 乗り物 (車両・船舶などの総称)

fair [フェーア] [形] フェアな, 公正な ▷ ein *faires* Spiel フェアな試合 / Das ist nicht *fair* von dir. 君の行動はフェアではない

Fair·ness [フェーアネス] [女] *die* ([単] 2格 -; [複] なし) フェアなこと, 公正さ

Fair·neß [旧⇒新] Fairness

Fak·ten [ファクテン] Faktum の [複数]

fak·tisch [ファクティシュ]
— [形] 《文語》(収益・効用などについて)実際の, 現実の
— [副] 《口語》実際には, 事実上

Fak·tor [ファクトーア] [男] *der* ([単] 2格 -s; [複] -en) 要因 ▷ ein entscheidender *Faktor* 決定的要因

Fak·to·ren [ファクトーレン] Faktor の [複数]

Fak·tum [ファクトゥム] [中] *das* ([単] 2格 -s; [複] Fakten) 《文語》事実

Fa·kul·tät [ファクルテート] [女] *die* ([単] 2格 -; [複] -en) (大学の)学部 ▷ die *Fakultät* wechseln 学部を変える / an der juristischen *Fakultät*

studieren 法学部で勉強する

fa·kul·ta·tiv [ファクルタティーフ/ファクルタティーフ] 形《文語》(参加などが)任意の，随意の (⇔ obligatorisch)

Fal·ke [ファルケ] 男 der (変 2·3·4格 -n; 複 -n)
❶《鳥》タカ(鷹)
❷《文語》(《ふつう 複 で》)(政治的な)タカ派

Fal·ken·jagd [ファルケン・ヤークト] 女 die (変 2格 -; 複 -en) 鷹狩 *たかがり*

Fall [ファル] 男 der (変 2格 -[e]s; 複 Fälle)
❶《複 なし》落下；転倒 ▷ Während des *Falles* öffnete sich der Fallschirm. 落下する間にパラシュートは開いた
❷ (予想される)場合 ▷ wenn dieser *Fall* eintritt もしこのような場合が起これば / In diesem *Fall* kann ich leider nicht daran teilnehmen. このような場合には私は残念ながらそれに参加できない
❸ 事例 ▷ ein hoffnungsloser *Fall* 絶望的な事例 / Das ist kein ungewöhnlicher *Fall*. それはよくあることだ(←異常な事例ではない)

〈イディオム〉 **auf alle Fälle** どんなことがあっても；用心のために ▷ Ich komme *auf alle Fälle* heute nach Hause. どんなことがあっても私はきょう家に帰る / Nimm *auf alle Fälle* einen Schirm mit. 用心のために傘を持って行きなさい
auf jeden Fall どんなことがあっても
auf keinen Fall どんなことがあっても…ない
im Fall, dass … …の場合には
von Fall zu Fall ケースバイケースで

Fal·le [ファレ] 女 die (変 2格 -; 複 -n) わな ▷ eine *Falle* aufstellen わなをしかける / Die Maus ist in die *Falle* gegangen. ネズミがわなにかかった

Fäl·le [フェレ] Fall の 複数

fal·len

[fálən ファレン]

現在	ich falle	wir fallen
	du fällst	ihr fallt
	er fällt	sie fallen
過去	ich fiel	wir fielen
	du fielst	ihr fielt
	er fiel	sie fielen
過分	gefallen	助動 sein

自 ❶ 落ちる
Die Blätter *fallen*.
葉が落ちる
Das Kind *fiel* ins Wasser.
子供が水に落ちた
Er ist vom Fahrrad *gefallen*.
彼は自転車から落ちた
Das Messer *fiel* ihr aus der Hand.
ナイフが彼女の手から落ちた

〈類語〉
fallen（一般的な意味で）落ちる
stürzen 損傷・けがなどが生じるほどの激しさで落ちる
sinken ゆっくりと下がる

❷ 転ぶ，倒れる ▷ Er *fällt* über einen Stein. 彼は石につまずいて転ぶ / Er *fällt* auf den Rücken. 彼は仰向けに倒れる
❸ (温度・圧力・価格などが)下がる，低くなる (⇔ steigen) ▷ Die Temperatur *fällt*. 温度が下がる / Die Waren *fallen* im Preis. 商品の値段が下がる
❹ 戦死する ▷ In dem Gefecht ist sein Vater *gefallen*. その戦闘で彼の父親は戦死した
❺《「方向」と》(注意などが)〔…に〕向けられる；(光などが)〔…へ〕差し込む ▷ Sein Blick *fiel* auf den Ring. 彼の視線が指輪に向けられた / Das Licht *fällt* ins Zimmer. 光が室内に差し込む
❻《in + ④ と》〔…の〕範囲内に入る ▷ Das *fällt* in mein Fach. それは私の専門に属する
❼ (コート・髪の毛などが)垂れ下がる ▷ Das Haar *fiel* ihm ins Gesicht. 髪が彼の顔に垂れていた
❽《特定の語句と》 Die Entscheidung wird morgen *fallen*. 決定は明日なされるであろう / Das Fest *fällt* auf einen Sonntag. お祭りは日曜日に当たる / Er *fällt* in tiefen Schlaf. 彼は深い眠りに落ちる

〈イディオム〉 ④ + **fallen lassen** a) (計画など)⁴を放棄〈断念〉する ▷ Er hat seine Pläne *fallen lassen*. 彼は計画を断念した
b) …⁴を見放す，見捨てる ▷ Der Vater ließ den Sohn *fallen*. 父親は息子を見放した

fäl·len [フェレン] (fällte; gefällt; 助h)
他 ❶《④と》(木⁴を)切り倒す，伐採する ▷ einen Baum *fällen* 木を切り倒す
❷《特定の名詞と》 eine Entscheidung *fällen* 決定を下す / Der Richter *fällte* ein Todesurteil über ihn. 裁判官は彼に死刑の判決を下した

fal·len|las·sen [ファレン・ラッセン] 分離 (er lässt fallen; ließ fallen; fallenlassen〈まれに fallengelassen〉; 助h) 他 (旧⇨新 **fallen lassen**〈分けて書く〉) ☞ fallen

fäl·lig [フェリヒ]
形 ❶ (支払いの)期限が来ている；(手形が)満期の ▷ Die Miete ist am Ersten jeden Monats *fällig*. 家賃は毎月1日に支払われなければならない
❷ (なされるべき)時期が来ている ▷ Die Arbeit ist schon lange *fällig*. この仕事はもうとっくになされているべきだ

falls [ファルス] 接《従属；定動詞後置》もし…なら

助h, 助s＝完了の助動詞 haben, sein

ば（☆ wenn よりも蓋然性が低い）▷ *Falls* etwas passiert, ruf mich bitte an. もし何か起きたら私に電話をください / 〚sollte を伴って〛《蓋然性の低いことを強めて》*Falls* es regnen sollte, bleiben wir zu Hause. 万一雨が降るようなら ば私たちは家にいます

Fall·schirm [ファル・シルム] [男] *der* ([単] 2 格 -[e]s; [複] -e) パラシュート, 落下傘

Fall·schirm·jä·ger [ファル・シルム・イェーガー] [男] *der* ([単] 2 格 -s; [複] -) 落下傘部隊員

Fall·schirm·sprin·ger [ファル・シルム・シュプリンガー] [男] *der* ([単] 2 格 -s; [複] -) スカイダイバー

Fall·schirm·trup·pe [ファル・シルム・トルッペ] [女] *die* ([単] 2 格 -; [複] -n)《軍事》落下傘部隊

fällst [フェルスト] fallen の [現在]

fällt [フェルト] fallen の [現在]

falsch

[falʃ ファルシュ]

[比較] falscher [最上] falschest

[形] ❶ まちがいの, 見当違いの ([反] richtig)
Die Antwort ist *falsch.*
その答えはまちがっている
eine *falsche* Adresse
まちがった住所
in den *falschen* Zug steigen
まちがった列車に乗ってしまう
ein Wort *falsch* schreiben
単語をまちがって書く
Das hast du *falsch* verstanden.
それを君はまちがって理解した
Die Uhr geht *falsch.* この時計は狂っている

❷ 偽の; 偽造の, 模造の; 人工の ([反] echt) ▷ ein *falscher* Pass 偽のパスポート / *falsche* Banknoten 偽札 / *falsche* Zähne 義歯 / unter einem *falschen* Namen leben 偽名で暮らす

❸ 偽りの, 偽善的な ▷ ein *falscher* Freund うわべだけの友人 / *falsche* Tränen 偽りの涙

fäl·schen [フェルシェン] (fälschte; gefälscht; [完了]h)
[他]〚④と〛〔貨幣・証明書などを〕偽造する, 模造する ▷ Banknoten *fälschen* 紙幣を偽造する / Dieses Gemälde ist *gefälscht.* [状態受動] この絵は偽物だ

fälsch·lich [フェルシュリヒ] [形]《文語》(主張などが) 間違った;〚副詞的に〛間違って

Falsch·par·ker [ファルシュ・パルカー] [男] *der* ([単] 2 格 -s; [複] -) 駐車違反者

Fäl·schung [フェルシュング] [女] *die* ([単] 2 格 -; [複] -en)
❶〚ふつう [複] なし〛(貨幣・証明書などの) 偽造
❷ にせ物, 贋作, 偽造品

Fal·te [ファルテ] [女] *die* ([単] 2 格 -; [複] -n)
❶ (皮膚の) しわ ▷ Er legt die Stirn in *Falten.* 彼は額にしわを寄せる
❷ (ズボンなどの) 折り目; ひだ ▷ einen Rock in *Falten* legen スカートにひだをつける
❸ (衣服などの) しわ

fal·ten [ファルテン] (faltete; gefaltet; [完了]h)
[他]〚④と〛〔紙・布などを〕折りたたむ ▷ ein Taschentuch *falten* ハンカチを折りたたむ /《比ゆ》die Hände zum Gebet *falten* 祈るために手を組み合わせる / Sie *faltete* die Stirn. 彼女は額にしわを寄せた

Fal·ten·rock [ファルテン・ロック] [男] *der* ([単] 2 格 -[e]s; [複] ..röcke)《衣類》プリーツスカート

Fal·ter [ファルター] [男] *der* ([単] 2 格 -s; [複] -)《昆虫》チョウ, チョウチョウ; ガ (=Schmetterling)

fal·tig [ファルティヒ] [形] (顔・肌などが) しわだらけの

fa·mi·li·är [ファミリエーア]
[形] ❶ 家庭の, 家族の ▷ *familiäre* Probleme 家庭内の問題 / aus *familiären* Gründen 家庭の事情で
❷ (雰囲気などが) 打ち解けた, くつろいだ

Fa·mi·lie

[famíːli̯ə ファミーリエ]

[女] *die* ([単] 2 格 -; [複] -n)

格	単数		複数	
①	die	Familie	die	Familien
②	der	Familie	der	Familien
③	der	Familie	den	Familien
④	die	Familie	die	Familien

❶ 家族
eine glückliche *Familie*
幸せな家族
Er hat *Familie.*
彼は妻子持ちだ
Er hat eine kinderreiche *Familie.*
彼にはたくさんの子供がいる
Familie Müller wohnt auf dem Lande.
ミュラーさん一家はいなかに住んでいます

❷ 一族 ▷ eine adlige *Familie* 貴族の一族

Fa·mi·li·en·ge·richt [ファミーリエン・ゲリヒト] [中] *das* ([単] 2 格 -[e]s; [複] -e) 家庭裁判所

Fa·mi·li·en·na·me [ファミーリエン・ナーメ] [男] *der* ([単] 2 格 -ns, 3·4 格 -n; [複] -n) 姓, 名字 (=Nachname; [反] Vorname) ▷ Sein *Familienname* ist Engel. 彼の姓はエンゲルです

Fan [フェン] [男] *der* ([単] 2 格 -s; [複] -s) (スポーツ・歌手などの) ファン ▷ Er hat *Fans* auf der ganzen Welt. 彼には世界中にファンがいる

Fa·na·ti·ker [ファナーティカー] [男] *der* ([単] 2 格 -s; [複] -) 狂信者, 熱狂者

fa·na·tisch [ファナーティシュ] [形] (特に宗教的・政治的に) 狂信的な, 熱狂的な ▷ ein *fanati-*

farbig

scher Anhänger 狂信的な信奉者

Fa·na·tis·mus [ファナチスムス] 男 *der* (⊕ 2格 -; ⊕ なし) 狂信, 熱狂

fand [ファント] finden の 過去

Fän·de [フェンデ] finden の 過II

Fan·fa·re [ファンファーレ] 女 *die* (⊕ 2格 -; -n) 《音楽》ファンファーレ

Fang [ファング] 男 *der* (⊕ 2格 -[e]s; ⊕ なし)
❶ 捕えること, 捕獲
❷ 《集合的に》獲物

fan·gen
[fáŋən ファンゲン]

現在	ich fange	wir fangen
	du fängst	ihr fangt
	er fängt	sie fangen
過去	ich fing	wir fingen
	du fingst	ihr fingt
	er fing	sie fingen
過分	gefangen	完了 haben

— 他 ❶ 《④と》〔人・動物など⁴を〕**捕まえる**; 捕獲する
einen Dieb *fangen*
泥棒を捕らえる
Schmetterlinge *fangen*
チョウを捕まえる
Er hat einen Fuchs *gefangen*.
彼はキツネを捕獲した
❷ 《④と》〔落下してくるものなど⁴を〕受け止める ▷ Er *fängt* den Ball, den ich werfe. 彼は私の投げるボールを受け止める
— 再 ❶ 《sich⁴+in+③と》〔…³に〕捕まる ▷ Der Fisch hat sich im Netz *gefangen*. 魚が網にかかった
❷ 《sich⁴と》(体の)バランスを取り戻す;(精神的に)立ち直る

fängst [フェングスト] fangen の 現在

fängt [フェングト] fangen の 現在

Fan·ta·sie [ファンタズィー] 女 *die* (⊕ 2格 -; -n)
❶ (⊕ なし) 空想力 ▷ Sie hat viel *Fantasie*. 彼女は想像力が豊かだ
❷ 《ふつう ⊕ で》空想, 幻想 ▷ erotische *Fantasien* エロチックな空想

Fan·ta·si·en [ファンタズィーエン] Fantasie の 複数

fan·ta·sie·ren [ファンタズィーレン] (fantasierte; fantasiert; 完了 h)
❶ 《von+③と》〔…³について〕空想する ▷ Er *fantasierte* immer von großen Erfolgen. 彼はいつも大成功を夢見ていた
❷ (熱に浮かされて) うわごとを言う ▷ Der Kranke *fantasierte* die ganze Nacht. 病人は夜通しうわごとを言っていた

fan·ta·sie·voll [ファンタズィー・フォル] 形 空想力豊かな ▷ ein *fantasievoller* Mensch 空想力豊かな人

fan·tas·tisch [ファンタスティシュ]
形 ❶ 空想〈幻想〉的な ▷ eine *fantastische* Erzählung 空想的な物語
❷ 《口語》すばらしい ▷ Er tanzt *fantastisch*. 彼のダンスはすばらしい / *Fantastisch*! すばらしい
❸ 《口語》《程度を表して》ものすごい, 信じられないほどの ▷ eine *fantastische* Summe ものすごい金額 / Die Preise sind *fantastisch* gestiegen. 物価は信じられないほど上がった

Far·be [ファルベ] 女 *die* (⊕ 2格 -; -n)
❶ 色; 色彩 ▷ die *Farbe* des Himmels 空の色
❷ (ペンキなどの)塗料; 絵の具, 染料 ▷ die Bank mit grüner *Farbe* streichen ベンチに緑のペンキを塗る
❸ (特に日焼けした)顔色
《イディオム》**in Farbe** カラーの(で) ▷ Die Abbildungen des Buches sind alle *in Farbe*. その本の挿絵はすべてカラーだ

★「色」のいろいろ
blau 青	braun 茶	gelb 黄
grün 緑	rosa ピンク	rot 赤
violett 紫	weiß 白	grau 灰色
schwarz 黒		

fär·ben [フェルベン] (färbte; gefärbt; 完了 h)
— 他 《④と》〔…⁴を〕染める, 着色する ▷ die Ostereier *färben* 復活祭の卵に着色する / Sie hat sich die Haare schwarz *gefärbt*. 彼女は髪を黒く染めた
— 再 《sich⁴と》色づく, 染まる ▷ Die Blätter *färben* sich im Herbst. 葉は秋に紅葉する

far·ben·blind [ファルベン・ブリント] 形 色盲の

Far·ben·blind·heit [ファルベン・ブリントハイト] 女 *die* (⊕ 2格 -; ⊕ なし) 色盲

far·ben·präch·tig [ファルベン・プレヒティヒ] 形 (絵画などが)色華やかな, 色彩豊かな

Farb·fern·se·hen [ファルプ・フェルン・ゼーエン] 中 *das* (⊕ 2格 -s; ⊕ なし) カラーテレビ

Farb·film [ファルプ・フィルム] 男 *der* (⊕ 2格 -[e]s; ⊕ -e) カラー映画; カラーフィルム

Farb·fo·to·gra·fie [ファルプ・フォトグラフィー] 女 *die* (⊕ 2格 -; -n) カラー写真

far·big [ファルビヒ]
形 ❶ 色を使った, カラーの ▷ ein *farbiger* Druck 色刷り (☆ farbig は白と黒以外にもなんらかの色を使っていることを, bunt はいくつもの色を使っていることを表す)
❷ 色のついた ▷ *farbiges* Glas 色ガラス / *farbiges* Papier 色紙

❸（人種として）有色の ▷ ein *farbiger* Amerikaner 有色アメリカ人

Far・bi・ge [ファルビゲ] 男 *der* / 女 *die*（形容詞変化 ☞ Alte 表I）有色人種 ▷ Sie ist mit einem *Farbigen* verheiratet. 彼女は有色人種と結婚している

farb・los [ファルプ・ロース] 形 無色の, 透明の ▷ *farbloser* Lack 無色透明のラッカー /（比ゆ）eine *farblose* Debatte（内容の乏しい）退屈な討論

Farb・stift [ファルプ・シュティフト] 男 *der*（複2格 -[e]s; 複 -e）色鉛筆, カラーフェルトペン

Fär・bung [フェルブング] 女 *die*（複2格 -; 複 -en）
❶ 色合い, 色調
❷《ふつう 複 なし》染色, 着色

Farm [ファルム] 女 *die*（複2格 -; 複 -en）（英米の）農場, 農園;（鶏などの）飼育場, 養殖所

Far・mer [ファルマー] 男 *der*（複2格 -s; 複 -）（英米の）農場経営者, 農場主

Farn [ファルン] 男 *der*（複2格 -[e]s; 複 -e）《植物》シダ

Fa・san [ファザーン] 男 *der*（複2格 -[e]s; 複 -e[n]）《鳥》キジ

Fa・sching [ファッシング] 男 *der*（複2格 -s; 複 なし）（南ドイツ・オーストリアで）謝肉祭, カーニバル（＝Karneval）

Fa・schis・mus [ファシスムス] 男 *der*（複2格 -; 複 なし）ファシズム

Fa・schist [ファシスト] 男 *der*（複2・3・4格 -en; 複 -en）ファシスト

fa・seln [ファーゼルン]（faselte; gefaselt; 助 h） 自《口語》《④と》〔ばかなことºなどを〕〔十分に考えもせずに〕しゃべる

Fa・ser [ファーザー] 女 *die*（複2格 -; 複 -n）
❶（布地の材料になる）繊維 ▷ synthetische *Fasern* 合成繊維
❷（生物組織・筋繊維などの）繊維

fa・sern [ファーゼルン]（faserte; gefasert; 助 h） 自（布地などが）けばだつ, ほつれる

fass [ファス] fassen の 命令

Fass [ファス] 中 *das*（複2格 -es; 複 Fässer）たる（樽）▷ ein *Fass* rollen たるを転がす / Er ist dick wie ein *Fass.* 彼は非常に太っている（←たるのように太っている）/《数量単位として》zwei *Fässer*〈zwei *Fass*〉Bier ビール2たる

Faß 旧＝新 Fass

Fas・sa・de [ファザーデ] 女 *die*（複2格 -; 複 -n）（建物の）正面, ファサード ▷ Das Rathaus hat eine schöne *Fassade.* 市庁舎はファサードが美しい

Fass・bier（複 **Faß..**）[ファス・ビーア] 中 *das*（複2格 -[e]s; 複 -e）（たるから注いだ）生ビール

fas・sen [ファッセン]
（du, er fasst; fasste; gefasst; 助 h）
— 他 ❶《④と》〔…'を〕つかむ, つかんで離さない ▷ das Seil *fassen* ロープをつかむ / Sie *fasste* ihn an〈bei〉der Hand. 彼女は彼の手をつかんだ
❷《④と》〔…'を〕捕まえる ▷ Die Polizei *fasste* den lange gesuchten Verbrecher. 警察は長い間捜していた犯罪者を捕まえた
❸《④と》〔考え・感情など'を〕表現する ▷ Er *fasst* sein Gefühl in Worte. 彼は気持ちをことばで表現する
❹《文語》《④と》〔難解なこと'を〕理解する;〔幸運など'を〕信じる（☆ ふつう否定形で）▷ Er hat den Sinn dieser Worte nicht *gefasst.* 彼はこのことばの意味がわからなかった
❺《④と》〔…'の〕容量がある;〔…'の〕収容能力がある ▷ Der Behälter *fasst* einen Liter. この容器は1リットル入る / Der Saal *fasst* 1 000 Zuschauer. このホールは1000人収容できる
〈イディオム〉 *einen Entschluss fassen* 決心をする
Mut fassen 勇気をだす
— 自《⑤のと》〔…の方へ〕（触れてみるために）手を伸ばす,〔…に〕触れる ▷ an den heißen Ofen *fassen* 熱いストーブに触れる
— 再《sich⁴》心を落ち着ける
〈イディオム〉 *sich⁴ kurz fassen* 簡潔に考えを述べる

Fäs・ser [フェッサー] Fass の 複数

fasst [ファスト] fassen の 現在

fass・te [ファステ] fassen の 過去

Fas・sung [ファッスング] 女 *die*（複2格 -; 複 -en）
❶（電球などの）ソケット;（めがねの）フレーム;（宝石などの）台
❷（文学作品などの）稿, 版 ▷ Der Film läuft in deutscher *Fassung.* その映画はドイツ語版で上映されている
❸《複 なし》平静さ, 落ち着き ▷ die *Fassung* bewahren〈verlieren〉平静さを保つ〈失う〉

fas・sungs・los [ファッスングス・ロース] 形 あぜんとした, 度を失った ▷ *Fassungslos* starrte sie ihn an. あぜんとして彼女は彼を見た

Fas・sungs・ver・mö・gen [ファッスングス・フェアメーゲン] 中 *das*（複2格 -s; 複 なし）（容器の）容量

fast [ファスト]
副 ❶ ほとんど, およそ ▷ *fast* ein Jahr ほとんど1年間 / Es ist *fast* unmöglich. それはほとんど不可能だ / Die Arbeit ist *fast* fertig. 仕事はほとんどすんでいる / Ich habe *fast* geglaubt, dass … 私はほとんど…と信じかけた
❷《接続法 II と》あやうく ▷ *Fast* wäre er gestürzt. 彼はあやうく転ぶところだった

fas・ten [ファステン] (fastete; gefastet; 助 h) 自 絶食する, 断食をする

Fas·ten·zeit [ファステン・ツァイト] 囡 die (⊕ 2格 -; ⊕ -en)(特定の宗教の)断食期間; 《ｶﾄﾘｯｸ》四旬節 (Aschermittwoch「灰の水曜日」からOstern「復活祭」まで)

Fast·nacht [ファスト・ナハト] 囡 die (⊕ 2格 -; ⊕ なし)謝肉祭〈カーニバル〉の最後の数日

Fas·zi·na·ti·on [ファスツィナツィオーン] 囡 die (⊕ 2格 -; ⊕ なし)魅了する力, 魅力

fas·zi·nie·ren [ファスツィニーレン]
(faszinierte; fasziniert)
他《④と》[..⁴を]魅了する, とりこにする

faul

[faul ファオル]

比較 fauler 最上 faulst

形 ❶ 腐った, 腐敗した
faule Äpfel
腐ったリンゴ
faules Fleisch
腐敗した肉
ein *fauler* Zahn
虫歯
faul riechen
腐ったにおいがする
Der Fisch schmeckt *faul.*
この魚は腐った味がする
eine *faule* Ausrede
《比喩》いいかげんな言い訳
An der Sache ist etwas *faul.*
《比喩》この件には何かおかしなところがある
❷ 怠け者の, 怠惰な (⇔ fleißig)
ein *fauler* Schüler
怠け者の生徒
Er liegt *faul* im Liegestuhl.
彼は怠惰に寝いすに横になっている

fau·len [ファオレン] (faulte; gefault)
自 腐る, 腐敗する

fau·len·zen [ファオレンツェン]
(faulenzte; gefaulenzt)
自(仕事を)怠ける; のんびりと時を過ごす

Fau·len·zer [ファオレンツァー] 男 der (⊕ 2格 -s; ⊕ -) 怠け者, 無精な者

Faul·heit [ファオルハイト] 囡 die (⊕ 2格 -; ⊕ なし)怠惰, ものぐさ (⇔ Fleiß) ▷ Sie ärgerte sich über seine *Faulheit*. 彼女は彼の怠惰さに腹を立てた

Fäul·nis [フォイルニス] 囡 die (⊕ 2格 -; ⊕ なし)腐敗;(木材などの)腐朽

Faul·tier [ファオル・ティーア] 申 das (⊕ 2格 -[e]s; ⊕ -e)《動物》ナマケモノ

Faust [ファオスト] 囡 die (⊕ 2格 -; ⊕ Fäuste)こぶし, げんこつ ▷ eine *Faust* machen こぶしを作る / mit der *Faust* auf den Tisch schlagen 机の上をげんこつで殴る
イディオム *auf eigene Faust* 自分一人の力で ▷ Er hat in der schwierigen Situation *auf eigene Faust* gehandelt. 彼はその困難な状況に対して何をすべきかを自分一人で考え行動した *mit eiserner Faust* 力ずくで

Fäus·te [フォイステ] Faust の 複数

Faust·hand·schuh [ファオスト・ハント・シュー] 男 der (⊕ 2格 -[e]s; ⊕ -e) ミトン (親指だけが分かれている手袋)

Faust·re·gel [ファオスト・レーゲル] 囡 die (⊕ 2格 -; ⊕ -n) 大まかな規則

Faux·pas [フォパ] 男 der (⊕ 2格 - [フォパ[ス]]; ⊕ - [フォパス])《文語》無作法, 非礼

Fa·vo·rit [ファヴォリート] 男 der (⊕ 2・3・4格 -en; ⊕ -en)(競技の)優勝候補

Fax [ファクス] 申 das (⊕ 2格 -; ⊕ -e) ファックス, ファクシミリ(システム, 装置および受信した文書を指す; =Telefax)

fa·xen [ファクセン] (faxte; gefaxt)
他《口語》《④と》[データなど⁴を]ファックスで送る (=telefaxen)

Fax·num·mer [ファクス・ヌマー] 囡 die (⊕ 2格 -; ⊕ -n) ファックス番号

Fa·zit [ファーツィット] 申 das (⊕ 2格 -s; まれに ⊕ -e〈-s〉)《文語》結果, 結論

FCKW [エフツェーカーヴェー] 《*Fluorchlorkohlenwasserstoff* の略語》フロンガス

Fe·bru·ar

[féːbrua:ɐ̯ フェーブルアール]

男 der (⊕ 2格 -[s]; まれに ⊕ -e)

2月 (⊕ Febr.)(用法: ☞ April)

fech·ten [フェヒテン]
(du fichst, er ficht; focht; gefochten)
自 フェンシングをする

Fe·der [フェーダー] 囡 die (⊕ 2格 -; ⊕ -n)
❶ 羽毛, 羽(☆「翼」は Flügel) ▷ weiße *Federn* 白い羽毛 / leicht wie eine *Feder* 羽毛のように軽い / Sie trägt eine *Feder* am Hut. 彼女は帽子に羽根飾りをつけている
❷ ペン先 ▷ Die *Feder* kratzt auf dem Papier. このペン先は紙にひっかかる
❸ ばね, スプリング;(時計などの)ぜんまい

Fe·der·ball [フェーダー・バル] 男 der (⊕ 2格 -[e]s; ⊕ ..bälle)
❶ (バドミントン用の)シャトルコック
❷ バドミントン

Fe·der·bett [フェーダー・ベット] 申 das (⊕ 2格 -[e]s; ⊕ -en) 羽布団

匠h, 匠s=完了の助動詞 haben, sein

fe·dern [フェーデルン] (federte; gefedert; 完了 h)
自 ばね〈スプリング〉がきく ▷ Die Sitze *federn* gut. 座席はスプリングがよくきいている /〔過去分詞で〕ein schlecht *gefedertes* Sofa スプリングのききが悪いソファー

Fee [フェー] 女 *die* (複2格-; 複-n) (おとぎ話に出てくる,ふつう美しい女の姿をした)妖精

Fe·en [フェーエン] Fee の 複数

fe·gen [フェーゲン] (fegte; gefegt; 完了 h)
他 ❶ 《特に北ドイツ》《4格と》〔部屋など4格を〕(ほうきなど)掃く, 掃除する ▷ Er *fegt* die Treppe täglich. 彼は階段を毎日掃除する

❷《4格+aus〈von〉+3格》〔ごみなど4格を…3格から〕掃いて取る,掃き出す ▷ Er *fegt* den Schmutz aus dem Zimmer. 彼はごみを部屋から掃き出す

feh·len
[féːlən フェーレン]

現在		
ich fehle	wir	fehlen
du fehlst	ihr	fehlt
er fehlt	sie	fehlen

過去		
ich fehlte	wir	fehlten
du fehltest	ihr	fehltet
er fehlte	sie	fehlten

過分	完了	
gefehlt	haben	

自 ❶《3格と》〔…3格に〕欠けている,足りない Ihm *fehlt* einfach noch die Erfahrung. 彼は要するにまだ経験が足りないんだ / Es *fehlte* ihm der Mut zur Wahrheit. 彼には真実に向き合う勇気がなかった (☆ 文頭の es は穴埋め)

❷ ない,なくなっている ▷ An der Jacke *fehlt* ein Knopf. 上着のボタンが1つ取れている / In der Kasse *fehlen* 200 Euro. 金庫から200ユーロなくなっている

❸ 欠席する ▷ Der Schüler *fehlt* seit einer Woche. その生徒は1週間前から欠席している

❹《3格と》〔…3格の〕体のくあいがよくない ▷ *Fehlt* dir was? 何かぐあいが悪いの

❺ 《口語》《3格と》(ある人1がいなくて)〔…3格が〕寂しく感じる ▷ Du hast mir sehr *gefehlt*. 君がいなくて私はとても寂しかった

(イディオム) 3格+*fehlt es an*+3格 …3格に…3格が欠けている, 足りない ▷ *Es fehlt* ihm *an* Mut. 彼には勇気が欠けている

Es fehlte nicht viel, und … もう少しのところで…だった (☆ und に続く文には接続法 II が用いられる) ▷ *Es fehlte nicht viel, und* er wäre abgestürzt. もう少しのところで彼は転落するところだった

Feh·ler [フェーラー] 男 *der* (複2格-s; 複-)
❶ 誤り, まちがい ▷ ein grammatischer *Fehler* 文法的誤り / einen *Fehler* korrigieren 誤りを直す

❷ 過ち, 過失 ▷ Das ist mein *Fehler*. それは私の過ちです / Du machst immer denselben *Fehler*. 君はいつも同じ誤りをする

類語
Fehler 《客観的な判断に基づくまちがいを表して》過ち
Irrtum 《誤解などに基づくまちがいを表して》思い違い, 勘違い
Versehen 《不注意から生じたちょっとしたまちがいを表して》過失

❸ (肉体的・精神的な)欠陥; 欠点

feh·ler·frei [フェーラー・フライ] 形 誤り〈欠陥〉のない, 申し分のない; (人が)欠点のない

feh·ler·haft [フェーラー・ハフト] 形 誤り〈欠陥〉のある; (人が)欠点のある

feh·ler·los [フェーラー・ロース] 形 誤り〈欠陥〉のない, 申し分のない; (人が)欠点のない

Fehl·ge·burt [フェール・ゲブーアト] 女 *die* (複2格-; 複-en) 流産 ▷ eine *Fehlgeburt* haben 流産する

Fehl·griff [フェール・グリフ] 男 *der* (複2格-[e]s; 複-e) (選択の際などの)失敗, しくじり ▷ einen *Fehlgriff* tun (買い物・人の採用などで)失敗する

Fehl·schlag [フェール・シュラーク] 男 *der* (複2格-[e]s; 複..schläge) 失敗

fehl·schla·gen [フェール・シュラーゲン] 分離 (er schlägt fehl; schlug fehl; fehlgeschlagen; 完了 s)
自 (計画などが)失敗する ▷ Der Plan ist *fehlgeschlagen*. その計画は失敗した

fehl·te [フェールテ] fehlen の 過去

Fei·er [ファイアー] 女 *die* (複2格-; 複-n) (誕生日などの)お祝いの催し, パーティー; 式典, 祝典 ▷ an einer *Feier* teilnehmen お祝いに参加する

Fei·er·abend [ファイアー・アーベント] 男 *der* (複2格-s; 複-e)
❶《複なし》(一日の)仕事を終えること, 終業 ▷ In dieser Fabrik ist um fünf Uhr *Feierabend*. この工場は5時に終業です

❷ 終業後の余暇の時間 ▷ Ich wünsche dir einen schönen *Feierabend*. お疲れさまでした (☆ 終業時のあいさつ)

fei·er·lich [ファイアーリヒ] 形 おごそかな, 厳粛な ▷ *feierliche* Stille おごそかな静寂 / Mir war *feierlich* zumute. 私は厳粛な気持ちになった

Fei·er·lich·kei·ten [ファイアーリヒカイテン] 複名 祭典, 祝典

fei·ern [ファイエルン] (feierte; gefeiert; 完了 h)
他《4格と》〔…4格を〕祝う ▷ Wir *feiern* seinen Geburtstag. 私たちは彼の誕生日を祝った

// Wir haben die ganze Nacht *gefeiert.* 私たちは夜通し(酒などを飲んで)祝った
❷ 〖④と〗〔…⁴を〕ほめたたえる, 賛美する

Fei·er·tag [ファイアー・ターク] [男] *der* ([単] 2格 -[e]s; [複] -e)
(祝いのための)休日, 祝祭日 ([反] Werktag) ▷ an Sonn- und *Feiertagen* 日曜日と祝日に

fei·er·te [ファイエルテ] feiern の [過去]

feig [ファイク] = feige

fei·ge [ファイゲ] [形] 臆病(おくびょう)な, 意気地のない ▷ ein *feiger* Mensch 臆病な人

Fei·ge [ファイゲ] [女] *die* ([単] 2格 -; [複] -n) 《植物》イチジク

Feig·ling [ファイクリング] [男] *der* ([単] 2格 -s; [複] -e) 臆病(おくびょう)者, 意気地なし

Fei·le [ファイレ] [女] *die* ([単] 2格 -; [複] -n) やすり

fei·len [ファイレン] (feilte; gefeilt; [完了]h)
[他]〖④と〗〔…⁴に〕やすりをかけて仕上げる ▷ einen Schlüssel *feilen* 鍵(かぎ)にやすりをかけて仕上げる / Sie *feilt* sich die Fingernägel. 彼女は指のつめにやすりをかける

feil·schen [ファイルシェン]
(feilschte; gefeilscht; [完了]h)
[自] 値切る

fein [ファイン] ([比較] -er, [最上] -st)
[形] ❶ 細い ▷ *feines* Garn 細い糸 / Sie hat *feine* Hände. 彼女はほっそりした手をしている / Ihr Haar ist sehr *fein.* 彼女の髪は非常に細い
❷ 細かい ([反] grob) ▷ *feiner* Sand 粒の細かな砂 / *feine* Handarbeiten 作りの細かな手芸品
❸ 上質の, 上等な; 品のいい ▷ ein *feines* Essen 上質の食事 / *feine* Weine 上等なワイン / Das schmeckt *fein.* それは味がいい / 《しばしば皮肉的に》ein *feiner* Herr 上品な紳士
❹ 鋭敏な; 繊細な ▷ ein *feines* Gehör 鋭敏な聴覚 / einen *feinen* Sinn für+④ haben …⁴に対して繊細な感覚をしている
❺ 微妙な, かすかな ▷ ein *feiner* Unterschied 微妙な相違
❻ すてきな, じょうずな ▷ ein *feiner* Kerl すてきなやつ

Feind [ファイント] [男] *der* ([単] 2格 -es 〈まれに -s〉; [複] -e)
❶ 敵 ▷ viele *Feinde* haben 敵がたくさんいる / Er ist mein größter *Feind.* 彼は私の最大の敵だ / Die Festung ist in die Hände des *Feindes* gefallen. 要塞(ようさい)は敵の手に落ちた
❷ (特定の事柄に対する)反対者 ▷ Er ist ein *Feind* des Alkohols. 彼は大の酒嫌いだ

feind·lich [ファイントリヒ]
[形] ❶ 敵意のある ▷ eine *feindliche* Haltung einnehmen 敵対的な態度をとる
❷ 敵の ▷ *feindliche* Truppen 敵の部隊

Feind·schaft [ファイントシャフト] [女] *die* ([単] 2格 -; [複] -en) 敵意; 敵対関係 ▷ Zwischen den beiden besteht *Feindschaft.* 二人は敵対関係にある

feind·se·lig [ファイントゼーリヒ] [形] 敵意のある ▷ eine *feindselige* Haltung einnehmen 敵意のある態度をとる

Feind·se·lig·keit [ファイント・ゼーリヒカイト] [女] *die* ([単] 2格 -; [複] -en)
❶ 〖[複] なし〗敵意
❷ 《文語》〖[複] で〗戦闘行為, 軍事行動

fein·füh·lig [ファイン・フューリヒ] [形] 感じやすい, 繊細な, 感受性のするどい ▷ Er ist ein *feinfühliger* Mensch. 彼は繊細な人だ

Fein·kost [ファイン・コスト] [女] *die* ([単] 2格 -; [複] なし) 高級食料品, 高級嗜好(しこう)品, デリカテッセン

Fein·schme·cker [ファイン・シュメッカー] [男] *der* ([単] 2格 -s; [複] -) 美食家, 食通, グルメ

feist [ファイスト] [形] 醜く太った, ぶくぶく肥えた

Feld [フェルト] [中] *das* ([単] 2格 -es 〈まれに -s〉; [複] -er)
❶ 畑 ▷ Die Bauern arbeiten auf dem *Feld.* 農夫が野良仕事をしている
❷ 〖[複] なし〗野原 ▷ ein weites *Feld* 広々とした野原 / auf freiem *Feld* übernachten 野宿する
❸ 区切られた面; (チェスボードなどの)ます目 ▷ die *Felder* eines Vordrucks 記入用紙の欄
❹ 〖[複] なし〗(研究・活動などの)分野
❺ 《[スポーツ]》(特に球技用の)フィールド, コート

Feld·ste·cher [フェルト・シュテッヒャー] [男] *der* ([単] 2格 -s; [複] -) (ふつう大きめの)双眼鏡 (= Fernglas)

Feld·we·bel [フェルト・ヴェーベル] [男] *der* ([単] 2格 -s; [複] -) (陸軍・空軍の)軍曹

Feld·zug [フェルト・ツーク] [男] *der* ([単] 2格 -[e]s; [複] ..züge) キャンペーン; 《軍事》出兵

Fel·ge [フェルゲ] [女] *die* ([単] 2格 -; [複] -n) (タイヤを取りつける)外縁, リム

Fell [フェル] [中] *das* ([単] 2格 -[e]s; [複] -e)
❶ 《集合的に》(特定の動物の)毛
❷ (毛がふさふさ生えている特定の動物の)皮

Fels [フェルス] [男] *der* ([単] 2格 なし, 3·4格 -; [複] なし) 岩石, 岩盤

Fel·sen [フェルゼン] [男] *der* ([単] 2格 -s; [複] -) (そびえている巨大な)岩石; 岩山 ▷ Er klettert auf einen *Felsen.* 彼は岩山によじ登る

fel·sig [フェルズィヒ] [形] (山道などが)岩の多い, 岩だらけの

fe·mi·nin [フェーミニーン/フェミニーン] [形] 女性の; 女らしい, 女性的な

Fe·mi·nis·mus [フェミニスムス] [男] *der* ([単] 2格 -; [複] なし) フェミニズム, 女権拡張〈女性解

放〉運動

Fe·mi·nis·tin [フェミニスティン] 女 *die* (⊕2格 -; ⊛ ..tinnen) (女性の)女権拡張〈女性解放〉論者, 男女同権論者

Fens·ter

[fénstɐ フェンスター]

中 *das* (⊕2格 -s; ⊛ -)

格	単　数	複　数
①	das Fenster	die Fenster
②	des Fensters	der Fenster
③	dem Fenster	den Fenstern
④	das Fenster	die Fenster

❶ 窓
ein rundes *Fenster*
丸窓
das *Fenster* öffnen〈schließen〉
窓をあける〈閉める〉
aus dem *Fenster* sehen
窓から外を見る
sich⁴ zum *Fenster* hinauslehnen
窓から身をのり出す
❷ ショーウィンドー (=Schaufenster) ▷ das *Fenster* dekorieren ショーウィンドーを飾る
❸ ⦅コンピュ⦆ ウインドウ

Fens·ter·la·den [フェンスター・ラーデン] 男 *der* (⊕2格 -s; ⊛ ..läden) (ふつう木製の)窓のよろい戸

Fens·ter·rah·men [フェンスター・ラーメン] 男 *der* (⊕2格 -s; ⊛ -) 窓枠

Fens·ter·schei·be [フェンスター・シャイベ] 女 *die* (⊕2格 -; ⊛ -n)
窓ガラス

Fe·ri·en [フェーリエン] 複名
❶ (学校・劇場・国会などの) 休暇 ▷ Ich freue mich auf die *Ferien*. 私は休暇を楽しみにしている / Die Kinder haben jetzt *Ferien*. 子供たちは今休暇中だ / Er verbringt seine *Ferien* im Ausland. 彼は休暇を外国で過ごす
❷ (勤労者の) 休暇
⦅イディオム⦆ **in die Ferien fahren** 休暇を過ごしに出かける

★ 勤労者の休暇に関してはよく Urlaub が用いられる

Fe·ri·en·rei·se [フェーリエン・ライゼ] 女 *die* (⊕2格 -; ⊛ -n) 休暇旅行

Fer·kel [フェルケル] 中 *das* (⊕2格 -s; ⊛ -) 子豚

fern [フェルン] (比較 -er, 最上 -st)
形 ❶ (空間的に) 遠い (⊛ nah[e]) ▷ *ferne* Länder 遠い国々 / Wir wohnen *fern* von der Stadt. 私たちは町から遠く離れて住んでいる / von *fern* 遠くから / der *Ferne* Osten 極東
❷ (時間的に) 遠い ▷ in *ferner* Vergangenheit〈Zukunft〉遠い過去〈未来〉に
⦅イディオム⦆ ③+*fern liegen* ..³の意図にない, 意図に反している ▷ Es *lag* mir völlig *fern*, dich zu beleidigen. 私は君を侮辱する気なんか毛頭なかった
④+*von*+③ *fern halten* ..⁴を..³から遠ざけておく ▷ die Kinder *von* dem Kranken *fern halten* 子供たちを病人から遠ざけておく

Fern·be·die·nung [フェルン・ベディーヌング] 女 *die* (⊕2格 -; ⊛ -en) リモートコントロール; リモートコントローラー

fern|blei·ben [フェルン・ブライベン] 分動 (blieb fern; ferngeblieben) (匿h)s)
自⦅文語⦆⦅③と⦆[..³に]参加しない; (人を)訪れなくなる, (人と)コンタクトを持たない

Fer·ne [フェルネ] 女 *die* (⊕2格 -; ⊛ -n) 遠方 (⊛ Nähe) ▷ aus der *Ferne* 遠くから / in der *Ferne* 遠くに
⦅イディオム⦆ **in weiter Ferne** ずっと先〈昔〉に

fer·ner [フェルナー]
—副⦅文語⦆さらに, その上 (=außerdem)
—形⦅**fern** の比較級⦆より遠い ▷ *fernere* Zukunft もっと先の未来

fern·ge·se·hen [フェルン・ゲゼーエン] fernsehen の

Fern·ge·spräch [フェルン・ゲシュプレーヒ] 中 *das* (⊕2格 -[e]s; ⊛ -e) 市外通話 (☆「市内通話」は Ortsgespräch)

Fern·glas [フェルン・グラース] 中 *das* (⊕2格 -es; ⊛ ..gläser) 双眼鏡

fern|hal·ten [フェルン・ハルテン] 分動 (er hält fern; hielt fern; ferngehalten) (匿h) 他 ⦅但⇨新⦆ **fern halten** (分けて書く) ⇨ fern

fern|lie·gen [フェルン・リーゲン] 分動 (lag fern; ferngelegen) (匿h) 自 ⦅但⇨新⦆ **fern liegen** (分けて書く) ⇨ fern

Fern·rohr [フェルン・ローア] 中 *das* (⊕2格 -[e]s; ⊛ -e) 望遠鏡 ▷ den Mond durch ein *Fernrohr* betrachten 月を望遠鏡で観察する

Fern·schrei·ber [フェルン・シュライバー] 男 *der* (⊕2格 -s; ⊛ -) ⦅文語⦆ テレタイプ

Fern·seh·ap·pa·rat [フェルン・ゼー・アパラート] 男 *der* (⊕2格 -[e]s; ⊛ -e) (受像機としての)テレビ

Fern·seh·bild [フェルン・ゼー・ビルト] 中 *das* (⊕2格 -[e]s; ⊛ -er) テレビ画像

fern|se·hen [フェルン・ゼーエン] 分動 (er sieht fern; sah fern; ferngesehen) (匿h)
自 テレビを見る ▷ viel *fernsehen* テレビをよく見る / Sie *sehen* gerade *fern*. 彼らはちょうどテレビを見ている

①, ②, ③, ④=1格, 2格, 3格, 4格の名詞

Fern·se·hen

[férnze:ən フェルン・ゼーエン]

[中] *das* ([単] 2格 -s; [複] なし)

❶ テレビ[放送]
einen Kriminalfilm im *Fernsehen* sehen
探偵映画をテレビで見る
Was gibt es heute Abend im *Fernsehen*?
今晩テレビは何をやるの
Das *Fernsehen* ist ein wichtiges Massenkommunikationsmittel. テレビは重要なマスメディアだ
❷ 《口語》(受像機としての)テレビ (＝Fernseher)

Fern·se·her [フェルン・ゼーアー] [男] *der* ([単] 2格 -s; [複] –) 《口語》(受像機としての)テレビ

Fern·seh·film [フェルン・ゼー・フィルム] [男] *der* ([単] 2格 -[e]s; [複] -e) テレビ映画

Fern·seh·ge·bühr [フェルン・ゼー・ゲビューア] [女] *die* ([単] 2格 –; [複] -en) 〚ふつう [複] で〛 テレビ受信料

Fern·seh·ge·rät [フェルン・ゼー・ゲレート] [中] *das* ([単] 2格 -[e]s; [複] -e) テレビ受像機

Fern·seh·in·ter·view [フェルン・ゼー・インターヴュー] [中] *das* ([単] 2格 -s; [複] -s) テレビインタビュー

Fern·seh·kom·men·ta·tor [フェルン・ゼー・コメンタートーア] [男] *der* ([単] 2格 -s; [複] -en) テレビ解説者

Fern·seh·re·por·ta·ge [フェルン・ゼー・レポルタージェ] [女] *die* ([単] 2格 –; [複] -n) テレビルポルタージュ

Fern·seh·re·por·ter [フェルン・ゼー・レポルター] [男] *der* ([単] 2格 -s; [複] –) テレビレポーター

Fern·seh·sa·tel·lit [フェルン・ゼー・ザテリート/..リット] [男] *der* ([単] 2·3·4格 -en; [複] -en) テレビ放送衛星

Fern·seh·schirm [フェルン・ゼー・シルム] [男] *der* ([単] 2格 -[e]s; [複] -e) テレビ画面

Fern·seh·se·rie [フェルン・ゼー・ゼーリエ] [女] *die* ([単] 2格 –; [複] -n) テレビシリーズ(連続もののテレビ番組)

Fern·seh·spiel [フェルン・ゼー・シュピール] [中] *das* ([単] 2格 -[e]s; [複] -e) テレビドラマ

Fern·seh·stu·dio [フェルン・ゼー・シュトゥーディオ] [中] *das* ([単] 2格 -s; [複] -s) テレビスタジオ

Fern·seh·turm [フェルン・ゼー・トゥルム] [男] *der* ([単] 2格 -[e]s; [複] ..türme) テレビ塔

Fern·seh·zeit·schrift [フェルン・ゼー・ツァイト・シュリフト] [女] *die* ([単] 2格 –; [複] -en) テレビガイド誌

Fern·seh·zu·schau·er [フェルン・ゼー・ツー・シャオアー] [男] *der* ([単] 2格 -s; [複] –) テレビ視聴者

Fern·spre·cher [フェルン・シュプレッヒャー] [男] *der* ([単] 2格 -s; [複] –) **電話[機]** (☆ Telefon の公的な名称) ▷ ein öffentlicher *Fernsprecher* 公衆電話

Fern·sprech·teil·neh·mer [フェルン・シュプレヒ・タイル・ネーマー] [男] *der* ([単] 2格 -s; [複] –) 電話加入者

Fern·weh [フェルン・ヴェー] [中] *das* ([単] 2格 -s; [複] なし) (異国など)遠い地へのあこがれ

Fer·se [フェルゼ] [女] *die* ([単] 2格 –; [複] -n) (足の)かかと; (靴下の)かかと部分 (☆ 靴の「かかと」は Absatz)

fer·tig

[fέrtɪç フェルティヒ]

[形] ❶ 準備ができた
fertig zur Abreise sein
旅行の用意ができている
❷ でき上がった, 完成した ▷ ein *fertiges* Manuskript でき上がった原稿 / Das Haus ist *fertig*. 家は完成した
❸ 〚mit+③と〛 〔‥^{3}を〕終えた ▷ Er ist mit dem Essen *fertig*. 彼は食事をすませた
❹ 《口語》 へとへとに疲れた ▷ Ich bin vollkommen *fertig*. 私はくたくたに疲れ果てた
[イディオム] ④+***fertig bringen*** ‥^{4}を仕上げる, (うまく)やり遂げる
④+***fertig stellen*** 《口語》 **a**) (難しいことなど)^{4}をやってのける
b) (仕事など)^{4}を完成する

> ④+***fertig machen***
> **a**) 《口語》 ‥^{4}を仕上げる ▷ Er muss den Aufsatz heute noch *fertig machen*. 彼はこの論文をきょう中に仕上げなければならない
> **b**) ‥^{4}のためにあることの支度〈準備〉をしてやる ▷ das Kind zur Abreise *fertig machen* 子供に旅行の支度をしてやる / 〚再帰的に〛 *sich* zum Aufbruch *fertig machen* 出発の準備をする
> **c**) ‥^{4}の支度〈準備〉をする ▷ die Koffer für die Abreise *fertig machen* 旅立ちのためトランクの準備をする
> **d**) 《口語》 (騒音・ストレスなどが)〔‥^{4}を〕消耗させる ▷ Der Lärm hat mich ganz *fertig gemacht*. その騒音で私はすっかりまいってしまった

fer·tig|brin·gen [フェルティヒ・ブリンゲン] [分離] (brachte fertig; fertiggebracht; [完了]h) [他] [旧⇨新] **fertig bringen** (分けて書く) ☞ fertig

fer·ti·gen [フェルティゲン] (fertigte; gefertigt; [完了]h)
[他] 〚④と〛 〔‥^{4}を〕**作る, 製造する** (＝herstellen) ▷ Sie hat das Kleid selbst *gefertigt*. 彼女は

ドレスを自分で作った

Fer·tig·keit [フェルティヒカイト] 囡 *die* (嘱2格 –; 嘱 -en) 熟練, 習熟; 《嘱 で》(特に職業上の)技能

fer·tig|ma·chen [フェルティヒ・マッヘン] 分離
(machte fertig; fertiggemacht; 助 h) 他 ((但⇒新))
fertig machen (分けて書く) ☞ **fertig**

fer·tig|stel·len [フェルティヒ・シュテレン] 分離
(stellte fertig; fertiggestellt; 助 h) 他 《口語》
((但⇒新)) **fertig stellen** (分けて書く) ☞ **fertig**

Fes·sel [フェッセル] 囡 *die* (嘱2格 -; 嘱 -n)
❶ 《ふつう 嘱 で》手〈足〉かせ ▷ Sie lösten die Gefangenen von ihren *Fesseln*. 彼らは捕虜たちを手〈足〉かせから解き放った
❷ (人の)足首

fes·seln [フェッセルン]
(fesselte; gefesselt; 助 h)
他 ❶ 《④と》〔…⁴を〕(ひもなどで)縛る ▷ Sie *fesselten* ihn an Händen und Füßen. 彼らは彼の手足を縛った
❷ 《④と》〔聴衆などの〕興味を引きつける, 魅了する ▷ Der Kriminalroman *fesselte* ihn. その推理小説に彼は熱中した

fest [フェスト] (比較 -er, 最上 -est)
形 ❶ (物が)固まった, 固形の (嘱 flüssig) ▷ *feste* Nahrung 固形食 / Der Wachs wird *fest*. 蝋が固まる
❷ (状態が)固定した, しっかりした; 《副詞的に》しっかり ▷ Die Schraube ist nicht *fest*. ねじがしっかり留まっていない / den Schuh *fest* binden 靴ひもをしっかり結ぶ / *fest* schlafen ぐっすり眠る / mit *festen* Schritten しっかりした足どりで
❸ (材質などが)じょうぶな, 頑丈な ▷ ein *fester* Strick じょうぶな縄 / Das Material ist sehr *fest*. その素材は非常にじょうぶだ
❹ (信念などが)確固とした, 固い, しっかりした ▷ Er ist *fest* entschlossen dazu. 彼は固くそう決心している
❺ (住所・給料などが)固定した ▷ eine *feste* Stellung (将来的に)安定したポスト / Er ist *fest* angestellt. 彼は本雇いである / Er hat eine *feste* Freundin. 彼には決まったガールフレンドがいる

> ★ **fest..** [フェスト..] 《分離前つづり》
> 《固定》*fest*machen 固定する, *fest*nageln 釘でしっかり留める

Fest [フェスト] 中 *das* (嘱2格 -es 〈まれに -s〉; 嘱 -e)
❶ (比較的大きな)祝いの催し, パーティー; 祭り ▷ eine Einladung zu einem *Fest* erhalten パーティーへの招待を受け取る / Das *Fest* findet in einem großen Saal statt. パーティーは大きな広間で催される
❷ (教会の)祝祭日 ▷ die drei hohen *Feste* 三大祝祭日 (☆ クリスマス・復活祭・精霊降臨祭) / Frohes *Fest*! (祝祭日に)おめでとう!

fest|fah·ren [フェスト・ファーレン] 分離
(er fährt fest; fuhr fest; festgefahren; 助 h)
再 《*sich*⁴と》(車などがぬかるみ・雪などで)動けなくなる; (交渉などが)行き詰まる

fest|hal·ten [フェスト・ハルテン] 分離
(er hält fest; hielt fest; festgehalten; 助 h)
── 他 ❶ 《④と》〔…⁴を〕(手などで)つかんで離さない
❷ 《④と》〔…⁴を〕(国境・交番などで)拘束する
❸ 《④と》〔…⁴を〕写真などに撮っておく, 絵〈作品・碑など〉に残しておく
── 再 《*sich*⁴と》(倒れないように何かに)しっかりつかまっている
── 自 ❶ 《an+③と》〔習慣など³を〕守りつづける, 〔信念など³を〕曲げない
❷ 《an+③と》〔旧友など³との〕関係を維持する

fes·ti·gen [フェスティゲン]
(festigte; gefestigt; 助 h)
── 他 《④と》〔関係・地位など⁴を〕強固にする ▷ eine Freundschaft *festigen* 友情を強める
── 再 《*sich*⁴と》〔関係・地位などが〕強固になる ▷ Durch den Erfolg *festigte* sich seine Position. 成功によって彼の地位は強固になった

Fes·tig·keit [フェスティヒカイト] 囡 *die* (嘱2格 -; 嘱 なし) (物質などが)かたくしっかりしていること, 強固, 堅固; (関係・信念などの)固さ, 強さ

Fest·land [フェスト・ラント] 中 *das* (嘱2格 -[e]s; 嘱 ..länder) 大陸 (=Kontinent) ▷ das europäische *Festland* ヨーロッパ大陸

fest|le·gen [フェスト・レーゲン] 分離
(legte fest; festgelegt; 助 h)
── 他 ❶ 《文語》《④と》〔料金・日程など⁴を〕定める, 決める
❷ 《④+auf+④と》〔…が…⁴を〕しなければならないようにする
── 再 《*sich*⁴と》(するかしないかなど)最終的な態度を決める ▷ Ich möchte mich noch nicht *festlegen*. 私はまだ態度を保留しておきたい

fest·lich [フェストリヒ] 形 祝いにふさわしい, 華やかな ▷ ein *festliches* Essen 豪華な食事, ごちそう

fest|lie·gen [フェスト・リーゲン] 分離
(lag fest; festgelegen; 助 h)
自 (船が)座礁している; (日程などが)決まっている

fest|ma·chen [フェスト・マッヘン] 分離
(machte fest; festgemacht; 助 h)
── 他 ❶ 《④と》〔…⁴を〕固定する ▷ ein Bild an der Wand *festmachen* 絵を壁に掛ける (☆ 3・4格支配の前置詞の場合3格を用いる)

❷ 《口語》〚④と〛〔‥⁴を〕取り決める ▷ einen Termin *festmachen* 日取りを決める
— [自] (船が)停泊する (＝anlegen)

fest|na·geln [フェスト・ナーゲルン] [分離] (nagelte fest; festgenagelt; [完了]h)
[他] ❶ 〚④と〛〔板など⁴を〕釘でしっかり留める, 釘づけする
❷ 〚④+auf+④と〛〔‥⁴に約束など⁴を〕守らざるをえなくする

Fest·nah·me [フェスト・ナーメ] [女] *die* ([単] 2格 –; [複] –n) 逮捕 (＝Verhaftung)

fest|neh·men [フェスト・ネーメン] [分離] (er nimmt fest; nahm fest; festgenommen; [完了]h)
[他] 〚④と〛〔‥⁴を〕逮捕する (＝verhaften) ▷ Die Polizei *nahm* den Mörder *fest.* 警察は殺人犯を逮捕した

Fest·plat·te [フェスト・プラッテ] [女] *die* ([単] 2格 –; [複] –n) (コンピュータの)ハードディスク

fest|set·zen [フェスト・ゼッツェン] [分離] (setzte fest; festgesetzt; [完了]h)
— [他] 〚④と〛〔期限・金額など⁴を〕決める, 取り決める ▷ einen Termin *festsetzen* 日取りを決める
— [再] 〚[sich]⁴と〛 (汚れなどが)付着する ▷ Der Schnee *setzte* sich an den Schuhen *fest.* 雪が靴に付着した

fest|sit·zen [フェスト・ズィッツェン] [分離] (saß fest; festgesessen; [完了]h)
[自] ❶ (釘などが)しっかり固定している
❷ (車・船などが)動けなくなっている
❸ 《口語》(旅行者などが) 足止めをくっている, 立ち往生している

Fest·spie·le [フェスト・シュピーレ] [複名] (定期の) 音楽〈演劇・映画〉祭 ▷ die Salzburger *Festspiele* ザルツブルク音楽祭

fest|ste·hen [フェスト・シュテーエン] [分離] (stand fest; festgestanden; [完了]h)
[自] 確定している ▷ Der Termin *steht* noch nicht *fest.* 期日はまだ確定していない / Es *steht fest*, dass … …ということは確定している

fest|stel·len [フェスト・シュテレン] [分離] (stellte fest; festgestellt; [完了]h)
[他] ❶ 〚④と〛〔‥⁴を〕確かめる, 突き止める ▷ die Todesursache *feststellen* 死因を確かめる / Ich konnte nicht *feststellen*, ob er noch am Leben war. 私は彼がまだ生きているかどうか確かめることができなかった
❷ 〚④と〛〔‥⁴に〕気づく, 〔‥⁴であることが〕わかる ▷ Mit Schrecken *stellte* er *fest*, dass er seinen Ausweis verloren hatte. 彼は身分証明書をなくしているのに気がついてびっくりした
❸ 〚④と〛〔‥⁴を〕はっきり言う ▷ Ich möchte *feststellen*, dass ich damit nicht einverstanden bin. 私はその件に賛成でないことをはっきり言っておきたい

Fest·stel·lung [フェスト・シュテルング] [女] *die* ([単] 2格 –; [複] なし) (物事を)確かめること

Fest·tag [フェスト・ターク] [男] *der* ([単] 2格 –[e]s; [複] –e) (誕生日などの)記念日

Fes·tung [フェストゥング] [女] *die* ([単] 2格 –; [複] –en) 要塞, 砦

Fest·zug [フェスト・ツーク] [男] *der* ([単] 2格 –[e]s; [複] ..züge) 祭りの行列, パレード

fett [フェット] ([比較] –er, [最上] –est)
[形] ❶ 脂肪分の多い, 脂っこい ▷ *fetter* Käse 脂肪分の多いチーズ
❷ 太った, 肥えた ▷ eine *fette* Gans 肥えたガチョウ / 《比ゆ》 den Titel *fett* drucken タイトルを太字で印刷する

Fett [フェット] [中] *das* ([単] 2格 –[e]s; [複] –e)
❶ (ラードなどの)脂 ▷ tierische 〈pflanzliche〉 *Fette* 動物性〈植物性〉脂
❷ 〚[複] なし〛 (人間・動物の体内に蓄積される)脂肪 ▷ *Fett* ansetzen 脂肪がつく, 太る

fet·ten [フェッテン] (fettete; gefettet; [完了]h)
[自] (ハンドクリームなどが)脂が分離する, (髪の毛が)脂っぽくなる

fet·tig [フェッティヒ] [形] 脂っこい ▷ eine *fettige* Suppe 脂っこいスープ / sich³ den *fettigen* Mund abwischen 脂で汚れた口をぬぐう

Fet·zen [フェッツェン] [男] *der* ([単] 2格 –s; [複] –) (布・紙などの)切れ端 ▷ ein Blatt Papier in *Fetzen* reißen 1枚の紙をずたずたに引き裂く

fet·zig [フェッツィヒ] [形] 《口語》 (音楽が)心をかきたてるような

feucht [フォイヒト] ([比較] –er, [最上] –est)
[形] 湿った, 湿っぽい ([反] trocken) ▷ ein *feuchtes* Handtuch 湿ったタオル / die *feuchten* Schuhe trocknen 湿った靴を乾かす

Feuch·tig·keit [フォイヒティヒカイト] [女] *die* ([単] 2格 –; [複] なし) 湿気, 湿り気

feu·dal [フォイダール] [形] 封建制度の; 封建的な ▷ die *feudale* Gesellschaftsordnung 封建制の社会秩序

Feu·dal·adel [フォイダール・アーデル] [男] *der* ([単] 2格 –s; [複] なし) 封建貴族

Feu·da·lis·mus [フォイダリスムス] [男] *der* ([単] 2格 –; [複] なし) 封建制度

Feu·er [フォイアー] [中] *das* ([単] 2格 –s; [複] –)
❶ 〚[複] なし〛 火 ▷ *Feuer* anzünden 火をつける / Das *Feuer* brennt. 火が燃えている / Haben Sie *Feuer*? 《タバコの火を借りるときに》 火をお持ちですか / das olympische *Feuer* オリンピックの聖火
❷ 火事 (＝Brand) ▷ *Feuer*! 火事だ
❸ 〚[複] なし〛 射撃, 砲火 ▷ das *Feuer* eröffnen 戦闘の火ぶたを切る
[イディオム] ③+*Feuer geben* ‥³にタバコの火を貸す

F

Feuer fangen （火が移って）燃えだす ▷ Die Gardinen haben *Feuer gefangen*. カーテンが燃えだした

Feuer legen 放火する

Feu·er·be·stat·tung [フォイアー・ベシュタットゥング] 囡 *die* (囲 2 格 -; 圈 -en) 火葬

feu·er·ge·fähr·lich [フォイアー・ゲフェーアリヒ] 形 引火しやすい

Feu·er·lei·ter [フォイアー・ライター] 囡 *die* (囲 2 格 -; 圈 -n) 避難用はしご

Feu·er·lö·scher [フォイアー・レッシャー] 男 *der* (囲 2 格 -s; 圈 -) 消火器

Feu·er·mel·der [フォイアー・メルダー] 男 *der* (囲 2 格 -s; 圈 -) 火災報知器

feu·ern [フォイエルン] (feuerte; gefeuert; 匪丒h)
— 囮 ❶ 《④と》《‥⁴を》首にする
❷ 《④＋方向詞と》《‥⁴を…に》勢いよく投げつける
— 目 発砲する

Feu·er·schutz [フォイアー・シュッツ] 男 *der* (囲 2 格 -es; 圈 なし)《軍事》援護射撃

Feu·er·wa·che [フォイアー・ヴァッヘ] 囡 *die* (囲 2 格 -; 圈 -n) 消防署, 消防団詰め所

Feu·er·wehr [フォイアー・ヴェーア] 囡 *die* (囲 2 格 -; 圈 -en) 消防隊 ▷ die *Feuerwehr* alarmieren 消防隊に急報する

Feu·er·werk [フォイアー・ヴェルク] 伸 *das* (囲 2 格 -[e]s; 圈 -e) 花火

Feu·er·zeug [フォイアー・ツォイク] 伸 *das* (囲 2 格 -[e]s; 圈 -e) ライター (☆「マッチ」は Streichholz) ▷ Das *Feuerzeug* geht nicht. このライターは火がつかない

feu·rig [フォイリヒ] 形 (態度などが) 情熱的な

ff. [ウント フォルゲンデ ザイテン] 《*und folgende Seiten* の略記》次ページ以下

ficht [フィヒト] fechten の 直現,命形

Fich·te [フィヒテ] 囡 *die* (囲 2 格 -; 圈 -n)《植物》トウヒ (マツ科の常緑高木)

fichtst [フィヒツト] fechten の 直現

fi·del [フィデール] 形《口語》(仲間などが) 愉快な, 楽しい

Fie·ber [フィーバー] 伸 *das* (囲 2 格 -s; 圈 なし) (病気による) 熱 ▷ *Fieber* bekommen 熱が出る / leichtes 〈hohes〉 *Fieber* haben 微熱〈高熱〉がある / Das *Fieber* fällt. 熱が下がる

fie·ber·haft [フィーバーハフト] 形 (熱に浮かされたように) 一心不乱の ▷ *fieberhaft* an+③ arbeiten 一心不乱に‥³の仕事をする

fie·bern [フィーベルン] (fieberte; gefiebert; 匪丒h)
目 ❶ 熱がある ▷ Der Kranke *fiebert*. 病人は熱がある
❷ (緊張などのために) 感情がたかぶっている

Fie·ber·ther·mo·me·ter [フィーバー・テルモ・メーター] 伸 *das* (囲 2 格 -s; 圈 -) 体温計

fieb·rig [フィーブリヒ] 形 (患者などが) 熱がある; (病気などが) 発熱性の

fiel [フィール] fallen の 直過

fie·le [フィーレ] fallen の 接Ⅱ

fies [フィース] 形《口語》(態度などが) 不快な, いやな

Fi·gur [フィグーア] 囡 *die* (囲 2 格 -; 圈 -en)
❶《ふつう 圈 なし》体つき, スタイル ▷ Sie hat eine gute *Figur*. 彼女はスタイルがいい
❷ (人・動物の) 像 ▷ eine *Figur* aus Holz schnitzen 木彫りの像を作る
❸ 図形
❹ (小説などの) 登場人物; (チェスの) こま

Fik·ti·on [フィクツィオーン] 囡 *die* (囲 2 格 -; 圈 -en)《文語》虚構

fik·tiv [フィクティーフ] 形《文語》虚構の, 架空の

Fi·li·a·le [フィリアーレ] 囡 *die* (囲 2 格 -; 圈 -n) 支店, 出張所

Film

[film フィルム]

男 *der* (囲 2 格 -[e]s; 圈 -e)

❶ 映画 (☆「映画館」は Kino)
Hast du dir den *Film* angesehen?
君はあの映画を見たかい

❷ (写真の) フィルム ▷ den *Film* entwickeln フィルムを現像する / einen neuen *Film* einlegen 新しいフィルムを入れる

❸ (物の表面を覆う) 薄い膜 ▷ Ein öliger *Film* bedeckt die Wasserfläche. 油の薄い膜が水面を覆う

fil·men [フィルメン] (filmte; gefilmt; 匪丒h)
— 囮 《④と》《‥⁴を》映画に撮る, 撮影する ▷ einen Stierkampf *filmen* 闘牛を撮影する
— 目 映画に出演する ▷ Die Schauspielerin *filmt* häufig im Ausland. その女優はしばしば外国の映画に出演する

Film·schau·spie·ler [フィルム・シャオ・シュピーラー] 男 *der* (囲 2 格 -s; 圈 -) 映画俳優

Film·schau·spie·le·rin [フィルム・シャオ・シュピーレリン] 囡 *die* (囲 2 格 -; 圈 ‥rinnen) 映画女優

Film·star [フィルム・スタール/‥シュタール] 男 *der* (囲 2 格 -s; 圈 -s) 映画スター

Fil·ter [フィルター] 男 *der* (囲 2 格 -s; 圈 -) フィルター, ろ紙; (写真機の) フィルター

Fil·ter·kaf·fee [フィルター・カフェー] 男 *der* (囲 2 格 -s; 圈 なし) ドリップコーヒー

fil·tern [フィルテルン] (filterte; gefiltert; 匪丒h) 囮 《④と》《‥⁴を》こす, ろ過する ▷ Kaffee *filtern* コーヒーを(こして)いれる

Fil·ter·pa·pier [フィルター・パピーア] 伸 *das* (囲 2 格 -s; 圈 -e) ろ過紙, こし紙

Fil·ter·tü·te [フィルター・テューテ] 囡 *die* (囲 2 格

Finger

—; ㊅ -n) (コーヒーをいれる時などに用いる)円錐形フィルター

Fil・ter・zi・ga・ret・te [フィルター・ツィガレッテ] 囡 *die* (㊁2格 -; ㊅ -n) フィルターつきタバコ

Filz [フィルツ] 男 *der* (㊁2格 -es; ㊅ -e)《織物》フェルト

fil・zen [フィルツェン] (filzte; gefilzt; 完了h)
— 他《口語》〔㊃と〕〔..⁴を〕(違法なことなどがないか)徹底的に検査する
— 自 (セーターなどが洗濯の後)縮む

Filz・hut [フィルツ・フート] 男 *der* (㊁2格 -[e]s; ㊅ ..hüte) フェルト帽

Fi・na・le [フィナーレ] 中 *das* (㊁2格 -s; ㊅ -)《スポ》決勝戦;《音楽》終楽章

Fi・nanz・amt [フィナンツ・アムト] 中 *das* (㊁2格 -[e]s; ㊅ ..ämter) 税務署

Fi・nan・zen [フィナンツェン] 複名 (国家などの)歳出入, 財政;《口語》(個人の)懐具合, 金回り

fi・nan・zi・ell [フィナンツィエル] 形 財政的な, 経済的な ▷ Ich habe *finanzielle* Schwierigkeiten. 私は経済的に困っている / aus *finanziellen* Gründen 経済的な理由から

fi・nan・zie・ren [フィナンツィーレン] (finanzierte; finanziert; 完了h)
他〔㊃と〕〔..⁴に〕資金援助をする, 融資する ▷ ein Projekt *finanzieren* プロジェクトに資金援助をする / Er *finanzierte* ihr das Studium. 彼は彼女に大学の学費を出してやった

Fi・nanz・mi・nis・ter [フィナンツ・ミニスター] 男 *der* (㊁2格 -s; ㊅ -) 大蔵大臣

Fi・nanz・mi・nis・te・ri・um [フィナンツ・ミニステーリウム] 中 *das* (㊁2格 -s; ㊅ ..terien) 大蔵省

Fin・del・kind [フィンデル・キント] 中 *das* (㊁2格 -[e]s; ㊅ -er) 捨て子

fin・den
[fíndn フィンデン]

現在		
ich finde		wir finden
du findest		ihr findet
er findet		sie finden

過去		
ich fand		wir fanden
du fandst		ihr fandet
er fand		sie fanden

過分		
gefunden		完了 haben

— 他 ❶〔㊃と〕〔..⁴を〕見つける, 見つけ出す(偶然に見つける場合も探していて見つける場合も含む)
auf der Straße eine Uhr *finden*
道で時計を見つける
Ich kann den Schlüssel nicht *finden*.
私は鍵を見つけることができない
Er ist nirgends zu *finden*.
彼はどこにも見つからない

❷〔㊃と〕〔解決策など⁴を〕(考えて)見つける ▷ einen Ausweg *finden* 逃げ道を見つける / die richtige Lösung *finden* 正しい答えを見つける

類語
finden (一般的な意味で)見つける
entdecken 思いもよらず見つける (☆ 驚きの感情を伴う)
stoßen 求めていたものではないものに思いもよらず出くわす (☆ auf+㊃ と)

❸〔㊃と〕〔..⁴を〕(努力して)手に入れる, 得る ▷ eine Wohnung *finden* 住まいを見つける /《比ゆ》Ich konnte keinen Schlaf *finden*. 私は眠れなかった / Er *fand* bei einem Unfall den Tod. 彼は事故で命を失った

❹〔㊃と〕+状態と〕〔..⁴を…と〕見なす ▷ Wie *findest* du das? 君はそれをどう思いますか / Er *findet* das Problem schwierig. 彼はその問題を難しいと思う

❺〔dass 文などと〕〔..⁴と〕思う ▷ Ich *finde*, dass er Recht hat. 私は彼が正しいと思う

❻〔特定の動作名詞と〕《受動的意味になる》Sie *findet* eine gute Aufnahme. 彼女は温かく受け入れられる

— 再《sich⁴と〕見つかる ▷ Der Brief hat sich wieder *gefunden*. 探していた手紙が見つかった
イディオム **Das wird sich alles finden.** すべてうまくくはっきりする)だろう

fin・dig [フィンディヒ] 形 機転のきく ▷ ein *findiger* Kopf 機転のきく人

Find・ling [フィントリング] 男 *der* (㊁2格 -s; ㊅ -e) 捨て子

fing [フィング] fangen の 過去

fin・ge [フィンゲ] fangen の 接Ⅱ

Fin・ger
[fíŋɐ フィンガー]
男 *der* (㊁2格 -s; ㊅ -)

(手の)指 (☆「足の指」は Zehe)
dicke *Finger* 太い指
einen Ring am *Finger* tragen
リングを指にはめている
den *Finger* auf den Mund legen
(黙るように)指を口もとに当てる
lange *Finger* machen《比ゆ》盗みを働く
keinen *Finger* rühren《比ゆ》何ひとつしようとしない

Zeigefinger　Daumen
Mittelfinger
Ringfinger
kleiner Finger

Finger

完了h, 完了s=完了の助動詞 haben, sein

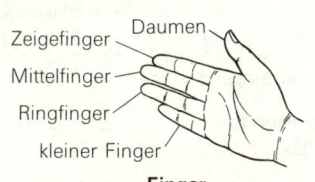

Fingerabdruck

Fin·ger·ab·druck [フィンガー・アップ・ドルック] 男 der (⸺2格 -[e]s; ⸺..drücke) 指紋

Fin·ger·breit [フィンガー・ブライト] 男 der 《成句で》 einen Fingerbreit 指一本分の幅 / keinen Fingerbreit まったく〈決して〉…ない

fin·ger·fer·tig [フィンガー・フェルティヒ] 形 指先の器用な

Fin·ger·fer·tig·keit [フィンガー・フェルティヒカイト] 女 die (⸺2格 -; まれに ⸺ -en) (ピアノ演奏などの)指先の器用さ

Fin·ger·hut [フィンガー・フート] 男 der (⸺2格 -[e]s; ⸺ ..hüte) (裁縫用の)指ぬき

Fin·ger·na·gel [フィンガー・ナーゲル] 男 der (⸺2格 -s; ⸺ ..nägel) 指のつめ

Fin·ger·ring [フィンガー・リング] 男 der (⸺2格 -[e]s; ⸺ -e) 指輪

Fin·ger·spit·ze [フィンガー・シュピッツェ] 女 die (⸺2格 -; ⸺ -n) 指先

Fin·ger·spit·zen·ge·fühl [フィンガー・シュピッツェンゲフュール] 中 das (⸺2格 -[e]s; ⸺ なし) (物事に対する)繊細な感覚

Fink [フィンク] 男 der (⸺2・3・4格 -en; ⸺ -en) 《鳥》アトリ

Fin·ne [フィンネ] 男 der (⸺2・3・4格 -n; ⸺ -n) フィンランド人

fin·nisch [フィンニシュ] 形 フィンランド[人]の; フィンランド語の

Finn·land [フィン・ラント] (中 das) 《国名》フィンランド (用法: ☞ Deutschland)

fins·ter [フィンスター]
形 ❶ 真っ暗な ▷ eine finstere Nacht 真っ暗な夜 / Es wird jetzt schon früh finster. 今はもう早い時間に真っ暗になる
❷ (印象・表情などが)陰気な, 暗い
(イディオム) im Finstern tappen 暗闇で手探りをする; 《比ゆ》暗中模索する

Fins·ter·nis [フィンスターニス] 女 die (⸺2格 -; ⸺ ..nisse) 闇, 暗闇

Fin·te [フィンテ] 女 die (⸺2格 -; ⸺ -n) 《文語》トリック, 策略

Fir·le·fanz [フィルレファンツ] 男 der (⸺2格 -es; ⸺ なし) 《口語》余分なもの, くだらないもの

firm [フィルム] 形 《成句で》 in+③ firm sein …³に習熟〈熟達〉している

Fir·ma [フィルマ] 女 die (⸺2格 -; ⸺ Firmen) 会社, 商事会社 ▷ eine Firma gründen 会社を設立する / Er arbeitet lange in dieser Firma. 彼は長いことこの会社で働いている

Fir·ma·ment [フィルマメント] 中 das (⸺2格 -[e]s; ⸺ なし) 《文語》天空, 蒼穹

fir·men [フィルメン] (firmte; gefirmt; ⸺h) 他 《キリスト教》④と (特に司教が) […⁴に] 堅信を授ける

Fir·men [フィルメン] Firma の 複

Fisch

[fɪʃ フィッシュ]

男 der (⸺2格 -[e]s; ⸺ -e)

格	単 数	複 数
①	der Fisch	die Fische
②	des Fisch[e]s	der Fische
③	dem Fisch	den Fischen
④	den Fisch	die Fische

魚
Fische angeln
魚を釣る
Er ist munter wie ein Fisch im Wasser.
彼は水に放たれた魚のように元気だ
Heute gibt es Fisch. きょうは魚料理だ

fi·schen [フィッシェン] (fischte; gefischt; ⸺h)
― 自 (釣りざおや網で)魚釣りをする, 魚をとる ▷ Er fischt mit der Angel. 彼は釣りざおで魚を釣る
― 他 《④と》(釣りざお・網などで)〔魚⁴を〕釣る

Fi·scher [フィッシャー] 男 der (⸺2格 -s; ⸺ -) 漁師, 漁夫

Fi·sche·rei [フィッシェライ] 女 die (⸺2格 -; ⸺ なし) 漁業 ▷ von der Fischerei leben 漁業で生計を立てる

Fisch·ge·richt [フィッシュ・ゲリヒト] 中 das (⸺2格 -[e]s; ⸺ -e) 魚料理

Fisch·händ·ler [フィッシュ・ヘンドラー] 男 der (⸺2格 -s; ⸺ -) 魚屋

Fis·tel·stim·me [フィステル・シュティメ] 女 die (⸺2格 -; ⸺ -n) 《口語》(不快な)高い声

fit [フィット] 形 《口語》体調〈コンディション〉のよい (☆述語として) ▷ Er hatte sich erholt und war fit. 彼は休養をとり体調がよかった

Fit·tich [フィッティヒ] 男 der (⸺2格 -[e]s; ⸺ -e) 翼

fix [フィクス]
形 ❶ 《口語》機敏な, てきぱきした, すばやい ▷ fix wegrennen すばやく走り去る
❷ (給料などが)固定した ▷ eine fixe Idee 固定観念
(イディオム) fix und fertig sein 《口語》くたくたに疲れている; 破滅した

fi·xie·ren [フィクスィーレン]
(fixierte; fixiert; ⸺h)
他 ❶ 《官庁》《④と》〔供述など⁴を〕文書にまとめる
❷ 《④+④と》[…⁴を…に]固定させる
❸ 《④と》〔写真など⁴を〕(定着液で)定着させる
❹ 《④と》[…⁴を]凝視する

Fix·stern [フィクス・シュテルン] 男 der (⸺2格 -[e]s; ⸺ -e) 《天文》恒星

FKK [エフカーカー] 女 die (⸺2格 -; ⸺ なし)

Flecken

[*Freikörperkultur* の略語] ヌーディスト運動 ▷ *FKK* machen 〈treiben〉《口語》裸で行動する;（特に）裸で泳ぐ

flach [フラッハ] (比較 -er, 最上 -[e]st)
形 ❶（土地などが）平らな ▷ ein *flaches* Gelände 平らな土地 / sich⁴ *flach* hinlegen 体を伸ばして横になる / mit der *flachen* Hand 平手で

❷（物が）平たい ▷ ein *flacher* Bau 平たい建物 / ein *flacher* Teller（底が浅く）平らな皿 / Schuhe mit *flachen* Absätzen ローヒールの靴

Flä·che [フレッヒェ] 女 die（⊕2格 -;⊕ -n）
❶（一定の広がりをもった）平地
❷（物体の）面 ▷ Der Würfel hat sechs *Flächen*. 立方体は面が6つある

flach|fal·len [フラッハ・ファレン] 分離
(er fällt flach; fiel flach; flachgefallen; 匣了s)
自《口語》（催し物などが）取りやめになる

Flachs [フラクス] 男 der（⊕2格 -es;⊕ なし）《植物》アマ；アマの繊維

flach·sen [フラクセン]
(flachste; geflachst; 匣了h)
自《口語》冗談を言う

fla·ckern [フラッケルン]
(flackerte; geflackert; 匣了h)
自（炎などが）ゆらゆらする，揺らめく；（電球が）明滅する

Fla·geo·lett [フラジョレット] 中 das（⊕2格 -s;⊕ -e〈-s〉）《楽器》フラジョレット（小型の縦笛）

Flag·ge [フラッゲ] 女 die（⊕2格 -;⊕ -n）旗 ▷ Das Schiff läuft unter japanischer *Flagge* aus. その船は日章旗を掲げて出航する

flag·gen [フラッゲン] (flaggte; geflaggt; 匣了h)
自（祝い事などのために）旗を掲げる

Flagg·schiff [フラック・シフ] 中 das（⊕2格 -[e]s;⊕ -e）旗艦

fla·grant [フラグラント] 形《文語》（違反・矛盾などが）明白な

Flair [フレーア] 中 das（⊕2格 -s;⊕ なし）《文語》雰囲気

Flam·me [フラメ] 女 die（⊕2格 -;⊕ -n）炎，火炎 ▷ eine helle *Flamme* 明るい炎 / Die *Flammen* flackern. 炎がゆらゆらする / Das ganze Gebäude ging in *Flammen* auf. その建物は全焼した / Die Scheune stand in *Flammen*. 納屋は炎につつまれていた

Flamm·punkt [フラム・プンクト] 男 der（⊕2格 -[e]s;⊕ -e）引火点

fla·nie·ren [フラニーレン]
(flanierte; flaniert; 匣了h,s)
自《文語》（通りなどを）ぶらつく

Flan·ke [フランケ] 女 die（⊕2格 -;⊕ -n）（馬などの）わき腹，横腹

flan·kie·rend [フランキーレント] 形《成句で》*flankierende Maßnahmen ergreifen* 補助策を講じる

Fla·sche [フラッシェ] 女 die（⊕2格 -;⊕ -n）びん ▷ Er trinkt Bier aus der *Flasche*. 彼はビールをびんから直接飲む /《数量単位として》eine *Flasche* Bier ビール1びん / zwei *Flaschen* Wein ワイン2びん

Fla·schen·bier [フラッシェン・ビーア] 中 das（⊕2格 -[e]s;⊕ -e）びんビール

Fla·schen·öff·ner [フラッシェン・エフナー] 男 der（⊕2格 -s;⊕ -）びんの栓抜き

Fla·schen·zug [フラッシェン・ツーク] 男 der（⊕2格 -[e]s;⊕ ..züge）滑車装置

flat·tern [フラッテルン]
(flatterte; geflattert; 匣了s,h)
自 ❶（チョウが）ひらひらと飛ぶ，（鳥が）ばたばたと飛ぶ；（木の葉・紙などが）舞い落ちる
❷（旗などが）風にひるがえる；（洗濯物などが）風に揺れる

flau [フラオ] 形《口語》（空腹などのため）体がふらふらする ▷ Ihm wurde vor Hunger *flau*. 彼は空腹のあまり体がふらふらした

Flaum [フラオム] 男 der（⊕2格 -[e]s;⊕ なし）（鳥の）にこ毛，綿毛；（桃などの表面の）毛；（若者の，生え始めのやわらかい）ひげ

Flausch [フラオシュ] 男 der（⊕2格 -[e]s;⊕ -e）フリース（厚手の羊毛地）

flau·schig [フラオシヒ] 形（フリースのように）柔らかい，ふわふわした

Flau·sen [フラオゼン] 複名 ふまじめなこと，悪ふざけ ▷ nichts als *Flausen* 〈nur *Flausen*〉im Kopf haben《口語》ふまじめなこと〈悪ふざけ〉しか頭にない

Flau·te [フラオテ] 女 die（⊕2格 -;⊕ -n）
❶ 沈滞，停滞；《経済》不況，不景気
❷《海》なぎ

flä·zen [フレーツェン] (fläzte; gefläzt; 匣了h)
再（sich⁴と）だらしない姿勢で座っている

Flech·te [フレヒテ] 女 die（⊕2格 -;⊕ -n）《植》地衣類

flech·ten [フレヒテン]
(du flichtst, er flicht; flocht; geflochten; 匣了h)
他（④と）[..⁴を]編む ▷ einen Kranz *flechten* 花輪を編む / die Haare in Zöpfe *flechten* 髪をお下げに編む

Fleck [フレック] 男 der（⊕2格 -[e]s;⊕ -e）
❶ 染み ▷ einen *Fleck* entfernen 染みを抜く
❷ あざ，斑点 ▷ einen blauen *Fleck* bekommen 青あざをつくる
《イディオム》*nicht vom Fleck kommen* はかどらない ▷ Ich *komme* mit meiner Arbeit *nicht vom Fleck*. 私は仕事がはかどらない

Fle·cken [フレッケン] 男 der（⊕2格 -s;⊕ -）

=Fleck

Fle·der·maus [フレーダー・マオス] 囡 die (⊕ 2 格 -; ..mäuse)《動物》コウモリ

Fle·gel [フレーゲル] 男 der (⊕ 2 格 -s; ⊕ -) 無作法な〈ぶしつけな〉やつ

fle·gel·haft [フレーゲルハフト] 形 (態度などが)無作法な

fle·hen [フレーエン] (flehte; gefleht; 医助h)
自 (④と)〔許しなど⁴を〕懇願する, 哀願する

Fleisch
[flaiʃ フライシュ]

田 das (⊕ 2 格 -[e]s; ⊕ なし)

❶ (食品としての)肉
gehacktes Fleisch
ひき肉
zwei Kilogramm Fleisch kaufen
肉を2キロ買う
Ich esse gern Fleisch. 私は肉が好きだ
❷ (骨・皮に対する)肉 ▷ Der Strick schnitt ins Fleisch. 縄が肉に食い込んだ
❸ 果肉 ▷ Das Fleisch der Pfirsiche ist sehr saftig. その桃の果肉は水気がとても多い

Flei·scher [フライシャー] 男 der (⊕ 2 格 -s; ⊕ -) 肉屋(＝Metzger, Schlachter)

Flei·sche·rei [フライシェライ] 囡 die (⊕ 2 格 -; ⊕ -en) (店としての)肉屋 (＝Metzgerei, Schlachterei)

Fleisch·ge·richt [フライシュ・ゲリヒト] 田 das (⊕ 2 格 -[e]s; ⊕ -e) 肉料理

flei·schig [フライシヒ] 形 (手足などが)肉づきのよい, (果物が)果肉の豊富な

Fleiß [フライス] 男 der (⊕ 2 格 -es; ⊕ なし) 勤勉 (⊗ Faulheit)

flei·ßig [フライスィヒ] 形 (比較 -er, 最上 -st)
形 勤勉な (⊗ faul) ▷ fleißig arbeiten 勤勉に働く / Sie ist sehr fleißig. 彼女は非常に勤勉だ / Du musst fleißig spazieren gehen. 君はせっせと散歩をしなければだめだよ

flek·tie·ren [フレクティーレン] (flektierte; flektiert; 医助h)
他 《文法》(④と)〔動詞・名詞など⁴を〕語形変化〈屈折〉させる

flen·nen [フレンネン] (flennte; geflennt; 医助h)
自 《口語》泣きわめく

flet·schen [フレッチェン] (fletschte; gefletscht; 医助h)
他 (④と)(犬・ライオンなどが)[歯⁴を]むき出す

flicht [フリヒト] flechten の 現在, 命令

flichtst [フリヒストゥ] flechten の 現在

fli·cken [フリッケン] (flickte; geflickt; 医助h)
他 (④と)〔衣類など⁴に〕継ぎを当てる, 繕う, 補修する ▷ die zerrissene Hose flicken 破れたズボンに継ぎを当てる / Die Fischer flickten ihre Netze. 漁師たちは網を補修した

Fli·cken [フリッケン] 男 der (⊕ 2 格 -s; ⊕ -) (衣服の破れなどに当てる)継ぎ布; 補修用の革〈ゴム・板金〉

Flie·der [フリーダー] 男 der (⊕ 2 格 -s; ⊕ -) 《植物》ライラック, リラ

Flie·ge [フリーゲ] 囡 die (⊕ 2 格 -; ⊕ -n) 《昆虫》ハエ; 蝶ちょうネクタイ

flie·gen
[fliːgn フリーゲン]

現在	ich fliege	wir fliegen
	du fliegst	ihr fliegt
	er fliegt	sie fliegen
過去	ich **flog**	wir flogen
	du flogst	ihr flogt
	er flog	sie flogen
過分	geflogen	医助 sein, haben

— 自 (医助s) ❶ (飛行機・鳥などが)飛ぶ
Das Flugzeug fliegt über den Wolken.
飛行機は雲の上を飛ぶ
Die Biene fliegt von Blüte zu Blüte.
ミツバチが花から花へと飛ぶ
Die Schwalben fliegen nach Süden.
ツバメは南へ向かって飛んで行く
❷ (飛行機で)飛ぶ ▷ Fährst du mit der Bahn, oder fliegst du? 鉄道で行きますか 飛行機で行きますか / Er fliegt nicht gern. 彼は飛行機に乗るのが好きではない
❸ 《方向と》[…へ](飛行機などで)行く ▷ Er ist nach London geflogen. 彼はロンドンに飛行機で行った
❹ (物が投げられたりして)飛んで行く〈来る〉; (旗などが風に)ひるがえる
❺ 《口語》(職場などから)追われる
(イディオム) **in die Luft fliegen** (爆発して)ふっ飛ぶ ▷ Der Benzintank flog in die Luft. ガソリンタンクが爆発してふっ飛んだ
— 他 (医助h) ❶ (④と)〔飛行機など⁴を〕操縦する ▷ Er hat die Maschine heute zum ersten Mal geflogen. 彼はその飛行機をきょう初めて操縦した
❷ (④＋方向と)[…⁴を…へ](飛行機などで)運ぶ, 空輸する ▷ Die Verwundeten wurden mit Hubschraubern ins Krankenhaus geflogen. 負傷者はヘリコプターで病院に運ばれた
— 再 (医助h) (sich⁴＋様態と)(飛行機などが)操縦するのに[…]だ ▷ Die Maschine fliegt sich gut. この飛行機は操縦しやすい
(イディオム) **es fliegt sich＋様態＋条件と** 飛ぶのに…は…だ ▷ Bei Nebel fliegt es sich schlecht. 霧が出ると飛行機の操縦がしにくくなる

flie·gen·de [フリーゲンデ] 形 空を飛ぶ; 移動す

る《☆名詞につけて》▷ ein *fliegender* Fisch トビウオ / ein *fliegender* Händler 行商人
イディオム in *fliegender* Eile〈*Hast*〉大急ぎで

Flie·ger [フリーガー] 男 *der* (⓾2格 -s; 複) 《口語》飛行機、パイロット

flie·hen [フリーエン] (floh; geflohen; 完了s)
自 逃げる、逃走する ▷ Der Mörder ist aus dem Gefängnis *geflohen*. その殺人犯は刑務所から逃げ出した

類語
fliehen 危険な場所から逃げ出す
flüchten 主に安全な場所へ逃げて行く（☆fliehen よりも動きのスピードが強調される）
emigrieren 政治的な理由などから亡命する

Flie·se [フリーゼ] 女 *die* (⓾2格 -; 複 -n) タイル

Fließ·band [フリース・バント] 中 *das* (⓾2格 -[e]s; 複 ..bänder) ベルトコンベヤー ▷ Er arbeitet am *Fließband*. 彼は流れ作業に従事している

flie·ßen [フリーセン] (floss; geflossen; 完了s)
自 ❶ (液体が) 流れる ▷ Das Wasser *fließt*. 水が流れる / Der Rhein *fließt* in die Nordsee. ライン川は北海に流れ込む
❷ (交通などが) よどみなく流れる ▷ Der Verkehr *fließt* ungehindert. 交通は順調に流れている

flie·ßend [フリーセント]
形 ❶ 流れるような、流暢な ▷ Er spricht *fließend* Deutsch. 彼は流暢にドイツ語を話す
❷ (境界が) 流動的な、定まらない、明確でない

flim·mern [フリムメルン] (flimmerte; geflimmert; 完了h)
自 きらきら光る; (テレビの画像などが) ちらちらする ▷ Die Sterne *flimmern*. 星がきらきら光る

flink [フリンク]
形 すばやい、敏捷な、すばしこい ▷ *flink* arbeiten すばやく仕事をする

Flin·te [フリンテ] 女 *die* (⓾2格 -; 複 -n) (散弾を用いる) 猟銃

Flirt [フレート] 男 *der* (⓾2格 -s; 複 -s) いちゃいちゃすること; たわむれの恋愛

flir·ten [フレーテン] (flirtete; geflirtet; 完了h)
自 《mit+③と》〔異性の気を引こうと〕色目などを使う ▷ Sie *flirtet* mit ihm. 彼女は彼に色目を使う

Flitt·chen [フリットヒェン] 中 *das* (⓾2格 -s; 複 -) 《口語》 (すぐ男と寝る) 尻軽女

Flit·ter·wo·chen [フリッター・ヴォッヘン] 複名 ハネムーン

flit·zen [フリッツェン] (flitzte; geflitzt; 完了s)
自 《口語》(人が) 勢いよく走る、(車が) 疾走する

flocht [フロホト] flechten の 過去

Flo·cke [フロッケ] 女 *die* (⓾2格 -; 複 -n)
❶ (泡・綿のような) 柔らかい小さな塊; 雪片 ▷ Der Schnee fällt in dicken *Flocken*. ぼたん雪が降る
❷ 《ふつう 複 で》《食品》フレーク

flog [フローク] fliegen の 過去

flö·ge [フレーゲ] fliegen の 接II

floh [フロー] fliehen の 過去

Floh [フロー] 男 *der* (⓾2格 -[e]s; 複 Flöhe) 《昆虫》ノミ

Flö·he [フレーエ] Floh の 複数

Floh·markt [フロー・マルクト] 男 *der* (⓾2格 -[e]s; 複 ..märkte) ノミの市、がらくた市 ▷ Die Lampe habe ich auf dem *Flohmarkt* gekauft. そのランプは私がノミの市で買ったものだ

Flo·rett [フロレット] 中 *das* (⓾2格 -s; 複 -e) フルーレ (フェンシング用の剣)

flo·rie·ren [フロリーレン] (florierte; floriert; 完了h)
自 (商売などが) 繁盛している; (芸術などが) 盛んである

Flos·kel [フロスケル] 女 *die* (⓾2格 -; 複 -n) (演説などの) 決まり文句、美辞麗句

floss [フロス] fließen の 過去

flöß 旧→新 floss

Floß [フロース] 中 *das* (⓾2格 -es; 複 Flöße) いかだ ▷ mit einem *Floß* den Fluss hinabfahren いかだで川を下る

Flos·se [フロッセ] 女 *die* (⓾2格 -; 複 -n) (魚の) ひれ

Flö·ße [フレーセ] Floß の 複数

Flö·te [フレーテ] 女 *die* (⓾2格 -; 複 -n) 《楽器》フルート、笛 ▷ Er spielt *Flöte*. 彼はフルートを吹く

flö·ten [フレーテン] (flötete; geflötet; 完了h)
自 ❶ フルートを吹く
❷ 《口語》猫なで声でしゃべる

flott [フロット]
形 《口語》❶ 機敏な、てきぱきした ▷ eine *flotte* Bedienung 迅速なサービス
❷ (服装などが) しゃれた、あかぬけした

Flot·te [フロッテ] 女 *die* (⓾2格 -; 複 -n) 《集合的に》艦隊; 船団、船隊

Fluch [フルーフ] 男 *der* (⓾2格 -[e]s; 複 Flüche)
❶ ののしることば ▷ Er hat einen derben *Fluch* ausgestoßen. 彼はひどいののしりことばを吐いた
❷ 《複 なし》のろい、たたり

Flü·che [フリューヒェ] Fluch の 複数

flu·chen [フルーヘン] (fluchte; geflucht; 完了h)
自 ののしる ▷ Er *fluchte* über seinen Chef. 彼は上司のことをののしった

Flucht [フルフト] 女 *die* (⓾2格 -; 複 なし) 逃亡、逃走 ▷ die *Flucht* aus dem Lager 収容所からの逃走 / die *Flucht* ergreifen 逃走する / auf der *Flucht* sein 逃走中である

完了h, 完了s = 完了の助動詞 haben, sein

flüch·ten [フリュヒテン] (flüchtete; geflüchtet)
— [自] 〘[完了]s〙 (突然の緊急事態などに直面して)逃げる, 逃亡する (☆ fliehen と比べ, 動きやスピードが強調される) ▷ Die Katze *flüchtet* auf den Baum. 猫が木の上に逃げる
— [再] 〘[完了]h〙《文語》〘[sich]⁴+[方向]と〙(安全なところに)逃げて身の安全を図る

flüch·tig [フリュヒティヒ]
[形] ❶ ぞんざいな; 〘副詞的に〙 ざっと ▷ eine *flüchtige* Arbeit ぞんざいな仕事 / die Bilder nur *flüchtig* ansehen 絵をただざっと見る
❷ 慌ただしい, ほんの一瞬の ▷ ein *flüchtiger* Besuch 慌ただしい訪問
❸ 逃走中の ▷ ein *flüchtiger* Verbrecher 逃走中の犯罪者
[イディオム] ④+***nur flüchtig kennen*** …⁴をほんの少ししか知らない

Flücht·ling [フリュヒトリング] [男] *der* ([単] 2 格 -s; [複] -e) (特に戦争などによる)難民, 亡命者

Flücht·lings·la·ger [フリュヒトリングス・ラーガー] [中] *das* ([単] 2 格 -s; [複] -) 難民収容所

Flug [フルーク] [男] *der* ([単] 2 格 -[e]s; [複] Flüge)
❶ 〘[複] なし〙 飛行 ▷ den *Flug* eines Flugzeuges beobachten 飛行機の飛行を観察する
❷ (飛行機による)空の旅 ▷ Haben Sie einen guten *Flug* gehabt? 空の旅は快適でしたか / einen *Flug* nach London buchen ロンドン行きの便を予約する

Flug·blatt [フルーク・ブラット] [中] *das* ([単] 2 格 -[e]s; [複] ..blätter) ビラ, ちらし

Flü·ge [フリューゲ] Flug の [複数]

Flü·gel [フリューゲル] [男] *der* ([単] 2 格 -s; [複] -)
❶ (鳥・昆虫の)羽, 翼 (☆ 翼の 1 本 1 本の「羽」は Feder) ▷ die *Flügel* eines Vogels 鳥の羽 / die *Flügel* einer Libelle トンボの羽 / ein Schmetterling mit weißen *Flügeln* 白い羽のチョウ / Der Adler breitet die *Flügel* aus. ワシは翼を広げる
❷ グランドピアノ ▷ auf dem *Flügel* spielen グランドピアノを弾く

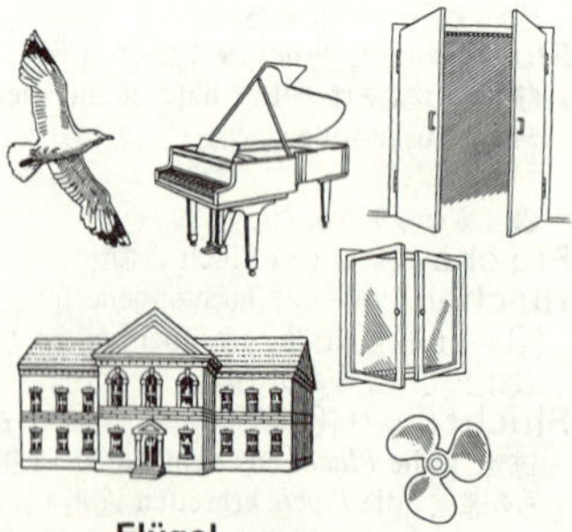

Flügel

❸ (左右両開きの)扉 ▷ der linke *Flügel* eines Fensters 窓の左の扉
❹ (飛行機の)主翼; (政党内の)派; (建物の)そで
❺ 〘ふつう [複] で〙 (風車・プロペラなどの)羽根

flüg·ge [フリュッゲ] [形] 〘成句で〙 ***flügge werden*** ⟨***sein***⟩ (若鳥が)飛べるようになる⟨なっている⟩; (子供が)一人前になる⟨なっている⟩

Flug·ha·fen [フルーク・ハーフェン] [男] *der* ([単] 2 格 -s; [複] ..häfen)
空港 ▷ ein internationaler *Flughafen* 国際空港

Flug·platz [フルーク・プラッツ] [男] *der* ([単] 2 格 -es; [複] ..plätze) 飛行場 ▷ Sie trafen auf dem *Flugplatz* ein. 彼らは飛行場に到着した

Flug·zeug

[flúːktsɔyk フルーク・ツォイク]

[中] *das* ([単] 2 格 -[e]s; [複] -e)

飛行機, 航空機
Das *Flugzeug* ist abgestürzt.
飛行機は墜落した
Wir fliegen mit dem *Flugzeug* nach Berlin.
私たちは飛行機でベルリンへ行きます

Flug·zeug·ab·sturz [フルーク・ツォイク・アップ・シュトゥルツ] [男] *der* ([単] 2 格 -es; [複] ..stürze) 飛行機の墜落

Flug·zeug·un·glück [フルーク・ツォイク・ウン・グリュック] [中] *das* ([単] 2 格 -[e]s; [複] -e) 飛行機事故

Flu·i·dum [フルーイドゥム] [中] *das* ([単] 2 格 -s; [複] なし) 雰囲気, ムード

flun·kern [フルンケルン]
(flunkerte; geflunkert; [完了]h)
[自] 《口語》(話しているとき)ちょっとうそを言う

Flu·or·chlor·koh·len·was·ser·stoff [フルーオア・クローア・コーレン・ヴァッサー・シュトフ] [男] *der* ([単] 2 格 -[e]s; [複] -e) フロンガス ([略] FCKW)

Flur [フルーア] [男] *der* ([単] 2 格 -[e]s; [複] -e) 廊下 ▷ Auf dem *Flur* waren Schritte zu hören. 廊下で足音が聞こえた

Fluss

[flʊs フルス]

[男] *der* ([単] 2 格 -es; [複] Flüsse)

格	単 数	複 数
①	der Fluss	die Flüsse
②	des Flusses	der Flüsse
③	dem Fluss	den Flüssen
④	den Fluss	die Flüsse

❶ 川, 河川 (☆「小川」は Bach, 「大河」は Strom)

ein breiter *Fluss*
幅の広い川
den *Fluss* abwärts 〈aufwärts〉 fahren
川を下る〈上る〉
Dieser *Fluss* mündet in die Nordsee.
この川は北海に注いでいる
❷ 〚[複] なし〛(交通などの)流れ
[イディオム] ***in Fluss kommen*** (物事が)流れ出す ▷ Der Verkehr *kommt in Fluss*. 交通が流れ出す

Fluß [旧⇨新] Fluss

Flüs·se [フリュッセ] Fluss の [複数]

flüs·sig [フリュッスィヒ]
[形] ❶ **液体の, 液状の** ([反] fest) ▷ Die Butter ist *flüssig* geworden. バターが溶けた
❷ (演説などが)よどみない ▷ Sie spricht *flüssig*. 彼女はよどみなく話す

Flüs·sig·keit [フリュッスィヒカイト] [女] *die* ([単] 2格 –; [複] –en) **液体; 水分** ▷ Bei Fieber muss man viel *Flüssigkeit* zu sich nehmen. 熱のあるときは水分を多くとらなければならない

Flüs·sig·kris·tall [フリュッスィヒ・クリスタル] [中] *das* ([単] 2格 –s; [複] –e) 液晶

Flüs·sig·kris·tall·an·zei·ge [フリュッスィヒ・クリスタル・アン・ツァイゲ] [女] *die* ([単] 2格 –; [複] –n) 液晶ディスプレイ (＝LCD)

Fluss·ufer ([旧] **Fluß..**) [フルス・ウーファー] [中] *das* ([単] 2格 –s; [複] –) 川岸

flüs·tern [フリュステルン]
(flüsterte; geflüstert; [完了]h)
[自] ささやく, 小さな声で話す
[イディオム] ③+④+***ins Ohr flüstern*** ‥³の耳もとで‥⁴をささやく

Flut [フルート] [女] *die* ([単] 2格 –; [複] –en)
❶ 〚[複] なし〛 **満潮, 上げ潮** ([反] Ebbe) ▷ bei *Flut* 満潮のときに / 《比ゆ》 Eine *Flut* von Beschwerdebriefen traf ein. 抗議の手紙が次々に殺到した
❷ 《文語》〔ふつう [複] で〕 洪水

focht [フォホト] fechten の [過去]

Foh·len [フォーレン] [中] *das* ([単] 2格 –s; [複] –) (3歳までの)子馬

Föhn [フェーン] [男] *der* ([単] 2格 –[e]s; [複] –e)
❶ 〚[複] なし〛《気象》 フェーン
❷ 《商標》 フェーン(ヘアドライヤー)

Fol·ge [フォルゲ] [女] *die* ([単] 2格 –; [複] –n)
❶ **結果** ▷ eine unerwartete *Folge* 予期せぬ結果 / alle *Folgen* bedenken すべての結果を考慮に入れる / Die *Folge* davon ist, dass … その結果は…ということだ
❷ 連続するもの, 一連の; 順番 ▷ eine *Folge* von Tönen 一連の音 / in alphabetischer *Folge* アルファベット順に
❸ (シリーズものの)1つ ▷ die nächste *Folge* der Zeitschrift 雑誌の次号
[イディオム] ③+***Folge leisten*** 《文語》 ‥³に従う ▷ einem Befehl *Folge leisten* 命令に従う
④+***zur Folge haben*** 結果として‥⁴をもたらす ▷ Das Unwetter *hatte* schwere Schäden *zur Folge*. あらしは重大な損害をもたらした

fol·gen [フォルゲン] (folgte; gefolgt)
[自] ❶ 〚[完了]s〛〚③と〛〔‥³に〕**ついて行く** ▷ einer Spur *folgen* 跡をたどる / Er *folgte* der Mutter ins Haus. 彼は母親について家に入った / Nur wenige Leute *folgten* dem Sarg. わずかな人しか柩(ひつぎ)について行かなかった
❷ 〚[完了]s〛〚③と〛〔‥³に〕(理解しながら)ついて行く ▷ Das Kind *folgt* mit Interesse dem Unterricht. その子供は興味をもって授業について行く / Kannst du mir *folgen*? 私の話について来れるかい
❸ 〚[完了]s〛〚③ 〈auf+④〉と〛(時間的に)〔‥³⁽⁴⁾の〕あとに来る ▷ Dem Winter *folgte* ein schönes Frühjahr. 冬に続いて美しい春がやって来た
❹ 〚[完了]s〛〚aus+③と〛〔‥³から〕結論として出る ▷ Daraus *folgt*, dass … そのことから…ということが推測される
❺ 〚[完了]s〛〚③と〛〔忠告・手本など³に〕従う ▷ Ich *folge* seinem Rat. 私は彼の忠告に従う
❻ 〚[完了]h〛〚③と〛〔‥³の〕言うことをきく, 言うとおりにする ▷ Das Kind *folgt* immer der Mutter. その子供はいつも母親の言うことをきく
[イディオム] ***wie folgt*** 次のように

fol·gend [フォルゲント]
[形] **次の**, 次のような ▷ im *folgenden* Monat 来月に / 〚名詞的に〛 Er hat dazu *Folgendes* gesagt. 彼はそのことに対して次のようなことを言った
[イディオム] ***im folgenden*** [旧⇨新] **im Folgenden** 次に, これから以下に

fol·gen·der·ma·ßen [フォルゲンダー・マーセン] [副] 次のように

fol·gern [フォルゲルン]
(folgerte; gefolgert; [完了]h)
[他] 〚④+aus+③と〛〔‥³から‥⁴という〕**結論を引き出す** ▷ Aus seinen Worten *folgerte* ich, dass er einverstanden sei. 私は彼のことばから彼が同意したと判断した

Fol·ge·rung [フォルゲルング] [女] *die* ([単] 2格 –; [複] –en) (推論に基づく)**結論** ▷ eine *Folgerung* aus+③ ziehen ‥³から結論を引き出す

folg·lich [フォルクリヒ] [副] したがって, だから

folg·sam [フォルクザーム] [形] (ふつう子供が)従順な, すなおな

folg·te [フォルクテ] folgen の [過去]

Fo·lie [フォーリエ] [女] *die* ([単] 2格 –; [複] –n) (食料品などを包む)ホイル, ラップ

Fol·ter [フォルター] [女] *die* ([単] 2格 –; [複] –n) 拷

問

fol·tern [フォルテルン]
(folterte; gefoltert; 医h)
他《④と》[‥⁴を]拷問にかける ▷ Die Gefangenen wurden *gefoltert*. 捕虜たちは拷問にかけられた

Fön [フェーン] =Föhn

Fon·tä·ne [フォンテーネ] 女 die (変2格 -; 変 -n) 噴水 (ほとばしる水および装置を指す)

fop·pen [フォッペン] (foppte; gefoppt; 医h)
他《④と》[‥⁴を]からかう

for·cie·ren [フォルスィーレン]
(forcierte; forciert; 医h)
他《文語》《④と》[テンポなどを]速める、[努力などを]強める

for·dern [フォルデルン]
(forderte; gefordert; 医h)
他 ❶《④と》[‥⁴を]要求する ▷ Er *forderte* eine hohe Summe. 彼は多額の金を要求した / 《比喩》Der Unfall *forderte* viele Opfer. その事故で多くの犠牲者が出た
❷《④と》[‥⁴に]全力を出すことを要求する ▷ Die Arbeit *fordert* ihn sehr. この仕事で彼は手いっぱいだ

för·dern [フェルデルン]
(förderte; gefördert; 医h)
他 ❶《④と》[学術などを]振興する; [才能などを]助長する ▷ den Handel 〈die Wissenschaft〉 *fördern* 貿易〈科学〉を振興する
❷《④と》[芸術家などを]支援する, 援助する ▷ Er hat viele junge Künstler *gefördert*. 彼は多くの若い芸術家を援助した / den Nachwuchs *fördern* 後進を育成する
❸《④と》[地下資源⁴を]採掘する

for·der·te [フォルデルテ] fordern の 過去

For·de·rung [フォルデルング] 女 die (変2格 -; 変 -en) 要求 ▷ eine ungerechte *Forderung* 不当な要求 / eine *Forderung* erfüllen 要求を満たす / eine *Forderung* an+④ stellen ‥⁴にある要求を持ち出す

För·de·rung [フェルデルング] 女 die (変2格 -; 変 なし) (学術などの)振興, 支援, 援助; (地下資源などの)採掘

Fo·rel·le [フォレレ] 女 die (変2格 -; 変 -n) ブラウントラウト (冷たい小川などに生息し, 美味として有名なサケ科の魚; ふつう日本では「マス」と訳す)

Fo·ren [フォーレン] Forum の 複

Form [フォルム] 女 die (変2格 -; 変 -en)
❶ (物の)形, 外形 ▷ Die Vase hat eine elegante *Form*. その花びんは品のいい形をしている / in *Form* von Tropfen 水滴となって
❷ (社会生活などの)形態; (芸術作品などの)形式 ▷ neue *Formen* des ehelichen Zusammenlebens 結婚生活の新しい形態

❸《ふつう 複 で》礼儀作法 ▷ Er hat keine *Formen*. 彼は無作法だ
❹ (ケーキ・パンなどを焼く)型; 鋳型
❺《口語》《複 なし》体調, コンディション (特にスポーツに関して) ▷ Ich bin heute nicht ganz in *Form*. 私はきょうコンディションが万全ではない
イディオム *Formen annehmen* 形をとる ▷ Der Plan *nimmt* allmählich feste *Formen an*. 計画は徐々にしっかりした形をとりつつある

for·mal [フォルマール]
形 ❶ 形式上の, 形式に関する ▷ Das ist eine rein *formale* Angelegenheit. それは純粋に形式に関する事柄だ
❷ 形式上だけの, 形式的な ▷ Er ist *formal* noch Leiter. 彼は形式的にはまだ主任だ

For·ma·li·tät [フォルマリテート] 女 die (変2格 -; 変 -en)
❶《ふつう 複 で》(事務的な)手続き
❷ (物事の)形式, 儀礼

For·mat [フォルマート] 中 das (変2格 -[e]s; 変 -e) (紙などの)寸法, サイズ; (本の)判型 ▷ Dieses Heft ist von anderem *Format*. このノートはサイズが異なる / 《比喩》ein Wissenschaftler von internationalem *Format* 国際的に通じる科学者

for·ma·tie·ren [フォルマティーレン]
(formatierte; formatiert; 医h)
他《④と》[ディスクなどを]フォーマットする

For·mel [フォルメル] 女 die (変2格 -; 変 -n)
❶ 決まり文句
❷ (数学などの)公式

for·mel·haft [フォルメルハフト] 形 (表現などが)型どおりの, 型にはまった

for·mell [フォルメル]
—形 (あいさつなどが)形式にかなった; (取決めなどが)正式な; (態度などが)堅苦しい
—副 形式上, 形式的に

for·men [フォルメン] (formte; geformt; 医h)
他 ❶《④と》[‥⁴を](やわらかい材料に手で形を与えて)作る ▷ Er *formte* einen Aschenbecher aus Ton. 彼は粘土で灰皿を作った
❷《④+zu+③と》[‥⁴を‥³に]作り上げる ▷ Er *formt* Ton zu einer Vase. 彼は粘土を使って花びんを作る
❸《④と》[人格・精神などを]形成する, 陶冶とうする ▷ Die Ereignisse *formten* seinen Charakter. それらの出来事によって彼の性格が形作られた

förm·lich [フェルムリヒ]
形 ❶ 正式の, 形式にかなった ▷ eine *förmliche* Kündigung 正式の解約通告
❷ 儀式ばった, 堅苦しい ▷ eine *förmliche* Begrüßung 堅苦しいあいさつ
❸ 文字どおりの ▷ Er kochte *förmlich* vor

①, ②, ③, ④=1格, 2格, 3格, 4格の名詞

Wut. 彼は文字どおり怒りで煮えくりかえっていた

form·los [フォルム・ロース] [形] (物体が)形のない; (申請書などが)所定の形式のない

For·mu·lar [フォルムラール] [中] *das* ([単] 2 格 -s; [複] -e) (届け出・申請などの) **用紙**

for·mu·lie·ren [フォルムリーレン]
(formulierte; formuliert; [完了]h)
[他] [④と] [⋯⁴を] (内容がよくわかるように) **簡潔に表現する** ▷ einen Beschluss *formulieren* 決議を(よくわかるように)簡潔にまとめる

forsch [フォルシュ] [形] (物事に対して)果敢な, 敢然とした

for·schen [フォルシェン]
(forschte; geforscht; [完了]h)
[自] ❶ **研究する** ▷ Er hat unermüdlich *geforscht.* 彼はたゆまず研究した
❷ 《文語》 [nach+③と] [⋯³を] 探し求める

For·scher [フォルシャー] [男] *der* ([単] 2 格 -s; [複] -) **研究者**

forsch·te forschen の [過去]

For·schung [フォルシュング] [女] *die* ([単] 2 格 -; [複] -en) **研究** ▷ die Ergebnisse wissenschaftlicher *Forschungen* 学術研究の成果 / 《総称的に》 der neueste Stand der medizinischen *Forschung* 医学研究の最新の状況

Forst [フォルスト] [男] *der* ([単] 2 格 -[e]s; [複] -e ⟨-en⟩) 《文語》 (経済的に利用されている)森林 ▷ ein staatlicher *Forst* 国有林

Förs·ter [フェルスター] [男] *der* ([単] 2 格 -s; [複] -) 営林署員

fort [フォルト]
[副] ❶ (人がいた場所にもう)いない; (物が)なくなって ▷ Die Gäste sind schon *fort.* 客たちはもう帰ってしまった / Meine Brieftasche ist *fort.* 私の札入れがなくなった
❷ 立ち去って ▷ Die Kinder sind schon *fort.* 子供たちはもう立ち去った / *Fort* mit dir! おまえなんかとっととうせろ
[イディオム] ***und so fort*** ([略] usf.) 等々

> ★ **fort..** [フォルト..] [分離前つづり]
> 《離れて》 *fort*fahren (乗り物で)立ち去る, *fort*gehen 立ち去る

fort|be·ste·hen [フォルト・ベシュテーエン] [分離]
(bestand fort; fortbestanden; [完了]h)
[自] 《文語》 (そのまま)存在し続ける ▷ Sein Werk wird *fortbestehen.* 彼の作品は後世まで残るだろう

fort|be·we·gen [フォルト・ベヴェーゲン] [分離]
(bewegte fort; fortbewegt; [完了]h)
— [他] [④と] (ある場所から) [⋯⁴を] 動かす, 移動させる ▷ den großen Stein *fortbewegen* 大きな石を移動させる
— [再] [sich⁴と] (場所を)移動する ▷ Er konnte sich nur mit Stöcken *fortbewegen.* 彼はつえを使ってしか歩くことができなかった

fort|bil·den [フォルト・ビルデン] [分離]
(bildete fort; fortgebildet; [完了]h)
[再] [sich⁴と] (特別な講習などによって)さらに必要な訓練⟨教育⟩を受ける

fort|fah·ren [フォルト・ファーレン] [分離]
(er fährt fort; fuhr fort; fortgefahren)
[自] ❶ [[完了]s] (乗り物で) **立ち去る** ▷ Er ist um 3 Uhr mit dem Auto *fortgefahren.* 彼は 3 時に車で立ち去った
❷ [[完了]s,h] [mit+③, zu 不定詞句と] [中断した仕事など³を] 再び始める, 続ける ▷ Er *fährt* mit der Arbeit *fort* ⟨*fährt fort* zu arbeiten⟩. 彼は(中断したのち)仕事を続ける

fort|ge·hen [フォルト・ゲーエン] [分離]
(ging fort; fortgegangen; [完了]s)
[自] **立ち去る** ▷ Er ist ohne Gruß *fortgegangen.* 彼はあいさつもせずに立ち去った

fort·ge·schrit·ten [フォルト・ゲシュリッテン]
[形] ❶ (段階などが)進んだ
❷ (勉強などで)進歩した, 一定の知識⟨能力⟩などを身につけた

Fort·ge·schrit·te·ne [フォルト・ゲシュリッテネ] [男] *der* / [女] *die* (形容詞変化 ☞ Alte 表 I) (一定の知識⟨能力など⟩を身につけた)中⟨上⟩級者

fort·ge·setzt [フォルト・ゲゼッツト] [形] (禁止された行為などが)絶えず繰り返される, 度重なる; [副詞的に] 絶えず

fort·lau·fend [フォルト・ラオフェント] [形] (番号などが)連続した, 通しの ▷ *fortlaufend* nummeriert sein 通し番号がついている

fort|pflan·zen [フォルト・プフランツェン] [分離]
(pflanzte fort; fortgepflanzt; [完了]h)
[再] ❶ [sich⁴と] (人・動物・植物が)繁殖する, 子孫をつくる ▷ Vögel *pflanzen* sich *fort,* indem sie Eier legen. 鳥は卵を産むことによって繁殖する
❷ 《文語》 [sich⁴と] (音・光などが)伝播(でんぱ)する; (思想などが)広がる; (伝統などが)伝わる

fort|schrei·ten [フォルト・シュライテン] [分離]
(schritt fort; fortgeschritten; [完了]s)
[自] (仕事・病気などが)進む

Fort·schritt [フォルト・シュリット] [男] *der* ([単] 2 格 -[e]s; [複] -e)
進歩 ([反] Rückschritt) ▷ der *Fortschritt* der Technik 技術の進歩 / [[複]で] Seine Arbeit macht gute *Fortschritte.* 彼の仕事は順調に進んでいる

fort·schritt·lich [フォルト・シュリットリヒ] [形] (考え方などが) **進歩的な**; 進歩主義の

fort|set·zen [フォルト・ゼッツェン] [分離]
(setzte fort; fortgesetzt; [完了]h)

他 [④と] [中断した仕事などを] 再び始める, 続ける ▷ Er *setzte* die Reise nach drei Tagen *fort.* 彼は3日後に旅を続けた

Fort·set·zung [フォルト・ゼッツング] 囡 *die* (⊕2格 -; ⊕ -en)

❶ [⊕ なし] (交渉などの)**継続**, **続行** ▷ die *Fortsetzung* der Arbeit nach der Mittagspause 昼休みのあとの仕事の続行

❷ (連載ものの)**続き** ▷ *Fortsetzung* folgt! 次号に続く

fort·wäh·rend [フォルト・ヴェーレント] 形 **絶え間ない, ひっきりなしの** ▷ Es regnet *fortwährend.* 雨が絶え間なく降る

Fo·rum [フォールム] 中 *das* (⊕2格 -s; ⊕ Foren) 公開討論; 公開討論の場, フォーラム

Fo·to [フォート] (⊕2格 -s; ⊕ -s)
— 中 *das* 写真 (=Fotografie) ▷ ein Foto von+③ machen …³の写真を撮る
— 男 *der* カメラ (=Fotoapparat)

Fo·to·ap·pa·rat [フォート・アパラート] 男 *der* (⊕2格 -es 〈まれに -s〉; ⊕ -e) 写真機, カメラ

fo·to·gen [フォトゲーン] 形 写真写りのよい ▷ Ich bin leider nicht sehr *fotogen.* 私は残念ながら写真写りがよいわけではない

Fo·to·graf [フォトグラーフ] 男 *der* (⊕2·3·4格 -en; ⊕ -en) 写真家, カメラマン

Fo·to·gra·fie [フォトグラフィー] 囡 *die* (⊕2格 -; ⊕ -n) 写真 (=Foto)

Fo·to·gra·fi·en [フォトグラフィーエン] Fotografie の 複数

fo·to·gra·fie·ren [フォトグラフィーレン] (fotografierte; fotografiert; 匠h)
他 [④と] […⁴の] 写真を撮る ▷ ein Kind *fotografieren* 子供の写真を撮る // Er *fotografiert* gern. 彼は写真を撮るのが好きだ

fo·to·gra·fiert [フォトグラフィールト] fotografieren の 現在, 過分

fo·to·gra·fier·te [フォトグラフィールテ] fotografieren の 過去

Fo·to·ko·pie [フォト・コピー] 囡 *die* (⊕2格 -; ⊕ -n) (コピー機で複写した)コピー

Fracht [フラハト] 囡 *die* (⊕2格 -; ⊕ -en) 積み荷, 貨物

Frach·ter [フラハター] 男 *der* (⊕2格 -s; ⊕ -) 貨物船 (=Frachtschiff)

Fracht·schiff [フラハト・シフ] 中 *das* (⊕2格 -[e]s; ⊕ -e) 貨物船 (=Frachter)

Frack [フラック] 男 *der* (⊕2格 -[e]s; ⊕ Fräcke) 燕尾服

Frä·cke [フレッケ] Frack の 複数

Fra·ge
[fráːgə フラーゲ]
囡 *die* (⊕2格 -; ⊕ -n)

格	単 数	複 数
①	die Frage	die **Fragen**
②	der Frage	der Fragen
③	der Frage	den Fragen
④	die Frage	die Fragen

❶ **質問**, 問い (⊗ Antwort)
eine dumme *Frage*
ばかばかしい質問
an+④ eine *Frage* richten
…⁴に質問する
eine *Frage* beantworten
質問に答える
Hat jemand noch eine *Frage*?
だれかまだ質問がありますか

❷ (解決されるべき)**問題** ▷ eine politische *Frage* 政治的問題 / Es ist nur eine *Frage* der Zeit. それはただ時間の問題だ / Das ist keine *Frage.* それは確実なことだ

〈イディオム〉 *außer Frage stehen* 〈文語〉疑問の余地がない ▷ Das steht *außer Frage.* それは疑問の余地がない

in Frage kommen 問題になる ▷ Das kommt gar nicht *in Frage.* それは全然問題にならない
ohne Frage 疑いもなく ▷ Das ist *ohne Frage* richtig. それは疑いもなく正しい

Fra·ge·bo·gen [フラーゲ・ボーゲン] 男 *der* (⊕2格 -s; ⊕ -) (ふつう役所などの)質問用紙, アンケート用紙

fra·gen
[fráːgn̩ フラーゲン]

現在	ich frage	wir fragen
	du fragst	ihr fragt
	er fragt	sie fragen
過去	ich fragte	wir fragten
	du fragtest	ihr fragtet
	er fragte	sie fragten
過分	gefragt	匠 haben

— 他 ❶ [④と] [..⁴を] **たずねる**
Was hat er *gefragt*?
何を彼はたずねたのですか
〖ob 文と〗
Er *fragte,* ob ich mitkomme.
彼は私がいっしょに来るかどうかたずねた
〖直接話法と〗
Er *fragte:* „Kommst du mit?"
彼は「いっしょに来るか」とたずねた

❷ [④+④と] [..⁴に…⁴のことを]たずねる ▷ Er *fragte* mich noch einmal, ob ich mitkommme. 彼は私にいっしょに来るか ともう一度たずねた

❸ [④+nach+③と] [..⁴に時刻·名前など³を]たずねる ▷ Er *fragte* mich nach der Zeit.

彼は私に時刻をたずねた

❹ 〖[4]+um+[4]と〗〔..⁴に意見・許可など⁴を〕求める ▷ den Arzt um Rat *fragen* 医師に助言を求める

— [自] ❶ 質問をする ▷ Er *fragt* gern. 彼は質問をするのが好きだ / Wo warst du, wenn ich *fragen* darf? もし聞いてもいいなら 君はどこにいたんだ

[類語]

fragen (一般的な意味で)たずねる
ausfragen 根掘り葉掘りたずねる
nachfragen 問い合わせる
sich⁴ erkundigen 事情に通じている人に問い合わせる

❷ 《文語》〖nach+[3]と〗〔..³を〕気にかける (☆ふつう否定形で) ▷ Niemand *fragt* nach den Kosten. 誰も費用のことを気にかけない

— [再] 〖[sich]⁴と〗 よく考えてみる ▷ Ich *frage* mich, ob ich das tun soll. 私はそれをすべきかどうか考えている

[イディオム] ***gefragt sein*** 需要がある ▷ Dieser Artikel *ist* heute nicht mehr *gefragt*. この商品は今ではもう需要がない

Fra·ge·zei·chen [フラーゲ・ツァイヒェン] [中] *das* ([単] 2格 -s; [複] -) 《文法》疑問符 ([記号] ?)

frag·lich [フラークリヒ]
[形] ❶ 不確かな, 疑わしい ▷ Es ist noch *fraglich*, ob er mitkommt. 彼がいっしょに来るかどうかはまだ不確かだ
❷ 《文語》問題になっている (☆ 名詞につけて) ▷ Zur *fraglichen* Zeit war er nicht am Tatort. 問題の時刻に彼は犯行現場にいなかった

Frag·ment [フラグメント] [中] *das* ([単] 2格 -[e]s; [複] -e) 《文語》(彫像などの)断片; (文芸作品などの)断章 ▷ *Fragment* bleiben 未完に終わる

frag·te [フラークテ] fragen の [過去]

frag·wür·dig [フラーク・ヴュルディヒ] [形] (本当によいもの〈こと〉かどうか)疑わしい ▷ Das Angebot kam ihm sehr *fragwürdig* vor. その申し出は彼には非常に疑わしいものに思えた

Frak·ti·on [フラクツィオーン] [女] *die* ([単] 2格 -; [複] -en) 《集合的に》(議会の)会派

Frak·tur [フラクトゥーア] [女] *die* ([単] 2格 -; [複] -en)
❶ 〖[複] なし〗ドイツ文字, ひげ文字
❷ 《医学》骨折
[イディオム] ***mit***+[3] ***Fraktur reden*** ..³にずけずけものを言う

Fran·ken [フランケン]
— ([中] *das*) 《地名》 フランケン (ドイツのバイエルン州北部の地方)
— [男] *der* ([単] 2格 -s; [複] -) スイス・フラン (スイスの貨幣単位; [略] Fr. sFr. sfr.)

Frank·furt [フランクフルト] ([中] *das*) 《都市名》 フランクフルト (ドイツのヘッセン州の経済都市; ☞ 地図 D-3)

Frank·fur·ter All·ge·mei·ne [フランクフルター・アルゲマイネ] [女] *die* (形容詞変化 ☞ Alte 表 I) 《新聞名》 フランクフルター・アルゲマイネ

fran·kie·ren [フランキーレン]
(frankierte; frankiert; [完了]h)
[他] 〖[4]と〗〔郵便物⁴に〕切手をはる ▷ Ist der Brief ausreichend *frankiert*? [状態受動] この手紙は必要な額だけの切手がはってありますか

Frank·reich [フランク・ライヒ] ([中] *das*) 《国名》 フランス (用法: ☞ Deutschland)

Franz [フランツ] 《男名》 フランツ

Fran·zo·se [フランツォーゼ] [男] *der* ([単] 2·3·4格 -n; [複] -n) フランス人

Fran·zö·sin [フランツェーズィン] [女] *die* ([単] 2格 -; [複] ..sinnen) Franzose の女性形

fran·zö·sisch [フランツェーズィシュ]
[形] ❶ フランス[人]の; フランス語の ▷ *französische* Wörter フランス語の単語
❷ フランス風の; フランス由来の ▷ *französische* Küche フランス料理

Fran·zö·sisch [フランツェーズィシュ] [中] *das* ([単] 2格 -[s]; [複] なし) フランス語 (用法: ☞ Deutsch) ▷ Er spricht *Französisch*. 彼はフランス語を話す

frap·pie·rend [フラッピーレント] [形] 《文語》 驚くほどの, あ然とさせる, 思いがけない

fraß [フラース] fressen の [過去]

Fraß [フラース] [男] *der* ([単] 2格 -es; [複] なし) 《口語》 まずい食い物

frä·ße [フレーセ] fressen の [接II]

Frat·ze [フラッツェ] [女] *die* ([単] 2格 -; [複] -n) 醜い〈ゆがんだ〉顔

Frau

[frau フラオ]
[女] *die* ([単] 2格 -; [複] -en)

格	単 数	複 数
[1]	die Frau	die Frauen
[2]	der Frau	der Frauen
[3]	der Frau	den Frauen
[4]	die Frau	die Frauen

❶ 女性, 婦人 ([反] Mann)
eine schöne *Frau*
美しい女性
berufstätige *Frauen* 職業婦人
Er hat wieder eine neue *Frau*.
彼にまた新しい女ができた

★ 女性の上品な言い方には Dame を用いる

Frauenarzt

❷ 妻, 女房, 奥さん (=Ehefuau; ふつう所有冠詞と) ▷ seine zukünftige *Frau* 彼の将来の妻 / Darf ich Sie mit meiner *Frau* bekannt machen? あなたに私の家内を紹介してもよろしいですか

❸《女性に対する敬称》…さん, …夫人(☆未婚の女性に対して以前 Fräulein を用いていたが現在では Frau を用いるのがふつう) ▷ Herr und *Frau* Meyer マイヤー夫妻 / Ich habe *Frau* Schmidt getroffen. 私はシュミットさんに会いました

Frau·en·arzt [フラオエン・アールツト] 男 der (® 2格 -es; ® ..ärzte) 婦人科医; 産婦人科医

frau·en·haft [フラオエンハフト] 形 女らしい(☆ふつう名詞につけて)

Frau·en·kli·nik [フラオエン・クリーニク] 女 die (® 2格 -; ® -en) 産婦人科病院

Frau·en·sei·te [フラオエン・ザイテ] 女 die (® 2格 -; ® -n) (新聞などの)婦人欄

Fräu·lein

[fróylain フロイライン]

田 das (® 2格 -s; ® -)

❶《口語》《売子・店員に対する呼称として》おねえさん
Fräulein, bitte zahlen!
おねえさん お勘定お願いします

❷《未婚の女性に対する敬称》…さん, …嬢(☆未婚の女性に対しても現在 Frau を用いるのがふつう) ▷ *Fräulein* Meyer マイヤーさん

❸《やや古語》未婚の女性

frau·lich [フラウリヒ] 形 女っぽい ▷ Das Mädchen ist sehr *fraulich*. その女の子はとても女っぽい

Freak [フリーク] 男 der (® 2格 -s; ® -s)
❶ マニア, 熱狂者, …狂 ▷ Computer*freak* コンピュータマニア
❷(社会にとけ込めない)変人

frech [フレッヒ] 形 生意気な, 横柄な; 厚かましい ▷ ein *frecher* Kerl 生意気なやつ / Er war zu seinem Lehrer sehr *frech*. 彼は先生に対してとても反抗的だった

Frech·heit [フレッヒハイト] 女 die (® 2格 -; ® -en) 生意気, 横柄; 厚かましさ

frei [フライ] (比較 -er, 最上 -[e]st)
形 ❶ 自由な ▷ ein *freies* Land 自由な国 / sich⁴ *frei* entscheiden 何事にもとらわれずに決心する / ein *freier* Journalist フリーのジャーナリスト

❷ (空間的に) あいている ▷ Dieser Platz ist noch *frei*. この席はまだあいている / Die Wohnung wird nächsten Monat *frei*. この住居は来月あき家になる / Ausfahrt *frei* halten! 出入口につき駐車禁止 / Der Film ist *frei* für Jugendliche ab 12 Jahren. この映画は12歳以上の青少年が入場できる

❸ (時間的に) あいている, 暇な ▷ Er hat nur wenig *freie* Zeit. 彼は暇な時間がほんのわずかしかない

❹ (視野などを) 遮るもののない, 広々した ▷ eine *freie* Gegend 広々とした地域 / unter *freiem* Himmel 戸外で

❺ 覆われていない ▷ Machen Sie sich *frei*!《診察のときに》服を脱いでください

❻ 無料の ▷ Eintritt *frei*! 入場無料

❼ (捕まっていない)自由の身である ▷ Der Gefangene ist wieder *frei*. 囚人は再び釈放された
(イディオム) *frei von*+❸ *sein* …のない, 免除された ▷ *frei von* Sorgen *sein* 心配がない / Er ist *frei von* Schuld. 彼は無罪だ

Freie [フライエ] 田 das 《成句で》
im Freien 野外で
ins Freie gehen 野外へ出る

frei·ge·big [フライ・ゲービヒ] 形 気前のいい (= großzügig; ® geizig)

frei|hal·ten [フライ・ハルテン] 分離
(er hält frei; hielt frei; freigehalten; 完了h)
他 ❶《❹と》[…⁴に] ごちそうする, おごってやる ▷ Ich werde dich heute *freihalten*. きょうは私のおごりだ
❷《❹と》[座席など⁴を] 空けておく, とっておく

Frei·heit [フライハイト] 女 die (® 2格 -; ® -en)
❶《® なし》(社会的・個人的な)自由 ▷ die *Freiheit* der Presse 報道の自由 / für die *Freiheit* kämpfen 自由のために戦う / einen Vogel wieder in die *Freiheit* setzen 鳥を放して再び自由にしてやる
❷《® で》気まま, 勝手 ▷ Du erlaubst dir zu viele *Freiheiten*. 君は勝手すぎる

Frei·heits·stra·fe [フライハイツ・シュトラーフェ] 女 die (® 2格 -; ® -n) 《文語》自由刑(懲役・拘留などの, 身体の自由を拘束する刑罰)

frei|las·sen [フライ・ラッセン] 分離
(er lässt frei; ließ frei; freigelassen; 完了h)
他 《❹と》[捕人・鳥など⁴を] 自由の身にする, 釈放する ▷ Man hat ihn gegen Kaution *freigelassen*. 彼は保釈金を払って釈放された

frei·lich [フライリヒ] 副《肯定の強調を表して》もちろん ▷ Kommst du mit? – *Freilich*! 君も来るかい―もちろん

frei|ma·chen [フライ・マッヘン] 分離
(machte frei; freigemacht; 完了h)
他 《文語》《❹と》[郵便物に] 切手をはる (= frankieren)

frei·mü·tig [フライ・ミューティヒ] 形 (告白など)腹蔵のない

frei|spre·chen [フライ・シュプレッヒェン] 分離
(er spricht frei; sprach frei; freigesprochen;

frei|ste·hen [フライ・シュテーエン] 分離
(stand frei; freigestanden; 完了h)
自《③と》(するかしないかなどが)〔…³の〕自由である, 任されている

frei|stel·len [フライ・シュテレン] 分離
(stellte frei; freigestellt; 完了h)
他《文語》《③+④と》〔…³に…⁴の〕決定を任す ▷ Man *stellte* ihm *frei*, in Bonn oder in Köln zu studieren. 通う大学をボンにするかケルンにするかは彼に任された

Frei·tag
[fráita:k フライ・ターク]
男 *der* (② 2格 –[e]s; ② –e)

金曜日 (略 Fr.)(用法: ☞ Dienstag)
Heute ist *Freitag*, der dreizehnte.
きょうは 13 日の金曜日だ

frei·tags [フライ・タークス] 副 金曜日に(「毎金曜日に」のような反復の意味でも用いられる)

Frei·tod [フライ・トート] 男 *der* (② 2格 –[e]s; まれに ② –e) 自殺(＝Selbstmord)

frei·wil·lig [フライ・ヴィリヒ] 形 自由意志による, 自発的な ▷ Sie kamen *freiwillig* mit. 彼らは自由意志でいっしょに来た

Frei·wil·li·ge [フライ・ヴィリゲ] 男 *der* (形容詞変化 ☞ Alte 表I) ボランティア; 志願兵, 義勇兵

Frei·zeit [フライ・ツァイト] 女 *die* (② 2格 –; ② なし) 自由な時間, 余暇 ▷ In seiner *Freizeit* geht er viel spazieren. 余暇には彼はよく散歩する

Frei·zeit·ge·stal·tung [フライ・ツァイト・ゲシュタルトゥング] 女 *die* (② 2格 –; ② –en)《文語》余暇の利用, レクリエーション

Frei·zeit·in·dust·rie [フライ・ツァイト・インドゥストリー] 女 *die* (② 2格 –; ② なし) レジャー産業

Frei·zeit·klei·dung [フライ・ツァイト・クライドゥング] 女 *die* (② 2格 –; ② なし) レジャーウェアー

Frei·zeit·park [フライ・ツァイト・パルク] 男 *der* (② 2格 –[e]s; ② –s) レジャーパーク

frei·zü·gig [フライ・ツューギヒ]
— 形 ❶ 住居を自由に選べる
❷ 気前のいい; (性的道徳などに)束縛されない
— 副 (規則などに)束縛されず, 自由に

fremd [フレムト] (比較 –er, 最上 –est)
形 ❶ 見知らぬ ▷ ein *fremdes* Gesicht 見知らぬ顔 / Ein *fremder* Mann sprach mich an. 見知らぬ男が私に話しかけた / Sie ist mir *fremd*. 彼女は私の知らない人だ
❷ なじみのない, 見なれぬ, 聞き覚えのない ▷ eine *fremde* Stimme 聞き覚えのない声 / Sie sieht heute ganz *fremd* aus. 彼女はきょうまったく別人のようだ / Ich bin hier *fremd*. 私はここは不案内だ
❸ よその土地の, 外国の (☆ 名詞につけて) ▷ *fremde* Sitten よその土地の風習
❹ 他人の ▷ Der Besitz ist in *fremde* Hände übergegangen. その所有物は他人の手に渡った

Frem·de [フレムデ] 男 *der* / 女 *die* (形容詞変化 ☞ Alte 表I)
❶ 見知らぬ人, 他人 ▷ *Fremden* gegenüber ist er verschlossen. 見知らぬ人に対して彼は打ち解けない
❷ よその土地の人, よそ者, 外国人 ▷ Im Winter kommen viele *Fremde* in die Stadt. 冬にはよその人がたくさん町へ来る

Frem·den·füh·rer [フレムデン・フューラー] 男 *der* (② 2格 –s; ② –) 観光ガイド

Frem·den·ver·kehr [フレムデン・フェアケーア] 男 *der* (② 2格 –[e]s; ② なし) 観光客の往来 ▷ Die Stadt lebt vom *Fremdenverkehr*. その町は観光で生計を立てている

fremd|ge·hen [フレムト・ゲーエン] 分離
(ging fremd; fremdgegangen; 完了h)
自《口語》浮気をする

Fremd·spra·che [フレムト・シュプラーヘ] 女 *die* (② 2格 –; ② –n) 外国語 ▷ Für einen Japaner ist Deutsch eine *Fremdsprache*. 日本人にとってドイツ語は外国語である

Fremd·wort [フレムト・ヴォルト] 中 *das* (② 2格 –[e]s; ② ..wörter) 外来語

Fre·quenz [フレクヴェンツ] 女 *die* (② 2格 –; ② –en)《物理》振動数; (ラジオの)周波数

fres·sen [フレッセン]
(du, er frisst, fraß; gefressen; 完了h)
— 他 ❶《④と》(動物が)〔…³を〕食べる;《口語》(人が)〔…³を〕がつがつ食う ▷ Der Ochse *frisst* Heu. 雄牛は干し草を食べる
❷《口語》《④と》〔燃料などを〕消費する ▷ Mein Wagen *frisst* viel Benzin. 私の車はガソリンを食う
— 自 ❶ (動物が)食べる;《口語》(人が)がつがつ食う ▷ Der Hund *frisst* gierig. 犬はがつがつ食う
❷《an+③と》〔…³を〕腐食する, 侵食する ▷ Der Rost *frisst* am Eisen. さびが鉄を腐食する

Freu·de [フロイデ] 女 *die* (② 2格 –; ② –n)
❶《② なし》喜び ▷ eine unerwartete *Freude* 予期せぬ喜び / *Freude* an der Arbeit haben 仕事に喜びをもつ / Die *Freude* über das Geschenk war groß. その贈り物に対する喜びは大きかった / Es ist mir eine besondere *Freude*, Sie zu begleiten. あなたのお供ができるのは私の格別の喜びです / vor *Freude* うれしさのあまり

❷《文語》〖[複] で〗楽しいこと（☆ 修飾語句を必ず伴う）▷ die *Freuden* der Jugend genießen 青春の楽しみを享受する

[イディオム] ③+**Freude machen** …³に喜びを与える ▷ Sein Beruf *macht* ihm keine *Freude.* 彼の職業は彼にとって喜びではない

freu·dig [フロイディヒ]

[形]《文語》❶ 喜ばしい ▷ eine *freudige* Nachricht 喜ばしい知らせ

❷ 喜びに満ちた ▷ *freudig* zusagen 喜んで受諾の返事をする

F

freu·en

[frɔ́yən フロイエン]

[現在]	ich freue	wir freuen
	du freust	ihr freut
	er freut	sie freuen
[過去]	ich freute	wir freuten
	du freutest	ihr freutet
	er freute	sie freuten
[過分]	gefreut	[完了] haben

— [再] ❶〖[sich]⁴と〗**喜ぶ**, うれしく思う

sich herzlich *freuen*

心から喜ぶ

Da hast du dich zu früh *gefreut.*

そりゃ君は喜ぶのが早すぎた

❷〖[sich]⁴+auf+④と〗〔先のこと⁴を〕**楽しみにする**, 楽しみに待つ

Sie *freuen* sich schon auf die Ferien.

彼らはもう休みを楽しみにしている

❸〖[sich]⁴+über+④と〗〔目前・過去のこと⁴を〕**喜ぶ**

Wir *freuen* uns über deinen Erfolg.

私たちは君の成功を喜ぶ

〖dass 文, zu 不定詞句と〗

Ich *freue* mich, dass Sie gekommen sind.

私はあなたが来てくれたことをうれしく思う

Ich *freue* mich, Sie kennen zu lernen.

お目にかかれてうれしいです, 初めまして

— [他]〖④と〗〔…⁴を〕**喜ばせる**, うれしくさせる（☆ ふつう事柄が主語）▷ Es *freut* mich sehr, Sie kennen zu lernen. お知り合いになれて非常にうれしいです（☆ 簡単に Freut mich.「よろしく」とも言う）

Freund

[frɔ́ynt フロイント]

[男] *der* ([単] 2 格 -es 〈まれに -s〉; [複] -e)

格	単 数	複 数
①	der Freund	die Freunde
②	des Freundes	der Freunde
③	dem Freund	den Freunden
④	den Freund	die Freunde

❶ **友達**, 友人

ein alter *Freund*

昔からの友人

mein bester *Freund* Hans

私の最も親しい友人ハンス

Er ist ein guter *Freund* von mir.

彼は私の親友の一人です

Sie sind dicke *Freunde.* 彼らは大の親友だ

> ★ 職場などの「同僚」は *der* Kollege, 大学の「学友」は *der* Kommilitone, 共通の仕事や興味によって結びつけられた「仲間（特に戦友)」は *der* Kamerad. なお単なる「知り合い」は *der* / *die* Bekannte

❷（特定の）**ボーイフレンド** ▷ Sie hat schon einen *Freund.* 彼女にはすでにボーイフレンドがいる（☆ 女性が男性を mein Freund と呼ぶ場合この ❷ の意味になる; ❶ の意味の場合は ein Freund von mir と言う）

❸〖[複] なし〗愛好者, ファン（☆ 修飾語句を伴う）▷ Er ist ein *Freund* klassischer Musik. 彼はクラシック音楽のファンだ

Freun·din [フロインディン] [女] *die* ([単] 2 格 -; [複] ..dinnen)〖Freund の女性形〗

❶（一般的に）**女友達** ▷ Sie ist mit ihrer *Freundin* ins Kino gegangen. 彼女は友達と映画を見に行った

❷（特定の）**ガールフレンド** ▷ Er hat schon eine *Freundin.* 彼にはもうガールフレンドがいる（☆ 男性が女性を meine Freundin と呼ぶ場合この ❷ の意味になる）

freund·lich

[frɔ́yntlɪç フロイントリヒ]

[比較] freundlicher [最上] freundlichst

[形] ❶ **親切な**; 好意ある

ein *freundlicher* Lehrer

親切な先生

freundliche Worte

好意あることば

zu+③ *freundlich* sein …³に対して親切である

Das ist sehr *freundlich* von Ihnen.

どうもご親切にありがとうございます

mit *freundlichen* Grüßen

《手紙の結びで》敬具

❷（気候・雰囲気などが）気持ちのよい

Freund·lich·keit [フロイントリヒカイト] [女] *die* ([単] 2 格 -; [複] なし) **親切**, 好意 ▷ Wir werden überall mit großer *Freundlichkeit* empfangen. 私たちはどこでも大歓迎される

Freund·schaft [フロイントシャフト] [女] *die* ([単] 2 格 -; [複] -en) **友情** ▷ eine langjährige *Freundschaft* 長年の友情 / mit+③ *Freund-*

schaft schließen …³と友情を結ぶ
freund・schaft・lich [フロイントシャフトリヒ]
形 友情に基づく、友人間の ▷ *freundschaftliche* Beziehungen unterhalten 友情関係を維持する
freu・te [フロイテ] freuen の過去
Fre・vel [フレーフェル] 男 *der* (⑯2格-s; ⑯-)
《文語》冒瀆, 不敬
Frie・de [フリーデ] 男 *der* (⑯2格-ns, 3·4格-n; ⑯-n) =Frieden
Frie・den [フリーデン] 男 *der* (⑯2格-s; ⑯-)
❶ 〘複なし〙 平和 (☆「戦争」は Krieg) ▷ ein dauerhafter *Frieden* 永続的な平和 / den *Frieden* aufrechterhalten 平和を維持する / für den *Frieden* kämpfen 平和のために戦う
❷ 〘複なし〙〔個人生活の〕平和 ▷ In ihrer Familie herrscht kein *Frieden*. 彼女の家庭は険悪な空気が漂っていた
Frie・dens・ver・trag [フリーデンス・フェアトラーク] 男 *der* (⑯2格-[e]s; ⑯..träge) 平和条約
fried・fer・tig [フリート・フェルティヒ] 形 〔人柄・性格などが〕温和な
Fried・hof [フリート・ホーフ] 男 *der* (⑯2格-[e]s; ⑯..höfe) 墓地, 霊園 (☆「墓」は Grab) ▷ Der *Friedhof* liegt gleich neben der Kirche. 墓地は教会のすぐ横にある
fried・lich [フリートリヒ]
形 ❶ 平和のための ▷ die *friedliche* Nutzung der Kernenergie 核エネルギーの平和利用
❷ 〔武力などを用いない〕平和的な ▷ die *friedliche* Lösung 平和的解決 / eine *friedliche* Koexistenz 平和共存
❸ 〔人柄・性格などが〕温和な; 〔光景などが〕平和な, 穏やかな
fried・lie・bend [フリート・リーベント] 形 〔国民などが〕平和好きの
Fried・rich [フリードリヒ]《男名》フリードリヒ
frie・ren [フリーレン] (fror; gefroren)
自 ❶ 〘h〙 寒く感じる, 凍える ▷ Ich habe sehr *gefroren*. 私は非常に寒かった
❷ 〘s〙 凍る, 凍結する ▷ Das Wasser ist *gefroren*. 水が凍った
❸ 〘h〙〔非人称で〕*es friert* (氷点下まで)冷えこむ ▷ Heute Nacht hat *es* stark *gefroren*. 昨夜はひどく冷えこんだ
イディオム *es friert*＋④ …⁴が寒さを感じる (☆ 非人称主語の es は文頭以外では省略可能) ▷ Mich *friert* [*es*] an den Füßen. 私は足が冷たい
Fri・ka・del・le [フリカデレ] 女 *die* (⑯2格-; ⑯-n)《料理》フリカデル, ハンバーグステーキ
Fri・kas・see [フリカセー] 中 *das* (⑯2格-s; ⑯-s) フリカッセ(小さく切った子牛・鶏肉のホワイトソース煮込み)

frisch [フリッシュ] (比較-er, 最-[e]st)
形 ❶ 新鮮な, 新しい ▷ ein *frisches* Ei 新鮮な卵 / *frisches* Gemüse 新鮮な野菜 / *frische* Luft schöpfen 新鮮な空気を吸う
❷ できたての, …したての ▷ ein *frisches* Brot 焼きたてのパン / eine *frische* Spur finden ま新しい跡を見つける / Vorsicht, *frisch* gestrichen! 注意 ペンキ塗りたて
❸ 〔洗いたてで〕さっぱりした, 使用されていない ▷ ein *frisches* Hemd anziehen 洗いたてのシャツを着る
❹ 〔人が〕元気な; 〔色が〕鮮やかな ▷ Er fühlt sich wieder *frisch*. 彼は元気な気分になる
❺ 〔風が〕ひんやりとした, 肌寒く感じる
Fri・seur [フリゼーア] 男 *der* (⑯2格-s; ⑯-e) 理容師, 理髪師, 床屋
Fri・seu・se [フリゼーゼ] 女 *die* (⑯2格-; ⑯-n)『Friseur の女性形』〔女性の〕理髪師, 美容師
fri・sie・ren [フリズィーレン] (frisierte; frisiert; 過分)
他 ❶ 〘④と〙〔髪〕を整える; (特に)〔女性¹の〕髪をセットする ▷ Sie lässt sich jede Woche *frisieren*. 彼女は毎週髪をセットしてもらう
❷ 〘口語〙〘④と〙〔統計・報告など⁴を〕都合のいいように変える, 粉飾する
Fri・sier・sa・lon [フリズィーア・ザロ[ー]ン] 男 *der* (⑯2格-s; ⑯-s) 理髪店
friss [フリス] fressen の命令
friß 旧⇒新 friss
frisst [フリスト] fressen の現在
frißt 旧⇒新 frisst
Frist [フリスト] 女 *die* (⑯2格-; ⑯-en) 《あることがなされなければならない期間を指して》 期限; 期日 ▷ Die *Frist* ist heute abgelaufen. 期限はきょう切れた / Er gab ihr eine *Frist* von drei Tagen für ihre Entscheidung. 彼は彼女に決断のために3日間の猶予期間を与えた
Fri・sur [フリズーア] 女 *die* (⑯2格-; ⑯-en) ヘアスタイル, 髪型 ▷ Sie hat eine neue *Frisur*. 彼女は新しい髪型をしている
froh [フロー] (比較-er, 最-[e]st)
形 喜びに満ちた ▷ ein *frohes* Gesicht 喜びに満ちた顔 / Ich bin *froh* [darüber], dass ich nicht dabei war. 私はその場に居合わせなくてほっとしている / Frohe Weihnachten! クリスマスおめでとう
fröh・lich [フレーリヒ] 形 陽気な, 朗らかな ▷ ein *fröhliches* Gelächter 陽気な笑い声 / Fröhliche Weihnachten! クリスマスおめでとう
fromm [フロム] (比較-er ⟨frömmer⟩, 最-st ⟨frömmst⟩) 信心深い
fröm・mer [フレンマー] fromm の比較
Fröm・mig・keit [フレミヒカイト] 女 *die* (⑯2

frömmst [フレムスト] fromm の最上

frö·nen [フレーネン] (frönte; gefrönt; 助h)
自《文語》《③と》[悪徳などに]ふける, 溺れる

Front [フロント] 女 die (単2格 -; 複 -en)
❶ (建物などの)**前面**, 正面; (自動車などの)前部 ▷ die *Front* des Rathauses mit Fahnen schmücken 市庁舎の正面を旗で飾る
❷《軍事》戦線, 前線;《気象》前線
❸《複なし》(政治運動などの)統一戦線

fron·tal [フロンタール] 形 正面からの, 正面での ▷ ein *frontaler* Angriff 正面攻撃 / Die Autos sind *frontal* zusammengestoßen. 車が正面衝突した

fror [フロール] frieren の過去

Frosch [フロッシュ] 男 der (単2格 -[e]s; 複 Frösche)《動物》カエル ▷ Die *Frösche* quaken im Teich. カエルが池で鳴く

Frö·sche [フレッシェ] Frosch の複数

Frost [フロスト] 男 der (単2格 -es; 複 Fröste) (氷点下の)寒さ, 寒気 ▷ Draußen herrschte strenger *Frost*. 外は厳しい寒さだった

Frös·te [フレステ] Frost の複数

frös·teln [フレステルン]
(fröstelte; gefröstelt; 助h)
自 寒さで震える
(イディオム) *es fröstelt* +④《口語》…⁴は寒さでぞくっとする (☆ es は文中に置かれると省略される)

fros·tig [フロスティヒ] 形 (風などが)とても冷たい, (夜などが)とても寒い; (歓迎などが)冷ややかな

frot·tie·ren [フロティーレン]
(frottierte; frottiert; 助h)
他《④と》[…⁴の体を](タオルなどで)こする

frot·zeln [フロッツェルン]
(frotzelte; gefrotzelt; 助h)
自《口語》《über+④と》[…⁴を]からかう

Frucht [フルフト] 女 die (単2格 -; 複 Früchte)
❶ **実**, 果実; (個々の)果物 (☆ 集合的に言う場合は Obst) ▷ Die *Früchte* fallen ab. 実が落ちる / ein Teller mit *Früchten* 果物を盛った皿
❷《文語》《ふつう 複 で》成果 ▷ die *Früchte* seines Fleißes 彼の勤勉さの成果

frucht·bar [フルフト・バール] 形 **肥沃**な, 実りをもたらす ▷ Dieses Land ist sehr *fruchtbar*. この土地は非常に肥沃だ /《比ゆ》ein *fruchtbares* Gespräch 実りのある話し合い

Früch·te [フリュヒテ] Frucht の複数

fruch·ten [フルフテン]
(fruchtete; gefruchtet; 助h)
自 (努力などが)実を結ぶ, 効果をあげる

frucht·los [フルフト・ロース] 形 (努力などが)実を結ばない

Frucht·saft [フルフト・ザフト] 男 der (単2格 -[e]s; 複 ..säfte) フルーツジュース, 果汁

früh
[frý: フリュー]

— 形 (比較級 -er, 最上 -[e]st)
❶ (時刻が)**早い** (反 spät)
am frühen Morgen aufstehen
朝早く起きる
❷ (期待した時点よりも)**早い** ▷ Sie sind zu *früh* gekommen. 彼らは早く来すぎた
❸ (通常よりも)**早い** ▷ ein *früher* Winter 例年より早い冬 / *früh* sterben 若死にする
❹ 初期の ▷ im *frühen* Mittelalter 中世初期に

— 副 **早くに** ▷ heute 〈morgen〉 *früh* 今朝〈明朝〉 / von *früh* bis spät 朝から晩まで

Frü·he [フリューエ] 女 die (単2格 -; 複なし)《文語》(特に朝の)早い時刻, 早朝

frü·her [フリューアー]
— 形 《*früh* の比較級》(時間的に)**より早い** ▷ einen *früheren* Zug nehmen もっと早い汽車に乗る / *früher* als sonst zu Bett gehen いつもより早く就寝する / Je *früher*, desto besser. 早ければ早いほどよい / *früher* oder später 遅かれ早かれ

— 副 **以前**, かつて, 昔 ▷ Er war *früher* Lehrer. 彼は以前教師だった

frü·hes·tens [フリューエステンス] 副 早くとも ▷ Die neue Autobahn ist *frühestens* in zwei Jahren fertig. 新しいアウトバーンの完成は早くとも2年後だ

Früh·jahr [フリュー・ヤール] 中 das (単2格 -[e]s; 複 -e) 春 (=Frühling)

Früh·ling
[frý:lɪŋ フリューリング]

男 der (単2格 -s; 複 -e)

春 (=Frühjahr;「夏」は der Sommer,「秋」は der Herbst,「冬」は der Winter)
Der *Frühling* kam dieses Jahr sehr spät.
今年は春の来るのが非常に遅かった
im *Frühling* 春に

früh·reif [フリュー・ライフ] 形 (子供が)早熟な, 大人びた

Früh·schicht [フリュー・シヒト] 女 die (単2格 -; 複 -en) 早番

Früh·som·mer [フリュー・ゾマー] 男 der (単2格 -s; 複 -) 初夏

Früh·stück
[frý:ʃtʏk フリュー・シュテュック]

中 das (単2格 -[e]s; 複 -e)

朝食 (☆「昼食」は Mittagessen,「夕食」は Abendessen)

das *Frühstück* einnehmen
朝食をとる
zum *Frühstück* ein Ei essen
朝食に卵を1つ食べる

früh·stü·cken [フリュー・シュテュッケン]
(frühstückte; gefrühstückt; 完h)
自 朝食をとる (☆「昼食をとる」は zu Mittag essen,「夕食をとる」は zu Abend essen) ▷ Wir *frühstücken* um acht Uhr. 私たちは8時に朝食をとる

früh·stück·te [フリュー・シュテュックテ] frühstücken の 過去

früh·zei·tig [フリュー・ツァイティヒ] 形 早めの, 早期の ▷ das *frühzeitige* Erkennen von Krebs 癌の早期発見

Frust [フルスト] 男 der (単2格 -[e]s; 複 なし)《口語》= Frustration

Frus·tra·ti·on [フルストラツィオーン] 女 die (単2格 -; 複 -en)《文語》欲求不満, フラストレーション

frust·rie·ren [フルストリーレン]
(frustrierte; frustriert; 完h)
他《(4)と》[..⁴を]落ち込ませる, 意気消沈させる

Fuchs [フクス] 男 der (単2格 -es; 複 Füchse)
❶《動物》キツネ
❷ 栗毛⁴の馬

Füch·se [フュクセ] Fuchs の 複数

Fuchs·schwanz [フクス・シュヴァンツ] 男 der (単2格 -es; 複 ..schwänze) キツネの尾; (片刃の)手びきのこぎり

fuch·teln [フフテルン]
(fuchtelte; gefuchtelt; 完h)
自《口語》[mit+③と][腕など³を]振り回す

Fu·ge [フーゲ] 女 die (単2格 -; 複 -n) 継ぎ目, 合わせ目

fü·gen [フューゲン] (fügte; gefügt; 完h)
—— 再《Sich⁴+③と》[..³に](逆らわずに)従う ▷ Er *fügte* sich den Anordnungen. 彼は指示に従った
—— 他《(4)+方向と》[..⁴を…へ]つなぎ合わせる ▷ einen Stein an den anderen *fügen* 石を接合する

Fü·gung [フューグング] 女 die (単2格 -; 複 -en)《文語》(運命とも言える)偶然の出来事

füh·len

[fý:lən フューレン]

現在		
ich fühle	wir fühlen	
du fühlst	ihr fühlt	
er fühlt	sie fühlen	

過去		
ich **fühlte**	wir fühlten	
du fühltest	ihr fühltet	
er fühlte	sie fühlten	

| 過分 | **gefühlt** | 完了 | haben |

—— 他 ❶《(4)と》[痛み・空腹など⁴を]感じる
einen Schmerz *fühlen*
痛みを感じる
Er *fühlt* Hunger. 彼は空腹を覚える
《zu のない不定詞と》
Er *fühlte* sein Herz schlagen.
彼は心臓がドキドキするのを感じた
❷《(4)と》[ある種の感情・感じ⁴を]抱く ▷ Mitleid *fühlen* 同情する / Sie *fühlte*, dass er die Wahrheit gesagt hatte. 彼女は彼が真実を言ったように感じられた
❸《(4)と》 (調べるために)[..⁴に]さわってみる ▷ Er hat ihr den Puls *gefühlt*. 彼は彼女の脈をみた

—— 再《Sich⁴+状態と》[…だと]感じる
Ich *fühle* mich schon besser.
もうだいぶよくなりました
Er *fühlt* sich verpflichtet, ihr zu helfen.
彼は彼女の手助けをするのが義務だと感じる

Füh·ler [フューラー] 男 der (単2格 -s; 複 -) (カタツムリなどの)触角, 触手

fühl·te [フュールテ] fühlen の 過去

Füh·lung [フュールング] 女 die (単2格 -; 複 なし)《文語》接触, コンタクト

fuhr [フーア] fahren の 過去

Fuh·re [フーレ] 女 die (単2格 -; 複 -n) 車1台分の積み荷

füh·re [フューレ] führen の 現在, fahren の 接Ⅱ

füh·ren [フューレン] (führte; geführt; 完h)
—— 他 ❶《(4)と》[..⁴を]連れて行く, 案内する ▷ ein Kind an der Hand *führen* 子供の手を引いて行く / einen Fremden zum Hotel *führen* 不案内な人をホテルまで連れて行く / Touristen durch die Stadt *führen* 旅行者に町中を案内する /《比ゆ》Ein Hinweis *führte* die Polizei auf die Spur des Verbrechers. ある情報によって警察は犯人の手がかりを得た
❷《(4)と》[..⁴を]指導する;〔事業⁴を〕経営する ▷ Er versteht es gut, junge Menschen zu *führen*. 彼は若い人を指導するすべを心得ている /《現在分詞で》eine *führende* Rolle 指導的な役割
❸《(4)と》[..⁴を](一定の仕方で)扱う ▷ die Nadel geschickt *führen* 針を巧みに操る
❹《(4)と》〔商品⁴を〕取り扱う ▷ Wir *führen* auch Schallplatten. 当店ではレコードも扱っております
《イディオム》 *den Beweis für*+④ *führen* ..⁴を証明する

ein Gespräch führen 会話をする

—— 自 ❶《方向と》[…へ]通じている ▷ Der Weg *führt* zur Stadt. この道は町に通じている
❷ リードしている ▷ Die Mannschaft *führt* nach Punkten. そのチームが得点数でリードして

いる
— 再 〚(sich)⁴+様態〛と〛(学校・刑務所などである一定の期間)[…のように]振舞う ▷ Er hat sich tadellos *geführt*. 彼の態度は非の打ちどころがなかった

Füh·rer [フューラー] 男 *der* (⊕2格 -s; ⊕ -)
❶ 案内人, ガイド ▷ Wir haben die Stadt mit einem *Führer* besichtigt. 私たちは町をガイドと共に見物した
❷ (組織などの)指導者, リーダー
❸ 案内書, ガイドブック

F Füh·rer·schein [フューラー・シャイン] 男 *der* (⊕2格 -[e]s; ⊕ -e)
運転免許証 ▷ den *Führerschein* erneuern 運転免許証を更新する / den *Führerschein* machen 運転免許証をとる

führ·te [フュールテ] führen の 過去

Füh·rung [フュールング] 女 *die* (⊕2格 -; ⊕ -en)
❶ (ガイドによる)案内 ▷ Die nächste *Führung* durch das Museum findet um 14 Uhr statt. 美術館の次の案内は14時に行われます
❷ 〚複なし〛経営; 指導 ▷ Der Sohn hat die *Führung* eines Geschäftes übernommen. 息子が店の経営を受け継いだ / unter der *Führung* eines Lehrers 教師の指導のもとに
❸ 〚複なし〛リード, 優位 ▷ in *Führung* liegen 〈sein〉 リードしている

Fuhr·werk [フーア・ヴェルク] 中 *das* (⊕2格 -[e]s; ⊕ -e) (牛・馬の引く)荷車

Ful·da [フルダ] 中 *das* (都市名) フルダ(ドイツ中部の古都; ☞地図 D-3)

Fül·le [フュレ] 女 *die* (⊕2格 -; ⊕ なし) 《文語》 大量, たくさん; 豊富 ▷ eine *Fülle* von Waren たくさんの商品

fül·len [フュレン] (füllte; gefüllt; 助 h)
— 他 ❶ 〚④と〛[容器など⁴を]満たす; 中身を詰める ▷ einen Korb mit Früchten *füllen* かごに果物をいっぱい入れる / Sie *füllt* eine Flasche mit Saft. 彼女はびんにジュースを満たす
❷ 〚④+in+④と〛[…⁴を…³に](いっぱいになるまで)詰める, 注ぐ ▷ Kartoffeln in Säcke *füllen* ジャガイモを袋に詰める / Milch in eine Flasche *füllen* ミルクをびんがいっぱいになるまで入れる
❸ 〚④と〛[…⁴の]場所をとる ▷ Der Aufsatz *füllt* mindestens zehn Seiten. その論文は少なくとも10ページになる
— 再 〚(sich)⁴と〛(会場・容器などが)いっぱいになる

Fül·ler [フュラー] 男 *der* (⊕2格 -s; ⊕ -) 《口語》万年筆(=Füllfederhalter)

Füll·fe·der·hal·ter [フュル・フェーダー・ハルター] 男 *der* (⊕2格 -s; ⊕ -) 万年筆

fül·lig [フュリヒ] 形 (体つきが)太って丸々とした ▷ eine ziemlich *füllige* Figur haben かなり丸々とした体つきをしている

füll·te [フュルテ] füllen の 過去

Fül·lung [フュルング] 女 *die* (⊕2格 -; ⊕ -en) (料理などの)詰め物; (歯の)充填物; (まくらマットレスなどの)詰め物

fum·meln [フメルン]
(fummelte; gefummelt; 助 h)
自 《口語》 ❶ 〚an+③と〛[ネクタイ・留金などを](締めようとして)いじる
❷ 〚mit+③と〛[…³を]愛撫する

Fund [フント] 男 *der* (⊕2格 -[e]s; ⊕ -e) 拾得物; 発掘物, 出土品
イディオム *einen Fund machen* 発見をする

Fun·da·ment [フンダメント] 中 *das* (⊕2格 -[e]s; ⊕ -e) (建物などの)基礎, 土台 ▷ ein *Fundament* aus Beton コンクリートの基礎 / 《比ゆ》 Die japanische Wirtschaft ruht auf einem starken *Fundament*. 日本経済は強固な土台の上にある

Fun·da·men·ta·lis·mus [フンダメンタリスムス] 男 *der* (⊕2格 -; ⊕ なし) 《文語》原理主義

Fun·da·men·ta·list [フンダメンタリスト] 男 *der* (⊕2・3・4格 -en; ⊕ -en) 原理主義者

Fund·bü·ro [フント・ビュロー] 中 *das* (⊕2格 -s; まれに ⊕ -s) 遺失物取扱所

fünf
[fγnf フュンフ]

〚基数〛5 (用法: ☞ drei)

fünft
〚序数〛第5の, 5番目の(用法: ☞ dritt)

fünf·tel [フュンフテル] 形 〚分数〛5分の1の (☆格語尾をつけない) ▷ ein *fünftel* Liter 5分の1リットル

fünf·zehn [フュンフツェーン]
〚基数〛15 (用法: ☞ drei)

fünf·zehnt [フュンフツェーント] 形 〚序数〛第15の, 15番目の

fünf·zig [フュンフツィヒ]
〚基数〛50 (用法: ☞ drei)

fünf·zigst [フュンフツィヒスト] 形 〚序数〛第50の, 50番目の

Funk [フンク] 男 *der* (⊕2格 -s; ⊕ なし)
❶ 無線通信; 無線装置 (☆ 無冠詞で) ▷ über *Funk* 無線で / Der Streifenwagen ist mit *Funk* ausgerüstet. パトカーは無線装置を備えている
❷ ラジオ放送 (=Rundfunk)

Fun·ke [フンケ] 男 *der* (⊕2格 -ns, 3・4格 -n; ⊕ -n) 火の粉, 火花

fun·keln [フンケルン]
(funkelte; gefunkelt; 助 h)
自 (星・宝石などが)きらきら輝く, きらめく ▷ Am Himmel *funkeln* die Sterne. 空に星がきらめい

ている / 《比ゆ》 Seine Augen *funkelten* vor Freude. 彼の目は喜びにきらきら輝いていた

fun·ken [フンケン] (funkte; gefunkt; [完了]h)
[他] [(④と)] 〔情報など⁴を〕無線で伝える

Fun·ken [フンケン] [男] *der* ([単] 2 格 -s; [複] -) = Funke

Fun·ker [フンカー] [男] *der* ([単] 2 格 -s; [複] -) 無線通信士

Funk·strei·fe [フンク・シュトライフェ] [女] *die* ([単] 2 格 -; [複] -n) 無線装備のパトロールカー

Funk·ti·on [フンクツィオーン] [女] *die* ([単] 2 格 -; [複] -en)
❶ (物事の)**機能, 働き** ▷ Hat dieser Knopf irgendeine *Funktion*? このボタンは何か役目を果たしているのですか / Die Klimaanlage tritt in *Funktion*. エアコンが動き出す
❷ (人の)任務, 職務 ▷ eine leitende *Funktion* ausüben 指導的な任務を遂行する

Funk·ti·o·när [フンクツィオネーア] [男] *der* ([単] 2 格 -s; [複] -e) (政党・団体などの)役員, 幹部

funk·ti·o·nie·ren [フンクツィオニーレン] (funktionierte; funktioniert; [完了]h)
[自] (機械などが正常に)**作動する**; (組織などが)**機能する** ▷ Die Maschine *funktioniert* nicht. この機械は作動しない

funk·ti·ons·tüch·tig [フンクツィオーンス・テュヒティヒ] [形] (機械などが)よく機能する

Fun·zel [フンツェル] [女] *die* ([単] 2 格 -; [複] -n) 《口語》 薄暗いランプ

für

[fy:ɐ フューア]

[前] [④支配]
☆ 定冠詞との結合形: fürs
❶ 《目標・目的》 …**のために**
für die Familie arbeiten
家族のために働く
für den Frieden kämpfen
平和のために戦う
für höhere Löhne streiken
賃上げを求めてストをする
Was kann ich *für* Sie tun? 何がお望みでしょうか (← 何を私はあなたのためにできますか)
❷ 《賛成》 …**に賛成の** ([反] gegen) ▷ *für*+④ stimmen …⁴に賛成の票を入れる / Ich bin *für* diese Maßnahmen. 私はこの措置に賛成だ
❸ 《交換・代理》 …**の代わりに** ▷ Sie bezahlte *für* die Bluse 100 Euro. 彼女はこのブラウスに 100 ユーロ払った / *für*+④ die Arbeit machen …⁴に代わって仕事をする
❹ 《対象》 …**に対して** ▷ eine Sendung *für* Kinder 子供向けの放送 / ein Geschenk *für* den Vater 父への贈り物 / Bier ist gut *für* den Durst. ビールはのどの渇きにはよい

[類語]
für 適用の対象 ▷ ein Buch *für* Jugendliche 青少年向けの本
zu 行為の目的 ▷ Das tue ich nur *zum* Zeitvertreib. それは単なる時間つぶしのためにする

❺ 《基準》 …にとって ▷ Der Koffer ist *für* das Kind zu schwer. そのトランクは子供には重すぎる
❻ 《相対的判断の基準》 …にしては, …のわりには ▷ Er ist sehr groß *für* sein Alter. 彼は年のわりには非常に大きい
❼ 《予定などの期間》 …の予定で, …の間 ▷ *für* zwei Wochen verreisen 2 週間の予定で旅に出る / Er hat das Haus *für* zehn Jahre gemietet. 彼は家を 10 年間借りた
❽ 〚同一名詞を反復して〛 Tag *für* Tag 来る日も来る日も / Wort *für* Wort übersetzen 一語一語訳す
❾ 〚特定の語句と〛 *für*+④ dankbar sein …⁴に対して感謝している / sich⁴ *für*+④ entscheiden …⁴に決定する / Er entschuldigt sich *für* seine Verspätung. 彼は遅刻したことをあやまる

[イディオム] ***für immer*** 永久に
für sich 一人で ▷ Er lebt ganz *für sich*. 彼はまったく一人で暮らしている

> ***was für [ein]*** どのような (☆ für は格を支配しない; 名詞の格は文中の役割によって決まる)
> *Was für ein* Auto ist das?
> それはどんな自動車ですか
> *Was für* Schuhe hat er sich gekauft?
> どんな靴を彼は買ったのか
> (☆ 複数の場合は無冠詞)
> *Was für eine* Überraschung!
> 何という驚き
> 〚was と für [ein] が分離することもある〛
> *Was* ist er *für ein* Mensch?
> 彼はどんな人ですか

Fur·che [フルヒェ] [女] *die* ([単] 2 格 -; [複] -n) (畝ᵘと畝の間の)溝, 畝間

Furcht [フルヒト] [女] *die* ([単] 2 格 -; [複] なし)
恐怖, 恐れ ▷ die *Furcht* vor dem Tod 死に対する恐怖 / vor *Furcht* zittern 恐ろしさのあまり震える

furcht·bar [フルヒト・バール]
— [形] ❶ **恐ろしい** ▷ ein *furchtbarer* Anblick 恐ろしい光景
❷ 《口語》《否定的な意味合いで》すごい, ひどい ▷ eine *furchtbare* Hitze すごい暑さ / Das ist ja *furchtbar*! それは本当にひどい
— [副] 《口語》《程度を表して》すごく, ひどく ▷ sich⁴ *furchtbar* freuen すごく喜ぶ

fürchten

fürch・ten [フュルヒテン] (du fürchtest, er fürchtet; fürchtete; gefürchtet; 助h)
— 再 《(sich⁴と)》こわがる ▷ Das Kind fürchtete sich im Dunkeln. 子供は暗やみの中でこわがった / sich vor dem Hund fürchten 犬をこわがる / 《zu 不定詞句と》Ich fürchte mich, allein zu gehen. 私は一人で行くのがこわい
— 他 ❶ 《④と》《..⁴eと》恐れる, こわがる ▷ Er fürchtete weder Gefahr noch Tod. 彼は危険も死も恐れない
❷ 《④と》《..⁴ではないかと》恐れる, 心配する ▷ Ich fürchte, es kommt ein Gewitter. 雷雨になると思う(そうなるといやだが) / Er fürchtete, den Arbeitsplatz zu verlieren. 彼は職場を失うのではないかと心配していた
— 自《für 〈um〉+④と》《..⁴のことを》気遣う ▷ Sie fürchtet für ihn. 彼女は彼のことを気遣っている

fürch・ter・lich [フュルヒターリヒ]
— 形 ❶ 恐ろしい ▷ ein fürchterlicher Unfall 恐ろしい事故
❷ 《口語》《否定的な意味合いで》ものすごい, ひどい ▷ eine fürchterliche Hitze ものすごい暑さ / Das ist ja fürchterlich! それは本当にひどい
— 副《口語》《程度を表して》ものすごく ▷ Er hat sich fürchterlich geärgert. 彼はものすごく怒った

fürch・te・te [フュルヒテテ] fürchten の 過去
furcht・los [フルヒト・ロース] 形 (態度などが)恐れを知らない, 大胆な
furcht・sam [フルヒトザーム] 形 こわがりの, 気の小さい, 臆病な
für・ei・nan・der [フューア・アイナンダー] 副 《前置詞 für と einander「互い」の結合形; 前置詞 für の意味用法に準じて用いられる》Sie sorgen füreinander. 彼らはお互いにめんどうをみあう (☆ für+④ sorgen ..⁴のめんどうをみる)
Fu・rie [フーリエ] 囡 die (⊕ 2格 -; ⊕ -n) 《復讐の女神》フリア(復讐の女神)
Fur・nier [フルニーア] 囲 das (⊕ 2格 -s; ⊕ -e) (家具などの)張り板, 化粧板
Fu・ro・re [フローレ] 囡 die 《成句で》Furore machen センセーションを巻き起こす
fürs [フューアス] 《für と定冠詞 das の融合形》Der Student interessiert sich fürs Studentenheim. その学生は学生寮に入りたいと思っている (←興味をもっている)
Für・sor・ge [フューア・ゾルゲ] 囡 die (⊕ 2格 -; ⊕ なし) 世話, 看護
für・sorg・lich [フューア・ゾルクリヒ] 形 心遣いのこまやかな ▷ eine fürsorgliche Mutter いろいろこまやかな心遣いをする母親
Für・spra・che [フューア・シュプラーヘ] 囡 die (⊕ 2格 -; ⊕ なし) 代弁, 口添え, 口きき

Für・spre・cher [フューア・シュプレッヒャー] 囲 der (⊕ 2格 -s; ⊕ -) 代弁者, 口添えく口きき〉をする人
Fürst [フルスト] 囲 der (⊕ 2・3・4格 -en; ⊕ -en) 侯爵
fürst・lich [フルストリヒ]
形 ❶ 領主の; 侯爵の (☆ 名詞につけて)
❷ (食事などが)豪勢な, (チップなどが)たっぷりの
Furt [フルト] 囡 die (⊕ 2格 -; ⊕ -en) (川の)浅瀬
Fu・run・kel [フルンケル] 囲 der (⊕ 2格 -s; ⊕ -) 《医学》癤, ねぶと(皮膚にできるはれもの)
für・wahr [フューア・ヴァール] 副《文語》本当に, まことに
Furz [フルツ] 囲 der (⊕ 2格 -es; ⊕ Fürze) 《口語》屁 ▷ einen Furz lassen 屁をする
Für・ze [フュルツェ] Furz の 複数
fur・zen [フルツェン] (furzte; gefurzt; 助h)
自 おならをする
Fu・sel [フーゼル] 囲 der (⊕ 2格 -s; まれに ⊕ -) 《口語》粗悪なシュナップス (☞ Schnaps)
Fu・si・on [フズィオーン] 囡 die (⊕ 2格 -; ⊕ -en) (企業などの)合併, 合同, 《物理》核融合

Fuß ────

[fu:s フース]
囲 der (⊕ 2格 -es; ⊕ Füße)

❶ 足
der rechte 〈linke〉 Fuß
右〈左〉足
sich³ den Fuß verstauchen
足を捻挫する
von Kopf bis Fuß
頭のてっぺんから足のつま先まで
mit bloßen Füßen はだしで
zu Fuß gehen 歩いて行く
Ich setze den Fuß nicht mehr über seine Schwelle. 二度とあいつの家の敷居はまたがないぞ
❷ (家具などの, 短めの) 脚 (☆ 長いものは Bein); (柱などの)台座 ▷ die Füße des Schrankes 戸棚の脚
❸ (山の)ふもと ▷ Sein Haus steht am Fuß des Berges. 彼の家は山のふもとに立っている
《イディオム》 ③+wieder auf die Füße helfen ..³を立ち直らせる
mit einem Fuß im Grabe stehen 棺桶に片足を突っ込んでいる

Fuß・ball [フース・バル] 囲 der (⊕ 2格 -[e]s; ⊕ ..bälle)
❶ 《⊕ なし》サッカー ▷ Fußball spielen サッカーをする
❷ サッカーボール
Fuß・ball・mann・schaft [フース・バル・マン

シャフト] 女 *die* (⊕2格 -; ⊕ -en) サッカーチーム
Fuß·ball·sai·son [フース・バル・ゼゾ[-]ン] 女 *die* (⊕2格 -; ⊕ -s) サッカーシーズン
Fuß·ball·spiel [フース・バル・シュピール] 中 *das* (⊕2格 -[e]s; ⊕ -e) サッカーの試合
Fuß·ball·spie·ler [フース・バル・シュピーラー] 男 *der* (⊕2格 -s; ⊕ -) サッカー選手
Fuß·bo·den [フース・ボーデン] 男 *der* (⊕2格 -s; ⊕ ..böden) 床^{ゆか} (=Boden)
Fü·ße [フューセ] Fuß の 複数
Fus·sel [フッセル] 女 *die* (⊕2格 -; ⊕ -n) (衣服・じゅうたんなどにできる)けば, 毛玉
fus·seln [フッセルン]
(fusselte; gefusselt; 完了h)
自 (生地などが)けば立つ
fu·ßen [フーセン] (fußte; gefußt; 完了h)
自《auf+③と》[..³に]基づく ▷ Diese Theorie *fußt* auf dem Ergebnis zahlreicher Untersuchungen. この理論は数多くの研究の成果に基づいている
Fuß·gän·ger [フース・ゲンガー] 男 *der* (⊕2格 -s; ⊕ -)
歩行者
Fuß·gän·ger·weg [フース・ゲンガー・ヴェーク] 男 *der* (⊕2格 -[e]s; ⊕ -e) 歩行者専用道路
Fuß·gän·ger·zo·ne [フース・ゲンガー・ツォーネ] 女 *die* (⊕2格 -; ⊕ -n) (商店街などの)歩行者専用区域, 歩行者天国
Fuß·mat·te [フース・マッテ] 女 *die* (⊕2格 -; ⊕ -n) (玄関前の)靴ぬぐい, ドアマット；カーマット

Fuß·no·te [フース・ノーテ] 女 *die* (⊕2格 -; ⊕ -n) (論文などの)脚注
Fut·ter [フッター] 中 *das* (⊕2格 -s; ⊕ なし)
❶ (特に家畜・ペットの)飼料, えさ ▷ den Vögeln *Futter* streuen 鳥にえさをまく
❷ (衣服・バッグなどの)裏, 裏地
Fut·te·ral [フテラール] 中 *das* (⊕2格 -s; ⊕ -e) (中身に形を合わせた)ケース, サック; (傘などの)袋
fut·tern [フッテルン] (futterte; gefuttert; 完了h)
他《④を》《口語》《④を》[..⁴を](大量にばくばく)食べる
füt·tern [フュッテルン]
(fütterte; gefüttert; 完了h)
他 ❶《④と》[動物⁴に]えさ〈飼料〉を与える ▷ die Schweine *füttern* 豚にえさをやる
❷《④と》[..⁴を]飼料として与える ▷ Rüben *füttern* ビートを飼料として与える
❸《④と》[子供・病人⁴に]食事を与える ▷ Das Kind muss noch *gefüttert* werden. その子はまだ食べさせてやらなければいけない
❹《④と+mit+③と》[コンピュータ⁴に..³を]入力する ▷ einen Computer mit einem Wörterbuch *füttern* コンピュータに辞書を入力する
❺《④と》[服⁴に]裏地をつける, 裏張りをする ▷ einen Mantel mit Pelz *füttern* コートに毛皮の裏をつける
Fu·tur [フトゥーア] 中 *das* (⊕2格 -s; ⊕ -e)《文法》未来時称, 未来時制
Fu·tu·ro·lo·gie [フトゥロロギー] 女 *die* (⊕2格 -; ⊕ なし) 未来学

g G [ge: ゲー]

g [グラム] ☞ Gramm
gab [ガープ] geben の 過去
Ga·be [ガーベ] 女 *die* (単2格 -; 複 -n)
  ❶《文語》贈り物（＝Geschenk）
  ❷《文語》才能，天分
  イディオム **eine milde Gabe**（こじきなどへの）施し物
gä·be [ゲーベ] geben の 接II
Ga·bel [ガーベル] 女 *die* (単2格 -; 複 -n)
  ❶ フォーク（☆「スプーン」は Löffel） ▷ mit Messer und *Gabel* essen ナイフとフォークで食べる
  ❷ （農業用の）フォーク
ga·beln [ガーベルン] (gabelte; gegabelt; 匪h)
  再 (sich⁴ と)（枝・道などが）ふたまたに分かれる ▷ Der Weg *gabelt* sich hinter der Brücke. 道が橋の向こうで分岐している
Ga·bel·stap·ler [ガーベル・シュタープラー] 男 *der* (単2格 -s; 複 -) フォークリフト
ga·ckern [ガッケルン]
  (gackerte; gegackert; 匪h)
  自 （鶏などが）コッコッと鳴く（☆ Hahn「おんどり」の場合は krähen）
gaf·fen [ガッフェン] (gaffte; gegafft; 匪h)
  自（口をあけて）ぼかんと見とれる ▷ mit offenem Mund *gaffen* 口をあけてぼかんと見とれている
Gag [ゲク] 男 *der* (単2格 -s; 複 -s)（人を笑わせる芸人の）ギャグ
Ga·ge [ガージェ] 女 *die* (単2格 -; 複 -n)（芸人などの）報酬，ギャラ
gäh·nen [ゲーネン] (gähnte; gegähnt; 匪h)
  自 あくびをする ▷ Er *gähnte* heimlich. 彼は目だたぬようにあくびをした
ga·lant [ガラント] 形《やや古語》（女性に対して）礼儀正しく親切な
Ga·lee·re [ガレーレ] 女 *die* (単2格 -; 複 -n) ガレー船（古代ローマ・中世に主に地中海で用いられた大型船；奴隷や囚人にこがせた）
Ga·le·rie [ガレリー] 女 *die* (単2格 -; 複 -n)
  ❶ 画廊，ギャラリー ▷ Meine Werke wurden in einer *Galerie* ausgestellt. 私の作品は画廊に展示された
  ❷ （教会などの）回廊
Ga·le·ri·en [ガレリーエン] Galerie の 複数
Gal·gen [ガルゲン] 男 *der* (単2格 -s; 複 -) 絞首台
  イディオム ④ +*zum Galgen verurteilen* …⁴に絞首刑の判決を下す
Gal·le [ガレ] 女 *die* (単2格 -; 複 -n) 胆汁；胆囊

Gal·lert [ガレルト / ガレ..] 中 *das* (単2格 -[e]s なし)《料理》（アスピック・煮こごりなど）ゼリー状のもの
Gal·ler·te [ガレルテ / ガレル..] 女 *die* (単2格 -; 複 なし) ＝Gallert
Ga·lopp [ガロップ] 男 *der* (単2格 -s; 複 なし)（馬の最も速い走り方）▷ Sie ritt im *Galopp* davon. 彼女はギャロップで駆け去った
ga·lop·pie·ren [ガロピーレン]
  (galoppierte; galoppiert)
  自 ❶ 【匪h,s】（馬が）ギャロップで走る ▷ Das Pferd beginnt zu *galoppieren*. 馬がギャロップで走り始める
  ❷ 【匪s】【方向と】［…へ］ギャロップで走って行く ▷ Ein Reiter ist über das Feld *galoppiert*. 馬に乗った人が野原をギャロップで走って行った
galt [ガルト] gelten の 過去
gäl·te [ゲルテ] gelten の 接II
Ga·ma·sche [ガマッシェ] 女 *die* (単2格 -; 複 -n)【ふつう複 で】ゲートル
gam·meln [ガンメルン]
  (gammelte; gegammelt; 匪h)
  自 （口語）時間を無為に過ごす
Gäm·se [ゲムゼ] 女 *die* (単2格 -; 複 -n)（動物）アルプスカモシカ，シャモア
Gang [ガング] 男 *der* (単2格 -es〈まれに -s〉; 複 Gänge)
  ❶ 【複 なし】歩いて行くこと；歩き方 ▷ einen *Gang* durch den Park machen 公園を歩く / ein schleppender *Gang* ひきずるような歩き方
  ❷ 廊下，（ふつう地下の）通路 ▷ Zu seinem Zimmer kommt man durch einen langen *Gang*. 彼の部屋へは長い廊下を通って行く / ein unterirdischer *Gang* 地下道
  ❸ 【ふつう なし】（機械の）動き，作動状態；（物事の）進行，経過 ▷ den *Gang* des Motors überwachen エンジン〈モーター〉の動きを見守る / eine Maschine in *Gang* bringen 機械を始動させる
  ❹ （自動車などの）ギヤの段階 ▷ im dritten *Gang* fahren サードギヤで走る
  ❺ （コース料理の）一品 ▷ Das Essen hat vier *Gänge*. 食事は4品からなっている
Gän·ge [ゲンゲ] Gang の 複数
gän·geln [ゲンゲルン]

状態，様態，場所，方向，…＝状態，様態，場所，方向，…を表す語句

Garde

(gängelte; gegängelt; 過去h)
他《口語》《④と》《..³に》《どうすべきか》いちいち指図する ▷ sich⁴ nicht länger *gängeln* lassen もうこれ以上いちいち指図させない

gän·gig [ゲンギヒ]
形 ❶ 《意見・解釈など》一般に広まっている ▷ eine *gängige* Ansicht 一般的な見解
❷ 《商品が》よく売れる

Gangs·ter [ゲングスター] 男 der (⊕ 2 格 -s; ⊕ -) ギャング（一人ひとりのギャングを指す；ギャングの「一味」は Bande）

Gang·way [ゲング・ウェイ] 女 die (⊕ 2 格 -; -s)（船・飛行機の）タラップ

Ga·no·ve [ガノーヴェ] 男 der (⊕ 2・3・4 格 -n; ⊕ -n)《口語》ぺてん師

Gans [ガンス] 女 die (⊕ 2 格 -; ⊕ Gänse)《鳥》ガチョウ；（特に）雌のガチョウ（☆ 雄は Gänserich）▷ Die *Gänse* schnattern. ガチョウがガアガア鳴く

Gän·se [ゲンゼ] Gans の 複数

Gän·se·marsch [ゲンゼ・マルシュ] 男 der (⊕ 2 格 -es; ⊕ なし)《口語》一列縦隊 ▷ im *Gänsemarsch* marschieren 一列縦隊で行進する

Gän·se·rich [ゲンゼリヒ] 男 der (⊕ 2 格 -s; ⊕ -e) 雄のガチョウ（☆ ガチョウ一般は Gans）

ganz
[gants ガンツ]

—形 (比較 ganzer, 最上 ganzest)
❶ 全部の，全…《☆ 名詞につけて》
die *ganze* Welt 全世界
mein *ganzes* Vermögen 私の全財産
Sie hat ihm die *ganze* Geschichte erzählt.
彼女は彼にすべてを語った
mit *ganzer* Kraft 全力で
von *ganzem* Herzen 心から
《時を表す名詞と》
Sie haben den *ganzen* Tag gearbeitet.
彼らは一日中働いた
『中性の地名の前では格語尾を伴わず無冠詞で』
in *ganz* Deutschland ドイツ全域で
❷《口語》破損していない ▷ Das Glas ist noch *ganz*. このグラスはまだ欠けていない

—副 ❶ まったく，完全に ▷ *ganz* allein まったく一人で / Du hast *ganz* Recht. 君はまったく正しい / Das ist etwas *ganz* anderes. それはまったく別のことだ / Ich verstehe es nicht *ganz*. 私にはそれが完全にはわからない
❷《強勢を伴って》非常に，たいへん（☆ 強勢を伴わないと ❸ の意味になる）▷ Er sieht *ganz* blass aus. 彼は顔色がまっさおだ
❸《強勢を伴わず》かなり ▷ Das gefällt mir *ganz* gut. 私にはそれがまあまあ気に入っている

《イディオム》 *ganz und gar* [*nicht*] まったく［…でない］▷ Das gefällt mir *ganz und gar* nicht. それは私はまったく気に入らない
im [*großen und*] *ganzen* (旧⇒新) *im* [*Großen und*] *Ganzen* 全体として見れば；全部で

Gan·ze [ガンツェ] 中 das (形容詞変化 ☞ Alte 表 II) 全体, 全部, 総体

《イディオム》 *aufs Ganze gehen*《口語》断固戦う
Es geht ums Ganze. （勝つか負けるかなど）決着の時である

Ganz·heit [ガンツハイト] 女 die (⊕ 2 格 -; ⊕ なし)《文語》全体, 総体

gänz·lich [ゲンツリヒ] 副 完全に, すっかり

gar [ガール]
—副 ❶《否定詞を伴って》まったく［…でない］▷ Sie sagte *gar* nichts. 彼女はまったく何も言わなかった / Er hat *gar* keine Zeit. 彼はまったく時間がない
❷《否定されることを期待して》もしかして, まさか ▷ Ist sie *gar* schon verlobt? 彼女はもしかしてすでに婚約しているの
❸ ほんとうに, 実際, まったく ▷ Sie ist *gar* zu allem fähig. 彼女はほんとうにどんなことでもやりかねない

—形 (比較 -er, 最上 -st)
（食べ物が）焼けて（いる）, 煮えて（いる）▷ Die Kartoffeln sind noch nicht *gar*. ジャガイモはまだ煮えていない

Ga·ra·ge [ガラージェ] 女 die (⊕ 2 格 -; ⊕ -n)（自動車の）車庫, ガレージ

Ga·rant [ガラント] 男 der (⊕ 2・3・4 格 -en; ⊕ -en) 保証人

Ga·ran·tie [ガランティー] 女 die (⊕ 2 格 -; ⊕ -n)
❶（物事に対する）保証 ▷ Dafür kann ich keine *Garantie* übernehmen. それを保証することは私はできない
❷（商品に対する）保証 ▷ Der Kühlschrank hat ein Jahr *Garantie*. その冷蔵庫には 1 年間の保証がついている

Ga·ran·ti·en [ガランティーエン] Garantie の 複数

ga·ran·tie·ren [ガランティーレン]
(garantierte; garantiert; 過去h)
—他《③+④と》《..³に..⁴を》保証する, 請け合う ▷ Wir *garantieren* Ihnen ein sicheres Einkommen. 私たちはあなたに確実な収入を保証します
—自《für+④と》《..⁴を》保証する, 請け合う ▷ Er *garantierte* für die Qualität der Ware. 彼はこの商品の品質を請け合った

Gar·be [ガルベ] 女 die (⊕ 2 格 -; ⊕ -n)（刈られた穀物の）束

Gar·de [ガルデ] 女 die (⊕ 2 格 -; ⊕ -n) 護衛隊,

近衛兵; 仲間, グループ

Gar·de·ro·be [ガルデローベ] [女] *die* ([単] 2 格 –; [複] –n)

❶ (劇場などの) **クローク**, 携帯品預かり所 ▷ den Mantel an der *Garderobe* abgeben コートをクロークに預ける

❷ 〖[複] なし〗(下着以外の, 個人の所有する)衣装

❸ 楽屋

Gar·di·ne [ガルディーネ] [女] *die* ([単] 2 格 –; [複] –n) (レースなどの, 透けて見える)**カーテン** ▷ die *Gardinen* aufziehen 〈zuziehen〉 カーテンをあける〈閉める〉

ga·ren [ガーレン] (garte; gegart; [完了]h)

— [他] 〖④と〗〔肉など⁴を〕煮る, 焼く

— [自] 煮える, 焼ける

gä·ren [ゲーレン]

(gor 〈gärte〉; gegoren 〈gegärt〉)

[自] 〖[完了]h,s〗 ❶ 発酵する (☆ ふつう不規則変化) ▷ Der Wein hat *gegoren.* ワインが発酵した / 〖[状態]と; [完了]s〗 Der Wein ist zu Essig *gegoren.* ワインは発酵して酢になってしまった

❷ 〖[完了]h〗 〖in+③と〗 (感情が)〔…³の心の中で〕徐々に激しくなる (☆ ふつう規則変化)

Gar·misch-Par·ten·kir·chen [ガルミッシュ・パルテンキルヒェン] ([中] *das*) 《都市名》 ガルミッシュ・パルテンキルヒェン (ドイツ・バイエルン州の観光地; ☞ 地図 E-5)

Garn [ガルン] [中] *das* ([単] 2 格 –[e]s; [複] –e) (紡いだ繊維による)糸

Gar·ne·le [ガルネーレ] [女] *die* ([単] 2 格 –; [複] –n) 《動物》 コエビ (シバエビ・クルマエビなど)

gar·nie·ren [ガルニーレン]

(garnierte; garniert; [完了]h)

[他] 〖④と〗〔食物⁴に〕添え物をつける, つまを添える ▷ die kalte Platte mit Petersilie, Tomaten u.a. *garnieren* ハムやソーセージなどを盛り合わせた皿にパセリやトマトなどをあしらう

Gar·ni·tur [ガルニトゥーア] [女] *die* ([単] 2 格 –; [複] –en) (用具・家具などの)一式, セット; (服装などの)そろい, 組 ▷ eine *Garnitur* Geschirr 食器セット

gars·tig [ガルスティヒ] [形] (魔女などが)不気味な

Gar·ten

[gártn̩ ガルテン]

[男] *der* ([単] 2 格 –s; [複] Gärten)

格	単　数	複　数
①	der　Garten	die　Gärten
②	des　Gartens	der　Gärten
③	dem Garten	den　Gärten
④	den　Garten	die　Gärten

庭, 庭園

im *Garten* arbeiten
庭仕事をする
hinter dem Haus einen *Garten* anlegen
家の裏に庭を造る
ein botanischer *Garten* 植物園

Gär·ten [ゲルテン] Garten の [複数]

Gar·ten·ar·beit [ガルテン・アルバイト] [女] *di*... ([単] 2 格 –; [複] –en) 庭仕事, 庭いじり

Gar·ten·ge·rät [ガルテン・ゲレート] [中] *das* (... 2 格 –[e]s; [複] –e) 園芸用具

Gar·ten·tor [ガルテン・トーア] [中] *das* ([単] 2 格 –[e]s; [複] –e) 庭から通りに通じている門

Gar·ten·zwerg [ガルテン・ツヴェルク] [男] *de*... ([単] 2 格 –[e]s; [複] –e) (庭の飾りとして置く, 陶製の)小人人形

Gärt·ner [ゲルトナー] [男] *der* ([単] 2 格 –s; [複] –) 庭師, 植木屋

Gärt·ne·rei [ゲルトネライ] [女] *die* ([単] 2 格 –; [複] –en) 園芸〈造園〉会社

Gä·rung [ゲールング] [女] *die* ([単] 2 格 –; [複] –en) 発酵

Gas [ガース] [中] *das* ([単] 2 格 –es; [複] –e)

❶ **気体**, ガス ▷ giftiges *Gas* 有毒ガス

❷ 〖[複] なし〗 (燃料用の)**ガス** ▷ das *Gas* anzünden ガスに火をつける / mit *Gas* kochen ガスで料理する

[イディオム] ***Gas geben*** 《口語》 アクセルを踏み込む (スピードを上げる)

Gas·hei·zung [ガース・ハイツング] [女] *die* ([単] 2 格 –; [複] –en) ガス暖房

Gas·herd [ガース・ヘーアト] [男] *der* ([単] 2 格 –[e]s; [複] –e) ガスレンジ

Gas·kam·mer [ガース・カマー] [女] *die* ([単] 2 格 –; [複] –n) (強制収容所の, 殺人のための)ガス室

Gas·lam·pe [ガース・ラムペ] [女] *die* ([単] 2 格 –; [複] –n) ガス灯

Gas·la·ter·ne [ガース・ラテルネ] [女] *die* ([単] 2 格 –; [複] –n) ガス灯

Gas·mas·ke [ガース・マスケ] [女] *die* ([単] 2 格 –; [複] –n) ガスマスク, 防毒マスク

Gas·pe·dal [ガース・ペダール] [中] *das* ([単] 2 格 –s; [複] –e) (自動車の)アクセルペダル

Gas·pis·to·le [ガース・ピストーレ] [女] *die* ([単] 2 格 –; [複] –n) ガス銃

Gas·rohr [ガース・ローア] [中] *das* ([単] 2 格 –[e]s; [複] –e) ガス管

Gas·se [ガッセ] [女] *die* ([単] 2 格 –; [複] –n) **路地**, 横町

Gast [ガスト] [男] *der* ([単] 2 格 –es 〈まれに –s〉; [複] Gäste)

❶ **客**, 来客 ▷ Wir haben heute Abend *Gäste.* 私たちは今晩客を招いている / Du bist heute mein *Gast.* (レストランなどで) きょうは私のおごりだよ / bei+③ zu *Gast* sein …³の客になっ

ている
❷ (ホテル・店などの)**客** ▷ einen *Gast* freundlich bedienen 客に愛想よく応対する
❸ (劇団・番組などの)**客演者, ゲスト**

Gast·ar·bei·ter [ガスト・アルバイター] 男 *der* (@2格 -s; @ -) (出稼ぎの)外国人労働者

Gäs·te [ゲステ] Gast の 複数

Gäs·te·buch [ゲステ・ブーフ] 中 *das* (@2格 -[e]s; @ ..bücher) 来客名簿

Gäs·te·haus [ゲステ・ハオス] 中 *das* (@2格 -es; @ ..häuser) 迎賓館, 来客用宿舎, ゲストハウス

Gäs·te·zim·mer [ゲステ・ツィマー] 中 *das* (@2格 -s; @ -) 客室, 客間

gast·freund·lich [ガスト・フロイントリヒ] 形 来客を手厚くもてなす ▷ eine *gastfreundliche* Familie 来客を手厚くもてなす家庭

Gast·ge·ber [ガスト・ゲーバー] 男 *der* (@2格 -s; @ -) 招待する側の主人, 招待者

Gast·haus [ガスト・ハオス] 中 *das* (@2格 -es; @ ..häuser)
飲食店, 食堂 (☆ 宿泊が可能なこともある)

Gast·hof [ガスト・ホーフ] 男 *der* (@2格 -[e]s; @ ..höfe) (比較的大きくて, たいてい宿泊が可能ないなかの)飲食店, 食堂; 旅館, 宿屋

Gast·hö·rer [ガスト・ヘーラー] 男 *der* (@2格 -s; @ -) (大学の)聴講生

gas·tie·ren [ガスティーレン]
(gastierte; gastiert; 完了h)
自 [場所と] [他の都市で]客演する; (たとえば巡業中) [他の都市の]舞台に出演する

gast·lich [ガストリヒ] 形 来客を手厚くもてなす (=gastfreundlich)

Gast·pro·fes·sor [ガスト・プロフェッソア] 男 *der* (@2格 -s; @ -en) 客員教授

Gast·ro·no·mie [ガストロノミー] 女 *die* (@2格 -; @ なし) レストラン業

Gast·spiel [ガスト・シュピール] 中 *das* (@2格 -[e]s; @ -e) (俳優などの)客演 ▷ ein *Gastspiel* geben 客演する

Gast·stät·te [ガスト・シュテッテ] 女 *die* (@2格 -; @ -n) 飲食店, 食堂 ▷ in einer *Gaststätte* zu Mittag essen 飲食店で昼食を食べる

Gast·stu·be [ガスト・シュトゥーベ] 女 *die* (@2格 -; @ -n) (旅館の)食堂

Gast·wirt [ガスト・ヴィルト] 男 *der* (@2格 -[e]s; @ -e) 飲食店の主人

Gast·wirt·schaft [ガスト・ヴィルトシャフト] 女 *die* (@2格 -; @ -en) 飲食店

Gat·te [ガッテ] 男 *der* (@2·3·4格 -n; @ -n) 《文語》(他の人の)夫, ご主人 (☆ オーストリア以外では自分ないし du で話す相手の夫に対しては用いない敬称的表現;「夫人」は Gattin)

Gat·ter [ガッター] 中 *das* (@2格 -s; @ -) さ
く(柵); 格子門〈戸〉

Gat·tin [ガッティン] 女 *die* (@2格 -; @ ..tinnen)
『Gatte の女性形』《文語》(他の人の)夫人, 奥様 (☆ オーストリア以外では自分ないし du で話す相手の夫人に対しては用いない敬称的表現) ▷ Grüßen Sie Ihre *Gattin* von mir! 奥様によろしくお伝えください

Gat·tung [ガットゥング] 女 *die* (@2格 -; @ -en) 部類, 部門; (芸術の)ジャンル ▷ eine literarische *Gattung* 文学上の一ジャンル

gau·keln [ガオケルン]
(gaukelte; gegaukelt; 完了s)
自 (チョウなどが)ひらひら飛ぶ

Gaul [ガオル] 男 *der* (@2格 -[e]s; @ Gäule) 駄馬

Gäu·le [ゴイレ] Gaul の 複数

Gau·men [ガオメン] 男 *der* (@2格 -s; @ -) (解剖) 口蓋(こうがい)

Gau·ner [ガオナー] 男 *der* (@2格 -s; @ -) 詐欺師, ペテン師

Ga·ze [ガーゼ] 女 *die* (@2格 -; @ -n) (包帯などに用いる)ガーゼ

ge·ach·tet [ゲアハテット] achten の 過分

ge·än·dert [ゲエンデルト] ändern の 過分

ge·ant·wor·tet [ゲアントヴォルテット] antworten の 過分

ge·ar·bei·tet [ゲアルバイテット] arbeiten の 過分

ge·är·gert [ゲエルゲルト] ärgern の 過分

ge·at·met [ゲアートメット] atmen の 過分

Ge·bäck [ゲベック] 中 *das* (@2格 -[e]s; まれに @ -e) (ふつう集合的に) オーブンで焼いた菓子; クッキー, ビスケット

ge·ba·cken [ゲバッケン] backen の 過分

ge·ba·det [ゲバーデット] baden の 過分

Ge·bälk [ゲベルク] 中 *das* (@2格 -[e]s; @ なし) 《集合的に》(屋根を支える全部の)梁(はり)

ge·bar [ゲバール] gebären の 過去

Ge·bär·de [ゲベーアデ] 女 *die* (@2格 -; @ -n) 身〈手〉振り, ジェスチャー (=Geste)

ge·bär·den [ゲベーアデン]
(gebärdete; gebärdet; 完了h)
再 [sich⁴+様態と] [...のように]振舞う ▷ Er *gebärdete* sich wie ein Verrückter. 彼は狂人のように振舞った

ge·bä·ren [ゲベーレン] 非分離
(gebar; geboren; 完了h)
他 [④と] [子供⁴を]産む (☆ ふつう完了か受動で) ▷ Sie wurde im Jahr 1975 in Mannheim *geboren*. 彼女は 1975 年にマンハイムで生まれた

Ge·ba·ren [ゲバーレン] 中 *das* (@2格 -s; @ なし) 《文語》(特徴的な)振舞い

Ge·bäu·de [ゲボイデ] 中 *das* (@2格 -s; @ -) (比較的大きな)建物, 建築物 ▷ Was ist das für ein *Gebäude*? あれは何の建物ですか

ge·baut [ゲバオト]
— bauen の [過分]
— [形] 〘[状態]と〙〔…の〕体格をしている ▷ gut *gebaut* sein いい体格をしている

Ge·bei·ne [ゲバイネ] [複名] 《文語》(死体の)骨, 骸骨

ge·ben

[gé:bn̩ ゲーベン]

[現在]	ich gebe	wir geben
	du **gibst**	ihr gebt
	er **gibt**	sie geben
[過去]	ich **gab**	wir gaben
	du gabst	ihr gabt
	er gab	sie gaben
[過分]	gegeben	[完了] haben

— [他] ❶ 〘③+④と〙〔…^{3}に…^{4}を〕**与える**, あげる
Er *gibt* dem Kind Geld für ein Buch.
彼は子供に本を買う金を与える
dem Kellner Trinkgeld *geben*
ボーイにチップをあげる
Er *gab* ihr die Chance, sich zu bewähren.
彼は彼女に実力を発揮するチャンスを与えた
Sie *gibt* nicht gern.
彼女は気前がよくない

❷ 〘③+④と〙〔…^{3}に…^{4}を〕〔手〕渡す ▷ Er *gibt* dem Portier den Schlüssel. 彼はフロント係に鍵を渡す / *Gib* mir bitte den Mantel! 私にそのコートをください / Er *gab* ihm zur Begrüßung die Hand. 彼はあいさつするために彼に手を差し出した

❸ 〘④+für+④と〙〔…^{4}に対して…^{4}を〕支払う ▷ Was hast du für den Mantel *gegeben*? そのコートに君はいくら出したの

❹ 〘④+[方向]と〙(何かをしてもらうために)〔…^{4}を…に〕引き渡す ▷ das Auto zur Reparatur *geben* 車を修理に出す

❺ 〘④と〙〔会など^{4}を〕催す, 開く; 上演する ▷ ein Konzert *geben* コンサートを開く / Was wird heute Abend im Theater *gegeben*? 今晩の劇場の出し物は何ですか

❻ 〘④と〙〔…^{4}を〕もたらす ▷ Die Kuh *gibt* täglich Milch. この雌牛は毎日乳を出す

❼ 〘④と〙〔光・熱など^{4}を〕出す ▷ Der Ofen *gibt* viel Wärme. このストーブはよく暖まる

[イディオム] ③+***einen Kuss geben*** …^{3}にキスをする
③+***einen Rat geben*** …^{3}に助言する
③+***einen Stoß geben*** …^{3}を小突く〈押す〉
eine Antwort geben 答える
einen Befehl geben 命令する
es gibt+④ …^{4}が存在する; …^{4}が生じる ▷ Hier *gibt es* Mäuse. ここにはネズミがいる / *Es gibt* einen Gott. 神は存在する / Heute *gibt es* noch Regen. きょうはそのうち雨が降る
— [再] 〘[sich]^4+[様態]と〙〔(あたかも)…のように〕振舞う ▷ Sie *gibt* sich ganz unbefangen. 彼女はまったく無邪気そうに振舞う

Ge·bet [ゲベート] [中] *das* ([単] 2格 -[e]s; [複] -e) 祈り, 祈禱 ▷ das *Gebet* des Herrn 主の祈り / Er faltet die Hände zum *Gebet*. 彼は祈るために両手を合わせる

ge·be·ten [ゲベーテン] bitten の [過分]

Ge·biet [ゲビート] [中] *das* ([単] 2格 -[e]s; [複] -e)
❶ (比較的大きな)**地域**, 地帯 ▷ ein fruchtbares *Gebiet* 肥沃な地域
❷ (専門の)分野, 領域 ▷ Japan ist auf wirtschaftlichem *Gebiet* führend. 日本は経済の領域ではトップに立っている

ge·bie·ten [ゲビーテン] [非分離]
(gebot; geboten; [完了]h)
[他] 《文語》〘④と〙〔…^{4}を〕命ずる

ge·bie·te·risch [ゲビーテリシュ] [形] 《文語》(態度・声などが)高圧的な, 有無を言わさぬ

Ge·bil·de [ゲビルデ] [中] *das* ([単] 2格 -s; [複] -) 形づくられた物 ▷ ein *Gebilde* der Fantasie 空想の産物

ge·bil·det [ゲビルデット]
— bilden の [過分]
— [形] **教養のある** ▷ ein *gebildeter* Mensch 教養のある人間

Ge·bir·ge [ゲビルゲ] [中] *das* ([単] 2格 -s; [複] -) 《集合的に》(一連の)**山**; **山地**, 山岳地帯

Ge·biss [ゲビス] [中] *das* ([単] 2格 -es; [複] -e)
❶ 《集合的に》(口の中の全部の)歯 ▷ ein gesundes *Gebiss* haben 健康な歯をしている
❷ 《集合的に》入れ歯 (複数の義歯からなるものを指す) ▷ Er muss schon ein [künstliches] *Gebiss* tragen. 彼はもう入れ歯をはめなければならない

Ge·biß [旧⇨新] Gebiss

ge·bis·sen [ゲビッセン] beißen の [過分]

ge·bla·sen [ゲブラーゼン] blasen の [過分]

ge·blickt [ゲブリックト] blicken の [過分]

ge·blie·ben [ゲブリーベン] bleiben の [過分]

ge·blüht [ゲブリュート] blühen の [過分]

ge·blümt [ゲブリュームト] [形] (壁紙・カップなどが) 花模様の

ge·bo·gen [ゲボーゲン] biegen の [過分]

ge·bo·ren [ゲボーレン]
— gebären の [過分]
— [形] ❶ 〘[場所]などと〙〔…で〕**生まれた** ▷ Wo sind Sie *geboren*? あなたはどこでお生まれになったのですか
❷ 《既婚婦人の実家の姓を示して》 旧姓…の ([略] geb.) ▷ Sie ist eine *geborene* Müller. 彼女の旧姓はミュラーです
❸ 生まれつきの ▷ Er ist der *geborene* Leh-

rer. 彼は生まれながらの教師だ

ge·bor·gen [ゲボルゲン]
— bergen の 過分
— 形 安全に守られている（☆名詞につけて用いない）▷ *Ich fühle mich bei ihm geborgen.* 私は彼のそばにいると安心していられる

ge·bors·ten [ゲボルステン] bersten の 過分

ge·bot [ゲボート] gebieten の 過去

Ge·bot [ゲボート] 中 *das* (聞2格-[e]s; 複-e) （倫理的・宗教的な）行動原理; 戒律, 掟 ▷ *die Zehn Gebote* （モーゼの）十戒

ge·bo·ten [ゲボーテン] bieten, gebieten の 過分

ge·brach [ゲブラーハ] gebrechen の 過去

ge·bracht [ゲブラハト] bringen の 過分

ge·brannt [ゲブラント] brennen の 過分

ge·bra·ten [ゲブラーテン] braten の 過分

Ge·brauch [ゲブラオホ] 男 *der* (聞2格-s; 複なし)
使用 ▷ *der Gebrauch des Medikaments* 薬の使用 / *Nach Gebrauch gut verschließen!* 使用後はしっかり密封のこと
(イディオム) ④+*in Gebrauch nehmen* …⁴を使い始める
von+③ *Gebrauch machen* …³を使用する ▷ *Sie machten häufig von der Schusswaffe Gebrauch.* 彼らはしばしば銃器を使用した

ge·brau·chen [ゲブラオヘン] 他動詞
(gebrauchte; gebraucht; 助h)
他 《④と》《…⁴を》使う, 使用する ▷ *ordinäre Schimpfworte gebrauchen* 下品なののしりのことばを使う / *Er gebrauchte den Apparat nur selten.* 彼はその器械をほんのたまにしか使わなかった / *Das kann ich gut gebrauchen.* それは大いに私の役に立つ

★ 使用目的を前面に出して「利用する（うまく役立たせて使用する）」という意味合いでは benutzen を用いる

Ge·bräu·che [ゲブロイヒェ] 複名《文語》風俗習慣

ge·bräuch·lich [ゲブロイヒリヒ] 形 一般に使われている〈行われている〉▷ *eine gebräuchliche Redensart* 慣用句

Ge·brauchs·an·wei·sung [ゲブラオホス・アンヴァイズング] 女 *die* (聞2格-; 複-en) 取扱説明書, マニュアル

Ge·brauchs·ar·ti·kel [ゲブラオホス・アルティーケル] 男 *der* (聞2格-s; 複-) （せっけんなどの）日用品

Ge·brauchs·ge·gen·stand [ゲブラオホス・ゲーゲンシュタント] 男 *der* (聞2格-[e]s; 複 ..stände) 日用品

ge·braucht [ゲブラオホト]
— brauchen の 過分
gebrauchen の 現在, 過分
— 形 使用された, 使い古された, 中古の ▷ *ein gebrauchter Wagen* 中古車

Ge·brauch·te [ゲブラオホテ] gebrauchen の 過分

Ge·braucht·wa·gen [ゲブラオホト・ヴァーゲン] 男 *der* (聞2格-s; 複-) 中古車

Ge·braucht·wa·gen·händ·ler [ゲブラオホト・ヴァーゲン・ヘンドラー] 男 *der* (聞2格-s; 複-) 中古車ディーラー

ge·bre·chen [ゲブレッヒェン] 非分離
(es gebricht; gebrach; gebrochen; 助h)
自《文語》《成句》*es gebricht*+③+*an*+③ …³に…³が欠けている

Ge·bre·chen [ゲブレッヒェン] 中 *das* (聞2格-s; 複-)《文語》（長期にわたる肉体上・健康上の）障害

ge·brech·lich [ゲブレッヒリヒ] 形 （特に高齢のために）体が弱くなった, よぼよぼの

ge·bremst [ゲブレムスト] bremsen の 過分

ge·bro·chen [ゲブロッヘン]
— brechen, gebrechen の 過分
— 形 ❶ 打ちひしがれた, 意気消沈した
❷ ブロークンの ▷ *Er spricht nur gebrochen Englisch.* 彼はブロークンの英語しか話さない

Ge·bühr [ゲビューア] 女 *die* (聞2格-; 複-en) 《しばしば 複 で》（公的なサービスの）料金; （弁護士などの）手数料 ▷ *die Gebühren für Rundfunk und Fernsehen* ラジオとテレビの受信料

ge·büh·ren [ゲビューレン] 非分離
(gebührte; gebührt; 助h)
自《文語》《③と》（称賛・栄誉・感謝などが）…³にふさわしい ▷ *Ihm gebührt unser Dank.* 彼に私たちが感謝するのは当然だ

ge·büh·rend [ゲビューレント] 形 （それぞれの功績・立場などに）ふさわしい, 相応の, しかるべき ▷ ③+*die gebührende Achtung entgegenbringen* …³に相応の敬意を表す

ge·büh·ren·frei [ゲビューレン・フライ] 形 （手数料などが）ただの, 無料の ▷ *Die Auskunft ist gebührenfrei.* 情報のご案内は無料です

ge·büh·ren·pflich·tig [ゲビューレン・プフリヒティヒ] 形 （使用料などが）有料の ▷ *ein gebührenpflichtiger Parkplatz* 有料駐車場

ge·bun·den [ゲブンデン]
— binden の 過分
— 形《*an*+④と》《…⁴に》束縛〈拘束〉されて(いる)

Ge·burt [ゲブーアト] 女 *die* (聞2格-; 複-en) 出産, 分娩; 誕生, 出生 ▷ *Sie hatte eine leichte 〈schwere〉 Geburt.* 彼女は安産〈難産〉だった / *von Geburt [an] blind sein* 生まれつき目が見えない

Ge·bur·ten·kon·trol·le [ゲブーアテン・コントゥ

Ge·bur·ten·ra·te [ゲブーアテン・ラーテ] 囡 *die* (❷2格 -; ❷ -n) 出生率

Ge·bur·ten·re·ge·lung [ゲブーアテン・レーゲルング] 囡 *die* (❷2格 -; ❷ なし) 産児制限

Ge·bur·ten·rück·gang [ゲブーアテン・リュック・ガング] 男 *der* (❷2格 -[e]s; ❷ ..gänge) 出生率の低下

ge·bür·tig [ゲビュルティヒ] 形 …生まれの (☆ふつう名詞につけて) ▷ Er ist *gebürtiger* Deutscher. 彼は生粋のドイツ人だ

Ge·burts·da·tum [ゲブーアツ・ダートゥム] 中 *das* (❷2格 -s; ❷ ..daten) 生年月日

Ge·burts·haus [ゲブーアツ・ハオス] 中 *das* (❷2格 -es; ❷ ..häuser) 生家

Ge·burts·ort [ゲブーアツ・オルト] 男 *der* (❷2格 -[e]s; ❷ -e) 出生地

Ge·burts·tag [ゲブーアツ・ターク] 男 *der* (❷2格 -[e]s; ❷ -e)
誕生日 ▷ Er feiert heute seinen 48. (achtundvierzigsten) *Geburtstag*. 彼はきょう48歳の誕生日を祝う
(イディオム) ③+*zum Geburtstag gratulieren* …³に誕生日の祝いを述べる
Herzlichen Glückwunsch zum Geburtstag! 誕生日おめでとう

Ge·burts·tags·par·ty [ゲブーアツ・タークス・パーティ] 囡 *die* (❷2格 -; ❷ -s) 誕生日パーティー

Ge·burts·ur·kun·de [ゲブーアツ・ウーア・クンデ] 囡 *die* (❷2格 -; ❷ -n) 出生証明書

Ge·burts·we·hen [ゲブーアツ・ヴェーエン] 複名 陣痛

Ge·büsch [ゲビュッシュ] 中 *das* (❷2格 -[e]s; ❷ -e) 茂み, やぶ, 灌木林

Geck [ゲック] 男 (❷2・3・4格 -en; ❷ -en) (気取った)めかし屋 (男性を指す)

ge·dacht [ゲダハト] denken, gedenken の 過分

ge·dach·te [ゲダハテ] gedenken の 過去

Ge·dächt·nis [ゲデヒトニス] 中 *das* (❷2格 ..nisses; まれに ❷ .nisse)
記憶力; 記憶 ▷ Er hat ein schlechtes *Gedächtnis*. 彼は記憶力が悪い
(イディオム) ④+*im Gedächtnis behalten* …⁴を記憶しておく
*sich*³+④+*ins Gedächtnis zurückrufen* …⁴の記憶を呼び戻す

Ge·dan·ke [ゲダンケ] 男 *der* (❷2格 -ns, 3・4格 -n; ❷ -n)
考え ▷ ein verrückter *Gedanke* 狂人じみた考え / Das ist ein guter *Gedanke*! それはよい考えだ / auf dumme *Gedanken* kommen ばかなことを考える / Der bloße *Gedanke* daran lässt mich schaudern. そのことを考えただけで私はぞっとする

Ge·dan·ken·gang [ゲダンケン・ガング] 男 *der* (❷2格 -[e]s; ❷ ..gänge) 思考の過程

ge·dan·ken·los [ゲダンケン・ロース] 形 (行動などが)不用意な, 軽率な

Ge·dan·ken·lo·sig·keit [ゲダンケン・ローズィヒカイト] 囡 *die* (❷2格 -; ❷ -en) 不用意, 軽率

Ge·dan·ken·strich [ゲダンケン・シュトリヒ] 男 *der* (❷2格 -[e]s; ❷ -e) ダッシュ (記号 —)

ge·dan·ken·ver·lo·ren [ゲダンケン・フェアローレン] 形 物思いに沈んだ

ge·dank·lich [ゲダンクリヒ] 形 思考上の ▷ eine *gedankliche* Anstrengung 思考上の努力

ge·dankt [ゲダンクト] danken の 過分

ge·dau·ert [ゲダオエルト] dauern の 過分

Ge·deck [ゲデック] 中 *das* (❷2格 -[e]s; ❷ -e)
❶《文語》(一人分の)食器
❷ (レストランなどの)定食

ge·deckt [ゲデックト] decken の 過分

ge·dei·hen [ゲダイエン] 非分離
(gedieh; gediehen; 完了 s)
自《文語》❶ (子供・植物などが)すくすく成長する, 繁殖する
❷ (物事が)進捗する, はかどる

ge·den·ken [ゲデンケン] 非分離
(gedachte; gedacht; 完了 h)
自《文語》❶ (②と)[..²のことを]思い出す, しのぶ ▷ Ich *gedenke* gern der schönen Tage bei euch. 私は君たちのところで過ごした楽しかった日々をなつかしく思い出す
❷《zu 不定詞句と》[…する]つもりである ▷ Wir *gedenken*, morgen abzureisen. 私たちはあす出発するつもりです

Ge·denk·mün·ze [ゲデンク・ミュンツェ] 囡 *die* (❷2格 -; ❷ -n) 記念硬貨

Ge·denk·stät·te [ゲデンク・シュテッテ] 囡 *die* (❷2格 -; ❷ -n) 記念の場所

Ge·dicht [ゲディヒト] 中 *das* (❷2格 -es〈まれに -s〉; ❷ -e) 詩 ▷ ein *Gedicht* vortragen 詩を朗読する

ge·die·gen [ゲディーゲン] 形 (造りなどが)しっかりした, 堅牢な ▷ *gediegene* Möbel 造りのしっかりした家具 / 《比ゆ》Er besitzt ein *gediegenes* Wissen. 彼はしっかりした知識をもっている

ge·dieh [ゲディー] gedeihen の 過去

ge·die·hen [ゲディーエン] gedeihen の 過分

ge·dient [ゲディーント] dienen の 過分

ge·don·nert [ゲドンネルト] donnern の 過分

Ge·drän·ge [ゲドレンゲ] 中 *das* (❷2格 -s; ❷ なし) 雑踏, 人込み ▷ Bei diesem *Gedränge* bekomme ich Kopfschmerzen. このような混

雑では私は頭が痛くなる

ge·drängt [ゲドレングト] drängen の [過分]

ge·dreht [ゲドレート] drehen の [過分]

ge·droht [ゲドロート] drohen の [過分]

ge·dro·schen [ゲドロッシェン] dreschen の [過分]

ge·druckt [ゲドルックト] drucken の [過分]

ge·drückt [ゲドリュックト] drücken の [過分]

ge·drun·gen [ゲドルンゲン]
— dringen の [過分]
— [形] (体つきが)ずんぐりした, 小柄で肩幅の広い

Ge·duld [ゲドゥルト] [女] *die* ([単] 2 格 –; [複] なし)
忍耐, がまん, 辛抱 ▷ die *Geduld* verlieren がまん〈辛抱〉できなくなる / Bitte, haben Sie noch etwas *Geduld*! もう少しご辛抱ください / Nur *Geduld*! いらいらするな

ge·dul·den [ゲドゥルデン] [非分離]
(geduldete; geduldet; [完了]h)
[再] 《文語》 〖[sich][4]と〗 辛抱する, 辛抱して待つ

ge·dul·dig [ゲドゥルディヒ] [形] 辛抱強い, 根気のよい ▷ Sie hört ihm *geduldig* zu. 彼女は彼の言うことを根気よく聞く

ge·dun·gen [ゲドゥンゲン] dingen の [過分]

ge·durft [ゲドゥルフト] dürfen (単独で用いる場合) の [過分]

ge·duscht [ゲドゥッシュト] duschen の [過分]

ge·ehrt [ゲエーアト]
— ehren の [過分]
— [形] 尊敬された (☆ 述語として用いない) ▷ Sehr *geehrter* Herr Schmidt 〈Sehr *geehrte* Frau Schmidt〉 尊敬するシュミット様 (☆ 手紙の書き出しで「拝啓」に当たる)

ge·eig·net [ゲアイグネット] [形] (ある目的に)適した, 適切な ▷ Er ist für diese Arbeit *geeignet*. 彼はこの仕事に適している

ge·en·det [ゲエンデット] enden の [過分]

Ge·fahr [ゲファール] [女] *die* ([単] 2 格 –; [複] –en)
危険, 危機 ▷ eine ernste *Gefahr* 重大な危険 / Der Kranke ist außer *Gefahr*. その病人は危機を脱している / auf eigene *Gefahr* 自己の責任で
[イディオム] ***Gefahr laufen*** 《文語》 危険を冒す ▷ Er *lief Gefahr*, dabei zu verunglücken. 彼はそのために遭難する危険を冒した

ge·fähr·den [ゲフェーアデン] [非分離]
(gefährdete; gefährdet; [完了]h)
[他] 〖[4]と〗 〔..⁴を〕危険にさらす, 危うくする ▷ Er hat dadurch viele Menschenleben *gefährdet*. 彼はそのことで多くの人命を危険にさらした

Ge·fähr·dung [ゲフェーアドゥング] [女] *die* ([単] 2 格 –; [複] なし) 危険にさらされること, 危機

ge·fah·ren [ゲファーレン] fahren の [過分]

ge·fähr·lich [ゲフェーアリヒ] ([比較] –er, [最上] –st)
[形] 危険な, 危ない ▷ eine *gefährliche* Kurve 危険なカーブ / ein *gefährliches* Alter 危険な年齢〈年ごろ〉 (☆ 病気になったり, 浮気心を起こしやすい年齢) / Das ist nicht so *gefährlich*. それはたいしたことではない

Ge·fährt [ゲフェーアト] [中] *das* ([単] 2 格 –[e]s; [複] –e) 《口語》 自動車

Ge·fähr·te [ゲフェーアテ] [男] *der* ([単] 2·3·4 格 –n; [複] –n) 《文語》 (いつもいっしょに行動する)連れ, 伴侶はんりょ

Ge·fäl·le [ゲフェレ] [中] *das* ([単] 2 格 –s; まれに [複] –) 勾配こうばい, 傾斜 ▷ Das Gelände hat ein starkes *Gefälle*. この土地は勾配が急だ

G

ge·fal·len

[gəfálən ゲファレン] [非分離]

[現在]	ich gefalle	wir gefallen
	du **gefällst**	ihr gefallt
	er **gefällt**	sie gefallen
[過去]	ich **gefiel**	wir gefielen
	du gefielst	ihr gefielt
	er gefiel	sie gefielen
[過分]	gefallen	[完了] haben

— [自] 〖[3]と〗 〔..³の〕 気に入る, 好みに合う ([反] missfallen)
Das Bild *gefällt* mir gar nicht.
この絵は全然気に入らない
Das Mädchen hat ihm gut *gefallen*.
この女の子は大いに彼の気に入った
Sein Aussehen *gefällt* mir nicht.
彼のようすが気がかりだ
〖非人称主語 es+[場所]などと〗
Wie hat es dir in Wien *gefallen*?
ウィーンはいかがでしたか
[イディオム] ***sich³+[4]+gefallen lassen*** ..⁴を甘受する ▷ Das *lasse* ich mir nicht *gefallen*! そんなことは私は承知しないぞ
— fallen, gefallen の [過分]

Ge·fal·len [ゲファレン] [男] *der* ([単] 2 格 –s; [複] なし) 好意, 親切 ▷ Bitte, tu mir den *Gefallen* und bring den Brief zur Post! すまないけどこの手紙を郵便局へ持って行ってくれ
[イディオム] ***Gefallen an+[3] finden*** ..³を気に入る ▷ Mit der Zeit *fand* sie *an* ihm *Gefallen*. しだいしだいに彼女は彼が気に入るようになった

Ge·fal·le·ne [ゲファレネ] [男] *der* / [女] *die* (形容詞変化 ☞ Alte 表 I) 戦死者

ge·fäl·lig [ゲフェリヒ]
[形] ❶ (見た目の)感じのいい, 好感を与える ▷ Sie ist *gefällig* gekleidet 彼女は感じのいい服装をしている
❷ 親切な ▷ Er ist immer sehr *gefällig*. 彼はいつも非常に親切だ

Ge·fäl·lig·keit [ゲフェリヒカイト] [女] *die* ([単] 2

格 -; [複] -en) 親切, 好意 ▷ ③+eine *Gefälligkeit* erweisen ‥^{3}に親切にする

ge·fäl·ligst [ゲフェリヒスト] 〖gefällig の最上級〗 [副] 《要求・命令の際にいらだつ感情などを表して》(頼むから)どうか

ge·fällst [ゲフェルスト] gefallen の [現在]

ge·fällt [ゲフェルト] gefallen の [現在]

ge·fan·gen [ゲファンゲン]
— fangen の [過分]
— [形] 〖成句で〗 ④+***gefangen halten*** ‥^{4}を監獄に入れておく
④+***gefangen nehmen*** ‥^{4}を捕虜(ほりょ)にする; (音楽などが) ‥^{4}をとりこにする

Ge·fan·ge·ne [ゲファンゲネ] [男] *der* / [女] *die* (形容詞変化 ☞ Alte 表 I)
❶ 捕虜(ほりょ) ▷ *Gefangene* austauschen 捕虜を交換する
❷ 囚人

ge·fan·gen|hal·ten [ゲファンゲン・ハルテン] [分離] (er hält gefangen; hielt gefangen; gefangengehalten; [完了]h) [他] [旧⇒新] **gefangen halten** (分けて書く) ☞ gefangen

ge·fan·gen|neh·men [ゲファンゲン・ネーメン] [分離] (er nimmt gefangen; nahm gefangen; gefangengenommen; [完了]h) [他] [旧⇒新] **gefangen nehmen** (分けて書く) ☞ gefangen

Ge·fan·gen·schaft [ゲファンゲンシャフト] [女] *die* ([単] 2 格 -; [複] なし) 捕虜(ほりょ)になっている状態 ▷ Er ist in *Gefangenschaft* geraten. 彼は捕虜になった

Ge·fäng·nis [ゲフェングニス] [中] *das* ([単] 2 格 ..nisses; [複] ..nisse)
刑務所, 監獄 ▷ aus dem *Gefängnis* ausbrechen 脱獄する

Ge·fäß [ゲフェース] [中] *das* ([単] 2 格 -es; [複] -e) (ふつう液体を入れる比較的小さな)容器, 器 ▷ ein *Gefäß* aus Glas ガラス製の容器

ge·fasst [ゲファスト] fassen の [過分]

Ge·fecht [ゲフェヒト] [中] *das* ([単] 2 格 -[e]s; [複] -e) (小規模な)戦闘, 交戦 ▷ ein blutiges *Gefecht* 血みどろな戦闘
[イディオム] ④+***außer Gefecht setzen*** ‥^{4}の戦闘力を失わせる

ge·fehlt [ゲフェールト] fehlen の [過分]

ge·fei·ert [ゲファイエルト] feiern の [過分]

ge·feit [ゲファイト] [形] 〖成句で〗 ***gegen***+④ ***gefeit sein*** ‥^{4}に対して守られている, 抵抗力がある〈ついている〉

Ge·fie·der [ゲフィーダー] [中] *das* ([単] 2 格 -s; [複] -) 《集合的に》 (鳥の)羽毛, 羽 ▷ Der Vogel hat ein buntes *Gefieder*. その鳥は羽の色がカラフルだ

ge·fiel [ゲフィール] gefallen の [過去]

Ge·fil·de [ゲフィルデ] [複名] 《文語》 土地, 地域

ge·flis·sent·lich [ゲフリッセントリヒ] [形] 《文語》 故意の, 意図的な; 〖副詞的に〗 わざと

ge·floch·ten [ゲフロホテン] flechten の [過分]

ge·flo·gen [ゲフローゲン] fliegen の [過分]

ge·flo·hen [ゲフローエン] fliehen の [過分]

ge·flos·sen [ゲフロッセン] fließen の [過分]

Ge·flü·gel [ゲフリューゲル] [中] *das* ([単] 2 格 -s; [複] なし) 《集合的に》 家禽(かきん) (鶏・アヒルなど飼育している鳥の総称); 鳥肉

ge·foch·ten [ゲフォホテン] fechten の [過分]

Ge·fol·ge [ゲフォルゲ] [中] *das* ([単] 2 格 -s; まれに [複] -) 《集合的に》 お供, 随行員, 従者

Ge·folg·schaft [ゲフォルクシャフト] [女] *die* ([単] 2 格 -; [複] -en) 《集合的に》 支持者, 信奉者

ge·folgt [ゲフォルクト] folgen の [過分]

ge·for·dert [ゲフォルデルト] fordern の [過分]

ge·forscht [ゲフォルシュト] forschen の [過分]

ge·fragt [ゲフラークト] fragen の [過分]

ge·frä·ßig [ゲフレースィヒ] [形] (人・動物が)大食の

Ge·frei·te [ゲフライテ] [男] *der* (形容詞変化 ☞ Alte 表 I) 一等[水]兵

ge·fres·sen [ゲフレッセン] fressen の [過分]

ge·freut [ゲフロイト] freuen の [過分]

ge·frie·ren [ゲフリーレン] [非分離] (gefror; gefroren; [完了]s)
[自] 凍る, 氷結する ▷ Das Wasser *gefriert* zu Eis. 水が凍って氷になる

ge·fror [ゲフローア] gefrieren の [過去]

ge·fro·ren [ゲフローレン] frieren, gefrieren の [過分]

ge·früh·stückt [ゲフリュー・シュトュックト] frühstücken の [過分]

Ge·fü·ge [ゲフューゲ] [中] *das* ([単] 2 格 -s; [複] -) (角材などの)骨組み; (国家などの)構造

ge·fü·gig [ゲフューギヒ] [形] 人の言いなりになる, (組織などに)従順な

Ge·fühl [ゲフュール] [中] *das* ([単] 2 格 -[e]s; [複] -e)
❶ 感情, 気持ち ▷ Er kann seine *Gefühle* nicht zeigen. 彼は自分の感情〈気持ち〉を表すことができない / mit gemischten *Gefühlen* 複雑な気持ちで
❷ 〖[複] なし〗 感覚 ▷ Ich habe kein *Gefühl* in den Fingern. 私は指の感覚がない
❸ 〖[複] なし〗 予感 ▷ Ich habe das *Gefühl*, dass … 私は…という気がする
❹ 〖[複] なし〗 センス, 感性 ▷ Sie hat ein gutes *Gefühl* für Rhythmus. 彼女はリズム感がある

ge·fühl·los [ゲフュール・ロース] [形] 感覚のない; 冷淡な

Ge·fühls·du·se·lei [ゲフュールス・ドゥーゼライ] [女] *die* ([単] 2 格 -; まれに [複] -en) 感傷, センチメンタリズム

ge·fühlt [ゲフュールト] fühlen の [過分]

ge·führt [ゲフュート] führen の 過分
ge·füllt [ゲフュルト] füllen の 過分
ge·fun·den [ゲフンデン] finden の 過分
ge·fürch·tet [ゲフュルヒテット] fürchten の 過分

ge·gan·gen [ゲガンゲン] gehen の 過分
ge·ge·ben [ゲゲーベン] geben の 過分
ge·ge·be·nen·falls [ゲゲーベネン・ファルス] 副 《文語》必要な場合は
Ge·ge·ben·hei·ten [ゲゲーベンハイテン] 複名 (考慮すべき)事情, 状況 ▷ soziale Gegebenheiten 社会の情況

ge·gen
[géːgn ゲーゲン]

前《④支配》
❶《対立》…に対して, …に反対して (＝ für)
gegen Unrecht kämpfen
不正に対して戦う
Ich bin gegen diesen Plan.
私はこの計画に反対だ
gegen alle Erwartungen あらゆる期待に反して
❷《時間》…ごろ, およそ, だいたい ▷ Der Zug kommt gegen 9 Uhr an. 列車は9時ごろ到着する / Er ist gegen Mittag gestorben. 彼は昼ごろ亡くなった
❸《逆行》…に逆らって ▷ Er schwimmt gegen den Strom. 彼は流れに逆らって泳ぐ
❹《方向》…に向かって, …の方へ ▷ gegen die Stadt marschieren 町に向かって行進する
❺《衝突箇所》…に ▷ Das Auto ist gegen einen Baum gefahren. 自動車は木にぶつかった
❻《比較》《口語》…と比べて ▷ Gegen ihn bin ich noch ein Anfänger. 彼と比べたら私はまだ駆け出しだ
❼《交換》…と引き換えに ▷ Geld gegen Quittung geben 領収書と引き換えに金を渡す
❽《対象》…に対して ▷ Er ist freundlich gegen mich. 彼は私に対して親切だ / Ich wette 5 gegen 3, dass … 私は5対3で…にかける

Ge·gend [ゲーゲント] 女 (複2格 -; 複 -en)
❶ 《比較的小さな》地域, 地帯 ▷ In welcher Gegend liegt der Ort? どの地域にその場所があるのか
❷ 付近, あたり ▷ In unserer Gegend gibt es kein Geschäft. 私たちの住んでいるあたりには店屋がない

ge·gen·ei·nan·der [ゲーゲン・アイナンダー]
副《前置詞 gegen と einander「互いに」の結合形; 前置詞 gegen の意味用法に準じて用いられる》Sie kämpften gegeneinander. 彼らは交戦した (☆ gegen+④ kämpfen …⁴と戦う) / gegeneinander stoßen (車などが)衝突する

Ge·gen·ge·wicht [ゲーゲン・ゲヴィヒト] 中 das (複2格 -[e]s; 複 -e) 釣り合い, バランス ▷ ein Gegengewicht zu+③ …³と釣り合うもの, …³を埋め合わせるもの

Ge·gen·satz [ゲーゲン・ザッツ] 男 der (複2格 -es; 複 ..sätze) 対立 ▷ Die Gegensätze verschärfen sich. 対立が鋭くなる / Sein Verhalten steht im krassen Gegensatz zu seinen Worten. 彼の態度は彼のことばと著しく矛盾している
〔イディオム〕 **im Gegensatz zu**+③ …³と反対に ▷ Im Gegensatz zu ihr ist er groß. 彼女と反対に彼は大きい

ge·gen·sätz·lich [ゲーゲン・ゼッツリヒ] 形 対立する, 相反する, 逆の ▷ gegensätzliche Meinungen 対立する意見

ge·gen·sei·tig [ゲーゲン・ザイティヒ]
形 ❶ 相互の (＝wechselseitig) ▷ gegenseitige Abhängigkeit 相互依存 / 《相互代名詞と》sich⁴ gegenseitig beschimpfen 互いにののしり合う
❷ 双方の ▷ Sie trennten sich in gegenseitigem Einvernehmen. 彼らは互いの了解のもとに別れた

Ge·gen·stand [ゲーゲン・シュタント] 男 der (複2格 -[e]s; 複 ..stände)
❶ 物体, 物 ▷ ein runder Gegenstand 丸い物
❷ 《複なし》テーマ, 題材; (思考・行為の)対象 ▷ der Gegenstand eines Vortrags 講演のテーマ / Sein Verhalten wurde zum Gegenstand heftiger Kritik. 彼の態度は激しい批判の対象になった

ge·gen·ständ·lich [ゲーゲン・シュテントリヒ] 形 具象〈具体〉的な ▷ ④+gegenständlich darstellen …⁴を具体的に述べる

ge·gen·stands·los [ゲーゲン・シュタンツ・ロース] 形 (批判・疑いなどが)根拠のない, (心配などが)無用な

Ge·gen·stück [ゲーゲン・シュテュック] 中 das (複2格 -[e]s; 複 -e) 相当するもの; 対立するもの

Ge·gen·teil [ゲーゲン・タイル] 中 das (複2格 -[e]s; 複 -e)
反対, 逆 ▷ Er behauptet das Gegenteil. 彼は反対のことを主張する
〔イディオム〕 **im Gegenteil** 逆に, かえって ▷ Ich bin nicht müde, ganz im Gegenteil. 私は疲れておりません まったくその反対です

ge·gen·tei·lig [ゲーゲン・タイリヒ] 形 反対の, 逆の

ge·gen·über
[geːgnˈyːbɐ ゲーゲン・ユーバー]

—— 前《③支配; ふつう後置; 代名詞と用いられる場

gegenüberstehen

合は必ず後置〕
❶《位置》…に向かい合って
dem Bahnhof *gegenüber* 〈*gegenüber* dem Bahnhof〉
駅の向かいに
Er wohnt mir *gegenüber*.
彼は私の向かいに住んでいる
❷《対象》…に対して ▷ Ich habe ihm *gegenüber* Hemmungen. 私は彼の前に出ると気後れがする
❸《比較》…と比べて〈比べると〉 ▷ *Gegenüber* dem Vorjahr hat sich die Lage verbessert. 前年と比べると情勢はよくなった

── 副 向かい側に ▷ gerade *gegenüber* sitzen ちょうど向かい側に座っている / Sie wohnen schräg *gegenüber*. 彼らは筋向かいに住んでいる

ge·gen·über|ste·hen [ゲーゲン・ユーバー・シュテーエン] 分離 (stand gegenüber; gegenübergestanden; 完了h)
自 ❶《③と》〔…³に〕向き合って立っている;〔困難なこと³に〕直面している
❷《③+[副詞]と》〔…³に対して…の態度を〕とる

ge·gen·über|stel·len [ゲーゲン・ユーバー・シュテレン] 分離 (stellte gegenüber; gegenübergestellt; 完了h)
他 ❶《④+③と》〔…⁴を…³と〕対比する ▷ die Bewerber einander *gegenüberstellen* 応募者を比べる
❷《④+③と》〔証人など⁴を被告など³と〕対決させる

Ge·gen·ver·kehr [ゲーゲン・フェアケーア] 男 der (⊕2格 -[e]s; ⊕ なし)《集合的に》対向車 前方からの車の流れ;

Ge·gen·wart [ゲーゲン・ヴァルト] 女 die (⊕2格 -; ⊕ なし)
現在, 現代 (☆「過去」は Vergangenheit, 「未来」は Zukunft) ▷ in der *Gegenwart* 現在において
イディオム *in Gegenwart*+② …²のいるところ〈面前〉で

ge·gen·wär·tig [ゲーゲン・ヴェルティヒ] 形 現在の, 目下の, 今の (☆ 述語として用いない) ▷ die *gegenwärtige* politische Lage 現在の政治的状況 / Er ist *gegenwärtig* sehr beschäftigt.
彼は目下非常に忙しい

ge·gen|zeich·nen [ゲーゲン・ツァイヒネン] 分離 (zeichnete gegen; gegengezeichnet; 完了h)
他《④と》〔契約書などに〕副署する〈連署〉する

ge·ges·sen [ゲゲッセン] essen の 過分
ge·glänzt [ゲグレンツト] glänzen の 過分
ge·glaubt [ゲグラオプト] glauben の 過分
ge·gli·chen [ゲグリッヒェン] gleichen の 過分
ge·glit·ten [ゲグリッテン] gleiten の 過分
ge·glom·men [ゲグロメン] glimmen の 過分
Geg·ner [ゲーグナー] 男 der (⊕2格 -s; ⊕ -)

❶ (ゲームの)相手, 敵方 ▷ Der *Gegner* war für uns viel zu stark. 相手は我々にはあまりにも強すぎた
❷ (信条などにおける)敵対者; 反対論者 ▷ Er ist ein *Gegner* der Todesstrafe. 彼は死刑廃止論者だ

geg·ne·ri·sche [ゲーグネリシェ] 形 敵の, 敵対する (☆ 名詞につけて)

ge·gol·ten [ゲゴルテン] gelten の 過分
ge·go·ren [ゲゴーレン] gären の 過分
ge·gos·sen [ゲゴッセン] gießen の 過分
ge·gra·ben [ゲグラーベン] graben の 過分
ge·grif·fen [ゲグリッフェン] greifen の 過分
ge·grüßt [ゲグリューストゥ] grüßen の 過分
Ge·ha·be [ゲハーベ] 中 das (⊕2格 -s; ⊕ なし)《口語》気取った態度

ge·habt [ゲハープト] haben の 過分

Ge·halt [ゲハルト]
── 中 das (⊕2格 -[e]s; ⊕ ..hälter) (サラリーマンがふつう月々受け取る)給料, 俸給 ▷ ein hohes *Gehalt* 高給 / ein *Gehalt* von 5 000 Euro beziehen 5000 ユーロの給料を取っている / Wie hoch ist Ihr *Gehalt*? あなたの給料はいくらですか

★ 労働者の「賃金」は Lohn, 弁護士・医者など自由業の人が得る「報酬」は Honorar, 芸人の「ギャラ」は Gage

── 男 der (⊕2格 -[e]s; まれに ⊕ -e)
❶ 含有量 ▷ der *Gehalt* an Alkohol アルコールの含有量
❷ (文学作品などの)思想的内容

ge·hal·ten [ゲハルテン] halten の 過分
Ge·häl·ter [ゲヘルター] Gehalt 中 の 複数
ge·halt·voll [ゲハルト・フォル] 形 (食事などが)栄養に富む
ge·han·delt [ゲハンデルト] handeln の 過分
ge·han·gen [ゲハンゲン] hängen 自 の 過分
ge·hängt [ゲヘングト] hängen 他 の 過分
ge·häs·sig [ゲヘッスィヒ] 形 敵意のある, 意地悪な ▷ ein *gehässiger* Blick 敵意に満ちたまなざし

ge·hasst [ゲハスト] hassen の 過分
ge·hau·en [ゲハオエン] hauen の 過分
Ge·häu·se [ゲホイゼ] 中 das (⊕2格 -s; ⊕ -)
❶ (カタツムリなどの)殻
❷ (電気製品などの)外箱, ケース, キャビネット
❸ (リンゴ・ナシの)芯

Ge·he·ge [ゲヘーゲ] 中 das (⊕2格 -s; ⊕ -) (動物園の, さくで囲まれた)飼育場
ge·heilt [ゲハイルト] heilen の 過分
ge·heim [ゲハイム]
❶ 秘密の, 内密の, 機密の ▷ *geheime*

Papiere 機密書類 / Es soll vorläufig noch *geheim* bleiben. それは当分まだ秘密にしておいてくれ
❷ 不可解な ▷ *geheime* Kräfte besitzen 不可解な力を持っている
(イディオム) ④+*geheim halten* (事件など)⁴を秘密にしておく
im geheimen (旧⇒新) *im Geheimen* 秘密裏に, こっそりと ▷ ④+*im Geheimen* vorbereiten …⁴をこっそりと準備する

Ge·heim·dienst [ゲハイム・ディーンスト] 男 *der* (⊕ 2格 -[e]s; ⊕ -e) (国家の)秘密情報機関

Ge·heim·do·ku·ment [ゲハイム・ドクメント] 中 *das* (⊕ 2格 -[e]s; ⊕ -e) 秘密書類

ge·heim|hal·ten [ゲハイム・ハルテン] 分離 (er hält geheim; hielt geheim; geheimgehalten; 完了h) (旧⇒新) geheim halten (分けて書く) ☞ geheim

Ge·heim·nis [ゲハイムニス] 中 *das* (⊕ 2格 …nisses; ⊕ …nisse)
秘密 ▷ ein offenes *Geheimnis* 公然の秘密 / Das ist mein *Geheimnis*. それは私の秘密だ / Er hat militärische *Geheimnisse* verraten. 彼は軍事機密を漏らした / (比ゆ) das *Geheimnis* der Natur 自然の神秘

ge·heim·nis·voll [ゲハイムニス・フォル]
形 ❶ なぞに満ちた, 不可解な ▷ eine *geheimnisvolle* Geschichte なぞめいた話
❷ いわくありげな ▷ *geheimnisvoll* sprechen いわくありげに話す

Ge·heim·num·mer [ゲハイム・ヌマー] 女 *die* (⊕ 2格 -; ⊕ -n) (銀行口座などの)暗証番号; (電話の)非公開番号

ge·hei·ra·tet [ゲハイラーテット] heiraten の 過分

ge·hei·ßen [ゲハイセン] heißen の 過分

ge·heizt [ゲハイツト] heizen の 過分

ge·hen
[géːən ゲーエン]

既在	ich gehe	wir gehen
	du gehst	ihr geht
	er geht	sie gehen
	ich ging	wir gingen
	du gingst	ihr gingt
	er ging	sie gingen
過分	gegangen	完了 sein

— 自 ❶ 〔方向と〕〔…へ〕行く, 出かける ▷
Wohin *gehst* du?
君はどこへ行くの
ins Bett *gehen* 寝る
ins Kino *gehen* 映画に行く
nach Hause *gehen* 家に帰る
zum Arzt *gehen* 医者のところに行く
ins Ausland *gehen* 外国に行く (☆ そこに住むことが含意される)
〖zu のない不定詞と〗
Er *geht* spazieren. 彼は散歩に行く
❷ 〔方向と〕〔…に〕定期的に行く, 通う ▷ Das Kind *geht* zur〈in die〉Schule. その子供は学校に通っている
❸ 歩く ▷ über die Straße *gehen* 歩いて道を渡る / Wenn ich nicht mitfahren kann, *gehe* ich zu Fuß. 私はいっしょに乗って行けないならば歩いて行きます / (比ゆ) Er *geht* mit ihr. 彼は彼女とつき合っている

類語
gehen (一般的な意味で, 特に歩いて)行く
rennen 走って行く
laufen 走って〈歩いて〉行く (☆ 使い分けは状況による)
fahren 乗物で行く
fliegen 飛行機で行く

❹ 〖an+④と〗〔…⁴を〕始める ▷ Er *geht* an die Arbeit. 彼は仕事に取りかかる
❺ 去る, 立ち去る ▷ Wollt ihr schon *gehen*? 君たちはもう帰るのですか / Ich muss jetzt leider *gehen*. 〔訪問先で〕残念ながらもう帰らなければなりません
❻ 退職〈辞職〉する ▷ Er *geht* nächste Woche. 彼は来週退職する
❼ (汽車・電車・バスなどが定期的に) 運行する ▷ Heute *geht* kein Zug mehr. きょうはもう列車がない
❽ 〖方向と〗〔…に〕達する ▷ Der Rock *geht* bis an die Knie〈bis zu den Knien〉. このスカートはひざまである
❾ 〖方向と〗〔…に〕向いて〈向けられて〉いる ▷ Das Fenster *geht* auf den Garten. この窓は庭に面している
❿ (機械などが)作動する, 機能する ▷ Die Uhr *geht* richtig. この時計は正確に動いている
⓫ (物事が)なんとかなる, 可能である ▷ Das *geht* nicht. それはだめだ / 〖非人称主語 es と〗 Es wird schon *gehen*. きっとうまくいくでしょう〈なんとかなるでしょう〉 / Am Sonntag *geht* es nicht. 日曜日は都合が悪い / Wie hat dir der Film gefallen? – Es *geht*! 映画はどうだった – まあまあだ
(イディオム) *es geht*+③+〔状態〕 …³のぐあいが…だ ▷ Wie *geht es* dir? ぐあいはどう(元気かい)
es geht um+④ …⁴が問題だ ▷ *Es geht* ihm nur *ums* Geld. 彼にとって大事なのは金だけだ

— 他 〖方向と〗〔道など⁴を〕歩く ▷ Er ist den Weg in zwei Stunden *gegangen*. 彼はその道を2時間で歩いた

gehenlassen

(イディオム) *sich gehen lassen* 気ままにする ▷ *Er hat sich gestern ziemlich gehen lassen.* 彼はきのうかなり気ままに振舞った

ge·hen|las·sen [ゲーエン・ラッセン] 分離 (er lässt gehen; ließ gehen; gehenlassen 〈まれに gehengelassen〉; 匿⇒斬) 再 (旧⇒新 **gehen lassen** (分けて書く) ☞ gehen

ge·herrscht [ゲヘルシュト] herrschen の 過分

ge·heu·er [ゲホイアー] 形 《成句で》 ③+*nicht geheuer sein* …³は気味がわるく〈不気味に〉感じる ▷ *Der dunkle Weg war mir nicht geheuer.* その暗い道は気味がわるかった

Ge·hil·fe [ゲヒルフェ] 男 *der* (徽 2·3·4 格 -n; 徽 -n) (仕事を)手伝う人

ge·hin·dert [ゲヒンデルト] hindern の 過分

Ge·hirn [ゲヒルン] 中 *das* (徽 2 格 -[e]s; 徽 -e) 脳 ▷ *das menschliche Gehirn* 人間の脳 / 《口語》 *Er strengt sein Gehirn an.* 彼は懸命に知恵をしぼる

Ge·hirn·chi·rur·gie [ゲヒルン・ヒルルギー] 女 *die* (徽 2 格 -; 徽 なし) 脳外科

Ge·hirn·tod [ゲヒルン・トート] 男 *der* (徽 2 格 -es; 徽 なし) 脳死

ge·ho·ben [ゲホーベン]
— heben の 過分
— 形 ❶ (社会的地位の)高い ▷ *Er ist in einer gehobenen Position.* 彼は高い地位にいる
❷ (表現などが)格調の高い

ge·hofft [ゲホフト] hoffen の 過分

Ge·höft [ゲヘーフト] 中 *das* (徽 2 格 -[e]s; 徽 -e) 農家の家屋敷

ge·hol·fen [ゲホルフェン] helfen の 過分

ge·holt [ゲホールト] holen の 過分

Ge·hör [ゲヘーア] 中 *das* (徽 2 格 -[e]s; 徽 なし) 聴覚, 聴力 ▷ *Er hat ein gutes Gehör.* 彼は耳がいい

ge·hor·chen [ゲホルヒェン] 非分離
(gehorchte; gehorcht; 匿⇒h)
自 《③と》 […³の命令などに] 従う, 服従する ▷ *Das Kind gehorcht nur dem Vater.* その子供は父親の言うことしか従わない

ge·horcht [ゲホルヒト] gehorchen の 現在, 過分

ge·horch·te [ゲホルヒテ] gehorchen の 過去

ge·hö·ren ────
[gəhǿːran ゲヘーレン] 非分離

現在	ich gehöre	wir gehören
	du gehörst	ihr gehört
	er gehört	sie gehören
過去	ich gehörte	wir gehörten
	du gehörtest	ihr gehörtet
	er gehörte	sie gehörten
過分	gehört	haben

── 自 ❶ 《③と》 […³の]所有物である ▷ *Das Haus gehört mir nicht.* その家は私のものではない ▷ *Weißt du, wem dieser Hund gehört?* この犬は誰のものか知っていますか

❷ 《zu+③と》 […³の]一員〈一つ〉である; 一部である ▷ *Er gehört zu meinen Freunden.* 彼は私の友人の一人だ / *Der Wald gehört zu seinem Grundstück.* その森は彼の土地の一部だ

★ angehören は組織などにメンバーとして属している場合に用いられる ▷ *Er gehört einem Musikverein an.* 彼は音楽協会に属している

❸ 《zu+③と》 […³に]ふさわしい, 似合う ▷ *Zu diesem Kleid gehören rote Schuhe.* このドレスには赤い靴が似合う

❹ 《⑤のと》 […に]置く〈入れる〉べきである ▷ *Das Dreirad gehört nicht in die Wohnung.* 三輪車は家の中に入れるべきものではない

❺ 《zu+③と》 […³が]必要である ▷ *Dazu gehört viel Mut.* それには勇気が大いに必要だ

── 再 《sich⁴と》 (発言・態度などが礼儀として)ふさわしい ▷ *Ein solches Benehmen gehört sich nicht.* そのような振舞いは適当でない(礼儀に反する)

ge·hö·rig [ゲヘーリヒ]
形 ❶ しかるべき, 適当な ▷ *die gehörige Aufmerksamkeit* しかるべき気のつかい方
❷ 《口語》 相当な, ひどい ▷ *ein gehöriger Schrecken* 相当の驚き

ge·hor·sam [ゲホールザーム] 形 従順な, おとなしい ▷ *Er folgte ihr gehorsam.* 彼は彼女におとなしくついて行った

ge·hört [ゲヘーアト] gehören の 現在, 過分, hören の 過分

ge·hör·te [ゲヘーアテ] gehören の 過去

ge·hus·tet [ゲフーステット] husten の 過分

Geh·weg [ゲー・ヴェーク] 男 *der* (徽 2 格 -[e]s; 徽 -e) 歩道

Gei·er [ガイアー] 男 *der* (徽 2 格 -s; 徽 -) 《鳥》 ハゲタカ

gei·fern [ガイフェルン]
(geiferte; gegeifert; 匿⇒h)
自 《gegen+④と》 […⁴を]こきおろす, 口汚くののしる

Gei·ge [ガイゲ] 女 *die* (徽 2 格 -; 徽 -n) 《楽器》 バイオリン ▷ *Geige spielen* バイオリンを弾く / 《比ゆ》 *die erste Geige spielen* 指導的な役割を演じる

geil [ガイル] 形 好色な, 欲情に燃えた; 《口語》すてきな, すばらしい ▷ *Ihr Anblick machte ihn geil.* 彼女を見て彼は欲情した

ge·irrt [ゲイルト] irren の 過分

Gei·sel [ガイゼル] [女] *die* ([単] 2格 –; [複] –n) 人質 ▷ eine *Geisel* nehmen 人質を取る
Geiß [ガイス] [女] *die* ([単] 2格 –; [複] –en) 《南ドイツ・オーストリア・スイス》 雌のヤギ
Geist [ガイスト] [男] *der* ([単] 2格 –es 〈まれに –s〉; [複] –er)
❶ 〘[複] なし〙 (肉体に対する)精神 (☆「肉体」は Körper) ▷ die Freiheit des *Geistes* 精神の自由
❷ 〘[複] なし〙 (物事の基本にある)精神, 考え方 ▷ der *Geist* eines Gesetzes 法律の精神
❸ (ある種の)才能・性格の持ち主 (☆ 修飾語句を伴う) ▷ ein schöpferischer *Geist* 創造的な精神の持ち主
❹ 幽霊; 霊 ▷ Er glaubt an *Geister.* 彼は幽霊を信じている / der Heilige *Geist* 聖霊
Geis·ter [ガイスター] Geist の [複数]
geis·tes·ab·we·send [ガイステス・アップ・ヴェーゼント] [形] ぼんやりした
Geis·tes·blitz [ガイステス・ブリッツ] [男] *der* ([単] 2格 –es; [複] –e) 《口語》 ひらめき
Geis·tes·ge·gen·wart [ガイステス・ゲーゲン・ヴァルト] [女] *die* ([単] 2格 –; [複] なし) (危険な状況などで) 正しく行動できる才能, 冷静さ ▷ die *Geistesgegenwart* bewahren 冷静を保つ
geis·tes·ge·gen·wär·tig [ガイステス・ゲーゲン・ヴェルティヒ] [形] 冷静な, 沈着な
geis·tes·ge·stört [ガイステス・ゲシュテーアト] [形] 精神障害のある
geis·tes·krank [ガイステス・クランク] [形] 精神病の
Geis·tes·wis·sen·schaft [ガイステス・ヴィッセンシャフト] [女] *die* ([単] 2格 –; [複] –en) 〘ふつう [複] で〙 精神科学, 人文科学 (☆「自然科学」は Naturwissenschaft)
geis·tig [ガイスティヒ] [形] 精神の, 精神的な; 知的な ▷ *geistige* Arbeit 精神労働 / Das Kind ist *geistig* behindert. その子供は精神的障害がある
[イディオム] ***geistige Getränke*** アルコール飲料
geist·lich [ガイストリヒ] [形] 宗教上の ▷ ein *geistliches* Lied 賛美歌
Geist·li·che [ガイストリヒェ] [男] *der* / [女] *die* (形容詞変化 ☞ Alte 表 I) 聖職者(司祭・牧師として神に仕える人を指す)
geist·los [ガイスト・ロース] [形] (意見などが) 才気に欠けた, 退屈な
geist·reich [ガイスト・ライヒ] [形] 才気〈機知〉に富む ▷ eine *geistreiche* Bemerkung 気のきいたことば
geist·voll [ガイスト・フォル] [形] 才気〈機知〉に富む, 気のきいた
Geiz [ガイツ] [男] *der* ([単] 2格 –es; [複] なし) けち, 吝嗇(りんしょく)
Geiz·hals [ガイツ・ハルス] [男] *der* ([単] 2格 –es; [複] ..hälse) けちなやつ
gei·zig [ガイツィヒ] [形] けちな ▷ Er ist sehr *geizig.* 彼はとてもけちだ
ge·kämmt [ゲケムト] kämmen の [過分]
ge·kämpft [ゲケムプフト] kämpfen の [過分]
ge·kannt [ゲカント] kennen の [過分]
ge·kauft [ゲカオフト] kaufen の [過分]
ge·klebt [ゲクレープト] kleben の [過分]
ge·klet·tert [ゲクレッテルト] klettern の [過分]
ge·klin·gelt [ゲクリンゲルト] klingeln の [過分]
ge·klopft [ゲクロプフト] klopfen の [過分]
ge·klun·gen [ゲクルンゲン] klingen の [過分]
ge·knif·fen [ゲクニッフェン] kneifen の [過分]
ge·kocht [ゲコホト] kochen の [過分]
ge·kom·men [ゲコムメン] kommen の [過分]
ge·konnt [ゲコント]
— können (単独で用いる場合)の [過分]
— [形] (技能などが) すばらしい, できばえのよい ▷ Sein Spiel war *gekonnt.* 彼の演奏はテクニックがすばらしかった
ge·kos·tet [ゲコステット] kosten の [過分]
ge·kriegt [ゲクリークト] kriegen の [過分]
ge·kro·chen [ゲクロッヘン] kriechen の [過分]
ge·küm·mert [ゲキュムメルト] kümmern の [過分]
ge·küns·telt [ゲキュンステルト] [形] 不自然な, わざとらしい ▷ Er lachte *gekünstelt.* 彼は不自然な笑い方をした
ge·küsst [ゲキュスト] küssen の [過分]
ge·lä·chelt [ゲレッヒェルト] lächeln の [過分]
ge·lacht [ゲラハト] lachen の [過分]
Ge·läch·ter [ゲレヒター] [中] *das* ([単] 2格 –s; まれに [複] –) 大笑い, 高笑い
ge·la·den [ゲラーデン] laden の [過分]
Ge·la·ge [ゲラーゲ] [中] *das* ([単] 2格 –s; [複] –) どんちゃん騒ぎ, 酒盛り
Ge·län·de [ゲレンデ] [中] *das* ([単] 2格 –s; まれに [複] –)
❶ (地形的に見た場合の) 土地, 地域 ▷ ein hügeliges *Gelände* 丘陵地
❷ (特定の目的のために区画された)敷地, 用地 ▷ das *Gelände* des Flugplatzes 飛行場の敷地
Ge·län·der [ゲレンダー] [中] *das* ([単] 2格 –s; [複] –) (階段・橋などの) 手すり, 欄干
ge·lang [ゲラング] gelingen の [過去]
ge·län·ge [ゲレンゲ] gelingen の [接II]
ge·lan·gen [ゲランゲン] [非分離] (gelangte; gelangt; [完了]s)
[自] ❶ 〘[方向]と〙 〔…に〕達する, 届く ▷ Er konnte nicht ans andere Ufer *gelangen.* 彼は向こう岸にたどり着くことができなかった / Der Brief ist erst gestern in meine Hände *ge-*

Gelass

langt. その手紙は昨日やっと私の手元に届いた
❷ 〘zu+③と〙〘…³を〙手に入れる ▷ Er *gelangte* zu Ruhm. 彼は有名になった
❸ 〘zu+③と〙〘…³に〙される (☆ ③は動作名詞で、受動の意味になる) ▷ Der Vertrag *gelangt* morgen zum Abschluss. 契約はあす締結される

Ge·lass [ゲラス] 田 *das* (⸤⸥ 2格 -es; ⸤⸥ -e)《文語》納戸
Ge·laß 〘旧⇨新〙 Gelass
ge·las·sen [ゲラッセン]
—— lassen の 過分
—— 形 冷静な，落ち着いた ▷ mit *gelassener* Stimme 落ち着いた声で
Ge·la·ti·ne [ジェラティーネ] 因 *die* (⸤⸥ 2格 -; ⸤⸥ なし)(特に料理用の)ゼラチン
ge·lau·fen [ゲラオフェン] laufen の 過分
ge·läu·fig [ゲロイフィヒ] 形 (表現などが)よく知られた，よく使われる ▷ Dieses Wort ist mir nicht *geläufig*. この単語を私はよく知らない
ge·launt [ゲラオント] 形 〘状態と〙機嫌が〔…〕である ▷ gut〈schlecht〉*gelaunt* sein 上〈不〉機嫌である

gelb
[gɛlp ゲルプ]

形 黄色の
Löwenzahn blüht *gelb*.
タンポポが黄色い花を咲かせている
die *gelbe* Rasse 黄色人種
gelb·lich [ゲルプリヒ] 形 黄色がかった，黄ばんだ ▷ *gelbliche* Zähne 黄色味を帯びた歯
Gelb·sucht [ゲルプ・ズフト] 因 *die* (⸤⸥ 2格 -; ⸤⸥ なし)《医学》黄疸

Geld
[gɛlt ゲルト]

田 *das* (⸤⸥ 2格 -es〈まれに -s〉; ⸤⸥ -er)

❶ (⸤⸥ なし) 金
Geld verdienen 金をもうける
Geld wechseln 金を両替する
Das kostet viel *Geld*. それは金がたくさんかかる
Ich habe heute viel *Geld* ausgegeben.
私はきょうお金をたくさん使った
in barem *Geld* 現金で
❷ (⸤⸥ で) 資金 ▷ öffentliche *Gelder* 公金
Geld·au·to·mat [ゲルト・アオトマート] 男 *der* (⸤⸥ 2格 -en; ⸤⸥ -en) 現金自動支払機
Geld·beu·tel [ゲルト・ボイテル] 男 *der* (⸤⸥ 2格 -s; ⸤⸥ -) 財布，がまぐち (☆ 古くなりつつあり，現在では Portemonnaie を用いる)
Geld·bör·se [ゲルト・ベルゼ] 因 *die* (⸤⸥ 2格 -; ⸤⸥ -n) 財布
Gel·der [ゲルダー] Geld の 複

geld·gie·rig [ゲルト・ギーリヒ] 形 金銭欲の強い
Geld·mit·tel [ゲルト・ミッテル] 複 資金，財源
Geld·not [ゲルト・ノート] 因 *die* (⸤⸥ 2格 -; ⸤⸥ ..nöte) 金詰まり
Geld·schein [ゲルト・シャイン] 男 *der* (⸤⸥ 2格 -[e]s; ⸤⸥ -e) 紙幣 (=Banknote)
Geld·schrank [ゲルト・シュランク] 男 *der* (⸤⸥ 2格 -[e]s; ⸤⸥ ..schränke) 金庫
Geld·stra·fe [ゲルト・シュトラーフェ] 因 *die* (⸤⸥ 2格 -; ⸤⸥ -n) 罰金刑
Geld·stück [ゲルト・シュテュック] 田 *das* (⸤⸥ 2格 -[e]s; ⸤⸥ -e) 硬貨 (=Münze)
Geld·um·lauf [ゲルト・ウムラオフ] 男 *der* (⸤⸥ 2格 -[e]s; ⸤⸥ ..läufe) 貨幣の流通
Geld·wä·sche [ゲルト・ヴェッシェ] 因 *die* (⸤⸥ 2格 -; ⸤⸥ -n) マネーロンダリング，資金洗浄
Geld·wech·sel [ゲルト・ヴェクセル] 男 *der* (⸤⸥ 2格 -s; ⸤⸥ -) 両替
ge·lebt [ゲレープト] leben の 過分
Ge·lee [ジェレー] 男 *der* / 田 *das* (⸤⸥ 2格 -s; ⸤⸥ -s) ジャム (=Marmelade) ▷ aus den Falläpfeln *Gelee* kochen 落ちたリンゴを煮てジャムをつくる
ge·le·gen [ゲレーゲン] liegen の 過分
Ge·le·gen·heit [ゲレーゲンハイト] 因 *die* (⸤⸥ 2格 -; ⸤⸥ -en)
機会 ▷ eine gute *Gelegenheit* 好機，チャンス / Ich hatte noch keine *Gelegenheit*, ihn zu fragen. 私は彼に質問する機会がまだなかった
Ge·le·gen·heits·ar·beit [ゲレーゲンハイツ・アルバイト] 因 *die* (⸤⸥ 2格 -; ⸤⸥ -en) 臨時の仕事
ge·le·gent·lich [ゲレーゲントリヒ] 形 ❶ 折をみての ▷ Ich werde ihn bei einem *gelegentlichen* Zusammentreffen danach fragen. 私は彼に何かの折に出会ったらそれをたずねてみましょう
❷ ときどきの，時たまの ▷ Sie raucht nur *gelegentlich*. 彼女は時たましかタバコを吸わない
ge·legt [ゲレークト] legen の 過分
ge·leh·rig [ゲレーリヒ] 形 (子供・生徒・動物などが)物覚えのいい，飲み込みの早い
Ge·lehr·sam·keit [ゲレーアザームカイト] 因 *die* (⸤⸥ 2格 -; ⸤⸥ なし) 博識，博学
ge·lehrt [ゲレーアト]
—— lehren の 過分
—— 形 ❶ 学問のある，学識豊かな ▷ ein *gelehrter* Mensch 学識豊かな人 / 《皮肉で》Er drückt sich immer *gelehrt* aus. 彼はいつもわかりにくい言い方をする
❷ 学術的な ▷ eine *gelehrte* Abhandlung 学術論文
Ge·lehr·te [ゲレーアテ] 男 *der* / 因 *die* (形容詞変化 ☞ Alte 表 I) 学者

①, ②, ③, ④ = 1格, 2格, 3格, 4格の名詞

ge·leis·tet [ゲライステット] leisten の 過分
Ge·leit [ゲライト] 中 *das* (@ 2格 -[e]s; @ なし)
《文語》護衛; 随行
(イディオム) ③+*das Geleit geben* ‥³に随行する, ‥³を護衛する
zum Geleit 《本の前書きのタイトルとして》序文〈緒言〉として
ge·lei·ten [ゲライテン] 非分離
(geleitete; geleitet; 完了h)
他《文語》《③と》[‥³に](敬意を表するため, または護衛のために)同行する, 送って〈付き添って〉行く (=begleiten)
Ge·leit·wort [ゲライト・ヴォルト] 中 *das* (@ 2格 -[e]s; @ -e) 序文, 緒言
Ge·lenk [ゲレンク] 中 *das* (@ 2格 -[e]s; @ -e)
❶ (身体の)関節 ▷ Die *Gelenke* seiner Finger krachten. 彼の指の関節がポキポキと鳴った
❷ (機械の)継ぎ手, ジョイント
ge·len·kig [ゲレンキヒ] 形 (体が)しなやかな, やわらかい
ge·lernt [ゲレルント]
— lernen の 過分
— 形 職業訓練を受けた (☆ 名詞につけて) ▷ Sie ist *gelernte* Schneiderin. 彼女は職業訓練を受けた洋裁師だ
ge·le·sen [ゲレーゼン] lesen の 過分
ge·liebt [ゲリープト] lieben の 過分
Ge·lieb·te [ゲリープテ] 男 *der* / 女 *die* (形容詞変化 ☞ Alte 表I) 愛人, 情夫, 情婦 ▷ Seine *Geliebte* hat ihn verlassen. 彼の愛人は彼のもとを去った
ge·lie·fert [ゲリーフェルト] liefern の 過分
ge·lie·hen [ゲリーエン] leihen の 過分
ge·lin·gen [ゲリンゲン] 非分離
(gelang; gelungen; 完了s)
自《③と》[‥³に](物事が)成功する (@ misslingen) ▷ Ihm *gelingt* alles. 彼はすべてがうまくいく / 《zu 不定詞句を主語にして》Es *gelingt* nicht, das Schiff zu bergen. 船を救出することに失敗する
Ge·lin·gen [ゲリンゲン] 中 *das* (@ 2格 -s; @ なし) 成功
ge·lit·ten [ゲリッテン] leiden の 過分
gel·len [ゲレン] (gellte; gegellt; 完了h)
自《成句で》③+*gellen die Ohren* (騒音などで) ‥³の耳ががんがんする
ge·lo·ben [ゲローベン] 非分離
(gelobte; gelobt; 完了h)
他《文語》《③+④と》[‥³に‥⁴を]誓う, 誓約する (=schwören)
Ge·löb·nis [ゲレープニス] 中 *das* (@ 2格 ..nisses; @ ..nisse)《文語》誓約, 宣誓
ge·lobt [ゲロープト] loben の 過分
ge·lo·gen [ゲローゲン] lügen の 過分

ge·lohnt [ゲロゥント] lohnen の 過分
ge·löst [ゲレースト]
— lösen の 過分
— 形 (緊張がほぐれて)くつろいだ, リラックスした
gel·ten [ゲルテン]
(du giltst, er gilt; galt; gegolten; 完了h)
— 自 ❶ (証明書*など*が) 有効である, 通用する ▷ Die Fahrkarte *gilt* zwei Tage. この乗車券は 2 日間有効だ / Der Ausweis *gilt* nicht mehr. この証明書はもう期限切れだ
❷《für+④と》[‥⁴に]適用される ▷ Diese Vorschrift *gilt* für alle. この規則は全員に適用される
❸《als ... と》[...と]見なされている ▷ Es *gilt* als sicher, dass ... ...ということは確実と見なされている
❹《③と》[‥³に]向けられている ▷ Der Vorwurf hat ihm *gegolten*, nicht dir. その非難は彼に向けられたもので 君に向けられたものではなかった
(イディオム) ④+*gelten lassen* ‥⁴を認める ▷ Diese Entschuldigung *lasse* ich nicht *gelten*! このような弁明は私は認めない
— 他《④と》[‥⁴の]価値がある ▷ Was *gilt* diese Münze? このコインはどのくらいの価値がありますか / Seine Freundschaft hat mir viel *gegolten*. 彼の友情は私にとってたいせつなものだった / Was *gilt* die Wette? いくら賭けますか
(イディオム) *es gilt+zu* 不定詞句 …が重要だ, 必要だ ▷ Hier *gilt es*, Mut *zu* zeigen. ここは勇気の見せどころだ
gel·tend [ゲルテント] 形 現在通用している, 現行の ▷ die *geltenden* Gesetze 現行の法律
Gel·tung [ゲルトゥング] 女 *die* (@ 2格 -; @ なし)《文語》有効性; 妥当性 ▷ Die Verordnung hat keine *Geltung* mehr. この規定はもはや適用されない
Ge·lüb·de [ゲリュプデ] 中 *das* (@ 2格 -s; @ -) 《文語》(厳かな)誓い
ge·lun·gen [ゲルンゲン] gelingen の 過分
ge·lüs·ten [ゲリュステン] 非分離
(gelüstete; gelüstet; 完了h)
自《成句で》④+*gelüstet es nach*+③《文語》‥⁴が‥³をほしく〈したくて〉たまらない
Ge·mach [ゲマーハ] 中 *das* (@ 2格 -[e]s; @ ..mächer)《文語》(城の中などの大きな)居間, 居室
ge·mäch·lich [ゲメーヒリヒ] 形 ゆっくりした, のんびりした ▷ ein *gemächliches* Leben führen 悠々自適の生活を送る
ge·macht [ゲマハト] machen の 過分
Ge·mahl [ゲマール] 男 *der* (@ 2格 -[e]s; @ -e) 《文語》夫, ご主人 (☆ 自分の夫には用いない;「夫人」は Gemahlin)

ge·mah·len [ゲマーレン] mahlen の過分

Ge·mah·lin [ゲマーリン] 囡 die (複 2 格 -; ..linnen)《Gemahl の女性形》《文語》妻, 夫人 (☆ 自分の妻には用いない) ▷ Grüßen Sie bitte Ihre Frau *Gemahlin*! 奥様によろしくお伝えください

Ge·mäl·de [ゲメールデ] 中 das (複 2 格 -s; 複 -) 絵画, (特に)油絵 ▷ ein kostbares *Gemälde* 高価な絵画

ge·malt [ゲマールト] malen の過分

ge·mäß [ゲメース] 前《③支配; 後置されることが多い》《文語》…に従って ▷ der Vorschrift *gemäß* handeln 規則に従って行動する

ge·mä·ßigt [ゲメースィヒト]
— mäßigen の過分
— 形 ❶ (考え方などが)穏健な ▷ eine *gemäßigte* Politik betreiben 穏健な政治を行う
❷ (程度が)適度の, ほどよい ▷ *gemäßigter* Optimismus ほどよい楽観主義

Ge·mäu·er [ゲモイアー] 中 das (複 2 格 -s; 複 -)《文語》(老朽化し壊れた〈壊れかけている〉)外壁

ge·mein [ゲマイン]
形 ❶ 卑劣な ▷ eine *gemeine* Lüge 卑劣なうそ / Du bist *gemein*! おまえはきたない
❷ 下品な, 野卑な ▷ *gemeine* Worte gebrauchen 下品なことばを使う
(イディオム) ④+*mit*+③ *gemein haben* …[4]を…[3]と共通にもっている

Ge·mein·de [ゲマインデ] 囡 die (複 2 格 -; -n)
❶ (最小行政区域としての)地方自治体(市町村); (教会の)教区
❷ 《集合的に》市町村民; (礼拝の)会衆

ge·mein·ge·fähr·lich [ゲマイン・ゲフェーアリヒ] (犯罪者などが)社会にとって危険な

Ge·mein·heit [ゲマインハイト] 囡 die (複 2 格 -; 複 -en)
❶ 《複なし》卑劣さ, 卑劣なやり方
❷ 卑劣な行為;《口語》腹立たしいこと ▷ Gerade heute geht der Computer kaputt. - So eine *Gemeinheit*! よりによってきょうコンピュータが故障するなんて一なんと腹が立つ

ge·mein·nüt·zig [ゲマイン・ニュッツィヒ] 形 (団体などが)公共の利益に役に立つ ▷ für *gemeinnützige* Zwecke 公益的な目的のために

Ge·mein·platz [ゲマイン・プラッツ] 男 der (複 2 格 -es; 複 ..plätze)《口語》決まり文句 ▷ sich[4] in *Gemeinplätzen* ausdrücken 決まり文句を並べて表現する

ge·mein·sam [ゲマインザーム]
— 形 ❶ 共通の ▷ *gemeinsame* Interessen haben 共通の利害をもっている / Sie haben viel [miteinander] *gemeinsam*. 彼らは共通するところがたくさんある
❷ 共同の ▷ ein *gemeinsamer* Balkon 共用利用のバルコニー / ein Haus *gemeinsam* bewohnen ある家に共同で住む
— 副 いっしょに ▷ *gemeinsam* ins Konzert gehen いっしょにコンサートへ行く

Ge·mein·schaft [ゲマインシャフト] 囡 die (複 2 格 -; 複 -en) (共通の思想などで結合した)共同体, 共同社会
(イディオム) *in ehelicher Gemeinschaft mit*+③ *leben* 結婚して…[3]といっしょに暮らしている
in Gemeinschaft mit+③ …[3]と協力して

ge·mein·schaft·lich [ゲマインシャフトリヒ]
形 ❶ 共同の (☆ 述語として用いない) ▷ eine *gemeinschaftliche* Arbeit 共同作業 / einen Besitz *gemeinschaftlich* verwalten 財産を共同で管理する
❷ 共有の; 共通の ▷ *gemeinschaftlicher* Besitz 共有財産 / *gemeinschaftliche* Interessen 共通の利益

ge·meint [ゲマイント] meinen の過分

ge·mein·ver·ständ·lich [ゲマイン・フェアシュテントリヒ] 形 (表現などが)誰にもわかる

Ge·mein·wohl [ゲマイン・ヴォール] 中 das (複 2 格 -[e]s; 複 なし) 公共の福祉

ge·mel·det [ゲメルデット] melden の過分

ge·merkt [ゲメルクト] merken の過分

ge·mes·sen [ゲメッセン]
— messen の過分
— 形 ❶ ゆったりした, 悠然とした ▷ *gemessenen* Schrittes ゆったりした足取りで
❷ 適度の, ほどよい ▷ Er folgte ihr in *gemessenem* Abstand. 彼は適当な距離をおいて彼女のあとについて行った

Ge·met·zel [ゲメッツェル] 中 das (複 2 格 -s; 複 -) 大量虐殺, 殺戮[さつりく]

ge·mie·den [ゲミーデン] meiden の過分

ge·mie·tet [ゲミーテット] mieten の過分

Ge·misch [ゲミッシュ] 中 das (複 2 格 -es; 複 -e) 混合物 ▷ ein breiiges *Gemisch* かゆ状の混合物

ge·mischt [ゲミッシュト]
— mischen の過分
— 形 混ぜた ▷ ein *gemischter* Chor 混声合唱 / eine *gemischte* Sauna 混浴サウナ

ge·mocht [ゲモホト] mögen の過分

ge·mol·ken [ゲモルケン] melken の過分

Gem·se [ゲムゼ] (旧⇒新) Gämse

Ge·mü·se
[gəmýːzə ゲミューゼ]
中 das (複 2 格 -s; 複 -)

野菜; 野菜の煮つけ
frisches *Gemüse* 新鮮な野菜

Gemüse kochen 野菜を煮る
Heute gibt es Fleisch, Kartoffeln, *Gemüse* und Salat. きょうの食事は肉とじゃがいもと野菜の煮つけとサラダだ

ge·musst [ゲムスト] müssen（単独で用いる場合）の過分

gemußt 旧⇒新 gemusst

Ge·müt [ゲミュート] 中 *das*（⑯2格-[e]s; ⑯-er）

❶ 《⑯なし》心, 心情, 気立て ▷ ein liebevolles *Gemüt* haben 気立てがやさしい

❷ 《⑯で》人々（☆ 人の感情の揺れについて述べる表現で用いられる）▷ Der Vorfall beunruhigte die *Gemüter*. その事件は人々を不安に陥れた

ge·müt·lich [ゲミュートリヒ]
（比較 -er, 最上 -st）
形 ❶（気分的に）ゆったりできる, くつろいだ, ゆったりとした ▷ eine *gemütliche* Wohnung 住み心地のよい住まい / ein *gemütliches* Tempo ゆったりとした速度 / *gemütlich* Kaffee trinken ゆったりとコーヒーを飲む
❷ 人柄のよい, 愛想のよい ▷ ein *gemütlicher* alter Herr 人柄のよさそうな老紳士

Ge·müt·lich·keit [ゲミュートリヒカイト] 女 *die*（⑯2格-; ⑯なし）（気分的に）ゆったりしていること, くつろぎ, 人柄のよいこと

ge·müts·krank [ゲミュー ツ・クランク] 形 精神的に病気の; 鬱状態の

gen [ゲン] 前《文語》《④支配》…の方へ

Gen [ゲーン] 中 *das*（⑯2格-s; ⑯-e）《ふつう⑯で》遺伝子

ge·näht [ゲネート] nähen の過分

ge·nannt [ゲナント] nennen の過分

ge·nas [ゲナース] genesen の過去

ge·nau [ゲナオ]
— 形（比較 -er, 最上 -[e]st）
正確な ▷ die *genaue* Uhrzeit 正確な時刻 / eine *genaue* Beschreibung 正確な記述 / Die Uhr geht *genau*. その時計は正確だ / Ich weiß noch nicht *genau*, ob wir kommen. 私はまだ私たちが来れるかどうかはっきりわからない
《イディオム》***genau genommen*** 厳密に言うと
— 副 まさに, ちょうど ▷ *genau* zwei Meter ちょうど 2 メートル / Es ist *genau* drei Uhr. ちょうど 3 時だ /《相手の意見に対し同意を表して》*Genau*! まさにその通りだ

ge·nau·so [ゲナオ・ゾー]
副 まったく同じように ▷ Sie bekommt *genauso* viel wie er. 彼女は彼とまったく同じだけもらう

ge·nehm [ゲネーム] 形《文語》《③と》（条件などが）[…³に]都合がよい

ge·neh·mi·gen [ゲネーミゲン] 非分離
(genehmigte; genehmigt; 完了 h)
他《④と》（官庁などが）[…⁴を] 許可〔認可〕する ▷ Die Behörde hat seinen Antrag nicht *genehmigt*. 役所は彼の申請を許可しなかった

Ge·neh·mi·gung [ゲネーミグング] 女 *die*（⑯2格-; ⑯-en）（官庁などの）許可, 認可

ge·neigt [ゲナイクト] neigen の過分

Ge·ne·ra [ゲネラ] Genus の複数

Ge·ne·ral [ゲネラール] 男 *der*（⑯2格-s; ⑯-e〈..räle〉）将軍

Ge·ne·rä·le [ゲネレーレ] General の複数

Ge·ne·ral·pro·be [ゲネラール・プローベ] 女 *die*（⑯2格-; ⑯-n）（初演前日の）総げいこ, ゲネプロ

Ge·ne·ral·sek·re·tär [ゲネラール・ゼクレテーア] 男 *der*（⑯2格-s; ⑯-e）事務総長;（政党などの）書記長

Ge·ne·ral·streik [ゲネラール・シュトライク] 男 *der*（⑯2格-[e]s; ⑯-s）ゼネスト

Ge·ne·ra·ti·on [ゲネラツィオーン] 女 *die*（⑯2格-; ⑯-en）
❶ 世代, ジェネレーション ▷ die junge *Generation* 若い世代 / Er ist eine *Generation* jünger. 彼は一世代若い（☆ 一世代は約30年）
❷ （家系の）一代 ▷ Sie sind seit drei *Generationen* Lehrer. 彼らは三代にわたって教師をしている / von *Generation* zu *Generation* 代々

ge·ne·rell [ゲネレル] 形 全般的な, 全般にわたる（⑯ speziell）▷ eine *generelle* Lösung 全面的な解決 / Diese Maßnahmen gelten *generell*. これらの措置は全般的に適用される

ge·ne·sen [ゲネーゼン] (genas; genesen; 完了 s)
自《文語》平癒する, 病気が治る

Ge·ne·sung [ゲネーズング] 女 *die*（⑯2格-; まれに-en）（病気の）快復, 治癒

Ge·ne·tik [ゲネーティック] 女 *die*（⑯2格-; ⑯なし）遺伝学

ge·ne·tisch [ゲネーティシュ] 形 遺伝の, 遺伝的な; 遺伝学の

Genf [ゲンフ] (中 *das*)《都市名》ジュネーブ(スイス西部の州および州都; ☞地図 C-5)

Gen·for·schung [ゲン・フォルシュング] 女 *die*（⑯2格-; ⑯-en）遺伝子研究

ge·ni·al [ゲニアール] 形 天才的な ▷ ein *genialer* Maler 天才的な画家

Ge·nick [ゲニック] 中 *das*（⑯2格-[e]s; ⑯-e）首筋, うなじ, 襟首 ▷ sich³ das *Genick* brechen 首の骨を折る

Ge·nie [ジェニー] 中 *das*（⑯2格-s; ⑯-s）天才 ▷ Er ist ein musikalisches *Genie*. 彼は音楽の天才だ

ge·nie·ren [ジェニーレン]
(genierte; geniert; 完了 h)
再《sich⁴と》気後れする, 恥ずかしがる ▷ Du brauchst dich vor ihm nicht zu *genieren*.

君は彼に気兼れする必要はない

ge·nieß·bar [ゲニース・バール] 形 食べられる, 飲める ▷ Dieser Fisch 〈Diese Milch〉 ist nicht mehr *genießbar*. この魚〈ミルク〉はもう食べられた〈飲めた〉ものではない /《比ゆ》Er ist heute nicht *genießbar*. 彼はきょう機嫌が悪い

ge·nie·ßen [ゲニーセン] 他自
(du, er genießt; genoss; genossen; 助h)
他 ❶《④と》[…⁴を]楽しむ ▷ gutes Essen *genießen* よい食事を楽しむ / Ich habe meinen Urlaub sehr *genossen*. 私はバカンスを大いに楽しんだ
❷《④と》〔尊敬など⁴を〕受けている ▷ Er *genießt* mein volles Vertrauen. 彼は私の全幅の信頼を受けている

ge·nie·ße·risch [ゲニーセリシュ] 形《飲食物の味を》ゆっくり味わう;《副詞的に》ゆっくり味わいながら ▷ Wein *genießerisch* schlürfen ワインをゆっくり味わいながら飲む

Ge·ni·ta·li·en [ゲニーターリエン] 複名《医学》生殖器, 性器

Ge·ni·tiv [ゲーニティーフ] 男 der (匣 2 格 -s; 複 -e)《文法》2 格, 属格

Gen·ma·ni·pu·la·ti·on [ゲーン・マニプラツィオーン] 女 (匣 2 格 -; 複 -en) 遺伝子操作

Gen·mu·ta·ti·on [ゲーン・ムタツィオーン] 女 die (匣 2 格 -; 複 -en) 遺伝子突然変異

ge·nom·men [ゲノメン] nehmen の 過分

ge·noss [ゲノス] genießen の 過去

genoß 旧⇒新 genoss

Ge·nos·se [ゲノッセ] 男 der (匣 2·3·4 格 -n; 複 -n)(社会主義政党の)党員; 同志

ge·nös·se [ゲネッセ] genießen の 接II

ge·nos·sen [ゲノッセン] genießen の 過分

Ge·nos·sen·schaft [ゲノッセンシャフト] 女 (匣 2 格 -; 複 -en)(ふつう農民・職人たちの)協同組合

Gen·tech·no·lo·gie [ゲーン・テヒノロギー] 女 die (匣 2 格 -; 複 なし) 遺伝子工学

Gen·the·ra·pie [ゲーン・テラピー] 女 die (匣 2 格 -; 複 -n) 遺伝子療法

ge·nug
[gənúːk ゲヌーク]

副 十分に
genug verdienen
十分に稼ぐ
Er hat *genug* gegessen.
彼は十分に食べた
Danke, es ist *genug*!《食べ物などを差し出されて》ありがとうございます, もう十分です
Jetzt ist aber *genug*!
もうたくさんだ(やめてくれ)
《名詞と関連する場合, 前にも後ろにも置かれる》
Er hat *genug* Geld 〈Geld *genug*〉.
彼はお金を十分に持っている
《形容詞・副詞を規定する場合, 後ろに置かれる》
Der Koffer ist groß *genug*.
そのトランクは十分な大きさだ
Wir haben lange *genug* gewartet.
私たちは十分に待った

Ge·nü·ge [ゲニューゲ] 女 die (匣 2 格 -; 複 なし) 十分 ▷ zur *Genüge* 十分に

ge·nü·gen [ゲニューゲン]
(genügte; genügt; 助h)
自 ❶ 十分である, 足りる (=reichen) ▷ Für mich *genügt* die Hälfte. 私は半分で十分です / Danke, das *genügt* mir. ありがとう それで十分です
❷《文語》《③と》〔要求など³を〕(十分に)満たす

ge·nü·gend [ゲニューゲント] 形 十分な (☆ 格語尾をつけない) ▷ Seine Leistungen waren nicht *genügend*. 彼の成績は十分なものではなかった / Hast du *genügend* Zeit? たっぷり時間はあるかい

ge·nüg·sam [ゲニュークザーム] 形 足ることを知っている, 欲のない ▷ Er lebt *genügsam*. 彼はつつましい暮らしをしている

ge·nügt [ゲニュークト] genügen の 過3

ge·nüg·te [ゲニュークテ] genügen の 過3

Ge·nug·tu·ung [ゲヌーク・トゥーウング] 女 die (匣 2 格 -; 複 なし)
❶ 満足感 ▷ mit *Genugtuung* 満足して
❷ 償い, 賠償 ▷ sich³ *Genugtuung* verschaffen (侮辱などに対して)償わせる

Ge·nus [ゲー]ヌス] 中 das (匣 2 格 -; 複 Genera)《文法》(名詞などの)性;(動詞の)態

Ge·nuss [ゲヌス] 男 der (匣 2 格 -es; 複 ..nüsse)
❶ 楽しみ ▷ Die Musik ist ein *Genuss*. 音楽は楽しい / ④+mit *Genuss* essen …⁴を味わって食べる
❷《文語》《複 なし》食べる〈飲む〉こと
イディオム in den *Genuss* von+③ kommen (奨学金・年金・特典など)³をもらえるようになる

Ge·nuß 旧⇒新 Genuss

Ge·nüs·se [ゲニュッセ] Genuss の 複

ge·nüss·lich [ゲニュスリヒ] 形《飲食物の味を》ゆっくり味わう;《副詞的に》ゆっくり味わいながら

ge·nüß·lich 旧⇒新 genüsslich

Ge·nuss·mit·tel (曾 Genuß..) [ゲヌス・ミッテル] 中 das (匣 2 格 -s; 複 -)(コーヒー, 酒などの)嗜好品 (☆「食料品」は Nahrungsmittel)

ge·nutzt [ゲヌッツト] nutzen の 過分

ge·öff·net [ゲエフネット]
— öffnen の 過分
— 形 (店などが)開いている (☆ 窓などの場合はふつう

offen を用いる; (反) geschlossen) ▷ Die Museen sind im August nur vormittags *geöffnet*. 博物館〈美術館〉は8月は午前中しか開いていない

Ge·o·gra·fie [ゲオグラフィー] 囡 *die* (⊕2格 -; ⊕なし) 地理学

Ge·o·gra·phie = Geografie

Ge·o·lo·ge [ゲオローゲ] 男 *der* (⊕2·3·4格 -n; ⊕ -n) 地質学者

Ge·o·lo·gie [ゲオロギー] 囡 *die* (⊕2格 -; ⊕なし) 地質学

Ge·o·me·trie [ゲオメトリー] 囡 *die* (⊕2格 -; ⊕なし) 幾何学

ge·o·me·trisch [ゲオメートリシュ] 形 幾何学の; 幾何学的な ▷ ein *geometrisches* Muster 幾何学的な模様

ge·ord·net [ゲオルドネット] ordnen の 過分

Ge·org [ゲオルク/ゲーオルク] 《男名》ゲオルク

Ge·päck [ゲペック] 中 *das* (⊕2格 -[e]s; ⊕なし) 《集合的に》(旅行用の)[手]荷物 ▷ mit großem *Gepäck* reisen 大きな荷物を持って旅行する / zwei Stück *Gepäck* 手荷物2個

Ge·päck·netz [ゲペック・ネッツ] 中 *das* (⊕2格 -es; ⊕ -e) 網棚

Ge·päck·schein [ゲペック・シャイン] 男 *der* (⊕2格 -[e]s; ⊕ -e) (駅の)手荷物預り証

ge·packt [ゲパックト] packen の 過分

Ge·päck·trä·ger [ゲペック・トレーガー] 男 *der* (⊕2格 -s; ⊕ -) (駅などの)ポーター, 赤帽

ge·parkt [ゲパルクト] parken の 過分

ge·passt [ゲパスト] passen の 過分

ge·pfif·fen [ゲプフィッフェン] pfeifen の 過分

ge·pflanzt [ゲプフランツト] pflanzen の 過分

ge·pflegt [ゲプフレークト] pflegen の 過分

Ge·pflo·gen·heit [ゲプフローゲンハイト] 囡 *die* (⊕2格 -; ⊕ -en) 《文語》慣習, 慣例

ge·platzt [ゲプラッツト] platzen の 過分

Ge·prä·ge [ゲプレーゲ] 中 *das* (⊕2格 -s; ⊕なし) 《文語》特徴, 特色

ge·prie·sen [ゲプリーゼン] preisen の 過分

ge·prüft [ゲプリューフト] prüfen の 過分

ge·punk·tet [ゲプンクテット] 形 (服が)水玉模様の

ge·putzt [ゲプッツト] putzen の 過分

ge·quol·len [ゲクヴォレン] quellen の 過分

ge·ra·de
[gərá:də ゲラーデ]

— 副 ❶ (時間的に) ちょうど
Meine Mutter telefoniert *gerade*.
母親はちょうど今電話中です
Er ist *gerade* angekommen.
彼はちょうど到着したところです
Was wolltest du *gerade* sagen?
君は何をちょうど言おうとしたのですか
❷ まさに, ちょうど, よりによって ▷ *Gerade* das wollte ich sagen. まさにそれを私は言おうとしたのだ / Das ist es ja *gerade*! 問題はまさにそこなんだよ / Warum *gerade* ich? よりによってなぜ私が

(イディオム) *gerade noch* かろうじて, やっとのことで ▷ Er kam *gerade* [*noch*] zur rechten Zeit. 彼はかろうじて間に合った

nicht gerade 必ずしも…ではない ▷ Sie ist *nicht gerade* schön, aber sehr nett. 彼女は必ずしも美人ではないが親切だ

— 形 (比較 -er, 最上 -est)

❶ まっすぐな ▷ eine *gerade* Linie 直線 / *gerade* sitzen 背筋を伸ばして座っている / Ich konnte nicht mehr *gerade* stehen. 私はもうまっすぐ立っていられなかった

❷ 率直な, 真っ正直な ▷ Er ist ein *gerader* Mensch. 彼は率直な人だ

(イディオム) ④+*gerade biegen* (曲がった針金など)⁴をまっすぐにする;《口語》(混乱など)⁴を元の正常な状態に戻す

eine gerade Zahl 偶数

Ge·ra·de [ゲラーデ] 囡 *die* (⊕2格 -; ⊕ -n) 《数学》直線; 《スポ》直線コース

ge·ra·de·aus [ゲラーデ・アオス/ゲラーデ・アオス] 副 まっすぐに ▷ Immer *geradeaus*! どこまでもまっすぐに行きなさい

ge·ra·de|bie·gen [ゲラーデ・ビーゲン] 分離 (bog gerade; geradegebogen; 完了h) 他 (⊕⇔新) *gerade biegen*(分けて書く) ☞ gerade

ge·ra·de·he·raus [ゲラーデ・ヘラオス] 副 《口語》率直に, 包み隠さずに

ge·ra·de|ste·hen [ゲラーデ・シュテーエン] 分離 (stand gerade; geradegestanden; 完了h)
自 ❶ 直立している (⊕⇔新) *gerade stehen*(分けて書く) ☞ gerade
❷ 〚für+④と〛 [⁴に対して]責任をもつ ▷ Ich kann nicht für ihn *geradestehen*. 私は彼に対して責任をもてない

ge·ra·de·wegs [ゲラーデ・ヴェークス] 副 まっすぐに, 寄り道をしないで ▷ Sie sind *geradewegs* nach Hause gegangen. 彼らはまっすぐ家に帰った

ge·ra·de·zu [ゲラーデ・ツー] 副 まさに, まさしく, まったく ▷ Sein Benehmen ist *geradezu* lächerlich. 彼の態度はまさにこっけいだ

ge·rad·li·nig [ゲラート・リーニヒ]
形 ❶ (家並みなどが)まっすぐに延びている
❷ (生き方などが)真っ正直な

Ge·ra·nie [ゲラーニエ] 囡 *die* (⊕2格 -; ⊕ -n) 《植物》ゼラニウム

ge·rann [ゲラン] gerinnen の 過去

ge·rannt [ゲラント] rennen の 過分

ge·rät [グレート] geraten の現在

Ge·rät [グレート] 中 *das* (⊕2格 -[e]s; ⊕ -e)
器具，用具；（ラジオ・テレビなどの）器械 ▷ ein elektrisches *Gerät* 電気器具 / Das *Gerät* funktioniert einwandfrei. その器械は申し分なく作動する

ge·ra·ten [グラーテン]
— geraten, raten の過分
— 非分離 (du gerätst, er gerät; geriet; geraten; 過去 s)
自 ❶ 《(方向)と》〔予期しない状態に〕陥る，なる；〔予期しないことに〕巻き込まれる ▷ außer sich³ *geraten* 我を忘れる / in Vergessenheit *geraten* 忘れられる / Er ist in Schwierigkeiten *geraten*. 彼は困難な状況には巻き込まれた
❷ 《(方向)と》〔予期しないところへ〕入り込む ▷ in einen Sumpf *geraten* 沼地に迷い込む
❸ （作るのが）うまくゆく，成功する ▷ Der Kuchen ist gut *geraten*. ケーキがうまくできた

Ge·ra·te·wohl [グラーテ・ヴォール] 中 *das*《成句》*aufs Geratewohl*《口語》行き当たりばったりに，運を天にまかせて

ge·rätst [グレーツト] geraten の現在

ge·raucht [グラオホト] rauchen の過分

ge·räu·mig [グロイミヒ] 形 （特に戸棚・部屋・家）広い，広々とした

Ge·räusch [グロイシュ] 中 *das* (⊕2格 -[e]s; ⊕ -e) 物音 ▷ Ich habe hinter mir ein *Geräusch* gehört. 私は背後に物音を聞いた

ge·räusch·los [グロイシュ・ロース] 形 音を立てない；〔副詞的に〕音を立てずに ▷ sich⁴ *geräuschlos* nähern 音を立てずに近づいて来る

ger·ben [ゲルベン] (gerbte; gegerbt; 過去 h) 他 《(4)と》〔皮⁴を〕なめす

ge·rech·net [グレヒネット] rechnen の過分

ge·recht [グレヒト] (比較 -er, 最上 -est)
形 公正な，公平な，正当な ▷ eine *gerechte* Entscheidung 公正な決定 / *gerechte* Forderungen 正当な要求
(イディオム) ③+*gerecht werden* ...³を正当に評価する ▷ Der Kritiker ist dem Film nicht *gerecht geworden*. 批評家はその映画を正当に評価しなかった

Ge·rech·tig·keit [グレヒティヒカイト] 女 *die* (⊕2格 -; ⊕ なし) 正義，公正，公平，正当 ▷ die soziale *Gerechtigkeit* 社会的正義 / die *Gerechtigkeit* einer Forderung 要求の正当性

Ge·re·de [グレーデ] 中 *das* (⊕2格 -s; ⊕ なし)《軽蔑的に》おしゃべり，無駄話；うわさ ▷ ins *Gerede* kommen うわさの種になる

ge·re·det [グレーデット] reden の過分

ge·re·gelt [グレーゲルト] regeln の過分

ge·reg·net [グレーグネット] regnen の過分

ge·reicht [グライヒト] reichen の過分

ge·rei·nigt [グライニヒト] reinigen の過分

ge·reist [グライスト] reisen の過分

ge·reizt [グライツト] 形 いらいらした ▷ Er ist heute sehr *gereizt*. 彼はきょう非常にいらいらしている

ge·ret·tet [グレッテット] retten の過分

Ge·richt [グリヒト] 中 *das* (⊕2格 -s〈まれに -es〉; ⊕ -e)
❶ （温かい）料理 ▷ ein warmes *Gericht* 温かな料理 / ein *Gericht* zubereiten 料理を調理する
❷ 裁判所，法廷 ▷ vor dem *Gericht* aussagen 法廷で供述する / eine Sache vor *Gericht* bringen ある件を裁判ざたにする

ge·richt·lich [グリヒトリヒ] 形 裁判所の，司法上の ▷ eine *gerichtliche* Entscheidung 裁判所の決定

ge·rie·ben [グリーベン] reiben の過分

ge·riet [グリート] geraten の過去

ge·ring [グリング]
形 ❶ （量などが）少ない，わずかな ▷ eine *geringe* Menge わずかな量 / Unsere Vorräte werden immer *geringer*. 私たちの蓄えはますます少なくなる / Er hatte nicht die *geringste* Lust dazu. 彼はそれをする気が全然なかった
❷ 《文語》（身分などの）低い ▷ von *geringer* Herkunft sein 素性が卑しい
(イディオム) *nicht im geringsten* (旧⇨新) *nicht im Geringsten* 全然…でない ▷ Das interessiert mich *nicht im Geringsten*. それは私の興味を全然引かない

ge·ring·fü·gig [グリング・フューギヒ] 形 （変更などが）わずかな，ささいな，微々たる

ge·ring·schät·zig [ゲリング・シェッツィヒ] 形 （態度などが）軽蔑した，見くびった

ge·rin·nen [グリンネン] 非分離
(gerann; geronnen; 過去 s)
自 （液体が）固まる，凝固する ▷ Die Milch ist *geronnen*. ミルクが固まった

Ge·rinn·sel [グリンゼル] 中 *das* (⊕2格 -s; ⊕ -)《医学》凝血塊

Ge·rip·pe [グリッペ] 中 *das* (⊕2格 -s; ⊕ -) （人などの）骨格 ▷ das *Gerippe* eines Pferdes 馬の骨格 / im Keller ein *Gerippe* finden 地下室で白骨化した死体を見つける

ge·ris·sen [グリッセン] reißen の過分

ge·rit·ten [グリッテン] reiten の過分

Ger·ma·ne [ゲルマーネ] 男 *der* (⊕2・3・4格 -n; ⊕ -n) ゲルマン人

ger·ma·nisch [ゲルマーニシュ] 形 ゲルマン［人］の；ゲルマン語の

Ger·ma·nist [ゲルマニスト] 男 *der* (⊕2・3・4格 -en; ⊕ -en) ドイツ語学〈文学〉者

Ger·ma·nis·tik [ゲルマニスティック] 囡 die (複 2格 -; 複 なし) ドイツ語学〈文学〉, ドイツ学

gern

[gern ゲルン]

| 比較 lieber | 最上 am liebsten |

副 ❶ 好んで, 喜んで
Er spielt *gern* Tennis.
彼はテニスをするのが好きだ
Ich möchte *gern* wissen, ob …
…かどうか私は知りたい
Ja, *gern*!
《頼み・誘いなどに対して》はい 喜んで
Sie ist bei uns *gern* gesehen.
[状態受動] 私たちは彼女の来訪を歓迎する
《願望を表して》
Ich hätte *gern* ein Kilo Trauben.
ブドウを1キロほしいのですが
Ich hätte *gern* Herrn Müller gesprochen.
《面会などを求めて》 私はミュラーさんと話がしたいのですが
❷ すすんで, 喜んで ▷ Ich helfe dir *gern*. 君の手助けを私はすすんでする / Das glaube ich dir *gern*. 君の言うとおりだと思うよ
イディオム ④ **+gern haben** …が好きである ▷ Ich habe ihn *gern*. 私は彼が好きだ
Gern geschehen! 《お礼を言われて》どういたしまして

ger·ne [ゲルネ] =gern
ge·ro·chen [ゲロッヘン] riechen の 過分
Ge·röll [ゲレル] 田 das (複 2格 -[e]s; 複 なし)《集合的に》(川床・山腹などにたまった)岩切片, 石ころ
ge·ron·nen [ゲロンネン] gerinnen, rinnen の 過分
Gers·te [ゲルステ] 囡 die (複 2格 -; 複 -n) 大麦
Ger·te [ゲルテ] 囡 die (複 2格 -; 複 -n) (ふつう葉のない細長くしなやかな)枝; (乗馬用の)むち
Ge·ruch [ゲルフ] 男 der (複 2格 -s〈まれに -es〉; 複 ..rüche)
❶ におい (☆「香り」は Duft, 「悪臭」は Gestank) ▷ ein schlechter *Geruch* 悪臭 / der *Geruch* von Kaffee コーヒーの香り
❷《複 なし》嗅覚 ▷ einen feinen *Geruch* haben するどい嗅覚をもっている
Ge·rü·che [ゲリュッヒェ] Geruch の 複数
ge·ruch·los [ゲルフ・ロース] 形 無臭の, 臭いのない
Ge·rücht [ゲリュヒト] 田 das (複 2格 -[e]s; 複 -e) うわさ, 風評, 流言 ▷ Das ist ja nur ein *Gerücht*! それはただのうわさだよ
ge·ru·fen [ゲルーフェン] rufen の 過分
ge·ruh·sam [ゲルーザーム] 形 のんびりとくつろぐ;《副詞的に》ゆったりと, のんびりと ▷ ein ge-
ruhsamer Abend のんびりとくつろぐタベ
ge·ruht [ゲルート] ruhen の 過分
Ge·rüm·pel [ゲリュンペル] 田 das (複 2格 -s; 複 なし)《集合的に》(家具・家庭用品などの使わなくなった)がらくた ▷ Der Keller ist voll *Gerümpel*. 地下室はがらくたでいっぱいだ
Ge·rüst [ゲリュスト] 田 das (複 2格 -[e]s; 複 -e) (建築現場の)足場
ge·run·gen [ゲルンゲン] ringen の 過分
ge·sagt [ゲザークト] sagen の 過分
ge·sal·zen [ゲザルツェン]
— salzen の 過分
— 形 ❶ (スープなどが)塩で味つけた
❷《口語》(値段などが)法外な
ge·sam·melt [ゲザムメルト] sammeln の 過分
Ge·samt·aus·ga·be [ゲザムト・アオス・ガーベ] 囡 die (複 2格 -; 複 -n) (著作などの)全集[版]
ge·sam·te [ゲザムテ] 形 全…, …の全員〈全部〉(☆ 名詞につけて) ▷ die *gesamte* Familie 家族全員 / sein *gesamtes* Vermögen 彼の全財産
Ge·samt·heit [ゲザムトハイト] 囡 die (複 2格 -; 複 なし) 全体, 総体 ▷ die *Gesamtheit* der Schüler 生徒全体
Ge·samt·schu·le [ゲザムト・シューレ] 囡 die (複 2格 -; 複 -n) 総合学校 (基幹学校・実科学校・ギムナジウムをまとめた学校; ☞ Schule)
Ge·samt·sum·me [ゲザムト・ズメ] 囡 die (複 2格 -; 複 -n) 総額
ge·sandt [ゲザント] senden ❷ の 過分
Ge·sand·te [ゲザンテ] 男 der (形容詞変化 ☞ Alte 表 I) 公使, 外交使節
Ge·sandt·schaft [ゲザントシャフト] 囡 die (複 2格 -; 複 -en) 公使館
Ge·sang [ゲザング] 男 der (複 2格 -[e]s; 複 ..sänge)
❶《複 なし》歌うこと ▷ der *Gesang* der Vögel 鳥のさえずり / der *Gesang* der Kinder 子供たちの歌声
❷ 歌, 歌曲
Ge·sän·ge [ゲゼンゲ] Gesang の 複数
Ge·säß [ゲゼース] 田 das (複 2格 -es; 複 -e) 尻, 臀部 ▷ ein üppiges *Gesäß* 肉づきのいい尻
ge·scha·det [ゲシャーデット] schaden の 過分
ge·schaf·fen [ゲシャッフェン] schaffen「創造する」の 過分
ge·schafft [ゲシャフト] schaffen「成しとげる」の 過分
Ge·schäft [ゲシェフト] 田 das (複 2格 -s〈まれに -es〉; 複 -e)
❶ 店, 商店 ▷ Das *Geschäft* ist heute geschlossen. [状態受動] 店はきょうは閉まっている
❷ 商売, 取引 ▷ ein gutes *Geschäft* ma-

geschäftig

chen いい商売をする(たくさんもうける)
❸ 〖(複)で〗(会社などでの)仕事 ▷ **Er hat viele** *Geschäfte* **zu erledigen.** 彼はまさなければならない仕事がたくさんある

ge·schäf·tig [ゲシェフティヒ] 形 (人の営みなどが)せわしい; (人が)忙しく働く ▷ *geschäftig* **hin und her laufen** せわしく動き回る

ge·schäft·lich [ゲシェフトリヒ] 形 商売〈業務〉上の ▷ **Er ist** *geschäftlich* **unterwegs.** 彼は商用で出掛けている

Ge·schäfts·leu·te [ゲシェフツ・ロイテ] Geschäftsmann の 複数

Ge·schäfts·mann [ゲシェフツ・マン] 男 der (單2格 -[e]s; 複 ..leute 〈..männer〉) 実業家, ビジネスマン

Ge·schäfts·part·ner [ゲシェフツ・パルトナー] 男 der (單 2格 -s; 複) 共同経営者

Ge·schäfts·rei·se [ゲシェフツ・ライゼ] 女 die (單 2格 -; 複 -n) 出張, 商用旅行

Ge·schäfts·stel·le [ゲシェフツ・シュテレ] 女 die (單 2格 -; まれに 複 -n) (会員・顧客などと接する業務を行う)事務所, 営業所

ge·schäfts·tüch·tig [ゲシェフツ・テュヒティヒ] 形 商売上手な, 商才のある

Ge·schäfts·vier·tel [ゲシェフツ・フィルテル] 中 das (單2格 -s; 複) 商店街, ショッピングセンター

Ge·schäfts·zeit [ゲシェフツ・ツァイト] 女 die (單 2格 -; 複 -en) 営業時間

ge·schah [ゲシャー] geschehen の 過去
ge·sche·he [ゲシェーエ] geschehen の 接II
ge·schätzt [ゲシェッツト] schätzen の 過分
ge·sche·hen [ゲシェーエン] 非3単
(es geschieht; geschah; geschehen; 完了 s)
自 ❶ (事が)起こる, 生じる ▷ **Es ist nichts** *geschehen*. 何事も起こらなかった (☆ 文頭の es は埋め) / 《ことわざ》*Geschehen* **ist** *geschehen*. 覆水盆に返らず (起こってしまったことは元に戻せない)

❷ 《③と》〔..³の〕身にふりかかる, 起こる ▷ **Mir ist bei dem Unfall nichts** *geschehen*. 私は事故のとき何のけがもしなかった

❸ (ある事が)なされる (☆ ふつう話法の助動詞と) ▷ **Es muss doch etwas** *geschehen*. 何かしなければならない (☆ 文頭の es は穴埋め)

イディオム ❹ +*geschehen lassen* ..⁴を許容〈黙認〉する ▷ **Wie konntest du das** *geschehen lassen*? どうして君はそんなことを放っておくことができたのか

es ist um+④ *geschehen* ..⁴が失われた ▷ **Jetzt ist es um** seine Ruhe *geschehen*. 今や彼の安らぎは失われた

Gern geschehen! 《お礼を言われて》どういたしまして

Ge·sche·hen [ゲシェーエン] 中 das (單 2格 -s; 複 なし) 《文語》出来事

Ge·scheh·nis [ゲシェーニス] 中 das (單 2格 ..nisses; 複 ..nisse) 《文語》出来事, 事件

ge·scheit [ゲシャイト] 形 賢い, りこうな ▷ **ein** *gescheiter* **Mensch** 頭のいい人

Ge·schenk [ゲシェンク] 中 das (單 2格 -[e]s; 複 -e)

贈り物, プレゼント ▷ **ein** *Geschenk* **mitbringen** 贈り物を持って来る / **Ich möchte dir ein kleines** *Geschenk* **machen.** 私は君に小さな贈り物をしたいのです / 《ことわざ》**Kleine** *Geschenke* **erhalten die Freundschaft.** ちょっとした贈り物が友情を保つ

Ge·schenk·pa·ckung [ゲシェンク・パックング] 女 die (單 2格 -; 複 -en) 進物〈贈答〉用包装

Ge·schenk·pa·pier [ゲシェンク・パピーア] 中 die (單 2格 -s; 複 なし) ラッピングペーパー

ge·schenkt [ゲシェンクト] schenken の 過分

Ge·schich·te [ゲシヒテ] 女 die (單 2格 -; 複 -n)

❶ 〖複 なし〗歴史 ▷ **die** *Geschichte* **Deutschlands** ドイツの歴史 / *Geschichte* **studieren** 史学を学ぶ (☆ 無冠詞で)

❷ 物語, 話 ▷ **eine** *Geschichte* **erzählen** 物語を話して聞かせる / **Kinder hören gern** *Geschichten*. 子供たちはお話を聞くのが好きだ

❸ 《口語》(いやな)こと; ごたごた ▷ **Das ist eine dumme** *Geschichte*. それはばかばかしいことだ

ge·schicht·lich [ゲシヒトリヒ] 形 歴史の, 歴史的な, 歴史上の ▷ **ein** *geschichtlicher* **Rückblick** 歴史的回顧

Ge·schick [ゲシック] 中 das (單 2格 -[e]s; 複 -e)

❶ 〖複 なし〗器用さ, 巧みさ ▷ *Geschick* **für 〈zu〉 Handarbeiten haben** 手仕事がじょうずだ

❷ 《文語》運命

Ge·schick·lich·keit [ゲシックリヒカイト] 女 die (單 2格 -; 複 なし) 器用さ, 巧みさ ▷ **ein Gerät mit großer** *Geschicklichkeit* **handhaben** 器具をとても器用に操作する

ge·schickt [ゲシックト]
— schicken の 過分
— 形 (比較 -er, 最上 -est)
❶ 器用な, 腕のいい ▷ **ein** *geschickter* **Handwerker** 腕のいい職人

❷ (問題などの処理が)じょうずな, 巧みな ▷ **sich⁴** *geschickt* **verteidigen** 巧みに弁明する

ge·schie·den [ゲシーデン] scheiden の 過分
ge·schieht [ゲシート] geschehen の 現在
ge·schie·nen [ゲシーネン] scheinen の 過分

Ge·schirr [ゲシル] [中] *das* (㊥ 2 格 -[e]s; [複] -e)
❶ 〖[複] なし〗《集合的に》(食事などに用いる)食器 (☆ Teller「皿」, Tasse「カップ」, Schüssel「鉢」など) ▷ schmutziges *Geschirr* 汚れた食器 / das *Geschirr* spülen 食器を洗う
❷ (馬車の前に馬などをつなぐための)道具(腹帯, 革ひもなど)

Ge·schirr·schrank [ゲシル・シュランク] [男] *der* (㊥ 2 格 -[e]s; [複] ..schränke) 食器戸棚

Ge·schirr·spü·ler [ゲシル・シュピューラー] [男] *der* (㊥ 2 格 -s; [複] -) 《口語》=Geschirrspülmaschine

Ge·schirr·spül·ma·schi·ne [ゲシル・シュピュール・マシーネ] [女] *die* (㊥ 2 格 -; [複] -n) 自動食器洗い機

ge·schis·sen [ゲシッセン] scheißen の [過分]

ge·schla·fen [ゲシュラーフェン] schlafen の [過分]

ge·schla·gen [ゲシュラーゲン] schlagen の [過分]

Ge·schlecht [ゲシュレヒト] [中] *das* (㊥ 2 格 -[e]s; [複] -er)
❶ (男女・雌雄の) 性 ▷ das andere *Geschlecht* 異性
❷ 《文語》(ふつう由緒ある)一族, 家系
❸ 〖[複] で〗世代 (=Generation)

ge·schlecht·lich [ゲシュレヒトリヒ] [形] 性に関する, 性的な (=sexuell) ▷ *geschlechtliche* Aufklärung 性教育

Ge·schlechts·krank·heit [ゲシュレヒツ・クランクハイト] [女] *die* (㊥ 2 格 -; [複] -en) 性病

Ge·schlechts·or·gan [ゲシュレヒツ・オルガーン] [中] *das* (㊥ 2 格 -s; [複] -e) 生殖器官, 性器

Ge·schlechts·ver·kehr [ゲシュレヒツ・フェアケーア] [男] *der* (㊥ 2 格 -s; [複] なし) 性交 ▷ mit +[3] *Geschlechtsverkehr* haben …³と性交する

ge·schli·chen [ゲシュリッヒェン] schleichen の [過分]

ge·schlif·fen [ゲシュリッフェン] schleifen「とぐ」の [過分]

ge·schlos·sen [ゲシュロッセン]
— schließen の [過分]
— [形] ❶ (店などが)閉まっている ([反] geöffnet) ▷ Ab 17 Uhr ist die Post *geschlossen.* 17 時から郵便局は閉まっています
❷ 非公開の ▷ eine *geschlossene* Gesellschaft 非公開の集い
❸ 一致団結した ▷ Sie stimmten *geschlossen* für die geplante Reform. 彼らは一致団結して計画された改革に賛成した

ge·schlun·gen [ゲシュルンゲン] schlingen の [過分]

Ge·schmack [ゲシュマック] [男] *der* (㊥ 2 格 -[e]s; [複] ..schmäcke)
❶ 〖[複] なし〗味, 風味 ▷ Die Birne hat einen guten *Geschmack.* このナシはおいしい
❷ 〖[複] なし〗味覚 ▷ Er hat keinen *Geschmack.* 彼は味がわからない
❸ 〖[複] なし〗美的センス ▷ Sie hat einen guten *Geschmack.* 彼女は趣味がいい
❹ (個人的な)好み, 嗜好しこう ▷ Das ist nicht mein *Geschmack.* それは私の好みではない

Ge·schmä·cke [ゲシュメッケ] Geschmack の [複数]

ge·schmack·los [ゲシュマック・ロース]
[形] ❶ 趣味のよくない ▷ ein *geschmackloses* Kleid 趣味のよくないドレス / 《比ゆ》 ein *geschmackloser* Witz 趣味の悪い冗談
❷ 味のない; 味がものたりない ▷ Das Medikament ist völlig *geschmacklos.* この薬はまったく味がしない

Ge·schmacks·sa·che [ゲシュマックス・ザッヘ] [女] *die* (㊥ 2 格 -; [複] なし) 趣味〈好み〉の問題

ge·schmack·voll [ゲシュマック・フォル] [形] 趣味のいい, 上品な

ge·schmeckt [ゲシュメックト] schmecken の [過分]

ge·schmei·dig [ゲシュマイディヒ] [形] 弾力性のある; (体が)しなやかな ▷ *geschmeidiges* Leder 弾力性のある革

ge·schmis·sen [ゲシュミッセン] schmeißen の [過分]

ge·schmol·zen [ゲシュモルツェン] schmelzen の [過分]

ge·schneit [ゲシュナイト] schneien の [過分]

ge·schnit·ten [ゲシュニッテン] schneiden の [過分]

ge·scho·ben [ゲショーベン] schieben の [過分]

ge·schol·ten [ゲショルテン] schelten の [過分]

Ge·schöpf [ゲシェプフ] [中] *das* (㊥ 2 格 -[e]s; [複] -e) (神の創造した)生き物; (小説の)登場人物

ge·scho·ren [ゲショーレン] scheren の [過分]

Ge·schoss [ゲショス] [中] *das* (㊥ 2 格 -es; [複] -e)
❶ (建物の)階 (☆ 階数を述べる場合, ふつう 2 階から数える) ▷ Sie wohnen im dritten *Geschoss.* 彼らは 4 階に住んでいる
❷ 弾丸, 銃弾, 砲弾 ▷ Das *Geschoss* traf ihn am Arm. 弾丸は彼の腕に当たった

Ge·schoß [旧⇨新] Geschoss

ge·schos·sen [ゲショッセン] schießen の [過分]

ge·schraubt [ゲシュラオプト] [形] (表現の仕方・文体が)気取った, わざとらしい, 不自然な

Ge·schrei [ゲシュライ] [中] *das* (㊥ 2 格 -s; [複] なし) 叫び〈わめき〉声, 大声

ge·schrie·ben [ゲシュリーベン] schreiben の

[過分]

ge·schrie·en [旧⇒新] geschrien

ge·schrien [ゲシュリーエン] schreien の [過分]

ge·schrit·ten [ゲシュリッテン] schreiten の [過分]

ge·schun·den [ゲシュンデン] schinden の [過分]

ge·schüt·telt [ゲシュッテルト] schütteln の [過分]

Ge·schütz [ゲシュッツ] [中] *das* ([単] 2格 -es; [複] -e) 火砲, 大砲

ge·schützt [ゲシュッツト] schützen の [過分]

Ge·schwätz [ゲシュヴェッツ] [中] *das* ([単] 2格 -es; [複] なし) 《口語》おしゃべり, 無駄話 ▷ Das ist nichts als leeres *Geschwätz*. それはくだらぬおしゃべりでしかない

G

ge·schwät·zig [ゲシュヴェッツィヒ] [形] おしゃべりな, 口が軽い

ge·schwei·ge [ゲシュヴァイゲ] [接]〖ふつう denn と〗ましてや〔…でない〕 ▷ Er kann nicht aufstehen, *geschweige* [denn] gehen. 彼は起き上がることもできない, ましてや歩くなんて

ge·schwie·gen [ゲシュヴィーゲン] schweigen の [過分]

ge·schwind [ゲシュヴィント] [形] 《南ドイツ・オーストリア》速い;〖副詞的に〗早く, すぐに

Ge·schwin·dig·keit [ゲシュヴィンディヒカイト] [女] *die* ([単] 2格 -; [複] -en)
速度, 速さ, スピード, 速力 ▷ die *Geschwindigkeit* messen スピードを測る / mit einer *Geschwindigkeit* von 170 km in der Stunde 時速 170 キロで

Ge·schwin·dig·keits·be·schrän·kung [ゲシュヴィンディヒカイツ・ベシュレンクング] [女] *die* ([単] 2格 -; [複] -en) 速度制限

Ge·schwin·dig·keits·kon·trol·le [ゲシュヴィンディヒカイツ・コントロレ] [女] *die* ([単] 2格 -; [複] -en) スピード違反取り締まり

Ge·schwin·dig·keits·mes·ser [ゲシュヴィンディヒカイツ・メッサー] [男] *der* ([単] 2格 -s; [複] -) 速度計

Ge·schwin·dig·keits·über·schrei·tung [ゲシュヴィンディヒカイツ・ユーバーシュライトゥング] [女] *die* ([単] 2格 -; [複] -en) スピード違反

Ge·schwis·ter [ゲシュヴィスター] [複名]
兄弟姉妹, きょうだい ▷ Ich habe noch zwei *Geschwister*. 私にはまだ 2 人きょうだいがおります / Wir sind vier *Geschwister*. 私たちは 4 人きょうだいです

ge·schwitzt [ゲシュヴィッツト] schwitzen の [過分]

ge·schwol·len [ゲシュヴォレン] schwellen [自] の [過分]

ge·schwom·men [ゲシュヴォムメン] schwimmen の [過分]

ge·schwo·ren [ゲシュヴォーレン] schwören の [過分]

Ge·schwo·re·ne [ゲシュヴォーレネ] [男] *der* / [女] *die* (形容詞変化 ☞ Alte 表 I)《法律》(特にアメリカの)陪審員

Ge·schwulst [ゲシュヴルスト] [女] *die* ([単] 2格 -; [複] ..schwülste)《医学》腫瘍しゅよう, できもの

ge·schwun·den [ゲシュヴンデン] schwinden の [過分]

ge·schwun·gen [ゲシュヴンゲン] schwingen の [過分]

Ge·schwür [ゲシュヴューア] [中] *das* ([単] 2格 -[e]s; [複] -e)《医学》潰瘍かいよう

ge·se·hen [ゲゼーエン] sehen の [過分]

Ge·sel·le [ゲゼレ] [男] *der* ([単] 2·3·4格 -n; [複] -n) 職人

ge·sel·len [ゲゼレン] (gesellte; gesellt; [完了]h)
[再] ❶〖[sich]⁴+zu+③と〗〔…³の仲間に〕加わる, 〔他の仲間など³に〕合流する
❷〖[sich]⁴+zu+③と〗〔…³に〕つけ加わる

ge·sel·lig [ゲゼリヒ]
[形] ❶ 社交的な, 人づき合いのいい ▷ Sie ist sehr *gesellig*. 彼女は非常に人づき合いがよい
❷ (パーティーなどが) 楽しい, なごやかな ▷ ein *geselliger* Abend だんらんの夕べ

Ge·sell·schaft [ゲゼルシャフト] [女] *die* ([単] 2格 -; [複] -en)
❶〖ふつう [複] なし〗社会, 利益社会 ▷ die Stellung der Frau in der *Gesellschaft* 社会における婦人の地位
❷ 団体, 協会; 会社 ▷ eine wissenschaftliche *Gesellschaft* 学術団体 / Die *Gesellschaft* erhöht ihr Kapital. その会社は増資する
❸〖[複] なし〗つき合い, 連れ ▷ Sie meidet seine *Gesellschaft*. 彼女は彼とつき合わないようにしている
❹〖ふつう [複] なし〗(社交的な, 人の)集まり; 交際仲間 ▷ Das war eine langweilige *Gesellschaft*. それは退屈な集まりだった / in schlechte *Gesellschaft* geraten 悪い連中とつき合うようになる

[イディオム] ③+***Gesellschaft leisten*** …³の相手をする

zur Gesellschaft つき合いで ▷ *zur Gesellschaft* eine Tasse Tee trinken つき合いでお茶を 1 杯飲む

ge·sell·schaft·lich [ゲゼルシャフトリヒ] [形] 社会の, 社会的な ▷ die *gesellschaftliche* Entwicklung 社会の発展

Ge·sell·schafts·tanz [ゲゼルシャフツ・タンツ] [男] *der* ([単] 2格 -es; [複] ..tänze) 社交ダンス

ge·sen·det [ゲゼンデット] senden ❶ の [過分]

ge·ses·sen [ゲゼッセン] sitzen の [過分]

Ge·setz [ゲゼッツ] 田 *das* (⊕ 2格 -es; ⊕ -e)
❶ (立法府でつくられる)法律, 法 (☆ Recht は法一般を抽象的に述べる場合に用いる) ▷ ein *Gesetz* abschaffen 法律を廃止する
❷ 法則 ▷ ein *Gesetz* der Natur 自然の法則

Ge·setz·ge·ber [ゲゼッツ・ゲーバー] 男 *der* (⊕ 2格 -s; ⊕ なし) 立法機関

Ge·setz·ge·bung [ゲゼッツ・ゲーブング] 女 *die* (⊕ 2格 -; ⊕ -en) 立法

ge·setz·lich [ゲゼッツリヒ] 形 法的な, 法律上の ▷ *gesetzliche* Bestimmungen 法律で定められた規定

ge·setz·mä·ßig [ゲゼッツ・メースィヒ] 形
❶ (自然などの)法則に従った〈かなった〉 ▷ eine *gesetzmäßige* Entwicklung 法則にかなった発達
❷ 合法的な (反 gesetzwidrig)

ge·setzt [ゲゼッツト] setzen の 過分

ge·setz·wid·rig [ゲゼッツ・ヴィードリヒ] 形 違法な (反 gesetzmäßig)

Ge·sicht [ゲズィヒト] 田 *das* (⊕ 2格 -s〈まれに -es〉; ⊕ -er)

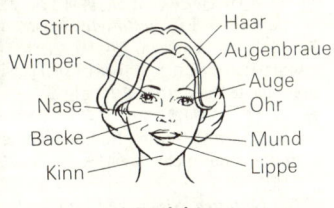

Stirn — Haar
Wimper — Augenbraue
— Auge
Nase — Ohr
Backe — Mund
Kinn — Lippe

Gesicht

❶ 顔 ▷ ein hübsches *Gesicht* かわいい顔 / das *Gesicht* abwenden 顔をそむける / das *Gesicht* in den Händen verbergen 顔を両手で隠す /《比ゆ》das *Gesicht* wahren 面目を保つ / Er zeigt sein wahres *Gesicht*. 彼は正体を現す

❷ 顔つき ▷ ein ernstes *Gesicht* 真剣な顔つき / ein langes *Gesicht* machen がっかりした顔つきをする

Ge·sichts·aus·druck [ゲズィヒツ・アオス・ドルック] 男 *der* (⊕ 2格 -[e]s; ⊕ ..drücke) 顔の表情

Ge·sichts·kreis [ゲズィヒツ・クライス] 男 *der* (⊕ 2格 -es; まれに ⊕ -e)《文語》視界;《比ゆ》視野

Ge·sichts·punkt [ゲズィヒツ・プンクト] 男 *der* (⊕ 2格 -[e]s; ⊕ -e) 観点, 視点 ▷ vom pädagogischen *Gesichtspunkt* aus 教育的見地から

Ge·sichts·was·ser [ゲズィヒツ・ヴァッサー] 田 *das* (⊕ 2格 -s; ⊕ ..wässer) (顔の)化粧水, ローション

Ge·sichts·zug [ゲズィヒツ・ツーク] 男 *der* (⊕ 2格 -[e]s; ⊕ ..züge)《ふつう 複 で》顔〈目鼻〉だち

Ge·sims [ゲズィムス] 田 *das* (⊕ 2格 -es; ⊕ -e) (建築) 蛇腹〈壁などの装飾的突出部〉

Ge·sin·del [ゲズィンデル] 田 *das* (⊕ 2格 -s; ⊕ なし) ごろつき, ならずもの

ge·sinnt [ゲズィント] 形《堡襲と》〔…な〕考え〈感情〉をもった ▷ Er ist fortschrittlich *gesinnt*. 彼は進歩的な考えの持ち主だ
イディオム ❸ +feindlich 〈freundlich〉 *gesinnt sein* …³に対して敵意〈好意〉をいだいている

Ge·sin·nung [ゲズィンヌング] 女 *die* (⊕ 2格 -; ⊕ -en) (物事に対する)根本的な考え方, 信念, 主義 ▷ eine fortschrittliche *Gesinnung* 進歩的な考え方

ge·sit·tet [ゲズィッテット] 形 (態度などが)よくしつけられた, 礼儀正しい;《副詞的に》行儀よく

Ge·söff [ゲゼフ] 田 *das* (⊕ 2格 -[e]s; ⊕ なし)《口語》(味が)ひどい酒

ge·sof·fen [ゲゾッフェン] saufen の 過分

ge·so·gen [ゲゾーゲン] saugen の 過分

ge·sollt [ゲゾルト] sollen (単独で用いる場合)の 過分

ge·son·nen [ゲゾンネン]
— sinnen の 過分
— 形《文語》〔zu 不定詞句と〕〔…〕するつもりだ (☆ ふつう否定形で) ▷ Ich bin nicht *gesonnen*, das zu tun. 私はそれをするつもりはない

ge·sorgt [ゲゾルクト] sorgen の 過分

ge·spal·ten [ゲシュパルテン] spalten の 過分

Ge·spann [ゲシュパン] 田 *das* (⊕ 2格 -[e]s; ⊕ -e)《集合的に》(荷車などを引く)牛馬などの一組;《口語》二人組

ge·spannt [ゲシュパント]
形 ❶ (物事がどうなるか)興味をもった, 好奇心に満ちた ▷ Ich bin *gespannt*, wie es weitergeht. 私はそれがどのように展開するか知りたくてたまらない
❷ 緊張をはらんだ, 緊迫した ▷ Die politische Lage ist *gespannt*. 政治情勢は緊迫している

ge·spart [ゲシュパールト] sparen の 過分

Ge·spenst [ゲシュペンスト] 田 *das* (⊕ 2格 -es 〈まれに -s〉; ⊕ -er) 幽霊, おばけ ▷ an *Gespenster* glauben 幽霊を信じる

ge·spens·tisch [ゲシュペンスティシュ] 形 (静けさなどが)気味の悪い, 不気味な

ge·spie·en (旧⇒新) gespien

ge·spielt [ゲシュピールト] spielen の 過分

ge·spien [ゲシュピーン] speien の 過分

Ge·spinst [ゲシュピンスト] 田 *das* (⊕ 2格 -[e]s; ⊕ -e) (裂けやすい)薄い織物

ge·spon·nen [ゲシュポンネン] spinnen の 過分

Gespräch

Ge·spräch [ゲシュプレーヒ] 田 *das* (֎ 2 格 -[e]s; ֎ -e)
❶ 会話, 話し合い ▷ ein *Gespräch* belauschen 会話をこっそり聞く / das *Gespräch* fortsetzen 会話を続ける / mit+③ ein *Gespräch* führen …³と会話をする

★ Konversation が表面的な「会話」であるのに対し, Gespräch は突っ込んだ内容の場合にも用いる

❷ (電話の)通話 ▷ ein *Gespräch* anmelden 通話を申し込む

ge·sprä·chig [ゲシュプレーヒヒ] 形 話し好きの (☆「無口な」は schweigsam) ▷ Er ist nicht sehr *gesprächig*. 彼はあまり話し好きではない

Ge·sprächs·part·ner [ゲシュプレーヒス・パルトナー] 男 *der* (֎ 2 格 -s; ֎ -) 話相手

Ge·sprächs·stoff [ゲシュプレーヒス・シュトフ] 男 *der* (֎ 2 格 -[e]s; ֎ -e) 話題

ge·spreizt [ゲシュプライツト] 形 (話し方などが)気取った

ge·spren·kelt [ゲシュプレンケルト] 形 (羽・ネクタイなどが)ぶちの, まだらな

ge·spro·chen [ゲシュプロッヘン] sprechen の 過分

ge·spros·sen [ゲシュプロッセン] sprießen の 過分

ge·sprun·gen [ゲシュプルンゲン] springen の 過分

Ge·spür [ゲシュピューア] 田 *das* (֎ 2 格 -s; ֎ なし) 勘, 直感 ▷ ein feines *Gespür* für+④ haben …⁴に対してするどい勘を持っている

Ge·sta·de [ゲシュターデ] 田 *das* (֎ 2 格 -s; ֎ -) 《文語》岸; 川岸, 海岸

Ge·stalt [ゲシュタルト] 女 *die* (֎ 2 格 -; ֎ -en)
❶ 《ふつう ֎ なし》体つき ▷ eine schlanke *Gestalt* ほっそりした体つき
❷ 《ふつう ֎ なし》…の形 (☆ 修飾語句を伴う) ▷ Der Zauberer nahm die *Gestalt* einer Schlange an. 魔法使いは蛇に化けた
❸ (正体の, あるいは遠くて姿形のよくわからない人を指して)体つき, 人物, 人影 ▷ Eine dunkle *Gestalt* näherte sich ihr. えたいの知れない人影が彼女に近づいて来た
❹ (特に歴史上の重要な)人物; (作品中の)人物

ge·stal·ten [ゲシュタルテン] 非分離
(gestaltete; gestaltet; 匿了h)
― 他 〈④+状態と〉[…を…のように]形作る ▷ einen Abend gemütlich *gestalten* 晩の集まりをくつろいだものにする
― 再 〈sich⁴+状態と〉[…に]なる ▷ Die Feier *gestaltete* sich ganz anders, als wir erwartet hatten. そのお祝いは私たちの期待とはまったく異なったものになった

Ge·stal·tung [ゲシュタルトゥング] 女 *die* (֎ 格 -; まれに ֎ -en) 形作ること, 形成, 造形

ge·stand [ゲシュタント] gestehen の 過去

ge·stan·den [ゲシュタンデン] stehen, gestehen の 過分

ge·stän·dig [ゲシュテンディヒ] 形 《成句で》 *geständig sein* 白状したくしている〉

Ge·ständ·nis [ゲシュテントニス] 田 *das* (֎ 2 格 ..nisses; ֎ ..nisse) 自白 ▷ ein *Geständnis* ablegen 自白する

(イディオム) ③+*ein Geständnis machen* …³に白状〈告白〉する

Ge·stank [ゲシュタンク] 男 *der* (֎ 2 格 -[e]s; ֎ なし) 悪臭 ▷ der *Gestank* der faulen Eier 腐った卵の悪臭

Ge·sta·po [ゲスターポ] 女 *die* (֎ 2 格 -; ֎ なし) 《*Geheime Staatspolizei* ナチスの秘密国家警察の略語》ゲシュタポ

ge·star·tet [ゲシュタルテット] starten の 過分

ge·stat·ten [ゲシュタッテン] 非分離
(gestattete; gestattet; 匿了h)
他 ❶ 〈③+④と〉[…³に…⁴を]許可する, 許す (=erlauben) ▷ Er *gestattete* uns, die Turnhalle zu benutzen. 彼は私たちに体育館の利用を許可してくれた / 《再帰的に》*sich* gewisse Freiheiten *gestatten* 気ままに振舞う
❷ 〈④と〉[…⁴を]可能にする, 許容する (☆ ふつう否定形で用いられる) ▷ Sein Einkommen *gestattet* ihm das nicht. 彼の収入ではとてもそれは無理だ

(イディオム) *Gestatten Sie* … よろしいでしょうか ▷ *Gestatten Sie*, dass ich rauche? タバコを吸ってもよろしいでしょうか / *Gestatten Sie*! 《人の前を通るときなどに》失礼します

Ges·te [ゲステ/ゲスー..] 女 *die* (֎ 2 格 -; ֎ -n) 身振り, 手振り, ジェスチャー ▷ mit lebhaften *Gesten* 活発な身振りで

ge·steckt [ゲシュテックト] stecken の 過分

ge·ste·hen [ゲシュテーエン] 非分離
(gestand; gestanden; 匿了h)
他 ❶ 〈④と〉〈犯罪など⁴を〉自白する, 認める ▷ Er hat den Diebstahl *gestanden*. 彼は盗みを自白した
❷ 〈③+④と〉[…³に…⁴を]打ち明ける, 告白する ▷ Er *gestand* ihr seine Liebe. 彼は彼女に愛を打ち明けた / 《過去分詞で》offen *gestanden* 率直に言えば

Ge·stein [ゲシュタイン] 田 *das* (֎ 2 格 -[e]s; ֎ -e) 岩石

Ge·stell [ゲシュテル] 田 *das* (֎ 2 格 -[e]s; ֎ -e)
❶ 棚 ▷ Die Flaschen lagen auf einem *Ge-*

stell. びんは棚の上に横にして置かれていた
❷ (器械などの，部品が固定される)枠，フレーム ▷ das *Gestell* eines Bettes ベッドのフレーム

ge·stellt [ゲシュテルト] stellen の [過分]

ges·tern
[gέstṇ ゲスターン]

[副] きのう，昨日 (☆「きょう」は heute，「あす」は morgen)
Gestern war ich bei ihr.
きのうは私は彼女のところにいた
Sie ist seit *gestern* krank.
彼女はきのうから病気だ
Bis *gestern* haben wir es nicht gewusst.
きのうまで私たちはそのことを知らなかった
Die Zeitung ist von *gestern.*
その新聞はきのうのだ
gestern Abend
昨晩
gestern Nacht
昨夜
gestern um diese Zeit
きのうのこの時間に

ge·stie·gen [ゲシュティーゲン] steigen の [過分]

ges·ti·ku·lie·ren [ゲスティクリーレン] (gestikulierte; gestikuliert; [完了]h)
[自] (話をしながら)身ぶり手ぶりをする

ge·stimmt [ゲシュティムト] stimmen の [過分]

Ge·stirn [ゲシュティルン] [中] *das* ([単] 2 格 –[e]s; [複] –e) 《文語》天体

ge·sto·ben [ゲシュトーベン] stieben の [過分]

ge·sto·chen [ゲシュトッヘン] stechen の [過分]

ge·stoh·len [ゲシュトーレン] stehlen の [過分]

ge·stor·ben [ゲシュトルベン] sterben の [過分]

ge·stört [ゲシュテーアト] stören の [過分]

ge·sto·ßen [ゲシュトーセン] stoßen の [過分]

ge·streift [ゲシュトライフト] [形] しま(縞)のある，しま模様の

ge·stri·chen [ゲシュトリッヒェン] streichen の [過分]

gest·ri·ge [ゲストリゲ] [形] きのうの，昨日の (☆名詞につけて) ▷ die *gestrige* Zeitung きのうの新聞 / am *gestrigen* Tag 昨日

ge·strit·ten [ゲシュトリッテン] streiten の [過分]

Ge·strüpp [ゲシュトリュップ] [中] *das* ([単] 2 格 –[e]s; まれに [複] –e) (密生した)灌木林(かんぼくりん)，やぶ

ge·stun·ken [ゲシュトゥンケン] stinken の [過分]

ge·stürzt [ゲシュテュルツト] stürzen の [過分]

Ge·stüt [ゲシュテュート] [中] *das* ([単] 2 格 –[e]s; [複] –e) 馬の飼育場

Ge·such [ゲズーフ] [中] *das* ([単] 2 格 –[e]s; [複] –e) 申請; 申請書 ▷ ein *Gesuch* einreichen 申請書を提出する

ge·sucht [ゲズーフト] suchen の [過分]

ge·sund
[gəzʊ́nt ゲズント]

[比較] gesünder 〈gesunder〉
[最上] gesündest 〈gesundest〉

[形] ❶ 健康な，じょうぶな ([反] krank)
ein *gesundes* Kind
健康な子供
gesunde Zähne haben
じょうぶな歯をしている
eine *gesunde* Gesichtsfarbe haben
健康そうな顔色をしている
wieder *gesund* werden
再び健康になる
Er ist nicht ganz *gesund.*
彼は健康にまったく問題がないわけではない
Bleib schön *gesund*! お体をたいせつに
ein *gesundes* Unternehmen
《比ゆ》健全な企業
❷ 健康によい ▷ *gesunde* Luft 健康によい空気 / Obst ist *gesund.* 果物は健康によい
❸ (考え方などが)健全な ▷ Er hat *gesunde* Ansichten. 彼の物事に対する見方は健全だ

ge·sun·den [ゲズンデン] (gesundete; gesundet; [完了]s)
[自] 《文語》平癒(へいゆ)する，病気が治る

ge·sün·der [ゲズュンダー] gesund の [比較]

ge·sün·dest [ゲズュンデスト] gesund の [最上]

Ge·sund·heit [ゲズントハイト] [女] *die* ([単] 2 格 –; [複] なし)
健康 ([反] Krankheit) ▷ Das schadet der *Gesundheit*. それは健康に悪い / Wir trinken auf seine *Gesundheit*. 私たちは彼の健康を祈って乾杯する / Auf Ihre *Gesundheit*! 《乾杯の際に》ご健康を祈って / *Gesundheit*! 《くしゃみをした人に向かって》お大事に

ge·sund·heit·lich [ゲズントハイトリヒ] [形] 健康上の ▷ aus *gesundheitlichen* Gründen 健康上の理由から

Ge·sund·heits·zu·stand [ゲズントハイツ·ツー·シュタント] [男] *der* ([単] 2 格 –[e]s; [複] なし) 健康状態

ge·sund|sto·ßen [ゲズント·シュトーセン] [分離] (er stößt gesund; stieß gesund; gesundgestoßen; [完了]h)
[再] 《口語》〖[sich]⁴と〗(うまく立ち振舞って)大もうけをする

ge·sun·gen [ゲズンゲン] singen の [過分]

ge·sun·ken [ゲズンケン] sinken の [過分]

ge·tan [ゲターン] tun の [過分]

ge·tankt [ゲタンクト] tanken の [過分]

ge·tanzt [ゲタンツト] tanzen の [過分]

ge·tauscht [ゲタオシュト] tauschen の [過分]

ge·teilt [ゲタイルト] teilen の [過分]

G

ge·tö·tet [ゲテーテット] töten の 過分

ge·tra·gen [ゲトラーゲン]
― tragen の 過分
― 形 着たことのある, 着古した ▷ eine *getragene* Hose はき古したズボン

Ge·tränk [ゲトレンク] 中 *das* (⸺ 2格 -[e]s; ⸺ -e)
飲み物, ドリンク ▷ ein heißes *Getränk* 熱い飲み物 / ein erfrischendes *Getränk* 清涼飲料水

ge·trau·en [ゲトラオエン] 非分離
(getraute; getraut; 助動 h)
再 《やや古語》〖sich⁴+zu不定詞句と〗〔…する〕勇気がある

ge·träumt [ゲトロイムト] träumen の 過分

Ge·trei·de [ゲトライデ] 中 *das* (⸺ 2格 -s; ⸺ なし) (集合的に) 穀物, 穀類

ge·trennt [ゲトレント] trennen の 過分

ge·tre·ten [ゲトレーテン] treten の 過分

ge·treu [ゲトロイ]
― 形 《文語》〖②と〗〔原物・本人など²に〕忠実な,〔事実など³に〕即した
― 前 〖③支配〗《文語》…に応じて〈従って, 即して〉

Ge·trie·be [ゲトリーベ] 中 *das* (⸺ 2格 -s; ⸺ -)
《工学》伝導装置; (車の) 変速装置

ge·trie·ben [ゲトリーベン] treiben の 過分

ge·trof·fen [ゲトロッフェン] treffen の 過分

ge·tro·gen [ゲトローゲン] trügen の 過分

ge·trost [ゲトロースト] 副 心配せずに, 安心して

ge·trun·ken [ゲトルンケン] trinken の 過分

Get·to [ゲット] 中 *das* (⸺ 2格 -s; ⸺ -s)
❶ 《歴史》ゲットー (ユダヤ人を隔離して住まわせた居住区)
❷ [被差別] 少数民族の居住区

Ge·tue [ゲトゥーエ] 中 *das* (⸺ 2格 -s; ⸺ なし)
《口語》おおげさな身ぶり, わざとらしい振舞い

Ge·tüm·mel [ゲテュメル] 中 *das* (⸺ 2格 -s; ⸺ なし) (祭りなどの) 人ごみ, 雑踏

ge·turnt [ゲトゥルント] turnen の 過分

ge·übt [ゲユープト] üben の 過分

Ge·wächs [ゲヴェクス] 中 *das* (⸺ 2格 -es; ⸺ -e) 植物 (=Pflanze) ▷ tropische *Gewächse* 熱帯植物

ge·wach·sen [ゲヴァクセン]
― wachsen の 過分
― 形〖③と〗〔…³に〕劣らない; 〔任務など³に〕堪えうる ▷ Er ist seinem Kollegen nicht *gewachsen*. 彼は同僚より劣る

Ge·wächs·haus [ゲヴェクス・ハオス] 中 *das* (⸺ 2格 -es; ⸺ ..häuser) 温室

ge·wagt [ゲヴァークト]
形 ❶ (失敗などを覚悟した) 思い切った, 大胆な ▷ eine *gewagte* Tat 大胆な行為
❷ (冗談などが) きわどい

ge·wählt [ゲヴェールト]
― wählen の 過分
― 形 洗練された, 上品な ▷ ein *gewähltes* Deutsch 洗練されたドイツ語

ge·wahr [ゲヴァール] 形 〖成句で〗 ④〈②〉+ *gewahr werden* ..⁴⁽²⁾ に気づく

Ge·währ [ゲヴェーア] 女 *die* (⸺ 2格 -; ⸺ なし) 保証
(イディオム) *ohne Gewähr* (与えられた情報の真偽に関して) 保証なしで ▷ Die Angabe der Lottozahlen erfolgt *ohne Gewähr*. これから発表する宝くじの当せん番号につきましては保証の限りではありません

ge·wäh·ren [ゲヴェーレン] 非分離
(gewährte; gewährt; 助動 h)
他 ❶ 〖④と〗〔希望するもの⁴を〕与える ▷ Er *gewährt* ihr Schutz. 彼は彼女に保護を与える
❷ 《文語》〖③+④と〗〔…³の希望など⁴を〕かなえる, 聞き届ける
(イディオム) ④+*gewähren lassen* (じゃまをしないで) ..⁴の好きなようにさせる ▷ Lass die Kinder ruhig *gewähren*! いいから子供たちの好きなようにやらせてやれ

ge·währ·leis·ten [ゲヴェーア・ライステン]
(gewährleistete; gewährleistet; 助動 h)
他 〖④と〗〔安全・成功など⁴を〕保証する (☆ 名詞 Gewähr を用いて, für+④ Gewähr leisten 「..⁴を保証する」とも言う)

Ge·wahr·sam [ゲヴァールザーム] 男 *der* 《文語》〖成句で〗
④+*in Gewahrsam nehmen* ..⁴を預かる
④+*in polizeilichen Gewahrsam nehmen* ..⁴を拘置する
in polizeilichem Gewahrsam sein 拘置されている

Ge·währs·mann [ゲヴェーアス・マン] 男 *der* (⸺ 2格 -[e]s; ⸺ ..männer 〈..leute〉) 信頼できる情報提供者, 確かな筋

Ge·währs·leu·te [ゲヴェーアス・ロイテ] Gewährsmann の 複数

Ge·walt [ゲヴァルト] 女 *die* (⸺ 2格 -; ⸺ -en)
❶ (⸺ なし) 暴力; (ある目的のために出す) 通常以上の力 ▷ *Gewalt* anwenden 暴力をふるう / Er öffnete die Tür mit *Gewalt*. 彼は戸を力ずくであけた
❷ 権力, 支配力 ▷ die staatliche *Gewalt* 国家権力 / die *Gewalt* über+④ verlieren ..⁴に対する支配力を失う
❸ (自然の) 激しい力 ▷ die *Gewalt* des Sturmes あらしの猛威

Ge·wal·ten·tei·lung [ゲヴァルテン・タイルング] 女 *die* (⸺ 2格 -; ⸺ なし) 三権分立

Ge·wal·ten·tren·nung [ゲヴァルテン・トレヌ

ge·walt·frei [ゲヴァルト・フライ] 形 暴力を使わない

Ge·walt·herr·schaft [ゲヴァルト・ヘルシャフト] 女 die (単2格 -; 複 なし) 圧政

ge·wal·tig [ゲヴァルティヒ]
— 形 ❶ 巨大な; 激しい ▷ ein *gewaltiger* Felsen 巨大な岩 / ein *gewaltiger* Sturm 激しいあらし
❷ 絶大な権力をもつ ▷ ein *gewaltiger* König 絶大な権力をもつ王
— 副《口語》《程度を表して》ひどく ▷ sich^4 *gewaltig* irren ひどい思い違いをする

ge·walt·sam [ゲヴァルトザーム] 形 力ずくの;〖副詞的に〗力ずくで, 強制的に
イディオム *eines gewaltsamen Todes sterben* 非業の死を遂げる

Ge·walt·tat [ゲヴァルト・タート] 女 die (単2格 -; 複 -en) 暴力行為

ge·walt·tä·tig [ゲヴァルト・テーティヒ] 形 暴力的な, 乱暴な

Ge·walt·ver·zicht [ゲヴァルト・フェアツィヒト] 男 der (単2格 -[e]s; 複 なし)《政治》武力の不行使

Ge·wand [ゲヴァント] 中 das (単2格 -[e]s; 複 ..wänder) (ふつうベルトがなく, 長くゆったりとたれ下がっている)衣装

ge·wan·dert [ゲヴァンデルト] wandern の 過分

ge·wandt [ゲヴァント]
— wenden の 過分
— 形 たくみな, 器用な; 如才ない ▷ eine *gewandte* Redeweise たくみな話し方 / Er ist in allem *gewandt*. 彼はすべてに如才ない

Ge·wandt·heit [ゲヴァントハイト] 女 die (単2格 -; 複 なし) たくみさ, 器用

ge·wann [ゲヴァン] gewinnen の 過去

ge·warnt [ゲヴァルント] warnen の 過分

ge·war·tet [ゲヴァルテット] warten の 過分

Ge·wäsch [ゲヴェッシュ] 中 das (単2格 -[e]s; 複 なし)《口語》おしゃべり, 無駄話

ge·wa·schen [ゲヴァッシェン] waschen の 過分

Ge·wäs·ser [ゲヴェッサー] 中 das (単2格 -s; 複 -) 水が集まってできるもの (河川・湖沼・海の総称) ▷ ein fließendes 〈stehendes〉 *Gewässer* 河川〈湖沼, 海〉

Ge·we·be [ゲヴェーベ] 中 das (単2格 -s; 複 -) 織物, 布地;《解剖》組織

ge·wech·selt [ゲヴェクセルト] wechseln の 過分

ge·weckt [ゲヴェックト] wecken の 過分

Ge·wehr [ゲヴェーア] 中 das (単2格 -[e]s; 複 -e)(銃身の長い)銃

ge·weht [ゲヴェート] wehen の 過分

Ge·weih [ゲヴァイ] 中 das (単2格 -[e]s; 複 -e) (雄ジカの)枝状の角

ge·weint [ゲヴァイント] weinen の 過分

ge·wen·det [ゲヴェンデット] wenden の 過分

Ge·wer·be [ゲヴェルベ] 中 das (単2格 -s; 複 -) (手工業, 商業などの)職業, 生業 ▷ das älteste *Gewerbe* der Welt 世界でもっとも古い職業 (☆「売春」の婉曲的表現)

Ge·werk·schaft [ゲヴェルクシャフト] 女 die (単2格 -; 複 -en) 労働組合

Ge·werk·schaft·ler [ゲヴェルクシャフトラー] 男 der (単2格 -s; 複 -) 労働組合員; 労働組合の役員

Ge·werk·schafts·mit·glied [ゲヴェルクシャフツ・ミット・グリート] 中 das (単2格 -[e]s; 複 -er) 労働組合員

ge·we·sen [ゲヴェーゼン] sein の 過分

ge·wi·chen [ゲヴィッヒェン] weichen の 過分

Ge·wicht [ゲヴィヒト] 中 das (単2格 -[e]s; 複 -e)
❶ 〖複 なし〗重さ, 重量 ▷ Das Paket hat ein *Gewicht* von 2 kg. 小包の重量は2キロだ
❷ 〖複 なし〗重み, 重要さ ▷ *Gewicht* auf+④ legen …^{4}を重視する
❸ 〖ふつう 複 で〗分銅, おもり

ge·wich·tig [ゲヴィヒティヒ]形《文語》(理由・決断などが)重大な, (人物などが)有力な

ge·wieft [ゲヴィーフト] 形《口語》(商売人などが)抜け目ない

ge·wie·sen [ゲヴィーゼン] weisen の 過分

Ge·win·de [ゲヴィンデ] 中 das (単2格 -s; 複 -) (ねじなどの)うずまき状の溝

ge·winkt [ゲヴィンクト] winken の 過分

Ge·winn [ゲヴィン] 男 der (単2格 -[e]s; 複 -e)
❶ 利益, 収益, 利潤 (⇔ Verlust) ▷ *Gewinn* machen 利益をあげる
❷ (競技・賭け事の)賞金, 賞品 ▷ Die *Gewinne* wurden verteilt. 賞金〈賞品〉は分配された
❸ 当たりくじ ▷ Jedes vierte Los ist ein *Gewinn*. 4本に1本が当たりくじだ

ge·win·nen [ゲヴィンネン] 過分離
(gewann; gewonnen; 接II h)
— 他 ❶〚④と〛〚…^{4}に〛勝つ (⇔ verlieren) ▷ einen Kampf *gewinnen* 戦いに勝つ / das Spiel mit 2:1 (zwei zu eins) *gewinnen* 試合に2対1で勝つ
❷〚④と〛〚…^{4}を〛(努力して)獲得する, 手に入れる ▷ Ansehen *gewinnen* 名声を手に入れる
❸〚④と〛〚…^{4}を〛(宝くじなどで)獲得する ▷ Er *gewann* 10 000 Euro in der Lotterie. 彼は宝くじで1万ユーロもうけた
❹〚④と〛〚有能な人など^{4}を〛獲得する ▷ Die Firma konnte einige Fachleute *gewinnen*.

会社は専門家をなん人か獲得することができた
❺ 〖④と〗〖鉱石など*を〗採掘する; 〔果汁など*を〕採取する ▷ Kohle *gewinnen* 石炭を採掘する / Der Saft wird aus reifen Früchten *gewonnen*. ジュースは熟した果実から得られる
── 圓 ❶ 勝つ ▷ Wir haben *gewonnen*. 私たちは勝った
❷ (くじが)当たる ▷ Jedes vierte Los *gewinnt*. 4本に1本が当たりくじだ
❸ 〖an+③と〗〔..³を〕増す, 高める, 上げる ▷ Er hat dadurch an Ansehen *gewonnen*. 彼はそのことによって名声を高めた
❹ 〖durch+④と〗(感じなどが)〔..によって〕よくなる ▷ Das Zimmer *gewann* durch die neuen Gardinen. 部屋は新しいカーテンで感じがよくなった
ge·wirkt [ゲヴィルクト] wirken の 過分
Ge·wirr [ゲヴィル] 中 *das* (⽥2格-[e]s; 複 なし) (いろいろなものが)入り乱れていること
ge·wiss [ゲヴィス]
── 形 (比較 -er, 最上 -est)
❶ ある, ある種の (☆名詞につけて) ▷ Das ist bis zu einem *gewissen* Grade richtig. それはある程度まで正しい / 〖人名と共に〗ein *gewisser* Herr Meyer マイヤーさんとかいう男性
❷ ある程度の (☆名詞につけて) ▷ eine *gewisse* Ähnlichkeit ある程度の類似
❸ 確実な, 確かな (☆ふつう述語として) ▷ Ist das schon *gewiss*? それはもう確かなことか / Seine Niederlage ist *gewiss*. 彼の敗北は確実だ
❹ 〖sich³+②と〗〔..²を〕確信している ▷ Er war sich seines Erfolges *gewiss*. 彼は成功を確信していた
── 副 きっと, 確かに ▷ Er kommt *gewiss* zu spät. 彼はきっと遅れて来る / Aber *gewiss*! もちろんだよ
イディオム *gewiss ..., aber* 確かに…だけれども しかし ▷ Da hast du *gewiss* ganz Recht, *aber* … その点では君は確かにまったく正しいけれどしかし…
ge·wiß 旧⇒新 gewiss
Ge·wis·sen [ゲヴィッセン] 中 *das* (⽥2格-s; 複 なし)
良心 ▷ ein gutes *Gewissen* haben 心にやましいところがない / ein schlechtes *Gewissen* haben 良心のとがめを感じる
イディオム ④+*auf dem Gewissen haben* …⁴の死〈不幸〉に対して責任がある
ge·wis·sen·haft [ゲヴィッセンハフト] 形 良心的な ▷ ein *gewissenhafter* Mensch 良心的な人 / *gewissenhaft* arbeiten 良心的に仕事をする
ge·wis·sen·los [ゲヴィッセン・ロース] 形 (犯罪者などが)良心の呵責を感じることのない, 容赦のない; 無責任な
Ge·wis·sens·bis·se [ゲヴィッセンス・ビッセ] 複名 良心の呵責, やましさ
Ge·wis·sens·frei·heit [ゲヴィッセンス・フライハイト] 女 *die* (⽥2格-; 複 なし) 良心に従って行動する自由
ge·wis·ser·ma·ßen [ゲヴィッサー・マーセン] 副 いわば (=sozusagen)
ge·wis·sest [ゲヴィッセスト] gewiss の 最上
Ge·wiss·heit [ゲヴィスハイト] 女 *die* (⽥2格-; 複 なし) 確実な情報; 確信 ▷ *Gewissheit* über+④ verschaffen …に関して確実な情報を得る / mit *Gewissheit* 確信をもって
Ge·wiß·heit 旧⇒新 Gewissheit
Ge·wit·ter [ゲヴィッター] 中 *das* (⽥2格-s; 複 -)
雷雨; 雷雲 ▷ Das *Gewitter* zieht auf. 雷雨が近づいて来る
ge·wit·zigt [ゲヴィッツィヒト] 形 〖成句で〗*durch Erfahrung gewitzigt sein* (経験を重ねて)利口になった
ge·witzt [ゲヴィッツト] 形 ずる賢い, 抜け目ない
ge·wo·ben [ゲヴォーベン] weben の 過分
ge·wo·gen [ゲヴォーゲン] wägen, wiegen の 過分
ge·wöh·nen [ゲヴェーネン] 他再動
(gewöhnte; gewöhnt; 完了 h)
── 再 〖sich⁴+an+④と〗〔..⁴に〕慣れる ▷ Der Hund *gewöhnte* sich schnell an seinen neuen Herrn. 犬は新しい飼い主にすぐに慣れた / 〖zu 不定詞句と〗Ich *gewöhne* mich daran, früh aufzustehen. 私は早起きの習慣をつける
── 他 〖④+an+④と〗〔..を..に〕慣らす, 〔..に..の〕習慣をつける ▷ Wir müssen die Kinder an Pünktlichkeit *gewöhnen*. 私たちは子供たちに時間を守る習慣をつけなければならない
Ge·wohn·heit [ゲヴォーンハイト] 女 *die* (⽥2格-; 複 -en)
習慣, 癖 ▷ eine schlechte *Gewohnheit* 悪い習慣 / Ich habe die *Gewohnheit*, nachts zu lesen. 私は夜仕事をする習慣をもっている
ge·wöhn·lich [ゲヴェーンリヒ]
形 ❶ 日常の, ふだんの ▷ zur *gewöhnlichen* Zeit いつもの時間に / wie *gewöhnlich* いつものように
❷ (これといって特別のことのない)ふつうの ▷ ein *gewöhnlicher* Briefbogen ふつうの便箋
ge·wohnt [ゲヴォーント]
── wohnen の 過分
── 形 ❶ 習慣になった, いつもの (☆名詞につけて) ▷ in *gewohnter* Weise いつものやり方で
❷ 〖④と〗〔..に〕慣れている ▷ Er ist harte Arbeit *gewohnt*. 彼はつらい仕事に慣れている

①, ②, ③, ④=1格, 2格, 3格, 4格の名詞

〚zu 不定詞句と〛Er ist [es] *gewohnt*, früh aufzustehen. 彼は早く起きるのに慣れている

ge·wöhnt [ゲヴェーント]
— gewöhnen の [現在], [過分]
— [形]〚an+④と〛〔‥^{4}に〕**慣れている** ▷ Wir sind an diese Arbeit *gewöhnt*. 私たちはこの仕事に慣れている

ge·wöhn·te [ゲヴェーンテ] gewöhnen の [過去]

Ge·wöh·nung [ゲヴェーヌング] [女] *die* ([単] 2 格 –; [複] なし) 慣れること, 慣れ

Ge·wöl·be [ゲヴェルベ] [中] *das* ([単] 2 格 –s; [複] –)
❶ (礼拝堂などの) **丸天井**
❷ (地下の) 丸天井の部屋

ge·wollt [ゲヴォルト]
— wollen (単独で用いる場合) の [過分]
— [形] 作為的な, わざとらしい

ge·won·nen [ゲヴォンネン] gewinnen の [過分]

ge·wor·ben [ゲヴォルベン] werben の [過分]

ge·wor·den [ゲヴォルデン] werden の [過分]

ge·wor·fen [ゲヴォルフェン] werfen の [過分]

Ge·wühl [ゲヴュール] [中] *das* ([単] 2 格 –[e]s; [複] なし) 人込み, 雑踏, 混雑

ge·wun·den [ゲヴンデン] winden の [過分]

ge·wun·dert [ゲヴンデルト] wundern の [過分]

ge·wünscht [ゲヴュンシュト] wünschen の [過分]

ge·wür·felt [ゲヴュルフェルト] [形] 市松模様の

Ge·würz [ゲヴュルツ] [中] *das* ([単] 2 格 –es; [複] –e) 薬味, スパイス, 香辛料

ge·wusst [ゲヴスト] wissen の [過分]

gewußt [旧⇒新] gewusst

ge·zackt [ゲツァックト] [形] (縁などが) ぎざぎざの ▷ ein *gezacktes* Blatt 縁がぎざぎざした葉

ge·zahlt [ゲツァールト] zahlen の [過分]

ge·zählt [ゲツェールト] zählen の [過分]

Ge·zänk [ゲツェンク] [中] *das* ([単] 2 格 –[e]s; [複] なし) (激しい) 口げんか, 口論

ge·zeich·net [ゲツァイヒネット] zeichnen の [過分]

ge·zeigt [ゲツァイクト] zeigen の [過分]

Ge·zei·ten [ゲツァイテン] [複名] (潮の) 干満, 満ち引き (☆「引き潮」は Ebbe,「満潮」は Flut)

ge·zie·hen [ゲツィーエン] zeihen の [過分]

ge·zie·men [ゲツィーメン] [非分離]
(geziemte; geziemt; [完了]h)
— [自]《文語》〚③と〛(発言・態度などが)〔‥^{3}に〕ふさわしい
— [再]〚[sich]^{4}と〛(礼儀・状況などに) かなっている, ふさわしい, 適切である

ge·zie·mend [ゲツィーメント] [形]《文語》(礼儀・状況などに) かなっている, ふさわしい

ge·ziert [ゲツィーアト] [形] (態度などが) 気取った, わざとらしい

ge·zit·tert [ゲツィッテルト] zittern の [過分]

ge·zo·gen [ゲツォーゲン] ziehen の [過分]

ge·zwei·felt [ゲツヴァイフェルト] zweifeln の [過分]

Ge·zwit·scher [ゲツヴィッチャー] [中] *das* ([単] 2 格 –s; [複] なし) さえずり

ge·zwun·gen [ゲツヴンゲン] zwingen の [過分]

Ghet·to [ゲット] [中] *das* ([単] 2 格 –s; [複] –s) = Getto

gib [ギーブ] geben の [命令]

gibst [ギーブスト] geben の [現在]

gibt [ギーブト] geben の [現在]

Gicht [ギヒト] [女] *die* ([単] 2 格 –; [複] なし)《医学》痛風

Gie·bel [ギーベル] [男] *der* ([単] 2 格 –s; [複] –) 切妻 (切妻屋根の山形の壁面部分. またドア・窓などの上にある三角形の装飾も指す)

Gier [ギーア] [女] *die* ([単] 2 格 –; [複] なし) 激しい欲求〈欲望〉 ▷ die grenzenlose *Gier* nach Macht und Reichtum 権力と富への限りない欲望

gie·rig [ギーリヒ] [形] **貪欲な**, 欲張りな ▷ *gierige* Blicke もの欲しそうなまなざし / *gierig* essen がつがつ食べる / *gierig* trinken がぶがぶ飲む

gie·ßen [ギーセン]
(du, er gießt; goss; gegossen; [完了]h)
[他] ❶〚④+[方向]と〛〔液体^{4}を‥へ〕**注ぐ**, つぐ; (まちがって) こぼす ▷ Er *gießt* Kaffee in eine Tasse. 彼はカップにコーヒーを注ぐ / Er hat ihr den Wein aufs Kleid *gegossen*. 彼は彼女のドレスにワインをこぼしてしまった
❷〚④と〛〔‥^{4}に〕**水をやる** ▷ die Blumen *gießen* 花に水をやる
❸〚④と〛〔‥^{4}を〕鋳造する ▷ Kugeln *gießen* 弾丸を鋳造する
[イディオム] ***es gießt***《口語》雨が激しく降る ▷ *Es goss* in Strömen. ひどいどしゃ降りだった

gießt [ギースト] gießen の [現在]

Gift [ギフト] [中] *das* ([単] 2 格 –[e]s; [複] –e)
❶ **毒** ▷ *Gift* nehmen 毒を飲む (服毒自殺する)
❷ 有害な物 ▷ Alkohol ist *Gift* für ihn. アルコールは彼の体に有害だ
[イディオム] ***Gift und Galle spucken*** 〈***speien***〉《口語》怒りをぶちまける

gif·tig [ギフティヒ]
[形] ❶ **毒のある**, 毒性の ▷ *giftige* Pilze 毒キノコ / eine *giftige* Schlange 毒ヘビ
❷《口語》意地の悪い, とげのある ▷ eine *giftige* Zunge haben 毒舌家である
[イディオム] ***ein giftiges Grün*** 毒々しい緑色

Gift·müll [ギフト・ミュル] [男] *der* ([単] 2 格 –[e]s; [複] なし)《集合的に》(工場などからの) 有毒廃棄物

Gi·ga·byte [ギガ・バイト] [中] *das* ([単] 2 格 –[s]; [複] –[s]) ギガバイト (10 億バイト)

G

Gi·gant [ギガント] 男 der (単 2・3・4格 -en; 複 -en) 巨大なもの; 大物

gi·gan·tisch [ギガンティシュ] 形 巨大な ▷ *gigantische* Bauwerke 巨大な建築物

gilt [ギルト] gelten の 現在

giltst [ギルツト] gelten の 現在

ging [ギング] gehen の 過去

gin·ge [ギンゲ] gehen の 接II

Gip·fel [ギプフェル] 男 der (単 2格 -s; 複 -)
❶ 山頂, 頂上, 峰 ▷ ein schneebedeckter *Gipfel* 雪に覆われた山頂
❷ (幸福などの)頂点, ピーク, 極致 ▷ Die Begeisterung hat den *Gipfel* erreicht. 感激は絶頂に達した

gip·feln [ギプフェルン]
(gipfelte; gegipfelt; 助h)
自《文語》『[in+③]と』『[...³で]』最高潮〈クライマックス〉に達する

Gip·fel·tref·fen [ギプフェル・トレッフェン] 中 *das* (単 2格 -s; 複 -) 首脳会談

Gips [ギプス] 男 der (単 2格 -es; 複 なし) 石膏セッコウ ▷ eine Büste aus *Gips* 石膏の胸像

gip·sen [ギプセン] (gipste; gegipst; 助h)
他 ❶ 『④と』『割れ目など⁴を』石膏セッコウを塗って修理する
❷ 『口語』『④と』『足など²に』ギプスをはめる

Gi·raf·fe [ギラッフェ] 女 *die* (単 2格 -; 複 -n) 《動物》ジラフ, キリン

Gir·lan·de [ギルランデ] 女 *die* (単 2格 -; 複 -n) (アーチ形の)花飾り, 花綵ハナヅナ

Gi·ro·kon·to [ジーロ・コント] 中 *das* (単 2格 -s; 複 -s ⟨..konten⟩) 振替口座

Gischt [ギシュト] 女 *die* (単 2格 -; 複 なし) (波が砕けてできる)泡

Gi·tar·re [ギタレ] 女 *die* (単 2格 -; 複 -n) 《楽器》ギター ▷ *Gitarre* spielen ギターを弾く

Git·ter [ギッター] 中 *das* (単 2格 -s; 複 -) 格子 ▷ ein *Gitter* vor dem Fenster 窓格子 / hinter *Gittern* sitzen 監獄に入っている

Gla·di·o·le [グラディオーレ] 女 *die* (単 2格 -; 複 -n) 《植物》グラジオラス

Glanz [グランツ] 男 der (単 2格 -es; 複 なし)
❶ (反射による)輝き, 光沢, つや ▷ der *Glanz* eines Diamanten ダイヤモンドの輝き
❷ 輝かしさ, 華やかさ, 壮麗さ ▷ der *Glanz* der Schönheit 美の輝き

glän·zen [グレンツェン]
(du, er glänzt; glänzte; geglänzt; 助h)
自 ❶ (反射して)光る, 輝く ▷ Der Spiegel *glänzt*. 鏡が光る / Die Metallteile des Autos *glänzen* in der Sonne. 自動車の金属部分が日差しを浴びて光っている
❷ ひときわ目立っている, 抜きんでている ▷ Sie *glänzte* schon wieder mit einem neuen Kleid. 新しいワンピースで彼女はまたしても一段と目立っていた

glän·zend [グレンツェント] 形 すばらしい, みごとな ▷ eine *glänzende* Idee すばらしい思いつき / Mir geht es *glänzend*. 私は調子がとてもよい

glanz·los [グランツ・ロース]
形 ❶ (髪などの)光沢〈つや〉のない
❷ (成績・催し物などが)さえない, ぱっとしない

glänz·te [グレンツテ] glänzen の 過去

glanz·voll [グランツ・フォル] 形 輝かしい, 華やかな ▷ ein *glanzvoller* Sieg 輝かしい勝利

Glas
[gla:s グラース]
中 *das* (単 2格 -es; 複 Gläser)

格	単　数	複　数
①	das Glas	die Gläser
②	des Glases	der Gläser
③	dem Glas	den Gläsern
④	das Glas	die Gläser

❶ 『複 なし』ガラス
farbiges *Glas* 色ガラス
Glas zersplittert. ガラスが粉々に割れる
❷ (ガラスの)コップ, グラス; (びん詰め用の)びん ▷ ein leeres *Glas* からのグラス / das *Glas* füllen ⟨austrinken⟩ グラスを満たす⟨飲みほす⟩; 『数量単位の場合無変化』zwei *Glas* Wein ワイン2杯
❸ (めがねの)レンズ; 望遠鏡, オペラグラス

Gla·ser [グラーザー] 男 der (単 2格 -s; 複 -) ガラス屋, ガラス職人

Glä·ser [グレーザー] Glas の 複数

Gla·se·rei [グラーゼライ] 女 *die* (単 2格 -; 複 -en) ガラス店

glä·ser·ne [グレーゼルネ] 形 ガラス[製]の (☆ 名詞につけて) ▷ eine *gläserne* Tür ガラス戸 / ein *gläsernes* Gefäß ガラス製の容器

Glas·fa·ser [グラース・ファーザー] 女 *die* (単 2格 -; 複 -n) グラスファイバー, ガラス繊維

Glas·fa·ser·ka·bel [グラース・ファーザー・カーベル] 中 *das* (単 2格 -s; 複 -) (通信用の)グラスファイバーケーブル

gla·sie·ren [グラズィーレン]
(glasierte; glasiert; 助h)
他 『④と』『陶磁器などに』上薬を塗る; 〔ケーキなどに〕糖衣をつける

gla·sig [グラースィヒ]
形 ❶ (ガラスのように)半透明な ▷ Zwiebelringe *glasig* braten 輪切りのタマネギをいためて半透明にする
❷ (目が)どんよりした, 無表情の

Gla·sur [グラズーア] 女 *die* (単 2格 -; 複 -en) (陶器の)上薬; 〔ケーキなどの〕糖衣

glatt [グラット]
(比較 -er ⟨glätter⟩, 最上 -est ⟨glättest⟩)
形 ❶ **なめらかな**, つるつるした ▷ ein Brett *glatt* hobeln 板にかんなをかけてなめらかにする / Er rutschte auf den *glatten* Steinen aus. 彼はつるつるした石の上ですべって転んだ
❷ 順調な (☆ 述語として用いない) ▷ eine *glatte* Landung スムーズな着陸
❸ (口語)明白な, はっきりとした (☆ 述語として用いない) ▷ Das ist eine *glatte* Lüge! それはまっかなうそだ / Er hat es *glatt* abgelehnt. 彼はそれをきっぱりと断った
❹ (態度が)如才ない, 口先のうまい

Glät·te [グレッテ] 女 *die* (複 2格 -; 複 なし) なめらかなこと; すべりやすいこと

Glatt·eis [グラット・アイス] 中 *das* (複 2格 -es; 複 なし) (道路の凍結した)つるつるの氷 ▷ bei *Glatteis* 路面が凍結した場合
イディオム ④+aufs *Glatteis* führen ..⁴を計略にかける

glät·ten [グレッテン] (glättete; geglättet; 完了 h)
— 他 (④と) [..⁴を]なめらかにする; (しわ⁴を)伸ばす ▷ ein Brett mit dem Hobel *glätten* 板をかんなでなめらかにする
— 再 (sich⁴と) (波などが)静まる

glät·ter [グレッター] glatt の 比較
glät·test [グレッテスト] glatt の 最上

glatt·weg [グラット・ヴェック] 副 (口語) 簡単に, あっさり ▷ ein Angebot *glattweg* ablehnen 申し出をあっさりと断る

Glat·ze [グラッツェ] 女 *die* (複 2格 -; 複 -n) はげ; はげ頭 ▷ eine *Glatze* bekommen 頭がはげる / Er hat eine *Glatze*. 彼ははげ頭だ

Glau·be [グラオベ] 男 *der* (複 2格 -ns, 3·4格 -n; まれに 複 -n)
❶ (物事の存在・可能性などに対する)**確信**, 信頼, 信用 ▷ der *Glaube* an seine Aufrichtigkeit 彼の正直さに対する信頼 / ③+*Glauben* schenken ..³の言うことを信じる / den *Glauben* an+④ verlieren ..⁴に対する確信を失う(..⁴が信頼できなくなる)
❷ (宗教上の)**信仰** ▷ die Freiheit des *Glaubens* 信教の自由

glau·ben
[gláubn̩ グラオベン]

現在	ich glaube	wir glauben
	du glaubst	ihr glaubt
	er glaubt	sie glauben
過去	ich glaubte	wir glaubten
	du glaubtest	ihr glaubtet
	er glaubte	sie glaubten
過分	geglaubt	完了 haben

— 他 ❶ (④と)[..⁴と]**思う** (☆ dass 文, zu 不定詞句など) Ich *glaube*, dass er kommen wird. 私は彼は来ると思います
Ich *glaube*, er kommt. 私が思うには彼は来ます (☆ 副文が主文形式の場合副文方に焦点がある)
《過去形・完了形で》
Sie *glaubte*, dass er tot sei. 彼女は彼が死んだものと思っていた
Ich habe immer *geglaubt*, sie sei mit ihm verlobt. 彼女は彼と婚約しているものと私はずっと思っていた
《zu 不定詞句と》
Ich *glaubte* ihn zu kennen. 私は彼のことならわかっているつもりだった
Ist er krank? – Ich *glaube* nicht. 彼は病気なのか—そうは思わない

❷ 《④+間接と》[..⁴を…と](まちがって)思う, 思い違いをする ▷ Ich *glaubte* dich schon gesund. 君はもう健康になったと私は思った / 《再帰的に》Er *glaubte* sich verraten. 彼は自分が裏切られたと思った

❸ 《④と》[..⁴を]**信じる**, 真実だと思う ▷ Das kann ich nicht *glauben*. そんなことは私は信じられない / Sie *glaubte* ihm alles. 彼女は彼の言うことならなんでも信じた

— 自 ❶ (③と) [..³のことばを]**信じる**, 信用する ▷ Ich *glaube* ihm nicht. 私は彼の言うことを信じない

❷ 《an+④と》[..⁴の存在などを]**信じる** ▷ Sie *glaubt* nicht an Wunder. 彼女は奇跡を信じない

❸ 《an+④と》 [..⁴を]**信頼〈信用〉する** ▷ Sie *glaubt* an ihn. 彼女は彼のことを信じている

Glau·bens·be·kennt·nis [グラオベンス・ベケントニス] 中 *das* (複 2格 ..nisses; 複 ..nisse) (信仰・信条などの)告白

Glau·bens·frei·heit [グラオベンス・フライハイト] 女 *die* (複 2格 -; 複 なし) 信仰〈信教〉の自由

glaub·haft [グラオプハフト] 形 (論拠・証人などが)信用〈信頼〉できる; 《副詞的に》納得がいくように

gläu·big [グロイビヒ] 形 (信者などが)信心深い, 敬虔(けいけん)な; (信奉者などが)信じきった, 信頼しきった

Gläu·bi·ge [グロイビゲ] 男 *der* / 女 *die* (形容詞変化 ☞ Alte 表 I) 信者, 信徒

Gläu·bi·ger [グロイビガー] 男 *der* (複 2格 -s; 複 -) (法律) 債権者 (反 Schuldner)

Gläu·big·keit [グロイビヒカイト] 女 *die* (複 2格 -; 複 なし) 信心深いこと; 信じきっていること, 信頼

glaub·lich [グラオプリヒ] 形 《成句で》 *es ist kaum glaublich, dass ...* …とはとても信じられ

glaub·te [グラオプテ] glauben の過去

glaub·wür·dig [グラオプ・ヴュルディヒ] 形 (証言・報告などが)信じられる, 信用できる

gleich
[glaic グライヒ]

— 形 ❶《同一性を表して》同じ, 同一の Wir wohnen im *gleichen* Haus. 私たちは同じ家に住んでいる
Sie sind im *gleichen* Jahr geboren. 彼らは同じ年に生まれた
auf die *gleiche* Weise 同じ方法で
❷ 《他のものと比べて》同じ[ような] ▷ Er hat das *gleiche* Auto wie ich. 彼は私と同じ車を持っている
❸ 《口語》《③と》[..³にとって]どうでもよい ▷ Das ist mir völlig *gleich*. それは私にはどうでもよい

イディオム *gleich bleiben* (スピードなどが)変わらない, 同じままである
gleich lautend (説明などが)同じことばの; 《副詞的に》同じことばで

— 副 ❶《時間》すぐ ▷ *gleich* nach dem Unterricht 授業のあとすぐに / Ich komme *gleich* wieder. 私はすぐ戻って来ます
❷《空間》すぐ ▷ *Gleich* hinter dem Haus beginnt der Wald. 家の裏からすぐに森が始まる
❸ 同等に, 同じくらい ▷ die Kinder *gleich* behandeln 子供たちを等しく扱う / Die beiden Schwestern sind *gleich* schön. その二人の姉妹は同じくらい美しい
❹《補足疑問文で》《忘れかけていたことを思い出そうとして》Wie war doch *gleich* sein Name? 彼の名前は何でしたっけ
❺《平叙文で》《いらだちなどを表して》Ich habe dir doch *gleich* gesagt, dass das nicht geht! 私は君にそれはだめだと言ったでしょうに

— 前 ③支配; 名詞の前にも後ろにも置かれる》《文語》…に似て, …のように ▷ *Gleich* seinem Vater braust er leicht auf. 父親に似て彼ははすくかっとなる

gleich·ar·tig [グライヒ・アールティヒ] 形 (問題・状況などが)同じような, 同種の

gleich·be·deu·tend [グライヒ・ベドイテント] 形《成句》*mit*+③ *gleichbedeutend sein* ..³と同じ意味を持っている, ..³を意味するものである

gleich·be·rech·tigt [グライヒ・ベレヒティヒト] 形 同じ権利を持っている

Gleich·be·rech·ti·gung [グライヒ・ベレヒティグング] 图 *die* (複 2 格 -; 複 なし) 同権

gleich|blei·ben [グライヒ・ブライベン] 分離 (blieb gleich; gleichgeblieben; 助s) 自《旧⇒新》 *gleich bleiben* (分けて書く) ☞ gleich

glei·chen [グライヒェン] (glich; geglichen; 助h)
自《③と》[..³に]似ている ▷ Sie *gleicht* äußerlich ihrer Mutter. 彼女は外見が母親に似ている / 《相互的に》Die beiden Schwestern *gleichen* sich sehr. 二人の姉妹は互いによく似ている

glei·cher·ma·ßen [グライヒャー・マーセン] 副 同じ様に, 同じくらい, 等しく

gleich·falls [グライヒ・ファルス]
副 同様に (=ebenfalls) ▷ Schönes Wochenende! – Danke, *gleichfalls*! すてきな週末を―ありがとう(あなたも)ご同様に

gleich·för·mig [グライヒ・フェルミヒ] 形 (動きなどが)同じような, 一様の; (生活などが)単調な ▷ *gleichförmige* Bewegungen 一様の動き

Gleich·ge·wicht [グライヒ・ゲヴィヒト] 中 *das* (複 2 格 -[e]s; 複 なし)
❶ バランス, 平衡, 均衡 ▷ das *Gleichgewicht* halten バランスを保つ / Er verliert das *Gleichgewicht* und fällt hin. 彼はバランスを失い倒れる
❷ (心の)落ち着き, 平静; (政治的な)均衡 ▷ das seelische *Gleichgewicht* bewahren 心の平静を保つ

gleich·gül·tig [グライヒ・ギュルティヒ]
形 ❶ (ある人にとって)どうでもいい, 重要でない ▷ Das ist mir *gleichgültig*. それは私にはどうでもいいことだ
❷ 関心〈興味〉のない ▷ sich⁴ *gleichgültig* benehmen 無関心な態度をとる / ein *gleichgültiger* Schüler (勉学に)関心を失った生徒

Gleich·gül·tig·keit [グライヒ・ギュルティヒカイト] 图 *die* (複 2 格 -; 複 なし) 無関心, 無頓着 ▷ Seine *Gleichgültigkeit* geht mir auf die Nerven. 彼の無関心な態度が私の神経に障る

Gleich·heit [グライヒハイト] 图 *die* (複 2 格 -; 複 なし)
❶ 同じであること ▷ die *Gleichheit* der Ansichten 意見の一致
❷ 平等 ▷ die *Gleichheit* aller Menschen vor dem Gesetz 法の前での万人の平等

gleich|kom·men [グライヒ・コメン] 分離 (kam gleich; gleichgekommen; 助s)
自《③と》[..³に]等しい, 匹敵する ▷ Ihm *kommt* an Fleiß keiner *gleich*. 彼に熱心さでかなうものはなかった

gleich·lau·tend [グライヒ・ラオテント] 形 《旧⇒新》*gleich lautend* (分けて書く) ☞ gleich

gleich|ma·chen [グライヒ・マッヘン] 分離 (machte gleich; gleichgemacht; 助h)
他《④と》[..⁴を](相違を取り除いて)同じに〈等しく〉する

———
①, ②, ③, ④=1 格, 2 格, 3 格, 4 格の名詞

[イディオム] ④+**dem Erdboden gleichmachen** ‥⁴を完全に破壊する

Gleich·maß [グライヒ・マース] [中] *das* ([単] 2格 -es; [複] なし) (顔立ちなどの)釣り合い, 均斉; (動きなどの)規則正しさ, 一様

gleich·mä·ßig [グライヒ・メースィヒ]
[形] ❶ 規則正しい, 一様な ▹ im *gleichmäßigen* Tempo 一様なテンポで
❷ 均等な ▹ Sie verteilen die Beute *gleichmäßig.* 彼らは略奪品を均等に分配する

Gleich·mut [グライヒ・ムート] [男] *der* ([単] 2格 -[e]s; [複] なし) 冷静, 平静

gleich·mü·tig [グライヒ・ミューティヒ] [形] 冷静な, 平静な

Gleich·nis [グライヒニス] [中] *das* ([単] 2格 ..nisses; [複] ..nisse) (教訓的な)たとえ[話] ▹ das *Gleichnis* vom verlorenen Sohn 失われた息子のたとえ話 (☆ 新約聖書)

gleich·sam [グライヒザーム] [副] いわば

Gleich·schritt [グライヒ・シュリット] [男] *der* ([単] 2格 -[e]s; [複] なし) そろった歩調〈足並み〉 ▹ im *Gleichschritt* marschieren 足並みをそろえて行進する

gleich|set·zen [グライヒ・ゼッツェン] [分離]
(setzte gleich; gleichgesetzt; [完了]h)
[他]〚④+mit+③と〛〔‥⁴を‥³と〕同一視する

gleich|stel·len [グライヒ・シュテレン] [分離]
(stellte gleich; gleichgestellt; [完了]h)
[他] 〚④+③と〛 〔‥⁴を‥³と〕同列に置く ▹ Die Arbeiter wurden den Angestellten *gleichgestellt.* 労働者はホワイトカラーと対等の立場に置かれた

Glei·chung [グライヒュング] [女] *die* ([単] 2格 -; [複] -en) 方程式

gleich·viel [グライヒ・フィール/グライヒ・フィール] [副]《やや古語》〚疑問文などと〛〔…かは〕どうでもよく (=gleichgültig)

gleich·wer·tig [グライヒ・ヴェーアティヒ] [形] 価値の等しい, 実力の等しい ▹ ein *gleichwertiger* Ersatz 価値の等しい代用品

gleich·wie [グライヒ・ヴィー/..ヴィー] [接]〚従属〛《文語》(まるで)…のように

gleich·wohl [グライヒ・ヴォール] [副]《やや古語》それにもかかわらず

gleich·zei·tig [グライヒ・ツァイティヒ]
[形] 同時の ▹ *gleichzeitig* am Ziel ankommen 同時に目的地に到着する / Man kann nicht alles *gleichzeitig* tun. すべてのことを一度にはできない

gleich|zie·hen [グライヒ・ツィーエン] [分離]
(zog gleich; gleichgezogen; [完了]h)
[自] 〚mit+③と〛(特にスポーツで)〔‥³と同じレベルに〕追いつく

Gleis [グライス] [中] *das* ([単] 2格 -es; [複] -e)
❶ 〚[数字]と〛(駅の)〔…〕番線, 〔…〕番ホーム ▹ Der Zug läuft auf *Gleis* 2 ein. その列車は2番線に入って来る
❷ (鉄道の)軌道, 線路 (☆「レール」は Schiene) ▹ einfaches 〈doppeltes〉 *Gleis* 単〈複〉線
[イディオム] ④+**wieder ins [rechte] Gleis bringen** ‥⁴を再び軌道に乗せる(常態に戻す)
aus dem Gleis kommen ふだんの生活〈活動〉のリズムを失う, 混乱する

glei·ten [グライテン] (glitt; geglitten; [完了]s)
[自] 〚[方向]と〛〔…を〕すべる, すべって行く ▹ Er *gleitet* mit Schlittschuhen übers Eis. 彼はスケートで氷の上をすべる /《比ゆ》Ein Adler *gleitet* durch die Luft. 1羽のワシが滑空する

Glet·scher [グレッチャー] [男] *der* ([単] 2格 -s; [複] -) 氷河

Glet·scher·spal·te [グレッチャー・シュパルテ] [女] *die* ([単] 2格 -; [複] -n) クレバス

glich [グリッヒ] gleichen の [過去]

Glied [グリート] [中] *das* ([単] 2格 -es 〈まれに -s〉; [複] -er)
❶《胴から分かれた部分を指して》肢 (特に腕・脚を指す) ▹ ein künstliches *Glied* 義肢(義足および義手)
❷《全体を構成する部分を指して》**構成員**, 構成要素 ▹ die *Glieder* einer Kette 鎖の個々の輪 / die *Glieder* einer Familie 家族の構成員

glie·dern [グリーデルン]
(gliederte; gegliedert; [完了]h)
[他]〚④と〛〔‥⁴を〕**区分する**, 分ける ▹ Der Vortrag war gut *gegliedert.* [状態受動] この講演はうまく構成されていた

Glie·de·rung [グリーデルング] [女] *die* ([単] 2格 -; [複] -en) 区分, 区分け; 構成, 組み立て ▹ die *Gliederung* des Aufsatzes 論文の構成

Glied·ma·ßen [グリート・マーセン] [複名]《胴から分かれた部分を指して》肢 (特に腕・脚を指す) ▹ die vorderen *Gliedmaßen* eines Hundes 犬の前足

glim·men [グリムメン] (glomm 〈glimmte〉; geglommen 〈geglimmt〉; [完了]h)
[自] (残り火が炎を出さず)赤く光る ▹ Die Kohlen *glimmen* unter der Asche. 石炭が灰の中で赤く光る

glimpf·lich [グリムプフリヒ] [形] 大事に至らない ▹ Sie sind noch *glimpflich* davongekommen. 彼らはなんとか無事に難を逃れた

glit·schig [グリッチヒ] [形] (ぬれていて)すべりやすい, つるつるしている ▹ Der Boden ist nass und *glitschig.* 床ゆかがぬれてつるつるすべる

glitt [グリット] gleiten の [過去]

glit·zern [グリッツェルン]
(glitzerte; geglitzert; [完了]h)

G

自 (雪・水面などが)きらきら輝く;(星などが)きらめく ▷ Der Schnee *glitzert* in der Sonne. 雪が日差しの中できらきら輝く

glo·bal [グロバール]
── 形 地球全体の,世界的な,世界的規模の;(知識などが)包括的な
── 副 一般的に,概括的に

Glo·be·trot·ter [グローベ・トロッター] 男 *der* (単2格 -s; 複 -) 世界漫遊者

Glo·bus [グローブス] 男 *der* (単2格 -〈..busses〉; 複 ..busse) 地球儀;天球儀

Glo·cke [グロッケ] 女 *die* (単2格 -; 複 -n)
❶ 鐘;鈴 ▷ Alle *Glocken* der Stadt läuten. 町のすべての鐘が鳴る / Die Kühe tragen *Glocken* um den Hals. 牛が首に鈴をつけている
❷ 鐘の形をしたもの(鐘形の花・ふた・電気スタンドのかさなどを指す) ▷ die *Glocken* der Narzissen 水仙の鐘形の花

Glo·cken·spiel [グロッケン・シュピール] 中 *das* (単2格 -[e]s; 複 -e) カリヨン(市庁舎の塔などに取りつけられ一定の時刻にメロディーを奏でる一組の鐘)

glo·ckig [グロッキヒ] 形 (特にスカート・ドレスなどが)鐘の形をした

glomm [グロム] glimmen の 過去

Glos·se [グロッセ] 女 *die* (単2格 -; 複 -n) (新聞・テレビなどでの)寸評,短いコメント

glos·sie·ren [グロスィーレン] (glossierte; glossiert; 助h)
他 (④と) [..に]注釈をつける

glot·zen [グロッツェン] (glotzte; geglotzt; 助h)
自 (ばかづらして)ぼかんと見つめる

Glück [グリュック] 中 *das* (単2格 -[e]s; 複なし)
❶ 幸運,幸い (反 Pech) ▷ großes *Glück* 大いなる幸運 / Viel *Glück*! 幸運を / Es war ein *Glück*, dass ... …というのは幸運だった / Er sollte sich nicht nur auf sein *Glück* verlassen. 彼は運だけに頼るべきでなかった
❷ 幸福,幸せ (反 Unglück) ▷ ein kurzes *Glück* 短期間の幸福 / 《ことわざ》 *Glück* und Glas, wie leicht bricht das! 幸福とガラスはなんと壊れやすいものか
《イディオム》 ③+*Glück* wünschen ..³に幸運を祈る
Glück haben 運がよい ▷ Ich habe *Glück* gehabt. 私は運がよかった / Sie *hatten* Glück im Unglück. 彼らは不幸中の幸いだった
zum Glück 幸運にも,幸いなことに (=glücklicherweise)

Glu·cke [グルッケ] 女 *die* (単2格 -; 複 -n) 《鳥》卵を抱いている〈ひなを連れた〉めんどり

glü·cken [グリュッケン] (glückte; geglückt; 助s)
自 (③と) [..³に](思い通りに)うまくいく,成功する ▷ Es *glückte* ihm, noch einen Platz zu bekommen. 彼はうまくもう一つ座席を見つけることができた

glu·ckern [グルッケルン] (gluckerte; gegluckert; 助h)
自 (水などが)ポチャポチャ〈ピチャピチャ〉と音をたてる ▷ Das Wasser *gluckert* im Fass. 水がたるの中でポチャポチャと音をたてる

glück·lich

[glýklıç グリュックリヒ]

比較 glücklicher 最上 glücklichst

形 ❶ 幸福な,幸せな
ein *glückliches* Paar
幸福なカップル
glückliche Tage verleben
幸せな日々を過ごす
Ich bin *glücklich* [darüber], dass ...
私は…のことをとても喜んでいる
Der Film endet *glücklich*.
その映画はハッピーエンドだ
Ein *glückliches* neues Jahr!
明けましておめでとう
❷ 幸運な,運のよい ▷ der *glückliche* Gewinner (くじなどの)幸運な当選者
❸ (事故などもなく)無事の,つつがない ▷ Er ist *glücklich* heimgekehrt. 彼は無事に帰宅した
❹ 都合のよい ▷ Die Verhandlungen nahmen einen *glücklichen* Verlauf. 交渉は順調な経過をたどった

glück·li·cher·wei·se [グリュックリヒャー・ヴァイゼ] 副 幸い,運よく (=zum Glück) ▷ *Glücklicherweise* wurde niemand verletzt. 幸いなことにだれもけがをしなかった

glück·se·lig [グリュック・ゼーリヒ] 形 とても幸せな

Glücks·fall [グリュックス・ファル] 男 *der* (単2格 -[e]s; 複 ..fälle) 運がよい場合 ▷ im *Glücksfall* 運がよければ

Glücks·pilz [グリュックス・ピルツ] 男 *der* (単2格 -es; 複 -e) 《口語》運のいい人

Glücks·sa·che [グリュックス・ザッヘ] 女 *die* 《成句で》Das ist [reine] *Glückssache*. 《口語》それは[全く]運次第だ

Glücks·spiel [グリュックス・シュピール] 中 *das* (単2格 -[e]s; 複 -e) (ルーレット・スロットマシーンなどの)勝負が運によって決まるゲーム,賭博

Glücks·sträh·ne [グリュックス・シュトレーネ] 女 *die* (単2格 -; 複 -n) 幸運の連続,つきまくり ▷ Er hat zurzeit eine *Glückssträhne*. 彼はいまつきまくっている

glück·strah·lend [グリュック・シュトラーレント] 形 とても幸せな;《副詞的に》とても幸せそうに

Glück·wunsch [グリュック・ヴンシュ] 男 *der* (単2格 -[e]s; 複 ..wünsche) 祝いのことば,祝辞,祝詞;祝福 ▷ Herzlichen

Glückwunsch zum Geburtstag! 誕生日おめでとう

Glüh·bir·ne [グリュー・ビルネ] 囡 die (⊕ 2格 –; ⊕ -n) 電球

glü·hen [グリューエン] (glühte; geglüht; 完了 h)
圓 ❶ (炎を出さずに)赤く燃える ▷ Die Kohlen *glühen* noch. 石炭がまだ赤く燃えている / 〖現在分詞で〗die *glühende* Sonne 灼熱の太陽
❷ (体が)赤くほてる ▷ Sein Gesicht *glüht* vor Fieber. 彼の顔は熱で赤くほてっている /〖比ゆ〗vor Begeisterung *glühen* 感激しまくっている

glü·hend [グリューエント]
形 ❶ (燃えるような)激しい ▷ *glühende* Liebe 激しい恋
❷ 熱烈な ▷ ein *glühender* Bewunderer 熱烈な賛美者

Glüh·lam·pe [グリュー・ラムペ] 囡 die (⊕ 2格 –; ⊕ -n) 白熱電球

Glüh·wein [グリュー・ヴァイン] 男 der (⊕ 2格 -[e]s; ⊕ なし) 砂糖と香料を入れて熱くした赤ワイン

Glut [グルート] 囡 die (⊕ 2格 –; ⊕ -en)
❶ (炎を上げずに)赤く燃える火; 残り火 ▷ Die *Glut* glomm noch unter der Asche. 残り火が灰の下でまだかすかに赤く光っていた
❷ 焼けつくような暑さ ▷ die sommerliche *Glut* 夏の焼けつくような暑さ

Gly·ze·rin [グリュツェリーン] 中 das (⊕ 2格 -s; ⊕ なし) グリセリン

Gna·de [グナーデ] 囡 die (⊕ 2格 –; ⊕ -n)
❶ (社会的に上の人が下の人に与える)情け ▷ Er wollte nicht von der *Gnade* seines Lehrers abhängig sein. 彼は先生の情けにすがっていたくなかった
❷ (⊕ なし)(罪を犯した人間に与える)慈悲; 恩寵 ▷ die *Gnade* Gottes 〈die göttliche *Gnade*〉神の慈悲〈恩寵〉

gnä·dig [グネーディヒ]
形 ❶ 慈悲深い ▷ der *gnädige* Gott 慈悲深き神 /〖ていねいな呼び掛けとして〗*Gnädige* Frau! 奥様
❷ 《恩着せがましいという否定的な意味で》親切な ▷ Es ist wirklich *gnädig* von dir, dass du mir hilfst! 君が私を助けてくれるとはまことにご親切なことで
❸ (判決などが)温情ある, 寛大な

Gnom [グノーム] 男 der (⊕ 2·3·4格 -en; ⊕ -en) (小人の姿をした)地の妖精

Go·be·lin [ゴベレーン] 男 der (⊕ 2格 -s; ⊕ -s) ゴブラン織り(壁掛け用織物)

Go·ckel [ゴッケル] 男 der (⊕ 2格 -s; ⊕ –) 《南ドイツ》(鳥)おんどり(＝Hahn)

Goe·the [ゲーテ] 《人名》ゲーテ (☆ Johann Wolfgang von Goethe はドイツ最高の詩人. 1749-1832)

Gold [ゴルト] 中 das (⊕ 2格 -es 〈まれに -s〉; ⊕ なし)
❶ 金, 黄金 ▷ eine Halskette aus *Gold* 金のネックレス
❷ (スポ) 金メダル (☆ふつう無冠詞で) ▷ *Gold* gewinnen 金メダルを獲得する

Gold·bar·ren [ゴルト・バレン] 男 der (⊕ 2格 -s; ⊕ –) 金の延べ棒

gol·den [ゴルデン]
形 ❶ 金〖製〗の (☆「銀の」は silbern) ▷ eine *goldene* Halskette 金のネックレス / eine *goldene* Uhr 金時計
❷ 金色の, こがね色の ▷ *goldenes* Haar 金髪 /〖比ゆ〗die *goldene* Hochzeit 金婚式

Gold·fisch [ゴルト・フィッシュ] 男 der (⊕ 2格 -[e]s; ⊕ -e) 金魚

gol·dig [ゴルディヒ] 形 《口語》愛らしい, かわいらしい ▷ ein *goldiges* Kind 愛らしい子

Gold·me·dail·le [ゴルト・メダリェ] 囡 die (⊕ 2格 –; ⊕ -n) 金メダル

Gold·mün·ze [ゴルト・ミュンツェ] 囡 die (⊕ 2格 –; ⊕ -n) 金貨

Gold·re·ser·ve [ゴルト・レゼルヴェ] 囡 die (⊕ 2格 –; ⊕ -n) 《ふつう ⊕ で》金準備高

Gold·schmied [ゴルト・シュミート] 男 der (⊕ 2格 -[e]s; ⊕ -e) 金細工師

Golf [ゴルフ]
— 男 der (⊕ 2格 -[e]s; ⊕ -e) (大きな)湾 ▷ der *Golf* von Mexiko メキシコ湾
— 中 das (⊕ 2格 -s; ⊕ なし) (スポ) ゴルフ ▷ *Golf* spielen ゴルフをする

Golf·platz [ゴルフ・プラッツ] 男 der (⊕ 2格 -es; ⊕ ..plätze) ゴルフ場

Gon·del [ゴンデル] 囡 die (⊕ 2格 –; ⊕ -n) (ベニスなどの)ゴンドラ; (ロープウェーなどの)ゴンドラ

gon·deln [ゴンデルン]
(gondelte; gegondelt; 完了 s)
圓 《口語》のんびりと気のむくまま旅をする

Gong [ゴング] 男 der (⊕ 2格 -s; ⊕ -s) ゴング, どら ▷ Der *Gong* ertönte. ゴングが鳴り響いた

gon·gen [ゴンゲン] (gongte; gegongt; 完了 h)
圓 (夕食などの合図として)どら〈ゴング〉を鳴らす ▷ Es *gongt* zum Essen. 食事のどらが鳴る

gön·nen [ゲネン] 他 (③+④と)〔…によいこと⁴を〕与える ▷ Er *gönnt* ihr kaum ein gutes Wort. 彼が彼女に親切なことばをかけることはほとんどない /〖再帰的に〗Er *gönnte* sich kaum eine Pause. 彼はほとんど休憩をとらなかった

Gön·ner [ゲンナー] 男 der (⊕ 2格 -s; ⊕ –) パトロン, 後援者

gön·ner·haft [ゲナーハフト] 形 (態度などが)恩着せがましい、横柄な

gor [ゴーア] gären の 過去

Go·ril·la [ゴリラ] 男 der (⑮2格-s; ⑯-s)《動物》ゴリラ

goss [ゴス] gießen の 過去

goß (旧⇒新) goss

Gos·se [ゴッセ] 女 die (⑮2格-; ⑯-n) (道路の)側溝、どぶ

Go·tik [ゴーティック] 女 die (⑮2格-; ⑯なし) ゴシック様式(12世紀半ばから15世紀終わりまでのヨーロッパの、特に建築様式)

go·tisch [ゴーティシュ] 形 ゴート[人]の；ゴート語の；(建築様式・活字体が)ゴシックの

Gott [ゴット] 男 der (⑮2格-es; ⑯ Götter)
❶《⑯なし》(一神教の)神《☆修飾語句を伴わない場合ふつう無冠詞》▷ der allmächtige *Gott* 全能なる神 / an *Gott* glauben 神を信じる
❷ (多神教の)神
イディオム *Gott sei Dank!* やれやれ、ああよかった
Grüß Gott!《南ド・オーストリア》おはよう、こんにちは、こんばんは；さようなら
Mein Gott! 〈*O Gott!*〉《驚いて》あらまあ、これは大変だ
Um Gottes Willen!《驚いて》おやまあ

Göt·ter [ゲッター] Gott の 複数

Got·tes·dienst [ゴッテス・ディーンスト] 男 der (⑮2格-[e]s; ⑯-e) 礼拝、礼拝式 ▷ zum *Gottesdienst* gehen 礼拝に行く

got·tes·fürch·tig [ゴッテス・フュルヒティヒ] 形 神を畏れる

Gott·heit [ゴットハイト] 女 die (⑮2格-; ⑯-en)(多神教の)神

Göt·tin [ゲッティン] 女 die (⑮2格-; ⑯..tinnen)【Gott の女性形】女神

Göt·tin·gen [ゲッティンゲン] 中 das《都市名》ゲッティンゲン(ドイツ中部の大学都市;☞地図D-3)

gött·lich [ゲットリヒ] 形 神の ▷ die *göttliche* Gnade 神の慈悲

gott·los [ゴット・ロース] 形 神を畏れない ▷ ein *gottloses* Leben führen 神を畏れぬ生き方をする

gott·ver·las·sen [ゴット・フェアラッセン] 形《口語》(土地などが)辺鄙な

Göt·ze [ゲッツェ] 男 der (⑮2格-n; ⑯-n)【ふつう 複】《宗》偶像 ▷ heidnische *Götzen* 異教徒の偶像

Gour·mand [グルマーン] 男 der (⑮2格-s; ⑯-s) 大食漢、健啖家

Gour·met [グルメー] 男 der (⑮2格-s; ⑯-s)《文語》食通、グルメ

Gou·ver·nan·te [グヴェルナンテ] 女 die (⑮2格-; ⑯-n) 女性家庭教師(富裕な家庭に住み込み子弟の教育にあたる女性を指す)

Grab [グラープ] 中 das (⑮2格-es 〈まれに-s〉; ⑯ Gräber) 墓；墓穴 (☆「墓地」は Friedhof) ▷ ein *Grab* besuchen 墓参りをする / den Sarg in *Grab* senken ひつぎを埋葬する /《比ゆ》Er hat sich selbst sein *Grab* gegraben. 彼は自ら墓穴を掘った

gra·ben [グラーベン]
(du gräbst, er gräbt; grub; gegraben; 過分h)
── 自 ❶ (土などを)掘る ▷ Er *gräbt* im Garten. 彼は庭で土掘りをしている
❷【nach+③と】[…を求めて]掘る ▷ Sie *gruben* vergeblich nach Wasser. 彼らは水を求めて掘ったがむだだった
── 他 【④と】[溝など⁴を]掘る ▷ einen Brunnen *graben* 井戸を掘る

Gra·ben [グラーベン] 男 der (⑮2格-s; ⑯ Gräben) 溝、堀 ▷ Der Wagen fuhr in einen *Graben*. その車は溝につっこんだ

Grä·ben [グレーベン] Graben の 複数

Grä·ber [グレーバー] Grab の 複数

gräbst [グレープスト] graben の 現在

Grab·stät·te [グラープ・シュテッテ] 女 die (⑮2格-; ⑯-n)《文語》墓所

Grab·stein [グラープ・シュタイン] 男 der (⑮2格-[e]s; ⑯-e) 墓石、墓碑

gräbt [グレープト] graben の 現在

Gra·bung [グラーブング] 女 die (⑮2格-; ⑯-en) (遺跡などの)発掘

Grad [グラート] 男 der (⑮2格-es 〈まれに-s〉; ⑯-e)
❶《⑯なし》(温度・角度などの単位)度(記号°) ▷ 15 *Grad* Celsius 摂氏15度 / 5 *Grad* Kälte 〈minus〉マイナス5度 / Es sind 30 *Grad*. 温度は30度ある / Sie hatte 38 *Grad* Fieber. 彼女は38度の熱があった / Der Winkel hat genau 45 *Grad*. 角度はちょうど45度だ
❷ 程度 ▷ bis zu einem gewissen *Grade* ある程度まで
❸ 階級、位階 ▷ Er erwarb den *Grad* eines Doktors. 彼は博士号を取った

gra·du·iert [グラドゥイーアト] 形 学位を授与された；専門単科大学修了資格を持つ

Graf [グラーフ] 男 der (⑮2·3·4格-en; ⑯-en) 伯爵

Graf·fi·ti [グラフィーティ] 複名 グラフィティ(遺跡の壁などの掻き落書);(壁などの)落書き

Gra·fik [グラーフィック] 女 die (⑮2格-; ⑯-en)
❶《⑯なし》グラフィックアート
❷ グラフィックアートの作品
❸ グラフ、図表、図式

Gra·fik·pro·gramm [グラーフィック・プログラム] 中 das (⑮2格-s; ⑯-e)《コンピュ》グラフィックソフト

Gram [グラーム] 男 der (@2格 -[e]s; @なし)《文語》悲嘆, 悲痛

grä·men [グレーメン] (grämte; gegrämt; 助動h) 再《文語》《sich⁴と》思い悩む, 深く悲しむ

Gramm [グラム] 中 das (@2格 -s; @ -, 3格 -)《重さの単位》グラム (記号 g) ▷ Der Brief wiegt 15 Gramm. 手紙は15グラムの重さだ

Gram·ma·tik [グラマティク] 女 die (@2格 -; @なし) 文法 ▷ die Grammatik der deutschen Sprache ドイツ語の文法

gram·ma·tisch [グラマティシュ] 形 文法上の ▷ grammatische Fehler 文法上のまちがい / die grammatischen Regeln 文法規則

Gram·mo·fon [グラモフォーン], **Gram·mo·phon** [グラモフォーン] 中 das (@2格 -s; @ -e)《商標》グラモフォン (蓄音機)

Gram·mo·phon =Grammofon

Gra·nat [グラナート] 男 der (@2格 -[e]s; @ -e 〈オーストリア 2·3·4格 -en; @ -en〉)《鉱物》ざくろ石, ガーネット

Gra·na·te [グラナーテ] 女 die (@2格 -; @ -n)《兵器》榴弾 ▷ Eine Granate detoniert. 榴弾が爆発する

gran·di·os [グランディオース] 形 すばらしい, とても立派な

Gra·nit [グラニート／..ニット] 男 der (@2格 -s; @ -e)《鉱物》花崗岩, みかげ石

Gran·ne [グランネ] 女 die (@2格 -; @ -n)《植物》(麦などの) 芒 (針のような突起)

Grape·fruit [グレープ·フルート] 女 die (@2格 -; @ -s) グレープフルーツ

Gra·phik =Grafik

Gras [グラース] 中 das (@2格 -es; @ Gräser)
❶《@なし》《集合的に》草; 草むら ▷ dürres Gras 枯れ草 / sich⁴ ins Gras legen 草むらに横たわる / Die Kühe fressen Gras. 牛が草を食べている
❷ (個々の) 草 ▷ Gräser trocknen 草を干す

gra·sen [グラーゼン] (graste; gegrast; 助動h) 自 (家畜などが) 草を食べる ▷ Die Kühe grasen auf der Weide. 牛が牧場で草を食べている

Grä·ser [グレーザー] Gras の 複数

gräss·lich [グレスリヒ]
形 ❶ ぞっとするような, 恐ろしい ▷ ein grässlicher Anblick 恐ろしい光景
❷《口語》《否定的な意味合いで》ひどい, いやな ▷ Das ist ja ein grässliches Wetter! ひどい天気だ

gräß·lich 旧正書法 grässlich

Grat [グラート] 男 der (@2格 -[e]s; @ -e) (山の) 稜線, 尾根 ▷ den Grat entlanggehen 尾根に沿って歩く

Grä·te [グレーテ] 女 die (@2格 -; @ -n) 魚の骨, 小骨 (☆ ふつうの「骨」は Knochen) ▷ Mir ist eine Gräte im Hals stecken geblieben. 私はのどに魚の骨が刺さってしまった

gra·tis [グラーティス] 副 無料で, ただで (=umsonst) ▷ Der Eintritt ist gratis. 入場は無料

Grät·sche [グレーチェ] 女 die (@2格 -; @ -n)《体操》開脚姿勢

grät·schen [グレーチェン] (grätschte; gegrätscht; 助動s)
自 [über+④と] [跳び箱など⁴を] 開脚姿勢で跳び越える

Gra·tu·lant [グラトゥラント] 男 der (@2·3·4格 -en; @ -en) (記念祭などの) 祝賀客, 祝い客

Gra·tu·la·ti·on [グラトゥラツィオーン] 女 die (@2格 -; @ -en) お祝い, 祝賀 ▷ zur Gratulation kommen お祝いに来る / Meine herzlichste Gratulation! おめでとう

gra·tu·lie·ren [グラトゥリーレン] (gratulierte; gratuliert; 助動h)
自 [③と] [..³に] お祝いを言う ▷ Er gratuliert ihr zum Geburtstag. 彼は彼女に誕生日のお祝いを言う / Ich gratuliere! おめでとう

gra·tu·liert [グラトゥリート] gratulieren の 現在, 過分

gra·tu·lier·te [グラトゥリーアテ] gratulieren の 過去

grau [グラオ] (比較 -er, 最上 -[e]st)
形 ❶ 灰色の, グレーの ▷ Sie hat graue Augen. 彼女は目が灰色だ / Er bekommt graue Haare. 彼は白髪になる / Plötzlich wurde er grau im Gesicht. 突然彼は顔から血の気がなくなった
❷ おもしろみのない, 退屈な ▷ der graue Alltag 退屈な毎日
❸ (時間的に) はるかな ▷ in grauer Vorzeit はるか大昔に / in grauer Zukunft 遠い将来に

Gräu·el [グロイエル] 男 der (@2格 -s; @ -)《ふつう @ で》残虐行為 ▷ die Gräuel des Krieges 戦争による残虐行為
イディオム ③+ein Gräuel sein ..³にとって嫌悪を引き起こすものである ▷ Dieser Mensch ist mir ein Gräuel. 私はこの人がぞっとするほどいやだ

grau·en [グラオエン] (graute; gegraut; 助動h)
自《非人称で》③+graut [es] vor+③ ..³が..³を恐れる, こわがる (☆ 非人称主語 es は文中で省略可能) ▷ Es graute ihm 〈Ihm graute〉 vor der Prüfung. 彼は試験をこわがっていた

Grau·en [グラオエン] 中 das (@2格 -s; @ なし) (不気味なものに対する) 恐怖 ▷ Ein Grauen überkam mich. 戦慄が私を襲った

grau·en·haft [グラオエンハフト] 形 恐ろしい, ぞっとする ▷ ein grauenhafter Anblick 恐ろしい光景

grau·en·voll [グラオエン·フォル] 形 =grauenhaft

助動h, 助動s=完了の助動詞 haben, sein

gräu·lich [グロイリヒ] 形 (光景などが)ぞっとする, 恐ろしい; (臭い・天気などに)ひどい, いやな

grau·peln [グラオペルン]
(graupelte; gegraupelt; 医7h)
自《非人称で》*es graupelt* あられが降る

Grau·peln [グラオペルン] 複名 あられ

grau·sam [グラオザーム]
形 ❶ 残忍な, 残酷な, 冷血な ▷ *ein grausamer* Mensch 残忍な人 / *eine grausame* Strafe 残酷な罰
❷ 《口語》《否定的な意味合いで》ひどい, ものすごい ▷ *eine grausame* Kälte ものすごい寒さ / sich⁴ *grausam* langweilen ひどく退屈する

grau·sen [グラオゼン]
(grauste; gegraust; 医7h)
—— 再 《*sich*⁴と》 ひどくこわがる ▷ Sie *graust* sich vor Spinnen. 彼女はクモをひどくこわがる
—— 自 《非人称で》 ③〈④と〉+*graust* [*es*] vor+ ③ ..³⁽⁴⁾ に..³ をひどくこわがる, 恐ろしがる (☆非人称主語 es は文中で省略可能) ▷ Mir *grauste* [*es*] vor der Einsamkeit. 私は孤独がとても恐ろしかった

grau·sig [グラオズィヒ] 形 (光景などが)身の毛もよだつ, ぞっとする

gra·vie·rend [グラヴィーレント] 形《文語》(過ちなどが)重大な, 深刻な

Gra·vi·ta·ti·on [グラヴィタツィオーン] 女 *die* (単2格 -; 複なし) 《文語》 重力, 引力 (＝ Schwerkraft)

Gra·zie [グラーツィエ] 女 *die* (単2格 -; 複なし) (特に女性の)優雅さ, 優美さ

gra·zil [グラツィール] 形 《文語》(体つきなどが)ほっそりした, きゃしゃな

gra·zi·ös [グラツィエース] 形 (動きなどが)優雅な

greif·bar [グライフ・バール]
形 ❶ 手の届くほど近くの ▷ Die Berge sind *greifbar* nahe. 山はすぐ近くだ / in *greifbarer* Nähe 手の届くほどすぐ近くに
❷ (証拠などが)具体的な, 明白な

grei·fen [グライフェン] (griff; gegriffen; 医7h)
—— 他 ❶ (物を握って)つかむ, 握る ▷ Seit dem Unfall kann er nicht mehr *greifen*. その事故以来彼はものをつかむことができなくなった / 《成句》 と) in die Tasche *greifen* (物を取り出そうとして)ポケットに手を入れる / nach der Flasche auf dem Tisch *greifen* テーブルの上のびんに手を伸ばす / zu den Waffen *greifen* 武器を取る / sich³ an die Stirn *greifen* (困惑して)額に手をやる

《イディオム》 *um sich greifen* (火事・病気などが)広がる ▷ Das Feuer *griff* rasch *um sich*. 火が燃え広がった

—— 再 《*sich*³+④と》 [..⁴を] (つかんで)手にとる ▷ Er *greift* sich ein Buch vom Regal. 彼は本を本棚から手にとる

類語
greifen (握る行為を強く意識して)つかむ
fassen しっかりつかんで離さない
fangen 動いているものをつかんで動けなくする
packen いやがる相手を力一杯つかんで離さない

greis [グライス] 形 高齢の ▷ *meine greise* Großmutter 私の高齢の祖母

Greis [グライス] 男 *der* (単2格 -es; 複 -e) (男性の)高齢者, 老人, 年寄り

grei·sen·haft [グライゼンハフト] 形 高齢者のような, 年老いた

grell [グレル] 形 (光が)ぎらぎらした; (音が)かん高い; (色が)どぎつい ▷ im *grellen* Scheinwerferlicht ぎらぎらするサーチライトの光の中で

Gre·mi·en [グレーミエン] Gremium の 複

Gre·mi·um [グレーミウム] 中 *das* (単2格 -s; 複 Gremien) 《文語》(特に専門家で構成される)委員会, 審議会

Gren·ze [グレンツェ] 女 *die* (単2格 -; 複 -n)
❶ (地域の)境, 境界; 国境 ▷ die *Grenze* des Grundstücks 地所の境 / Weil die Zöllner streikten, mussten wir an der *Grenze* lange warten. 税関職員がストライキをしていたので私たちは国境で長い間待たなければならなかった
❷ 《ふつう 複で》限界 ▷ Alles hat seine *Grenzen*. 物事にはすべて限度がある
❸ (物事の)境 ▷ die *Grenze* zwischen Legalität und Illegalität 合法と非合法の境

gren·zen [グレンツェン]
(grenzte; gegrenzt; 医7h)
自 《an+④と》 [..⁴に]境を接している, 隣接している ▷ Deutschland *grenzt* an Österreich. ドイツはオーストリアと国境を接している / (比ゆ) Das *grenzt* schon an Beleidigung. それはもう侮辱と言ってもよいものだ

gren·zen·los [グレンツェン・ロース] 形 限りない, 果てしない; とてつもない ▷ eine *grenzenlose* Ebene 果てしない平原 / Die Begeisterung war *grenzenlos*. その熱狂ぶりはものすごいものだった

Grenz·fall [グレンツ・ファル] 男 *der* (単2格 -[e]s; 複 ..fälle) (どちらとも判断しがたい)境界的事例

Grenz·über·gang [グレンツ・ユーバー・ガング] 男 *der* (単2格 -[e]s; 複 ..gänge) 越境

Greu·el [グロイエル] 旧⇨新 Gräuel

greu·lich [グロイリヒ] 旧⇨新 gräulich

Grie·che [グリーヒェ] 男 *der* (単2·3·4格 -n; 複 -n) ギリシャ人

Grie·chen·land [グリーヒェン・ラント] (中 *das*) 《国名》ギリシャ (用法: ☞ Deutschland)

grie·chisch [グリーヒシュ] 形 ギリシャ[人]の;

ギリシャ語の ▷ die *griechische* Kultur ギリシャ文化

Grie·chisch [グリーヒシュ] 中 *das* (⦿2格-[s]; 復なし) ギリシャ語

gries·grä·mig [グリース・グレーミヒ] 形 気難しい ▷ ein *griesgrämiger* Alter 気難しい老人

Grieß [グリース] 男 *der* (⦿2格-es; 復なし) (麦などの)粗びきの粉

griff [グリフ] greifen の過去

Griff [グリフ] 男 *der* (⦿2格-[e]s; 復-e)
❶ 握る〈つかむ〉部分; (ナイフなどの)柄, (鍋などの)取っ手, (ドアの)ノブ
❷ 握る〈つかむ〉こと ▷ beim *Griff* in die Tasche ポケットに手を突っ込んだとき

griff·be·reit [グリフ・ベライト] 形 すぐ使える, すぐ手の届くところにある ▷ Alles ist *griffbereit*. すべていつでも使えるようにしてある

Grill [グリル] 男 *der* (⦿2格-s; 復-s) グリル(焼き肉用の料理器具)

Gril·le [グリレ] 女 *die* (⦿2格-; 復-n) 《昆虫》コオロギ

gril·len [グリレン] (grillte; gegrillt; 助動h)
他 (④と) [肉・魚などを](焼き網・串などで)焼く ▷ Bratwürste *grillen* 焼きソーセージを焼き網〈串〉で焼く

Gri·mas·se [グリマッセ] 女 *die* (⦿2格-; 復-n) しかめつら ▷ eine *Grimasse* machen しかめつらをする

Grimm [グリム] 《人名》 グリム (☆ Jakob Grimm (1785-1863)と Wilhelm Grimm (1786-1859) はドイツの言語・文芸学者の兄弟, die Brüder Grimm「グリム兄弟」と呼ばれる)

grim·mig [グリムミヒ]
形 ❶ 憤懣やるかたない ▷ Er sieht *grimmig* aus. 彼は憤慨しているようだ
❷ 《文語》(寒さ・苦痛などが)ひどい, ものすごい

grin·sen [グリンゼン] (grinste; gegrinst; 助動h)
自 (無作法に)にやにや笑う ▷ Hör bloß auf zu *grinsen*! にやにや笑うのやめろよ

Grip·pe [グリッペ] 女 *die* (⦿2格-; 復-n)
インフルエンザ, 流行性感冒; 《口語》ひどいかぜ(風邪) ▷ *Grippe* haben インフルエンザにかかっている

Grips [グリプス] 男 *der* (⦿2格-es; 復なし) 《口語》知力, 理解力 ▷ Du musst einmal deinen *Grips* anstrengen! 一度は自分で考えなきゃだめだよ

grob [グロープ] (比較 gröber, 最上 gröbst)
形 ❶ 粗い (⇔ fein) ▷ *grobes* Tuch 粗い布 / *grober* Kies 粒の粗い砂利 / Er hat *grobe* Hände. 彼はごつごつした手をしている
❷ 大まかな, 大ざっぱな ▷ in *groben* Umrissen 大まかに
❸ (過ちなどが)ひどい ▷ ein *grober* Fehler ひどいまちがい
❹ 粗野な, 乱暴な ▷ in *grobem* Ton 乱暴な調子で

grö·ber [グレーバー] grob の比較

Grob·heit [グロープハイト] 女 *die* (⦿2格-; 復-en)
❶ 《復なし》粗野なこと, 不作法
❷ 《ふつう 復で》粗野く不作法〉なことば

Gro·bi·an [グローピアーン] 男 *der* (⦿2格-s; 復-e) 《口語》粗野なやつ, 無作法者

grob·schläch·tig [グロープ・シュレヒティヒ] 形 (振舞いなどが)粗野な, がさつな

gröbst [グレープスト] grob の最上

Grog [グロック] 男 *der* (⦿2格-s; 復-s) グロック酒 (ラムなどに砂糖をまぜ湯で割った飲み物)

grog·gy [グロギ] 形 《口語》(立っていられないほど)ひどく疲れた, グロッキーの (☆ 述語として)

grö·len [グレーレン] 《口語》
(grölte; gegrölt; 助動h)
— 自 どら声を張り上げて歌う〈張り上げる〉 ▷ Betrunkene *grölten* auf der Straße. 酔っ払いたちが通りでどら声を張り上げて歌っていた
— 他 (④と) […⁴を]どら声を張り上げて歌う

Groll [グロル] 男 *der* (⦿2格-[e]s; 復なし) 《文語》恨み ▷ einen *Groll* gegen+④ hegen …⁴に対して恨みを抱く

grol·len [グロレン] (grollte; gegrollt; 助動h)
自 《文語》 ❶ [[mit+]③と] […³を]恨んでいる
❷ (雷鳴などが)にぶくとどろく

Gros [グロー] 中 *das* (⦿2格-; 復なし) (集団の)大部分, 大多数 (☆ ②を伴う) ▷ das *Gros* der Bevölkerung 住民の大多数

Gro·schen [グロッシェン] 男 *der* (⦿2格-s; 復-)
❶ グロッシェン (オーストリアの貨幣単位; 100分の1 Schillin, 略 g)
❷ 《口語》10ペニヒ硬貨

groß
[gro:s グロース]

— 形 (比較 größer, 最上 größt)
❶ (物・人などが)大きい (⇔ klein)
ein *großes* Haus
大きな家
ein *großer* Mann 大きな男
ein *großer* Hund 大きな犬
große Hände haben
大きな手をしている
Wir sind eine *große* Familie.
私たちは大家族だ
Die Schuhe sind mir zu *groß*.
この靴は私には大きすぎる
Ich habe nur *großes* Geld bei mir.
私は高額紙幣しか持ち合わせていない

❷ 《数詞などと》 […]の大きさの ▷ Er ist fast zwei Meter *groß*. 彼は身長がほとんど2メートルだ / Wie *groß* ist das? それはどのくらい大きいのですか / Sie ist so *groß* wie ich. 彼女は私と身長が同じです

❸ (度合・程度などが)大きい ▷ ein *großer* Irrtum 大きな思い違い / ein *großer* Unterschied 大きな相違 / *großen* Hunger haben おなかが非常にすいている / *große* Fortschritte machen 大きな進歩を遂げる / Seine Freude war *groß*. 彼の喜びは大きかった

❹ 年上の; 大きくなった, 成長した ▷ Meine *große* Schwester ist schon verheiratet. 私の姉はすでに結婚している / Unsere Kinder sind schon alle *groß*. 私たちの子供はすでに全員成人している / Er ist noch ein *großes* Kind. 彼はまだ大きな子供だ

❺ 重大な, 偉大な ▷ eine *große* Frage 重大な問題 / ein *großer* Dichter 偉大な詩人

❻ (時間の)長い ▷ eine *große* Pause 長い休憩 / die *großen* Ferien 長い休暇(夏休み)

❼ 盛大な, 大げさな ▷ ein *großes* Fest 盛大な祭り / *große* Worte machen たいそうな口をきく

(イディオム) *im großen [und] ganzen* (旧⇔新) *im Großen und Ganzen* 全体として, だいたいにおいて

—— 副 《口語》《否定詞と》大して[…ない] ▷ Er kümmert sich nicht *groß* darum. 彼は大してそのことを気にしていない

groß·ar·tig [グロース・アールティヒ]
(比較)-er, (最上)-st)
形 すばらしい, とてもりっぱな ▷ eine *großartige* Leistung とてもりっぱな業績 / Das hast du *großartig* gemacht! それはすばらしいできばえだ

Groß·bri·tan·ni·en [グロース・ブリタンニエン]
(申) *das* 《地名》グレート〈大〉ブリテン島(イギリスを構成する主要な島)

Grö·ße [グレーセ] 女 *die* (申 2格 -; -n)
❶ (空間的な)大きさ ▷ die *Größe* des Zimmers 部屋の大きさ

❷ 《ふつう 申なし》(数量的な)大きさ ▷ die *Größe* einer Schulklasse クラスの規模(人数)

❸ (衣類などの)サイズ; 《申 なし》身長 ▷ Der Anzug ist in allen *Größen* erhältlich. この背広はどのサイズでもお求めいただけます / ein Mann von mittlerer *Größe* 中背の男

❹ 《ふつう 申なし》(事の)重大さ; (人間の)偉さ ▷ sich³ der *Größe* des Augenblicks bewusst sein この瞬間の重大さに気づいている

❺ 重要人物, 大家 ▷ Er ist eine *Größe* auf diesem Gebiet. 彼はこの分野の大家である

Groß·el·tern [グロース・エルテルン] 複名 祖父母 ▷ Meine *Großeltern* leben nicht mehr. 私の祖父母はもう生きていない

grö·ßer [グレーサー] *groß* の 比較

Groß·han·del [グロース・ハンデル] 男 *der* (申 格 -s; 申 なし) 卸売り業(☆「小売り業」は Einzelhandel)

Groß·händ·ler [グロース・ヘンドラー] 男 *der* (申 2格 -s; 申 -) 卸売り業者(☆「小売り業者」は Einzelhändler)

groß·her·zig [グロース・ヘルツィヒ] 形 《文語》(態度などが)おおらかな, 細かいことを言わない; (気前のよい

Groß·hirn [グロース・ヒルン] 中 *das* (申 2格 -[e]s; 申 -e) 大脳

Groß·macht [グロース・マハト] 女 *die* (申 2格 -; 申 ..mächte) (国際的影響力をもった)大国

Groß·mut [グロース・ムート] 女 *die* (申 2格 -; 申 なし) 雅量, 寛大, おうようさ

Groß·mut·ter [グロース・ムッター] 女 *die* (申 2格 -; 申 ..mütter)
祖母(☆「祖父」は Großvater) ▷ Sie ist *Großmutter* geworden. 彼女は孫ができた(←祖母になった)

Groß·raum·wa·gen [グロース・ラオム・ヴァーゲン] 男 *der* (申 2格 -s; 申 -) (座席が通路を挟んで並べられている)収容能力の大きな車両(コンパートメントのある車両と区別して用いられる)

Groß·rech·ner [グロース・レヒナー] 男 *der* (申 2格 -s; 申 -) 大型計算機

Groß·rei·ne·ma·chen [グロース・ライネ・マッヘン] 中 *das* (申 2格 -s; 申 なし) 《口語》大掃除

Groß·schrei·bung [グロース・シュライブング] 女 *die* (申 2格 -; 申 なし) 大文字書き(☆「小文字書き」は Kleinschreibung)

groß·spre·che·risch [グロース・シュプレッヒェリシュ] 形 ほらふきの

groß·spu·rig [グロース・シュプーリヒ] 形 (態度などが)傲慢な, 不遜な, 思い上がった

Groß·stadt [グロース・シュタット] 女 *die* (申 2格 -; 申 ..städte)
大都市(☆ 公式には人口10万以上の都市をいう)

groß·städ·tisch [グロース・シュテーティシュ] 形 大都市の

größt [グレースト] *groß* の 最上

Groß·teil [グロース・タイル] 男 *der* (申 2格 -[e]s; 申 なし) 大部分, 大多数 ▷ zum *Großteil* 大部分は

größ·ten·teils [グレーステン・タイルス] 副 大部分は ▷ Die Schuld liegt *größtenteils* bei ihr selbst. 責任の大部分は彼女自身にある

groß·tun [グロース・トゥーン] 分離動
(tat groß; großgetan; 完了 h)
再 《sich⁴ + mit + ③と》《…³を》自慢する

Groß·va·ter [グロース・ファーター] 男 *der* (申 格 -s; 申 ..väter)

祖父(☆「祖母」は Großmutter)

groß|zie·hen [グロース・ツィーエン] 分離
(zog groß; großgezogen; 助h)

他 ④と〔子供・動物⁴を〕育て上げる ▷ Sie hat ihren Sohn allein *großgezogen*. 彼女は息子をひとりで育て上げた

groß·zü·gig [グロース・ツューギヒ]
(比較 -er, 最上 -st)

形 ❶ 気前がいい, 太っ腹な, おうような ▷ ein *großzügiger* Mensch 気前のいい人 / ein *großzügiger* Chef 太っ腹な上司
❷ (建築物が)空間をゆったり設けた ▷ eine *großzügige* Wohnung 広々とした住まい

gro·tesk [グロテスク] 形 (身なりなどが)グロテスクな; (話などが)奇妙な, こっけいな; ばかげた

Grot·te [グロッテ] 女 die (2格 -; 複 -n) (小さな)洞窟(庭園の人工のものを指す)

grub [グループ] graben の 過去

Grüb·chen [グリューブヒェン] 中 das (2格 -s; 複 -) えくぼ

Gru·be [グルーベ] 女 die (2格 -; 複 -n)
❶ (地面に掘った)穴
❷ (鉱山の)坑

grü·beln [グリューベルン]
(grübelte; gegrübelt; 助h)
自 あれこれ考える; あれこれ思い悩む

grüb·le·risch [グリューブレリッシュ] 形 (性格が)よくよく思い悩む

Gruft [グルフト] 女 die (2格 -; 複 Grüfte) (地下の)納骨堂, 霊廟

grün
[gry:n グリューン]

形 ❶ 緑[色]の
grünes Gras 緑色の草
ein *grünes* Kleid 緑色のドレス
Die Bäume werden wieder *grün*.
木々が再び緑色になる(葉をつける)
grüner Tee 緑茶

❷ (交通信号が)青い ▷ *grünes* Licht 青信号 / Die Ampel ist *grün*. 信号は青だ / die *grüne* Welle グリーンウエーブ(☆一定の速度で走ると各交差点を青信号で通過できるシステム)

❸ まだ青い, 未熟の ▷ *grüne* Äpfel〈Tomaten〉熟していないリンゴ〈トマト〉/ (軽蔑的に)ein *grüner* Junge 青二才

イディオム *im Grünen* wohnen 緑の多い郊外に住んでいる
ins Grüne fahren 緑豊かな自然の中へ出かける

Grün [グリューン] 中 das (2格 -s; 複 -〈口語 -s〉)

❶ 緑, 緑色; (交通信号の)青 ▷ Die Ampel zeigt *Grün*. 信号は青だ
❷ 複 なし 青草 ▷ Das Ufer ist mit üppigem *Grün* bedeckt. 岸辺はうっそうとした緑に覆われている
❸ 複 なし (ゴルフの)グリーン

Grün·an·la·ge [グリューン・アン・ラーゲ] 女 die (2格 -; 複 -n) (都市の)緑化地帯, 公園

Grund [グルント] 男 der (2格 -es〈まれに -s〉; 複 Gründe)

❶ 理由 ▷ ein einleuchtender *Grund* 納得がいく理由 / aus persönlichen *Gründen* 個人的な理由で /〔zu 不定詞句と〕Er hat gar keinen *Grund*, so zu handeln. 彼にはそのように振舞う理由はまったくない

❷ 複 なし (人が立ったり歩いたりする観点から見て)土地, 地面; 地所, 所有地 ▷ Ich stehe auf steinigem〈sumpfigem〉*Grund*. 私は石だらけの〈じめじめした〉地面の上に立っている / Sie wohnen auf eigenem *Grund*. 彼らは自分の土地に住んでいる / sein *Grund* und Boden 彼の所有地

❸ 複 なし (海などの)底

イディオム ❸+*auf den Grund* gehen …³の真相を究明する ▷ Ich werde der Sache *auf den Grund* gehen. 私はそのことの真相を究明するつもりだ

auf Grund+❷ …²に基づいて; …²が原因で (= aufgrund) ▷ *auf Grund* des schlechten Wetters 悪天候のため

im Grunde [*genommen*] 根本においては, 結局は

von Grund auf〈*aus*〉徹底的に, すっかり

Grün·de [グリュンデ] Grund の 複数

grün·den [グリュンデン]
(gründete; gegründet; 助h)

— 他 ④と〔…⁴を〕創立〈創設・設立〉する ▷ einen Verein *gründen* 協会を創設する / Die Stadt wurde um 700 *gegründet*. この町は700年ごろにできた

— 再 sich⁴+auf+④と〔…⁴に〕基づく ▷ Mein Verdacht *gründet* sich auf eigene Beobachtungen. 私の疑いは自分の目で見たことに基づくものだ

Grün·der [グリュンダー] 男 der (2格 -s; 複 -) (協会・会社などの)創立〈創設・設立〉者

Grund·ge·setz [グルント・ゲゼツ] 中 das (2格 -es; 複 なし) 《法律》基本法(ドイツ連邦共和国の憲法を指す) 略 GG

Grund·la·ge [グルント・ラーゲ] 女 die (2格 -; 複 -n) (判断・行動などの)基礎, 基盤 ▷ die gesetzlichen *Grundlagen* für+④ schaffen …⁴のための法律的基礎をつくる

grund·le·gend [グルント・レーゲント] 形 根本的な ▷ Er hat sich *grundlegend* verändert. 彼は根本的に変わった

gründ·lich [グリュントリヒ]

助h, 助s=完了の助動詞 haben, sein

— [形] 徹底的な ▷ eine *gründliche* Arbeit 非常に丹念な仕事 / Die Wohnung wurde *gründlich* untersucht. 住まいは徹底的に調べられた

— [副] 《口語》 ひどく, すっかり ▷ Du hast dich *gründlich* geirrt. 君はひどい思い違いをしている

grund·los [グルント・ロース] [形] 根拠のない, いわれのない ▷ Seine Eifersucht ist völlig *grundlos*. 彼の嫉妬はまったく根拠がない

Grund·recht [グルント・レヒト] [中] *das* ([単] 2 格 -[e]s; [複] -e) 〖ふつう [複] で〗 (一人の人間または一市民としての)基本的権利

Grund·riss [グルント・リス] ([旧] ..riß) [男] *der* ([単] 2 格 -es; [複] -e)

❶ (建物などの)平面図 ▷ den *Grundriss* eines Hauses zeichnen 家の平面図を描く

❷ 概要, 概説 ▷ ein *Grundriss* der japanischen Grammatik 日本語文法概説

Grund·satz [グルント・ザッツ] [男] *der* ([単] 2 格 -es; [複] ..sätze)

❶ (個人の行動規範としての)原則, 主義, 信条 ▷ Ich habe meine *Grundsätze*. 私には私の主義がある

❷ (普遍的な)原則, 原理 ▷ demokratische *Grundsätze* 民主主義の原則

grund·sätz·lich [グルント・ゼッツリヒ/グルント・ゼッツ..]

[形] ❶ 原則的な, 基本的な ▷ eine *grundsätzliche* Frage 原則的な問題 / Ich bin *grundsätzlich* dafür, aber... 私はそれに原則的に賛成ではあるが しかし…

❷ 主義に基づいた ▷ Ich rauche *grundsätzlich* nicht. 私はタバコを吸わない主義だ

Grund·schu·le [グルント・シューレ] [女] *die* ([単] 2 格 -; [複] -n) (4 年制の)基礎学校(義務教育で, 進路に関係なく全児童が通う; ☞ Schule 図)

Grund·stock [グルント・シュトック] [男] *der* ([単] 2 格 -[e]s; [複] ..stöcke) 元〈出発点〉になるもの ▷ ein bestimmter Betrag als *Grundstock* für eine Anschaffung 購入の元手になる一定金額

Grund·stück [グルント・シュテュック] [中] *das* ([単] 2 格 -[e]s; [複] -e) (所有地として区画された)土地, 地所

Grün·dung [グリュンドゥング] [女] *die* ([単] 2 格 -; [複] -en) (協会・党・町などの)創立, 創設, 設立

Grund·was·ser [グルント・ヴァッサー] [中] *das* ([単] 2 格 -s; [複] なし) 地下水

Grund·wort·schatz [グルント・ヴォルト・シャッツ] [男] *der* ([単] 2 格 -es; [複] ..schätze) 基礎語彙

Grund·zahl [グルント・ツァール] [女] *die* ([単] 2 格 -; [複] -en) 基数 (＝Kardinalzahl) (☆「序数」は Ordinalzahl, Ordnungszahl)

Grü·ne [グリューネ] [男] *der* / [女] *die* (形容詞変化 ☞ Alte 表 I) 〖ふつう [複] で〗 **緑の党の党員〈支持者〉** (☆ 緑の党は環境保護を訴えて, 1980 年に結成された) ▷ die *Grünen* wählen 緑の党に投票する

grü·nen [グリューネン] (grünte; gegrünt; [完了]h)
[自] (草木が)緑になる, 芽を吹く

Grün·glas [グリューン・グラース] [中] *das* ([単] 2 格 -es; [複] ..gläser) (分別回収の対象になる)緑色びん

grün·lich [グリューンリヒ] [形] 緑がかった

grun·zen [グルンツェン]
(grunzte; gegrunzt; [完了]h)
[自] (豚が)ブーブー鳴く ▷ Die Schweine *grunzen* die ganze Nacht. 豚が一晩中ブーブー鳴く

Grup·pe

[grópə グルッペ]

[女] *die* ([単] 2 格 -; [複] -n)

❶ **グループ**, 群
eine *Gruppe* Kinder
一群の子供たち
Gruppen bilden
いくつかのグループをつくる
Wir besichtigten in kleinen *Gruppen* die Stadt. 私たちは小さなグループに分かれて町を見物した

❷ (共通の特徴に基づく)グループ, 部類 ▷ eine konservative *Gruppe* 保守派のグループ

grup·pie·ren [グルピーレン]
(gruppierte; gruppiert; [完了]h)

— [他] 〖④と〗 〔..^{4}を〕グループにして並べる, 配置〈配列〉する ▷ die Stühle um den Tisch 〈zu einem Kreis〉 *gruppieren* 椅子をテーブルの周りに〈円形に〉並べる

— [再] 〖[sich]^{4}と〗 グループになって集まる〈配置につく〉 ▷ Die Kinder *gruppieren* sich zu einem Kreis. 子供たちが輪になって集まる

Grup·pie·rung [グルピールング] [女] *die* ([単] 2 格 -; [複] -en)

❶ グループ分け

❷ (政治上の)グループ, 党派

gru·seln [グルーゼルン]
(gruselte; gegruselt; [完了]h)
[自] 〖成句で〗 ③〈④〉+***gruselt*** *[es]* ***vor***+③ ..$^{3(4)}$は..^{3}にぞっとする (☆ 非人称主語 es は文中で省略可能) ▷ *Es gruselte* mir 〈mich〉 *vor* diesem Anblick. 私はその光景を見てぞっとした

Gruß [グルース] [男] *der* ([単] 2 格 -es; [複] Grüße)

❶ **あいさつ** ▷ Er reichte ihr die Hand zum *Gruß*. 彼はあいさつのために彼女に手を差し出した

❷ あいさつのことば ▷ Richten Sie ihm herzliche *Grüße* von mir aus. 彼に私からくれぐれもよろしくとお伝えください / mit freundlichen *Grüßen* 《手紙の結びで》 敬具

Grü·ße [グリューヱ] Gruß の 複数
grü·ßen [グリューヱン]
(du, er grüßt; grüßte; gegrüßt; 匮丂h)
他 ❶ 《④と》[..⁴に] 〈身振りや簡単なことばで〉**あいさつする** ▷ Er *grüßt* mich freundlich. 彼は私ににこやかにあいさつする // Er *grüßte* mit einer Verbeugung. 彼はおじぎをしてあいさつをした / 《南ドツ》 *Grüß* Gott! おはよう, こんにちは, こんばんは; さようなら

類語
grüßen （通りすがりの場合も含めて一般的な意味で）身振りや簡単なことばであいさつする
begrüßen 出迎えた客などに手を差し伸べ, ふつうことばを交わしながらあいさつする

❷ 《④+von+③と》[..⁴に..³からの] あいさつを伝える ▷ *Grüße* deine Eltern von mir! 君のご両親によろしく / 《lassen と》 Meine Mutter lässt dich *grüßen*. 私の母からよろしくとのことです

gruß·los [グルース・ロース] 形 あいさつなしの;《副詞的に》 あいさつもしないで
grüß·te [グリューステ] grüßen の 過去
Grüt·ze [グリュッツェ] 囡 die (弱2格 -; 複なし) ひき割り麦のかゆ;《口語》理解力
gu·cken [グッケン] (guckte; geguckt; 匮丂h)
自 《口語》見る (=sehen) ▷ *Guck* mal! 見てごらんよ
Guil·lo·ti·ne [ギヨティーネ] 囡 die (弱2格 -; 複 -n) ギロチン, 断頭台
Gu·lasch [グラシュ] 中 das / 男 der (弱2格 -[e]s; 複 -s 〈-e〉)《料理》グーラシュ（ハンガリー風の肉シチュー）
gül·tig [ギュルティヒ] 形 **有効な**, 通用している ▷ Dieser Pass ist nicht mehr *gültig*. このパスポートはもはや有効ではない
Gül·tig·keit [ギュルティヒカイト] 囡 die (弱2格 -; 複なし) 有効性, 通用性
Gum·mi [グミ] 男 der / 中 das (弱2格 -s; 複 -s)
ゴム; ゴム製品 ▷ ein Reifen aus *Gummi* ゴムタイヤ
Gunst [グンスト] 囡 die (弱2格 -; 複なし)《文語》寵愛 ▷ Sie genießt 〈verliert〉 seine *Gunst*. 彼女は彼の寵愛を受けている〈失う〉/ Sie steht in seiner *Gunst*. 彼女は彼に目をかけられている
イディオム *zu meinen* 〈*seinen*〉 *Gunsten* 私〈彼〉のために, 私〈彼〉の有利になるように
güns·tig [ギュンスティヒ] (比較 -er, 最上 -st)
形 **好都合な**, 有利な ▷ eine *günstige* Gelegenheit abwarten 好機を待つ
Gur·gel [グルゲル] 囡 die (弱2格 -; 複 -n) のど首 ▷ Er packte mich fest an der *Gurgel*. 彼は（首をしめようとして）私ののど首をぎゅっとつかんだ
gur·geln [グルゲルン]
(gurgelte; gegurgelt; 匮丂h)
自 うがいをする ▷ Ich habe mit Salzwasser *gegurgelt*. 私は塩水でうがいをした
Gur·ke [グルケ] 囡 die (弱2格 -; 複 -n)《植物》キュウリ;《口語》(不格好に大きな)鼻
gur·ren [グレン] (gurrte; gegurrt; 匮丂h)
自 （ハトが）クークー鳴く
Gurt [グルト] 男 der (弱2格 -[e]s; 複 -e) （自動車などの）安全ベルト; （パラシュートなどの幅の広い）ベルト ▷ den *Gurt* anlegen 安全ベルトをつける
Gür·tel [ギュルテル] 男 der (弱2格 -s; 複 -) ベルト, バンド ▷ ein lederner *Gürtel* 革製のベルト / den *Gürtel* enger schnallen ベルトをさらにきつくしめる;《比ゆ》（生活費などを）切り詰める /《比ゆ》ein *Gürtel* von Grünanlagen グリーンベルト
Guss [グス] 男 der (弱2格 -es; 複 Güsse)
❶ **土砂降り** ▷ Sie wurden von einem *Guss* überrascht. 彼らは突然土砂降りにあった
❷ **鋳造** ▷ beim *Guss* einer Glocke zusehen 鐘が鋳造されるのを見物する
❸ （菓子の）**衣**, 糖衣
Guß (旧⇒新) Guss
Güs·se [ギュッセ] Guss の 複数

gut
[gu:t グート]

— 形 (比較 besser, 最上 best; ® schlecht)
❶ (倫理的に) **よい**, 善良な
eine *gute* Tat
よい行い
guter Wille
善意
ein *guter* Mensch
善良な人
❷ **すぐれた**, 優秀な ▷ ein *guter* Schüler 優秀な生徒 / Sie ist eine *gute* Ärztin. 彼女は腕のいい医者だ
❸ （質などの）**よい**, 優良な ▷ ein *guter* Wein よいワイン / ein *gutes* Medikament よい薬 / ein *gutes* Englisch sprechen いい英語を話す / Das schmeckt *gut*. それはおいしい / Er kann sehr *gut* Klavier spielen. 彼はピアノが非常にじょうずだ / Ihm ist nicht *gut*. 彼は（体などの）調子がよくない
❹ **好ましい**, 喜ばしい ▷ eine *gute* Nachricht よい知らせ / Wir hatten *gutes* Wetter. 天気がよかった /《ことわざ》 Ende *gut*, alles *gut*! 終わりよければすべてよし
❺ **仲のよい**, 親しい ▷ ein *guter* Freund 仲の

Gut

よい友人

❻ (社会的に)上流の ▷ ein Mädchen aus *guter* Familie 良家の娘

❼〔強調して〕十分な, たっぷりの ▷ Ich musste *gut* zwei〈zwei *gute*〉Stunden warten. 私はたっぷり2時間待たねばならなかった

❽ (とてもよいもので)特別の機会に用いる ▷ das *gute* Service 取って置きの食器セット / Sie zieht ihr *gutes* Kleid an. 彼女は晴れ着を着る

—副 **❶** よく ▷ Ich kenne ihn *gut*. 私は彼のことをよく知っている

❷ 十分に ▷ eine Flasche *gut* schütteln びんをよく振る / Hast du *gut* geschlafen? 君はよく眠れましたか

❸ 容易に ▷ Das kann ich mir *gut* denken. それは私には容易に想像がつく

(イディオム) ③+**geht es gut** …³の体の調子がよい; 順調にいっている

③+**gut tun** …³によい作用を与える ▷ Die frische Luft wird ihm *gut* tun. 新鮮な空気が彼の健康にはいいだろう

gut gehen(物事が)うまくゆく ▷ wenn alles *gut* geht もしすべてうまくいけば

Mach's gut!〔口語〕(別れ際に)元気で

Nun gut!(同意して)いいよ, かまいません

Schon gut!(礼やわびを言われて)もういいんです

so gut wie … ほとんど(ほぼ)…, …も同然 ▷ Das ist *so gut wie* unmöglich. それはほとんど不可能だ

Gut [グート] 中 *das* (⊕2格 -es〈まれに -s〉; ⊕ Güter)

❶ 財産, (値打ちのある)所有物 ▷ gestohlenes *Gut* 盗まれた金品 / Die Gesundheit ist das höchste *Gut*. 健康は最高の宝だ

❷ 大きな農場 ▷ Er bewirtschaftet ein *Gut*. 彼は大きな農場を経営している

❸ 〔ふつう ⊕ で〕貨物, 積み荷 ▷ *Güter* umladen 貨物を積みかえる

Gut·ach·ten [グート・アハテン] 中 *das* (⊕2格 -s; ⊕ -) (専門家の)所見, 鑑定;(奨学金申請者などのための)意見書

Gut·ach·ter [グート・アハター] 男 *der* (⊕2格 -s; ⊕ -) 専門的観点から意見を述べる人, 鑑定人

Gut·dün·ken [グート・デュンケン] 中 *das* (⊕2格 -s; ⊕ なし)(何が正しいかの)判断 ▷ nach eigenem *Gutdünken* 自分の判断で, 自分が思うように

Gu·te [グーテ] 中 *das*(形容詞変化 ☞ Alte 表 II)よいこと〈もの〉▷ etwas *Gutes* essen おいしいものを食べる / Ich wünsche dir〈Ihnen〉alles *Gute*! 幸せく幸運)を祈ります, ごきげんよう(☆別れなどのあいさつ)

Gü·te [ギューテ] 女 *die* (⊕2格 -; ⊕ なし)

❶ 善意, 好意, 親切 ▷ seine grenzenlose *Güte* 彼の限りない善意 /(驚きを表して)Ach, du meine *Güte*! おやまあ

❷ (やや古語)品質(=Qualität)

Gü·ter [ギューター] Gut の複数

Gü·ter·trans·port [ギューター・トランスポルト] 男 *der* (⊕2格 -s; ⊕ -e) 貨物輸送

Gü·ter·wa·gen [ギューター・ヴァーゲン] 男 *der* (⊕2格 -s; ⊕ -) 貨車

Gü·ter·zug [ギューター・ツーク] 男 *der* (⊕2格 -[e]s; ⊕ ..züge) 貨物列車

Gü·te·zei·chen [ギューテ・ツァイヒェン] 中 *das* (⊕2格 -s; ⊕ -) 品質標示

gut|ge·hen [グート・ゲーエン] 分離 (ging gut; gutgegangen; 完了s) 自(⇨動) **gut gehen**(分けて書く)☞ gut

gut·gläu·big [グート・グロイビヒ] 形 人がいい, お人よしの ▷ Sie ist zu *gutgläubig*. 彼女は人がよすぎる

gut|ha·ben [グート・ハーベン] 分離 (er hat gut; hatte gut; gutgehabt; 完了h) 自〔④+bei+③と〕[…³に…⁴の]貸しがある

Gut·ha·ben [グート・ハーベン] 中 *das* (⊕2格 -s; ⊕ -)(銀行口座の)預金;(金銭的な)貸し

gut|hei·ßen [グート・ハイセン] 分離 (hieß gut; gutgeheißen; 完了h) 他〔④と〕[…⁴を]是認〈承認・同意〉する ▷ Das kann ich nicht *gutheißen*. それは私は是認できない

gü·tig [ギューティヒ] 形 やさしい, 思いやりのある, 親切な ▷ Sie lächelt *gütig*. 彼女はやさしくほほえむ

güt·lich [ギュートリヒ] 形 穏便な, 平和裏の ▷ eine *gütliche* Lösung 穏便な解決

(イディオム) **sich⁴ an+③ gütlich tun** (飲食物)³を大いに味わう

gut|ma·chen [グート・マッヘン] 分離 (machte gut; gutgemacht; 完了h) 他《④と》[…⁴の]償い〈埋め合わせ〉をする ▷ einen Fehler *gutmachen* 過ちを償う

gut·mü·tig [グート・ミューティヒ] 形 人のいい ▷ ein *gutmütiges* Gesicht 人のよさそうな顔

Gut·schein [グート・シャイン] 男 *der* (⊕2格 -[e]s; ⊕ -e) (商品などの)引換券 ▷ ein *Gutschein* für Bier ビール[引換]券 / ein *Gutschein* im Werte von 100 Euro 100 ユーロの商品券

gut|schrei·ben [グート・シュライベン] 分離 (schrieb gut; gutgeschrieben; 完了h) 他《文語》〔③+④と〕[口座と³に金額・利子など⁴を]貸方のものとして記入する

Gut·schrift [グート・シュリフト] 女 *die* (⊕2格 -; ⊕ -en)(銀行口座の)貸方記入

gut|tun [グート・トゥーン] 分離 (tat gut; gutgetan;

完了h) 自 (旧⇒新) **gut tun** (分けて書く) ☞ gut
gut·wil·lig [グート・ヴィリヒ]
形 ❶ 自発的な, すすんで ▷ *gutwillig* mitkommen すすんでいっしょに来る〈行く〉
❷ 気のいい ▷ Er ist *gutwillig*, aber nicht intelligent. 彼は気がいいが頭はよくない
Gym·na·si·ast [ギュムナズィアスト] 男 *der* (複 2·3·4格 –en; 複 –en) ギムナジウムの生徒
Gym·na·si·en [ギュムナーズィエン] Gymnasium の 複数
Gym·na·si·um [ギュムナーズィウム] 田 *das* (複 2格 –s; 複 ..nasien) ギムナジウム (☆ Grundschule 修了後の, 大学入学までの9年制の中高等教育機関; ☞ Schule 図)
Gym·nas·tik [ギュムナスティック] 女 *die* (複 2格 –; 複 なし) 体操 ▷ *Gymnastik* treiben 体操をする

h H [haː: ハー]

der Haag [ハーク] 男 (⊕2格 -s; 穆 なし)《都市名》ハーグ (オランダの商業都市, オランダ語では Den Haag; 定冠詞をともなう伴う; ☞地図 B-2)

Haar [ハール] 中 das (⊕2格 -[e]s; 穆 -e)
❶ 髪, 髪の毛, 頭髪 (☆ 髪の毛全体を表す場合, 集合的にとらえれば単数形を, 髪の毛1本1本を考えれば複数形を用いる) ▷ blondes *Haar* ブロンドの髪 / sich³ die *Haare* kämmen 髪をとかす / Die *Haare* fielen ihm aus. 彼は髪の毛が抜け落ちた /《比ゆ》ein *Haar* in der Suppe finden あらを探し出す
❷ (一般的に) 毛 ▷ viele *Haare* auf der Brust haben 胸毛がたくさん生えている
イディオム **um ein ⟨ums⟩ *Haar*** あやうく間一髪で ▷ Das Kind wäre *um ein Haar* überfahren worden. その子供はあやうく車にひかれるところだった

Haar·aus·fall [ハール・アオス・ファル] 男 der (⊕2格 -[e]s; 穆 なし) 脱毛, 抜け毛

Haar·bürs·te [ハール・ビュルステ] 女 die (⊕2格 -; 穆 -n) ヘアブラシ

haa·ren [ハーレン] (haarte; gehaart; 區ア h) 自 (犬・猫などが) 毛が抜ける

Haa·res·brei·te [ハーレス・ブライテ] 女 die (成句で) **um *Haaresbreite*** ほんのわずかだけ; 間一髪で

Haar·ge·fäß [ハール・ゲフェース] 中 das (⊕2格 -es; 穆 -e) 毛細血管

haar·ge·nau [ハール・ゲナオ] 形《口語》(描写などが) とても正確な, 寸分たがわぬ

haa·rig [ハーリヒ] 形 (足・腕などが) 毛深い, 毛むくじゃらの;《口語》(物事が) やっかいな, 面倒な

Haar·klam·mer [ハール・クラマー] 女 die (⊕2格 -; 穆 -n) ヘアクリップ

Haar·na·del [ハール・ナーデル] 女 die (⊕2格 -; 穆 -n) ヘアピン

haar·scharf [ハール・シャルフ] 副《口語》(接触しそうになるほど) すれすれに ▷ Der Wagen fuhr *haarscharf* an uns vorbei. 自動車が私たちのすぐそばをかすめるように通り過ぎて行った

Haar·schnitt [ハール・シュニット] 男 der (⊕2格 -[e]s; 穆 -e) 髪の刈り方, ヘアスタイル (= Frisur)

Haar·spal·te·rei [ハール・シュパルテライ] 女 die (⊕2格 -; 穆 -en) (議論などで) 細かいことにこだわること ▷ Das ist *Haarspalterei*! それは本質的なことじゃないよ!

Haar·spray [ハール・シュプレー] 男 der / 中 das (⊕2格 -s; 穆 -s) ヘアスプレー

haar·sträu·bend [ハール・シュトロイベント] 形《口語》(物事があきれ返るほど) ひどい

Haar·was·ser [ハール・ヴァッサー] 中 das (⊕2格 -s; 穆 ..wässer) ヘアトニック

Ha·be [ハーベ] 女 die (⊕2格 -; 穆 なし)《文語》財産

ha·ben

[háːbn̩ ハーベン]

現在	ich habe	wir haben
	du hast	ihr habt
	er hat	sie haben
過去	ich hatte	wir hatten
	du hattest	ihr hattet
	er hatte	sie hatten
過分	gehabt	區ア haben

— 他 ❶ 《④と》[..⁴を] 持っている, 所有している
ein Auto *haben*
車を持っている
viel Geld *haben*
金をたくさん持っている
Sie *hat* ein Haus.
彼女は家を持っている
Er *hat* ein Messer in der Hand.
彼は手にナイフを持っている
《特定の名詞と》
keine Zeit *haben*
暇がない
Er *hat* Mut dazu.
彼にはそれをする勇気がある
Sie *hat* die Absicht, ihn zu unterstützen.
彼女は彼を支援するつもりでいる
Kann ich noch eine Tasse Kaffee *haben*?
コーヒーをもう1杯いただけますか
Haben Sie vielen Dank!
どうもありがとうございます
《zu 不定詞句の形で》
Das Buch ist nicht mehr zu *haben*.
その本はもう手に入れることができない
Sie ist noch zu *haben*.
彼女は (独身だから) まだ嫁さんにすることができる
❷ 《④と》[家族・友人などが] いる ▷ Er *hat* viele Freunde. 彼は友だちがたくさんいる / Wir *haben* einen Hund. 私たちは犬を1匹飼っている

状態, 様態, 場所, 方向, …=状態, 様態, 場所, 方向, …を表す語句

❸ 〖④と〗〔‥⁴を〗備えている, 備わっている ▷ Sie *hat* blaue Augen. 彼女はブルーの目をしている / Er *hat* ein gutes Gedächtnis. 彼は物覚えがよい / Das Zimmer *hat* einen Balkon. 部屋にはバルコニーがついている
❹ 〖④と〗〔‥⁴を〗感じる ▷ *Hast* du Fieber? 君は熱があるのかい / Das Kind *hat* Angst vor dem Hund. その子供は犬をこわがる
❺ 〖④と〗(状況が)〔‥⁴で〗ある, 〔‥⁴が〗ある (☆主語は状況の関与者) ▷ Wir *haben* schönes Wetter. 天気がよい / Den Wievielten *haben* wir heute? きょうは何日ですか / Wir *haben* in der dritten Stunde Deutsch. 私たちは 3 時間目にドイツ語の授業がある
❻ 〖場所〗+ zu のない不定詞と〗 Ich *habe* dein Foto auf meinem Schreibtisch stehen. 私は君の写真を机の上に立てかけてある
❼ 〖es+状態〗と〗〔…の〗状態にある (☆ es は形式目的語) ▷ es eilig *haben* 急いでいる / 〖身体部位の前置詞句と〗Er *hat* es mit der Leber. 彼は肝臓を病んでいる

(イディオム) ④+*an sich*³ *haben* ‥⁴の性格をもっている ▷ Sie *hat* etwas Liebenswürdiges *an* sich. 彼女にはどこか親切なところがある
④+*bei sich*³ *haben* ‥⁴を身につけている ▷ Ich *habe* kein Geld *bei* mir. 私は現金の持ち合わせがない
④+*hinter* 〈*vor*〉 *sich*³ *haben* ‥⁴を乗り越えている〈間近に控えている〉 ▷ Er *hat* die Prüfung *hinter* 〈*vor*〉 sich. 彼は試験を乗り切った〈間近に控えている〉
etwas 〈*nichts*〉 *gegen*+④ *haben* ‥⁴に対し含むところがある〈ない〉 ▷ Ich *habe* nichts *gegen* Sie. 私はあなたに含むところはありません
Ich hab's! 《口語》わかったぞ
mit+③ *nichts zu tun haben* ‥³とは無関係である ▷ Ich *habe* mit dieser Sache *nichts zu tun*. 私はこの件とまったくかかわりがない

★ **zu 不定詞句+haben**
a)〖…〗すべき任務〈義務, 権限〉がある
Ich *habe* noch eine Stunde *zu* arbeiten. 私はもう 1 時間働かなければならない (☆ある目的を念頭において用いる müssen と異なり, 上司などから処理すべき仕事を与えられた場合などに用いられる)
Du *hast zu* schweigen! 君は黙っていなければならない (☆ある行為を直接的に命じる命令形と異なり, 「図書館は騒がない」あるいは「秘密は漏らすべきではない」などの一般的な義務を指摘する場合に用いる)
Wir *haben* über diesen Menschen nicht *zu* richten. 私たちにはこの人を裁く権限がない

b)〖④を伴って〗〔…〗する〈しうる, したい, すべき〉〔‥⁴〗がある (☆ ④と zu 不定詞句の動詞との間に目的語関係がなりたつ)
Er *hat* nichts *zu* verlieren.
彼は失うものが何もない
Sie *haben* nichts *zu* essen.
彼らは食べるものが何もない
Wir *haben* alte Möbel *zu* verkaufen.
私たちは売り払いたい古い家具がある
Als Schüler *hat* man viel *zu* lernen.
学校に通っている間に(=生徒として) 学ばなければならないことはたくさんある
Sie *hat* noch einen weiten Weg zurück*zu*legen. 彼女はさらに遠い道のりを進まなけれ ばならない

—— 動〖過去分詞 (haben 支配の動詞)と〗
❶ 〖直説法の完了時称をつくる〗〖現在完了形〗Er *hat* einen Brief geschrieben. 彼は手紙を 1 通書いた / 〖過去完了形〗Er *hatte* einen Brief geschrieben. 彼は手紙を 1 通書いてしまっていた / 〖未来完了形〗Er wird bald einen Brief geschrieben *haben*. 彼はまもなく手紙を書き終えるだろう

★ 未来完了形は未来よりも過去の事柄に対する推量を表すことが多い ▷ Er wird schon einen Brief geschrieben *haben*. 彼はもう手紙を書いてしまっているだろう

❷ 〖接続法過去をつくる〗Er sagt, dass er damals in Bonn gewohnt *habe* 〈*hätte*〉. 彼は当時ボンに住んでいたと言う / Wenn ich fleißig gelernt *hätte*, wäre ich in der Prüfung nicht durchgefallen. 一生懸命勉強していたら試験には落ちなかったのだが
❸ 〖話法の助動詞文や zu 不定詞句の完了不定詞をつくる〗Er will es gewusst *haben*. 彼はそれを知っていたと言っている / Er behauptet, mich gesehen *zu haben*. 彼は私を見たと主張する

Ha·be·nichts [ハーベ・ニヒツ] 男 *der* (⑮ 2 格 -[es]; ⑮ -e) もんなし, 一文なし

Hab·gier [ハープ・ギーア] 囡 *die* (⑯ 2 格 -; ⑯ なし) 貪欲ゴメ, 強欲

hab·gie·rig [ハープ・ギーリヒ] 形 貪欲ゴメ〈強欲〉な

Ha·bicht [ハービヒト] 男 *der* (⑯ 2 格 -s; ⑯ -e) 《鳥》オオタカ

Ha·bi·li·ta·ti·on [ハビリタツィオーン] 囡 *die* (⑯ 2 格 -; ⑯ -en) 大学教授資格の取得

Habs·bur·ger [ハープスブルガー] 男 *der* (⑯ 2 格 -s; ⑯ -) ハプスブルク家の人 (中世以来ドイツ・オーストリアなどに勢力を誇った王家)

Hab·se·lig·kei·ten [ハープ・ゼーリヒカイテン]

Habsucht

複名〉(価値のない)わずかな持ち物〈財産〉

Hab·sucht [ハープ・ズフト] 囡 die (⊕ 2格 -; ⊕ なし) 貪欲どん, 強欲

hab·süch·tig [ハープ・ズュヒティヒ] 形 貪欲どんな, 強欲な

Hach·se [ハクセ] 囡 die (⊕ 2格 -; ⊕ -n) (子牛・豚の)すね肉

Ha·cke [ハッケ] 囡 die (⊕ 2格 -; ⊕ -n)《道具》くわ(鍬)

ha·cken [ハッケン] (hackte; gehackt; 匹h)
他 ❶《④と》〔..⁴を〕(おのなどで)たたき割る ▷ Holz *hacken* まきを割る
❷《④と》〔土⁴を〕(くわなどで)掘り起こす〈返す〉 ▷ das Beet *hacken* 苗床を掘り返す

Ha·cker [ハッカー] 男 der (⊕ 2格 -s; ⊕ -)《コンピュ》ハッカー

Hack·fleisch [ハック・フライシュ] 中 das (⊕ 2格 -[e]s; ⊕ なし) ひき肉 ▷ 200 Gramm *Hackfleisch* kaufen ひき肉を200グラム買う

Hack·frucht [ハック・フルフト] 囡 die (⊕ 2格 -; ⊕ ..früchte) (くわなどで土を掘り返すことが必要な)作物(トウモロコシ・キャベツ・いもなど)

Häck·sel [ヘックセル] 男 der / 中 das (⊕ 2格 -s; ⊕ なし) (飼料用の)切りわら

ha·dern [ハーデルン] (haderte; gehadert; 匹h)
自《文語》〘mit+③と〙〚運命など³を〛嘆く

Ha·fen [ハーフェン] 男 der (⊕ 2格 -s; ⊕ Häfen) 港 ▷ Ein Schiff läuft in den *Hafen* ein. 船が1港に入る

Hä·fen [ヘーフェン] Hafen の 複

Ha·fer [ハーファー] 男 der (⊕ 2格 -s; ⊕ なし)《植物》カラスムギ, エンバク

Ha·fer·brei [ハーファー・ブライ] 男 der (⊕ 2格 -[e]s; ⊕ -e) オートミール(エンバクに水・牛乳などを入れて作ったかゆ)

Ha·fer·flo·cken [ハーファー・フロッケン] 複名 オートフレーク ▷ aus *Haferflocken* und Milch eine Suppe kochen オートフレークと牛乳でスープを作る

Haff [ハフ] 中 das (⊕ 2格 -[e]s; ⊕ -s〈-e〉) 潟ラ

Haft [ハフト] 囡 die (⊕ 2格 -; ⊕ なし) 拘置, 留置, 勾留こう ▷ Er wurde aus der *Haft* entlassen. 彼は釈放された

Haft·be·fehl [ハフト・ベフェール] 男 der (⊕ 2格 -[e]s; ⊕ -e)《法律》勾留こう状

haf·ten [ハフテン] (haftete; gehaftet; 匹h)
自 ❶ くっついている, 付着している ▷ Das Etikett *haftet* noch nicht. ラベルはまだくっついていない
❷〘für+④と〙〚..⁴の紛失・過失などに対して〛責任を負う ▷ Für die Garderobe wird nicht *gehaftet*. クロークでの紛失には損害賠償いたしません(☆ 待合室などのはり紙)

Häft·ling [ヘフトリング] 男 der (⊕ 2格 -s; ⊕ -e) 囚人

Haft·pflicht [ハフト・プフリヒト] 囡 die (⊕ 2格 -; ⊕ なし)《法律》賠償義務

Ha·ge·but·te [ハーゲブッテ] 囡 die (⊕ 2格 -; ⊕ -n) ノイバラの実(煎じたものをお茶のような飲み物として飲む)

Ha·gel [ハーゲル] 男 der (⊕ 2格 -s; ⊕ なし) あられ(霰), ひょう(雹)

ha·geln [ハーゲルン] (hagelte; gehagelt; 匹h)
自《非人称で》*es hagelt* あられ(霰)〈ひょう(雹)〉が降る ▷ *Es* fing an zu *hageln*. あられが降りだした

イディオム *es hagelt*+④ (非難・げんこつなど)⁴が雨あられと降る ▷ *Es hagelte* Vorwürfe gegen den Politiker. その政治家に非難が殺到した

Ha·gel·scha·den [ハーゲル・シャーデン] 男 der (⊕ 2格 -s; ⊕ ..schäden) 雹害ひがい

ha·ger [ハーガー] 形 (長身で)やせ細った, やせこけた ▷ Er hat eine *hagere* Gestalt〈ein *hageres* Gesicht〉. 彼はやせ細った体つき〈やせこけた顔〉をしている

Hahn [ハーン] 男 der (⊕ 2格 -[e]s; ⊕ Hähne)
❶《鳥》おんどり ▷ Der *Hahn* kräht. おんどりが鳴く /《比ゆ》der *Hahn* im Korb sein 女の中に男一人で(いい思いをして)いる
❷ (ガス・水道などの)栓, コック

Hähn·chen [ヘーンヒェン] 中 das (⊕ 2格 -s; ⊕ -) (食用の)若鶏 (☆ Hahn の縮小形) ▷ ein gebratenes *Hähnchen* ローストチキン

Häh·ne [ヘーネ] Hahn の 複

Hai [ハイ] 男 der (⊕ 2格 -[e]s; ⊕ -e)《魚》サメ

Hai·fisch [ハイ・フィッシュ] 男 der (⊕ 2格 -[e]s; ⊕ -e)《魚》サメ (=Hai)

Hain [ハイン] 男 der (⊕ 2格 -[e]s; ⊕ -e)《文語》小さな森

hä·keln [ヘーケルン] (häkelte; gehäkelt; 匹h)
他《④と》〔..⁴を〕鉤針ぎで編む ▷ eine Tischdecke *häkeln* 鉤針でテーブル掛けを編む

Ha·ken [ハーケン] 男 der (⊕ 2格 -s; ⊕ -) (物をひっ掛けたり留めたりするための)鉤ぎ, フック

Ha·ken·kreuz [ハーケン・クロイツ] 中 das (⊕ 2格 -es; ⊕ -e) ハーケンクロイツ, 鉤ぎ十字(ナチスの記章として用いられた)

Ha·ken·na·se [ハーケン・ナーゼ] 囡 die (⊕ 2格 -; ⊕ -n) 鉤鼻はな, わし鼻

halb

[halp ハルプ]

形 ❶ **半分の**
ein *halbes* Brot
半分のパン
ein *halbes* Jahr 半年
ein *halbes* Glas Bier グラス半分のビール

---

①, ②, ③, ④=1格, 2格, 3格, 4格の名詞

Halsband

ein und eine *halbe* Stunde
1時間半 (☆ und の前の ein は無変化)
Kinder zahlen den *halben* Preis.
子供は半額である
auf *halbem* Weg umkehren
途中で引き返す
〖副詞的に〗
Das Glas ist *halb* voll.
グラスは半分まで入っている
Sein Zimmer ist nur *halb* so groß wie meines. 彼の部屋の大きさは私の部屋の半分でしかない
〖時刻表現で〗
Es ist *halb* drei.
2時半だ (→3時に向かって30分進んでいる)
〖中性の地名の前で〗
Halb Berlin war in Flammen. ベルリンの半分が火に包まれていた (☆ 冠詞を伴わず, 格語尾もつけない)
❷〖ふつう nur を伴って〗不完全な, 不十分な ▷ Das ist nur die *halbe* Wahrheit. それは真実のすべてではない
❸ ほとんど, …も同然 ▷ Er war schon *halb* verrückt. 彼はもうほとんど気が狂っていた / Sie sind noch *halbe* Kinder. 彼らはまだ子供同然だ
(イディオム) *halb ..., halb ...* 半分…半分… ▷ *halb* lachend, *halb* weinend 半分笑い半分泣きながら
halb und halb 半々に; まあまあ ▷ Bist du zufrieden? – Nur *halb und halb*. 満足かね—まあまあだね

hal·ber [ハルバー] 前 〖❷支配〗《文語》…のために ▷ der Vollständigkeit *halber* 完璧を期して

Halb·hei·ten [ハルプハイテン] 複名 中途半端なこと ▷ sich⁴ nicht mit *Halbheiten* zufrieden geben 中途半端なところで妥協しない

hal·bie·ren [ハルビーレン]
(halbierte; halbiert; 医了h)
他 (❹と) […⁴に] 半分に分ける, 2等分する ▷ den Apfel *halbieren* リンゴを半分に分ける

Halb·in·sel [ハルプ・インゼル] 女 die (❷2格 -; 徴 -n) 半島

Halb·jahr [ハルプ・ヤール] 中 das (❷2格 -[e]s; 徴 -e) 半年

halb·mast [ハルプ・マスト] 副 マストの中ほどの位置に ▷ die Fahne [auf] *halbmast* setzen 半旗を掲げる

Halb·mond [ハルプ・モーント] 男 der (❷2格 -[e]s; 徴 -e) 半月

Halb·pen·si·on [ハルプ・パンジオーン] 女 die (❷2格 -; 徴 なし) (朝食と昼もしくは夕方の食事の) 2食付きの宿泊 (☆ ふつう無冠詞で; 「3食付きの宿泊」は Vollpension) ▷ ein Zimmer mit *Halbpension* 2食付きで泊まれる部屋

halb·wegs [ハルプ・ヴェークス] 副 《口語》いくぶん, いくらか, どうにか ▷ *halbwegs* schönes Wetter まあまあの天気

Halb·wüch·si·ge [ハルプ・ヴュークスィゲ] 男 der / 女 die (形容詞変化 ☞ Alte 表 I) (まだ大人になりきっていない)青少年, 未成年者

Halb·zeit [ハルプ・ツァイト] 女 die (❷2格 -; (スィ) -en)
❶ 試合時間の半分 ▷ in der ersten *Halbzeit* 試合の前半に
❷ ハーフタイム (ゲーム前半終了時の中休み)

Hal·de [ハルデ] 女 die (❷2格 -; 徴 -n) (ごみなどの)山, ぼた山

half [ハルフ] helfen の 過基

Hälf·te [ヘルフテ] 女 die (❷2格 -; 徴 -n)
半分 ▷ die *Hälfte* des Vermögens 財産の半分 / die erste *Hälfte* des Monats 月の前半 / Er hat den Apfel zur *Hälfte* gegessen. 彼はリンゴを半分食べた
(イディオム) ❹+*in zwei Hälften teilen* …⁴ を 2等分する

Hal·le [ハレ] 女 die (❷2格 -; 徴 -n)
❶ 会館, ホール (☆ 日本語の「ホール」は大広間を指すことが多いが, Halle は建物全体を指す) ▷ eine riesige *Halle* 巨大なホール
❷ (ホテル・劇場などの) ロビー

hal·len [ハレン] (hallte; gehallt; 医了h)
自 (銃声・足音などが)響きわたる, 鳴り響く ▷ Die Schritte *hallten* im Gang. 足音が廊下に響きわたった

Hal·len·bad [ハレン・バート] 中 das (❷2格 -[e]s; 徴 ..bäder) 室内〈屋内〉プール

hal·lo [ハロ] 《間投詞》
❶ (相手の注意などを喚起して) もしもし, ちょっとちょっと
❷ (電話で) もしもし
❸ (若者同士の挨拶の言葉として) やあ
❹ (驚きなどを表して) おや, おっ, やあ (☆ しばしば発音は〔ハロー〕)

Halm [ハルム] 男 der (❷2格 -[e]s; 徴 -e) (結節のある草・穀類の)茎

Hals [ハルス] 男 der (❷2格 -es; 徴 Hälse)
❶ 首 ▷ ein kurzer *Hals* 短い首 / sich³ den *Hals* waschen 首筋を洗う
❷ のど(喉) ▷ Mir tut der *Hals* weh. 私はのどが痛い
(イディオム) ❸+*um den Hals fallen* …³に抱きつく
aus vollem Hals lachen 大声で笑う
bis an den Hals〈*bis zum Hals*〉首まで
Hals über Kopf あわてふためいて

Hals·band [ハルス・バント] 中 das (❷2格 -[e]s; 徴 ..bänder) (犬の)首輪

医了h, 医了s=完了の助動詞 haben, sein

Häl・se [ヘルゼ] Hals の 複数

Hals・ket・te [ハルス・ケッテ] 囡 die (覆 2格 -; 覆 -n) (くさり型の)ネックレス, 首飾り

Hals・schmer・zen [ハルス・シュメルツェン] 複名 のどの痛み ▷ Ich habe starke *Halsschmerzen*. 私はのどがひどく痛む

hals・star・rig [ハルス・シュタリヒ] 形 頑固な, 強情な

Hals・tuch [ハルス・トゥーフ] 田 das (覆 2格 -[e]s; 覆 ..tücher) スカーフ, ネッカチーフ, 襟巻き

halt [ハルト]《間投詞》止まれ(☆ halten の, du に対する命令形からの派生)

Halt [ハルト] 男 der (覆 2格 -[e]s; 覆 なし)
❶ (身体を支える)足〈手〉がかり; (落っちたりしないための)支え ▷ keinen *Halt* finden 支えるものがない・足を掛ける〉ものがない /《比ゆ》an+③ einen inneren *Halt* haben …³を心の支えにしている

❷ 停止, 停車 ▷ ohne *Halt* ans Ziel fahren 止まらずに目的地まで走る

(イディオム) *Halt machen* (散歩・ドライブなどの途中で)休憩する

hält [ヘルト] halten の 現在

halt・bar [ハルト・バール] 形 (食品・衣服・家具などが)長もちする ▷ *haltbare* Lebensmittel もちのよい食品

hal・ten

[háltn ハルテン]

現在	ich halte	wir halten
	du hältst	ihr haltet
	er hält	sie halten
過去	ich hielt	wir hielten
	du hieltst	ihr hieltet
	er hielt	sie hielten
過分	gehalten	完了 haben

—他 ❶ 《④と》 […⁴を] (離さずに)持っている, つかんでいる
die Leiter *halten*
はしごを押さえている
das Steuer richtig *halten*
ハンドルを正しく持っている
Würden Sie mal bitte meinen Schirm *halten*? 私の傘をちょっと持っていてくださいませんか
das Kind an der Hand *halten*
子供の手を握っている
Haltet den Dieb! 泥棒をつかまえて

❷ 《④と》 […⁴を]支えている ▷ Das Regal wird von zwei Haken *gehalten*. 棚は2本の留め金で固定されている

❸ 《④と》 […⁴を]保つ, 保持(維持)する, 守る ▷ das Tempo *halten* テンポを崩さない / den Weltrekord *halten* 世界記録を保持する / von+③ Abstand *halten* …³から間隔を保つ /

Sie konnten die Stellung *halten*. 彼らは陣地を守り通すことができた /《再帰的に》Er konnte sich auf dem Posten als Filialleiter *halten*. 彼は支店長のポストを維持することができた

❹ 《④+状態と》 […⁴を…の状態に]保つ ▷ das Essen warm *halten* 食事を冷めないようにしておく / Der Vater *hält* den Garten in Ordnung. 父親は庭をきちんと手入れしている

❺ 《④+für … と》 […⁴を…と]思う, みなす ▷ Ich *halte* dich für meinen Freund. 私は君を友人だと思っている / Ich *halte* es für gefährlich. 私はそれを危険だと思う

❻ 《④+方向と》 […⁴を…に]当てる, かざす ▷ die Hand vor den Mund *halten* 手を口の前に当てる / das Negativ gegen das Licht *halten* ネガフィルムを光にかざす

❼ 《④+様態と》 […⁴を…の仕方で]扱う ▷ Er *hält* seine Bücher ordentlich. 彼は本をきちょうめんに扱う

❽ 《④+von+③と》 […³を…⁴の程度に]評価する (☆④は viel, nichts, etwas など) ▷ Sie *hält* nicht viel von ihm. 彼女は彼をあまり評価していない

❾ 《④と》 [演説・礼拝・結婚式など⁴を]する, 行う ▷ Er *hält* seine Vorträge immer frei. 彼はいつも原稿なしで講演をする

❿ 《④と》 [約束など⁴を]守る ▷ Er hat sein Wort *gehalten*. 彼は約束を守った

⓫ 《④と》 [動物など⁴を]飼っている; [定期刊行物⁴を]取って〈購読して〉いる ▷ Ich *halte* einen Hund. 私は犬を飼っている

⓬ 《④と》 […⁴を]引き留める ▷ Was *hält* dich eigentlich noch in dieser Stadt? いったい何が君をまだこの町に引き留めているのだ

⓭ 《④と》 (容器などが) [液体⁴を]保つ, 漏らさない ▷ Die Vase *hält* das Wasser nicht. この花びんは水が漏る

(イディオム) *das Wasser nicht halten können* 小便をがまんできない

den Mund halten 黙っている; 秘密を漏らさない ▷ *Halt den Mund*! 黙れ

—自 ❶ (汽車などが)止まる ▷ Der Schnellzug *hält* nicht auf diesem Bahnhof. 急行列車はこの駅に止まらない / *Halt*!《人に向かって》止まれ

❷ (花・食料などが)もつ, (重圧などに)もちこたえる ▷ Der Stoff *hält*. この生地はじょうぶだ / Das Eis *hält* nicht. この氷は(乗ったら)もちこたえられない

❸ 《auf+④と》 […⁴を]重視する ▷ Der Lehrer *hält* auf Ordnung in seiner Klasse. その教師はクラスの規律を重んじる /《再帰的に》Mein Freund *hält* sehr auf sich. 私の友人はとても外見〈評判〉を気にする

(状態), (様態), (場所), (方向), …=状態, 様態, 場所, 方向, …を表す語句

— [再] ❶ 〖[sich]^{4}と〗(食料・流行・天候などが)もつ, もちこたえる ▷ Das gute Wetter wird sich *halten.* このよい天気はもつだろう
❷ 〖[sich]^4＋[状態]と〗〔身体を…の状態に〕保つ ▷ Du musst dich aufrecht *halten.* 君は体をまっすぐにしていなさい
❸ 〖[sich]^4＋an＋④と〗〔取り決め・規則など^{4}に〕従う, 〔…^{4}を〕守る ▷ Man muss sich an die Bestimmungen *halten.* 規則には従わなければならない

Hal·ter [ハルター] [男] *der* ([単] 2格 -s; [複] -)
❶ (倒れない〈落ちない〉ように)支える用具(トイレットペーパーの留め具や自動車内で缶の飲み物などを固定する用具などを指す)
❷ (自動車などの)保有者; (ペットの)飼い主

Hal·te·stel·le [ハルテ・シュテレ] [女] *die* ([単] 2格 -; [複] -n)
(バス・路面電車の)停留所 (☆「駅」は Bahnhof, Station) ▷ An der nächsten *Haltestelle* muss ich aussteigen. 次の停留所で私は降りなければならない

Hal·te·ver·bot [ハルテ・フェアボート] [中] *das* ([単] 2格 -[e]s; [複] なし)
❶ 停車禁止区間 ▷ Hier ist *Halteverbot.* ここは停車禁止です
❷ 〖[複] なし〗停車禁止

halt·los [ハルト・ロース]
[形] ❶ (主張・うわさなどが)根拠のない ▷ Seine Behauptung ist völlig *haltlos.* 彼の主張はまったく根拠がない
❷ (精神的・道徳的に)しっかりしていない, ぐらぐらしている ▷ Seit dem Tod ihrer Eltern ist sie völlig *haltlos* geworden. 両親がなくなったのち彼女は精神的にまったく不安定になった

halt|ma·chen [ハルト・マッヘン] [分離] (machte halt; haltgemacht; [完了]h) [自] [旧⇒新] **Halt machen** (分けて書く) ☞ Halt

hältst [ヘルツト] halten の [現在]

Hal·tung [ハルトゥング] [女] *die* ([単] 2格 -; まれに [複] -en)
❶ 姿勢 ▷ eine gute 〈schlechte〉 *Haltung* haben 姿勢がいい〈悪い〉
❷ (物事に対する)姿勢, 態度 ▷ eine klare *Haltung* zu einer Frage einnehmen ある問題に対してはっきりした態度をとる
❸ 〖[複] なし〗落ち着き, 平静 ▷ die *Haltung* verlieren 落ち着きを失う
❹ 〖[複] なし〗(家畜・ペットを)飼うこと, 飼育

Ha·lun·ke [ハルンケ] [男] *der* ([単] 2·3·4格 -n; [複] -n) 《しばしば冗談で》卑劣漢, 詐欺師

Ham·burg [ハムブルク] ([中] *das*) 《都市名》ハンブルク(ドイツ北部の貿易・商業都市; ☞ 地図 D-2)

Ham·bur·ger [ハムブルガー] [男] *der* ([単] 2格 -s; [複] -)
❶ ハンブルク市民; ハンブルク出身の人
❷ ハンバーグ[ステーキ]

Ha·meln [ハーメルン] ([中] *das*) 《都市名》ハーメルン(ドイツ北部の笛吹き男の伝説で有名な町; ☞ 地図 D-2)

hä·misch [ヘーミシュ] [形] 意地の悪い ▷ *hämische* Bemerkungen machen 意地悪なことを言う

Ham·mel [ハムメル] [男] *der* ([単] 2格 -s; [複] -) (去勢した)雄羊

Ham·mer [ハムマー] [男] *der* ([単] 2格 -s; [複] Hämmer)
ハンマー, 槌(つち) ▷ mit dem *Hammer* einen Nagel in die Wand schlagen 釘(くぎ)をハンマーで壁に打つ

Häm·mer [ヘムマー] Hammer の [複数]

häm·mern [ヘムメルン]
(hämmerte; gehämmert; [完了]h)
[自] ❶ ハンマーを振るう ▷ Er *hämmerte* den ganzen Tag in der Werkstatt. 彼はまる1日仕事場でハンマーを振るっていた
❷ 〖[方向]と〗〔…を〕ドンドンたたく ▷ Er *hämmert* mit den Fäusten gegen die Tür. 彼は両こぶしでドアをドンドンたたく

Ham·mer·wurf [ハムマー・ヴルフ] [男] *der* ([単] 2格 -[e]s; [複] ..würfe) ハンマー投げ

Hä·mo·glo·bin [ヘモグロビーン] [中] *das* ([単] 2格 -s; [複] なし) 《医学》ヘモグロビン, 血色素

Hä·mo·phi·lie [ヘモフィリー] [女] *die* ([単] 2格 -; [複] -n) 《医学》血友病

Hä·mor·rho·i·den [ヘモロイーデン] [複名] 痔(じ)

Hams·ter [ハムスター] [男] *der* ([単] 2格 -s; [複] -) 《動物》ハムスター

hams·tern [ハムステルン]
(hamsterte; gehamstert; [完了]h)
[他] 《口語》〖④と〗〔食料品など^{4}を〕買いだめする ▷ Zucker *hamstern* 砂糖を買いだめする

Hand

[hant ハント]

[女] *die* ([単] 2格 -; [複] Hände)

格	単数	複数
①	die Hand	die Hände
②	der Hand	der Hände
③	der Hand	den Händen
④	die Hand	die Hände

手
meine linke 〈rechte〉 *Hand*
私の左〈右〉手
ein Kind an der *Hand* führen
子供の手を引く
ein Messer in die *Hand* nehmen
ナイフを手に取る

H

Handarbeit

Hände hoch! 手をあげろ
Kalte *Hände*, warmes Herz.(諺) 手の冷たい人は心が温かい
(イディオム) ③+*die Hand drücken*〈*schütteln*〉 ···³と握手をする
③+*in die Hände fallen* (偶然)···³の手に入る
④+*aus zweiter Hand kaufen* ···⁴を中古で買う
④+*von langer Hand vorbereiten* ···⁴を周到に準備する
beide Hände voll zu tun haben とても忙しい
Hand in Hand 手に手をとって; 協力して ▷ Das junge Paar ging *Hand in Hand*. その若いカップルは手に手をとって歩いて行った
mit bloßen Händen 素手で
mit leeren Händen 手ぶらで
von Hand zu Hand gehen (物が)次から次へと人手に渡る

Hand·ar·beit [ハント・アルバイト] 囡 *die* (⸺2格 -; ⸺ -en)
❶ 〘複なし〙手仕事, 手作業
❷ 手作りの品; 手芸品
(イディオム) ④+*in Handarbeit herstellen* ···⁴を手作業で作る

Hand·ball [ハント・バル] 男 *der* (⸺2格 -[e]s; ⸺ ..bälle)
❶ 〘複なし〙(スポーツ) ハンドボール ▷ Er spielt gern *Handball*. 彼はハンドボールが好きだ
❷ ハンドボール用のボール

Hand·be·we·gung [ハント・ベヴェーグング] 囡 *die* (⸺2格 -; ⸺ -en) 手の動き; 手ぶり

Hand·brem·se [ハント・ブレムゼ] 囡 *die* (⸺2格 -; ⸺ -n) ハンドブレーキ

Hand·buch [ハント・ブーフ] 中 *das* (⸺2格 -[e]s; ⸺ ..bücher) ハンドブック, 手引書

Hän·de [ヘンデ] Hand の 複数

Hän·de·druck [ヘンデ・ドルック] 男 *der* (⸺2格 -[e]s; ⸺ なし) 握手

Han·del [ハンデル] 男 *der* (⸺2格 -s; ⸺ なし) 商業; (商品の)売買, 商売, 取り引き, 交易 ▷ Der *Handel* mit Rauschgift wurde untersagt. 麻薬の売買は禁止された
(イディオム) *mit*+③ *Handel treiben* ···³と商売〈交易〉をする

han·deln [ハンデルン] (ich handle; handelte; gehandelt) (完了 h)
自 ❶ (ある状況下で) 行動する ▷ schnell *handeln* すばやく行動する / gegen das Gesetz *handeln* 法に反した行動をとる / Jetzt ist es Zeit zu *handeln*. 今や行動するときだ
❷ [*mit*+③と] 〈*商売*〈売買〉をする〉 ▷ mit Wein *handeln* ワインを商う / Er *handelt* mit Gebrauchtwagen. 彼は中古車を扱っている
❸ 値切る ▷ Ich *handle* nicht gern. 私は値切るのが好きでない
❹ 〘*von*+③〈*über*+④〉と〙(論文などが)[···³,⁴ を]取り扱う ▷ Das Buch *handelte* vom Leben einer Nonne. この本は1人の修道女の人生を扱っていた
(イディオム) *es handelt sich um*+④ 問題になっているのは···⁴だ ▷ *Um* wen *handelt es sich*? だれのことが問題になっているのですか〈だれの話をしているのですか〉 / *Es handelt sich* dabei *um* ein schwieriges Problem. それは難しい問題だ

Han·dels·fir·ma [ハンデルス・フィルマ] 囡 *die* (⸺2格 -; ⸺ ..firmen) 商事会社

Han·dels·schu·le [ハンデルス・シューレ] 囡 *die* (⸺2格 -; ⸺ -n) 商業学校

han·del·te [ハンデルテ] handeln の 過去

hän·de·rin·gend [ヘンデ・リンゲント] 形 必死の, 切なる; 〘副詞的に〙必死に, 切に

Hän·de·schüt·teln [ヘンデ・シュッテルン] 中 *das* (⸺2格 -s; ⸺ なし) (力をこめて何度も繰り返される)握手

hand·fest [ハント・フェスト] 形
❶ (体格の)がっしりした ▷ einige *handfeste* Burschen 数人の屈強な若者
❷ (証拠などが)しっかりした, 明白な ▷ *handfeste* Beweise haben 反駁できない証拠をもっている

Hand·flä·che [ハント・フレッヒェ] 囡 *die* (⸺2格 -; ⸺ -n) 手のひら

Hand·ge·lenk [ハント・ゲレンク] 中 *das* (⸺2格 -[e]s; ⸺ -e) 手首の関節; 手首

Hand·ge·men·ge [ハント・ゲメンゲ] 中 *das* (⸺2格 -s; まれに ⸺ -) 殴り合い, つかみ合い

Hand·ge·päck [ハント・ゲペック] 中 *das* (⸺2格 -[e]s; ⸺ なし) (旅行などの)手荷物 ▷ Passagiere dürfen nur ein *Handgepäck* mitnehmen. 乗客は手荷物を一つだけ持ち込むことができる

hand·ge·schrie·ben [ハント・ゲシュリーベン] 形 手書きの (=handschriftlich)

Hand·gra·na·te [ハント・グラナーテ] 囡 *die* (⸺2格 -; ⸺ -n) 手榴弾

hand·greif·lich [ハント・グライフリヒ] 形
❶ (争いなどが)つかみ合いの, 取っ組み合いの ▷ *handgreiflich* werden つかみ合いになる
❷ (証拠・成功などが)明白な, 一目瞭然の

Hand·griff [ハント・グリフ] 男 *der* (⸺2格 -[e]s; ⸺ -e)
❶ (作業に伴う)手の使い方 ▷ die richtigen *Handgriffe* lernen 手の正しい使い方を学ぶ
❷ 握る〈つかむ〉部分, 取っ手

Hand·ha·be [ハント・ハーベ] 囡 *die* (⸺2格 -; ⸺ なし) (対抗措置などをとるための)根拠

hand·ha·ben [ハント・ハーベン]

①, ②, ③, ④=1格, 2格, 3格, 4格の名詞

(handhabte; gehandhabt; 完了h)
他 ❶《④と》［道具・器具など⁴を］(手で正しく)取り扱う，操作する ▷ Das Gerät ist leicht zu *handhaben*. この器具は取り扱いが容易である
❷《④+前置と》［規則など⁴を…の仕方で］運用〈適用〉する ▷ ein Gesetz großzügig *handhaben* 法律をゆるやかに解釈して適用する

Han·di·cap [ヘンディ・ケプ] 中 *das* (単2格 -s; 複 -s) = Handikap

Han·di·kap [ヘンディ・ケプ] 中 *das* (単2格 -s; 複 -s) ハンディキャップ；不利な条件；《スポーツ》ハンディ

Hand·lan·ger [ハント・ランガー] 男 *der* (単2格 -s; 複 -) (工事現場などの)下働き，(敵などの)手先

hand·le [ハンドレ] handeln の現在

Händ·ler [ヘンドラー] 男 *der* (単2格 -s; 複 -) 商人，ディーラー

hand·lich [ハントリヒ] 形 (大きさ・形などが)手ごろな，使いやすい，ハンディーな ▷ Dieser Staubsauger ist sehr *handlich*. この掃除機は非常に使いやすい

Hand·li·nie [ハント・リーニエ] 女 *die* (単2格 -; 複 -n) 《ふつう 複 で》手のひらの線；手相

Hand·lung [ハンドルング] 女 *die* (単2格 -; 複 -en)
❶ 行為，行動 ▷ eine strafbare *Handlung* begehen 犯罪行為を行う
❷ (小説・劇などの)筋，ストーリー ▷ Der Roman hat wenig *Handlung*. その小説は筋がままらない

Hand·lungs·wei·se [ハンドルングス・ヴァイゼ] 女 *die* (単2格 -; 複 なし) 行動の仕方

Hand·schlag [ハント・シュラーク] 男 *der* (単2格 -[e]s; 複 なし) (契約・約束などをする際の)握手 ▷ einen Vertrag mit〈durch〉*Handschlag* bekräftigen 契約を握手して確約する

Hand·schrift [ハント・シュリフト] 女 *die* (単2格 -; 複 -en)
❶ 筆跡 ▷ eine schöne *Handschrift* haben 字がきれいである
❷ 写本

hand·schrift·lich [ハント・シュリフトリヒ] 形 手書きの (= handgeschrieben)

Hand·schuh [ハント・シュー] 男 *der* (単2格 -[e]s; 複 -e)
手袋 ▷ lederne *Handschuhe* 革の手袋 / ein Paar *Handschuhe* 一組の手袋 / die *Handschuhe* anziehen〈ausziehen〉手袋をはめる〈とる〉

Hand·ta·sche [ハント・タッシェ] 女 *die* (単2格 -; 複 -n)
ハンドバッグ，手提げ ▷ Sie nahm einen Lippenstift aus der *Handtasche* heraus. 彼女は口紅をハンドバッグから取り出した

Hand·tuch [ハント・トゥーフ] 中 *das* (単2格 -es 《まれに -s》; 複 ..tücher)
タオル，手ぬぐい ▷ die *Handtücher* wechseln タオルを交換する /《比ゆ》das *Handtuch* werfen ギブアップする

Hand·werk [ハント・ヴェルク] 中 *das* (単2格 -[e]s; 複 -e) (職人の)仕事 ▷ das *Handwerk* des Schneiders erlernen 仕立て屋の仕事を覚える

Hand·wer·ker [ハント・ヴェルカー] 男 *der* (単2格 -s; 複 -) 職人，手工業者

Hand·werks·zeug [ハント・ヴェルクス・ツォイク] 中 *das* (単2格 -[e]s; 複 なし) (集合的に)職人の道具

Han·dy [ヘンディ] 中 *das* (単2格 -s; 複 -s) 携帯電話 (= Mobiltelefon)

Hand·zei·chen [ハント・ツァイヒェン] 中 *das* (単2格 3; 複 -) 手による合図 ▷ per *Handzeichen* abstimmen 挙手で表決する

Hanf [ハンフ] 男 *der* (単2格 -[e]s; 複 なし) 《植物》アサ，タイマ

Hang [ハング] 男 *der* (単2格 -[e]s; 複 Hänge)
❶ (山の)斜面
❷ 《複 なし》(悪いことをする)傾向，性癖 ▷ einen *Hang* zur Verschwendung haben 浪費癖がある

Hän·ge [ヘンゲ] Hang の複数

Hän·ge·brü·cke [ヘンゲ・ブリュッケ] 女 *die* (単2格 -; 複 -n) つり橋

hän·gen [ヘンゲン]
— 自 (hing; gehangen; 完了h)
❶ 《前置と》［…に］掛かって〈ぶら下がって〉いる ▷ Das Bild *hing* an der Wand. その絵は壁に掛かっていた /《前置と》Die Lampe *hängt* zu tief. そのランプは低すぎる /《前置を主語にして》Der Schrank *hängt* voller Kleider. 洋服だんすは服がいっぱい掛かっている
❷ 垂れ下がっている ▷ Die Zweige der Weide *hängen* bis auf das Wasser. ヤナギの枝が水面まで垂れ下がっている
❸ 《an+③と》［…³に］連結している；くっついている ▷ Der Anhänger *hängt* am Auto. トレーラーが車に連結している
❹ 《an+③と》［…³に］愛着をもっている ▷ Er *hängt* sehr an dieser Stadt. 彼はこの町に非常に愛着を感じている

hängen bleiben a) (釘・鉤ボタンなどに)ひっかかる ▷ mit der Hose am Stacheldraht *hängen bleiben* 有刺鉄線にズボンをひっかけて動けなくなる
b) 《口語》(飲み屋・友人宅などに)長居する

完了h, 完了s = 完了の助動詞 haben, sein

hängenbleiben

c) 《口語》留年する (=sitzen bleiben)

— 他 (hängte; gehängt; 完了h)
❶ 《④+方向と》〔…⁴を…に〕掛ける, つるす; 連結させる ▷ ein Bild an die Wand *hängen* 絵を壁に掛ける / den Anhänger ans Auto *hängen* トレーラーを車に連結する / 《状態と》Er hat die Lampe zu tief *gehängt*. 彼はランプを低くつりすぎた

❷ 《④+方向と》〔…⁴を…に〕ぶら下げる ▷ Sie *hängt* sich die Tasche über die Schulter. 彼女はバッグを肩に掛ける

❸ 《④と》〔…⁴を〕つるす, 絞首刑にする ▷ Der Mörder wurde *gehängt*. 殺人者は絞首刑に処された

イディオム ④+**hängen lassen**
a)《衣服など》⁴をぶらさげたまま忘れて来る
b)《口語》…⁴に対する約束などを履行しないで放っておく
Lass den Kopf nicht hängen! しょげるな
sich⁴ hängen lassen《口語》意気消沈している

hän·gen|blei·ben [ヘンゲン・ブライベン] 分離 (blieb hängen; hängengeblieben; 完了s) 自 (旧=新) **hängen bleiben**（分けて書く）☞ hängen

hän·gen|las·sen [ヘンゲン・ラッセン] 分離 (er lässt hängen; ließ hängen; hängengelassen; 完了h) 他 / 再 (旧=新) **hängen lassen**（分けて書く）
☞ hängen

Han·na [ハンナ] 《女名》ハナ

Han·no·ver [ハノーファー/..ヴァー] (田) *das* 《都市名》ハノーファー (☞ 地図 D-2)

Hans [ハンス] 《男名》ハンス

hän·seln [ヘンゼルン] (hänselte; gehänselt; 完了h) 他 《④と》(ふつう子供が)〔他の子供⁴を〕からかう

Han·se·stadt [ハンゼ・シュタット] 図 *die* (⊕ 2格 -; ⊕ ..städte) ハンザ同盟都市 (ハンブルク, ブレーメン, リューベックなど 7 つの都市)

han·tie·ren [ハンティーレン] (hantierte; hantiert; 完了h) 自 《mit+③と》〔器具など³を〕(手で)扱う; (器具などを)扱いながら仕事をする ▷ mit einem Messer *hantieren* ナイフを扱う // Die Mutter *hantiert* geschäftig in der Küche. 母親は台所でせっせと働いている

ha·pern [ハーペルン] (haperte; gehapert; 完了h) 自 《成句で》 *es hapert an*+③ 《口語》…³が欠けている

Hap·pen [ハッペン] 男 *der* (⊕ 2格 -s; ⊕ -) 《口語》ちょっとの量の食物

Hap·py·end, Hap·py End [ヘピ・エント] 中 *das* (⊕ 2格 -[s]; ⊕ -s) ハッピーエンド

Här·chen [ヘーァヒェン] 中 *das* (⊕ 2格 -s; ⊕ -)（短い）細毛 (☆ Haar の縮小形)

Ha·rem [ハーレム] 男 *der* (⊕ 2格 -s; ⊕ -s) ハーレム (イスラム教徒の妻妾の居室)

Har·fe [ハルフェ] 図 *die* (⊕ 2格 -; ⊕ -n) （楽器）ハープ, 堅琴 ▷ die *Harfe* spielen 〈zupfen〉ハープを弾く〈つま弾く〉

Har·ke [ハルケ] 図 *die* (⊕ 2格 -; ⊕ -n) (特に北ドイツ) レーキ (熊手の一種; 土ならしなどに用いる農機具)

harm·los [ハルム・ロース]
形 ❶ 危険〈害〉のない; (傷などが)たいしたことのない ▷ ein *harmloser* Hund 危険のない犬 / Dieses Schlafmittel ist *harmlos*. この睡眠薬は害がない

❷ (物事が)たわいない, 罪のない ▷ eine *harmlose* Frage たわいない質問 / ein *harmloses* Vergnügen 罪のない楽しみ

Har·mo·nie [ハルモニー] 図 *die* (⊕ 2格 -; ⊕ -n)
❶ 《⊕ はまれ》調和, つり合い ▷ die *Harmonie* der Farben 色彩の調和
❷ 《音楽》ハーモニー
❸ 《⊕ なし》 (争いがなく)仲がよい〈なごやかな〉こと ▷ in völliger *Harmonie* zusammenleben 完全に仲よくいっしょに暮らす

Har·mo·ni·en [ハルモニーエン] Harmonie の複数

har·mo·nie·ren [ハルモニーレン] (harmonierte; harmoniert; 完了h)
自 ❶ 《mit+③と》(色・音などが)〔…³と〕調和する, よく合う ▷ Die Farbe des Teppichs *harmoniert* sehr gut mit den Farben der Möbel. じゅうたんの色は家具の色ととても合っている
❷ 《mit+③と》〔…³と〕仲良くする

har·mo·nisch [ハルモーニシュ] 形 (音が)協和する; (形などが)調和〈つり合い〉のとれた; (人間関係が)和やかな, 仲のよい

har·mo·ni·sie·ren [ハルモニズィーレン] (harmonisierte; harmonisiert; 完了h) 他 《④と》〔異なる物事⁴を〕調和〈一致〉するようにする

Harn [ハルン] 男 *der* (⊕ 2格 -[e]s; ⊕ -e) 尿 ▷ *Harn* ausscheiden 放尿する

Harn·bla·se [ハルン・ブラーゼ] 図 *die* (⊕ 2格 -; ⊕ -n) 膀胱

Har·nisch [ハルニシュ] 男 *der* (⊕ 2格 -[e]s; ⊕ -e) 甲冑, 鎧

har·ren [ハレン] (harrte; geharrt; 完了h) 自 《文語》《*auf*+④ 《②と》》〔…⁴⁽²⁾を〕待ちわびる, 待ちこがれる

hart [ハルト]
— 形 (比較 härter, 最上 härtest)
❶ かたい (⊕ weich) ▷ *hartes* Brot かたいパン
❷ (がまんできないくらい)つらい, 苦しい; 厳しい ▷ eine *harte* Arbeit つらい仕事 / ein *harter* Winter 厳しい冬

状態, 様態, 場所, 方向, …=状態, 様態, 場所, 方向, …を表す語句

❸ (勢いが)激しい ▷ *hart* aufprallen 激しくぶつかる / Das Unglück traf ihn *hart*. その不幸に彼はひどいショックを受けた
❹ (人に対して)仮借のない, 厳しい, 非情の ▷ Das Urteil war *hart*. 判決は厳しかった
— 副 密接して ▷ Sie wohnen *hart* an der Grenze. 彼らは国境のすぐ近くに住んでいる

Här·te [ヘルテ] 女 *die* (単2格 –; 複 –n)
❶ (物の)かたさ; 硬度 ▷ die *Härte* des Diamanten ダイヤモンドの硬度
❷ 《複 なし》(物事の)厳しさ ▷ mit rücksichtsloser *Härte* 仮借のない厳しい態度で
❸ 《複 なし》(勢いの)激しさ ▷ die *Härte* des Aufpralls 衝突の激しさ

här·ten [ヘルテン] (härtete; gehärtet; 完了h)
他 《④と》[…⁴を]かたくする; 〔鋼など⁴を〕鍛える

här·ter [ヘルター] hart の 比較

här·test [ヘルテスト] hart の 最上

hart·her·zig [ハルト・ヘルツィヒ] 形 思いやりのない, 情け容赦のない, 非情な

hart·nä·ckig [ハルト・ネッキヒ] 形 頑固な, かたくなな; 執拗な, しつこい ▷ ein *hartnäckiger* Mensch 頑固者 / *hartnäckig* schweigen かたくなに黙る /《比ゆ》eine *hartnäckige* Erkältung しつこいかぜ

Harz [ハールツ] 中 *das* (単2格 –es; 複 –e)(特に針葉樹の)やに, 樹脂

ha·schen [ハッシェン] (haschte; gehascht; 完了h)
他《文語》《④と》〔ハエ・蝶など⁴を〕(すばやい動作で)捕まえる

Ha·se [ハーゼ] 男 *der* (単2·3·4格 –n; 複 –n)《動物》野ウサギ(☆ Kaninchen よりも耳が短い) ▷ Der *Hase* hoppelt über das Feld. 野ウサギが野原をピョンピョン跳ねて行く /《比ゆ》ein alter *Hase* sein (あることに)精通している, ベテランである

Ha·sel·nuss (旧⇒新 ..nuß) [ハーゼル・ヌス] 女 *die* (単2格 –; 複 ..nüsse) ハシバミの実, ヘーゼルナッツ

Hass [ハス] 男 *der* (単2格 –es; 複 なし) 憎しみ, 憎悪 ▷ *Hass* gegen+④ haben …⁴を憎んでいる / aus *Hass* 憎しみから

Haß (旧⇒新) Hass

has·sen [ハッセン] (du, er hasst; hasste; gehasst; 完了h)
他 《④と》[…⁴を]憎む ▷ Sie *hasst* diesen Lehrer tödlich. 彼女はこの教師をひどく憎んでいる
❷ 《④と》[…⁴を]ひどく嫌う ▷ Sie *hasst* laute Musik. 彼女はやかましい音楽が嫌いだ

häss·lich [ヘスリヒ]
形 ❶ (見た目が)醜い ▷ ein *hässliches* Gesicht 醜い顔
❷《不快あるいは嫌悪感が生じるという意味で》いやな, 醜い ▷ *hässliches* Wetter いやな天気 / *hässliche* Farben いやな色 / ein *hässlicher* Streit 醜い争い / einen *hässlichen* Charakter haben いやな性格をしている / zu+❸ *hässlich* sein …³に対して意地悪な態度をとる

häß·lich (旧⇒新) hässlich

Häss·lich·keit (旧 Häß..) [ヘスリヒカイト] 女 *die* (単2格 –; 複 なし) (見た目の)醜さ

hasst [ハスト] hassen の 現在

has·te [ハステ] hassen の 過去

hast [ハスト] haben の 現在

Hast [ハスト] 女 *die* (単2格 –; 複 なし) あわただしさ, せわしさ ▷ in großer *Hast* あたふたと / ohne *Hast* あわてずに

has·ten [ハステン] (hastete; gehastet; 完了s)
自 《方向と》[…へ]急いで行く

has·tig [ハスティヒ] 形 あわただしい, せかせかした ▷ sich⁴ *hastig* verabschieden あわただしく別れを告げる

hat [ハット] haben の 現在

hät·scheln [ヘーチェルン / ヘッチェルン] (hätschelte; gehätschelt; 完了h)
他《④と》〔子供・動物など⁴を〕(なでたり頬擦りしたりして)愛撫する; (過度に)かわいがる, ちやほやする, 甘やかす

hat·te [ハッテ] haben の 過去

hät·te [ヘッテ] haben の 接II

Hau·be [ハオベ] 女 *die* (単2格 –; 複 –n)
❶ (頭巾風の)婦人用の帽子, ボンネット ▷ die weiße *Haube* der Krankenschwester 看護婦の白い帽子
❷ (コーヒーポットなどの)保温カバー; (自動車の)ボンネット; (釜形の)ヘアドライヤー

Hauch [ハオホ] 男 *der* (単2格 –[e]s; 複 なし)
❶《文語》吐く息; 風のそよぎ
❷ かすかな量 ▷ einen *Hauch* Rouge auflegen うっすらとほお紅〈口紅〉を塗る

hauch·dünn [ハオホ・デュン] 形 (ヴェール・ストッキングなどが)とても薄い

hau·chen [ハオヘン] (hauchte; gehaucht; 完了h)
自 《方向と》(口を大きく開けて)[…へ]息を吹きかける ▷ Er *hauchte* auf seine Brille. 彼はめがねに息を吹きかけた

hau·en [ハオエン] (haute 〈まれに hieb〉; gehauen; 完了h)
— 他 ❶ (口語)《④と》[…⁴を]殴る (=schlagen; 特に子供によって用いられる) ▷ Er hat seinen kleinen Bruder *gehauen*. 彼は弟をなぐった
❷ 《④+in+④と》[…⁴を…³に]打ち込む ▷ den Nagel in die Wand *hauen* 釘を壁に打ち込む /《雅語と》ein Loch ins Eis *hauen* 氷に穴をあける
— 自 (口語)《方向と》[…を]たたく, 殴る ▷

Haufen

mit der Faust auf den Tisch hauen こぶしで机をたたく / Er hat ihr ins Gesicht gehauen. 彼は彼女の顔を殴った

Hau·fen [ハオフェン] 男 der (⊕2格 -s; ⊕ -) (物を積み上げた)山, 堆積 ▷ ein *Haufen* Kartoffeln ジャガイモの山
(イディオム) ④+*auf einen Haufen legen* …⁴を山積みにする
ein Haufen+同格名詞《口語》たくさんの…《☆ ❷とも結びつく》▷ Das Auto hat *ein Haufen* Geld gekostet. その車はすごく高かった

häu·fen [ホイフェン] (häufte; gehäuft; 国法h)
— 他 《④と》〈…⁴を〉(山のように)積み上げる〈重ねる〉▷ Kartoffeln auf einen Teller *häufen* ジャガイモを皿の上に積み上げる
— 再 《sich⁴と》(山のように)積み重なる; 増える ▷ Die Kartons *häufen* sich im Keller. ボール箱が地下室に山のようになっている

hau·fen·wei·se [ハオフェン・ヴァイゼ] 副 《口語》たくさん, 大量に, どっと

häu·fig [ホイフィヒ]
形 たびたびの, よく起こる ▷ ein *häufiger* Fehler よく起こるまちがい

Häu·fig·keit [ホイフィヒカイト] 女 die (⊕2格 -; ⊕ なし) 頻繁に起こること; 頻度

Häu·fung [ホイフング] 女 die (⊕2格 -; ⊕ なし) (山のように)増えること, 集積; (事件などの)頻発

Haupt [ハオプト] 中 das (⊕2格 -es〈まれに -s〉; ⊕ Häupter) 《文語》
❶ 頭, 頭部 (=Kopf)
❷ (陰謀の)首謀者; (国の)元首, 首長; (一家の)長

Haupt·bahn·hof [ハオプト・バーン・ホーフ] 男 der (⊕2格 -[e]s; ⊕ ..höfe) (都市の)中央駅 (⊕ Hbf.)

Häup·ter [ホイプター] Haupt の 複数

Haupt·fach [ハオプト・ファッハ] 中 das (⊕2格 -[e]s; ⊕ ..fächer) (大学での)主専攻[科目]; (高校までの)主要科目

Haupt·ge·bäu·de [ハオプト・ゲボイデ] 中 das (⊕2格 -s; ⊕ -) 本館

Haupt·ge·richt [ハオプト・ゲリヒト] 中 das (⊕2格 -[e]s; ⊕ -e) (料理)メインディッシュ

Haupt·leu·te [ハオプト・ロイテ] Hauptmann の 複数

Häupt·ling [ホイプトリング] 男 der (⊕2格 -s; ⊕ -e) (未開民族の)首長, 會長 ▷ der *Häuptling* der Indianer インディアンの會長

Haupt·mann [ハオプト・マン] 男 der (⊕2格 -[e]s; ⊕ ..leute)《軍隊》大尉

Haupt·mie·ter [ハオプト・ミーター] 男 der (⊕2格 -s; ⊕ -) 家主と直接契約を結んだ借家人 (☆「また借り人」は Untermieter)

Haupt·post·amt [ハオプト・ポスト・アムト] 中 das (⊕2格 -[e]s; ⊕ ..ämter) 中央郵便局

Haupt·quar·tier [ハオプト・クヴァルティーア] 中 das (⊕2格 -s; ⊕ -e)《軍隊》司令部, 本部

Haupt·rol·le [ハオプト・ロレ] 女 die (⊕2格 -; ⊕ -n) 主役

Haupt·sa·che [ハオプト・ザッヘ] 女 die (⊕2格 -; ⊕ -n)
もっとも重要なこと ▷ Die *Hauptsache* dabei ist, dass … その際もっとも大事なことは…である

haupt·säch·lich [ハオプト・ゼヒリヒ]
— 副 主に ▷ Das ist *hauptsächlich* ihre Schuld. それは主に彼女の責任だ
— 形 主要な, 主な ▷ Sein *hauptsächlichster* Fehler ist seine Unzuverlässigkeit. 彼の最大の欠点は信頼できないということである

Haupt·sai·son [ハオプト・ゼゾーン] 女 die (⊕2格 -; まれに ⊕ -s) (行楽などの)最盛期

Haupt·satz [ハオプト・ザッツ] 男 der (⊕2格 -es; ⊕ ..sätze)《文法》主文

Haupt·schu·le [ハオプト・シューレ] 女 die (⊕2格 -; ⊕ -n) (5ないし6年制の)基幹学校 (☆ Grundschule を修了後, Gymnasium や Realschule に進学しない生徒の通う義務教育機関; ☞ Schule 図)

Haupt·spei·cher [ハオプト・シュパイヒャー] 男 der (⊕2格 -s; ⊕ -) (コンピュータの)メインメモリ, 主記憶

Haupt·stadt [ハオプト・シュタット] 女 die (⊕2格 -; ⊕ ..städte)
(国・州などの)首都, 首府

Haupt·stra·ße [ハオプト・シュトラーセ] 女 die (⊕2格 -; ⊕ -n) メーンストリート, 本通り, 大通り

Haus

[haus ハオス]

中 das (⊕2格 -es; ⊕ Häuser)

格	単 数	複 数
①	das Haus	die Häuser
②	des Hauses	der Häuser
③	dem Haus	den Häusern
④	das Haus	die Häuser

❶ 家, 住宅; (住居用の)建物
ein modernes *Haus*
現代的な家
ein *Haus* bauen
家を建てる
ein eigenes *Haus* besitzen
自分の家を持っている
in einem neuen *Haus* wohnen
新しい家に住んでいる
ein *Haus* mit zwanzig Wohnungen
20世帯のマンション〈アパート〉

①, ②, ③, ④=1格, 2格, 3格, 4格の名詞

Seine Wohnung liegt im 9. (neunten) Stock dieses *Hauses*. 彼の住まいはこの建物の 10 階にある
nach *Haus[e]* gehen
帰宅する
zu *Haus[e]* sein
家にいる
sich⁴ wie zu *Haus[e]* fühlen
自分の家にいるようにくつろぐ
❷ (会社・研究所・催し物会場などの大きな)**建物**; 劇場 ▷ Unser Büro ist im 10. (zehnten) Stock des *Hauses*. うちの事務所はこの建物の 11 階にある / großes *Haus* (主にオペラなどが上演される)大劇場 / kleines *Haus* (主に芝居などが上演される)小劇場 / die beiden *Häuser* (議会の上下)両院
❸ 《文語》王家 ▷ das *Haus* Habsburg ハプスブルク家
[イディオム] ***in*+③ *zu Haus[e] sein*** …³に精通している
mit*+③ *Haus halten (お金・蓄えなど)³を節約して使う (☆ ふつう不定詞句で; なお haushalten とつなげて書くこともある)

Haus·ar·beit [ハオス・アルバイト] [女] *die* ([単] 2 格 −; [複] −en)
❶ 〚[複] なし〛 家事
❷ 宿題 (＝Hausaufgabe)

Haus·arzt [ハオス・アールツト] [男] *der* ([単] 2 格 −es; [複] ..ärzte) かかりつけの医者, ホームドクター

Haus·auf·ga·be [ハオス・アオフガーベ] [女] *die* ([単] 2 格 −; [複] −n) 宿題 ▷ Er macht seine *Hausaufgaben*. 彼は宿題をする

haus·ba·cken [ハオス・バッケン] [形] (服・考え方などが)平凡な, ぱっとしない

Haus·be·sit·zer [ハオス・ベズィッツァー] [男] *der* ([単] 2 格 −s; [複] −) 家主

hau·sen [ハオゼン] (hauste; gehaust; [完了]h)
[自] 《口語》〚[場所]と〛〔ブリキ小屋・仮設住宅など, 不十分な設備のところに〕住んでいる

Häu·ser [ホイザー] Haus の [複数]

Haus·flur [ハオス・フルーア] [男] *der* ([単] 2 格 −[e]s; [複] −e) (ドアから階段までの)廊下, 玄関の間

Haus·frau [ハオス・フラオ] [女] *die* ([単] 2 格 −; [複] −en) **主婦**

Haus·halt [ハオス・ハルト] [男] *der* ([単] 2 格 −[e]s; [複] −e)
❶ 家事 ▷ Ich helfe meiner Frau täglich im *Haushalt*. 私は毎日家内の家事の手伝いをする
❷ (国・地方自治体などの)財政, 会計, 予算

Haus·halts·ar·ti·kel [ハオス・ハルツ・アルティーケル] [男] *der* ([単] 2 格 −s; [複] −) 〚ふつう [複] で〛 家庭用品

Haus·halts·geld [ハオス・ハルツ・ゲルト] [中] *das* ([単] 2 格 −[e]s; [複] なし) 家計費

Haus·halts·ge·rät [ハオス・ハルツ・ゲレート] [中] *das* ([単] 2 格 −[e]s; [複] −e) (掃除機などの)家庭用[電気]器具

Haus·halts·hil·fe [ハオス・ハルツ・ヒルフェ] [女] *die* ([単] 2 格 −; [複] −n) 家政婦, お手伝いさん

Haus·halts·wa·ren [ハオス・ハルツ・ヴァーレン] [複名] 家庭用品

Haus·herr [ハオス・ヘル] [男] *der* ([単] 2・3・4 格 −n; [複] −en) 家長

hau·sie·ren [ハオズィーレン] (hausierte; hausiert; [完了]h)
[自] 〚mit+③と〛〔…³を持って〕行商する

häus·lich [ホイスリヒ]
[形] ❶ 家庭の ▷ *häusliche* Sorgen haben 家庭に心配ごとがある
❷ 家庭的な, 家庭を大事にする ▷ Er ist sehr *häuslich*. 彼はとても家庭的だ

Haus·mann [ハオス・マン] [男] *der* ([単] 2 格 −[e]s; [複] ..männer) (家庭にいて家事をきりもりする) 夫〈男〉, 主夫 ([反] Hausfrau)

Haus·meis·ter [ハオス・マイスター] [男] *der* ([単] 2 格 −s; [複] −) (ビル・寮などの) 管理人

Haus·müll [ハオス・ミュル] [男] *der* ([単] 2 格 −s; [複] なし) 家庭ごみ

Haus·mu·sik [ハオス・ムズィーク] [女] *die* ([単] 2 格 −; [複] −en) (家庭・仲間内・学校などでの)素人による演奏

Haus·num·mer [ハオス・ヌマー] [女] *die* ([単] 2 格 −; [複] −n) (番地として用いられる)家の番号

Haus·ord·nung [ハオス・オルドヌング] [女] *die* ([単] 2 格 −; [複] なし) 入居者心得

Haus·rat [ハオス・ラート] [男] *der* ([単] 2 格 −[e]s; [複] なし) 《集合的に》 所帯〈家財〉道具

Haus·schlüs·sel [ハオス・シュリュッセル] [男] *der* ([単] 2 格 −s; [複] −) 建物の入口の鍵; 玄関の鍵

Haus·schuh [ハオス・シュー] [男] *der* ([単] 2 格 −s; [複] −e) 室内履き, 上履き

Haus·su·chung [ハオス・ズーフング] [女] *die* ([単] 2 格 −; [複] −en) 《法律》 家宅捜査

Haus·tier [ハオス・ティーア] [中] *das* ([単] 2 格 −[e]s; [複] −e) 家畜; ペット (鳥・金魚なども含む)

Haus·tür [ハオス・テューア] [女] *die* ([単] 2 格 −; [複] −en) 玄関のドア

Haus·wart [ハオス・ヴァルト] [男] *der* ([単] 2 格 −[e]s; [複] −e) 《オーストリア・スイス》 ＝Hausmeister

Haus·wirt [ハオス・ヴィルト] [男] *der* ([単] 2 格 −[e]s; [複] −e) 家主, 大家

Haut [ハオト] [女] *die* ([単] 2 格 −; [複] Häute)
❶ 〚[複] なし〛 **肌**, 皮膚 ▷ eine empfindliche *Haut* 敏感な肌 / die *Haut* pflegen 肌の手入れをする / 《比ゆ》 Er ist nur noch *Haut* und Knochen. 彼はやせて骨と皮ばかりだ

H

Häute

❷ (動物の)皮 ▷ einem Hasen die *Haut* abziehen 野ウサギの皮をはぐ
❸ (果実・野菜などの)皮; (液体表面の)膜 ▷ die *Häute* der Zwiebel タマネギの皮 / die *Haut* auf der abgekochten Milch 沸騰したミルクの表面の被膜

Häu·te [ホイテ] Haut の 複数

häu·ten [ホイテン] (häutete; gehäutet; 完了 h)
―― 他 《④と》〔動物の〕皮をはぐ
―― 再《sich⁴と》(ヘビなどが)脱皮する

haut·eng [ハオト·エング] 形 (服などが)体にぴったりの, スキンタイトの

Haydn [ハイドゥン] 《人名》ハイドン (☆ Joseph Haydn はオーストリアの古典派の作曲家. 1732–1809)

Hbf. [ハオプト・バーン・ホーフ] 《*Hauptbahnhof* の略語》(都市の)中央駅

he [ヘー] 《間投詞》《口語》(驚き・怒りなどを表して, あるいは相手の注意を喚起して)へえ, おい

Hea·ring [ヒアリング] 中 *das* (⊕ 2 格 –[s]; 複 -s) 聴聞会, ヒアリング

Heb·am·me [ヘープ・アメ/ヘーバメ] 女 *die* (⊕ 2 格 –; 複 -n) 産婆, 助産婦

He·bel [ヘーベル] 男 *der* (⊕ 2 格 -s; 複 –)
❶ (機械の)レバー
❷ てこ

he·ben [ヘーベン] (hob; gehoben; 完了 h)
―― 他 ❶ 《④と》[⋯⁴を] **持ち上げる** ▷ die schweren Säcke *heben* 重い袋を持ち上げる / Er *hob* sein Glas. 彼は(乾杯のために)グラスを上げた / Schüler *heben* die Hand. 生徒たちが手を挙げる
❷ 《④+方向と》[⋯⁴を⋯へ]持ち上げてのせる; [⋯⁴を⋯から]かかえておろす ▷ sich³ einen Sack auf die Schulter *heben* 袋を肩にかつぎ上げる
❸ 《文語》《④と》(物事が)[⋯⁴を]良くする, 増す, 高める ▷ den Lebensstandard *heben* 生活水準を向上させる
―― 再 《文語》《sich⁴と》(遮断機などが)上がる; (煙などが)立ち上る; (水面などが)持ち〈盛り〉上がる; (商売などが)活気づく

he·cheln [ヘッヒェルン] (hechelte; gehechelt; 完了 h)
自 (犬が)ハーハー荒い息をする

Hecht [ヘヒト] 男 *der* (⊕ 2 格 -[e]s; 複 -e) 《魚》カワカマス

Heck [ヘック] 中 *das* (⊕ 2 格 -[e]s; 複 -e〈-s〉) 船尾 (⇔ Bug)

He·cke [ヘッケ] 女 *die* (⊕ 2 格 –; 複 -n) 生け垣 ▷ die *Hecke* schneiden 生け垣を切りそろえる

He·cken·schüt·ze [ヘッケン・シュッツェ] 男 *der* (⊕ 2·3·4 格 -n; 複 -n) 狙撃手

Heer [ヘーア] 中 *das* (⊕ 2 格 -[e]s; 複 -e)
❶ 軍, 軍隊; (特に)陸軍 (☆「空軍」は Luftwaffe, 「海軍」は Marine) ▷ das siegreiche *Heer* 戦勝軍
❷ 群れ, 大群 ▷ ein *Heer* von Ameisen アリの大群

He·fe [ヘーフェ] 女 *die* (⊕ 2 格 –; 複 -n) 酵母, イースト

Heft

[hɛft ヘフト]
中 *das* (⊕ 2 格 –[e]s; 複 -e)

❶ **ノート**, 帳面
Der Lehrer sammelt die *Hefte* ein.
先生はノートを集める
❷ (雑誌の)号 ▷ das letzte *Heft* der Zeitschrift 雑誌の最近号

hef·ten [ヘフテン] (heftete; geheftet; 完了 h)
他 ❶ 《④と》[⋯⁴を](ピン・接着剤などで)留める ▷ einen Zettel an die Wand *heften* メモ用紙を壁に留める
❷ 《④と》〔裁断した服の部分⁴を〕かりに縫い合わせる, 仮縫いする

hef·tig [ヘフティヒ]
形 ❶ **激しい** ▷ ein *heftiger* Kampf 激戦 / *heftig* weinen 激しく泣く
❷ 怒りっぽい ▷ Er wird leicht *heftig*. 彼はすぐかっとなる

he·gen [ヘーゲン] (hegte; gehegt; 完了 h)
他 ❶ 《④と》〔特に動物・植物⁴を〕保護する
❷ 《④と》〔ある感情⁴を〕抱く ▷ einen Abscheu *hegen* 嫌悪の念を抱く / Misstrauen *hegen* 不信を抱く / einen Verdacht *hegen* 疑惑を抱く / Zweifel *hegen* 疑いを抱く

Hehl [ヘール] 中 *das* / 男 *der* 〔成句で〕kein 〈keinen〉 Hehl aus+③ machen 《文語》⋯³を隠し立てしない

hei [ハイ] 《間投詞》(喜びなどを表して) わあい

Hei·de [ハイデ]
―― 男 *der* (⊕ 2·3·4 格 -n; 複 -n) 異教徒 (ふつうキリスト教徒によって用いられることばで, 特に多神教徒を指す)
―― 女 *die* (⊕ 2 格 –; 複 -n) 荒野 (ふつう砂地で, 低木やヒースなどが生えている; ドイツ北部の Lüneburger Heide が有名)

Lüneburger Heide

Hei·del·bee·re [ハイデル・ベーレ] 女 *die* (⊕ 2

格 –; [複] –n)《植物》コケモモ（ツツジ科の落葉小低木, 実からジュースやジャムなどを作る; ＝Blaubeere)

Hei·del·berg [ハイデルベルク] ([中] *das*)《都市名》ハイデルベルク（ドイツ南西部の大学都市; ☞ 地図 D-4)

hei·d·nisch [ハイドニシュ] [形] 異教徒の ▷ *heidnische* Bräuche 異教徒の慣習

hei·kel [ハイケル] (☆ 語尾がつくと heikl.. となる)
[形] ❶ 扱いにくい, デリケートな ▷ ein *heikles* Thema 扱いにくいテーマ
❷ (食事の好みなどが) うるさい, 注文が多い ▷ Sei nicht so *heikel*! そううるさいことを言うな

heik·le [ハイクレ] ☞ heikel

heil [ハイル]
[形] ❶ (体が) 無傷の ▷ einen Unfall *heil* überstehen 事故で難を逃れる
❷ (傷などが) 治った; 破損していない (☆ 述語として) ▷ Mein Finger ist wieder *heil*. 私の指は治った / Nur zwei Tassen sind *heil* geblieben. カップは 2 つだけが割れないで残った

Heil [ハイル] [中] *das* ([単] 2 格 –[e]s; [複] なし)《文語》最高の幸せ;《宗教》救済, 永遠の至福
[イディオム] ***Heil Hitler!*** ハイルヒトラー (☆ ナチス時代のあいさつ)
Schi Heil! シーハイル (☆ スキーヤーのあいさつ)

Hei·land [ハイラント] [男] *der* ([単] 2 格 –[e]s; [複] なし) 救い主 (キリストの別名)

hei·len [ハイレン] (heilte; geheilt)
— [他] 〖[完了]h〗〖④と〗〔病人^{4}を〕**治す**, 〔病気・傷^{4}を〕治す ▷ den Krebs *heilen* 癌を治す
— [自] 〖[完了]s〗(病気・傷が) **治る** ▷ Die Verletzung ist von selbst *geheilt*. けがはひとりでに治った

heil·froh [ハイル・フロー] [形] 〖成句で〗 ***heilfroh sein***《口語》(嫌なことを無事し終えて) ほっとしている, とても喜んでいる

hei·lig [ハイリヒ] [形] **聖なる, 神聖な** ▷ eine *heilige* Stätte 聖地 / der *Heilige* Abend クリスマスイブ / die *Heilige* Nacht 聖夜

Hei·lig·abend [ハイリヒ・アーベント] [男] *der* ([単] 2 格 –s; [複] –e) クリスマスイブ

Hei·li·ge [ハイリゲ] [男] *der* / [女] *die* (形容詞変化 ☞ Alte 表 I)《カトリック》聖人, 聖女

heil·kräf·tig [ハイル・クレフティヒ] [形] 病気〈傷〉にきく, 効能のある ▷ *heilkräftige* Kräuter 薬草

Heil·kunst [ハイル・クンスト] [女] *die* ([単] 2 格 –; [複] なし) 医術

heil·los [ハイル・ロース] [形]《否定的意味合いで》ひどい ▷ Er war *heillos* verschuldet. 彼にはひどい借金があった

Heil·mit·tel [ハイル・ミッテル] [中] *das* ([単] 2 格 –s; [複] –) 治療法, 治療薬 (＝Medikament)

heil·sam [ハイルザーム] [形] (人生経験上) 有益な, 役に立つ ▷ Diese Erfahrung war für ihn *heilsam*. この経験は彼にとっていい薬になった

heil·te [ハイルテ] heilen の [過去]

Hei·lung [ハイルング] [女] *die* ([単] 2 格 –; まれに [複] –en) 治癒; 治療 ▷ die *Heilung* der Wunde 傷の治癒 / die *Heilung* eines Kranken 病人の治療

heim [ハイム] [副] 家へ (＝nach Hause)

Heim [ハイム] [中] *das* ([単] 2 格 –[e]s; [複] –e)
❶ 〖[複] なし〗 **わが家** (家庭生活の場としての家) ▷ ein gemütliches *Heim* 気持ちのくつろげるわが家
❷ (社会福祉的な) 施設, ホーム ▷ im *Heim* leben 施設で暮らす

Hei·mat [ハイマート] [女] *die* ([単] 2 格 –; [複] なし)
❶ **故郷**, ふるさと, 郷里 ▷ Mannheim ist seine zweite *Heimat*. マンハイムは彼の第 2 の故郷だ
❷ (動植物の) 原産地

hei·mat·lich [ハイマートリヒ] [形] 故郷〈郷里〉の ▷ die *heimatlichen* Berge 故郷の山々

Hei·mat·ver·trie·be·ne [ハイマート・フェアトリーベネ] [男] *der* / [女] *die* (形容詞変化 ☞ Alte 表 I) 故郷を追われた人々 (特に第 2 次世界大戦後の, 旧ドイツ帝国領からの難民)

heim|ge·hen [ハイム・ゲーエン] [分離] (ging heim; heimgegangen; [完了]s)
[自] 家に帰る, 帰宅する

hei·misch [ハイミシュ] [形] その土地の, 国内の ▷ die *heimische* Industrie その土地〈国内〉の産業 / Diese Pflanze ist in Amerika *heimisch*. この植物の原産地はアメリカだ
[イディオム] ***sich^4*** + [場所] + ***heimisch fühlen*** …で自分の故郷にいるような感じをもつ

Heim·kehr [ハイム・ケーア] [女] *die* ([単] 2 格 –; [複] なし) (長い間留守をしていた後の) 帰郷, 帰省

heim|keh·ren [ハイム・ケーレン] [分離] (kehrte heim; heimgekehrt; [完了]s)
[自] (長い留守をした後) 家に帰る, 帰宅する

heim·lich [ハイムリヒ] [形] **ひそかな** ▷ *heimliche* Liebe ひそかな恋

heim|su·chen [ハイム・ズーヘン] [分離] (suchte heim; heimgesucht; [完了]h)
[他]《文語》〖④と〗(不幸などが)〔…^{4}を〕襲う ▷ Eine Dürre *sucht* das Land *heim*. かんばつが国を襲う

Heim·tü·cke [ハイム・テュッケ] [女] *die* ([単] 2 格 –; [複] なし) 陰険さ

heim·tü·ckisch [ハイム・テュッキシュ] [形] 陰険な ▷ ein *heimtückischer* Mensch 陰険な人

Heim·weg [ハイム・ヴェーク] [男] *der* ([単] 2 格 –[e]s; [複] なし) 帰路, 家路

Heim·weh [ハイム・ヴェー] [中] *das* ([単] 2 格 –s; [複] なし) ホームシック, 郷愁 ▷ *Heimweh* bekommen 〈haben〉 ホームシックにかかる〈かかっている〉/ Aus *Heimweh* ging er wieder nach Japan zurück. ホームシックにかられ彼は再び日本に戻った

heim|zah·len [ハイム·ツァーレン] [分離]
(zahlte heim; heimgezahlt; [完了]h)
[他] 〖③+④と〗〔…^{3}に…^{4}の〕仕返しをする ▷ Das werde ich ihm schon *heimzahlen*! その仕返しは彼にきっとしてやる

Hei·ne [ハイネ]《人名》ハイネ (☆ Heinrich Heine はドイツの詩人. 1797–1856)

Hein·rich [ハインリヒ]《男名》ハインリッヒ

Hei·rat [ハイラート] [女] *die* ([単] 2格 –; [複] –en) 結婚, 婚姻 ▷ eine *Heirat* aus Liebe 恋愛結婚

hei·ra·ten [ハイラーテン] (du heiratest, er heiratet; heiratete; geheiratet; [完了]h)
— [自] ❶ 結婚する ▷ aus Liebe *heiraten* 恋愛結婚をする / zum zweiten Mal *heiraten* 再婚する
❷ 〖[方向]と〗 結婚して〔…へ〕行く ▷ Sie hat nach Deutschland *geheiratet*. 彼女はドイツへ嫁いで行った
— [他] 〖④と〗〔…^{4}と〕結婚する ▷ Sie *heiratete* ihn gegen den Willen ihrer Eltern. 彼女は両親の意志に反して彼と結婚した

hei·ra·te·te [ハイラーテテ] heiraten の [過去]

hei·ser [ハイザー] [形] (声が) しわがれた, かすれた, かれた ▷ eine *heisere* Stimme しわがれた声 / sich^4 *heiser* schreien 大声を出しすぎて声をからす

heiß

[hais ハイス]

[比較] heißer [最上] heißest

[形] ❶ 熱い (☆「寒い, 冷たい」は kalt, 「暖〈温〉かい」は warm, 「涼しい」は kühl)
heißes Wasser
熱湯
eine *heiße* Suppe essen
熱いスープを飲む
eine *heiße* Stirn haben
額が熱い
Der Topf ist *heiß*. その鍋(なべ)は熱い
❷ 暑い
ein *heißer* Sommertag
夏の暑い1日
Es ist heute sehr *heiß*.
きょうは非常に暑い
Mir ist *heiß*. 私は暑い
❸ 激しい; 刺激的な; 情熱的な ▷ eine *heiße* Debatte 激しい論争 / *heiße* Rhythmen 興奮させるようなリズム / 《ことわざ》 Was man nicht weiß, macht einen nicht *heiß*. 知らぬが仏 (← 知らないことは人を興奮させない)

hei·ßen

[háisən ハイセン]

[現在]	ich heiße	wir heißen
	du heißt	ihr heißt
	er heißt	sie heißen
[過去]	ich hieß	wir hießen
	du hießest	ihr hießt
	er hieß	sie hießen
[過分]	geheißen	[完了] haben

— [自] ❶ 〖[述語]と〗〔…という〕名前である
Wie *heißen* Sie?
お名前はなんというのですか
Ich *heiße* Ulrich Engel.
私の名前はウルリッヒ・エンゲルです
Wie *heißt* diese Stadt?
この町の名前はなんというのですか
❷ 〖[述語]と〗 (語・文などが)〔…という〕表現になる ▷ Wie *heißt* dieses Wort auf Englisch? この単語は英語でどういうのですか
❸ 〖[述語]と〗〔…という〕意味である ▷ *Heißt* das, dass ich noch einmal von vorn anfangen muss? 最初からやり直せということですか / Was soll das *heißen*? それはどういう意味だ
[イディオム] ***das heißt*** ([略] d.h.) すなわち, つまり ▷ Er ist Beamter, *das heißt*, Lehrer. 彼は公務員 すなわち教師だ
es heißt ...
a) …といわれている ▷ *Es heißt*, er sei ein reicher Mann. 彼は金持ちだといわれている
b) …が必要である ▷ Hier *heißt es*, sich schnell entscheiden. この場合はす早く決断することが必要である
— [他] 《文語》〖④+[述語]〗〔…^{4}を…と〕呼ぶ ▷ Er *hieß* mich einen Betrüger. 彼は私を詐欺師といった
[イディオム] ④+***willkommen heißen*** 《文語》…^{4}に歓迎のあいさつをする ▷ Ich *heiße* Sie *willkommen*. 私はあなた[方]を歓迎します

Heiß·hun·ger [ハイス·フンガー] [男] *der* ([単] 2格 –s; [複] なし) 激しい食欲

hei·ter [ハイター]
[形] ❶ (天候が) 晴れた ▷ Morgen wird es *heiter*. あすは晴れる
❷ (性格などが) 明るい, ほがらかな, 晴れやかな ▷ ein *heiterer* Mensch ほがらかな人 / ein *heiteres* Gesicht machen 晴れやかな顔をする

Hei·ter·keit [ハイターカイト] [女] *die* ([単] 2格 –; [複] なし) (性格などの) 明るさ, ほがらかさ ▷ *Heiterkeit* um sich^4 verbreiten 明るさをふりまく

hei·zen [ハイツェン]
(du, er heizt; heizte; geheizt; [完了]h)
— [他] ❶ 〖④と〗〔部屋など^{4}を〕暖房する (☆ 体・食事などを温める場合は wärmen) ▷ die ganze

Wohnung *heizen* 住まい全体を暖房する
❷ 〚④と〛〔ストーブなど^{4}に〕火をおこす; 〔石炭など^{4}を〕(暖房のために)燃やす
— [自] ❶ 暖房する ▷ Wir *heizen* elektrisch 〈mit Gas〉. うちでは電気で〈ガスで〉暖房している
❷ 〚[様態]と〛〔…の〕熱を出す ▷ Der Ofen *heizt* gut. このストーブはよく暖まる

heiz·te [ハイツテ] heizen の [過去]

Hei·zung [ハイツング] [女] *die* ([単] 2 格 –; [複] –en) 暖房装置 ▷ Unsere *Heizung* funktioniert wieder nicht. うちの暖房はまた作動しない

Hek·tar [ヘクタール] [男] *der* / [中] *das* ([単] 2 格 –s; [複] –) ヘクタール(面積の単位; 1 万 m^2; [記号] ha)

Hek·tik [ヘクティック] [女] *die* ([単] 2 格 –; [複] なし) (イライラするほどの)あわただしさ, せわしさ

hek·tisch [ヘクティシュ] [形] (イライラするほど)あわただしい, せわしい

Held [ヘルト] [男] *der* ([単] 2·3·4 格 –en; [複] –en)
❶ 英雄; 勇士, 勇者 ▷ die *Helden* der germanischen Sagen ゲルマン伝説の英雄たち
❷ (文学作品の) 主人公, ヒーロー ▷ Der *Held* des Dramas ist ein junger Arzt. そのドラマのヒーローは 1 人の若い医者である

hel·den·haft [ヘルデンハフト] [形] (英雄のように)勇敢な

Hel·den·sa·ge [ヘルデン·ザーゲ] [女] *die* ([単] 2 格 –; [複] –n) 英雄伝説

Hel·den·tat [ヘルデン·タート] [女] *die* ([単] 2 格 –; [複] –en) (英雄のような)勇敢な行為

Hel·din [ヘルディン] [女] *die* ([単] 2 格 –; [複] ..dinnen) 〚Held の女性形〛(文学作品の) ヒロイン

hel·fen

[hɛ́lfn̩ ヘルフェン]

[現在]	ich helfe		wir helfen
	du hilfst		ihr helft
	er hilft		sie helfen
[過去]	ich half		wir halfen
	du halfst		ihr halft
	er half		sie halfen
[過分]	geholfen	[完了]	haben

— [自] ❶ 〚③と〛〔…^{3}に〕手助けをする, 手伝う
der Mutter beim Abwaschen *helfen*
母親が洗い物をするのを手伝う
Ich kann dir leider nicht *helfen*.
私は残念ながら君の手助けになれない
〚[zu] 不定詞句と; 過去分詞として helfen の形も用いられる〛
Er *half* ihr, den Koffer zu tragen.
彼は彼女がトランクを運ぶのを手伝った
Sie hat ihm das Buch suchen *geholfen* 〈*helfen*〉. 彼女は彼が本を探すのを手伝った
❷ 〚[方向]と〛〔…へ移動したりするのを〕手伝う, 手助けする ▷ der alten Frau aus dem Auto *helfen* 年老いた女性が車から降りるのを助ける / Er *hilft* ihr in den Mantel. 彼は彼女がコートを着るのを手伝う / Er *hilft* ihr über die Straße. 彼は彼女が道を横切るのを助ける
❸ (物事が) 役に立つ (☆ ふつう否定詞と) ▷ Das Weinen *hilft* nichts. 泣いてもしかたがない
❹ 〚③〈gegen+④〉と〛(薬などが)〔…$^{3(4)}$に〕きく ▷ Das Mittel *hilft* rasch gegen Magenschmerzen. その薬は胃痛にすぐきく
— [再] 〚[sich]^{3}と〛自分でなんとかする, 切り抜ける ▷ Er weiß sich immer zu *helfen*. 彼はつねに困難を切り抜けるすべを心得ている

Hel·fer [ヘルファー] [男] *der* ([単] 2 格 –s; [複] –) 手助けする人, 手伝い, 助力者

hell

[hɛl ヘル]

[比較] heller [最上] hellst

[形] ❶ 明るい ([反] dunkel)
ein *helles* Licht
明るい光
Die Lampe ist mir zu *hell*.
その電灯は私には明るすぎる
Draußen wird es schon *hell*.
外はもう白み始めている
Der Himmel ist *hell*. 空は晴れわたっている
❷ (色が) 明るい, 薄い ▷ *helle* Farben 明るい色 / Das *helle* Grün steht ihr gut. その薄い緑色は彼女によく合っている / *helles* Bier (黒ビールに対し) 淡色のビール / *helles* Haar ブロンドの髪 / *helle* Haut 白い肌
❸ (声·響きなどが) 高い, さえた ▷ Sie hat eine *helle* Stimme. 彼女は高い声をしている

hell·hö·rig [ヘル·ヘーリヒ] [形] (住まいなどが) 防音がよくない, 音が筒抜けの
[イディオム] ④＋***hellhörig machen*** (経験などが) ..^{4}を物事に注意深くさせる
hellhörig werden (あることをきっかけに今まで考えもしなかったことに) 注意を払うようになる

hellicht [ヘル·リヒト] [旧⇒新] helllicht

Hel·lig·keit [ヘリヒカイト] [女] *die* ([単] 2 格 –; [複] なし) 明るさ ([反] Dunkelheit)

hell·licht [ヘル·リヒト] [形] 〚成句で〛 ***am helllichten Tag*** 真っ昼間に, 白昼に

Hell·se·her [ヘル·ゼーアー] [男] *der* ([単] 2 格 –s; [複] –) 未来〈遠く〉のことを見通せる人, 千里眼

Helm [ヘルム] [男] *der* ([単] 2 格 –[e]s; [複] –e) ヘルメット

Hemd

[hɛmt ヘムト]

[中] *das* ([単] 2 格 –es 〈まれに –s〉; [複] –en)

❶ (肌着の) シャツ (＝Unterhemd)
ein frisches *Hemd* 清潔なシャツ

das *Hemd* wechseln シャツを替える
❷ (襟のついた男性用の) シャツ (= Oberhemd); (特に)ワイシャツ ▷ das *Hemd* in die Hose stecken シャツをズボンの中へ突っ込む

hem·men [ヘムメン]
(hemmte; gehemmt; 助h)
囮 ❶ 《④と》 [⋯⁴の]動きを止める ▷ Der Lauf des Flusses wird durch einen Staudamm *gehemmt*. 川の流れはダムによってせき止められる
❷ 《④と》 [⋯⁴を]阻む, 妨げる ▷ den Fortschritt *hemmen* 進歩を阻む

Hem·mung [ヘンムング] 囡 *die* (覆2格 −; 覆 −en)
❶ 《覆で》 (自信のなさなどからくる) 気後れ ▷ Nur keine *Hemmungen*! おどおどするなよ
❷ (道徳観などからの) 心理的抑制, ためらい ▷ Wenn er betrunken war, verlor er jede *Hemmung*. 彼は酔ってしまうと抑制が一切きかなくなる

hem·mungs·los [ヘンムングス・ロース] 形(他人の目を気にして)ためらう〈慎む〉ことを知らない; ためらうこともなく, 他人の目を気にすることなく

Hengst [ヘングスト] 男 *der* (覆2格 −[e]s; 覆 −e) 雄馬; (雄の) シマウマ, ロバ, ラクダ

Hen·kel [ヘンケル] 男 *der* (覆2格 −s; 覆 −) (ポット・鍋々・カップなどの)取っ手

Hen·ker [ヘンカー] 男 *der* (覆2格 −s; 覆 −) 死刑執行人

Hen·ne [ヘンネ] 囡 *die* (覆2格 −; 覆 −n) 《鳥》めんどり ▷ Die *Henne* legt ein Ei. めんどりが卵を産む

her [ヘーア]
副 ❶ 《話者への方向を示して》こちらへ (☆話者から離れる方向は hin を用いる) ▷ *Her* zu mir! こっちへ来いよ / *Her* mit dem Geld! その金をよこせ
❷ 《過去のある時点から現時点までの時間の隔たりを表して》(それ以来)⋯の時間がたっている ▷ Es ist schon fünf Jahre *her*, dass ich ihn zuletzt gesehen habe. 私が彼に最後に会ってからすでに5年が経過している / Es ist schon lange *her*. それはもうだいぶ以前のことだ
❸ 《特定の前置詞句と》一定の距離を保って⋯ ▷ Sie geht vor ihm *her*. 彼女は(一定の距離を保って)彼の前を歩いて行く
《イディオム》 *hin und her* あちこちへ
von ... her ⋯の方から; ⋯以来 ▷ *von* weit *her* 遠くから / *von* früher *her* 以前から / *von* der Theorie *her* 理論から見ると

> ★ **her..** [ヘーア..] 《分離前つづり》
> 《こちらへ》 *her*kommen こちらへ来る; *her*geben こちらへ手渡す

he·rab [ヘラップ] 副 《向こうからこちらの)下へ ▷ vom Dach *herab* 屋根から下へ

he·rab|bli·cken [ヘラップ・ブリッケン] 分離
(blickte herab; herabgeblickt; 助h)
圓 《auf+④と》 [⋯⁴を]見下す

he·rab|las·sen [ヘラップ・ラッセン] 分離 (e lässt herab; ließ herab; herabgelassen; 助h)
囮 《④と》 [⋯⁴を] (ロープなどで)下へおろす

he·rab·las·send [ヘラップ・ラッセント] 形(うわべはていねいだが)尊大な, いんぎん無礼な, 見下した

he·rab|set·zen [ヘラップ・ゼッツェン] 分離
(setzte herab; herabgesetzt; 助h)
囮 ❶ 《④と》[速度・費用など⁴を]下げる
❷ 《④と》[功績など⁴を]けなす

he·ran [ヘラン] 副 《向こうから)こちらへ(近づいて) ▷ Nur *heran*! さあこっちへ来い

> ★ **heran..** [ヘラン..] 《分離前つづり》
> 《向こうからこちらへ》 *heran*gehen 近寄る, *heran*kommen 近づいて来る; *heran*ziehen 引き寄せる

he·ran|ge·hen [ヘラン・ゲーエン] 分離
(ging heran; herangegangen)
圓 ❶ 《an+④と》 [⋯⁴に]近寄る, 近づく
❷ 《an+④と》 [仕事など⁴に]着手する, 取りかかる

he·ran|kom·men [ヘラン・コメン] 分離
(kam heran; herangekommen; 助s)
圓 近づいて来る, 近寄って来る

he·ran|ma·chen [ヘラン・マッヘン] 分離
(machte heran; herangemacht; 助h)
再 《口語》《*sich*⁴+an+④と》 [⋯⁴に] (下心をもって)近づく, 言い寄る

he·ran|zie·hen [ヘラン・ツィーエン] 分離
(zog heran; herangezogen)
― 囮 《助h》 ❶ 《④と》[椅子など⁴を]引き寄せる
❷ 《④と》[専門家など⁴を]呼んで意見などを聞く
❸ 《④と》[⋯⁴を]証拠として引き合いに出す
❹ 《④と》[植物・動物など⁴を]育てる; [後継者など⁴を]育成する
❺ 《④と+zu+③と》[⋯⁴を仕事など³に]慣れさせる
― 圓 《助s》(嵐などが)近づいて来る

he·rauf [ヘラオフ]
副 (向こうからこちらの)上へ ▷ *Herauf* zu mir! こっちへ上がって来い

he·rauf|be·schwö·ren [ヘラオフ・ベシュヴェーレン] 分離 (beschwor herauf; heraufbeschworen; 助h)
囮 《④と》[危険・危機など⁴を] (不注意な行動などで)引き起こす

he·raus [ヘラオス]

herausschlagen

副 (向こうからこちらの) **外へ** ▷ *Heraus* mit euch an die frische Luft! 君たち外に出て来いよ

> ★ **heraus..** [ヘラオス..]【分離前つづり】
> (こちらの外へ) *heraus*kommen (中から外へ) 出てくる, *heraus*nehmen (中から外へ) 取り出す

he·raus|be·kom·men [ヘラオス・ベコメン]
分離 (bekam heraus; herausbekommen; 匠h)
他 ❶ 〖④と〗〔..⁴を〕(あるところから) 取り出す, 引き抜く, 拾い上げる
❷ 〖④と〗〔ある金額⁴の〕お釣りをもらう
❸ 〖④と〗〔秘密など⁴を〕探り出す
❹ 《口語》〖④と〗〔数学の計算など⁴を〕解く

he·raus|brin·gen [ヘラオス・ブリンゲン] 分離
(brachte heraus; herausgebracht; 匠h)
他 ❶ 〖①と〗〔..⁴を〕中から外に運び出す
❷ 〖④と〗〔製品など⁴を〕市場に出す, 発売する, 出版する
❸ 〖④と〗〔声・ことばなど⁴を〕発する, 出す
❹ 《口語》〖④+aus+③と〗〔秘密など⁴を..³から〕探り出す, 聞き出す

he·raus|fin·den [ヘラオス・フィンデン] 分離
(fand heraus; herausgefunden; 匠h)
他〖④と〗〔..⁴を〕(多くの中から) 見つけ出す

he·raus|for·dern [ヘラオス・フォルデルン] 分離
(forderte heraus; herausgefordert; 匠h)
他 ❶ 〖④+zu+③と〗〔..³に..³をするように〕挑む ▷ Er *forderte* mich zum Zweikampf *heraus*. 彼は私に決闘を挑んだ
❷ 〖④と〗〔反発など⁴を〕招く ▷ Sein Auftreten *forderte* Kritik *heraus*. 彼の態度は批判を招いた

he·raus·for·dernd [ヘラオス・フォルデルント]
形 挑発的な ▷ ein *herausforderndes* Benehmen 挑発的な態度

he·raus|ge·ben [ヘラオス・ゲーベン] 分離 (er gibt heraus; gab heraus; herausgegeben; 匠h)
——他 ❶ 〖④+④と〗〔..³に釣り銭⁴を〕渡す ▷ *Geben* Sie mir bitte drei Euro *heraus*, das übrige ist für Sie. お釣りは3ユーロください 残りは取っておいてください
❷ 〖④と〗(出版社などが)〔本など⁴を〕出版〈発行〉する; 編集〈編纂ﾞ〉する
❸ 〖④と〗〔捕虜など⁴を〕引き渡す; 〔盗品など⁴を〕返還する
——自 〖③+auf+④と〗〔..³に..⁴に対する釣り銭⁴を〕渡す ▷ Können Sie mir auf hundert Euro *herausgeben*? 100ユーロでお釣りがありますか

He·raus·ge·ber [ヘラオス・ゲーバー] 男 der (⓶ 2格 -s; ⓶ -) (本などの) 編集責任者, 編者, 発行者, 出版者 (⓶ Hg., Hrsg.)

he·raus|ge·hen [ヘラオス・ゲーエン] 分離
(ging heraus; herausgegangen; 匠s)
自 ❶ 《口語》(歩いて外へ) 出て行く
❷ (汚れなどが) とれる

he·raus|ho·len [ヘラオス・ホーレン] 分離
(holte heraus; herausgeholt; 匠h)
他 ❶ 〖④と〗〔..⁴を〕(中から) 取り出す
❷ 《口語》〖④と〗〔真実など⁴を〕(苦労して) 聞き出す
❸ 〖④と〗〔利益など⁴を〕(交渉などで) 獲得する; (商売などで) もうける

he·raus|kom·men [ヘラオス・コメン] 分離
(kam heraus; herausgekommen; 匠s)
自 ❶ (中から外へ) 出てくる ▷ *Komm* doch *heraus*! 出て来いよ / (比ゆ) Es ist nie *herausgekommen*, wer den Mord begangen hat. だれがその殺人を犯したか決して明らかになることがなかった
❷ (新製品が) 市場に出る ▷ Wann *kommt* der neue Wagentyp *heraus*? 新型車はいつ発売されるのですか
❸ (音・映像などが) はっきり出る ▷ Die tiefen Töne *kommen* bei diesem Apparat nicht gut *heraus*. この機器では低音の出がよくない
❹ 〖bei+③と〗〔..³の結果として〕生じる ▷ Bei der Untersuchung ist nichts *herausgekommen*. この調査では何も出てこなかった

he·raus|neh·men [ヘラオス・ネーメン] 分離
(er nimmt heraus; nahm heraus; herausgenommen; 匠h)
他 ❶ 〖④と〗〔..⁴を〕(中から外へ) 取り出す ▷ den Anzug aus dem Koffer *herausnehmen* 背広をスーツケースから取り出す
❷ 〔盲腸など⁴を〕切除する ▷ sich³ den Blinddarm *herausnehmen* lassen 盲腸を切除してもらう

he·raus|re·den [ヘラオス・レーデン] 分離
(redete heraus; herausgeredet; 匠h)
再 《口語》〖sich⁴と〗(自分に罪・責任などがないと) 言い逃れをする

he·raus|rü·cken [ヘラオス・リュッケン] 分離
(rückte heraus; herausgerückt; 匠h)
——他 《口語》〖④と〗〔お金など⁴を〕しぶしぶ渡す
——自 《口語》〖mit+③と〗〔真実・秘密など³を〕やっと話す ▷ mit der Sprache *herausrücken* 口を割る

he·raus|rut·schen [ヘラオス・ルッチェン] 分離
(rutschte heraus; herausgerutscht; 匠s)
自 (財布などがズボンから) 外にすべり出る;《口語》(ことばが)〔..³の口から〕うっかり出てしまう

he·raus|schla·gen [ヘラオス・シュラーゲン] 分離 (er schlägt heraus; schlug heraus; herausgeschlagen; 匠h)

[他] ❶〖④と〗〔仕切り壁など⁴を〕たたき壊して取り除く
❷〖④と〗〔ほこりなど⁴を〕はたき出す
❸《口語》〖④と〗〔利益など⁴を〕(商売などで)まんまと手に入れる

he·raus|stel·len [ヘラオス・シュテレン] [分離]
(stellte heraus; herausgestellt; [完了]h)
— [他]〖④と〗〔意義・本質など⁴を〕明確に示す，強調する ▷ Er *stellte* in seiner Rede die Bedeutung des Vorhabens *heraus*. 彼は演説で計画の意義を強調した
— [再]〖[sich]⁴と〗(事実などが)明らかになる

he·raus|tre·ten [ヘラオス・トレーテン] [分離] (er tritt heraus; trat heraus; herausgetreten; [完了]s)
[自] (部屋・列などの中から)歩み出る

H

he·raus|zie·hen [ヘラオス・ツィーエン] [分離]
(zog heraus; herausgezogen; [完了]h)
[他]〖④と〗〔ナイフ・とげなど⁴を〕(中から)引っ張り出す，引き抜く

herb [ヘルプ]
[形] ❶ (味などに甘さがなく)軽い苦味〈酸味〉のある ▷ *herber* Wein 酸味の強いワイン
❷ (批判などが)辛辣な ▷ Seine Worte waren *herb*. 彼のことばは辛辣だった
❸ (損失・失望などが)耐え難い，つらい
❹ (人の感じが)きつい，とっつきにくい ▷ Sie ist sehr *herb*. 彼女は感じが非常にきつい

her·bei [ヘア・バイ] [副] こちらへ ▷ *Herbei* zu mir! こっちへ来い

her·bei|füh·ren [ヘア・バイ・フューレン] [分離]
(führte herbei; herbeigeführt; [完了]h)
[他]〖④と〗〔重大なことなど⁴を〕実現〈成立〉させる; 引き起こす，招く ▷ Man muss eine Einigung *herbeiführen*. 合意を成立させなければならない

Her·bergs·va·ter [ヘルベルクス・ファーター] [男] *der* ([単] 2 格 -s; [複] ..väter) ユースホステルの男性管理人

Herbst

[hɛrpst ヘルプスト]
[男] *der* ([単] 2 格 -[e]s; [複] -e)

秋
ein warmer *Herbst*
暖かな秋
Es wird *Herbst*.
秋になる
im *Herbst* 秋に
den *Herbst* des Lebens genießen
《比ゆ》晩年を楽しむ

herbst·lich [ヘルプストリヒ] [形] 秋の，秋らしい

Herd [ヘーアト] [男] *der* ([単] 2 格 -es〈まれに -s〉; [複] -e)
❶ レンジ，かまど ▷ die Pfanne auf den *Herd* stellen フライパンをレンジの上にのせる

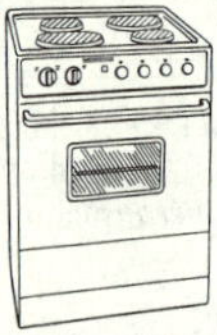
Herd

❷ (騒動・疾病などの)発生地;（火事の)火元(地震の)震源地

Her·de [ヘーアデ] [女] *die* ([単] 2 格 -; [複] -n) (同種の動物の)群れ ▷ eine *Herde* von Elefanten ゾウの群れ /〖同格的に〗eine *Herde* Schafe hüten 羊の群れの番をする

Her·der [ヘルダー]《人名》ヘルダー (☆ Johann Gottfried von Herder はドイツの思想家，文学者 1744-1803)

he·rein [ヘライン]
[副] (内側から見て)中へ ([反] hinaus) ▷ *Herein!*《ドアのノックに対して》お入り

he·rein|fal·len [ヘライン・ファレン] [分離] (er fällt herein; fiel herein; hereingefallen; [完了]s)
[自]《口語》〖auf+④と〗〔..⁴に〕だまされる，ひっかかる

he·rein|kom·men [ヘライン・コメン] [分離]
(kam herein; hereingekommen; [完了]s)
[自] (こちらへ)入って来る ▷ Bitte *kommen* Sie doch *herein*! どうぞお入りください

he·rein|le·gen [ヘライン・レーゲン] [分離]
(legte herein; hereingelegt; [完了]h)
[他]《口語》〖④と〗〔..⁴を〕だます

he·rein|tre·ten [ヘライン・トレーテン] [分離] (er tritt herein; trat herein; hereingetreten; [完了]s)
[自] (こちらへ)入って来る

her|fal·len [ヘーア・ファレン] [分離]
(er fällt her; fiel her; hergefallen; [完了]s)
[自]〖über+④と〗〔..⁴に〕襲いかかる;《口語》〔..⁴を〕非難する

Her·gang [ヘーア・ガング] [男] *der* ([単] 2 格 -[e]s; [複] なし) (出来事の)経過，経緯，いきさつ ▷ den *Hergang* des Geschehens schildern 事件のいきさつを述べる

her|ge·ben [ヘーア・ゲーベン] [分離]
(er gibt her; gab her; hergegeben; [完了]h)
[他] ❶〖④と〗〔..⁴を〕こちらへ手渡す，よこす ▷ *Gib* das Messer *her*! ナイフをよこしなさい
❷〖④と〗〔財産など⁴を〕(ある目的のために)差し出す，提供する ▷ Er *gab* alles *her*. 彼は持っているものすべてを差し出した

her·ge·lau·fe·ne [ヘーア・ゲラオフェネ] [形] 素性の知れない，どこの馬の骨ともわからない (☆ 名詞につけて)

her·ge·stellt [ヘーア・ゲシュテルト] herstellen の 過分

He·ring [ヘーリング] 男 der (③ 2格 -s; ④ -e) 《魚》ニシン

her|kom·men [ヘーア・コメン] 分離
(kam her; hergekommen; 医了s)
自 ❶ こちらへ来る ▷ *Komm* doch mal *her*! ちょっとこっちへ来いよ
❷ 《場所と》〔…の〕出である ▷ Wo *kommen* Sie *her*? あなたの出身地はどこですか / Wo *kommt* denn nur das Geld *her*? いったいどこからその金は手に入れた〈入れる〉のだ

her·kömm·li·che [ヘーア・ケムリヒェ] 形 (やり方などが) 従来の (☆ 名詞につけて)

Her·kunft [ヘーア・クンフト] 女 die (③ 2格 -; まれに ..künfte) 生まれ, 素性 ▷ Sie ist nach ihrer *Herkunft* Französin. 彼女は生まれがフランスだ / 〔形容詞を伴って 2格と〕Dieser Käse ist holländischer *Herkunft*. このチーズはオランダ産である

her|lei·ten [ヘーア・ライテン] 分離
(leitete her; hergeleitet; 医了h)
—— 他 〔④+aus+③と〕〔…³から公式など⁴を〕導き出す, 〔ある要求⁴をする根拠を…³に〕求める
—— 再 〔sich⁴+aus〈von〉+③と〕〔…³に〕由来する ▷ Das Wort Fenster *leitet* sich vom lateinischen „fenestra" *her*. Fenster「窓」という単語はラテン語の fenestra に由来する

her|ma·chen [ヘーア・マッヘン] 分離
(machte her; hergemacht; 医了h)
再 《口語》 ❶ 〔sich⁴+über+④と〕〔仕事など⁴に〕精力的に取りかかる; がつがつ食べはじめる
❷ 〔sich⁴+über+④と〕〔…⁴に〕批判〈非難〉を浴びせる
イディオム *viel* 〈*nichts*〉 *hermachen* (服装などが) 見栄えが大いにする〈全然しない〉

He·ro·in [ヘロイーン] 中 das (③ 2格 -s; ④ なし)《薬剤》ヘロイン

he·ro·isch [ヘローイシュ] 形 《文語》(英雄のように) 勇敢に

Herr

[her ヘル]
男 der (③ 2・3・4格 -n; ④ -en)

格	単 数	複 数
①	der Herr	die Herren
②	des Herrn	der Herren
③	dem Herrn	den Herren
④	den Herrn	die Herren

❶ 《男性を指し示したり呼びかけたりする場合に姓あるいは称号に付加して》
…さん, 氏 (⇔ Frau)
Herr Meyer マイヤーさん
Herr Direktor 所長さん
Ich erwarte den Besuch des *Herrn* Müller. 私はミュラーさんの訪問を待っています
Herr Ober! ボーイさん
❷ 《男性に対するていねいな表現として》 紳士, 男の方 ▷ ein vornehmer *Herr* 上品な紳士 / Ein *Herr* möchte Sie sprechen. 男の方がお目にかかりたいと申しております / Meine Damen und *Herren* ご臨席の皆様
❸ 支配者, 主人; 《キリスト教》主 ▷ Der Hund gehorcht seinem *Herrn* aufs Wort. その犬は飼い主の言うことをよく聞く /《比ゆ》*Herr* der Lage sein 事態を掌握している

Her·ren·ar·ti·kel [ヘレン・アルティーケル] 男 der (③ 2格 -s; ④ -) 《ふつう 複 で》紳士用品

Her·ren·schnei·der [ヘレン・シュナイダー] 男 der (③ 2格 -s; ④ -) 紳士服仕立て職人, テーラー

Her·ren·gott [ヘル・ゴット] 男 der (③ 2格 -s; ④ なし) 《口語》主なる神

her·risch [ヘリシュ] 形 (態度などが) 高圧〈威圧〉的な, 高飛車な

herr·lich [ヘルリヒ]
形 すばらしい ▷ ein *herrliches* Abendrot すばらしい夕焼け / Das Wetter war *herrlich*. 天気はすばらしかった

Herr·lich·keit [ヘルリヒカイト] 女 die (③ 2格 -; ④ -en) すばらしさ; 《ふつう 複 で》すばらしいこと〈もの〉

Herr·schaft [ヘルシャフト] 女 die (③ 2格 -; ④ -en)
❶ 《複 なし》 支配, 統治 ▷ unter der *Herrschaft* des Kaisers 皇帝の治世下で /《比ゆ》die *Herrschaft* über+④ verlieren …⁴のコントロール〈制御〉を失う
❷ 《複 で》(その場に居合わせる男女を指すていねいな表現として) 皆様 ▷ Meine *Herrschaften*! (呼びかけで) 皆さん

herr·schen [ヘルシェン]
(herrschte; geherrscht; 医了h)
自 ❶ 支配する, 統治する ▷ über ein Volk *herrschen* ある民族を統治する / 〔現在分詞で〕die *herrschende* Klasse 支配階級
❷ (ある状態が) 支配している; (病気が) 流行している ▷ Überall *herrschte* Freude. 至る所で喜びが満ちあふれていた / 〔現在分詞で〕die *herrschende* Meinung 支配的な意見

Herr·scher [ヘルシャー] 男 der (③ 2格 -s; ④ -) 支配者; 君主

herrsch·süch·tig [ヘルシュ・ズュヒティヒ] 形 支配欲の強い

herrsch·te [ヘルシュテ] herrschen の 過去

医了h, 医了s=完了の助動詞 haben, sein

herrühren

her|rüh·ren [ヘーア・リューレン] 分離
(rührte her; hergerührt; 配 h)
自 《von+③と》[…³に]由来〈起因〉する ▷ Die Narbe *rührt* von einer Operation *her*. この傷痕は手術によるのである

her|stel·len [ヘーア・シュテレン] 分離
(stellte her; hergestellt; 配 h)
他 ❶ 《④と》[…⁴を](商品として)製造する, 生産する ▷ Autos *herstellen* 自動車を製造する
❷ 《④と》[関係など⁴を](努力して)つくりだす, 打ち立てる ▷ eine telefonische Verbindung *herstellen* 電話連絡をつける / das Gleichgewicht zwischen+③ *herstellen* …³の間に均衡関係を確立する

Her·stel·ler [ヘーア・シュテラー] 男 der (糖 2格 -s; 楼 -) 製造[業]者 (=Produzent)

Her·stel·lung [ヘーア・シュテルング] 女 die (糖 2格 -; 楼 -en)
❶ (商品の)製造, 生産
❷ (関係などを努力して)つくりだすこと ▷ die *Herstellung* einer telefonischen Verbindung 電話連絡をつけること

Hertz [ヘルツ] 中 das (糖 2格 -; 楼 -) (振動数・周波数の単位)ヘルツ (配 Hz; ドイツの物理学者 Hertz に由来する)

he·rü·ber [ヘリューバー] 副 (あるものを越えて)こちら[側]へ (楼 hinüber)

he·rum [ヘルム]
副 (…のまわりを)回って, 回して ▷ den Kopf nach rechts *herum* drehen 頭を右の方に回す / Rechts *herum*! 右に回れ
イディオム *herum sein* 《口語》(休みなどが)終わる
um+④ *herum sein* (病人など)に付き添う
um ... herum
a) …のまわりに, 周辺に ▷ *Um* das Haus *herum* stehen Bäume. 家のまわりを木々が囲んでいる
b) 《口語》およそ… ▷ *um* fünf Uhr *herum* 5時ごろ / *um* den 17. (siebzehnten) Mai *herum* 5月17日あたりに

he·rum|drü·cken [ヘルム・ドリュッケン] 分離
(drückte herum; herumgedrückt; 配 h)
— 他 《④と》[レバーなど⁴を]押して回す
— 再 《口語》 ❶ 《sich⁴+um+④と》[嫌な仕事など⁴から]逃れる
❷ 《sich⁴+場所と》[酒場などで]何もせずに時を過ごす, [通りなどを]ぶらぶらする

he·rum|ge·hen [ヘルム・ゲーエン] 分離
(ging herum; herumgegangen; 配 s)
自 《口語》 ❶ 《um+④と》[…⁴の周りを]ぐるりと回る; [障害物など⁴を]避けて通る
❷ 《場所と》[公園・町中など⁴を]ぶらぶら歩く
イディオム ④+*herumgehen lassen* (署名簿・写真など⁴を)人から人へ回す ▷ Bitte *lassen* Sie die Bilder *herumgehen*! この写真を回して下さい

he·rum|kom·men [ヘルム・コメン] 分離
(kam herum; herumgekommen; 配 s)
自 《um+④と》[嫌なこと⁴から]逃れる
イディオム viel 〈weit〉 *herumkommen* (世界中など)を旅して回る

he·rum|krie·gen [ヘルム・クリーゲン] 分離
(kriegte herum; herumgekriegt; 配 h)
他 《口語》 ❶ 《④と》[…⁴を]口説き落とす, 説き伏せる
❷ 《④と》[待ち時間など⁴を]つぶす

he·rum|lau·fen [ヘルム・ラオフェン] 分離 (e läuft herum; lief herum; herumgelaufen; 配 s)
自 《口語》(当てもなく)あちこち歩き回る

he·rum|lun·gern [ヘルム・ルンゲルン] 分離
(lungerte herum; herumgelungert; 配 h, s)
自 《口語》ぼやっとしている; (通りなどに)たむろする

he·rum|schla·gen [ヘルム・シュラーゲン] 分離
(er schlägt herum; schlug herum; herumgeschlagen; 配 h)
— 他 《④+um+④と》[…⁴を…⁴の]周りに巻きつける
— 再 《sich⁴+mit+③と》[問題など³に]苦労する

he·rum|sein [ヘルム・ザイン] 分離 (er ist herum; war herum; herumgewesen; 配 s) 自 (旧⇒新)
herum sein (分けて書く) ☞ herum

he·rum|sit·zen [ヘルム・ズィッツェン] 分離
(saß herum; herumgesessen; 配 h 〈南ドイツ・オーストリア・スイス 配 s〉)
自 ❶ 《um+④と》[…⁴を囲んで]輪になって座っている
❷ 《口語》(長いこと)ぼんやり座っている

he·rum|trei·ben [ヘルム・トライベン] 分離
(trieb herum; herumgetrieben; 配 h)
再 《口語》《sich⁴と》(町などを)ほっつき歩く, ぶらぶらする

he·run·ter [ヘルンター]
副 (向こうからこちらの)下へ ▷ *Herunter* mit euch! 君たち下りて来い

he·run·ter|hau·en [ヘルンター・ハオエン] 分離
(haute herunter; heruntergehaut; 配 h)
他 《口語》[成句で] ③+*eine* 〈*ein paar*〉 *herunterhauen* …³に平手打ちをくらわす

he·run·ter|ma·chen [ヘルンター・マッヘン] 分離 (machte herunter; heruntergemacht; 配 h)
他 《口語》《④と》[…⁴を]こきおろす, 酷評する

her·vor [ヘァ・フォーァ] 副 (後ろ・下などから)手前へ; (中から)外へ

her·vor|brin·gen [ヘァフォーァ・ブリンゲン] 分離 (brachte hervor; hervorgebracht; 配 h)
他 《④と》[芸術家など⁴を]輩出する; [芸術作品など⁴を]生み出す ▷ Die Stadt hat schon viele

Dichter *hervorgebracht.* その町からすでに数多くの詩人が出ている

her·vor|ge·hen [ヘアフォーア・ゲーエン] 分離
(ging hervor; hervorgegangen; 匠7s)
自《文語》〖aus+③と〗(あることが)〔…³から〕明らかになる
(イディオム) *aus*+③ *als Sieger hervorgehen* …³の勝利者になる

her·vor|he·ben [ヘアフォーア・ヘーベン] 分離
(hob hervor; hervorgehoben; 匠7h)
他〖④と〗〔…⁴を〕強調する、きわだたせる ▷ *Ich möchte hervorheben, dass* … 私は…ということを強調したい

her·vor|ra·gen [ヘアフォーア・ラーゲン] 分離
(ragte hervor; hervorgeragt; 匠7h)
自 ❶《文語》抜きんでている、傑出している
❷ (物が)突き出ている

her·vor·ra·gend [ヘアフォーア・ラーゲント] 形
特にすぐれた、傑出した、抜群の ▷ *eine hervorragende* Aufführung 抜群の演技〈演奏〉

her·vor|ru·fen [ヘアフォーア・ルーフェン] 分離
(rief hervor; hervorgerufen; 匠7h)
他〖④と〗(あることが)〔反響・結果など⁴を〕呼ぶ〈引き〉起こす

her·vor|ste·chen [ヘアフォーア・シュテッヒェン] 分離 (er sticht hervor; stach hervor; hervorgestochen; 匠7h)
自 (色・形などが)際立つ、目立つ

her·vor|tre·ten [ヘアフォーア・トレーテン] 分離
(er tritt hervor; trat hervor; hervorgetreten; 匠7s)
自〖場所と〗〔…から〕(表に)出て来る

Herz [ヘルツ] 匣 *das*(⑫ 2格 -ens, 3格 -en, 4格 -; 複 -en)
❶ 心臓 ▷ *ein starkes* 〈*schwaches*〉 *Herz haben* 心臓が強い〈弱い〉 / *Das Herz schlägt regelmäßig.* 心臓が規則正しく鼓動する 〈比ゆ〉 *im Herzen* Europas ヨーロッパの中心部に
❷ 心 ▷ *ein reines Herz haben* 清い心をもっている / *aus tiefstem Herzen* 〈*von ganzem Herzen*〉 心から
❸ ハート形のもの ▷ *ein Herz aus Schokolade* ハート形のチョコレート
❹ (複 なし)〈トランプ〉ハート

Herz·an·fall [ヘルツ・アン・ファル] 男 *der* (⑫ 2格 -[e]s; 複 ..fälle) 《医学》心臓発作 ▷ *einen Herzanfall bekommen* 心臓発作を起こす

her·zens·gut [ヘルツェンス・グート] 形 心根のやさしい、善良な

herz·haft [ヘルツハフト]
形 ❶ 力強い、勢いのよい ▷ *einen herzhaften* Schluck nehmen ぐいっと一飲みする
❷ (食事が)栄養豊富な

her|zie·hen [ヘーア・ツィーエン] 分離
(zog her; hergezogen)
— 自〖場所s〗〖über+④と〗《口語》〔…について〕陰口をきく
— 他〖場所h〗〖④+hinter+*sich*³と〗〔そりなど⁴を〕引っ張って行く

her·zig [ヘルツィヒ] 形《やや古語》(特に子供が)かわいらしい

Herz·in·farkt [ヘルツ・インファルクト] 男 *der* (⑫ 2格 -[e]s; 複 -e)《医学》心筋梗塞 ▷ *einen Herzinfarkt bekommen* 心筋梗塞を起こす

Herz·kam·mer [ヘルツ・カマー] 女 *die* (⑫ 2格 -; 複 -n)《医学》心室

Herz·klop·fen [ヘルツ・クロプフェン] 匣 *das* (⑫ 2格 -s; 複 なし) 動悸 ▷ *Herzklopfen haben* (不安などで)胸がどきどきしている

herz·lich [ヘルツリヒ]
— 形 心のこもった、心からの ▷ *herzliche* Worte 心のこもったことば / *Herzlich willkommen!* ようこそおいでになりました / *Herzlichen Dank!* 本当にありがとう / *Herzlichen Glückwunsch zum Geburtstag!* 誕生日おめでとう / *Mit herzlichen Grüßen* 心からのあいさつをこめて(☆ 手紙の結びのことば; 敬具に相当)
— 副《口語》(否定的な意味合いを強調して)ひどく、とても ▷ *Seine Rede war herzlich langweilig.* 彼のスピーチはひどく退屈だった

herz·los [ヘルツ・ロース] 形 思いやりのない、薄情な、冷酷な ▷ *ein herzloser Mensch* 思いやりのない人

Herz·lo·sig·keit [ヘルツ・ローズィヒカイト] 女 *die* (⑫ 2格 -; 複 なし) 思いやりのないこと、薄情、冷酷

Her·zog [ヘルツォーク] 男 *der* (⑫ 2格 -s; 複 ..zöge) 公爵

Her·zö·ge [ヘルツェーゲ] Herzog の 複数

Herz·schlag [ヘルツ・シュラーク] 男 *der* (⑫ 2格 -[e]s; 複 ..schläge)
❶ 心臓麻痺 ▷ *an einem Herzschlag sterben* 心臓麻痺で死ぬ
❷ 心臓の鼓動、心拍

Herz·schritt·ma·cher [ヘルツ・シュリット・マッハー] 男 *der* (⑫ 2格 -s; 複 -) ペースメーカー(脈拍調整装置)

Herz·ver·sa·gen [ヘルツ・フェアザーゲン] 匣 *das* (⑫ 2格 -s; 複 なし)《文語》心不全

herz·zer·rei·ßend [ヘルツ・ツェアライセント] 形 (光景・叫び声などが)胸の張り裂けるような

Hes·se [ヘッセ]《人名》(☆ Hermann Hesse はドイツの小説家・詩人、1877–1962)

Hes·sen [ヘッセン] (匣 *das*)《州名》ヘッセン(ドイツ中部の州)

hes·sisch [ヘッスィシュ] 形 ヘッセンの

he·te·ro·gen [ヘテロゲーン] 形 不均質な、異種混成の、雑多な (反 homogen)

he·te·ro·se·xu·ell [ヘテロ・ゼクスエル] 形 異性愛の (⇔ homosexuell)

Het·ze [ヘッツェ] 女 die (⊕ 2格 -; ⊕ なし)
❶《口語》あわただしさ
❷（特定の人・集団に向けられた）扇動的な誹謗

het·zen [ヘッツェン] (hetzte; gehetzt; 匿了h)
— 他《④と》〔逃げる動物・人⁴を〕(捕まえようとして)追い回す ▷ Die Hunde *hetzen* den Hasen. 犬がウサギを追い回す
— 自 ❶《gegen+④と》〔…⁴に対して〕憎悪などをかきたてる
❷《口語》とても急ぐ

Heu [ホイ] 中 das (⊕ 2格 -[e]s; ⊕ なし)（飼料用の）干し草 ▷ *Heu* machen 干し草を作る

heu·cheln [ホイヒェルン] (heuchelte; geheuchelt; 匿了h)
他《④と》〔…⁴を〕装う, 〔…⁴の〕ふりをする ▷ Mitleid *heucheln* 同情を装う

heu·er [ホイアー] 副《南ドイツ・オーストリア・スイス》今年

Heu·er [ホイアー] 女 die (⊕ 2格 -; まれに ⊕ -n)（船員の）賃金

heu·ern [ホイエルン] (heuerte; geheuert; 匿了h)
他《④と》〔船員など⁴を〕雇う

heu·len [ホイレン] (heulte; geheult; 匿了h)
❶ 自（犬・オオカミなどが）遠吠えする ▷ Die Wölfe *heulten*. オオカミが遠吠えした
❷（サイレン・モーター・風などが）とどろく, うなる ▷ Der Sturm *heulte* ums Haus. あらしが家の周りをビュービュー吹いていた
❸《口語》（人が）大声をあげて泣く ▷ Hör auf zu *heulen*! 泣きわめくのはやめろ

Heu·schnup·fen [ホイ・シュヌプフェン] 男 der (⊕ 2格 -s; ⊕ なし) 花粉症

Heu·schre·cke [ホイ・シュレッケ] 女 die (⊕ 2格 -; ⊕ -n)《昆虫》バッタ, イナゴ

heu·te
[hóytə ホイテ]

副 ❶ きょう, 本日（☆「きのう」は gestern, 「あす」は morgen）
heute Morgen ⟨früh⟩ けさ
heute Nachmittag きょうの午後
heute Abend ⟨Nacht⟩ 今晩⟨今夜⟩
die Zeitung von *heute* きょうの新聞
Heute ist Sonntag.
きょうは日曜日だ
Heute ist der 5. (fünfte) Mai.
きょうは5月5日だ
Was hast du *heute* vor?
きょうはどんな予定があるの
Ich werde es noch *heute* tun.
私はそれをきょう中にします
Schluss für *heute*! きょうはこれで終わり

lieber *heute* als morgen
あすといわずきょう中に, できるだけ早く
ab *heute* ⟨von *heute* an⟩ きょうから
❷ 今日誌, 現今 ▷ die Mode von *heute* 今日の流行

heu·tig [ホイティヒ]
形 ❶ きょうの, 本日の ▷ die *heutige* Zeitung きょうの新聞
❷ 今日誌の, 現代の ▷ die *heutige* Jugend 現代の青年

heut·zu·ta·ge [ホイト・ツ・ターゲ] 副 今日誌近ごろ ▷ *Heutzutage* denkt man darüber anders als früher. 近ごろはそのことに関して以前と異なった見方をする

He·xe [ヘクセ] 女 die (⊕ 2格 -; ⊕ -n) 魔女
《口語》鬼ばばあ

hieb [ヒープ] hauen の 過基

Hieb [ヒープ] 男 der (⊕ 2格 -es ⟨まれに -s⟩; ⊕ -e)（斧*・棒などによる）一撃 ▷ Ein *Hieb* mit der Axt genügte, um das Holz zu spalten
斧の一撃でこの薪を割るのに十分だった

hielt [ヒールト] halten の 過基

hiel·te [ヒールテ] halten の 接II

hier
[hiːɐ ヒーア]

副 ❶《空間的に》ここに, ここで (⇔ dort)
Hier kann ich nicht bleiben.
ここに私はとどまることができない
Hier stand früher das Theater.
ここに以前劇場があった
Es ist nicht weit von *hier*.
ここからは遠くない
Ich gehe nicht von *hier* weg.
私はここから離れない
Hier [bin ich]!
ここにいます（☆ 点呼に応えて）
Hier [spricht] Müller.
こちらはミュラーです（☆ 電話に出て）
《同格的に》
hier oben この上のところで
hier in der Nähe この近くに
hier in Bonn 当地ボンにおいて
《名詞を後ろから修飾して》
in dem Sessel *hier* ここの安楽いすに
❷《問題点・状況などを指して》ここに, ここで ▷ Darauf will ich *hier* nicht näher eingehen.
その点に私はここでこれ以上立ち入るつもりはない
❸《身振りを伴って, 指示的に》さあ, ほら ▷ *Hier*, nimm! さあ取れよ
(イディオム) *hier und da* あちらこちらに

hie·ran [ヒーラン/ヒ・ラン] 副《*hier* と前置詞 an の結合形》ここに

Hie·rar·chie [ヒエラルヒー] 女 die (⊕ 2格 -;

[複] -n) ヒエラルキー, ピラミッド型階級制度

ie·rauf [ヒー·ラオフ/ヒー·ラオフ] [副] 〘hier と前置詞 auf の結合形〙 この上に

ie·raus [ヒー·ラオス/ヒー·ラオス] [副] 〘hier と前置詞 aus の結合形〙 ここから

ier·bei [ヒーア·バイ/ヒーア·バイ] [副] 〘hier と前置詞 bei の結合形〙 この場合, この際

ier·durch [ヒーア·ドゥルヒ/ヒーア·ドゥルヒ] [副] 〘hier と前置詞 durch の結合形〙 ここを抜けて〈通って〉

ier·für [ヒーア·フューア/ヒーア·フューア] [副] 〘hier と前置詞 für の結合形〙 このために

ier·ge·gen [ヒーア·ゲーゲン/ヒーア·ゲー..] [副] 〘hier と前置詞 gegen の結合形〙 ここに向かって; これに対して

ier·her [ヒーア·ヘーア/ヒーア·ヘーア/ヒーア·ヘーア] [副] こちらへ, ここへ ▷ auf dem Weg *hierher* ここへ来る途中で

[イディオム] ***hierher gehören*** (物が)この場所に置くべきである; (話題などが)この場にふさわしい

ier·her|ge·hö·ren [ヒーア·ヘーア·ゲヘーレン/ヒーア·ヘーア../ヒーアヘーア..] [分離] (gehörte hierher; hierhergehört; [完了]h) [自] [旧⇒新] **hierher gehören** (分けて書く) ☞ hierher

ie·rin [ヒー·リン/ヒー·リン] [副] 〘hier と前置詞 in の結合形〙 この点に〈で〉

hier·mit [ヒーア·ミット/ヒーア·ミット] [副] 〘hier と前置詞 mit の結合形〙 これをもって ▷ *Hiermit* teilen wir Ihnen mit, dass ... ここに…であることをあなた[方]にご通知いたします

hie·rü·ber [ヒー·リューバー/ヒー·リューバー] [副] 〘hier と前置詞 über の結合形〙 ここを越えて; このことについて

hie·run·ter [ヒー·ルンター/ヒー·ルン..] [副] 〘hier と前置詞 unter の結合形〙 この下に

hier·von [ヒーア·フォン/ヒーア·フォン] [副] 〘hier と前置詞 von の結合形〙 ここから; この中から

hier·zu [ヒーア·ツー/ヒーア·ツー] [副] 〘hier と前置詞 zu の結合形〙 これに加えて; このために; このことに対して

hier·zu·lan·de [ヒーア·ツ·ランデ] [副] 当地では

hie·si·ge [ヒーズィゲ] [形] この土地の, 当地の (☆名詞につけて) ▷ die *hiesige* Bevölkerung この土地の住民

hieß [ヒース] heißen の [過去]

hie·ße [ヒーセ] heißen の [接II]

hilf [ヒルフ] helfen の [命令]

Hil·fe [ヒルフェ] [女] *die* ([単] 2 格 –; [複] -n)

❶ 〘[複] なし〙 助け, 手助け, 援助 ▷ eine große *Hilfe* 大きな助け / finanzielle *Hilfe* 経済援助 / Ich brauche deine *Hilfe*. 私には君の助けが必要だ / *Hilfe*! 助けて / die erste *Hilfe* 応急手当

❷ 手伝いの人 ▷ eine *Hilfe* für den Haushalt suchen 家事のお手伝いさんを探す

[イディオム] ③+***Hilfe leisten*** ..³を助ける

④+***um Hilfe bitten*** ..⁴に手助けを頼む

mit Hilfe+② 〈***von***+③〉 ..²⁽³⁾を使用して ▷ *mit Hilfe* eines Wörterbuches 辞書を使って

Hil·fe·ruf [ヒルフェ·ルーフ] [男] *der* ([単] 2 格 -[e]s; [複] -e) 助けを求める叫び声

hilf·los [ヒルフ·ロース] [形] (助けもなく)どうすることもできない, とほうにくれた ▷ ein *hilfloser* Alter 寄る辺のない老人

Hilf·lo·sig·keit [ヒルフ·ローズィヒカイト] [女] *die* ([単] 2 格 –; [複] なし) (助けがなく)どうしようもないこと

hilf·reich [ヒルフ·ライヒ]

[形] ❶ 進んで手助けをする ▷ ein *hilfreicher* Mensch 進んで手助けをする人

❷ 大いに助けになる〈役立つ〉 ▷ ein *hilfreicher* Tip 有益なヒント

hilfs·be·reit [ヒルフス·ベライト] [形] 進んで手助けをする, 親切な ▷ Sie ist alten Menschen gegenüber sehr *hilfsbereit*. 彼女は年寄りにとても親切だ

Hilfs·mit·tel [ヒルフス·ミッテル] [中] *das* ([単] 2 格 -s; [複] –)

❶ (仕事の手間などを省く)補助手段

❷ 〘[複] で〙 援助〈救援〉物資

hilfst [ヒルフスト] helfen の [現在]

hilft [ヒルフト] helfen の [現在]

Him·bee·re [ヒム·ベーレ] [女] *die* ([単] 2 格 –; [複] -n) 《植物》 キイチゴ, ラズベリー

Him·mel [ヒムメル] [男] *der* ([単] 2 格 -s; まれに [複] –)

❶ 空, 天 ▷ ein blauer *Himmel* 青空 / die Sterne am *Himmel* 空の星 / unter freiem *Himmel* 野外で / zum *Himmel* aufblicken 空を仰ぎ見る

❷ 天国 ▷ in den *Himmel* kommen 昇天する

Him·mel·fahrt [ヒムメル·ファールト] ([女] *die*) ([単] 2 格 –; [複] なし) 《キリスト教》 昇天の祝日 (☆ ふつう無冠詞で) ▷ Christi *Himmelfahrt* キリストの昇天祭 (復活祭の後 40 日目)

Him·mel·reich [ヒムメル·ライヒ] [中] *das* ([単] 2 格 -[e]s; [複] なし) 天国

Him·mels·kör·per [ヒムメルス·ケルパー] [男] *der* ([単] 2 格 -s; [複] –) 天体

Him·mels·rich·tung [ヒムメルス·リヒトゥング] [女] *die* ([単] 2 格 –; [複] -en) 方位 (☆ Osten「東」, Süden「南」, Westen「西」, Norden「北」) ▷ aus allen *Himmelsrichtungen* 四方八方から

himm·lisch [ヒムリッシュ]

[形] ❶ 《口語》 (この世のものとは思えないほど)すばらしい ▷ Das ist ja einfach *himmlisch*! それ

[完了]h, [完了]s＝完了の助動詞 haben, sein

hin

は実にすばらしいね
❷ 天国の ▷ das *himmlische* Reich 神の国

hin [ヒン]

副 ❶《方向の語句を強めて》そちら〈あちら〉へ (☆ 話者への方向を表す her に対して, hin は原則的に話者から離れる方向を表す) ▷ nach rechts *hin* 右の方へ / die Straße zum Bahnhof *hin* 駅への道

❷《空間的広がりを強めて》über Kilometer *hin* 数キロにわたってずっと

❸《時間的経過などを強めて》Gegen Abend *hin* wurde es kalt. 夕方になるにつれて寒くなった / über mehrere Monate *hin* 何ヵ月にもおよんで絶えず

(イディオム) ***auf*+④ *hin*** …⁴に基づいて; …⁴に関して ▷ Ich habe das Gerät *auf* seinen Rat *hin* gekauft. 私はその器械を彼の勧めに従って買った / ④+*auf* Tuberkulose *hin* untersuchen …⁴を結核にかかっていないか診察する

auf die Gefahr hin 危険をおかして ▷ selbst *auf die Gefahr hin*, alles zu verlieren すべてを失う危険をおかしてでも

hin und her あちこちへ ▷ *hin und her* laufen あちこち歩き回る

hin und wieder ときおり

hin und zurück 行き帰り ▷ Bitte einmal Köln *hin und zurück*! ケルンへの往復切符を1枚ください

vor sich¹ hin だれにともなく, ひとりひそかに ▷ *vor sich hin* sprechen ひとり言を言う / leise *vor sich hin* weinen 人知れずしくしく泣く

---

hin sein《口語》 a)（動物が）死んでいる ▷ Ein Vogel *ist hin*. 鳥が死んでいる
b) 疲れ果てている ▷ Nach dem Marsch *war* er ganz *hin*. 行進が終わって彼は疲労困憊していた
c) 壊れている, 故障している ▷ Das Auto *ist hin*. 自動車は故障している
d) なくなっている ▷ Sein ganzes Geld *ist hin*. 彼のお金はすっかりなくなってしまった
e) 夢中になっている ▷ Er *war* ganz *hin* von der Musik. 彼はその音楽に夢中になっていた

★ **hin..** [ヒン..]《分離前つづり》
《そちら〈あちら〉へ》*hin*gehen（あるところへ）行く, *hin*kommen（あるところへ）来る, *hin*legen（特定の場所へ）横たえる, *hin*stellen（特定の場所へ）立てる

---

hi·nab [ヒナップ]

副（こちらから）下へ ▷ den Fluss *hinab* 川を下って

hi·nauf [ヒナオフ]

副（こちらから）上へ ▷ den Fluss *hinauf* 川上って

hi·nauf|ar·bei·ten [ヒナオフ・アルバイテン] 分離

(arbeitete hinauf; hinaufgearbeitet; 匿了h
再 ❶ 《(sich)⁴+zu+③と》[…³まで]努力して出世する

❷ 《(sich)⁴と》（岸壁などを）苦労して昇っていく

hi·naus [ヒナオス]

副（こちらから）外へ (⑧ herein) ▷ *Hinaus* au meinem Haus! 私の家から出ていけ / zur Fenster *hinaus* 窓から外へ

(イディオム) ***auf*+④ *hinaus*** …⁴の先まで (☆ ④は 間の語句) ▷ *auf* Jahre *hinaus* planen 数年先まで計画する

darüber hinaus そのほかに, それ以外に

★ **hinaus..** [ヒナオス..]《分離前つづり》
《こちらから外へ》*hinaus*gehen（歩いて外へ）出る, *hinaus*laufen（急ぎ足で外へ）出て行く

---

hi·naus|ekeln [ヒナオス・エーケルン] 分離

(ekelte hinaus; hinausgeekelt; 匿了h
他 《④と》[…⁴を]（会社などから）いびり出す

hi·naus|flie·gen [ヒナオス・フリーゲン] 分離

(flog hinaus; hinausgeflogen; 匿了s)
自（鳥などが）外へ飛び出す;《口語》(自分の過失で)会社からほっぽり出される

hi·naus|ge·hen [ヒナオス・ゲーエン] 分離

(ging hinaus; hinausgegangen; 匿了s)
自 ❶ （歩いて外へ）出て行く ▷ Geh *hinaus*! 出て行け

❷ 《方向と》[…に]面している, 通じている ▷ Das Fenster *geht* nach Süden *hinaus*. 窓は南に面している

❸ 《über+④と》[…⁴を]越えている ▷ Diese Arbeit *geht* über meine Kräfte *hinaus*. この仕事は私の力を越えている

hi·naus|kom·men [ヒナオス・コメン] 分離

(kam hinaus; hinausgekommen; 匿了s)
自（家から）外へ出る

hi·naus|lau·fen [ヒナオス・ラオフェン] 分離 (er läuft hinaus; lief hinaus; hinausgelaufen; 匿了s)
自 ❶（急ぎ足で）外へ出て行く
❷ 《auf+④と》[…⁴という]結果になる ▷ Der Plan *läuft* auf eine Stilllegung *hinaus*. この計画は結局操業中止という結果になる

hi·naus|zie·hen [ヒナオス・ツィーエン] 分離

(zog hinaus; hinausgezogen)
— 他 《匿了h》《④と》〔交渉など⁴を〕長引かせる, [出発など⁴を]延ばす
— 自 《匿了s》（家・町などから）外へ出て行く;（町などの）外へ引っ越す ▷ aufs Land *hinauszie*-

---

(状態), (様態), (場所), (方向), …＝状態, 様態, 場所, 方向, …を表す語句

hen 田舎に引っ越す
——再 《売了h》《sich⁴と》(交渉などが)長引く,(出発などが)延びる

Hin·blick [ヒン・ブリック] 男 *der* 〖成句で〗 *im* ⟨*in*⟩ *Hinblick auf*+④ …⁴を考慮して, …に関して

hin|brin·gen [ヒン・ブリンゲン] 分離
(brachte hin; hingebracht; 売了h)
他 ❶ 《④と》[…⁴を](あるところへ)連れて行く, 持って行く
❷ 《口語》《④と》[…⁴を]成し遂げる, 完成する

hin·der·lich [ヒンダーリヒ] 形 《③》⟨für+④⟩と》[…³⁽⁴⁾にとって]じゃま⟨妨げ⟩になる ▷ Das kann dir *hinderlich* werden. それは君にとって支障になるかもしれない

hin·dern [ヒンデルン]
(hinderte; gehindert; 売了h)
他 ❶ 《④+an+③と》[…⁴の…³を]妨げる, できないようにする ▷ Der Lärm *hinderte* ihn am Schlafen. 騒音のため彼は眠ることができなかった
❷ 《④と》[…⁴を]じゃまする,[…⁴の]障害になる ▷ Er hat sie bei ihrer Arbeit *gehindert*. 彼は彼女の仕事のじゃまをした ／《事物を主語にして》Der Verband *hindert* mich beim Schreiben. 包帯がじゃまになって字が書きにくい

Hin·der·nis [ヒンダーニス] 中 *das* (⓶2格-es; ⓷-e) 障害物; 障害 (☆ 具体的な意味でも抽象的な意味でも) ▷ viele *Hindernisse* überwinden 多くの障害を克服する

hin·der·te [ヒンデルテ] hindern の 過去

hin|deu·ten [ヒン・ドイテン] 分離
(deutete hin; hingedeutet; 売了h)
自 ❶ 《場所と》[…の方向を]指し示す ▷ Er hat mit dem Finger auf das Bild *hingedeutet*. 彼は指で絵の方を指し示した
❷ 《auf+④と》[…⁴を]示唆する ▷ Alles *deutet* darauf *hin*, dass … すべてが…ということを示唆している

hin·durch [ヒン・ドゥルヒ]
副 ❶ 《時間的に》《④の後ろで》[…]中ずっと ▷ Sie weinte die ganze Nacht *hindurch*. 彼女は夜通しずっと泣いていた
❷ 《空間的に》《durch 前置詞句の意味を強めて》durch die Tür *hindurch* ドアを通して

hi·nein [ヒナイン]
副 ❶ (こちらから)中へ ▷ *Hinein* ins Wasser! 水の中へ入れ
❷ 《in 前置詞句の意味を強めて》bis tief in die Nacht *hinein* arbeiten 深夜まで働く

hi·nein|den·ken [ヒナイン・デンケン] 分離
(dachte hinein; hineingedacht; 売了h)
再 《sich⁴+in+④と》[…の身になって]考える

hi·nein|knien [ヒナイン・クニーエン] 分離
(kniete hinein; hineingekniet; 売了h)

再 《口語》《sich⁴+in+④と》[仕事など⁴に]腰を据えて取り組む

hi·nein|kom·men [ヒナイン・コメン] 分離
(kam hinein; hineingekommen; 売了s)
自 中へ入って来る

hi·nein|stei·gern [ヒナイン・シュタイゲルン] 分離
(steigerte hinein; hineingesteigert; 売了h)
再 《sich⁴+in+④と》[怒りなど⁴を]つのらせる

hi·nein|ver·set·zen [ヒナイン・フェアゼッツェン] 分離
(versetzte hinein; hineinversetzt; 売了h)
再 《sich⁴+in+④と》[…⁴の立場に]なって考える ▷ *Versetz* dich doch mal in ihn *hinein*! 一度彼の身になって考えてみろよ

hin|fah·ren [ヒン・ファーレン]
(er fährt hin; fuhr hin; hingefahren)
—— 自 《売了s》❶ 《zu+③と》[…³へ]車などで行く
❷ 《über+④と》[…⁴の上を]手でなでる
—— 他 《売了h》《④+場所と》[…⁴を…へ]車などで連れて⟨運んで⟩行く

Hin·fahrt [ヒン・ファールト] 女 *die* (⓶2格-; ⓷-en) (乗り物で)行くこと; 行き(⇔ *Rückfahrt*) ▷ eine Fahrkarte für die *Hin*- und *Rückfahrt* 往復乗車券

hin|fal·len [ヒン・ファレン]
(er fällt hin; fiel hin; hingefallen; 売了s)
自 転ぶ, 倒れる, 転倒する ▷ Ich rutschte aus und *fiel hin*. 私はすべって転倒した

hin·fäl·lig [ヒン・フェリヒ]
形 ❶ (状況などの変化によって)無用⟨無効⟩になった ▷ Diese Anweisung ist durch die neue Vereinbarung *hinfällig* geworden. この指示は新しい取り決めによって無効になった
❷ 《文語》(高齢・病気のために)体が弱くなった

hing [ヒング] hängen 自 の 過去

Hin·ga·be [ヒン・ガーベ] 女 *die* (⓶2格-; ⓷なし) 没頭, 傾注 ▷ mit *Hingabe* Klavier spielen 一心にピアノを弾く

hin·ge [ヒンゲ] hängen 自 の 接II

hin|ge·ben [ヒン・ゲーベン] 分離
(er gibt hin; gab hin; hingegeben; 売了h)
—— 再 《sich⁴+③と》[…³に]熱中する, ふける ▷ *sich* einer Arbeit *hingeben* 仕事に熱中する
—— 他 《文語》《④と》[人生・命など⁴を]ささげる, 犠牲にする

hin·ge·gen [ヒン・ゲーゲン] 副 それに反して (= dagegen)

hin|ge·hen [ヒン・ゲーエン] 分離
(ging hin; hingegangen; 売了s)
自 (あるところへ)行く ▷ Wo gehst du *hin*? 君はどこに行くの

hin|ge·hö·ren [ヒン・ゲヘーレン] 分離
(gehörte hin; hingehört; 売了h)
自 《場所と》《口語》[…に]置くべきである ▷ Wo *gehört* das *hin*? これはどこに置いたらいいの

hinken

hin·ken [ヒンケン] (hinkte; gehinkt)
自 ❶ 〖自h〗足を引きずって歩く ▷ Seit seinem Unfall *hinkt* er auf dem rechten Bein. 事故以来彼は右足を引きずって歩いている
❷ 〖自s〗〖方向と〗[…へ]足を引きずって行く
〈イディオム〉 *ein Vergleich hinkt* たとえがぴったりしない,的確でない

hin·kom·men [ヒン・コメン] 分離
(kam hin; hingekommen; 自s)
自 (あるところへ)来る,行く ▷ Als ich *hinkam*, war er schon weg. 私が来たとき彼はもう立ち去っていなかった /〖疑問副詞 wo と〗 Wo *kommt* das Buch *hin*? この本はどこへ置いたらいいのか

hin·krie·gen [ヒン・クリーゲン] 分離
(kriegte hin; hingekiegt; 他h)
他 《口語》〖④と〗[…⁴を]うまくやり遂げる;〔機械など⁴を〕修理する

hin·läng·lich [ヒン・レングリヒ] 形 十分な (☆ 述語として用いない) ▷ Das ist mir *hinlänglich* bekannt. そのことは私は十分に知っている

hin·le·gen [ヒン・レーゲン] 分離
(legte hin; hingelegt; 他h)
— 他 ❶ 〖④と〗[…⁴を](特定の場所へ)横たえる,置く ▷ die Zeitung wieder *hinlegen* 新聞を元の場所に置く
❷ 〖④と〗[…⁴を]寝かせる ▷ Sie *legt* das Kind abends um 7 Uhr *hin*. 彼女は子供を夜7時に寝かせる
— 再 〖sich⁴と〗(休息をとるために)横になる

hin·neh·men [ヒン・ネーメン] 分離
(er nimmt hin; nahm hin; hingenommen; 他h)
他 〖④と〗[非難・運命など⁴を](やむをえないこととして)受け入れる,甘受する ▷ Wir müssen es als Tatsache *hinnehmen*. 私たちはそれを事実として受け入れなければならない

hin·rei·chend [ヒン・ライヒェント] 形 十分な (=ausreichend)

hin·rei·ßen [ヒン・ライセン] 分離
(riss hin; hingerissen; 他h)
他 〖成句で〗 *sich¹ zu*+④ *hinreißen lassen* 思わず…³をしてしまう ▷ Ich habe mich dazu *hinreißen lassen*, ihn zu beschimpfen. 私は思わず彼のことを罵倒してしまった

hin·rei·ßend [ヒン・ライセント] 形 (魅惑されるほど)とても美しい ▷ Sie ist *hinreißend*. 彼女はとても美しい

hin·rich·ten [ヒン・リヒテン] 分離
(richtete hin; hingerichtet; 他h)
他 〖④と〗[…⁴を]死刑にする,処刑する
〈イディオム〉 ④+*durch den elektrischen Stuhl* 〈*durch den Strang*〉 *hinrichten* …⁴を電気いすで処刑する〈絞首刑にする〉

hin·sein [ヒン・ザイン] 分離 (er ist hin; war hin; hingewesen; 自s) 〖旧⇒新〗**hin sein** (分けて書く) ☞ hin

hin·set·zen [ヒン・ゼッツェン] 分離
(setzte hin; hingesetzt; 他h)
— 他 〖④と〗[…⁴を](ある場所へ)座らせる,置く
— 再 〖sich⁴と〗(ある場所へ)座る

Hin·sicht [ヒン・ズィヒト] 女 *die* 〖成句で〗
in … Hinsicht (問題になる)点 ▷ *in* jede*r Hinsicht* あらゆる点で / *In* dieser *Hinsicht* habe ich gar keine Sorgen. この点に関して私は全然心配していない
in Hinsicht auf+④ …⁴に関して

hin·sicht·lich [ヒン・ズィヒトリヒ] 前 〖②支配〗《文語》…に関して

Hin·spiel [ヒン・シュピール] 中 *das* (② 2格-[e]s 複-e) 《スポ》 (2回戦ゲームの)第1ゲーム (☆「第2試合」と Rückspiel)

hin·stel·len [ヒン・シュテレン] 分離
(stellte hin; hingestellt; 他h)
— 他 ❶ 〖④と〗[…⁴を](特定の場所へ)立てる,置く ▷ Hier möchte ich den Stuhl *hinstellen*. ここに私はそのいすを置きたいのです
❷ 〖④+als … と〗[…⁴を…であると](人がそう思い込むように)言う ▷ Er hat mich als Betrüger *hingestellt*. 彼は私のことを詐欺師だと言った
— 再 〖sich⁴と〗(特定の場所へ)立つ

hin·ten [ヒンテン]
副 後ろに;奥に (⑳ vorn) ▷ da〈dort〉 *hinten* そこの後ろに / Bitte *hinten* einsteigen! 後ろのドアからご乗車ください / nach *hinten* gehen 後ろへ行く / das vierte Haus von *hinten* 後ろから4番目の家 /〖前置詞句と〗 Das Register befindet sich *hinten* im Buch. 索引は本の後ろにある

hin·ter
[híntɐ ヒンター]

— 前 〖③・④支配;空間関係の表示において位置を表す場合は3格,方向を表す場合は4格を支配する〗 (⑳ vor)
☆ 定冠詞との融合形:《口語》 hinterm, hinters
☆ 代名詞的結合形: dahinter
❶ 〖3・4格〗《空間》
a) 〖3格〗《位置》…の後ろで〈に〉, …の背後で〈に〉, …の向こうで〈に〉
hinter dem Vorhang
カーテンの後ろに
hinter+③ sitzen
…³の後ろに座っている
Er versteckt sich *hinter* einem Baum.
彼は木の後ろに隠れる
b) 〖4格〗《方向》…の後ろへ〈に〉, …の後方へ〈に〉
hinter den Vorhang blicken

カーテンの後ろを見る / sich⁴ *hinter* einen Pfeiler stellen 柱の後ろに立つ / Das Buch ist *hinter* den Schrank gefallen. その本は戸棚の後ろに落ちた ❷ 〖3格〗《順位》…の次に，…のあとで ▷ Ich komme *hinter* ihm an die Reihe. 私の順番は彼の次です ❸ 〖3格〗《劣等》…より劣って (☆ zurück を伴う) ▷ An Begabung bleibe ich *hinter* ihm zurück. 才能では私は彼に劣っている

〘イディオム〙 ④+*hinter sich*⁴ *bringen* (道程・苦難など)⁴を克服する，乗り越える ▷ Er hat die Prüfung *hinter sich gebracht*. 彼は試験を終えた ④+*hinter sich*³ *haben* (道程・苦難など)を克服している，乗り越えている ▷ Wir hatten eine große Strecke *hinter* uns. 私たちはかなりの距離を進んでいた

einer hinter dem anderen 順番に並んで，相前後して ▷ Sie gingen *einer hinter dem anderen*. 彼らは一列に並んで歩いて行った

hinter+③ *her* …³のあとについて ▷ Die Kinder liefen *hinter* ihm *her*. 子供たちは彼のあとについて行った

hinter+③ *hervor* …³の後ろから ▷ Er trat *hinter* der Säule *hervor*. 彼は柱の後ろから歩み出てきた

―― 形 後ろの，奥の (☆ 名詞につけて；㊥ vordere) ▷ die *hintere* Treppe benutzen 奥の階段を利用する

Hin·ter·blie·be·ne [ヒンターブリーベネ] 男 *der* / 女 *die* (形容詞変化 ☞ Alte 表 I)《文語》遺族

hin·ter·bracht [ヒンターブラハト] hinterbringen の 過分

hin·ter·brach·te [ヒンターブラハテ] hinterbringen の 過去

hin·ter·brin·gen [ヒンターブリンゲン] 非分離
(hinterbrachte; hinterbracht; 完了h)
他 〖③+④と〗〔…³に陰で言われている批判など⁴を〕こっそり知らせる

hin·ter·ei·nan·der [ヒンター・アイナンダー] 副〖前置詞 hinter と einander「互い」の結合形〗
❶ **前後に並んで**，相前後して ▷ die Wörter *hintereinander* schreiben 単語を並べて書く
❷ **続けて** ▷ Es regnete vierzehn Tage *hintereinander*. 雨が 14 日間続けて降った

hin·ter·gan·gen [ヒンターガンゲン] hintergehen の 過分

Hin·ter·ge·dan·ke [ヒンター・ゲダンケ] 男 *der* (⊕ 2 格 -ns, 3·4 格 -n; ⊕ -n)（隠された）意図，下心

hin·ter·ge·hen [ヒンターゲーエン] 非分離
(hinterging; hintergangen; 完了h)
他 〖④と〗〔…⁴を〕だます，欺く ▷ Sein Geschäftspartner hat ihn *hintergangen*. 彼の仕事のパートナーが彼を欺いた

hin·ter·ging [ヒンターギング] hintergehen の 過去

Hin·ter·grund [ヒンター・グルント] 男 *der* (⊕ 2 格 -[e]s; ⊕ ..gründe)
❶ 〖ふつう ～ なし〗（風景などの）**背景**；（視野の中の）奥の部分 (㊥ Vordergrund) ▷ ein Bild mit einem grünen *Hintergrund* 緑をバックにした絵 /（比ゆ）im *Hintergrund* bleiben 目立たないようにしている
❷ 〖ふつう ～ なし〗（事柄の）背景 ▷ Der Roman hat einen geschichtlichen *Hintergrund*. その小説はある史実をふまえている
❸ 〖ふつう ～ で〗（事件などの）裏の事情，背後関係 ▷ die *Hintergründe* eines Verbrechens aufdecken 犯罪の背景関係を暴く

Hin·ter·halt [ヒンター・ハルト] 男 *der* (⊕ 2 格 -[e]s; まれに ⊕ -e) 待ち伏せ場所 ▷ in einen *Hinterhalt* geraten 待ち伏せにあう

hin·ter·häl·tig [ヒンター・ヘルティヒ] 形 陰険な ▷ mit *hinterhältigen* Methoden 陰険な方法で

hin·ter·her [ヒンター・ヘーア／ヒンター・ヘーア]
副 ❶（同じ方向へ）**後ろから** ▷ Sie ging voran und der Hund *hinterher*. 彼女が先頭に立ち 犬が後ろからついて行った
❷ **あとから**，あとで ▷ Ich gehe essen und werde *hinterher* ein wenig schlafen. 私は食事に行き そのあとで少し寝るつもりだ

Hin·ter·hof [ヒンター・ホーフ] 男 *der* (⊕ 2 格 -[e]s; ⊕ ..höfe) 裏庭

hin·ter·las·sen [ヒンター・ラッセン] 非分離
(er hinterlässt; hinterließ; hinterlassen; 完了h)
他 ❶ 〖④と〗〔財産・家族など⁴を〕(死後に) 残す ▷ Er hat ein großes Vermögen *hinterlassen*. 彼はばく大な財産を残した
❷ 〖④と〗〔痕跡‥・印象など⁴を〕あとに残す ▷ Sein Wagen *hinterließ* tiefe Spuren. 彼の車は深いわだちをあとに残した

Hin·ter·lässt [ヒンター・レスト] hinterlassen の 現在

hin·ter·le·gen [ヒンター・レーゲン] 非分離
(hinterlegte; hinterlegt; 完了h)
他 〖④+場所と〗〔大事なもの⁴を…に〕預ける；保管する

hin·ter·ließ [ヒンター・リース] hinterlassen の 過去

Hin·ter·list [ヒンター・リスト] 女 *die* (⊕ 2 格 -; ⊕ なし) 策略，悪だくみ

hin·ter·lis·tig [ヒンター・リスティヒ] 形 (他人を陥れようとして) 策略を巡らす，陰険な

hin·term [ヒンテルム]〖*hinter* と定冠詞 dem の

融合形〗《口語》Der Garten liegt *hinterm* Haus. 庭は家の裏にある

Hin·ter·mann [ヒンターマン] [男] *der* (単 2格 -[e]s; 複 ..männer) (自分の)後ろの人;〘複 で〙黒幕 ▷ Er unterhält sich mit seinem *Hintermann.* 彼は後ろの人と話をする

Hin·tern [ヒンテルン] [男] *der* (単 2格 -s; 複 -) 《口語》尻しり (=Gesäß)

hin·ter·rücks [ヒンター・リュックス] [副] 背後から

hin·ters [ヒンタース] 〘hinter と定冠詞 das の融合形〙《口語》*hinters* Haus gehen 家の裏側に行く

hin·ter·trei·ben [ヒンタートライベン] [非分離] (hintertrieb; hintertrieben; [完了]h)
[他] 〘④と〙〔計画など⁴を〕(卑劣なやり方でひそかに)妨害する

H

hin·ter·trieb [ヒンタートリープ] hintertreiben の [過去]

hin·ter·trie·ben [ヒンタートリーベン] hintertreiben の [過分]

hin·ter·zie·hen [ヒンターツィーエン] [非分離] (hinterzog; hinterzogen; [完了]h)
[他] 〘④と〙〔税金など⁴を〕ごまかす

hin·ter·zog [ヒンターツォーク] hinterziehen の [過去]

hin·ter·zo·gen [ヒンターツォーゲン] hinterziehen の [過分]

hi·nü·ber [ヒニューバー] [副] (ふつう話者のところから物などを越えて)あちらへ, 向こうへ ([反] herüber) ▷ Es gibt keine Brücke *hinüber.* 向こう岸へ渡る橋がない

hi·nun·ter [ヒヌンター]
[副] (こちらから)下へ ▷ *hinunter* ins Tal 谷へ下って / 〘④と〙 den Berg *hinunter* mit dem Lift fahren リフトに乗って山を下る

hin·weg [ヒン・ヴェック] [副] 《文語》(ここから)向こうへ, 離れて ▷ *Hinweg* mit dir! おまえは向こうへ行け
[イディオム] **über**+④ **hinweg** …⁴を越えて

hin·weg|ge·hen [ヒン・ヴェック・ゲーエン] [分離] (ging hinweg; hinweggegangen; [完了]s)
[自] 〘über+④と〙〔批判など⁴を〕無視する, 軽くあしらう

hin·weg|set·zen [ヒン・ヴェック・ゼッツェン] [分離] (setzte hinweg; hinweggesetzt; [完了]h)
[再] 〘[sich]⁴+über+④と〙〔…⁴を〕無視する ▷ Er *setzte* sich über die Vorschrift *hinweg.* 彼は規則を無視した

Hin·weis [ヒン・ヴァイス] [男] *der* (単 2格 -es; 複 -e) 指摘; ヒント ▷ ein wertvoller *Hinweis* 貴重な指摘 / Vielen Dank für den freundlichen *Hinweis*! ご親切なご指摘に感謝いたします

hin|wei·sen [ヒン・ヴァイゼン] [分離] (wies hin; hingewiesen; [完了]h)
[他] 〘④+auf+④と〙〔…⁴に…⁴を〕指摘する, 注意を喚起する ▷ Ich möchte Sie ausdrücklich darauf *hinweisen*, dass … 私はあなたに…ということをはっきり指摘したいと思います

hin|wer·fen [ヒン・ヴェルフェン] [分離] (er wirft hin; warf hin; hingeworfen; [完了]h)
[他] 〘③+④と〙〔…³に向かって…⁴を〕投げてやる ▷ dem Hund einen Knochen *hinwerfen* 犬に骨を投げてやる

hin·zu [ヒン・ツー] [副] それに加えて, その上に

hin·zu|fü·gen [ヒン・ツー・フューゲン] [分離] (fügte hinzu; hinzugefügt; [完了]h)
[他] 〘③+④と〙〔…³に…⁴を〕つけ加える; 言い足す, 付言する ▷ einem Buch ein Register *hinzufügen* 本に索引をつける

hin·zu|kom·men [ヒン・ツー・コメン] [分離] (kam hinzu; hinzugekommen; [完了]s)
[自] ❶ (人々のいるところなどへ)やって来る
❷ 〘zu+③と〙〔グループなど³に〕加わる

Hirn [ヒルン] [中] *das* (単 2格 -[e]s; 複 -e) 脳 (=Gehirn)

Hirn·ge·spinst [ヒルン・ゲシュピンスト] [中] *das* (単 2格 -[e]s; 複 -e) ばかげたこと, 妄想

hirn·ver·brannt [ヒルン・フェアブラント] [形] 《口語》(考えなどが)気違いじみた

Hirsch [ヒルシュ] [男] *der* (単 2格 -[e]s; 複 -e) 《動物》シカ (特に雄のシカを指すことがある)

Hir·se [ヒルゼ] [女] *die* (単 2格 -; 複 -n) 《植物》キビ

Hirt [ヒルト] [男] *der* (単 2·3·4格 -en; 複 -en) 《やや古語》=Hirte

Hir·te [ヒルテ] [男] *der* (単 2·3·4格 -n; 複 -n) 家畜の群れを世話する人; 羊飼い, 牛飼い

his·sen [ヒッセン] (hisste; gehisst; [完了]h)
[他] 〘④と〙〔旗・帆など⁴を〕あげる ▷ Sie haben die Nationalflagge *gehisst.* 彼らは国旗を掲揚した

His·to·ri·ker [ヒストーリカー] [男] *der* (単 2格 -s; 複 なし) 歴史家, 歴史学者

his·to·risch [ヒストーリシュ]
[形] ❶ 歴史の; 歴史に基づく ▷ eine *historische* Tatsache 史実
❷ 歴史上重要な ▷ ein *historisches* Ereignis 歴史的な出来事

Hit [ヒット] [男] *der* (単 2格 -[s]; 複 -s) 《口語》ヒット曲; ヒット商品 (=Schlager)

Hit·ler [ヒトラー] 《人名》ヒトラー (☆ Adolf Hitler はナチス・ドイツの指導者・独裁者. 1899-1945)

Hit·ler·ju·gend [ヒトラー・ユーゲント] [女] *die* (単 2格 -; 複 なし) ヒトラーユーゲント (ナチスの青少年組織)

Hit·lis·te [ヒット・リステ] [女] *die* (単 2格 -; 複 -n) ヒットチャート

Hit·pa·ra·de [ヒット・パラーデ] [女] *die* ([単] 2格 –; [複] –n) ヒットパレード

Hit·ze [ヒッツェ] [女] *die* ([単] 2格 –; [複] なし)
❶ 暑さ ▷ Bei dieser *Hitze* kann ich nicht mehr arbeiten. この暑さでは私はもう働けない
❷ (かまど・ストーブなどの火の)熱 ▷ bei schwacher 〈starker〉 *Hitze* backen 弱火〈強火〉で焼く

hit·ze·frei [ヒッツェ・フライ] [形] 〚成句で〛 ***hitzefrei bekommen*** 〈***haben***〉 (学校などが)猛暑で休みになる〈休みである〉

hit·zig [ヒッツィヒ]
[形] ❶ 感情が激しやすい, かっとなりやすい ▷ Er wird leicht *hitzig*. 彼はすぐにかっとなる
❷ (議論などが) 熱を帯びた ▷ eine *hitzige* Diskussion 熱の入った討論

Hitz·kopf [ヒッツ・コプフ] [男] *der* ([単] 2格 –[e]s; [複] ..köpfe) すぐかっとなる人, 短気な人

Hitz·schlag [ヒッツ・シュラーク] [男] *der* ([単] 2格 –[e]s; [複] ..schläge) 日射病

HIV [ハーイーファオ] [中] *das* ([単] 2格 –[s]; [複] なし) エイズウィルス

hob [ホーブ] heben の [過去]

Hob·by [ホビ] [中] *das* ([単] 2格 –s; [複] –s) 趣味, 道楽 ▷ Sein *Hobby* ist Autofahren. 彼の趣味はドライブだ

Ho·bel [ホーベル] [男] *der* ([単] 2格 –s; [複] –) 鉋(かんな); (料理用の)スライサー

ho·beln [ホーベルン] (hobelte; gehobelt; [完了]h)
[他] 〚④と〛〔板など⁴に〕かんなをかける

hoch

[hoːx ホーホ]

―[形] ([比較] höher, [最上] höchst) (☆ 格語尾を伴う場合は hoh..)
❶ (高さが) 高い (☆ 人の身長には groß を用いる)
ein *hohes* Gebäude
高い建物
Wie *hoch* ist der Baum?
その木は高さがどのくらいありますか
Die Türme ragen *hoch* auf.
塔が高くそびえている
❷ (位置が) 高い ▷ Das Flugzeug fliegt sehr *hoch*. 飛行機は非常に高いところを飛ぶ / Das Zimmer hat eine *hohe* Decke. その部屋は天井が高い
❸ 〚[数詞]などと〛〔…の〕高さの ▷ Der Baum ist 3 Meter *hoch*. その木の高さは 3 メートルだ / Das Flugzeug fliegt 10 000 Meter hoch. この飛行機は高度 1 万メートルのところを飛ぶ
❹ (程度が) 高い, 高度の ▷ ein *hohes* Niveau 高い水準 / *hohe* Kultur besitzen 高度の文化をもつ
❺ (数値が) 高い ▷ *hohes* Gehalt 高給 / Er hat *hohes* Fieber. 彼は高熱を出している / Er hat zu *hohen* Blutdruck. 彼は血圧が高すぎる / Die Miete ist viel zu *hoch*. 家賃はあまりにも高すぎる
❻ (評価などが) 高い ▷ *hohes* Ansehen genießen 高い信望を得ている
❼ (身分・地位が) 高い, 高位の (☆ 述語としては用いない) ▷ ein *hoher* Beamter 高級官僚 / einen *hohen* Rang einnehmen 高い地位に就く
❽ (年齢が) 高い ▷ ein *hohes* Alter erreichen 高齢に達する / im *hohen* Alter 高齢で
❾ (音が) 高い ▷ eine *hohe* Stimme haben 高い声をしている

[イディオム] ④+***hoch achten*** 《文語》 ..⁴を大いに尊敬する, 大いに敬意を払う
hoch entwickelt (工業・文化などが) 高度に発達した
hoch industrialisiert 高度に工業化した

―[副] ❶ 高く, 上へ ▷ Hände *hoch*! 手を上げろ / 《比ゆ》 Kopf *hoch*! 元気を出せ (← 頭を上げろ)
❷ 非常に, とても ▷ Das ist wirklich *hoch* interessant. それは本当にとても興味深い
❸ 《数学》 …乗 ▷ zwei *hoch* drei 2 の 3 乗

Hoch [ホーホ] [中] *das* ([単] 2格 –s; [複] –s) 《気象》 高気圧 ([反] Tief)

hoch|ach·ten [ホーホ・アハテン] [分離] (achtete hoch; hochgeachtet; [完了]h) [他] [旧⇒新] **hoch achten** (分けて書く) ☞ hoch

Hoch·ach·tung [ホーホ・アハトゥング] [女] *die* ([単] 2格 –; [複] なし) 大いなる尊敬, 大いなる敬意 ▷ *Hochachtung* vor+③ haben ..³を大いに尊敬している

hoch|ar·bei·ten [ホーホ・アルバイテン] [分離] (arbeitete hoch; hochgearbeitet; [完了]h)
[再] 〚(sich)⁴と〛 努力して出世する ▷ Er *arbeitete* sich in kurzer Zeit *hoch*. 彼は短期間のうちに努力して出世した

Hoch·burg [ホーホ・ブルク] [女] *die* ([単] 2格 –; [複] –en) (政治・文化などの) 中心地

Hoch·deutsch [ホーホ・ドイチュ] [中] *das* ([単] 2格 –[s]; [複] なし) 標準ドイツ語

Hoch·druck [ホーホ・ドルック] [男] *der* ([単] 2格 –[e]s; [複] なし) 《物理》 高圧; 《気象》 高気圧

hoch·ent·wickelt [ホーホ・エントヴィッケルト] [形] [旧⇒新] **hoch entwickelt** (分けて書く) ☞ hoch

hoch·fah·rend [ホーホ・ファーレント] [形] 傲慢(ごうまん)で怒りっぽい

Hoch·ge·bir·ge [ホーホ・ゲビルゲ] [中] *das* ([単] 2格 –s; [複] –) (アルプス型の) 高い山脈, 高山系

hoch|ge·hen [ホーホ・ゲーエン] [分離] (ging hoch; hochgegangen; [完了]s)
[自] 《口語》 ❶ かっとなる, 逆上する

❷ 爆発する（=explodieren）

hoch·gra·dig [ホーホ・グラーディヒ] 形 高度の, 非常な;《副詞的に》高度に, 非常に

hoch|hal·ten [ホーホ・ハルテン] 分離
(er hält hoch; hielt hoch; hochgehalten; 助動 h)
他 ❶《④を》[…⁴を]高く上げる, 高く掲げる ▷ Er *hielt* das Bild *hoch*, damit es alle sehen konnten. みんなが見えるように彼は絵を高く掲げた
❷《文語》《④を》[伝統・思い出など⁴を]尊重して守り続ける, 大切にする

Hoch·haus [ホーホ・ハオス] 田 *das*（働 2 格 -es; 働 ..häuser）高層ビル

hoch·in·du·stria·li·siert [ホーホ・インドゥストリアリズィーアト] 形（旧⇨動）**hoch industrialisiert**（分けて書く）☞ hoch

hoch|kom·men [ホーホ・コメン] 分離
(kam hoch; hochgekommen; 助動 s)
自《口語》出世する ▷ Er lässt niemanden neben sich *hochkommen*. 彼は人が出世して自分と肩を並べるようになることを認めない

Hoch·kon·junk·tur [ホーホ・コンユンクトゥーア] 囡 *die*（働 2 格 -; まれに 働 -en）好景気, 好況

Hoch·kul·tur [ホーホ・クルトゥーア] 囡 *die*（働 2 格 -; 働 -en）高度の文化

Hoch·mut [ホーホ・ムート] 男 *der*（働 2 格 -[e]s; 働 なし）高慢, 尊大

hoch·mü·tig [ホーホ・ミューティヒ] 形 高慢な, 尊大な

Hoch·ofen [ホーホ・オーフェン] 男 *der*（働 2 格 -s; 働 ..öfen）溶鉱炉, 高炉

Hoch·schu·le [ホーホ・シューレ] 囡 *die*（働 2 格 -; 働 -n）《狭義で》単科大学;《広義で》大学（☞ Schule 図）▷ eine pädagogische 〈technische〉 *Hochschule* 教育〈工業〉大学

Hoch·som·mer [ホーホ・ゾマー] 男 *der*（働 2 格 -s; 働 なし）盛夏, 真夏

Hoch·span·nung [ホーホ・シュパヌング] 囡 *die*（働 2 格 -; 働 -en）《電気》高圧

hoch|spie·len [ホーホ・シュピーレン] 分離
(spielte hoch; hochgespielt; 助動 h)
他《口語》《④を》[事件など⁴を]誇張して問題化する

Hoch·spra·che [ホーホ・シュプラーヘ] 囡 *die*（働 2 格 -; 働 なし）標準語

Hoch·sprung [ホーホ・シュプルング] 男 *der*（働 2 格 -[e]s; 働 なし）《体操》走り高跳び

höchst [ヘーヒスト]
— 形《hoch の最上級》
❶ 最も高い ▷ der *höchste* Berg 最も高い山
❷《絶対最上級で》きわめて程度の高い, 非常な ▷ in *höchster* Not せっぱつまって, 困り果てて
(イディオム) **es ist höchste Zeit** ぎりぎりの時だ（☆ zu 不定詞句, dass 文を伴う）▷ *Es ist höchste Zeit*, zum Arzt zu gehen! 今は一刻も猶予せず医者に行く時だ
— 副 極めて ▷ Das ist *höchst* interessant. それは極めて興味深い

Hoch·stap·ler [ホーホ・シュタープラー] 男 *der*（働 2 格 -s; 働 -）(名士を装った)詐欺師

höchs·tens [ヘーヒステンス]
副 ❶ せいぜい, たかだか（® mindestens）▷ *höchstens* drei Minuten せいぜい 3 分間 / Das Buch hat *höchstens* 300 Seiten. その本はたかだか 300 ページだ

Höchst·ge·schwin·dig·keit [ヘーヒスト・ゲシュヴィンディヒカイト] 囡 *die*（働 2 格 -; まれに 働 -en）最高速度 ▷ zulässige *Höchstgeschwindigkeit* 70 km/h 時速 70 キロの最高制限速度

Höchst·maß [ヘーヒスト・マース] 田 *das*（働 2 格 -es; 働 なし）最大限（=Maximum）▷ Diese Arbeit erfordert ein *Höchstmaß* an Geduld. この仕事は最大限の忍耐を必要とする

hoch·tra·bend [ホーホ・トラーベント] 形（表現などが）仰々しい, 気取った

Hoch·ver·rat [ホーホ・フェアラート] 男 *der*（働 2 格 -[e]s; 働 なし）国家反逆罪

Hoch·was·ser [ホーホ・ヴァッサー] 田 *das*（働 2 格 -s; まれに 働 -）（河川などの, あふれるほどの）増水状態; 大水

Hoch·zeit [ホーホ・ツァイト] 囡 *die*（働 2 格 -; 働 -en）
結婚式, 婚礼 ▷ *Hochzeit* feiern 〈halten〉結婚式を挙げる / silberne 〈goldene〉 *Hochzeit* 銀〈金〉婚式

Hoch·zeits·fei·er [ホーホ・ツァイツ・ファイアー] 囡 *die*（働 2 格 -; 働 -n）結婚式

Hoch·zeits·rei·se [ホーホ・ツァイツ・ライゼ] 囡 *die*（働 2 格 -; 働 -n）新婚旅行

Ho·cke [ホッケ] 囡 *die*（働 2 格 -; 働 なし）しゃがんだ姿勢 ▷ in der *Hocke* sitzen しゃがんでいる

ho·cken [ホッケン] (hockte; gehockt; 助動 h)
— 自 ❶ しゃがんでいる ▷ Die Kinder *hocken* auf dem Boden. 子供たちが地面にしゃがんでいる
❷《口語》（座って）長い時間を過ごす ▷ ständig in der Kneipe *hocken* 酒場に入りびたっている
— 再 《sich⁴+方向と》[…に]しゃがむ ▷ Sie *hockten* sich vor den Ofen. 彼らはストーブの前にしゃがんだ

Ho·cker [ホッカー] 男 *der*（働 2 格 -s; 働 -）スツール（背もたれのない腰かけ）

Hö·cker [ヘッカー] 男 *der*（働 2 格 -s; 働 -）(ラクダの)こぶ

Ho·ckey [ホッキ/..ケ] 田 *das*（働 2 格 -s; 働 なし）《スポーツ》ホッケー

Ho·den [ホーデン] 男 der (第2格 -s; 複 -)〖ふつう 複 で〗睾丸

Hof [ホーフ] 男 der (第2格 -[e]s; 複 Höfe)
❶ 中庭, 裏庭（建物の裏などに作られる壁・塀などで仕切られた空間; 居住者の駐車場, 物置などにもよく利用される）▷ ein Fahrrad im *Hof* abstellen 自転車を中庭に止めて置く
❷ （住居・畜舎・農地からなる）農場 （＝Bauernhof）
❸ 宮廷

Hö·fe [ヘーフェ] Hof の 複数

hof·fen

[hɔfn ホッフェン]

現在		
ich hoffe		wir hoffen
du hoffst		ihr hofft
er hofft		sie hoffen
過去		
ich hoffte		wir hofften
du hofftest		ihr hofftet
er hoffte		sie hofften
過分	g**e**hofft	完了 haben

── 他 〖④と〗〖…⁴と〗望む, 期待する; 〖…⁴と〗思う（☆ 望ましいと思う事柄について用いる; ふつう ④ は dass 文, zu 不定詞句）
Ich *hoffe*, dass alles gut geht.
私はすべてうまくいくことを望む
Ich *hoffe*, dass sie gesund wird.
私は彼女が健康になればいいなと思う
Er *hofft*, schon bald abreisen zu können.
彼はもうすぐ出発できると思っている
Das will ich nicht *hoffen*.
そんなことになってほしくない

── 自〖auf+④と〗〖…⁴の実現を〗望む ▷ auf ein Wiedersehen *hoffen* 再会を望む ／ Ich *hoffe* auf baldige Besserung. すぐによくなるように祈っている

hof·fent·lich [ホッフェントリヒ]
副 …であるとよいのだが, 望むらくは ▷ *Hoffentlich* ist ihnen nichts passiert. 彼らに何も起こっていなければよいのだが ／《軽い疑念を込めて》Kann er das? – *Hoffentlich*! 彼にそんなことができるのか？―できればいいんだけどね

Hoff·nung [ホフヌング] 女 die (第2格 -; 複 -en)
希望, 望み, 期待 ▷ die *Hoffnung* aufgeben 希望を捨てる ／ große *Hoffnungen* auf+④ setzen …⁴ に大きな期待をかける ／ Meine *Hoffnung* hat sich erfüllt. 私の希望はかなえられた ／《比ゆ》Er ist unsere letzte *Hoffnung*. 彼が我々の最後の頼みだ

イディオム in der *Hoffnung*, dass … …ということを期待する

voller *Hoffnung* 期待にあふれて

hoff·nungs·los [ホフヌングス・ロース] 形 希望のない, 絶望的な ▷ eine *hoffnungslose* Situation 絶望的状況 ／《程度を強めて》Er ist *hoffnungslos* betrunken. 彼はすっかり酔っ払っている

Hoff·nungs·lo·sig·keit [ホフヌングス・ローズィヒカイト] 女 die (第2格 -; 複 なし)（状況などが）絶望的であること

hoff·nungs·voll [ホフヌングス・フォル] 形 希望〈期待〉にあふれた; （出だしの状況などが）前途に希望が持てる

Hoff·nungs·schim·mer [ホフヌングス・シマー] 男 der (第2格 -s; 複 なし) 一縷の望み

hoff·te [ホフテ] hoffen の 過去

hö·fisch [ヘーフィシュ] 形 宮廷の, 宮廷風の

höf·lich [ヘーフリヒ]
形 礼儀正しい, ていねいな ▷ Sie ist immer *höflich* und zurückhaltend. 彼女はいつも礼儀正しく控え目だ

Höf·lich·keit [ヘーフリヒカイト] 女 die (第2格 -; 複 なし) 礼儀, ていねい ▷ mit großer *Höflichkeit* 非常にていねいに

Hof·manns·thal [ホーフマンスタール]《人名》ホーフマンスタール（☆ Hugo von Hofmannsthal はオーストリアの詩人・劇作家. 1874-1929）

Hö·he [ヘーエ] 女 die (第2格 -; 複 -n)
❶ （物体などの）高さ（☆「幅」は Breite,「長さ」は Länge）▷ die *Höhe* einer Kiste messen 箱の高さを測る ／《受動と》ein Turm von 200 Metern *Höhe* 高さ200メートルの塔 ／《比ゆ》auf der *Höhe* des Ruhmes stehen 名声の頂点にいる
❷ 高度 ▷ eine *Höhe* von 10 000 Metern erreichen 1万メートルの高度に達する ／《受動と》Die Stadt liegt in 600 m *Höhe*. その町は海抜600メートルのところにある
❸《文語》丘, 丘陵 ▷ Oben auf der *Höhe* steht eine Kirche. 丘の上に教会が立っている
❹ （金額・税・圧力などの）高さ ▷ die *Höhe* der Ausgaben 支出額

Ho·heit [ホーハイト] 女 die (第2格 -; 複 -en)
❶《略式》(国家の)主権, 統治権
❷ 殿下 ▷ Eure *Hoheit*! 殿下！

Hö·he·punkt [ヘーエ・プンクト] 男 der (第2格 -[e]s; 複 -e) 頂点, クライマックス ▷ Der *Höhepunkt* des Abends war ein Feuerwerk. その夕べの催しのクライマックスは花火だった

hö·her [ヘーア] 形〖hoch の 比較級〗より高い ▷ Der Ballon steigt immer *höher*. 気球はどんどん上昇して行く ／ Er wohnt zwei Etagen *höher*. 彼は 2 階上に住んでいる（☆ zwei Etagen は差を表わす）／ *höhere* Beamte 上級公務員

hohl [ホール] 形 （内部が）からの, 空洞の ▷ Der Baum war innen *hohl*. その木は中が空洞だった

完了h, 完了s＝完了の助動詞 haben, sein

Höhle

Höh·le [ヘーレ] 囡 *die* (⊕2格 -; ⊕ -n) ほら穴、洞窟 ▷ Sie suchten den Eingang in die *Höhle*. 彼らは洞窟への入口を探した

Hohn [ホーン] 男 *der* (⊕2格 -[e]s; ⊕ なし) 嘲笑, あざけり ▷ Er erntete nur *Hohn* und Spott. 彼は物笑いの種になっただけだった

höh·nen [ヘーネン] (höhnte; gehöhnt; 完了 h) 他《文語》《直接引用文と》[…と]嘲笑的な口調で言う

höh·nisch [ヘーニシュ] 形 嘲笑的な, あざけるような ▷ über+④ *höhnisch* lachen …⁴をあざ笑う

hold [ホルト] 形 《文語》優雅な, 優美な

Höl·der·lin [ヘルダーリーン]《人名》ヘルダーリン ▷ Friedrich Hölderlin はドイツの詩人. 1770–1843》

ho·len

[hóːlən ホーレン]

現在	ich hole	wir holen
	du holst	ihr holt
	er holt	sie holen
過去	ich holte	wir holten
	du holtest	ihr holtet
	er holte	sie holten
過分	geholt	完了 haben

—— 他 ❶《④と》[…⁴を](行って)持ってくる
Kartoffeln aus dem Keller *holen*
ジャガイモを地下室から取ってくる
Er *holte* mir einen Stuhl.
彼は私にいすを持ってきてくれた
Brot vom Bäcker *holen*
パンをパン屋から買ってくる
❷《④と》[…⁴を](行って)連れてくる
Ich *hole* schnell meinen Mann aus dem Garten. 私は夫をすぐに庭から連れてきます
den Arzt *holen* lassen 医者を呼びにやる
—— 再《口語》❶《sich³+④と》[病気など]にかかる ▷ Er *holt* sich einen Schnupfen. 彼は鼻かぜをひく
❷《sich³+④と》[…⁴を](競技などで)獲得する ▷ Er *holte* sich den ersten Preis. 彼は1等賞になった

イディオム *Atem*〈*Luft*〉*holen* 息をつく

Hol·land [ホラント] (田 *das*)《国名》オランダ (die Niederlande の通称)《用法: ☞ Deutschland》

Hol·län·der [ホレンダー] 男 *der* (⊕2格 -s; ⊕ -) オランダ人

hol·län·disch [ホレンディシュ] 形 オランダ[人]の; オランダ語の

Höl·le [ヘレ] 囡 *die* (⊕2格 -; ⊕ なし) 地獄 ▷ in die *Hölle* kommen 地獄に落ちる /《比ゆ》Das Leben dort ist eine *Hölle*. そこの暮らしは地獄だ

höl·lisch [ヘリシュ]

—— 形 地獄の;《口語》(痛み・暑さなどが)すごい, ひどい
—— 副《口語》《程度を表して》すごく, ひどく

Ho·lo·caust [ホーロカオスト] 男 *der* (⊕2格 -[s]; ⊕ -s) 大虐殺; (特にナチスによる)ユダヤ人大虐殺, ホロコースト

hol·pern [ホルペルン] (holperte; geholpert; 完了 s,h)
自《場所と》(悪路のため車などが)[…へ]揺れながら走る ▷ Der Wagen ist über das Pflaster *geholpert*. 車は石畳をガタガタ揺れながら走った

holp·rig [ホルプリヒ] 形 (道などが)でこぼこの

hol·te [ホールテ] holen の 過去

Ho·lun·der [ホルンダー] 男 *der* (⊕2格 -s; ⊕ なし)《植物》ニワトコ

Holz [ホルツ] 中 *das* (⊕2格 -es; ⊕ Hölzer)
❶ (木材としての)木, 木材, 材木 (☆ 植物としての「木」は Baum) ▷ hartes *Holz* かたい木 / eine Hütte aus *Holz* 木の小屋
❷ 薪, たきぎ ▷ *Holz* hacken 薪を割る

Holz·blas·in·stru·ment [ホルツ·ブラース·インストルメント] 中 *das* (⊕2格 -[e]s; ⊕ -e) (クラリネットなどの)木管楽器

Höl·zer [ヘルツァー] Holz の 複数

höl·zern [ヘルツェルン]
形 ❶ 木の, 木製の ▷ eine *hölzerne* Brücke 木の橋
❷ (振舞いなどが)ぎこちない; がさつな ▷ sich⁴ *hölzern* verbeugen ぎこちなくお辞儀をする

Holz·fäl·ler [ホルツ·フェラー] 男 *der* (⊕2格 -s; ⊕ -) きこり

Holz·haus [ホルツ·ハオス] 中 *das* (⊕2格 -es; ⊕ ..häuser) 木造家屋

hol·zig [ホルツィヒ]
形 ❶ (植物の茎が)木質で堅い
❷ (アスパラガスなどが)みずみずしさがなく筋っぽい

Holz·koh·le [ホルツ·コーレ] 囡 *die* (⊕2格 -; ⊕ なし) 木炭

Holz·schnitt [ホルツ·シュニット] 男 *der* (⊕2格 -[e]s; ⊕ -e)
❶ (⊕ なし) 木版彫刻
❷ 木版画

Holz·wol·le [ホルツ·ヴォレ] 囡 *die* (⊕2格 -; ⊕ なし) (梱包用の)木毛

ho·mo·gen [ホモゲーン] 形 《文語》均質の

Ho·mo·se·xu·a·li·tät [ホモ·ゼクスアリテート] 囡 *die* (⊕2格 -; ⊕ なし) (特に男性の)同性愛

ho·mo·se·xu·ell [ホーモ·ゼクスエル/ホモ·ゼクスエル] 形 (特に男性の)同性愛の, ホモの (☆「レスビアンの」は lesbisch)

Ho·nig [ホーニヒ] 男 *der* (⊕2格 -s; ⊕ -e) はちみつ ▷ Die Bienen sammeln fleißig *Honig*. ミツバチがせっせとはちみつを集める

Ho·no·rar [ホノラール] 中 *das* (⊕2格 -s; ⊕ -e)

(医師・弁護士・芸術家などに対する)**報酬**, 謝礼 ▷ ein hohes *Honorar* erhalten 多額の謝礼をもらう

ho·no·rie·ren [ホノリーレン]
(honorierte; honoriert; 助h)
他 ❶ 《4格と》〔…⁴に〕謝礼を払う ▷ einen Anwalt *honorieren* 弁護士に謝礼を払う / einen Vortrag *honorieren* 講演料を払う
❷ 《4格と》〔功績・努力など⁴に〕報いる ▷ eine Leistung mit einer Auszeichnung *honorieren* 功績を表彰して報いる

Hoo·li·gan [フーリガン] 男 *der* (単2格 -s; 複 -s) フーリガン(主にサッカーの試合で暴れる若い男)

Hop·fen [ホプフェン] 男 *der* (単2格 -s; 複 なし) 《植物》 ホップ

hop·peln [ホッペルン]
(hoppelte; gehoppelt; 助s)
自 ピョンピョン跳ねて行く ▷ Zwei Hasen *hoppelten* über das Feld. 野ウサギが2匹野原をピョンピョン跳ねて行った

hop·sen [ホプセン] (hopste; gehopst; 助s)
自 《口語》 ピョンピョン跳ねる ▷ Die Kinder sind vor Freude durch die Wohnung *gehopst*. 子供たちは喜びのあまり家中をピョンピョン跳ねまわった

hör·bar [ヘーア・バール] 形 (声・足音などが)聞き取れる

hor·chen [ホルヒェン]
(horchte; gehorcht; 助h)
自 聞き耳をたてる, 耳を澄ます ▷ Er *horcht* an der Tür. 彼はドアに耳を当てて立ち聞きをする / Wir *horchten*, ob sich die Schritte näherten. 私たちは足音が近づいて来るかどうか聞き耳をたてた

Hor·de [ホルデ] 女 *die* (単2格 -; 複 -n) (規律のない, 何をしでかすかわからない)集団, 一団

hö·ren ────
[høːrən ヘーレン]

現在	ich höre	wir hören
	du hörst	ihr hört
	er hört	sie hören
過去	ich hörte	wir hörten
	du hörtest	ihr hörtet
	er hörte	sie hörten
過分	gehört	助 haben

── 他 ❶ 《4格と》〔…⁴が〕(自然に)**聞こえる**, 聞こえてくる
eine Stimme *hören*
声が聞こえる
ein Geräusch *hören* 物音を聞く
《zuのない不定詞と; 過去分詞としてgehörtの代わりにhörenを用いることがある》
einen Vogel singen *hören*
鳥が鳴くのが聞こえる
Sie hat ihn kommen *gehört* 〈*hören*〉.
彼女は彼がやって来る足音を聞いた

類語
hören 聴覚によって単に知覚する
zuhören 内容を理解しようとして耳を傾ける
horchen 物音に聞き耳をたてる
verstehen 人の声を意味あるものとして聞き取る

❷ 《4格と》〔…⁴を〕(聞こうとして)**聞く** ▷ Radio 〈Musik〉 *hören* ラジオ〈音楽〉を聞く / eine Vorlesung *hören* 講義を聞く
❸ 《4格と》〔…⁴を〕聞いて知る ▷ Diese Nachricht habe ich von ihm *gehört*. その知らせを私は彼から聞いた / 〔dass 文と〕 Ich habe *gehört*, dass sie krank sei 〈ist〉. 私は彼女が病気だということを聞いた / 〔nichts と〕 Ich habe seit Jahren nichts mehr von ihr *gehört*. 私は数年来彼女の消息をもう何も聞いていない / Er hat schon lange nichts mehr von sich *hören* lassen. 彼からはもう長い間音信がない
❹ 《4格と》〔…⁴の〕言い分を聞く ▷ Man muss beide Seiten *hören*. 双方の言い分を聞かねばならない
❺ 《4格+an+3格と》〔…³によって…⁴を〕聞き分ける ▷ An ihrer Stimme *höre* ich, dass sie ärgerlich ist. 彼女の声を聞けば彼女が怒っているのがわかる

イディオム **Hör** 〈*Hören Sie*〉 *mal!* 《相手の注意などを喚起して》ねえちょっと
Na, hör 〈*hören Sie*〉 *mal!* 《抗議を表して》おいおい ▷ *Na, hör mal*, wie kannst du so etwas behaupten! おいおい どうしてそんなことが言えるのか

── 自 ❶ 耳が聞こえる ▷ Er *hört* schlecht. 彼は耳が遠い / Er *hört* nur auf einem Ohr. 彼は片方の耳しか聞こえない
❷ 《auf+4格と》〔…⁴に〕従う, 〔…⁴の〕言うことを聞く ▷ Er wollte nicht auf meinen Rat *hören*. 彼は私の助言を聞こうとしなかった
❸ 《von+3格と》〔…³について〕聞く, 耳にする ▷ Er hat schon davon *gehört*. 彼はもうそのことを聞いていた / Lassen Sie bald von sich *hören*! 近いうちにお便りをください

Hö·rer [ヘーラー] 男 *der* (単2格 -s; 複 -)
❶ (ラジオの)聴取者; (大学などの)聴講生
❷ 受話器 ▷ den *Hörer* abnehmen 〈auflegen〉 受話器を取る〈置く〉

Hö·re·rin [ヘーレリン] 女 *die* (単2格 -; 複 ..rinnen) Hörer の女性形

hö·rig [ヘーリヒ] 形 《成句で》 《3格》+*hörig sein* (特に性的に)…³のとりこになっている

Ho·ri·zont [ホリツォント] 男 *der* (単2格 -[e]s; 複 -e)

❶〖[複] なし〗 地平線，水平線 ▷ Die Sonne verschwindet am *Horizont*. 太陽が地〈水〉平線に姿を消す
❷ (精神的な)視野 ▷ Reisen erweitert den *Horizont*. 旅行は人の視野を広げる

ho·ri·zon·tal [ホリツォンタール] [形] 水平の (＝waagrecht; [反] vertikal)

Hor·mon [ホルモーン] [中] *das* ([単] 2 格 -s; [複] -e) 《医学》 ホルモン

Horn [ホルン] [中] *das* ([単] 2 格 -[e]s; [複] Hörner) (牛・羊などの)角つの; 《楽器》 ホルン

Hör·ner [ヘルナー] Horn の [複数]

Hor·nis·se [ホルニッセ] [女] *die* ([単] 2 格 -; [複] -n) 《昆虫》 スズメバチ

Hor·ror [ホローア] [男] *der* ([単] 2 格 -s; [複] なし) 身の毛のよだつ〈ぞっとする〉思い，恐怖，戦慄せんりつ

Hör·saal [ヘーア・ザール] [男] *der* ([単] 2 格 -[e]s; [複] ..säle) (大学の)講義用大教室 ▷ Der *Hörsaal* war bis auf den letzten Platz besetzt. [状態受動] 大教室は最後の一席まで埋めつくされていた

Hör·spiel [ヘーア・シュピール] [中] *das* ([単] 2 格 -[e]s; [複] -e) 放送劇，ラジオドラマ

Horst [ホルスト] [男] *der* ([単] 2 格 -[e]s; [複] -e) (ワシなどの，高い所にある)巣

Hort [ホルト] [男] *der* ([単] 2 格 -[e]s; [複] -e) 保育所 (＝Kinderhort)

hör·te [ヘーアテ] hören の [過去]

hor·ten [ホルテン] (hortete; gehortet; [完了]h)
[他] 〖④と〗〔金・食料品など⁴を〕蓄える，ため込む ▷ Lebensmittel *horten* 食料品を蓄える

Hös·chen [ヘースヒェン] [中] *das* ([単] 2 格 -s; [複] -)
❶ 小さなズボン (☆ Hose の縮小形)
❷ (女性の)パンティー

Ho·se

[hóːzə ホーゼ]

[女] *die* ([単] 2 格 -; [複] -n)

ズボン (☆ 複数形でもズボン 1 着の意味でよく用いられる)
eine lange 〈kurze〉 *Hose*
長〈半〉ズボン
ein Paar neue *Hosen*
新しいズボン 1 着
die *Hose* 〈*Hosen*〉 anziehen 〈ausziehen〉
ズボンをはく〈脱ぐ〉

Ho·sen·rock [ホーゼン・ロック] [男] *der* ([単] 2 格 -[e]s; [複] ..röcke) キュロットスカート

Ho·sen·ta·sche [ホーゼン・タッシェ] [女] *die* ([単] 2 格 -; [複] -n) ズボンのポケット

Ho·sen·trä·ger [ホーゼン・トレーガー] [男] *der* ([単] 2 格 -s; [複] -)〖ふつう [複] で〗 ズボンつり，サスペンダー

Hos·tess [ホステス] [女] *die* ([単] 2 格 -; [複] -en) (博覧会・見本市などの)コンパニオン，案内係

Hos·teß [旧⇒新] Hostess

Ho·tel

[hotέl ホテル]

[中] *das* ([単] 2 格 -s; [複] -s)

格	単 数	複 数
①	das Hotel	die Hotels
②	des Hotels	der Hotels
③	dem Hotel	den Hotels
④	das Hotel	die Hotels

ホテル，旅館 (☆「安ホテル」は Pension, Gasthof)
ein erstklassiges *Hotel*
一流ホテル
in einem *Hotel* übernachten 〈wohnen〉
ホテルに泊まる〈泊まっている〉
ein Zimmer im *Hotel* reservieren lassen
ホテルに部屋を予約する
[イディオム] ***Hotel garni*** ホテルガルニ (朝食だけ出す簡素なホテル)

Ho·te·li·er [ホテリエー] [男] *der* ([単] 2 格 -s; [複] -s) ホテル経営者

Ho·tel·zim·mer [ホテル・ツィマー] [中] *das* ([単] 2 格 -s; [複] -) ホテルの部屋

hübsch [ヒュプシュ]
— [形] ([比較] -er, [最上] -est)
❶ きれいな，すてきな，かわいい ▷ ein *hübsches* Mädchen きれいな〈かわいい〉女の子 / ein *hübsches* Kleid すてきなドレス / eine *hübsche* Wohnung すてきな住まい / sich⁴ *hübsch* anziehen すてきな服を着る / Sie hat *hübsche* Augen. 彼女はきれいな目をしている / 《反語的に》 Das ist ja eine *hübsche* Geschichte! それは実にひどい話だ
❷ (耳に)快い ▷ eine *hübsche* Melodie きれいなメロディー
❸ 《口語》 かなりの，相当な ▷ eine *hübsche* Summe Geld かなりの額の金 / 《程度を強めて》 Er hat sich ganz *hübsch* geirrt. 彼はまったくひどい思い違いをした
— [副] 《口語》《命令を強めて》 ちゃんと ▷ Immer *hübsch* der Reihe nach! ちゃんと順番を守りなさい

Hub·schrau·ber [フーブ・シュラオバー] [男] *der* ([単] 2 格 -s; [複] -) ヘリコプター ▷ Ein *Hubschrauber* kreist über der Stadt. ヘリコプターが町の上空を旋回している

Huf [フーフ] [男] *der* ([単] 2 格 -[e]s; [複] -e) (馬・牛などの)ひづめ

Huf·ei·sen [フーフ・アイゼン] [中] *das* ([単] 2 格 -s; [複] -) 蹄鉄ていてつ

Hüf·te [ヒュフテ] [女] *die* ([単] 2 格 -; [複] -n) 《腰の

下から左右に張り出した部分を指して)ヒップ, 腰(☆「尻」そのものを指す場合は Gesäß) ▷ schmale *Hüften* haben ほっそりした腰をしている / Er legte den Arm um ihre *Hüften*. 彼は腕を彼女の腰に回した

Hü·gel [ヒューゲル] 男 der (⊕ 2 格 -s; ⊕ -)
丘 (☆「山」は Berg) ▷ ein sanfter *Hügel* なだらかな丘

Huhn [フーン] 中 das (⊕ 2 格 -[e]s; ⊕ Hühner)
❶ (鳥) 鶏 (☆「おんどり」は der Hahn, 「めんどり」は die Henne, 「ひよこ」は das Küken) ▷ *Hühner* halten 鶏を飼う / Ein *Huhn* gackert. 鶏がコッコッと鳴く
❷ めんどり (= Henne)

Hühn·chen [ヒューンヒェン] 中 das (⊕ 2 格 -s; ⊕ -) (食用の)若鶏 (☆ Huhn の縮小形)

Hüh·ner [ヒューナー] Huhn の複数

Hüh·ner·au·ge [ヒューナー・アオゲ] 中 das (⊕ 2 格 -s; ⊕ -n)《医学》鶏眼、魚の目

Hüh·ner·fleisch [ヒューナー・フライシュ] 中 das (⊕ 2 格 -[e]s; ⊕ なし) 鶏肉, チキン

Hüh·ner·stall [ヒューナー・シュタル] 男 der (⊕ 2 格 -[e]s; ⊕ ..ställe) 鶏舎

Hüh·ner·sup·pe [ヒューナー・ズッペ] 女 die (⊕ 2 格 -; ⊕ -n) チキンスープ

hül·fe [ヒュルフェ] helfen の接II

Hül·le [ヒュレ] 女 die (⊕ 2 格 -; ⊕ -n) 覆い, カバー; 袋, ケース ▷ die *Hülle* des Denkmals 記念碑の覆い / den Schirm aus der *Hülle* nehmen 傘を袋から取り出す
イディオム *in Hülle und Fülle* たっぷり, あり余るほど

hül·len [ヒュレン] (hüllte; gehüllt; 接完h)
他【④+in+④と】[…⁴を…⁴に]くるむ, 包み込む ▷ Sie *hüllte* das Kind in eine Decke. 彼女は子供を毛布にくるんだ / Die Soldaten *hüllten* sich in ihre Mäntel. 兵隊たちはマントにくるまった

Hül·se [ヒュルゼ] 女 die (⊕ 2 格 -; ⊕ -n) (筒状の)ケース, サック, 鞘, (鉛筆の)キャップ; 薬莢; (豆などの)莢

hu·man [フマーン] 形《文語》人道的な, 人間にふさわしい; 人間味のある ▷ die Gefangenen *human* behandeln 捕虜を人道的に扱う / ein *humaner* Vorgesetzter 人間味のある上司

Hu·ma·nis·mus [フマニスムス] 男 der (⊕ 2 格 -; ⊕ なし) ヒューマニズム, 人道主義

hu·ma·nis·tisch [フマニスティシュ] 形《文語》人道主義の

Hu·ma·ni·tät [フマニテート] 女 die (⊕ 2 格 -; ⊕ なし) ヒューマニティー, 人間性

Hum·boldt [フンボルト] (人名) フンボルト (☆ Wilhelm von Humboldt はドイツの言語学者・政治家. 1767-1835; Alexander von Humboldt はヴィルヘルムの弟, 自然科学者・地理学者. 1769-1859)

Hum·mel [フメル] 女 die (⊕ 2 格 -; ⊕ -n)《昆虫》マルハナバチ

Hum·mer [フマー] 男 der (⊕ 2 格 -s; ⊕ -n)《動物》ロブスター(海産のエビの一種)

Hu·mor [フモーア] 男 der (⊕ 2 格 -s; ⊕ なし) ユーモア ▷ keinen *Humor* haben ユーモアがない / Man soll nicht den *Humor* verlieren. ユーモアを失ってはならない

hum·peln [フンペルン] (humpelte; gehumpelt)
自 ❶ (接完h)足を引きずって歩く
❷ (接完s)(方向と)[…へ]足を引きずって行く

Hund

[hʊnt フント]

男 der (⊕ 2 格 -es〈まれに -s〉; ⊕ -e)

格	単数	複数
①	der Hund	die Hunde
②	des Hundes	der Hunde
③	dem Hund	den Hunden
④	den Hund	die Hunde

《動物》犬
ein treuer *Hund*
忠実な犬
sich³ einen *Hund* halten
犬を飼っている
Der *Hund* knurrt.
犬がウーッとうなる
Der *Hund* macht wau, wau.
犬がワンワンほえる
Vorsicht, bissiger *Hund*!
猛犬に注意
Hunde, die bellen, beißen nicht.
《ことわざ》ほえる犬はかみつかない(いばっている人にたいした人はいない)

hun·dert

[hʊ́ndɐt フンデルト]

【基数】**100**, 百 (☆「10」は zehn, 「1000」は tausend)
von eins bis *hundert*
1 から 100 まで
hundert Menschen
100 人の人
einige *hundert* Bücher
数百冊の本
Ein Euro sind *hundert* Cent.
1 ユーロは 100 セントである
Bei *hundert* Grad beginnt Wasser zu sieden. 100 度で水は沸騰しだす

Hun·dert [フンデルト] 中 das (⊕ 2 格 -s; ⊕ -e)
❶ (数量単位としての) 100 ▷ fünf vom *Hundert* 5 パーセント (☆ vom Hundert は v.H. と略

す, Prozent とも言う)
❷ 〔[複] で〕何百, 多数 ▷ *Hunderte* von Menschen 何百人もの人々

hun·dert·pro·zen·tig [フンデルト・プロツェンティヒ] [形] 100 パーセントの; 完全な, 完璧な

hun·dertst [フンデルツト] [形] 〔序数〕 100 番目の(用法: ☞ dritt)

Hun·derts·tel [フンデルツテル] [中] *das* ([単] 2 格 -s; [複] -) 100 分の 1 (用法: ☞ Drittel)

hun·dert·tau·send [フンデルト・タオゼント/フンデルト・タオ..] 〔基数〕 100 000, 10 万

Hün·din [ヒュンディン] [女] *die* ([単] 2 格 -; [複] ..dinnen) 〔Hund の女性形〕 雌犬

Hü·ne [ヒューネ] [男] *der* ([単] 2·3·4 格 -n; [複] -n) 大男, 巨漢, 巨人 (=Riese)

Hun·ger
[hʊ́ŋɐ フンガー]
[男] *der* ([単] 2 格 -s; [複] なし)

空腹, 飢え
Ich habe großen *Hunger*.
私はとてもおなかがすいている
Ihm knurrte vor *Hunger* der Magen.
彼は空腹で腹がグーグー鳴った
Er versuchte, den *Hunger* mit Bananen zu stillen. 彼は空腹をバナナでいやそうとした
Hunger ist der beste Koch.
《ことわざ》 腹のすいているときにまずいものはない (← 空腹は最良の料理人)

hun·gern [フンゲルン]
(hungerte; gehungert; [完了]h)
[自] ❶ 飢えている
❷ (体重を減らすために)減食〈絶食〉する

hung·rig [フングリヒ]
[形] 空腹の, 飢えた ▷ Ich bin *hungrig*. 私はおなかがすいている

Hu·pe [フーペ] [女] *die* ([単] 2 格 -; [複] -n) (自動車の)クラクション, 警笛

hu·pen [フーペン] (hupte; gehupt; [完了]h)
[自] クラクション〈警笛〉を鳴らす ▷ Das Auto *hupte* mehrmals. その車は何度もクラクションを鳴らした

hüp·fen [ヒュプフェン] (hüpfte; gehüpft; [完了]s)
[自] ピョンピョン跳んで行く ▷ Der Hase ist zum Wald *gehüpft*. 野ウサギは森の方へピョンピョン跳んで行った

Hür·de [ヒュルデ] [女] *die* ([単] 2 格 -; [複] -n) 《スポーツ》 ハードル, 障害 ▷ eine *Hürde* nehmen ハードルを跳び越える; 《比ゆ》 困難を克服する

Hu·re [フーレ] [女] *die* ([単] 2 格 -; [複] -n) 売春婦, 娼婦 (=Prostituierte)

hur·ra [フラー] 〔間投詞〕 《感激などを表して》 わあい, 万歳 ▷ *Hurra*, morgen beginnen die Sommerferien! わあい 明日から夏休みだ

hur·tig [フルティヒ] [形] 《やや古語》 すばやい

husch [フッシュ] 〔間投詞〕 《口語》 《子供・動物に対して速く移動するようにせき立てて》 さっさと ▷ *Husch*, ins Bett! さっさと寝なさい!

hu·schen [フッシェン]
(huschte; gehuscht; [完了]s)
[自] (音もなく)す早く移動する ▷ Eine Eidechse *huschte* über den Weg. トカゲがささっと道を横切った / Eine Libelle ist übers Wasser *gehuscht*. トンボが水面をさっとかすめて飛んで行った

hus·ten [フーステン] (du hustest, er hustet; hustete; gehustet; [完了]h)
[自] せきをする ▷ Er hat die ganze Nacht *gehustet*. 彼は一晩中せきをしていた

Hus·ten [フーステン] [男] *der* ([単] 2 格 -s; [複] なし) せき(咳) ▷ Er hatte einen schrecklichen *Husten*. 彼はひどいせきをしていた

Hus·ten·mit·tel [フーステン・ミッテル] [中] *das* ([単] 2 格 -s; [複] -) 咳止め薬

hus·te·te [フーステテ] husten の [過去]

Hut [フート] [男] *der* ([単] 2 格 -es 〈まれに-s〉; [複] Hüte)
(つばのある)帽子 (☆ つばのないものは Mütze) ▷ den *Hut* abnehmen 〈aufsetzen〉 帽子を脱ぐ〈かぶる〉 / den *Hut* lüften (会釈のために)帽子をちょっと上げる / den *Hut* tief ins Gesicht ziehen 帽子を目深にかぶる

Hü·te [ヒューテ] Hut の [複数]

hü·ten [ヒューテン] (hütete; gehütet; [完了]h)
— [他] 〔[4]と〕〔‥^{4}の〕番をする ▷ das Vieh *hüten* 家畜の番をする / Sie musste die Kinder *hüten*. 彼女は子守をしなければならなかった / 《比ゆ》 das Bett *hüten* müssen (病気で)ベッドに寝ていなければならない
— [再] 〔[sich]^4+vor+[3]と〕〔‥^{3}に〕用心する ▷ *Hüte* dich vor ihm! 彼に用心しなさい
[イディオム] ***sich***^{4} ***hüten***+***zu*** 不定詞句 (用心して)…をしない ▷ Ich werde mich *hüten*, das *zu* tun. 私はそんなことは絶対しません

Hut·schach·tel [フート・シャハテル] [女] *die* ([単] 2 格 -; [複] -n) 帽子箱

Hüt·te [ヒュッテ] [女] *die* ([単] 2 格 -; [複] -n) 小屋; 山小屋, ヒュッテ ▷ eine *Hütte* aus Holz 木造の小屋 / in einer *Hütte* im Gebirge übernachten 山の小屋で泊まる

hutz·lig [フッツリヒ] [形] 《口語》 (顔が)しわだらけの

Hy·ä·ne [ヒュエーネ] [女] *die* ([単] 2 格 -; [複] -n) 《動物》 ハイエナ

Hy·a·zin·the [ヒュアツィンテ] [女] *die* ([単] 2 格 -; [複] -n) 《植物》 ヒヤシンス

Hyb·rid-Au·to [ヒュブリート・アオト] [中] *das* ([単] 2 格 -s; [複] -s) 《車》 ハイブリッドカー (ガソリン・

エンジンと電動機のように複数の動力源を利用して走る車)

Hy·gi·e·ne [ヒュギエーネ] [女] *die* ([単] 2格 −; [複] なし) 衛生学; [保健]衛生

hy·gi·e·nisch [ヒュギエーニシュ] [形] 衛生的な; 衛生上の ▷ Das ist nicht *hygienisch.* それは衛生的でない / Die Räume sind *hygienisch* einwandfrei. これらの部屋は衛生上申し分ない

Hym·ne [ヒュムネ] [女] *die* ([単] 2格 −; [複] −n) 賛歌; 国歌; 《キリスト教》 聖歌, 賛美歌 ▷ die deutsche *Hymne* ドイツ国歌

Hy·per·bel [ヒュペルベル] [女] *die* ([単] 2格 −; [複] −n) 《数学》 双曲線

Hyp·no·se [ヒュプノーゼ] [女] *die* ([単] 2格 −; [複] なし) 催眠状態 ▷ [4]+in *Hypnose* versetzen …⁴に催眠術をかける

hyp·no·ti·sie·ren [ヒュプノティズィーレン] (hypnotisierte; hypnotisiert; [完了]h) [他] 〖[4]と〗〔…⁴を〕催眠術にかける

Hy·po·the·se [ヒュポテーゼ] [女] *die* ([単] 2格 −; [複] −n) 仮説 ▷ eine *Hypothese* aufstellen 仮説をたてる

Hys·te·rie [ヒュステリー] [女] *die* ([単] 2格 −; [複] −n) 《医学》 ヒステリー

Hys·te·ri·en [ヒュステリーエン] Hysterie の [複数]

hys·te·risch [ヒュステーリシュ] [形] 《心理》 ヒステリー[性]の; ヒステリックな ▷ Ich glaube, sie ist *hysterisch.* 私が思うに彼女はヒステリーだ

H

i I [iː イー]

IC [イーツェー] 男 der (⑭2格 -s; 穫 なし) 《*Intercity* の略語》都市間特急，インターシティー

ICE [イーツェーエー] 男 der 《*Intercity-Express* の略語》都市間超特急

ich
[ɪç イッヒ]

〖人称代名詞; 1人称単数1格〗

①	②	③	④	所有冠詞
ich	meiner	mir	mich	mein

私は〈が〉，ぼくは〈が〉
Hier bin *ich*. 私はここです
Ich weiß nicht. 私はわかり〈知り〉ません
Wer ist da? – *Ich* bin's.
そこにいるのはだれですか―私です (☆ Ich にアクセントが置かれる)
Immer *ich*! いつも私なんだから

★ 口語では文頭で省略されることがある ▷ Danke sehr! 本当にありがとう / Komme gleich. すぐにまいります

i·de·al [イデアール] 形 理想的な ▷ ein *idealer* Partner 理想的なパートナー / Die Bedingungen sind *ideal*. 条件は理想的である

I·de·al [イデアール] 中 das (⑭2格 -s; 穫 -e) 理想 ▷ *Ideale* verblassen mit der Zeit. 理想は時とともに色あせる

i·de·a·li·sie·ren [イデアリズィーレン] (idealisierte; idealisiert; 区分h)
他《④と》[…⁴を]理想化〈美化〉する

I·de·a·lis·mus [イデアリスムス] 男 der (⑭2格 -; 穫 なし)
❶ 理想主義 (⊗ Realismus)
❷ 観念論 (⊗ Materialismus)

I·de·a·list [イデアリスト] 男 der (⑭2·3·4格 -en; 穫 -en) 理想主義者; 観念論者

i·de·a·lis·tisch [イデアリスティシュ] 形 理想主義の

I·dee [イデー] 女 die (⑭2格 -; 穫 -n)
アイデア，思いつき，考え ▷ eine geniale *Idee* 天才的なアイデア / Das ist keine schlechte *Idee*. それは悪い考えではない / Ich habe eine *Idee*. 私にいい考えがある / eine fixe *Idee* haben 固定観念をもっている

i·de·ell [イデエル] 形 理念上の，観念上の

I·de·en [イデーエン] Idee の 複数

i·den·ti·fi·zie·ren [イデンティフィツィーレン] (identifizierte; identifiziert; 区分h)
他 《④+als+④と》[…⁴を…⁴と](ある特徴を手掛かりに)確認する ▷ Die Polizei *identifizierte* ihn als den Bankräuber. 警察は彼がその銀行強盗であることを突き止めた / Der Fleck wurde als Blut *identifiziert*. そのしみは血であることが確認された // einen Toten *identifizieren* 死者の身元を確認する

i·den·tisch [イデンティシュ] 形 同一の ▷ Die Aussagen der beiden Zeugen waren *identisch*. 2人の証人の供述は一致した / mit+③ *identisch* sein …³と同一の人〈物〉である

I·den·ti·tät [イデンティテート] 女 die (⑭2格 -; まれに 穫 -en)《文語》身元; 同一性，アイデンティティ

I·de·o·lo·ge [イデオローゲ] 男 der (⑭2·3·4格 -n; 穫 -n) (特定の)イデオロギーの主張者

I·de·o·lo·gie [イデオロギー] 女 die (⑭2格 -; 穫 -n) イデオロギー

I·de·o·lo·gi·en [イデオロギーエン] Ideologie の 複数

i·de·o·lo·gisch [イデオローギシュ] 形 イデオロギーの，イデオロギー上の

I·di·om [イディオーム] 中 das (⑭2格 -s; 穫 -e) イディオム，慣用句，成句，熟語

I·di·ot [イディオート] 男 der (⑭2·3·4格 -en; 穫 -en)《口語》大ばか者，愚か者 ▷ Du *Idiot*! おまえばかだな

I·di·o·tie [イディオティー] 女 die (⑭2格 -; 穫 -n)《口語》ばかげた〈愚かな〉こと

I·di·o·ti·en [イディオティーエン] Idiotie の 複数

i·di·o·tisch [イディオーティシュ] 形《口語》ばかげた，愚かな ▷ Das ist doch wirklich *idiotisch*! それは実にばかげているよ

I·dol [イドール] 中 das (⑭2格 -s; 穫 -e) アイドル ▷ Sayuri Yoshinaga war lange ein *Idol* der Jugend. 吉永小百合は長い間若者のアイドルだった

I·dyll [イデュル] 中 das (⑭2格 -s; 穫 -e) 牧歌的な生活環境，牧歌的風景

i·dyl·lisch [イデュリシュ] 形 牧歌的な，田園風の ▷ ein Hotel in *idyllischer* Lage 牧歌的な場所にあるホテル

I·gel [イーゲル] 男 der (⑭2格 -s; 穫 -)《動物》

①, ②, ③, ④＝1格, 2格, 3格, 4格の名詞

ハリネズミ

Ig·no·rant [イグノラント] 男 *der* (⑯ 2·3·4格 -en; ⑯ -en) 無知〈無学〉な人

ig·no·rie·ren [イグノリーレン] (ignorierte; ignoriert; 完了h)
他 (④と)[··⁴を]無視する ▷ Seine Ideen wurden von den Kollegen *ignoriert*. 彼の考えは同僚から無視された

ihm [イーム]〖人称代名詞 er, es の3格〗彼に; それに ▷ Wie geht es *ihm*? 彼の調子はどうですか / Sie geht mit *ihm* ins Kino. 彼女は彼と映画に行く /〖所有の3格〗Sie schlägt *ihm* ins Gesicht. 彼女は彼の顔を殴る

ihn [イーン]〖人称代名詞 er の4格〗
❶ 彼を ▷ Sie liebt *ihn*. 彼女は彼を愛している / Wir warten auf *ihn*. 私たちは彼のことを待っている
❷〖事物を表す男性名詞を受けて〗それを ▷ Warum liest du den Roman nicht? – Ich finde *ihn* langweilig. 君はなぜその小説を読まないの―それは私には退屈なのです

ih·nen [イーネン]〖人称代名詞 sie (複数)の3格〗彼らに; 彼女らに; それらに ▷ Das habe ich *ihnen* gegeben. それは私が彼[女]らにあげたものだ / Er hat bei *ihnen* übernachtet. 彼は彼[女]らのところに泊まった

Ih·nen [イーネン]〖人称代名詞 Sie (単数・複数)の3格〗あなたに; あなた方に ▷ Ich danke *Ihnen*. 私はあなた[方]に感謝します / Das ist sehr freundlich von *Ihnen*. それはどうもご親切に[ありがとうございます]

ihr
[iːɐ̯ イーア]

—〖人称代名詞〗
—〖2人称複数親称1格〗

①	②	③	④	所有冠詞
ihr	euer	euch	euch	euer

☆単数 du

君たちは〈が〉, おまえたちは〈が〉(☆家族・恋人・友人などの親しい間柄の相手あるいは子供・動物などに対して用いる)

Wohin geht *ihr*?
君たちはどこへ行くの
Helft *ihr* den Eltern?
君たちは両親の手助けをしますか

—〖人称代名詞 sie (単数)の3格〗彼女に; それに ▷ Er schreibt *ihr* einen Brief. 彼は彼女に手紙を書く / Er geht mit *ihr* ins Kino. 彼は彼女といっしょに映画に行く /〖所有の3格〗Er trat *ihr* auf den Fuß. 彼は彼女の足を踏んだ

—〖不定冠詞類; 3人称単数女性および複数 sie に対する所有冠詞〗

格	男性	女性	中性	複数
①	ihr	ihre	ihr	ihre
②	ihres	ihrer	ihres	ihrer
③	ihrem	ihrer	ihrem	ihren
④	ihren	ihre	ihr	ihre

—〖3人称単数〗
❶ 彼女の
ihr Onkel
彼女のおじ
Sie hat *ihren* Bus verpasst.
彼女は(乗る予定だった)バスに乗り遅れた
(習慣的なかかわりを表して)
Macht sie wieder *ihren* Spaziergang?
彼女はまたいつもの散歩をするのですか
❷〖名詞的に; dies*er* に準じて変化する; 性・数は省かれた名詞に基づく〗彼女のもの ▷ Meine Wohnung ist größer als *ihre*. 私の住まいは彼女のより大きい

—〖3人称複数〗
❶ 彼らの; 彼女らの; それらの
Die Kinder räumen *ihre* Spielsachen auf.
子供たちは自分たちのおもちゃをかたづける
❷〖名詞的に; dies*er* に準じて変化する; 性・数は省かれた名詞に基づく〗彼らのもの; 彼女らのもの ▷ Mein Haus ist größer als *ihr[e]s*. 私の家は彼[女]らのより大きい

Ihr
[iːɐ̯ イーア]

〖不定冠詞類; 2人称敬称単数・複数 Sie に対する所有冠詞〗

格	男性	女性	中性	複数
①	Ihr	Ihre	Ihr	Ihre
②	Ihres	Ihrer	Ihres	Ihrer
③	Ihrem	Ihrer	Ihrem	Ihren
④	Ihren	Ihre	Ihr	Ihre

❶ あなたの; あなた方の
Wie ist *Ihr* Name?
お名前はなんとおっしゃいますか
Vergessen Sie *Ihren* Schirm nicht!
傘を忘れないように
mit freundlichen Grüßen *Ihre* Renate
《手紙の末尾で》敬具 あなた[方]のレナーテより
〖dies*er* と並列的に〗
Diese *Ihre* Erklärung befriedigt uns nicht.
このあなた[方]の説明に私たちは満足できない
❷〖名詞的に; dies*er* に準じて変化する; 性・数は省かれた名詞に基づく〗あなたのもの; あなた方のもの ▷ Mein Garten ist größer als *Ihrer*. 私の庭はあなた[方]のより大きい

ih·re [イーレ] ☞ ihr (不定冠詞類)
Ih·re [イーレ] ☞ Ihr

ih·rem [イーレム] ☞ ihr (不定冠詞類)
Ih·rem [イーレム] ☞ Ihr
ih·ren [イーレン] ☞ ihr (不定冠詞類)
Ih·ren [イーレン] ☞ Ihr
ih·rer [イーラー]
— ☞ ihr (不定冠詞類)
—〖人称代名詞 sie (単数)の 2 格〗Er gedenkt *ihrer.* 彼は彼女のことを忘れずにいる
—〖人称代名詞 sie (複数)の 2 格〗Er harrt *ihrer.* 彼は彼[女]ら〈それら〉のことを待ちわびる
Ih·rer [イーラー]
— ☞ Ihr (不定冠詞類)
—〖人称代名詞 Sie (単数・複数)の 2 格〗Ich erinnere mich *Ihrer.* 私はあなた[方]を思い出す
ih·rer·seits [イーラー・ザイツ] [副] 彼ら〈彼女〉側〈方〉では; 彼ら〈彼女〉自身は
ih·res [イーレス] ☞ ihr
Ih·res [イーレス] ☞ Ihr
il·le·gal [イレガール] [形] 非合法の, 違法の ([反] legal)
il·le·gi·tim [イ・レギティーム] [形]《文語》(国家・団体などが) 正当でない ([反] legitim)
Il·lu·si·on [イルズィオーン] [女] *die* ([単] 2 格 –; [複] –en)〖しばしば [複] で〗**幻想** ▷ sich³ keine *Illusionen* machen 幻想をいだかない
il·lu·so·risch [イルゾーリシュ] [形] 幻想でしかない; 現実離れした
Il·lust·ra·ti·on [イルストラツィオーン] [女] *die* ([単] 2 格 –; [複] –en) 挿絵, イラスト
il·lust·rie·ren [イルストリーレン]
(illustrierte; illustriert; [完了]h)
[他] ❶〖④と〗〔..⁴に〕**イラスト〈挿絵〉を入れる** ▷ ein Buch *illustrieren* 本に挿絵を入れる
❷〖④と〗〔..⁴を〕(図表・例などを挙げながら) わかりやすく説明する
Il·lust·rier·te [イルストリーアテ] [女] *die* (形容詞変化 ☞ Alte 表 I) (写真を主体にした) グラフ雑誌 ▷ Er liest in einer *Illustrierten.* 彼はグラフ雑誌を読む
im [イム]〖in と定冠詞 dem の融合形〗Er ist *im* Garten. 彼は庭にいる
I·mage [イミッチュ/イミッジ] [中] *das* ([単] 2 格 –[s]; [複] –s) イメージ ▷ Diese Vorfälle haben dem *Image* der Bundesrepublik sehr geschadet. これらの出来事は (ドイツ) 連邦共和国のイメージを大変損ねた
Im·biss [イムビス] [男] *der* ([単] 2 格 –es; [複] –e) 軽食 ▷ einen *Imbiss* einnehmen 軽食をとる
Im·biß [旧⇨新] Imbiss
I·mi·ta·ti·on [イミタツィオーン] [女] *die* ([単] 2 格 –; [複] –en) まね, 模倣; 模造品
i·mi·tie·ren [イミティーレン]
(imitierte; imitiert; [完了]h)
[他]〖④と〗〔..⁴を〕まねる ▷ den Lehrer *imitieren* 先生のまねをする / Er hat meinen Gang *imitiert.* 彼は私の歩き方をまねた
Im·ker [イムカー] [男] *der* ([単] 2 格 –s; [複] –) 養蜂家
im·ma·nent [イマネント] [形]《哲学》内在する, 内在的な
Im·mat·ri·ku·la·ti·on [イマトリクラツィオーン] [女] *die* ([単] 2 格 –; [複] –en) (大学の) 入学手続き
im·mat·ri·ku·lie·ren [イマトリクリーレン]
(immatrikulierte; immatrikuliert; [完了]h)
[他]〖④と〗(大学が)〔..⁴を〕学生として受け入れる, 入学を許可する ▷ Ich habe mich *immatrikulieren* lassen. 私は大学の入学手続きを済ませた (☆ 再帰的に用いることもある ▷ Ich habe mich *immatrikuliert.*)
im·mens [イメンス] [形] (計り知れないほど) ばく大な, 膨大な ▷ Der Aufwand war *immens.* 出費はばく大だった

im·mer
[ímɐ イムマー]

[副] ❶ **いつも**, つねに, ずっと
Er ist *immer* fröhlich.
彼はいつも陽気だ
Das Wetter war *immer* schön.
天気はずっとよかった
Ich habe es *immer* gewusst.
私はそのことをずっと知っていた
Er geht wie *immer* um 11 Uhr ins Bett.
彼はいつものように 11 時に就寝する
❷〖形容詞・副詞の比較級と〗ますます, どんどん ▷ *immer* höher ますます高く / Es wurde *immer* kälter. ますます寒くなった
❸〖疑問詞に導かれる認容文で; ふつう auch を伴う〗wer *immer* auch kommt たとえだれが来ようとも / Sie denkt an ihn, wo *immer* sie auch ist. 彼女はどこにいようとも彼のことが頭から離れない
[イディオム] ***auf 〈für〉 immer*** 永遠に, 永久に ▷ Das ist *für immer* vorbei. それは永遠にだめだ
immer noch 〈noch immer〉 いまでもなお, いまだに, 相変わらず ▷ Es regnet *noch immer.* 雨はまだ降っている
immer wenn ... …しようとするといつも ▷ *Immer wenn* ich ausgehen will, regnet es. 私が外出しようとするといつも雨が降る
immer wieder 再三再四
nicht immer いつも〈必ずしも〉…とは限らない ▷ Ich bin *nicht immer* zu Hause. 私はいつも家にいるわけではない
im·mer·hin [イムマー・ヒン] [副] (それでも) とにかく ▷ Versuchen wir es *immerhin*! とにかくそれをやってみよう /《譲歩したうえでの肯定的評価を表して》Er ist zwar nicht gekommen, aber er

hat sich entschuldigt. – Na, *immerhin*! 彼は来なかったけれどもそのことをあやまった—まあありまっただけましだ

im·mer·zu [イムマー・ツー] [副]《口語》しょっちゅう, いつも ▷ Ich muss *immerzu* an ihn denken. 私はしょっちゅう彼のことを考えてしまう

Im·mig·rant [イミグラント] [男] *der* (単 2·3·4 格 -en; 複 -en) (他国からの)移住者, 移民

im·mig·rie·ren [イミグリーレン]
(immigrierte; immigriert; [完了]s)
[自] (他国から)移住する

Im·mo·bi·li·en [イモビーリエン] [複名]《経済》不動産

im·mun [イムーン] [形] 〚gegen+④と〛〔病原菌など⁴に対して〕免疫のある;《法律》(外交官・国会議員が)刑事訴追を受けない

Im·mu·ni·tät [イムニテート] [女] *die* (単 2 格 -; 複 なし)《医学》免疫;《法律》(国会議員などの)不逮捕特権

Im·pe·ri·a·lis·mus [イムペリアリスムス] [男] *der* (単 2 格 -; 複 なし) 帝国主義

impf·fen [イムプフェン] (impfte; geimpft; [完了]h)
[他] 〚④と〛〔..⁴に〕予防接種をする ▷ Der Arzt *impfte* die Kinder gegen Pocken. 医者は子供たちに天然痘の予防接種をした

Imp·fung [イムプフング] [女] *die* (単 2 格 -; 複 -en) 予防接種

im·po·nie·ren [イムポニーレン]
(imponierte; imponiert; [完了]h)
[自] 〚③と〛〔..³に〕感銘を与える, 感心させる ▷ Sein Mut *imponierte* mir. 彼の勇気に私は感銘を受けた

Im·port [イムポルト] [男] *der* (単 2 格 -[e]s; 複 -e)
❶ 輸入 (=Einfuhr; [反] Export) ▷ den *Import* beschränken 輸入を制限する
❷ 〚ふつう 複 で〛輸入品

Im·por·teur [イムポルテーア] [男] *der* (単 2 格 -s; 複 -e) 輸入業者

im·por·tie·ren [イムポルティーレン]
(importierte; importiert; [完了]h)
[他] 〚④と〛〔..⁴を〕輸入する ([反] exportieren)

im·po·tent [イムポテント] [形] (男性が) インポテンツの, 性交不能の

Im·pres·si·o·nis·mus [イムプレッスィオニスムス] [男] *der* (単 2 格 -; 複 なし) 印象主義

im·pro·vi·sie·ren [イムプロヴィズィーレン]
(improvisierte; improvisiert; [完了]h)
[他] 〚④と〛〔演説など⁴を〕とっさにする;〔食事など⁴を〕即席で作る

Im·puls [イムプルス] [男] *der* (単 2 格 -es; 複 -e) 〚ふつう 複 で〛刺激; 衝動

im·pul·siv [イムプルズィーフ] [形] 衝動的な

im·stan·de [イム・シュタンデ] [形] 〚zu+③と〛〔..³をする〕能力がある (=im Stande; ふつう zu 不定詞句と) ▷ Er war nicht *imstande*, sich darauf zu konzentrieren. 彼はそのことに集中することができなかった

in
[ɪn イン]

[前] 〚③・④支配; 空間関係の表示において位置を表す場合は 3 格, 方向を表す場合は 4 格を支配する〛
☆ 定冠詞との融合形: im, ins
☆ 代名詞との結合形: darin, worin など

❶ 〚3·4 格〛《空間》
a) 〚3 格〛《位置》…の中で〈に〉
im Zimmer
部屋の中で
im Sessel sitzen
安楽いすに座っている
in Deutschland arbeiten ドイツで働く
Er wohnt *in* der Stadt. 彼は町に住んでいる
In Mathematik ist er sehr gut.
《比ゆ》彼は数学の成績が非常によい
b) 〚4 格〛《方向》…の中へ〈に〉
ins Zimmer gehen 部屋の中に入って行く
sich⁴ *in* den Sessel setzen 安楽いすに座る
in den Briefkasten schauen
郵便受けの中を見る
in die Straßenbahn steigen
路面電車に乗る
Das Kind geht *in* die Schule.
子供は学校へ行く

❷ 〚3·4 格〛《時間》
a) 〚3 格〛…に, …の間 ▷ *in* der Nacht 夜に (☆「朝に」は am Morgen,「晩に」は am Abend) / *in* den Ferien 休暇中に / *in* der nächsten Woche 来週に / Ich bin *im* Jahre 1944 geboren. 私は 1944 年に生まれた
b) 〚3 格〛(現在の時点から見て)…経過すれば, …ののちに ▷ *In* zwei Stunden kommt mein Freund. 2 時間のちに私の友人が来る / *in* Kürze まもなく

❸ 〚3 格〛《様態》…の方法で, …状態で ▷ *in* Worten (数字ではなく zwei のように) 文字で / *in* barem Geld bezahlen 現金で支払う / ④ +*im* Deutschen schreiben ..⁴をドイツ語で書く / Haben Sie diese Bluse auch *in* Grün? このブラウスはグリーンのもありますか

[イディオム] ***bis in***+④ ..⁴に至るまで ▷ Sie tanzten *bis in* die späte Nacht. 彼らは夜遅くまで踊っていた

in·be·grif·fen [イン・ベグリッフェン] [形] (価格などに)含まれている ▷ Bedienung ist *inbegriffen*. サービス料は含まれている

in·dem [イン・デーム]
[接] 〚従属; 定動詞後置〛
《手段》…することによって ▷ Er beruhigte das

Kind, *indem* er es streichelte. 彼は子供をなでてなだめてやった

In·der [インダー] [男] *der* ([単] 2格 -s; [複] –) インド人

in·des [イン・デス] =indessen

in·des·sen [イン・デッセン]
— [副] 《文語》 ❶ その間に (=inzwischen) ❷ しかし, それでも (=jedoch)
— [接] 〖従属; 定動詞後置〗《文語》…している間に (=während)

In·dex [インデクス] [男] *der* ([単] 2格 -[es]; [複] -e 〈Indizes〉) 索引, インデックス

In·di·a·ner [インディアーナー] [男] *der* ([単] 2格 -s; [複] –) [アメリカ]インディアン

In·di·en [インディエン] ([中] *das*) 《国名》 インド

in·di·rekt [イン・ディレクト] [形] 間接の, 間接的な ([反] direkt) ▷ *indirekte* Beleuchtung 間接照明

in·disch [インディシュ] [形] インド[人]の

in·dis·kret [イン・ディスクレート] [形] (人に対して)思いやり〈心配り〉のない, 無遠慮な ([反] diskret)

in·dis·ku·ta·bel [イン・ディスクターベル/イン・ディスクター..] [形] (提案などが)検討に値しない, 論外の

In·di·vi·du·a·lis·mus [インディヴィドゥアリスムス] [男] *der* ([単] 2格 –; [複] なし) 個人主義

In·di·vi·du·a·list [インディヴィドゥアリスト] [男] *der* ([単] 2·3·4格 -en; [複] -en) 個人主義者

In·di·vi·du·a·li·tät [インディヴィドゥアリテート] [女] *die* ([単] 2格 –; [複] なし) 《文語》 個性

in·di·vi·du·ell [インディヴィドゥエル] [形] 《文語》 ❶ 個人の ▷ *individuelles* Eigentum 個人の財産
❷ 個性的な, 独特の; 個性に合わせた ▷ einen *individuellen* Geschmack haben 独特の趣味をもっている / die Kinder *individuell* erziehen 個性を重んじて子供を教育する

In·di·vi·du·en [インディヴィードゥエン] Individuum の [複数]

In·di·vi·du·um [インディヴィードゥウム] [中] *das* ([単] 2格 -s; [複] ..viduen)
❶ 《文語》 個人 ▷ die Freiheit des *Individuums* 個人の自由
❷ 《軽蔑的に》 やつ ▷ ein verdächtiges *Individuum* うさんくさいやつ

In·diz [インディーツ] [中] *das* ([単] 2格 -es; [複] ..dizien) 〖ふつう [複] で〗《法律》 状況証拠

In·di·zes [インディツェース] Index の [複数]

In·di·zi·en [インディーツィエン] Indiz の [複数]

in·dust·ri·a·li·sie·ren [インドゥストリアリズィーレン] (industrialisierte; industrialisiert; [完了]h)
[他] 〖④と〗〔国など^{4}を〕工業化する (☆ ふつう受動形で)

In·dust·rie [インドゥストリー] [女] *die* ([単] 2格 –; [複] -n)
工業; [第2次]産業 (☆ 工業一般を指す場合は集合的な意味合いで単数を用いる)

In·dust·rie·ab·gas [インドゥストリー・アップ・ガース] [中] *das* ([単] 2格 -es; [複] -e) 〖ふつう [複] で〗工場排ガス

In·dust·rie·ge·biet [インドゥストリー・ゲビート] [中] *das* ([単] 2格 -[e]s; [複] -e) 工業地帯

in·dust·ri·ell [インドゥストリエル] [形] 工業の; [第2次]産業の ▷ *industrielle* Anlagen 工業施設

In·dust·ri·el·le [インドゥストリエレ] [男] *der* / [女] *die* (形容詞変化 ☞ Alte 表 I) 工場主, 事業主; 企業家

In·dust·rie·müll [インドゥストリー・ミュル] [男] *der* ([単] 2格 -s; [複] なし) 産業廃棄物

In·dust·ri·en [インドゥストリーエン] Industrie の [複数]

In·dust·rie·ro·bo·ter [インドゥストリー・ロボター] [男] *der* ([単] 2格 -s; [複] –) 産業ロボット

in·ei·nan·der [イン・アイナンダー] [副] 〖前置詞 in と einander「互い」の結合形; 前置詞 in の意味用法に準じて用いられる〗 ▷ Sie sind *ineinander* verliebt. 彼らは互いにほれ合っている (☆ sich^4 in +④ verlieben ‥^{4}にほれる)

In·fan·te·rie [インファンテリー/インファンテリー] [女] *die* ([単] 2格 –; [複] なし) 歩兵部隊; (落下傘部隊などの)接近戦用戦闘部隊

In·fek·ti·on [インフェクツィオーン] [女] *die* ([単] 2格 –; [複] -en) 感染, 伝染

In·fek·ti·ons·krank·heit [インフェクツィオーンス・クランクハイト] [女] *die* ([単] 2格 –; [複] -en) 感染症, 伝染病

in·fi·zie·ren [インフィツィーレン] (infizierte; infiziert; [完了]h)
— [他] 〖④+mit+③と〗〔‥^{4}に‥^{3}を〕感染させる, うつす
— [再] 〖[sich]^4+mit+③と〗〔病気^{3}に〕感染する

In·fla·ti·on [インフラツィオーン] [女] *die* ([単] 2格 –; まれに [複] -en) 《経済》 インフレーション

In·fo [インフォ] [中] *das* ([単] 2格 -s; [複] -s)
❶ 《口語》 情報誌 (=Informationsblatt)
❷ 〖[複] で〗 情報

in·fol·ge [イン・フォルゲ] [前] 〖②支配〗《文語》…のために, …の結果として ▷ *Infolge* des starken Schneefalls war die Straße unpassierbar. 大雪のためその道路は通行が不可能だった

in·fol·ge·des·sen [イン・フォルゲ・デッセン] [副] 《文語》 その結果, それで (=deshalb)

In·for·mant [インフォルマント] [男] *der* ([単] 2·3·4格 -en; [複] -en)
❶ 情報提供者

Innenarchitekt

❷ (研究などの)情報提供者，インフォーマント

In·for·ma·tik [インフォルマーティック] 囡 *die* (⽂2格 -; ⽂ なし) 情報科学

In·for·ma·ti·on [インフォルマツィオーン] 囡 *die* (⽂2格 -; ⽂ -en)
❶ 《ふつう ⽂ で》 情報 ▷ *Informationen* erhalten 情報を受け取る
❷ 《⽂ なし》(駅などの)案内所 ▷ sich⁴ bei der *Information* erkundigen 案内所に問い合わせる
❸ 《⽂ なし》情報を与える〈得る〉こと ▷ eine umfassende *Information* der Öffentlichkeit 一般市民への広範囲な情報公開

In·for·ma·ti·ons·aus·tausch [インフォルマツィオーンス・アオス・タオシュ] 男 *der* (⽂2格 -es; ⽂ なし) 情報交換

In·for·ma·ti·ons·blatt [インフォルマツィオーンス・ブラット] 中 *das* (⽂2格 -[e]s; ⽂ ..blätter) パンフレット

In·for·ma·ti·ons·quel·le [インフォルマツィオーンス・クヴェレ] 囡 *die* (⽂2格 -; ⽂ -n) 情報源

In·for·ma·ti·ons·wert [インフォルマツィオーンス・ヴェールト] 男 *der* (⽂2格 -[e]s; ⽂ -e) 情報価値

In·for·ma·ti·ons·zent·rum [インフォルマツィオーンス・ツェントルム] 中 *das* (⽂2格 -s; ⽂ ..zentren) 情報センター

in·for·ma·tiv [インフォルマティーフ] 形 《文語》(重要な情報を含み)啓発的な

in·for·ma·to·risch [インフォルマトーリシュ] 形 (新しい)情報を豊かに含んだ

in·for·mie·ren [インフォルミーレン] (informierte; informiert; 完h)
—— 他 《④と》《..について》情報を伝える，知らせる ▷ die Öffentlichkeit über die neue Lage *informieren* 一般市民に新しい情勢に関する情報を伝える
—— 再 《sich⁴+über+④と》《..について》情報を得る ▷ Du musst dich schleunigst darüber *informieren.* 君はすぐにそのことについて情報を入手しなければいけない / Er ist immer gut *informiert.* 〔状態受動〕彼はいつも十分に情報を得ている

in·for·miert [インフォルミーアト] informieren の 現在, 過分

in·for·mier·te [インフォルミーアテ] informieren の 過去

Inf·ra·struk·tur [インフラ・シュトルクトゥーア] 囡 *die* (⽂2格 -; ⽂ -en) 《文語》 インフラストラクチャー，基盤施設

In·ge·ni·eur [インジェニエーア] 男 *der* (⽂2格 -s; ⽂ -e)
技師，技術者，エンジニア

In·ha·ber [イン・ハーバー] 男 *der* (⽂2格 -s; ⽂ -)(特に店などの)所有者，持ち主

In·halt [イン・ハルト] 男 *der* (⽂2格 -s〈まれに -es〉; まれに ⽂ -e)
❶ (入れ物などの)中身 ▷ der *Inhalt* eines Pakets 小包の中身 / den *Inhalt* herausnehmen 中身を取り出す
❷ (話などの)内容 ▷ den *Inhalt* kurz zusammenfassen 内容を簡単にまとめる

In·halts·ver·zeich·nis [インハルツ・フェアツァイヒニス] 中 *das* (⽂2格 ..nisses; ⽂ ..nisse) (本の)目次，索引

I·ni·ti·a·le [イニツィアーレ] 囡 *die* (⽂2格 -; ⽂ -n) 《ふつう ⽂ で》頭文字，イニシャル ▷ die *Initialen* eines Namens eingravieren 名前の頭文字を刻み込む

I·ni·ti·a·ti·ve [イニツィアティーヴェ] 囡 *die* (⽂2格 -; ⽂ -n) イニシアチブ，主導権 ▷ die *Initiative* ergreifen イニシアチブをとる / aus eigener *Initiative* 率先して，自発的に

In·jek·ti·on [インイェクツィオーン] 囡 *die* (⽂2格 -; ⽂ -en) 《医学》注射

in·klu·si·ve [インクルズィーヴェ]
—— 前《②支配；名詞の後に置かれることもある》…を含めて，…込みで (⽂ inkl.)
—— 副 …を含めて ▷ bis zum 7. Mai *inklusive* 7日も含めて5月7日まで

in·kog·ni·to [インコグニート] 副 身分などを明かさずに，お忍びで

in·kon·se·quent [イン・コンゼクヴェント] 形 《文語》首尾一貫しない，筋の通っていない (⽂ konsequent)

in·kor·rekt [イン・コレクト] 形 《文語》(社会の規範にてらし)正しくない (⽂ korrekt)

In·land [イン・ラント] 中 *das* (⽂2格 -[e]s; ⽂ なし) 国内 (⽂ Ausland) ▷ Sie verbringen ihren Urlaub im *Inland.* 彼らは休暇を国内で過ごす / im *In*- und Aus*land* 国の内外で

in·län·disch [イン・レンディッシュ] 形 国内の

in·mit·ten [イン・ミッテン] 前 《②支配》《文語》 …のまん中に ▷ *Inmitten* des Sees liegt eine kleine Insel. 湖のまん中に小さな島がある

in·ne|ha·ben [イネ・ハーベン] 分離
(hatte inne; innegehabt; 完h)
他 《文語》《④と》〔地位・官職など⁴に〕就いている

in·ne|hal·ten [イネ・ハルテン] 分離
(er hält inne; hielt inne; innegehalten; 完h)
自 《文語》《in+③と》〔仕事・話など³を〕中断する

in·nen [イネン]
副 中で，内部〈内側〉で (⽂ außen) ▷ Der Apfel ist *innen* faul. このリンゴは中が腐っている / Man kann das Fenster nur von *innen* schließen. その窓は内側からしか閉めることができない

In·nen·ar·chi·tekt [イネン・アルヒテクト] 男

Innenpolitik

der (⑬ 2·3·4格 -en; ㊟ -en) インテリア・デザイナー

In·nen·po·li·tik [インネン・ポリティーク] 囡 *die* (⑬ 2格 -; ㊟ なし) 内政 (⇔ Außenpolitik)

In·nen·stadt [インネン・シュタット] 囡 *die* (⑬ 2格 -; ㊟ ..städte) (比較的大きな)都市の中心部

in·ne·re [イネレ] [☆ 名詞につけて]
 形 ❶ 内の, 内部〈内側〉の (⇔ äußere) ▷ die *innere* Medizin 内科
 ❷ 心の ▷ eine *innere* Stimme 心の声
 ❸ 国内の ▷ der *innere* Markt 国内市場

In·ne·re [イネレ] 中 *das* (形容詞変化 ☞ Alte 表II)
 ❶ 内部 ▷ das *Innere* der Erde 地球の内部
 ❷ 心の中 ▷ Er öffnet ihr sein *Inneres*. 彼は彼女に胸の内を明かす

in·ner·halb [イナー・ハルプ]
 ―― 前 《②支配》
 ❶ 《空間》 …の中で〈に〉 ▷ *innerhalb* der Stadt 町中に
 ❷ 《時間》 …の期間内に, …の間に ▷ *innerhalb* der Arbeitszeit 労働時間内で
 ―― 副 《von+③と》 …以内に; …の中で〈に〉 ▷ *innerhalb* von zwei Wochen 2週間以内に / *innerhalb* von Bonn ボン市内に

in·ner·lich [インナーリヒ] 形 心の中の, 精神的な (⇔ äußerlich) ▷ Sie war *innerlich* ganz ruhig. 彼女の心はまったく冷静だった

In·ners·te [イナーステ] 中 *das* (形容詞変化 ☞ Alte 表II) (心の)奥底 (☆ inner の最上級の名詞化されたもの) ▷ bis ins *Innerste* getroffen sein [状態受動] 骨身にこたえている

in·ne|woh·nen [イネ・ヴォーネン] 分動
 (wohnte inne; innegewohnt; 匿7h)
 自 《文語》 《③と》 《..³に》 に含まれている, 備わっている

in·nig [イニヒ] 形 心からの, 心のこもった ▷ sich⁴ *innig* lieben 心から愛し合う

Inns·bruck [インスブルック] (⑬ *das*) 《都市名》インスブルック(オーストリア; ☞ 地図 E-5)

in·of·fi·zi·ell [イン・オフィツィエル] 形 非公式の, 内々の (⇔ offiziell)

ins [インス] 《in と定冠詞 das の融合形》 Das Kind fiel *ins* Wasser. 子供は水に落ちた

In·sas·se [インザッセ] 男 *der* (⑬ 2·3·4格 -n; ㊟ -n)
 ❶ (飛行機などの)乗客
 ❷ (施設などの)収容者

ins·be·son·de·re [インス・ベゾンデレ] 副 特に, ことに, とりわけ ▷ Sie mag Blumen sehr gern, *insbesondere* Lilien. 彼女は花がとても好きだが 特にユリが好きだ

In·schrift [イン・シュリフト] 囡 *die* (⑬ 2格 -; ㊟ -en) 銘, 碑文 ▷ eine *Inschrift* auf dem Grabstein 墓碑銘

In·sekt [インゼクト] 中 *das* (⑬ 2格 -s 〈まれに -es〉; ㊟ -en)
 昆虫 ▷ schädliche *Insekten* 害虫 / nützliche *Insekten* 益虫

In·sel [インゼル] 囡 *die* (⑬ 2格 -; ㊟ -n)
 島 ▷ eine unbewohnte *Insel* 無人島 / eine *Insel* bewohnen 島に住む

In·se·rat [インゼラート] 中 *das* (⑬ 2格 -[e]s; ㊟ -e) (新聞・雑誌の)広告 ▷ ein *Inserat* aufgeben (新聞などに)広告の掲載を依頼する

In·se·rent [インゼレント] 男 *der* (⑬ 2·3·4格 -en; ㊟ -en) 広告主

in·se·rie·ren [インゼリーレン]
 (inserierte; inseriert; 匿7h)
 他 《④と》 《..⁴を》 (新聞, 雑誌などの)広告に出す ▷ Er hat sein Haus zum Verkauf *inseriert*. 彼は家売却の広告を出した

ins·ge·heim [インス・ゲハイム] 副 ひそかに ▷ Sie liebte ihn *insgeheim*. 彼女はひそかに彼を愛していた

ins·ge·samt [インス・ゲザムト] 副 全部で ▷ Der Schaden beträgt *insgesamt* 2 Millionen Euro. 損害は全部で200万ユーロになる

in·so·fern
 ―― 副 [イン・ゾー・フェルン] その限りでは, その点に関しては ▷ *Insofern* hast du Recht. その限りでは君は正しい
 ―― 接 [イン・ゾ・フェルン] 《従属; 定動詞後置》 …である限りは ▷ *Insofern* er in der Lage ist, will er dir helfen. できる状況にある限り彼は君を助けるつもりだ

in·so·weit
 ―― 副 [イン・ゾー・ヴァイト] =insofern 副
 ―― 接 [イン・ゾ・ヴァイト] =insofern 接

In·spek·ti·on [インスペクツィオーン] 囡 *die* (⑬ 2格 -; ㊟ -en) 検査, 点検 ▷ die *Inspektion* der Hotelküche ホテルの調理場の検査 / Ich muss meinen Wagen zur *Inspektion* bringen. 私は自動車を点検してもらいに持っていかなければならない

In·spek·tor [インスペクトーア] 男 *der* (⑬ 2格 -s; ㊟ -en) 検査官

In·spek·to·ren [インスペクトーレン] Inspektor の 履数

In·spi·ra·ti·on [インスピラツィオーン] 囡 *die* (⑬ 2格 -; ㊟ -en) 《文語》 インスピレーション, ひらめき, 霊感

in·spi·rie·ren [インスピリーレン]
 (inspirierte; inspiriert; 匿7h)
 他 《文語》 《④と》 《..⁴に》 インスピレーション〈創造的ひらめき〉を与える

in·spi·zie·ren [インスピツィーレン]
 (inspizierte; inspiziert; 匿7h)

[他]〘[4]と〙〔設備など^{4}を〕点検する,〔学校など^{4}を〕視察する

In·stal·la·teur [インスタラテーア] [男] *der* ([単] 2格 -s; [複] -e) (水道・電気などの) 取りつけ職人, 配管〈配線〉工

in·stal·lie·ren [インスタリーレン] (installierte; installiert; [完了]h)
[他] ❶〘[4]と〙〔水道〈ガス〉管・暖房・レンジなど^{4}を〕取り〈据え〉つける ▷ den Herd *installieren* レンジを据えつける
❷《[コンピュータ]》〘[4]と〙〔コンピュータソフト^{4}を〕インストールする

in·stand [イン・シュタント] [副] 整備された〈使える〉状態に (=in Stand) ▷ Die Maschine ist gut *instand*. 機械はよく整備されている
[イディオム] [4]+***instand halten*** …^{4}を使える状態にしておく
[4]+***instand bringen*** 〈*setzen*〉 …^{4}を修復〈修理〉する

In·stanz [インスタンツ] [女] *die* ([単] 2格 -; [複] -en) (官庁の)所轄部局

Ins·tinkt [インスティンクト] [男] *der* ([単] 2格 -[e]s; [複] -e)
❶〘ふつう [複] なし〙本能 ▷ Das Tier folgt seinem *Instinkt*. 動物は本能に従う
❷ 勘 ▷ einen politischen *Instinkt* haben 政治的な勘を持っている

ins·tink·tiv [インスティンクティーフ] [形] 本能的な

ins·tinkt·mä·ßig [インスティンクト・メースィヒ] [形] 本能的な

In·sti·tut [インスティトゥート] [中] *das* ([単] 2格 -[e]s; [複] -e) 研究所 ▷ *Institut* für Demoskopie 世論調査研究所 / *Institut* für deutsche Sprache ドイツ語研究所

In·sti·tu·ti·on [インスティトゥツィオーン] [女] *die* ([単] 2格 -; [複] -en) (公共の)機関 (国会・役所・学校・病院など)

In·stru·ment [インストルメント] [中] *das* ([単] 2格 -s 〈まれに -es〉; [複] -e)
❶ (技術・研究用の精巧な)器具, 器械 ▷ optische *Instrumente* 光学器械
❷ 楽器 (=Musikinstrument) ▷ Er spielt mehrere *Instrumente*. 彼は楽器をいくつも演奏する

in·tel·lek·tu·ell [インテレクトゥエル] [形] 知的な, 知性〈知能〉の

In·tel·lek·tu·el·le [インテレクトゥエレ] [男] *der* / [女] *die* (形容詞変化 ☞ Alte 表 I) 知識人, インテリ

in·tel·li·gent [インテリゲント]
([比較] -er, [最上] -est)
[形] 知能の高い, 頭のよい ▷ eine *intelligente* Frau 知能のすぐれた女性 / eine *intelligente* Frage 頭のよさを示す質問 / Er ist sehr *intelligent*. 彼は非常に頭がきれる

In·tel·li·genz [インテリゲンツ] [女] *die* ([単] 2格 -; [複] なし)
❶ 知能, 知力 ▷ Gute Noten sind nicht unbedingt ein Zeichen von *Intelligenz*. よい成績は必ずしも知能を示す指標にならない
❷ 知識階級, 知識層 ▷ die japanische *Intelligenz* 日本の知識層

in·ten·siv [インテンズィーフ]
[形] ❶ 集中的な ▷ ein *intensiver* Kurs (外国語などの)集中コース / sich^4 um+[4] *intensiv* bemühen …^{4}を求め全力をつくす
❷ (特に感覚への作用が)強烈な ▷ ein *intensiver* Geruch 強烈なにおい

In·ter·ak·ti·on [インター・アクツィオーン] [女] *die* ([単] 2格 -; [複] -en) 相互作用

in·ter·ak·tiv [インター・アクティーフ] [形] 双方向性の ▷ *interaktives* Fernsehen 双方向テレビ

In·ter·ci·ty [インター・スィティー] [男] *der* ([単] 2格 -s; [複] -s) 都市間特急, インターシティー ([略] IC)

In·ter·ci·ty·ex·press [インター・スィティー・エクスプレス] [男] *der* ([単] 2格 -es; [複] なし) 都市間超特急 ([略] ICE)

in·te·res·sant

[ɪntərɛsánt インテレサント]
[比較] interessanter [最上] interessantest

[形] おもしろい, 興味深い, 興味をひく
eine *interessante* Geschichte
おもしろい話
Der Vortrag war sehr *interessant*.
講演は非常に興味深いものだった
ein *interessantes* Angebot
興味をひく申し出

In·te·res·se [インテレッセ] [中] *das* ([単] 2格 -s; [複] -n)
❶〘[複] なし〙興味, 関心 ▷ großes *Interesse* 大きな興味〈関心〉 / mit *Interesse* 関心をもって / ohne großes *Interesse* たいした関心も示さずに / Das ist für uns nicht von *Interesse*. それは私たちの興味をひかない
❷〘ふつう [複] で〙(個人あるいは集団にとっての)利益; 利害 ▷ die gegenseitigen *Interessen* ausgleichen 対立する利害を調整する
[イディオム] ***Interesse an***+[3] 〈***für***+[4]〉 …$^{3(4)}$に対する興味〈関心〉 ▷ Ich habe kein *Interesse* an diesem Film. 私はこの映画には興味がない / Er zeigte starkes *Interesse für* unsere Forschung. 彼は私たちの研究に対して強い関心を示した

In·te·res·sent [インテレセント] [男] *der* ([単] 2·3·4格 -en; [複] -en) (購入・賃借などをしようとしてあるものに)興味をもっている人 ▷ Für die Wohnung gab es viele *Interessenten*. その住まいに興味を示す人はたくさんいた

in・te・res・sie・ren [インテレスィーレン]
(interessierte; interessiert; 助h)
— 再 [[sich]⁴+für+④と] [..⁴に] 興味〈関心〉をもつ ▷ *sich* für Musik *interessieren* 音楽に興味をもつ / Niemand *interessiert* sich für ihn. だれも彼とつき合おうとしない(← 彼に関心をもたない)
— 他 ❶ [[④と] [..⁴の] 興味〈関心〉をひく ▷ Dieser Fall *interessiert* mich nicht. この事件は私の興味をひかない
❷ [[④+für+④と] [..⁴に..⁴への] 興味〈関心〉をもたせる ▷ Ich konnte ihn für unsere Pläne *interessieren*. 私は彼に私たちの計画に関心をもたせることができた

in・te・res・siert [インテレスィーアト]
— interessieren の 過分、過分
— 形 興味〈関心〉をもった ▷ ein *interessierter* Zuschauer 興味を示す観客 / Er ist schon seit seiner Schulzeit politisch *interessiert*. 彼は学校に通っているときから政治に興味を持っていた

(イディオム) **an**+③ **interessiert sein** ..³に興味〈関心〉をもっている ▷ Er *ist* grundsätzlich *am* Kauf dieses Hauses *interessiert*. 彼は原則的にこの家を購入したいと思っている

in・te・res・sier・te [インテレスィーアテ] interessieren の 過去

In・ter・nat [インターナート] 中 das (単2格 -[e]s; 複 -e) 全寮制の学校 ▷ Er unterrichtet an einem *Internat*. 彼は全寮制の学校で教えている

in・ter・na・ti・o・nal [インター・ナツィオナール]
形 国際的な, 世界的な (⇔ national) ▷ ein *internationaler* Kongress 国際会議 / ein *internationaler* Führerschein 国際運転免許証 / Er ist *international* bekannt. 彼は世界的に知られている

In・ter・net [インターネット] 中 das (単2格 -s; 複 -s) インターネット

In・ter・nist [インターニスト] 男 der (単2・3・4格 -en; 複 -en) 内科医

In・ter・pret [インタープレート] 男 der (単2・3・4格 -en; 複 -en) (文学作品などの)解釈者, (作品の解釈者としてとらえた場合の)演奏家, 歌手

In・ter・pre・ta・ti・on [インタープレタツィオーン] 女 die (単2格 -; 複 -en) (テキストなどの)解釈, (音楽作品の演奏などに表れた)解釈

in・ter・pre・tie・ren [インタープレティーレン]
(interpretierte; interpretiert; 助h)
他 [[④と] [作品など⁴を] 解釈する ▷ Ich habe das Gedicht anders *interpretiert* als er. 私はその詩について彼とは異なった解釈をした / Sein Schweigen kann man als Zustimmung *interpretieren*. 彼の沈黙は同意と解釈できる

In・ter・re・gio [インター・レーギォ] 男 der (単2格 -[s]; 複 -s) 中距離特急列車 (略 IR)

In・ter・view [インタヴュー] 中 das (単2格 -s; 複 -s) インタビュー ▷ mit+③ ein *Interview* machen ..³にインタビューをする

in・ter・vie・wen [インタヴューエン]
(interviewte; interviewt; 助h)
他 [[④と] [..⁴に] インタビューする ▷ Sie hat den Autor *interviewt*. 彼女は作者にインタビューした

In・ter・vie・wer [インタヴューアー] 男 der (単2格 -s; 複 -) インタビュー記者

in・tim [インティーム]
形 ❶ とても親しい, 親密な ▷ ein *intimer* Freund とても親しい友 / (婉曲(えんきょく)的に) mit+③ *intim* werden ..³と深い仲になる(性的関係をもつようになる)
❷ 内輪の ▷ eine *intime* Feier 内輪のお祝い
❸ (知識などが)詳しい ▷ *intime* Kenntnisse auf einem Gebiet besitzen ある分野の詳しい知識をもっている

In・to・le・ranz [イン・トレランツ] 女 die (単2格 -; 複 なし) 不寛容さ, 狭量

In・tri・ge [イントリーゲ] 女 die (単2格 -; 複 -n) 陰謀, 策略, 策謀

In・tu・i・ti・on [イントゥイツィオーン] 女 die (単2格 -; 複 -en) 直観 ▷ Er folgte seiner *Intuition*. 彼は自分の直観に従った

in・tu・i・tiv [イントゥイティーフ] 形 直観的な ▷ einen Zusammenhang *intuitiv* erkennen 関連を直観的に認識する

in・va・lid [インヴァリート] 形 (病気・事故などのため)就業不能の, 身体に障害のある

In・va・li・de [インヴァリーデ] 男 der (単2格 -n; 複 -n) (病気・事故などによる)就業不能者; 傷病兵, 傷痍(しょうい)軍人

In・va・li・di・tät [インヴァリディテート] 女 die (単2格 -; 複 なし) (病気・事故などによる)就業不能

In・va・si・on [インヴァズィオーン] 女 die (単2格 -; 複 -en) (他国への)侵入, 侵略, 進攻

In・ven・tar [インヴェンタール] 中 das (単2格 -s; 複 -e) (財産目録などに記載された)全物品, 財産

in・ves・tie・ren [インヴェスティーレン]
(investierte; investiert; 助h)
他 ❶ [[④と] [資金など⁴を] 投資する
❷ [[④と] [労力・時間など⁴を] (ある目的に)注ぎ込む, つぎ込む ▷ Er hat viel Zeit in diese Arbeit *investiert*. 彼はこの仕事に多くの時間を割いた

In・ves・ti・ti・on [インヴェスティツィオーン] 女 die (単2格 -; 複 -en) 投資

①, ②, ③, ④=1格, 2格, 3格, 4格の名詞

n·vest·ment [インヴェストメント] [中] *das* ([単] 2 格 -s; [複] -s) 投資

n·wen·dig [イン・ヴェンディヒ] [副] 内部〈内側〉で ▷ Der Apfel war *inwendig* faul. そのリンゴは中が腐っていた

n·zwi·schen [イン・ツヴィッシェン]
[副] その間に ▷ Ich muss diesen Brief noch schreiben, du kannst *inzwischen* essen. 私はこの手紙をまだ書かなければならないから 君はその間に食事をしてもかまわないよ

der **I·rak** [イラーク/イーラック] [男] ([単] 2 格 -[s]; [複] なし) 《国名》 イラク (☆ ふつう定冠詞を伴う)

der **I·ran** [イラーン] [男] ([単] 2 格 -[s]; [複] なし) 《国名》 イラン (旧名ペルシア; ふつう定冠詞を伴う)

ir·disch [イルディシュ] [形] 地上の, 現世の ▷ *irdische* Freuden この世の喜び

ir·gend [イルゲント] [副] 《不定の意味を強めて》 何か, だれか
[イディオム] ***irgend etwas*** [旧⇨新] **irgendetwas** 何かあること〈もの〉
irgend jemand [旧⇨新] **irgendjemand** ある人

ir·gend·ein [イルゲント・アイン]
〖不定冠詞類; 変化は不定冠詞と同じ〗
何か〈だれか〉ある; なんでも〈だれでも〉いいから任意の ▷ Nenne mir *irgendein* Wort! (なんでもいいから)何かある単語を 1 つ挙げてくれ

ir·gend·et·was [イルゲント・エトヴァス] 〖不定代名詞〗 何かあること〈もの〉

ir·gend·je·mand [イルゲント・イェーマント] 〖不定代名詞〗 だれかある人

ir·gend·wann [イルゲント・ヴァン] [副] いつか[あるとき]

ir·gend·wel·che*r* [イルゲント・ヴェルヒャー]
〖不定冠詞類; irgend と welche*r* の結合形; 変化は welche*r* と同じ; irgendein の複数形として用いる〗 何か〈だれか〉ある ▷ Gibt es *irgendwelche* Probleme? 何か問題がありますか

ir·gend·wie [イルゲント・ヴィー] [副] なんらかの方法で ▷ Ich werde die Arbeit schon *irgendwie* schaffen. 私はその仕事をなんとかしてきっとやりとげる

ir·gend·wo [イルゲント・ヴォー] [副] どこかに〈で〉 ▷ Haben wir uns nicht schon *irgendwo* einmal gesehen? 私たちはすでに一度どこかでお会いしていませんか

I·ris [イーリス] [女] *die* ([単] 2 格 -; [複] -) 《植物》 アイリス

Ir·land [イルラント] ([中] *das*) 《国名》 アイルランド

I·ro·nie [イロニー] [女] *die* ([単] 2 格 -; [複] なし) 皮肉, アイロニー ▷ Es war eine *Ironie* des Schicksals, dass … …というのは運命の皮肉だった

i·ro·nisch [イローニシュ] [形] 皮肉な ▷ Er ist immer *ironisch*. 彼はいつも皮肉っぽい

irr [イル] =irre

ir·ra·ti·o·nal [イ・ラツィオナール/イ・ラツィオナール] [形] 《文語》 非合理な, 不合理な

ir·re [イレ] [形] 気が狂った; 錯乱した ▷ Man hielt ihn für *irre*. 彼は気が狂っていると思われた

Ir·re [イレ] [男] *der* / [女] *die* (形容詞変化 ☞ Alte 表 I) 狂人

ir·re|füh·ren [イレ・フューレン] [分離]
(führte irre; irregeführt; [完了]h)
[他] 〖④と〗 〔··⁴を〕惑わす ▷ Lass dich von ihm nicht *irreführen*! 彼に惑わされるな

ir·re·füh·rend [イレ・フューレント] [形] 誤解を招く, まぎらわしい ▷ Der Titel des Films ist *irreführend*. その映画のタイトルは誤解を招きやすい

ir·ren [イレン] (irrte; geirrt)
— [再] 〖[完了]h〗 〖[sich]⁴と〗 思い違いをする ▷ Ich habe mich *geirrt*! 私の思い違いだった / wenn ich mich nicht *irre* 私の思い違いでなければ / 〖in+③と〗 Ich habe mich in ihm *geirrt*. 私は彼のことを見損なっていた
— [自] ❶ 〖[完了]s〗 〖[方向]と〗 〔…を〕さまよう ▷ Er *irrte* durch die Straßen. 彼は通りをさまよい歩いた
❷ 〖[完了]h〗 《文語》 思い違いをする ▷ *Irren* ist menschlich. 《ことわざ》 まちがいは人の常

Ir·ren·an·stalt [イレン・アンシュタルト] [女] *die* ([単] 2 格 -; [複] -en) 精神病院

ir·rig [イッリヒ] [形] 思い〈考え〉違いの, まちがった, 誤った ▷ Deine Auffassung ist ganz *irrig*. 君の意見はまったくまちがっている

ir·ri·tie·ren [イリティーレン]
(irritierte; irritiert; [完了]h)
[他] 〖④と〗 〔··⁴を〕いらだたせる, いらいらさせる ▷ Sein langes Schweigen hat mich *irritiert*. 彼の長い沈黙に私はいらいらした

Irr·sinn [イル・ズィン] [男] *der* ([単] 2 格 -[e]s; [複] なし) (狂気としか思えない) 無意味で危険な行い ▷ So ein *Irrsinn*! なんという狂気のさただ

irr·sin·nig [イル・ズィニヒ]
[形] ❶ 気が狂った; 錯乱した ▷ Er ist *irrsinnig* geworden. 彼は発狂した / Er war *irrsinnig* vor Verzweiflung. 彼は絶望のあまり錯乱状態だった
❷ 《口語》 《程度を表して》 ものすごい, 猛烈な ▷ *irrsinnige* Schmerzen ものすごい痛み / Er freute sich *irrsinnig*. 彼は猛烈に喜んだ

irr·te [イルテ] irren の [過去]

Irr·tum [イルトゥーム] [男] *der* ([単] 2 格 -s; [複] ..tümer)
思い違い, 勘違い ▷ Das war ein *Irrtum* von mir. それは私の思い違いだった

Irr·tü·mer [イルテューマー] Irrtum の [複数]

irr·tüm·lich [イルテュームリヒ] 形 思い〈勘〉違いの, まちがった, 誤った ▷ eine *irrtümliche* Annahme 思い〈勘〉違いに基づく仮定 / Ich habe *irrtümlich* geglaubt, dass … 私は…と誤解してしまった

die **I·sar** [イーザル] 囡 (単2格 -; 複 なし)《川名》イザール川 (ドナウ川の支流; 定冠詞を必ず伴う; ☞ 地図 E~F-5~4)

ISBN [イーエスベーエン] 囡 *die* (単2格 -; 複 なし)《*I*nternationale *S*tandard*b*uch*n*ummer の略語》国際標準図書番号

Is·lam [イスラーム/イスラム] 男 *der* (単2格 -[s]; 複 なし) イスラム教

I·so·la·ti·on [イゾラツィオーン] 囡 *die* (単2格 -; まれに 複 -en) (病人などの)隔離, (社会での)孤立; (電流などの)絶縁, 防音, 防湿

i·so·lie·ren [イゾリーレン]
(isolierte; isoliert; 完了 h)
— 他 ❶《④を》[…⁴を] **隔離する** ▷ einen Kranken *isolieren* 病人を隔離する / 《過去分詞で》Er fühlt sich sehr *isoliert*. 彼は強い孤立感をもっている

❷《④と》[…⁴を]**絶縁する**; 防音〈防湿など〉にする ▷ elektrische Leitungen *isolieren* 電線を絶縁する

— 再《sich⁴と》(周囲との)接触を避ける ▷ Er *isolierte* sich mehr und mehr. 彼はますます自分の世界に引きこもっていった

I·so·lie·rung [イゾリールング] 囡 *die* (単2格 -; まれに 複 -en) =Isolation

Is·ra·el [イスラエ[-]ル] (中 *das*)《国名・地名》イスラエル

iss [イス] essen の 命令

iß 旧⇒新 iss

isst [イスト] essen の 現在

ißt 旧⇒新 isst

ist [イスト] sein の 現在

I·ta·li·en [イターリエン] (中 *das*)《国名》イタリア (用法: ☞ Deutschland)

I·ta·li·e·ner [イタリエーナー] 男 *der* (単2格 -s; 複 -) イタリア人

i·ta·li·e·nisch [イタリエーニシュ] 形 イタリア[人]の; イタリア語の ▷ die *italienische* Küche イタリア料理

I·ta·li·e·nisch [イタリエーニシュ] (中 *das* (単2格 -[s]; 複 なし) イタリア語 (用法: ☞ Deutsch) ▷ Sie versteht *Italienisch*. 彼女はイタリア語がわかる

j J [jɔt ヨット]

a
[ja: ヤー]

副 ❶《質問に対する肯定を表して》**はい**(☆否定疑問文に対する肯定には doch を用いる; ⊗ nein)
Liebst du mich? – *Ja*.
ぼくを愛しているかい — ええ
Liebt sie ihn? – Ich glaube, *ja*.
彼女は彼を愛しているのか — そうだと思う
Ja oder nein! イエスかノーか
Ja und nein! そうだともそうでないとも言える
Ja, …, *ja* ich verstehe, …
はい…はい わかります…(☆相手の話に対して)
Ja? はい (☆かかってきた電話に対して)
Ja? Bitte!
はあ なんでしょう (☆質問があると言われて)
Na *ja*. まあそうなのかな (☆ためらいなどを表して)
Sag doch *ja*! うんと言ってくれ
zu+③ *ja* sagen …³に同意する
Wenn *ja*, warum? もしそうならばなぜ
❷《肯定の答えを期待して》**ね そうでしょう**(☆文末に置く) ▷ Du kommst doch mit, *ja*? 君はいっしょに来るんだろうね
❸《相手のことばに対する驚きなどを表して》**本当ですか**(☆イントネーションは上昇調) ▷ Er hat sich scheiden lassen. – *Ja*? 彼は離婚したよ — 本当ですか
❹《相手にとっても既知であることを指摘して》**…じゃないか** ▷ Er ist *ja* schon seit langem krank. 彼はもう長いこと病気じゃないか /《理由づけの意味合いで》Du, wir müssen umkehren, es wird *ja* schon dunkel. おい 引き返さなきゃ もう暗くなるじゃないか /《抗議の意味合いで》Du weißt es *ja*! そのことを君は知っているじゃないか / Ich komme *ja* schon! もう行くったら
❺《目の前の状況などに対する驚きを表して》**本当に, 実に** ▷ Es schneit *ja*! 本当に雪が降っている / Mensch, du hast *ja* einen Bart! あれまあ 君はひげをはやしたの
❻《命令文で強調を表して》**きっと, 是非**(☆強勢をもつ) ▷ Komm *ja* nicht zu spät! 遅れないで来てくれよな
❼《先行する発話を受けて》**そうだ, うん** ▷ Ich werde ihn verklagen, *ja*, das werde ich tun! 私は彼を訴えよう そうだそうだよ
❽《一段と強い発言を導入して》いやそれどころか ▷ Ich verehre, *ja* liebe ihn. 私はあの方をお慕いしています いや愛しているのです
❾《認容》《ふつう aber と呼応して》なるほど, 確かに ▷ Er ist *ja* noch jung, hat aber schon viel erreicht. 彼は確かに若いが すでに多くのことを成し遂げている

Ja [ヤー] 中 *das* (⊗2格 -[s]; ⊗ -[s])《(肯定の返事としての)》**はい** ▷ mit *Ja* antworten 「はい」と答える

Jacht [ヤハト] 女 *die* (⊗2格 -; ⊗ -en) ヨット

Ja·cke [ヤッケ] 女 *die* (⊗2格 -; ⊗ -n)
上着, ジャケット (男性用だけでなく女性用も含む)

Ja·ckett [ジャケット] 中 *das* (⊗2格 -s; ⊗ -s) (背広の)上着, ジャケット

Jagd [ヤークト] 女 *die* (⊗2格 -; ⊗ -en) **狩猟, 猟, 狩り** ▷ auf die *Jagd* gehen 猟に行く / auf Hirsche *Jagd* machen シカ狩りをする

Jagd·zeit [ヤークト・ツァイト] 女 *die* (⊗2格 -; ⊗ -en) 猟期

ja·gen [ヤーゲン] (jagte; gejagt)
— 他 (匠h) **❶**《④と》《獲物を》**狩る** ▷ Er *jagte* Hasen. 彼はウサギ狩りをした
❷《④と》[…⁴を]追跡する, 追いかける ▷ einen entflohenen Sträfling *jagen* 逃げた囚人を追跡する
— 自 **❶**《匠h》狩りをする ▷ Er *jagt* zurzeit in Afrika. 彼はいまアフリカで狩りをしている
❷《匠s》《方向と》[…へ]急ぐ, 疾走する ▷ Er ist auf dem Rad zum Bahnhof *gejagt*. 彼は自転車に乗って駅へ急いだ

Jä·ger [イェーガー] 男 *der* (⊗2格 -s; ⊗ -) **猟師, 狩人**; 狩猟家, ハンター

jäh [イェー]
形《文語》**❶**(思いもよらない)突然の, 急な ▷ ein *jähes* Ende nehmen 突然終わりを迎える
❷(がけなどが)険しい, 切り立った

Jahr
[ja:ɐ ヤール]

中 *das* (⊗2格 -es〈まれに -s〉; ⊗ -e)

格	単　数	複　数
①	das Jahr	die **Jahre**
②	des Jahr**es**	der Jahre
③	dem Jahr	den Jahr**en**
④	das Jahr	die Jahre

❶《時間の単位》**1 年**

ein halbes *Jahr* 半年
vor zwei *Jahren* 2 年前に
seit drei *Jahren* 3 年前から
vier *Jahre* später 4 年後に（☆ 副詞的 4 格と）
einmal im *Jahr* 年に一度
Viele *Jahre* sind seitdem vergangen. 多くの年月がそれ以来過ぎ去って行った

❷（1 月から 12 月までの）**1 年** ▷ ein neues *Jahr* 新年 / ein fruchtbares *Jahr* 豊年 / im *Jahr* 2000 2000 年に / in diesem *Jahr* 今年 / Ich wünsche Ihnen ein glückliches neues *Jahr*! 新年あけましておめでとうございます

❸（生まれてからの）**年**, **歳** ▷ Er ist 49 *Jahre* alt. 彼は 49 歳である / Kinder von 8 *Jahren* 8 歳の子供たち

[イディオム] ***dieses Jahr*** 今年
jedes Jahr 毎年
nächstes Jahr 来年
voriges Jahr 去年

J

Jahr·buch [ヤール・ブーフ] [中] *das* ([単] 2 格 -[e]s; [複] ..bücher) 年鑑, 年報

jah·re·lang [ヤーレ・ラング] [形] **数年にわたる**;〘副詞的に〙何年間も ▷ Sie haben *jahrelang* gewartet. 彼らは何年も待ち続けた

jäh·ren [イェーレン] (jährte; gejährt; [完了]h)
[再]〘[sich]^4+[回数]と〙（あることが起こってから）…年が経過した, …年目だ ▷ Heute *jährt* sich sein Tod zum dritten Male. きょうで彼の死から 3 年になる（☆ [回数]がない場合「1 年」の意味になる）

Jah·res·bei·trag [ヤーレス・バイ・トラーク] [男] *der* ([単] 2 格 -[e]s; [複] ..träge) 年会費

Jah·res·tag [ヤーレス・ターク] [男] *der* ([単] 2 格 -[e]s; [複] -e)（1 年を繰り返しの単位とする）記念日

Jah·res·zeit [ヤーレス・ツァイト] [女] *die* ([単] 2 格 -; [複] -en)
季節（☆ 盛りの時期を表す「シーズン」は Saison）▷ die vier *Jahreszeiten* 四季

Jahr·gang [ヤール・ガング] [男] *der* ([単] 2 格 -[e]s; [複] ..gänge)
❶〘集合的に〙（同じ年に）生まれた人々 ▷ Sie sind beide *Jahrgang* 1944. 彼らは二人とも 1944 年生まれである（☆ 1944 は neunzehnhundertvierundvierzig と読む）/ Sie ist mein *Jahrgang*. 彼女は私と同じ年の生まれだ
❷（ある年に）作られたワイン ▷ ein guter *Jahrgang* できのよい年のワイン
❸（新聞・雑誌の, ある年に）刊行された分 ▷ Von dieser Zeitschrift sind noch einige *Jahrgänge* lieferbar. この雑誌はバックナンバーがまだ数年分入手できる

Jahr·hun·dert [ヤール・フンデルト] [中] *das* ([単] 2 格 -s; [複] -e)
世紀（[略] Jh.）▷ Wir leben im 20. (zwanzigsten) *Jahrhundert*. 我々は 20 世紀に生きている / im nächsten *Jahrhundert* 来世紀に

..jäh·rig [..イェーリヒ]〘接尾辞; 形容詞を作る〙
…歳の; …年間の ▷ ein drei*jähriges* Kind 3 歳の子供 / eine lang*jährige* Freundschaft 長年の友情

jähr·lich [イェーアリヒ]
[形] **1 年間の**; **毎年の** ▷ ein *jährliches* Einkommen 年収 / Die Tagung findet *jährlich* statt. この会議は毎年開かれる

Jahr·markt [ヤール・マルクト] [男] *der* ([単] 2 格 -[e]s; [複] ..märkte) 年の市（年に 1 度あるいは数度開かれ, メリーゴーラウンドなどの遊園設備も用意される）

Jahr·tau·send [ヤール・タオゼント] [中] *das* ([単] 2 格 -s; [複] -e) 千年

Jahr·zehnt [ヤール・ツェーント] [中] *das* ([単] 2 格 -s; [複] -e) 十年

Jäh·zorn [イェー・ツォルン] [男] *der* ([単] 2 格 -[e]s; [複] なし)（急激に込み上げる）怒り, 激怒

jäh·zor·nig [イェー・ツォルニヒ] [形] すぐかっとなる, かんしゃくもちの ▷ ein *jähzorniger* Mensch すぐかっとなる人

Jam·mer [ヤムマー] [男] *der* ([単] 2 格 -s; [複] なし)
❶（大声で泣き叫ぶ）嘆き, 悲嘆 ▷ Ihr *Jammer* schallte durch das ganze Haus. 彼女の嘆き声は家中に響きわたった
❷ 悲惨な状態 ▷ Er bot ein Bild des *Jammers*. 彼は見るも無残な姿だった

jäm·mer·lich [イェムマーリヒ]
[形] ❶ **悲痛な** ▷ ein *jämmerliches* Geschrei 悲痛な叫び / *jämmerlich* weinen 泣き叫ぶ
❷ 悲惨な, 惨めな ▷ ein *jämmerliches* Leben 惨めな人生
❸〘否定的意味を強調して〙ひどい ▷ *jämmerlich* frieren ひどく凍える

jam·mern [ヤムメルン]
(jammerte; gejammert; [完了]h)
[自]（ふつう大声で）嘆く, 嘆き悲しむ ▷ über das verlorene Geld *jammern* お金を失くしたことを嘆く

Ja·nu·ar

[jánu̯a:ɐ̯ ヤヌアール]
[男] *der* ([単] 2 格 -[s]; まれに [複] -e)

1 月（[略] Jan.）(用法: ☞ April)

Ja·pan [ヤーパン] ([中] *das*)
〘国名〙**日本** (用法: ☞ Deutschland)

Ja·pa·ner [ヤパーナー] [男] *der* ([単] 2 格 -s; [複] -)
日本人 ▷ Ich bin *Japaner*. 私は日本人です

Ja·pa·ne·rin [ヤパーネリン] [女] *die* ([単] 2 格 -; [複] ..rinnen) Japaner の女性形

ja·pa·nisch [ヤパーニシュ]
[形] **日本[人]の**; **日本語の** ▷ die *japanische*

Küche 日本料理 / die *japanische* Sprache 日本語 / die *japanische* Wirtschaft 日本経済 / sich⁴ *japanisch* unterhalten 日本語で歓談する / Das ist typisch *japanisch.* それはまさに日本的だ

Ja·pa·nisch [ヤパーニシュ] [中] *das* ([単] 2格 -[s]; [複] なし) 日本語 (用法: ☞ Deutsch) ▷ Sie versteht kein *Japanisch.* 彼女は日本語が全然わからない / Sein *Japanisch* ist ausgezeichnet. 彼の日本語はすばらしい

das **Ja·pa·ni·sche** [ヤパーニシェ] [中] (形容詞変化 ☞ Alte 表 II) 日本語 (☆ 定冠詞を必ず伴う) ▷ einen Text ins *Japanische* übersetzen あるテキストを日本語に訳す

Ja·pa·no·lo·gie [ヤパノロギー] [女] *die* ([単] 2格 -; [複] なし) 日本学

jap·sen [ヤプセン] (japste; gejapst; [完了]h)
[自] 《口語》(口を大きく開けて)あえぐ; あえぎながら言う

Jar·gon [ジャルゴーン] [男] *der* ([単] 2格 -s; [複] -s) (特定の階級・職業などでのみ通じる)特殊用語, 隠語

Jau·che [ヤオヘ] [女] *die* ([単] 2格 -; [複] なし) (肥料として蓄えられた)糞尿(ふんにょう), 水肥(すいひ)

jauch·zen [ヤオホツェン]
(jauchzte; gejauchzt; [完了]h)
[自] 《文語》(喜んで・熱狂して)歓声を上げる, 歓呼する

jau·len [ヤオレン] (jaulte; gejault; [完了]h)
[自] (犬が長く声を引いて)悲しげに鳴く (☆ オオカミの場合は heulen)

ja·wohl [ヤ·ヴォール] [副] 《質問に対する肯定を表して》はい (☆ ja の強意語) ▷ *Jawohl,* das wird sofort erledigt! はい それは早速処理します / 《軍隊》 Haben Sie verstanden? – *Jawohl,* Herr Leutnant! わかったか—はい 少尉殿

Jazz [チェス] [男] *der* ([単] 2格 -; [複] なし) 《音楽》ジャズ

Jazz·fan [チェス·ファン] [男] *der* ([単] 2格 -s; [複] -s) ジャズファン

je [イェー]

— [副] ❶ 《過去のある時点を指して》**かつて** ▷ Das ist das schönste Schloss, das ich *je* gesehen habe. これは私がこれまでに見たうちで最も美しい城だ

❷ 《未来のある時点を指して》**いつか** ▷ Keiner wird das *je* begreifen. だれもそのことを理解しないであろう

❸ 〚[数詞]と〛〔…〕**ずつ**, それぞれ ▷ *je* fünf Personen 5 人ずつ / Er gab ihnen *je* 10 Euro. 彼は彼らにそれぞれ 10 ユーロ与えた

[イディオム] ***je nach***+③ …³に応じて ▷ *je nach* Größe 大きさに応じて / *je nach* Geschmack 好みに応じて

— [接] 〚従属; 定動詞後置〛〚比較級と〛〔…であれば〕**あるほど**, 〔…すれば〕**するほど** (☆ 主文中の desto 〈um so〉+比較級 と呼応する) ▷ *Je* früher du kommst, desto mehr Zeit haben wir. 君が早く来れば来るほど多くの時間が私たちにできる / *Je* eher, desto besser. 早ければ早いほどよい

[イディオム] ***je nachdem ...*** …に応じて, …しだいで ▷ Er kommt drei oder vier Uhr, *je nachdem* ob er den früheren Zug erreicht oder nicht. さらに早い列車に間に合うかどうかによって彼の来るのは 3 時かあるいは 4 時になる

— [前] 〚②支配; ふつう無冠詞の名詞と〛…あたり, …につき ▷ *je* Person 一人につき / Die Trauben kosten ein Euro fünfzig *je* Pfund. ブドウは 1 ポンド 1 ユーロ 50 セントだ

— 〚間投詞; 成句で〛 ***ach* 〈*o*〉 *je*** 《残念がる気持・驚きを表して》あれれ

Jeans [チーンズ] [女] *die* ([単] 2格 -; [複] -) ジーンズ, ジーパン (☆ 複数形でも 1 着分の意味でよく用いられる) ▷ eine *Jeans* 〈ein Paar *Jeans*〉 tragen ジーンズをはいている

je·den·falls [イェーデン·ファルス]
[副] ❶ **いずれにせよ**, ともかく ▷ Ich komme *jedenfalls.* 私はいずれにせよ行きます
❷ 《発話を制限して》 少なくとも, ともかく ▷ Das weiß ich nicht, *jedenfalls* hat sie davon nichts gesagt. そのことは私は知らない とにかく彼女はそれについて何も言わなかった

je·der

[jéːdɐ イェーダー]

〚定冠詞類〛

格	男性	女性	中性
①	jeder	jede	jedes
②	jedes	jeder	jedes
③	jedem	jeder	jedem
④	jeden	jede	jedes

☆ 複数なし

❶ 《任意のすべてに該当することを表して》**どの…も**, あらゆる (☆ all が個々の人〈もの〉が構成する全体に視点を置くのに対して, jeder は全体を構成する個々の人〈もの〉に視点を置く)
jedes Kind どの子供も
jede Gelegenheit benutzen
あらゆる機会を利用する
Jede Hilfe kam zu spät. どの助けも遅すぎた

❷ 〚名詞的に〛 だれでも; どれも ▷ *Jeder* kann mal irren. だれだって思い違いをすることがある / von *jedem* der Getränke einen Schluck probieren それらの飲物のどれからも一口試しに飲む / 〚関係文の先行詞として〛 *jeder,* der heute kommt きょう来る人はみんな

❸《反復を表して》毎…，…ごと ▷ *jedes* Mal 毎回 / *jede* Stunde 毎時間 / Er kommt *jeden* Tag. 彼は毎日来る / Er kann *jeden* Augenblick kommen. 彼はもういつ来てもおかしくない（←どの瞬間にも来る可能性がある）と/《序数と》*jeder* dritte [Mann] 3 人に 1 人［の男］
(イディオム) *auf jeden Fall* いかなる場合にも ▷ Ich komme *auf jeden Fall*. 私は必ず来ます
in jeder Hinsicht どの点でも
jedes Mal そのつど，毎回
ohne jeden Grund なんらの理由もなく

je·der·mann [イェーダー・マン]《不定代名詞；② jedermanns，③・④ jedermann；(複) なし》
だれでも，すべての人 ▷ Das ist nicht *jedermanns* Sache. そういうことはだれもがするという事ではない

je·der·zeit [イェーダー・ツァイト] 副 いつでも（= immer）▷ Du kannst *jederzeit* zu mir kommen. 君はいつ来てもかまわない

je·des·mal [イェーデス・マール] 副 (旧⇒新) *jedes Mal*（分けて書く）☞ *jeder*

je·doch [イェドッホ]
(接)《並列》けれども，しかし ▷ Er ist arm, *jedoch* er ist zufrieden. 彼は貧しい けれども満足している/《文中に置かれることもある》Ich habe ihr zweimal geschrieben, sie hat *jedoch* nicht geantwortet. 私は彼女に 2 度手紙を書いた けれども彼女は返事をくれなかった

Jeep [チープ] 男 *der*（(複) 2 格 -s; (複) -s）《商標》ジープ

jeg·li·cher [イェークリヒャー]《定冠詞類; *jeder* の強調形; 抽象名詞と》どの…も，あらゆる

je·her [イェー・ヘーア] 副《成句で》*von〈seit〉 je·her*（昔から）もうずっと

je·mals [イェー・マールス]
副 ❶《過去のある時点を指して》かつて，いつか ▷ Sie bestreitete, ihn *jemals* gesehen zu haben. 彼女は彼にかつて会ったことがないと言った
❷《未来のある時点を指して》いつか ▷ Werden wir *jemals* glücklich sein? 私たちはいつか幸福になれるのだろうか

je·mand [jéːmant イェーマント]

《不定代名詞》

①	②	③	④
jemand	jemand[e]s	jemand[em]	jemand[en]

☆ 複数なし

だれか，ある人（☆ ふつう複数の人よりも不特定の個人を指す; また話者にとって未知の人のことも，既知の人のこともある; 口語ではしばしば語尾のない形が用いられる）

Ich warte auf *jemand*.
私は人を待っている
Ist schon *jemand* gekommen?
もうだれか来ましたか
Haben Sie *jemand[en]* gesehen?
どなたか見かけましたか
《関係文と》
jemand, der das erledigt それを処理する人
《*anders* と》
An der Tür stand *jemand* anders.
ドアのところにだれかほかの人が立っていた
Er sprach mit *jemand* anders〈anderem〉.
彼はだれかほかの人と話をした（☆ 南ドイツでは anders の代わりに男性単数の格変化形も用いられる）
(イディオム) *irgend jemand* (旧⇒新) *irgendjemand*
だれかある人

Je·na [イェーナ]（(田) *das*）《都市名》イェーナ（☞ 地図 E-3）

je·ne [イェーネ] ☞ *jener*
je·nem [イェーネム] ☞ *jener*
je·nen [イェーネン] ☞ *jener*
je·ner [イェーナー]《定冠詞類》

格	男性	女性	中性	複数
①	jener	jene	jenes	jene
②	jenes	jener	jenes	jener
③	jenem	jener	jenem	jenen
④	jenen	jene	jenes	jene

❶《時間的・空間的に遠くのものを指して》あの ▷ in *jenen* Tagen あのころ，当時 / *jene* Frau dort あそこのあの女性（☆ 現在では空間的に「あの」の意では die Frau da のように「定冠詞＋場所の副詞」がくつう用いられる）

❷《すでに触れた，あるいはよく知られていることを指して》あの，例の ▷ *jener* denkwürdige Tag あの記念すべき日 /《関係文と》*jener* Film, der damals so viel Aufsehen erregt hat 当時かなりのセンセーションを巻き起こしたあの映画

❸《*dieser* と呼応して》あちらの; （後者に対して）前者の ▷ Ich möchte nicht dieses, sondern *jenes* Bild. 私はこれではなく あの絵がほしい /《名詞的に》Dieser war ein Tatmensch, *jener* ein Träumer. この人は行動派だが あの人は夢想家だ

je·nes [イェーネス] ☞ *jener*

jen·seits [イェーン・ザイツ]《副》《② 支配》…のあちらく向こう〉側で〈に〉（@ diesseits）▷ *jenseits* der Grenze 国境の向こう側に /《von＋③ と》Sein Haus liegt *jenseits* vom Fluss. 彼の家は川向こうにある

Je·sus [イェーズス] 男 *der*（(田) 2 格 -〈ラテン語変化 2 格 -s Jesu, 4 格 Jesum〉; (複) なし）イエス（☆ ふつう無冠詞で）▷ *Jesus* Christus イエス・キリスト

jet·zi·ge [イェッツィゲ] 形 今の，現在の（☆ 名詞

(状態)，(様態)，(場所)，(方向)，…＝状態，様態，場所，方向，…を表す語句

につけて)

jetzt
[jɛtst イェッツト]

副 ❶ 今; (これから); (今)もう
Ich habe *jetzt* keine Zeit.
私は今時間がない
Gerade *jetzt* passt es mir nicht.
今ちょうど私は都合が悪い
Ich muss *jetzt* gehen.
私はもう行かねばならない
Was machen wir *jetzt*?
これからどうしようか
Bist du *jetzt* zufrieden?
君は今満足しているかい
Jetzt ist es aber genug!
もう十分だ(やめろ)
Bis *jetzt* habe ich gearbeitet.
今まで私は働いていた
❷ 今日では, 現在 ▷ Man denkt darüber *jetzt* anders als früher. このことについて現在では以前と異なった考え方をする
❸ 【過去形の文と】(それ以前の状況と比べて)そのときには(もう) ▷ Er hatte *jetzt* alles, was er wollte. 彼はいまやほしいものはすべて手に入れていた
❹ 《口語》《疑問文で》《怒り・いらだちなどを表して》Hast du das *jetzt* noch immer nicht verstanden? 君はそれがまだわからないのか
(イディオム) *jetzt oder nie* やるなら今だ(今をおいてチャンスは二度と訪れない)
von jetzt an 今から

je·wei·li·ge [イェー・ヴァイリゲ] 形 その時々の, その時その時の (☆名詞につけて)

je·weils [イェー・ヴァイルス] 副 そのつど, そのたびごとに, いつも ▷ Er kommt *jeweils* am 1. (ersten) des Monats. 彼はいつも一日おきに来る /【数量と】Es dürfen *jeweils* nur drei Personen hineingehen. 3名ずつしか入ることが許されていない (☆文周の es は穴埋め)

Job [ヂョッブ] 男 *der* (圈 2格 -s; 圈 -s) 《口語》アルバイト, 働き口 ▷ einen *Job* suchen アルバイト(働き口)を探す

job·ben [ヂョッベン] (jobbte; gejobbt; 完了h)
自《口語》アルバイトをする

Joch [ヨッホ] 中 *das* (圈 2格 -[e]s; 圈 -e) (荷車用の牛馬などにかける)くびき; 束縛

Jo·del [ヨーデル] 男 *der* (圈 2格 -s; 圈 -) 《南ドイツ・オーストリア・スイス》ヨーデル(アルプス地方の民謡)

jo·deln [ヨーデルン] (jodelte; gejodelt; 完了h)
自 ヨーデルを歌う (地声とうら声を使った独特の歌いかた)

Jod·tink·tur [ヨート・ティンクトゥーア] 女 *die* (圈 2格 -; 圈 -en) 【薬】ヨードチンキ

Jo·ga [ヨーガ] 男 *der* /中 *das* (圈 2格 -[s]; 圈 なし) ヨガ

jog·gen [ヂョッゲン] (joggte; gejoggt; 完了h,s)
自 ジョギングをする

Jog·ging [ヂョギング] 中 *das* (圈 2格 -s; 圈 なし) ジョギング

Jo·ghurt [ヨーグルト] =Jogurt

Jo·gurt [ヨーグルト] 男 *der* (圈 2格 -[s]; 圈 なし) ヨーグルト ▷ Er isst gerne *Jogurt*. 彼はヨーグルトが好きだ

Jo·han·nis·bee·re [ヨハンニス・ベーレ] 女 *die* (圈 2格 -; 圈 -n) スグリ;【ふつう 圈 で】スグリの実

joh·len [ヨーレン] (johlte; gejohlt; 完了h)
自 (群衆・観客などが)大声を上げて騒ぐ

Joint [ヂョイント] 男 *der* (圈 2格 -s; 圈 -s) 《口語》(自分で巻いた)マリファナ入りタバコ

Jong·leur [ジョングレーア] 男 *der* (圈 2格 -s; 圈 -e) 軽業師, 曲芸師

jong·lie·ren [ジョングリーレン] (jonglierte; jongliert; 完了h)
自【mit+③と】(…を使って)曲芸をする ▷ Der Artist *jonglierte* mit Tellern. 寄席芸人は皿回しをした

Jop·pe [ヨッペ] 女 *die* (圈 2格 -; 圈 -n) ジャンパー

Jour·nal [ジュルナール] 中 *das* (圈 2格 -s; 圈 -e) グラビア雑誌

Jour·na·lis·mus [ジュルナリスムス] 男 *der* (圈 2格 -; 圈 なし) ジャーナリズム

Jour·na·list [ジュルナリスト] 男 *der* (圈 2・3・4格 -en; 圈 -en) ジャーナリスト, 新聞(雑誌)記者

Jour·na·lis·tik [ジュルナリスティック] 女 *die* (圈 2格 -; 圈 なし) ジャーナリズム〈マスコミ〉論

jo·vi·al [ヨヴィアール] 形 (男性が部下などに対して)親切でおうような, 気さくな

Ju·bel [ユーベル] 男 *der* (圈 2格 -s; 圈 なし) (ふつう多くの人が同時に示す)大きな喜び, 歓喜 ▷ mit großem *Jubel* 歓喜して

ju·beln [ユーベルン] (jubelte; gejubelt; 完了h)
自 喜びの声〈歓声〉を上げる; 歓呼する ▷ Die Kinder *jubelten* beim Anblick der vielen Geschenke. 子供たちはたくさんの贈り物を見て歓声を上げた

Ju·bi·lä·en [ユビレーエン] Jubiläum の 複数

Ju·bi·lar [ユビラール] 男 *der* (圈 2格 -s; 圈 -e) (50年目, 100年目などの記念日の)祝賀を受ける人

Ju·bi·lä·um [ユビレーウム] 中 *das* (圈 2格 -s; 圈 ..biläen) (50年目, 100年目などの)記念日 ▷ das fünfzigjährige *Jubiläum* der Firma feiern 会社の50周年を祝う

Juch·ten [ユフテン] 男 *der* /中 *das* (圈 2格 -s; 圈 なし) ロシア革

ju·cken [ユッケン] (juckte; gejuckt; 完了h)

Jude

— 自 【③と】 […³は】(皮膚・鼻などが)かゆい ▷ Die Nase *juckt* mir. 私は鼻がかゆい
— 他 【④と】 (衣類などが)[…⁴に]かゆみを感じさせる ▷ Das Hemd *juckt* mich. そのシャツは肌がちくちくする
— 再 (口語)【sich⁴と】かゆいところをかく ▷ Er *juckt* sich am Hals. 彼は(かゆくて)首をかく

Ju·de [ユーデ] 男 *der* (⑮ 2·3·4格 -n; ⑯ -n) ユダヤ人 ▷ die Verfolgung der *Juden* ユダヤ人の迫害

Ju·den·tum [ユーデントゥーム] 中 *das* (⑮ 2格 -s; ⑯ なし)
❶ (集合的に)ユダヤ人
❷ ユダヤ教

Jü·din [ユーディン] 女 *die* (⑮ 2格 -; ⑯ ..dinnen) Jude の女性形

jü·disch [ユーディシュ] 形 ユダヤ[人]の

Ju·do [ユード] 中 *das* (⑮ 2格 -[s]; ⑯ なし) 柔道

Ju·gend [ユーゲント] 女 *die* (⑮ 2格 -; ⑯ なし)
❶ 青少年期 ▷つらい青少年期 / Sie hat ihre *Jugend* in Deutschland verbracht. 彼女は青少年期をドイツで過ごした
❷ (集合的に) 若者たち ▷ die *Jugend* von heute 今日の若者たち / Die *Jugend* tanzte bis in die Nacht. 若者たちは夜中まで踊っていた

Ju·gend·her·ber·ge [ユーゲント・ヘルベルゲ] 女 *die* (⑮ 2格 -; ⑯ -n) ユースホステル ▷ in einer *Jugendherberge* übernachten ユースホステルに泊まる

ju·gend·lich [ユーゲントリヒ]
形 ❶ 青少年の，未成年の ▷ ein *jugendlicher* Verbrecher 青少年の犯罪者
❷ 若々しい，若者らしい ▷ *jugendlich* aussehen 若々しく見える / *jugendliche* Begeisterung 若者らしい感激

Ju·gend·li·che [ユーゲントリヒェ] 男 *der* / 女 *die* (形容詞変化 ☞ Alte 表 I) 青少年，未成年者(14歳から20歳くらいまで) ▷ ein Treffpunkt für *Jugendliche* 青少年の待ち合わせ場所 / Die Veranstaltung wird vorwiegend von *Jugendlichen* besucht. この催しは主に若い人が訪れる

Ju·gend·stil [ユーゲント・シュティール] 男 *der* (⑮ 2格 -[e]s; ⑯ なし) (芸術) ユーゲントシュティール

Ju·gend·zeit [ユーゲント・ツァイト] 女 *die* (⑮ 2格 -; ⑯ なし) 青少年期，青春時代

Ju·li

[júːli ユーリ]

男 *der* (⑮ 2格 -[s]; ⑯ -s)

7月 (☆発音上 Juni とはっきり区別するために Julei [ユライ] ということがある) (用法: ☞ April)

jung

[juŋ ユング]

比較 jünger 最上 jüngst

形 ❶ 若い (⇔ alt)
ein *junger* Mann 若い男
ein *junges* Mädchen 若い娘
junge Leute 若い人々
die *junge* Generation 若い世代
Er ist noch *jung*.
彼はまだ若い
Sie hat *jung* geheiratet.
彼女は若くして結婚した
In *jungen* Jahren war er Musiker.
若いとき彼は音楽家だった
der *junge* Goethe 若きゲーテ
ein *junger* Hund 小犬
ein *junger* Baum 若木
❷ 若々しい ▷ eine *junge* Stimme 若々しい声 / sich⁴ *jung* fühlen 若々しい気分になる
❸ 新しい ▷ *junge* Kartoffeln 新ジャガ / ein *junges* Paar 新婚のカップル / ein *junger* Staat 新興国

イディオム *jung und alt* (旧⇔新) Jung und Alt 老いも若きもみんな

Jun·ge

[júŋə ユンゲ]

— 男 *der* (⑮ 2·3·4格 -n; ⑯ -n)

格	単　数	複　数
①	der Junge	die Jungen
②	des Jungen	der Jungen
③	dem Jungen	den Jungen
④	den Jungen	die Jungen

男の子，少年 (☆ふつう15歳くらいまで; ⇔ Mädchen)
ein ungezogener *Junge*
しつけの悪い男の子
Du bist doch schon ein großer *Junge*!
君はもりっぱな少年ではないか

イディオム *Mein Junge!* 《親しさを込めた呼び掛けとして》ねえ君
Junge, Junge!《驚嘆などを表して》おやおや

— 中 *das* (形容詞変化 ☞ Alte 表 II, 複数については表 I) (動物の)子，(鳥の)ひな ▷ Die Katze leckt ihre *Jungen*. 猫が子猫をなめる

jun·gen·haft [ユンゲンハフト] 形 男の子のような，男の子っぽい

jün·ger [ユンガー] 形 《jung の比較級》より若い ▷ Er ist *jünger* als ich. 彼は私より若い / mein *jüngerer* Bruder 私の弟 / (絶対比較級で) ein *jüngerer* Herr 中年あるいはそれより少し若い紳士 (☆ 30歳くらいから45歳くらいまで)

Jung·frau [ユング・フラオ] 囡 *die* (® 2格 -; ® -en) 処女 ▷ Sie ist noch *Jungfrau*. 彼女はまだ処女だ

jung·fräu·lich [ユング・フロイリヒ] 形 ❶ 処女の; 処女のような ▷ *jungfräulich* heiraten 処女で結婚する / *jungfräulich* erröten 処女のように顔を赤らめる
❷ (自然などが) 人がまだ踏み入れたことのない, 手つかずの

Jung·ge·sel·le [ユング・ゲゼレ] 男 *der* (® 2・3・4格 -n; ® -n) 未婚〈独身〉の男 ▷ Er ist schon vierzig und immer noch *Junggeselle*. 彼はもう40なのにいまだに独り者だ

Jüng·ling [ユングリング] 男 *der* (® 2格 -s; ® -e) 《文語》(男性の) 若者, 青年 ▷ Der *Jüngling* forderte sie zum Tanzen auf. 若者は彼女にダンスを申し込んだ

jüngst [ユングスト] 形〘jung の最上級〙
❶ 最も若い, 一番年下の ▷ Sie ist unsere *jüngste* Tochter. 彼女は私たちの末娘だ
❷ 最近の ▷ die *jüngsten* Ereignisse 最近のできごと / in *jüngster* Zeit 最近

Ju·ni
[júːni ユーニ]
男 *der* (® 2格 -[s]; ® -s)

6月 (☆ 発音上 Juli とはっきり区別するために Juno [ユーノ] ということがある)(用法: ☞ April)

Ju·ni·or [ユーニオア] 男 *der* (® 2格 -s; ® -en)
❶ 〘® はまれ〙(会社経営者などの, 息子を指して) 跡取り息子, 若旦那 (® Senior) ▷ Er ist der *Junior* der Firma. 彼は会社の跡取り息子だ

❷ 〘ふつう ® で〙《スポ》ジュニア選手

Ju·ni·o·ren [ユニオーレン] Junior の 複数

Ju·pi·ter [ユーピター] 男 *der* (® 2格 -s; ® なし)《天文学》木星

Ju·ra [ユーラ] 複名 法学, 法律学 (☆ 無冠詞で用い, 無変化) ▷ *Jura* studieren 法学を大学で学ぶ

Ju·rist [ユリスト] 男 *der* (® 2・3・4格 -en; ® -en) (弁護士・裁判官などの) 法律家

ju·ris·tisch [ユリスティシュ] 形 法学の, 法律学の; 法律に即した ▷ die *juristische* Fakultät 法学部

Ju·ry [ジュリー/ジューリ] 囡 *die* (® 2格 -; ® -s) (コンクールなどの) 審査委員会 ▷ Der letzte Turner bekam von der *Jury* die beste Note. 最後の体操選手が審査委員たちから最高得点を得た

just [ユスト] 副《文語》《不意の〈不都合な〉出来事が起きた時点を指して》ちょうど, よりによって

Jus·tiz [ユスティーツ] 囡 *die* (® 2格 -; ® なし) 司法

Ju·wel [ユヴェール] 中 *das* (® 2格 -s; ® -en) 〘ふつう ® で〙 宝石; (高価な) 装身具 ▷ Sie trägt viele *Juwelen*. 彼女は宝石をたくさん身につけている

Ju·we·lier [ユヴェリーア] 男 *der* (® 2格 -s; ® -e) 宝石商; 宝石職人

Jux [ユクス] 男 *der* (® 2格 -es; ® なし)《口語》冗談 ▷ sich³ einen *Jux* mit+③ machen ...³ をからかう / Das war doch nur ein *Jux*! あれはただの冗談だったんだよ

完h, 完s=完了の助動詞 haben, sein

k K [ka: カー]

Ka·ba·rett [カバレット] 田 das (⊕ 2格 -s 〈-e〉)
❶ (寸劇・シャンソンなどで社会風刺をする)寄席; (寄席の)出し物
❷ (回転式の, 仕切りのついた)盛り合わせ皿

Ka·ba·ret·tist [カバレティスト] 男 der (⊕ 2·3·4格 -en; ⊕ -en) (寄席の)芸人

Ka·bel [カーベル] 田 das (⊕ 2格 -s; ⊕ -)
❶ (送電・通信用の)ケーブル
❷ (つり橋などの)ワイヤーロープ

Ka·bel·an·schluss (⊕ ..schluß) [カーベル・アン・シュルス] 男 der (⊕ 2格 -es; ⊕ ..schlüsse) ケーブルテレビ放送接続

Ka·bel·fern·se·hen [カーベル・フェルン・ゼーエン] 田 das (⊕ 2格 -s; ⊕ なし) ケーブルテレビ

Ka·bel·jau [カーベルヤオ] 男 der (⊕ 2格 -s; ⊕ -e 〈-s〉)《魚》タラ

Ka·bel-TV [カーベル・テーファオ] 田 das (⊕ 2格 -; ⊕ なし) ケーブルテレビ

Ka·bi·ne [カビーネ] 女 die (⊕ 2格 -; ⊕ -n)
❶ (仕切られた)小室; (公衆電話の)ボックス; 更衣室; (同時通訳者・投票用などの)ブース
❷ (船の)船室, キャビン; (旅客機の)乗客室; (ロープウェーの)ゴンドラ

Ka·bi·nett [カビネット] 田 das (⊕ 2格 -s; ⊕ -e)
❶ 内閣 ▷ ein *Kabinett* bilden 組閣する
❷ カビネット (ワインの等級の一つで, 高級ワインを指す)

Ka·bi·nett·wein [カビネット・ヴァイン] 男 der (⊕ 2格 -[e]s; ⊕ -e) カビネットワイン(高級ワインの一種)

Kab·ri·o·lett [カブリオレット] 田 das (⊕ 2格 -s; ⊕ -s) コンバーチブル(折たたみ式幌付きの自動車)

Ka·chel [カッヘル] 女 die (⊕ 2格 -; ⊕ -n) (壁などに用いられる)タイル (=Fliese)

ka·cheln [カッヘルン] (kachelte; gekachelt; 助 h)
他 (④と) [..⁴に] タイルをはる ▷ Wir lassen das Bad *kacheln*. 私たちは浴室にタイルをはってもらう

Ka·da·ver [カダーヴァー] 男 der (⊕ 2格 -s; ⊕ -) (動物の)死体

Ka·der [カーダー] 男 der (⊕ 2格 -s; ⊕ -) 《集合的に》(組織などの)中核メンバー; 《スポ》(チームの)主要メンバー; 《軍隊》(士官・下士官クラスの)中堅幹部

Kä·fer [ケーファー] 男 der (⊕ 2格 -s; ⊕ -) 《昆虫》甲虫 (カブトムシ, コガネムシなど)

Kaf·fee ━━━━━
[káfe カフェ/kafé: カフェー]
男 der (⊕ 2格 -s; ⊕ -s)

❶ コーヒー (☆「紅茶」は Tee)
starker *Kaffee* 濃いコーヒー
eine Tasse *Kaffee* 1 杯のコーヒー
Kaffee kochen コーヒーをいれる
Ich möchte den *Kaffee* schwarz.
コーヒーはブラックでお願いします
《数詞を直接つけることもある; 複数語尾はつけない》
einen *Kaffee* trinken
コーヒーを 1 杯飲む
Herr Ober, zwei *Kaffee* bitte!
ボーイさん コーヒーを 2 杯お願いします
❷ コーヒーの豆; コーヒーの粉末 ▷ ein Pfund *Kaffee* kaufen コーヒーを 1 ポンド買う / *Kaffee* mahlen コーヒー豆をひく

Kaf·fee·boh·ne [カフェ・ボーネ] 女 die (⊕ 2格 -; ⊕ -n) コーヒー豆

Kaf·fee·ge·schirr [カフェ・ゲシル] 田 das (⊕ 2格 -[e]s; ⊕ -e) コーヒー茶碗セット

Kaf·fee·haus [カフェー・ハオス] 田 das (⊕ 2格 -es; ⊕ ..häuser) 《オースト》カフェ, 喫茶店

Kaf·fee·kan·ne [カフェ・カネ] 女 die (⊕ 2格 -; ⊕ -n) コーヒーポット

Kaf·fee·mi·schung [カフェ・ミッシュング] 女 die (⊕ 2格 -; ⊕ -en) ブレンドコーヒー

Kaf·fee·pa·ckung [カフェ・パックング] 女 die (⊕ 2格 -; ⊕ -en) コーヒーパック

Kaf·fee·pau·se [カフェ・パオゼ] 女 die (⊕ 2格 -; ⊕ -n) コーヒーブレイク

Kaf·fee·tas·se [カフェ・タッセ] 女 die (⊕ 2格 -; ⊕ -n) コーヒーカップ

Kä·fig [ケーフィヒ] 男 der (⊕ 2格 -s; ⊕ -e)
❶ (動物の)おり
❷ (小さなペットを飼う)かご

Kaf·ka [カフカ] 《人名》 カフカ (☆ Franz Kafka はチェコスロヴァキアのユダヤ系ドイツ語作家. 1883-1924)

kahl [カール]
形 ❶ はげた, [髪の]毛のない ▷ ein *kahler* Kopf はげた頭 / Er ist völlig *kahl*. 彼はまったく毛がない

━━━━━
状態, 様態, 場所, 方向, ...=状態, 様態, 場所, 方向, ...を表す語句

❷ 葉のない; (山などが) 草木の生えていない ▷ Noch sind die Bäume *kahl*. まだ木々には葉がついていない
❸ (壁などが) 装飾のない; (部屋などが) がらんとした ▷ *kahle* Wände 飾りのない壁

Kahn [カーン] [男] *der* ([単] 2 格 -[e]s; [複] Kähne)
❶ (さお・かいなどでこぐ) 小舟 ▷ Der *Kahn* schaukelt auf den Wellen. 小舟が波間に揺れている
❷ (引き船に曳航(えいこう)される) 荷舟, はしけ

Käh·ne [ケーネ] Kahn の [複数]

Kai [カイ] [男] *der* ([単] 2 格 -s; [複] -e 〈-s〉) 波止場, 埠頭(ふとう)

Kai·ser [カイザー] [男] *der* ([単] 2 格 -s; [複] -) 皇帝

Kai·se·rin [カイゼリン] [女] *die* ([単] 2 格 -; [複] ..rinnen) 〖Kaiser の女性形〗 女帝; 皇后

kai·ser·lich [カイザーリヒ] [形] 皇帝の ▷ die *kaiserliche* Residenz 皇帝の居城

Kai·ser·schnitt [カイザー・シュニット] [男] *der* ([単] 2 格 -[e]s; [複] -e) 帝王切開

Ka·jü·te [カユーテ] [女] *die* ([単] 2 格 -; [複] -n) 船室, キャビン

Ka·kao [カカオ] [男] *der* ([単] 2 格 -s; [複] -s) カカオ豆; ココア ▷ eine Tasse *Kakao* trinken ココアを 1 杯飲む

Kak·te·en [カクテーエン] Kaktus の [複数]

Kak·tus [カクトゥス] [男] *der* ([単] 2 格 -〈..tusses〉; [複] Kakteen〈口語 ..tusse〉) 《植物》 サボテン

Ka·lau·er [カーラオアー] [男] *der* ([単] 2 格 -s; [複] -) だじゃれ

Kalb [カルプ] [中] *das* ([単] 2 格 -[e]s; [複] Kälber) 子牛

Käl·ber [ケルバー] Kalb の [複数]

Kalb·fleisch [カルプ・フライシュ] [中] *das* ([単] 2 格 -es; [複] なし) 子牛の肉

Ka·len·der [カレンダー] [男] *der* ([単] 2 格 -s; [複] -) カレンダー, 暦 ▷ den *Kalender* abreißen カレンダーを引きちぎる / ein *Kalender* für das Jahr 2000 2000 年用のカレンダー

Ka·li·ber [カリーバー] [中] *das* ([単] 2 格 -s; [複] -) (銃の) 口径

Kalk [カルク] [男] *der* ([単] 2 格 -[e]s; [複] -e) 石灰; しっくい

Kalk·stein [カルク・シュタイン] [男] *der* ([単] 2 格 -[e]s; [複] -e) 石灰岩, 石灰石

kal·ku·lie·ren [カルクリーレン]
(kalkulierte; kalkuliert; [完了]h)
— [他] 〖④と〗 〔費用などを⁴を〕計算する, 算出する
— [自] (状況などを考慮して) 判断する ▷ Er *kalkulierte* blitzschnell. 彼は瞬時に状況を判断した

Ka·lo·rie [カロリー] [女] *die* ([単] 2 格 -; [複] -n) 〖ふつう [複] で〗 カロリー

Ka·lo·ri·en [カロリーエン] Kalorie の [複数]

kalt

[kalt カルト]

[比較] kälter [最上] kältest

[形] ❶ 寒い
ein *kalter* Winter
寒い冬
Mir ist *kalt*.
私は寒い
Draußen ist es *kalt*.
外は寒い
kalte Miete
暖房費抜きの家賃
Die Wohnung kostet *kalt* 1 000 Euro.
その住まいの家賃は暖房費抜きで 1000 ユーロだ
❷ 冷たい
kaltes Wasser
冷たい水
kalte Hände haben
冷たい手をしている
❸ 冷やした; 冷えた, さめた ▷ *kalte* Getränke 冷たい飲み物 / Wein *kalt* stellen ワインを冷やす / Die Suppe wird *kalt*. スープがさめる / *kalte* Küche (ソーセージ・ハムなどからなる) 火を使わない料理
❹ (心の) 冷たい, 冷ややかな ▷ Sie hat ein *kaltes* Herz. 彼女は心が冷たい

kalt·blü·tig [カルト・ブリューティヒ]
[形] ❶ 冷酷な, 情け容赦のない ▷ Sie hat ihn *kaltblütig* umgebracht. 彼女は彼を情け容赦なく殺した
❷ (危険な状況にあっても) 冷静な, 泰然とした
❸ (動物が) 冷血の

Käl·te [ケルテ] [女] *die* ([単] 2 格 -; [複] なし)
❶ 寒さ ▷ vor *Kälte* zittern 寒さのあまり震える
❷ 〖温度を表す語句と〗 氷点下 ▷ Heute Nacht hatten wir fünf Grad *Kälte*. 今夜は氷点下 5 度だった
❸ (態度などの) 冷ややかさ, 冷淡さ ▷ Ihre *Kälte* überraschte alle. 彼女の冷淡さにみんなが驚いた

käl·ter [ケルター] kalt の [比較]

käl·test [ケルテスト] kalt の [最上]

kalt|ma·chen [カルト・マッヘン] [分離]
(machte kalt; kaltgemacht; [完了]h)
[他] 《口語》 〖④と〗 〔…⁴を〕殺す

kalt·schnäu·zig [カルト・シュノイツィヒ] [形] 《口語》 そっけない, 冷淡な

kam [カーム] kommen の [過去]

kä·me [ケーメ] kommen の [接II]

Ka·mel [カメール] [中] *das* ([単] 2 格 -[e]s; [複] -e)
❶ 《動物》 ラクダ ▷ ein einhöckriges *Kamel* こぶが 1 つのラクダ / auf einem *Kamel* reiten ラ

K

クダに乗って行く
❷《口語》ばか

Ka·me·lie [カメーリエ] 囡 die (⑭ 2格 -; ⑭ -n)《植物》ツバキ

Ka·me·ra [カメラ] 囡 die (⑭ 2格 -; ⑭ -s)
❶ カメラ，写真機 (=Fotoapparat) ▷ eine vollautomatische *Kamera* 全自動カメラ / einen Film in die *Kamera* einlegen フィルムをカメラに入れる
❷ (映画の)カメラ；テレビカメラ

Ka·me·rad [カメラート] 男 der (⑭ 2・3・4格 -en; ⑭ -en) (人生の一時期を共に過ごした，あるいは興味を同じくする)仲間 ▷ ein schlechter *Kamerad* 悪い仲間 / Er hat seinen *Kameraden* im Stich gelassen. 彼は仲間を見殺しにした

Ka·me·rad·schaft [カメラートシャフト] 囡 die (⑭ 2格 -; ⑭ なし) 仲間同士の関係

Ka·mil·len·tee [カミレン・テー] 男 der (⑭ 2格 -s; ⑭ -s) カミツレ茶

Ka·min [カミーン] 男 der (⑭ 2格 -s; ⑭ -e)
❶ (壁に取りつけられた)暖炉 ▷ Sie sitzen traulich am *Kamin*. 彼らはくつろいだ気分で暖炉にあたっている
❷ 《南ドイツ》煙突 (=Schornstein)

Kamm [カム] 男 der (⑭ 2格 -[e]s; ⑭ Kämme)
❶ 櫛
❷ (鶏の)とさか
❸ (山の)尾根

Kamm

Käm·me [ケメ] Kamm の 複数

käm·men [ケメン]
(kämmte; gekämmt; 匤h)
— 他 ❶ 《④と》[…⁴の]髪をとかす ▷ Sie *kämmt* das Kind. 彼女は子供の髪をとかす / (再帰的に) Er *kämmt* sich. 彼は髪をとかす
❷ 《④と》[髪など⁴を]とかす ▷ Sie *kämmt* sich das Haar. 彼女は髪をとかす / Sie *kämmt* dem Kind das Haar. 彼女は子供の髪をとかす

Kam·mer [カマー] 囡 die (⑭ 2格 -; ⑭ -n) (住居の中にある，ふつう物をしまうための)小部屋，納戸

Kam·mer·mu·sik [カマー・ムズィーク] 囡 die (⑭ 2格 -; ⑭ なし) 室内楽

kämm·te [ケムテ] kämmen の 過去

Kam·pag·ne [カンパニェ] 囡 die (⑭ 2格 -; ⑭ -n) (政治的・社会的な目的を持った)キャンペーン

Kampf [カンプフ] 男 der (⑭ 2格 -[e]s; ⑭ Kämpfe)
❶ (軍事的な)戦い，戦闘 ▷ ein erbitterter *Kampf* 熾烈な戦闘
❷ (社会的・個人的な)闘い ▷ der *Kampf* gegen den Krieg 反戦闘争 / der *Kampf* um den Frieden 平和を求める闘い
❸ 《スポーツ》(競技などの)戦い，試合

Kämp·fe [ケンプフェ] Kampf の 複数

kämp·fen [ケンプフェン]
(kämpfte; gekämpft; 匤h)
— 圓 ❶ (戦闘行為として)戦う ▷ an vorderster Front *kämpfen* 最前線で戦う / gegen den Feind *kämpfen* 敵軍と戦う /《比ゆ》mit dem Tod *kämpfen* 死の床についている
❷ (ある目標に向かって)闘う，闘争する；争う ▷ für den Frieden *kämpfen* 平和を守るために闘う / gegen die Umweltverschmutzung *kämpfen* 環境汚染に反対して闘う / Sie *kämpften* miteinander um eine Frau. 彼らは一人の女性をめぐって争った
❸ 《スポーツ》戦う，試合をする ▷ um den Sieg *kämpfen* 勝利をめざして戦う
— 他 《④と》[…⁴を]戦う (☆ ④は同族目的語) ▷ einen aussichtslosen Kampf *kämpfen* 勝算のない戦いをする

Kampf·kraft [カンプフ・クラフト] 囡 die (⑭ 2格 -; ⑭ なし) 戦闘力

Kampf·rich·ter [カンプフ・リヒター] 男 der (⑭ 2格 -s; ⑭ -)《スポーツ》審判員，ジャッジ，レフェリー

Kampf·stoff [カンプフ・シュトフ] 男 der (⑭ 2格 -[e]s; ⑭ -e) (戦争に用いる)殺戮用物質(放射性物質，毒ガス，細菌など)

kämpf·te [ケンプフテ] kämpfen の 過去

kampf·un·fä·hig [カンプフ・ウン・フェーイヒ] 形 戦闘能力のない

kam·pie·ren [カンピーレン]
(kampierte; kampiert; 匤h)
圓 キャンプする；(山小屋などに)泊まる ▷ Sie haben am Ufer des Sees *kampiert*. 彼らは湖畔でキャンプをした

Ka·na·da [カナダ] (⑭ das)《国名》カナダ (首都は Ottawa)

Ka·na·di·er [カナーディアー] 男 der (⑭ 2格 -s; ⑭ -) カナダ人

Ka·nal [カナール] 男 der (⑭ 2格 -s; ⑭ Kanäle)
❶ 運河 ▷ zwei Flüsse durch einen *Kanal* verbinden 2つの川を運河で結ぶ
❷ 下水道
❸ (テレビの)チャンネル

Ka·nä·le [カネーレ] Kanal の 複数

①，②，③，④=1格，2格，3格，4格の名詞

Ka·na·li·sa·ti·on [カナリザツィオーン] 囡 die (⓵ 2格 -; ⓹ -en) 下水道 (排水システム全体を指す) ▷ die *Kanalisation* der Stadt 町の下水道

ka·na·li·sie·ren [カナリズィーレン] (kanalisierte; kanalisiert; 完了h) 他 ❶ 《④と》〔河川など⁴を〕(改修して)航行可能にする ❷ 《④と》〔都市など⁴に〕下水施設をつくる

Ka·na·ri·en·vo·gel [カナーリエン・フォーゲル] 男 der (⓵ 2格 -s; ⓹ ..vögel) カナリア

Kan·di·dat [カンディダート] 男 der (⓵ 2·3·4格 -en; ⓹ -en) ❶ 候補者 ▷ Für diese Stelle gab es mehrere *Kandidaten*. このポストには候補者が何人かいた ❷ (大学の最終試験の)受験者

Kan·di·da·tur [カンディダトゥーア] 囡 die (⓵ 2格 -; ⓹ -en) 立候補

kan·di·die·ren [カンディディーレン] (kandidierte; kandidiert; 完了h) 自 立候補する ▷ Er *kandidierte* für das Amt des Bürgermeisters. 彼は市長の職に立候補した

Kän·gu·ru [ケングル] 中 das (⓵ 2格 -s; ⓹ -s) 《動物》カンガルー

Kän·gu·ruh [ケングル] 旧=新 Känguru

Ka·nin·chen [カニーンヒェン] 中 das (⓵ 2格 -s; ⓹ -) 《動物》イエウサギ (毛皮・食用肉、またはペットとして飼育される; 「野ウサギ」は Hase) ▷ *Kaninchen* züchten イエウサギを飼育する

Ka·nis·ter [カニスター] 男 der (⓵ 2格 -s; ⓹ -) (液体を入れる携帯用の)容器 ▷ zwei *Kanister* Benzin ガソリン 2 缶

kann [カン] können の 現在

Känn·chen [ケンヒェン] 中 das (⓵ 2格 -s; ⓹ -) 《Kanne の縮小形》小ポット ▷ ein *Kännchen* Tee 紅茶 1 小ポット

Kan·ne [カネ] 囡 die (⓵ 2格 -; ⓹ -n) ポット, 水差し ▷ eine *Kanne* Tee 紅茶 1 ポット

Kan·ni·ba·le [カニバーレ] 男 der (⓵ 2·3·4格 -n; ⓹ -n) 人食い人

kannst [カンスト] können の 現在

kann·te [カンテ] kennen の 過去

Ka·no·ne [カノーネ] 囡 die (⓵ 2格 -; ⓹ -n) 大砲

Kant [カント] 《人名》カント (☆ Immanuel Kant はドイツの哲学者; 1724-1804)

Kan·ta·te [カンターテ] 囡 die (⓵ 2格 -; ⓹ -n) 《音楽》カンタータ

Kan·te [カンテ] 囡 die (⓵ 2格 -; ⓹ -n) (2つの平面が交わってできる線としての)角；縁 ▷ sich⁴ an einer *Kante* stoßen 角にぶつかる / sich⁴ auf die *Kante* des Bettes setzen ベッドの縁に腰掛ける

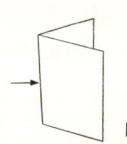

Kante

Kan·ti·ne [カンティーネ] 囡 die (⓵ 2格 -; ⓹ -n) (会社の)社員食堂

Kan·ton [カントーン] 男 der (⓵ 2格 -s; ⓹ -e) (スイス連邦の)州 (☆ 23 の州がある)

Ka·nu [カーヌ / カヌー] 中 das (⓵ 2格 -s; ⓹ -s) カヌー, 丸木舟

Kan·zel [カンツェル] 囡 die (⓵ 2格 -; ⓹ -n) ❶ (教会の)説教壇 ❷ (飛行機の)操縦室, コックピット

Kanz·ler [カンツラー] 男 der (⓵ 2格 -s; ⓹ -) (ドイツ・オーストリアの)連邦首相

Ka·pa·zi·tät [カパツィテート] 囡 die (⓵ 2格 -; ⓹ -en) ❶ 《⓹ なし》容量, 収容能力；(工場などの)生産能力 ❷ 権威者

Ka·pel·le [カペレ] 囡 die (⓵ 2格 -; ⓹ -n) 礼拝堂, チャペル ▷ eine kleine *Kapelle* am Weg 道端の小さな礼拝堂

Ka·pell·meis·ter [カペル・マイスター] 男 der (⓵ 2格 -s; ⓹ -) (大きなオーケストラの)第 2〈第 3〉指揮者

ka·pern [カーペルン] (kaperte; gekapert; 完了h) 他 《④と》〔商船など⁴を〕拿捕する

ka·pie·ren [カピーレン] (kapierte; kapiert; 完了h) 他 《口語》《④と》〔…⁴を〕わかる ▷ Hast du das *kapiert*? わかったか // Er *kapiert* schnell. 彼は飲み込みが早い

ka·pi·tal [カピタール] 形 《口語》大きな

Ka·pi·tal [カピタール] 中 das (⓵ 2格 -s; ⓹ -e 〈..talien〉) ❶ (会社の)資本金 ▷ Die Gesellschaft erhöht ihr *Kapital*. 会社は資本金を増額する ❷ (投資用の)資金, 資本 ▷ Er steckt sein *Kapital* in ein Geschäft. 彼はある商売に投資する

Ka·pi·ta·li·en [カピターリエン] Kapital の 複数

Ka·pi·ta·lis·mus [カピタリスムス] 男 der (⓵ 2格 -; ⓹ なし) 資本主義

Ka·pi·ta·list [カピタリスト] 男 der (⓵ 2·3·4格 -en; ⓹ -en) 資本家

ka·pi·ta·lis·tisch [カピタリスティシュ] 形 資本主義の, 資本主義的な ▷ ein *kapitalistischer* Staat 資本主義国家

Ka·pi·tän [カピテーン] 男 der (⓵ 2格 -s; ⓹ -e) ❶ 船長；機長

❷ 《スポーツ》(チームの)主将, キャプテン

Ka·pi·tel [カピテル] [中] *das* ([単] 2 格 -s; [複] -) (本の)章 ([略] Kap.) ▷ im ersten *Kapitel* 第 1 章で

Ka·pi·tu·la·ti·on [カピトゥラツィオーン] [女] *die* ([単] 2 格 -; [複] -en) 降伏 ▷ eine bedingungslose *Kapitulation* 無条件降伏

ka·pi·tu·lie·ren [カピトゥリーレン]
(kapitulierte; kapituliert; [完了]h)
[自] 降伏する ▷ Die Truppen *kapitulierten.* 部隊は降伏した / 《比ゆ》 Sie hat vor den Schwierigkeiten *kapituliert.* 彼女は困難にぶつかり音を上げてしまった

Kap·pe [カッペ] [女] *die* ([単] 2 格 -; [複] -n)
❶ (ふつうつばのない頭巾型の)帽子
❷ (万年筆などの)キャップ

kap·pen [カッペン] (kappte; gekappt; [完了]h)
[他] ❶ 〚④と〛〔綱など^{4}を〕切る, 切断する
❷ 〚④と〛〔木などの先端^{4}を〕切り取る, 刈る

Kap·sel [カプセル] [女] *die* ([単] 2 格 -; [複] -n)
❶ (密閉式の丸い小さな)容器
❷ (薬剤の)カプセル ▷ eine *Kapsel* schlucken カプセルを飲み込む

ka·putt [カプット]
[形] ❶ **壊れた**, 故障した ▷ *kaputtes* Geschirr 割れた食器 / Der Fernseher ist *kaputt.* テレビが故障している
❷ 《口語》(肉体的に)へばった ▷ Er war heute ganz *kaputt.* 彼はきょうすっかりへばっていた

ka·putt|ge·hen [カプット・ゲーエン] [分離]
(ging kaputt; kaputtgegangen; [完了]s)
[自] 《口語》(陶器などが)壊れる, 割れる; (機械などが)故障する; (関係などが)だめになる

ka·putt|ma·chen [カプット・マッヘン] [分離]
(machte kaputt; kaputtgemacht; [完了]h)
[他] ❶ 《口語》〚④と〛〔..^{4}を〕(肉体的・精神的に)くたくたにする
❷ 《口語》〚④と〛〔陶器など^{4}を〕壊す, 割る; 〔機械など^{4}を〕故障させる; 〔人間関係など^{4}を〕だめにする

Ka·pu·ze [カプーツェ] [女] *die* ([単] 2 格 -; [複] -n) (コート・ジャンパーなどの)フード

Ka·ra·bi·ner [カラビーナー] [男] *der* ([単] 2 格 -s; [複] -) カービン銃

Ka·raf·fe [カラッフェ] [女] *die* ([単] 2 格 -; [複] -n) デカンター(ワインなどを入れる食卓用のガラス容器)

Ka·ram·bo·la·ge [カラムボラージェ] [女] *die* ([単] 2 格 -; [複] -n) 《口語》(車同士の)[玉突き]衝突

Ka·rat [カラート] [中] *das* ([単] 2 格 -[e]s; [複] -e; ただし数詞の後では無変化) カラット(宝石の重さまたは金の割合の単位; [記号] k) ▷ ein Brillant von drei *Karat* 3 カラットのダイヤモンド / Reines Gold hat 24 *Karat.* 純金は 24 カラットである

Ka·ra·wa·ne [カラヴァーネ] [女] *die* ([単] 2 格 -; [複] -n) (砂漠などを旅する)キャラバン, 隊商 ▷ Eine *Karawane* zieht durch die Wüste. キャラバンが砂漠を移動して行く

Kar·di·nal [カルディナール] [男] *der* ([単] 2 格 -s; [複] ..näle) 《カトリック》 枢機卿(教皇に次ぐ地位で, 教皇を選んだり, 教皇になる権利をもつ)

Kar·di·nal·zahl [カルディナール・ツァール] [女] *die* ([単] 2 格 -; [複] -en) 基数 (☆「序数」は Ordinalzahl)

karg [カルク]
([比較] -er‹kärger›, [最上] -st‹kärgst›)
[形] (量が)わずかな; (土地が)やせた

kär·ger [ケルガー] karg の [比較]

kärg·lich [ケルクリヒ] [形] つましい; みすぼらしい; (量が)ほんのわずかな ▷ ein *kärgliches* Mahl つましい食事

kärgst [ケルクスト] karg の [最上]

ka·riert [カリーアト] [形] (特に布地が)格子じまの, チェックの

Ka·ri·es [カーリエス] [女] *die* ([単] 2 格 -; [複] なし) 《医学》 虫歯; カリエス

Ka·ri·ka·tur [カリカトゥーア] [女] *die* ([単] 2 格 -; [複] -en) (風刺的な)漫画, 戯画 ▷ eine *Karikatur* zeichnen 漫画をかく

ka·ri·ta·tiv [カリタティーフ] [形] (団体などが)慈善の

Karl [カルル] 《男名》 カルル, カール

Kar·ne·val [カルネヴァル] [男] *der* ([単] 2 格 -s; まれに [複] -e ‹-s›) **謝肉祭, カーニバル** (=Fasching) ▷ *Karneval* feiern 謝肉祭を祝う / auf den *Karneval* gehen カーニバルに行く

Kar·ne·vals·um·zug [カルネヴァルス・ウム・ツーク] [男] *der* ([単] 2 格 -[e]s; [複] ..züge) カーニバルのパレード

Ka·ro [カーロ] [中] *das* ([単] 2 格 -s; [複] -s) 菱形; 《トランプ》 ダイヤ

Ka·ros·se·rie [カロセリー] [女] *die* ([単] 2 格 -; [複] -n) (自動車の)**車体**, ボディー

Ka·ros·se·ri·en [カロセリーエン] Karosserie の [複数]

Ka·rot·te [カロッテ] [女] *die* ([単] 2 格 -; [複] -n) 《植物》 ニンジン

Karp·fen [カルプフェン] [男] *der* ([単] 2 格 -s; [複] -) 《魚》 コイ

Kar·re [カレ] [女] *die* ([単] 2 格 -; [複] -n) (工事現場などで用いる, ふつう 1 輪あるいは 2 輪の)手押し車

Kar·ren [カレン] [男] *der* ([単] 2 格 -s; [複] -) = Karre

Kar·ri·e·re [カリエーレ] [女] *die* ([単] 2 格 -; [複] -n) 出世 ▷ *Karriere* machen 出世する / eine glänzende *Karriere* vor sich^3 haben 輝かしい出世を約束されている

Kar·te [カルテ] [女] *die* ([単] 2 格 -; [複] -n)

[状態], [様態], [場所], [方向],…＝状態，様態，場所，方向，…を表す語句

❶ (記録・整理のための)**カード** ▷ eine *Karte* aus der Kartei ziehen カード索引からカードを1枚引き抜く
❷ [郵便]**はがき** (☆「手紙」は Brief) ▷ eine *Karte* bekommen はがきを受け取る
❸ 入場券; 乗車券
❹ クレジットカード; (電話)カード
❺ メニュー, 献立表; 地図; 名刺

Kar·tei [カルタイ] 囡 *die* (単2格 -; 複 -en) (ボックスなどに整理されている)カード索引, カード目録

Kar·tei·kar·te [カルタイ・カルテ] 囡 *die* (単2格 -; 複 -n) 索引カード

Kar·tei·kas·ten [カルタイ・カステン] 男 *der* (単2格 -s; 複 -..kästen) カードボックス

Kar·ten·spiel [カルテン・シュピール] 中 *das* (単2格 -[e]s; 複 -e) (ゲーム)トランプ; トランプ用カード一組

Kar·ten·te·le·fon [カルテン・テレフォーン] 中 *das* (単2格 -s; 複 -e) カード式公衆電話

Kar·tof·fel [カルトッフェル] 囡 *die* (単2格 -; 複 -n)
《植物》**ジャガイモ**, 馬鈴薯 ▷ *Kartoffeln* schälen ジャガイモの皮をむく / süße *Kartoffeln* サツマイモ

Kar·tof·fel·chips [カルトッフェル・チップス] 複数 ポテトチップ

Kar·tof·fel·sa·lat [カルトッフェル・ザラート] 男 *der* (単2格 -[e]s; 複 -e) ポテトサラダ

Kar·ton [カルトン/..トーン] 男 *der* (単2格 -s; 複 -s)
❶ ボール箱 ▷ Bücher in *Kartons* verpacken 本をボール箱に詰める
❷ 《複 なし》厚紙, ボール紙 ▷ ein Bogen *Karton* 1枚の厚紙

kar·to·niert [カルトニーアト] 形 (本などが)厚紙装丁の

Ka·rus·sell [カルセル] 中 *das* (単2格 -s; 複 -s 〈-e〉) メリーゴーラウンド, 回転木馬 ▷ [mit dem] *Karussell* fahren 回転木馬に乗る

Kä·se [ケーゼ] 男 *der* (単2格 -s; 複 -)
❶ **チーズ** ▷ *Käse* als Nachspeise servieren チーズをデザートとして出す
❷ 《口語》くだらないこと《話》 ▷ Das ist doch alles *Käse*. それはまったくばかげた話だ

Ka·ser·ne [カゼルネ] 囡 *die* (単2格 -; 複 -n) 兵舎, 兵営

kä·sig [ケーズィヒ] 形 《口語》(顔などが)蒼白な

Ka·si·no [カズィーノ] 中 *das* (単2格 -s; 複 -s) カジノ; クラブハウス

Kas·per [カスパー] 男 *der* (単2格 -s; 複 -) カスパー(人形芝居の道化役)

Kas·per·le [カスパーレ] 中《南ドイツ》=Kasper

Kas·per·le·the·a·ter [カスパーレ・テアーター] 中 *das* (単2格 -s; 複 -) カスパー人形劇(カスパーが主人公を演じる)

Kas·se [カッセ] 囡 *die* (単2格 -; 複 -n)
❶ (劇場などの)**切符売り場** ▷ sich³ an der *Kasse* eine Eintrittskarte kaufen 切符売り場で入場券を買う
❷ (商店の)**レジ** ▷ an der *Kasse* bezahlen レジで支払う
❸ (箱型の)金庫 ▷ Wie viel Geld ist jetzt in der *Kasse*? 金庫にいまお金がいくらありますか
❹ (銀行などの)受払い窓口
❺ 《口語》健康保険 (=Krankenkasse)
(イディオム) *gut bei Kasse sein* ふところが暖かい

Kas·sel [カッセル] 中 *das* 《都市名》カッセル (☞地図 D-3)

Kas·sen·zet·tel [カッセン・ツェッテル] 男 *der* (単2格 -s; 複 -) レシート (=Bon)

Kas·set·te [カセッテ] 囡 *die* (単2格 -; 複 -n)
❶ (録音テープなどの)カセット; (セットにした本・レコードなどの)ケース
❷ (小さな)金庫, 手提げ金庫, 貴重品箱

Kas·set·ten·re·kor·der [カセッテン・レコルダー] 男 *der* (単2格 -s; 複 -) カセットレコーダー

kas·sie·ren [カスィーレン] (kassierte; kassiert; 助h)
他《❹と》[料金を⁴を]**徴収**〈**集金**〉**する**, 取り立てる ▷ Er hat zehn Euro *kassiert*. 彼は10ユーロ徴収した // An diesem Tisch *kassiert* meine Kollegin. 《レストランなどで》こちらのテーブルの会計は私の同僚の担当です (☆ドイツのレストランではテーブルごとにウエートレスの担当が決まっていて, 自分の受け持ち以外のテーブルの客には応じてくれない)

Kas·sie·rer [カスィーラー] 男 *der* (単2格 -s; 複 -) (銀行などの)出納係

Kas·ta·nie [カスターニエ] 囡 *die* (単2格 -; 複 -n) 《植物》
❶ クリ; クリの実
❷ マロニエ, マロニエの実
(イディオム) *für*+❹ *die Kastanien aus dem Feuer holen* …のために火中の栗を拾う(人のために危険を冒す)

Kas·ta·ni·en·baum [カスターニエン・バオム] 男 *der* (単2格 -[e]s; 複 -..bäume) クリ〈マロニエ〉の木

Kas·ten [カステン] 男 *der* (単2格 -s; 複 Kästen)
❶ (保管用の四角な)**箱**, ケース ▷ einen *Kasten* verschließen ケースに鍵をかける
❷ (内部が仕切られた, びん類の梱包用)ケース ▷ Die Flaschen werden in *Kästen* geliefert. これは運搬ケースに入れて届けられる / 《単位表示の場合は無変化でも用いられる》Wir haben zwei *Kästen* 〈*Kasten*〉 Bier bestellt. 私たちはビールを2ケース注文した

(旧⇒新)=新正書法の指示, (旧)=旧正書法の指示

Käs·ten [ケステン] Kasten の [複数]

kast·rie·ren [カストリーレン]
(kastrierte; kastriert; [完了]h)
[他]〘④と〙〔‥⁴を〕去勢する

Ka·ta·log [カタローク] [男] *der* ([単] 2 格 -[e]s; [複] -e) **目録**; カタログ, 商品目録 ▷ der alphabetische *Katalog* einer Bibliothek 図書館のアルファベット順蔵書目録

Ka·ta·ly·sa·tor [カタリュザートーア] [男] *der* ([単] 2 格 -s; [複] -en) (自動車の)排気ガス浄化装置

Ka·ta·ly·sa·to·ren [カタリュザトーレン] Katalysator の [複数]

Ka·tarr [カタル] [男] *der* ([単] 2 格 -s; [複] -e) 《医学》カタル

Ka·tarrh [カタル] =Katarr

ka·ta·stro·phal [カタストロファール] [形] 破滅的な, 惨たんたる, すさまじい ▷ Dort herrschten *katastrophale* Zustände. そこの状態は惨たんたるものだった

Ka·ta·stro·phe [カタストローフェ] [女] *die* ([単] 2 格 -; [複] -n) **大災害**; 破局的な出来事 ▷ eine furchtbare *Katastrophe* ひどい大災害

Ka·te·go·rie [カテゴリー] [女] *die* ([単] 2 格 -; [複] -n) **範疇**(はんちゅう), カテゴリー

Ka·te·go·ri·en [カテゴリーエン] Kategorie の [複数]

ka·te·go·risch [カテゴーリシュ] [形] 決然〈断固〉とした, きっぱりとした

Ka·ter [カーター] [男] *der* ([単] 2 格 -s; [複] -)
❶《動物》雄猫 (☆「[雌]猫」は Katze)
❷《口語》二日酔い ▷ einen *Kater* bekommen 二日酔いになる / Am nächsten Morgen hatte er einen *Kater*. 次の朝彼は二日酔いだった

Ka·thed·ra·le [カテドラーレ] [女] *die* ([単] 2 格 -; [複] -n) 《カトリック》[大]司教座聖堂; カテドラル, 大聖堂

Ka·tho·lik [カトリーク/..リック] [男] *der* ([単] 2·3·4 格 -en; [複] -en) **カトリック教徒** (☆「プロテスタント」は Protestant)

ka·tho·lisch [カトーリシュ] [形] **カトリック[教]の** (☆「プロテスタントの」は protestantisch; [略] kath.) ▷ die *katholische* Kirche カトリック教会 / Er ist *katholisch*. 彼はカトリック教徒だ

Kat·ze

[kátsə カッツェ]
[女] *die* ([単] 2 格 -; [複] -n)

格	単 数	複 数
①	die Katze	die **Katzen**
②	der Katze	der Katzen
③	der Katze	den Katzen
④	die Katze	die Katzen

《動物》猫; 雌猫 (☆「雄猫」は Kater)
eine schwarze *Katze*
黒猫
Die *Katze* miaut.
猫がニャーニャー鳴く
Die *Katze* macht einen Buckel.
猫が背を丸める

Kat·zen·jam·mer [カッツェン・ヤマー] [男] *der* ([単] 2 格 -s; [複] なし) 二日酔い

kau·en [カオエン] (kaute; gekaut; [完了]h)
— [自] (食物などを)かむ ▷ Du musst gut *kauen*. よくかまなければだめだよ / an den Fingernägeln 〈an den Lippen〉 *kauen* 指のつめ〈唇〉をかむ
— [他]〘④と〙〔‥⁴を〕かむ ▷ Er *kaut* sein Essen immer gründlich. 彼は食事をいつも十分にかむ

kau·ern [カオエルン] (kauerte; gekauert; [完了]h)
— [自] しゃがみ込む, うずくまっている
— [再]〘[sich]⁴+[方向]と〙〔…に〕しゃがみ込む, うずくまる ▷ Die Kinder *kauerten* sich hinter einen Busch. 子供たちは(隠れたりするために)よく茂った灌木(かんぼく)の後ろにしゃがみこんだ

Kauf [カオフ] [男] *der* ([単] 2 格 -[e]s; [複] Käufe) 買うこと, 購入 ▷ ein *Kauf* auf Raten 分割払いによる購入
[イディオム] ④+***in Kauf nehmen*** (他の利点を考えて)(悪条件など)⁴をしかたなく受け入れる

Käu·fe [コイフェ] Kauf の [複数]

kau·fen

[káufn̩ カオフェン]

[現在]	ich kaufe	wir kaufen
	du kaufst	ihr kauft
	er kauft	sie kaufen
[過去]	ich **kaufte**	wir kauften
	du kauftest	ihr kauftet
	er kaufte	sie kauften
[過分]	**gekauft**	[完了] haben

— [他] ❶〘④と〙〔‥⁴を〕**買う** ([反] verkaufen)
ein Haus *kaufen*
家を買う
ein Auto auf Raten *kaufen*
分割払いで車を購入する
Ich *kaufe* mir einen Fernsehapparat.
私はテレビを 1 台買う (☆ 再帰代名詞の 3 格を入れると, 自分のためにという意味がはっきりする)
Ich *kaufe* dir eine Krawatte.
私は君にネクタイを買ってあげる (☆ 普通名詞の3格を入れるとその人のために「買ってやる」という意味になる)
❷《口語》〘④と〙〔‥⁴を〕買収する ▷ einen Beamten *kaufen* 役人を買収する
— [自]〘[場所]と〙〔…で〕買い物をする ▷ Ich *kaufe* nur im Einzelhandel. 私は小売店でしか買

い物をしない

Käu·fer [コイファー] [男] *der* ([単] 2格 -s; [複] -) 買い手, 買い主 ([反] Verkäufer)

Kauf·haus [カオフ・ハオス] [中] *das* ([単] 2格 -es; [複] ..häuser)
デパート, 百貨店 (=Warenhaus) ▷ im *Kaufhaus* einkaufen デパートで買い物をする

Kauf·leu·te [カオフ・ロイテ] Kaufmann の [複数]

käuf·lich [コイフリヒ] [形] 金で買える ▷ ein *käufliches* Mädchen 売春婦

Kauf·lust [カオフ・ルスト] [女] *die* ([単] 2格 -; [複] なし) 購売欲, 買う気

Kauf·mann [カオフ・マン] [男] *der* ([単] 2格 -[e]s; [複] ..leute)
(商業教育を受けた)商業従事者; 商人

kauf·män·nisch [カオフ・メニシュ] [形] 商業[上]の; 営業担当の ▷ Er ist *kaufmännisch* begabt. 彼は商才がある

kauf·te [カオフテ] kaufen の [過去]

Kau·gum·mi [カオ・グミ] [男] *der* ([単] 2格 -s; [複] -s) チューインガム

Kaul·quap·pe [カオル・クヴァッペ] [女] *die* ([単] 2格 -; [複] -n) オタマジャクシ

kaum [カオム]
[副] ❶ ほとんど…ない ▷ Das ist *kaum* möglich. それはほとんど不可能だ / Ich habe *kaum* geschlafen. 私はほとんど眠らなかった

[類語]
kaum (程度に関して)ほとんど…ない
selten (頻度に関して)まれに
wenig (数量的に)わずかしかない

❷ かろうじて, なんとか ▷ Ich bin mit der Arbeit *kaum* fertig geworden. 私はその仕事をなんとかやり遂げた
❸ …するやいなや ▷ *Kaum* war er zu Haus, rief er mich an. 彼は家に着くなり私に電話をかけてきた
❹ おそらく…ない ▷ Ob er diesem Vorschlag zustimmt? – Wohl *kaum*! 彼はこの提案に賛成するだろうか — おそらくしないでしょう

kau·sal [カオザール] [形] 因果関係に基づく ▷ Zwischen den beiden Vorfällen besteht ein *kausaler* Zusammenhang. この2つの事件の間には因果関係がある

Kau·sa·li·tät [カオザリテート] [女] *die* ([単] 2格 -; [複] -en) 因果関係

Kau·ti·on [カオツィオーン] [女] *die* ([単] 2格 -; [複] -en)
❶ (契約の際などの) **保証金**; 敷金 ▷ zwei Monatsmieten [als] *Kaution* zahlen 家賃2カ月分の敷金を払う
❷ 保釈金 ▷ gegen *Kaution* freigelassen werden 保釈金を積んで釈放される

Kaut·schuk [カオチュク] [男] *der* ([単] 2格 -s; [複] なし) 生ゴム

Kauz [カオツ] [男] *der* ([単] 2格 -es; [複] Käuze)
❶ 《鳥》 フクロウ (=Eule)
❷ 《口語》 (好感のもてる)変わり者, 変人

Käu·ze [コイツェ] Kauz の [複数]

kau·zig [カオツィヒ] [形] (態度などが)変わっている, おかしな; 変わり者の

Ka·va·lier [カヴァリーア] [男] *der* ([単] 2格 -s; [複] -e) (特に女性に対して親切で礼儀正しい)紳士

Ka·val·le·rist [カヴァレリスト] [男] *der* ([単] 2·3·4格 -en; [複] -en) 騎兵

Ka·vi·ar [カーヴィアル] [男] *der* ([単] 2格 -s; [複] なし) キャビア

keck [ケック] [形] (好感がもてるが, ちょっと)小生意気な, 物おじしない ▷ eine *kecke* Antwort 物おじしない答え

Ke·gel [ケーゲル] [男] *der* ([単] 2格 -s; [複] -)
❶ ([ドイツ式]ボーリングの)ピン ▷ die *Kegel* aufstellen ピンを立てる
❷ 円錐(えんすい)
[イディオム] ***Kegel schieben*** ボーリングをする

Ke·gel·bahn [ケーゲル・バーン] [女] *die* ([単] 2格 -; [複] -en) ボーリング場; (ボーリングの)レーン

ke·geln [ケーゲルン] (kegelte; gekegelt; [完了]h)
[自] ドイツ式ボーリングをする(ドイツ式ボーリングは指をさし込む穴のないボールで9本のピンを倒す)

Keh·le [ケーレ] [女] *die* ([単] 2格 -; [複] -n) のど(喉)
▷ eine entzündete *Kehle* haben のどに炎症を起こしている / 《首の前の部分を指して》 Der Hund sprang ihm an die *Kehle*. 犬は彼ののどもとに跳びついた

Kehl·kopf [ケール・コプフ] [男] *der* ([単] 2格 -[e]s; [複] ..köpfe) 喉頭(こうとう)

Keh·re [ケーレ] [女] *die* ([単] 2格 -; [複] -n) (道路の)急なカーブ ▷ Die Straße führt in steilen *Kehren* zum Pass. 道は険しい急なカーブを描きながら峠に通じている

keh·ren [ケーレン] (kehrte; gekehrt; [完了]h)
[他] ❶ 〖[4]+[方向]と〗 〔..⁴を…の方へ〕**向ける** ▷ die Innenseite nach außen *kehren* 内側を外に向ける(裏返す) / Er *kehrte* das Gesicht zum Himmel. 彼は天を仰ぎ見た
❷ 〖[4]と〗〔..⁴を〕ほうきで掃く ▷ den Flur 〈die Treppe〉 *kehren* 廊下〈階段〉を掃除する
❸ 〖[4]+[方向]と〗 〔..⁴を…から〕(ほうきなどで)取り除く ▷ Wir *kehrten* den Schnee vom Dach. 私たちは屋根から雪を掃き下ろした
[イディオム] ***sich⁴ an+[4] nicht kehren*** ..⁴を気にかけない ▷ Er *kehrt* sich *nicht an* ihren Zorn. 彼は彼女の怒りを意に介さない

Kehr·richt [ケーリヒト] [男] *der* / [中] *das* ([単] 2格 -s; [複] なし) (掃き集められた)ごみ, ちり

Kehr·sei·te [ケーア・ザイテ] [女] *die* ([単] 2格 -; [複]

K

-n) (物事の)かげの部分, 裏面

kehrt|ma·chen [ケート・マッヘン] 分離
(machte kehrt; kehrtgemacht; 匿h)
自 《口語》引き返す, きびすを返す;（くるりと）向きを変える

kei·fen [カイフェン] (keifte; gekeift; 匿h)
自（特に女性が）かん高い声で〈かなきり声をあげて〉文句を言う, がみがみ言う

Keil [カイル] 男 der （⊕2格 -[e]s; ⊕ -e)
❶ くさび
❷（くさび形の）車輪止め

Keim [カイム] 男 der （⊕2格 -[e]s; ⊕ -e)
❶（植物の）芽 ▷ Die Kartoffeln haben *Keime* getrieben. ジャガイモが芽を出した
❷（物事の）始まり, 芽生え ▷ der *Keim* der Liebe 愛の芽生え

kei·men [カイメン] (keimte; gekeimt; 匿h)
自 発芽する ▷ Der Weizen *keimt*. 小麦が発芽する

keim·frei [カイム・フライ] 形 無菌の, 殺菌した

kein
[kain カイン]

── 《否定冠詞》

格	男性	女性	中性	複数
①	kein	keine	kein	keine
②	keines	keiner	keines	keiner
③	keinem	keiner	keinem	keinen
④	keinen	keine	kein	keine

(ひとつも・少しも)…ない（☆否定される名詞が特定されていない場合に用いる）
Er hat *kein* Auto.
彼は自動車を持っていない
Ich habe *keine* Zeit.
私は時間がない
Ich trinke *keinen* Wein.
私はワインを飲まない
Kein Mensch kümmerte sich darum.
だれもそのことを気にかけなかった
《形容詞を否定して》
Das ist *keine* schlechte Idee.
それは悪い考えではない
《数詞と》
Sie ist noch *keine* elf Jahre alt.
彼女はまだ11歳になっていない
《比較表現などで》
Kein Buch ist so wichtig wie dieses.
この本ほど重要なものはない
Ich habe *keinen* anderen Freund als dich.
私は君以外に友人がいない
イディオム *auf keinen Fall* 〈*unter keinen Umständen*〉どんなことがあっても…ない

── 《名詞的用法》

格	男性	女性	中性	複数
①	keiner	keine	kein[e]s	keine
②	keines	keiner	keines	keiner
③	keinem	keiner	keinem	keinen
④	keinen	keine	kein[e]s	keine

[注] 中性1・4格の -[e]s の e は省くほうがふつう
だれ〈どれ, 何〉も…ない
Keiner glaubt ihr.
だれも彼女のことを信じない
Ich sag' es *keinem*.
私はそのことをだれにも言わない（☆ sag' は sage の口語形）
Keine weiß das besser als sie.
彼女ほどそのことをよく知っている女性はいない
Ich wollte Äpfel mitbringen, aber es gab *keine*. 私はリンゴを持って来ようと思ったが一つもなかった
《関係文を受けて》
Ich kenne *keinen*, der das tut.
私はそういうことをする人をだれも知らない
《②と》
Keines dieser Argumente überzeugt mich.
これらの論拠はどれも私を納得させるものではない
《否定の強調》《関連する名詞と離れ, ふつう文末に置かれる》
Lust hab' ich *keine*.
その気はまったくない（☆ hab' は habe の口語形）
Geld habe ich *keins*. 金は一銭もない

kei·ne [カイネ] ☞ kein
kei·nem [カイネム] ☞ kein
kei·nen [カイネン] ☞ kein
kei·ner [カイナー] ☞ kein
kei·ner·lei [カイナーライ] 《否定冠詞》どんな…もない（☆格語尾をつけない）▷ *keinerlei* Reue zeigen いかなる悔恨の情も示さない
kei·nes [カイネス] ☞ kein
kei·nes·falls [カイネス・ファルス] 副 決して…ない（＝auf keinen Fall）
kei·nes·wegs [カイネス・ヴェークス] 副 決して…ない ▷ Er ist *keineswegs* dumm. 彼は決してばかではない
Keks [ケークス] 男 der （⊕2格 -es; ⊕ -) クッキー, ビスケット ▷ Diese *Keks* esse ich nicht gern. これらのクッキーは私は好きではない
Kelch [ケルヒ] 男 der （⊕2格 -[e]s; ⊕ -e) (装飾つきの)脚つきグラス

Kelch

Kel·ler [ケラー] [男] *der* ([単] 2格 -s; [複] -)
地下室 ▷ Gehört zu diesem Haus ein *Keller*? この家には地下室がついていますか

Kell·ner [ケルナー] [男] *der* ([単] 2格 -s; [複] -)
(レストランなどの)ボーイ, 給仕 (☆ 呼びかける場合には Herr Ober を用いる) ▷ Der *Kellner* notiert die Bestellungen. ボーイは注文を書き留める

Kell·ne·rin [ケルネリン] [女] *die* ([単] 2格 -; [複] ..rinnen) 〘Kellner の女性形〙 (レストランなどの)ウエートレス (☆ 呼びかける場合には Fräulein を用いる)

ken·nen

[kɛ́nən ケッネン]

[現在]	ich kenne	wir kennen	
	du kennst	ihr kennt	
	er kennt	sie kennen	
[過去]	ich **kannte**	wir kannten	
	du kanntest	ihr kanntet	
	er kannte	sie kannten	
[過分]	**gekannt**	[完了]	haben

[他] ❶ 〘④と〙 〔…⁴と〕面識がある, 知り合いである
Kennen Sie Herrn Engel?
エンゲルさんをご存じですか
Ich *kenne* ihn nur dem Namen nach.
私は彼については名前しか知らない(面識はない)
〘相互的に〙
Sie *kennen* sich schon lange.
彼らはずっと昔からの知り合いだ

★ kennen は受動形を作ることができない. 対応する表現として bekannt を用いる ▷ Er ist mir *bekannt*. 彼のことを私は知っている

❷ 〘④と〙 〔…⁴を〕理解している, わかっている ▷ Sie *kennt* ihn genau. 彼女は彼のことがよくわかっている / 〘再帰的に〙 Er *kennt* sich selbst. 彼は自分のことがわかっている

❸ 〘④と〙 〔…⁴を〕(どういうものであるか)知っている ▷ Die Oper *kenne* ich schon. このオペラのことは私はすでに知っている / Sie *kennt* Italien, sie hat lange dort gelebt. 彼女はイタリア通だ 長い間そこに暮らしていたのだ

❹ 〘④と〙 〔…⁴を〕(情報として)知っている ▷ ein preiswertes Hotel *kennen* 割安なホテルを知っている / ein gutes Mittel gegen Kopfschmerzen *kennen* 頭痛によくきく薬を知っている / *Kennt* jemand einen guten Zahnarzt? だれかいい歯医者を知りませんか / Ich *kenne* nur seinen Namen. 私は彼の名前しか知らない

[類語]
kennen 具体的な接触に基づき体験的に知っている
wissen 見聞などに基づき知識として知っている

❺ 〘kein を伴う名詞と〙 Er *kennt* keine Furcht. 彼は恐れを知らない / Er *kennt* kein Mitleid. 彼は同情することを知らない / In diesem Land *kennt* man keinen Winter. この国に冬はない (← 冬を知らない)

[イディオム] ④+***kennen lernen***
a) …⁴と知り合いになる ▷ Wir haben ihn neulich *kennen gelernt*. 私たちは彼と最近知り合いになった
b) …⁴を(経験を通して)知る ▷ die Welt *kennen lernen* 世の中を知る

ken·nen|ler·nen [ケッネン・レルネン] [分離] (lernte kennen; kennengelernt; [完了]h) [他] [旧⇒新] **kennen lernen** (分けて書く) ☞ kennen

Ken·ner [ケッナー] [男] *der* ([単] 2格 -s; [複] -) (ある分野に)精通している人; (料理などの)通 ▷ Er ist ein *Kenner* der modernen Literatur. 彼は現代文学に精通している

kennt·lich [ケントリヒ] [形] 見分けがつく, 識別できる ▷ Vögel durch Fußringe *kenntlich* machen 鳥に足輪をつけて見分けがつくようにする

Kennt·nis [ケントニス] [女] *die* ([単] 2格 -; [複] ..nisse)
〘ふつう [複] で〙 知識 ▷ Seine *Kenntnisse* in Fremdsprachen sind nicht ausreichend. 彼の外国語の知識は十分でない
[イディオム] ④+***zur Kenntnis nehmen*** …⁴に気づく
Kenntnis von+③ ***haben*** …³を知っている

Kenn·zei·chen [ケン・ツァイヒェン] [中] *das* ([単] 2格 -s; [複] -)
❶ (識別の目安になる)特徴 ▷ die besonderen *Kennzeichen* der betreffenden Person 当該人物の特徴
❷ (車の)登録ナンバー

kenn·zeich·nen [ケン・ツァイヒネン] (kennzeichnete; gekennzeichnet; [完了]h)
[他] ❶ 〘④と〙 〔…⁴に〕印をつける ▷ eine Kiste durch eine Aufschrift *kennzeichnen* 箱にラベルをはってわかるようにする
❷ 〘④と〙 〔…⁴の〕特徴を表している ▷ Diese Tat *kennzeichnet* seinen Mut. この行為は彼の勇気をよく表している / 〘als... と〙 Sein Verhalten *kennzeichnet* ihn als gewissenhaft. 彼の態度から彼が良心的な人間であることがわかる

kenn·zeich·nend [ケン・ツァイヒネント] [形] 〘für+④と〙 〔…⁴を〕特徴づける, 〔…⁴の〕特徴だ ▷ Dieser schwarze Humor ist *kennzeichnend* für Briten. このようなブラックユーモアはイギリス人の特徴だ / Die Farben sind *kennzeichnend* für diesen Maler. これらの色はこの画家を特徴づけるものである

Kenn·zif·fer [ケン・ツィッファー] [女] *die* ([単] 2格

K

–; [複] –n)（識別の記号としての）数字, 番号

ken·tern [ケンテルン]
(kenterte; gekentert; [完了]s)
[自]（船が）転覆する ▷ Das Schiff *kenterte* bei Sturm. 船はあらしで転覆した

Ke·ra·mik [ケラーミク] [女] *die* （[単] 2格 –; [複] –en) 陶器（☆「磁器」は Porzellan） ▷ eine Ausstellung künstlerischer *Keramiken* 陶芸展

Ker·be [ケルベ] [女] *die* （[単] 2格 –; [複] –n)（特に木に刃物でつけた）刻み目

Ker·ker [ケルカー] [男] *der* （[単] 2格 –s; [複] –)（ふつう地下に設けられた昔の）牢屋

Kerl [ケルル] [男] *der* （[単] 2格 –s; [複] –e 〈北ドイツ –s〉)《口語》《軽蔑的にあるいは親しみを込めて》やつ ▷ Er ist ein feiner *Kerl*. 彼はすばらしいやつだ / Der arme *Kerl*! かわいそうなやつだ

Kern [ケルン] [男] *der* （[単] 2格 –[e]s; [複] –e)
❶（リンゴ・オレンジなどの）種; （モモ・プラムなどの）核; （クルミなどの）実
❷（問題の）核心, 本質 ▷ Das ist der *Kern* des Problems. それが問題の核心だ
[イディオム] ***der [harte] Kern der Gruppe*** グループの中核

Kern·ener·gie [ケルン・エネルギー] [女] *die* （[単] 2格 –; [複] –n) 核エネルギー

ker·nig [ケルニヒ]
[形] ❶（オレンジなどが）種子が多い
❷（人が）頑強な, たくましい

Kern·kraft·werk [ケルン・クラフト・ヴェルク] [中] *das* （[単] 2格 –[e]s; [複] –e) 原子力発電所

Kern·phy·sik [ケルン・フュズィーク] [女] *die* （[単] 2格 –; [複] なし) 原子物理学

Kern·re·ak·ti·on [ケルン・レアクツィオーン] [女] *die* （[単] 2格 –; [複] –en) 核反応

Kern·re·ak·tor [ケルン・レアクトーア] [男] *der* （[単] 2格 –s; [複] –en) 原子炉

Kern·spal·tung [ケルン・シュパルトゥング] [女] *die* （[単] 2格 –; [複] –en) 核分裂

Kern·waf·fe [ケルン・ヴァッフェ] [女] *die* （[単] 2格 –; [複] –n)〖ふつう [複] で〗核兵器

Ker·ze [ケルツェ] [女] *die* （[単] 2格 –; [複] –n) ろうそく ▷ eine *Kerze* anzünden ろうそくの火をともす / Die *Kerzen* brennen hell. ろうそくが明るくともっている

Ke·scher [ケッシャー] [男] *der* （[単] 2格 –s; [複] –) 捕虫網; たも[網], すくい網

kess [ケス] [形]（特に若い人が悪い感じはしないがちょっと）小生意気な, 物おじしない ▷ Sei nicht so *kess*! 小生意気なことを言う〈する〉な

keß [旧⇨新] kess

Kes·sel [ケッセル] [男] *der* （[単] 2格 –s; [複] –) やかん ▷ den *Kessel* aufs Feuer setzen 〈vom Feuer nehmen〉 やかんを火にかける〈火から下ろす〉

Ket·chup [ケチャップ/ケチュップ] ＝Ketschup

Ket·schup [ケチャップ/ケチュップ] [中] *das* / [男] *der* （[単] 2格 –s; [複] –s) ケチャップ

Ket·te [ケッテ] [女] *die* （[単] 2格 –; [複] –n)
❶ 鎖, チェーン ▷ eine stählerne *Kette* 鋼鉄の鎖 / die *Kette* eines Fahrrads 自転車のチェーン / Die *Kette* ist gerissen. チェーンが切れた
❷（首・手首などにする鎖状の）飾り; （特に）首飾り, ネックレス ▷ Sie trägt eine goldene *Kette*. 彼女は金のネックレスをつけている
❸（物・出来事の）連鎖; （人などの）列; （商店・映画・ホテルなどの）チェーン組織 ▷ eine *Kette* von Unfällen 一連の事故

Ket·ten·rau·cher [ケッテン・ラオハー] [男] *der* （[単] 2格 –s; [複] –) チェーンスモーカー（次々と続けてタバコをすう人）

Ket·ten·re·ak·ti·on [ケッテン・レアクツィオーン] [女] *die* （[単] 2格 –; [複] –en) 連鎖反応

Ket·zer [ケッツァー] [男] *der* （[単] 2格 –s; [複] –) 異端者（☆ ふつうカトリック教会がその信仰を受け入れない人を指す場合に用いる） ▷ Er wurde als *Ketzer* verbrannt. 彼は異端者として火刑に処せられた

ket·ze·risch [ケッツェリシュ] [形]《カトリック》異端の

keu·chen [コイヒェン]
(keuchte; gekeucht; [完了]h)
[自] あえぐ ▷ Er *keuchte* unter der Last. 彼は荷物を背負ってハアハアいっていた

Keuch·hus·ten [コイヒ・フーステン] [男] *der* （[単] 2格 –s; [複] なし)《医学》百日ぜき

Keu·le [コイレ] [女] *die* （[単] 2格 –; [複] –n)
❶（先が太くなっている）こん棒
❷《料理》（牛・羊などの）もも肉

keusch [コイシュ] [形]《文語》（性的に）無垢な, 禁欲的な

kg [キロ・グラム] ☞ Kilogramm

ki·chern [キッヒェルン]
(kicherte; gekichert; [完了]h)
[自] クスクス笑う ▷ Die jungen Mädchen fingen an zu *kichern*. その若い娘たちはクスクス笑い始めた

ki·cken [キッケン] (kickte; gekickt; [完了]h)
── [他]《口語》〖④と〗〔ボール⁴を〕ける ▷ Er *kickte* den Ball ins Tor. 彼はボールをゴールにシュートした
── [自]《口語》サッカーをする ▷ Die Kinder *kicken* auf dem Schulhof. 子供たちは校庭でサッカーをしている

Ki·cker [キッカー] [男] *der* （[単] 2格 –s; [複] –)《口語》サッカー選手

kid·nap·pen [キットネッペン]
(kidnappte; gekidnappt; [完了]h)
[他]〖④と〗〔…⁴を〕誘拐する

Kid·nap·per [キットネッパー] [男] *der* （[単] 2格 –s;

K

①, ②, ③, ④＝1格, 2格, 3格, 4格の名詞

Kindesmisshandlung

Kie·fer [キーファー]
――[女] *die* (2格 -; 複 -n)《植物》マツ ▷ ein Schrank aus *Kiefer* マツ材の戸棚
――[男] *der* (2格 -s; 複 -) あご(顎)(上あご, 下あごの「あご」; 下あごの先端部分は Kinn)

Kiel [キール] (中 *das*)《都市名》キール(☞地図 E-1)

Kie·me [キーメ] [女] *die* (2格 -; 複 -n)《ふつう 複で》(魚の)えら ▷ Fische atmen durch *Kiemen*. 魚はえらで呼吸をする

Kies [キース] [男] *der* (2格 -es; 複 なし)《集合的に》砂利 ▷ Der *Kies* knirscht unter meinen Schuhen. 砂利は私の靴の下でギシギシ音をたてた

Kie·sel [キーゼル] [男] *der* (2格 -s; 複 -)(川の流れで丸くなった)小石

Ki·lo [キーロ] 中 *das* (2格 -s; 複 -[s])《口語》《重さの単位》キロ[グラム](= Kilogramm; 単位表示の場合無変化) ▷ ein *Kilo* Bananen バナナ1キロ

Ki·lo·gramm [キログラム] 中 *das* (2格 -s; 複 -, 3格 -)《重さの単位》キログラム(略 kg) ▷ Das Baby wiegt genau vier *Kilogramm*. 赤ん坊の体重はちょうど4キログラムである

Ki·lo·me·ter [キロ・メーター] [男] *der* (2格 -s; 複 -, 3格 -[n])《距離の単位》キロメートル(略 km) ▷ Die Entfernung beträgt 6 *Kilometer*. 距離は6キロある / mit einer Geschwindigkeit von 100 *Kilometer[n]* pro Stunde 時速100キロで

Kind

[kɪnt キント]

中 *das* (2格 -es〈まれに -s〉; 複 -er)

格	単 数	複 数
①	das Kind	die Kinder
②	des Kindes	der Kinder
③	dem Kind	den Kindern
④	das Kind	die Kinder

❶ 子供
lebhafte *Kinder*
元気な子供たち
Sie ist kein *Kind* mehr.
彼女はもう子供じゃない
Als *Kind* war ich oft dort.
子供のころ私はよくそこへ行った
Die *Kinder* spielen auf der Straße.
子供たちは道で遊んでいる

❷ (誕生前後の)子供 ▷ ein neugeborenes *Kind* 新生児 / Ein *Kind* wird geboren. 子供が生まれる / Sie erwartet ein *Kind*. 彼女は妊娠している / einer Frau ein *Kind* machen ある女性を妊娠させる

❸ (親子関係からみた)子 ▷ sein zweites *Kind* 彼の2番目の子供 / Hat sie *Kinder*? 彼女には子供がいますか / Meine *Kinder* sind alle schon verheiratet. 私の子供たちはみんなもう結婚している

《イディオム》**von Kind an〈auf〉** 子供のころから

Kin·der [キンダー] *Kind* の複数

Kin·der·ar·beit [キンダー・アルバイト] [女] *die* (2格 -; 複 なし) 児童労働

Kin·der·arzt [キンダー・アールツト] [男] *der* (2格 -es; 複 ..ärzte) 小児科医

Kin·der·bett [キンダー・ベット] 中 *das* (2格 -[e]s; 複 -en) 子供用ベッド

Kin·der·gar·ten [キンダー・ガルテン] [男] *der* (2格 -s; 複 ..gärten) 幼稚園

Kin·der·gärt·ne·rin [キンダー・ゲルトネリン] [女] *die* (2格 -; 複 ..rinnen) (幼稚園の)教諭

Kin·der·krank·heit [キンダー・クランクハイト] [女] *die* (2格 -; 複 -en)
❶ 小児病
❷ 《ふつう 複で》(新製品などに現れる)初期のトラブル

Kin·der·läh·mung [キンダー・レームング] [女] *die* (2格 -; 複 なし) 小児麻痺

kin·der·leicht [キンダー・ライヒト] [形]《口語》(子供でもできるような)すごくやさしい〈簡単な〉

kin·der·lieb [キンダー・リープ] [形] 子供好きな

kin·der·reich [キンダー・ライヒ] [形] 子だくさんの

Kin·der·schuh [キンダー・シュー] [男] *der* (2格 -[e]s; 複 -e) 子供靴

Kin·der·sei·te [キンダー・ザイテ] [女] *die* (2格 -; 複 -n) (新聞・雑誌などの)子供向けページ, 子供欄

Kin·der·sen·dung [キンダー・ゼンドゥング] [女] *die* (2格 -; 複 -en) 子供向け放送番組

Kin·der·sitz [キンダー・ズィッツ] [男] *der* (2格 -es; 複 -e) (車の)チャイルドシート; (自転車の)子供用座席

Kin·der·stu·be [キンダー・シュトゥーベ] [女] *die* (2格 -; 複 なし) 親のしつけ ▷ eine gute *Kinderstube* haben しっかりしたしつけを受けている

Kin·der·wa·gen [キンダー・ヴァーゲン] [男] *der* (2格 -s; 複 -) 乳母車, ベビーカー ▷ einen *Kinderwagen* schieben 乳母車を押す

Kin·der·zeit [キンダー・ツァイト] [女] *die* (2格 -; 複 なし) (誕生から思春期に入るまでの)幼年時代

Kin·der·zim·mer [キンダー・ツィマー] 中 *das* (2格 -s; 複 -) 子供部屋

Kin·des·miss·hand·lung (旧 ..miß..) [キンデス・ミスハントルング] [女] *die* (2格 -; 複 -en)

完了h, 完了s= 完了の助動詞 haben, sein

Kindheit

《法律》児童虐待

Kind・heit [キントハイト] 囡 die (⽥2格 -; ⽥なし)(誕生から思春期に入るまでの) **幼年時代**

kin・disch [キンディシュ] 形 **子供っぽい，子供じみた** ▷ Sei nicht so *kindisch*! 子供じみたことはやめろ

kind・lich [キントリヒ] 形 **子供らしい，無邪気な** ▷ die *kindliche* Fantasie 子供らしい空想

Kinn [キン] 中 das (⽥2格 -[e]s; ⽥ -e) **あご(顎)**(下あごの先端部分；上あご，下あごの「あご」は Kiefer) ▷ das *Kinn* in die Hand stützen ほおづえをつく

Kinn・ha・ken [キン・ハーケン] 男 der (⽥2格 -s; ⽥ -)《ボクシング》**あごへのフック；アッパーカット**

Ki・no
[kíːno キーノ]
中 das (⽥2格 -s; ⽥ -s)

❶ **映画館** (☆「映画」は Film)
sich⁴ vorm *Kino* treffen
映画館の前で会う
Was wird heute im *Kino* gespielt?
きょうは何が上映されますか
ins *Kino* gehen 映画を見に行く

❷ 《⽥なし》**上映** ▷ Das *Kino* fängt um 6 Uhr an. 上映は6時から始まる

Ki・osk [キーオスク/キオスク] 男 der (⽥2格 -[e]s; ⽥ -e)
(新聞・飲み物などを売る簡単な造りの) **売店**, スタンド, キオスク ▷ eine Zeitung am *Kiosk* kaufen 新聞をキオスクで買う

Kip・pe [キッペ] 囡 die (⽥2格 -; ⽥ -n)《口語》(タバコの) **吸い殻** ▷ Der Aschenbecher ist voller *Kippen*. 灰皿は吸い殻でいっぱいだった

kip・pen [キッペン] (kippte; gekippt)
—自 (⽥s)(傾いて)倒れる, ひっくり返る, ころげ落ちる ▷ Die Leiter *kippt* zur Seite. はしごが横に倒れる
—他 (⽥h) ❶《④と》〔…⁴を〕傾ける ▷ die Kiste auf die Kante *kippen* 荷箱を角が下になるように傾ける
❷《④と》〔…⁴を〕傾けて落とす ▷ Er *kippt* den Sand vom Wagen auf die Straße. 彼は車の荷台を傾けて砂を道路に落とす

Kir・che
[kírça キルヒェ]
囡 die (⽥2格 -; ⽥ -n)

格	単 数	複 数
①	die Kirche	die Kirchen
②	der Kirche	der Kirchen
③	der Kirche	den Kirchen
④	die Kirche	die Kirchen

❶ (キリスト教の, 建物としての) **教会**
eine *Kirche* besichtigen
教会を見物する
in die 〈zur〉 *Kirche* gehen
礼拝に行く

❷ (キリスト教の信者組織としての) **教会；宗派**
▷ aus der *Kirche* austreten 教会から脱会する

Kir・chen・mu・sik [キルヒェン・ムズィーク] 囡 die (⽥2格 -; ⽥なし) 教会音楽

kirch・lich [キルヒリヒ] 形 教会の；教会の儀式などに従った ▷ ein *kirchliches* Fest 教会の祝日 / sich⁴ *kirchlich* trauen lassen 教会で結婚式をあげる

Kir・mes [キルメス] 囡 die (⽥2格 -; ⽥ Kirmessen) (教会開基祭のときの) **大市**(メリーゴーラウンドなどの遊園設備も用意される)

Kir・mes・sen [キルメッセン] Kirmes の複数

Kirsch・baum [キルシュ・バオム] 男 der (⽥2格 -[e]s; ⽥ ..bäume)《植物》桜の木

Kirsch・blü・te [キルシュ・ブリューテ] 囡 die (⽥2格 -; ⽥ -n) 桜の花

Kir・sche [キルシェ] 囡 die (⽥2格 -; ⽥ -n)《植物》サクランボウ ▷ Die *Kirschen* schmecken süß. このサクランボウは甘い味がする

Kis・sen [キッセン] 中 das (⽥2格 -s; ⽥ -) クッション；まくら ▷ ein *Kissen* auf die Couch legen クッションをソファーの上に置く

Kis・te [キステ] 囡 die (⽥2格 -; ⽥ -n) (比較的大きな, 特に梱包用の)**箱，木箱，荷箱** ▷ eine schwere *Kiste* 重い箱/(梱包単位として) eine *Kiste* Wein ワイン1箱 / zwei *Kisten* Apfelsinen オレンジ2箱

Kitsch [キッチュ] 男 der (⽥2格 -[e]s; ⽥なし) (単なる感傷に訴えるような) 低俗なえせ芸術作品; 趣味の悪い日用品

kit・schig [キッチヒ] 形 (感傷に訴えるような) 低俗な, 趣味の悪い

Kitt [キット] 男 der (⽥2格 -[e]s; ⽥なし) パテ, 接合剤

Kit・tel [キッテル] 男 der (⽥2格 -s; ⽥ -)(コートの形をした薄地の)仕事着, 上っ張り ▷ der weiße *Kittel* des Arztes 医者の白衣

kit・ten [キッテン] (kittete; gekittet; ⽥h)
他《④と》〔割れたカップなど⁴を〕パテで接合する

Kit・zel [キッツェル] 男 der (⽥2格 -s; ⽥ -)(よくないことなどに対する)たまらない欲求; (危険なことなどによって得られる)たまらない刺激

kit・ze・lig [キッツェリヒ] 形 くすぐられることに敏感な, くすぐったがり屋の ▷ Er ist überhaupt nicht *kitzelig*. 彼はくすぐってもまったく感じない

kit・zeln [キッツェルン] (kitzelte; gekitzelt;)
—自 くすぐったい ▷ Das Haar *kitzelt* im Ohr. 髪の毛が耳に入ってくすぐったい

— 他 [(④)と][…⁴を]くすぐる ▷ Sie kitzelte ihn unterm Kinn. 彼女は彼のあごの下をくすぐった

kitz·lig [キッツリヒ] 形 =kitzelig

KKW [カーカーヴェー] 《*Kernkraftwerk* の略語》原子力発電所

kl [キロ・リーター] 《*Kiloliter* の略語》キロリットル

klaf·fen [クラッフェン] (klaffte; geklafft; 匧助 h) 自(割れ目などが)ぱっくり口をあけている ▷ In der Mauer klaffen große Risse. 壁には大きな割れ目ができている

kläf·fen [クレッフェン] (kläffte; gekläfft; 匧助 h) 自(犬が)キャンキャンほえる

Kla·ge [クラーゲ] 囡 die (愧 2 格 -; 愧 -n)
❶ 苦情, 不平 ▷ Klagen über die schlechte Bedienung サービスの悪さに対する苦情
❷《文語》嘆き, 悲嘆
❸《法律》告訴

kla·gen [クラーゲン] (klagte; geklagt; 匧助 h)
自 ❶ [über+④と][…⁴について]苦情〈文句〉を言う; 〔苦痛など⁴を〕訴える ▷ über den Lärm klagen 騒音について苦情を言う
❷《文語》(不運・苦痛などを)嘆く, 嘆き悲しむ
❸《法律》告訴する ▷ gegen die Firma klagen 会社を告訴する

Klä·ger [クレーガー] 男 der (愧 2 格 -s; 愧 -) 原告

kläg·lich [クレークリヒ] 形 (結果・状況などが)哀れな, みじめな ▷ ein klägliches Ende nehmen 哀れな結果に終わる / Seine Bemühungen sind kläglich gescheitert. 彼の努力はみじめな失敗に終わった

klamm [クラム] 形
❶ (下着・シーツなどが)湿っぽい
❷ (指・手などが寒さで)かじかんだ

Klam·mer [クラマー] 囡 die (愧 2 格 -; 愧 -n)
❶ クリップ; 洗濯ばさみ; 紙ばさみ ▷ die Wäsche mit Klammern festmachen 洗濯物を洗濯ばさみで留める
❷ かっこ ▷ einen Satz in Klammern setzen 文をかっこの中に入れる

klam·mern [クラムメルン] (klammerte; geklammert; 匧助 h)
— 他 [④+an+④と][…⁴を…⁴に](クリップなどで)留める ▷ eine Notiz an das Manuskript klammern メモをクリップで原稿に留める
— 再 〔sich⁴+an+④と〕[…⁴に]しがみつく ▷ Sie klammerte sich an ihn. 彼女は彼にしがみついた

Kla·mot·te [クラモッテ] 囡 die (愧 2 格 -; 愧 -n) 《口語》
❶ どたばた喜劇
❷《愧 で》衣服

klang [クラング] klingen の 過去

Klang [クラング] 男 der (愧 2 格 -[e]s; 愧 Klän-ge) 響き ▷ Das Klavier hat einen schönen Klang. そのピアノは音がよい

Klän·ge [クレンゲ] Klang の 複数

klang·voll [クラング・フォル] 形 (声が)朗々とした, よく響く

Klap·pe [クラッペ] 囡 die (愧 2 格 -; 愧 -n) (一方の端が固定され上下に動く)ふた, 上げぶた; 弁 ▷ die Klappe am Briefkasten ポストの投函口のふた
イディオム *Halt die Klappe!* 黙れ

klap·pen [クラッペン] (klappte; geklappt; 匧助 h)
— 自 ❶《口語》成功する, うまくいく ▷ Hat es geklappt? うまくいったかい
❷ (勢いよく閉まって)バタンと音をたてる ▷ Man hörte ein Fenster klappen. 窓がバタンと音をたてて閉まるのが聞こえた
— 他 [④+方向と][一方の端が固定されている物を…の方へ]バタンと上く下〉げる ▷ einen Klappsitz nach unten klappen はね上げ式の座席を(水平になるように)バタンと下げる

klap·pern [クラッペルン] (klapperte; geklappert; 匧助 h)
自 (物がぶつかりあって)ガタガタくカタカタ, カチャカチャ〉と音をたてる ▷ Die Tür klappert. ドアがガタガタと音をたてる / [mit+③と] Sie klapperte mit Geschirr in der Küche. 彼女は台所で食器をカチャカチャいわせていた

Klap·per·storch [クラッパー・シュトルヒ] 男 der (愧 2 格 -[e]s; 愧 ..störche) (赤ん坊を運んでくると言われる)コウノトリ
イディオム *an den Klapperstorch glauben* コウノトリが赤ん坊を運んでくると信じている; 《比ゆ》とてもうぶだ

klap·prig [クラップリヒ] 形
❶ (家具・自動車などが古くなって)がたのきた
❷ (人・家畜などが年をとって)よぼよぼの, ひどく衰弱した

Klapp·sitz [クラップ・ズィッツ] 男 der (愧 2 格 -es; 愧 -e) (劇場・乗り物などの)はね上げ式の座席

Klaps [クラップス] 男 der (愧 2 格 -es; 愧 -e) 《口語》(手のひらで)軽くたたくこと ▷ einem Kind einen Klaps auf den Popo geben 子供のお尻を軽くたたく

klar

[klaːɐ クラール]

比較 klarer 最上 klarst

形 ❶ 澄んだ (反 trübe)
klares Wasser
澄んだ水
die Fensterscheiben klar machen
窓ガラスをきれいにする
❷ 晴れた ▷ ein klarer Himmel 晴れた空 /

klären

Das Wetter wird *klar*. 天気がよくなる
❸ 明確な, 明白な, 明らかな ▷ eine *klare* Antwort 明確な返事 / Mir ist nicht *klar*, warum … なぜ…なのか私にはよくわからない / Kommst du mit? – *Klar*! いっしょに来るかい — もちろんさ / Alles *klar*? すべてわかったかい
❹ (音などが)はっきりした ▷ eine *klare* Aussprache はっきりした発音
❺ (思考などが)明晰(めいせき)な ▷ Er hat einen *klaren* Kopf〈Verstand〉. 彼は頭脳明晰だ
(イディオム) *klar sehen*《口語》(事の本質などを)はっきり理解できる
klar werden (事情などが)はっきり理解できるようになる, 明らかになる
sich³ über+④ *im Klaren sein* …⁴のことがよくわかっている (☆名詞的に)
sich³ über+④ *klar werden* …⁴がはっきりわかってくる

klä·ren [クレーレン] (klärte; geklärt; 医7h)
──他 ❶ 〖④と〗(不明な点など⁴を)(調べたりして)明らかにする, 解明する ▷ Die Unfallursache konnte noch nicht *geklärt* werden. 事故の原因はまだ解明することができなかった
❷ 〖④と〗(水など⁴を)澄ます ▷ Abwässer *klären* 下水を浄化する
──再 ❶ 〖(sich)⁴と〗(不明な点などが)解決する
❷ 〖(sich)⁴と〗(水などが)澄む

Klar·heit [クラールハイト] 囡 die (⊕ 2格 -; ⊕ なし) (水などが)澄んでいること; (思考などの)明晰(めいせき)さ
(イディオム) *sich³ Klarheit über*+④ *verschaffen* …⁴についてはっきりした情報を得る

Kla·ri·net·te [クラリネッテ] 囡 die (⊕ 2格 -; ⊕ -n)《楽器》クラリネット

klar|kom·men [クラール・コメン] 分離
(kam klar; klargekommen; 医7s)
自《口語》〖mit+③と〗〖…³を〗うまくこなす

klar|le·gen [クラール・レーゲン] 分離
(legte klar; klargelegt; 医7h)
他《口語》〖④と〗〖意見・問題点など⁴を〗はっきり説明する

klar|ma·chen [クラール・マッヘン] 分離
(machte klar; klargemacht; 医7h)
他《口語》〖③+④と〗〖…³に…⁴を〗(説明して)わからせる ▷ Ich habe ihm meinen Standpunkt *klargemacht*. 私は彼に私の立場をわからせた

klar|se·hen [クラール・ゼーエン] 分離 (er sieht klar; sah klar; klargesehen; 医7h) 自 (旧⇨新) *klar sehen* (分けて書く) ☞ klar

klar|stel·len [クラール・シュテレン] 分離
(stellte klar; klargestellt; 医7h)
他《口語》〖④と〗〖…⁴ということを〗(誤解などが生じないように)はっきりさせる

klar|wer·den [クラール・ヴェーアデン] 分離 (e wird klar; wurde klar; klargeworden; 医7s) 自 (旧⇨新) *klar werden* (分けて書く) ☞ klar

klas·se [クラッセ] 形《口語》(最高に)すごいかっこいい (☆格語尾をつけない, 格変化しない) ▷ ein *klasse* Film すごい映画 / Das ist *klasse* そいつはすごいや

Klas·se [クラッセ] 囡 die (⊕ 2格 -; ⊕ -n)
❶ 学級, クラス; 教室 ▷ Die *Klasse* besteht aus 30 Schülern. このクラスは30名の生徒で構成されている / eine *Klasse* betreten 教室に入る
❷ 学年 ▷ Er geht in die dritte *Klasse*. 彼は第3学年である
❸ 等級 ▷ ein Hotel zweiter *Klasse* 二流のホテル / erster *Klasse* reisen 1等で旅行する (☆ Klasse は副詞的2格)
❹ (社会的)階級 ▷ die herrschende *Klasse* 支配階級

Klas·sen·ar·beit [クラッセン・アルバイト] 囡 die (⊕ 2格 -; ⊕ -en) (授業中に課せられる)課題, 試験

Klas·sen·buch [クラッセン・ブーフ] 中 das (⊕ 2格 -[e]s; ⊕ ..bücher) (生徒の授業計画・成績などの書かれた)学級日誌

Klas·sen·ka·me·rad [クラッセン・カメラート] 男 der (⊕ 2·3·4格 -en; ⊕ -en) クラスメート, 級友

Klas·sen·kampf [クラッセン・カムプフ] 男 der (⊕ 2格 -[e]s; ⊕ ..kämpfe) 階級闘争

Klas·sen·spre·cher [クラッセン・シュプレッヒャー] 男 der (⊕ 2格 -s; ⊕ -) 学級委員

Klas·sen·tref·fen [クラッセン・トレッフェン] 中 das (⊕ 2格 -s; ⊕ -) クラス会

Klas·sen·zim·mer [クラッセン・ツィマー] 中 das (⊕ 2格 -s; ⊕ -) 教室

klas·si·fi·zie·ren [クラシフィツィーレン] (klassifizierte; klassifiziert; 医7h)
他〖④と〗〖…⁴を〗(特性に応じて)分ける, 分類する

Klas·sik [クラシク] 囡 die (⊕ 2格 -; ⊕ なし)
❶ (文学・芸術上の)古典期
❷ 古代ギリシャ・ローマの芸術〈文化〉
❸ クラシック音楽 ▷ *Klassik* hören クラシックを聞く

Klas·si·ker [クラシカー] 男 der (⊕ 2格 -s; ⊕ -) (代表的な)古典期の作家〈音楽家〉; (時代を超えて指針とされる)大芸術家, 大学者

klas·sisch [クラッスィシュ]
形 ❶ (芸術・文化上の)古典期の; 古典派〈主義〉の ▷ *klassische* Musik クラシック音楽
❷ (ギリシャ・ローマの)古典時代の ▷ die *klassischen* Sprachen 古典語
❸ (時代を超えた美しさをもつ)伝統的な ▷ ein *klassisches* Kostüm 伝統的な衣装

---

①, ②, ③, ④ = 1格, 2格, 3格, 4格の名詞

❹ (いつの時代にもある)典型的な ▷ die *klassischen* Fehler 典型的な誤り

Klatsch [クラッチュ] 男 *der* (⌗2格 -[e]s; ⌗なし)《口語》うわさ話, 陰口

klat·schen [クラッチェン]
(klatschte; geklatscht; 匠h)
自 ❶ 拍手をする ▷ Die Zuschauer *klatschten* lange. 観客は長い間拍手をしていた
❷《方向》と[…に]当たってバシャン〈ピシャン〉と音をたてる ▷ Der Regen *klatscht* gegen die Scheiben. 雨が窓ガラスに当たってピシャピシャ音をたてている
❸《口語》[über+④と][..⁴について]陰口をたたく ▷ über die Nachbarn *klatschen* 隣人の陰口をたたく
イディオム [in die Hände] *klatschen* パンパンと手を鳴らす

Klaue [クラオエ] 囡 *die* (⌗2格 -; ⌗ -n)
❶ (猛獣・猛禽類の)鉤つめ[の足](☆ Kralle が「つめ」そのものを指すのに対して, Klaue は 足の全体を意識して指す)
❷ (牛・ブタなどの)ひづめ

klau·en [クラオエン] (klaute; geklaut; 匠h)
他《口語》(④と)[..⁴を]くすねる, 盗む (☆ 比較的小さなものに関して用いる) ▷ den Kugelschreiber *klauen* ボールペンをくすねる

Klau·sel [クラオゼル] 囡 *die* (⌗2格 -; ⌗ -n)
(契約などの)付帯条項, 付則

Kla·vier [クラヴィーア] 中 *das* (⌗2格 -s; ⌗ -e)
《楽器》ピアノ ▷ *Klavier* spielen ピアノを弾く

Kla·vier·stun·de [クラヴィーア・シュトゥンデ] 囡 *die* (⌗2格 -; ⌗ -n) ピアノのレッスン

kle·ben [クレーベン] (klebte; geklebt; 匠h)
— 他《④と方向》と[..⁴を…へ]はりつける, くっつける ▷ eine Briefmarke auf den Brief *kleben* 切手を手紙にはる ▷ Er *klebte* das Foto ins Album. 彼は写真をアルバムにはった
— 自 ❶ くっついている, (切手などが)はってある ▷ Am Fenster *klebt* ein Blatt. 窓に葉っぱが1枚張りついている
❷《場所》と[…に]くっつく ▷ Dieser Leim *klebt* gut. この接着剤はよくつく

kleb·rig [クレープリヒ] 形 ねばねば〈べとべと〉する ▷ Ich habe *klebrige* Hände. 私は手がべとべとしている

Kleb·stoff [クレープ・シュトフ] 男 *der* (⌗2格 -[e]s; ⌗ -e) (糊などの)接着剤, 粘着物

kleb·te [クレープテ] kleben の 過去

kle·ckern [クレッケルン]
(kleckerte; gekleckert; 匠h)
自《口語》(スープなどをこぼして)しみをつくる ▷ Das Kind hat beim Essen *gekleckert*. 子供は食事のときにこぼしてしみをつくってしまった

Klecks [クレックス] 男 *der* (⌗2格 -es; ⌗ -e) (インクなどの)しみ

kleck·sen [クレクセン]
(kleckste; gekleckst; 匠h)
自 (インクなどの)しみをつける ▷ Der Schüler *kleckste* in das Heft. 生徒はノートにしみをつけてしまった

Klee [クレー] 男 *der* (⌗2格 -s; ⌗ なし)《植物》クローバー

Klee·blatt [クレー・ブラット] 中 *das* (⌗2格 -[e]s; ⌗ ..blätter) クローバーの葉

Kleid
[klait クライト]
中 *das* (⌗2格 -es〈まれに -s〉; ⌗ -er)

格	単 数	複 数
①	das Kleid	die Kleider
②	des Kleides	der Kleider
③	dem Kleid	den Kleidern
④	das Kleid	die Kleider

❶ ワンピース, ドレス
ein ärmelloses *Kleid*
袖のないワンピース
ein schulterfreies *Kleid*
肩をあらわにしたドレス
ein festliches *Kleid* 晴れ着
ein *Kleid* bügeln ワンピースにアイロンをかける
❷《複で》《集合的に》服, 衣服 ▷ die *Kleider* ablegen 服を脱ぐ

klei·den [クライデン]
(kleidete; gekleidet; 匠h)
— 他 ❶ (④+状態)と[..⁴に…な]服を着せる (=anziehen) ▷ Sie *kleidet* ihre Kinder hübsch. 彼女は子供たちにすてきな服を着せる
❷ (④と) (服装などが)[..⁴に]似合う ▷ Dieser Mantel *kleidet* ihn. このコートは彼に似合う
— 再 (sich⁴+状態)と[..⁴に…な]服装をする ▷ Sie *kleidet sich* nach der neuesten Mode. 彼女は最新のモードで着飾る

Klei·der [クライダー] Kleid の 複数

Klei·der·bü·gel [クライダー・ビューゲル] 男 *der* (⌗2格 -s; ⌗ -) ハンガー, 洋服かけ

Klei·der·schrank [クライダー・シュランク] 男 *der* (⌗2格 -[e]s; ⌗ ..schränke) 洋服ダンス

Klei·dung [クライドゥング] 囡 *die* (⌗2格 -; ⌗ なし)
《集合的に》衣服, 衣類 (☆ 帽子・靴など身につけるものすべてを含む) ▷ sich³ neue *Kleidung* für den Sommer kaufen 夏用の新しい衣服を買う

Klei·dungs·stück [クライドゥングス・シュテュック] 中 *das* (⌗2格 -[e]s; ⌗ -e)《上着・ズボンなど, 個々のものを指して》衣類

Kleie [クライエ] 囡 *die* (⌗2格 -; ⌗ -n) ふすま, ぬか

klein
[klain クライン]
[比較] kleiner [最上] kleinst

[形] ❶ (大きさが)小さい ([反] groß)
ein *kleines* Haus
小さな家
eine *kleine* Frau
小柄な女性
der *kleine* Finger
小指
Er fährt ein *kleines* Auto.
彼は小さな自動車に乗っている
Die Schuhe sind mir zu *klein*.
この靴は私には小さすぎる
Dieses Wort muss man *klein* schreiben.
この語は(語頭を)小文字で書かねばならない
Ich bin *kleiner* als er. 私は彼より背が低い
❷ (年齢的に見て)小さい, 幼い ▷ ein *kleines* Kind 小さな子供 / Seine Kinder sind alle noch *klein*. 彼の子供たちはみんなまだ小さい / mein *kleiner* Bruder 私の弟 / meine *kleine* Schwester 私の妹
❸ (距離・時間が)短い ▷ eine *kleine* Reise 〈Pause〉 machen 小旅行〈小休止〉をする
❹ (数量が)少ない ▷ eine *kleine* Summe 少額 / ein Mittel nur in *kleinen* Mengen anwenden 薬をごく少量だけ用いる
❺ (程度が)大したことのない, 小さい, ささやかな ▷ ein *kleiner* Fehler 小さなまちがい / ein *kleines* Geschenk ささやかな贈り物 / Einen *kleinen* Moment! ちょっと待って
❻ (地位・身分などが)低い ▷ ein *kleiner* Beamter 小役人
[イディオム] ③+***eine kleine Freude machen*** …³をちょっと喜ばす
von klein auf 小さいころから

klein·bür·ger·lich [クライン・ビュルガーリヒ]
[形] (考え方などが)小市民的な

Klein·geld [クライン・ゲルト] [中] *das* ([単] 2格 -[e]s; [複] なし) 《集合的に》 小銭 ▷ Ich habe kein *Kleingeld*. 私は小銭を持っていない / Bitte *Kleingeld* bereithalten! (釣り銭がいらないように)小銭をご用意ください

Klein·heit [クラインハイト] [女] *die* ([単] 2格 -; [複] なし) (大きさなどが)小さいこと ▷ Trotz seiner *Kleinheit* ist er ein guter Sportler. 体は小さいが彼はよいスポーツマンだ

Klein·hirn [クライン・ヒルン] [中] *das* ([単] 2格 -[e]s; [複] -e) 小脳

Klei·nig·keit [クライニヒカイト] [女] *die* ([単] 2格 -; [複] -en)
❶ たいした量〈価値〉のない物 ▷ Ich muss noch eine *Kleinigkeit* essen. 私はこれから簡単な食事をしなければならない
❷ ささいな事 ▷ Das ist für mich eine 〈keine〉 *Kleinigkeit*. それは私にとってささいな事〈ではない〉
[イディオム] ③+***eine Kleinigkeit schenken*** …³にささやかな贈り物をする

klein·ka·riert [クライン・カリーアト] [形] 《口語》 (考え方などが)偏狭な

Klein·kram [クライン・クラーム] [男] *der* ([単] 2格 -[e]s; [複] なし) 《口語》《集合的に》(たいした価値のない)こまごました物; (日常の)些事, 雑事

klein|krie·gen [クライン・クリーゲン] [分離]
(kriegte klein; kleingekriegt; [完了]h)
[他] ❶ 《口語》【④と】〔薪・肉など⁴を〕小さくする; 〔おもちゃなど⁴を〕壊す
❷ 《口語》【④と】〔…⁴を〕屈服させる

klein·laut [クライン・ラオト] [形] (大きなことを言ったあとに) 小さくなった, しょげた ▷ *kleinlaut* werden (発言・態度などに)元気がなくなる

klein·lich [クラインリヒ] [形] こまかいことにこだわる, こせこせした ▷ Sei nicht so *kleinlich*! そうこまかいことを言うな

klein·mü·tig [クライン・ミューティヒ] [形] 気の小さい, 小心の

Klein·od [クラインオート] [中] *das* ([単] 2格 -[e]s; [複] -e 〈..odien〉) 《文語》 (高価な) 装身具

Klein·o·di·en [クラインオーディエン] Kleinod の [複数]

Klein·schrei·bung [クライン・シュライブング] [女] *die* ([単] 2格 -; [複] なし) 小文字書き (☆「大文字書き」は Großschreibung)

Klein·stadt [クライン・シュタット] [女] *die* ([単] 2格 -; [複] ..städte) (人口 2 万以下の) 小都市 ([反] Großstadt)

klein·städ·tisch [クライン・シュテーティシュ] [形] 小さな町の

Kleis·ter [クライスター] [男] *der* ([単] 2格 -s; [複] -) のり(糊)

Klem·me [クレンメ] [女] *die* ([単] 2格 -; [複] -n)
❶ クリップ; ヘアピン
❷ 《口語》 窮地, 苦境, ジレンマ ▷ in der *Klemme* sitzen 〈stecken〉 窮地に立たされている

klem·men [クレンメン]
(klemmte; geklemmt; [完了]h)
── [他] 【④+[方向]と】 〔…⁴を…へ〕挟む ▷ Er hat ein Buch unter den Arm *geklemmt*. 彼は本をわきに挟んだ
── [再] 【[sich]³+④+[場所]と】 〔指など⁴を…で〕挟む ▷ Ich habe mir den Daumen in der Schublade *geklemmt*. 私は親指を引き出しで挟んでしまった
── [自] (ドア・引き出しなどがきつくて)〔なかなか〕あかない〈動かない〉

klet·tern [クレッテルン]
(kletterte; geklettert; 旧⇒新s)
自 ❶ (⒲と)[…に]よじ登る, […から]はうように降りる (☆⒲によって動きの上下が決まる) ▷ auf den Baum *klettern* 木によじ登る / aus dem Bett *klettern* ベッドからはうように降りる // Er kann gut *klettern*. 彼はよじ登るのがじょうずだ
❷ (気圧計・物価などが)上昇する (=steigen)

Klet·ter·pflan·ze [クレッター・プフランツェ] 囡 *die* (⒲2格-; ⒲-n)《植物》(壁・支柱などに付着して)上に伸びる植物(ツタ, ブドウなど)

Klet·ter·te [クレッテルテ] klettern の 過去

kli·cken [クリッケン] (klickte; geklickt; 旧⇒新h)
自 (シャッターなどが)カチッと音を立てる; (マウスで)クリックする

Kli·ent [クリエント] 男 *der* (⒲2·3·4格-en; ⒲-en) (弁護士などの)依頼人

Kli·ma [クリーマ] 中 *das* (⒲2格-s; ⒲-s ⟨..mate⟩) 気候 ▷ ein mildes *Klima* 温和な気候 / 《比ゆ》Das politische *Klima* hat sich verändert. 政治の雰囲気は変わった

Kli·ma·än·de·rung [クリーマ・エンデルング] 囡 *die* (⒲2格-; ⒲-en) 気候の変動

Kli·ma·an·la·ge [クリーマ・アンラーゲ] 囡 *die* (⒲2格-; ⒲-n) エアコン[ディショナー], 冷暖房装置

Kli·ma·te [クリマーテ] Klima の 複数

kli·ma·tisch [クリマーティシュ] 形 気候の

kli·ma·ti·sie·ren [クリマティズィーレン]
(klimatisierte; klimatisiert; 旧⇒新h)
他 (④と)[部屋など⁴を](エアコンで)空気調整する (☆ふつう状態受動化)

Kli·ma·wech·sel [クリーマ・ヴェクセル] 男 *der* (⒲2格-s; ⒲-) (転地などによる)気候の変化 ▷ +einen *Klimawechsel* empfehlen ..³に転地療養を勧める

klim·pern [クリムペルン]
(klimperte; geklimpert; 旧⇒新h)
自 ❶ (硬貨・鍵などが)カチャカチャと音をたてる
❷ 《mit+③と》[..³を]カチャカチャと鳴らす
❸ (ピアノなどを)下手なのに弾く

Klin·ge [クリンゲ] 囡 *die* (⒲2格-; ⒲-n) (ナイフ・刀などの)刃; (安全かみそりの)刃 ▷ die *Klinge* wechseln (かみそりの)刃を替える

Klin·gel [クリンゲル] 囡 *die* (⒲2格-; ⒲-n) (玄関などの)呼び鈴, (自転車などの)ベル

klin·geln [クリンゲルン]
(ich klingle; klingelte; geklingelt; 旧⇒新h)
自 ❶ (ベルが)鳴る ▷ Der Wecker *klingelt*. 目覚まし時計が鳴る / Das Telefon hat mehrmals *geklingelt*. 電話が何回も鳴った / 《非人称主語 es と》Es *klingelte* an der Tür. ドアのベルが鳴った

❷ ベル〈呼び鈴〉を鳴らす ▷ Der Radfahrer *klingelte* ununterbrochen. 自転車に乗った人はひっきりなしにベルを鳴らした

klin·gel·te [クリンゲルテ] klingeln の 過去

klin·gen [クリンゲン] (klang; geklungen; 旧⇒新h)
自 ❶ (鐘・グラスなどが)鳴る ▷ Die Glocken *klingen*. 鐘が鳴る / die Gläser *klingen* lassen (乾杯のために) カチンと音をたててグラスを合わせる
❷ 《基本態と》[…のように]響く, 聞こえる ▷ Sein Name *klingt* schön. 彼の名前は響きがよい / Das *klang* rätselhaft. それはなぞめいて聞こえた

kling·le [クリングレ] klingeln の 現在

Kli·nik [クリーニク] 囡 *die* (⒲2格-; ⒲-en) (特定の治療を専門にする)病院, クリニック (☆ふつうの病院は Krankenhaus) ▷ die chirurgische *Klinik* 外科専門の病院

kli·nisch [クリーニシュ] 形 病院の, 病院での; 臨床の

Klin·ke [クリンケ] 囡 *die* (⒲2格-; ⒲-n) (ドアの)取っ手, ノブ ▷ die *Klinke* niederdrücken 取っ手を下へ押す

Klip·pe [クリッペ] 囡 *die* (⒲2格-; ⒲-n) (海面に突き出た)岩礁

klir·ren [クリレン] (klirrte; geklirrt; 旧⇒新h)
自 (金属・ガラスなどが)ガチャガチャ〈カチャカチャ〉と音をたてる ▷ Die Ketten *klirren*. 鎖がガチャガチャと音をたてる / Die Gläser *klirrten*. グラスがカチャカチャと音をたてた

Kli·schee [クリシェー] 中 *das* (⒲2格-s; ⒲-s) 型通りの考え方; (内容のない)決まり文句

Klo [クロー] 中 *das* (⒲2格-s; ⒲-s) (Klosett の略語)《口語》トイレ ▷ aufs *Klo* gehen トイレに行く

Klo·a·ke [クロアーケ] 囡 *die* (⒲2格-; ⒲-n) (ふつう地中に作られる)下水道

klo·big [クローピヒ] 形 (家具などの形が)ごつい, ぶかっこうな

Klon [クローン] 男 *der* (⒲2格-s; ⒲-) クローン, 複製生物 (無性生殖による, 遺伝子組成が完全に等しい遺伝子・細胞または生物の集団)

Klo·pa·pier [クロー・パピーァ] 中 *das* (⒲2格-s; ⒲-e)《口語》トイレットペーパー

klop·fen [クロプフェン]
(klopfte; geklopft; 旧⇒新h)
—自 ❶ たたく ▷ an die Tür *klopfen* ドアをノックする / Sie *klopfte* ihm auf die Schulter. 彼女は彼の肩をポンとたたいた / 《非人称主語 es と》Es hat *geklopft*. ノックの音がした
❷ (心臓・脈が不安などから感じとれるくらい強く)打つ, ドキドキする
—他 ❶ 《④と》[..⁴を]たたいてきれいにする ▷ Er hat den Teppich *geklopft*. 彼はじゅうたんをたたいてきれいにした

klopfte

❷ 〖④+aus〈von〉+③と〗〔…⁴を…³から〕たたいて落とす ▷ Er *klopfte* den Staub aus dem Teppich. 彼はほこりをじゅうたんからたたき出した ❸ 〖④と〗〔…⁴を〕たたいてやわらかくする ▷ Er *klopft* das Fleisch mehrmals. 彼は肉を何度もたたいてやわらかくする

klopf‧te [クロプフテ] klopfen の過去

Klops [クロプス] 男 der (単2格 -es; 複 -e) 《料理》ミートボール

Klo‧sett [クロゼット] 中 das (単2格 -s; 複 -s〈-e〉)《口語》(水洗の)便所, トイレ (= Klo)

Kloß [クロース] 男 der (単2格 -es; 複 Klöße) 《料理》(肉・ジャガイモなどで作る)だんご(シチュー・スープなどに入れて出される) ▷ *Klöße* aus Fleisch 肉だんご

Klö‧ße [クレーセ] Kloß の複数

Klos‧ter [クロースター] 中 das (単2格 -s; 複 Klöster) 修道院 ▷ ins *Kloster* gehen 修道院に入る(修道士〈女〉になる)

Klös‧ter [クレースター] Kloster の複数

Klotz [クロッツ] 男 der (単2格 -es; 複 Klötze) 丸太 ▷ einen *Klotz* spalten 丸太を割る

Klöt‧ze [クレッツェ] Klotz の複数

klot‧zig [クロッツィヒ] 形 (形が)ごつい ▷ ein *klotziges* Haus ごつい感じの家

Klub [クルップ] 男 der (単2格 -s; 複 -s) (スポーツ・趣味などの)クラブ, 同好会

Kluft [クルフト] 女 die (単2格 -; 複 Klüfte) ❶ (意見の)ギャップ, 激しい対立 ❷ (岩場などの)割れ目, 裂け目

Klüf‧te [クリュフテ] Kluft の複数

klug [クルーク] (比較 klüger, 最上 klügst) 形 ❶ りこうな, 賢い, 頭のよい ▷ ein *kluges* Kind りこうな子供 / Er ist sehr *klug*. 彼はとても頭がよい

❷ 賢明な ▷ ein *kluges* Verhalten 賢明な振舞い

klü‧ger [クリューガー] klug の比較

Klug‧heit [クルークハイト] 女 die (単2格 -; 複 なし) 賢さ, りこうさ

klügst [クリュークスト] klug の最上

klum‧pen [クルンペン] (klumpte; geklumpt; 助h) 自 (小麦粉などが)かたまりになる

Klum‧pen [クルンペン] 男 der (単2格 -s; 複 -) (形を容易に変えられる)小さなかたまり ▷ ein *Klumpen* Erde〈Butter〉ひとかたまりの土〈バター〉

klum‧pig [クルンピヒ] 形 (スープなどが)かたまりのある

Klün‧gel [クリュンゲル] 男 der (単2格 -s; 複 -) (相互利益を図る)〖派〗閥 ▷ einen *Klüngel* bilden 〖派〗閥を作る

km [キロ・メーター] ☞ Kilometer

km/h [カーエムハー] 時速…キロメートル (= Kilometer pro Stunde)

knab‧bern [クナッベルン] (knabberte; geknabbert; 助 h)
—— 他 〖④と〗〔かためのものを〕ポリポリ〈バリバリ〉食べる ▷ Kekse *knabbern* クッキーをポリポリ食べる
—— 自 〖an+③と〗(ネズミ・リスなどが)〔…³を〕ポリポリかじる ▷ Die Maus *knabberte* am Käse. ネズミがチーズをかじった

Kna‧be [クナーベ] 男 der (単2·3·4格 -n; 複 -n) 《文語》男の子, 少年 (= Junge)

kna‧ben‧haft [クナーベンハフト] 形 (若い女性の姿形が)少年のような (女性特有の丸みがないことを表す)

Knä‧cke‧brot [クネッケ・ブロート] 中 das (単2格 -[e]s; 複 なし) クネッケパン(薄くパリッと焼いたパン)

kna‧cken [クナッケン] (knackte; geknackt; 助 h)
—— 自 (梁・床・枯枝などが)パリッ〈ミシッ, ポキッ〉と音をたてる
—— 他 〖④と〗(中身を取り出すために)〔…⁴を〕パリッと割る ▷ Die Kinder haben Nüsse *geknackt*. 子供たちはクルミを割った

kna‧ckig [クナッキヒ] 形 《口語》(ニンジン・リンゴなどがかじったときに)パリッと音をたてる, (ソーセージなどがかむと)パリッと音をたてる

knacks [クナックス] 〖間投詞〗《折れる〈壊れる〉音を表して》パチッ, ポリッ, パリッ

Knacks [クナックス] 男 der (単2格 -es; 複 -e) 《口語》❶ パリッ〈ミシッ, ポキッ〉という音 ❷ ひび, 割れ目

Knack‧wurst [クナック・ヴルスト] 女 die (単2格 -; 複 ..würste) クナックソーセージ(かむとパリッと音をたてるソーセージ)

Knall [クナル] 男 der (単2格 -[e]s; 複 -e) (破裂などに伴う)ドカン〈バン, パン, バシッ, バタン〉という音 ▷ Der Ballon platzte mit einem *Knall*. 気球はドカンという音とともに破裂した

knal‧len [クナレン] (knallte; geknallt; 助 h) 自 ❶ ドカン〈バン, パン, バシッ, バタン〉という音を出す ▷ Ein Schuss *knallt*. 銃声がパンと鳴る ❷ 〖mit+③と〗〔…³を〕バシッ〈バタン〉と鳴らす ▷ Er *knallt* mit der Peitsche. 彼はむちをバシッと鳴らす

knal‧lig [クナリヒ] 形 《口語》(色が)けばけばしい, どぎつい ▷ *knallige* Farben どぎつい色

knapp [クナップ]
形 ❶ かろうじて足りる, 乏しい ▷ Die Lebensmittel sind *knapp* geworden. 食料品が乏しくなった / Die Zeit ist *knapp*. 時間はわずかしかない
❷ (数・量などが)ぎりぎりの ▷ eine *knappe*

Mehrheit ぎりぎり過半数 / Das Baby wiegt knapp vier Kilo. 赤ん坊は4キロ弱だ
❸ (服などが)きつい ▷ Die Jacke sitzt sehr knapp. この上着はとてもきつい

Knar·re [クナレ] 囡 die (働 2格 -; 働 -n)《口語》銃, 鉄砲

knar·ren [クナレン] (knarrte; geknarrt; 医動h)
圓 ギシギシ〈ギーギー〉音をたてる ▷ Das Bett knarrt. ベッドがきしむ

Knast [クナスト] 男 der (働 2格 -[e]s; 働 なし)《口語》❶《働 なし》(懲役・禁固などの)刑罰 ▷ zwei Jahre Knast kriegen 2年の懲役をくらう
❷ 刑務所 ▷ im Knast sitzen 刑務所に入っている

knat·tern [クナッテルン]
(knatterte; geknattert; 医動h)
圓 ダダダッ〈パタパタ, バタバタ〉と音をたてる ▷ Motorräder knattern. バイクがダダダダッと音をたてる

Knäu·el [クノイエル] 囲 das (der) (働 2格 -s; 働 -)《糸・毛糸などの》玉 ▷ ein Knäuel Wolle 毛糸の玉

Knauf [クナオフ] 男 der (働 2格 -[e]s; 働 Knäufe) (ステッキ・ドアなどの)にぎり

knau·se·rig [クナオゼリヒ] 形《口語》けちな (= geizig)

knaus·rig [クナオズリヒ] =knauserig

knaut·schen [クナオチェン]
(knautschte; geknautscht; 医動h)
圓《口語》しわになる, くしゃくしゃになる

kne·beln [クネーベルン]
(knebelte; geknebelt; 医動h)
他〔④と〕〔…³に〕さるぐつわをかませる ▷ Die Bankräuber knebeln die Angestellten. 銀行強盗は行員たちにさるぐつわをかませる

Knecht [クネヒト] 男 der (働 2格 -[e]s; 働 -e)《文語》しもべ(僕) ▷ Herr und Knecht 主従

knei·fen [クナイフェン] (kniff; gekniffen; 医動h)
— 他〔④と〕〔…⁴を〕つねる, つまむ ▷ Sie kneift mich in die Wange. 彼は私の頬をつねる
— 圓《口語》尻込みする, 恐れをなして逃げる

Knei·pe [クナイペ] 囡 die (働 2格 -; 働 -n)《口語》(小さな)飲み屋 ▷ in die Kneipe gehen 飲み屋に行く

kne·ten [クネーテン] (knetete; geknetet; 医動h)
他〔④と〕〔ケーキの生地・粉・土などを〕こねる;〔ある形を〕こねてつくる ▷ aus Ton Figuren kneten 粘土をこねて像をつくる

Knick [クニック] 男 der (働 2格 -[e]s; 働 -e)
❶ (紙などの)折れ目
❷ 屈曲 ▷ Die Straße macht einen Knick nach rechts. 通りは右に折れ曲がっている

kni·cken [クニッケン] (knickte; geknickt; 医動h)
他 ❶〔④と〕〔枝などを〕(折れた部分が切り離されない形で)折る ▷ ein Streichholz knicken マッチ棒を折る
❷〔④と〕〔紙などを〕折り曲げる, 折り目をつける ▷ die Buchseite knicken ページを折り曲げる / Bitte nicht knicken! 折り曲げないでください (☆郵便物の注意書き)

kni·cke·rig [クニッケリヒ] =knickrig

knick·rig [クニックリヒ] 形《口語》けちな (= geizig)

Knicks [クニックス] 男 der (働 2格 -es; 働 -e) (特に少女の, ひざを折ってする)おじぎ

Knie [クニー] 囲 das (働 2格 -s; 働 -[クニーエ]とも発音する)
ひざ(膝) ▷ die Knie beugen ひざを曲げる / Die Knie zitterten ihm vor Angst. 彼はこわくてひざが震えた / auf die Knie fallen ひざまずく / in die Knie sinken へたへたと座り込む

knien [クニーン/クニーエン]
(kniete; gekniet; 医動h)
圓 ひざまずいている ▷ Sie kniete vor dem Altar. 彼女は祭壇の前にひざまずいていた

kniff [クニフ] kneifen の 過去

Kniff [クニフ] 男 der (働 2格 -[e]s; 働 -e)
❶ (紙などの)折り目
❷《口語》策略, トリック

kniff·lig [クニフリヒ] 形《口語》(問題などが)めんどうな, やっかいな

knip·sen [クニプセン] (knipste; geknipst; 医動h)
— 圓《口語》(シャッターをカシャッと押して)写真を撮る
— 他《口語》❶〔④と〕〔切符を〕パチンと切る
❷〔④と〕〔…⁴を〕写真に撮る (=fotografieren)

Knirps [クニルプス] 男 der (働 2格 -es; 働 -e)《口語》ちび (男の子に関して用いる)

knir·schen [クニルシェン]
(knirschte; geknirscht; 医動h)
圓 ギシギシ〈キュッキュッ〉と音をたてる ▷ Der Schnee knirscht unter den Schuhen. 雪が靴の下でキュッキュッと音をたてる
(イディオム) **mit den Zähnen knirschen** 歯ぎしりをする

knis·tern [クニステルン]
(knisterte; geknistert; 医動h)
圓 (燃えている木などが)パチパチと音をたてる; (紙が)パリパリという ▷ Das Feuer knistert im Ofen. 火がストーブの中でパチパチと音をたてている

knit·tern [クニッテルン]
(knitterte; geknittert; 医動h)
圓 (布地などの)しわが寄る, しわくちゃになる ▷ Der Stoff knittert leicht. この生地はしわが寄りやすい

kno·beln [クノーベルン]
(knobelte; geknobelt; 医動h)

医動h, 医動s=完了の助動詞 haben, sein

Knoblauch

自 〖um+④と〗〖…⁴を〗さいころを振って決める ▷ Sie *knobeln* um die nächste Runde. 彼らは次にだれが振舞い酒をするかをさいころで決める

Knob·lauch [クノープ・ラオホ/クノープ‥] 男 *der* (⊕2格 -[e]s; ⊕なし)《植物》ニンニク

Knö·chel [クネッヒェル] 男 *der* (⊕2格 -s; ⊕ -)
❶ くるぶし ▷ sich³ den *Knöchel* verstauchen くるぶしをくじく
❷ 指の関節

Kno·chen [クノッヘン] 男 *der* (⊕2格 -s; ⊕ -) 骨 (☆「魚の小骨」は Gräte) ▷ Ein Hund nagt an einem *Knochen*. 犬が骨をかじっている

kno·chig [クノッヒヒ] 形 骨張った ▷ ein *knochiges* Gesicht 骨張った顔

Knö·del [クネーデル] 男 *der* (⊕2格 -s; ⊕ -) 《南ドイ・オースト》《料理》(肉・ジャガイモなどでつくる)だんご (シチューなどに入れて出される；= Kloß)

Knol·le [クノレ] 女 *die* (⊕2格 -; ⊕ -n)《植物》塊茎，塊根(養分をたくわえて肥大化した地下茎や根．ジャガイモやダリアなど)

Knopf [クノプフ] 男 *der* (⊕2格 -[e]s; ⊕ Knöpfe)
❶ (衣服の)ボタン (☆「ファスナー」は Reißverschluss) ▷ Mir ist ein *Knopf* abgerissen. 私はボタンが1つとれてしまった
❷ (スイッチ用の，つまみ) ▷ auf den *Knopf* drücken ボタンを押す

Knöp·fe [クネプフェ] Knopf の 複数

knöp·fen [クネプフェン] (knöpfte; geknöpft; 匠h)
他〖④と〗〖衣類など⁴の〗ボタンをかける〈はずす〉

Knor·pel [クノルペル] 男 *der* (⊕2格 -s; ⊕ -) 《解剖》軟骨

knor·rig [クノリヒ] 形 (木などが)節くれだった ▷ *knorrige* Kiefern 節くれだった松の木

Knos·pe [クノスペ] 女 *die* (⊕2格 -; ⊕ -n) つぼみ ▷ Die *Knospen* blühen auf. つぼみが開花する

kno·ten [クノーテン] (knotete; geknotet; 匠h)
他〖④と〗〖…⁴を〗結ぶ ▷ die Schnürsenkel *knoten* 靴ひもを結ぶ

Kno·ten [クノーテン] 男 *der* (⊕2格 -s; ⊕ -)
❶ 結び目 ▷ ein doppelter *Knoten* 二重の結び目 / [sich³] einen *Knoten* ins Taschentuch machen (あることを忘れないように)ハンカチに結び目をつくる
❷ (髪粉の)シニョン; (枝などの)こぶ
❸《医学》結節

Kno·ten·punkt [クノーテン・プンクト] 男 *der* (⊕2格 -[e]s; ⊕ -e) (交通路などの)分岐点 ▷ ein *Knotenpunkt* internationaler Fluglinien 国際航空路の分岐点

Know-how [ノウハオ] 中 *das* (⊕2格 -[s]; ⊕なし) ノウハウ

knuf·fen [クヌッフェン] (knuffte; geknufft; 匠h)
他《口語》〖④と〗〖…⁴を〗(こぶし・ひじで)軽くつく

knül·len [クニュレン] (knüllte; geknüllt; 匠h)
他〖④と〗〖紙・布など⁴を〗丸める ▷ die alte Zeitung *knüllen* 古新聞紙を丸める

Knül·ler [クニュラー] 男 *der* (⊕2格 -s; ⊕ -)《口語》(映画・歌謡曲などの)大ヒット; センセーショナルな出来事

knüp·fen [クニュプフェン] (knüpfte; geknüpft; 匠h)
他 ❶〖④と〗〖…⁴を〗編む，編んで作る ▷ Netze *knüpfen* 網を編む
❷〖④+an+④と〗〖…⁴を…³に〗結びつける ▷ eine Schnur an einen Haken *knüpfen* ひもをかけ釘に結びつける / 《比ゆ》Er *knüpfte* daran die Bedingung, dass … 彼はそのことに…という条件をつけた

Knüp·pel [クニュッペル] 男 *der* (⊕2格 -s; ⊕ -) こん棒 ▷ ein Schlag mit dem *Knüppel* こん棒による一撃

knur·ren [クヌレン] (knurrte; geknurrt; 匠h)
自 ❶ (犬などが)ウーッとうなる ▷ Der Hund *knurrte* leise. 犬は低くウーッとうなった / 《比ゆ》Mir *knurrt* der Magen. 私は腹がグーグーいう
❷《口語》(不平を)ぶつぶつ言う ▷ Er *knurrte* über das schlechte Essen. 彼は食事がよくないとぶつぶつ文句を言った

knus·prig [クヌスプリヒ] 形 (パン・肉などの表面が)かりっとよく焼き上がった ▷ *knuspriges* Brötchen かりっと焼けたブレートヒェン

K.o. [カーオー] 男 *der* (⊕2格 -[s]; ⊕ -[s]) 〖*Knockout* の略語〗《ボクシング》ノックアウト

Ko·a·la [コアーラ] 男 *der* (⊕2格 -s; ⊕ -s)《動物》コアラ

Ko·a·li·ti·on [コアリツィオーン] 女 *die* (⊕2格 -; ⊕ -en) (政党の，政府を作るための)連立

Ko·a·li·ti·ons·re·gie·rung [コアリツィオーンス・レギールング] 女 *die* (⊕2格 -; ⊕ -en) 連立政府

ko·balt·blau [コーバルト・ブラオ] 形 コバルトブルーの，濃青色の

Kob·lenz [コーブレンツ] 中 *das* 《都市名》コーブレンツ (☞地図 C-3)

Ko·bold [コーボルト] 男 *der* (⊕2格 -[e]s; ⊕ -e) コボルト (いたずら好きの小妖精)

Ko·bra [コーブラ] 女 *die* (⊕2格 -; ⊕ -s)《蛇》コブラ

Koch [コッホ] 男 *der* (⊕2格 -[e]s; ⊕ Köche) コック，調理師 ▷ Er arbeitet als *Koch* in einem Restaurant. 彼はレストランでコックとして働いている /《諺》Hunger ist der beste *Koch*. すき腹にまずいものはない(← 空腹は最良のコック)

Kö·che [ケッヒェ] Koch の 複数

ko·chen
[kɔ́xn̩ コッヘン]

現在	ich koche	wir kochen
	du kochst	ihr kocht
	er kocht	sie kochen
過去	ich kochte	wir kochten
	du kochtest	ihr kochtet
	er kochte	sie kochten
過分	gekocht	完了 haben

── 自 ❶ 料理する, 炊事する
Er *kocht* gern.
彼は料理するのが好きだ
❷ 沸く, 沸騰する ▷ Das Wasser *kocht* noch nicht. 湯はまだ沸いていない / 《比ゆ》Er *kocht* vor Wut. 彼は腹を立ててかっかしている
── 他 ❶ 〔④を〕〔食事など⁴を〕つくる, 料理〈調理〉する ▷ das Essen *kochen* 食事を料理する / eine Suppe *kochen* スープをつくる
❷ 〔④と〕〔…⁴を〕煮る, ゆでる ▷ Kartoffeln *kochen* ジャガイモをゆでる / die Eier hart *kochen* 卵をかたくゆでる
❸ 〔④と〕〔水⁴を〕沸かす;〔コーヒー・紅茶など⁴を〕いれる ▷ Wasser *kochen* 湯を沸かす / Kaffee *kochen* コーヒーをいれる
❹ 〔④と〕〔洗濯物⁴を〕煮沸する
類語
kochen 煮る
backen パン・ケーキなどを焼く
braten (肉・魚などを油やオーブンで)焼く, 揚げる, いためる
rösten ローストやトーストにする

Ko·cher [コッハー] 男 der (⊕ 2 格 -s; ⊕ -) コンロ, コッヘル
Kö·chin [ケッヒン] 女 die (⊕ 2 格 -; ⊕ ..chinnen) Koch の女性形
Koch·löf·fel [コッホ・レッフェル] 男 der (⊕ 2 格 -s; ⊕ -) (料理をかき混ぜたりするのに使う, 木製の)料理用大型スプーン
Koch·salz [コッホ・ザルツ] 中 das (⊕ 2 格 -es; ⊕ なし) 食塩
koch·te [コホテ] kochen の 過去
Koch·topf [コッホ・トプフ] 男 der (⊕ 2 格 -[e]s; ⊕ ..töpfe) 料理用深なべ
Kö·der [ケーダー] 男 der (⊕ 2 格 -s; ⊕ -) (特に釣りの)えさ
kö·dern [ケーデルン] (köderte; geködert; 完了h) 他 〔④と〕〔動物⁴を〕(えさで)おびき寄せる;《比ゆ》金銭などで釣る ▷ Mit Geld kann man mich nicht *ködern*. 《口語》金では私を釣れない
Ko·die·rung [コディールング] 女 die (⊕ 2 格 -; ⊕ -en) 符号化, (プログラムの)コーディング (= Codierung)
Ko·edu·ka·ti·on [コ・エドゥカツィオーン] 女 die (⊕ 2 格 -; ⊕ なし) 男女共学
Ko·exis·tenz [コ・エクスィステンツ] 女 die (⊕ 2 格 -; ⊕ なし) 共存
Kof·fe·in [コフェイーン] 中 das (⊕ 2 格 -s; ⊕ なし) カフェイン
kof·fe·in·frei [コフェイーン・フライ] 形 カフェインを含まない
Kof·fer [コッファー] 男 der (⊕ 2 格 -s; ⊕ -) (旅行用の)トランク, スーツケース ▷ den *Koffer* packen トランク〈スーツケース〉を詰める / den *Koffer* ins Schließfach stellen トランクをコインロッカーに入れる / Darf ich Ihnen den *Koffer* abnehmen? トランクをお持ちしましょうか
Kof·fer·raum [コッファー・ラオム] 男 der (⊕ 2 格 -[e]s; ⊕ ..räume) (車の)トランクルーム
Kog·nak [コニャック] 男 der (⊕ 2 格 -s; ⊕ -s) コニャック
Kohl [コール] 男 der (⊕ 2 格 -[e]s; ⊕ -e) 《植物》キャベツ ▷ *Kohl* kochen キャベツを煮る / Das Kind mag keinen *Kohl*. その子供はキャベツがきらいだ
Kohl·dampf [コール・ダムプフ] 男 der (⊕ 2 格 -s; ⊕ なし) (大きな)空腹, 飢え
Koh·le [コーレ] 女 die (⊕ 2 格 -; ⊕ -n) 石炭(☆ 家庭用燃料として「石炭」を指す場合はふつう複数) ▷ *Kohlen* aus dem Keller holen 石炭を地下室から持って来る
Koh·len·stoff [コーレン・シュトフ] 男 der (⊕ 2 格 -[e]s; ⊕ なし) 炭素
Kohl·ra·bi [コール・ラービ] 男 der (⊕ 2 格 -[s]; ⊕ -[s]) かぶらたまな, コールラビ
Kohl·rou·la·de [コール・ルラーデ] 女 die (⊕ 2 格 -; ⊕ -n) 《料理》ロールキャベツ
ko·i·tie·ren [コイティーレン] (koitierte; koitiert; 完了h) 自 性交する
Ko·je [コーイェ] 女 die (⊕ 2 格 -; ⊕ -n) (船室の)作りつけベッド
Ko·ka·in [コカイーン] 中 das (⊕ 2 格 -s; ⊕ なし) コカイン
ko·kett [コケット] 形 (女性の振舞いが)こびるような, コケティッシュな ▷ ein *koketter* Blick こびるような目つき / die Augen *kokett* niederschlagen 目を色っぽく伏せる / Sie ist sehr *kokett*. 彼女はとてもコケティッシュだ
ko·ket·tie·ren [コケティーレン] (kokettierte; kokettiert; 完了h) 自 ❶ 〔mit+③と〕〔計画など³を〕(する気もないのに)しようかと考える
❷ 〔mit+③と〕〔自分の欠点など³を〕わざと指摘して相手にこびる

❸ (女が)色目などをつかう

Ko·kos·nuss [(綴) ..nuß] [コーコス・ヌス] 囡 die （(連) 2格 ‒; (復) ..nüsse) ココナッツ

Koks [コークス] 男 der ((連) 2格 ‒es; (復) なし) コークス ▷ mit *Koks* heizen コークスで暖房する

Kol·ben [コルベン] 男 der ((連) 2格 ‒s; (復) ‒)
❶《機械》ピストン
❷《化学》フラスコ

Kol·la·bo·ra·teur [コラボラテーア] 男 der ((連) 2格 ‒s; (復) ‒e) 敵国協力者(母国を裏切り, 占領軍に協力する人を指す)

Kol·le·ge [コレーゲ] 男 der ((連) 2·3·4格 ‒n; (復) ‒n)
(会社などの)**同僚** ▷ ein neuer *Kollege* 新しい同僚 / mit den *Kollegen* essen gehen 同僚と食事に行く / Er ist unter den *Kollegen* sehr beliebt. 彼は同僚の間で非常に好かれている

kol·le·gi·al [コレギアール] 形 同僚の, 同僚らしい ▷ ein *kollegiales* Verhältnis 同僚の関係 / sich⁴ nicht *kollegial* verhalten 同僚らしからぬ態度をとる

Kol·le·gin [コレーギン] 囡 die ((連) 2格 ‒; (復) ..ginnen) Kollege の女性形

Kol·lek·te [コレクテ] 囡 die ((連) 2格 ‒; (復) ‒n)
(ふつう礼拝中の)献金

Kol·lek·ti·on [コレクツィオーン] 囡 die ((連) 2格 ‒; (復) ‒en) (特定の商品サンプルの)コレクション; (ニューモードの)コレクション

kol·lek·tiv [コレクティーフ] 形 集団の, 共同の, (関係者)全員の ▷ eine *kollektive* Führung (複数の幹部による)集団指導 / eine *kollektive* Arbeit 共同作業 / *kollektive* Schuld 連帯責任

Kol·ler [コラー] 男 der ((連) 2格 ‒s; (復) ‒) 《口語》かんしゃく ▷ einen *Koller* bekommen かんしゃくを起こす

Kol·li·si·on [コリズィオーン] 囡 die ((連) 2格 ‒; (復) ‒en)
❶ (乗り物の)衝突
❷ (意見などの)衝突

Kol·lo·qui·en [コロクヴィエン/コローク..] Kolloquium の 複数

Kol·lo·qui·um [コロクヴィウム/コローク..] 中 das ((連) 2格 ‒s; (復) ..quien) コロキウム(教授と学生の合同討論を中心とした授業形態)

Köln [ケルン] ((連) das) 《都市名》ケルン (ライン河畔の都市。ドームで有名; ☞ 地図 C-3)

Ko·lo·nie [コロニー] 囡 die ((連) 2格 ‒; (復) ‒n) 植民地, 海外領土 ▷ eine *Kolonie* ausbeuten 植民地を食い物にする

Ko·lo·ni·en [コロニーエン] Kolonie の 複数

Ko·lon·ne [コロンネ] 囡 die ((連) 2格 ‒; (復) ‒n)
(人·車の)長い列 ▷ eine *Kolonne* bilden 長い列をつくる

Ko·loss [コロス] 男 der ((連) 2格 ‒es; (復) ‒e) 巨大なもの; (口語)巨漢, 大男

Ko·loß (旧新) Koloss

ko·los·sal [コロサール]
形 ❶ 巨大な, どでかい ▷ ein *kolossales* Bauwerk 巨大な建築物
❷《口語》すごい, 非常な ▷ eine *kolossale* Hitze すごい暑さ / Er war *kolossal* müde. 彼はものすごく疲れていた

Ko·lum·ne [コルムネ] 囡 die ((連) 2格 ‒; (復) ‒n) (新聞などの)コラム

Kom·bi·na·ti·on [コムビナツィオーン] 囡 di ((連) 2格 ‒; (復) ‒en)
❶ (服·色などの)組み合わせ
❷ (いくつかの要因の組み合わせによる)推論, 半断
❸ (上下が別の色·布地からなる)組み合わせ(紳士)服; (飛行服のような)上下一続きの[作業]服

kom·bi·nie·ren [コムビニーレン]
(kombinierte; kombiniert; 助 h)
他 ❶《④と》〖..を〗組み合わせる ▷ Kleidungsstücke *kombinieren* 着るものをいろいろ組み合わせる
❷《④と》(いくつかの要因を組み合わせて)〖..と〗推論(判断)する ▷ Er *kombinierte* kühn, dass ... 彼は大胆に…と推論した

Kom·bi·wa·gen [コムビ·ヴァーゲン] 男 der ((連) 2格 ‒s; (復) ‒) ステーションワゴン

Ko·met [コメート] 男 der ((連) 2·3·4格 ‒en; (復) ‒en) 彗星(ほうき)

Kom·fort [コムフォーア] 男 der ((連) 2格 ‒s; (復) なし) 快適な設備; (快適な設備による)居心地のよさ ▷ Das Hotel bietet allen *Komfort*. そのホテルはあらゆる快適さを与えてくれる

kom·for·ta·bel [コンフォルターベル] 形 (住まいなどが)快適な

Ko·mik [コーミク] 囡 die ((連) 2格 ‒; (復) なし) こっけいさ, おかしさ

ko·misch [コーミシュ] (比較) ‒er, (最上) ‒[e]st)
形 ❶ こっけいな, おかしい ▷ eine *komische* Geschichte こっけいな物語
❷《口語》変な, 奇妙な ▷ Er hat einen *komischen* Geschmack. 彼は変な趣味がある

Ko·mi·tee [コミテー] 中 das ((連) 2格 ‒s; (復) ‒s) 委員会

Kom·ma [コンマ] 中 das ((連) 2格 ‒s; (復) ‒s 〈Kommata〉)
❶ (文章に打つ)コンマ(,) ▷ ein *Komma* setzen コンマを打つ
❷《数字》小数点(☆ドイツ語では日本語と異なり小数点に「.」の代わりに「,」を用いる) ▷ zwei *Komma* drei Meter 2.3 メートル

Kom·man·dant [コマンダント] 男 der ((連) 2·3·

4格 -en; (獨) -en)《軍隊》指揮官, 司令官

kom·man·die·ren [コマンディーレン]
(kommandierte; kommandiert; 医力h)

他 ❶《軍隊》《④と》〔…⁴を〕指揮する

❷《口語》《④と》〔…⁴に〕(命令口調で)指示する ▷ Ich lasse mich nicht *kommandieren*. 私は人の指図は受けない // Er *kommandiert* gern. 彼は指図するのが好きだ

Kom·man·do [コマンド] 中 *das*（獨 2 格 -s; 獨 -s）号令 ▷ ein *Kommando* geben 号令する

Kom·ma·ta [コ ン マ タ] Komma の 複数

kom·men

[kɔ́mən コメン]

現在	ich komme	wir kommen
	du kommst	ihr kommt
	er kommt	sie kommen
過去	ich kam	wir kamen
	du kamst	ihr kamt
	er kam	sie kamen
過分	gekommen	助動 sein

自 ❶ (話し手のところへ) **来る**
morgen früh *kommen*
あすの朝来る
mit dem Zug *kommen*
列車で来る
aus München *kommen*
ミュンヘンから来る；ミュンヒェン出身である
Er *kam* gestern aus dem Urlaub.
彼はきのう休暇から戻って来た
nach Hause *kommen*
帰宅する
Sie *kommt* oft zu uns.
彼女はしばしば私たちのところへやって来る
《過去分詞と》
gelaufen〈geritten〉*kommen*
走って〈馬に乗って〉来る
《話し手以外のところに視点を移して》
Wie *komme* ich zum Bahnhof?
駅にはどうやって行けますか
Einen Augenblick bitte, ich *komme* gleich.
ちょっと待ってください すぐまいります

❷ (物が)運ばれて来る, 届く ▷ Für dich ist ein Brief *gekommen*. 君に手紙が来ている

❸ (物事が)現れる；(考えなどが)浮かぶ ▷ Die Knospen *kommen* schon. つぼみがもう出てきている / Plötzlich *kam* ihm eine Idee. 突然彼はアイデアが浮かんだ

❹ (夜明け・季節などが)訪れる, やって来る ▷ Die Dämmerung *kommt*. 夜が明ける〈日が暮れる〉

❺《口語と》〔学校などに〕入る；〔施設などに〕収容される ▷ zur Schule *kommen* 学校に入る / Er *kommt* in die Nervenheilanstalt. 彼は精神病院に入れられる

❻《口語》《方向と》〔置く〈入れる〉場所は〕…で〕ある ▷ Der Besen *kommt* vor die Tür. ほうきの置き場所はドアの前である

❼〔von+③と〕〔…³の〕原因である, 〔…³に〕由来する ▷ Sein Kopfweh *kommt* vom Wetterumschwung. 彼の頭痛は天候の急変のせいだ

❽〔auf+④と〕〔…⁴に〕割り当てられる ▷ Auf jeden *kommt* zehn Euro. 各人への割り当ては 10 ユーロである

(イディオム) *an die Reihe kommen* 順番になる ▷ Jetzt *komme* ich *an die Reihe*. 今度は私の番だ

an den Tag kommen 明るみに出る ▷ Die Wahrheit *kommt* doch *an den Tag*. 真実はどうしたって明るみに出る

auf+④ …⁴を思いつく, 思い出す ▷ Wie *kommst* du dar*auf*? どうして君はそんなことを思いついたの / Ich *kam* nicht *auf* seinen Namen. 私は彼の名前を思い出せなかった

auf die Welt kommen 生まれる ▷ Unser Sohn ist zwei Wochen zu früh *auf die Welt gekommen*. 息子は予定より 2 週間早く生まれた

es kommt zu+③ (ふつうよくない状況)³になる ▷ *Es kam zum* Streit. けんかになった

hinter+④ *kommen* …⁴を探り出す ▷ *hinter die* Wahrheit *kommen* 真相を突き止める

in+④ *kommen* …⁴の状態に陥る〈なる〉 ▷ *in* Gefahr *kommen* 危険に陥る / *in* Mode *kommen* 流行になる

um+④ *kommen* (重要なもの)⁴を失う ▷ Er ist *um* sein Vermögen *gekommen*. 彼は財産を失った

zu+③ *kommen* …³に至る；…³を手に入れる ▷ *zu* keinem Entschluss *kommen* 決心がつかない / Er *kam zur* Überzeugung, dass … 彼は…という確信に至った / Ich bin immer noch nicht da*zu gekommen*, ihm zu schreiben. 私はいまもって彼に手紙を書けずにいる / *zu* Geld *kommen* 金を手に入れる

[*wieder*] *zu sich³ kommen* 正気に戻る

kom·mend [コメント] 形 来たる, 次の ▷ im *kommenden* Jahr 来年に

Kom·men·tar [コメンタール] 男 *der* (獨 2 格 -s; 獨 -e)

❶ (新聞・テレビなどの)**ニュース解説** ▷ Auf die Nachrichten folgt der *Kommentar*. ニュースに続いて解説が放送される

❷ 論評, コメント ▷ sich⁴ jedes *Kommentars* enthalten すべてのコメントを差し控える / Kein *Kommentar*! ノーコメント

Kom·men·ta·tor [コメンタートーア] 男 *der* (獨 2 格 -s; 獨 -en) (時事問題の)解説者

Kom·men·ta·to·ren [コメンタトーレン] **Kommentator** の 複数

kom·men·tie·ren [コメンティーレン] (kommentierte; kommentiert; 完了 h) 他 《④と》[…³について]論評〈コメント〉をくわえる ▷ die Regierungserklärung *kommentieren* 政府声明に論評をくわえる

Kom·mi·li·to·ne [コミミリトーネ] 男 *der* (単 2·3·4格 -n; 複 -n) (大学の)学友

Kom·mi·li·to·nin [コミミリトーニン] (単 2 格 -; 複 ..ninnen) **Kommilitone** の女性形

Kom·mis·sar [コミザール] 男 *der* (単 2 格 -s; 複 -e) 警部 ▷ Der *Kommissar* leitete die Untersuchung des Mordfalls. 警部は殺人事件の捜査を指揮した

Kom·mis·si·on [コミスィオーン] 女 *die* (単 2 格 -; 複 -en) 委員会 ▷ eine ständige *Kommission* 常任委員会

Kom·mo·de [コモーデ] 女 *die* (単 2 格 -; 複 -n) たんす, 整理だんす

kom·mu·nal [コムナール] 形 (市町村などの)地方自治体の

Kom·mu·ne [コムーネ] 女 *die* (単 2 格 -; 複 -n) (市町村などの)地方自治体

Kom·mu·ni·ka·ti·on [コミュニカツィオーン] 女 *die* (単 2 格 -; 複 なし) (言語などによる情報の)伝達, コミュニケーション

Kom·mu·ni·on [コムニオーン] 女 *die* (単 2 格 -; 複 -en) 《カト》聖体拝領

Kom·mu·nis·mus [コムニスムス] 男 *der* (単 2 格 -; 複 なし) 共産主義

Kom·mu·nist [コムニスト] 男 *der* (単 2·3·4 格 -en; 複 -en) 共産主義者

kom·mu·nis·tisch [コムニスティシュ] 形 共産主義の ▷ ein *kommunistischer* Staat 共産主義国家

Ko·mö·di·ant [コメディアント] 男 *der* (単 2·3·4 格 -en; 複 -en) 役者

Ko·mö·die [コメーディエ] 女 *die* (単 2 格 -; 複 -n) 喜劇, コメディー (反 *Tragödie*)

Kom·pa·nie [コンパニー] 女 *die* (単 2 格 -; 複 -n) 中隊 (100 人から 250 人までの兵員によって形成される)

Kom·pa·ni·en [コンパニーエン] **Kompanie** の 複数

Kom·pass [コンパス] 男 *der* (単 2 格 -es; 複 -e) 羅針盤, コンパス

Kom·paß [旧→新] **Kompass**

kom·pe·tent [コンペテント] 形 (あることを正しく遂行する)能力のある; 所轄の

kom·plett [コンプレット] 形 (完全に)そろった ▷ Meine Wohnung ist jetzt *komplett*. 私の住まいはこれで(家具など)必要なものがすべてそろった / Jetzt sind wir *komplett*. これで全員そ

ろった

kom·plex [コンプレックス] 形 複合的な; 複雑な

Kom·plex [コンプレックス] 男 *der* (単 2 格 -es; 複 -e)
❶ (物事の)複合体; (建物の)集合体
❷ 《心理》コンプレックス ▷ unter einem *Komplex* leiden コンプレックスに悩む

Kom·pli·ka·ti·on [コンプリカツィオーン] 女 *die* (単 2 格 -; 複 -en) 《ふつう 複 で》(物事の進展を阻害するような)障害;《医学》合併症

Kom·pli·ment [コンプリメント] 中 *das* (単 2 格 -[e]s; 複 -e) ほめことば, お世辞 ▷ übertriebene *Komplimente* 大げさなほめことば / Mein *Kompliment*! おみごと, 感心しました
(イディオム) ③+ein *Kompliment machen* …³にお世辞をいう

Kom·pli·ze [コンプリーツェ] 男 *der* (単 2·3·4 格 -n; 複 -n) 共犯者 ▷ Er wollte seine *Komplizen* nicht nennen. 彼は共犯者の名前を挙げようとはしなかった

kom·pli·zie·ren [コンプリツィーレン] (komplizierte; kompliziert; 完了 h) 他 《④と》[…⁴を]複雑にする ▷ Wir wollen das Problem nicht unnötig *komplizieren*. 私たちはこの問題をいたずらに複雑にするつもりはない

kom·pli·ziert [コンプリツィーアト]
— **komplizieren** の 過去 過分
— 形 複雑な ▷ Das Problem ist wirklich *kompliziert*. この問題は実に複雑だ / ein *komplizierter* Mensch (複雑で)扱いにくい人

kom·pli·zier·te [コンプリツィーアテ] **komplizieren** の 過去

Kom·plott [コンプロット] 中 *das* (単 2 格 -[e]s; 複 -e) 陰謀 ▷ ein *Komplott* aufdecken 陰謀をあばく

kom·po·nie·ren [コンポニーレン] (komponierte; komponiert; 完了 h) 他 《④と》[…⁴を]作曲する ▷ eine Sinfonie *komponieren* 交響曲を作曲する

Kom·po·nist [コンポニスト] 男 *der* (単 2·3·4 格 -en; 複 -en) 作曲家

Kom·po·si·ti·on [コンポズィツィオーン] 女 *die* (単 2 格 -; 複 -en)
❶ 《複 なし》作曲
❷ 楽曲

Kom·post [コンポスト] 男 *der* (単 2 格 -[e]s; 複 -e) 堆肥

Kom·pott [コンポット] 中 *das* (単 2 格 -[e]s; 複 -e) 《料理》コンポート (果物の砂糖煮)

kom·pri·miert [コンプリミーアト] 形 (内容などが)要約された

Kom·pro·miss [コンプロミス] 男 *der* (単 2 格 -es; 複 -e) 妥協 ▷ einen *Kompromiss* schließen 妥協する / Man muss im Leben

Kom·pro·miß 旧⇒新 Kompromiss

Kon·di·ti·on [コンディツィオーン] 囡 (⊕ 2 格 -; ⊕ なし)（身体・精神の）状態；《スポーツ》コンディション，体調 ▷ eine gute *Kondition* haben 調子がよい

Kon·di·tor [コンディトーア] 男 der (⊕ 2 格 -s; ⊕ -en) ケーキ〈菓子〉職人

Kon·di·to·rei [コンディトライ] 囡 die (⊕ 2 格 -; ⊕ -en)（喫茶店を兼ねた）ケーキ〈菓子〉製造販売店

Kon·di·to·ren [コンディトーレン] Konditor の 複数

Kon·di·to·rin [コンディトーリン] 囡 die (⊕ 2 格 -; ⊕ ..rinnen) Konditor の女性形

Kon·fekt [コンフェクト] 中 das (⊕ 2 格 -[e]s; ⊕ -e)《集合的に》（チョコレートボンボンなどの高級）キャンディー

Kon·fek·ti·on [コンフェクツィオーン] 囡 die (⊕ 2 格 -; ⊕ なし) 既製服；既製服製造業

Kon·fe·renz [コンフェレンツ] 囡 die (⊕ 2 格 -; ⊕ -en)
会議 ▷ eine internationale *Konferenz* 国際会議

Kon·fes·si·on [コンフェスィオーン] 囡 die (⊕ 2 格 -; ⊕ -en)《宗教》（カトリック・新教などの）宗派

Kon·fir·ma·ti·on [コンフィルマツィオーン] 囡 die (⊕ 2 格 -; ⊕ -en)《プロテスタント》堅信礼

kon·fir·mie·ren [コンフィルミーレン] (konfirmierte; konfirmiert; 助h)
他《プロテスタント》《④と》[..³に] 堅信礼を施す

Kon·fi·tü·re [コンフィテューレ] 囡 die (⊕ 2 格 -; ⊕ -n)（果実が一部形をとどめて残っている）一種類の果実から作られたジャム

Kon·flikt [コンフリクト] 男 der (⊕ 2 格 -[e]s; ⊕ -e)
❶ （異なる意見・利害などによる）争い，衝突 ▷ ein ideologischer *Konflikt* イデオロギー論争 /《比ゆ》mit dem Gesetz in *Konflikt* geraten 法律に違反する
❷ 心の葛藤 ▷ mit einem *Konflikt* nicht fertig werden 心の葛藤を克服できない

kon·fron·tie·ren [コンフロンティーレン] (konfrontierte; konfrontiert; 助h)
他 ❶《④+mit+③と》[..⁴を..³の状況に] 直面させる
❷《④+mit+③と》[..⁴を..³と] 対決させる

kon·fus [コンフース] 形（話などが）混乱した，支離滅裂な；（頭が）混乱した，錯乱した

Kon·gress [コングレス] 男 der (⊕ 2 格 -es; ⊕ -e)（専門家による大規模な）会議 (=Tagung)
▷ ein internationaler *Kongress* 国際会議 /

Der *Kongress* findet nächste Woche statt. その会議は来週開催される

Kon·greß 旧⇒新 Kongress

kon·gru·ent [コングルエント] 形（特に数学で）完全に一致する〈等しい〉 ▷ kongruente Dreiecke 合同三角形

Kö·nig [ケーニヒ] 男 der (⊕ 2 格 -s; ⊕ -e)
❶ 王，国王 ▷ der *König* von Schweden スウェーデン国王 /（称号として）Friedrich II., *König* von Preußen プロイセン王フリードリッヒ 2世 (☆ II. は der Zweite と読む)
❷《トランプ・チェス》キング

Kö·ni·gin [ケーニギン] 囡 die (⊕ 2 格 -; ⊕ ..gin-nen)《König の女性形》女王；《トランプ・チェス》クイーン ▷ die *Königin* von England イギリスの女王

kö·nig·lich [ケーニクリヒ]
—形 ❶ 国王の；国王らしい ▷ die königliche Familie 王家〈室〉/ in königlicher Haltung 国王らしい態度で
❷ 気前のよい ▷ ein *königliches* Geschenk 気前のよい贈り物
—副《口語》《程度を表して》大いに，とても ▷ Wir haben uns *königlich* gefreut. 私たちは大いに喜んだ

Kö·nig·reich [ケーニヒ・ライヒ] 中 das (⊕ 2 格 -[e]s; ⊕ -e) 王国

kon·ju·gie·ren [コンユギーレン] (konjugierte; konjugiert; 助h)
他《④と》[動詞を](人称・数・時称などに応じて)変化させる

Kon·junk·tur [コンユンクトゥーア] 囡 die (⊕ 2 格 -; ⊕ -en)
❶《経済》景気 ▷ eine günstige 〈ungünstige〉 *Konjunktur* 好況〈不況〉
❷ 好景気 ▷ Zurzeit haben wir *Konjunktur*. 現在景気はよい

Kon·junk·tur·rück·gang [コンユンクトゥーア・リュックガング] 男 der (⊕ 2 格 -[e]s; ⊕ ..gänge) 景気後退

kon·kav [コンカーフ] 形 凹面の (⊕ konvex)

Kon·kor·danz [コンコルダンツ] 囡 die (⊕ 2 格 -; ⊕ -en)（本などの）用語索引，コンコーダンス

kon·kret [コンクレート] 形 具体的な (☆「抽象的な」は abstrakt) ▷ ein konkreter Vorschlag 具体的な提案 / Du musst dich schon konkreter ausdrücken. 君は自分の意見をもっとはっきり述べなきゃだめばよ

Kon·kur·rent [コンクレント] 男 der (⊕ 2·3·4 格 -en; ⊕ -en)（スポーツ・商売などの）競争相手，ライバル (=Rivale)

Kon·kur·renz [コンクレンツ] 囡 die (⊕ 2 格 -; ⊕ -en)
❶《⊕ なし》（特に商売の）競争 ▷ eine erbitterte *Konkurrenz* 激烈な競争 / sich³ *Kon-*

konkurrieren

kurrenz machen 互いに競い合う
❷ 【^穣なし】《集合的に》競争相手, ライバル ▷ die *Konkurrenz* ausschalten ライバルを退ける
❸ (スポ) 競技; コンテスト ▷ an einer *Konkurrenz* teilnehmen ある競技に参加する

kon·kur·rie·ren [コンクリーレン]
(konkurrierte; konkurriert; 完了h)
自 **競争する, 競い合う, 対抗する** ▷ um einen Posten *konkurrieren* ポストをめぐって争う / Mit ihm kann zurzeit niemand *konkurrieren*. 彼には目下だれも太刀打ちできない

Kon·kurs [コンクルス] 男 *der* (単2格 -es; 複 -e) **破産, 倒産** ▷ in *Konkurs* gehen 破産する

kön·nen

[kǽnən ケンネン]

現在	ich kann	wir können
	du kannst	ihr könnt
	er kann	sie können
過去	ich konnte	wir konnten
	du konntest	ihr konntet
	er konnte	sie konnten
過分	können, gekonnt	完了 haben
接I	könne	接II	könnte

——【話法の助動詞】
——【不定詞と; 過去分詞は können】
❶《能力》**…することができる** …する能力がある
Sie *kann* Klavier spielen.
彼女はピアノが弾ける
Er *kann* gut schwimmen.
彼はじょうずに泳げる
Ich *konnte* die Frage nicht lösen.
私はその問題が解けなかった
Er hat weder lesen noch schreiben *können*.
[現在完了] 彼は読むことも書くこともできなかった
【物を主語にして】
Der Saal *kann* bis zu 300 Personen aufnehmen. このホールは 300 名まで収容できる
❷《可能性》《状況などから》**…が可能である**
Er *kann* nicht kommen.
彼は来ることができない
Ich *konnte* nicht schlafen.
私は眠ることができなかった
Ich werde wohl nicht kommen *können*.
私はたぶん来られないと思います
Man *kann* nie wissen!
どうなるかわかるものか
《ていねいな問いかけとして》
Kann ich Ihnen helfen?
お手伝いしましょうか
Kann ich etwas für Sie tun?
何かお役にたてますか (☆ 客などに向かって)
《ていねいな依頼》
Können Sie mir sagen, wie spät es ist?

何時か教えていただけますか
Kannst du noch einen Augenblick warten?
もう少し待ってくれないか
《とがめる意味合いで》
Kannst du nicht aufpassen?
注意して聞けないのか (注意して聞きなさい)
Können Sie nicht anklopfen?
ノックぐらいできないのか (ノックぐらいしたらどうだ)
❸《論理的な可能性》**…かもしれない** …でありうる
Es *kann* auch ein Trick sein.
それはトリックかもしれない
Das *kann* noch lange dauern.
それはまだ長く続くかもしれない
Er *kann* jeden Augenblick kommen.
彼はもういつ来てもおかしくない (←どの瞬間にも来る可能性がある)
Das *kann* doch nicht wahr sein!
まさかそんなはずがない
Kann sein!
かもね
【完了不定詞句と】
Er *kann* sich geirrt haben.
彼は思い違いをしたのかもしれない
Der Schlüssel *kann* verloren gegangen sein. 鍵はなくなってしまったのかもしれない
❹《許可; dürfen よりも弱い意味で》**…してもよい** ▷ *Kann* ich jetzt gehen? もう行ってもいいですか / *Kann* ich mal Ihren Pass sehen? ちょっとパスポートを拝見できますか / Sie *können* hier telefonieren. ここで電話してもかまいません

——【本動詞 (不定詞) を省略して; gehen などの移動動詞の省略; 分離前つづりや 方向 と; 過去分詞は gekonnt】**【…へ】(行くことが) できる** ▷ Ich *kann* nicht mit. 私はいっしょに行けない / Ich *kann* jetzt in die Stadt. 私はこれから町へ行くことができる

——他【過去分詞は gekonnt】
【❹と】【…が】**できる** ▷ Er *kann* gut Japanisch. 彼は日本語がよくできる / Er *kann* alles. 彼はなんでもできる / Das *kann* ich nicht. それは私にはできない // Ich *konnte* nicht anders. 私はほかにやりようがなかった / Er lief, so schnell er *konnte*. 彼はできる限り速く走った

Kön·nen [ケンネン] 中 *das* (単2格 -s; 複なし) **能力, 技量, 腕前**
Kön·ner [ケンナー] 男 *der* (単2格 -s; 複 -)《口語》(ある分野で) **能力のある人**
konn·te [コンテ] können の 過去
könn·te [ケンテ]【können の接続法 II】
❶【非現実話法で】《可能性》**…できる** ▷ Ich *könnte* mir gut vorstellen, dass er es getan hat. 彼がそれをしたということは十分に考えられるんだがね

❷〖外交的接続法で〗《ていねいな問いかけ・依頼》…してもよいです(か)，…していただけます(か) ▷ *Könnte ich Sie heute Abend anrufen?* あなたに今晩お電話してもよろしいでしょうか / *Könnten Sie mir den Weg zum Bahnhof zeigen?* 駅へ行く道を教えていただけませんか

❸《論理的な可能性》…かもしれない ▷ *Du könntest Recht haben.* 君の言うことは正しいのかもしれないね

kon·se·quent [コンゼクヴェント]
形 ❶ (行動などが) 首尾一貫した ▷ *konsequent denken* 論理的に筋を通して考える
❷ (行動などに迷いがなく)断固とした，徹底した ▷ *Er hat die Untersuchungen konsequent zu Ende geführt.* 彼は調査を断固としてやり遂げた

Kon·se·quenz [コンゼクヴェンツ] 女 *die* (⸺ 2格 -; ⸺ -en)
❶ (ある出来事・行為から生じる)結果 ▷ *Das wird unangenehme Konsequenzen haben.* それは不愉快な結果になるであろう / *die Konsequenzen einer Tat auf sich⁴ nehmen* 行為の結果に責任を負う
❷ 〖⸺ なし〗断固とした態度 ▷ *mit Konsequenz* 断固として
〈イディオム〉 *die Konsequenzen ziehen* 今後の行動について結論を出す ▷ *Der Minister zog die Konsequenzen und trat zurück.* 大臣は責任をとって辞任した

kon·ser·va·tiv [コンゼルヴァティーフ] 形 保守的な ▷ *eine konservative Partei* 保守党

Kon·ser·va·ti·ve [コンゼルヴァティーヴェ] 男 *der* / 女 *die* (形容詞変化 ☞ Alte 表 I) 保守主義者

Kon·ser·ve [コンゼルヴェ] 女 *die* (⸺ 2格 -; ⸺ -n) (缶詰・びん詰された)保存食品; 缶詰, びん詰 ▷ *eine Konserve öffnen* 缶詰〈びん詰〉をあける

kon·ser·vie·ren [コンゼルヴィーレン]
(konservierte; konserviert; 匿了h)
他『(④と)〖食料品など⁴を〗(特定の処理をして)保存する, 保存食品にする ▷ *Obst in Dosen konservieren* 果物を缶詰にする

kon·stant [コンスタント]
形 ❶ 一定の, コンスタントな ▷ *die Temperatur konstant halten* 温度を一定に保つ / *mit konstanter Geschwindigkeit* 一定の速度で
❷ 絶え間のない ▷ *Die Preise sind konstant gestiegen.* 物価は絶え間なく上がり続けた
❸ かたくなな ▷ *Er hat sich konstant geweigert.* 彼はかたくなに拒み通した

kon·sta·tie·ren [コンスタティーレン]
(konstatierte; konstatiert; 匿了h)
他〖文語〗〖④と〗〖…⁴を〗確認する ▷ *den Tod des Patienten konstatieren* (医者が)患者の死亡を確認する

Kons·tel·la·ti·on [コンステラツィオーン] 女 *die* (⸺ 2格 -; ⸺ -en) 全体的な状況〈情勢〉

kon·sti·tu·ie·ren [コンスティトゥイーレン]
(konstituierte; konstituiert;)
— 他 〖④と〗〖委員会など⁴を〗設立する, 発足させる
— 再 〖sich⁴と〗(委員会などが)設立される, 発足する

Kon·sti·tu·ti·on [コンスティトゥツィオーン] 女 *die* (⸺ 2格 -; ⸺ -en) (人間の)体質, からだのたち ▷ *Er hat eine schwache Konstitution.* 彼は虚弱体質だ

kon·stru·ie·ren [コンストルイーレン]
(konstruierte; konstruiert;)
他〖④と〗〖機械など⁴を〗(設計して)建設〈建造〉する ▷ *eine Brücke nach neuesten technischen Erkenntnissen konstruieren* 橋を技術上の最新知識に基づいて建設する

Kon·struk·teur [コンストルクテーア] 男 *der* (⸺ 2格 -s; ⸺ -e) 設計者, 建造者(設計も建造も行う人を指す)

Kon·struk·ti·on [コンストルクツィオーン] 女 *die* (⸺ 2格 -; ⸺ -en) (機械などの)設計と建造 ▷ *die Konstruktion einer Konzerthalle* 会議場ホールの設計と建設 / *Der Fehler liegt in der Konstruktion.* 欠陥は設計上のものだ

kon·struk·tiv [コンストルクティーフ] 形 (批判・提案などが) 建設的な ▷ *ein konstruktiver Vorschlag* 建設的な提案

Kon·sul [コンズル] 男 *der* (⸺ 2格 -s; ⸺ -n) 領事 (☆「大使」は Botschafter)

Kon·su·lat [コンズラート] 中 *das* (⸺ 2格 -[e]s; ⸺ -) 領事館 (☆「大使館」は Botschaft)

Kon·sul·ta·ti·on [コンズルタツィオーン] 女 *die* (⸺ 2格 -; ⸺ -en) (特に医師による)診察; 協議

kon·sul·tie·ren [コンズルティーレン]
(konsultierte; konsultiert; 匿了h)
他〖④と〗〖専門家に⁴〗(判断・助言を求めて)相談する ▷ *Er hat seinen Anwalt konsultiert.* 彼は自分の弁護士に相談した

Kon·sum [コンズーム] 男 *der* (⸺ 2格 -s; ⸺ なし) 《文語》(食料・嗜好品の)消費 ▷ *Der Konsum an Zigaretten steigt.* タバコの消費量が増える

Kon·su·ment [コンズメント] 男 *der* (⸺ 2·3·4 格 -en; ⸺ -en) 消費者

Kon·sum·gut [コンズーム・グート] 中 *das* (⸺ 2格 -[e]s; ⸺ ..güter) 〖ふつう ⸺ 複〗消費財

kon·su·mie·ren [コンズミーレン]
(konsumierte; konsumiert; 匿了h)
他〖④と〗〖食料品など⁴を〗消費する

Kon·takt [コンタクト] 男 *der* (⸺ 2格 -[e]s; ⸺

匿了h, 匿了s=完了の助動詞 haben, sein

-e) (人と人, 国と国などの) **接触, コンタクト**, つき合い ▷ sexueller *Kontakt* 性的接触 / zu+[3] *Kontakt* aufnehmen …³とコンタクトをとる

Kon·takt·lin·se [コンタクト・リンゼ] [女] *die* ([単] 2格 -; [複] -n) コンタクトレンズ

Kon·ten [コンテン] Konto の [複数]

kon·tern [コンテルン]
(konterte; gekontert; [完了]h)
— [自] 《スポーツ》 カウンター攻撃をする
— [他] 〖[4]と〗〔…⁴と〕言い返す, 反論する (☆ [4]は反論の内容を表す文) ▷ „Das wissen Sie selbst am besten!" *konterte* sie. 「それはあなた自身が一番よく知っているじゃないの」と彼女は言い返した

Kon·text [コンテクスト] [男] *der* ([単] 2格 -[e]s; [複] -e) コンテクスト, 文脈, 脈絡

Kon·ti·nent [コンティネント] [男] *der* ([単] 2格 -[e]s; [複] -e) **大陸** (☆ イギリスとの対比では「ヨーロッパ大陸」を指し, 定冠詞を必ず伴う) ▷ der antarktische *Kontinent* 南極大陸

Kon·tin·gent [コンティンゲント] [中] *das* ([単] 2格 -[e]s; [複] -e) 割り当て量, 分担量

K

kon·ti·nu·ier·lich [コンティヌイーアリヒ] [形] 連続的な, 絶え間のない ▷ eine *kontinuierliche* Entwicklung 絶え間のない発展

Kon·ti·nu·i·tät [コンティヌイテート] [女] *die* ([単] 2格 -; [複] なし) 連続[性]

Kon·to [コント] [中] *das* ([単] 2格 -s; [複] -s 〈Konten〉) **口座** ▷ ein *Konto* eröffnen 口座を開く / Geld auf ein *Konto* überweisen お金を口座に振り込む / 《比ゆ》 Dieser Wein geht auf mein *Konto*. このワインは私のおごりだ

Kon·to·aus·zug [コント・アオス・ツーク] [男] *der* ([単] 2格 -[e]s; [複] ..züge) (銀行の) 口座残高通知書

Kon·to·in·ha·ber [コント・インハーバー] [男] *der* ([単] 2格 -s; [複] -) (銀行の) 口座名義人

Kon·to·num·mer [コント・ヌマー] [女] *die* ([単] 2格 -; [複] -n) 口座番号

Kon·tra·hent [コントラヘント] [男] *der* ([単] 2·3·4格 -en; [複] -en) (政治・スポーツなどの) 戦う相手

kont·rär [コントレーア] [形] (意見などが) 対立する, 逆の

Kon·trast [コントラスト] [男] *der* ([単] 2格 -[e]s; [複] -e) **コントラスト, 対照** ▷ Das Rot steht in scharfem *Kontrast* zu dem Blau. この赤は青と著しいコントラストをなしている

kon·tras·tie·ren [コントラスティーレン]
(kontrastierte; kontrastiert; [完了]h)
[自] 〖mit+[3]と〗〔…³と〕対照〈コントラスト〉をなしている

Kon·trol·le [コントロレ] [女] *die* ([単] 2格 -; [複] -n)
❶ **検査**, チェック ▷ die *Kontrolle* an der Grenze 国境での検査
❷ 〖[複] なし〗 制御, 統制, コントロール ▷ einen Brand unter *Kontrolle* bringen 火事を消し止める / die *Kontrolle* über das Auto verlieren 自動車をコントロールできなくなる

Kon·trol·leur [コントロレーア] [男] *der* ([単] 2格 -s; [複] -e) (鉄道・電車などの) 検札係

kon·trol·lie·ren [コントロリーレン]
(kontrollierte; kontrolliert; [完了]h)
— [他] ❶ 〖[4]と〗〔…⁴を〕チェック〈検査, 点検〉する ▷ die Pässe *kontrollieren* パスポートの検査をする
❷ 〖[4]と〗〔市場など⁴を〕支配する ▷ Der Konzern *kontrolliert* den gesamten Markt. そのコンツェルンは全市場を支配している
— [自] (パスポート・切符などの) 検査をする ▷ An der Grenze wird immer scharf *kontrolliert*. 国境ではいつも厳しく検査される

Kont·ro·ver·se [コントロヴェルゼ] [女] *die* ([単] 2格 -; [複] -n) 論争

Kon·tur [コントゥーア] [女] *die* ([単] 2格 -; [複] -en) (人物・建物などの) 輪郭

Kon·ven·ti·on [コンヴェンツィオーン] [女] *die* ([単] 2格 -; [複] -en)
❶ (国家間の) 取り決め, 条約
❷ 《文語》 しきたり, 慣例

kon·ven·ti·o·nell [コンヴェンツィオネル] [形] しきたり〈慣例〉通りの, 旧来の ▷ eine *konventionelle* Hochzeit しきたりにのっとった結婚式 / die *konventionellen* Waffen 通常兵器 (☆ 核兵器や生物兵器以外の在来型の兵器)

Kon·ver·sa·ti·on [コンヴェルザツィオーン] [女] *die* ([単] 2格 -; [複] -en) 《文語》 (当たり障りのない) 会話, おしゃべり

kon·vex [コンヴェクス] [形] 凸面の ([反] konkav)

Kon·voi [コンヴォイ/コンヴォイ] [男] *der* ([単] 2格 -s; [複] -s) (列をなして走る, 特に自動車の) 一団; 護送船団

Kon·zent·ra·ti·on [コンツェントラツィオーン] [女] *die* ([単] 2格 -; [複] -en)
❶ 〖[複] なし〗 (精神・注意を) 集中すること; 注意力 ▷ mit großer *Konzentration* arbeiten 気持ちを大いに引き締めて働く
❷ (資本・権力などの) 集中; (軍隊の) 集結 ▷ Jetzt ist die *Konzentration* aller Kräfte auf unsere Aufgabe nötig. いまや私たちの任務にあらゆる力を集中させる必要がある

Kon·zent·ra·ti·ons·la·ger [コンツェントラツィオーンス・ラーガー] [中] *das* ([単] 2格 -s; [複] -) (特にナチス時代の) 強制収容所 ([略] KZ)

kon·zent·rie·ren [コンツェントリーレン]
(konzentrierte; konzentriert; [完了]h)
— [再] 〖[sich]⁴と〗 **精神〈注意〉を集中する** ▷ Er *konzentriert* sich auf seine Arbeit. 彼は仕事

に専念している

— 他《④を》[…を]集中する, 集結させる ▷ Er konzentriert alle seine Kräfte auf ein einziges Ziel. 彼は自分の力のすべてをただ一つの目標に傾注する / Truppen an der Grenze konzentrieren 部隊を国境に集結させる

kon·zen·triert [コンツェントリーアト] 形 (精神・注意を)集中した ▷ konzentriert arbeiten 集中して働く

Kon·zept [コンツェプト] 中 das (@ 2格 -[e]s; @ -e)
❶ 構想, 企画 ▷ ein klares Konzept haben 明確な構想をもっている
❷《文語》草案, 下書き

Kon·zern [コンツェルン] 男 der (@ 2格 -[e]s; @ -e)《経済》 コンツェルン ▷ multinationale Konzerne 多国籍コンツェルン

Kon·zert [コンツェルト] 中 das (@ 2格 -[e]s; @ -e)
コンサート, 演奏会, 音楽会 ▷ ein Konzert geben 演奏会を開く / ins Konzert gehen コンサートに行く

Kon·zert·hal·le [コンツェルト・ハレ] 女 die (@ 2格 -; @ -n) コンサートホール

Kon·zert·saal [コンツェルト・ザール] 男 der (@ 2格 -[e]s; @ ..säle) コンサートホール, 演奏会場

Kon·zes·si·on [コンツェスィオーン] 女 die (@ 2格 -; @ -en)
❶(営業の)認可, 許可
❷《ふつう @ で》《文語》譲歩 ▷ zu Konzessionen bereit sein 譲歩する用意がある

Ko·ope·ra·ti·on [コ・オペラツィオーン] 女 die (@ 2格 -; @ -en) (政治的・経済的な面での)協力

ko·or·di·nie·ren [コ・オルディニーレン] (koordinierte; koordiniert; 助動h)
他《④を》[利害関係などを]調整する

Ko·pen·ha·gen [コ[-]ペンハーゲン] (@ das) 《都市名》コペンハーゲン (デンマーク王国の首都)

Kopf
[kɔpf コプフ]
男 der (@ 2格 -es〈まれに -s〉; @ Köpfe)

❶ 頭, 頭部 (☆ 顔を含む首から上の部分)
ein kahler Kopf はげ頭
den Kopf neigen (会釈などのために)頭を下げる
sich³ den Kopf kratzen 頭をかく

★「首」と訳すほうがよい場合がある ▷ den Kopf schütteln (否定などのしぐさとして)首を振る / ③+den Kopf abschlagen …³の首を打ち落とす

❷《知力・判断力などの意味で》頭, 頭脳 ▷ ei-

nen klaren Kopf haben 明晰な頭脳をもっている / sich³ den Kopf zerbrechen 頭を悩ます
《イディオム》④+im Kopf behalten …⁴を覚えておく
auf dem Kopf stehen 逆立ちしている
den Kopf hängen lassen うなだれる(意気消沈する)
den Kopf verlieren うろたえる
Hals über Kopf《口語》大あわてで, 大急ぎで
im Kopf rechnen 暗算する
Kopf hoch! 元気を出せ
Kopf stehen びっくり仰天する, 気が動転する ▷ Als er die Nachricht erhielt, stand er Kopf. 彼はその知らせを受けてびっくり仰天した
von Kopf bis Fuß 頭のてっぺんからつまさきまで

Kopf·be·de·ckung [コプフ・ベデックング] 女 die (@ 2格 -; @ -en) (帽子・頭巾などの)頭にかぶるもの

Köp·fe [ケプフェ] Kopf の 複数

köp·fen [ケプフェン] (köpfte; geköpft; 助動h)
❶ 他《④を》[…の]首をはねる
❷《スポーツ》《④を》[ボールを]ヘディングする ▷ Er köpfte den Ball ins Tor. 彼はボールをヘディングでゴールに入れた

Kopf·kis·sen [コプフ・キッセン] 中 das (@ 2格 -s; @ -) まくら

kopf·los [コプフ・ロース] 形 うろたえた, 気が動転した ▷ Sie war völlig kopflos. 彼女は完全にうろたえていた

Kopf·sa·lat [コプフ・ザラート] 男 der (@ 2格 -[e]s; @ -e)《植物》レタス

Kopf·schmerz [コプフ・シュメルツ] 男 der (@ 2格 -es; @ -en)
《ふつう @ で》頭痛 ▷ heftige Kopfschmerzen haben ひどい頭痛がする

kopf|ste·hen [コプフ・シュテーエン] 分離 (stand kopf; kopfgestanden; 助動h) 自 《旧⇒新》 Kopf stehen (分けて書く) ☞ Kopf

Kopf·tuch [コプフ・トゥーフ] 中 das (@ 2格 -[e]s; @ ..tücher) スカーフ

kopf·über [コプフ・ユーバー] 副 頭から先に, まっさかさまに

Ko·pie [コピー] 女 die (@ 2格 -; @ -n)
❶ コピー, 複写, 写し ▷ von+③ vier Kopien machen …³のコピーを4通作る
❷(芸術作品の)複製 (⇔ Original) ▷ Das ist nur eine Kopie. それはただの複製だ

Ko·pi·en [コピーエン] Kopie の 複数

ko·pie·ren [コピーレン] (kopierte; kopiert; 助動h)
❶ 他《④を》[…を]コピー〈複写〉する
❷《④を》[芸術作品を]の複製を作る

Ko·ral·le [コラレ] 女 die (@ 2格 -; @ -n) サンゴ

Korb [コルプ] 男 der (@ 2格 -[e]s; @ Körbe) か

ご ▷ ein *Korb* aus Bambus 竹のかご /〖単位表示の場合ふつう無変化〗ein *Korb* Eier 卵 1 かご / drei *Korb* Kartoffeln ジャガイモ 3 かご
(イディオム) ③ +*einen Korb geben* ‥³に肘鉄砲を食らわす ▷ Sie hat ihm *einen Korb gegeben.* 彼女は彼に肘鉄を食らわせた
einen Korb bekommen 肘鉄を食らう(ふられる)

Kör·be [ケルベ] Korb の 複

Kor·del [コルデル] 女 *die* (⊕ 2 格 -; ⊕ -n) (ふつう飾りのついた) よりひも、組みひも

Ko·rea [コレーア] 中 *das* 《国名》朝鮮 ▷ Republik *Korea* 大韓民国 / Demokratische Volksrepublik *Korea* 朝鮮民主主義人民共和国

Kork [コルク] 男 *der* (⊕ 2 格 -[e]s; ⊕ -e) コルク

Kor·ken [コルケン] 男 *der* (⊕ 2 格 -s; ⊕ -) (コルクなどでできた、びんの) 栓 ▷ den *Korken* ziehen 栓を抜く

Kor·ken·zie·her [コルケン・ツィーアー] 男 *der* (⊕ 2 格 -s; ⊕ -) コルク栓抜き

Korn [コルン]
— 中 *das* (⊕ 2 格 -[e]s; ⊕ Körner)
❶ 〖複なし〗(パンの材料になる) 穀物 ▷ das *Korn* anbauen 穀物を栽培する
❷ (穀物の) 粒 ▷ den Vögeln *Körner* als Futter streuen 鳥たちに穀粒をえさとしてまく
❸ (砂・あられなどの) 粒 ▷ einige *Körner* Salz 二三粒の塩
— 男 *der* (⊕ 2 格 -[e]s; 口語複 -) (蒸留した強い) 穀物酒

Korn·blu·me [コルン・ブルーメ] 女 *die* (⊕ 2 格 -; ⊕ -n) 〖植物〗ヤグルマギク

Kör·ner [ケルナー] Korn の 複

Korn·feld [コルン・フェルト] 中 *das* (⊕ 2 格 -[e]s; ⊕ -er) 穀物畑

kör·nig [ケルニヒ] 形 粒の状態の ▷ Reis *körnig* kochen ごはんを(かゆ状にならないように)固めに炊く

Korn·spei·cher [コルン・シュパイヒャー] 男 *der* (⊕ 2 格 -s; ⊕ -) 穀物倉庫

Kör·per [ケルパー] 男 *der* (⊕ 2 格 -s; ⊕ -)
❶ 体、身体、肉体 (☆「精神」は Geist) ▷ ein gesunder *Körper* 健康な体 / den ganzen *Körper* waschen 全身を洗う
❷ 《数学》立体

Kör·per·ge·ruch [ケルパー・ゲルフ] 男 *der* (⊕ 2 格 -[e]s; ⊕ ..gerüche) 体臭

kör·per·lich [ケルパーリヒ] 形 肉体の、身体の (⇔ geistig, seelisch) ▷ *körperliche* Arbeit 肉体労働

Kör·per·ver·let·zung [ケルパー・フェアレッツング] 女 *die* (⊕ 2 格 -; ⊕ -en) 傷害

kor·pu·lent [コルプレント] 形 かなり太った、ふっくらと肥えた ▷ ein *korpulenter*, älterer Herr ふっくら太った初老の紳士

kor·rekt [コレクト] 形
❶ 正確な、まちがいのない ▷ eine *korrekt* Übersetzung 正確な翻訳
❷ (社会的規範にてらして)非の打ちどころがない、きちんとした ▷ Sein Benehmen ist immer sehr *korrekt.* 彼の態度はいつも非常にきちんとしている

Kor·rek·tur [コレクトゥーア] 女 *die* (⊕ 2 格 -; ⊕ -en) (文字の誤りなどの) 訂正;《印刷》校正 [刷り]

Kor·res·pon·dent [コレスポンデント] 男 *der* (⊕ 2・3・4 格 -en; ⊕ -en) (新聞・テレビなどの) 通信員; 特派員 ▷ Er ist *Korrespondent* einer deutschen Zeitung. 彼はドイツの新聞社の特派員である

Kor·res·pon·denz [コレスポンデンツ] 女 *die* (⊕ 2 格 -; ⊕ なし) 文通、(仕事上の) 手紙のやりとり ▷ mit+③ in *Korrespondenz* stehen ‥³と文通している

kor·res·pon·die·ren [コレスポンディーレン] (korrespondierte; korrespondiert; 助 h)
自 〖mit+③と〗[‥³と] 文通する

Kor·ri·dor [コリドーア] 男 *der* (⊕ 2 格 -s; ⊕ -e) 廊下

kor·ri·gie·ren [コリギーレン] (korrigierte; korrigiert; 助 h)
他 ❶〖④と〗 [誤りなど⁴を] 訂正する、直す ▷ Druckfehler *korrigieren* 誤植を直す
❷〖④と〗[‥⁴の] 誤りを訂正する ▷ Der Lehrer *korrigiert* die Aufsätze. 先生は作文のまちがいを訂正する
❸〖④と〗[意見など⁴を] 修正する ▷ Er hat seine Meinung *korrigiert.* 彼は自分の意見を修正した

kor·rum·pie·ren [コルムピーレン] (korrumpierte; korrumpiert; 助 h)
他〖④と〗[‥⁴を] 買収する;〈道徳的に〉堕落〈腐敗〉させる ▷ sich⁴ *korrumpieren* lassen 買収される /〖過去分詞で〗eine *korrumpierte* Gesellschaft 堕落した社会

kor·rupt [コルプト] 形 賄賂がきく; 腐敗〈堕落〉した ▷ ein *korrupter* Beamter 賄賂のきく役人

Kor·rup·ti·on [コルプツィオーン] 女 *die* (⊕ 2 格 -; ⊕ -en) (社会・政治などの) 腐敗

ko·sen [コーゼン] (koste, gekost; 助 h)
他〖④と〗[‥⁴を] 愛撫する

Kos·me·tik [コスメーティク] 女 *die* (⊕ 2 格 -; ⊕ なし) 美容; (特に) 化粧

Kos·me·tik·sa·lon [コスメーティク・ザロン[-]] 男 *der* (⊕ 2 格 -s; ⊕ -s) ビューティーサロン

kos·me·tisch [コスメーティシュ] 形 美容のための、化粧用の ▷ eine *kosmetische* Creme 化

粧用クリーム

Kos·mo·naut [コスモナオト] 男 der (⓶ 2·3·4 格 -en; ⓶ -en) (旧ソ連の)宇宙飛行士

Kos·mos [コスモス] 男 der (⓶ 2格 -; ⓶ なし)宇宙 (=Weltall)

Kost [コスト] 女 die (⓶ 2格 -; ⓶ なし) 食べ物 ▷ eine gesunde Kost 健康食

kost·bar [コスト・バール]
形 ❶ (価値があり)値段が高い, 高価な ▷ Dieser Teppich ist sehr kostbar. このじゅうたんは非常に高価だ
❷ (粗末に扱えない)貴重な ▷ Gesundheit ist ein kostbares Gut. 健康は貴重な財産だ

kos·ten

[kɔ́stn̩ コステン]

現在		
ich koste		wir kosten
du kostest		ihr kostet
er kostet		sie kosten

過去		
ich kostete		wir kosteten
du kostetest		ihr kostetet
er kostete		sie kosteten

過分	gekostet	助了 haben

他 ❶ 《⓸と》〔…に〕**値段である**
Wie viel ⟨Was⟩ kostet das? それはいくらですか
Die Bluse kostete 100 Euro. そのブラウスは100ユーロした
❷ 《⓸+⓸と》〔…に…の〕金額がかかる ▷ Das Haus kostete ihn 600 000 Euro. この家に彼が払った金額は60万ユーロだ
❸ 《⓸と》〔…の〕負担がかかる ▷ Die Arbeit hat mich drei ganze Tage gekostet. 私はその仕事をするのに丸三日費やした / Das kann dich das Leben kosten. そのことで君は命を失うことになるかもしれない
❹ 《⓸と》〔…の〕味をみる, 〔…⁴を〕試食⟨試飲⟩する ▷ die Wurst kosten ソーセージを試食する / Willst du mal kosten? ちょっと味見してみますか / von der Suppe kosten (少量とって)スープの味をみる

Kos·ten [コステン] 複名
費用, 経費, 出費 ▷ die Kosten einer Reise 旅行の費用 / auf meine Kosten 私の支払いによって

kos·ten·los [コステン・ロース]
形 無料の ▷ Der Eintritt ist kostenlos. 入場は無料だ

kos·te·te [コステテ] kosten の 過去

köst·lich [ケストリヒ]
形 ❶ (食事など)おいしい
❷ 愉快な, おもしろい ▷ ein köstlicher Einfall 愉快な思いつき

Kost·pro·be [コスト・プローベ] 女 die (⓶ 2格 -;

⓶ -n) 試食用の食べ物, 試食品; 試飲用の飲み物

kost·spie·lig [コスト・シュピーリヒ] 形 費用のかさむ, 金のかかる ▷ ein kostspieliger Prozess 費用のかさむ訴訟

Kos·tüm [コステューム] 中 das (⓶ 2格 -s; ⓶ -e)
❶ (特に舞台やカーニバルで着られる, ある時代・民族などに特有の)衣装 ▷ ein höfisches Kostüm 宮廷の衣装
❷ (婦人用の)スーツ ▷ ein elegantes Kostüm 上品なスーツ

kos·tü·mie·ren [コステューミーレン]
(kostümierte; kostümiert; 助了 h)
── 他 《⓸+als+⓸と》〔…に…⁴の〕仮装をさせる ▷ Die Mutter kostümierte ihren Sohn als Matrose. 母親は息子に船員の仮装をさせた
── 再 《sich⁴+als+⓸と》〔…に…⁴の〕変装をする

Kot [コート] 男 der (⓶ 2格 -[e]s; ⓶ なし) くそ(糞) ▷ Kot ausscheiden 排便する

Ko·te·lett [コテレット] 中 das (⓶ 2格 -s; ⓶ -s) (ロースの, ふつう骨つきの)カツレツ

Kö·ter [ケーター] 男 der (⓶ 2格 -s; ⓶ -) 犬(ほえてうるさい犬, 野良犬など Hund の蔑称)

Kot·flü·gel [コート・フリューゲル] 男 der (⓶ 2格 -s; ⓶ -) 車の泥よけ, フェンダー

kot·zen [コッツェン] (kotzte; gekotzt; 助了 h)
自 《口語》(食事などを)吐く

Krab·be [クラッベ] 女 die (⓶ 2格 -; ⓶ -n) 《動物》カニ

krab·beln [クラッベルン]
(krabbelte; gekrabbelt; 助了 s)
自 (虫・幼児などが)はう, はい回る ▷ Ein Käfer krabbelt an der Wand. カブトムシが壁をはっている

Krach [クラッハ] 男 der (⓶ 2格 -[e]s; ⓶ Kräche)
❶ 《ふつう ⓶ なし》ドシン⟨バタン, ガチャンなど⟩という大きな音 ▷ Mit lautem Krach stürzte das Haus ein. ドシンという大きな音をたてて家が崩れ落ちた
❷ 《⓶ なし》騒音 ▷ Die Maschine macht einen entsetzlichen Krach. その機械はものすごい音をたてる
❸ 《口語》けんか, 口論 ▷ Sie haben ständig Krach. 彼らは絶えずけんかしている

Krä·che [クレッヒェ] Krach の 複名

kra·chen [クラッヘン]
(krachte; gekracht; 助了 h)
自 ドカン⟨バン, メリメリ, ミシミシ, バリバリなど⟩と音をたてる ▷ Schüsse krachten. 銃声がとどろいた

kräch·zen [クレヒツェン]
(krächzte; gekrächzt; 助了 h)

助了h, 助了s=完了の助動詞 haben, sein

[自](カラス・オウムが)鳴く;《口語》しわがれ声で話す ▷ Die Raben *krächzten.* カラスがカーカー鳴いていた

kraft [クラフト] [前]〘②支配〙《文語》…の力によって, …に基づいて ▷ *kraft* meines Amtes 私の職権によって

Kraft [クラフト] [女] *die* (単 2 格 –; 複 Kräfte)
❶ (人間の)力, 能力 ▷ körperliche *Kraft* 体力 / die *Kraft* des Willens 意志の力 / keine *Kraft* mehr haben もはや力が残っていない / Er hat seine *Kraft* überschätzt. 彼は自分の力を過大評価した / mit aller *Kraft* 全力を出して / zu *Kräften* kommen 元気になる
❷ (物事の)力 ▷ die *Kraft* des Wassers 水力 / die magnetische *Kraft* 磁力 / die heilende *Kraft* einer Arznei 薬のもつ治す力 / die *Kraft* der Wahrheit 真実の力

[類語]
Kraft (一般的な意味で)力
Macht 好きなように人や物を動かせる力
Gewalt 暴力あるいは並以上の物理的力

❸ 働き手 (=Arbeitskraft) ▷ Wir müssen noch einige *Kräfte* einstellen. 私たちはもう数名人を雇わねばならない
❹〘ふつう 複 で〙勢力 ▷ die konservativen *Kräfte* 保守勢力
[イディオム] ***außer Kraft sein*** 〈***treten***〉 効力を失っている〈失う〉
in Kraft treten (法律などが)発効する ▷ Das Gesetz *tritt* am 1. (ersten) April *in Kraft.* その法律は 4 月 1 日に発効する

Kräf·te [クレフテ] Kraft の [複数]

Kraft·fah·rer [クラフト・ファーラー] [男] *der* (単 2 格 -s; 複 –)《官庁》自動車運転手 (職業を示す場合に用いられる)

Kraft·fahr·zeug [クラフト・ファール・ツォイク] [中] *das* (単 2 格 -[e]s; 複 -e)《官庁》(自動車・オートバイなどの)原動機つき車両 (略 Kfz)

Kraft·fahr·zeug·steu·er [クラフト・ファール・ツォイク・シュトイアー] [女] *die* (単 2 格 –; 複 -n) 自動車税

kräf·tig [クレフティヒ] (比較 -er, 最上 -st)
[形] ❶ (体ががっしりしていて)たくましい, 元気な ▷ Sie hat ein *kräftiges* Kind geboren. 彼女は元気のよい子供を出産した
❷ 力のこもった ▷ ein *kräftiger* Schlag 強烈な一撃
❸ (ことばが)荒っぽい; (色・においなどが)強烈な ▷ eine *kräftige* Sprache führen 乱暴なことば遣いをする

kräf·ti·gen [クレフティゲン]
(kräftigte; gekräftigt; 完了h)
[他]〘④と〙[…⁴に]体力をつける, 強くする ▷ Frische Luft und Sport werden ihn *kräftigen.* 新鮮な空気とスポーツは彼に活力を与えるだろう / 〘再帰的に〙 *sich kräftigen* 体力がつく

kraft·los [クラフト・ロース] [形] 力のない, 弱々しい ▷ *kraftlos* die Arme sinken lassen 力なく腕を下げる

Kraft·pro·be [クラフト・プローベ] [女] *die* (単 2 格 –; 複 -n) 力くらべ

Kraft·stoff [クラフト・シュトフ] [男] *der* (単 2 格 -[e]s; 複 -e) (モーターなどに用いる)動力用燃料

kraft·voll [クラフト・フォル] [形] 力強い, 力いっぱいの ▷ ein *kraftvoller* Sprung 力強い跳躍

Kraft·wa·gen [クラフト・ヴァーゲン] [男] *der* (単 2 格 -s; 複 –)《官庁》自動車 (=Auto)

Kraft·werk [クラフト・ヴェルク] [中] *das* (単 2 格 -[e]s; 複 -e) 発電所

Kra·gen [クラーゲン] [男] *der* (単 2 格 -s; 複 –) (衣服の)襟, カラー ▷ ein schmutziger *Kragen* 汚れた襟 / den *Kragen* hochschlagen 襟を立てる

Krä·he [クレーエ] [女] *die* (単 2 格 –; 複 -n)《鳥》カラス (Rabe より小さいものを指す) ▷ Die *Krähen* krächzen. カラスがカーカー鳴いている

krä·hen [クレーエン] (krähte; gekräht; 完了h)
[自] (おんどりが)コケコッコーと鳴く; (幼児がうれしそうに)キャッキャと声を出す ▷ Der Hahn hat schon *gekräht.* おんどりがもう鳴いた

Kral·le [クラレ] [女] *die* (単 2 格 –; 複 -n) (猫・鳥などの)鉤爪かぎづめ (☆ 鉤爪のある足全体は Klaue)

Kram [クラーム] [男] *der* (単 2 格 -[e]s; 複 なし)《口語》(身の回りの)がらくた ▷ Wir haben den ganzen *Kram* verkauft. 私たちはがらくたをすべて売ってしまった

kra·men [クラーメン] (kramte; gekramt; 完了h)
[自]《口語》〘[場所]と〙(あるものを探して)[…を]ひっかきまわす ▷ in allen Schubladen nach dem Foto *kramen* 引き出しをすべてひっかきまわして写真を探す

Krampf [クランプフ] [男] *der* (単 2 格 -[e]s; 複 Krämpfe) (筋肉の)けいれん ▷ einen *Krampf* in der Wade haben こむら返りを起こす

Krämp·fe [クレムプフェ] Krampf の [複数]

krampf·haft [クランプフハフト]
[形] ❶ ひきつったような ▷ Sie schluchzte *krampfhaft.* 彼女はひきつったように泣きじゃくった
❷《口語》必死の ▷ *krampfhafte* Bemühungen 必死の努力

Kran [クラーン] [男] *der* (単 2 格 -[e]s; 複 Kräne) クレーン, 起重機 ▷ den *Kran* bedienen クレーンを操縦する

Krä·ne [クレーネ] Kran の [複数]

Kra·nich [クラーニヒ] [男] *der* (単 2 格 -s; 複 -e)《鳥》ツル

krank

[kraŋk クランク]
比較 kränker 最上 kränkst

形 病気の (反 gesund)
ein *kranker* Mensch
病気の人
ein *krankes* Herz haben
心臓を病んでいる
Er ist schwer *krank*.
彼は重病だ
Er sieht *krank* aus.
彼は病気のようだ
Ich fühle mich *krank*.
私は体のぐあいが悪い〈気分がすぐれない〉
Er liegt *krank* im Bett.
彼は病気で寝ている
sich⁴ *krank* stellen
仮病をつかう
Unser Hund ist *krank*.
うちの犬は病気だ
Dieser Baum ist *krank*.
この木は病気にかかっている

Kran·ke [クランケ] 男 *der* / 女 *die* (形容詞変化 ☞ Alte 表I)
病人 ▷ Der Zustand des *Kranken* ist hoffnungslos. 病人の状態は絶望的だ

krän·keln [クレンケルン]
(kränkelte; gekränkelt; 助h)
自 病気がちである, 病弱である ▷ Sie *kränkelt* schon lange. 彼女はもう長いこと病気がちである

kran·ken [クランケン]
(krankte; gekrankt; 助h)
自 〖an+3と〗〔不十分な状況など³のために〕うまく行かない ▷ Das Projekt *krankt* an der ungenügenden Organisation. そのプロジェクトは組織化が不十分であるため行き詰まっている

krän·ken [クレンケン]
(kränkte; gekränkt; 助h)
他 〖④と〗〔..⁴の〕感情を傷つける ▷ Diese Bemerkung *kränkte* ihn sehr. この発言は彼の感情を非常に傷つけた / 〖過去分詞で〗Er fühlte sich in seinem Stolz *gekränkt*. 彼は誇りを傷つけられたと感じた

Kran·ken·haus [クランケン・ハオス] 中 *das* (⊕2格 -es; 複 -häuser)
病院 ▷ Er liegt im *Krankenhaus*. 彼は入院している

Kran·ken·kas·se [クランケン・カッセ] 女 *die* (⊕2格 -; 複 -n) 健康保険[組合]

Kran·ken·schein [クランケン・シャイン] 男 *der* (⊕2格 -[e]s; 複 -e) 健康保険証

Kran·ken·schwes·ter [クランケン・シュヴェスター] 女 *die* (⊕2格 -; 複 -n)
女性看護師, 看護婦

Kran·ken·ver·si·che·rung [クランケン・フェアズィッヒェルング] 女 *die* (⊕2格 -; 複 -en) 健康保険

Kran·ken·wa·gen [クランケン・ヴァーゲン] 男 *der* (⊕2格 -s; 複 -) 救急車 ▷ einen *Krankenwagen* rufen 救急車を呼ぶ

krän·ker [クレンカー] krank の 比較

krank|fei·ern [クランク・ファイエルン] 分離
(feierte krank; krankgefeiert; 助h)
自 《口語》(病気でないのに)病気だと言って仕事を休む

krank·haft [クランクハフト] 形 病的な, 異常な ▷ Er ist *krankhaft* eifersüchtig. 彼は病的といってよいほど嫉妬心が深い

Krank·heit [クランクハイト] 女 *die* (⊕2格 -; 複 -en)
病気 ▷ eine ansteckende *Krankheit* 感染症 / Welche *Krankheiten* haben Sie als Kind gehabt? 子供のときにどんな病気にかかりましたか / Er ist nach langer *Krankheit* gestorben. 彼は長わずらいの後に亡くなった

kränk·lich [クレンクリヒ] 形 病気がちな, 病弱な, 病身の

kränkst [クレンクスト] krank の 最上

Krän·kung [クレンクング] 女 *die* (⊕2格 -; 複 -en) (人の)感情を傷つけること, 侮辱

Kranz [クランツ] 男 *der* (⊕2格 -es; 複 Kränze) (花・枝などで作った)輪, 花輪 ▷ einen *Kranz* binden 花輪を編む / einen *Kranz* auf dem Kopf tragen 花輪を頭につけている

Krän·ze [クレンツェ] Kranz の 複数

krass [クラス] 形 (差・対立などが)極端な, 際立った

kraß 旧⇒新 krass

Kra·ter [クラーター] 男 *der* (⊕2格 -s; 複 -)
❶ 噴火口, 火口
❷ (月面などの)クレーター; (爆弾などによってできた地面の)穴

krat·zen [クラッツェン]
(kratzte; gekratzt; 助h)
— 他 ❶ 〖④と〗〔..⁴を〕ひっかく ▷ Sie hat mich im Gesicht *gekratzt*. 彼女は私の顔をひっかいた // Vorsicht, die Katze *kratzt*. 気をつけろ この猫はひっかくぞ
❷ 〖④+場所〈③+④〉と〗〔..⁴の…を〈..³の..⁴を〉〕かく ▷ Sie *kratzt* ihn am Rücken 〈ihm den Rücken〉. 彼女は彼の背中をかく
❸ 〖④+in+④と〗〔..⁴を..⁴に〕刻みつける ▷ Er *kratzt* seinen Namen in die Baumrinde. 彼は自分の名前を樹皮に刻みつける
❹ 〖④と〗〔..⁴を〕かゆがらせる, チクチクさせる ▷ Der neue Pullover *kratzt* mich. この新しい

旧⇒新＝新正書法の指示, ⊕＝旧正書法の指示

セーターはチクチクする
— 再 (sich⁴と)(かゆみを抑えるために)かく ▷ Er kratzte sich am Kopf. 彼は頭をかいた
— 自 [場所に] [...を](つめなどで)ガリガリひっかく ▷ Der Hund kratzte an der Tür. 犬がドアをガリガリひっかいた

Krat·zer [クラッツァー] 男 der (⊕ 2格 -s; ⊕ -) 《口語》ひっかき傷 ▷ Er hatte ein paar Kratzer im Gesicht. 彼は顔にひっかき傷がいくつかあった

krau·len [クラオレン] (kraulte; gekrault)
— 自 [医ではs,h] クロールで泳ぐ ▷ Er hat ⟨ist⟩ eine halbe Stunde gekrault. 彼は半時間クロールで泳いだ
— 他 [医ではh] [④+場所と] [...⁴の…を](指先で)なでる ▷ Sie krault den Hund am Hals. 彼女は犬の首をなでる

kraus [クラオス]
形 ❶ (髪の毛が)縮れた ▷ Er hat krauses Haar. 彼は髪が縮れている
❷ (考えなどが)混乱した，支離滅裂な ▷ krauses Zeug reden 支離滅裂なことを言う
（イディオム）*die Stirn kraus ziehen* 額にしわを寄せる

kräu·seln [クロイゼルン] (kräuselte; gekräuselt; 医ではh)
再 (sich⁴と)(髪などが)縮れる；(生地などに)しわが寄る

Kraut [クラオト] 中 das (⊕ 2格 -[e]s; ⊕ Kräuter)
❶ 【ふつう⊕ で】薬味用の植物；薬草 ▷ eine Suppe mit Kräutern würzen スープに薬味をきかせる
❷ [⊕ なし] (根菜などの，食用にならない)葉・茎の部分 ▷ das Kraut von den Möhren abschneiden ニンジンの葉の部分を切り落とす

Kräu·ter [クロイター] Kraut の 複数

Kräu·ter·tee [クロイター・テー] 男 der (⊕ 2格 -s; ⊕ -s) 薬草茶

Kra·wall [クラヴァル] 男 der (⊕ 2格 -s; ⊕ -e)
❶ 【ふつう⊕ で】暴動，騒動 ▷ Es kam zu blutigen Krawallen. 流血の暴動になった
❷ 《口語》[⊕ なし] 大きな騒音 ▷ einen entsetzlichen Krawall machen ひどい騒音をたてる

Kra·wat·te [クラヴァッテ] 女 die (⊕ 2格 -; ⊕ -n) ネクタイ (＝Schlips) ▷ eine seidene Krawatte 絹のネクタイ / sich³ eine Krawatte binden ネクタイを結ぶ

kre·a·tiv [クレアティーフ] 形 創造的な

Kre·a·ti·vi·tät [クレアティヴィテート] 女 die (⊕ 2格 -; ⊕ なし) 創造性，創造力

Kre·a·tur [クレアトゥーア] 女 die (⊕ 2格 -; ⊕ -en)
❶ (神によって造られた)生き物
❷ (軽蔑すべき)人間，やつ

Krebs [クレープス] 男 der (⊕ 2格 -es; ⊕ -e)
❶ 《医学》癌
❷ 《動物》エビ，ザリくエビ＞ガニ
（イディオム）*Krebs erregend* 発ガン性の
Krebs erzeugend 発ガン性の

krebs·er·re·gend [クレープス・エアレーゲント] 形 [旧⇒新] Krebs erregend (分けて書く) ☞ Krebs

krebs·er·zeu·gend [クレープス・エアツォイゲント] 形 [旧⇒新] Krebs erzeugend (分けて書く) ☞ Krebs

Kre·dit [クレディート] 男 der (⊕ 2格 -[e]s; ⊕ -e) 貸し付け[金]；掛け ▷ einen Kredit aufnehmen 貸し付けを受ける
（イディオム）④+*auf Kredit kaufen* ...⁴を掛けで買う

Kre·dit·kar·te [クレディート・カルテ] 女 die (⊕ 2格 -; ⊕ -n) クレジットカード

Krei·de [クライデ] 女 die (⊕ 2格 -; ⊕ -n) チョーク，白墨 ▷ ein Stück Kreide チョーク1本

Kreis [クライス] 男 der (⊕ 2格 -es; ⊕ -e)
❶ 円 ▷ mit dem Zirkel einen Kreis beschreiben コンパスで円を描く
❷ 輪 ▷ Die Kinder bildeten einen Kreis. 子供たちは輪をつくった
❸ (共通の趣味などをもつ人の)グループ，仲間，サークル ▷ ein geselliger Kreis 楽しい仲間 / im Kreis der Familie 家族だけで
（イディオム）*im Kreis* 輪になって，ぐるぐると ▷ Alle standen *im Kreis* um ihn herum. みんな輪になって彼の回りに立っていた / Ein Karussell dreht sich *im Kreis*. 回転木馬がぐるぐると回る

krei·schen [クライシェン] (kreischte; gekreischt; 医ではh)
自 (興奮して)金切り声をあげる

Krei·sel [クライゼル] 男 der (⊕ 2格 -s; ⊕ -) こま

krei·sen [クライゼン] (kreiste; gekreist; 医ではh,s)
自 (飛行機などが)旋回する (☆「回転する」は sich drehen) ▷ Der Hubschrauber hat ⟨ist⟩ über der Stadt gekreist. ヘリコプターは町の上空を旋回した

Kreis·lauf [クライス・ラオフ] 男 der (⊕ 2格 -[e]s; まれに⊕ ..läufe) 循環；血液循環 ▷ den Kreislauf anregen 血行を促進する

Kreis·lauf·stö·rung [クライス・ラオフ・シュテールング] 女 die (⊕ 2格 -; ⊕ -en) 《医学》循環障害 (血液の流れが悪くなること)

Kre·ma·to·ri·en [クレマトーリエン] Krematorium の 複数

Kre·ma·to·ri·um [クレマトーリウム] 中 *das* (⑯2格 -s; ⑯ ..torien) 火葬場

Krem·pe [クレムペ] 女 *die* (⑯2格 -; ⑯ -n)（帽子の）つば

Krem·pel [クレムペル] 男 *der* (⑯2格 -s; ⑯ なし)〘口語〙(古くなった）がらくた

kreuz [クロイツ] 副〘成句で〙*kreuz und quer* 四方八方に, あちこち, ごちゃごちゃ ▷ Er fuhr mit dem Auto *kreuz und quer* durch die Stadt. 彼は町の中をあちこち車で走った

Kreuz [クロイツ] 中 *das* (⑯2格 -es; ⑯ -e)
❶（印としての）十字（＋), バツ印（×) ▷ ein *Kreuz* machen 十字（バツ印）をつける / ein *Kreuz* schlagen（祈りのときに）十字を切る
❷（キリスト教などの象徴としての）十字架 ▷ das Deutsche Rote *Kreuz* ドイツ赤十字 / das *Kreuz* des Südens 南十字星
❸ 腰部 ▷ Schmerzen im *Kreuz* haben 腰が痛む
❹《ﾄﾗﾝﾌﾟ》クラブ

kreu·zen [クロイツェン] (kreuzte; gekreuzt)
── 他〘⑯h〙❶〘④と〙〘..⁴を〙**交差する** ▷ Die Straße *kreuzt* die Bahnlinie. その道路は線路と交差する
❷〘④と〙〘..⁴を〙交差させる ▷ die Arme vor der Brust *kreuzen* 腕を胸の前で組む
❸〘生物〙〘④と〙〘..⁴を〙交配させる, かけ合わせる
── 再〘⑯h〙〘sich⁴と〙交差する;（手紙などが）行き違いになる ▷ Die beiden Straßen *kreuzen* sich hier. 2つの通りはここで交わる
── 自〘⑯h,s〙（船が目的地を定めずに）巡航する ▷ im Mittelmeer *kreuzen* 地中海を巡航する

kreu·zi·gen [クロイツィゲン] (kreuzigte; gekreuzigt; ⑯h)
他〘④を〙十字架にかける, 磔にする

Kreuz·schmerz [クロイツ・シュメルツ] 男 *der* (⑯2格 -es; ⑯ -en)〘ふつう 複 で〙腰痛

Kreu·zung [クロイツング] 女 *die* (⑯2格 -; ⑯ -en)
❶ 交差点 ▷ an der *Kreuzung* halten 交差点で止まる
❷〘生物〙交配; 交配種

Kreuz·wort·rät·sel [クロイツ・ヴォルト・レーツェル] 中 *das* (⑯2格 -s; ⑯ -) クロスワードパズル

Kreuz·zug [クロイツ・ツーク] 男 *der* (⑯2格 -[e]s; ⑯ ..züge) 十字軍［遠征］

krib·beln [クリッベルン] (kribbelte; gekribbelt; ⑯h)
自〘成句で〙*es kribbelt*＋③＋ 場所 ..³は…がむずむずする, かゆい ▷ *Es kribbelt* mir in der Nase. 私は鼻がむずむずする

krie·chen [クリーヒェン] (kroch; gekrochen; ⑯s)
自 ❶ はう, はって行く;（ツタなどが）はう ▷ durch das Loch in der Mauer *kriechen* 腹ばいになって壁の穴を通り抜ける / Eine Schlange *kriecht*. 蛇がはう
❷〘vor＋③と〙〘..³に〙へつらう, ぺこぺこする ▷ Er *kriecht* vor seinem Vorgesetzten. 彼は上司にぺこぺこする

krie·che·risch [クリーヒェリシュ] 形 卑屈な, へつらった

Kriech·tier [クリーヒ・ティーア] 中 *das* (⑯2格 -[e]s; ⑯ -e) 爬虫類（＝Reptil)

Krieg [クリーク] 男 *der* (⑯2格 -es ‹まれに -s›; ⑯ -e)
戦争 ▷ ein atomarer *Krieg* 核兵器による戦争 / den *Krieg* gewinnen 戦争に勝つ / Er ist im *Krieg* gefallen. 彼は戦死した

krie·gen [クリーゲン] (kriegte; gekriegt; ⑯h)
他〘口語〙
❶〘④と〙〘..⁴を〙もらう, 受け取る（＝bekommen) ▷ einen Brief *kriegen* 手紙をもらう / Kann ich noch ein Stück Kuchen *kriegen*? ケーキをもう1つもらえますか /〘過去分詞と〙Er hat eine Krawatte geschenkt *gekriegt*. 彼はネクタイを贈られた
❷〘④と〙〘..⁴を〙（努力して）手に入れる ▷ keine Arbeit *kriegen* 仕事がもらえない
❸〘④と〙〘罰など⁴を〙くらう ▷ eine Ohrfeige *kriegen* ビンタをくらう
❹〘④と〙〘..⁴を〙もつ状態になる ▷ Hunger *kriegen* 腹がすく / graue Haare *kriegen* 白髪が生える / Sie hat ein Kind *gekriegt*. 彼女は子供が生まれた

krie·ge·risch [クリーゲリシュ] 形（民族などが）戦闘的な; 軍事的な

Kriegs·dienst [クリークス・ディーンスト] 男 *der* (⑯2格 -[e]s; ⑯ -e) 兵役

Kriegs·dienst·ver·wei·ge·rer [クリークス・ディーンスト・フェアヴァイゲラー] 男 *der* (⑯2格 -s; ⑯ -) 兵役忌避者

Kriegs·dienst·ver·wei·ge·rung [クリークス・ディーンスト・フェアヴァイゲルング] 女 *die* (⑯2格 -; ⑯ -en) 兵役忌避

Kriegs·en·de [クリークス・エンデ] 中 *das* (⑯2格 -s; ⑯ なし) 終戦

Kriegs·ge·fan·ge·ne [クリークス・ゲファンゲネ] 男 *der* / 女 *die*（形容詞変化 ☞ Alte 表I）戦時捕虜

Kriegs·ka·me·rad [クリークス・カメラート] 男 *der* (⑯2·3·4格 -en; ⑯ -en) 戦友

Kriegs·ver·bre·chen [クリークス・フェアブレッヒェン] 中 *das* (⑯2格 -s; ⑯ -) 戦争犯罪

krieg·te [クリークテ] kriegen の 過去

Kri·mi [クリーミ] 男 *der* (⑯2格 -s; ⑯ -s)〘Kriminalroman, Kriminalfilm の略語)(犯罪事件を題材にした)推理小説〈映画〉

Kri·mi·nal·be·am·te [クリミナール・ベアムテ] 男 der (形容詞変化 ☞ Alte 表I) 刑事

Kri·mi·nal·film [クリミナール・フィルム] 男 der (2格 -[e]s; 複 -e) 犯罪を扱った映画

Kri·mi·na·li·tät [クリミナリテート] 女 die (2格 -; 複 なし)(集合的に)犯罪, 犯罪行為 ▷ die steigende Kriminalität Jugendlicher 増加する青少年の犯罪

Kri·mi·nal·po·li·zei [クリミナール・ポリツァイ] 女 die (2格 -; 複 なし) 刑事警察 (略 Kripo)

Kri·mi·nal·ro·man [クリミナール・ロマーン] 男 der (2格 -s; 複 -e) 推理〈探偵〉小説, ミステリー

kri·mi·nell [クリミネル] 形 犯罪の; 犯罪を犯す ▷ eine kriminelle Tat 犯罪行為 / Er ist kriminell geworden. 彼は犯罪を犯した(犯罪者になった)

Kri·mi·nel·le [クリミネレ] 男 der / 女 die (形容詞変化 ☞ Alte 表I) 犯罪者

Krin·gel [クリンゲル] 男 der (2格 -s; 複 -)
❶ (ざっと描いた小さな)円, 丸
❷ 小さな輪の形をしたビスケット〈クッキー〉

Kri·po [クリーポ] 女 die (2格 -; 複 なし)《Kriminalpolizei の略語》刑事警察

Krip·pe [クリッペ] 女 die (2格 -; 複 -n)
❶ 飼い葉〈まぐさ〉おけ
❷ (クリスマスに飾る)キリスト生誕の場面を表した馬屋の模型

Krippe

Kri·se [クリーゼ] 女 die (2格 -; 複 -n) 危機 ▷ eine Krise überwinden 危機を乗り越える / Eine finanzielle Krise steht bevor. 財政上の危機が迫っている

kri·seln [クリーゼルン]
(kriselte; gekriselt; 助 h)
自 〔成句で〕 es kriselt+ ...が危機的な状態にある, 危機に瀕している

Kris·tall [クリスタル]
— 中 das (2格 -s; 複 なし) クリスタルガラス
— 男 der (2格 -s; 複 -e) 結晶

Kri·te·ri·en [クリテーリエン] Kriterium の 複数

Kri·te·ri·um [クリテーリウム] 中 das (2格 -s; 複 ..terien) (判断の)基準

Kri·tik [クリティーク] 女 die (2格 -; 複 -en)
❶ (複 なし) 批判; 非難 ▷ eine objektive Kritik 客観的な批判 / Er kann keine Kritik vertragen. 彼はどのような批判にもがまんできない
❷ (学問・芸術に関する)批評, 評論 ▷ eine Kritik über ein Buch schreiben ある本について書評を書く / Er hat eine gute〈schlechte〉Kritik bekommen. 彼は好評を博した〈悪評をこうむった〉
(イディオム) an+③ Kritik üben ...を批判する

Kri·ti·ker [クリ[-]ティカー] 男 der (2格 -s; 複 -) 批評家, 評論家; (物事の)批判者

kri·tisch [クリーティシュ]
形 ❶ 批判的な ▷ kritische Bemerkungen machen 批判的な意見を述べる
❷ (評価の)厳しい ▷ eine kritische Untersuchung 厳密な調査 / Er ist sehr kritisch. 彼は評価の非常に厳しい人だ
❸ (状況などが)危機的な ▷ Der Patient befindet sich in einem kritischen Zustand. 患者は危機的な状態にある

kri·ti·sie·ren [クリティズィーレン]
(kritisierte; kritisiert; 助 h)
他 ❶ (④と)(..⁴を)批判する, 非難する ▷ Die Kollegen kritisieren ihn. 同僚たちは彼を批判する / Die Entscheidung wurde heftig kritisiert. その決定は激しく批判された
❷ (④と)(..⁴を)批評する ▷ Er hat das Buch negativ kritisiert. 彼はその本について否定的な見解を述べた

krit·zeln [クリッツェルン]
(kritzelte; gekritzelt; 助 h)
— 他 (④+ 方向と)〔メモなど⁴を...へ〕走り〈殴り〉書きする
— 自 いたずらがきする

kroch [クロッホ] kriechen の 過去

Kro·ko·dil [クロコディール] 中 das (2格 -s; 複 -e)(動物) ワニ

Kro·kus [クロ[-]クス] 男 der (2格 -; 複 -〈..kusse〉)(植物) クロッカス

Kro·ne [クローネ] 女 die (2格 -; 複 -n)
❶ 冠, 王冠
❷ 樹冠; 歯冠
(イディオム) die Krone niederlegen 退位する

krö·nen [クレーネン] (krönte; gekrönt; 助 h)
他 ❶ (④と)(..³に)〔王〕冠をかぶせる
❷ (④と)(人生・催し物など⁴の)最後を飾る;(建物・山など⁴の)頂上を飾る ▷ die berufliche Laufbahn durch einen großen Erfolg krönen 大きな成功をおさめて職歴の最後を飾る
(イディオム) ④+zum König krönen ...⁴を王位につける

Kron·leuch·ter [クローン・ロイヒター] 男 der (2格 -s; 複 -) シャンデリア

Krö·te [クレーテ] 女 die (2格 -; 複 -n)(動物) ヒキガエル (☆「カエル」は Frosch)

Krü·cke [クリュッケ] 囡 die (⓶2格 -; ⓷ -n)
❶ 松葉づえ ▷ an *Krücken* gehen 松葉うえをついて歩く
❷ (傘・つえなどの)柄, 握り

Krug [クルーク] 男 der (⓶2格 -[e]s; ⓷ Krüge)
(ビールの, ふつう陶製の)ジョッキ; (取っ手のついた)つぼ(壺), かめ(瓶) ▷ aus einem *Krug* trinken ジョッキから飲む / 〔数量単位として〕ein *Krug* Bier ジョッキ1杯のビール

Krü·ge [クリューゲ] Krug の 複数

Kru·me [クルーメ] 囡 die (⓶2格 -; ⓷ -n)
❶ 〔ふつう 複 で〕パンくず (=Krümel)
❷ 〔複 なし〕表土

Krü·mel [クリューメル] 男 der (⓶2格 -s; ⓷ -)
〔ふつう 複 で〕パンくず

krü·meln [クリューメルン]
(krümelte; gekrümelt; 助動h)
自(パンなどが)ぼろぼろ(粉々)になる, くずれる

krumm [クルム] (比較 or, 最上 -st) 形 曲がった, 湾曲した (反 gerade) ▷ eine *krumme* Linie 曲線 / Er kann das Knie nicht *krumm* machen. 彼はひざを曲げることができない

krüm·men [クリュムメン]
(krümmte; gekrümmt; 助動h)
―他〔⓶4と〕〔背中・指などを〕曲げる
―他〔sich⁴と〕(図形・道などが)曲がる, (枝などが)たわむ
❷〔sich⁴と〕(笑い転げて・苦痛のあまり)身体を曲げる ▷ *sich* vor Lachen *krümmen* 身をよじって大笑いする

Krüp·pel [クリュッペル] 男 der (⓶2格 -s; ⓷ -) 身体障害者 ▷ Er ist durch den Unfall zum *Krüppel* geworden. 彼は事故で身障者になった

Krus·te [クルステ] 囡 die (⓶2格 -; ⓷ -n) (乾燥および冷たくなった表面(外皮) ▷ die *Kruste* des Brotes パンの皮 / Auf der Wunde bildete sich eine *Kruste*. 傷口にかさぶたができた

Kru·zi·fix [クルツィフィクス/クルーツィフィクス] 中 das (⓶2格 -es; ⓷ -e) キリストの十字架像

Kü·bel [キューベル] 男 der (⓶2格 -s; ⓷ -) (取っ手のついた)おけ, バケツ

Ku·bik·me·ter [クビーク・メーター] 男 der (⓶2格 -s; ⓷ -) 立方メートル (略記 m³)

Kü·che [キュッヒェ] 囡 die (⓶2格 -; ⓷ -n)
❶ 台所, 炊事場, 調理場 ▷ eine kleine *Küche* 小さな台所 / in der *Küche* 台所で
❷〔複 なし〕(調理の仕方などの観点から)料理 ▷ französische *Küche* フランス料理 / Dieses Hotel ist für seine gute *Küche* bekannt. このホテルは料理がおいしいのでよく知られている / kalte *Küche* (ハム類やパンだけの)冷肉料理

Ku·chen
[kúːxn クーヘン]
男 der (⓶2格 -s; ⓷ -)

ケーキ
Kuchen backen ケーキを焼く
ein Stück *Kuchen* 1切れのケーキ
Versuch doch mal ein Stück von dem *Kuchen*! ちょっとこのケーキ食べてごらん
(イディオム)④+zu Kaffee und Kuchen einladen …⁴をコーヒーとケーキに招待する

Ku·chen·form [クーヘン・フォルム] 囡 die (⓶2格 -; ⓷ -en) ケーキ型

Kü·chen·ge·rät [キュッヒェン・ゲレート] 中 das (⓶2格 -[e]s; ⓷ -e) 台所用具

Kü·chen·mes·ser [キュッヒェン・メッサー] 中 das (⓶2格 -s; ⓷ -) 包丁

Kü·chen·schrank [キュッヒェン・シュランク] 男 der (⓶2格 -[e]s; ⓷ ..schränke) (台所の)食器棚

Ku·ckuck [クックク] 男 der (⓶2格 -s; ⓷ -e) 《鳥》カッコウ ▷ Der *Kuckuck* ruft. カッコウが鳴く

Ku·gel [クーゲル] 囡 die (⓶2格 -; ⓷ -n)
❶ (比較的小さなかたい)球; (砲丸投げの)砲丸; (ベアリング・ボーリングの)ボール
❷《口語》銃弾, 弾丸 ▷ Er wurde von einer *Kugel* getroffen. 彼は銃弾に当たった

ku·geln [クーゲルン] (kugelte; gekugelt)
―自〔助動s〕〔方向と〕〔…へ〕転がって行く
―他〔助動h〕〔⓶4+方向と〕〔ボールなどを…へ〕転がす ▷ den Stein zur Seite *kugeln* 石をわきへ転がす
―再〔助動h〕〔sich⁴と〕転げ回る ▷ Die Kinder *kugelten* sich im Schnee. 子供たちは雪の中を転げ回った / 〔比ゆ〕*sich* vor Lachen *kugeln* 笑い転げる

Ku·gel·re·gen [クーゲル・レーゲン] 男 der (⓶2格 -s; ⓷ なし) 弾丸の雨

ku·gel·rund [クーゲル・ルント] 形 (頭・リンゴなどが)球のように丸い; (赤ん坊などが)丸々した

Ku·gel·schrei·ber
[kúːɡl̩ʃraibɐ クーゲル・シュライバー]
男 der (⓶2格 -s; ⓷ -)

ボールペン (☆「鉛筆」は Bleistift, 「万年筆」は Füller; 俗 Kuli)
mit dem *Kugelschreiber* schreiben
ボールペンで書く
die Mine des *Kugelschreibers* auswechseln
ボールペンの芯を替える

Kuh [クー] 囡 die (⓶2格 -; ⓷ Kühe)
❶ 雌牛
❷《口語》牛

Kü·he [キューエ] Kuh の 複数

Kuh·hirt [クー・ヒルト] 男 der (変 2·3·4 格 -en; 複 -en) 牛飼い

kühl [キュール] 形 (比較 -er, 最上 -st)
形 ❶ 涼しい, 冷ややかな, うすら寒い; (飲み物などが)冷えた, 冷たい ▷ ein *kühler* Wind 涼しい風 / Es ist mir *kühl*. 私は少し寒い / Getränke *kühl* aufbewahren 飲み物を冷やしておく

❷ (礼儀正しいが)冷ややかな, 冷淡な ▷ ein *kühler* Empfang 冷ややかな出迎え

❸ 冷静な ▷ Er ist ein *kühler* Rechner. 彼はクールな打算家だ

Küh·le [キューレ] 女 die (変 2 格 -; 複 なし) 涼しさ, 冷気 ▷ eine erfrischende *Kühle* さわやかな冷気

küh·len [キューレン] (kühlte; gekühlt; 助動 h)
他 (④と) [...⁴を]冷やす, 冷たくする (反 wärmen) ▷ den Wein *kühlen* ワインを冷やす / sich³ die heiße Stirn mit Wasser *kühlen* 熱い額を水で冷やす / [過去分詞で] gut *gekühltes* Bier よく冷えたビール

Küh·ler [キューラー] 男 der (変 2 格 -s; 複 -)
❶ (シャンパンなどの)アイスペール
❷ (エンジンなどの)冷却装置, ラジエーター

Kühl·schrank [キュール・シュランク] 男 der (変 2 格 -[e]s; 複 ..schränke)
冷蔵庫 ▷ den *Kühlschrank* abtauen 冷蔵庫の霜を取る

kühn [キューン] 形 大胆な, 思い切った ▷ ein *kühner* Mann 大胆な男 / eine *kühne* Tat 大胆な行為 / Das ist aber eine recht *kühne* Behauptung. それはかなり思い切った主張じゃないか

Kü·ken [キューケン] 中 das (変 2 格 -s; 複 -) (鳥類, 特に鶏の)ひな, ひよこ

Ku·ku·ruz [ククルツ] 男 der (変 2 格 -[es]; 複 なし) 《オーストリア》トウモロコシ

Ku·li [クーリ] 《Kugelschreiber の略語》ボールペン

Ku·lis·se [クリッセ] 女 die (変 2 格 -; 複 -n) 舞台装置, 書き割り
(イディオム) **hinter den Kulissen** 舞台裏で

kul·lern [クッレルン] (kullerte; gekullert; 助動 s)
自 (ボールなどが)ゆっくりと転がる ▷ Die Äpfel *kullerten* auf dem Boden. リンゴが床をゴロゴロと転がった / Tränen *kullern* ihr über das Gesicht. 涙が彼女の顔をゆっくりと流れ落ちる

Kult [クルト] 男 der (変 2 格 -[e]s; 複 -e)
❶ 祭祀; 祭式 ▷ der *Kult* der Ahnen 祖先祭祀
❷ (過度の)崇拝, 礼賛 ▷ mit+③ einen *Kult* treiben ...³を熱狂的に崇拝(礼賛)する

kul·ti·vie·ren [クルティヴィーレン] (kultivierte; kultiviert; 助動 h)
他 ❶ (④と) [...⁴を]開墾する ▷ Heide *kultivieren* 荒れ野を開墾する
❷ (④と) [ことば・生活様式など⁴を]洗練されたものにする; [人間関係⁴を]はぐくむ ▷ Er *kultivierte* seine Umgangsformen. 彼は人とのつき合い方がとてもよくなった

kul·ti·viert [クルティヴィーアト] 形 (態度・趣味などが)洗練された

Kul·tur [クルトゥーア] 女 die (変 2 格 -; 複 -en)
❶ 文化 ▷ *Kultur* und Zivilisation 文化と文明 / Die Griechen hatten eine hohe *Kultur*. ギリシャ人は高度の文化をもっていた
❷ 〖複 なし〗教養, 素養 ▷ Er besitzt keine *Kultur*. 彼には教養がない
❸ 〖複 なし〗開墾, 耕作

Kul·tur·denk·mal [クルトゥーア・デンクマール] 中 das (変 2 格 -s; 複 ..mäler) 文化財

kul·tu·rell [クルトゥレル] 形 文化上の, 文化的な ▷ das *kulturelle* Leben der Stadt 都市の文化生活

Kul·tur·ge·schich·te [クルトゥーア・ゲシヒテ] 女 die (変 2 格 -; 複 なし) 文化史

Kul·tur·gut [クルトゥーア・グート] 中 das (変 2 格 -[e]s; 複 ..güter) 文化財

Kul·tur·schock [クルトゥーア・ショック] 男 der (変 2 格 -[e]s; 複 -s) カルチャーショック

Kul·tus·mi·nis·te·ri·um [クルトゥス・ミニステーリウム] 中 das (変 2 格 -s; 複 ..terien) 文部省

Kum·mer [クマー] 男 der (変 2 格 -s; 複 なし) 悩み, 苦悩, 心痛 ▷ *Kummer* haben 悩みがある / Die kranke Mutter macht ihm *Kummer*. 病気の母親のことで彼は心を痛めている

küm·mer·lich [キュマーリヒ]
形 ❶ 発育の不十分な ▷ ein Mann von *kümmerlicher* Gestalt 体つきの貧弱な男
❷ 不十分な, わずかな ▷ ein *kümmerliches* Ergebnis 不十分な成果 / ein *kümmerlicher* Lohn わずかな賃金

küm·mern [キュメルン]
(kümmerte; gekümmert; 助動 h)
— 再 ❶ 〖sich⁴+um+④と〗[...に]心を配る; めんどうをみる ▷ sich um das Gepäck *kümmern* 荷物に気をつける / Sie *kümmerte* sich um die Kinder. 彼女は子供たちのめんどうをみた

❷ 〖sich⁴+um+④と〗[...に]関心をもつ (☆ ふつう否定形で) ▷ Er *kümmert* sich nicht um Politik. 彼は政治に関心がない

— 他 (④と) [...⁴の]心を煩わす, 関心を引く (☆ ふつう否定文か疑問文で) ▷ Das *kümmert* mich nicht. それは私にはどうでもよい

küm·mer·te [キュメルテ] kümmern の 過去

Kum·pan [クムパーン] 男 der (変 2 格 -s; 複 -e) 《口語》仲間, 相棒

①, ②, ③, ④=1 格, 2 格, 3 格, 4 格の名詞

Kum·pel [クムペル] 男 *der* (②2格 -s; 複 -〈-s〉) 坑夫;《口語》仕事仲間

Kun·de [クンデ] 男 *der* (②2・3・4格 -n; 複 -n) (店・取り引き先などの)客, 顧客, 得意先 [☆ 訪問者や飲食店などの「客」は Gast] ▷ **ein fester Kunde** 固定客 / **Kunden bedienen** 客に応対する

kün·den [キュンデン] (kündete; gekündet; 医刁h) 圓《文語》《von+③と》[···³を]よく示す, 物語る

Kun·den·dienst [クンデン・ディーンスト] 男 *der* (②2格 -[e]s; 複 -e) (配達・修理などの)顧客サービス; サービスセンター

kund|ge·ben [クント・ゲーベン] 動不 (er gibt kund; gab kund; kundgegeben; 医刁h) 他《文語》《④と》[···⁴を]一般に知らせる, 公表する

Kund·ge·bung [クント・ゲーブング] 女 *die* (②2格 -; 複 -on) (政治的意見などを広く人々に示すための)大きな集会 ▷ **eine Kundgebung auf dem Marktplatz veranstalten** 政治集会を中央広場で開催する

kun·dig [クンディヒ] 形 (ある分野に)精通している, 専門的知識に裏付けられた

kün·di·gen [キュンディゲン] (kündigte; gekündigt; 医刁h)
— 他《④と》[···⁴の]解約を通告する ▷ **ein Arbeitsverhältnis kündigen** 雇用関係の解約を通告する / **Der Hausbesitzer kündigt ihr zum 31. März die Wohnung.** 家主は彼女に3月31日を限りに住まいの明け渡しを通告する
— 圓《③と》[···³に]解雇通知をする; 賃貸契約の解約を申し出る ▷ **Mir ist gekündigt worden.** 私は解雇を申し渡された

Kün·di·gung [キュンディグング] 女 *die* (②2格 -; 複 -en)
❶ (契約の)解消, 解約, 解雇
❷ 解約〈解雇〉通知

Kun·din [クンディン] 女 *die* (②2格 -; 複 ..dinnen) Kunde の女性形

Kund·schaft [クントシャフト] 女 *die* (②2格 -; 複 なし)《集合的に》顧客 [☆ 個々の「客」は Kunde] ▷ **Kundschaft verlieren** 顧客を失う

künf·tig [キュンフティヒ]
— 形 将来の, 来るべき ▷ **mein künftiger Mann** 私の将来の夫 / **künftige Generationen** 来るべき世代
— 副 今後, これから先 ▷ **Er muss künftig besser aufpassen.** 彼は今後もっと気をつけねばならない

Kunst [クンスト] 女 *die* (②2格 -; 複 Künste)
❶ 芸術; 美術 ▷ **die bildende Kunst** 造形美術
❷ 技能, 技術, 技 ▷ **die ärztliche Kunst** 医術 / **die Kunst des Reitens** 馬術

Kunst·blu·me [クンスト・ブルーメ] 女 *die* (②2格 -; 複 -n) 造花

Küns·te [キュンステ] Kunst の複数

Kunst·feh·ler [クンスト・フェーラー] 男 *der* (②2格 -s; 複 -) 医療ミス

Künst·ler [キュンストラー] 男 *der* (②2格 -s; 複 -)
❶ 芸術家 ▷ **In seinem Haus verkehren viele Künstler.** 彼の家には多くの芸術家が出入りしている
❷ 名人, 名手 ▷ **Er ist ein Künstler im Kartenspiel.** 彼はトランプの名人だ

künst·le·risch [キュンストレリシュ] 形 芸術上の, 芸術的な ▷ **der künstlerische Wert eines Gemäldes** 絵の芸術的価値

künst·lich [キュンストリヒ] 形 人工の, 人造の ▷ **künstliche Blumen** 造花 / **ein künstliches Auge** 義眼 / **künstliche Befruchtung** 人工受精

Kunst·mär·chen [クンスト・メールヒェン] 中 *das* (②2格 -s; 複 -) 創作童話

Kunst·stoff [クンスト・シュトフ] 男 *der* (②2格 -[e]s; 複 -e) 合成物質, プラスチック (=Plastik)

Kunst·stück [クンスト・シュテュック] 中 *das* (②2格 -[e]s; 複 -e) (見せ物の)芸 ▷ **ein Kunststück vormachen** 曲芸〈手品など〉をやって見せる /《比ゆ》**Das ist doch kein Kunststück!** そんなことは簡単だよ(だれだってできる)

kunst·voll [クンスト・フォル] 形 芸術性の高い

Kunst·werk [クンスト・ヴェルク] 中 *das* (②2格 -[e]s; 複 -e) 芸術作品 ▷ **ein sprachliches Kunstwerk** 文芸作品 /《比ゆ》**Diese Uhr ist wirklich ein Kunstwerk.** この時計は実に精巧にできている

Kup·fer [クプファー] 中 *das* (②2格 -s; 複 なし) 銅 ▷ **Draht aus Kupfer** 銅線

kup·fer·ne [クプフェルネ] 形 銅製の (☆ 名詞につけて) ▷ **eine kupferne Kanne** 銅製のポット

Kup·pe [クッペ] 女 *die* (②2格 -; 複 -n) (山・ビンなどの)丸い先端 ▷ **die kahle Kuppe des Berges** 草木の生えていない丸い山頂

Kup·pel [クッペル] 女 *die* (②2格 -; 複 -n) 丸屋根, ドーム, 半球天井; アーチ状のもの

Kupp·lung [クップルング] 女 *die* (②2格 -; 複 -en)
❶ (自動車などの)クラッチ; クラッチペダル ▷ **die Kupplung treten** クラッチペダルを踏む
❷《鉄道》(車両の)連結器

Kur [クーア] 女 *die* (②2格 -; 複 -en)
❶ (比較的長期の)治療, 療法 ▷ **eine Kur machen** ある療法を受ける
❷ 療養 ▷ **zur Kur fahren** 療養に行く / Der

医刁h, 医刁s=完了の助動詞 haben, sein

Arzt verordnete ihm eine *Kur*. 医者は彼に療養を指示した

Kür [キューア] [女] *die* ([単] 2格 –; [複] -en) (体操・フィギュアスケートなどの) 自由演技

Kur·bel [クルベル] [女] *die* ([単] 2格 –; [複] -n) クランク; (柄の曲がった) ハンドル

kur·beln [クルベルン]
(kurbelte; gekurbelt; [完了]h)
[他] 〖④+[方向]と〗〔..⁴を…へ〕(クランク式のハンドルを回して) 動かす

Kür·bis [キュルビス] [男] *der* ([単] 2格 ..bisses; [複] ..bisse) 《植物》かぼちゃ; 《口語》頭

Kur·fürst [クーア・フェルスト] [男] *der* ([単] 2·3·4格 -en; [複] -en) 《歴史》(ドイツ国王を選定する資格を持っていた) 選帝侯

Ku·rier [クリーア] [男] *der* ([単] 2格 -s; [複] -e)
❶ (大都市などの) 宅配特急便
❷ (公文書などを運ぶ) 急使

ku·rie·ren [クリーレン]
(kurierte; kuriert; [完了]h)
[他] 〖④と〗〔..⁴を〕治す, 治療する

K

ku·ri·os [クリオース] [形] 奇妙な

Kur·ort [クーア・オルト] [男] *der* ([単] 2格 -[e]s; [複] -e) 療養地, 湯治場

Kur·pfu·scher [クーア・プフッシャー] [男] *der* ([単] 2格 -s; [複] –) もぐりの医者

Kurs [クルス] [男] *der* ([単] 2格 -es; [複] -e)
❶ (飛行機・船などの) コース, 針路 ▷ den *Kurs* einhalten コースを保つ / vom *Kurs* abkommen コースからそれる / 《比ゆ》der neue außenpolitische *Kurs* 新しい外交路線
❷ 講習 ▷ einen *Kurs* besuchen 講習に通う
❸ (有価証券などの) 相場 ▷ Die *Kurse* fallen. 相場が下がる

Kurs·buch [クルス・ブーフ] [中] *das* ([単] 2格 -[e]s; [複] ..bücher) (鉄道やバスなどの) 時刻表

Kur·se [クルゼ] Kursus の [複数]

kur·sie·ren [クルズィーレン]
(kursierte; kursiert; [完了]h)
[自] (紙幣などが) 流通する
[イディオム] ***das Gerücht kursiert, dass ...*** …といううわさが流れる

Kur·sus [クルズス] [男] *der* ([単] 2格 –; [複] Kurse) 講習

Kur·ve [クルヴェ] [女] *die* ([単] 2格 –; [複] -n)
❶ 曲線; (グラフなどの) カーブ ▷ eine *Kurve* zeichnen 曲線を描く / Die *Kurve* klettert nach oben. (グラフの) カーブが上昇する
❷ (道路などの) カーブ ▷ eine scharfe *Kurve* 急カーブ / eine Straße mit vielen *Kurven* カーブの多い道
❸ 〖[複]で〗《口語》(女性の) 曲線美 ▷ Sie hat aufregende *Kurven*. 彼女は刺激的な曲線美をしている

kur·ven [クルヴェン] (kurvte; gekurvt; [完了]s)
[自] 《口語》 ❶ 弧を描いて走る〈飛ぶ〉, (車などが) カーブして行く; (飛行機などが) 旋回する
❷ 〖durch+④と〗〔..⁴を〕あちこち走り回る

kurz

[kʊrts クルツ]
[比較] kürzer [最上] kürzest

[形] ❶ (空間的に) 短い (反 lang)
eine *kurze* Schnur
短いひも
ein *kurzer* Rock
短いスカート
der *kürzeste* Weg zum Bahnhof
駅への最も近い道
Sie trägt ihr Haar *kurz*.
彼女は髪を短く刈っている
〖前置詞句と〗
Das Hotel liegt *kurz* hinter der nächsten Kreuzung. ホテルは次の交差点のすぐ先にある
❷ (時間的に) 短い, 短時間の, 短期間の ▷ ein *kurzer* Urlaub 短期間の休暇 / Das dauerte nur *kurze* Zeit. それはちょっとの間しか続かなかった / Ich komme morgen *kurz* vorbei. 私はあすちょっと立ち寄ります / 〖前置詞句と〗 *kurz* darauf そのすぐあとで / *kurz* nach drei Uhr 3時ちょっと過ぎに / *kurz* vor Weihnachten クリスマスの少し前に
❸ 簡単な, 簡潔な ▷ ein *kurzer* Brief 短い手紙 / sich⁴ *kurz* fassen 自分の考えを簡潔に述べる / mit *kurzen* Worten 簡潔なことばで / *kurz* gesagt 要するに, 簡単に言えば
[イディオム] ***bis vor kurzem*** 少し前まで
seit kurzem 少し前から
vor kurzem 少し前に, 最近

kurz·at·mig [クルツ・アートミヒ] [形] 息切れした, 息づかいの荒い

Kür·ze [キュルツェ] [女] *die* ([単] 2格 –; [複] なし) (空間的・時間的に) 短い〈わずかである〉こと; (表現の) 簡潔さ ▷ Sie ist in *Kürze* hier. 彼女は間もなくここに来る / in aller *Kürze* ごく手短に

kür·zen [キュルツェン] (kürzte; gekürzt; [完了]h)
[他] ❶ 〖④と〗〔..⁴を〕短くする, 縮める ▷ das Haar *kürzen* 髪を短くする
❷ 〖④と〗〔..⁴を〕減らす, カットする ▷ das Gehalt *kürzen* 給料を減らす
❸ 〖④と〗〔原稿など⁴を〕(削ったりして) 短くする, 簡単にする ▷ einen Vortrag *kürzen* 講演の内容を短縮する

kür·zer [キュルツァー] kurz の [比較]

kur·zer·hand [クルツァー・ハント] [副] さっさと, 即座に

kür·zest [キュルツェスト] kurz の [最上]

kurz·fris·tig [クルツ・フリスティヒ]

kurz 形 ❶ (変更・取り消しなどが)直前になっての, 急な, 突然の
❷ (ローン・立案などが)短期の (旧 langfristig)

kurz･haa･rig [クルツ･ハーリヒ] 形 毛の短い (旧 langhaarig)

kurz･le･big [クルツ･レービヒ] 形 短命の; (機械などが)長くもたない; (流行などが)長く持たない (旧 langlebig)

kürz･lich [キュルツリヒ] 副 最近, 先ごろ ▷ Wir haben ihn *kürzlich* getroffen. 私たちは最近彼に会った

Kurz･schluss(旧 **..schluß**)[クルツ･シュルス] 男 *der* (旧 2格 -es; 旧 ..schlüsse)
❶《電気》ショート
❷ (一時の感情にかられた)軽率な行動

Kurz･schrift [クルツ･シュリフト] 囡 *die* (旧 2格 -; 旧 なし) 速記

kurz･sich･tig [クルツ･ズィヒティヒ]
形 ❶ 近視〈近眼〉の (旧 weitsichtig) ▷ Sie ist sehr *kurzsichtig*. 彼女はひどい近視だ
❷ 近視眼的な ▷ *kurzsichtig* handeln 近視眼的な行動をとる

kurz･um [クルツ･ウム] 副 手短に言えば ▷ *Kurzum*, es hat nicht geklappt. 要するにそれはうまくいかなかった

ku･scheln [クッシェルン]
(kuschelte; gekuschelt; 旧h)
再《sich⁴+方向と》(温かさなどを求めて)〔…〕へ体を寄せる; くるまる, もぐりこむ ▷ Die Katze hat sich an mich *gekuschelt*. 猫が私に体をぴったりくっつけてきた

ku･schen [クッシェン]
(kuschte; gekuscht; 旧h)
自 ❶ (犬が泣き止め)身を伏せる
❷《口語》(人に)反抗しないで従う

Ku･si･ne [クズィーネ] 囡 *die* (旧 2格 -; 旧 -n) (女の)いとこ

Kuss [クス] 男 *der* (旧 2格 -es; 旧 Küsse)
キス, 口づけ, 接吻 ▷ ein heißer *Kuss* 熱い口づけ / Er gab ihr einen zarten *Kuss* auf die Stirn. 彼は彼女の額にやさしくキスをした / Bekomme ich heute keinen *Kuss*? きょうはキスをしてくれないの

Kuß (旧⇒新) Kuss

Küs･se [キュッセ] Kuss の 複数

küs･sen [キュッセン]
(du, er küsst; küsste; geküsst; 旧h)
他 ❶《4と》〔…⁴に〕**キス〈口づけ〉をする** ▷ die Mutter flüchtig *küssen* 母親に軽くキスをする /《相互的に》Sie umarmten und *küssten* sich. 彼らは抱きあってキスをかわした // Er kann gut *küssen*. 彼はキスがじょうずだ / Sie hat noch nie *geküsst*. 彼女はまだキスをしたことがない
(イディオム) ❸ +*die Hand küssen* (畏敬の念などを示すために)〜³の手にキスをする
❹ +*auf den Mund〈die Wange〉küssen* …⁴の口〈頬〉にキスをする

küsst [キュスト] küssen の 現在

küss･te [キュステ] küssen の 過去

Küs･te [キュステ] 囡 *die* (旧 2格 -; 旧 -n)
海岸, 海辺 ▷ eine felsige *Küste* 岩だらけの海岸 / Er verbringt seinen Urlaub an der *Küste*. 彼は海辺で休暇を過ごす

Kut･sche [クッチェ] 囡 *die* (旧 2格 -; 旧 -n) (人を運ぶ)馬車

Kut･scher [クッチャー] 男 *der* (旧 2格 -s; 旧 -) (馬車の)御者

Kut･te [クッテ] 囡 *die* (旧 2格 -; 旧 -n)《カトリック》修道服

Kut･ter [クッター] 男 *der* (旧 2格 -s; 旧 -) (沿岸漁業の)小型漁船; カッター (1本マストの小さな帆船)

Ku･vert [クヴェーア] 中 *das* (旧 2格 -s; 旧 -s) 封筒 (=Umschlag)

kW [キロ・ヴァット]《*Kilowatt* の略語》キロワット

Ky･ber･ne･tik [キュベルネーティック] 囡 *die* (旧 2格 -; 旧 なし)《工学》サイバネティックス

KZ [カーツェット] 中 *das* (旧 2格 -s; 旧 -s)《*Konzentrationslager* の略語》(特にナチスの)強制収容所

L [ɛl エル]

la·ben [ラーベン] (labte; gelabt; 匿了h)
他《sich⁴と》《文語》元気を回復する、さわやかな気分になる

la·bil [ラビール] 形 (状況・健康などが)不安定な；情緒不安定な

La·bor [ラボーア] 中 das (単2格 -s; 複 -s⟨-e⟩)《Laboratorium の略語》実験室

La·bo·ra·to·ri·en [ラボラトーリエン] Laboratorium の 複数

La·bo·ra·to·ri·um [ラボラトーリウム] 中 das (単2格 -s; 複 ..torien) 実験室; (実験を行う)研究所 (≒ Labor)

La·by·rinth [ラビュリント] 中 das (単2格 -[e]s; 複 -e) 迷路, 迷宮

lä·cheln [レッヒェルン]
(ich lächle; lächelte; gelächelt; 匿了h)
自 ほほえむ、笑みを浮べる ▷ freundlich *lächeln* 親しげにほほえむ

lä·chel·te [レッヒェルテ] lächeln の 過去

la·chen
[láxṇ ラッヘン]

現在	ich lache	wir lachen
	du lachst	ihr lacht
	er lacht	sie lachen
過去	ich lachte	wir lachten
	du lachtest	ihr lachtet
	er lachte	sie lachten
過分	gelacht	匿了 haben

自 ❶ 笑う
laut *lachen* 大声で笑う
höhnisch *lachen* あざけり笑う
Wenn ich ihn fragte, *lachte* er nur.
私が質問するといつも彼は笑うだけだった
Da gibt es nichts zu *lachen*. 笑い事ではない
Wer zuletzt *lacht*, *lacht* am besten.
《ことわざ》 最後に勝つ人が本当の勝利者(← 最後に笑う者がもっともよく笑う)

❷ 〖über+④と〗〖..⁴を〗ばかにして笑う ▷ Alle Kollegen *lachen* über ihn. 同僚はみんな彼のことを小ばかにしている

イディオム *Tränen lachen* 涙が出るほど笑う

lä·cher·lich [レッヒャーリヒ]
形 ❶ ばかげた, ばかばかしい; こっけいな, 笑うべき ▷ ein *lächerlicher* Vorschlag ばかげた提案 / Das ist einfach *lächerlich*! それは実にばかばかしい

❷ (ばかばかしいほど)わずかな ▷ eine *lächerliche* Summe ほんのわずかな金額 /《程度を強め》Was sie verdient, ist *lächerlich* wenig 彼女の稼ぎはひどく少ない

lach·haft [ラッハハフト] 形 (言動などが)ばかげている

läch·le [レッヒレ] lächeln の 現在

Lachs [ラクス] 男 der (単2格 -es; 複 -e)《魚》サケ ▷ geräucherter *Lachs* サケの薫製

lach·te [ラハテ] lachen の 過去

Lack [ラック] 男 der (単2格 -[e]s; 複 -e) ラッカー、ワニス、エナメル、うるし

la·ckie·ren [ラキーレン]
(lackierte; lackiert; 匿了h)
他〖④と〗〖..⁴に〗ラッカー⟨ワニス、エナメル、うるしなど⟩を塗る

la·den [ラーデン]
(du lädst, er lädt; lud; geladen; 匿了h)
他 ❶〖④と〗〖荷などを〗積む、載せる ▷ Das nächste Schiff *lädt* Autos für Amerika. 次の船はアメリカ向けの自動車を積み込む /《④と》die Container auf das Schiff *laden* コンテナを船に積む /《比ゆ》Er *lud* damit eine große Verantwortung auf sich. 彼はそのことで大きな責任を負った

❷〖④と〗〖..⁴に〗弾薬を詰め込む;〔蓄電池などに〕充電する ▷ ein Gewehr *laden* 銃に弾を込める

❸《法律》〖④と〗〖..⁴を〗召喚する ▷ Er wurde als Zeuge vor Gericht *geladen*. 彼は証人として法廷に召喚された

La·den
[láːdṇ ラーデン]

男 der (単2格 -s; 複 Läden)

❶ 店, 商店 (=Geschäft)
ein eleganter *Laden* しゃれた店
ein *Laden* für Lebensmittel 食料品店
einen *Laden* eröffnen 店を(新しく)開店する
Sonntags sind die *Läden* geschlossen.
[状態受動] 日曜日は店は閉まっている

❷ シャッター; (観音開き式の)よろい戸 (=Rollladen) ▷ den *Laden* herunterlassen ⟨hochziehen⟩ シャッターを下ろす⟨上げる⟩

Lä·den [レーデン] Laden の 複数

La·den·dieb·stahl [ラーデン・ディープ・シュタール] 男 der (単2格 -[e]s; 複 ..stähle) 万引き

---

①, ②, ③, ④=1格, 2格, 3格, 4格の名詞

La·den·schild [ラーデン・シルト] [中] *das* ([単] 2 格 -[e]s; [複] -er) (店の)看板

La·den·schluss ([旧] ..schluß) [ラーデン・シュルス] [中] *das* ([単] 2 格 -es; [複] なし) 閉店時間

La·den·schluss·ge·setz [ラーデン・シュルス・ゲゼッツ] [中] *das* ([単] 2 格 -es; [複] -e) 閉店法 (商店などの営業時間を定めた法律)

lädst [レーツト] laden の [現在]

lädt [レート] laden の [現在]

La·dung [ラードゥング] [女] *die* ([単] 2 格 -; [複] -en) 積み荷, 貨物 ▹ eine gefährliche *Ladung* 危険な積み荷

lag [ラーク] liegen の [過去]

La·ge [ラーゲ] [女] *die* ([単] 2 格 -; [複] -n)
❶ 〘ふつう [複] なし〙 (環境の観点から見た)**位置**, 場所 ▹ ein Haus in sonniger *Lage* 日当たりのよい場所にある家 / Der Kurort hat eine ruhige *Lage*. その療養地は静かな場所にある
❷ (人・物などの)置かれ方, 姿勢 ▹ Der Kranke wurde in eine bequeme *Lage* gebracht. 病人は楽な姿勢で寝られるようにしてもらった
❸ 状況, 情勢 ▹ die *Lage* sofort erfassen 状況をすぐに把握する / Die *Lage* ist ernst, aber nicht hoffnungslos. 状況は深刻だが望みがないわけではない
❹ (物を重ねてできた)層 (=Schicht) ▹ eine *Lage* von Steinen 石の重なりあった層
[イディオム] ***in der Lage sein***+***zu*** 不定詞句 …ができる状況にある ▹ Er *ist* nicht *in der Lage*, euch helfen *zu* können. 彼は君たちを助けられる状況にない

lä·ge [レーゲ] liegen の [接II]

La·ger [ラーガー] [中] *das* ([単] 2 格 -s; [複] -)
❶ (捕虜・難民などの)**収容所** ▹ aus dem *Lager* fliehen 収容所から逃げ出す
❷ (商品などの)**倉庫** ▹ das *Lager* räumen 在庫品を一掃する
❸ (政治上・思想上の)陣営 ▹ Sie stehen in unserem *Lager*. 彼らは我々の陣営に立っている
❹ (合宿などの)キャンプ村; (軍隊の)野営地 ▹ ins *Lager* fahren キャンプ村へ行く

la·gern [ラーゲルン] (lagerte; gelagert; [完了]h)
— [他] ❶ 〘④と〙 〔食料品など⁴を〕貯蔵する ▹ Lebensmittel im Kühlhaus *lagern* 食品を冷蔵倉庫に貯蔵する
❷ 〘④と〙 〔…⁴を〕寝かせる, 横たえる ▹ den Verletzten flach *lagern* 病人を水平に寝かせる
— [自] ❶ (食品などが)貯蔵〈保存〉されている ▹ Die Medikamente müssen kühl und trocken *lagern*. 薬は涼しい乾燥したところに保存しておかねばならない
❷ 《文語》(部隊などが)野営〈キャンプ〉する

La·gu·ne [ラグーネ] [女] *die* ([単] 2 格 -; [複] -n) 潟(かた) (砂州などで区切られてできた湖)

lahm [ラーム]
[形] ❶ (肉体的障害で)**麻痺**(まひ)**した**, 歩行障害のある ▹ ein *lahmes* Bein 麻痺した脚
❷ 《口語》麻痺(まひ)したようになった, だるい, 凝った ▹ Meine Arme sind ganz *lahm* vom Koffertragen. 私はトランクを運んですっかり腕がだるくなってしまった
❸ 《口語》(討論などが)しまりのない, だらけた; (説明などが)へたな
[イディオム] ④+***lahm legen*** (交通など)⁴を麻痺(まひ)させる, (交渉など)⁴を停滞させる

läh·men [レーメン] (lähmte; gelähmt; [完了]h)
[他] 〘④と〙 〔手足など⁴を〕麻痺(まひ)させる ▹ Er ist seit dem Schlaganfall *gelähmt*. [状態受動] 彼は脳卒中の後 身体が麻痺している

lahm|le·gen [ラーム・レーゲン] [分離] (legte lahm; lahmgelegt; [完了]h) [他] [旧⇨新] **lahm legen** (分けて書く) ☞ lahm

Läh·mung [レームング] [女] *die* ([単] 2 格 -, [複] -en) (手足などの)麻痺(まひ); (交通などの)麻痺, (交渉などの)停滞

Laib [ライプ] [男] *der* ([単] 2 格 -[e]s; [複] -e) (パン・チーズなどの)かたまり

lai·chen [ライヒェン] (laichte; gelaicht; [完了]h)
[自] (カエル・魚などが)産卵する

Laie [ライエ] [男] *der* ([単] 2·3·4 格 -n; [複] -n) 素人(しろうと) ([反] Fachmann) ▹ Ich bin auf diesem Gebiet völliger *Laie*. 私はこの分野ではずぶの素人だ

La·ken [ラーケン] [中] *das* ([単] 2 格 -s; [複] -) 敷布, シーツ

la·ko·nisch [ラコーニシュ] [形] (返答などが)簡潔で要領を得た

lal·len [ラレン] (lallte; gelallt; [完了]h)
[自] まわらない舌で不明瞭(めいりょう)にしゃべる ▹ Das Baby *lallt*. 赤ん坊がフガフガ言う / 〘④と〙 Der Betrunkene *lallte* etwas Unverständliches. 酔っ払いはろれつのまわらない舌で何かわけのわからないことを言った

La·ma [ラーマ] [中] *das* ([単] 2 格 -s; [複] -s) 《動物》 ラマ

la·men·tie·ren [ラメンティーレン] (lamentierte; lamentiert; [完了]h)
[自] 《口語》(くどくど)嘆く

La·met·ta [ラメッタ] [中] *das* ([単] 2 格 -s; [複] なし) (クリスマスツリーを飾る)金属片のモール〈飾りひも〉

Lamm [ラム] [中] *das* ([単] 2 格 -[e]s; [複] Lämmer) 子羊 ▹ Die *Lämmer* blöken. 子羊たちがメーメー鳴く

Läm·mer [レムマー] Lamm の [複数]

lamm·fromm [ラム・フロム] [形] (子羊のように)おとなしい, 従順な

Lam·pe [ラムペ] 囡 die (⸺2格 -; ⸺ -n)
電灯; ランプ ▷ die *Lampe* einschalten〈ausschalten〉電灯のスイッチを入れる〈切る〉/ eine *Lampe* anzünden ランプに火をつける / Die *Lampe* brennt. 電灯〈ランプ〉がともっている

Lam·pen·fie·ber [ラムペン・フィーベル] 匣 das (⸺2格 -s; ⸺なし)(出演・試験などの前の)極度の緊張, あがること

Lam·pi·on [ラムピオーン] 男 der (⸺2格 -s; ⸺ -s) (色紙で作った)ちょうちん ▷ *Lampions* aufhängen ちょうちんをつるす

Land

[lant ラント]
匣 das (⸺2格 -es〈まれに -s〉; ⸺ Länder)

格	単 数	複 数
①	das Land	die Länder
②	des Landes	der Länder
③	dem Land	den Ländern
④	das Land	die Länder

❶ 国
nördliche *Länder*
北の国々
Er reist gern in fremde *Länder*.
彼は知らない国へ旅行するのが大好きだ
Andere *Länder*, andere Sitten.
《ことわざ》所変われば品変わる(←別の国では別の習慣)
❷《⸺なし》土地; 耕地 ▷ fruchtbares *Land* 肥沃な土地 / ein Stück *Land* besitzen 土地を1区画所有している / das *Land* bestellen 耕地を耕す
❸《⸺なし》陸地 ▷ Ein Frosch kann im Wasser, aber auch auf dem *Land* leben. カエルは水中でも また陸地でも生きていける
❹ (行政区画としての)州 ▷ das *Land* Bayern バイエルン州
(イディオム) **an Land gehen** 上陸する
auf dem Land[e]〈**aufs Land**〉いなかで〈いなかへ〉▷ *aufs Land* gehen いなかに行く / Sie wohnen *auf dem Land[e]*. 彼らはいなかに住んでいる(☆「町」は Stadt)

lan·den [ランデン] (landete; gelandet)
― 自《⸺s》❶ (飛行機などが)着陸〈着地〉する ▷ Das Flugzeug ist soeben *gelandet*. 飛行機はたった今着陸した / auf dem Flughafen *landen* 空港に着陸する(☆ 3・4格支配の前置詞の場合3格を用いる) / Wir sind pünktlich in Frankfurt *gelandet*. 私たちは定刻通りにフランクフルト空港に到着した
❷ (船が)接岸する; (人が)上陸する ▷ Das Schiff *landete* im Hafen. 船は港に接岸した
❸《口語》《場所と》(あれこれ迷った末に)[…]に行き着く ▷ Schließlich *landete* ich im Kino. 結局私は映画館に入った
― 他《⸺h》《4と》[部隊・物資などを](空中から)降下させる;(船から)上陸させる, 陸揚げする ▷ hinter der feindlichen Front Fallschirmjäger *landen* 敵の前線の背後に落下傘兵を降下させる

Län·der [レンダー] Land の 複数

Län·de·rei·en [レンデライエン] 複名 (森・草原などを含む)広大な所有地

Lan·des·kun·de [ランデス・クンデ] 囡 die (⸺なし)(特定の地域を総合的に分析する)地域研究

Land·kar·te [ラント・カルテ] 囡 die (⸺2格 -; ⸺ -n)
地図 ▷ einen Fluss auf der *Landkarte* suchen 地図で川を探す

land·läu·fig [ラント・ロイフィヒ] 形 世間一般の, よく見受けられる, ありきたりの

länd·lich [レントリヒ] 形 いなかの ▷ *ländliche* Sitten und Gebräuche いなかの風俗習慣

Land·mi·ne [ラント・ミーネ] 囡 die (⸺2格 -; ⸺ -n) 地雷

Land·schaft [ラントシャフト] 囡 die (⸺2格 -; ⸺ -en)
(ある風土的特性が形作る)風景, 景観 ▷ eine öde *Landschaft* 荒涼とした風景 / Eine herrliche *Landschaft* tat sich vor uns auf. すばらしい風景が私たちの目の前に開けた

land·schaft·lich [ラントシャフトリヒ]
形 ❶ 風景の, 風土の
❷ (ことばなどが)その地方特有の

Land·schafts·pfle·ge [ラントシャフツ・プフレーゲ] 囡 die (⸺なし) 自然景観保存

Land·schafts·schutz [ラントシャフツ・シュッツ] 男 der (⸺2格 -es; ⸺なし) 自然景観保護

Lands·leu·te [ランツ・ロイテ] Landsmann の 複数

Lands·mann [ランツ・マン] 男 der (⸺2格 -[e]s; ⸺ ..leute) 同国人, 同郷の人 ▷ Er ist ein *Landsmann* von mir. 彼は私と国が同じ〈同郷〉だ

Land·stra·ße [ラント・シュトラーセ] 囡 die (⸺2格 -; ⸺ -n) (町と町を結ぶ)道路, 街道

Land·strei·cher [ラント・シュトライヒャー] 男 der (⸺2格 -s; ⸺ -) 浮浪者, 放浪者

Land·strich [ラント・シュトリヒ] 男 der (⸺2格 -[e]s; ⸺ -e) (比較的狭い)地域, 地帯 ▷ ein dicht bevölkerter〈grüner〉*Landstrich* 人口密度の高い〈緑の多い〉地域

Land·tag [ラント・ターク] 男 der (⸺2格 -[e]s; ⸺なし) (ドイツの)州議会

Lan·dung [ランドゥング] 囡 die (⸺2格 -; ⸺ -en)

❶ (飛行機などの)着陸; (船の)接岸
❷ (飛行機からの)降下; (部隊の)上陸; (物資の)陸揚げ

Land·weg [ラント・ヴェーク] [男] *der* ([単] 2 格 -[e]s; [複] なし) 陸路 (☆「空路」は Luftweg,「海路」は Seeweg)

Land·wirt [ラント・ヴィルト] [男] *der* ([単] 2 格 -[e]s; [複] -e) 農業〈農場〉経営者

Land·wirt·schaft [ラント・ヴィルトシャフト] [女] *die* ([単] 2 格 -; [複] なし) 農業 ▷ in der *Landwirtschaft* arbeiten 農業に従事している

Land·zun·ge [ラント・ツンゲ] [女] *die* ([単] 2 格 -; [複] -n) (細長く突き出た)岬

lang

[laŋ ラング]

[比較] länger [最上] längst

[形] ([反] kurz)
❶ (空間的に)長い
eine *lange* Schnur 長いひも
eine *lange* Reihe 長い列
eine *lange* Strecke 長い道のり
Sie hat *lange* Beine. 彼女は脚が長い
Der Mantel ist zu *lang*. そのコートは長すぎる
Wie *lang* ist das Seil? そのザイルの長さはどのくらいですか
〖[数量]と〗
Das Brett ist 6 m *lang*. その板の長さは 6 メートルだ
ein drei Meter *langes* Seil 3 メートルの長さのザイル
❷ (時間的に)長い, 長時間〈期間〉の ▷ ein *langes* Leben 長い人生 / eine *lange* Reise 長期間の旅行 / 〖副詞的 4 格で〗 *Lange* Zeit war sie krank. 長い間彼女は病気だった / 〖[数量]と〗 Er hat drei Stunden *lang* gewartet. 彼は 3 時間待った
❸ (内容的に)長い ▷ einen *langen* Brief schreiben 長い手紙を書く
[イディオム] ***seit langem*** 〈***seit langer Zeit***〉 ずっと以前から

lang·at·mig [ラング・アートミヒ] [形] (説明などが)長たらしい, 冗長の, 冗漫な

lan·ge [ランゲ] ([比較] länger, [最上] am längsten)
[副] ❶ (時間的に) 長く, 長い間 ▷ Er musste *lange* warten. 彼は長いこと待たねばならなかった / Wie *lange* bleiben Sie hier? ここにはどのくらいおいでになりますか / Das ist schon *lange* her. それはもうずっと前のことだ / Er weiß es schon *lange*. 彼はもうとっくにそのことを知っている
❷ 〖否定詞と〗 とうてい〔…ではない〕 ▷ Das ist noch *lange* nicht genug. それはまだとうてい十分とは言えない

Län·ge [レンゲ] [女] *die* ([単] 2 格 -; [複] -n)
❶ (空間的な)長さ (☆「幅」は Breite,「高さ」は Höhe) ▷ die *Länge* des Brettes messen 板の長さを測る / 〖[数量]と〗 ein Seil von 5 Meter[n] *Länge* 5 メートルのザイル
❷ 〖[複] はまれ〗 (時間的な)長さ ▷ die *Länge* des Vortrages 講演の長さ / 〖[数量]と〗 ein Film von drei Stunden *Länge* 3 時間の映画
❸ 〖[複] なし〗《地理》 経度 ([反] Breite) ▷ Die Stadt liegt auf 45 Grad östlicher 〈westlicher〉 *Länge*. その町は東経〈西経〉45 度にある
[イディオム] ***sich***[4] ***in die Länge ziehen*** 長引く ▷ Die Besprechung *zog* sich *in die Länge*. 話し合いは長引いた

lan·gen [ランゲン] (langte; gelangt; [完了]h)
[自]《口語》 ❶ (特に量的に)足りる, 十分である ▷ Das Brot *langt* noch für heute. このパンできょうは足りる
❷ 〖[方向]と〗 〔…まで〕届く; 手が届く ▷ Das Kleid *langte* mir gerade bis zum Knie. そのワンピースは丈がちょうどひざまであった
❸ 〖[方向]と〗〔…へ〕手を伸ばす ▷ Er *langte* in die Tasche. 彼はポケットに手を突っ込んだ

Län·gen·grad [レンゲン・グラート] [男] *der* ([単] 2 格 -[e]s; [複] -e) 《地理》 経度 ([反] Breitengrad)

län·ger [レンガー] [形] 〖lang, lange の比較級〗 より長い ▷ Die Nächte werden wieder *länger*. 夜は再び長くなる
[イディオム] ***nicht länger*** これ以上…ない ▷ Ich kann es *nicht länger* aushalten. 私はこれ以上がまんができない

Lan·ge·wei·le [ランゲ・ヴァイレ] [女] *die* ([単] 2 格 -; [複] なし) 退屈 ▷ Sie hat *Langeweile*. 彼女は退屈している

Lang·fin·ger [ラング・フィンガー] [男] *der* ([単] 2 格 -s; [複] -) 《口語》 どろぼう; すり

lang·fris·tig [ラング・フリスティヒ] [形] (ローン・立案などが)長期の ([反] kurzfristig)

lang·haa·rig [ラング・ハーリヒ] [形] 毛〈髪〉の長い, 長髪の ([反] kurzhaarig)

lang·jäh·rig [ラング・イェーリヒ] [形] 長年の, 多年にわたる; 長期の

lang·le·big [ラング・レービヒ] [形] 長持ちする; (機械などが)長く使える ([反] kurzlebig)

läng·lich [レングリヒ] [形] (幅に比べて)長い, 長めの, 縦長の ▷ Sie hat ein *längliches* Gesicht. 彼女は面長(おもなが)だ

Lang·mut [ラング・ムート] [女] *die* ([単] 2 格 -; [複] なし) 忍耐強さ

längs [レングス]
── [前] 〖②支配〗《文語》 …に沿って (=entlang) ▷ *längs* des Zauns 垣根に沿って
── [副] 縦に ([反] quer) ▷ einen Tisch *längs*

stellen テーブルを縦に置く

lang·sam
[láŋza:m ラングザーム]

— [形] ([比較] langsamer, [最上] langsamst)
❶ 遅い, ゆっくりした ([反] schnell)
ein *langsames* Tempo 遅いテンポ
mit *langsamen* Schritten gehen
ゆっくりした足取りで歩いて行く
Die Zeit vergeht *langsam.*
時間はゆっくり過ぎていく
❷ のろい, のろまな ▷ Er ist in allem *langsam.* 彼はやることがすべてのろい
— [副] 徐々に, しだいに, そろそろ ▷ Ihm wurde *langsam* klar, dass… 彼はしだいに…ということがわかってきた / Es wird *langsam* Zeit zu gehen. そろそろ出かける時間だ

Lang·schlä·fer [ラング・シュレーファー] [男] *der* ([単] 2 格 -s; [複] -) 朝寝坊の人

Lang·spiel·plat·te [ラング・シュピール・プラッテ] [女] *die* ([単] 2 格 -; [複] -n) LP レコード ([略] LP)

längst [レングスト]
— [形] 〚lang の最上級〛 最も長い ▷ die *längste* Brücke der Welt 世界で一番長い橋
— [副] とっくに, とっくの昔に ▷ Das weiß ich *längst.* そのことは私はとっくに知っている
[イディオム] ***längst nicht*** とうてい…ではない ▷ Das ist *längst nicht* alles. とうていそれがすべてではない〈それだけではすまない〉

längs·tens [レングステンス] [副] 長くても

Lan·gus·te [ラングステ] [女] *die* ([単] 2 格 -; [複] -n) 《動物》 イセエビ

Lang·wei·le [ラング・ヴァイレ] [女] *die* ([単] 2 格 -; [複] なし) = Langeweile

lang·wei·len [ラング・ヴァイレン]
(langweilte; gelangweilt; [完了]h)
— [他] 〚④と〛 〔…⁴を〕退屈させる ▷ Der Film *langweilte* ihn. その映画に彼は退屈した
— [再] 〚[sich]⁴と〛 退屈する ▷ Sie hat sich bei der Geburtstagsfeier sehr *gelangweilt.* その誕生日パーティーに彼女はとても退屈した

lang·wei·lig [ラング・ヴァイリヒ] ([比較] -er, [最上] -st)
[形] 退屈な ▷ ein *langweiliger* Vortrag 退屈な講演 / Sie ist hübsch, aber *langweilig.* 彼女はきれいだが退屈だ

lang·wie·rig [ラングヴィーリヒ] [形] (交渉・病気などが) 長びく

Lan·ze [ランツェ] [女] *die* ([単] 2 格 -; [複] -n) (騎士の用いた) 槍(やり)

Lap·pa·lie [ラパーリエ] [女] *die* ([単] 2 格 -; [複] -n) ささいな〈くだらない〉こと

Lap·pen [ラッペン] [男] *der* ([単] 2 格 -s; [複] -) (掃除などに用いる) 布切れ, ぞうきん; ふきん ▷ die Schuhe mit einem *Lappen* putzen 靴を布切れで磨く

läp·pisch [レッピシュ] [形] 《口語》 ばかばかしい, くだらない; 子供じみた

Lap·top [レップトップ] [男] *der* ([単] 2 格 -s; [複] -s) ラップトップ型パソコン

Lär·che [レルヒェ] [女] *die* ([単] 2 格 -; [複] -n) 《植物》 カラマツ

Lärm [レルム] [男] *der* ([単] 2 格 -[e]s; [複] なし)
騒音 ▷ der *Lärm* der Flugzeuge 飛行機の騒音 / Die Kinder machen *Lärm.* 子供たちが騒ぐ

lär·men [レルメン] (lärmte; gelärmt; [完了]h)
[自] 騒ぐ; (バイクなどが) うるさい音をたてる

Lar·ve [ラルフェ] [女] *die* ([単] 2 格 -; [複] -n) (昆虫の) 幼虫, 幼生

las [ラース] lesen の [過去]

lasch [ラッシュ] [形] 《口語》 気のない, やる気のない, 無気力な, だらだらした

lä·se [レーゼ] lesen の [接II]

La·ser·dru·cker [レーザー・ドルッカー] [男] *der* ([単] 2 格 -s; [複] -) レーザープリンタ

La·ser·strahl [レーザー・シュトラール] [男] *der* ([単] 2 格 -[e]s; [複] -en) レーザー光線

lass [ラス] lassen の [命令]

laß [旧⇨新] lass

las·sen
[lásn̩ ラッセン]

[現在]	ich lasse	wir lassen
	du lässt	ihr lasst
	er lässt	sie lassen
[過去]	ich ließ	wir ließen
	du ließest	ihr ließt
	er ließ	sie ließen
[過分]	lassen	[完了] haben

[注]「やめる」「置いておく」などの意味の本動詞では [過分] **gelassen**

— [助] 〚不定詞と; 過去分詞は lassen; 本動詞の意味上の主語は④または von+③によって表示される〛
❶ 《使役》 (命じて) …させる, (頼んで) …してもらう
Er *lässt* seinen Sohn das Auto waschen.
彼は息子に自動車を洗わせる (☆ seinen Sohn は waschen の意味上の主語, das Auto は waschen の目的語)
den Arzt holen *lassen*
医者を迎えにやらせる (☆ den Arzt は holen の目的語, 意味上の主語は省略)
Meine Frau *lässt* dich grüßen.
女房から君によろしくとのことだ
〚von+③と〛
Ich *lasse* mir die Haare von meiner Mutter schneiden. 私は母に髪を切ってもらう (☆ von

meiner Mutter は schneiden の意味上の主語）
【再帰代名詞と】
sich von einem Arzt behandeln *lassen* 医者に治療してもらう
❷《黙認・容認》（好きなように）…させておく，…させてやる ▷ die Katze im Bett schlafen *lassen* 猫をベッドで眠らせておく / *Lass* mich gehen! 行かせてください / *Lass* mich den Brief lesen! 私にその手紙を読ませよう /【再帰代名詞と】*Lassen* Sie sich nicht stören! (私のことは)おかまいなく

★ 意味上の主語が動詞の表す行為を自らする意図をもたない場合 ❶ の《使役》の用法，もっている場合 ❷ の《黙認・容認》の用法になる

❸《事物を④として》[..⁴を]…するままにしておく ▷ das Licht brennen *lassen* 明かりをつけたままにしておく / *Lassen* Sie das nur meine Sorge sein! そのことは私に任せておいてください
イディオム *es lässt sich*⁴+不定詞（自動詞）+ 様態 + 場所 ・ 条件 など …するのに…は…だ ▷ Auf dem Land *lässt es sich* gut leben. いなかは暮らしやすい / Es *lässt sich* in diesem Zimmer ruhig schlafen. この部屋では落ち着いて寝られる /
Lass[t] uns ⟨*Lassen Sie uns*⟩ ...《提案を表して》…しよう⟨しましょう⟩（☆ du に対しては Lass uns, ihr に対しては Lasst uns を用いる）▷ *Lass[t] uns* ein Lied singen! 歌を一曲歌おう /
*sich*⁴+不定詞+*lassen* …されうる（☆ 事物を主語にして）▷ Eisen *lässt sich* biegen. 鉄は曲げることができる / Das *lässt sich* schwer beweisen. これは証明するのが難しい

―― 他《過去分詞は gelassen》
❶《④と》[..⁴を]やめる ▷ das Rauchen *lassen* 喫煙をやめる / *Lass* das! [そんなことは]やめろよ
❷《④+状態と》[..⁴を…の]ままにしておく ▷ *Lass* uns doch in Ruhe! 私たちをそっとしておいてくれ / Wir haben alles beim Alten *gelassen*. 私たちはすべて元のままにしておいた
❸《④+場所と》[..⁴を…に]置いて⟨預けて⟩おく ▷ Ich *lasse* das Kind nicht allein in der Wohnung. 私は子供を一人で家に置いておくことはしない / Den Mantel *lassen* wir an der Garderobe. コートは私たちはクロークに預けておく
❹《④+場所と》[..⁴を…に]置き忘れる ▷ Wo habe ich nur meinen Schirm *gelassen*? いったいどこに傘を置き忘れたんだろう
❺《③+④と》[..³に..⁴を]渡したままにしておく ▷ *Lass* ihm das Buch! 彼にその本をそのまま渡

しておきなさい
❻《④+方向と》[..⁴を…へ⟨から⟩]入れる⟨出す⟩ ▷ Wasser in die Wanne ⟨das Wasser aus der Wanne⟩ *lassen* 水を浴槽に入れる⟨から出す⟩
イディオム ④+*im Stich lassen* …⁴を見捨てる，置き去りにする

läs·sig [レッスィヒ] 形 さりげない，自然な，無造作な ▷ *lässig* die Beine überschlagen さりげなく足を組む

lasst [ラスト] lassen の 現在, 命令

laßt 旧⇒新 lasst

lässt [レスト] lassen の 現在

läßt 旧⇒新 lässt

Last [ラスト] 女 *die* (⑯ 2 格 -; ⑯ -en)
❶ （重い）荷，荷物 ▷ schwere *Lasten* 重い荷物
❷《複なし》（精神的な）重荷 ▷ Diese Pflicht ist mir eine schwere *Last*. この義務は私には非常な重荷だ
イディオム ③+*zur Last fallen* …³の負担になる

las·ten [ラステン] (lastete; gelastet; 完了h)
自【auf+③と】(荷物・責任などが) [..³に]重くのしかかっている

Las·ter [ラスター]
―― 中 *das* (⑯ 2 格 -s; ⑯ -) 悪徳；悪習 ▷ Sein *Laster* ist der Alkohol. 彼の悪いところは酒を飲むことだ
―― 男 *der* (⑯ 2 格 -s; ⑯ -)《口語》トラック (= Lastkraftwagen)

las·ter·haft [ラスターハフト] 形 悪習に染まった；道徳に反した，堕落した

läs·tern [レステルン] (lästerte; gelästert; 完了h)
自【über+④と】[..⁴について]嘲笑する，意地悪なことを言う

läs·tig [レスティヒ] 形 わずらわしい，やっかいな ▷ ein *lästiger* Mensch わずらわしい人 / eine *lästige* Pflicht やっかいな義務

Last·kraft·wa·gen [ラスト・クラフト・ヴァーゲン] 男 *der* (⑯ 2 格 -s; ⑯ -) トラック（略 Lkw, LKW）

Last·wa·gen [ラスト・ヴァーゲン] 男 *der* (⑯ 2 格 -s; ⑯ -) =Lastkraftwagen

La·tein [ラタイン] 中 *das* (⑯ 2 格 -s; ⑯ なし) ラテン語

La·tein·ame·ri·ka [ラタイン・アメーリカ] (⑯ *das*)《地名》ラテンアメリカ

la·tein·ame·ri·ka·nisch [ラタイン・アメリカーニシュ] 形 ラテンアメリカの

la·tei·nisch [ラタイニシュ] 形 ラテン語の ▷ die *lateinische* Schrift ラテン文字

la·tent [ラテント] 形 潜在的な，隠れた；《医学》(病気が)潜伏性の

La·ter·ne [ラテルネ] 女 *die* (⑯ 2 格 -; ⑯ -n)

完了h, 完了s＝完了の助動詞 haben, sein

Laternenpfahl

❶ 街灯（＝Straßenlaterne）▷ unter einer *Laterne* parken 街灯の下に駐車する
❷ ランタン，カンテラ；ちょうちん ▷ eine *Laterne* anzünden ランタンをともす

La·ter·nen·pfahl [ラテルネン・プファール] 男 *der*（⚙ 2格 –[e]s; ⚙ ..pfähle）街頭のポール

La·tri·ne [ラトリーネ] 女 *die*（⚙ 2格 –; ⚙ -n）（穴を掘っただけの）仮設便所

lat·schen [ラーチェン]
（latschte; gelatscht; 完了 s）
自 （足を引きずるようにして）だらだら歩く ▷ Er ist in Pantoffeln über den Hof *gelatscht*. 彼はスリッパをずるずる引きずるようにして中庭を歩いて行った

Lat·te [ラッテ] 女 *die*（⚙ 2格 –; ⚙ -n）（塀などに用いる）細長い薄板 ▷ eine *Latte* annageln 板をくぎで打ちつける

Latz [ラッツ] 男 *der*（⚙ 2格 –es; ⚙ Lätze）（食事の際に衣服を汚さないための）胸当て；よだれかけ

Lätz·chen [レッツヒェン] 中 *das*（⚙ 2格 –s; ⚙ -）《Latz の縮小形》よだれかけ

Lät·ze [レッツェ] Latz の 複

lau [ラオ]
形 ❶ ぬるい ▷ ein *laues* Bad nehmen ぬるいふろに入る
❷ （心地よく）暖かな ▷ eine *laue* Sommernacht 穏やかな夏の夜

Laub [ラオプ] 中 *das*（⚙ 2格 –[e]s; ⚙ なし）（集合的に）木の葉（☆ 一枚一枚の「葉」は Blatt）▷ grünes *Laub* 緑の木の葉 / Das *Laub* fällt von den Bäumen. 木の葉が木々から落ちる

Laub·baum [ラオプ・バオム] 男 *der*（⚙ 2格 –[e]s; ⚙ ..bäume）広葉樹（↔ Nadelbaum）

Lau·be [ラオベ] 女 *die*（⚙ 2格 –; ⚙ -n）あずまや ▷ In dem Garten steht eine *Laube*. その庭にはあずまやがある

Laub·frosch [ラオプ・フロッシュ] 男 *der*（⚙ 2格 –[e]s; ⚙ ..frösche）アマガエル

Laub·sä·ge [ラオプ・ゼーゲ] 女 *die*（⚙ 2格 –; ⚙ -n）糸のこ

Lauch [ラオホ] 男 *der*（⚙ 2格 –[e]s; ⚙ -e）《植物》ネギ

Lau·er [ラオアー] 女 *die*《成句で》*auf der Lauer liegen*（成り行きなどを）じっとうかがう

lau·ern [ラオエルン]（lauerte; gelauert; 完了 h）
自《auf+❹と》〔…を〕（悪意をもって）隠れて待つ，待ち伏せる ▷ auf den Feind *lauern* 敵を待ち伏せる

Lauf [ラオフ] 男 *der*（⚙ 2格 –es《まれに –s》; ⚙ Läufe）
❶ 《⚙ なし》走ること ▷ Er kam in vollem *Lauf* daher. 彼は全速力で走って来た
❷ 《スポーツ》競走 ▷ 100-Meter-*Lauf* 100メートル競走

❸ 《⚙ なし》（機械などの）作動，動き ▷ der *Lauf* des Motors überwachen モーター〈エンジン〉の動きを見守る
❹ 《⚙ なし》（物事などの）成り行き，推移，経過
イディオム ❸＋*freien Lauf lassen* …³を成り行きにまかせる ▷ Er ließ seinen Tränen *freien Lauf*. 彼は涙が流れるのにまかせた
im Lauf+❷ …²のうちに ▷ *im Lauf* der nächsten Woche 来週中に

Lauf·bahn [ラオフ・バーン] 女 *die*（⚙ 2格 –; ⚙ -en）
❶ （職業上の）歩み，経歴 ▷ die berufliche *Laufbahn* 職歴 / Er hat eine glänzende *Laufbahn* vor sich. 彼は輝かしい昇進を目前にしている
❷ （競技場の）トラック，競走路

Läu·fe [ロイフェ] Lauf の 複

lau·fen

[láufn ラオフェン]

現在		
ich laufe		wir laufen
du läufst		ihr lauft
er läuft		sie laufen

過去		
ich lief		wir liefen
du liefst		ihr lieft
er lief		sie liefen

過分		
gelaufen		sein, haben

—自《完了 s》❶ 走る，かける；《スポーツ》（競技で走者として）走る
Ich *lief*, so schnell ich konnte.
私はできる限り速く走った
Der Läufer ist fantastisch *gelaufen*.
その走者の走りはすばらしかった
《過去分詞で》*gelaufen* kommen 走って来る
❷ 歩く；歩いて行く ▷ eine Stunde durch den Wald *laufen* 1時間森を歩く〈散歩する〉/ Das Kind kann noch nicht *laufen*. この子はまだ歩けない / Ich *laufe* jeden Tag ins Büro. 私は毎日事務所へ歩いて行く / Ich muss schnell einmal zum Bäcker *laufen*. 私は急いでちょっとパン屋に行かなければならない
❸ （口語）《方向と》〔…に〕しょっちゅう行く ▷ Er *läuft* fast jeden Abend in die Kneipe. 彼はほとんど毎晩飲み屋に行く
❹ （機械などが）動く，作動する ▷ Der Motor *läuft* ruhig. このエンジン〈モーター〉は回転が静かだ
❺ （水などが）流れる ▷ Das Regenwasser *lief* in den Keller. 雨水が地下室へ流れ込んだ
❻ （容器などが）漏る ▷ Der Wasserhahn *läuft*. その蛇口は漏る
❼ （映画・芝居が）上映〈上演〉されている ▷ Welche Filme *laufen* zurzeit im Kino? どん

な映画がいま映画館で上映されていますか
❽ (事が)進行する, 進行中である ▷ Die Sache *läuft* nach Plan. 事は計画通りに進んでいる

(イディオム) *nach*+③ *laufen* …³を探していろいろな店を歩き回る ▷ *Nach* diesem Geschenk bin ich tagelang *gelaufen*. このプレゼントを探して私は何日もいろんな店を歩き回った

── 他 (匹冠 s,h) ❶ 《④と》〔距離¹を〕走る;〔記録など⁴を〕走って出す ▷ Sie *lief* 100 Meter in 12 Sekunden. 彼女は 100 メートルを 12 秒で走った / einen neuen Weltrekord *laufen* 競走で世界新記録を出す
❷ 《④と》〔スキーなど⁴を〕する ▷ Ski 〈Schlittschuh〉 *laufen* スキー〈スケート〉をする

(イディオム) ④+*laufen lassen* …⁴を釈放する

── 再 (匹冠 h) ❶ 《[sich]³+④と》歩いて〔…になる ▷ Ich habe mich müde *gelaufen*. 私は歩き疲れてしまった
❷ 《[sich]³+④と》歩いて〔…⁴を〕つくる ▷ Ich habe mir Blasen an den Füßen *gelaufen*. 私は歩きすぎて両足に豆をつくってしまった

(イディオム) *es läuft sich*+(様態)|(場所)|(条件)で 歩くのに…は…だ ▷ In diesen Schuhen *läuft es sich* gut. この靴は歩きよい / Auf diesem Weg *läuft es sich* schlecht. この道は歩きにくい

lau·fend [ラオフェント] 形 日常的に繰り返される, 絶え間ない, ひっきりなしの ▷ die *laufenden* Arbeiten 日常的に繰り返される(さまざまな)仕事

lau·fen|las·sen [ラオフェン・ラッセン] 分離動 (er lässt laufen; ließ laufen; laufenlassen) 他 (旧⇒新 **laufen lassen** (分けて書く) ☞ **laufen**

Läu·fer [ロイファー] 男 der (⊕ 2格 -s; ⊕ -)
❶ (陸上競技の)走者, ランナー ▷ Er ist ein guter *Läufer*. 彼は優れたランナーだ
❷ (廊下・階段の)長じゅうたん ▷ den *Läufer* im Flur ausrollen 長じゅうたんを広げる

läufst [ロイフスト] **laufen** の 現在

läuft [ロイフト] **laufen** の 現在

Lauf·werk [ラオフ・ヴェルク] 中 das (⊕ 2格 -[e]s; ⊕ -e) 駆動装置; (コンピュータの)ドライブ

Lau·ge [ラオゲ] 女 die (⊕ 2格 -; ⊕ -n) 洗剤(せっけん)の溶液

Lau·ne [ラオネ] 女 die (⊕ 2格 -; ⊕ -n)
❶ 《⊕ なし》機嫌, 気分 ▷ gute 〈schlechte〉 *Laune* haben 機嫌がいい〈悪い〉 / Er ist guter 〈schlechter〉 *Laune*. 彼は機嫌がいい〈悪い〉 (☆ Laune は 2格) / in 〈bei〉 *Laune* sein 上機嫌である / Seine *Laune* hat sich gebessert. 彼の機嫌は直った
❷ 《⊕ で》気まぐれ

lau·nen·haft [ラオネンハフト] 形 気まぐれな, 気分屋の ▷ Sie ist ziemlich *launenhaft*. 彼女はそうとう気まぐれだ

lau·nisch [ラオニシュ] 形 気まぐれな; すぐに不機嫌になる

Laus [ラオス] 女 die (⊕ 2格 -; ⊕ Läuse) 《昆虫》シラミ ▷ eine *Laus* knacken シラミをつぶす

Laus·bub [ラオス・ブープ] 男 der (⊕ 2·3·4格 -en; ⊕ -en) 《南ﾄﾞ; 口語》悪童

Lausch·an·griff [ラオシュ・アン・グリフ] 男 der (⊕ 2格 -[e]s; ⊕ -e) 盗聴

lau·schen [ラオシェン] (lauschte; gelauscht; 匹冠 h)
自 ❶ 盗み聞きする ▷ Ich merkte, dass er hinter der Tür *lauschte*. 私は彼がドアの後ろで立ち聞きしているのに気づいた
❷ 《③と》〔…³に〕耳を傾ける ▷ Das Publikum *lauschte* dem Redner. 聴衆は講演者の話に聞き入っていた

lau·schi·ge [ラオシゲ] 形 (場所が)人目につかない静かな (☆ 名詞につけて)

Läu·se [ロイゼ] **Laus** の 複数

lau·sig [ラオズィヒ] 形
❶ 《口語》(天候・時代・講演などが)とてもひどい; 《副詞的に》ひどく
❷ 《口語》(数量が)取るにたらない, ほんのわずかな

laut
[laut ラオト]

── 形 (比較 lauter, 最上 lautest)
❶ (声・音の)大きい (⇔ leise)
laut schreien 大声で呼ぶ
Er lachte *laut* auf. 彼は大声で笑った
Er ist *laut* geworden.
彼は興奮して大声になった
Könnten Sie etwas *lauter* sprechen?
もう少し大きな声で話していただけますか
Das Radio ist zu *laut*.
そのラジオは音が大きすぎる
❷ 騒がしい, やかましい ▷ eine *laute* Straße やかましい通り / Hier ist es mir zu *laut*. ここは私には騒がしすぎる

── 前 《③支配》《官庁》…によると ▷ *laut* ärztlichem Gutachten 医者の所見によると

Laut [ラオト] 男 der (⊕ 2格 -es〈まれに -s〉; ⊕ -e) 音; 声 ▷ keinen *Laut* von sich³ geben まったく声をたてない

Lau·te [ラオテ] 女 die (⊕ 2格 -; ⊕ -n) 《楽器》リュート

lau·ten [ラオテン] (lautete; gelautet; 匹冠 h)
自 《内容と》〔…と〕(文書などが)書かれている; 〔…という内容で〕ある ▷ Wie *lautet* das Gesetz? 法律にはなんと書いてありますか / Die Antwort kann nur „Ja" *lauten*. 答えはイエスでしかありえない

läuten

läu·ten [ロイテン] (läutete; geläutet; 医薬h)
— 自 ❶ (鐘が)鳴る (☆ 特に教会の鐘について用いられる) ▷ Überall *läuten* die Glocken. 至る所で鐘が鳴っている
❷ (南ド・オーストリア)(電話・目ざましなどが)鳴る
— 他 《④と》〔鐘を〕鳴らす ▷ Jemand *läutet* die Glocke. だれかが鐘を鳴らしている

lau·ter [ラオター]
— laut の比較
— 副《口語》…ばかり, ただ…だけ (☆ 名詞につけて) ▷ Das sind *lauter* Lügen. それはうそばかりだ / Er redete *lauter* Unsinn. 彼はくだらないことしか話さなかった

laut·hals [ラオト・ハルス] 副 大声で, 声高に, 声の限りに (☆ 形容詞としては用いないことに注意)

laut·lich [ラオトリヒ] 形 音声の, 音声上の

laut·los [ラオト・ロース] 形《物》音のしない ▷ sich⁴ *lautlos* nähern 物音をたてずに近づく

Laut·spre·cher [ラオト・シュプレッヒャー] 男 *der* (四 2格 -s; 複 -) ラウドスピーカー, 拡声器

laut·stark [ラオト・シュタルク] 形 大声で, 声高に

Laut·stär·ke [ラオト・シュテルケ] 女 *die* (四 2格 -; まれに 複 -n) 音量, ボリューム

lau·warm [ラオ・ヴァルム] 形《なま》ぬるい ▷ ein *lauwarmes* Bad nehmen ぬるいふろに入る

La·va [ラーヴァ] 女 *die* (四 2格 -; 複 なし) 溶岩

La·ven·del [ラヴェンデル] 男 *der* (四 2格 -s; 複 -)《植物》ラベンダー

La·wi·ne [ラヴィーネ] 女 *die* (四 2格 -; 複 -n) 雪崩 ▷ eine *Lawine* auslösen 雪崩を引き起こす / Eine *Lawine* geht nieder. 雪崩が起きる / (比ゆ) eine *Lawine* von Zuschriften ものすごい量の投書

La·wi·nen·un·glück [ラヴィーネン・ウン・グリュック] 中 *das* (四 2格 -[e]s; 複 -e) 雪崩災害

lax [ラクス] 形 いいかげんな, ルーズな

La·za·rett [ラツァレット] 中 *das* (四 2格 -s; 複 -e) 野戦病院

LCD [エルツェーデー] (*liquid crystal display* の略語) 液晶ディスプレイ (=Flüssigkristallanzeige)

Lea·sing [リーズィング] 中 *das* (四 2格 -s; 複 なし) (機械などの)リース

le·ben

[léːbn レーベン]

現在	ich lebe	wir leben
	du lebst	ihr lebt
	er lebt	sie leben
過去	ich lebte	wir lebten
	du lebtest	ihr lebtet
	er lebte	sie lebten
過分	gelebt	完了 haben

— 自 ❶ 生きている, 生存している
Das Kind *lebte* nur zwei Tage.
その子供はたった2日しか生きていなかった
Unsere Eltern *leben* nicht mehr.
私たちの両親はもう生きていない
❷ 生きていく, 生活する ▷ Ohne Geld kann man nicht *leben*. 金がなければ生きてはいけない / 〖von+③と〗Von der Rente allein kann ich nicht *leben*. 年金だけでは私は食べていけない
❸《運動と》〔…の〕生活をする, 暮らしをする ▷ Sie *lebt* von ihrem Mann getrennt. 彼女は夫と別れて暮らしている / Er *lebte* jahrelang unter falschem Namen. 彼は何年間も偽名を使って生活をしていた
❹《運動と》〔…で〕暮らす ▷ Er *lebt* seit zwei Jahren in Amerika. 彼は2年前からアメリカで暮らしている
❺〖für+③と〗〔…のために〕生きる ▷ Sie *lebt* nur für ihre Kinder. 彼女は子供のためだけに生きている

(イディオム) Leb 〈Leben Sie〉 wohl !《別れのあいさつとして》ご機嫌よう, さようなら

— 他 《④と》〔…の〕生活を送る (☆ ④は同族目的語) ▷ ein glückliches Leben *leben* 幸せな生活を送る

Le·ben [レーベン] 中 *das* (四 2格 -s; 複 -)
❶ 生命, 生 (反 Tod) ▷ die Entstehung des *Lebens* 生命の発生 / Dieser Leichtsinn kostete ihn das *Leben*. この軽率さが彼の命を奪った
❷ 人生, 生涯 ▷ ein kurzes *Leben* 短い人生 / der Sinn des *Lebens* 人生の意義 / den Rest des *Lebens* auf dem Lande verbringen 人生の残りをいなかで過ごす / So ist das *Leben*! 人生ってそんなものさ
❸ 生活, 暮らし ▷ das alltägliche *Leben* 日々の生活 / das *Leben* auf dem Lande genießen いなかの暮らしを楽しむ / Er führt ein stilles *Leben*. 彼は静かな生活を送っている

(イディオム) ③+*das Leben retten* …³の命を救う
mit dem Leben davonkommen 命拾いをする
sich³ das Leben nehmen 自殺する
ums Leben kommen 死亡する ▷ Sie ist bei dem Zugunglück *ums Leben gekommen*.
彼女はあの列車事故で命を落とした

le·bend [レーベント] 形 生命のある, 生きている ▷ im Süßwasser *lebende* Fische 淡水魚

le·ben·dig [レベンディヒ] (比較 -er, 最上 -st)
形 ❶ 生き生きした, 元気な《活発な》 ▷ ein *lebendiges* Kind 元気のいい子供 / ein *lebendiger* Geist 活発な精神

類語 lebendig 生命力にあふれ生き生きして元気な

①, ②, ③, ④=1格, 2格, 3格, 4格の名詞

lebhaft 受ける感じが活発で元気な

❷ 生命のある，生きている ▷ Der Fisch ist noch *lebendig.* その魚はまだ生きている

Le·bens·al·ter [レーベンス・アルター] [中] *das* ([単] 2格 -s; [複] -) 年齢 ▷ ein hohes *Lebensalter* erreichen 高齢に達する

Le·bens·an·schau·ung [レーベンス・アン・シャオウング] [女] *die* ([単] 2格 -; [複] -en) 人生観 ▷ eine realistische *Lebensanschauung* 現実主義の人生観

Le·bens·be·din·gun·gen [レーベンス・ベディングンゲン] [複名] 生活条件

Le·bens·dau·er [レーベンス・ダオアー] [女] *die* ([単] 2格 -; [複] なし) 寿命; (機械などの)耐用年数

le·bens·er·hal·tend [レーベンス・エアハルテント] [形] (機能・措置などが)生命維持の

Le·bens·er·war·tung [レーベンス・エアヴァルトゥング] [女] *die* ([単] 2格 -; [複] なし) 平均余命

Le·bens·ge·fahr [レーベンス・ゲファール] [女] *die* ([単] 2格 -; [複] なし) 生命の危険 ▷ in *Lebensgefahr* sein 危篤(きとく)状態にある

Le·bens·ge·fähr·te [レーベンス・ゲフェーアテ] [男] *der* ([単] 2·3·4格 -n; [複] -n) 同棲(どうせい)者;《文語》人生の伴侶(はんりょ)(男性を指す)

Le·bens·ge·fähr·tin [レーベンス・ゲフェーアティン] [女] *die* ([単] 2格 -; [複] ..tinnen) Lebensgefährte の女性形

Le·bens·hal·tungs·kos·ten [レーベンス・ハルトゥングス・コステン] [複名] 生活費

Le·bens·jahr [レーベンス・ヤール] [中] *das* ([単] 2格 -[e]s; [複] -e) 年齢

Le·bens·kraft [レーベンス・クラフト] [女] *die* ([単] 2格 -; [複] ..kräfte) 生命力，生活力

le·bens·läng·lich [レーベンス・レングリヒ] [形] (ふつう刑罰が)終身の ▷ eine *lebenslängliche* Haftstrafe 終身刑

[イディオム] ***lebenslänglich bekommen***《口語》終身刑をくらう

Le·bens·lauf [レーベンス・ラオフ] [男] *der* ([単] 2格 -[e]s; [複] ..läufe) 履歴書; 履歴

Le·bens·mit·tel [レーベンス・ミッテル] [中] *das* ([単] 2格 -s; [複] -)
〖ふつう [複] で〗 食料品，食品 ▷ *Lebensmittel* einkaufen 食料品を買い込む

le·bens·mü·de [レーベンス・ミューデ] [形] 人生に疲れた，生きる気力を失った

Le·bens·ni·veau [レーベンス・ニヴォー] [中] *das* ([単] 2格 -s; まれに [複] -s) 生活水準

Le·bens·raum [レーベンス・ラオム] [男] *der* ([単] 2格 -[e]s; [複] ..räume) 生活圏，生活空間; (動植物の)生息圏

Le·bens·ret·ter [レーベンス・レッター] [男] *der* ([単] 2格 -s; [複] -) 人命を救助した人，人命救助員

Le·bens·stan·dard [レーベンス・シュタンダルト] [男] *der* ([単] 2格 -s; [複] -s) 生活水準

Le·bens·un·ter·halt [レーベンス・ウンターハルト] [男] *der* ([単] 2格 -[e]s; [複] なし) 生活費 ▷ Er verdient sich seinen *Lebensunterhalt* selbst. 彼は生活費を自分で稼ぐ

Le·bens·ver·si·che·rung [レーベンス・フェアズィッヒェルング] [女] *die* ([単] 2格 -; [複] -en) 生命保険

Le·bens·wan·del [レーベンス・ヴァンデル] [男] *der* ([単] 2格 -s; [複] なし) (道徳的な観点からの)生き方

Le·bens·wei·se [レーベンス・ヴァイゼ] [女] *die* ([単] 2格 -; [複] -n) 生活のしかた，暮らし方

le·bens·wich·tig [レーベンス・ヴィヒティヒ] [形] 生命に不可欠な ▷ *lebenswichtige* Eiweiße 生命に不可欠な蛋白(たんぱく)質

Le·bens·zei·chen [レーベンス・ツァイヒェン] [中] *das* ([単] 2格 -s; [複] -) (鼓動・呼吸などの)生きているしるし〈あかし〉 ▷ der Schrei als erstes *Lebenszeichen* eines Kindes 子供の生命の最初のしるしとしての産声 /《比ゆ》Wir haben lange kein *Lebenszeichen* von ihm erhalten. 私たちは長いこと彼から便りをもらっていない

Le·bens·zeit [レーベンス・ツァイト] [女] *die* ([単] 2格 -; [複] なし) 寿命

[イディオム] ***auf Lebenszeit*** 死ぬまで ▷ eine Rente *auf Lebenszeit* 終身年金

Le·ber [レーバー] [女] *die* ([単] 2格 -; [複] -n)《解剖》肝臓;《料理》レバー ▷ Die *Leber* ist entzündet. 肝臓が炎症をおこしている

Le·ber·kä·se [レーバー・ケーゼ] [男] *der* ([単] 2格 -s; [複] なし) レバーケーゼ (すりつぶした肉を長方形に焼いたもので，スライスして食べる)

Le·ber·tran [レーバー・トラーン] [男] *der* ([単] 2格 -s; [複] なし) 肝油

Le·ber·wurst [レーバー・ヴルスト] [女] *die* ([単] 2格 -; [複] ..würste) レバーソーセージ

Le·be·we·sen [レーベ・ヴェーゼン] [中] *das* ([単] 2格 -s; [複] -) 生物

leb·haft [レープハフト]
[形] ❶ (受ける感じが) **活発〈元気〉な** ▷ ein *lebhaftes* Kind 活発な子供 / eine *lebhafte* Diskussion 活発な討論 /《比ゆ》Das kann ich mir *lebhaft* vorstellen. そのことを私はありありと思い浮かべることができる
❷ (興味などが)強い，(拍手などが)盛大な

Leb·ku·chen [レーブ・クーヘン] [男] *der* ([単] 2格 -s; [複] -) レープクーヘン (クリスマスによく食べるクッキーのようなもの)

leb·los [レープ・ロース] [形] 死んだような，生気のない ▷ [wie] *leblos* daliegen 死んだように横たわっている

L

leb·te [レーブテ] leben の [過去]

lech·zen [レヒツェン] (lechzte; gelechzt; [完了]h)
[自]《文語》〖nach+③と〗〔…³を〕渇望する

leck [レック] [形] (船などが)浸水する; (容器などが)漏る

Leck [レック] [中] *das* ([単] 2格 -[e]s; [複] -s) (水の)漏る箇所; (船の)浸水箇所

le·cken [レッケン] (leckte; geleckt; [完了]h)
—[他] 〖④と〗〔…⁴を〕なめる ▷ eine Wunde *lecken* 傷口をなめる / Die Katze *leckt* ihre Milch. 猫はミルクをなめている / Der Hund *leckte* ihr die Hand. 犬が彼女の手をなめた
—[自] ❶ 〖an+③と〗〔…³を〕なめる ▷ Das Kind *leckt* am Eis. 子供はアイスクリームをなめている
❷ (容器などが) 漏る; (船が) 浸水する ▷ Das Boot *leckt*. このボートは水が漏る

le·cker [レッカー] [形] おいしい, うまい; おいしそうな ▷ ein *leckerer* Kuchen おいしいケーキ / Das sieht *lecker* aus. それはうまそうだ

Le·cker·bis·sen [レッカー・ビッセン] [男] *der* ([単] 2格 -s; [複] -) 美味な食べ物, 珍味

Le·cke·rei [レッケライ] [女] *die* ([単] 2格 -; [複] -en) (ふつう甘くて)美味な食べ物

L

Le·der [レーダー] [中] *das* ([単] 2格 -; [複] -) (なめした)革, 皮革 ▷ Schuhe aus *Leder* 革靴 / Das Fleisch ist zäh wie *Leder*. この肉は革のようにかたい / Dieses Wörterbuch haben wir auch in *Leder*. この辞書は革装のものもあります

le·der·ne [レーデルネ] [形] 革の, 革製の (☆ 名詞につけて) ▷ *lederne* Handschuhe 革製の手袋

le·dig [レーディヒ]
[形] 独身の, 未婚の ([反] verheiratet) ▷ ein *lediger* Mann 独身の男 / eine *ledige* Mutter 未婚の母 / Er ist noch *ledig*. 彼はまだ独身だ

le·dig·lich [レーディクリヒ] [副] 単に, …だけ ▷ Sie berichtet ihm *lediglich* die Tatsachen. 彼女は彼に事実だけを報告する

Lee [レー] [女] *die* ([単] 2格 -; [複]なし) 《海語》 風下 ([反] Luv) ▷ in 〈nach〉 *Lee* 風下で〈へ〉

leer [レーア]
[形] ❶ からの, あいている ([反] voll) ▷ ein *leeres* Fass からのたる / die *leeren* Flaschen wegräumen からのびんをかたづける / Das Nest war *leer*. 巣はからっぽだった / Die Wohnung steht schon lange *leer*. その住居はもう長いことあいている / mit *leerem* Magen zur Arbeit gehen 空腹のまま仕事へ行く
❷ 人気(ひとけ)のない, がらんとした ▷ eine *leere* Straße 人気のない道路
❸ 内容のない, むなしい ▷ *leere* Worte 内容のないことば / mit *leeren* Augen うつろな目で
[イディオム] ***ins Leere greifen*** 空をつかむ
ins Leere starren 空を見つめる
leer stehend 人の住んでいない; (事務所・ガレージなどが) 使われていない

Lee·re [レーレ] [女] *die* ([単] 2格 -; [複] なし) から(空
▷ Im Stadion war gähnende *Leere*. 競技場はがらんとしていた

lee·ren [レーレン] (leerte; geleert; [完了]h)
—[他] 〖④と〗〔容器⁴を〕からにする ▷ eine Flasche Wein *leeren* ワインを1びんからにする
—[再] 〖[sich]⁴と〗 からになる ▷ Der Saal *leerte* sich allmählich. 広間からしだいに人がいなくなった

Leer·gut [レーア・グート] [中] *das* ([単] 2格 -[e]s; [複] なし) 《集合的に》 (空箱・空きびんなどの, 再生用の)空容器

Leer·lauf [レーア・ラオフ] [男] *der* ([単] 2格 -[e]s; [複] ..läufe)
❶ (機械・エンジンなどの)空運転, (車の)アイドリング
❷ (仕事の) 無駄; (商売などの) 空転

leer·ste·hend [レーア・シュテーエント] [形] [旧⇨新] **leer stehend** (分けて書く) ☞ leer

Leer·tas·te [レーア・タステ] [女] *die* ([単] 2格 -; [複] -n) (キーボードの) スペースキー

le·gal [レガール] [形] 合法的な ([反] illegal) ▷ auf *legalem* Weg 合法的な方法で

le·ga·li·sie·ren [レガリズィーレン] (legalisierte; legalisiert; [完了]h)
[他] 〖④と〗〔…⁴を〕合法〈適法〉と認める; 合法化する

Le·ga·li·tät [レガリテート] [女] *die* ([単] 2格 -; [複] なし) 合法性, 適法性

le·gen

[lé:gn̩ レーゲン]

[現在]	ich lege	wir legen
	du legst	ihr legt
	er legt	sie legen
[過去]	ich **legte**	wir legten
	du legtest	ihr legtet
	er legte	sie legten
[過分]	**gelegt**	[完了] haben

—[他] ❶ 〖④+[方向]と〗〔…⁴を…に〕(横にして) 置く (☆「横になっている」は liegen)
das Buch auf den Tisch *legen*
本を机の上に(横にして)置く
das Messer und die Gabel neben den Teller *legen* ナイフとフォークを皿の横に置く
Er *legte* den Schlüssel unter die Fußmatte.
彼は鍵(かぎ)をマットの下に置いた
Er *legt* ihr die Hand auf die Schulter.
彼は彼女の肩に手を置く
〖[方向]なしで〗
Weinflaschen sollen *gelegt* werden.
ブドウ酒のびんは横にして寝かせて置くものだ

Lehrer

類語
legen 物を水平の状態に置く
stellen 物を垂直な状態に置く

❷ 《④+方向》と〔…⁴を…に〕寝かせる ▷ Sie *legt* das Kind ins Bett. 彼女は子供をベッドに寝かす

❸ 《④と》〔…⁴を〕敷く, 敷設《埋設》する ▷ einen Teppich auf den Boden *legen* じゅうたんを床に敷く / Schienen *legen* レールを敷設する

❹ 《④と》〔卵⁴を〕産む ▷ Die Henne *legt* jeden Tag ein Ei. そのめんどりは毎日卵を産む // Die Hennen *legen* gut. それらのめんどりはよく卵を産む

イディオム ***auf*+④ Gewicht legen** …⁴を重視する ▷ Wir *legen* Gewicht *auf* seine Meinung. 私たちは彼の意見を重視する

── 再 ❶ 《sich⁴+方向》と〔…に〕横たわる, 横になる ▷ Er *legt* sich auf die Couch. 彼はソファーに横になる / sich auf den Bauch *legen* 腹ばいになる

❷ 《sich⁴と》(風・感情・痛みなど)がおさまる, 鎮〈静〉まる ▷ Der Wind *legt* sich allmählich. 風がしだいにおさまる / Sein Zorn hat sich *gelegt*. 彼の怒りは鎮まった

le·gen·där [レゲンデーア] 形 伝説上の, 伝説的な

Le·gen·de [レゲンデ] 女 *die* (⊕2格 -; ⊕ -n) 聖人伝; 伝説

le·ger [レジェーア] 形 格式張らない; 無造作な

Le·gie·rung [レギールング] 女 *die* (⊕2格 -; ⊕ -en) 合金

le·gi·tim [レギティーム] 形 合法的な (⊛ illegitim); (要求など)正当な

le·gi·ti·mie·ren [レギティミーレン] (legitimierte; legitimiert)
── 他 《④と》〔…⁴を〕合法〈適法〉と認める
── 再 《sich⁴+als+④と》〔自分が…であることを〕証明する

leg·te [レークテ] legen の 過去

Lehm [レーム] 男 *der* (⊕2格 -[e]s; ⊕ -e) (焼き物用, 砂を含んだ)粘土 ▷ Ziegel aus *Lehm* brennen 粘土でれんがを焼く

Leh·ne [レーネ] 女 *die* (⊕2格 -; ⊕ -n) (いすなどの)背もたれ; ひじ掛け ▷ eine Bank ohne *Lehne* 背もたれのないベンチ

leh·nen [レーネン] (lehnte; gelehnt; 完了 h)
── 他 《④+方向》と〔…⁴を…へ〕立てかける; もたせかける ▷ die Leiter an die Wand *lehnen* はしごを壁に立てかける / Sie *lehnt* den Kopf an seine Schulter. 彼女は頭を彼の肩にもたせかける
── 再 ❶ 《sich⁴+方向》と〔…に〕寄りかかる, もたれる ▷ Sie *lehnte* sich an seine Schulter. 彼女は彼の肩に寄りかかった

❷ 《sich⁴+über+④》〈aus+③〉と〔…⁴,³から〕身を乗り出す ▷ Er *lehnte* sich weit aus dem Fenster. 彼は窓からぐんと身を乗り出した
── 再 《④と》〔…に〕立てかける ▷ Das Fahrrad *lehnt* an der Wand. 自転車が壁に立てかけてある

Lehn·stuhl [レーン・シュトゥール] 男 *der* (⊕2格 -[e]s; ⊛ ..stühle) (背もたれのある)ひじ掛けいす

Lehr·buch [レーア・ブーフ] 中 *das* (⊕2格 -[e]s; ⊛ ..bücher) 教科書

Leh·re [レーレ] 女 *die* (⊕2格 -; ⊛ -n)
❶ (宗教などの)教え; 学説
❷ 教訓, 戒め ▷ die *Lehre* aus+③ ziehen …³から教訓を引き出す
❸ (職業上の)見習い〈修業〉 ▷ eine *Lehre* beenden 修業を終える

leh·ren [レーレン] (lehrte; gelehrt; 完了 h)
── 他 ❶ 《④と》〔…⁴を〕教える (⊛ lernen) ▷ Er *lehrt* Englisch. 彼は英語を教える / 《④を さらに伴って》Er *lehrte* mich das Reiten. 彼は私に乗馬を教えてくれた / 《zu のない不定詞と》Er hat mich schwimmen *gelehrt*. 彼は私に水泳を教えてくれた / 《zu 不定詞句と》Er hat uns *gelehrt*, kritisch zu sein. 彼は私たちに批判的に物事を見ることを教えてくれた / 《物事を主語にして》Die Erfahrung *lehrt*, dass viele Unglücksfälle auf Unachtsamkeit beruhen. 経験は多くの事故が不注意によることを教えている
❷ 《④と》〔…⁴を〕(大学などで)教える ▷ Sie *lehrt* Geschichte in Bonn. 彼女はボン大学で歴史を教えている // Er *lehrt* an der Universität Köln. 彼はケルン大学で教えている

類語
lehren 主に実用的な技術(たとえば水泳など)を教える; 学問的知識を学校などで教える
unterrichten 教師が授業で教える
beibringen できるようになるように教え込む, 習得させる

Leh·rer

[léːrɐ レーラー]

男 *der* (⊕2格 -s; ⊛ -)

格	単　数	複　数
①	der Lehrer	die **Lehrer**
②	des Lehrers	der Lehrer
③	dem Lehrer	den Lehrern
④	den Lehrer	die Lehrer

教師, 教員; 師, 先生
Er will *Lehrer* werden.
彼は教師になるつもりだ
Er war *Lehrer* am Gymnasium.

彼はギムナジウムの教師だった
Leh·re·rin [レーレリン] 囡 die (⓶2格-; ⓹..rinnen)〔Lehrerの女性形〕女性教師
Lehr·gang [レーア・ガング] 男 der (⓶2格-[e]s; ⓹..gänge) (特に職業上の資格をとるための)講習, 課程
Lehr·jahr [レーア・ヤール] 中 das (⓶2格-[e]s; ⓹-e) (徒弟などの)見習期間の1年
Lehr·ling [レーアリング] 男 der (⓶2格-s; ⓹-e) 徒弟, 見習い(☆最近ではder Auszubildendeとも言う) ▷ Er ist *Lehrling* beim Bäcker. 彼はパン屋の見習いをしている
Lehr·me·tho·de [レーア・メトーデ] 囡 die (⓶2格-; ⓹-n) 教授法
Lehr·plan [レーア・プラーン] 男 der (⓶2格-[e]s; ⓹..pläne) カリキュラム, 教科課程
lehr·reich [レーア・ライヒ] 形 教えられるところの多い, 有益な, ためになる
Lehr·stel·le [レーア・シュテレ] 囡 die (⓶2格-; ⓹-n) (見習いの)訓練用職場
Lehr·stoff [レーア・シュトフ] 男 der (⓶2格-[e]s; ⓹-e) 教材
Lehr·stuhl [レーア・シュトゥール] 男 der (⓶2格-[e]s; ⓹..stühle) 大学教授のポスト
Lehr·tä·tig·keit [レーア・テーティヒカイト] 囡 die (⓶2格-; ⓹-n) 教育活動
lehr·te [レーアテ] lehren の 過去
Lehr·ver·an·stal·tung [レーア・フェアアンシュタルトゥング] 囡 die (⓶2格-; ⓹-en) (大学の)授業
Leib [ライプ] 男 der (⓶2格-es〈まれに-s〉; ⓹-e)《文語》肉体, 身体
〈イディオム〉**mit Leib und Seele** 全身全霊で ▷ Er ist *mit Leib und Seele* Lehrer. 彼は教師の仕事に全身全霊を打ち込んでいる
Leib·ei·gen·schaft [ライプ・アイゲンシャフト] 囡 die (⓶2格-; ⓹なし) 農奴の身分
Lei·ber [ライバー] Leib の 複数
Lei·bes·vi·si·ta·tion [ライベス・ヴィジタツィオーン] 囡 die (⓶2格-; ⓹-en) (所持品などを調べる)身体検査, ボディーチェック
Leib·ge·richt [ライプ・ゲリヒト] 中 das (⓶2格-[e]s; ⓹-e) 一番好きな食べ物, 一番の好物
leib·haf·tig [ライプハフティヒ] 形 (「肉体を備えた…」という意味で)…そのもの; (その人)自身の ▷ ein *leibhaftiger* Satan 悪魔そのもの / Plötzlich stand er *leibhaftig* vor mir. 突然私の前に彼その人が立っていた
leib·lich [ライプリヒ] 形 血のつながった ▷ mein *leiblicher* Vater 私の実の父親
〈イディオム〉**für das leibliche Wohl sorgen**《文語》栄養が十分とれるように気を配る
Leib·spei·se [ライプ・シュパイゼ] 囡 die (⓶2格-; ⓹-n) 一番好きな食べ物, 一番の好物 (= Leibgericht)

Leib·wäch·ter [ライプ・ヴェヒター] 男 der (⓶2格-s; ⓹-) ボディーガード
Lei·che [ライヒェ] 囡 die (⓶2格-; ⓹-n) 死体, 死骸 ▷ eine *Leiche* begraben 死体を埋葬する / die *Leiche* identifizieren 死体の身元を確認する /《比ゆ》über *Leichen* gehen 目的のためには非情なことも平気である(← 死体をまたいで行く)
〔類語〕
Leiche (事故現場などの)物体としての死体
Leichnam (葬儀などに際し)敬虔な気持ちで眺める死体

Leich·nam [ライヒナーム] 男 der (⓶2格-[e]s; ⓹-e)《文語》遺体, 亡骸

leicht
[laiçt ライヒト]

— 形 (比較 leichter, 最上 leichtest)
❶ (重さが) 軽い (⇔ schwer)
Der Koffer ist *leicht*.
そのトランクは軽い
ein *leichtes* Mädchen
《比ゆ》はすっぱな女の子
❷ (程度が) 軽い ▷ Ich bin *leicht* erkältet. 私は少しかぜをひいている
❸ やさしい, 容易な ▷ Diese Aufgabe ist *leicht*. この任務〈課題〉は容易だ / Der Text ist *leicht* verständlich. このテキストは理解が容易だ / Die Maschine ist *leicht* zu bedienen. この機械は操作が簡単だ
❹ (読み物・食べ物などが) 軽い ▷ eine *leichte* Lektüre 軽い読み物 / *leichte* Musik 軽音楽 / eine *leichte* Mahlzeit 軽い食事
❺ (動きなどが) 軽快な, (衣類が) 薄手の ▷ einen *leichten* Gang haben 足取りが軽快だ / Sie ist *leicht* bekleidet. 彼女は薄着だ
— 副 簡単に, すぐに ▷ Er wird *leicht* böse. 彼はすぐに腹をたてる / Sie erkältet sich *leicht*. 彼女はすぐにかぜをひく
〈イディオム〉❸+**leicht fallen** …³には容易である, たやすい ▷ Dieser Entschluss ist ihm nicht *leicht gefallen*. この決断は彼には容易でなかった

Leicht·ath·let [ライヒト・アトレート] 男 der (⓶2·3·4格-en; ⓹-en) 陸上競技選手
Leicht·ath·le·tik [ライヒト・アトレーティック] 囡 die (⓶2格-; ⓹なし) 陸上競技
leicht|fal·len [ライヒト・ファレン] 分離 (er fällt leicht; fiel leicht; ist s) 自
〔旧⇒新〕leicht fallen (分けて書く) ☞ leicht
leicht·fer·tig [ライヒト・フェルティヒ] 形 軽率

な, 思慮のない

leicht·gläu·big [ライヒト・グロイビヒ] 形 信じやすい

leicht·le·big [ライヒト・レービヒ] 形 のんきな, 無頓着な

Leicht·me·tall [ライヒト・メタル] 中 *das* (🄐 2 格 -s; 🄟 -e) 軽金属

Leicht·sinn [ライヒト・ズィン] 男 *der* (🄐 2 格 -[e]s; 🄟 なし) 軽率, 軽はずみ ▷ Dieser *Leichtsinn* kostete ihn das Leben. この軽率さが彼の命取りになった

leicht·sin·nig [ライヒト・ズィーニヒ] 形 軽率な, 軽はずみな ▷ eine *leichtsinnige* Tat 軽率な行為 / Er setzte sein Leben *leichtsinnig* aufs Spiel. 彼は軽々しく自分の命を危険にさらした

Leid [ライト] 形 (旧⇨Neu) Leid

Leid [ライト] 中 *das* (🄐 2 格 -[e]s; 🄟 なし) (不幸な出来事からくる)心の苦しみ〈痛み〉 ▷ Er hat viel *Leid* im Leben erfahren. 彼は人生でつらい思いをたくさんした

(イディオム) ①+*tut*+③+*Leid*

a) …¹を…³に残念に〈申し訳なく〉思う ▷ Es *tut* mir *Leid*, dass ich nicht mitkommen kann. 私はいっしょに行けないのが残念です / [Es] *tut* mir *Leid*, aber ich kann dir nicht helfen. 申し訳ないけどきみは君の助けにはなれない

b) …¹を…³に気の毒に思う ▷ Das Kind *tut* mir *Leid*! 私はその子がかわいそうだ

lei·den [ライデン]

(du leidest, er leidet; litt; gelitten; 宗⃝h)

━自 ❶ 苦しむ 悩む ▷ Er *leidet* schwer. 彼はひどく悩んでいる / 〖unter+③と〗Er litt unter seiner Einsamkeit. 彼は孤独に悩んでいた

❷ 〖an+③と〗(病気³に)苦しんでいる, かかっている ▷ Er *leidet* an chronischem Asthma. 彼は慢性の喘息を患に苦しんでいる

━他 〖④と〗(…⁴に)苦しむ ▷ Hunger *leiden* 空腹に苦しむ / Er litt große Schmerzen. 彼はひどく痛がっていた

(イディオム) ④+*leiden können* …⁴が好きだ ▷ Ich *kann* ihn gut *leiden*. 私は彼に好感をもっている

④+*nicht leiden können* …⁴が好きになれない, がまんできない ▷ Ich *kann* ihn *nicht leiden*. 私は彼が好きになれない / Ich *kann* sein Benehmen *nicht leiden*. 私は彼の態度ががまんできない

Lei·den [ライデン] 中 *das* (🄐 2 格 -s; 🄟 -)

❶ (長びく)病気 ▷ Er starb nach langem *Leiden*. 彼は長患いの後死んだ

❷ 〖🄟で〗苦しみ, 苦悩 ▷ die Freuden und *Leiden* des Lebens 人生の喜びと苦しみ

Lei·den·schaft [ライデンシャフト] 女 *die* (🄐 2 格 -; 🄟 -en)

❶ 情熱 ▷ eine heftige *Leidenschaft* 激しい情熱

❷ 〖🄟なし〗(趣味などへの)熱中 ▷ Er hat eine große *Leidenschaft* fürs Autofahren. 彼は大のドライブマニアだ / Er spielt mit *Leidenschaft* Schach. 彼はチェスをするのが大好きだ

lei·den·schaft·lich [ライデンシャフトリヒ] 形 ❶ 情熱的な ▷ eine *leidenschaftliche* Liebe 情熱的な恋 / Sie küsste ihn *leidenschaftlich*. 彼女は彼に熱烈なキスをした

❷ 熱狂的な ▷ ein *leidenschaftlicher* Angler 釣りマニア

lei·der

[láidɐ ライダー]

副 残念ながら

Ich habe *leider* keine Zeit.
私は残念ながら時間がありません
Ist sie wieder da? – *Leider* ja!
彼女また来てるのか―気の毒だけど来てるよ
Ist der Brief gekommen? – *Leider* nicht 〈nein〉! 手紙は来ましたか―残念ながら来ていません

lei·di·ge [ライディゲ] 形 厄介な, 面倒な, 困った, 不快な (☆ 名詞につけて)

leid·lich [ライトリヒ] 形 まあまあの ▷ ein *leidlicher* Schauspieler まあまあの役者

Leid·tra·gen·de [ライト・トラーゲンデ] 男 *der* / 女 *die* (形容詞変化 ☞ Alte 表 I) 被害者

Lei·er·kas·ten [ライアー・カステン] 男 *der* (🄐 2 格 -s; 🄟 ..kästen) 手回しオルガン

lei·hen

[láiən ライエン]

現在	ich leihe	wir leihen
	du leihst	ihr leiht
	er leiht	sie leihen
過去	ich lieh	wir liehen
	du liehst	ihr lieht
	er lieh	sie liehen
過分	geliehen	完了 haben

━他 〖③+④と〗(…³に…⁴を)(ふつうただで) 貸す
Kannst du mir fünfzig Euro *leihen*?
50 ユーロ貸してくれないか
Ich habe ihm mein Auto *geliehen*.
私は彼に車を貸してやった

━他 〖(sich)³+④と〗(…⁴を)(ふつうただで) 借りる ▷ Ich habe mir von ihr ein Buch *geliehen*. 私は彼女から本を 1 冊借りた / 〖(sich)³なしでも〗Den Wagen habe ich *geliehen*. あの車は私が借りたものだ / Das Auto ist nur *geliehen*. [状態受動] その車は借りているだけだ (私のではない)

Leim [ライム] 男 *der* (🄐 2 格 -[e]s; 🄟 -e) 接着剤 ▷ Dieser *Leim* klebt gut 〈schlecht〉. この

宗⃝h, 宗⃝s=完了の助動詞 haben, sein

接着剤はつきがいわるい〈悪い〉

lei·men [ライメン] (leimte; geleimt; 助h)
他 ❶ 《④と》〔壊れた木工品など⁴を〕にかわでくっつけて元どおりにする
❷ 《④と》〔‥⁴を〕ペテンにかける

Lei·ne [ライネ] 女 die (単2格-; 複-n) 綱, ロープ; 洗濯ひも; 〈犬などの〉引き綱 ▷ die Wäsche auf die *Leine* hängen 洗濯物を洗濯ひもにつるす / einen Hund an der *Leine* führen 犬を綱につないで引いて行く

Lei·nen [ライネン] 中 das (単2格-s; 複なし) 亜麻布, リンネル ▷ ein Buch in *Leinen* クロス装の本

Lein·wand [ライン・ヴァント] 女 die (単2格-; 複 ..wände)
❶ 〈映画などの〉スクリーン
❷ 〈油絵の〉カンバス

Leip·zig [ライプツィヒ] (中 das) 《都市名》ライプツィヒ《ドイツ東部の工業都市; ☞ 地図 F-3》

lei·se [ライゼ] (比較-er, 最上-est)
形 ❶ 〈声・音の〉小さな, 低い 《⇔ laut》 ▷ eine *leise* Stimme 小声 / ein *leises* Geräusch かすかな物音 / *leise* singen 小声で歌う / den Fernseher *leiser* stellen テレビの音を小さくする
❷ 〈程度が〉かすかな 《☆ 述語として用いない》 ▷ eine *leise* Berührung かすかな接触 / einen *leisen* Verdacht haben かすかな疑惑をもっている

leis·ten [ライステン]
(du leistest, er leistet; leistete; geleistet; 助h)
── 他 ❶ 《④と》困難なこと⁴を〕成し遂げる, 果たす 《☆ ふつう完了形で》▷ Er hat gute Arbeit *geleistet*. 彼はいい仕事をした
❷ 《④と》〈機械が〉〔性能⁴を〕発揮する ▷ Der Motor *leistet* 80 PS. このエンジンの出力は80馬力だ
《イディオム》③+*Gesellschaft leisten* ‥³の相手をする
③+*gute Dienste leisten* ‥³に大いに役立つ
gegen+④ *Widerstand leisten* ‥⁴に対して抵抗する

── 再 《口語》《sich³+④と》〔ぜいたくなこと〈ものを〉⁴を〕する〈買う〉 ▷ Er *leistet* sich hin und wieder eine gute Flasche Wein. 彼はときおり上等のワインを1本奮発する
《イディオム》*sich³+④+leisten können* ‥⁴をする〈買う〉経済的ゆとりがある ▷ Ein neues Auto *kann* ich mir nicht *leisten*. 新車を買う余裕など私にはない

leis·te·te [ライステテ] leisten の 過去

Leis·tung [ライストゥング] 女 die (単2格-; 複-en)
❶ 業績; 〈学校の〉成績 ▷ große *Leistungen* vollbringen 偉大な業績をあげる
❷ 《複なし》〈機械・器官などの〉性能, 能力 ▷ die *Leistung* des Mikroskops 顕微鏡の性能 / die *Leistung* des menschlichen Gehirns 人間の脳の能力
❸ 《ふつう複で》給付 ▷ die *Leistungen* der Krankenkasse erhalten 健康保険の給付を受ける

Leis·tungs·sport [ライストゥングス・シュポルト] 男 der (単2格-[e]s; 複なし) 《レジャーでなく, 記録を競い合う》競技スポーツ

Leit·ar·ti·kel [ライト・アルティーケル] 男 der (単2格-s; 複-) 〈新聞の〉社説, 論説

lei·ten [ライテン] (leitete; geleitet; 助h)
他 ❶ 《④と》〔集団・組織⁴を〕(長として)率いる, 導く; 〔会議などの〕司会をする ▷ eine Arbeitsgruppe *leiten* 作業グループを率いる / ein Unternehmen *leiten* 〈社長として〉企業を率いる〈経営する〉 / eine Diskussion *leiten* 討論の司会をする
❷ 《④+方向と》〔液体など⁴を‥へ〕導く ▷ Abwässer in den Fluss *leiten* 排水を川へ流れるようにする / Gas durch Rohre *leiten* ガスを管で送る
❸ 《④+方向と》〔‥⁴を‥へ〕案内する ▷ den Gast ins Zimmer *leiten* お客を部屋へ案内する
❹ 《物理》《④と》〔電気・熱⁴を〕伝える ▷ Das Metall *leitet* Strom. 金属は電気を伝える // Gummi *leitet* nicht. ゴムは電気を伝えない

Lei·ter [ライター]
── 男 der (単2格-s; 複-) 〈集団・組織の〉長; 指導〈指揮〉者; 司会者, 議長 ▷ der *Leiter* der Abteilung 課長〈部長, 局長〉
── 女 die (単2格-; 複-n) はしご ▷ Er ist von der *Leiter* gefallen. 彼ははしごから落ちた

Leit·fa·den [ライト・ファーデン] 男 der (単2格-s; 複 ..fäden) 〈学問などの〉入門書, 手引き

Leit·mo·tiv [ライト・モティーフ] 中 das (単2格-s; 複-e) 《音楽・文学》ライトモチーフ

Leit·plan·ke [ライト・プランケ] 女 die (単2格-; 複-n) ガードレール

Lei·tung [ライトゥング] 女 die (単2格-; 複-en)
❶ 《複なし》指導, 指揮, 経営 ▷ die *Leitung* eines Unternehmens 企業の経営 / die *Leitung* einer Diskussion übernehmen 討論の司会を引き受ける
❷ 〈水・ガスなどの〉配管; 電線; 〈電話などの〉回線 ▷ Schwalben sitzen auf der *Leitung*. ツバメが電線に止まっている / Die *Leitung* ist besetzt. 〈電話の〉回線はふさがっている
《イディオム》*unter der Leitung von*+③ ‥³の指導〈指揮〉のもとで

Lei·tungs·netz [ライトゥングス・ネッツ] 中 das

lesen

(⑯2格 -es; ⑯ -e)（ガス・水道の）配管網, 送電網

Lei·tungs·was·ser [ライトゥングス・ヴァッサー] 中 *das* (⑯2格 -s; ⑯なし) **水道水**

Lek·ti·on [レクツィオーン] 女 *die* (⑯2格 -; ⑯ -en)（教科書の）**課** ▷ die zweite *Lektion* durchnehmen 第2課の授業をする

Lek·tor [レクトーア] 男 *der* (⑯2格 -s; ⑯ -en)（大学の）外国語教師;（出版社の）原稿審査担当者

Lek·to·ren [レクトーレン] Lektor の 複数

Lek·tü·re [レクテューレ] 女 *die* (⑯2格 -; まれに ⑯ -n)

❶ 読み物 ▷ eine leichte *Lektüre* 軽い読み物

❷（授業での外国語の）講読

Len·de [レンデ] 女 *die* (⑯2格 -; ⑯ -n)

❶《料理》(牛・豚の)腰肉

❷《ふつう ⑯ で》腰, 腰部

len·ken [レンケン] (lenkte; gelenkt; 医了h) 他 ❶ 《④を》［車・飛行機などを］**操縦する**, 方向を定める ▷ ein Auto *lenken* 車を操縦する / Diese Maschine ist schwer zu *lenken*. この飛行機は操縦しにくい // mit einer Hand *lenken* 片手で操縦する

❷《④＋auf④を》［注意などを…へ］**向ける** ▷ Er *lenkte* seine Aufmerksamkeit 〈seinen Blick〉 auf das Kind. 彼は注意〈視線〉をその子供へ向けた

Len·ker [レンカー] 男 *der* (⑯2格 -s; ⑯ -)（自転車・バイクなどの）ハンドル

Lenk·rad [レンク・ラート] 中 *das* (⑯2格 -[e]s; ⑯ ..räder)（自動車などの, 輪の形をした）ハンドル

Lenz [レンツ] 男 *der* (⑯2格 -es; ⑯ -e)《文語》春

Lep·ra [レープラ] 女 *die* (⑯2格 -; ⑯なし)《医学》ハンセン病

Ler·che [レルヒェ] 女 *die* (⑯2格 -; ⑯ -n)《鳥》ヒバリ

ler·nen

[lérnən レルネン]

現在	ich lerne	wir lernen
	du lernst	ihr lernt
	er lernt	sie lernen
過去	ich lernte	wir lernten
	du lerntest	ihr lerntet
	er lernte	sie lernten
過分	gelernt	完了 haben

— 他 ❶《④を》［..⁴を］**学ぶ**, 習う, 覚える ▷ eine Fremdsprache *lernen* 外国語を学ぶ / ein Gedicht auswendig *lernen* 詩を暗記する

《zu のない不定詞句と》schwimmen *lernen* 水泳を習う / Er *lernt* Auto fahren. 彼は自動車の運転を習う

❷《④と》［..⁴を］（努力して徐々に）**身につける** ▷ Pünktlichkeit kann man *lernen*. 時間厳守の習慣は身につけられる /《zu 不定詞句と》Sie muss *lernen*, mit anderen Menschen auszukommen. 彼女は他人と折り合うことを覚えねばならない

(イディオム) ④＋*aus Büchern lernen* ..⁴を本から学ぶ

— 自（物事を）**学ぶ**, 勉強する ▷ zwei Stunden *lernen* 2時間勉強する / Er *lernt* schwer. 彼は物覚えが悪い

— 再 《(sich)⁴＋副詞 と》学ぶ〈覚える〉のが［…］だ ▷ Das Lied *lernt* sich leicht. その歌は覚えやすい

Lern·pro·gramm [レルン・プログラム] 中 *das* (⑯2格 -s; ⑯ -e) 学習用ソフト

Lern·pro·zess (⑯ **..zeß**) [レルン・プロツェス] 男 *der* (⑯2格 -es; ⑯ -e) 学習過程

lern·te [レルンテ] lernen の 過去

Lern·ziel [レルン・ツィール] 中 *das* (⑯2格 -[e]s; ⑯ -e) 学習目標

Les·be [レスベ] 女 *die* (⑯2格 -; ⑯ -n)《口語》レスビアン

les·bisch [レスビシュ] 形 レスビアンの

Le·se·buch [レーゼ・ブーフ] 中 *das* (⑯2格 -[e]s; ⑯ ..bücher)（教科書用の）読本, リーダー

le·sen

[léːzn レーゼン]

現在	ich lese	wir lesen
	du liest	ihr lest
	er liest	sie lesen
過去	ich las	wir lasen
	du lasest	ihr last
	er las	sie lasen
過分	gelesen	完了 haben

— 他 ❶《④と》［..⁴を］**読む** ▷ ein Buch *lesen* 本を読む / die Zeitung gründlich *lesen* 新聞を丹念に読む / Thomas Mann *lesen* トーマス・マンの作品を読む / Seine Handschrift ist schwer zu *lesen*. 彼の字は読みにくい / Wo hast du das *gelesen*? どこで君はそれを読んだのですか

❷《④と》［..⁴を］**声を出して読む**, 朗読する ▷ eigene Gedichte *lesen* 自作の詩を朗読する

— 自 ❶ 読書をする ▷ Er *liest* den ganzen

Tag. 彼は一日中本を読んでいる / in einem Buch *lesen* 本を読む〈読んでいる〉〈☆ ein Buch lesen は「最後まで読む」ことを含意するのに対し, in einem Buch lesen は「読む」という動作のみを表す)
❷ 字を読む ▷ Kannst du nicht *lesen*? 君は字が読めないのか / Das Kind kann schon *lesen*. この子はもう字が読める
❸ 《ᴅᴀᴛと》《…で》教授として教えている ▷ Er *liest* an der Universität München. 彼はミュンヘン大学で講義をしている
— 再《sich⁴ +ᴀᴅᴠと》読むのが〈…〉だ ▷ Das Buch *liest* sich leicht. この本は楽に読める

Le·ser [レーザー] 男 *der* (⚤ 2格 -s; ⚥ -) 読者
Le·se·rat·te [レーゼ・ラッテ] 囡 *die* (⚤ 2格 -; ⚥ -n)《口語》本の虫
Le·ser·brief [レーザー・ブリーフ] 男 *der* (⚤ 2格 -[e]s; ⚥ -e)(新聞などへの)投書, 読者からの手紙
le·ser·lich [レーザーリヒ] 形 (筆跡などが)読みやすい ▷ *leserlich* schreiben 読みやすい字で書く
Le·sung [レーズング] 囡 *die* (⚤ 2格 -; ⚥ -en)(特に作家の)朗読会; 朗読

letz·te
[létstə レッツテ]
形 (☆ 名詞につけて)
❶ 最後の (⚥ erst)
die *letzte* Chance
最後のチャンス
den *letzten* Versuch machen
最後の試みをする
Der *letzte* Bus geht in fünf Minuten.
最終バスは5分後に出る
Das ist mein *letztes* Wort.
これが私の結論だ
Er will immer das *letzte* Wort haben. 彼は(議論などで)いつも自分の意見を主張し押し通そうとする〈決定権をもちたがる〉
am *letzten* Tag des Jahres 大晦日に
《名詞的に》
Er kam als *Letzter*. 彼が最後に来た
❷ 最近の, この前の ▷ *der letzte* Urlaub この前の休暇 / bei meinem *letzten* Besuch 私のこの前の訪問のときに / *letzten* Sonntag 〈am *letzten* Sonntag〉この前の日曜日に
❸ 最新の ▷ die *letzte* Nachricht 最新のニュース
❹ 後者の (⚥ erst) ▷ der 〈die, das〉 erste.., der 〈die, das〉 *letzte*... 前者は…後者は… / im *letzteren* Falle 後者の場合に
《イディオム》 *im letzten Moment* 最後の瞬間に ▷ Sie sagte *im letzten Moment* den Besuch ab. 彼女は土壇場になって訪問を断った
in letzter Zeit 〈*in der letzten Zeit*〉最近

letzte Woche 先週
letztes Jahr 〈*im letzten Jahr*〉去年
letztes Mal 前回
mit letzter Kraft 最後の力をふりしぼって
zum letzten Mal 最後に ▷ Ich sage dir das *zum letzten Mal*. 私が君にこのことを言うのがこれが最後だ

letzt·lich [レッツトリヒ] 副 最終的には, 最後は, 結局は
Leuch·te [ロイヒテ] 囡 *die* (⚤ 2格 -; ⚥ -n) 照明器具; 電灯
leuch·ten [ロイヒテン]
(leuchtete; geleuchtet; ʜᴀʙᴇɴh)
自 ❶ (主に日常生活で用いる光源体が)光る ▷ Die Kerze *leuchtet* in der Dunkelheit. ろうそくが闇の中で光を放っている / Die Sterne *leuchten*. 星が輝く
❷ (光を反射して)光る ▷ Das Meer *leuchtete* in der Sonne. 海が日差しを浴びて光っていた
❸ 《ᴀᴅᴠと》《…を》照らす ▷ mit einer Taschenlampe in den Keller *leuchten* 懐中電灯で地下室を照らす

Leuch·ter [ロイヒター] 男 *der* (⚤ 2格 -s; ⚥ -) 燭台 ▷ Kerzen auf den *Leuchter* stecken ろうそくを燭台に突きさす
Leucht·re·kla·me [ロイヒト・レクラーメ] 囡 *die* (⚤ 2格 -; ⚥ -n) ネオンサイン
Leucht·turm [ロイヒト・トゥルム] 男 *der* (⚤ 2格 -[e]s; ⚥ ..türme) 灯台
leug·nen [ロイグネン]
(leugnete; geleugnet; ʜᴀʙᴇɴh)
他 《ᴀᴋᴋと》《…を》(事実であるのに事実でないと言って)否定〈否認〉する ▷ Er *leugnete* seine Schuld. 彼は自分の罪を認めなかった /《zu 不定詞句, dass 文と》Er *leugnete* nicht, es getan zu haben〈dass er es getan hat〉. 彼はそれをやったことを否定しなかった // Er *leugnete* weiterhin hartnäckig. 彼はかたくなに否認し続けた
Leug·nung [ロイグヌング] 囡 *die* (⚤ 2格 -; ⚥ -en) 否定, 否認
Leu·kä·mie [ロイケミー] 囡 *die* (⚤ 2格 -; まれに ⚥ -n)《医学》白血病
Leu·ko·zyt [ロイコツュート] 男 *der* (⚤ 2·3·4格 -en; ⚥ -en)《医学》白血球

Leu·te
[lɔ́ytə ロイテ]
複名

❶ 人々
viele *Leute*
多くの人々
die jungen 〈alten〉 *Leute*
若い〈年老いた〉人々
Sie sind nette *Leute*. 彼らは親切な人たちだ

①, ②, ③, ④=1格, 2格, 3格, 4格の名詞

❷ 世間の人々 ▷ Die *Leute* sagen, dass… 世間では…と言っている
❸ (自分のために働いてくれる)人たち，部下 ▷ Er hat ein gutes Verhältnis zu seinen *Leuten*. 彼は部下とよい関係にある
(イディオム) **unter die Leute kommen** 人前に出る; (物事が)世間に知れ渡る
vor allen Leuten 公衆の面前で，人前で

Leut·nant [ロイトナント] 男 *der* (⦅2格⦆-s; ⦅複⦆-s) ⦅軍隊⦆少尉

leut·se·lig [ロイト・ゼーリヒ] 形 (特に下の人に対して)気さくな, 開放的な

Le·xi·ka [レクスィカ] Lexikon の ⦅複⦆

Le·xi·kon [レクスィコン] 中 *das* (⦅2格⦆-s; ⦅複⦆ Lexika) [百科]事典 ▷ ein *Lexikon* in 8 Bänden 全8巻の事典 / Er ist ein wandelndes *Lexikon*. 彼は生き字引だ

LH [ルフト・ハンザ] ⦅*Lufthansa* の略語⦆ルフトハンザ (ドイツの航空会社の名前)

Li·ai·son [リエゾーン] 女 *die* (⦅2格⦆-; ⦅複⦆-s) ⦅言語学⦆リエゾン

Li·bel·le [リベレ] 女 *die* (⦅2格⦆-; ⦅複⦆-n) ⦅昆虫⦆トンボ ▷ *Libellen* mit der Hand fangen トンボを手でつかまえる

li·be·ral [リベラール] 形 *liberale* Anschauungen 自由主義的なものの見方 / *liberal* denken リベラルな考え方をする

li·be·ra·li·sie·ren [リベラリズィーレン] (liberalisierte; liberalisiert; ⦅完⦆h) 他 ⦅4格⦆と⦅貿易など⦆4格を自由化する; 〔法律など⦆4格の規制を緩和する

Li·be·ra·lis·mus [リベラリスムス] 男 *der* (⦅2格⦆-; ⦅複⦆なし) 自由主義

licht [リヒト] 形 ⦅文語⦆ 明るい ▷ ein *lichtes* Blau ライトブルー / eine *lichte* Stelle im Wald 森の中の(木立が透けて)明るくなっている場所

Licht [リヒト] 中 *das* (⦅2格⦆-es⦅まれに⦆-s; ⦅複⦆ -er)
❶ ⦅複⦆なし⦆ 光 ▷ ein helles *Licht* 明るい光 / das *Licht* der Lampe 電灯の光 / im *Licht* des Mondes 月明かりで
❷ ⦅複⦆なし⦆ 明かり, 照明 ▷ *Licht* machen 明かりをつける / das *Licht* ausmachen 明かりを消す / Im Zimmer brennt noch *Licht*. 部屋は明かりがまだついている / Bei diesem *Licht* kann man nicht arbeiten. この明かりでは仕事ができない
❸ ⦅複⦆で⦆ (町などの)明かり ▷ Die *Lichter* im Tal waren schwach zu erkennen. 谷間のともし火がかすかに見えた
(イディオム) ⦅4格⦆+**ans Licht bringen** (秘密など)4格を明るみに出す
ans Licht kommen (秘密などが)明るみに出る

Licht·bild [リヒト・ビルト] 中 *das* (⦅2格⦆-[e]s; ⦅複⦆-er) 旅券用写真

lich·ten [リヒテン] (lichtete; gelichtet; ⦅完⦆h) 再 ⦅sich⦆4と (密集していたものが)徐々に透けてくる⦅薄くなる⦆

Lich·ter [リヒター] Licht の ⦅複⦆

Licht·ge·schwin·dig·keit [リヒト・ゲシュヴィンディヒカイト] 女 *die* (⦅2格⦆-; ⦅複⦆なし) 光速

Licht·hu·pe [リヒト・フーペ] 女 *die* (⦅2格⦆-; ⦅複⦆-n) (自動車の)パッシングライト

licht·scheu [リヒト・ショイ]
形 ❶ (動物などが)光を嫌う
❷ やましいところがある, まともに世間にでられない

Lich·tung [リヒトゥング] 女 *die* (⦅2格⦆-; ⦅複⦆-en) (森中の, 木が透けてできた)空き地

Lid [リート] 中 *das* (⦅2格⦆-es⦅まれに⦆-s; ⦅複⦆-er) まぶた ▷ die *Lider* schließen まぶたを閉じる

Li·der [リーダー] Lid の ⦅複⦆

lieb [リープ] (⦅比較⦆ -er, ⦅最上⦆ -st)
形 ❶ 愛する, たいせつな ▷ meine *liebe* Frau 私の愛する妻 / ⦅呼び掛けで⦆ *Liebe* Kinder! 愛する子供たちよ / ⦅親しい人への手紙の冒頭で⦆ *Lieber* Herr ⟨*Liebe* Frau⟩ Engel! 親愛なるエンゲルさん / Mein *lieber* Joachim! 私の親愛なるヨアヒム
❷ 心のこもった, 親切な ▷ ein *lieber* Brief 心のこもった手紙 / *liebe* Worte zu+⦅3⦆ sagen …3に親切なことばをかける / Sie ist sehr *lieb* zu den Kindern. 彼女は子供たちにとてもやさしい / Das ist sehr *lieb* von dir. ご親切にありがとう
❸ (特に子供がおとなしくて)かわいい ▷ ein *liebes* Kind お行儀がよくてかわいい子供 / Sei schön *lieb*! おとなしくしなさい
❹ 好ましい, うれしい ▷ ein *lieber* Gast うれしい客 / Es wäre mir *lieb*, wenn… もし…ならば私はうれしいのですが
(イディオム) ⦅4格⦆+**lieb haben** …4を愛している, 好きである ▷ Ich *habe* dich *lieb*. 私は君を愛している

lieb·äu·geln [リープ・オイゲルン] (liebäugelte; geliebäugelt; ⦅完⦆h)
自 ⦅mit+⦅3⦆と⦆ (…3を)手に入れたいと思っている, 実行したいと思っている

Lie·be [リーベ] 女 *die* (⦅2格⦆-; ⦅複⦆なし)
❶ (異性に対する)愛, 恋, 恋愛 ▷ die erste *Liebe* 初恋 / eine heimliche *Liebe* ひそかな愛 / die platonische *Liebe* プラトニックラブ / Er gesteht ihr seine *Liebe*. 彼は彼女に彼の愛を打ち明ける / Das war *Liebe* auf den ersten Blick. それは一目ぼれだった
❷ (人間に対する)愛, 愛情 ▷ die *Liebe* Gottes 神の愛 / die *Liebe* der Eltern zu den Kindern 親の子供に対する愛情
❸ (物事に対する)愛 ▷ die *Liebe* zur Wahrheit 真実への愛 / mit *Liebe* kochen 愛情をこ

⦅完⦆h, ⦅完⦆s＝完了の助動詞 haben, sein

liebebedürftig

めて料理する
(イディオム) ④ +*aus Liebe heiraten* …⁴と恋愛結婚をする
Liebe macht blind. 《ことわざ》恋は盲目

lie·be·be·dürf·tig [リーベ・ベデュルフティヒ] 形 愛に飢えた

lie·ben ────────
[líːbn̩ リーベン]

現在	ich liebe	wir lieben
	du liebst	ihr liebt
	er liebt	sie lieben
過去	ich liebte	wir liebten
	du liebtest	ihr liebtet
	er liebte	sie liebten
過分	geliebt	完了 haben

他 ❶ 《⁴と》《異性⁴を》愛する, 恋する
Er *liebt* das Mädchen. 彼はその女の子を愛している
Sie *liebt* ihn heimlich. 彼女は彼をひそかに愛している
《相互的に》
Sie *lieben* sich. 彼らは愛し合っている
❷ 《⁴と》《…⁴を》愛する ▷ die Menschen *lieben* 人間を愛する / die Heimat *lieben* 故郷を愛する
❸ 《⁴と》《…⁴を》愛好する, 好む ▷ die Musik *lieben* 音楽を愛好する / Er *liebt* den Wein. 彼はワインには目がない / 《zu 不定詞句と; 相関詞 es は義務的》Er *liebt* es, auszugehen. 彼は外出するのが好きだ

lie·bens·wert [リーベンス・ヴェールト] 形 愛すべき, 好感のもてる

lie·bens·wür·dig [リーベンス・ヴュルディヒ]
(比較 -er, 最上 -st)
形 《態度がていねいで》親切な ▷ Das ist sehr *liebenswürdig* von Ihnen. それはどうもご親切に

lie·ber [リーバー]
── 副 《gern[e] の比較級》
❶ …するほうが好ましい ▷ Ich gehe *lieber* zu Fuß. 私は歩くほうがいい / Ich trinke *lieber* Kaffee als Tee. 私は紅茶よりコーヒーのほうが好きです
❷ …するほうがいい, 賢明だ ▷ Geh *lieber* nach Hause! 家に帰ったほうがいいよ / Das hätte er *lieber* nicht sagen sollen. そんなことは彼は言わないほうがよかったんだが(言ってしまった)
── 形 《lieb の比較級》より好ましい; より愛する ▷ Das ist mir viel *lieber*. 私にはそのほうがずっといい

Lie·bes·brief [リーベス・ブリーフ] 男 der (複2格 -[e]s; 複 -e) ラブレター, 恋文

Lie·bes·ge·schich·te [リーベス・ゲシヒテ] 女 die (複2格 -; 複 -n) 恋物語

Lie·bes·kum·mer [リーベス・クマー] 男 der (複2格 -s; 複 なし) 恋の悩み

Lie·bes·lied [リーベス・リート] 中 das (複2格 -[e]s; 複 -er) 恋の歌

Lie·bes·paar [リーベス・パール] 中 das (複2格 -[e]s; 複 -e) 愛し合っているカップル

Lie·bes·ro·man [リーベス・ロマーン] 男 der (複2格 -s; 複 -e) 恋愛小説

Lie·bes·sze·ne [リーベス・スツェーネ] 女 die (複2格 -; 複 -n) ラブシーン

lie·be·voll [リーベ・フォル] 形 愛情のこもった, 思いやりのある ▷ die Kranke *liebevoll* pflegen 病人を手厚く看病する

lieb|ha·ben [リープ・ハーベン] 分離 (er hat lieb hatte lieb; liebgehabt; 完了 h) 他 (但⇒新) **lieb haben** (分けて書く) ☞ lieb

Lieb·ha·ber [リープ・ハーバー] 男 der (複2格 -s; 複 -)
❶ (男の)愛人, 情夫 (☆「情婦」は Liebhaberin)
▷ Wenn ihr Mann weg ist, geht sie mit ihrem *Liebhaber* aus. 夫がいなくなると彼女は愛人と出かける
❷ (芸術などの)愛好家 ▷ ein *Liebhaber* der klassischen Musik クラシック音楽の愛好家

Lieb·ha·be·rin [リープ・ハーベリン] 女 die (複2格 -; 複 ..rinnen) Liebhaben の女性形

lieb·ko·sen [リープコーゼン]
(liebkoste; liebkost; 完了 h)
他 《文語》《⁴と》《…⁴を》愛撫する

lieb·lich [リープリヒ] 形 愛らしい, 感じのよい ▷ ein *liebliches* Mädchen 愛らしい女の子 / ein *lieblicher* Duft いい香り / *lieblicher* Wein 甘いワイン

Lieb·ling [リープリング] 男 der (複2格 -s; 複 -e) お気に入り; 人気者 ▷ der *Liebling* unseres Lehrers 私たちの先生のお気に入り / 《愛する人への呼び掛けとして》Mein *Liebling*! おい; おまえ, あなた

lieb·los [リープ・ロース] 形 愛情〈思いやり〉のない ▷ *lieblose* Worte 思いやりのないことば

liebst [リープスト]
── 副 《gern[e] の最上級》《成句で》**am liebsten** 最も好んで ▷ Er mag *am liebsten* Wein. 彼はワインが一番好きだ
── 形 《lieb の最上級》最も愛する; 最も好ましい ▷ mein *liebster* Freund 私の一番好きな友人 / Am *liebsten* wäre es mir, wenn… …ならば私は一番いいんだけど

lieb·te [リープテ] lieben の 過去

Liech·ten·stein [リヒテン・シュタイン] 中 das 《国名》 リヒテンシュタイン (地図 ☞ D-5)

Lied [リート] 中 das (複2格 -es 〈まれに -s〉; 複

-er)
歌; 歌曲 ▷ ein trauriges *Lied* 悲しい歌 / ein *Lied* komponieren 歌を作曲する / Wir haben ein russisches *Lied* gesungen. 私たちはロシアの歌を歌った

Lie·der [リーダー] Lied の 複数

Lie·der·buch [リーダー・ブーフ] 中 *das* (⊕ 2 格 -[e]s; ⊕ ..bücher) 歌集, 歌曲集

lie·der·lich [リーダーリヒ] 形 (人・服装などが)だらしのない;(仕事などが)ぞんざいな;(部屋などが)雑然とした

lief [リーフ] laufen の 過去

lie·fe [リーフェ] laufen の 接II

Lie·fe·rant [リーフェラント] 男 *der* (⊕ 2·3·4 格 -en; ⊕ -en) (商品の)納入業者

lie·fern [リーフェルン] 動 (⊕ ④と)(品物を)**配達する**, 納入する ▷ eine bestellte Ware *liefern* 注文の品を配達する / Wann können Sie mir den Schrank *liefern*? このたんすはいつ届けてくれますか

lie·fer·te [リーフェルテ] liefern の 過去

Lie·fe·rung [リーフェルング] 女 *die* (⊕ 2 格 -; ⊕ -en) (商品の)配達, 納入 ▷ Die *Lieferung* der Waren erfolgt in fünf Tagen. 商品の引き渡しは5日後です / *Lieferung* frei Haus. 宅配無料

Lie·fer·wa·gen [リーファー・ヴァーゲン] 男 *der* (⊕ 2 格 -s; ⊕ -) (小型の)配達車, ライトバン

Lie·ge [リーゲ] 女 *die* (⊕ 2 格 -; ⊕ -n) 寝いす ▷ auf der *Liege* schlafen 寝いすで眠る

lie·gen

[líːgn リーゲン]

現在	ich liege	wir liegen
	du liegst	ihr liegt
	er liegt	sie liegen
過去	ich lag	wir lagen
	du lagst	ihr lagt
	er lag	sie lagen
過分	gelegen	完了 haben

自 ❶ 《場所などと》(人が)〔…に〕**横になって**〈横たわって〉**いる** (☆「横にならせる, 寝かせる」は legen)
Sie *liegt* nackt im Bett.
彼女は裸でベッドに横になっている
auf dem Bauch *liegen*
腹ばいに〈うつぶせ〉になっている
Ich habe eine Woche *gelegen*.
私は1週間病気で寝ていた
Hier *liegen* seine Eltern.
《比ゆ》ここに彼の両親が埋葬されている
❷ 《場所と》(物が)〔…に〕**ある** ▷ Die Wäsche *liegt* im Schrank. 下着はたんすの中にある / Die Bücher *lagen* auf dem Tisch. それらの本は机の上にあった / Auf der Wiese *liegt* Schnee. 雪が草原に積もっている /《比ゆ》Der Unterschied *liegt* darin, dass ... 相違は…という点にある
❸ (物が)横になって置かれている ▷ Die Weinflaschen sollen *liegen*. ワインのびんは寝かせておかなければならない

類語
liegen 水平の状態に置かれている
stehen 垂直の状態に, あるいは物の本来的な状態(たとえば車なら車輪の上)に置かれている

❹ 《場所と》(町などが)〔…に〕**位置している** ▷ Berlin *liegt* an der Spree. ベルリンはシュプレー河畔にある / Der Ort *liegt* fast 1 000 Meter hoch. この場所はほぼ海抜千メートルの所にある
❺ 《状態と》〔…の〕状態にある ▷ Er *liegt* im Sterben. 彼は危篤状態に〈死にそうで〉ある
❻ 《③と》〔…³の〕性に合う ▷ Deutsch *liegt* mir mehr als Englisch. ドイツ語の方が英語より私の性に合う
❼ 《an+③と》〔…³に〕原因がある ▷ Das *liegt* an der Verspätung des Zuges. それは列車の遅延が原因だ

イディオム ③+*liegt viel* ⟨*wenig*⟩ *an*+③ …³には…³が大事だ⟨あまり大事でない⟩ ▷ *An* seiner Mitarbeit *liegt* uns *viel*. 彼の協力が私たちにはとても大事である

④+*liegen lassen* …⁴を持って来るのを忘れる, 置き忘れる ▷ Er *lässt* oft seinen Regenschirm *liegen*. 彼はよく傘を置き忘れる

liegen bleiben
a) 寝たままでいる ▷ *Bleib* doch noch etwas *liegen*! もう少し寝ていなさい
b) (人・車などが故障などで)立ち往生する ▷ Er *blieb* wegen einer Panne auf der Autobahn *liegen*. 彼は故障でアウトバーンで立ち往生した
c) (事物が)残されたままになっている ▷ Die Arbeit *bleibt liegen*. その仕事はやり残されたままだ

lie·gen|blei·ben [リーゲン・ブライベン] 分離 (blieb liegen; liegengeblieben; 完了 s) 自 《旧⇒新》 **liegen bleiben** (分けて書く) ☞ liegen

lie·gen|las·sen [リーゲン・ラッセン] 分離 (er lässt liegen; ließ liegen; liegenlassen 〈まれに liegengelassen〉; 完了 h) 他 《旧⇒新》 **liegen lassen** (分けて書く) ☞ liegen

Lie·ge·stuhl [リーゲ・シュトゥール] 男 *der* (⊕ 2 格 -[e]s; ⊕ ..stühle) デッキチェアー

Lie·ge·wa·gen [リーゲ・ヴァーゲン] 男 *der* (⊕ 2 格 -s; ⊕ -) (鉄道の)簡易寝台車

lieh [リー] leihen の 過去

《旧⇒新》=新正書法の指示, ⊕=旧正書法の指示

lie·he [リーエ] leihen の 接II
lies [リース] lesen の 命令
ließ [リース] lassen の 過去
lie·ße [リーセ] lassen の 接II
liest [リースト] lesen の 現在
Lift [リフト] 男 der (⊕ 2格 -[e]s; ⊕ -e)
❶ エレベーター (☆「エスカレーター」は Rolltreppe)
❷ (スキーの)リフト
Li·ga [リーガ] 女 die (⊕ 2格 -; Ligen) 《スポーツ》
リーグ ▷ Die italienische *Liga* ist bekannt für ihr defensives Spiel. イタリアのリーグは防御的な試合をするので有名だ
Li·gen [リーゲン] Liga の 複数
Li·kör [リケーア] 男 der (⊕ 2格 -s; ⊕ -e) リキュール
li·la [リーラ] 形 リラ〈ライラック〉色の, 淡紫色の (☆ 格語尾をつけない) ▷ eine *lila* Bluse 薄紫のブラウス
Li·lie [リーリエ] 女 die (⊕ 2格 -; ⊕ -n) 《植物》ユリ ▷ Die *Lilie* ist das Symbol der Unschuld. ユリは純潔のシンボルである
Li·mit [リミト] 中 das (⊕ 2格 -s; ⊕ -s) 限度, 限界; 上限, 下限
li·mi·tie·ren [リミティーレン] (limitierte; limitiert; 完了h)
他《④と》[..⁴を](ある数量まで)制限する, [..⁴に]上限〈下限〉を設ける
Li·mo·na·de [リモナーデ] 女 die (⊕ 2格 -; ⊕ -n) 炭酸入り清涼飲料; レモネード, サイダー, ラムネ ▷ ein Glas *Limonade* グラス1杯のレモネード / Ich möchte *Limonade* trinken. 私はレモネードが飲みたい
Li·mou·si·ne [リムズィーネ] 女 die (⊕ 2格 -; ⊕ -n) リムジン
Lin·de [リンデ] 女 die (⊕ 2格 -; ⊕ -n)《植物》ボダイジュ (☆ 同義の Lindenbaum は文語)
Lin·den·baum [リンデン・バオム] 男 der (⊕ 2格 -[e]s; ⊕ ..bäume)《文語》= Linde
lin·dern [リンデルン] (linderte; gelindert; 完了h)
他《④と》[痛みなど⁴を]やわらげる ▷ Die Tabletten *lindertern* Schmerzen nicht. この錠剤では痛みがやわらがなかった
Li·ne·al [リネアール] 中 das (⊕ 2格 -s; ⊕ -e) 定規 ▷ ein *Lineal* anlegen 定規をあてる
Lin·gu·ist [リングイスト] 男 der (⊕ 2·3·4格 -en; ⊕ -en) 言語学者
Li·nie [リーニエ] 女 die (⊕ 2格 -; ⊕ -n)
❶ 線 ▷ eine gerade *Linie* 直線 / mit dem Lineal eine *Linie* ziehen 定規で線を引く
❷ (交通機関の)路線, 系統; 航(空)路 ▷ Die *Linie* 9 fährt zum Bahnhof. 9番線は駅に行く / die *Linie* Berlin-München ベルリン=ミュンヒェン線
❸ 列 ▷ Die Häuser stehen in einer *Linie*. 家々が1列に並んでいる
❹ 家系, 血統 ▷ von gerader 〈direkter〉 *Linie* von+③ abstammen ..³の直系の子孫である

(イディオム) **auf die Linie achten** 身体の線に気をつける (太らないように気をつける)
in erster Linie まず第一に

li·niert [リニーアト] 形 (ノートなどが)罫線の入った ▷ *liniertes* Papier 罫紙

lin·ke [リンケ]
形 ❶ 左の, 左側の (☆ 名詞につけて; ⊕ rechte) ▷ das *linke* Bein 左脚 / der *linke* Handschuh 左手袋 / das *linke* Ufer des Flusses 川の左岸
❷ (政治的に)左寄りの, 左翼の ▷ der *linke* Flügel der Partei 党の左派

Lin·ke [リンケ] 女 die (⊕ なし) (形容詞変化 ⇒ Alte 表I; ⊕ Rechte)
❶ 左手 ▷ Sie hielt den Schlüssel in ihrer *Linken*. 彼女は鍵を左手に持っていた
❷ (政治)左翼, 左派 ▷ Er gehört der neuen *Linken* an. 彼は新左翼に属している

lin·ken [リンケン] (linkte; gelinkt; 完了h)
他《口語》《④と》[..⁴を]だます

lin·kisch [リンキシュ] 形 不器用な

links
[lɪŋks リンクス]

副 ❶ 左に, 左側に (⊕ rechts)
links fahren
左側を走る
nach *links* abbiegen
左へ曲がる
Die Garage steht *links* von dem Haus.
車庫は家の左側にある
❷ (政治)左翼に, 左派に ▷ *links* stehen 左翼的な考え方を持っている

Links·hän·der [リンクス・ヘンダー] 男 der (⊕ 2格 -s; ⊕ -) 左利きの人 (☆「右利きの人」は Rechtshänder) ▷ Er ist *Linkshänder*. 彼は左利きだ

Links·ver·kehr [リンクス・フェアケーア] 男 der (⊕ 2格 -[e]s; ⊕ なし) 左側通行

Lin·se [リンゼ] 女 die (⊕ 2格 -; ⊕ -n)
❶ 《光学》レンズ
❷ 《植物》レンズ豆, ヒラマメ (☆ 凸レンズ状の平たい豆で食用品)

Lip·pe [リッペ] 女 die (⊕ 2格 -; ⊕ -n)
唇 ▷ die obere 〈untere〉 *Lippe* 上〈下〉唇 / die *Lippen* spitzen (キスなどのために)唇を突き出す / sich³ die *Lippen* schminken 口紅を塗る / das Glas an die *Lippen* führen グラスを口にもっていく / den Finger an die *Lippen* legen (静かにするようにと人さし)指を唇に当てる /

sich[4] auf die *Lippen* beißen 唇をかむ

Lip·pen·stift [リッペン・シュティフト] 男 *der* (⊕ 2格 -[e]s; ⊕ -e) 口紅, リップスティック

li·qui·die·ren [リクヴィディーレン] (liquidierte; liquidiert; 完了h)
他 ❶〈④と〉[‥⁴を]（主に政治的理由で）抹殺〈粛正〉する
❷〈④と〉〔会社など⁴を〕整理する

lis·peln [リスペルン] (lispelte; gelispelt; 完了h)
自 (舌端を歯に当てて)舌たらずな s 音を発音する (☆ 英語の th に似た音になる)

List [リスト] 女 *die* (⊕ 2格 -; ⊕ -en) 策略 ▷ eine *List* anwenden 策略を用いる

Lis·te [リステ] 女 *die* (⊕ 2格 -; ⊕ -n)
リスト; 名簿 ▷ die *Liste* der Teilnehmer 参加者のリスト / eine *Liste* aufstellen リストを作成する
(イディオム) *auf der schwarzen Liste stehen* ブラックリストに載っている

lis·tig [リスティヒ] 形 狡猾な, 抜け目のない ▷ ein *listiger* Plan 狡猾な計画 / Er ist *listig* wie ein Fuchs. 彼はキツネのように狡猾だ

Li·ter [リーター] 男 *der* / 中 *das* (⊕ 2格 -s; ⊕ -)《容積の単位》リットル (略 l) ▷ zwei *Liter* Milch 2 リットルのミルク / einen halben *Liter* Wein trinken ワインを半リットル飲む

li·te·ra·risch [リテラーリシュ] 形 文学の, 文学的な ▷ *literarische* Werke 文学作品

Li·te·ra·tur [リテラトゥーア] 女 *die* (⊕ 2格 -; ⊕ -en)
❶ 文学, 文芸 ▷ die deutsche *Literatur* ドイツ文学
❷ (覆 なし)《集合的に》〔参考〕文献 ▷ Zu diesem Thema gibt es wenig *Literatur*. このテーマに関しては文献がわずかしかない

Li·te·ra·tur·ge·schich·te [リテラトゥーア・ゲシヒテ] 女 *die* (⊕ 2格 -; ⊕ なし) 文学史

Li·te·ra·tur·ver·zeich·nis [リテラトゥーア・フェアツァイヒニス] 中 *das* (⊕ 2格 ..nisses; ⊕ ..nisse) 参考文献目録

Lit·faß·säu·le [リトファス・ゾイレ] 女 *die* (⊕ 2格 -; ⊕ -n) (路上の円柱形の)広告塔

litt [リット] leiden の 過I

lit·te [リッテ] leiden の 過II

live [ライフ] 形 (演奏などが)生の, 生放送の, ライブの (☆ 名詞につけて用いない) ▷ ④+*live* übertragen ‥を実況中継する

Litfaßsäule

Live·sen·dung [ライブ・ゼンドゥング] 女 *die* (⊕ 2格 -; ⊕ -en) 生放送

Live-Sen·dung (旧⇒新) Livesendung

Li·zenz [リツェンツ] 女 *die* (⊕ 2格 -; ⊕ -en) (特許権・著作権などに関する)認可, ライセンス ▷ eine *Lizenz* erwerben ライセンスを得る

Lkw, LKW [エルカーヴェー] 男 *der* (⊕ 2格 -[s]; ⊕ -s) 《*Lastkraftwagen* の略語》トラック

Lob [ローブ] 中 *das* (⊕ 2格 -es〈まれに -s〉; ⊕ なし) 称賛 ▷ ein *Lob* erhalten 称賛を得る / Für diese Tat verdient er [ein] *Lob*. 彼のこの行為は称賛されて当然だ

Lob·by [ロビ] 女 *die* (⊕ 2格 -; ⊕ -s) (政治的な)圧力団体, ロビイスト

lo·ben [ローベン] (lobte; gelobt; 完了h)
他 〈④と〉[‥⁴を] **ほめる** ▷ Sie *lobt* seinen Fleiß. 彼女は彼の勤勉さをほめる / Der Lehrer *lobte* den Schüler für seinen Fleiß. 先生はその生徒の勤勉さをほめた /《諺》Man soll den Tag nicht vor dem Abend *loben*. 物事はいつどう変わるかわからない (← 日が暮れる前に昼のことをほめてはならない)
(イディオム) ④+*lobend erwähnen* ほめながら ‥⁴のことに触れる

Lob·hu·de·lei [ローブ・フーデライ] 女 *die* (⊕ 2格 -; ⊕ -en) 追従, おべっか, おべんちゃら

lob·te [ローブテ] loben の 過I

Loch [ロッホ] 中 *das* (⊕ 2格 -[e]s; ⊕ Löcher)
❶ **穴**, くぼみ ▷ ein tiefes *Loch* 深い穴 / ein *Loch* in den Boden graben 地面に穴を掘る / Die Straße ist voller *Löcher*. 道路は穴だらけだ /《比ゆ》Er säuft wie ein *Loch*. 彼は底無しの大酒のみだ
❷ (破れたり, 壊れてできた)穴 ▷ Der Eimer hat ein *Loch*. そのバケツには穴があいている / Er hatte ein *Loch* im Strumpf. 彼は靴下に穴があいていた

lo·chen [ロッヘン] (lochte; gelocht; 完了h)
他 〈④と〉〔カード・切符など⁴に〕穴をあける

Lö·cher [レッヒャー] Loch の 複数

Loch·kar·te [ロッホ・カルテ] 女 *die* (⊕ 2格 -; ⊕ -n) パンチカード

Lo·cke [ロッケ] 女 *die* (⊕ 2格 -; ⊕ -n) カール, 巻き毛 ▷ das Haar in *Locken* legen 髪をカールする

lo·cken [ロッケン] (lockte; gelockt; 完了h)
他 〈④と〉[‥⁴を] **呼び〈おびき〉寄せる** ▷ Die Henne *lockt* ihre Küken. めんどりはひよこたちを呼び寄せる / Er *lockte* einen Hund mit Futter zu sich. 彼は犬をえさでおびき寄せた /《比ゆ》Das schöne Wetter *lockte* mich ins Freie. 好天に誘われて私は野外に出かけた

lo·cker [ロッカー]
形 ❶ (ねじなどが)ゆるい, ぐらぐらしている ▷

完了h, 完了s＝完了の助動詞 haben, sein

eine *lockere* Schraube ゆるんだねじ / Der Zahn ist *locker.* 歯がぐらぐらする
❷ (結び目などが)ゆるい; (綱などが)たるんだ; (土・筋肉などが)ほぐれた ▷ die Zügel *locker* lassen 手綱をゆるめる /《比ゆ》eine *lockere* Regelung (融通のきく)ゆるやかな規律
❸《口語》気楽な ▷ ein *lockerer* Typ 気楽につき合えるタイプ

lo·cker|las·sen [ロッカー・ラッセン] [分離] (er lässt locker; ließ locker; lockergelassen; [完了]h)
[自]《口語》(要求などを)あきらめる (☆ nicht と) ▷ Wir dürfen nicht *lockerlassen.* 私たちは(目的を達するまで)あきらめてはならない
[注] ④+locker lassenは「‥⁴をゆるめたままにする」

lo·cker|ma·chen [ロッカー・マッヘン] [分離] (machte locker; lockergemacht; [完了]h)
[他]《口語》〖④と〗〔お金⁴を〕支出する

lo·ckern [ロッケルン] (lockerte; gelockert; [完了]h)
― [他]〖④と〗〔‥⁴を〕ゆるめる ▷ eine Schraube 〈den Gürtel〉 *lockern* ねじ〈ベルト〉をゆるめる / die Erde 〈die Muskeln〉 *lockern* 土〈筋肉〉をほぐす
― [再]〖[sich]⁴と〗(結び目などが)ゆるむ ▷ Die Schraube *lockert* sich. ねじがゆるむ

lo·ckig [ロッキヒ] [形] 巻き毛の, カールした

lo·dern [ローデルン] (loderte; gelodert; [完了]h)
[自] (炎を上げて)燃え上がる ▷ Die Flammen *loderten* bis zum Himmel. 炎は天まで燃え上がった

Löf·fel [レッフェル] [男] *der* ([単] 2格 -s; [複] -)
スプーン, さじ (☆「フォーク」は Gabel,「ナイフ」は Messer) ▷ ein silberner *Löffel* 銀のスプーン / den *Löffel* an den Mund führen スプーンを口に運ぶ /〖数量単位として〗zwei *Löffel* Zucker スプーン 2 杯分の砂糖

löf·feln [レッフェルン] (löffelte; gelöffelt; [完了]h)
[他]〖④と〗〔‥⁴を〕スプーンで食べる〈飲む〉 ▷ Er *löffelte* schweigend seine Suppe. 彼は黙ってスープをスプーンで飲んでいた

log [ローク] lügen の [過去]

Lo·ge [ロージェ] [女] *die* ([単] 2格 -; [複] -n) (劇場の)仕切り席, ボックス席

Lo·gik [ローギク] [女] *die* ([単] 2格 -; [複] なし)
❶ 論理 ▷ eine konsequente *Logik* 首尾一貫した論理 / Deiner Äußerung fehlt jede *Logik.* 君の発言には全然論理性がない
❷ 論理学 ▷ formale *Logik* 形式論理学

lo·gisch [ローギシュ]
[形] ❶ 論理的な ▷ *logisch* denken 論理的に考える / Seine Argumente sind *logisch.* 彼の論拠は論理的だ
❷《口語》当然の ▷ Das ist doch *logisch*! そんなことは当然じゃないか

Lohn [ローン] [男] *der* ([単] 2格 -es 〈まれに -s〉; [複] Löhne)
賃金, 労賃 (☆ Arbeiter に対して, 労働時間に基づき, 日給・週給・月給いずれかの方法で支給される. Angestellte に対しては Gehalt が用いられる) ▷ ein hoher 〈niedriger〉 *Lohn* 高い〈低い〉賃金 / für höhere *Löhne* kämpfen 賃上げを求めて闘う

Lohn·ar·beit [ローン・アルバイト] [女] *die* ([単] 2格 -; [複] -en) 賃金労働

Löh·ne [レーネ] Lohn の [複数]

loh·nen [ローネン] (lohnte; gelohnt; [完了]h)
― [再]〖[sich]⁴と〗しがいがある, 報われる ▷ Der Fleiß hat sich doch *gelohnt.* 勤勉さはやはり報われた /〖zu 不定詞句と〗Es *lohnt* sich, diesen Film anzusehen. この映画は見る価値がある /〖[sich]⁴なしで〗Die Arbeit *lohnt* nicht. この仕事は割に合わない
― [他]《やや古語》〖③+④と〗〔‥³の‥⁴に〕報いる ▷ Er hat ihr ihre Hilfe gut *gelohnt.* 彼は彼女の手助けに十分に報いた

Lohn·er·hö·hung [ローン・エアヘーウング] [女] *die* ([単] 2格 -; [複] -en) 賃金引き上げ

Lohn·kür·zung [ローン・キュルツング] [女] *die* ([単] 2格 -; [複] -en) 賃金カット

Lohn·steu·er [ローン・シュトイアー] [女] *die* ([単] 2格 -; [複] -n) 賃金税

lohn·te [ローンテ] lohnen の [過去]

Lok [ロック] [女] *die* ([単] 2格 -; [複] -s)〖*Lok*omotive の略語〗機関車

lo·kal [ロカール]
[形] ❶ 地方〈ローカル〉の ▷ eine *lokale* Zeitung 地方紙
❷ 局地的な; 局部的な ▷ ein *lokaler* Konflikt 局地的紛争 / eine *lokale* Betäubung 局部麻酔

Lo·kal [ロカール] [中] *das* ([単] 2格 -[e]s; [複] -e) 飲食店 ▷ In diesem *Lokal* isst man gut. この飲食店は食事がおいしい

lo·ka·li·sie·ren [ロカリズィーレン] (lokalisierte; lokalisiert; [完了]h)
[他] ❶〖④と〗〔‥⁴の場所〈位置〉を〕突き止める
❷〖④と〗〔火事・紛争など⁴を〕(局地的に)食い止める

Lo·ko·mo·ti·ve [ロコモティーヴェ] [女] *die* ([単] 2格 -; [複] -n) 機関車 ([略] Lok) ▷ eine elektrische *Lokomotive* 電気機関車

Lon·don [ロンドン] ([中] *das*)《都市名》ロンドン

Lor·beer [ロルベーア] [男] *der* ([単] 2格 -s; [複] -en)《植物》ゲッケイジュ ▷ ein Kranz aus *Lorbeer* 月桂冠

Lor·beer·kranz [ロルベーア・クランツ] [男] *der* ([単] 2格 -es; [複] ..kränze) 月桂冠

Lo·re [ローレ] [女] *die* ([単] 2格 -; [複] -n) トロッコ

los [ロース]

— 形 (☆ 述語としてのみ用いる)

❶ (ある事が)起こって ▷ In diesem Lokal ist immer etwas *los*. この飲食店ではいつも何かが起こる / Was ist denn *los*? いったい何が起きたんだい / Was ist mit dir *los*? 君はいったいどうしたんだい

❷ 取れて, はずれて ▷ Der Knopf ist *los*. ボタンが取れている

(イディオム) ❸ + *los sein*《口語》...⁴から解放されている ▷ Ich bin froh, dass ich ihn endlich *los bin*. 私はやっと彼から解放されて喜んでいる / Meine Erkältung *bin* ich immer noch nicht *los*. 私はいまだにかぜが治っていない

— 副 ❶《行動を促して》さあ, 始めろ, かかれ ▷ *Los*, beeilt euch! さあ(君たち)急げ / Auf die Plätze〈Achtung〉, fertig, *los*! 位置について用意 ドン

❷《口語》《動詞を省略した分離動詞の前つづり》Du willst schon *los*(<losgehen)? 君はもう行くのか / Ich habe die Lampe schon *los*(<losgedreht). 私はもう電球をはずした

.**los** [..ロース]《接尾辞; 名詞と形容詞を作る》...のない ▷ arbeits*los* 仕事のない, wert*los* 価値のない

Los [ロース] 中 *das*(⑧ 2格 -es; ⑲ -e)

❶ (何かを決めるための)くじ ▷ ein *Los* ziehen くじを引く / Das *Los* soll entscheiden. くじで決めよう

❷ 宝くじの券 ▷ ein *Los* kaufen 宝くじの券を買う / Jedes zweite *Los* gewinnt. 2本に1本は当たりくじだ / Er hat das große *Los* gezogen. 彼は1等賞を引き当てた

❸《文語》運命(= Schicksal)

lö·schen [レッシェン](löschte; gelöscht; 匠h)

他 ❶《④と》〔火など⁴を〕消す ▷ Er *löschte* die Kerzen. 彼はろうそくを消した / Der Brand wurde *gelöscht*. 火事は消し止められた

❷《④と》〔登録など⁴を〕抹消する;〔録音など⁴を〕消す ▷ Ich habe mein Konto *gelöscht*. 私は口座を解約した / eine Tonbandaufnahme *löschen* テープの録音を消す

❸《④と》〔船の積み荷⁴を〕陸揚げする

(イディオム) **den Durst löschen** のどの渇きをいやす ▷ Er *löscht* seinen *Durst* mit kaltem Bier. 彼はのどの渇きを冷たいビールでいやす

lo·se [ローゼ]

形 ❶ ゆるんだ, 取れそうな ▷ ein *loser* Nagel ゆるんだ釘⁴を / Der Knopf ist *lose*. ボタンが取れかかっている

❷ (入れ物に入れずに)ばらの ▷ Bonbons *lose* verkaufen ボンボンをばら売りする

❸ (口のきき方などが)慎みのない, 無遠慮な

lo·sen [ローゼン](loste; gelost; 匠h)

自《um+④と》〔..⁴を〕くじで決める ▷ Wir *losen* [darum], wer anfangen soll. 私たちはだれからやるべきかをくじで決める

lö·sen [レーゼン]

(du, er löst; löste; gelöst; 匠h)

— 他 ❶《④と》〔問題・事件など⁴を〕解決する, 解く ▷ ein Problem *lösen* 問題を解決する / Kannst du dieses Rätsel *lösen*? このなぞが解けますか

❷《④と》〔..⁴を〕はがす ▷ Er *löst* die Briefmarke vom Umschlag. 彼は切手を封筒からはがす

❸《④と》〔..⁴を〕ゆるめる, 解く, ほどく ▷ einen Knoten *lösen* 結び目を解く / die Bremse *lösen* ブレーキをゆるめる

❹《④+in+③と》〔..⁴を液体³に〕溶かす ▷ Zucker in Wasser *lösen* 砂糖を水に溶かす

❺《④と》〔切符など⁴を〕買う ▷ Er hat eine Fahrkarte im Zug *gelöst*. 彼は列車の中で切符を買った

❻《④と》〔契約など⁴を〕解消する ▷ Er hat die Verlobung *gelöst*. 彼は婚約を解消した

— 再 ❶《sich⁴と》(問題などが)解決する ▷ Die Angelegenheit hat sich von selbst *gelöst*. 案件はおのずから解決した

❷《sich⁴と》(固定されていたものが)ゆるむ, はがれる ▷ Die Tapete *löst* sich. 壁紙がはがれる

❸《sich⁴と》(結び目などが)ほどける

❹《sich⁴と》(砂糖などが)溶ける, 溶解する ▷ Dieses Mittel *löst* sich leicht. この薬は溶けやすい

los|fah·ren [ロース・ファーレン] 分離
(er fährt los; fuhr los; losgefahren; 匠s)
自 (乗り物で)出発する

los|ge·hen [ロース・ゲーエン] 分離
(ging los; losgegangen; 匠s)
自 ❶ 出発する(乗り物を用いず歩いて行く場合に用いる)
❷ (催し物などが)始まる

los|las·sen [ロース・ラッセン] 分離
(er lässt los; ließ los; losgelassen; 匠h)
他《④と》〔手にもっていたもの⁴を〕離す ▷ Sie ließ die Zügel los. 彼女は手綱を離した

los|rei·ßen [ロース・ライセン] 分離
(riss los; losgerissen; 匠h)
— 他《④と》〔..⁴を〕引き離す〈ちぎる〉
— 再《sich⁴と》(力ずくで)身体を引き離す, 解き放す

los|sa·gen [ロース・ザーゲン] 分離
(sagte los; losgesagt; 匠h)
再《sich⁴+von+③と》〔..³との〕関係を断つ, 縁を切る

lös·te [レーステ] lösen の 過去

Lo·sung [ローズング] 女 *die*(⑧ 2格 -; ⑲ -en)
標語, スローガン;《軍隊》暗号

Lösung

Lö·sung [レーズング] 囡 die (⊕2格-; ⊕-en)
❶《問題・事件などの》**解決** ▷ Die Lösung des Problems war schwer. その問題を解くのはむずかしかった
❷《問題などの》答え, 解答, 解決策 ▷ die Lösung eines Rätsels なぞなぞの答え / eine Lösung finden 解決策を見つける
❸《化学》溶液 ▷ die Lösung verdünnen 溶液を薄める

los·wer·den [ロース・ヴェーアデン] 囮圖 (wurde los; losgeworden, 現完s).
他 ❶《口語》《④と》〔わずらわしい人など⁴から〕自由になる, のがれる
❷《口語》《④と》〔…⁴を〕売り払う
❸《④と》〔…⁴を〕なくす;〔お金⁴を〕(買い物などで)使ってしまう

Lot [ロート] 囲 das (⊕2格-[e]s; ⊕-e) (鉛直を決める)下げ振り[の小銅], 鉛直

lö·ten [レーテン] (lötete; gelötet; 現完h)
他《④と》〔金属のもの⁴を〕はんだづけする

Lo·ti·on [ロツィオーン] 囡 die (⊕2格-; ⊕-en) ローション

Lot·se [ローツェ] 圐 der (⊕2·3·4格-n; ⊕-n) 水先案内人

lot·sen [ローツェン] (lotste; gelotst; 現完h)
他《④と》〔船⁴を〕水先案内する,〔飛行機などを〕誘導する,(ある場所に)指示を与えて導く

Lot·te [ロッテ]《女名》ロッテ

Lot·te·rie [ロテリー] 囡 die (⊕2格-; ⊕-n) 宝くじ ▷ in der Lotterie spielen 宝くじを買う (← 宝くじをする)

Lot·te·ri·en [ロテリーエン] Lotterie の 複数

Lot·to [ロット] 用 das (⊕2格-s; ⊕-s) ロット (数字の組み合わせによる賭博ゲーム) ▷ Lotto spielen ロットをする

Lö·we [レーヴェ] 圐 der (⊕2·3·4格-n; ⊕-n)《動物》ライオン ▷ Der Löwe brüllt. ライオンがほえる

Lö·wen·zahn [レーヴェン・ツァーン] 圐 der (⊕2格-[e]s; ⊕なし)《植物》たんぽぽ

lo·yal [ロアヤール] 圏 (国などに対し)忠誠心のある;(同僚などに対して)誠実な

LP [エルペー] 囡 die (⊕2格-; ⊕-[s])《Langspielplatte の略語》LPレコード

LSD [エルエスデー] 用 das (⊕2格-[s]; ⊕なし) エルエスディー(幻覚剤の一種)

Lü·beck [リューベック] (用 das)《都市名》リューベック [☞地図 E-2]

Luchs [ルクス] 圐 der (⊕2格-es; ⊕-e)《動物》オオヤマネコ

Lü·cke [リュッケ] 囡 die (⊕2格-; ⊕-n) すきま ▷ eine große Lücke 大きなすきま / Die Kinder fanden eine Lücke im Zaun. 子供たちは垣根にすきまを見つけた

Lü·cken·bü·ßer [リュッケン・ビューサー] 圐 der (⊕2格-s; ⊕-) (一時しのぎの)代役; 間に合わせ

lud [ルート] laden の 過去

Lud·wig [ルートヴィヒ]《男名》ルートヴィヒ

Luft [ルフト] 囡 die (⊕2格-; ⊕なし)
❶ 空気 ▷ kalte Luft 冷たい空気 / die Luft verschmutzen 空気を汚す / Der Reifen hat zu wenig Luft. このタイヤは空気が足りない
❷ (呼吸のための)空気, 息 ▷ tief Luft holen 深く息を吸う / Er bekam plötzlich keine Luft mehr. 彼は突然息ができなくなった
❸ 空中 ▷ Das Flugzeug erhebt sich in die Luft. 飛行機が飛びたつ
❹ (自由になる)空間 ▷ zwischen Wand und Kühlschrank etwas Luft lassen 壁と冷蔵庫の間に少しすきまをあける
イディオム 《④+in die Luft sprengen》…⁴を爆破して空中に吹き飛ばす
an die [frische] Luft gehen (新鮮な空気を求めて)戸外に出る

Luft·an·griff [ルフト・アングリフ] 圐 der (⊕2格-[e]s; ⊕-e)《軍事》空爆

Luft·auf·nah·me [ルフト・アオフナーメ] 囡 die (⊕2格-; ⊕-n) 航空写真

Luft·bal·lon [ルフト・バロン] 圐 der (⊕2格-s; ⊕-s⟨-e⟩) 風船 ▷ einen Luftballon aufblasen 風船を(吹いて)ふくらます

Luft·be·feuch·ter [ルフト・ベフォイヒター] 圐 der (⊕2格-s; ⊕-) 加湿器

Luft·bla·se [ルフト・ブラーゼ] 囡 die (⊕2格-; ⊕-n) 気泡, 泡

Luft-Bo·den-Ra·ke·te [ルフト・ボーデン・ラケーテ] 囡 die (⊕2格-; ⊕-n)《軍事》空対地ミサイル

Luft·brü·cke [ルフト・ブリュッケ] 囡 die (⊕2格-; ⊕-n) (孤立した地域への)空輸ルート (1948-49年のベルリン封鎖のときのものが有名)

luft·dicht [ルフト・ディヒト] 圏 気密の ▷ luftdicht verpackte Lebensmittel 真空包装食品

Luft·druck [ルフト・ドルック] 圐 der (⊕2格-[e]s; ⊕なし)《気象》気圧 ▷ ein hoher ⟨tiefer⟩ Luftdruck 高⟨低⟩気圧

Luft·druck·mes·ser [ルフト・ドルック・メッサー] 圐 der (⊕2格-s; ⊕-) 気圧計, バロメーター

lüf·ten [リュフテン] (lüftete; gelüftet; 現完h)
他《④と》〔部屋など⁴に〕風を通す, 換気する ▷ ein Zimmer lüften 部屋の換気をする // Du musst mal lüften. ちょっと換気をしなければだめだよ

Luft·feuch·tig·keit [ルフト・フォイヒティヒカイト] 囡 die (⊕2格-; ⊕なし) 湿度

Luft·han·sa [ルフト・ハンザ] 囡 die (⊕2格-;

---
①, ②, ③, ④ = 1格, 2格, 3格, 4格の名詞

luf·tig [ルフティヒ] 形 (部屋などが)風通しのよい; (服などが)通気性のいい ▷ ein *luftiger* Raum 風通しがいい部屋 / *luftig* gekleidet sein 涼しげな服装をしている

Luft·leer [ルフト・レーア] 形 真空の

Luft·post [ルフト・ポスト] 名 *die* (🄫2格 -; 🄫なし)
航空便, エアメール ▷ mit ⟨per⟩ *Luftpost* 航空便で

Luft·schiff [ルフト・シフ] 田 *das* (🄫2格 -[e]s; 🄫-e) 飛行船

Luft·schloss [..schloß] [ルフト・シュロス] 田 *das* (🄫2格 -es; 🄫..schlösser) 空中楼閣

Luft·strö·mung [ルフト・シュトレームング] 名 *die* (🄫2格 -; 🄫-en) 気流

Lüf·tung [リュフトゥング] 名 *die* (🄫2格 -; 🄫-en)
❶ [🄫なし] 換気
❷ 換気装置

Luft·ver·schmut·zung [ルフト・フェアシュムッツング] 名 *die* (🄫2格 -; 🄫-en) 大気汚染

Luft·waf·fe [ルフト・ヴァッフェ] 名 *die* (🄫2格 -; 🄫-n) 《軍事》空軍

Luft·weg [ルフト・ヴェーク] 名 *der* (🄫2格 -[e]s; 🄫なし) 空港

Lü·ge [リューゲ] 名 *die* (🄫2格 -; 🄫-n)
うそ, 偽り ▷ eine wohlmeinende *Lüge* 善意のうそ / Es ist alles *Lüge*! すべてうそだ (☆ 文頭の es は穴埋め) / ［ことわざ］ *Lügen* haben kurze Beine. うそはすぐばれる(← 短い脚をもっている)

lü·gen [リューゲン] (log; gelogen; 完了h)
自 うそをつく ▷ Er *lügt* ständig. 彼はいつもうそをつく / Du sollst nicht *lügen*! 君はうそをついてはいけない / ［ことわざ］ Wer *lügt*, der stiehlt. うそは泥棒のはじまり (← うそをつく者は盗みをする)

類語
lügen うそをつく
täuschen うそをついたりして人をだます
betrügen うそなどによって物をだまし取る

Lüg·ner [リューグナー] 名 *der* (🄫2格 -s; 🄫-)
うそつき ▷ Er ist ein *Lügner*. 彼はうそつきだ

Lu·ke [ルーケ] 名 *die* (🄫2格 -; 🄫-n)
❶ (屋根裏・地下室などの)小窓; 天窓
❷ (船の)昇降口, ハッチ

Lüm·mel [リュムメル] 名 *der* (🄫2格 -s; 🄫-) 不作法な若者

lüm·meln [リュムメルン]
(lümmelte; gelümmelt; 完了h)
再 《口語》(sich⁴+場所と) […に]だらしない姿勢で座っている⟨横になっている⟩

Lump [ルムプ] 名 *der* (🄫2格 -2・3・4格 -en; 🄫-en) (人をだますような)下劣⟨卑劣⟩なやつ

Lum·pen [ルムペン] 名 *der* (🄫2格 -s; 🄫-)
❶ (汚い)ぼろきれ
❷ 〖ふつう 🄫で〗ぼろの服 ▷ in *Lumpen* herumlaufen ぼろを着て出歩く

lum·pig [ルムピヒ]
形 ❶ 下等な, 品性の卑しい ▷ eine *lumpige* Gesinnung 下劣な根性
❷ 《口語》《特に金に関して》(問題にするのも浅ましいほど)ほんのわずかな ▷ um ein paar *lumpige* Euro feilschen ほんの数ユーロを値切る

Lun·ge [ルンゲ] 名 *die* (🄫2格 -; 🄫-n) 肺 ▷ die *Lunge* röntgen 肺のレントゲン写真を撮る / eine gute *Lunge* haben. じょうぶな肺をしている (☆ 比喩的に「大きな声が出る; 長く走れる」の意味でも)

(イディオム) *die eiserne Lunge* 《医学》人工心肺 *es auf der Lunge haben* 肺を患っている

Lun·gen·ent·zün·dung [ルンゲン・エントツェンドゥング] 名 *die* (🄫2格 -; 🄫-en) 《医学》肺炎

Lu·pe [ルーペ] 名 *die* (🄫2格 -; 🄫-n) ルーペ, 拡大鏡, 虫眼鏡

(イディオム) ④+*unter die Lupe nehmen* …⁴をじっくり観察する

Lurch [ルルヒ] 名 *der* (🄫2格 -[e]s; 🄫-e) 《動物》両生類 (カエル・イモリなど)

Lust [ルスト] 名 *die* (🄫2格 -; 🄫 Lüste)
❶ [🄫なし] …したい気持ち, やる気 ▷ Die *Lust* ist mir vergangen. 私はやる気がなくなってしまった / [zu+③と] keine große *Lust* zum Arbeiten haben あまり働く気になれない / Ich habe alle *Lust* dazu verloren. 私はそれをやる気がまったくなくなった / [zu 不定詞句と] Ich habe keine *Lust*, ins Konzert zu gehen. 私はコンサートに行く気がない
❷ 《文語》情欲 ▷ Sie befriedigte seine *Lüste*. 彼女は彼の情欲を満足させた

(イディオム) *die Lust an*+③ …³をする喜び, 楽しみ ▷ *die Lust am* Leben verlieren 生きている喜びを失う

Lust auf+④ *haben* …⁴が欲しい ▷ *Lust auf* ein Stück Kuchen *haben* ケーキを一切れ食べたい

Lüs·te [リュステ] Lust の 複数

lüs·tern [リュステルン] 形 好色の, (目つきなどが)みだらな

lus·tig [ルスティヒ] (比較 -er, 最上 -st)
形 ❶ (物語・冗談などが)愉快な, おかしな, おもしろい ▷ eine *lustige* Geschichte 愉快な話 / Das ist aber *lustig*! それは実におもしろい
❷ (人が)愉快な, 陽気な ▷ ein *lustiger* Mensch 愉快な人 / ein *lustiges* Gesicht machen 愉快そうな顔をする / Es war eine *lustige* Party. 愉快なパーティーだった

(イディオム) *sich*⁴ *über*+④ *lustig machen* …⁴をばか

にしておもしろがる，からかう

lust·los [ルスト・ロース] 形 気乗りしない；《副詞的に》いやいや

Lust·spiel [ルスト・シュピール] 中 das (⸤2格⸥ -[e]s; ⸤複⸥ -e) 喜劇 (=Komödie; ⇔ Trauerspiel)

Lu·ther [ルター]《人名》ルター (☆ Martin Luther はドイツの宗教改革者．1483-1546)

lut·schen [ルッチェン]
(lutschte; gelutscht; ⸤助⸥h)
── 自 〚an+③と〛〔指など³を〕しゃぶる (☆ 吸う，なめるなどの動作のみを表す) ▷ Das Kind *lutscht* am Daumen. その子供は親指をしゃぶる
── 他 〚④と〛〔あめなど⁴を〕しゃぶって食べる ▷ Sie *lutscht* den ganzen Tag Bonbons. 彼女は一日中あめをしゃぶっている

Luv [ルーフ] 女 die (⸤2格⸥ -; ⸤複⸥ なし)《海語》風上 (⇔ Lee) ▷ in 〈nach〉 *Luv* 風上で〈へ〉

Lu·xem·burg [ルクセンブルク] (中 *das*)《国名・都市名》ルクセンブルク (地図 ☞ B~C-3~4

lu·xu·ri·ös [ルクスリエース] 形 ぜいたくな

Lu·xus [ルクスス] 男 der (⸤2格⸥ -; ⸤複⸥ なし) ぜいたく ▷ den *Luxus* lieben ぜいたくを好む / Das ist reiner *Luxus*. それはまったくのぜいたくだ / So einen *Luxus* kann ich mir nicht leisten そのようなぜいたくは私はできない

lyn·chen [リュンヒェン]
(lynchte; gelyncht; ⸤助⸥h)
他 〚④と〛[‥⁴に] リンチをくわえる

Ly·rik [リューリク] 女 die (⸤2格⸥ -; ⸤複⸥ なし) 叙情詩

Ly·ri·ker [リューリカー] 男 der (⸤2格⸥ -s; ⸤複⸥ -) 叙情詩人

ly·risch [リューリシュ] 形 叙情詩の；叙情的な ▷ die *lyrische* Dichtung 叙情文学

m M [ɛm エム]

m [メーター] ☞ Meter
Maat [マート] 男 der (⊕2格 -[e]s; ⊕ -e[n]) 海軍下士官
Mach·art [マッハ・アールト] 女 die (⊕2格 -; ⊕ -en) (特に服装の)作り方, 仕立て, デザイン
Ma·che [マッヘ] 女 die (⊕2格 -; ⊕ なし) 《口語》見せかけ, うわべ ▷ Ihre Freundlichkeit war nur *Mache*. 彼女の親切は見せかけだけだった

ma·chen
[máxṇ マッヘン]

現在		
ich mache		wir machen
du machst		ihr macht
er macht		sie machen
過去		
ich **machte**		wir machten
du machtest		ihr machtet
er machte		sie machten
過分	gemacht	haben

―他 ❶ 〔④と〕〔…⁴を〕つくる ▷
ein Regal selbst *machen*
棚を自分でつくる
Er lässt sich einen Anzug *machen*.
彼は背広を1着仕立ててもらう
Kaffee *machen* コーヒーをいれる
das Bett *machen* ベッドを整える
Er *machte* ein ernstes Gesicht.
彼は真剣な顔をした
❷ 〔④と〕〔…⁴を〕する ▷ Was *machst* du da? 君はそこで何をしているのか / Ich weiß nicht, was ich *machen* soll. 私はどうしたらいいのかわからない / einen Fehler *machen* まちがいをする / eine Pause *machen* 休憩をする / eine Reise *machen* 旅行をする / einen Spaziergang *machen* 散歩をする
❸ 〔④+状態と〕〔…⁴を…の状態に〕する ▷ Sie *machte* ihn eifersüchtig. 彼女は彼にやきもちをやかせた / Dieser Lärm *macht* mich ganz krank. この騒音に私は本当にいらいらする
❹ 〔④+zu+③と〕〔…⁴を…³に〕する ▷ Er *macht* sie zur Sekretärin. 彼は彼女を秘書にする / Die Waldbrände *machten* das Land zur Wüste. 森林火災はその土地を荒廃させた
❺ 〔③+④と〕〔…³に…⁴を〕もたらす, つくりだす ▷ Sie hat ihm viel Freude *gemacht*. 彼女は彼を大いに喜ばした / Das hat ihm Kummer *gemacht*. そのことで彼は心を痛めた
❻ 《口語》〔④と〕〔ある数・金額⁴に〕なる ▷ Drei mal drei *macht* neun. 3掛ける3は9 / Was *macht* das? ― Das *macht* zusammen 50 Euro. いくらになりますか ― 全部で50ユーロになります
―囲 ❶ 〔sich⁴+an+④と〕〔…⁴に〕とりかかる, やり始める ▷ sich an die Arbeit *machen* 仕事にとりかかる
❷ 〔sich⁴+状態と〕〔…に〕合う ▷ Das Bild *macht* sich gut an dieser Stelle. この絵はこの場所によく合う
(イディオム) **[Das] macht nichts.**《謝罪に答えて》そんなことはなんでもありません, かまいません
Mach's gut! 《別れぎわに》元気で
Nun mach schon! さあ急いで
sich³ viel 〈nichts〉 aus+③ machen …³がとても好きだ〈好きでない〉 ▷ Ich *mache* mir nicht viel aus ihm. 私は彼にあまり好感をもっていない

Ma·chen·schaf·ten [マッヘンシャフテン] 複名 悪だくみ, 策謀, 陰謀
Ma·cher [マッヘル] 男 der (⊕2格 -s; ⊕ -) (推進的な役割を果たす)中心人物, 指導者
Ma·cho [マッチョ] 男 der (⊕2格 -s; ⊕ -s) (必要以上に)男らしく見せようとする男
Macht [マハト] 女 die (⊕2格 -; ⊕ Mächte)
❶ (⊕なし) 権力, 支配権 ▷ die staatliche *Macht* 国家権力 / die *Macht* ergreifen 権力を握る / an die *Macht* kommen 権力の座につく
❷ (⊕なし) (人の行使できる)力; 影響力 ▷ Ich will alles tun, was in meiner *Macht* steht. 私はできることはすべてするつもりだ / *Macht* über+④ haben …⁴に影響力をもっている
❸ (⊕なし) (物事に内在する)力, 威力 ▷ die *Macht* des Glaubens 〈der Liebe〉 信仰〈愛〉の力 / Das ist die *Macht* der Gewohnheit. それは習慣の力だ
❹ 勢力; (影響力のある)国 ▷ die Mächte der Reaktion 反動勢力 / die verbündeten Mächte 同盟国
❺ 〔ふつう⊕で〕特別な〈不可思議な〉力をもつもの ▷ böse Mächte 悪霊
mach·te [マハテ] machen の過去
Mäch·te [メヒテ] Macht の複数
Macht·ha·ber [マハト・ハーバー] 男 der (⊕2格 -s; ⊕ -) 〔ふつう⊕で〕権力者

(旧⇒新)＝新正書法の指示, ⊕＝旧正書法の指示

mäch·tig [メヒティヒ] ([比較] -er, [最上] -st)
[形] ❶ **権力と影響力をもった**, 有力な; 強大な ▷ ein *mächtiger* Staat 強大な国家 / Er ist ein *mächtiger* Mann. 彼は有力者だ
❷ **巨大な** ▷ ein *mächtiger* Bau 巨大な建築物
❸《口語》《程度を表して》すごい ▷ *mächtigen* Hunger haben 腹ぺこである / Sie hat sich *mächtig* geärgert. 彼女はすごく怒った
❹《文語》〖②と〗〔‥²を〕思いのままにできる ▷ Er ist des Englischen *mächtig*. 彼は英語をマスターしている

Macht·kampf [マハト・カムプフ] [男] *der* ([単] 2格 -[e]s; [複] ..kämpfe) 権力闘争

macht·los [マハト・ロース] [形] (敵などに対して)抵抗する力がない, 無力な

Mäd·chen
[mɛ́ːtçən メートヒェン]
[中] *das* ([単] 2格 -s; [複] –)

格	単数	複数
①	das Mädchen	die Mädchen
②	des Mädchens	der Mädchen
③	dem Mädchen	den Mädchen
④	das Mädchen	die Mädchen

☆ 代名詞で受ける場合, ふつう自然の性に従って sie で受ける
❶ **女の子**, 少女 ([反] Junge)
ein kleines *Mädchen*
小さな女の子
Sie hat ein *Mädchen* bekommen.
彼女は女の子が生まれた
❷《口語》(特に未婚の) **若い女性** ▷ ein *Mädchen* verführen 若い女性を誘惑する
[イディオム] ***Mädchen für alles***《口語》用事をなんでもやる人 (☆ 男女の区別なく用いる) ▷ Sie 〈Er〉 ist *Mädchen für alles*. 彼女〈彼〉は用事を何でもやってくれる

mäd·chen·haft [メートヒェンハフト] [形] 娘らしい, 少女らしい

Mäd·chen·na·me [メートヒェン・ナーメ] [男] *der* ([単] 2格 -ns, 3·4格 -n; [複] -n)
❶ 女の子の名前 ([反] Jungenname) ▷ Renate ist ein *Mädchenname*. レナーテは女の子につける名前です
❷ (結婚した女性の)旧姓

Ma·de [マーデ] [女] *die* ([単] 2格 –; [複] -n)《虫》ウジ ▷ Im Fleisch sind schon die *Maden*. 肉にはもうウジがわいている

ma·dig [マーディヒ] [形] (果物などが)ウジのわいた

Ma·don·na [マドンナ] [女] *die* ([単] 2格 –; [複] Madonnen) 聖母マリア像 ▷ Diese *Madonna* ist barock. この聖母マリア像はバロック時代のものだ

Ma·don·nen [マドンネン] Madonna の [複数]

mag [マーク] mögen の [現在]

Ma·ga·zin [マガツィーン] [中] *das* ([単] 2格 -s; [複] -e)
❶ (娯楽性の強い)**雑誌**, マガジン ▷ in einem *Magazin* lesen 雑誌を読む
❷ 倉庫 (＝Lager)
❸ (連発銃の)弾倉 ▷ das *Magazin* leer schießen 弾倉がからになるまで撃つ

Magd [マークト] [女] *die* ([単] 2格 –; [複] Mägde)《やや古語》(農家などの)下女

Mäg·de [メークデ] Magd の [複数]

Mag·de·burg [マグデブルク] ([中] *das*)《都市名》マクデブルク (ドイツのザクセン・アンハルト州の州都; ☞ 地図 E-2)

Ma·gen [マーゲン] [男] *der* ([単] 2格 -s; [複] Mägen)
胃 ▷ einen schwachen *Magen* haben 胃が弱い / sich³ den *Magen* verderben 胃をこわす / Mir knurrt der *Magen*. 私は胃がグーグー鳴る

Mä·gen [メーゲン] Magen の [複数]

Ma·gen·be·schwer·den [マーゲン・ベシュヴェーアデン] [複名] (もたれなどの)胃の不調

Ma·gen·ge·schwür [マーゲン・ゲシュヴューア] [中] *das* ([単] 2格 -[e]s; [複] -e)《医学》胃潰瘍

Ma·gen·krebs [マーゲン・クレープス] [男] *der* ([単] 2格 -es; [複] なし)《医学》胃癌

ma·ger [マーガー] ([比較] -er, [最上] -st)
[形] ❶ **やせた** ▷ ein *mageres* Schwein やせた豚 / Er ist *mager* geworden. 彼はやせた
❷ 脂肪分の少ない ▷ *mageres* Fleisch kaufen 赤身の肉を買う
❸ (期待したより)少ない, 乏しい ▷ eine *magere* Ernte 乏しい収穫

Ma·ger·milch [マーガー・ミルヒ] [女] *die* ([単] 2格 –; [複] なし) 脱脂乳

Ma·gie [マギー] [女] *die* ([単] 2格 –; [複] なし) **魔法**, 魔術 ▷ *Magie* betreiben 魔法を使う / Er glaubt an *Magie*. 彼は魔法を信じている

ma·gisch [マーギシュ] [形] **魔法の, 魔術の** ▷ eine *magische* Formel 呪文

Ma·gis·ter [マギスター] [男] *der* ([単] 2格 -s; [複] –) 修士[号の取得者]; 修士号 (＝Magister Artium; [略] M. A.)

Ma·gist·rat [マギストラート] [男] *der* ([単] 2格 -[e]s; [複] -e) 市庁, 市役所

Mag·net [マグネート] [男] *der* ([単] 2格 -s; [複] -e 〈[単] 2·3·4格 -en; [複] -en〉) **磁石** ▷ die Pole des *Magneten* 磁極

Mag·net·kar·te [マグネート・カルテ] [女] *die* ([単] 2格 –; [複] -n) 磁気カード (クレジットカードなど)

Mag·net·plat·te [マグネート・プラッテ] [女] *die* ([単] 2格 –; [複] -n) 磁気記憶ディスク (フロッピーディ

スクなど)

Mag·net·schwe·be·bahn [マグネート・シュヴェーベ・バーン] [女] *die* ([単] 2格 –; [複] –en) 磁気浮上鉄道 (リニアモーター鉄道など)

Mag·no·lie [マグノーリエ] [女] *die* ([単] 2格 –; [複] –n) 《植物》 モクレン

magst [マークスト] mögen の [現在]

Ma·ha·go·ni [マハゴーニ] [中] *das* ([単] 2格 –s; [複] なし) マホガニー材 (特に家具などに用いられる)

mä·hen [メーエン] (mähte; gemäht; [完了]h)
[他] 〚④と〛〔牧草・穀物など⁴を〕刈る, 刈り取る ▷ Gras *mähen* 草を刈る

Mahl [マール] [中] *das* ([単] 2格 –[e]s; まれに [複] Mähler 〈–e〉) 《文語》 食事, 料理; 会食

mah·len [マーレン] (mahlte; gemahlen; [完了]h)
[他] 〚④と〛〔穀物など⁴を〕ひく ▷ Kaffee *mahlen* コーヒー豆をひく

Mäh·ler [メーラー] Mahl の [複数]

Mahl·zeit [マール・ツァイト] [女] *die* ([単] 2格 –; [複] –en)
(一定の時刻に食べる) **食事** ▷ eine einfache *Mahlzeit* 質素な食事 / eine *Mahlzeit* zu sich³ nehmen 食事をとる / *Mahlzeit*! 《食卓であいさつとして》 おいしい食事を; いただきます (☆ 特に昼食時に同僚の間で交わすあいさつ; ＝Guten Appetit)

Mäh·ne [メーネ] [女] *die* ([単] 2格 –; [複] –n) (ライオン・馬などの) たてがみ

mah·nen [マーネン] (mahnte; gemahnt; [完了]h)
[他] ❶ 〚④と〛〔…⁴に〕(義務の履行を) **催促〈督促〉する** ▷ Ich *mahnte* ihn brieflich wegen seiner Schuld. 私は彼に手紙で借金を返すように催促した
❷ 〚④＋zu＋③と〛〔…⁴に…³するように〕強く求める ▷ Er *mahnte* die Kinder, leise zu sein. 彼は子供たちに静かにするように注意した

Mah·nung [マーヌング] [女] *die* ([単] 2格 –; [複] –en)
❶ 警告 ▷ eine *Mahnung* zur Vorsicht 注意するようにとの警告
❷ 催促; 催促〈督促〉状 ▷ auf die *Mahnung* reagieren 催促に応じる

Mai
[mai マイ]
[男] *der* ([単] 2格 –s; まれに [複] –e)

5月 (用法: ☞April)
der Erste *Mai* メーデー (5月1日)

Mai·glöck·chen [マイ・グレックヒェン] [中] *das* ([単] 2格 –s; [複] –) 《植物》 スズラン

Mai·kä·fer [マイ・ケーファー] [男] *der* ([単] 2格 –s; [複] –) 《昆虫》 コフキコガネ (コガネムシの一種)

Mail·box [メイル・ボックス] [女] *die* ([単] 2格 –; [複] –en) (コンピュータの) メールボックス (電子メール保存用の領域)

der **Main** [マイン] [男] ([単] 2格 –[e]s; [複] なし) 《川名》 マイン川 (ライン川の支流; 定冠詞を必ず伴う; ☞ 地図 D〜E-3〜4)

Mainz [マインツ] ([中] *das*) 《都市名》 マインツ (ドイツのラインラント・プファルツ州の州都; ☞ 地図 D-3〜4)

Mais [マイス] [男] *der* ([単] 2格 –es; [複] –e) 《植物》 トウモロコシ

Ma·jes·tät [マイエステート] [女] *die* ([単] 2格 –; [複] –en) 陛下 (国王などに対する尊称) ▷ Seine *Majestät* der König 国王陛下 / Ihre *Majestät* die Königin 女王陛下

ma·jes·tä·tisch [マイエステーティシュ] [形] 《文語》 威厳のある, 堂々とした ▷ Sein Gang ist *majestätisch*. 彼の歩き方は堂々としている

Ma·jo·nä·se [マヨネーゼ] [女] *die* ([単] 2格 –; [複] –n) マヨネーズ

Ma·jor [マヨーア] [男] *der* ([単] 2格 –s; [複] –e) 《軍隊》 少佐

Ma·jo·ran [マーヨラン] [男] *der* ([単] 2格 –s; [複] –e) 《植物》 マヨラナ

Ma·jo·ri·tät [マヨリテート] [女] *die* ([単] 2格 –; まれに [複] –en) 《文語》 《他と比べて数の多いことを表して》 多数 (＝Mehrheit; [反] Minorität)

ma·ka·ber [マカーバー] [形] (死を連想させる) 不気味な, 薄気味悪い, ぞっとする

Ma·kel [マーケル] [男] *der* ([単] 2格 –s; [複] –) 《文語》 (人の価値などを下げる) 欠点

ma·kel·los [マーケル・ロース] [形] 非の打ちどころのない ▷ ein *makellos* weißes Hemd 真っ白なシャツ

mä·keln [メーケルン]
(mäkelte; gemäkelt; [完了]h)
[自] 〚an＋③と〛〔…³に〕(こまごまと) 不平〈文句〉を言う ▷ am Essen *mäkeln* 食事に口うるさい

Make-up [メーク・アップ] [中] *das* ([単] 2格 –s; [複] –s) メーキャップ, 化粧

Mak·ka·ro·ni [マカローニ] [複名] 《料理》 マカロニ (☆「スパゲティー」は Spagetti)

Mak·ler [マークラー] [男] *der* ([単] 2格 –s; [複] –) (不動産などの) ブローカー, 仲介業者 ▷ die Vermittlungsgebühr des *Maklers* ブローカーの仲介料

Mak·re·le [マクレーレ] [女] *die* ([単] 2格 –; [複] –n) 《魚》 サバ

mal [マール]
[副] (☆ ❶, ❷ は einmal の口語形)
❶ **以前; いつか** ▷ Er ist schon *mal* dort gewesen. 彼はすでに以前そこに行ったことがある / Schreib bald *mal*! いつか近いうちに手紙をくれ
❷ 〚命令文などで〛 **ちょっと** ▷ Komm *mal* her! ちょっとこっちへ来いよ
❸ (掛け算の) 掛ける ▷ Zwei *mal* zwei ist

M

Mal

vier. 2 掛ける 2 は 4

(イディオム) **noch mal** もう一度 ▷ Er versucht es *noch mal*. 彼はそれをもう一度試みる

Mal [マール] 中 *das* (@ 2 格 -[e]s; @ -e)

❶ 回, 度 ▷ nächstes〈das nächste〉*Mal* 次回 / jedes *Mal* 毎回 / Es war das erste und das letzte *Mal*. それは最初で最後だった / beim dritten *Mal* 3回目に /〚副詞的4格で〛Er kommt ein anderes *Mal*. 彼はいつかほかのときに来る / Er hat es mehrere *Male* versucht. 彼はそれを何回か試みた

❷ (皮膚の)あざ, しみ ▷ ein *Mal* auf dem Arm haben 腕にあざがある

(イディオム) **mit einem Mal** 突然に

von Mal zu Mal 回を追うごとに, そのつど[ますます]

zum ersten〈*letzten*〉*Mal* 最初〈最後〉に
zu wiederholten Malen 何度も ▷ Das geschah *zu wiederholten Malen*. それは何度も起きた

ma·len [マーレン] (malte; gemalt; 完了h)

他 ❶〚④と〛〔絵などを〕(絵の具で)描く ▷ ein Ölgemälde *malen* 油絵を描く / ein Bild auf Leinwand *malen* 絵をキャンバスに描く // in Öl *malen* 油絵を描く / nach der Natur *malen* 写生する / Ihr Mann *malt*. 彼女の夫は絵かきだ

❷〚④と〛〔…⁴を〕(絵の具で)絵に描く ▷ Er hat die Landschaft *gemalt*. 彼は風景を描いた / sich⁴ *malen* lassen 自分の肖像画を描いてもらう
❸〚④と〛〔…⁴に〕塗料を塗る ▷ die Fassade *malen* lassen 建物の正面を塗装させる

Ma·ler [マーラー] 男 *der* (@ 2 格 -s; @ -)
❶ 画家, 絵かき
❷ ペンキ屋; 塗装工

Ma·le·rei [マーレライ] 女 *die* (@ 2 格 -; @ -en)
❶ (@ なし)(芸術としての)絵画 ▷ die abstrakte *Malerei* 抽象絵画
❷〚ふつう @ で〛(個々の)絵, 画集 ▷ die *Malereien* betrachten 絵を鑑賞する

Ma·le·rin [マーレリン] 女 *die* (@ 2 格 -; @ ..rin-nen)《Maler の女性形》女流画家

ma·le·risch [マーレリシュ] 形 絵画の; (風景などが)絵画のような, 絵画のように美しい ▷ *malerisches* Talent 画才

Mal·heur [マレーア] 中 *das* (@ 2 格 -s; @ -s〈-e〉)《口語》(ばつが悪くなるような)小さな失敗 ▷ Mir ist ein *Malheur* passiert – ich habe den Kaffee verschüttet. 私は小さな失敗をしてしまった―コーヒーをこぼしてしまったんだ

ma·lo·chen [マロッヘン]
(malochte; malocht; 完了h)
自《口語》(肉体的な)重労働をする

..mals [..マールス]〚接尾辞; 副詞を作る〛…回〈度〉

▷ Das Telefon klingelte mehr*mals*. 電話が何度か鳴った

mal·te [マールテ] malen の 過去

malt·rä·tie·ren [マルトレティーレン]
(malträtierte; malträtiert; 完了h)
他 ❶〚④と〛(けがなどを負わすほど)〔…⁴に〕乱暴を働く
❷〚④と〛〔楽器などを〕(壊れるほど)乱暴に扱う

Malz [マルツ] 中 *das* (@ 2 格 -es; @ なし)《醸造》麦芽, モルト

Ma·ma [ママ] 女 *die* (@ 2 格 -; @ -s)《口語; 幼児語》ママ (☆「パパ」は Papa)

Mam·mon [マモン] 男 *der* (@ 2 格 -s; @ なし)《軽蔑的な意味合いで》金銭(=Geld) ▷ Um des schnöden *Mammons* willen verzichtete er auf seinen Urlaub. 取るに足らない金のために彼は休暇をとるのをあきらめた

mamp·fen [マンプフェン]
(mampfte; gemampft; 完了h)
自《口語》(口一杯にほおばって)食べる

man

[man マン]

〚不定代名詞〛

①	②	③	④	所有冠詞
man	eines	einem	einen	sein

☆ 定形はつねに 3 人称単数; 再帰代名詞には sich を用いる

人は, 人々は; だれかが (☆ ふつう 2 人以上の不特定の人を指す; 日本語には訳されないことが多い)

Man muss arbeiten.
人は働かなければならない

In Japan isst *man* viel Reis.
日本ではお米をたくさん食べる

Wie macht *man* das?
これはどうやるんですか

Man hat mir fünf Euro gegeben.
私は 5 ユーロもらった

Solche Krawatten trägt *man* heute nicht mehr. そのようなネクタイは今では流行遅れだ
《自分・相手などを間接的に指して》

„Darf *man* eintreten?" fragte er.
「入ってもよいですか」と彼はたずねた

So etwas tut *man* nicht.
そういうことはするもんではない

《料理解説書・使用説明書などで》
Man nehme dreimal täglich eine Tablette.
日に三度 1 錠服用のこと (☆ nehme は nehmen の接続法 I で要求話法)

《動詞の意味に焦点を置くために》
Man klopft. ノックの音がする

Nachts muss *man* oft lange auf die Straßenbahn warten. 夜になるとしばしば路面電車

Mängel

は長い時間待たなければならない

★ man を人称代名詞 er で受けることはできない ▷ Wenn *man* erkältet ist, soll *man* zu Hause bleiben. かぜをひいているときには家にいたほうがよい

Ma・nage・ment [メネチュメント] 田 *das* (⊕ 2 格 -s; ⊛ -s) (企業の) 経営

ma・na・gen [メネチェン] (managte [メネチュテ]; gemanagt [ゲメネチュト]; 完了h)
他 (口語) ❶ 《4と》 〔…を〕 なんとかやってのける ❷ 《4と》 〔プロスポーツ選手などの〕マネージャーを努める

Ma・na・ger [メネチャー] 男 *der* (⊕ 2 格 -s; ⊛ -) (企業などの) 管理者, 支配人; (プロスポーツ選手などの) マネージャー

manch [マンヒ] 《成句で》 *manch ein* 多くの (☆ 格語尾のつく mancher の場合よりも数の多さを強調する) ▷ *manch eine* Nacht いく晩も /《形容詞がある場合, ein の省略も可能》 in *manch* schwierigem Fall 多くの困難な場合に

man・che [マンヒェ] ☞ manch*er*
man・chem [マンヒェム] ☞ manch*er*
man・chen [マンヒェン] ☞ manch*er*

man・cher

[mánçɐ マンヒャー]

【定冠詞類】

格	男性	女性	中性	複数
①	mancher	manche	manches	manche
②	manchen	mancher	manchen	mancher
③	manchem	mancher	manchem	manchen
④	manchen	manche	manches	manche

[注] 男性・中性の 2 格でまれに語尾 -es が用いられる
❶ 《単数形の名詞と》 かなりの数の, いくつ〈何人〉もの (☆ einige よりも多く viele よりも少ない数を表す)
manche Kritik
かなりの数の批判
manches nette Wort
いくつもの親切なことば
die Ansicht *manches* Gelehrten
さまざまな学者の見解
In *mancher* Beziehung hat er Recht.
いろんな点で彼の言うことは正しい
auf Grund *manchen* Missverständnisses
いくつかの誤解に基づいて
《名詞的に》
Er hat *manches* erlebt.
彼はいろんなことを経験した
Mancher meint, er könnte …
何人もの人が彼は…かもしれないと言う
❷ 《複数形の名詞と》 一部の, 何人かの, いくつか

の ▷ *Manche* Leute glauben es. 一部の人はそれを信じている / Die Straße war an *manchen* Stellen beschädigt. [状態受動] 道路は何箇所かで損傷していた /《複数 3 格で後続する形容詞は, 格語尾として -en ではなく, -e をとることが多い》 *manche* alte Menschen いく人かの年を取った人 /《名詞的に》 *Manche* sind anderer Meinung. 何人かは違った意見である (☆ anderer Meinung は 2 格)

(イディオム) *manch ein* ☞ manch

man・cher・lei [マンヒャーライ] 《冠詞類; 格語尾をつけない》 いろいろな, さまざまな ▷ *mancherlei* ärgerliche Missverständnisse いろいろな腹立たしい誤解 /《名詞的に》 Ich habe noch *mancherlei* zu tun. 私はまだすべきことがいろいろある

man・ches [マンヒェス] ☞ manch*er*

manch・mal

[mánçmaːl マンヒ・マール]

副 **ときどき**
Ich habe ihn *manchmal* in der Stadt getroffen. 私は彼にときどき町で会った

類語
manchmal (一般的な意味で) ときどき
gelegentlich (折りに触れて) ときどき (☆ ふつう意志的な行為に用いる)
ab und zu 〈hin und wieder〉 (manchmal よりも少ない回数を表して) ときどき, ときたま

Man・dant [マンダント] 男 *der* (⊕ 2・3・4 格 -en; ⊛ -en) (弁護士の) 依頼人

Man・da・ri・ne [マンダリーネ] 女 *die* (⊕ 2 格 -; ⊛ -n) 《植物》 マンダリン (ミカンに似ている;「ミカン」は Satsuma と呼ばれる) ▷ ein Kilo *Mandarinen* kaufen マンダリンを 1 キロ買う

Man・dat [マンダート] 田 *das* (⊕ 2 格 -[e]s; ⊛ -e)
❶ 《法律》 (法廷での弁護の) 依頼, 委任
❷ 《政治》 (議員の資格としての) 議席

Man・del [マンデル] 女 *die* (⊕ 2 格 -; ⊛ -n)
❶ 《植物》 アーモンド
❷ 《ふつう ⊛ で》 《解剖》 扁桃腺 へんとうせん

Man・do・li・ne [マンドリーネ] 女 *die* (⊕ 2 格 -; ⊛ -n) 《楽器》 マンドリン ▷ *Mandoline* spielen マンドリンを弾く

Ma・ne・ge [マネージェ] 女 *die* (⊕ 2 格 -; ⊛ -n) (サーカスの) 円形演技場

Man・gel [マンゲル] 男 *der* (⊕ 2 格 -s; ⊛ Mängel)
❶ 《⊛ なし》 **不足** ▷ *Mangel* an Vitaminen 〈Lebensmitteln〉 ビタミン〈食料品〉不足
❷ 《ふつう ⊛ で》 (商品などの) 欠陥 ▷ technische *Mängel* 技術上の欠陥

Män・gel [メンゲル] Mangel の 複数

(旧⇒新) = 新正書法の指示, (旧) = 旧正書法の指示

man·gel·haft [マンゲルハフト] 形 欠陥〈欠点〉のある; 不十分な ▷ *mangelhafte* Ware 欠陥商品 / bei *mangelhafter* Beleuchtung 不十分な照明のもとで

man·geln [マンゲルン]
(mangelte; gemangelt; 完了h)
自《文語》《②と》[...³に]欠けている, 不足している ▷ Ihm *mangelte* der Mut zum Risiko. 彼には危険を冒すだけの勇気がない／《非人称主語 es と》Es *mangelt* ihm an Humor. 彼にはユーモアがない

man·gels [マンゲルス] 前《②支配》(官庁)…が不足しているため ▷ *mangels* eindeutiger Beweise 明白な証拠が不足しているために [注] 冠詞・形容詞を伴わない名詞は単数の場合無語尾, 複数の場合は3格語尾をつける ▷ *mangels* Beweis〈Beweisen〉証拠不十分で

Ma·nie [マニー] 女 die (単2格 -; まれに 複 -n)
❶《文語》病的な衝動; 《衝動的な》病癖
❷《医学》躁の状態 (類 Depression)

Ma·nier [マニーア] 女 die (単2格 -; 複 -en)
❶《複 で》行儀, マナー ▷ gute *Manieren* haben 行儀がよい／Er hat keine *Manieren*. 彼はマナーがなっていない
❷《複 なし》(芸術上の)手法, 作風 ▷ eine Sonate in typischer Mozartischer *Manier* まさにモーツァルトらしい手法で作られたソナタ（☆ Mozartischer [モーツァルティシャー]）

ma·nier·lich [マニーアリヒ] 形 行儀〈マナー〉のいい ▷ *manierlich* essen 行儀よく食べる

Ma·ni·fest [マニフェスト] 中 das (単2格 -[e]s; 複 -e) (政党などの)宣言, 声明

Ma·ni·fes·ta·ti·on [マニフェスタツィオーン] 女 die (単2格 -; 複 -en) (意見などの)表明; (ものごとが)明白になること, 現れ

Ma·ni·kü·re [マニキューレ] 女 die (単2格 -; まれに 複 -n) マニキュア

Ma·ni·pu·la·ti·on [マニプラツィオーン] 女 die (単2格 -; 複 -en) (世論などの)操作

ma·ni·pu·lie·ren [マニプリーレン]
(manipulierte; manipuliert; 完了h)
他《④と》[世論など⁴を]（一定の方向に）操作する

Man·ko [マンコ] 中 das (単2格 -s; 複 -s) (唯一の)欠点, 欠陥; 欠損, 赤字

Mann

[man マン]

男 der (単2格 -es〈まれに -s〉; 複 Männer)

格	単 数	複 数
①	der Mann	die Männer
②	des Mannes	der Männer
③	dem Mann	den Männern
④	den Mann	die Männer

①, ②, ③, ④＝1格, 2格, 3格, 4格の名詞

❶ (成人の)男, 男性
ein junger *Mann*
若い男
ein großer *Mann*
背の高い男性
ein *Mann* mit Humor
ユーモアのある男
Für solche Aufgabe benötigen wir einen kräftigen *Mann*. そのような仕事にはたくましい男性が必要だ
《性別を意識せずに》
Er ist der rechte *Mann* dazu.
彼はそれにうってつけの人だ
《若い男性への呼びかけとして》
Junger *Mann*! おい 君

[類語]
Mann（一般的な意味で）成人の男性
Herr（上品な言い方で）男性, 紳士
Junge（ふつう15歳くらいまでの）男の子

❷ 夫（＝Ehemann; しばしば所有冠詞と）▷ mein geschiedener *Mann* 私の別れた夫／Sie liebt ihren *Mann*. 彼女は夫を愛している／Grüßen Sie Ihren *Mann* von mir! ご主人に私からよろしくお伝えください

イディオム *Ein Mann, ein Wort!* 男子に二言はない（☆ 女性に関しても用いられる）

seinen Mann stehen 自分の責務をきちんと果たす（☆ seinen は主語に応じて変える）▷ Er〈Sie〉*steht* im Leben seinen〈ihren〉*Mann*. 彼〈彼女〉は自立した生活をしている

Männ·chen [メンヒェン] 中 das (単2格 -s; 複 -) 《Mann の縮小形》(動物の)雄 (類 Weibchen)

Man·ne·quin [マネケーン] 中 das (単2格 -s; 複 -s) ファッションモデル

Män·ner [メナー] Mann の 複数

man·nig·fach [マンニヒ・ファッハ] 形 さまざま〈いろいろ〉な（☆ 述語として用いない）▷ *mannigfache* Probleme さまざまな問題

man·nig·fal·tig [マンニヒ・ファルティヒ] 形 《文語》さまざま〈いろいろ〉な ▷ *mannigfaltige* Einflüsse さまざまな影響

männ·lich [メンリヒ] (比較 -er, 最上 -st)
形 ❶ 男の, 男性の; 雄の (類 weiblich) ▷ ein *männliches* Kind 男の子供／das *männliche* Tier 雄の動物
❷ 男性的な, 男らしい ▷ ein *männliches* Gesicht 男性的な顔

Männ·lich·keit [メンリヒカイト] 女 die (単2格 -; 複 なし) 男らしさ

Mann·schaft [マンシャフト] 女 die (単2格 -; 複 -en)
❶ チーム ▷ eine siegreiche *Mann-*

Marke

schaft aufstellen 無敵のチームを編成する
❷《集合的に》(船の)乗組員; (飛行機の)搭乗員
❸《集合的に》(ある部隊の全部の)兵 (☆ 士官は含まない)

Ma·nö·ver [マネーヴァー] *das* (⓶ 2格 -s; ⓹ -)

❶《軍事》(比較的大きな)演習 ▷ ein *Manöver* abhalten 演習を行う
❷ 画策, 策動 ▷ durch ein geschicktes *Manöver* ein Ziel erreichen 巧妙に画策して目的を達する
❸ (自動車などの, たくみな)ハンドル操作; (船の)方向転換

ma·növ·rie·ren [マネヴリーレン]
(manövrierte; manövriert; 完了h)
——他《④+方向句と》〔自動車などを…に〕うまく操縦して入れる
——自《場所と》〔…に〕立ち回る

Man·sar·de [マンザルデ] *die* (⓶ 2格 -; ⓹ -n)《建築》(壁の傾いた)屋根裏部屋

Man·schet·te [マンシェッテ] *die* (⓶ 2格 -; ⓹ -n)

❶ (ワイシャツなどの)袖口そでぐち
❷ (植木鉢などの, クレープペーパーで作った)飾りカバー

Man·tel [マンテル] *der* (⓶ 2格 -s; ⓹ Mäntel)

❶ コート, オーバー ▷ ein dicker *Mantel* 厚手のコート / Er nimmt den *Mantel* über den Arm. 彼はコートを腕にかかえる
❷ (電線・管などを覆う)外皮; (車輪のチューブを覆う)タイヤ

Män·tel [メンテル] Mantel の複数

ma·nu·ell [マヌエル] 形《文語》手の, 手による (⓹ maschinell)

Ma·nu·skript [マヌスクリプト] *das* (⓶ 2格 -[e]s; ⓹ -e) (手書き・タイプによる)原稿 ▷ ein *Manuskript* überarbeiten 原稿に手を入れる / ohne *Manuskript* sprechen (講演・スピーチなどで)原稿なしで話をする

Map·pe [マッペ] *die* (⓶ 2格 -; ⓹ -n)

❶ (書類・手帳などをとじておく)ファイル
❷ (書類や本などを入れる平たい)かばん

Ma·ra·thon·lauf [マラトンラオフ] *der* (⓶ 2格 -[e]s; ⓹ なし)《スポツ》マラソン

Mär·chen [メールヒェン] *das* (⓶ 2格 -s; ⓹ -)

❶ おとぎ話, メルヘン ▷ Er erzählte den Kindern ein *Märchen*. 彼は子供たちにおとぎ話を話して聞かせた
❷《口語》(言い訳などをするための)作り話 ▷ Erzähl mir doch keine *Märchen*! 私に作り話をするのはよせ

mär·chen·haft [メールヒェンハフト]
形 ❶ (現実とは思えないほど)美しい, すばらしい ▷ eine *märchenhafte* Landschaft うっとりするほど美しい風景
❷《口語》(信じられないほど)すごい ▷ eine *märchenhafte* Karriere machen すごい出世をする

Mar·der [マルダー] *der* (⓶ 2格 -s; ⓹ -)《動物》テン(イタチ科)

Mar·ga·ri·ne [マルガリーネ] *die* (⓶ 2格 -; ⓹ なし) マーガリン

Mar·ge·ri·te [マルゲリーテ] *die* (⓶ 2格 -; ⓹ -n)《植物》フランスギク(マーガレットに似たキク科の多年草)

Ma·ri·en·kä·fer [マリーエン・ケーファー] *der* (⓶ 2格 -s; ⓹ -)《昆虫》テントウムシ

Ma·ri·hu·a·na [マリフアーナ] *das* (⓶ 2格 -s; ⓹ なし) マリファナ(インド大麻から作る麻薬の一種)

Ma·ri·na·de [マリナーデ] *die* (⓶ 2格 -; ⓹ -n)《料理》マリネード(肉・魚などを調理前に浸しておく, 酢・油・香辛料などを混ぜた汁)

Ma·ri·ne [マリーネ] *die* (⓶ 2格 -; まれに -n) 海軍;《集合的に》海運〈海軍〉力 ▷ zur *Marine* gehen 船員になる〈海軍に入る〉

ma·ri·ne·blau [マリーネ・ブラオ] 形 ネイビーブルーの, 濃い紺色の

Ma·ri·o·net·te [マリオネッテ] *die* (⓶ 2格 -; ⓹ -n) マリオネット, 操り人形 ▷ die *Marionetten* führen マリオネットを操る

Mark
[mark マルク]

——*die* (⓶ 2格 -; ⓹ -) **マルク**(ドイツの, ユーロ導入以前の通貨および通貨単位; =100 Pfennig; そのコインを指すときは Markstück を用いる)
Das Buch kostet 7 *Mark*.
この本の値段は7マルクだ
die Deutsche *Mark*
ドイツマルク (⓹ DM)
4,65 DM
4 マルク 65 ペニヒ (☆ vier *Mark* fünfundsechzig [Pfennig] と読む)
——*das* (⓶ 2格 -[e]s; ⓹ なし) (動物・植物の)髄 ▷ das *Mark* des Gehirns 脳髄

mar·kant [マルカント] 形 際立った, 特徴的な; (顔立ちなどが)はっきりした; (性格などが)個性のある

Mar·ke [マルケ] *die* (⓶ 2格 -; ⓹ -n)
❶ 商標, トレードマーク ▷ eine eingetragene *Marke* 登録商標
❷ 銘柄, ブランド ▷ Welche *Marke* bevorzugen Sie? どの銘柄をお好みですか / Er raucht immer die gleiche *Marke*. 彼はいつも

完了h, 完了s＝完了の助動詞 haben, sein

同じ銘柄のタバコを吸う
❸ 切手; 食券 ▷ eine *Marke* auf den Brief kleben 切手を手紙にはる
❹ (クロークの)番号札; (犬の)鑑札 ▷ den Mantel gegen die *Marke* aushändigen (クロークで)コートを番号札と交換して手渡す

Mar·ken·ar·ti·kel [マルケン・アルティーケル] 男 *der* (⊕ 2格 -s; ⊕ -) ブランド製品

Mar·ken·but·ter [マルケン・ブッター] 女 *die* (⊕ 2格 -; ⊕ なし) 優良バター

Mar·ken·fab·ri·kat [マルケン・ファブリカート] 中 *das* (⊕ 2格 -[e]s; ⊕ -e) ブランド商品

Mar·ken·na·me [マルケン・ナーメ] 男 *der* (⊕ 2格 -ns, 3·4格 -n; ⊕ -n) 商標名, ブランド名

Mar·ken·wa·re [マルケン・ヴァーレ] 女 *die* (⊕ 2格 -; ⊕ -n) ブランド製品

mark·er·schüt·ternd [マルク・エアシュッテルント] 形 (叫び声などが人の心を揺り動かすほど)すさまじい

Mar·ke·ting [マルケティング] 中 *das* (⊕ 2格 -[s]; ⊕ なし)《経済》マーケティング

mar·kie·ren [マルキーレン]
(markierte; markiert; 匹 h)
他 ❶ 《④と》[…に]印をつける ▷ die Unfallstelle mit Kreide *markieren* 事故現場にチョークで印をつける
❷ 《口語》《④と》[…の]ふりをする ▷ den Dummen *markieren* 愚か者を装う

Mar·kie·rung [マルキールング] 女 *die* (⊕ 2格 -; ⊕ -en)
❶ 印をつけること
❷ (道路などの)標示; (道路などの)標識, マーク

mar·kig [マルキヒ] 形 (ことばなどが)荒っぽい, 乱暴な

Mar·ki·se [マルキーゼ] 女 *die* (⊕ 2格 -; ⊕ -n) (巻き上げ式の, バルコニー・窓などの)日よけ

Markt [マルクト] 男 *der* (⊕ 2格 -[e]s; ⊕ Märkte)
❶ 市, 市場 ▷ auf den *Markt* gehen 市場に行く / Montags wird hier *Markt* abgehalten. 月曜日にはここに市が立つ
❷ (市の立つ)広場 (= Marktplatz) ▷ Er wohnt am *Markt*. 彼は(市の立つ)広場のそばに住んでいる
❸ 市場 ▷ der ausländische *Markt* 外国市場 / der schwarze *Markt* 闇市場
《イディオム》 ④ +*auf den Markt bringen* 〈*werfen*〉 …を市場に出す

Märk·te [メルクテ] Markt の 複数

Markt·platz [マルクト・プラッツ] 男 *der* (⊕ 2格 -es; ⊕ …plätze) 広場 (市の立つ)広場 (ふつう Rathaus「市庁舎」の前にあり, 市庁舎と共に町の中心をなす; 単に Markt とも言う) ▷ Diese Straße führt zum *Marktplatz*. この道は(市の立つ)広場に通じている

Marktplatz (Tübingen)

markt·schrei·e·risch [マルクト・シュライエリシュ] 形 (宣伝などが)誇大広告的な, 騒々しい

Markt·wirt·schaft [マルクト・ヴィルトシャフト] 女 *die* (⊕ 2格 -; ⊕ なし)《経済》市場経済

markt·wirt·schaft·lich [マルクト・ヴィルトシャフトリヒ] 形《経済》市場経済の

Mar·me·la·de [マルメラーデ] 女 *die* (⊕ 2格 -; ⊕ -n)
《料理》ジャム, マーマレード ▷ *Marmelade* aufs Brot streichen ジャムをパンに塗る

Mar·mor [マルモル] 男 *der* (⊕ 2格 -s; ⊕ -e) 大理石 ▷ Der Boden des Saals ist aus *Marmor*. ホールの床は大理石だ

mar·mo·riert [マルモリーアト] 形 大理石の模様のついた

Ma·ro·ne [マローネ] 女 *die* (⊕ 2格 -; ⊕ -n) 焼きぐり

Ma·rot·te [マロッテ] 女 *die* (⊕ 2格 -; ⊕ -n) 奇妙な癖

marsch [マルシュ]《間投詞》《人をせきたてて》(ぐずぐずしないで)さあ, さっさと

Marsch [マルシュ]
— 男 *der* (⊕ 2格 -es 〈まれに -s〉; ⊕ Märsche)
❶ 《軍事》行進, 行軍 ▷ ein anstrengender *Marsch* つらい行進〈行軍〉
❷ (比較的長い距離をかなり速い足取りで)歩くこと ▷ nach einem *Marsch* von drei Stunden 3時間歩いた後
❸ 行進曲, マーチ ▷ einen *Marsch* spielen 行進曲を演奏する
— 女 *die* (⊕ 2格 -; ⊕ -en)(特に北海沿岸の肥沃な)沖積地

Mär·sche [メルシェ] Marsch 男 の 複数

mar·schie·ren [マルシーレン]
(marschierte; marschiert; 匹 s)
自 ❶ 行進〈行軍〉する ▷ Die Soldaten *marschieren* über die Brücke. 兵隊が橋を行進して渡って行く
❷ 《口語》(比較的長い距離をかなり速い足取りで)歩く ▷ Wir sind heute zwei Stunden *marschiert*. 私たちはきょう2時間かなり速い足取りで歩いた

Mar·ter [マルター] [女] *die* ([単] 2格 −; [複] −n) 《文語》(拷問を受けるような) 苦痛, 責め苦

mar·tern [マルテルン]
(marterte; gemartert; [完了]h)
[他] 《文語》〖④と〗〔…⁴に〕ひどい苦痛を与える; 〔…⁴を〕責めさいなむ

mar·ti·a·lisch [マルツィアーリシュ] [形] 《文語》(容貌などが) 恐ろしげな

Mär·ty·rer [メルテュラー] [男] *der* ([単] 2格 −s; [複] −) 殉教者 ▷ Er ist als *Märtyrer* gestorben. 彼は殉教者として死んだ

Mar·ty·ri·en [マルテューリエン] Martyrium の [複数]

Mar·ty·ri·um [マルテューリウム] [中] *das* ([単] 2格 −s; [複] ..tyrien) (信仰・信念などのための) 受難; 殉教

Mar·xis·mus [マルクスィスムス] [男] *der* ([単] 2格 −; [複] なし) マルクス主義

mar·xis·tisch [マルクスィスティシュ] [形] マルクス主義の

März
[mɛrts メルツ]
[男] *der* ([単] 2格 −[es]; まれに [複] −e)

3月 (用法: ☞ April)

Mar·zi·pan [マルツィパーン] [中] *das* / [男] *der* ([単] 2格 −s; まれに [複] −e) 《料理》 マルチパン, マジパン (すりつぶしたアーモンドと砂糖・香料などを練っていろいろな形に作った菓子)

Ma·sche [マッシェ] [女] *die* ([単] 2格 −; [複] −n)
❶ (編み物などの) 目 ▷ *Maschen* fallen lassen 編み目を落とす / 《比ゆ》 durch die *Maschen* des Gesetzes schlüpfen 法の網の目をくぐる
❷ 《口語》 うまい手

Ma·schi·ne [マシーネ] [女] *die* ([単] 2格 −; [複] −n)
❶ **機械**; 《口語》(自動車の) エンジン ▷ eine *Maschine* reparieren 機械を修理する / Die *Maschine* läuft. 機械が作動している
❷ **飛行機** ▷ Die *Maschine* landet um sechs Uhr. 飛行機は6時に到着する
❸ タイプライター
[イディオム] ***Maschine schreiben*** タイプを打つ

ma·schi·nell [マシネル] [形] 機械の, 機械による (⇔ manuell)

Ma·schi·nen·bau [マシーネン・バオ] [男] *der* ([単] 2格 −[e]s; [複] なし) 機械製造; 機械工学

Ma·schi·nen·ge·wehr [マシーネン・ゲヴェーア] [中] *das* ([単] 2格 −[e]s; [複] −e) 機関銃

Ma·schi·nen·schlos·ser [マシーネン・シュロッサー] [男] *der* ([単] 2格 −s; [複] −) 機械組み立て工

ma·schi·ne|schrei·ben [マシーネ・シュライベン] [分離] (schrieb maschine; maschinegeschrieben; [完了]h) [自] [旧⇒新] **Maschine schreiben** (分けて書く) ☞ Maschine

Ma·sern [マーゼルン] [複名] 《医学》 はしか

Ma·se·rung [マーゼルング] [女] *die* ([単] 2格 −; [複] −en) 木目模様

Mas·ke [マスケ] [女] *die* ([単] 2格 −; [複] −n)
❶ (顔につける) 面, 仮面 ▷ eine *Maske* tragen 仮面をつけている
❷ (保護などのための) マスク ▷ Der Feuerwehrmann setzt seine *Maske* auf. 消防士はマスクをつける
❸ (役者の) メーキャップ; (美顔用の) パック ▷ *Maske* machen メーキャップをする
[イディオム] ***die Maske fallen lassen*** 仮面を取る (本性を現す)

Mas·ken·ball [マスケン・バル] [男] *der* ([単] 2格 −[e]s; [複] ..bälle) 仮装舞踏会

mas·kie·ren [マスキーレン]
(maskierte; maskiert; [完了]h)
[再] 〖[sich]⁴と〗 仮面をかぶる, 仮装する; 変装する ▷ Sie *maskiert* sich als Zigeunerin. 彼女はジプシー女の仮装をする

Mas·kott·chen [マスコットヒェン] [中] *das* ([単] 2格 −s; [複] −) マスコット

Ma·so·chis·mus [マゾヒスムス] [男] *der* ([単] 2格 −; まれに [複] ..chismen) マゾヒズム, 被虐性愛 (⇔ Sadismus)

Ma·so·chist [マゾヒスト] [男] *der* ([単] 2·3·4格 −en; [複] −en) マゾヒスト (⇔ Sadist)

ma·so·chis·tisch [マゾヒスティシュ] [形] マゾヒズムの, マゾヒズム的な

maß [マース] messen の [過去]

Maß [マース] [中] *das* ([単] 2格 −es; [複] −e)
❶ (長さ・大きさ・量・重さなどの) **単位**, **尺度** ▷ Der Meter ist das *Maß* für die Bestimmung der Länge. メートルは長さを規定する単位である
❷ 〖ふつう [複] で〗 **寸法**, サイズ, 大きさ ▷ die *Maße* eines Fensters 窓の寸法
[イディオム] ***in gewissem Maße*** ある程度 ▷ *In gewissem Maße* hat sie Recht. ある程度彼女は正しい
in 〈mit〉 Maßen 適度に ▷ Er trinkt gern, aber immer *in Maßen.* 彼は酒が好きだが いつもほどほどにしている
Maß halten 節度を守る ▷ beim Trinken *Maß halten* 酒を飲みすぎないようにする
mit zweierlei Maß messen (人・物事を) 異なった基準で測る〈不公平な判断をする〉
über alle Maßen とほうもなく ▷ Er freute sich *über alle Maßen.* 彼はとほうもなく喜んだ

Mas·sa·ge [マサージェ] [女] *die* ([単] 2格 −; [複] −n) マッサージ

Mas·sa·ker [マサーカー] [中] *das* ([単] 2格 −s; [複]

M

-)(無差別な)大量虐殺

Maß·ar·beit [マース・アルバイト] 囡 *die* (⑤2格 -; ⑯ -en)(洋服の製作など)寸法をとって行う仕事

Mas·se [マッセ] 囡 *die* (⑤2格 -; ⑯ -n)
❶《しばしば軽蔑的に》**大衆**, 民衆; 群衆 ▷ den Geschmack der *Masse* treffen 大衆の好みをうまくとらえる / Der Taschendieb verschwand in der *Masse*. すりは群衆の中に消えた
❷(形の定まらない, ふつうやわらかな〈どろっとした〉)かたまり ▷ Aus dem Vulkan ergießt sich eine glühende *Masse* Lava. 火山から真っ赤などろどろの溶岩が流れ出る
(イディオム) *eine Masse* ひじょうにたくさんの ▷ Ich habe noch *eine Masse* zu tun. 私はやることがまだたくさんある
in Massen 大勢で, 群れをなして ▷ Sie kamen *in Massen*. 彼らは大勢やって来た

mas·sen·haft [マッセンハフト] 形 大量〈多数〉の ▷ das *massenhafte* Auftreten von Schädlingen 害虫の大量発生

Mas·sen·me·di·um [マッセン・メーディウム] 囲 *das* (⑤2格 -s; ⑯ ..medien)《ふつう⑯で》マスメディア

Mas·seur [マセーア] 男 *der* (⑤2格 -s; ⑯ -e) マッサージ師

Mas·seu·rin [マセーリン] 囡 *die* (⑤2格 -; ⑯ ..rinnen) Masseur の女性形

maß·ge·bend [マース・ゲーベント] 形 (行動・判断などの)**基準となる**, 方向づけをする, 重要な ▷ eine *maßgebende* Rolle spielen 指導的な役割を果たす

maß·geb·lich [マース・ゲープリヒ] 形 (行動・判断などの)規範となる, 決定的な(=maßgebend)

maß·hal·ten [マース・ハルテン] 自動 (er hält maß; hielt maß; maßgehalten; 匠h) 自 〈旧→新〉 Maß halten (分けて書く) ☞ Maß

mas·sie·ren [マスィーレン]
(massierte; massiert; 匠h)
他 《④と》《..⁴を》マッサージする

mas·sig [マッスィヒ]
── 形 (建物・家具など)どっしりとした
── 副《口語》大量に, どっさり

mä·ßig [メースィヒ] 形
❶ 節度のある; ほどよい, 適度の ▷ Er raucht 〈trinkt〉 nur *mäßig*. 彼はタバコ〈酒〉はほどほどにしかやらない / *mäßige* Forderungen aufstellen 過大でない要求をする
❷ (能力・質などが)まあまあの, あまりよくない ▷ eine *mäßige* Leistung まあまあの成績

..mä·ßig [..メースィヒ]《接尾辞; 形容詞を作る》…に従って, …通りに ▷ plan*mäßig* 計画通りの / vorschrifts*mäßig* 規則通りの

mä·ßi·gen [メースィゲン]
(mäßigte; gemäßigt; 匠h)
── 他 《④と》《..⁴を》適度にする, やわらげる, 抑える ▷ Er kann seinen Zorn nicht *mäßigen*. 彼は怒りを抑えることができない
── 《sich⁴と》自制する, ほどほどにする ▷ *Mäßige* dich beim Essen und Trinken! 飲み食いはほどほどにしなさい

mas·siv [マスィーフ] 形
❶(重量感があって)頑丈な, 堅牢な ▷ ein *massiver* Tisch 頑丈な机 / ein *massives* Gebäude どっしりとした建物
❷(非難・攻撃などが)激しい ▷ *massive* Proteste 激しい抗議

maß·los [マース・ロース] 形
❶ 度を越した ▷ *maßlose* Forderungen 度を越した要求
❷《程度を表して》すごい, 大変な ▷ *maßloser* Ärger ものすごい怒り / Er ist *maßlos* eifersüchtig. 彼はすごく嫉妬心が深い

Maß·nah·me [マース・ナーメ] 囡 *die* (⑤2格 -; ⑯ -n) 措置, 処置 ▷ *Maßnahmen* zu+③〈gegen+④〉 ergreifen〈treffen〉…³のための〈…⁴に対する〉措置をとる

maß·re·geln [マース・レーゲルン]
(maßregelte; gemaßregelt; 匠h)
他《④と》《..⁴を》(規則違反などで)処分する, 処罰する

Maß·stab [マース・シュターブ] 男 *der* (⑤2格 -[e]s; ⑯ ..stäbe)
❶(評価・判断などの)**基準**, 尺度 ▷ strenge *Maßstäbe* anlegen 厳しい基準を当てはめる
❷(地図の)縮尺 ▷ im *Maßstab* 1:50 000 縮尺 5 万分の 1 で(☆ 1:50 000 は eins zu fünfzigtausend と読む)

maß·voll [マース・フォル] 形 (要求などが)節度のある

Mast [マスト]
── 男 *der* (⑤2格 -es 〈まれに -s〉; ⑯ -en 〈-e〉)
❶ (船の)マスト, 帆柱 ▷ ein Segelschiff mit drei *Masten* 3 本マストの帆船
❷ (アンテナなどの)支柱; (旗の)ポール; 電柱 ▷ die Flagge am *Mast* emporziehen 旗をポールに揚げる
── 囡 *die* (⑤2格 -; まれに ⑯ -en)(家畜の)肥育

Mast·darm [マスト・ダルム] 男 *der* (⑤2格 -[e]s; ⑯ ..därme)《医学》直腸

mäs·ten [メステン] (mästete; gemästet; 匠h)
他《④と》《家畜⁴を》肥育する

Mas·tur·ba·ti·on [マストゥルバツィオーン] *die* (⑤2格 -; まれに ⑯ -en) マスターベーション, 手淫

mas·tur·bie·ren [マストゥルビーレン]
(masturbierte; masturbiert; 匠h)

― 自 マスターベーション〈手淫〉する
― 他『④と』[..⁴に]マスターベーション〈手淫〉をする

Match [メッチュ] 中 *das* (⊕2格 -[e]s; ⊕ -s <-e>)《スポーツ》試合, 勝負

Ma·te·ri·al [マテリアール] 中 *das* (⊕2格 -s; ⊕ ..alien)
❶ (物を作る)材料, 原料 ▷ schlechtes *Material* 質の悪い材料
❷ 《ふつう ⊕ なし》(論文などの)資料 ▷ *Material* für eine Arbeit sammeln 論文のために資料を集める

Ma·te·ri·a·li·en [マテリアーリエン] *Material* の複数

Ma·te·ri·a·lis·mus [マテリアリスムス] 男 *der* (⊕2格 -; ⊕ なし)《哲学》唯物論 (⇔ Idealismus)

ma·te·ri·a·lis·tisch [マテリアリスティシュ] 形 物質主義の

Ma·te·rie [マテーリエ] 女 *die* (⊕2格 -; ⊕ -n)
❶ (⊕ なし)物質
❷ 《ふつう ⊕ なし》(討論などの)題材; (仕事などの)業務内容

ma·te·ri·ell [マテリエル]
形 ❶ 物質の, 物質的な ▷ der *materielle* Schaden 物的損害 / *materielle* Bedürfnisse 物質的欲望
❷ 金銭的な, 経済的な ▷ *materielle* Hilfe 金銭的援助
❸ (しばしば軽蔑的に)実利主義的な ▷ Er ist ein sehr *materieller* Mensch. 彼はとても実利主義的な人だ

Ma·the·ma·tik [マテマティーク/..ティック] 女 *die* (⊕2格 -; ⊕ なし) 数学 ▷ Der Schüler ist gut in *Mathematik*. その生徒は数学の成績がいい

ma·the·ma·tisch [マテマーティシュ] 形 数学の, 数学上の

Ma·ti·nee [マティネー] 女 *die* (⊕2格 -; ⊕ -n)《劇場》マチネー, 昼興行

Ma·ti·ne·en [マティネーエン] Matinee の複数

Mat·jes·he·ring [マトイェス・ヘーリング] 男 *der* (⊕2格 -s; ⊕ -e) 塩づけの若いニシン

Mat·rat·ze [マトラッツェ] 女 *die* (⊕2格 -; ⊕ -n) マットレス ▷ eine *Matratze* auflegen マットレスを敷く

Mät·res·se [メトレッセ] 女 *die* (⊕2格 -; ⊕ -n)《歴史》(君主などの)側室

Mat·rix·dru·cker [マートリクス・ドルッカー] 男 *der* (⊕2格 -s; ⊕ -) ドットマトリックスプリンター

Mat·ro·se [マトローゼ] 男 *der* (⊕2·3·4格 -n; ⊕ -n) 船員, 船乗り; 水兵

Mat·ro·sen·müt·ze [マトローゼン・ミュッツェ] 女 *die* (⊕2格 -; ⊕ -n) 水平帽

Matsch [マッチュ] 男 *der* (⊕2格 -es; ⊕ なし)《口語》ぬかるみ ▷ in den *Matsch* fallen ぬかるみに落ちる

mat·schig [マッチヒ]
形《口語》❶ (道などが)ぬかるんだ, どろどろの
❷ (熟れすぎたり腐ったりして)ぶよぶよになった, ぐしゃっとした

matt [マット]
形 ❶ (疲れて)だるい, ぐったりした ▷ Ich fühle mich heute sehr *matt*. 私はきょう体がとてもだるい
❷ 弱々しい, 力のない ▷ Sein Puls war *matt*. 彼の脈は弱々しかった
❸ 光沢〈つや〉のない ▷ *mattes* Glas すりくもり)ガラス
❹ (光が)薄暗い, (色が)くすんだ ▷ *mattes* Licht 薄暗い光

Mat·te [マッテ] 女 *die* (⊕2格 -; ⊕ -n)
❶ (靴や足をぬぐう)マット ▷ sich¹ die Schuhe auf der *Matte* abtreten 靴の汚れをマットでこすって落とす
❷ 《スポ》(体操・レスリングなどの)マット

Matt·schei·be [マット・シャイベ] 女 *die* (⊕2格 -; ⊕ -n)《口語》(テレビ受像機の)スクリーン ▷ vor der *Mattscheibe* sitzen テレビを見ている

Ma·tu·ra [マトゥーラ] 女 *die* (⊕2格 -; ⊕ なし)《オーストリ・スイス》ギムナジウム〈高等学校〉卒業試験 (大学入学資格試験にもなる; =Abitur)

Mätz·chen [メッツヒェン] 複数《口語》(下手な)策略, たくらみ

Mau·er [マオアー] 女 *die* (⊕2格 -; ⊕ -n)
❶ (石・コンクリートなどで造られた)壁, 外壁 (☆ 部屋などの室内の「壁」は Wand) ▷ eine eingestürzte *Mauer* 崩れ落ちた壁 / eine *Mauer* bauen 壁を造る / ein Fahrrad an die *Mauer* lehnen 自転車を壁に立てかける
❷ (敷地などを区切る, 石・コンクリートなどの)塀 ▷ Das Gelände ist durch eine *Mauer* begrenzt. [状態受動] 敷地は(ブロックなどの)塀で仕切られている / die Berliner *Mauer* ベルリンの壁 (☆ 1989年に撤去された) / die Chinesische *Mauer* 万里の長城

mau·ern [マオエルン]
(mauerte; gemauert; 完了h)
他『④と』[壁など⁴を]石・コンクリートなどで造る ▷ eine Terasse *mauern* テラスを造る

Maul [マオル] 中 *das* (⊕2格 -[e]s; ⊕ Mäuler)
❶ (動物の)口 ▷ Der Löwe reißt das *Maul* auf. ライオンが口を大きくあける
❷ 《口語》(人間の)口 (=Mund) ▷ ein böses *Maul* haben 口が悪い / Halts *Maul*! 黙れ (☆ halts [ハルツ]=halt das)
イディオム *ein großes Maul haben* 大きな口をきく

mau·len [マオレン] (maulte; gemault; 助h)
自《口語》不平を言う、むくれる、ふくれる

Mäu·ler [モイラー] Maul の複数

maul·faul [マオル・ファオル] 形《口語》口の重い、口数の少ない

Maul·korb [マオル・コルプ] 男 der (単2格 -[e]s; 複 ..körbe) (特に犬の)口籠(人をかまないように犬の口にはめる籠状のもの)

Maul·tier [マオル・ティーア] 中 das (単2格 -[e]s; 複 -e) 《動物》ラバ

Maul·wurf [マオル・ヴルフ] 男 der (単2格 -[e]s; 複 ..würfe)《動物》モグラ

Mau·rer [マオラー] 男 der (単2格 -s; 複 -) 壁職人、左官

Maus [マオス] 女 die (単2格 -; 複 Mäuse)《動物》ネズミ、ハツカネズミ (☆ Ratte より小型のもの) ▷ eine weiße *Maus* 白ネズミ / eine *Maus* fangen ネズミを捕まえる

Mäu·se [モイゼ] Maus の複数

mau·sen [マオゼン] (mauste; gemaust; 助h)
他《口語》《4と》《…を》盗む、くすねる (☆ 比較的小さなものに関して用いる)

mau·sern [マオゼルン]
(mauserte; gemausert; 助h)
自 (鳥が)羽〈羽毛〉が抜けかわる

Maut [マオト] 女 die (単2格 -; 複 -en)《オーストリア・南ドイツ》(道路・トンネルなどの)通行料金

Ma·xi·ma [マクスィマ] Maximum の複数

ma·xi·mal [マクスィマール] 形 最大限の、最高の (反 minimal) ▷ Die Sitzung dauert *maximal* zwei Stunden. 会議はせいぜい続いても2時間だ

Ma·xi·mum [マクスィムム] 中 das (単2格 -s; 複 Maxima) 最大限 (反 Minimum) ▷ Hundert Euro sind das *Maximum*, das sie dafür geben kann. 100ユーロが彼女がそれに対して出せる最高額だ

Ma·yon·nai·se [マヨネーゼ] 女 die (単2格 -; 複 -n)《旧≒新》Majonäse

Mä·zen [メツェーン] 男 der (単2格 -s; 複 -e) (芸術家などの)保護者、後援者、パトロン

MB [エムベー] 中 das《Megabyte の略語》メガバイト

m.E. [マイネス エアアハテンス]《*meines Erachtens* の略語》私の考えでは

Me·cha·nik [メヒャーニク] 女 die (単2格 -; 複 -en)
❶ (機械装置などの)仕組み、メカニズム
❷《複 はまれ》《物理》力学

Me·cha·ni·ker [メヒャーニカー] 男 der (単2格 -s; 複 -)
機械工、修理工

me·cha·nisch [メヒャーニシュ] 形 機械の、機械による ▷ *mechanisches* Spielzeug 機械仕掛けのおもちゃ /《比ゆ》*mechanisch* antworten 機械的に答える

Me·cha·nis·men [メヒャニスメン] Mechanismus の複数

Me·cha·nis·mus [メヒャニスムス] 男 der (単2格 -; 複 ..nismen) 機械装置; (機能などの)仕組み、メカニズム ▷ den *Mechanismus* der Uhr reparieren 時計の機械装置を修理する

me·ckern [メッケルン]
(meckerte; gemeckert; 助h)
自 ❶ (ヤギが)メーメー鳴く
❷《口語》文句をつける ▷ Du hast immer etwas zu *meckern*. 君はいつも何かしら文句を言う

Meck·len·burg-Vor·pom·mern [メークレンブルク・フォーアポメルン] (中 das)《州名》メクレンブルク・フォーアポンメルン(ドイツ北東部)

Me·dail·le [メダリエ] 女 die (単2格 -; 複 -n) メダル ▷ die goldene 〈silberne, bronzene〉 *Medaille* gewinnen 金〈銀、銅〉メダルを獲得する

Me·di·en [メーディエン] Medium の複数

Me·di·ka·ment [メディカメント] 中 das (単2格 -[e]s; 複 -e) 薬、薬剤 ▷ ein *Medikament* gegen Kopfschmerzen 頭痛薬 / ein *Medikament* einnehmen 薬を服用する

me·di·tie·ren [メディティーレン]
(meditierte; meditiert; 助h)
自 瞑想にふける

Me·di·um [メーディウム] 中 das (単2格 -s; 複 Medien)
❶《ふつう 複 で》伝達手段
❷ 霊媒、巫女

Me·di·zin [メディツィーン] 女 die (単2格 -; 複 -en)
❶《複 なし》医学 ▷ Sie studiert *Medizin*. 彼女は医学を学んでいる
❷《口語》薬 ▷ eine *Medizin* einnehmen 薬を飲む

me·di·zi·nisch [メディツィーニシュ] 形 医学の、医学的な ▷ die *medizinische* Fakultät 医学部

Meer [メーア] 中 das (単2格 -es〈まれに -s〉; 複 -e)

海、海洋 ▷ das weite *Meer* 広い海 / im *Meer* baden 海水浴をする / Er verbrachte seinen Urlaub am *Meer*. 彼は海辺で休暇を過ごした / das Schwarze *Meer* 黒海 / das Rote *Meer* 紅海

Mee·res·grund [メーレス・グルント] 男 der (単2格 -[e]s; 複 なし) 海底

Mee·res·spie·gel [メーレス・シュピーゲル] 男 der (単2格 -s; 複 なし) 海面 ▷ Der Ort liegt 333 Meter über dem *Meeresspiegel*. その場

所は海抜 333 メートルのところにある

Mee·res·strö·mung [メーレス・シュトレームング] [女] *die* ([単] 2格 –; [複] –en) 海流

Meer·ret·tich [メーア・レティヒ] [男] *der* ([単] 2格 –s; [複] –e) 《植物》ワサビダイコン, 西洋ワサビ

Meer·schwein·chen [メーア・シュヴァインヒェン] [中] *das* ([単] 2格 –s; [複] –) 《動物》モルモット

Mee·ting [ミーティング] [中] *das* ([単] 2格 –s; [複] –s)
❶ 《口語》ミーティング
❷ スポーツ大会

Me·ga·bit [メガ・ビット / メーガ・ビット] [中] *das* ([単] 2格 –[s]; [複] –[s]) メガビット (100万ビット)

Me·ga·byte [メガ・バイト / メーガ・バイト] [中] *das* ([単] 2格 –[s]; [複] –[s]) メガバイト (100万バイト; [略] MB)

Mehl [メール] [中] *das* ([単] 2格 –[e]s; [複] なし)
穀粉; (特に) 小麦粉 ▷ ein Kilo *Mehl* kaufen 小麦粉を1キロ買う

Mehl·spei·se [メール・シュパイゼ] [女] *die* ([単] 2格 –; [複] –n) 穀粉で作る食べ物 (ヌードル・団子・パイなどを指す)

mehr
[meːɐ̯ メーア]

— [形] 〔viel の比較級; 格語尾をつけない〕
❶ より多くの
Wir brauchen *mehr* Geld.
私たちはもっとお金が必要だ
Er hat *mehr* Bücher als ich.
彼は私よりも多くの本を持っている
Er hat *mehr* Freunde als Feinde.
彼は敵よりも友人のほうが多い
❷ 〔名詞的に〕 より多くの人〈もの, こと〉 ▷ *Mehr* als die Hälfte war 〈waren〉 dafür. 半分以上の人が賛成だった / Er hat *mehr* als seine Pflicht getan. 彼は義務以上のことをした
❸ 〔als と〕(能力・地位などが)〔…よりも〕上の ▷ Du musst dir nicht einbilden, du seist *mehr* als andere. 君は自分が他人よりもえらいと思い込んではならない (☆ seist は sein の接続法Iで間接話法)

[イディオム] ***immer mehr*** ますます多くの ▷ *Immer mehr* Touristen strömen auf die Insel. ますます多くの旅行者が島に押し寄せて来る / 〔名詞的に〕 Er verlangt *immer mehr*. 彼はますます多くのものを要求する

mehr als+形容詞 きわめて…[だ] ▷ Das Ergebnis war *mehr als* kläglich. 結果はきわめて貧弱だった

nicht mehr und nicht weniger それ以上でもそれ以下でもない, …そのもの ▷ Das war eine grobe Fahrlässigkeit, *nicht mehr und nicht weniger*. それはまさに重過失そのものだった

— [副] 〔sehr の比較級〕
❶ より多く, もっと ▷ Er raucht *mehr* als ich. 彼は私よりもタバコをたくさん吸う / Je *mehr*, desto besser. 多ければ多いほどよい
❷ 〔比較級のない語と〕もっと ▷ Sie stand *mehr* rechts. 彼女はもっと右に立っていた
❸ 〔2つの性質を比較して〕むしろ ▷ Er ist *mehr* Künstler als Gelehrter. 彼は学者というよりむしろ芸術家だ / Die Kiste ist *mehr* lang als breit. その箱は幅よりも長さがある / Das ist *mehr* ein technisches Problem. それはむしろ技術的な問題だ
❹ 〔否定詞と〕もはや〔…でない〕 ▷ Sie ist nicht *mehr* berufstätig. 彼女はもう職業についていない / Sie wusste nicht *mehr*, was sie tun sollte. 彼女はもうどうしてよいのかわからなかった / Sie ist kein Kind *mehr*. 彼女はもう子供ではない / Ich sage nichts *mehr*. 私はもう何も言いません

[イディオム] ***mehr oder weniger*** 多かれ少なかれ, だいたいにおいて, 全体として見ると ▷ *Mehr oder weniger* hat er Recht. だいたいにおいて彼の言うことは正しい

mehr und mehr 〈***immer mehr***〉 ますます ▷ Sie fand *mehr und mehr* Gefallen daran. 彼女はますますそれが気に入った / *Immer mehr* komme ich zu der Überzeugung, dass … ますます私は…という確信を強める

mehr·deu·tig [メーア・ドイティヒ] [形] 多義の; あいまいな ▷ Seine Antwort war *mehrdeutig*. 彼の答えはあいまいだった

meh·ren [メーレン] (mehrte; gemehrt; [完了]h)
[他] 《文語》〔④と〕〔財産など⁴を〕増やす

meh·re·re [メーレレ] 〔不定数詞〕
☆ 複数形の名詞につけて; 後続する形容詞は無冠詞の場合と同一の格語尾をつける
《比較的多いという意味合いで》いくつかの, 二三の; いくつもの, いろいろな ▷ *mehrere* Stunden warten 数時間〈何時間も〉待つ / Dieses Wort hat *mehrere* Bedeutungen. この単語にはいろいろな意味がある / 〔名詞的に〕 *Mehrere* kamen zu spät. 何人かが遅れて来た

mehr·fach [メーア・ファッハ]
— [形] 何度〈何回〉も…した (☆ 名詞につけて) ▷ *mehrfache* Verstöße 何度も犯した違反 / der *mehrfache* Meister im Skilauf スキーで何度もチャンピオンになった人
— [副] 《口語》何回〈何度〉か, 何回〈何度〉も ▷ Er wurde *mehrfach* danach gefragt. 彼は何回もそのことをたずねられた

Mehr·heit [メーアハイト] [女] *die* ([単] 2格 –; [複] –en)
❶ (数の上での) 多数; 多数派 ([反] Minder-

M

heit) ▹ Die *Mehrheit* der Abgeordneten stimmte 〈stimmten〉 dafür. 議員の多数はそれに賛成の投票をした / die schweigende *Mehrheit* 声なき大多数の人 / in der *Mehrheit* sein 多数派である

❷ (票決の際の)多数, 過半数 ▹ die *Mehrheit* erringen 過半数を獲得する / mit überwältigender *Mehrheit* 圧倒的多数で

mehr·mals [メーア・マールス] [副] **何回〈何度〉か, 何回〈何度〉も** ▹ Ich habe *mehrmals* angerufen. 私は何回か電話をかけた

mehr·spra·chig [メーア・シュプラーヒヒ] [形] 数ヵ国語の, 数ヵ国語で書かれた, 数ヵ国語を話す

mehr·stö·ckig [メーア・シュテッキヒ] [形] 数階建ての

Mehr·weg·fla·sche [メーア・ヴェーク・フラッシェ] [女] *die* ([単] 2格 –; [複] –n) (回収して再利用される) リサイクルビン

Mehr·wert·steu·er [メーア・ヴェーアト・シュトイアー] [女] *die* ([単] 2格 –; [複] なし) 《経済》付加価値税 ([略] MwSt., MWSt.)

Mehr·zahl [メーア・ツァール] [女] *die* ([単] 2格 –; [複] なし) (数の上での)多数 ▹ Die *Mehrzahl* der Anwesenden war gegen den Vorschlag. 出席者の多数はその提案に反対だった

mei·den [マイデン] (mied; gemieden; [完了]h)

[他] 《文語》 ❶ 〘④と〙〔…⁴との〕接触を避ける ▹ Sie *meidet* ihn offensichtlich. 彼女は彼をどうやら避けているらしい / 〘相互的に〙 Sie haben sich lange *gemieden*. 彼らは長い間互いに相手を避けていた

❷ 〘④と〙〔不都合なもの⁴を〕避ける ▹ fette Speisen *meiden* 脂肪分の多い料理をひかえる

Mei·le [マイレ] [女] *die* ([単] 2格 –; [複] –n) 《距離の単位》マイル (☆ 現在のドイツではメートル法を用い, マイルは用いられない)

mein

[main マイン]

〘不定冠詞類; 1人称単数 ich に対する所有冠詞〙

格	男性	女性	中性	複数
①	mein	meine	mein	meine
②	meines	meiner	meines	meiner
③	meinem	meiner	meinem	meinen
④	meinen	meine	mein	meine

❶ **私の**, ぼくの

mein Haus
私の家
einer *meiner* Freunde
私の友人の一人
Hast du *meinen* Brief bekommen?
君は私の手紙を受け取りましたか
Mein Zug kommt in fünf Minuten.
私の乗る汽車は5分後に来る
Das ist *meine* Sache. それは私に関することだ
《習慣的なかかわりを表して》
Ich muss noch *meine* Tabletten nehmen.
私はこれから薬を飲まなければならない
《呼びかけに》
Meine Damen und Herren!
[紳士淑女の]皆さん
《手紙の冒頭で》
Mein lieber Hans! 私の親愛なるハンス

❷ 〘名詞的に; dieser に準じて変化する; 性・数は省かれた名詞に基づく〙 **私〈ぼく〉のもの** ▹ Ist das deine Brille oder *meine*? これは君のめがねですかそれともぼくのですか / Das ist nicht dein Buch, sondern *meins* 〈*meines*〉. これは君の本ではなく私のだ (☆ –es の場合ふつう e は省く)

❸ 《文語》〘定冠詞と; 形容詞変化をする〙 Der Wagen ist der *meine*. この車は私のものだ

mei·ne [マイネ] ☞ mein

Mein·eid [マイン・アイト] [男] *der* ([単] 2格 –[e]s; [複] –e) うその誓い; 《法律》偽証

mei·nem [マイネム] ☞ mein

mei·nen

[máinən マイネン]

[現在]	ich meine	wir meinen
	du meinst	ihr meint
	er meint	sie meinen
[過去]	ich meinte	wir meinten
	du meintest	ihr meintet
	er meinte	sie meinten
[過分]	gemeint	[完了] haben

— [他] ❶ 〘④と〙〔…⁴と〕**思う**

Ich *meine*, er hat Recht.
私は彼の言うとおりだと思う
Meinst du das im Ernst?
君は本気でそう思うのか
Was *meinen* Sie dazu?
あなたはそのことをどう思いますか
Das *meine* ich auch. 私もそう思います
〘zu 不定詞句と〙
Meinen Sie, das Auto reparieren zu können? この車は修理できると思いますか

❷ 〘④と〙《発話などに際して》〔…⁴のことを〕念頭に置く, 意図〈意味〉する ▹ Wen *meinst* du? 君はだれのことを言っているのか(念頭に置いているのか) / Was *meinst* du damit? それはどういうことなんだ (それで何を言おうとするのか) / Das habe ich nicht *gemeint*. 私はそういうつもりはなかった / Sie *meint* „ja“, wenn sie „nein“ sagt. 彼女が「いいえ」と言うときは「はい」ということなんだ

❸ 〘④+[様態]と〙〔…⁴を…の意図で〕言う, する ▹ Wie *meinst* du das? それはどういうつもりなん

ですか / Ich habe das anders *gemeint*. それは違った意味で言ったのだ / Das war gut 〈böse〉 *gemeint*. [状態受動] それは善意〈悪意〉から出たことだ

❹ 〖④と〗〔..⁴と〕言う ▷ „Gut so“, *meinte* er.「それでいい」と彼は言った

[イディオム] ***es gut mit+③ meinen*** ..³に好意的である ▷ Er *meint es gut mit* dir. 彼は君に好意的だ

— ☞ mein

mei·ner [マイナー]

— ☞ mein

— 〖人称代名詞 ich の2格〗 Gedenke *meiner*! 私のことを忘れないでくれ

mei·ner·seits [マイナー・ザイツ] [副] 私の側〈方〉では; (私)自身は

mei·nes [マイネス] ☞ mein

mei·net·we·gen [マイネト・ヴェーゲン]

[副] ❶ 私のために ▷ Sie kam *meinetwegen*. 彼女は私のために来てくれた

❷ 《口語》 私としてはかまわない ▷ Darf ich mit dem Auto mitfahren? – *Meinetwegen*! いっしょに車に乗せていただいてかまいませんか―かまいませんよ

meins [マインス] ☞ mein ❷

mein·te [マインテ] meinen の [過去]

Mei·nung [マイヌング] [女] *die* ([単] 2格 –; [複] –en)

意見, 考え ▷ *Meinungen* austauschen 意見を交換する / Er besteht auf seiner *Meinung*. 彼は自分の意見に固執する / Was ist deine *Meinung* zu diesem Vorfall? この出来事について君はどう考えますか / die öffentliche *Meinung* 世論

[イディオム] ***der Meinung sein, dass ...*** …という考えだ (☆ Meinung は2格) ▷ Ich *bin der Meinung, dass* ... 私は…という考えだ

eine hohe 〈schlechte〉 Meinung von+③ haben ..³を高く〈悪く〉評価している

mit+③ einer Meinung sein ..³と同意見である

nach meiner Meinung 〈meiner Meinung nach〉 私の考え〈意見〉では

Mei·nungs·streit [マイヌングス・シュトライト] [男] *der* ([単] 2格 –[e]s; [複] なし) 論争

Mei·nungs·ver·schie·den·heit [マイヌングス・フェアシーデンハイト] [女] *die* ([単] 2格 –; [複] –en) 〖ふつう [複] で〗 意見の相違

Mei·se [マイゼ] [女] *die* ([単] 2格 –; [複] –n) 《鳥》 シジュウカラ

Mei·ßel [マイセル] [男] *der* ([単] 2格 –s; [複] –) 《工具》 (石・金工用の)のみ, たがね (☆ 木工用の「のみ」は Stemmeisen)

mei·ßeln [マイセルン]

(meißelte; gemeißelt; [完了]h)

[他] 〖④と〗〔..⁴を〕のみ〈たがね〉で彫る ▷ eine Statue *meißeln* 像をのみで彫る

meist [マイスト]

— [形] 〖viel の最上級〗

❶ 最も多くの ▷ Er hat die *meisten* Stimmen erhalten. 彼は最高の得票を得た

❷ 大部分の, たいていの ▷ in den *meisten* Fällen たいていの場合 / 〖小文字のまま名詞的に〗 Die *meisten* glauben nicht mehr daran. たいていの人はそのことをもう信じていない

— [副] たいてい ▷ Es war *meist* schlechtes Wetter. たいてい天気は悪かった

[イディオム] ***am meisten*** 最も… (☆ sehr の最上級) ▷ Sie liebte ihn *am meisten*. 彼女は彼を最も愛した / Er verdient *am meisten* von uns. 彼は私たちの中で最もかせぐ

meis·tens [マイステンス]

[副] たいてい[の場合] ▷ Ich benutze *meistens* diesen Bus. 私はたいていこのバスを利用している

Meis·ter [マイスター] [男] *der* ([単] 2格 –s; [複] –)

❶ 《手工業》 マイスター, 親方 ▷ Er ist *Meister* geworden. 彼はマイスターになった

★ ドイツの手工業には中世以来の伝統的な職人制度が形をかえて今日も残っており, 手工業に従事する者はまず Lehrling「従弟, 見習い」(今日では Auszubildende ということが多い)として Meister のもとで職業訓練を受けたのち, 試験を受けて Geselle「職人」となり, さらに一定期間ののちマイスター試験に合格することで Meister となる. Meister は Lehrling を教育したり, 自ら店を開く資格をもつ

❷ 達人, 名人; 大家 ▷ Er ist ein *Meister* der Sprache. 彼は言語の達人だ / 《ことわざ》 Übung macht den *Meister*. 練習が名人をつくる

❸ 《スポ》 チャンピオン, 選手権保持者 ▷ ein *Meister* im Fußballspiel サッカーのチャンピオン

meis·ter·haft [マイスターハフト] [形] 卓越した, 卓抜な, 卓出した

Meis·te·rin [マイステリン] [女] *die* ([単] 2格 –; [複] ..rinnen) Meister の女性形

meis·tern [マイステルン]

(meisterte; gemeistert; [完了]h)

[他] 〖④と〗〔困難な状況など⁴を〕克服する, 成し遂げる

Meis·ter·schaft [マイスターシャフト] [女] *die* ([単] 2格 –; [複] –en)

❶ 〖ふつう [複] で〗 《スポ》 選手権大会〈試合〉 ▷ Dieses Jahr finden die japanischen *Meisterschaften* im Schwimmen in Hirosima statt. 今年水泳の日本選手権大会は広島で開催される

M

❷ 〖[複] なし〗きわめてすぐれた技能, 名人芸 ▷ es in+[3] zur *Meisterschaft* bringen …³において名人の域に達する (☆ es は形式目的語)

Meis·ter·stück [マイスター・シュテュック] [中] *das* ([単] 2 格 -[e]s; [複] -e) 傑作, 名作

Meis·ter·werk [マイスター・ヴェルク] [中] *das* ([単] 2 格 -[e]s; [複] -e) (芸術・文学などの)傑作

Mek·ka [メッカ] [中] *das* ([単] 2 格 -s; まれに [複] -s) (訪れたいと思う)あこがれの地

Me·lan·cho·lie [メランコリー] [女] *die* ([単] 2 格 -; [複] なし) 憂鬱(ゆううつ), メランコリー ▷ Sie verfiel in tiefe *Melancholie*. 彼は深い憂鬱に陥った

Me·lan·cho·li·ker [メランコーリカー] [男] *der* ([単] 2 格 -s; [複] -) 憂鬱(ゆううつ)質の人, すぐふさぎこむ人

me·lan·cho·lisch [メランコーリシュ] [形] 憂鬱(ゆううつ)な, メランコリックな ▷ Der graue Himmel macht ihn *melancholisch*. 灰色の空は彼を憂鬱な気分にさせる

mel·den [メルデン] (du meldest, er meldet; meldete; gemeldet; [完了]h)

── [他] ❶ 〖[4]と〗(特に報道機関が)〔…⁴を〕**報じる**, 報道する ▷ Der Korrespondent *meldete* neue Unruhen. 特派員は新たな暴動を報じた

❷ 〖[4]と〗〔…⁴を〕(公的な機関に)**届け出る**, 通報する ▷ einen Autounfall [bei] der Polizei *melden* 警察に自動車事故を通報する

❸ 〖[4]と〗〔…⁴を〕(客として)取り次ぐ ▷ Wen darf ich *melden*? 《受付が来客に》どちら様でしょうか / 〖再帰的に〗*sich melden* lassen 取り次ぎを頼む

── [再] ❶ 〖[sich]⁴と〗(参加などを)**申し出る**, 申し込む; (手を挙げて)発言などを求める ▷ *sich* für einen Sprachkurs *melden* 語学コースの受講申し込みをする

❷ 〖[sich]⁴と〗(用件などがあって)連絡をとる ▷ Die Entführer *meldeten* sich telefonisch. 誘拐犯たちは電話で連絡してきた / Wir *melden* uns wieder mit Nachrichten um 20 Uhr. また 20 時にニュースをお伝えします

❸ 〖[sich]⁴と〗立ち寄る ▷ *Melden* Sie sich bitte im Sekretariat! 秘書課にお立ち寄りください

❹ 〖[sich]⁴と〗電話口に出る ▷ Ich habe mehrmals angerufen, aber es hat sich niemand *gemeldet*. 私は何回も電話をかけたがだれも電話口に出なかった (☆ aber の後ろの es は穴埋め)

mel·de·te [メルデテ] melden の [過去]

Mel·dung [メルドゥング] [女] *die* ([単] 2 格 -; [複] -en)

❶ 報道, ニュース ▷ die letzten *Meldungen* des Tages その日の最後のニュース

❷ 申し込み ▷ eine *Meldung* für die Prüfung 受験の申し込み

❸ (公的な機関に寄せられる)情報, 通報, 報告 ▷ die *Meldung* an den Vorgesetzten weiter leiten 通報を上司にさらに伝える

me·liert [メリーアト] [形] (髪が)白髪混じりの; い くつかの色の糸〈繊維〉を混ぜて作った

mel·ken [メルケン] (melkte 〈molk〉; gemolken 〈gemelkt〉; [完了]h)

[他] 〖[4]と〗〔牛など⁴の〕**乳をしぼる**; 〔ミルク⁴を〕(容器に)しぼる ▷ eine Kuh *melken* 牛の乳をしぼる

Me·lo·die [メロディー] [女] *die* ([単] 2 格 -; [複] -n) メロディー, 旋律 ▷ eine *Melodie* pfeifen メロディーを口笛で吹く / Das Lied hat eine hübsche *Melodie*. その歌はきれいなメロディーをしている

Me·lo·di·en [メロディーエン] Melodie の [複数]

Me·lo·ne [メローネ] [女] *die* ([単] 2 格 -; [複] -n) 《植物》 メロン ▷ Diese *Melone* schmeckt gut. このメロンは味がいい

Me·moi·ren [メモアーレン] [複名] 回想録, 回顧録

Me·mo·ran·da [メモランダ] Memorandum の [複数]

Me·mo·ran·den [メモランデン] Memorandum の [複数]

Me·mo·ran·dum [メモランドゥム] [中] *das* ([単] 2 格 -s; [複] ..randen 〈..randa〉) 《文語》 メモ, 覚え書き

Men·ge [メンゲ] [女] *die* ([単] 2 格 -; [複] -n)

❶ (一定の)**量** ▷ eine kleine *Menge* 少量 / eine bestimmte *Menge* Salz 一定量の塩 / Eine geringe *Menge* dieses Giftes ist tödlich. この毒はわずかな量で致死量になる

❷ 群衆 ▷ Auf den Straßen drängte sich eine jubelnde *Menge*. 道路には歓呼する群衆がひしめいていた

[イディオム] ***eine Menge*** 多数, 多量 ▷ *eine Menge* Leute 多数の人々 / Ich habe noch *eine Menge* zu tun. 私はまだすべきことがたくさんある

men·gen [メンゲン] (mengte; gemengt; [完了]h)

[他] 〖[4]と〗〔…⁴を〕**混ぜる**, 混合する (☆ 特に料理で) ▷ Mehl und Wasser zu einem Teig *mengen* 小麦粉と水を混ぜてパン生地をつくる

Men·sa [メンザ] [女] *die* ([単] 2 格 -; [複] Mensen) **学生食堂** ▷ Sie trafen sich in der *Mensa*. 彼らは学生食堂で落ち合った

Mensch

[mɛnʃ メンシュ]

[男] *der* ([単] 2·3·4 格 -en; [複] -en)

格	単数	複数
[1]	der Mensch	die **Menschen**
[2]	des **Menschen**	der Menschen
[3]	dem **Menschen**	den Menschen
[4]	den **Menschen**	die Menschen

❶《一般的に》**人間**, 人
die Würde des *Menschen*
人間の尊厳
Wir sind doch alle *Menschen*.
私たちはやっぱりみんな人間なのだ
Die Zahl der *Menschen* steigt ständig.
人間の数は絶えず増えている
❷ (個々の)**人間**, 人 ▷ ein guter und ehrlicher *Mensch* 善良で正直な人間 / den Umgang mit anderen *Menschen* meiden 他の人とのつき合いを避ける / Er geht nicht gern unter *Menschen*. 彼は人中に出るのが好きではない

類語
Menschen 事物・動物などとの対比で人間的側面を強調する
Leute ある共通性に基づいて(しばしば自分との対比で)とらえた一かたまりの人を指す

❸《口語》《ぞんざいな、また非難をこめた呼びかけ》おい;《驚きの叫び》へえ ▷ *Mensch*, hör doch auf! おい やめろってば / *Mensch*, das ist prima! へえ そいつはすごいや

Men·schen·fres·ser [メンシェン・フレッサー] 男 *der*(⊕ 2格 -s; ⊕ -) 人食い[人種](＝Kannibale)

Men·schen·ge·schlecht [メンシェン・ゲシュレヒト] 中 *das*(⊕ 2格 -[e]s; ⊕ なし) 人類

Men·schen·ken·ner [メンシェン・ケナー] 男 *der*(⊕ 2格 -s; ⊕ -) 人間というものをよく分かっている人

Men·schen·le·ben [メンシェン・レーベン] 中 *das*(⊕ 2格 -s; ⊕ -)
❶《文語》人命
❷ (人間の)一生、一生涯

Men·schen·rech·te [メンシェン・レヒテ] 複名 人権

Men·schen·scheu [メンシェン・ショイ] 女 *die*(⊕ 2格 -; ⊕ なし) 人見知り、人おじ

Men·schen·ver·stand [メンシェン・フェアシュタント] 男 *der*《成句で》 *der gesunde Menschenverstand* 常識

Mensch·heit [メンシュハイト] 女 *die*(⊕ 2格 -; ⊕ なし)
人類 ▷ die Geschichte der *Menschheit* 人類の歴史

mensch·lich [メンシュリヒ]
形 ❶ **人間の** ▷ der *menschliche* Körper 人体 / die *menschlichen* Schwächen 人間的な弱さ / *Menschlich* hat er mich enttäuscht. 人間的な面で私は彼に失望した
❷ 人間味〈思いやり〉のある ▷ ein *menschlicher* Vorgesetzter 人間味のある上司

Mensch·lich·keit [メンシュリヒカイト] 女 *die*(⊕ 2格 -; ⊕ なし) 人間性、ヒューマニティー ▷ der Sieg der *Menschlichkeit* über die Barbarei 野蛮さに対するヒューマニティーの勝利

Men·sen [メンゼン] Mensa の 複数

Menst·ru·a·ti·on [メンストルアツィオーン] 女 *die*(⊕ 2格 -; ⊕ -en)《医学》生理、月経

Men·ta·li·tät [メンタリテート] 女 *die*(⊕ 2格 -; ⊕ -en) メンタリティー、心的傾向, 物の考え方、気質

Me·nü [メニュー] 中 *das*(⊕ 2格 -s; ⊕ -s)《献立の内容が決められている》コース料理; 定食《☆「メニュー、献立表」は Speisekarte》 ▷ ein *Menü* bestellen 定食を注文する

Me·nu·ett [メヌエット] 中 *das*(⊕ 2格 -s; ⊕ -e 〈-s〉)《音》メヌエット

Mer·ce·des [メルツェーデス] 男 *der*(⊕ 2格 -; ⊕ -) ＝Mercedes-Benz

Mer·ce·des-Benz [メルツェーデス・ベンツ] 男 *der*(⊕ 2格 -; ⊕ -)《商標》メルセデス・ベンツ(自動車)

Me·ri·di·an [メリディアーン] 男 *der*(⊕ 2格 -s; ⊕ -e)《地理》子午線、経線

mer·ken [メルケン] (merkte; gemerkt) 他h)
— 他《④と》[…⁴に] **気づく**, 感づく ▷ Er merkte nicht, dass man ihn betrogen hat. 彼はだまされたことに気がつかなかった
— 再《sich³+④と》[…⁴を] **覚えておく** ▷ Ich kann mir seinen Namen nicht *merken*. 彼の名前が覚えられない / *Merk* dir das! そのことはよく覚えておけ

merk·lich [メルクリヒ] 形 (変化などが)目立った、はっきりした

Merk·mal [メルク・マール] 中 *das*(⊕ 2格 -s; ⊕ -e) **特徴** ▷ ein typisches *Merkmal* 典型的な特徴

merk·te [メルクテ] merken の 過去

merk·wür·dig [メルク・ヴュルディヒ] (比較 -er, 最上 -st)
形 **奇妙な**, 変な ▷ eine *merkwürdige* Geschichte 奇妙な話 / Das ist aber *merkwürdig*! それは実に奇妙だ

merk·wür·di·ger·wei·se [メルク・ヴュルディガー・ヴァイゼ] 副 奇妙なことに

Merk·wür·dig·keit [メルク・ヴュルディヒカイト] 女 *die*(⊕ 2格 -; まれに ⊕ -en) 奇妙さ

Mes·se [メッセ] 女 *die*(⊕ 2格 -; ⊕ -n)
❶《カトリック》ミサ;《音楽》ミサ曲 ▷ eine *Messe* halten ミサを行う / zur *Messe* gehen ミサに行く
❷ 見本市 ▷ die Frankfurter *Messe* フランクフルト見本市

mes·sen [メッセン]
(du, er misst; maß; gemessen; 他h)
— 他 ❶《④と》[長さ・大きさ⁴を] **はかる**, 測定する ▷ die Länge des Tisches *messen* テーブ

ルの長さを測る / Der Arzt *maß* den Blutdruck des Patienten. 医者は患者の血圧を測った

❷ 〘④と〙 (物などが)〔…⁴の〕長さ〈大きさなど〉である ▷ Er *misst* genau zwei Meter. 彼の身長はちょうど2メートルである

— [再] 〘[sich]⁴と〙(能力などの優劣を)競う ▷ *sich* im sportlichen Kampf *messen* 運動競技で競う / Im Schwimmen kann ich mich mit ihm nicht *messen.* 水泳では私は彼にかなわない

Mes·ser [メッサー] [中] *das* ([単] 2格 -s; [複] -)
ナイフ, 小刀, 包丁; (食事用の)ナイフ (☆「フォーク」は Gabel,「スプーン」は Löffel) ▷ ein scharfes 〈stumpfes〉 *Messer* 鋭利〈なまくら〉なナイフ / ein *Messer* schleifen ナイフをとぐ / mit *Messer* und Gabel essen ナイフとフォークで食べる
[イディオム] ③+***das Messer an die Kehle setzen*** …³ののど元にナイフを突きつける; 《比ゆ》 …³を脅して言うことをきかざるをえなくする

Mes·ser·spit·ze [メッサー・シュピッツェ] [女] *die* ([単] 2格 -; [複] -n) ナイフの先端

Mes·sing [メッスィング] [中] *das* ([単] 2格 -s; [複] -e) 真鍮(しんちゅう) (銅と亜鉛の合金) ▷ Rohre aus *Messing* 真鍮の管

Mess·in·stru·ment ([旧] Meß..) [メス・インストルメント] [中] *das* ([単] 2格 -[e]s; [複] -e) 測定器具

Mes·sung [メッスング] [女] *die* ([単] 2格 -; [複] -en) 測定, 計測 ▷ *Messungen* durchführen 測定を行う

Me·tall [メタル] [中] *das* ([単] 2格 -s; [複] -e)
金属 ▷ ein hartes *Metall* かたい金属 / edle *Metalle* 貴金属 / *Metalle* bearbeiten 金属を加工する

me·tal·le·ne [メタレネ] [形] 金属製の (☆ 名詞につけて) ▷ *metallene* Gefäße 金属製の容器

me·tal·lisch [メタリシュ] [形] 金属的な ▷ ein *metallischer* Glanz 金属的な輝き / 《比ゆ》 eine *metallische* Stimme かん高い声

Me·ta·mor·pho·se [メタモルフォーゼ] [女] *die* ([単] 2格 -; [複] -n) 《文語》 (他の姿形への)変化, 変身; (他の考え方への)転身, 転向; 《動物》 変態

Me·ta·pher [メタファー] [女] *die* ([単] 2格 -; [複] -n) メタファー, 隠喩(いんゆ), 暗喩(あんゆ)

me·ta·pho·risch [メタフォーリシュ] [形] メタファーの, 隠喩(いんゆ)の

Me·ta·phy·sik [メタフュズィーク] [女] *die* ([単] 2格 -; まれに [複] -en) 《哲学》 形而上(けいじじょう)学

Me·te·or [メテオーア] [男] *der* ([単] 2格 -s; [複] -e) 《天文》 流星, 流れ星

Me·te·o·ro·lo·ge [メテオロローゲ] [男] *der* ([単] 2·3·4格 -n; [複] -n) 気象学者

Me·ter [メーター] [男] *der* ([中] *das*) ([単] 2格 -s; [複] -, 3格 -[n])
《長さの単位》 メートル ([記号] m) ▷ zwei *Meter* Stoff 2メートルの生地 / eine Mauer von zehn *Meter[n]* 〈von zehn *Meter* Länge〉 10メートルの壁 / Die Mauer ist zehn *Meter* lang. その壁は長さが10メートルだ

Me·ter·maß [メーター・マース] [中] *das* ([単] 2格 -es; [複] -e) メートル尺

Me·tha·nol [メタノール] [中] *das* ([単] 2格 -s; [複] なし) メタノール, メチルアルコール

Me·tho·de [メトーデ] [女] *die* ([単] 2格 -; [複] -n)
❶ (体系的な) 方法 ▷ eine wissenschaftliche *Methode* anwenden 科学的な方法を用いる
❷ (物事の)やり方, やり口 ▷ Seine *Methoden* gefallen mir nicht. 彼のやり方は私には気に入らない
[イディオム] ***Methode haben*** (仕事などが)よく考えぬかれている ▷ Sein Vorgehen *hat Methode* 彼の対処の仕方はよく考えぬかれている

Me·tho·dik [メトーディック] [女] *die* ([単] 2格 -; [複] -en) (研究·教育などの)方法論

me·tho·disch [メトーディシュ]
[形] ❶ 方法上の ▷ *methodische* Schwierigkeiten 方法上の難点
❷ (一定の原理に基づき)よく考えぬかれた ▷ *methodische* Vorbereitung よく考えぬかれた準備

Me·ti·er [メティエー] [中] *das* ([単] 2格 -s; [複] -s) (ある種の人の)任務としての仕事, 専門[分野]; 職業

Met·ro·po·le [メトロポーレ] [女] *die* ([単] 2格 -; [複] -n) (世界的な) 首都; (活動·文化などの)中心地

Metz·ger [メッツガー] [男] *der* ([単] 2格 -s; [複] -) 《南(ドイツ)·ス(イス)》 肉屋 (店ではなく人を指す; =Fleischer)

Metz·ge·rei [メッツゲライ] [女] *die* ([単] 2格 -; [複] -en) 《南(ドイツ)·オース(トリア)·ス(イス)》 (店としての) 肉屋

Meu·chel·mord [モイヒェル・モルト] [男] *der* ([単] 2格 -[e]s; [複] -e) 暗殺

Meu·te [モイテ] [女] *die* ([単] 2格 -; [複] -n)
❶ (統制のきかない)群衆, 集団
❷ 《狩猟》 猟犬の群れ

Meu·te·rei [モイテライ] [女] *die* ([単] 2格 -; [複] -en) (水夫·囚人·兵士などの) 反乱 ▷ Auf dem Schiff brach eine *Meuterei* aus. 船で反乱が発生した

meu·tern [モイテルン]
(meuterte; gemeutert; [完了]h)
[自] ❶ (水夫·囚人·兵士などが) 反乱を起こす ▷ Die Matrosen *meuterten.* 水夫たちが反乱を起こした
❷ 《口語》 (大きな声で)不満〈不平〉を言う ▷

[M]

Du darfst nicht immer gleich *meutern.* 君はいつもすぐに不満を言ってはいけない

Me·xi·ko [メクスィコ] ([中] *das*)《国名・都市名》メキシコ

MEZ [エムエーツェット] [女] *die* ([単] 2格 –; [複] なし)〖*m*ittel*e*uropäische *Z*eit の略語〗中部ヨーロッパ標準時間

MFG [ミット・ファール・ゲレーゲンハイト] [女] *die* ([単] 2格 –; [複] –en)〖*M*it*f*ahr*g*elegenheit の略語〗同乗の機会

mg [ミリ・グラム]〖*M*illi*g*ramm の略語〗ミリグラム

mi·au [ミアオ]〖間投詞〗ニャオ(猫の鳴き声)

mi·au·en [ミアオエン] (miaute; miaut; [完了]h)
[自] (猫が)ニャオと鳴く

mich [ミッヒ]〖人称代名詞 ich の4格〗**私を** ▷ Lass *mich* in Ruhe! 私のことはそっとしておいてくれ / Ohne *mich*! 私はごめんだ(私ぬきでどうぞ) /〖再帰代名詞として〗Ich freue *mich* auf die Ferien. 私は休暇を楽しみにしている

mi·cke·rig [ミッケリヒ] =mickrig

mick·rig [ミックリヒ] [形]《口語》(他の人・ものと比べて)ぱっとしない

Mid·life-Cri·sis, Mid·life·cri·sis [ミッド・ライフ・クライスィス] [女] *die* ([単] 2格 –; [複] なし) 中年の危機

mied [ミート] meiden の [過去]

Mie·der [ミーダー] [中] *das* ([単] 2格 –s; [複] –)《服飾》コルセット

Mief [ミーフ] [男] *der* ([単] 2格 –[e]s; [複] なし)《口語》(室内などの)むっとするような空気

Mie·ne [ミーネ] [女] *die* ([単] 2格 –; [複] –n) **顔つき, 表情** ▷ eine besorgte *Miene* machen 心配そうな顔をする / mit ernster *Miene* 真剣な表情で

mies [ミース] [形]《口語》(腹立たしいほど)ひどい, いやな ▷ ein *mieses* Essen ひどい食事 / ein *mieser* Charakter いやな性格
[イディオム] [4]+***mies machen*** ..⁴をことさら悪く言う, けなす, くさす

mies|ma·chen [ミース・マッヘン] [分離] (machte mies; miesgemacht; [完了]h) [他]〖[4]と〗[旧⇨新] **mies machen** (分けて書く) ☞ mies

Mie·te [ミーテ] [女] *die* ([単] 2格 –; [複] –n)
家賃, 部屋代; (車・ボートなどの)借り賃, レンタル料金 ▷ eine hohe *Miete* 高い家賃 / die *Miete* für die Wohnung erhöhen 家賃を上げる / Seine *Miete* beträgt monatlich 150 Euro. 彼の部屋代は月々150ユーロだ
[イディオム] ***zur Miete wohnen*** 間借りをしている

mie·ten [ミーテン] (du mietest, er mietet; mietete; gemietet; [完了]h)
[他]〖[4]と〗〔..⁴を〕(賃貸料を払って)借りる, **賃借りする** ([反] vermieten) ▷ ein Grundstück *mieten* 土地を借りる / eine Wohnung mit Bad und Balkon *mieten* ふろとバルコニーつきの住まいを借りる / Er *mietet* sich einen Wagen. 彼はレンタカーを借りる

Mie·ter [ミーター] [男] *der* ([単] 2格 –s; [複] –) (住宅・土地などの)借り手, 賃借〈借家〉人 ([反] Vermieter) ▷ einem *Mieter* kündigen 賃借人に契約解除を通告する

mie·te·te [ミーテテ] mieten の [過去]

Miets·haus [ミーツ・ハオス] [中] *das* ([単] 2格 –es; [複] ..häuser) **賃貸アパート〈マンション〉**

Miet·woh·nung [ミート・ヴォーヌング] [女] *die* ([単] 2格 –; [複] –en) 賃貸住居, 賃貸マンション, アパート

Mig·rä·ne [ミグレーネ] [女] *die* ([単] 2格 –; [複] –n) 偏頭痛

Mik·ro·be [ミクローベ] [女] *die* ([単] 2格 –; [複] –n)〖ふつう [複] で〗微生物

Mik·ro·bi·o·lo·gie [ミークロ・ビオロギー] [女] *die* ([単] 2格 –; [複] なし) 微生物学

Mik·ro·chip [ミークロ・チップ] [男] *der* ([単] 2格 –s; [複] –s) マイクロチップ

Mik·ro·fiche [ミークロ・フィシュ] [中] *das* / [男] *der* ([単] 2格 –s; [複] –s) マイクロフィッシュ

Mik·ro·film [ミークロ・フィルム] [男] *der* ([単] 2格 –[e]s; [複] –e) マイクロフィルム

Mik·ro·fon [ミクロ・フォーン] [中] *das* ([単] 2格 –s; [複] –e) **マイクロホン, マイク** ▷ ins *Mikrofon* sprechen マイクに向かって話す / ein *Mikrofon* an dem Jackett befestigen マイクを上着に留める

Mik·ro·fo·to·gra·fie [ミークロ・フォトグラフィー] [女] *die* ([単] 2格 –; [複] –n) 顕微鏡写真

Mik·ro·phon =Mikrofon

Mik·ro·pho·to·gra·fie =Mikrofotografie

Mik·ro·skop [ミクロ・スコープ] [中] *das* ([単] 2格 –s; [複] –e) **顕微鏡** ▷ [4]+unter dem *Mikroskop* betrachten ..⁴を顕微鏡で観察する

Mik·ro·wel·le [ミークロ・ヴェレ] [女] *die* ([単] 2格 –; [複] –n)《口語》=Mikrowellenherd

Mik·ro·wel·len·herd [ミークロ・ヴェレン・ヘーアト] [男] *der* ([単] –[e]s; [複] –e) 電子レンジ

Milch

[mɪlç ミルヒ]

[女] *die* ([単] 2格 –; [複] なし)

牛乳, ミルク; 母乳, 乳
frische *Milch*
新鮮な牛乳
ein Glas *Milch* trinken
ミルクを1杯飲む
Die Kuh gibt viel *Milch.*
その牛は乳をたくさん出す
Sie hatte zu wenig *Milch.*

M

彼女の母乳の量は少な過ぎた

Milch·fla·sche [ミルヒ・フラッシェ] 女 *die* (⊕ 2格 -; ⊕ -n) ミルクびん

mil·chig [ミルヒヒ] 形 (ミルクのように)乳白色の, 白濁みの

Milch·stra·ße [ミルヒ・シュトラーセ] 女 *die* (⊕ 2格 -; ⊕ なし) 銀河, 天の川

mild [ミルト]
形 ❶ (天候が)穏やかな; (光が)やわらかな ▷ ein *milder* Winter 穏やかな冬 / das *milde* Licht des Mondes 月のやわらかな光
❷ (人の表情などが)柔和な; 寛大な, 寛容な ▷ ein *mildes* Lächeln 柔和なほほえみ / Die Strafe ist *mild* ausgefallen. 処罰は寛大なものになった

mil·de [ミルデ] =mild

Mil·de [ミルデ] 女 *die* (⊕ 2格 -; ⊕ なし) 柔和, 寛大; 穏やかさ

mil·dern [ミルデルン]
(milderte; gemildert; 医フh)
他 ❶ 《④と》〔刑罰などを〕軽くする, 軽減する
❷ 《④と》〔怒り・苦痛などを〕やわらげる

mild·tä·tig [ミルト・テーティヒ] 形 《文語》慈善の (=wohltätig)

Mi·li·eu [ミリエー] 中 *das* (⊕ 2格 -s; ⊕ -s) (人に影響を与える社会的な)環境 ▷ das häusliche *Milieu* 家庭環境

mi·li·tant [ミリタント] 形 (特に政治的なグループが)戦闘的な

Mi·li·tär [ミリテーア] 中 *das* (⊕ 2格 -s; ⊕ なし) 《一国の兵の全体を指して》軍 ▷ die Herrschaft des *Militärs* 軍の支配 / zum *Militär* gehen 軍隊に入る

mi·li·tä·risch [ミリテーリシュ] 形 軍の, 軍事上の ▷ *militärische* Stützpunkte 軍事基地

Mi·li·ta·ris·mus [ミリタリスムス] 男 *der* (⊕ 2格 -; ⊕ なし) 軍国主義

Mi·liz [ミリーツ] 女 *die* (⊕ 2格 -; ⊕ -en) 《軍事》民兵; 《旧ソ》軍隊

Mil·li·ar·de [ミリアルデ] 女 *die* (⊕ 2格 -; ⊕ -n) 10億 (Million「百万」の1000倍) (⊕ Md., Mrd.) ▷ hundert *Milliarden* 1000億

Mil·li·me·ter [ミリ・メーター] 男 *der* (⊕ 2格 -s; ⊕ -, 3格 -[n]) ミリメートル (略号 mm)

Mil·li·on [ミリオーン] 女 *die* (⊕ 2格 -; ⊕ -en) 100万 ▷ eine *Million* 100万 / zehn *Millionen* 1000万 / hundert *Millionen* 1億 / 0,7 *Millionen* 70万 (☆ null Komma sieben *Millionen* と読む) / eine und drei viertel *Millionen* 175万 (☆ drei viertel は「4分の3」) / *Millionen* von Menschen 数百万の人々

Mil·li·o·när [ミリオネーア] 男 *der* (⊕ 2格 -s; ⊕ -e) 百万長者, 富豪 ▷ Sie hat einen *Millionär* geheiratet. 彼女はある大金持ちと結婚

した

mi·men [ミーメン] (mimte; gemimt; 医フh) 他 《口語》《④と》〔..⁴を〕装う, 〔..⁴の〕ふりをする ▷ Mitleid *mimen* 同情を装う

Mi·mik [ミーミック] 女 *die* (⊕ 2格 -; ⊕ なし) (顔の)表情

min·der [ミンダー] 〔gering, wenig の比較級に対応〕
—— 副 《文語》より少なく ▷ Das Verfahren is *minder* kompliziert. その方法の方が簡単だ
—— 形 《文語》(品質・能力などが)劣った (☆ 名詞につけて) ▷ Waren von *minderer* Qualität 質の劣った商品

Min·der·heit [ミンダー・ハイト] 女 *die* (⊕ 2格 -; ⊕ -en)
❶ (数の上での)少数; 少数派 (⊗ Mehrheit) ▷ Es ist nur eine *Minderheit* gegen diesen Entwurf. この草案に反対なのはほんの少数の人だ (☆ 文頭の es は穴埋め) / Wir waren leider in der *Minderheit*. 私たちは残念ながら少数派であった
❷ (人種・文化・宗教などに基づく)少数派, マイノリティー ▷ nationale *Minderheiten* (国内や地域での いくつかの)少数民族

min·der·jäh·rig [ミンダー・イェーリヒ] 形 未成年<18歳未満>の (⊗ volljährig) ▷ Sie ist noch *minderjährig*. 彼女はまだ未成年だ

Min·der·jäh·rig·keit [ミンダー・イェーリヒカイト] 女 *die* (⊕ 2格 -; ⊕ なし) 未成年

min·dern [ミンデルン]
(minderte; gemindert; 医フh)
他 《④と》〔..⁴を〕減らす, 減少させる ▷ das Tempo *mindern* 速度を落とす

min·der·wer·tig [ミンダー・ヴェーアティヒ] 形 価値の低い, 品質のよくない, 劣等の ▷ *minderwertige* Produkte 粗悪品 / sich⁴ *minderwertig* fühlen 劣等感をもつ

Min·der·wer·tig·keits·ge·fühl [ミンダー・ヴェーアティヒカイツ・ゲフュール] 中 *das* (⊕ 2格 -[e]s; ⊕ -e) 劣等感

Min·der·zahl [ミンダー・ツァール] 女 *die* (⊕ 2格 -; ⊕ なし) (他より)数が少ないこと, 少数 ▷ in der *Minderzahl* sein (他より)少数である

min·des·te [ミンデステ] 形 〔wenig の最上級に対応〕最も少ない (☆ 名詞につけて) ▷ Ich habe davon nicht die *mindeste* Ahnung. 私はそのことがまったくわからない

《イディオム》 *nicht im Mindesten* 〈*mindesten*〉 少しも…でない ▷ Das berührt mich *nicht im Mindesten*. それは私にはまったくどうでもいいことだ

zum Mindesten 〈*mindesten*〉 (十分ではないが)少なくとも, せめて ▷ Sie hätte ja *zum Mindesten* einmal anrufen können. 彼女はせめて

一度は電話をかけることはできただろうに

min·des·tens [ミンデステンス]

[副] 少なくとも; (十分ではないが) 少なくとも, せめて ([反] höchstens) ▷ Es wird *mindestens* 80 Euro kosten. それには少なくとも 80 ユーロはかかるだろう

Min·dest·maß [ミンデスト・マース] [中] *das* ([単] 2 格 -es; [複] なし) 最小限, 最低限

Mi·ne [ミーネ] [女] *die* ([単] 2 格 -; [複] -n)

❶ 地雷; 機雷 ▷ *Minen* legen 地雷〈機雷〉を敷設する / auf eine *Mine* treten 地雷を踏む

❷ (鉛筆・ボールペンなどの) 芯

Mi·ne·ral [ミネラール] [中] *das* ([単] 2 格 -s; [複] -e 〈..ralien〉) 鉱物

Mi·ne·ra·li·en [ミネラーリエン] Mineral の [複数]

Mi·ne·ral·was·ser [ミネラール・ヴァッサー] [中] *das* ([単] 2 格 -s; [複] ..wässer) ミネラルウォーター (無機塩類を含んだ飲料水; 炭酸を含むこともある) ▷ Herr Ober, bitte ein *Mineralwasser*! ボーイさん ミネラルウォーターをください

mi·ni·mal [ミニマール]

[形] ❶ 最小〈最低〉限の ([反] maximal)

❷ ごくわずかの ▷ Die Abweichung war nur *minimal*. 相違はごくわずかなものでしかなかった

Mi·ni·mum [ミーニムム] [中] *das* ([単] 2 格 -s; [複] なし) 最小〈最低〉限 ([反] Maximum) ▷ die Ausgaben auf ein *Minimum* reduzieren 支出を最小限に抑える

Mi·ni·rock [ミニ・ロック] [男] *der* ([単] 2 格 -[e]s; [複] ..röcke) 《衣類》 ミニスカート

Mi·nis·ter [ミニスター] [男] *der* ([単] 2 格 -s; [複] -) 大臣 ▷ ④+zum *Minister* ernennen ‥⁴を大臣に任命する

Mi·nis·te·ri·en [ミニステーリエン] Ministerium の [複数]

Mi·nis·te·rin [ミニステーリン] [女] *die* ([単] 2 格 -; [複] ..rinnen) Minister の女性形

Mi·nis·te·ri·um [ミニステーリウム] [中] *das* ([単] 2 格 -s; [複] ..terien) 省 ▷ das *Ministerium* der Justiz 法務省

Mi·nis·ter·prä·si·dent [ミニスター・プレズィデント] [男] *der* ([単] 2·3·4 格 -en; [複] -en)

❶ (ドイツ各州の) 州政府首相

❷ (諸外国の) 首相, 総理大臣

Mi·nist·rant [ミニストラント] [男] *der* ([単] 2·3·4 格 -en; [複] -en) 《カトリック》 ミサの侍者

Mi·no·ri·tät [ミノリテート] [女] *die* ([単] 2 格 -; [複] -en) = Minderheit

mi·nus [ミーヌス]

[副] ❶ 《数学》 引く ([反] plus) ▷ Acht *minus* drei ist fünf. 8 引く 3 は 5

❷ 《ゼロよりも下を指して》 マイナス ▷ Draußen sind *minus* 5 Grad 〈5 Grad *minus*〉. 外の温度はマイナス 5 度だ

❸ (電気の) プラス ▷ Der Strom fließt von plus nach *minus*. 電流はプラスからマイナスへ流れる

Mi·nus [ミーヌス] [中] *das* ([単] 2 格 -; [複] -)

❶ 欠損, 赤字 ([反] Plus)

❷ 《口語》 (他と比べ) マイナスとされる点, 欠点

Mi·nu·te

[minú:tə ミヌーテ]

[女] *die* ([単] 2 格 -; [複] -n)

❶ 《時間の単位》 分 (☆「秒」は Sekunde,「時間」は Stunde)

ein paar *Minuten*

数分

vierzig *Minuten* warten

40 分間待つ

In wenigen *Minuten* fährt der Zug ab.

数分後に列車は発車する

Der Bus fährt alle fünfzehn *Minuten*.

バスは 15 分ごとに出る

《時刻》

Es ist zehn *Minuten* vor neun.

9 時 10 分前だ

❷ 瞬間 (1 分くらいの短い時間) ▷ Warte noch eine *Minute*, dann können wir gehen. もう少しだけ待ってくれ そうすれば私たちは行くことができる

❸ 《角度の単位》 分 (1 度の 60 分の 1) ▷ ein spitzer Winkel von 30 Grad 30 *Minuten* 30 度 30 分の鋭角

[イディオム] ***in letzter Minute*** ぎりぎりのところで

mir [ミーア] 〘人称代名詞 ich の 3 格〙 私に ▷ Gib *mir* das Messer! 私にナイフを渡しなさい / Er ist finanziell von *mir* abhängig. 彼は私に経済的に依存している / 〘所有の 3 格〙 Er schlug *mir* auf die Schulter. 彼は私の肩をたたいた / 〘利害の 3 格〙 Er öffnet *mir* die Tür. 彼は私のためにドアをあけてくれる / 〘関心の 3 格〙 Fall *mir* nicht! 転ばないように / Grüß *mir* die Eltern! ご両親によろしく / 〘再帰代名詞として〙 Ich kann *mir* das gar nicht vorstellen. 私にはそんなことはまったく考えられない

[イディオム] ***mir nichts, dir nichts*** (なんの説明もなく) いきなり

von mir aus 《相手の質問などに対して》 私はかまわない

Mi·ra·bel·le [ミラベレ] [女] *die* ([単] 2 格 -; [複] -n) 《植物》 西洋スモモ

mi·schen [ミッシェン]

(mischte; gemischt; [完了]h)

— [他] ❶ 〘④と〙 〔‥⁴を〕 混ぜる, 混合する ▷ Wein mit Wasser *mischen* ワインを水で割る / Die Maurer *mischten* Kies, Zement, Kalk

M

und Wasser. 左官たちは砂利，セメント，石灰，水を混ぜた / die Spielkarten gut *mischen* トランプのカードをよく切る

[類語]

mischen 種類の異なる物を融合するように混ぜる

mengen 種類の異なる物(一方は固体)を混ぜる (☆ 融合しなくてもよい)

❷ 〚④と〛〔‥^{4}を〕混合してつくる ▷ einen Cocktail *mischen* カクテルをつくる

❸ 〚④+in+④と〛〔‥^{4}を‥^{4}へ〕混入する ▷ Gift ins Essen *mischen* 毒を食事に混ぜる

— [再] ❶ 〚[sich]^4+mit+③と〛〔‥^{3}と〕混ざる ▷ Öl *mischt* sich nicht mit Wasser. 油は水と混ざらない / 〚混ぜ合わせる両者を主語にして〛 Öl und Wasser *mischen* sich nicht. 油と水は混ざらない

❷ 〚[sich]^4+in+④と〛〔‥^{4}に〕干渉する，口を出す ▷ Er *mischt* sich in fremde Angelegenheiten. 彼は他人の問題に口をはさむ

❸ 〚[sich]^4+unter+④と〛〔‥^{4}に〕まぎれ込む ▷ Der Taschendieb *mischte* sich unter die Zuschauer. すりは観衆のなかにまぎれ込んだ

Misch·ling [ミッシュリング] [男] *der* ([単] 2格 -s; [複] -e) 混血児; 《生物》 雑種

M

misch·te [ミッシュテ] mischen の [過去]

Mi·schung [ミッシュング] [女] *die* ([単] 2格 -; [複] -en) 混ぜ合わせたもの ▷ eine *Mischung* aus mehreren Farben いくつかの色を混ぜ合わせた色

mi·se·ra·bel [ミゼラーベル] (☆ 語尾がつくと miserabl.. となる)
[形] ❶ (腹立たしいほど)ひどい，最低の，惨憺たる，お粗末な ▷ Er spricht ein *miserables* Deutsch. 彼はお粗末なドイツ語を話す
❷ (気分などが)最悪な

mi·se·rab·le [ミゼラーブレ] ☞ miserabel

Mi·se·re [ミゼーレ] [女] *die* ([単] 2格 -; [複] -n) 惨めな〈悲惨〉な状況; 苦境，窮地

miss [ミス] messen の [命令]

★ **miss..** [ミス..] 〚非分離前つづり〛
a) 《誤って》 *miss*brauchen 乱用する，*miss*handeln 虐待する，*miss*verstehen 誤解する
b) 《否定》 *miss*trauen 信用しない，*miss*achten 無視する，*miss*billigen 認めない

miß, miß.. [旧⇨新] miss, miss..

miss·ach·ten [ミスアハテン] [非分離]
(missachtete; missachtet; [完了]h)
[他] 〚④と〛〔忠告・規則・法律など^{4}を〕無視する ▷ Er hat meinen Rat *missachtet*. 彼は私の助言を無視した

miß·ach·ten [旧⇨新] miss..

Miss·bil·dung [ミス·ビルドゥング] [女] *die* ([単] 2格 -; [複] -en) 奇形 ▷ eine angeborene *Missbildung* 生まれつきの奇形

Miß·bil·dung [旧⇨新] Miss..

miss·bil·li·gen [ミスビリゲン] [非分離]
(missbilligte; missbilligt; [完了]h)
[他] 〚④と〛〔‥^{4}を〕(よくないことであるとして)認めない; 非難する ([反] billigen) ▷ Die Familie *missbilligte* ihre Heirat. 家族は彼女の結婚を認めなかった

miß·bil·li·gen [旧⇨新] miss..

Miss·brauch [ミス·ブラオホ] [男] *der* ([単] 2格 -[e]s; まれに [複] ..bräuche) 乱用，悪用 ▷ der *Missbrauch* eines Amtes 職権の乱用 / der *Missbrauch* von Medikamenten 薬の乱用

Miß·brauch [旧⇨新] Miss..

miss·brau·chen [ミスブラオヘン] [非分離]
(missbrauchte; missbraucht; [完了]h)
[他] 〚④と〛〔‥^{4}を〕乱用〈悪用〉する ▷ Drogen *missbrauchen* 麻薬を乱用する / Er *missbraucht* das Vertrauen seines Chefs. 彼は自分の上司の信用を悪用する

miß·brau·chen [旧⇨新] miss..

miss·bräuch·lich [ミス·ブロイヒリヒ] [形] 乱用の，悪用の

miß·bräuch·lich [旧⇨新] miss..

mis·sen [ミッセン] (misste; gemisst; [完了]h)
[他] 〚成句で〛 ④+***nicht missen können*** ‥^{4}なしで済ませることができない
④+***nicht missen mögen*** 〈***wollen***〉 ‥^{4}を持ちつづけたいと思う

Miss·er·folg [ミス·エアフォルク] [男] *der* ([単] 2格 -[e]s; [複] -e) 失敗，不成功 ([反] Erfolg) ▷ Das Konzert war ein großer *Misserfolg*. コンサートは大失敗だった

Miß·er·folg [旧⇨新] Miss..

miss·fal·len [ミスファレン] [非分離]
(er missfällt; missfiel; missfallen; [完了]h)
[自] 《文語》 〚③と〛〔‥^{3}の〕気に入らない ([反] gefallen) ▷ Der Film *missfiel* ihr. その映画は彼女には気に入らなかった

Miss·fal·len [ミス·ファレン] [中] *das* ([単] 2格 -s; [複] なし) 気に入らないこと，不満 ▷ Die Rede erregte großes *Missfallen* unter den Zuhörern. その演説に聴衆は大きな不満を感じた

miß·fal·len [旧⇨新] miss..

Miß·fal·len [旧⇨新] Miss..

miss·fällt [ミスフェルト] missfallen の [現在]

miss·fiel [ミスフィール] missfallen の [過去]

Miss·ge·schick [ミス·ゲシック] [中] *das* ([単] 2格 -[e]s; [複] -e) (不注意などによる)小さな失敗

Miß·ge·schick [旧⇨新] Miss..

miss·glü·cken [ミスグリュッケン] [非分離]

(missglückte; missglückt; [完了]s)
[自] うまくいかない, 失敗する ([反] glücken)
miß·glü·cken [旧⇨新] miss...
miss·han·deln [ミスハンデルン] [非分離]
(misshandelte; misshandelt; [完了]h)
[他] 〘④と〙〔人・動物など⁴を〕虐待する ▷ Die Gefangenen wurden brutal *misshandelt*. 捕虜たちは残忍な虐待を受けた
miß·han·deln [旧⇨新] miss...
Mis·si·on [ミスィオーン] [女] *die* ([単] 2格 –; [複] –en)
❶《文語》(重大な)使命, 任務 ▷ eine *Mission* erfüllen 使命を果たす
❷《文語》使節団 ▷ eine *Mission* zu den Verhandlungen entsenden 使節団を交渉に派遣する
❸〘[複] なし〙(特にキリスト教の異教徒への)宣教, 伝道 ▷ *Mission* betreiben 伝道する
Mis·si·o·nar [ミスィオナール] [男] *der* ([単] 2格 –s; [複] –e) 宣教師, 伝道師
Miss·klang [ミス・クラング] [男] *der* ([単] 2格 –[e]s; [複] ..klänge)《音楽》不協和音
Miß·klang [旧⇨新] Miss...
miss·lang [ミスラング] misslingen の [過去]
miss·lich [ミスリヒ] [形] (状況などが)不快な, 腹立たしい
miß·lich [旧⇨新] miss...
miss·lin·gen [ミスリンゲン] [非分離]
(misslang; misslungen; [完了]s)
[自] (計画などが)失敗する ([反] gelingen) ▷ Der Kuchen ist mir *misslungen*. 私はそのケーキをつくるのに失敗した
miß·lin·gen [旧⇨新] miss...
miss·lun·gen [ミスルンゲン] misslingen の [過分]
miss·mu·tig [ミス・ムーティヒ] [形] 不機嫌な ▷ ein *missmutiges* Gesicht machen 不機嫌そうな顔をする
miß·mu·tig [旧⇨新] miss...
miss·rät [ミスレート] missraten の [現在]
miss·ra·ten [ミスラーテン] [非分離]
(er missrät; missriet; missraten; [完了]s)
[自] (料理・絵などが思い通りに)うまくいかない〈できない〉, 失敗する ▷ Der Kuchen ist ihr *missraten*. 彼女はケーキがうまくできなかった
miß·ra·ten [旧⇨新] miss...
miss·riet [ミスリート] missraten の [過去]
Miss·stand [ミス・シュタント] [男] *der* ([単] 2格 –[e]s; [複] ..stände)〘ふつう [複] で〙正当でない〈間違った〉状態, 弊害
Miß·stand [旧⇨新] Miss...
misst [ミスト] messen の [現在]
mißt [旧⇨新] misst
miss·trau·en [ミストラオエン] [非分離]
(misstraute; misstraut; [完了]h)
[自] 〘③と〙〔…³を〕信用しない ▷ Ich *misstraue* dem Mann. 私はその男は信用しない
Miss·trau·en [ミス・トラオエン] [中] *das* ([単] 2格 –s; [複] なし) 不信[感] ▷ *Misstrauen* gegen+④ haben〈hegen〉 …⁴に対し不信を抱いている
miß·trau·en [旧⇨新] miss...
Miß·trau·en [旧⇨新] Miss...
miss·trau·isch [ミス・トラオイシュ] [形] 疑い深い; 不信感をもった ▷ ein *misstrauischer* Mensch 疑い深い人 / Sein Verhalten macht mich *misstrauisch*. 彼の態度に私は不信感をもつ
miß·trau·isch [旧⇨新] miss...
miss·ver·stand [ミス・フェアシュタント] missverstehen の [過去]
mißverstand [旧⇨新] miss...
miss·ver·stan·den [ミス・フェアシュタンデン] missverstehen の [過分]
mißverstanden [旧⇨新] miss...
miss·ver·ständ·lich [ミス・フェアシュテントリヒ] [形] (説明などが)誤解を招きやすい, 不明確な
miß·ver·ständ·lich [旧⇨新] miss...
Miss·ver·ständ·nis [ミス・フェアシュテントニス] [中] *das* ([単] 2格 ..nisses; [複] ..nisse)
誤解 ▷ ein *Missverständnis* aufklären 誤解を解く / Das muss ein *Missverständnis* sein. それは誤解に違いない
Miß·ver·ständ·nis [旧⇨新] Miss...
miss·ver·ste·hen [ミス・フェアシュテーエン]
[非分離] (missverstand; missverstanden; [完了]h; [zu不定詞] misszuverstehen)
[他]〘④と〙〔…⁴を〕誤解する, 勘違いする ▷ Er hat meine Frage *missverstanden*. 彼は私の質問を誤解した / Bitte *missverstehen* Sie mich nicht! どうか私のことを誤解しないでください
miß·ver·ste·hen [旧⇨新] miss...
Mist [ミスト] [男] *der* ([単] 2格 –[e]s; [複] なし)
❶ (家畜の排泄物・わらなどでつくった) 堆肥, 積み肥 ▷ *Mist* streuen 堆肥をまく /《比ゆ》Das ist nicht auf seinem *Mist* gewachsen. それは彼のアイデア〈独創〉ではない
❷《口語》くだらないこと ▷ So ein *Mist*! なんということだ
Mis·tel [ミステル] [女] *die* ([単] 2格 –; [複] –n)《植物》ヤドリギ

mit
[mɪt ミット]

― [前] 〘③支配〙
❶《共同・同伴》…と[いっしょに]
Er tanzt *mit* ihr.
彼は彼女と踊る
Gehst du *mit* ihr?

M

Mitarbeit

君は彼女といっしょに行くのか
❷《相手》…と，…を相手に
mit+③ sprechen …³と話す
sich⁴ *mit*+③ unterhalten …³と歓談する
mit+③ verlobt〈verheiratet〉sein
…³と婚約〈結婚〉している
❸《道具・手段》…で，…を使って
Brot *mit* dem Messer schneiden
パンをナイフで切る
Sie ist gestern *mit* dem Zug gekommen.
彼女はきのうの列車でやって来た
mit anderen Worten
別のことばで言えば
❹《具備・具有》…つきの; …をもった ▷ ein Haus *mit* Garage ガレージつきの家 / ein Mädchen *mit* blondem Haar ブロンドの髪の少女 / *mit* einem Buch in der Hand 手に本を1冊持って
❺《包含》…の入った，…を入れた ▷ Kaffee *mit* Milch und Zucker ミルクと砂糖入りのコーヒー
❻《時間》…とともに ▷ *mit* Einbruch der Nacht 夜の訪れとともに /《年齢表示と》*Mit* fünf Jahren lernte er lesen. 5歳で彼は読むことを学んだ
❼《様態》…で ▷ Er sprach *mit* leiser Stimme. 彼は小さな声で話した / Er fuhr *mit* hoher Geschwindigkeit. 彼は高速で車を運転した
❽《原因・条件》Er lag *mit* einer Grippe im Bett. 彼はインフルエンザのために寝ていた / *Mit* etwas Glück kann er die Prüfung schaffen. 多少でも運がよければ彼は試験に合格できる
❾《関係》…について，…に関して ▷ Was ist los *mit* dir? 君はどうしたんだ /《非人称主語 es と》Wie geht es *mit* deiner Arbeit? 君の仕事の進みぐあいはどうだい / *Mit* uns ist es aus. 私たちはもうおしまいだ
❿《特定の語句と》*mit*+③ anfangen …³を始める / *mit*+③ zufrieden sein …³に満足している / sich⁴ *mit*+③ beschäftigen …³に従事する
(イディオム) *es mit*+③ *gut meinen* …³に好意をもっている
es mit+③ *zu tun haben* …³とかかわり合いがある

— 副 いっしょに，ともに，…も ▷ Er arbeitet *mit*. 彼はいっしょに働く（☆ 恒常的な共同行為を表す場合は分離動詞 mitarbeiten）/ Das müssen wir *mit* berücksichtigen. そのことも私たちは考慮に入れなければならない /《話法の助動詞と; mitkommen, mitgehen などの省略形として》Ich muss *mit*. 私はいっしょに行かなければならない / Ich will *mit* nach Köln. 私はいっしょにケルンへ行くつもりだ

★ **mit..** [ミット..]《分離前つづり》
《いっしょに》*mit*spielen いっしょに遊ぶ，*mit*kommen いっしょに来る; *mit*nehmen 持って行く，*mit*bringen 持って来る

Mit・ar・beit [ミット・アルバイト] 女 *die*（② 2 格 −，徊 なし）いっしょに仕事をすること，協力

mit|ar・bei・ten [ミット・アルバイテン] 分動
(arbeitete mit; mitgearbeitet;〔現了〕h)
自（プロジェクトなどで）一緒に仕事をする，協力〈参画〉する

Mit・ar・bei・ter [ミット・アルバイター] 男 *der*（② 2 格 -s; 徊 -）（会社などで）いっしょに仕事をする人，協力者 ▷ Ich stelle Ihnen meine *Mitarbeiter* vor. 私はあなたに私といっしょに仕事をするくしている〉人を紹介します（☆ Mitarbeiter はふつう上司が部下に関して用いることばで，対等の関係の場合には Kollege「同僚」を用いる）

mit|be・kom・men [ミット・ベコメン] 分動
(bekam mit; mitbekommen;〔現了〕h)
他 ❶《④と》[…⁴を]〔弁当・持参金などとして〕持たせてもらう ▷ Er *bekam* ein Butterbrot *mit*. 彼は（弁当として）バターつきパンを持たせてもらった
❷《口語》《④と》《話などを》聞き取る，理解する（聴覚的な場合にも内容的な場合にも用いられる）▷ Das habe ich nicht *mitbekommen*. それを私は聞き取れ〈理解でき〉なかった

Mit・be・stim・mung [ミット・ベシュティムング] 女 *die*（② 2 格 -; 徊 なし）《経済》共同決定（従業員が経営に共同参加すること）

mit|brin・gen [ミット・ブリンゲン] 分動
(brachte mit; mitgebracht;〔現了〕h)
他 ❶《④と》[…⁴を]持って来る ▷ die Arbeitskleidung *mitbringen* 作業服を持参して来る / Hast du Brot *mitgebracht*? (買い物に出かけて)パンも買って来たしたか / Ich habe der Blumen *mitgebracht*. 私は君に花を（贈り物として）持って来た
❷《④と》[…⁴を]（客として）連れて来る ▷ Auf die Party *brachte* er seine Freundin *mit*. パーティーに彼はガールフレンドを連れて来た

Mit・bring・sel [ミット・ブリングゼル] 中 *das*（② 2 格 -s; 徊 -）みやげ ▷ Er brachte seinen Kindern ein *Mitbringsel* aus München mit. 彼は子供たちにミュンヒェンからみやげを買ってきた

mit・ei・nan・der [ミット・アイナンダー]
副《前置詞 mit と einander「互い」の結合形; 前置詞 mit の意味用法に準じて用いられる》*miteinander* sprechen 話し合う（☆ mit+③ sprechen …³と話す）

mit|fah・ren [ミット・ファーレン] 分動
(er fährt mit; fuhr mit; mitgefahren;〔現了〕s)

mitreißen

自(乗り物に乗って)一緒に行く, (車などに)同乗する

Mit·fah·rer [ミット・ファーラー] 男 der (単2格 -s; 複 -) (車などの)同乗者

Mit·fahr·ge·le·gen·heit [ミット・ファール・ゲレーゲンハイト] 女 die (単2格 -en) (ガソリン代を一部負担することで目的地まで同乗させてもらう)同乗の機会 (略: MFG)

Mit·fahr·zen·tra·le [ミット・ファール・ツェントラーレ] 女 die (単2格 -; 複 -n) 相乗りセンター

> ★「相乗りセンター」では、必要があってある都市などへ自動車で行こうとするドライバーと、その自動車に同乗したい人との仲介をしてくれる。ドイツでは、アウトバーンが発達し、多くの人が鉄道よりも自動車で移動するため、このようなシステムが発達したのであろう。費用は折半するのが原則であるが、親切なドライバーは、費用を受け取らないため、ただで同乗できる場合もある。同乗者にとっては、ヒッチハイクと異なり、同乗の可能性が前もってはっきりするのがメリットである。ドライバーにとっても、道中での話し相手を得られるというメリットがある

mit|ge·ben [ミット・ゲーベン] 分離
(er gibt mit; gab mit; mitgegeben; 助h)
他 〈③+④と〉〔…³に…⁴を〕持たせてやる ▷ Ich habe ihm ein Empfehlungsschreiben *mitgegeben*. 私は彼に推薦状を持たせてやった

mit·ge·bracht [ミット・ゲブラハト] mitbringen の 分詞

Mit·ge·fühl [ミット・ゲフュール] 中 das (単2格 -[e]s; 複 なし) (悲しみなどに対する)同情

mit|ge·hen [ミット・ゲーエン] 分離
(ging mit; mitgegangen; 助s)
自 ❶ いっしょに行く ▷ Willst du nicht zur Party *mitgehen*? 君はパーティにいっしょに行きたくないの
❷ (コンサート・講演などに)聞き〈見〉入る ▷ Die Zuschauer *gingen* begeistert *mit*. 観衆は夢中で聞き入っていた

mit·ge·nom·men [ミット・ゲノメン]
— mitnehmen の 分詞
— 形 疲労困ぱいした, とても疲れた ▷ Er sah sehr *mitgenommen* aus. 彼はとても疲れているように見えた

mit·ge·teilt [ミット・ゲタイルト] mitteilen の 分詞

Mit·gift [ミット・ギフト] 女 die (単2格 -; まれに 複 -en) (嫁入りに伴う)持参金

Mit·glied [ミット・グリート] 中 das (単2格 -[e]s; 複 -er) (団体・組織などの)構成員, メンバー; 会員; 党員; 組合員 ▷ ein *Mitglied* der Familie 家族の構成員 / ein langjähriges *Mitglied* 長年のメンバー / *Mitglieder* werben 会員を募集する

mit|kom·men [ミット・コメン] 分離
(kam mit; mitgekommen; 助s)
自 ❶ いっしょに来る〈行く〉 ▷ Ich freue mich, dass Sie *mitgekommen* sind. あなたがいっしょに来てくれてうれしいです / Kommst du *mit* ins Kino? 映画にいっしょに行くかい (☆ 5格と共に用いられる場合, 前つづり mit がその前に置かれることもある)
❷ 《口語》(他人の速度・能力などに)ついて行ける ▷ Er *kommt* in der Schule nicht *mit*. 彼は学校の授業について行けない / Kommst du *mit*? わかるかい (☆ 話の途中で相手の理解を確認するために)

Mit·läu·fer [ミット・ロイファー] 男 der (単2格 -s; 複 -) (政治運動などの)形だけの参加者

Mit·leid [ミット・ライト] 中 das (単2格 -s; 複 なし)
同情, 哀れみ ▷ *Mitleid* erwecken 同情をひく / mit+③ *Mitleid* haben …³に同情している

mit·lei·dig [ミット・ライディヒ] 形 (表情などが)同情心あふれる

mit|ma·chen [ミット・マッヘン] 分離
(machte mit; mitgemacht; 助h)
— 他 ❶ 〈④と〉〔…⁴を〕(他の人と)いっしょにする, 参加する ▷ eine Reise *mitmachen* いっしょに旅行する / Habt ihr die Demonstration *mitgemacht*? 君たちはデモに参加したのか
❷ 《口語》〈④と〉〔苦難など⁴を〕耐えぬく ▷ Er hat im Krieg viel *mitgemacht*. 彼は戦争中つらいめにたくさんあった
— 自 《口語》〈bei+③と〉〔…³に〕(他の人と)いっしょにする, 参加する ▷ bei einem Fest *mitmachen* 祝いの催しに参加する

Mit·mensch [ミット・メンシュ] 男 der (単2・3・4格 -en; 複 -en) 《ふつう 複 で》(ひとつの共同社会で)いっしょに暮らしている人

mit|neh·men [ミット・ネーメン] 分離
(du nimmst mit, er nimmt mit; nahm mit; mitgenommen; 助h)
他 ❶ 〈④と〉〔…⁴を〕持って行く ▷ Du musst den Regenschirm *mitnehmen*. 傘を持って行きなさい / Er *nahm* versehentlich den Mantel seines Freundes *mit*. 彼はまちがって友人のコートを持って行ってしまった
❷ 〈④と〉〔人・動物など⁴を〕連れて行く ▷ Auf die Reise *nehmen* wir die Kinder nicht *mit*. 旅行には私たちは子供たちを連れて行かない
❸ 〈④と〉〔…⁴に〕(精神的・肉体的な)打撃を与える ▷ Die Hitze *nahm* ihn sehr *mit*. 暑さは彼の身にひどくこたえた

mit|rei·ßen [ミット・ライセン] 分離

(riss mit; mitgerissen; 完了h)

佃【④と】[…⁴を]魅了する, (ひきつけて)夢中にさせる ▷ Seine Rede *riss* die Zuhörer *mit*. 彼の演説に聴衆は心を奪われた

mit·samt [ミット・ザムト] 前【③支配】…といっしょに, …ともども (=mit)

Mit·schü·ler [ミット・シューラー] 男 *der* (⊕ 2 格 -s; ⊕ -) 同級生; (同じ学校に)いっしょに通っている生徒

mit|spie·len [ミット・シュピーレン] 分離
(spielte mit; mitgespielt; 完了h)
自 ❶ いっしょに遊ぶ; 競技〈演奏・演劇など〉に参加する ▷ Lasst den Kleinen auch *mitspielen*! その子も仲間に入れてやりなさい
❷ [bei+③と] […³に] (一つの要因として)影響を与える, 関与している ▷ Bei ihrem Entschluss *spielte* mit, dass sie im Ausland bleiben wollte. 彼女の決心には外国にとどまりたいという彼女の意志が(一つの要因として)働いていた / Hier *spielen* noch andere Faktoren *mit*. この場合さらに他の要因も関与している

Mit·spie·ler [ミット・シュピーラー] 男 *der* (⊕ 2 格 -s; ⊕ -) いっしょに遊ぶ〈競技・演奏などする〉人

mit·tag [ミッターク] 副 旧⇒新 Mittag

★ mittag は, 従来の正書法で heute, morgen, gestern および曜日を表す語と結びつき「…の昼に」という意味で用いられていたが, 新正書法では下に示すように, heute のような場合は大文字書き, 曜日を表す語の場合は一語書きされる:
heute mittag ⇒ heute Mittag「今日の昼」
Montag mittag ⇒ Montagmittag「月曜日の昼」

Mit·tag

[míta:k ミッターク]
男 *der* (⊕ 2 格 -s; ⊕ -e)

❶【⊕なし】正午, 昼 (☆「午前」は Vormittag, 「午後」は Nachmittag)
gegen *Mittag* 正午ごろ
Punkt *Mittag* 正午きっかりに
Es ist *Mittag*, die Turmuhr schlägt zwölf. 正午だ 塔の時計が 12 時を打つ
❷ (11 時ごろから 14 時ごろまでを指して)昼 ▷ ein heißer *Mittag* 暑い昼 / Er geht über *Mittag* nach Hause. 彼は昼の間家に帰る / zu *Mittag* essen 昼食をとる
(イディオム) heute〈gestern, morgen〉*Mittag* きょう〈きのう, あす〉の昼に

Mit·tag·es·sen [ミッターク・エッセン] 中 *das* (⊕ 2 格 -s; ⊕ -)

昼食 (☆「朝食」は Frühstück,「夕食」は Abendessen) ▷ nach dem *Mittagessen* 昼食後 Das *Mittagessen* ist fertig. 昼食はできている

mit·tags [ミッタークス]
副 正午に; 昼に (「毎日正午〈昼〉に」のような反復の意味でも用いられる) ▷ [um] 12 Uhr *mittags* 昼 12 時に / *Mittags* gehe ich gern spazieren 私は昼に散歩をするのが好きだ
[注] 曜日を表す語と結びつき「…曜日の昼に」という場合, 新正書法では一語で書く ▷ Mittwoch mittag ⇒ mittwochmittags「水曜日の昼に」

Mit·tags·pau·se [ミッタークス・パオゼ] 女 *die* (⊕ 2 格 -; ⊕ -n) 昼休み

Mit·tags·schlaf [ミッタークス・シュラーフ] 男 *der* (⊕ 2 格 -[e]s; ⊕ なし) 昼寝

Mit·tags·son·ne [ミッタークス・ゾネ] 女 *die* (⊕ なし) 真昼の太陽

Mit·tä·ter [ミット・テーター] 男 *der* (⊕ 2 格 -s; ⊕ -) 共犯者

Mit·te [ミッテ] 女 *die* (⊕ 2 格 -; まれに ⊕ -n)
❶ (空間的な)中心, 中央; まん中 ▷ die *Mitte* eines Kreises 円の中心 / die *Mitte* der Scheibe 標的のまん中
❷ (時間的な)中ごろ, 半ば ▷ *Mitte* März 3 月中旬 / Er ist *Mitte* Dreißig. 彼は 30 代半ばだ
❸ (両極端の)中間, 中道 ▷ eine Politik der *Mitte* 中道政治

mit|tei·len [ミット・タイレン] 分離
(teilte mit; mitgeteilt; 完了h)
佃【③+④と】[…³に…⁴を]知らせる, 伝える, 通知する ▷ Ich *teilte* ihm meine Adresse *mit*. 私は彼に私の住所を知らせた / Ich muss Ihnen leider *mitteilen*, dass … 私はあなたに残念ながら…とお知らせしなければなりません

Mit·tei·lung [ミット・タイルング] 女 *die* (⊕ 2 格 -; ⊕ -en) 通知, 知らせ ▷ eine mündliche *Mitteilung* 口頭の通知 / eine *Mitteilung* erhalten 知らせを受ける
(イディオム) ③+*eine Mitteilung von*+③ *machen* …³に…³の通知をする

Mit·tel [ミッテル] 中 *das* (⊕ 2 格 -s; ⊕ -)
❶ 手段 ▷ das letzte *Mittel* 最後の手段 / Sie war für ihn nur *Mittel* zum Zweck. 彼女は彼にとって目的のための手段にすぎなかった / mit allen *Mitteln* あらゆる手段を用いて
❷ (⊕ で)(ある目的のために必要な)資金 ▷ Mir fehlten die *Mittel* zu einem Neubau. 私には新築するための資金がなかった
❸ 薬, 薬剤 ▷ beruhigendes *Mittel* 鎮静剤 / ein *Mittel* gegen Schnupfen 鼻かぜにきく薬
❹ 平均値 ▷ das *Mittel* errechnen 平均値を出す

Mit·tel·al·ter [ミッテル・アルター] 中 *das* (⊕ 2

mobilisieren

格 -s; ⦅複⦆ なし)⦅歴史⦆中世 (だいたい 4, 5 世紀から 15 世紀まで)

mit·tel·al·ter·lich [ミッテル・アルタリヒ] 形
中世の

mit·tel·bar [ミッテル・バール] 形⦅文語⦆間接の, 間接的な (⇔ unmittelbar)

Mit·tel·eu·ro·pa [ミッテル・オイローパ] (⊕ das)⦅地名⦆中部ヨーロッパ, 中欧

Mit·tel·fin·ger [ミッテル・フィンガー] 男 der (⦅複⦆ -s; ⦅複⦆ -) 中指

Mit·tel·klas·se [ミッテル・クラッセ] 女 die (⦅複⦆ 2 格 -; まれに ⦅複⦆ -n)(特に車などの)中級クラス

mit·tel·los [ミッテル・ロース] 形 金のない; 財産〈資産〉のない

mit·tel·mä·ßig [ミッテル・メースィヒ] 形⦅ふつう否定的な意味合いで⦆(出来・能力・成績などが)並の, 平凡な ▷ Seine Leistungen sind *mittelmäßig*. 彼の成績は並だ

das **Mit·tel·meer** [ミッテル・メーア] 中 (⦅複⦆ 2 格 -[e]s; ⦅複⦆ なし)⦅海名⦆地中海 (☆ 定冠詞を必ず伴う)

Mit·tel·ohr·ent·zün·dung [ミッテル・オーア・エントツュンドゥング] 女 die (⦅複⦆ 2 格 -; ⦅複⦆ -en)⦅医学⦆中耳炎

Mit·tel·punkt [ミッテル・プンクト] 男 der (⦅複⦆ 2 格 -[e]s; ⦅複⦆ -e)
❶ (円・球などの)中心 ▷ den *Mittelpunkt* eines Kreises bestimmen 円の中心を定める
❷ (物事の)中心; 中心人物, 関心の的 ▷ Tokio ist der kulturelle *Mittelpunkt* Japans. 東京は日本の文化の中心である

mit·tels [ミッテルス] 副⦅②支配⦆⦅文語⦆…を使って (= mit)

Mit·tel·schicht [ミッテル・シヒト] 女 die (⦅複⦆ 2 格 -; まれに ⦅複⦆ -en) (社会構造における)中間層, 中産階級

Mit·tels·per·son [ミッテルス・ペルゾーン] 女 die (⦅複⦆ 2 格 -; ⦅複⦆ -en) 仲介者

Mit·tel·stu·fe [ミッテル・シュトゥーフェ] 女 die (⦅複⦆ 2 格 -; ⦅複⦆ -n)
❶ (一般的な意味で)中級クラス
❷ (ギムナジウムの)中級 3 学年

mit·ten [ミッテン] ⦅ふつう前置詞句と⦆
副 ❶ (空間的に)まん中に ▷ Ich wohne *mitten* in der Stadt. 私は町のまん中に住んでいる
❷ (時間的に)最中に ▷ Sie waren *mitten* im Gespräch. 彼らは話のまっ最中だった

Mit·ter·nacht [ミッター・ナハト] 女 die (⦅複⦆ 2 格 -; ⦅複⦆ なし)
真夜中, 夜中の 12 時 ▷ Es ist *Mitternacht*. 真夜中である / Die Glocke schlägt *Mitternacht*. 鐘が夜中の 12 時を告げる / gegen *Mitternacht* 真夜中ごろ / um *Mitternacht* 真夜中に / kurz vor 〈nach〉 *Mitternacht* 真夜中少し前〈過ぎ〉に

mitt·le·re [ミットレ] (☆ 名詞につけて)
形 ❶ (複数のものの)中間にある, まん中の ▷ die *mittlere* Tür まん中のドア
❷ (年齢・規模などが)中くらいの
❸ (数値が)平均の (= durchschnittlich)

mitt·ler·wei·le [ミットラー・ヴァイレ] 副 そうこうするうちに

Mitt·woch ————
[mítvɔx ミット・ヴォッホ]
男 der (⦅複⦆ 2 格 -s; ⦅複⦆ -e)

水曜日 (⦅略⦆ Mi.) (用法: ☞ Dienstag)

mitt·wochs [ミット・ヴォホス] 副 毎週水曜日に

mit·un·ter [ミットウンター] 副⦅文語⦆ときどき, 時として

mit|wir·ken [ミット・ヴィルケン] 分離
(wirkte mit; mitgewirkt; ⦅助⦆h)
自 ❶ ⦅an〈bei〉+③と⦆〔…に〕協力〈参加〉する ▷ bei einer Veranstaltung *mitwirken* 催し物の開催に協力する
❷ (いっしょに)出演する ▷ in einem Theaterstück *mitwirken* 芝居に出演する

Mit·wir·kung [ミット・ヴィルクング] 女 die (⦅複⦆ 2 格 -; ⦅複⦆ なし) 協力, 参加

Mit·wis·ser [ミット・ヴィッサー] 男 der (⦅複⦆ 2 格 -s; ⦅複⦆ -)(悪事などを)知って黙っている人

mi·xen [ミクセン] (mixte; gemixt; ⦅助⦆h)
他 ⦅④と⦆〔カクテルなど⁴を〕混合してつくる ▷ Er *mixte* einen Cocktail. 彼はカクテルをつくった

Mi·xer [ミクサー] 男 der (⦅複⦆ 2 格 -s; ⦅複⦆ -)
❶ (ジュースをつくる)ミキサー
❷ (酒場などの)バーテン[ダー]

mm [ミリ・メーター] ☞ Millimeter

Mö·bel [メーベル] 中 das (⦅複⦆ 2 格 -s; ⦅複⦆ -)⦅ふつう 複⦆ 家具 ▷ antike *Möbel* 古風な家具 / neue *Möbel* kaufen 新しい家具を買う

mo·bil [モビール]
形 ❶ 動く, 移動する ▷ eine *mobile* Bücherei 移動図書館 / mobiler Besitz 動産
❷ ⦅口語⦆活動的な, 活発な, 元気な
⦅イディオム⦆ ④+*mobil machen* (軍隊など)⁴を動員する

Mo·bil·funk [モビール・フンク] 男 der (⦅複⦆ 2 格 -s; ⦅複⦆ なし) モバイル〈移動式〉通信(携帯電話などによる通信)

Mo·bi·li·ar [モビリアール] 中 das (⦅複⦆ 2 格 -s; ⦅複⦆ なし)⦅集合的に⦆家財道具

mo·bi·li·sie·ren [モビリズィーレン]
(mobilisierte; mobilisiert; ⦅助⦆h)
他 ❶ ⦅④と⦆〔大衆など⁴を〕動員〈結集〉する ▷ Die Bevölkerung wurde gegen den Bau des Kernkraftwerkes *mobilisiert*. 原子力発電

Mobilität

所の建設反対に住民が動員された
❷《軍事》《④と》〔軍隊などを〕動員する

Mo·bi·li·tät [モビリテート] 囡 die (⸺ 2格 -;まれに ⸺ -e) 移動性, 変動性

Mo·bil·te·le·fon [モビール・テレフォーン] 中 das (⸺ 2格 -s; ⸺ -e) 携帯電話 (= Handy)

möb·lie·ren [メブリーレン]
(möblierte; möbliert; 匿了h)
他《④と》〔部屋などに〕家具調度を備える

möb·liert [メブリート] 形 家具が備えられた
▷ ein *möbliertes* Zimmer mieten 家具つきの部屋を借りる

moch·te [モホテ] mögen の 過去

möch·te
[mǽçtə メヒテ]

直現	ich möchte	wir möchten
	du möchtest	ihr möchtet
	er möchte	sie möchten

〔〔mögen の接続法 II; zu のない不定詞と〕〕
〔〔主語の願望〕〕…したい, …したがっている (☆現在のことに関して用いられ, 過去のことに関しては wollen の過去形を用いる)
Ich *möchte* Bier trinken.
私はビールが飲みたい
Er *möchte* Medizin studieren.
彼は医学を勉強したがっている
Mein Vater *möchte* Sie gern sprechen.
私の父があなたとお話ししたいと言っておりますが
〔〔本動詞を省略して〕〕
Ich *möchte* nach Hause.
私は家に帰りたい
Möchten Sie noch etwas Kaffee?
もう少しコーヒーはいかがですか
〔〔dass 文と〕〕
Ich *möchte* nicht, dass du das tust.
君にはそんなことをしてほしくない

Mo·de [モーデ] 囡 die (⸺ 2格 -; ⸺ -n)
❶ 流行, はやり ▷ die neueste *Mode* 最新の流行 / Japan ist jetzt *Mode*. 日本が今はやりだ
❷ (服装の)流行, ファッション ▷ sich⁴ nach der neuesten *Mode* kleiden 最新のファッションの服装をする

イディオム *aus der Mode kommen* はやらなくなる
in Mode sein はやっている ▷ Miniröcke *sind* nicht mehr *in Mode*. ミニスカートはもうはやっていない
mit der Mode gehen 流行を追う

Mo·dell [モデル] 中 das (⸺ 2格 -s; ⸺ -e)
❶ 手本, モデル ▷ ein *Modell* zur Sanierung der Finanzen 財政再建のモデル
❷ (作品の素材としての)モデル ▷ Er diente als *Modell* für den Helden des Romans. 彼はその小説の主人公のモデルになった
❸《職業として絵・写真などの題材になる人を指して》モデル ▷ als *Modell* arbeiten モデルとして働く
❹ 模型, モデル ▷ das *Modell* eines Schiffes 船の模型
❺ (服飾) (デザインなどが1点ものの)衣服 ▷ ein *Modell* der Pariser Mode パリモードの服
❻ (製品の)型 ▷ das neueste *Modell* des Kühlschranks 冷蔵庫の最新型

mo·del·lie·ren [モデリーレン]
(modellierte; modelliert; 匿了h)
他《④と》〔…⁴を〕(粘土・蠟などを用いて手で)つくる ▷ eine Figur *modellieren* 像をつくる

Mo·dem [モーデム] 中 das (⸺ 2格 -s; ⸺ -s) (コンピュータの)モデム

Mo·den·schau [モーデン・シャオ] 囡 die (⸺ 2格 -; ⸺ -en) ファッションショー

Mo·de·ra·tor [モデラートーア] 男 der (⸺ 2格 -s; ⸺ -en) (ラジオ・テレビの放送の)司会者

Mo·de·ra·to·ren [モデラトーレン] Moderator の

mo·de·rie·ren [モデリーレン]
(moderierte; moderiert; 匿了h)
他《④と》〔ラジオ・テレビの放送⁴の〕司会をする

mo·dern
— 形 [モデルン] ❶ 現代的な, モダンな, 流行の ▷ Sie liebt *moderne* Kleidung. 彼女はモダンな服装が好きだ / Dieser Mantel ist nicht mehr *modern*. このコートはもう流行遅れだ
❷ 現代の, 近ごろの ▷ die *moderne* Technik 現代の技術
— 自 [モーデルン]
(moderte; gemodert; 匿了h,s)
(特に木・葉などが)腐る, 朽ちる ▷ Unter den Bäumen *modert* das Laub. 木々の下で木の葉が腐る

mo·der·ni·sie·ren [モデルニズィーレン]
(modernisierte; modernisiert; 匿了h)
他《④と》〔工場などを〕近代化する

Mo·der·ni·tät [モデルニテート] 囡 die (⸺ 2格 -; まれに ⸺ -en) 近代性, 現代性

Mo·de·sa·lon [モーデ・ザローン] 男 der (⸺ 2格 -s; ⸺ -s) 高級洋装店

Mo·de·wort [モーデ・ヴォルト] 中 das (⸺ 2格 -[e]s; ⸺ ..wörter) 流行語

Mo·de·zeit·schrift [モーデ・ツァイト・シュリフト] 囡 die (⸺ 2格 -; ⸺ -en) モード雑誌

Mo·di [モーディ] Modus の

mo·di·fi·zie·ren [モディフィツィーレン]
(modifizierte; modifiziert; 匿了h)
他《文語》《④と》〔理論・構想などを〕修正する

mo·disch [モーディシュ] 形 流行の ▷ ein *modisches* Kostüm 流行のスーツ

Mo·dus [モ[-]ドゥス] 男 der (⸺ 2格 -; ⸺ Modi)《言語》話法, 法

Mo·fa [モーファ] [中] *das* ([単] 2格 -s; [複] -s) モーターバイク(最高時速が 25 キロまでの原動機付き自転車) ▷ [ein] *Mofa* fahren モーターバイクに乗る

mo·geln [モーゲルン]
(mogelte; gemogelt; [完了]h)
[自]《口語》(トランプなどで)いかさま〈いんちき〉をする; (学校で)カンニングをする ▷ beim Schachspiel *mogeln* チェスでいんちきをする

mö·gen

[mø:gn̩ メーゲン]

[現在]	ich mag	wir mögen
	du magst	ihr mögt
	er mag	sie mögen
[過去]	ich mochte	wir mochten
	du mochtest	ihr mochtet
	er mochte	sie mochten
[過分]	gemocht, mögen	[完了] haben
[接I]	möge	[接II] möchte

— [他]〘過去分詞は gemocht〙
〘④と〙《一般的好みを表して》〔..⁴が〕好きだ
Ich *mag* Hans.
私はハンスが好きだ
Katzen *mag* ich nicht.
猫は私は好きでない
Mögen Sie Fisch?
魚は好きですか
Ich *mag* grünen Tee.
私は緑茶が好きだ
Ich *mag* keinen Käse.
私はチーズが好きではない

[類語]
mögen (一般的な意味で)好む
lieben 人にとって意義の高い対象物, 例えば国や自由などを好む
gefallen 人の美的感覚や趣味にあう
schätzen 好ましい特性のために大きな価値を置く

—〘話法の助動詞〙
—〘不定詞と; 過去分詞は mögen〙
❶《推量》…だろう; …かもしれない ▷ Er *mag* etwa achtzig Jahre alt sein. 彼はほぼ 80 歳だろう / *Mag* sein. そうかもしれない
❷《主語の意志》…したい (☆ ふつう疑問文ないし否定文) ▷ *Mögen* Sie mitkommen? いっしょに来たいですか / Jetzt *mag* ich keine Musik hören. いまは音楽を聞きたくない
❸〘接続法 II で〙《主語の願望》…したい, …したがっている (☞ möchte) ▷ Ich *möchte* gern mitgehen. 私はいっしょに行きたい
❹《主語以外の者の要求》〘多くは接続法で〙…してもらいたい, …してほしい ▷ Dieser Hinweis *möge* 〈*mag*〉 genügen. この指摘で十分であってほしい /〘定動詞を文頭に置くと強調される〙*Möge* er glücklich werden! 彼が幸せになってくれますように /〘間接話法で〙Sag ihm, er *möge* sofort zu mir kommen! すぐ私のところへ来るように彼に言ってくれ (☆ sollen より弱い要求を表す)
❺《容認・許可》…してもかまわない ▷ Er *mag* ruhig kommen, ich fürchte ihn nicht. 彼が来るなら来ればいい 私は彼なんかこわくない
❻〘認容文で〙…であろうとも ▷ Was sie auch sagen *mag*, ich glaube ihr nicht. 彼女が何を言おうと私は彼女を信じない
—〘本動詞(不定詞)を省略して; 過去分詞は gemocht〙…したい (☆ ふつう疑問文ないし否定文で) ▷ Kommst du mit? – Ich *mag* nicht. いっしょに来るかい—いやだ /〘gehen などの移動動詞の省略; [方向]と〙Er hat nicht nach Hause *gemocht*. 彼は家に帰りたくなかった

mög·lich

[mø:klɪç メークリヒ]

[形] ❶ (実現が) 可能な ([反] unmöglich)
Das ist mir nicht *möglich*.
それは私には不可能だ
das Unmögliche *möglich* machen
不可能を可能にする
wenn *möglich*
もし可能ならば
so schnell wie *möglich*
可能なかぎり速く
❷ 考えられる, 起こり〈あり〉うる ▷ alle *möglichen* Fälle 考えられるすべてのケース / Schon *möglich*! 確かにありうる / Das ist doch nicht *möglich*! まさかそんなことがあるもんか / Es ist *möglich*, dass ... …ということはありうる /〘名詞的に〙Er hat alles *Mögliche* getan. 彼はありとあらゆることをした

mög·li·cher·wei·se [メークリッヒャー・ヴァイゼ] [副] ことによると, ひょっとしたら ▷ *Möglicherweise* muss ich noch einmal umziehen. ことによると私はもう一度引っ越しをしなければならない

Mög·lich·keit [メークリヒカイト] [女] *die* ([単] 2格 -; [複] -en)
❶ 可能性 ▷ alle *Möglichkeiten* prüfen あらゆる可能性を確かめる /〘dass 文と〙Es besteht die *Möglichkeit*, dass ... …という可能性がある (☆ 文頭の es は穴埋め) /〘zu 不定詞句と〙Ich sehe keine *Möglichkeit*, dir zu helfen. 私は君を助けられる可能性を見いだせない
❷ (あることが出来る) 機会, チャンス ▷ eine *Möglichkeit* nutzen 機会を利用する

mög·lichst [メークリヒスト]
[副]〘möglich の最上級〙できるだけ, 可能な限り

▷ Er will *möglichst* viel Geld verdienen. 彼はできるだけ多く金を稼ぐつもりだ

Mo·ham·med [モーハンメット]《人名》モハメット, モハメド(イスラム教の開祖)

Mohn [モーン] 男 *der* (⊕ 2格 -s; ⊛ なし)《植物》ケシ; ケシの実

Möh·re [メーレ] 女 *die* (⊕ 2格 -; ⊛ -n)《植物》ニンジン ▷ rohe *Möhren* essen 生のニンジンを食べる

Mohr·rü·be [モーア・リューベ] 女 *die* (⊕ 2格 -; ⊛ -n)《北ドイツ》《植物》ニンジン

Mo·kick [モーキック] 中 *das* (⊕ 2格 -s; ⊛ -s) キックスターターつきモペット(モーターつき自転車)

Mok·ka [モッカ] 男 *der* (⊕ 2格 -s; ⊛ -s) モカ(コーヒーの品種); モカコーヒー

Mo·le [モーレ] 女 *die* (⊕ 2格 -; ⊛ -n) 防波堤

Mo·le·kül [モレキュール] 中 *das* (⊕ 2格 -s; ⊛ -e)《物理》分子

molk [モルク] melken の 過去

Mol·ke·rei [モルケライ] 女 *die* (⊕ 2格 -; ⊛ -en) 乳製品製造工場

Mol·ke·rei·but·ter [モルケライ・ブッター] 女 *die* (⊕ 2格 -; ⊛ なし) 上製バター

mol·lig [モリヒ] 形《口語》❶(特に女性が)ふっくらぽっちゃりした ▷ eine *mollige* Frau ぽっちゃりした女性
❷(部屋などが)快く暖かい, ぽかぽかした ▷ Im Zimmer war es *mollig* warm. 部屋はぽかぽかと暖かかった
❸(衣服などが)ふんわりして暖かい ▷ ein *molliger* Mantel ふんわりして暖かいコート

Mo·ment [モメント]
— 男 *der* (⊕ 2格 -s; ⊛ -e)
❶ 瞬間, ちょっとの間 ▷ Hast du einen *Moment* Zeit für mich? ちょっとお時間がありますか / Warte einen *Moment*, ich komme gleich. ちょっと待ってください すぐ来ます / *Moment* [mal]!《自分の考えを述べるために相手の話をさえぎって》ちょっと待ってくれ
❷(特定の)瞬間, 時点 ▷ ein entscheidender *Moment* 決定的な瞬間 / den richtigen *Moment* verpassen 時機を逸する / im letzten *Moment* 最後の瞬間に

(イディオム) **im Moment** 目下のところ ▷ Im *Moment* habe ich keine Zeit. 今のところ私は時間がない

— 中 *das* (⊕ 2格 -s; ⊛ -e) 要因 ▷ ein psychologisches *Moment* 心理的な要因

mo·men·tan [モメンターン] 形 目下の, 現在の, 今の ▷ Ich kann mich *momentan* nicht erinnern. 私は今ちょっと思い出せません

Mo·narch [モナルヒ] 男 *der* (⊕ 2·3·4格 -en; ⊛ -en) 君主

Mo·nar·chie [モナルヒー] 女 *die* (⊕ 2格 -; ⊛ -n) 君主制; 君主国 ▷ die absolute *Monarchie* 絶対君主制

Mo·nar·chi·en [モナルヒーエン] Monarchie の 複数

mo·nar·chisch [モナルヒシュ] 形 君主の

Mo·nat
[móːnat モーナト]
男 *der* (⊕ 2格 -s; ⊛ -e)

(暦の)月 (☆「日」は Tag, 「週」は Woche, 「年」は Jahr)

ein kalter *Monat* 寒い月

am Anfang 〈am Ende〉 des *Monats* 月初め〈月末〉に

mehrere *Monate* im Ausland verbringen 数ヵ月を外国で過ごす

Das Kind ist acht *Monate* alt. その子は生後 8 ヵ月だ

Er war über drei *Monate* krank. 彼は 3 ヵ月以上も病気だった

in diesem *Monat* 今月

in den nächsten *Monaten* これからの数ヵ月間に

《副詞的 4格で》
jeden *Monat* 毎月
nächsten *Monat* 来月
letzten 〈vorigen〉 *Monat* 先月

mo·nat·lich [モーナトリヒ] 形 月々の, 毎月の ▷ die *monatliche* Miete 月々の家賃 / zweimal *monatlich* 毎月 2 回

Mo·nats·ge·halt [モーナツ・ゲハルト] 中 *das* (⊕ 2格 -[e]s; ⊛ ..gehälter) 月給

Mo·nats·kar·te [モーナツ・カルテ] 女 *die* (⊕ 2格 -; ⊛ -n) 1 ヵ月定期券

Mo·nats·ra·te [モーナツ・ラーテ] 女 *die* (⊕ 2格 -; ⊛ -n) 月賦

Mo·nats·schrift [モーナツ・シュリフト] 女 *die* (⊕ 2格 -; ⊛ -en) 月刊誌

Mönch [メンヒ] 男 *der* (⊕ 2格 -[e]s; ⊛ -e) 僧, 僧侶; 修道士 (☆「修道女」は Nonne) ▷ ein buddhistischer *Mönch* 仏教の僧

Mond [モーント] 男 *der* (⊕ 2格 -es 〈まれに -s〉; ⊛ -e)
❶《復 なし》(天体の)月 ▷ voller *Mond* 満月 / das milde Licht des *Mondes* 月のやわらかな光 / Der *Mond* nimmt ab 〈zu〉. 月が欠ける〈満ちる〉
❷ 衛星 ▷ die *Monde* des Jupiters 木星の衛星

mon·dän [モンデーン] 形 上流社会ふうの, いやにエレガントな

①, ②, ③, ④ = 1格, 2格, 3格, 4格の名詞

Mond·schein [モーント・シャイン] 男 der (⊕2格 -[e]s; 複 なし) 月光, 月明かり ▷ im *Mondschein* spazieren gehen 月明かりの中を散歩する

mo·nie·ren [モニーレン]
(monierte; moniert; 完了h)
他 〔⊕4と〕〔…³に〕文句をつける, 〔…⁴を〕とがめる

Mo·ni·tor [モーニートーア] 男 der (⊕2格 -s; 複 -e ⟨-en⟩) (監視用の)モニター; (コンピュータの)ディスプレイ

Mo·ni·to·ren [モニトーレン] Monitor の 複数

mo·no [モーノ] 形 (レコードなどが)モノラルの (= monophon; ⇔ stereo)

Mo·no·gra·fie [モノグラフィー] 女 die (⊕2格 -; 複 -n) (特定のテーマを取り扱った)論文, モノグラフィー

Mo·no·gra·phie = Monografie

Mo·no·log [モノローク] 男 der (⊕2格 -s; 複 -e) (特に舞台での)独白, モノローグ (⇔ Dialog) ▷ einen *Monolog* halten 独白をする

Mo·no·pol [モノポール] 中 das (⊕2格 -s; 複 -e) 《経済》独占⟨専売⟩権; 独占 ▷ das *Monopol* auf+④ haben …に対する独占権をもつ

mo·no·ton [モノトーン] 形 (調子・内容などが)単調な

Mo·no·to·nie [モノトニー] 女 die (⊕2格 -; まれに 複 -n) 単調

Mons·ter [モンスター] 中 das (⊕2格 -s; 複 -) (巨大な)怪物, 化け物

Monst·ren [モンストレン] Monstrum の 複数

Monst·rum [モンストルム] 中 das (⊕2格 -s; 複 Monstren) (巨大な)怪物, 化け物; 残虐な人

イディオム **ein Monstrum von+③** ばかでかい…³ ▷ *ein Monstrum von* einem Koffer ばかでかいトランク

Mon·tag
[mó:nta:k モーン・ターク]
男 der (⊕2格 -[e]s; 複 -e)

月曜日 (複 Mo.) (用法: ☞ Dienstag)

Mon·ta·ge [モンタージェ] 女 die (⊕2格 -; 複 -n) (機械・橋などの)組み立て ▷ Wir brauchen für die *Montage* noch eine größere Winde. 組み立てにはもう少し大きめのウィンチが必要だ

mon·tags [モーン・タークス] 副 毎週月曜日に

Mon·teur [モンテーア] 男 der (⊕2格 -s; 複 -e) (機械などの)組立工

mon·tie·ren [モンティーレン]
(montierte; montiert; 完了h)
他 ❶ 〔⊕4と〕〔機械・プレハブ住宅などを〕組み立てる ▷ am Fließband Autos *montieren* 流れ作業で自動車を組み立てる
❷ 〔⊕4と〕〔…³に〕取り〈据え〉つける ▷ eine Antenne auf das ⟨dem⟩ Dach *montieren* アンテナを屋根に取りつける

Mo·nu·ment [モヌメント] 中 das (⊕2格 -[e]s; 複 -e) (大きな)記念碑

mo·nu·men·tal [モヌメンタール] 形 (建物・記念碑などが)堂々とした, 壮大な

Moor [モーア] 中 das (⊕2格 -[e]s; 複 -e) 湿原

Moos [モース] 中 das (⊕2格 -es; 複 -e) 《植物》コケ ▷ Der Boden ist mit *Moos* bedeckt. [状態受動] 地面はコケで覆われている

Mo·ped [モーペト] 中 das (⊕2格 -s; 複 -s) モペット (最高時速が40キロまでのモーターつき自転車) ▷ [ein] *Moped* fahren バイクで行く

Mo·ral [モラール] 女 die (⊕2格 -; 複 なし)
❶ 道徳, 倫理, モラル ▷ Er hat keine *Moral*. 彼にはモラルというものがない
❷ 士気 ▷ Die *Moral* der Mannschaft ist gut. チームの士気はよい
❸ (物語などに含まれる)教訓 ▷ die *Moral* einer Fabel 寓話の教訓

mo·ra·lisch [モラーリシュ]
形 ❶ 道徳⟨道義⟩上の ▷ der *moralische* Zerfall eines Volkes 民族の道徳的退廃
❷ 道徳的な, 品行方正な ▷ Er ist ein *moralischer* Mensch. 彼は品行方正な人だ

Mo·ra·li·tät [モラリテート] 女 die (⊕2格 -; 複 -en) 道徳性, 倫理性

Mo·rast [モラスト] 男 der (⊕2格 -[e]s; 複 -e ⟨..räste⟩) (大雨の後などの)ぬかるみ, 泥道

Mord [モルト] 男 der (⊕2格 -es ⟨まれに -s⟩; 複 -e) 殺人, 殺害 ▷ ein grausamer *Mord* 残酷な殺人 / einen *Mord* begehen 殺人を犯す

mor·den [モルデン]
(mordete; gemordet; 完了h)
— 自 殺人を犯す, 殺戮する (☆ ふつう複数の人を対象に) ▷ Im Krieg haben Soldaten oft geplündert und *gemordet*. 戦争の間兵隊たちはしばしば略奪や殺人を犯した
— 他 〔⊕4と〕〔ふつう複数の人⁴を〕殺す (= ermorden)

Mör·der [メルダー] 男 der (⊕2格 -s; 複 -) 人殺し, 殺人犯 ▷ ein grausamer *Mörder* 残酷な殺人鬼 / Er ist zum *Mörder* geworden. 彼は殺人犯になった

mör·de·risch [メルデリシュ] 形 《口語》(否定的意味合いを強調して)殺人的な, ものすごい ▷ Es ist *mörderisch* kalt. ものすごい寒さだ

mor·gen
[mórgn モルゲン]

副 ❶ あす, 明日 (☆「きょう」は heute,「きのう」は gestern)
morgen Abend ⟨früh⟩
あすの晩⟨朝⟩

Morgen ist Montag. あすは月曜日だ
Morgen komme ich wieder. あすまた来ます
die Musik von *morgen*
《比ゆ》未来の音楽
❷〘特定の日・曜日を表す語と〙[旧⇨新] Morgen
[イディオム] ***ab 〈bis〉 morgen*** あすから〈まで〉
Bis morgen! またあした (☆ 別れのあいさつ)

★ morgen は従来の正書法で heute, gestern および曜日を表す語と結びつき「…の朝に」という意味で用いられていたが, 新正書法では下に示したように大文字書きされるか一語書きされる:
heute morgen ⇨ heute Morgen「今朝」
Montag morgen ⇨ Montagmorgen「月曜日の朝」

Mor·gen
[mɔ́rgn̩ モルゲン]
[男] *der* ([単] 2 格 -s; [複] -)

朝 (☆「夕方」は Abend)
Es wird *Morgen.*
朝になる
Guten *Morgen*! おはよう
am nächsten *Morgen* 翌朝
am frühen *Morgen* 〈früh am *Morgen*〉
早朝に
vom *Morgen* bis zum Abend 朝から晩まで
〔副詞的 2 格で〕
eines *Morgens* ある朝
〔副詞的 4 格で〕
diesen *Morgen* けさ
Jeden *Morgen* holt sie ihn ab.
毎朝彼女は彼を迎えに行く
heute *Morgen* けさ

Mor·gen·däm·me·rung [モルゲン・デメルング] [女] *die* ([単] 2 格 -; [複] なし) 夜明け, 明け方, あかつき

mor·gend·li·che [モルゲントリッヒェ] [形] 朝の (☆ 名詞につけて;「毎朝の」のような反復の意味でも用いられる) ▷ der *morgendliche* Spaziergang 朝の散歩

Mor·gen·grau·en [モルゲン・グラオエン] [中] *das* ([単] 2 格 -s; [複] なし) 夜明け, 明け方, あかつき

Mor·gen·rot [モルゲン・ロート] [中] *das* ([単] 2 格 -s; [複] なし) 朝焼け ([反] Abendrot)

mor·gens [モルゲンス]
[副] 朝に (「毎朝」のような反復の意味でも用いられる; [反] abends) ▷ *morgens* um 6 Uhr 朝の 6 時に / von *morgens* bis abends 朝から晩まで
[注] 曜日を表す語と結びつき「…曜日の朝に」という場合, 新正書法では一語で書く ▷ Mittwoch morgens ⇨ mittwochmorgens「水曜日の朝に」

Mor·gen·zei·tung [モルゲン・ツァイトゥング] [女] *die* ([単] 2 格 -; [複] -en) (日刊新聞の)朝刊

mor·gi·ge [モルギゲ] [形] あすの (☆ 名詞につけて) ▷ am *morgigen* Abend あすの晩に

Mor·phi·um [モルフィウム] [中] *das* ([単] 2 格 -s; [複] なし) 《医学》モルヒネ

morsch [モルシュ] [形] (木などが)腐った, 朽ちた ▷ Die Brücke ist *morsch.* 橋は朽ちている

mor·sen [モルゼン] (morste; gemorst; [完了]h)
[他] 〘④と〙〔…⁴を〕モールス信号で送信する ▷ SOS *morsen* SOS を打つ

Mör·tel [メルテル] [男] *der* ([単] 2 格 -s; [複] -) モルタル ▷ den *Mörtel* anrühren モルタルをかき混ぜる

Mo·sa·ik [モザイーク] [中] *das* ([単] 2 格 -s; [複] -e 〈-en〉) モザイク

Mo·schee [モシェー] [女] *die* ([単] 2 格 -; [複] -n) 《イスラム教》モスク, イスラム教寺院

die **Mo·sel** [モーゼル] [女] ([単] 2 格 -; [複] なし) 《川名》モーゼル川 (フランスに源を発し, Koblenz でライン川に合流する. 全長 545 km; 定冠詞を必ず伴う; ☞ 地図 C-5～3)

Mos·kau [モスカオ] ([中] *das*) 《都市名》モスクワ (ロシア連邦の首都)

Most [モスト] [男] *der* ([単] 2 格 -[e]s; [複] -e) (ブドウなどの未発酵または発酵中の)しぼり汁

Mo·tel [モーテル] [中] *das* ([単] 2 格 -s; [複] -s) モーテル ▷ in einem *Motel* übernachten モーテルに泊まる

Mo·tiv [モティーフ] [中] *das* ([単] 2 格 -s; [複] -e)
❶ (ある行動を引き起こす)動機 ▷ Die Polizei sucht nach einem *Motiv* für den Mord. 警察は殺人の動機を調べる
❷ (創作活動などの)題材, テーマ; 《音楽》モチーフ ▷ ein beliebtes *Motiv* 好まれる題材

mo·ti·vie·ren [モティヴィーレン]
(motivierte; motiviert; [完了]h)
[他] ❶ 〘④+zu+③と〙〔…⁴に…³をする〕気を起こさせる
❷ 〘④と〙〔対案など⁴を〕根拠〈理由〉づける

Mo·tor [モートァ/モトーァ] [男] *der* ([単] 2 格 -s; [複] -en)
モーター; エンジン ▷ den *Motor* anstellen 〈abstellen〉 モーター〈エンジン〉をかける〈切る〉/ Der *Motor* dieses Autos verbraucht viel Benzin. この自動車のエンジンはガソリンをたくさん食う

Mo·tor·boot [モートァ・ボート] [中] *das* ([単] 2 格 -[e]s; [複] -e) モーターボート

Mo·to·ren [モトーレン] Motor の [複数]

mo·to·ri·sie·ren [モトリズィーレン]
(motorisierte; motorisiert; [完了]h)
[他] 《口語》〘④と〙〔…⁴に〕車・バイクなどを[買って]あげる

Mo·tor·rad [モートア・ラート/モトーア..] [中] *das* ([単] 2格 -[e]s; [複] ..räder) オートバイ ▷ *Motorrad* fahren オートバイに乗る〈乗って行く〉/ Er fuhr mit dem *Motorrad* gegen einen Baum. 彼はオートバイに乗って木に衝突した

Mo·tor·rol·ler [モートア・ロラー] [男] *der* ([単] 2格 -s; [複] -) スクーター

Mot·te [モッテ] [女] *die* ([単] 2格 -; [複] -n) (特に小さな)蛾が (☆ 大きなものは Schmetterling); イガ(衣蛾), コクガ(穀蛾)

Mot·to [モットー] [中] *das* ([単] 2格 -s; [複] -s) (行動などの指針となる)標語, モットー, 座右の銘 ▷ nach einem bestimmten *Motto* leben 一定のモットーに従って生活する

Mö·we [メーヴェ] [女] *die* ([単] 2格 -; [複] -n) 《鳥》カモメ ▷ Die *Möwen* kreischen. カモメが鋭い声で鳴く

Mü·cke [ミュッケ] [女] *die* ([単] 2格 -; [複] -n) 蚊か ▷ Die *Mücken* stechen. 蚊が刺す

muck·sen [ムックセン] (muckste; gemuckst; [完了]h)
[再] 〖[sich]⁴と〗 かすかに声を出す, わずかに身動きをする (☆ ふつう否定形で)
[イディオム] ***ohne zu mucksen*** 《口語》ぐずぐず言わないで

mü·de
[mýːdə ミューデ]
[比較] müder [最上] müdest

[形] ❶ [疲れて]眠い
Ich bin *müde*.
私は疲れて眠い
Er sieht *müde* aus.
彼は疲れて眠そうだ
Das *müde* Kind schlief sofort ein.
疲れて眠くなった子供はすぐに眠り込んだ
Bier macht *müde*. ビールは眠たくなる
❷ (労働などで) 疲れた, 疲労した ▷ Er ist *müde* von der Arbeit. 彼は仕事で疲れている / Er hat sich *müde* gelaufen. 彼は歩き疲れた / Er ruht seine *müden* Glieder aus. 彼は疲れた手足を休める
[イディオム] ②+***müde werden*** 《文語》..²にうんざりする
nicht müde werden+zu 不定詞句 (うむことなく)…し続ける ▷ Sie *wird nicht müde*, es immer wieder *zu* erklären. 彼女はうむことなくそれを繰り返し説明し続ける

Mü·dig·keit [ミューディヒカイト] [女] *die* ([単] 2格 -; [複] なし) (疲労からくる)眠気; 疲労, 疲れ ▷ die *Müdigkeit* von sich³ abschütteln 眠気を振り払う / vor *Müdigkeit* umsinken 疲れのあまりよろよろと倒れる

Muf·fel [ムッフェル] [男] *der* ([単] 2格 -s; [複] -) 《口語》無愛想〈不機嫌〉な人

muf·fig [ムッフィヒ]
[形] ❶ かび臭い ▷ Im Keller roch es *muffig*. 地下室はかび臭かった
❷ 《口語》無愛想な, 不機嫌な ▷ ein *muffiges* Gesicht machen 無愛想な顔をする

Mü·he [ミューエ] [女] *die* ([単] 2格 -; [複] -n)
苦労, 労苦, 骨折り ▷ keine *Mühe* scheuen 労をいとわない / Das ist nicht der *Mühe* wert. それは骨折りがいがない
[イディオム] ***Machen Sie sich 〈Mach dir〉 bitte keine Mühe!*** どうぞお構いなく
mit Mühe 苦労して
ohne Mühe 難なく

mü·he·los [ミューエ・ロース] [形] 骨の折れない, たやすい ▷ Er schafft es *mühelos*. 彼はそれを苦もなくやり遂げる

mü·hen [ミューエン] (mühte; gemüht; [完了]h)
[再] 〖[sich]⁴と〗《文語》力一杯努力する

Müh·le [ミューレ] [女] *die* ([単] 2格 -; [複] -n)
❶ 製粉装置; (水車・風車などによる)粉ひき小屋 ▷ Die *Mühle* liegt am Bach. その粉ひき小屋は小川のほとりにある
❷ (コーヒー・コショウなどの)ひき器, ミル ▷ Kaffee mit der *Mühle* mahlen コーヒーをミルでひく

Müh·sal [ミューザール] [女] *die* ([単] 2格 -; [複] -e) 《文語》苦労, 労苦, 難儀

müh·sam [ミューザーム] [形] 骨の折れる ▷ eine *mühsame* Arbeit 骨の折れる作業

müh·se·lig [ミューゼーリヒ] [形] 《文語》難儀な ▷ eine *mühselige* Arbeit 難儀な仕事

Mu·lat·te [ムラッテ] [男] *der* ([単] 2·3·4格 -n; [複] -n) ムラート(白人と黒人の混血児)

Mul·de [ムルデ] [女] *die* ([単] 2格 -; [複] -n) くぼ地 ▷ Das Haus liegt in einer flachen *Mulde*. その家は平らなくぼ地にある

Müll [ミュル] [男] *der* ([単] 2格 -s; [複] なし) 《集合的に》ごみ, 廃[棄]物 ▷ den *Müll* abfahren ごみを(収集車で)運び去る
[イディオム] ④+***in den Müll tun 〈werfen〉*** ..⁴をごみバケツ〈収集容器〉に捨てる

Müll·beu·tel [ミュル・ボイテル] [男] *der* ([単] 2格 -s; [複] -) (ビニールの)ごみ袋

Müll·ei·mer [ミュル・アイマー] [男] *der* ([単] 2格 -s; [複] -) ごみバケツ

Mül·ler [ミュラー] [男] *der* ([単] 2格 -s; [複] -) 製粉業者, 粉屋

Müll·ton·ne [ミュル・トネ] [女] *die* ([単] 2格 -; [複] -n) (円筒形の)大型のごみ収集容器

Müll·tren·nung [ミュル・トレヌング] [女] *die* ([単] 2格 -; [複] なし) ごみの分別

Müll·ver·bren·nung [ミュル・フェアブレヌング] [女] *die* ([単] 2格 -; [複] なし) ごみ焼却

M

mul·mig [ムルミヒ] 形《口語》(状況などが)不安にさせる,危なっかしい;(不安で心が)落ち着かない ▷ eine *mulmige* Situation 不安な気持ちになる状況

Mul·ti·me·dia [ムルティ・メーディア] (田 *das*) (複 2格 –[s]; 複 なし) マルチメディア (☆ ふつう無冠詞で)

mul·ti·me·di·al [ムルティ・メディアール] 形 マルチメディアの

Mul·ti·pli·ka·ti·on [ムルティプリカツィオーン] 女 *die* (複 2格 –; 複 -en)《数学》掛け算,乗法 (反 Division)

mul·ti·pli·zie·ren [ムルティプリツィーレン] (multiplizierte; multipliziert; 助 h)
他《④+mit+③と》 [..³に..³を]掛ける,乗じる (反 dividieren) ▷ die Zahl mit sieben *multiplizieren* その数に7を掛ける / 《過去分詞で》 Zwei *multipliziert* mit vier ist ⟨gibt⟩ acht. 2掛ける4は8

Mumps [ムムプス] 男 *der* (複 2格 –; 複 なし)《医学》流行性耳下腺炎,おたふくかぜ

Mün·chen [ミュンヒェン] (田 *das*)《都市名》ミュンヒェン(バイエルン州の州都; ☞ 地図 E-4)

Mund [ムント] 男 *der* (複 2格 -es⟨まれに -s⟩; 複 Münder)
(人間の)口 (☆ 動物の「口」は Maul) ▷ ein großer *Mund* 大きな口 / den *Mund* öffnen 口をあける / den *Mund* spülen 口をすすぐ / Er küsste sie auf den *Mund*. 彼は彼女の口にキスをした / aus dem *Mund* riechen 口がにおう / mit offenem *Mund* 口をぽかんとあけて
《イディオム》 **den Mund halten** 黙っている ▷ Halt den *Mund*! 黙れ
von Mund zu Mund gehen (うわさなどが)口から口へと広がっていく

Mund·art [ムント・アールト] 女 *die* (複 2格 –; 複 -en) 方言 (=Dialekt) ▷ *Mundart* sprechen 方言を話す

mun·den [ムンデン] (mundete; gemundet; 助 h)
自《文語》《③と》(食べ物などが)[..³の]口に合う

mün·den [ミュンデン] (mündete; gemündet; 助 h)
自《in+④と》(河川などが)[..⁴に]注ぐ,流れ込む

Mün·der [ミュンダー] Mund の 複数

mün·dig [ミュンディヒ]
形 ❶ 成人〈成年〉の (現在ドイツでは18歳) ▷ Mit 18 Jahren wird man *mündig*. 18歳で成人になる
❷ (思慮分別のある)おとなの,一人前の ▷ ein *mündiger* Mensch 一人前のおとな

münd·lich [ミュントリヒ] 形 口頭の,口述の;《副詞的に》口頭で (⇔ schriftlich) ▷ eine *mündliche* Prüfung 口述試験

mund·tot [ムント・トート] 形《成句で》《④+*mundtot machen*》(自分に都合の悪いことなどを)..⁴が言えないようにする,..⁴の口を封じる

Mün·dung [ミュンドゥング] 女 *die* (複 2格 –; 複 -en)
❶ 河口;(川が他の川などに流れ込む)合流点 ▷ An der *Mündung* ist der Fluss am breitesten. 河口で川の幅は一番広くなる
❷ 銃口,砲口 ▷ Er richtete die *Mündung* seiner Pistole auf mich. 彼はピストルの銃口を私の方へ向けた

Mund·was·ser [ムント・ヴァッサー] 田 *das* (複 2格 -s; 複 ..wässer)《医学》うがい水

Mund·win·kel [ムント・ヴィンケル] 男 *der* (複 2格 -s; 複 –) 口もと,口角

Mu·ni·ti·on [ムニツィオーン] 女 *die* (複 なし)(鉄砲・大砲などの)弾薬 ▷ scharfe *Munition* 実弾

mun·keln [ムンケルン] (munkelte; gemunkelt; 助 h)
他《口語》噂話をする,陰口をきく

Müns·ter [ミュンスター]
— 田 *das* (複 2格 -s; 複 –) 大聖堂

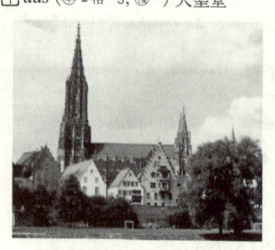

Ulmer Münster

— (田 *das*)《地名》ミュンスター(☞ 地図 C-3)

mun·ter [ムンター]
形 ❶ 活発な,元気な;陽気な ▷ ein *munteres* Kind 活発な子供 / *munter* singen 陽気に歌う
❷ 目がさめている,眠くない (☆ 名詞につけて用いない) ▷ Der Kaffee machte ihn wieder *munter*. コーヒーで彼は再び目がさめた

Mün·ze [ミュンツェ] 女 *die* (複 2格 –; 複 -n) コイン,硬貨 ▷ eine goldene *Münze* 金貨 / eine falsche *Münze* 偽造硬貨

mün·zen [ミュンツェン] (münzte; gemünzt; 助 h)
他《④と》[金・銀など⁴を]貨幣に鋳造する

mür·be [ミュルベ]
形 ❶ (古くなって)もろくなった,ぼろぼろになった ▷ *mürbes* Holz もろくなった木
❷ (肉・果物などが)やわらかい ▷ ein *mürber* Braten やわらかい焼き肉

①, ②, ③, ④=1格, 2格, 3格, 4格の名詞

müssen

(イディオム) ④ +*mürbe machen* …⁴の抵抗する意欲を失わせる

nurk·sen [ムルクセン]
(murkste; gemurkst) (完了h)
⾃《口語》不適切な〈もたもたした〉仕事をする

mur·meln [ムルメルン]
(murmelte; gemurmelt) (完了h)
他《④と》[…⁴を]つぶやく ▷ ein Gebet *murmeln* 祈りのことばをつぶやく

Mur·mel·tier [ムルメル・ティーア] 中 *das* (⊕2格 -[e]s; ⊕ -e)《動物》マーモット

mur·ren [ムレン] (murrte; gemurrt) (完了h)
⾃ 不平〈文句〉を言う、ぼやく、ぐちる ▷ über das Essen〈den Vorgesetzten〉*murren* 食事〈上司〉のことをぼやく

mür·risch [ミュリシュ] 形 不機嫌な, 無愛想な ▷ ein *mürrisches* Gesicht machen 不機嫌な顔をする

Mus [ムース] 中 *das* (⊕2格 -es; ⊕ -e)《料理》ムース(果物・ジャガイモなどを煮てつぶし, かゆ状にしたもの)

Mu·schel [ムッシェル] 女 *die* (⊕2格 -; ⊕ -n)
❶ 貝 ▷ essbare *Muscheln* 食用の貝
❷ 貝殻 ▷ *Muscheln* am Strand sammeln 貝殻を海岸で集める

Mu·se [ムーゼ] 女 *die* (⊕2格 -; ⊕ -n)《ギリシア神話》ミューズ

Mu·se·en [ムゼーエン] Museum の 複数

Mu·se·um [ムゼーウム] 中 *das* (⊕2格 -s; ⊕ Museen)
博物館, 美術館 ▷ ein *Museum* besuchen 博物〈美術〉館へ行く / Das *Museum* ist donnerstags geschlossen. その博物〈美術〉館は木曜日は休館だ

Mu·si·cal [ミューズィカル] 中 *das* (⊕2格 -s; ⊕ -s) ミュージカル

Mu·sik

[muzíːk ムズィーク]
女 *die* (⊕2格 -; ⊕ -en)

❶《⊕ なし》音楽
klassische *Musik*
クラシック音楽
Musik machen
演奏する
Musik gern hören
音楽を聞くのが好きだ
Er versteht etwas von *Musik*.
彼は音楽が少しわかる
die *Musik* des 19. (neunzehnten) Jahrhunderts 19世紀の音楽
❷(作品としての)音楽 ▷ *Musik* von Bach バッハの音楽 / die *Musik* zum Film komponieren 映画音楽を作曲する / Die *Musik*

brach ab. 音楽が突然やんだ

mu·si·ka·lisch [ムズィカーリシュ]
形 ❶ 音楽の ▷ ein *musikalischer* Abend 音楽の夕べ
❷ 音楽の才能がある ▷ Sie ist sehr *musikalisch*. 彼女は非常に音楽の才能がある
❸ 音楽的な ▷ Italienisch ist eine *musikalische* Sprache. イタリア語は音楽的な言語だ

Mu·si·kant [ムズィカント] 男 *der* (⊕2·3·4格 -en; ⊕ -en)(特にダンス音楽・民族音楽などを演奏する)楽師

Mu·si·ker [ムーズィカー] 男 *der* (⊕2格 -s; ⊕ -)(職業的な)演奏家, (オーケストラの)楽団員

Mu·sik·in·stru·ment [ムズィーク・インストルメント] 中 *das* (⊕2格 -[e]s; ⊕ -e) 楽器

mu·sisch [ムーズィシュ] 形 芸術の; 芸術的才能のある

mu·si·zie·ren [ムズィツィーレン]
(musizierte; musiziert) (完了h)
⾃(複数の人が)音楽をする; (家庭などで)音楽会を開く

Mus·kel [ムスケル] 男 *der* (⊕2格 -s; ⊕ -n)(ふつう⊕ で)筋肉, 筋 ▷ Er trainiert seine *Muskeln*. 彼は筋肉を鍛える

Mus·kel·ka·ter [ムスケル・カーター] 男 *der* (⊕2格 -s; ⊕ なし) 筋肉痛

Müs·li [ミュースリ]
—— 中 *das* (⊕2格 -s; ⊕ -s)《料理》ミューズリ(オート麦のフレーク・木の実などをミルクなどと混ぜた朝食用の食べ物)
—— 男 *der* (⊕2格 -[s]; ⊕ -s)《口語》(ミューズリを好んで食べる)環境保護活動家

muss [ムス] müssen の 現在

muß (旧正書) muss

Mu·ße [ムーゼ] 女 *die* (⊕2格 -; ⊕ なし)(落ち着いて好きなことができる)暇

müs·sen

[mýsn̩ ミュッセン]

現在		
ich **muss**	wir **müssen**	
du **musst**	ihr **müsst**	
er **muss**	sie **müssen**	

過去		
ich **musste**	wir **mussten**	
du **musstest**	ihr **musstet**	
er **musste**	sie **mussten**	

| 過分 **müssen, gemusst** 完了 **haben** |
| 接Ⅱ **müsste** |

《話法の助動詞》
——《不定詞と; 過去分詞は müssen》
❶(不可避)(ある事情から)…しなければならない, …せざるをえない
Ich *muss* seine Einladung annehmen.
私は彼の招待に応じなければならない
Er *muss* wegen Fiebers das Bett hüten.

完了h, 完了s＝完了の助動詞 haben, sein

müßig

彼は熱のため床に伏していなければならない
Wie viel *muss* ich zahlen?
勘定はいくらになりますか
Wir konnten kein Taxi finden und *mussten* zu Fuß gehen. 私たちはタクシーがひろえず歩いて行かねばならなかった
【現在完了で】
Sie haben plötzlich abreisen *müssen*.
彼らは突然出発しなければならなかった
Muss das sein? それはどうしても必要なのか〈しなければいけないのか〉
【2人称主語と】《要求》
Sie *müssen* den Film unbedingt einmal sehen. あなたにその映画をぜひ一度見ることを勧めます（← 見なければなりません）
❷《必要》(ある目的のために)…**することが必要である** ▷ Er *musste* hart arbeiten, um sein Ziel zu erreichen. 彼は目標を達成するために力いっぱい働かなければならなかった / Du *musst* dich beeilen, wenn du den Zug noch erreichen willst. 君はその列車に間に合いたければ急がねばならない

類語
müssen 特定の状況から生じる不可避的な事柄、あるいは特定の目的を遂行する上で必要な事柄を表す
sollen 主語以外の人からの主語に対する要求を表す

❸《推量》(印象や推論にもとづき)…**にちがいない**, …のはずだ (☞ müsste ❶) ▷ Er *muss* bald kommen. 彼は間もなく来るにちがいない〈はずだ〉/ Er *muss* sehr reich sein. 彼は非常に金持ちにちがいない / Das *muss* ein Irrtum sein. それは思い違いにちがいない /【完了不定詞句と】Er *muss* es vergessen haben. 彼はそれを忘れてしまったにちがいない
❹《衝動》…せずにはいられない, 思わず〈つい〉してしまう ▷ Er *musste* gähnen. 彼は思わずくびをしてしまった / Als ich das hörte, *musste* ich lachen. 私はそれを聞いたとき笑わずにはいられなかった
❺《運命》必ず…になる, …するに決まっている ▷ Jeder Mensch *muss* einmal sterben. 人は必ずいつか死ぬものだ
❻《接続法 II で》《非現実の願望》…であればよいのだが (☞ müsste ❷)
——【本動詞(不定詞)を省略して; 過去分詞の形は gemusst】
❶《方向》と; 移動動詞の省略》〔…に〕(行か)ねばならない ▷ Ich *muss* nach Hause. 私は家に帰らねばならない / Alle Kinder *müssen* in die Schule. 子供は全員学校へ行かねばならない / Er hat zum Arzt *gemusst*. 【現在完了】彼は医者に行かなければならなかった
❷《tun の省略》…をしなければならない ▷ Ich *muss* es. 私はそれをしなければならない / Ich komme nur, wenn ich *muss*. 私は必要なときだけ来ます / Ich *muss* mal. ちょっとして来なければ (☆ 主に子供が「トイレに行く」の意味で用いる)

mü·ßig [ミュースィヒ]
形《文語》❶ (これといった特別のことは)何もしない, ぶらぶらしている ▷ Er sitzt *müßig* herum. 彼は何もしないで座っている
❷ 無益な, むだな ▷ eine *müßige* Frage 無益な質問

Mü·ßig·gang [ミュースィヒ・ガング] 男 *der* (⇒ 2 格 -[e]s; ⇒ なし) 無為

musst [ムスト] müssen の 現在
mußt [旧⇒新] musst
muss·te [ムステ] müssen の 過去
mußte [旧⇒新] musste
müss·te [ミュステ] [müssen の接続法 II]
❶《推量》(本当なら)…でなければならないのだが, …のはずなんだが ▷ Er *müsste* schon längst da sein. 彼はもうとっくに着いていなければならないのだが
❷《非現実の願望》…であればよいのだが ▷ Man *müsste* noch mal ein Kind sein! もう一度子供に戻れたらなあ
müßte [旧⇒新] müsste

Mus·ter [ムスター] 中 *das* (⇒ 2 格 -s; ⇒ -)
❶ (布地・じゅうたんなどの)模様, 柄 ▷ ein kariertes *Muster* チェックの柄
❷ (物をつくるための)手本; (衣服をつくるための)図案 ▷ ein Kleid nach einem *Muster* schneidern ワンピースを図案に基づいて縫う
❸ (行動する際の)規範, 手本 ▷ einem *Muster* folgen 手本に従う
❹ (商品などの)見本, サンプル ▷ ein *Muster* anfordern 見本を請求する

mus·ter·gül·tig [ムスター・ギュルティヒ] 形 模範的な ▷ Sie hat sich *mustergültig* benommen. 彼女の態度は模範的だった〈申し分なかった〉

mus·ter·haft [ムスターハフト] 形 模範的な (=mustergültig)

mus·tern [ムステルン] (musterte; gemustert; 完了 h)
他《4と》〔…を〕(点検するように)じっくり〈じろじろ〉観察する〈眺める〉 ▷ Er *musterte* seinen neuen Mantel. 彼は自分の新しいコートをじっくり眺めた / Sie *musterte* ihn von oben bis unten. 彼女は彼のことを上から下までじろじろ見た

Mut [ムート] 男 *der* (⇒ 2 格 -es〈まれに -s〉; ⇒ なし)
勇気 ▷ den *Mut* verlieren 勇気を失う / wie-

der *Mut* bekommen 勇気を取り戻す / Nur *Mut*! さあ元気を出せ〈がんばれ〉/ 〚*zu* 不定詞句と〛Sie hat den *Mut*, die Wahrheit zu sagen. 彼女は真実を言う勇気がある

(イディオム) ③ *ist*＋(状態)＋*zu Mute* …は…の気分だ（＝zumute)

mu·tig [ムーティヒ] 形 勇気のある，勇敢な ▷ eine *mutige* Tat 勇気ある行為 / Er war sehr *mutig*. 彼は非常に勇敢だった

mut·los [ムート・ロース] 形 〈物事に立ち向かう〉気力〈元気〉のない，意気消沈した ▷ Er ist ganz *mutlos*. 彼はまったく意気消沈している

mut·maß·lich [ムート・マースリヒ]
—— 形 《文語》推測による，推定上の ▷ der *mutmaßliche* Täter 容疑者
—— 副 《文語》おそらく，たぶん ▷ Sie kommt *mutmaßlich* etwas später. 彼女はたぶん少し遅れて来るだろう

Mut·ter

[mútə ムッター]

女 *die*

—— (⦅2格⦆ -; ⦅複⦆ Mütter)

格	単　数	複　数
①	die Mutter	die Mütter
②	der Mutter	der Mütter
③	der Mutter	den Müttern
④	die Mutter	die Mütter

母, 母親, お母さん (☆「父」は Vater)
eine strenge 〈ledige〉 *Mutter*
厳しい〈未婚の〉母
Vater und *Mutter* ehren
父母を敬う
Sie ist *Mutter* geworden.
彼女は母親になった（子供を産んだ）

—— (⦅2格⦆ -; ⦅複⦆ -n) ナット, 雌ねじ (☆「ボルト, 雄ねじ」は Schraube) ▷ die *Mutter* anziehen ナットを締める

Müt·ter [ミュッター] Mutter「母」の 複数

Mut·ter·ins·tinkt [ムッター・インスティンクト] 男 *der* (⦅2格⦆ -[e]s; ⦅複⦆ -e) 母性本能

müt·ter·lich [ミュッターリヒ]
形 ❶ 母の，母親の ▷ Die musikalische Begabung ist sein *mütterliches* Erbteil. 彼の音楽的才能は母親譲りだ
❷ 母親のような ▷ *mütterliche* Zärtlichkeit 母親のような優しさ

Müt·ter·lich·keit [ミュッターリヒカイト] 女 *die* (⦅2格⦆ -; ⦅複⦆ なし) 母親らしさ, 母性

Mut·ter·milch [ムッター・ミルヒ] 女 *die* (⦅2格⦆ -; ⦅複⦆ なし) 母乳

Mut·ter·spra·che [ムッター・シュプラーヘ] 女 *die* (⦅2格⦆ -; ⦅複⦆ -n) 母語, 母国語 (☆「外国語」は Fremdsprache) ▷ Japanisch ist meine *Muttersprache*. 日本語が私の母語です

Mut·ti [ムッティ] 女 *die* (⦅2格⦆ -; ⦅複⦆ -s) ママ, お母ちゃん (☆ Mutter の愛称。「お父ちゃん」は Vati)

mut·wil·lig [ムート・ヴィリヒ] 悪意のある, 意地悪な

Müt·ze [ミュッツェ] 女 *die* (⦅2格⦆ -; ⦅複⦆ -n) (つばのない)帽子 (☆ ひさしのついた帽子は含まれる; つばのあるものは Hut) ▷ die *Mütze* aufsetzen 帽子をかぶる / die *Mütze* ins Gesicht ziehen 帽子を目深にかぶる / Die *Mütze* steht ihm gut. その帽子は彼に似合っている

Mütze

MwSt., MWSt. [メーア・ヴェーアト・シュトイアー] (*Mehrwertsteuer* の略語) 付加価値税

mys·te·ri·ös [ミュステリエース] 形 不可解な, なぞめいた ▷ Er ist unter *mysteriösen* Umständen umgekommen. 彼は不可解な死に方をした

Mys·tik [ミュスティック] 女 *die* (⦅2格⦆ -; ⦅複⦆ なし) 神秘主義

Mys·ti·ker [ミュスティカー] 男 *der* (⦅2格⦆ -s; ⦅複⦆ -) 神秘主義者

mys·tisch [ミュスティシュ] 形 神秘的な

My·then [ミューテン] Mythos の 複数

My·tho·lo·gie [ミュトロギー] 女 *die* (⦅2格⦆ -; ⦅複⦆ -n) 〈集合的に〉(1 つの民族の持つ)神話

My·tho·gi·en [ミュトロギーエン] Mythologie の 複数

My·thos [ミュートス] 男 *der* (⦅2格⦆ -; ⦅複⦆ Mythen) 神話 ▷ die griechischen *Mythen* ギリシャ神話 / 《比ゆ》Napoleon ist schon zu seinen Lebzeiten zum *Mythos* geworden. ナポレオンは生前すでに神話になった

n N [εn エン]

na [ナ]《間投詞》《口語》

❶《質問などを導入して》*Na*, wie geht's? ねえ調子はどうだい / *Na* also ⟨bitte⟩! そら見ろ /《驚きを表して》*Na*, so was! これはなんということだ /《ちゅうちょなどの気持ちを表して》*Na*, ich weiß nicht so recht. でも私はよくわからないな /《仕方ないと思い切った気持ちを表して》*na* ja ⟨gut⟩まあいいや /《非難めいた発言に対して》*Na* und? それで(それがそんなに悪いことか)

❷《反復的に》《叱責・疑いなどを表して》*Na, na, na*, das tut man aber nicht! これこれそういうことはしちゃいけないよ

Na·bel [ナーベル] 男 *der* (⑮ 2 格 -s; ⑮ -) へそ ▷ Der *Nabel* des Säuglings ist noch nicht verheilt. 乳児のへそはまだ治っていない

nach
[na:x ナーハ]

前《③支配》
☆代名詞との結合形: danach, wonach など

❶《方向》…の方へ
Er reist *nach* Italien.
彼はイタリアへ旅行する (☆冠詞のつく地名の場合はinを用いる ▷ Er reist in die Schweiz. 彼はスイスへ旅行する)
Wir gehen *nach* Haus[e].
私たちは帰宅する
《副詞と》
von oben *nach* unten
上から下へ
nach draußen gehen
戸外に出る
Gehen Sie bitte *nach* rechts.
どうぞ右の方へ行ってください

❷《時間》…のあとに (⇔ vor) ▷ *nach* dem Essen 食後に / *nach* einigen Jahren 数年後に / Es ist zehn Minuten *nach* vier [Uhr]. 4時10分過ぎだ

❸《基準・根拠》《格が明示される場合, 後置されることもある》…に従って, …によれば; …に基づいて ▷ *nach* Vorschrift handeln 規則通りに行動する / Ich kenne ihn nur dem Namen *nach*. 私は彼の名前しか知らない / *nach* meiner Meinung ⟨meiner Meinung *nach*⟩ 私の意見では / Seiner Aussprache *nach* ist er Amerikaner. 発音から判断するならば彼はアメリカ人だ

❹《順番・序列》…の次に ▷ Er ist *nach* mir an der Reihe. 彼の番は私の次だ / Bitte *nach* Ihnen! どうぞお先に /《最上級と》*Nach* Hans ist Werner der Größte in der Klasse. ハンスに次いでヴェルナーがクラスで最も背が高い

❺《方位》…に面して ▷ Das Zimmer geht *nach* Süden. 部屋は南に面している

❻《対象》…を求めて ▷ *nach* dem Kellner rufen ボーイを呼ぶ / Sie suchen *nach* einem Vermissten. 彼らは行方不明者を探している

イディオム *einer nach dem anderen* 次々に
nach und nach しだいに (=allmählich)
nach wie vor 依然として, 相変わらず

★ **nach..** [ナーハ..]《分離前つづり》
a)《後から》*nach*gehen あとをついて行く, *nach*kommen あとから来る
b)《追求》*nach*forschen 調べる, *nach*fragen 問い合わせる
c)《模倣》*nach*ahmen まねる, *nach*machen まねをする

nach|äf·fen [ナーハ・エッフェン] 分離
(äffte nach; nachgeäfft; 助h)
他《④と》[…⁴のそぶりなどを](面白おかしく)まねて見せる

nach|ah·men [ナーハ・アーメン] 分離
(ahmte nach; nachgeahmt; 助h)
他《④と》[…⁴を]まねる ▷ Er *ahmte* das Bellen eines Hundes *nach*. 彼は犬の鳴き声をしてみせた

Nach·ah·mung [ナーハ・アームング] 女 *die* (⑮ 2 格 -; ⑮ なし) まね, 模倣 ▷ die *Nachahmung* eines Vogelrufs 鳥の鳴きまね

Nach·bar [ナッハ・バール] 男 *der* (⑮ 2 格 -n ⟨まれに -s⟩, 3.4 格 -n; ⑮ -n)

❶《隣[の家の人]》▷ Ich gehe mal schnell zum *Nachbarn*. ちょっと急いで隣へ行って来ます

❷ (席など)隣り合わせた人 ▷ Mein rechter *Nachbar* in der U-Bahn las ein Buch. 地下鉄で私の右側に座った人は本を読んでいた

Nach·ba·rin [ナッハ・バーリン] 女 (⑮ 2 格 -; ⑮ ..rinnen) Nachbar の女性形

Nach·bar·schaft [ナッハ・バールシャフト] 女 *die* (⑮ 2 格 -; ⑮ なし)

❶《集合的に》近所の人々 ▷ Die *Nachbarschaft* hat das Geschrei gehört. 近所の人々

①, ②, ③, ④=1格, 2格, 3格, 4格の名詞

はその叫び声を聞いた
❷ 隣近所, 界隈(かいわい) ▷ Er wohnt direkt in unserer *Nachbarschaft*. 彼はすぐ近くに住んでいる
❸ 隣近所の関係 ▷ Wir halten gute *Nachbarschaft*. 私たちは仲よく近所づき合いをしている

Nach·bar·tisch [ナッハ·バール·ティッシュ] [男] *der* ([単] 2 格 -[e]s; [複] -e) 隣のテーブル

nach|bil·den [ナーハ·ビルデン] [分離]
(bildete nach; nachgebildet; [完了]h)
[他] 〖④と〗(本物を)まねて〔…⁴を〕作る

nach·dem [ナーハ·デーム]
[接] 〖従属; 定動詞後置〗
《時間》 **…したあとに** (☆ 副文内の時制は, 主文の時制よりも前のものになる; [反] bevor) ▷ *Nachdem* er gegessen hat, raucht er eine Zigarette. 彼は食事をしたあとに一服吸う / *Nachdem* er gegessen hatte, legte er sich eine Weile hin. 彼は食事をしたあとに少しの間横になった
[イディオム] ***je nachdem ...*** …しだいで ▷ Wann kommst du? – *Je nachdem*, wann ich fertig bin. 君はいつ来れますか—いつ(仕事が)終わるかによります / Kommst du mit? – *Je nachdem*. 君もいっしょに来るかい—状況しだいだね

nach|den·ken [ナーハ·デンケン] [分離]
(dachte nach; nachgedacht; [完了]h)
[自] 〖über+④と〗〔…⁴について〕**じっくり考える**, 熟考する ▷ Darüber muss ich erst *nachdenken*. そのことは私はまずよく考えなければならない // *Denk* mal *nach*! ちょっとよく考えてみろ / Lass mich kurz *nachdenken*! 少し考えさせてくれ

nach·denk·lich [ナーハ·デンクリヒ]
[形] ❶ 考え込んだ, 物思いにふけった ▷ ein *nachdenkliches* Gesicht machen 思案顔をする
❷ 物事を深く考えるタイプの, 考え込みがちな ▷ ein *nachdenklicher* Mensch 物事をじっくり考える人

Nach·druck [ナーハ·ドルック] [男] *der* ([単] 2 格 -[e]s; [複] -e)
❶ 〖[複] なし〗 **強調**, 強め ▷ Er sagte dies mit *Nachdruck*. 彼はこのことを力を込めていった
❷ 複製; 再版, 重版; 複刻[版] ▷ *Nachdruck* verboten! 複製を禁ず

nach·drück·lich [ナーハ·ドリュックリヒ] [形] **強い調子の** ▷ eine *nachdrückliche* Forderung 断固とした要求 / *nachdrücklich* auf+④ hinweisen …⁴に強く注意を促す

nach|ei·fern [ナーハ·アイフェルン] [分離]
(eiferte nach; nachgeeifert; [完了]h)
[自] 〖③と〗〔…³を〕模範にして努力する, 熱心に見習う

nach·ei·nan·der [ナーハ·アイナンダー]
[副] 〖前置詞 nach と einander「互い」の結合形; 前置詞 nach の意味用法に準じて用いられる〗
次々に, 順々に ▷ Die Rennwagen starten *nacheinander*. レーシングカーは次々にスタートする / *Nacheinander* reichte sie ihnen die Hand. 順々に彼女は彼らと握手した / sich⁴ *nacheinander* sehnen 互いにあこがれる (☆ sich⁴ nach+③ sehnen …³にあこがれる)

nach|emp·fin·den [ナーハ·エムプフィンデン]
[分離] (empfand nach; nachempfunden; [完了]h)
[他] 〖④と〗〔他人の感情など⁴を〕自分のことのように感じる

Nach·fol·ge [ナーハ·フォルゲ] [女] *die* ([単] 2 格 –; [複] なし) (官職などの)継承, 後継, 後任

nach|fol·gen [ナーハ·フォルゲン] [分離]
(folgte nach; nachgefolgt; [完了]s)
[自] 〖③と〗〔先発の人³の〕あとを追って行く

nach·fol·gend [ナーハ·フォルゲント] [形] あとに続く, 後続の ▷ die *nachfolgenden* Generationen あとに続く世代

Nach·fol·ger [ナーハ·フォルガー] [男] *der* ([単] 2 格 -s; [複] –) 後任〈後継〉者 ([反] Vorgänger) ▷ einen *Nachfolger* suchen 後任〈後継〉者を探す

nach|for·schen [ナーハ·フォルシェン] [分離]
(forschte nach; nachgeforscht; [完了]h)
[自] (原因などを)調べる, 調査する

Nach·fra·ge [ナーハ·フラーゲ] [女] *die* ([単] 2 格 –; [複] -n)
需要 ([反] Angebot) ▷ Die *Nachfrage* nach diesem Artikel ist groß 〈gering〉. この商品の需要は多い〈少ない〉

nach|fra·gen [ナーハ·フラーゲン] [分離]
(fragte nach; nachgefragt; [完了]h)
[自] 問い合わせる, 照会する ▷ Bitte *fragen* Sie in einer Woche wieder *nach*! 1 週間後に再度お問い合わせください

nach|ge·ben [ナーハ·ゲーベン] [分離]
(er gibt nach; gab nach; nachgegeben; [完了]h)
[自] ❶ **譲歩する**, 言いなりになる ▷ Er *gibt* nie *nach*. 彼は決して譲歩しない / 《ことわざ》 Der Klügere *gibt nach*. 負けるが勝ち (← りこうな人の方が譲歩する)
❷ 〖③と〗〔誘惑など³に〕負ける, 屈する ▷ Sie *gab* seinen Bitten *nach*. 彼女は彼の願いをとうとう聞き入れた
❸ (外からの圧力に)へこむ, たわむ, 崩れる, 割れる ▷ Das Polster *gibt nach*. クッションがへこむ

nach·ge·dacht [ナーハ·ゲダハト] nachdenken の [過分]

nach|ge·hen [ナーハ·ゲーエン] [分離]
(ging nach; nachgegangen; [完了]s)
[自] ❶ (時計が)**遅れている** ([反] vorgehen) ▷

N

Die Uhr *geht* drei Minuten *nach.* この時計は3分遅れている
❷ 〚③と〛〔…³の〕あとをついて行く,〔跡など³を〕追う ▷ Er ist der Spur im Schnee *nachgegangen.* 彼は雪の中の跡をたどって行った
❸ 〚③と〛〔仕事など³を〕規則正しくいつも行う ▷ einem Studium *nachgehen* 大学の勉学に励む / Er *geht* nur seinem Vergnügen *nach.* 彼は楽しむこと(趣味など)ばかり追い求めている
❹ 〚③と〛〔…³の〕心に残る, 心を離れない ▷ Seine Worte *gingen* ihr lange *nach.* 彼のことばは彼女の心に長く残った

nach·gie·big [ナーハ·ギービヒ] [形] 人の言いなりになる, 譲歩しやすい ▷ Du bist ihr gegenüber viel zu *nachgiebig.* 君は彼女の言いなりになりすぎる〈彼女に甘すぎる〉

nach·hal·tig [ナーハ·ハルティヒ] [形] (印象·影響などが)後まで強く残る (☆ ふつう名詞につけて)

nach|hel·fen [ナーハ·ヘルフェン] [分離]
(er hilft nach; half nach; nachgeholfen; [完了]h)
[自] (物事がうまく進むように)手助けする, 助力する

nach·her [ナーハ·ヘーア]
[副] ❶ 《未来の不特定の時点を指して》 あとで, のちほど (＝später) ▷ Das kann ich auch *nachher* machen. それはあとでもできます
❷ 《先行する出来事と関連づけて》そのあとで ▷ Ich fahre erst zur Post, *nachher* zu ihr. 私は最初に郵便局に行きそのあと彼女のところへ行く
[イディオム] ***Bis nachher!*** 《別れぎわに》またあとで

nach|ho·len [ナーハ·ホーレン] [分離]
(holte nach; nachgeholt; [完了]h)
[他] 〚④と〛〔しそこなったこと⁴を〕取り戻す, 埋め合わせる ▷ Schlaf *nachholen* 睡眠不足を取り戻す / eine Prüfung *nachholen* 追試を受ける

Nach·kom·me [ナーハ·コメ] [男] *der* ([単] 2·3·4格 -n; [複] -n) 子孫 ([反] Vorfahr) ▷ Er ist ein *Nachkomme* des großen Politikers. 彼はあの偉大な政治家の子孫だ

nach|kom·men [ナーハ·コメン] [分離]
(kam nach; nachgekommen; [完了]s)
[自] ❶ あとから来る〈行く〉 ▷ Geht schon voraus, ich *komme* gleich *nach.* 君たちは先に行っててくれ 私はすぐあとから行くから
❷ (遅れずに)ついて行く ▷ Bei diesem Tempo kann ich nicht mehr *nachkommen.* こんなテンポには私はもうついて行けない
❸ 《文語》〚③と〛〔命令·義務など³を〕守る;〔要求など³を〕満たす

Nach·kriegs·zeit [ナーハ·クリークス·ツァイト] [女] *die* ([単] 2格 -; [複] -en) 戦後の時代(ふつう第二次世界大戦後を指す)

Nach·lass [ナーハ·ラス] [男] *der* ([単] 2格 -es; [複] -e)
❶ 故人の遺したもの; 遺産, 遺品, 遺稿
❷ 値引き, 割引 ▷ einen *Nachlass* bekommen 値引きしてもらう

Nach·laß [旧⇨新] Nachlass

nach|las·sen [ナーハ·ラッセン] [分離]
(er lässt nach; ließ nach; nachgelassen; [完了]h)
— [自] (程度が)弱まる, やわらぐ, 衰える, 低下する ▷ Die Hitze *ließ* allmählich *nach.* 暑さがしだいにやわらいだ / 〚人を主語にして〛 Er hat in seinen Leistungen sehr *nachgelassen.* 彼の成績が非常に下がった
— [他] 〚④と〛〔金額⁴を〕割り引く;〔義務·罰など⁴を〕免除する ▷ Er hat mir drei Euro vom Preis *nachgelassen.* 彼は値段を3ユーロまけてくれた

nach·läs·sig [ナーハ·レッスィヒ] [形] いいかげんな, だらしない, ぞんざいな ▷ Er ist sehr *nachlässig.* 彼はとてもだらしない / Du gehst mit deinen Sachen *nachlässig* um. 君は持ち物の扱いがぞんざいだ

nach|lau·fen [ナーハ·ラオフェン] [分離]
(er läuft nach; lief nach; nachgelaufen; [完了]s)
[自] ❶ 〚③と〛〔…³の〕あとを追いかける; つきまとう
❷ 〚③と〛〔…³を〕しつこく追い求める

nach|ma·chen [ナーハ·マッヘン] [分離]
(machte nach; nachgemacht; [完了]h)
[他] ❶ 《口語》〚④と〛〔…⁴の〕まねをする,〔…⁴を〕まねる ▷ einen Schimpansen *nachmachen* チンパンジーのまねをする / die Unterschrift *nachmachen* サインをまねる
❷ 《口語》〚③+④と〛〔…³のするように…⁴を〕する ▷ Kinder *machen* den Eltern alles *nach.* 子供はあらゆることで両親を手本にする
❸ 《口語》〚④と〛〔やり残した〈損ねた〉こと⁴を〕後からする

nach·mit·tag [ナーハ·ミッターク] [副] [旧⇨新] Nachmittag

★ nachmittag は, 従来の正書法で heute, morgen, gestern および曜日を表す語と結びつき「…の午後に」という意味で用いられていたが, 新正書法では下に示すように, heute のような場合は大文字書き, 曜日を表す語の場合は一語書きされる:
heute nachmittag ⇨ heute Nachmittag「今日の午後に」
Montag nachmittag ⇨ Montagnachmittag「月曜日の午後に」

Nach·mit·tag
[ná:xmɪta:k ナーハ·ミッターク]
[男] *der* ([単] 2格 -s; [複] -e)

午後 ([反] Vormittag)

am *Nachmittag* 午後に
Ich habe den ganzen *Nachmittag* gewartet. 私は午後中ずっと待っていた
(イディオム) **heute 〈gestern, morgen〉 *Nachmittag***
きょう〈きのう, あす〉の午後に

nach·mit·tags [ナーハ・ミッタークス]
副 午後に（「午後いつも」のような反復の意味でも用いられる; 新 vormittags）▷ mittwochs *nachmittags* 水曜日の午後に / *nachmittags* um 3 Uhr 〈um 3 Uhr *nachmittags*〉午後3時に / *Nachmittags* ist er zu Hause. 午後は彼は家にいる
[注] 曜日を表す語と結びつき「…曜日の午後に」と言う場合, 新正書法では一語で書く ▷ Mittwoch nachmittags ⇒ mittwochnachmittags「水曜日の午後に」

Nach·nah·me [ナーハ・ナーメ] 女 die (単2格 -; 複 -n)《郵便》代金引き換え

Nach·na·me [ナーハ・ナーメ] 男 der (単2格 -ns, 3·4格 -n; 複 -n) 姓, 名字（=Familienname;「名」は Vorname）▷ Wie ist Ihr *Nachname*? あなたの名字はなんといいますか

nach|prü·fen [ナーハ・プリューフェン] 分動
(prüfte nach; nachgeprüft; 完了h)
他 《4》と〔..が本当かどうか, 合っているかどうか, 十分にあるかどうかなど〕調べる

Nach·re·de [ナーハ・レーデ] 女 die (単2格 -; 複 -n) 傷 ▷ üble *Nachrede* 悪意の中傷

Nach·richt [ナーハ・リヒト] 女 die (単2格 -; 複 -en)
❶ 知らせ, 通知 ▷ eine gute *Nachricht* よい知らせ / eine *Nachricht* bekommen 知らせを受ける
❷ 《複 で》(ラジオ・テレビの)ニュース放送 ▷ lokale *Nachrichten* 地方のニュース / *Nachrichten* hören ニュース放送を聞く

Nach·rich·ten·agen·tur [ナーハ・リヒテン・アゲントゥーア] 女 die (単2格 -; 複 -en) 通信社

Nach·rich·ten·ma·ga·zin [ナーハ・リヒテン・マガツィーン] 中 das (単2格 -s; 複 -e) (ふつう週刊の)ニュース雑誌

Nach·rich·ten·sa·tel·lit [ナーハ・リヒテン・ザテリート] 男 der (単2·3·4格 -en; 複 -en) 通信衛星

Nach·rich·ten·sen·dung [ナーハ・リヒテン・ゼンドゥング] 女 die (単2格 -; 複 -en) ニュース放送

Nach·rich·ten·sper·re [ナーハ・リヒテン・シュペレ] 女 die (単2格 -; 複 -n) 報道管制 ▷ eine *Nachrichtensperre* verhängen 報道管制をしく

nach|rü·cken [ナーハ・リュッケン] 分動
(rückte nach; nachgerückt; 完了s)
自 (前任者の)後を継ぐ, (ポストなどを)引き継ぐ

Nach·ruf [ナーハ・ルーフ] 男 der (単2格 -[e]s; 複 -e) 追悼のの辞, 追悼文

nach|rüs·ten [ナーハ・リュステン] 分動
(rüstete nach; nachgerüstet; 完了h)
—— 自 (敵国の水準に追いつくまで) 軍備を増強する
—— 他 《4》と〔..に〕(性能を高めるため)追加装備をつける

nach|sa·gen [ナーハ・ザーゲン] 分動
(sagte nach; nachgesagt; 完了h)
他 ❶《4》と〔人が言ったことを〕繰り返して言う
❷《3》+《4》と〔..について..だと〕陰で言う

nach|schla·gen [ナーハ・シュラーゲン] 分動
(er schlägt nach; schlug nach; nachgeschlagen)
—— 他 (完了h)《4》と〔単語・事項など4を〕(本などで)調べる ▷ Ich habe ein Wort im Wörterbuch *nachgeschlagen*. 私は単語を辞書で調べた // Er hat im Lexikon *nachgeschlagen*. 彼は事典を引いた
—— 自 (完了s)《3》と〔父母など3に〕(性質・体つきなどが)似てくる ▷ Das Mädchen *schlägt* der Mutter nach. その娘は母親に似てくる

Nach·schla·ge·werk [ナーハ・シュラーゲ・ヴェルク] 中 das (単2格 -[e]s; 複 -e) (百科事典・辞書などの)参考図書, レファレンスブック

Nach·schub [ナーハ・シューブ] 男 der (単2格 -[e]s; 複 なし)《軍事》(前線などへの)補給; 補給物資

nach|se·hen [ナーハ・ゼーエン] 分動
(er sieht nach; sah nach; nachgesehen; 完了h)
—— 自 《3》と〔..を〕目で追う, 見送る ▷ Er hat dem abfahrenden Zug *nachgesehen*. 彼は発車する列車を見送った
—— 他 ❶ 《4》と〔..を〕(目で見て)確かめる ▷ *Sieh* einmal *nach*, ob das Fenster geschlossen ist! 窓が閉まっているかどうかちょっと見てくれ
❷ 《4》と〔..の誤り・欠陥などを〕点検する ▷ die Schularbeiten *nachsehen* 宿題に目を通す
❸ 《3》+《4》と〔..の..を〕大目に見る ▷ Sie *sieht* ihren Kindern alle Unarten nach. 彼女は子供らの行儀の悪さをすべて大目にみる
❹ 《4》と〔..を〕(本などで)調べる ▷ ein Wort im Wörterbuch *nachsehen* 単語を辞書で調べる

Nach·sicht [ナーハ・ズィヒト] 女 die (単2格 -; 複 なし) 大目に見ること, 寛大, 寛容 ▷ Er bat sie um *Nachsicht*. 彼は彼女に寛大な措置を請うた

nach·sich·tig [ナーハ・ズィヒティヒ] 形 些細なことにこだわらない, 寛大な, 寛容な

nach|sin·nen [ナーハ・ズィネン] 分動
(sann nach; nachgesonnen; 完了h)
自 《文語》《über+4》と〔..について〕熟考する

Nachspeise

Nach·spei·se [ナーハ・シュパイゼ] 囡 *die* (⓶2格 -; ⓷-n) デザート (=Dessert)

Nach·spiel [ナーハ・シュピール] 中 *das* (⓶2格 -[e]s; ⓷-e) (出来事の不快な)結末 ▷ Diese Sache wird noch ein gerichtliches *Nachspiel* haben. この件はいずれ裁判ざたになるだろう

nächst
[nɛːçst ネーヒストゥ]

形 〖nah[e]の最上級〗
❶ (空間的・関係的に)最も近い
Er saß mir am *nächsten*.
彼は私の一番近いところに座っていた
Das *nächste* Dorf ist 30 km von hier entfernt.
一番近い村はここから30キロ離れている
die *nächsten* Verwandten
ごく近い親戚 (☆ 絶対最上級)
❷ 次の ▷ das *nächste* Kapitel lesen 次の章を読む / *nächstes* Jahr 来年 / *nächste* Woche 来週 / *nächstes*〈*das nächste*〉Mal 次回 / am *nächsten* Sonntag 次の日曜日に / im *nächsten* Monat 来月に / in den *nächsten* Tagen 近日中に
(イディオム) *Der Nächste, bitte!* 次の方どうぞ (☆ 名詞的に)

nach·ste·hen [ナーハ・シュテーエン] 自動 (stand nach; nachgestanden; 匣⼒h, 南ドイツ・オーストリア 匣⼒s)
自 《③と》 《…より》劣っている (☆ ふつう否定形で)

nach·ste·hend [ナーハ・シュテーエント] 形 次の, 以下の ▷ die *nachstehenden* Anmerkungen 下に挙げた注

Nächs·ten·lie·be [ネーヒステン・リーベ] 囡 *die* (⓶2格 -; ⓷なし) 隣人愛

nächs·tens [ネーヒステンス] 副 近々, 近いうちに ▷ Sie wollen *nächstens* heiraten. 彼らは近々結婚するつもりだ

nächst·lie·gend [ネーヒスト・リーゲント] naheliegend の 匿去

nacht [ナハト] 副 (旧⇒新) Nacht

★ nacht は, 従来の正書法で heute, morgen, gestern および曜日を表す語と結びつき「…の夜に」という意味で用いられていたが, 新正書法では下に示したように大文字書きされるか一語書きされる:
heute nacht ⇒ heute Nacht 「今夜」
morgen nacht ⇒ morgen Nacht 「明日の夜」
gestern nacht ⇒ gestern Nacht 「昨夜」
Montag nacht ⇒ Montagnacht 「月曜日の夜」

Nacht
[naxt ナハト]
囡 *die* (⓶2格 -; ⓷Nächte)

夜 (⓶ Tag)
Es wird *Nacht*. 夜になる
Der Patient hatte eine schlaflose *Nacht*.
患者は眠れぬ夜を過ごした
Gute *Nacht*!
お休みなさい (☆ 就寝, または夜の別れのあいさつ)
〖副詞的に〗
jede *Nacht* 毎夜
diese *Nacht* 今夜〈昨夜〉
die ganze *Nacht* 夜通し, 一晩中
Sie ist letzte *Nacht* gestorben.
彼女は昨夜亡くなった
bis spät in die *Nacht* 夜遅くまで
mitten in der *Nacht* 真夜中に
in der *Nacht* zum Sonntag
日曜日にかけての夜に
(イディオム) ③+*gute Nacht sagen* …³にお休みなさいをいう
eines Nachts ある夜 (☆ 副詞的2格; eines Tages「ある日」などとの類推で男性変化をする)
gestern Nacht きのうの夜
heute Nacht 今夜; 昨夜 (☆ heute Nacht にはその日の0時から日の出までを指す場合と, 22時くらいから24時までを指す場合とがある) ▷ *Heute Nacht* ist es kalt. 今夜は冷える / *Heute Nacht* hat es geschneit. 昨夜雪が降った

über Nacht
a) 夜の間, 一晩 ▷ Kann ich heute *über Nacht* bei euch bleiben? 今夜君たちのところにいてもいいかい
b) 一夜にして ▷ Er wurde *über Nacht* berühmt. 彼は一夜にして有名になった

Nacht·dienst [ナハト・ディーンスト] 男 *der* (⓶2格 -[e]s; ⓷なし) (病院などの)夜間勤務

Näch·te [ネヒテ] Nacht の 複数

Nach·teil [ナーハ・タイル] 男 *der* (⓶2格 -s; ⓷-e)
不利益, 不利, 損 (⓶ Vorteil) ▷ Diese Entscheidung wird ihm *Nachteile* bringen. この決定は彼に不利益をもたらすであろう / Sie ist ihm gegenüber im *Nachteil*. 彼女は彼に比べて不利である

nach·tei·lig [ナーハ・タイリヒ] 形 不利な, 損になる ▷ *nachteilige* Folgen 不利な結果 / Das wirkte sich *nachteilig* für ihn aus. それは彼にとってマイナスになった

Nacht·hemd [ナハト・ヘムト] 中 *das* (⓶2格 -[e]s; ⓷-en) (長めのシャツの形をした)寝間着

---

①, ②, ③, ④=1格, 2格, 3格, 4格の名詞

Nach·ti·gall [ナハティガル] 囡 die (⊕2格 -en)《鳥》ナイチンゲール, サヨナキドリ(ツグミ科の渡り鳥;鳴き声が美しいことで知られる) ▷ Die *Nachtigall* schlägt die ganze Nacht. ナイチンゲールが夜通しさえずっている

näch·ti·gen [ネヒティゲン]
(nächtigte; genächtigt; 完了h)
圓《ドイツ》泊まる(＝übernachten)

Nach·tisch [ナーハ・ティッシュ] 男 der (⊕2格 -[e]s; 複 なし) デザート ▷ Was gibt es als *Nachtisch*? デザートはなんですか

Nacht·klub [ナハト・クルップ] 男 der (⊕2格 -s; 複 -s) ナイトクラブ

Nacht·le·ben [ナハト・レーベン] 中 das (⊕2格 -s; 複 なし)《集合的に》(大都会の)夜の歓楽〈娯楽〉

nächt·li·che [ネヒトリヒェ] 形 夜の(☆ 名詞につけて) ▷ *nächtliche* Stille 夜の静けさ

Nacht·lo·kal [ナハト・ロカール] 中 das (⊕2格 -s; 複 -e) 終夜営業のバー

Nach·trag [ナーハ・トラーク] 男 der (⊕2格 -[e]s; 複 ..träge)(著書などの)補遺, 補足

nach|tra·gen [ナーハ・トラーゲン] 分離
(er trägt nach; trug nach; nachgetragen; 完了h)
他 ❶《③＋④と》[..³に忘れ物を⁴を]あとで届ける ▷ Sie hat ihm seinen Hut, den er vergessen hatte, *nachgetragen*. 彼女は彼に忘れた帽子をあとで届けてやった
❷《④と》[文章・ことばを⁴を]つけ加える ▷ Ich muss in dem Bericht noch etwas *nachtragen*. 私はその報告にもう少し書き加えなければならない
❸《③＋④と》[..³の..⁴を]根にもつ ▷ Sie *trug* ihm seine Vorwürfe lange *nach*. 彼女は彼に非難されたことを長い間根にもっていた

nach·tra·gend [ナーハ・トラーゲント] 形 (うらみなどを)根に持つ, 執念深い

nach·träg·lich [ナーハ・トレークリヒ] 形 あとになってからの;《副詞的に》遅ればせながら ▷ *Nachträglich* wünsche ich dir alles Gute zum Geburtstag! 遅くなったけど誕生日おめでとう(☆ 誕生日にお祝いを言うことのできなかった人のことば)

nachts [ナハツ]
副 夜に(「毎夜」のような反復の意味でも用いられる) ▷ *nachts* um zwei Uhr 〈um zwei Uhr *nachts*〉夜の2時に / Ich arbeite *nachts* am besten. 私は夜が一番仕事がしやすい
[注] 曜日を表す語と結びつき「…曜日の夜に」と言う場合, 新正書法では一語で書く ▷ Mittwoch nachts ⇒ mittwochnachts「水曜日の夜に」

Nacht·tau [ナハト・タオ] 男 der (⊕2格 -s; 複 なし) 夜露

Nacht·tisch [ナハト・ティッシュ] 男 der (⊕2格 -[e]s; 複 -e) ナイトテーブル

Nach·weis [ナーハ・ヴァイス] 男 der (⊕2格 -es; 複 -e) 証明, 立証 ▷ Der *Nachweis* seiner Unschuld ist ihm gelungen. 彼は自分の無実の証明に成功した

nach·weis·bar [ナーハ・ヴァイス・バール] 形 証明できる

nach|wei·sen [ナーハ・ヴァイゼン] 分離
(wies nach; nachgewiesen; 完了h)
他《④と》[..⁴を]証明する, 実証する, 立証する ▷ ein festes Einkommen *nachweisen* 定収入のあることを(書類などで)証明する

Nach·welt [ナーハ・ヴェルト] 囡 die (⊕2格 -; 複 なし) 後世の人々

nach|wir·ken [ナーハ・ヴィルケン] 分離
(wirkte nach; nachgewirkt; 完了h)
圓 (影響などが)後まで残る;(影響などを)与え続ける

Nach·wort [ナーハ・ヴォルト] 中 das (⊕2格 -[e]s, 複 ..o)(本の)あとがき, 後記(⇔ Vorwort)

Nach·wuchs [ナーハ・ヴークス] 男 der (⊕2格 -es; 複 なし)
❶《集合的に》(仕事などを引き継ぐ)後進, 後継者 ▷ den *Nachwuchs* fördern 後進を育成する
❷《口語》(家族構成員としての)子供 ▷ Sie haben *Nachwuchs* bekommen. 彼らに子供ができた(☆ 無冠詞で)

nach|zäh·len [ナーハ・ツェーレン] 分離
(zählte nach; nachgezählt; 完了h)
他《④と》[お金を⁴を]数えなおす

nach|zie·hen [ナーハ・ツィーエン] 分離
(zog nach; nachgezogen; 完了h)
—他 ❶《④と》[足⁴を](歩くときに)引きずる
❷《④と》[線など⁴を]引き直す
❸《④と》[ネジなど⁴を]締め直す
—圓 (他業者の値上げなどに)追従〈追随〉する

Na·cken [ナッケン] 男 der (⊕2格 -s; 複 -) 首筋, うなじ ▷ einen steifen *Nacken* haben 首筋がこっている

nackt [ナックト]
形 ❶ (人が)裸の ▷ eine *nackte* Frau 裸の女 / Sie liegt *nackt* in der Sonne. 彼女は日光浴をするため裸で日なたに横たわっている / mit *nackten* Augen 裸眼で / mit *nackten* Füßen はだしで / mit *nacktem* Oberkörper 上半身裸で
❷ (物が)覆われていない, むき出しの ▷ *nackte* Wände 飾りのない壁 / eine *nackte* Glühbirne 裸電球 / auf dem *nackten* Fußboden schlafen 床じかに寝る
❸ ありのままの ▷ Das sind die *nackten* Tatsachen. ありのままの事実だ

Na·del [ナーデル] 囡 die (⊕2格 -; 複 -n)

完了h, 完了s＝完了の助動詞 haben, sein

Nadelbaum

❶ 針; 縫い針; 注射針 ▷ Die *Nadel* bricht ab. 針が折れる
❷ ピン; ヘアピン; 飾りピン, ネクタイピン ▷ Sie trug eine goldene *Nadel*. 彼女は金の飾りピンをつけていた
❸ (計器類の)指針, (羅針盤などの)針
❹ (針葉樹の)針葉 (☆「葉」は Blatt)

Na·del·baum [ナーデル・バオム] 男 der (⓶ 2 格 -[e]s; ⓶ ..bäume) 針葉樹 (⓶ Laubbaum)

Na·gel [ナーゲル] 男 der (⓶ 2 格 -s; ⓶ Nägel)
❶ 釘 ▷ einen *Nagel* in die Wand schlagen 釘を壁に打ち込む
❷ (指の)つめ ▷ Sie kaut ständig an den *Nägeln*. 彼女はいつもつめをかんでいる

Nä·gel [ネーゲル] Nagel の複数

na·geln [ナーゲルン] (nagelte; genagelt; 助h)
他 (❹+方向と) […を…に] 釘で打ちつける (固定する) ▷ Er hat ein Brett an die Wand *genagelt*. 彼は板を壁に釘で打ちつけた

na·gel·neu [ナーゲル・ノイ] 形 (口語) 真新しい, 新品の

Na·gel·sche·re [ナーゲル・シェーレ] 女 die (⓶ 2 格 -; ⓶ -n) つめ切り[はさみ]

na·gen [ナーゲン] (nagte; genagt; 助h)
— 自 (an+❸と) (特に動物が) […を]かじる ▷ Der Hund *nagt* an einem Knochen. 犬が骨をかじる / (比ゆ) Der Kummer *nagte* an ihr. 心痛に彼女の心はさいなまれた
— 他 (❹+von+❸と) […を…から]かじり取る ▷ Rinde vom Baumstamm *nagen* 樹皮を木の幹からかじり取る

Na·ge·tier [ナーゲ・ティーア] 中 das (⓶ 2 格 -[e]s, ⓶ -e) (動物) (りす・ねずみなどの)げっし類の動物

nah [ナー] = nahe

na·he [ナーエ] (比較 näher, 最上 nächst)
形 ❶ (空間的に) 近い ▷ ein *nahes* Dorf 近くの村 / (前置詞句と) Sein Haus liegt *nahe* am Bahnhof. 彼の家は駅の近くにある / Geh nicht zu *nahe* an das Feuer! 火の近くに行きすぎないように / (比ゆ) Sie war den Tränen *nahe*. 彼女はいまにも泣き出さんばかりだった
❷ (時間的に)近い, 間近な ▷ Der Abschied steht *nahe* bevor. 別れが間近に迫っている / in *naher* Zukunft 近い将来に
❸ (関係が)近い ▷ ein *naher* Verwandter (男性の)近い親戚; 近親者

(イディオム) ❸+❹+*nahe bringen* …³に…⁴を親しみあるものにする, なじませる; …⁴を…³に心理的に近づける
❸+❹+*nahe legen* …³に(辞任など)⁴を勧める, 促す
❸+*nahe gehen* (不幸な出来事などが) …³に悲しい思いをさせる
❸+*nahe stehen* …³と親しい間柄である ▷ Er steht uns besonders *nahe*. 彼と私たちの間柄は特に親密だ
❹+*einander nahe bringen* …⁴を互いに親密にさせる
❹+*nahe legen* (推測・疑いなど)⁴を抱かせる ▷ Ihr Verhalten legt den Verdacht *nahe*, dass sie mehr darüber weiß. 彼女の態度を見ていると彼女はもっと多くのことを知っているはずだと疑ってしまう

nahe liegen すぐ思いつく; (…と考えたり疑ったりするのは)容易に理解できる, 当然だ ▷ Diese Vermutung liegt *nahe*. こういう推測はすぐつく / In diesem Fall läge der Gedanke *nahe*, dass … この場合…と考えるのが当然だろう (☆ läge は liegen の接続法 II)

nahe liegend (比較 näher liegend, 最上 nächst liegend) すぐ思いつく; 容易に理解できる, よくわかる ▷ Das ist ein *nahe liegender* Schluss. それはすぐ思いつく結論だ / Aus *nahe liegenden* Gründen ist er nicht erschienen. もっともな理由があって彼は来なかったのです

Nä·he [ネーエ] 女 die (⓶ 2 格 -; ⓶ なし)
❶ (空間的な)近く, 近さ ▷ aus der *Nähe* 近くから / hier in der *Nähe* この近くに / Sie wohnt ganz in der *Nähe*. 彼女はすぐ近くに住んでいる
❷ (時間的な)近さ ▷ Erfolge sind in greifbarer *Nähe*. 成功は目前だ (← 手の届く近さにある) / Der Termin rückt in unmittelbare *Nähe*. 期限が目前に迫る

(イディオム) *aus der Nähe betrachtet* 事細かに検討すると

na·he|brin·gen [ナーエ・ブリンゲン] 分離 (brachte nahe; nahegebracht; 助h) (旧⇒新) nahe bringen (分けて書く) ☞ nahe

na·he|ge·hen [ナーエ・ゲーエン] 分離 (ging nahe; nahegegangen; 助s) 自 (旧⇒新) nahe gehen (分けて書く) ☞ nahe

na·he|le·gen [ナーエ・レーゲン] 分離 (legte nahe; nahegelegt; 助h) 他 (旧⇒新) nahe legen (分けて書く) ☞ nahe

na·he|lie·gen [ナーエ・リーゲン] 分離 (lag nahe; nahegelegen; 助h) 自 (旧⇒新) nahe liegen (分けて書く) ☞ nahe

na·he·lie·gend [ナーエ・リーゲント] 形 (比較 näherliegend, 最上 nächstliegend) (旧⇒新) nahe liegend (分けて書く) ☞ nahe

na·hen [ナーエン] (nahte; genaht; 助s)
自 (文語)近づく ▷ Der Abschied *naht*. 別れが近づく

nä·hen [ネーエン] (nähte; genäht; 助h)
— 他 ❶ (❹と) […⁴を]縫う, 縫って作る ▷ Sie *näht* eine Bluse. 彼女はブラウスを縫う

(状態), (様態), (場所), (方向), …³=状態, 様態, 場所, 方向, …を表す語句

❷ 〖④+an 〈auf〉+④と〗〔…⁴を…³に〕縫いつける ▷ Sie nähte eine Borte auf den Rock. 彼女は縁飾りをスカートに縫いつけた
❸ 〖④と〗〔傷口など⁴を〕縫合する ▷ Der Arzt näht eine Wunde. 医者は傷を縫い合わせる
── 自 縫い物をする ▷ mit der Hand nähen 手縫いする

nä·her [ネーア-] 〖nah[e]の比較級〗
形 ❶ より近い ▷ Bitte treten Sie näher! もっと近くに寄ってください / Dieser Weg ist näher. この道の方が近い /〖絶対比較級として〗Er kommt aus der näheren Umgebung. 彼はこの近くの出だ
❷ (関係が)より近い ▷ die näheren Verwandten より近い親戚
❸ より詳しい ▷ Ich kann jetzt nicht näher darauf eingehen. 私はいまそのことにこれ以上立ち入ることができない /〖名詞的に〗Näheres hat er ihr noch nicht mitgeteilt. より詳しいことは彼は彼女にまだ伝えていなかった
イディオム ③+näher kommen …³と以前〈他の人など〉よりも親しくなる
③+näher stehen …³と以前〈他の人など〉よりも親しくしている
näher liegend nahe liegend の 比較
Nä·he·re [ネーエレ] 中 das (形容詞変化 ☞ Alte 表 II) 詳しいこと
nä·her·kom·men [ネーアー・コメン] 分離 (kam näher; nähergekommen; 旧⇒新 s) 自 旧⇒新 **näher kommen** (分けて書く) ☞ näher
nä·her·lie·gend [ネーアー・リーゲント] 旧⇒新 **näher liegend** (分けて書く) ☞ näher
nä·hern [ネーエルン] (näherte; genähert; 旧⇒新 h)
再 ❶ 〖sich⁴と〗近づく ▷ Der Hund näherte sich uns vorsichtig. その犬は私たちのところに用心深く近づいて来た
❷ 〖sich⁴+③と〗〔特に女性³に〕(親しくなろうとして)近づく ▷ Er versucht, sich ihr zu nähern. 彼は彼女と親しくなろうとこころみる
❸ 〖sich⁴と〗(時間的に)近づく ▷ Der Winter nähert sich. 冬が近づいて来る / Der Vortrag nähert sich seinem Ende. 講演はそろそろ終わりだ
nä·her|ste·hen [ネーアー・シュテーエン] 分離 (stand näher; nähergestanden; 旧⇒新 h) 自 旧⇒新 **näher stehen** (分けて書く) ☞ näher
na·he|ste·hen [ナーエ・シュテーエン] 分離 (stand nahe; nahegestanden; 旧⇒新 h) 自 旧⇒新 **nahe stehen** (分けて書く) ☞ nahe
na·he·zu [ナーエ・ツー] 副 ほぼ, ほとんど ▷ nahezu hundert Prozent ほぼ100パーセント
nahm [ナーム] nehmen の 過去
Näh·ma·schi·ne [ネー・マシーネ] 女 die (⦅新⦆2格 -; ⦅新⦆-n) ミシン

näh·me [ネーメ] nehmen の 接II
näh·ren [ネーレン] (nährte; genährt; 旧⇒新 h)
── 他〈文語〉❶ 〖④と〗〔子供・動物などに〕栄養を与える
❷ 〖④と〗〔希望・憎悪など⁴を〕はぐくむ
── 自〈文語〉〖sich⁴+von+③と〗〔食物など³から〕栄養をとる
nahr·haft [ナールハフト] 形 栄養のある, 滋養に富む ▷ Brot ist sehr nahrhaft. パンはとても栄養がある
Nah·rung [ナールング] 女 die (⦅新⦆2格 -; ⦅新⦆なし) (滋養になる)食物 ▷ Nahrung zu sich³ nehmen 食物を摂取する /〖比喩〗Sein Verhalten hat dem Gerücht Nahrung gegeben. 彼の態度はうわさを勢いづかせた
Nah·rungs·mit·tel [ナールングス・ミッテル] 中 das (⦅新⦆2格 -s; ⦅新⦆-) 〖ふつう複で〗食料品 (= Lebensmittel)
Naht [ナート] 女 die (⦅新⦆2格 -; ⦅新⦆Nähte) 縫い目
näh·te [ネーテ] nähen の 過去
Näh·te [ネーテ] Naht の 複数
naht·los [ナート・ロース]
形 ❶ 縫い目〈継ぎ目〉の見えない; (靴下が)シームレスの
❷ (移行などの)スムーズな
Nah·ver·kehr [ナー・フェアケーア] 男 der (⦅新⦆2格 -[e]s; ⦅新⦆なし) 近距離交通
Nah·ver·kehrs·zug [ナー・フェアケーアス・ツーク] 男 der (⦅新⦆2格 -[e]s; ⦅新⦆..züge) 近距離列車
Näh·zeug [ネー・ツォイク] 中 das (⦅新⦆2格 -[e]s; ⦅新⦆なし) 〖集合的に〗裁縫道具
na·iv [ナイーフ] 形 素朴な, 無邪気な ▷ ein naives Mädchen 無邪気な少女 /〖否定的な意味合いで〗Sie haben über seine naiven Fragen gelacht. 彼らは彼の素朴な質問をあざ笑った
Na·i·vi·tät [ナイヴィテート] 女 die (⦅新⦆2格 -; ⦅新⦆なし) 素朴さ, 無邪気さ

Na·me
[ná:mə ナーメ]
男 der (⦅新⦆2格 -ns, 3・4格 -n; ⦅新⦆-n)

格	単　数	複　数
①	der Name	die Namen
②	des Namens	der Namen
③	dem Namen	den Namen
④	den Namen	die Namen

❶ 名前, 名, 名称; 名義
ein seltener Name
珍しい名前
die Namen der Teilnehmer vorlesen
参加者の名前を読み上げる
Er wollte seinen Namen nicht nennen.

旧⇒新＝新正書法の指示，⦅新⦆＝旧正書法の指示

Namenliste

彼は名前を名乗ろうとはしなかった
Wie ist Ihr *Name*?
あなたのお名前はなんとおっしゃいますか
Mein *Name* ist Ulrich Engel.
私の名前はウルリヒ エンゲルです
Kennst du den *Namen* dieser Pflanze?
この植物の名前を知っていますか
Sie ist mir nur dem *Namen* nach bekannt.
彼女のことは私は名前しか知らない
Wie lautet der *Name* dieser Tiere?
これらの動物の名前はなんといいますか
❷ 名声 ▷ Er hat bereits einen *Namen*. 彼はすでに名声を博している / sich³ einen *Namen* machen 有名になる

(イディオム) ***im Namen***+②〈***von***+③〉…²⁽³⁾の名で ▷ Ich verhafte Sie *im Namen* des Gesetzes. 法律の名においてあなたを逮捕します

Na·men·lis·te [ナーメン·リステ] 囡 *die* (⓵2格 -; ⓹ -n) 名簿

na·men·los [ナーメン·ロース] 形 名前のない

na·mens [ナーメンス] 副 …という名前の ▷ ein Mann *namens* Ballweg バルヴェークという名の男

Na·mens·ge·dächt·nis [ナーメンス·ゲデヒトニス] 匣 *das* (⓵2格 -nisses; ⓹ まれに ..nisse) 名前の記憶

Na·mens·schild [ナーメンス·シルト] 匣 *das* (⓵2格 -[e]s; ⓹ -er) 名札

na·ment·lich [ナーメントリヒ]
— 形 名前を挙げての ▷ eine *namentliche* Abstimmung 記名投票
— 副《文語》特に, とりわけ (＝vor allem)

nam·hafte [ナームハフテ] 形 著名な;《数量が》相当な, かなりの (☆名詞につけて)

näm·lich [ネームリヒ]
副 ❶《先行の語句をより詳しく言い換えて》すなわち ▷ einmal in der Woche, *nämlich* am Sonntag 週に一度 すなわち日曜日に
❷《先行文の内容を主張した理由を述べて》というのは ▷ Ich kann sie nicht erreichen, sie ist *nämlich* verreist. 私は彼女と連絡がとれないというのは彼女は旅行中なのだ

nann·te [ナンテ] nennen の (過去)

Na·po·le·on [ナポレオン]《人名》ナポレオン (☆ Napoleon Bonaparte はフランスの皇帝. 1769-1821)

Nar·be [ナルベ] 囡 *die* (⓵2格 -; ⓹ -n) 傷跡 ▷ Die Wunde hat eine hässliche *Narbe* zurückgelassen. その傷は醜い跡が残った

Nar·ko·se [ナルコーゼ] 囡 *die* (⓵2格 -; まれに ⓹ -n) 麻酔

Narr [ナル] 男 *der* (⓵2·3·4格 -en; ⓹ -en) ばか, あほう ▷ Er ist ein *Narr*. 彼はばかだ /《ことわざ》 Kinder und *Narren* reden die Wahrheit. 子供とばかは本当のことをいう

Nar·ren·haus [ナレン·ハオス] 匣 *das* (⓵2格 -es; ⓹ ..häuser)《口語》精神病院

när·risch [ネリッシュ] 形 ばかげた, 狂気のさたの

Nar·zis·se [ナルツィッセ] 囡 *die* (⓵2格 -; ⓹ -n)《植物》スイセン

Nar·ziss·mus [ナルツィスムス] 男 *der* (⓵2格 -; ⓹ なし) ナルシズム, 自己陶酔

Nar·ziß·mus (旧⇒新) Narzissmus

Nar·zisst [ナルツィスト] 男 *der* (⓵2格 -en; ⓹ -en) ナルシスト, 自己陶酔者

Nar·zißt (旧⇒新) Narzisst

nar·ziss·tisch [ナルツィスティッシュ] 形 ナルシス的な

nar·ziß·tisch (旧⇒新) narzisstisch

Na·sal [ナザール] 男 *der* (⓵2格 -s; ⓹ -e)《言語学》鼻音

na·schen [ナッシェン]
(naschte; genascht; (助)h)
— 他《④と》〔特に甘いものを〕(少しずつ取って) 食べる, つまむ ▷ Sie *nascht* gern Schokolade. 彼女はチョコレートをつまむのが好きだ
— 自 つまみ食いする ▷ Sie hat vom Kuchen *genascht*. 彼女はケーキをつまみ食いした

nasch·haft [ナッシュハフト] 形《子供などが》甘いものが好きでよく食べる

Na·se [ナーゼ] 囡 *die* (⓵2格 -; ⓹ -n)
鼻 ▷ eine große *Nase* 大きな鼻 / sich³ die *Nase* putzen 鼻をかむ / Seine *Nase* blutet. 彼は鼻血を出している / Er hat eine gute〈feine〉 *Nase*. 彼は鼻がいい /《比ゆ》鼻がきく (勘がいい) / durch die *Nase* sprechen 鼻声で話す / in der *Nase* bohren 鼻くそをほじくる

(イディオム) ④+***an der Nase herumführen*** …⁴をたぶらかす

die Nase hoch tragen 高慢である

seine Nase in+④ ***stecken***《関係のないこと》に首を突っ込む (☆ seine は主語に応じて変える) ▷ Er *steckt* seine *Nase in* alles. 彼はなんにでも首を突っ込む

von+③ ***die Nase voll haben*** …³にうんざりしている

vor der Nase wegfahren《乗り物が》目の前でドアが閉まり出発してしまう

nä·seln [ネーゼルン] (näselte; genäselt; (助)h)
自 鼻声で話す, 鼻にかかった話し方をする

Na·sen·blu·ten [ナーゼン·ブルーテン] 匣 *das* (⓵2格 -s; ⓹ なし) 鼻血

Na·sen·loch [ナーゼン·ロッホ] 匣 *das* (⓵2格 -[e]s; ⓹ ..löcher)《ふつう ⓹ で》鼻孔, 鼻の穴

na·se·weis [ナーゼ·ヴァイス] 形《特に子供が出しゃばって》余計な口をきく, 小生意気な

Nas·horn [ナース·ホルン] 匣 *das* (⓵2格 -[e]s; ⓹ ..hörner)《動物》犀

①, ②, ③, ④＝1格, 2格, 3格, 4格の名詞

nass [ナス] (比較 nasser ⟨nässer⟩, 最上 nassest ⟨nässest⟩)
形 ❶ ぬれた (反 trocken) ▷ Seine Kleider waren *nass*. 彼の服はぬれていた / Ich bin vom Regen tüchtig *nass* geworden. 私は雨でびしょぬれになった / mit *nassen* Augen 目に涙を浮かべて

類語
nass（水分を相当量含みあるいは表面が水分で覆われて）ぬれている
feucht（水分をある程度含み）湿っている

❷ 雨の多い ▷ Es war ein *nasser* Sommer. 雨の多い夏だった

naß (旧⇒新) nass

Näs·se [ネッセ] 囡 *die* (⊕ 2格 -; ⊕ なし)（ぬれたものに含まれる）水分, 強い湿気〈湿り気〉▷ Die *Nässe* dringt durch die Schuhe. 靴の中まで水がしみてくる

näs·ser [ネッサー] nass の 比較

näs·sest [ネッセスト] nass の 最上

Na·ti·on [ナツィオーン] 囡 *die* (⊕ 2格 -; ⊕ -en)
❶ 国民 (☆ ふつう一国家を形成する共同体を指し, 言語・文化を共有する共同体としての「民族」を指す場合は Volk を用いる) ▷ die deutsche *Nation* ドイツ国民
❷ 国家 ▷ die Vereinten *Nationen* 国際連合

na·ti·o·nal [ナツィオナール]
形 ❶ 国民〈民族〉の; 国家の ▷ ein *nationaler* Feiertag 国民の祝日 / die *nationalen* Interessen wahren 国益を守る
❷ 国内の (⊕ international) ▷ *nationale* Meisterschaften 国内選手権

Na·ti·o·nal·flag·ge [ナツィオナール・フラッゲ] 囡 *die* (⊕ 2格 -; ⊕ -n) 国旗

Na·ti·o·nal·hym·ne [ナツィオナール・ヒュムネ] 囡 *die* (⊕ 2格 -; ⊕ -n) 国歌

Na·ti·o·na·lis·mus [ナツィオナリスムス] 男 *der* (⊕ 2格 -; ⊕ なし) 国家〈民族〉主義, ナショナリズム

na·ti·o·na·lis·tisch [ナツィオナリスティシュ] 形 国家主義的な

Na·ti·o·na·li·tät [ナツィオナリテート] 囡 *die* (⊕ 2格 -; ⊕ -en) 国籍 ▷ Welcher *Nationalität* ist er? 彼はどちらの国籍ですか (☆ Nationalität は 2格. 次の事例も同じ) / Ich bin japanischer *Nationalität*. 私は日本国籍だ

Na·ti·o·nal·li·ga [ナツィオナール・リーガ] 囡 *die* (⊕ 2格 -; ⊕ ..ligen) ナショナルリーグ

Na·ti·o·nal·mann·schaft [ナツィオナール・マンシャフト] 囡 *die* (⊕ 2格 -; ⊕ -en)（スポーツ）ナショナルチーム

Na·ti·o·nal·park [ナツィオナール・パルク] 男 *der* (⊕ 2格 -[e]s; ⊕ -s) 国立公園

Na·ti·o·nal·so·zi·a·lis·mus [ナツィオナール・ゾツィアリスムス] 男 *der* (⊕ 2格 -; ⊕ なし) 国家社会主義; ナチズム

Nat·ter [ナッター] 囡 *die* (⊕ 2格 -; ⊕ -n)《動物》ヘビ

Na·tur [ナトゥーア] 囡 *die* (⊕ 2格 -; ⊕ -en)
❶ (⊕ なし) 自然 ▷ die *Natur* lieben 自然を愛する / die Gesetze der *Natur* erforschen 自然の法則を探求する /《比ゆ》Mein Haar ist *Natur*. 私の髪の毛は本物だ / in der freie *Natur* hinauswandern 野外へハイキングに出かける / Zurück zur *Natur*! 自然に帰れ (社会の因襲を脱し, 人間本来の姿に帰ろうという J.J. ルソーの思想を表現したことば)

❷ (⊕ はまれ)（生まれつきの）体質, 性分, 性格 ▷ Er hat eine gesunde *Natur*. 彼はじょうぶな体質だ / Er hat eine leicht erregbare *Natur*. 彼は興奮しやすい性分だ

❸ (⊕ なし)（事柄の）性質, 性格 ▷ Fragen allgemeiner *Natur* 一般性のある問題 / Es liegt in der *Natur* der Sache, dass Schwierigkeiten entstehen. 困難が生じるということは事の性質からしてしかたのないことだ〈事の性質そのものの中に原因がある〉

(イディオム) **von Natur [aus]** 生まれつき ▷ Er ist *von Natur* gutmütig. 彼は生まれつき人がいい

Na·tur·denk·mal [ナトゥーア・デンク・マール] 中 *das* (⊕ 2格 -s; ⊕ ..mäler) 天然記念物

Na·tu·rell [ナトゥレル] 中 *das* (⊕ 2格 -s; ⊕ -e) 性格, 天性

na·tur·ge·mäß [ナトゥーア・ゲメース]
— 形 自然な; 自然の条件に合せた
— 副 必然的に

Na·tur·ge·setz [ナトゥーア・ゲゼッツ] 中 *das* (⊕ 2格 -es; ⊕ -e) 自然法則, 自然律

na·tur·ge·treu [ナトゥーア・ゲトロイ] 形（描写などが）実物どおりの

Na·tur·ka·ta·stro·phe [ナトゥーア・カタストローフェ] 囡 *die* (⊕ 2格 -; ⊕ -n) 自然災害, 天災

Na·tur·kost [ナトゥーア・コスト] 囡 *die* (⊕ 2格 -; ⊕ なし) 自然食

Na·tur·kost·la·den [ナトゥーア・コスト・ラーデン] 男 *der* (⊕ 2格 -s; ⊕ ..läden) 自然食の店

na·tür·lich [ナテューアリヒ]
— 副 もちろん, 当然 ▷ Kommst du mit? - *Natürlich*! 君もいっしょに来ますか—もちろん / Ich freue mich *natürlich*, wenn sie mitkommt, aber ... 私は彼女がいっしょに来ればもちろんうれしいのですが…

— 形 ❶ 自然の, 天然の ▷ *natürliches* Licht 自然の光 / eine *natürliche* Blume（造花ではない）本物の花

❷ 当然な, あたりまえの ▷ Es ist *natürlich*, dass sie jetzt traurig ist. いま彼女が悲しんでいるのは当然だ
❸ 生まれつきの ▷ Das ist nicht ihre *natürliche* Haarfarbe. それは彼女の生まれつきの髪の色ではない
❹ 実物通りの, ありのままの ▷ eine Figur in *natürlicher* Größe 実物大の像
❺ 自然の法則に従った ▷ ein *natürlicher* Tod 自然死 / der *natürliche* Verlauf dieser Krankheit この病気の通常の経過
❻ 気取らない, 飾らない ▷ Er verhält sich *natürlich*. 彼は自然に振舞う

Na·tur·park [ナトゥーア・パルク] [男] *der* ([単] 2格 -[e]s; [複] -s) 自然公園

Na·tur·schutz [ナトゥーア・シュッツ] [男] *der* ([単] 2格 -es; [複] なし) 自然保護

Na·tur·schutz·ge·biet [ナトゥーア・シュッツ・ゲビート] [中] *das* ([単] 2格 -[e]s; [複] -e) 自然保護区

Na·tur·wis·sen·schaft [ナトゥーア・ヴィッセンシャフト] [女] *die* ([単] 2格 -; [複] -en) 〘ふつう [複] で〙 自然科学 ([反] Geisteswissenschaft)

na·tur·wis·sen·schaft·lich [ナトゥーア・ヴィッセンシャフトリヒ] [形] 自然科学の

Na·zi [ナーツィ] [男] *der* ([単] 2格 -s; [複] -s) 《口語》 ナチ(☆ *Na*tionalso*zi*alist の略語で, 蔑称)

n. Chr. [ナーハ クリスト〈クリストゥス〉] 〘*n*ach *Chr*isto 〈*Chr*istus〉 の略語〙 西暦…年

Ne·a·pel [ネアーペル] ([中] *das*) 《都市名》 ナポリ

Ne·bel [ネーベル] [男] *der* ([単] 2格 -s; [複] -)
霧, もや, かすみ ▷ Der *Nebel* steigt. 霧が立ち昇る

ne·bel·haft [ネーベルハフト] [形] (記憶などが) ぼんやりした, おぼろげな

ne·be·lig [ネーベリヒ] [形] ＝neblig

ne·ben

[né:bn̩ ネーベン]

[前] 〘③・④支配〙
☆ 空間関係の表示において位置を表す場合は 3 格, 方向を表す場合は 4 格を支配する
☆ 代名詞との結合形: daneben, woneben など

❶ 〘3·4 格〙《空間》
a) 〘3 格〙《位置》 …の横に〈で〉, …のわきに〈で〉, …と並んで
neben dem Fenster
窓の横に
direkt *neben* der Kirche
教会のすぐ横に
Er steht *neben* mir.
彼は私のわきに〈私と並んで〉立っている
b) 〘4 格〙《移動》 …の横へ〈に〉, …のわきへ〈に〉, …に並べて〈と並んで〉
Sie setzte sich *neben* ihn.
彼女は彼の横に〈彼と並んで〉座る
Er legt den Löffel *neben* den Teller.
彼はスプーンを皿のわきに〈皿に並べて〉置く

❷ 〘3 格〙《併存》 …のほかに, …のかたわら ▷ Er betreibt *neben* seinem eigentlichen Beruf noch etwas Landwirtschaft. 彼は本業のほかにまだ農業を少し営んでいる

❸ 〘3 格〙《比較》 …と比べると, …と並ぶと ▷ *Neben* diesem Schauspieler verblassen alle anderen. この俳優と比べるとほかの俳優は皆かすんでしまう

ne·ben·an [ネーベン・アン]
[副] 隣に ▷ Er wohnt gleich *nebenan*. 彼はすぐ隣に住んでいる

ne·ben·bei [ネーベン・バイ]
[副] ❶ そのかたわら, 片手間に ▷ Er studiert noch und arbeitet *nebenbei* als Kellner. 彼は大学でなお勉学を続けるかたわら給仕として働いている
❷ ついでに ▷ *nebenbei* gesagt ついでに言うと, ちなみに

ne·ben·ei·nan·der [ネーベン・アイナンダー]
[副] 〘前置詞 neben と einander 「互い」 の結合形; 前置詞 neben の意味用法に準じて用いられる〙
並んで; 同時に ▷ Die beiden Familien wohnen *nebeneinander*. その両家族は隣どうしだ (☆ neben＋③ wohnen …³の隣に住んでいる)

Ne·ben·ein·künf·te [ネーベン・アイン・キュンフテ] [複名] 副収入, 臨時収入

Ne·ben·fach [ネーベン・ファッハ] [中] *das* ([単] 2格 -[e]s; [複] ..fächer) (大学での) 副専攻[科目] (☆「主専攻」は Hauptfach)

Ne·ben·fluss ([旧] **..fluß**) [ネーベン・フルス] [男] *der* ([単] 2格 -es; [複] ..flüsse) (河川の) 支流

Ne·ben·kos·ten [ネーベン・コステン] [複名] 雑費

Ne·ben·pro·dukt [ネーベン・プロドゥクト] [中] *das* ([単] 2格 -[e]s; [複] -e) 副産物

Ne·ben·rol·le [ネーベン・ロレ] [女] *die* ([単] 2格 -; [複] -n) (芝居などの) わき役

Ne·ben·sa·che [ネーベン・ザッヘ] [女] *die* ([単] 2格 -; [複] -n) 副次的〈二次的〉なこと

ne·ben·säch·lich [ネーベン・ゼヒリヒ] [形] 副次的な, 重要でない ▷ Die Preisfrage ist hier *nebensächlich*. 値段はこの場合重要ではない

Ne·ben·satz [ネーベン・ザッツ] [男] *der* ([単] 2格 -es; [複] ..sätze) 副文, 従属文

Ne·ben·stra·ße [ネーベン・シュトラーセ] [女] *die* ([単] 2格 -; [複] -n) 裏通り, わき道 (☆「本通り」は Hauptstraße)

Ne·ben·wir·kung [ネーベン・ヴィルクング] [女] *die* ([単] 2格 -; [複] -en) 副作用

neb·lig [ネーブリヒ] [形] 霧のかかった ▷ Es ist

heute sehr neblig. きょうは霧が非常に深い

Ne·ckar [ネッカル] 男 (② 2格 -s; 徹 なし)
《川名》ネッカル，ネッカー川 (☆ 定冠詞を必ず伴う; ☞ 地図 D-4)

ne·cken [ネッケン] (neckte; geneckt; 完了 h)
他 《④と》〔…⁴を〕からかう，ひやかす ▷ Sie neckte ihn ständig. 彼女はしょっちゅう彼のことをからかった

ne·ckisch [ネッキシュ]
形 ❶ いたずらっぽい; (けんかなどが) 戯れの
❷ (服装などが) 大胆な，刺激的な
❸ (建造物などが) 奇妙な

Nef·fe [ネッフェ] 男 der (② 2·3·4 格 -n; 徹 -n)
甥 ▷ Ich habe meinen Neffen besucht. 私は甥を訪問した

ne·ga·tiv [ネーガティーフ]
形 ❶ 否定的な (徹 positiv) ▷ eine negative Antwort 否定的な答え / eine negative Haltung einnehmen 否定的な態度をとる
❷ マイナスの，好ましくない ▷ die negative Seite マイナスの面
❸ 《写真》，《医学》陰性の ▷ ein negatives Bild 陰画

Ne·ga·tiv [ネ[-]ガティーフ] 中 das (② 2格 -s; 徹 -e) 陰画，ネガ

Ne·ger [ネーガー] 男 der (② 2格 -s; 徹 -) 黒人

ne·gie·ren [ネギーレン]
(negierte; negiert; 完了 h)
他 ❶ 《④と》〔人の見解などを〕否定的にみる
❷ 《④と》〔罪などを〕否定する

neh·men

[neːmən ネーメン]

現在	ich nehme	wir nehmen
	du nimmst	ihr nehmt
	er nimmt	sie nehmen
過去	ich nahm	wir nahmen
	du nahmst	ihr nahmt
	er nahm	sie nahmen
過分	genommen	完了 haben

他 ❶ 《④+方向と》〔…⁴を…から〔…に〕〕**取る**
ein Buch vom Regal nehmen
本を本棚から取る
ein Glas aus dem Schrank nehmen
グラスを食器棚から取り出す
einen Hammer in die Hand nehmen
ハンマーを手に取る
Er nahm seine Mappe unter den Arm.
彼は書類カバンを小わきに抱えた
❷ 《④と》〔…⁴を〕手に取る ▷ Sie nimmt seine Hand und drückt sie fest. 彼女は彼の手を取りたく握りしめる / Er nahm seinen Mantel und verabschiedete sich. 彼はコートを手に取り別れを告げた
❸ 《④と》〔差し出されたもの⁴を〕受け取る; (報酬・代金として) 取る ▷ kein Trinkgeld nehmen チップを受け取らない / Er hat für die Reparatur 250 Euro genommen. 彼は修理代として 250 ユーロ取った
❹ 《④と》使う，利用する ▷ ein Taxi nehmen タクシーに乗る / die Straßenbahn nehmen 路面電車を利用する
❺ 《④と》〔家庭教師など⁴を〕雇う ▷ einen Rechtsanwalt nehmen 弁護士を雇う
❻ 《④と》(考えて) 〔…⁴に〕決める ▷ Ich nehme doch diese Bluse. 《店で》私はやっぱりこのブラウスにします / Er nahm die angebotene Stelle. 彼はそのポストの申し出を受けた
❼ 《④と》〔授業など⁴を〕受ける ▷ Klavierstunden nehmen ピアノのレッスンを受ける
❽ 《④と》〔 状態と〕〔…⁴を…に〕受け取る ▷ alles wörtlich nehmen すべてをことば通りにとる / Das solltest du nicht tragisch nehmen. これを君は悲観的にとるべきではない
❾ 《④と+状態と》〔…⁴を…として〕受け入れる ▷ Man muss die Dinge nehmen, wie sie sind. 物事はあるがままに受け入れなければならない
❿ 《④と》〔…⁴を〕奪い取る ▷ eine Festung nehmen 要塞を奪取する / Sie hat ihm sein Eigentum genommen. 彼女は彼の財産を奪い取った
⓫ 《④+von+③と》〔不安など⁴を…³から〕取り除く ▷ Er hat die Angst von ihr genommen. 彼は彼女の不安を取り除いてやった
⓬ 《④と》〔薬など⁴を〕飲む (＝einnehmen)
⓭ 《特定の語句⁴と》Abschied nehmen 別れを告げる / ein Bad nehmen 入浴する / sich³ das Leben nehmen 自殺する / Platz nehmen 座る / Urlaub nehmen 休暇を取る / sich³ für+④ Zeit nehmen …⁴に時間をかける

イディオム ④+an sich⁴ nehmen …⁴を預かる ▷ Ich nahm den Schlüssel an mich. 私は鍵を預かった
④+auf sich⁴ nehmen 〔責任・罪など〕⁴を引き受ける ▷ Er hat die Aufgabe auf sich genommen. 彼は任務を引き受けた
④+in Empfang nehmen …⁴を受け取る
④+zu sich³ nehmen …⁴を引き取る ▷ Sie wollen ihre alte Mutter zu sich nehmen. 彼らは年老いた母を引き取るつもりだ
④+zur Frau nehmen …⁴を妻にする

Neid [ナイト] 男 der (② 2格 -es 〈まれに -s〉; 徹 なし) ねたみ ▷ Neid empfinden ねたみを感じる

nei·den [ナイデン] (neidete; geneidet; 完了 h)
他 《③+④と》〔…³の…⁴を〕ねたむ

nei·disch [ナイディッシュ] 形 ねたんでいる ▷ auf +④ neidisch sein …⁴をねたんでいる

Nei·ge [ナイゲ] 女 die 《成句で》zur Neige gehen

（蓄えなどが）なくなる; （休暇などが）終わりに近づく

nei·gen [ナイゲン] (neigte; geneigt; 完了h)
— 自 【zu+③と】 […³の]性癖がある, 傾向がある ▷ Er *neigt* zum Trinken. 彼は飲酒癖がある / Ich *neige* zu der Ansicht, dass … 私は…という見解に傾いている
— 他 【④と】 […⁴を]傾ける ▷ das Glas *neigen* グラスを傾ける
— 再 ❶ 【sich⁴と】身をかがめる ▷ Sie *neigte* sich über das Bett des Kindes. 彼女は子供のベッドの上に身をかがめた
❷ 【sich⁴と】傾く ▷ Das Boot *neigte* sich auf die Seite. ボートは横に傾いた

neig·te [ナイクテ] neigen の 過去

Nei·gung [ナイグング] 女 die (単2格 -; 複 -en)
❶ （体質的・心理的な）性癖, 傾向 ▷ Er hat eine *Neigung* zu Kopfschmerzen. 彼は頭痛もちだ
❷ 【複 はまれ】傾斜; 傾く〈傾ける〉こと ▷ die *Neigung* der Straße 道路の傾斜 / Der Turm hat eine *Neigung* nach links. その塔は左に傾いている
❸ 【複 はまれ】好み, 好意

nein

[nain ナイン]

副 (反 ja)
❶ 《否定を含まない問いに対して》いいえ; 《否定を含む問いに対して》はい, ええ
Kommst du?
– *Nein*, ich habe keine Zeit.
来るかい―いや暇がない
Möchtest du noch etwas Kaffee? – *Nein*, danke. もう少しコーヒーをいかがですか―いいえけっこうです
Bist du nicht müde?
– *Nein*, gar nicht.
疲れていないかい―ええ全然疲れていません
Bitte, sag nicht *nein*!
どうか断らないでくれ（ノーと言わないでくれ）
Er kann nicht *nein* sagen.
彼は（人がよすぎて）ノーと言えない
❷ 《否定的な発言を導いて》いや ▷ *Nein*, das ist unmöglich. いやそれは不可能だ / *Nein*, das glaube ich nicht. いや私はそんなことは信じない
❸ 《相手の同意を求めて》ね, そうでしょう (☆ 文末に置かれる) ▷ Das ist doch sehr schön, *nein*? それはとてもすてきでしょう そうでしょう
❹ 《先行の発言をさらに強めて》 いや［それどころか］ ▷ Hunderte, *nein* Tausende waren gekommen. 何百人, いやそれどころか何千人もの人が来ていた
❺ 《驚きを表して; 強勢を必ず伴う》いや, まあ ▷ *Nein*, so ein Glück! いや, なんという幸運 /

O *nein*, wie schrecklich! いや, なんとひどいこと
❻ 《単独で》《口語》《不信を表して; 強勢を伴う》まさか, そんな ▷ Er ist durch die Prüfung gefallen. – *Nein*! 彼は試験に落ちたよーまさか

Nel·ke [ネルケ] 女 die (単2格 -; 複 -n) 《植物》ナデシコ; カーネーション

nen·nen [ネンネン] (nannte; genannt; 完了h)
— 他 ❶ 【④+④と】 […⁴を…⁴と]名づける, 命名する ▷ Wie wollt ihr das Kind *nennen*? 子供にはどんな名前をつけるつもりですか / Sie *nannten* ihren Sohn Peter. 彼らは息子をペーターと名づけた
❷ 【④+④と】 […⁴を…⁴と](いう名称で)呼ぶ, 呼びかける ▷ Sie heißt Gabriele, aber man *nennt* sie Gabi. 彼女はガブリエーレという名だがガービと呼ばれている / Er *nennt* sie bei ihrem Vornamen. 彼は彼女を(姓ではなく)名前で呼ぶ
❸ 【④+④と】 […⁴を…⁴と]呼ぶ, いう ▷ Sie *nannte* ihn einen Lügner. 彼女は彼をうそつきだといった / 【形容詞と】 Man kann sie nicht hübsch *nennen*. 彼女は美人とはいえない
❹ 【④と】 […⁴の]名を挙げる ▷ *Nennen* Sie mir den höchsten Berg in der Welt! 世界で最も高い山の名前をいってください
❺ 【④と】 【理由・条件などを】いう, 挙げる ▷ die Bedingungen *nennen* 条件をいう / Können Sie Beispiele dafür *nennen*? その実例を挙げられますか
— 再 【sich⁴ + ④と】 […⁴と]自称する ▷ Er *nennt* sich einen Dichter. 彼は詩人だと称している

nen·nens·wert [ネンネンス・ヴェーアト] 形 いうほどの［…ではない］ (☆ 否定語と) ▷ Es gab keine *nennenswerten* Schwierigkeiten. とりたてていうほどの難しいことはなかった

Nen·ner [ネンナー] 男 der (単2格 -s; 複 -) 《数学》分母

nep·pen [ネッペン] (neppte; geneppt; 完了h)
他 《口語》 【④と】 [客などに]法外な金額をふっかける, […⁴から]ぼる

Nerv [ネルフ] 男 der (単2格 -s; 複 -en [ネルフェン])
❶ 神経 ▷ den *Nerv* im Zahn töten 歯の神経を殺す
❷ 【複 で】 (心の働きとしての)神経 ▷ schwache *Nerven* haben 神経が細い〈太い〉 / die *Nerven* behalten 〈verlieren〉冷静さを保つ〈失う〉
(イディオム) ③+*auf die Nerven gehen〈fallen〉*…³の癪にさわる ▷ Du *gehst* mir *auf die Nerven*. 君は私の癪にさわる

ner·ven [ネルフェン] (nervte; genervt; 完了h)

Ner·ven·arzt [ネルフェン・アールツト] 男 *der* (⓵ 2格 -es; ⓵ ..ärzte) 神経科医;《口語》精神科医

Ner·ven·kli·nik [ネルフェン・クリーニク] 女 *die* (⓵ 2格 -; ⓵ -en) 神経科病院

Ner·ven·krank·heit [ネルフェン・クランクハイト] 女 *die* (⓵ 2格 -; ⓵ -en)《病気》神経疾患

Ner·ven·krieg [ネルフェン・クリーク] 男 *der* (⓵ 2格 -[e]s; ⓵ なし) 神経戦

Ner·ven·sä·ge [ネルフェン・ゼーゲ] 女 *die* (⓵ 2格 -; ⓵ -n)《口語》神経にさわるやつ

Ner·ven·sys·tem [ネルフェン・ズュステーム] 中 *das* (⓵ 2格 -s; ⓵ -e) 神経系

Ner·ven·zu·sam·men·bruch [ネルフェン・ツザメンブルフ] 男 *der* (⓵ 2格 -[e]s; ⓵ ..brüche) 神経的にまいること ▷ einen *Nervenzusammenbruch* bekommen 神経的にまいる

ner·vös [ネルヴェース] 形 **神経質な**, いらいらした ▷ Er ist heute sehr *nervös*. 彼はきょうすごくいらいらしている / Der Lärm macht ihn *nervös*. 騒音が彼をいらだたせる

Nerz [ネルツ] 男 *der* (⓵ 2格 -es; ⓵ -e)《動物》ミンク; ミンクの毛皮

Nest [ネスト] 中 *das* (⓵ 2格 -es〈まれに -s〉; ⓵ -er) (鳥・ネズミなどの)巣 ▷ Die Vögel bauen ihre *Nester*. 鳥たちが巣を作る

nes·teln [ネステルン] (nestelte; genestelt; 完h)
自 (an+③と) [チャック・ネクタイなど³を](指で開けようくほどこう)として)もたつく

nett [ネット] (比較級 -er; 最上 -est)
形 ❶ **親切で感じのよい** ▷ Er ist sehr *nett* zu ihr. 彼は彼女にとてもやさしい / Das ist sehr *nett* von Ihnen. それはどうもご親切に / [Wie] *nett*, dass Sie kommen! よくいらっしゃいました
❷ (物事が)すてきな, 感じのいい ▷ ein *nettes* Kleid すてきなドレス / einen *netten* Abend verbringen 楽しい晩を過ごす

(イディオム) **ganz nett**《口語》かなり, 相当 ▷ Wir mussten uns *ganz nett* anstrengen. 私たちはかなり頑張らなければならなかった

net·to [ネット]
副 ❶ 手取りで (⇔ brutto) ▷ Er verdient *netto* 4 000 Euro. 彼の手取りは4000ユーロだ
❷ 正味で ▷ Der Inhalt dieser Dose wiegt *netto* 300 g〈300 g netto〉. この缶詰の中身は正味300グラムだ

Net·to·ge·wicht [ネット・ゲヴィヒト] 中 *das* (⓵ 2格 -[e]s; ⓵ -e) (包装などを除いた)正味重量 (⇔ Bruttogewicht)

Net·to·preis [ネット・プライス] 男 *der* (⓵ 2格 -es; ⓵ -e) 正価

Netz [ネッツ] 中 *das* (⓵ 2格 -es; ⓵ -e)
❶ 網; (狩猟用の)網 ▷ ein *Netz* knüpfen 網を編む / ein *Netz* auswerfen 網を打つ
❷ (テニスなどの)ネット; (サッカーなどの)ゴールネット ▷ Der Ball hat das *Netz* berührt. ボールはネットに触れた
❸ ヘアネット; (網の)買い物袋; クモの巣
❹ 交通網; (電気などの)回線網; (水・ガスなどの)配管網 ▷ das *Netz* der Eisenbahnlinien 鉄道網 / ein Telefon an das *Netz* anschließen 電話を回線網につなぐ

Netz·werk [ネッツ・ヴェルク] 中 *das* (⓵ 2格 -[e]s; ⓵ -e) (コンピュータの)ネットワーク; (道路・水路・電気配線などの)網状の組織

neu

[nɔy ノイ]

比較 まれに neuer 最上 neu[e]st

形 ❶ (作られたばかりの)**新しい** (⇔ alt)
neue Schuhe
新品の靴
ein *neues* Kleid anziehen
新しいドレスを着る
in ein *neues* Haus ziehen
新築の家に引っ越す
Das Geschirr sieht noch aus wie *neu*.
その食器はまだ新品のように見える
❷ (以前には知られていなかった)**新しい** ▷ ein *neuer* Stern 新しい星 / eine *neue* Mode 新しいモード / eine *neue* Methode entdecken 新しい方法を発見する / Das ist mir ganz *neu*! それは私にはまったく初耳だ
❸ (新たに加わった)**新しい** ▷ ein *neues* Mitglied 新しいメンバー / Er ist *neu* in diesem Beruf. 彼はこの職業では新参者だ
❹ (以前のものではない)**新しい** ▷ eine *neue* Adresse 新しい住所 / eine *neue* Stellung 新しいポスト / ein *neues* Leben anfangen 新しい人生を始める / *neue* Truppen an die Front werfen 新たな部隊を前線に投入する / Du musst dich *neu* anmelden. 君は新たに申し込まなければならない
❺ (別のものという意味で)**新しい** ▷ eine *neue* Flasche öffnen (さらに)新しいびんをあける / ein *neues* Buch zu lesen anfangen (別の)新しい本を読み始める
❻ (現在に近いという意味で)**新しい** ▷ in *neuerer*〈*neuester*〉Zeit 比較的〈ごく〉最近

(イディオム) **neu gebackene**《口語》なりたての, ほやほやの(☆ 名詞につけて) ▷ ein *neu gebackener* Doktor つい最近博士になった人

neu·ar·tig [ノイ・アールティヒ] 形 (今までになかった)新しい, 新式の ▷ ein *neuartiges* Verfahren 新しい方法

Neu·bau [ノイ・バオ] 男 *der* (⓵ 2格 -[e]s; ⓵

..bauten)
❶ 〖[複] なし〗(特に古いものを取り壊しての)新築, 建て変え
❷ 新築家屋〈ビル〉

Neue [ノイエ]
— [中] *das* (形容詞変化 ☞ Alte 表 II) 新しいこと ▷ Was gibt es *Neues*? 何か変わったことがありますか
— [男] *der* / [女] *die* (形容詞変化 ☞ Alte 表 I) 新入り ▷ Der *Neue* macht seine Arbeit gut. その新入りは仕事ができる

neu·er·dings [ノイアー・ディングス] [副] このごろ, 近ごろ ▷ Er fährt *neuerdings* mit der Straßenbahn. 彼は近ごろ路面電車を利用している

[類語]
neuerdings 〈**seit kurzem**〉 少し前から現在までの期間
neulich 〈**vor kurzem**〉 数日前あるいは数週間前の特定の時点

neu·er·lich [ノイアーリヒ] [形] (中断などの後の)新たな, 再度の ▷ einen *neuerlichen* Anlauf nehmen 新たに再度はじめる

Neu·er·schei·nung [ノイ・エアシャイヌング] [女] *die* ([単] 2格 –; [複] –en) 新刊; 新譜

Neu·e·rung [ノイエルング] [女] *die* ([単] 2格 –; [複] –en) 改革, 革新 ▷ methodische *Neuerungen* 方法上の改革 / *Neuerungen* einführen 改革を行う

Neu·es·te [ノイエステ] [中] *das* 〖neuの最上級の名詞化〗(形容詞変化 ☞ Alte 表 II) 最新のニュース ▷ Weißt du schon das *Neueste*? なにか最新のニュース知っているかい

neu·ge·backe·ne [ノイ・ゲバッケネ] [形] [旧⇒新] **neu gebackene** (分けて書く) ☞ neu

neu·ge·bo·ren [ノイ・ゲボーレン] [形] 生まれたばかりの ▷ ein *neugeborenes* Kind 新生児

Neu·gier [ノイ・ギーア] [女] *die* ([単] 2格 –; [複] なし) 好奇心 ▷ aus *Neugier* 好奇心から / Seine *Neugier* ist fast krankhaft. 彼の好奇心はほとんど病的だ

Neu·gier·de [ノイ・ギーアデ] [女] *die* ([単] 2格 –; [複] なし) ＝Neugier

neu·gie·rig [ノイ・ギーリヒ] ([比較] –er, [最上] –st)
[形] 好奇心の強い ▷ ein *neugieriges* Kind 好奇心の強い子供 / Sei nicht so *neugierig*! (人の私生活などについて)そういろいろたずねるな

Neu·heit [ノイハイト] [女] *die* ([単] 2格 –; [複] –en) 新製品, 新刊書 ▷ Dieses Auto ist eine *Neuheit*. この自動車は新製品である

Neu·ig·keit [ノイイヒカイト] [女] *die* ([単] 2格 –; [複] –en) 新しい出来事; 新しい知らせ, ニュース ▷ Er hat viele *Neuigkeiten* mitgebracht. 彼は新しい情報をたくさんもって来た

Neu·jahr [ノイ・ヤール / ノイ・ヤール] [中] *das* ([単] 2格 –[e]s; [複] なし)
元日 (☆「新年」は das neue Jahr) ▷ *Neujahr* feiern 元日を祝う / Prosit *Neujahr*! 新年おめでとう

Neu·jahrs·fest [ノイ・ヤールス・フェスト] [中] *das* ([単] 2格 –[e]s; [複] –e) 新年の祝いの催し

Neu·jahrs·wunsch [ノイ・ヤールス・ヴンシュ] [男] *der* ([単] 2格 –[e]s; [複] ..wünsche) 年賀, 新年の挨拶

neu·lich [ノイリヒ]
[副] 先日, このあいだ ▷ Ich bin ihr *neulich* begegnet. 私は先日彼女に偶然会いました

Neu·ling [ノイリング] [男] *der* ([単] 2格 –s; [複] –e) 新入り, 新参者, 新顔

neu·mo·disch [ノイ・モーディシュ] [形] 《ふつう否定的な意味合いで》 最近はやりの ▷ *neumodische* Sitten 当節はやりの風俗

Neu·mond [ノイ・モーント] [男] *der* ([単] 2格 –[e]s; [複] なし) 新月

neun
[nɔyn ノイン]

〖基数〗**9** (用法: ☞ drei)

neunt [ノイント]
[形] 〖序数〗**第 9 の**, 9 番目の(用法: ☞ dritt)

neun·tel [ノインテル] [形] 〖分数〗9 分の 1 の (☆格語尾をつけない) ▷ ein *neuntel* Liter 9 分の 1 リットル

neun·zehn [ノイン・ツェーン]
〖基数〗**19** (用法: ☞ drei)

neun·zehnt [ノイン・ツェーント] [形] 〖序数〗第 19 の, 19 番目の

neun·zig [ノインツィヒ]
〖基数〗**90** (用法: ☞ drei)

neun·zigst [ノインツィヒスト] [形] 〖序数〗第 90 の, 90 番目の (用法: ☞ dritt)

Neu·ro·chi·rurg [ノイロ・ヒルルク] [男] *der* ([単] 2·3·4 格 –en; [複] –en) 神経外科医

Neu·ro·chi·rur·gie [ノイロ・ヒルルギー] [女] *die* ([単] 2格 –; [複] なし) 神経外科

Neu·ro·se [ノイローゼ] [女] *die* ([単] 2格 –; [複] –n) ノイローゼ, 神経症

neu·ro·tisch [ノイローティシュ] [形] ノイローゼ〈神経症〉の

Neu·schnee [ノイ・シュネー] [男] *der* ([単] 2格 –s; [複] なし) 新雪

Neu·see·land [ノイ・ゼー・ラント] ([中] *das*) 《国名》 ニュージーランド

neut·ral [ノイトラール]
[形] ❶ 中立の, 一方にかたよらない ▷ ein *neutraler* Staat 中立国 / eine *neutrale* Position einnehmen 中立の立場を取る
❷ 何にでも合う, くせのない ▷ eine *neutrale*

Farbe 何にでも合う色

neut·ra·li·sie·ren [ノイトラリズィーレン]
(neutralisierte; neutralisiert; 旧訳h)
他 〖④と〗〔…⁴を〕(他のものによって)無害にする; 中和する

Neut·ra·li·tät [ノイトラリテート] 囡 *die* (④ 2 格 -; 圈 なし) 中立

Neu·zeit [ノイ・ツァイト] 囡 *die* (④ 2 格 -; 圈 なし) 近現代 (16 世紀以降から現在まで; 「古代」は Altertum, 「中世」は Mittelalter)

nicht
[nɪçt ニヒト]

副 ❶ …ない
Ich rauche *nicht*.
私はタバコを吸わない
Ich kenne ihn *nicht*.
私は彼のことを知らない
Ich kann *nicht* schwimmen.
私は泳げない
Ich habe ihn *nicht* gesehen.
私は彼を見かけなかった
Das ist *nicht* unmöglich.
それは不可能〈あり得ないこと〉ではない
Das habe ich *nicht* gesagt.
そんなことは私は言わなかった
Geh *nicht* dorthin! そこへ行くな
Wer hat das gemacht? – Ich *nicht*!
だれがそれをしたんだ—私じゃない
Warum *nicht*? なぜいけないの〈いいじゃないか〉
Bitte *nicht* 〈*Nicht doch*〉!
とんでもない(どうぞそういうことはしないでください)
〖部分否定〗
Er kommt *nicht* bald.
彼はすぐには来ない
Nicht jeder kennt das.
だれもがそれを知っているわけではない
Ich reise *nicht* heute, sondern morgen ab.
私はきょうではなくあす出発する

❷《肯定の答えを期待して》Hast du *nicht* gehört? 聞こえなかったの(聞こえたでしょう) / Das ist doch dein Bruder, *nicht*? あれは君の兄弟だよね / Du wartest doch, *nicht* wahr? 君は待っているよね

❸ 〖感嘆文で〗《驚きの感情を強めるだけで否定の意味はない》Was du *nicht* sagst! 君はなんていうことを言うんだ

(イディオム) **durchaus** 〈*gar*, *überhaupt*〉 **nicht** 全然…でない ▷ Das kommt *überhaupt nicht* in Frage! それは全然問題にならない

nicht einmal …すら…でない ▷ Ich weiß *nicht einmal* seinen Namen. 私は彼の名前さえ知らない

nicht mehr もはや…でない ▷ Sie arbeitet *nicht mehr*. 彼女はもう働いていない

nicht nur ~, sondern auch ... ~だけではなく…も ▷ Sie ist *nicht nur* hübsch, *sondern auch* klug. 彼女はきれいなだけでなく賢くもある

noch nicht まだ…でない ▷ Er arbeitet *noch nicht*. 彼はまだ働いていない

★ **nicht の位置**
① nicht の否定には，文全体を否定する文否定と，文の一部を否定する部分否定 の二種類がある。文否定と部分否定では意味が異なり，それに応じて nicht の位置も異なる
　Er kommt oft *nicht*.
　〔文否定〕彼はしばしば来ない
　Er kommt *nicht* oft.
　〔部分否定〕彼は頻繁には来ない
また両者の位置が同一になることもある
　Er legt das Buch *nicht* auf den Tisch.
　彼は本を机の上に置かない〔文否定〕
　彼は本を机の上には置かない〔部分否定〕
② **文否定**の nicht は原則的に文末に置く
　Er kommt heute *nicht*. 彼はきょう来ない
ただし次のような細則がある:
a) 助動詞文では不定詞や過去分詞の前
　Er kann *nicht* schwimmen.
　彼は泳げない
　Er ist gestern *nicht* gekommen.
　彼はきのう来なかった
b) 分離動詞の文では，分離前つづりの前
　Er reist morgen *nicht* ab.
　彼はあす出発しない
c) 述語文では述語の前
　Er wird *nicht* Arzt.
　彼は医者にならない
　Er wird *nicht* krank.
　彼は病気にならない
d) 4 格目的語の場合，ふつうその後ろ
　Er nahm das Geld *nicht*.
　彼はその金を受け取らなかった
ただし熟語的 4 格の場合にはその前
　Er fährt *nicht* Auto.
　彼は自動車の運転をしない
e) 目的語が前置詞句の場合，ふつうその前
　Er zweifelt *nicht* an seinem Vorhaben.
　彼は自分の計画に疑問をもっていない
f) 方向を表す副詞類の場合，その前
　Er legt das Buch *nicht* auf den Tisch.
　彼は本を机の上に置かない
③ **部分否定**の nicht は原則的に否定すべき語句の直前に置く。部分否定の対象には文肢全体，文肢の一部，語の一部がなる
　Er kommt *nicht* heute, sondern morgen. 彼はきょうではなくあす来る
　Sie trifft ihn *nicht* vor, sondern nach

der Vorstellung.
彼女は彼に公演の前ではなくあとで会う
Er ist *nicht* aus-, sondern umgestiegen. 彼は降りたのではなく乗り換えたのだ

★ **nicht** と **kein**
kein が特定されていない指示物を否定する場合に用いられるのに対し, nicht は特定されている指示物を否定する場合に用いられる
　Er hat *kein* Buch gekauft.
　　彼は本を買わなかった
　Er hat das Buch *nicht* gekauft.
　　彼はその本を買わなかった
ただし述語の場合は kein も nicht も用いられる
　Er ist *kein* Lehrer 〈*nicht* Lehrer〉.
　　彼は先生ではない
また「ひとつも…でない」と否定を強調する場合, nicht ein の形式を用いる
　Er macht *keine* Ausnahme.
　　彼は例外をつくらない
　Er macht *nicht eine* Ausnahme.
　　彼は例外をひとつもつくらない

Nich·te [ニヒテ] 囡 *die* (⊕2格 -; ⊕ -n)
姪 ▷ Meine *Nichte* hat sich verlobt. 私の姪は婚約した

nicht·ehe·lich [ニヒト・エーエリヒ] 形 婚姻によらない, 非嫡出の (=nicht ehelich) ▷ ein *nichteheliches* Kind 非嫡出子

nich·tig [ニヒティヒ] 形《文語》取るに足りない, つまらない

Nicht·rau·cher [ニヒト・ラオハー] 男 *der* (⊕2格 -s; ⊕ -)
❶ タバコを吸わない人, 非喫煙者
❷《口語》非喫煙者用の車室

Nicht·rau·cher·schutz [ニヒト・ラオハー・シュッツ] 男 *der* (⊕2格 -es; ⊕ -e) 非喫煙者保護

nichts
[nɪçts ニヒツ]

〖不定代名詞; 無変化〗何も…ない (☆ etwas の否定形)
Er weiß auch *nichts*.
　彼も何も知らない
Er hat *nichts* zu essen.
　彼は食べるものが何もない
Ich habe *nichts* von ihm gehört.
　私は彼について何も聞いていない; 彼からなんの音沙汰もない
Er ist mit *nichts* zufrieden.
　彼は何事にも満足しない
Alles oder *nichts*!
　すべてか無か (一か八か)
nichts gegen+④ haben
　…⁴に異存はない
mit+③ *nichts* zu tun haben
　…³となんのかかわりもない
〖関係文と〗
Heute kommt im Fernsehen *nichts*, was ich sehen will. きょうはテレビは私が見たいものは何もない
〖名詞化した形容詞と同格的に〗
Ich habe *nichts* Neues gehört.
　私は新しい〈変わった〉ことは何も聞かなかった
イディオム [*Das*] *macht nichts!*《謝罪に対して》かまいません, たいしたことありません
mir nichts, dir nichts《なんの説明もなく》いきなり, だしぬけに ▷ Sie hat ihn *mir nichts, dir nichts* hinausgeworfen. 彼女はいきなり彼を外へほっぽり出した
... nichts [ander..] als ～ 〜以外のものは何も…ない ▷ Er redet von *nichts anderem als* von seinen Plänen. 彼は自分の計画のことしか話さない
nichts sagend 内容のない;（顔などが）無表情な
Nichts zu danken!《礼をいわれて》どういたしまして
Nichts zu machen! もうどうしようもない

Nichts [ニヒツ] 中 *das* (⊕2格 -; ⊕ なし) 無 ▷ Ich habe mein Geschäft aus dem *Nichts* aufgebaut. 私は自分の店をゼロから築き上げた

nichts·nut·zig [ニヒツ・ヌッツィヒ] 形 役に立たない, 使い物にならない

nichts·sa·gend [ニヒツ・ザーゲント] 形 旧⇔新
nichts sagend (分けて書く) ☞ nichts

ni·cken [ニッケン] (nickte; genickt; 匠ハh)
自 ❶《あいさつ・同意の表示として》うなずく ▷ Er *nickte* stumm mit dem Kopf. 彼は無言でうなずいた
❷《口語》こっくりこっくり居眠りをする

nie
[niː ニー]

副 決して〈一度も〉…ない
Er hat *nie* geraucht.
　彼はタバコを吸ったことが一度もない
Das werde ich *nie* vergessen.
　そのことを私は決して忘れないでしょう
So etwas habe ich noch *nie* gehört.
　そういうことは私はまだ一度も聞いたことがない
イディオム *Jetzt oder nie!* 今をおいてチャンスはない
nie und nimmer こんりんざい…ない
nie wieder... 二度と…は起こさない ▷ *Nie wieder* Krieg! 戦争は二度とごめんだ

nie·der [ニーダー]

— [副] 下へ ▷ auf und *nieder* 上下に / *Nieder* mit dem König! 国王を倒せ
— [形] 下級の，下等な（☆ 名詞につけて）▷ der *niedere* Adel 下級貴族

★ **nieder..** [ニーダー..]〘分離前つづり〙
a)《下へ》*nieder*drücken 押し下げる，*nieder*legen (地面・床などに) 置く
b)《破壊》*nieder*reißen 取り壊す，*nieder*schlagen 殴り倒す

nie·der|drü·cken [ニーダー・ドリュッケン] [分離] (drückte nieder; niedergedrückt; [完了]h)
[他]〘④と〙〔ドアの取っ手など⁴を〕押し下げる

Nie·der·gang [ニーダー・ガング] [男] *der* ([単] 2 格 -[e]s; [複] なし)《文語》没落，滅亡；衰退，退廃

nie·der·ge·schla·gen [ニーダー・ゲシュラーゲン] [形] 意気消沈した，打ちひしがれた ▷ Wir waren alle *niedergeschlagen.* 私たちはみんな意気消沈していた

Nie·der·la·ge [ニーダー・ラーゲ] [女] *die* ([単] 2 格 -; [複] -n) 敗北 ▷ Er hat eine vernichtende *Niederlage* erlebt. 彼は壊滅的な敗北を喫した

die **Nie·der·lan·de** [ニーダー・ランデ] [複名]《国名》オランダ（☆ 定冠詞を必ず伴う；Holland は通称）▷ in die *Niederlande* gehen オランダへ行く

Nie·der·län·der [ニーダー・レンダー] [男] *der* ([単] 2 格 -s; [複] -) オランダ人

nie·der·län·disch [ニーダー・レンディシュ] [形] オランダ[人]の；オランダ語の

nie·der|las·sen [ニーダー・ラッセン] [分離] (er lässt nieder; ließ nieder; niedergelassen; [完了]h)
[再] ❶〘[sich]⁴と〙腰をおろす ▷ Er *ließ* sich auf dem Sofa 〈auf das Sofa〉 *nieder.* 彼はソファーに腰をおろした
❷〘[sich]⁴+[場所]と〙〔…に〕移り住む，定住する；開業する ▷ *sich* in Berlin als Arzt *niederlassen* ベルリンに移り住んで医者を開業する

Nie·der·las·sung [ニーダー・ラッスング] [女] *die* ([単] 2 格 -; [複] -en) 支店，支社，出張所

nie·der|le·gen [ニーダー・レーゲン] [分離] (legte nieder; niedergelegt; [完了]h)
[他] ❶〘④と〙〔…⁴を〕(地面・床などに) 置く，横たえる ▷ am Grab einen Kranz *niederlegen* 花輪を墓に供える /《比ゆ》die Waffen *niederlegen* 戦闘を中止する
❷〘④と〙〔仕事など⁴を〕やめる，〔官職など⁴を〕辞める ▷ Die Arbeiter *legten* die Arbeit *nieder.* 労働者はストに入った
❸《文語》〘④と〙〔…⁴を〕書き留める，書き記す (=aufschreiben)

nie·der|rei·ßen [ニーダー・ライセン] [分離] (riss nieder; niedergerissen; [完了]h)
[他]〘④と〙〔建物など⁴を〕取り壊す

Nie·der·sach·sen [ニーダー・ザクセン] ([中] *das*)《州名》ニーダーザクセン (ドイツ北西部)

Nie·der·schlag [ニーダー・シュラーク] [男] *der* ([単] 2 格 -[e]s; [複] ..schläge)〘ふつう [複] で〙降水 (雨・雪・ひょうなどを総称的に表す) ▷ leichte *Niederschläge* 小雨〈小雪〉

nie·der|schla·gen [ニーダー・シュラーゲン] [分離] (er schlägt nieder; schlug nieder; niedergeschlagen; [完了]h)
— [他] ❶〘④と〙〔…⁴を〕殴り倒す ▷ Der Einbrecher *schlug* den Wächter *nieder.* 強盗は守衛を殴り倒した
❷〘④と〙〔暴動など⁴を〕鎮圧〈制圧〉する ▷ Der Aufstand wurde blutig *niedergeschlagen.* 暴動は流血のうちに鎮圧された
— [再]〘[sich]⁴と〙(水蒸気などが) 結露する ▷ Dampf *schlägt* sich an den Fensterscheiben *nieder.* 湯気が窓ガラスに結露する

nie·der|schrei·ben [ニーダー・シュライベン] [分離] (schrieb nieder; niedergeschrieben; [完了]h)
[他]〘④と〙〔体験・考えなど⁴を〕書き留める，書き記す ▷ Er hat seine Erlebnisse *niedergeschrieben.* 彼は自分の体験を書き記した

Nie·der·schrift [ニーダー・シュリフト] [女] *die* ([単] 2 格 -; [複] -en) 書き留める〈記す〉こと；書き留めた〈記した〉もの

Nie·der·tracht [ニーダー・トラハト] [女] *die* ([単] 2 格 -; [複] なし) 卑屈な考え〈行為〉

nie·der·träch·tig [ニーダー・トレヒティヒ] [形] 卑劣な

Nie·de·rung [ニーデルング] [女] *die* ([単] 2 格 -; [複] -en) (川などに沿って広がる) 低地

nied·lich [ニートリヒ] [形] かわいらしい ▷ ein *niedliches* Mädchen かわいらしい少女

nied·rig [ニードリヒ] ([比較] -er, [最上] -st)
[形] ❶ (位置が) 低い ([反] hoch) ▷ ein *niedriges* Dach 低い屋根 / Die Schwalben fliegen *niedrig.* ツバメが低く飛ぶ / Schuhe mit *niedrigen* Absätzen ローヒールの靴
❷ (数値が) 低い ▷ ein *niedriger* Blutdruck 低血圧 / Seine Temperatur ist *niedriger* als gestern. 彼の体温はきのうより低い
❸ (道徳的に) 下劣な，卑しい ▷ die *niedrigen* Instinkte im Menschen 人間の中の下劣な本能

nie·mals [ニー・マールス]
[副] 決して…ない (=nie) ▷ Das habe ich *niemals* behauptet. そんなことを私は一度も主張したことがない / Das werde ich *niemals* tun. そういうことは私は決してしません

nie·mand
[ní:mant ニー・マント]

N

Niere

【不定代名詞】

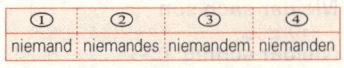

①	②	③	④
niemand	niemandes	niemandem	niemanden

☆ jemand の否定形; 複数なし

[注] 口語ではしばしば3·4格で語尾のない形 niemand を用いる

だれも…ない
Niemand da? だれもいないのか
Das weiß *niemand* besser als du.
そのことは君がだれよりもよく知っている
Niemand außer ihm war zu Hause.
彼以外にはだれも家にいなかった
Er war *niemandes* Feind.
彼には敵はいなかった
Ich habe es *niemand[em]* erzählt.
私はそれをだれにも話さなかった
Er hat mit *niemand[em]* reden wollen.
彼はだれとも話をしたがらなかった
Ich habe *niemand[en]* gesehen.
私はだれにも会わなかった

(イディオム) **niemand anders** 他のだれも…ない ▷ *niemand anders* als er 彼以外はだれも…ない / Er hat mit *niemand anders* 《*anderem*》 gesprochen. 彼はほかのだれとも話をしなかった

Nie·re [=ニーレ] 囡 *die* (⑭2格 -; ⑭ -n) 腎臓[じんぞう]

nie·seln [ニーゼルン] (nieselte; genieselt; 匤⑦h)
圓《非人称》*es nieselt* 霧雨が降る ▷ *Es nieselte* heute den ganzen Tag. きょうは一日中霧雨が降った

nie·sen [ニーゼン] (nieste; geniest; 匤⑦h)
圓 くしゃみをする ▷ Er *niest* laut. 彼は大きなくしゃみをする

Nie·te [ニーテ] 囡 *die* (⑭2格 -; ⑭ -n)
❶ からくじ ▷ Er hat eine *Niete* gezogen. 彼はからくじを引いた
❷ リベット, びょう

nie·ten [ニーテン] (nietete; genietet; 匤⑦h)
他《④と》《…⁴を》リベット《びょう》で接合する

Nietz·sche [ニーチェ] 《人名》ニーチェ (☆ Friedrich Nietzsche はドイツの哲学者. 1844-1900)

Ni·hi·lis·mus [ニヒリスムス] 男 *der* (⑭2格 -; ⑭ なし) ニヒリズム, 虚無主義

Ni·ko·tin [=コティーン] 匣 *das* (⑭2格 -s; ⑭ なし) ニコチン

der Nil [ニール] 男 (⑭2格 -[s]; ⑭ なし)《川名》ナイル (☆ 定冠詞を必ず伴う)

Nil·pferd [ニール·プフェールト] 匣 *das* (⑭2格 -[e]s; ⑭ -e)《動物》カバ

nimm [ニム] nehmen の 命令

nim·mer [ニマー] 圓《南ド·オースト》二度と…ない; もはや…ない ▷ Das will ich *nimmer* tun. そんなことは二度としたくない

nim·mer·mehr [ニムマー·メーア] 圓《南ド·

オースト》決してこれ以上《2度と》…ない

nimmst [ニムスト] nehmen の 現在

nimmt [ニムト] nehmen の 現在

nip·pen [ニッペン] (nippte; genippt; 匤⑦h)
圓 (味をみるために) ちょっと飲む ▷ Er hat am Glas *genippt*. 彼はグラスに口をつけてちょっぴり飲んだ

nir·gends [ニルゲンツ]
圓 **どこにも《どこでも》…ない** ▷ Sie war *nirgends* zu finden. 彼女はどこにも見つからなかった / Sie fühlt sich *nirgends* so wohl wie hier. ここほど彼女の心が休まるところはほかにない

nir·gend·wo [ニルゲント·ヴォー] 圓 どこにもくどこでも〉…ない (＝nirgends)

Ni·sche [ニーシェ] 囡 *die* (⑭2格 -; ⑭ -n) 壁がん (影像などを置くための, 壁面のくぼみ)

nis·ten [ニステン] (nistete; genistet; 匤⑦h)
圓 (鳥など) 巣を作る

Ni·veau [=ヴォー] 匣 *das* (⑭2格 -s; ⑭ -s) 水準, レベル ▷ das kulturelle *Niveau* 文化水準 / Sein Unterricht hat ein hohes *Niveau*. 彼の授業は水準が高い

ni·veau·los [=ヴォー·ロース] 形 (内容が) 低レベルの, 低級な

Ni·xe [ニクセ] 囡 *die* (⑭2格 -; ⑭ -n) 人魚

no·bel [ノーベル] (☆ 語尾がつくと nobl.. となる)
形 ❶《文語》(品性が) 高潔な, 気高い ▷ ein *nobler* Charakter 品性の高潔な人
❷《口語》(ホテル·服装などが) 高級な
❸《口語》(贈物·チップなどが) 気前のいい

No·bel [ノベル]《人名》ノーベル (☆ Alfred Nobel はダイナマイトを発明したスウェーデンの化学者; ノーベル賞の基金の提供者. 1833-1896)

No·bel·preis [ノベル·プライス] 男 *der* (⑭2格 -es; ⑭ -e) ノーベル賞

No·bel·preis·trä·ger [ノベル·プライス·トレーガー] 男 *der* (⑭2格 -s; ⑭ -) ノーベル賞受賞者

nob·le [ノーブレ] ☞ nobel

noch

[nox ノッホ]

圓 ❶ **まだ,** なお
Er ist *noch* krank.
彼はまだ病気だ
Er geht *noch* zur Schule.
彼はまだ学校に行っている (まだ生徒だ)
Wir haben *noch* viel Zeit.
私たちはまだ十分時間がある
Damals war ich *noch* ledig.
当時私はまだ独身だった
Du bist *noch* zu jung, um das zu begreifen.
君はそれを理解するにはまだ若すぎる
❷ (その上) **なお,** さらに ▷ Bitte *noch* ein Bier! もう1杯ビールお願いします / Ich muss

dir *noch* etwas sagen. 私は君にもう少し言うことがある / Er ist dumm und dazu *noch* frech. 彼は頭が悪いうえにずうずうしい

❸〘比較級を強めて〙もっと ▷ Er ist *noch* größer als du. 彼は君よりももっと大きい / Es ist heute *noch* kälter als gestern. きょうは昨日よりももっと寒い

❹《時間があまり経過していないことを表して》つい… ▷ *Noch* vor einer Woche habe ich ihn gesehen. つい1週間前に私は彼に会ったばかりだ

❺《一定の時間内であることを表して》…のうちに ▷ *Noch* im selben Jahr heirateten sie. その年のうちに彼らは結婚した / *Noch* heute 〈Heute *noch*〉 werde ich ihn anrufen. きょう中にも私は彼に電話をします

❻《限界ぎりぎりであることを表して》なんとか ▷ Das geht *noch*. それならなんとかいける(可能だ) / Das kann ich *noch* akzeptieren. それなら私はなんとか受け入れられる

❼ (ほかの用事の前に)とりあえず, まず, さしあたって ▷ Ich mache das *noch* fertig. 私はとりあえずそれを仕上げます / Vorher möchte ich *noch* zur Post gehen. その前に私はまず郵便局へ行きたい

❽ [いずれ]そのうち ▷ Er wird *noch* kommen. 彼はそのうち来るでしょう

[イディオム] ***gerade noch*** かろうじて ▷ Er konnte das Schlimmste *gerade noch* verhüten. 彼は最悪の事態をかろうじて避けることができた

immer noch 〈***noch immer***〉 依然として, いまだに ▷ Er liegt *immer noch* im Krankenhaus. 彼はいまだに病院にいる

noch einmal 〈***noch mal***〉 もう一度 ▷ Bitte, *noch einmal*! もう一度お願いします

noch nicht まだ…ない ▷ Sie ist *noch nicht* zurück. 彼女はまだ戻っていない

noch nie いまだかつて…ない ▷ So etwas habe ich *noch nie* gehört. そういうことは私はいまだかつて聞いたことがない

nur noch もう…しかない ▷ Ich habe *nur noch* zehn Euro. 私はもう10ユーロしかない

weder ... noch ~ …でもなく～でもない ▷ Er hat *weder* Geld *noch* Zeit. 彼は金も暇もない / Ich bin *weder* arm *noch* reich. 私は貧乏でも金持ちでもない / Sie kann *weder* lesen *noch* schreiben. 彼女は読むことも書くこともできない

noch·mals [ノッホ・マールス] [副] もう一度, 再度 ▷ Ich möchte das *nochmals* betonen. 私はそれをもう一度強調したいと思います

No·ma·de [ノマーデ] [男] *der* ([単] 2·3·4格 -n; [複] -n) 遊牧民 (☆ 遊牧民の一人ひとりを指す)

No·men [ノーメン] [中] *das* ([単] 2格 -s; [複] Nomina) 《文法》名詞

No·mi·na [ノーミナ] Nomen の [複数]

No·mi·na·tiv [ノーミナティーフ] [男] *der* ([単] 2格 -s; [複] -e) 《文法》主格, 1格

no·mi·nell [ノミネル] [形] 名目的な, 表向きの

[イディオム] ***nominell zu***+③ ***gehören*** 名目上…³に属する

no·mi·nie·ren [ノミニーレン]
(nominierte; nominiert; [完了]h)

[他] ❶〘④と〙〔…⁴を〕候補者として指名する, ノミネートする

❷《スポーツ》〘④と〙〔…⁴を〕(競技などへの)参加者に決める

Non·ne [ノンネ] [女] *die* ([単] 2格 -; [複] -n) 尼, 尼僧, 修道女 (☆「修道士」は Mönch)

Nord [ノルト] 〘無変化〙 北 (☆ 無冠詞で; ＝Norden; [反] Süd)

nord·deutsch [ノルト・ドイチュ] [形] 北ドイツ

Nord·deut·sche [ノルト・ドイチェ] [男] *der* / [女] *die* (形容詞変化 ☞ Alte 表 I) 北ドイツの人

Nord·deutsch·land [ノルト・ドイチュラント] ([中] *das*) 《地名》 北ドイツ

Nor·den [ノルデン] [男] *der* ([単] 2格 -s; [複] なし)

❶ 北 (☆ ふつう無冠詞で; [略] N) ▷ von *Norden* 北から / Die Vögel ziehen nach *Norden*. 鳥たちは北に向かって移動して行く

❷ (国・町などの)北部; 北の地域 (☆ ふつう定冠詞と) ▷ im *Norden* der Stadt wohnen 町の北部に住んでいる

nörd·lich [ネルトリヒ]

── [形] ([比較] -er, [最上] -st)

北の, 北方の ([反] südlich) ▷ die *nördliche* Grenze 北の国境 / Sie wohnen im *nördlichen* Teil der Stadt. 彼らは町の北部に住んでいる / *nördlich* von München ミュンヒェンの北に

── [前] 〘②支配〙…の北に ▷ *nördlich* des Dorfes 村の北に

Nord·os·ten [ノルト・オステン] [男] *der* ([単] 2格 -s; [複] なし) 北東; 北東部

Nord·pol [ノルト・ポール] [男] *der* ([単] 2格 -s; [複] なし) 北極

Nord·rhein-West·fa·len [ノルトライン・ヴェストファーレン] ([中] *das*) 《州名》 ノルトライン・ヴェストファーレン(ドイツ中西部)

die **Nord·see** [ノルト・ゼー] [女] ([単] 2格 -; [複] なし) 《海名》 北海 (ヨーロッパ大陸とイギリスの間にある大西洋の付属海; 定冠詞を必ず伴う)

Nord·sei·te [ノルト・ザイテ] [女] *die* ([単] 2格 -; [複] -n) 北側

Nord·wes·ten [ノルト・ヴェステン] [男] *der* ([単] 2格 -s; [複] なし) 北西; 北西部

nör·ge·lig [ネルゲリヒ] [形] 文句の多い

nör·geln [ネルゲルン]
(nörgelte; genörgelt; [完了]h)

N

Norm

⾃ (些細なことで絶えず)文句〈不平〉をいう ▷ Der Alte nörgelt den ganzen Tag. その老人は一日中文句をいっている

Norm [ノルム] 囡 die (⽿2格 -; ⽿ -en)
❶ 《ふつう ⽿ で》規範 ▷ moralische Normen 道徳的規範
❷ 規格 ▷ technische Normen 工業規格
❸ 標準 ▷ über die Norm übergehen 標準を越える
❹ (仕事の)ノルマ

nor·mal [ノルマール]
形 ❶ ふつうの, ノーマルな ▷ ein normaler Mensch ふつうの人 / Er hat ein normales Gewicht. 彼は標準的な体重をしている
❷ (肉体的・精神的に)正常な ▷ Der Puls ist ganz normal. 脈はまったく正常だ

nor·ma·ler·wei·se [ノルマーラー・ヴァイゼ] 副 ふつう, 通常

nor·ma·li·sie·ren [ノルマリズィーレン] (normalisierte; normalisiert; 匠h)
── 他 《④と》《状態など⁴を》正常化する, 平常に戻す
── 再 《sich と》《状態などが》正常になる, 平常に戻る

nor·ma·tiv [ノルマティーフ] 形 規範の, 規範的な

nor·men [ノルメン] (normte; genormt; 匠h)
他 《④と》《…⁴を》規格化する

nor·mie·ren [ノルミーレン] (normierte; normiert; 匠h)
他 《④と》《…⁴を》規格化する (=normen)

Nor·we·gen [ノルヴェーゲン] (⽿ das)《国名》ノルウェー (用法: ☞ Deutschland)

Nor·we·ger [ノルヴェーガー] 男 der (⽿2格 -s; ⽿ -) ノルウェー人

nor·we·gisch [ノルヴェーギシュ] 形 ノルウェー[人]の; ノルウェー語の

Not [ノート] 囡 die (⽿2格 -; ⽿ Nöte)
❶ 《⽿なし》困窮, 貧苦 ▷ Not leiden 困窮している / Sie half mir, als ich in Not war. 彼女は私が困っているときに助けてくれた
❷ 《⽿はまれ》窮地, 苦境 ▷ in Not geraten 窮地に陥る / Er war wirklich in größter Not. 彼は実際非常に困っていた
(イディオム) **mit knapper Not** やっとのことで ▷ Mit knapper Not ist er den Verfolgern entkommen. やっとのことで彼は追っ手から逃れた

Not·arzt [ノート・アールツト] 男 der (⽿2格 -es; ⽿ ..ärzte) 救急医

Not·aus·gang [ノート・アオス・ガング] 男 der (⽿2格 -[e]s; ⽿ ..gänge) 非常口

Not·durft [ノート・ドゥルフト] 囡 die 《成句で》《文語》*die Notdurft verrichten* 用便をする

not·dürf·tig [ノート・デュルフティヒ] 形 応急の, 間に合わせの, 一時しのぎの ▷ einen Schaden notdürftig reparieren 破損したところを応急的に修理する

No·te [ノーテ] 囡 die (⽿2格 -; ⽿ -n)
❶ (学校の)評点 ▷ die Note „sehr gut" im Diktat bekommen ディクテーションで「優」をもらう

★ ドイツの学校での評点 (☆5と6は落第点)
1 sehr gut	優	2 gut	良
3 befriedigend	可	4 ausreichend	可
5 mangelhaft	不可	6 ungenügend	不可

---

❷ 音符; 《⽿ で》楽譜 ▷ Noten lesen 音符を読む / nach Noten singen 楽譜を見ながら歌う
❸ (特に外交上の)文書 ▷ eine vertrauliche Note überreichen 親書を手渡す
❹ 《⽿なし》(独特な)感じ, 特徴 ▷ Der rote Teppich gibt dem Raum eine besondere Note. その赤いじゅうたんは部屋に独特な感じを与えている

Nö·te [ネーテ] Not の 複数

No·te·book [ノウト・ブック] 中 das (⽿2格 -s; ⽿ -s) ノート[型]パソコン

Not·fall [ノート・ファル] 男 der (⽿2格 -[e]s; ⽿ ..fälle) (助けを必要とする)万一の場合, 緊急の場合 ▷ im Notfall 万一の場合に

not·falls [ノート・ファルス] 副 やむをえない〈万一の〉場合には, どうしても必要ならば ▷ Notfalls kannst du bei uns übernachten. ほかに方法がなければ君はうちに泊まってもいいよ

not·ge·drun·gen [ノート・ゲドルンゲン] 形 やむをえない (☆述語として用いない) ▷ Wir mussten notgedrungen auf halbem Wege umkehren. 私たちはやむなく途中で引き返さなければならなかった

Not·gro·schen [ノート・グロッシェン] 男 der (⽿2格 -s; ⽿ -) 万一の場合に備えて蓄えるお金

no·tie·ren [ノティーレン] (notierte; notiert; 匠h)
他 《④と》《…⁴を》(忘れないように)書き留める, メモする ▷ Ich habe mir ihre Telefonnummer notiert. 私は彼女の電話番号を書き留めた

nö·tig [ネーティヒ] (⽿ -er, ⽿ -st)
形 必要な ▷ Es ist nicht nötig, Licht zu machen. 明かりをつける必要はない / Das wäre aber doch wirklich nicht nötig gewesen. このようなお心遣いは本当にご無用でしたのに (☆ 贈り物などをもらったときの決まり文句) / Wenn nötig, bleibe ich hier. 必要ならば私はここにとどまる
(イディオム) 《④》*nötig nicht haben* …⁴なんてする必要はないと思う ▷ Ich habe es nicht nötig, sie um Verzeihung zu bitten. 私は彼女に許してくれるように頼む必要はないと思う

nö·ti·gen [ネーティゲン]
(nötigte; genötigt; 完了h)
他 ❶ 《④+zu+③と》〔..¹に..³をするように〕執拗にすすめる ▷ Sie haben mich zum Essen *genötigt*. 彼らは私にぜひにと食事をすすめた
❷ 《④+③と》〔..⁴に..³するように〕(脅すなどして)強要する ▷ Er *nötigte* sie, den Vertrag zu unterschreiben. 彼は彼女に契約書に署名するよう強要した
❸ 《④+zu+③と》(ある状況などが)〔..⁴が..³を〕しなければならなくさせる ▷ Die gespannte Lage *nötigte* ihn, die Abreise zu verschieben. 状況が緊迫したため彼は出発を延期しなければならなくなった

No·tiz [ノティーツ] 女 die (単2格 -; 複 -en) 《ふつう複》メモ, 覚え書き ▷ sich³ *Notizen* machen メモをとる
(イディオム) *Notiz von*+③ *nehmen* ..³を気にとめる ▷ Er nimmt keine *Notiz von* ihr. 彼は彼女を無視する

No·tiz·buch [ノティーツ・ブーフ] 中 das (単2格 -[e]s; 複 ..bücher) 手帳, メモ帳

Not·la·ge [ノート・ラーゲ] 女 die (単2格 -; 複 -n) 苦境, 窮地

not|lan·den [ノート・ランデン] 分離 (notlandete; notgelandet; zu不定詞 notzulanden)
自 不時着する (☆ 過去形は分離しないことに注意; ふつう不定詞と完了形で用いる)

Not·lan·dung [ノート・ランドゥング] 女 die (単2格 -; 複 -en) 不時着, 緊急着陸

Not·lü·ge [ノート・リューゲ] 女 die (単2格 -; 複 -n) (困った状況から逃げ出すために)仕方なくつくうそ

no·to·risch [ノトーリシュ] 形 悪名高い, 札つきの ▷ ein *notorischer* Trinker 札つきの酒飲み

Not·ruf [ノート・ルーフ] 男 der (単2格 -[e]s; 複 -e) (警察などへの)緊急時の通報; 緊急時用の電話番号

Not·sig·nal [ノート・ズィグナール] 中 das (単2格 -s; 複 -e) 非常信号

Not·sitz [ノート・ズィッツ] 男 der (単2格 -es; 複 -e) (バスなどの)補助席

Not·wehr [ノート・ヴェーア] 女 die (単2格 -; 複 なし) 正当防衛
(イディオム) ④+*in Notwehr töten* ..⁴を正当防衛で殺す

not·wen·dig [ノート・ヴェンディヒ]
形 ❶ 必然的な, 不可避な ▷ Der Verkauf des Grundstücks war *notwendig*. その土地は売らざるをえなかった
❷ (ぜひとも)必要な, 不可欠な ▷ die *notwendigen* Maßnahmen treffen 必要な措置をとる

not·wen·di·ger·wei·se [ノート・ヴェンディガー・ヴァイゼ] 副 必然的に

Not·wen·dig·keit [ノート・ヴェンディヒカイト] 女 die (単2格 -; 複 なし) 必然[性], 必要[性] ▷ Es besteht keine zwingende *Notwendigkeit* für diese Maßnahme. この措置をとらざるをえない必然性はない (☆ 文頭の es は穴埋め)

No·vel·le [ノヴェレ] 女 die (単2格 -; 複 -n) 短編小説 (☆「[長編]小説」は Roman) ▷ Er hat einen Band *Novellen* herausgegeben. 彼は短編小説集を1冊出版した

No·vem·ber
[novémbɐ /ヴェムバー]
男 der (単2格 -[s]; まれに 複 -)

11月 (略 Nov.) (用法: ☞ April)
im *November* 11月に

Nu·an·ce [ニュアーンセ] 女 die (単2格 -; 複 -n) 微妙な差, ニュアンス ▷ eine kaum merkliche *Nuance* ほとんど気づかないような微妙な差
(イディオム) *[um] eine Nuance* ほんの気持ち, ちょっぴり ▷ Dieses Blau ist *eine Nuance* heller als jenes. この青はあちらのよりほんの気持ち明るい

nüch·tern [ニュヒテルン]
形 ❶ (胃が)からの ▷ Er trinkt keinen Alkohol auf *nüchternen* Magen. 彼はすきっ腹に酒は飲まない
❷ しらふの, 酔っていない ▷ wieder *nüchtern* werden 酔いがさめる
❸ (感情・幻想などをまじえず)事実に即した; (人が)さめた ▷ Er betrachtet alles sehr *nüchtern*. 彼は何事も非常にさめた目で見る / ein *nüchterner* Mensch さめた人
❹ (実用本位で)味気ない, 殺風景な ▷ ein *nüchterner* Raum 殺風景な部屋

Nu·del [ヌーデル] 女 die (単2格 -; 複 -n) 《ふつう複》《料理》ヌードル (西洋めん類の一種で, スパゲッティにしたりスープなどに入れる)

Nu·del·sup·pe [ヌーデル・ズッペ] 女 die (単2格 -; 複 -n) ヌードル入りスープ

nuk·le·ar [ヌクレアール]
形 ❶ 原子核の, 核の
❷ 核兵器の; (軍隊などが)核武装した

null [ヌル]
【基数】0, ゼロ ▷ die Zahl von *null* bis neun 0から9までの数 / *null* Komma drei Meter 0.3メートル (ドイツ式の表記ではピリオドではなくコンマが少数点: 0,3) / Es ist *null* Uhr. 午前0時である / Das Thermometer steht auf *null* Grad. 寒暖計は0度である / Er hatte im Rechnen *null* Fehler. 彼は計算で誤りが一つもなかった / Das Thermometer steht auf *null*. 寒暖計は0度である / drei Grad unter *null* 氷点下3度 / 《比ゆ》 Das Ergebnis unserer Bemühungen war gleich *null*. 私たちの努力の成果は無に等

完了h, 完了s＝完了の助動詞 haben, sein

しかった

(イディオム) **null und nichtig** 無効である ▷ Der Vertrag ist *null und nichtig*. 契約は無効である

Null [ヌル] 囡 *die* (⓸ 2格 -; ⓹ -en)
ゼロ, 0 ▷ eine *Null* an die Zahl anhängen 数にゼロを1つつける

Null·ta·rif [ヌル・タリーフ] 男 *der* (⓸ 2格 -s; ⓹ -e) (乗車などの)無料 ▷ zum *Nulltarif* 無料で

nu·me·rie·ren [ヌメリーレン] (numerieriert; numeriert; 匡了h) nummerieren

Nu·me·rus clau·sus [ヌ[ー]メルス クラオズス] 男 *der* (⓸ 2格 -; ⓹ なし) (大学の)入学者数制限

Num·mer [ヌンマー] 囡 *die* (⓸ 2格 -; ⓹ -n)

❶ 番号 (⓹ Nr.) ▷ die *Nummer* des Reisepasses パスポートの番号 / die Sinfonie *Nr.* 2 von Brahms ブラームスの交響曲第2番

❷ 電話番号; 自動車登録番号; 番地; ルームナンバー ▷ Unter welcher *Nummer* sind Sie zu erreichen? 何番にかければあなたと連絡がとれますか / Sie wohnt im Zimmer *Nummer* 10. 彼女はルームナンバー10の部屋に泊まっている

❸ (新聞・雑誌などの)号 ▷ eine alte *Nummer* バックナンバー / Der Artikel steht in der heutigen *Nummer*. その記事はきょうの号に載っている

❹ (靴・衣服などの)サイズナンバー, 号数 ▷ Welche *Nummer* haben Sie? サイズはおいくつですか / Die Schuhe sind mir eine *Nummer* zu groß. この靴は私には1サイズ大きすぎる

(イディオム) ***Nummer* eins** ナンバーワン ▷ Thema *Nummer eins* 一番の話題

num·me·rie·ren [ヌメリーレン] (nummerierte; nummeriert; 匡了h)

他 《(を)》[...に](通し)番号をつける ▷ die Seiten eines Manuskripts *nummerieren* 原稿のページに番号をつける / Die Zimmer sind *nummeriert*. [状態受動] 部屋には番号がつけられている

Num·mern·schild [ヌンメルン・シルト] 田 *das* (⓸ 2格 -[e]s; ⓹ -er) (車の)ナンバープレート

nun
[nu:n ヌーン]

副 ❶《物事の始まりを意識しながら》今, 今から
Nun bist du an der Reihe.
今度は君の番だ
Ich muss *nun* gehen.
私はもう行かねばならない

❷《過ぎ去った状況などを意識しながら》(こうなった)今では, これで; (いろいろあったのち)今や
Nun ist es zu spät.

今ではもう遅すぎる
Nun kann ich ruhig schlafen.
これで私もゆっくり眠れる
Die Lage hat sich *nun* stabilisiert.
状況は今や安定した

❸《期待と現実との対立を表して》ところが ▷ Inzwischen hat sich *nun* gezeigt, dass … ところがその間に…ということが明らかになった

❹《独立的に; 命令・問いなどの発言を導いて》*Nun* so sprich doch! さあ 話せよ / *Nun*, warum antwortest du nicht? おい 君はなんで答えないんだ

❺《独立的に; 意見を述べるときに》*Nun*, die Frage ist leicht zu beantworten. そうですね その質問は簡単に答えられますよ

(イディオム) ***nun [ein]mal*** 《否定できない事実であることを認める意味合いで》とにかく…なのだ ▷ Ich habe *nun einmal* zugestimmt. 私はとにかく賛成したんだ

Nun gut! じゃいいよ, よかろう

nun ja 《ためらい・無関心を表して》まあ ▷ *Nun ja*, wie du meinst. まあ 君の好きなようにしてくれ

von nun an 今から, 今後
Was nun? 《とほうにくれて》さてどうしようか

nun·mehr [ヌーン・メーア] 副 《文語》今後; いまもうすでに ▷ Der Krieg dauert *nunmehr* vier Jahre. 戦争はいまもうすでに4年続いている

nur
[nuːɐ̯ ヌーア]

副 ❶ ただ…だけ, …しかない
nur er 彼だけが
nur drei Tage 3日だけ
Es war *nur* ein Traum.
それは夢でしかなかった
Ich war nicht krank, *nur* müde.
私は病気ではなくただ疲れていただけだ
Ich konnte *nur* staunen.
私はただ驚くばかりだった
Ich kann *nur* sagen, dass …
私は…としか言えない
《程度を強めて》
Ich tue das *nur* ungern.
私がそれをするにしても好んでするわけでは決してない(いやいやするだけだ)

❷《brauchen+zu 不定詞句と》…しさえすればよい ▷ Du brauchst es *nur* zu sagen. 君はそう言いさえすればよい

❸《前言を制限して》ただ, ただし ▷ Ich würde gerne mit ihr reisen, *nur* habe ich keine Zeit. 私は彼女と旅行をしたいのだが ただ暇がないのだ

❹《命令文で》《励ましなどの気持ちを表して》さあ

▷ **Kommen** Sie *nur* **herein**! さあ お入りなさい / *Nur* Mut! さあ 勇気を出して

❺《願望文で》《願望を強めて》▷ Wenn er dies *nur* nicht getan hätte! 彼がこんなことさえしていなかったらなあ

❻《疑問文で》《関心・不安・不快などの気持ちを表して》いったい ▷ Wo bleibt er *nur*? 彼はいったいどこに行っているんだ

❼《最高限度を表して》 およそ…の限り ▷ Sie erhält alles, was sie *nur* will. 彼女はおよそほしいものはなんでも手に入れる

(イディオム) **nicht** *nur* ..., **sondern auch** ~ …だけでなく~も ▷ Das ist *nicht* nur billig, *sondern auch* gut. それは安いだけでなく品質もよい

nur **dass** ... …を除けば ▷ Unser Urlaub war schön, *nur dass* es manchmal regnete. ときどき雨が降ったことを除けば 休暇はすばらしかった

nur **noch** もう…しかない ▷ Ich habe *nur noch* zehn Euro. 私はもう 10 ユーロしか持っていない

nur **noch**＋比較級《期待に反することを表して》ますます…だけ ▷ Dadurch wurde er *nur noch* wütender. それによって彼はますます激怒するだけだった

nur **so**

a) ただなんとなく ▷ Ich habe das *nur so* gesagt. 私はそれをなんとなくいっただけだ

b) 激しく ▷ Es regnete *nur so*. ひどい雨だった

nur **zu**＋形容詞《副詞》《皮肉なことに》あまりにも…すぎる ▷ Das weiß er *nur zu* gut. そのことを彼はあまりにもよく知りすぎている

Nürn·berg [ニュルンベルク] (旧 *das*)《都市名》 ニュルンベルク (☞ 地図 E-4)

nu·scheln [ヌッシェルン]
(nuschelte; genuschelt; 医字h)
国《口語》不明瞭な発音で話す, もぐもぐ言う

Nuss [ヌス] 囡 *die* (旧2格 -; 旧 Nüsse) ナッツ, (特に)クルミ, ハシバミの実 ▷ *Nüsse* knacken 〈essen〉クルミを割る〈食べる〉/《比ゆ》Das ist eine harte *Nuss*. それは難しい〈難題だ〉

Nuß (旧⇒新) Nuss

Nüs·se [ヌッセ] Nuss の 複数

Nuss·kna·cker (旧 **Nuß**..) [ヌス・クナッカー] 男 *der* (旧2格 -s; 旧 -) くるみ割り

Nut·te [ヌッテ] 囡 *die* (旧2格 -; 旧 -n)《口語》売春婦 (＝Prostituierte)

nutz·bar [ヌッツ・バール] 形 役に立つ, 有用な ▷ *nutzbare* Stoffe 役に立つ材料

(イディオム) ❹＋*nutzbar* **machen** …を利用する, 使えるようにする

Nutz·bar·keit [ヌッツ・バールカイト] 囡 *die* (旧

2格 -; 旧 なし) 役に立つこと

nüt·ze [ニュッツェ] 形 役に立つ, 有用な ▷ zu nichts *nütze* sein なんの役にもたたない

nut·zen [ヌッツェン]
(du, er nutzt; nutzte; genutzt; 医字h)

—国 役に立つ, 効果がある, 有益である ▷ etwas *nutzen* いくらか役に立つ / wenig *nutzen* あまり役に立たない / Alle Vorsicht hat nichts *genutzt*. あらゆる用心をしたが何の役にも立たなかった / Das *nutzt* mir viel. それは私に大いに役立つ / Wem *nutzt* das alles? それらはすべてだれの役に立つのか / Das Medikament *nutzt* gegen Magenschmerzen. この薬は胃痛にきく / Wozu soll das *nutzen*? これがなんの役に立つというんだ

—他《❹と》[..⁴を]**利用する** ▷ Rohstoffe industriell *nutzen* 原材料を工業に利用する / Er *nutzt* seine Freizeit sinnvoll. 彼は余暇を有意義に使う

Nut·zen [ヌッツェン] 男 *der* (旧2格 -s; 旧 なし) 利益 ▷ der praktische *Nutzen* 実用的利益 / aus＋❸ *Nutzen* ziehen ..³を利用する〈役立てる〉/ Das ist von *Nutzen*. それは有益だく役に立つ〉

nüt·zen [ニュッツェン] (nützte; genützt; 医字h)
＝nutzen

Nut·zer [ヌッツァー] 男 *der* (旧2格 -s; 旧 -) 利用者, ユーザー

nütz·lich [ニュッツリヒ] (比較 -er; 最上 -st)
形 役に立つ, 有用〈有益〉な ▷ allerlei *nützliche* Dinge いろいろな役に立つもの / *nützliche* Pflanzen 有用植物 / Dein Hinweis war mir sehr *nützlich*. 君の指摘は私には非常に有益だった / Bei der Reparatur war er mir sehr *nützlich*. 修理の際に彼は大いに私の手助けになった

Nütz·lich·keit [ニュッツリヒカイト] 囡 *die* (旧2格 -; 旧 なし) 役に立つこと

nutz·los [ヌッツ・ロース] 形 むだな, 役に立たない ▷ *nutzlose* Anstrengungen むだな努力 / Die Bemühungen waren nicht völlig *nutzlos*. その努力はまったくむだというわけではなかった / Ich habe meine Zeit *nutzlos* verbracht. 私は時間をむだに過ごした

Nutz·lo·sig·keit [ヌッツ・ローズィヒカイト] 囡 *die* (旧2格 -; 旧 なし) むだなこと

Nutz·nie·ßer [ヌッツ・ニーサー] 男 *der* (旧2格 -s; 旧 -) 得をする人

nutz·te [ヌッツテ] nutzen の 過去

Nut·zung [ヌッツング] 囡 *die* (旧2格 -; 旧 なし) 利用

o O [oː オー]

O·a·se [オアーゼ] 囡 die (2格 -; -n) オアシス ▷ Viele Karawanen rasten in der *Oase*. 多くのキャラバンがオアシスで休んでいる

ob
[ɔp オプ]

接 《従属; 定動詞後置》

《間接疑問文を導いて》…かどうか

Es ist unsicher, *ob* er kommt.
彼が来るかどうかは確かでない

Ich weiß nicht, *ob* er zu Hause ist.
私は彼が家にいるかどうかわからない

Sie fragte mich, *ob* er morgen kommt 〈komme〉. 彼女は私に彼があす来るかどうかたずねた

《主文を省略し, 確信のない気持ちを表す疑問文として》
Ob wir es schaffen?
私たちにそれがなしとげられるだろうか

イディオム **als ob …** あたかも…のように ▷ Er tat, *als ob* er schliefe. 彼は眠っているふりをした

ob … ob ～ …も～も ▷ *Ob* Jung, *ob* Alt, alle saßen vor dem Fernsehgerät. 老いも若きもみんなテレビの前にいた

ob … oder ～ …であろうと～であろうと ▷ Er geht spazieren, *ob* es regnet *oder* die Sonne scheint. 雨が降ろうと日が照ろうと彼は散歩に行く / 《先置される場合, 後続する主文の語順に影響を与えない》*Ob* sie nun kommen *oder* nicht, wir müssen jetzt anfangen. 彼らが来ようが来まいが私たちはもう始めなければならない

und ob! 《肯定の強めとして》 もちろん ▷ Ist es sicher? – *Und ob!* それは確かですか—もちろん〈確かだとも〉

ÖBB [エーベーベー] (《*Ö*sterreichische *B*undesbahnen の略語》) オーストリア連邦鉄道

Ob·dach·lo·se [オプ・ダッハ・ローゼ] 男 der / 囡 die (形容詞変化 ☞ Alte 表1) (災害など で) 家を失った人; 難民

Ob·duk·ti·on [オプドゥクツィオーン] 囡 die (2格 -; -en) 《医学》死体解剖

o·ben [オーベン]

副 ❶ 上に〈で〉, 上の方に〈で〉 (反 unten) ▷ nach *oben* 上の方へ / von *oben* bis unten 上から下まで / rechts *oben* im Bild 絵〈写真〉の右上に / Das Dorf liegt *oben* auf dem Berg. その村は山の上の方にある / Ganz *oben* in der Schublade findest du die Briefe. 引き出しの一番上に手紙があるよ / *oben* ohne トップレスで

❷ 上面に, 表面に ▷ Die Kiste ist *oben* rot その箱は上面が赤い

❸ (住まいの) 上の階に ▷ Mein Zimmer befindet sich *oben*. 私の部屋は上の階にある

❹ (テキストの) 前の方で ▷ wie *oben* erwähnt 上述のように / Siehe *oben*! 上記参照

❺ 《口語》 (社会的に) 高い地位に ▷ Er will unbedingt nach *oben*. 彼は何がなんでも出世するつもりだ

o·ben·drein [オーベン・ドライン] 副 その上, さらに ▷ Er kam zu spät und hatte *obendrein* noch die Eintrittskarte vergessen. 彼は遅れて来たうえにさらに入場券も忘れてしまった

O·ber [オーバー] 男 der (2格 -s; -) ボーイ, 給仕 ▷ Herr *Ober*, bitte zahlen! ボーイさんお勘定

O·ber·arm [オーバー・アルム] 男 der (2格 -[e]s; -e) 上腕

O·ber·be·fehls·ha·ber [オーバー・ベフェールス・ハーバー] 男 der (2格 -s; -) 《軍事》最高司令官

O·ber·be·griff [オーバー・ベグリフ] 男 der (2格 -[e]s; -e) 上位概念

O·ber·bür·ger·meis·ter [オーバー・ビュルガー・マイスター] 男 der (2格 -s; -) (比較的大きな都市の) 市長

o·be·re [オーベレ]
形 上の; 上位の (☆ 名詞につけて; 最上級 oberst; 反 untere) ▷ der *obere* Teil 上の部分 / im *oberen* Stockwerk 上の階で / die *oberen* Klassen der Schule 学校の高学年

O·ber·flä·che [オーバー・フレッヒェ] 囡 die (2格 -; -n) (物の) 表面 ▷ die *Oberfläche* des Mondes 月面

o·ber·fläch·lich [オーバー・フレッヒリヒ]
形 ❶ 表面的な, 浅い; 《副詞的に》 表面的に, ざっと ▷ eine *oberflächliche* Bekanntschaft うわべだけのつき合い / ☆+nur *oberflächlich* lesen …をごくざっと読む

❷ (人格などが) 底の浅い, うすっぺらな ▷ ein *oberflächlicher* Mensch 浅薄な人

o·ber·halb [オーバー・ハルプ] 前 《②支配》 …の上方に, …の上手に (反 unterhalb) ▷ *Oberhalb* der Tür hängt ein Bild. 戸口の上に絵がかかっている / 《前置詞 von と》 *oberhalb* von der Stadt 町の高い所に

O·ber·haupt [オーバー・ハオプト] 中 das (⊛ 2格 -[e]s; ⊛ ..häupter) (集団の)長，首長 ▷ das *Oberhaupt* der Familie 家長

O·ber·hemd [オーバー・ヘムト] 中 das (⊛ 2格 -[e]s; ⊛ -en) 《衣類》ワイシャツ ▷ Er trägt ein gestreiftes *Oberhemd*. 彼は縞柄のワイシャツを着ている

O·ber·kör·per [オーバー・ケルパー] 男 der (⊛ 2格 -s; ⊛ -) 上半身

O·ber·schen·kel [オーバー・シェンケル] 男 der (⊛ 2格 -s; ⊛ -) 太もも，大腿[部]

O·ber·schu·le [オーバー・シューレ] 女 die (⊛ 2格 -; ⊛ -n) 《口語》ギムナジウム

o·berst [オーベルスト] 形《ober の最上級》最も上の ▷ im *obersten* Stockwerk 最上階で

O·ber·stu·fe [オーバー・シュトゥーフェ] 女 die (⊛ 2格 -; ⊛ -n)
❶《一般に》上級クラス
❷（ギムナジウムの）上級3学年

ob·gleich [オプ・グライヒ] =obwohl

Ob·hut [オプ・フート] 女 die (⊛ 2格 -; ⊛ なし) 《文語》保護
《イディオム》④ +unter *Obhut* nehmen …⁴の世話を引き受ける
in guter *Obhut* sein 十分に保護されている

o·bi·ge [オービゲ] 形 上記の〈上述〉の（☆ 名詞につけて）▷ die *obige* Adresse 上記の住所

Ob·jekt [オプイェクト] 中 das (⊛ 2格 -[e]s; ⊛ -e)
❶（関心・行為などの）対象 ▷ das *Objekt* einer Forschung 研究の対象
❷《商業》（土地・家などの）物件
❸《文法》目的語

ob·jek·tiv [オプイェクティーフ] 形 客観的な (⊛ subjektiv) ▷ ein *objektives* Urteil 客観的判断

Ob·jek·tiv [オプイェクティーフ] 中 das (⊛ 2格 -s; ⊛ -e) (顕微鏡などの)対物レンズ；（写真機の）レンズ

ob·lag [オプラーク] obliegen の 過去

ob·legen [オプレーゲン] obliegen の 過分

ob·lie·gen [オプリーゲン] 分離 (oblag; oblegen; 完了h) 自《文語》《③と》[…³の]役目〈義務〉である

ob·li·ga·to·risch [オブリガトーリシュ] 形 義務的な；必修の (⊛ fakultativ) ▷ Die Fächer sind *obligatorisch*. それらの科目は必修だ

O·boe [オボーエ] 女 die (⊛ 2格 -; ⊛ -n) 《楽器》オーボエ

Ob·rig·keit [オーブリヒカイト] 女 die (⊛ 2格 -; ⊛ -en) (皮肉的に)お上，当局

ob·schon [オプ・ショーン] =obwohl

Ob·ser·va·to·ri·um [オプゼルヴァトーリウム] 中 das (⊛ 2格 -s; ⊛ ..torien) (天体などの)観測所

Obst
[oːpst オープスト]
中 das (⊛ 2格 -es〈まれに -s〉; ⊛ なし)

《集合的に》**果物**（☆ 個々の「果実」は Frucht）
frisches *Obst*
新鮮な果物
Obst schälen 果物の皮をむく

Obst·baum [オープスト・バオム] 男 der (⊛ 2格 -[e]s; ⊛ ..bäume) 果樹

Obst·gar·ten [オープスト・ガルテン] 男 der (⊛ 2格 -s; ⊛ ..gärten) 果実園

Obst·ku·chen [オープスト・クーヘン] 男 der (⊛ 2格 -s; ⊛ -) フルーツケーキ

Obst·mes·ser [オープスト・メッサー] 中 das (⊛ 2格 -s; ⊛ -) 果物ナイフ

Obst·sa·lat [オープスト・ザラート] 男 der (⊛ 2格 -[e]s; ⊛ o) フルーツサラダ

Obst·tor·te [オープスト・トルテ] 女 die (⊛ 2格 -; ⊛ -n) フルーツトルテ

obs·zön [オプスツェーン] 形 わいせつな，ひわいな

obwohl
[ɔpvoːl オプ・ヴォール]

接《従属；定動詞後置》**…にもかかわらず**（=obgleich）
Sie sitzen auf dem Balkon, *obwohl* es schon recht kühl ist. もうかなり涼しいのに彼らはバルコニーに座っている

Och·se [オクセ] 男 der (⊛ 2·3·4格 -n; ⊛ -n) (去勢された)雄牛

och·sen [オクセン] (ochste; geochst; 完了h) 自《口語》猛勉強する

ö·de [エーデ]
形 ❶ 荒涼とした ▷ eine *öde* Gegend 荒涼とした一帯
❷ 味気ない，退屈な ▷ ein *ödes* Leben つまらない人生

oder
[óːdɐ オーダー]

接《並列》❶ **または**，あるいは
Er kommt heute *oder* morgen an.
彼はきょうかあす到着する
Wohnt er in Bonn *oder* in München?
彼が住んでいるのはボンですかミュンヒェンですか
Kommst du mit, *oder* bleibst du noch?
君はいっしょに来るかい それともまだいるかい
Ja *oder* nein? イエスかノーか
《複数の可能性を示して》
In diesem See kann man schwimmen, surfen *oder* segeln. この湖では泳いだりサーフィンしたりあるいはヨットに乗ることができる

❷《脅しなどの意味合いを伴って》さもないと ▷ Komm jetzt endlich, *oder* ich gehe allein! もういいかげんに来い さもないと一人で行くぞ
(イディオム) **entweder ..., oder ~** …か〜 ▷ Wir gehen *entweder* ins Konzert *oder* ins Theater. 私たちはコンサートに行くか芝居に行く
..., oder?《相手の同意を求めつつ》そうじゃないのか ▷ Du gehst doch mit ins Konzert, *oder*? 君もいっしょにコンサートに行くんだよね そうだろ
... oder aber ~《対立的選択を強めて》…かそうでなければ〜 ▷ Ich gehe heute allein ins Kino, *oder aber* morgen zusammen mit meinem Freund. 私は映画にきょう一人で行くかそうでなければあす友人といっしょに行く
... oder so [*ähnlich*] …かそんなところ〈もの〉 ▷ Er hieß Engel *oder so ähnlich*. 彼はエンゲルかなんかそんな名前だった

die O·der [オーダー] 囡(⸺ 2格 -;⸺ なし)《川名》オーデル川(ドイツとポーランドの国境にある;定冠詞を必ず伴う、☞ 地図 I~F-3~2)

O·fen [オーフェン] 男 der (⸺ 2格 -s;⸺ Öfen)
❶ ストーブ, 暖炉 ▷ Sie sitzen am warmen *Ofen*. 彼らは座って暖かいストーブにあたっている
❷ オーブン ▷ den Kuchen aus dem *Ofen* holen ケーキをオーブンから取り出す

Ö·fen [エーフェン] Ofen の 複数

of·fen [オッフェン]
形 ❶ 開いて〈あいて〉いる (⇔ geschlossen) ▷ Die Tür ist weit *offen*. 戸は広く開いている / Er schläft bei *offenem* Fenster. 彼は窓をあけたまま眠る / Der Brief war noch *offen*. 手紙はまだ封がしていなかった / eine *offene* Flasche 口のあいたびん / eine *offene* Kiste ふたのない箱 / eine *offene* Grenze 通過自由な国境 / auf *offener* See (陸地の見えない)果てしなく広がる海で
❷ (店が)開いている (＝geöffnet; ⇔ geschlossen) ▷ Das Geschäft ist auch sonntags *offen*. その店は日曜日も開いている
❸ (問題などが)未解決の, 不確定の ▷ *offene* Fragen 未解決の問題 / Der Ausgang ist noch völlig *offen*. 結末はまだ全くわからない
❹ (ポスト・役職などが)あいている ▷ Die Stelle ist noch *offen*. そのポストはまだあいている
❺ 率直な ▷ Er gesteht seine Schuld *offen* ein. 彼は罪を率直に認める / *offen* gesagt 率直にいって
(イディオム) ③ +*offen stehen* (するのもしないのも) …³ の自由である ▷ Es *steht* dir *offen*, das zu tun. それをするのは君の自由だ
④ +*offen lassen*
a)(窓など)をあけたままにしておく ▷ Bitte, die Tür *offen lassen*! ドアをあけたままにしておいてください (☆ 不定詞による命令)
b)(ポスト・欄など)をあけておく ▷ eine Stelle ein Jahr *offen lassen* ある職を1年あけておく
c)(問題など)を未定〈未解決〉のままにしておく ▷ Wir *lassen* diese Frage zunächst noch *offen*. 私たちはこの問題をさしあたりまだ決めないでおく
offen stehen
a)(扉など)があいている ▷ Das Tor *stand* die ganze Nacht *offen*. 門は一晩中あいていた
b)(勘定など)が支払われていない, 未払いである ▷ Zwei Rechnungen *stehen* noch *offen*. 請求書が2つまだ未支払いである

of·fen·bar [オッフェン・バール]
—— 副 明らかに…だ ▷ Er sitzt den ganzen Tag in der Kneipe herum – *offenbar* hat er nichts zu tun. 彼は一日中飲み屋でぶらぶらしている—明らかに彼はすることがないんだ
—— 形《文語》明らかな, 明白な

of·fen·ba·ren [オッフェン・バーレン]
(offenbarte; offenbart; 医)h)
—— 他《文語》《④³と》《秘密など⁴を》打ち明ける, 告白する
—— 再《文語》《sich⁴と》心を打ち明ける

Of·fen·ba·rung [オッフェン・バールング] 囡 die (⸺ 2格 -;⸺ -en)《文語》打ち明けること, 告白

Of·fen·heit [オッフェンハイト] 囡 die (⸺ 2格 -;⸺ なし) 率直さ; (新しい出来事などに対して)心が開いていること

of·fen·her·zig [オッフェン・ヘルツィヒ] 形 率直な

of·fen·kun·dig [オッフェン・クンディヒ / オッフェン・ク..] 形 明らかな, 明白な; みんなが知っている, 周知の

of·fen|las·sen [オッフェン・ラッセン] 分離 (er lässt offen; ließ offen; offengelassen; 医)h) 他
旧⇒新 offen lassen (分けて書く)☞ offen

of·fen·sicht·lich [オッフェン・ズィヒトリヒ/オッフェン・ズィヒト..] ＝offenbar

of·fen·siv [オフェンズィーフ] 形 攻撃的な (⇔ defensiv) ▷ eine *offensive* Taktik 攻撃的な戦術

Of·fen·si·ve [オフェンズィーヴェ] 囡 die (⸺ 2格 -;⸺ -n) 攻撃 (⇔ Defensive)

of·fen|ste·hen [オッフェン・シュテーエン] 分離 (stand offen; offengestanden; 医)h) 自 旧⇒新 offen stehen (分けて書く)☞ offen

öf·fent·lich [エッフェントリヒ]
形 ❶ 世間一般の, 公開の ▷ die *öffentliche* Meinung 世論 / eine *öffentliche* Diskussion 公開討論
❷ (だれでも利用できる)公共の ▷ *öffentliches* Verkehrsmittel 公共の交通機関
❸ (民間でなく)公の, 公的な, 公共の ▷ *öffentliche* Gelder 公金 / Er steht im *öffentlichen*

Dienst. 彼は公務についている

Öf·fent·lich·keit [エッフェントリヒカイト] [女] *die* ([単] 2格 -; [複] なし) **世間**, 公衆 ▹ die Meinung der *Öffentlichkeit* 世論 / unter Ausschluss der *Öffentlichkeit* 非公開で (← 世間一般の人を排除して)

[イディオム] ***in aller Öffentlichkeit*** 公衆の面前で ▹ ④+*in aller Öffentlichkeit* sagen …^{4}をみんなの前で〈公然と〉言う

of·fi·zi·ell [オフィツィエル]

[形] ❶ 公的な; 公式の ▹ die *offizielle* Reise 公用旅行 / eine *offizielle* Verlautbarung 公式発表

❷ 正式の; (態度などが)改まった, 儀式ばった ▹ eine *offizielle* Einladung 正式の招待 / Plötzlich wurde er wieder *offiziell*. 突然彼はまた改まった態度になった

Of·fi·zier [オフィツィーア] [男] *der* ([単] 2格 -s; [複] -e) 《軍隊》**士官**, 将校

of·fi·zi·ös [オフィツィエース] [形] 《口語》(報道などが)なかば公式の

öff·nen

[œfnən エフネン]

[現在]	ich öffne	wir öffnen
	du **öffnest**	ihr **öffnet**
	er **öffnet**	sie öffnen
[過去]	ich **öffnete**	wir öffneten
	du öffnetest	ihr öffnetet
	er öffnete	sie öffneten
[過分]	geöffnet	[完了] haben

— [他] ❶ 〖④と〗〔…^{4}を〕**あける**, 開く ([反] schließen)

das Fenster *öffnen* 窓をあける

eine Flasche *öffnen* びんをあける

den Regenschirm *öffnen* かさを開く

einen Brief mit dem Messer *öffnen*

手紙をナイフで開封する

Er *öffnete* ihr die Tür.

彼は彼女のためにドアをあけてやった

❷ 〖④と〗〔店・公共施設など^{4}を〕あける ▹ Das Schwimmbad wird um 10 Uhr *geöffnet*. そのプールは10時にオープンする / Das Geschäft ist von 9 bis 18 Uhr *geöffnet*. [状態受動] 店は9時から18時まで開いている

[類語]

öffnen 戸・栓などを開ける; 店・博物館などを日常業務として開く

eröffnen 会議などを開く; 店などを新しく開店する

— [再] 〖[sich]^{4}と〗(ドア・つぼみなどが) **開く** ▹ Die Knospen *öffnen* sich. つぼみが開く / Der Fallschirm hat sich nicht *geöffnet*. パラシュートは開かなかった

— [自] (店・公共施設などが)開く ▹ Das Museum *öffnet* um 9 Uhr. 博物〈美術〉館は9時に開く / 〖人を主語にして〗Wir *öffnen* heute später. 私たちはきょう開店を遅らせる

öff·ne·te [エフネテ] öffnen の [過去]

Öff·nung [エフヌング] [女] *die* ([単] 2格 -; [複] -en) 開口部, すきま, 穴 ▹ Er kriecht durch eine *Öffnung* im Zaun. 彼は垣根のすきまをはって通る

oft

[ɔft オフト]

[比較] öfter [最上] am öftesten

[注] 最上級はふつう am häufigsten で代用する

[副] **しばしば**, よく, 頻繁に

So etwas gibt es *oft*.

そういうことはよくある

Ich habe ihn *oft* gesehen.

私は彼のことをしばしば見かけた

Der Bus fährt ziemlich *oft*.

バスはかなり頻繁に出る

[イディオム] ***wie oft*** 何度 ▹ *Wie oft* warst du dort? 君は何度そこに行ったことがありますか

öf·ter [エフター]

[副] 〖oft の比較級〗

❶ よりしばしば, もっと頻繁に ▹ Er kommt jetzt *öfter* als früher. 彼はいまでは以前よりも頻繁にやって来る / Je *öfter*, um so besser. 回数が多ければ多いほどよい

❷ 何度か, わりあいよく ▹ Er isst *öfter* in diesem Lokal. 彼はわりあいによくこの店で食事をする O

öf·ters [エフタース] [副] 何回〈何度〉も

öf·test [エフテスト] oft の [最上]

oft·mals [オフト·マールス] [副] 《文語》しばしば

oh [オー] 〖間投詞〗《驚き・喜びなどを表して》おお

oh·ne

[óːnə オーネ]

[前] 〖④支配〗

❶ 《欠如》**…なしで** (☆ 名詞はふつう無冠詞)

ein Mann *ohne* Humor

ユーモアのない男

eine Wohnung *ohne* Balkon

バルコニーのない住居

Er ist *ohne* Arbeit. 彼は仕事がない

Sie kam *ohne* ihren Mann.

彼女は夫を伴わずにやって来た

Sie kann *ohne* ihn nicht leben.

彼女は彼なしでは生きていけない

Er trinkt den Kaffee *ohne* Zucker und Milch. 彼は砂糖もミルクも入れずにコーヒーを飲む

〖接続法 II の文で〗《仮定的条件を表して》

Ohne deine Hilfe wäre das unmöglich. 君の手助けがなければ それは不可能だろう
❷《除外》…を除いて ▷ Preise *ohne* Bedienung サービス料別の値段
(イディオム) **Ohne mich!** 私はごめんだ(いっしょにやらないよ)
ohne weiteres 難なく；ためらわずに，あっさり
ohne+***zu*** 不定詞句〈***dass*** 文〉 …することなしに ▷ Er ging davon, *ohne* zu grüßen. 彼はあいさつをしないで立ち去った / Er sagte es mir, *ohne dass* ich ihn danach gefragt hatte. たずねもしなかったのに彼はそのことを私に言った

oh·ne·dies [オーネ・ディース] 副 そうでなくても，どっちみち，ともかく

oh·ne·glei·chen [オーネ・グライヒェン] 副《物事のひどさなどを》例がないほど，無類の ▷ Sein Hochmut ist *ohnegleichen*. 彼の傲慢さは他に例がないほどだ /《名詞を修飾する場合，後置される》mit einer Frechheit *ohnegleichen* 無類の厚かましさで

oh·ne·hin [オーネ・ヒン] 副《そのこととは無関係にという意味で》そうでなくても，どっちみち，とにかく ▷ Ich nehme deinen Brief mit, ich muss *ohnehin* zur Post. ぼくが君の手紙を持って行ってやるよ どっちみち郵便局へ行かなければならないんだ

Ohn·macht [オーン・マハト] 囡 (⊛ 2格 -; ⊛ -en)
❶ 気絶，失神 ▷ in *Ohnmacht* fallen 気絶する / aus der *Ohnmacht* erwachen 意識を回復する
❷《⊛ なし》無力 ▷ Er muss seine *Ohnmacht* einsehen. 彼は自分の無力を悟らねばならない

ohn·mäch·tig [オーン・メヒティヒ] 形
❶ 気絶〈失神〉した ▷ *ohnmächtig* werden 気絶〈失神〉する
❷ 無力の ▷ Er musste *ohnmächtig* zusehen, wie sich das Feuer ausbreitete. 彼は火が広がっていくようをなすすべもなく見ていなければならなかった / *ohnmächtige* Wut やり場ない憤懣(ふんまん)

Ohr [オーア] 中 *das* (⊛ 2格 -[e]s; ⊛ -en)
耳 ▷ Er hat große *Ohren*. 彼は大きな耳をしている / Sie hat gute〈schlechte〉 *Ohren*. 彼女は耳がいい〈遠い〉 / Der Hund spitzt die *Ohren*. その犬は耳を立てる / Ich traute meinen *Ohren* nicht. 私は我が耳を疑った(信じられなかった) /《比喩》ganz *Ohr* sein 注意を集中して聞く(← 全身を耳にしている)
(イディオム) ***auf einem Ohr taub sein*** 片一方の耳が聞こえない
bis über die Ohren verliebt sein ぞっこんほれている

Öhr [エーア] 中 *das* (⊛ 2格 -[e]s; まれに ⊛ -e) 針の穴

oh·ren·be·täu·bend [オーレン・ベトイベント] 形《口語》(騒音などが)耳をつんざかんばかりの

Oh·ren·schmalz [オーレン・シュマルツ] 中 *das* (⊛ 2格 -es; ⊛ なし) 耳垢(あか)

Ohr·fei·ge [オーア・ファイゲ] 囡 *die* (⊛ 2格 -; ⊛ -n) びんた，平手打ち ▷ eine *Ohrfeige* bekommen びんたを一発くらう

ohr·fei·gen [オーア・ファイゲン]
(ohrfeigte; geohrfeigt; ⊛ h)
他《④と》[…¹に]びんたをくらわす

Ohr·läpp·chen [オーア・レップヒェン] 中 *das* (⊛ 2格 -s; ⊛ -) 耳たぶ

Ohr·ring [オーア・リング] 男 *der* (⊛ 2格 -[e]s; ⊛ -e) イヤリング

o·kay [オケー] 形 よろしい，オーケー ▷ Es ist alles *okay*. すべてオーケーだ (☆ 文頭の es は穴埋め) / *Okay*, gehen wir. よし 行こう

Ok·kul·tis·mus [オクルティスムス] 男 *der* (⊛ 2格 -; ⊛ なし) (心霊術などの)オカルト信仰，オカルティズム

Ok·ku·pa·ti·on [オクパツィオーン] 囡 *die* (⊛ 2格 -; まれに ⊛ -en)《文語》(軍隊などによる)占領

ok·ku·pie·ren [オクピーレン]
(okkupierte; okkupiert; ⊛ h)
他《④と》[領土など¹を]占領する

Ö·ko·bau·er [エーコ・バオアー] 男 *der* (⊛ 2格 -n 〈まれに -s〉, 3·4格 -n;《口語》有機栽培農家

Ö·ko·be·we·gung [エーコ・ベヴェーグング] 囡 *die* (⊛ 2格 -; ⊛ -en) 自然環境保護運動

Ö·ko·freak [エーコ・フリーク] 男 *der* (⊛ 2格 -s;⊛ -s)《口語》熱心な自然環境保護主義者

Ö·ko·la·den [エーコ・ラーデン] 男 *der* (⊛ 2格 -s; ⊛ ..läden) 自然食の店

Ö·ko·lo·gie [エコロギー] 囡 *die* (⊛ 2格 -; ⊛ なし) 生態学，エコロジー

ö·ko·lo·gi·sche [エコロギーシェ] 形 生態系の；生態学上の (☆ 名詞につけて) ▷ das *ökologische* Gleichgewicht in der Natur 自然界における生態系のバランス

Ö·ko·no·mie [エコノミー] 囡 *die* (⊛ 2格 -; ⊛ -n) 経済 (=Wirtschaft)

Ö·ko·no·mi·en [エコノミーエン] Ökonomie の 複数

ö·ko·no·misch [エコノーミッシュ] 形
❶ 経済上の ▷ die *ökonomische* Struktur einer Gesellschaft 社会の経済構造
❷ 経済的な，むだのない，合理的な ▷ eine *ökonomische* Arbeitsweise 効率的な作業方法

Ö·ko·steu·er [エーコ・シュトイアー] 囡 *die* (⊛ 2格 -; ⊛ -n) 環境税

①, ②, ③, ④＝1格, 2格, 3格, 4格の名詞

Ö·ko·sys·tem [エーコ・ズュステーム] 田 *das* (⊕ 2格 -s; ⊕ -e) 生態系

Ok·to·ber
[ɔktóːbɐ オクトーバー]
男 *der* (⊕ 2格 -s; まれに ⊕ -)

10月 (⊕ Okt.) 〔用法: ☞ April〕
im *Oktober* 10月に

Öl [エール] 田 *das* (⊕ 2格 -[e]s; ⊕ -e)
❶ 石油; 灯油 ▷ nach *Öl* bohren 石油を求めて掘る
❷ サラダ油, 食用油 ▷ Fisch in *Öl* braten 魚を油で揚げる
❸ 潤滑油, 機械油 ▷ eine Maschine mit *Öl* schmieren 機械に油をさす
〈イディオム〉 *Öl ins Feuer gießen* 《比ゆ》火に油を注ぐ

Öl·bild [エール・ビルト] 田 *das* (⊕ 2格 -[e]s; ⊕ -er) 油絵

ö·len [エーレン] (ölte; geölt; 完了h)
他《④と》〔機械・自転車などに〕油をさす

Öl·far·be [エール・ファルベ] 女 *die* (⊕ 2格 -; ⊕ -n) 油絵の具; 油性塗料

Öl·hei·zung [エール・ハイツング] 女 *die* (⊕ 2格 -; ⊕ -en) 石油暖房

ö·lig [エーリヒ] 形 油のついた, 油で汚れた ▷ ein *öliger* Lappen 油のついた布切れ

O·li·ve [オリーヴェ] 女 *die* (⊕ 2格 -; ⊕ -n) 《植物》 オリーブの実

Öl·sar·di·ne [エール・ザルディーネ] 女 *die* (⊕ 2格 -; ⊕ -n) 《料理》 オイルサーディン

Öl·tank [エール・タンク] 男 *der* (⊕ 2格 -s; ⊕ -s) 石油タンク

O·lym·pi·a·de [オリュムピアーデ] 女 *die* (⊕ 2格 -; ⊕ -n) オリンピック競技大会 ▷ Er nahm an der letzten *Olympiade* teil. 彼は前回のオリンピック競技大会に参加した

O·lym·pi·a·mann·schaft [オリュムピア・マンシャフト] 女 *die* (⊕ 2格 -; ⊕ -en) オリンピック選手団

o·lym·pi·sche [オリュムピシェ] 形 オリンピックの (☆名詞につけて) ▷ das *olympische* Feuer オリンピック聖火 / die *Olympischen* Spiele オリンピック競技大会

O·ma [オーマ] 女 *die* (⊕ 2格 -; ⊕ -s) 《幼児語》 おばあちゃん (☆ Großmutter の愛称;「おじいちゃん」は Opa)

O·me·lett [オムレット/オメ..] 田 *das* (⊕ 2格 -[e]s; ⊕ -s〈-e〉) 《料理》オムレツ

Om·ni·bus [オムニブス] 男 *der* (⊕ 2格 ..busses; ⊕ ..busse) バス (☆単に Bus ともいう) ▷ ein luxuriöser *Omnibus* mit Klimaanlage エアコンつきの豪華なバス

O·na·nie [オナニー] 女 *die* (⊕ 2格 -; ⊕ なし) オナニー, 手淫

o·na·nie·ren [オナニーレン] (onanierte; onaniert; 完了h)
再《sich⁴と》 オナニーをする

On·kel
[ɔŋkl オンケル]
男 *der* (⊕ 2格 -s; ⊕ -〈口語 -s〉)

格	単数	複数
①	der Onkel	die Onkel
②	des Onkels	der Onkel
③	dem Onkel	den Onkeln
④	den Onkel	die Onkel

❶ おじ (伯父・叔父)
Sie besuchte ihren *Onkel*.
彼女はおじさんを訪ねた
❷ 《幼児語》《おとなの男性を指して》 おじさん ▷ Sag dem *Onkel* schön guten Tag! おじさんにちゃんとこんにちはを言いなさい

O·pa [オーパ] 男 *der* (⊕ 2格 -s; ⊕ -s) 《幼児語》 おじいちゃん (☆ Großvater の愛称;「おばあちゃん」は Oma) ▷ Morgen besuchen wir *Opa*. あす私たちはおじいちゃんを訪ねる

O·pel [オーペル] 男 *der* (⊕ 2格 -[s]; ⊕ -s) 《商標》 オペル (自動車)

O·per [オーパー] 女 *die* (⊕ 2格 -; ⊕ -n) オペラ, 歌劇 ▷ in die *Oper* gehen オペラを見に行く

O·pe·ra·ti·on [オペラツィオーン] 女 *die* (⊕ 2格 -; ⊕ -en) 手術 ▷ eine chirurgische *Operation* 外科手術

o·pe·ra·tiv [オペラティーフ] 形 手術による ▷ eine Warze *operativ* entfernen いぼを手術で取り除く

O·pe·ra·tor [オペラートァ] 男 *der* (⊕ 2格 -s; ⊕ -en)
❶ (コンピュータの)オペレーター
❷ (数学の)演算子

O·pe·ra·to·ren [オペラトーレン] Operator の 複数

O·pe·ret·te [オペレッテ] 女 *die* (⊕ 2格 -; ⊕ -n)
オペレッタ, 軽歌劇 ▷ Sie gehen heute Abend in die *Operette*. 彼らは今晩オペレッタを見に行く

o·pe·rie·ren [オペリーレン] (operierte; operiert; 完了h)
他《④と》〔..⁴を〕手術する ▷ einen Blinddarm *operieren* 盲腸の手術をする / Er wurde am Magen *operiert*. 彼は胃の手術を受けた

o·pe·riert [オペリート] operieren の 現在

o·pe·rier·te [オペリーァテ] operieren の 過去

Op·fer [オプファー] 田 *das* (⊕ 2格 -s; ⊕ -)

❶ **犠牲** ▷ kein *Opfer* scheuen 犠牲をいとわない / Dieser kleine Geldbetrag war bereits ein großes *Opfer* für mich. この少額のお金も私にはすでに大きな犠牲だった
❷ **犠牲者** ▷ Das Erdbeben forderte zahlreiche *Opfer*. 地震で多数の犠牲者が出た
❸ (神に供える)いけにえ ▷ ein *Opfer* verlangen いけにえを要求する
(イディオム) **＊zum Opfer fallen** …³の犠牲になる ▷ Sie *fiel* einem Verbrechen *zum Opfer*. 彼女は犯罪の犠牲になった

op·fern [オプフェルン] (opferte; geopfert; 匠刀h)
—他 《④と》《…⁴を》**犠牲にする** ▷ Er hat sein Vermögen für seine Erfindung *geopfert*. 彼は自分の発明のために財産をなげうった
—再 ❶ 《sich⁴+für+④と》《…⁴のために》犠牲になる ▷ *sich* für den Freund *opfern* 友人のために犠牲になる
❷ (戯語)《sich⁴と》(他人のために)いやなことを引き受ける ▷ Ich habe mich *geopfert* und die zwei Katzen in Pflege genommen. 私はしかたなくその2匹の猫の世話をすることにした

O·pi·um [オーピウム] 中 *das* (⊕2格-s; ⊕なし) アヘン

op·po·nie·ren [オポニーレン] (opponierte; opponiert; 匠刀h)
自《gegen+④と》《…⁴に》異議を唱える, 逆らう

Op·por·tu·nis·mus [オポルトゥニスムス] 男 *der* (⊕2格-; ⊕なし) 日和見主義, ご都合主義

Op·por·tu·nist [オポルトゥニスト] 男 *der* (⊕2·3·4格-en; ⊕-en) 日和見〈ご都合〉主義者

Op·po·si·ti·on [オポズィツィオーン] 女 *die* (⊕2格-; まれに ⊕-en)
❶ 《政治》**野党** ▷ Die *Opposition* hat den Minister heftig angegriffen. 野党は大臣を激しく攻撃した
❷ 《文語》**反対, 対立** ▷ eine heftige *Opposition* 激しい反対 / in *Opposition* zu+③ stehen …³と対立している

Op·tik [オプティク] 女 *die* (⊕2格-; ⊕なし) 光学

Op·ti·ker [オプティカー] 男 *der* (⊕2格-s; ⊕-) 光学器械製造業者; 眼鏡屋

op·ti·mal [オプティマール] 形 (ある状況下で)最善の, できる限りよい ▷ eine *optimale* Lösung 最善の解決策

Op·ti·mis·mus [オプティミスムス] 男 *der* (⊕2格-; ⊕なし) **楽観主義**, オプティミズム (⇔ Pessimismus)

Op·ti·mist [オプティミスト] 男 *der* (⊕2·3·4格-en; ⊕-en) 楽観論者, 楽天家, オプティミスト (⇔ Pessimist)

op·ti·mis·tisch [オプティミスティシュ] 形 楽観的な (⇔ pessimistisch) ▷ Er ist von Natur aus *optimistisch*. 彼は生来のオプティミストだ

op·tisch [オプティシュ] 形
❶ **視覚の, 視覚的な** ▷ eine *optische* Täuschung 目の錯覚
❷ **光学の, 光学上の**

O·ra·kel [オラーケル] 中 *das* (⊕2格-s; ⊕-) (神の)お告げ, 神託, 託宣

o·ran·ge [オラ[ー]ンジェ] 形 オレンジ〈だいだい〉色の (☆ 格語尾はつけない, ただし口語では格語尾つけることがある)

O·ran·ge [オラ[ー]ンジェ] 女 *die* (⊕2格-; ⊕-n)《植物》オレンジ

O·rang-U·tan [オラング·ウータン] 男 *der* (⊕2格-s; ⊕-s)《動物》オランウータン

Or·ches·ter [オルケスター] 中 *das* (⊕2格-s; ⊕-) オーケストラ, 管弦楽団 ▷ ein *Orchester* dirigieren オーケストラを指揮する

Or·chi·dee [オルヒデーエ] 女 *die* (⊕2格-; ⊕-n)《植物》ラン

Or·den [オルデン] 男 *der* (⊕2格-s; ⊕-)
❶ **勲章** ▷ Er erhielt einen hochrangigen *Orden*. 彼は高位の勲章を授与された
❷ (一つの戒律のもとに暮らす)宗教団体, 修道会 ▷ dem *Orden* der Jesuiten beitreten イエズス会に入る

or·dent·lich [オルデントリヒ] 形
❶ **整頓された, 整然とした** ▷ Seine Wohnung ist nicht so *ordentlich*. 彼の住まいはそれほど整然としていない
❷ **きちんとした, きちょうめんな** ▷ ein *ordentlicher* Mensch きちょうめんな人
❸ **正規の** ▷ ein *ordentliches* Mitglied 正会員 / ein *ordentlicher* Professor 正教授
❹《口語》**まともな, ちゃんとした** ▷ *ordentliche* Leute まともな人々 / ein *ordentliches* Leben führen まともな生活を送る
❺《口語》**かなりの, そうとうな** ▷ Ich habe *ordentlichen* Hunger. 私はひどく腹がすいている

Or·di·nal·zahl [オルディナール·ツァール] 女 *die* (⊕2格-; ⊕-en) 序数 (＝Ordnungszahl;「基数」は Grundzahl, Kardinalzahl)

or·di·när [オルディネーア] 形
❶ (特に性に関する言動が)**品のない, いやらしい** ▷ ein *ordinärer* Mensch 下品な人
❷ (質などが)**ありふれた, ふつうの** ▷ ein ganz *ordinärer* Kugelschreiber ごくありふれたボールペン

Or·di·na·ri·en [オルディナーリエン] Ordinarius の 複数

Or·di·na·ri·us [オルディナーリウス] 男 *der* (⊕2格-; ⊕…narien) (大学の)正教授

ord·nen [オルドネン] (du ordnest, er ordnet; ordnete; geordnet; 匠刀h)
他 ❶《④と》《…⁴を》(一定の基準で)**整理する;**

整える ▷ Akten *ordnen* 書類を整理する / Wörter nach dem Alphabet *ordnen* 単語をアルファベット順に並べる / die Kleider *ordnen* 服装の乱れを整える
❷《④と⁴と》かたづける, 始末する ▷ Vor der Auslandsreise *ordnete* er seine dienstlichen Angelegenheiten. 外国に旅行に出かける前に彼は仕事上の用件をかたづけた

Ord·ner [オルドナー] 男 *der* (② 2格 -s; ③ -)
❶ 書類綴じ, ファイル
❷ (会場などの) 整理〈警備〉係

ord·ne·te [オルドネテ] ordnen の 過直

Ord·nung [オルドヌング] 囡 *die* (② 2格 -; ③ なし)
❶ 整理 ▷ *Ordnung* machen 整理する / für *Ordnung* sorgen 整理整頓に気を配る
❷ (社会生活・個人生活の) 秩序, 規律 ▷ die öffentliche *Ordnung* 公共の秩序 / die *Ordnung* wiederherstellen 秩序を回復する
❸ (秩序ある) 配列, 順序; 『序数など』等級 ▷ eine alphabetische *Ordnung* アルファベット順 / eine Straße erster 〈zweiter〉 *Ordnung* 1 級〈2 級〉道路
イディオム ❹ +*in Ordnung bringen* (破損したもの)⁴を(修理して)使える状態にする;（問題など)⁴を解決する, かたづける ▷ ein Gerät wieder *in Ordnung bringen* 器具をまた使えるようにする / Ich werde die Angelegenheit *in Ordnung bringen*. 私がその件をちゃんと処理します
In Ordnung! オーケー, 承知した
in Ordnung sein 整理された〈正常な〉状態である ▷ Das Zimmer *ist in Ordnung*. 部屋はかたづいている / Der Motor *ist nicht in Ordnung*. エンジンは調子がおかしい / Er *ist in Ordnung*. 彼はまともだ(信頼できる) / Er *ist* wieder *in Ordnung*. 彼はまた元気になった

Ord·nungs·zahl [オルドヌングス·ツァール] 囡 *die* (② 2格 -; ③ -en) 序数 (=Ordinalzahl;「基数」は Grundzahl, Kardinalzahl)

Or·gan [オルガーン] 伸 *das* (② 2格 -s; ③ -e)
❶ (生物の) 器官; 臓器 ▷ die inneren *Organe* 内臓
❷ 機関紙〈誌〉 ▷ das *Organ* einer Partei 政党の機関誌
❸ (一定の任務をもつ) 機関 ▷ die *Organe* der staatlichen Verwaltung 国の行政機関
❹ 〖口語〗声 ▷ Sie hat ein lautes *Organ*. 彼女は声が大きい

Or·ga·ni·sa·ti·on [オルガニザツィオーン] 囡 *die* (② 2格 -; ③ -en)
❶ (一定の目的のために作られた) 組織, 機構, 団体 ▷ eine militärische *Organisation* 軍事組織 / einer politischen *Organisation* angehören ある政治団体に属している
❷ 〖③ なし〗(催しなどを) 組織すること ▷ die *Organisation* einer Veranstaltung übernehmen ある催しを組織することを引き受ける
❸ 〖③ なし〗(一定の目的のための) 組織化 ▷ Die Gewerkschaft bemüht sich um die *Organisation* der Arbeiter. 労働組合は労働者の組織化に努力する

Or·ga·ni·sa·tor [オルガニザートーア] 男 *der* (② 2格 -s; ③ -en) (催しなどを) 組織する人, 企画実行者

Or·ga·ni·sa·to·ren [オルガニザトーレン] Organisator の 複数

or·ga·ni·sa·to·risch [オルガニザトーリシュ] 形 組織上の ▷ *organisatorische* Mängel 組織上の欠陥

or·ga·nisch [オルガーニシュ]
形 ❶ 《生物》器官の ▷ *Organisch* ist sie völlig gesund. 彼女はどこも悪いところはない (← 器官的に完全に健康だ)
❷ 《生物·化学》有機の ▷ *organische* Düngemittel 有機肥料
❸ (全体として一つの調和をつくりだす) 有機的な ▷ ein *organischer* Zusammenhang 有機的な連関

or·ga·ni·sie·ren [オルガニズィーレン] (organisierte; organisiert; 匿無 h)
—他《④と》〔催しなど⁴を〕組織する ▷ eine Demonstration *organisieren* デモを組織する
—再《*sich*⁴と》(集まって) 組織をつくる ▷ Die Arbeiter haben sich in Gewerkschaften *organisiert*. 労働者たちは労働組合をつくった

or·ga·ni·siert [オルガニズィーアト] 形 組織化された, 組織的な ▷ Die Ausstellung war schlecht *organisiert*. 見本市は組織がうまくいっていなかった / ein *organisiertes* Verbrechen 組織犯罪

Or·ga·nis·men [オルガニスメン] Organismus の 複数

Or·ga·nis·mus [オルガニスムス] 男 *der* (② 2格 -; ③ ..nismen)
❶ (生命体としての) 有機体 ▷ ein lebender *Organismus* 生物
❷ 〖ふつう ③ で〗(特に非常に小さな) 生物 ▷ einzellige *Organismen* 単細胞生物

Or·ga·nist [オルガニスト] 男 *der* (② 2·3·4格 -en; ③ -en) パイプオルガン奏者

Or·gas·men [オルガスメン] Orgasmus の 複数

Or·gas·mus [オルガスムス] 男 *der* (② 2格 -; ③ ..gasmen) オルガスムス

Or·gel [オルゲル] 囡 *die* (② 2格 -; ③ -n) 《楽器》パイプオルガン ▷ [die] *Orgel* spielen パイプオルガンをひく

Or·gie [オルギエ] 囡 *die* (② 2格 -; ③ -n) (大いに食べて飲んでの) 乱痴気騒ぎ, 狂宴 (☆ ふつうセッ

Orient

クス行為を伴う) ▷ Die Leute feiern oft wilde *Orgien.* 人々はしばしばひどい乱痴気騒ぎをする

der O·ri·ent [オーリエント] 男《地名》中近東 (=der Nahe Osten; 定冠詞を必ず伴う)

o·ri·en·ta·lisch [オリエンターリシュ] 形 近東の

o·ri·en·tie·ren [オリエンティーレン] 他
(orientierte; orientiert; 匿了h)
── 再 ❶ 《sich⁴と》自分のいる位置〈行く方向〉を見つける ▷ *sich* an der Karte *orientieren* 地図で自分のいる位置〈行く方向〉を見つける / Er kann sich schlecht *orientieren.* 彼は方向音痴だ
❷ 《sich⁴+an+③と》〔…³を〕(行動などの)基準〈手本〉にする ▷ Er *orientiert* sich ausschließlich an seinem Vater. 彼はもっぱら父親を手本にしている
── 他 《④と》〔…⁴に〕情報を与える ▷ Er war schlecht *orientiert.* [状態受動] 彼は十分な情報を得ていなかった

O·ri·en·tie·rung [オリエンティールング] 女 (艦 2 格 -; 艦 なし) 自分の位置が分かっていること ▷ die *Orientierung* verlieren 方向を見失う / zur besseren *Orientierung* 位置〈方向〉もっとよく分かるように

o·ri·gi·nal [オリギナール] 形 (素性・起源が)本物の, オリジナルの ▷ Die Urkunde ist *original.* この文書はオリジナルだ / *original* indische Seide 本物のインド産のシルク

O·ri·gi·nal [オリギナール] 中 *das* (艦 2 格 -s; 艦 -e)
❶ (コピーに対する)原本; 原作, 原画 (⇔ Kopie) ▷ Das ist ein *Original.* これは原本である / Das *Original* des Bildes hängt im Louvre. この絵の原画はルーブル美術館に展示されている (☆ Louvre [ル-ヴル]) / einen Roman im *Original* lesen 小説を原書で読む
❷ 《口語》(服装や考え方などが独創的で)ユニークな人 ▷ Er ist ein *Original.* 彼はユニークだ

O·ri·gi·na·li·tät [オリギナリテート] 女 (艦 2 格 -; 艦 -en) 独創性, オリジナリティー

o·ri·gi·nell [オリギネル] 形 独創的な, 新しくて独自〈独特〉の ▷ Sein Vorschlag war nicht gerade *originell.* 彼の提案はそれほど独創的ではなかった

Or·kan [オルカーン] 男 *der* (艦 2 格 -[e]s; 艦 -e) (被害をもたらすような激しい)暴風, ハリケーン

Or·na·ment [オルナメント] 中 *das* (艦 2 格 -[e]s; 艦 -e) 《文語》(じゅうたん・天井などの)装飾模様

Ort [オルト] 男 *der* (艦 2 格 -es〈まれに-s〉; 艦 -e)
❶ (特定の)**場所**, 所 ▷ ein kühler *Ort* 涼しい場所 / *Ort* und Zeit der Zusammenkunft festsetzen 会合の場所と時間を決める / am angegebenen *Ort* 前掲の箇所で (艦 a.a.O.)
❷ (物の, 本来)あるべきところ ▷ Er stellte das Geschirr wieder an seinen *Ort.* 彼は食器を元の位置に戻した
❸ 村落, 町村(都市よりも小さな居住地域を総称的に指す) ▷ Wir wohnen im selben *Ort.* 私たちは同じ村〈町〉に住んでいる
(イディオム) **an Ort und Stelle** その場ですぐ ▷ *sich an Ort und Stelle* über+④ informieren その場ですぐ情報を得る

Or·tho·gra·fie [オルトグラフィー] 女 *die* (艦 2 格 -; まれに 艦 -n) 正書法

Or·tho·gra·phie =Orthografie

Or·tho·pä·de [オルトペーデ] 男 *der* (艦 2·3·4 格 -n; 艦 -n) 整形外科医

Or·tho·pä·die [オルトペディー] 女 *die* (艦 2 格 -; 艦 なし) 整形外科

ört·lich [エルトリヒ]
形 ❶ 局部〈局所〉的な ▷ eine *örtliche* Betäubung 局部麻酔
❷ ある土地〈地方〉の ▷ die *örtlichen* Verhältnisse genau studieren その土地の状況を詳しく調べる / *Örtlich* ist mit Schauer zu rechnen. ところによっては夕立が降る

Ort·schaft [オルトシャフト] 女 *die* (艦 2 格 -; 艦 -en) 集落, 村落

Orts·ge·spräch [オルツ・ゲシュプレーヒ] 中 *das* (艦 2 格 -s; 艦 -e) 市内通話 (☆「市外通話」は Ferngespräch)

Ö·se [エーゼ] 女 *die* (艦 2 格 -; 艦 -n) (フックの)留め物, 鳩目はと, ひも穴

Os·si [オッスィー] 男 *der* (艦 2 格 -s; 艦 -s) 《口語》(旧東ドイツの人を指して)東の人〈やつ〉

Ost [オスト] 無変化 東 (☆ 無冠詞で; =Osten; ⇔ West)

Os·ten [オステン] 男 *der* (艦 2 格 -s; 艦 なし)
❶ 東 (☆ ふつう無冠詞で; 艦 O; ⇔ Westen) ▷ Der Wind kommt von *Osten.* 風は東から吹いている / Im *Osten* geht die Sonne auf. 東に太陽が昇る
❷ (国・町などの)東部; 東の地域 (☆ ふつう定冠詞と) ▷ im *Osten* von Köln ケルンの東部に / der Ferne *Osten* 極東

Os·tern [オーステルン] (中 *das*) (艦 2 格 -; 艦 -)
復活祭, イースター (☆ ふつう無冠詞で; 複数形で一つの復活祭を指すこともある) ▷ Wir hatten ein schönes *Ostern* 〈schöne *Ostern*〉. 私たちはすばらしい復活祭を過ごした / zu 〈an〉 *Ostern* 復活祭の日に / Fröhliche *Ostern!* 復活祭おめでとう

Ös·ter·reich [エース・テ・ライヒ] (中 *das*)《地名》オーストリア (用法: ☞ Deutschland)

Ös·ter·rei·cher [エース・テ・ライヒャー] 男 *der* (艦 2 格 -s; 艦 -) オーストリア人

Ös·ter·rei·che·rin [エース・テ・ライヒェリン] 女

---

①, ②, ③, ④=1格, 2格, 3格, 4格の名詞

die (⊞ -; ⊛ ..rinnen) Östereichr の女性形

Ös·ter·rei·chisch [エーステ・ライヒシュ] 形
オーストリア[人]の; オーストリア方言の (☆ オーストリアはドイツ語圏)

Ost·eu·ro·pa [オスト・オイローパ] (⊞ *das*)《地名》東ヨーロッパ

öst·lich [エストリヒ]
— 形 (比較 -er, 最上 -st)
東の, 東方の (⊗ westlich) ▷ die *östliche* Grenze 東の[国]境 / am *östlichen* Himmel 東の空に / Sie wohnen im *östlichen* Teil der Stadt. 彼らは町の東部に住んでいる / Der Wald liegt *östlich* von München. その森はミュンヒェンの東にある
— 前 (②支配) …の東に ▷ *östlich* des Dorfes 村の東に

die **Ost·see** [オスト・ゼー] 女 (⊞ 2格 -; ⊛ なし)《海名》バルト海 (ドイツの北, ユトラント半島とスカンジナビア半島に囲まれた内海,「東の海」の意; 定冠詞を必ず伴う)

Ou·ver·tü·re [ウヴェルテューレ] 女 *die* (⊞ 2格 -; ⊛ -n)《音楽》序曲

o·val [オヴァール] 形 楕円(だえん)形の, 卵形の ▷ ein *ovales* Gesicht 卵形の顔

ÖVP [エーファオペー] 女 *die* (⊞ 2格 -; ⊛ なし)《*Ö*sterreichische *V*olkspartei の略》オーストリア国民党

o·xi·die·ren [オクスィディーレン]
(oxidierte; oxidiert; 医了 s,h)
自 酸化する, さびる

O·ze·an [オーツェアーン] 男 *der* (⊞ 2格 -s; ⊛ -e) 大洋, 海洋 ▷ der Atlantische ⟨Pazifische⟩ Ozean 大西〈太平〉洋

O·zon [オツォーン] 中 *das* (口語 男 *der*) (⊞ 2格 -s; ⊛ なし) オゾン

O·zon·kil·ler [オツォーン・キラー] 男 *der* (⊞ 2格 -s; ⊛ -)《口語》オゾン層を破壊するもの

O·zon·loch [オツォーン・ロッホ] 中 *das* (⊞ 2格 -[e]s; ⊛ ..löcher) オゾンホール

p P [pe: ペー]

paar [パール]〖成句で〗
  ein paar 若干の, 二三の ▷ *ein paar* Bücher 数冊の本 / mit *ein paar* Freunden ausgehen 数人の友人と外出する
  ein paar Mal 数回〈度〉, 何回〈度〉か

Paar [パール] 中 *das* (⦿ 2格 -[e]s; ⦿ -e)
  ❶ (主に男女の)一組, カップル ▷ ein verliebtes *Paar* 恋仲の二人
  ❷ (2つからなる)一組, 一対 ▷ ein *Paar* Schuhe 靴1足 /〖単位表示として: 無変化〗zwei *Paar* Hosen ズボン2着

paa·ren [パーレン] (paarte; gepaart; 助h)
  再〖*sich*⁴と〗(動物が)交尾する, つがう ▷ Die meisten Tiere *paaren* sich im Frühjahr. たいていの動物は春に交尾する

paar·mal [パール・マール] 副 〖旧⇒新〗 paar Mal (分けて書く) ⇒ paar

Pacht [パハト] 女 *die* (⦿ 2格 -; ⦿ -en)
  ❶〖複なし〗賃借りすること ▷ ④+in *Pacht* nehmen〈geben〉…⁴を賃借り〈賃貸し〉する
  ❷ 賃貸料

pach·ten [パハテン]
  (pachtete; gepachtet; 助h)
  他〖④と〗〔土地・店舗など⁴を〕賃借りする

Päch·ter [ペヒター] 男 *der* (⦿ 2格 -s; ⦿ -) 賃借り人

Pack [パック] 中 *das* (⦿ 2格 -[e]s; ⦿ なし)《口語》《集合的に》げす野郎

Päck·chen [ペックヒェン] 中 *das* (⦿ 2格 -s; ⦿ -)〖Pack の縮小形〗
  ❶ (郵便) (2 kg 以下の)小包, 小形包装物 (☆ 2 kg からは Paket) ▷ ein *Päckchen* zur Post bringen 小包を郵便局へ持って行く
  ❷ (商品として包装した)小さな包み ▷ ein *Päckchen* Zigaretten タバコ1箱

pa·cken [パッケン] (packte; gepackt; 助h)
  他 ❶〖④+方向と〗[…⁴を…へ] 詰める; 積み込む (⦿ auspacken) ▷ die Wäsche in den Koffer *packen* 肌着をトランクに詰める / Er hat das Gepäck in das Auto *gepackt*. 彼は荷物を車に積み込んだ
  ❷〖④と〗〔トランク・箱など⁴を〕詰める ▷ Ich habe meinen Koffer *gepackt*. 私は自分のトランクを詰めた
  ❸〖④と〗[…⁴を](しっかり)つかむ ▷ Sie *packt* ihn an der Hand. 彼女は彼の手をつかむ / Blitzschnell *packte* er ihre Hand. す早く彼は

彼女の手をつかんだ /《比ゆ》Er wurde plötzlich von Angst *gepackt*. 彼は突然不安に襲われた

Pa·cken [パッケン] 男 *der* (⦿ 2格 -s; ⦿ -) (新聞紙などの)束, 包み (=Pack)

pa·ckend [パッケント] (映画・本などが途中でやめられないほど)おもしろい ▷ ein *packender* Kriminalroman とてもおもしろい探偵小説

pack·te [パックテ] *packen* の 過去

Pa·ckung [パックング] 女 *die* (⦿ 2格 -; ⦿ -en)
  ❶ (商品として包装した)一包み, 一箱, 一袋 ▷ eine *Packung* Gebäck ビスケット1パック / Er raucht täglich eine *Packung*. 彼は毎日1箱タバコを吸う
  ❷ (商品の)包装, パッケージ ▷ eine *Packung* öffnen 包装をあける

Pä·da·go·ge [ペダゴーゲ] 男 *der* (⦿ 2·3·4格 -n; ⦿ -n) 教育者; 教育学者 ▷ Er ist als *Pädagoge* an der Hochschule tätig. 彼は教育学者として大学で教鞭をとっている

pä·da·go·gisch [ペダゴーギシュ] 形 教育の, 教育上の, 教育的な

Pad·del [パッデル] 中 *das* (⦿ 2格 -s; ⦿ -) パドル (カヌーなどの櫂)

Pad·del·boot [パッデル・ボート] 中 *das* (⦿ 2格 -[e]s; ⦿ -e) カヌー, カヤック (Paddel「パドル」でこぐボートを指す)

pad·deln [パッデルン]
  (paddelte; gepaddelt; 助s,h)
  自 パドルでこぐ; カヌー〈カヤック〉に乗る

paf·fen [パッフェン] (paffte; gepafft; 助h)
  他《口語》〖④と〗〔タバコ⁴を〕プカプカふかす

Pa·ket [パケート] 中 *das* (⦿ 2格 -[e]s; ⦿ -e)
  ❶《郵便》(2 kg から 20 kg までの)小包 (☆ 2 kg 以下は Päckchen) ▷ ein *Paket* bei der Post abgeben 小包を郵便局に出す
  ❷ (紙・ひもなどで)包んだ〈束ねた〉もの; 箱詰めされたもの ▷ ein *Paket* Wäsche 洗濯物の包み / Ein ganzes *Paket* Zeitung lag auf dem Tisch. かなりの量の新聞の束がテーブルの上にあった
  ❸ (商品として包装した)一包み, 一箱 (ふつう Packung より大きなもの) ▷ ein *Paket* Waschpulver 洗剤1パック

Pakt [パクト] 男 *der* (⦿ 2格 -[e]s; ⦿ -e) 条約 ▷ einen *Pakt* mit einem Staat schließen ある国と条約を締結する

〔状態〕, 〔様態〕, 〔場所〕, 〔方向〕, …⁴=状態, 様態, 場所, 方向, …を表す語句

Pa·lais [パレー] 田 das (旧2格 – [パレース]; 旧 – [パレース]) 宮殿 (=Palast)
Pa·last [パラスト] 男 der (旧2格 – [e]s; 旧 Paläste) 宮殿 ▷ der Buckingham-*Palast* in London ロンドンのバッキンガム宮殿
Pa·läs·te [パレステ] Palast の(複数)
Pa·la·ver [パラーヴァー] 田 das (旧2格 –s; 旧 –) 《口語》《ふつう否定的な意味合いで》長時間にわたる議論〈交渉〉
pa·la·vern [パラーヴェルン] (palaverte; palavert; 匠h) 自 長々〈延々〉と話をする
Pa·let·te [パレッテ] 女 die (旧2格 –; 旧 –n) パレット, 絵の具板
Pal·me [パルメ] 女 die (旧2格 –; 旧 –n)《植物》ヤシ; シュロ
pa·nie·ren [パニーレン] (paniert; paniert; 匠h) 他 [④と] [肉など⁴に] (卵黄とパン粉などの)ころもをつける
Pa·nik [パーニック] 女 die (旧2格 –; まれに 旧 –en) パニック ▷ In U-Bahnbereich brach eine große *Panik* aus. 地下鉄構内で大きなパニックが起こった
pa·nisch [パーニシュ] 形 パニック状態の, パニックに陥った
Pan·ne [パネ] 女 die (旧2格 –; 旧 –n)
① (自動車・機械の)故障; パンク ▷ Sie hatte mit dem Wagen eine *Panne* und hat sich deshalb verspätet. 彼女は自動車が故障してそのために遅刻した
② (物事を進める上での)思いがけないトラブル, 支障になること ▷ Dabei gab es mehrere *Pannen*. その際思いがけないトラブルがいくつも生じた
Pa·no·ra·ma [パノラーマ] 田 das (旧2格 –s; 旧 ..ramen) (広々とした)眺望, パノラマ
Pa·no·ra·men [パノラーメン] Panorama の (複数)
pan·schen [パンシェン] (panschte; gepanscht; 匠h) 他 [④と] [ワインなど⁴を]水で薄める
Pan·ter [パンター] 男 der (旧2格 –s; 旧 –)《動物》ヒョウ
Pan·ther [パンター] =Panter
Pan·tof·fel [パントッフェル] 男 der (旧2格 –s; 旧 –n)《ふつう 複で》スリッパ ▷ die *Pantoffeln* anziehen スリッパをはく/《比ゆ》Er steht unter dem *Pantoffel*. 彼は女房の尻に敷かれている
Pan·zer [パンツァー] 男 der (旧2格 –s; 旧 –) 戦車, タンク ▷ *Panzer* rollen an die Front. 戦車が前線に向かう
Pa·pa [パパ] 男 der (旧2格 –s; 旧 –s)《幼児語》パパ (☆ Vater の愛称, 「ママ」は Mama) ▷ Mama, wann kommt *Papa* nach Hause? ママ パパは何時に家に帰って来るの
Pa·pa·gei [パパガイ/パパガイ] 男 der (旧2·3·4格 –en〈2格 –s〉; 旧 –en)《鳥》オウム
Pa·pier [パピーア] 田 das (旧2格 –s; 旧 –e)
① 《旧 なし》紙 ▷ ein Blatt *Papier* 1枚の紙 / *Papier* zerreißen 紙を引きちぎる
② 《ふつう 旧 で》書類, 文書 ▷ geheime *Papiere* 秘密文書
③ 《ふつう 旧 で》身分証明書 ▷ Er hat keine *Papiere* bei sich. 彼は身分証明書を携帯していない
Pa·pier·korb [パピーア・コルプ] 男 der (旧2格 –[e]s; 旧 ..körbe) 紙くずかご
Pa·pier·mes·ser [パピーア・メッサー] 田 das (旧2格 –s; 旧 –) ペーパーナイフ
Pa·pier·schlan·ge [パピーア・シュランゲ] 女 die (旧2格 –; 旧 –n) (カーニバルのときの)色とりどりの紙テープ
Pa·pier·ta·schen·tuch [パピーア・タッシェン・トゥーフ] 田 das (旧2格 –[e]s; 旧 ..tücher) ティッシュペーパー
Pap·pe [パッペ] 女 die (旧2格 –; まれに 旧 –n) 板紙, ボール紙 ▷ *Pappe* schneiden 板紙を切る
Pap·pel [パッペル] 女 die (旧2格 –; 旧 –n)《植物》ポプラ, ハコヤナギ
Pap·pel·al·lee [パッペル・アレー] 女 die (旧2格 –; 旧 –n) ポプラの並木
Pap·ri·ka [パプリカ] 男 der (旧2格 –s; 旧 –[s])
① ピーマン
② 《旧 なし》(香辛料の)パプリカ
Papst [パープスト] 男 der (旧2格 –es〈まれに –s〉; 旧 Päpste)《(カトリック)》教皇, 法王 ▷ Er wurde zum *Papst* gewählt. 彼は教皇に選ばれた
Päps·te [ペープステ] Papst の(複数)
päpst·lich [ペープストリヒ] 形 [ローマ]教皇の
Pa·ra·bel [パラーベル] 女 die (旧2格 –; 旧 –n) (人間生活を題材にした教訓的な)たとえ話, 寓話ぐう
Pa·ra·bol·an·ten·ne [パラボール・アンテネ] 女 die (旧2格 –; 旧 –n) パラボラアンテナ
Pa·ra·de [パラーデ] 女 die (旧2格 –; 旧 –n) (軍隊の)パレード, 観閲式
Pa·ra·dies [パラディース] 田 das (旧2格 –es; 旧 –e)
① 《旧 なし》《聖書》楽園, エデンの園; 天国 ▷ Adam und Eva wurden aus dem *Paradies* vertrieben. アダムとイヴは楽園から追放された
② (楽園のように)すばらしい所
pa·ra·die·sisch [パラディーズィシュ] 形 (滞在地などが)天国〈楽園〉のような
pa·ra·dox [パラドクス] 形 矛盾した, 理屈に合わない, 異常な
Pa·ra·graf [パラグラーフ] 男 der (旧2·3·4格

Paragraph

-en; (複) -en) 段落, 節, パラグラフ
Pa·ra·graf =Paragraf
pa·ral·lel [パラレール] 形 平行の ▷ Die Straße verläuft *parallel* zur Bahn. 道は鉄道に平行して走っている
Pa·ral·le·le [パラレーレ] 女 die ((⇔) 2 格 -; (複) -n) 平行線 ▷ eine *Parallele* zu einer Geraden ziehen 直線に平行線を 1 本引く
Pa·ral·le·lo·gramm [パラレログラム] 中 das ((⇔) 2 格 -s; (複) -e) 〖数学〗平行四辺形
Pa·ra·sit [パラズィート] 男 der ((⇔) 2·3·4 格 -en; (複) -en) (サナダムシ・ヤドリギのような)寄生動植物
pa·rat [パラート] 形 (いつでも使えるように)用意した
(イディオム) ④+*parat haben* …⁴を用意してある
Par·fum [パルフェーン] 中 das ((⇔) 2 格 -s; (複) -s) = Parfüm
Par·füm [パルフューム] 中 das ((⇔) 2 格 -s; (複) -e 〈-s〉) 香水 ▷ Sie verwendet kein *Parfüm*. 彼女は香水を使わない
Par·fü·me·rie [パルフュメリー] 女 die ((⇔) 2 格 -; (複) -n) (主に香水を売る)化粧品店
Par·fü·me·ri·en [パルフュメリーエン] Parfümerie の 複数
par·fü·mie·ren [パルフュミーレン] (parfümierte; parfümiert; 完了 h)
— 他 [④と] […⁴に]香水をふる
pa·rie·ren [パリーレン] (parierte; pariert; 完了 h)
— 自 《口語》素直に従う, 従順になる
— 他 [④と] [攻撃などを]かわす, 防ぐ
Pa·ris [パリース] (中 das) 〖都市名〗パリ
Park [パルク] 男 der ((⇔) 2 格 -s; (複) -s) 公園; 大庭園 ▷ ein gepflegter *Park* 手入れの行き届いた公園 / im *Park* spazieren gehen 公園を散歩する
par·ken [パルケン] (parkte; geparkt; 完了 h)
— 自 (車を一時的に)止めておく, 駐車する; (車が)止められている ▷ Hier darf man nicht *parken*. ここは駐車禁止です / Der Wagen *parkt* immer direkt vor der Haustür. その車はいつも玄関のちょうど前に止まっている /〖名詞化して〗*Parken* verboten! 駐車禁止
— 他 [④と] [車⁴を](一時的に)止めておく ▷ Wo kann ich meinen Wagen *parken*? どこに私は駐車できますか
Par·kett [パルケット] 中 das ((⇔) 2 格 -[e]s; (複) -e) 寄せ木張りの床; (劇場の 1 階の)平土間席 (☆「バルコニー席」は Balkon, 「仕切り席」は Loge)
Park·platz [パルク・プラッツ] 男 der ((⇔) 2 格 -es; (複) ..plätze)
❶ 駐車場 ▷ ein bewachter *Parkplatz* 有料駐車場(←監視された)

❷ 駐車する場所 ▷ Ich habe keinen *Parkplatz* gefunden. 私は車を止める場所が見つからなかった
park·te [パルクテ] parken の 過去
Park·uhr [パルク・ウーア] 女 die ((⇔) 2 格 -; (複) -en) パーキングメーター
Park·ver·bot [パルク・フェアボート] 中 das ((⇔) 2 格 -[e]s; (複) -e) 駐車禁止
Par·la·ment [パルラメント] 中 das ((⇔) 2 格 -[e]s; (複) -e) 議会, 国会 ▷ die Mehrheit im *Parlament* haben 議会で多数派を占めている
Par·la·men·ta·ri·er [パルラメンターリーア] 男 der ((⇔) 2 格 -s; (複) -) 国会議員
par·la·men·ta·ri·sche [パルラメンターリシェ] 形 議会の, 国会の; 議会制の (☆ 名詞につけて) ▷ die *parlamentarische* Demokratie 議会制民主主義
Pa·ro·die [パロディー] 女 die ((⇔) 2 格 -; (複) -n) パロディー
Pa·ro·di·en [パロディーエン] Parodie の 複数
Pa·ro·le [パローレ] 女 die ((⇔) 2 格 -; (複) -n)
❶ スローガン, 標語 ▷ eine kämpferische *Parole* 戦闘的なスローガン
❷ 合いことば ▷ die *Parole* sagen 合いことばを言う
Par·tei [パルタイ] 女 die ((⇔) 2 格 -; (複) -en)
❶ 政党, 党 ▷ in eine *Partei* eintreten 入党する
❷ (意見を同一にする)グループ, 派 ▷ Im Verlauf der Diskussion bildeten sich zwei *Parteien*. 議論の過程で 2 つの派ができた
(イディオム) für+④ *Partei ergreifen* 〈*nehmen*〉 …⁴の味方をする
par·tei·isch [パルタイイシュ] 形 かたよった, 不公平な, えこひいきの ▷ Der Schiedsrichter war *parteiisch*. 審判は不公平だった
Par·tei·vor·sit·zen·de [パルタイ・フォアズィッツェンデ] 男 der / 女 die (形容詞変化 Alte 表1) 党首
Par·ter·re [パルテル/..テレ] 中 das ((⇔) 2 格 -s; (複) -s) 一階 (=Erdgeschoss)
Par·tie [パルティー] 女 die ((⇔) 2 格 -; (複) -n)
❶ (特に身体部位などの境がはっきりしない)部分, 箇所 ▷ die untere *Partie* des Gesichtes 〈Bildes〉顔〈絵〉の下の部分
❷ (チェス・ゴルフなどのゲームの)一勝負 ▷ eine *Partie* Schach spielen チェスを一番さす
❸ (歌劇歌手の)役 ▷ Sie singt die *Partie* der Aida. 彼女はアイーダの役を歌う
Par·ti·en [パルティーエン] Partie の 複数
Par·ti·san [パルティザーン] 男 der ((⇔) 2 格 〈2·3·4 格 -en〉; (複) -en) (侵略軍に対する)ゲリラ, パルチザン
Part·ner [パルトナー] 男 der ((⇔) 2 格 -s;

①, ②, ③, ④=1 格, 2 格, 3 格, 4 格の名詞

❶ パートナー，相手，相棒；(演劇などの)相手役 ▷ die *Partner* des Vertrages 契約の相手 / ein fairer *Partner* beim Schach チェスのフェアな対戦相手

❷ (人生の)伴侶(はん りょ) ▷ einen *Partner* fürs Leben suchen 人生の伴侶を探す

Part·ne·rin [パルトネリン] 図 *die* (⓶2格 -; ⓹..rinnen) Partner の女性形

Par·ty [パーティ] 図 *die* (⓶2格 -; ⓹-s) パーティー ▷ eine *Party* geben パーティーを開く / auf eine〈zu einer〉*Party* gehen パーティーに行く

pass [パス] passen の命令

Pass [パス] 男 *der* (⓶2格 -es; ⓹ Pässe)

❶ パスポート，旅券 ▷ einen *Pass* beantragen 旅券の交付を申請する / Mein *Pass* ist abgelaufen. 私のパスポートは有効期限が過ぎている

❷ (山の間を通り抜ける)道，峠(の道) ▷ Die *Pässe* der Alpen sind gesperrt. [状態受動] アルプスの峠は通行止めになっている

❸ (サッカーなどの)パス

Paß (旧正書) Pass

pas·sa·bel [パサーベル] 形 (特にいいわけではないが)まずまずの，まあまあの ▷ ein *passables* Hotel まずまずのホテル

pas·sa·ble [パサーブル] ☞ passabel

Pas·sa·ge [パサージェ] 図 *die* (⓶2格 -; ⓹-n)

❶ (両側に商店がならぶ)アーケード；通路

❷ (テキストなどの)節

Pas·sa·gier [パサジーア] 男 *der* (⓶2格 -s; ⓹-e) (飛行機・船などの)乗客，旅客 ▷ Die *Passagiere* besteigen die Maschine. 乗客は飛行機に乗り込む / ein blinder *Passagier* (船倉などに隠れて)不正に旅する人，密航者

Pas·sant [パサント] 男 *der* (⓶2·3·4格 -en; ⓹-en) (たまたまその場に居合わせた)通行人，通りがかりの人

Päs·se [ペッセ] Pass の複数

pas·sen [パッセン]

(du, er passt; passte; gepasst; 完了h)

自 ❶ (大きさなどが)ぴったり合う ▷ Der Rock *passt* dir gut. このスカートは君にぴったりだ / Der Deckel *passt* nicht auf den Topf. そのふたはそのなべに合わない

❷ [zu+3格] […³に]似合う，ふさわしい ▷ Dieser Hut *passt* zum Mantel. この帽子はコートに合う / Die beiden *passen* gut zueinander. その二人はよくお似合いだ

❸ [③と] […³の]気にいる ▷ Sein Benehmen *passt* mir schon lange nicht. 彼の態度はもう以前から気に入らない

❹ (...で)パスをする；(球技)パスする ▷ Ich *passe*. 私はパスだ

pas·send [パッセント]

形 ❶ 適切な，適当な ▷ ein *passendes* Wort finden 適切なことばを見つける

❷ 似合う；(大きさなどが)ぴったり合う ▷ eine zum Anzug *passende* Krawatte 背広に合うネクタイ / eine Hose *passend* machen ズボンを体に合うように仕立てる

pas·sie·ren [パスィーレン] (passierte; passiert)

— 自 [完了s] ❶ (いやなことなどが)起こる (= geschehen) ▷ Dort ist ein Unglück *passiert*. そこで事故が起きた

❷ [③と] […³の]身に起こる ▷ Das kann jedem *passieren*. それはだれにでも起こりうることだ(そんなことは大したことじゃない)

— 他 〔文語〕[完了h] [④と] [国境など⁴を]通過する

pas·siert [パスィーアト] passieren の現在分

pas·sier·te [パスィーアテ] passieren の過去

Pas·si·on [パスィオーン] 図 *die* (⓶2格 -; ⓹-en) 情熱；情熱を傾けるもの

pas·siv [パスィーフ/パスィーフ]

形 ❶ 消極的な，受け身の (⇔ aktiv) ▷ sich⁴ *passiv* verhalten 消極的な態度をとる

❷ 活動していない ▷ Ich bin nur noch *passives* Mitglied. 私はもう名目的な会員でしかない

Pass·kon·trol·le (旧 **Paß·**..) [パス・コントロレ] 図 *die* (⓶2格 -; ⓹-n) パスポート検査

passt [パスト] passen の現在

pass·te [パステ] passen の過去

Pass·wort (旧 **Paß·**..) [パス・ヴォルト] 中 *das* (⓶2格 -[e]s; ⓹..wörter) パスワード ▷ ein *Passwort* einlegen パスワードを入力する

Pas·te [パステ] 図 *die* (⓶2格 -; ⓹-n) (料理) (パンなどに塗る)ペースト

Pas·tor [パストル/パストーア] 男 *der* (⓶2格 -s; ⓹-en) (プロテスタント) 牧師；(カトリック) 主任司祭 (= Pfarrer)

Pas·to·ren [パストーレン] Pastor の複数

Pa·te [パーテ] 男 *der* (⓶2·3·4格 -n; ⓹-n) (幼児の洗礼に立ち会う)代父 ▷ Er steht bei einem Kind *Pate*. 彼はある子供の代父になる

pa·tent [パテント] 形 〔口語〕(人が)手際のよい；(やり方などが)見事な

Pa·tent [パテント] 中 *das* (⓶2格 -[e]s; ⓹-e) 特許[権]，パテント ▷ ein *Patent* anmelden 特許を出願する / Auf diese Maschine haben wir ein *Patent*. この機械に対して私たちは特許をもっている

Pa·tent·amt [パテント・アムト] 中 *das* (⓶2格 -[e]s; ⓹..ämter) 特許庁

pa·the·tisch [パテーティシュ] 形 (演技などが)感情がこもり過ぎた，(言い方などが)仰々しい

Pa·thos [パートス] [中] *das* ([単] 2 格 –; [複] なし) 情熱, 激情, パトス; (言い方などの) 仰々しさ

Pa·ti·ent [パツィエント] [男] *der* ([単] 2·3·4 格 –en; [複] –en)
患者 (☆「病人」は *der*/*die* Kranke) ▷ ein schwer kranker *Patient* 重病の患者 / Ich bin *Patient* bei Dr. Müller. 私のかかりつけの医者はミュラー先生です

Pa·ti·en·tin [パツィエンティン] [女] *die* ([単] 2 格 –; [複] ..tinnen) Patient の女性形

Pat·ri·ot [パトリオート] [男] *der* ([単] 2·3·4 格 –en; [複] –en) 愛国者

Pat·ro·ne [パトローネ] [女] *die* ([単] 2 格 –; [複] –n)
❶ (小銃などの) 弾薬筒, 薬莢(やっきょう), 弾 ▷ eine *Patrone* in den Lauf schieben 弾を銃に装塡(そうてん)する
❷ (万年筆の) カートリッジ; (フィルムの) カートリッジ

Pat·rouil·le [パトルリェ] [女] *die* ([単] 2 格 –; [複] –n)
❶ (警察などの) パトロール ▷ auf *Patrouille* gehen パトロールをする
❷ (軍隊などの) パトロール隊

pat·rouil·lie·ren [パトルリーレン]
(patrouillierte; patroulliert; [完了]h,s)
[自] パトロールをする

pat·zig [パッツィヒ] [形] 《口語》(機嫌をそこねて) つっけんどんな, 無愛想な

Pau·ke [パオケ] [女] *die* ([単] 2 格 –; [複] –n) 《楽器》ティンパニー ▷ die *Pauke* schlagen ティンパニーをたたく

pau·ken [パオケン] (paukte; gepaukt; [完了]h)
[他] 《口語》【④と】[…⁴を] (特に試験前などに) 猛勉強する, がむしゃらに丸暗記する ▷ englische Vokabeln *pauken* 英単語をがむしゃらに丸暗記する

Paul [パオル] 《男名》パウル

pau·schal [パオシャール]
[形] ❶ (個別的でない) 一括した, ひっくるめた ▷ eine *pauschale* Summe 全部をひっくるめた金額
❷ (判断などが) おおざっぱな, おおまかな

Pau·se [パオゼ] [女] *die* ([単] 2 格 –; [複] –n)
(仕事などを中断してとる) 中休み, 休憩 ▷ eine kurze *Pause* 短い中休み / eine *Pause* einlegen 〈machen〉 休憩を間に入れる〈休憩する〉 / Sie arbeiteten ohne *Pause*. 彼らは休むことなく働いていた

pau·sie·ren [パオズィーレン]
(pausierte; pausiert; [完了]h)
[自] (仕事などを) ちょっとの間休む, 中断する

Pa·vil·lon [パヴィリヨン] [男] *der* ([単] 2 格 –s; [複] –s) (庭園などの) 亭(ちん), 東屋(あずまや); (博覧会などの) 展示館, パビリオン

der **Pa·zi·fik** [パツィーフィック] [男] ([単] 2 格 –s; [複] なし) 《海名》太平洋 (der Pazifische Ozean とも言う;「大西洋」は der Atlantik; 定冠詞を必ず伴う)

pa·zi·fisch [パツィーフィシュ] [形] 太平洋の ▷ *pazifische* Inseln 太平洋の島々 / der *Pazifische* Ozean 太平洋

Pa·zi·fis·mus [パツィフィスムス] [男] *der* ([単] 2 格 –; [複] なし) 平和主義

Pa·zi·fist [パツィフィスト] [男] *der* ([単] 2·3·4 格 –en; [複] –en) 平和主義者

PC [ペーツェー] [男] *der* ([単] 2 格 –s; [複] –s) 〖*Personalcomputer* の略語〗パソコン

Pech [ペヒ] [中] *das* ([単] 2 格 –[e]s; [複] なし) 不運 ▷ Das war wirklich *Pech*. それは本当に運が悪かった / Er hatte heute mit allem *Pech*. 彼はきょう何をやってもついていなかった

Pech·vo·gel [ペヒ·フォーゲル] [男] *der* ([単] 2 格 –s; [複] ..vögel) 《口語》運の悪いやつ

Pe·dal [ペダール] [中] *das* ([単] 2 格 –s; [複] –e)
❶ (車のアクセルなどの) ペダル ▷ aufs *Pedal* treten ペダルを踏む / den Fuß vom *Pedal* nehmen 足をペダルから離す
❷ (車の) ペダル; (ピアノ・パイプオルガンの) ペダル

pe·dan·tisch [ペダンティシュ] [形] 細かいことにこだわる ▷ Sei doch nicht so *pedantisch*! そう細かいことを言うなよ

Pe·gel [ペーゲル] [男] *der* ([単] 2 格 –s; [複] –) (河川などの) 水位; 水位計

Pe·gel·stand [ペーゲル·シュタント] [男] *der* ([単] 2 格 –[e]s; [複] ..stände) 水位

Pein [パイン] [女] *die* ([単] 2 格 –; まれに [複] –en) 《文語》(肉体的・精神的な) 苦痛

pei·ni·gen [パイニゲン]
(peinigte; gepeinigt; [完了]h)
[他] 《文語》【④と】(空腹などが) […⁴を] 苦しめる

pein·lich [パインリヒ]
— [形] ❶ 《自分の落ち度を恥じたり, 困惑する気持ちを表して》きまり〈ばつ〉の悪い ▷ Es war ihm sehr *peinlich*, dass er den Geburtstag seiner Frau vergessen hatte. 彼は奥さんの誕生日を忘れてしまいとてもばつの悪い思いをした / Es ist *peinlich*, wenn man sich so wieder sieht. そんな風に再会するのはきまりの悪いものだ
❷ 《相手のつらい立場を考えて》心苦しい ▷ Es ist mir sehr *peinlich*, dass ich nicht kommen konnte. 私は行けなかったことをとても申し訳なく思う / Es ist mir sehr *peinlich*, aber ich muss Ihnen leider mitteilen, dass ... 誠に心苦しいのですが 私はあなた[方]に…ということをお伝えしなければなりません
❸ きわめてきちょうめん〈入念〉な (☆ 述語として用いない) ▷ Bei ihr herrscht *peinliche* Ordnung. 彼女の家はすみずみまできちんと片づいている / Er beachtete *peinlich* alle Vorschriften.

Perle

彼はひどくきちょうめんにすべての規則を守った
── 副 《程度を表して》ひどく ▷ Sie ist *peinlich* genau. 彼女はひどく厳密だ

Peit·sche [パイチェ] 女 *die* (⸺ 2格 -; ⸺ -n) むち(鞭)

peit·schen [パイチェン]
(peitschte; gepeitscht)
── 他 〖旧⇒新h〗〖④と〗〔…⁴を〕むちで打つ
── 自 〖旧⇒新s〗〖④向と〗(雨などが)〔…に〕激しくあたる、(波などが)激しく打ち寄せる

Pel·le [ペレ] 女 *die* (⸺ 2格 -; ⸺ -n) 《北ドイツ》(ジャガイモ・ソーセージなどの)薄い皮

pel·len [ペレン] (pellte; gepellt; 旧⇒新h)
他 《北ドイツ》〖④と〗〔ジャガイモなど⁴の〕皮をむく

Pell·kar·tof·fel [ペル・カルトッフェル] 女 *die* (⸺ 2格 -; ⸺ -n) 〖ふつう ⸺ 2格〗皮つきのゆでたジャガイモ

Pelz [ペルツ] 男 *der* (⸺ 2格 -es; ⸺ -e)
❶ (コート・襟巻きなどの、製品としての)毛皮 ▷ Sie trägt einen teuren *Pelz*. 彼女は高価な毛皮を着ている
❷ 毛皮 ▷ dem Fuchs den *Pelz* abziehen キツネの毛皮をはぐ

Pelz·man·tel [ペルツ・マンテル] 男 *der* (⸺ 2格 -s; ⸺ ..mäntel) 毛皮のコート

Pen·del [ペンデル] 中 *das* (⸺ 2格 -s; ⸺ -) (時計などの)振り子 ▷ Das *Pendel* der Uhr steht still. 時計の振り子が止まっている

pen·deln [ペンデルン] (pendelte; gependelt)
自 ❶ 〖旧⇒新h〗(振り子のように)揺れる ▷ Die Kiste *pendelt* an dem Kran. 荷箱がクレーンから垂れ下がって揺れている
❷ 〖旧⇒新s〗(家と職場・学校などの間を)絶えず行ったり来たりする、規則的に往復する ▷ Er ist jahrelang zwischen Bonn und Köln *gependelt*. 彼は(通勤などのために)何年間もボンとケルンの間を往復している

Pen·del·ver·kehr [ペンデル・フェアケーア] 男 *der* (⸺ 2格 -s; ⸺ なし) (交通機関の)折り返し運転

Pend·ler [ペンドラー] 男 *der* (⸺ 2格 -s; ⸺ -) (住居の都合で2つの都市を往復する)通勤者

pe·net·rant [ペネトラント] 形 (においなどが)つんと鼻をつく、(味が)舌をさすような ▷ *penetrant* riechen〈schmecken〉鼻をつくにおいがする〈舌をさすような味がする〉

pe·ni·bel [ペニーベル] 形 (度が過ぎるほど)きちょうめんな

pe·nib·le [ペニーブレ] ☞ penibel

Pe·nis [ペーニス] 男 *der* (⸺ 2格 -; ⸺ ..nisse) 《解剖》ペニス、陰茎

pen·nen [ペンネン] (pennte; gepennt; 旧⇒新h)
自 《口語》眠る

Pen·sen [ペンゼン] Pensum の 複数

Pen·si·on [パンズィオーン] 女 *die* (⸺ 2格 -; ⸺ -en)
❶ (比較的小さな、食事つきの)ホテル、宿屋、ペンション ▷ in einer *Pension* übernachten ペンションに泊まる
❷ (公務員の)年金、恩給 ▷ eine niedrige *Pension* bekommen わずかな年金を受ける
❸ 〖⸺ なし〗(公務員の)年金生活 ▷ Er geht in *Pension*. 彼は年金生活に入る

Pen·si·o·när [パンズィオネーア] 男 *der* (⸺ 2格 -s; ⸺ -e) (公務員の)年金生活者

pen·si·o·nie·ren [パンズィオニーレン]
(pensionierte; pensioniert; 旧⇒新h)
他 〖④と〗〔公務員など⁴を〕退職させる ▷ Er wurde mit 55 Jahren *pensioniert*. 彼は55歳で退職した / sich⁴ *pensionieren* lassen 退職する

Pen·sum [ペンズム] 中 *das* (⸺ 2格 -s; ⸺ Pensen) (一定期間内に仕上げるべき)課題、仕事 ▷ Ich habe mein heutiges *Pensum* geschafft. 私はきょうの課題をやり終えた

Pent·house [ペント・ハオス] 中 *das* (⸺ 2格 -; ⸺ なし) (ビルの屋上の、庭などのついた)最高級マンション、ペントハウス

per [ペル] 前〖③支配〗(手段)…によって (☆ 名詞はふつう無冠詞) ▷ *per* Post 郵便で / *per* Scheck 小切手で / Er fährt *per* Anhalter nach Bonn. 彼はボンまでヒッチハイクをする

per·fekt [ペルフェクト]
形 ❶ 完璧な、申し分のない ▷ ein *perfektes* Verbrechen 完全犯罪 / Er spricht *perfekt* Deutsch. 彼は完璧なドイツ語を話す
❷ 取り決められた、確定した ▷ Der Vertrag ist *perfekt*. 契約は締結された

Per·fek·ti·on [ペルフェクツィオーン] 女 *die* (⸺ 2格 -; ⸺ なし) 完璧さ、申し分のなさ

Pe·ri·o·de [ペリオーデ] 女 *die* (⸺ 2格 -; ⸺ -n)
❶ (出来事で特徴づけられる)時期、時代 ▷ die erste *Periode* seiner Regierungszeit 彼の政権担当期間の第1期
❷ (女性の)生理、月経; (星などの)周期 ▷ Die *Periode* bleibt aus. 生理がない

pe·ri·o·disch [ペリオーディシュ] 形 周期的な、定期的な ▷ eine *periodisch* erscheinende Zeitschrift 定期的に発行される雑誌

Pe·ri·phe·rie [ペリフェリー] 女 *die* (⸺ 2格 -; ⸺ -n) (コンピュータの)周辺機器

Pe·ri·phe·ri·en [ペリフェリーエン] Peripherie の 複数

Pe·ri·phe·rie·ge·rät [ペリフェリー・ゲレート] 中 *das* (⸺ 2格 -[e]s; ⸺ -e) (コンピュータの)周辺機器

Per·le [ペルレ] 女 *die* (⸺ 2格 -; ⸺ -n) 真珠 ▷

eine echte *Perle* 本真珠 / eine Kette aus *Perlen* 真珠のネックレス / *Perlen* züchten 真珠を養殖する

Per·len·ket·te [ペルレン·ケッテ] [女] *die* ([単] 2 格 –; [複] –n) 真珠の首飾り

per·plex [ペルプレクス] [形] あぜんとした, あっけにとられた (☆ ふつう名詞につけない)

Per·son [ペルゾーン] [女] *die* ([単] 2 格 –; [複] –en)
❶ (1 人・2 人と数える場合の) 人 ▷ ein Gedeck für drei *Personen* 3 人分の食器 / eine Familie von fünf *Personen* 5 人家族 / Zehn *Personen* wurden bei dem Unfall verletzt. 10 名が事故で負傷した / Der Eintritt kostet 5 Euro pro *Person.* 入場料は 1 人 5 ユーロである
❷ (ある特性を備えた存在としての) 人 ▷ eine intelligente *Person* 頭のよい人
❸ (小説・劇などの) 登場人物 ▷ die *Personen* eines Romans ある小説の登場人物
[イディオム] ***ich für meine Person*** 私個人としては
in eigener Person 本人自身で ▷ Er war *in eigener Person* anwesend. 彼本人自らが出席していた

Per·so·nal [ペルゾナール] [中] *das* ([単] 2 格 –s; [複] なし) 《集合的に》 **従業員**, 職員; 乗務員 ▷ Wir haben zu wenig *Personal.* 私たちは人手が足りない

Per·so·nal·aus·weis [ペルゾナール·アオス·ヴァイス] [男] *der* ([単] 2 格 –es; [複] –e) 身分証明書

Per·so·nal·com·pu·ter [ペルゾナール·コムピューター] [男] *der* ([単] 2 格 –s; [複] –) 《文語》 パソコン

Per·so·na·li·en [ペルゾナーリエン] [複名] (住所・氏名など) 個人の身上に関するデータ ▷ Er gibt seine *Personalien* an. 彼は自分の氏名・住所・生年月日・職業などを述べる

per·so·nell [ペルゾネル] [形] 人員の; 従業員〈職員〉の ▷ *personelle* Veränderungen vornehmen 人員の変更を行う

Per·so·nen·kraft·wa·gen [ペルゾーネン·クラフト·ヴァーゲン] [男] *der* ([単] 2 格 –s; [複] –) 乗用車 ([略] Pkw, PKW)

Per·so·nen·zug [ペルゾーネン·ツーク] [男] *der* ([単] 2 格 –[e]s; [複] ..züge) 普通列車

per·so·ni·fi·zie·ren [ペルゾニフィツィーレン] (personifizierte; personifiziert; [完了] h)
[他] 〔④と〕 [..⁴を] 擬人化する

per·sön·lich [ペルゼーンリヒ]
— [形] ([比較] –er, [最上] –st)
❶ 個人の, 個人的な, 私的な ▷ die *persönliche* Freiheit 個人の自由 / eine *persönliche* Meinung 個人的な意見 / aus *persönlichen* Gründen 私的な理由で
❷ 《他人を介さないという意味で》 個人的な ▷ Ich kenne ihn *persönlich.* 私は彼を個人的に知っている / *Persönlich!* 《封筒の上書きとして》 親展
❸ 《個人に向けられたという意味で》 個人的な ▷ ein *persönlicher* Angriff (事柄よりも) その個人のことに関する攻撃
❹ 《個人的な気持ちが表れているという意味で》 心のこもった, 親しみのある ▷ Das Gespräch war sehr *persönlich.* 会話はとてもうちとけたものだった
[イディオム] ***persönlich werden*** 他人の個人的なことをあれこれ言う ▷ Er *wird* immer gleich *persönlich.* 彼はいつもすぐに個人的なことをあれこれ言う
— [副] 《口語》 自分で, 自ら ▷ Der Direktor kam *persönlich.* 所長自ら来た / ich *persönlich* 私個人としては

Per·sön·lich·keit [ペルゼーンリヒカイト] [女] *die* ([単] 2 格 –; [複] –en)
❶ **人格** ▷ Die Krankheit hat seine *Persönlichkeit* verändert. 病気は彼の人格を変えてしまった
❷ しっかりした個性を持った人 ▷ Er ist eine *Persönlichkeit.* 彼はひとかどの人物だ
❸ (社会的に) 重要〈指導的〉な人物 ▷ Zahlreiche prominente *Persönlichkeiten* waren anwesend. 数多くの名士が出席していた

Per·spek·ti·ve [ペルスペクティーヴェ] [女] *die* ([単] 2 格 –; [複] –n)
❶ (物事を見る) 視点, 観点; (将来の) 展望
❷ (絵画の) 遠近法

Pe·rü·cke [ペリュッケ] [女] *die* ([単] 2 格 –; [複] –n) かつら ▷ eine *Perücke* tragen かつらをつけている

per·vers [ペルヴェルス] [形] (特に性的に) 倒錯した, 異常な, 変態の

Per·ver·si·on [ペルヴェルズィオーン] [女] *die* ([単] 2 格 –; [複] –en) (性的な) 倒錯, 変態

Pes·si·mis·mus [ペスィミスムス] [男] *der* ([単] 2 格 –; [複] なし) 悲観主義, ペシミズム ([反] Optimismus)

Pes·si·mist [ペスィミスト] [男] *der* ([単] 2·3·4 格 –en; [複] –en) 悲観主義者, ペシミスト

pes·si·mis·tisch [ペスィミスティシュ] [形] 悲観的な, ペシミスティックな ([反] optimistisch) ▷ Er ist von Natur aus *pessimistisch.* 彼は生来のペシミストだ

Pest [ペスト] [女] *die* ([単] 2 格 –; [複] なし) 《医学》 ペスト, 黒死病

Pe·ter·si·lie [ペターズィーリエ] [女] *die* ([単] 2 格 –; [複] –n) 《植物》 パセリ

Pet·ro·le·um [ペトローレウム] [中] *das* ([単] 2 格 –s; [複] なし) (原油を精製した) 石油; 灯油

Pet·ro·le·um·lam·pe [ペトローレウム·ラムペ] [女] *die* ([単] 2 格 –; [複] –n) 石油ランプ

P

Pet·ting [ペッティング] [中] *das* ([単] 2格 -[s]; [複] -s) ペッティング (性的愛撫)

pet·zen [ペッツェン] (petzte; gepetzt; [完了]h)
[他] 《口語》 [[③+④と]] (子供が)[先生などに…4を]告げ口する

Pfad [プファート] [男] *der* ([単] 2格 -es 〈まれに -s〉; [複] -e) (何度も通るうちにできた)狭い道, 小道 ▷ Über die Felder führt ein *Pfad.* 畑の中を小道が1本通じている

Pfad·fin·der [プファート・フィンダー] [男] *der* ([単] 2格 -s; [複] -)
❶ ボーイスカウトの隊員
❷ [[[複] で]] ボーイスカウト(組織を指す)

Pfaf·fe [プファッフェ] [男] *der* ([単] 2·3·4格 -n; [複] -n) 《軽蔑的に; 聖職者を指して》 坊主

Pfahl [プファール] [男] *der* ([単] 2格 -[e]s; [複] Pfähle) 杭 ▷ einen Hund an einen *Pfahl* binden 犬を杭に結びつける

Pfäh·le [プフェーレ] Pfahl の [複数]

Pfand [プファント] [中] *das* ([単] 2格 -es 〈まれに -s〉; [複] Pfänder)
❶ 担保, 質[草] ▷ Ich gebe dir meine Uhr als *Pfand.* 私は君に時計をかたに渡すよ
❷ (から容器に対する)保証金, デポジット (からの容器を持って行くと返してくれる金) ▷ für eine Flasche *Pfand* bezahlen (保証金として一時的に)びん代を払う

pfän·den [プフェンデン]
(pfändete; gepfändet; [完了]h)
[他] [[④と]] [⋯4を](担保物件として)差し押さえる; [⋯4の財産を](担保物件として)差し押さえる

Pfän·der [プフェンダー] Pfand の [複数]

Pfan·ne [プファネ] [女] *die* ([単] 2格 -; [複] -n) 《料理》 フライパン ▷ ein Stück Fleisch in der *Pfanne* braten 肉を1切れフライパンで焼く

Pfann·ku·chen [プファン・クーヘン] [男] *der* ([単] 2格 -s; [複] -) パンケーキ(小麦粉に牛乳・卵などを入れて油で薄く焼いた菓子)

Pfar·rer [プファラー] [男] *der* ([単] 2格 -s; [複] -) 《プロテスタント》 牧師; 《カトリック》 主任司祭

Pfau [プファオ] [男] *der* ([単] 2格 -[e]s 〈2·3·4格 -en〉; [複] -en 〈-e〉) 《鳥》 クジャク

Pfef·fer [プフェッファー] [男] *der* ([単] 2格 -s; [複] -) 《料理》 コショウ ▷ gemahlener *Pfeffer* ひいたコショウ / *Pfeffer* ans Essen tun コショウを料理にふりかける

Pfef·fer·min·ze [プフェッファー・ミンツェ] [女] *die* ([単] 2格 -; [複] なし) 《植物》 西洋ハッカ, ペパーミント

Pfef·fer·minz·tee [プフェッファー・ミンツ・テー] [男] *der* ([単] 2格 -s; [複] -s) ペパーミントティー

pfef·fern [プフェッフェルン]
(pfefferte; gepfeffert; [完了]h)
[他] ❶ [[④と]] [料理4に]コショウをかける, コショウで味をつける ▷ Die Soße ist zu sehr *gepfeffert.* [状態受動] このドレッシングはコショウがききすぎている
❷ 《口語》 [[④と]] [⋯4を]勢いよく投げつける ▷ Er *pfefferte* seinen Ranzen in die Ecke. 彼はランドセルを隅に放り投げた

Pfei·fe [プファイフェ] [女] *die* ([単] 2格 -; [複] -n)
❶ 笛; ホイッスル ▷ die *Pfeife* blasen 笛を吹く / die *Pfeife* des Schiedsrichters レフリーのホイッスル
❷ パイプ, キセル ▷ *Pfeife* rauchen パイプをくゆらす / sich3 eine *Pfeife* anzünden パイプに火をつける

pfei·fen [プファイフェン] (pfiff; gepfiffen; [完了]h)
— [自] ❶ 口笛を吹く ▷ Er *pfeift* immer bei der Arbeit. 彼はいつも仕事をしながら口笛を吹く
❷ ホイッスル〈笛〉を吹く ▷ Der Schiedsrichter hat *gepfiffen.* 審判はホイッスルを鳴らした
❸ [[③と]] [⋯3を呼び寄せようと][口]笛を吹く ▷ Der Jäger *pfiff* seinem Hund. 猟師は犬を呼び寄せようと[口]笛を吹いた
❹ (風などが)ヒューヒュー〈ピーピー〉音をたてる; (汽車が)汽笛を鳴らす; (やかんなどが)ピーピー音をたてている
❺ (ネズミが)チューチュー鳴く; (小鳥が)チュンチュン〈ピーピー〉鳴く
— [他] [[④と]] [メロディーなど4を]口笛で吹く ▷ Er *pfeift* einen Schlager. 彼は流行歌を口笛で吹く

Pfeil [プファイル] [男] *der* ([単] 2格 -[e]s; [複] -e)
❶ 矢 (☆「弓」は Bogen) ▷ einen *Pfeil* abschießen 矢を放つ
❷ (方向を示す)矢印 ▷ Der *Pfeil* gibt die Fahrtrichtung an. 矢印は進行方向を指示する

Pfei·ler [プファイラー] [男] *der* ([単] 2格 -s; [複] -) (建築物を支える)支柱, 台脚 ▷ Die Brücke wird von mächtigen *Pfeilern* getragen. 橋は巨大な支柱で支えられている

Pfen·nig

[pfɛ́nɪç プフェニヒ]

[男] *der* ([単] 2格 -s; [複] -e)

ペニヒ (ドイツの, ユーロ導入以前の通貨および通貨単位; 100 分の 1 Mark; 単位表示として用いられる場合は無変化; [略] Pf)
Das kostet 30 *Pfennig.*
それは 30 ペニヒする
Ich habe nur noch wenige *Pfennige.*
私はもう 1 ペニヒのコインを数枚持っているだけだ
Ich habe keinen *Pfennig.*
《比ゆ》 私は無一文だ
zwei Briefmarken zu 60 *Pfennig*

P

Pferd

60ペニヒの切手2枚

Pferd [プフェート] 中 *das* (⸺2格 -es〈まれに -s〉; ⸺ -e)

❶ 馬 ▷ ein wildes *Pferd* 野生の馬 / ein *Pferd* reiten 馬に乗る / Das *Pferd* wiehert. 馬がいななく /《比ゆ》Er arbeitet wie ein *Pferd*. 彼は馬車馬のように働く

❷《体操》鞍馬ぁ゙ん

pfiff [プフィフ] pfeifen の 過去

Pfiff [プフィフ] 男 *der* (⸺2格 -[e]s; ⸺ -e)

❶ (笛などの)鋭い音 ▷ Der *Pfiff* des Schiedsrichters ertönte. レフリーの鋭いホイッスルが鳴り響いた

❷《口語》もの本来の持つ魅力を生かすポイント ▷ Der rote Gürtel gibt den Kleid erst den richtigen *Pfiff*. この赤いベルトで初めてこのドレスのよさが生きてくる

Pfif·fer·ling [プフィッファーリング] 男 *der* (⸺2格 -s; ⸺ -e)《植物》アンズタケ(森の中に生える食用キノコの一種)

pfif·fig [プフィッフィヒ] 形 機転のきく, 抜け目ない

Pfings·ten [プフィングステン] (中 *das*)(⸺2格 -s; ⸺ -)《⸺教》聖霊降臨祭(Ostern「復活祭」から50日目; ふつう無冠詞で; 口語では複数形でもこの意味を表す) ▷ Fröhliche *Pfingsten*! 聖霊降臨祭おめでとう / zu *Pfingsten* 聖霊降臨祭の日に

Pfir·sich [プフィルズィヒ] 男 *der* (⸺2格 -s; ⸺ -e)《果物》モモ ▷ einen saftigen *Pfirsich* essen みずみずしいモモを1つ食べる

Pflan·ze [プフランツェ] 女 *die* (⸺2格 -; ⸺ -n) 植物 ▷ tropische *Pflanzen* 熱帯植物 / In diesem Klima wächst die *Pflanze* nicht. この気候では植物は育たない

pflan·zen [プフランツェン] (pflanzte; gepflanzt; 完了h)
他《4と》〖木などを〗植える, 植えつける ▷ Er hat einen Baum in seinen Garten *gepflanzt*. 彼は木を庭に植えた

Pflan·zen·öl [プフランツェン·エール] 中 *das* (⸺2格 -[e]s; ⸺ -e) 植物油

pflanz·lich [プフランツリヒ] 形 植物の, 植物性の ▷ *pflanzliche* Öle 植物油

pflanz·te [プフランツテ] pflanzen の 過去

Pflas·ter [プフラスター] 中 *das* (⸺2格 -s; ⸺ -)

❶ (敷石・アスファルトなどによる道路の)舗装 ▷ ein holpriges *Pflaster* でこぼこの舗装〈石畳〉/ *Pflaster* legen 舗装する

❷ 絆創膏ばんそう ▷ ein *Pflaster* aufkleben 絆創膏をはる〈entfernen〉絆創膏をはる〈はがす〉

Pflau·me [プフラオメ] 女 *die* (⸺2格 -; ⸺ -n)《植物》西洋スモモ, プラム

Pfle·ge [プフレーゲ] 女 *die* (⸺2格 -; ⸺ なし)

❶ (子供・病人などの)世話 ▷ die *Pflege* eine Kranken übernehmen 病人の看護を引き受ける

❷ (身体・庭などの)手入れ ▷ die *Pflege* de Hände 手の手入れ

❸ (文化財などの)保護; (芸術・学問などの)振興, 育成

(イディオム) **ein Kind in Pflege nehmen** 子供を引き取って育てる

pfle·gen [プフレーゲン] (pflegte; gepflegt; 完了h)

── 他 ❶《4と》〖病人などを〗世話をする, めんどうをみる ▷ Sie *pflegt* ihre alte Mutter. 彼女は年老いた母親のめんどうをみる

❷《4と》〖庭・髪などを〗手入れをする ▷ Er hat den Rasen gut *gepflegt*. 彼は芝生の手入れをじょうずにした /〖過去分詞で〗Er hat ein *gepflegtes* Äußeres. 彼はきちんとした身だしなみをしている

❸《4と》〖芸術・学問などの〗振興〈育成〉に尽くす; 〖交際などを〗大事に〈維持〉する

❹《文語》〖zu 不定詞句と〗〖…するのを〗習慣とする ▷ Er *pflegt* zum Essen Wein zu trinken. 彼は食事のときにいつもワインを飲む

── 再《sichと》外見〈健康〉に気を配る

Pfle·ger [プフレーガー] 男 *der* (⸺2格 -s; ⸺ -) 看護士

Pfle·ge·ver·si·che·rung [プフレーゲ·フェアズィッヒェルング] 女 *die* (⸺2格 -; ⸺ -en) 介護保険

pfleg·te [プフレークテ] pflegen の 過去

Pflicht [プフリヒト] 女 *die* (⸺2格 -; ⸺ -en) 義務, 責務; 職務 ▷ eine moralische *Pflicht* 道徳的義務 / Ich habe nur meine *Pflicht* getan. 私は自分のすべきことをしただけだ / die *Pflichten* einer Krankenschwester 看護婦の職務

pflicht·be·wusst (⸺ ..wußt) [プフリヒト·ベヴスト] 形 義務をおろそかにしない, 責任感のある

Pflicht·fach [プフリヒト·ファッハ] 中 *das* (⸺2格 -[e]s; ⸺ ..fächer) 必修科目

Pflicht·ver·si·che·rung [プフリヒト·フェアズィッヒェルング] 女 *die* (⸺2格 -; ⸺ -en) 強制保険

Pflicht·ver·tei·di·ger [プフリヒト·フェアタイディガー] 男 *der* (⸺2格 -s; ⸺ -)《法律》国選弁護人

Pflock [プフロック] 男 *der* (⸺2格 -[e]s; ⸺ Pflöcke) (物をつなぐための)杭 ▷ Die Ziege an einen *Pflock* binden ヤギを杭につなぐ

Pflö·cke [プフレッケ] Pflock の 複数

pflü·cken [プフリュッケン] (pflückte; gepflückt; 完了h)
他《4と》〖花・果実などを〗摘む, 摘み取る ▷

状態, 様態, 場所, 方向, …=状態, 様態, 場所, 方向, …を表す語句

Sie hat Äpfel vom Baum *gepflückt.* 彼女はリンゴを木から摘み取った

Pflug [プフルーク] 男 *der* (⽥ 2 格 -[e]s; ⽥ Pflüge)(農具)(犁)

Pflü·ge [プフリューゲ] Pflug の 複数

pflü·gen [プフリューゲン]
(pflügte; gepflügt; 匠h)
— 他 〘④と〙[‥⁴を]すきで耕す ▷ den Acker *pflügen* 畑をすきで耕す
— 自 (耕作地をすきなどで)耕す ▷ mit dem Traktor *pflügen* トラクターで耕す

Pfor·te [プフォルテ] 女 *die* (⽥ 2 格 -; ⽥ -n)(庭などに通じる)小さな門、木戸; (守衛のいる)入口 ▷ durch eine *Pforte* in den Hof gelangen 小さな門を通って中庭に至る

Pfört·ner [プフェルトナー] 男 *der* (⽥ 2 格 -s; ⽥ -) **門番，門衛; 受付係**

Pfos·ten [プフォステン] 男 *der* (⽥ 2 格 -s; ⽥ -)
❶ (木製・金属製の)支柱; (ベッドなどの)脚 ▷ Sie spannten den Draht von *Pfosten* zu *Pfosten* 彼らは支柱から支柱へ針金を張った
❷ (サッカーなどの)ゴールポスト(ゴールに立てた 2 本の柱)

Pfo·te [プフォーテ] 女 *die* (⽥ 2 格 -; ⽥ -n)(犬・猫などの)足(ふつう前足を指す) ▷ Die Katze leckt sich die *Pfoten.* 猫が前足をなめる / *Pfote!* (犬に向かって)お手

Pfrop·fen [プフロプフェン] 男 *der* (⽥ 2 格 -s; ⽥ -)(びん・たるなどの)栓

pfui [プフイ] 〘間投詞〙《嫌悪・非難などの気持を表して》ぺっ、げえ

Pfund [プフント] 中 *das* (⽥ 2 格 -[e]s; ⽥ -e)
❶ **(重量の単位)ポンド**(500 g; 数量単位の場合は無変化) ▷ ein halbes *Pfund* Butter 半ポンドのバター / Das *Pfund* Möhren kostet einen Euro. ニンジン 1 ポンドの値段は 1 ユーロである / zwei *Pfund* Äpfel 2 ポンドのリンゴ
❷ **ポンド**(英国などの通貨単位および通貨単位; 数記と用いられる場合は無変化)(記号 £) ▷ Das hat bloß 20 *Pfund* gekostet. その値段はたった 20 ポンドだった / Er zahlte in *Pfund.* 彼はポンドで支払った / englische Pfunde〈*Pfund*〉kaufen 英国のポンドを買う

pfu·schen [プフッシェン]
(pfuschte; gepfuscht; 匠h)
自 〘口語〙そんざいな仕事をする ▷ Er hat bei der Reparatur *gepfuscht.* 彼はいいかげんな修理をした

Pfüt·ze [プフュッツェ] 女 *die* (⽥ 2 格 -; ⽥ -n) 水たまり ▷ Nach dem Regen gab es auf dem Weg viele *Pfützen.* 雨のあとに道にたくさんの水たまりができた

Phä·no·men [フェノーメン] 中 *das* (⽥ 2 格 -s; ⽥ -e) **現象** ▷ ein rätselhaftes *Phänomen* 不可解な現象

Phan·ta·sie =Fantasie
phan·ta·sie·ren =fantasieren
phan·ta·sie·voll =fantasievoll
phan·tas·tisch =fantastisch

Phar·ma·zeut [ファルマツォイト] 男 *der* (⽥ 2·3·4 格 -en; ⽥ -en) 薬剤師

Pha·se [ファーゼ] 女 *die* (⽥ 2 格 -; ⽥ -n) (発展・進行などの)**段階** ▷ eine neue *Phase* 新しい段階 / in eine entscheidende *Phase* treten 決定的な段階に入る

Phil·har·mo·ni·ker [フィルハルモーニカー] 男 *der* (⽥ 2 格 -s; ⽥ -)
❶ フィルハーモニー管弦楽団員
❷ 〘複 で〙フィルハーモニー管弦楽団

Phi·lo·soph [フィロゾーフ] 男 *der* (⽥ 2·3·4 格 -en; ⽥ -en) 哲学者

Phi·lo·so·phie [フィロゾフィー] 女 *die* (⽥ 2 格 -; ⽥ -n) **哲学** ▷ die *Philosophie* Hegels ヘーゲル哲学 / *Philosophie* studieren 哲学を学ぶ

Phi·lo·so·phi·en [フィロゾフィーエン] Philosophie の 複数

phi·lo·so·phisch [フィロゾーフィシュ] 形 哲学の，哲学上の; 哲学的な ▷ ein *philosophisches* Problem 哲学上の問題

phleg·ma·tisch [フレグマーティシュ] 形 (反応が)のろい、鈍重な

Pho·to =Foto
Pho·to·gra·phie =Fotografie
Pho·to·gra·phi·en =Fotografien
pho·to·gra·phie·ren =fotografieren

Phra·se [フラーゼ] 女 *die* (⽥ 2 格 -; ⽥ -n) (機会あるたびに使われる)決まり文句、美辞麗句 ▷ Seine Rede bestand fast nur aus *Phrasen.* 彼のスピーチはほとんど美辞麗句を並べただけのものだった

Phy·sik [フュズィーク/..ズィック] 女 *die* (⽥ 2 格 -; ⽥ なし) **物理学**

phy·si·ka·lisch [フュズィカーリシュ] 形 物理学の、物理学上の; 物理的な ▷ ein *physikalisches* Experiment 物理学の実験

Phy·si·ker [フューズィカー] 男 *der* (⽥ 2 格 -s; ⽥ -) 物理学者

phy·sisch [フューズィシュ] 形 〘文語〙肉体的な (=körperlich)

Pi·a·nist [ピアニスト] 男 *der* (⽥ 2·3·4 格 -en; ⽥ -en) ピアニスト

Pi·a·nis·tin [ピアニスティン] 女 *die* (⽥ 2 格 -; ⽥ ..tinnen)〘Pianist の女性形〙ピアニスト

Pi·ckel [ピッケル] 男 *der* (⽥ 2 格 -s; ⽥ -)
❶ にきび、吹き出物 ▷ einen *Pickel* ausdrücken にきびをつぶす(つぶしてうみを出す)
❷ つるはし; ピッケル

pi·cken [ピッケン] (pickte; gepickt; 匠h)

— [他] 〖④と〗〔…^{4}を〕(くちばしで)ついばむ ▷ Das Huhn *pickt* die Körner vom Boden. にわとりが地面から穀粒をついばむ
— [自] (くちばしで)つつく ▷ Der Specht *pickt* am Baum. キツツキが木をつつく

Pick·nick [ピクニック] [中] *das* ([単] 2格 -s; [複] -s) (ピクニックでの)食事 ▷ auf einer Wiese *Picknick* machen 牧草地で弁当を食べる

pie·pen [ピーペン] (piepte; gepiept; [完了]h)
[自] (ひな鳥などが)ピヨピヨ鳴く; (ネズミなどが)チューチュー鳴く

Pig·ment [ピグメント] [中] *das* ([単] 2格 -[e]s; [複] -e) (細胞内の)色素

Pik [ピーク] [中] *das* ([単] 2格 -s; [複] –) 《トランプ》 スペード

pi·kant [ピカント] [形] 《料理》 (薬味・ソースなどが)ぴりっとした

pi·ken [ピーケン] (pikte; gepikt; [完了]h)
[他] 《口語》 (とげなどが)刺す ▷ Die Nadeln des Tannenbaumes *pikten* mich. モミの木の針葉が私の肌を刺した

Pik·ko·lo·flö·te [ピッコロ・フレーテ] [女] *die* ([単] 2格 –; [複] -n) 《楽器》 ピッコロ

Pik·to·gramm [ピクトグラム] [中] *das* ([単] 2格 -s; [複] -e) (空港・駅などにある道案内などの)絵文字, ピクトグラム

Pil·ger [ピルガー] [男] *der* ([単] 2格 -s; [複] –) (聖地を訪れる)巡礼者

pil·gern [ピルゲルン] (pilgerte; gepilgert; [完了]s)
[自] ❶ 〖[方向]と〗〔…への〕巡礼の旅をする
❷ 《口語》 〖[方向]と〗 〔戸外などへ〕(ふつう連れ立って)のんびりと歩いて行く

P

Pil·le [ピレ] [女] *die* ([単] 2格 –; [複] -n)
❶ 丸薬; 《口語》 カプセル入りの錠剤, 糖衣錠 ▷ *Pillen* einnehmen 丸薬をのむ / 《比ゆ》 die bittere *Pille* schlucken つらい〈いやな〉ことを甘んじて受け入れる
❷ 〖[複] なし〗 《口語》 **経口避妊薬**, ピル (☆ 定冠詞を必ず伴う) ▷ Sie nimmt die *Pille*. 彼女はピルをのんでいる

Pi·lot [ピロート] [男] *der* ([単] 2·3·4格 -en; [複] -en) (航空機の)パイロット, 操縦士 ▷ Er ist ein erfahrener *Pilot*. 彼はベテランのパイロットだ

Pils [ピルス] [中] *das* ([単] 2格 –; [複] –) ピルゼンビール(ホップのきいた軽いビール)

Pilz [ピルツ] [男] *der* ([単] 2格 -es; [複] -e) 《植物》 キノコ ▷ *Pilze* suchen キノコ狩りをする / 《比ゆ》 Die Hochhäuser sind wie *Pilze* aus der Erde geschossen. 高層ビルが雨後の竹の子のように続々と建った

Pin·gu·in [ピングイーン] [男] *der* ([単] 2格 -s; [複] -e) 《鳥》 ペンギン

pin·keln [ピンケルン]
(pinkelte; gepinkelt; [完了]h)
[自] 《口語》 小便をする

Pin·sel [ピンゼル] [男] *der* ([単] 2格 -s; [複] –) 筆; 絵筆; はけ ▷ den *Pinsel* auswaschen 筆を洗ってきれいにする

pin·seln [ピンゼルン]
(pinselte; gepinselt; [完了]h)
[他] ❶ 《口語》 〖④と〗〔絵など^{4}を〕筆で描く, 〔文字など^{4}を〕筆で書く
❷ 〖④と〗〔柵など^{4}に〕塗料を塗る

Pin·zet·te [ピンツェッテ] [女] *die* ([単] 2格 –; [複] -n) ピンセット

Pi·o·nier [ピオニーア] [男] *der* ([単] 2格 -s; [複] -e) (未開地の)開拓者; 先駆者, パイオニア, 草分け; 《軍事》 工兵

Pi·rat [ピラート] [男] *der* ([単] 2·3·4格 -en; [複] -en) 海賊

pis·sen [ピッセン] (pisste; gepisst; [完了]h)
[自] 《俗語》 小便をする

Pis·te [ピステ] [女] *die* ([単] 2格 –; [複] -n)
❶ (自動車レースなどの) コース; (スキー競技などの)滑降コース, ピステ
❷ (飛行機の)滑走路

Pis·to·le [ピストーレ] [女] *die* ([単] 2格 –; [複] -n) ピストル, 拳銃(弾倉が回転式でないもの. 回転式のものは Revolver) ▷ die *Pistole* laden ピストルに弾丸をつめる
[イディオム] ③+***die Pistole auf die Brust setzen*** 脅して…^{3}にあることをさせようとする(←…^{3}の胸にピストルを突きつける)

Pi·xel [ピクセル] [中] *das* ([単] 2格 -[s]; [複] –) 画素

Piz·za [ピッツァ] [女] *die* ([単] 2格 –; [複] -s 〈Pizzen〉) 《料理》 ピザ

Piz·zen [ピッツェン] Pizza の [複数]

Pkw, PKW [ペーカーヴェー/ペーカーヴェー] [男] *der* ([単] 2格 -[s]; [複] -s) 〘*P*ersonen*k*raft*w*agen の略語〙 乗用車

Pla·ge [プラーゲ] [女] *die* ([単] 2格 –; [複] -n) 苦しみ, 悩みごと; やっかいなこと, 苦労 ▷ Die Mücken sind hier eine *Plage*. ここは蚊に悩まされる

pla·gen [プラーゲン] (plagte; geplagt; [完了]h)
— [他] ❶ 〖④と〗 (暑さ・せきなどが)〔…^{4}を〕苦しめる, 悩ませる ▷ Ich wurde von Mücken *geplagt*. 私は蚊に悩まされた
❷ 〖④と〗 〔…^{4}を〕(いやがることを繰り返ししたり言ったりして)困らせる ▷ Sie *plagte* ihn mit ihren Fragen. 彼女は彼にしつこくたずねて困らせた
— [再] 〖[sich]^{4}と〗 苦労する, 苦労して働く ▷ Er hat sich für die Familie *geplagt*. 彼は家族のために苦労して働いた

Pla·kat [プラカート] [中] *das* ([単] 2格 -[e]s; [複] -e) (広告などの)ポスター ▷ *Plakate* kleben 〈abreißen〉 ポスターをはる〈はがす〉

Pla·ket·te [プラケッテ] [女] *die* ([単] 2格 –; [複] -n)

バッジ ▷ eine *Plakette* am Revers tragen バッジを襟の折り返しにつけている

Plan
[pla:n プラーン]

男 *der* (⊕ 2 格 –[e]s; ⊕ Pläne)

❶ 計画, プラン
einen *Plan* 〈*Pläne*〉 machen
計画を立てる
einen *Plan* ausführen
計画を実行する
nach einem festen *Plan* arbeiten
しっかりした計画に従って仕事をする
Er hat noch keine konkreten *Pläne* für die Zukunft. 彼には将来に対する具体的な計画がまだない
❷ (建物・機械などの)設計図, 図面 ▷ einen *Plan* zeichnen 図面を書く
(イディオム) **auf dem Plan stehen** 計画に入っている
Pläne schmieden 計画を練る

Pla·ne [プラーネ] 女 *die* (⊕ 2 格 –; ⊕ -n) (トラックの荷台などにかける)防水シート

Plä·ne [プレーネ] Plan の 複数

pla·nen [プラーネン] (plante; geplant; 完了h)
他《④と》〔…⁴を〕**計画する**, 企てる ▷ eine Reise *planen* 旅行を計画する／《zu 不定詞句と》Die Stadt *plant*, Hochhäuser zu bauen. 町は高層ビルの建設を計画する／《過去分詞で》wie *geplant* 計画通りに

Pla·net [プラネート] 男 *der* (⊕ 2·3·4 格 -en; ⊕ -en)《天文》惑星, 遊星

Plan·ke [プランケ] 女 *die* (⊕ 2 格 –; ⊕ -n) (建築現場などで用いられる)厚板

plan·los [プラーン・ロース] 形 無計画な, 無思慮な ▷ *planlos* vorgehen 無計画に事を進める／*planlos* herumfahren あてもなく車で走り回る

plan·mä·ßig [プラーン・メースィヒ] 形 計画に基づいた, 計画通りの; 運行表通りの ▷ Alles verlief *planmäßig*. すべて計画通りにいった／Der Zug ist *planmäßig* angekommen. 列車は定時に到着した

plan·schen [プランシェン]
(planschte; geplanscht; 完了h)
自 水をパチャパチャさせる〈させて遊ぶ〉, 水をはね飛ばす ▷ Die Kinder *planschen* in der Badewanne. 子供たちは浴槽で水をパチャパチャさせて遊んでいる

Plan·ta·ge [プランタージェ] 女 *die* (⊕ 2 格 –; ⊕ -n) (綿花などを栽培する熱帯の)大農園

plap·pern [プラッペルン]
(plapperte; geplappert; 完了h)
自《ふつう子供が》ひっきりなしにしゃべる

Plas·tik [プラスティック]
── 中 *das* (⊕ 2 格 –s; ⊕ なし) プラスチック, ビニール, 合成樹脂 (☆ ふつう無冠詞で) ▷ Tüten aus *Plastik* ビニールの袋
── 女 *die* (⊕ 2 格 –; ⊕ -en) 彫刻, 彫塑, 塑像

plas·tisch [プラスティシュ]
形 ❶ 立体的な ▷ ein *plastischer* Film 立体映画
❷ (具体的で)ありありとした ▷ eine *plastische* Schilderung ありありとした描写

Pla·ta·ne [プラターネ] 女 *die* (⊕ 2 格 –; ⊕ -n)《植物》プラタナス

Pla·tin [プラティーン] 中 *das* (⊕ 2 格 -s; ⊕ なし)《化学》プラチナ

plät·schern [プレッチェルン]
(plätscherte; geplätschert)
自 ❶《完了h》(水などが)ピチャピチャと音をたてる ▷ Die Wellen *plätschern*. 波がピチャピチャ音をたてる
❷《完了s》(小川などが)ピチャピチャ流れる ▷ Der Bach *plätschert* durch die Wiese. 小川がピチャピチャと草地を流れる

platt [プラット] 形 平らな, 平べったい ▷ sich⁴ *platt* auf den Boden legen ぺたっと地面〈床に〉に寝そべる／《比喩》Er war *platt*. (思いがけないことが起こって)彼はあっけにとられていた

Plat·te [プラッテ] 女 *die* (⊕ 2 格 –; ⊕ -n)
❶ (石・木材・金属などの)板, パネル; タイル ▷ eine dünne *Platte* 薄い板／die Wand mit *Platten* verkleiden 壁に羽目板を張る
❷ 平皿; 平皿に盛った料理 ▷ eine *Platte* mit Käse チーズを載せた平皿
❸ (電気レンジの)加熱板
❹ レコード

plät·ten [プレッテン] (plättete; geplättet; 完了h)
他《方言》《④と》〔…⁴に〕アイロンをかける (= bügeln)

Plat·ten·spie·ler [プラッテン・シュピーラー] 男 *der* (⊕ 2 格 -s; ⊕ –) レコードプレーヤー

Platt·form [プラット・フォルム] 女 *die* (⊕ 2 格 –; ⊕ -en) (塔などの)展望台

Platz
[plats プラッツ]

男 *der* (⊕ 2 格 -es; ⊕ Plätze)

格	単　数	複　数
①	der Platz	die Plätze
②	des Platzes	der Plätze
③	dem Platz	den Plätzen
④	den Platz	die Plätze

❶ 広場
Auf dem *Platz* vor der Kirche ist ein großer Brunnen. 教会の前の広場には大きな噴水がある
❷ 席, 座席

Ist dieser *Platz* noch frei?
この席はまだあいていますか
Bitte nehmen Sie *Platz*!
どうぞおかけください
❸ 〘[複] なし〙(物を置いたりする)余地, スペース ▷ Ich habe keinen *Platz* mehr für neue Bücher. 私のところには新しい本を置く余地がもうない
❹ 競技場, グラウンド
❺ (元のあるいは本来の)場所 (☆ ふつう所有冠詞を伴う) ▷ Er hängt den Schlüssel wieder an seinen *Platz*. 彼は鍵を元の場所に掛ける
❻ (競技での)順位 ▷ den ersten *Platz* belegen 1位を占める
[イディオム] ***fehl am Platz sein*** ふさわしくない ▷ Ich *bin* hier *fehl am Platz*. ここは私にふさわしい場所ではない

Plätz·chen [プレッツヒェン] [中] *das* ([単] 2格 -s; [複] -) クッキー, ビスケット ▷ Sie backt zu Weihnachten *Plätzchen*. 彼女はクリスマスにクッキーを焼く

Plät·ze [プレッツェ] Platz の [複数]

plat·zen [プラッツェン] (platzte; geplatzt; [完了]s)
[自] ❶ 破裂する, 爆発する; (縫い目などが) 勢いよく裂ける ▷ Ein Luftballon *platzte*. 風船が破裂した / Der Reifen des Vorderrads ist *geplatzt*. 前輪のタイヤがパンクした
❷ 《口語》(計画などが)だめになる, ぽしゃる ▷ Unser Urlaub ist *geplatzt*. 私たちの休暇はだめになった

plat·zie·ren [プラツィーレン]
(platzierte; platziert; [完了]h)
── [他] ❶ 〘[④]+[場所]と〙〔物⁴を…の場所に〕置く, 配置する
❷ 〘[④]と〙〔ボール⁴を〕(ねらった場所に)シュートする, 投げる, 打つ; 〔パンチ⁴を〕命中させる
── [再] 〘[sich⁴]と〙 上位に入る, 入賞する ▷ Er *platzierte* sich unter den ersten fünf. 彼は5位以内に入賞した

Platz·kar·te [プラッツ・カルテ] [女] *die* ([単] 2格 -; [複] -n) (列車などの)座席指定券

platz·te [プラッツテ] platzen の [過去]

plau·dern [プラオデルン]
(plauderte; geplaudert; [完了]h)
[自] (くつろいで)おしゃべりする, 雑談する ▷ Wir haben mit Nachbarn *geplaudert*. 私たちは近所の人とおしゃべりした

plau·si·bel [プラオズィーベル] [形] (説明などが) もっともな, 納得のいく

plau·sib·le [プラオズィーブレ] ☞ plausibel

Play·boy [プレイ・ボイ] [男] *der* ([単] 2格 -s; [複] -s) プレーボーイ

pla·zie·ren [プラツィーレン] [旧⇨新] platzieren

plei·te [プライテ] [形] 《口語》 倒産した, 破産した ▷ *pleite* sein 破産している

Plei·te [プライテ] [女] *die* ([単] 2格 -; [複] -n) 《口語》
❶ 破産, 倒産 (=Bankrott) ▷ Er steht kurz vor der *Pleite*. 彼は倒産寸前である
❷ 失敗 ▷ Das Fest war eine große *Pleite*. 祭りは大失敗だった
[イディオム] ***Pleite gehen*** 破産する
Pleite machen 破産〈倒産〉する

Ple·nen [プレーネン] Plenum の [複数]

Ple·num [プレーヌム] [中] *das* ([単] 2格 -s; [複] Plenen) (議会・団体などの)総会

Plom·be [プロムベ] [女] *die* ([単] 2格 -; [複] -n) (鉛などでできた)封印; 《口語》(虫歯の)充塡材

plom·bie·ren [プロムビーレン]
(plombierte; plombiert; [完了]h)
[他] 〘[④]と〙〔部屋・容器など⁴に〕(鉛などの)封印をする

plötz·lich [プレッツリヒ]
[形] 突然の, 不意の ▷ Sein *plötzlicher* Besuch hat mich überrascht. 彼の突然の訪問は私を驚かせた / Ganz *plötzlich* ist er gestorben. まったく不意に彼は死んだ

plump [プルムプ]
[形] ❶ (体つきなどが太くて)ぶかっこうな; (動きが)鈍重な ▷ ein *plumper* Körper ぶかっこうな体
❷ (意図がすぐ見抜ける)へたな; (相手への配慮がなく)礼を失した, しつこい, 強引な ▷ eine *plumpe* Lüge へたなうそ

plump·sen [プルムプセン]
(plumpste; geplumpst; [完了]s)
[自] 《口語》(地面・水中に)ドシン〈バチャン〉と落ちる

Plun·der [プルンダー] [男] *der* ([単] 2格 -s; [複] なし) (身の回りの)がらくた, 古道具, 古着

plün·dern [プリュンデルン]
(plünderte; geplündert; [完了]h)
[他] 〘[④]と〙〔町・店など⁴を〕略奪する ▷ ein Geschäft *plündern* 店から金品を略奪する / 《比ゆ》 den Kühlschrank *plündern* 冷蔵庫の中身をすべて平らげる

Plu·ral [プルーラール] [男] *der* ([単] 2格 -s; まれに [複] -e) 《文法》 複数形 ([反] Singular)

plus [プルス]
[副] ❶ 《数学》 足す ([反] minus) ▷ Fünf *plus* drei ist acht. 5足す3は8
❷ 《ゼロよりも上を指して》 プラス ▷ Draußen sind *plus* drei Grad 〈drei Grad *plus*〉. 外の温度はプラス3度だ
❸ (電気の)プラス ▷ Der Strom fließt von *plus* nach minus. 電流はプラスからマイナスへ流れる

Plus [プルス] [中] *das* ([単] 2格 -; [複] なし)

❶ 利益, 黒字 ([反] Minus)
❷ 《口語》(他と比べ) プラスとされる長所〈利点〉 ▷ Dieser Wagen hat das große *Plus*, dass er weniger Benzin braucht. この車は他の車と比べて燃費がよいという長所がある

Plüsch [プリューシュ/プリュッシュ] [男] *der* ([単] 2格 -[e]s; [複] -e) 《織物》プラッシュ, フラシ天 (ビロードに似た毛足の長い布地)

Plus·zei·chen [プルス・ツァイヒェン] [中] *das* ([単] 2格 -s; [複] -) 《数学》プラス記号

Plu·to·ni·um [プルトーニウム] [中] *das* ([単] 2格 -s; [複] なし) プルトニウム

Po [ポー] [男] *der* ([単] 2格 -s; [複] -s) 《口語》おしり

Pö·bel [ペーベル] [男] *der* ([単] 2格 -s; [複] なし) 賤しい民, 下層民

po·chen [ポッヘン] (pochte; gepocht; [完了]h)
[自] ❶ 〖auf+④と〗〔..⁴を〕強く主張する ▷ Er *pochte* auf sein Recht. 彼は自分の権利を強く主張した
❷ (心臓などが) どきどき〈ずきんずきん〉する, 脈打つ ▷ Mein Herz *pochte* vor Angst. 私の心臓は心配のあまりどきどきした

Po·cken [ポッケン] [複名] 《医学》天然痘

Po·di·en [ポーディエン] Podium の [複数]

Po·di·um [ポーディウム] [中] *das* ([単] 2格 -s; [複] Podien) (広間などである種の人が目立つように) 床よりも高くなっているところ; 演壇, 教壇, 指揮台 ▷ vom *Podium* aus sprechen 壇上から話す

Po·e·sie [ポエズィー] [女] *die* ([単] 2格 -; [複] -n) 詩, 韻文 ([反] Prosa)

Po·e·si·en [ポエズィーエン] Poesie の [複数]

po·e·tisch [ポエーティシュ] [形] 詩の; 詩的な ▷ ein *poetischer* Film 詩情あふれる映画

Poin·te [ポエーンテ] [女] *die* ([単] 2格 -; [複] -n) (笑い話などの) 落ち, 下げ

Po·kal [ポカール] [男] *der* ([単] 2格 -s; [複] -e) (金属製の) 脚付きの杯; 優勝杯

pö·keln [ペーケルン] (pökelte; gepökelt; [完了]h)
[他] 〖④と〗〔肉など⁴を〕塩漬けにする

Po·ker [ポーカー] [中] *das* ([単] 2格 -s; [複] なし) 《トランプ》ポーカー

Pol [ポール] [男] *der* ([単] 2格 -s; [複] -e)
❶ 《地理》(北極・南極の) 極 ▷ der nördliche 〈südliche〉 *Pol* 北〈南〉極
❷ 《電気》電極 ▷ der negative 〈positive〉 *Pol* 陰〈陽〉極

po·la·re [ポラーレ] [形] 北〈南〉極の (☆ 名詞につけて) ▷ *polare* Wetterstationen 北〈南〉極の気象観測所

Po·lar·ge·biet [ポラール・ゲビート] [中] *das* ([単] 2格 -[e]s; [複] -e) 極地

Po·lar·licht [ポラール・リヒト] [中] *das* ([単] 2格 -[e]s; [複] -er) オーロラ, 極光

Po·le [ポーレ] [男] *der* ([単] 2·3·4格 -n; [複] -n) ポーランド人

Po·le·mik [ポレーミック] [女] *die* ([単] 2格 -; まれに [複] -en) (しばしば人身攻撃的な) 事実に基づかない論争

po·le·misch [ポレーミシュ] [形] (発言などが) 反論するためだけの

po·le·mi·sie·ren [ポレミズィーレン] (polemisierte; polemisiert; [完了]h)
[自] 事実に基づかない論拠で論争をする

Po·len [ポーレン] ([中] *das*) 《国名》ポーランド (用法: ☞ Deutschland)

Po·li·ce [ポリーセ] [女] *die* ([単] 2格 -; [複] -n) 保険証券

po·lie·ren [ポリーレン] (polierte; poliert; [完了]h)
[他] 〖④と〗〔..⁴を〕磨く,〔..⁴の〕つや出しをする ▷ Er *poliert* sich die Schuhe. 彼は自分の靴を磨く

Po·li·kli·nik [ポーリ・クリーニック] [女] *die* ([単] 2格 -; [複] -en) (総合病院の) 外来用診療科

Po·li·tik [ポリティーク] [女] *die* ([単] 2格 -; [複] なし)
❶ 政治; 政策 ▷ sich⁴ für *Politik* interessieren 政治に関心をもつ / eine *Politik* der Entspannung treiben 緊張緩和の政策をとる
❷ (駆け引きの) 手法; 策略, 術策 ▷ Es ist seine *Politik*, immer den Armen zu spielen. いつでもあわれな男のふりをするのが彼の手だ

Po·li·ti·ker [ポリーティカー] [男] *der* ([単] 2格 -s; [複] -)
政治家 ▷ Er ist ein prominenter *Politiker* geworden. 彼は有力な政治家になった

Po·li·ti·ke·rin [ポリーティケリン] [女] *die* ([単] 2格 -; [複] ..rinnen) Politiker の女性形

po·li·tisch [ポリーティシュ]
[形] ❶ 政治[上]の ▷ eine *politische* Partei 政党 / Er ist *politisch* interessiert. 彼は政治に関心がある
❷ 政治的な, 政略的な ▷ eine rein *politische* Entscheidung もっぱら政略的な決定 / *politisch* denken 政治的に考える

po·li·ti·sie·ren [ポリティズィーレン] (politisierte; politisiert; [完了]h)
[自] (素人が) 政治を談じる

Po·li·tur [ポリトゥーア] [女] *die* ([単] 2格 -; [複] -en) (家具などに用いる, ふつう液体の) 艶だし剤; 艶, 光沢

Po·li·zei [ポリツァイ] [女] *die* ([単] 2格 -; まれに [複] -en)
警察 ▷ die japanische *Polizei* 日本の警察 / die *Polizei* rufen 警察を呼ぶ / zur *Polizei* gehen 警察に行く

Po·li·zei·au·to [ポリツァイ・アオト] [中] *das* ([単] 2格 -s; [複] -s) パトカー

Po·li·zei·be·am·te [ポリツァイ・ベアムテ] [男]

P

der (形容詞変化 ☞ Alte 表 I) 警察官

Po·li·zei·hund [ポリツァイ·フント] [男] *der* ([単] 2 格 -[e]s; [複] -e) 警察犬

Po·li·zei·knüp·pel [ポリツァイ·クニュッペル] [男] *der* ([単] 2 格 -s; [複] -) 警棒

Po·li·zei·kon·trol·le [ポリツァイ·コントロレ] [女] *die* ([単] 2 格 -; [複] -n) 警察の検問

po·li·zei·lich [ポリツァイリヒ] [形] **警察の**; 警察による ▷ *polizeiliche* Ermittlungen 警察の捜査 / Das ist *polizeilich* verboten. [状態受動] それは警察から禁止されている

Po·li·zei·wa·gen [ポリツァイ·ヴァーゲン] [男] *der* ([単] 2 格 -s; [複] -) パトカー

Po·li·zist [ポリツィスト] [男] *der* ([単] 2·3·4 格 -en; [複] -en)
(制服の)**警官**, 巡査 ▷ Er fragt einen *Polizisten* nach dem Weg. 彼は警官に道をたずねる

Po·li·zis·tin [ポリツィスティン] [女] *die* ([単] 2 格 -; [複] ..tinnen) 〖Polizist の女性形〗 婦人警官

Pol·len [ポレン] [男] *der* ([単] 2 格 -s; [複] -) 《植物》 花粉

pol·nisch [ポルニシュ] [形] ポーランド[人]の; ポーランド語の

Po·lo·nä·se [ポロネーゼ] [女] *die* ([単] 2 格 -; [複] -n) 《音楽》 ポロネーズ

Pols·ter [ポルスター] [中] *das* ([単] 2 格 -s; [複] -) (ソファーなどの)クッション ▷ Der Stuhl hat ein *Polster* aus Schaumgummi. そのいすにはスポンジ製のクッションがついている

pols·tern [ポルステルン]
(polsterte; gepolstert; [完了]h)
[他] 〖④と〗 〔家具など④に〕 クッションをつける ▷ Die Autositze sind gut *gepolstert*. [状態受動] 自動車の座席はクッションがよい

Pol·ter·abend [ポルター·アーベント] [男] *der* ([単] 2 格 -s; [複] -e) (ふつう友人などを招いて大騒ぎをする) 結婚式の前夜祭 (花嫁の家の前で食器などを割ったりする)

pol·tern [ポルテルン] (polterte; gepoltert)
[自] ❶ 〖[完了]h〗 ガタガタ〈ドンドン〉と音をたてる ▷ Die Kinder über uns *poltern* den ganzen Tag. 私たちの上に住んでいる子供たちは一日中ガタガタと音をたてている
❷ 〖[完了]s〗 ガタゴトと音をたてて移動する ▷ Der Karren ist über die Brücke *gepoltert*. 荷車はガタゴト音をたてて橋を渡って行った

Po·lyp [ポリューブ] [男] *der* ([単] 2·3·4 格 -en; [複] -en)
❶ 《医学》 ポリープ
❷ 《口語》 警察官

Pommes frites [ポム·フリット] [複名] フライドポテト

Pomp [ポムプ] [男] *der* ([単] 2 格 -[e]s; [複] なし) 豪華, 華美, はなやかさ

Po·ny [ポニ]
── [中] *das* ([単] 2 格 -s; [複] -s) ポニー (小型の馬) ▷ auf einem *Pony* reiten ポニーに乗る
── [男] *der* ([単] 2 格 -s; [複] -s) (額にかかる, ふつう切りそろえた) 前髪 ▷ Sie trägt einen *Pony*. 彼女は前髪を垂らしている

Pop [ポップ] [男] *der* ([単] 2 格 -s; [複] なし) 《芸術》 ポップアート; 《音楽》 ポップミュージック

Po·po [ポポー] [男] *der* ([単] 2 格 -s; [複] -s) 《口語》 おしり

po·pu·lär [ポプレーア]
[形] ❶ よく知られていて人気のある ▷ ein *populärer* Schlager ポピュラーな流行歌
❷ 大衆向きの, だれにでもわかる ▷ *populäre* Bücher über wissenschaftliche Themen 科学をテーマにした通俗的な本

Po·pu·la·ri·tät [ポプラリテート] [女] *die* ([単] 2 格 -; [複] なし) (大衆の間の) 人気

Po·re [ポーレ] [女] *die* ([単] 2 格 -; [複] -n) (皮膚の) 毛穴; (葉の) 気孔; (スポンジ·軽石などの) 細かな穴

Por·no [ポルノ] [男] *der* ([単] 2 格 -s; [複] -s) 《口語》 ポルノを扱った作品 (ポルノ映画など)

Por·no·film [ポルノ·フィルム] [男] *der* ([単] 2 格 -[e]s; [複] -e) 《口語》 ポルノ映画

Por·no·gra·fie [ポルノグラフィー] [女] *die* ([単] 2 格 -; [複] -n)
❶ 〖[複] なし〗 ポルノ
❷ ポルノを扱った作品 (ポルノ映画など)

Por·no·gra·fi·en [ポルノグラフィーエン] Pornografie の [複数]

por·no·gra·fisch [ポルノグラーフィシュ] [形] ポルノの

Por·no·gra·phie = Pornografie

por·no·gra·phisch = pornografisch

po·rös [ポレース] [形] (物資が) 透水性の

Por·sche [ポルシェ] [男] *der* ([単] 2 格 -s; [複] -s) 《商標》 ポルシェ (自動車)

Por·tal [ポルタール] [中] *das* ([単] 2 格 -s; [複] -e) (城·教会などの豪華な) 正面玄関

Porte·mon·naie [ポルトモネー] [中] *das* ([単] 2 格 -s; [複] -s) = Portmonee

Por·ti·er [ポルティエー] [男] *der* ([単] 2 格 -s; [複] -s) (ホテルの) **ドアマン**, フロント係; (会社·アパートなどの) 受付係, 門衛, 管理人

Por·ti·on [ポルツィオーン] [女] *die* ([単] 2 格 -; [複] -en) (飲食物の) **一人分**, 一人前 ▷ eine kleine *Portion* 量の少ない一人分 / eine *Portion* Eis 一人分のアイスクリーム / Er isst zwei *Portionen*. 彼は二人前食べる

Port·mo·nee [ポルトモネー] [中] *das* ([単] 2 格 -s; [複] -s) **財布** ▷ Er hat sein *Portmonee* verloren. 彼は財布をなくした

P

Por·to [ポルト] 中 *das* (⊕ 2 格 -s; ⊕ -s) 郵便料金, 郵送料 ▷ Das *Porto* beträgt 80 Cent. 郵便料金は80セントになる / *Porto* zahlt Empfänger. 郵送料受取人払い

Por·trät [ポルトレー] 中 *das* (⊕ 2 格 -s; ⊕ -s) 肖像画〈写真〉, ポートレート (ふつう胸から上) ▷ ein *Porträt* von Goethe ゲーテの肖像画

Por·tu·gal [ポルトゥガル] (中 *das*)《国名》ポルトガル (用法: ☞ Deutschland)

Por·tu·gie·se [ポルトゥギーゼ] 男 *der* (⊕ 2·3·4 格 -n; ⊕ -n) ポルトガル人

por·tu·gie·sisch [ポルトゥギーズィシュ] 形 ポルトガル[人]の; ポルトガル語の

Por·zel·lan [ポルツェラーン] 中 *das* (⊕ 2 格 -s; ⊕ -e)
❶ 磁器 (☆「陶器」は Keramik) ▷ eine Vase aus *Porzellan* 磁器の花びん
❷ 《⊕ なし》磁器製の食器 ▷ Sie stellt das *Porzellan* in den Schrank. 彼女は磁器製の食器を戸棚にしまう

Po·sau·ne [ポザオネ] 女 *die* (⊕ 2 格 -; ⊕ -n)《楽器》トロンボーン

Po·se [ポーゼ] 女 *die* (⊕ 2 格 -; ⊕ -n) (写真などをとるために作った)姿勢, ポーズ ▷ eine *Pose* einnehmen ポーズをとる

Po·si·ti·on [ポズィツィオーン] 女 *die* (⊕ 2 格 -; ⊕ -en)
❶ (職業上の)地位, ポスト ▷ eine verantwortungsvolle *Position* im Betrieb haben 企業内で責任ある地位に就いている
❷ (空間的な)位置 ▷ die *Position* eines Flugzeuges feststellen 飛行機の位置を確認する

po·si·tiv [ポーズィティーフ/ポズィティーフ] 形 ❶ 肯定的な (⊗ negativ) ▷ eine *positive* Antwort 肯定的な答え
❷ プラスの, 好ましい ▷ die *positive* Seite プラスの面
❸ 《写真》ポジの;《医学》陽性の;《数学》正の ▷ ein *positives* Bild 陽画

Pos·se [ポッセ] 女 *die* (⊕ 2 格 -; ⊕ -n) (どろ臭い)単純な喜劇, 道化芝居

pos·sier·lich [ポスィーアリヒ] 形 (小さな動物たちについて動きが)おかしな, おどけた, かわいい

Post
[post ポスト]
女 *die* (⊕ 2 格 -; ⊕ なし)

❶ **郵便**
einen Brief mit der *Post* schicken
手紙を郵便で送る
Er arbeitet bei der *Post*.
彼は郵便局に勤めている
❷ 郵便物 ▷ viel *Post* bekommen たくさんの郵便物を受け取る / Ist *Post* für mich da? 私あての郵便物が来ていますか
❸ 郵便局 ▷ auf die 〈zur〉 *Post* gehen 郵便局に行く / Wo ist die nächste *Post*? もよりの郵便局はどこですか

Post·amt [ポスト・アムト] 中 *das* (⊕ 2 格 -es〈まれに -s〉; ⊕ ..ämter) (民営化前の)郵便局

Post·bo·te [ポスト・ボーテ] 男 *der* (⊕ 2·3·4 格 -n; ⊕ -n) 郵便配達人 (＝Briefträger)

Pos·ten [ポステン] 男 *der* (⊕ 2 格 -s; ⊕ -)
❶ 地位, ポスト ▷ Sie hat bei der Firma einen guten *Posten*. 彼女はその会社でいいポストについている
❷ 《軍隊》歩哨 ▷ *Posten* stehen 歩哨に立っている / *Posten* aufstellen 歩哨を立てる
❸ (勘定書などの)個々の項目, 内訳, 金額

Pos·ter [ポースター] 中 *das* (⊕ 2 格 -s; ⊕ -) (芸術的に作られた装飾用の)ポスター

Post·fach [ポスト・ファッハ] 中 *das* (⊕ 2 格 -[e]s; ⊕ ..fächer) 郵便私書箱

Post·fi·li·a·le [ポスト・フィリアーレ] 女 *die* (⊕ 2 格 -; ⊕ -n) (民営化後の)郵便局

pos·tie·ren [ポスティーレン]
(postierte; postiert; 医助h)
— 他 《④と》〔..⁴を〕(警備のためなどに)配置する
— 再 《sich⁴と》(警備のためなどに)配置につく

Post·kar·te [ポスト・カルテ] 女 *die* (⊕ 2 格 -; ⊕ -n) 郵便はがき (☆ 単に Karte ともいう) ▷ eine *Postkarte* aus dem Urlaub schicken はがきを休暇先から出す

post·la·gernd [ポスト・ラーゲルント] 形 局留めの

Post·leit·zahl [ポスト・ライト・ツァール] 女 *die* (⊕ 2 格 -; ⊕ -en) 郵便番号

Post·scheck·kon·to [ポスト・シェック・コント] 中 *das* (⊕ 2 格 -s; ⊕ ..konten 〈-s〉) 郵便振替口座

Post·schließ·fach [ポスト・シュリース・ファッハ] 中 *das* (⊕ 2 格 -[e]s; ⊕ ..fächer) (郵便局の)私書箱

po·ten·ti·ell [ポテンツィエル] ＝potenziell

Po·tenz [ポテンツ] 女 *die* (⊕ 2 格 -; ⊕ なし) (男性の)性的能力

po·ten·zi·ell [ポテンツィエル] 形 (危険などが)潜在的な

Pots·dam [ポツダム] (中 *das*)《都市名》ポツダム (☞ 地区 F-2)

Pracht [プラハト] 女 *die* (⊕ 2 格 -; ⊕ なし) 華麗, 華やかさ ▷ Die *Pracht* des Schlosses ist überwältigend. そのお城の華麗さは人を圧倒する

präch·tig [プレヒティヒ]
形 ❶ (建物などが) 華麗〈壮麗〉な ▷ ein *prächtiges* Schloss 華麗な城

prachtvoll

❷ 非常によい, すばらしい ▷ *prächtiges* Wetter すばらしい天気

pracht·voll [プラハト・フォル] 形 華麗な, 壮麗な, はなやかな

Prä·di·kat [プレディカート] 中 *das* (⓶2格 -[e]s; ⓶ -e)（品質などの）評価 ▷ Qualitätswein mit *Prädikat* 肩書き付き高級ワイン

Prag [プラーク]（⓶ *das*）《都市名》プラハ（チェコ共和国; ☞ 地図 G-3）

prä·gen [プレーゲン] (prägte; geprägt; 助動h)
他 ❶《⓸と》〔模様などを⁴〕型押しする;〔‥⁴に〕（模様などを）型押しする ▷ ein Wappen auf eine Münze *prägen* 紋章を硬貨に型押し〈刻印〉する

❷《⓸と》（影響を及ぼして）〔‥⁴の〕特徴をつくる,〔‥⁴を〕特徴づける ▷ Die Umwelt *prägt* den Menschen. 環境が人間の特徴をつくる

❸《⓸と》〔ことばを⁴〕造り出す ▷ ein Wort *prägen* 新語を造る

(イディオム) *Münzen prägen* 硬貨を圧印機にかけて造る

prag·ma·tisch [プラグマーティシュ] 形（理論よりも）現状に基づく, 実際的な, 実用〈実利〉的な

präg·nant [プレグナント] 形（返答などが）簡潔で的確な, 簡にして要を得た

prah·len [プラーレン] (prahlte; geprahlt; 助動h)
自〔mit+⓷と〕〔‥³を〕自慢する, ひけらかす, 誇示する ▷ Er *prahlte* mit seinen Erfolgen. 彼は成功を誇示した

prah·le·risch [プラーレリシュ] 形 自慢たらたらの ▷ eine *prahlerische* Rede halten 大言壮語の演説をする

Prak·ti·ka [プラクティカ] Praktikum の 複数

prak·ti·ka·bel [プラクティカーベル] 形 実施に移せる, 実用的な

prak·ti·kab·le [プラクティカーブレ] ☞ praktikabel

Prak·ti·kant [プラクティカント] 男 *der* (⓶2·3·4格 -en; ⓶ -en) 実習生, 見習い

Prak·ti·ker [プラクティカー] 男 *der* (⓶2格 -s; ⓶ -)

❶ 実務経験の豊かな人; 実際的な判断をする人（⓶ Theoretiker）

❷《口語》開業医

Prak·ti·kum [プラクティクム] 中 *das* (⓶2格 -s; ⓶ Praktika)（工場などでの）実習

prak·tisch [プラクティシュ]
— 形 ❶ 実地の ▷ *praktische* Erfahrungen 実地の経験 / *praktischer* Arzt 開業医

❷ 実用的な, 実際に役立つ ▷ eine *praktische* Erfindung 実用的な発明 / Das ist wirklich *praktisch*! これは実に便利だ

❸（日常生じる問題を）手際よく処理する, 実務的能力のある ▷ ein *praktischer* Mensch 手際のいい人

— 副《口語》実際には,（実際には）…も同然 ▷ Er macht *praktisch* alles. 彼が実際にはすべてやっている / Das ist *praktisch* unmöglich それは事実上は不可能だ

prak·ti·zie·ren [プラクティツィーレン] (praktizierte; praktiziert; 助動h)

— 自（特に医者が）診療を行う, 開業している

— 他《⓸と》〔方法などを⁴〕実際に使用してみる, 実践する

Pra·li·ne [プラリーネ] 女 *die* (⓶2格 -; ⓶ -n)《菓子》プラリーネ（クリーム・アーモンドなどをチョコレートでくるんだもの）

prall [プラル]（いっぱい詰まって）はち切れそうな, パンパンに張った ▷ ein *pralles* Kissen パンパンのクッション / *pralle* Schenkel haben はち切れそうな太ももをしている

(イディオム) *in der prallen Sonne liegen* かんかん照りの太陽の下で寝そべっている

pral·len [プラレン] (prallte; geprallt; 助動s)
自〔gegen+⓸と〕〔‥⁴に〕激突する, 激しくぶつかる ▷ mit dem Kopf gegen eine Mauer *prallen* 壁に頭を激しくぶつける

Prä·mie [プレーミエ] 女 *die* (⓶2格 -; ⓶ -n)

❶（功績に対する）賞金, 特別賞与 ▷ eine *Prämie* für die Ergreifung des Täters aussetzen 犯人の逮捕に賞金をかける

❷ 保険料掛け金 ▷ die *Prämie* zahlen 保険料を支払う

prä·mie·ren [プレミーレン] (prämierte; prämiert; 助動h)

他《⓸と》〔‥⁴に〕賞金を出す ▷ Der beste Vorschlag wird mit 200 Euro *prämiert*. 一番よい提案には200ユーロの賞金が出る

Pran·ke [プランケ] 女 *die* (⓶2格 -; ⓶ -n)（猛獣の）足（ふつう前足を指す）▷ die *Pranken* des Tigers トラの前足

Prä·pa·rat [プレパラート] 中 *das* (⓶2格 -[e]s; ⓶ -e)

❶ 調合〈調剤〉品,（特に）薬剤

❷（動植物などの）標本,（顕微鏡用の）プレパラート, 組織標本

prä·pa·rie·ren [プレパリーレン] (präparierte; präpariert; 助動h)

他 ❶《⓸と》〔人体・動植物の〕標本を作る

❷《⓸と》〔‥⁴を〕（ある目的に使用できるように）準備〈整備〉する

Prä·po·si·ti·on [プレポズィツィオーン] 女 *die* (⓶2格 -; ⓶ -en)《文法》前置詞

Prä·rie [プレリー] 女 *die* (⓶2格 -; ⓶ -n)《地理》プレリー（北米の大草原）

Prä·ri·en [プレリーエン] Prärie の 複数

Prä·sens [プレーゼンス] 中 *das* (⓶2格 -; ⓶

prä·sen·tie·ren [プレゼンティーレン]
(präsentierte; präsentiert; 匿ﾉh)
―― 再 《sich³と》(人目を意識した) 姿勢をとる ▷ sich den Fotografen präsentieren 写真家たちの前でポーズをとる
―― 他 ❶ 《④と》 [‥⁴を] 引き合わせる ▷ den Eltern die neue Freundin präsentieren 両親に新しい恋人を引き合わせる
❷ 《文語》《③+④と》 [‥³に‥⁴を] 渡す, 差し出す (＝anbieten)

Prä·ser·va·tiv [プレゼルヴァティーフ] 中 *das* (旧 2 格 -s; 旧 -e) コンドーム

Prä·si·dent [プレズィデント] 男 *der* (旧 2・3・4 格 -en; 旧 -en)
❶ 大統領 ▷ der *Präsident* der Vereinigten Staaten (アメリカ) 合衆国大統領
❷ (組織・機関などの) 会長, 委員長, 議長 ▷ der *Präsident* des Bundestages 連邦議会議長

Prä·si·den·tin [プレズィデンティン] 女 *die* (旧 2 格 -; 旧 ..tinnen) Präsident の女性形

Prä·si·di·en [プレズィーディエン] Präsidium の 複数

Prä·si·di·um [プレズィーディウム] 中 *das* (旧 2 格 -s; 旧 ..sidien)
❶ (組織・機関・団体などの) 首脳 (指導) 部, 幹部会 ▷ Er wurde ins *Präsidium* gewählt. 彼は首脳部に選ばれた
❷ 警察本部 [庁舎]

pras·seln [プラッセルン] (prasselte; geprasselt)
自 ❶ 《旧s》 (雨・あられなどが) バラバラと音をたてて降る ▷ Der Regen ist auf das Dach *geprasselt*. 雨が屋根の上にバラバラと降った
❷ 《匿ﾉh》 パチパチと音をたてる ▷ Das Feuer *prasselte* im Kamin. 火が暖炉でパチパチと音をたてていた

Prä·te·ri·ta [プレテ[-]リタ] Präteritum の 複数

Prä·te·ri·tum [プレテ[-]リトゥム] 中 *das* (旧 2 格 -s; 旧 ..terita) 《文法》過去時称〈時制〉

Pra·xen [プラクセン] Praxis の 複数

Pra·xis [プラクスィス] 女 *die* (旧 2 格 -; まれに 旧 Praxen)
❶ 《旧 なし》実践, 実行 ▷ Theorie und *Praxis* 理論と実践 / in der *Praxis* 実際には
❷ 《旧 なし》 実務経験 ▷ eine langjährige *Praxis* besitzen 長年の実務経験をもっている
❸ (医者・弁護士の) 業務; 診療所, 弁護士事務所 ▷ Er hat eine gut gehende *Praxis*. 彼は (医者・弁護士として) 繁盛している

prä·zis [プレツィース] ＝präzise

prä·zi·se [プレツィーゼ] 形 (細かな点まで) 正確な, 明確な ▷ eine *präzise* Antwort 正確な答え

prä·zi·sie·ren [プレツィズィーレン]
(präzisierte; präzisiert; 匿ﾉh)
他 《④と》 [見解など⁴を] より一層明確に規定する

Prä·zi·si·on [プレツィズィオーン] 女 *die* (旧 なし) 正確さ, 精密さ

pre·di·gen [プレーディゲン]
(predigte; gepredigt; 匿ﾉh)
―― 自 (司祭・牧師が) 説教する ▷ Der Pfarrer *predigt* immer langweilig. その牧師の説教はいつも退屈だ
―― 他 《口語》《④と》 [道徳など⁴を] 説く ▷ Er *predigt* dem Volk Toleranz. 彼は民衆に寛容を説く

Pre·di·ger [プレーディガー] 男 *der* (旧 2 格 -s; 旧 -) 《ｷﾘｽﾄ教》説教者

Pre·digt [プレーディヒト] 女 *die* (旧 2 格 -; 旧 -en) 《ｷﾘｽﾄ教》説教 ▷ eine *Predigt* halten 説教をする

Preis [プライス] 男 *der* (旧 2 格 -es; 旧 -e)
❶ 価格, 値段 ▷ der *Preis* des Buches 本の値段 / Wie hoch ist der *Preis*? 値段はいくらですか / Die *Preise* sinken 〈steigen〉. 物価が下がる〈上がる〉
❷ 賞, 賞品, 賞金 ▷ den ersten *Preis* gewinnen 1 等賞をもらう
《ｲﾃﾞｨｵﾑ》 *um jeden Preis* 是が非でも

Preis·aus·schrei·ben [プライス・アオス・シュライベン] 中 *das* (旧 2 格 -s; 旧 -) (クイズ・小説などの) 懸賞 ▷ an einem *Preisausschreiben* teilnehmen 懸賞に応募する

Prei·sel·bee·re [プライゼル・ベーレ] 女 *die* (旧 2 格 -; 旧 -n) 《植物》コケモモ

prei·sen [プライゼン] (pries; gepriesen; 匿ﾉh)
他 《文語》《④と》 [‥⁴を] 賞賛する, ほめたたえる

preis|ge·ben [プライス・ゲーベン] 分離
(er gibt preis; gab preis; preisgegeben; 匿ﾉh)
他 ❶ 《④+③と》 [‥⁴を‥³に] ゆだねる, 任せる, さらす ▷ die Bauten dem Verfall *preisgeben* 建物を荒廃に任せる / Sie haben ihn den Feinden *preisgegeben*. 彼らは彼を敵から守ろうとはもはやしなかった
❷ 《④と》 [理想など⁴を] 放棄する, 捨て去る
❸ 《④と》 [秘密など⁴を] もらす, 明かす

Preis·stei·ge·rung [プライス・シュタイゲルング] 女 *die* (旧 2 格 -; 旧 -en) 物価の上昇

preis·wert [プライス・ヴェーアト] 形 買い得の, 割安な ▷ eine *preiswerte* Uhr お買い得の時計

prel·len [プレレン] (prellte; geprellt; 匿ﾉh)
―― 再 《sich³+④と》 [体の一部⁴を] (打撲傷ができるほど) 激しくぶつける ▷ Ich habe mir den Knöchel *geprellt*. 私はくるぶしを激しくぶつけて痛めていた
―― 他 《口語》《④+um+④と》 [‥⁴から‥⁴を] だま

し取る ▷ Sie hat ihn um 300 Euro *geprellt.* 彼女は彼から 300 ユーロだまし取った

Prel·lung [プレルング] [女] *die* ([単] 2 格 –; [複] –en) (内出血を伴う)打撲傷, 打ち身

Pre·mi·e·re [プレミエーレ] [女] *die* ([単] 2 格 –; [複] –n) (劇などの)初演, (映画の)封切り

pre·schen [プレッシェン]
(preschte; geprescht; [完了]s)
[自] 《口語》 〚[方向]と〛 〔…へ〕突っ走る

Pres·se [プレッセ] [女] *die* ([単] 2 格 –; [複] –n)
❶ 〚[複] なし〛《集合的に》 **ジャーナリズム, 新聞雑誌** ▷ die ausländische *Presse* 外国のジャーナリズム / Die *Presse* berichtet ausführlich darüber. 新聞雑誌はそのことについて詳しく報道する / Er ist von der *Presse*. 彼はジャーナリストだ
❷ 《機械》 プレス; (果汁用の)圧搾機, しぼり器 ▷ eine *Presse* für Karosserien 車体用プレス

pres·sen [プレッセン]
(presste; gepresst; [完了]h)
[他] ❶ 〚④と〛〔…⁴を〕(圧力を加えて)**押す, 押しつぶす, プレスする** ▷ Obst *pressen* 果物をしぼる / eine Blume in einem Buch *pressen* 花を本にはさんで押し花にする
❷ 〚④と〛〔…⁴を〕プレスしてつくる ▷ Karosserien *pressen* 車体をプレスしてつくる
❸ 〚④と〛〔…⁴を〕しぼり出す ▷ Saft aus einer Zitrone *pressen* レモンの汁をしぼり出す
❹ 〚④+[方向]と〛〔…⁴を…に〕押しつける ▷ den Kopf an die Scheibe *pressen* 頭を窓ガラスに押しつける / Sie hat das Kind an sich *gepresst.* 彼女は子供を抱きしめた

P

Pres·se·zent·rum [プレッセ·ツェントルム] [中] *das* ([単] 2 格 –s; [複] ..zentren) プレスセンター

Pres·ti·ge [プレスティージェ/..ティージュ] [中] *das* ([単] 2 格 –s; [複] なし) 威信, 信望, 威光

Preu·ßen [プロイセン] ([中] *das*) 《地名》 プロイセン, プロシア

pri·ckeln [プリッケルン]
(prickelte; geprickelt; [完了]h)
[自] 軽く刺すような感じを皮膚に与える, ちくちく〈むずむず〉させる ▷ Der Sekt *prickelt* auf der Zunge. シャンペンで舌がぴりぴりする

pries [プリース] preisen の [過去]

Pries·ter [プリースター] [男] *der* ([単] 2 格 –s; [複] –) 祭司, 神官; 《カトリ》 司祭

pri·ma [プリーマ]
[形] 《口語》 すてきな, すばらしい (☆ 格語尾をつけない) ▷ ein *prima* Kerl すてきなやつ / Das hast du *prima* gemacht. 君はよくやったよ

Pri·ma·don·na [プリマ·ドンナ] [女] *die* ([単] 2 格 –; [複] ..donnen) 《オペラ·演劇》 プリマドンナ

Pri·ma·don·nen [プリマ·ドンネン] Primadonna の [複数]

pri·mär [プリメーア]
— [形] 第 1 の, 最初の ▷ Die *primäre* Frage ist, ob wir das Projekt überhaupt finanzieren können. 第 1 の問題は私たちがそもそもそのプロジェクトを資金的に支援できるか否かだ
— [副] まず第一に, 特に

Pri·mel [プリーメル] [女] *die* ([単] 2 格 –; [複] –n) 《植物》 サクラソウ

pri·mi·tiv [プリミティーフ]
[形] ❶ **原始の, 未開の** ▷ *primitive* Kulturen 未開の文化
❷ 《原始時代に準ずるという意味で》 **原始的な,** (文明的に) 程度の低い ▷ *primitive* Werkzeuge 原始的な道具 / *primitiv* leben (最低限の生活必需品しかない)ひどい暮らしをする
❸ (精神的に)単純な, 幼稚な ▷ ein *primitiver* Mensch 単純な人

Prinz [プリンツ] [男] *der* ([単] 2·3·4 格 –en; [複] –en) プリンス, 王子 (☆「プリンセス」は Prinzessin)

Prin·zes·sin [プリンツェッスィン] [女] *die* ([単] 2 格 –; [複] ..sinnen) プリンセス, 王女 (☆「プリンス」は Prinz)

Prin·zip [プリンツィープ] [中] *das* ([単] 2 格 –s; [複] ..zipien)
❶ 原理, 原則 ▷ ein demokratisches *Prinzip* 民主主義の原則 / Diese Maschine beruht auf einem sehr einfachen *Prinzip.* この機械はひじょうに単純な原理に基づいている
❷ 信条, 主義 ▷ Es ist mein *Prinzip,* mich nie vorschnell zu entscheiden. 性急に決断しないのが私の信条だ / nach einem *Prinzip* handeln ある信条に従って行動する / Er ist ein Mann mit *Prinzipien.* 彼は自分の主義をしっかりもっている男だ
[イディオム] ***aus Prinzip*** 信条に従って(あることをする〈しない〉)
im Prinzip 原則的に ▷ *Im Prinzip* habe ich nichts dagegen. 原則的には私はそれに異存はない

prin·zi·pi·ell [プリンツィピエル] [形] **原則上の,** 原理的な; 主義上の ▷ *prinzipielle* Fragen 原則上の問題 / *Prinzipiell* bin ich einverstanden. 原則的には私は同意している

Prin·zi·pi·en [プリンツィーピエン] Prinzip の [複数]

Pri·o·ri·tät [プリオリテート] [女] *die* ([単] 2 格 –; [複] –en) (物事の重要性が)より大きいこと, 優先, 優先権 ▷ Dieses Problem muss absolute *Priorität* haben. この問題の取り扱いは無条件に優先されねばならない

Pri·se [プリーゼ] [女] *die* ([単] 2 格 –; [複] –n) (指などでつまめるほどの)ほんの少量, ひとつまみ

Pris·ma [プリスマ] [中] *das* ([単] 2 格 –s; [複] Prismen) 《光学》 プリズム

Prismen [プリスメン] Prisma の 複数

Pritsche [プリチェ] 女 die (単2格 -; 複 -n)〈板で作った〉簡易ベッド；トラックの荷台

privat [プリヴァート]
形 ❶ 私的な, 個人的な；内輪の ▷ das *private* Leben 私生活 / Dies sind *private* Angelegenheiten. これはプライベートな事だ
❷ 私有の, 私営の, 民間の ▷ eine *private* Schule 私立学校 / Dieser Weg ist *privat*. この道は私道だ / privat wohnen〈旅行先地で〉個人が宿泊時に臨時に提供する部屋に泊まる
(イディオム) **an** 〈**von**〉 *privat*〈会社などではなく〉個人へ〈から〉

Privatfernsehen [プリヴァート・フェルンゼーエン] 中 das (単2格 -s; 複 なし) 民間テレビ局

privatisieren [プリヴァティズィーレン] (privatisierte; privatisiert; 完了 h)
── 他〈4格と〉〈国有企業などを〉民営化する
── 自〈働かずに〉金利などで生活する

Privatsphäre [プリヴァート・スフェーレ] 女 die (単2格 -; 複 なし) プライベートの領域

Privileg [プリヴィレーク] 中 das (単2格 -s; 複 ..legien) 特権, 特典

Privilegien [プリヴィレーギエン] Privileg の 複数

privilegiert [プリヴィレギールト] 形 特権〈特典〉を与えられた

pro [プロー] 前〈4格支配〉〈単位〉…につき, …あたり (☆ 名詞はふつう無冠詞) ▷ einmal *pro* Woche 週に1度 / 3 Euro *pro* Kopf〈Person〉1人あたり3ユーロ / Er fuhr 100 km *pro* Stunde. 彼は時速100キロで車を走らせた

Probe [プローベ] 女 die (単2格 -; 複 -n)
❶ 試すこと, 検査, テスト ▷ Er hat die *Probe* bestanden. 彼はテストに合格した
❷ 見本, サンプル
❸ リハーサル, 下稽古
(イディオム) **auf Probe** 試しに

proben [プローベン] (probte; geprobt; 完了 h)
他〈4格と〉〈…の下稽古〈リハーサル〉をする ▷ eine Szene *proben* あるシーンの下稽古をする

probieren [プロビーレン] (probierte; probiert; 完了 h)
他 ❶〈4格と〉〈…を〉試す, 試しにやってみる ▷ Ich werde *probieren*, ob der Motor anspringt. エンジンがかかるかどうか試してみましょう
❷〈4格と〉〈…を〉試食〈試飲〉する ▷ den Wein *probieren* ワインを試飲する
❸〈4格と〉〈…を〉試しに使って〈着て〉みる ▷ das neue Kleid *probieren* 新しいドレスを試着する / Er hat das Haarwuchsmittel *probiert*. 彼はその毛生え薬を試しに使ってみた

probiert [プロビーアト] probieren の 過去分詞, 完了

probierte [プロビーアテ] probieren の 過去

Problem ──
[probléːm プロブレーム]
中 das (単2格 -s; 複 -e)

❶〈解決をせまられている〉問題
ein technisches *Problem*
技術的な問題
ein *Problem* lösen 問題を解決する
Er steht vor dem *Problem*, ob er den Vertrag unterzeichnen soll oder nicht. 彼は契約書にサインすべきかどうか決断しなければならない状況に立たされている
❷〈ふつう 複 で〉めんどうな〈やっかい〉なこと ▷ Er hat *Probleme* mit seinem Sohn. 彼は息子とうまくいっていない
(イディオム) ***Kein Problem!*** 問題ない(可能だ)

Problematik [プロブレマーティック] 女 die (単2格 -; 複 なし)〈集合的に〉〈一つの事柄の〉あらゆる問題点, 問題性 ▷ Jugendkriminalität und deren *Problematik* 青少年犯罪とその問題性

problematisch [プロブレマーティシュ] 形 問題をはらんだ, 問題の多い, やっかいな ▷ eine *problematische* Angelegenheit やっかいな事柄 / Das Kind ist *problematisch*. この子は問題が多い

Produkt [プロドゥクト] 中 das (単2格 -[e]s; 複 -e) 製品, 産物 ▷ industrielle *Produkte* 工業製品

Produktion [プロドゥクツィオーン] 女 die (単2格 -; 複 なし) 生産, 製造 ▷ die *Produktion* einstellen 生産を中止する

produktiv [プロドゥクティーフ] 形〈議論などが〉生産的な, 〈作家などが〉多作な, 〈企業などが〉生産性の高い

Produktivität [プロドゥクティヴィテート] 女 die (単2格 -; 複 なし) 生産性

Produzent [プロドゥツェント] 男 der (単2·3·4格 -en; 複 -en) 生産者, メーカー (反 Konsument)

produzieren [プロドゥツィーレン] (produzierte; produziert; 完了 h)
他〈4格と〉〈…を〉生産〈製造〉する ▷ Man *produziert* in diesem Werk Maschinenteile. この工場では機械の部品を製造している

produziert [プロドゥツィーアト] produzieren の 過去分詞, 完了

produzierte [プロドゥツィーアテ] produzieren の 過去

Prof. [プロフェッソーア] ☞ Professor

professionell [プロフェシオネル]
形 ❶ プロの, 職業的な ▷ Im *professionel*-

完了 h, 完了 s = 完了の助動詞 haben, sein

len Sport werden äußerst hohe Anforderungen gestellt. プロのスポーツではきわめて高度のものが要求される
❷ 専門家らしい ▷ eine *professionell* ausgeführte Reparatur 専門家なみの修理

Pro·fes·sor [プロフェッソーア] 男 *der* (⦿2格 -s; ⦿ -en) 教授 (大学教師・功績のあった学者・芸術家などに与えられる称号, またその称号の持ち主; ⦿ Prof.) ▷ Er ist *Professor* an der Universität Köln. 彼はケルン大学の教授だ / (比ゆ) Er ist ein zerstreuter *Professor*. 彼はぼんやり者だ

Pro·fes·so·ren [プロフェソーレン] Professor の 複数

Pro·fes·so·rin [プロフェソーリン] 女 *die* (⦿2格 -; ⦿ ..rinnen) Professor の女性形

Pro·fi [プロ‐フィ] 男 *der* (⦿2格 -s; ⦿ -s) (口語) プロ, プロの選手 (⦿ Amateur)

Pro·fil [プロフィール] 中 *das* (⦿2格 -s; ⦿ -e)
❶ プロフィール, 横顔 ▷ Sie hat ein hübsches *Profil*. 彼女はきれいな横顔をしている
❷ (タイヤ・靴底の)溝
❸ 《文語》(はっきりした)特色, 個性

Pro·fit [プロフィート/..フィット] 男 *der* (⦿2格 -[e]s; ⦿ -e) 利益, 収益

pro·fi·tie·ren [プロフィティーレン] (profitierte; profitiert; 匠 h)
自 得をする, もうける ▷ Er *profitierte* von der Zwietracht seiner Gegner. 彼は敵の対立を利用して漁夫の利をえた

Prog·no·se [プログノーゼ] 女 *die* (⦿2格 -; ⦿ -n) (科学的データに基づく)予測, 予知 ▷ die *Prognosen* zum Ausgang einer Wahl 選挙結果に関する予測

Pro·gramm [プログラム] 中 *das* (⦿2格 -s; ⦿ -e)
❶ (催し物・放送などの)プログラム, 番組; チャンネル ▷ das *Programm* für die kommende Woche 来週のプログラム / Heute Abend gibt es ein interessantes *Programm* im Fernsehen. 今晩おもしろいテレビ番組がある
❷ (出し物などを書いた)プログラム ▷ Das *Programm* kostet zwei Euro. プログラムは2ユーロだ
❸ (行事などの)進行順序, 式次第 ▷ das *Programm* der Tagung 会議の進行順序
❹ (物事を進めていくための)計画 ▷ das *Programm* zur Bekämpfung des Hungers in der Dritten Welt 第三世界の飢餓撲滅計画
❺ (コンピュ—タ) プログラム ▷ dem Computer ein *Programm* eingeben コンピュータにプログラムをインプットする

Pro·gramm·hin·weis [プログラム・ヒン・ヴァイス] 男 *der* (⦿2格 -es; ⦿ -e) (テレビなどの)番組案内

pro·gram·mie·ren [プログラミーレン] (programmierte; programmiert; 匠 h)
他 《コンピュ—タ》《④と》[..*を*]プログラミングする

Pro·gram·mie·rer [プログラミーラー] 男 *der* (⦿2格 -s; ⦿ -) プログラマー

pro·gres·siv [プログレスィーフ/プログレスィフ] 形 ❶ (考え方などが)進歩的な (☆「反動的な」 reaktionär)
❷ 累進的な ▷ *progressive* Steuern 累進税

Pro·jekt [プロイェクト] 中 *das* (⦿2格 -[e]s; ⦿ -e) (大規模な)計画, プロジェクト ▷ Das *Projekt* ist gescheitert. プロジェクトは失敗した

Pro·jek·tor [プロイェクトーア] 男 *der* (⦿2格 -s; ⦿ -en) プロジェクター, 映写機

Pro·jek·to·ren [プロイェクトーレン] Projektor の 複数

pro·ji·zie·ren [プロイツィーレン] (projizierte; projiziert; 匠 h)
他 《④+方向》と》[スライドなどを...に]映す

Pro·kla·ma·ti·on [プロクラマツィオーン] 女 *die* (⦿2格 -; ⦿ -en) (独立などの)宣言; (法律などの)布告

pro·kla·mie·ren [プロクラミーレン] (proklamierte; proklamiert; 匠 h)
他 《④と》[独立など*を*]宣言する; 布告する

Pro·le·ta·ri·at [プロレタリアート] 中 *das* (⦿2格 -s; ⦿ なし) プロレタリアート, 無産階級

Pro·le·ta·ri·er [プロレターリア] 男 *der* (⦿2格 -s; ⦿ -) プロレタリア, 無産者

Pro·me·na·de [プロメナーデ] 女 *die* (⦿2格 -; ⦿ -n) (公園・海岸沿いの)散歩道, プロムナード

Pro·mil·le [プロミレ] 中 *das* (⦿2格 -[s]; ⦿ -) 千分の1

Pro·mil·le·gren·ze [プロミレ・グレンツェ] 女 *die* (⦿2格 -; ⦿ -n) (運転者の)アルコール血中濃度の許容限度

pro·mi·nent [プロミネント] 形 (人が)著名な, 高名な

Pro·mi·nenz [プロミネンツ] 女 *die* (⦿2格 -; ⦿ なし) 《集合的に》名士たち ▷ Die *Prominenz* von Film und Fernsehen war erschienen. 映画とテレビ界の名士が出席していた

prompt [プロムプト]
— 形 即座の, 迅速な ▷ *prompte* Bedienung 迅速なサービス
— 副 《口語》(しばしば皮肉的に)予想通り, 案の定 ▷ Sie kam *prompt* wieder zu spät. 彼女は案の定またもや遅れて来た

Pro·pa·gan·da [プロパガンダ] 女 *die* (⦿2格 -; ⦿ なし) (特に政治的な)宣伝, プロパガンダ ▷ *Propaganda* treiben 宣伝をする

pro·pa·gie·ren [プロパギーレン] (propagierte; propagiert; 匠 h)

pro・pel・ler [プロペラー] 男 der (⊛2格 -s; ⊛ -) (航空機などの)プロペラ

pro・per [プロパー] 形 《口語》(外見などが)こぎれいな、こざっぱりした

Pro・phet [プロフェート] 男 der (⊛2・3・4格 -en; ⊛ -en) 予言者、預言者 ▷ Mohammed, der *Prophet* Allahs アラーの預言者マホメット

pro・phe・zei・en [プロフェツァイエン]
(prophezeite; prophezeit; 医zh)
他 《④と》[⋯⁴を]予言する ▷ eine Katastrophe〈den Weltuntergang〉*prophezeihen* 大災害〈世界滅亡〉を予言する

Pro・por・ti・on [プロポルツィオーン] 女 die (⊛2格 -; ⊛ -en) 《ふつう複で》割合、比率

pro・por・ti・o・niert [プロポルツィオニールト] 形 つりあい〈均整〉のとれた ▷ ein gut *proportionierter* Körper 均整のよくとれた身体

Pro・sa [プローザ] 女 die (⊛2格 -; ⊛ なし) 散文 (⇄ Poesie)

pro・sa・isch [プロザーイシュ] 形 (表現などが)散文的な、味気ない (⇄ romantisch)

pro・sit [プロージット] 間 (乾杯の呼びかけとして) 乾杯、健康を祝して

イディオム *Prosit Neujahr!* 新年おめでとう

Pros・pekt [プロスペクト] 男 der (⊛2格 -[e]s; ⊛ -e) (宣伝用の)パンフレット、説明書、案内書 ▷ ein *Prospekt* von Bonn ボンのパンフレット

prost [プロースト] 《口語》= prosit

Pros・ti・tu・ier・te [プロスティトゥイーアテ] 女 die (形容詞変化 ☞ Alte 表 I) 売春婦 ▷ Sie ist eine *Prostituierte*. 彼女は売春婦だ

Pros・ti・tu・ti・on [プロスティトゥツィオーン] 女 die (⊛2格 -; ⊛ なし) 売春 ▷ der *Prostitution* nachgehen 売春を商売にする

pro・te・gie・ren [プロテジーレン]
(protegierte; protegiert; 医zh)
他 《④と》[⋯⁴を](特に職場で)引き立てる

Pro・tek・ti・on [プロテクツィオーン] 女 die (⊛2格 -; ⊛ -en) 引き立てる〈立てられる〉こと、ひいき

Pro・test [プロテスト] 男 der (⊛2格 -[e]s; ⊛ -e) 抗議、異議を申し立て ▷ *Protest* gegen + ④ erheben ⋯⁴に対して抗議をする / aus *Protest* 抗議のために

Pro・tes・tant [プロテスタント] 男 der (⊛2・3・4格 -en; ⊛ -en) 《キリスト教》新教徒、プロテスタント (☆「カトリック教徒」は Katholik)

pro・tes・tan・tisch [プロテスタンティシュ] 形 《キリスト教》新教の、プロテスタントの ▷ die *protestantische* Kirche プロテスタント教会

pro・tes・tie・ren [プロテスティーレン]
(protestierte; protestiert; 医zh)
自 《gegen+④と》[⋯⁴に]抗議する、異議を申し立てる ▷ Ich *protestiere* dagegen, dass … 私は…に抗議する / Ich *protestiere!* 私は不服だ〈異議がある〉

Pro・to・koll [プロトコル] 中 das (⊛2格 -s; ⊛ -e) (会議などの)記録、議事録; (警察の)調書 ▷ das *Protokoll* einer Sitzung vorlesen 会議の議事録を読み上げる

prot・zen [プロッツェン]
(protzte; geprotzt; 医zh)
自 《口語》《mit+③と》[⋯³を]自慢する、ひけらかす ▷ Er *protzte* mit seinem Reichtum. 彼は自分の富を自慢した

prot・zig [プロッツィヒ] 形 《口語》富を見せびらかすような、成金趣味の

Pro・vi・ant [プロヴィアント] 男 der (⊛2格 -s; まれに ⊛ -e) (旅行などに持っていく)食糧、携帯食糧 ▷ Wir haben *Proviant* für vier Tage. 私たちは4日分の食糧を持っている

Pro・vinz [プロヴィンツ] 女 die (⊛2格 -; ⊛ -en)
❶ (行政区画としての)州 (カナダやスペインなどの州を指す; ドイツの州は Land)
❷ 《⊛ なし》《口語》《しばしば軽蔑的に》いなか ▷ Er kommt aus der *Provinz*. 彼はいなかの出身だ

pro・vin・zi・ell [プロヴィンツィエル] 形 田舎特有の、田舎じみた

Pro・vi・si・on [プロヴィズィオーン] 女 die (⊛2格 -; ⊛ -en) 《商業》(仲介・販売などの)手数料

pro・vi・so・risch [プロヴィゾーリシュ] 形 暫定的な、臨時の、間に合わせの ▷ eine *provisorische* Maßnahme 暫定的措置

Pro・vo・ka・ti・on [プロヴォカツィオーン] 女 die (⊛2格 -; ⊛ -en) 挑発

pro・vo・zie・ren [プロヴォツィーレン]
(provozierte; provoziert; 医zh)
他 ❶ 《④と》[⋯⁴を]挑発する ▷ Er wollte mich *provozieren*. 彼は私を挑発しようとした
❷ 《④と》[⋯⁴を](意図的に)引き起こす ▷ Er hat diesen Streit *provoziert*. 彼がこの争いを引き起こしたのだ

Pro・ze・dur [プロツェドゥーア] 女 die (⊛2格 -; ⊛ -en) (わずらわしい一連の)手続き

Pro・zent [プロツェント] 中 das (⊛2格 -[e]s; ⊛ -e) パーセント (⊛ v.H.; 医zh %) (☆数量単位の場合は無変化) ▷ zwei *Prozent* Rabatt 2 パーセントの割引 / Dieser Whisky enthält 45 *Prozent* Alkohol. このウイスキーはアルコール度が45パーセントだ / Zehn *Prozent* sind zu viel. 10 パーセントは多すぎる / vom Gewinn ein paar *Prozente* bekommen 利益の2〜3パーセントを受け取る

pro・zen・tu・a・le [プロツェントゥアーレ] 形 パーセントによる (☆名詞につけて) ▷ ein *prozentualer* Anteil パーセンテージ

Pro·zess [プロツェス] 男 der (⸻ 2 格 -es; ⸻ -e)

❶ 《法律》**訴訟** ▷ einen *Prozess* gewinnen ⟨verlieren⟩ 勝訴〈敗訴〉する

❷ (変化・進展の)**過程, 経過** ▷ der *Prozess* der Industrialisierung 工業化の過程

Pro·zeß 旧=新 Prozess

pro·zes·sie·ren [プロツェスィーレン] (prozessierte; prozessiert; 医⑦h)

自 《gegen+④》《mit+③》 [⋯⁴を相手に] 訴訟を起こす

Pro·zes·si·on [プロツェスィオーン] 女 die (⸻ 2 格 -; ⸻ -en) 《カトリック》(祭祭の際の, 司祭と信徒の)行列

prü·de [プリューデ] 形 (性的なことを)過度にいやがる〈恥ずかしがる〉 ▷ Sie ist sehr *prüde*. 彼女は性的なことについて話すのをとてもいやがる

prü·fen [プリューフェン] (prüfte; geprüft; 医⑦h)

他 ❶《④と》[⋯⁴の知識などを]**試験する** ▷ einen Schüler in Deutsch *prüfen* 生徒のドイツ語の学力を試験する

❷《④と》[⋯⁴の特性などを]**調べる** ▷ die Qualität eines Materials *prüfen* 材質を検査する / mit dem Finger die Temperatur des Wassers *prüfen* 指で水の温度をみる

(イディオム) ④+*prüfend ansehen* ⋯⁴をじろじろと見る

prüf·te [プリューフテ] prüfen の 過去

Prü·fung

[prýːfʊŋ プリューフング]

女 die (⸻ 2 格 -; ⸻ -en)

❶ **試験**

eine mündliche ⟨schriftliche⟩ *Prüfung* 口述〈筆記〉試験

eine *Prüfung* ablegen ⟨machen⟩ 試験を受ける (☆ Ich habe die *Prüfung* abgelegt. と完了形にすると合格したことが含意される)

Er hat die *Prüfung* in Englisch bestanden. 彼は英語の試験に合格した

durch die *Prüfung* fallen 試験に落ちる

❷ **検査** ▷ die *Prüfung* von Lebensmitteln 食料品の検査

Prü·gel [プリューゲル] 複名 《口語》殴打 ▷ *Prügel* bekommen 殴られる

prü·geln [プリューゲルン]

(prügelte; geprügelt; 医⑦h)

── 他 ❶《④と》[⋯⁴を](特に棒などで)**殴る** ▷ einen Hund *prügeln* 犬を殴る

❷《④+(アウス)と》[⋯⁴を…から〈へ〉]殴って追い立てる ▷ Sie *prügelten* ihn aus dem Lokal. 彼らは彼を店からたたき出した

── 再《(ズィヒ)⁴+mit+③と》[⋯³と]殴り合う ▷ Er *prügelte* sich mit ihr. 彼女と殴り合った / [相互的に] Die Schüler *prügelten* sich auf dem Hof. 生徒たちは校庭で殴り合いをした

Prunk [プルンク] 男 der (⸻ 2 格 -[e]s; ⸻ なし) 華麗, 絢爛ん ▷ den *Prunk* in einem Schloss bewundern 城内の華麗さに驚嘆する

prunk·voll [プルンク・フォル] 形 華麗な, 絢爛たる ▷ ein *prunkvoller* Saal 華麗な広間

prus·ten [プルーステン]

(prustete; geprustet; 医⑦h)

自 (おかしくて)ぷっと吹き出す; (唇の間から)勢いよく息を吐く

PS [ペーエス] 中 das (⸻ 2 格 -; ⸻ -) 追伸

Psalm [プサルム] 男 der (⸻ 2 格 -s; ⸻ -en) 《(旧約聖書)》(「詩篇ん」中の個々の)詩篇

Pseu·do·nym [プソイドニュム] 中 das (⸻ 2 格 -s; ⸻ -e) ペンネーム, 筆名; 偽名, 変名 ▷ unter einem *Pseudonym* schreiben ペンネームで書く

Psy·chi·a·ter [プスュヒアーター] 男 der (⸻ 2 格 -s; ⸻ -) 精神科医

psy·chisch [プスューヒシュ] 形 **精神的な, 心的な** ▷ Das ist eine große *psychische* Belastung für mich. それは私には大きな精神的負担だ / Er ist *psychisch* krank. 彼は精神的に病気だ

Psy·cho·lo·ge [プスュヒョローゲ] 男 der (⸻ 2·3·4 格 -n; ⸻ -n) 心理学者

Psy·cho·lo·gie [プスュヒョロギー] 女 die (⸻ 2 格 -; ⸻ なし) 心理学

psy·cho·lo·gisch [プスュヒョローギシュ] 形 心理学の; 心理的な ▷ ein *psychologisches* Experiment 心理学の実験 / eine *psychologische* Belastung 心理的負担

Psy·cho·se [プスュヒョーゼ] 女 die (⸻ 2 格 -; ⸻ -n) 精神病

Pu·ber·tät [プベルテート] 女 die (⸻ 2 格 -; ⸻ なし) 思春期 ▷ Er ist in der *Pubertät*. 彼は思春期だ

Pub·li·ci·ty [パブリスィティ] 女 die (⸻ 2 格 -; ⸻ なし) (映画〈テレビ〉出演などで)世間一般に名が知られていること

Pub·li·ka·ti·on [プブリカツィオーン] 女 die (⸻ 2 格 -; ⸻ -en) 出版; (著作・作品などの)出版物

Pub·li·kum [プーブリクム] 中 das (⸻ 2 格 -s; ⸻ なし)

❶ (演劇などの)**観衆**; (演奏会などの)**聴衆** ▷ vor einem großen *Publikum* sprechen 大勢の聴衆の前で話す

❷《集合的に》**読者**; (レストランなどの)**客** ▷ Seine Bücher haben ein breites *Publikum*. 彼の本は幅広い読者をもっている

Pub·li·kums·ge·schmack [プーブリクムス・ゲシュマック] 男 der (⸻ 2 格 -[e]s; ⸻ ..ge·schmäcke) 視聴者の好み

①, ②, ③, ④=1 格, 2 格, 3 格, 4 格の名詞

pub·li·zie·ren [プブリツィーレン]
(publizierte; publiziert; 完了h)
他《④と》[本など*4*を]出版〈刊行〉する

Pub·li·zist [プブリツィスト] 男 der (⊕2·3·4格 -en; ⊕ -en)(政局などを論じる)ジャーナリスト

Puck [プック] 男 der (⊕2格 -s; ⊕ -s)《アイスホッケー》パック(相手のゴールに打って入れ合うゴム製の円盤)

Pud·ding [プディング] 男 der (⊕2格 -s; ⊕ -e 〈-s〉)《菓子》プディング, プリン

Pu·del [プーデル] 男 der (⊕2格 -s; ⊕ -)《動物》プードル, むく犬

Pu·der [プーダー] 男 der (口語 中 das) (⊕2格 -s; ⊕ -)(美容・医療用の)パウダー, (粉の)おしろい ▷ Puder auftragen おしろいをつける

pu·dern [プーデルン]
他《④と》[…*4*に]パウダーをつける ▷ die Wunde pudern 傷にパウダーをつける / einen Säugling pudern 赤ん坊にベビーパウダーをつける / Sie pudert sich das Gesicht. 彼女は顔におしろいをつける

Puff [プフ]
— 男 der (⊕2格 -[e]s; ⊕ Püffe)《口語》(こぶし・ひじなどによる)軽い突き
— 中 das / 男 der (⊕2格 -s; ⊕ -s)《口語》売春宿

Püf·fe [ピュッフェ] Puff 男 の複数

Puf·fer [プッファー] 男 der (⊕2格 -s; ⊕ -)《鉄道》(車両などの)緩衝器

Pulk [プルク] 男 der (⊕2格 -[e]s; ⊕ -s〈-e〉)(人などの)群れ, 集団

Pul·lo·ver [プローヴァー] 男 der (⊕2格 -s; ⊕ -)
(頭からかぶる)セーター, プルオーバー ▷ einen Pullover überziehen セーターを着る

Puls [プルス] 男 der (⊕2格 -es; ⊕ -e) 脈, 脈拍 ▷ Der Puls geht ruhig〈schnell〉. 脈がゆっくりしている〈速い〉

pul·sie·ren [プルズィーレン]
(pulsierte; pulsiert; 完了h)
自 (血液などが)リズミカルに流れる, 脈打つ

Pult [プルト] 中 das (⊕2格 -[e]s; ⊕ -e)(上面が傾斜した)台, 机; 演台, 譜面台; 教卓

Pul·ver [プルファー/..ヴァー] 中 das (⊕2格 -s; ⊕ -)

❶ 粉, 粉末 ▷ ein feines Pulver 粒のこまかい粉

❷ 粉薬 ▷ ein Pulver in Wasser auflösen und einnehmen 粉薬を水に溶かして飲む

❸ 火薬 ▷ Pulver entzünden 火薬に点火する

Pul·ver·kaf·fee [プルファー・カフェー] 男 der (⊕2格 -s; ⊕ -s) インスタント〈粉末〉コーヒー

pum·me·lig [プメリヒ] 形《口語》(女性・子供などが)丸ぽちゃの, ずんぐりした ▷ ein pummeliges Mädchen 丸ぽちゃの女の子

Pum·pe [プンペ] 女 die (⊕2格 -; ⊕ -n) ポンプ ▷ das Öl mit einer Pumpe in den Tank befördern 石油をポンプでタンクに送り込む

pum·pen [プンペン] (pumpte; gepumpt; 完了h)
— 他 ❶《④と》[…*4*を]ポンプでくみ上げる〈くみ出す〉; ポンプで送り込む ▷ Er pumpt das Wasser aus dem Keller. 彼は水を地下室からくみ出す

❷《口語》《③+④と》[…*3*に…*4*を]貸す
— 《口語》《sich*3*+④と》[…*4*を]借りる

Pumps [ペンプス] 男 der (⊕2格 -; ⊕ -) パンプス(かかとのある婦人靴)

Punk [パンク] 男 der (⊕2格 -s; ⊕ -s)
❶ パンク(服装・髪型・音楽などで表現される, 若者の反体制的風俗現象)
❷ パンク族の若者(＝Punker)

Pun·ker [パンカー] 男 der (⊕2格 -s; ⊕ -) パンク族の若者

Punkt [プンクト] 男 der (⊕2格 -es〈まれに -s〉; ⊕ -e)

❶ 点; (模様としての)水玉 ▷ eine weiße Bluse mit blauen Punkten 白地に青い水玉のブラウス /《比ゆ》Die Verhandlungen sind auf einem toten Punkt angekommen. 交渉は行き詰まった

❷ ピリオド ▷ einen Punkt setzen ピリオドを打つ

❸ 問題点; (契約・議題などの)項目, 個々の点 ▷ Wir sind in allen Punkten einer Meinung. 私たちはすべての点で意見が一致している (☆ Meinung は2格)

❹ (スポーツなどの)ポイント, 得点, 点数 ▷ Er führt nach Punkten. 彼はポイントでリードしている

❺ 地点 ▷ ein strategisch wichtiger Punkt 戦略的に重要な地点

❻《⊕なし》《時間表示と》ちょうど…時に ▷ Die Konferenz beginnt Punkt zehn Uhr. 会議は10時きっかりに始まる

《イディオム》 **◆Punkt für Punkt besprechen** …*4* について1項目ずつ話し合う

pünkt·lich [ピュンクトリヒ]
形 時間を厳守する, 時間通りの ▷ Er ist immer pünktlich. 彼はいつも時間通りだ / Der Zug ist pünktlich angekommen. 列車は定刻通りに到着した

punk·tu·ell [プンクトゥエル] 形 ある点〈いくつかの点〉に関する; 《副詞的に》いちいち, 逐一的に (⇔ pauschal) ▷ eine punktuelle Einigung erreichen いくつかの点に関して合意する

Punsch [プンシュ] 男 der (⊕2格 -es; ⊕ -e) パンチ, ポンス(ラム酒などに香料などを混ぜ, 熱くして飲む)

Pu·pil·le [プピレ] 囡 die (⓶2格 -; ⓹ -n) 瞳孔, ひとみ ▷ Die *Pupillen* verengen 〈weiten〉 sich. 瞳孔が収縮する〈広がる〉

Pup·pe [プッペ] 囡 die (⓶2格 -; ⓹ -n) 人形 ▷ Das Kind spielt gern mit *Puppen*. その子供は人形と遊ぶのが好きだ

Pup·pen·spiel [プッペン・シュピール] 中 das (⓶2格 -[e]s; ⓹ -e) 人形劇, 人形芝居

Pup·pen·the·a·ter [プッペン・テアーター] 中 das (⓶2格 -s; ⓹ -) 人形〈マリオネット〉劇場

pur [プーア] 形 まじり気のない, 純粋な ▷ *pures* Gold 純金 / Whisky *pur* trinken ウイスキーをストレートで飲む

Pü·ree [ピュレー] 中 das (⓶2格 -s; ⓹ -s) 《料理》ピューレ (特にジャガイモなどを煮て押しつぶしたもの)

Pur·pur [プルプル] 男 der (⓶2格 -s; ⓹ なし) 紫がかった深紅色

Pur·zel·baum [プルツェル・バオム] 男 der (⓶2格 -[e]s; ⓹ ..bäume) でんぐり返り ▷ einen *Purzelbaum* machen でんぐり返りをする

pur·zeln [プルツェルン]
(purzelte; gepurzelt; 完了h s)
自 (でんぐり返るように)転ぶ; 転げ落ちる ▷ Das Kind ist aus dem Bett *gepurzelt*. 子供はベッドから転げ落ちた

Pus·te [プーステ] 囡 die (⓶2格 -; ⓹ なし) 《口語》《成句で》③ + **ging die Puste aus** …³は息が切れた;《比喩》…³は(体力的・経済的に)耐え切れなくなった
aus der Puste sein 息を切らしている

Pus·tel [プステル] 囡 die (⓶2格 -; ⓹ -n) 《医学》プステル (水疱が化膿したもの)

pus·ten [プーステン]
(pustete; gepustet; 完了h)
— 自 (口語) 息を切らす, あえぐ ▷ Wenn sie ein paar Treppen steigt, *pustet* sie schon. 彼女は階段を二三段上るともうハーハーしてしまう
— 他 《口語》④と [..⁴を]吹き払う; 吹きかける ▷ den Staub von den Büchern *pusten* 本のほこりを吹き払う // auf die Wunde *pusten* 傷口に息を吹きかける

Pu·te [プーテ] 囡 die (⓶2格 -; ⓹ -n) 雌の七面鳥 (=Truthenne)

Pu·ter [プーター] 男 der (⓶2格 -s; ⓹ -) 雄の七面鳥 (=Truthahn)

Putsch [プッチュ] 男 der (⓶2格 -[e]s; ⓹ -e) (政権奪取のための)クーデター, 反乱 ▷ durch einen *Putsch* an die Macht kommen クーデターによって権力の座につく

put·schen [プッチェン]
(putschte; geputscht; 完了h)
自 (特に軍隊が政権奪取のために)クーデター〈反乱〉を起こす

Putz [プッツ] 男 der (⓶2格 -es; ⓹ なし) (外壁の化粧塗りなどに用いられる)しっくい, モルタル

put·zen [プッツェン]
(du, er putzt; putzte; geputzt; 完了h)
— 他 ❶ 《④と》[..⁴を]**磨く**, こすってきれいにする ▷ Gläser *putzen* グラスを磨く / die Brille *putzen* めがねをこすってきれいにする / Er *putzt* seine Schuhe. 彼は靴を磨く / Sie *putzt* gerade Fenster. 彼女はちょうど窓ガラスを磨いている / Du musst dir die Zähne *putzen*. 君は歯を磨かなきゃだめだよ
❷ 《④と》(特に野菜⁴を)(不用な部分を除去して)きれいにする ▷ Gemüse *putzen* 野菜の傷んだところを取り除く
(イディオム) ③+**die Nase putzen** …³の鼻をふいて〈かんで〉やる ▷ Er *putzt* dem Kind die *Nase*. 彼は子供の鼻をふいて〈かんで〉やる
sich³ die Nase putzen 鼻をかむ

Putz·frau [プッツ・フラオ] 囡 die (⓶2格 -; ⓹ -en) 掃除婦 ▷ *Putzfrau* gesucht! (はり紙で)掃除婦求む

put·zig [プッツィヒ] 形 《口語》(小さくて)かわいい, 愛らしい

putz·te [プッツテ] putzen の 過去

Puz·zle [パズル/パズル] 中 das (⓶2格 -s; ⓹ -s) ジグソーパズル ▷ ein *Puzzle* zusammensetzen ジグソーパズルを組み合わせる

Puz·zle·spiel [パズル・シュピール/パズル..] 中 das (⓶2格 -[e]s; ⓹ -e) ジグソーパズル

Py·ja·ma [ピュジャーマ] 男 der (⓶2格 -s; ⓹ -s) パジャマ

Py·ra·mi·de [ピュラミーデ] 囡 die (⓶2格 -; ⓹ -n) (古代エジプトの)ピラミッド; ピラミッド形[のもの] ▷ Dosen zu einer *Pyramide* aufstapeln (缶詰の)缶をピラミッド形に積み上げる

q Q [ku: クー]

Qua·der [クヴァーダー] [男] *der* ([単] 2格 -s; [複] -) 直六面体, 直方体

Quad·rat [クヴァドラート] [中] *das* ([単] 2格 -[e]s; [複] -e) **正方形**; 《数学》 2乗 ▷ ein großes *Quadrat* zeichnen 大きな正方形を描く

quad·ra·tisch [クヴァドラーティシュ] [形] 正方形の; 《数学》 2乗の

Quad·rat·me·ter [クヴァドラート・メーター] [男] *der* ([単] 2格 -s; [複] -, 3格 -[n]) 《広さの単位》 平方メートル ([記号] m^2)

Quad·rat·wur·zel [クヴァドラート・ヴルツェル] [男] *der* ([単] 2格 -; [複] -n) 平方根

Quad·ro·fo·nie [クヴァドロフォニー] [女] *die* ([単] 2格 -; [複] なし) 4チャンネルステレオ方式

Quad·ro·pho·nie ＝Quadrofonie

qua·ken [クヴァーケン] (quakte; gequakt; [完了]h) [自] (アヒル・カエルが) グワッグワッと鳴く

quä·ken [クヴェーケン] (quäkte; gequäkt; [完了]h) [自] (赤ん坊などが) オギャーオギャーと泣く

Qual [クヴァール] [女] *die* ([単] 2格 -; [複] -en) (精神的・肉体的な) **苦痛** ▷ Das Warten war eine *Qual.* 待つのはつらかった / Der Arzt linderte die *Qualen* des Kranken. 医者は病人の苦痛をやわらげた

quä·len [クヴェーレン] (quälte; gequält; [完了]h)
— [他] 〖[4]と〗 〔…^{4}を〕 (精神的・肉体的に) 苦しめる ▷ den Gefangenen *quälen* 捕虜を虐待する / 〖事物を主語にして〗 Sein schlechtes Gewissen *quälte* ihn. 良心のとがめに彼は苦しんだ
— [再] 〖[sich]^4+mit+[3]と〗 〔…^{3}と〕 悪戦苦闘する ▷ Der Schüler *quälte* sich mit dieser Aufgabe. 生徒はこの問題で悪戦苦闘した

Qua·li·fi·ka·ti·on [クヴァリフィカツィオーン] [女] *die* ([単] 2格 -; [複] -en) (職業などにつくための) 資格; 資質; 《スポーツ》 出場資格; 予選

qua·li·fi·zie·ren [クヴァリフィツィーレン] (qualifizierte; qualifiziert; [完了]h)
[再] 〖[sich]^{4}と〗 資格を得る ▷ Er hat sich zum Facharbeiter *qualifiziert.* 彼は技能工の資格をとった / 《スポーツ》 *sich* für die Weltmeisterschaft *qualifizieren* 世界選手権への参加資格を得る / 〖過去分詞で〗 *qualifizierte* Lehrer 有能な教師たち

Qua·li·tät [クヴァリテート] [女] *die* ([単] 2格 -; [複] -en)
❶ 〖ふつう [複] なし〗 **質**, 品質 (☆「量」は Quantität) ▷ ein Stoff von schlechter *Qualität* 質の悪い生地 / Sie achtet beim Einkauf auf *Qualität.* 彼女は買い物の際に品質に注意を払う
❷ 〖ふつう [複] で〗 (個人のすぐれた) 素質, 資質 ▷ Für diese Aufgabe benötigen wir einen Fachmann mit besonderen *Qualitäten.* この任務に私たちは特別な資質をもった専門家が必要だ

qua·li·ta·tiv [クヴァリタティーフ] [形] 質的な ([反] quantitativ)

Qual·le [クヴァレ] [女] *die* ([単] 2格 -; [複] -n) 《動物》 クラゲ

Qualm [クヴァルム] [男] *der* ([単] 2格 -[e]s; [複] なし) (もうもうとした) 煙, 濃煙 ▷ Die Schornsteine speien *Qualm* aus. 煙突がもくもくと煙を吐いている

qual·men [クヴァルメン] (qualmte; gequalmt; [完了]h)
— [自] ❶ もうもうと煙を出す; (ストーブなどが) けむる ▷ Der Schornstein *qualmt.* 煙突がもうもうと煙を出す
❷ 《口語》 (ひっきりなしに) タバコを吹かす ▷ Er *qualmt* pausenlos. 彼はしきりにタバコを吹かす
— [他] 《口語》 〖[4]と〗 〔タバコ・パイプ^{4}を〕 吹かす, 吸う ▷ Er *qualmt* pro Tag 50 Zigaretten. 彼は日に 50 本タバコを吸う

qual·voll [クヴァール・フォル] [形] 苦痛を伴う, 苦しい, つらい ▷ eine *qualvolle* Krankheit 苦痛を伴う病気

Quänt·chen [クヴェントヒェン] [中] *das* ([単] 2格 -s; まれに [複] -) 少量 (＝ein wenig) ▷ ein *Quäntchen* Glück ほんの少しの幸運

Quan·ten [クヴァンテン] Quantum の [複数]

Quan·ti·tät [クヴァンティテート] [女] *die* ([単] 2格 -; [複] -en) 量 (☆「質」は Qualität) ▷ Qualität geht vor *Quantität.* 量より質

quan·ti·ta·tiv [クヴァンティタティーフ] [形] 量的な ([反] qualitativ)

Quan·tum [クヴァントゥム] [中] *das* ([単] 2格 -s; [複] Quanten) (ふさわしい・しかるべき一定の) 量, 数量

Quark [クヴァルク] [男] *der* ([単] 2格 -s; [複] なし)
❶ **凝乳** (ミルクを凝固させる際に析出されるかゆ状のもの, チーズの原料)
❷ 《口語》 くだらないこと ▷ Das ist doch *Quark!* それは実にくだらない

Quar·tal [クヴァルタール] [中] *das* ([単] 2格 -s; [複]

-e) 四半期(1年を4等分した期間)

Quar·tett [クヴァルテット] [中] *das* ([単] 2格 -[e]s; [複] -e) 《音楽》 四重奏〈四重唱〉曲; 四重奏〈四重唱〉団

Quar·tier [クヴァルティーア] [中] *das* ([単] 2格 -s; [複] -e) 《やや古語》(一時的に泊まる)宿泊所

Quarz [クヴァールツ] [男] *der* ([単] 2格 -es; [複] -e) 《鉱物》石英

qua·si [クヴァーズィ] [副] いわば, …と同じだ ▷ Er hat mich *quasi* gezwungen zu unterschreiben. 彼はいわば強制的に私にサインをさせた / Das war *quasi* eine Absage. それは断りも同じだった

quas·seln [クヴァッセルン]
(quasselte; gequasselt; [完了]h)
[自]《口語》(くだらないことを長々と早口で)しゃべる ▷ Sie *quasselte* dauernd. 彼女はのべつ幕なしにしゃべった

Quatsch [クヴァッチュ] [男] *der* ([単] 2格 -[e]s; [複] なし) 《口語》 **くだらぬこと**; たわごと ▷ Mach 〈Red〉 keinen *Quatsch*! くだらぬことをする〈言う〉な / *Quatsch*! くだらない, ばかばかしい

quat·schen [クヴァッチェン]
(quatschte; gequatscht; [完了]h)
— [他] 〖[4]と〗〔くだらないことなど⁴を〕しゃべる ▷ dummes Zeug *quatschen* ばかげたことをしゃべる
— [自] 《口語》 ❶ くだらないことをしゃべる ▷ *Quatsch* nicht so viel! あまりくだらないことをべらべらしゃべるな
❷ おしゃべりをする ▷ Ich *quatsche* gern mit ihr. 私は彼女とおしゃべりするのが好きだ

Queck·sil·ber [クヴェック・ズィルバー] [中] *das* ([単] 2格 -s; [複] なし) 水銀

Q

Quel·le [クヴェレ] [女] *die* ([単] 2格 -; [複] -n)
❶ 泉; (河川の)源 ▷ eine klare *Quelle* 澄んだ泉 / sich⁴ an einer *Quelle* erfrischen 泉のほとりで元気を取り戻す / eine heiße *Quelle* 温泉
❷ 《文語》(物事の)元(もと), 根源 ▷ Das ist die *Quelle* allen 〈alles〉 Übels. それが諸悪の根源だ
❸ 〖ふつう [複] で〗 出典, 典拠 ▷ die *Quellen* angeben 出典を挙げる
[イディオム] [4]+***aus sicherer Quelle wissen*** …⁴の情報を確かな筋から得ている

quel·len [クヴェレン]
(du quillst, er quillt; quoll; gequollen; [完了]s)
[自] ❶ わき〈あふれ〉出る; (煙などが)入って〈出て〉来る ▷ Wasser *quillt* aus der Erde. 水が大地からわき出る
❷ (水気を吸って)ふやける ▷ Bohnen *quellen*, wenn sie im Wasser liegen. 豆は水の中に漬けておくとふやける

quen·geln [クヴェンゲルン]
(quengelte; gequengelt; [完了]h)
[自]《口語》(子供が泣き出しそうな声で)だだをこねる, ぐずる ▷ Das Kind *quengelte* den ganzen Tag. 子供は一日中だだをこねていた

Quent·chen [クヴェントヒェン] [旧⇨新] Quäntchen

quer [クヴェーア]
[副] ❶ (縦に対して)横に ([反] längs) ▷ ein Blatt *quer* legen 長い方を横にして紙を置く / Der Wagen steht *quer* vor der Einfahrt. 車は入口の前に横向きに止まっている
❷ 〖durch 〈über〉+[4]と〗〔…⁴を〕横切って(まっすぐの場合も斜めの場合も含む) ▷ *quer* über die Straße gehen 道を横切る / *quer* durch das ganze Land fahren 全国を乗り物で横断する
[イディオム] ***kreuz und quer*** あちこち, 縦横に ▷ mit dem Auto *kreuz und quer* durch die Stadt fahren 車で町中をあちこち走り回る
quer schießen (他人の計画などの)邪魔をする

Que·re [クヴェーレ] [女] *die* ([単] 2格 -; [複] なし) 《口語》横 ▷ [4]+der *Quere* nach durchschneiden …⁴を横に切る

quer|schie·ßen [クヴェーア・シーセン] [分離]
(schoss quer; quergeschossen; [完了]h) [自] [旧⇨新]
quer schießen (分けて書く) ☞ quer

Quer·schnitt [クヴェーア・シュニット] [男] *der* ([単] 2格 -[e]s; [複] -e) 横断面 ▷ der *Querschnitt* einer Kugel 球の横断面 / der *Querschnitt* eines Baumes 木を水平に切った切断面 / 《比ゆ》 einen *Querschnitt* durch+[4] geben …⁴の大筋〈概観〉を示す

Quer·stra·ße [クヴェーア・シュトラーセ] [女] *die* ([単] 2格 -; [複] -n) (大通りと交差している・大通りから分かれていく)横の方向の通り

quet·schen [クヴェッチェン]
(quetschte; gequetscht; [完了]h)
— [他] ❶ 〖[4]+[方向]と〗〔…⁴を…へ〕押しつける ▷ Sie *quetschte* ihn an 〈gegen〉 die Mauer. 彼女は彼を壁に押しつけた
❷ 〖[4]と〗〔…⁴を〕(押し)つぶす ▷ gekochte Kartoffeln *quetschen* ゆでたジャガイモをつぶす
— [再] ❶ 〖[sich]⁴+[方向]と〗〔…に〈から〉〕むりやり入る〈出る〉, 人を押し分けながら進む ▷ Er *quetschte* sich in den vollen Bus. 彼は満員のバスの中にむりやり乗り込んだ
❷ 〖[sich]³+[4]と〗〔…⁴を〕挟んだり押しつぶしたりしてけがをする ▷ *sich* den Finger in der Tür *quetschen* ドアに指を挟んでけがをする

quie·ken [クヴィーケン]
(quiekte; gequiekt; [完了]h)
[自] (子豚・ネズミなどが)キーキー鳴く; 《口語》(子供などが)キャーキャー声を上げる

quiet·schen [クヴィーチェン]

(quietschte; gequietscht; 助h)
自 ❶ 《ドア・ブレーキなどがきしんで》キーッと音をたてる, キーキーという ▷ Die Tür *quietscht*, sie muss geölt werden. ドアがキーキーいう 油をささなければだめだ
❷ 《口語》(驚いたり喜んだりして)キャーキャー声をあげる ▷ Die Mädchen *quietschen* vor Vergnügen. 女の子は喜んでキャーキャー声をあげる

quillst [クヴィルスト] quellen の 現在
quillt [クヴィルト] quellen の 現在
Quin·tett [クヴィンテット] 中 *das* (単2格 -[e]s; 複 -e) 《音楽》五重奏〈四重唱〉曲; 五重奏〈五重唱〉団
Quirl [クヴィルル] 男 *der* (単2格 -[e]s; 複 -e) 《料理》攪拌(かくはん)器
quir·len [クヴィルレン] (quirlte; gequirlt; 助h)
他 《④と》[⋯⁴を]攪拌(かくはん)器でかきまぜる
quitt [クヴィット] 形 《口語》《成句で》*mit*+③

quitt sein ⋯³ともう貸し借りの関係にない (☆相互的に用いることもある ▷ Wir *sind quitt*. 私たちにはもう貸し借りがない)
quit·tie·ren [クヴィティーレン]
(quittierte; quittiert; 助h)
他 《④と》〔請求書など⁴に〕受領〈領収〉のサインをする
Quit·tung [クヴィットゥング] 女 *die* (単2格 -; 複 -en)
領収証〈書〉 ▷ Geben Sie mir bitte eine *Quittung*! 領収証をください
Quiz [クヴィス] 中 *das* (単2格 -; 複 -) (テレビ・ラジオなどの)クイズ[番組] ▷ an einem *Quiz* im Fernsehen teilnehmen テレビのクイズ番組に参加する
quoll [クヴォル] quellen の 過去
Quo·te [クヴォーテ] 女 *die* (単2格 -; 複 -n) 割合; 分け前

助h, 助s＝完了の助動詞 haben, sein

r R [ɛr エル]

Ra·batt [ラバット] 男 der (⦿2格 -[e]s; 複 -e)《商業》割引き, 値引き ▷ einen *Rabatt* von 5 Prozent geben 5パーセントの割引きをする

Ra·bat·te [ラバッテ] 女 die (⦿2格 -; 複 -n) 細長い花壇

Rab·bi·ner [ラビーナー] 男 der (⦿2格 -s; 複 -) ラビ (ユダヤ教の聖職者, 教師, 律法学者)

Ra·be [ラーベ] 男 der (⦿2・3・4格 -n; 複 -n)《鳥》カラス (☆ Krähe よりも大形のもの) ▷ Auf dem Feld krächzt ein *Rabe*. 野原ではカラスが1羽カーカー鳴いている

ra·bi·at [ラビアート] 形 粗暴な, 荒っぽい ▷ ein *rabiater* Kerl 乱暴者

Ra·che [ラッヘ] 女 die (⦿2格 -; なし) 復讐しゅう, 仕返し ▷ *Rache* schwören 復讐を誓う / an+③ *Rache* nehmen …に復讐をする

Ra·chen [ラッヘン] 男 der (⦿2格 -s; 複 -) のど, 咽喉 ▷ Ich habe eine Entzündung des *Rachens*. 私はのどに炎症を起こしている

rä·chen [レッヒェン] (rächte; gerächt; 匠了h)
—— 他《④と》《…で》のかたきを討つ, 仕返しをする ▷ Er rächte seinen ermordeten Freund. 彼は殺された友人のかたきを討つ
—— 再《sich と》復讐しゅうをする, 仕返しをする ▷ Für die Beleidigung *rächte* er sich an ihr. 彼は彼女に侮辱された仕返しをした

ra·ckern [ラッケルン] (rackerte; gerackert; 匠了h)
自《口語》懸命に〈身を粉にして〉働く

Rad [ラート] 中 das (⦿2格 -es 〈まれに -s〉; 複 Rä·der)
❶ 車輪 ▷ ein *Rad* auswechseln 車輪を取り換える
❷ 歯車, ギヤ; (円形の)ハンドル; 水車; 糸車
❸ 自転車

(イディオム) *Rad fahren* 自転車に乗る ▷ Sie fährt gern *Rad*. 彼女は自転車に乗るのが好きだ / Sie kann nicht *Rad fahren*. 彼女は自転車に乗れない

[注]「…に自転車に乗って行く」という場合, *mit dem Rad zum See fahren* のように前置詞句を用いる

Ra·dar [ラダール/ラダール] 男 der / 中 das (⦿2格 -s; 複 -) レーダー ▷ Das *Radar* tastet den Luftraum ab. レーダーが空を探る

Ra·dau [ラダオ] 男 der (⦿2格 -s; なし)《口語》やかましい音, 騒音 (不快という意味合いが伴う)

ra·deln [ラーデルン] (radelte; geradelt; 匠了s)
自《特に南ドイツ・オーストリア》自転車に乗る

Rä·dels·füh·rer [レーデルス·フューラー] 男 der (⦿2格 -s; 複 -) (犯罪, 暴動などの)首謀者

Rä·der [レーダー] Rad の 複数

rad|fah·ren [ラート·ファーレン] 分離 (er fährt Rad; fuhr Rad; radgefahren; 匠了s) 自 (旧≒新 *Rad fahren*（分けて書く）☞ Rad

Rad·fah·rer [ラート·ファーラー] 男 der (⦿2格 -s; 複 -) 自転車に乗る人

Ra·di·en [ラーディエン] Radius の 複数

ra·die·ren [ラディーレン]
(radierte; radiert; 匠了h)
自 消しゴムで消す ▷ Er hat sauber *radiert*. 彼は消しゴムできれいに消した

Ra·dier·gum·mi [ラディーア·グミ] 男 der (⦿2格 -s; 複 -s) 消しゴム

Ra·die·rung [ラディールング] 女 die (⦿2格 -; 複 -en)
❶ 《複 なし》エッチング
❷ エッチングした銅版画

Ra·dies·chen [ラディースヒェン] 中 das (⦿2格 -s; 複 -)《植物》ハツカダイコン, ラディッシュ

ra·di·kal [ラディカール]
形 ❶ 根本的な, 徹底的な, 根底からの ▷ eine *radikale* Änderung 根本的な変更 / die Zahl der Atomwaffen *radikal* reduzieren 核兵器の数を大幅に削減する
❷ 断固とした, 容赦のない ▷ *radikale* Maßnahmen 断固とした措置
❸ (政治的に)急進的な, 過激な ▷ eine *radikale* Gruppe 急進的なグループ / Er ist *radikal* links. 彼は極左だ

Ra·di·ka·le [ラディカーレ] 男 der / 女 die (形容詞変化 ☞ Alte 表I) 急進主義者

Ra·di·ka·lis·mus [ラディカリスムス] 男 der (⦿2格 -; なし) 急進〈過激〉主義

Ra·dio
[rá:dio ラーディオ]
中 das (⦿2格 -s; 複 -s)

❶ ラジオ受信機 (☆ 南ドイツ·スイスでは男性名詞としても用いられる)
das *Radio* einschalten 〈ausschalten〉ラジオのスイッチを入れる〈切る〉
❷《複 なし》ラジオ放送 ▷ *Radio* hören. ラジオを聞く / Die Nachricht habe ich im *Radio*

gehört. そのニュースを私はラジオで聞いた

Ra·di·o·ak·ti·vi·tät [ラディオ・アクティヴィテート] 囡 die (⑯2格 –; ⑯なし) 放射能

Ra·di·o·ap·pa·rat [ラーディオ・アパラート] 男 der (⑯2格 –[e]s; ⑯ –e) ラジオ受信機

Ra·di·o·pro·gramm [ラーディオ・プログラム] 甲 das (⑯2格 –s; ⑯ –e) ラジオ番組

Ra·di·us [ラーディウス] 男 der (⑯2格 –; ⑯ Radien) 半径 (☆「直径」は Durchmesser)

Rad·ren·nen [ラート・レンネン] 甲 das (⑯2格 –s; ⑯ –) 自転車レース

Rad·tour [ラート・トゥーア] 囡 die (⑯2格 –; ⑯ -en) サイクリング ▷ eine Radtour an den See machen 湖畔へサイクリングをする

raf·fen [ラッフェン] (raffte; gerafft; 匠h)
他 ❶ 〔④と〕〔…⁴を〕さっと取る(持てるだけたくさんのものを同時に急いで取る動作) ▷ die Wäsche von der Leine raffen 洗濯物を物干しロープから急いで取り込む /〔比ゆ〕Geld an sich³ raffen 金をがつがつためる
❷ 〔④と〕〔布地⁴を〕ひだができるようにつまむ;〔スカートなど⁴を〕つまみ上げる ▷ Sie raffte ihren langen Rock und ging die Treppe hinauf. 彼女は長いスカートをちょっとつまみ上げて階段を上って行った

Raff·gier [ラフ・ギーア] 囡 die (⑯2格 –; ⑯なし) 貪欲ﾄﾞﾝ, 強欲

raff·gie·rig [ラフ・ギーリヒ] 形 貪欲ﾄﾞﾝ〈強欲〉な

Raf·fi·nes·se [ラフィネッセ] 囡 die (⑯2格 –; ⑯ –n)
❶ (⑯なし) 抜け目なさ, 狡猾ｺｳｶﾂさ
❷ 〔ふつう ⑯ で〕(車などの)特別な設備

raf·fi·niert [ラフィニーアト] 形 (計画などが)考え抜かれた; (詐欺師などが)抜け目のない

ra·gen [ラーゲン] (ragte; geragt; 匠h)
自 (山・建物などが)そびえる; (釘⁴などが)突き出ている

Ra·gout [ラグー] 甲 das (⑯2格 –s; ⑯ –s) 〔料理〕ラグー(香辛料入りのソースで煮込んだ肉・野菜のシチュー)

Rahm [ラーム] 男 der (⑯2格 –[e]s; ⑯なし) 〔南ドイツ・ｵｰｽﾄﾘｱ・ｽｲｽ〕乳脂, クリーム

rah·men [ラーメン] (rahmte; gerahmt; 匠h)
他 〔④と〕〔…⁴を〕枠〈額縁〉に入れる, 〔…⁴に〕枠をつける ▷ ein Bild rahmen 絵を額縁に入れる

Rah·men [ラーメン] 男 der (⑯2格 –s; ⑯ –) (鏡・窓などの)枠; 額縁 ▷ ein Bild aus dem Rahmen nehmen 絵を額縁からはずす
〈イディオム〉im Rahmen des Möglichen 可能な範囲内で

Rain [ライン] 男 der (⑯2格 –[e]s; ⑯ –e) 畦ｱｾﾞ

Ra·ke·te [ラケーテ] 囡 die (⑯2格 –; ⑯ –n)
❶ ロケット, ミサイル
❷ 打ち上げ花火

Ral·lye [レリ] 囡 die (⑯2格 –; ⑯ –s) ラリー(公道を走る長距離自動車レース)

RAM [ラム] 甲 das (⑯2格 –[s]; ⑯ –[s]) 〔random access memory の略語〕(コンピュータの)ラム(プログラムやデータの一時的保存に用いられる)

ram·men [ラメン] (rammte; gerammt; 匠h)
他 ❶ 〔④と〕〔他の車など⁴に〕(自分の車を)ぶつける, ぶつかる
❷ 〔④と〕〔杭ｸｲなど⁴を〕打ち込む

Ram·pe [ランペ] 囡 die (⑯2格 –; ⑯ –n)
❶ (インターチェンジなどの, 高さの違う2平面を結ぶ)傾斜路, ランプ
❷ (貨物の積み込み用)プラットホーム
❸ 〔演劇〕(ステージの)前方の縁

ram·po·nie·ren [ランポニーレン] (ramponierte; ramponiert; 匠h)
他 〔口語〕〔④と〕〔…⁴に〕損傷を与える, 傷をつける, 傷める

Ramsch [ラムシュ] 男 der (⑯2格 –[e]s; ⑯なし) 〔口語〕(売れ残りの)がらくた, くず

Rand [ラント] 男 der (⑯2格 –es〈まれに –s〉; ⑯ Ränder)
❶ 縁ﾌﾁ, へり ▷ ein Glas bis zum Rand füllen グラスを縁まで満たす / Er saß am Rand eines Baches. 彼は小川の岸辺に座っていた
❷ 余白, 欄外 ▷ 〔④〕+an den Rand schreiben …⁴を欄外に書く
〈イディオム〉am Rande ついでに ▷ Er erwähnte dies nur am Rande. 彼はそのことについてついでに触れただけ

ran·da·lie·ren [ランダリーレン] (randalierte; randaliert; 匠h)
自 (物を壊すなどして)大騒ぎする, 暴れ回る ▷ Auf der Straße begannen die Jugendlichen zu randalieren. 通りで若者たちが暴れ出した

Rän·der [レンダー] Rand の 複数

rang [ラング] ringen の 過去

Rang [ラング] 男 der (⑯2格 –es〈まれに –s〉; ⑯ Ränge)
❶ (社会的な)地位, 身分; (軍隊の)階級 ▷ ein Mann ohne Rang und Namen 地位も名声もない男
❷ (⑯なし) 等級 ▷ ein Hotel ersten Ranges (格付けが)第1級のホテル
❸ 〔劇場の〕階上席 ▷ ein Platz im ersten 〈zweiten〉 Rang 2階〈3階〉の席 (☆建物の1階ではなく, 階上席の数を数えるため日本語とずれてでる)

Rän·ge [レンゲ] Rang の 複数

ran·gie·ren [ランジーレン] (rangierte; rangiert; 匠h)
── 他 〔④と〕〔車両⁴を〕(退避線などに)移す
── 自 〔⑯などと〕〔…の〕地位を占めている, ラン

Rangordnung

ク〈順位〉にある

Rang·ord·nung [ラング・オルドヌング] 囡 die (⑭ 2格 -; ⑭ -en) 階級, 序列; 等級, 順位

Ran·ke [ランケ] 囡 die (⑭ 2格 -; ⑭ -n)《植物》蔓る

ran·ken [ランケン] (rankte; gerankt; 匿了h) 再 《sich⁴と》(キヅタなどが)蔓って巻きつく ▷ An der Mauer *rankt* sich Efeu in die Höhe. 壁にキヅタが巻きついて上の方に伸びていく

rann [ラン] rinnen の 過去

rann·te [ランテ] rennen の 過去

Ran·zen [ランツェン] 男 der (⑭ 2格 -s; ⑭ -) ランドセル ▷ Die Kinder hatten den *Ranzen* auf dem Rücken. 子供たちはランドセルを背負っていた

Ranzen

ran·zig [ランツィヒ] 形 (オイル・バターなどが)腐って臭い; (ナッツなどが)腐ってまずい

ra·pid [ラピート] 形 =rapide

ra·pi·de [ラピーデ] 形 (変化などが)急激な, 急速な ▷ Sein Gesundheitszustand hat sich *rapide* verschlechtert. 彼の健康状態は急激に悪化した

Rap·pe [ラッペ] 男 der (⑭ 2·3·4格 -n; ⑭ -n) 黒馬 (☆「白馬」は Schimmel)

rar [ラール] 形 めったにない, まれな ▷ eine *rare* Gelegenheit めったにない機会

Ra·ri·tät [ラリテート] 囡 die (⑭ 2格 -; ⑭ -en) 希有なもの; 珍品

ra·sant [ラザント] 形 (変化・進歩などが)驚くほど速い;《口語》(感激するほど)すばらしい

rasch [ラッシュ] 形 (勢いを感じさせるほど)速い, す早い, 迅速な ▷ Diese Lebensmittel verderben *rasch*. この食料品はすぐに傷む / so *rasch* wie möglich できるだけはやく

ra·scheln [ラッシェルン] (raschelte; geraschelt; 匿了h) 自 カサカサ〈ガサガサ〉音をたてる ▷ Blätter *rascheln* im Wind. 木の葉が風にカサカサ音をたてる

ra·sen [ラーゼン] (raste; gerast) 自 ❶ 《匿了s》《口語》猛烈な速さで走る, 疾走する ▷ Das Auto ist gegen einen Baum *gerast*. 車は木に激突した
❷ 《匿了h》(怒りなどのあまり)狂ったようになる, 我を忘れる ▷ Er hat vor Zorn *gerast*. 彼は怒り狂った

Ra·sen [ラーゼン] 男 der (⑭ 2格 -s; ⑭ -) 芝生

▷ den *Rasen* mähen 芝生を刈る

ra·send [ラーゼント] 形 狂ったような, 半狂乱の ▷ Ich könnte vor Wut *rasend* werden. 私は怒りのあまり気が狂いそうだ

Ra·sen·mä·her [ラーゼン·メーアー] 男 der (⑭ 2格 -s; ⑭ -) 芝刈り機

Ra·sier·ap·pa·rat [ラズィーア·アパラート] 男 der (⑭ 2格 -[e]s; ⑭ -e) 安全かみそり; 電気かみそり ▷ Er rasiert sich mit dem [elektrischen] *Rasierapparat*. 彼は[電気]かみそりでひげをそる

ra·sie·ren [ラズィーレン] (rasierte; rasiert; 匿了h)
他 ❶《④と》〔ひげを〕そる ▷ Der Friseur *rasiert* mich. 理髪師は私のひげをそる /《再帰的に》Hast du dich schon *rasiert*? 君はもうひげをそったかい
❷《④と》〔·⁴を〕そる; 〔足など⁴の〕毛をそる ▷ Kannst du mir den Bart *rasieren*? 私のひげをそってくれますか

Ra·sie·rer [ラズィーラー] 男 der (⑭ 2格 -s; ⑭ -)《口語》安全かみそり; 電気かみそり

Ra·sier·klin·ge [ラズィーア·クリンゲ] 囡 die (⑭ 2格 -; ⑭ -n) かみそりの刃

ra·siert [ラズィーアト] rasieren の 現在, 過去

ra·sier·te [ラズィーアテ] rasieren の 過去

Ras·se [ラッセ] 囡 die (⑭ 2格 -; ⑭ -n)
❶ 人種 ▷ die schwarze 〈weiße〉 *Rasse* 黒色〈白色〉人種
❷ (動物の)品種

ras·seln [ラッセルン] (rasselte; gerasselt; 匿了h)
自 (金属性の)かたい音をたてる ▷ Er *rasselt* mit dem Schlüsselbund. 彼は鍵束をガチャガチャいわせる / Der Wecker *rasselte*. 目覚まし時計がジリジリ鳴った

ras·sig [ラッシヒ] 形 ❶ (動物が)純血種の
❷ 情熱的で魅力的な(特に南方民族特有の魅力を表す)
❸ (車が)フォームがよくスピードの出る

ras·sisch [ラスィシュ] 形 人種[上]の

Rast [ラスト] 囡 die (⑭ 2格 -; ⑭ -en) (ハイキング・ドライブなどの際の)休憩, 休息 ▷ *Rast* machen 休憩をする

ras·ten [ラステン] (rastete; gerastet; 匿了h)
自 (ハイキング・ドライブなどの際に)休憩〈休息〉する ▷ Sie *rasteten* im Schatten. 彼らは日陰で休んだ

rast·los [ラスト·ロース] 形 休むことのない ▷ Sie arbeiten *rastlos*. 彼らは休みなく働く

Rat [ラート] 男 der (⑭ 2格 -[e]s; ⑭ Räte)
❶ 助言, 勧め (☆複数形は Ratschlag の複数形 Ratschläge を用いる) ▷ ein guter *Rat* よい助言

①, ②, ③, ④=1格, 2格, 3格, 4格の名詞

/ einem Rat folgen 助言に従う / Da kann ich Ihnen leider auch keinen Rat geben. このことでは私はあなたに助言することができません

❷ 〖複なし〗(難局を脱するための) 良い知恵, 手立て ▷ Ich weiß mir keinen Rat mehr. 私はもうどうしたらよいかわからない

❸ 協議会, 委員会; 議会 ▷ den Rat einberufen 協議会を招集する

rät [レート] raten の 直現

Ra·te [ラーテ] die (⓾2格 -; ⓾ -n)
❶ 分割払い金; 分割払い ▷ die erste Rate (分割払いの)初回金 / Er bezahlt den Wagen in 12 Raten. 彼は12回の分割で車の支払いをする

❷ 率, 割合 ▷ die sinkende Rate der Geburten 減少する出生率

(イディオム) ④+*auf Raten kaufen* …⁴を分割払いで買う

Rä·te [レーテ] Rat の 複数

ra·ten

[rá:tn ラーテン]

直現	ich rate	wir raten
	du rätst	ihr ratet
	er rät	sie raten
直過	ich riet	wir rieten
	du rietst	ihr rietet
	er riet	sie rieten
過分	geraten	完了 haben

— 他 ❶ 〖③+④と〗〖…³に…⁴するように〗勧める Er riet mir Geduld.
彼は私に辛抱するように勧めた
〖zu 不定詞句と〗
Er rät mir, Sport zu treiben.
彼は私にスポーツをするように勧める

❷ 〖④と〗〖…⁴を〗(あれやこれや)推測する ▷ Er hat mein Alter richtig geraten. 彼は私の年齢を言い当てた / Rate mal! 当ててごらん

— 自 〖③+zu+③と〗〖…³に…³するように〗助言する ▷ Wozu rätst du mir? 私はどうしたらいいと思いますか / Er hat ihr immer gern geraten. 彼は彼女にいつも喜んで助言した

Rat·ge·ber [ラート・ゲーバ⁻] 男 der (⓾2格 -s; ⓾ -) 助言者, 顧問; 手引き書

Rat·haus [ラート・ハオス] 中 das (⓾2格 -es; ..häuser) 市役所, 市庁舎 ▷ zum Rathaus gehen 市役所に行く

Ra·ti·on [ラツィオーン] 女 die (⓾2格 -; ⓾ -en) (食糧などの)配給量

ra·ti·o·nal [ラツィオナール] 形 合理的な ▷ Der Betrieb ist *rational* organisiert. [状態受動] その会社は合理的に組織されている

ra·ti·o·na·li·sie·ren [ラツィオナリズィーレン] (rationalisierte; rationalisiert; 完了h)

他 〖④と〗〖経営・作業過程など⁴を〗合理化する

ra·ti·o·nell [ラツィオネル] 形 (作業方法など が)効率のよい

ra·ti·o·nie·ren [ラツィオニーレン] (rationierte; rationiert; 完了h)
他 〖④と〗〖食糧など⁴を〗配給する, 配給制にする

rat·los [ラート・ロース] 形 どうしていいかわからない, とほうにくれた ▷ Er saß *ratlos* da. 彼はとほうにくれて座っていた

rat·sam [ラートザーム] 形 …する方がよい, 得策で(ある) (☆名詞につけて用いない) ▷ Es ist nicht *ratsam*, dem Chef zu widersprechen. 主任に反論するのは得策ではない

Rat·schlag [ラート・シュラーク] 男 der (⓾2格 -[e]s; ⓾ ..schläge) 助言 (=Rat)

Rät·sel [レーツェル] 中 das (⓾2格 -s; ⓾ -)
❶ なぞなぞ, パズル ▷ ein *Rätsel* lösen なぞなぞを解く

❷ なぞ, 不可解なこと ▷ Das ist mir ein *Rätsel*. それは私にはなぞだ

rät·sel·haft [レーツェルハフト] 形 なぞにつつまれた, 不可解な ▷ Das ist mir *rätselhaft*. それは私には不可解だ

rät·seln [レーツェルン]
(rätselte; gerätselt; 完了h)
自 (不可解なことを解明しようと)あれこれ考える 〈頭をひねる〉 ▷ Wir haben lange gerätselt, was wohl diese Zeichen bedeuten. 私たちは長い間これらの記号が何を意味するのかとあれこれ考えた

rätst [レーツト] raten の 直現

Rat·te [ラッテ] 女 die (⓾2格 -; ⓾ -n) 《動物》 ネズミ (☆ Maus より大形のもの) ▷ Die *Ratte* ist ein Allesfresser. ネズミは雑食性動物だ / (ことわざ) Die *Ratten* verlassen das sinkende Schiff. 信頼できない人はいざというときには逃げ出す

Rat·ten·fän·ger [ラッテン・フェンガ⁻] 男 der (⓾2格 -s; ⓾ -) 〖成句で〗 *der Rattenfänger von Hameln* ハーメルンの笛吹き男 (笛の音でネズミを誘い出して溺死させたが, 町が約束の報酬を支払わなかったため町の子供たちを連れ去ってしまったという伝説上の人物)

rat·tern [ラッテルン]
(ratterte; gerattert; 完了h,s)
自 (機械などが)ガタゴト音をたてる, (列車などが)ガタゴト音をたてる

rau [ラオ]
形 ❶ ざらざらした, 粗い ▷ eine *raue* Oberfläche ざらざらした表面

❷ 寒くて風が強い, (気候が)厳しい; (海が)荒れた ▷ Das Klima ist hier sehr *rau*. ここは気候がひじょうに厳しい

❸ 粗暴な, 荒っぽい ▷ Er ist ein *rauer* Bursche. 彼は粗暴な若者だ

完了h, 完了s = 完了の助動詞 haben, sein

❹ (声が)しわがれた ▷ eine *raue* Stimme haben しわがれた声をしている / Er hat einen *rauen* Hals. 彼は(炎症を起こして)のどがぜいぜいしている

Raub [ラオプ] 男 *der* (⊕2格 -es〈まれに -s〉; ⊕ なし) 強奪, 略奪 ▷ einen *Raub* begehen 強奪をはたらく

Raub·druck [ラオプ・ドルック] 男 *der* (⊕2格 -[e]s; ⊕ -e) (出版物の)海賊版

rau·ben [ラオベン] (raubte; geraubt; 医完 h)
他 《❹と》[..⁴を]奪う, 強奪する ▷ Geld *rauben* 金を奪う /《比ゆ》Diese Nachricht *raubte* ihr die letzte Hoffnung. この知らせは彼女から最後の望みを奪った

Räu·ber [ロイバー] 男 *der* (⊕2格 -s; ⊕ -) 強盗, 盗賊 ▷ bewaffnete *Räuber* 武装した強盗

Raub·ko·pie [ラオプ・コピー] 女 *die* (⊕2格 -; ⊕ -n) (コンピュータプログラムの)違法コピー

Raub·tier [ラオプ・ティーア] 中 *das* (⊕2格 -[e]s; ⊕ -e) 肉食獣, 猛獣

Raub·vo·gel [ラオプ・フォーゲル] 男 *der* (⊕2格 -s; ⊕ ..vögel)《鳥》猛禽

Rauch [ラオホ] 男 *der* (⊕2格 -es〈まれに -s〉; ⊕ なし)
煙 ▷ Der *Rauch* beißt in den Augen. 煙が目にしみる /《ことわざ》Kein *Rauch* ohne Flamme. 火のないところには煙は立たぬ

rau·chen

[ráuxn ラオヘン]

現在	ich rauche	wir rauchen
	du rauchst	ihr raucht
	er raucht	sie rauchen
過去	ich rauchte	wir rauchten
	du rauchtest	ihr rauchtet
	er rauchte	sie rauchten
過分	geraucht	医完 haben

— 他《❹と》[タバコなど⁴を] 吸う
eine Zigarette *rauchen*
タバコを一本吸う
Welche Marke *rauchst* du?
どの銘柄を君は吸いますか
Pfeife *rauchen*
パイプをふかす
Darf man hier *rauchen*?
ここでタバコを吸ってもいいですか
Er *raucht* viel.
彼はタバコをたくさん吸う
Sie *raucht* nicht mehr.
彼女はもうタバコをやめた
〘名詞化して〙
Rauchen verboten! 禁煙
Morgen höre ich mit dem *Rauchen* auf.
あす私はタバコをやめる

— 自 (暖炉・煙突などが)煙を出す ▷ Der Ofen *raucht*. ストーブが煙っている

Rau·cher [ラオハー] 男 *der* (⊕2格 -s; ⊕ -)
❶ 喫煙者 (⊗ Nichtraucher) ▷ ein starker *Raucher* ヘビースモーカー / Er ist *Raucher*. 彼はタバコを吸う
❷《口語》(列車の)喫煙車室

räu·chern [ロイヒェルン] (räucherte; geräuchert; 医完 h)
他《❹と》[肉・魚など⁴を]薫製にする ▷ *geräucherte* Wurst 薫製ソーセージ

rauch·te [ラオホテ] rauchen の 過去

Rauch·wa·ren [ラオホ・ヴァーレン] 複数 タバコ類; 毛皮類, 毛皮製品

räu·dig [ロイディヒ] (犬・猫などが)疥癬にかかった (カイセン虫が寄生しておこる皮膚病)

Rauf·bold [ラオフ・ボルト] 男 *der* (⊕2格 -[e]s; ⊕ -e) けんかっ早いやつ

rau·fen [ラオフェン] (raufte; gerauft; 医完 h)
自 《ふつうふざけながら》つかみ合う, 取っ組み合う (☆ 再帰的にも用いられる) ▷ Die Kinder *rauften* [sich] um den Ball. 子供たちがボールを取りっこしてつかみ合いをしていた

rauh [ラオ] (旧⇒新) =rau

Rauh·reif [ラオ・ライフ] 男 *der* (⊕2格 -[e]s; ⊕ なし) (旧⇒新) Raureif

Raum [ラオム] 男 *der* (⊕2格 -es〈まれに -s〉; ⊕ Räume)
❶ 部屋, 室 (=Zimmer) ▷ Die Wohnung hat nur drei *Räume*. この住居には部屋が3つしかない
❷ 空間 ▷ *Raum* und Zeit 空間と時間 / ein luftleerer *Raum* 真空 /《比ゆ》Dieses Problem steht noch im *Raum*. この問題は懸案になっている
❸ 宇宙空間 ▷ eine Rakete in den *Raum* schießen ロケットを宇宙に打ち上げる
❹ 《⊕ なし》(物を置いたりする)場所, スペース ▷ Der Kühlschrank braucht wenig *Raum*. その冷蔵庫は場所をあまり必要としない / Ich habe keinen *Raum* für meine Bücher. 私は本をしまうスペースがない
❺ (地理的・政治的観点から見た)地域, 地方 ▷ der mitteleuropäische *Raum* 中欧地域

Räu·me [ロイメ] Raum の 複数

räu·men [ロイメン] (räumte; geräumt; 医完 h)
他 ❶ 《❹と》[..⁴を] 立ち退く, 明け渡す ▷ Wir müssen die Wohnung *räumen*. 私たちは住居を明け渡さなければならない
❷ 《❹と》[場所⁴を] (人・物を取り除いて)からにする ▷ Die Polizei *räumte* den Bahnsteig. 警察はプラットホームから人を立ち退かせた
❸ 《❹+方向と》(場所をあけるために)[邪魔なものなど⁴を…から〔へ〕]移す, どける ▷ das Ge-

schirr vom Tisch *räumen* 食器をテーブルから下げる // Schnee *räumen* 雪かきをする

Raum·fahrt [ラオム・ファールト] 囡 *die* (⊕2格 -; 爯 なし) 宇宙飛行

Raum·flug [ラオム・フルーク] 男 *der* (⊕2格 -[e]s; 爯 ..flüge) 宇宙飛行

räum·lich [ロイムリヒ]
形 ❶ 空間的な ▷ die *räumliche* Ausdehnung 空間的広がり
❷ (印象などが) 立体的な ▷ die *räumliche* Wirkung eines Bildes 絵の立体的効果

Raum·schiff [ラオム・シフ] 中 *das* (⊕2格 -[e]s; 爯 -e) 宇宙船

Raum·son·de [ラオム・ゾンデ] 囡 *die* (⊕2格 -; 爯 -n) 宇宙空間無人探査機

Räu·mung [ロイムング] 囡 *die* (⊕2格 -; 爯 -en) 立ち退き, 明け渡し; (邪魔なものなどを)どけること, 除去

Rau·pe [ラオペ] 囡 *die* (⊕2格 -; 爯 -n) (チョウ·ガの)幼虫, 毛虫, 青虫

Rau·reif [ラオ·ライフ] 男 *der* (⊕2格 -[e]s; 爯 なし) 霧氷

raus [ラオス] 副《口語》〔*heraus*, *hinaus*の略語〕外へ

Rausch [ラオシュ] 男 *der* (⊕2格 -es〈まれに -s〉; 爯 Räusche)
❶ 酔い ▷ Er schläft seinen *Rausch* aus. 彼は眠って酔いを覚ます
❷ 陶酔 ▷ im *Rausch* des Sieges 勝利に酔いしれて

Räu·sche [ロイシェ] Rausch の 複数

rau·schen [ラオシェン] (rauschte; gerauscht)
自 ❶ 〖完了h〗(水・風などが)ザーザー〈ザワザワ〉音をたてる ▷ Der Wind *rauscht* in den Bäumen. 風が木々の間でザワザワ音をたてている / 〖現在分詞〗 *rauschender* Beifall 盛んな拍手喝采
❷ 〖完了s〗〖方向を示す語と〗〔…へ〕ザーザー音をたてて流れる〈進む〉 ▷ Das Wasser *rauscht* in die Wanne. 水が湯船にザーザー音をたてて流れ込む

Rausch·gift [ラオシュ·ギフト] 中 *das* (⊕2格 -[e]s; 爯 -e) 麻薬

räus·pern [ロイスペルン]
(räusperte; geräuspert; 完了h)
再 〖sich⁴と〗 せき払いをする ▷ Er *räusperte* sich und begann zu sprechen. 彼はせき払いをして話し出した

Rau·te [ラオテ] 囡 *die* (⊕2格 -; 爯 -n) 菱形 (=Rhombus)

Raz·zia [ラッツィア] 囡 *die* (⊕2格 -; 爯 Razzien)(警察の)手入れ ▷ [eine] *Razzia* machen 手入れをする

Raz·zi·en [ラッツィエン] Razzia の 複数

re·a·gie·ren [レアギーレン]

(reagierte; reagiert; 完了h)
自 反応する ▷ Sie *reagierte* nicht auf meinen Brief. 彼女は私の手紙に返事をくれなかった / Er hat schnell *reagiert*. 彼は早く反応した

Re·ak·ti·on [レアクツィオーン] 囡 *die* (⊕2格 -; 爯 -en)
❶ 反応 ▷ Seine erste *Reaktion* war Betroffenheit. 彼の最初の反応は狼狽だった
❷ 〖政治〗反動勢力

re·ak·ti·o·när [レアクツィオネーア] 形 反動的な (☆「進歩的な」は progressiv)

Re·ak·tor [レアクトーア] 男 *der* (⊕2格 -s; 爯 -en) 原子炉 (=Kernreaktor)

Re·ak·to·ren [レアクトーレン] Reaktor の 複数

Re·ak·tor·si·cher·heit [レアクトーア·ズィッヒャーハイト] 囡 *die* (⊕2格 -; 爯 なし) 原子炉の安全性

re·al [レアール]
形《文語》 ❶ 現実の, 実在の ▷ die *reale* Welt 現実の世界
❷ (考え方などが)現実的な, 現実に即している ▷ *reale* Pläne 現実的な計画

re·a·li·sie·ren [レアリズィーレン]
(realisierte; realisiert)
他 〖④と〗〔理念·計画¹を〕実現する (=verwirklichen) ▷ Er hat diesen Plan *realisiert*. 彼はこの計画を実現した

Re·a·lis·mus [レアリスムス] 男 *der* (⊕2格 -; 爯 なし) 現実主義 (⇔ Idealismus)

Re·a·list [レアリスト] 男 *der* (⊕2·3·4格 -en; 爯 -en) 現実主義者, リアリスト; 写実主義の画家〈作家〉

re·a·lis·tisch [レアリスティシュ]
形 ❶ 現実的な ▷ Er betrachtet die Dinge *realistisch*. 彼は物事を現実的に見る
❷ (描写などが)写実的な, 写実主義の, リアリズムの ▷ *realistische* Darstellung 写実的な描写

Re·a·li·tät [レアリテート] 囡 *die* (⊕2格 -; 爯 -en) 現実 ▷ Er hat die *Realität* aus den Augen verloren. 彼は現実を見失ってしまった / in der *Realität* 実際には

Re·al·schu·le [レアール·シューレ] 囡 *die* (⊕2格 -; 爯 -n) 実科学校 (☆ Grundschule 修了後に通う6年制の学校, Gymnasium と Hauptschule の中間的存在で中等教育修了の資格が得られる; ☞ Schule 図)

Re·be [レーベ] 囡 *die* (⊕2格 -; 爯 -n)《植物》ブドウ(植物としてのブドウの意; =Weinrebe)

Re·bell [レベル] 男 *der* (⊕2·3·4格 -en; 爯 -en) 反乱者

re·bel·lie·ren [レベリーレン]
(rebellierte; rebelliert; 完了h)

自 反乱を起こす，蜂起する；反抗〈反発〉する ▷ Die Bauern *rebellierten* gegen den Diktator. 農民たちは独裁者に反乱を起こした

Re·bel·li·on [レベリオーン] 女 *die* (単2格 -; 複 -en) 反乱 ▷ Die *Rebellion* wurde niedergeschlagen. 反乱は鎮圧された

re·bel·lisch [レベリシュ] 形 (部隊などが) 反乱を起こした，蜂起した

(イディオム) *rebellisch werden*《口語》(不満などから) 怒りを表すようになる，反抗的になる

Re·chen [レッヒェン] 男 *der* (単2格 -; 複 -)《南ドイツ・オーストリア・スイス》レーキ，熊手 (= Harke)

Re·chen·schaft [レッヒェンシャフト] 女 *die* (単2格 -; 複 なし)（なぜそのような行動をとったか，どのように責務を果たしたかなどに関する）説明，報告 ▷ von +3格 *Rechenschaft* fordern ‥³に説明〈報告〉を求める

(イディオム) 4格 +*zur Rechenschaft ziehen* ‥⁴に釈明を求める

Re·cher·che [レシェルシェ] 女 *die* (単2格 -; 複 -n)《ふつう 複 で》(特に報道のための) 調査

re·cher·chie·ren [レシェルシーレン] (recherchierte; recherchiert; 助h) 他 (4格と)〔事件の背景など⁴を〕調査する

rech·nen [レヒネン] (du rechnest, er rechnet; rechnete; gerechnet; 助h)

— 自 ❶ 計算する ▷ falsch *rechnen* 計算ちがいをする / mit der Rechenmaschine *rechnen* 計算機で計算する / Er kann gut *rechnen*. 彼は計算がじょうずだ

❷ {mit +3格と}〔‥³を〕当てにする，見込む ▷ Er *rechnete* fest mit deiner Hilfe. 彼は君の助けをすっかり当てにしていた / Können wir bei der Abstimmung mit dir *rechnen*? 私たちは投票のときに君のことを当てにしてもいいかな

❸ {mit +3格と}〔‥³について〕たぶんそうなるだろうと考える ▷ Du musst damit *rechnen*, dass du eine Absage bekommst. 君は断られることを考えに入れておかなければならない

— 他 ❶ {4格と}〔‥⁴を〕計算する ▷ Er *rechnete* alle Aufgaben im Kopf. 彼はすべての問題を暗算で解いた

❷ {4格と}〔‥⁴を〕見積もる，見込む ▷ Für den Rückweg müssen wir drei Stunden *rechnen*. 帰路に私たちは 3 時間は見込まねばならない / [過去分詞で] grob *gerechnet* ざっと見積もって

❸ {4格 +zu +3格と}〔‥⁴を‥³の〕ひとり〈ひとつ〉に数える ▷ Ich *rechne* ihn zu meinen Freunden. 私は彼を友人のひとりだと思っている

❹ {4格と}〔‥⁴を〕数に入れる ▷ Sie waren 20 Personen, die Kinder nicht *gerechnet*. 彼らは子供を数に入れないで 20 名だった

Rech·ner [レヒナー] 男 *der* (単2格 -s; 複 -)

❶ コンピュータ (= Computer)

❷《形容詞と》計算が‥の人 ▷ ein schneller *Rechner* 計算の速い人

rech·ne·risch [レヒネリシュ] 形 計算による，計算上の；計算に関する ▷ eine *rechnerische* Begabung 計算能力 / rein *rechnerisch* gesehen 純粋に計算の上から見れば

rech·ne·te [レヒネテ] rechnen の 過去

Rech·nung [レヒヌング] 女 *die* (単2格 -; 複 -en)

❶ 計算 ▷ Die *Rechnung* stimmt. 計算が合う / Nach meiner *Rechnung* brauchen wir drei Stunden. 私の計算では私たちは 3 時間必要だ /《比ゆ》Seine *Rechnung* ging nicht auf. 彼の目算ははずれた

❷ 請求書，勘定書き ▷ eine *Rechnung* über 100 Euro 100 ユーロの請求書 / Schicken Sie die *Rechnung* an mich! 請求書は私のところに送ってください

❸（代金としての）勘定 ▷ die *Rechnung* bezahlen 勘定を払う

recht

[reçt レヒト]

— 形 ❶ 右の，右側の (反 link)
das *rechte* Auge 右目
das *rechte* Ufer des Flusses 川の右岸

❷ 正しい，まちがっていない (☆ ふつう否定形で) ▷ Dies ist nicht der *rechte* Weg. これは正しい道ではない / So ist es *recht*〈*Recht* so〉! それでよろしい；お釣りはいらないよ

❸（倫理的に）正しい，正当で(ある) (☆ 名詞につけて用いない) ▷ Es ist nicht *recht* von dir, so zu handeln. 君のそういう行動はよくない

❹ 適切な，ふさわしい ▷ das *rechte* Wort 適切なことば / der *rechte* Mann für diese Aufgabe この任務にふさわしい男 / im *rechten* Augenblick〈zur *rechten* Zeit〉ちょうどよい時に

❺ 好都合で(ある) (☆ 名詞につけて用いない) ▷ Das ist mir ganz *recht*. それは私にはきわめて好都合だ / Ist es dir *recht*, wenn ich dich heute besuche? 君をきょう訪ねてもかまわないかな

❻ 真の，本当の ▷ Er ist ein *rechter* Mann. 彼は真の男だ

❼《政治》右派の ▷ der *rechte* Flügel der Partei 党の右派

(イディオム) 3格 +*recht geben* (旧⇒新) 3格 +**Recht geben** ☞ Recht

recht haben (旧⇒新) **Recht haben** ☞ Recht

— 副 かなり，なかなか ▷ Es ist heute *recht* warm. きょうはかなり暖かい / Ich danke Ihnen *recht* herzlich. あなたに本当に心から感謝します

Recht [レヒト] 中 *das* (単2格 -es〈まれに -s〉;

❶ 権利 ▷ *Rechte* und Pflichten 権利と義務 / Dazu hat er kein *Recht*. それをする権利は彼にはない / Er besteht auf seinem *Recht*. 彼は自分の権利を強く主張する
❷《圈 なし》法（☆個々の法律を指す場合は Gesetz を用いる）▷ bürgerliches *Recht* 民法
❸《圈 なし》（倫理的・法的に）正しいこと, 正義 (反 Unrecht) ▷ Das *Recht* war auf seiner Seite. 正しいのは彼の方だった
(イディオム) **③**+*Recht geben* …³の言ったことを正しいと認める, 同意する
mit Recht 正当な理由をもって, …は当然だ ▷ Er ärgerte sich *mit Recht* darüber. 彼がそのことで怒ったのは当然だ
Recht haben（言ったことが）正しい ▷ Du *hast* ganz *Recht*. まったく君の言う通りだ

Rech·te [レヒテ] 囡 *die* (形容詞変化 ☞ Alte 表 I)《ふつう 圈 なし》(反 Linke)
❶ 右手 ▷ Er reichte mir seine *Rechte*. 彼は私に右手を差し出した
❷《政治》右翼, 右派（☆定冠詞を必ず伴う）▷ die äußerste *Rechte* 極右

Recht·eck [レヒト·エック] 中 *das* (圏 2格 -s; 圏 -e) 長方形

recht·fer·ti·gen [レヒト·フェルティゲン] (rechtfertigte; gerechtfertigt; 完h)
— 他《④と》[…⁴を]正当化する, 弁明〈釈明〉する; […⁴を]弁護する ▷ Ich versuchte, sein Verhalten zu *rechtfertigen*. 私は彼の態度を弁護しようと試みた
— 再《sich⁴と》（自分の行動などを）正当化する, 弁明〈釈明〉する ▷ Er braucht sich nicht zu *rechtfertigen*. 彼は弁明する必要はない

Recht·fer·ti·gung [レヒト·フェルティグング] 囡 *die* (圈 2格 -; 圏 -en) 正当化, 弁明, 釈明

recht·ha·be·risch [レヒト·ハーベリシュ] 形 独善的な, ひとりよがりの ▷ Er ist sehr *rechthaberisch*. 彼はとても独善的だ

recht·lich [レヒトリヒ] 形 法律上の, 法的な ▷ Das ist nicht *rechtlich* zulässig. それは法律上許されない

recht·mä·ßig [レヒト·メースィヒ] 形 法律に基づいた, 合法的な ▷ der *rechtmäßige* Besitzer 法律上正当な所有者

rechts
[reçts レヒツ]

副 **❶** 右に, 右側に (反 links)
nach *rechts* 右の方へ
von *rechts* kommen 右から来る
rechts fahren 右側を走る
Die Garage steht *rechts* von dem Haus. ガレージは家の右側にある

❷《政治》右翼に, 右派に ▷ Er steht weit *rechts*. 彼は非常に右寄りだ

Rechts·an·walt [レヒツ·アンヴァルト] 男 *der* (圏 2格 -[e]s; 圏 ..wälte) 弁護士（☆「検事」は Staatsanwalt）

recht·schaf·fen [レヒトシャッフェン] 形 実直な, 誠実な

Recht·schreib·pro·gramm [レヒト·シュライブ·プログラム] 中 *das* (圏 2格 -s; 圏 -e)（コンピュータの）スペルチェッカー

Recht·schreib·prü·fung [レヒト·シュライブ·プリューフング] 囡 *die* (圈 2格 -; 圏 -en) スペルチェック

Recht·schreib·re·form [レヒト·シュライブ·レフォルム] 囡 *die* (圈 2格 -; 圏 -en) 正書法改革

Recht·schrei·bung [レヒト·シュライブング] 囡 *die* (圈 2格 -; 圏 なし) 正書法（=Orthografie）

Rechts·ex·tre·mis·mus [レヒツ·エクストレミスムス] 男 *der* (圈 2格 -; 圏 なし) 極右主義

recht·wink·lig [レヒト·ヴィンクリヒ] 形 直角の ▷ ein *rechtwinkliges* Dreieck 直角三角形

recht·zei·tig [レヒト·ツァイティヒ] 形 ちょうどよい時間の, 早期の, 早めの ▷ Er hat *rechtzeitig* gebremst. 彼は遅れずにブレーキをかけた / Er kam gerade noch *rechtzeitig*. 彼はかろうじて間に合った / eine Krankheit *rechtzeitig* erkennen 病気を早期に発見する

Reck [レック] 中 *das* (圏 2格 -[e]s; 圏 -e)《体操》鉄棒

re·cken [レッケン] (reckte; gereckt; 完h)
— 他《④と》[手足などを⁴]伸ばす
— 再《sich⁴と》体を伸ばす ▷ Er *reckte* sich im Bett. 彼はベッドで体を伸ばした

Re·cor·der [レコルダー] 男 *der* (圏 2格 -s; 圏 -)（カセット·ビデオなどの）記録再生装置, レコーダー ▷ einen japanischen *Recorder* kaufen 日本製のレコーダーを買う

re·cy·cel·bar [リサイケル·バール] 形 リサイクル可能な

re·cy·celn [リサイケルン] (ich recycle; recycelte; recycelt; 完h)
他《④と》[…⁴を]リサイクルする

Re·cyc·ling [リサイクリング] 中 *das* (圈 2格 -s; 圏 なし) リサイクリング, 資源再利用

re·cyc·ling·fä·hig [リサイクリング·フェーイヒ] 形 リサイクル可能な

Re·cyc·ling·pa·pier [リサイクリング·パピーア] 中 *das* (圏 2格 -[e]s; 圏 なし) 再生紙

Re·dak·teur [レダクテーア] 男 *der* (圏 2格 -s; 圏 -e)（新聞·テレビなどの）編集者

Re·dak·ti·on [レダクツィオーン] 囡 *die* (圈 2格

–; [複] -en)
❶ 〖[複] なし〗 編集
❷ 《集合的に》編集部員; 編集部

Re·de [レーデ] [女] *die* ([単] 2格 -; [複] -n)
❶ 演説, スピーチ ▷ Er hat eine glänzende *Rede* gehalten. 彼はすばらしい演説をした
❷ 〖ふつう [複] で〗 発言 ▷ anmaßende *Reden* 不遜(ふそん)な発言
[イディオム] ④+***zur Rede stellen*** …^{4}に釈明を求める
die Rede auf+④ ***bringen*** …^{4}を話題にする
nicht der Rede wert sein 話題にするほどのものではない, 大したことではない
von+③ ***ist die Rede*** …^{3}が話題である ▷ *Wovon ist die Rede?* 何について話しているのですか

re·den [レーデン]
(du redest, er redet; redete; geredet; [完了]h)
— [自] ❶ 話す ▷ Er *redet* ununterbrochen. 彼はたて続けにしゃべる / Lass ihn doch zu Ende *reden*! 彼に最後まで話させなさい
❷ (あることについてある人と)**話をする**, 語り合う ▷ Wir haben die ganze Nacht *geredet*. 私たちは一晩中語り合った / *Reden* wir nicht mehr darüber! もうその話はやめよう / Er *redet* oft mit sich selbst. 彼はよくひとりごとを言う / Sie *reden* nicht mehr miteinander. 彼らはもうお互いに口をきかない
[イディオム] ***gut reden haben*** (当事者でないから)気楽に話せる ▷ Du *hast gut reden.* 君は(当事者でないから)なんでも言えるのさ
Reden ist Silber, Schweigen ist Gold. 《ことわざ》時には何も言わない方がよいことがある
— [他] 〖④と〗〔…^{4}を〕**話す**, 言う ▷ Unsinn *reden* くだらないことを言う / Er hat die ganze Zeit kein Wort *geredet*. 彼はずっと一言も口をきかなかった
— [再] 〖[sich]^4+[状態]と〗 話をして〔…に〕なる ▷ *sich* heiser *reden* しゃべって声をからす

Re·dens·art [レーデンス·アールト] [女] *die* ([単] 2格 -; [複] -en) (文の形の)決まった言い回し, 慣用句 ▷ „Wie geht's?" ist eine *Redensart*. 「調子はどうだい」は慣用句である

re·de·te [レーデテ] reden の [過去]

Re·de·wen·dung [レーデ·ヴェンドゥング] [女] *die* ([単] 2格 -; [複] -en) 決まった言い回し (☆ 慣用句と共に einen Korb bekommen 「失恋する」のような熟語も含む)

re·di·gie·ren [レディギーレン]
(redigierte; redigiert; [完了]h)
[他] 〖④と〗 (編集者などが)〔原稿など^{4}を〕(手を加えて)仕上げる

red·lich [レートリヒ] [形] 誠実な, 実直な ▷ Er ist nicht *redlich*. 彼は誠実ではない

Red·ner [レードナー] [男] *der* ([単] 2格 -s; [複] -) 演説〈講演〉者 ▷ der *Redner* des heutigen Abends 今晩の演説〈講演〉者 / Er ist ein guter *Redner*. 彼は弁がたつ

red·se·lig [レート·ゼーリヒ] [形] 多弁な, 冗舌な, おしゃべりな ▷ Er wurde immer *redseliger*. 彼はますます冗舌になった

Re·duk·ti·on [レドゥクツィオーン] [女] *die* ([単] 2格 -; [複] -en) 《文語》(数量などを)減らすこと, 削減

re·du·zie·ren [レドゥツィーレン]
(reduzierte; reduziert; [完了]h)
[他] 〖④と〗〔…^{4}の数量などを〕減らす, 削減する ▷ den Energieverbrauch *reduzieren* エネルギーの消費量を減らす / Die Regierung beschloss, ihre Truppen im Ausland zu *reduzieren*. 政府は海外駐留の軍隊を削減することに決定した

Ree·der [レーダー] [男] *der* ([単] 2格 -s; [複] -) 船主, 海運業者

Ree·de·rei [レーデライ] [女] *die* ([単] 2格 -; [複] -en) 海運業

re·ell [レエル]
[形] ❶ (チャンスなどが)現実の裏付けのある, 本物の
❷ (商売人などが不当な利益を求めることなく)誠実な, 正直な

Re·fe·rat [レフェラート] [中] *das* ([単] 2格 -[e]s; [複] -e) (口頭·文書による)研究報告 ▷ ein *Referat* halten 研究報告を行う

Re·fe·rent [レフェレント] [男] *der* ([単] 2·3·4格 -en; [複] -en) 研究報告者; (役所の部門を所轄する)担当官

re·fe·rie·ren [レフェリーレン]
(referierte; referiert; [完了]h)
[自] ❶ 研究報告をする
❷ (あることについて)要点をまとめて報告をする

re·flek·tie·ren [レフレクティーレン]
(reflektierte; reflektiert; [完了]h)
— [他] 〖④と〗〔光線·熱·音など^{4}を〕反射する
— [自] ❶ 《文語》〖über+④と〗〔問題·人生など^{4}について〕熟考する
❷ 《口語》〖auf+④と〗〔地位など^{4}を〕手に入れたがっている

Re·flex [レフレックス] [男] *der* ([単] 2格 -es; [複] -e)
❶ (光の)反射 ▷ der *Reflex* der Scheinwerfer ヘッドライトの反射
❷ 《生理》(刺激に対する反応としての)反射 ▷ bedingter *Reflex* 条件反射

Re·fle·xi·on [レフレクスィオーン] [女] *die* ([単] 2格 -; [複] -en) (光などの)反射; 《文語》(自分の行動などについての)熟考, 内省

re·fle·xiv [レフレクスィーフ] [形] 《文法》再帰的な ▷ ein *reflexives* Verb 再帰動詞

Re·form [レフォルム] [女] *die* ([単] 2格 -; [複] -en) (社会·組織などの)改革, 改善 ▷ politische *Reformen* 政治改革

Re·for·ma·ti·on [レフォルマツィオーン] 図 *die* (⊕ 2格 -; ⊕ なし)《歴史》(16世紀の)宗教改革

re·for·mie·ren [レフォルミーレン]
(reformierte; reformiert; 他7h)
他【④と】[..⁴を]改革する, 刷新する ▷ das Schulwesen *reformieren* 学校制度を改革する

Ref·rain [レフラン] 男 *der* (⊕ 2格 -s; ⊕ -s) (楽曲の節の終りの)折り返し, リフレイン

Re·gal [レガール] 田 *das* (⊕ 2格 -s; ⊕ -e) (本・商品などの)棚 ▷ Bücher ins *Regal* stellen 本を本棚に置く

Re·gat·ta [レガッタ] 図 *die* (⊕ 2格 -; ⊕ ..gatten) レガッタ, ボート〈ヨット〉レース

Re·gat·ten [レガッテン] Regatta の 複数

re·ge [レーゲ]
形 ❶ (活動などが)盛んな, 活気のある ▷ eine *rege* Diskussion 活気のある討論
❷ (精神的・肉体的に)活発な, 生き生きとした ▷ Er besitzt eine *rege* Fantasie. 彼は想像力がたくましい

Re·gel [レーゲル] 図 *die* (⊕ 2格 -; ⊕ -n)
❶ (行動の基準としての)規則, ルール ▷ die *Regeln* des Zusammenlebens 共同生活の規則 / Keine *Regel* ohne Ausnahme. 例外のない規則はない
❷ (体系としての)規則 ▷ Man muss die grammatischen *Regeln* beachten. 文法の規則は守らなければならない
❸ 一般に行われていること; 習慣 ▷ Das ist hier nicht die *Regel*. それはここでは珍しいことだ
❹ 《生理》月経 ▷ Die *Regel* ist ausgeblieben. 月経がなかった
イディオム ③+*zur Regel werden* ..³の習慣になる *sich*³+④+*zur Regel machen* ..⁴を習慣にする *in der Regel* ふつう, たいてい

re·gel·mä·ßig [レーゲル・メースィヒ]
(比較 -er, 最上 -st)
形 規則正しい, 規則的な ▷ ein *regelmäßiges* Leben 規則正しい生活 / Er nimmt *regelmäßig* seine Tabletten ein. 彼は規則正しく薬を飲む

re·geln [レーゲルン]
(ich regle; regelte; geregelt; 他7h)
—他【④と】[..⁴を](一定の規則・秩序が生じるように)整理する; 調整〈調節〉する ▷ den Verkehr *regeln* 交通整理をする / Der Thermostat *regelt* die Raumtemperatur. サーモスタットが室温を一定に保つ
—再【*sich*⁴と】片づく, 処理〈解決〉される ▷ Die Sache hat sich von selbst *geregelt*. その件は自然に片がついた

re·gel·recht [レーゲル・レヒト] 形《口語》文字通りの, 完全な ▷ Das war eine *regelrechte* Unverschämtheit. それは恥知らずとしか言いようのないことだった

re·gel·te [レーゲルテ] regeln の 過去

Re·ge·lung [レーゲルング] 図 *die* (⊕ 2格 -; ⊕ -en)
❶ (物事の)整理; 調整, 調節 ▷ die *Regelung* des Verkehrs 交通整理
❷ (物事の)取り決め, 規定 ▷ eine tarifliche *Regelung* 料金〈賃金〉に関する取り決め

re·gen [レーゲン] (regte; geregt; 他7h)
再【*sich*⁴と】(わずかに)動く ▷ Nichts *regte* sich. 何一つ動かなかった / Der Kranke *regt* sich kaum. 病人はほとんど動かない

Re·gen [レーゲン] 男 *der* (⊕ 2格 -s; ⊕ なし)
雨 ▷ ein heftiger〈anhaltender〉 *Regen* 激しい雨〈長雨〉 / Der *Regen* hört auf. 雨がやむ / Ich glaube, wir bekommen bald *Regen*. まもなく雨になると思うよ

Re·gen·bo·gen [レーゲン・ボーゲン] 男 *der* (⊕ 2格 -s; ⊕ -) 虹 ▷ Über den Himmel spannte sich ein *Regenbogen* 空に虹がかかった

Re·gen·bo·gen·fo·rel·le [レーゲン・ボーゲン・フォレレ] 図 *die* (⊕ 2格 -; ⊕ -n)《魚》ニジマス

Re·gen·man·tel [レーゲン・マンテル] 男 *der* (⊕ 2格 -s; ⊕ ..mänteln) レインコート

Re·gen·schirm [レーゲン・シルム] 男 *der* (⊕ 2格 -[e]s; ⊕ -e)
雨傘 ▷ den *Regenschirm* aufspannen〈schließen〉 傘を開く〈閉じる〉 / Er hat sie mit unter seinen *Regenschirm* genommen. 彼は彼女を傘に入れてやった

Re·gent [レゲント] 男 *der* (⊕ 2・3・4格 -en; ⊕ -en) 君主; 摂政

Re·gen·trop·fen [レーゲン・トロプフェン] *der* (⊕ 2格 -s; ⊕ -) 雨のしずく

Re·gen·wol·ke [レーゲン・ヴォルケ] 図 *die* (⊕ 2格 -; ⊕ -n) 雨雲

Re·gen·wurm [レーゲン・ヴルム] 男 *der* (⊕ 2格 -[e]s; ⊕ ..würmer)《動物》ミミズ

Re·gie [レジー] 図 *die* (⊕ 2格 -; ⊕ なし)《演劇の》演出,《映画の》監督 ▷ [die] *Regie* führen 監督〈演出〉をする
イディオム *in eigener Regie* 自力で, 自分の責任で ▷ Er macht das alles *in eigener Regie*. 彼はそれをすべて独力でする

re·gie·ren [レギーレン]
(regierte; regiert; 他7h)
—他【④と】[..⁴を]統治〈支配〉する ▷ einen Staat *regieren* 国を治める /《過去分詞で》ein demokratisch *regierter* Staat 民主的に統治されている国
—自 (国などを)統治〈支配〉する ▷ Er *regierte*

durch Terror. 彼は恐怖政治によって統治した

Re·gie·rung [レギールング] [女] *die* ([単] 2 格 –; [複] –en)
政府; 内閣 ▷ die japanische *Regierung* 日本政府 / eine neue *Regierung* bilden 新しい内閣を組織する / Die *Regierung* wurde scharf angegriffen. 政府は激しく攻撃された
[イディオム] ***an der Regierung sein*** 政権の座にある ▷ Die Partei *ist* seit 20 Jahren *an der Regierung*. その政党は 20 年来政権の座にある

Re·gie·rungs·par·tei [レギールングス・パルタイ] [女] *die* ([単] 2 格 –; [複] –en) 政権党, 与党

Re·gi·ment [レギメント] [中] *das* ([単] 2 格 –[e]s; [複] –er) 連隊

Re·gi·on [レギオーン] [女] *die* ([単] 2 格 –; [複] –en) (地勢・気候などの観点から見た)地域, 地帯, 地方 ▷ die *Region* des ewigen Schnees 万年雪に覆われた地方

re·gi·o·nal [レギオナール] [形] 地方の, 地域的な

Re·gi·o·nal·pro·gramm [レギオナール・プログラム] [中] *das* ([単] 2 格 –s; [複] –e) (テレビ・ラジオの)ローカル番組

Re·gis·seur [レジセーア] [男] *der* ([単] 2 格 –s; [複] –e) (映画などの)監督, 演出家

Re·gis·ter [レギスター] [中] *das* ([単] 2 格 –s; [複] –)
❶ 索引, インデックス ▷ Das *Register* befindet sich am Ende des Buches. 索引は巻末にある
❷ 登録〈登記〉簿(戸籍簿・商業登記簿など)

re·gist·rie·ren [レギストリーレン]
(registrierte; registriert; [完了]h)
[他] ❶ 〘④と〙〔..⁴を〕記録する; 登録〈登記〉する ▷ Fahrzeuge *registrieren* 車両を登録する / 〘物を主語にして〙 Die Kasse *registriert* alle eingehenden Beträge. レジスターは入金額をすべて記録する
❷ 〘④と〙〔..⁴を〕(それに対して特に何かをするということなくただ)心にとめる ▷ Sein Erscheinen wurde von allen *registriert*. 彼が来ていることには皆気づいていた

reg·le [レーグレ] regeln の [現在]

Reg·ler [レーグラー] [男] *der* ([単] 2 格 –s; [複] –) 調節器

reg·nen

[réːgnən レーグネン]	
[現在] es regnet	
[過去] es regnete	
[過分] geregnet	[完了] haben

[自] 〘成句で〙 ***es regnet*** 雨が降る
Draußen *regnet es* stark.
外は激しい雨だ
Es fängt an 〈hört auf〉 zu *regnen*.
雨が降り始める〈やむ〉
〘[方向]と〙
Es regnet an die Fenster. 雨が窓に打ちつける
es regnet+④ ..⁴が雨のように降ってくる ▷ *Es regnete* Steine 〈Leserbriefe〉. 石が雨のように飛んできた〈読者からの手紙が殺到した〉

reg·ne·risch [レーグネリシュ] [形] 雨がちな; [また]雨が降りそうな ▷ ein *regnerischer* Sommer 雨の多い夏 / Es war trüb und *regnerisch*. 曇っていていまにも[また]雨が降りそうだった

reg·ne·te [レーグネテ] regnen の [過去]

re·gu·lär [レグレーア] [形] 規定どおりの; 正規の ▷ *regulärer* Preis 定価 / *reguläre* Truppen 正規軍

Re·gu·la·tor [レグラートーア] [男] *der* ([単] 2 格 –s; [複] –en) 《文語》 調節器 (＝Regler)

re·gu·lie·ren [レグリーレン]
(regulierte; reguliert; [完了]h)
[他] ❶ 〘④と〙〔温度・音量など⁴を〕調節〈調整〉する
❷ 〘④と〙〔河川など⁴を〕改修する; 〔歯並びなど⁴を〕矯正する

Re·gung [レーグング] [女] *die* ([単] 2 格 –; [複] –en) (突然こみ上げる)感情, 心の動き ▷ Sein Gesicht zeigte keine *Regung*. 彼の顔はなんの感情の動きも見せなかった

re·gungs·los [レーグングス・ロース] [形] 動かない, じっとしている; 〘副詞的に〙 動くことなく, じっと

Reh [レー] [中] *das* ([単] 2 格 –[e]s; [複] –e) 《動物》 ノロ, ノロジカ(角が短い小形のシカ;「シカ」は Hirsch)

re·ha·bi·li·tie·ren [レハビリティーレン]
(rehabilitierte; rehabilitiert; [完了]h)
[他] 〘④と〙〔..⁴の〕名誉などを回復させる(☆ ふつう受動態で); 〔..⁴を〕(特定の訓練で)社会復帰させる

Re·ha·bi·li·tie·rung [レハビリティールング] [女] *die* ([単] 2 格 –; [複] –en) 名誉などの回復, 復権; リハビリテーション, 社会復帰

Rei·be [ライベ] [女] *die* ([単] 2 格 –; [複] –n) 《料理》 おろし金

rei·ben [ライベン] (rieb; gerieben; [完了]h)
— [他] ❶ 〘④と〙〔..⁴を〕こする ▷ Er *rieb* seinen verstauchten Knöchel. 彼はくじいたくるぶしをマッサージした / Das Kind *reibt* sich die Augen. 子供は目をこする
❷ 〘④+aus+③と〙〔..⁴を..³から〕こすり取る ▷ einen Fleck aus der Bluse *reiben* 汚れをブラウスからこすり取る / 《比ゆ》 Er *reibt* sich den Schlaf aus den Augen. 彼は目をこすって眠気をはらう
❸ 〘④+[状態]と〙 こすって〔..⁴を…に〕する ▷ Metall mit einem Tuch blank *reiben* 金属を布でこすってピカピカにする
❹ 〘④と〙〔洗濯物など⁴を〕もむ ▷ Wollsachen sollen beim Waschen nicht *gerieben* wer-

Reifen

den. 毛織物は洗濯のときもむものではない
❺ 〖④と〗〖果実などを〗すりおろす〈つぶす〉▷ Die Mutter *reibt* Äpfel. 母親はリンゴをすりおろす
❻ 〖④+場所と〗〖…⁴を…に〗こすりつける ▷ Der Hund *reibt* seinen Kopf an meinem Knie. 犬は頭を私のひざにこすりつける
── 自 （襟・靴などが）こすれる ▷ Der Kragen *reibt* am Hals. 襟がこすれて首が痛い

Rei·be·rei [ライベライ] 女 *die* (⓶2格 -; ⓶-en) 〖ふつう複で〗(些細なことによる)いざこざ, もめごと, あつれき ▷ Es gab oft *Reibereien* in der Familie. しばしば家庭内にもめごとがあった

Rei·bung [ライブング] 女 *die* (⓶2格 -; ⓶-en) 摩擦

rei·bungs·los [ライブングス・ロース] 形 順調な, 円滑な, スムーズな ▷ eine *reibungslose* Zusammenarbeit 順調な共同作業

reich
[raiç ライヒ]

比較 reicher 最上 reichst

形 ❶ 金持ちの, 裕福な, 富裕な (⓶ arm) Er ist sehr *reich*. 彼はとても金持ちだ Sie hat *reich* geheiratet. 彼は金持ちと結婚した
❷ 豊かな, 豊富な ▷ eine *reiche* Ernte 豊作 / *reiche* Ölquellen 産出量の多い油井 / Er hat *reiche* Erfahrungen. 彼は経験が豊かだ
❸ 豪華な (☆ 述語として用いない) ▷ die *reiche* Verzierung des Schrankes 戸棚の豪華な装飾
イディオム *reich* an+…³ *sein* …³が豊富だ ▷ Die Gegend *ist reich an* Bodenschätzen. この地方は地下資源が豊富だ

Reich [ライヒ] 中 *das* (⓶2格 -es〈まれに -s〉; ⓶-e) 帝国, 王国 ▷ das Dritte *Reich*(ナチの)第三帝国 / das Römische *Reich* ローマ帝国

Rei·che [ライヒェ] 男 *der* / 女 *die* (形容詞変化 ☞ Alte 表1) 金持ち, 裕福な人 (☆ ふつう複数で) ▷ die Armen und die *Reichen* 貧乏人と金持ち

rei·chen [ライヒェン] (reichte; gereicht; 完了h)
── 自 ❶ 〖方向と〗〖…に〗届く, 達する ▷ Das Wasser *reichte* uns bis zum Hals. 水は私たちの首まで達した / 〖人を主語にして〗Kannst du bis zum obersten Fach *reichen*? 君は一番上の引き出しまで手が届きますか
❷ 足りる, 十分である ▷ Das Brot *reicht* nicht. パンが足りない / *Reicht* es Ihnen? - Danke, es *reicht*. 足りますか―ありがとう 十分です
── 他 〖③+④と〗〖…³に…⁴を〗手渡す ▷ Wür-

den Sie mir bitte das Salz *reichen*? 恐れ入りますが塩を取っていただけませんか

reich·hal·tig [ライヒ・ハルティヒ] 形 (内容・中身などが)豊富な, たくさんある ▷ ein *reichhaltiges* Programm 盛りだくさんなプログラム

reich·lich [ライヒリヒ]
── 形 十二分の, たっぷりの ▷ ein *reichliches* Trinkgeld 十二分なチップ / Wir haben noch *reichlich* Zeit. 私たちはまだたっぷり時間がある (☆ 無冠詞の名詞の前では格語尾をつけない)
── 副 〖口語〗かなり, ずいぶん ▷ Sie kamen *reichlich* spät. 彼らはかなり遅れて来た

reich·te [ライヒテ] reichen の 過去

Reich·tum [ライヒトゥーム] 男 *der* (⓶2格 -s; ⓶..tümer)
❶ 財産, 富 (☆ 集合的にとらえるときは単数で, 個別的にとらえるときは複数で用いる) ▷ *Reichtum* erwerben 富を手に入れる / *Reichtümer* sammeln 財産を蓄える / zu *Reichtum* kommen 財をなす
❷ 〖複なし〗豊富, 豊かさ ▷ Ich staune über den *Reichtum* seiner Kenntnisse. 私は彼の知識の豊富なのに驚く

reif [ライフ]
形 ❶ (果物・穀物などが)熟した, うれた ▷ Die Äpfel sind noch nicht *reif*. そのリンゴはまだ熟していない
❷ (人が人生経験などを積んで)成熟した ▷ ein *reifer* Mensch 成熟した人 / Er ist für diese Aufgabe noch nicht *reif*. 彼はこの任務をこなすにはまだ未熟だ
❸ (仕事などが)円熟した ▷ ein *reifes* Werk 円熟した作品
❹ (時機が)熟した ▷ Der Plan ist *reif* zur Ausführung. この計画は実行する時機が来た
❺ (チーズ・ワインなどが)熟成した

Reif [ライフ] 男 *der* (⓶2格 -[e]s; ⓶なし) 霜 ▷ Auf den Wiesen liegt *Reif*. 牧草地に霜が降りている

Rei·fe [ライフェ] 女 *die* (⓶2格 -; ⓶なし)
❶ (果物・穀物の)成熟 ▷ Das Obst kommt zur *Reife*. 果物が熟す
❷ (人の)成熟 ▷ die geistige *Reife* eines Menschen 人の精神的な成熟

rei·fen [ライフェン] (reifte; gereift; 完了s)
自 ❶ (果実などが)熟す; (人が肉体的・内面的に)成長する ▷ Die Äpfel *reifen*. リンゴが熟す / Er ist durch die Erlebnisse *gereift*. 彼はこれらの体験を通して成長した
❷ (決心などが)募る ▷ Langsam *reifte* in ihm der Gedanke auszuwandern. しだいに彼の心の内で外国に移住したいという思いが募っていった

Rei·fen [ライフェン] 男 *der* (⓶2格 -s; ⓶-)

完了h, 完了s=完了の助動詞 haben, sein

Reifenpanne

❶ タイヤ ▷ die *Reifen* wechseln タイヤを取り換える / Der *Reifen* ist geplatzt. タイヤがパンクした

❷ (たる・おけの)たが ▷ ein Fass mit *Reifen* beschlagen たるにたがをはめる

Rei·fen·pan·ne [ライフェン・パネ] 囡 *die* (@2格 -; @ -n) パンク

Rei·fe·prü·fung [ライフェ・プリューフンク] 囡 *die* (@2格 -; @ -en)《文語》ギムナジウム〈高等学校〉卒業試験 (＝Abitur)

Rei·fe·zeug·nis [ライフェ・ツォイクニス] 田 *das* (@2格 -nisses; @ ..nisse)《文語》ギムナジウム〈高等学校〉卒業証書 (＝Abiturzeugnis)

reif·lich [ライフリヒ] 形 (考察・検討などが)念入りな、十分な ▷ Ich habe es *reiflich* erwogen. 私はこのことを十分に検討した / nach *reiflicher* Überlegung じっくり考えて

Rei·he [ライエ] 囡 *die* (@2格 -; @ -n)

❶ 列、並び ▷ eine lange *Reihe* 長い列 / eine *Reihe* von Bäumen 一列に並んだ木 / eine *Reihe* bilden 列をつくる / bunte *Reihe* machen 男女交互に並ぶ / sich⁴ in einer *Reihe* aufstellen 一列に並ぶ / in dritter *Reihe* sitzen 3列目に座る

❷《@ なし》順番 ▷ Du bist an der *Reihe*. 君の番だ / Jetzt kommst du an die *Reihe*. 今度は君の番だよ / Immer der *Reihe* nach! 順番を守ってください

❸ (物事のひとつながり、一連;(刊行物の)シリーズ ▷ eine *Reihe* von Veranstaltungen 一連の催し / In welcher *Reihe* ist sein Buch erschienen? 彼の本はどのシリーズで出ましたか

(イディオム) *eine Reihe von*+❸ 相当数の (☆ 動詞はふつう単数形) ▷ seit *einer Reihe* von Jahren 何年も前から / *Eine Reihe* [*von*] Kollegen ist an der Grippe erkrankt. かなりの同僚がインフルエンザにかかった

Rei·hen·fol·ge [ライエン・フォルゲ] 囡 *die* (@2格 -; @ -n) 順序 ▷ in alphabetischer *Reihenfolge* アルファベット順に

Rei·hen·haus [ライエン・ハオス] 田 *das* (@2格 -es; @ ..häuser) 棟続きの住宅 (棟続きの同型の住宅の1つを指す)

Rei·her [ライアー] 男 *der* (@2格 -s; @ -)《鳥》サギ; (特に)アオサギ

Reim [ライム] 男 *der* (@2格 -[e]s; @ -e)《詩》韻; (特に)脚韻

rei·men [ライメン] (reimte; gereimt;@h)

── 他《④+*auf*+④と》[..⁴を..⁴に]韻をふませる ▷ „kalt" *auf* „bald" *reimen* kalt を bald に韻をふませる

── 再《sich⁴と》韻が合う、韻をふむ ▷ Diese Wörter *reimen* sich. これらの単語は韻が合う

rein [ライン]

── 形 (比較 -er, 最上 -st)

❶ 純粋な、まじりけのない ▷ *reines* Gold 純金 / der *reine* Gewinn 純益

❷ 清潔な、きれいな ▷ *reine* Wäsche 清潔な肌着 / die Wohnung *rein* halten 住まいをきれいに保つ

❸ まったくの、純然たる ▷ [ein] *reiner* Zufall まったくの偶然 / die *reine* Wahrheit sagen 真実のみを言う / Das ist *reine* Theorie. それは純然たる理論だ /《程度を強めて》Das ist ja *reiner* Unsinn. それはまったくのナンセンスだ

❹ (心・愛などが)清らかな、純真な

❺ (音が)澄んだ; (ことばが)なまりのない、正しい

(イディオム) ④+*ins reine bringen* (旧⇨新) ④+*ins Reine bringen*(問題など)⁴を解決する、かたづける

── 副《口語》《程度を表して》純粋に、まったく ▷ ein *rein* privates Gespräch 純粋に私的な会話

Rei·ne·ma·chen [ライネ・マッヘン] 田 *das* (@2格 -s; @ なし)《北ジ》掃除

Rein·fall [ライン・ファル] 男 *der* (@2格 -[e]s; @ ..fälle)《口語》(催し物などについて)期待外れ

Rein·ge·winn [ライン・ゲヴィン] 男 *der* (@2格 -[e]s; @ -e) 純益

Rein·heit [ラインハイト] 囡 *die* (@2格 -; @ なし) (まじりのない)純粋さ; (汚れのない)きれいさ、清潔; (心の)清らかさ、純真さ ▷ die makellose *Reinheit* der Wäsche 洗濯物の非の打ちどころのない清潔さ

rei·ni·gen [ライニゲン] (reinigte; gereinigt;@h)

他《④と》《..⁴を》(根本的に)きれいにする; クリーニングする ▷ die Wunde *reinigen* 傷口の汚れをとる / Abwässer *reinigen* 汚水を浄化する / Er lässt seinen Mantel chemisch *reinigen*. 彼はコートをドライクリーニングしてもらう /《中性名詞化して》den Anzug zum *Reinigen* geben 背広をクリーニングに出す

(類語)
reinigen 根本的にきれいにする
säubern 表面的にきれいにする

rei·nig·te [ライニヒテ] reinigen の 過去

Rei·ni·gung [ライニグング] 囡 *die* (@2格 -; @ -en)

❶《@ なし》(根本的に)きれいにすること; 洗浄、クリーニング ▷ chemische *Reinigung* ドライクリーニング

❷ クリーニング店 ▷ Sie bringt die Bluse in die *Reinigung*. 彼女はブラウスをクリーニング店に持って行く

rein·lich [ラインリヒ] 形 きれい好きの

Reis [ライス] 男 *der* (@2格 -es; @ -e)《植物》イネ; 米 ▷ *Reis* anbauen イネを栽培する

る / den *Reis* gut waschen 米をよく洗う〈とぐ〉

Rei·se [ライゼ] 囡 *die* (㊁2格 -; ㊊ -n)
旅, 旅行 ▷ eine große *Reise* 大旅行 / eine *Reise* mit der Bahn 鉄道旅行 / Er macht eine *Reise* nach Rom. 彼はローマへ旅行をする / Er ist soeben von der *Reise* zurückgekommen. 彼はちょうどいま旅から帰って来たところだ / Gute *Reise*!《旅立つ人へ》よい旅行を

Rei·se·apo·the·ke [ライゼ·アポテーケ] 囡 *die* (㊁2格 -; ㊊ -n)《集合的に》旅行用携帯医薬品

Rei·se·bü·ro [ライゼ·ビュロー] 中 *das* (㊁2格 -s; ㊊ -s) 旅行代理店, 旅行案内所 ▷ einen Flug über ein *Reisebüro* buchen lassen 飛行機便の予約を旅行代理店を通してする

Rei·se·füh·rer [ライゼ·フューラー] 男 *der* (㊁2格 -s; ㊊ -) (旅行者用の)ガイドブック; (旅行の)ガイド

Rei·se·kof·fer [ライゼ·コッファー] 男 *der* (㊁2格 -s; ㊊ -) 旅行用トランク

Rei·se·kos·ten [ライゼ·コステン] 複名 旅費

rei·sen [ráɪzn ライゼン]

現在	ich reise	wir reisen
	du reist	ihr reist
	er reist	sie reisen
過去	ich reiste	wir reisten
	du reistest	ihr reistet
	er reiste	sie reisten
過分	gereist	助動 sein

自 旅行する, 旅をする
mit der Bahn *reisen*
鉄道で旅行する
nach Deutschland *reisen*
ドイツへ旅行する
Mein Vater ist viel *gereist*.
私の父はよく旅行をした
Meine Mutter *reist* nicht gern.
私の母は旅行が好きでない

Rei·sen·de [ライゼンデ] 男 *der* / 囡 *die* (形容詞変化 ☞ Alte 表1) 旅人, 旅行者; 旅客 ▷ einem *Reisenden* den Weg zeigen 旅行者に道を教える(☆ 女性の旅行者なら einer *Reisenden*)

Rei·se·pass (㊊ ..paß) [ライゼ·パス] 男 *der* (㊁2格 -es; ㊊ ..pässe) パスポート, 旅券 ▷ einen *Reisepass* beantragen パスポートを申請する

Rei·se·pros·pekt [ライゼ·プロスペクト] 男 *der* (㊁2格 -[e]s; ㊊ -e) 旅行パンフレット

Rei·se·scheck [ライゼ·シェック] 男 *der* (㊁2格 -s; ㊊ -s) トラベラーズチェック

Rei·se·ta·sche [ライゼ·タッシェ] 囡 *die* (㊁2格 -; ㊊ -n) 旅行用バッグ

Rei·se·ziel [ライゼ·ツィール] 中 *das* (㊁2格 -[e]s; ㊊ -e) 旅行の目的地 ▷ Sein *Reiseziel* ist Bonn. 彼の旅行の目的地はボンである

rei·ßen [ライゼン] (du, er reißt; riss; gerissen)
— 自 ❶ 〖完了s〗 ぷっつり切れる〈裂ける〉 ▷ Das Seil ist *gerissen*. ザイルがぷっつり切れた
❷ 〖完了h〗 〖an+③と〗 〔…³を〕(繰り返し)強く引っ張る ▷ Der Hund hat heftig an der Leine *gerissen*. 犬は激しく綱を引っ張った
— 他 〖完了h〗 ❶ 〖④と〗〔…⁴を〕引き裂く ▷ das Papier in Stücke *reißen* 紙をずたずたに引き裂く / 〖場所と〗 Die Bombe *riss* ein Loch in den Boden. 爆弾は地面をえぐって穴をあけた
❷ 〖④と〗〔…⁴を〕引きちぎる〈はがす〉, もぎ取る ▷ ein Blatt aus dem Buch *reißen* 本のページを1枚引きちぎる / die Plakate von der Wand *reißen* ポスターを壁から引きはがす / Der Wind *riss* ihm den Hut vom Kopf. 風で彼は帽子を吹き飛ばされた
❸ 〖④+方向と〗〔…⁴を…へ〕強く引っ張る ▷ Der Hund *reißt* das Kind zu Boden. 犬は子供を地面に引き倒す

〖イディオム〗 ③+④+*aus der Hand reißen* …³の手から…⁴をひったくる

④+*an sich⁴ reißen* …⁴を強引に自分のものにする ▷ Er hat die Macht *an sich gerissen*. 彼は権力を奪取した

rei·ßend [ライセント] 形 (流れなどが)激しい, 急な

〖イディオム〗 *reißenden Absatz finden* 〈haben〉飛ぶように売れる〈売れている〉

rei·ße·risch [ライゼリシュ] 形 (見出しなどが)どぎつい, 安っぽく派手な

Reiß·na·gel [ライス·ナーゲル] 男 *der* (㊁2格 -s; ㊊ ..nägel) 画鋲

Reiß·ver·schluss (㊊ ..schluß) [ライス·フェアシュルス] 男 *der* (㊁2格 -es; ㊊ ..schlüsse) ファスナー, チャック ▷ den *Reißverschluss* öffnen〈schließen〉ファスナーをあける〈閉じる〉

Reiß·zwe·cke [ライス·ツヴェッケ] 囡 *die* (㊁2格 -; ㊊ -n) 画鋲

reis·te [ライステ] reisen の 過去

rei·ten [ライテン]
(du reitest, er reitet; ritt; geritten)
— 自 〖完了s〗 (馬などに)乗る ▷ auf einem Esel *reiten* ロバに乗る / im Galopp *reiten* ギャロップで駆ける / Er ist früher viel *geritten*. 彼は以前よく馬に乗った
— 他 ❶ 〖完了h〗〖④と〗〔馬などに〕乗る ▷ Er *reitet* einen Schimmel. 彼は白馬に乗っている
❷ 〖完了s,h〗〖④と〗〔馬術競技に〕出場する ▷ ein Rennen *reiten* 競馬レースに出場する
❸ 〖完了s,h〗〖④と〗〔道·距離·時間⁴を〕馬などに乗って行く〈走る〉 ▷ Sie hat heute einen an-

dern Weg *geritten.* 彼女はきょうは別の道を馬に乗って走った

Rei·ter [ライター] 男 *der* (⊞ 2格 -s; 複 -) (馬などの)乗り手, 騎手

Reiz [ライツ] 男 *der* (⊞ 2格 -es; 複 -e)
❶ 刺激 ▷ Das Licht übt einen *Reiz* auf das Auge aus. 光は目に刺激を与える
❷ 魅力 ▷ ein unwiderstehlicher *Reiz* 抗しがたい魅力

reiz·bar [ライツ・バール] 形 すぐいらだつ, 怒りっぽい, 神経質な ▷ Er ist heute sehr *reizbar.* 彼はきょうひどく神経質になっている

rei·zen [ライツェン] (reizte; gereizt; 助 h)
他 ❶ 《④と》[…⁴を]刺激する ▷ Das grelle Licht *reizt* meine Augen. ギラギラする光が私の目を刺激する
❷ 《④と》[…⁴を]いらいらさせる, 怒らせる ▷ Sie hat ihn durch ihr Verhalten aufs Äußerste *gereizt.* 彼女の態度に彼はひどく腹を立てた
❸ 《④と》[…⁴の]興味・関心などをそそる ▷ Die Aufgabe *reizte* ihn. その任務は彼の興味をそそった

rei·zend [ライツェント] 形 魅力的な, チャーミングな ▷ ein *reizendes* Mädchen チャーミングな女の子 / Es war ein *reizender* Abend. すてきな夕べだった

reiz·voll [ライツ・フォル] 形 魅力あふれる, すばらしい, 興味をそそる

re·keln [レーケルン] (rekelte; gerekelt; 助 h)
再《口語》《sich⁴と》(くつろいで)体を伸ばす ▷ Er *rekelte* sich vor dem Aufstehen im Bett. 彼は起きる前にベッドでゆっくりと体を伸ばした

Re·kla·ma·ti·on [レクラマツィオーン] 女 *die* (⊞ 2格 -; 複 -en) 苦情を述べること, クレーム

Re·kla·me [レクラーメ] 女 *die* (⊞ 2格 -; 複 -n) 宣伝, 広告;《口語》宣伝用印刷物 ▷ für+④ *Reklame* machen …⁴の宣伝をする

re·kla·mie·ren [レクラミーレン] (reklamierte; reklamiert; 助 h)
他《④と》[不良品など⁴のことで]苦情を述べる, クレームをつける

re·kon·stru·ie·ren [レ・コンストルイーレン] (rekonstruierte; rekonstruiert; 助 h)
他 ❶ 《④と》[遺跡など⁴を]復元する ▷ einen antiken Tempel *rekonstruieren* 古代の神殿を復元する
❷ 《④と》[事件など⁴を]再現する, 再構成する ▷ Der Verlauf des Unfalls wurde *rekonstruiert.* 事故の経過が再現された

Re·kord [レコルト] 男 *der* (⊞ 2格 -[e]s; 複 -e)《スポーツ》最高記録, レコード ▷ einen neuen *Rekord* aufstellen 新記録を樹立する

Rek·rut [レクルート] 男 *der* (⊞ 2・3・4格 -en; 複 -en)《軍隊》新兵, 初年兵

Rek·tor [レクトーア] 男 *der* (⊞ 2格 -s; 複 -en) (大学の)学長, 総長;(小・中学校などの)校長 (☆ ギムナジウムの「校長」は Direktor)

Rek·to·ren [レクトーレン] Rektor の 複数

Re·la·ti·on [レラツィオーン] 女 *die* (⊞ 2格 -; 複 -en)《文語》(2つの事柄などの間に成り立つ)関係, 関連
イディオム *in keiner Relation zu*+③ *stehen* …³とまったく関係がない

re·la·tiv [レラティーフ]
—— 形 相対的な (⇔ absolut) ▷ *relative* Werte 相対的な価値 / die *relative* Mehrheit 比較多数
—— 副 比較的, わりあい ▷ Das ist *relativ* schwierig. それはわりあい難しい / Davon weiß ich *relativ* viel. そのことについて私は比較的多く知っている

re·la·ti·vie·ren [レラティヴィーレン] (relativierte; relativiert; 助 h)
他《文語》《④と》[…⁴を]相対化する, 相対的に考える

Re·la·ti·vi·täts·the·o·rie [レラティヴィテーツ・テオリー] 女 *die* (⊞ 2格 -; 複 なし)《物理》相対性理論 (☆ Einstein の唱えた理論)

re·le·vant [レレヴァント] 形 (あることとの関連において)意味を持っている, 重要な

Re·li·ef [レリエフ] 中 *das* (⊞ 2格 -s; 複 -s)《美術》浮き彫り, レリーフ

Re·li·gi·on [レリギオーン] 女 *die* (⊞ 2格 -; 複 -en)
宗教 ▷ die buddhistische 〈christliche〉 *Religion* 仏教〈キリスト教〉 / Welcher *Religion* gehören Sie an? あなたはどの宗教に属していますか

re·li·gi·ös [レリギエース]
形 ❶ 宗教上の ▷ die *religiöse* Erziehung der Kinder 子供たちの宗教教育
❷ 宗教心のある (☆ 信仰に基づく敬虔な生活態度を表す fromm と異なり, religiös は宗教に対する人の姿勢・考え方を表す) ▷ Sie ist sehr *religiös.* 彼女はとても宗教心がある

Re·li·gi·o·si·tät [レリギオズィテート] 女 *die* (⊞ 2格 -; 複 なし) 宗教心のあること(宗教の教えに従って行動すること)

Re·likt [レリクト] 中 *das* (⊞ 2格 -[e]s; 複 -e) (過去の)遺物;《生物》遺存〈残存〉種

Re·ling [レーリング] 女 *die* (⊞ 2格 -; 複 なし)《船》甲板の手すり

Re·li·quie [レリークヴィエ] 女 *die* (⊞ 2格 -n)《カトリック》聖遺物

rem·peln [レムペルン] (rempelte; gerempelt; 助 h)
他《口語》《④と》[…⁴を](ふつうわざと)ひじや体で突く ▷ Ich wurde im Gedränge mehrfach

geremplt. 私は人込みで何度も体をぶつけられた

Re·nais·sance [レネサーンス] [女] *die* ([単] 2格 –; [複] –n)
❶ 〖[複] なし〗 ルネサンス, 文芸復興
❷ ルネサンス様式
❸ (文化・風俗などの)復活

Ren·dez·vous [ランデヴー] [中] *das* ([単] 2格 –; [複] – [ランデヴース]) デート, ランデブー; 待ち合わせ ▷ mit+③ ein *Rendezvous* haben …^{3}とデートをする

Ren·di·te [レンディーテ] [女] *die* ([単] 2格 –; [複] –n) (有価証券などがもたらす)収益

Renn·bahn [レン・バーン] [女] *die* ([単] 2格 –; [複] –en) (競馬などの)コース

ren·nen [レッネン] (rannte; gerannt; [完了]s)
[自] ❶ (速く)走る ▷ Ich *rannte* so schnell wie möglich. 私はできるだけ速く走った / um die Wette *rennen* 競走する
❷ 《口語》〖[方向]と〗(何かにつけすぐに)〔…へ〕行く ▷ ständig zum Arzt *rennen* しょっちゅう医者に行く
❸ 〖an 〈gegen〉+④と〗〔…^{4}に〕(激しく)ぶつかる ▷ Er *rannte* gegen einen Laternenpfahl. 彼は街灯の柱にぶつかった

Ren·nen [レッネン] [中] *das* ([単] 2格 –s; [複] –) 《スポーツ》 競走, レース ▷ das *Rennen* gewinnen 〈verlieren〉 競走〈レース〉に勝つ〈負ける〉

Ren·ner [レッナー] [男] *der* ([単] 2格 –s; [複] –) 《口語》 ヒット商品; 大当たりの作品

Renn·pferd [レン・プフェーアト] [中] *das* ([単] 2格 –[e]s; [複] –e) 競走馬

Renn·wa·gen [レン・ヴァーゲン] [男] *der* ([単] 2格 –s; [複] –) レーシングカー

re·nom·miert [レノミーアト] [形] 《文語》 評判のよい

re·no·vie·ren [レノヴィーレン] (renovierte; renoviert; [完了]h)
[他] 〖④と〗〔建物・内装など^{4}を〕修繕する, 改装〈改築〉する ▷ eine Kirche *renovieren* 教会を修繕する / Er hat alle Zimmer *renovieren* lassen. 彼は全室を改装してもらった

ren·ta·bel [レンターベル] [形] (商売などが)利益のあがる, もうかる (☆ 語尾がつくと rentabl.. となる); 〖副詞的に〗 利益があがるように

ren·tab·le [レンターブレ] ☞ rentabel

Ren·te [レンテ] [女] *die* ([単] 2格 –; [複] –n)
❶ 年金 (☆「公務員の年金」は Pension) ▷ eine *Rente* bekommen 年金をもらう / in *Rente* gehen 年金生活に入る
❷ (資産から生じる定期的な) 収入, 不労所得(利子・地代・家賃など)

Ren·ten·al·ter [レンテン・アルター] [中] *das* ([単] 2格 –s; [複] なし) 年金のもらえる年齢

Ren·ten·ver·si·che·rung [レンテン・フェアズィッヒェルング] [女] *die* ([単] 2格 –; [複] –en) 年金保険

ren·tie·ren [レンティーレン] (rentierte; rentiert; [完了]h)
[再] 〖[sich]^{4}と〗 利益があがる, もうかる ▷ Der Laden *rentiert* sich. その店はもうかっている / 《比ゆ》 Die Bemühungen haben sich *rentiert*. その努力は報われた

Rent·ner [レントナー] [男] *der* ([単] 2格 –s; [複] –) 年金生活者 ▷ Er ist vor zwei Jahren *Rentner* geworden. 彼は2年前に年金生活者になった

Rent·ne·rin [レントネリン] [女] *die* ([単] 2格 –; [複] ..rinnen) Rentner の女性形

re·pa·ra·bel [レパラーベル] [形] (破損などが)修理可能な (☆ 語尾がつくと reparabl.. となる)

re·pa·rab·le [レパラーブレ] ☞ reparabel

Re·pa·ra·tur [レパラトゥーア] [女] *die* ([単] 2格 –; [複] –en)
修理, 修繕 ▷ eine *Reparatur* ausführen 修理をする
[イディオム] ④+***zur Reparatur bringen*** …^{4}を修理〈修繕〉に出す

re·pa·rie·ren [レパリーレン] (reparierte; repariert; [完了]h)
[他] 〖④と〗〔…^{4}を〕修理〈修繕〉する ▷ die Uhr *reparieren* 時計を修繕する / Sie hat die Schuhe *reparieren* lassen. 彼女は靴を修繕してもらった

re·pa·riert [レパリーアト] reparieren の [現在], [過分]

re·pa·rier·te [レパリーアテ] reparieren の [過去]

Re·port [レポルト] [男] *der* ([単] 2格 –[e]s; [複] –e) 《文語》 報告, レポート

Re·por·ta·ge [レポルタージェ] [女] *die* ([単] 2格 –; [複] –n) (テレビ・新聞などの)ルポルタージュ, 現地報告

Re·por·ter [レポルター] [男] *der* ([単] 2格 –s; [複] –) (テレビ・新聞などの)報道記者, リポーター, ルポライター

Re·por·te·rin [レポルテリン] [女] *die* ([単] 2格 –; [複] ..rinnen) Reporter の 女性形

re·prä·sen·tie·ren [レプレゼンティーレン] (repräsentierte; repräsentiert; [完了]h)
— [他] 《文語》 ❶ 〖④と〗〔国など^{4}を〕(公的に)代表する ▷ Botschafter *repräsentieren* ihren Staat im Ausland. 大使は外国で本国を代表する
❷ 〖④と〗〔…^{4}の〕本質をとらえて示す, 具現する ▷ Die Auswahl *repräsentiert* das Gesamtschaffen des Künstlers. この選集はその芸術家の全作品の特徴を典型的に表している
❸ 〖④と〗〔価値^{4}を〕もつ, なす ▷ Das Grund-

R

Reproduktion

stück *repräsentiert* einen Wert von mehreren Millionen Euro. この土地は数百万ユーロの価値がある

— 自 社会的地位にふさわしく振舞う ▷ Er kann gut *repräsentieren*. 彼は十分その地位にふさわしく振舞うことができる

Re·pro·duk·ti·on [レプロドゥクツィオーン] 女 *die* (単2格 -; 複 -en) 複写; 複写物, コピー

re·pro·du·zie·ren [レプロドゥツィーレン] (reproduzierte; reproduziert; 助h)
他【4と】〔絵·図面など4を〕複写する, コピーする

Rep·til [レプティール] 中 *das* (単2格 -s; 複 ..tilien)（動物）爬虫類

Rep·ti·li·en [レプティーリエン] Reptil の 複数

Re·pub·lik [レプブリーク] 女 *die* (単2格 -; 複 -en) 共和国; 共和制 ▷ die *Republik* Österreich オーストリア共和国

re·pub·li·ka·nisch [レプブリカーニシュ] 形 共和制の; 共和制を支持する

Re·qui·sit [レクヴィズィート] 中 *das* (単2格 -s; 複 -en)
❶ 《ふつう 複 で》（舞台·撮影現場などの）小道具
❷ （ある目的のために）必要な道具〈付属品〉

Re·ser·ve [レゼルヴェ] 女 *die* (単2格 -; 複 -n)
❶ 《ふつう 複 で》（いざという時のための）蓄え ▷ finanzielle *Reserven* 経済的蓄え
❷ 《軍隊》予備軍;《スポーツ》補欠
❸ （複 なし）（考え·感情を表に出さない）控え目な態度, 遠慮, 静観的な態度

イディオム ❹ +*in Reserve halten* ..4を蓄えておく

re·ser·vie·ren [レゼルヴィーレン] (reservierte; reserviert; 助h)
他【4と】〔切符·席など4を〕予約に応じてあけてとっておく; 予約する (☆ 予約は店の人などを通して行うため正式には lassen をつけ reservieren lassen と言う) ▷ Ich habe einen Tisch im Restaurant *reservieren* lassen. 私はレストランにテーブルを予約した（←レストランの人に頼んであけておいてもらった）

re·ser·viert [レゼルヴィーアト]
— reservieren の 現在, 過分
— 形 ❶ 予約してある, 予約ずみの ▷ *reservierte* Plätze 予約席
❷ （人に対して）うちとけない, 距離をおいた, 遠慮がちな ▷ Er verhält sich immer *reserviert*. 彼はいつも距離をおいた態度をとる

re·ser·vier·te [レゼルヴィーアテ] reservieren の 過去

Re·si·denz [レズィデンツ] 女 *die* (単2格 -; 複 -en)（国王·司教などの）宮殿, 居城

Re·sig·na·ti·on [レズィグナツィオーン] 女 *die* (単2格 -; 複 -en) あきらめ, 断念

re·sig·nie·ren [レズィグニーレン] (resignierte; resigniert; 助h)

（失敗などのために失望し）あきらめる, 断念する ▷ Du darfst doch nicht gleich *resignieren*. すぐにあきらめてはだめだよ

re·so·lut [レゾルート] 形（態度などが）決然（と, 固）とした

Re·so·lu·ti·on [レゾルツィオーン] 女 *die* (単2格 -; 複 -en)（集会などの）決議

Re·so·nanz [レゾナンツ] 女 *die* (単2格 -; 複 -en) 共鳴, 共振;（提案などに対する）共感, 反響 ▷ *Resonanz* finden〈auf *Resonanz* stoßen〉（提案などが）共感を得る

Re·spekt [レスペクト] 男 *der* (単2格 -[e]s; 複 なし) 敬意, 尊敬 ▷ Sie hat allen *Respekt* vor ihm verloren. 彼女は彼に対する尊敬の念をすべて失った

re·spek·tie·ren [レスペクティーレン] (respektierte; respektiert; 助h)
他 ❶【4と】〔..4を〕尊敬する, 〔..4に〕敬意を払う ▷ den Lehrer *respektieren* 先生を尊敬する
❷【4と】〔権利·意見など4を〕尊重する ▷ Ich habe Ihre Meinung stets *respektiert*. 私はあなたの意見を絶えず尊重してきた

re·spekt·los [レスペクト·ロース] 形 敬意を欠いた, 失礼な

re·spekt·voll [レスペクト·フォル] 形 敬意のこもった, 丁重な

Res·sour·cen [レスルセン] 複数（国家の）資源（天然資源や財源など）,（企業の）資金

Rest [レスト] 男 *der* (単2格 -es; 複 -e)
❶ （あることをしたあとの）残り, 余り ▷ der *Rest* der Mahlzeit 食事の残り / ein *Rest* Farbe ペンキの残り
❷ （複 なし）（あることを終わらせるための）残り ▷ Den *Rest* des Weges ging sie zu Fuß. 残りの道程を彼女は歩いて行った / Den *Rest* kannst du mir später zahlen. 残りはあとで払えばいいよ

Res·tau·rant

[rɛstorãː レストラーン]

中 *das* (単2格 -s; 複 -s)

レストラン, 料理店
ein chinesisches *Restaurant*
中国料理店
im *Restaurant* essen
レストランで食事をする
ins *Restaurant* gehen
レストランへ行く
Ich habe einen Tisch im *Restaurant* reservieren lassen. 私はレストランにテーブルを予約した

Res·tau·ra·ti·on [レスタオラツィオーン] 女 *die* (単2格 -; 複 -en)
❶ （古い美術品·建築物などの）修復

❷《歴史》〔王制〕復古
es·tau·rie·ren [レスタオリーレン]
(restaurierte; restauriert; 助h)
⑯ 〖④と〗〔古い美術品・建築物など*を〕修復する
est·li·che [レストリッヒェ] 形 残りの; 余った（☆名詞につけて）▷ Ich werde die *restlichen* Arbeiten morgen erledigen. 私は残りの仕事をあす処理します
est·los [レスト・ロース] 副 残らず, すっかり ▷ Die Karten waren *restlos* ausverkauft. 切符は残らず売り切れていた
Rest·müll [レスト・ミュル] 男 der (⑯2格 -[e]s; ⑯なし)（分別後に）残ったごみ
Re·sul·tat [レズルタート] 中 das (⑯2格 -[e]s; ⑯ -e)《文語》
❶ 結果; 成果 ▷ ein unerwartetes *Resultat* 予期しない結果
❷（計算の）答え
Re·sü·mee [レズュメー] 中 das (⑯2格 -s; ⑯ -s)《文語》（研究発表などの）要旨, レジュメ
Re·tor·te [レトルテ] 女 die (⑯2格 -; ⑯ -n)《化学》レトルト, 蒸留器
ret·ten [レッテン]
(du rettest, er rettet; rettete; gerettet; 助h)
—⑯ ❶ 〖④と〗〔…⁴を〕（危険などから）救う, 救助〈救出〉する ▷ die Besatzung des gesunkenen Schiffs *retten* 沈没した船の乗り組み員を救助する / Er hat mich vor dem Verhungern *gerettet*. 彼は私が飢え死にするところを救ってくれた
❷ 〖④と〗〔…⁴を〕（破損・損失などから）守る ▷ das Gemälde vor Beschädigung *retten* 絵画を傷まないようにする
《イディオム》③ +*das Leben retten* …³の命を救う
④ +*aus Lebensgefahr retten* …⁴を生命の危険から救い出す
—再 〖〖sich〗⁴と〗（危険などから）逃れる ▷ Er konnte sich durch einen Sprung aus dem Fenster *retten*. 彼は窓から飛び降りることで逃れることができた
ret·te·te [レッテテ] retten の 過去
Ret·tich [レッティヒ] 男 der (⑯2格 -s; ⑯ -e)《植物》ダイコン
Ret·tung [レットゥング] 女 die (⑯2格 -; ⑯ -en) 救助, 救出 ▷ die *Rettung* eines ertrinkenden Kindes おぼれている子供の救助
re·tu·schie·ren [レトゥシーレン]
(retuschierte; retuschiert; 助h)
⑯ 〖④と〗〔写真など*を〕（きれいに見えるように）修整する
Reue [ロイエ] 女 die (⑯2格 -; ⑯なし) 悔い, 後悔 ▷ Die *Reue* kam zu spät. 後悔するのが遅すぎた
reu·en [ロイエン] (reute; gereut; 助h)

⑯ 〖④と〗（物事が）〔…⁴に〕後悔させる（☆ふつう bereuen「…⁴を後悔する」を用いる）
reu·mü·tig [ロイ・ミューティヒ] 形 後悔している ▷ Er kehrte *reumütig* zu den Eltern zurück. 彼は後悔して両親のもとに戻った
Re·van·che [レヴァンシェ/..シュ] 女 die (⑯2格 -; ⑯ -n)
❶ 雪辱の機会 ▷ vom Gegner *Revanche* fordern 相手選手〈チーム〉に雪辱戦を要求する
❷《口語》仕返し
re·van·chie·ren [レヴァンシーレン]
(revanchierte; revanchiert; 助h)
再 ❶ 〖〖sich〗⁴と〗 報復〈仕返し〉をする ▷ Für deine Beleidigung werde ich mich später *revanchieren*. 君の侮辱には私はあとで仕返しをするからな
❷ 〖〖sich〗⁴と〗（親切などに対して）お返し〈返礼〉をする ▷ *sich* bei+③ für ein Geschenk *revanchieren* …³に贈り物のお返しをする
Re·vers [レヴェーア] 中 das / 男 der (⑯2格 -; ⑯ - [レヴェーアス])（コートなどの）折り返し
re·vi·die·ren [レヴィディーレン]
(revidierte; revidiert; 助h)
⑯ 〖④と〗〔契約など*を〕（修正などのために）[再度]調べる, チェックする
《イディオム》*seine Meinung revidieren* 自分の意見を（批判的に検討して）修正する（☆ seine は主語に応じて変える）
Re·vier [レヴィーア] 中 das (⑯2格 -s; ⑯ -e)
❶（警察などの）管轄区域; 受け持ち区域; なわばり ▷ das *Revier* eines Briefträgers 郵便配達人の受け持ち区域
❷（管轄の）警察署 ▷ Man brachte ihn auf das *Revier*. 彼は警察署に連れて行かれた
Re·vol·te [レヴォルテ] 女 die (⑯2格 -; ⑯ -n)（刑務所などでの）暴動
re·vol·tie·ren [レヴォルティーレン]
(revoltierte; revoltiert; 助h)
自 反乱〈暴動〉を起こす ▷ Die Matrosen *revoltierten*. 船員〈水兵〉たちが反乱を起こした
Re·vo·lu·ti·on [レヴォルツィオーン] 女 die (⑯2格 -; ⑯ -en) 革命 ▷ die Französische *Revolution* フランス革命 /《比ゆ》die industrielle *Revolution* 産業革命
re·vo·lu·ti·o·när [レヴォルツィオネーア] 形 革命の;《比ゆ》革命的な ▷ eine *revolutionäre* Bewegung 革命運動 / eine *revolutionäre* Entdeckung 革命的な発見
Re·vo·lu·ti·o·när [レヴォルツィオネーア] 男 der (⑯2格 -s; ⑯ -e) 革命家
re·vo·lu·ti·o·nie·ren [レヴォルツィオニーレン]
(revolutionierte; revolutioniert; 助h)
⑯ 〖④と〗（発明などが）〔…⁴に〕革命的変化をもたらす

Re·vol·ver [レヴォルヴァー] 男 der (⑫2格 -s; ⑬ -) リボルバー, 回転式連発拳銃

Re·vue [レヴュー] 女 die (⑫2格 -; ⑬ -n) レビュー(歌やダンスに時事風刺を組み合わせたショー)

Re·zen·sent [レツェンゼント] 男 der (⑫2·3·4格 -en; ⑬ -en) (本・映画などの)批評家, 評論家

re·zen·sie·ren [レツェンズィーレン] (rezensierte; rezensiert; 助 h) 他 (④と)〔本・映画など⁴の〕批評〈評論・書評〉を書く

Re·zen·si·on [レツェンズィオーン] 女 die (⑫2格 -; ⑬ -en) (本・映画などの)批評, 評論, 書評

Re·zept [レツェプト] 中 das (⑫2格 -[e]s; ⑬ -e)
❶ (医者の)処方箋
❷ (料理)調理法

Re·zes·si·on [レツェスィオーン] 女 die (⑫2格 -; ⑬ -en) 景気後退, 不況

re·zi·tie·ren [レツィティーレン] (rezitierte; rezitiert; 助 h) 他 (④と)〔詩・バラードなど⁴を〕朗読〈朗唱〉する

der **Rhein** [ライン] 男 (⑫2格 -[e]s; ⑬ なし)《川名》ライン川(スイスに源を発し, ドイツ・オランダを経て北海に注ぐ, 全長 1320 km; 定冠詞を必ず伴う; 🗺 地図 D~B-5~2)

Rhein·land-Pfalz [ラインラント・プファルツ] (中 *das*)《州名》ラインラント・プファルツ(ドイツ中西部)

Rhe·to·rik [レトーリク] 女 die (⑫2格 -; ⑬ なし) 雄弁術, レトリック, 修辞学

rhe·to·risch [レトーリシュ] 形 修辞上の;〔副詞的に〕修辞的に

Rheu·ma [ロイマ] 中 das (⑫2格 -s; ⑬ なし)《医学》リウマチ

Rheu·ma·tis·men [ロイマティスメン] Rheumatismus の 複

Rheu·ma·tis·mus [ロイマティスムス] 男 der (⑫2格 -; まれに ⑬ ..tismen)《医学》リウマチ(= Rheuma)

Rhom·ben [ロムベン] Rhombus の 複

Rhom·bus [ロムブス] 男 der (⑫2格 -; ⑬ Rhomben) 菱形

Rhyth·men [リュトメン] Rhythmus の 複

rhyth·misch [リュトミシュ] 形 リズムの; リズミカルな ▷ eine *rhythmische* Melodie リズミカルなメロディー / Sie hat *rythmisches* Gefühl. 彼女はリズム感がある

Rhyth·mus [リュトムス] 男 der (⑫2格 -; ⑬ Rhythmen)
❶ リズム ▷ ein schneller *Rhythmus* 速いリズム
❷《文語》(物事の)周期〈規則〉的反復

Ri·chard [リヒャルト]《男名》リヒャルト

rich·ten [リヒテン] (richtete; gerichtet; 助 h)

— 他 ❶ 〔(④)+(方向)と〕〔..⁴を…へ〕向ける ▷ den Blick in die Ferne *richten* 視線を遠くへ向ける / Er *richtete* seine ganze Aufmerksamkeit auf die Arbeit. 彼は全神経を仕事に集中した / Die Frage war an dich *gerichtet* [状態受動]その質問は君にした〈された〉ものだったんだ

❷ 〔(④)と〕〔..⁴の〕用意〈支度・準備〉をする ▷ Ich habe euch das Frühstück *gerichtet*. 私は君たちの朝食の支度をしておいた

❸ 〔(④)と〕〔..⁴を〕調整する, 整える, 直す ▷ die Antenne *richten* アンテナの向きを調整する / Hast du die Uhr *gerichtet*? 君は時計を合わせたか

— 再 ❶ 〔(sich)⁴+(方向)と〕〔…へ〕向けられる ▷ Sein Blick *richtete* sich auf mich. 彼の視線は私に向けられていた

❷ 〔(sich)⁴+nach+③と〕〔..³に〕従う, 従って行動する ▷ Er *richtet* sich nach seinem Vater. 彼は父親の言う通りにする

❸ 〔(sich)⁴+nach+③と〕(物事が)〔..³に〕しだいだ, 〔..³に〕よる ▷ Die Bezahlung *richtet* sich nach der Leistung. 報酬は仕事のできによる

— 自《文語》〔über+④と〕〔..⁴について〕裁く ▷ Wir haben über diesen Menschen nicht zu *richten*. 私たちにはこの人を裁く資格がない

Rich·ter [リヒター] 男 der (⑫2格 -s; ⑬ -) 裁判官, 判事 ▷ Er ist *Richter* am Landgericht. 彼は地方裁判所の裁判官である

rich·tig

[ríçtıç リヒティヒ]

— 形 ❶《誤りがないという意味で》正しい (⇔ falsch)
eine *richtige* Aussprache
正しい発音
ein Wort *richtig* schreiben
単語を正しく書く
Seine Rechnung war *richtig*.
彼の計算は合っていた
Meine Uhr geht *richtig*.
私の時計は合っている

❷ (状況的・倫理的に見て)正しい ▷ der *richtige* Weg 正しい道 (☆ 比喩的にも) / *richtig* reagieren 正しく反応する / Das finde ich nicht *richtig*, dass du ihr nicht hilfst. 君が彼女を助けてやらないのは正しいとは思わない (☆ 文頭の Das は dass 文を強調的に前もって示す)

❸ 適切な, ふさわしい ▷ Er ist der *richtige* Mann am *richtigen* Platz. 彼は適材適所だ / im *richtigen* Augenblick ちょうどいい時に

❹ 本格的な, ちゃんとした ▷ In diesem Jahr hatten wir keinen *richtigen* Sommer. 今年は夏らしい夏ではなかった / Ich muss mal *rich-*

Rindfleisch

tig ausschlafen. 私は一度十分に睡眠をとる必要がある

❺ 本当の, 本物の, 実際の ▷ Er ist ein *richtiger* Kavalier. 彼は本当の紳士だ / Er hat seinen *richtigen* Namen genannt. 彼は実名を名乗った

——副 《口語》 本当に ▷ Er wurde *richtig* wütend. 彼は本当に怒った

(イディオム) **[Ja,] richtig!** 《忘れていたことを思い出して》[うん]そうだった

Rich·tig·keit [リヒティカイト] 囡 *die* (⊕2格 -; ⊕ なし) 正しさ

Richt·li·nie [リヒト・リーニエ] 囡 *die* (⊕2格 -; ⊕ -n) 《ふつう 複で》(どう対応すべきかなどを示した)方針, 指針 ▷ die *Richtlinien* beachten 方針を守る

Rich·tung [リヒトゥング] 囡 *die* (⊕2格 -; ⊕ -en)

❶ 方向, 方角 ▷ die *Richtung* ändern 方向を変える / aus allen *Richtungen* あらゆる方向から / in *Richtung* auf den Berg 山の方向へ / In welche *Richtung* gehst du? どちらの方向へ君は行きますか

❷ (ふつうグループによって代表される芸術・政治上の)流れ, 思潮 ▷ eine literarische *Richtung* 文芸思潮

rieb [リープ] reiben の (過去)

rie·chen [リーヒェン] (roch; gerochen; (完了)h)

——圓 ❶ 《(3格)と》〔…のにおいがする ▷ Der Kaffee *riecht* gut. そのコーヒーはいい香りがする / Er *riecht* nach Schweiß. 彼は汗臭い / 《非人称主語 es と》 Hier *riecht* es angebrannt. ここは焦げ臭いにおいがする

❷ 臭い ▷ Sein Atem *riecht* 〈Er *riecht* aus dem Mund〉. 彼の息は〈彼は口が〉臭い

❸ 《an+③と》〔…の³〕のにおいをかぐ《意図的に》 ▷ Sie *riecht* an einer Rose. 彼女はバラの香りをかぐ

——他 《④と》〔…の⁴〕のにおいをかぐ, においがする(意図的な場合も意図的でない場合もある) ▷ Ich *rieche* Kaffee gern. 私はコーヒーの香りが好きだ / *Riechst* du nichts? 何もにおわないかい

[類語]
riechen (一般的な意味で)におう
duften いいにおいがする
stinken いやなにおいがする

rief [リーフ] rufen の (過去)
rie·fe [リーフェ] rufen の (接II)
Rie·ge [リーゲ] 囡 *die* (⊕2格 -; ⊕ -n) 《体操》組, チーム
Rie·gel [リーゲル] 團 *der* (⊕2格 -s; ⊕ -) (ドアなどの)掛け金; (門扉の)かんぬき
Rie·men [リーメン] 團 *der* (⊕2格 -s; ⊕ -) (皮・合成樹脂などの, ひらべったい)ひも, ベルト ▷ Er schnallt seine Mappe mit einem *Riemen* auf dem Fahrrad fest. 彼はカバンをひもで自転車に固定する

Rie·se [リーゼ] 團 *der* (⊕2・3・4格 -n; ⊕ -n)
❶ (おとぎ噺などの)巨人 (↔ Zwerg)
❷ 大男, 巨漢; 巨大な建造〈建造〉物

rie·seln [リーゼルン]
(rieselte; gerieselt; (完了)s,h)
圓 ❶ (水などが)ちょろちょろと流れる ▷ Ein Bach *rieselt*. 小川がちょろちょろと流れる
❷ (粒などが)さらさら〈ひらひら〉と落ちる; (雨が)しとしと降る ▷ Sand ist durch die Finger *gerieselt*. 砂が指の間からさらさら落ちた

rie·sen·groß [リーゼン・グロース] 形《口語》巨大な
Rie·sen·rad [リーゼン・ラート] 中 *das* (⊕2格 -[e]s; ⊕ ..räder) (遊園地などの)大観覧車
rie·sig [リーズィヒ]
形 ❶ 巨大な, ものすごく大きい ▷ ein *riesiger* Elefant 巨大なゾウ
❷ (程度が)ものすごい ▷ Ich habe einen *riesigen* Hunger. 私はものすごく空腹だ / Er hat sich *riesig* gefreut. 彼はものすごく喜んだ
❸ 《口語》すばらしい, すごい ▷ Der Film ist einfach *riesig*. その映画はとにかくすごい

riet [リート] raten の (過去)
rie·te [リーテ] raten の (接II)
Riff [リフ] 中 *das* (⊕2格 -[e]s; ⊕ -e) 岩礁, 暗礁
ri·go·ros [リゴロース] 形 厳しい, 容赦ない ▷ *rigorose* Maßnahmen 厳しい処置
Ril·ke [リルケ] 《人名》 リルケ (☆ Rainer Maria Rilke はドイツの詩人. 1875-1926)
Ril·le [リレ] 囡 *die* (⊕2格 -; ⊕ -n) (物の表面に刻み込まれた)溝 ▷ die *Rillen* einer Schallplatte レコードの溝

Rind [リント] 中 *das* (⊕2格 -es 〈まれに -s〉; ⊕ -er)
❶ (雌雄の区別なく一般的に)牛
❷ 《複 なし》《口語》牛肉 ▷ Ich esse lieber *Rind* als Schwein. 私は牛肉の方が豚肉より好きだ

Rin·de [リンデ] 囡 *die* (⊕2格 -; ⊕ -n)
❶ 樹皮, 木の皮 ▷ Er ritzt seinen Namen in die *Rinde* eines Baumes. 彼は自分の名前を木の皮に刻みつける
❷ (パン・チーズなどの)固くなった表層の部分, 皮

Rin·der·wahn·sinn [リンダー・ヴァーン・ズィン] 團 *der* (⊕2格 -[e]s; ⊕ なし) 狂牛病
Rind·fleisch [リント・フライシュ] 中 *das* (⊕2格 -[e]s; ⊕ なし)
牛肉, ビーフ (☆「豚肉」は Schweinefleisch) ▷ ein Kilo *Rindfleisch* kaufen 牛肉を1キロ買

う

Ring [リング] 男 der (⓶2格 -es〈まれに -s〉; ⓷ -e)

❶ **指輪** ▷ Er trägt einen goldenen *Ring* am Finger. 彼は金の指輪を指にはめている

❷ (形状としての)輪; (木の)年輪; 環状道路 ▷ Die Kinder bildeten beim Spielen einen *Ring*. 子供たちは遊戯をしながら輪をつくった / Er wohnt am *Ring*. 彼は環状道路沿いに住んでいる

❸ (ボクシングなどの)リング ▷ Die Boxer treten in den *Ring*. ボクサーはリングに入る

❹ (ギャングなどの)グループ, シンジケート; (企業などの)連合 ▷ ein internationaler *Ring* von Waffenschmugglern 武器密輸業者の国際的グループ

rin·gen [リンゲン] (rang; gerungen; 完了h)
自 ❶ 取っ組み合う; レスリングをする ▷ Sie *rangen* erbittert miteinander. 彼らは激しい取っ組み合いをした / Er *ringt* schon seit Jahren. 彼はもう数年前からレスラーをしている

❷ 〖um+④と〗〚…⁴を求めて〛闘う ▷ um Freiheit *ringen* 自由を求めて闘う

❸ 〖mit+③と〗〚…³に〛必死に取り組む ▷ Der Forscher *ringt* mit einem Problem. その研究者はある問題に必死に取り組んでいる

(イディオム) **nach Worten ringen** 適切なことばを苦心して探す

Rin·ger [リンガー] 男 der (⓶2格 -s; ⓷ -) レスラー

Ring·fin·ger [リング・フィンガー] 男 der (⓶2格 -s; ⓷ -) 薬指

Ring·kampf [リング・カムプフ] 男 der (⓶2格 -[e]s; ⓷ ..kämpfe) 取っ組み合い; 《スポーツ》レスリング

rings [リングス]
副 ぐるりと, 周囲に〈を〉 ▷ *rings* um das Haus 家の周りをぐるりと

rings·um [リングス・ウム] 副 ぐるりと周りに ▷ *Ringsum* läuft ein tiefer Graben. ぐるりと周りを深い堀が巡っている

Rin·ne [リンネ] 女 die (⓶2格 -; ⓷ -n) (水の流れる)溝; 排水溝, 樋ひ

rin·nen [リンネン] (rann; geronnen; 完了s)
自 ❶ (水などが)少しずつゆっくりと流れる ▷ Blut *rinnt* aus der Wunde. 血が傷口から流れ出る

❷ (粒状のものが)落ちる ▷ Der Sand *rann* durch seine Finger. 砂が彼の指の間をこぼれ落ちた

Rinn·stein [リン・シュタイン] 男 der (⓶2格 -[e]s; ⓷ -e) (雨水などを流すための)側溝

Rip·pe [リッペ] 女 die (⓶2格 -; ⓷ -n)
❶ あばら骨, 肋骨³くっ ▷ Er hat sich eine *Rippe* gebrochen. 彼は肋骨を折った

❷ (葉の)葉脈

Ri·si·ken [リーズィケン] Risiko の 複数

Ri·si·ko [リーズィコ] 中 das (⓶2格 -s; ⓷ -s〈Risiken〉) (損失などをこうむる)危険, リスク ▷ Er fürchtet kein *Risiko*. 彼はどのようなリスクも恐れない / Ich will kein *Risiko* eingehen 私はリスクを冒したくない / auf eigenes *Risiko* 自己の責任で

ris·kant [リスカント] 形 リスクを伴う, 危険な ▷ Der Plan ist mir zu *riskant*. この計画は私には危険が大きすぎる

ris·kie·ren [リスキーレン]
(riskierte; riskiert; 完了h)
他 ❶ 〖④と〗〚…⁴を〛危険にさらす ▷ Er hat sein Leben *riskiert*. 彼は自分の生命を危険にさらした

❷ 〖④と〗〚…⁴の〛リスクを冒す ▷ einen Unfall *riskieren* 事故の危険を冒す

(イディオム) **einen Blick riskieren** こっそり見る

riss [リス] reißen の 過去

riß (旧⇒新) riss

Riss [リス] 男 der (⓶2格 -es; ⓷ -e) 裂け目, 割れ目, 亀裂ポ⁓ ▷ einen *Riss* in der Mauer verschmieren 壁の割れ目を(しっくいなどで)塗ってふさぐ

Riß (旧⇒新) Riss

ris·se [リッセ] reißen の 接II

ritt [リット] reiten の 過去

Ritt [リット] 男 der (⓶2格 -es〈まれに -s〉; ⓷ -e) 馬に乗って行くこと ▷ einen langen *Ritt* machen 遠乗りをする

rit·te [リッテ] reiten の 接II

Rit·ter [リッター] 男 der (⓶2格 -s; ⓷ -) (中世の)騎士

rit·ter·lich [リッターリヒ]
形 ❶ 騎士の; 騎士にふさわしい (☆ ふつう名詞につけて)

❷ (女性に対して)親切な

ritt·lings [リットリングス] 副 馬乗りになって, またがって

Ri·tu·al [リトゥアール] 中 das (⓶2格 -s; ⓷ -e) (礼拝の)儀式 (儀式全体を指す)

ri·tu·ell [リトゥエル] 形 儀式上の; 儀式にかなった

Rit·ze [リッツェ] 女 die (⓶2格 -; ⓷ -n) (非常に細長い)すき間; 割れ〈裂け〉目 ▷ Der Wind pfiff durch die *Ritzen*. 風がすき間からヒューヒュー吹き込んできた

rit·zen [リッツェン] (ritzte; geritzt; 完了h)
他 〖④と〗〚…⁴の〛表面にかき傷をつける ▷ Glas mit einem Diamanten *ritzen* ガラスにダイヤモンドで傷をつける / 〖再帰的に〗Sie hat sich an einem Stacheldraht den Arm *geritzt*. 彼女

は有刺鉄線で腕にかき傷を負った / 《題型》と》Er ritzt seinen Namen in den Baum. 彼は自分の名前を木に刻みつける

Ri·va·le [リヴァーレ] 男 der (⓪ 2·3·4格 -n; ⓪ -n) ライバル, 競争相手 ▷ einen *Rivalen* besiegen ライバルを打ち負かす

ri·va·li·sie·ren [リヴァリズィーレン] (rivalisierte; rivalisiert; 匹刁h)

自 《mit+③と》《‥³と》(ある物をめぐって)張り合う, 競う

Rob·be [ロッベ] 女 die (⓪ 2格 -; ⓪ -n) 《動物》オットセイ; アザラシ; アシカ

Ro·bert [ローベルト] 《男名》ローベルト

Ro·bo·ter [ロボター] 男 der (⓪ 2格 -s; ⓪ -) ロボット

ro·bust [ロブスト] 形 (人·機械などが)がっしりした, 頑丈な ▷ *robustes* Spielzeug 頑丈なおもちゃ

roch [ロッホ] riechen の 過去

rö·cheln [レッヒェルン] (röchelte; geröchelt; 匹刁h)

自 (呼吸困難を起こして)のどをゼーゼー鳴らす ▷ Der Kranke *röchelte*. 病人はのどをゼーゼー鳴らしてあえいでいた

Rock
[rɔk ロック]

男 der

—(⓪ 2格 -es〈まれに -s〉; ⓪ Röcke)

❶ スカート《ワンピースドレスのスカート部分を意味することもある》

einen *Rock* anziehen〈ausziehen〉 スカートをはく〈脱ぐ〉

Sie trägt heute einen engen *Rock*. 彼女はきょうはタイトスカートをはいている

❷《方言》(背広の)上着 (=Jacke)

—(⓪ 2格 -[s]; ⓪ なし)《音楽》ロック ▷ *Rock* hören ロックを聞く

Rö·cke [レッケ] Rock「スカート」の 複数

ro·deln [ローデルン] (rodelte; gerodelt; 匹刁s)

自 そりですべる ▷ Er ist im Tal *gerodelt*. 彼は谷をそりすべって行った

ro·den [ローデン] (rodete; gerodet; 匹刁h)

他《④と》〔森林·山林など⁴を〕(木を伐採し)開墾する

Rog·gen [ロッゲン] 男 der (⓪ 2格 -s; ⓪ なし) 《植物》ライムギ ▷ *Roggen* anbauen ライムギを栽培する

roh [ロー] (比較 -er, 最上 -[e]st)

形 ❶ 生⁴の ▷ ein *rohes* Ei 生卵 / Das Fleisch ist ja noch ganz *roh*. この肉はまだまったくの生じゃないか

❷ 未加工の ▷ *rohes* Holz 原木 / rohe Diamanten 原石のダイヤ

❸ 粗野〈粗暴〉な, 荒っぽい ▷ ein *roher* Kerl 粗暴なやつ

Roh·bau [ロー·バオ] 男 der (⓪ 2格 -[e]s; ⓪ ..bauten) (壁·屋根などの)骨組みだけが出来た建築物 ▷ Das Haus ist im *Rohbau*. 家は壁と屋根ができているだけだ

Ro·heit [ロー·ハイト] 旧⇒新 Rohheit

Roh·heit [ロー·ハイト] 女 die (⓪ 2格 -; ⓪ なし) 粗野, 粗暴さ ▷ Sie erschrak über seine *Rohheit*. 彼女は彼の粗暴さに驚いた

Roh·kost [ロー·コスト] 女 die (⓪ 2格 -; ⓪ なし) (野菜·果物などを)生のまま用いた食べ物

Rohr [ロー7] 中 das (⓪ 2格 -[e]s; ⓪ -e)

❶ 管, パイプ ▷ ein *Rohr* aus Eisen 鉄管 / *Rohre* legen 導管を敷設する

❷《⓪ なし》《ふつう集合的に》アシ, ヨシ, カヤ(管状の長い茎をもった植物) ▷ Am See wächst *Rohr*. 湖畔にアシが生えている

Röh·re [レーレ] 女 die (⓪ 2格 -; ⓪ -n)

❶ 管, パイプ ▷ eine gerade *Röhre* まっすぐな管 / eine *Röhre* aus Ton 土管

❷ 真空管

❸ 天火, オーブン

röh·ren [レーレン] (röhrte; geröhrt; 匹刁h)

自 (シカなどが交尾期に)鳴く

Roh·stoff [ロー·シュトフ] 男 der (⓪ 2格 -[e]s; ⓪ -e) (地下資源·木材などの)原料 ▷ *Rohstoffe* ausführen〈einführen〉原料を輸出〈輸入〉する

Ro·ko·ko [ロココ] 中 das (⓪ 2格 -[s]; ⓪ なし) ロココ様式(18世紀の華麗な芸術様式); ロココ時代

Rol·le [ロレ] 女 die (⓪ 2格 -; ⓪ -n)

❶ (劇の)役 ▷ Er spielte die *Rolle* des Hamlet. 彼はハムレットの役を演じた

❷ 役割 ▷ die führende *Rolle* 指導的な役割 / die *Rolle* der Frau 女性の役割 / Er spielte dabei eine entscheidende *Rolle*. 彼はその際に決定的な役割を果たした

❸ (いすなどの)キャスター; 滑車 ▷ Der Kühlschrank hat *Rollen*. 冷蔵庫にはキャスターがついている

❹ 円筒状に巻いた〈くるんだ〉もの ▷ eine *Rolle* Draht 一巻きの針金 / eine *Rolle* Klopapier 一巻きのトイレットペーパー

《イディオム》*eine*〈*keine*〉*Rolle spielen* 重要である〈重要でない〉▷ Geld *spielt* bei ihr *keine Rolle*. 金は彼女にとって重要ではない

rol·len [ロレン] (rollte; gerollt)

—自《匹刁s》❶ 転がる ▷ Der Würfel *rollt*. さいころが転がる / 《⑤同と》Der Ball ist auf die Straße *gerollt*. ボールは道路へ転がっていった

❷《⑤同と》(乗り物が)〔…に〕〔ゆっくり〕進んで行く ▷ Langsam *rollt* der Zug aus dem

Rollschuh

Bahnhof. ゆっくりと列車が駅から出て行く
(イディオム) **mit den Augen rollen** 目をぎょろぎょろさせる (☆ 区分h)
── 他 [区分h] ❶ 《④+方向と》 [..⁴を…へ] 転がす ▷ das Fass in den Keller *rollen* たるを地下室に転がして行く / Er *rollte* einen Felsblock zur Seite. 彼は岩を転がしてわきにどかした

❷ 《④と》 [..⁴を] 巻く ▷ den Teppich *rollen* じゅうたんを巻く / Er *rollt* das Papier zu einer Tüte. 彼は紙を巻いて三角形の紙袋を作る

❸ 《④と》 [目・首など⁴を] ぐるりと回す ▷ den Kopf *rollen* 首を回す
── 再 [区分h] 《sich⁴と》 (犬などが) 転げ回る

Roll·schuh [ロル・シュー] 男 *der* (⊕ 2格 -[e]s; ⊕ -e) ローラースケート ▷ *Rollschuh* laufen ローラースケートをする

Roll·stuhl [ロル・シュトゥール] 男 *der* (⊕ 2格 -[e]s; ⊕ ..stühle) 車椅子

Roll·trep·pe [ロル・トレッペ] 女 *die* (⊕ 2格 -; ⊕ -n) エスカレーター

Rom [ローム] (⊕ *das*) 《都市名》 ローマ (イタリアの首都) ▷ *Rom* ist auch nicht an einem Tag erbaut worden. 《ことわざ》 ローマは一日にして成らず

ROM [ロム] ⊕ *das* (⊕ 2格 -s; ⊕ -[s]) 《*read only memory* の略語》 (コンピュータの) ロム (読み出し専用の記憶装置)

Ro·man [ローマーン] 男 *der* (⊕ 2格 -s; ⊕ -e)
[長編]小説 (☆「短編小説」は Novelle) ▷ ein historischer *Roman* 歴史小説 / Der *Roman* ist spannend. この小説はわくわくさせる

Ro·ma·nik [ローマーニク] 女 *die* (⊕ 2格 -; ⊕ なし) ロマネスク様式 (11世紀から12世紀中葉にかけてのヨーロッパの芸術様式)

Ro·man·tik [ロマンティク] 女 *die* (⊕ 2格 -; ⊕ なし) ロマン主義, ロマン派; ロマンチックな雰囲気〈感じ〉

ro·man·tisch [ロマンティシュ] 形 ❶ ロマン主義の, ロマン派の ▷ die *romantischen* Dichter ロマン派の詩人たち

❷ ロマンチックな, 夢想的な ▷ ein *romantischer* Mensch ロマンチスト

❸ (風景などが) ロマンチックな気分にさせる ▷ eine *romantische* Landschaft 夢の中のように美しい風景 / die *Romantische* Straße ロマンチック街道 (☆ Würzburg から Füssen までの, 中世の姿を今にとどめる全長340キロの街道)

Rö·mer [レーマー] 男 *der* (⊕ 2格 -s; ⊕ -) ローマ市民; 古代ローマ人

rö·misch [レーミシュ] 形 [古代]ローマの; [古代]ローマ人の

Ron·dell [ロンデル] ⊕ *das* (⊕ 2格 -s; ⊕ -e) (公園などの) 円形花壇

rönt·gen [レントゲン] (röntgte; geröntgt; 区分h) 他 《④と》 [..⁴の]レントゲン写真をとる

Rönt·gen [レントゲン] 《人名》 レントゲン (☆ Wilhelm Conrad von Röntgen はX線を発見したドイツの物理学者. 1845-1923)

Rönt·gen·strah·len [レントゲン・シュトラーレン] 複数 レントゲン線, X線

röntg·te [レン[ク]テ/レントゲンテ] röntgen の 過去

ro·sa [ローザ] 形 ピンク色の, 淡紅色の, バラ色の (☆ 格語尾をつけない) ▷ ein *rosa* Kleid ピンクのドレス (☆ 口語ではしばしば格語尾をつける ▷ ein *rosaes* ⟨*rosanes*⟩ Kleid)

Rös·chen [レースヒェン] ⊕ *das* (⊕ 2格 -s; ⊕ -) 《Rose の縮小形》小さなバラ

Ro·se [ローゼ] 女 *die* (⊕ 2格 -; ⊕ -n)
《植物》バラ; バラの花 ▷ eine rote ⟨wilde⟩ *Rose* 赤い⟨野⟩バラ / Die *Rosen* blühen. バラが咲いている / Er schenkte ihr zwanzig *Rosen*. 彼は20本のバラを彼女に贈った

Ro·sen·kohl [ローゼン・コール] 男 *der* (⊕ 2格 -[e]s; ⊕ なし) 《植物》芽キャベツ

Ro·sen·mon·tag [ローゼン・モーンターク] 男 *der* (⊕ 2格 -[e]s; ⊕ -e) 《宗教》バラの月曜日 (Fastenzeit「四旬節」の前の月曜日)

Ro·set·te [ロゼッテ] 女 *die* (⊕ 2格 -; ⊕ -n) ロゼット (バラ形装飾); バラ形窓

ro·sig [ローズィヒ] 形 バラ色の, 淡紅色の ▷ *rosige* Haut バラ色の肌 / 《比喩》 Seine Zukunft ist nicht gerade *rosig*. 彼の未来は必ずしもバラ色で⟨明るく⟩ない

Ro·si·ne [ロズィーネ] 女 *die* (⊕ 2格 -; ⊕ -n) 干しぶどう, レーズン

Ross [ロス] ⊕ *das* (⊕ 2格 -es; ⊕ -e) 《文語》 (特に) 乗馬用の馬

Roß [旧⊕新] Ross

Rost [ロスト] 男 *der* (⊕ 2格 -es ⟨まれに -s⟩; ⊕ -e)
❶ (⊕ なし) (金属の) さび ▷ den *Rost* entfernen さびを取る / Das Fahrrad setzt schon *Rost* an. その自転車はもうさび出している

❷ (料理用の) 焼き網, (炉などの) 火格子 ▷ Fleisch auf dem *Rost* braten 肉を焼き網で焼く

ros·ten [ロステン] (rostete; gerostet; 区分s,h) 自 さびる ▷ Das Auto fängt an zu *rosten*. 自動車がさび始める

rös·ten [レーステン] (röstete; geröstet; 区分h) 他 《④と》 [食べ物⁴を] (油や水も用いず) 焼く, あぶる, いる ▷ Sie *röstet* Brot im Toaster. 彼女はトースターでパンを焼く / Kaffee *rösten* コーヒー豆をいる

rost·frei [ロスト・フライ] 形 さびない ▷ *rostfreier* Stahl ステンレス鋼

ros·tig [ロスティヒ] 形 さびた ▷ ein *rostiger* Nagel さびた釘

rot
[ro:t ロート]
比較 röter ⟨roter⟩ 最上 rötest ⟨rotest⟩

形 赤い, 赤色の
rotes Blut 赤い血
roter Wein 赤ワイン
ein *rotes* Kleid 赤色のドレス
rote Wangen haben 赤い頬をしている
Er wurde vor Zorn *rot*.
彼は怒りのあまり顔が赤くなった
Seine Augen sind *rot* vom Weinen.
彼の目は泣いたため充血している
Im Herbst wird das Laub gelb und *rot*.
秋には葉が紅葉する
das *Rote* Kreuz 赤十字
イディオム *rote* Zahlen 赤字 ▷ Die Firma ist in die *roten* Zahlen geraten. 会社は赤字に陥った

Rot [ロート] 中 *das* (⊕ 2格 -s; ⊕ -) 赤, 赤色
Rot ist die Farbe der Liebe. 赤は愛の色である / Bei *Rot* darf man nicht über die Straße gehen. 赤信号のときには道路を横断してはならない

Ro·ta·ti·on [ロタツィオーン] 女 *die* (⊕ 2格 -; ⊕ -en) 回転; (天体の)自転;《政治・スポーツ》(官職・ポジションなどの)ローテーション

Rö·te [レーテ] 女 *die* (⊕ 2格 -; ⊕ なし) 赤さ, 赤み

Rö·teln [レーテルン] 複名《医学》風疹と

rö·ten [レーテン] (rötete; gerötet; 完了h)
— 他《文語》(4格)[...を]赤く染める ▷ Das Feuer *rötet* den Himmel. 炎が天空を赤く染める
— 再 [[sich⁴と]] (顔などが)赤くなる ▷ Ihr Gesicht *rötete* sich vor Scham. 彼女の顔は恥ずかしさで赤くなった

rö·ter [レーター] rot の 比較

rö·test [レーテスト] rot の 最上

Ro·then·burg [ローテンブルク] (中 *das*)《都市名》ローテンブルク(ドイツ南部の観光都市; 正式な名称は Rothenburg ob der Tauber; ☞ 地図 E-4)

ro·tie·ren [ロティーレン] (rotierte; rotiert; 完了h)
自 回転する, (天体が)自転する; (官職・ポジションなどを)ローテーションする

Rot·kehl·chen [ロート・ケールヒェン] 中 *das* (⊕ 2格 -s; ⊕ -)《鳥》(のどの部分が赤い)[ヨーロッパ]コマドリ

röt·lich [レートリヒ] 形 赤みがかった, 赤みを帯びた ▷ Sie hat ein *rötliches* Haar. 彼女は赤みがかった髪をしている

Rot·wein [ロート・ヴァイン] 男 *der* (⊕ 2格 -[e]s; ⊕ -e) 赤ワイン ▷ Er trinkt gern *Rotwein*. 彼は赤ワインを好んで飲む

Rouge [ルージュ] 中 *das* (⊕ 2格 -s; ⊕ -s) (特に頬につける)ルージュ, 頬紅

Rou·la·de [ルラーデ] 女 *die* (⊕ 2格 -; ⊕ -n)《料理》ルラード(牛肉のロール巻き)

Rou·lett [ルレット] 中 *das* (⊕ 2格 -[e]s; ⊕ -s ⟨-e⟩)《賭博きと》ルーレット

Rou·te [ルーテ] 女 *die* (⊕ 2格 -; ⊕ -n) ルート, コース, 進路, 航路

Rou·ti·ne [ルティーネ] 女 *die* (⊕ 2格 -; ⊕ なし)
❶ (慣れによる)手際のよさ, 熟練 ▷ Ihm fehlt noch die *Routine*. 彼にはまだ熟練さが欠けている
❷《ふつう否定的意味合いで》習慣的に繰り返す行為 ▷ Diese Arbeit ist für ihn schon zur *Routine* geworden. この仕事は彼にはもう型通りにこなすだけのものになってしまった

Rou·ti·ni·er [ルティニエー] 男 *der* (⊕ 2格 -s; ⊕ -s) 熟練者

rou·ti·niert [ルティニーアト] 形 熟練した

Row·dy [ラオディ] 男 *der* (⊕ 2格 -s; ⊕ -s) 粗暴な若者, 乱暴者

rub·beln [ルベルン] (rubbelte; gerubbelt; 完了h)
他《口語》(4格と)[洗濯物・体など⁴を]ごしごしこする

Rü·be [リューベ] 女 *die* (⊕ 2格 -; ⊕ -n)《植物》カブ

Ru·bin [ルビーン] 男 *der* (⊕ 2格 -s; ⊕ -e) ルビー

Ru·brik [ルブリーク] 女 *die* (⊕ 2格 -; ⊕ -en) (新聞・リストなどの)欄, 段

ruch·los [ルーフ・ロース] 形《文語》(犯罪などが)極悪非道な, 卑劣な

Ruck [ルック] 男 *der* (⊕ 2格 -[e]s; ⊕ -e) (勢いの伴った)急激な動き ▷ Der Zug fuhr mit einem *Ruck* an. 列車はガクンと揺れて動き出した

Rück·blick [リュック・ブリック] 男 *der* (⊕ 2格 -[e]s; ⊕ -e) 回顧, 回想 ▷ im *Rückblick* auf das vergangene Jahr 昨年を振り返って見ると

rü·cken [リュッケン] (rückte; gerückt)
— 他 (4格と)《ふつう重いものを》ぐいと押して⟨引いて⟩動かす, ずらす ▷ Er *rückte* den Sessel an die Wand. 彼は安楽いすを壁ぎわに押しつけた
— 自 (s)(座ったまま)寄る ▷ Können Sie ein bisschen nach links *rücken*? もうちょっと左に寄っていただけませんか

Rü·cken [リュッケン] 男 *der* (⊕ 2格 -s; ⊕ -)
❶ (人・動物の)背, 背中 ▷ einen breiten ⟨schmalen⟩ *Rücken* haben 幅の広い⟨狭い⟩背中をしている / auf dem *Rücken* liegen あお向けに横たわっている / Sie banden ihr die Hände auf den *Rücken*. 彼らは彼女を後ろ手

完了h, 完了s = 完了の助動詞 haben, sein

に縛った /《比ゆ》Sie redet hinter seinem *Rücken* schlecht. 彼女は彼のいないところで悪口を言う

❷ (いす・本・刃物の)背; (手・足の)甲

Rü·cken·leh·ne [リュッケン・レーネ] 囡 *die* (變 2格 -; 變 -n)(座席などの)背

Rück·fahr·kar·te [リュック・ファール・カルテ] 囡 *die* (變 2格 -; 變 -n) 往復切符

Rück·fahrt [リュック・ファールト] 囡 *die* (變 2格 -; 變 -en)(乗り物での)帰り; 帰路 (變 Hinfahrt) ▷ die Fahrkarte für die Hin- und *Rückfahrt* 往復切符 / auf der *Rückfahrt* (乗り物で)帰る途中に

Rück·fall [リュック・ファル] 男 *der* (變 2格 -[e]s; 變 ..fälle)
❶《医学》再発, ぶり返し ▷ einen *Rückfall* erleiden 病気が再発する
❷ (以前の悪い状態に)戻ること ▷ ein *Rückfall* in alte Fehler 昔の過ちを再びするようになる

rück·fäl·lig [リュック・フェリヒ] 形 (泥棒などが)再犯の; (中毒患者などが)再び薬物などに手を出す ▷ *rückfällig* werden 再び犯罪を犯す〈薬物などに手を出す〉

Rück·gang [リュック・ガング] 男 *der* (變 2格 -[e]s; 變 ..gänge) 減少, 減退, 後退, 低下

rück·gän·gig [リュック・ゲンギヒ] 形 (数量的に)減少しつつある ▷ eine *rückgängige* Geburtenzahl 減少しつつある出生数
《イディオム》④+*rückgängig machen* (決定など)⁴を取り消す

Rück·grat [リュック・グラート] 中 *das* (變 2格 -[e]s; まれに 變 -e) 背骨, 脊柱 (=Wirbelsäule) ▷ ein verkrümmtes *Rückgrat* 曲がった背骨 /《比ゆ》Er ist ein Mensch ohne *Rückgrat*. 彼は気骨のない男だ

Rück·halt [リュック・ハルト] 男 *der* (變 2格 -[e]s; 變 なし)(精神的な)支え, 支援

rück·halt·los [リュック・ハルト・ロース] 形 (同意などが)無条件の, 全面的な; 〔副詞的に〕無条件に, 全面的に

Rück·kehr [リュック・ケーア] 囡 *die* (變 2格 -; 變 なし)(比較的長い不在の後に)帰って来ること, 帰還 ▷ nach der *Rückkehr* von der Reise 旅行から帰った後に

rück·läu·fig [リュック・ロイフィヒ] 形 (数量的に)減少しつつある ▷ eine *rückläufige* Geburtenzahl 減少しつつある出生数

Rück·licht [リュック・リヒト] 中 *das* (變 2格 -[e]s; 變 -er)(車の)尾灯, テールランプ

rück·lings [リュックリングス] 副 ❶ あおむけに
❷ 後ろから

Rück·rei·se [リュック・ライゼ] 囡 *die* (變 2格 -; 變 -n) 帰りの旅

Rück·ruf [リュック・ルーフ] 男 *der* (變 2格 -[e]s; 變 -e)
❶ (かけた電話に対して)後でかかって来る電話 (かかって来た電話に対して)後でかける電話 ▷ Ich erwarte seinen *Rückruf*. 私は(以前かけた電話に対する)彼からの電話を待っている
❷ (製造元などによる欠陥点検のための)製品回収, リコール

Ruck·sack [ルック・ザック] 男 *der* (變 2格 -[e]s; 變 ..säcke) リュックサック ▷ Er wandert mit dem *Rucksack*. 彼はリュックサックを背負ってハイキングする

Rück·schau [リュック・シャオ] 囡 *die* (變 2格 -; 變 なし) 回顧, 回想 (=Rückblick)

Rück·schlag [リュック・シュラーク] 男 *der* (變 2格 -[e]s; 變 ..schläge)(突然の)悪化 ▷ In jeder Entwicklung gibt es *Rückschläge*. どんな進展にも突然うまく行かなくなることがある

Rück·schritt [リュック・シュリット] 男 *der* (變 2格 -[e]s; 變 -e)(以前の悪い状態への)後退, 退歩 (變 Fortschritt) ▷ Diese Entscheidung bedeutet einen *Rückschritt* in der Sozialpolitik. この決定は社会政策での後退を意味している

Rück·sei·te [リュック・ザイテ] 囡 *die* (變 2格 -; 變 -n) 裏側, 裏面 (變 Vorderseite) ▷ die *Rückseite* einer Medaille メダルの裏面

Rück·sicht [リュック・ズィヒト] 囡 *die* (變 2格 -; 變 -en)
❶【ふつう 變 なし】配慮, 考慮 ▷ Er kennt keine *Rücksicht*. 彼には思いやりというものがない / Nimm doch *Rücksicht* auf seine Gesundheit! 彼の健康にぜひ気をつけてください
❷ 〔變 で〕考慮すべき事情 ▷ Aus finanziellen *Rücksichten* habe ich darauf verzichten müssen. 経済的な事情から私はそれを断念しなければならなかった
《イディオム》*mit* 〈*ohne*〉 *Rücksicht auf*+④ …⁴のことを考慮して〈考慮せずに〉 ▷ *Mit Rücksicht auf* ihre kranke Mutter blieb sie zu Hause. 病気の母親のことを考えて彼女は家にとどまった

rück·sichts·los [リュック・ズィヒツ・ロース] 形 配慮〈思いやり〉のない; 厳しい, 仮借ない ▷ gegen+④ *rücksichtslos* vorgehen …⁴に厳しく対処する

rück·sichts·voll [リュック・ズィヒツ・フォル] 形 配慮〈思いやり〉のある, 配慮の行き届いた ▷ sich⁴ *rücksichtsvoll* benehmen …⁴に思いやりのある態度をとる

Rück·sitz [リュック・ズィッツ] 男 *der* (變 2格 -es; 變 -e)(車などの)後部座席

Rück·spie·gel [リュック・シュピーゲル] 男 *der* (變 2格 -s; 變 -)(車などの)バックミラー

Rück·spiel [リュック·シュピール] [中] *das* ([単] 2格 -[e]s; [複] -e) 《[スポーツ]》 (2回戦試合の)第2試合 (☆「第1試合」は Hinspiel)

Rück·spra·che [リュック·シュプラーヘ] [女] *die* ([単] 2格 -; [複] -n) (しかるべき人との)話し合い, 相談, 協議 ▷ nach *Rücksprache* mit dem Chef チーフと話し合った後で

Rück·stand [リュック·シュタント] [男] *der* ([単] 2格 -[e]s; [複] ..stände)
❶ (ふつう有害な)残りかす, 残滓
❷ 〘ふつう [複] で〙 未払い金, 延滞金
❸ (生産·支払いなどの)遅れ ▷ mit der Miete im *Rückstand* sein 家賃を滞納している

rück·stän·dig [リュック·シュテンディヒ] [形] (考え方などが)時代遅れの ▷ Er ist ziemlich *rückständig.* 彼は(考え方が)かなり時代遅れだ

Rück·tritt [リュック·トリット] [男] *der* ([単] 2格 -[e]s; [複] -e) (公職からの)辞職, 辞任 ▷ sich⁴ zum *Rücktritt* entschließen 辞任の決意をする

rück·wärts [リュック·ヴェルツ]
[副] ❶ 後方へ, 後ろへ; 後ろ向きに ([反] vorwärts) ▷ Er fährt das Auto *rückwärts* in die Garage. 彼は自動車をバックでガレージに入れる
❷ 逆向きに, 後ろから前へ ▷ Das Wort kann man auch *rückwärts* lesen. この単語は後ろからも読める (☆ たとえば Ebbe「引き潮」)

Rück·weg [リュック·ヴェーク] [男] *der* ([単] 2格 -[e]s; [複] -e) 帰り道, 帰路 ▷ auf dem *Rückweg* 帰り道に〈で〉

ruck·wei·se [ルック·ヴァイゼ] [形] がたんがたんと, ぐいぐいと

rück·wir·kend [リュック·ヴィルケント] [副] (過去のある時点まで)さかのぼって ▷ *rückwirkend* vom 1. (ersten) April an (過去に)さかのぼって4月1日から

Rück·zie·her [リュック·ツィーアー] [男] *der* ([単] 2格 -s; [複] -) 《口語》 (ふつう最後の段階での, 計画·取り決めなどの)取りやめ, 取り消し ▷ einen *Rückzieher* machen 取りやめる, 取り消す

Rück·zug [リュック·ツーク] [男] *der* ([単] 2格 -[e]s; [複] なし) (特に軍隊の)退却, 撤退 ▷ den *Rückzug* befehlen 退却を命じる

rü·de [リューデ] [形] (振舞いなどが)粗野な, がさつな ▷ Sein Ton war ziemlich *rüde.* 彼の口のきき方はかなりがさつだった

Rü·de [リューデ] [男] *der* ([単] 2·3·4格 -n; [複] -n) 雄イヌ, 雄オオカミ, 雄キツネ

Ru·del [ルーデル] [中] *das* ([単] 2格 -s; [複] -) (野生動物, たとえばオオカミなどの)群れ; 《口語》 人の群れ

Ru·der [ルーダー] [中] *das* ([単] 2格 -s; [複] -)
❶ (ボートの)オール, 櫂 ▷ die *Ruder* einziehen オールを引っ込める
❷ (船の)舵

Ru·der·boot [ルーダー·ボート] [中] *das* ([単] 2格 -[e]s; [複] -e) 手漕ぎボート

ru·dern [ルーデルン] (ruderte; gerudert)
— [自] 〘[完了]s〙〘[方向]と〙 〔…へ〕ボートでこいで行く ▷ Er ist gestern über den See *gerudert.* 彼はきのうボートをこいで湖を渡った / Er *rudert* gern allein. 彼はひとりでボートをこぐのが好きだ
— [他] 〘[完了]h〙〘④+[方向]と〙 〔..⁴を…へ〕ボートで渡す〈運ぶ〉 ▷ Er *rudert* uns ans andere Ufer. 彼は私たちをボートで向こう岸へ渡してくれる

Ruf [ルーフ] [男] *der* ([単] 2格 -[e]s; [複] -e)
❶ (人の)呼び〈叫び〉声 (☆ Schrei と異なり, 伝達の意図をもつ); (カッコウなどの)鳴き声 ▷ die *Rufe* der Händler 物売りの呼び声 / auf ihren *Ruf* hin 彼女の呼ぶ声にこたえて
❷ 〘[複] なし〙 評判, 名声 ▷ Das schadete seinem *Ruf.* このことで彼の名声に傷がついた / Er hat einen guten *Ruf* als Zahnarzt. 彼は歯科医として評判がよい
❸ 〘[複] なし〙 招聘 ▷ einen *Ruf* an die Universität Bonn annehmen ボン大学への招聘を受諾する

ru·fen

[rú:fn ルーフェン]

[現在]	ich rufe	wir rufen
	du rufst	ihr ruft
	er ruft	sie rufen
[過去]	ich rief	wir riefen
	du riefst	ihr rieft
	er rief	sie riefen
[過分]	gerufen	[完了] haben

— [他] ❶ 〘④と〙 〔..⁴を〕呼ぶ
den Arzt 〈die Polizei〉 *rufen*
医者〈警察〉を呼ぶ
Würdest du mir bitte ein Taxi *rufen*?
タクシーを呼んでいただけますか
Die Mutter *ruft* die Kinder ins Zimmer.
母親は子供を部屋に呼ぶ
❷ 〘④と〙 〔..⁴と〕大きな声で言う ▷ „Herein!" *rief* er. 「お入り」と彼は大きな声で言った
❸ 〘④+④と〙 〔..⁴を..⁴と〕呼ぶ ▷ Er heißt Johannes, aber sie *rufen* ihn Hans. 彼はヨハネスという名前だが, 彼らは彼をハンスと呼ぶ
— [自] ❶ (特に人の注意を引くために)叫ぶ ▷ mit lauter Stimme *rufen* 大声で叫ぶ / Er *rief* um Hilfe. 彼は助けを求めて叫んだ

[類語]
rufen 遠方にも聞こえるように大声を出す
schreien 感情的になって大声を出す

R

❷ 〖nach+③と〗〔..³を〕(来るように)呼ぶ ▷ Der Gast *rief* nach der Bedienung. 客がサービス係を呼んだ

❸ 〖zu+③と〗〔..³へと〕呼びかける ▷ Die Mutter *ruft* zum Essen. 母親が食事に来るように呼ぶ

❹ (カッコウなどが)鳴く ▷ Der Kuckuck *ruft* im Frühjahr. カッコウは春に鳴く

── 再 〖《sich⁴+状態と》〗 叫んで〔…に〕なる ▷ Er hat sich heiser *gerufen*. 彼は叫んで声をからした

Rüf·fel [リュッフェル] 男 *der* (複 2格 -s; 複 -)《口語》(上司からの)叱責, お目玉 ▷ einen *Rüffel* bekommen お目玉をくらう

Ruf·mord [ルーフ・モルト] 男 *der* (複 2格 -[e]s; 複 -e) 誹謗中傷 ▷ *Rufmord* betreiben 誹謗中傷する

Ruf·na·me [ルーフ・ナーメ] 男 *der* (複 2格 -ns, 3·4格 -n; 複 -n) 呼び名(正式な名 Vorname ではなく, 呼びかけに用いられる名)

Rü·ge [リューゲ] 女 *die* (複 2格 -; 複 -n) 叱責 ▷ eine *Rüge* bekommen 叱責を受ける

rü·gen [リューゲン] (rügte; gerügt; 完了h)
他 〖④と〗〔..⁴を〕しかる, 叱責する ▷ Er hat mein Verhalten *gerügt*. 彼は私の態度をとがめた

Ru·he [ルーエ] 女 *die* (複 2格 -; 複 なし)
❶ 静けさ, 静寂 ▷ die *Ruhe* vor dem Sturm あらしの前の静けさ / die nächtliche *Ruhe* lieben 夜の静寂を愛する / *Ruhe*, bitte! 静かにしてください

❷ 休息, 休養 ▷ *Ruhe* brauchen 休息が必要である

❸ (争いなどのない)平穏, 平安 ▷ in *Ruhe* und Frieden leben 平穏無事に暮らす / Lass mich in *Ruhe*! 私のことはそっとしておいて〈じゃましないで〉くれ

❹ (心の)平静, 落ち着き ▷ die *Ruhe* verlieren 平静を失う / Er kam endlich zur *Ruhe*. 彼はやっと落ち着いた

❺ (機械などの)静止〈停止〉状態 ▷ Der Motor befindet sich in *Ruhe*. モーター〈エンジン〉は停止している

イディオム *Angenehme Ruhe!*《これから寝ようとする人に》ゆっくりお休みなさい

Immer mit der Ruhe! とにかく落ち着いて

in [aller] Ruhe 落ち着いて

Ru·he·ge·halt [ルーエ・ゲハルト] 中 *das* (複 2格 -[e]s; 複 ..gehälter) (公務員の)年金 (= Pension)

ru·he·los [ルーエ・ロース] 形 せわしない, 落ち着きのない (= rastlos) ▷ ein *ruheloses* Leben せわしない生活 / *ruhelos* hin und her laufen せわしなくあちこち歩き回る〈行ったり来たりする〉

ru·hen [ルーエン] (ruhte; geruht; 完了h)
自 ❶《文語》休息する, 休む ▷ Er *ruht* nach dem Essen eine Stunde. 彼は食後1時間休息する / Der Gedanke ließ ihn nicht *ruhen*. そのことを考えると彼はじっとしていられなかった /《墓碑銘として》Hier *ruht* ... ここに…安らかに眠る

❷ (工場・作業などが)静止〈停止〉している ▷ Die Maschine *ruht*. 機械は止まっている / Die Verhandlungen *ruhen* schon wieder. 交渉はまたもや中断してしまった

❸ 〖場所と〗(物などが)〔…に〕(安定した状態で)置かれて〈のって〉いる ▷ Ihre Hände *ruhten* in ihrem Schoss. 彼女の手はひざに置かれていた / Das Gewölbe *ruht* auf mächtigen Pfeilern. 丸天井はがっしりした柱の上にのっている /《比ゆ》Sein Blick *ruhte* auf dem Bild. 彼の視線はその絵に注がれていた

Ru·he·pau·se [ルーエ・パオゼ] 女 *die* (複 2格 -; 複 -n) 中休み, 休憩

Ru·he·stand [ルーエ・シュタント] 男 *der* (複 2格 -[e]s; 複 なし)(ふつう定年後の)働かないでよい身分 ▷ in den *Ruhestand* gehen 〈treten〉退職する

Ru·he·stät·te [ルーエ・シュテッテ] 女 *die* (複 2格 -; 複 -n) 〚成句〛 *die letzte Ruhestätte finden*《文語》葬られる(← 最後の憩いの場所を見つける)

Ru·he·tag [ルーエ・ターク] 男 *der* (複 2格 -[e]s; 複 -e) (レストラン・飲食店などの)休業日, 定日 ▷ Heute *Ruhetag*《張り紙で》本日休業日

ru·hig [ルーイヒ]
── 形 (比較 -er, 最上 -st)

❶ (騒音がなく)静かな ▷ ein *ruhiges* Hotel 静かなホテル / ein *ruhiger* Nachbar 静かな(騒々しくない)隣人 / In dieser Gegend ist es sehr *ruhig*. この辺はとても閑静だ / Sei *ruhig*! 静かにしろ

❷ (目立つ動きがなく)静かな, 穏やかな ▷ die *ruhige* See 穏やかな海 / *ruhiges* Wetter 穏やかな天気 / *ruhig* sitzen 静かに座っている

❸ 落ち着いた, 平静〈冷静〉な ▷ ein *ruhiger* Mensch 落ち着いた人 / [Bleib] ganz *ruhig*! (だいじょうぶだから)落ち着きなさい

❹ 平穏な, 安らかな ▷ ein *ruhiges* Leben führen 平穏な生活を送る / Das Kind schläft *ruhig*. 子供は安らかに眠っている / Die Sitzung verläuft *ruhig*. 会議は平穏に進行する

── 副《口語》心配せずに, 安心して, かまわずに ▷ Du kannst *ruhig* hier bleiben. 君はここにいてもちっともかまわないよ / Kommen Sie *ruhig* herein! 遠慮なくお入りください

Ruhm [ルーム] 男 *der* (複 2格 -[e]s; 複 なし) 名声 ▷ Er stand auf der Höhe seines *Ruhms*.

彼は名声の絶頂にあった

rüh・men [リューメン] (rühmte; gerühmt; 完了h)
— 他 ❹と […⁴を] 称賛する，ほめたたえる ▷ Man *rühmt* seine Tapferkeit〈ihn wegen seiner Tapferkeit〉. 人々は彼の勇敢さを称賛する
— 再〈sich⁴+②と〉[…²を] 誇る，自慢する ▷ Er hat sich nie seines Erfolges *gerühmt*. 彼は決して自分の成功を誇ることはなかった

rühm・lich [リュームリヒ] 形 称賛に値する，誇れる ▷ kein *rühmliches* Ende nehmen (物事が)誇れるような結果にならない

ruhm・reich [ルームライヒ] 形 (勝利などが)名誉ある，栄光にかがやく

Ruhr [ルーア] 囡 die (⊕2格 -; ⊕なし)《医学》赤痢

Rühr・ei [リューア・アイ] 中 das (⊕2格 -[e]s; ⊕-er)《料理》スクランブルエッグ

rüh・ren [リューレン] (rührte; gerührt; 完了h)
— 他 ❶ ❹と […⁴を] かき〈こね〉まわす ▷ die Suppe〈den Brei〉*rühren* スープ〈おかゆ〉をかきまわす
❷ 《❹+方向と》 […⁴を液状のものの中に] かきまわしながら加える ▷ Sie *rührt* Mehl in die Soße. 彼女はソースをかきまわしながら小麦粉を加える
❸ ❹と [手足などを] 動かす ▷ Vor Kälte konnte er die Finger kaum *rühren*. 寒さのあまり彼は指をほとんど動かすことができなかった
❹ ❹と […⁴を] 感動させる (☆ふつう状態受動で) ▷ Sie war zutiefst *gerührt*. 彼女はひどく感動していた
— 再 〈sich⁴と〉動く; 身動きする ▷ Nichts *rührte* sich. 何一つ動くものがなかった / In dem engen Kleidungsstück konnte er sich kaum *rühren*. 窮屈な服を着て彼はほとんど身動きできなかった

rüh・rend [リューレント] 形 胸を打つ ▷ eine *rührende* Szene 胸を打つシーン

rüh・rig [リューリヒ] 形 精力的な，活動的な，元気な

rühr・se・lig [リューア・ゼーリヒ] 形 (作品などが)センチメンタルな; (人が)感傷的な，涙もろい

Rüh・rung [リュールング] 囡 die (⊕2格 -; ⊕なし) 感動

ruh・te [ルーテ] ruhen の 過去

Ru・in [ルイーン] 男 der (⊕2格 -s; ⊕なし) 破滅，破産 ▷ Das Geschäft steht kurz vor dem *Ruin*. 店は破産寸前だ / 《比ゆ》Der Alkohol war sein *Ruin*. 酒が彼の命取りだった

Ru・i・ne [ルイーネ] 囡 die (⊕2格 -; ⊕-n) 廃墟 ▷ Von dem Kloster steht nur noch eine *Ruine*. その修道院は今では廃墟になって残っているだけだ

ru・i・nie・ren [ルイニーレン]
(ruinierte; ruiniert; 完了h)
— 他 ❹と […⁴を] だめにする ▷ Der Alkohol *ruinierte* seine Gesundheit. アルコールで彼は体をこわしてしまった
— 再 〈sich⁴と〉 だめになる ▷ *sich* gesundheitlich *ruinieren* 体をこわす

rülp・sen [リュルプセン]
(rülpste; gerülpst; 完了h)
自 《口語》げっぷをする

Rum [ルム] 男 der (⊕2格 -s; ⊕なし) ラム[酒]

Ru・mä・ni・en [ルメーニエン] 中 das 《国名》ルーマニア (バルカン半島北西部の共和国)

Rum・mel [ルンメル] 男 der (⊕2格 -s; ⊕なし)
❶ にぎわい，喧騒; 雑踏 ▷ der *Rummel* des Jahrmarktes その市のにぎわい
❷《北ドイツ》年の市 (屋台店やメリーゴーランドなどが出てにぎわう縁日ふうの市; =Jahrmarkt)

ru・mo・ren [ルモーレン]
(rumorte; rumort; 完了h)
自 ガタガタ〈ガタゴト・ゴトゴトなど〉音をたてる ▷ Der Magen〈Es〉*rumort* vor Hunger. 空腹で胃がグーグーいう

rum・peln [ルンペルン]
(rumpelte; gerumpelt; 完了h)
自《口語》《成句》*es rumpelt* ガタガタ〈ゴトゴト〉音をたてる ▷ Es *rumpelt* auf dem Dachboden. 屋根裏でゴトゴト音がする

Rumpf [ルンプフ] 男 der (⊕2格 -[e]s; ⊕Rümpfe) (人・動物の)胴，胴体; 機体，船体 (翼, マストなどを取り除いたもの)

Rümp・fe [リュムプフェ] Rumpf の 複数

rümp・fen [リュムプフェン]
(rümpfte; gerümpft; 完了h)
《成句》*über+❹ die Nase rümpfen* (鼻にしわをよせて)…⁴を小ばかにする

Rump・steak [ルムプ・ステーク] 中 das (⊕2格 -s; ⊕-s)《料理》ランプステーキ (牛のしり肉のステーキ)

Run [ラン] 男 der (⊕2格 -s; ⊕-s) (品薄の商品などを求めて)人々が殺到すること

rund [ルント]
— 形 (比較 -er, 最上 -est)
❶ 丸い，円形の ▷ ein *runder* Tisch 丸いテーブル / Dieser Turm ist *rund*. その塔は円形をしている / *runde* Augen machen (驚いて)目を丸くする
❷ (体などが)まるまるした，ふっくらした ▷ Sie hat *runde* Bäckchen. 彼女はふっくらとしたほっぺをしている
❸ (10, 100などで割り切れる)端数のない，きりのいい ▷ eine *runde* Zahl きりのいい数
— 副《口語》《複数と》約，ほぼ ▷ Die Entfernung beträgt *rund* 30 km. 距離はほぼ 30 キロ

だ

[イディオム] ***rund um***+④ …⁴の周りを回って ▹ Ich möchte in einem Raumschiff *rund um* die Erde fliegen. 私は宇宙船で地球の周りを飛んでみたい

Run·de [ルンデ] [女] *die* ([単] 2 格 –; [複] –n)
❶ (いっしょに座っている小さな) 人の集まり, 一座 ▹ Die ganze *Runde* sang mit. 一座の人が全員いっしょに歌った
❷ (その場にいる人全員に) 1 杯ずつ振舞う酒 (☆ ふつう酒を表す名詞と同格的に用いる) ▹ eine *Runde* Bier spendieren 全員にビールを 1 杯ずつおごる
❸ 一回り ▹ Er fährt zwei *Runden* auf dem Karussell. 彼は回転木馬に乗って 2 周する
❹ (競走路の) 一周; (ボクシングなどの) ラウンド ▹ Er gewann durch K.o. in der fünften *Runde*. 彼は 5 ラウンドでノックアウト勝ちした

Rund·fahrt [ルント・ファールト] [女] *die* ([単] 2 格 –; [複] –en) 一周旅行, 周遊 ▹ eine *Rundfahrt* durch Süddeutschland machen 南ドイツを周遊する

Rund·funk [ルント・フンク] [男] *der* ([単] 2 格 –s; [複] なし)
❶ ラジオ放送 ▹ Das Konzert wird im *Rundfunk* übertragen. コンサートはラジオで中継放送される
❷ ラジオ放送局 ▹ beim *Rundfunk* arbeiten ラジオ放送局に勤めている

Rund·funk·ge·bühr [ルント・フンク・ゲビューア] [女] *die* ([単] 2 格 –; [複] –en) 〘ふつう [複] で〙 ラジオ受信料

Rund·gang [ルント・ガング] [男] *der* ([単] 2 格 –[e]s; [複] ..gänge) 回って歩くこと, 巡回

rund·he·raus [ルント・ヘラオス] [副] 《口語》 率直に, はっきりと

rund·he·rum [ルント・ヘルム] [副] 周りに, ぐるりと ▹ Das Haus ist *rundherum* von Wald umgeben. [状態受動] その家は周りを森に囲まれている

rund·lich [ルントリヒ] [形] 丸みのある, ほぼ丸い; (女性が) 丸ぽちゃの, ふくよかな ▹ ein *rundlicher* Stein 丸みのある石

Rund·schrei·ben [ルント・シュライベン] [中] *das* ([単] 2 格 –s; [複] –) (大会の開催通知など) 会員一同に送られる手紙

rund·um [ルント・ウム]
[副] ❶ ぐるりと周りに
❷ まったく, 完全に

Run·dung [ルンドゥング] [女] *die* ([単] 2 格 –; [複] –en) 丸み

rund·weg [ルント・ヴェック] [副] きっぱりと, はっきりと

Ru·ne [ルーネ] [女] *die* ([単] 2 格 –; [複] –n) ルーネ文字, ルーン文字 (古代ゲルマン人の文字)

run·ter [ルンター] [副] 〘*herunter*, *hinunter* の略語〙《口語》 下へ

Run·zel [ルンツェル] [女] *die* ([単] 2 格 –; [複] –n) 〘ふつう [複] で〙 (皮膚などの) しわ ▹ Er hat ein Gesicht voller *Runzeln*. 彼はしわだらけの顔をしている

run·ze·lig [ルンツェリヒ] [形] =runzlig

run·zeln [ルンツェルン]
(runzelte; gerunzelt; [完了]h)
[他] 〘成句で〙 ***die Stirn runzeln*** 額にしわを寄せる ▹ Er hat ärgerlich *die Stirn gerunzelt*. 彼は怒って額にしわを寄せた

runz·lig [ルンツリヒ] [形] (顔などが) しわだらけの, しわくちゃの

Rü·pel [リューペル] [男] *der* ([単] 2 格 –s; [複] –) がさつ者, 無作法者 (ふつう若者を指す) ▹ Benimm dich endlich, du *Rüpel*! いいかげんに行儀よくしたらどうだ この無作法者めが

rü·pel·haft [リューペルハフト] [形] (態度などが) 粗野な, 無作法な

rup·fen [ルプフェン] (rupfte; gerupft; [完了]h)
[他] ❶ 〘④と〙 〔草など⁴を〕 引き抜く, むしる ▹ im Garten Unkraut *rupfen* 庭で草むしりをする
❷ 〘④と〙 〔ニワトリなど⁴の〕 羽をむしる

rup·pig [ルッピヒ] [形] (態度が) 無作法な, がさつな, つっけんどんな ▹ Sein Ton ist ziemlich *ruppig*. 彼の口のきき方はかなりつっけんどんだ

Rü·sche [リューシェ] [女] *die* ([単] 2 格 –; [複] –n) 《服飾》 フリル

Ruß [ルース] [男] *der* ([単] 2 格 –es; [複] –e) 煤⁺

Rus·se [ルッセ] [男] *der* ([単] 2·3·4 格 –n; [複] –n) ロシア人

Rüs·sel [リュッセル] [男] *der* ([単] 2 格 –s; [複] –)
❶ (ゾウの) 鼻 ▹ Der Elefant ergreift eine Banane mit dem *Rüssel*. ゾウはバナナを鼻でつかむ
❷ (ブタなどの) 鼻; (チョウなどの管状の) 口器

ru·ßen [ルーセン] (rußte; gerußt; [完了]h)
[自] (ストーブ・ランプなどが) 煤⁺を出す

Rus·sin [ルッスィン] [女] *die* ([単] 2 格 –; [複] ..sinnen) Russe の女性形

rus·sisch [ルッスィシュ] [形] ロシア[人]の; ロシア語の ▹ die *russische* Küche ロシア料理

Rus·sisch [ルッスィシュ] [中] *das* ([単] 2 格 –[s]; [複] なし) ロシア語 (用法: ☞ Deutsch)

das **Rus·si·sche** [ルッスィシェ] [中] (形容詞変化 ☞ Alte 表 II) ロシア語 (☆ 定冠詞を必ず伴う) (用法: ☞ Deutsche)

Russ·land [ルス・ラント] ([中] *das*) 《国名》 ロシア (用法: ☞ Deutschland)

Ruß·land [旧⇨新] Russland

rüs·ten [リュステン] (rüstete; gerüstet; [完了]h)
— [自] 軍備を整える ▹ Die Staaten *rüsten*

zum Krieg. 国々は戦争のために軍備を整える
――再 〚(sich)⁴+für+④と〛〔‥⁴の〕準備をする (☆ふつう状態受動で) ▷ Ich bin für die Prüfung gut *gerüstet*. 私は試験の準備が十分にできている

rüs·tig [リュスティヒ] 形 (高齢にもかかわらず)達者な、かくしゃくとした ▷ Der Alte ist noch sehr *rüstig*. その老人はまだとてもかくしゃくとしている

rus·ti·kal [ルスティカール] 形 田舎ふうの ▷ eine *rustikal* eingerichtete Wohnung 田舎ふうにしつらえられている住居

Rüs·tung [リュストゥング] 女 die (⊕2格 -; ⊕ -en)

❶ 軍備 ▷ die nukleare *Rüstung* 核武装
❷ (中世の)甲冑

Rüstung

Rüst·zeug [リュスト·ツォイク] 中 das (⊕2格 -[e]s; ⊕ なし) (ある仕事に必要な)知識、能力

Ru·te [ルーテ] 女 die (⊕2格 -; ⊕ -n)
❶ (ふつうまだ葉のついていない)細長いしなやかな枝
❷ (しなやかな枝で作った)むち;釣り竿

Rutsch [ルッチュ] 男 der 〚成句で〛 **Guten Rutsch ins neue Jahr!**《口語》よいお年を

Rutsch·bahn [ルッチュ·バーン] 女 die (⊕2格 -; ⊕ -en) 滑り台

rut·schen [ルッチェン]
(rutschte; gerutscht; 匠了s)

自 ❶ 足をすべらせる;(車が)スリップする ▷ auf dem Schnee *rutschen* 雪の上で足をすべらせる /〚名詞化して〛Der Wagen ist ins *Rutschen* gekommen. 車がスリップした
❷ すべり落ちる ▷ Das Kind *rutschte* vom Stuhl. 子供はいすからすべり落ちた
❸ (着衣·メガネなどが)ずり落ちる ▷ Die Hose *rutscht* ständig. ズボンがたえずずり落ちる
❹《口語》(座っていて横に)体をずらす、寄る ▷ Könnt ihr ein wenig *rutschen*? 君たちちょっとつめてくれないか

イディオム ③+*aus der Hand rutschen* ‥³の手がすべり落ちる ▷ Ihr *rutschte* die Tasse *aus der Hand.* 彼女の手からカップがすべり落ちた

rüt·teln [リュッテルン] (rüttelte; gerüttelt)
――他〚匠了h〛〚④と〛〔‥⁴を〕(激しく)揺する、揺さぶる、揺り動かす ▷ ein Sieb *rütteln* ふるいを揺する / Er *rüttelt* mich an den Schultern. 彼は私の肩を揺する /〚与7⃣明と〛Sie hat ihn aus dem Schlaf *gerüttelt*. 彼女は揺さぶって彼を起こした

――自 ❶〚匠了h〛〚an+③と〛〔‥³を〛揺する ▷ Er *rüttelte* ungeduldig an der Tür. 彼はいらいらしてドアを揺すった
❷〚匠了h〛ガタガタ揺れる ▷ Der Wagen hat auf dem holprigen Pflaster *gerüttelt*. 車はでこぼこの舗道の上でガタガタ揺れた
❸〚匠了s〛ガタガタ揺れながら走る ▷ Der Wagen ist über das holprige Pflaster *gerüttelt*. 車はでこぼこの舗道をガタガタ揺れながら走った

s S [ɛs エス]

Saal [ザール] 男 der (2格 -[e]s; 複 Säle) 広間, ホール ▷ Der *Saal* war überfüllt. [状態受動] ホールは超満員だった

Saar·brü·cken [ザール・ブリュッケン] (中 das)《都市名》ザールブリュッケン (☞ 地図 C-4)

Saar·land [ザールラント] (中 das)《州名》ザールラント(ドイツ西部)

Saat [ザート] 女 die (2格 -; 複 -en)
❶ 《複なし》《集合的に》(ふつう広い地域にまく) 種, 種子
❷ 《複なし》種まき, 播種 ▷ Es ist bald Zeit zur *Saat*. まもなく種まきの時期だ

Sab·bat [ザバット] 男 der (2格 -s; 複 -e)《ユダヤ教》安息日

Sab·bat·jahr [ザバット・ヤール] 中 das (2格 -[e]s; 複 -e) サバティカル(研究などのために与えられる1年間[以内]の有給休暇)

sab·bern [ザベルン]
(sabberte; gesabbert; 助h)
自《口語》よだれをたらす

Sä·bel [ゼーベル] 男 der (2格 -s; 複 -) サーベル;《フェンシング》サーブル ▷ den *Säbel* ziehen サーベルを抜く

Sa·bo·ta·ge [ザボタージェ] 女 die (2格 -; まれに -n) サボタージュ(労働争議で用いられる戦術の一つ)

Sa·bo·teur [ザボテーア] 男 der (2格 -s; 複 -e) サボタージュをする人

sa·bo·tie·ren [ザボティーレン]
(sabotierte; sabotiert; 助h)
他《④と》《集会・選挙などを》(計画的に)妨害する

Sa·che [ザッヘ] 女 die (2格 -; 複 -n)
❶ 事, 事柄 ▷ eine wichtige *Sache* 重要なこと / die *Sache* ganz anders ansehen その事柄についてまったく別の見方〈評価〉をする / Das ist eine heikle *Sache*. それはデリケートな問題だ / Ob die Entscheidung richtig war, ist eine andere *Sache*. その決断が正しかったかどうかは別問題だ / Das ist meine *Sache*! これは私の問題だ(他人には関係ない)
❷ 《複で》物; (特に持ち物) ▷ alte *Sachen* verkaufen 古くなったものを売る / Wem gehören diese *Sachen*? これはだれのものですか
❸ (討議などの)本題, 中心的な問題 ▷ bei der *Sache* bleiben 本題からそれない / zur *Sache* kommen 本題に入る / Zur *Sache*, bitte! 本題に入ってください
(イディオム) **nicht [ganz] bei der Sache sein** (仕事などに)集中していない, 身を入れていない

Sach·ge·biet [ザッハ・ゲビート] 中 das (2格 -[e]s; 複 -e) (専門的知識を要する)作業分野

Sach·kennt·nis [ザッハ・ケントニス] 女 die 2格 -; 複 ..nisse) (ある専門分野に関する)知識

sach·kun·dig [ザッハ・クンディヒ] 形 (ある専門分野に関する)十分な知識をもった

Sach·la·ge [ザッハ・ラーゲ] 女 die (2格 -; 複 なし) 事態, 状況, 事情

sach·lich [ザハリヒ]
形 ❶ (事柄に基づいた) 客観的な ▷ eine *sachliche* Kritik 客観的な批評 / Bei der Diskussion blieb er immer *sachlich*. 討論のとき彼はずっと感情に左右されることはなかった
❷ 事柄に即した, 事柄の内容に関する ▷ Die Behauptung ist *sachlich* falsch. その主張は事実関係がまちがっている
❸ (家具・建物などが)実用本位に作られた ▷ ein *sachliches* Design 実用本位のデザイン

Sach·scha·den [ザッハ・シャーデン] 男 der (2格 -s; 複 ..schäden) (災害・事故などによる)物的損害

Sach·sen [ザクセン] (中 das)《州名》ザクセン(ドイツ東部)

Sach·sen-An·halt [ザクセン・アンハルト] (中 das)《州名》ザクセン・アンハルト(ドイツ中部)

sacht [ザハト] 形 (動きなどが)静かな, かすかな ▷ Sie berührte ihn *sacht*. 彼女は彼にそっと触れた

sach·te [ザハテ] =sacht

Sach·ver·halt [ザッハ・フェアハルト] 男 der (2格 -[e]s; まれに -e) (物事の)事情, 情況, 実情

sach·ver·stän·dig [ザッハ・フェアシュテンディヒ] 形 (ある分野に)精通している, 専門的知識に裏付けられた

Sach·ver·stän·di·ge [ザッハ・フェアシュテンディゲ] 男 der / 女 die (形容詞変化 ☞ Alte 表I) 専門家

Sack [ザック] 男 der (2格 -es〈まれに -s〉; 複 Säcke) (じょうぶな布や紙などの比較的大きな)袋 (☆ 数量単位の場合ふつう無変化) ▷ ein leerer 〈voller〉 *Sack* からの〈いっぱい詰まった〉袋 / Getreide in *Säcke* füllen 穀物を袋に詰める / fünf *Sack* Weizen 小麦5袋

①, ②, ③, ④ = 1格, 2格, 3格, 4格の名詞

類語
Sack じょうぶで大きな袋
Beutel (布などの)比較的小さな袋
Tüte (紙やビニールなどの)簡単な買物袋

Sä·cke [ゼッケ] Sack の 複数

Sack·gas·se [ザック・ガッセ] 囡 die (⊕ 2 格 -; ⊕ -n) 袋小路
(イディオム) *in eine Sackgasse geraten*（交渉などが）行き詰まる

Sa·dis·mus [ザディスムス] 男 der (⊕ 2 格 -; 複なし) サディズム (反 Masochismus)

Sa·dist [ザディスト] 男 der (⊕ 2·3·4 格 -en; 複 -en) サディスト (反 Masochist)

sa·dis·tisch [ザディスティシュ] 形 サディズムの, サディズム的な (反 masochistisch)

sä·en [ゼーエン] (säte; gesät; 完了h)
他 (④と) [⁎⁴の]種をまく ▷ Weizen *säen* 小麦の種をまく

Sa·fa·ri [ザファーリ] 囡 die (⊕ 2 格 -; ⊕ -s) サファリ(アフリカでの狩猟や野生動物の観察を目的とした[団体]旅行) ▷ auf *Safari* gehen サファリに行く

Sa·fe [ゼーフ] 男 der / 中 das (⊕ 2 格 -s; ⊕ -s) 金庫 ▷ einen *Safe* aufbrechen 金庫を破る

Saft [ザフト] 男 der (⊕ 2 格 -es 〈まれに -s〉; ⊕ Säfte)
❶ (果実·野菜の)ジュース, 果汁 ▷ der *Saft* von Tomaten トマトジュース / ein Glas *Saft* trinken グラス 1 杯のジュースを飲む
❷ (植物に含まれる)水分, 樹液, 《料理》肉汁

Säf·te [ゼフテ] Saft の 複数

saf·tig [ザフティヒ]
形 ❶ (植物·果物·肉が)水気の多い ▷ eine *saftige* Birne 水気の多いナシ / eine *saftige* Wiese (緑の草が茂る)みずみずしい草原
❷ 《口語》(金額などが)ものすごい ▷ eine *saftige* Rechnung ものすごい額の請求書

Sa·ge [ザーゲ] 囡 die (⊕ 2 格 -; ⊕ -n) 伝説, 言い伝え ▷ Er sammelt die *Sagen* seiner Heimat. 彼は故郷の伝説を収集している

Sä·ge [ゼーゲ] 囡 die (⊕ 2 格 -; ⊕ -n) のこぎり

sa·gen
[záːɡn ザーゲン]

現在	ich sage	wir sagen
	du sagst	ihr sagt
	er sagt	sie sagen
過去	ich **sagte**	wir sagten
	du sagtest	ihr sagtet
	er sagte	sie sagten
過分	gesagt	完了 haben

他 ❶ (④と) [⁎⁴と]言う
Er *sagte*, er sei unschuldig.
彼は自分が無実だと言った
Er *sagte* zu mir: „Wir müssen uns beeilen!" 彼は私に「私たちは急がねばならない」と言った
Er *sagte* mir, dass er die Lust verloren habe. 彼は私にその気をなくしたと言った
Man kann nicht *sagen*, dass Andreas dumm ist. アンドレアスのことをばかだとは言えない

❷ (④と) [ことば⁴を] 言う
Was hast du *gesagt*?
君はなんと言ったのか
Davon hat er nichts *gesagt*.
それについて彼は何も言わなかった
Kannst du das noch einmal *sagen*?
それをもう一度言ってくれますか
Er hat den ganzen Tag kein Wort *gesagt*.
彼は一日中一言も言わなかった
Sie *sagte* Guten Morgen.
彼女はおはようと言った
Sag doch ja! いいと言ってくれ

❸ (④と) [⁎⁴を](ことばに表して)言う ▷ Das musst du deutlicher *sagen*. それを君はもっとはっきり言わなければだめだ / Wie *sagt* man „dozo yorosiku" auf Deutsch?「どうぞよろしく」はドイツ語でどう言うのか

❹ (④と) [⁎⁴を]言う, 話す, 伝える ▷ Der Zeuge *sagte* die Wahrheit. 証人は真実を言った / Das kann ich noch nicht *sagen*. それはまだ話すことができません / Nun *sag* schon, wie deine neue Freundin heißt! 君の新しいガールフレンドの名前はなんというのか言っちゃえよ

❺ (④と) [考え·意見など⁴を]言う, 思う ▷ Was *sagst* du dazu? 君はこれをどう思う / Was willst du damit *sagen*? それはどういうつもりなのか

❻ (④と) [⁎⁴を]意味する (☆ ④はふつう nichts, nicht, viel など) ▷ Dieser einmalige Erfolg *sagt* noch nicht viel. この 1 回だけの成功ではまだ大した意味はない / Das hat nichts zu *sagen*. それはなんでもない

(イディオム) *Das kann man wohl sagen!* そう言ってもかまわないだろう
Gesagt, getan! 言うが早いか実行した
Sag ⟨*Sagen Sie*⟩ *mal*《相手に何か聞きたいときに》ねえ, あのう ▷ *Sag mal*, gibt es hier ein Telefon? ねえ ここに電話あるかい
sagen wir [*mal*]《あることを提案して》どうだろう ▷ Wir treffen uns, *sagen wir*, um 9 Uhr. 私たちが会うのは どうだろう 9 時というのは
*sich*³ ⊕ ④ ⊕ + *nicht zweimal sagen lassen* ⁎⁴に二つ返事で応じる
unter uns gesagt ここだけの話だが
was ich noch sagen wollte そうそう, そう言えば

sägen

▷ *Was ich noch sagen wollte*, sie hat angerufen. そうそう 彼女から電話があったよ
wie gesagt すでに述べたように
wie soll ich sagen〈適切なことばを探して〉なんて言ったらよいのか ▷ Sein Auftreten ist, *wie soll ich sagen*, recht überheblich. 彼の態度は なんて言ったらいいか かなり思い上がったものだ

[類語]
sagen（一般的意味で）言う
mitteilen 伝達事項などをふつう私情を交えず伝える
erzählen 親しい相手に個人的なことを話す
anvertrauen 秘密などを信用して打ち明ける

sä·gen [ゼーゲン] (sägte; gesägt; 完了h)
他《4と》[..⁴を]のこぎりでひく〈切る〉 ▷ Er *sägte* Holz. 彼は木をのこぎりで切った

sa·gen·haft [ザーゲンハフト]
形 ❶ 伝説上の; 伝説的な ▷ das *sagenhafte* Ungeheuer von Loch Ness ネス湖の伝説的な怪獣
❷《口語》信じがたいほどの ▷ Das Essen in diesem Restaurant war *sagenhaft* gut. このレストランの料理は信じられないほどおいしかった

sag·te [ザークテ] sagen の 過去
sah [ザー] sehen の 過去
sä·he [ゼーエ] sehen の 接II

Sah·ne [ザーネ] 女 die (単2格 -; 複 なし)
❶ 乳脂, クリーム ▷ Kaffee mit *Sahne* trinken クリーム入りコーヒーを飲む
❷ ホイップクリーム（生クリームに砂糖を加えて泡立てたもの）▷ ein Stück Torte mit *Sahne* ホイップクリームつきの1個のケーキ

Sai·son [ゼゾーン/..ゾン] 女 die (単2格 -; 複 -s)（催し・旅行・作物などの）シーズン（☆「四季の季節」は Jahreszeit）▷ die nächste *Saison* 来シーズン / Die *Saison* hat gerade begonnen. シーズンが始まったばかりだ / außerhalb der *Saison* シーズンオフに / in der *Saison* シーズン中

Sai·son·ar·bei·ter [ゼゾーン・アルバイター] 男 der (単2格 -s; 複 -) 季節労働者

Sai·te [ザイテ] 女 die (単2格 -; 複 -n)（楽器の）弦 ▷ die *Saiten* einer Geige バイオリンの弦 / Eine *Saite* ist gerissen. 弦が1本切れた

Sak·ko [ザッコ] 男（南独・墺）/ 中 das (単2格 -s; 複 -s)（男性用の、しゃれた）ジャケット

Sak·ra·ment [ザクラメント] 中 das (単2格 -[e]s; 複 -e)（キ教）秘跡, 礼典

Sa·la·man·der [ザラマンダー] 男 der (単2格 -s; 複 -)（動物）サンショウウオ

Sa·la·mi [ザラーミ] 女 die (単2格 -; 複 -[s]) サラミソーセージ

Sa·lat [ザラート] 男 der (単2格 -[e]s; 複 -e)
❶《料理》サラダ（☆「野菜の煮つけ」は Gemüse）▷ gemischter *Salat* ミックスサラダ
❷【複 なし】サラダ菜; レタス ▷ Sie wäscht den *Salat*. 彼女はサラダ菜を洗う

Sal·be [ザルベ] 女 die (単2格 -; 複 -n) 軟膏, 塗り薬 ▷ *Salbe* auf eine Wunde streichen 軟膏を傷口に塗る

sal·ben [ザルベン] (salbte; gesalbt; 完了h)
他《4と》〔司祭などに〕聖油〈香油〉を塗る;（皇帝などに任じるために）聖油〈香油〉を塗る

Sä·le [ゼーレ] Saal の 複

sa·lo·mo·nisch [ザロモーニシュ] 形（判断・決意などが）賢明な

Sa·lon [ザローン/..ロン] 男 der (単2格 -s; 複 -s)
❶（特に美容・服飾関係の豪華に飾りつけられた）店 ▷ ein *Salon* für Damenhüte 婦人用帽子の店
❷《やや古語》（りっぱな）応接室

sa·lon·fä·hig [ザローン・フェーイヒ] 形（振舞い・言動などが）上流社会にふさわしい

sa·lopp [ザロップ]
形 ❶（ことばづかい・態度などが）きちんとしていない ▷ eine *saloppe* Ausdrucksweise ぞんざいなことばづかい
❷（服装が）ラフな, 無造作な ▷ sich⁴ *salopp* kleiden ラフな服装をする

Sal·to [ザルト] 男 der (単2格 -s; 複 -s)《体操》宙返り ▷ einen *Salto* springen 宙返りをする

sa·lu·tie·ren [ザルティーレン] (salutierte; salutiert; 完了h)
自（上官などに対し軍隊式に）敬礼をする

Sal·ve [ザルヴェ] 女 die (単2格 -; 複 -n) 一斉射撃 ▷ eine *Salve* abfeuern 一斉射撃をする

Salz [ザルツ] 中 das (単2格 -es; 複 なし)
塩, 食塩 ▷ eine Prise *Salz* ひとつまみの塩 / mit Pfeffer und *Salz* würzen コショウと塩で味つけをする / *Salz* an die Speisen tun 料理に塩を入れる

salz·arm [ザルツ・アルム] 形 塩分の少ない

Salz·burg [ザルツ・ブルク] (中 das)（都市名）ザルツブルク（オーストリア; ☞ 地図 F-5）

sal·zen [ザルツェン] (du, er salzt; salzte; gesalzen 〈まれに gesalzt〉; 完了h)
他《4と》〔スープなどに〕塩を加える

sal·zig [ザルツィヒ] 形 塩辛い, しょっぱい ▷ Die Tränen schmecken *salzig*. 涙はしょっぱい

Salz·kar·tof·feln [ザルツ・カルトッフェルン]
複名（皮をむいて）塩ゆでしたじゃがいも

salz·los [ザルツ・ロース] 形 塩気のない

Salz·see [ザルツ・ゼー] 男 der (単2格 -s; 複 -n) 塩湖（塩分を含んだ湖）

Salz·was·ser [ザルツ・ヴァッサー] 中 das (単2格 -s; 複 なし)（料理用の）塩水

Sa·me [ザーメ] 男 der (単2格 -ns, 3·4格 -n; 複

Sanftmütigkeit

-n) =Samen

Sa·men [ザーメン] 男 der (⊕2格 -s; ⊕ -)
❶《植物》種, 種子 ▷ *Samen* streuen 種をまく
❷〖⊕ なし〗精液

sä·mig [ゼーミヒ] 形(ソース・スープなどが)どろりとした

Sam·mel·fahr·kar·te [ザメル・ファール・カルテ] 囡 *die* (⊕2格 -; ⊕ -n)(乗り物の)回数券

sam·meln [ザメルン]
(ich sammle; sammelte; gesammelt; 完了h)
— 他 ❶〖④と〗〖…⁴を〗集める, 収集する, 採集する ▷ Briefmarken und Münzen *sammeln* 切手とコインを収集する / Pilze *sammeln* キノコ狩りをする / Die Bienen *sammeln* Honig. ミツバチが蜜を集める / Er *sammelt* Material für seinen Aufsatz. 彼は論文の材料を集める / Erfahrungen *sammeln* 経験を積む
❷〖④と〗〖金品⁴を〗(慈善のために)集める, 募る ▷ Spenden für die Armen *sammeln* 貧しい人たちのために寄付金を募る // Sie *sammeln* für das Rote Kreuz. 彼らは赤十字のために募金をする
(イディオム) ④ + *um sich⁴ sammeln* …⁴を周囲に集める ▷ Er *sammelte* viele Zuschauer *um* sich. 彼は多くの観衆を集めた
— 再 (sich⁴と)(人が)集まる ▷ Die Teilnehmer *sammelten* sich am Turm. 参加者は塔の所に集まった

sam·mel·te [ザメルテ] sammeln の 過去
samm·le [ザムレ] sammeln の 現在
Samm·lung [ザムルング] 囡 *die* (⊕2格 -; ⊕ -en)
❶ 募金 ▷ eine *Sammlung* für das Rote Kreuz veranstalten 赤十字のための募金を行う
❷ 収集品, コレクション; 作品集 ▷ eine wertvolle *Sammlung* 価値ある収集品 / eine *Sammlung* von Gedichten 詩集

Sams·tag
[zámsta:k ザムス・ターク]
男 *der* (⊕2格 -[e]s; ⊕ -e)

土曜日 (⊕ Sa:; 特にドイツの西部・南部, オーストリア, スイスで用いられる; ドイツの北部では Sonnabend)
(用法: ☞ Dienstag)

sams·tags [ザムス・タークス] 副 毎週土曜日に
samt [ザムト] 前〖③支配〗…とともに, …もろとも ▷ Der Lastwagen ist *samt* Anhänger umgekippt. トラックはトレーラーもろともひっくり返った
(イディオム) *samt und sonders* ことごとく, 例外なくすべて
Samt [ザムト] 男 *der* (⊕2格 -es〈まれに -s〉; ⊕ -e)《織物》ビロード

sam·tig [ザムティヒ] 形(肌などが)ビロードのような, すべすべした

sämt·lich [ゼムトリヒ]〖定冠詞類〗すべての ▷ *sämtliche* Gäste すべての客 (☆ die sämtlichen Gäste とは言わない) / Goethes *sämtliche* Werke ゲーテ全集 /〖単数形の名詞と〗*sämtliches* Eigentum 全財産 /〖副詞的に〗Wir waren *sämtlich* betrunken. 私たちは全員酔っていた

Sa·na·to·ri·en [ザナトーリエン] Sanatorium の 複数

Sa·na·to·ri·um [ザナトーリウム] 甲 *das* (⊕2格 -s; ⊕ ..torien)(特に重病患者の)療養所, サナトリウム

Sand [ザント] 男 *der* (⊕2格 -es〈まれに -s〉; ⊕ -e)) 砂 ▷ der *Sand* der Dünen 砂丘の砂 / Die Kinder spielen im *Sand*. 子供たちは砂遊びをしている

San·da·le [ザンダーレ] 囡 *die* (⊕2格 -; ⊕ -n) サンダル ▷ Er trägt *Sandalen*. 彼はサンダルをはいている

Sand·bank [ザント・バンク] 囡 *die* (⊕2格 -; ⊕ ..bänke)(水底から水面近くまで盛り上がった)砂〈泥〉の堆積

Sand·hü·gel [ザント・ヒューゲル] 男 *der* (⊕2格 -s; ⊕ -) 砂丘

san·dig [ザンディヒ]
形 ❶ (手足などが)砂だらけの
❷ (土地などが)砂の, 砂地の

Sand·sack [ザント・ザック] 男 *der* (⊕2格 -[e]s; ⊕ ..säcke) 砂袋

Sand·sturm [ザント・シュトゥルム] 男 *der* (⊕2格 -[e]s; ⊕ ..stürme) 砂嵐

sand·te [ザンテ] senden ❷ の 過去

Sand·uhr [ザント・ウーア] 囡 *die* (⊕2格 -; ⊕ -en) 砂時計

Sand·wich [ゼントヴィチ] 甲 *das* (⊕2格 -[e]s; ⊕ -[e]s〈-e〉) サンドイッチ

sanft [ザンフト]
形 ❶ (態度・動作などが)やさしい, 物柔らかな ▷ ein *sanfter* Händedruck やさしい握手
❷ (性格などが)柔和な, 温和な ▷ *sanfte* Augen 柔和な目
❸ (音・光などが)やさしい, やわらかい ▷ ein *sanfter* Wind やさしく吹く風 / der *sanfte* Schein des Mondes 月のやわらかな光
❹ (勾配などの)ゆるやかな, なだらかな ▷ Die Straße steigt *sanft* an. 道はなだらかな上りだ

Sanft·mut [ザンフト・ムート] 囡 *die* (⊕2格 -; ⊕ なし) 穏やかさ, 柔和さ, 温和

sanft·mü·tig [ザンフト・ミューティヒ] 形 穏やかな, 柔和な, 温和な

Sanft·mü·tig·keit [ザンフト・ミューティヒカイト] 囡 *die* (⊕2格 -; ⊕ なし) (性質の)穏やかさ,

柔和, 温和

sang [ザング] singen の [過去]

sän·ge [ゼンゲ] singen の [接II]

Sän·ger [ゼンガー] [男] *der* ([単] 2格 -s; [複] -) 歌手, 声楽家 ▷ ein berühmter *Sänger* 有名な歌手

Sän·ge·rin [ゼンゲリン] [女] *die* ([単] 2格 -; [複] ..rinnen) 〚Sänger の女性形〛 女性歌手, 女性声楽家

sa·nie·ren [ザニーレン]
(sanierte; saniert; [完了]h)
— [他] ❶ 〚④と〛〔旧市街地など⁴を〕再開発する
❷ 〚④と〛〔企業など⁴を〕(財政的に)立て直す, 再建する
— [再] ❶ 〚[sich]⁴と〛(企業などが財政的に)持ち直す
❷ 《口語》〚[sich]⁴と〛不正に金もうけをする

Sa·nie·rung [ザニールング] [女] *die* ([単] 2格 -; [複] -en) 再開発; (企業などの)立て直し, 再建

Sa·ni·tä·ter [ザニテーター] [男] *der* ([単] 2格 -s; [複] -) 救急隊員; 《軍隊》 衛生兵 ▷ *Sanitäter* trugen den Verletzten schnell ins Krankenhaus. 救急隊員が負傷者をすばやく病院へ運んだ

sank [ザンク] sinken の [過去]

Sankt [ザンクト] 〚人名などにつけて〛 聖… ([略] St.) ▷ *Sankt* Nikolaus 聖ニコラス

Sankt Gal·len [ザンクト・ガレン] ([中] *das*) 《州名・都市名》 ザンクトガレン (スイス; ☞ 地図 D-5)

Sank·ti·o·nen [ザンクツィオーネン] [複名] 制裁 ▷ wirtschaftliche *Sanktionen* 経済的制裁

sank·ti·o·nie·ren [ザンクツィオニーレン]
(sanktionierte; sanktioniert; [完了]h)
[他] 〚④と〛〔措置・計画など⁴を〕是認する

sann [ザン] sinnen の [過去]

Sar·del·le [ザルデレ] [女] *die* ([単] 2格 -; [複] -n) 《魚》 カタクチイワシ; アンチョビー (塩漬けされ, 料理の添えものとして好まれる)

[S]

Sar·di·ne [ザルディーネ] [女] *die* ([単] 2格 -; [複] -n) 《魚》 イワシ

Sarg [ザルク] [男] *der* ([単] 2格 -[e]s; [複] Särge) 棺[おけ], ひつぎ ▷ einen Toten in den *Sarg* legen 死者を棺におさめる

Sär·ge [ゼルゲ] Sarg の [複数]

Sar·kas·men [ザルカスメン] Sarkasmus の [複数]

Sar·kas·mus [ザルカスムス] [男] *der* ([単] 2格 -; [複] ..kasmen) (辛辣な, とげのある) 皮肉, いやみ, あてこすり

sar·kas·tisch [ザルカスティシュ] [形] 皮肉な, いやみを含んだ, あてこすりの

saß [ザース] sitzen の [過去]

sä·ße [ゼーセ] sitzen の [接II]

Sa·tan [ザータン] [男] *der* ([単] 2格 -s; [複] -e)
❶ 〚[複] なし〛 悪魔, サタン ▷ Er ist vom *Satan* besessen. 彼は悪魔にとりつかれている
❷ 《口語》 (悪魔のように) 意地の悪い人 ▷ Sie ist ein richtiger *Satan*. 彼女は本当に性悪だ

Sa·tel·lit [ザテリート] [男] *der* ([単] 2·3·4格 -en; [複] -en)
❶ 《天文》 衛星 ▷ die *Satelliten* des Jupiters 木星の衛星
❷ 人工衛星 ▷ ein militärischer *Satellit* 軍事衛星

Sa·tel·li·ten·bild [ザテリーテン・ビルト] [中] *das* ([単] 2格 -[e]s; [複] -er) = Satellitenfoto

Sa·tel·li·ten·fern·se·hen [ザテリーテン・フェルン・ゼーエン] [中] *das* ([単] 2格 -s; [複] なし) 衛星テレビ放送

Sa·tel·li·ten·fo·to [ザテリーテン・フォート] [中] *das* ([単] 2格 -s; [複] -s) 衛星写真

Sa·tel·li·ten·schüs·sel [ザテリーテン・シュッセル] [女] *die* ([単] 2格 -; [複] -n) 衛星放送用パラボラアンテナ

Sa·tel·li·ten·staat [ザテリーテン・シュタート] [男] *der* ([単] 2格 -[e]s; [複] -en) 衛星国

Sa·tel·li·ten·stadt [ザテリーテン・シュタット] [女] *die* ([単] 2格 -; [複] ..städte) 衛星都市

Sa·tel·li·ten·über·tra·gung [ザテリーテン・ユーバートラーグング] [女] *die* ([単] 2格 -; [複] -en) (テレビなどの) 衛星中継

Sa·ti·re [ザティーレ] [女] *die* ([単] 2格 -; [複] -n)
❶ 〚[複] なし〛 (芸術上のジャンルとしての) 風刺もの (風刺小説〈詩, 映画, 漫画〉など)
❷ (作品としての) 風刺もの

satt [ザット] ([比較] -er, [最上] -est)
[形] ❶ 腹いっぱいの, 満腹した ▷ Ich bin *satt*. 私は満腹だ / sich⁴ *satt* essen 腹いっぱい食べる
❷ 《ふつう否定的な意味合いで》 (必要なものがすべてそろって) 満ち足りた, 自己満足した ▷ der *satte* Bürger 満ち足りた市民
❸ (色が) 濃い, 深い ▷ ein *sattes* Grün 深緑
[イディオム] ④+***satt haben*** …⁴に飽き飽き〈うんざり〉している ▷ Ich *habe* diese Ausreden *satt*. こんな言い逃れはうんざりだ
sich⁴ an+③ ***nicht satt sehen*** 〈***hören***〉 ***können*** …³をいくら見ても見〈聞いても聞き〉飽きない ▷ Ich *kann* mich *an* diesem Ausblick *nicht satt sehen*. 私はこの光景をいくら見ても見飽きない

Sat·tel [ザッテル] [男] *der* ([単] 2格 -s; [複] Sättel)
❶ (馬の) 鞍くら ▷ ohne *Sattel* reiten 鞍をつけずに馬に乗る
❷ (自転車などの) サドル ▷ Er stellt den *Sattel* höher 〈tiefer〉. 彼はサドルを高く〈低く〉する

Sät·tel [ゼッテル] Sattel の [複数]

sat·tel·fest [ザッテル・フェスト] [形] (ある分野に関する知識が) しっかりしている, 信頼できる

sat·teln [ザッテルン] (sattelte; gesattelt; 匙h)
他 〖④と〗〖馬など⁴に〗鞍を置く

sät·ti·gen [ゼッティゲン]
(sättigte; gesättigt; 匙h)
自 （食べ物が人を）満腹にする ▷ Die dicke Suppe *sättigt* sehr. その濃いスープはとてもおなかがいっぱいになる

Satz [ザッツ] 男 der (⸺ 2格 -es; ⸺ Sätze)
❶ 文 ▷ ein kurzer *Satz* 短い文 / einen *Satz* bilden 文を作る / einen Text *Satz* für *Satz* analysieren テキストを一文一文分析する
❷ 命題; 定理, 法則 ▷ Der *Satz* ist bereits bewiesen. [状態受動] その命題はすでに証明されている
❸ 一組, 一そろい ▷ Er kaufte sich zwei *Sätze* Briefmarken. 彼は切手を2シート買った
❹ (スポ) (テニスなどのゲームの)セット ▷ Er hat den ersten *Satz* verloren. 彼は第1セットを失った(敗れた)
❺ 《音楽》楽章 ▷ der dritte *Satz* des Klavierkonzerts ピアノ協奏曲第3楽章
❻ (統一的に定められた)額, 料金 ▷ der normale *Satz* für ein Einzelzimmer (ホテルの)シングルの部屋の標準料金
❼ 跳躍 ▷ Er machte einen *Satz* über den Graben. 彼は溝を飛び越えた

Sät·ze [ゼッツェ] Satz の 複数

Sat·zung [ザッツング] 女 die (⸺ 2格 -; ⸺ -en)
(会・団体などの)規約, 会則, 定款

Satz·zei·chen [ザッツ・ツァイヒェン] 中 das (⸺ 2格 -s; ⸺ -) 句読点

Sau [ザオ] 女 die (⸺ 2格 -; ⸺ -en 〈Säue〉)(動物)雌ブタ;《俗語》卑劣なやつ; 不潔なやつ

sau·ber [ザオバー] (比較 -er, 最上 -st)
形 ❶ 清潔な, きれいな (反 schmutzig) ▷ *saubere* Wäsche 清潔な下着 / eine *saubere* Straße きれいな通り / Sie hat *saubere* Hände. 彼女は清潔な手をしている / Er spült ein Glas *sauber* aus. 彼はグラスをきれいにゆすぐ
❷ (正確・入念で)きちんとした ▷ eine *saubere* Arbeit きちんとした仕事 / eine *saubere* Lösung (文句のつけようのない)すっきりした解決の仕方
❸ (道徳的に)清らかな, 潔白な ▷ Die Sache ist nicht ganz *sauber*. その件は少し不透明な〈怪しい〉ところがある
❹ 《反語的に》ごりっぱな ▷ Das ist mir ein *sauberer* Freund! あいつはいい友達だよ(ひどい友達だ)
(イディオム) ④+*sauber machen* ...⁴をきれいにする, 掃除する ▷ das Zimmer *sauber machen* 部屋を掃除する // Ich muss noch *sauber machen*. 私はまだ掃除をしなければならない

Sau·ber·keit [ザオバーカイト] 女 die (⸺ 2格 -; ⸺ なし) 清潔; (仕事などの)きちんとしていること; (人柄などの)清廉潔白さ

säu·ber·lich [ゾイバーリヒ] 形 (正確・入念で)きちんとした

sau·ber|ma·chen [ザオバー・マッヘン] 分離
(machte sauber; saubergemacht; 匙h) 他
旧=新 *sauber machen*（分けて書く）☞ sauber

säu·bern [ゾイベルン]
(säuberte; gesäubert; 匙h)
他 ❶〖④と〗[...⁴を](汚れを取って)きれいにする ▷ Er *säuberte* seine Brille mit dem Taschentuch. 彼はめがねをハンカチできれいにした
❷〖④+von+③と〗[...⁴からじゃまもの³を]取り除く ▷ das Beet von Unkraut *säubern* 花壇の雑草を取る / Die Polizei *säuberte* die Stadt von den Kriminellen. 警察は町から犯罪者を一掃した

Säu·be·rung [ゾイベルング] 女 die (⸺ 2格 -; ⸺ -en)
❶ (⸺ なし) きれいにすること
❷ (邪魔な人物の)追放

Sau·ce [ゾーセ] 女 die (⸺ 2格 -; ⸺ -n) = Soße

Säue [ゾイエ] Sau の 複数

sau·er [ザオアー] (比較 saurer, 最上 sauerst)(☆語尾がつくと saur..となる)
形 ❶ すっぱい, 酸味のある ▷ *saure* Kirschen すっぱいサクランボ / Der Apfelsaft schmeckt *sauer*. このリンゴジュースはすっぱい / Die Milch ist *sauer* geworden. ミルクがすっぱくなった / *saure* Milch サワーミルク
❷ 酢に漬けた ▷ *saure* Gurken 酢漬けのキュウリ
❸《口語》不機嫌な ▷ Sie war sehr *sauer* auf ihren Chef. 彼女は上司にとても腹を立てていた
❹ 骨の折れる, つらい ▷ Die Arbeit wurde ihm *sauer*. 彼にはその仕事がつらくなった
❺《化学》酸性の ▷ *saurer* Boden 〈Regen〉 酸性土〈雨〉

Sau·e·rei [ザオエライ] 女 die (⸺ 2格 -; ⸺ -en)《俗語》= Schweinerei

Sau·er·kraut [ザオアー・クラオト] 中 das (⸺ 2格 -[e]s; ⸺ なし)《料理》ザウアークラウト(塩漬けした千切りキャベツ; ふつう温めて食べる)

säu·er·lich [ゾイアーリヒ]
形 ❶ ややすっぱい, やや酸味のある
❷ (比喩)不機嫌な

Sau·er·stoff [ザオアー・シュトフ] 男 der (⸺ 2格 -[e]s; ⸺ なし) 酸素

sau·fen [ザオフェン]
(du säufst, er säuft; soff; gesoffen; 匙h)
— 他 ❶ 〖④と〗 (動物が)[...⁴を]飲む ▷ Die

Katze *säuft* Milch. 猫がミルクを飲む
❷《俗語》〖④と〗〔酒⁴を〕がぶがぶ飲む ⊳ Er hat den Schnaps wie Wasser *gesoffen*. 彼はシュナップスを水のようにがぶがぶ飲んだ
— [自]《俗語》大酒を飲む ⊳ Die Frau tut mir leid, ihr Mann *säuft*. あの奥さんはかわいそうだご主人が大酒飲みなのだ

Säu·fer [ゾイファー] [男] *der* ([単] 2 格 -s; [複] -) 大酒のみ, のんだくれ

säufst [ゾイフスト] saufen の [現在]

säuft [ゾイフト] saufen の [現在]

sau·gen [ザオゲン]
(sog ⟨saugte⟩; gesogen ⟨gesaugt⟩; [完了]h)
— [他] ❶〖④と〗〔‥⁴を〕吸う ⊳ Die Bienen *saugen* Honig aus den Blüten. ミツバチが花から蜜を吸う / Sie *saugt* Saft mit einem Strohhalm aus dem Glas. 彼女はジュースをグラスからストローで吸って飲む
❷〖規則変化〗〖④と〗〔‥⁴を〕掃除機できれいにする ⊳ Sie hat den Teppich *gesaugt*. 彼女はじゅうたんに掃除機をかけた // Sie *saugt* jede Woche. 彼女は毎週掃除機をかける
— [自]〖an+③と〗〔‥³を〕吸う, しゃぶる ⊳ Das Baby *saugt* an der Brust ⟨am Daumen⟩. 赤ん坊がおっぱいを吸う⟨親指をしゃぶる⟩

säu·gen [ゾイゲン] (säugte; gesäugt; [完了]h)
[他]〖④と〗(動物が)〔‥⁴に〕乳を飲ます, 授乳する ⊳ Die Kuh *säugte* das Kalb. 雌牛が子牛に乳を吸わせた

Säu·ge·tier [ゾイゲ·ティーア] [中] *das* ([単] 2 格 -[e]s; [複] -e) 哺乳類⟨動物⟩ ⊳ Die Wale gehören zu den *Säugetieren*. クジラは哺乳類に属する

Säug·ling [ゾイクリング] [男] *der* ([単] 2 格 -s; [複] -e) (生後 1 年ぐらいまでの)乳児, 乳飲み子 ⊳ Die Mutter gibt dem *Säugling* die Brust. 母親は乳児に乳をふくませる

Säu·le [ゾイレ] [女] *die* ([単] 2 格 -; [複] -n)《建築》円柱 ⊳ *Säulen* zieren den Eingang. 円柱が入口を飾っている /《比ゆ》Er ist eine *Säule* der Atomphysik. 彼は原子物理学を背負っている人物だ

Saum [ザオム] [男] *der* ([単] 2 格 -[e]s; [複] Säume) (衣服·カーテンなどの)裾, 折り返し, 縁取り

Säu·me [ゾイメ] Saum の [複数]

säu·men [ゾイメン] (säumte; gesäumt; [完了]h)
— [他] ❶〖④と〗(人·並木などが)〔‥⁴の〕両側⟨周り⟩に並んでいる ⊳ Alte Fachwerkhäuser *säumen* den Marktplatz. 古い木組み建築の家々が(市の立つ)広場の周りにたっている
❷〖④と〗〔衣服など⁴に〕裾をつける, 縁取りをする
— [自]《文語》ためらう, ぐずぐずする (☆ ふつう否定文で) ⊳ *Säume* nicht! ためらうな

Sau·na [ザオナ] [女] *die* ([単] 2 格 -; [複] -s ⟨Saunen⟩) サウナ ⊳ Ich gehe jetzt in die *Sauna*. 私はこれからサウナに行って来る

Sau·nen [ザオネン] Sauna の [複数]

sau·re [ザオレ] ☞ sauer

Säu·re [ゾイレ] [女] *die* ([単] 2 格 -; [複] -n)
❶《化学》酸
❷〖[複] なし〗酸味 ⊳ Dieser Wein hat viel *Säure*. このワインは酸味が強い

sau·rer [ザオラー] sauer の [比較]

säu·seln [ゾイゼルン]
(säuselte; gesäuselt; [完了]h)
[自] ❶ (風などが)ざわざわ音をたてる
❷《口語》《皮肉で》(わざとらしい)甘ったるい声で話す

sau·sen [ザオゼン] (sauste; gesaust)
[自] ❶〖[完了]h〗ビュービュー⟨ゴーゴー⟩と音をたてる ⊳ Der Wind *saust* in den Bäumen. 風が木々の間でビュービューと音をたてる
❷〖[完了]s〗(うなりをあげて)猛スピードで進む ⊳ Das Auto ist um die Ecke *gesaust*. 自動車は猛スピードで角を曲がった

Sa·xo·fon [ザクソフォーン] [中] *das* ([単] 2 格 -s; [複] -e)《楽器》サクソフォン

Sa·xo·phon =Saxofon

S-Bahn [エス·バーン] [女] *die* ([単] 2 格 -; [複] -en) 〖*Schnellbahn* の略語〗(都市と近郊を結ぶ) 高速鉄道

scan·nen [スケネン] (scannte; gescannt; [完了]h)
[他]〖④と〗〔‥⁴を〕スキャンする, スキャナーで読み取る

Scan·ner [スケナー] [男] *der* ([単] 2 格 -s; [複] -) スキャナー

scha·ben [シャーベン]
(schabte; geschabt; [完了]h)
[他] ❶〖④と〗(刃物やざらざらしたものなどで)〔‥⁴の〕表面をこすり⟨削り⟩取る ⊳ Sie schälte die Möhren nicht, sondern *schabte* sie. 彼女はニンジンの皮をむくのではなくこそげ取った
❷〖④+aus ⟨von⟩+③と〗〔‥⁴を‥³から〕こすり⟨削り⟩取る ⊳ Er *schabt* den Lack von dem Brett. 彼は板からラッカーを(紙やすりなどで)こすり取る

Scha·ber·nack [シャーバー·ナック] [男] *der* ([単] 2 格 -s; [複] なし)《やや古語》いたずら, 悪ふざけ

schä·big [シェービヒ]
[形] ❶ (使い古して)みすぼらしい ⊳ ein *schäbiger* Koffer みすぼらしいトランク
❷ (恥ずかしくなるほど)わずかな ⊳ ein *schäbiges* Trinkgeld ほんのわずかなチップ / Die Bezahlung war sehr *schäbig*. 賃金はひどくわずかなものだった
❸ (態度などが)卑劣な, いやしい

Schab·lo·ne [シャブローネ] [女] *die* ([単] 2 格 -;

S

Schach [シャッハ] 中 *das* (⊕2格 -s; ⊕なし) チェス ▷ *Schach* spielen チェスをする
（イディオム）*Schach [dem König]!* 王手

Schach·brett [シャッハ・ブレット] 中 *das* (⊕2格 -[e]s; ⊕ -er) チェス盤

scha·chern [シャッヘルン]
(schacherte; geschachert; ⊕h)
自（1円でももうけようと）悪どい商売をする

Schach·spiel [シャッハ・シュピール] 中 *das* (⊕2格 -[e]s; ⊕ -e)
❶ (⊕なし) チェス
❷ チェスの対局

Schacht [シャハト] 男 *der* (⊕2格 -[e]s; ⊕ Schächte) (井戸などの)縦穴; マンホール; (エレベーターの)シャフト; (鉱山)立坑

Schäch·te [シェヒテ] Schacht の 複数

Schach·tel [シャハテル] 女 *die* (⊕2格 -; ⊕ -n) (ふつうボール紙の、ふたつきの)箱 ▷ eine *Schachtel* Zigaretten タバコ1箱

scha·de [シャーデ]
形 残念な，惜しい(☆ 述語として) ▷ Es ist *schade*, dass sie nicht kommen kann. 彼女が来られないのは残念だ / Wie *schade*! なんとまあ残念な

（イディオム）*um*+④ *ist es schade* …⁴のことが残念だ ▷ *Es ist schade um* die verschwendete Zeit. むだにした時間が惜しい

zu schade もったいない ▷ Für die Gartenarbeit ist die Hose *zu schade*. 庭仕事にはそのズボンはもったいない

Schä·del [シェーデル] 男 *der* (⊕2格 -s; ⊕ -) 頭蓋骨，骨;《口語》頭

scha·den [シャーデン] (du schadest, er schadet; schadete; geschadet; ⊕h)
自 ❶ (③と) [健康など³に] 害を与える; [評判など³に] 傷をつける ▷ Rauchen *schadet* dir gesundheitlich. 喫煙は君の健康に悪い / Diese Äußerung kann seinem guten Ruf *schaden*. この発言は彼の評判を傷つけることになるかもしれない

❷ (③と) […³に] 不利益〈損害〉を与える ▷ Der Streik hat der Entwicklung der Wirtschaft *geschadet*. ストライキは経済の発展を損ねた

（イディオム）*Das schadet nichts.* それはどうということはない

Scha·den [シャーデン] 男 *der* (⊕2格 -s; ⊕ Schäden)
❶ 損害，被害 ▷ Der *Schaden* beträgt 4 000 Euro. 損害は4000ユーロになる / Das Unwetter hat schweren *Schaden* verursacht. あらしは大損害をひきおこした

❷ (⊕なし) 損，不利益 ▷ Davon hat er weder *Schaden* noch Nutzen. そのことで彼は損もしなければ得もしない / Es ist vielleicht kein *Schaden*, dass ... ひょっとしたら…というのは損ではないだろう

❸ (事故などによる)けが ▷ Er hat bei dem Unfall einen *Schaden* am Rücken davongetragen. 彼は事故のときに背中にけがをした

Schä·den [シェーデン] Schaden の 複数

Scha·den·er·satz [シャーデン・エアザッツ] 男 *der* (⊕2格 -es; ⊕なし) 損害賠償 ▷ *Schadenersatz* fordern 損害賠償を要求する

Scha·den·freu·de [シャーデン・フロイデ] 女 *die* (⊕2格 -; ⊕なし) 他人の不幸を見て感じる喜び ▷ *Schadenfreude* empfinden 他人の不幸を見て喜びを感じる

scha·den·froh [シャーデン・フロー] 形 他人の不幸を見て喜ぶ

scha·de·te [シャーデテ] schaden の 過去

schad·haft [シャートハフト] 形 破損した，傷んだ，欠陥のある

schä·di·gen [シェーディゲン]
(schädigte; geschädigt; ⊕h)
他 (④と) [健康・評判など⁴を] 害する，損なう ▷ Das *schädigt* deine Gesundheit. それは君の健康に悪い

schäd·lich [シェートリヒ] 形 害を与える，有害な ▷ Rauchen ist *schädlich* für die Gesundheit. 喫煙は健康に害がある

Schäd·ling [シェートリング] 男 *der* (⊕2格 -s; ⊕ -e) (しばしば群れをなして出現する)有害な動物〈植物〉

Schaf [シャーフ] 中 *das* (⊕2格 -[e]s; ⊕ -e) 羊 (☆「雄羊」は Hammel,「子羊」は Lamm) ▷ Das *Schaf* blökt. 羊がメーメー鳴く / die *Schafe* scheren 羊の毛を刈る

Schä·fer [シェーファー] 男 *der* (⊕2格 -s; ⊕ -) 羊飼い，牧羊者

Schä·fer·hund [シェーファー・フント] 男 *der* (⊕2格 -[e]s; ⊕ -e)《犬》シェパード

schaf·fen [シャッフェン]
— (schaffte; geschafft; ⊕h)
— 他 ❶ (④と) [難しいこと⁴を] 成しとげる，やってのける ▷ Ich habe heute viel *geschafft*. 私はきょうはずいぶんはかどった / Das *schafft* er nie! それは彼にはできっこない / die Prüfung *schaffen* 試験に合格する

❷ (④+方向と) […⁴を…へ〈から〉]持って〈運んで〉行く ▷ die Briefe zur Post *schaffen* 手紙を郵便局に持って行く

❸《口語》(④と) [乗り物⁴に] 間に合う

（イディオム）③+*zu schaffen machen* …³にめんどうを

Schaffner

かける ▷ Die Arbeit *machte* mir anfangs viel *zu schaffen*. その仕事は初めはとても大変だった

***mit*+③ etwas〈nichts〉*zu schaffen haben*.**³ とかかわりがある〈なんのかかわりもない〉▷ *Mit* ihm will ich *nichts zu schaffen haben*. 彼とは私は一切かかわりたくない

— 圁〔南ﾄﾞ〕働く（=arbeiten）

— (schuf; geschaffen; 活用h)

他 ❶〔④と〕〔作品など⁴を〕創造〈創作〉する ▷ ein neues Werk *schaffen* 新しい作品を創作する / Gott *schuf* den Menschen. 神は人間を創造された

❷〔④と〕〔条件・空間など⁴を〕つくり出す（☆まれに規則変化も用いられる）▷ die Voraussetzungen für+④ *schaffen* …⁴のための前提となる条件づくりをする / Ich habe mir zuerst einmal Platz *geschaffen*. 私はまずさしあたってスペースをつくった / Es sollen mehr Arbeitsplätze *geschaffen* werden. もっと多くの職場がつくられる必要がある（☆文頭の es は穴埋め）

(イディオム) ***Ordnung schaffen*** 秩序をもたらす（=ordnen）

wie geschaffen für*+④ *sein …⁴にうってつけてある，ひじょうに適している ▷ Er *ist für* diesen Beruf *wie geschaffen*. 彼はこの職業にうってつけだ

Schaff·ner [シャフナー] 男 der （⑬2格-s; ⑬-）（鉄道・バスなどの）車掌 ▷ Er fragt den *Schaffner*, wo er aussteigen muss. 彼は車掌にどこで降りるべきかをたずねる

schaff·te [シャフテ] schaffen「成し遂げる」の過去

Schaf·gar·be [シャーフ·ガルベ] 囡 die （⑬2格-; ⑬-n）《植物》セイヨウノコギリソウ（羊が好んで食べる）

Schaft [シャフト] 男 der （⑬2格-es〈まれに-s〉; ⑬ Schäfte）（槍ﾔﾘなどの）柄，（長靴の）脚部

Schäf·te [シェフテ] Schaft の複数

S **schal** [シャール] 形（ビールなど）気のぬけた

Schal [シャール] 男 der （⑬2格-s; ⑬-s〈-e〉）（防寒·装飾用の）襟巻き，マフラー ▷ Sie wickelte sich einen *Schal* um den Hals. 彼女はマフラーを首に巻いた

Scha·le [シャーレ] 囡 die （⑬2格-; ⑬-n）
❶（平たくそれほど深くない）皿，（平たい）鉢 ▷ eine *Schale* für Butter バター用の浅皿
❷（果実·穀物などの）皮，（豆類の）さや，（クルミなどの）殻，（卵·貝などの）殻 ▷ Diese Frucht kann man mit der *Schale* essen. この実は皮ごと食べられる

(イディオム) ***sich*⁴ *in Schale werfen*** 晴れ着を着る，めかし込む

schä·len [シェーレン]（schälte; geschält; 活用h）

— 他 ❶〔④と〕〔…³の〕皮をむく，殻を取る ▷ Er *schält* eine Banane. 彼はバナナの皮をむく / Diese Kartoffeln lassen sich schlecht *schälen*. このジャガイモは皮がむきにくい

❷〔④と+von+③と〕〔皮〈殻〉を…³から〕むく ▷ Sie *schält* sorgfältig die Schale von dem Pfirsich. 彼女は注意深く桃の皮をむいた

❸〔④と+aus+③と〕〔…³から·⁴を〕（はいで）取り出す ▷ ein Ei aus der Schale *schälen* 卵の殻をむく

— 再〔sich⁴と〕（皮膚が）むける ▷ Die Haut auf seinem Rücken *schält sich*. 彼の背中の皮がむける /《身体部分を主語にして》Sein Rücken *schält sich*. 彼の背中の皮がむける

Scha·len·tier [シャーレン·ティーア] 中 das （⑬2格-[e]s; ⑬-e）甲殻類 ▷ Die Krabben gehören zu den *Schalentieren*. カニは甲殻類に属する

Schall [シャル] 男 der （⑬2格-[e]s; ⑬なし）響き，音 ▷ Das Flugzeug ist schneller als der *Schall*. その飛行機は音よりも速い

schal·len [シャレン]
(schallte; geschallt; 活用h)

圁（鐘·叫び声などが）響く，響きわたる ▷ Von dem Haus gegenüber *schallte* lautes Gelächter. 向かいの家から大笑いする声が聞こえてきた / eine *schallende* Ohrfeige bekommen ピシャッと横っ面を殴られる

Schall·mau·er [シャル·マオアー] 囡 die （⑬2格-; ⑬なし）音速の壁 ▷ die *Schallmauer* durchbrechen（飛行機などが）音速の壁を突破する

Schall·plat·te [シャル·プラッテ] 囡 die （⑬2格-; ⑬-n）

レコード（☆CD は CD［ツェーデー］）▷ eine *Schallplatte* auflegen レコードをかける

schalt [シャルト] schelten の過去

schal·ten [シャルテン]
(schaltete; geschaltet; 活用h)

— 他〔④+auf+④と〕〔…³のスイッチを…に〕入れる ▷ die Heizung auf „warm" *schalten* 暖房のスイッチを「暖」にする // Er *schaltet* auf „aus〈ein〉". 彼はスイッチを「切〈入〉」にする

— 圁 ❶ ギヤを入れる ▷ in den 4. (vierten) Gang *schalten* ギヤをトップに入れる

❷《口語》（状況·問題などを）理解[し反応]する ▷ Er *schaltet* schnell. 彼は頭の回転が早い

(イディオム) ***schalten und walten***（制限なしに）自分のやりたいようにやる ▷ Ich kann im Hause *schalten und walten*. 私は家では自分のやりたいようにできる

Schal·ter [シャルター] 男 der （⑬2格-s; ⑬-）
❶ スイッチ ▷ Er knipste den *Schalter* an〈aus〉. 彼はスイッチをパチンと入れた〈切った〉

①，②，③，④=1格，2格，3格，4格の名詞

❷ (役所・銀行などの)窓口; (駅の)出札口 ▷ Er kaufte Briefmarken am *Schalter*. 彼は窓口で切手を買った / Der *Schalter* ist vorübergehend geschlossen. [状態受動]その窓口は一時的に閉められている

Schalt·he·bel [シャルト・ヘーベル] 男 der (⊕ 2格 -s; ⊕ -) (自動車の)変速レバー

Schalt·jahr [シャルト・ヤール] 中 das (⊕ 2格 -[e]s; ⊕ -e) うるう年

Schalt·knüp·pel [シャルト・クニュッペル] 男 der (⊕ 2格 -s; ⊕ -) (自動車の)変速レバー

Schal·tung [シャルトゥング] 女 die (⊕ 2格 -; ⊕ -en)
❶ (自転車などの)変速〈ギアチェンジ〉装置
❷ (電気)回路, 配線

Scham [シャーム] 女 die (⊕ 2格 -; ⊕ なし)
❶ 恥ずかしさ; 羞恥心 ▷ Er empfindet tiefe *Scham*. 彼はとても恥ずかしいと思う / Er ist vor *Scham* rot geworden. 彼は恥ずかしさのあまり赤くなった
❷ (文語)恥部(☆「生殖器」の婉曲 ^{えんきょく} 的表現)

schä·men [シェーメン]
(schämte; geschämt; 完了h)
— 再 (sich⁴と) 恥じる, 恥ずかしく思う ▷ Er *schämt* sich wegen seines Verhaltens. 彼は自分の振舞いを恥じている / Sie duscht nie mit den anderen zusammen, weil sie sich *schämt*. 彼女は羞恥心が強いので決して他の人といっしょにシャワーを浴びない / [zu 不定詞句と] *Schäm* dich, so zu lügen! そんなうそをつくなんて恥ずかしく思いなさい

scham·haft [シャームハフト] 形 恥ずかしがる, 恥ずかしがりやの, はにかんだ ▷ *schamhaft* erröten 恥ずかしがって顔を赤らめる

scham·los [シャーム・ロース] 形 恥知らずの ▷ eine *schamlose* Person 恥知らずの人

schand·bar [シャント・バール] 形 (態度などが)恥ずべき, 卑劣な

Schan·de [シャンデ] 女 die (⊕ 2格 -; ⊕ なし) 恥, 恥辱, 恥さらし; 不名誉なこと ▷ Er ist eine *Schande* für seine Familie. 彼は家族の面汚しだ
(イディオム) ③+*Schande machen* …³に恥をかかせる ▷ Er hat seinen Eltern *Schande* gemacht. 彼は両親の顔に泥を塗った

schän·den [シェンデン]
(schändete; geschändet; 完了h)
— 他 ❶ (④と) (墓・記念碑など⁴を) (宗教的な理由から)冒とくする
❷ (④と) (女性⁴を)凌辱 ^{りょうじょく} する

schänd·lich [シェントリヒ] 形 恥ずべき, 卑劣な ▷ *schändliche* Taten 恥ずべき行為

Schank·tisch [シャンク・ティッシュ] 男 der (⊕ 2格 -es; ⊕ -e) (酒場の)カウンター

Schan·ze [シャンツェ] 女 die (⊕ 2格 -; ⊕ -n) (スキ) シャンツェ, ジャンプ台

Schar [シャール] 女 die (⊕ 2格 -; ⊕ -en) (人間・動物の)群れ ▷ eine *Schar* von Kindern 子供たちの一団 / eine *Schar* Zugvögel 一群の渡り鳥
(イディオム) *in Scharen* 群れをなして, 大挙して
Scharen von+③ 大勢の…³ ▷ *Scharen von* Gläubigen kommen zu Ostern nach Rom. 大勢の信者が復活祭にローマにやって来る

scha·ren [シャーレン]
(scharte; geschart; 完了h)
— 再 [sich⁴+um+④と] […⁴のまわりに]群がる, 集まる ▷ Die Kinder *scharten* sich um den Lehrer. 子供たちは先生のまわりに群がった
— 他 [④+um+④と] […⁴を自分のまわりに]集める ▷ Er *schart* die Jugend um sich. 彼は若い人を自分のまわりに集める

scharf [シャルフ] (比較 schärfer, 最上 schärfst)
形 ❶ 鋭い, 先がとがった ▷ ein *scharfes* Messer 鋭利なナイフ / Der Tisch hat *scharfe* Ecken. そのテーブルは角がとがっている
❷ (味・においなどが)刺激性の強い ▷ *scharfer* Senf 辛味の強いからし / Die Suppe war sehr *scharf*. スープはとても辛かった
❸ (知覚・頭脳などが)鋭い ▷ ein *scharfer* Blick 鋭い目つき / einen *scharfen* Kopf haben 頭がきれる
❹ (音が)鋭い; (光が)強烈な; (寒さが)肌を刺す; (痛みが)強烈な ▷ der *scharfe* Pfiff einer Lokomotive 機関車の鋭い汽笛 / das *scharfe* Licht eines Scheinwerfers サーチライトの強烈な光 / ein *scharfer* Wind 肌を刺す冷たい風
❺ 急な, 急激な; (スピードなどが)速い ▷ eine *scharfe* Kurve 急カーブ / *scharf* bremsen 急ブレーキをかける
❻ (輪郭などが)はっきりした ▷ *scharfe* Gesichtszüge haben 目鼻立ちがはっきりしている / Das Foto ist nicht *scharf*. この写真は鮮明でない
❼ (批評などが)厳しい, 容赦のない, 辛辣 ^{しんらつ} な ▷ eine *scharfe* Kritik 辛辣な批評 / Er hat eine *scharfe* Zunge. 彼は毒舌家だ
❽ (争いなどが)激しい ▷ eine *scharfe* Auseinandersetzung 激しい争い / *scharfen* Protest einlegen 激しい抗議をする
(イディオム) *scharf auf*+④ *sein* …⁴をひどくほしがる ▷ Er *ist scharf auf* Geld. 彼は金に貪欲 ^{どんよく} だ

Schär·fe [シェルフェ] 女 die (⊕ 2格 -; ⊕ なし)
❶ (刃物の)鋭さ, 鋭利さ ▷ die *Schärfe* des Messers ナイフの鋭さ
❷ (香辛料などの)辛さ; (酸の)腐食力; (臭気・光などの)強烈さ ▷ Die *Schärfe* des Lichtes tat ihm in den Augen weh. 光の強烈さのため

に彼は目が痛くなった

❸ (批判・議論などの) 厳しさ, 仮借なさ, 辛辣さ ▷ Seine Kritik war von ungewohnter *Schärfe*. 彼の批判はいつもとは違う厳しいものだった

❹ (知覚の) 確かさ; (頭脳などの) 明晰さ ▷ Die *Schärfe* seiner Augen hat nachgelassen. 彼の視力は衰えた

❺ (輪郭などの) 鮮明さ ▷ die *Schärfe* des Fotos 写真の鮮明さ

schär·fen [シェルフェン]
(schärfte; geschärft; [完了]h)

— [他] ❶ 〖④と〗〔刃物⁴を〕(といで) 鋭利にする; とがらす ▷ Er *schärft* Scheren und Messer. 彼ははさみとナイフをといで切れるようにする

❷ 〖④と〗〔感覚・理解力など⁴を〕鋭くする, とぎ澄ます ▷ Das Schachspiel *schärft* das Gehirn. チェスは頭の回転をよくする

— [再] 〖[sich]⁴と〗(意識・頭脳などが) 鋭くなる ▷ Sein Blick für die Dinge hat sich *geschärft*. 彼のものを見る目は鋭くなった

schär·fer [シェルファー] scharf の [比較]

Scharf·sinn [シャルフ·ズィン] [男] *der* ([単] 2 格 –[e]s; [複] なし) (物事の本質を見抜く) 鋭い知力

scharf·sin·nig [シャルフ·ズィニヒ] [形] 洞察力の鋭い, 頭の切れる ▷ ein *scharfsinniger* Kritiker 洞察力の鋭い批評家

schärfst [シェルフスト] scharf の [最上]

Schar·lach [シャルラハ] [男] *der* ([単] 2 格 –s; [複] なし) 緋色, 深紅色; 《医学》しょうこう熱

Schar·nier [シャルニーア] [中] *das* ([単] 2 格 –s; [複] –e) (ドアなどの) ちょうつがい

Schär·pe [シェルペ] [女] *die* ([単] 2 格 –; [複] –n) (肩から腰まで斜めにかける) 飾り帯

schar·ren [シャレン]
(scharrte; gescharrt; [完了]h)

[自] (動物が) ガリガリかく ▷ Der Hund *scharrt* an der Tür. 犬がドアをガリガリかく / Die Hühner *scharren* in der Erde nach Würmern. 鶏は虫をあさって地面を引っかく

Schar·te [シャルテ] [女] *die* ([単] 2 格 –; [複] –n) 刃こぼれ

Schasch·lik [シャシュリク] [男] *der* / [中] *das* ([単] 2 格 –s; [複] –s) 《料理》シャシュリック, シシカバブ (ベーコン・玉ねぎなどとともに肉を串焼きにしたもの)

Schat·ten [シャッテン] [男] *der* ([単] 2 格 –s; [複] –)

❶ 影, 影法師 ▷ Die *Schatten* werden länger. 影が長くなる / 《比ゆ》Sie folgt ihm wie ein *Schatten*. 彼女は彼に影のようにつき添う (どこにでもついて行く)

❷ 〖[複] なし〗陰, 日陰, 物陰 ▷ Sie saßen im *Schatten* eines Baumes. 彼らは木陰に座っていた

❸ (輪郭しか認識できない, 人・物の) 姿, 影 ▷ Ein *Schatten* tauchte aus dem Dunkel auf. 何かの影が暗闇から浮かび上がった

❹ (肌・レントゲン写真などの) 黒ずんだ部分 ▷ Auf der Lunge ist ein verdächtiger *Schatten* zu sehen. 肺の上に疑わしい影が見える

[イディオム] ④+***in den Schatten stellen*** …⁴を凌駕する

Schat·ten·bild [シャッテン·ビルト] [中] *das* ([単] 2 格 –[e]s; [複] –er) 影, 影法師; 影絵, シルエット

Schat·ten·ka·bi·nett [シャッテン·カビネット] [中] *das* ([単] 2 格 –s; [複] –e) 《政治》影の内閣, シャドーキャビネット

Schat·ten·riss ([旧] ..riß) [シャッテン·リス] [男] *der* ([単] 2 格 –es; [複] –e) 影絵, シルエット

Schat·ten·sei·te [シャッテン·ザイテ] [女] *die* ([単] 2 格 –; [複] –n)

❶ 光の当たらない〈日陰の〉側

❷ 〖ふつう [複] で〗(物事の) よくない部分, 悪い面, 欠点

schat·tie·ren [シャティーレン]
(schattierte; schattiert; [完了]h)

[他] 〖④と〗〔絵⁴に〕陰影をつける

schat·tig [シャッティヒ] [形] 日陰の; 木陰のある ▷ Er sucht eine *schattige* Bank. 彼は日陰のベンチを探す

Schatz [シャッツ] [男] *der* ([単] 2 格 –es; [複] Schätze)

❶ 《集合的に》宝, 宝物, 財宝 ▷ ein vergrabener *Schatz* 埋蔵されている宝 / Er hat den *Schatz* der Piraten gefunden. 彼は海賊たちの財宝を見つけた

❷ だいじにしているもの ▷ Er zeigte uns stolz seine *Schätze*. 彼は私たちに彼の秘蔵の品を誇らしげに見せてくれた / 《比ゆ》Gesundheit ist ein großer *Schatz*. 健康は大事な宝だ / Du bist wirklich ein *Schatz*! 君は本当に親切な人だ

❸ 《愛する人への呼びかけとして》Komm her, mein *Schatz*! ねえあなたこちらに来て〈おまえこちらにおいで〉

Schät·ze [シェッツェ] Schatz の [複数]

schät·zen [シェッツェン]
(du, er schätzt; schätzte; geschätzt; [完了]h)

[他] ❶ 〖④と〗〔…⁴を〕(見た感じなどでざっと) 見積もる, 概算する ▷ Er *schätzt* den Turm auf 50 Meter. 彼は塔の高さを 50 メートルと見積もる / Wie alt *schätzt* du ihn? 君は彼を何歳ぐらいと思いますか

❷ 〖④と〗〔財産など⁴の価値を〕評価する, 査定する ▷ ein Grundstück *schätzen* 土地の価値を評価する / Er lässt den Gebrauchtwagen *schätzen*. 彼はその中古車の査定をしてもらう

❸ 〖④と〗〔…⁴を〕高く評価する ▷ Alle Studenten *schätzen* diesen Professor. 学生はみんな

この教授を尊敬している
❹《口語》《④と》[…4と]思う, 推測する (☆ふつう主語はich) ▷ Ich *schätze*, dass er morgen nicht kommt. 私は彼はあす来ないと思う

schätz·te [シェッツテ] *schätzen* の過去

Schät·zung [シェッツング] 囡 *die* (複 2 格 -; 複 -en) 見積もり, 概算; (財産などの)評価, 査定

Schau [シャオ] 囡 *die* (複 2 格 -; 複 -en)
❶ 《複 なし》(テレビ・劇場などでの)ショー, 見せ物 (=Show)
❷ 博覧会, 展示会 ▷ eine landwirtschaftliche *Schau* 農業博覧会
(イディオム) ④+*zur Schau stellen* (商品など)⁴を陳列〈展示〉する; 見せつける ▷ Er *stellte* seine Gefühle offen *zur Schau*. 彼は感情をあらわにした

Schau·der [シャオダー] 男 *der* (複 2 格 -s; 複 -)
❶ (恐怖などによる)戦慄, おののき ▷ Beim Anblick der Leiche überlief ihn ein *Schauder*. その死体を見て彼はおののいた
❷ (突然の)寒気 ▷ Ein *Schauder* lief mir über den Rücken. 私は背筋がぞくぞくした

schau·der·haft [シャオダーハフト] 形《口語》ぞっとするような; ひどい, いやな ▷ ein *schauderhaftes* Verbrechen ぞっとするような犯罪 / ein *schauderhaftes* Wetter ひどい天気

schau·dern [シャオデルン]
(schauderte; geschaudert; 助h)
自 (恐怖・寒さなどで)身震いする ▷ Dieser Gedanke lässt mich *schaudern*. このことを考えると私は身震いがする
(イディオム) ④〈③〉+*schaudert* [*es*] …⁴(³)は身震いする ▷ Ihn〈Ihm〉 *schauderte* bei dieser Vorstellung. 彼はそのことを想像すると身震いがした

schau·en [シャオエン]
(schaute; geschaut; 助h)
自 ❶ 《方向と》[…へ]目を向ける ▷ Er *schaute* ihr in die Augen. 彼は彼女の目をのぞき込んだ / *Schau*, wer an der Tür ist! だれがドアのところにいるのか見てくれ
❷ 〖nach+③〗[…³の]めんどうをみる, 世話をする ▷ Sie *schaut* nach dem Kranken. 彼女は病人の世話をする
❸ 《状態と》[(…のような)顔つきをする ▷ *Schau* doch nicht so ärgerlich! そんな怒ったような顔つきをするな

Schau·er [シャオアー] 男 *der* (複 2 格 -s; 複 -)
❶ にわか雨, 夕立(短時間に激しく降る雪・ひょうなども含む) ▷ Sie sind in einen *Schauer* geraten. 彼らはにわか雨にあった
❷ (突然の)寒気 (=Schauder)

schau·er·lich [シャオアーリヒ] 形 ❶ 身の毛もよだつ, 不気味な, ぞっとする
❷ 《口語》(腹立たしいほど)ひどい, いやな

Schau·fel [シャオフェル] 囡 *die* (複 2 格 -; 複 -n) シャベル, スコップ ▷ ein wenig Erde auf die *Schaufel* nehmen 少し土をシャベルにすくい上げる / 〖数量単位として〗 ein paar *Schaufeln* Sand シャベルに2〜3杯の砂

schau·feln [シャオフェルン]
(schaufelte; geschaufelt; 助h)
他 ❶ 《④と》[…⁴を]シャベル〈スコップ〉ですくう ▷ Er *schaufelt* Sand in den Eimer. 彼は砂をシャベルですくってバケツに入れる
❷ 《④と》[…⁴を]シャベル〈スコップ〉で掘る ▷ Er *schaufelte* einen Graben. 彼は溝をシャベルで掘った

Schau·fens·ter [シャオ・フェンスター] 中 *das* (複 2 格 -s; 複 -)
ショーウィンドー ▷ die Waren im *Schaufenster* ショーウィンドーの商品 / Sie sah sich die *Schaufenster* an. 彼女はショーウィンドーを見ていた

Schau·kel [シャオケル] 囡 *die* (複 2 格 -; 複 -n) ぶらんこ ▷ Er schwingt auf der *Schaukel* hin und her. 彼はぶらんこに乗って前後に揺れる

schau·keln [シャオケルン]
(schaukelte; geschaukelt; 助h)
自 ❶ ぶらんこに乗って遊ぶ ▷ Die Kinder *schaukeln* auf dem Hof. 子供たちは中庭でブランコ遊びをしている
❷ (前後左右に)揺れる; (ロッキングチェアなどで)体を揺り動かす ▷ Das Boot *schaukelt* auf den Wellen. ボートは波に揺れている
他 《④と》[…⁴を]揺する ▷ Sie *schaukelt* das Baby in der Wiege. 彼女は赤ん坊をゆりかごに入れて揺する

Schau·kel·stuhl [シャオケル・シュトゥール] 男 *der* (複 2 格 -[e]s; 複 …stühle) ロッキングチェア, 揺りいす

Schau·lus·ti·ge [シャオ・ルスティゲ] 男 *der* / 囡 *die* (形容詞変化 ☞ Alte 表Ⅰ) 物見高い人, やじ馬

Schaum [シャオム] 男 *der* (複 2 格 -[e]s; まれに 複 Schäume) 泡, あぶく (☆「気泡」は Blase)

Schäu·me [ショイメ] Schaum の複数

schäu·men [ショイメン]
(schäumte; geschäumt; 助h)
自 泡立つ ▷ Das Bier *schäumt*. ビールの泡が立つ / Die Seife *schäumt* gut. このせっけんは泡立ちがよい / (比ゆ) Er *schäumte* vor Wut. 彼はかんかんに怒った

schau·mig [シャオミヒ] 形 泡立っている, 泡だらけの ▷ *schaumiges* Bier 泡だらけのビール

Schaum·wein [シャオム・ヴァイン] 男 *der* (複 2 格 -[e]s; 複 -e) 発泡ワイン; 《口語》 シャンペン

(＝Sekt)

Schau·platz [シャオ・プラッツ] *der* (⑮2格 -es; ⑯ ..plätze)（犯行・事故などの）現場

schau·rig [シャオリヒ] 形《文語》（光景などが）身の毛もよだつ, 不気味な；（天気などが）ひどい, いやな

Schau·spiel [シャオ・シュピール] 中 *das* (⑮2格 -[e]s; ⑯ -e)
❶ シャウシュピール（ハッピーエンドに終わるシリアスな内容の舞台劇）
❷（ドラマチックな）光景 ▷ Der Sonnenuntergang war ein eindrucksvolles *Schauspiel*. 日没は印象深い光景だった

Schau·spie·ler [シャオ・シュピーラー] 男 *der* (⑮2格 -s; ⑯ -)役者, 俳優 ▷ Er ist *Schauspieler*. 彼は俳優だ／Er ist ein guter 〈schlechter〉*Schauspieler*. 彼は芝居がうまい〈へただ〉；《比ゆ》人を偽るのがうまい〈へただ〉

Schau·spie·le·rin [シャオ・シュピーレリン] 女 *die* (⑮2格 -; ⑯ ..rinnen)〔Schauspieler の女性形〕女優

Schau·spiel·haus [シャオ・シュピール・ハオス] 中 *das* (⑮2格 -es; ⑯ ..häuser)劇場, 芝居小屋

Schau·stück [シャオ・シュテュック] 中 *das* (⑮2格 -[e]s; ⑯ -e)（ふつう貴重な, ショーケースに入れられた）陳列品, 展示品

Scheck [シェック] 男 *der* (⑮2格 -s; ⑯ -s)小切手, チェック ▷ einen *Scheck* über 400 Euro ausstellen 400 ユーロの小切手を振り出す／Darf ich mit einem *Scheck* bezahlen? 小切手で支払ってもよろしいですか

Scheck·heft [シェック・ヘフト] 中 *das* (⑮2格 -[e]s; ⑯ -e)小切手帳

sche·ckig [シェッキヒ] 形（馬・牛などが）ぶちの, まだらの

Scheck·kar·te [シェック・カルテ] 女 *die* (⑮2格 -; ⑯ -n)（銀行の）クレジットカード（キャッシュカードとしても用いられる；現在は EC-Karte と呼ばれる）

scheel [シェール] 形（目つき・顔つきなどが）不信感をもった, ねたましげな, ばかにしたような

schef·feln [シェッフェルン]
(scheffelte; gescheffelt; ⑰h)
他《口語》【④と】【金など⁴を】しこたまため込む, がっぽりもうける

Schei·be [シャイベ] 女 *die* (⑮2格 -; ⑯ -n)
❶（パン・チーズなどの）薄切りにしたもの, スライス（☆ パンなどを「厚く切ったもの」は Stück）▷ eine *Scheibe* Brot 薄く切った 1 切れのパン／die Wurst in *Scheiben* schneiden ソーセージを薄切りにする
❷（窓・鏡などの）ガラス板 ▷ Die *Scheiben* klirrten, als das Flugzeug über die Stadt flog. 飛行機が町の上空を飛んで行ったとき窓ガラスがガタガタ音をたてた
❸ 平たい円形のもの ▷ Früher dachte man, die Erde sei eine *Scheibe*. 以前地球は平たい円形であると考えられていた

Schei·ben·wi·scher [シャイベン・ヴィッシャー] 男 *der* (⑮2格 -s; ⑯ -)（車などの）ワイパー

Scheich [シャイヒ] 男 *der* (⑮2格 -[e]s; ⑯ -s 〈-e〉)（アラブ諸国の）首長, 族長, 家長

Schei·de [シャイデ] 女 *die* (⑮2格 -; ⑯ -n)（刀の）鞘 ▷ Er zog das Schwert aus der *Scheide*. 彼は剣を鞘から抜いた

schei·den [シャイデン]
(schied; geschieden; ⑰h)
他 ❶【④と】【..⁴を】離婚させる ▷ Sie ließ sich von ihm *scheiden*. 彼女は彼と離婚した／Sie wollen sich *scheiden* lassen. 彼らは離婚したがっている／《過去分詞》eine *geschiedene* Frau 離婚した女性
❷【④と】【婚姻関係⁴を】(法的に)解消する ▷ Die Ehe wurde *geschieden*. 婚姻関係は解消された
❸《文語》【④＋von＋③と】【..⁴を..³から】分ける, 区別する

Schei·dung [シャイドゥング] 女 *die* (⑮2格 -; ⑯ -en)離婚 ▷ die *Scheidung* beantragen 離婚を届け出る／Er willigte in eine *Scheidung* ein. 彼は離婚に同意した

Schein [シャイン] 男 *der* (⑮2格 -[e]s; ⑯ -e)
❶【⑯ なし】光, 明かり, 輝き ▷ der trübe *Schein* einer Kerze ろうそくのほの暗い光／im *Schein* der Laterne 街灯の明かりで
❷【⑯ なし】見かけ, 外見 ▷ Der *Schein* trügt. 外見はあてにならない／Der *Schein* spricht gegen ihn. 状況は彼に不利に見える
❸ 証明書 ▷ Wer ohne *Schein* angelt, muss Strafe bezahlen. 証明書なしで釣りをする人は罰金を払わなければならない
❹ 紙幣（＝Geldschein）▷ Er hatte eine Menge *Scheine* in der Brieftasche. 彼は財布にたくさんの紙幣を持っていた
〔イディオム〕*zum Schein* 見せかけて ▷ Er tat es nur *zum Schein*. 彼はそれをするふりをしただけだった

schein·bar [シャイン・バール] 形 見せかけの, 見かけ上の ▷ Seine Ruhe war nur *scheinbar*. 彼の落ち着きは見せかけにすぎなかった／Die Sonne dreht sich *scheinbar* um die Erde. 太陽が見かけ上は地球の周りを回っている

schei·nen [シャイネン]
(schien; geschienen; ⑰h)
自 ❶（主に天体が）輝く, 照る(反射の場合も含む)▷ Die Sonne *scheint*. 太陽が輝く／Der Mond *scheint* mild. 月が柔らかな光を放って

①, ②, ③, ④＝1格, 2格, 3格, 4格の名詞

いる / 〚方向〛と〛 Die Laterne *scheint* ins Fenster. 街灯の光が窓越しにさし込む

[類語]
scheinen 主に天体が輝く, 光る
strahlen 天体や光源体が特に明るい光を発する
leuchten 主に日常生活に用いる光源体が穏やかに光る
glänzen 光源体でないものが光を反射して光る

❷ 〚ふつう zu 不定詞句と〛[…のように]見える, 思われる ▷ Sie *scheint* ihn zu kennen. 彼女は彼を知っているようだ / Er *schien* mir krank [zu sein]. 彼は私には病気のように見えた / 〚zu 不定詞句なしで〛Sie ist jünger, als sie *scheint*. 彼女は見かけよりも若い

(イディオム) **es scheint, dass ⟨als ob⟩ ...** …⟨あたかも…⟩のように思われる ▷ *Es scheint, dass sie sich geirrt hat.* 彼女は思い違いをしたらしい / *Es scheint* mir, *als ob* ich schon mal hier gewesen wäre. まるですでに一度ここに来たことがあるように私には思われる

schein·hei·lig [シャイン・ハイリヒ] 形 純真〈無邪気〉そうなふりをした, 〈も知らぬ ▷ ein *schein-heiliges* Gesicht machen 〈も知らぬ顔をする

schein·tot [シャイン・トート] 形 仮死状態の

Schein·wer·fer [シャイン・ヴェルファー] 男 der (⊕2格 -s; ⊕ -) サーチライト, 投光器; (車の)ヘッドライト; (劇場の)スポットライト

Schei·ße [シャイセ] 女 die (⊕2格 -; ⊕ なし) 《俗語》くそ(=Kot) ▷ in *Scheiße* treten 〈そを踏む / 〚比ゆ〛Der Film ist große *Scheiße*. この映画はすごくくだらない / [So eine] *Scheiße*! (ののしって)くそったれ

schei·ßen [シャイセン] (schiss; geschissen; 完了h)
自 《俗語》くそをしに行く / 〚比ゆ〛Ich *scheiße* auf ihn 〈seine Ratschläge〉. 私は彼のこと〈彼の忠告〉などへとも思っていない

Schei·tel [シャイテル] 男 der (⊕2格 -s; ⊕ -)
❶ 髪の分け目 ▷ einen *Scheitel* ziehen 髪を分ける / Er trägt den *Scheitel* rechts. 彼は髪を右に分けている
❷ (ドーム・弾道などの)頂上, 頂点

(イディオム) **vom Scheitel bis zur Sohle** 頭のてっぺんからつまさきまで

schei·teln [シャイテルン] (scheitelte; gescheitelt; 完了h)
他 〚④と〛[髪に]分け目をつける

schei·tern [シャイテルン] (scheiterte; gescheitert; 完了s)
自 (目標〈目的〉を達しないで)失敗する, 挫折する ▷ Das Experiment *scheiterte*. 実験は失敗した / Sie ist mit ihrem Plan gescheitert. 彼女の計画は失敗した / 〚名詞化して〛Sein Plan war von vornherein zum *Scheitern* verurteilt. [状態受動] 彼の計画ははじめから失敗すべき運命にあった

Schel·le [シェレ] 女 die (⊕2格 -; ⊕ -n)
❶ (球形の)鈴
❷ 〚⊕ で〛(ドイツ式トランプの)ダイヤ

schel·len [シェレン] (schellte; geschellt; 完了h)
自 〚南ドイツ・スイス〛(ベルなどが)鳴る

Schelm [シェルム] 男 der (⊕2格 -[e]s; ⊕ -e) いたずら者, やんちゃ坊主 (特に男の子)

schel·misch [シェルミシュ] 形 いたずらっぽい, やんちゃな

schel·ten [シェルテン] (du schiltst, er schilt; schalt; gescholten; 完了h)
他 《文語》❶ 〚④と〛[…⁴を]しかる ▷ Sie *schilt* das Kind wegen Ungezogenheit. 彼女は子供の不作法をしかる
❷ 〚④+④と〛[…⁴を…⁴と]ののしる ▷ Sie *schalt* ihn einen Lügner. 彼女は彼をうそつきだとののしった

Sche·ma [シェーマ] 中 das (⊕2格 -s; ⊕ Schemata ⟨Schemen, Schemas⟩)
❶ (考え方・行動などの)型, パターン
❷ (要点を記した)図, 図式

Sche·ma·ta [シェーマタ] 複 Schema の [複数]

sche·ma·tisch [シェーマーティシュ]
形 ❶ (要点などを)図式化した, 図式による
❷ (考え方・行動などが)型通りの, パターン化した

Sche·mel [シェーメル] 男 der (⊕2格 -s; ⊕ -)
❶ (ひじ掛け・背もたれのない)腰掛け, スツール
❷ 足のせ

Sche·men [シェーメン]
— Schema の [複数]
— [複名] (ものの)ぼんやりした姿, 影

Schen·ke [シェンケ] 女 die (⊕2格 -; ⊕ -n)
(ふつう小さな)飲み屋, 酒場, 居酒屋

Schen·kel [シェンケル] 男 der (⊕2格 -s; ⊕ -)
❶ [太]もも, 大腿部(=Oberschenkel) ▷ sich³ vor Lachen auf die *Schenkel* schlagen ひざをたたいて大笑いする
❷ 《数学》角の辺

schen·ken
[ˈʃɛŋkn̩ シェンケン]

[現在]	ich schenke	wir schenken
	du schenkst	ihr schenkt
	er schenkte	sie schenken
[過去]	ich schenkte	wir schenkten
	du schenktest	ihr schenktet
	er schenkte	sie schenkten
[過分]	geschenkt	[完了] haben

— 他 〚③+④と〛[…³に…⁴を]贈る
Sie *schenkt* ihm einen Schlips.

完了h, 完了s=完了の助動詞 haben, sein

彼女は彼にネクタイを贈る
Er *schenkte* ihr zum Andenken einen Ring. 彼は彼女に思い出に指輪を贈った
Er *schenkt* gern.
彼は贈り物をするのが好きだ
〘過去分詞で〙
Das ist fast *geschenkt.*
それはただみたいなものだ(きわめて安い)
Geschenkt ist *geschenkt.* あげたものはあげたものだ(返してもらうわけにはいかない)
[イディオム] ③+***Aufmerksamkeit schenken*** …³に注意を払う
③+***Glauben schenken*** …³を信用する
④+***geschenkt bekommen*** …⁴を贈ってもらう ▹ Das habe ich von ihm *geschenkt bekommen.* それは私が彼からプレゼントされたものだ
— [再] 〘[sich]³+④と〙〔…³に…⁴を〕免じてやる ▹ Das kannst du dir *schenken.* そんなことは(必要ないから)君はしなくてもいい

schenk·te [シェンクテ] schenken の [過去]

Scher·be [シェルベ] [女] *die* ([単] 2格 –; [複] –n) (ガラス・陶器などの)破片, かけら ▹ Er hat sich an einer *Scherbe* geschnitten. 彼は破片でけがをした / Die Vase ist in *Scherben* gegangen. 花びんはこなごなに砕けた

Sche·re [シェーレ] [女] *die* ([単] 2格 –; [複] –n)
❶ はさみ ▹ Er schneidet Papier mit der *Schere.* 彼は紙をはさみで切る
❷ (カニ・エビ・サソリなどの)はさみ

sche·ren [シェーレン]
— (schor; geschoren; [完了]h)
[他] 〘④と〙〔髪など⁴を〕はさみで刈る
— (scherte; geschert; [完了]h)
— [再] 《口語》〘[sich]⁴+um+④と〙〔…⁴を〕気にかける
— [他] 《口語》〘④と〙〔…⁴にとって〕気にかかる (☆否定文か疑問文で) ▹ Es *scherte* ihn nicht, dass das Essen kalt war. 食事が冷たくなっていたことは彼には気にならなかった

S

Scherz [シェルツ] [男] *der* ([単] 2格 –es; [複] –e) 冗談, ふざけ, からかい ▹ Ist das *Scherz* oder Ernst? それは冗談かい それとも本気かい / Das ist nur *Scherz.* それはただの冗談だ
[イディオム] ***ohne Scherz*** 冗談でなしに
Scherz beiseite! 冗談はさておき

scher·zen [シェルツェン]
(scherzte; gescherzt; [完了]h)
[自] 《文語》冗談を言う, ふざける ▹ Sie *scherzen!* ご冗談でしょう

scherz·haft [シェルツハフト] [形] 冗談の, ふざけた ▹ eine *scherzhafte* Frage ふざけた質問 / Das habe ich nur *scherzhaft* gemeint. それは冗談で言っただけだよ

scheu [ショイ]
[形] ❶ 物〈人〉おじする, はにかみ屋の, おどおど〈おずおず〉した ▹ ein *scheues* Mädchen はにかみ屋の少女 / Sie sah sich *scheu* um. 彼女はおどおどと周りを見回した
❷ (動物が)警戒心の強い, 臆病(おくびょう)な ▹ ein *scheues* Reh 臆病なノロジカ

Scheu [ショイ] [女] *die* ([単] 2格 –; [複]なし) (恐れ・不安などから来る)物〈人〉おじ, 気後れ, はにかみ ▹ Er überwand die *Scheu* vor seinem Lehrer. 彼は先生に対する気後れを克服した / ohne *Scheu* 物〈人〉おじすることなく

scheu·chen [ショイヒェン]
(scheuchte; gescheucht; [完了]h)
[他] 〘④と〙〔動物など⁴を〕(脅かして)追い払う ▹ Bauern *scheuchten* die Vögel von den Feldern. 農夫たちは鳥を畑から追い払った

scheu·en [ショイエン]
(scheute; gescheut; [完了]h)
— [他] 〘④と〙〔…⁴を〕いとう, ひるむ, (恐れて)ためらう ▹ keine Mühe *scheuen* 労をいとわない / die Entscheidung *scheuen* 決断をためらう
— [再] 〘[sich]⁴+vor+③と〙〔…³を〕いとう, しり込みする, ひるむ ▹ Ich *scheue* mich [davor], es ihm zu sagen. 私はそれを彼に言いかねている
— [自] 〘vor+③と〙(特に馬が)〔…³に〕驚いて逃げようとする ▹ Das Pferd hat vor einem Auto *gescheut.* 馬は車に驚いて暴れた

scheu·ern [ショイエルン]
(scheuerte; gescheuert; [完了]h)
— [他] ❶ 〘④と〙〔…⁴を〕磨く, こすってきれいにする (☆ 単に「こする」は reiben) ▹ Töpfe *scheuern* なべを磨く / die Fliesen blank *scheuern* タイルをごしごし磨いてピカピカにする
❷ 〘④+von+③と〙〔…⁴を…³から〕こすって落とす ▹ den Schmutz von den Dielen *scheuern* 床(ゆか)の汚れをこすって落とす
[イディオム] ③+④+***wund scheuern*** …³の…⁴をこすって傷つける ▹ Die Schuhe haben mir die Fersen *wund gescheuert.* 靴が当たってかかとが擦りむけてしまった
— [自] (靴・襟などが)すれる, こする ▹ Der Kragen *scheuert* am Hals. 襟が首にすれる

Scheu·ne [ショイネ] [女] *die* ([単] 2格 –; [複] –n) (農家の)納屋, 穀倉

Scheu·sal [ショイザール] [中] *das* ([単] 2格 –s; [複] –e) 卑劣な〈残虐な〉やつ

scheuß·lich [ショイスリヒ]
[形] ❶ ひどい, いやな ▹ ein *scheußlicher* Schlips (趣味の悪い)ひどいネクタイ / ein *scheußliches* Wetter ひどい天気 / Das schmeckt ja *scheußlich!* 実にひどい味だ
❷ ぞっとする, 恐ろしい

Schi [シー] [男] *der* ([単] 2格 –s; [複] –er) ＝Ski

Schicht [シヒト] [女] *die* ([単] 2格 –; [複] –en)

❶ 層 ▷ die obere 〈untere〉 *Schicht* 上〈下〉の層 /《同格的に》eine dicke *Schicht* Staub 厚く積もったほこり

❷（社会的な）階層 ▷ die verschiedenen *Schichten* der Gesellschaft 社会のさまざまな階層

❸（交代制の）勤務［時間］ ▷ in drei *Schichten* arbeiten 3 交代制で作業する

schick [シック]

形 **❶**（服などが）しゃれた, シックな ▷ ein *schickes* Kleid しゃれたワンピース / Du siehst heute ja richtig *schick* aus. 君はきょう実にシックだよ / ein *schickes* Auto かっこいい車

❷《口語》(トレンディーで)かっこいい ▷ Es gilt als *schick*, dort Urlaub zu machen. そこで休暇を過ごすのがかっこいいことだと思われている

schi·cken [ʃɪkn̩ シッケン]

現在		
ich schicke	wir schicken	
du schickst	ihr schickt	
er schickt	sie schicken	

過去		
ich schickte	wir schickten	
du schicktest	ihr schicktet	
er schickte	sie schickten	

過分 geschickt　助動 haben

— 他 **❶**《③+④ 〈④+an+④〉》と〔..⁴を ..³(⁴)に〕送る (=senden)
Er *schickt* ihr Blumen.
彼は彼女に花を送る
Er *schickte* ein Paket an seine Mutter.
彼は母親にあてて小包を送った

❷《④+方向》と〔..⁴を…へ〕行かせる, 使いにやる ▷ Er *schickt* seinen Sohn zum Arzt. 彼は息子を医者のところに行かせる / Sie *schickt* ihren Mann in die Stadt. 彼女は夫を町へ使いにやる / die Kinder ins Bett *schicken* 子供たちを就寝させる

イディオム ④+*einkaufen schicken* ..⁴を買い物に行かせる

— 自〔nach+③と〕呼びに行かせる ▷ Wir *schicken* nach dem Arzt. 私たちは医者を呼びに行かせる

— 再《sich⁴と》(態度などが)礼儀にかなう, ふさわしい (☆ しばしば否定文で) ▷ Es *schickt* sich nicht, in der Nase zu bohren. 鼻くそをほじるのは不作法だ

イディオム *sich⁴ in*+④ *schicken* ..⁴におとなしく従う, ..⁴を抵抗せずに受け入れる ▷ Er *schickte* sich *in* sein Los. 彼は運命におとなしく従った

schick·lich [シックリヒ] 形《文語》礼儀作法にかなった

Schick·sal [シックザール] 田 *das*（複2格 -s; 複 -e）運命, 天命, 宿命 ▷ Er folgt seinem *Schicksal*. 彼は自分の運命に従う / Das müssen wir dem *Schicksal* überlassen. それを私たちは運命にまかせねばならない(それは私たちにはどうにもならない) / Das war eine Ironie des *Schicksals*. それは運命の皮肉だった

schick·te [シックテ] schicken の 過去

Schie·be·dach [シーベ・ダッハ] 田 *das*（複2格 -[e]s; 複 ..dächer）(車の)スライディングルーフ

schie·ben [シーベン]
(schob; geschoben; 助動 h)

— 他 **❶**《④と》〔..⁴を〕押して動かす ▷ Brot in den Ofen *schieben* パンをオーブンに入れる / das Sofa an die Wand *schieben* ソファーを壁ぎわに動かす / die Brille auf die Stirn *schieben* めがねを額にずり上げる / Du musst *schieben*, nicht ziehen. 君は引っ張るんじゃなくて押さなきゃだめだ

❷《④と》〔乳母車・自転車など⁴を〕押して行く ▷ Er *schiebt* den Einkaufswagen durch den Supermarkt. 彼はスーパーの中を買い物車を押して行く

❸《④+方向と》〔..⁴を…へ〈から〉〕押し込む〈出す〉 ▷ Er hat die Kinder in den Zug *geschoben*. 彼は子供たちを列車に押し込んだ / Sie *schob* ihn aus dem Zimmer. 彼女は彼を部屋から押し出した

❹《④+auf+④と》〔責任など⁴を ..⁴に〕押しつける ▷ Er *schiebt* immer alles auf andere. 彼はなんでも人に押しつける

❺《口語》《④と》〔..⁴を〕闇取引する ▷ Er *schiebt* Waffen über die Grenzen. 彼は武器を密輸する (← 国境を越えて闇取引する)

— 再 **❶**《sich⁴と》(ゆっくりと)押し分けて進む ▷ Er *schob* sich durchs Gewühl. 彼は雑踏のなかを押し分けて進んだ

❷《sich⁴と》(ゆっくり)すべるように移動する ▷ Eine dunkle Wolke *schiebt* sich vor die Sonne. 暗雲が太陽を覆っていく

schied [シート] scheiden の 過去

Schieds·rich·ter [シーツ・リヒター] 男 *der*（複2格 -s; 複 -）

❶《競技》審判員, レフェリー

❷《法律》(仲裁裁判所の)仲裁人

schief [シーフ]（比較 -er, 最上 -st）

形 **❶** 傾いた, 斜めになった, かしいだ ▷ eine *schiefe* Mauer 傾いた壁 / den Kopf *schief* halten 頭をかしげている / Der Teppich liegt *schief*. じゅうたんがずれている / ein *schiefes* Gesicht machen (不満で)顔をしかめる

❷《実情とずれがあるという意味で》まちがった ▷ ein *schiefes* Urteil まちがった判断

イディオム ④+*schief ansehen* ..⁴を横目でじっと見る

ein schiefes Bild von+③ *haben* ..³についてゆ

がんだイメージを持つ
mit+③ ***schief liegen***《口語》(推測など)³について間違っている, あたっていない
schief gehen《口語》(物事が)うまくいかない, 失敗する

Schie·fer [シーファー] [男] *der* ([単] 2 格 -s; [複] -) スレート, 粘板岩 ▷ Das Dach ist mit *Schiefer* gedeckt. [状態受動] 屋根はスレートでふかれている

schief|ge·hen [シーフ・ゲーエン] [分離] (ging schief; schiefgegangen; [完了]s) [自] [旧⇒新] **schief gehen** (分けて書く) ☞ schief

schief|lie·gen [シーフ・リーゲン] [分離] (lag schief; schiefgelegen; [完了]h) [自] [旧⇒新] **schief liegen** (分けて書く) ☞ schief

schie·len [シーレン] (schielte; geschielt; [完了]h)
[自] ❶ 斜視である ▷ Sie *schielt* auf dem linken Auge. 彼女は左目が斜視だ
❷《口語》そっと見る, 盗み見る ▷ Er hat in die Zeitung des Nachbarn *geschielt*. 彼は隣の人の新聞をそっとのぞいた

schien [シーン] scheinen の [過去]

Schien·bein [シーン・バイン] [中] *das* ([単] 2 格 -[e]s; [複] -e) 脛骨; 向こうずね

schie·ne [シーネ] scheinen の [接II]

Schie·ne [シーネ] [女] *die* ([単] 2 格 -; [複] -n) (鉄道の)レール; (引き戸・カーテンなどの)レール ▷ Der Zug ist aus den *Schienen* gesprungen. 列車が脱線した

schier [シーア]
— [副] ほとんど
— [形] 純粋な, まじりけのない (☆ 名詞につけて)

schie·ßen [シーセン]
(du, er schießt; schoss; geschossen)
— [自] ❶ 〖[完了]h〗(銃などで)撃つ, 射撃する; (弓で)射る ▷ Er *schießt* gut. 彼は射撃がうまい / Hände hoch, oder ich *schieße*! 手を上げろさもないと撃つぞ / auf+④ *schießen* ..⁴をねらって撃つ〈射る〉/ mit der Pistole 〈dem Bogen〉 *schießen* ピストルを撃つ〈弓を射る〉/ Das Gewehr *schießt* gut. この銃はよく当たる
❷ 〖[完了]s〗勢いよく飛んで行く ▷ Eine Rakete *schießt* in die Luft. ロケットが勢いよく空に飛んで行く / Er ist von seinem Sitz in die Höhe *geschossen*. 彼は座席から飛び上がった
❸ 〖[完了]s〗(水などが)ほとばしる ▷ Das Wasser *schießt* aus der Leitung. 水が水道管からほとばしり出る / Tränen sind ihr in die Augen *geschossen*. 涙が彼女の目にどっとあふれた
❹ 〖[完了]s〗《口語》(植物・子供などが)勢いよく成長する ▷ Die Pilze *schossen* über Nacht aus dem Boden. キノコが一夜にして地面からにょきにょき生えた
— [他] 〖[完了]h〗 ❶ 〖④+[方向]と〗〔弾丸⁴を…に〕発射する ▷ Sie hat ihm eine Kugel ins Herz *geschossen*. 彼女は彼の心臓に弾丸を撃ち込んだ / Er *schoss* sich eine Kugel in den Kopf. 彼は頭を撃って自殺した
❷ 〖④+[方向]と〗〔..⁴の…に〕(弾丸・矢などを)命中させる ▷ Sie *schoss* ihn in die Stirn. 彼女は彼の額に命中させた
❸ 〖④と〗〔動物⁴を〕(銃・矢などで)射止める ▷ einen Hasen *schießen* ウサギを射止める
❹ 〖④と〗〔穴など⁴を〕撃ち抜く; 〔賞など⁴を〕射撃でとる ▷ mehrere Löcher in die Tür *schießen* ドアを数ヵ所撃ち抜く
❺ 〖④と〗〔スナップ写真⁴を〕撮る ▷ Er hat auf der Reise viele Fotos *geschossen*. 彼は旅行中たくさんの写真を撮った
❻ 〖④と〗〔ボールなど⁴を〕勢いよくける ▷ Er hat den Ball ins Tor *geschossen*. 彼はボールをゴールにシュートした / ein Tor *schießen* シュートを決める

Schiff [シフ] [中] *das* ([単] 2 格 -[e]s; [複] -e)
❶ 船 ▷ Das *Schiff* liegt im Hafen. 船が港に停泊している / Sie fahren mit dem *Schiff*. 彼らは船に乗って行く / zu *Schiff* 船で
❷ (教会堂の)身廊, 側廊

Schiffahrt [旧⇒新] Schifffahrt

schiff·bar [シフ・バール] [形] (河川などが)航行可能な

Schiff·bruch [シフ・ブルフ] [男] *der* ([単] 2 格 -[e]s; [複] ..brüche) 難破, 難船

schiff·brü·chig [シフ・ブリュヒヒ] [形] 難破した

Schiff·fahrt [シフ・ファールト] [女] *die* ([単] 2 格 -; [複] なし) 航行, 航海 ▷ Wegen dichten Nebels wurde die *Schifffahrt* eingestellt. 濃い霧のため航行は中止された

Schiffs·be·sat·zung [シフス・ベザッツング] [女] *die* ([単] 2 格 -; [複] -en) (船の)乗組員, クルー

Schiffs·rei·se [シフス・ライゼ] [女] *die* ([単] 2 格 -; [複] -n) 船旅

Schi·ka·ne [シカーネ] [女] *die* ([単] 2 格 -; [複] -n) (権力・地位などを利用した)いやがらせ, 意地悪 ▷ eine *Schikane* des Vorgesetzten 上司のいやがらせ
[イディオム] ***mit allen Schikanen***《口語》あらゆる快適な設備を備えた ▷ ein Auto *mit allen Schikanen* デラックス仕様車

schi·ka·nie·ren [シカニーレン]
(schikanierte; schikaniert; [完了]h)
[他] 〖④と〗〔..⁴に〕(地位などを利用して)いやがらせをする

schi·ka·nös [シカネース] [形] (地位などを利用した)いやがらせの, 意地悪な

Schild [シルト]
— [中] *das* ([単] 2 格 -es 〈まれに -s〉; [複] -er)
❶ (標示用の)札, プレート ▷ ein *Schild* mit

Schlächter

Preis 値札 / ein *Schild* an der Tür anbringen 表札を戸口に取りつける
❷ レッテル、ラベル ▷ ein *Schild* auf eine Flasche kleben びんにラベルをはる
— 男 der (複 2格 -es〈まれに -s〉; 複 -e) 盾 ▷ Er deckt sich mit dem *Schild*. 彼は盾で身を守る

Schil·der [シルダー] Schild 中 の 複数

schil·dern [シルデルン]
(schilderte; geschildert; 完了h)
他 《④と》[‥⁴を](具体的に詳しく)述べる、描写する ▷ Er *schilderte* seine Erlebnisse. 彼は自分の体験を具体的に詳しく述べた

Schil·de·rung [シルデルング] 女 die (複 2格 -; 複 -en) (ことばによる)描写

Schild·krö·te [シルト・クレーテ] 女 die (複 2格 -; 複 -n) 《動物》カメ

Schilf [シルフ] 中 das (複 2格 -[e]s; まれに -e) 《植物》アシ、ヨシ

Schil·ler [シラー] 《人名》シラー (☆ Friedrich von Schiller はドイツの詩人・劇作家. 1759–1805)

schil·lern [シレルン]
(schillerte; geschillert; 完了h)
自 (光のぐあいで)いろいろの色に輝く、玉虫色に光る ▷ in allen Farben *schillern* 色とりどりに輝く / (比ゆ) ein *schillernder* Charakter つかみどころのない性格

Schil·ling [シリング] 男 der (複 2格 -s; 複 -e) シリング(オーストリアの通貨[単位]; 100 Groschen; 略 S) ▷ Er hatte nur noch 50 *Schillinge*. 彼はあと 50 シリングしか持っていなかった / 《単位表示の場合無変化》Der Kugelschreiber kostet 30 *Schilling*. そのボールペンの値段は 30 シリングだ

schilt [シルト] schelten の 現在、命令

schiltst [シルツト] schelten の 現在

Schim·mel [シムメル] 男 der (複 2格 -s; 複 -)
❶ 《複 なし》《植物》(パンや果物の表面にできる)カビ ▷ Das Brot war mit *Schimmel* bedeckt. 《状態受動》パンはカビだらけだった
❷ 白馬(葦毛のものも含む)

schim·meln [シムメルン]
(schimmelte; geschimmelt; 完了h,s)
自 カビが生える ▷ Das Brot hat 〈ist〉 *geschimmelt*. パンにカビが生えた

Schim·mer [シムマー] 男 der (複 2格 -s; まれに 複 -) (金などの)にぶい輝き、光沢; (ろうそくなどの)ほのかな光 ▷ der *Schimmer* des Goldes 金の光沢 / (比ゆ) Der *Schimmer* eines Lächelns lag auf ihrem Gesicht. かすかなほほえみが彼女の顔に浮かんでいた

schim·mern [シムメルン]
(schimmerte; geschimmert; 完了h)
自 (灯火・星などが)ほのかに光る〈輝く〉; (金・絹

などが)光沢を放つ ▷ Sterne *schimmern* am Horizont. 星が地〈水〉平線でほのかに光っている

Schim·pan·se [シムパンゼ] 男 der (複 2·3·4格 -n; 複 -n) 《動物》チンパンジー

schimp·fen [シムプフェン]
(schimpfte; geschimpft; 完了h)
自 ❶ 《auf〈über〉+④と》[‥⁴について]激しい調子で文句を言う ▷ Er hat über das Essen *geschimpft*. 彼は激しい調子で食事に文句をつけた
❷ 《mit+③と》[‥³を]大声でしかる ▷ Die Mutter *schimpfte* mit ihrem Sohn. 母親は息子をしかりつけた

Schimpf·wort [シムプフ・ヴォルト] 中 das (複 2格 -[e]s; 複 ..wörter) ののしることば

Schin·del [シンデル] 女 die (複 2格 -; 複 -n) (屋根・壁などの)こけら板、こば板

schin·den [シンデン]
(schindete; geschunden; 完了h)
— 他 《④と》[動物・労働者など⁴を]酷使する
— 再 《sich⁴と》あくせく働く

Schin·ken [シンケン] 男 der (複 2格 -s; 複 -) ハム (☆「ソーセージ」は Wurst) ▷ eine Scheibe *Schinken* 1 切れのハム / *Schinken* mit Ei ハムエッグ

Schip·pe [シッペ] 女 die (複 2格 -; 複 -n) 《北部・中部ドイツ》シャベル

schip·pen [シッペン]
(schippte; geschippt; 完了h)
他 《④と》[‥⁴を]スコップ〈シャベル〉ですくう〈掘る〉 (=schaufeln)

Schirm [シルム] 男 der (複 2格 -[e]s; 複 -e)
❶ 傘 ▷ einen *Schirm* aufspannen 〈schließen〉 傘を開く〈たたむ〉 / unter einem *Schirm* gehen 相合い傘で行く / Er hat seinen *Schirm* vergessen. 彼は傘を[置き]忘れた
❷ (電灯の)シェード; (帽子の)ひさし

Schirm·herr [シルム・ヘァ] 男 der (複 2·3·4格 -n; 複 -en) (催し物などの)後援者

schiss [シス] scheißen の 過去

Schiss [シス] 男 der (複 2格 -es; 複 -e) 《口語》不安、恐れ ▷ *Schiss* haben 怖がっている

Schiß 旧正書法 Schiss

Schlacht [シュラハト] 女 die (複 2格 -; 複 -en) (大規模な激しい)戦い、戦闘 ▷ eine *Schlacht* gewinnen 〈verlieren〉 戦いに勝つ〈敗れる〉

schlach·ten [シュラハテン]
(schlachtete; geschlachtet; 完了h)
他 《④と》[家畜⁴を](食肉用に)殺す、屠殺する

Schlach·ter [シュラハター] 男 der (複 2格 -s; 複 -) 《北ドイツ》肉屋 (=Fleischer, Metzger)

Schläch·ter [シュレヒター] 男 der (複 2格 -s;

完了h, 完了s=完了の助動詞 haben, sein

[複] –) ＝Schlachter

Schlacht·feld [シュラハト・フェルト] [中] *das* ([単] 2格 –[e]s; [複] –er) 戦場

Schla·cke [シュラッケ] [女] *die* ([単] 2格 –; [複] –n) (コークスなどの)燃えかす;《冶金》鉱滓こうさい

Schlaf [シュラーフ] [男] *der* ([単] 2格 –[e]s; [複] なし) 眠り, 睡眠 ▷ ein leichter *Schlaf* 浅い眠り / Er konnte keinen *Schlaf* finden. 彼は寝つけなかった / aus dem *Schlaf* erwachen 眠りから覚める / Er sinkt in tiefen *Schlaf*. 彼は深い眠りに落ちる / im *Schlaf* sprechen 寝言を言う

Schlaf·an·zug [シュラーフ・アン・ツーク] [男] *der* ([単] 2格 –[e]s; [複] ..züge) パジャマ, 寝巻き ▷ ein *Schlafanzug* aus Baumwolle 木綿のパジャマ

Schlä·fe [シュレーフェ] [女] *die* ([単] 2格 –; [複] –n) こめかみ

schla·fen

[ʃláːfn̩ シュラーフェン]

[現在]	ich schlafe	wir schlafen
	du **schläfst**	ihr schlaft
	er **schläft**	sie schlafen
[過去]	ich **schlief**	wir schliefen
	du schliefst	ihr schlieft
	er schlief	sie schliefen
[過分]	geschlafen	[完了] haben

―[自] ❶ 眠る, 寝る
Er *schläft* fest.
彼はぐっすり眠っている
Haben Sie gut *geschlafen*?
よくおやすみになれましたか
Ich habe nur vier Stunden *geschlafen*.
私は4時間眠っただけだ
Lass ihn doch *schlafen*! 彼は眠らせておけ
Schlaf 〈*Schlafen* Sie〉 gut! おやすみ
Ich *schlafe* im Zelt. 私はテントで寝る
Du kannst bei uns *schlafen*.
君は私たちの家に泊まってもかまわない
〖zu のない不定詞と〗
schlafen gehen 寝に行く, 就寝する
❷ 〖mit+③と〗 〔…³と〕寝る, 性交する ▷ Ich habe keine Lust, mit ihr zu *schlafen*. 私は彼女と寝る気はない
❸ 《口語》 ぼんやりしている ▷ Die Schüler *schliefen* im Unterricht. 生徒たちは授業中ぼんやりしていた
―[再] 〖[sich]⁴+[状態]と〗 眠って〔…に〕なる ▷ Er hat sich gesund *geschlafen*. 彼は(十分に)眠って元気になった

Schla·fens·zeit [シュラーフェンス・ツァイト] [女] *die* ([単] 2格 –; [複] なし) 寝る時間 ▷ Jetzt 〈Es〉 ist *Schlafenszeit*. もう寝る時間ですよ

schlaff [シュラフ] [形] ❶ (帆・綱・弦などが)たるんだ, だらんとした
❷ (体の) 力がぬけた, ぐったりした ▷ sich *schlaff* fühlen 体がだるく感じる〈だるい〉

Schlaf·lied [シュラーフ・リート] [中] *das* ([単] 2格 –[e]s; [複] –er) 子守り歌

schlaf·los [シュラーフ・ロース] [形] 眠れない; 〖副詞的に〗 眠れないで, まんじりともしないで

Schlaf·lo·sig·keit [シュラーフ・ローズィヒカイト] [女] *die* ([単] 2格 –; [複] なし) 眠れないこと

Schlaf·mit·tel [シュラーフ・ミッテル] [中] *das* ([単] 2格 –s; [複] –) 睡眠薬

Schlaf·müt·ze [シュラーフ・ミュッツェ] [女] *die* ([単] 2格 –; [複] –n) 《口語》 寝坊; のろま

schläf·rig [シュレーフリヒ] [形] 眠い; 眠そうな ▷ Ich bin noch *schläfrig*. 私はまだ眠い / Der Wein macht mich *schläfrig*. ワインを飲むと私は眠くなる / *schläfrige* Augen haben 眠そうな目をしている

Schlaf·sack [シュラーフ・ザック] [男] *der* ([単] 2格 –[e]s; [複] ..säcke) 寝袋, シュラーフザック

schläfst [シュレーフスト] schlafen の [現在]

schläft [シュレーフト] schlafen の [現在]

Schlaf·tab·let·te [シュラーフ・タブレッテ] [女] *die* ([単] 2格 –; [複] –n) 睡眠薬

schlaf·trun·ken [シュラーフ・トルンケン] [形] 寝ぼけている ▷ *Schlaftrunken* sah sie ihn an. 寝ぼけまなこで彼女は彼を見つめた

Schlaf·wa·gen [シュラーフ・ヴァーゲン] [男] *der* ([単] 2格 –s; [複] –) 寝台車

Schlaf·wand·ler [シュラーフ・ヴァンドラー] [男] *der* ([単] 2格 –s; [複] –) 夢遊病者

schlaf·wand·le·risch [シュラーフ・ヴァンドレリシュ] [形] 惑わされることのない ▷ mit *schlafwandlerischer* Sicherheit まったく危なげなく

Schlaf·zim·mer [シュラーフ・ツィマー] [中] *das* ([単] 2格 –s; [複] –) 寝室

Schlag [シュラーク] [男] *der* ([単] 2格 –es 〈まれに –s〉; [複] Schläge)
❶ 打つ〈たたく〉こと, 一撃 ▷ ein *Schlag* ins Gesicht 顔面への一撃 / einen *Schlag* auf den Kopf bekommen 頭に一発食らう
❷ (精神的な)衝撃, ショック, 痛手 ▷ Der Tod seiner Frau war für ihn ein schwerer *Schlag*. 妻の死は彼にとって大きな痛手だった
❸ 打つ〈たたく〉音; 物のぶつかる音; (時計・鐘などの)時を告げる音
❹ (音を伴った規則的な)打つ〈たたく〉ような動き; (心臓の)鼓動; (振り子の)振動
[イディオム] ***mit einem Schlag*** 一撃で; 《比ゆ》 一挙に ▷ Die Lage hat sich *mit einem Schlag* geändert. 状況は一挙に変わった

Schlag·ader [シュラーク・アーダー] [女] *die* ([単] 2格 –; [複] –n) 《医学》 動脈 (＝Arterie)

Schlag·an·fall [シュラーク・アン・ファル] [男] *der* ([単] 2格 –; [複] なし) [脳] 卒中の発作 ▷ einen

S

Schlaganfall bekommen 卒中の発作を起こす

schlag·ar·tig [シュラーク・アールティヒ] 形 突然の, 不意の ▷ Der Lärm hörte *schlagartig* auf. 騒音は突然やんだ

Schlä·ge [シュレーゲ] Schlag の 複数

schla·gen
[ʃláːgn シュラーゲン]

現在	
ich schlage	wir schlagen
du **schlägst**	ihr schlagt
er **schlägt**	sie schlagen
過去	
ich schlug	wir schlugen
du schlugst	ihr schlugt
er schlug	sie schlugen
過分	geschlagen
助動	haben, sein

── 他 [匪分h] ❶ [④と][‥⁴を]殴る, たたく, 打つ

Sie *schlug* ihn mit dem Stock.
彼女は彼を棒で殴った
Ich wurde von meinen Eltern nie *geschlagen*. 私は両親から殴られたことは一度もない
【結果を伴って】
④+zu Boden *schlagen* ‥⁴を殴り倒す
④+bewusstlos〈blutig〉 *schlagen* ‥⁴を殴って気絶〈血を出〉させる
das Geschirr in Stücke *schlagen*
食器をこなごなに打ち砕く

❷ [④+方向と][‥⁴を…へ]たたきつける; [‥⁴を…から]たたき落とす ▷ Sie *schlug* ihm den Topf auf den Kopf. 彼女はなべで彼の頭を殴った / Er *schlägt* ihr die Pistole aus der Hand. 彼は彼女の手からピストルをたたき落とす

❸ [④+方向と][‥⁴を…へ]打ちつける ▷ Er hat einen Nagel in die Wand *geschlagen*. 彼は釘を壁に打ちつけた

❹ [④と][‥⁴を]たたいて〈殴って〉つくる ▷ ein Loch ins Eis *schlagen* たたいて氷に穴をあける

❺ [④と][敵など⁴を]打ち破る〈負かす〉 ▷ Er *schlug* den Weltmeister. 彼は世界チャンピオンを打ち負かした

❻ [④と][太鼓など⁴を]たたく

❼ [④と][卵白など⁴を]泡立てる

(イディオム) **ein Bein über das andere schlagen** 足を組む

Wurzeln schlagen（植物が）根をおろす

── 自 ❶ [匪分h] たたく, 打つ, 殴る ▷ auf den Tisch *schlagen* 机をたたく / nach+③ *schlagen* ‥³に殴りかかる / dem Kollegen ins Gesicht *schlagen* 同僚の顔を殴る

❷ [匪分h] [mit+③と][羽・手足など³を]ばたばた動かす ▷ Der Vogel *schlägt* mit den Flügeln. 鳥が羽をはためかせる

❸ [匪分h]（脈が）打つ;（心臓が）鼓動する ▷

Der Puls hat heftig *geschlagen*. 脈が激しく打った

❹ [匪分h]（カナリアなどが）さえずる, 鳴く ▷ Die Nachtigallen *schlagen* die ganze Nacht. サヨナキドリが一晩中さえずる

❺ [匪分h]（時計などが）時を打つ ▷ Die Uhr *schlägt* richtig. その時計は正しく時を打つ /【時刻と】Die Turmuhr hat neun *geschlagen*. 塔の時計が9時を打った /【非人称主語 es と】Es *schlägt* neun. 9時を打つ

❻ [匪分s][方向と]（人が）[…に]ぶつかる ▷ Ich bin mit dem Kopf gegen die Tür *geschlagen*. 私は頭をドアにぶつけた

── 再 [匪分h] ❶ [sich⁴+mit+③と][‥³と]殴り合いをする ▷ Er hat sich mit seinem Nachbarn *geschlagen*. 彼は隣人と殴り合いをした / 【相互的に】Die beiden Brüder *schlagen* sich dauernd. あのふたりの兄弟はしょっちゅう殴り合いをしている

❷ [sich⁴+状態と][…な]戦いをする ▷ Das japanische Team hat sich hervorragend *geschlagen*. 日本チームの戦いぶりは抜きん出ていた

Schla·ger [シュラーガー] 男 *der* (⊕ 2格 -s; ⊕ -)
❶ 流行歌, ポピュラー〈ヒット〉ソング ▷ *Schlager* hören 流行歌を聞く
❷ ヒット商品; 大当たりの作品 ▷ Sein Buch ist ein *Schlager*. 彼の本はベストセラーだ

Schlä·ger [シュレーガー] 男 *der* (⊕ 2格 -s; ⊕ -)
❶ (スポツ)（テニス・卓球などの）ラケット;（ゴルフの）クラブ;（野球の）バット;（ホッケーの）スティック
❷（すぐ人を殴る）手の早い乱暴者

Schlä·ge·rei [シュレーゲライ] 女 *die* (⊕ 2格 -; ⊕ -en) 殴り合い, 乱闘 ▷ Es kam zu einer *Schlägerei*. 殴り合いになった

schlag·fer·tig [シュラーク・フェルティヒ] 形 当意即妙の ▷ ein *schlagfertiger* Mensch 当意即妙に答えられる人 / eine *schlagfertige* Antwort geben 当意即妙の返事をする

Schlag·in·stru·ment [シュラーク・インストルメント] 中 *das* (⊕ 2格 -[e]s; ⊕ -e) 打楽器 ▷ Die Pauke und die Trommel sind *Schlaginstrumente*. ティンパニーとドラムは打楽器である

schlag·kräf·tig [シュラーク・クレフティヒ] 形（軍隊などが）戦闘力のある;（論拠などが）説得力のある

Schlag·loch [シュラーク・ロッホ] 中 *das* (⊕ 2格 -[e]s; ⊕ ..löcher)（比較的大きな）道路にあいた穴

Schlag·sah·ne [シュラーク・ザーネ] 女 *die* (⊕ 2格 -; ⊕ なし) ホイップクリーム（生クリームに砂糖を加

schlägst [シュレークスト] schlagen の 現在

Schlag·stock [シュラーク・シュトック] 男 der (⸺ 2 格 -[e]s; ⸺ ..stöcke)〈警察官の〉警棒

schlägt [シュレークト] schlagen の 現在

Schlag·wort [シュラーク・ヴォルト] 中 das (⸺ 2 格 -[e]s; ⸺ ..wörter 〈-e〉) 標語, スローガン, キャッチフレーズ

Schlag·zei·le [シュラーク・ツァイレ] 女 die (⸺ 2 格 -; ⸺ -n)〈新聞の, ふつう第 1 面の〉大見出し

Schlag·zeug [シュラーク・ツォイク] 中 das (⸺ 2 格 -[e]s; ⸺ -e)《音楽》《集合的に》〈オーケストラなどの〉打楽器

schlak·sig [シュラークスィヒ] 形〈若い人が〉のっぽで動作がのろい

Schlamm [シュラム] 男 der (⸺ 2 格 -[e]s; ⸺ なし) 泥, 泥土 ▷ im *Schlamm* stecken bleiben ぬかるみにはまっている

schlam·pig [シュラムピヒ] 形《口語》〈服装・態度などが〉だらしない;〈仕事などが〉いいかげんな ▷ ein *schlampiger* Kerl だらしないやつ

Schlam·pe [シュラムペ] 女 die (⸺ 2 格 -; ⸺ -n)《口語》〈服装などが〉だらしない女; 身持ちのよくない女

schlang [シュラング] schlingen の 過去

Schlan·ge [シュランゲ] 女 die (⸺ 2 格 -; ⸺ -n)

❶ 蛇 ▷ Sie wurde von einer *Schlange* gebissen. 彼女は蛇にかまれた

❷〈人・自動車の〉列 ▷ Vor dem Geschäft bildete sich eine lange *Schlange*. 店の前に長蛇の列ができた

(イディオム) *Schlange stehen* 列をつくって並んで待っている

schlän·geln [シュレンゲルン] (schlängelte; geschlängelt; 助動 h)

再 ❶ 《sich⁴ と》〈道・川などが〉曲がりくねっている, 蛇行している ▷ Der Bach *schlängelt* sich durch das Tal. 小川が谷間をくねくねと曲がって流れている

❷ 《sich⁴ +durch+ ④ と》[..⁴の間を] 縫って進む ▷ Er *schlängelte* sich durch die Menge nach vorn. 彼は人込みを縫って前進した

schlank [シュランク] 形 すらりとした, スリムな ▷ Sie hat eine *schlanke* Figur. 彼女はすらりとした体つきをしている

schlank·weg [シュランク・ヴェック] 副《口語》〈そっけない調子で〉ためらうことなく, あっさりと ▷ Sie lehnt seinen Vorschlag *schlankweg* ab. 彼女は彼の提案をあっさりと断る

schlapp [シュラップ]

形 ❶〈旗・綱などが〉たるんだ, だらりとした

❷〈熱などで〉だるい, ぐったりした ▷ sich⁴ *schlapp* fühlen 体がだるく感じる

Schlap·pe [シュラッペ] 女 die (⸺ 2 格 -; ⸺ -n)〈競技・競走などでの〉敗北, 痛手, 打撃

schlapp|ma·chen [シュラップ・マッヘン] 分離 (machte schlapp; schlappgemacht; 助動 h)

自《口語》〈体が〉へばてる, くたくたになる

Schlapp·schwanz [シュラップ・シュヴァンツ] 男 der (⸺ 2 格 -es; ⸺ ..schwänze)《口語》〈意気地なしの〉男

Schla·raf·fen·land [シュララッフェン・ラント] 中 das (⸺ 2 格 -[e]s; ⸺ なし)〈働く必要もなく安楽に暮らせる〉桃源郷 ▷ wie im *Schlaraffenland* leben 桃源郷のような暮らしをする

schlau [シュラオ] 形 ずる賢い, 抜け目のない ▷ Er ist ein *schlauer* Bursche. 彼はずる賢いやつだ / eine *schlaue* Antwort 抜け目のない答え

Schlauch [シュラオホ] 男 der (⸺ 2 格 -[e]s; ⸺ Schläuche)

❶ ホース ▷ Er schließt den *Schlauch* an die Wasserleitung an. 彼はホースを水道管につなぐ

❷〈タイヤの〉チューブ

Schläu·che [シュロイヒェ] Schlauch の 複数

schlau·chen [シュラオヘン] (schlauchte; geschlaucht; 助動 h)

他《口語》《④ と》[..⁴を]〈肉体的に〉ひどく疲れさす

Schlau·fe [シュラオフェ] 女 die (⸺ 2 格 -; ⸺ -n)

❶〈電車などの〉つり輪, つり革;〈スキーのストックの〉手革;〈荷物などに手提げ用につけた〉つりひも

❷〈ベルトの〉留め輪;〈ボタンの〉ループ

schlecht
[ʃlɛçt シュレヒト]

—— 形 (比較 schlechter, 最上 schlechtest)

❶〈質が〉悪い, 粗悪な (⸺ gut)
schlechte Luft 悪い空気
schlechter Wein 品質の悪いワイン
ein *schlechtes* Essen 粗末な食事
eine *schlechte* Arbeit 雑な仕事
eine *schlechte* Aussprache 悪い発音
Das schmeckt nicht *schlecht*.
この味は悪くない
Die Milch ist *schlecht* geworden.
ミルクが腐った
Nicht *schlecht*! 悪くないね(なかなかいい)

★ *schlecht* が指示物の質を問題にして「悪い」というのに対して, *schlimm* は困った結果を引き起こすという意味で「悪い」 ▷ Dieser Fehler ist nicht so *schlimm*. このまちがいはそんなにひどいものではない

❷〈内容・成績などが〉悪い ▷ Das ist keine *schlechte* Idee. それはいい考えだ / *schlechte* Noten bekommen 悪い点をもらう

❸《好ましくないという意味で》悪い ▷ eine *schlechte* Nachricht 悪い知らせ / Wir hatten *schlechtes* Wetter. 天気は悪かった / Ich komme morgen, heute geht es *schlecht*. 私はあす来ます きょうは都合が悪いのです
❹ (道徳的・倫理的に)悪い ▷ ein *schlechter* Mensch 悪い人間 / ein *schlechtes* Gewissen haben 良心にやましいところがある
❺ (能力的に)劣っている, できの悪い; (技能的に)へたな ▷ ein *schlechter* Schüler できの悪い生徒 / Du bist ein *schlechter* Lügner. 君はうそがへただ
❻ (体調などが)悪い ▷ Mir ist *schlecht*. 私は気分が悪い / Heute ist er *schlechter* Laune. きょうは彼はきげんが悪い (☆ Laune は 2 格)
❼ (身体器官の状態・働きが) 悪い ▷ Ich habe *schlechte* Zähne. 私は歯が悪い / Ich habe ein *schlechtes* Gedächtnis. 私は物覚えが悪い / *schlecht* hören 〈sehen〉 耳〈目〉が悪い
❽《量が少なすぎるという意味で》 悪い ▷ eine *schlechte* Ernte 不作 / Die Arbeit wurde *schlecht* bezahlt. その仕事の報酬は悪かった
— [副] なかなか…ない, …しにくい ▷ Die Wunde heilt *schlecht*. この傷はなかなか治らない / sich^3+④+*schlecht* merken können ‥^{4}がなかなか覚えられない
[イディオム] ④+***schlecht machen***《口語》‥^{4}を悪く言う, けなす ▷ Sie *macht* ihn überall *schlecht*. 彼女は至る所で彼のことを悪く言う

schlech·ter·dings [シュレヒター・ディングス/シュレヒター・ディングス] [副] とにかく, まったく (☆ ふつう否定詞と)

schlecht·hin [シュレヒト・ヒン/シュレヒト・ヒン]
[副] ❶ まったく, 完全に ▷ Es ist *schlechthin* unmöglich, ihn zufrieden zu stellen. 彼を満足させるのはまったく不可能だ
❷〘定冠詞を伴う名詞の後ろに置いて〙 …そのもの, 正真正銘の… ▷ Der Satan gilt als das Böse *schlechthin*. サタンは悪そのものと思われている

Schlech·tig·keit [シュレヒティヒカイト] [女] *die* ([単] 2 格 –; [複] –en)
❶〘[複] なし〙邪悪さ, 下劣さ
❷〘ふつう [複] で〙邪悪な〈下劣な〉行為

schlecht|ma·chen [シュレヒト・マッヘン] [分離]
(machte schlecht; schlechtgemacht; [完了]h) [他]
[旧⇒新] **schlecht machen** (分けて書く) ☞ schlecht

Schlecht·wet·ter·geld [シュレヒト・ヴェッター・ゲルト] [中] *das* ([単] 2 格 –[e]s; [複] –er) (国が建設作業員に支払う, 冬季の)悪天候手当

schle·cken [シュレッケン]
(schleckte; geschleckt; [完了]h)
[他]《南ドイツ・オーストリア・スイス》〘④と〙〔‥^{4}を〕なめる

schlei·chen [シュライヒェン]
(schlich; geschlichen)
— [自]〘[完了]s〙(気づかれないように)**そっと歩く** ▷ Er *schleicht* auf Zehenspitzen. 彼はつまさき立ちでそっと歩く
— [再]〘[完了]h〙〘[sich]^4+[方向]と〙〔…へ〈から〉〕こっそり入る〈出る〉 ▷ Er hat sich aus der Wohnung *geschlichen*. 彼はこっそり家から出た

Schlei·er [シュライアー] [男] *der* ([単] 2 格 –s; [複] –) ベール ▷ Die Braut trägt einen *Schleier* aus Spitzen. 花嫁はレースのベールをかぶっている

schlei·er·haft [シュライアーハフト] [形]《口語》(物事が)説明のつかない, 分けのわからない, はっきりしない

Schlei·fe [シュライフェ] [女] *die* ([単] 2 格 –; [複] –n)
❶ (ひもなどで結んだ)**蝶結び**; (蝶結びの)リボン; 蝶ネクタイ ▷ Der Ober trägt eine *Schleife*. ボーイは蝶ネクタイをつけている
❷ 大きなカーブ ▷ Der Fluss macht eine *Schleife*. 川は大きく湾曲している

schlei·fen [シュライフェン]
— (schliff; geschliffen; [完了]h)
[他]〘④と〙〔刃物^{4}を〕とぐ; 〔ガラス・宝石など^{4}を〕研磨する, 表面加工する ▷ ein Messer *schleifen* ナイフをとぐ
— (schleifte; geschleift)
— [他]〘[完了]h〙〘④と〙〔‥^{4}を〕引きずる, 引きずって運ぶ ▷ Er *schleift* den Sack über den Boden. 彼は地面〈床〉の上を袋を引きずって行く /《比ゆ》Ich habe ihn ins Kino *geschleift*. 私は彼を(強引に)映画館に引っ張って行った
— [自]〘[完了]h,s〙(裾などが地面・床を)引きずる ▷ Ihr Kleid *schleifte* auf dem Boden. 彼女のドレスは地面〈床〉を引きずっていた

Schleim [シュライム] [男] *der* ([単] 2 格 –[e]s; [複] –e) 粘液 (たん, 鼻汁, 目やになど)

schlei·mig [シュライミヒ] [形] 粘液で覆われた, ねばねばした

schlem·men [シュレムメン]
(schlemmte; geschlemmt; [完了]h)
[自] 豪華な食事を楽しむ

schlen·dern [シュレンデルン]
(schlenderte; geschlendert; [完了]s)
[自] ぶらぶら歩く, ぶらつく ▷ Ich bin durch die Stadt *geschlendert*. 私は町をぶらついた

Schlend·ri·an [シュレンドリアーン] [男] *der* ([単] 2 格 –[e]s; [複] なし)《口語》だらだらした仕事ぶり

schlen·kern [シュレンケルン]
(schlenkerte; geschlenkert; [完了]h)
— [他]〘④と〙〔‥^{4}を〕ぶらぶらさせる ▷ Er *schlenkert* den Stock in der Hand. 彼は手に持ったステッキをぶらぶらさせる
— [自]〘mit+③と〙〔腕・足など^{3}を〕ぶらぶらさせる

schlep·pen [シュレッペン]

S

schleppend

(schleppte; geschleppt; 完了h)

— 他 ❶ 《4と》〔重い物⁴を〕苦労して運ぶ ▷ Er *schleppte* den Koffer zum Bahnhof. 彼は苦労してトランクを駅へ運んだ

❷ 《4と》〔車・船などを〕引っぱって行く, 牽引(けんいん)〈曳航(えいこう)〉する ▷ Das Motorschiff *schleppt* einige Lastkähne. 動力船は数隻のはしけを引いて行く

❸ 《口語》《4と》〔…⁴を〕むりやり引っ張って行く ▷ Sie *schleppte* ihn durch die ganze Stadt. 彼女は彼をむりやり町中引っ張り回した

— 再 《sich⁴と》やっとの思いで歩いて行く ▷ Der Kranke *schleppte* sich zum Bett. 病人は足を引きずるようにしてベッドに向かって歩いた

schlep·pend [シュレッペント] 形

(病気・疲労などから動きが)のろい, のろのろした ▷ *schleppende* Schritte のろのろした足取り / 《比ゆ》Die Arbeit ging nur *schleppend* voran. 仕事の進みぐあいはまったく遅々としたものだった

Schlep·per [シュレッパー] 男 der

《2格-s; 複-》引き船, タグボート; トラクター

Schle·si·en [シュレーズィエン] (中 das) 《地名》

シュレージエン, シレジア (ポーランド)

Schles·wig-Hol·stein [シュレースヴィヒ-ホルシュタイン] (中 das) 《州名》

シュレースヴィヒ-ホルシュタイン (ドイツ北部)

schleu·dern [シュロイデルン]

(schleuderte; geschleudert)

— 他《完了h》❶《4と》〔…⁴を〕(はずみをつけて)勢いよく投げる, 投げ飛ばす ▷ den Speer weit *schleudern* 槍⁴を勢いよく遠くへ投げる

❷《4と》〔…⁴を〕脱水機にかける ▷ Wäsche *schleudern* 洗濯物を脱水機にかける / Die Waschmaschine *schleudert* gerade. 洗濯機はちょうど脱水中だ

— 自《完了s》(自動車が)横滑りをする, スピンする ▷ In der Kurve ist das Auto *geschleudert*. カーブで車は横滑りした

《イディオム》ins *Schleudern* geraten 〈kommen〉どうしていいかわからなくなる

schleu·nig [シュロイニヒ] 形

即座〈至急〉の ▷ Wir bitten um *schleunige* Rückgabe des Buches. 至急本をご返却ください

Schleu·se [シュロイゼ] 女 die

《2格-; 複-n》(運河などの)水門

schleu·sen [シュロイゼン]

(schleuste; geschleust; 完了h)

他《4と》〔船⁴を〕(水門を用いて)通行させる, 導く; 〔麻薬⁴などを〕こっそり持ち込む

schlich [シュリッヒ] schleichen の 過去

schlicht [シュリヒト] 形

(飾りなどのない)質素な, 簡素な ▷ eine *schlichte* Mahlzeit 質素な食事 / Sie trägt nur *schlichte* Kleider. 彼女は簡素な服しか着ない

schlich·ten [シュリヒテン]

(schlichtete; geschlichtet; 完了h)

他《4と》〔争い⁴を〕調停する, 収める; 〔意見の相違⁴を〕調整する ▷ Er hat die Streitigkeiten zwischen den Verwandten *geschlichtet*. 彼は身内の間の争いを仲に立って収めた

schlief [シュリーフ] schlafen の 過去

schlie·fe [シュリーフェ] schlafen の 接II

schlie·ßen

[ʃliːsn シュリーセン]

現在	ich schließe	wir schließen
	du **schließt**	ihr schließt
	er **schließt**	sie schließen
過去	ich schloss	wir schlossen
	du schlossest	ihr schlosst
	er schloss	sie schlossen
過分	geschlossen	完了 haben

— 他 ❶《4と》〔…⁴を〕**閉める**, 閉じる (⇔ öffnen)

die Tür *schließen* ドアを閉める
ein Buch *schließen* 本を閉じる
die Augen *schließen* 目を閉じる
den Koffer *schließen*
トランクを閉める
eine Flasche mit einem Korken *schließen*
びんにコルクで栓をする
einen Hahn *schließen*
(水道・ガスなどの)栓を閉める

❷《4と》〔店などを〕**閉める**(廃業の場合も含む) ▷ ein Geschäft um 18 Uhr *schließen* 18時に店を閉める / Das Lokal musste *geschlossen* werden. その飲食店は店をたたまなければならなかった / Heute *geschlossen*! (はり紙などで)本日休業

❸《4+in+4と》〔…⁴を…³に〕しまい込む; 閉じ込める ▷ Er *schließt* das Geld in eine Kassette. 彼はお金を手提げ金庫にしまい込む

❹《4+an+4と》〔…⁴を…⁴に〕つなぐ ▷ Er *schließt* den Hund an die Kette. 彼は犬を鎖につなぐ / 《比ゆ》Er *schloss* eine Bitte an seine Rede. 彼は演説の最後に1つのお願いをつけ加えた

❺《4+aus+3と》〔…³から…⁴を〕推論〈推量〉する ▷ Aus seiner Freude *schloss* sie, dass ihm das Geschenk gefallen hat. 彼が喜んだのを見て彼女は贈り物が彼の気に入ったのだろうと思った

❻《4と》〔会議・演説などを〕終える ▷ Er *schloss* seine Rede mit den Worten … 彼は演説を…ということばでしめくくった

《イディオム》den *Bund* der Ehe mit+3 *schließen* 婚姻関係を…³と結ぶ(結婚する)
eine Lücke *schließen* すき間をふさぐ

einen Vertrag schließen 契約を結ぶ
— [自] ❶ 〖[様態]と〗 **閉まりぐあいが〔…〕だ** ▷ Das Fenster *schließt* nicht richtig. この窓はきちんと閉まらない / Die Tür *schließt* automatisch. このドアは自動的に閉まる
❷ (店・公共施設などが)**閉まる**; (店などが)廃業する ▷ Die Bibliothek *schließt* um 17 Uhr. 図書館は 17 時に閉まる
— [再] 〖[sich]⁴と〗 閉まる, 閉じる ▷ Langsam *schloss* sich die Tür. ゆっくりとドアは閉まった

Schließ·fach [シュリース・ファッハ] [中] *das* ([単] 2 格 -[e]s; [複] ..fächer) (駅などの) コインロッカー

schließ·lich [シュリースリヒ]
[副] ❶ **最後に**, ついに ▷ *Schließlich* gaben sie nach. ついに彼らは譲歩した
❷ (なんと言っても)**結局は** ▷ Er ist *schließlich* mein Freund. 彼は結局は私の友人だ

schliff [シュリフ] schleifen「とぐ」の [過去]

Schliff [シュリフ] [男] *der* ([単] 2 格 -[e]s; [複] -e)
❶ (宝石などの)研磨, カット
❷ 洗練された振舞い

schlimm [シュリム] ([比較] -er, [最上] -st)
[形] ❶ (困った結果になるので)**悪い**, よくない, まずい, ひどい ▷ Ist es *schlimm*, wenn ich nicht komme? 私が行かないとまずいですか / Das ist nicht *schlimm*! 《あやまられて》大したことではありません, かまいません / im *schlimmsten* Fall 最悪の場合に
❷ 憂慮すべき, ゆゆしい ▷ Dieser Fehler ist nicht so *schlimm*. この誤りはそれほど重大なものではない
❸ (道徳的に)悪い, たちの悪い, 悪質な ▷ ein *schlimmes* Verbrechen 悪質な犯罪
❹ 《口語》 痛めた, 炎症を起こした ▷ einen *schlimmen* Finger haben 指を痛めている

Schlin·ge [シュリンゲ] [女] *die* ([単] 2 格 -; [複] -n)
❶ (ひもなどを結んでつくった)輪 ▷ eine *Schlinge* knüpfen 結んで輪をつくる / den verletzten Arm in der *Schlinge* tragen 包帯を輪に結んで負傷した腕を(首にかけて)つっている
❷ (動物を捕獲するための輪形の)わな ▷ in die *Schlinge* gehen わなにかかる

Schlin·gel [シュリンゲル] [男] *der* ([単] 2 格 -s; [複] -) 《口語》 わんぱく〈いたずら〉小僧

schlin·gen [シュリンゲン]
(schlang; geschlungen; [完了]h)
[他] ❶ 〖④+um+④と〗〔…⁴を…⁴に〕巻きつける, 絡ませる ▷ Sie *schlang* sich den Schal lose um die Schultern. 彼女はマフラーを肩の回りにゆるく巻きつけた
❷ 〖④と〗〔…⁴を〕(よくかまずに)がつがつ食べる

schlin·gern [シュリンゲルン]
(schlingerte; geschlingert; [完了]h,s)
[自] (船などが)横揺れする, ローリングする

Schlips [シュリップス] [男] *der* ([単] 2 格 -es; [複] -e) 《口語》 ネクタイ

Schlit·ten [シュリッテン] [男] *der* ([単] 2 格 -s; [複] -) そり ▷ Die Kinder fahren *Schlitten* gern. 子供たちはそりで滑るのが好きだ

schlit·tern [シュリッテルン]
(schlitterte; geschlittert; [完了]s)
[自] (凍ったところを)滑る(凍ったところをふつうの靴で滑って遊んだり, 止まることができず滑って行くことを表す) ▷ auf dem Eis *schlittern* 氷の上を滑る

Schlitt·schuh [シュリット・シュー] [男] *der* ([単] 2 格 -[e]s; [複] -e) **スケート靴** ▷ sich³ ein Paar *Schlittschuhe* leihen スケート靴を 1 足借りる / Sie sind 〈haben〉 gestern *Schlittschuh* gelaufen. 彼らはきのうスケートをした

Schlitz [シュリッツ] [男] *der* ([単] 2 格 -es; [複] -e)
❶ 細長いすき間; (ポスト・投票箱などの)差し入れ口; (自動販売機などの) コイン投入口 ▷ Münze in den *Schlitz* des Automaten werfen 自動販売機のコイン投入口に硬貨を入れる
❷ 《服飾》 (スカート・袖口などに入れる)スリット; (ズボンの)前あき

schloss [シュロス] schließen の [過去]

schloß [旧⇒新] schloss

Schloss [シュロス] [中] *das* ([単] 2 格 -es; [複] Schlösser)
❶ **錠**, 錠前 (☆「鍵」は Schlüssel) ▷ den Schlüssel ins *Schloss* stecken 鍵を錠に差し込む / Die Tür fiel ins *Schloss*. ドアの錠がガチャンとおりた
❷ (王侯・貴族の)**宮殿**, 城, 城館 (☆ Burg が主に中世の山城を指すのに対して, Schloss は住居用に主に平地につくられた城を指す) ▷ ein barockes *Schloss* バロック様式の宮殿 / auf einem *Schloss* wohnen 城館に住んでいる / das Heidelberger *Schloss* ハイデルベルク城

Schloß [旧⇒新] Schloss

schlös·se [シュレッセ] schließen の [接II]

Schlos·ser [シュロッサー] [男] *der* ([単] 2 格 -s; [複] -) (金属・プラスチック製品の加工, 機械の組み立て・修理などを行う)工員, 専門工 (☆ 昔は「錠前職人」の意) ▷ Er arbeitet als *Schlosser* in einer Autoreparaturwerkstatt. 彼は修理工として自動車修理工場で働いている

Schlös·ser [シュレッサー] Schloss の [複数]

Schlot [シュロート] [男] *der* ([単] 2 格 -[e]s; [複] -e 〈まれに Schlöte〉) (工場などの高い)煙突

schlot·tern [シュロッテルン]
(schlotterte; geschlottert; [完了]h)
[自] ❶ (寒さ・不安・興奮などで)激しく震える ▷ Meine Knie *schlotterten* vor Angst. 私のひざは不安のあまりがたがた震えた
❷ 《口語》 (服などが大きすぎて)だぶだぶしている ▷ Er trägt weite, *schlotternde* Hosen. 彼は

S

幅の広いだぶだぶのズボンをはいている

Schlucht [シュルフト] 囡 die (⸺ 2格 -; ⸺ -en) 峡谷，山峡 ▷ Auf beiden Seiten der *Schlucht* steigen die Felswände senkrecht empor. 峡谷の両側には岩壁が垂直にそそり立っている

schluch·zen [シュルフツェン]
(schluchzte; geschluchzt; 囲h)
⾃ むせび〈すすり〉泣く ▷ heftig *schluchzen* 激しくむせび泣く

Schluck [シュルック] 男 der (⸺ 2格 -[e]s; ⸺ -e) 一飲みの量，一口 (☆ 数量単位の場合は無変化) ▷ ein *Schluck* Bier 一口のビール / einen 〈einige〉 *Schluck* Kaffee trinken コーヒーを一口〈二口三口〉飲む / Gib mir einen *Schluck* Wasser! 水を少し飲ませてくれ

Schluck·auf [シュルック・アオフ] 男 der (⸺ 2格 -s; ⸺ なし) しゃっくり ▷ *Schluckauf* bekommen しゃっくりが出る

schlu·cken [シュルッケン]
(schluckte; geschluckt; 囲h)
⽤ ❶ 〖④と〗 〔…⁴を〕飲み込む ▷ eine Pille *schlucken* 錠剤を飲む / Er hat beim Schwimmen Wasser *geschluckt*. 彼は泳いでいるときに水を飲み込んだ // Vor Halsschmerzen kann ich kaum *schlucken*. のどが痛くて私はほとんどものが飲み込めない
❷ 《口語》〖④と〗〔侮辱など⁴を〕甘受する

schlu·dern [シュルーデルン]
(schluderte; geschludert; 囲h)
⾃ いいかげんな仕事をする

schlug [シュルーク] schlagen の 過去

schlü·ge [シュリューゲ] schlagen の 接II

Schlum·mer [シュルンマー] 男 der (⸺ 2格 -s; ⸺ なし) (心地よい)まどろみ，居眠り，うたた寝

schlum·mern [シュルンメルン]
(schlummerte; geschlummert; 囲h)
⾃ (心地よく)まどろむ，うとうとと眠る

Schlund [シュルント] 男 der (⸺ 2格 -[e]s; ⸺ Schlünde) (特に動物の)のど(喉)

Schlün·de [シュリュンデ] Schlund の 複数

schlüp·fen [シュリュプフェン]
(schlüpfte; geschlüpft; 囲s)
⾃ ❶ 〖方向と〗 〔…に〈から〉〕するりと入る〈出る〉，すり抜ける ▷ Die Maus *schlüpft* ins Loch. ネズミが穴にするりと入る / Die Eidechse ist durch die Mauerspalte *geschlüpft*. トカゲが壁の割れ目の間をすり抜けた
❷ 〖in+④と〗〔衣類⁴を〕さっと着る；〔靴⁴を〕さっとはく ▷ in den Mantel *schlüpften* コートをさっと着る
❸ 〖aus+④と〗〔衣類・靴³を〕さっと脱ぐ ▷ aus dem Hemd *schlüpfen* シャツをさっと脱ぐ

Schlüp·fer [シュリュプファー] 男 der (⸺ 2格 -s; ⸺ -) 《衣類》(特に女性の)パンティー

Schlupf·loch [シュルプフ・ロッホ] 中 das (⸺ 2格 -[e]s; ⸺ ..löcher) (特に動物の)抜け穴

schlüpf·rig [シュリュプフリヒ] 形 (表面が)湿ってすべりやすい，ぬるぬるした；(冗談などが)きわどい，卑猥な

schlur·fen [シュルルフェン]
(schlurfte; geschlurft; 囲s)
⾃ (ずるずる音をたてながら)足を引きずって歩く；足を引きずって行く

schlür·fen [シュリュルフェン]
(schlürfte; geschlürft; 囲h)
⽤ 〖④と〗〔スープ・飲み物など⁴を〕(音をたてて)すする ▷ Er *schlürfte* vorsichtig den heißen Kaffee. 彼は熱いコーヒーを気をつけながらすすった

Schluss [シュルス] 男 der (⸺ 2格 -es; ⸺ Schlüsse)
❶ 〖⸺ なし〗 終わり，終了 ▷ der vorzeitige *Schluss* einer Veranstaltung 催しの予定より早い終了 / Mit dem schlechten Wetter ist jetzt leider *Schluss*. このいい天気も残念ながらもう終わりだ / am〈zum〉 *Schluss* 終わりに / nach *Schluss* der Vorstellung 公演後に
❷ 〖⸺ はれ〗 (手紙・作品などの)終わりの部分，結び，結末；(列などの)最後尾 ▷ am *Schluss* des Briefes 手紙の結びに
❸ (推論による)結論 ▷ voreilige *Schlüsse* ziehen 性急な結論を引き出す / Wir kamen zu dem *Schluss*, dass … 私たちは…という結論に達した
〖イディオム〗 *Schluss machen* (1日の仕事などを)終える；自殺する ▷ *Machen* wir *Schluss* für heute, ich bin müde. きょうはこれで終わりにしよう私は疲れた

Schluss mit+③ *machen* …³をやめる ▷ Er hat mit dem Rauchen *Schluss gemacht*. 彼はタバコをやめた / Sie hat mit ihm *Schluss gemacht*. 彼女は彼との関係に終止符を打った / Jetzt ist aber *Schluss* damit! そんなことはもうやめてくれ〈たくさんだ〉

Schluß 旧正新 Schluss

Schlüs·se [シュリュッセ] Schluss の 複数

Schlüs·sel [シュリュッセル] 男 der (⸺ 2格 -s; ⸺ -)
❶ 鍵，キー (☆「錠」は Schloss) ▷ den *Schlüssel* ins Schloss stecken 鍵を錠に差し込む / den *Schlüssel* [her]umdrehen 鍵を回す / Der *Schlüssel* passt nicht. 鍵が合わない
❷ (解決・成功などのための)鍵，手掛かり ▷ Er hat den *Schlüssel* zur Lösung des Problems gefunden. 彼は問題の解決のための鍵を見つけた

Schlüs·sel·bund [シュリュッセル・ブント] 男

①，②，③，④=1格，2格，3格，4格の名詞

der / [中] *das* ([単] 2格 -[e]s; [複] -e) 鍵束

schlüs·sel·fer·tig [シュリュッセル・フェルティヒ] [形] (新居などが)即入居できる (「鍵を渡せる状態である」という意味)

Schlüs·sel·kind [シュリュッセル・キント] [中] *das* ([単] 2格 -[e]s; [複] -er) かぎっ子

Schlüs·sel·loch [シュリュッセル・ロッホ] [中] *das* ([単] 2格 -[e]s; [複] ..löcher) 鍵穴

Schluss·fol·ge·rung ([旧] **Schluß..**) [シュルス・フォルゲルング] [女] *die* ([単] 2格 -; [複] -en) (推論による)結論, 帰結 ▹ zu einer *Schlussfolgerung* kommen ある結論に達する

schlüs·sig [シュリュッスィヒ] [形] (論拠などが)説得力のある, 納得せざるをえない
[イディオム] ***sich³ schlüssig sein*** 決心がついている
sich³ schlüssig werden 決心がつく

Schmach [シュマーハ] [女] *die* ([単] 2格 -; [複] なし) 《文語》恥辱, 屈辱, 侮辱, 不名誉

schmach·ten [シュマハテン]
(schmachtete; geschmachtet; [完了]h)
[自] 《文語》 ❶ 〚[場所]と〛〔牢獄・砂漠などで〕(空腹・暑さなどに)苦しむ
❷ 〚nach+③と〛〔…³を〕切望〈渇望〉する

schmäch·tig [シュメヒティヒ] [形] (体つきが)きゃしゃな ▹ Er ist für sein Alter *schmächtig.* 彼は年齢のわりにはきゃしゃだ

schmack·haft [シュマックハフト] [形] (食物が)おいしい ▹ das Essen *schmackhaft* zubereiten 食事をおいしく調理する

schmä·hen [シュメーエン]
(schmähte; geschmäht; [完了]h)
[他] 〚④と〛〔…⁴を〕ののしる, そしる

schmäh·lich [シュメーリヒ] [形] 《文語》恥ずべき; 屈辱的な ▹ ein *schmählicher* Verrat 恥ずべき裏切り

schmal [シュマール] ([比較] -er 〈schmäler〉, [最上] -st 〈まれに schmälst〉)
[形] ❶ 幅の狭い ▹ ein *schmales* Brett 幅の狭い板 / eine *schmale* Straße 幅の狭い道 / Der Fluss ist an dieser Stelle sehr *schmal.* 川はこの場所で非常に狭くなっている
❷ (人・手足などが)細い, ほっそりした ▹ Sie ist *schmal* geworden. 彼女はほっそりした
❸ 《文語》(収入などが)わずかな, 乏しい

schmä·ler [シュメーラー] schmal の [比較]

schmä·lern [シュメーレルン]
(schmälerte; geschmälert; [完了]h)
[他] ❶ 〚④と〛〔功績など⁴に〕けちをつける ▹ Ich will seine Verdienste nicht *schmälern.* 私は彼の功績にけちをつけるつもりはない
❷ 〚④と〛 (あることが)〔利益・権利・楽しみなど⁴を〕減らす, 狭める

schmälst [シュメールスト] schmal の [最上]

Schmalz [シュマルツ] [中] *das* ([単] 2格 -es; [複] なし) (豚などの脂身からとった)脂肪, ラード, ヘット

schmal·zig [シュマルツィヒ] [形] (歌などが)感傷的すぎる, いやに甘ったるい

schma·rot·zen [シュマロッツェン]
(schmarotzte; geschmarotzt; [完了]h)
[自] 居候する; (動植物が)寄生する

Schma·rot·zer [シュマロッツァー] [男] *der* ([単] 2格 -s; [複] -) 居候; 《生物》寄生生物

Schmatz [シュマッツ] [男] *der* ([単] 2格 -es; [複] -e) (チュッと音をたててする)キス

schmat·zen [シュマッツェン]
(schmatzte; geschmatzt; [完了]h)
[自] (食事の際に)音をたてて食べる ▹ *Schmatz* nicht so! そんなふうにピチャピチャ音をたてるな

schmau·chen [シュマオヘン]
(schmauchte; geschmaucht; [完了]h)
[他] 〚④と〛〔特にパイプ・葉巻など⁴を〕(のんびりと)ふかす

Schmaus [シュマオス] [男] *der* ([単] 2格 -es; [複] Schmäuse) 《やや古語》《冗談で》ごちそう

Schmäu·se [シュモイゼ] Schmaus の [複数]

schmau·sen [シュマオゼン]
(schmauste; geschmaust; [完了]h)
[自] ごちそうを食べる

schme·cken

[ʃmɛ́kn̩ シュメッケン]

[現在]	ich schmecke	wir schmecken
	du schmeckst	ihr schmeckt
	er schmeckt	sie schmecken
[過去]	ich schmeckte	wir schmeckten
	du schmecktest	ihr schmecktet
	er schmeckte	sie schmeckten
[過分]	geschmeckt	[完了] haben

— [自] ❶ 〚[様態]と〛〔…の〕味がする
Das *schmeckt* gut 〈bitter, sauer〉.
それはいい〈苦い, すっぱい〉味がする
Wie *schmeckt* Ihnen der Kuchen?
そのケーキの味はいかがですか
Der Wein *schmeckt* nach [dem] Korken.
そのワインはコルク栓の味がする
❷ 〚③と〛〔…³に〕おいしい ▹ Das Bier *schmeckt* mir. そのビールはおいしい / *Schmeckt* es? おいしいですか
[イディオム] ***Lass es dir 〈Lasst es euch〉 schmecken!*** (食事を)おいしくお上がりなさい
— [他] 〚④と〛〔…⁴の〕味を感じる ▹ Man *schmeckt* nur Knoblauch. ニンニクの味しかしない / Da ich Schnupfen habe, *schmecke* ich gar nichts. 鼻かぜをひいているので私は味が全然わからない

schmeck·te [シュメックテ] schmecken の [過去]

Schmei·che·lei [シュマイヒェライ] [女] *die* ([単] 2格 -; [複] -en) お世辞, 追従, おべっか

S

schmei·chel·haft [シュマイヒェルハフト] [形] (ほめことばなどが)自尊心をくすぐるような, 耳に快い ▷ Sie hat ein *schmeichelhaftes* Lob bekommen. 彼女は自尊心をくすぐられるような称賛をえた

schmei·cheln [シュマイヒェルン]
(schmeichelte; geschmeichelt; [完了]h)
[自] ❶ 〘③と〙〔…^{3}に〕**お世辞を言う**, おもねる ▷ Er *schmeichelte* ihr. 彼は彼女にお世辞を言った
❷ 〘③と〙〔…^{3}の自尊心などを〕くすぐる ▷ Seine Worte *schmeichelten* mir 〈meiner Eitelkeit〉. 彼のことばは私の自尊心〈私の虚栄心〉をくすぐった
❸ 〘③と〙〔…^{3}のいいところを〕引き立てる ▷ Das Foto *schmeichelt* ihm. この写真は実物の彼よりもよく撮れている

schmei·ßen [シュマイセン]
(schmiss; geschmissen; [完了]h)
━ [他] 《口語》 ❶ 〘④+[方向]と〙〔…^{4}を…へ〕(勢いよく)**投げる**, 投げつける ▷ Er *schmeißt* Steine ins Wasser. 彼は石を水の中に投げ込む
❷ 〘④と〙〔仕事など^{4}を〕(うまく)かたづける, やってのける ▷ Die Sache werde ich schon *schmeißen*. この件は私がきっとちゃんと処理するよ
━ [再] 《口語》 〘[sich]^4+[方向]と〙〔…に〕体を投げ出す ▷ Er hat sich auf das Bett *geschmissen*. 彼はベッドの上に体を投げ出した
━ [自] 《口語》 〘mit+③と〙〔…^{3}を〕投げる ▷ Sie hat mit dem Glas nach mir *geschmissen*. 彼女はグラスを私に投げつけた

Schmelz [シュメルツ] [男] *der* (単 2 格 -es; 複 なし) (歯の)ほうろう〈エナメル〉質

schmel·zen [シュメルツェン]
(du, er schmilzt; schmolz; geschmolzen)
━ [自] 〘[完了]s〙 (熱で)**溶ける**, 溶解する ▷ Der Schnee ist in der Sonne *geschmolzen*. 雪が日差しを浴びて溶けた
━ [他] 〘[完了]h〙 〘④と〙〔…^{4}を〕(熱で)溶かす (☆ 古くは規則変化形も用いられた) ▷ Die Sonne *schmilzt* den Schnee. 日光が雪を溶かす

[類語]
schmelzen 熱の影響で溶ける
sich^4 auflösen 液体の中に溶ける

Schmerz [シュメルツ] [男] *der* (単 2 格 -es; 複 -en)
❶ 〘ふつう 複 で〙 (肉体的な)**痛み**, 苦痛 ▷ stechende *Schmerzen* im Bauch fühlen 腹部に刺すような痛みを感じる / Wo haben Sie *Schmerzen*? どこが痛いのですか
❷ 〘複 はまれ〙 **心痛**, 悲しみ ▷ Sie empfand tiefen *Schmerz* über den Tod ihrer Mutter. 彼女は母の死に深い悲しみを覚えた

schmer·zen [シュメルツェン]
(schmerzte; geschmerzt; [完了]h)
━ [自] (傷などが)**痛む** ▷ Die Wunde *schmerzt* stark. 傷がひどく痛む / Mir *schmerzt* der Zahn. 私は歯が痛い
━ [他] 〘④と〙〔…^{4}に〕心痛を与える, 悲しませる ▷ Seine harten Worte *schmerzten* mich sehr. 彼のきついことばが私にはとても悲しかった

schmerz·frei [シュメルツ・フライ] [形] (人が)痛みを感じない, 痛みのない

schmerz·haft [シュメルツハフト]
[形] ❶ (肉体的に)痛い ▷ Die Behandlung war sehr *schmerzhaft*. その治療はとても痛かった
❷ 悲しい, つらい ▷ eine *schmerzhafte* Erfahrung 悲しい経験

schmerz·lich [シュメルツリヒ] [形] **胸の痛む**, 悲しい, つらい ▷ eine *schmerzliche* Erinnerung 〈Trennung〉 つらい思い出〈別離〉

schmerz·los [シュメルツ・ロース] [形] (治療などが)痛みを引き起こさない, 痛みのない

Schmet·ter·ling [シュメッターリング] [男] *der* (単 2 格 -s; 複 -e) 《昆虫》 **チョウ**, チョウチョウ; 蛾(が) ▷ Ein *Schmetterling* flattert hin und her. チョウがあちこちひらひら舞う

schmet·tern [シュメッテルン]
(schmetterte; geschmettert; [完了]h)
━ [他] ❶ 〘④+[方向]と〙〔…^{4}を…へ〕(大きな音がするように勢いよく)投げつける, たたきつける ▷ Er *schmetterte* eine Tasse an die Wand. 彼はカップを壁にガシャンと投げつけた
❷ 〘④と〙〔ボール^{4}を〕スマッシュする(特にテニス・卓球で)
━ [自] (金管楽器などが)高らかに鳴り響く ▷ Die Fanfaren *schmettern*. ファンファーレが高らかに鳴り響く

Schmied [シュミート] [男] *der* (単 2 格 -es 〈まれに -s〉; 複 -e) (職人としての)鍛冶(かじ)屋; 金属細工師〈加工工〉

schmie·den [シュミーデン]
(schmiedete; geschmiedet; [完了]h)
[他] ❶ 〘④と〙〔鉄など^{4}を〕**鍛える** ▷ Er *schmiedete* den Stahl zu einer Klinge. 彼は鋼(はがね)を鍛えて刀にした / 《比ゆ》 Pläne *schmieden* 計画を練る
❷ 〘④と〙〔…^{4}を〕鍛えてつくる, 鍛造する ▷ ein Hufeisen *schmieden* 蹄鉄(ていてつ)を鍛造する

schmie·gen [シュミーゲン]
(schmiegte; geschmiegt; [完了]h)
━ [再] 〘[sich]^4+[方向]と〙〔…に〕(心地よさなどを求めて) 体をぴったりくっつける, 寄り添う ▷ Das Kind *schmiegte* sich an die Mutter. 子供は母親にぴったり寄り添っていた

— 他 《④と+からだと》〔身体部分⁴を…に〕(心地よさなどを求めて)ぴったりくっつける, そっと押し当てる ▷ Er *schmiegte* seinen Kopf in ihren Schoss. 彼は彼女のひざに顔を埋めた

schmieg·sam [シュミークザーム] 形 (革などが型に合せて曲げられるほど)やわらかな

Schmie·re [シュミーレ] 女 *die* (⑬2格 -; まれに⑬ -n) 潤滑剤, グリース

schmie·ren [シュミーレン]
(schmierte; geschmiert; 匠フh)
— 他 ❶ 《④と》〔…⁴に〕潤滑油をさす, [靴などに]クリームを塗る ▷ eine Türangel *schmieren* ドアのちょうつがいに油をさす / die Stiefel *schmieren* ブーツにクリームを塗る
❷ 《口語》《④と+からだと》〔…⁴に〕塗る, 塗りつける ▷ Butter auf das Brot *schmieren* バターをパンに塗る / Sie hat sich Creme ins Gesicht *geschmiert*. 彼女はクリームを顔に塗った
❸ 《口語》《④と》〔…⁴を(壁などに)落書きする; […⁴を]ぞんざいに書く ▷ politische Parolen an die Hauswände *schmieren* 政治的スローガンを建物の外壁に書きつける
— 自 (万年筆などがインクが出すぎて)きれいに書けない ▷ Dieser Füller *schmiert*. この万年筆はきれいに書けない

Schmier·geld [シュミーア・ゲルト] 中 *das* (⑬2格 -[e]s; ⑬ -er) 《口語》《ふつう⑬で》わいろ, そでの下

schmie·rig [シュミーリヒ] 形 (油脂などが)べとべとした

Schmier·pa·pier [シュミーア・パピーア] 中 *das* (⑬2格 -s; ⑬ -e) 下書き(メモ)用紙

schmilzt [シュミルツト] schmelzen の 匠在

Schmin·ke [シュミンケ] 女 *die* (⑬2格 -; ⑬なし) (ほお紅・口紅などの着色用の)化粧品 ▷ *Schminke* auftragen 口紅〈ほお紅など〉をつける

schmin·ken [シュミンケン]
(schminkte; geschminkt; 匠フh)
— 他 《④と》〔…⁴に〕(口紅・ほお紅をつけて)化粧をする ▷ Er *schminkt* den Schauspieler vor dem Auftritt. 彼は出演前の役者にメーキャップをしてやる / Sie *schminkte* sich das Gesicht. 彼女は顔に化粧をした
— 再 《sich⁴と》化粧をする ▷ Sie hat sich leicht *geschminkt*. 彼女は薄化粧をした

schmir·geln [シュミルゲルン]
(schmirgelte; geschmirgelt; 匠フh)
他 《④と》〔…⁴を〕(紙やすりなどで)磨く, きれいにする

schmiss [シュミス] schmeißen の 匠在

schmis·sig [シュミッスィヒ] 形 《口語》(特に音楽が)活気(迫力)のある, きびきびした

Schmö·ker [シュメーカー] 男 *der* (⑬2格 -s; ⑬ -) 《口語》(文学的価値のない, 比較的厚い)読み物

schmö·kern [シュメーケルン]
(schmökerte; geschmökert; 匠フh)
自 《口語》(読み物などを)のんびりと読む

schmol·len [シュモレン]
(schmollte; geschmollt; 匠フh)
自 すねる, むくれる, ふくれっ面をする ▷ Das Mädchen *schmollt* und weint. 少女はすねて泣いている

schmolz [シュモルツ] schmelzen の 匠在

schmo·ren [シュモーレン]
(schmorte; geschmort; 匠フh)
— 他 《④と》[肉・野菜など⁴を](さっといためてからなべにふたをして)とろ火でゆっくり煮込む ▷ Sie hat das Fleisch *geschmort*. 彼女は肉をとろ火でゆっくり煮込んだ
— 自 (肉・野菜などがさっといためられた後ふたをしたなべの中で)とろとろ煮える ▷ Das Fleisch *schmort* im Topf. 肉がなべの中でとろとろ煮える / 《比ゆ》in der prallen Sonne *schmoren* かんかん照りの中で汗をかく

schmuck [シュムック] 形 (手入れが行き届いていて)きれいな, すてきな, 感じのよい

Schmuck [シュムック] 男 *der* (⑬2格 -[e]s; まれに⑬ -e)
❶ 《ふつう集合的に》(貴金属・宝石の)装身具, アクセサリー ▷ *Schmuck* tragen アクセサリーを身につけている
❷ 《⑬なし》飾り, 装飾 ▷ zum *Schmuck* dienen 飾り〈装飾〉になる

schmü·cken [シュミュッケン]
(schmückte; geschmückt; 匠フh)
— 他 《④と》〔…⁴を〕飾る, 装飾する ▷ den Weihnachtsbaum *schmücken* クリスマスツリーを飾る
— 再 《sich⁴と》(装身具・きれいな服などで)身を飾る ▷ Die Mädchen *schmückten* sich für den Ball. 女の子たちはダンスパーティーのために着飾った

schmud·de·lig [シュムッデリヒ] 形 《口語》(服・飲食店などが)汚れた, 汚い, 不潔な

Schmug·gel [シュムッゲル] 男 *der* (⑬2格 -s; ⑬なし) 密輸

schmug·geln [シュムッゲルン]
(schmuggelte; geschmuggelt; 匠フh)
他 《④と》〔…⁴を〕密輸する ▷ Drogen *schmuggeln* 麻薬を密輸する

Schmugg·ler [シュムッグラー] 男 *der* (⑬2格 -s; ⑬ -) 密輸をする人

schmun·zeln [シュムンツェルン]
(schmunzelte; geschmunzelt; 匠フh)
自 にんまりする, にやにやする, ほくそえむ ▷ Ich musste *schmunzeln*, als ich daran dachte. 私はそのことを考えて思わずにんまりしてしまった

schmu·sen [シュムーゼン]
(schmuste; geschmust; 完了h)
自《口語》【mit+③と】[…²と]いちゃつく, べたべたする ▷ Er *schmust* mit ihr. 彼は彼女といちゃつく

Schmutz [シュムッツ] 男 *der* (単2格 -es; 複 なし) 泥, 汚れ, ごみ ▷ den *Schmutz* von den Schuhen kratzen 泥を靴からこすり取る

schmut·zig [シュムッツィヒ] (比較 -er, 最上 -st)
形 ❶ 汚い, 汚れた (⇔ sauber) ▷ *schmutziges* Wasser 汚い水 / *schmutzige* Wäsche 汚れた下着 / *schmutzige* Hände haben 手が汚れている / Das Handtuch ist *schmutzig*. ハンカチは汚れている

❷ 下品〈卑わ〉な, みだらな ▷ *schmutzige* Witze erzählen 下品な冗談を言う

❸ (倫理的に)汚い, いかがわしい, 不正な ▷ ein *schmutziges* Geschäft いかがわしい商売

Schna·bel [シュナーベル] 男 *der* (単2格 -s; 複 Schnäbel) くちばし ▷ Die Spatzen picken mit dem *Schnabel* das Futter auf. スズメが餌⁴をくちばしでついばむ

イディオム **Halt den Schnabel!** 黙れ

Schnä·bel [シュネーベル] Schnabel の 複数

Schnal·le [シュナレ] 女 *die* (単2格 -; 複 -n) (ベルト・カバンなどの)留め金, バックル, 尾錠 ▷ die *Schnalle* des Gürtels öffnen 〈schließen〉 ベルトのバックルをはずす〈締める〉

schnal·len [シュナレン]
(schnallte; geschnallt; 完了h)
他【④+方向と】[…⁴を…に]ひも・ベルトなどで固定する; [ひも・ベルトで固定したもの⁴を…から]はずす

schnal·zen [シュナルツェン]
(schnalzte; geschnalzt; 完了h)
自 (指・むちなどで)パチンという音をたてる ▷ mit der Zunge *schnalzen* (舌を上あごに押しつけながらすばやく離し)はじける音をたてる

schnap·pen [シュナッペン]
(schnappte; geschnappt)
—自 ❶ (完了s)(方向と)[…へ]バタンと音をたてて動く ▷ Die Tür *schnappte* ins Schloss. ドアがバタンと閉まって錠がかかった

❷ (完了h)[nach+③と][…³に]ぱくっと食い〈かみ〉つこうとする ▷ Der Hund *schnappte* nach ihm. 犬は彼にばくっと食いつこうとした

—他 ❶ (④と)[…⁴を]ぱくっとくわえる ▷ Der Hund *schnappte* die Wurst. 犬はソーセージをぱくっとくわえた / (比喩) frische Luft *schnappen* 新鮮な空気を吸う

❷ 《口語》(④と)[…⁴を]さっとつかむ ▷ Er *schnappte* sich seinen Mantel und ging. 彼は自分のコートをさっとつかんで出て行った

❸ 《口語》(④と)[…⁴を]とっ捕まえる, ぱくる

▷ Hat man den Dieb schon *geschnappt*? その泥棒はもう捕まったの

Schnaps [シュナップス] 男 *der* (単2格 -es; 複 Schnäpse) 《口語》シュナップス(アルコール分30%以上の蒸留酒の俗語的総称。ふつうサクランボ, ライ麦などからつくられた Kirsch, Korn などと呼ばれるものを指す)

Schnäp·se [シュネプセ] Schnaps の 複数

schnar·chen [シュナルヒェン]
(schnarchte; geschnarcht; 完了h)
自 いびきをかく ▷ Er *schnarchte* die ganze Nacht. 彼は一晩中いびきをかいていた

schnat·tern [シュナッテルン]
(schnatterte; geschnattert; 完了h)
自 (アヒル・ガチョウなどが)ガアガア鳴く

schnau·ben [シュナオベン]
(schnaubte; geschnaubt; 完了h)
自 (馬が)荒い鼻息をたてる

schnau·fen [シュナオフェン]
(schnaufte; geschnauft; 完了h)
自 ハーハー息をする, 息を切らす, あえぐ ▷ Beim Treppensteigen *schnaufe* ich. 階段を上ると私は息がハーハーする

Schnau·ze [シュナオツェ] 女 *die* (単2格 -; 複 -n)

❶ (動物の)鼻づら, 鼻口部 ▷ Die *Schnauze* des Hundes war feucht. 犬の鼻づらは湿っていた

❷ 〖複 なし〗《口語》(人間の)口 (＝Mund)
イディオム **Halt die Schnauze!** 黙れ

schnäu·zen [シュノイツェン]
(schnäuzte; geschnäuzt; 完了h)
再【sich⁴と】鼻をかむ ▷ Er hat sich geräuschvoll *geschnäuzt*. 彼は大きな音をたてて鼻をかんだ

Schnau·zer [シュナオツァー] 男 *der* (単2格 -s; 複 -) (犬)シュナウツァー; 《口語》口ひげ

Schne·cke [シュネッケ] 女 *die* (単2格 -; 複 -n)

❶ (動物) カタツムリ; ナメクジ ▷ Die *Schnecke* kriecht langsam über den Weg. カタツムリはゆっくり道をはって行く

❷ 渦巻きパン

Schnee

[ʃneː: シュネー]

男 *der* (単2格 -s; 複 なし)

雪

junger *Schnee* 新雪
Der *Schnee* schmilzt. 雪が溶ける
Der Wald lag im tiefen *Schnee*.
森は深い雪の中にあった
Gestern fiel fünf Zentimeter *Schnee*.
きのう5センチ雪が降った

①, ②, ③, ④＝1格, 2格, 3格, 4格の名詞

Schnee·ball [シュネー-バル] 男 *der* (⊕ 2格 -[e]s; ⊕ ..bälle) (雪をまるく固めた)雪玉

Schnee·ball·schlacht [シュネー-バル-シュラハト] 女 *die* (⊕ 2格 -; ⊕ -en) 雪合戦

Schnee·be·sen [シュネー-ベーゼン] 男 *der* (⊕ 2格 -s; ⊕ -)《料理》泡立て器

Schnee·ge·stö·ber [シュネー-ゲシュテーバー] 中 *das* (⊕ 2格 -s; ⊕ なし) 吹雪

Schnee·glöck·chen [シュネー-グレックヒェン] 中 *das* (⊕ 2格 -s; ⊕ -)《植物》ユキノハナ

Schnee·ket·ten [シュネー-ケッテン] 複名 (自動車の)スノーチェーン

Schnee·mann [シュネー-マン] 男 *der* (⊕ 2格 -[e]s; ⊕ ..männer) 雪だるま ▷ einen *Schneemann* bauen 雪だるまを作る

Schnee·we·he [シュネー-ヴェーエ] 女 *die* (⊕ 2格 -; ⊕ -n) 雪の吹きだまり

schnee·weiß [シュネー-ヴァイス] 形 雪のように白い

Schnee·witt·chen [シュネー-ヴィットヒェン] 中 *das* (⊕ 2格 -s; ⊕ なし) 白雪姫(グリム童話の主人公)

Schnei·de [シュナイデ] 女 *die* (⊕ 2格 -; ⊕ -n) (刃物の)刃, 刃先 ▷ die *Schneide* des Messers schleifen ナイフの刃をとぐ

schnei·den [シュナイデン] (du schneidest, er schneidet; schnitt; geschnitten; 完了h)
— 他 ❶ 〖④と〗〖…⁴を〗切る ▷ Papier *schneiden* 紙を切る / Brot in Scheiben *schneiden* パンをスライスする

❷ 〖④と〗〖…⁴を〗切り取る, 切り離す ▷ Zweige vom Baum *schneiden* 枝を木から切り取る / eine Anzeige aus der Zeitung *schneiden* 広告を新聞から切り抜く

❸ 〖④と〗〖…⁴を〗(形を整えるために)切る, 刈る ▷ die Hecke *schneiden* 生け垣を刈り込む / Du musst dir die Nägel *schneiden*. 君はつめを切らなきゃだめだ / sich³ die Haare *schneiden* lassen 髪を刈ってもらう

❹ 〖④と〗〖…⁴を〗(誤って)切る, 切って傷つける ▷ Der Friseur *schnitt* ihn beim Rasieren. 理容師はひげをそるときに彼(の顔)に傷をつけてしまった

❺ 〖④と〗〖…⁴を〗切ってつくる; 彫る, 刻む ▷ Bretter *schneiden* (木材を切って)板をつくる / ein Loch in die Pappe *schneiden* 厚紙を切って穴をあける / Er *schnitt* aus dem Holzblock eine Figur. 彼は丸太から像を彫った / Er hat seinen Namen in die Baumrinde *geschnitten*. 彼は自分の名前を樹皮に刻んだ

❻ 〖④と〗〖…⁴を〗交差する, 交わる ▷ Die Straße *schneidet* hier die Bahnlinie. 道路はここで線路と交差する

❼ 〖④と〗〖…⁴を〗無視する, 会っても知らんぷりをする ▷ Sie hat mich heute auf der Straße *geschnitten*. 彼女はきょう私と通りで会ったのに私の方を見ようともしなかった

(イディオム) *die Kurve schneiden* (車などが車線をはみ出して)カーブを斜めに突っ切る

einen Film schneiden 映画を(不要な部分を)カットして編集する

— 自 ❶ 〖⿸と〗〖…に〗切れる ▷ Das Messer *schneidet* gut 〈schlecht〉. そのナイフはよく切れる〈切れない〉

❷ 〖in+④と〗〖…⁴を〗(誤って)切ってしまう ▷ ins Tischtuch *schneiden* テーブルクロスを切ってしまう / Ich habe mir in die Hand *geschnitten*. 私は手を切ってしまった

— 再 ❶ 〖sich⁴と〗切ってけがをする ▷ sich am Glas *schneiden* ガラスでけがをする / Ich habe mich in den Finger *geschnitten*. 私は指を切ってしまった

❷ 〖sich⁴と〗交差する ▷ Die beiden Straßen *schneiden* sich. この2つの道路は交差している

Schnei·der [シュナイダー] 男 *der* (⊕ 2格 -s; ⊕ -) 仕立て職人, (職人としての)洋服屋 ▷ einen Anzug vom *Schneider* arbeiten lassen 背広をあつらえる(← 洋服屋につくらせる)

Schnei·de·rin [シュナイデリン] 女 *die* (⊕ 2格 -; ⊕ ..rinnen) Schneider の女性形

schnei·dern [シュナイデルン] (schneiderte; geschneidert; 完了h)
他 〖④と〗〖服など⁴を〗仕立てる, こしらえる

schnei·dig [シュナイディヒ] 形 《口語》勇猛果敢な; (見た目に)さっそうとした ▷ ein *schneidiger* Soldat 勇猛果敢な兵士

schnei·en

[ʃnáiən シュナイエン]

現在	es schneit
接Ⅰ	es schneite
過分	geschneit	完了 haben

自 〖成句で〗 *es schneit* 雪が降る
Es schneit ununterbrochen.
雪が絶え間なく降る
Hier *schneit* es selten.
ここはめったに雪は降らない

Schnei·se [シュナイゼ] 女 *die* (⊕ 2格 -; ⊕ -n) (区画・防火などのために森の中に設けられた)非植林地帯; (木材などの)搬出路

schnei·te [シュナイテ] schneien の 過去

schnell

[ʃnɛl シュネル]

| 比較 | schneller | 最上 | schnellst |

形 ❶ (速度が)速い (⊗ langsam)
ein *schnelles* Auto
速い自動車

完了h, 完了s＝完了の助動詞 haben, sein

ein *schnelles* Tempo
速いテンポ
Er ist zu *schnell* gefahren.
彼はスピードを出しすぎた
Wie *schnell* die Zeit vergeht!
時間はなんと早く過ぎ去るのだろう
so *schnell* wie möglich できる限り速く
❷ 迅速な,手早い ▷ eine *schnelle* Bedienung 迅速なサービス / *schnell* arbeiten 手早く仕事をする / Du musst dich *schnell* entschließen. 君はすぐに決心をしなければならない

schnel·len [シュネレン]
(schnellte; geschnellt; 匿)s)
自《方向》と》(矢が)〔空に向かって〕勢いよく飛ぶ;(魚が)〔水の中から〕跳ねる;〔座席などから〕飛び上がる
(イディオム) in die Höhe 〈nach oben〉 *schnellen*
(物価などが)急激に上昇する

schnell·stens [シュネルステンス] 副 できるかぎり早く,大至急

Schnell·zug [シュネル・ツーク] 男 *der* (働2格 -[e]s; 働..züge) 急行列車 ▷ Er fährt mit dem *Schnellzug*. 彼は急行列車で行く

schneu·zen [シュノイツェン] (schneuzte; geschneuzt; 匿)h) schnäuzen

schnip·peln [シュニッペルン]《口語》
(schnippelte; geschnippelt; 匿)h)
――自《an+③と》[..³を](いくつもの小さな部分に)切る,切り刻む
――他《④と》〔野菜・肉など⁴を〕細かく切る,切り刻む

schnip·pen [シュニッペン]
(schnippte; geschnippt; 匿)h)
――自《口語》パチッと指をならす
――他《④+《方向》と》[..³を…から〈…に〉]指ではじく

schnip·pisch [シュニッピシュ] 形 (特に若い女が)つんとした,無愛想な,小生意気な ▷ Sie gab eine *schnippische* Antwort. 彼女は小生意気な返事をした

schnip·seln [シュニプセルン] =schnippeln

schnitt [シュニット] schneiden の 過基

Schnitt [シュニット] 男 *der* (働2格 -[e]s; 働 -e)
❶ 切ること;(樹木などの)刈り込み,剪定 ▷ einen tiefen *Schnitt* ins Holz machen 木材に深い切り込みを入れる
❷ 切り傷;切り口,切れ目 ▷ Er hat einen *Schnitt* am Daumen. 彼は親指に切り傷がある
❸ (衣服の)裁ち方;(髪の刈り方);(映画のフィルムの)カッティング,編集 ▷ ein Kleid von modernem *Schnitt* モダンな裁ち方をしたドレス
❹《口語》平均 (=Durchschnitt) ▷ im *Schnitt* 平均して

schnit·te [シュニッテ] schneiden の 過Ⅱ

Schnit·te [シュニッテ] 女 *die* (働2格 -; 働 -n)《北ドッ》(パンの)一切れ

schnit·tig [シュニッティヒ] 形 (車・ボートなどの形が)スマートな,格好がよい

Schnitt·lauch [シュニット・ラオホ] 男 *der* (働2格 -[e]s; 働 なし)《植物》アサツキ

Schnitt·punkt [シュニット・プンクト] 男 *der* (働2格 -[e]s; 働 -e) 交点

Schnitt·stel·le [シュニット・シュテレ] 女 *die* (働2格 -; 働 -n)《コンピュ》インターフェイス(周辺機器との接続部分)

Schnit·zel [シュニッツェル] 中 *das* (働2格 -s; 働 -)《料理》(特に子牛・豚肉の)カツレツ, カツ ▷ ein Wiener *Schnitzel* ウィーン風子牛のカツレツ

schnit·zen [シュニッツェン]
(schnitzte; geschnitzt; 匿)h)
他《④と》[..³を](木・角²などを)彫って〈削って〉つくる, 彫刻する ▷ eine Figur aus Holz *schnitzen* 木彫りの像をつくる / Er *schnitzt* gut. 彼は彫刻がじょうずだ

Schnit·zer [シュニッツァー] 男 *der* (働2格 -s; 働 -)
❶ 彫刻家 ▷ Holz*schnitzer* 木彫家
❷《口語》(不注意による)間違い,へま

schnö·de [シュネーデ] 形《文語》すげない,つっけんどんな ▷ eine *schnöde* Antwort すげない返事

Schnör·kel [シュネルケル] 男 *der* (働2格 -s; 働 -)(家具などの)渦巻き装飾,唐草模様;(飾り文字の)渦巻き状の線,ひげ

Schnö·sel [シュネーゼル] 男 *der* (働2格 -s; 働 -)《口語》なまいきな〈無作法な〉若造

schnüf·feln [シュニュッフェルン]
(schnüffelte; geschnüffelt; 匿)h)
自 ❶ (犬などがにおいをかいで)鼻をくんくんさせる ▷ Der Hund *schnüffelte* in allen Ecken. 犬はどこの角でも鼻をくんくんさせた
❷《口語》こっそり調べる〈かぎ回る〉 ▷ Ich habe in ihrer Handtasche *geschnüffelt*. 私は彼女のハンドバッグの中をこっそり調べた

Schnul·ler [シュヌラー] 男 *der* (働2格 -s; 働 -)(乳児用の)おしゃぶり

Schnul·ze [シュヌルツェ] 女 *die* (働2格 -; 働 -n)《口語》感傷的な歌;お涙頂戴のドラマ

Schnup·fen [シュヌプフェン] 男 *der* (働2格 -s; 働 なし)
鼻かぜ ▷ einen *Schnupfen* bekommen 〈haben〉鼻かぜをひく〈ひいている〉

schnup·pern [シュヌッペルン]
(schnupperte; geschnuppert; 匿)h)
自《an+③と》(犬などが)[..³のにおいを]くんくんかぐ ▷ Der Hund *schnupperte* an meinen Schuhen. 犬は私の靴のにおいをくんくんかいだ

Schnur [シュヌーア] 囡 die (働 2 格 -; 働 Schnüre)

❶ ひも ▷ eine *Schnur* um ein Paket binden [小]包にひもをかける
❷《口語》(電気器具の)コード

Schnü·re [シュニューレ] Schnur の 複数

schnü·ren [シュニューレン]
(schnürte; geschnürt; 他/自 h)
他《④と》[…⁴を]ひもで縛る，[…⁴に]ひもをかける ▷ ein Paket *schnüren* [小]包にひもをかける / die Schuhe *schnüren* 靴のひもを結ぶ

schnur·los [シュヌーア・ロース] 形 (電話などが)コードレスの

Schnurr·bart [シュヌル・バールト] 男 der (働 2 格 -[e]s; 働 ..bärte) 口ひげ ▷ einen *Schnurrbart* tragen 口ひげをはやしている

schnur·ren [シュヌレン]
(schnurrte; geschnurrt; 自 h)
自 (猫などが)のどをゴロゴロ鳴らす ▷ Das Kätzchen *schnurrt* behaglich. 小猫が気持ちよさそうにのどをゴロゴロ鳴らす

Schnür·sen·kel [シュニューア・ゼンケル] 男 der (働 2 格 -s; 働 -) 靴ひも

schnur·stracks [シュヌーア・シュトラックス] 副 (目標に向かって)まっすぐに

schob [ショープ] schieben の 過去

Schock [ショック] 男 der (働 2 格 -[e]s; 働 -s 〈まれに -e〉) (不意の出来事などによって受ける)ショック，衝撃 ▷ Sein Entschluss war ein *Schock* für uns. 彼の決心は私たちにとってショックだった

scho·cken [ショッケン]
(schockte; geschockt; 他 h)
他《口語》《④と》[…⁴に]ショック〈衝撃〉を与える ▷ Diese Nachricht hat mich *geschockt*. この知らせに私は衝撃を受けた

scho·ckie·ren [ショキーレン]
(schockierte; schockiert; 他 h)
他《④と》[…⁴に]ショックを与える; […⁴を]あぜんとさせる (特に社会的・倫理的規範の逸脱と思えるようなことについて用いられる) ▷ Sie liefen nackt durch den Park und *schockierten* damit die Spaziergänger. 彼らは裸で公園の中を走り回り散歩をしている人にショックを与えた

(イディオム) **über**+④ **schockiert sein** [状態受動] …⁴にショックを受けている

Schöf·fe [シェッフェ] 男 der (働 2·3·4 格 -n; 働 -n)《法律》参審員(職業裁判官と一般市民の合議で行われるドイツの裁判制度「参審」に選ばれた市民のこと)

Scho·ko·la·de [ショコラーデ] 囡 die (働 2 格 -; 働 なし)

❶ チョコレート ▷ eine Tafel *Schokolade* 板チョコ 1 枚
❷ (飲み物としての)ココア ▷ Er trinkt gern heiße *Schokolade*. 彼は熱いココアが好きだ

Schol·le [ショレ] 囡 die (働 2 格 -; 働 -n)

❶ ショレ(油で揚げて食べるカレイの一種；魚料理店の定番メニュー)
❷ (掘り返してくる)土のかたまり，土くれ; (川などを流れる)氷のかたまり

schon

[ʃoːn ショーン]

副 ❶ もう，すでに (= bereits)
Das weiß ich *schon*.
そんなことはもう知っている
Ich habe *schon* gegessen.
私はもう食事をすませた
Er ist *schon* 80 Jahre alt.
彼はもう 80 歳だ
Er wartet *schon* eine Stunde.
彼はもう 1 時間も待っている
Es ist *schon* spät. もう遅い
Willst du *schon* gehen? 君はもう行くのか
Ich komme *schon*. すぐ行きます
schon dreimal すでに 3 回も

❷《可能性の高いことを強調して》(相手を安心させたり，自信を持たせるために)きっと，必ず ▷ Es wird *schon* gut gehen. きっとうまく行くよ

❸《一応の肯定を表して》まあ ▷ Hat es dir gefallen? – Ja, *schon*. 気に入ったかい―うんまあね / Ob er denn mitkommen wird? – Ich denke *schon*. 彼はいっしょに来るだろうか―来ると思うけど / Lust hätte ich *schon*, … まあやる気はあるんだが… / *Schon* gut, ich gebe dir das Geld! まあいいや その金は君にあげるよ

❹《命令文で》《いらだちを表して》もう，さっさと ▷ Geh *schon*! もう行けよ / Komm *schon*! さっさと来いよ / Sag *schon*, was los ist! どうしたのかさっさと言えよ

❺ …だけでもう ▷ Dieser Ausweis genügt *schon*. この証明書だけでもう十分だ

❻《発話を強調して》まったく，本当に ▷ Das ist *schon* ein Elend! それはまったく悲惨なことだ /《先行する否定に対し肯定の事例を挙げて》Er ist mit ihr nicht zufrieden, aber ich *schon*. 彼は彼女に満足していないが 私は満足しているよ

❼《多くは後続の aber，nur などと呼応して》《譲歩・認容を表して》確かに，なるほど ▷ Das ist *schon* möglich, aber … それは確かに可能だが … / Der Urlaub war *schon* erholsam, nur zu kurz. 休暇は休養になるにはなったが ただ短すぎた

❽《疑問詞の修辞的疑問文で》《相手の否定的返答を前提として》▷ Was kann man da *schon* machen? 何ができるというのか

❾《wenn に導かれる副文で》どうせ […なら], […

schön

する〕からには ▷ Wenn ich es *schon* mache, dann mache ich es richtig. どうせやるからにはちゃんとやる / Wenn *schon*, denn *schon*.《口語》やるならばとことんまでやる

(イディオム) *schon wieder* またもや ▷ Sie hat *schon wieder* einen Teller brochen. 彼女はまたしても皿を割った

schön
[ʃøːn シェーン]

── 形 (比較 *schöner*, 最上 *schönst*)

❶ 美しい，きれいな
eine *schöne* Blume 美しい花
eine *schöne* Stimme 美しい声
Sie hat *schöne* Augen.
彼女はきれいな目をしている
Sie ist *schön* wie ein Bild.
彼女は絵のように美しい
Sie singt *schön*. 彼女は美しい声で歌う

❷ すてきな，すばらしい ▷ eine *schöne* Wohnung すてきな住まい / Wir haben eine *schöne* Zeit verlebt. 私たちはすばらしい時を過ごした / Ich wünsche Ihnen ein *schönes* Wochenende. よい週末を[お過ごしください] / Das Wetter war *schön*. 天気はすばらしかった / Es ist ja *schön*, dass ich dich treffe. 君に会えてよかったよ / *Schön*, dass Sie gekommen sind! よくいらしてくれました

❸ 〖態度・行動などが〗りっぱな，よい，親切な；〖特に子供に対して〗じょうずな ▷ Das war nicht *schön* von dir. それは君がよくなかった / Das hast du aber *schön* gemacht! それはよくできたじゃないか

❹ 《口語》かなりの，相当な ▷ Das kostet eine *schöne* Summe Geld. それはかなりの額のお金がかかる

❺ 《口語》《反語的に》けっこうな ▷ Das ist ja eine *schöne* Geschichte! それはまったくけっこうな話だ(ひどい話だ) / Du bist mir ja ein *schöner* Freund! 君は実にいい友達だよ(ひどい友達だ)

(イディオム) *Bitte schön*! どういたしまして；さあどうぞ
eines schönen Tages ある日のこと
Schönen Dank ⟨*Danke schön*⟩! どうもありがとう

── 副 ❶《口語》とても，すごく ▷ Das ist *schön* teuer. それはとても高価だ / Er verdient ganz *schön*. 彼はかなりの金を稼ぐ

❷《口語》《命令文で》《要求を強めて》ちゃんと，きちんと ▷ Sei *schön* brav! ちゃんとお行儀よくしなさい / *Schön* langsam fahren! ちゃんとゆっくり走りなさい

❸《同意・了承を表して》よろしい ▷ *Schön*, ich bin einverstanden. よし 承知した / Na *schön*. まあいいでしょう

scho·nen [ʃoːnən ショーネン]
(schonte; geschont; 完了 h)

── 他 ❶ 〖④と〗〖‥⁴を〗だいじにする，たいせつに扱う ▷ Du musst deine Augen ⟨Sachen⟩ mehr *schonen*. 君は自分の目〈持ち物〉をだいじにしなければいけない

❷ 〖④と〗〖‥⁴を〗いたわる，思いやりをもって接する ▷ Er *schonte* selbst Frauen und Kinder nicht. 彼は女子供といえども手加減しなかった

── 再 〖*sich*⁴と〗 体をいたわる〈だいじにする〉 ▷ Du solltest dich mehr *schonen*! 君はもっと体をいたわるべきだ

Schön·heit [ʃøːnhaɪt シェーンハイト] 女 *die* (④ 2格 –; ④ –en)

❶ 〖複 なし〗美しさ，美 ▷ Die landschaftliche *Schönheit* ist einzigartig. その風景の美しさは比類のないものだ

❷ 美人 ▷ Sie ist eine *Schönheit*. 彼女は美人だ

❸ 〖複 で〗(景色などの)美しいところ ▷ Sie zeigte ihm die *Schönheiten* der Stadt. 彼女は彼に町中の美しいところを見せた

Scho·nung [ʃoːnʊŋ ショーヌング] 女 *die* (④ 2格 –; ④ なし) 大事〈大切〉にすること，いたわり，思いやり

scho·nungs·be·dürf·tig [ʃoːnʊŋsbədʏɐftɪç ショーヌングス・ベデュルフティヒ] 形 いたわり〈思いやり〉を必要とする

scho·nungs·los [ʃoːnʊŋsloːs ショーヌングス・ロース] 形 情け容赦のない，手加減しない

Schopf [ʃɔpf ショプフ] 男 *der* (④ 2格 –[e]s; Schöpfe) (比較的短く刈った，ふさふさした)頭髪

Schöp·fe [ʃœpfə シェプフェ] Schopf の 複数

schöp·fen [ʃœpfən シェップフェン]
(schöpfte; geschöpft; 完了 h)

── 他 〖④と〗〖‥⁴を〗(容器・手などで)すくう，汲む ▷ Er *schöpfte* Wasser mit dem Eimer aus dem Bach. 彼はバケツで小川から水を汲んだ / 《比ゆ》Luft *schöpfen* 息を深く吸う / wieder Mut *schöpfen* 勇気を取り戻す

Schöp·fer [ʃœpfɐ シェプファー] 男 *der* (④ 2格 –s; ④ なし) (宗教)造物主，造り主

schöp·fe·risch [ʃœpfərɪʃ シェプフェリッシュ] 形 創造的な，創造力のある，独創的な

Schöp·fung [ʃœpfʊŋ シェプフング] 女 *die* (④ 2格 –; ④ –en)

❶ 〖複 なし〗(宇宙などの)創造；創作
❷ 創造物；(作品としての)創作

schor [ʃoːɐ ショーア] scheren「はさみで刈る」の 過去

Schorf [ʃɔɐf ショルフ] 男 *der* (④ 2格 –[e]s; ④ なし) かさぶた

Schor·le [ʃɔɐlə ショルレ] 女 *die* (④ 2格 –; ④ –n) ショルレ(炭酸水で割ったワインないしリンゴジュース)

Schorn·stein [ʃɔɐnʃtaɪn ショルン・シュタイン] 男 *der*

──────────
①，②，③，④=1格，2格，3格，4格の名詞

2格 -[e]s; [複] -e) 煙突 (☆ 南ドイツでは Kamin ともいう) ▷ Der *Schornstein* qualmt. 煙突がもうもうと煙を出す

Schorn·stein·fe·ger [ショルン・シュタイン・フェーガー] [男] *der* ([単] 2格 -s; [複] -) 煙突掃除人

schoss [ショス] schießen の [過去]

schoß [旧⇨新] schoss

Schoß [ショース] [男] *der* ([単] 2格 -es; [複] Schöße) ひざ(座った際の太ももの上面部分. ももとすねの間の関節部分の「ひざ」は Knie) ▷ ein Kind auf den *Schoß* nehmen 子供をひざに抱き上げる / Das Kind sitzt auf dem *Schoß* der Mutter. 子供は母親のひざに座っている / Er legte seinen Kopf auf ihren *Schoß*. 彼は頭〈顔〉を彼女のひざの上に置いた

Schö·ße [シェーセ] Schoß の [複数]

Scho·te [ショーテ] [女] *die* ([単] 2格 -; [複] -n) (エンドウ豆などの)さや

Schott·land [ショットラント] ([中] *das*) 《国名》 スコットランド

schraf·fie·ren [シュラフィーレン]
(schraffierte; schraffiert; [完了]h)
[他] 〘④と〙〔図面など⁴に〕細い平行斜線を引く

schräg [シュレーク] [形] 斜めの ▷ eine *schräge* Fläche 斜面 / Sie saß ihm *schräg* gegenüber. 彼女は彼のはす向かいに座っていた

Schram·me [シュラムメ] [女] *die* ([単] 2格 -; [複] -n) 擦り傷, かき傷; (物の表面にできた)傷 ▷ Das Auto hatte schon mehrere *Schrammen*. 車にはすでに傷がいくつかついていた

Schrank [シュランク] [男] *der* ([単] 2格 -[e]s; [複] Schränke)
戸棚; (戸のついた)本棚; 洋服だんす ▷ einen *Schrank* öffnen 戸棚をあける / Kleider in den *Schrank* hängen 服を洋服だんすに掛ける

Schran·ke [シュランケ] [女] *die* ([単] 2格 -; [複] -n) 遮断機; (国境・踏切などの)遮断棒 (☆ 複数の遮断棒が用いられている場合でも, 遮断機の意味では単数形が用いられる) ▷ die *Schranken* herunterlassen 〈aufziehen〉 遮断棒を下ろす〈上げる〉 / Bis zum Bahnhof gibt es mehrere *Schranken*. 駅までにはいくつもの遮断機がある

Schrän·ke [シュレンケ] Schrank の [複数]

Schrau·be [シュラオベ] [女] *die* ([単] 2格 -; [複] -n) ねじ, ボルト ▷ eine *Schraube* anziehen ねじを締める / Die *Schraube* sitzt fest. ねじがしっかり留まっている / 《比ゆ》 Bei ihm ist eine *Schraube* locker. 彼は頭がちょっとおかしい

schrau·ben [シュラオベン]
(schraubte; geschraubt; [完了]h)
[他] ❶ 〘④と〙〔..⁴を〕ねじ〈ボルト〉で留める; ねじ〈ボルト〉をゆるめて取り外す ▷ ein Schloss an die Tür *schrauben* 錠をドアにねじで固定する / eine Metallplatte vom Gerät *schrauben* ねじをゆるめて金属板を器具から取り外す
❷ 〘④と〙〔..⁴を〕ねじって取りつける〈取り外す〉 ▷ eine Glühbirne in die 〈aus der〉 Lampe *schrauben* 電球をねじって電灯に取りつける〈電灯から外す〉

Schrau·ben·schlüs·sel [シュラオベン・シュリュッセル] [男] *der* ([単] 2格 -s; [複] -) スパナ

Schrau·ben·zie·her [シュラオベン・ツィーアー] [男] *der* ([単] 2格 -s; [複] -) ねじ回し, ドライバー

Schre·ber·gar·ten [シュレーバー・ガルテン] [男] *der* ([単] 2格 -s; [複] ..gärten) シュレーバー菜園 (都市住民が郊外に作る家庭菜園)

Schreck [シュレック] [男] *der* ([単] 2格 -[e]s; [複] なし) (大変なことになるという恐怖を伴った) 驚き, 驚愕(きょうがく) ▷ einen *Schreck* bekommen (危険などに直面して)ぎょっ〈ぞっ〉とする

schre·cken [シュレッケン]
(schreckte; geschreckt; [完了]h)
[他] 《文語》 〘④と〙〔..⁴を〕驚かす, こわがらせる

Schre·cken [シュレッケン] [男] *der* ([単] 2格 -s; [複] なし) (大変なことになるという恐怖・不安などを伴った) 驚き, 驚愕(きょうがく) (☆ Schreck と比べて持続する驚きを表す) ▷ einen *Schrecken* bekommen 驚愕する / zu meinem *Schrecken* 私の驚いたことには

schreck·haft [シュレックハフト] [形] こわがりの, 臆病(おくびょう)な

schreck·lich [シュレックリヒ]
[形] ❶ 恐ろしい, 大変 ▷ Die Unfallstelle bot einen *schrecklichen* Anblick. 事故現場は恐ろしい光景を呈していた / eine *schreckliche* Krankheit 恐ろしい病気 / Das ist ja *schrecklich*! それは本当に恐ろしい
❷ 《口語》 ものすごい, ひどい ▷ eine *schreckliche* Hitze ものすごい暑さ / 《程度を強めて》 Das war *schrecklich* teuer. それはものすごく高かった

Schrei [シュライ] [男] *der* ([単] 2格 -[e]s; [複] -e)
❶ (驚き・恐怖・喜びなどの) 叫び[声] ▷ einen *Schrei* ausstoßen 叫び声を上げる / der erste *Schrei* 産声
❷ (カモメなどの鋭い)鳴き声
[イディオム] ***der letzte Schrei*** 最新の流行 ▷ Das ist *der letzte Schrei*. これが最新の流行だ

schrei·ben

[ʃráibn̩ シュライベン]

[現在]	ich schreibe	wir schreiben
	du schreibst	ihr schreibt
	er schreibt	sie schreiben
[過去]	ich schrieb	wir schrieben
	du schriebst	ihr schriebt
	er schrieb	sie schrieben
[過分]	geschrieben	[完了] haben

— [自] ❶ (記号・文字・数字などを)書く
mit dem Kugelschreiber *schreiben*
ボールペンで書く
Er *schreibt* schön.
彼はきれいな字を書く
Das Kind kann schon *schreiben.*
この子供はもう字が書ける
lesen und *schreiben* lernen 読み書きを習う
❷ 〘③と〙〔…³に〕手紙を書く
Er *schreibt* mir regelmäßig.
彼は私に定期的に手紙をくれる
Er hat mir aus München *geschrieben.*
彼は私にミュンヒェンから便りをくれた
〘相互的に〙
Wir *schreiben* uns seit Jahren.
私たちは数年来文通をしている
❸ 〘an+③と〙〔…³を〕書いている ▷ Er *schreibt* an seiner Dissertation. 彼は学位論文を書いている
❹ (記事・小説などを)書く ▷ Er *schreibt* für die Zeitung. 彼は新聞に執筆している / Mein Freund *schreibt.* 私の友人は文筆を業としている
❺ 〘[様態]と〙〔…な〕文章を書く ▷ Er *schreibt* lebendig. 彼は生き生きとした文章を書く
❻ 〘[様態]と〙(ペンなどが)書きぐあいが〔…〕だ ▷ Der Füller *schreibt* gut. この万年筆は書きやすい
— [他] ❶ 〘④と〙〔文字・数字など⁴を〕書く ▷ ein Wort groß *schreiben* 単語の頭文字を大文字で書く; 単語を大文字で書く / ein Wort falsch *schreiben* 単語のつづりをまちがえる / einen Satz an die Tafel *schreiben* ある文を黒板に書く / gutes Deutsch *schreiben* よいドイツ語を書く
❷ 〘③+④と〙〔…³あてに手紙など⁴を〕書く ▷ Sie *schreibt* ihm einen Brief. 彼女は彼に手紙を書く / Er *schrieb* uns, dass ... 彼は私たちに…という便りをよこした
❸ 〘④と〙〔本・記事など⁴を〕書く, 執筆する ▷ einen Bericht *schreiben* 報告を書く / ein Buch über Japan *schreiben* 日本について本を書く / Der Artikel ist verständlich *geschrieben.* [状態受動] この記事はわかりやすく書かれている
[イディオム] ④+***krank schreiben*** …⁴が病気だという診断書を書く ▷ Der Arzt hat ihn *krank geschrieben.* 医者は彼が病気だという診断書を書いた

Schrei·ben [シュライベン] [中] *das* (〔単〕2格 -s; 〔複〕-) (公用・商用などの)手紙, 書簡, 書状 ▷ Wir danken Ihnen für Ihr *Schreiben* vom 2. 3. 1999. 1999年3月2日付の貴簡に感謝申し上げます (☆ vom zweiten dritten neunzehnhundertneunundneunzig と読む)

Schreib·kraft [シュライプ・クラフト] [女] *die* (〔単〕2格 -; 〔複〕..kräfte) 文書作成を任務とする事務員 (☆ ふつう女性)

Schreib·ma·schi·ne [シュライプ・マシーネ] [女] *die* (〔単〕2格 -; 〔複〕-n) タイプライター ▷ *Schreibmaschine* schreiben タイプライターを打つ

Schreib·tisch [シュライプ・ティッシュ] [男] *der* (〔単〕2格 -es; 〔複〕-e) 机, デスク ▷ Die Akten liegen auf dem *Schreibtisch.* 書類はデスクの上にある

Schreib·un·ter·la·ge [シュライプ・ウンターラーゲ] [女] *die* (〔単〕2格 -; 〔複〕-n) (書くための)下敷き, デスクマット

schrei·en [シュライエン]
(schrie; geschrien; [完了]h)
— [自] ❶ 叫ぶ, わめく; (赤ん坊が)泣きわめく ▷ vor Schmerz *schreien* 苦痛のあまり叫ぶ / Das Baby hat die ganze Nacht *geschrien.* 赤ん坊は一晩中大声で泣いた / um Hilfe *schreien* 助けを求めて叫ぶ
❷ 大声を出す; どなる ▷ *Schrei* nicht so, ich bin nicht taub! そんな大声を出すなよ 私は耳が聞こえないわけじゃない
— [他] 〘④と〙〔…⁴と〕叫ぶ ▷ Hurra *schreien* 万歳と叫ぶ
[イディオム] ***sich***⁴+形容詞+***schreien*** 大声を出して〔…に〕なる ▷ Er *schrie* sich heiser. 彼は大声を出して声をからした

schrei·end [シュライエント] [形] (色が)どぎつい, けばけばしい

Schrei·ner [シュライナー] [男] *der* (〔単〕2格 -s; 〔複〕-) (木材を用いて)家具・窓などを作る職人; 家具〈建具〉職人 (=Tischler)

schrei·ten [シュライテン]
(schritt; geschritten; [完了]s)
[自] ❶ 悠然と歩く ▷ Langsam *schritt* das Brautpaar zum Altar. 新郎新婦はゆっくりと祭壇に歩み寄った
❷ 〘zu+③と〙〔…³を〕始める ▷ Wir *schreiten* jetzt zur Abstimmung. これから投票を始めます

schrie [シュリー] schreien の [過去]

schrieb [シュリープ] schreiben の [過去]

schrie·be [シュリーベ] schreiben の [接II]

Schrift [シュリフト] [女] *die* (〔単〕2格 -; 〔複〕-en)
❶ (体系としての)文字 (☆ 単語の構成素としての個々の「文字」は Buchstabe) ▷ die lateinische 〈griechische〉 *Schrift* ラテン〈ギリシャ〉文字 / 《印刷》 eine kursive *Schrift* イタリック体
❷ 《書かれたことばを指して》 文字 ▷ die *Schrift* von der Tafel wischen 黒板の字をふいて消す

S

❸ 筆跡 ▷ eine schöne *Schrift* きれいな筆跡
❹ 論文; 書物; 著作 ▷ eine philosophische *Schrift* 哲学論文 / sämtliche *Schriften* eines Dichters ある作家の全作品〈全集〉

schrift·lich [シュリフトリヒ] [形] **文書〈書面〉による, 筆記の,** 〖副詞的に〗 書面で ([反] mündlich) ▷ eine *schriftliche* Prüfung 筆記試験

Schrift·spra·che [シュリフト・シュプラーヘ] [女] *die* ([単] 2格 –; [複] –n) 書きことば, 文語

Schrift·stel·ler [シュリフト・シュテラー] [男] *der* ([単] 2格 –s; [複] –) **作家, 著述〈文筆〉家** ▷ Er ist [ein beliebter] *Schriftsteller.* 彼は[人気のある]作家だ

Schrift·stel·le·rin [シュリフト・シュテレリン] [女] *die* ([単] 2格 –; [複] ..rinnen) 〖Schriftsteller の女性形〗 女流作家

Schrift·stück [シュリフト・シュテュック] [中] *das* ([単] 2格 –[e]s; [複] –e) 文書, 書類

Schrift·tum [シュリフトトゥーム] [中] *das* ([単] 2格 –s; [複] なし) 《集合的に》 (ある分野に関する)文献

Schrift·zei·chen [シュリフト・ツァイヒェン] [中] *das* ([単] 2格 –s; [複] –) 文字

schrill [シュリル] [形] **かん高い, けたたましい, 耳をつんざく** ▷ eine *schrille* Stimme かん高い声

schril·len [シュリレン]
(schrillte; geschrillt; [完了]h)
[自] けたたましく鳴り響く

schritt [シュリット] schreiten の [過去]

Schritt [シュリット] [男] *der* ([単] 2格 –[e]s; [複] –e)
❶ 《歩行の際の足の動きを指して》 **歩** ▷ einen *Schritt* vorgehen 1歩前に出る / keinen *Schritt* aus dem Haus tun 家から1歩も出ない / Er geht mit großen *Schritten.* 彼は大またで歩く / Die *Schritte* näherten sich. 足音が近づいて来た / 《1歩の歩幅に当たる距離を表して》 zwei *Schritt* näher treten 2歩近づく (☆数詞と結びつく場合, 無変化で用いられることが多い) / Sie stand nur wenige *Schritte* von mir entfernt. 彼女は私からほんの数歩離れたところに立っていた
❷ 〖[複] なし〗 歩き方 (☆ Schritt は聴覚的な観点から, Gang は視覚的な観点から) ▷ Sie hat ihn an seinem *Schritt* erkannt. 彼女は歩き方で彼だとわかった
❸ 措置, 処置 ▷ die nötigen *Schritte* unternehmen 必要な措置を講ずる
[イディオム] ③+***auf Schritt und Tritt folgen*** …³に至る所について行く
einen Schritt zu weit gehen 限度を越える, やりすぎる
mit+③ ***Schritt halten*** …³と歩調を合わせる
Schritt für Schritt 一歩一歩 ▷ Er bewegte sich mit seinen Krücken *Schritt für Schritt* auf den Ausgang zu. 彼は松葉杖をついて出口の方に一歩一歩歩いて行った

schroff [シュロフ]
[形] ❶ 切り立った ▷ ein *schroffer* Felsen 切り立った岩
❷ そっけない, 無愛想な ▷ Sein *schroffes* Benehmen stieß alle ab. 彼の無愛想な態度がみんなに反感を起こさせた
❸ (行動・変化などが)急激な, 突然の; (対立などが)著しい ▷ ein *schroffer* Temperaturwechsel 急激な温度変化

schröp·fen [シュレプフェン]
(schröpfte; geschröpft; [完了]h)
[他] 《口語》 〖④と〗 〔…⁴を〕(商売などで)かもにする

Schrot [シュロート] [男] *der* / [中] *das* ([単] 2格 –[e]s; [複] なし)
❶ 《集合的に》 散弾
❷ 《集合的に》 粗引きの穀物

Schrott [シュロット] [男] *der* ([単] 2格 –[e]s; [複] なし) くず鉄, スクラップ ▷ *Schrott* sammeln くず鉄を集める

schrub·ben [シュルッベン]
(schrubbte; geschrubbt; [完了]h)
[他] 〖④と〗 〔床ゆかなど⁴を〕ごしごしこすってきれいにする

Schrub·ber [シュルッバー] [男] *der* ([単] 2格 –s; [複] –) (長い柄のついた)床用ブラシ

Schrul·le [シュルレ] [女] *die* ([単] 2格 –; [複] –n)
❶ 奇妙な考え, おかしな癖
❷ 《口語》 変なおばさん

schrump·fen [シュルムプフェン]
(schrumpfte; geschrumpft; [完了]s)
[自] (水分を失って)縮む, しなびる; (蓄え・資本などが)少なくなる, 減少する ▷ Die Äpfel sind *geschrumpft.* リンゴがしなびた

schrump·lig [シュルムプリヒ] [形] 《口語》 (しなびて)しわだらけになった; (肌などが)しわくちゃの

Schu·bert [シューベルト] 《人名》 シューベルト (☆ Franz Schubert はオーストリアの作曲家. 1797–1828)

Schub·kar·re [シューブ・カレ] [女] *die* ([単] 2格 –; [複] –n) 一輪の手押し車, ねこ車

Schub·la·de [シューブ・ラーデ] [女] *die* ([単] 2格 –; [複] –n) (机・戸棚などの)**引き出し** ▷ eine *Schublade* herausziehen 引き出しをあける

Schubs [シュプス] [男] *der* ([単] 2格 –es; [複] –e) 《口語》 (軽く)突く〈押す〉こと ▷ Sie gab ihm einen kleinen *Schubs.* 彼女は彼を軽く突いた

schub·sen [シュプセン]
(schubste; geschubst; [完了]h)
[他] 《口語》 〖④と〗 〔…⁴を〕(軽く)突く, 押す; 押しのける

schüch·tern [シュヒテルン] [形] **内気な, 引っ込み思案の; おずおずした** ▷ ein *schüchternes*

S

Kind 内気な子供

schuf [ʃuːf] schaffen「創造する」の過去

Schuft [ʃʊft] 男 der (2格 -[e]s; 複 -e) 悪党, 卑劣漢

schuf·ten [ʃʊftən] (schuftete; geschuftet; 助h) 自《口語》せっせと〈熱心に〉働く

Schuh
[ʃuː: シュー]

男 der (2格 -[e]s; 複 -e)

格	単　数	複　数
①	der Schuh	die Schuhe
②	des Schuh[e]s	der Schuhe
③	dem Schuh	den Schuhen
④	den Schuh	die Schuhe

靴

ein Paar *Schuhe* 靴1足
spitze *Schuhe* 先のとがった靴
Schuhe mit hohen Absätzen ハイヒール
die *Schuhe* anziehen ⟨ausziehen⟩
靴をはく〈脱ぐ〉
Diese *Schuhe* sind mir zu groß.
この靴は私には大きすぎる

Schuh·löf·fel [シュー・レッフェル] 男 der (2格 -s; 複 -) 靴べら

Schuh·ma·cher [シュー・マッハー] 男 der (2格 -s; 複 -) (職人としての)靴屋 (☆店としての「靴屋」は Schuhgeschäft)

Schul·ar·beit [シュール・アルバイト] 女 die (2格 -; 複 -en)《ふつう複で》(学校の)宿題 ▷ Ich muss noch *Schularbeiten* machen. 私はまだ宿題をしなければならない

Schul·auf·ga·be [シュール・アオフ・ガーベ] 女 die (2格 -; 複 -n)《ふつう複で》(学校の)宿題 (=Schularbeit)

schuld [シュルト] 形《an+③と》[..³に対して](責められるべき)責任がある ▷ Daran bist du *schuld*. その責任は君にある

Schuld [シュルト] 女 die (2格 -; 複 -en)
❶ 《複なし》(ある出来事に対する)責任 ▷ eine moralische *Schuld* 道義的責任 / die *Schuld* auf sich⁴ nehmen 責任を取る / Sie hat keine *Schuld* an dem Unfall. 彼女にはその事故の責任はない / Die *Schuld* liegt bei ihm. その責任は彼にある / Dass sie den Zug verpasst hat, ist seine *Schuld*. 彼女が汽車に乗り遅れたのは彼のせいだ
❷ 《複なし》(道徳上・法律上の)罪 ▷ eine *Schuld* begehen 罪を犯す
❸ 《複で》借金, 負債, 債務 ▷ *Schulden* bezahlen 借金を支払う / in *Schulden* geraten 借金をつくる / Ich glaube, ich habe noch *Schulden* bei dir. 私は君にまだ借金をしていると思うよ

schul·den [シュルデン] (schuldete; geschuldet; 助h) 他《③+④と》[..³に..⁴の]借り〈負債〉がある ▷ Sie *schuldet* mir hundert Euro. 彼女は私に100ユーロの借りがある

schuld·fä·hig [シュルト・フェーイヒ] 形《法律》刑事責任を負う能力のある

Schuld·fä·hig·keit [シュルト・フェーイヒカイト] 女 die (2格 -; 複なし)《法律》刑事責任を負う能力

schul·dig [シュルディヒ]

形 ❶ 有罪の, 責任がある ▷ Der Angeklagte war *schuldig*. 被告人は有罪だった / 《②と》Er ist des Mordes *schuldig*. 彼は殺人の罪を犯した

❷ 《③+④と》[..³に..⁴の]借り〈負債〉がある ▷ Ich bin ihr 50 Euro *schuldig*. 私は彼女に50ユーロ借りている / Was bin ich Ihnen *schuldig*? いかほどお払いしたらよろしいでしょうか /《比ゆ》Dafür bin ich ihm Dank *schuldig*. そのことでは私は彼にお礼を言わなければならない

Schuld·ner [シュルドナー] 男 der (2格 -s; 複 -) 債務者 (⇔ Gläubiger)

Schu·le
[ʃuːlə シューレ]

女 die (2格 -; 複 -n)

格	単　数	複　数
①	die Schule	die Schulen
②	der Schule	der Schulen
③	der Schule	den Schulen
④	die Schule	die Schulen

❶ 学校 (☞図 651 ページ)
eine private *Schule* 私立の学校
die *Schule* besuchen ⟨wechseln⟩
学校に通う〈転校する〉
Er ist Lehrer an dieser *Schule*.
彼はこの学校の教師だ
Ist er schon aus der *Schule* gekommen?
彼はもう学校から戻って来ましたか
Er geht noch in die ⟨zur⟩ *Schule*.
彼はまだ学校に通っている
Das Kind kommt dieses Jahr in die *Schule*. その子供は今年入学する
❷ (建物としての)学校 ▷ Die *Schule* liegt in der Stadtmitte. 学校は町の中心にある
❸ 《複なし》授業 ▷ Heute haben wir keine *Schule*. きょうは授業がない / Die *Schule* beginnt um halb neun. 授業は8時半に始まる / Die *Schule* ist um 2 Uhr aus. 授業は2時に終わる

①, ②, ③, ④=1格, 2格, 3格, 4格の名詞

❹ (芸術の)流派; 学派 ▷ die romantische *Schule* ロマン派
[イディオム] **bei**+③ ***in die Schule gehen*** (特に職人が)…³の教えを受ける

schu·len [シューレン] (schulte; geschult; [完了]h)
[他] ❶ 〘④と〙〔…⁴を〕訓練する, 教育する ▷ das Personal *schulen* 従業員を訓練する / ④+fachlich *schulen* …⁴に専門教育を施す
❷ 〘④と〙〔…⁴の能力・機能を〕(訓練によって)鍛える ▷ das Auge 〈das Gedächtnis〉 *schulen* 目〈記憶力〉を鍛える

Schü·ler
[ʃýːlɐ シューラー]
[男] *der* ([単] 2 格 -s; [複] -)

格	単数	複数
①	der Schüler	die Schüler
②	des Schülers	der Schüler
③	dem Schüler	den Schülern
④	den Schüler	die Schüler

❶ (高校以下の)生徒 (☆「大学生」は Student)
ein guter 〈schlechter〉 *Schüler*
できのいい〈悪い〉生徒
einen *Schüler* loben 〈tadeln〉
生徒をほめる〈しかる〉
Der *Schüler* hat die Prüfung bestanden.
その生徒は試験に合格した
❷ 弟子, 門下生 ▷ Er war ein *Schüler* von Professor Konerding. 彼はコーナーディング教授の弟子だった

Schü·le·rin [シューレリン] [女] *die* ([単] 2 格 -; [複] ..rinnen) 〘Schüler の女性形〙 女子生徒

Schul·ge·bäu·de [シュール・ゲボイデ] [中] *das* ([単] 2 格 -s; [複] -) 校舎

Schul·hof [シュール・ホーフ] [男] *der* ([単] 2 格 -[e]s; [複] ..höfe) 校庭 ▷ Die Kinder spielen in dem *Schulhof*. 子供たちは校庭で遊んでいる

Schul·jahr [シュール・ヤール] [中] *das* ([単] 2 格 -[e]s; [複] -e) (年度としての)学年 (☆ ドイツでは 8 月 1 日に始まる)

Schul·map·pe [シュール・マッペ] [女] *die* ([単] 2 格 -; [複] -n) 学生カバン

schul·meis·tern [シュール・マイステルン] (schulmeisterte; geschulmeistert; [完了]h)
[他] 〘④と〙〔…⁴に〕(教師ぶって)こまごま教える

Schul·pflicht [シュール・プフリヒト] [女] *die* ([単] 2 格 -; [複] なし) 就学義務

schul·pflich·tig [シュール・プフリヒティヒ] [形] (子供が)就学義務のある, 学齢に達した

Schul·sys·tem [シュール・ズュステーム] [中] *das* ([単] 2 格 -s; [複] -e) 学校制度

Schul·ter [シュルター] [女] *die* ([単] 2 格 -; [複] -n)
肩 ▷ die linke 〈rechte〉 *Schulter* 左〈右〉肩 / breite *Schultern* 幅の広い肩 / Bedauernd zog er die *Schultern* hoch. 申し訳なさそうに

ドイツの学制の概要

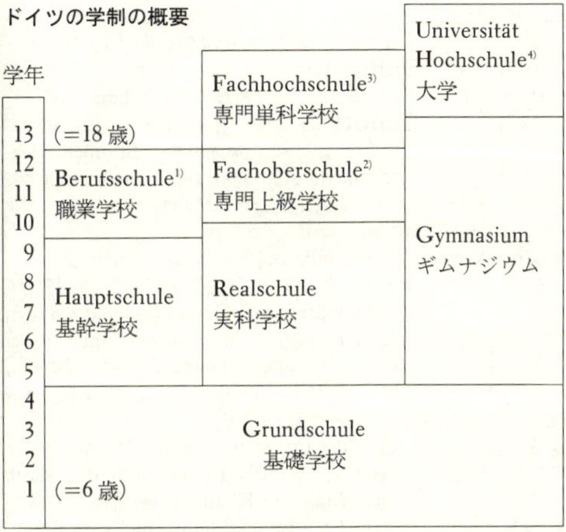

学年
13
12
11
10
9
8
7
6
5
4
3
2
1
(=18 歳)
(=6 歳)
Universität
Hochschule⁴⁾
大学
Fachhochschule³⁾
専門単科学校
Berufsschule¹⁾
職業学校
Fachoberschule²⁾
専門上級学校
Gymnasium
ギムナジウム
Hauptschule
基幹学校
Realschule
実科学校
Grundschule
基礎学校

1) Hauptschule を修了して職業訓練を受ける人のための定時制学校(他のコースで勉学をしていない場合通学が義務). 職業上の実地訓練も兼ね備えた, Fachberufsschule「専門職業学校」と呼ばれる全日制のものもある
2) 中堅社員, 看護婦などを養成する学校. Fachhochschule への進学資格も得られる
3) 専門技術職に就くための単科大学
4) 大学としては, Universität「総合大学」のほかに, Technische Universität「工科総合大学」, Kunsthochschule「芸術大学」, Musikhochschule「音楽大学」, Pädagogische Hochschule「教育大学」, Gesamthochschule「統合制大学」などがある

[解説] ドイツの学校制度は「複線型」, Grundschule を修了した時点で Gymnasium か Realschule か Hauptschule のいずれかのコースを選択しなければならない. ただし Grundschule 修了後も 2 年間の進路選択課程があり, その間にコースを変更することは可能である. また, これら 3 コースを統合した教育を行う Gesamtschule「統合制学校」と呼ばれるものもある

S

彼は肩をすぼめた / Sie legte ihren Kopf an seine *Schulter*. 彼女は頭を彼の肩にもたせかけた /《比ゆ》Alles liegt auf meinen *Schultern*. すべてが私の双肩にかかっている

(イディオム) **mit den Schultern zucken** 肩をすくめる (☆ わからないことを表す身振り)

Schulter an Schulter 肩を接して ▷ Die Leute standen *Schulter an Schulter*. 人々はひしめき合って立っていた

Schul·zeit [シュール・ツァイト] 囡 *die* (⊕ 2格 -; ⊕ まれに -en) 学校時代, 就学期間

schum·meln [シュメルン]
(schummelte; geschummelt; 自h)
自《口語》(ゲームなどで)いかさまくインチキ)をする

Schund [シュント] 男 *der* (⊕ 2格 -[e]s; ⊕ なし)
❶ (青少年に悪影響を及ぼすような文芸上の)俗悪もの ▷ Er liest gern *Schund*. 彼は好んで俗悪ものを読む
❷ 粗悪品

schun·keln [シュンケルン]
(schunkelte; geschunkelt; 自h)
自 (お互い腕を組み音楽に合わせて)左右に体を動かす

Schup·pe [シュッペ] 囡 *die* (⊕ 2格 -; ⊕ -n)
❶ (魚・爬⁹虫類などの)うろこ ▷ die *Schuppen* vom Fisch schaben 魚のうろこをこそげ取る /《比ゆ》Es fiel ihm wie *Schuppen* von den Augen. 彼は目からうろこが落ちた(急に物事が見えるようになった)
❷ (頭の)ふけ ▷ ein Haarwasser gegen *Schuppen* ふけ用のヘアローション

Schup·pen [シュッペン] 男 *der* (⊕ 2格 -s; ⊕ -) 物置 ▷ Die Gartengeräte stehen im *Schuppen*. 園芸用具は物置に置いてある

schü·ren [シューレン]
(schürte; geschürt; 他h)
他 (④と)〔火⁴を〕かき立てる〈起こす〉 ▷ Er *schürte* das Feuer im Ofen. 彼はストーブの火をかき立てた /《比ゆ》die Empörung des Volkes *schüren* 国民の憤りをかき立てる

schür·fen [シュルフェン]
(schürfte; geschürft; 自h)
— 他 ❶ 〈sich〉³ ④と〕〔ひざなど⁴を〕擦りむく
❷ 〔④と〕〔鉱石など⁴を〕採掘する
— 再 〔sich⁴+場所と〕〔…⁴を〕擦りむく
— 自 〔nach+③と〕〔…³を求めて〕試掘する

Schur·ke [シュルケ] 男 *der* (⊕ 2·3·4格 -n; ⊕ -n) 悪党, 卑劣漢

Schür·ze [シュルツェ] 囡 *die* (⊕ 2格 -; ⊕ -n) エプロン, 前掛け ▷ Sie trocknet sich die Hände an der *Schürze* ab. 彼女はエプロンで手をふく

schür·zen [シュルツェン]
(schürzte; geschürzt; 他h)

他〔④と〕〔スカートなど⁴のすそを〕はしょる, からげる

Schuss [シュス] 男 *der* (⊕ 2格 -es; ⊕ Schüsse)
❶ 射撃, 発射 ▷ ein schlechter *Schuss* へたな射撃 / ein gut gezielter *Schuss* ねらいすました一発
❷ 銃声, 砲声 ▷ Ein *Schuss* knallt. 一発の銃声がドンと鳴る
❸ (発射された)弾丸, 銃弾 ▷ Der *Schuss* traf ihn ins Bein. 弾は彼の足に当たった /〔数量単位の場合は無変化〕Ich habe noch drei *Schuss* im Magazin. 私は弾倉にまだ3発ある
❹ (サッカーなどの)シュート; シュートされたボール ▷ ein kräftiger *Schuss* 強烈なシュート
❺ 〔⊕ なし〕(液体の)少量 ▷ Tee mit einem *Schuss* Rum ラム酒を少量入れた紅茶

Schuß ⊕⇒新 Schuss

Schüs·se [シュッセ] Schuss の 複数

Schüs·sel [シュッセル] 囡 *die* (⊕ 2格 -; ⊕ -n) (各人によそう料理をまとめて入れてテーブルの上に置く)鉢, ボウル (☆「皿」は Teller) ▷ eine *Schüssel* voll Kartoffelbrei マッシュポテトのいっぱい入った鉢

類語
Schüssel 深目の皿, 鉢, ボウル
Schale 平たくそれほど深くない皿

Schuss·waf·fe (⊕ Schuß..) [シュス・ヴァッフェ] 囡 *die* (⊕ 2格 -; ⊕ -n) 銃器 ▷ Der Polizist machte von der *Schusswaffe* Gebrauch. 警察官は銃器を使用した(発砲した)

Schus·ter [シュースター] 男 *der* (⊕ 2格 -s; ⊕ -) (職人としての)靴屋 (= Schuhmacher)

Schutt [シュット] 男 *der* (⊕ 2格 -[e]s; ⊕ なし) (石・コンクリートなどの)がれき ▷ Bomben legten die Stadt in *Schutt* und Asche. 爆弾で町は灰燼に帰した(← 爆弾は町をがれきと灰にした)

schüt·teln [シュッテルン]
(ich schüttle; schüttelte; geschüttelt; 他h)
— 他 ❶ 〔④と〕〔…⁴を〕(強く)振る, 揺り動かす ▷ die Flasche vor Gebrauch *schütteln* 使用前にびんを振る / Sie *schüttelte* ihn, bis er wach war. 彼女は目を覚ますまで彼を揺すった / Sie *schüttelte* ihm die Hand. 彼女は彼の手を強く振って握手をした
❷ 〔④+aus〈von〉+③と〕〔…⁴を…³から〕振って〈揺すって〉落とす ▷ Er *schüttelte* den Staub aus〈von〉den Kleidern. 彼は服からちりを払い落とした / Er *schüttelte* Äpfel vom Baum. 彼は木からリンゴを揺すり落とした /《比ゆ》〔④+aus dem Schlaf と〕〔…⁴を〕揺り起こす

(イディオム) **den Kopf〈mit dem Kopf〉schütteln**《否定・驚きなどの表現として》頭を振る

— 再 〔sich⁴と〕体を振る, 身震いする ▷ Der

Hund *schüttelt* sich. 犬は(水などを振り払うために)体を振り動かす / Sie *schüttelte* sich vor Lachen. 彼女は体を揺すって笑った

schüt·tel·te [シュッテルテ] schütteln の [過去]

schüt·ten [シュッテン]

(schüttete; geschüttet; [完了]h)

[他] 〖④+[方向]と〗〔液状・粒状のもの⁴を…へ〕ザーッと流す〈あける〉 ▷ Wasser in den Ausguss *schütten* 水を流しにザーッと流す / Er hat das Futter in den Trog *geschüttet*. 彼は飼料をおけの中にザーッとあけた

[イディオム] ***es schüttet*** 《口語》雨が激しく降る

schüt·ter [シュッター] [形] (髪などが)薄い, (木立などが)まばらな

schütt·le [シュットレ] schütteln の [現在]

Schutz [シュッツ] [男] *der* ([単] 2格 -es; [複] なし)

保護, 庇護ひご ▷ *Schutz* bieten 保護する / *Schutz* suchen 保護を求める / im *Schutz* der Dunkelheit entkommen 暗闇にまぎれて逃げる / Sie trägt zum *Schutz* der Augen eine Sonnenbrille. 彼女は目を保護するためサングラスをかけている

[イディオム] ④+***in Schutz nehmen*** …⁴を弁護〈擁護〉する

Schüt·ze [シュッツェ] [男] *der* ([単] 2·3·4格 -n; [複] -n) 射手, 射撃手; 《球技》シューター

schüt·zen [シュッツェン]

(du, er schützt; schützte; geschützt; [完了]h)

── [他] 〖④と〗〔…⁴を〕守る, 保護する ▷ das Eigentum *schützen* 財産を守る / ein Land vor den Feinden *schützen* 国を敵から守る / die Augen gegen die Sonne *schützen* 目を日差しから守る / 〖過去分詞で〗 *geschützte* Pflanzen 〈Tiere〉 (保護を義務づけられた)保護植物〈動物〉

── [再] 〖[sich]⁴と〗 身を守る ▷ Er *schützt* sich vor der Kälte. 彼は寒さから身を守る

Schütz·ling [シュッツリング] [男] *der* ([単] 2格 -s; [複] -e) 被保護者

schutz·los [シュッツ·ロース] [形] 無防備の

schütz·te [シュッツテ] schützen の [過去]

schwab·be·lig [シュヴァッベリヒ] [形] 《口語》(ゼリー・プリンのような)柔らかさを持った; (腹などが)ぶよぶよした

Schwa·ben [シュヴァーベン] ([中] *das*) 《地名》シュヴァーベン地方(バイエルン州)

schwach

[ʃvax シュヴァッハ]

[比較] schwächer [最上] schwächst

[形] ❶ (体力が)弱い, 体力が[あまり]ない ([反] stark)

Er ist schon alt und *schwach*.
彼はもう年寄りで体力がない

Für diese Arbeit ist sie zu *schwach*.
この仕事には彼女は体力がなさすぎる

ein *schwaches* Herz haben
心臓が弱い

Er hat *schwache* Nerven. 彼は神経が細い

❷ (性格·意志などが)弱い ▷ Ich habe einen *schwachen* Willen. 私は意志が弱い / Er ist auch nur ein *schwacher* Mensch. 彼もただの弱い人間だ

❸ (物が細かったり薄かったりして)弱い ▷ Dafür ist das Seil zu *schwach*. そのためにはこのロープは弱すぎる

❹ (程度などが)弱い ▷ ein *schwacher* Wind 弱い風 / ein *schwaches* Licht 弱い光 / *schwachen* Widerstand leisten 弱い抵抗をする / Der Puls geht *schwach*. 脈拍が弱い

❺ (数量的に)わずかな ▷ Das Konzert war nur *schwach* besucht. コンサートは入りが少なかった

❻ (濃度が)薄い ▷ Der Tee ist *schwach*. この紅茶は薄い

❼ (性能などが)低い; (内容が)乏しい; (成績などが)悪い ▷ ein *schwacher* Motor 低出力のモーター〈エンジン〉 / Der Vortrag war sehr *schwach*. その講演は内容が非常に乏しかった / Er ist in Mathematik recht *schwach*. 彼は数学の成績がかなり悪い

Schwä·che [シュヴェッヒェ] [女] *die* ([単] 2格 -; [複] -n)

❶ 〖[複] はまれ〗 (肉体的な)**弱さ**, 弱いこと ▷ Sie ist vor *Schwäche* zusammengebrochen. 彼女は急に力が抜けてへたへたと倒れ込んだ

❷ (性格·能力上の)弱さ, 弱点 ▷ Sie kennt ihre eigenen *Schwächen*. 彼女は自分の弱点を知っている / die *Schwäche* des Gegners ausnutzen 敵の弱さにつけ込む / Mathematik ist meine *Schwäche*. 私は数学が苦手だ

❸ (物事の)欠点 ▷ Die *Schwäche* dieses Buches liegt darin, dass es keine Abbildungen hat. この本の欠点は図版がないという点にある

❹ 〖[複] なし〗 好きでたまらないこと, 大好き ▷ Er hat eine *Schwäche* für Wein 〈blonde Frauen〉. 彼はワインに目がない〈ブロンドの女性が好きでたまらない〉

schwä·chen [シュヴェッヒェン]

(schwächte; geschwächt; [完了]h)

[他] 〖④と〗 (病気などが)〔身体など⁴を〕弱める

schwä·cher [シュヴェッヒャー] schwach の [比較]

schwäch·lich [シュヴェヒリヒ] [形] 身体が弱い, 病弱な

Schwäch·ling [シュヴェヒリング] [男] *der* ([単] 2格 -s; [複] -e) 虚弱体質者

S

Schwach·sinn [シュヴァッハ・ズィン] 男 der (2格 -[e]s; なし) 精神薄弱

schwach·sin·nig [シュヴァッハ・ズィニヒ] 形 精神薄弱の ▷ Das Kind war *schwachsinnig*. この子供は精神薄弱であった

schwächst [シュヴェヒスト] schwach の 最上

Schwa·den [シュヴァーデン] 男 der (2格 -s; 複 -) (ふつう で)(霧・煙などの, 空中に漂う)塊

schwa·feln [シュヴァーフェルン] (schwafelte; geschwafelt; h) 自 《口語》くだらぬことをぺらぺら話す

Schwa·ger [シュヴァーガー] 男 der (2格 -s; 複 Schwäger) 義理の兄〈弟〉, 義兄, 義弟 ▷ Meine Schwester und mein *Schwager* kommen mich heute besuchen. 私の姉〈妹〉とその連れ合いがきょう私を訪ねて来る

Schwä·ger [シュヴェーガー] Schwager の 複数

Schwä·ge·rin [シュヴェーゲリン] 女 die (2格 -; 複 ..rinnen)《Schwager の女性形》義理の姉〈妹〉, 姉嫁, 義妹

Schwal·be [シュヴァルベ] 女 die (2格 -; 複 -n)〈鳥〉ツバメ ▷ Die *Schwalben* kehren zurück. ツバメが戻って来る

schwamm [シュヴァム] schwimmen の 過去

Schwamm [シュヴァム] 男 der (2格 -[e]s; 複 Schwämme) スポンジ, 海綿

Schwäm·me [シュヴェメ] Schwamm の 複数

schwam·mig [シュヴァミヒ] 形 ぶくぶくした, むくんだ ▷ Er ist im Gesicht ziemlich *schwammig*. 彼は顔がかなりぶよぶよしている

Schwan [シュヴァーン] 男 der (2格 -[e]s; 複 Schwäne) 白鳥 ▷ Die *Schwäne* schwimmen auf dem Teich. 白鳥が池で泳いでいる

schwand [シュヴァント] schwinden の 過去

Schwä·ne [シュヴェーネ] Schwan の 複数

schwa·nen [シュヴァーネン] (schwante; geschwant; h) 自 《口語》〈3と〉[..が](不吉なことを)予感する ▷ Mir *schwant*, dass … 私には…という予感がする

schwang [シュヴァング] schwingen の 過去

Schwang [シュヴァング] 男 der 《成句で》*im Schwang sein*《口語》(ある種の行動様式が)流行している

schwan·ger [シュヴァンガー] 形 妊娠している ▷ eine *schwangere* Frau 妊婦 / Sie ist im siebten Monat *schwanger*. 彼女は妊娠7ヵ月だ

schwän·gern [シュヴェンゲルン] (schwängerte; geschwängert; h) 他〈4と〉[..'を]妊娠させる, はらませる

Schwan·ger·schaft [シュヴァンガーシャフト] 女 die (2格 -; 複 -en) 妊娠 ▷ eine eingebildete 〈ungewollte〉 *Schwangerschaft* 想像〈望まざる〉妊娠 / die *Schwangerschaft* im dritten Monat unterbrechen 妊娠を3ヵ月目で中絶する

Schwan·ger·schafts·un·ter·bre·chung [シュヴァンガーシャフツ・ウンター・ブレッヒュング] 女 die (2格 -; 複 -en) 妊娠中絶

Schwank [シュヴァンク] 男 der (2格 -[e]s; 複 Schwänke) (いたずらなどを扱った, しばしば野卑な)愉快な話, 笑劇, 笑話

Schwän·ke [シュヴェンケ] Schwank の 複数

schwan·ken [シュヴァンケン] (schwankte; geschwankt) 自 ❶ 最上h 揺れる, ぐらつく ▷ Die Bäume *schwanken* im Wind. 木々が風に揺れる / (比ゆ) Die Preise *schwanken*. 物価が安定していない

❷ 最上s 方向と[…へ]よろよろと歩いて行く ▷ Der Betrunkene ist über die Straße *geschwankt*. 酔っ払いは千鳥足で通りを渡った

❸ 最上h 決心がつかない ▷ Ich *schwanke* noch, ob ich es tun soll. 私はそれをすべきかまだ迷っている

Schwanz [シュヴァンツ] 男 der (2格 -es; 複 Schwänze) 尾, しっぽ ▷ Der Hund wedelt mit dem *Schwanz*. 犬はしっぽを振る

Schwän·ze [シュヴェンツェ] Schwanz の 複数

schwän·zen [シュヴェンツェン] (schwänzte; geschwänzt; h) 他《口語》〈4と〉[学校などを]サボる ▷ die Schule *schwänzen* 学校をサボる

schwap·pen [シュヴァッペン] (schwappte; geschwappt) 自 ❶ 最上h (液体が)ばちゃんと音をたてる

❷ 最上s 方向と[…から〈に〉]ばちゃんと音をたてて流れ出る

Schwarm [シュヴァルム] 男 der (2格 -[e]s; 複 Schwärme)

❶ (昆虫・魚などの)群れ ▷ ein *Schwarm* Bienen 〈von Bienen〉ミツバチの一群 / Ein *Schwarm* von Mücken kam 〈kamen〉 auf uns zugeflogen. 蚊の一群が私たちをめがけて飛んできた (☆ 個々のものを意識した場合ふつう定形は複数形になる)

❷ (複 はまれ)《口語》あこがれの的, アイドル ▷ Dieses Mädchen ist sein *Schwarm*. この少女は彼のあこがれの的だ

Schwär·me [シュヴェルメ] Schwarm の 複数

schwär·men [シュヴェルメン] (schwärmte; geschwärmt) 自 ❶ 最上h (昆虫などが)群がっている, 群れをなす

❷ 最上s 方向と[…に]群がる, 群がって移動する ▷ Die Mücken sind um die Laterne

geschwärmt. 蚊が街灯の周りに群がった / Sie sind durch die Stadt *geschwärmt.* 彼らは町中を大挙して歩いた
❸ 〚完了h〛『für+④と』『..⁴に』夢中になる, 熱を上げる ▷ Sie *schwärmt* für Jazz 〈den Sänger〉. 彼女はジャズ〈その歌手〉に夢中だ
❹ 〚完了h〛《von+③と》『..³について』夢中で話す ▷ Sie *schwärmten* von ihren Erlebnissen. 彼らは彼らの体験を夢中になって話した

Schwär·mer [シュヴェルマー] 男 *der* (⊕ 2格 -s; ⊕ -) (後先考えず)すぐ夢中になる人, 熱狂的な人

schwär·me·risch [シュヴェルメリシュ] 形 すぐ夢中になる, 熱狂的な

Schwar·te [シュヴァルテ] 女 *die* (⊕ 2格 -; ⊕ -n) (特に豚肉の)厚皮;《口語》(くだらない)分厚い本

schwarz

[ʃvarts̩ シュヴァルツ]

| 比較 schwärzer | 最上 schwärzest |

形 ❶ 黒い
schwarze Schuhe
黒い靴
eine *schwarze* Katze
黒猫
Er hat *schwarzes* Haar.
彼は黒い髪をしている
schwarzer Humor
《比ゆ》ブラックユーモア
schwarze Liste
《比ゆ》ブラックリスト
❷ (色が)黒に近い, 黒っぽい ▷ *schwarzes* Brot 黒パン / *schwarzer* Tee 紅茶 / Die Pizza ist *schwarz* geworden. ピザが黒く焦げた / Er trinkt den Kaffee *schwarz*. 彼はコーヒーはブラックで(ミルクを入れずに)飲む
❸ (汚れて)真っ黒な ▷ Die Wäsche ist *schwarz*. 洗濯物は真っ黒だ / Er hat *schwarze* Hände. 彼は手が真っ黒だ
❹ (肌の色が)黒い; 黒人の ▷ die *schwarze* Rasse 黒色人種
❺ 不吉な, 暗い ▷ ein *schwarzer* Tag 厄日
❻ 闇の, 不正の ▷ *schwarzer* Markt 闇市場 / Er hat das Grundstück *schwarz* gekauft. 彼はその土地を不正な方法で買った
イディオム *schwarz* sehen (未来に関して)悲観的に見る

Schwarz [シュヴァルツ] 中 *das* (⊕ 2格 -[e]s; ⊕ なし) 黒, 黒色

Schwarz·ar·beit [シュヴァルツ・アルバイト] 女 *die* (⊕ 2格 -; ⊕ なし) もぐり〈無許可〉の仕事

schwarz|ar·bei·ten [シュヴァルツ・アルバイテン] 分離 (arbeitete schwarz; schwarzgearbeitet; 完了h)
自 もぐり〈無許可〉で働く

Schwarz·ar·bei·ter [シュヴァルツ・アルバイター] 男 *der* (⊕ 2格 -s; ⊕ -) もぐり〈無許可〉の労働者

schwarz·äu·gig [シュヴァルツ・オイギヒ] 形 黒い瞳の, 黒目の

Schwarz·brot [シュヴァルツ・ブロート] 中 *das* (⊕ 2格 -[e]s; ⊕ -e) (特にライ麦から作られた)黒パン

Schwar·ze [シュヴァルツェ] 男 *der* / 女 *die* (形容詞変化 ☞ Alte 表 I) 黒人 (☆「白人」は Weiße)

schwär·zer [シュヴェルツァー] schwarz の 比較

schwär·zest [シュヴェツェスト] schwarz の 最上

Schwarz·fah·rer [シュヴァルツ・ファーラー] 男 *der* (⊕ 2格 -s; ⊕ -) 無賃〈不正〉乗車の人

schwarz·haa·rig [シュヴァルツ・ハーリヒ] 形 黒髪の

Schwarz·han·del [シュヴァルツ・ハンデル] 男 *der* (⊕ 2格 -s; ⊕ なし) 闇取引

Schwarz·händ·ler [シュヴァルツ・ヘンドラー] 男 *der* (⊕ 2格 -s; ⊕ -) 闇屋

Schwarz·markt [シュヴァルツ・マルクト] 男 *der* (⊕ 2格 -[e]s; ⊕ なし) 闇市, ブラックマーケット

schwarz|se·hen [シュヴァルツ・ゼーエン] 分離 (sah schwarz; schwarzgesehen; 完了h)
自 ❶《口語》受信料を払わずにテレビを見る
❷ 〚旧⇒新〛 schwarz sehen (分けて書く) ☞ schwarz

der **Schwarz·wald** [シュヴァルツ・ヴァルト] 男《地名》シュヴァルツヴァルト (☆ 定冠詞を必ず伴う; ☞ 地図 C~D-4~5)

schwarz·weiß, schwarz-weiß [シュヴァルツ・ヴァイス] 形 黒と白の; 白黒の, モノクロの (⇔ bunt)

Schwarz·weiß·fern·se·her [シュヴァルツ・ヴァイス・フェルン・ゼーアー] 男 *der* (⊕ 2格 -s; ⊕ -) 白黒テレビ

Schwarz·weiß·film [シュヴァルツ・ヴァイス・フィルム] 男 *der* (⊕ 2格 -[e]s; ⊕ -e) 白黒映画; 白黒フィルム

schwat·zen [シュヴァッツェン] (schwatzte; geschwatzt; 完了h)
自 おしゃべりする, 雑談する ▷ Sie *schwatzten* bis tief in die Nacht. 彼らは夜遅くまで雑談した

schwät·zen [シュヴェッツェン] (schwätzte; geschwätzt; 完了h)《南ド》=schwatzen

schwe·ben [シュヴェーベン] (schwebte; geschwebt)
自 ❶ 〚完了h〛(空中・水中などを)漂う, 浮かんでいる ▷ Wolken *schweben* am Himmel. 雲が

Schwede

空に漂っている / 《比ゆ》 Der Kranke *schwebt* noch in Lebensgefahr. その病人はまだ危篤状態にある
❷ 〖完了s〗〖方向〗と〔…へ〕漂って〈浮かんで〉行く ▷ Wolken sind nach Süden *geschwebt*. 雲が南に流れて行った
❸ 〖完了h〗 (物事が)決着がついていない ▷ Die Sache *schwebt* noch. その件はまだ未解決だ

Schwe·de [シュヴェーデ] 男 der (後2·3·4格 -n; 複 -n) スウェーデン人

Schwe·den [シュヴェーデン] 中 das 《国名》スウェーデン (用法: ☞ Deutschland)

schwe·disch [シュヴェーディシュ] 形 スウェーデン[人]の; スウェーデン語の

Schwe·fel [シュヴェーフェル] 男 der (後2格 -s; 複 なし) 硫黄

Schwe·fel·säu·re [シュヴェーフェル・ゾイレ] 女 die (後2格 -; 複 なし) 《化学》硫酸

Schweif [シュヴァイフ] 男 der (後2格 -[e]s; 複 -e) 《文語》(馬の)尾 (＝Schwanz)

schwei·gen [シュヴァイゲン]
(schwieg; geschwiegen; 完了h)
自 ❶ 黙る, 沈黙する ▷ vor Verlegenheit *schweigen* 困惑して黙っている / *Schweig*! 黙れ / Zu allen Vorwürfen hat sie *geschwiegen*. あらゆる非難に彼女は沈黙を守った(反論しなかった) / Kannst du *schweigen*? 君は黙っていられるか(秘密が守れるか) / 〖現在分詞で〗*schweigend* nicken 黙ってうなずく
❷ 《文語》(音楽・銃声などが)やむ, 静かになる ▷ Endlich *schwiegen* die Waffen. やっと戦闘がやんだ
(イディオム) *ganz zu schweigen von*+❸·…³ は言うまでもない ▷ Das Hotel war schlecht, *ganz zu schweigen vom Essen*. ホテルはひどかった 食事(のひどさ)は言うまでもない

Schwei·gen [シュヴァイゲン] 中 das (後2格 -s; 複 なし) 沈黙 ▷ Endlich brach er das *Schweigen*. とうとう彼は沈黙を破った
(イディオム) ❹+*zum Schweigen bringen* …⁴を黙らせる

schweig·sam [シュヴァイクザーム] 形 無口〈寡黙〉な, 口数の少ない ▷ ein *schweigsamer* Mann 無口な男

Schwein [シュヴァイン] 中 das (後2格 -[e]s; 複 -e)
❶ 豚 (☆「雄豚」は der Eber, 「雌豚」は die Sau, 「子豚」は das Ferkel) ▷ ein fettes *Schwein* 太った豚 / Das *Schwein* grunzt. 豚がブーブー鳴く
❷ 〖複なし〗《口語》豚肉 ▷ Ich esse lieber *Schwein* als Rind. 私は豚肉の方が牛肉より好きだ
❸ 《俗語》下劣なやつ, 不潔なやつ ▷ Das *Schwein* hat mich betrogen. あんちくしょうがおれをだましやがった
(イディオム) *Du Schwein!*《泥だらけの子供などを指して》なんと汚い
ein armes Schwein 哀れな人

Schwei·ne·bra·ten [シュヴァイネ・ブラーテン] 男 der (後2格 -s; 複 -) 《料理》豚の焼き肉, ローストポーク

Schwei·ne·fleisch [シュヴァイネ・フライシュ] 中 das (後2格 -[e]s; 複 なし) 豚肉 (☆「牛肉」は Rindfleisch) ▷ ein Kilo *Schweinefleisch* kaufen 豚肉を1キロ買う

Schwei·ne·rei [シュヴァイネライ] 女 die (後2格 -; 複 -en) 《俗語》
❶ 汚らしさ, 乱雑 ▷ Wer hat diese *Schweinerei* angerichtet? だれがこんなに汚く〈乱雑に〉したのか
❷ 腹立たしい〈いまいましい〉こと ▷ So eine *Schweinerei*! なんといまいましいことだ
❸ 〖ふつう複なし〗みだらなこと; 猥談, 卑猥なジョーク ▷ *Schweinereien* erzählen 卑猥なことを言う

schwei·nisch [シュヴァイニシュ] 形 《口語》(話などが)卑猥な

Schweiß [シュヴァイス] 男 der (後2格 -es; 複 なし) 汗「汗をかく」は schwitzen) ▷ Der *Schweiß* lief ihr übers Gesicht. 汗が彼女の顔を流れた / Er wischt sich den *Schweiß* von der Stirn. 彼は汗を額からぬぐう / Mir brach der kalte *Schweiß* aus. 私は冷や汗が出た / 《比ゆ》Das kostet viel *Schweiß*. それはとても骨が折れる

schwei·ßen [シュヴァイセン]
(schweißte; geschweißt; 完了h)
他〖④と〗〔…を〕溶接する ▷ Rohre *schweißen* パイプを溶接する

die Schweiz [シュヴァイツ] 女 die (後2格 -; 複 なし) 《国名》スイス (スイスでは地域ごとにドイツ語, フランス語, イタリア語, レトロマン語の4ヵ国語が公用語として用いられている; 定冠詞を必ず伴う; 方向を表す場合, 前置詞は nach ではなく in を用いる) ▷ in die *Schweiz* reisen スイスへ旅行する

Schwei·zer [シュヴァイツァー]
── 男 der (後2格 -s; 複 -) スイス人
── 形 〖無変化〗スイスの ▷ *Schweizer* Käse スイス産のチーズ

Schwei·zer·deutsch [シュヴァイツァー・ドイチュ] 中 das (後2格 -[s]; 複 なし) スイス・ドイツ語 (用法: ☞ Deutsch)

schwei·ze·risch [シュヴァイツェリシュ] 形 スイス[人]の

schwe·len [シュヴェーレン]
(schwelte; geschwelt; 完了h)
自 (火が)くすぶる

Schwerindustrie

schwel·gen [シュヴェルゲン]
(schwelgte; geschwelgt; 助h)
自 ❶ 豪勢に飲み食いする ▷ Die Gäste *schwelgten* an vollen Tafeln. 客たちはごちそうがいっぱい載ったテーブルで十分に飲み食いした
❷《文語》[in+❸と]〔思い出など³に〕ふける，酔いしれる；[..³を]ふんだんに用いる ▷ in Zukunftsträumen *schwelgen* 将来の夢に酔いしれる

Schwel·le [シュヴェレ] 女 die (単2格 -; 複 -n)
❶ (戸口などの)敷居 ▷ Er stolperte über die *Schwelle*. 彼は敷居につまずいた /(比ゆ) Wir stehen an der *Schwelle* des 21. Jahrhunderts. 私たちは21世紀の入口にいる
❷ (レールの)まくら木

schwel·len [シュヴェレン]
── 自 (du schwillst, er schwillt; schwoll; geschwollen; 助s)
❶ 腫れる，ふくらむ ▷ Sein Arm ist *geschwollen*, weil ihn eine Biene gestochen hat. 彼の腕はミツバチにさされて腫れた
❷《文語》(河川などが)増水する；(風・音などが)強まる
── 他 (schwellte; geschwellt; 助h)《文語》【❹と】[..⁴を]ふくらます ▷ Der Wind *schwellt* die Segel. 風が帆をふくらます

Schwel·len·land [シュヴェレン・ラント] 中 das (単2格 -[e]s; 複 ..länder) 中進国

Schwel·lung [シュヴェルング] 女 die (単2格 -; 複 -en) 腫れ，腫脹ヒッシッ ▷ Die *Schwellung* am Knie geht zurück. ひざの腫れがひく / Sie hat eine *Schwellung* unter dem rechten Auge. 彼女は右目の下が腫れている

schwem·men [シュヴェメン]
(schwemmte; geschwemmt; 助h)
他【❹と】(波などが)[..⁴を]打ち上げる，押し流す；(体内などから)洗い流す（☆ ふつう受動形で)

schwen·ken [シュヴェンケン]
(schwenkte; geschwenkt)
── 他 (助h) ❶【❹と】[..⁴を](頭上に揚げて)振る ▷ die Arme〈das Taschentuch〉*schwenken* (合図などのために)両手〈ハンカチ〉を振る
❷ (洗濯物・食器など⁴を)(軽く振って)ゆすぐ，すすぐ ▷ Sie hat das Glas kurz im Wasser *geschwenkt*. 彼女はグラスをさっと水でゆすいだ
── 自 (助s) (車などが)向きを変える，曲がって行く ▷ Der Kran *schwenkt* nach links. クレーンが左に向きを変える

schwer ──
[ʃveːɐ̯ シュヴェーア]
比較 schwerer 最上 schwerst

形 ❶ (重さが)重い (反 leicht)
eine *schwere* Last
重い荷物
einen *schweren* Koffer tragen
重いトランクを持ち運ぶ
Er ist *schwerer* als ich.
彼は私より体重がある
ein *schwerer* Lastwagen
大型トラック
Die Soldaten waren *schwer* bewaffnet.
[状態受動] 兵隊たちは重装備していた
❷ [重さなどと][…の]重さの ▷ Der Brief ist fünfzehn Gramm *schwer*. 手紙の重さは15グラムだ / Wie *schwer* bist du? 君の体重はどれくらいですか
❸ (仕事などが)骨の折れる，つらい ▷ eine *schwere* Arbeit 重労働 / ein *schwerer* Beruf つらい職業 / Der Kranke atmete *schwer*. 病人は息をするのもつらそうだった / Die Dose ist *schwer* zu öffnen. その缶詰はあけにくい
❹ (内容などが)難しい，難解な ▷ *schwere* Musik 難解な音楽 / Das kann man nur *schwer* verstehen. それは理解しにくい
❺ (程度が)激しい，強い；重大な，重い ▷ ein *schweres* Unwetter 激しいあらし / ein *schwerer* Schock 強いショック / eine *schwere* Krankheit 重病 / ein *schweres* Verbrechen 重大な犯罪 / (程度を強めて) Er ist *schwer* verletzt. 彼は重傷である
❻ (食事などが)重い；(におい・タバコなどが)強い ▷ *schwere* Speisen (消化の悪い)重い料理 / ein *schweres* Parfüm 香りの強い香水
イディオム ③ + *schwer fallen* ..³にとってつらい；困難である ▷ Der Abschied *fiel* ihm *schwer*. 別れは彼にはつらかった
④ + *schwer nehmen* ..⁴を本気にとる，深刻に受けとめる
sich⁴ mit + ③ *schwer tun* ..³に苦労する

Schwer·ar·beit [シュヴェーア・アルバイト] 女 die (単2格 -; 複 なし) 重労働

schwer|fal·len [シュヴェーア・ファレン] 自動 (er fällt schwer; fiel schwer; schwergefallen; 助s) 自 [旧⇒新] schwer fallen (分けて書く) ☞ schwer

schwer·fäl·lig [シュヴェーア・フェリヒ] 形 (動き・反応・思考が)鈍い，のろい，鈍重な ▷ ein *schwerfälliger* Mensch 鈍重な人

schwer·hö·rig [シュヴェーア・ヘーリヒ] 形 耳の遠い，難聴の ▷ Du musst lauter sprechen, weil er *schwerhörig* ist. 彼は耳が遠いからもっと大きな声で話さなくちゃだめだ

Schwe·rin [シュヴェリーン] (中 *das*)《都市名》シュヴェリーン(ドイツのメクレンブルク・フォーアポンメルン州の州都) ☞ 地図 E-2)

Schwer·in·dust·rie [シュヴェーア・インドゥストリー] 女 die (単2格 -; 複 なし) 重工業

───
[旧⇒新]＝新正書法の指示，[旧]＝旧正書法の指示

Schwerkraft

Schwer·kraft [シュヴェーア・クラフト] 囡 *die* (⊕ 2格 −; ⊕ なし)《物理》重力, 引力 (＝Gravitation)

schwer·kran·ke [シュヴェーア・クランケ] 形 重病〈重症〉の (☆ 名詞につけて) ▷ ein *schwerkranker* Patient 重病の患者

schwer·lich [シュヴェーアリヒ] 副《文語》おそらく…ということはないだろう ▷ Das wird sie *schwerlich* fertig bringen. たぶんそれを彼女が仕上げることはないだろう

Schwer·me·tall [シュヴェーア・メタル] 中 *das* (⊕ 2格 −s; ⊕ −e) 重金属

Schwer·mut [シュヴェーア・ムート] 囡 *die* (⊕ 2格 −; ⊕ なし) 憂鬱(ゆううつ), 沈鬱 ▷ Sie neigt zur *Schwermut*. 彼女はとかくふさぎがちだ

schwer·mü·tig [シュヴェーア・ミューティヒ] 形 憂鬱(ゆううつ)〈沈鬱〉な ▷ *schwermütig* werden 憂鬱な気分になる

schwer|neh·men [シュヴェーア・ネーメン] 分離 (er nimmt schwer; nahm schwer; schwergenommen), 他 (但⇒新) **schwer nehmen** (分けて書く) ☞ schwer

Schwer·punkt [シュヴェーア・プンクト] 男 *der* (⊕ 2格 −[e]s; ⊕ −e)《物理》重心; (研究などの)重点, ポイント

Schwert [シュヴェーアト] 中 *das* (⊕ 2格 −[e]s; ⊕ −er) 剣, 刀 ▷ das *Schwert* ziehen 剣を抜く / das *Schwert* in die Scheide stecken 剣を鞘(さや)に納める;《比ゆ》矛を納める(戦いをやめる)

schwer|tun [シュヴェーア・トゥーン] 分離 (tat schwer; schwergetan; 但⇒h) 他 (但⇒新) **schwer tun** (分けて書く) ☞ schwer

Schwer·ver·bre·cher [シュヴェーア・フェアブレッヒャー] 男 *der* (⊕ 2格 −s; ⊕ −) 重犯罪人

schwer·wie·gend [シュヴェーア・ヴィーゲント] 形 重大な (☆ schwer wiegend と分けても書く) ▷ einen *schwerwiegenden* Entschluss fassen 重大な決心をする

Schwes·ter

[ʃvéstɐ シュヴェスター]

囡 *die* (⊕ 2格 −; ⊕ −n)

格	単 数	複 数
①	die Schwester	die **Schwestern**
②	der Schwester	der Schwestern
③	der Schwester	den Schwestern
④	die Schwester	die Schwestern

❶ 姉; 妹 (☆「兄〈弟〉」は Bruder,「兄弟姉妹」は Geschwister)
meine ältere〈große〉 *Schwester*
私の姉
meine jüngere〈kleine〉 *Schwester*
私の妹

Er heiratete die *Schwester* seines Freundes.
彼は友人の姉〈妹〉と結婚した

❷ 女性看護師, 看護婦 ▷ Der Patient ruft nach der *Schwester*. 患者は看護婦を呼ぶ

❸ 修道女, シスター ▷ *Schwester* Maria《呼びかけで》シスター マリア

schwieg [シュヴィーク] schweigen の 過去

schwie·ge [シュヴィーゲ] schweigen の 過去Ⅱ

Schwie·ger·el·tern [シュヴィーガー・エルテルン] 複名 舅(しゅうと)と姑(しゅうとめ)

Schwie·ger·mut·ter [シュヴィーガー・ムッター] 囡 *die* (⊕ 2格 −; ⊕ ..mütter) 姑(しゅうとめ) ▷ Sie kommt mit ihrer *Schwiegermutter* nicht gut aus. 彼女は姑とうまくいっていない

Schwie·ger·sohn [シュヴィーガー・ゾーン] 男 *der* (⊕ 2格 −[e]s; ⊕ ..söhne) 娘の夫, 婿

Schwie·ger·toch·ter [シュヴィーガー・トホター] 囡 *die* (⊕ 2格 −; ⊕ ..töchter) 息子の妻, 嫁

Schwie·ger·va·ter [シュヴィーガー・ファーター] 男 *der* (⊕ 2格 −s; ⊕ ..väter) 舅(しゅうと)

Schwie·le [シュヴィーレ] 囡 *die* (⊕ 2格 −; ⊕ −n) (手などにできる)たこ ▷ Ich habe vom Arbeiten *Schwielen* bekommen. 私は仕事でたこができた

schwie·lig [シュヴィーリヒ] 形 (手などが)たこのできた

schwie·rig [シュヴィーリヒ] 形 (比較 −er, 最上 −st) ❶ 難しい, 困難な; やっかいな ▷ eine *schwierige* Frage 難しい問題 / eine äußerst *schwierige* Situation きわめてやっかいな事態 / Die Verhandlungen waren *schwierig*. 交渉は難しかった / Das ist ein besonders *schwieriger* Fall. それは特にやっかいなケースだ

❷ (人が)気難しい, 扱いにくい ▷ Sie wird immer *schwieriger*. 彼女はますます扱いにくくなる

Schwie·rig·keit [シュヴィーリヒカイト] 囡 *die* (⊕ 2格 −; ⊕ −en)

❶ 困難, 難しさ ▷ technische *Schwierigkeiten* 技術上の困難 / *Schwierigkeiten* überwinden 困難を克服する / Die *Schwierigkeit* liegt darin, dass … 難しさは …という点にある

❷《ふつう ⊕ で》困った〈やっかいな〉こと〈状態〉 ▷ Er ist in finanziellen *Schwierigkeiten*. 彼は金銭的に困っている / Wenn du das tust, bekommst du *Schwierigkeiten*. 君はそんなことをするとやっかいなことになるよ

イディオム ③＋*Schwierigkeiten machen* …³を困らせる〈てこずらせる〉

schwillst [シュヴィルスト] schwellen 自 の 現在

schwillt [シュヴィルト] schwellen 自 の 現在

Schwimm·bad [シュヴィム・バート] 中 *das* (⊕ 2格 −[e]s; ⊕ ..bäder)[スイミング]プール (施設全体を指す) ▷ ins *Schwimmbad* gehen プールへ

---

①, ②, ③, ④＝1格, 2格, 3格, 4格の名詞

行く
Schwimm·be·cken [シュヴィム・ベッケン] 中 *das* (⓴2格 -s; ⓴ -) 水泳プール

schwim·men
[ʃvímən シュヴィメン]

現在		
ich schwimme		wir schwimmen
du schwimmst		ihr schwimmt
er schwimme		sie schwimmen
過去		
ich schwamm		wir schwammen
du schwammst		ihr schwammt
er schwamm		sie schwammen
過分 geschwommen	完了 haben, sein	

── 自 ❶ 〘完了h,s〙泳ぐ
Er *schwimmt* gut.
彼は泳ぎがじょうずだ
Er kann noch nicht *schwimmen*.
彼はまだ泳げない
Er ist ⟨hat⟩ zwei Stunden *geschwommen*.
彼は2時間泳いだ
auf der Brust ⟨dem Rücken⟩ *schwimmen*
平泳ぎ⟨背泳ぎ⟩をする

> **haben** か **sein** か 移動を表す自動詞は完了形を sein によって作るが，schwimmen のように「行為性も強く伴う」移動動詞の場合，行為性を移動性よりも前面に出す用法では，行動動詞に準じて完了の助動詞 haben が用いられる．なお，現在ではこのような場合でも sein がしばしば用いられる．類例: klettern, reiten, rudern, segeln, tanzen など

❷ 〘完了s〙〘方向と〙［…へ］泳いで行く ▷ ans andere Ufer *schwimmen* 向こう岸に泳いで行く / Er ist über den Fluss *geschwommen*. 彼は川を泳いで渡った
❸ 〘完了s, まれに h〙(液体に)浮く，漂う ▷ Ein Brett *schwimmt* auf dem Wasser. 板が水面を漂っている
〘イディオム〙 **im Geld schwimmen** 大金持ちである
ins Schwimmen kommen 《芝居・試験などで》しどろもどろになる
── 他 〘完了s, まれに h〙 ❶ 〘④と〙［距離⁴を］泳ぐ ▷ Er ist die hundert Meter in 60 Sekunden *geschwommen*. 彼は100メートルを60秒で泳いだ
❷ 〘④と〙［記録⁴を］泳いで出す ▷ Er ist einen neuen Rekord *geschwommen*. 彼は水泳で新記録を出した

Schwim·mer [シュヴィマー] 男 *der* (⓴2格 -s; ⓴ -) 泳げる人
Schwimm·flos·se [シュヴィム・フロッセ] 女 *die* (⓴2格 -; ⓴ -n) (潜水用の)フリッパー，足ひれ

Schwimm·rei·fen [シュヴィム・ライフェン] 男 *der* (⓴2格 -s; ⓴ -) うきわ
Schwimm·wes·te [シュヴィム・ヴェステ] 女 *die* (⓴2格 -; ⓴ -n) 救命胴衣，ライフジャケット
Schwin·del [シュヴィンデル] 男 *der* (⓴2格 -s; ⓴ なし)
❶ めまい ▷ Er wurde von einem leichten *Schwindel* erfasst. 彼は軽いめまいに襲われた
❷ 《口語》ぺてん，いかさま，詐欺
schwin·deln [シュヴィンデルン]
(schwindelte; geschwindelt; 完了h)
自 《口語》(小さな)うそをつく，ごまかす ▷ Er *schwindelt* gelegentlich. 彼はときどきうそをつく
〘イディオム〙 ③ 〈④〉+*schwindelt* [*es*] ..³⁽⁴⁾はめまいがする ▷ *Es schwindelt* mir vor den Augen. 私は目の前がくらくらする / Als ich in die Tiefe blickte, *schwindelte* mir. 私は下をのぞきこんだときめまいがした
schwin·den [シュヴィンデン]
(schwand; geschwunden; 完了s)
自 《文語》(徐々に)減る，なくなる，消える ▷ Meine Angst *schwand* nach und nach. 私の不安は徐々になくなった
schwind·lig [シュヴィンドリヒ] 形 めまいのする ▷ Mir wird leicht *schwindlig*. 私はすぐめまいがする
Schwin·ge [シュヴィンゲ] 女 *die* (⓴2格 -; ⓴ -n) 《文語》(大きな鳥の)つばさ
schwin·gen [シュヴィンゲン]
(schwang; geschwungen; 完了h)
── 他 ❶ 〘④と〙［…⁴を］振る，振り回す ▷ Fahnen *schwingen* 旗を振る
❷ 〘④と〙［剣・こぶしなど⁴を〙(勢いよく振り下ろすために)振り上げる ▷ Er *schwang* die Faust. 彼は握りこぶしを振り上げた
── 再 〘sich⁴+方向と〙［…へ］さっと跳ぶ⟨飛ぶ⟩ ▷ Er *schwang* sich aufs Pferd. 彼はさっと馬に飛び乗った / *sich* über die Mauer *schwingen* 塀をひらりと跳び越える
── 自 (規則正しく)揺れる，揺れ動く; 振動⟨震動⟩する ▷ Das Pendel ⟨Die Schaukel⟩ *schwingt*. 振り子⟨ブランコ⟩が揺れる
Schwin·gung [シュヴィングング] 女 *die* (⓴2格 -; ⓴ -en) 振動; (振り子などの)ゆれ
Schwips [シュヴィプス] 男 *der* (⓴2格 -es; ⓴ -e) 《口語》ほろ酔い ▷ einen leichten *Schwips* haben ちょっとほろ酔いきげんである
schwir·ren [シュヴィレン]
(schwirrte; geschwirrt; 完了s)
自 (虫などが)ブンブン音をたてて飛ぶ，(矢などが)ヒューッと音をたてて飛ぶ
schwit·zen [シュヴィッツェン]
(du, er schwitzt; schwitzte; geschwitzt; 完了h)

完了h, 完了s = 完了の助動詞 haben, sein

schwitzte

自 汗をかく（☆「汗」は Schweiß）▷ Ich *schwitze stark*. 私は汗かきだ

(イディオム) *sich¹ nass schwitzen* 汗びっしょりになる ▷ *Sie hat sich ganz nass geschwitzt*. 彼女は汗びっしょりになった

schwitz·te [シュヴィッツテ] schwitzen の 過去

schwoll [シュヴォル] schwellen 自 の 過去

schwor [シュヴォーア] schwören の 過去

schwö·ren [シュヴェーレン]
(schwor; geschworen; 匹つh)
—自 (法廷などで) 誓う, 宣誓する ▷ *Er schwor bei Gott*. 彼は神にかけて誓った
—他 ❶《④と》[…⁴と]誓う, 宣誓する ▷ *Der Zeuge musste mit erhobener Hand schwören, dass er die Wahrheit sagte*. 証人は真実を述べると手を上げて誓わなければならなかった
❷《④と》[…⁴を]（必ず実行すると）誓う, 誓約する ▷ *Rache schwören* 復讐を誓う / *Er schwor ihr, ihr ewig treu zu sein*. 彼は彼女に永遠に誠実でいると誓った
❸《④と》[…⁴を]真実だと誓う, 宣誓する ▷ *Ich schwöre, dass ich die Wahrheit gesagt habe*. 私は真実を述べたことを誓う

(イディオム) *einen Eid schwören* 宣誓する
einen Meineid schwören 偽証する
sich³ + ④ + schwören …⁴を決心する ▷ *Ich habe mir geschworen, nicht mehr zu rauchen*. 私は禁煙することを誓った

schwul [シュヴール] 形 《口語》（男の）同性愛の, ホモの ▷ *Er ist schwul*. 彼はホモだ

schwül [シュヴュール] 形 蒸し暑い, むしむしする ▷ *ein schwüler Tag* 蒸し暑い日 / *Es ist heute schwüll*. きょうはむしむしする

Schwü·le [シュヴューレ] 女 *die*（⸺² 格 -; ⸺³ なし）蒸し暑さ

Schwulst [シュヴルスト] 男 *der*（⸺² 格 -es《まれに -s》; ⸺³ なし）装飾過多, けばけばしさ

schwüls·tig [シュヴュルスティヒ] 形 飾りすぎの, けばけばしい ▷ *ein schwülstiger Stil* 飾りすぎの文体

Schwung [シュヴング] 男 *der*（⸺² 格 -[e]s; ⸺³ Schwünge）
❶《⸺³ なし》はずみ, 勢い ▷ *der Schaukel Schwung geben* ブランコにはずみをつける / *Er hob den Koffer mit Schwung ins Gepäcknetz*. 彼はトランクを勢いよく網棚に持ち上げた
❷《⸺³ なし》迫力, 気迫 ▷ *Seine Rede hatte keinen Schwung*. 彼の演説には迫力がなかった

(イディオム) *④ + in Schwung bringen* …⁴を活気づける ▷ *Er hat den Laden in Schwung gebracht*. 彼は店を活気づけた
in Schwung kommen 活気づく ▷ *Er kommt nur ganz langsam in Schwung*. 彼はなかなか調子が出ない

Schwün·ge [シュヴュンゲ] Schwung の 複数

schwung·haft [シュヴングハフト] 形《特に商売が》活発な, 盛んな

schwung·voll [シュヴング・フォル] 形 勢いのいい; 迫力のある ▷ *Schwungvoll setzte er seine Unterschrift darunter*. 勢いよく彼はその下へサインした

Schwur [シュヴーア] 男 *der*（⸺² 格 -[e]s; ⸺³ Schwüre）誓い, 誓約; 宣誓 ▷ *Er hielt* ⟨*brach*⟩ *seinen Schwur*. 彼は誓いを守った〈破った〉

Schwü·re [シュヴューレ] Schwur の 複数

sechs
[zɛks ゼックス]

【基数】6（用法: ☞ drei）

sechst [ゼックスト]
形【序数】第 6 の, 6 番目の（用法: ☞ dritt）
einen sechsten Sinn für + ④ haben …⁴に対して第六感がある

sechs·tel [ゼクステル] 形【分数】6 分の 1 の（☆格語尾をつけない）▷ *ein sechstel Liter* 6 分の 1 リットル

sech·zehn [ゼヒ・ツェーン]
【基数】16（用法: ☞ drei）

sech·zehnt [ゼヒ・ツェーント] 形【序数】第 16 の, 16 番目の（用法: ☞ dritt）

sech·zig [ゼヒツィヒ]
【基数】60（用法: ☞ drei）

sech·zigst [ゼヒ・ツィヒスト] 形【序数】第 60 の, 60 番目の（用法: ☞ dritt）

See
[zeː ゼー]

—男 *der*（⸺² 格 -s; ⸺³ -n）湖, 湖水
ein tiefer See 深い湖
im See baden 湖で水浴びする
Das Hotel liegt am See. ホテルは湖畔にある

—女 *die*（⸺² 格 -; ⸺³ なし）海, 海洋（☆ ドイツの南部に位置する海は Meer, 北部に位置する海は See と呼ばれる: das Mittelmeer「地中海」, die Nordsee「北海」）▷ *die stürmische See* しけの海 / *Sie fahren an die See*. 彼らは海へ行く / *Wir verbringen unseren Urlaub an der See*. 私たちは休暇を海辺で過ごす

(イディオム) *auf hoher See* 沖合いで, 外海で
die offene See 公海
zu See 海路で

See·bad [ゼー・バート] 中 *das*（⸺² 格 -[e]s; ⸺³ ..bäder）海水浴場

See·hund [ゼー・フント] 男 *der*（⸺² 格 -[e]s; ⸺³ -e）
❶【動物】アザラシ
❷《⸺³ なし》アザラシの毛皮

see·krank [ゼー・クランク] 形 船に酔った

See·krank·heit [ゼー・クランクハイト] 名 die (⊕2格 -; ⊕ なし) 船酔い

See·le [ゼーレ] 名 die (⊕2格 -; ⊕ -n)
❶ 霊, 魂, 霊魂 ▷ die *Seelen* der Toten 死者の霊 / Der Mensch besitzt eine *Seele*. 人間には魂がある
❷ 心 ▷ eine empfindsame *Seele* haben 敏感な心を持っている

see·len·ru·hig [ゼーレン・ルーイヒ] 形 (あわてたりしないで)平然とした; (副詞的に)平然と

See·leu·te [ゼー・ロイテ] Seemann の 複数

see·lisch [ゼーリシュ] 形 心の, 精神的な (⇔ körperlich) ▷ Er ist *seelisch* krank. 彼は心が病んでいる

Seel·sor·ger [ゼール・ゾルガー] 男 der (⊕2格 -s; ⊕ -) (信者の信仰上の悩みを聞く)司牧者

See·mann [ゼー・マン] 男 der (⊕2格 -[e]s; ⊕ ..leute) 船員, 船乗り

See·mi·ne [ゼー・ミーネ] 名 die (⊕2格 -; ⊕ -n) 水雷

Seen [ゼーエン] See「湖」の 複数

See·pferd·chen [ゼー・プフェーアトヒェン] 中 das (⊕2格 -s; ⊕ -) (動物)タツノオトシゴ

See·räu·ber [ゼー・ロイバー] 男 der (⊕2格 -s; ⊕ -) 海賊 (=Pirat)

See·rei·se [ゼー・ライゼ] 名 die (⊕2格 -; ⊕ -n) 海の旅, 船旅

See·ro·se [ゼー・ローゼ] 名 die (⊕2格 -; ⊕ -n) 《植物》スイレン; (動物)イソギンチャク

See·stern [ゼー・シュテルン] 男 der (⊕2格 -[e]s; ⊕ -e) (動物)ヒトデ

See·ufer [ゼー・ウーファー] 中 das (⊕2格 -s; ⊕ -) 海〈湖〉岸

See·vo·gel [ゼー・フォーゲル] 男 der (⊕2格 -s; ⊕ ..vögel) (鳥)海鳥

See·weg [ゼー・ヴェーク] 男 der (⊕2格 -[e]s; ⊕ なし) 海路 ▷ auf dem *Seeweg* 海路で

Se·gel [ゼーゲル] 中 das (⊕2格 -s; ⊕ -) (帆船、ヨットの)帆 ▷ Der Wind schwellt die *Segel*. 風が帆をふくらませる

Se·gel·boot [ゼーゲル・ボート] 中 das (⊕2格 -[e]s; ⊕ -e) 小型帆船; ヨット, 帆掛け船

Se·gel·flug·zeug [ゼーゲル・フルーク・ツォイク] 中 das (⊕2格 -[e]s; ⊕ -e) グライダー ▷ Ein *Segelflugzeug* gleitet durch die Luft. グライダーが滑空している

se·geln [ゼーゲルン] (segelte; gesegelt)
自 ❶ (既h,s) 帆船〈ヨット〉に乗って走る ▷ Er hat 〈ist〉 den ganzen Vormittag *gesegelt*. 彼は午前中ずっとヨットに乗っていた
❷ (既s) (方向) [...へ]帆船〈ヨット〉に乗って行く; (船が)帆走する ▷ Er ist nach Dänemark *gesegelt*. 彼は帆船〈ヨット〉でデンマークへ

行った / Das Boot ist über den See *gesegelt*. ボートは帆を張って湖を渡った
❸ (既s) (鳥などが)すべるように飛ぶ ▷ Ein Adler *segelt* hoch in der Luft. ワシが空高くすべるように飛ぶ

Se·gel·schiff [ゼーゲル・シフ] 中 das (⊕2格 -[e]s; ⊕ -e) 帆船

Se·gen [ゼーゲン] 男 der (⊕2格 -s; ⊕ -)
❶ (⊕ はまれ) (ある人・物のために神の恵み・加護を求める)祈り, 祝福 ▷ der päpstliche *Segen* 教皇の祝福
❷ (⊕ なし) (神の)恵み, 加護 ▷ Gottes *Segen* 神の恵み / (比喩) Der Regen ist ein wahrer *Segen* für die Felder. この雨は畑にとってまさに恵みの雨だ

seg·nen [ゼーグネン] (segnete; gesegnet; 既h)
他 (④と) (神の恵み・加護があるように) [...⁴を]祝福する ▷ Der Pfarrer *segnet* das Brautpaar. 司祭は新郎新婦に祝福を与える / Gott *segne* dich! あなたに神のお恵み〈ご加護〉がありますように

seh·be·hin·dert [ゼー・ベヒンデルト] 形 視力障害のある

se·hen

[zéːən ゼーエン]

現在	ich sehe	wir sehen
	du siehst	ihr seht
	er sieht	sie sehen
過去	ich sah	wir sahen
	du sahst	ihr saht
	er sah	sie sahen
過分	gesehen	完了 haben

— 自 ❶ 見る
auf die Uhr *sehen* 時計を見る
aus dem Fenster *sehen* 窓から見る
durchs Schlüsselloch *sehen* 鍵穴からのぞく
in den Spiegel *sehen* 鏡を見る
nach hinten *sehen* 後ろを見る
zu Boden *sehen* 目を伏せる
wie Sie *sehen* ご覧のように
Sieh mal! ちょっと見ろよ
❷ 目が見える ▷ Er *sieht* gut 〈schlecht〉. 彼は目がいい〈悪い〉 / Er *sieht* nur auf einem Auge. 彼は片一方の目しか見えない
❸ (nach+③と) [...³に]気を配る, 世話をする ▷ Ich muss nach den Kindern *sehen*. 私は子供たちの世話をしなければならない
(イディオム) *Siehst du!* それみろ, そら言った通りだろ
— 他 ❶ (④と) [...⁴を]見る, [...⁴が]見える (☆ 意志的な行為ではなく, 物が目の網膜に映る現象を表す) ▷ Ich habe nichts *gesehen*. 私は何も見なかった / Das habe ich mit eigenen Augen *gesehen*. それを私は自分の目で見た / Den Turm

sieht man schon von weitem. その塔は遠くからでも見える / 《*zu* のない不定詞と; ふつう過去分詞は不定詞と同形》Ich *sehe* ihn davonlaufen. 彼が逃げるのが見える / Ich habe ihn schon aus der Ferne kommen *sehen*. 私はもう遠くから彼の来るのが見えた

❷ 【④と】［…⁴を］見かける ▷ Wo hast du ihn zuletzt *gesehen*? 君は彼を最後に見かけたのはどこだ / Ich habe dich gestern im Theater *gesehen*. 私は君をきのう劇場で見かけたよ

❸ 【④と】［…⁴に］会う ▷ Ich habe ihn lange nicht *gesehen*. 私は彼に長いこと会っていない / 《相互的に》Wann *sehen* wir uns? いつ会おうか

❹ 【④と】［絵・映画など⁴を］見る ▷ ein Bild ⟨eine Oper⟩ *sehen* 絵⟨オペラ⟩を見る / Hast du den Film schon *gesehen*? 君はこの映画をもう見たかい / Da gibt es nichts Besonderes zu *sehen*. そこには特に見るべきものは何もない

❺ 【④と】［…⁴を］把握する; ［…が］わかる, 気づく ▷ die Zusammenhänge *sehen* 全体の関連を把握する / Er *sah*, dass er nicht mehr helfen konnte. 彼にはもはや助けてやれないことがわかった / Wie ich *sehe*, ist hier alles in Ordnung. 私の見たところではここはすべて順調だ

❻ 【④と】［…かどうかを］見てみる, 確かめる ▷ Kannst du mal *sehen*, wer geklopft hat? だれがノックしたかちょっと見てくれるか / Mal *sehen*! まあ見てみよう

❼ 【④+様態と】［…⁴を…に］判断する, 見る ▷ Er *sieht* alles negativ. 彼はすべてを否定的に見る / Ich *sehe* die Dinge, wie sie sind. 私は物事をありのままに見る

❽ 【④+in+③と】［…⁴を…³に］見いだす ▷ Er *sieht* in mir nur den Gegner. 彼は私を敵としか見ない

(イディオム) ***es nicht gern sehen*** …⁴をいやがる ▷ Ich *sehe es nicht gern*, dass sie raucht. 私は彼女がタバコを吸うのがいやだ (☆ es は副文を受ける)

sich⁴ nicht in der Lage sehen +*zu* 不定詞句 自分が…であると思う, 気づく, わかる ▷ Der Minister *sieht sich* zurzeit *nicht in der Lage*, das Problem des Mülls endgültig *zu* lösen. 大臣は目下のところごみ問題を最終的に解決できる状況にはないと考えている

sich⁴ satt sehen 見飽きる ▷ Ich konnte mich an dieser Landschaft nicht *satt sehen*. 私はこの風景にいくら見ても見飽きなかった

sich⁴ sehen lassen 姿を見せる ▷ Sie *ließ sich* am Fenster *sehen*. 彼女は窓辺に姿を見せた / Er hat *sich* bei uns lange nicht *sehen lassen*. 彼は久しく私たちの家に顔を見せていない

Siehe oben ⟨***unten***⟩***!*** 上⟨下⟩記参照 (㊤ s.o. ⟨s.u.⟩)

Siehe Seite ...! …ページを参照 (㊤ s.S.)

se·hens·wert [ゼーエンス・ヴェーアト] 形 見る価値のある, 一見に値する ▷ ein *sehenswerter* Film 見る価値のある映画

se·hens·wür·dig [ゼーエンス・ヴュルディヒ] = sehenswert

Se·hens·wür·dig·keit [ゼーエンス・ヴュルディヒカイト] 女 *die* (㊥ 2格 -; ㊥ -en) (建築物など, ある土地の)見る価値のあるもの, 名所 ▷ Er besichtigte die *Sehenswürdigkeiten* der Stadt. 彼は町の名所を見物した

Seh·ne [ゼーネ] 女 *die* (㊥ 2格 -; ㊥ -n)
❶ 《解剖》腱 ▷ Mir ist die *Sehne* am Fuß gerissen. 私はアキレス腱が切れた
❷ (弓の)弦

seh·nen [ゼーネン] (sehnte; gesehnt; 医学 h)
再 《*sich*⁴+*nach*+③と》［…³に］切に求める ▷ Er *sehnte sich nach* Ruhe. 彼は休息をほしがった

seh·nig [ゼーニヒ] 形 (肉などが)筋の多い; (ぜい肉がなく)よく引き締まった

Sehn·sucht [ゼーン・ズフト] 女 *die* (㊥ 2格 -; ㊥ ..süchte) 切に求めること, あこがれ ▷ Sie hat *Sehnsucht* nach der Heimat. 彼女は望郷の念を抱いている

sehn·süch·tig [ゼーン・ズュヒティヒ] 形 あこがれに満ちた, 切望するような ▷ mit *sehnsüchtigem* Blick あこがれに満ちたまなざしで

sehr

[ze:ɐ̯ ゼーア]

副 《程度を表して》**非常に**, たいへん, とても
sehr gut 非常によい
ein *sehr* fleißiger Student
非常に勤勉な学生
Ich bin *sehr* beschäftigt.
私はとても忙しい
Der Film hat mir *sehr* gut gefallen.
私はその映画がとても気に入った
Es hat mich *sehr* gefreut!
《別れに際し》とても楽しかったです
Bei der Trennung von uns weinte sie *sehr*.
私たちから別れるとき彼女はひどく泣いた
Danke *sehr*! - Bitte *sehr*!
どうもありがとう―どういたしまして

sei [ザイ] sein の 命令, 接Ⅰ

seicht [ザイヒト]
形 ❶ (川・湖などが)浅い
❷ 《口語》(内容がなく)浅薄な

seid [ザイト] sein の 直現

Sei·de [ザイデ] 女 *die* (㊥ 2格 -; ㊥ -n) 絹; 絹糸; 絹織物 ▷ eine Bluse aus *Seide* 絹のブラウス

sei·de·ne [ザイデネ] 形 絹の (☆ 名詞につけて)
eine *seidene* Bluse 絹のブラウス

sei·dig [ザイディヒ] 形 (つや・柔らかさなどが)絹のような

Sei·fe [ザイフェ] 女 die (単2格 -; 複 -n)
せっけん ▷ ein Stück Seife せっけん 1 個 / Die Seife schäumt stark. このせっけんは泡立ちがいい / Er wäscht sich die Hände mit Seife. 彼は手をせっけんで洗う

Sei·fen·bla·se [ザイフェン・ブラーゼ] 女 die (単2格 -; 複 -n) シャボン玉

sei·hen [ザイェン] (seihte; geseiht; 完了h)
他 (4格と)〔コーヒー・ミルクなどを〕漉す, ろ過する

Seil [ザイル] 中 das (単2格 -[e]s; 複 -e) 綱, ロープ, ザイル ▷ Das Seil ist abgerissen. ロープがぷっつり切れた

Seil·bahn [ザイル・バーン] 女 die (単2格 -; 複 -en) ロープウェイ, ケーブルカー

seil|sprin·gen [ザイル・シュプリンゲン] 分離 (sprang seil; seilgesprungen; 完了h)
自 縄跳びをする (☆主に不定詞と過去分詞の形で用いられる)

sein
[zain ザイン]

—【動詞】

現在	ich bin	wir sind
	du bist	ihr seid
	er ist	sie sind
過去	ich war	wir waren
	du warst	ihr wart
	er war	sie waren
過分	gewesen	完了 sein
接I	sei	接II	wäre

—自 ❶〔名詞の述語と〕〔…で〕**ある**
Er *ist* ein guter Arzt.
彼はいい医者だ
Der Mensch *ist* ein soziales Wesen.
人間は社会的存在である
Das Wahlergebnis *war* eine Sensation.
選挙結果はセンセーショナルな出来事だった
Er *ist* Korrespondent einer deutschen Zeitung. 彼はドイツの新聞社の特派員である
《②と》
Er *ist* heute guter Laune.
彼はきょうは機嫌がいい
《非人称主語 es, 単数と》
Es *ist* 3 Uhr. 3時だ
Es *ist* Mitternacht. 真夜中だ
❷〔形容詞の述語と〕〔…で〕ある ▷ Dieser Platz *ist* frei. この席はあいている / Das Wetter *ist* schlecht. 天気は悪い /《非人称主語 es と》Es ist mir kalt. 私は寒い / Es *ist* schon spät. もう遅い
❸〔前置詞句の述語と〕〔…で〕ある ▷ Er *ist*

ohne Arbeit. 彼は仕事がない / Der Ring *ist* aus Gold. その指輪は金でできている / Er *ist* von niedriger Herkunft. 彼は下層階級の生まれだ / Er *ist* in keiner guten Verfassung. 彼は体調がよくない /《過去形と》Wann *war* das? - Es *war* im letzten Winter. それはいつのことだ―昨年の冬だ
❹ 存在する ▷ Gott *ist*. 神は存在する / Ich denke, also *bin* ich. 私は考える だから私は存在する (☆デカルトのことば) / Unsere Freundschaft ist *gewesen*. 私たちの友情は終わりだ(←存在していた)
❺《場所と》〔…に〕いる, ある ▷ Er *ist* in Berlin. 彼はベルリンにいる / Der Direktor *ist* in Urlaub. 所長は休暇中だ / Der Schlüssel *ist* in der Tasche. 鍵はバッグ〈ポケット〉の中にある

★ **zu 不定詞句+sein**
a)《可能性》…されうる ▷ Das Buch *ist* leicht *zu* lesen. この本は簡単に読める
b)《必然性》…されねばならない ▷ Am Eingang *ist* der Ausweis vor*zu*legen. 証明書は入り口で提示しなければならない

—助 ❶〔過去分詞 (sein 支配の動詞) と完了形をつくる; sein 支配の動詞は移動・状態変化を表す自動詞および sein, bleiben, begegnen, gelingen, geschehen などの自動詞〕Alle Verwandten *sind* gekommen. 親類は全員やって来た / Er *ist* an Krebs gestorben. 彼は癌で死んだ / Ich *bin* ihm erst kürzlich begegnet. 私はつい最近彼に偶然会った
❷〔過去分詞 (他動詞) と状態受動をつくる〕Die Straße *ist* an manchen Stellen beschädigt. 道路は何箇所も損傷している / Die Berge *waren* mit Schnee bedeckt. 山々は雪に覆われていた

—〔不定冠詞類; 3人称単数 er, es に対する所有冠詞〕

格	男性	女性	中性	複数
①	sein	seine	sein	seine
②	seines	seiner	seines	seiner
③	seinem	seiner	seinem	seinen
④	seinen	seine	sein	seine

❶ 彼の; それの
sein Vater 彼の父
das Dorf und *seine* Umgebung
村とその周囲
Das Kind hat *seinen* Ball verloren.
子供はボールをなくした
《習慣的なかかわりを表して》
Er hat wieder *seine* Tabletten vergessen.
彼はまた薬を飲み忘れた

完了h, 完了s＝完了の助動詞 haben, sein

Sein

《dieser と並列的に》
diese *seine* Gedanken このような彼の考え
❷《名詞的に; dieser に準じて変化する; 性・数は省かれた名詞に基づく》彼のもの ▷ Das ist nicht mein Messer, sondern *sein[e]s*. それは私のナイフではなく彼のだ

Sein [ザイン] 中 *das* (⑮2格 -s; ⑯ なし) 存在 ▷ über das menschliche *Sein* nachdenken 人間の存在について考える

sei·ne [ザイネ] ☞ sein (不定冠詞類)
sei·nem [ザイネム] ☞ sein (不定冠詞類)
sei·nen [ザイネン] ☞ sein (不定冠詞類)
sei·ner [ザイナー]
— ☞ sein (不定冠詞類)
—《人称代名詞 er, es の2格》Sie harrt *seiner*. 彼女は彼〈それ〉を待ちわびている

sei·ner·seits [ザイナー・ザイツ] 副 彼の側〈方〉では; (彼)自身は
sei·ner·zeit [ザイナー・ツァイト] 副 そのころ, 当時
sei·nes [ザイネス] ☞ sein
sei·nes·glei·chen [ザイネス・グライヒェン]《代名詞》彼のような人 (☆ 無変化)

seit

[zait ザイト]

— 前《③支配》《過去のある時点から発話時点までの期間を表して》…以来〈以降〉, …から現在までずっと
seit gestern きのうから
seit Mittwoch
水曜日から
seit vorigem Monat
先月から
seit dem Zweiten Weltkrieg
第二次世界大戦以降
seit 1999
1999年以降
(☆ neunzehnhundertneunundneunzig と読む)
Seit wann bist du wieder in Köln?
いつから君はまたケルンにいるんだい
《期間と》
Ich kenne ihn *seit* fünf Jahren.
私は彼とは5年来の知り合いだ
Seit drei Monaten liegt er im Krankenhaus. 3ヵ月前から彼は入院している
《イディオム》*seit kurzem* 少し前から
seit langem ずっと前から

— 接《従属; 定動詞後置》…して以来 (☆ seitdem の方が一般的) ▷ Er fährt kein Auto mehr, *seit* er den Unfall hatte. 彼はその事故にあって以来 自動車を運転していない

seit·dem [ザイト・デーム]
— 接《従属; 定動詞後置》…して以来 ▷ *Seitdem* ich umgezogen bin, habe ich ihn nicht mehr gesehen. 私は引っ越しをして以来 彼にずっと会っていない

— 副 それ以来 ▷ Im Herbst sprach sie ihn, *seitdem* sah sie ihn nicht wieder. 秋に彼女は彼と会って話をしたが それ以来彼に再び会うことはなかった

Sei·te [ザイテ] 女 *die* (⑮2格 -; ⑯ -n)
❶ ページ; (新聞の)紙面 ▷ Das Buch hat 300 *Seiten*. この本は300ページだ / Die Nachricht steht auf der ersten *Seite* der Zeitung. このニュースは新聞の第1面に載っている (☆ 紙の枚数を表すこともある ▷ einige *Seiten* aus einem Buch herausreißen 本から数ページ引きちぎる)
❷ (物体の)面 ▷ die vordere〈hintere〉*Seite* 前〈背〉面 / die beiden *Seiten* des Papiers 紙の両面 / die erste *Seite* einer Schallplatte レコードの第1面 (A面)
❸《位置関係を表して》…側 ▷ die linke *Seite* der Straße 道の左側 / die andere *Seite* des Flusses 川の向こう側
❹ 側面 ▷ Der Angriff kam von der *Seite*. 攻撃は側面からなされた / Das Boot legte sich auf die *Seite*. ボートは横転した
❺《人体の片側を指して》脇腹, 横腹 ▷ auf der *Seite* liegen 横向きに寝ている
❻ (対立している当事者の)一方, …側 ▷ die gegnerische *Seite* 敵〈相手〉側 / Beide *Seiten* sind an Verhandlungen interessiert. 双方が交渉することに関心をもっている
❼ 方向 ▷ nach allen *Seiten* あらゆる方向へ / Die Zuschauer kamen von allen *Seiten*. 見物人は四方八方からやって来た
❽ (物事・人間の性格・能力的な)側面 ▷ die technische *Seite* des Problems その問題の技術的側面 / Alles hat zwei *Seiten*. 物事はすべて2つの面がある
❾ (図形の)辺 ▷ Ein Dreieck hat drei *Seiten*. 三角形には3つの辺がある
《イディオム》③+*zur Seite stehen* …³の力〈味方〉になる
auf der einen Seite …, auf der anderen Seite ～ 一方では…他方では～
Seite an Seite gehen 並んで歩く
zur Seite わきへ

sei·tens [ザイテンス] 前《②支配》…の側から ▷ *seitens* des Klägers 原告側から
Sei·ten·sprung [ザイテン・シュプルング] 男 *der* (⑮2格 -[e]s; ⑯ ..sprünge) 浮気 ▷ *Seitensprünge* machen 浮気をする
Sei·ten·wech·sel [ザイテン・ヴェクセル] 男 *der* (⑮2格 -s; ⑯ -) 《スポ》サイドチェンジ, コートチェンジ
Sei·ten·wind [ザイテン・ヴィント] 男 *der* (⑮2

格 -[e]s; [複] なし) 横風

seit·her [ザイト・ヘーア] [副] それ以来 (☆ seitdem の方が一般的)

seit·lich [ザイトリヒ]

— [形] 横の, わきの; 横からの, 横への ▷ eine *seitliche* Schublade わきの引き出し / einem Hindernis *seitlich* ausweichen 障害物をわきによける

— [前] 〘②支配〙 …の横〈わき〉に ▷ Unser Haus liegt *seitlich* des Flusses. 私たちの家は川のほとりにある

seit·wärts [ザイト・ヴェルツ] [副] 横に, わきに ▷ *seitwärts* stehen わきに立っている / das Sofa etwas *seitwärts* schieben ソファーを少しわきにずらす

Sek·re·tär [ゼクレテーア] [男] *der* ([単] 2格 -s; [複] -e)

❶ 秘書; (官庁の)書記官; (政党などの)書記[長]

❷ ライティングビューロー

Sek·re·ta·ri·at [ゼクレタリアート] [中] *das* ([単] 2格 -s; [複] -e) 秘書室; 事務局, 総務局

Sek·re·tä·rin [ゼクレテーリン] [女] *die* ([単] 2格 -; [複] ..rinnen) 〘Sekretär の女性形〙 **女性秘書** ▷ Sie arbeitet als *Sekretärin.* 彼女は秘書として働いている

Sekt [ゼクト] [男] *der* ([単] 2格 -[e]s; [複] -e) シャンペン ▷ den *Sekt* kalt stellen シャンペンを冷やしておく

Sek·te [ゼクテ] [女] *die* ([単] 2格 -; [複] -n) 《宗教》 (大きな教団から分離独立した小規模な) 宗派, 分派

Sek·ti·on [ゼクツィオーン] [女] *die* ([単] 2格 -; [複] -en)

❶ (大きな組織の)部門, 部局

❷ 《医学》 解剖

Sek·tor [ゼクトーア] [男] *der* ([単] 2格 -s; [複] -en)

❶ (区切られた) 領域, 分野 ▷ der wirtschaftliche *Sektor* 経済分野

❷ (第二次世界大戦の後にベルリンとウィーンに設けられた) 占領地区

Sek·to·ren [ゼクトーレン] Sektor の [複数]

se·kun·där [ゼクンデーア] [形] 第二の, 二次的な

Se·kun·de [ゼクンデ] [女] *die* ([単] 2格 -; [複] -n)

❶ (時間の単位としての) **秒** (☆「分」は Minute, 「時間」は Stunde; [略] Sek.) ▷ Eine Minute hat 60 *Sekunden.* 1 分は 60 秒である / in wenigen *Sekunden* 数秒後に / 《比ゆ》 [Eine] *Sekunde!* ちょっと待って / Die Uhr geht auf die *Sekunde* genau. この時計は 1 秒たがわず正確に動く

❷ (角度・経緯度の単位としての) 秒

sel·be [ゼルベ] [形] 〘derselb.., dieselb.., dasselb.. の定冠詞部分が前置詞と融合したために独立した後半部分〙 同一の ▷ Sie gehen zum *selben* (＜zu demselben) Arzt. 彼らは同じ医者に行く

sel·ber [ゼルバー]

[副] 《口語》 **自分で** ▷ Er kocht sich sein Essen *selber.* 彼は自分の食事は自分でつくる

selbst

[zɛlpst ゼルプスト]

[副] ❶ 〔その人〕**自身**, 本人; 〔その物〕自体

Du *selbst* hast es gesagt.

君自身がそう言ったんだよ

Der Kapitän wurde *selbst* seekrank.

船長自身が船酔いになった (☆ 主語に関連する selbst は文中にも置かれる)

Er wollte den Direktor *selbst* sprechen.

彼は所長本人に会って話すつもりだった (☆ ④に関連する場合には必ず直後に置かれる)

〘再帰代名詞に伴って〙

Erkenne dich *selbst!*

自分自身を知れ

Damit wirst du dir *selbst* schaden.

そんなことをしたら君自身が損するよ

Sie denkt nur an sich *selbst.*

彼女は自分自身のことしか考えない

❷ (他人の助けを借りず) **自分で** ▷ Ich muss alles *selbst* machen. 私はすべて自分でやらねばならない

❸ **…さえ**, …すら (☆ 関係する語の直前に置かれる) ▷ *Selbst* seine Freunde rieten ihm davon ab. 彼の友人たちでさえ彼にそれを思いとどまるように忠告した

[イディオム] ***selbst wenn ...*** たとえ…でも ▷ *Selbst wenn* er wollte, könnte er das nicht tun. たとえやろうとしても彼にはそれはできないだろう

von selbst ひとりでに ▷ Die Tür schließt *von selbst.* 戸はひとりでに閉まる

selb·stän·dig [ゼルプ・シュテンディヒ] ＝selbstständig

Selb·stän·dig·keit [ゼルプ・シュテンディヒカイト] ＝Selbstständigkeit

Selbst·aus·lö·ser [ゼルプスト・アオス・レーザー] [男] *der* ([単] 2格 -s; [複] -) (写真機の) セルフタイマー

Selbst·be·die·nung [ゼルプスト・ベディーヌング] [女] *die* ([単] 2格 -; [複] なし) セルフサービス

Selbst·be·die·nungs·la·den [ゼルプスト・ベディーヌングス・ラーデン] [男] *der* ([単] 2格 -s; [複] ..läden) セルフサービスの店

Selbst·be·frie·di·gung [ゼルプスト・ベフリーディグング] [女] *die* ([単] 2格 -; [複] なし) 自慰行為, オナニー

Selbst·be·haup·tung [ゼルプスト・ベハオプトゥング] [女] *die* ([単] 2格 -; [複] -en) 自己主張

S

Selbst·be·herr·schung [ゼルプスト・ベヘルシュング] 女 *die* (複2格 -; 複 なし) 自制心

selbst·be·wusst (旧 ..wußt) [ゼルプスト・ベヴスト] 形 (自分に)自信のある, 自負をもった ▷ Er ist sehr *selbstbewusst*. 彼は自分にすごく自信がある

selbst·ge·fäl·lig [ゼルプスト・ゲフェリヒ] 形 (うぬぼれて)尊大な, 高慢ちきな; 得意げな

selbst·ge·recht [ゼルプスト・ゲレヒト] 形 独善的な, ひとりよがりの

Selbst·ge·spräch [ゼルプスト・ゲシュプレーヒ] 中 *das* (複2格 -[e]s; 複 -e) 独り言 ▷ *Selbstgespräch* führen 独り言を言う

selbst·herr·lich [ゼルプスト・ヘルリヒ] 形 自分勝手な, 独裁的な, 独断専行の; (副詞的に)一存で

Selbst·hil·fe [ゼルプスト・ヒルフェ] 女 *die* (複2格 -; 複 なし) 自助; 自衛

Selbst·kri·tik [ゼルプスト・クリティーク] 女 *die* (複2格 -; まれに 複 -en) 自己批判

selbst·los [ゼルプスト・ロース] 形 私心のない, 献身的な ▷ *selbstlos* handeln 献身的に振舞う

Selbst·lo·sig·keit [ゼルプスト・ローズィヒカイト] 女 *die* (複2格 -; 複 なし) 私心のないこと, 無私, 無欲

Selbst·mord [ゼルプスト・モルト] 男 *der* (複2格 -[e]s; 複 -e) 自殺 ▷ *Selbstmord* begehen 自殺をする

Selbst·mör·der [ゼルプスト・メルダー] 男 *der* (複2格 -s; 複 -) 自殺者

selbst·mör·de·risch [ゼルプスト・メルデリシュ] 形 (試みなどが)自殺的な

Selbst·port·rät [ゼルプスト・ポルトレー] 中 *das* (複2格 -s; 複 -s) 自画像

selbst·si·cher [ゼルプスト・ズィッヒャー] 形 (自分に)自信のある ▷ Sie ist sehr *selbstsicher*. 彼女は自分にすごく自信がある

Selbst·si·cher·heit [ゼルプスト・ズィッヒャーハイト] 女 *die* (複2格 -; 複 なし) 自信

selbst·stän·dig [ゼルプスト・シュテンディヒ] (比較 -er, 最上 -st)

形 ❶ 自立的な, 自主的な ▷ ein *selbstständiger* Mensch 自立的な人 / *selbstständig* handeln 自主的に行動する

❷ (政治的・経済的に)独立している ▷ ein *selbstständiger* Staat 独立国家 / Ich möchte mich *selbstständig* machen. 私は(自分の店などをもって)独立したい

Selbst·stän·dig·keit [ゼルプスト・シュテンディヒカイト] 女 *die* (複2格 -; 複 なし) 自立, 自主, 独立

selbst·süch·tig [ゼルプスト・ズュヒティヒ] 形 利己的な ▷ aus *selbstsüchtigen* Motiven 利己的な動機から

selbst·tä·tig [ゼルプスト・テーティヒ] 形 (器械などが)自動の, 自動式の (=automatisch)

selbst·ver·ges·sen [ゼルプスト・フェアゲッセン] 形 (周囲のことを忘れるほど)没頭した, 夢中になった

selbst·ver·ständ·lich [ゼルプスト・フェアシュテントリヒ]

— 副 もちろん, 言うまでもなく ▷ Du hast *selbstverständlich* Recht. 君はもちろん正しい / Kommst du mit? – *Selbstverständlich*! 君もいっしょに来るかい―もちろんさ

— 形 自明の, わかりきった, 当然の ▷ eine *selbstverständliche* Reaktion 当然の反応

Selbst·ver·ständ·lich·keit [ゼルプスト・フェアシュテントリヒカイト] 女 *die* (複2格 -; 複 -en) 自明, わかりきったこと, 当然のこと ▷ Vielen Dank für Ihre Hilfe. – Das ist doch eine *Selbstverständlichkeit*. 助けてくれてありがとう―それは当然のことですよ

Selbst·ver·trau·en [ゼルプスト・フェアトラオエン] 中 *das* (複2格 -s; 複 なし) 自信

Selbst·ver·wal·tung [ゼルプスト・フェアヴァルトゥング] 女 *die* (複2格 -; 複 -en) 自治

Selbst·ver·wirk·li·chung [ゼルプスト・フェアヴィルクリッヒュング] 女 *die* (複2格 -; 複 なし) 自己の持つ可能性の実現

selbst·zu·frie·den [ゼルプスト・ツフリーデン] 形 自己満足した

se·lig [ゼーリヒ] 形 この上なく幸福の, 大喜びの ▷ Die Kinder waren *selig* über das Geschenk. 子供たちはプレゼントに大喜びだった

Se·lig·keit [ゼーリヒカイト] 女 *die* (複2格 -; 複 -en) 無上の幸福, 大喜び ▷ Sie waren voller *Seligkeit*. 彼らは大喜びをしていた

Sel·le·rie [ゼレリ] 男 *der* (複2格 -s; 複 なし) 《植物》セロリ, オランダミツバ

sel·ten [ゼルテン]

— 副 ❶ めったに…ない, たまにしか…ない ▷ Wir gehen *selten* ins Konzert. 私たちはめったにコンサートには行かない

❷ 《程度を強めて》めったにない, まれに見る ▷ Er ist *selten* dumm. 彼はまれに見るばかだ

— 形 まれな, 珍しい ▷ Er sammelt *seltene* Bücher. 彼は稀覯な本を収集している / Diese Tiere sind sehr *selten* geworden. これらの動物は(数が減って)非常に珍しくなった

Sel·ten·heit [ゼルテンハイト] 女 *die* (複2格 -; 複 -en)

❶ (複 なし) めったにない《珍しい》こと ▷ Das Edelweiß ist wegen seiner *Seltenheit* geschützt. 《状態受動》エーデルワイスは希少なため保護されている

❷ めったにない《珍しい》もの ▷ Solche Störungen sind leider keine *Seltenheit*. このよう

な故障は残念ながら珍しいことではない

selt·sam [ゼルトザーム] [形] **奇妙な**, 奇異な ▷ ein *seltsames* Gefühl 奇妙な感じ / Er benimmt sich *seltsam.* 彼は奇妙な振舞いをする

Se·man·tik [ゼマンティック] [女] *die* ([単] 2格 –; [複] なし) 《言語学》意味論

se·man·tisch [ゼマンティシュ] [形] 意味論の; 意味的な

Se·mes·ter [ゼメスター] [中] *das* ([単] 2格 –s; [複] –) (大学の, 半年からなる) **学期** ▷ Sie ist im zweiten *Semester.* 彼女は2学期目にいる / Er hat sechs *Semester* Medizin studiert. 彼は6学期医学を学んだ

Se·mi·nar [ゼミナール] [中] *das* ([単] 2格 –s; [複] –e)

❶ (大学の授業科目としての) ゼミ[ナール], 演習 ▷ an einem *Seminar* teilnehmen ゼミに参加する

❷ (大学の研究・教育の組織単位としての) 研究室 ▷ das juristische *Seminar* 法学研究室

Sem·mel [ゼムメル] [女] *die* ([単] 2格 –; [複] –n) 《南ドイツ・オーストリア》ゼンメル (小型の丸いパン)

Se·nat [ゼナート] [男] *der* ([単] 2格 –s; [複] –e) (ブレーメン・ハンブルク・ベルリンの) 州政府; (アメリカの二院制議会の) 上院; 《歴史》(古代ローマの) 元老院

sen·den

[zɛ́ndn̩ ゼンデン]

[現在]	ich sende	wir senden
	du **sendest**	ihr **sendet**
	er **sendet**	sie senden
[過去]	ich **sendete**	wir sendeten
	du sendetest	ihr sendetet
	er sendete	sie sendeten
[過分]	gesendet	[完了] haben

[他] ❶ (☆ 変化形上表参照) 〖④と〗〔‥^{4}を〕**放送**〈放映〉**する** Heute Abend wird im Fernsehen eine Oper *gesendet.* 今晩テレビでオペラが放映される

❷ (du sendest, er sendet; sandte; gesandt 〈まれに gesendet〉; [完了]h) 《文語》〖④と〗〔‥^{4}を〕**送る** (=schicken) ▷ Er hat den Brief per Luftpost *gesandt.* 彼は手紙を航空便で送った

Sen·der [ゼンダー] [男] *der* ([単] 2格 –s; [複] –) (ラジオ・テレビの) **放送局**; 送信所

Sen·de·sta·ti·on [ゼンデ・シュタツィオーン] [女] *die* ([単] 2格 –; [複] –en) 放送局

sen·de·te [ゼンデテ] senden ❶ の [過去], ❷ の [接II]

Sen·de·zeit [ゼンデ・ツァイト] [女] *die* ([単] 2格 –; [複] –en) 放送時間

Sen·dung [ゼンドゥング] [女] *die* ([単] 2格 –; [複] –en)

❶ (ラジオ・テレビの) **放送**; 番組 (☆ Programm が番組の全体を指すのに対して, Sendung はその一部としての「番組」を指す) ▷ eine *Sendung* anhören 〈ansehen〉 放送を聞く〈見る〉

❷ 発送された物 ▷ Gestern habe ich Ihre *Sendung* erhalten. きのう私はあなたから送られた荷物を受け取りました

❸ (物を) 送ること, 発送 ▷ Die *Sendung* der Bücher erfolgte vorgestern. 本の発送は一昨日行われた

Senf [ゼンフ] [男] *der* ([単] 2格 –[e]s; [複] –e) 《料理》からし, マスタード ▷ ein Würstchen mit *Senf* からしをそえたソーセージ

sen·gen [ゼンゲン] (sengte; gesengt; [完了]h) [他] 〖④と〗〔‥^{4}の表面を〕(アイロンなどで) 焦がす

sen·gend [ゼンゲント] [形] (暑さ・太陽などが) やけつくような, (太陽が) じりじり照りつける (☆ ふつう名詞につけて)

se·nil [ゼニール] [形] (年をとって) もうろくした, ぼけた ▷ Er ist schon recht *senil* und vergisst alles, was man ihm sagt. 彼はもうかなりもうろくして人の言うことをすべて忘れる

Se·ni·or [ゼーニオーア] [男] *der* ([単] 2格 –s; [複] –en)

❶ 〖ふつう [複] で〗(年金で暮らしている) 高齢者 ▷ eine Tanzveranstaltung für die *Senioren* der Stadt 町の高齢者のためのダンスパーティー

❷ 〖[複] なし〗《同じ会社にいる息子と区別するために会社経営者などの親を指して》老社長, 大旦那

❸ 《スポーツ》シニアクラスの選手

Se·ni·o·ren [ゼニオーレン] Senior の [複数]

Sen·ke [ゼンケ] [女] *die* ([単] 2格 –; [複] –n) くぼ地 ▷ Das Haus liegt in einer *Senke.* その家はくぼ地にある

sen·ken [ゼンケン] (senkte; gesenkt; [完了]h)

— [他] ❶ 〖④と〗〔‥^{4}を〕下ろす, 沈める ▷ die Arme *senken* 腕を下ろす / Sie *senkte* den Blick. 彼女は目を伏せた / Sie *senkten* den Sarg ins Grab. 彼らは柩を墓穴に下ろした

❷ 〖④と〗〔物価・賃金・熱など^{4}を〕下げる ▷ die Preise *senken* 物価を下げる / Die Medikamente *senken* den Blutdruck. その薬は血圧を下げる

— [再] 〖[sich]^{4}と〗(物が) 下がる, 沈む, 低くなる ▷ Der Boden hat sich *gesenkt.* 地盤が沈下した

senk·recht [ゼンク・レヒト] [形] **垂直の** ([反] waagerecht) ▷ eine fast *senkrechte* Felswand ほとんど垂直な岩壁

Sen·sa·ti·on [ゼンザツィオーン] [女] *die* ([単] 2格 –; [複] –en) センセーション; センセーショナルな出来事 ▷ Das Wahlergebnis war eine *Sensation.* 選挙結果は世間をあっといわせる出来事だった

S

sensationell

sen·sa·ti·o·nell [ゼンザツィオネル] 形 センセーショナルな ▷ Sein Erfolg war *sensationell*. 彼の成功はセンセーショナルなものだった

Sen·se [ゼンゼ] 囡 die (⚫2格 -; ⚫ -n) 大鎌(おおがま) (☆「小鎌」は Sichel)

sen·si·bel [ゼンズィーベル] 形 敏感な, 感じやすい (☆語尾がつくと sensibl.. となる) ▷ *sensible* Haut 敏感な肌 / Sie ist sehr *sensibel*. 彼女はとても感じやすい

sen·si·bi·li·sie·ren [ゼンズィビリズィーレン] (sensibilisierte; sensibilisiert; 完了h) 他 (⚫4+für+⚫と) [..⁴を..⁴に対して]感じやすく〈関心を持つように〉させる

sen·sib·le [ゼンズィーブレ] ☞ sensibel

sen·ti·men·tal [ゼンティメンタール] 形 センチメンタルな, 感傷的な ▷ eine *sentimentale* Liebesgeschichte センチメンタルなラブストーリー

se·pa·rat [ゼパラート] 形 別の, 別々の, 離れた, 専用の ▷ einen *separaten* Eingang haben 専用の入り口がある

Sep·tem·ber
[zɛptémbɐ ゼプテンバー]
男 der (⚫2格 -[s]; まれに ⚫ -)

9月 (⚫ Sept.) (用法: ☞ April) im *September* 9月に

Se·ra [ゼーラ] Serum の 複数

Se·ren [ゼーレン] Serum の 複数

Se·rie [ゼーリエ] 囡 die (⚫2格 -; ⚫ -n)
❶ (出版物・放送の) シリーズ [もの] ▷ Diese Bücher erscheinen in einer *Serie*. これらの本はシリーズ〈双書〉で出る / ein Hörspiel als fünfteilige *Serie* senden ラジオドラマを5回のシリーズで放送する / Die *Serie* „Mito Koumon" beginnt nächsten Samstag. 「水戸黄門」シリーズが次の土曜日から始まる
❷ (商品の) シリーズ [もの] ▷ eine neue *Serie* von Briefmarken herausbringen 切手の新シリーズを発行する

イディオム ⚫+ *in Serie* fertigen 〈herstellen〉 (同種のもの)⁴を量産する, ロット生産する

eine *Serie*+② 〈*von*+②〉 一連の..²⁽³⁾ ▷ Im letzten Monat ereignete sich auf dieser Straße *eine Serie* tödlicher Unfälle. 先月この通りで死亡事故が相次いで起こった

in Serie gehen 量産に入る ▷ Der Autotyp geht im nächsten Frühjahr *in Serie*. その車種は来春量産に入る

se·ri·ös [ゼリエース] 形 (商売上)信頼できる, 堅実な ▷ eine *seriöse* Firma 堅実な会社

Se·rum [ゼールム] 中 das (⚫2格 -s; ⚫ Seren 〈Sera〉) 血清; 免疫血清

Ser·vice
—中 das [ゼルヴィース] (⚫2格 -[s]; ⚫ -[ゼルヴィーゼ]) そろいの食器類, 食器セット
—男 der [ゼーアヴィス] (⚫2格 -[s]; ⚫ なし) (客への)サービス

ser·vie·ren [ゼルヴィーレン] (servierte; serviert; 完了h)
自 給仕をする ▷ Sie *serviert* nicht an diesem Tisch. 彼女はこのテーブルの係ではない
—他 (⚫4と) [..⁴を](客に出すために)テーブルに運ぶ ▷ den Gästen die Nachspeise *servieren* 客にデザートを出す

Ser·vie·re·rin [ゼルヴィーレリン] 囡 die (⚫2格 -; ⚫ ..rinnen) ウェートレス

Ser·vi·et·te [ゼルヴィエッテ] 囡 die (⚫2格 -; ⚫ -n) ナプキン ▷ Er wischt sich mit der *Serviette* den Mund ab. 彼はナプキンで口をふく

ser·vus [ゼルヴス] 【間投詞】《南ドイツ・オーストリア》《特に友人・同僚の間で》やあ, こんにちは; さよなら, じゃあね

Se·sam [ゼーザム] 男 der (⚫2格 -s; ⚫ -s) (植物) ゴマ

Ses·sel [ゼッセル] 男 der (⚫2格 -s; ⚫ -) (1人用の) 安楽いす ▷ ein bequemer *Sessel* ゆったりした安楽いす / sich⁴ in einen *Sessel* setzen 安楽いすに腰を下ろす / Sie saß im *Sessel*. 彼女は安楽いすに座っていた

sess·haft [ゼスハフト] 形 (ある土地に) 住み着いている, 定住している

seß·haft (旧⇒新) sesshaft

Set [ゼット] 中 das (⚫2格 -s; ⚫ -s)
❶ (道具などの) 一揃え, セット ▷ ein *Set* Kugelschreiber ボールペンのセット
❷ (皿などの下に敷く)マット, テーブルマット

set·zen
[zétsn ゼッツェン]

現在	ich setze	wir setzen
	du **setzt**	ihr setzt
	er setzt	sie setzen
過去	ich setzte	wir setzten
	du setztest	ihr setztet
	er setzte	sie setzten
過分	gesetzt	完了 haben, sein

—再 【完了h】 ❶ (sich⁴と) 座る, 腰掛ける, 腰を下ろす (☆「座っている」は sitzen)
Bitte *setzen* Sie sich!
どうぞお座りください
sich aufrecht *setzen*
背筋を伸ばして座る
sich auf den Stuhl *setzen*
いすに腰掛ける
sich in den Sessel *setzen*
安楽いすに腰を下ろす
sich in den Schatten *setzen*
日陰に腰を下ろす

(状態), (様態), (場所), (方向), ...=状態, 様態, 場所, 方向, ...を表す語句

sich unter einen Baum *setzen* 木の下に腰を下ろす

❷ 〖sich⁴と〗（鳥・ハエなどが）とまる ▷ Der Vogel *setzte* sich auf einen Zweig. 鳥が枝にとまった

❸ 〖sich⁴と〗（水中に浮いているものが底に）沈む, 沈殿する ▷ Die Teeblätter *setzen* sich. お茶の葉が底に沈む

(イディオム) *sich¹ in Bewegung setzen* 動き始める
sich¹ mit+③ *in Verbindung setzen* …³と連絡をとる

—[他] 〖完了h〗 ❶ 〖④+方向と〗［…⁴を…に］座らせる, 腰掛けさせる ▷ ein Kind auf den Stuhl *setzen* 子供をいすに座らせる / ④+ans Fenster *setzen* …⁴を窓際に座らせる

❷ 〖④+方向と〗［…⁴を…へ］置く ▷ den Hut auf den Kopf *setzen* 帽子をかぶる / ein Glas an den Mund *setzen* グラスを口にあてる /《比ゆ》Sie *setzte* ihre Hoffnung auf ihn. 彼女は彼に期待をかけた

❸ 〖④と〗［…⁴を］（リストなどに）載せる, 書き入れる ▷ ④+auf eine Liste *setzen* …⁴をリストに載せる / ④+auf die Tagesordnung *setzen* …⁴を議事日程に載せる / Er *setzte* seinen Namen unter den Vertrag. 彼は契約書に名前を書き入れた

❹ 〖④+auf+④と〗［…⁴を…⁴に］賭ける ▷ Er *setzte* sein ganzes Geld auf ein Pferd. 彼は有り金をすべて一頭の馬に賭けた

(イディオム) ③+*eine Frist setzen* …³に期限をつける
④+*auf die Straße setzen* …⁴を首にする; …⁴を（借家から）追い出す
④+*außer Betrieb setzen* …⁴を止める
④+*in Bewegung* 〈*Gang*〉 *setzen* …⁴を動かす, 始動させる
einen Punkt 〈*ein Komma*〉 *setzen* ピリオド〈コンマ〉を打つ

—[自] 〖完了s,h〗〖über+④と〗［…⁴を］跳び越える; 〔川など⁴を〕（ボートなどで）渡る ▷ Das Pferd ist 〈hat〉 über den Graben *gesetzt*. 馬は溝を跳び越えた

Set·zer [ゼッツァー] [男] *der* （⑬2格-s; ⑬-）植字工, 組版工

setz·te [ゼッツテ] setzen の [過去]

Seu·che [ゾイヒェ] [女] *die* （⑬2格-; ⑬-n）疫病, 伝染病 ▷ Die *Seuche* breitet sich aus. 疫病が広がる

seuf·zen [ゾイフツェン]
(seufzte; geseufzt; [完了h])
[自] ため息をつく ▷ Sie *seufzte* tief, als sie an den Abschied dachte. 別れを思って彼女は深いため息をついた

Seuf·zer [ゾイフツァー] [男] *der* （⑬2格-s; ⑬-）ため息 ▷ einen *Seufzer* ausstoßen ため息をつ

く

Sex [ゼックス] [男] *der* （⑬2格-[es]; ⑬なし）性, セックス ▷ *Sex* in der Ehe 結婚生活における性

Se·xis·mus [ゼクスィスムス] [男] *der* （⑬2格-; ⑬なし）性差別

Se·xu·al·auf·klä·rung [ゼクスアール・アオフ・クレールング] [女] *die* （⑬2格-; ⑬なし）性教育

Se·xu·al·er·zie·hung [ゼクスアール・エアツィーウング] [女] *die* （⑬2格-; ⑬なし）性教育

Se·xu·a·li·tät [ゼクスアリテート] [女] *die* （⑬2格-; ⑬なし）《性欲に関することを総体的に指して》性, セックス ▷ die weibliche *Sexualität* 女性の性 / Für sie ist *Sexualität* ohne Liebe unvorstellbar. 彼女にとって愛のないセックスは想像もつかない

Se·xu·al·le·ben [ゼクスアール・レーベン] [中] *das* （⑬2格-s; ⑬なし）性生活

Se·xu·al·ver·bre·chen [ゼクスアール・フェアブレッヒェン] [中] *das* （⑬2格-s; ⑬-）性犯罪

se·xu·ell [ゼクスエル] [形] 性の, 性的な ▷ *sexuelle* Erlebnisse 性体験 / die Kinder *sexuell* aufklären 子供たちに性教育をする

Se·xus [ゼクスス] [男] *der* （⑬2格-; ⑬なし）（人間の本能的な衝動としての）性; 性欲

se·xy [ゼクスィ] [形] 《口語》セクシーな

se·zie·ren [ゼツィーレン]
(sezierte; seziert; [完了h])
[他] 〖④と〗［…⁴を］解剖する

Sham·poo [シャンプ] [中] *das* （⑬2格-s; ⑬-s）シャンプー ▷ Er wäscht die Haare mit *Shampoo*. 彼は髪をシャンプーで洗う

Sham·poon [シャムポーン] [中] *das* （⑬2格-s; ⑬-s）=Shampoo

Shorts [ショーツ] [複名] ショートパンツ, 短パン, 半ズボン ▷ Im Sommer trage ich gern *Shorts*. 夏には私は好んでショートパンツをはく

Show [ショー/ショウ] [女] *die* （⑬2格-; ⑬-s）（テレビ・舞台などの）ショー ▷ Die *Show* gestern im Fernsehen war ausgezeichnet. きのうのテレビのショーはすばらしかった

Show·busi·ness (⑬ ..neß) [ショー・ビズニス] [中] *das* （⑬2格-; ⑬なし）ショービジネス

sich

[zɪç ズィッヒ]

〖再帰代名詞; 3人称・2人称敬称の単数複数 3・4格形〗

❶《行為の受け手が主語自身であることを表して》自分を〈に〉
sich¹ im Spiegel betrachten
鏡で自分の姿〈顔〉をじっと見る
Sie hat *sich* gestern erschossen.
彼女はきのう銃で自殺した（☆ Sie hat ihn gestern

erschossen.「彼女はきのう彼を撃ち殺した」)
Er wäscht *sich* die Hände.
彼は手を洗う(☆ Er wäscht ihr die Hände.「彼は彼女の手を洗ってやる」)
〖再帰性の明示に selbst を付加することがある〗
Er kennt *sich* selbst sehr genau.
彼は自分のことがとてもよくわかっている
❷〖独立的な意味を失い, 再帰動詞をつくる〗
Das Kind setzt *sich* auf ihren Schoß.
その子供は彼女のひざに腰かける
Die Kinder freuen *sich* auf die Ferien.
子供たちは休みを楽しみにしている
Er hat *sich* diese Kenntnisse angeeignet.
彼はこれらの知識を習得した
Kein Mensch hasst ihn, er bildet *sich* das nur ein. だれも彼を憎んでいない 彼がそう思い込んでいるだけだ
❸〖本来の目的語を主語にした他動詞と〗《状態変化を表して》Salz löst *sich* in Wasser auf. 塩は水に溶ける / Die Tür schließt *sich* wieder. ドアが再び閉まる
❹〖本来の目的語を主語にした他動詞と〗《属性を表して》Das Lied singt *sich* leicht. この歌は歌いやすい / Das Buch verkauft *sich* gut. この本はよく売れる / 〖lassen を伴うこともある〗Er lässt *sich* leicht irritieren. 彼はすぐいらいらする
❺〖非人称主語 es と〗《様態を表して》Morgens läuft es *sich* angenehm. 朝歩くのは気持ちがいい / In diesem Bett schläft es *sich* schön. このベッドは寝ごこちがいい / Aus diesem Glas trinkt es *sich* so schlecht. このグラスはとても飲みにくい / Nach diesen Methoden arbeitet es *sich* leicht. この方法は仕事がしやすい / 〖lassen を伴うこともある〗Über Wirtschaft lässt es *sich* leichter mit ihm reden als über Politik. 政治より経済の方が彼とは話がしやすい
❻〖結果を表す形容詞と〗《状態変化を表して》Er arbeitete *sich* müde. 彼は働き疲れた / Er hat *sich* satt gegessen. 彼は腹いっぱい食べた / Er hat *sich* die Füße wund gelaufen. 彼は歩き回って足に擦り傷をつくってしまった
❼〖複数形の主語を伴う相互関係の表現で〗お互いを〈に〉 ▷ Die Gäste begrüßen *sich*. 客たちはあいさつを交わす / Die beiden verstehen *sich* sehr gut. その二人は互いに大変よくわかり合っている / 〖相互関係の明示に gegenseitig を付加することがある〗Sie helfen *sich* gegenseitig. 彼らは互いに助け合う
[イディオム] ④+***bei sich***[3] ***haben*** …[4]を身につけている ▷ Er *hat* kein Geld *bei sich*. 彼は金の持ち合わせがない
an sich[3] それ自体
es handelt sich um+④ …[4]が問題になっている ▷ *Es handelt sich* dabei *um* ein schwieriges Problem. それは難しい問題だ
von sich[3] ***aus*** 自発的に
wieder zu sich[4] ***kommen*** 正気に戻る ▷ Er *kam* bald *wieder zu sich*. 彼はまもなく意識を取り戻した

★ **sich** は句例の再帰代名詞の代表形としても用いられる. したがって, 句例から1·2人称(親称)を主語とする文をつくる場合, **sich** をそれぞれの人称の再帰代名詞に変えなければならない ▷ *sich*[4] setzen「座る」⇨ Ich setze *mich* 〈Wir setzen *uns*〉 auf die Bank.「私〈私たち〉はベンチに座る」/ Setz *dich* 〈Setzt *euch*〉!「座れ」. 3格の場合も同様である

Si·chel [ズィッヒェル] [女] *die* ([単] 2格 -; [複] -n) (三日月形の)鎌(かま), 小鎌

si·cher [ズィッヒャー]
— [形] ([比較] -er, [最上] -st)
❶ 安全な, 危険のない ▷ einen *sicheren* Weg wählen 安全な道を選ぶ / das Geld *sicher* aufbewahren 金を安全に保管する
❷ (疑いなく)確実な ▷ Sein Sieg ist *sicher*. 彼の勝利は確実だ / Es ist *sicher*, dass sie es getan hat. 彼女がそれをしたのは確実だ
❸ 信頼できる, 確かな ▷ ein *sicheres* Verhütungsmittel 信頼できる避妊薬〈具〉/ Er hat ein *sicheres* Urteil. 彼は確かな判断力をもっている
❹ (振舞いなどが)自信のある ▷ Er hat ein *sicheres* Auftreten. 彼は自信のある態度をしている
[イディオム] ***sich***[3]+②+***sicher sein*** …[2]を確信している ▷ Er *ist* sich seines Sieges *sicher*. 彼は自分の勝利を確信している / 〖dass 文と〗Ich *bin* mir *sicher*, dass er morgen kommt. 私は彼があす来ると確信している / Ich *bin* mir nicht ganz *sicher*. 私はあまり確信がない // *Bist* du *sicher*? 確信があるかい
— [副] きっと, 必ず ▷ Er kommt *sicher* noch. 彼は今にきっと来る / Er hat es *sicher* vergessen. 彼はそれをきっと忘れたんだよ
[イディオム] ***Aber sicher!*** もちろんだよ
Sicher ist sicher. 用心にこしたことはない

Si·cher·heit [ズィッヒャーハイト] [女] *die* ([単] 2格 -; [複] なし)
❶ 安全 ▷ die innere *Sicherheit* eines Staates 国の治安 / Die *Sicherheit* der Bevölkerung ist gefährdet. [状態受動] 住民の安全はおびやかされている
❷ (薬などの)信頼〈安全〉性; (判断などの)確かさ ▷ die *Sicherheit* eines Medikaments 薬の信頼性 / die *Sicherheit* eines Gerätes überprüfen 器具の安全性を点検する

❸ 自信 ▷ Der Erfolg hat ihm eine größere *Sicherheit* gegeben. 彼はその成功でかなりの自信をつけた
❹ 担保 (=Pfand)
(イディオム) *mit Sicherheit* 確信をもって，確実に ▷ Das kann man *mit Sicherheit* sagen. それは確信をもって言える

Si·cher·heits·ab·stand [ズィッヒャーハイツ・アップ・シュタント] 男 *der* (④2格-[e]s; ④複..stände) 安全車間距離

Si·cher·heits·dienst [ズィッヒャーハイツ・ディーンスト] 男 *der* (④2格-[e]s; ④複-e) (国家の)秘密情報機関;(民間の)警備保障サービス

Si·cher·heits·gurt [ズィッヒャーハイツ・グルト] 男 *der* (④2格-[e]s; ④複-e) (乗り物などの)安全ベルト，シートベルト

Si·cher·heits·ket·te [ズィッヒャーハイツ・ケッテ] 女 *die* (④2格-; ④複-n) ドアチェーン

Si·cher·heits·ko·pie [ズィッヒャーハイツ・コピー] 女 *die* (④2格-; ④複-n) バックアップコピー

Si·cher·heits·na·del [ズィッヒャーハイツ・ナーデル] 女 *die* (④2格-; ④複-n) 安全ピン

Si·cher·heits·vor·schrift [ズィッヒャーハイツ・フォーア・シュリフト] 女 *die* (④2格-; ④複-en) 安全規則

si·cher·lich [ズィッヒャーリヒ] 副 きっと，まちがいなく; 確かに ▷ Er kommt *sicherlich* noch. 彼は今にきっと来る

si·chern [ズィッヒェルン]
(sicherte; gesichert; 完了h)
他 ❶【④と】[..⁴を](盗難・危険などから)**守る** ▷ Er hat das Fahrrad durch ein Schloss *gesichert*. 彼は自転車に錠をかけて盗まれないようにした / ein Gewehr *sichern* 銃の安全装置をかける
❷【④と】[..⁴を](必要な措置を講じて)確実なものにする，確保する ▷ die Wasserversorgung *sichern* 水の供給を確保する / Er hat sich einen guten Platz *gesichert*. 彼はよい席を確保した / Seine Zukunft ist *gesichert*. [状態受動] 彼の将来は保証されている / 【過去分詞で】ein *gesicherter* Arbeitsplatz (解雇の心配のない)安定した職場
❸【④と】(特に警察が)〔痕跡などを〕確保する
❹ (コンピュータ)【④と】[ファイルなど⁴の] バックアップをとる

si·cher|stel·len [ズィッヒャー・シュテレン] 分離
(stellte sicher; sichergestellt; 完了h)
他 ❶【④と】[食料の供給など⁴を]確保する; (警察などが)[盗難品など⁴を]押収する
❷【④と】[..⁴を](必要な措置をとり)確実なものにする ▷ den reibungslosen Ablauf einer Veranstaltung *sicherstellen* 催しが確実に問題なく進行するようにする

Si·che·rung [ズィッヒェルング] 女 *die* (④2格-; ④複-en)
❶ (電気の)ヒューズ ▷ Die *Sicherung* ist durchgebrannt. ヒューズが切れた
❷ 【複なし】(危険から)守ること; (補給・座席・痕跡などの)確保 ▷ die *Sicherung* der Arbeitsplätze 職場の保安

Sicht [ズィヒト] 女 *die* (④2格-; ④複なし) 見晴らし; 視界 ▷ Bei diesem Wetter ist die *Sicht* gut. この天気なら遠くまでよく見える / Ein Flugzeug ist 〈kam〉 in *Sicht*. 飛行機が見える〈見えて来た〉
(イディオム) *auf lange Sicht* 長期的な視野で

sicht·bar [ズィヒト・バール] 形
❶ 目に見える ▷ Im Röntgenbild war das Geschwür deutlich *sichtbar*. レントゲン写真に潰瘍がはっきり見えた
❷ (見た目に)はっきりわかる，明らかな (☆述語として用いない) ▷ Sein Befinden hat sich *sichtbar* verschlechtert. 彼の容体は目に見えて悪くなった

sich·ten [ズィヒテン]
(sichtete; gesichtet; 完了h)
他 ❶【④と】[大量の資料など⁴を](整理しながら)調べる
❷【④と】[..⁴を](遠方に)見つける，認める

sicht·lich [ズィヒトリヒ] 形 (見た目に)はっきりわかる，明らかな (☆述語として用いない) ▷ Sie ist *sichtlich* hübscher geworden. 彼女は目に見えてきれいになった

si·ckern [ズィッケルン]
(sickerte; gesickert; 完了s)
自 (液体が徐々に)しみて来る，しみ出る; しみ込む ▷ Das Blut *sickert* durch den Verband. 血が包帯を通ってしみ出る

sie
[zi: ズィー]

——【人称代名詞; 3人称単数女性1・4格】

①	②	③	④	所有冠詞
sie	ihrer	ihr	sie	ihr

☆再帰代名詞 sich; 複数 sie
❶ (既出の，あるいは問題になっている女性を指して) **彼女は〈が〉; 彼女を**
Sie wird bald kommen.
彼女はまもなく来るだろう
Sie und ich leben zusammen.
彼女と私はいっしょに暮らしている
Wo ist deine Mutter? – *Sie* ist im Garten.
君のおかあさんはどこにいるの-庭にいます
【4格で】
Habt ihr *sie* getroffen?

完了h, 完了s＝完了の助動詞 haben, sein

Sie

君たちは彼女に会ったかい
❷《事物を表す女性名詞を受けて》それは〈が〉；それを ▷ Die Tür quietscht, *sie* muss geölt werden. ドアがきしむ 油を差さなければだめだ

★ 物事を受けて前置詞と結合する場合原則的に「da[r]+前置詞」の結合形が用いられる ▷ Was halten Sie von moderner Musik? – Ich interessiere mich sehr *dafür* (＜für sie). あなたは現代音楽についてどう思いますか―私はとてもそれに興味をもっています

——《人称代名詞；3 人称複数 1・4 格》

①	②	③	④	所有冠詞
sie	ihrer	ihnen	sie	ihr

☆ 再帰代名詞 sich；単数 er, sie, es
❶《既出の, あるいは問題になっている複数の人を指して》彼らは〈が〉, 彼女らは〈が〉；彼らを, 彼女らを
Sie waren alle dagegen. 彼[女]らはみんなそれに反対だった
Wo sind die Kinder? – *Sie* spielen auf der Straße. 子供たちはどこですか―通りで遊んでいます
〔4 格で〕
Er hat *sie* alle nach ihrer Meinung gefragt. 彼は彼[女]ら全員に意見を聞いた
❷《事物を表す複数形の名詞を受けて》それらは〈が〉；それらを ▷ Wo sind die Zigaretten? – *Sie* liegen auf dem Tisch. タバコはどこ―テーブルの上にあるよ

★ 物事を受けて前置詞と結合する場合原則的に「da[r]+前置詞」の結合形が用いられる ▷ Wie viel hast du für die Bücher bezahlt? – Ich habe *dafür* (＜für sie) 200 Euro bezahlt. 君はそれらの本にいくら払ったの―私はそれに 200 ユーロ払いました

Sie
[ziː ズィー]

《人称代名詞；2 人称敬称単数・複数 1・4 格》
☆ まだ親しい関係になっていない相手に対して用いるもので, 親称の du, ihr と対をなす
☆ 本来, 3 人称複数の sie からの派生形で, それと区別するために大書する
☆ 定形は単数・複数とも 3 人称複数と同じ

①	②	③	④	所有冠詞
Sie	Ihrer	Ihnen	Sie	Ihr

あなたは〈が〉；あなた方は〈が〉；あなたを, あなた方を

Kommen *Sie* mit? いっしょに来ますか
Haben *Sie* Zeit, Herr Müller? 時間がありますか ミュラーさん
Nehmen *Sie* doch Platz, meine Herren! 皆さん まあお座りください
〔4 格で〕
Ich habe versucht, *Sie* telefonisch zu erreichen. 私はあなた[方]に電話で連絡をとろうとした

《イディオム》④ +mit „Sie" anreden …⁴に Sie で話しかける

Sieb [ziːp ズィープ] 中 *das* (⊕ 2 格 -es〈まれに -s〉；⊕ -e) ふるい(篩), 濾し器 ▷ Tee durch ein *Sieb* gießen お茶を茶濾しを通してつぐ

sie·ben
[zíːbn̩ ズィーベン]

——《基数》7 (用法：☞ drei)
——他 (siebte; gesiebt; 過分 h)
《4 と》〔穀物・粉などを〕ふるいにかける, こす ▷ Mehl〈Sand〉*sieben* 小麦粉〈砂〉をふるいにかける / 〔比喩〕Die Kandidaten wurden *gesiebt*. 候補者たちはふるいにかけられた

sie·bent [ズィーベント] ＝siebt
siebt [ズィープト]
形《序数》第 7 の, 7 番目の (用法：☞ dritt)

sieb·tel [ズィープテル] 形《分数》7 分の 1 の (☆ 格語尾をつけない) ▷ ein *siebtel* Liter 7 分の 1 リットル

sieb·zehn [ズィープ・ツェーン]
《基数》17 (用法：☞ drei)

sieb·zehnt [ズィープ・ツェーント] 形《序数》第 17 の, 17 番目の (用法：☞ dritt)

sieb·zig [ズィープツィヒ]
《基数》70 (用法：☞ drei)

sieb·zigst [ズィープ・ツィヒスト] 形《序数》第 70 の, 70 番目の (用法：☞ dritt)

sie·deln [ズィーデルン]
(siedelte; gesiedelt; 過分 h)
自 (開拓地などに)住みつく, 入植する

sie·den [ズィーデン] (siedete; gesiedet; 過分 h)
自 (水などが)沸騰する ▷ Das Wasser *siedet* bei 100°C. 水は摂氏 100 度で沸騰する (☆ 100°C は hundert Grad Celsius と読む)

Sie·de·punkt [ズィーデ・プンクト] 男 *der* (⊕ 2 格 -[e]s；⊕ -e) 沸騰点, 沸点

Sied·lung [ズィードルング] 女 *die* (⊕ 2 格 -；⊕ -en)

❶ 入植地, 開拓地 ▷ römische *Siedlungen* ローマ人の入植地
❷ (都市周辺に建設された)住宅地 ▷ eine nach dem Krieg gebaute *Siedlung* 戦後建設された住宅地

Sieg [ズィーク] 男 der (第2格 -es ⟨まれに -s⟩; 複 -e) 勝利, 勝ち ▷ den Sieg erringen 勝利を戦い取る

Sie·gel [ズィーゲル] 中 das (第2格 -s; 複 -)
❶ (文字などが彫られた)印, 印鑑
❷ (印鑑によって押された)印, 公印; 封印

sie·geln [ズィーゲルン]
(siegelte; gesiegelt; 助h)
他【④と】〔手紙・ドアなどに〕封印をする

sie·gen [ズィーゲン] (siegte; gesiegt; 助h)
自 勝つ, 勝利を得る ▷ Unsere Mannschaft hat *gesiegt*. 私たちのチームが勝った

Sie·ger [ズィーガー] 男 der (第2格 -s; 複 -) 勝者 ▷ Wer ist [der] *Sieger*? だれが勝ったの

sieh [ズィー] sehen の 命令
sie·he [ズィーエ] sehen の 命令
siehst [ズィースト] sehen の 現在
sieht [ズィート] sehen の 現在

sie·zen [ズィーツェン] (siezte; gesiezt; 助h)
他【④と】〔…に〕Sie で呼びかける (☆「du で呼びかける」は duzen) ▷ Sie *siezte* ihn. 彼女は彼を Sie で呼びかけた/〔相互的に〕Sie *siezen* sich immer noch. 彼らは相変わらず Sie で呼び合っている

Sig·nal [ズィグナール] 中 das (第2格 -s; 複 -e) 合図;《鉄道》信号[機] (☆ 道路の「信号機」は Ampel)

sig·na·li·sie·ren [ズィグナリズィーレン]
(signalisierte; signalisiert; 助h)
他【④と】〈…⁴を〉信号などで知らせる, 伝える ▷ Sein Blick *signalisierte* ihr, dass er zur Versöhnung bereit war. 彼は彼女に目で仲直りする気があることを伝えた

Sig·na·tur [ズィグナトゥーア] 女 die (第2格 -; 複 -en)
❶ (特に頭文字を書いただけの簡単な)署名, サイン ▷ Die *Signatur* ist auf diesem Bild schwer zu lesen. この絵の署名は読みにくい
❷ (図書館の本の)整理番号

sig·nie·ren [ズィグニーレン]
(signierte; signiert; 助h)
他【④と】〔絵画などに〕頭文字だけの署名⟨サイン⟩をする ▷ die Bilder *signieren* 絵に頭文字の署名をする // Dieser Maler *signiert* mit einem großen K. この画家は大きく K とサインする

Sil·be [ズィルベ] 女 die (第2格 -; 複 -n) 音節, シラブル ▷ Das Wort „Silbe" hat zwei *Silben*. Silbe という単語は2音節だ

Sil·ber [ズィルバー] 中 das (第2格 -s; 複 なし)
❶ 銀 ▷ ein Becher aus *Silber* 銀杯
❷《集合的に》 銀製の食器 ▷ Das *Silber* muss geputzt werden. 銀の食器は磨かねばならない
❸ (スポーツ) 銀メダル (☆ ふつう無冠詞で) ▷ *Silber* gewinnen 銀メダルを獲得する

Sil·ber·me·dail·le [ズィルバー・メダリェ] 女 die (第2格 -; 複 -n) 銀メダル

Sil·ber·mün·ze [ズィルバー・ミュンツェ] 女 die (第2格 -; 複 -n) 銀貨

sil·bern [ズィルベルン]
形 ❶ 銀[製]の ▷ ein *silberner* Ring 銀の指輪
❷ (輝きなどが)銀のような, 銀色に輝く ▷ das *silberne* Mondlicht 銀色の月光

silb·rig [ズィルブリヒ] 形 (輝きなどが)銀のような ▷ eine *silbrige* Muschel 銀のような光沢の貝殻

Si·li·kon [ズィリコーン] 中 das (第2格 -s; 複 -e) シリコン

Si·lo [ズィーロ] 男 der / 中 das (第2格 -s; 複 -s) サイロ (穀物やセメントなどを保存するための, また飼料を発酵させて保存するための, 多くは円筒形の倉庫)

Sil·ves·ter [ズィルヴェスター] 男 der / 中 das (第2格 -s; 複 -) 大晦日おおみそか ▷ *Silvester* feiern 大晦日を祝う / an ⟨④⟩ *Silvester* 大晦日に

Sil·ves·ter·abend [ズィルヴェスター・アーベント] 男 der (第2格 -s; 複 -e) 大晦日おおみそかの晩 ▷ Was hast du am *Silvesterabend* vor? 大晦日の晩はどんな予定がありますか

sim·pel [ズィンペル]
形《口語》❶ (仕事・任務などが)簡単な, 易しい
❷ (余計なものがなくて)シンプルな, 簡素な

simp·li·fi·zie·ren [ズィムプリフィツィーレン]
(simplifizierte; simplifiziert; 助h)
他《文語》【④と】〔説明・記述などを〕単純化する

Sims [ズィムス] 男 der / 中 das (第2格 -es; 複 -e) (特に窓下の, 壁からつき出た)細長い棚

Si·mu·lant [ズィムラント] 男 der (第2・3・4格 -en; 複 -en) 仮病をつかう人

Si·mu·la·ti·on [ズィムラツィオーン] 女 die (第2格 -; 複 -en) シミュレーション, 模擬実験

si·mu·lie·ren [ズィムリーレン]
(simulierte; simuliert; 助h)
他 ❶【④と】〔病気⁴の〕ふりをする
❷【④と】〈…⁴の〉シミュレーションをする ▷ einen Raumflug *simulieren* 宇宙飛行のシミュレーションをする

si·mul·tan [ズィムルターン] 形 同時の

sind [ズィント] sein の 現在

Sin·fo·nie [ズィンフォニー] 女 die (第2格 -; 複 -n) シンフォニー, 交響曲 ▷ Das Orchester spielte eine *Sinfonie* von Mozart. オーケストラはモーツァルトの交響曲を演奏した

Sin·fo·ni·en [ズィンフォニーエン] Sinfonie の 複数

sin·gen
[zɪŋən ズィンゲン]

現在	ich singe	wir singen
	du singst	ihr singt
	er singt	sie singen
過去	ich sang	wir sangen
	du sangst	ihr sangt
	er sang	sie sangen
過分	gesungen	助動 haben

—— 自 (人が)歌う; (鳥が)鳴く，さえずる ▷ Er *singt* gut ⟨schlecht⟩. 彼は歌がうまい⟨へただ⟩ / Wir haben im Chor *gesungen*. 私たちは合唱した / Auf dem Dach *singen* die Vögel. 屋根の上で鳥たちが鳴いている

—— 他 ❶ (④と) […⁴を] 歌う ▷ einen Schlager *singen* 流行歌を歌う / Sie *singt* Sopran. 彼女はソプラノを歌う

—— 再 ❶ ⟨sich⁴＋状態⟩と) 歌って［…に］なる ▷ Er hat sich heiser *gesungen*. 彼は歌いすぎて声がかれた

❷ (⟨sich⁴＋様態⟩と) 歌うには［…］だ ▷ Diese Melodie *singt* sich leicht. このメロディーは歌いやすい

Sin·gle [スィングル]
—— 女 (⑮2格 -; ⑮ -[s]) (レコードの)シングル盤
—— 男 der (⑮2格 -[s]; ⑮ -s) 独身でいる人，シングル

Sin·gu·lar [スィングラール] 男 der (⑮2格 -s; ⑮ なし) 《文法》単数

sin·ken [スィンケン] (sank; gesunken; 助動 s)
自 ❶ (船・天体などが)沈む ▷ Das Boot ist *gesunken*. ボートは沈んだ
❷ (ゆっくりと)下降する，下りてくる ▷ Der Ballon *sinkt* allmählich. 気球が徐々に下降する / ⟨lassen と⟩ Er lässt seinen Kopf *sinken*. 彼はうなだれる
❸ (人が)崩れるように倒れる ▷ Sie *sank* ohnmächtig zu Boden. 彼女は失神して床に⟨地面に⟩倒れた
❹ (物価・価値・水位・温度・生産などが)下がる，減る (⇔ steigen)

Sinn [ズィン] 男 der (⑮2格 -es ⟨まれに -s⟩; ⑮ -e)
❶ 《⑮ なし》(目的・価値としての)意味，意義 ▷ der *Sinn* des Lebens 人生の意味 / Es hat keinen *Sinn*, die Sache noch länger zu verschieben. この件をこれ以上延ばしても無意味だ
❷ 《⑮ なし》(表現の内容としての)意味 ▷ Sie konnte den *Sinn* meiner Worte nicht verstehen. 彼女は私のことばの意味が理解できなかった
❸ 《ふつう ⑮ で》感覚 ▷ die fünf *Sinne* des Menschen 人間の五感(視覚・嗅覚・味覚・聴覚・触覚を指す) / der sechste *Sinn* 第六感
❹ 《⑮ なし》センス ▷ ein ästhetischer *Sinn* 美的センス / Er hat keinen *Sinn* für Humor. 彼にはユーモアのセンスがない

イディオム *Aus den Augen, aus dem Sinn.* 《ことわざ》去る者は日々にうとし
im weiteren ⟨engeren⟩ Sinn[e] 広義⟨狭義⟩で
in diesem Sinne この意味で
nicht bei Sinnen sein 気が変になっている

Sinn·bild [ズィン・ビルト] 中 das (⑮2格 ⑮ -er) 象徴，シンボル

sin·nen [ズィンネン] (sann; gesonnen; 助動 h)
自 ⟨auf+④と⟩ […⁴を]もくろむ; 物思いに沈む ▷ Er *sinnt* auf Rache. 彼は復讐をもくろんでいる / 《現在分詞で》Er blickte *sinnend* in die Ferne. 彼は物思いにふけりながら遠くを見ていた

Sin·nes·or·gan [ズィンネス・オルガーン] 中 das (⑮2格 -s; ⑮ -e) 感覚器官

sinn·fäl·lig [ズィン・フェリヒ] 形 (説明などが)分かりやすい

sin·nie·ren [ズィニーレン] (sinnierte; sinniert; 助動 h)
自 《口語》あれこれ考える

sinn·lich [ズィンリヒ]
形 ❶ 感覚の，感覚的な ▷ die *sinnliche* Wahrnehmung 知覚
❷ 官能の; 肉感的な; 好色の ▷ *sinnliche* Freuden 官能の喜び / ein *sinnlicher* Mund 肉感的な口 / Er ist sehr *sinnlich*. 彼はひじょうに好色だ

sinn·los [ズィン・ロース]
形 ❶ 無意味な，むだな; 意味のない ▷ ein *sinnloser* Krieg 無意味な戦争 / Jeder Widerstand ist *sinnlos*. どんな抵抗もむだだ / Es ist *sinnlos*, länger zu warten. これ以上待ってもむだだ
❷ 自制⟨正体⟩を失った ▷ Sie war *sinnlos* betrunken. 彼女は正体もなく酔っていた

Sinn·spruch [ズィン・シュプルフ] 男 der (⑮2格 -[e]s; ⑮ ..sprüche) 金言，格言

sinn·voll [ズィン・フォル] 形 意味⟨意義⟩のある; (やり方などが)賢明な ▷ eine *sinnvolle* Erfindung 意味のある発明

Sint·flut [ズィント・フルート] 女 die (⑮2格 -; ⑮ なし) ノアの洪水

Si·phon [ズィーフォン／ズィフォーン] 男 der (⑮2格 -s; ⑮ -s) (炭酸水を入れる)サイフォンびん

Sip·pe [ズィッペ] 女 die (⑮2格 -; ⑮ -n) 血族，氏族; 《ふざけて》親類縁者

Sipp·schaft [ズィップシャフト] 女 die (⑮2格 -; ⑮ -en) 《ふつう軽蔑的に》一族郎党; 《人間の

Si·re·ne [ズィレーネ] 囡 die (⸺ 2格 -; ⸺ -n)
(警笛などの)サイレン ▷ Die Sirene eines Unfallwagens ertönte. 救急車のサイレンが鳴り響いた

Si·rup [ズィールプ] 男 der (⸺ 2格 -s; ⸺ なし) シロップ

Sit·te [ズィッテ] 囡 die (⸺ 2格 -; ⸺ -n)
❶ 〖ふつう で〗風習, 風俗 ▷ alte Sitten 古い風習 / 《ことわざ》Andere Länder, andere Sitten. ところ変われば品変わる (← 別の国は別の風習)
❷ 〖守るべき〗社会的規範; 道徳; 礼儀 ▷ Die Sitte verlangt, dass man grüßt. あいさつをするのが礼儀だ (← 社会的規範はあいさつすることを求める)
❸ 〖 で; 形容詞と〗礼儀作法, 行儀, マナー ▷ Er ist ein Mensch mit guten Sitten. 彼は礼儀正しい人だ

sitt·lich [ズィットリヒ] 形 道徳上の; 道徳にかなった, 道徳的な ▷ die sittliche Erziehung 道徳教育

Si·tu·a·ti·on [ズィトゥアツィオーン] 囡 die (⸺ 2格 -; ⸺ -en) 状況, 事態, 情勢 ▷ eine neue Situation 新しい状況 / die Situation richtig erfassen 状況を正しく把握する / Die wirtschaftliche Situation ist schlechter geworden. 経済状況はいっそう悪化した

Sitz [ズィッツ] 男 der (⸺ 2格 -es; ⸺ -e)
❶ (車・劇場などの)座席, 腰掛け ▷ ein bequemer Sitz ゆったりとした座席 / den Sitz herunterklappen シートを手前へパタンと下ろす
❷ 議席 ▷ Die Partei hat im Parlament 50 Sitze. その党は国会に 50 議席もっている
❸ (会社・役所などの)所在地 ▷ Der Sitz der Firma ist [in] Köln. その会社の所在地はケルンである

sit·zen
[zítsn ズィッツェン]

現在 ich sitze	wir sitzen
du sitzt	ihr sitzt
er sitzt	sie sitzen
過去 ich saß	wir saßen
du saßest	ihr saßt
er saß	sie saßen
過分 gesessen	完了 haben

自 ❶ (人が)座っている(☆「座る」は sich setzen) bequem im Sessel sitzen 安楽いすにゆったりと座っている
Sie kann nicht still sitzen. 彼女はじっと座っていられない
im Café sitzen 喫茶店にいる
vor dem Fernseher sitzen テレビを見ている
❷ (鳥などが)とまっている; (めん鳥が)卵を抱いている ▷ Auf dem Baum sitzt ein Falke. 木の上にタカがとまっている
❸ 〖口語〗〖場所と〗[…に]住み着いている ▷ Wir sitzen seit Jahren auf dem Lande. 私たちは何年もいなかに住んでいる
❹ 〖口語〗刑務所に入っている ▷ Er hat jahrelang gesessen. 彼は何年も刑務所に入っていた
❺ 〖場所と〗(物が)[…のところに]ある; 取りつけられている ▷ Die Haken sitzen zu hoch. 掛け鉤₀₁は高すぎるところにある
❻ (服などが)合う; 正しい位置〈状態〉にある ▷ Der Anzug sitzt nicht〈gut〉. このスーツは体に合わない〈ぴったり合う〉/ Endlich sitzt meine Krawatte. やっとネクタイがきちんと締められた
イディオム ④+*nicht auf sich*⁴ *sitzen lassen*(非難・嫌疑など)⁴に対して黙っている

④+*sitzen lassen*
a)〔妻子など⁴を〕見捨てる
b)〔…⁴を〕待ちぼうけを食わせる
c)〔学生など⁴を〕落第させる
sitzen bleiben《口語》
a) 落第する, 進級できない ▷ Er ist zweimal sitzen geblieben. 彼は 2 回落第した
b)(女性が)売れ残る
c)〖auf+③と〗(売り手が)[…³を]売れずにいる

sit·zen|blei·ben [ズィッツェン・ブライベン] 自動 (blieb sitzen; sitzengeblieben; 完了s) 自 (旧⇒新) **sitzen bleiben** (分けて書く) ☞ sitzen

sit·zen|las·sen [ズィッツェン・ラッセン] 自動 (er lässt sitzen; ließ sitzen; sitzengelassen; 完了h) 他 《口語》(旧⇒新) **sitzen lassen** (分けて書く) ☞ sitzen

Sitz·ord·nung [ズィッツ・オルドヌング] 囡 die (⸺ 2格 -; ⸺ なし) 席順

Sitz·platz [ズィッツ・プラッツ] 男 der (⸺ 2格 -es; ⸺ ..plätze) (乗り物・劇場などの)座席 ▷ ein Sitzplatz am Fenster 窓際の座席 / Das Theater hat 700 Sitzplätze. この劇場は座席数が 700 ある

Sitz·streik [ズィッツ・シュトライク] 男 der (⸺ 2格 -[e]s; ⸺ -s) 座り込みスト

Sit·zung [ズィッツング] 囡 die (⸺ 2格 -; ⸺ -en) (委員会などの小さな)会議 ▷ die Sitzung eröffnen 会議を開く / Heute habe ich drei Sitzungen. きょう会議が 3 つある

Ska·la [スカーラ] 囡 die (⸺ 2格 -; ⸺ Skalen ⟨-s⟩)
❶ (計器などの)目盛り
❷ (物事の程度の)段階; (色調などの)段階; 〖音楽〗音階

Ska·len [スカーレン] Skala の 複数

Skal·pell [スカルペル] 中 das (単2格 -s; 複 -e)《医学》外科用メス

Skan·dal [スカンダール] 男 der (単2格 -s; 複 -e) スキャンダル, 醜聞 ▷ Das ist ja ein *Skandal*! それは実にけしからんことだ

skan·da·lös [スカンダレース] 形 スキャンダラスな, 恥ずべき, けしからぬ, もってのほかの

Skan·di·na·vi·en [スカンディナーヴィエン] (中 das)《地名》スカンジナビア[半島]

Skat [スカート] 男 der (単2格 -[e]s; 複 -e)
❶ 《ふつう 複 なし》 スカート (3人で遊ぶトランプゲーム)
❷ (スカートゲームの2枚の)伏せ札

Ske·lett [スケレット] 中 das (単2格 -[e]s; 複 -e)《人間・動物の骨組み全体を指して》骨格, 骸骨 ▷ Im Wald wurde ein *Skelett* gefunden. 森で白骨化した死体が見つかった

Skep·sis [スケプスィス] 女 die (単2格 -; 複 なし)(本当だろうかという)疑い, 懐疑 ▷ voller *Skepsis* sein まったく懐疑的である

skep·tisch [スケプティシュ] 形 懐疑的な ▷ Ich bin ziemlich *skeptisch*, ob das wohl gut gehen wird. 私はそのことがうまくいくかどうかについてかなり懐疑的だ

Sketch [スケッチ] 男 der (単2格 -es; 複 -e 〈-es〉)(寄席などの)風刺をきかせた寸劇

Ski [シー] 男 der (単2格 -s; 複 -〈-er〉)(用具としての)スキー (☆ Schi ともつづる) ▷ *Ski* fahren 〈laufen〉 スキーをする

Ski·er [シーアー] Ski の 複数

Ski·hüt·te [シー・ヒュッテ] 女 die (単2格 -; 複 -n) スキー小屋

Ski·lauf [シー・ラオフ] 男 der (単2格 -[e]s; 複 なし) スキー

Ski·lau·fen [シー・ラオフェン] 中 das (単2格 -s; 複 なし) スキー

Ski·läu·fer [シー・ロイファー] 男 der (単2格 -s; 複 -) スキーヤー

Skin·head [スキン・ヘッド] 男 der (単2格 -s; 複 -s) スキンヘッド, 短髪族 (過激主義の傾向を持つ剃髪した若者)

Skiz·ze [スキッツェ] 女 die (単2格 -; 複 -n)
❶ (風景・建物などの)スケッチ, 略図 ▷ die *Skizze* einer Landschaft 風景のスケッチ
❷ 草案, 草稿, 小品文, スケッチ ▷ die *Skizze* einer Rede スピーチの草案

skiz·zie·ren [スキツィーレン] (skizzierte; skizziert;⸺h)
他 ❶ 《4と》〔…⁴の〕をスケッチする; 〔…⁴の〕略図を描く
❷ 《4と》〔…⁴の〕草案〈概要〉を書く

Skla·ve [スクラーヴェ/..フェ] 男 der (単2·3·4格 -n; 複 -n) 奴隷 ▷ mit *Sklaven* handeln 奴隷を売買する

Skla·ve·rei [スクラーヴェライ/..フェライ] 女 die (単2格 -; 複 なし)《歴史》奴隷であること, 奴隷の身分

Skla·vin [スクラーヴィン/..フィン] 女 die (単2格 -; 複 ..vinnen) Sklave の女性形

skla·visch [スクラーヴィシュ/..フィシュ] 形 (奴隷であるかのように)隷属的な, 盲従的な, 卑屈な

Skon·to [スコント] 男 der / 中 das (単2格 -; 複 -s)《商業》(即金払いの際の)割引 ▷ 5% *Skonto* bekommen 5%引きにしてもらう

Skor·pi·on [スコルピオーン] 男 der (単2格 -s; 複 -e)《動物》サソリ ▷ Er wurde von einem *Skorpion* gestochen. 彼はサソリに刺された

Skru·pel [スクルーペル] 男 der (単2格 -s; 複 -) 《ふつう 複 で》(悪事に対する)ためらい, 良心のとがめ

skru·pel·los [スクルーペル・ロース] 形 (悪事に対する)ためらいもない, 良心のとがめを感じることない

Skulp·tur [スクルプトゥーア] 女 die (単2格 -; 複 -en)(石・ブロンズ・石膏などの)彫刻, 彫塑, 塑像

skur·ril [スクリール] 形 奇妙な, 風変わりな, 突拍子もない

Sla·lom [スラーロム] 男 der (単2格 -s; 複 -s)(スキーの)スラローム, 回転競技

Slang [スラング] 男 der (単2格 -s; 複 -s) 俗語, スラング

Slip [スリップ] 男 der (単2格 -s; 複 -s)《衣類》ブリーフ; ショーツ

Slo·gan [スローガン] 男 der (単2格 -s; 複 -s) (広告などの)キャッチフレーズ, 宣伝文句; スローガン, 標語

Slo·wa·ke [スロヴァーケ] 男 der (単2·3·4格 -n; 複 -n) スロヴァキア人

die **Slo·wa·kei** [スロヴァカイ] 女 die (単2格 -; 複 なし)《国名》スロヴァキア (☆ 定冠詞を必ず伴う)

slo·wa·kisch [スロヴァーキシュ] 形 スロヴァキア[人]の, スロヴァキア語の

Slo·we·ne [スロヴェーネ] 男 der (単2·3·4格 -n; 複 -n) スロヴェニア人

Slo·we·ni·en [スロヴェーニエン] (中 das)《国名》スロヴェニア (旧ユーゴスラヴィア連邦の一部)

slo·we·nisch [スロヴェーニシュ] 形 スロヴェニア[人]の, スロヴェニア語の

Slums [スラムス] 複名 スラム街 ▷ Er kommt aus den *Slums* dieser Stadt. 彼はこの町のスラム街の出身だ

Sma·ragd [スマラクト] 男 der (単2格 -[e]s; 複 -e) エメラルド

smart [スマルト] 形 (服装などが)しゃれた, スマートな; (人の対応などが)すきのない, 抜け目のない

Smo·king [スモーキング] 男 der (単2格 -s; 複 -s)《衣類》タキシード, スモーキング

Snob [スノッブ] 男 *der* (⊕ 2格 -s; ⊕ -s) (自分の教養などを鼻にかける)俗物, スノッブ

so
[zo: ゾー]

副 ❶ **その〈この〉ように**
Wir machen das *so* und nicht anders. 私たちはそれをそのようにする 他のやり方ではない / *So* geht es nicht. そうはいかない / Gut *so*! それでいい / *So* nicht! そんなことはやめてくれ / *So* ist es! 《返答として》そうなんだよ / Ach, *so* ist das! ああ そういうことか / 〖独立的に〗Ach *so*! ああ そうですか

❷ 〖形容詞などの前で〗
a)《程度を表して》**それ〈これ〉ほど** ▷ Er ist ungefähr *so* groß. 《手振りなどを混ぜながら》彼はだいたいこれくらいの大きさだ / Die Arbeit war nicht *so* schwer. その仕事はそれほど難しくなかった / 〖dass 文, zu 不定詞句と呼応して〗Es war *so* dunkel, dass ich nichts sah. 暗かったので私は何も見えなかった / Er ist nicht *so* töricht, das zu tun. 彼はそんなことをするほど愚かではない
b)《強調を表して》**非常に, とても**《☆ しばしば ja を伴う》▷ Ich bin [ja] *so* froh. 私は実にうれしい

❸ 〖条件文を受けて〗**そうすれば** ▷ Wenn ich genug Zeit hätte, *so* würde ich dir helfen. 時間があれば私は君の手助けをするのだが

❹ 〖命令文などで; doch などと〗**まあ, さあ** ▷ *So* hör doch! まあ聞けよ

❺《口語》《(…なしに) その〈この〉まま》▷ Soll ich es einpacken? – Nein, danke, ich nehme es *so* mit. 包みましょうか―いいえけっこうです このまま (包まずに) 持って行きます

❻《口語》《発話をぼかして》Er schrieb alles auf, was ihm *so* in den Sinn kam. 彼はなんとなく心に浮かんだことをすべて書き留めた / 〖複数形の名詞と〗Sie hat *so* ihre Pläne. 彼女にはまあ彼女なりの計画がある

❼ 〖数詞と〗《口語》**およそ** ▷ Das kostet *so* dreißig Euro. それはおよそ30ユーロする

❽ 〖so+形容詞・副詞を先置した副文形式で; しばしば auch を伴う; 主文の語順に影響を与えない〗《認容》**どんなに…でも** ▷ *So* Leid es mir tut, ich muss jetzt gehen. とても残念ですが私はもう行かねばなりません

《イディオム》**nur so**（特に理由もなく）**ただなんとなく; 激しく, ひどく** ▷ Ich habe das *nur so* gesagt. 私はそれをただなんとなく言っただけだ / Es regnete *nur so*. 雨がひどく降った

... oder so …か（それに類した）なにか ▷ Er heißt Ries *oder so*. 彼はリースかなんかそんな名前だ

... so, als ob ~ ～のように… ▷ Er tut *so, als ob* er reich wäre. 彼は金持ちであるかのように振舞う

..., so dass その結果, それで ▷ Es war kalt, *so dass* er fror. 寒かったので彼は凍えた

... so, dass ~ ～のように… ▷ Er spricht *so, dass* man ihn gut versteht. 彼はよくわかるように話をする

so ein その〈この〉ような (☆ solch の口語形) ▷ *So ein* schönes Auto möchte ich auch haben. そんなすてきな車を私もほしい /《強調を表して》*So ein* Unglück! なんて運が悪いんだ

so [et]was そのようなこと ▷ *So etwas* sagt man nicht. そのようなことは言うべきではない / Na, *so was*!《驚きを表して》えっ そんなことが[あるのか]

so genannte いわゆる (☆ 名詞につけて) ▷ Er ist ein *so genanntes* Wunderkind. 彼はいわゆる神童だ /《(その名に値しないことを表して)》Seine *so genannten* Freunde haben ihn im Stich gelassen. 彼の友人だと言っていたやつらが彼を見殺しにした

so gut wie ... …も同然, ほぼ… ▷ Die Arbeit ist *so gut wie* erledigt. 仕事はほぼかたづいた

so oder so いずれにせよ, とにかく ▷ Du musst das Geld *so oder so* zurückgeben. 君はその金をいずれにせよ返さねばならない

so viel ... wie ~ ～と同じくらい(多く)の… ▷ Ich spare *so viel* Geld *wie* möglich. 私はできるだけ貯金する / Er verdient doppelt *so viel wie* ich. 彼は私の倍稼ぐ / Du darfst nehmen, *so viel* [*wie*] du willst. 君はほしいだけ取っていいよ

so viel für heute《口語》きょうはここまで

so weit そこまでは; だいたい, まあまあ ▷ *So weit* war sie einverstanden. そこまでは彼女は同意していた

so weit sein 用意ができている ▷ Wir können jetzt gehen, ich *bin so weit*. 私たちもう行けます 私は用意ができました

so wenig ... wie ~ ～と同じくらい少ない… ▷ Ich habe *so wenig* Erfahrung *wie* er. 私は彼と同じくらいわずかな経験しかない / Rauchen Sie *so wenig wie* möglich! できるだけタバコは吸わないようにしなさい

so ... wie ~ ～と同じくらい… ▷ Er ist *so* alt〈groß〉 *wie* du. 彼は年〈背の高さ〉が君と同じだ / Komm *so* bald *wie* möglich! できるだけ早く来てくれ

... so, wie ~ ～のように… ▷ Du gefällst mir *so, wie* du bist. 私には今のままの君がいい

und so weiter などなど (⊕ usw.)

so·bald [ゾ・バルト] 腰《従属; 定動詞後置》…したらすぐ，…するやいなや ▷ *Sobald* sie kommt, werde ich sie fragen. 私は彼女が来たらすぐ彼女に聞いてみます

So·cke [ゾッケ] 囡 *die* (⦿ 2 格 -; ⦿ -n) (ふくらはぎまでの，短い)靴下，ソックス (☆「ストッキング」は Strumpf) ▷ ein Paar *Socken* 靴下 1 足 / die *Socken* anziehen 〈ausziehen〉 靴下をはく〈脱ぐ〉 / Sie trägt weiße *Socken*. 彼女は白のソックスをはいている

So·ckel [ゾッケル] 男 *der* (⦿ 2 格 -s; ⦿ -) (建物の)土台; (彫像・家具などの)台座, 台

So·do·mie [ゾドミー] 囡 *die* (⦿ 2 格 -; ⦿ なし) 獣姦(じゅうかん)

so·eben [ゾ・エーベン] 副 今ちょうど，たった今, つい今しがた ▷ *Soeben* schlägt es zwölf. 今ちょうど時計が 12 時をうつ / Er hat *soeben* das Haus verlassen. 彼はたった今家を出たところです

So·fa [ゾーファ] 中 *das* (⦿ 2 格 -s; ⦿ -s) ソファー, 長いす ▷ Er saß auf dem *Sofa*. 彼はソファーに座っていた

so·fern [ゾ・フェルン] 腰《従属; 定動詞後置》…の場合には，…ならば ▷ Ich komme morgen, *sofern* es dir passt. 君の都合がよければ私は明日まいります

soff [ゾフ] saufen の 過去

so·fort [zofɔ́rt ゾ・フォルト]

副 すぐに，ただちに, すぐさま (☆ gleich よりも差し迫った状況を指す) ▷ Komm *sofort* her! すぐにこっちへ来い / Einen Moment, ich bin *sofort* fertig. ちょっと待って すぐにすみますです

sog [ゾーク] saugen の 過去

sog. [ゾー・ゲナント] 〘so genannte の略語〙 いわゆる

Sog [ゾーク] 男 *der* (⦿ 2 格 -[e]s; ⦿ なし) (水の流れ・真空状態などによって生じる，物を吸い込もうとする力, 吸引力 ▷ Die Schiffsschraube erzeugt einen *Sog*. スクリューは物を吸い込む水の流れをつくり出す

so·gar [ゾ・ガール]

副 ❶ …でさえも ▷ Ich arbeite *sogar* im Urlaub. 私は休暇中でも働く

❷ しかも，それどころか ▷ Er war krank, *sogar* schwer krank. 彼は病気だった しかも重病だった

so·ge·nann·te [ゾー・ゲナンテ] 形 〘旧⇒新〙 so genannte (分けて書く) ☞ so

so·gleich [ゾ・グライヒ] 副 すぐに, ただちに (= sofort)

Soh·le [ゾーレ] 囡 *die* (⦿ 2 格 -; ⦿ -n)
❶ 靴底
❷ 足の裏
❸ (谷・川などの)底

Sohn

[zoːn ゾーン]

男 *der* (⦿ 2 格 -[e]s; ⦿ Söhne)

格	単　　数	複　　数
①	der Sohn	die **Söhne**
②	des Sohn[e]s	der Söhne
③	dem Sohn	den Söhnen
④	den Sohn	die Söhne

息子, せがれ (☆「娘」は Tochter)
der älteste 〈zweite〉 *Sohn* 長男〈次男〉
Ich habe zwei *Söhne* und eine Tochter. 私には 2 人の息子と 1 人の娘がいる
《年少者への親しみを込めた呼びかけとして》
Mein *Sohn*! おい君, 坊や

Söh·ne [ゼーネ] Sohn の 複数

So·ja·so·ße [ゾーヤ・ゾーセ] 囡 *die* (⦿ 2 格 -; ⦿ -n) 《料理》醤油(しょうゆ)

so·lang [ゾラング] = solange

so·lan·ge [ゾ・ランゲ] 腰《従属; 定動詞後置》
❶ …の間は(ずっと) ▷ *Solange* du Fieber hast, musst du im Bett bleiben. 熱がある間はおまえは寝ていなければだめだ

❷ 《否定詞と》 〔…しない〕 限りくうちは ▷ *Solange* du nicht alles aufgegessen hast, darfst du nicht spielen gehen. 全部食べてしまわないうちは おまえは遊びに行ってはいけません

solch [ゾルヒ] 〘成句で〙
solch [ein] (☆ solch は無変化; 口語では so [ein] になる) 《形容詞を強めて》 このような ▷ *solch ein* schönes Kleid このようにすてきなドレス / bei *solch* herrlichem 〈einem herrlichen〉 Wetter このようにすばらしい天気には

sol·che [ゾルヒェ] ☞ solcher
sol·chem [ゾルヒェム] ☞ solcher
sol·chen [ゾルヒェン] ☞ solcher

sol·cher

[zɔlçɐ ゾルヒャー]

——《定冠詞類》

格	男性	女性	中性	複数
①	solcher	solche	solches	solche
②	solcher	solcher	solcher	solcher
③	solchem	solcher	solchem	solchen
④	solchen	solche	solches	solche

[注 1] 男性・中性の 2 格でまれに語尾 -es が用いられる

[注 2] 後続の形容詞は定冠詞類のあとの場合と同じように変化するが，単数 3 格(女性は 2 格も)，および複数 1・2・4 格で solcher と同一の格語尾をとることがある

❶ この〈その〉ような
solches Vertrauen このような信頼

solche prachtvolle[n] Bauten このように壮麗な建造物 / der Wert *solcher* alten ⟨*alter*⟩ Briefmarken このような古い切手の価値 / *Solche* Krawatten trägt man heute nicht mehr. そのようなネクタイは今ではもう流行遅れだ / *Solches* herrliche Wetter habe ich noch nicht erlebt. こんなすばらしい天気は私は初めてだ
〖名詞的に；語尾は省かれた名詞に基づく〗
Es gibt immer *solche*. このような人はいつの世でもいる / *Solches* hatte er auch schon gehört. そのようなことは彼もすでに聞いていた
❷ ひどい，はなはだしい ▷ Ich habe *solchen* Durst. 私はとてものどが渇いている
イディオム **als solcher** ⟨*solche, solches*⟩ それ自体 ▷ Das Programm *als solches* war gut, aber die Ausführung hatte Mängel. プラン自体はよかったがその実施に難点があった
— 形 このような（☆ 不定冠詞と結びつく）▷ ein *solcher* Charakter このような性格 / bei einem *solchen* herrlichen Wetter このようにすばらしい天気には / Einen *solchen* Wagen haben wir früher auch gehabt. このような自動車を私たちも以前もっていた

sol·ches [ゾルヒェス] ☞ solcher
Sold [ゾルト] 男 *der* (⦿2格 -[e]s; ⦿ -e) (特に兵士の)給料
Sol·dat [ゾルダート] 男 *der* (⦿2·3·4格 -en; ⦿ -en) **兵隊**, 兵士; 軍人 ▷ Viele *Soldaten* sind im Krieg gefallen. たくさんの兵隊が戦死した
So·le [ゾーレ] 女 *die* (⦿2格 -; ⦿ -n) (比較的濃い)塩水
So·li [ゾーリ] Solo の 複数
so·lid [ゾリート] = solide
so·li·da·risch [ゾリダーリシュ] 形 連帯した, 団結した ▷ sich⁴ mit +③ *solidarisch* fühlen ··³と連帯感を持つ
so·li·da·ri·sie·ren [ゾリダリズィーレン] (solidarisierte; solidarisiert; 完了 h)
再 〖sich⁴ + mit + ③〗 [··³と]連帯する, 団結する
So·li·da·ri·tät [ゾリダリテート] 女 *die* (⦿2格 -; ⦿ なし) 連帯, 団結
So·li·da·ri·täts·zu·schlag [ゾリダリテーツ·ツー·シュラーク] 男 *der* (⦿2格 -[e]s; ⦿ なし) (旧東ドイツ地域の経済的発展のために課される)連帯付加税
so·li·de [ゾリーデ] 形 ❶ (作りが)しっかりした, じょうぶな ▷ ein *solider* Tisch しっかりしたテーブル
❷ (基礎が)しっかりした ▷ eine *solide* Firma 堅実な会社 / *solide* Kenntnisse besitzen しっかりした知識をもっている
❸ (まともで)堅実な ▷ Er lebt sehr *solide*. 彼はひじょうに堅実な生活を送っている
So·list [ゾリスト] 男 *der* (⦿2·3·4格 -en; ⦿ -en) (音楽)ソリスト
soll [ゾル] sollen の 現在
Soll [ゾル] 中 *das* (⦿2格 -[s]; ⦿ なし) ノルマ(割り当てられた仕事量) ▷ Er hat heute sein *Soll* erfüllt. 彼はきょう自分のノルマを果たした
sol·le [ゾレ] sollen の 接続I

sol·len
[zɔlən ゾレン]

現在	ich **soll**	wir sollen
	du sollst	ihr sollt
	er **soll**	sie sollen
過去	ich **sollte**	wir sollten
	du solltest	ihr solltet
	er sollte	sie sollten
変化	sollen, gesollt	完了 haben
接続I	solle	接続II	sollte

〖話法の助動詞〗
— 〖不定詞と；過去分詞は sollen〗
❶ 主語に対して本動詞の行為を行うように求める「主語以外の人」の意志を表す；主語には人も事物もなる）
a) 《話者の意志》…すべきだ, …してほしい
Du *sollst* ihm das Buch geben. 君は彼にその本をあげなさい
Er *soll* sofort zu mir kommen. 彼にすぐ私のところに来てほしい（来るように言ってくれ）
b) 〖疑問文で〗《相手の意向をたずねて》…しましょうか
Soll ich mitkommen? 私がいっしょに行きましょうか
Soll ich auf dich warten? 君を待っていようか
〖相手のことばなどに反論して〗
Woher *soll* ich das wissen? どうして私にそんなことがわかるんだ（そんなことはわからない）
Was *soll* das heißen? それはどういうこと⟨意味⟩だ
c) 《第三者の意志》…するように言われている
Ich *soll* dich zu ihr grüßen. 彼女から君によろしくとのことだ
Ich *soll* ihr das Buch bringen. 私はこの本を彼女に届けるように言われている
〖間接引用で；命令文の言い換えとして〗
Er sagte zu ihr, sie *solle* sofort zum Arzt gehen. (← Er sagte zu ihr: „Geh sofort zum Arzt!") 彼は彼女にすぐ医者のところに行くように言った

d)《当事者の意図》…ということを計画〈希望〉している (☆ 主語は物事) ▷ Nächstes Jahr *sollen* die Steuern erhöht werden. 来年増税が計画されている / Nun gut, du *sollst* es haben. まあいいや それは君にあげよう /《過去形で》《実現しなかった意図を表して》Das *sollte* ein Witz sein. それはしゃれのつもりだったのだ

❷《道義・常識などにもとづく義務や必要性》…すべきだ, …するのが当然である ▷ Die Kinder *sollen* ihren Eltern gehorchen. 子供は親の言うことに従うべきである /《否定詞と》《禁止》Du *sollst* nicht töten! なんじ殺すなかれ (☆ 聖書)

❸《自問の疑問文で》《困惑》Wem *soll* ich nun glauben? 私はいったいだれを信じたらいいんだろう / Ich weiß nicht, was ich tun *soll*. 私はどうしていいのかわからない

❹《世間のうわさ》…だそうだ, …といううわさである (☆ しばしば完了不定詞と) ▷ Wir *sollen* eine Gehaltserhöhung bekommen. 私たちは給料を上げてもらえるそうだ / Sie *soll* nach Amerika geheiratet haben. 彼女は結婚してアメリカへ行ったそうだ

❺《運命的必然》…する定めにある ▷ wenn ich sterben *soll* 私が死ぬ定めにあるならば

❻《過去形で》《(のちに生じたことを過去の時点からみて)(のちに)…することになった》▷ Damals wusste sie noch nicht, dass sie ihn nie wiedersehen *sollte*. 当時彼女はまだ彼ともう二度と会えなくなるということに気づいていなかった

❼《ふつう接続法 II で》《本来такそうあるべきことを表して》(本当は)…であるべきなのだ[が],《望ましいことを表して》…ならいい[のだが] ▷ Das *sollte* er doch wissen. そんなことは彼も当然知っていなければならないのだが / So *sollte* das Wetter immer sein! 天気がいつもこうならいいのだが /《接続法 II 過去》《後悔(1人称)・非難(2・3人称)を表して》Ich hätte früher daran denken *sollen*. 私はもっと早くにそのことを考えるべきだった / Das hättest du nicht tun *sollen*. そんなことを君はすべきではなかったのに

❽《接続法 II による自問の疑問文で》《疑惑を表して》(本当に)…だろうか ▷ *Sollte* das wahr sein? それは本当なのだろうか

❾《接続法 II による条件文で》(万一)…するようなことがあれば ▷ Wenn dir das gelingen *sollte*, würde ich mich sehr freuen. もし君がそれに成功するようなことがあれば私はうれしいんだけど /《wenn を省略して文頭で》*Sollte* es regnen, [dann] bleiben wir zu Hause. 雨が降るようなことがあれば私たちは家にいます

── 本動詞(不定詞)を省略して; 過去分詞は gesollt)

❶《gehen などの移動動詞の省略; 方向と》[…に](行く)べきだ ▷ Du *sollst* schon ins Bett. おまえはもう寝なさい

❷《tun の省略》[…を]すべきだ ▷ Warum *soll* ich das? 私はなぜそんなことをしなければならないのか

sollst [ゾルスト] sollen の 現在

sollt [ゾルト] sollen の 現在

soll·te [ゾルテ] sollen の 過去, 接続法 II

so·lo [ゾーロ]
副 ❶《音楽》ソロで ▷ Sie will nur noch *solo* singen. 彼女はいまではもうソロでしか歌わない
❷《口語》ひとりで

So·lo [ゾーロ] 中 *das* (2格 -s; 複 -s ⟨Soli⟩)《音楽》(作品の中の)独奏〈独唱〉部, (ダンス)ソロ

so·mit [ゾ·ミット/ゾー·ミット]副《論理的帰結を表して》だから, したがって ▷ Das Erdöl wird teurer, und *somit* steigen die Benzinpreise. 石油が高くなりそれによってガソリンの値段も上がる

Som·mer

[zómɐ ゾマー]

男 *der* (2格 -s; 複 -)

夏

ein heißer *Sommer* 暑い夏
im *Sommer* 夏に

Som·mer·fe·ri·en [ゾマー・フェーリエン] 複名 (学校などの)夏休み, 夏期休暇 ▷ In den *Sommerferien* verreisen wir immer. 夏休みには私たちはいつも旅行する

Som·mer·fest [ゾマー・フェスト] 中 *das* (2格 -[e]s; 複 -e) 夏祭り

som·mer·lich [ゾマーリヒ] 形 夏のような; 夏向きの ▷ *sommerliches* Wetter 夏のような天候

Som·mer·spros·se [ゾマー・シュプロッセ] 女 *die* (2格 -; 複 -n)《ふつう 複 で》そばかす ▷ Sein Gesicht ist mit *Sommersprossen* übersät. [状態受動] 彼の顔はそばかすだらけだ

So·na·te [ゾナーテ] 女 *die* (2格 -; 複 -n)《音楽》ソナタ

Son·de [ゾンデ] 女 *die* (2格 -; 複 -n)
❶《医学》ゾンデ(食道, 尿道などに入れて中を探査する器具) ▷ eine *Sonde* in den Magen einführen ゾンデを胃に入れる
❷ 宇宙空間探査機

Son·der·an·ge·bot [ゾンダー・アンゲボート] 中 *das* (2格 -[e]s; 複 -e) 特別割引セール, 特売; 特売品
(イディオム) ④ +*im Sonderangebot kaufen* ⁴を特売で買う

son·der·bar [ゾンダー・バール] 形 奇妙な, 妙な, 変な ▷ Er ist ein *sonderbarer* Mensch. 彼は変わり者だ

Son·der·brief·mar·ke [ゾンダー・ブリーフ・マルケ] 女 *die* (⊕ 2格 -; ⊕ -n) 記念切手

son·der·lich [ゾンダーリヒ] 形 特別〈格別〉の（☆ nicht や ohne など否定を表す語と用いられる）▷ Sein Erfolg war nicht *sonderlich* groß. 彼の成功は特に大きいものではなかった / ohne *sonderliche* Mühe 格別苦労することもなく

Son·der·ling [ゾンダーリング] 男 *der* (⊕ 2格 -s; ⊕ -e) 変わり者, 変人, 奇人 ▷ Er ist ein *Sonderling*. 彼は変人だ

Son·der·ma·schi·ne [ゾンダー・マシーネ] 女 *die* (⊕ 2格 -; ⊕ -n) (定期便以外の)臨時便

son·dern
[zóndɐn ゾンデルン]

接 《並列》〖否定詞と呼応して〗[…]ではなくて… Sie kommt nicht heute, *sondern* morgen. 彼女はきょうではなくあす来る Das ist nicht Ihr Mantel, *sondern* meiner. それはあなたのコートではなく私のだ Wir gehen nicht ins Kino, *sondern* ins Theater. 私たちは映画ではなく芝居を見に行く Ich habe nicht geschrieben, *sondern* angerufen. 私は手紙を書いたのではなく電話をかけた
(イディオム) **nicht nur ..., sondern [auch]** ～ …だけでなく～も ▷ Sie ist *nicht nur* hübsch, *sondern auch* klug. 彼女はきれいなだけでなく頭もよい

Son·der·zug [ゾンダー・ツーク] 男 *der* (⊕ 2格 -[e]s; ⊕ ..züge) (季節などに応じて増発される)臨時列車

son·die·ren [ゾンディーレン] (sondierte; sondiert; 匿 h)
他 《④と》〖地形・状況などを〗調査する

Sonn·abend
[zón|a:bənt ゾン・アーベント]

男 *der* (⊕ -s; ⊕ -e)

《北部・中部ドイツ》土曜日 (⊕ Sa.; ＝Samstag) (用法: ☞ Dienstag)

Son·ne [ゾンネ] 女 *die* (⊕ 2格 -; ⊕ なし)
❶ 太陽 ▷ Die *Sonne* scheint grell. 太陽がぎらぎらと輝く / Die *Sonne* geht auf 〈unter〉. 太陽が昇る〈沈む〉
❷ 日光, 陽光, 日差し ▷ Diese Pflanze braucht viel *Sonne*. この植物は日光がたくさん必要だ / in der *Sonne* 日なたで, 日差しの中で

son·nen [ゾンネン] (sonnte; gesonnt; 匿 h)
再 〖sichと〗日光浴をする ▷ *sich* auf dem Balkon *sonnen* バルコニーで日光浴をする / 《比ゆ》Er *sonnte* sich in seinem Glück. 彼は幸福に浸っていた

Son·nen·bad [ゾンネン・バート] 中 *das* (⊕ 2格 -[e]s; ⊕ ..bäder) 日光浴

Son·nen·blu·me [ゾンネン・ブルーメ] 女 *die* (⊕ 2格 -; ⊕ -n) 《植物》ヒマワリ

Son·nen·brand [ゾンネン・ブラント] 男 *der* (⊕ 2格 -[e]s; ⊕ ..brände) 日焼け ▷ Sie hat einen *Sonnenbrand*. 彼女は日焼けしている

Son·nen·bril·le [ゾンネン・ブリレ] 女 *die* (⊕ 2格 -; ⊕ -n) サングラス ▷ Er trägt immer eine dunkle *Sonnenbrille*. 彼はいつも黒っぽいサングラスをかけている

Son·nen·schein [ゾンネン・シャイン] 男 *der* (⊕ 2格 -[e]s; ⊕ なし) 日光, 日差し ▷ im *Sonnenschein* sitzen 日なたに座っている

Son·nen·schirm [ゾンネン・シルム] 男 *der* (⊕ 2格 -[e]s; ⊕ -e) パラソル, 日がさ

Son·nen·sys·tem [ゾンネン・ズュステーム] 中 *das* (⊕ 2格 -s; ⊕ なし) 《天文》太陽系

son·nig [ゾンニヒ]
形 ❶ 日があたる, 日当たりのよい ▷ ein *sonniges* Zimmer 日当たりのよい部屋
❷ よく晴れた ▷ Das Wetter ist *sonnig*. 晴天だ
❸ (性格が)明るい, 陽気な ▷ Sie hat ein *sonniges* Gemüt. 彼女は性格が明るい

Sonn·tag
[zónta:k ゾン・ターク]

男 *der* (⊕ 2格 -[e]s; ⊕ -e)

日曜日 (⊕ So.; ⊕ Werktag, Wochentag) (用法: ☞ Dienstag)
an *Sonn*- und Feiertagen 日曜祭日に

sonn·täg·lich [ゾン・テークリヒ]
形 ❶ 日曜日らしい ▷ Die Kinder waren *sonntäglich* gekleidet. [状態受動] 子供たちは晴れ着を着ていた
❷ 日曜日ごとの ▷ der *sonntägliche* Kirchgang 日曜日ごとに教会へ行くこと

sonn·tags [ゾン・タークス] 副 毎週日曜日に ▷ Wir gehen *sonntags* in die Kirche. 私たちは毎週日曜日に教会に行く

sonst [ゾンスト]
副 ❶ ふだんは, いつもは ▷ Was ist denn mit dir los, du bist doch *sonst* immer lustig! 君はいったいどうしたんだ ふだんはいつも陽気なのに / Er hat es besser als *sonst* gemacht. 彼はそれをいつもよりうまくやった / wie *sonst* いつものように
❷ そのほかに, それ以外に ▷ Haben Sie *sonst* noch Fragen? ほかにまだ質問がありますか / *Sonst* noch etwas?《(店員が客に対して)ほかにまだご入り用のものがありますか
❸ さもないと, そうしなければ ▷ Wir müssen uns beeilen, *sonst* kommen wir zu spät. 私たちは急がねばならない さもないと遅刻する

(旧⇨新)＝新正書法の指示, ⊕＝旧正書法の指示

sons·ti·ge [ゾンスティゲ] [形] そのほかの, それ以外の (☆ 名詞につけて) ▷ Blumen und *sonstige* Geschenke 花やそのほかの贈り物

so·oft [ゾ·オフト] [接] 〔従属; 定動詞後置〕 …のときにはいつでも, …するたびに ▷ *Sooft* er kommt, bringt er Blumen mit. 彼は来るたびに花を持って来る

Sop·ran [ゾプラーン] [男] *der* ([単] 2格 -s; [複] -e) 《音楽》ソプラノ (女性·少年の高音域)

Sor·ge [ゾルゲ] [女] *die* ([単] 2格 -; [複] -n)
❶ 心配, 気がかり; 心配ごと ▷ Keine *Sorge*! 心配するな / *Sorgen* haben 心配ごとがある / Sie machen sich *Sorgen* um ihren Freund. 彼らは友人のことを心配している
❷ 〖[複] なし〗 世話 ▷ Die *Sorge* für die Familie fordert alle ihre Kräfte. 家族の世話に彼女は全力をつくさねばならない / Lass das meine *Sorge* sein! それは私に任せてくれ

sor·gen [ゾルゲン] (sorgte; gesorgt; [完了]h)
— [自] ❶ 〖für+④と〗〔…⁴の〕世話をする, めんどうをみる ▷ Sie *sorgt* für die Kinder. 彼女は子供たちの世話をする
❷ 〖für+④と〗〔…⁴の達成のために〕気を配る, 配慮する ▷ *Sorgen* Sie dafür, dass ich ein Taxi bekomme! タクシーを手配してください
— [再] 〖[sich]⁴+um+④と〗〔…⁴の〕心配をする ▷ Sie *sorgt* sich sehr um seine Zukunft. 彼女は彼の将来のことをとても心配している

Sorg·falt [ゾルク·ファルト] [女] *die* ([単] 2格 -; [複] なし) 入念, 丹念, 綿密 ▷ mit größter *Sorgfalt* きわめて入念に

sorg·fäl·tig [ゾルク·フェルティヒ] ([比較] -er, [最上] -st)
[形] 入念な, 丹念な, 綿密な ▷ eine *sorgfältige* Arbeit 念入りな仕事 / sich⁴ *sorgfältig* auf+④ vorbereiten 念入りに…⁴の準備をする

sorg·los [ゾルク·ロース]
[形] ❶ のんきな, 気楽な ▷ Sie führt ein *sorgloses* Leben. 彼女はのんきに暮らしている
❷ (扱いなどが) 慎重さを欠く, ぞんざいな ▷ *sorglos* mit der Umwelt umgehen 環境を粗末に取り扱う

sorg·sam [ゾルクザーム] [形] (扱いなどが) 慎重な, 注意深い, ていねいな ▷ Das Kind geht mit seinem Spielzeug sehr *sorgsam* um. その子供は自分のおもちゃをとても大事に扱う

sorg·te [ゾルクテ] sorgen の [過去]

Sor·te [ゾルテ] [女] *die* ([単] 2格 -; [複] -n)
❶ (商品の) 種類, 品質 ▷ eine milde *Sorte* Zigaretten 軽い品質のタバコ / verschiedene *Sorten* Brot いろいろな種類のパン / Dieser Kaffee ist eine gute *Sorte*. このコーヒーは良質のものだ / 《比ゆ; 軽蔑的に》 Diese *Sorte* Menschen findet man überall. この種の人間はどこにもいるもんだ
❷ (植物などの) 品種 ▷ Diese *Sorte* Äpfel ist besonders schmackhaft. この品種のリンゴは特に味がいい

sor·tie·ren [ゾルティーレン]
(sortierte; sortiert; [完了]h)
[他] 〖④と〗〔…⁴を〕分類する, えり分ける ▷ Das Obst ist nach seiner Qualität *sortiert*. 〔状態受動〕 果物は品質に応じて選別されている

so·sehr [ゾ·ゼーア] [接] どんなに…であろうとも, かりに…だとしても (☆ 主文が後続する場合, 主文の語順に影響を与えない) ▷ *Sosehr* er sich auch anstrengte, er hatte keinen Erfolg. どんなに努力をしても彼は決して成功することがなかった

so·so [ゾ·ゾー]
— 〖間投詞〗 ❶ 《無関心を表して》 ほう, それはそれは, そうですか ▷ Ich habe heute Herrn Fischer getroffen. – *Soso*. 私はきょうフィッシャーさんに会いました—そうですか
❷ 《不満などを表して》 そうかね, そうですか ▷ Im Kino bist du gewesen, *soso*. 君は映画に行っていたの そうなの (そんなことしちゃだめじゃないの)
— [副] 悪くもなくよくもなく, まあまあ ▷ Mir geht es zurzeit *soso*. 私はいま調子はまあまあだ

So·ße [ゾーセ] [女] *die* ([単] 2格 -; [複] -n) 《料理》 ソース; ドレッシング ▷ Die *Soße*, die es zum Braten gab, war ziemlich scharf. 焼き肉に出されたソースはかなり辛かった

Souff·leur [ズフレーア] [男] *der* ([単] 2格 -s; [複] -e) 《演劇》 プロンプター (俳優にそっとせりふのきっかけを教える人)

souff·lie·ren [ズフリーレン]
(soufflierte; souffliert; [完了]h)
[他] 〖④と〗〔解答など⁴を〕(同級生に) こっそり教える; 〔せりふなど⁴を〕(俳優に) こっそり教える

Sound [サウント] [男] *der* ([単] 2格 -s; [複] -s) (ロックグループなどの, 独特な) サウンド

so·und·so [ゾー·ウント·ゾー] [副] これこれ, 〔かくかく〕しかじか

Sou·ter·rain [ズテレーン] [中] *das* ([単] 2格 -s; [複] -s) 地階; 半地階 (住居の一部としても使われる)

Sou·ve·nir [ズヴェニーア] [中] *das* ([単] 2格 -s; [複] -s) (旅行の) 記念の品, みやげ ▷ Er hat ihr ein *Souvenir* mitgebracht. 彼は彼女にみやげを買って来た

sou·ve·rän [ズヴェレーン]
[形] ❶ (国家などが) 主権を有する
❷ (振舞いなどが) 悠然とした, 見事な

Sou·ve·rä·ni·tät [ズヴェレニテート] [女] *die* ([単] 2格 -; [複] なし) (国家の) 主権, 統治権

so·viel [ゾ·フィール]
— [接] 〔従属; 定動詞後置〕
❶ …の限りでは ▷ *Soviel* ich gehört habe, ist er krank. 私の聞いた限りでは彼は病気だ

S

❷ 〖auch と〗《(認容)》どんなに…でも ▷ Soviel er auch arbeitete, er schaffte es nicht. 彼はどんなに働いてもそれを成しとげられなかった

—形〖成句で〗soviel ... wie ~ 〖田⇒新〗so viel ... wie ~（分けて書く）☞ so

soviel für heute〖田⇒新〗so viel für heute（分けて書く）☞ so

so·weit [ゾ・ヴァイト]

—接〖従属；定動詞後置〗…の限りでは ▷ *Soweit* ich weiß, ist sie verreist. 私が知っている限りでは彼女は旅行に出ている

—形〖田⇒新〗so weit（分けて書く）☞ so

—副〖田⇒新〗so weit（分けて書く）☞ so

so·we·nig [ゾ・ヴェーニヒ]

—接〖従属；定動詞後置〗《auch と》《(認容)》どんなにわずかでも、どんなに…でないとしても ▷ *Sowenig* es auch nutzen wird, ich versuche es doch. それがどんなに役に立たないとしても私はそれをやはり試してみる

—形〖成句で〗sowenig ... wie ~ 〖田⇒新〗so wenig ... wie ~（分けて書く）☞ so

so·wie [ゾ・ヴィー]

接 ❶《並列》ならびに、そして[そのほかに] ▷ Zum Frühstück gab es Kaffee und Brot *sowie* ein gekochtes Ei und Schinken. 朝食にはコーヒーとパンとゆで卵とハムが出た

❷《従属；定動詞後置》《時間》…するや否や ▷ *Sowie* sie uns erblickte, lief sie davon. 彼女は私たちを見つけるや否や走り去った

so·wie·so [ゾ・ヴィ・ゾー]

副 いずれにせよ、どっちみち、どうせ ▷ Ich muss *sowieso* zur Post. 私はいずれにせよ郵便局へ行かねばなりません / Das *sowieso*! それは言うまでもないことだ（ちゃんと考えている）

die **Sow·jet·uni·on** [ゾヴィエット・ウニオーン／ゾヴィエト..] 女（⊕ 2格 -；⊕ なし）《国名》ソビエト連邦（1991年に解体；定冠詞を必ず伴う；⊕ SU）

so·wohl [ゾ・ヴォール]

接《並列》《成句で》sowohl ... als 〈wie〉 [auch] ~ …も~も ▷ Er spricht *sowohl* Englisch *als auch* Deutsch. 彼は英語もドイツ語も話す / Er hat *sowohl* den Film gesehen, *als auch* das Buch gelesen. 彼はその映画も見たし本も読んだ

so·zi·al [ゾツィアール]

形 ❶ 社会の, 社会的な ▷ das *soziale* Leben 社会生活 / Frauen sind *sozial* benachteiligt. [状態受動] 女性は社会的に不利な条件を負わされている

❷ 社会福祉に役立つ ▷ *soziale* Einrichtungen 社会福祉施設

So·zi·al·ar·bei·ter [ゾツィアール・アルバイター] 男 der（⊕ 2格 -s；⊕ -）ソーシャルワーカー

So·zi·al·de·mo·kra·tie [ゾツィアール・デモクラティー] 女 die（⊕ 2格 -；⊕ なし）社会民主主義

So·zi·a·lis·mus [ゾツィアリスムス] 男 der（⊕ 2格 -；⊕ なし）社会主義

So·zi·a·list [ゾツィアリスト] 男 der（⊕ 2·3·4格 -en；⊕ -en）社会主義者；社会党員

so·zi·a·lis·tisch [ゾツィアリスティシュ] 形 社会主義の, 社会主義的な ▷ ein *sozialistisches* Land 社会主義の国

So·zi·al·leis·tun·gen [ゾツィアール・ライストゥンゲン] 複名 社会保障〈福祉厚生〉事業

So·zi·al·staat [ゾツィアール・シュタート] 男 der（⊕ 2格 -[e]s；⊕ -en）社会福祉国家

So·zi·al·wis·sen·schaf·ten [ゾツィアール・ヴィッセンシャフテン] 複名 社会科学

So·zi·o·lo·gie [ゾツィオロギー] 女 die（⊕ 2格 -；⊕ なし）社会学

so·zu·sa·gen [ゾー・ツ・ザーゲン] 副 いわば〔言ってみれば〕…のようなものだ ▷ Sie ernährt *sozusagen* die ganze Familie allein. 彼女はいわば一人で家族全員を養っているようなものだ

Spa·gat [シュパガート] 男 der（⊕ 2格 -[e]s；⊕ -e）《体操》シュパガート

Spa·get·ti [シュパゲッティ] 複名 スパゲッティ

Spa·ghet·ti [シュパゲッティ] = Spagetti

spä·hen [シュペーエン] (spähte; gespäht; 匠h) 自 ようすをうかがう ▷ Er *späht* durch eine Zaunlücke. 彼は垣根のすき間からようすをうかがう

Spa·lier [シュパリーア] 中 das（⊕ 2格 -s；⊕ -e）

❶ 《敬意などを表すために人が両サイドに並んで作る》人垣

❷《(つた科の植物などをはわせる)》板格子

Spalt [シュパルト] 男 der（⊕ 2格 -[e]s；⊕ -e）割れ目, 裂け目；《細長い》すき間 ▷ ein *Spalt* im Eis 氷の割れ目 / Das Licht dringt durch einen *Spalt* ein. 光がすき間を通って差し込む

Spal·te [シュパルテ] 女 die（⊕ 2格 -；⊕ -n）

❶《(かたい物にできた)》割れ目, 裂け目, 亀裂 ▷ eine breite *Spalte* in der Mauer 壁の大きな割れ目

❷《(新聞・本などのページの)》段 ▷ Seite 2, *Spalte* 2 2ページの3段目 / Das Lexikon wird in drei *Spalten* gesetzt. その事典は3段に組まれる

spal·ten [シュパルテン]

(spaltete; gespalten 〈gespaltet〉; 匠h)

—他 ❶《④と》〖…を〕割る, 裂く ▷ Er *spaltet* das Holz mit einem Beil. 彼は薪を手おので割る

❷《④と》〔党など⁴を〕分裂させる ▷ Er versuchte, die Partei zu *spalten*. 彼は党を分裂させようとした

❸《(物理)》《④と》〔原子核など⁴を〕分裂させる

—再 ❶《sich⁴と》裂ける, 割れる ▷ Ihre

Haare *spalten* sich in den Spitzen. 彼女の髪は先のほうで枝毛になっている
❷ 〘[sich]⁴と〙 (1つにまとまっていたものが)分裂する, 分かれる ▹Die Gruppe hat sich *gespalten*. グループは分裂した

Span [シュパーン] [男] *der* ([単] 2格 -[e]s; [複] Späne) 〘ふつう [複] で〙 (木・金属などの)削りくず, かんなくず, おがくず ▹Auf dem Boden der Werkstatt lagen viele *Späne*. 仕事場の床には削りくずがいっぱい落ちていた

Spä·ne [シュペーネ] Span の [複数]

Span·ge [シュパンゲ] [女] *die* ([単] 2格 -; [複] -n) ヘアクリップ, 髪留め; (服の)留めピン

Spa·ni·en [シュパーニエン] ([中] *das*) 《地名》 スペイン (用法: ☞ Deutschland)

Spa·ni·er [シュパーニアー] [男] *der* ([単] 2格 -s; [複] -) スペイン人

spa·nisch [シュパーニシュ] [形] スペイン[人]の; スペイン語の

Spa·nisch [シュパーニシュ] [中] *das* ([単] 2格 -[s]; [複] なし) スペイン語 (用法: ☞ Deutsch)

das **Spa·ni·sche** [シュパーニシェ] [中] (形容詞変化 ☞ Alte 表 II) スペイン語 (☆ 定冠詞を必ず伴う)

spann [シュパン] spinnen の [過去]

Span·ne [シュパネ] [女] *die* ([単] 2格 -; [複] -n)
❶ 《商売》 売買差益, 利ざや, マージン; (値段などの)開き
❷ (あることが続いている)期間, 時間

span·nen [シュパネン]
(spannte; gespannt; [完了]h)
— [他] ❶ 〘④と〙 〔綱・弦など⁴を〕張る ▹Sie *spannt* die Wäscheleine. 彼女は物干し用の綱を張る / den Bogen *spannen* 弓を引き絞る
❷ 〘④+in+④と〙 〔‥⁴を‥⁴へ〕挟み込む ▹Er *spannt* ein Briefpapier in die Schreibmaschine. 彼は便箋をタイプライターにセットする
❸ 〘④+[方向]と〙 〔動物など⁴を…へ〕つなぐ ▹Er *spannt* den Ochsen vor den Pflug. 彼は牛を犂につなぐ
— [自] (衣類が)きつい, 窮屈だ ▹Die Jacke *spannt* unter den Armen. この上着はわきのところがきつい
— [再] ❶ 〘[sich]⁴と〙 (ぴんと)張る ▹Das Seil *spannt* sich. ロープがぴんと張る
❷ 〘[sich]⁴と〙 《文語》 (橋・虹などが)かかっている ▹Die Brücke *spannt* sich über den Fluss. 橋が川にかかっている

span·nend [シュパネント] [形] (物語・映画などが)はらはら〈わくわく〉させる ▹ein *spannender* Film はらはらさせる映画

Span·nung [シュパヌング] [女] *die* ([単] 2格 -; [複] -en)
❶ 〘[複] なし〙 (精神的)緊張 ▹Die *Spannung* erreichte ihren Höhepunkt. 緊張は最高潮に達した / Sie haben ihn mit *Spannung* erwartet. 彼らは彼を今や遅しと待ち受けていた
❷ (社会的関係の)緊張 ▹Zwischen ihnen besteht eine gewisse *Spannung*. 彼らの関係はいくぶん緊張している

Spar·buch [シュパール・ブーフ] [中] *das* ([単] 2格 -[e]s; [複] ..bücher) 預金通帳

Spar·büch·se [シュパール・ビュクセ] [女] *die* ([単] 2格 -; [複] -n) 貯金箱

spa·ren [シュパーレン] (sparte; gespart; [完了]h)
— [自] ❶ 貯金する ▹Sie *spart* für ein Auto. 彼女は車を買うために貯金している / bei einer Bank *sparen* 銀行に貯金する
❷ 〘an 〈mit〉+③と〙 〔‥³を〕節約する, 出費を切り詰める ▹am Essen *sparen* 食費を切り詰める / Er *spart* mit jedem Cent. 彼は1セントでも節約する
— [他] ❶ 〘④と〙 〔お金⁴を〕ためる ▹Er *spart* jeden Monat 500 Euro. 彼は毎月500ユーロ貯金している
❷ 〘④と〙 〔‥⁴を〕節約する ▹Mit Maschinen kann man Zeit und Mühe *sparen*. 機械を使えば時間と労力を節約することができる
— [再] 〘[sich]³+④と〙 〔‥⁴を〕省く, しないですませる ▹Die Mühe hättest du dir *sparen* können. 君はそんな苦労はしないですんだのに / *Spar* dir deine Bemerkungen! 余計なことは言うな

Spar·gel [シュパルゲル] [男] *der* ([単] 2格 -s; [複] -) 《植物》 アスパラガス ▹ein Bund *Spargel* kaufen アスパラガスを1束買う

Spar·kas·se [シュパール・カッセ] [女] *die* ([単] 2格 -; [複] -n) (地方公共団体の経営する)貯蓄銀行 ▹Ich habe ein Konto bei der *Sparkasse*. 私は貯蓄銀行に口座がある

Spar·kon·to [シュパール・コント] [中] *das* ([単] 2格 -s; [複] ..konten) 普通預金口座

spär·lich [シュペーアリヒ] [形] 乏しい, わずかな; (髪が)薄い ▹eine *spärliche* Zuschauerzahl わずかな観客数

spar·sam [シュパールザーム] [形] 倹約家の, つましい; (持ちがよく)経済的な ▹eine *sparsame* Hausfrau 倹約家の主婦 / Dieses Waschpulver ist sehr *sparsam*. この粉末洗剤はとても経済的だ

spar·te [シュパールテ] sparen の [過去]

Spar·te [シュパルテ] [女] *die* ([単] 2格 -; [複] -n)
❶ (専門などの)分野, 部門 ▹verschiedene *Sparten* der Wirtschaft 経済の諸分野
❷ (新聞の, あるテーマのための)欄 ▹die politische *Sparte* 政治欄

Spaß [シュパース] [男] *der* ([単] 2格 -es; [複] Späße)
❶ 冗談, ふざけ ▹Er macht gern *Spaß* 〈*Späße*〉. 彼は冗談を言うのが好きだ, ふざけるのが好きだ / *Spaß* beiseite! 冗談はさておき / Er

S

versteht keinen *Spaß*. 彼は冗談がわからない(ユーモアがない) / Das habe ich nur im *Spaß* gesagt. それは私はただ冗談で言ったのだ
❷ 〖複なし〗楽しみ ▷ Tanzen macht *Spaß*. ダンスは楽しい / Viel *Spaß*!《遊びに行く人に対して》大いに楽しんで来てください / Diese Arbeit macht mir keinen *Spaß*. この仕事は私には少しも楽しくない

Spä·ße [シュペーセ] Spaß の 複

spa·ßen [シュパーセン] (spaßte; gespaßt; 完了h)
自 冗談を言う, ふざける

spa·ßig [シュパースィヒ] 形 おもしろい, 愉快な, こっけいな ▷ eine *spaßige* Geschichte おもしろい話

spät
[ʃpɛːt シュペート]

比較 später 最上 spätest

形 ❶ 《問題になっている時刻・時期の終わりの方を指して》遅い(⇔ früh)
am *späten* Abend 〈*späten* am Abend〉夕方〈夜〉遅く(ふつう 9 時から 10 時頃)
im *späten* Mittelalter 中世末期に
Goethes *späte* Werke ゲーテの晩年の作品
Es ist schon ziemlich *spät*. もうかなり遅い
❷ (通常または予定の時点より)遅い, 遅れた ▷ *spät* aufstehen 遅起きる / zu *spät* kommen 遅刻する / Es ist zu *spät*. 手遅れだ / Warum kommst du so *spät*? なぜ君はこんなに遅れて来るのか

イディオム *von früh bis spät* 朝早くから夜遅くまで
Wie spät ist es? 何時ですか

Spa·ten [シュパーテン] 男 *der* (⊕ 2 格 -s; ⊕ -)
(先端が角張った)シャベル

spä·ter [シュペーター]
—— 副 あとで ▷ Darüber sprechen wir *später*. そのことはあとで話しましょう / in einer Stunde 〈zwei Jahre〉 *später* 1 時間〈2 年〉後に

イディオム *Bis später!* じゃまたあとで(☆ その日のうちにまた会うときの別れのあいさつ)

—— 形 ❶ 〔spät の比較級〕もっと遅い ▷ mit einem *späteren* Zug fahren もっと遅い列車で行く / Er kommt *später* als sonst. 彼はいつもより遅れて来る
❷ のちの ▷ *spätere* Generationen のちの世代

spä·tes·tens [シュペーテステンス] 副 遅くとも ▷ Die Arbeit muss *spätestens* morgen fertig sein. 仕事は遅くともあすには仕上がっていなければならない

Spatz [シュパッツ] 男 *der* (⊕ 2 格 -en 〈-es〉, 3·4 格 -en; ⊕ -en) 《鳥》スズメ ▷ ein junger *Spatz* 子スズメ / Die *Spatzen* tschilpen. スズメがチュンチュン鳴く

Spätz·le [シュペッツレ] 複名 《料理》シュペッツレ(南ドイツ特産のヌードル)

spa·zie·ren [シュパツィーレン]
(spazierte; spaziert; 完了s)
自 ぶらぶら歩く, ぶらつく ▷ durch die Straßen *spazieren* 通りをぶらつく

イディオム *spazieren fahren* ドライブに出かける
spazieren gehen 散歩する ▷ im Park *spazieren gehen* 公園を散歩する / Wir *gehen* jeden Tag *spazieren*. 私たちは毎日散歩する

spa·zie·ren|fah·ren [シュパツィーレン・ファーレン] 分離 (er fährt spazieren; fuhr spazieren; spazierengefahren; 完了s) 自 〔旧⇒新 **spazieren fahren**〕(分けて書く) ⇨ spazieren

spa·zie·ren·ge·gan·gen [シュパツィーレン・ゲガンゲン] spazierengehen の 過分

spa·zie·ren|ge·hen [シュパツィーレン・ゲーエン] 分離 (ging spazieren; spazierengegangen; 完了s) 自 〔旧⇒新 **spazieren gehen**〕(分けて書く) ⇨ spazieren

Spa·zier·gang [シュパツィーア・ガング] 男 *der* (⊕ 2 格 -[e]s; ⊕ ..gänge) 散歩, 散策 ▷ Wir haben einen weiten *Spaziergang* gemacht. 私たちは遠くまで散歩をした

Spa·zier·gän·ger [シュパツィーア・ゲンガー] 男 *der* (⊕ 2 格 -s; ⊕ -) 散歩をする〈している〉人

Spa·zier·weg [シュパツィーア・ヴェーク] 男 *der* (⊕ 2 格 -[e]s; ⊕ -e) 散歩道

SPD [エスペーデー] 固名 *die* (⊕ 2 格 -; ⊕ なし) 〖Sozialdemokratische Partei Deutschlands の略語〗ドイツ社会民主党

Specht [シュペヒト] 男 *der* (⊕ 2 格 -[e]s; ⊕ -e) 《鳥》キツツキ

Speck [シュペック] 男 *der* (⊕ 2 格 -[e]s; ⊕ なし) (特に豚の)ベーコン; 脂身 ▷ Eier mit *Speck* ベーコンエッグ

Spe·di·teur [シュペディテーア] 男 *der* (⊕ 2 格 -s; ⊕ -e) 運送業者

Spe·di·ti·on [シュペディツィオーン] 固名 *die* (⊕ 2 格 -; ⊕ -en)
❶ 運送業者
❷ 〖複なし〗運送, 発送

Speer [シュペーア] 男 *der* (⊕ 2 格 -[e]s; ⊕ -e) 槍 ▷ einen *Speer* werfen 槍を投げる

Spei·che [シュパイヒェ] 固名 *die* (⊕ 2 格 -; ⊕ -n) (車輪の)輻, スポーク

Spei·chel [シュパイヒェル] 男 *der* (⊕ 2 格 -s; ⊕ なし) 唾液, つば; よだれ ▷ den *Speichel* schlucken つばを飲み込む

Spei·cher [シュパイヒャー] 男 *der* (⊕ 2 格 -s; ⊕ -)
❶ 倉庫; 《南ドイツ》(物をしまうための)屋根裏部屋
❷ 〖コンピュータ〗記憶装置, メモリー ▷ Daten in den

〔旧⇒新〕=新正書法の指示, ⊕=旧正書法の指示

Speicherkapazität

Speicher eingeben データを入力する

Spei·cher·ka·pa·zi·tät [シュパイヒャー・カパツィテート] 囡 *die* (⊕ 2格 -; ⊕ -en) (コンピュータの) 記憶〈メモリ〉容量

spei·chern [シュパイヒェルン]
(speicherte; gespeichert; 医汤h)
他 ❶ 〖④と〗〖‥⁴を〗(倉庫などに)蓄える, 貯蔵〈保管〉する ▷ Getreide *speichern* 穀物を貯蔵する

❷ 〖コンピュータ〗〖④と〗〔データ⁴を〕(記憶装置に)蓄える

spei·en [シュパイエン] (spie; gespien; 医汤h)
— 自 《文語》嘔吐ぉぅとする
— 他 〖④と〗(火山が)〔溶岩など⁴を〕吐く

Spei·se [シュパイゼ] 囡 *die* (⊕ 2格 -; ⊕ -n)
料理 ▷ eine warme *Speise* 温かい料理

Spei·se·kar·te [シュパイゼ・カルテ] 囡 *die* (⊕ 2格 -; ⊕ -n)
メニュー, 献立表 ▷ Der Ober bringt die *Speisekarte*. ボーイはメニューを持って来る

spei·sen [シュパイゼン]
(speiste; gespeist; 医汤h)
— 自 《文語》食事をする(＝essen)
— 他 〖④+mit+③と〗〔機械・設備などが‥³を〕供給する ▷ einen Dampfkessel mit Wasser *speisen* ボイラーに水を入れる

Spei·se·röh·re [シュパイゼ・レーレ] 囡 *die* (⊕ 2格 -; ⊕ -n) 食道

Spei·se·saal [シュパイゼ・ザール] 男 *der* (⊕ 2格 -[e]s; ⊕ ..säle) (ホテルなどの)食堂 ▷ Bitte, wo ist der *Speisesaal*? - Dahinten links. すみません食堂はどこですか──その後ろの左側です

Spei·se·wa·gen [シュパイゼ・ヴァーゲン] 男 *der* (⊕ 2格 -s; ⊕ -) (鉄道) 食堂車 ▷ Dieser Zug führt einen *Speisewagen*. この列車には食堂車がついている

Spek·ta·kel [シュペクターケル] 男 *der* (⊕ 2格 -s; まれに -) 《口語》大騒ぎ

Spe·ku·lant [シュペクラント] 男 *der* (⊕ 2·3·4格 -en; ⊕ -en) (不動産・株などの) 投機家, 相場師

Spe·ku·la·ti·on [シュペクラツィオーン] 囡 *die* (⊕ 2格 -; ⊕ -en)
❶ 《経済》投機
❷ 憶測 ▷ Das sind alles nur *Spekulationen*. それはすべて憶測にすぎない

spe·ku·la·tiv [シュペクラティーフ]
形 ❶ (考えなどが)思弁的な, 思惑に基づく
❷ 投機の, 投機による

spe·ku·lie·ren [シュペクリーレン]
(spekulierte; spekuliert; 医汤h)
自 ❶ 投機をする, 相場をはる ▷ Er *spekuliert* mit Aktien. 彼は株の投機をする
❷ 《口語》〖auf+④と〗〖‥⁴を〗(必ずもらえるものと)あてにする, あてこむ

❸ 〖über+④と〗〔よく分からないことの先行きなど⁴について〕あれこれ考える〈話し合う〉, 憶測する

Spe·lun·ke [シュペルンケ] 囡 *die* (⊕ 2格 -; ⊕ -n) 《口語》(汚い)いかがわしい飲み屋

spen·da·bel [シュペンダーベル] 形 《口語》気前のよい

Spen·de [シュペンデ] 囡 *die* (⊕ 2格 -; ⊕ -n) 寄付; 献金, 拠金, 義援金 ▷ *Spenden* sammeln 寄付を集める

spen·den [シュペンデン]
(spendete; gespendet; 医汤h)
他 ❶ 〖④と〗〔‥⁴を〕寄付する ▷ Er *spendet* Geld für das Rote Kreuz. 彼は赤十字のためにお金を寄付する / Blut *spenden* 献血をする

類語

spenden 比較的少額の金などを人助けのために寄付する
stiften 比較的高額の金品を公共的利用のために寄付する

❷ 《文語》〖特定の名詞と〗〔‥⁴を〕与える ▷ Die Bäume *spenden* Schatten. 木々が木陰をつくってくれる / Die Zuhörer *spendeten* dem Redner Beifall. 聴衆は演説者に喝采ぉ を おくった

Spen·der [シュペンダー] 男 *der* (⊕ 2格 -s; ⊕ -) 寄付者, 寄贈者; 献血者, (臓器などの) 提供者

spen·die·ren [シュペンディーレン]
(spendierte; spendiert; 医汤h)
他 《口語》〖④と〗〔‥⁴を〕おごる, ふるまう ▷ Den Wein hat er *spendiert*. このワインは彼のおごりだ

Sper·ling [シュペルリング] 男 *der* (⊕ 2格 -s; ⊕ -e) 〔鳥〕スズメ ▷ Auf dem Baum sitzt ein *Sperling*. 木にスズメが 1 羽とまっている

Sper·re [シュペレ] 囡 *die* (⊕ 2格 -; ⊕ -n)
❶ (通行・流れなどを)遮断するもの; バリケード, 柵ホヘ; 堰ュ ▷ In den Straßen wurden *Sperren* errichtet. 道路にバリケードが築かれた
❷ (駅の)改札口 ▷ durch die *Sperre* gehen 改札口を通る
❸ (輸入などの)禁止[措置]; 〖スポ〗出場停止 ▷ eine *Sperre* aufheben 禁止措置を解除する

sper·ren [シュペレン] (sperrte; gesperrt; 医汤h)
— 他 ❶ 〖④と〗〔‥⁴を〕遮断する, 封鎖する ▷ Die Straße wurde *gesperrt*. 道路は通行止めになった
❷ 〖④と〗〔‥⁴の利用・使用などを〕停止する, 止める ▷ Ihm wurde der Strom *gesperrt*. 彼は電気を止められた / Die Bank hat sein Konto *gesperrt*. 銀行は彼の口座を停止した
❸ 〖スポ〗〖④と〗〔‥⁴を〕出場停止にする ▷ Der Spieler wurde für ein halbes Jahr *gesperrt*. その選手は半年間の出場停止処分にされた

①, ②, ③, ④=1格, 2格, 3格, 4格の名詞

❹ 〖④+in+④と〗〔‥⁴を‥⁴へ〕閉じ込める ▷ Er *sperrte* das Kind in ein Zimmer. 彼は子供を部屋に閉じ込めた

— [再]〖[sich]⁴+gegen+④と〗〔‥⁴を〕受け入れようとしない, 強く抵抗する ▷ Er *sperrte* sich gegen diesen Vorschlag. 彼はこの提案を受け入れようとしなかった

Sperr·ge·biet [シュペル·ゲビート] [中] *das* ([単] 2 格 -[e]s; [複] -e) 立ち入り禁止区域, 封鎖地区

sper·rig [シュペリヒ] [形] (じゃまになるほど)場所をとる, かさばる ▷ Das Gepäck, das er bei sich hatte, war sehr *sperrig*. 彼が持っていた荷物はとてもかさばるものだった

Sperr·müll [シュペル·ミュル] [男] *der* ([単] 2 格 -[e]s; [複] なし) 粗大ごみ ▷ Der japanische Ehemann wird oft *Sperrmüll* genannt. 日本人の夫はしばしば粗大ごみと呼ばれる

Spe·sen [シュペーゼン] [複名] (業務上の)費用, 経費 ▷ unnötige *Spesen* machen 余計な経費をかける

spe·zi·a·li·sie·ren [シュペツィアリズィーレン] (spezialisierte; spezialisiert; [完了]h)

[再]〖[sich]⁴+auf+④と〗〔‥⁴を〕専門にする, 専門に扱う ▷ Er hat sich auf Atomphysik *spezialisiert*. 彼は原子物理学を専門に研究した

Spe·zi·a·list [シュペツィアリスト] [男] *der* ([単] 2·3·4 格 -en; [複] -en)

❶ **専門家**, スペシャリスト ▷ ein *Spezialist* für Barockmusik バロック音楽の専門家

❷《口語》専門医 (＝Facharzt)

Spe·zi·a·li·tät [シュペツィアリテート] [女] *die* ([単] 2 格 -; [複] -en)

❶ 〖[複] なし〗得意とするもの, 特技; 好物 ▷ Das Tapezieren von Räumen ist seine *Spezialität*. 部屋の壁紙の張り替えは彼の特技だ

❷ (土地などの)名物料理, 自慢料理 ▷ Spagetti sind eine italienische *Spezialität*. スパゲッティはイタリアの得意とする料理だ

spe·zi·ell [シュペツィエル]

— [形] 特別の, 特殊な ▷ eine *spezielle* Aufgabe 特別の任務 / *spezielle* Wünsche haben 特別な願いがある

— [副] 特に, とりわけ ▷ *Speziell* an diesen Bildern war sie interessiert. 特にこれらの絵に彼女は興味があった

Spe·zi·es [シュペーツィエス/スペー‥] [女] *die* ([単] 2 格 -; [複] -)《文語》種類

spe·zi·fisch [シュペツィーフィシュ] [形] 特有の, 独特の, 特徴的な ▷ eine *spezifische* Eigenschaft eines Menschen 人間の特性

Sphä·re [スフェーレ] [女] *die* ([単] 2 格 -; [複] -n) (関心·活動などの)範囲, 領域, 領分

spi·cken [シュピッケン] (spickte; gespickt; [完了]h)

[他] ❶ 〖④と〗(焼く前に)〔肉など⁴に〕薄切りの脂身を差し込む

❷《口語》〖④+mit+③と〗〔‥⁴に‥³を〕詰め込む (☆ ふつう状態受動で) ▷ Der Aufsatz war mit Fehlern *gespickt*. その論文は間違いだらけだった

spie [シュピー] speien の [過去]

Spie·gel [シュピーゲル] [男] *der* ([単] 2 格 -s; [複] -)

鏡 ▷ in den *Spiegel* sehen 鏡を見る / Sie betrachtet sich im *Spiegel*. 彼女は鏡に映った自分の姿を見る

Spie·gel·bild [シュピーゲル·ビルト] [中] *das* ([単] 2 格 -[e]s; [複] -er) 鏡などに映る姿, 像 ▷ Sie sah ihr *Spiegelbild* im Wasser. 彼女は水に映る自分の姿を見た

Spie·gel·ei [シュピーゲル·アイ] [中] *das* ([単] 2 格 -[e]s; [複] -er)《料理》目玉焼き

spie·geln [シュピーゲルン] (spiegelte; gespiegelt; [完了]h)

— [再] 〖[sich]⁴+in+③と〗〔‥³に〕映る ▷ Die Berge *spiegelten* sich im See. 山々が湖に映っていた

— [他] 〖④と〗〔‥⁴を〕映し出す ▷ Der Fluss *spiegelt* die Berge. 川が山々を映し出している

— [自] (鏡のように)光る; まぶしく光る ▷ Der Fußboden *spiegelte* vor Sauberkeit. 床はきれいに磨かれてピカピカだった

Spiel [シュピール] [中] *das* ([単] 2 格 -[e]s; [複] -e)

❶ **遊び**; (トランプなどの)**ゲーム** ▷ das *Spiel* mit den Puppen お人形遊び / Das *Spiel* macht viel Spaß. そのゲームはとても楽しい /《1 回 1 回のゲームを指して》Wollen wir noch ein *Spiel* machen? もう一勝負しようか

❷《スポーツ》**競技**, 試合, ゲーム ▷ ein *Spiel* in der Halle 室内競技 / Das *Spiel* beginnt um 2 Uhr. 試合は 2 時に始まる / die Olympischen *Spiele* オリンピック競技

❸ 賭事 ▷ viel Geld beim ⟨im⟩ *Spiel* verlieren 多くのお金を賭事で失う

❹ 〖[複] なし〗(俳優の)演技; (音楽の)演奏 ▷ das brillante *Spiel* des Pianisten ピアニストのすばらしい演奏

❺ 戯れ, 軽はずみな振舞い ▷ das *Spiel* mit der Liebe 戯れの恋 /《比ゆ》Er liebt das *Spiel* mit dem Feuer. 彼は危ない橋を渡るのが好きだ

❻ 〖[複] なし〗(戯れているように感じられる)不規則な動き ▷ das *Spiel* der Wellen (強風などによって引き起こされる)波の動き / das *Spiel* der Blätter im Wind 風の中の木の葉のそよぎ

[イディオム] ④+***aufs Spiel setzen*** ‥⁴を危険にさらす ▷ Er hat alles ⟨sein Leben⟩ *aufs Spiel gesetzt*. 彼はすべて⟨命⟩をかけた

auf dem Spiel stehen 危機にひんしている

Spiel·bank [シュピール·バンク] [女] *die* ([単] 2 格 -;

S

spielen

㊅ -en)(公認の)賭博場, カジノ

spie·len
[ʃpiːlən シュピーレン]

現在	ich spiele	wir spielen
	du spielst	ihr spielt
	er spielt	sie spielen
過去	ich **spielte**	wir spielten
	du **spieltest**	ihr spieltet
	er **spielte**	sie spielten
過分	**gespielt**	完了 haben

— 自 ❶ 遊ぶ
Die Kinder *spielen* auf der Straße. 子供たちは通りで遊んでいる / mit einer Puppe *spielen* 人形で遊ぶ
❷ 試合〈プレー〉をする
Die Mannschaft hat fair *gespielt*. そのチームはフェアなプレーをした
❸ 出演する, 舞台に立つ ▷ Er *spielt* nur noch an großen Bühnen. 彼は今ではもう大きな舞台にしか立たない
❹ 〔場所〕〔時間〕と〔…を舞台に〕筋が展開される ▷ Der Roman *spielt* in Hamburg. この小説の舞台はハンブルクである
❺ 〔mit+③と〕〔…³を〕もてあそぶ ▷ Sie *spielte* nur mit ihm. 彼女は彼をもてあそんだだけだった / Man soll nicht mit der Liebe *spielen*. 愛情はもてあそぶものではない

(イディオム) ④+*spielen lassen* …⁴の効果を発揮させる ▷ Sie *ließ* ihre Beziehungen〈Reize〉*spielen*. 彼女は自分のコネをうまく使った〈魅力を十分に発揮した〉

— 他 ❶ 〔④と〕〔遊び⁴を〕する ▷ Wir *spielen* Karten〈Schach〉. 私たちはトランプ〈チェス〉をする
❷ 〔④と〕〔競技⁴を〕する ▷ Tennis *spielen* テニスをする / Er *spielt* gut Fußball. 彼はサッカーがうまい
❸ 〔④と〕〔曲・楽器⁴を〕演奏する ▷ Er hat seit Jahren nicht mehr Klavier *gespielt*. 彼は何年もピアノを弾いたことがなかった
❹ 〔④と〕〔賭事⁴を〕する ▷ Lotto〈Roulett〉*spielen* 宝くじを買う〈ルーレットをする〉/ in der Lotterie *spielen* 宝くじを買う
❺ 〔④と〕〔芝居・映画⁴を〕上演〈上映〉する; 〔…⁴の〕役を演じる ▷ Was wird heute im Theater 〈Kino〉*gespielt*? きょうは何を劇場〈映画館〉ではやってますか / Wer hat den Hamlet *gespielt*? だれがハムレットの役を演じたのですか
❻ 〔④と〕〔…⁴の〕ふりをする, 〔…⁴を〕装う ▷ Seine Entrüstung ist nur *gespielt*. 〔状態受動〕彼の憤概はうわべだけのものだ

— 再 〔〈sich⁴+ 〕遊ぶ〈ゲーム〉をして〔…に〕なる ▷ Die Kinder haben sich müde ge-

spielt. 子供たちは遊び疲れた

spie·lend [シュピーレント] 副 (遊んでいるように)楽々と, やすやすと ▷ Vokabeln *spielend* lernen (外国語の)単語を楽々と覚える

Spie·ler [シュピーラー] 男 *der* (㊅2格 -s; ㊅ -)
❶ (スポーツの)プレーヤー, 選手; (トランプなどの)ゲームをする人, 演技者, 演奏者 ▷ ein fairer *Spieler* フェアなプレーヤー
❷ 賭事の好きな人, ギャンブラー

Spie·le·rei [シュピーレライ] 女 *die* (㊅2格 -; ㊅ -en)
❶ (遊びのように)容易なこと ▷ Die Arbeit war für ihn eine *Spielerei*. その仕事は彼には朝飯前のことでしかなかった
❷ (不必要・無意味なお遊び, 子供だまし

spie·le·risch [シュピーレリシュ] 形 (印象が)遊んでいるような, 戯れているような ▷ mit *spielerischer* Leichtigkeit いとも楽々と

Spiel·feld [シュピール・フェルト] 中 *das* (㊅2格 -[e]s; ㊅ -er) (球技) フィールド, グラウンド, コート

Spiel·film [シュピール・フィルム] 男 *der* (㊅2格 -[e]s; ㊅ -e) 劇映画

Spiel·hal·le [シュピール・ハレ] 女 *die* (㊅2格 -; ㊅ -n) ゲームセンター

Spiel·höl·le [シュピール・ヘレ] 女 *die* (㊅2格 -; ㊅ -n) 《口語》(ふつう非公認の)賭博場

Spiel·kar·te [シュピール・カルテ] 女 *die* (㊅2格 -; ㊅ -n) トランプのカード

Spiel·ka·si·no [シュピール・カズィーノ] 中 *das* (㊅2格 -s; ㊅ -s) (公認の)賭博場, カジノ

Spiel·plan [シュピール・プラーン] 男 *der* (㊅2格 -[e]s; ㊅ ..pläne) (一定期間の)上演予定表

Spiel·platz [シュピール・プラッツ] 男 *der* (㊅2格 -es; ㊅ ..plätze) (ブランコなどのある, 子供の)遊び場 ▷ auf den *Spielplatz* gehen 遊び場に行く

Spiel·raum [シュピール・ラオム] 男 *der* (㊅2格 -[e]s; ㊅ ..räume)
❶ (活動・裁量などの)余地, 幅
❷ (機械などの)遊び

Spiel·re·geln [シュピール・レーゲルン] 複名 競技の規則〈ルール〉

spiel·te [シュピールテ] *spielen* の 過去

Spiel·ver·der·ber [シュピール・フェアデルバー] 男 *der* (㊅2格 -s; ㊅ -) (自分だけ参加せず)人の興をそぐ人

Spiel·wa·ren [シュピール・ヴァーレン] 複名 (商品としての)おもちゃ, 玩具

Spiel·zeit [シュピール・ツァイト] 女 *die* (㊅2格 -; ㊅ -en)
❶ (芝居・オペラなどの)上演シーズン
❷ (規定の)競技時間

Spiel·zeug [シュピール・ツォイク] 中 *das* (㊅2格 -[e]s; ㊅ -e)
おもちゃ, 玩具 ▷ Er schenkt seinem Enkel-

(状態), (様態), (場所), (方向),…=状態, 様態, 場所, 方向, …を表す語句

Spiße [シュピース] 男 *der* (⑪ 2格 -es; ⑪ -e)
❶ 槍
❷ 串，焼き串 ▷ ein Huhn am *Spieß* braten 鶏を串刺しにして焼く

Spieß·bür·ger [シュピース・ビュルガー] 男 *der* (⑪ 2格 -s; ⑪ -) (安楽に暮らすことのみ望む)小市民的な，了見の狭い人

spieß·bür·ger·lich [シュピース・ビュルガーリヒ] 形 (考え方などが)小市民的な

spie·ßen [シュピーセン]
(spießte; gespießt; 圧⑦h)
他 《④と》〔..を〕突き刺す ▷ eine Kartoffel auf die Gabel *spießen* ジャガイモをフォークに突き刺す / Quittungen auf einen Nagel *spießen* 領収書をピンに突き刺す

Spieß·ge·sel·le [シュピース・ゲゼレ] 男 *der* (⑪ 2·3·4格 -n; ⑪ -n) 共犯者 (＝Komplize)

spie·ßig [シュピースィヒ] 形 (考え方などが)保守的で狭量な

Spikes [シュパイクス/スパイクス] 複名 (タイヤ・スポーツシューズなどの)スパイク；スパイクシューズ

Spikes·rei·fen [シュパイクス・ライフェン/スパイクス..] 男 *der* (⑪ 2格 -s; ⑪ -) スパイクタイヤ

Spi·nat [シュピナート] 男 *der* (⑪ 2格 -[e]s; ⑪ なし)《植物》ほうれん草

Spin·ne [シュピンネ] 女 *die* (⑪ 2格 -; ⑪ -n)《動物》クモ ▷ Die *Spinne* spinnt ihr Netz. クモが巣をかける

spin·nen [シュピンネン]
(spann; gesponnen; 圧⑦h)
—自 ❶ 糸を紡ぐ ▷ Sie *spann* früher noch am Spinnrad. 彼女は以前はまだ紡ぎ車で糸を紡いでいた
❷《口語》頭がおかしい ▷ Der *spinnt*! あいつは頭がおかしい
—他 ❶《④と》〔..を〕紡ぐ ▷ Garn *spinnen* 糸を紡ぐ
❷《④と》(クモなどが)[巣など*を*]つくる ▷ Eine Spinne *spinnt* ihr Netz. クモが巣を張る

Spin·ner [シュピンナー] 男 *der* (⑪ 2格 -s; ⑪ -)《口語》頭のおかしなやつ

Spin·ne·rin [シュピンネリン] 女 *die* (⑪ 2格 -; ⑪ ..rinnen) 紡績女工

Spinn·we·be [シュピン・ヴェーベ] 女 *die* (⑪ 2格 -; ⑪ -n) クモの巣

spin·ti·sie·ren [シュピンティズィーレン]
(spintisierte; spintisiert; 圧⑦h)
自 (奇妙なことを)あれこれ考える

Spi·on [シュピオーン] 男 *der* (⑪ 2格 -s; ⑪ -e) スパイ，諜報(ちょうほう)員 (＝Agent)

Spi·o·na·ge [シュピオナージェ] 女 *die* (⑪ 2格 -; ⑪ なし) スパイ〔諜報(ちょうほう)〕活動 ▷ Er wurde unter dem Verdacht der *Spionage* verhaftet. 彼はスパイ容疑で逮捕された

Spi·o·na·ge·sa·tel·lit [シュピオナージェ・ザテリート] 男 *der* (⑪ 2·3·4格 -en; ⑪ -en) スパイ衛星

spi·o·nie·ren [シュピオニーレン]
(spionierte; spioniert; 圧⑦h)
自 ❶ スパイ活動をする ▷ Sie hat fürs Ausland *spioniert*. 彼女は外国のためにスパイをした
❷ ひそかに調べる ▷ Sie *spionierte* in seinen Schubladen. 彼女は彼の引き出しをこっそり調べる

Spi·ra·le [シュピラーレ] 女 *die* (⑪ 2格 -; ⑪ -n) 螺旋(らせん)，渦巻き曲線 ▷ Der Weg führt in einer *Spirale* zum Gipfel. 道は螺旋状に頂上に通じている

Spi·ri·tu·o·se [シュピリトゥオーゼ] 女 *die* (⑪ 2格 -; ⑪ -n) 《ふつう⑪で》(ウイスキーのような)強いアルコール飲料 (ビール・ワインなどは含まない)

Spi·ri·tus [シュピーリトゥス] 男 *der* (⑪ 2格 -; ⑪ なし)《化学》エチルアルコール，酒精

spitz [シュピッツ]
形 ❶ 先のとがった ▷ ein *spitzer* Turm 先のとがった塔 / *spitze* Schuhe tragen 先のとがった靴をはいている / Der Bleistift ist nicht *spitz* genug. この鉛筆は芯(しん)が十分にとがっていない
❷ とげのある，嫌味な ▷ *spitze* Bemerkungen machen とげのあることを言う
❸《口語》(特に顔が)やせこけた ▷ Du siehst aber *spitz* aus. ずいぶんやつれた顔してるじゃないか

Spitz·bart [シュピッツ・バールト] 男 *der* (⑪ 2格 -[e]s; ⑪ ..bärte) 先のとがったあごひげ

Spitz·bu·be [シュピッツ・ブーベ] 男 *der* (⑪ 2·3·4格 -n; ⑪ -n) 詐欺師，ペテン師

spit·ze [シュピッツェ] 形《口語》(最高に)すごい，すばらしい

Spit·ze [シュピッツェ] 女 *die* (⑪ 2格 -; ⑪ -n)
❶ とがった先，先端 ▷ Die *Spitze* des Bleistiftes ist abgebrochen. 鉛筆の先が折れた
❷ (行列などの)先頭；(会社などの)指導的地位 ▷ an der *Spitze* des Zuges marschieren 行列の先頭に立って行進する / 《⑧で》die *Spitzen* der Gesellschaft 社会のトップクラスの人たち
❸ 《ス⑦》首位 ▷ Unsere Mannschaft liegt an der *Spitze* der Tabelle. 私たちのチームは順位表の首位にいる
❹《口語》最高値；最高速度 ▷ Der Wagen fährt 230 km/h *Spitze*. この車は最高時速が230キロだ (☆ km/h は Kilometer Stunde と読む。h はラテン語の hora で Stunde の意味)
❺ 皮肉，あてこすり ▷ Das war eine *Spitze* gegen dich. それは君に対するあてこすりだった

❻ 《編物》レース ▷ eine Gardine aus *Spitzen* レースのカーテン
[イディオム] ④+***auf die Spitze treiben*** …⁴をやりすぎる, 極端までやる ▷ Du darfst nicht alles *auf die Spitze treiben.* 君は何事もやりすぎてはいけない
Spitze sein 《口語》最高にいい ▷ Sein neues Auto *ist Spitze.* 彼の新しい車は最高だ

Spit·zel [シュピッツェル] [男] *der* ([単] 2 格 -s; [複] -) スパイ

spit·zen [シュピッツェン]
(spitzte; gespitzt; [完了]h)
[他] 〚④と〛〔…⁴を〕とがらす ▷ den Bleistift *spitzen* 鉛筆をとがらす / Sie *spitzte* die Lippen 彼女は(口笛を吹くために)唇をとがらす

spitz·fin·dig [シュピッツ・フィンディヒ] [形] やたらに細かい; 細かなことにうるさい ▷ *spitzfindige* Unterschiede machen やたらと細かい区別をする

Spitz·na·me [シュピッツ・ナーメ] [男] *der* ([単] 2 格 -ns, 3·4 格 -n; [複] -n) あだ名

Spleen [シュプリーン/スプリーン] [男] *der* ([単] 2 格 -s; [複] -s) 常軌を逸した考え; 奇行

Split·ter [シュプリッター] [男] *der* ([単] 2 格 -s; [複] -) 破片, かけら; とげ ▷ Der Spiegel zerbrach in viele kleine *Splitter.* 鏡は粉々に割れた

split·tern [シュプリッテルン]
(splitterte; gesplittert; [完了]s)
[自] (ガラスなどが)粉々に砕ける ▷ Die Fensterscheibe ist *gesplittert.* 窓ガラスが粉々に砕けた

split·ter·nackt [シュプリッター・ナックト] [形] 一糸まとわぬ, 素っ裸の ▷ Der Betrunkene lief *splitternackt* auf die Straße. 酔っ払いは素っ裸で通りにかけて行った

SPÖ [エスペーエー] [女] *die* ([単] 2 格 -; [複] なし) 〚*Sozialistische Partei Österreichs* の略語〛オーストリア社会民主党

Spon·sor [シュポンザー/スポン..] [男] *der* ([単] 2 格 -s; [複] -en) (スポーツ・催し物などの)スポンサー, 資金提供者

Spon·so·ren [シュポンゾーレン/スポン..] Sponsor の [複数]

spon·tan [シュポンターン] [形] とっさの ▷ Er antwortete *spontan.* 彼はとっさに答えた

spo·ra·disch [シュポラーディシュ] [形] 散発的な; まばらな; 〚副詞的に〛ほんの時折

Spo·re [シュポーレ] [女] *die* ([単] 2 格 -; [複] -n) 《植物》胞子

Spo·ren [シュポーレン] Spore, Sporn の [複数]

Sporn [シュポルン] [男] *der* ([単] 2 格 -[e]s; [複] Sporen)
❶ (ブーツのかかとにつける)拍車 ▷ dem Pferd die *Sporen* geben 馬に拍車を当てる
❷ (ニワトリなどの脚の)けづめ

Sport [シュポルト] [男] *der* ([単] 2 格 -[e]s; [複] なし) スポーツ, 運動 ▷ *Sport* treiben スポーツをする / 《種目を表して》Welchen *Sport* betreibt sie? 彼女はどんなスポーツをするのですか / Fußball ist ein sehr beliebter *Sport.* サッカーはとても人気のあるスポーツだ

Sport·an·la·ge [シュポルト・アンラーゲ] [女] *die* ([単] 2 格 -; [複] -n) スポーツ施設, 体育施設

Sport·be·richt [シュポルト・ベリヒト] [男] *der* ([単] 2 格 -[e]s; [複] -e) スポーツニュース

Sport·ge·rät [シュポルト・ゲレート] [中] *das* ([単] 2 格 -[e]s; [複] -e) スポーツ用具

Sport·ge·schäft [シュポルト・ゲシェフト] [中] *das* ([単] 2 格 -[e]s; [複] -e) スポーツ用品店

Sport·hal·le [シュポルト・ハレ] [女] *die* ([単] 2 格 -; [複] -n) 体育館, 屋内競技場

Sport·klub [シュポルト・クルップ] [男] *der* ([単] 2 格 -s; [複] -s) スポーツクラブ

Sport·ler [シュポルトラー] [男] *der* ([単] 2 格 -s; [複] -) スポーツマン, スポーツ選手 ▷ Die *Sportler* versammelten sich im Stadion. スポーツ選手たちはスタジアムに集まった

sport·lich [シュポルトリヒ]
[形] ❶ スポーツの ▷ *sportliche* Wettkämpfe スポーツ競技
❷ (身体などが)スポーツで鍛えた[ような], スポーツに適した ▷ eine *sportliche* Figur haben スポーツで鍛えた[ような]体つきをしている
❸ (態度などが)スポーツマンらしい, フェアな ▷ Sein Verhalten war nicht *sportlich.* 彼の態度はスポーツマンらしくなかった
❹ (服装などが)スポーツに適した; スポーティーな ▷ *sportliche* Kleidung スポーティーな服装

Sport·platz [シュポルト・プラッツ] [男] *der* ([単] 2 格 -es; [複] ..plätze) (学校などにある屋外の)運動場, 競技場

Sport·sei·te [シュポルト・ザイテ] [女] *die* ([単] 2 格 -; [複] -n) (新聞の)スポーツ欄

Sport·sen·dung [シュポルト・ゼンドゥング] [女] *die* ([単] 2 格 -; [複] -en) スポーツ放送番組

Sport·ver·ein [シュポルト・フェアアイン] [男] *der* ([単] 2 格 -[e]s; [複] -e) スポーツ協会

Sport·wa·gen [シュポルト・ヴァーゲン] [男] *der* ([単] 2 格 -s; [複] -)
❶ スポーツカー
❷ (子供が座って乗る)ベビーカー

Spott [シュポット] [男] *der* ([単] 2 格 -es 〈まれに -s〉; [複] なし) 嘲笑(ちょうしょう), あざけり

spöt·teln [シュペッテルン]
(spöttelte; gespöttelt; [完了]h)
[自] からかう

spot·ten [シュポッテン]
(spottete; gespottet; [完了]h)

S

[自] 〚über+④と〛〔..⁴を〕嘲笑(ちょうしょう)する, あざける ▷ Sie *spotten* über ihn. 彼らは彼のことを嘲笑する

spöt·tisch [シュペッティシュ] [形] あざけりの, 嘲笑(ちょうしょう)的な ▷ ein *spöttisches* Lächeln あざけるような笑ᵉみ / in *spöttischem* Ton 嘲笑的な口調で

sprach [シュプラーハ] sprechen の [過去]

Sprach·be·ga·bung [シュプラーハ・ベガーブング] [女] *die* ([単] 2格 –; [複] –en) 語学の才能

Spra·che [シュプラーヘ] [女] *die* ([単] 2格 –; [複] –n)
❶ 〚[複] なし〛《一般的に》 **言語**, ことば ▷ der Ursprung der *Sprache* 言語の起源 / *Sprache* und Denken 言語と思考
❷ (各民族·各国の) **言語**, ことば ▷ die deutsche *Sprache* ドイツ語 / neun *Sprachen* beherrschen 9 ヵ国語をマスターする / sich⁴ in japanischer *Sprache* unterhalten 日本語で歓談する
❸ (特定の集団の) ことば ▷ die *Sprache* der Soldaten 兵隊のことば
❹ 《文体的観点から分類して》(…の) ことば ▷ eine poetische *Sprache* 詩的なことば / die *Sprache* des Alltags 日常のことば / Er spricht eine einfache *Sprache*. 彼は平易なことばを話す
❺ 〚[複] なし〛(話す能力としての) ことば ▷ Durch den Schock hat er die *Sprache* verloren. ショックで彼は口がきけなくなった
[イディオム] ④+***zur Sprache bringen*** ..⁴を話題にする
Raus mit der Sprache! 言ってしまえ
zur Sprache kommen (あることが) 話題になる

sprä·che [シュプレーヒェ] sprechen の [接II]

Sprach·er·werb [シュプラーハ・エアヴェルプ] [男] *der* ([単] 2格 –[e]s; [複] なし) 言語の習得

Sprach·füh·rer [シュプラーハ・フューラー] [男] *der* ([単] 2格 –s; [複] –) (特に旅行者用の) 外国語会話ガイドブック

Sprach·ge·fühl [シュプラーハ・ゲフュール] [中] *das* ([単] 2格 –[e]s; [複] なし) 語感

Sprach·kennt·nis·se [シュプラーハ・ケントニッセ] [複名] 外国語の知識 ▷ gute *Sprachkenntnisse* haben 外国語の十分な知識を持っている

Sprach·kurs [シュプラーハ・クルス] [男] *der* ([単] 2格 –es; [複] –e) 語学講習

Sprach·la·bor [シュプラーハ・ラボーア] [中] *das* ([単] 2格 –s; [複] –s 〈–e〉) 語学ラボ, LL 教室

sprach·lich [シュプラーハリヒ] [形] 言語〈ことば〉の, 言語上の, 言語による ▷ die *sprachliche* Kommunikation 言語によるコミュニケーション

sprach·los [シュプラーハ・ロース] [形] (驚いて) 口のきけない, あぜんとした ▷ Vor Erstaunen war er völlig *sprachlos*. 驚きのあまり彼はまったく口がきけなかった

Sprach·phi·lo·so·phie [シュプラーハ・フィロゾフィー] [女] *die* ([単] 2格 –; [複] –n) 言語哲学

Sprach·wis·sen·schaft [シュプラーハ・ヴィッセンシャフト] [女] *die* ([単] 2格 –; [複] なし) 言語学

Sprach·zent·rum [シュプラーハ・ツェントルム] [中] *das* ([単] 2格 –s; [複] ..zentren) (脳の中の) 言語中枢

sprang [シュプラング] springen の [過去]

Spray [シュプレー/スプレー] [男] *der* / [中] *das* ([単] 2格 –s; [複] –s) スプレー ▷ Ich sprühte mir etwas *Spray* aufs Haar. 私は髪に少しスプレーを吹きつけた

Sprech·an·la·ge [シュプレヒ・アンラーゲ] [女] *die* ([単] 2格 –; [複] –n) インターホン

Sprech·chor [シュプレヒ・コーア] [男] *der* ([単] 2格 –[e]s; [複] ..chöre) シュプレヒコール ▷ Die Demonstranten protestierten in *Sprechchören*. デモの参加者たちはシュプレヒコールをして抗議をした

spre·chen

[ʃpréçn̩ シュプレッヒェン]

[現在]	ich spreche	wir sprechen
	du **sprichst**	ihr sprecht
	er **spricht**	sie sprechen
[過去]	ich **sprach**	wir sprachen
	du sprachst	ihr spracht
	er sprach	sie sprachen
[過分]	gesprochen	[完了] haben

— [自] ❶ **話す**, しゃべる
Er *spricht* laut.
彼は大声でしゃべる
Das Kind *spricht* schon gut.
その子供はもうちゃんと話す
Vor Schreck konnte er nicht *sprechen*.
驚きのあまり彼は口がきけなかった
Hier *spricht* Müller.
《電話で》 こちらはミュラーです
Wer *spricht* da? 《電話で》 どちら様ですか
❷ 〚mit+③と〛〔..³と〕**話をする**, 話し合う, 歓談する ▷ Sie *spricht* gerade mit ihrem Chef. 彼女はちょうど上司と話し合っている
❸ 〚von+③ 〈über+④〉と〛〔..³⁽⁴⁾について〕話す ▷ Er hat immer von dir *gesprochen*. 彼はいつも君のことを話していた / Darüber müssen wir noch einmal *sprechen*. そのことについて私たちはもう一度話し合わなければならない
❹ 講演〈スピーチ〉をする ▷ Der Redner hat zwei Stunden lang *gesprochen*. 講演者は2時間話をした
❺ 〚für+④と〛〔..⁴を〕支持する; 〔..⁴の〕代わりに

S

話をする ▷ Er *spricht* für das Projekt. 彼はその計画を支持している
(イディオム) *für*〈*gegen*〉+④ *sprechen* …⁴にプラス〈マイナス〉に作用する ▷ Dieser Umstand *spricht für* seine Unschuld. この状況は彼の無実を証明している
gut〈*schlecht*〉*über*+④ *sprechen* …⁴についてよく〈悪く〉言う
— 他 ❶ 【④と】〔言語⁴を〕**話す**, 話せる ▷ mehrere Sprachen *sprechen* 数ヵ国語を話す / Er *spricht* fließend Deutsch. 彼はドイツ語を流暢(りゅうちょう)に話す
❷ 【④と】〔ことばなど⁴を〕話す ▷ Sie hat die ganze Zeit kein Wort *gesprochen*. 彼女はその間ずっと一言も口をきかなかった
❸ 【④と】〔…⁴と〕(会って・電話で)話す, 面談する ▷ Wann kann ich Herrn Bauer *sprechen*? いつバウアーさんにお目にかかれますか / Er wollte den Direktor selbst *sprechen*. 彼は所長自身に会って話すつもりだった / Ist Herr Engel zu *sprechen*? エンゲルさんにお目にかかれますか;《電話口で》エンゲルさんをお願いできますか /《相互的に》Wann *sprechen* wir uns wieder? 今度はいつ会って話そうか

Spre·cher [シュプレッヒャー] 男 der (㊥2格 -s; ㊥ -)
❶ (ラジオ・テレビの)アナウンサー (=Ansager)
❷ (グループの意見を代弁する)代表者; (政府などの)スポークスマン

Sprech·stun·de [シュプレッヒ・シュトゥンデ] 女 die (㊥2格 -; ㊥ -n) (医者の)診察時間; 面会時間 ▷ Wann haben Sie *Sprechstunde*? 診察〈面会〉時間はいつでしょうか

die **Spree** [シュプレー] 女 (㊥2格 -; ㊥ なし)《川名》シュプレー川 (☆ 定冠詞を必ず伴う; ☞ 地図 G 〜F-3〜2)

sprei·zen [シュプライツェン]
(spreizte; gespreizt; ㊥h)
他 【④と】〔腕・翼など⁴を〕広げる; 〔足⁴を〕開く ▷ Ein Vogel *spreizt* seine Flügel. 鳥が翼を広げる

spren·gen [シュプレンゲン]
(sprengte; gesprengt; ㊥h)
他 ❶ 【④と】〔…⁴を〕**爆破する** ▷ eine Brücke *sprengen* 橋を爆破する
❷ 【④と】〔…⁴を〕爆破してつくる ▷ einen Tunnel in den Felsen *sprengen* 岩を爆破してトンネルをつくる
❸ 【④と】〔…⁴を〕(内部の圧力で)破壊する ▷ Das Eis hat die Flasche *gesprengt*. 凍ってびんが破裂した
❹ 【④と】〔集会など⁴を〕(妨害して)解散に追い込む ▷ Die Demonstration wurde *gesprengt*. デモは解散に追い込まれた

❺ 【④と】〔…⁴に〕(ホース・霧吹きなどで)水をかける〈まく〉▷ Du musst die Blumen noch etwas *sprengen*. 君は花にもう少し水をやらなければいけない

Spreng·kör·per [シュプレング・ケルパー] 男 der (㊥2格 -s; ㊥ -) 爆発物

Spreng·stoff [シュプレング・シュトフ] 男 der (㊥2格 -[e]s; ㊥ -e) 爆薬

Spreu [シュプロイ] 女 die (㊥2格 -; ㊥ なし) もみがら

sprich [シュプリヒ] sprechen の 命令

sprichst [シュプリヒスト] sprechen の 現在

spricht [シュプリヒト] sprechen の 現在

Sprich·wort [シュプリヒ・ヴォルト] 中 das (㊥2格 -[e]s; ㊥ ..wörter) ことわざ(諺), 格言 ▷ Ein deutsches *Sprichwort* lautet: „Ende gut, alles gut." ドイツのことわざにいわく「終わりよければすべてよし」

sprich·wört·lich [シュプリヒ・ヴェルトリヒ] 形 ❶ ことわざのようになった ▷ *sprichwörtliche* Redensarten ことわざのようになった言い回し
❷ (よく引用され)一般に知られた ▷ die *sprichwörtliche* deutsche Gründlichkeit 一般に知られているドイツ人の徹底さ

sprie·ßen [シュプリーセン]
(spross; gesprossen; ㊥s)
自《文語》芽を吹く ▷ Das Gras *sprießt* aus der Erde. 草が大地から芽を吹く

Spring·brun·nen [シュプリング・ブルネン] 男 der (㊥2格 -s; ㊥ -) 噴水 ▷ Rom ist berühmt für seine vielen schönen *Springbrunnen*. ローマは美しい噴水が多くあることで有名だ

sprin·gen [シュプリンゲン] (sprang; gesprungen)
— 自 ❶ 【㊥s】**跳ぶ**, はねる ▷ hoch *springen* 高く跳ぶ / ins Wasser *springen* 水中に飛び込む / Die Katze *sprang* vom Dach. 猫が屋根から飛び下りる / Das Kind ist über den Graben *gesprungen*. 子供は溝を跳び越えた
❷ 【㊥s,h】(スポ) 跳躍〈ジャンプ〉する ▷ Er ist〈hat〉noch nicht *gesprungen*. 彼はまだ跳躍していなかった /【㊥と】Er ist 7 m weit〈2 m hoch〉 *gesprungen*. 彼は幅跳びで7メートル〈高跳びで2メートル〉跳んだ
❸ 【④と】はずむ ▷ Der Ball *springt* gut. このボールはよくはずむ
❹ 【㊥s】(陶器・グラスなどが)ひびが入る ▷ Die Schüssel ist *gesprungen*. その鉢は割れた
— 他 【㊥h】【④と】〔記録⁴を〕跳ぶ ▷ Er hat einen neuen Rekord *gesprungen*. 彼は跳躍で新記録を出した

Sprint [シュプリント] 男 der (㊥2格 -s; ㊥ -s) 短距離競走; (ゴール前の)全力疾走, ラストスパー

(状態), (様態), (場所), (方向), …=状態, 様態, 場所, 方向, …を表す語句

sprin·ten [シュプリンテン]
(sprintete; gesprintet; 旧⇒新s)
圓 (スポーツ)(短距離を)全力で走る; スパートする ▷ Er *sprintete* die 100 Meter in 11 Sekunden. 彼は100メートルを11秒で疾走した

Sprit·ze [シュプリッツェ] 囡 *die* (旧 2格 -; 旧 -n)
❶ 注射; 注射器 ▷ eine *Spritze* bekommen 注射をしてもらう / Die *Spritze* wirkte schnell. その注射はすぐにきいた / die *Spritze* säubern 注射器を消毒する
❷ 消防ポンプ; 噴霧器

sprit·zen [シュプリッツェン] (spritzte; gespritzt)
——他 [旧⇒新h] ❶ [(4格)+(方向句)と] [~を…へ](ホースなどで)かける; (しぶきなどにして)かける ▷ Wasser ins Feuer *spritzen* 火に水をかける / sich³ ein paar Tropfen Parfüm auf das Kleid *spritzen* 香水を数滴ドレスに吹きつける
❷ [(4格)と] [植物など⁴に]水をまく; 薬剤を散布する; [車など⁴に]塗料を吹きつける ▷ Er *spritzt* den Rasen. 彼は芝生に水をまく
❸ [(4格)と] [薬など⁴を]注射する; [病人など⁴に]注射をする ▷ Der Arzt hat mir ein Schmerzmittel *gespritzt*. 医者は私に痛み止めを注射した
——自 ❶ [旧⇒新h,s] (しぶきなどになって)噴き出す, 飛び散る ▷ Das Öl hat nur so *gespritzt*. 油はひどく跳ねた / Wasser ist aus der defekten Leitung *gespritzt*. 水が傷んだ水道管からしぶきとなって噴き出した
❷ [旧⇒新s] 《口語》急いで行く〈来る〉 ▷ Ich *spritze* schnell mal zur Post. 私は大急ぎでちょっと郵便局に行って来る

Sprit·zer [シュプリッツァー] 男 *der* (旧 2格 -s; 旧 -)
❶ しぶき, 飛沫 ▷ Einige *Spritzer* trafen ihr Kleid. 水しぶきが彼女のドレスに少しかかった
❷ (しぶきなどがかかってできた)汚れ, 跳ね ▷ Auf seinem Anzug waren einige *Spritzer*. 彼の背広には跳ねがいくつかかかっていた

sprit·zig [シュプリッツィヒ]
形 ❶ (音楽・演説などが)軽妙な, 気のきいた, ぴりっとした
❷ (ワインなどが)口当たりがさわやかな

sprö·de [シュプレーデ]
形 ❶ (かたいが, 弾力性がないために)壊れやすい, もろい ▷ Dieses Gestein ist äußerst *spröde*. この岩石は非常にもろい / *spröde* Lippen ひび割れた唇
❷ (特に女性が)つんとした, 愛敬{あいきょう}のない ▷ eine *spröde* Schönheit つんとした美人

spross [シュプロス] *sprießen* の 過去

Sproß [シュプロス] 男 *der* (旧 2格 -es; 旧 -e)
(新しい)芽 ▷ Im Frühling treiben die Pflanzen junge *Sprosse*. 春には植物は若芽を吹く

Sproß 旧⇒新 Spross

Spros·se [シュプロッセ] 囡 *die* (旧 2格 -; 旧 -n)
(はしごの)段

Spruch [シュプルフ] 男 *der* (旧 2格 -[e]s; 旧 Sprüche)
❶ 格言, 金言, 箴言{しんげん}
❷ 判決 ▷ Der *Spruch* des Gerichts lautete auf drei Jahre Gefängnis. 裁判の判決は懲役3年だった

Sprü·che [シュプリュッヒェ] Spruch の 複数

Spru·del [シュプルーデル] 男 *der* (旧 2格 -s; 旧 -) 炭酸入りミネラルウォーター ▷ Er bestellte einen *Sprudel*. 彼はミネラルウォーターを1本注文した

spru·deln [シュプルーデルン]
(sprudelte; gesprudelt)
圓 ❶ [旧⇒新h] (炭酸水などが激しく)泡立つ; (熱湯が)沸き立つ ▷ Der Sekt *sprudelt* im Glas. シャンペンがグラスの中で盛んに泡を立てている / Das kochende Wasser *sprudelt* im Topf. 沸騰したお湯がなべの中で煮えたぎっている
❷ [旧⇒新s] (ほとばしるように・泡立ちながら)わき〈噴き〉出る ▷ Der Sekt *sprudelt* aus der Flasche. シャンペンがびんから噴き出す

sprü·hen [シュプリューエン] (sprühte; gesprüht)
——自 [旧⇒新h,s] (しぶき・火花などが)飛び散る ▷ Die Gischt hat *gesprüht*. 波しぶきが飛び散った / [(方向句)と] Die Funken sind nach allen Seiten *gesprüht*. 火花が四方八方へ飛び散った
——他 [旧⇒新h] [(4格)+(方向句)と] [水など⁴を…へ](しぶきにして)吹きかける ▷ Wasser über die Pflanzen *sprühen* 水を植物に吹きかける
《イディオム》 *Funken sprühen* 火花を散らす

Sprung [シュプルング] 男 *der* (旧 2格 -[e]s; 旧 Sprünge)
❶ ジャンプ, 跳躍 ▷ Er machte einen *Sprung* zur Seite. 彼はわきへ跳びのいた / Mit einem *Sprung* setzte er über den Zaun. ひと跳びで彼は垣根を越えた
❷ (陶器・グラスなどの小さな)ひび, 亀裂{きれつ} ▷ Das Glas hat einen *Sprung*. グラスにひびが入っている
❸ (進歩などの)飛躍; (話・思考などの)飛躍, 急激な展開
《イディオム》 *nur ein Sprung*《口語》ほんの近く ▷ Bis dorthin ist es *nur ein Sprung*. そこまではほんのひとっ走りだ

Sprung·brett [シュプルング・ブレット] 中 *das* (旧 2格 -[e]s; 旧 -er)《水泳》飛び板;《体操》踏み切り板

Sprün·ge [シュプリュンゲ] Sprung の 複数

旧⇒新＝新正書法の指示, 旧＝旧正書法の指示

sprung・haft [シュプルングハフト]
形 ❶ 気まぐれな；（考えなどが）飛躍する
❷ （変化などが）飛躍的な，急激な

Sprung・schan・ze [シュプルング・シャンツェ] 図 die (⊕2格-; ⊕-n)（スキーの）ジャンプ台

SPS [エスペーエス] 図 die (⊕2格-; ⊕なし)『Sozialdemokratische Partei der Schweiz の略語』スイス社会民主党

Spu・cke [シュプッケ] 図 die (⊕2格-; ⊕なし)《口語》唾液(だえき)，つば

spu・cken [シュプッケン]
(spuckte; gespuckt; 匠了h)
――自 つばを吐く ▷ Nicht auf den Boden spucken! 床(ゆか)〈地面〉につばを吐かないでください / Sie spuckte ihm ins Gesicht. 彼女は彼の顔につばを吐きかけた
――他 [④と] [血など⁴を] 吐く ▷ Er spuckte die Kirschkerne auf den Boden. 彼はサクランボの種を地面に吐き出した

Spuk [シュプーク] 男 der (⊕2格-[e]s; ⊕なし) 幽霊〈おばけ〉の引き起こす現象

spu・ken [シュプーケン] (spukte; gespukt; 匠了h)
自（幽霊が）出る ▷ In diesem Park soll früher eine weiße Frau gespukt haben. この公園に以前白い服を着た女の幽霊が出たそうだ / 【非人称主語 es と】Hier spukt es. ここは幽霊が出る

Spül・be・cken [シュピュール・ベッケン] 中 das (⊕2格-s; ⊕-)（台所の）流し

Spu・le [シュプーレ] 図 die (⊕2格-; ⊕-n)（糸・テープなどの）巻き枠，リール ▷ den Film in den Schlitz der Spule klemmen フィルムを巻き枠の溝に挟む

Spü・le [シュピューレ] 図 die (⊕2格-; ⊕-n)（台所用の）流し台

spu・len [シュプーレン] (spulte; gespult; 匠了h)
他 ❶ 【④+auf+③と】[糸など⁴を⁴に]巻きつける
❷ 【④+von+③と】[糸など⁴を⁴から]巻き取る

spü・len [シュピューレン] (spülte; gespült; 匠了h)
他 ❶ 【④と】[食器⁴を]洗う ▷ die Gläser spülen グラスを洗う // Nach dem Essen spült sie immer gleich. 食後彼女はいつもすぐ食器を洗う
❷ 【④と】[洗濯物・髪など⁴を]（洗剤などを落とすために）すすぐ ▷ den Pullover nach dem Waschen gut spülen 洗濯後セーターをよくすすぐ / sich³ den Mund spülen 口をゆすぐ
❸ 【④+aus〈von〉+③と】[..⁴を..³から]洗い落とす ▷ Sie spülte das Shampoo aus den Haaren. 彼女はシャンプーを髪から洗い落とした
❹ 【④+⑦向と】（波などが）[..⁴を…へ]打ち上げる ▷ Die Wellen spülten Tang an den Strand. 波が海藻を浜に打ち上げる

Spur [シュプーア] 図 die (⊕2格-; -en)
❶ （人・動物の）足跡；（車輪・スキーなどの通った）跡，わだち，シュプール ▷ Spuren im Schnee 雪に残された足跡〈シュプール〉
❷ （犯罪などの）痕跡(こんせき)；手掛かり ▷ Der Mörder hat keine Spur hinterlassen. 殺人者はいかなる痕跡も残さなかった / Wir sind dem Verbrecher auf die Spur gekommen. 私たちは犯人の手掛かりをつかんだ / Die Polizei ist einem Bankräuber auf der Spur. 警察は銀行強盗の行方を追っている
❸ 『ふつう 単で』（災害・病気・文化などの）跡，なごり ▷ die Spuren der Überschwemmung 洪水の跡
❹ （道路の）車線 ▷ die Spur wechseln 車線を変更する / auf der linken Spur fahren 左車線を走行する
❺ 少量 ▷ eine Spur Zitrone 少量のレモン / Der Wein war eine Spur zu kalt. そのワインは少し冷えすぎていた

spu・ren [シュプーレン] (spurte; gespurt; 匠了h)
――自《口語》言うことを聞く
――他【④と】[スキーのコースなど⁴に]シュプールをつける

spü・ren [シュピューレン] (spürte; gespürt; 匠了h)
他【④と】[..⁴を]感じる ▷ die Kälte spüren 寒さを感じる / Er spürt jetzt sein Alter. 彼はいまや自分の年を感じる / Freude〈Trauer〉spüren 喜び〈悲しみ〉を感じる

spur・los [シュプーア・ロース] 形 痕跡(こんせき)のない（☆述語として用いない）▷ Sie〈Der Ring〉ist spurlos verschwunden. 彼女〈その指輪〉は跡形もなく消え去った

Spurt [シュプルト] 男 der (⊕2格-[e]s; ⊕-s)（陸上・水泳などの）スパート

spur・ten [シュプルテン]
(spurtete; gespurtet; 匠了s)
自 《スポ》（特にゴール前で）スパートする

spu・ten [シュプーテン]
(sputete; gesputet; 匠了h)
再《古語》【sich⁴と】急ぐ

Staat [シュタート] 男 der (⊕2格-es〈まれに-s〉; ⊕-en)
❶ 国家，国 ▷ ein demokratischer〈sozialistischer〉Staat 民主主義〈社会主義〉国家
❷ （連邦国家の）州 ▷ die Vereinigten Staaten von Amerika アメリカ合衆国

staa・ten・los [シュターテン・ロース] 形 無国籍の

staat・lich [シュタートリヒ]
形 ❶ 国家の，国の ▷ die staatliche Macht 国家権力
❷ 国立〈国有〉の ▷ ein staatliches Theater 国立劇場 / Das Museum ist staatlich. その博物館は国のものである

①，②，③，④=1格，2格，3格，4格の名詞

Staats·an·ge·hö·ri·ge [シュターツ・アンゲヘーリゲ] 男 *der* / 女 *die* (形容詞変化 ☞ Alte 表 I) …国籍の人 (☆国籍を表す形容詞を伴う) ▷ Er ist japanischer *Staatsangehöriger*. 彼は日本国民だ

Staats·an·ge·hö·rig·keit [シュターツ・アンゲヘーリヒカイト] 女 *die* (⒠2格 -; 複 -en) 国籍 ▷ Er besitzt die japanische *Staatsangehörigkeit*. 彼は日本国籍をもっている

Staats·an·ge·stell·te [シュターツ・アンゲシュテルテ] 男 *der* / 女 *die* (形容詞変化 ☞ Alte 表 I) 国家公務員

Staats·an·lei·he [シュターツ・アンライエ] 女 *die* (⒠2格 -; 複 -n) 国債

Staats·an·walt [シュターツ・アンヴァルト] 男 *der* (⒠2格 -[e]s; 複 ..anwälte) 検事, 検察官 (☆「弁護士」は Rechtsanwalt)

Staats·an·walt·schaft [シュターツ・アンヴァルトシャフト] 女 *die* (⒠2格 -; 複 -en) 検察庁

Staats·be·am·te [シュターツ・ベアムテ] 男 *der* (形容詞変化 ☞ Alte 表 I) 国家公務員

Staats·be·gräb·nis [シュターツ・ベグレープニス] 中 *das* (⒠2格 ..nisses; 複 ..nisse) 国葬

Staats·bür·ger [シュターツ・ビュルガー] 男 *der* (⒠2格 -s; 複 -) 国民

Staats·bür·ger·schaft [シュターツ・ビュルガーシャフト] 女 *die* (⒠2格 -; 複 -en) 国籍 (= Staatsangehörigkeit)

Staats·exa·men [シュターツ・エクサーメン] 中 *das* (⒠2格 -s; 複 -) (特に法律家・教師になるための)国家試験 ▷ das *Staatsexamen* bestehen 国家試験に合格する

Staats·ge·heim·nis [シュターツ・ゲハイムニス] 中 *das* (⒠2格 ..nisses; 複 ..nisse) 国家機密

Staats·haus·halt [シュターツ・ハオスハルト] 男 *der* (⒠2格 -[e]s; 複 -e) 国家財政; 国家予算

Staats·kas·se [シュターツ・カッセ] 女 *die* (⒠2格 -; 複 -n) 国庫

Staats·mann [シュターツ・マン] 男 *der* (⒠2格 -[e]s; 複 ..männer) (国際的な影響力をもつ)政治家 ▷ Bismarck war ein großer *Staatsmann*. ビスマルクは偉大な政治家だった

Staats·ober·haupt [シュターツ・オーバーハオプト] 中 *das* (⒠2格 -[e]s; 複 ..häupter) 国家元首

Staats·oper [シュターツ・オーパー] 女 *die* (⒠2格 -; 複 -n) 国立〈州立〉歌劇場

Staats·or·gan [シュターツ・オルガーン] 中 *das* (⒠2格 -s; 複 -e) (議会などの) 国家機関

Staats·recht [シュターツ・レヒト] 中 *das* (⒠2格 -[e]s; 複 なし)《法律》国法; 憲法

Staats·re·li·gi·on [シュターツ・レリギオーン] 女 *die* (⒠2格 -; 複 -en) 国教

Staats·sek·re·tär [シュターツ・ゼクレテーア] 男 *der* (⒠2格 -s; 複 -e)《ドイツ》次官 ▷ ein parlamentarischer *Staatssekretär* 政務次官

Staats·si·cher·heits·dienst [シュターツ・ズィッヒャーハイツ・ディーンスト] 男 *der* (⒠2格 -[e]s; 複 なし) (旧東ドイツの)国家公安局 (略 Stasi)

Staats·streich [シュターツ・シュトライヒ] 男 *der* (⒠2格 -[e]s; 複 -e) クーデター

Staats·the·a·ter [シュターツ・テアーター] 中 *das* (⒠2格 -s; 複 -) 国立〈州立〉劇場

Stab [シュターブ] 男 *der* (⒠2格 -es〈まれに -s〉; 複 Stäbe)

❶ (格子・欄干などに用いられている鉄・木の)棒 ▷ die eisernen *Stäbe* des Käfigs 檻の鉄格子

❷ (司教などの位を表す)杖 (☆歩行用の「杖」は Stock)

❸ (ふつう専門家によって構成される)スタッフ ▷ der technische *Stab* eines Betriebs 企業の技術スタッフ

Stäb·chen [シュテープヒェン] 中 *das* (⒠2格 -s; 複 -)

❶《Stab の縮小形》短い細い棒

❷《複 で》箸

Stä·be [シュテーベ] Stab の 複数

sta·bil [シュタビール]

形 ❶ (家屋・家具などが)頑丈な, しっかりした ▷ ein *stabiler* Stuhl 頑丈ないす / Das Haus ist *stabil* gebaut.〔状態受動〕その家はしっかりと造られている

❷ (体が)じょうぶな; (神経が)強靭な ▷ Er hat eine *stabile* Gesundheit. 彼は頑健だ

❸ (状態が)安定した ▷ eine *stabile* Wirtschaft 安定した経済

sta·bi·li·sie·ren [シュタビリズィーレン] (stabilisierte; stabilisiert; 過去分 h)

── 他 ❶《4と》〔…の状態を〕安定させる ▷ die Preise *stabilisieren* 物価を安定させる

❷《4と》〔…を〕(壊れないように)頑丈にする, (倒れないように)しっかり固定する ▷ ein Gerüst *stabilisieren* 足場を固定する

── 再《sich⁴と》(通貨・健康状態などが)安定する

Sta·bi·li·tät [シュタビリテート] 女 *die* (⒠2格 -; 複 なし) (通貨・健康状態などが)安定していること; (建造物などが)頑丈なこと, しっかり固定されていること

stach [シュターハ] stechen の 過去

Sta·chel [シュタッヘル] 男 *der* (⒠2格 -s; 複 -n)

❶ (植物の)とげ ▷ die *Stacheln* der Rose バラのとげ

❷ (動物の)針 ▷ die *Stacheln* des Igels ハリネズミの針 / der giftige *Stachel* des Skorpi-

Stachelbeere 696

ons サソリの毒針

Sta‧chel‧bee‧re [シュタヘル・ベーレ] 囡 *die* (變2格 -; 變 -n)《植物》セイヨウスグリ[の実], グースベリー (ユキノシタ科のとげのある低木)

Sta‧chel‧draht [シュタヘル・ドラート] 男 *der* (變2格 -[e]s; 變 ..drähte) 有刺鉄線

stach‧lig [シュタッハリヒ] 形《植物・動物などが》とげ〈針〉だらけの ▷ *stachlige* Ranken とげだらけの蔓ᵗる / ein *stachliger* Bart ちくちくするひげ

Sta‧di‧en [シュターディエン] Stadion, Stadium の 複数

Sta‧di‧on [シュターディオン] 中 *das* (變2格 -s; 變 Stadien)《観客席のある》競技場, スタジアム ▷ Die Leichtathleten versammelten sich im *Stadion*. 陸上の選手たちはスタジアムに集合した

Sta‧di‧um [シュターディウム] 中 *das* (變2格 -s; 變 Stadien)《発展の特定の》段階, 時期 ▷ Die Verhandlungen treten in ein neues *Stadium* ein. 交渉は新しい段階に入る

Stadt

[ʃtat シュタット]

囡 *die* (變2格 -; 變 Städte)

格	単 数	複 数
①	die Stadt	die Städte
②	der Stadt	der Städte
③	der Stadt	den Städten
④	die Stadt	die Städte

❶《いなかに対立する概念として》町, 都市, 都会
Er wohnt in der *Stadt*.
彼は都会〈町中〉に住んでいる
Sie geht zum Einkaufen in die *Stadt*.
彼女は町へ買い物に出かける
❷《行政的な意味で》市, 町 ▷ die *Stadt* Köln ケルン市 / Er arbeitet bei der *Stadt*. 彼は市〈町〉の職員である
❸ 〔變 なし〕《集合的に》町じゅうの人々 ▷ Die ganze *Stadt* redet schon davon. 町じゅうがもうそのうわさをしている

Stadt‧bahn [シュタット・バーン] 囡 *die* (變2格 -; 變 -en) 都市高速鉄道

Städ‧te [シュテーテ/シュテッ..] Stadt の 複数

Städ‧ter [シュテッター] 男 *der* (變2格 -s; 變 -) 都市の住人

städ‧tisch [シュテーティシュ/シュテッ..]
形 ❶ 市〈町〉の ▷ die *städtischen* Beamten 市〈町〉の職員 / Diese Anlagen sind *städtisch*. これらの施設は市〈町〉のものだ
❷ 都会的な ▷ das *städtische* Leben 都会的な生活

Stadt‧mau‧er [シュタット・マオアー] 囡 *die* (變2格 -; 變 -n)《ふつう中世に造られた》町〈市〉の外壁

Stadt‧mit‧te [シュタット・ミッテ] 囡 *die* (變2格 -; 變 なし) 市〈町〉の中心部

Stadt‧plan [シュタット・プラーン] 男 *der* (變2格 -[e]s; 變 ..pläne) 市街地図 ▷ Er sucht eine Straße auf dem *Stadtplan*. 彼はある通りを市街地図で探す

Stadt‧rat [シュタット・ラート] 男 *der* (變2格 -[e]s; 變 ..räte) 市〈町〉議会; 市〈町〉議会議員

Stadt‧rund‧fahrt [シュタット・ルント・ファールト] 囡 *die* (變2格 -; 變 -en)《バスなどによる》市内観光

Stadt‧teil [シュタット・タイル] 男 *der* (變2格 -[e]s; 變 -e)《都市の, ある特色を持った》地区, 区域

Stadt‧ver‧wal‧tung [シュタット・フェアヴァルトゥング] 囡 *die* (變2格 -; 變 -en) 市〈町〉政

Stadt‧vier‧tel [シュタット・フィルテル] 中 *das* (變2格 -s; 變 -)《都市の, ある特色を持った》地区, 区域

Staf‧fel [シュタッフェル] 囡 *die* (變2格 -; 變 -n)《スポーツ》リレー〈団体戦〉のチーム

Staf‧fe‧lei [シュタッフェライ] 囡 *die* (變2格 -; 變 -en) 画架, イーゼル

Staf‧fel‧lauf [シュタッフェル・ラオフ] 男 *der* (變2格 -[e]s; 變 ..läufe)《スポーツ》リレー競走

staf‧feln [シュタッフェルン]
(staffelte; gestaffelt; 助動 h)
—— 他《④と》[..⁴を] 一定の等級に分ける, ランクづける ▷ Die Gehälter werden nach Leistung *gestaffelt*. 給料は成績に応じたいくつかの等級に分けられる
—— 再《sich⁴と》(給料などが) 一定の等級に分けられる, ランクづけられる

stag‧nie‧ren [シュタグニーレン]
(stagnierte; stagniert; 助動 h)
自 (物事が) 停滞する ▷ Die Wirtschaft des Landes *stagniert*. 国の経済は停滞している

stahl [シュタール] stehlen の 過去

Stahl [シュタール] 男 *der* (變2格 -[e]s; 變 なし) 鋼鉄, はがね ▷ ein Messer aus rostfreiem *Stahl* ステンレス〈鋼〉のナイフ

stäh‧len [シュテーレン] (stählte; gestählt; 助動 h)
《文語》
—— 他《④と》[肉体・精神などを] 鍛える ▷ die Muskeln *stählen* 筋肉を鍛える
—— 再《sich⁴と》肉体・精神などを鍛える

stäh‧ler‧ne [シュテーレルネ] 形 鋼鉄の, 鋼鉄製の (☆名詞につけて) ▷ eine *stählerne* Brücke 鋼鉄の橋 / 《比ゆ》Er hat *stählerne* Muskeln. 彼ははがねのような筋肉をしている

Stahl‧in‧dus‧trie [シュタール・インドゥストリー] 囡 *die* (變2格 -; 變 -n) 鉄鋼産業

Stall [シュタル] 男 der (⓶2格 -[e]s; ⓶ Ställe) 家畜小屋, 畜舎 ▷ Der Bauer treibt die Kühe in den *Stall*. 農夫は牛たちを畜舎へ追い込む

Stäl·le [シュテレ] Stall の 複数

Stamm [シュタム] 男 der (⓶2格 -es 〈まれに -s〉; ⓶ Stämme)
❶ (樹木の)幹, 樹幹 ▷ ein alter Baum mit einem starken *Stamm* がっしりした幹の老木
❷ 部族, 種族 ▷ die germanischen *Stämme* ゲルマン諸部族
❸《⓶なし》《集合的に》固定メンバー ▷ Der Spieler gehört zum *Stamm* der Mannschaft. その選手はチームのレギュラーのひとりだ

Stamm·baum [シュタム・バオム] 男 der (⓶2格 -[e]s; ⓶ ..bäume)
❶ 家系図, 系譜
❷ (動物の)系統図
❸《言語学》樹形図, 枝分かれ図

Stäm·me [シュテメ] Stamm の 複数

stam·meln [シュタメルン] (stammelte; gestammelt) ⓶h
自 口ごもる, どもりながら話す ▷ vor Aufregung *stammeln* 興奮のあまり口ごもる ∥ Er *stammelte* eine Entschuldigung. 彼は言いよどみながら弁解のことばを述べた

stam·men [シュタメン] (stammte; gestammt) ⓶h
自 ❶ 〖aus+③と〗〖[..³]の〗出身〈生まれ〉である; 〖[..³]に〗由来する ▷ Er *stammt* aus Köln. 彼はケルンの出身である / Das Wort *stammt* aus dem Lateinischen. この語はラテン語に由来する
❷ 〖von+③と〗〖[..³]の〗ものである ▷ Das Haus *stammt* von meinen Großeltern. この家は祖父母の代からのものである

Stamm·gast [シュタム・ガスト] 男 der (⓶2格 -[e]s; ⓶ ..gäste) (飲食店の)常連 ▷ Er zählt hier zu den *Stammgästen*. 彼はここの常連のひとりだ

stäm·mig [シュテミヒ] 形 (筋肉のたくましい) がっしりした

Stamm·lo·kal [シュタム・ロカール] 中 das (⓶2格 -[e]s; ⓶ -e) 行きつけの飲食店

Stamm·tisch [シュタム・ティッシュ] 男 der (⓶2格 -es; ⓶ -e)
❶ (飲食店の)常連がいつも座るテーブル
❷《集合的に》(定期的にいっしょに飲食をする)仲間, 常連 ▷ Unser *Stammtisch* trifft sich jeden Montag. 私たちの常連の仲間は毎月曜日に集まる

stamp·fen [シュタムプフェン] (stampfte; gestampft)
― 自 ❶ 〖⓶h〗ドシンドシンと足踏みをする ▷ Er *stampfte* vor Zorn auf den Boden. 彼は怒ってじだんだを踏んだ
❷ 〖⓶h〗(機械などが)ドンドンと音をたてながら動く
❸ 〖⓶s〗ドシンドシンと足音をたてて歩いて行く ▷ Er *stampfte* durchs Zimmer, dass die Möbel wackelten. 彼が部屋をドシンドシンと通って行ったので家具がぐらぐらした
― 他 〖⓶h〗〖④と〗〖ジャガイモ・スパイスなど⁴を〗突いてつぶす, すりつぶす ▷ die Kartoffeln zu Brei *stampfen* ジャガイモをすりつぶしてマッシュにする

stand [シュタント] stehen の 過去

Stand [シュタント] 男 der (⓶2格 -[e]s; ⓶ Stände)
❶ 《⓶なし》(変化のある一時点の)状況, 状態 ▷ der neueste *Stand* der Forschung 研究の最新の状況
❷ 《⓶なし》立っている状態 ▷ Der Tisch hat einen festen *Stand*. テーブルはしっかりと立っている
❸ 《⓶なし》(計器類が)示している数値;(預金などの)現在高;(株などのその時々の)相場 ▷ den *Stand* des Tachometers ablesen スピードメーターの数値を読み取る
❹ 露店, スタンド;(見本市の)展示コーナー, ブース ▷ Auf dem Jahrmarkt reihte sich *Stand* an *Stand*. 年の市には露店が立ち並んでいた
❺ (社会的な)身分; 階層 ▷ der *Stand* der Arbeiter 労働者の身分
(イディオム) *zu Stande*=zustande

Stan·dard [シュタンダルト] 男 der (⓶2格 -s; ⓶ -s)
❶ 標準, 基準, 規格 ▷ internationale *Standards* 国際規格
❷ 水準 ▷ Er hat mit seinen Leistungen nicht den *Standard* der anderen Schüler erreicht. 彼は成績が他の生徒のレベルに達しなかった

Stan·dard·spra·che [シュタンダルト・シュプラーヘ] 女 die (⓶2格 -; ⓶ -n) 標準語, 共通語

Stan·dar·te [シュタンダルテ] 女 die (⓶2格 -; ⓶ -n)
❶ (昔の)小さな軍旗
❷ (公用車などにつける)国家元首の小旗(= Stander)

Ständ·chen [シュテントヒェン] 中 das (⓶2格 -s; ⓶ -) 《音楽》セレナーデ, 小夜曲

Stän·de [シュテンデ] Stand の 複数

Stan·der [シュタンダー] 男 der (⓶2格 -s; ⓶ -) (公用車などにつける)国家元首の小旗

Stän·der [シュテンダー] 男 der (⓶2格 -s; ⓶ -) (物を)立てる〈掛ける, 置く〉ところ; 傘立て, コ

Standesamt

ト掛け, 燭台ㄴょくだい

Stan･des･amt [シュタンデス・アムト] 中 das (嬲 2格 -[e]s; 嬲 ..ämter) 戸籍役場

stand･fest [シュタント・フェスト] 形 (はしごなどが) ぐらぐらしない, しっかり立っている

stand･haft [シュタント・ハフト] 形 ものに動じない, 毅然きぜんとした ▷ Er blieb gegen alle Versuchungen *standhaft*. 彼はあらゆる誘惑に屈することはなかった

stand|hal･ten [シュタント・ハルテン] 分動 (er hält stand; hielt stand; standgehalten; 匠D h)
自 ❶ 《③と》〔攻撃・誘惑など³に〕抵抗する, 屈しない, 負けない ▷ den Angriffen des Gegners *standhalten* 敵の攻撃に屈しない / Sie hat den neugierigen Blicken der Kollegen *standgehalten*. 彼女は同僚の好奇の目に負けなかった
❷ 《③と》〔物理的な重圧など³に〕耐える, 持ちこたえる ▷ Die Brücke *hält* jeder Belastung *stand*. その橋はどんな荷重にも持ちこたえる

stän･dig [シュテンディヒ] 形 絶え間のない, ひっきりなしの ▷ seine *ständigen* Nörgeleien 彼のひっきりなしの不平 / Der Verkehr auf den Straßen nimmt *ständig* zu. 道路の交通量は絶えず増え続けている

Stand･ort [シュタント・オルト] 男 der (嬲 2格 -[e]s; 嬲 -e)
❶ ちょうどいる場所〈位置〉 ▷ Von ihrem *Standort* konnte sie das Haus nicht sehen. 彼女のいるところからは家は見ることができなかった
❷ (会社などの) 所在地

Stand･punkt [シュタント・プンクト] 男 der (嬲 2格 -[e]s; 嬲 -e) 見解, 意見 ▷ einen *Standpunkt* vertreten ある意見を主張する / Ich stehe auf dem *Standpunkt*, dass … 私は…という見解である / vom fachmännischen *Standpunkt* aus urteilen 専門家の立場から判断を下す

Stan･ge [シュタンゲ] 女 die (嬲 2格 -; 嬲 -n) (長い) 棒, さお (☆ Stab「棒」より長い) ▷ Er stößt mit einer *Stange* das Boot vom Ufer ab. 彼はさおでボートを岸から突き放す / ein Anzug von der *Stange* つるしの背広 (☆ 以前さおにつるして売っていたため)

(イディオム) ***bei der Stange bleiben*** 最後までいっしょに頑張る

Stän･gel [シュテンゲル] 男 der (嬲 2格 -s; 嬲 -) 《植物》茎 (=Stiel)

stank [シュタンク] stinken の 過去

stän･kern [シュテンケルン]
(stänkerte; gestänkert; 匠D h)
自 《口語》けんかを売る, もめごとを起こす

stan･zen [シュタンツェン]
(stanzte; gestanzt; 匠D h)
他 ❶ 《④と》〔…⁴を〕(薄い金属板などに) 打ち〈押し〉抜く (ある型をあてて打ち〈押し〉抜くことでその形のものを作る)
❷ 《④と》〔模様など⁴を〕型押しする
❸ 《④と》〔金属板など⁴を〕(ある形に) プレスする

Sta･pel [シュターペル] 男 der (嬲 2格 -s; 嬲 -) 積み重ねた (…の) 山 ▷ ein *Stapel* Bücher 積み重ねた本の山

(イディオム) ***Ein Schiff läuft vom Stapel***. 船が進水する

Sta･pel･lauf [シュターペル・ラオフ] 男 der (嬲 2格 -[e]s; 嬲 なし) (船の) 進水

sta･peln [シュターペルン]
(stapelte; gestapelt; 匠D h)
—他 《④と》〔木材・本など⁴を〕積み重ねる ▷ Er *stapelte* Bücher. 彼は本を積み重ねた
—再 (sich⁴と) 山積みになっている ▷ Auf seinem Schreibtisch *stapelten* sich die Leserbriefe. 彼の机の上には投書が山積みになっていた

stap･fen [シュタップフェン]
(stapfte; gestapft; 匠D s)
自 (雪・泥などを) 踏みしめながら歩く ▷ Er ist durch den Schnee nach Hause *gestapft*. 彼は雪を踏みしめながら帰宅した

Star [スタール/シュタール] 男 der (嬲 2格 -s; 嬲 -s) (芸能界・スポーツなどの) スター ▷ Boris Becker war der *Star* von Wimbledon. ボリス・ベッカーはウィンブルドンのスターだった

— [シュタール] (嬲 2格 -[e]s; 嬲 -e) 《鳥》ムクドリ

starb [シュタルプ] sterben の 過去

stark

[ʃtark シュタルク]

比較 stärker 最上 stärkst

形 ❶ (力・意志などが) 強い (⇔ schwach)
ein *starker* Mann
強い男
ein *starker* Wille 強い意志
Er hat ein *starkes* Herz. 彼は心臓がじょうぶだ
Das ist seine *starke* Seite.
それは彼の得意なものだ
Er ist *stark* in Mathematik.
《比ゆ》彼は数学が強い

❷ (性能が) 強力な; (軍事力などが) 強大な ▷ ein *starker* Motor 強力なモーター〈エンジン〉 / eine *starke* Brille 度の強いめがね / eine *starke* Armee 強大な軍隊

❸ (程度が) 強い, 激しい ▷ *starker* Regen 強い雨 / *starker* Verkehr 激しい交通 / ein *starker* Raucher ヘビースモーカー / einen *starken* Eindruck hinterlassen 強い印象を残す / Die Wunde blutet *stark*. 傷から激しく出血する /

Er war *stark* erkältet. 彼はひどいかぜをひいていた

❹ (味などが)強い, 濃い ▷ *starker* Kaffee 濃いコーヒー / Diese Zigaretten sind mir zu *stark*. このタバコは私には強すぎる

❺ (数量的に)多い ▷ Die Vorstellung war *stark* besucht. [状態受動] その公演〈上演〉は大勢の人が訪れていた

❻ (太くて・厚くて)じょうぶな, がっしりした ▷ ein *starkes* Seil じょうぶな綱 / ein *starkes* Brett 分厚い板 / [重要と]eine 10 cm *starke* Wand 厚さ10センチの壁 / Das Buch ist 400 Seiten *stark*. この本は400ページある

❼ (婉曲的に)太った ▷ Er ist recht *stark* geworden. 彼はかなり太った

Stär·ke [シュテルケ] 囡 die (㊅2格 -; ㊅-n)
❶ (〔なし〕) (物理的・精神的な)強さ ▷ die *Stärke* der Muskeln 筋肉の強さ / die *Stärke* seines Glaubens 彼の信念〈信仰〉の強さ / die militärische *Stärke* eines Landes 国の軍事力

❷ (能力的に)強いところ, 強み ▷ Seine *Stärke* liegt im scharfen Denken. 彼の強みは頭脳明晰な点にある

❸ (程度の)強さ, 激しさ ▷ die *Stärke* des Lichtes 光の強さ / die *Stärke* des Sturmes あらしの激しさ

❹ 太さ, 厚さ; じょうぶさ ▷ die *Stärke* des Stammes 幹の太さ / die *Stärke* des Brettes 板の厚さ

❺ 澱粉 ; 洗濯のり ▷ die Wäsche mit *Stärke* behandeln 洗濯物にのりをつける

stär·ken [シュテルケン]
(stärkte; gestärkt; 完了h)
── 他 ❶ 〔❹と〕 […⁴を]元気にする, 強くする ▷ Der Schlaf hat mich *gestärkt*. 眠って私は元気になった / Sportliche Betätigung *stärkt* den Körper. スポーツをすると体がじょうぶになる / Lob *stärkt* das Selbstvertrauen. ほめられると一段と自信がつくものだ

❷ 〔❹と〕 […洗濯物などを]のりづけする ▷ Das Hemd ist *gestärkt*. [状態受動] このシャツにはのりづけがしてある

── 再 (sich⁴と) (飲み食いして)元気になる, 力をつける

stär·ker [シュテルカー] stark の 比較
stärkst [シュテルクスト] stark の 最上
Stär·kung [シュテルクング] 囡 die (㊅2格 -; ㊅-en)
❶ (健康などの)強化
❷ (疲れた後の, 元気を回復するための)飲み物

Stär·kungs·mit·tel [シュテルクングス・ミッテル] 中 das (㊅2格 -s; ㊅-) 強壮剤

starr [シュタル] 形 硬直した, こわばった ▷ Mei-

ne Finger sind *starr* vor Kälte. 私の指は寒さでかじかんでいる / Sie sah ihn mit *starren* Augen an. 彼女は彼をじっと見つめた

star·ren [シュタレン] (starrte; gestarrt; 完了h)
自 〔💬と〕 […の方を]じっと見る, 凝視する ▷ Er hat auf den Fremden *gestarrt*. 彼はその見知らぬ人を見つめた

starr·sin·nig [シュタル・ズィニヒ] 形 意地っ張りの, 強情っぱりの

Start [シュタルト] 男 der (㊅2格 -[e]s; ㊅-s)
❶ (スポ) スタート〈スタートライン〈地点〉 ▷ Der erste *Start* ist misslungen. 最初のスタートは失敗した

❷ (飛行機などの)出発, 離陸, 発進 ▷ Der *Start* der Maschine verzögert sich. 飛行機の出発は遅れる (反 Landung)

Start·bahn [シュタルト・バーン] 囡 die (㊅2格 -; ㊅-en) 離陸用の滑走路

star·ten [シュタルテン] (startete; gestartet)
── 自 〔完了s〕 ❶ (スポ) スタートする; レースに出場する, 出走する ▷ Er ist gut *gestartet*. 彼はいいスタートを切った / bei einem Wettkampf *starten* 競技に出場する

❷ (飛行機が)出発〈離陸〉する; (ロケットが)発射される ▷ Das Flugzeug ist pünktlich *gestartet*. 飛行機は時間通りに出発した

── 他 ❶ […⁴を]スタート〈発進〉させる; 起動させる ▷ Er hat das Auto *gestartet*. 彼は自動車をスタートさせた / (比喩)eine große Aktion gegen den Hunger *starten* 飢餓に対する大キャンペーンを始める

❷ 〔❹と〕 [レース⁴を]スタートさせる ▷ das Autorennen *starten* 自動車レースをスタートさせる

Star·ter [シュタルター] 男 der (㊅2格 -s; ㊅-)
❶ (スポ) (競走などの)スターター
❷ (エンジンの)スターター

star·te·te [シュタルテテ] starten の 過去

Sta·si [シュターズィ] 男 der (㊅2格 -s; ㊅なし) / 囡 die (㊅2格 -; ㊅なし) 《*Staatssicherheitsdienst*の略語》〔口語〕(旧東ドイツの)国家公安局

Sta·ti·on [シュタツィオーン] 囡 die (㊅2格 -; ㊅-en)
❶ 駅 (☆ 駅舎を指す場合 Bahnhof を用いる;「停留所」は Haltestelle) ▷ auf〈bei〉der nächsten *Station* aussteigen〈umsteigen〉次の駅で降りる〈乗り換える〉 / Bis Sugamo sind es noch zwei *Stationen*. 巣鴨まではまであと2駅です

❷ (人生などの重要な)時期 ▷ Der Aufenthalt in Mannheim war eine wichtige *Station* in seinem Leben. マンハイムでの滞在は彼の人生における重要な時期だった

❸ (病院の)科, 病棟 ▷ die chirurgische〈innere〉*Station* 外〈内〉科

完了h, 完了s＝完了の助動詞 haben, sein

stationär

(イディオム) **Station machen** (旅先で短い期間)滞在〈逗留(とうりゅう)〉する ▷ Ich habe drei Tage in München *Station gemacht*. 私はミュンヒェンに3日間逗留した

sta·ti·o·när [シュタツィオネーア] 形 《医学》入院による ▷ eine *stationäre* Behandlung 入院治療

sta·ti·o·nie·ren [シュタツィオニーレン] (stationierte; stationiert; 完了h)
他【④と】[部隊・兵器など]を配備〈配置〉する, 駐屯〈駐留〉させる (☆ ふつう受動形で)

Sta·tist [シュタティスト] 男 der (単2·3·4格 -en; 複 -en) (せりふのない)端役, エキストラ; (重要でない)脇役の人物

Sta·tis·tik [シュタティスティク] 女 die (単2格 -; 複 -en)
❶ (複なし) 統計学
❷ (個々の)統計

sta·tis·tisch [シュタティスティシュ] 形 統計学的な; 統計による, 統計的な ▷ *statistische* Daten 統計資料

Sta·tiv [シュタティーフ] 中 das (単2格 -s; 複 -e) (カメラなどの)三脚

statt ─────
[ʃtat シュタット]
前【②支配】…の代わりに (=anstatt) *Statt* eines Briefes schrieb er nur eine Karte. 手紙の代わりに彼ははがきをよこしただけだった 【③を支配することもある】 *Statt* Worten will ich Taten sehen. 私はことばではなく行動で示してほしい
(イディオム) **statt+*zu*** 不定詞句《*dass* 文》…する代わりに, …せずに ▷ Er ist ins Kino gegangen, *statt* für seine Prüfung *zu* arbeiten. 彼は試験勉強をしないで映画に行った

Stät·te [シュテッテ] 女 die (単2格 -; 複 -n) 《文語》(特別な意味を持つ)場所, ところ (☆ ふつう修飾語句を伴う) ▷ die *Stätte* seines Todes 彼の死亡した場所

statt|fin·den [シュタット・フィンデン] 分離 (du findest statt, er findet statt; fand statt; stattgefunden; 完了h)
自 (行事・催し物などが)**開催される**, 行われる ▷ Das Konzert *findet* heute Abend *statt*. コンサートは今晩行われる

statt·ge·fun·den [シュタット・ゲフンデン] stattfinden の 過分

statt·haft [シュタットハフト] 形 《文語》(役所などから)許可された, 合法的な

statt·lich [シュタットリヒ]
形 ❶ 体格のりっぱな; (建物などが)りっぱな, 堂々とした ▷ ein *stattlicher* Mann 恰幅(かっぷく)のいい男

❷ (金額などが)かなりの, 相当な ▷ Er bezieht ein *stattliches* Gehalt. 彼はかなりの給料を取っている

Sta·tue [シュタートゥエ] 女 die (単2格 -; 複 -n) 立像 ▷ Er stand still wie eine *Statue*. 彼は立像のようにじっと立っていた

Sta·tur [シュタトゥーア] 女 die (単2格 -; 複 -en) 体格, 体つき

Sta·tus [シュタートゥス] 男 der (単2格 -; 複 -) (社会・組織などにおける)地位; 状況, 状態

Sta·tut [シュタトゥート] 中 das (単2格 -[e]s; 複 -en) 規約, 定款

Stau [シュタオ] 男 der (単2格 -[e]s; 複 -s) (交通の)渋滞 ▷ in einen *Stau* geraten 渋滞に巻き込まれる

Staub [シュタオプ] 男 der (単2格 -[e]s; 複 なし) ほこり, ちり ▷ Auf den Büchern lag *Staub*. 本の上にほこりが積もっていた / Der Wind wirbelte den *Staub* auf. 風がほこりを巻き上げた

stau·ben [シュタオベン] (staubte; gestaubt; 完了h)
自 (じゅうたんなどが)ほこりを出す; ほこりを立てる ▷ Der Teppich *staubt*. このカーペットはほこりが出る
(イディオム) **es staubt** ほこりが立つ ▷ *Es staubt* hier sehr. ここはとてもほこりっぽい

stau·big [シュタオビヒ] 形 ほこりだらけの, ほこりまみれの ▷ eine *staubige* Straße ほこりっぽい道路

Staub·sau·ger [シュタオプ・ザオガー] 男 der (単2格 -s; 複 -) 電気掃除機 ▷ den Teppich mit dem *Staubsauger* reinigen じゅうたんを電気掃除機をかけてきれいにする

Stau·damm [シュタオ・ダム] 男 der (単2格 -[e]s; 複 ..dämme) (発電・治水などのための)ダム ▷ einen *Staudamm* bauen ダムを建設する

Stau·de [シュタオデ] 女 die (単2格 -; 複 -n) 《植物》多年生植物

stau·en [シュタオエン] (staute; gestaut; 完了h)
─ 他【④と】[川などの流れ⁴]をせき止める; [血⁴]を止める ▷ einen Fluss *stauen* 川をせき止める
─ 再【sich⁴と】(物にひっかかったりして)流れていかない; (交通が)渋滞する ▷ Autos *stauten* sich an der Unfallstelle. 自動車が事故現場で渋滞していた

stau·nen [シュタオネン] (staunte; gestaunt; 完了h)
自 驚く, びっくりする; 驚嘆〈感服〉する ▷ Ich *staune* über deine Tüchtigkeit. 私は君の有能さには感服するよ

Stau·nen [シュタオネン] 中 das (単2格 -s; 複 なし) 驚き; 驚嘆

Steak [シュテーク/ステーク] 中 das (単2格 -s;

-s) ステーキ

ste·chen [シュテッヒェン]
(du stichst, er sticht; stach; gestochen; [完了]h)
— [他] ❶ 〖④と〗（人・虫が）〔‥^{4}を〕刺す ▷ Er hat mich mit einer Nadel *gestochen.* 彼は私を針で刺した / Die Wespe *stach* sie ins Bein. スズメバチが彼女の脚を刺した
❷ 〖④+[方向]と〗〔‥^{4}を…に〕刺す ▷ eine Nadel in den Stoff *stechen* 布地に針を刺す / Sie *stach* ihm das Messer in den Rücken. 彼女は彼の背中にナイフを刺した / 〖現在分詞で〗 Ich habe *stechende* Schmerzen in der Brust. 私は胸が刺すように痛い
— [再] 〖[sich]^{4}と〗（とげなどを誤って体に）刺す ▷ Er hat sich an den Dornen *gestochen.* 彼はとげを刺してしまった / 〖[方向]と〗 *sich* mit der Nadel in den Finger *stechen* 針で指を刺す
— [自] ❶ （虫が）刺す; （植物が）とげがある ▷ Bienen 〈Mücken〉 *stechen.* ミツバチ〈蚊〉は刺す / Rosen 〈Disteln〉 *stechen.* バラ〈アザミ〉にはとげがある
❷ 〖[方向]と〗〔…に〕（突き）刺す ▷ Sie *sticht* in den Kuchen, um zu sehen, ob er gar ist. 彼女はケーキが焼き上がっているかを見るために（先のとがったもので）突き刺してみる / Die Wespe *stach* ihr ins Bein. スズメバチが彼女の脚を刺した / Sie *stach* ihm mit dem Messer in den Rücken. 彼女はナイフで彼の背中を刺した
[イディオム] ***Die Sonne sticht.*** 太陽がじりじり照りつける

Stech·kar·te [シュテッヒ・カルテ] [女] *die* ([単] 2格 –; [複] –n) タイムカード

Stech·uhr [シュテッヒ・ウーア] [女] *die* ([単] 2格 –; [複] –en) タイムレコーダー

Steck·do·se [シュテック・ドーゼ] [女] *die* ([単] 2格 –; [複] –n)
《電気》 コンセント ▷ den Stecker in die *Steckdose* stecken プラグをコンセントに差し込む

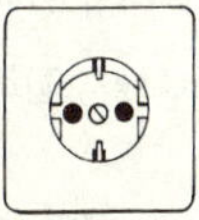

Steckdose

ste·cken [シュテッケン]
(steckte; gesteckt; [完了]h)
— [他] ❶ 〖④+[方向]と〗〔‥^{4}を…へ〕差し〈突っ〉込む, はめる ▷ den Schlüssel ins Schloss *stecken* 鍵を錠に差し込む / Er *steckt* den Brief in den Umschlag. 彼は手紙を封筒に入れる / Er *steckt* die Hände in die Taschen. 彼は両手をポケットに突っ込む / Er *steckte* ihr einen Ring an den Finger. 彼は彼女の指に指輪をはめた / 《比ゆ》 Geld in ein Unternehmen *stecken* お金を事業につぎ込む
❷ 《口語》 〖④+[方向]と〗〔‥^{4}を…へ〕（無理やり）入れる, 押し込める ▷ Er wurde ins Gefängnis *gesteckt.* 彼は刑務所に押し込まれた
❸ 〖④と〗〔‥^{4}を〕（ピンなどで）留める ▷ Sie *steckte* die Brosche ans Kleid. 彼女はドレスにブローチをつけた
— [自] 〖[場所]と〗〔…に〕ささって〈はまって〉いる ▷ Der Schlüssel *steckt* im Schloss. 鍵は錠にさしたままだ / Der Wagen *steckte* im Schlamm. 車はぬかるみにはまり込んでしまった / 《比ゆ》 Wo *steckt* er denn? 彼はいったいどこにいるのだ / Er *steckt* tief in Schulden. 彼は大きな借金を抱えている / Ich möchte wissen, was hinter dieser Sache *steckt.* 私はこのことの裏に隠されていることを知りたい
[イディオム] ④+***stecken lassen*** ‥^{4}を差し込んだままにしておく
stecken bleiben a) （ぬかるみなどに）はまり込んで動けない; （魚の骨などが）刺さって取れない ▷ Der Wagen ist im Schlamm *stecken geblieben.* 車がぬかるみにはまり込んでしまった
b) ことばに詰まる ▷ Er ist mitten in der Rede *stecken geblieben.* 彼は話の途中でことばに詰まってしまった

stecken|blei·ben [シュテッケン・ブライベン]
[分離] (blieb stecken; steckengeblieben; [完了]s) [自] [旧⇨新] **stecken bleiben** (分けて書く) ☞ stecken

stecken|las·sen [シュテッケン・ラッセン] [分離]
(er lässt stecken; ließ stecken; stecken[ge]lassen; [完了]h) [他] [旧⇨新] **stecken lassen** (分けて書く) ☞ stecken

Ste·cken·pferd [シュテッケン・プフェーアト] [中] *das* ([単] 2格 –[e]s; [複] –e)
❶ 趣味, 道楽
❷ 春駒（棒の先端に馬の首をつけたおもちゃ）

Ste·cker [シュテッカー] [男] *der* ([単] 2格 –s; [複] –)
《電気》 プラグ ▷ den *Stecker* in die Steckdose stecken プラグをコンセントに差し込む

Steck·kar·te [シュテック・カルテ] [女] *die* ([単] 2格 –; [複] –n) （コンピュータの）拡張カード

Steck·na·del [シュテック・ナーデル] [女] *die* ([単] 2格 –; [複] –n) （布地の）留め針; ピン

steck·te [シュテックテ] stecken の [過去]

Steg [シュテーク] [男] *der* ([単] 2格 –[e]s; [複] –e)
❶ （板などで簡単に作った）小さな橋 ▷ Über den Bach führte ein *Steg.* 小川に小さな橋がかかっていた
❷ （ボートなどをつける）小さな桟橋 ▷ ein Boot am *Steg* festmachen ボートを桟橋につなぐ

Steg·reif [シュテーク・ライフ] [男] *der* 〖成句で〗 ***aus dem Stegreif*** 準備なしで, 即席に

S

ste·hen
[ʃté:ən シュテーエン]

現在	ich stehe	wir stehen
	du stehst	ihr steht
	er steht	sie stehen
過去	ich **stand**	wir standen
	du standst	ihr standet
	er **stand**	sie standen
過分 gestanden		完了 haben

自 ❶（人・物が）**立っている**, 立ててある（☆「横になって寝ている」は liegen, 「座っている」は sitzen）
Er *steht* am Fenster.
彼は窓辺に立っている
Wir *standen* lange an der Haltestelle.
私たちは長い間停留所に立っていた
Das Kind kann schon allein *stehen*.
その子供はもうひとりで立っていられる
Auf dem Platz *steht* ein Denkmal.
広場に記念碑がたっている
Der Baum *steht* schief.
その木は傾いている
Das Haus *steht* schon lange.
その家はずっと以前からある
Die Flasche soll *stehen*, nicht liegen.
このびんは寝かさないで立てておきなさい
Alle Kollegen *stehen* hinter ihm.
《比喩》同僚全員が彼の後ろ楯になっている

❷《場所と》〔…に〕（立てて）ある；（星などが）出ている ▷ Das Buch *steht* im Regal. 本は本棚にある / Das Essen *steht* schon auf dem Tisch. 食事はもうテーブルに出ている / Der Mond *steht* am Himmel. 月が空に出ている

❸（機械などが）止まっている ▷ Die Uhr *steht*. 時計は止まっている /《現在分詞で》ein *stehendes* Gewässer 静水

❹《場所と》〔…に〕書かれている，載っている ▷ Sein Name *steht* nicht in der Liste. 彼の名前はリストにない / Die Nachricht *steht* auf der ersten Seite. そのニュースは一面に出ている

❺《③と》〔…³に〕似合う ▷ Das Kleid *steht* dir gut〈schlecht〉. そのドレスは君に似合う〈似合わない〉

❻《状態と》（状況などが）〔…で〕ある ▷ Er *steht* finanziell gut. 彼は裕福だ /《非人称主語 es と》Wie *steht* es? 元気かい〈調子はどう〉/ Mit seinem Geschäft *steht* es nicht zum Besten. 彼の商売はあまりうまく行っていない

❼《zu+③と》〔…³に〕責任をもつ ▷ Du musst zu deiner Tat *stehen*. 君は自分の行動に責任をもたなければいけない

❽《特定の前置詞句と》in Blüte *stehen* 花が咲いている / Die Fabrik *stand* in Flammen. 工場は炎に包まれていた / Er *steht* im Verdacht der Spionage. 彼はスパイの嫌疑がかかっている

《イディオム》**bei+③ stehen** …³の考えしだいである ▷ Die Entscheidung darüber *steht* ganz *bei* Ihnen. それをどう決定するかはあなたしだいだ

---
④+**stehen lassen**

a) …⁴をそのままにしておく，放っておく ▷ *Lass die Tassen auf dem Tisch stehen.* カップはテーブルの上にそのままにしておいてください / Er hat den Kuchen *stehen lassen*. 彼はケーキに手をつけなかった / Ich habe ihn unbeachtet *stehen lassen*. 私は彼を無視して放っておいた

b) …⁴を置き忘れる ▷ Er hat seinen Regenschirm *stehen lassen*. 彼は傘を置き忘れた

---
stehen bleiben

a)（人が）立ち止まる ▷ Er *blieb* vor dem Schaufenster *stehen*. 彼はショーウインドーの前で立ち止まった /《比喩》Wo sind wir *stehen geblieben*?（授業・話などは）どこで中断しましたか

b)（機械などが）止まる，動かなくなる ▷ Plötzlich ist die Uhr *stehen geblieben*. 急に時計が動かなくなった

c)（まちがいなどが）そのまま残る ▷ Im Text sind noch viele Druckfehler *stehen geblieben*. テキストには多くの誤植が残ってしまった

---

ste·hen|blei·ben [シュテーエン・ブライベン] 自動 (blieb stehen; stehengeblieben; 完了 s) 自《旧⇨新 stehen bleiben（分けて書く）》☞ stehen

ste·hen|las·sen [シュテーエン・ラッセン] 他動 (er lässt stehen; ließ stehen; stehenlassen〈に stehengelassen〉; 完了 h) 他《旧⇨新 **stehen lassen**（分けて書く）》☞ stehen

Steh·lam·pe [シュテー・ラムペ] 女 *die* (複 2格 -; 複 -n) 電気スタンド

Steh·lei·ter [シュテー・ライター] 女 *die* (複 2格 -; 複 -n) 脚立

steh·len [シュテーレン]
(du stiehlst, er stiehlt; stahl; gestohlen; 完了 h)
── 他《④と》〔…⁴を〕盗む ▷ Geld *stehlen* お金を盗む / Der Dieb hat ihm die Uhr *gestohlen*. 泥棒は彼から時計を盗んだ / Er hat *gestohlen*. 彼は盗みを働いた

── 再《sich⁴+方向と》〔…に〈から〉〕こっそりと入る〈出る〉▷ Er *stahl* sich aus dem〈ins〉Zimmer. 彼はこっそり部屋から出た〈部屋に入った〉

Steh·platz [シュテー・プラッツ] 男 *der* (複 2格

①, ②, ③, ④=1格, 2格, 3格, 4格の名詞

steinreich

-es; ..plätze) (乗り物・劇場などの)立見席 (≒ Sitzplatz)

steif [シュタイフ]

形 ❶ (紙・布などが)かたい, ごわごわした ▷ *steifes* Papier かたい紙 / ein *steifer* Kragen (のりのきいた)かたい襟

❷ (関節などが)かたくなった, こわばった ▷ Meine Finger sind *steif* vor Kälte. 私の指は寒さでかじかんだ

❸ (動作などが)ぎこちない ▷ Er machte eine *steife* Verbeugung. 彼はぎこちないお辞儀をした

❹ (雰囲気などが形式的で)堅苦しい ▷ Der Empfang verlief sehr *steif*. レセプションはひじょうに堅苦しいものだった

Steig [シュタイク] 男 der (⊕2格 -[e]s; ⊕ -e) (狭い)急な道, 坂道

Steig·bü·gel [シュタイク・ビューゲル] 男 der (⊕2格 -s; ⊕ -) あぶみ

stei·gen [シュタイゲン]

(stieg; gestiegen; 完了s)

自 ❶ 〔上方向に〕

a) 〔…に〕のぼる; 乗る ▷ auf einen Berg *steigen* 山に登る / aufs Fahrrad *steigen* 自転車に乗る / Er ist ins Auto *gestiegen*. 彼は自動車に乗った / über den Zaun *steigen* 垣根を乗り越える /《上方への方向の意味合いが弱くなって》in die Badewanne *steigen* 湯船に入る

b) 〔…から〕おりる ▷ aus dem Zug *steigen* 列車から降りる / Er *steigt* von der Leiter. 彼ははしごから下りる

❷ (空中に)上昇する, 上がる ▷ Das Flugzeug *steigt*. 飛行機は上昇する / Der Rauch *steigt* aus einem Schornstein. 煙が煙突から立ち上る

類語
steigen すでに出発地点を離れている物がさらに上昇する
sich⁴ heben 出発地点, たとえば大地にある物が空中に上がる

❸ (数値・程度などが)上がる, 高まる ▷ Die Preise *steigen*. 物価が上昇する / Die Spannung *steigt*. 緊張が高まる / Die Temperatur ist *gestiegen*. 温度が上がった / Das Grundstück *steigt* im Wert. その土地は価値が上がる

stei·gern [シュタイゲルン]

(steigerte; gesteigert; 完了h)

――他 《❹と》〔業績・速度などを〕上げる, 高める, 強める ▷ die Geschwindigkeit *steigern* スピードを上げる / Die Produktion konnte *gesteigert* werden. 生産を上げることができた / Die Sportler haben ihre Leistungen *gesteigert*. スポーツ選手たちは成績を上げた

――囲《sich⁴と》(程度・度合いなどが)上がる, 高まる, 強まる ▷ Die Erregung *steigert* sich. 興奮が高まる / Das Tempo hat sich *gesteigert*. 速度が速まった / Er *steigerte* sich in seinen Leistungen. 彼は成績が上がった

Stei·ge·rung [シュタイゲルング] 女 die (⊕2格 -; ⊕ -en) (生産などの)増大, (物価などの)上昇; (成績などの)向上 ▷ Er erzielte durch *Steigerung* der Leistung große Erfolge. 彼は業績を上げることで大きな成果を収めた

Stei·ge·rungs·ra·te [シュタイゲルングス・ラーテ] 女 die (⊕2格 -; ⊕ -n) 増大率, 上昇率, 向上率

Stei·gung [シュタイグング] 女 die (⊕2格 -; ⊕ -en)《斜めになっている度合いを指して》傾斜, 勾配; 上り坂 ▷ Die Straße hat eine *Steigung* von 14 Grad. その道路は傾斜が14度ある

steil [シュタイル] (比較 -er, 最上 -st)

形 急勾配の, 険しい; 切り立った ▷ Die Treppe ist *steil*. この階段は急だ /《比ゆ》eine *steile* Karriere machen めざましい出世をする

Stein [シュタイン] 男 der (⊕2格 -es〈まれに -s〉; ⊕ -e)

❶ 石; (建築用の)石材 ▷ ein Haus aus *Stein* 石造りの家 / Das Brot ist hart wie *Stein*. このパンは石のようにかたい / Auf dem Weg liegen große *Steine*. 道に大きな石ころがころがっている

❷ 宝石; (チェッカーなど, 盤上ゲームの)石, 駒ミ

❸ (モモ・ウメなど, 核果ミコの)核シ, 種

イディオム ❸+*Steine in den Weg legen* …³のじゃまをする

Stein·ad·ler [シュタイン・アードラー] 男 der (⊕2格 -s; ⊕ -)《鳥》イヌワシ

Stein·boh·rer [シュタイン・ボーラー] 男 der (⊕2格 -s; ⊕ -) 削岩機

Stein·bruch [シュタイン・ブルフ] 男 der (⊕2格 -[e]s; ⊕ ..brüche) 石切り場, 採石場

stei·nern [シュタイネルン] 形 石の, 石造りの ▷ ein *steinernes* Haus 石造りの家 /《比ゆ》Er hat ein *steinernes* Herz. 彼は冷たい心の持ち主だ

stei·nig [シュタイニヒ] 形 (畑・道などが)石の多い, 石だらけの

Stein·koh·le [シュタイン・コーレ] 女 die (⊕2格 -; ⊕ -n) (暖房などに用いる)黒炭

Stein·metz [シュタイン・メッツ] 男 der (⊕2格 -en; ⊕ -en) (特に墓石を彫る)石工, 石屋

Stein·obst [シュタイン・オープスト] 中 das (⊕2格 -[e]s; ⊕ -)《植物》核果ミコ(モモ・サクランボのような, 中心部に硬い核ができる果物)

Stein·pilz [シュタイン・ピルツ] 男 der (⊕2格 -es; ⊕ -e)《植物》ヤマドリタケ(キノコの一種)

stein·reich [シュタイン・ライヒ] 形《口語》すご

完了h, 完了s=完了の助動詞 haben, sein

い金持ちの

Stein·schlag [シュタイン・シュラーク] 男 *der* (⓶ 2格 -[e]s; ⓶ なし) 落石

Stein·zeit [シュタイン・ツァイト] 女 *die* (⓶ 2格 -; ⓶ なし) 石器時代 ▷ die Ausgrabungen aus der *Steinzeit* 石器時代の出土品

Stel·la·ge [シュテラージェ] 女 *die* (⓶ 2格 -; ⓶ -n) 棚 (= Gestell)

Stell·dich·ein [シュテル・ディッヒ・アイン] 中 *das* (⓶ 2格 -[s]; ⓶ -[s]) 《やや古語》デート, あいびき

Stel·le [シュテレ] 女 *die* (⓶ 2格 -; ⓶ -n)
❶ (特定の)**場所** ▷ eine holprige *Stelle* (道路などの)でこぼこした場所 / An dieser *Stelle* geschah der Unfall. この場所で事故は起きた
❷ **職**, 勤め口, ポスト ▷ eine *Stelle* suchen 職を探す / Er hat häufig die *Stelle* gewechselt. 彼はしばしば職を変えた
❸ (身体・テキストなどの特定の)箇所 ▷ eine entzündete *Stelle* auf der Haut 皮膚の炎症箇所 / eine *Stelle* aus dem Buch zitieren 本からある箇所を引用する
❹ 役所 ▷ sich⁴ an die zuständige *Stelle* wenden 所轄の役所に問い合わせる
❺ 順位, 地位 ▷ die erste *Stelle* einnehmen 第1位を占める

(イディオム) **an meiner ⟨deiner, seiner⟩ Stelle** 私⟨君, 彼⟩の立場ならば ▷ Ich möchte nicht *an seiner Stelle* sein. 私は彼のような境遇にはなりたくない / Ich *an deiner Stelle* würde das nicht kaufen. 私が君だったらそれは買わないだろう

an Stelle+② ⟨**von**+③⟩ …²,³の代わりに ▷ Er nimmt *an Stelle von* Butter Margarine. 彼はバターの代わりにマーガリンをとる

auf der Stelle その場で, 《比ゆ》即座に ▷ Sie war bei dem Unfall *auf der Stelle* tot. 彼女はその事故のとき即死だった

zur Stelle sein 必要なときにいる ▷ Er ist immer *zur Stelle*, wenn man ihn braucht. 必要なとき彼はいつもいてくれる

stel·len
[ʃtɛlən シュテレン]

現在		
ich stelle	wir stellen	
du stellst	ihr stellt	
er stellt	sie stellen	

過去		
ich stellte	wir stellten	
du stelltest	ihr stelltet	
er stellte	sie stellten	

過分 gestellt	完了 haben

── 他 ❶ 〖④+方向と〗 …⁴を…に立てる; (立てて)置く (☆「立っている」は stehen) ▷ das Buch ins Regal *stellen* 本を棚に立てて入れる / den Schrank an die Wand *stellen* 戸棚を壁際に置く
(☆ 底部の支えの部分を「足」とみなして stellen を用いる)
Er *stellt* den Aschenbecher auf den Tisch. 彼は灰皿をテーブルの上に置く / die Blumen in die Vase *stellen* 花を花びんに生ける
④+**beiseite** *stellen* …⁴をわきに置く
〖場所と〗
Wie sollen wir die Möbel *stellen*?
どのように家具を置きましょうか
❷ 〖④+方向と〗 […⁴を…に]立たせる ▷ Der Lehrer *stellte* den Schüler in die Ecke. 先生はその生徒を隅に立たせた
❸ 〖④+状態と〗 [飲食物を一定の温度に]しておく ▷ eine Flasche Wein kalt *stellen* ワインを1本冷やしておく
❹ 〖④と〗 […⁴を]用意する, 提供する ▷ Die Getränke *stelle* ich. 飲み物は私が用意します / Die Firma *stellte* ihr Wagen und Chauffeur. 会社は彼女に車と運転手を提供した
❺ 〖④と〗[器械などを]調整⟨調節⟩する; [時計を]合わせる ▷ die Heizung höher *stellen* 暖房の温度を上げる / Ich habe meinen Wecker auf sieben Uhr *gestellt*. 私は目覚ましを7時に合わせた

(イディオム) ③+**eine Aufgabe stellen** …³に課題を出す

④+**vor die Entscheidung stellen** …⁴に決断を迫る

eine Frage stellen 質問をする

── 再 ❶ 〖sich⁴+方向と〗 […に]立つ (☆「立ち上がる」は aufstehen, sich erheben) ▷ *sich* ans Fenster *stellen* 窓際に立つ / *sich* auf die Zehenspitzen *stellen* つまさきで立つ / *Stell dich in die Reihe!* 列に並びなさい

❷ 〖sich⁴+状態と〗 […の]ふりをする ▷ Er *stellt sich* krank. 彼は病気のふりをする

❸ 〖sich⁴+③と〗[会見・討論などに]応じる; [警察³に]自首する ▷ *sich* der Presse *stellen* 記者会見に応じる / Der Täter hat *sich* der Polizei *gestellt*. 犯人は警察に自首した

(イディオム) **sich hinter**+④ **stellen** …⁴を支持⟨支援⟩する

stel·len·wei·se [シュテレン・ヴァイゼ] 副 ところどころに, 部分的に ▷ Das Auto ist *stellenweise* rostig. その車はところどころ錆びている

stell·te [シュテルテ] stellen の 過去

Stel·lung [シュテルング] 女 *die* (⓶ 2格 -; ⓶ -en)
❶ 職, 勤め口, ポスト ▷ eine *Stellung* suchen 職を探す

(状態), (場所), (方向), …=状態, 様態, 場所, 方向, …を表す語句

sterben

❷ 姿勢, ポーズ ▷ Er nimmt eine bequeme *Stellung* ein. 彼は楽な姿勢をとる
❸ 位置 ▷ die *Stellung* der Gestirne 天体の位置 / die *Stellung* der Ski beim Stemmbogen シュテムボーゲンのスキーの構え
❹《軍事》陣地 ▷ die feindlichen *Stellungen* erobern 敵の陣地を攻略する
《イディオム》 *Stellung nehmen*（物事に対する）態度を表明する ▷ Ich will zu diesem Problem noch nicht *Stellung nehmen*. 私はこの問題に対してまだ態度を表明するつもりはない

Stel·lung·nah·me [シュテルング・ナーメ] 囡 *die* (⊕ 2 格 -; ⊕ -n) （あるテーマに対する）態度表明, 見解 ▷ eine klare *Stellungnahme* fordern はっきりした見解を求める

stell·ver·tre·tend [シュテル・フェアトレーテント] 形 代理の, 代行の, 《副詞的に》（誰かに）代わって ▷ *stellvertretend* für+④ …に代わって

Stell·ver·tre·ter [シュテル・フェアトレーター] 男 *der* (⊕ 2 格 -s; ⊕ -) （役職などを代わって引き受ける）代理人, 代行

Stel·ze [シュテルツェ] 囡 *die* (⊕ 2 格 -; ⊕ -n)
❶《ふつう ⊕ で》竹馬
❷《口語》《⊕ で》細長い足

stel·zen [シュテルツェン]
(stelzte; gestelzt; 完了 s)
自 ぎこちない足取りで歩く ▷ Er ist durch den Schlamm *gestelzt*. 彼はぬかるみをぎこちない歩き方で通って行った

stem·men [シュテメン]
(stemmte; gestemmt; 完了 h)
— 他 ❶《④と》〔重いものを〕（頭上に）持ち上げる ▷ 150 Kilo *stemmen*（重量挙げ選手などが）150 キロを持ち上げる
❷《④+方向と》《…を…に》強く押し当てる ▷ die Ellbogen auf den Tisch *stemmen* テーブルに両ひじをつく / Sie *stemmte* die Arme in die Seiten und sah ihn herausfordernd an. 彼女は両腕をわき腹に当てて挑むように彼をにらんだ
《イディオム》 *ein Loch in*+④ *stemmen* …に穴をのみであける, 掘る
— 再《sich⁴+gegen+④と》《…に》体を強く押し当てる ▷ Er hat sich gegen einen Schrank *gestemmt*. 彼は体を押しつけて戸棚を支えた

Stem·pel [シュテンペル] 男 *der* (⊕ 2 格 -s; ⊕ -)
❶ スタンプ, はんこ ▷ Er drückte den *Stempel* auf die Quittung. 彼は領収書にはんこを押した
❷（押された）スタンプ, 判, 消印 ▷ Auf diesem Dokument fehlt noch der *Stempel*. この文書にはまだ判が押されていない
《イディオム》 *den Stempel von*+③ *tragen* …³の特徴

をそなえている

stem·peln [シュテムペルン]
(stempelte; gestempelt; 完了 h)
他 《④と》〔…に〕スタンプ《消印》を押す ▷ Die Briefmarken sind *gestempelt*. [状態受動] その切手には消印が押してある / 《比ゆ》Sie *stempelten* ihn zum Betrüger. 彼らは彼に詐欺師の烙印を押した

Sten·gel [シュテンゲル] 男 *der* (⊕ 2 格 -s; ⊕ -)
⊕⇒新 Stängel

Ste·no·graf [シュテノグラーフ] 男 *der* (⊕ 2·3·4 格 -en; ⊕ -en) 速記者

Ste·no·gra·fie [シュテノグラフィー] 囡 *die* (⊕ 2 格 -; ⊕ なし) 速記 ▷ *Stenografie* lernen 速記を習う

ste·no·gra·fie·ren [シュテノグラフィーレン]
(stenografierte; stenografiert; 完了 h)
— 自 速記をする ▷ Sie kann gut *stenografieren*. 彼女は速記がじょうずだ
— 他 《④と》〔手紙などを〕速記にとる

Ste·no·gramm [シュテノグラム] 中 *das* (⊕ 2 格 -s; ⊕ -e) 速記原稿

Ste·no·graph =Stenograf
Ste·no·gra·phie =Stenografie
ste·no·gra·phie·ren =stenografieren

Ste·no·ty·pis·tin [シュテノ・テュピスティン] 囡 *die* (⊕ 2 格 -; ⊕ ..tinnen) （女性の）速記タイピスト

Stepp·de·cke [シュテップ・デッケ] 囡 *die* (⊕ 2 格 -; ⊕ -n) キルティングの掛け布団

Step·pe [シュテッペ] 囡 *die* (⊕ 2 格 -; ⊕ -n) ステップ（中央アジアなどの草原地帯）

ster·ben
[ʃtɛrbn̩ シュテルベン]

現在	ich sterbe	wir sterben
	du stirbst	ihr sterbt
	er stirbt	sie sterben
過去	ich starb	wir starben
	du starbst	ihr starbt
	er starb	sie starben
過分	gestorben	完了 sein

自 ❶ 死ぬ, 死亡する
Er ist gestern Nacht *gestorben*.
彼は昨夜亡くなった
jung 〈mit 80 Jahren〉 *sterben*
若くして〈80 歳で〉死ぬ
an einem Herzschlag 〈vor Hunger〉 *sterben* 心臓麻痺で死ぬ〈餓死する〉
《③と》
Ihm ist vor kurzem die Frau *gestorben*.
彼は最近奥さんに死なれた
《同族目的語と》
Er ist einen qualvollen Tod *gestorben*.

sterblich

彼は苦しんで死んだ
〖名詞化して〗
Er liegt im *Sterben*.
彼は死にひんしている

❷〖für+④と〗〚…のために〛命を投げ出す, 殉じる ▷ Er *starb* für das Vaterland. 彼は祖国に殉じた

sterb･lich [シュテルプリヒ] 形 死ぬ運命の(☆述語として) ▷ Alle Menschen sind *sterblich*. 人はみな死ぬ運命にある

Sterb･lich･keit [シュテルプリヒカイト] 女 die (⊕2格 -; ⊕ なし) いつかは死ぬ定めにあること

ste･re･o･typ [シュテレオ･テュープ] 形 ステレオタイプの, 型にはまった, 紋切り型の

ste･ril [シュテリール]
形 ❶ 無菌の, 殺菌した
❷ 生殖能力のない, 不妊の
❸ (議論などが)不毛な; (風景などが)殺風景な

ste･ri･li･sie･ren [シュテリリズィーレン]
(sterilisierte; sterilisiert; 過分h)
他 ❶〖④と〗〚…⁴を〛消毒する, 殺菌〈滅菌〉する
❷〖④と〗〚…⁴に〛不妊〈断種〉手術を施す

Stern [シュテルン] 男 der (⊕2格 -[e]s; ⊕ -e)
❶ 星 ▷ Die *Sterne* stehen am Himmel. 星が空に出ている / ein *Stern* erster Größe 1等星
❷ 星形; (等級･注などを示す)星印 ▷ *Sterne* aus Marzipan 星形のマジパン / ein Hotel mit zwei *Sternen* 2つ星のホテル(☆ ふつう5つ星が最高)
❸ (運勢を表す)星 ▷ Er ist unter einem glücklichen *Stern* geboren. 彼は幸運の星の下に生まれた

Stern･bild [シュテルン･ビルト] 中 das (⊕2格 -[e]s; ⊕ -er) 星座 ▷ Der Große Bär ist ein bekanntes *Sternbild*. 大熊座はよく知られた星座です

Stern･chen [シュテルンヒェン] 中 das (⊕2格 -s; ⊕ -) アステリスク, 星印(証号 *)

ster･nen･klar [シュテルネン･クラール] =sternklar

stern･ha･gel･voll [シュテルン･ハーゲル･フォル] 形《口語》へべれけの, 泥酔した

stern･klar [シュテルン･クラール] 形 (雲もなく)星がよく見える

Stern･schnup･pe [シュテルン･シュヌッペ] 女 die (⊕2格 -; ⊕ -n) 流星

Stern･stun･de [シュテルン･シュトゥンデ] 女 die (⊕2格 -; ⊕ -n)《文語》(大きな意味を持つ)運命的な変革期

Stern･war･te [シュテルン･ヴァルテ] 女 die (⊕2格 -; ⊕ -n) 天文台

ste･tig [シュテーティヒ] 形 絶え間ない, 不断の, 持続的な ▷ Der *stetige* Wind war günstig

706

zum Segeln. 絶え間なく吹く風は帆走に都合がよかった / Die Geburtenrate sinkt *stetig*. 出生率は下がり続けている

stets [シュテーツ] 副《文語》いつも, つねに ▷ Sie ist *stets* hilfsbereit. 彼女はいつも親切だ

Steu･er [シュトイアー]
—— 女 die (⊕2格 -; ⊕ -n) 税, 税金 ▷ direkte 〈indirekte〉 *Steuer* 直接〈間接〉税 / Das Auto kostet viel *Steuer*. その自動車は税金がたくさんかかる /〖④+mit einer *Steuer* belegen〗…⁴に課税する
—— 中 das (⊕2格 -s; ⊕ -) (車の)ハンドル; (船の)舵; (航空機の)操縦桿 ▷ das *Steuer* drehen ハンドル〈舵･操縦桿〉を回す
〈イディオム〉 *am* 〈*hinter dem*〉 *Steuer sitzen*《口語》自動車を運転している

Steu･er･be･ra･ter [シュトイアー･ベラーター] 男 der (⊕2格 -s; ⊕ -) 税理士

Steu･er･bord [シュトイアー･ボルト] 中 das (⊕2格 -[e]s; ⊕ なし) (前方を見て, 船･飛行機の)右舷(☆ ふつう無冠詞で; ⇔ Backbord) ▷ Der Matrose geht nach *Steuerbord*. 船員は右舷の方に行く

Steu･er･er･hö･hung [シュトイアー･エアヘーウング] 女 die (⊕2格 -; ⊕ -en) 増税

Steu･er･er･klä･rung [シュトイアー･エアクレールング] 女 die (⊕2格 -; ⊕ -en) 納税申告

Steu･er･fahn･der [シュトイアー･ファーンダー] 男 der (⊕2格 -s; ⊕ -) 脱税査察官

steu･er･frei [シュトイアー･フライ] 形 非課税の

Steu･er･frei･be･trag [シュトイアー･フライ･ベトラーク] 男 der (⊕2格 -s; ⊕ ..beträge) 非課税額, 免税額

Steu･er･leu･te [シュトイアー･ロイテ] Steuermann の 複数

Steu･er･mann [シュトイアー･マン] 男 der (⊕2格 -[e]s; ⊕ ..männer 〈..leute〉) 航海士

steu･ern [シュトイエルン] (steuerte; gesteuert)
—— 他 〖過分h〗〖④と〗(船の)舵をとる; (飛行機など⁴を)操縦する; (自動車⁴を)運転する ▷ Er *steuerte* das Boot nach rechts. 彼はボートの舵を右にきった / Dieser Wagen lässt sich nur schwer *steuern*. この車は運転がしにくい / Du musst mehr nach links *steuern*. (車･船などを)もっと左の方によせなさい /《比ゆ》Er hat unser Land in den Krieg *gesteuert*. 彼は我が国を戦争へ導いた
—— 自 〖過分s〗〖方向と〗(船などが)〚…の方向へ〛向かう ▷ Die Jacht *steuert* in den Hafen. ヨットは港に向かっている

Steu･er･re･form [シュトイアー･レフォルム] 女 die (⊕2格 -; ⊕ -en) 税制改革

Steu･er･sen･kung [シュトイアー･ゼンクング] 女 die (⊕2格 -; ⊕ -en) 減税

①, ②, ③, ④=1格, 2格, 3格, 4格の名詞

Steu·e·rung [シュトイエルング] [女] *die* ([単] 2 格 –; [複] –en) 操舵, 操縦; 操舵〈操縦〉装置

Ste·ward [ステューアート/シュテュー..] [男] *der* ([単] 2 格 –s; [複] –s) (客船・旅客機の)スチュワード

Ste·war·dess [ステューアーデス/シュテュー..] [女] *die* ([単] 2 格 –; [複] –en) 〖Steward の女性形〗 (特に旅客機の)スチュワーデス ▹ Die *Stewardess* brachte den Kaffee. スチュワーデスはコーヒーをもって来た

Ste·war·deß [旧⇨新] Stewardess

sti·bit·zen [シュティビッツェン]
(stibitzte; stibitzt; [完了]h)
[他] 《口語》 〖④と〗 〔‥⁴を〕ちょろまかす, くすねる, 失敬する ▹ Er hat ihr den Bleistift *stibitzt.* 彼は彼女から鉛筆をくすねた

stich [シュティッヒ] stechen の [命令]

Stich [シュティッヒ] [男] *der* ([単] 2 格 –[e]s; [複] –e)
❶ (ナイフ・針などで) **刺すこと; 刺し傷** ▹ Sie spürte den *Stich* der Injektionsnadel kaum. 彼女は注射針が刺さるのをほとんど感じなかった / Der *Stich* schmerzt. 刺し傷が痛む
❷ 刺すような痛み ▹ Er fühlte *Stiche* in der Seite. 彼はわき腹に刺すような痛みを覚えた
❸ (裁縫・刺繍の)一縫い, 一針 ▹ mit großen *Stichen* nähen 目を粗く縫う
❹ 銅版画; 鋼版画 ▹ An der Wand hängt ein alter *Stich.* 壁に古い銅〈鋼〉版画が掛かっている
[イディオム] ④+***im Stich lassen*** ‥⁴を見捨てる, 見殺しにする ▹ Er hat seine Familie *im Stich gelassen.* 彼は家族を見捨てた

sti·cheln [シュティッヒェルン]
(stichelte; gestichelt; [完了]h)
[自] 〖gegen+④と〗 〔‥⁴に〕ちくちくとげのあることを言う; 嫌み〈あてこすり〉を言う

Stich·flam·me [シュティッヒ・フラメ] [女] *die* ([単] 2 格 –; [複] –n) (爆発などで勢いよく)吹き上がる炎

stich·hal·tig [シュティッヒ・ハルティヒ] [形] (論証などが)確かな, しっかりした ▹ Die Gründe sind nicht *stichhaltig.* その理由はしっかりしていない

Stich·pro·be [シュティッヒ・プローベ] [女] *die* ([単] 2 格 –; [複] –n) 抜き取り検査 ▹ *Stichproben* machen 抜き取り検査をする

stichst [シュティッヒスト] stechen の [現在]

sticht [シュティッヒト] stechen の [現在]

Stich·tag [シュティッヒ・ターク] [男] *der* ([単] 2 格 –[e]s; [複] –e) (国勢調査などの)施行日

Stich·waf·fe [シュティッヒ・ヴァッフェ] [女] *die* ([単] 2 格 –; [複] –n) (やり・剣などの)突く武器

Stich·wort [シュティッヒ・ヴォルト] [中] *das*
— ([単] 2 格 –[e]s; [複] ..wörter) (辞書などの)見出し語 ▹ Dieses Wörterbuch hat 12 000 *Stichwörter.* この辞書は見出し語数が 1 万 2000 だ
— ([単] 2 格 –[e]s; [複] –e)
❶ (あることを引き起こす)きっかけになることば ▹ Auf dieses *Stichwort* hin erhoben sich alle von ihren Sitzen. このことばをきっかけに全員が席から立ち上がった
❷ 〖ふつう [複] で〗 (スピーチなどの要点を書いた)覚え, メモ ▹ Er notiert sich einige *Stichworte* für seinen Vortrag. 彼は講演のための覚えをいくつか書き留める

sti·cken [シュティッケン]
(stickte; gestickt; [完了]h)
[他] 〖④と〗 〔模様など⁴を〕刺繍する; 〔テーブルクロスなど⁴に〕刺繍をする ▹ Sie *stickt* eine Blume auf ein Taschentuch. 彼女は花模様をハンカチに刺繍する

Sti·cke·rei [シュティッケライ] [女] *die* ([単] 2 格 –; [複] –en) 刺繍(刺繍の模様などを指す) ▹ Tischtücher mit schönen *Stickereien* 美しい刺繍のテーブルクロス

sti·ckig [シュティッキヒ] [形] (空気が)むっとする, 息が詰まるような

Stick·na·del [シュティック・ナーデル] [女] *die* ([単] 2 格 –; [複] –n) 刺繍針

Stick·oxid [シュティック・オクスィート] [中] *das* ([単] 2 格 –[e]s; [複] –e) 窒素酸化物

Stick·stoff [シュティック・シュトフ] [男] *der* ([単] 2 格 –[e]s; [複] なし) 窒素 ([記号] N)

stie·ben [シュティーベン]
(stob 〈stiebte〉; gestoben 〈gestiebt〉; [完了]s)
[自] 《文語》 (ちりのように細かく)飛び散る, 四散する ▹ Die Funken sind nur so *gestoben.* 火花がひどく飛び散った

Stief·bru·der [シュティーフ・ブルーダー] [男] *der* ([単] 2 格 –s; [複] ..brüder)
❶ 腹違いの兄弟, 異父〈母〉兄弟
❷ 《口語》 連れ子同士の兄弟

Stie·fel [シュティーフェル] [男] *der* ([単] 2 格 –s; [複] –) ブーツ, 長靴, 編み上げ靴(ひざまで, ないしくるぶしの上までの靴を指す) ▹ die *Stiefel* anziehen 〈ausziehen〉 ブーツをはく〈脱ぐ〉

stie·feln [シュティーフェルン]
(stiefelte; gestiefelt; [完了]s)
[自] 大またで歩く

Stief·el·tern [シュティーフ・エルテルン] [複名] 継親, 義父母

Stief·ge·schwis·ter [シュティーフ・ゲシュヴィスター] [複名]
❶ 腹違いの兄弟姉妹, 異父〈母〉兄弟姉妹
❷ 《口語》 連れ子同士の兄弟姉妹

Stief·kind [シュティーフ・キント] [中] *das* ([単] 2 格 –[e]s; [複] –er) 継子
[イディオム] ***als Stiefkind behandelt werden*** (文化などが)なおざりにされる (←継子扱いされる)

S

Stief·mut·ter [シュティーフ・ムッター] [女] *die* ([単] 2 格 –; [複] ..mütter) 継母, まま母

Stief·müt·ter·chen [シュティーフ・ミュッターヒェン] [中] *das* ([単] 2 格 -s; [複] –) 《植物》 三色スミレ, パンジー ▷ Überall blühen blaue und gelbe *Stiefmütterchen.* 至る所に青や黄色の三色スミレが咲いている

stief·müt·ter·lich [シュティーフ・ミュッターリヒ] [形] 継母のような, 愛情のない

Stief·schwes·ter [シュティーフ・シュヴェスター] [女] *die* ([単] 2 格 –; [複] -n)
❶ 腹違いの姉妹, 異父〈母〉姉妹
❷ 《口語》 連れ子同士の姉妹

Stief·sohn [シュティーフ・ゾーン] [男] *der* ([単] 2 格 -[e]s; [複] ..söhne) 継息子

Stief·toch·ter [シュティーフ・トホター] [女] *die* ([単] 2 格 –; [複] ..töchter) 継娘

Stief·va·ter [シュティーフ・ファーター] [男] *der* ([単] 2 格 -s; [複] ..väter) 継父

stieg [シュティーク] steigen の [過去]

Stie·ge [シュティーゲ] [女] *die* ([単] 2 格 –; [複] -n) (木の) 狭い急な階段 (南ドイツ・オーストリアでは階段一般を指す)

stiehl [シュティール] stehlen の [命令]

stiehlst [シュティールスト] stehlen の [現在]

stiehlt [シュティールト] stehlen の [現在]

Stiel [シュティール] [男] *der* ([単] 2 格 -[e]s; [複] -e)
❶ (器物の) 柄; (グラスの) 脚 (☆ その下の「足」の部分は Fuß) ▷ der *Stiel* der Pfanne フライパンの柄 / Der *Stiel* der Schaufel ist abgebrochen. シャベルの柄が折れた
❷ (植物の) 茎 ▷ Rosen mit langen *Stielen* 茎の長いバラ

stier [シュティーア] [形] (目が) うつろな, ぼんやりした

Stier [シュティーア] [男] *der* ([単] 2 格 -[e]s; [複] -e) (成熟した) 雄牛 (＝Bulle)

stie·ren [シュティーレン]
(stierte; gestiert; [完了]h)
[自] (無表情な目で) じっと見つめる ▷ Er *stierte* auf sein Bierglas. 彼は自分のビールのグラスをじっと見つめていた

Stier·kampf [シュティーア・カムプフ] [男] *der* ([単] 2 格 -[e]s; [複] ..kämpfe) 闘牛

stieß [シュティース] stoßen の [過去]

stie·ße [シュティーセ] stoßen の [接II]

Stift [シュティフト]
— [男] *der* ([単] 2 格 -[e]s; [複] -e)
❶ 鉛筆; クレヨン, パステル
❷ (無頭の, 小さな) 釘
— [中] *das* ([単] 2 格 -[e]s; [複] -e) (寄進された土地などを運用して慈善事業を行う) 宗教団体 [の施設]

stif·ten [シュティフテン]
(stiftete; gestiftet; [完了]h)
[他] ❶ 〖[④]と〗 [⋯^{4}の] 基金を出す ▷ ein Krankenhaus *stiften* 病院を建てる基金を出す / einen Literaturpreis *stiften* 文学賞を設ける
❷ 〖[④]と〗 [⋯^{4}を] 寄付する; 《口語》 おごる ▷ Er hat für das Rote Kreuz 100 Euro *gestiftet.* 彼は赤十字に 100 ユーロ寄付した
[イディオム] ***Ordnung stiften*** 秩序をもたらす
stiften gehen 《口語》 (悪いことをしたため) こっそり逃げ出す
Verwirrung stiften 混乱を引き起こす

stif·ten|ge·hen [シュティフテン・ゲーエン] [分離]
(ging stiften; stiftengegangen; [完了]s) [自] [旧⇒新]
stiften gehen (分けて書く) ☞ stiften

Stif·ter [シュティフター] [男] *der* ([単] 2 格 -s; [複] –) (施設・賞などを設立するための) 基金提供者

Stif·tung [シュティフトゥング] [女] *die* ([単] 2 格 –; [複] -en)
❶ (基金による, 社会的な) 施設, 財団
❷ (協会などの) 創立, 創設, 設立 ▷ die *Stiftung* des Roten Kreuzes 赤十字の設立
❸ 《法律》 基金

Stil [シュティール/スティール] [男] *der* ([単] 2 格 -[e]s; [複] -e)
❶ 文体; 話し方 ▷ Sein *Stil* ist lebendig. 彼の文体〈話し方〉は生き生きとしている / Er schreibt einen guten *Stil.* 彼はいい文章を書く
❷ (芸術上の) 様式 ▷ der gotische *Stil* ゴシック様式 / in barockem *Stil* バロック様式で
❸ 〖[複] なし〗 (生活・行動の) 様式, スタイル ▷ Das ist nicht mein *Stil.* それは私のやり方ではない
[イディオム] ***großen Stils*** 〈***im großen Stil***〉 大規模の〈に〉, 大掛かりの〈に〉 ▷ eine Veranstaltung *großen Stils* planen 大掛かりな催しを計画する

Sti·lett [シュティレット/スティ..] [中] *das* ([単] 2 格 -s; [複] -e) (刃が 3 つの角をもつ) 短剣

sti·lis·tisch [シュティリスティシュ] [形] 文体上の ▷ Sein Aufsatz ist *stilistisch* brillant. 彼の作文は文体的にすばらしい

still [シュティル] ([比較] -er, [最上] -st)
[形] ❶ (物音がせず) 静かな ▷ ein *stilles* Tal 静かな谷 / eine *stille* Straße 静かな通り / Im Haus war es merkwürdig *still.* 家の中は奇妙なほど静かだった / Sie weinte *still* vor sich hin. 彼女は一人静かに泣いていた

[類語]
still 物理的に音がしない
ruhig (煩わしく感じる) 雑音がない

❷ 静止した, 静かな, 動かない ▷ ein *stiller* See (波がなく) 静かな湖 / Du musst jetzt *still* liegen. 君は今はじっと寝ていなければいけない
❸ 口数の少ない, 物静かな, おとなしい ▷ ein

stilles Kind おとなしい子供 / Warum bist du denn so *still* heute? 君はきょうはいったいどうしてそんなにおとなしいんだい(なぜあまりしゃべらないのか) / Sei *still*! 黙りなさい

❹ 無言の，ことばに出さない ▷ ein *stilles* Gebet 黙禱 / ein *stiller* Vorwurf 無言の非難

❺ 平穏な ▷ Sie führen ein sehr *stilles* Leben. 彼らはとても平穏な生活を送っている

(イディオム) *im stillen* (旧⇒新) *im Stillen* 心ひそかに；(人に知られず)こっそりと ▷ Er hat sich *im Stillen* über die Vorgänge amüsiert. 彼は内心ではその成り行きをおもしろがっていた

Stil·le [シュティレ] 囡 *die* (⊕2格 -；⊕なし) 静けさ，静寂 ▷ Die *Stille* der Nacht trat ein. 夜の静寂が訪れた

(イディオム) *in aller Stille* 内々で，内輪で；ひそかに ▷ Die Beerdigung fand *in aller Stille* statt. 埋葬は内々で行われた

Stille·ben (旧⇒新) Stillleben

stille·gen [シュティレーゲン] (legte still; stillgelegt; (旧⇒新) 他 (旧⇒新) stilllegen

stil·len [シュティレン] (stillte; gestillt; (旧h) 他 ❶ 《4と》《…に》授乳する ▷ Die Mutter *stillt* den Säugling. 母親は乳児に授乳する

❷ 《4と》〔飢え・渇きなど4を〕いやす ▷ Er *stillte* seinen Durst mit einem Glas Bier. 彼は1杯のビールでのどの渇きをいやした

❸ 《4と》〔血・涙など4を〕止める；〔痛み・怒りなど4を〕やわらげる ▷ die Blutung mit Watte *stillen* 出血を脱脂綿で止める

still|hal·ten [シュティル・ハルテン] (分離) (er hält still; hielt still; stillgehalten; (旧h) 圓 ❶ (動かずに)じっとしている ▷ Beim Fotografieren musst du *stillhalten*. 写真をとるときはじっとしていなければいけないよ

❷ (抵抗することなく)黙っている，何もしない

Still·le·ben [シュティル・レーベン] 中 *das* (⊕2格 -s；⊕ -) 静物画

still|le·gen [シュティル・レーゲン] (分離) (legte still; stillgelegt; (旧h) 他 《4と》〔工場などの4〕操業〈営業〉を中止する ▷ Die Fabrik musste *stillgelegt* werden. その工場は操業を停止しなければならなかった

still·schwei·gend [シュティル・シュヴァイゲント] 形 暗黙の；〔副詞的に〕黙って ▷ eine *stillschweigende* Voraussetzung 暗黙の前提

Still·stand [シュティル・シュタント] 男 *der* (⊕2格 -[e]s；⊕なし) (機械などの)停止；(交渉・進歩などの)停滞，行き詰まり ▷ den Motor zum *Stillstand* bringen エンジン〈モーター〉を止める / Die Blutung ist zum *Stillstand* gekommen. 出血が止まった

still|ste·hen [シュティル・シュテーエン] (stand still; stillgestanden; (旧h)

圓 〔工場・交通などが〕止まっている，動いていない ▷ Alle Maschinen *stehen* seit einer Woche *still*. すべての機械が1週間前から止まっている

Stil·mö·bel [シュティール・メーベル] 中 *das* (⊕2格 -s；⊕ -)〔ふつう で〕古い様式の家具

stimm·be·rech·tigt [シュティム・ベレヒティヒト] 形 投票権のある

Stim·me [シュティメ] 囡 *die* (⊕2格 -；-n)

❶ 声；(動物の)鳴き声 ▷ Seine *Stimme* zitterte. 彼の声は震えていた / Der Sänger hat eine gute *Stimme*. その歌手はいい声をしている / Er spricht mit ruhiger *Stimme*. 彼は落ち着いた声で話す /〔比ゆ〕Die *Stimmen* des Protestes wurden immer lauter. 抗議の声はますます大きくなった

❷ (選挙の)票；投票権 ▷ gültige 〈ungültige〉*Stimmen* 有効〈無効〉票 / sich4 der *Stimme* enthalten 棄権する / Hast du schon deine *Stimme* abgegeben? 君はもう投票したか

❸ (合唱の)声部，パート ▷ Sie singt die erste *Stimme* des Liedes. 彼女はその歌の第1声部を歌う

stim·men [シュティメン] (stimmte; gestimmt;

— 圓 ❶ (事実に)合っている，まちがいがない ▷ Die Rechnung *stimmt*. この計算は合っている / *Stimmt* das? それは本当ですか / Das *stimmt* nicht! それは違う / *Stimmt* so!《支払いの際に》釣り銭をチップとして受けとってかまいませんよ (← 支払い金額は合っています)

❷ 〔für〈gegen〉+4と〕〔…4に賛成〈反対〉の〕票を入れる ▷ Viele *stimmten* gegen den Vorschlag. 多くの人がその提案に反対票を投じた

— 他 ❶ 《4+状態と》〔…4を…の〕気分にさせる ▷ Deine Worte *stimmen* mich traurig. 君のことばは私を悲しい気分にさせる

❷ 《4と》〔楽器4の〕調子を整える ▷ Du musst das Klavier *stimmen* lassen. 君はピアノを調律してもらわなければだめだぞ

stimm·te [シュティムテ] stimmen の(過去)

Stim·mung [シュティムング] 囡 *die* (⊕2格 -；⊕ -en)

❶ 気分；(その場の)雰囲気，ムード ▷ Sie ist heute [in] guter *Stimmung*. 彼女はきょう機嫌がよい / Die Gäste kamen langsam in *Stimmung*. 客たちは徐々に気分が乗って来た / Es herrschte eine fröhliche *Stimmung*. 楽しい雰囲気にあふれていた (☆ 文頭の es は穴埋め)

❷ 《⊕なし》(人々の支配的な)意見，考え ▷ Wie ist die *Stimmung* unter der Bevölkerung? 住民の間の意見はどんな様子ですか

Stimm·zet·tel [シュティム・ツェッテル] 男 *der*

(旧⇒新)＝新正書法の指示，(旧)＝旧正書法の指示

stin·ken [シュティンケン]
(stank; gestunken; 助h)
自 悪臭を放つ，臭い ▷ Die faulen Eier *stanken* schrecklich. 腐った卵はひどい悪臭を放っていた / Er *stinkt* nach Alkohol. 彼は酒臭い / 『非人称主語 es と』Hier *stinkt* es nach Gas. ここはガス臭い

Sti·pen·di·en [シュティペンディエン] Stipendium の 複数

Sti·pen·di·um [シュティペンディウム] 中 *das* (単2格 -s; 複 ..pendien) 奨学金 ▷ Er bewirbt sich um ein *Stipendium*. 彼は奨学金の出願をする

stirb [シュティルプ] sterben の 命令
stirbst [シュティルプスト] sterben の 現在
stirbt [シュティルプト] sterben の 現在

Stirn [シュティルン] 女 *die* (単2格 -; 複 -en) 額，おでこ ▷ Er zieht seine *Stirn* in Falten. 彼は額にしわを寄せる

stob [シュトープ] stieben の 過去

stö·bern [シュテーベルン]
(stöberte; gestöbert; 助h)
自 『in+③と』『..³の中を』（物を探して）ひっかきまわす ▷ Er *stöberte* in seinem Schreibtisch nach dem Bild. 彼は机の中をひっかきまわして写真を探した

sto·chern [シュトッヘルン]
(stocherte; gestochert; 助h)
自 『in+③と』『..³を』つつく〈ほじくり〉回す ▷ Er *stochert* mit dem Feuerhaken in der Glut. 彼は火かき棒で残り火をつつき回す

Stock [シュトック] 男 *der*
— (単2格 -[e]s; 複 -) (建物の) 階 (☆ふつう1階は Erdgeschoss と呼び，2階から the erste, zweite, ... Stock と数える) ▷ In welchem *Stock* wohnen Sie? あなたは何階にお住まいですか / Sie wohnt im zweiten *Stock*. 彼女は3階〈まれに：2階〉に住んでいる

— (単2格 -[e]s; 複 Stöcke) 棒，杖, ステッキ；(スキーの)ストック ▷ Der alte Mann geht am *Stock*. その老人は杖をついて歩く

Stö·cke [シュテッケ] Stock「棒」の 複数

sto·cken [シュトッケン]
(stockte; gestockt; 助h)
自 ❶ (動き・活動などが) 一時的に止まる；(交通が) 渋滞する ▷ Das Gespräch *stockte*. 会話がとぎれた / Mir *stockte* der Atem vor Entsetzen. 私はぎょっとして息が止まった
❷ (話の途中で) 詰まる，つかえる ▷ Er *stockte* mitten im Satz. 彼はことば半ばで詰まってしまった

Stock·holm [シュトックホルム/シュトックホルム]
(中 *das*) (都市名) ストックホルム (スウェーデン王国の首都)

Stock·werk [シュトック・ヴェルク] *das* (単2格 -[e]s; 複 -e) (建物の) 階 ▷ Er wohnt im obersten *Stockwerk*. 彼は最上階に住んでいる / Das Haus hat drei *Stockwerke*. その家は3階建てだ (☆1階も含めて数える)

Stoff [シュトフ] 男 *der* (単2格 -[e]s; 複 -e)
❶ 生地，布地 ▷ ein leichter *Stoff* 軽い生地 / Wie viel *Stoff* braucht man für ein Kleid? ワンピースにはどのくらいの布地が必要ですか
❷ 物質 ▷ ein chemischer *Stoff* 化学物質
❸ (創作・研究などのための) 材料；題材 ▷ *Stoff* für einen Roman sammeln 小説の材料を集める

stoff·lich [シュトフリヒ] 形 物質の ▷ die *stoffliche* und die geistige Welt 物質界と精神界

Stoff·wech·sel [シュトフ・ヴェクセル] 男 *der* (単2格 -s; まれに 複 -) 新陳代謝，物質交代

stöh·nen [シュテーネン]
(stöhnte; gestöhnt; 助h)
自 うめく，うめき声を上げる ▷ Sie *stöhnte* vor Schmerzen. 彼女は痛みのあまりうめいた

Stol·le [シュトレ] 女 *die* (単2格 -; 複 -n) (菓子) シュトレン (=Stollen)

Stol·len [シュトレン] 男 *der* (単2格 -s; 複 -)
❶ (菓子) シュトレン (クリスマスの時期に焼く長方形の菓子)
❷ (水平に掘られた) 坑道 (☆「垂直に掘られた坑道」は Schacht)
❸ (スポーツシューズなどの) スパイク

stol·pern [シュトルペルン]
(stolperte; gestolpert; 助s)
自 つまずく ▷ Sie ist über einen Stein *gestolpert*. 彼女は石につまずいた / (比ゆ) über einen Skandal *stolpern* スキャンダルでつまずく

stolz [シュトルツ] (比較級 -er, 最上級 -est)
形 ❶ 『auf+④と』『..⁴を』誇りにしている；誇らしい，誇らしく思う ▷ Er ist *stolz* auf dich. 彼は君のことを誇りにしている / Wir sind *stolz* auf unsere Erfolge. 私たちは成功を誇りにしている / Sie hat eine *stolze* Miene. 彼女は誇らし気な表情をしている
❷ 誇り高い，自尊心が強い，高慢な ▷ Er ist zu *stolz*, um andere um Hilfe zu bitten. 彼は人に助けを頼むにはプライドが高すぎる
❸ (金額などが) かなりの ▷ ein *stolzer* Preis かなりの値段

Stolz [シュトルツ] 男 *der* (単2格 -es; 複 なし)
❶ 誇り，プライド，自尊心 ▷ Er hat keinen *Stolz*. 彼にはプライドというものがない / Voller *Stolz* berichtete sie über ihre Erfolge. 誇らしげに彼女は自分の成果を報告した

❷ プライドが高いこと，自尊心の強さ，高慢さ ▷ Sein *Stolz* macht ihn unbeliebt. プライドが高くて彼は嫌われる

stol·zie·ren [シュトルツィーレン]
(stolzierte; stolziert; 完了 s)
自 いばって(くもったいぶって)歩く

stop·fen [シュトプフェン]
(stopfte; gestopft; 完了 h)
— 他 ❶ 《④+in+④と》[..⁴を..⁴に]詰め込む ▷ Sie *stopfte* die Kleider eilig in den Koffer. 彼女は急いで服をトランクに詰め込んだ / Er *stopfte* sich Watte in die Ohren. 彼は綿で耳に栓をした

❷ 《④と》[すき間・穴を]ふさぐ ▷ ein Leck im Öltank *stopfen* 石油タンクの漏る箇所をふさぐ

❸ 《④と》[衣服などを]繕う，かがる ▷ einen Strumpf *stopfen* 靴下を繕う

イディオム **die Pfeife stopfen** パイプにタバコを詰める

— 自 (食物が)便秘を起こす ▷ Schokolade *stopft*. チョコレートは便秘になる

Stop·pel [シュトッペル] 女 die (単2格 -; 複 -n)
《ふつう 複 で》
❶ (穀物を刈ったあとに残る)刈り株
❷ 《口語》(そったあとに短く伸びた)ざらざらするひげ，無精ひげ ▷ Er hat *Stoppeln* um das Kinn. 彼はあごのまわりに無精ひげを生やしている

stop·pen [シュトッペン]
(stoppte; gestoppt; 完了 h)
— 他 《④と》[..⁴を]止める，停止させる ▷ Der Verkehrspolizist *stoppte* das Auto. 交通巡査は自動車を止めた / die Produktion *stoppen* 生産を停止する

— 自 止まる，停止する ▷ Plötzlich *stoppte* der Zug. 突然列車が止まった

Stopp·uhr [シュトップ・ウーア] 女 die (単2格 -; 複 -en) ストップウォッチ

Stöp·sel [シュテプセル] 男 der (単2格 -s; 複 -)
(円形の)栓 ▷ den *Stöpsel* aus dem Waschbecken ziehen 洗面槽の栓を抜く

Storch [シュトルヒ] 男 der (単2格 -[e]s; 複 Störche) (鳥)コウノトリ ▷ Auf dem Dach nisten *Störche*. 屋根の上にコウノトリが巣をつくる

Stör·che [シュテルヒェ] Storch の 複数

stö·ren [シュテーレン] (störte; gestört; 完了 h)
— 他 ❶ 《④と》[..⁴の]じゃまをする ▷ Die Kinder *stören* ihn bei der Arbeit. 子供たちは彼の仕事のじゃまをする / 《再帰的に》Bitte, lassen Sie sich nicht *stören*! どうぞ私にはおかまいなく // *Störe* ich? おじゃまですか / Darf ich einen Augenblick *stören*? ちょっとおじゃましてよろしいでしょうか

❷ 《④と》[..⁴を]妨げる，妨害する ▷ Er *stört* fortgesetzt den Unterricht. 彼は絶えず授業のじゃまをする

類語 **stören** 物事を少し困難にする，じゃまをする
behindern かなりの程度に困難にする，妨害する
hindern 直接的な行動で物事を妨げる
verhindern あることをして そのことによって物事を妨げる

❸ 《④と》(物事が)[..⁴の]気に障る，気に入らない ▷ *Stört* es dich, wenn ich rauche? タバコを吸っては迷惑ですか

イディオム **geistig gestört sein** 精神的に障害がある

— 再 《口語》《sich⁴+an+③と》[..³が]気に障る，気に入らない ▷ Sie *stört* sich an seinem Benehmen. 彼女は彼の態度が気に入らない

stör·risch [シュテリシュ] 形 (子供などが)強情な，言うことを聞かない，反抗的な

stör·te [シュテーアテ] stören の 過去

Stö·rung [シュテールング] 女 die (単2格 -; 複 -en)
❶ じゃま；妨害 ▷ Entschuldigen Sie die *Störung*! じゃまをしてすみません / Die Sache verlief ohne *Störung*. 事はスムーズに運んだ

❷ (機能上の)障害；故障 ▷ Er leidet an nervösen *Störungen*. 彼は神経障害に苦しんでいる / technische *Störungen* beheben 故障を取り除く

Sto·ry [スト[-]リ/シュト[-]リ] 女 die (単2格 -; 複 -s) 《口語》(小説などの)ストーリー，あら筋；(語って聞かせる，たとえば経験話などの)ちょっとした話

Stoß [シュトース] 男 der (単2格 -es; 複 Stöße)
❶ 突くこと ▷ Er gab seinem Nachbarn einen *Stoß* mit dem Ellenbogen. 彼は隣の人をひじでつついた / Er bekam einen *Stoß* gegen die Schulter. 彼は肩を突かれた

❷ 《ふつう 複 で》激しい揺れ ▷ die *Stöße* eines Erdbebens 地震の激しい揺れ

❸ (積み重ねた)山 ▷ ein *Stoß* Zeitungen ひと山の新聞

Stö·ße [シュテーセ] Stoß の 複数

sto·ßen
[ʃtóːsn̩ シュトーセン]

現在	ich stoße	wir stoßen
	du stößt	ihr stoßt
	er stößt	sie stoßen
過去	ich stieß	wir stießen
	du stießest	ihr stießt
	er stieß	sie stießen
過分	gestoßen	完了 haben, sein

完了h, 完了s＝完了の助動詞 haben, sein

― [他]〖[完了]h〗❶〖④と〗〔‥⁴を〕突く, つつく Er *stieß* mich leicht mit der Faust vor die Brust. 彼は私の胸をこぶしで軽く突いた
〖[方向]と〗
Sie *stieß* ihn von sich.
彼女は彼を突き放した
Sie *stieß* ihn aus dem Zug 〈ins Wasser〉.
彼女は彼を列車から〈水の中へ〉突き落とした
❷〖④+in+④と〗〔‥⁴を‥⁴へ〕突き刺す〈立てる〉 ▷ einen Stock in den Boden *stoßen* 棒を地面に突き刺す / Sie *stieß* ihm ein Messer in die Brust. 彼女は彼の胸にナイフを突き刺した

― [再]〖[完了]h〗❶〖[sich]⁴と〗ぶつかる ▷ Ich habe mich am Stuhl *gestoßen.* 私はいすにぶつかった
❷〖[sich]³+④と〗〔‥⁴を〕ぶつける ▷ Er hat sich an der Tischkante den Kopf *gestoßen.* 彼はテーブルの角に頭をぶつけた
❸〖[sich]⁴+an+③と〗〔‥³に〕気を悪くする ▷ Sie *stießen* sich an seinem Benehmen. 彼らは彼の態度に気を悪くした

― [自]〖[完了]s〗❶〖an 〈gegen〉+④と〗〔‥⁴に〕ぶつかる ▷ Ich bin an den Stuhl *gestoßen.* 私はいすにぶつかった
❷〖auf+④と〗〔‥⁴に〕偶然に出あう, 出くわす ▷ In der Stadt *stieß* er auf einen alten Bekannten. 町で彼は古い知人にばったり会った

stößt [シュテースト] stoßen の [現在]

Stoß·the·ra·pie [シュトース·テラピー] [女] *die* ([単] 2 格 –; [複] –n) ショック療法

Stoß·trupp [シュトース·トルップ] [男] *der* ([単] 2 格 –s; [複] –s) (軍の特別な任務を帯びた)突撃隊

stot·tern [シュトッテルン]
(stotterte; gestottert; [完了]h)
[自] つっかえつっかえ話す, どもる ▷ Er *stottert* ein wenig. 彼は少し言葉がつっかえる

Straf·an·stalt [シュトラーフ·アンシュタルト] [女] *die* ([単] 2 格 –; [複] –en) 刑務所

straf·bar [シュトラーフ·バール] [形] 罰せられる, 罰になる ▷ eine *strafbare* Handlung begehen 罰せられるような行為をする

Stra·fe [シュトラーフェ] [女] *die* ([単] 2 格 –; [複] –n)
❶ 罰 ▷ eine körperliche *Strafe* 体罰 / Zur *Strafe* musst du zu Hause bleiben. 罰としておまえは家にいなければいけない
❷ (駐車違反などの)罰金 ▷ eine *Strafe* von 80 Euro zahlen müssen 80 ユーロの罰金を払わなければならない

stra·fen [シュトラーフェン]
(strafte; gestraft; [完了]h)
[他]〖④と〗〔‥⁴を〕罰する, 処罰する ▷ Sie *straft* ihr Kind wegen jeder Kleinigkeit. 彼女は子供をどんなささいなことでも罰する

straff [シュトラフ]
[形] ❶ ぴんと張った ▷ eine Saite *straff* spannen (楽器の)弦をぴんと張る
❷ 厳しい, 厳格な, きちんとした ▷ eine *straffe* Leitung 厳しい指導 / eine *straff* organisierte Gruppe きちんと組織された集団

straf·fäl·lig [シュトラーフ·フェリヒ] [形]〖成句で〗
straffällig werden 犯罪をおかす

straf·fen [シュトラッフェン]
(straffte; gestrafft; [完了]h)
― [他]〖④と〗〔ひもなど⁴を〕ぴんと張る; (クリームなどが)〔肌など⁴を〕ぴんと引きしめる
― [再]〖[sich]⁴と〗(ひもなどが)ぴんと張る; (肌などが)ぴんと引きしまる

sträf·lich [シュトレーフリヒ] [形] (無責任で)許しがたい, とんでもない ▷ *sträfliche* Nachlässigkeit 許しがたい怠慢
[イディオム] ④+***sträflich vernachlässigen*** ‥⁴を許しがたいほどなおざりにする

Straf·tä·ter [シュトラーフ·テーター] [男] *der* ([単] 2 格 –s; [複] –) 犯罪者

Strahl [シュトラール] [男] *der* ([単] 2 格 –[e]s; [複] –en)
❶ 光線(筋状の光を指す) ▷ der *Strahl* des Scheinwerfers サーチ〈ヘッド〉ライトの光 / den *Strahl* der Taschenlampe nach oben richten 懐中電灯の光を上に向ける / Die *Strahlen* der Sonne kommen durch die Wolken. 太陽の光が雲間から現れる (☆ 天体の光の場合はふつう複数形を用いる)
❷〖[複] なし〗噴出する液体 ▷ Ein *Strahl* kam aus dem Rohr. 液体が管から噴き出した
❸〖ふつう [複] で〗《物理》 放射線 ▷ ultraviolette *Strahlen* 紫外線

strah·len [シュトラーレン]
(strahlte; gestrahlt; [完了]h)
[自] ❶ (主に天体·光源体が)明るい光を発する, 光り輝く ▷ Die Sonne *strahlt* hell. 太陽が明るく輝く /〖現在分詞で〗ein *strahlender* Tag (太陽の光り輝く)よく晴れた日
❷ 非常にうれしそうにする ▷ Die Großmutter *strahlte*, als ihre Enkel kamen. 孫たちが来たとき おばあさんは喜びに顔を輝かせた

Strah·lung [シュトラールング] [女] *die* ([単] 2 格 –; [複] –en) (光·電磁波などの)放射; 放射線量

Sträh·ne [シュトレーネ] [女] *die* ([単] 2 格 –; [複] –n) 髪の房 ▷ Eine *Strähne* hing ihr in die Stirn. 一房の髪が彼女の額にたれ下がっていた

sträh·nig [シュトレーニヒ] [形] (特に髪が)房になった, 房をなした

stramm [シュトラム]
[形] ❶ (衣服が体に)ぴったりした ▷ Der Rock sitzt zu *stramm.* このスカートはきつすぎる
❷ (体つきが)がっしりした; (体を)ぴんと伸ばした

S

▷ ein *strammer* Bursche がっしりした若者 / eine *stramme* Haltung annehmen 直立不動の姿勢をとる

stram·peln [シュトラムペルン]
(strampelte; gestrampelt)
自 ❶ 《旧⇒新h》(赤ん坊が)足をばたばたさせる ▷ Das Baby hat vergnügt *gestrampelt*. 赤ん坊は喜んで足をばたばたさせた
❷ 《旧⇒新s》《口語》自転車で走る

Strand [シュトラント] 男 *der* (田2格 -es〈まれに -s〉; 複 Strände) (海・湖などの平坦な)岸辺, 浜[辺]; (特に)海浜, 海辺 ▷ ein sandiger *Strand* 砂浜 / an den *Strand* gehen 浜に行く / Sie liegt am *Strand* und sonnt sich. 彼女は浜辺に横になって日光浴をする

Strän·de [シュトレンデ] Strand の 複数

stran·den [シュトランデン]
(strandete; gestrandet; 旧⇒新s)
自 (船が)浜に乗り上げる, 座礁する; (仕事などで)挫折する

Strand·korb [シュトラント・コルプ] 男 *der* (田2格 -[e]s; 複 ..körbe) (海水浴場の)かご形のいす, ビーチチェア

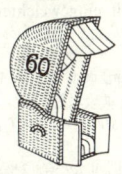

Strandkorb

Strang [シュトラング] 男 *der* (田2格 -[e]s; 複 Stränge) 綱, ロープ
(イディオム) 《4》+ *zum Tod durch den Strang* verurteilen …⁴に絞首刑を宣告する

Strän·ge [シュトレンゲ] Strang の 複数

Stra·pa·ze [シュトラパーツェ] 女 *die* (田2格 -; 複 -n) (特に肉体的な)苦労, 労苦, 難儀 ▷ Diese Reise war eine *Strapaze*. この旅行はとても骨が折れた

stra·pa·zie·ren [シュトラパツィーレン]
(strapazierte; strapaziert; 旧⇒新h)
— 他 ❶ 《4と》〔衣類・機械など⁴を〕酷使する, 使いすぎる ▷ die Schuhe *strapazieren* 靴をしじゅうはいて傷める
❷ 《4と》〔…⁴を〕(酷使して)疲れさす, 消耗させる ▷ Dunkles Licht *strapaziert* beim Lesen die Augen. 暗い光での読書は目が疲れる /《過去分詞で》Er sieht recht *strapaziert* aus. 彼はかなり消耗しているようだ
— 再 《sich⁴と》体を酷使する, 無理をする ▷ Er hat sich bei dieser Arbeit *strapaziert*. 彼はこの仕事で体を酷使した

stra·pa·zi·ös [シュトラパツィエース] 形 (仕事・旅行などが)骨の折れる, きつい, 辛い

Straß·burg [シュトラースブルク] (田 *das*)《都市名》シュトラースブルク, ストラースブール(フランス; ⇒ 地図C-4)

Stra·ße
[ʃtráːsə シュトラーセ]
女 *die* (田2格 -; 複 -n)

格	単数	複数
①	die Straße	die **Straßen**
②	der Straße	der Straßen
③	der Straße	den Straßen
④	die Straße	die Straßen

❶ 道路; 通り, 街路
eine breite *Straße*
広い道路
Die *Straße* führt zum Platz.
この道路は広場に通じている
auf der *Straße* spielen 路上で遊ぶ
auf die *Straße* gehen
通りに出る; (デモをするために)街頭に出る
durch die *Straßen* schlendern
通りをぶらつく
in einer ruhigen *Straße* wohnen
静かな通りに住んでいる
❷ 海峡 ▷ die *Straße* von Soya 宗谷海峡
(イディオム) 《4》+ *auf die Straße setzen* …⁴を(不当に)解雇する, 首にする; (借家人)⁴を追い出す ▷ Er wurde auf die *Straße* gesetzt. 彼は首にされた〈追い出された〉

Stra·ßen·bahn [シュトラーセン・バーン] 女 *die* (田2格 -; 複 -en)
路面電車 ▷ Sie fährt täglich mit der *Straßenbahn* zur Schule. 彼女は毎日路面電車に乗って学校へ行く

Straßenbahn

Stra·ßen·kind [シュトラーセン・キント] 田 *das* (田2格 -[e]s; 複 -er) ストリートチルドレン

Stra·ßen·lärm [シュトラーセン・レルム] 男 *der* (田2格 -[e]s; 複 なし) 町中〈往来〉の騒音

Stra·ßen·mu·si·kant [シュトラーセン・ムズィ

カント] 男 *der* (⊕ 2·3·4格 -en; ⊛ -en) 辻音楽師

Stra·ßen·na·me [シュトラーセン・ナーメ] 男 *der* (⊕ 2格 -ns, 3.4格 -n; ⊛ -n) 通りの名前

Stra·ßen·netz [シュトラーセン・ネッツ] 中 *das* (⊕ 2格 -es; ⊛ -e) 道路網

Stra·te·gie [シュトラテギー] 女 *die* (⊕ 2格 -; ⊛ -n) 戦略

Stra·te·gi·en [シュトラテギーエン] Strategie の 複数

stra·te·gisch [シュトラテーギシュ] 形 戦略上の, 戦略的な ▷ eine *strategisch* wichtige Brücke 戦略上重要な橋

sträu·ben [シュトロイベン] (sträubte; gesträubt; 助 h)
自 ❶ 《sich⁴と》(羽毛・髪などが)逆立つ ▷ Das Gefieder *sträubte* sich. 羽毛が逆立った
❷ 《sich⁴と》逆らう, 抵抗する ▷ Sie hat sich dagegen *gesträubt*, den Vorschlag anzunehmen. 彼女はこの提案を受け入れるのに抵抗した

Strauch [シュトラオホ] 男 *der* (⊕ 2格 -[e]s; ⊛ Sträucher) (根元から何本も枝分かれした)低木, 灌木

strau·cheln [シュトラオヘルン] (strauchelte; gestrauchelt; 助 s)
自 《文語》つまずく, 足を踏み外す

Sträu·cher [シュトロイヒャー] Strauch の 複数

Strauß [シュトラオス] 男 *der*
— (⊕ 2格 -es; ⊛ Sträuße) 花束 (＝Blumenstrauß) ▷ ein *Strauß* Rosen 一束のバラ / Blumen zum *Strauß* binden (花を一つにまとめて)花束を作る
— (⊕ 2格 -es; ⊛ -e) 〔鳥〕 ダチョウ

Sträu·ße [シュトロイセ] Strauß「花束」の 複数

stre·ben [シュトレーベン] (strebte; gestrebt)
自 ❶ 《助h》《nach+③と》《[…⁴]を》(得ようと必死に)求める, 求めて努力する ▷ nach Ruhm *streben* 名声を求める / Er hat immer [danach] *gestrebt*, seinem Leben einen Sinn zu geben. 彼はつねに自分の人生を意義あるものにしようと努力していた
❷ 《助s》《方向と》《…に向かって》ひたすら進む ▷ Sie *strebten* nach Hause. 彼らは家路を急いだ

Stre·ber [シュトレーバー] 男 *der* (⊕ 2格 -s; ⊛ -) 《軽蔑的に》(自分のことしか考えない)出世主義者; ガリ勉家 ▷ Sie ist ein widerlicher *Streber*. 彼女はいやな出世主義者〈ガリ勉家〉だ

streb·sam [シュトレープザーム] 形 (目標に向かって)努力する

Stre·cke [シュトレッケ] 女 *die* (⊕ 2格 -; ⊛ -n)
❶ 道のり; 距離 ▷ eine kurze *Strecke* 短い道のり / eine *Strecke* von 10 Kilometern marschieren 10キロの距離を行進する
❷ (飛行機などの)航路, 路線, ルート; (鉄道の)区間 ▷ Der Pilot fliegt die *Strecke* Berlin–London. そのパイロットはベルリン-ロンドン間の航路を飛ぶ / Dieser Zug verkehrt auf der *Strecke* Saarbrücken–Paris. この列車はザールブリュッケンとパリの区間を運行する
❸ 《スポ》(競走の)コース
イディオム *auf der Strecke bleiben* 落伍する, 諦めねばならない ▷ Er ist bei dem Wettlauf *auf der Strecke geblieben*. 彼はその競走で落伍した

stre·cken [シュトレッケン] (streckte; gestreckt; 助h)
— 他 ❶ 《④と》〔体の部分⁴を〕(まっすぐに)伸ばす ▷ die Arme *strecken* 腕を伸ばす / Die Zuschauer *streckten* die Hälse, um besser sehen zu können. 見物人はもっとよく見えるように首を伸ばした
❷ 《方向と》〔…へ〕伸ばす ▷ Er *streckte* die Beine behaglich unter den Tisch. 彼は脚をゆったりと机の下に伸ばした
❸ 《④と》〔飲食物⁴を〕(混ぜ物を加えて)ふやす ▷ das Gehackte mit eingeweichten Brötchen *strecken* ひき肉にふやかしたパンを混ぜて量をふやす
— 再 《sich⁴と》体を伸ばす ▷ Als sie erwachte, *streckte* sie sich. 彼女は目がさめると伸びをした / *sich ins Gras strecken* 草むらに長々と寝そべる

Streich [シュトライヒ] 男 *der* (⊕ 2格 -[e]s; ⊛ -e) (ふざけてする)いたずら, わるさ ▷ ein lustiger *Streich* 愉快ないたずら / schlimme *Streiche* machen 悪いいたずらをする

strei·cheln [シュトライヒェルン] (streichelte; gestreichelt; 助h)
他 《④と》〔…⁴を〕(やさしく)なでる, さする ▷ Er *streichelt* ihre Wangen. 彼は彼女のほおをなでる

strei·chen [シュトライヒェン] (strich; gestrichen)
— 他 《助h》 ❶ 《④+方向と》〔…⁴に…に〕塗る ▷ Butter aufs Brot *streichen* パンにバターを塗る / Der Arzt *strich* Salbe auf die Wunde. 医者は傷に軟膏を塗った
❷ 《④と》〔…⁴に〕塗る ▷ ein Brötchen mit Marmelade *streichen* パンにジャムを塗る / Er hat den Zaun blau *gestrichen*. 彼は柵を青く塗った / Vorsicht, frisch *gestrichen*! 注意ペンキ塗り立て
❸ 《④と》〔書かれたもの⁴を〕線を引いて消す, 削除する ▷ Du kannst seinen Namen aus der Liste *streichen*. リストから彼の名前を消してもかまわないよ

①, ②, ③, ④＝1格, 2格, 3格, 4格の名詞

— [自] ❶ 〘[完了]h〙〘[方向]と〙〔…を〕なでる ▷ Sie *strich* über das Kissen. 彼女はクッションをなでた / Sie *strich* dem Kind über den Kopf. 彼女は子供の頭をなでた
❷ 〘[完了]s〙 〘durch+④と〙 〔…⁴を〕(当てもなく)歩き回る; うろつく ▷ durch die Straßen *streichen* 通りをあちこち歩き回る

Streich·holz [シュトライヒ・ホルツ] [中] *das* (単 2格 -es; 複 ..hölzer)
マッチ[棒] ▷ eine Schachtel *Streichhölzer* マッチ 1 箱 / Er zündete ein *Streichholz* an. 彼はマッチに火をつけた

Streich·in·stru·ment [シュトライヒ・インストルメント] [中] *das* (単 2格 -[e]s; 複 -e) 《音楽》弦楽器

Strei·fe [シュトライフェ] [女] *die* (単 2格 -; 複 -n) (軍隊・警察の) パトロール; パトロール隊

strei·fen [シュトライフェン] (streifte; gestreift)
— [他] 〘[完了]h〙 ❶ 〘④と〙 〔…⁴に〕軽く触れる, ちょっとさわる, 〔…⁴を〕かする ▷ Sie *streifte* ihn an der Schulter. 彼女は彼の肩に軽く触れた / Der Schuss hat ihn nur *gestreift*. 弾は彼をかすっただけだった
❷ 〘④と〙 〔…⁴に〕軽く言及する ▷ Er hat dieses Problem in seinem Vortrag nur *gestreift*. 彼は講演でこの問題に簡単に触れただけだった
❸ 〘④+[方向]と〙 〔…⁴を体の部分などに沿って〕動かす (☆ 具体的には「はめる」「はずす」「着る」「脱ぐ」のように訳す) ▷ den Ring auf den Finger *streifen* 指輪を指にはめる / die Handschuhe über die Hand 〈von der Hand〉 *streifen* 手袋を手にはめる〈手からはずす〉
— [自] 〘[完了]s〙 〘durch+④と〙 〔…⁴を〕(当てもなく)歩き回る ▷ durch die Stadt 〈Wälder〉 *streifen* 町〈森〉を歩き回る

Strei·fen [シュトライフェン] [男] *der* (単 2格 -s; 複 -)
❶ 縞, 縞模様 ▷ ein Stoff mit weißen *Streifen* 白い縞柄の布地
❷ 細長い〈帯状の〉もの ▷ ein *Streifen* Land 細長い土地 / der weiße *Streifen* auf der Fahrbahn 車道の白線 / Papier in *Streifen* schneiden 紙を細長く切る

Streik [シュトライク] [男] *der* (単 2格 -[e]s; 複 -s)
ストライキ, 同盟罷業 ▷ einen *Streik* organisieren ストライキを組織する

strei·ken [シュトライケン]
(streikte; gestreikt; [完了]h)
[自] ❶ ストライキをする ▷ Die Arbeiter *streiken* für höhere Löhne. 労働者は賃上げを求めてストライキをする
❷ 《口語》(機械などが) 急に動かなくなる ▷ Die Waschmaschine *streikte* plötzlich. 洗濯機が突然動かなくなった

Streit [シュトライト] [男] *der* (単 2格 -[e]s; 複 なし)
(主にことばによる) 争い, 口論, けんか ▷ Zwischen den beiden gibt es dauernd *Streit*. 二人の間にはけんかが絶えない

streit·bar [シュトライト・バール] [形] (性格が) けんかっ早い, 攻撃的な

strei·ten [シュトライテン] (du streitest, er streitet; stritt; gestritten; [完了]h)
— [自] ❶ (主にことばによって) 争う, 言い争う, けんかをする ▷ Müsst ihr immer *streiten*? 君たちはいつもけんかしてなきゃならないのか / Ich habe keine Lust zu *streiten*. 私は争う気はない
❷ 〘über+④と〙 〔…⁴について〕論争する ▷ über eine wissenschaftliche Frage *streiten* 学問上の問題について論争する / Darüber kann man *streiten*. それについては議論の余地がある
— [再] 〘[sich]⁴+mit+③と〙 〔…³と〕争う, けんかをする ▷ Ich habe mich noch nie mit ihr *gestritten*. 私は彼女とまだ一度も争ったことがない

strei·tig [シュトライティヒ] [形] (権利などに関して) 未解決の
[イディオム] ③+④+***streitig machen*** …³に対し…⁴を渡すように要求する, …³と…⁴の権利を争う ▷ Er hat mir meinen Posten *streitig gemacht*. 彼は私にポストを明け渡すように求めてきた

Strei·tig·kei·ten [シュトライティヒカイテン] [複名] (絶えることのない) もめごと, いさかい, いがみあい

streit·süch·tig [シュトライト・ズュヒティヒ] [形] けんか好きの, 争いごとを好む

streng [シュトレング] ([比較] -er, [最上] -st)
[形] ❶ 厳しい, 厳格な ▷ ein *strenger* Lehrer 厳しい教師 / eine *strenge* Erziehung 厳格な教育 / Er ist *streng* gegen sich selbst und gegen andere. 彼は自分自身に対しても他人に対しても厳しい
❷ 厳密な; 厳重な ▷ die Anweisungen *streng* befolgen 指示を厳密に守る / Er bewahrte *strengstes* Stillschweigen. 彼はかたく沈黙を守った / im *strengen* Sinne 厳密な意味で
❸ (寒さなどが) 厳しい ▷ ein *strenger* Winter 厳しい冬
❹ (においなどが) 強烈な, きつい ▷ der *strenge* Geruch des Käses チーズの鼻をつくにおい
[イディオム] ***streng genommen*** 厳密に言えば, 厳密にとれば

Stren·ge [シュトレンゲ] [女] *die* (単 2格 -; 複 なし)
❶ (態度の) 厳しさ, 厳格さ
❷ (寒さなどの) 厳しさ

streng·ge·nom·men [シュトレング・ゲノメン] [副] [旧⇒新] **streng genommen** (分けて書く) ☞

S

streng

Stress [シュトレス] 男 der (⑯2格-es; ⑯なし) (精神的・肉体的な)緊張, ストレス ▷ unter *Stress* stehen ストレスを受けている

Streß 旧⇒新 Stress

streu·en [シュトロイエン]
(streute; gestreut; 医h)
他 ❶ 《④と》〔粒状のものなど⁴を〕まく, 振りかける ▷ Sand auf eine vereiste Straße *streuen* 凍った道に砂をまく / Sie *streute* etwas Salz über die Kartoffeln. 彼女はジャガイモに塩を少々振りかけた
❷ 《④と》〔道に〕(すべり止めの砂などを)まく ▷ Bei Glatteis muss die Straße mit Sand ge*streut* werden. 路面の凍結の際には砂をまかなければならない

streu·nen [シュトロイネン]
(streunte; gestreunt; 医s,h)
自 あてもなく歩き回る, ほっつき回る, うろつき回る ▷ Nachts ist er durch die Stadt ge*streunt*. 夜彼は町中をあてもなく歩き回った /〚現在分詞で〛*streunende* Hunde うろつき回る犬

strich [シュトリッヒ] streichen の 過基

Strich [シュトリッヒ] 男 der (⑯2格-[e]s; ⑯-e)
❶ (鉛筆などで引いた)線; (計器の)目盛り ▷ einen *Strich* mit dem Lineal ziehen 定規で線を引く / die Fehler mit roten *Strichen* unterstreichen 誤りに赤いアンダーラインを引く
❷ (⑯なし) 筆遣い, タッチ ▷ eine Skizze mit raschen *Strichen* zeichnen スケッチをす早いタッチで描く
❸〚ふつう ⑯ で〛(テキストに線を引いて)削除すること ▷ im Drehbuch einige *Striche* vornehmen 映画の台本を数箇所削除する
❹ (⑯なし) 髪(毛)の向き ▷ Katzen mögen es nicht, wenn man sie gegen den *Strich* streichelt. 猫は逆なでするといやがる

stri·che [シュトリッヒェ] streichen の 接Ⅱ

Strich·kode [シュトリッヒ・コート] 男 der (⑯2格-s; ⑯-s) バーコード

Strick [シュトリック] 男 der (⑯2格-[e]s; ⑯-e) (麻などの)綱, 縄, ロープ ▷ Er bindet die Last auf dem Wagen mit einem *Strick* fest. 彼は荷物を車に綱で縛りつける

stri·cken [シュトリッケン]
(strickte; gestrickt; 医h)
他《④と》[…⁴を]編む, 編んで作る ▷ Sie hat einen Pullover *gestrickt*. 彼女はプルオーバーを編んだ // Sie *strickt* gern. 彼女は編み物をするのが好きだ

Strick·ja·cke [シュトリック・ヤッケ] 女 die (⑯2格-; ⑯-n)《衣類》カーディガン ▷ eine *Strickjacke* anziehen カーディガンを着る

strie·geln [シュトリーゲルン]
(striegelte; gestriegelt; 医h)
他《④と》〔馬など⁴に〕ブラシをかける

Strie·men [シュトリーメン] 男 der (⑯2格-s; ⑯-) みみずばれ

strikt [シュトリクト] 形 (物事の遂行に関して)厳密な, 厳しい ▷ ein *strikter* Befehl 厳命 / Wir haben die Anweisungen *strikt* durchgeführt. 私たちは指示を厳密に実行した

Strip·tease [シュトリップ・ティース/ストリップ..] 男 der (⑯2格-; ⑯なし) ストリップショー

stritt [シュトリット] streiten の 過基

strit·te [シュトリッテ] streiten の 接Ⅱ

strit·tig [シュトリッティヒ] 形 (問題などが)未解決の, 未決着の ▷ Diese Angelegenheit ist noch immer *strittig*. この件は今なお未解決だ

Stroh [シュトロー] 中 das (⑯2格-[e]s; ⑯なし) 《集合的に》わら(藁) (☆ 1本1本の「わら」は Strohhalm) ▷ ein Bund *Stroh* 1束のわら

Stroh·halm [シュトロー・ハルム] 男 der (⑯2格-[e]s; ⑯-e) わら(藁); (飲み物を吸うための)ストロー ▷ Er trinkt Milch mit dem *Strohhalm*. 彼はミルクをストローで飲む /《比ゆ》sich⁴ an einen *Strohhalm* klammern (おぼれる者がわらをもつかむように)はかない望みにすがりつく

Stroh·hut [シュトロー・フート] 男 der (⑯2格-[e]s; ⑯..hüte) 麦わら帽子

stro·hig [シュトロー・イヒ]
形 ❶ (髪などが)わらのような, ばさばさした
❷ (食べ物の味がわらのようで)ばさばさした, 味のしない

Stroh·mann [シュトロー・マン] 男 der (⑯2格-[e]s; ⑯..männer) (表に出たくない人の委託を受けて売り買いなどする)名目上だけの人

Strolch [シュトロルヒ] 男 der (⑯2格-[e]s; ⑯-e) ごろつき, ならず者

strol·chen [シュトロルヒェン]
(strolchte; gestrolcht; 医s)
自 あてもなく歩き回る, ほっつき回る, うろつき回る

Strom [シュトローム] 男 der (⑯2格-[e]s; ⑯ Ströme)
❶ (海に注ぐ)大きな川, 大河 ▷ Der *Strom* mündet ins Mittelmeer. その大河は地中海に注いでいる
❷ (液体・人・車などの)流れ ▷ ein *Strom* von Menschen 人の流れ / Die Tränen stürzten ihr in *Strömen* aus den Augen. 涙が彼女の目からどっと流れ落ちた / Es regnet in *Strömen*. 土砂降りである
❸ (⑯なし) 流れている電気, 電流 ▷ Das Gerät verbraucht viel *Strom*. この器具は電気をたくさん食う
イディオム *gegen den Strom schwimmen* 流れに

逆らって泳ぐ;《比у》時流に逆らう

Strö·me [シュトレーメ] Strom の 複数

strö·men [シュトレーメン]
(strömte; geströmt; 助動 s)
自 (水・空気などが大量に) **流れる** ▷ Wasser *strömte* aus der Leitung. 水が水道管からどっと出た / 《比у》Die Menschen *strömen* aus dem Kino. 人が映画館からあふれ出てくる

Strom·preis [シュトローム・プライス] 男 der (単2格 -es; 複 -e) 電力料金

Strö·mung [シュトレームング] 女 die (単2格 -; 複 -en)
❶ (水・空気の) **流れ**, 水流, 気流; 海流, 潮の流れ ▷ Der Fluss hat eine reißende *Strömung*. この川は激流だ / kalte〈warme〉*Strömungen* des Meeres 寒〈暖〉流
❷ 《ふつう 複 で》(思想・文化・政治などの)流れ, 傾向, 動向 ▷ politische *Strömungen* 政治の動向

Stro·phe [シュトローフェ] 女 die (単2格 -; 複 -n)《文学》(詩の)節, 連

strot·zen [シュトロッツェン]
(strotzte; gestrotzt; 助動 h)
自〔vor+3と〕〔エネルギーなど³で〕満ちあふれている, はちきれそうだ;〔間違い・泥など³〕だらけだ

strub·be·lig [シュトルッベリヒ] 形 (髪が)もじゃもじゃの, ぼうぼうとした

Stru·del [シュトルーデル] 男 der (単2格 -s; 複 -)
❶ (水流による)渦, 渦巻き ▷ Das Boot geriet in einen *Strudel*. ボートは渦に巻き込まれた
❷《南ドイ・オースト》シュトルーデル(果実や肉の入った渦巻き形のパイ)

Struk·tur [シュトルクトゥーア/ストルク..] 女 die (単2格 -; 複 -en) **構造** ▷ die *Struktur* des Atoms 原子の構造 / die wirtschaftliche *Struktur* eines Landes ある国の経済構造 / die syntaktische *Struktur* der deutschen Sprache ドイツ語の統語構造

Strumpf [シュトルムプフ] 男 der (単2格 -[e]s; 複 Strümpfe)
(ふつうひざ上までの)**長い靴下**; **ストッキング** (☆「ソックス」は Socke) ▷ ein Paar *Strümpfe* 1足のストッキング / die *Strümpfe* anziehen〈ausziehen〉ストッキングをはく〈脱ぐ〉

Strümp·fe [シュトリュムプフェ] Strumpf の 複数

Strumpf·ho·se [シュトルムプフ・ホーゼ] 女 die (単2格 -; 複 -n)《衣類》パンティーストッキング; タイツ

Strunk [シュトルンク] 男 der (単2格 -[e]s; 複 Strünke) (木の)切り株; (キャベツなどの)芯と

Strün·ke [シュトリュンケ] Strunk の 複数

strup·pig [シュトルッピヒ] 形 (髪・毛などが)ぼさぼさの, もじゃもじゃの ▷ Sein Haar ist *struppig*.

彼の髪はぼさぼさだ

Stu·be [シュトゥーベ] 女 die (単2格 -; 複 -n)《南ドイ・オースト》部屋; 居間

Stuck [シュトゥック] 男 der (単2格 -[e]s; 複 なし) (壁・天井などの)化粧しっくい

Stück [シュテュック] 中 das (単2格 -[e]s; 複 -e)
❶ (全体から切り離された) **一部分** ▷ 切片・断片・かけらなど; 数量単位の場合はふつう無変化) ▷ ein *Stück* Brot 1 切れのパン (☆ 薄く切ったものは Scheibe) / ein *Stück* frische Wurst 新鮮なソーセージ 1 切れ / drei *Stück* Kuchen essen ケーキを3切れ食べる / Das Glas zersprang in tausend *Stücke*. グラスは粉々に割れた
❷ (一定の形・量に基づいて区切られたもの) **1つ** (☆ 数量単位の場合はふつう無変化) ▷ ein *Stück* Land 1区画の土地 / ein *Stück* Seife 1個のせっけん / zwei *Stück* Zucker in den Tee nehmen 角砂糖を2つ紅茶に入れる / Wie viel *Stück* möchten Sie haben? 何個入れましょうか
❸ (同種のものの) **1つ** (☆ 数量単位の場合はふつう無変化) ▷ die wertvollsten *Stücke* der Sammlung コレクションの中で(いくつかの)最も貴重なもの / fünf *Stück* Äpfel 5個のリンゴ / Die Eier kosten 30 Cent das *Stück*. これらの卵は1個30セントする
❹ [楽]曲; ドラマ, 戯曲 ▷ auf dem Klavier ein *Stück* von Mozart spielen ピアノでモーツァルトの曲を弾く / ein *Stück* aufführen ドラマを上演する

《イディオム》*aus freien Stücken* 自発的に ▷ Er hat mir *aus freien Stücken* seine Hilfe angeboten. 彼は進んで私に援助を申し出てくれた
Stück für Stück 1つ1つ ▷ Sie isst die Bonbons *Stück für Stück* auf. 彼女はボンボンを一つ一つ残さず食べる

Stück·werk [シュテュック・ヴェルク] 中 das 〖成句で〗*Stückwerk sein*〈*bleiben*〉中途半端である〈のままである〉▷ Die Steuerreform *ist Stückwerk*. 税制改革は中途半端だ

Stu·dent
[ʃtudént シュトゥデント]
男 der (単2·3·4格 -en; 複 -en)

格	単　数	複　数
①	der　Student	die　Studenten
②	des　Studenten	der　Studenten
③	dem　Studenten	den　Studenten
④	den　Studenten	die　Studenten

大学生
Er ist *Student* der Medizin.
彼は医学専攻の学生である

Stu·den·ten·aus·tausch [シュトゥデンテ

ン・アオス・タオス] 男 der (⓶ 2格 -[e]s; ⓷ なし) (留学生などの)学生交流

Stu·den·ten·aus·weis [シュトゥデンテン・アオス・ヴァイス] 男 der (⓶ 2格 -es; ⓷ -e) 学生証

Stu·den·ten·be·we·gung [シュトゥデンテン・ベヴェーグング] 女 die (⓶ 2格 -; ⓷ なし) 学生運動

Stu·den·ten·heim [シュトゥデンテン・ハイム] 田 das (⓶ 2格 -[e]s; ⓷ -e) 学生寮

Stu·den·tin [シュトゥデンティン] 女 die (⓶ 2格 -; ⓷ ..tinnen) 《Student の女性形》(大学の)女子学生, 女子大生

Stu·die [シュトゥーディエ] 女 die (⓶ 2格 -; ⓷ -n)
❶ (芸術, 特に絵画の)習作, エチュード
❷ 研究論文

Stu·di·en [シュトゥーディエン] Studie, Studium の複数

Stu·di·en·ge·bühr [シュトゥーディエン・ゲビュート] 女 die (⓶ 2格 -; ⓷ -en) (ふつう 複で) (大学の)授業料

Stu·di·en·jahr [シュトゥーディエン・ヤール] 田 das (⓶ 2格 -[e]s; ⓷ -e) (大学の)学年

stu·die·ren

[ʃtudiːrən シュトゥディーレン]

現在	ich studiere	wir studieren
	du studierst	ihr studiert
	er studiert	sie studieren
過去	ich studierte	wir studierten
	du studiertest	ihr studiertet
	er studierte	sie studierten
過分	studiert	完了 haben

—— 自 大学で学ぶ, 大学に通っている
Er *studiert* in Bonn.
彼はボンの大学に通っている
Sie *studiert* an der Musikhochschule.
彼女は音楽大学で学んでいる
Sie haben ihre zwei Kinder *studieren* lassen. 彼らは2人の子供を大学へやった
—— 他 ❶ 《④と》〔..⁴を〕大学で学ぶ, 専攻する ▷ Er hat sechs Semester Jura *studiert*. 彼は6学期間法学を学んだ
❷ 《④と》〔..⁴を〕詳しく調べる, 研究する ▷ die Verhältnisse eines Landes *studieren* 国情を詳しく調べる
❸ 《④と》〔..⁴に〕細かく目を通す, 点検する ▷ Er hat die Akten gründlich *studiert*. 彼は書類に徹底的に目を通した / die Speisekarte *studieren* メニューにじっくり目を通す

stu·dier·te [シュトゥディーアテ] studieren の 過去

Stu·di·um [シュトゥーディウム] 田 das (⓶ 2格 -s; ⓷ Studien)

❶ (⓷ なし) 大学での勉学 ▷ Er hat sein *Studium* mit dem Staatsexamen abgeschlossen. 彼は国家試験を受けて大学での学業を修了した
❷ 研究 ▷ das *Studium* der deutschen Literatur ドイツ文学の研究

Stu·fe [シュトゥーフェ] 女 die (⓶ 2格 -; ⓷ -n)
❶ (階段・はしごなどの)段, 踏み段 ▷ die erste 〈oberste〉 *Stufe* der Treppe 階段の第1〈最上〉段
❷ (発展などの)段階, レベル ▷ Die Kultur stand auf einer hohen *Stufe*. その文化は高いレベルにあった

Stuhl

[ʃtuːl シュトゥール]

男 der (⓶ 2格 -[e]s; ⓷ Stühle)

格	単 数	複 数
①	der Stuhl	die Stühle
②	des Stuhl[e]s	der Stühle
③	dem Stuhl	den Stühlen
④	den Stuhl	die Stühle

❶ (背もたれのついた1人用の)いす
ein bequemer *Stuhl*
座り心地のいいいす
sich⁴ auf einen *Stuhl* setzen
いすに腰掛ける
Er ist vom *Stuhl* aufgestanden.
彼はいすから立ち上がった
der elektrische *Stuhl*
(死刑執行用の)電気いす
❷ 《⓷ なし》大便; 便通 ▷ Haben Sie heute schon *Stuhl* gehabt? きょうはもうお通じがありましたか

Stüh·le [シュテューレ] Stuhl の 複数

Stuhl·gang [シュトゥール・ガング] 男 der (⓶ 2格 -[e]s; ⓷ なし) 便通 ▷ *Stuhlgang* haben 便通がある

stül·pen [シュテュルペン]
(stülpte; gestülpt; 完了 h)
他 《④+auf 〈über〉+④と》〔カバーなど⁴を..³に〕かぶせる ▷ den Kaffeewärmer über die Kanne *stülpen* コーヒーの保温カバーをポットにかぶせる

stumm [シュトゥム]
形 ❶ (生まれながら, あるいは驚きなどのあまり)口のきけない ▷ Er ist von Geburt an *stumm*. 彼は生まれながら口がきけない / Er war *stumm* vor Schreck. 彼は驚きのあまり口がきけなかった
❷ 無言の, 沈黙した ▷ ein *stummer* Protest 無言の抗議 / Sie saßen *stumm* am Tisch. 彼らは無言で食卓についていた

Stum·me [シュトゥムメ] 男 der / 女 die (形容詞

変化 ☞ Alte 表 I)(生まれながら)口のきけない人、ろうあ者；無言の人

Stum·mel [シュトゥメル] 男 der (⑫ 2 格 –s; ⑫ –)(比較的小さな、細長いものの)使い残し；(タバコの)吸い殻、(ろうそくの)燃えかす

Stüm·per [シュテュムパー] 男 der (⑫ 2 格 –s; ⑫ –) 能無し、不器用者

stumpf [シュトゥムプフ]
形 ❶ 切れ味の鈍い、なまくらの (⇔ scharf) ▷ Die Schere ist stumpf. そのはさみはよく切れない
❷ (先の)とがっていない、▷ ein stumpfer Bleistift 先の丸くなった鉛筆 / ein stumpfer Winkel 鈍角
❸ (精神的・感覚的に)鈍い、ぼうっとした ▷ einen stumpfen Blick haben うつろな目つきをしている
❹ 光沢〈つや〉のない ▷ stumpfe Seide 光沢のない絹

Stumpf·sinn [シュトゥムプフ・ズィン] 男 der (⑫ 2 格 –[e]s; ⑫ なし) 放心状態、無気力

stumpf·sin·nig [シュトゥムプフ・ズィーニヒ]
形 ❶ (物事に無関心で)ぼうっとした、無気力な ▷ Sie starrte mich stumpfsinnig an. 彼女はぼんやり私を見つめた
❷ (仕事などが)きわめて退屈〈単調〉な

Stun·de
[ʃtúndə シュトゥンデ]
女 die (⑫ 2 格 –; ⑫ –n)

❶ (時間の単位としての)時間 (☆「秒」は Sekunde、「分」は Minute)
eine halbe Stunde
半時間、30 分
eine viertel 〈drei viertel〉 Stunde
15 分〈45 分〉
anderthalb Stunden
1 時間半
eine Stunde Verspätung
1 時間の遅れ
Ich musste zwei Stunden warten.
私は 2 時間待たなければならなかった
Er arbeitet 40 Stunden in der Woche.
彼は週に 40 時間働く
jede Stunde
毎時間、1 時間ごと〈おき〉に
alle drei Stunden
3 時間ごと〈おき〉に
in einer Stunde
1 時間後に
vor einer Stunde
1 時間前に
Der Wagen fährt 200 Kilometer in der 〈pro〉 Stunde. その車は時速 200 キロで走る
❷ (学校の)授業時間；《口語》(個人授業の)レッスン ▷ Wie viele Stunden hast du morgen? 君はあす授業が何時間あるのか / In der zweiten Stunde haben wir Deutsch. 2 時間目はドイツ語だ / Die Stunde kostet 50 Euro. レッスンは 50 ユーロする

stün·de [シュテュンデ] stehen の 接II

stun·den [シュトゥンデン]
(stundete; gestundet; 完了h)
他《④と》(家賃など⁴の)支払いを猶予する

stun·den·lang [シュトゥンデン・ラング] 形 数時間の；《副詞的に》何時間も ▷ eine stundenlange Diskussion 数時間にわたる討論 /(いらだちを込めて)Sie telefoniert schon stundenlang. 彼女はもう何時間も電話をかけている

Stun·den·plan [シュトゥンデン・プラーン] 男 der (⑫ 2 格 –[e]s; ⑫ ..pläne) (特に学校の)時間割、時間表

stun·den·wei·se [シュトゥンデン・ヴァイゼ] 副 時間単位で ▷ Sie arbeitete hier stundenweise. 彼女はここでパートタイムで働いていた

stünd·lich [シュテュントリヒ]
—— 形 1 時間ごとの、毎時間の ▷ Dieser Bus verkehrt stündlich. このバスは 1 時間ごとに運行する
—— 副 いまにも；いまにも…かと ▷ Sein Tod kann stündlich eintreten. 彼はいまにも息を引きとりそうな状態だ (← 彼の死はいまにも起こりうる)

Stups [シュトゥプス] 男 der (⑫ 2 格 –es; ⑫ –e)《口語》軽く突く〈押す〉こと

stup·sen [シュトゥプセン]
(stupste; gestupst; 完了h)
他《口語》《④と》《..⁴に》(注意を向けさせるために)軽く突く、つつく ▷ Sie hat ihn mit der Hand gestupst. 彼女は彼を手でつついた

Stups·na·se [シュトゥプス・ナーゼ] 女 die (⑫ 2 格 –; ⑫ –n) (先が)上を向いた小さい鼻

stur [シュトゥーア] 形 強情な、頑固な、かたくなな ▷ Er gab seine sture Haltung nicht auf. 彼は強情な態度を改めなかった

stür·be [シュテュルベ] sterben の 接II

Sturm [シュトゥルム] 男 der (⑫ 2 格 –[e]s; ⑫ Stürme)
❶ (雨の伴わない風だけの)あらし、暴風 (☆「暴風雨」は Unwetter、「雷雨」は Gewitter) ▷ ein verheerender Sturm すさまじいあらし / Der Sturm tobt 〈legt sich〉. あらしが吹き荒れる〈収まる〉/ Der Sturm hat viele Bäume umgeworfen. あらしは多くの木をなぎ倒した / die Ruhe 〈Stille〉 vor dem Sturm あらしの前の静けさ (☆ 比喩的にも用いられる)
❷ 《軍事》襲撃、突撃 ▷ der Sturm auf die Festung 要塞への襲撃
❸ 《スポ》 (集合的に) (サッカーなどの)前衛、フォワード

完了h, 完了s＝完了の助動詞 haben, sein

Stür·me [シュテュルメ] Sturm の 複数

stür·men [シュテュルメン] (stürmte; gestürmt)
— 自 ❶ 【匠s】【方向】と〔…へ〕突進する，殺到する；〔…から〕飛び出す ▷ Die Kinder sind auf den Sportplatz *gestürmt*. 子供たちは運動場に飛び出して行った
❷ 【匠h】(スポーツ)(サッカーなどで)攻撃する ▷ In der zweiten Halbzeit *stürmte* unsere Mannschaft pausenlos und erzielte zwei Tore. 後半で我々のチームは休みなく攻撃して2得点をあげた
イディオム **es stürmt** 風が吹き荒れる (☆匠h) ▷ *Es* hat die ganze Nacht *gestürmt* und geschneit. 夜通し風が吹き荒れ雪が降った
— 他 【匠h】【④と】〔…に〕殺到する ▷ Die Zuschauer *stürmten* die Bühne. 観客は舞台に殺到した
❷ (軍事)【④と】(敵陣などを)襲撃〈突撃〉して占領する

Stür·mer [シュテュルマー] 男 der (⊕2格 -s; ⊕ -)(スポーツなど) 前衛，フォワード

stür·misch [シュテュルミシュ]
形 ❶ (雨の伴わない強風による)あらしの，暴風の；(強風で)波の荒い ▷ *stürmisches* Wetter 風の吹き荒れる天候 / Die See war sehr *stürmisch*. 海は非常にしけていた
❷ (拍手・歓迎などが)あらしのような；熱烈な ▷ Er wurde *stürmisch* empfangen. 彼は熱烈に歓迎された
❸ (進展などが)急速な ▷ die *stürmische* Entwicklung der Technik 技術の急速な発展

Sturz [シュトゥルツ] 男 der (⊕2格 -es; ⊕ Stürze)
❶ 転落，墜落；転倒 ▷ Er überlebte den *Sturz* aus dem zweiten Stockwerk. 彼は3階から落ちたが命は助かった
❷ (政治家などの)失脚；(政府などの)崩壊 ▷ Diese Vorgänge führten zum *Sturz* der Regierung. これらの事件が政府の崩壊をもたらした
❸ (温度などの)急激な降下 ▷ der *Sturz* des Luftdrucks 気圧の急激な降下

Stür·ze [シュテュルツェ] Sturz の 複数

stür·zen [シュテュルツェン]
(du, er stürzt; stürzte; gestürzt)
— 自 【匠s】❶ (勢いよく)落ちる，転落する，墜落する ▷ Das Flugzeug *stürzte* ins Meer. 飛行機は海中に墜落した / Er ist von der Leiter *gestürzt*. 彼ははしごから転落した / über einen Stein *stürzen* 石につまずいて転ぶ
❷ (勢いよく)転ぶ，転倒する ▷ Er ist auf der Treppe *gestürzt*. 彼は階段で転んだ
❸ 【方向】と〔…へ〕突進して行く；飛び出す〈込む〉 ▷ Alle *stürzten* ans Fenster. みんなは窓際に駆け寄った

❹ (温度・物価・価値などが)急激に下がる ▷ Die Temperatur *stürzt*. 気温が急激に下がる
— 他 【匠h】❶ 【④と】(容器などを)(中身を取り出すために)ひっくり返す ▷ eine Kuchenform *stürzen* ケーキの型をひっくり返す / den Pudding auf den Teller *stürzen* プリンを(容器をひっくり返して)皿に取り出す
❷ 【④+方向と】〔…に〕突き落とす；突き倒す ▷ Er *stürzte* den Mann aus dem Zug. 彼はその男を列車から突き落とした
❸ 【④と】(政治家などを)失脚させる；(政府など)を倒す ▷ Der Präsident wurde *gestürzt*. 大統領は辞任に追い込まれた
イディオム **④+ins Unglück stürzen** …を不幸に陥れる
— 再 【匠h】❶ (sich⁴と) 身を投げる ▷ *sich* von der Brücke *stürzen* 橋から身を投げる
❷ (sich⁴+auf+④と)〔…に〕(得ようとして)飛びつく，殺到する ▷ Die Kunden *stürzten* sich auf die Sonderangebote. 客たちは特売品に殺到した
❸ (sich⁴+auf+④と)〔…に〕襲いかかる ▷ Der Hund hat sich bellend auf den Fremden *gestürzt*. 犬はほえながらその見知らぬ男に飛びかかった

Sturz·flug [シュトゥルツ・フルーク] 男 der (⊕2格 -[e]s; ⊕ ..flüge) (飛行機の)急降下

Sturz·helm [シュトゥルツ・ヘルム] 男 der (⊕2格 -[e]s; ⊕ -e) (オートバイ用の)ヘルメット

stürz·te [シュテュルツテ] stürzen の 過去

Stu·te [シュトゥーテ] 女 die (⊕2格 -; ⊕ -n) 雌馬 (⊕ Hengst) ▷ Die *Stute* hat ein Fohlen bekommen. その雌馬は子馬を産んだ

Stutt·gart [シュトゥットガルト] (⊕ das) (都市名) シュトゥットガルト(ドイツのバーデン・ヴュルテンベルク州の州都) ⊕ 地図 D-4)

Stüt·ze [シュテュッツェ] 女 die (⊕2格 -; ⊕ -n) 支え，支柱，つっかい棒 ▷ Der Baum braucht eine *Stütze*. その木はつっかい棒が必要だ /(比ゆ) Sie war die *Stütze* seines Alters. 彼女は彼の老後の支えだった

stut·zen [シュトゥッツェン]
(stutzte; gestutzt; 匠h)
— 自 (びっくりしたり おやっと思ったりして)動作を中断する ▷ Bei dem Geräusch *stutzte* er kurz, lief dann aber schnell weiter. その物音に彼はびっくりしてちょっと立ち止まったが また先を急いだ
— 他 【④と】(生け垣・髪などを)短く刈る ▷ Er ließ sich die Haare *stutzen*. 彼は髪を短く刈ってもらった

stüt·zen [シュテュッツェン]
(stützte; gestützt; 匠h)
— 他 ❶ 【④と】〔…に〕を支える，〔…に〕つっかい棒

をする ▷ Säulen *stützen* das Gewölbe. 円柱が丸天井を支えている / Sie *stützt* den Kranken beim Gehen. 彼女は病人が歩くのを支える

❷ 《④+auf＋④と》〔…⁴で〕支える ▷ die Ellenbogen auf den Tisch *stützen* 両ひじをテーブルにつく / Er *stützt* den Kopf in die Hände. 彼は両手でほおづえをつく

── 再 ❶ 《sich⁴+auf+④と》〔…⁴で〕体を支える ▷ *Stützen* Sie sich auf meinen Arm! 私の腕につかまりなさい

❷ 《sich⁴+auf+④と》〔…⁴に基づく ▷ Seine Behauptung *stützt* sich nur auf Vermutungen. 彼の主張は憶測に基づいているにすぎない

stut·zig [シュトゥッツィヒ] 形〈成句で〉
《④+*stutzig* machen》…⁴に変だ〈おかしい〉と思わせる ▷ Es *macht* mich *stutzig*, dass die Lieferung immer noch nicht angekommen ist. 配達がいまなお届いていないのは変だと思う

stutzig werden 変だ〈おかしい〉と思う, けげんに思う

Stütz·punkt [シュテュッツ・プンクト] 男 der (⊕ 2 格 -[e]s; ⊕ -e) (特に軍事行動の)拠点, 基地

Sub·jekt [ズプイェクト] 中 das (⊕ 2 格 -[e]s; ⊕ -e) 《文法》主語; 《哲学》主体 (☆「客体」は Objekt)

sub·jek·tiv [ズプイェクティーフ] 形 主観的な (⊗ objektiv) ▷ Seine Äußerungen sind allzu *subjektiv*. 彼の発言はあまりにも主観的すぎる

Sub·kul·tur [ズ・クルトゥーア] 女 die (⊕ 2 格 -; ⊕ -en) サブカルチュア (社会内の特定グループの持つ文化)

Sub·stan·tiv [ズプスタンティーフ] 中 das (⊕ 2 格 -s; ⊕ -e) 《文法》名詞

Sub·stanz [ズプスタンツ] 女 die (⊕ 2 格 -; ⊕ -en)

❶ (物理・化学) 物質 ▷ eine chemische *Substanz* 化学物質

❷ (⊕ なし) (特に思考的な)内容, 中身 ▷ Seine Rede hatte keinerlei *Substanz*. 彼の演説は内容がまったくなかった

sub·tra·hie·ren [ズプトラヒーレン] (subtrahierte; subtrahiert; 完了 h)
他 《④と》《数⁴を》引く (⊗ addieren) ▷ 4 von 9 *subtrahieren* 9 から 4 を引く

Sub·trak·ti·on [ズプトラクツィオーン] 女 die (⊕ 2 格 -; ⊕ -en) 引き算, 減法

Su·che [ズ・へ] 女 die (⊕ 2 格 -; ⊕ -n) さがすこと, 捜索, 探索 ▷ die *Suche* nach dem vermissten Kind abbrechen 行方不明の子供の捜索を打ち切る

(イディオム) *auf der Suche sein* 探している
auf die Suche gehen 探しに行く

su·chen
[zúːxn̩ ズーヘン]

現在	ich suche	wir suchen
	du suchst	ihr sucht
	er sucht	sie suchen
過去	ich suchte	wir suchten
	du suchtest	ihr suchtet
	er suchte	sie suchten
過分	gesucht	完了 haben

── 他 ❶ 《④と》〔…⁴を〕(見つけ出そうとして)さがす

Er *sucht* seine Brille.
彼はめがねを探す
Ich *suche* einen Parkplatz.
私は駐車場を探している
Ich habe dich überall *gesucht*.
私は君をそこら中捜し回った
Pilze *suchen*
キノコを探す
eine Lösung *suchen*
解決策を探す
einen passenden Ausdruck *suchen*
適切な表現を探す

❷ 《④と》〔…⁴を〕(得ようとして)さがす, 求める ▷ eine Stelle 〈Wohnung〉 *suchen* 勤め口〈住まい〉を探す / Die Firma *sucht* eine Schreibkraft. その会社は速記のできるタイピストを求めている / Verkäuferin *gesucht*!〈広告で〉女店員求む / Er *sucht* sich eine Frau〈Freundin〉. 彼は嫁さん〈ガールフレンド〉を探している

❸ 《文語》《zu 不定詞句と》…しようとする (= versuchen)

(イディオム) *Kontakt zu+③ suchen* …³との接触を求める

Trost suchen 慰めを求める

── 自 《nach+③と》〔…³を〕さがす, 求める ▷ nach Pilzen *suchen* キノコを探す

Sucht [ズフト] 女 die (⊕ 2 格 -; ⊕ Süchte)

❶ (酒・麻薬などへの) 依存癖, 中毒 ▷ Das Trinken ist bei ihr schon zur *Sucht* geworden. 彼女はもう酒を飲まずにはいられなくなっている

❷ 異常な欲求 ▷ Ihn trieb die *Sucht* nach Geld. 彼を駆り立てたのは異常なまでの金への欲求だった

such·te [ズーフテ] suchen の 過去

Süch·te [ズュヒテ] Sucht の 複数

süch·tig [ズュヒティヒ] 形 (酒・麻薬などが)やめられなくなった, 中毒の ▷ Er ist *süchtig* nach Alkohol geworden. 彼はアル中になった

Süd [ズュート] 中《無変化》南 (☆ 無冠詞で; = Süden; ⊗ Nord)

Süd·ame·ri·ka [ズュート・アメーリカ] (⊕ das)

Süden

Sü·den [ズーデン] 男 der (⸺2格 -s; ⸺なし)
❶ 南 (☆ふつう無冠詞で; ® S; ⓥ Norden) ▷ Die Zugvögel ziehen schon nach *Süden*. 渡り鳥がもう南に渡って行く / Die Sonne steht im *Süden*. 太陽は南にある
❷ (国・町などの)南部; 南の地域 (☆ふつう定冠詞と) ▷ Er wohnt im *Süden* von München. 彼はミュンヒェンの南部に住んでいる

Süd·frucht [ズート・フルフト] 女 die (⸺2格 -; ⸺..früchte)《ふつう 複で》南国の果実

Süd·län·der [ズート・レンダー] 男 der (⸺2格 -s; ⸺ -)《口語》南国の人 (地中海沿岸の国々の人)

süd·län·disch [ズート・レンディシュ] 形 南国の (☆地中海沿岸の国々に関して用いる)

süd·lich [ズートリヒ] (比較 -er, 最上 -st)
── 形 南の, 南方の (ⓥ nördlich) ▷ *südlicher* Wind 南風 / der *südliche* Teil der Stadt 町の南部 / Er ist im *südlichen* Italien geboren. 彼は南イタリアで生まれた / *südlich* von Bonn ボンの南に
── 副《②支配》…の南に ▷ *südlich* der Stadt 町の南に

Süd·os·ten [ズート・オステン] 男 der (⸺2格 -s; ⸺なし) 南東; 南東部

Süd·pol [ズート・ポール] 男 der (⸺2格 -s; ⸺なし) 南極

Süd·ti·rol [ズート・ティロール] (⸺ das)《地名》南チロル

Süd·wes·ten [ズート・ヴェステン] 男 der (⸺2格 -s; ⸺なし) 南西; 南西部

süf·feln [ズュッフェルン] (süffelte; gesüffelt; 完了h)
他《口語》《④と》〔酒⁴を〕(ちびりちびり)味わいながら飲む

süf·fig [ズュッフィヒ] 形《口語》(酒が)口あたりのいい, 飲みやすい

sug·ge·rie·ren [ズゲリーレン] (suggerierte; suggeriert; 完了h)
他《③+④と》〔…³に…⁴だと〕暗示をかける, 思い込ませる; 〔…³に考えなど⁴を〕吹き込む

Sug·ges·ti·on [ズゲスティオーン] 女 die (⸺2格 -; ⸺ -en) 暗示

sug·ges·tiv [ズゲスティーフ] 形 暗示的な ▷ eine *suggestive* Frage 誘導尋問

suh·len [ズーレン] (suhlte; gesuhlt; 完了h)
再《sich⁴と》(イノシシ・ブタなどが)泥の中を転げ回る, 泥浴びをする

Süh·ne [ズューネ] 女 die (⸺2格 -; ⸺ -n)《文語》償い, あがない, 贖罪 ▷

süh·nen [ズューネン] (sühnte; gesühnt; 完了h)
他《文語》《④と》〔罪など⁴を〕償う, あがなう

Sul·tan [ズルターン] 男 der (⸺2格 -s; ⸺ -e) サルタン (イスラム教国の君主, 特に昔のトルコ皇帝)

Sul·ta·ni·ne [ズルタニーネ] 女 die (⸺2格 -; ⸺ -n)《果物》スルタナ (大粒の種なし干しブドウ)

Sülz·ze [ズュルツェ] 女 die (⸺2格 -; ⸺ -n)《料理》アスピック (肉または魚のゼリー)

Sum·me [ズメ] 女 die (⸺2格 -; ⸺ -n)
❶ 金額 ▷ eine beträchtliche *Summe* かなりの金額 / die ganze *Summe* bar bezahlen 全額を現金で支払う
❷ (数の)和, 合計 ▷ Die *Summe* von 3 plus 4 beträgt 7. 3と4の和は7である

sum·men [ズメン] (summte; gesummt; 完了h)
── 自 (昆虫・モーターなどが)ブーンと音を立てる ▷ Bienen *summen*. ミツバチがブーンと羽音を立てる / Der Ventilator *summt*. 換気装置がブーンとうなる
── 他《④と》〔…⁴を〕ハミングする ▷ eine Melodie *summen* メロディーをハミングする // Sie *summte* leise vor sich hin. 彼女は一人そっとハミングする

Sumpf [ズムプフ] 男 der (⸺2格 -[e]s; ⸺ Sümpfe) 沼地, 湿地

Sümp·fe [ズュムプフェ] Sumpf の 複

Sün·de [ズュンデ] 女 die (⸺2格 -; ⸺ -n) (神の掟に背く)罪 (☆道徳上あるいは法律上の「罪」は Schuld) ▷ Er beichtet seine *Sünden*. 彼は罪を告解する

sünd·haft [ズュントハフト]
── 形 (生き方・考え方などが)罪深い
── 副《口語》《程度を表して》すごく, 大変, とても

sün·di·gen [ズュンディゲン] (sündigte; gesündigt; 完了h)
自 (神の掟に)背く, 罪を犯す

su·per [ズーパー] 形《口語》(最高に)すごい, すばらしい ▷ Sie tanzt *super*. 彼女のダンスはすごい

Su·per·com·pu·ter [ズーパー・コムピューター] 男 der (⸺2格 -s; ⸺ -) スーパーコンピュータ

Su·per·markt [ズーパー・マルクト] 男 der (⸺2格 -[e]s; ⸺ ..märkte) スーパーマーケット ▷ in einem *Supermarkt* einkaufen スーパーで買い物をする

Sup·pe

[zʊpə ズッペ]
女 die (⸺2格 -; ⸺ -n)

スープ
ein Teller *Suppe*
1皿のスープ
eine warme *Suppe*
温かいスープ
eine *Suppe* kochen
スープをつくる

eine *Suppe* essen〈löffeln〉
スープを飲む〈スプーンで飲む〉
die *Suppe* abschmecken〈wärmen〉
スープの味見をする〈を温める〉
（イディオム）**ein Haar in der Suppe finden**（物事の）欠点を見つける、けちをつける

Sup·pen·tel·ler [ズッペン・テラー] 男 *der* (⓵2格 -s; ⓹ -) スープ皿

Surf·brett [セーアフ・ブレット] 中 *das* (⓵2格 -[e]s; ⓹ -er) サーフボード

sur·fen [セーアフェン] (surfte; gesurft; 完了h)
自 ［ウインド］サーフィンをする ▷ *surfen* gehen ［ウインド］サーフィンをしに行く

sur·ren [ズレン] (surrte; gesurrt; 完了h)
自 (昆虫・モーターなどが)ブーンと音を立てる ▷ Der Ventilator *surrt*. 換気装置がブーンとうなる

süß [ズース] (比較 -er, 最上 -est)
形 ❶ (味が)甘い(☆「苦い」はbitter,「塩辛い」はsalzig,「辛い」はscharf,「すっぱい」はsauer) ▷ *süße* Kirschen 甘いサクランボ / Das schmeckt *süß*. それは甘い味がする / Er isst gern *süße* Sachen. 彼は甘いものが好きだ / Mögen Sie den Kaffee *süß*? コーヒーに砂糖を入れますか (← 甘くして飲むのが好きですか)
❷ かわいい、愛らしい ▷ ein *süßes* Kind 愛らしい子供 / Sie hat ein *süßes* Gesicht. 彼女はかわいい顔をしている
❸ (においが)甘い; 甘美な, 快い ▷ ein *süßer* Duft von Flieder ライラックの甘い香り / eine *süße* Melodie 甘美なメロディー / Schlaf gut und träume *süß*! ぐっすり眠って いい夢を見なさい

sü·ßen [ズーセン] (süßte; gesüßt; 完了h)
他 (⓸と) [紅茶など⁴を](砂糖などで)甘くする

Sü·ßig·keit [ズースィヒカイト] 女 *die* (⓵2格 -; ⓹ -en) (ふつう複で) 甘いもの (☆ キャンディー、チョコレートなど) ▷ Sie isst gerne *Süßigkeiten*. 彼女は甘いものが好きだ

süß·lich [ズースリヒ] 形 (味・においが)甘い感じの; 変に甘い

Süß·spei·se [ズース・シュパイゼ] 女 *die* (⓵2格 -; ⓹ -n) 甘いもの; (特にプディングのような)甘いデザート

Süß·stoff [ズース・シュトフ] 男 *der* (⓵2格 -[e]s; ⓹ -e) 人工甘味料

SVP [エスファオペー] 女 *die* (⓵2格 -; なし) 【*S*chweizerische *V*olks*p*artei の略語】スイス国民党

Sym·bol [ズュンボール] 中 *das* (⓵2格 -s; ⓹ -e) 象徴, シンボル ▷ Die Taube ist ein *Symbol* des Friedens. ハトは平和のシンボルです

sym·bo·lisch [ズュンボーリシュ] 形 象徴的な; 象徴による, 象徴を用いた ▷ Diese Zeremo-nie hat *symbolische* Bedeutung. この儀式には象徴的な意味がある

Sym·me·trie [ズュンメトリー] 女 *die* (⓵2格 -; ⓹ -n) シンメトリー, 左右対称

Sym·me·tri·en [ズュンメトリーエン] Symmetrie の 複数

sym·met·risch [ズュンメートリシュ] 形 左右対称の, シンメトリックな ▷ Das Gesicht ist mehr oder weniger *symmetrisch*. 顔はだいたい左右対称にできている

Sym·pa·thie [ズュンパティー] 女 *die* (⓵2格 -; ⓹ -n) 好感, 好意, 共感 (⓸ Antipathie) ▷ *Sympathie* für+⓸ haben …に好感をもっている

Sym·pa·thi·en [ズュンパティーエン] Sympathie の 複数

sym·pa·thisch [ズュンパーティシュ] 形 好感のもてる, 感じのいい, 共感できる ▷ Sie ist mir sehr *sympathisch*. 彼女はとても感じがいい

Sym·pho·nie [ズュンフォニー] 女 *die* (⓵2格 -; ⓹ -n) = Sinfonie

Symp·tom [ズュンプトーム] 中 *das* (⓵2格 -s; ⓹ -e) 〈医学〉症状, 症候 ▷ Bei dem Patienten zeigen sich *Symptome* von Gelbsucht. その患者には黄疸の症状が現れている / (比ゆ) ein *Symptom* schleichender Inflation 忍び寄るインフレーションの兆候

Sy·na·go·ge [ズュナゴーゲ] 女 *die* (⓵2格 -; ⓹ -n) 〈宗教〉シナゴーグ (ユダヤ教の礼拝のための教会堂)

syn·chro·ni·sie·ren [ズュンクロニズィーレン] (synchronisierte; synchronisiert; 完了h)
他 (⓸と) [映画など⁴の] 吹き替えをする ▷ einen Film in einer *synchronisierten* Fassung zeigen 映画を吹き替えたもので見せる

Sy·no·nym [ズュノニューム / ズュノニュウム] 中 *das* (⓵2格 -s; ⓹ -e〈..nyma〉) 《言語学》同義語, 類義語 (⓸ Antonym)

Sy·no·ny·ma [ズュノーニュマ] Synonym の 複数

Syn·the·se [ズュンテーゼ] 女 *die* (⓵2格 -; ⓹ -n) 《哲学》総合, 統合

Sy·phi·lis [ズューフィリス] 女 *die* (⓵2格 -; なし) 《医学》梅毒

Sys·tem [ズュステーム] 中 *das* (⓵2格 -s; ⓹ -e)
❶ (個体の集合に認められる) 体系, システム ▷ sprachliche *Systeme* 言語体系 / ein ökologisches *System* 生態系
❷ (知識・思想などの) 体系 ▷ das philosophische *System* Hegels ヘーゲルの哲学体系
❸ (配列・組み立てなどの) 原理, 方式 ▷ Die Maschine ist nach einem neuen *System* gebaut worden. この機械は新しい方式で製作

された
❹ (政治・経済などの)体制, 制度 ▷ ein kapitalistisches ⟨parlamentarisches⟩ *System* 資本主義体制⟨議会制度⟩
❺ (装置・設備などの)系統, システム; (道路などの張り巡らされた)網 ▷ alle *Systeme* der Rakete überprüfen ロケットの全系統を点検する / ein *System* von Kanälen ⟨Röhren⟩ 運河⟨配管⟩網

sys·te·ma·tisch [ズュステマーティシュ] 形 体系⟨系統⟩的な, システマチックな ▷ Seine Arbeitsweise ist nicht *systematisch*. 彼の仕事のやり方は系統立っていない

Sze·ne [スツェーネ] 女 *die* (⊕ 2格 -; ⊕ -n)
❶ (芝居・映画などの)シーン, 場面; (場面となる)舞台 ▷ die letzte *Szene* ラストシーン / Die *Szene* stellt einen Bahnhof dar. 場面はとある駅である / Er wartet hinter der *Szene* auf seinen Auftritt. 彼は舞台裏で自分の出番を待っている
❷ ⦅劇⦆ (幕を構成する)場 ▷ erster Akt zweite *Szene* 第1幕第2場
❸ (印象的な)出来事, 場面; 情景, 光景 ▷ Furchtbare *Szenen* spielten sich ab. 恐ろしい出来事が起こった / Seinen Augen bot sich eine idyllische *Szene*. 彼の目に牧歌的な情景が映った
❹ いさかい ▷ Zwischen ihnen kam es oft zu heftigen *Szenen*. 彼らの間にはしばしば激しいさかいが生じた
❺ ⦅⊕ なし⦆ (活動の舞台としての)世界 ▷ die literarische ⟨politische⟩ *Szene* 文壇⟨政界⟩
(イディオム) ③ +*eine Szene machen* …³を(公然と)激しく非難する

t T [teː テー]

Ta·bak [ターバク/タバック] [男] *der* ([単] 2格 -s; まれに [複] -e) タバコ(煙草) (☆「紙巻タバコ」は Zigarette) ▷ *Tabak* rauchen タバコを吸う

Ta·bel·le [タベレ] [女] *die* ([単] 2格 -; [複] -n) 表, 一覧表 ▷ eine statistische *Tabelle* anfertigen 統計表を作成する

Ta·bel·len·kal·ku·la·ti·on [タベレン·カルクラツィオーン] [女] *die* ([単] 2格 -; [複] -en) (コンピュータの)表計算ソフト

Tab·lett [タブレット] [中] *das* ([単] 2格 -[e]s; [複] -s) 盆 ▷ Er trägt Geschirr auf einem *Tablett* weg. 彼は食器を盆にのせて持ち去る

Tab·let·te [タブレッテ] [女] *die* ([単] 2格 -; [複] -n) 錠剤 ▷ eine *Tablette* einnehmen 錠剤を1錠服用する

ta·bu [タブー] [形] タブーで(ある) (☆ 述語として) ▷ Das Thema Sex war damals *tabu*. セックスの話題は当時タブーだった

Ta·cho·me·ter [タホ·メーター] [中] *das* / [男] *der* ([単] 2格 -s; [複] -) (車の)スピードメーター, 回転速度計

Ta·del [ターデル] [男] *der* ([単] 2格 -s; [複] -) 叱責(しっせき), 非難 ▷ einen *Tadel* bekommen しかられる

ta·del·los [ターデル·ロース] [形] 非の打ちどころのない, 文句のつけようがない ▷ Sein Benehmen ist *tadellos*. 彼の態度は文句のつけようがない

ta·deln [ターデルン] (tadelte; getadelt; [完了]h) [他] 〚④と〛 〔..⁴を〕しかる, 叱責(しっせき)〈非難〉する ▷ Er wurde vor allen *getadelt*. 彼はみんなの前でしかられた

Ta·fel [ターフェル] [女] *die* ([単] 2格 -; [複] -n)
❶ 黒板 ▷ ein Wort an die *Tafel* schreiben 単語を黒板に書く
❷ 板状のもの ▷ eine *Tafel* Schokolade 板チョコ1枚
❸ (全ページ大の)図版 ▷ farbige *Tafeln* カラーの図版
❹ (ごちそうの並べられた)食卓 ▷ die *Tafel* decken 食卓の準備をする

ta·feln [ターフェルン] (tafelte; getafelt; [完了]h) [自] 《文語》(宴席などで)ゆっくりとごちそうを食べる

tä·feln [テーフェルン] (täfelte; getäfelt; [完了]h) [他] 〚④と〛〔壁など⁴に〕板を張る

Tä·fe·lung [テーフェルング] [女] *die* ([単] 2格 -; [複] -en) (壁などの)板張り

Taft [タフト] [男] *der* ([単] 2格 -[e]s; [複] -e) 《織物》タフタ, 琥珀(こはく)織り絹布

Tag

[taːk ターク]

[男] *der* ([単] 2格 -es 〈まれに -s〉; [複] -e)

格	単 数	複 数
①	der Tag	die Tage
②	des Tages	der Tage
③	dem Tag	den Tagen
④	den Tag	die Tage

❶ 日, 一日 (0時から24時までを指す; 「週」は Woche, 「月」は Monat, 「年」は Jahr)
ein halber 〈voller〉 *Tag*
半日〈まる一日〉
einige *Tage* an der See verbringen
数日を海辺で過ごす
Der *Tag* hat 24 Stunden.
一日は24時間である
Den ganzen *Tag* hat es geregnet.
一日中雨が降っていた
an diesem *Tag* この日に
zweimal am *Tag* 日に2度
eines [schönen] *Tages* ある日
jeden *Tag* 毎日
einen *Tag* früher 〈später〉
一日早く〈遅く〉
❷ 昼, 昼間, 日中 (日の出から日没までを指す)
Es wird *Tag*.
夜が明ける
Tag und Nacht arbeiten
昼も夜も働く
Die *Tage* werden kürzer 〈länger〉.
日が短く〈長く〉なる
ein heißer *Tag* 暑い日
der kürzeste 〈längste〉 *Tag* des Jahres
冬至〈夏至〉
Ich bin den ganzen *Tag* unterwegs gewesen. 私は昼間ずっと外出していた
am *Tag[e]* 昼間
❸ (暦の上の)日 ▷ Welchen *Tag* haben wir heute? きょうは何曜日〈何日〉ですか / An welchem *Tag* bist du geboren? 君は何日に生まれたのですか
❹ 〚[複] で〛(人生の)日々 ▷ die *Tage* der Jugend 青春の日々 / in guten und bösen *Ta-*

gen zusammenhalten 順境のときも逆境のときも助け合う / Seine *Tage* sind gezählt. [状態受動] 彼の命はもう長くない

❺ (記念日としての)日 ▷ der *Tag* der Deutschen Einheit ドイツ統一の日 (☆ 1991年以来10月3日)

(イディオム) ④ +*an den Tag bringen* …⁴を明るみに出す

an den Tag kommen 明るみに出る, 知れ渡る

[Guten] Tag! こんにちは

heute in ⟨*vor*⟩ *acht Tagen* 1週間後⟨前⟩のきょう

von Tag zu Tag 日一日と

Ta·ge·buch [ターゲ・ブーフ] 田 *das* (⊕ 2格 -[e]s; ⊕ ..bücher) 日記, 日誌 ▷ ein *Tagebuch* führen 日記をつける

ta·ge·lang [ターゲ・ラング] 形 数日にわたる, 何日もの ▷ Es regnete *tagelang*. 雨が何日も降った

ta·gen [ターゲン] (tagte; getagt; 匠囚h)
自 ❶ 会議を開く; (会議が)開かれる ▷ Der Ausschuss *tagt*. 委員会は会議を開く

Ta·ges·licht [ターゲス・リヒト] 田 *das* (⊕ 2格 -[e]s; ⊕ なし) 昼間の自然光

Ta·ges·ord·nung [ターゲス・オルドヌング] 田 *die* (⊕ 2格 -; ⊕ -en) (会議で扱う事項の順序を定めた)議事リスト, 議事日程

Ta·ges·sup·pe [ターゲス・ズッペ] 田 *die* (⊕ 2格 -; ⊕ -n) (定食などに添えられる)日替わりスープ

Ta·ges·zei·tung [ターゲス・ツァイトゥング] 田 *die* (⊕ 2格 -; ⊕ -en) 日刊新聞

tag·hell [ターク・ヘル]
形 ❶ 昼間のように明るい ▷ Der Saal war *taghell* erleuchtet. [状態受動] ホールは照明が昼間のように明るかった

❷ (日の光で)すっかり明るくなった

täg·lich [テークリヒ]
形 毎日の, 日々の ▷ Sie arbeiten zehn Stunden *täglich*. 彼らは毎日10時間働いている

tags [タークス] 副 昼間に
(イディオム) *tags darauf* その翌日に
tags zuvor ⟨*davor*⟩ その前日に

tags·über [タークス・ユーバー] 副 昼間, 昼の間ずっと ▷ *Tagsüber* ist er im Büro. 昼の間ずっと彼は事務所にいる

Tag·traum [ターク・トラオム] 男 *der* (⊕ 2格 -[e]s; ⊕ ..träume) 白昼夢

Ta·gung [ターグング] 田 *die* (⊕ 2格 -; ⊕ -en) (大規模な, 1日ないし数日間続く)会議 ▷ eine *Tagung* zum Thema Krebs abhalten 癌をテーマとして会議を開催する

Tai·fun [タイフーン] 男 *der* (⊕ 2格 -s; ⊕ -e) 台風

Tail·le [タイエ] 田 *die* (⊕ 2格 -; ⊕ -n) (人の)ウエスト ▷ Der Gürtel betont die *Taille*. そのベルトはウエストを強調する

Takt [タクト] 男 *der* (⊕ 2格 -[e]s; ⊕ -e)
❶ [⊕ なし] 拍子 ▷ den *Takt* wechseln 拍子を変える / Er schlägt den *Takt* mit den Händen. 彼は手拍子をとる

❷ 《音楽》 小節 ▷ ein paar *Takte* eines Liedes spielen ある歌の数小節を演奏する

❸ [⊕ なし] (人とのつきあいにおける)思いやり, 配慮 ▷ Es fehlt ihm an *Takt*. 彼には思いやりが欠けている

(イディオム) ④ +*aus dem Takt bringen* …⁴をうろたえ⟨混乱⟩させる

Takt·ge·fühl [タクト・ゲフュール] 田 *das* (⊕ 2格 -[e]s; ⊕ なし) (人に対する)思いやり, 配慮

tak·tie·ren [タクティーレン]
(taktierte; taktiert; 匠囚h)
自 ❶ 《音楽》 拍子をとる

❷ [理屈と] […に]駆け引きをする, 策略を用いる

Tak·tik [タクティック] 田 *die* (⊕ 2格 -; ⊕ -en) 戦術; 駆け引き ▷ Strategie und *Taktik* 戦略と戦術 / nach einer bestimmten *Taktik* vorgehen 一定の戦術に従って事に対処する

tak·tisch [タクティシュ]
形 ❶ 戦術の, 戦術上の

❷ (事の進め方が)計画的な, よく考えた

takt·los [タクト・ロース] 形 思いやり⟨配慮⟩のない ▷ ein *taktloser* Mensch 思いやりに欠ける人

takt·voll [タクト・フォル] 形 (人に対して)思いやり⟨配慮⟩のある ▷ ein *taktvoller* Mensch 思いやりのある人

Tal [タール] 田 *das* (⊕ 2格 -es ⟨まれに -s⟩; ⊕ Täler)
谷, 谷間 (☆ 深く険しい狭い「谷」は Schlucht) ▷ ein tiefes *Tal* 深い谷 / ins *Tal* hinabsteigen 谷に下りる / Sie wohnten im *Tal*. 彼らは谷間に住んでいた

Ta·lar [タラール] 男 *der* (⊕ 2格 -s; ⊕ -e) (裁判官・僧侶などの)ガウン; 法服, 僧服

Ta·lent [タレント] 田 *das* (⊕ 2格 -[e]s; ⊕ -e)
❶ 才能 ▷ musikalisches *Talent* 音楽的才能 / kein *Talent* haben 才能がない

❷ 才能のある人 ▷ Er ist ein großes *Talent*. 彼は非常に才能のある人だ

ta·len·tiert [タレンティーアト] 形 才能のある

Ta·ler [タラー] 男 *der* (⊕ 2格 -s; ⊕ -) 《貨幣》 ターラー (ドイツの昔の銀貨)

Tä·ler [テーラー] Tal の [複数]

Talg [タルク] 男 *der* (⊕ 2格 -[e]s; ⊕ なし)
❶ (特に牛・羊の, ろうそく・せっけんの材料になる)獣脂

①, ②, ③, ④ =1格, 2格, 3格, 4格の名詞

❷ (毛根などから分泌される)皮脂

Ta·lis·man [タ－リスマン] [男] *der* ([単] 2格 -s; [複] -e) (幸運をもたらす)マスコット; お守り, 魔除け

Tam·bu·rin [タムブリーン] [中] *das* ([単] 2格 -s; [複] -e) 《楽器》タンバリン

Tam·pon [タムポン/タムポーン] [男] *der* ([単] 2格 -s; [複] -s) 《医学》タンポン; (生理用の)タンポン

Tang [タング] [男] *der* ([単] 2格 -s; [複] なし) 《植物》海藻

Tan·gen·te [タンゲンテ] [女] *die* ([単] 2格 -; [複] -n)

❶ 《数学》接線

❷ (都市の縁を通る)バイパス道路

tan·gie·ren [タンギーレン]

(tangierte; tangiert; [完了]h)

[他] 〘[4]と〙〔..⁴の〕考え方などに影響を与える

Tan·go [タンゴ] [男] *der* ([単] 2格 -s; [複] -s) 《ダンス》タンゴ

Tank [タンク] [男] *der* ([単] 2格 -s; [複] -s 〈まれに -e〉) (ガソリン・ガスなどの)タンク, 貯蔵槽 ▷ Der *Tank* des Wagens fasst 40 Liter. この車のタンクは 40 リットル入る

tan·ken [タンケン] (tankte; getankt; [完了]h)

[他] 〘[4]と〙〔燃料⁴を〕タンクに入れる, 補給する ▷ Er hat 30 Liter Benzin *getankt*. 彼はガソリンを 30 リットル入れた // Ich muss *tanken*. 私は給油をしなければならない

Tan·ker [タンカー] [男] *der* ([単] 2格 -s; [複] -) タンカー, 油運送船

Tank·stel·le [タンク·シュテレ] [女] *die* ([単] 2格 -; [複] -n)

ガソリンスタンド, 給油所 ▷ An der nächsten *Tankstelle* müssen wir tanken. もよりのガソリンスタンドで私たちは給油しなければならない

tank·te [タンクテ] tanken の [過去]

Tan·ne [タンネ] [女] *die* ([単] 2格 -; [複] -n) 《植物》モミ[の木] ▷ Sie ist schlank wie eine *Tanne*. 彼女はモミの木のようにすらっとしている

Tan·nen·baum [タンネン·バオム] [男] *der* ([単] 2格 -[e]s; [複] ..bäume) モミの木

Tan·nen·na·del [タンネン·ナーデル] [女] *die* ([単] 2格 -; [複] -n) 《植物》モミの針葉

Tan·te

[tántə タンテ]

[女] *die* ([単] 2格 -; [複] -n)

格	単数	複数
[1]	die Tante	die Tanten
[2]	der Tante	der Tanten
[3]	der Tante	den Tanten
[4]	die Tante	die Tanten

❶ おば(叔母, 伯母), おばさん

eine reiche *Tante* 金持ちのおば

Er wohnt bei seiner *Tante*.

彼はおばさんのところに住んでいる

Tante Renate レナーテおばさん

❷ 《子供がよそのおとなの女性を指して》おばさん ▷ Sag der *Tante* guten Tag! おばさんにこんにちはのごあいさつをしなさい

Tanz [タンツ] [男] *der* ([単] 2格 -es; [複] Tänze)

❶ ダンス, 踊り, 舞踊 ▷ ein spanischer *Tanz* スペイン舞踊 / Darf ich um den nächsten *Tanz* bitten? 次のダンスのお相手をお願いできますか

❷ 〘[複] なし〙 ダンスパーティー, 舞踏会 (☆ 規模の比較的大きなものは Ball) ▷ zum *Tanz* gehen ダンスパーティーに行く

Tanz·abend [タンツ·アーベント] [男] *der* ([単] 2格 -s; [複] -e) ダンスの夕べ

Tän·ze [テンツェ] Tanz の [複数]

tän·zeln [テンツェルン]

(tänzelte; getänzelt; [完了]s)

[自] 〘[方向]と〙〔…に〕踊るような足取りで歩いていく

tan·zen

[tántsn̩ タンツェン]

[現在]	ich tanze		wir tanzen
	du **tanzt**		ihr tanzt
	er tanzt		sie tanzen
[過去]	ich **tanzte**		wir tanzten
	du tanztest		ihr tanztet
	er tanzte		sie tanzten
[過分]	**getanzt**	[完了]	haben, sein

― [自] ❶ 〘[完了]h〙 踊る, ダンスをする

Sie *tanzt* anmutig.

彼女は優雅に踊る

Sie haben die ganze Nacht [hindurch] *getanzt*. 彼らは夜通し踊っていた

❷ 〘[完了]s〙〘[方向]と〙〔…を〕踊り回る; (踊るように)跳ね回る ▷ Sie sind durch den ganzen Saal *getanzt*. 彼らはホール中を踊り回った

― [他] 〘[完了]h〙〘[4]と〙〔ワルツ・タンゴなど⁴を〕踊る ▷ Sie *tanzt* gut Tango 〈Walzer〉. 彼女はじょうずにタンゴ〈ワルツ〉を踊る

― [再] 〘[完了]h〙〘[sich]⁴+[状態]と〙 踊って〔…に〕なる ▷ Wir haben uns müde *getanzt*. 私たちは踊り疲れた

Tän·zer [テンツァー] [男] *der* ([単] 2格 -s; [複] -)

❶ 踊る人, 踊り手 ▷ Er ist ein guter *Tänzer*. 彼はダンスがじょうずだ

❷ ダンサー, 舞踊家 ▷ Er ist *Tänzer* [von Beruf]. 彼は[プロの]ダンサーだ

Tän·ze·rin [テンツェリン] [女] *die* ([単] 2格 -; [複] ..rinnen) Tänzer の女性形

Tanz·schritt [タンツ·シュリット] [男] *der* ([単] 2格 -[e]s; [複] -e) ダンスのステップ

T

tanz·te [タンツテ] tanzen の [過去]

Ta·pe·te [タペーテ] [女] *die* ([単] 2 格 –; [複] –n) 壁紙 ▹ die Wände mit *Tapeten* bekleben 壁に壁紙をはる

ta·pe·zie·ren [タペツィーレン]
(tapezierte; tapeziert; [完了]h)
[他] 〘④と〙〔..⁴に〕壁紙をはる ▹ die Wände *tapezieren* 壁に壁紙をはる

tap·fer [タプファー] [形] 勇敢な; 弱音を吐かない, けなげな ▹ Das Kind hat die Schmerzen *tapfer* ertragen. その子はけなげに痛みに耐えた

Tap·fer·keit [タプファーカイト] [女] *die* ([単] 2 格 –; [複] なし) 勇敢さ

tap·pen [タッペン] (tappte; getappt; [完了]s)
[自] (手探りしながら)おぼつかない足取りで進む ▹ Er ist im Dunkeln zum Ausgang *getappt.* 彼は暗闇(くらやみ)の中を出口へおぼつかない足取りで進んだ
[イディオム] ***im Dunkeln tappen*** 暗中模索する

Ta·ra [ターラ] [女] *die* ([単] 2 格 –; [複] Taren) 風袋(ふうたい)(品物の包みなどの重さ)

Ta·ren [ターレン] Tara の [複数]

Ta·rif [タリーフ] [男] *der* ([単] 2 格 –s; [複] –e)
❶ 〘[複] で〙(公的機関の, 段階的に定めた)料金, 運賃; 税額; 料金〈運賃・税額〉表 ▹ Die Post hat ihre *Tarife* erhöht. 郵便料金が高くなった
❷ (労働協約で定めた)賃金〈給与〉[階梯(かいてい)] ▹ Die Arbeiter werden nach *Tarif* bezahlt. 労働者は労働協約で定められた賃金表に従って賃金を支払われる

tar·nen [タルネン] (tarnte; getarnt; [完了]h)
[他] 〘④と〙〔..⁴を〕擬装〈カムフラージュ〉する ▹ Das Geschütz war gut *getarnt.* [状態受動] 大砲はうまく擬装されていた / 〘再帰的に〙 *sich* als Reporter *tarnen* リポーターに化ける

Ta·sche [タッシェ] [女] *die* ([単] 2 格 –; [複] –n)
❶ ポケット ▹ ein Taschentuch aus der *Tasche* holen ポケットからハンカチを出す / Er steckt die Hände in die *Taschen.* 彼はポケットに両手を入れる
❷ かばん, バッグ ▹ Er hat die *Tasche* liegen lassen. 彼はバッグを置き忘れた
[イディオム] ***[tief] in die Tasche greifen müssen*** 大金を払わなければならない

Ta·schen·aus·ga·be [タッシェン・アオス・ガーベ] [女] *die* ([単] 2 格 –; [複] –n) ポケット版

Ta·schen·dieb [タッシェン・ディーブ] [男] *der* ([単] 2 格 –[e]s; [複] –e) スリ

Ta·schen·geld [タッシェン・ゲルト] [中] *das* ([単] 2 格 –[e]s; [複] –er) 小遣い ▹ Das Kind bekommt monatlich 40 Euro *Taschengeld.* その子は毎月 40 ユーロの小遣いをもらう

Ta·schen·lam·pe [タッシェン・ラムペ] [女] *die* ([単] 2 格 –; [複] –n) 懐中電灯

Ta·schen·mes·ser [タッシェン・メッサー] [中] *das* ([単] 2 格 –s; [複] –) (ふつう折りたたみ式の)ポケットナイフ

Ta·schen·rech·ner [タッシェン・レヒナー] [男] *der* ([単] 2 格 –s; [複] –) ポケット電卓

Ta·schen·tuch [タッシェン・トゥーフ] [中] *das* ([単] 2 格 –es〈まれに –s〉; [複] ..tücher)
ハンカチ ▹ Er zieht ein *Taschentuch* aus der Tasche. 彼はハンカチをポケットから取り出す

Tas·se

[tásə タッセ]

[女] *die* ([単] 2 格 –; [複] –n)

格	単　数	複　数
①	die　Tasse	die　**Tassen**
②	der　Tasse	der　Tassen
③	der　Tasse	den　Tassen
④	die　Tasse	die　Tassen

(取っ手のついた)茶碗(ちゃわん), カップ
eine *Tasse* aus Porzellan
磁器の茶碗
Milch aus der *Tasse* trinken
カップでミルクを飲む
Tee in die *Tassen* gießen
紅茶をカップに注ぐ
〘同格的に〙
eine *Tasse* 〈zwei *Tassen*〉 Kaffee trinken
コーヒーを 1 杯〈2 杯〉飲む

Tas·ta·tur [タスタトゥーア] [女] *die* ([単] 2 格 –; [複] –en) (コンピュータなどの)キーボード; (ピアノの)鍵盤(けんばん)

Tas·te [タステ] [女] *die* ([単] 2 格 –; [複] –n) (コンピュータなどの)キー; (ピアノの)鍵(けん); (電話の)プッシュボタン

tas·ten [タステン] (tastete; getastet; [完了]h)
— [自] 〘nach+③と〙〔..³を〕手探りで探す ▹ Er *tastete* im Dunkeln nach dem Lichtschalter. 彼は暗闇(くらやみ)の中で電灯のスイッチを手探りで探した
— [再] 〘[sich]⁴+[方向]と〙〔…へ〕手探りで進む ▹ Ich *tastete* mich zum Ausgang. 私は手探りで出口へ進んだ

Tas·ten·te·le·fon [タステン・テレフォーン] [中] *das* ([単] 2 格 –s; [複] –e) プッシュホン

Tast·sinn [タスト・ズィン] [男] *der* ([単] 2 格 –[e]s; [複] なし) 触覚

tat [タート] tun の [過去]

Tat [タート] [女] *die* ([単] 2 格 –; [複] –en)
行為; 行動 ▹ eine mutige *Tat* 勇気ある行為 / einen Plan in die *Tat* umsetzen 計画を行動に移す / Er wollte seine Worte durch *Taten* beweisen. 彼は彼のことばを行動で示そうとした / Er ist ein Mann der *Tat.* 彼は実行の人であ

る

[イディオム] ④+*auf frischer Tat ertappen* ‥⁴の犯行現場を押さえる

in der Tat 実際に, 事実 ▷ Das ist *in der Tat* schwierig. それは実際に困難だ

Tat·be·stand [タート・ベシュタント] [男] *der* ([単] 2格 -[e]s; [複] なし)

❶ 事実, 事情 ▷ den *Tatbestand* leugnen 事実を否定する

❷ 《法律》(犯罪の)構成要件

tä·te [テーテ] tun の [接II]

Ta·ten·drang [ターテン・ドラング] [男] *der* ([単] 2格 -[e]s; [複] なし) 行動意欲

ta·ten·los [ターテン・ロース] [形] (ただ見ているだけで)何もしない; 〘副詞的に〙手をこまねいて

Tä·ter [テーター] [男] *der* ([単] 2格 -s; [複] -) 犯人, 下手人 (=Verbrecher) ▷ Wer ist der *Täter*? だれが犯人ですか / Der *Täter* wurde verhaftet. 犯人は逮捕された

tä·tig [テーティヒ]

[形] ❶ 〘[場所]などと〙〔‥に〕**勤めている** ▷ Er ist in einem Verlag *tätig*. 彼は出版社に勤めている / Er ist als Lehrer *tätig*. 彼は教師をしている

❷ 仕事をしている ▷ Er ist noch im Garten *tätig*. 彼はまだ庭で仕事をしている / 《比ゆ》Der Vulkan ist noch *tätig*. その火山はまだ活動している

❸ (協力などが) 積極的な (☆ 名詞につけて) ▷ unter *tätiger* Anteilnahme der Bevölkerung 住民の積極的な参加のもとに

tä·ti·gen [テーティゲン] (tätigte; getätigt; [完了]h)

[他] 〘④と〙〔‥⁴を〕する ▷ einen Kauf *tätigen* 買い物をする

Tä·tig·keit [テーティヒカイト] [女] *die* ([単] 2格 -; [複] -en)

❶ (職業としての)仕事, 勤務 ▷ eine langjährige *Tätigkeit* als Lehrer 教師としての長年の勤務 / Was für eine *Tätigkeit* hat er früher ausgeübt? 彼は以前どんな仕事をしていたのですか

❷ 〘ふつう [複] なし〙 活動, 仕事 ▷ Die Firma entfaltet auch im Ausland eine rege *Tätigkeit*. その会社は外国でも盛んな活動を展開している

Tat·kraft [タート・クラフト] [女] *die* ([単] 2格 -; [複] なし) 行動力, 実行力 ▷ Er besitzt eine große *Tatkraft*. 彼は非常に行動力がある

tat·kräf·tig [タート・クレフティヒ] [形] 行動力のある, 精力的な ▷ Er unterstützte sie *tatkräftig*. 彼は精力的に彼女を援助した

tät·lich [テートリヒ] [形] 力ずくの, 暴力による ▷ *tätlich* werden 暴力をふるう

Tat·ort [タート・オルト] [男] *der* ([単] 2格 -[e]s; [複] -e) 犯行現場

tä·to·wie·ren [テトヴィーレン] (tätowierte; tätowiert; [完了]h)

[他] ❶ 〘④と〙〔‥⁴に〕入れ墨(刺青)をする

❷ 〘④と〙〔絵柄など⁴を〕入れ墨する

Tä·to·wie·rung [テトヴィールング] [女] *die* ([単] 2格 -; [複] -en) 入れ墨

Tat·sa·che [タート・ザッヘ] [女] *die* ([単] 2格 -; [複] -n)

事実 ▷ Das entspricht nicht den *Tatsachen*. それは事実に合わない / *Tatsache* ist, dass … 事実は‥ということである / vollendete *Tatsachen* schaffen 既成事実をつくる

tat·säch·lich [タート・ゼヒリヒ / タート・ゼヒ..]

— [副] (うそなどではなく)**本当に**, 実際に ▷ Er kommt *tatsächlich*. 彼は本当に来る / Du bist ja *tatsächlich* pünktlich gekommen! 君は本当に遅れずに来たね / 《しばしば皮肉的に》*Tatsächlich*? 本当かい

— [形] **本当の**, 実際の ▷ der *tatsächliche* Grund 本当の理由 / die *tatsächliche* Ursache 本当の原因

tät·scheln [テッチェルン] (tätschelte; getätschelt; [完了]h)

[他] 〘④と〙〔‥⁴を〕(手で何度か)やさしくたたく ▷ den Hals des Pferdes *tätscheln* 馬の首をやさしくたたく

Tat·ze [タッツェ] [女] *die* ([単] 2格 -; [複] -n) (特にクマの)前足 (☆ ライオン・トラなどの「前足」は Pranke)

Tau [タオ]

— [男] *der* ([単] 2格 -[e]s; [複] なし) **露** ▷ Der *Tau* fällt. 露が降りる

— [中] *das* ([単] 2格 -[e]s; [複] -e) (船などをつないだりする)太綱, ロープ

taub [タオプ]

[形] ❶ **耳の聞こえない** ▷ Er ist auf einem Ohr *taub*. 彼は片方の耳が聞こえない

❷ (手足などの)感覚がなくなった ▷ Vor Kälte waren mir die Finger *taub* geworden. 寒さで私の指は感覚がなくなってしまっていた

❸ (穂・クルミなどが) 実の入っていない ▷ eine *taube* Nuss 実の入っていないクルミ

Tau·be [タオベ]

— [女] *die* ([単] 2格 -; [複] -n) 《鳥》 ハト ▷ Die *Taube* girrt 〈gurrt〉. ハトがクークー鳴く

— [男] *der* / [女] *die* (形容詞変化 ☞ Alte 表 I) 耳の聞こえない人

taub·stumm [タオプ・シュトゥム] [形] 聾唖(ろうあ)の

tau·chen [タオヘン] (tauchte; getaucht)

— [自] ❶ 〘[完了]s,h〙 (水中に)**潜る** ▷ Ich bin bis auf den Meeresgrund *getaucht*. 私は海底まで潜った / Das U-Boot hat mehrere Tage lang *getaucht*. 潜水艦は数日間潜水したままだった / Die Ente *taucht*. カモが水中に潜る

T

❷〚[完了]s,h〛〚nach+③と〛〔‥^{3}を求めて〕潜る ▷ Er ist ⟨hat⟩ nach Muscheln *getaucht*. 彼は貝を採るために潜った

❸〚[完了]s〛〚aus+③と〛〔‥^{3}から〕浮上する ▷ Das U-Boot ist aus dem Wasser *getaucht*. 潜水艦が海中から浮上した

── [他]〚[完了]h〛〚④+in+④と〛〔‥^{4}を水など^{4}に〕漬ける, 浸す ▷ den Pinsel in die Farbe *tauchen* はけをペンキに浸す

Tau·cher [タオハー] [男] *der* ([単] 2 格 -s; [複] -) 潜水夫, ダイバー

tau·en [タオエン] (taute; getaut; [完了]s)
[自] (雪・氷が) 解ける ▷ Das Eis ist in der Sonne *getaut*. 氷が日差しをあびて解けた
[イディオム] ***es taut*** 雪⟨氷⟩が解けだす陽気である⟨になる⟩ (☆ [完了]h) ▷ *Es* hat heute *getaut*. きょうは雪⟨氷⟩が解けだすような陽気だった

Tau·fe [タオフェ] [女] *die* ([単] 2 格 -; [複] なし) 《キリスト教》洗礼

tau·fen [タオフェン] (taufte; getauft; [完了]h)
[他] ❶《キリスト教》〚④と〛〔‥^{4}に〕洗礼を授ける ▷ Der Pfarrer hat das Kind *getauft*. 司祭は子供に洗礼を授けた / Er hat sich *taufen* lassen. 彼は洗礼を受けた
❷〚④と〛〔‥^{4}に〕(洗礼・命名式で) 命名する, 名前をつける ▷ Sie *tauften* das Kind [auf den Namen] Renate. 彼らは子供にレナーテという名前をつけた

Täuf·ling [トイフリング] [男] *der* ([単] 2 格 -s; [複] -e) 《キリスト教》受洗者

tau·gen [タオゲン] (taugte; getaugt; [完了]h)
[自]〚für+④ ⟨zu+③⟩と〛〔‥$^{4(3)}$に〕適して⟨向いて⟩いる (☆ ふつう否定形で) ▷ Er *taugt* nicht für schwere Arbeit. 彼は重労働には適していない / Er *taugt* nicht zum Lehrer. 彼は教師に向いていない
[イディオム] ***etwas ⟨nichts⟩ taugen*** 少し役に立つ⟨なんの役にも立たない⟩ ▷ Das *taugt nichts*. それはなんの役にも立たない

Tau·ge·nichts [タオゲ・ニヒツ] [男] *der* ([単] 2 格 -[es]; [複] -e) 役立たず, 能無し

taug·lich [タオクリヒ] [形] 適している, 役に立つ; 《軍事》兵役に適格な ▷ Er ist für diese Arbeit *tauglich*. 彼はこの仕事に適している

Tau·mel [タオメル] [男] *der* ([単] 2 格 -s; [複] なし)
❶ (めまいで) よろめく⟨よろける⟩こと
❷ (歓び・幸福感などによる) 興奮, 陶酔

tau·meln [タオメルン] (taumelte; getaumelt)
[自] ❶〚[完了]h,s〛よろける, ふらつく ▷ Er *taumelte* vor Müdigkeit. 彼は疲労のあまりよろけた
❷〚[完了]s〛〚[方向]と〛よろめきながら〔…に〕歩いて行く ▷ Er ist über den Flur *getaumelt*. 彼は廊下をよろけながら歩いて行った

Tausch [タオシュ] [男] *der* ([単] 2 格 -es ⟨まれに -s⟩; [複] -e) 交換 ▷ einen guten ⟨schlechten⟩ *Tausch* machen 有利⟨不利⟩な交換をする
[イディオム] ***im Tausch für ⟨gegen⟩+④*** ‥^{4}と交換に ▷ Diese Briefmarken habe ich *im Tausch für ⟨gegen⟩* alte Münzen bekommen. これらの切手を私は古いコインと交換してもらった

tau·schen [タオシェン] (tauschte; getauscht; [完了]h)
── [他]〚④と〛〔‥^{4}を〕交換する ▷ Münzen *tauschen* コインを交換する / das Zimmer mit+③ *tauschen* ‥^{3}と部屋を交換する / 《比ゆ》Sie *tauschten* einen Gruß. 彼らはあいさつを交わした // Wollen wir *tauschen*? (席などを) 取り替えましょうか

[類語]
tauschen 等価のものを交換する
austauschen 古いものなどを取り除き新しいものと交換する
umtauschen 気に入らない品物を返し別の物と交換する
wechseln 同種の新しい物と交換する

── [自]〚mit+③と〛〔‥^{3}の〕境遇⟨立場⟩になる ▷ Ich möchte mit ihr nicht *tauschen*. 私は彼女のようにはなりたくない

täu·schen [トイシェン] (täuschte; getäuscht; [完了]h)
── [他]〚④と〛〔‥^{4}を〕だます ▷ Du kannst ihn nicht *täuschen*. 君は彼をだますことはできない / Er lässt sich leicht *täuschen*. 彼はだまされやすい / 《比ゆ》wenn mich mein Gedächtnis nicht *täuscht*, … 私の記憶にまちがいがなければ… // Der erste Eindruck *täuscht* oft. 第一印象にはしばしば欺かれるものだ
── [再] ❶〚[sich]^{4}と〛思い違いをする (=sich irren) ▷ Du musst dich *getäuscht* haben. 君は思い違いをしたに違いない
❷〚[sich]^4+in+③と〛〔‥^{3}を〕見損なう ▷ Ich habe mich in ihm *getäuscht*. 私は彼を見損なった

täu·schend [トイシェント] [形] 見まちがえるほどの ▷ Er sieht dir *täuschend* ähnlich. 彼は君に見まちがえるほどよく似ている

tausch·te [タオシュテ] tauschen の [過去]

Täu·schung [トイシュング] [女] *die* ([単] 2 格 -; [複] -en)
❶ だますこと, ペテン ▷ Er ist auf eine *Täuschung* hereingefallen. 彼はペテンにひっかかった
❷ 思い違い, 錯覚 ▷ sich^4 der *Täuschung* hingeben, dass … 彼は…という思い違いをする / eine optische *Täuschung* 目の錯覚

tau·send
[táuzn̩t タオゼント]

〘基数〙**1000**, 千 (☆「10」は zehn,「100」は hundert)

tausend Bücher 1000 冊の本
einige *tausend* Zuschauer 数千人の観客
Ich muss *tausend* Sachen erledigen. 《比ゆ》
私は実に多くのことを処理しなければならない
Tausend Dank! 本当にありがとう

Tau·send [タオゼント] 中 *das* (2格 -s; 複 -)
《数量単位としての》1000, 千

(イディオム) **Tausende** 何千という人〈もの〉 ▷ *Tausende* von Kindern 何千もの子供たち
zu Tausenden 何千という数で, 何千となく

tau·sendst [タオゼンツト] 形《序数》1000 番目の(用法) (☞ dritt)

Tau·wet·ter [タオ・ヴェッター] 中 *das* (2格 -s; 複 なし)(春先の)雪解けの陽気; (国際政治の)雪解け, 緊張緩和

Tau·zie·hen [タオ・ツィーエン] 中 *das* (2格 -s; 複 なし)《スポ》綱引き

Ta·xe [タクセ] 女 *die* (2格 -; 複 -n)《北ドイ》=Taxi;《スイ》規定料金

Ta·xi
[táksi タクスィ]
中 *das* (2格 -s; 複 -s)

格	単数	複数
①	das Taxi	die **Taxis**
②	des **Taxis**	der Taxis
③	dem Taxi	den Taxis
④	das Taxi	die Taxis

タクシー
ein *Taxi* nehmen
タクシーで行く
ein *Taxi* bestellen
タクシーを呼ぶ
Sie fuhren mit einem *Taxi*.
彼らはタクシーで行った

ta·xie·ren [タクスィーレン]
(taxierte; taxiert; 完了h)
他 ❶《口語》〘④と〙[…⁴を]じろじろ見る
❷〘④と〙(専門家が)[…の価値などを]査定する, 評価する

Ta·xi·fah·rer [タクスィ・ファーラー] 男 *der* (2格 -s; 複 -) タクシー運転手

Team [ティーム] 中 *das* (2格 -s; 複 -s)
❶《スポ》チーム ▷ Er spielt in unserem *Team*. 彼は私たちのチームの選手だ
❷(共同作業の)チーム, 作業班 ▷ ein *Team* von Wissenschaftlern 科学者のチーム / ein *Team* zusammenstellen 作業班を編成する

Team·work [ティーム・ワーク] 中 *das* (2格 -s; 複 なし)チームワーク, 共同作業 ▷ in *Teamwork* arbeiten チームを組んで働く

Tech·nik [テヒニック] 女 *die* (2格 -; 複 -en)
❶ (複 なし)《総称的に》(科学の応用による)技術 ▷ der neueste Stand der *Technik* 技術の最新状況
❷(職人などの)技術, 技能;(芸術などの)技巧, テクニック ▷ die *Technik* des Schweißens 溶接の技術 / Die Pianistin hat eine brillante *Technik*. その女性ピアノ奏者はすばらしいテクニックをもっている

Tech·ni·ker [テヒニカー] 男 *der* (2格 -s; 複 -)
❶ 技術者, 技師
❷ 技巧家, テクニシャン ▷ Dieser Boxer ist ein brillanter *Techniker*. このボクサーはすばらしいテクニシャンだ

tech·nisch [テヒニシュ]
形 ❶(科学の応用による)技術の ▷ *technischer* Fortschritt 技術の進歩 / das *technische* Zeitalter 技術の時代 / *technische* Probleme 技術上の問題
❷(職人などの)技術〈技能〉の;(芸術などの)技巧〈テクニック〉の ▷ *technisches* Können 技能〈技巧〉の能力
❸(事柄そのものではなく)技術的な ▷ Das ist aus *technischen* Gründen unmöglich. それは技術的な理由から不可能である

Tech·no·lo·gie [テヒノロギー] 女 *die* (2格 -; 複 -n) テクノロジー, 科学技術

Tech·no·lo·gi·en [テヒノロギーエン] Technologie の 複数

Tech·tel·mech·tel [テヒテル・メヒテル] 中 *das* (2格 -s; 複 -)《口語》浮気, 情事 ▷ Sie hatte ein *Techtelmechtel* mit einem Arzt. 彼女は医者と浮気をしていた

Ted·dy·bär [テディ・ベーア] 男 *der* (2・3・4格 -en; 複 -en) クマのぬいぐるみ

Tee
[te: テー]
男 *der* (2格 -s; 複 -s)

❶ 茶[の葉]
grüner 〈schwarzer〉 *Tee*
緑茶〈紅茶〉
ein Päckchen *Tee* kaufen
茶を1パック買う

❷(飲み物としての)茶;(特に)紅茶 ▷ eine Tasse *Tee* 1杯の茶 / starker 〈dünner〉 *Tee* 濃い〈薄い〉茶 / *Tee* mit Zitrone レモンティー / *Tee* trinken お茶を飲む / *Tee* aufbrühen 〈kochen〉お茶をいれる / Sie hat ihn zum *Tee* eingeladen. 彼女は彼をお茶に招待した

完了h, 完了s=完了の助動詞 haben, sein

❸（薬草を煎じた）薬湯 ▷ eine Krankheit mit *Tee* kurieren 薬湯で病気を治す

Tee·beu·tel [テー・ボイテル] 男 *der*（⊕2格 -s; 複 -）ティーバッグ

Tee·blatt [テー・ブラット] 中 *das*（⊕2格 -[e]s; 複 ..blätter）〖ふつう 複 で〗茶の葉

Tee·büch·se [テー・ビュクセ] 女 *die*（⊕2格 -; 複 -n）茶筒

Tee·ei [テー・アイ] 中 *das*（⊕2格 -[e]s; 複 -er）（卵形の）茶こし

Tee-Ei 旧⇒新 Teeei

Tee·kan·ne [テー・カネ] 女 *die*（⊕2格 -; 複 -n）ティーポット，きゅうす

Tee·kes·sel [テー・ケッセル] 男 *der*（⊕2格 -s; 複 -）湯沸かし，茶がま

Tee·löf·fel [テー・レッフェル] 男 *der*（⊕2格 -s; 複 -）ティースプーン，茶さじ

Tee·na·ger [ティー・ネージャー] 男 *der*（⊕2格 -s; 複 -）ティーンエージャー（13歳から19歳までの少年や少女を指す）▷ Mode für *Teenager* ティーンエージャーのファッション

Teer [テーア] 男 *der*（⊕2格 -[e]s; 複 なし）《化学》タール

tee·ren [テーレン] (teerte; geteert; 匠h) 他《④と》〖…⁴に〗タールを塗る，〔道路など⁴を〕タールで舗装する

Tee·sieb [テー・ズィープ] 中 *das*（⊕2格 -[e]s; 複 -e）茶こし

Tee·tas·se [テー・タッセ] 女 *die*（⊕2格 -; 複 -n）ティーカップ

Tee·wa·gen [テー・ヴァーゲン] 男 *der*（⊕2格 -s; 複 -）ティーワゴン

Tee·ze·re·mo·nie [テー・ツェレモニー] 女 *die*（⊕2格 -; 複 -n）茶会

Teich [タイヒ] 男 *der*（⊕2格 -[e]s; 複 -e）池，沼 ▷ Er rudert auf dem *Teich*. 彼は池でボートをこぐ / In diesem *Teich* gibt es viele Fische. この池にはたくさんの魚がいる

Teig [タイク] 男 *der*（⊕2格 -[e]s; 複 -e）（パン・ケーキなどの）生地，練り粉 ▷ den *Teig* kneten 生地をこねる

Teig·wa·ren [タイク・ヴァーレン] 複名 パスタ（スパゲッティ・マカロニ・ヌードルなど小麦粉で作った食品）

Teil [タイル]
— 男 *der*（⊕2格 -[e]s; 複 -e）部分，一部 ▷ der obere 〈untere〉 *Teil* 上の〈下の〉部分 / der nördliche 〈südliche〉 *Teil* des Landes 国の北部〈南部〉/ ein Brot in zwei *Teile* schneiden パンを2つに切る
〖イディオム〗 *zum größten Teil* 大部分 ▷ Ich habe das Buch *zum größten Teil* gelesen. 私はその本を大部分読んだ
zum Teil 部分的に（略 z.T.）▷ Das war *zum Teil* seine eigene Schuld. それは一部彼自身の責任だった / Sie sind *zum Teil* gefahren, *zum Teil* gelaufen. 彼らは一部は乗り物に乗り一部は歩いた

— 中 *das*（⊕2格 -[e]s; 複 -e）（機械などの）部品，パーツ ▷ ein defektes *Teil* ausbauen 欠陥のある部品を取りはずす

— 男 *der* / 中 *das*（⊕2格 -[e]s; 複 -e）取り分，持ち分，負担分 ▷ Er verzichtet auf sein[en] *Teil*. 彼は自分の取り分を放棄する
〖イディオム〗 *ich für mein[en] Teil* 私としては ▷ *Ich für mein[en] Teil* bin ganz zufrieden. 私としてはまったく満足している
zu gleichen Teilen 均等に

tei·len [タイレン] (teilte; geteilt; 匠h)
— 他 ❶《④と》〖…⁴を〗分ける，分割する ▷ Der Lehrer teilte die Schüler in zwei Gruppen. 先生は生徒を2つのグループに分ける / Sie *teilt* einen Apfel mit dem Messer in vier Teile. 彼女はナイフでリンゴを4つに分ける

❷《④と》〖…⁴を〗分配する ▷ Sie *teilten* den Gewinn untereinander. 彼らは利益を互いに分配し合った

❸《④+mit+③と》〖…⁴を…³と〗共同で使う ▷ Ich *teile* das Zimmer mit meinem Bruder. 私は兄〈弟〉と部屋を共用している

❹《④と》〖喜びなど⁴を〗分かち合う，〔意見など⁴に〕同調する ▷ Sie haben Freude und Leid miteinander *geteilt*. 彼らは喜びも悲しみも共に分かち合った / Ich kann diese Ansicht nicht *teilen*. 私はこの見解には同調できない

❺《数学》〖数⁴を〗割る（＝dividieren）
— 再《sich⁴と》（別々に）分かれる，（細胞などが）分裂する ▷ Die Straße *teilt* sich. 道が分かれる

teil·ge·nom·men [タイル・ゲノメン] teilnehmenの過分

teil·ha·ben [タイル・ハーベン] 分離
(er hat teil; hatte teil; teilgehabt; 匠h)
自《文語》〖an+③と〗〖…³に〗参加している，〔喜びなど³を〕分かち合っている ▷ an der Regierung *teilhaben* 政権に関与している

Teil·ha·ber [タイル・ハーバー] 男 *der*（⊕2格 -s; 複 -）（合名会社などの）出資者

teil·haf·tig [タイル・ハフティヒ] 形〖成句で〗（やや古語）《②+*teilhaftig werden*（幸運など）²にあずかる，…²を享受する

Teil·nah·me [タイル・ナーメ] 女 *die*（⊕2格 -; 複 なし）
❶ 参加 ▷ die *Teilnahme* am Kongress 会議への参加
❷ 関心，興味 ▷ ohne besondere *Teilnahme* 特別な関心をもたずに

teil·nahms·los [タイル・ナームス・ロース] 形 無関心な，興味を示さない ▷ mit *teilnahmsloser*

Miene 無関心な表情で

teil|neh·men [タイル・ネーメン] [分離]
(du nimmst teil, er nimmt teil; nahm teil; teilgenommen; 完了h)
自 ❶《an+③と》[…³に]**参加する**, 加わる, 出席する ▷ an einem Ausflug *teilnehmen* 遠足に参加する / Er hat am Unterricht *teilgenommen*. 彼は授業に出席した
❷《an+③と》[喜び・悲しみなど³を]分かち合う ▷ Sie *nahmen* an seinem Kummer *teil*. 彼らは彼の悲しみを分かち合った

類語
teilnehmen（一般的な意味で）参加する
sich⁴ beteiligen 他者と対等の資格で積極的に参加する
mitmachen ふつう他者に従う形で受動的に参加する
beiwohnen 聴衆・招待客などとしてその場に居合わせる

Teil·neh·mer [タイル・ネーマー] 男 *der*（⑯2格 -s; ⑯ -）参加者 ▷ ein *Teilnehmer* an einem Kurs 講習の参加者

teils [タイルス] 副《成句で》*teils ..., teils ~* 一部は…一部は~ ▷ Wir hatten im Urlaub *teils* schönes, *teils* schlechtes Wetter. 休暇中天気はよかったり悪かったりだった
teils, teils まあまあ ▷ Wie geht es dir? – Naja, *teils, teils*. 調子はどうだい—うん, まあまあだ

teil·te [タイルテ] teilen の 過去

Tei·lung [タイルング] 女 *die*（⑯2格 -; ⑯ -en）分割; 分配; 分裂 ▷ die *Teilung* Deutschlands ドイツの分割

teil·wei·se [タイル・ヴァイゼ] 形 部分的な ▷ eine *teilweise* Automatisierung オートメーション化 / Das Haus ist *teilweise* fertig. その家は一部完成している / Er hat nur *teilweise* Recht. 彼の言うことは部分的にのみ正しい

Teil·zah·lung [タイル・ツァールング] 女 *die*（⑯2格 -; ⑯ -en）分割払い ▷ ein Auto auf *Teilzahlung* kaufen 自動車を分割払いで買う

Teint [テーン] 男 *der*（⑯2格 -s; ⑯ -s）（特に顔の）色つや, 顔色, 血色

Te·le·ar·beit [テーレ・アルバイト] 女 *die*（⑯2格 -; ⑯ なし）（通信ネットワークによる）在宅勤務, 社外勤務

Te·le·fax [テーレ・ファクス] 中 *das*（⑯2格 -; ⑯ -[e]）ファックス, ファクシミリ（システム, 装置および受信した文書を指す）

te·le·fa·xen [テーレ・ファクセン]
(telefaxte; getelefaxt; 完了h)
— 他《④と》[…⁴を]ファックスで送る

— 自 ファックスを送る

Te·le·fon ———
[telefó:n テレフォーン/テーレフォーン]
中 *das*（⑯2格 -s; ⑯ -e）

❶ 電話機
Das *Telefon* klingelt.
電話が鳴る
Wo ist das *Telefon*?
電話はどこにありますか
Darf ich dein *Telefon* benutzen?
電話を使ってもいいかい
Herr Bauer, *Telefon* für Sie!
バウアーさん あなたに電話です
ans *Telefon* gehen 電話に出る
❷（回線への）電話接続 ▷ *Telefon* beantragen 電話の加入を申し込む / Ich habe kein *Telefon*. 私は電話がありません

Te·le·fon·ban·king, Te·le·fon-Ban·king [テレフォーン・ベンキング] 中 *das*（⑯2格 -[s]; ⑯ なし）テレフォンバンキング（電話による銀行業務の処理）

Te·le·fon·buch [テレフォーン・ブーフ] 中 *das*（⑯2格 -[e]s; ⑯ ..bücher）電話帳

Te·le·fon·ge·bühr [テレフォーン・ゲビューア] 女 *die*（⑯2格 -; ⑯ -en）《ふつう⑮で》電話料金, 通話料

Te·le·fon·ge·spräch [テレフォーン・ゲシュプレーヒ] 中 *das*（⑯2格 -[e]s; ⑯ -e）通話

Te·le·fon·hö·rer [テレフォーン・ヘーラー] 男 *der*（⑯2格 -s; ⑯ -）電話の受話器

te·le·fo·nie·ren [テレフォニーレン]
(telefonierte; telefoniert; 完了h)
自 電話で話をする（☆「電話をかける」は anrufen）
▷ Ich habe lange mit ihr *telefoniert*. 私は長いこと彼女と電話で話をした / nach Japan *telefonieren* 日本に電話をする

te·le·fo·niert [テレフォニーアト] telefonieren の 過去, 分詞

te·le·fo·nier·te [テレフォニーアテ] telefonieren の 過去

te·le·fo·nisch [テレフォーニッシュ] 形 電話による ▷ Sind Sie *telefonisch* zu erreichen? あなたに電話で連絡がつきますか

Te·le·fo·nist [テレフォニスト] 男 *der*（⑯2·3·4格 -en; ⑯ -en）電話交換手

Te·le·fo·nis·tin [テレフォニスティン] 女 *die*（⑯2格 -; ⑯ ..tinnen）〖Telefonist の女性形〗女性電話交換手

Te·le·fon·ka·bel [テレフォーン・カーベル] 中 *das*（⑯2格 -s; ⑯ -）電話ケーブル

Te·le·fon·kar·te [テレフォーン・カルテ] 女 *die*（⑯2格 -; ⑯ -n）テレフォンカード

Te·le·fon·num·mer [テレフォーン・ヌマー] 女

Telefonseelsorge

die (⦅2格⦆ -; ⦅複⦆ -n)
電話番号 ▷ Sie gab ihm ihre *Telefonnummer.* 彼女は彼に自分の電話番号を渡した / Er sucht ihre *Telefonnummer* im Telefonbuch. 彼は彼女の電話番号を電話帳で探す

Te·le·fon·seel·sor·ge [テレフォーン・ゼール・ゾルゲ] ⦅女⦆ *die* (⦅2格⦆ -; ⦅複⦆ なし) 電話人生相談

Te·le·fon·ver·bin·dung [テレフォーン・フェアビンドゥング] ⦅女⦆ *die* (⦅2格⦆ -; ⦅複⦆ -en) 電話接続

Te·le·fon·zel·le [テレフォーン・ツェレ] ⦅女⦆ *die* (⦅2格⦆ -; ⦅複⦆ -n)
電話ボックス ▷ Die *Telefonzelle* ist besetzt 〈frei〉. 電話ボックスはふさがって〈あいて〉いる

Te·le·fon·zent·ra·le [テレフォーン・ツェントラーレ] ⦅女⦆ *die* (⦅2格⦆ -; ⦅複⦆ -n) (会社などの)電話交換室

te·le·gra·fie·ren [テレグラフィーレン] (telegrafierte; telegrafiert; ⦅助⦆h)
⦅他⦆(④と)[..⁴と]電報を打つ

te·le·gra·fisch [テレグラーフィシュ] ⦅形⦆ 電報の, 電信の; ⦅副詞的に⦆ 電報で, 電信で ▷ *telegrafisch* Geld anweisen お金を電信で振り込む

Te·le·gramm [テレグラム] ⦅中⦆ *das* (⦅2格⦆ -s; ⦅複⦆ -e) 電報 ▷ ein *Telegramm* aufgeben 電報の発信を依頼する

te·le·gra·phie·ren =telegrafieren

Te·le·kom [テーレコム] ⦅女⦆ *die* (⦅2格⦆ -; ⦅複⦆ なし) 《Deutsche *Telekom* AG「ドイツ電信電話株式会社」の略称》テレコム

Te·le·kom·mu·ni·ka·ti·on [テーレ・コムニカツィオーン] ⦅女⦆ *die* (⦅2格⦆ -; ⦅複⦆ なし) テレコミュニケーション(コンピュータ・ファックス・電話などによる遠距離通信)

Te·le·ob·jek·tiv [テーレ・オブイェクティーフ] ⦅中⦆ *das* (⦅2格⦆ -[e]s; ⦅複⦆ -e) 望遠レンズ

Te·le·pa·thie [テレパティー] ⦅女⦆ *die* (⦅2格⦆ -; ⦅複⦆ なし) テレパシー

Te·le·phon =Telefon
Te·le·phon·buch =Telefonbuch
te·le·pho·nie·ren =telefonieren
te·le·pho·nisch =telefonisch

Te·le·shop·ping [テーレ・ショッピング] ⦅中⦆ *das* (⦅2格⦆ -s; ⦅複⦆ なし) 《口語》テレビショッピング(テレビを利用した通信販売)

Te·le·skop [テレスコープ] ⦅中⦆ *das* (⦅2格⦆ -s; ⦅複⦆ -e) 望遠鏡

Te·le·spiel [テーレ・シュピール] ⦅中⦆ *das* (⦅2格⦆ -[e]s; ⦅複⦆ -e) テレビゲーム

Te·le·vi·si·on [テレヴィズィオーン] ⦅女⦆ *die* (⦅2格⦆ -; ⦅複⦆ なし) テレビ[放送](=Fernsehen)

Tel·ler [テラー] ⦅男⦆ *der* (⦅2格⦆ -s; ⦅複⦆ -)
皿 ▷ ein flacher 〈tiefer〉 *Teller* 浅い〈深い〉皿 / Er stellte die *Teller* auf den Tisch. 彼は皿をテーブルに並べた / ein *Teller* [voll] Suppe 1 皿のスープ / Er hat zwei *Teller* Spagetti gegessen. 彼はスパゲッティーを2 皿食べた

Tem·pel [テムペル] ⦅男⦆ *der* (⦅2格⦆ -s; ⦅複⦆ -) (キリスト教じょの)神殿, 寺院 ▷ ein buddhistischer 〈griechischer〉 *Tempel* 仏教寺院〈(古代)ギリシャの神殿〉

Tem·pe·ra·ment [テムペラメント] ⦅中⦆ *das* (⦅2格⦆ -[e]s; ⦅複⦆ -e)
❶ 気質, 気性, 性分 ▷ südländisches *Temperament* 南国的気質 / Ihre *Temperamente* sind verschieden. 彼らの気性は異なっている
❷ 《⦅複⦆ なし》激しい気性 ▷ Sie hat *Temperament.* 彼女は気性が激しい

tem·pe·ra·ment·voll [テムペラメント・フォル] ⦅形⦆ 気性の激しい, 情熱的な ▷ eine *temperamentvolle* Frau 気性の激しい女性

Tem·pe·ra·tur [テムペラトゥーア] ⦅女⦆ *die* (⦅2格⦆ -; ⦅複⦆ -en)
❶ 温度 ▷ die *Temperatur* der Luft 〈des Wassers〉 気温〈水温〉 / die richtige *Temperatur* 適温
❷ 気温 ▷ die höchste 〈niedrigste〉 *Temperatur* 最高〈最低〉気温 / Die *Temperatur* fällt unter null. 気温が氷点下に下がる
❸ 体温 (☆病気による「熱」は Fieber) ▷ Er misst seine *Temperatur.* 彼は体温を測る / Der Kranke hat [erhöhte] *Temperatur.* その病人は微熱がある

tem·pe·rie·ren [テムペリーレン] (temperierte; temperiert)
⦅他⦆(④と)[部屋・ワインなど⁴を]適温にする(☆ふつう過去分詞で)

Tem·po [テムポ] ⦅中⦆ *das* (⦅2格⦆ -s; まれに ⦅複⦆ -s)
(動き・変化の)速さ, 速度, スピード, テンポ ▷ Er fährt in hohem *Tempo.* 彼は高速で車を走らせる / Hier gilt *Tempo* 50. ここは制限速度 50 キロだ / *Tempo* [, *Tempo*]! 急げ[急げ]! / das *Tempo* der wirtschaftlichen Entwicklung 経済発展のテンポ

Tem·po·li·mit [テムポ・リミット] ⦅中⦆ *das* (⦅2格⦆ -s; ⦅複⦆ -s) 速度制限

tem·po·rär [テムポレーア] ⦅形⦆ 一時的な (=vorübergehend)

Ten·denz [テンデンツ] ⦅女⦆ *die* (⦅2格⦆ -; ⦅複⦆ -en)
❶ (物事の)傾向 ▷ die sinkende *Tendenz* der Kriminalität 犯罪の減少傾向
❷ (性格的な)傾向, 性向 ▷ Sie hat die *Tendenz,* alles negativ zu beurteilen. 彼女はすべてを否定的に判断する傾向がある
❸ 《ふつう ⦅複⦆ で》(芸術などの)傾向, 流れ ▷ neue *Tendenzen* in der Literatur 文学の新しい傾向

ten·den·zi·ös [テンデンツィエース] ⦅形⦆ (政治的・

思想的に)かたよった, 偏向した ▷ *tendenziös gefärbt sein* (報告などが)特定の方向にかたより過ぎている

ten·die·ren [テンディーレン] (tendierte; tendiert; 回h)
自 ❶ 〖nach〈zu〉+③と〗[…の方向³に](政治的・思想的に)傾いている
❷ 〖zu+③と〗[…³の]傾向がある

Ten·ne [テネ] 囡 *die* (単2格 -; 複 -n) (農家などの)打穀場

Ten·nis [テニス] 囲 *das* (単2格 -; 複 なし) テニス ▷ *Tennis* spielen テニスをする

Ten·nis·platz [テニス・プラッツ] 囲 *der* (単2格 -es; 複 ..plätze) テニスコート

Te·nor 囲 *der*
── [テノーア] (単2格 -s; 複 Tenöre) 《音楽》テノール; テノール歌手 ▷ Er singt *Tenor*. 彼はテノール(の声部)を歌う
── [テーノル] (単2格 -s; 複 なし) (発言などの)趣旨, 骨子 ▷ der *Tenor* eines Vortrages 講演の趣旨

Te·nö·re [テネーレ] Tenor「テノール」の 複数

Tep·pich [テッピヒ] 囲 *der* (単2格 -s; 複 -e) じゅうたん, カーペット ▷ einen *Teppich* legen じゅうたんを敷く / den *Teppich* klopfen じゅうたんをたたいてほこりを出す / Er kaufte einen wertvollen alten *Teppich*. 彼は高価な古いじゅうたんを買った

Ter·min [テルミーン] 囲 *der* (単2格 -s; 複 -e)
❶ 《あることがなされるべき時点を指して》 期日 ▷ Der *Termin* passt mir nicht. その期日は私は都合が悪い / Ich habe morgen einen *Termin* beim Arzt. 私はあす診察の予約をしてある
❷ 《あることがすでになされていなければならない時点を指して》期限(☆「期間」を表す場合は Frist) ▷ Der *Termin* für die Abgabe einer Arbeit muss eingehalten werden. 論文提出の期限は守られねばならない

Ter·mi·ni [テルミニ] Terminus の 複数

Ter·min·ka·len·der [テルミーン・カレンダー] 囲 *der* (単2格 -s; 複 -) カレンダー付き手帳

Ter·mi·nus [テルミヌス] 囲 *der* (単2格 -; 複 Termini) 《文語》専門用語, 述語

Ter·rain [テレーン] 囲 *das* (単2格 -s; 複 -s) (地形を問題にした場合の)土地, 地域 ▷ ein sumpfiges *Terrain* 湿地 / ein bebautes *Terrain* 居住地域

Ter·ra·ri·en [テラーリエン] Terrarium の 複数

Ter·ra·ri·um [テラーリウム] 囲 *das* (単2格 -s; 複 ..rarien) (爬虫類・両生類の)飼育器; 飼育舎

Ter·ras·se [テラッセ] 囡 *die* (単2格 -; 複 -n)
❶ テラス ▷ Wir frühstücken heute auf der *Terrasse*. 私たちはきょうテラスで朝食をとる

❷ (斜面の)階段状の土地, 段々畑 ▷ Wein in *Terrassen* anbauen ブドウを段々畑で栽培する

Ter·ri·er [テリア] 囲 *der* (単2格 -s; 複 -) テリア犬(もと猟犬として使われた愛玩犬;現在は小型犬)

Ter·ri·ne [テリーネ] 囡 *die* (単2格 -; 複 -n) (底の深い, ふたつきの)スープ用容器

Ter·ri·to·ri·en [テリトーリエン] Territorium の 複数

Ter·ri·to·ri·um [テリトーリウム] 囲 *das* (単2格 -s; 複 ..torien) 領土, 領地

Ter·ror [テロ-ア] 囲 *der* (単2格 -s; 複 なし) テロ ▷ In diesem Land herrscht der *Terror*. この国はテロが支配している

ter·ro·ri·sie·ren [テロリズィーレン] (terrorisierte; terrorisiert; 回h)
他 〖④と〗[…⁴を]暴力によって恐怖に陥れる〈押さえつける〉 ▷ die Bevölkerung *terrorisieren* 住民を暴力によって恐怖に陥れる〈押さえつける〉

Ter·ro·ris·mus [テロリスムス] 囲 *der* (単2格 -; 複 なし) テロリズム, テロ行為

Ter·ro·rist [テロリスト] 囲 *der* (単2,3,4格 -en; 複 -en) テロリスト

Ter·ze·rol [テルツェロール] 囲 *das* (単2格 -s; 複 -e) 小型ピストル

Test [テスト] 囲 *der* (単2格 -[e]s; 複 -s〈-e〉) (学校の)テスト, 試験; (機械などの)検査 ▷ ein psychologischer *Test* 心理テスト / Er hat den *Test* nicht bestanden. 彼はテストに合格しなかった

Tes·ta·ment [テスタメント] 囲 *das* (単2格 -[e]s; 複 -e) (書面での)遺言, 遺言状 ▷ Er hat ein *Testament* hinterlassen. 彼は遺言を残した

(イディオム) das Alte 〈Neue〉 *Testament* 旧約〈新約〉聖書

tes·ten [テステン] (testete; getestet; 回h)
他 〖④と〗[…⁴を]テスト〈検査, 試験〉する ▷ eine Ware *testen* 商品をテストする / Er wurde auf seine Reaktionsfähigkeit *getestet*. 彼は反応する能力を試験された

teu·er
[tóyɐ トイアー]
比較 teurer 最上 teuerst

☆ 語尾がつくと teur.. となる

形 ❶ (値段が)高い, 高価な (⇔ billig)
ein *teures* Auto
高い自動車
ein *teures* Hotel
料金の高いホテル
Das Kleid ist sehr *teuer*.
このドレスは非常に高価だ
Wie *teuer* ist das? それはおいくらですか

ein *teurer* Unfall 高くつく事故
Er musste für diesen Fehler *teuer* bezahlen. 彼はこの過ちのために高価な代償を支払わねばならなかった
❷《文語》たいせつな, いとしい ▷ mein *teurer* Freund 私のたいせつな友人

Teu·e·rung [トイエルング] 囡 die (※2格 -; ※ -en)(不況などによる)物価の上昇, 値上がり

Teu·fel [トイフェル] 男 der (※2格 -s; ※ -)
❶ 悪魔 ▷ Er ist ein leibhaftiger *Teufel*. / Er ist vom *Teufel* besessen. 彼は悪魔にとりつかれている
❷《口語》悪がき ▷ Der Kleine ist ein richtiger *Teufel*. この男の子はひどい悪がきだ
イディオム *Geh zum Teufel!* とっとと消えうせろ
Hol dich der Teufel! お前なんかくたばってしまえ
Mal den Teufel nicht an die Wand! 縁起でもないことを言うな
Zum Teufel! ちくしょう

teuf·lisch [トイフリシュ]
── 形 悪魔的な, 残虐な, 凶悪な
── 副《口語》《否定的な意味合いで》ひどく, やけに

teu·re [トイレ] ☞ teuer
teu·rer [トイラー] teuer の 比較

Text [テクスト] 男 der (※2格 -es〈まれに -s〉; ※ -e)
❶ テキスト(一定のまとまりのある文章を指す) ▷ ein langer〈schwieriger〉*Text* 長い〈難しい〉テキスト / einen japanischen *Text* ins Deutsche übersetzen 日本語のテキストをドイツ語に翻訳する
❷(注などに対して)本文, (図版などの)説明文, キャプション
❸ 歌詞(☆「メロディー」は Melodie) ▷ Ich kenne den *Text* des Liedes. 私はその歌の歌詞を知っている

Tex·ter [テクスター] 男 der (※2格 -s; ※ -) コピーライター, 広告文案家; 作詞家

Tex·ti·li·en [テクスティーリエン] 複名 繊維製品; 衣料品

Text·pro·gramm [テクスト・プログラム] 中 das (※2格 -s; ※ -e) ワープロソフト

Text·ver·ar·bei·tung [テクスト・フェアアルバイトゥング] 囡 die (※2格 -; ※ -en)(特にコンピュータによる)テキスト〈文書〉処理, ワードプロセッシング

Text·ver·ar·bei·tungs·ge·rät [テクスト・フェアアルバイトゥングス・ゲレート] 中 das (※2格 -[e]s; ※ -e) ワードプロセッサー, ワープロ

Text·ver·ar·bei·tungs·pro·gramm [テクスト・フェアアルバイトゥングス・プログラム] 中 das (※2格 -s; ※ -e) ワープロソフト

Text·ver·ar·bei·tungs·sys·tem [テクスト・フェアアルバイトゥングス・ズュステーム] 中 das (※2格 -s; ※ -e) ワードプロセッサー, ワープロ

TH [テーハー]『*Technische Hochschule* の略語』工科大学

The·a·ter [テアーター] 中 das (※2格 -s; ※ -)
❶ 劇場 ▷ ein staatliches *Theater* 国立劇場 / ein neues *Theater* bauen 新しい劇場を建てる / ins *Theater* gehen 芝居を見に行く
❷(複 なし)芝居の上演 ▷ Das *Theater* beginnt um 18 Uhr. 芝居は18時に開演される
❸(複 なし)《口語》(小さな出来事による不必要な)大騒ぎ ▷ Mach nicht so ein *Theater*! そんな大騒ぎをするな / [Das ist] alles nur *Theater*! それはまったくのお芝居でしかない

The·a·ter·kar·te [テアーター・カルテ] 囡 die (※2格 -; ※ -n) 芝居のチケット

The·a·ter·stück [テアーター・シュテュック] 中 das (※2格 -[e]s; ※ -e) 戯曲(☆ 単に Stück ともいう) ▷ ein *Theaterstück* aufführen 戯曲を上演する

the·at·ra·lisch [テアトラーリシュ] 形 (態度などが)芝居がかった, おおぎょうな

The·ke [テーケ] 囡 die (※2格 -; ※ -n) (バーなどの)カウンター ▷ Er trinkt ein Glas Bier an der *Theke*. 彼はビールを1杯カウンターで飲む

The·ma [テーマ] 中 das (※2格 -s; ※ Themen)
❶ (討論・研究などの)テーマ; 話題 ▷ ein aktuelles *Thema* アクチュアルなテーマ / Dieses *Thema* ist tabu. この話題はタブーである
❷《音楽》主題, テーマ

The·ma·tik [テマーティック] 囡 die (※2格 -; ※ -en)《文語》テーマ, 主題(テーマの内包する複雑な問題を意識する場合に用いられる)

the·ma·tisch [テマーティシュ] 形 テーマ〈主題〉の, テーマに関する

The·men [テーメン] Thema の 複数

The·o·dor [テーオドーア]《男名》テーオドール

The·o·lo·ge [テオローゲ] 男 der (※2·3·4格 -n; ※ -n) 神学者

The·o·lo·gie [テオロギー] 囡 die (※2格 -; ※ -n) 神学 ▷ Er studiert *Theologie*. 彼は大学で神学を専攻している

The·o·lo·gi·en [テオロギーエン] Theologie の 複数

the·o·lo·gisch [テオローギシュ] 形 神学の, 神学上の ▷ *theologische* Probleme erörtern 神学上の問題を討議する

The·o·re·ti·ker [テオレーティカー] 男 der (※2格 -s; ※ -) 理論家 ▷ Er gilt als *Theoretiker* der Partei. 彼はその政党の理論家と目されている

the·o·re·tisch [テオレーティシュ] 形 理論的な, 理論上の ▷ *theoretische* Kenntnisse 理論

的側面に関する知識 / Das ist mir zu *theoretisch.* それは私には理論的すぎる / Das ist zwar *theoretisch* richtig, aber ... それはたしかに理論的には正しいが しかし…

The·o·rie [テオリー] [女] *die* ([単] 2格 –; [複] –n) **理論** ▷ eine *Theorie* aufstellen 理論を立てる / die *Theorie* in die Praxis umsetzen 理論を実行に移す / Das ist reine *Theorie.* それは純然たる理論だ〈単に理論でしかない〉

The·o·ri·en [テオリーエン] Theorie の [複数]

The·ra·pie [テラピー] [女] *die* ([単] 2格 –; [複] –n) 治療[法], 療法(病気の治療措置全体を指す) ▷ Die erfolgreichste *Therapie* bei dieser Krankheit ist eine strenge Diät. この病気の最も効果的な治療法は厳しい食事療法だ

The·ra·pi·en [テラピーエン] Therapie の [複数]

Ther·mal·bad [テルマール・バート] [中] *das* ([単] 2格 –[e]s; [複] ..bäder) 温泉地; 温泉プール

Ther·mo·me·ter [テルモ・メーター] [中] *das* ([単] 2格 –s; [複] –) 温度計, 寒暖計; 体温計 ▷ Er misst das Fieber mit dem *Thermometer.* 彼は熱を体温計で測る / Das *Thermometer* zeigt zehn Grad unter null. 温度計は氷点下10度を示している

Ther·mos·fla·sche [テルモス・フラッシェ] [女] *die* ([単] 2格 –; [複] –n) 魔法びん ▷ heißes Wasser in eine *Thermosflasche* füllen 魔法びんにいっぱいに熱湯を入れる

Ther·mos·tat [テルモスタート] [男] *der* ([単] 2格 –s; [複] –e 〈または [単] 2·3·4格 –en; [複] –en〉) (電気器具などの) サーモスタット

The·sau·ren [テザオレン] Thesaurus の [複数]

The·sau·ri [テザオリ] Thesaurus の [複数]

The·sau·rus [テザオルス] [男] *der* ([単] 2格 –; [複] ..sauren 〈..sauri〉) シソーラス, 分類語彙表

The·se [テーゼ] [女] *die* ([単] 2格 –; [複] –n) (論証する際の基本になる) **命題**, テーゼ ▷ eine *These* aufstellen 命題を立てる

Tho·mas [トーマス] 《男名》 トーマス

Thril·ler [スリラー] [男] *der* ([単] 2格 –s; [複] –) スリラー; スリラー小説, スリラー映画

Thron [トローン] [男] *der* ([単] 2格 –[e]s; [複] –e) 王座 ▷ ein prächtiger *Thron* 豪華な王座 / 《比ゆ》 den *Thron* besteigen 王座(王位)につく / auf den *Thron* verzichten 王位を断念する

thro·nen [トローネン] (thronte; gethront; [完了]h) [自] 〖[場所]と〗〔特別席・人目につく場所などに〕座っている

Thron·fol·ger [トローン・フォルガー] [男] *der* ([単] 2格 –s; [複] –) 王位継承者

Thun·fisch [トゥーン・フィッシュ] ＝Tunfisch

Thü·rin·gen [テューリンゲン] ([中] *das*) 《州名》 テューリンゲン(ドイツ中東部)

Tick [ティック] [男] *der* ([単] 2格 –[e]s; [複] –s) 《口語》 奇妙な癖 ▷ Er hat den *Tick,* vor anderen Selbstgespräche zu führen. 彼は人前でひとりごとを言う変な癖がある

ti·cken [ティッケン] (tickte; getickt; [完了]h) [自] (時計などが) カチカチ音をたてる ▷ Die Uhr *tickt.* 時計がチクタク音をたてている

Ti·cket [ティケット] [中] *das* ([単] 2格 –s; [複] –s) 航空券, 搭乗券; 乗船券

tief

[ti:f ティーフ]

[比較] tiefer [最上] tiefst

[形] ❶ **深い**

ein *tiefer* See 深い湖
ein *tiefes* Tal 深い谷
eine *tiefe* Wunde 深い傷
ein *tiefer* Teller 深皿(スープ皿)
in ein *tiefes* Loch fallen 深い穴に落ちる
Wie *tief* ist der Brunnen?
その井戸の深さはどのくらいですか
〖[数量]と〗
ein zehn Meter *tiefer* See
深さ10メートルの湖
Der Teich ist 4 Meter *tief.*
この池は深さが4メートルある

❷ (位置が) 低い ▷ Das Flugzeug fliegt *tief.* 飛行機が低空を飛ぶ / Er wohnt zwei Etagen *tiefer.* 彼は2階下に住んでいる / *tiefe* Temperaturen (平均よりも) 低い温度

❸ (奥が) 深い, 奥深い ▷ eine *tiefe* Höhle 深いほら穴 / Er wohnt *tief* im Wald. 彼は森の奥深くに住んでいる

❹ (物事の程度が) 深い ▷ eine *tiefe* Trauer 深い悲しみ / Er sank in *tiefen* Schlaf. 彼は深い眠りに陥った / *tief* atmen 深呼吸をする

❺ (内容の) 深い (☆ 述語として用いない) ▷ *tiefe* Gedanken 深い考え / Das hat eine *tiefe* Bedeutung. それには深い意味がある

❻ (色合いが) 濃い, 深い; (音が) 低い ([反] hoch) ▷ ein *tiefes* Rot 深紅 / eine *tiefe* Stimme 低い声

[イディオム] ***bis tief in ...*** …の時まで ▷ *bis tief in* die Nacht 深夜まで

im tiefsten ... …のさ中に ▷ *im tiefsten* Winter 冬のさ中に

tief gehend 〈***tief greifend***〉 (変化などが) 本質的な, 根本的な, 徹底的な

Tief [ティーフ] [中] *das* ([単] 2格 –s; [複] –s) 《気象》 低気圧 ([反] Hoch) ▷ Das *Tief* zieht nach Osten. 低気圧が東へ移動する

Tie·fe [ティーフェ] [女] *die* ([単] 2格 –; [複] –n)
❶ 〖ふつう [複] なし〗 深さ ▷ die *Tiefe* eines Abgrundes 深淵の深さ / die *Tiefe* der Wunde 傷の深さ / Der Brunnen hat eine *Tiefe* von

T

10 Metern. その井戸は深さが 10 メートルある
❷ (海・地中などの) 深いところ, 深み ▷ Der Fisch lebt in großen *Tiefen* des Meeres. その魚は海のとても深いところにすんでいる
❸ 奥行き; 奥, 奥深いところ ▷ die *Tiefe* der Bühne 舞台の奥行き
❹ 〘[複] なし〙 (思考・感情などの)深さ; (色合いの)濃さ; (声の)低さ ▷ die *Tiefe* seiner Gedanken 彼の考えの深さ

tief·ge·hend [ティーフ・ゲーエント] ([比較] tiefer gehend, [最上] am tiefsten gehend 〈tiefstgehend〉) [形] [旧⇨新] **tief gehend** (分けて書く) ☞ tief

tief·grei·fend [ティーフ・グライフェント] ([比較] tiefer greifend, [最上] am tiefsten greifend 〈tiefstgreifend〉) [形] [旧⇨新] **tief greifend** (分けて書く) ☞ tief

tief·grün·dig [ティーフ・グリュンディヒ] [形] (調査などが) 細部にまでわたる, (記述などが) 深く考え抜かれた

Tief·kühl·fach [ティーフ・キュール・ファッハ] [中] *das* ([単] 2 格 -[e]s; [複] ..fächer) (冷蔵庫の) 冷凍室

Tief·kühl·kost [ティーフ・キュール・コスト] [女] *die* ([単] 2 格 -; [複] なし) 冷凍食品

Tief·kühl·tru·he [ティーフ・キュール・トルーエ] [女] *die* ([単] 2 格 -; [複] -n) 冷凍食品用ショーケース

Tief·punkt [ティーフ・プンクト] [男] *der* ([単] 2 格 -[e]s; [複] -e) (物事の推移の) 最低点; 最低の水準, 最悪の状態, どん底

tief·sin·nig [ティーフ・ズィニヒ] [形] (よく考え抜かれて) 内容〈意味〉の深い ▷ eine *tiefsinnige* Bemerkung machen 内容の深いことばを一言述べる

Tief·stand [ティーフ・シュタント] [男] *der* ([単] 2 格 -[e]s; [複] なし) (物事の推移の) 最低点; 最低の水準, 最悪の状態, どん底

Tie·gel [ティーゲル] [男] *der* ([単] 2 格 -s; [複] -) フライパン

Tier [ティーア] [中] *das* ([単] 2 格 -es 〈まれに -s〉; [複] -e)
動物 (☆ 昆虫のような小さなものに対しても用いるが, 人間は含まない); 獣 ▷ ein wildes *Tier* 野生の動物 / der König der *Tiere* 百獣の王 (ライオン) / *Tiere* halten 動物を飼う

Tier·freund [ティーア・フロイント] [男] *der* ([単] 2 格 -[e]s; [複] -e) 動物愛好家

Tier·gar·ten [ティーア・ガルテン] [男] *der* ([単] 2 格 -s; [複] ..gärten) (比較的小さな) 動物園 (= Zoo)

Tier·hand·lung [ティーア・ハンドルング] [女] *die* ([単] 2 格 -; [複] -en) ペットショップ

tie·risch [ティーリシュ] [形]
❶ (油脂などが) 動物性の (☆ 名詞につけて)
❷ (残虐さなどが) 獣のような

Tier·schutz [ティーア・シュッツ] [男] *der* ([単] 2 格 -es; [複] なし) 動物保護

Ti·ger [ティーガー] [男] *der* ([単] 2 格 -s; [複] -) 《動物》 トラ ▷ Sie sahen *Tiger* und Löwen im Zoo. 彼らは動物園でトラとライオンを見た

til·gen [ティルゲン] (tilgte; getilgt; [完了]h)
[他] ❶ 〘④と〙〔文字など⁴を〕消す, 取り除く ▷ Sein Name wurde aus der Liste *getilgt*. 彼の名前はリストからはずされた / Er hat die Erinnerung daran aus seinem Gedächtnis *getilgt*. 彼はその思い出を記憶から消し去った
❷ 《商業》 〘④と〙〔負債など⁴を〕弁済〈償還〉する (「返済により債務を抹消する」 の意) ▷ Er hat seine Schulden in Raten *getilgt*. 彼は借金を分割払いで弁済した

Til·gung [ティルグング] [女] *die* ([単] 2 格 -; [複] -en) (リストなどからの) 削除, 除去, 消去

tin·geln [ティンゲルン]
(tingelte; getingelt; [完了]s)
[自] 〘durch+④と〙〔酒場など⁴を〕ショーを演じながら渡り歩く

Tin·te [ティンテ] [女] *die* ([単] 2 格 -; [複] -n) **インク** ▷ Er schreibt mit roter *Tinte*. 彼は赤インクで書く

Tin·ten·fass ([旧] **..faß**) [ティンテン・ファス] [中] *das* ([単] 2 格 -es; [複] ..fässer) インクつぼ

Tin·ten·fisch [ティンテン・フィッシュ] [男] *der* ([単] 2 格 -[e]s; [複] -e) 《動物》 イカ

Tin·ten·strahl·dru·cker [ティンテン・シュトラール・ドルッカー] [男] *der* ([単] 2 格 -s; [複] -) インクジェットプリンター

Tip [ティップ] [旧⇨新] Tipp

Tipp [ティップ] [男] *der* ([単] 2 格 -s; [複] -s) 《口語》 (助けになる) ヒント, 助言 ▷ Das war ein guter *Tip*. それはよい助言だった

tip·peln [ティッペルン]
(tippelte; getippelt; [完了]s)
[自] 《口語》 (かなりの距離を) てくてく歩く

tip·pen [ティッペン] (tippte; getippt; [完了]h)
— [自] ❶ 〘[方向]と〙〔…に〕(指先・つま先などで) 軽く〈ちょっと〉触れる; 軽くたたく ▷ Er hat mir auf die Schulter *getippt*. 彼は私の肩を軽くたたいた
❷ 《口語》 〘auf+④と〙〔…⁴を〕予想する ▷ Ich *tippe* darauf, dass sie morgen kommt. 私は彼女があす来ると思います
❸ トトカルチョをする; 宝くじを買う ▷ Er *tippt* jede Woche. 彼は毎週トトカルチョをする〈宝くじを買う〉
— [他] 《口語》 〘④と〙〔手紙など⁴を〕タイプライターで打つ

Ti·rol [ティロール] ([中] *das*) 《地名・州名》 チロル (オーストリアとイタリアの間の地方; オーストリアの州)

T

Tisch

[tɪʃ ティッシュ]

[男] *der* ([単] 2 格 -es〈まれに -s〉; [複] -e)

格	単 数	複 数
①	der Tisch	die Tische
②	des Tisches	der Tische
③	dem Tisch	den Tischen
④	den Tisch	die Tische

❶ テーブル, 卓
ein runder *Tisch*
円いテーブル
Der *Tisch* wackelt.
テーブルがぐらぐらする
Die Familie saß um den *Tisch*.
家族がテーブルを囲んで座っていた
❷ 机, デスク ▷ Er arbeitet am *Tisch*. 彼は机に向かって仕事をしている
❸ 食卓▷ den *Tisch* decken 食卓の用意をする / Das Essen steht schon auf dem *Tisch*. 食事はすでに食卓に出ている
[イディオム] ***Bitte zu Tisch!***《文語》どうぞ食卓にお着きください
nach 〈vor〉 Tisch《文語》食後〈食前〉に

Tisch·ler [ティッシュラー] [男] *der* ([単] 2 格 -s; [複] -) (木材を用いて)家具・窓などを作る職人; 家具〈建具〉職人

Tisch·ten·nis [ティッシュ·テニス] [中] *das* ([単] 2 格 -; [複] なし) 卓球, ピンポン ▷ Er spielt *Tischtennis*. 彼は卓球をする

Tisch·tuch [ティッシュ·トゥーフ] [中] *das* ([単] 2 格 -[e]s; [複] ..tücher) テーブルクロス ▷ Sie legt ein frisches *Tischtuch* auf. 彼女は(まだ使っていない)新しいテーブルクロスをかける

Ti·tel [ティーテル] [男] *der* ([単] 2 格 -s; [複] -)
❶ 題名, 表題 ▷ der *Titel* eines Romans 小説の題名
❷ 称号, 肩書き ▷ einen akademischen *Titel* haben 学位をもっている
❸ 《スポーツ》タイトル ▷ den *Titel* des Weltmeisters verteidigen 世界チャンピオンのタイトルを防衛する

Toast [トースト] [男] *der* ([単] 2 格 -es〈まれに -s〉; [複] -s) トースト ▷ zwei Scheiben *Toast* トースト 2 切れ
[イディオム] ***einen Toast auf*+④ *ausbringen*** ..⁴に祝辞などを述べて乾杯する

to·ben [トーベン] (tobte; getobt)
[自] ❶ 〖[完了]h〗(自然などが) 荒れ狂う ▷ Das Meer *tobt*. 海が荒れ狂う
❷ 〖[完了]h,s〗(子供などが)はしゃぐ, 騒ぐ ▷ Die Kinder haben den ganzen Tag *getobt*. 子供たちは一日中はしゃぎ回った
❸ 〖[完了]h〗(狂ったように)暴れる ▷ Er hat vor Schmerz *getobt*. 彼は痛みのあまり暴れた

Toch·ter

[tɔ́xtɐ トホター]

[女] *die* ([単] 2 格 -; [複] Töchter)

格	単 数	複 数
①	die Tochter	die Töchter
②	der Tochter	der Töchter
③	der Tochter	den Töchtern
④	die Tochter	die Töchter

(親子関係から見た) 娘 (☆「息子」は Sohn)
die einzige *Tochter*
一人娘
die älteste 〈jüngste〉 *Tochter*
長女〈末娘〉
Ich habe zwei *Töchter*.
私には娘が 2 人おります
Wir haben eine *Tochter* bekommen.
私たちに娘が 1 人できました

Töch·ter [テヒター] Tochter の [複数]

Tod [トート] [男] *der* ([単] 2 格 -es〈まれに -s〉; [複] なし)
死, 死亡 ▷ ein plötzlicher 〈ruhiger〉 *Tod* 突然の〈安らかな〉死 / bis in den 〈bis zum〉 *Tod* 死ぬまで / Er hat seinen Leichtsinn mit dem *Tod* bezahlen müssen. 彼は軽率だったので命を落とすことになった (← 自分の軽率さを死をもって償わねばならなかった)
[イディオム] ④+***zum Tod verurteilen*** ..⁴に死刑を宣告する ▷ Er wurde *zum Tode verurteilt*. 彼は死刑を宣告された
mit dem Tod ringen 瀕死(ひんし)の状態である (← 死と闘っている)
zu Tode《口語》死ぬほど, とても ▷ sich⁴ *zu Tode* schämen 死ぬほど恥ずかしい思いをする

To·des·an·zei·ge [トーデス·アン·ツァイゲ] [女] *die* ([単] 2 格 -; [複] -n) 死亡広告

To·des·stra·fe [トーデス·シュトラーフェ] [女] *die* ([単] 2 格 -; [複] -n) 死刑 ▷ die *Todesstrafe* abschaffen 死刑を廃止する

To·des·ur·teil [トーデス·ウル·タイル] [中] *das* ([単] 2 格 -[e]s; [複] -e) 死刑判決 ▷ ein *Todesurteil* fällen 死刑判決を下す

töd·lich [テートリヒ]
[形] ❶ 命にかかわるほどひどい, 致命的な ▷ eine *tödliche* Verletzung 致命傷 / Er ist *tödlich* verunglückt. 彼は事故で死んだ
❷ すごい, 極度の ▷ *tödlicher* Hass 激しい憎悪 / Wir haben uns *tödlich* gelangweilt. 私たちは死ぬほど退屈した

tod·mü·de [トート·ミューデ] [形] 死ぬほど疲れた ▷ Er sank *todmüde* auf einen Stuhl. 彼はく

T

たくたに疲れていすにへたり込んだ

Toi·let·te [トアレッテ] 囡 (֎ 2格 -; ֎ -n)
❶ （洗面設備のある）トイレ, 便所 ▷ eine öffentliche *Toilette* 公衆便所 / auf die 〈zur〉 *Toilette* gehen トイレに行く
❷ 便器 ▷ Die *Toilette* ist verstopft. [状態受動] トイレがつまっている
❸ 《文語》（女性の）晴れ着 ▷ Die Damen erschienen in großer *Toilette*. 婦人たちが盛装して現れた

Toi·let·ten·pa·pier [トアレッテン・パピーア] 中 *das* (֎ 2格 -[e]s; ֎ なし) トイレットペーパー

To·kio [トーキォ] 中 *das* 《都市名》東京（ドイツ語の独特のつづり; Tokyo と書くこともある）

To·ki·o·ter [トキオーター] 男 東京の（☆ 格語尾をつけない）

to·le·rant [トレラント] 形 寛大な, 寛容な ⇔ gegen+④〈gegenüber+③〉*tolerant* sein ..⁴⁽³⁾に対して寛大である

To·le·ranz [トレランツ] 囡 *die* (֎ 2格 -; ֎ なし)《文語》寛大, 寛容 ▷ *Toleranz* zeigen 寛容な態度をとる

to·le·rie·ren [トレリーレン] (tolerierte; toleriert; 助h)
他 ④と〔..⁴を〕許容〈容認〉する

toll [トル]
— 形 (比較 -er, 最上 -st)
《口語》《感嘆を表して》すばらしい, すごい ▷ eine *tolle* Frau すばらしい女性 / ein *tolles* Auto すごい車 / Das Fest war einfach *toll*! そのお祝いのパーティーは実にすばらしかった
— 副《口語》《程度を表して》ものすごく, とても ▷ Er ist *toll* verliebt. 彼は無茶苦茶にほれている

tol·len [トレン] (tollte; getollt; 助h)
自（子供などが）はしゃぎ回る ▷ Die Kinder haben im Garten *getollt*. 子供たちは庭をはしゃぎ回った

Toll·heit [トルハイト] 囡 *die* (֎ 2格 -; ֎ -en) 気違いじみた〈常軌を逸した〉言動

toll·kühn [トル・キューン] 形 向こう見ずな, 無謀な, 無茶な

Toll·patsch [トル・パッチュ] 男 *der* (֎ 2格 -s; ֎ -e) 無器用もの

Töl·pel [テルペル] 男 *der* (֎ 2格 -s; ֎ -) うすのろ, くず

To·ma·te [トマーテ] 囡 *die* (֎ 2格 -; ֎ -n)《植物》トマト ▷ Die *Tomaten* sind noch nicht reif. トマトはまだ熟していない

Tom·bo·la [トンボラ] 囡 *die* (֎ 2格 -; ֎ -s 〈Tombolen〉)（バザーなどの, 寄付されたものを賞品とする）福引き

Tom·bo·len [トムボレン] Tombola の 複数

Ton [トーン] 男 *der*
— (֎ 2格 -[e]s; ֎ Töne) ❶ 音 ▷ ein hoher 〈tiefer〉 *Ton* 高い〈低い〉音
❷ 音色 ▷ Das Instrument hat einen edlen *Ton*. この楽器は上品な音色をしている
❸ 【֎ なし】話しぶり, 口調, 口のきき方; （人々の間の）雰囲気 ▷ in einem ernsten 〈ruhigen〉 *Ton* sprechen まじめ〈穏やか〉な口調で話す / Hier herrscht ein ungezwungener *Ton*. ここにはのびのびとした雰囲気がある
❹ 色調, 色合い ▷ Die Krawatte passt im *Ton* gut zur Jacke. そのネクタイは上着と色合いがよく合う
イディオム **den Ton angeben** 音頭〈主導権〉をとる
— (֎ 2格 -[e]s; ֎ -e)（特に陶磁器用の）粘土, 陶土 ▷ eine Vase aus *Ton* kneten 粘土をこねて花びんを作る

Ton·art [トーン・アールト] 囡 *die* (֎ 2格 -; -en)
❶《音楽》（長調・短調の）調
❷ 話しぶり, 口調

Ton·band [トーン・バント] 中 *das* (֎ 2格 -[e]s; ֎ ..bänder) 録音テープ
イディオム ④+*auf Tonband aufnehmen*〈*sprechen*〉..⁴をテープに録音する〈吹き込む〉

Ton·band·ge·rät [トーン・バント・ゲレート] 中 *das* (֎ 2格 -[e]s; ֎ -e) テープレコーダー（☆「カセットレコーダー」は Kassettenrecorder）

Tö·ne [テーネ] Ton「音」の 複数

tö·nen [テーネン] (tönte; getönt; 助h)
— 自《文語》響く, 鳴り響く ▷ Die Glocke *tönt*. 鐘が鳴り響いている / Aus dem Haus *tönte* Gesang. その家から歌声が響いていた
— 他 ④+状態と〔..⁴の色調〈色合い〉を..に変える ▷ ein Bild dunkler *tönen* 絵の色合いを（以前よりも）暗くする / Sie hat sich das Haar braun *tönen* lassen. 彼女は髪の色を茶にしてもらった

tö·nern [テーネルン] 形 粘土〈陶土〉製の

Ton·lei·ter [トーン・ライター] 囡 *die* (֎ 2格 -; ֎ -n)《音楽》音階

ton·los [トーン・ロース] 形 （声の調子に）抑揚のない, 表情のない

Ton·ne [トンネ] 囡 *die* (֎ 2格 -; ֎ -n)
❶《重さの単位》トン（＝1000 kg; 略号 t) ▷ eine *Tonne* Kohlen 石炭 1 トン
❷（円筒形の）大型容器; ドラム缶 ▷ eine *Tonne* [voll] Benzin ガソリンの[いっぱい]入ったドラム缶

Topf [トプフ] 男 *der* (֎ 2格 -es〈まれに -s〉; ֎ Töpfe)
❶（深い）鍋⇔ ▷ ein *Topf* Suppe 鍋 1 杯のスープ / den *Topf* aufs Feuer setzen 鍋を火にかける / ⟨ことわざ⟩ Jeder *Topf* findet seinen Deckel. われ鍋にとじぶた（どんな娘も自分にふさわし

い夫が見つかる)
❷ (ジャムなどを入れる)つぼ；ミルクパン(ミルク沸かし用の小さな鍋)；植木鉢；おまる(室内用便器)
イディオム **alles in einen Topf werfen** 何もかもいっしょくたにする

Töp·fe [テプフェ] Topf の 複数

Töp·fer [テプファー] 男 der (甲2格 -s; 複 -)(特に食器の)陶工, 焼き物師

Topf·pflan·ze [トプフ・プフランツェ] 女 die (甲2格 -; 複 -n) 鉢植え植物

Tor [トーア]
── 中 das (甲2格 -es〈まれに -s〉; 複 -e)
❶《中庭から道路に出るところや垣根・城壁などに設けられた出入り口を指して》門；門の扉(劇場などの大きな建物の, ふつう両開きの大きな開き戸や納屋・ガレージなどの扉を指す) ▷ ein eisernes *Tor* 鉄の門 / durch das *Tor* gehen 門を通り抜ける
❷ (球技)ゴール(ボールをシュートするところ, また球をそこに入れて得点すること) ▷ ein *Tor* schießen ゴールを決める(得点をあげる) / *Tor*! ゴールだ(ゴールに球が入った)
── 男 der (甲2・3・4格 -en; 複 -en)《文語》愚か者, ばか者

Tor·heit [トーアハイト] 女 die (甲2格 -; 複 -en) 愚かな行為, 愚行

Tor·hü·ter [トーア・ヒューター] 男 der (甲2格 -s; 複 -)(サッカーなどの)ゴールキーパー

tö·richt [テーリヒト] 形《文語》愚かな, ばかげた ▷ Es wäre sehr *töricht*, zu glauben, dass ……と信じるのはとても愚かなことではないでしょうか

tor·keln [トルケルン]
(torkelte; getorkelt; 匠 s,h)
自 (口語)(特に酔っ払って)よろよろする；よろよろして歩いて行く〈来る〉 ▷ Der Betrunkene ist über die Straße *getorkelt*. 酔っ払いは通りをよろよろしながら渡って行った

Tor·leu·te [トーア・ロイテ] Tormann の 複数

Tor·mann [トーア・マン] 男 der (甲2格 -[e]s; ..männer 〈..leute〉)(特にサッカー・ホッケーなどの)ゴールキーパー(=Torwart)

Tor·nis·ter [トルニスター] 男 der (甲2格 -s; 複 -)(軍隊)背嚢

tor·pe·die·ren [トルペディーレン]
(torpedierte; torpediert; 匠 h)
他 ❶《4格と》[..⁴を]魚雷で攻撃する
❷《4格と》[計画など⁴を]ぶちこわす, つぶす

Tor·pe·do [トルペード] 男 der (甲2格 -s; 複 -s)《軍隊》魚雷

Tor·te [トルテ] 女 die (甲2格 -; 複 -n)《菓子》タルト(果物・クリームなどを用いて作る円形のデコレーションケーキ) ▷ eine *Torte* backen タルトを焼く / ein Stück *Torte* essen タルトを1切れ食べる

Tor·tur [トルトゥーア] 女 die (甲2格 -; 複 -en)(苦痛と感じる)苦労, 苦痛

Tor·wart [トーア・ヴァルト] 男 der (甲2格 -s; 複 -e)(特にサッカー・ホッケーの)ゴールキーパー

to·send [トーゼント] 形 (滝・拍手などが)轟音をたてる, あらしのような ▷ *tosender* Beifall あらしのような拍手喝采

tot [トート]
形 ❶ **死んだ**, 死んでいる ▷ ein *toter* Mensch 死人 / ein *totes* Tier 死んだ動物 / ein *toter* Baum 枯れ木 / Seine Eltern sind schon lange *tot*. 彼の両親はもうとっくに亡くなっている / Sie lag *tot* im Bett. 彼女はベッドの中で死んでいた /《比ゆ》im *toten* Winkel des Geschützfeuers liegen 砲火の死角になっている(遮蔽物などのために砲弾が届かない範囲にある) / Das Telefon ist *tot*. この電話は死んでいる(回線が遮断されている)
❷ 死んだような, 生気のない ▷ *tote* Augen 死んだような目 / eine *tote* Stadt 人気のない町 / eine *tote* Saison (観光・商売などの)シーズンオフ, 閑散期
イディオム **toter Punkt** 行き詰まり ▷ Die Verhandlungen sind an einem *toten* Punkt angelangt. 交渉は行き詰まった

to·tal [トタール] 形 完全な, 全面的な ▷ ein *totaler* Misserfolg 完全な失敗 / Ich bin *total* erschöpft. 私はすっかり疲れ果てた

to·ta·li·tär [トタリテーア] 形 全体主義的な ▷ ein *totalitärer* Staat 全体主義国家

To·te [トーテ] 男 der / 女 die (形容詞変化 ☞ Alte 表 I)死者, 死人 ▷ Bei der Katastrophe hat es viele *Tote* gegeben. その災害では多くの死者が出た

tö·ten [テーテン]
(du tötest, er tötet; tötete; getötet; 匠 h)
他《4格と》[人・動物⁴を]**殺す** ▷ Sie hat ihn fahrlässig *getötet*. 彼女は彼を過失で死なせてしまった / eine kranke Kuh *töten* 病気の牛を殺す // Du sollst nicht *töten*. なんじ殺すなかれ(☆聖書)

tö·te·te [テーテテ] töten の 過去

tot|la·chen [トート・ラッヘン] 分離
(lachte tot; totgelacht; 匠 h)
再《口語》《sich⁴と》死ぬほど笑う

tot|schla·gen [トート・シュラーゲン] 分離 (er schlägt tot; schlug tot; totgeschlagen; 匠 h)
他《4格と》[..⁴を]殴り(たたき)殺す

tot|schwei·gen [トート・シュヴァイゲン] 分離
(schwieg tot; totgeschwiegen; 匠 h)
他《4格と》[..⁴を]黙殺する

Tour [トゥーア] 女 die (甲2格 -; 複 -en)
❶ 遠足, ハイキング；ドライブ, 小旅行 ▷ eine *Tour* ins Gebirge machen 山へハイキングをする
❷ 《複はまれ》《口語》(ふつう策略的な)やり口,

手口
❸《ふつう㊿で》(モーターなどの)回転
Tou·ris·mus [トゥリスムス] 男 der (⽂2格-; ⽂なし)(特に)観光旅行

Tou·rist

[turíst トゥリスト]
男 der (⽂2·3·4格 -en; ⽂ -en)

格	単 数	複 数
①	der Tourist	die Touristen
②	des Touristen	der Touristen
③	dem Touristen	den Touristen
④	den Touristen	die Touristen

(観光目的などの)**旅行者**, 観光客
Diese Stadt wird von vielen *Touristen* besucht. この町は多くの観光客が訪れる

Tou·ris·tik [トゥリスティク] 女 die (⽂2格-; ⽂なし)(個々のものではなく, 包括的な観点から眺めた)観光旅行 ▷ Probleme der *Touristik* 観光旅行の問題点を論議する

Tour·nee [トゥルネー] 女 die (⽂2格-; ⽂ -n) (役者・歌手などの)公演〈演奏〉旅行, 巡業 ▷ auf *Tournee* gehen〈sein〉巡業に出る〈出ている〉

Tour·ne·en [トゥルネーエン] Tournee の 複

Trab [トラープ] 男 der (⽂2格 -s; ⽂なし)(馬の)速足

Tra·bant [トラバント] 男 der (⽂2·3·4格 -en; ⽂ -en)《天文》衛星

tra·ben [トラーベン] (trabte; getrabt; 助 s)
自《口語》《方向と》〔…へ〕急ぎ足で行く ▷ Der Junge *trabte* nach Hause. 少年は急ぎ足で家に帰った

Tracht [トラハト] 女 die (⽂2格-; ⽂ -en) (地方・職業などに特有の)衣装, 服装 ▷ in bayrischer *Tracht* バイエルン地方の衣装を着て
イディオム *eine Tracht Prügel bekommen* したたか殴られる

trach·ten [トラハテン]
(trachtete; getrachtet; 助 h)
自《文語》〔nach+③と〕〔栄誉など³を得ようと〕努める;〔…³をしようと〕努力する

träch·tig [トレヒティヒ] 形 (哺乳動物が)妊娠している

Tra·di·ti·on [トラディツィオーン] 女 die (⽂2格 -; ⽂ -en) 伝統, しきたり ▷ Das ist schon zur *Tradition* geworden. それはすでに伝統になった

tra·di·ti·o·nell [トラディツィオネル] 形 伝統的な ▷ Der Festzug findet *traditionell* am ersten Sonntag im März statt. 祭りのパレードは昔からのしきたりで3月の第1日曜日に行われる

traf [トラーフ] treffen の 過去

trä·fe [トレーフェ] treffen の 接続II
trag·bar [トラーク・バール]
形 ❶ 持ち運びのできる ▷ ein *tragbarer* Fernsehapparat 携帯用テレビ

❷《ふつう経済的に》耐えられる, 負担できる(☆ふつう否定詞と)▷ Das Projekt ist finanziell nicht mehr *tragbar*. このプロジェクトは経済的にもはや負担できない

❸(衣服が)着られる, 着やすい ▷ Diese Mode ist nicht *tragbar*. このファッションは(奇抜で)着られない

trä·ge [トレーゲ] 形 無精〈怠惰〉で(動作が)のろい, 鈍重な ▷ ein *träger* Mensch 鈍重な人 / Die Hitze hat mich ganz *träge* gemacht. 暑くて私は何をするのもおっくうになった

tra·gen

[trá:gn トラーゲン]

現在	ich trage	wir tragen
	du trägst	ihr tragt
	er trägt	sie tragen
過去	ich trug	wir trugen
	du trugst	ihr trugt
	er trug	sie trugen
過分	getragen	助 haben

── 他 ❶《④と》〔…⁴を〕(手に持ったり背負ったりして)**運ぶ**, **持って行く**
einen Koffer *tragen*
トランクを運ぶ
ein Buch in der Hand *tragen*
本を手に持って行く
einen Rucksack auf dem Rücken *tragen*
リュックサックをしょって行く
ein Kind auf den Armen *tragen*
子供を腕に抱いて行く
《方向と》
Sie *trägt* das Kind ins Bett.
彼女は子供をベッドへ抱いて行く
Er hat das Gepäck zum Bahnhof *getragen*.
彼は荷物を駅へ持って行った
Der Wind *trägt* den Duft.
《比ゆ》風が香りを運ぶ

❷《④と》〔…⁴を〕**身につけている**
einen Anzug *tragen* 背広を着ている
Hosen〈Schuhe〉*tragen*
ズボン〈靴〉をはいている
einen Hut〈eine Perücke〉*tragen*
帽子をかぶっている〈かつらをつけている〉
einen Ring am Finger *tragen*
指輪をはめている
Er muss eine Brille *tragen*.
彼は(目が悪いので)めがねをかける必要がある
Sie *trägt* eine Schleife im Haar.
彼女は髪にリボンをつけている

①, ②, ③, ④＝1格, 2格, 3格, 4格の名詞

einen Bart *tragen* ひげをはやしている
❸ 〖④+extent〗と〔(体の部分⁴を…に)〕している ▷ Sie *trägt* das Haar kurz ⟨in Locken⟩. 彼女は髪を短く⟨カールに⟩している
❹ 〖④と〗〔責任などを〕とる，負う ▷ die Verantwortung für+④ *tragen* …の責任をとる / Er muss nun die Folgen seiner Handlung *tragen*. 彼はいま自分の行動の結果を身に引き受けなければならない
❺ 〖④と〗〔…⁴を〕支える；〔重量⁴に〕耐える ▷ Das Dach wird von vier Säulen *getragen*. 屋根は4本の円柱で支えられている / Die Brücke *trägt* fünf Tonnen. この橋は5トンの重量に耐える
❻ 〖④と〗〔つらいことなど⁴に〕耐える，がまんする ▷ Er *trug* sein Schicksal tapfer. 彼は自分の運命に弱音をはかず耐えた
❼ 〖④と〗〔実⁴を〕つけている；〔利子⁴を〕生む ▷ Der Baum *trägt* reichlich Früchte. その木はふんだんに実をつけている / Spargutbaben *tragen* Zinsen. 預金残高には利子がつく
❽ 〖④と〗〔題名・名前など⁴が〕ついている ▷ Das Buch *trägt* den Titel „ Vaterland ". この本には「祖国」という題名がついている
〖イディオム〗④+*bei sich³ tragen* …⁴を身につけている ▷ Das Bild *trägt* er immer *bei* sich. その写真を彼はいつも身につけている
— 自 (重量に)耐えうる ▷ Das Eis *trägt* schon. この氷はもう乗ってもだいじょうぶだ
〖イディオム〗*weit tragen* (弾丸・声などが)遠くまで届く ▷ Das Geschütz *trägt weit*. この大砲は射程が長い
— 再 ❶ 〖Sich⁴+extent〗と〕(荷物などが)運ぶ〈持って行く〉のに[…]だ ▷ Diese Last *trägt* sich am besten auf dem Rücken. この荷物は背中にしょって行くのが一番だ
❷ 〖Sich⁴+extent〗と〕(衣服などが)着るのに[…]だ ▷ Mein neuer Mantel *trägt* sich angenehm. 私の新しいコートは着心地がいい
❸ 〖Sich⁴+mit+③と〕〔(文語)〕〔考え・計画など³を〕抱いている ▷ Er *trägt* sich mit dem Gedanken, sein Haus zu verkaufen. 彼は家を売ることを考えている

tra·gend [トラーゲント]形 基本的な，主要な ▷ der *tragende* Gedanke 基本的な考え

Trä·ger [トレーガー]男 der (⊕ 2格 -s; ⊕ -)
❶ 荷物を運ぶ人；運搬人夫，ポーター ▷ für eine Expedition *Träger* anwerben 探検のためにポーターを募集する

★「(勲章などの)保持者」の意味で合成語を作る ▷ Nobelpreis*träger* ノーベル賞受賞者

❷ 《建築》梁，桁 ▷ Die Brücke ruht auf eisernen *Trägern*. 橋は鉄の桁に支えられている

trag·fä·hig [トラーク・フェーイヒ]形 (重みなどを)支える力のある ▷ Die Brücke ist nicht genug *tragfähig*. 橋は支える力が十分でない

Träg·heit [トレークハイト]女 die (⊕ 2格 -; ⊕ なし) 無精⟨怠惰⟩で(動作が)のろいこと，鈍重 ▷ Seine *Trägheit* macht mich nervös. 私は彼の鈍重さにはいらいらする

Tra·gik [トラーギック]女 die (⊕ 2格 -; ⊕ なし) 悲劇的なこと，悲運 ▷ Es ist seine *Tragik*, dass er in diese Affäre verwickelt wurde. この事件に巻き込まれたのが彼の悲運だ

tra·gisch [トラーギシュ]形 悲劇的な，痛ましい ▷ ein *tragisches* Schicksal 悲劇的な運命 / Nimm es nicht so *tragisch*! そのことはそう深刻にとるな

Tra·gö·die [トラゲーディエ]女 die (⊕ 2格 -; ⊕ -n)
❶ 《文芸》悲劇 (⊕ Komödie)
❷ 悲劇的な出来事，悲劇

trägst [トレークスト] tragen の 現在

trägt [トレークト] tragen の 現在

Trai·ner [トレーナー]男 der (⊕ 2格 -s; ⊕ -) 《スポ》トレーナー，コーチ；監督

trai·nie·ren [トレニーレン]
(trainierte; trainiert; 助 h)
— 自 (競技などのために)トレーニングをする ▷ Er *trainiert* hart. 彼は猛練習をする
— 他 ❶ 〖④と〗〔…⁴を〕トレーニング〈訓練〉する ▷ Er *trainiert* die Nationalmannschaft seit einem Jahr. 彼は1年前からナショナルチームをトレーニングしている
❷ 〖④と〗〔身体など⁴を〕鍛える ▷ Er *trainiert* seine Muskeln. 彼は筋肉を鍛える

Trai·ning [トレーニング]中 das (⊕ 2格 -s; ⊕ -s) トレーニング，訓練 ▷ ein hartes *Training* きびしいトレーニング / zum *Training* gehen トレーニングに行く

Trai·nings·an·zug [トレーニングス・アン・ツーク]男 der (⊕ 2格 -[e]s; ⊕ ..züge) トレーニングウェア

Trai·nings·ho·se [トレーニングス・ホーゼ]女 die (⊕ 2格 -; ⊕ -n) トレーニングパンツ

Trakt [トラクト]男 der (⊕ 2格 -[e]s; ⊕ -e) (建物の)翼 ▷ Im nördlichen *Trakt* der Universität befindet sich die Mensa. 大学の北側の翼に学食がある

Trak·tor [トラクトーア]男 der (⊕ 2格 -s; ⊕ -en) トラクター ▷ Der *Traktor* zieht den Pflug. トラクターは犂を引く

Trak·to·ren [トラクトーレン] Traktor の 複数

träl·lern [トレレルン]
(trällerte; geträllert; 助 h)

tram·peln [トラムペルン]
(trampelte; getrampelt)
自 ❶ 《感ID》（怒りや感激のあまり）ドンドンと足を踏み鳴らす ▷ auf den Boden *trampeln* 床をドンドンと踏み鳴らす
❷ 《方向s》《方向と》 […を]（どこだろうとかまわず）ドカドカ歩いて行く ▷ Die Kinder sind durch das Gras *getrampelt*. 子供たちは草むらの中をずんずん歩いて行った

tram·pen [トレムペン]
(trampte; getrampt; 感ID s)
自 ヒッチハイクをする（☆ per Anhalter fahren とも言う）▷ Er ist nach Bonn *getrampt*. 彼はボンへヒッチハイクで行った

Trä·ne [トレーネ] 女 die (第2格 -; 複 -n)
涙 ▷ dicke *Tränen* 大粒の涙 / *Tränen* der Freude 喜びの涙 / sich³ die *Tränen* abwischen 涙をぬぐう / Er konnte kaum die *Tränen* zurückhalten. 彼は涙をほとんど抑えることができなかった / *Tränen* laufen ihr über die Wangen. 涙が彼女の頬を流れる / mit *Tränen* in den Augen 目に涙を浮かべて

trank [トランク] trinken の 直過

Trank [トランク] 男 der (第2格 -[e]s; まれに 複 Tränke) 《文語》飲み物

trän·ke [トレンケ] trinken の 接Ⅱ

Trän·ke [トレンケ] Trank の 複数

trän·ken [トレンケン] (tränkte; getränkt; 感ID h)
他 ❶ 《④と》（特に馬・牛などに）水を飲ませる
❷ 《④+物③と》 […に…³を]しみ込ませる ▷ die Watte mit Öl *tränken* 脱脂綿にオイルをしみ込ませる

Trans·for·ma·tor [トランス・フォルマートーア] 男 der (第2格 -s; 複 -en)《電気》変圧器, トランス

Trans·for·ma·to·ren [トランス・フォルマトーレン] Transformator の 複数

Trans·fu·si·on [トランス・フズィオーン] 女 die (第2格 -; 複 -en)《医学》輸血

trans·pa·rent [トランスパレント] 形 透明の, 透き通った ▷ *transparentes* Papier 透けて見える紙 /《比喩》eine *transparente* Politik machen ガラス張りの政治をする

Trans·pa·rent [トランスパレント] 中 das (第2格 -[e]s; 複 -e)
❶ （スローガンなどを書いた）横断幕 ▷ *Transparente* flatterten im Wind. 横断幕が風にひるがえっていた
❷ 透かし絵（裏側から光を当てて絵を浮き出させるもので, 昔に店の広告灯などとして用いられた）；（OHPの）トランスペレンシー

Trans·plan·ta·ti·on [トランス・プランタツィオーン] 女 die (第2格 -; 複 -en)《医学》（臓器などの）移植

Trans·port [トランスポルト] 男 der (第2格 -[e]s; 複 -e)
❶ 輸送, 運送, 運搬 ▷ der *Transport* von Gütern mit der Bahn 鉄道による貨物輸送
❷《集合的に》 積み荷として集積されたもの ▷ ein *Transport* Autos 一度の輸送で運ばれる自動車

trans·por·tie·ren [トランスポルティーレン] (transportierte; transportiert; 感ID h)
他 ❶ 《④と》 […⁴を]輸送〈運送・運搬〉する ▷ Güter mit der Bahn *transportieren* 貨物を鉄道で輸送する / einen Verletzten mit dem Krankenwagen *transportieren* 負傷者を救急車で運ぶ
❷ 《④と》 […⁴を]（機械装置で）送る ▷ Der Fotoapparat *transportiert* den Film automatisch. この写真機はフィルムを自動送りする

Trans·ra·pid [トランス・ラピート] 男 der (第2格 -[e]s; 複 なし) トランスラピッド（ドイツで実験中のリニアモーターカー）

Tra·pez [トラペーツ] 中 das (第2格 -es; 複 -e)
❶ 《幾何》台形
❷ 空中ぶらんこ（☆ 公園の「ぶらんこ」は Schaukel）▷ Der Artist hat waghalsige Kunststücke auf dem schwingenden *Trapez* vorgeführt. 曲芸師は揺れ動く空中ぶらんこの上で命知らずの芸当をやって見せた

Tras·se [トラッセ] 女 die (第2格 -; 複 -n)（道路・鉄道・パイプラインなどの）予定路線

trat [トラート] treten の 直過

trä·te [トレーテ] treten の 接Ⅱ

trat·schen [トラーチェン]
(tratschte; getratscht; 感ID h)
自《口語》陰口をきく ▷ Sie *tratscht* schon wieder über ihre Kollegin. 彼女はまたしても同僚の陰口をたたいている

Trau·be [トラオベ] 女 die (第2格 -; 複 -n)
❶《ふつう 複 で》ブドウ[の実] ▷ kernlose *Trauben* 種なしブドウ / ein Kilo *Trauben* kaufen ブドウを1キロ買う
❷ （果実の）房；（特に）ブドウの房 ▷ *Trauben* lesen ブドウを摘む / die *Trauben* der Johannisbeere スグリの房

(イディオム) eine *Traube von Menschen* ぎっしりと立ち並んでいる人々
in Trauben 群れをなして

Trau·ben·saft [トラオベン・ザフト] 男 der (第2格 -[e]s; 複 ..säfte) グレープジュース

Trau·ben·zu·cker [トラオベン・ツッカー] 男 der (第2格 -s; 複 なし) ブドウ糖

trau·en [トラオエン] (traute; getraut; 感ID h)
— 自 《③と》 […³を]信用〈信頼〉する ▷ Du kannst ihm *trauen*. 君は彼を信用してもだい

じょうぶだ / Ich *traue* seinen Worten nicht recht. 私は彼のことばをあまり信用していない

類語
trauen (一般的な意味で)信用する
vertrauen あてにしてもだいじょうぶだと信じる
sich⁴ verlassen 希望をかなえてくれるだろうと信じてあてにする, 物事を任せる (☆相手そのものに対する信頼関係はなくてもよい)

―― 再 [[sich]]⁴+zu 不定詞句と] […する]勇気がある (☆ ふつう否定文・疑問文で) ▷ Er *traute* sich nicht, sie anzusprechen. 彼は彼女に話しかける勇気がなかった / [方向と] Er *traut* sich nicht aus dem Haus. 彼は家の外へ出る勇気がない

―― 他 [(4)と] (牧師などが)[…⁴の]結婚の儀式を執り行う ▷ Wir haben uns auf dem Standesamt ⟨in der Kirche⟩ *trauen* lassen. 私たちは戸籍役場⟨教会⟩で結婚の手続きをとった⟨結婚の儀式を執り行ってもらった⟩

Trau·er [トラオアー] 女 *die* (単 2格 -; 複 なし)
❶ (特に人の死による)悲しみ ▷ Sein Tod erfüllte uns mit tiefer *Trauer*. 彼の死は私たちを深く悲しませた
❷ 喪; 喪服 ▷ Sie hat noch vor Ablauf der *Trauer* wieder geheiratet. 彼女は喪が明けないうちに再婚した / *Trauer* tragen 喪服を着ている

Trau·er·kleid [トラオアー・クライト] 中 *das* (単 2格 -; 複 -er) (女性の)喪服

Trau·er·klei·dung [トラオアー・クライドゥング] 女 *die* (単 2格 -; 複 なし) 喪服

trau·ern [トラオエルン]
(trauerte; getrauert; 助 h)
自 (人の死などを)悲しむ, 悼む ▷ Er *trauert* um seine verstorbene Frau. 彼は妻の死を悲しんでいる / Sie *trauert* über den Verlust ihres Eheringes. 彼女は結婚指輪をなくして悲しんでいる

Trau·er·spiel [トラオアー・シュピール] 中 *das* (単 2格 -[e]s; 複 -e) 《文芸》悲劇 (反 Lustspiel)

träu·feln [トロイフェルン]
(träufelte; geträufelt; 助 h)
他 [(4)+方向と] (しずくなどを…4に)(ぽたぽた)たらす

Traum [トラオム] 男 *der* (単 2格 -es ⟨まれに -s⟩; 複 Träume)
❶ (睡眠中に見る)夢 ▷ einen bösen ⟨schönen⟩ *Traum* haben いやな⟨すてきな⟩夢を見る / Er ist aus einem *Traum* aufgewacht. 彼は夢からさめた / Er ist mir im *Traum* erschienen. 彼は夢の中で現れた
❷ (願望としての)夢; 夢想 ▷ Sein langjähriger *Traum* hat sich endlich erfüllt. 彼の長年の夢がやっと実現した / Es ist mein *Traum*, Fußballspieler zu werden. サッカーの選手になるのがぼくの夢だ

イディオム **nicht im Traum** 夢にも…でない ▷ Ich denke *nicht im Traum* daran, sie zu heiraten. 彼女と結婚するなんて私は夢にも考えていない

Trau·ma [トラオマ] 中 *das* (単 2格 -s; 複 Traumata) 《文語》精神的痛手

Trau·ma·ta [トラオマタ] Trauma の 複数

Träu·me [トロイメ] Traum の 複数

träu·men [トロイメン]
(träumte; geträumt; 助 h)
自 ❶ 夢を見る ▷ Ich habe von dir geträumt. 私は君のことを夢に見た / schlecht träumen 悪い夢を見る / [Schlaf gut und] träume süß! ⟨ぐっすり眠って⟩すてきな夢を見るように / [同族目的語と] Ich habe einen bösen Traum geträumt. 私はいやな夢を見た
❷ [von+③と] (願望として)[…³を]夢見る, 夢に描く ▷ Er *träumt* davon, Rennfahrer zu werden. 彼はレーサーになることを夢見ている
❸ (夢でも見ているように)ぼんやりとする, 夢想にふける ▷ *Träum* nicht! ぼんやりするな

träu·me·risch [トロイメリッシュ] 形 (ぼうっとして)夢を見ている, 夢想にふけっている ▷ Beim Lesen des Liebesromans bekam sie *träumerische* Augen. 恋愛小説を読んでいるうちに彼女の目はうっとりとしてきた

traum·haft [トラオムハフト] 形 《口語》(夢のように)すばらしい ▷ *traumhaftes* Glück すばらしい幸運 / ein *traumhaft* schönes Land 夢の中のように美しい国

träum·te [トロイムテ] träumen の 過去

trau·rig [トラオリヒ] 形 (比較 -er, 最上 -st)
❶ 悲しんでいる ▷ Er ist *traurig*. 彼は悲しんでいる / Dieser Brief machte ihn *traurig*. この手紙は彼を悲しませた / ein *trauriges* Gesicht machen 悲しそうな顔をする
❷ 悲しい, 悲しい気持ちにさせる⟨なる⟩ ▷ eine *traurige* Nachricht 悲しい知らせ / Es ist *traurig*, dass man nichts ändern kann. 何も変えられないということは残念なことだ / Er hat eine *traurige* Jugend gehabt. 彼はさびしい青春時代を過ごした
❸ (痛ましいくらい)ひどい, 悲惨な ▷ Er lebt in *traurigen* Verhältnissen. 彼は悲惨な暮らしをしている

Trau·rig·keit [トラオリヒカイト] 女 *die* (単 2格 -; 複 なし) 悲しみ ▷ Tiefe *Traurigkeit* befiel ihn. 深い悲しみが彼を襲った

Trau·ung [トラオウング] 女 *die* (単 2格 -; 複 -en) 結婚式, 婚礼 ▷ die kirchliche *Trauung* 教会での結婚式

Treck [トレック] 男 *der* (⊕2格 -s; ⊕ -s) (荷車などを引いて移動する、難民などの)群れ

Tre·cker [トレッカー] 男 *der* (⊕2格 -s; ⊕ -) トラクター、牽引車

Treff [トレフ] 中 *das* (⊕2格 -s; ⊕ -s)《口語》会うこと、集まること；会う場所、集合場所

tref·fen

[tréfn トレッフェン]

現在		
ich treffe		wir treffen
du triffst		ihr trefft
er trifft		sie treffen
過去		
ich traf		wir trafen
du trafst		ihr traft
er traf		sie trafen
過分 getroffen		完了 haben, sein

── 他 [現在h] ❶ 《④と》[…⁴に](約束に基づいて・偶然に)**会う、出会う**
Ich *treffe* ihn morgen.
私は彼にあす会う
Ich *traf* ihn zufällig auf der Straße.
私は彼に偶然通りで会った
《相互的に》
Wo *treffen* wir uns?
どこで会いましょうか
Sie haben sich zufällig beim Friseur *getroffen*. 彼らは偶然床屋で会った
Ihre Blicke *trafen* sich.
《比ゆ》彼らの視線がふと合った
Ihre Interessen *treffen* sich in diesem Punkt. 彼らの利害はこの点で一致する

> ★ **begegnen** は相手が気づかない場合も含めて偶然に会うことのみを表す ▷ Ich bin ihm gestern in der Bahn *begegnet*. 私はきのう電車の中で彼に出会った〈彼を見かけた〉

❷《④と》(ボール・弾などが)[…⁴に]**当たる、命中する** ▷ Die Kugel *traf* ihn ins Herz. 弾丸が彼の心臓に命中した / Der Blitz *traf* den Baum. 雷が木に落ちた
❸《④と》[…⁴に](撃つ・投げるなどして)当てる、命中させる ▷ Er *traf* die Mitte der Scheibe. 彼は標的のまん中に命中させた / Er *traf* den Vogel auf den ersten Schuss. 彼は鳥を一発で射止めた // Der Schütze hat gut *getroffen*. 射手はうまく命中させた
❹《④と》[…⁴に](精神的な)ショック〈打撃〉を与える ▷ Dieser Vorwurf *traf* ihn tief. この非難は彼にひどいショックを与えた
❺《④と》[…⁴がなんであるか]的確にとらえる、見いだす ▷ Seine Worte *trafen* den Kern der Sache. 彼のことばは問題の核心を突いていた / Der Maler hat ihn gut *getroffen*. 画家は彼の特徴をよくとらえていた / *Getroffen*! 図星だ
❻《特定の名詞と》Anordnungen *treffen* 指令する / eine Entscheidung *treffen* 決定を下す / Maßnahmen *treffen* 措置を講じる / Vorbereitungen für+④ *treffen* …⁴の準備をする / Vorkehrungen *treffen* 安全対策を講じる

《イディオム》 **es gut 〈schlecht〉 getroffen haben**(運がついている〈いない〉 ▷ Wir *haben es* im Urlaub mit dem Wetter *gut getroffen*. 私たちは休暇中天候にはついていた

── 自 [現在h] ❶《話言》(ボール・弾などが)**当たる**、命中する ▷ Der erste Schuss hat nicht *getroffen*. 最初の一発は当たらなかった
❷《話言s》《auf+④と》[…⁴に](思いがけず)出会う、遭遇する、《軍》(対戦相手として)[…⁴と]当たる、ぶつかる ▷ auf gegnerische Panzer *treffen* 敵の戦車に遭遇する

── 再帰 [現在h]《《sich》+mit+③と》[…³と](約束に基づいて)会う ▷ Ich *treffe* mich morgen mit ihr in der Stadt. 私はあす彼女と町で会います

《イディオム》 **es trifft sich gut, dass …** たまたま…なのは都合がよい ▷ *Es trifft sich gut, dass* er uns gerade morgen besuchen will. 彼がちょうどあす私たちを訪ねたいというのは好都合だ

Tref·fen [トレッフェン] 中 *das* (⊕2格 -s; ⊕ -)会うこと；会合、ミーティング；集い ▷ Sie vereinbarten regelmäßige *Treffen*. 彼らは定期的に会うことを決めた

tref·fend [トレッフェント] 形 (表現などが)的確な、的を射た、適切な ▷ eine *treffende* Bemerkung 的を射た発言 / Sein Urteil war *treffend*. 彼の判断は的確だった

Tref·fer [トレッファー] 男 *der* (⊕2格 -s; ⊕ -)
❶ 命中弾；(命中した)パンチ；《球技》(得点としての)ゴール ▷ Der Boxer erhielt einen *Treffer*. そのボクサーはパンチをくらった
❷ 当たりくじ ▷ Jedes zehnte Los ist ein *Treffer*. 10本に1本は当たりくじだ

Treff·punkt [トレフ・プンクト] 男 *der* (⊕2格 -[e]s; ⊕ -e) 会う場所、集合場所 ▷ Das Café ist ein *Treffpunkt* der Jugend. その喫茶店は若者のたまり場だ

treff·si·cher [トレフ・ズィッヒャー] 形 (射手などが)確実に的を射る、的をはずさない；(判断が)的確な

Treib·eis [トライプ・アイス] 中 *das* (⊕2格 -es; ⊕ なし) 流氷

trei·ben [トライベン] (trieb; getrieben)
── 他 [現在h] ❶《④+方向と》[…⁴を…へ〈から〉]追い立てる ▷ das Vieh auf die Weide *treiben* 家畜を放牧地に追い立てる / Die Polizei hat die Demonstranten von der Straße *getrieben*. 警察はデモをしている人たちを通りか

ら追い払った
❷ 〖④+zu+③〈in+④〉と〗〔…⁴を望ましくないこと³⁽⁴⁾に〕追いやる,走らせる ▷ Die Verzweiflung *trieb* sie in den Tod. 絶望が彼女を自殺に追いやった
❸ 〖④と〗(動力力が)〔機械など⁴を〕動かす ▷ Das Wasser *treibt* das Mühlrad. 水で水車は動く
❹ 〖④+⑦⑦と〗〔釘など⁴を…へ〕打ち込む;〔トンネルなど⁴を…に〕掘ってつくる ▷ einen Pfahl in die Erde *treiben* 杭を地面に打ち込む / einen Tunnel durch den Berg *treiben* 山にトンネルを通す
❺ 〖④と〗〔…⁴を〕(常温で)たたいて作る (☆熱する場合は schmieden) ▷ eine Schale aus Kupfer *treiben* 銅板から皿をたたいて作る
❻ 〖④と〗〔芽・花など⁴を〕つける ▷ Der Baum *treibt* Blüten. 木は花をつける
❼ 〖④と〗〔…⁴を〕(趣味で)学ぶ,する ▷ Sport *treiben* スポーツをする / Was *treibst* du eigentlich in deiner Freizeit? 君は暇なときにはいったい何をしているの
❽ 〖特定の名詞と〗Handel *treiben* 営業する / Missbrauch mit+③ *treiben* …³を乱用〈悪用〉する / Spionage *treiben* スパイをする
(イディオム) *es zu weit treiben* やりすぎる
── 圓 ❶ 〖s,h〗〖⑦⑦と〗〔…³を〕漂う ▷ Ein Blatt *treibt* auf dem Wasser. 葉が1枚水の上を漂っている / 〖⑦⑦と〗Ein Boot ist ans Land *getrieben*. ボートが陸に流れついた
❷ 〖⑤⑦h〗(植物が)芽を吹く;(芽・葉などが)出る

Trei·ben [トライベン] 匣 *das* (⑩2格 -s;⑩ なし)(群集などの活発な)動き ▷ Auf den Straßen herrscht reges *Treiben*. 通りは人々の往来でとても生き生きしている

Treib·haus [トライプ・ハオス] 匣 *das* (⑩2格 -es;⑩ ..häuser) 温室 ▷ Dieses Gemüse kommt aus dem *Treibhaus*. この野菜は温室ものだ

Treib·holz [トライプ・ホルツ] 匣 *das* (⑩2格 -es;⑩ なし) 流木

Treib·stoff [トライプ・シュトフ] 團 *der* (⑩2格 -[e]s;⑩ -e) (動力用の)燃料 ▷ fester〈flüssiger, gasförmiger〉*Treibstoff* 固体〈液体,気体〉燃料

Trend [トレント] 團 *der* (⑩2格 -s;⑩ -s) 傾向,動向 ▷ Der modische *Trend* geht wieder zu kurzen Röcken. 流行の傾向はふたたび短いスカートに向かう

tren·nen [トレンネン] (trennte; getrennt; ⑤⑦h)
── 囮 ❶ 〖④と〗〔…⁴を〕(より大きな全体から)離す,はずす ▷ ein Blatt vom Block *trennen* メモ用紙〈便箋〉の束から1枚はがす
❷ 〖④と〗〔…⁴を〕引き離す ▷ die Streitenden *trennen* けんかしている人を引き離す / 《比ゆ》Nur der Tod soll mich von dir *trennen*. 死によってしか私は君から離れない / Man muss die Person von der Sache klar *trennen*. 物事は個人的感情を交えずに判断しなければならない(← 事柄から個人的なことをはっきり分けなければならない)
❸ 〖④と〗〔…⁴を〕(境界線として)分ける ▷ Ein Zaun *trennt* die beiden Grundstücke. 柵が両方の土地を分けている
❹ 〖④と〗〔…⁴を〕(混同しないで)区別する ▷ das Berufliche und das Private *trennen* 仕事と私事を区別する
❺ 〖④と〗〔一体のものを〕(構成素に)分ける,分解する ▷ ein Wort nach Silben *trennen* (行末などで)単語を音節で切る
(イディオム) *getrennt zahlen* (勘定を)各人別々に払う
── 圓 ❶ 〖sich⁴と〗(会っていっしょにいたのちに)別れる ▷ Wir *trennten* uns am Bahnhof. 私たちは駅で別れた
❷ 〖sich⁴と〗(これまでの関係を絶って)別れる ▷ Sie will sich von ihm *trennen*. 彼女は彼から別れたがっている / 〖過去分詞で〗Sie leben *getrennt*. 彼らは別居している
❸ 〖sich⁴+von+③と〗〔…³を〕手放す ▷ Sie kann sich nicht von ihren alten Möbeln *trennen*. 彼女は古い家具を手放すことができない

trenn·te [トレンテ] trennen の 過去

Tren·nung [トレンヌング] 囡 *die* (⑩2格 -;⑩ -en)
❶ 別れ,引き離すこと;手放すこと ▷ Bei der *Trennung* von uns weinte sie sehr. 私たちと別れるとき彼女はひどく泣いた
❷ 分けること,分離 ▷ die *Trennung* von Kirche und Staat 政教分離 (← 教会と国家の分離)

Trep·pe [トレッペ] 囡 *die* (⑩2格 -;⑩ -n)
階段 ▷ eine steile *Treppe* 急な階段 / eine *Treppe* hinaufgehen〈hinuntergehen〉階段を上る〈下りる〉 / Sie wohnen eine *Treppe* höher〈tiefer〉. 彼らは1階上〈下〉に住んでいる

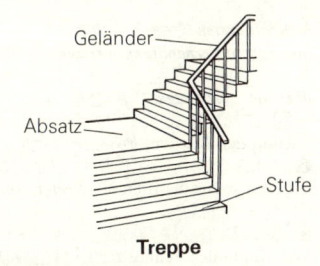

Geländer

Absatz

Stufe

Treppe

⑤⑦h, ⑤⑦s=完了の助動詞 haben, sein

Trep·pen·ab·satz [トレッペン・アップ・ザッツ] 男 der (2格 -es; 複 ..sätze) (階段の)踊り場

Trep·pen·ge·län·der [トレッペン・ゲレンダー] 中 das (2格 -s; 複 -) (階段の)手すり

Trep·pen·haus [トレッペン・ハオス] 中 das (2格 -es; 複 ..häuser) (建物の)階段のある吹き抜け部分

Tre·sen [トレーゼン] 男 der (2格 -s; 複 -) 《北ド》(バーなどの)カウンター

Tre·sor [トレゾーア] 男 der (2格 -s; 複 -e) 金庫; (銀行の)金庫室 ▷ das Geld im Tresor aufbewahren 金を金庫に保管する / einen Tresor aufbrechen 金庫を破る

tre·ten

[tréːtn トレーテン]

現在	ich trete	wir treten
	du trittst	ihr tretet
	er tritt	sie treten
過去	ich trat	wir traten
	du tratst	ihr tratet
	er trat	sie traten
過分	getreten	助 haben, sein

── 自 ❶ 〖場所h〗〖方向〗と〔…に向かって〕ける nach der Katze treten 猫を目がけてける / Er trat voller Wut gegen die Tür. 彼は怒りでいっぱいになってドアをけった / Sie hat ihm ans Schienbein getreten. 彼女は彼の向こうずねをけった

❷ 〖場所s〗〖方向〗と〔…へ〕(数歩)歩む ▷ auf den Balkon treten バルコニーへ出る / Treten Sie näher! もっと近くへ寄ってください / Er ist ins Zimmer getreten. 彼は部屋に入った /《比ゆ》Der Schweiß ist ihm auf die Stirn getreten. 汗が彼の額に浮かんだ

❸ 〖場所s〗〖方向〗と〔…を〕(無意識に)踏む, 踏みつける, 踏み入れる ▷ Er ist in eine Pfütze getreten. 彼は水たまりに足を踏み入れてしまった / Ich bin ihm auf den Fuß getreten. 私は彼の足を踏んでしまった

《イディオム》**in Erscheinung treten** (人・物事が)現れる, 姿を現す

in Kraft treten (法律などが)発効する

mit＋③ **in Verhandlungen treten** …³と交渉に入る

über die Ufer treten (川が)氾濫する

── 他 〖場所h〗❶ 〖④と〗〔…⁴を〕ける ▷ Er trat mich in den Rücken. 彼は私の背中をけった

❷ 〖④と〗〔ペダルなど⁴を〕(作動させるために)踏む ▷ Er hat sofort die Bremse getreten. 彼はすぐにブレーキを踏んだ

❸ 〖④と〗〔道⁴を〕踏んでつくる ▷ einen Weg durch den Schnee treten 雪を踏み固めて道をつくる

treu [トロイ] 形 (比較 -er, 最上 -est)

❶ (人・物事に対して変わることなく)誠実な, 心変わりのしない ▷ ein treuer Freund 誠実な友人 / Er bleibt seinen Grundsätzen treu. 彼はずっと自分の主義を守っている

❷ (夫・妻・恋人として)誠実な, 貞節な ▷ Sie ist ihrem Mann treu. 彼女は夫に対して貞節である

❸ 忠実な ▷ ein treuer Diener 忠実な召使い / Er erfüllt treu seine Pflicht. 彼は彼の義務を忠実に果たす

Treue [トロイエ] 女 die (2格 -; なし) (変わることのない)誠実さ; 忠実, 忠誠 ▷ Sie schworen sich ewige Treue. 彼らは永遠に誠実であること(浮気をしないこと)を誓い合った

Tri·an·gel [トリーアンゲル] 男 der / 中 das (2格 -s; 複 -) 〖楽器〗トライアングル

Tri·bu·nal [トリブナール] 中 das 〖成句で〗④＋ **vor ein Tribunal stellen** …⁴に公開質問状を出す

Tri·bü·ne [トリビューネ] 女 die (2格 -; -n) (競技場などの階段状に設置された)観覧席(パレードなどの観覧のために路上に仮設したものなども含む) ▷ Die japanische Mannschaft zog an der Tribüne vorbei. 日本チームが観覧席の前を通過した

Trich·ter [トリヒター] 男 der (2格 -s; 複 -)

❶ 漏斗, じょうご ▷ Saft durch einen Trichter in eine Flasche gießen ジュースを漏斗を通してびんに注ぐ

❷ (爆弾の爆発などでできた)すり鉢状の穴 ▷ Gleich neben der Straße war ein großer Trichter. 道路のすぐ横に大きなすり鉢状の穴があった

Trick [トリック] 男 der (2格 -s; 複 -s 〈-e〉)

❶ (人を欺く)トリック, 策略 ▷ Er ist auf einen Trick hereingefallen. 彼はトリックにひっかかった

❷ (物事をうまくするための, ちょっとした)うまい方法〈やり方〉, こつ ▷ einen Trick anwenden うまい方法を用いる

trieb [トリープ] treiben の 過去

Trieb [トリープ] 男 der (2格 -es 〈-s〉; 複 -e)

❶ (本能的な)衝動, 欲求, 欲望 ▷ Er befriedigte seine sinnlichen Triebe. 彼は自分の官能的欲望を満足させた

❷ 若〈新〉芽; (まだ木化していない)若枝, 瑞枝 (＝Spross) ▷ Der Baum hat frische Triebe. その木はみずみずしい若芽〈若枝〉をつけている

trieb·haft [トリープハフト] 形 衝動的な, 衝動に

からた ▷ *triebhaft* handeln 衝動的に行動する

Trieb·tä·ter [トリープ・テーター] 男 *der* (⊕ 2格 -s; ⊕ -) 性犯罪者

Trieb·wa·gen [トリープ・ヴァーゲン] 男 *der* (⊕ 2格 -s; ⊕ -)《鉄道》(運転用の原動機を備えた)動力車

Trieb·werk [トリープ・ヴェルク] 中 *das* (⊕ 2格 -[e]s; ⊕ -e) (航空機などの)ジェットエンジン

trie·fen [トリーフェン] (triefte; getrieft)
自 ❶【旧⇒s】(しずくとなって)ぽたぽた落ちる, 滴る ▷ Der Schweiß ist ihm von der Stirn *getrieft*. 汗が彼の額から垂れた
❷【旧⇒h】【von<vor>+③】[…³で](垂れるほど)びしょびしょである ▷ Er *triefte* vom Regen. 彼は雨でびしょびしょだった

triff [トリッフ] treffen の 命令
triffst [トリッフスト] treffen の 現在
trifft [トリッフト] treffen の 現在
trif·tig [トリフティヒ] 形 (説明・弁明などが)説得力のある, 十分に根拠のある

Tri·kot [トリコー] 中 *das* (⊕ 2格 -s; ⊕ -s)
❶ (トリコット地のスポーツシャツ
❷ (トリコット地の, 特にダンスなどに用いる)体にぴったりついたスポーツウエア; タイツ, レオタード, 水着

tril·lern [トリレルン] (trillerte; getrillert; 旧⇒h)
自 (ヒバリなどが)さえずる

trim·men [トリメン]
(trimmte; getrimmt; 旧⇒h)
再【[sich]⁴+現在】(規則的にスポーツなどをして)健康を維持する

trink·bar [トリンク・バール] 形 (水などが)飲用に適した

trin·ken

[tríŋkn̩ トリンケン]

現在	ich trinke	wir trinken
	du trinkst	ihr trinkt
	er trinkt	sie trinken
過去	ich trank	wir tranken
	du trankst	ihr trankt
	er trank	sie tranken
過分	getrunken	完了 haben

— 他 ❶【④と】[…⁴を]飲む (☆動物が「飲む」場合は saufen)
Wasser *trinken* 水を飲む
Er *trinkt* gerne Milch. 彼は牛乳が好きだ
Sie *trinkt* einen Kaffee 〈eine Tasse Kaffee〉. 彼女はコーヒーを1杯飲む
Trinkst du noch ein Glas? もう1杯飲むかい
❷【④+現在】飲んで[…⁴を…に]する ▷ Er hat die Tasse leer *getrunken*. 彼はカップを飲み干した

— 自 ❶ (水などを)**飲む** ▷ Er *trinkt* hastig. 彼はあわただしく飲む / aus einem Glas *trinken* グラスで飲む
❷ 酒を飲む; 大酒を飲む ▷ Er raucht und *trinkt* nicht. 彼はタバコも酒もやらない / Wir haben bis Mitternacht *getrunken*. 我々は真夜中まで飲んだ / Er *trinkt*. 彼は飲んべえだ
❸【auf+④と】[…⁴のために]乾杯する, 〔人の健康・幸せなど⁴を祈って〕乾杯する ▷ Sie *tranken* auf seine Gesundheit. 彼らは彼の健康を祈って乾杯した

— 再【[sich]⁴+現在】と】飲んで[…に]なる ▷ Das Baby hat sich satt *getrunken*. 赤ん坊はおなかいっぱい(ミルクを)飲んだ

Trin·ker [トリンカー] 男 *der* (⊕ 2格 -s; ⊕ -) 酒飲み ▷ Sein Vater war ein *Trinker*. 彼の父親は酒飲みだった

trink·fest [トリンク・フェスト] 形 酒に強い

Trink·ge·fäß [トリンク・ゲフェース] 中 *das* (⊕ 2格 -es; ⊕ -e) 飲み物用の容器 ▷ Becher, Gläser und Tassen sind *Trinkgefäße*. コップ・グラス・カップは飲み物用の容器である

Trink·geld [トリンク・ゲルト] 中 *das* (⊕ 2格 -[e]s; ⊕ -er) チップ, 心付け ▷ Er gibt dem Ober ein großzügiges *Trinkgeld*. 彼はボーイにチップをはずむ

Trink·spruch [トリンク・シュプルフ] 男 *der* (⊕ 2格 -[e]s; ⊕ ..sprüche) 乾杯の辞

Trink·was·ser [トリンク・ヴァッサー] 中 *das* (⊕ 2格 -s; ⊕ なし) 飲料水

Trio [トリーオ] 中 *das* (⊕ 2格 -s; ⊕ -s)
❶ 《音楽》トリオ, 三重奏団; 三重奏曲
❷ 三人組 ▷ Sie bilden ein lustiges *Trio*. 彼らは陽気な三人組をつくっている

Trip [トリップ] 男 *der* (⊕ 2格 -s; ⊕ -s)
❶ 《口語》小旅行, 遠足
❷ (麻薬などによる)幻覚状態; (幻覚状態が生じる)麻薬の1回分

trip·peln [トリッペルン]
(trippelte; getrippelt; 旧⇒s)
自 (小またで急いで)ちょこちょこ歩く, 小走りする ▷ Das Kind ist durch das Zimmer *getrippelt*. その子供は部屋をあちこちちょこちょこと歩き回った

trist [トリスト] 形 《文語》 (見た感じなどが)もの寂しい

tritt [トリット] treten の 現在, 命令

Tritt [トリット] 男 *der* (⊕ 2格 -es 〈まれに -s〉; ⊕ -e)
❶ 《歩く際に地面に足をおろすことを意識して》足取り; 足音 ▷ einen festen *Tritt* haben 足取りがしっかりしている
❷ 【⊕ なし】歩き方 ▷ Man erkennt ihn sofort am *Tritt*. 歩き方(足音)ですぐに彼だとわか

trittst

る
❸ (足による)けり ▷ einen *Tritt* in den Bauch bekommen 腹をけられる
(イディオム) ❸+*einen Tritt geben* ⟨*versetzen*⟩…³ をける

trittst [トリッット] treten の 現在

Tri·umph [トリウムフ] 男 der (⊕ 2格 -[e]s; ⊕ -e)

❶ 大勝利, 大成功 ▷ ein beispielloser *Triumph* 未曾有ぞうの大勝利⟨大成功⟩
❷ (⊕ なし) (勝利・成功による)大いなる喜び ▷ *Triumph* spiegelte sich in seiner Miene. 大いに喜んでいるのが彼の表情に表れていた

tri·um·phie·ren [トリウムフィーレン] (triumphierte; triumphiert;)
自 ❶ [über+4と] […に対して]勝利を収める ▷ Er konnte über seine Rivalen *triumphieren*. 彼はライバルに対して勝利を収めることができた
❷ (勝利・成功を)大いに喜ぶ, 勝ち誇る (☆ ふつう現在分詞で) ▷ mit *triumphierender* Miene 勝ち誇った表情で

tri·vi·al [トリヴィアール] 形 《文語》(考え・表現などが)月並みな, 陳腐で; ごく平凡な, ありふれた ▷ ein *trivialer* Roman 三文小説

tro·cken [トロッケン] 形 trock[e]ner, (最上 trockenst) (☆ 比較級に格語尾がつくときは ein *trockneres* Handtuch のように e を省くことが多いが, その他のケースでは省かないほうがふつう)

形 ❶ 乾燥した, 乾いた ▷ Die Wäsche ist noch nicht *trocken*. 洗濯物はまだ乾いていない / *trockene* Luft 乾燥した空気 / ein *trockener* Sommer 雨の少ない夏
❷ 乾ききった, からからの ▷ *trockene* Zweige 枯れた枝 / Seine Lippen waren *trocken*. 彼の唇はかさかさだった / Er hat einen *trockenen* Hals. 彼はのどがからからだ / ein *trockener* Husten (たんの出ない)空咳からせき
❸ 湿り気⟨脂気⟩のない ▷ *trockenes* Haar ぱさぱさの髪 / Sie hat eine *trockene* Haut. 彼女は肌がかさかさだ
❹ (液状のものを)何もつけない ▷ das Brot *trocken* essen パンを何もつけずに食べる / sich⁴ *trocken* rasieren 電気かみそりでひげをそる
❺ (ワインなどが)辛口の ▷ Der Wein ist mir zu *trocken*. そのワインは私には辛すぎる
❻ (内容などが)そっけない, 退屈な ▷ Sein Unterricht ist mir zu *trocken*. 彼の授業は私にはあまりにも無味乾燥だ
❼ (愉快なことなのに)澄まし顔で言う; (コメントなどが)さりげなく皮肉を込めた ▷ Er hat einen *trockenen* Humor. 彼はまじめな顔でユーモアを言う人だ
❽ 《口語》酒を断っている ▷ Er ist seit drei Wochen *trocken*. 彼は3週間前から酒を飲んでいない

Tro·cken·heit [トロッケンハイト] 女 die (⊕ 2格 -; ⊕ なし) 乾燥して⟨乾いて⟩いること; 無味乾燥

tro·cken|le·gen [トロッケン・レーゲン] 分離 (legte trocken; trockengelegt; 匠h)
他 ❶ 【4と】[…⁴の]おむつを取り替える
❷ 【4と】〔沼地など⁴を〕干拓する

trock·ne [トロックネ] ☞ trocknen

trock·nen [トロックネン]
(trocknete; getrocknet)
— 自 匠s 乾く ▷ Die Wäsche ist schnell *getrocknet*. 洗濯物はすぐに乾いた
— 他 匠h 【4と】[…⁴を]乾かす ▷ Ich *trockne* die Wäsche auf dem Balkon. 私は洗濯物をバルコニーで乾かす / Sie *trocknet* sich die Haare mit dem Fön. 彼女は髪の毛をドライヤーで乾かす

trö·deln [トレーデルン] (trödelte; getrödelt; 匠h)
自 《口語》ぐずぐず⟨のろのろ⟩する ▷ bei der Arbeit *trödeln* のろのろ仕事をする

troff [トロフ] triefen の 過去
trog [トローク] trügen の 過去
Trog [トローク] 男 der (⊕ 2格 -[e]s; ⊕ Tröge) (ふつう長方形の)槽そう; 飼料槽
Trö·ge [トレーゲ] Trog の 複数

trol·len [トロレン] (trollte; getrollt; 匠h)
再 《口語》【*sich*⁴+方向と】[…から](居たたまれなくなって)すごすご立ち去る

Trom·mel [トロンメル] 女 die (⊕ 2格 -; ⊕ -n) 《楽器》太鼓, ドラム ▷ die *Trommel* schlagen 太鼓をたたく

trom·meln [トロンメルン] (trommelte; getrommelt; 匠h)
自 ❶ 太鼓をたたく
❷ ドンドン⟨トントン⟩と音をたててたたく ▷ Er *trommelte* mit den Fäusten gegen die Tür. 彼はこぶしでドアをドンドンとたたいた

Trom·pe·te [トロンペーテ] 女 die (⊕ 2格 -; ⊕ -n) 《楽器》トランペット ▷ die *Trompete* ⟨auf der *Trompete*⟩ blasen トランペットを吹く

trom·pe·ten [トロンペーテン] (trompetete; trompetet; 匠h)
自 ❶ 《口語》トランペット⟨らっぱ⟩を吹く
❷ (らっぱのような音を出して)ゾウがほえる

Tro·pen [トローペン] 複数 熱帯地方

Tro·pen·wald [トローペン・ヴァルト] 男 der (⊕ 2格 -[e]s; ⊕ ..wälder) 熱帯林

tröp·feln [トレプフェルン] (tröpfelte; getröpfelt)
— 自 匠s (液体が)ポタポタ落ちる, 滴る
— 他 匠h 【4+方向と】〔薬など⁴を…に〕滴らせる, 滴下させる

①, ②, ③, ④=1格, 2格, 3格, 4格の名詞

(イディオム) *es tröpfelt* 雨がポツリポツリと降る

trop·fen [トロプフェン] (tropfte; getropft)
自 ❶ 〖匯助s〗(しずくとなって)ぽたぽた落ちる, 滴る ▷ Das Blut *tropfte* auf den Boden. 血が床にぽたぽた落ちた
❷ 〖匯助h〗(水道栓・ろうそくなどが)しずくを垂らす ▷ Der Wasserhahn *tropft*. 蛇口から水がぽたぽた垂れている

Trop·fen [トロプフェン] 男 *der* (⇒ 2格 -s; 複 -)
❶ しずく ▷ Es regnet in großen *Tropfen*. 大粒の雨が降る / [同格的に] ein *Tropfen* Wasser 水のひとしずく
❷ (複 で)(しずくの状態で使用される)薬, 滴剤 ▷ *Tropfen* [ein]nehmen 滴剤を服用する

(イディオム) *Das ist nur ein Tropfen auf den heißen Stein.* それは焼け石に水だ

Tropf·stein·höh·le [トロプフ・シュタイン・ヘーレ] 女 *die* (⇒ 2格 -; 複 -n) 鍾乳（しょうにゅう）洞

tro·pisch [トロービッシ] 形 熱帯の, 熱帯性の

Tross [トロス] 男 *der* (⇒ 2格 -es; 複 -e) お供〈随員〉の一行

Troß 〖旧=新〗 Tross

Trost [トロースト] 男 *der* (⇒ 2格 -es 〈まれに -s〉; 複 なし) 慰め ▷ Die Kinder sind sein einziger *Trost*. 子供たちが彼の唯一の慰めである

(イディオム) in+③ *Trost finden* …³に慰めを見いだす

trös·ten [トレーステン] (tröstete; getröstet; 匯助h)
― 他 〖④と〗〖…⁴を〗慰める ▷ Seine Worte *trösteten* sie. 彼のことばは彼女の慰めになった / [相互的に] Sie *trösten* sich gegenseitig. 彼らは互いに慰め合う

― 再 〖匯助⁴と〗気を取り直す, 元気を出す ▷ Er *tröstete* sich mit einem Kognak. 彼はコニャックで気を取り直した

tröst·lich [トレーストリヒ] 形 慰めになる ▷ *tröstliche* Worte 慰めのことば / Es ist *tröstlich* zu wissen, dass … …がわかっていれば慰めになる〈希望がもてる〉

trost·los [トロースト・ロース] 形
❶ 絶望した, 絶望的な ▷ Er ist in einer *trostlosen* Lage. 彼はひどい状況にいる
❷ (風景などが)荒涼とした; (天候などが)気の滅入るような

Trott [トロット] 男 *der* (⇒ 2格 -[e]s; 複 なし) (馬の)速歩（そくほ）, だく足, トロット

Trot·tel [トロッテル] 男 *der* (⇒ 2格 -s; 複 -) 〖口語〗間抜け, くず

trotz
[trɔ́ts トロッツ]
副 〖②〈まれに③〉支配〗
…にもかかわらず (☆ 冠詞・形容詞を伴わない名詞は単数の場合無語尾, 複数の場合は 3格語尾をつける) ▷ *trotz* Regen 雨にもかかわらず / *trotz* Gesetzen 法律があるのにもかかわらず〈法律を気にすることなく〉 / *Trotz* des schlechten Wetters gingen wir spazieren. 悪天候にもかかわらず私たちは散歩に出た

(イディオム) *trotz allem* それにもかかわらず, それでも ▷ *Trotz allem* kann ich ihr nicht böse sein. それでも私は彼女に腹を立てることができない

Trotz [トロッツ] 男 *der* (⇒ 2格 -es; 複 なし) 反抗 ▷ kindischer *Trotz* 子供っぽい反抗 / aus *Trotz* schweigen 反抗して黙っている

trotz·dem [トロッツ・デーム/..デーム]
― 副 それにもかかわらず ▷ Es regnete oft, *trotzdem* war der Urlaub schön. 雨がよく降ったが それにもかかわらず休暇はすばらしかった
― 接 〖従属; 定動詞後置〗《口語》…にもかかわらず, …なのに (=obwohl)

trot·zen [トロッツェン] (trotzte; getrotzt; 匯助h)
自 (子供などが)反抗的である

trot·zig [トロッツィヒ] 形 (特に子供が)反抗的な ▷ ein *trotziges* Kind 反抗的な子供 / eine *trotzige* Antwort geben 反抗的な返事をする

trüb [トリューブ] =trübe

trü·be [トリューベ] 形
❶ (水などが)濁った; (空が)曇った; (光が)薄暗い ▷ *trübes* Wasser 濁った水 / Der Himmel ist *trübe*. 空が曇っている
❷ (気分が)暗い, 沈んだ ▷ Sie war in *trüber* Stimmung. 彼女は気がふさいでいた

Tru·bel [トルーベル] 男 *der* (⇒ 2格 -s; 複 なし) (人ごみの)賑わい, 雑路, 混雑

trü·ben [トリューベン] (trübte; getrübt; 匯助h)
― 他 ❶ 〖④と〗[水など⁴を]濁らせる; [空など⁴を]曇らせる ▷ Die Abwässer *trüben* das Wasser. 廃水で水が濁る / [比ゆ] Drogen *trübten* sein Urteil. 麻薬が彼の判断を曇らせた
❷ 〖④と〗[関係・気分など⁴を]損なう ▷ Dieser Vorfall *trübte* ihre Freundschaft. この出来事で彼らの友情にかげりが出てきた

― 再 《文語》〖匯助⁴と〗(関係・気分が)損なわれる

Trüb·sal [トリューブザール] 女 *die* (⇒ 2格 -; 複 なし)《文語》深い悲しみ, 悲哀, 悲嘆

trüb·se·lig [トリューブ・ゼーリヒ] 形 (気持ちなどが)もの悲しい, 陰鬱（いんうつ）な; もの悲しい〈陰鬱な〉気分にさせる

trüb·sin·nig [トリューブ・ズィニヒ] 形 憂鬱（ゆううつ）な, ふさぎ込んだ, 気分が沈んだ

tru·deln [トルーデルン] (trudelte; getrudelt; 匯助s)
自 (葉などが)くるくる回りながらゆっくり落ちる; (飛行機が)きりもみ状態で落下する

trug [トルーク] tragen の 過基

trü·ge [トリューゲ] tragen の 接II

trü·gen [トリューゲン] (trog; getrogen; 医学h) 他《④と》[…⁴を]欺く、だます ▷ wenn mich mein Gedächtnis nicht *trügt* もし私の記憶に間違いがなければ

trü·ge·risch [トリューゲリッシュ] 形 ❶ (希望などが) 幻想〈錯覚〉に基づく ❷ (華やかさなどが) 欺瞞の、見せかけだけの

Tru·he [トルーエ] 女 die (2格 -; -n) 長持、櫃、チェスト

Trüm·mer [トリュマー] 複名 (建物などの) 瓦礫; (飛行機などの) 残骸 ▷ die *Trümmer* eines Hauses beseitigen 家の瓦礫を取りのける / Die Stadt lag in *Trümmern*. 町は瓦礫と化していた

イディオム **in Trümmer gehen** 粉々に砕ける ▷ Die Vase ist *in Trümmer gegangen*. 花びんは粉々に砕けた

Trumpf [トルムプフ] 男 der (2格 -[e]s; 複 Trümpfe), 《比ゆ》切り札、トランプの「カード」は [Spiel]karte, 《ゲーム》は Kartenspiel) ▷ Was ist *Trumpf*? 切り札は何ですか / einen *Trumpf* ausspielen 切り札を出す / Er hatte alle *Trümpfe* in der Hand. 彼は切り札をすべて持っていた; 《比ゆ》彼は絶対有利な状況にある

Trümp·fe [トリュンプフェ] Trumpf の 複数

Trunk [トルンク] 男 der (2格 -[e]s; 複 なし) (過度の) 飲酒 ▷ sich⁴ dem *Trunk* ergeben 飲酒にふける

trun·ken [トルンケン] 形 《文語》(喜びに) 陶酔した ▷ Sie war *trunken* vor Glück. 彼女は幸せに酔いしれていた

Trunk·sucht [トルンク・ズフト] 女 die (2格 -; 複 なし) 飲酒癖、アルコール中毒

trunk·süch·tig [トルンク・ズュヒティヒ] 形 飲酒癖のある

Trupp [トルップ] 男 der (2格 -s; 複 -s) (いっしょに行動する) 小集団、一団 ▷ ein *Trupp* demonstrierender Studenten デモをしている学生の一団

Trup·pe [トルッペ] 女 die (2格 -; 複 -n) ❶ 《軍事》部隊 ▷ eine motorisierte *Truppe* (兵員・器材などの輸送のための) 自動車化部隊 ❷ (芸人・役者などの) 一座

Trup·pen·ab·bau [トルッペン・アップ・バオ] 男 der (2格 -[e]s; 複 なし) 《軍隊》兵力削減

Trut·hahn [トルート・ハーン] 男 der (2格 -[e]s; 複 ..hähne) 雄の七面鳥 (☆「雌の七面鳥」は Truthenne)

Trut·hen·ne [トルート・ヘネ] 女 die (2格 -; 複 -n) 雌の七面鳥

Tsche·che [チェッヒェ] 男 der (2·3·4格 -n; 複 -n) チェコ人

Tsche·chi·en [チェヒェン] (中 das) 《国名》チェコ共和国 (= die Tschechische Republik)

tsche·chisch [チェヒッシュ] 形 チェコ[人]の; チェコ語の ▷ die *Tschechische* Republik チェコ共和国

Tsche·cho·slo·wa·ke [チェヒョスロヴァーケ] 男 der (2格 -n; 複 -n) チェコスロヴァキア人

die Tsche·cho·slo·wa·kei [チェヒョスロヴァカイ] 女 (2格 -; 複 なし) 《国名》チェコスロヴァキア (1993年にチェコ共和国とスロヴァキア共和国に分かれる; 定冠詞を必ず伴う)

tsche·cho·slo·wa·kisch [チェヒョスロヴァーキッシュ] 形 チェコスロヴァキア[人]の

tschüs [チュス] = tschüss

tschüss [チュス] 《間投詞》《口語》バイバイ、さようなら

T-Shirt [ティー・シェアト] 中 das (2格 -s; 複 -s) 《衣類》Tシャツ

Tu·ba [トゥーバ] 女 die (2格 -; 複 Tuben) 《楽器》チューバ

Tu·be [トゥーベ] 女 die (2格 -; 複 -n) (絵の具・歯磨きなどを入れた) チューブ ▷ Senf aus der *Tube* drücken チューブからからしを押し出す / 《同格的に》eine *Tube* Klebstoff チューブ入り接着剤1つ

Tu·ben [トゥーベン] Tuba の 複数

Tu·ber·ku·lo·se [トゥベルクローゼ] 女 die (2格 -; 複 なし) 《医学》結核, (特に) 肺結核

Tü·bin·gen [テュービンゲン] (中 das) 《都市名》テュービンゲン (☞ 地図 D-4)

Tuch [トゥーフ] 中 das
—— (2格 -es 〈まれに -s〉; 複 Tücher) (縁取りされた、ふいたりかぶせたりする) 布 ▷ ein dickes *Tuch* 厚い布切れ / ein *Tuch* über eine Leiche decken 死体に布をかける
—— (2格 -es 〈まれに -s〉; 複 -e) 布地, 生地 ▷ wollenes *Tuch* ウールの布地

Tü·cher [テューヒャー] Tuch 「布」の 複数

tüch·tig [テュヒティヒ] 形 ❶ 有能な、腕の立つ ▷ ein *tüchtiger* Handwerker 腕の立つ職人 / Er ist sehr *tüchtig*. 彼は非常に有能だ ❷ 《口語》(仕事などが) りっぱな、よくできた ▷ eine *tüchtige* Arbeit りっぱな仕事 ❸ 《口語》(量・程度が中途半端でなく) そうとうな、かなりの ▷ ein *tüchtiges* Stück Arbeit かなりの量の仕事 / *tüchtig* essen たっぷり食べる

Tüch·tig·keit [テュヒティヒカイト] 女 die (2格 -; 複 なし) 有能さ

Tü·cke [テュッケ] 女 die (2格 -; 複 -n) 悪だくみ、策謀; 悪意, 陰険さ

tü·ckisch [テュッキッシュ] 形 陰険な; 危険をはらんだ ▷ ein *tückischer* Mensch 陰険な人 / eine *tückische* Krankheit 危険であることがすぐにはわからない病気

tue [トゥーエ] tun の [現在], [命令]

Tu·gend [トゥーゲント] [女] *die* ([単] 2 格 –; [複] -en)
❶ 美徳 ▷ Ehrlichkeit ist eine *Tugend*. 正直さは美徳の一つである
❷ 〘[複] なし〙 徳が備わっていること

tu·gend·haft [トゥーゲントハフト] [形] (道徳的に)模範的な

Tul·pe [トゥルペ] [女] *die* ([単] 2 格 –; [複] -n) 《植物》 チューリップ ▷ ein Beet mit roten *Tulpen* 赤いチューリップの花壇

tum·meln [トゥムメルン]
(tummelte; getummelt; [完了]h)
[再] 〘[sich]⁴と〙 元気よく動き回る, はしゃぎ回る ▷ Die Kinder *tummeln* sich im Freien. 子供たちは外ではしゃぎ回っている

Tu·mor [トゥーモア/トゥモーア] [男] *der* ([単] 2 格 -s; [複] -e) 《医学》 腫瘍(しゅよう) (=Geschwulst)

Tu·mo·re [トゥモーレ] Tumor の [複数]

Tüm·pel [テュムペル] [男] *der* ([単] 2 格 -s; [複] –) (ふつう水のよどんだ, 小さな)池

Tu·mult [トゥムルト] [男] *der* ([単] 2 格 -[e]s; [複] -e) (興奮した人々による)混乱; (抗議行動などによる)騒乱, 騒動 ▷ Als er auf die Bühne ging, entstand ein *Tumult*. 彼が舞台に上がると会場は興奮した人々で騒然となった

tun

[tu:n トゥーン]

[現在]	ich tue	wir tun
	du tust	ihr tut
	er tut	sie tun
[過去]	ich **tat**	wir taten
	du tatst	ihr tatet
	er tat	sie taten
[過分]	getan	[完了] haben

— [他] ❶ 〘④と〙 〔…⁴を〕**する**, 行う
Das habe ich allein *getan*.
それを私はひとりでした
Ich werde das nie wieder *tun*.
私はそれをもう二度としません
Tu, was du willst! 好きなようにしろ
Ich weiß nicht, was ich *tun* soll.
私はどうしたらよいのかわからない
So etwas *tut* man nicht.
そういうことはすべきではない
Was *tust* du mit dem Geld?
その金をどうするんだ
Was kann ich für Sie *tun*?
私で何かお役に立てることがありますか; 《店員が客に》 何にいたしましょうか, 何をお探しですか
Du musst etwas für deine Gesundheit *tun*.
君は健康のために何かしなければだめだ
Ich habe noch viel zu *tun*.
私はまだすべきことがたくさんある
Er *tut* sein Bestes. 彼は最善をつくす
Er hat seine Pflicht *getan*.
彼は義務を果たした
❷ 〘③+④と〙 〔…³に対してよい〈悪い〉こと⁴を〕**する** ▷ Ich *tue* dir nichts. 私は君には何もしやしないよ / Was hat er dir denn *getan*? 彼は君にいったい何をしたんだ
❸ 〘④+[方向]と〙 〔…⁴を…に〕入れる, 置く ▷ den Abfall in den Mülleimer *tun* ごみをごみバケツに入れる / Wohin hast du die Schere *getan*? 君はどこにはさみを置いたのか
❹ 〘本来の動詞を不定形にして文頭に置いた文で〙 《本動詞の強調を表す》 Kochen *tat* sie nie. 料理を彼女は一度もしたことがない
❺ 〘特定の名詞⁴と〙 einen Schrei *tun* 叫び声を上げる / einen Sprung *tun* 跳躍をする
[イディオム] ***es mit***+③ ***zu tun haben*** …³とかかわりをもっている ▷ Wir *haben es* hier *mit* einer gefährlichen Terrorgruppe *zu tun*. 我々はこの場合危険なテロリスト集団を相手にしている
mit+③ ***etwas*** 〈***nichts***〉 ***zu tun haben*** …³と関係をもつ〈もたない〉 ▷ Ich will *nichts* mehr *mit* ihm *zu tun haben*. 私はもう彼とかかわり合いたくない

— [自] 〘[様態]と〙 〔…のように〕振舞う; 〔…のような〕ふりをする ▷ Sie *tut* freundlich. 彼女は親切そうに振舞う / Er *tat* [so], als hätte er nichts gesehen. 彼は何も見なかったかのようなふりをした
[イディオム] ①+***tut weh*** …¹が痛い ▷ Der Kopf *tut* mir *weh*. 私は頭が痛い
③+***Leid tun*** …³は残念に〈申し訳なく, 気の毒に〉思う ▷ Es *tut* mir *Leid*, dass ich dir nicht helfen kann. 君を助けられなくて申し訳ない / Sie *tut* mir *Leid*. 私は彼女がかわいそうだ
③+***weh tun*** [旧⇒新] ③+***wehtun*** …³に肉体的・精神的な痛みを与える ▷ Seine Bemerkung hat ihr *wehgetan*. 彼のことばは彼女にはきつかった
seine Wirkung tun (薬などが)効く (☆ seine は主語に応じて変える) ▷ Das Medikament *tut* bald seine *Wirkung*. その薬はじきに効き目が現れる

tün·chen [テュンヒェン]
(tünchte; getüncht; [完了]h)
[他] 〘④と〙 〔…⁴に〕石灰液の塗料を塗る ▷ Er hat die Mauer *getüncht*. 彼は壁に石灰液の塗料を塗った

Tu·ner [テューナー] [男] *der* ([単] 2 格 -s; [複] –) チューナー, 同調装置

Tun·fisch [トゥーン・フィッシュ] [男] *der* ([単] 2 格 -[e]s; [複] -e) 《魚》 マグロ

Tun·ke [トゥンケ] [女] *die* ([単] 2 格 –; [複] -n) 《北ドイツ》 《料理》 ソース (=Soße)

T

tun·ken [トゥンケン] (tunkte; getunkt; 匠形h)
他 《北ドイツ》【④+in+④と】〔…⁴を…⁴に〕浸す, つける

tun·lichst [トゥーンリヒスト] 副 《文語》(その方がよいので)できるかぎり, ぜひとも

Tun·nel [トゥンネル] 男 der (⑩ 2 格 -s; ⑩ -〈まれに -s〉) トンネル ▷ durch einen *Tunnel* fahren 〈乗り物で〉トンネルを通過する / Der Zug fährt in einen *Tunnel* hinein. 列車はトンネルに入って行く

tup·fen [トゥプフェン] (tupfte; getupft; 匠形h)
他 【④と】〔…⁴を〕(軽くたたくようにして)つける; ふき取る ▷ Jod auf eine Wunde *tupfen* ヨードチンキを傷口につける / Er *tupft* sich mit einem Taschentuch den Schweiß von der Stirn. 彼はハンカチで汗を額からふき取る

Tup·fen [トゥプフェン] 男 der (⑩ 2 格 -s; ⑩ -) (特に柄としての)斑点 ▷ ein weißer Rock mit roten *Tupfen* 赤い水玉模様の白いスカート

Tür

[tyːɐ̯ テューア]

女 die (⑩ 2 格 -; ⑩ -en)

格	単 数	複 数
①	die Tür	die Türen
②	der Tür	der Türen
③	der Tür	den Türen
④	die Tür	die Türen

❶ 〈家・乗り物などの〉ドア, 戸; 〈戸棚などの〉扉
die *Tür* zur Küche
台所へ通じるドア
die *Tür* öffen〈schließen〉
ドアをあける〈閉める〉
die *Tür* abschließen ドアに鍵をかける
an die *Tür* klopfen 戸をたたく
ein Auto mit zwei *Türen* ツードアの車
Der Schrank hat vier *Türen*.
その戸棚には扉が4ついている
Die *Tür* steht offen. ドアがあいている
Die *Tür* schließt nicht〈schlecht〉.
そのドアは閉まらない〈しっかり閉まらない〉

❷ (出入口としての)ドア, 戸口 ▷ durch die *Tür* gehen 戸口を通って行く / Er stand in der *Tür*. 彼は戸口に立っていた / Die *Tür* führt in den Garten. このドアは庭に通じている

類語
Tür (部屋の出入口, 建物のそれほど大きくない出入口を指して) ドア
Tor (中庭から道路に出るところや垣根・城壁などに設けられた出入口あるいは劇場などの大きな建物の, ふつう両開きの大きな出入口を指して) 門

イディオム ④+vor die Tür setzen …⁴を部屋から追い出す; 解雇する
vor der Tür stehen 間近に迫っている ▷ Der Frühling *steht vor der Tür*. 春はもう間近だ

Tur·ban [トゥルバン] 男 der (⑩ 2 格 -s; ⑩ -e) ターバン

Tur·bi·ne [トゥルビーネ] 女 die (⑩ 2 格 -; ⑩ -n) 《機械》タービン

Tur·bo [トゥルボ] 男 der (⑩ 2 格 -s; ⑩ -s) 《口語》ターボエンジン

tur·bu·lent [トゥルブレント] 形 (人々が興奮して)大騒ぎの, 混乱した

Tür·ke [テュルケ] 男 der (⑩ 2·3·4 格 -n; ⑩ -n) トルコ人 ▷ Er ist *Türke*. 彼はトルコ人だ

die **Tür·kei** [テュルカイ] 女 die (⑩ 2 格 -; ⑩ なし) 《国名》トルコ (☆ 定冠詞を必ず伴う) ▷ in die *Türkei* gehen トルコへ行く

tür·kisch [テュルキシュ] 形 トルコ[人]の; トルコ語の

Tür·klin·ke [テューア・クリンケ] 女 die (⑩ 2 格 -; ⑩ -n) ドアの取っ手〈ノブ〉

Turm [トゥルム] 男 der (⑩ 2 格 -es〈まれに -s〉; ⑩ Türme)

塔, タワー ▷ ein spitzer *Turm* 尖塔 / der *Turm* der Kirche 教会の塔 / einen *Turm* besteigen 〈auf einen *Turm* steigen〉塔に上る

Tür·me [テュルメ] Turm の 複数

tür·men [テュルメン] (türmte; getürmt)
— 再【匠形h】〈sich⁴t〉 うずたかく積まれている ▷ Im Keller *türmen* sich die Kisten. 地下室には箱がうずたかく積まれている
— 自【匠形s】《口語》ずらかる, 逃げる ▷ Er ist aus dem Gefängnis *getürmt*. 彼は刑務所から逃げ出した

tur·nen [トゥルネン] (turnte; geturnt; 匠形h)
自 (鉄棒・跳び箱などの器械を使ってあるいは床で) 体操する ▷ Er *turnt* gut. 彼は体操がじょうずだ / Er *turnt* am Barren〈Reck〉. 彼は平行棒〈鉄棒〉をする

Tur·nen [トゥルネン] 中 das (⑩ 2 格 -s; ⑩ なし) 《スポーツ種目としての》体操; (教科としての)体育 ▷ Meisterschaften im *Turnen* 体操の選手権試合 / Wir haben heute *Turnen*. きょうは体育がある

Tur·ner [トゥルナー] 男 der (⑩ 2 格 -s; ⑩ -) 体操競技をする人; 体操選手

Turn·hal·le [トゥルン・ハレ] 女 die (⑩ 2 格 -; ⑩ -n) 体育館 ▷ Die Schule hat eine neue *Turnhalle*. その学校には新しい体育館がある

Tur·nier [トゥルニーア] 中 das (⑩ 2 格 -s; ⑩ -e) 《スポ・芸》トーナメント ▷ an einem *Turnier* teilnehmen トーナメントに参加する

Turn·schuh [トゥルン・シュー] 男 der (⑩ 2 格

①, ②, ③, ④=1格, 2格, 3格, 4格の名詞

turn·te [トゥルンテ] turnen の過去

Tur·nus [トゥルヌス] 男 der (⸺2格 -; ⸺ ..nus-se) 周期 ▷ im *Turnus* von 2 Jahren 2年周期で, 2年ごとに / im *Turnus* 輪番で, 回り持ちで

Tür·öff·ner [テューア・エフナー] 男 der (⸺2格 -s; ⸺ -) ドアロック自動解除装置（マンションなどの入口にあるドアロックを室内から解除するためのもの）

Tusch [トゥッシュ] 男 der (⸺2格 -es〈まれに -s〉; ⸺ -e)《音楽》トゥッシュ（観客の注意を引くために管楽器などで短く奏でられる高らかな和音の響き）▷ Die Kapelle schmetterte einen *Tusch*. 楽団はトゥッシュを高らかに響きわたらせた

Tu·sche [トゥッシェ] 女 die (⸺2格 -; ⸺ -n) (固形または墨汁としての)墨, 墨汁;（製図用の）インク ▷ *Tusche* reiben 墨をする

tu·scheln [トゥッシェルン]
(tuschelte; getuschelt; 完了h)
自 ひそひそ話をする

tu·schen [トゥッシェン]
(tuschte; getuscht; 完了h)
他《4と》[..に] を墨で描く
イディオム sich³ die Wimpern tuschen まつげにマスカラをつける

Tü·te [テューテ] 女 die (⸺2格 -; ⸺ -n)
❶ (商品を入れる, ふつう紙で作られた円錐形の)袋 ▷ eine *Tüte* voll Kirschen サクランボのいっぱい入った紙袋 / Zucker in eine *Tüte* füllen 砂糖を紙袋に詰める /《同格的に》eine *Tüte* Bonbons 1袋のキャンディー
❷ (紙・ビニールなどの, デパートなどでくれる簡単な)買物袋

tu·ten [トゥーテン] (tutete; getutet; 完了h)
自 ❶《口語》(警笛などを)鳴らす
❷ (ホルンなどを)ブーブー鳴らす

TÜV [テュフ] 男 der (⸺2格 -; ⸺ なし)《*Technischer Überwachungsverein* の略語》技術監査協会（ドイツの, 主に自動車の車体検査を行う機関）

TV [テーファオ / ティーヴィー] 中 das (⸺2格 -; ⸺ なし)《*Television* の略語》テレビ

Twen [トヴェン] 男 der (⸺2格 -[s]; ⸺ -s) 20代の若者

Typ [テュープ] 男 der (⸺2格 -s; ⸺ -en)
❶ (製品の)型, 型式 ▷ einen neuen *Typ* entwickeln 新しい型を開発する / ein Auto älteren *Typs* 古い型式の自動車
❷ (人の)タイプ ▷ Er ist der *Typ* eines Gelehrten. 彼は学者タイプだ / Es gibt verschiedene *Typen* des Arztes. さまざまなタイプの医者がいる / Sie ist nicht mein *Typ*. 彼女は私のタイプではない（好みではない, 私に向いていない）

Ty·pe [テューペ] 女 die (⸺2格 -; ⸺ -n)
❶ (印刷・タイプライターの)活字
❷《口語》(振舞いがおかしな)人;変わり者 ▷ Er ist eine komische *Type*. 彼は変なやつだ

Ty·pen [テューペン] Type, Typus の複数

Ty·phus [テューフス] 男 der (⸺2格 -; ⸺ なし)《医学》チフス

ty·pisch [テーピシュ]
形 ❶ 典型的な ▷ ein *typisches* Beispiel 典型的な例 / Er ist ein *typischer* Seemann. 彼は典型的な船乗りだ
❷ 特有の ▷ Diese Reaktion ist *typisch* für ihn. この反応は彼特有のものだ / Das ist *typisch* deutsch. それはいかにもドイツ的だ

Ty·po·lo·gie [テュポロギー] 女 die (⸺2格 -; ⸺ -n) 類型学

Ty·po·lo·gi·en [テュポロギーエン] Typologie の複数

Ty·pus [テュープス] 男 der (⸺2格 -; ⸺ Typen)《文語》=Typ

Ty·rann [テュラン] 男 der (⸺2·3·4格 -en; ⸺ -en) 暴君;（振舞いが）暴君のような人 ▷ Ihr Mann ist ein *Tyrann*. 彼女の夫は暴君だ

ty·ran·nisch [テュラーニシュ] 形 (暴君のように)横暴な ▷ ein *tyrannischer* Ehemann 横暴な夫

ty·ran·ni·sie·ren [テュラニズィーレン]
(tyrannisierte; tyrannisiert; 完了h)
他《4と》[..に対して] (暴君のように)横暴に振舞う ▷ Er *tyrannisiert* seine Umgebung. 彼は自分の周りの人たちに対して横暴に振舞う

u U [uː: ウー]

u.a. [ウンター アンデレム〈アンデレン〉] 《*unter anderem*〈*anderen*〉の略語》(なかでも)とりわけ

U-Bahn [ウー・バーン] 女 *die* (޲2格-; ޲-en) 《*Untergrundbahn*の略語》**地下鉄** ▷ mit der *U-Bahn* fahren 地下鉄に乗って行く

ü·bel [ユーベル] (比較 übler, 最上 übelst)
(☆語尾がつくと übl.. となる)

形 ❶ (におい・味などが)いやな,不快な ▷ ein *übler* Geruch いやなにおい

❷ (道徳的に)悪い ▷ ein *übler* Bursche 悪いやつ

❸ (状況などが)困った,不都合な ▷ Er ist in einer *üblen* Lage. 彼はまずい状況に置かれている

(イディオム) ③+ist〈wird〉 übel ...³は気分が悪い〈悪くなる〉, 吐き気がする〈を催す〉 ▷ Mir *ist* ganz *übel*. 私はとても気分が悪い

④+übel nehmen ...⁴に気を悪くする, 腹を立てる ▷ Hoffentlich *nimmt* er das nicht *übel*. 彼がこの事で気を悪くしなければよいが / Diese Äußerung hat er ihr sehr *übel genommen*. この発言で彼は彼女に大変腹を立てた

nicht übel 《口語》悪くない, まあまあの ▷ Das ist *nicht übel*. それは悪くないね / Wie geht's? - Danke, *nicht übel*. 元気かい — ありがとう まあまあだ

Ü·bel [ユーベル] 中 *das* (޲2格-s; ޲-) 悪, 悪いこと, 困った状態; 《口語》病気 ▷ die *Übel* dieser Welt この世の悪 / das *Übel* der Arbeitslosigkeit beseitigen 失業という困った状態を取り除く

(イディオム) ④+als notwendiges Übel betrachten ...⁴を必要悪とみなす

das kleinere Übel wählen (2つの可能性のうち)よりひどくないほうを選ぶ

Ü·bel·keit [ユーベルカイト] 女 *die* (޲2格-; まれに ޲-en) 気分が悪いこと, 吐き気がすること

übel|neh·men [ユーベル・ネーメン] 他動 (er nimmt übel; nahm übel; übelgenommen; 完了 h) 《口語》**übel nehmen** (分けて書く) ☞ übel

ü·ben [ユーベン] (übte; geübt; 完了 h)
—— 自 練習する ▷ fleißig *üben* 一生懸命練習する / Sie *übt* jeden Tag. 彼女は毎日練習をする

—— 他 《(⁴と)〔...⁴の〕練習をする》 ▷ Er *übt* täglich zwei Stunden Klavier. 彼は毎日2時間ピアノの練習をする

(イディオム) *Kritik* **üben** 批判〈批評〉する ▷ Er hat scharfe *Kritik* an dem Stück *geübt*. 彼はそのドラマに手厳しい批評をした

Nachsicht üben 大目に見る

ü·ber
[ýːbɐ ユーバー]

—— 前 《③・④支配》

☆ 空間関係の表示において位置を表す場合は3格, 方向を表す場合は4格を支配する

☆ 定冠詞との融合形:《口語》überm, übers

☆ 代名詞との結合形: darüber, worüber など

❶ 《3・4格》《空間》

a) 《3格》《位置》...の上方で〈に〉; ...の向こう側で〈に〉

Das Bild hängt *über* dem Sofa.
絵はソファーの上に掛かっている

Der Mond stand hoch *über* den Bäumen.
月は木々の上に高く昇っていた

Sie wohnt *über* uns.
彼女は私たちの上の階に住んでいる

über der Straße wohnen
通りの向こう側に住んでいる

b) 《4格》《方向》...の上方へ〈に〉; ...の向こう側へ〈に〉, ...を越えて

ein Bild *über* das Sofa hängen
絵をソファーの上に掛ける

Wasser *über* die Blumen gießen
花に水をかける

über die Straße gehen
通りを渡る

Der Hund springt *über* den Zaun.
犬は柵を跳び越える

Er steckte bis *über* die Knie im Schnee.
彼はひざの上まで雪に埋まっていた

❷ 《3・4格》《表面》

a) 《3格》《位置》...の上に (覆うように) ▷ Die Decke liegt *über* dem Sessel. カバーが安楽いすに掛かっている / Sie trug einen Mantel *über* dem Kleid. 彼女はドレスの上にコートを着ていた

b) 《4格》《方向》...の上へ (覆って); ...(の表面)にそって ▷ Er legte die Decke *über* den Sarg. 彼は覆いを柩の上にかけた / Sie strich dem Kind *über* das Haar. 彼女は子供の髪の毛をなでた

❸ 《4格》《対象》...に関して, ...について ▷ ein Buch *über* moderne Kunst 現代芸術に関す

(状態), (様態), (場所), (方向), ...=状態, 様態, 場所, 方向, ...を表す語句

る本 / *über* die Methode sprechen 方法について話をする

[類語]
über 問題を全体的な視点から取り上げるという意味合いをもつ
von 問題の一部について述べるという意味合いをもつ

❹〘4格〙《超過》…**を越えて** ▷ Kinder *über* 10 Jahre 10 歳よりも上の子供 / Die Temperatur stieg *über* 30 Grad. 温度は 30 度を超えた
❺〘3格〙《上位》…の上に ▷ Seine Leistungen liegen *über* dem Durchschnitt. 彼の成績は平均より上である
❻〘4格〙《時間的経過》…を過ぎて ▷ Es war weit *über* Mitternacht. 真夜中をかなり過ぎていた
❼〘4格〙《期間》…の間ずっと; …の間に ▷ *über* Weihnachten クリスマスの間ずっと / *Über* Nacht hat es stark geregnet. 夜の間に雨が激しく降った
❽〘3格〙《同時》…しながら, …しているときに ▷ *Über* dem Lesen schlief er ein. 本を読みながら彼は眠り込んでしまった / 《原因的意味合いで》*Über* dem Lärm wachte das Kind auf. 騒音で子供は目をさました
❾〘4格〙《経由》…を経由して, …を通って ▷ Der Zug fährt *über* Köln nach Dortmund. その列車はケルンを経由してドルトムントへ行く
❿〘4格〙《手段・仲介》…を通じて, …を通して ▷ *über* den Rundfunk ラジオを通じて
⓫〘4格〙《支配》▷ *über* ein Land herrschen ある国を支配する
⓬〘4格; 同一名詞を繰り返して〙《連続》…に次ぐ… ▷ Er machte Fehler *über* Fehler. 彼は次から次へとまちがえた
―[副] ❶《超過》…**以上** ▷ seit *über* einer Woche 1 週間以上前から / Er ist *über* 50 Jahre alt. 彼は 50 歳以上だ
❷〘④と; 後置〙…の間中 ▷ Er hat den ganzen Tag *über* fleißig gearbeitet. 彼は一日中熱心に働いた
[イディオム] ***über und über*** すっかり, 完全に ▷ Vor Scham wurde sie *über und über* rot. 恥ずかしさのあまり彼女は真っ赤になった

★ **über..** 〘分離・非分離前つづり〙
〘分離〙[ユーバー..]
a)《…の上に》*über*haben 上に着ている, *über*ziehen (上にさらに)着る
b)《…を越えて》*über*fließen あふれ出る, *über*kochen ふきこぼれる
c)《向こうへ》*über*laufen 寝返る, *über*treten 改宗する
〘非分離〙[ユーバー..]
a)《…の上に》*über*schwemmen 水浸しにする, *über*fluten 水浸しにする
b)《…を越えて》*über*queren 横切る, *über*springen 飛び越える
c)《過度》*über*laden 荷を積みすぎる, *über*fordern 能力以上のものを求める
d)《気づかずに》*über*sehen 見落とす, *über*hören 聞き落とす
e)《やり直し》*über*arbeiten 書き直す, *über*prüfen 再度調べる
f)《克服》*über*brücken 乗り切る, *über*stehen 乗り越える

ü·ber·all [ユーバー・アル/ユーバー・アル]
[副] **至る所で** ▷ Sie ist *überall* beliebt. 彼女はどこでも好かれている

ü·ber·an·stren·gen [ユーバーアンシュトレンゲン] [非分離] (überanstrengte; überanstrengt; [完了]h)
― [他] 〘④と〙〔体など⁴に〕過度の負担をかける, 酷使する
― [再] 〘[sich]⁴と〙(体をこわすほど)頑張りすぎる

ü·ber·ant·wor·ten [ユーバーアントヴォルテン] [非分離] (überantwortete; überantwortet; [完了]h)
[他]《文語》〘③+④と〙〔…³に…⁴を〕委ねる, 任す

ü·ber·ar·bei·ten [ユーバーアルバイテン] [非分離] (überarbeitete; überarbeitet; [完了]h)
― [他] 〘④と〙〔原稿・作品など⁴を〕書き直す, 手を入れる ▷ Er hat das Manuskript *überarbeitet*. 彼は原稿に手を入れた
― [再] 〘[sich]⁴と〙(病気になるほど)働きすぎる ▷ Pass auf, dass du dich nicht *überarbeitest*! 過労にならないように気をつけろ

ü·ber·aus [ユーバー・アオス/ユーバー・アオス] [副]《文語》きわめて, この上なく

ü·ber·be·to·nen [ユーバー・ベトーネン] [非分離] (überbetonte; überbetont; [完了]h; [zu不定詞] überzubetonen)
[他] 〘④と〙〔…⁴を〕強調しすぎる

ü·ber·be·wer·ten [ユーバー・ベヴェーアテン] [非分離] (überbewertete; überbewertet; [完了]h; [zu不定詞] überzubewerten)
[他] 〘④と〙〔…⁴を〕評価しすぎる, 過大評価する (反 unterbewerten)

ü·ber·bie·ten [ユーバービーテン] [非分離] (überbot; überboten; [完了]h)
[他] ❶〘④と〙〔…⁴より〕(競売などで)高い値をつける
❷〘④と〙〔…⁴を〕上回る, 超える ▷ einen Rekord *überbieten* 記録を破る

Ü·ber·bleib·sel [ユーバー・ブライプセル] [中] *das* ([単] 2格 -s; [複] -)《口語》残り, 余り

U

Überblick

Ü·ber·blick [ユーバー・ブリック] 男 der (⓶2格 -[e]s; ⓶ -e)
❶ 見晴らし, 眺望 ▷ Von hier oben hat man einen guten *Überblick* über die Stadt. ここの上からは町がよく見渡せる
❷ (物事の)全体的な知識; 概観, 概略, 概要 ▷ Er gab in seinem Vortrag einen *Überblick* über die deutsche Literatur. 彼は講演の中でドイツ文学について概観的に述べた
❸ 〔⓶ なし〕(物事を)全体的に把握する能力 ▷ Ihm fehlt der *Überblick*. 彼には大局を見る目が欠けている

ü·ber·bli·cken [ユーバーブリッケン] 非分離
(überblickte; überblickt; ⓶h)
他 ❶〔④と〕〔‥⁴を〕見晴らす, 見渡す ▷ Von hier aus kann man das ganze Tal *überblicken*. ここから谷間全体を見渡すことができる
❷〔④と〕〔状況・対象など⁴を〕全体的に把握する ▷ Er hat die Lage schnell *überblickt*. 彼は全体の状況をすぐにつかんだ

ü·ber·bot [ユーバーボート] überbieten の 過去
ü·ber·bo·ten [ユーバーボーテン] überbieten の 過分
ü·ber·bracht [ユーバーブラハト] überbringen の 過分
ü·ber·brach·te [ユーバーブラハテ] überbringen の 過去
ü·ber·brin·gen [ユーバーブリンゲン] 非分離
(überbrachte; überbracht; ⓶h)
他《文語》〔④と〕〔‥⁴を〕(委任を受けて)届ける, 伝える

ü·ber·brü·cken [ユーバーブリュッケン] 非分離
(überbrückte; überbrückt; ⓶h)
他〔④と〕〔一時的に困難な状況⁴を〕(助けてもらったりして)乗り切る, しのぐ; 〔待ち時間など⁴を〕(何かをして)つぶす

ü·ber·da·chen [ユーバーダッヘン] 非分離
(überdachte; überdacht; ⓶h)
他〔④と〕〔‥⁴に〕屋根をつける (☆ ふつう状態受動で) ▷ Die Terasse ist *überdacht*. テラスには屋根がついている

ü·ber·dacht [ユーバーダハト] überdachen, überdenken の 過分
ü·ber·dach·te [ユーバーダハテ] überdachen, überdenken の 過去

ü·ber·dau·ern [ユーバーダオエルン] 非分離
(überdauerte; überdauert; ⓶h)
他〔④と〕(建造物などが)〔‥⁴にもかかわらず〕もちこたえる ▷ den Krieg *überdauern* 戦禍を免れる

ü·ber·den·ken [ユーバーデンケン] 非分離
(überdachte; überdacht; ⓶h)
他〔④と〕〔‥⁴を〕じっくりと考える, 熟慮する

ü·ber·dies [ユーバー・ディース/ユーバー・ディース] 副
《文語》そのうえ, おまけに (=außerdem)

ü·ber·di·men·si·o·nal [ユーバー・ディメンズィオナール] 形 (並よりも)ずっと大きい, 巨大な

Ü·ber·druss [ユーバー・ドルス] 男 der (⓶2格 -es; ⓶ なし) うんざり, あきあき ▷ Er musste Klavier bis zum *Überdruss* üben. 彼はうんざりするほどピアノの練習をしなければならなかった

Über·druß 旧⇨新 Überdruss

ü·ber·drüs·sig [ユーバー・ドリュスィヒ] 形
〔②と〕〔‥²に〕うんざり〈あきあき〉している ▷ Er wurde ihrer *überdrüssig*. 彼は彼女にうんざりした

ü·ber·eig·nen [ユーバーアイグネン] 非分離
(übereignete; übereignet; ⓶h)
他《文語》〔③+④と〕〔‥³に‥⁴を〕(遺言などによって)譲渡する

ü·ber·ei·len [ユーバーアイレン] 非分離
(übereilte; übereilt; ⓶h)
他〔④と〕〔決断など⁴を〕あせってよく考えずに〕する

ü·ber·ei·nan·der [ユーバー・アイナンダー] 副
《前置詞表現 über と einander「互い」の結合形》重ねて, 上下に; お互いに ▷ zwei Paar Socken *übereinander* anziehen ソックスを2足重ねてはく / *übereinander* sprechen 互いのことについて話す (☆ über +④ sprechen ‥について話す) イディオム ④+*übereinander schlagen* (足など)⁴を組む; ‥⁴を折り重ねる ▷ mit den *übereinander* geschlagenen Beinen dasitzen 足を組んで座っている

ü·ber·ein·an·der|schla·gen [ユーバー・アイナンダー・シュラーゲン] 分離 (er schlägt übereinander; schlug übereinander; übereinandergeschlagen; ⓶h) 他 旧⇨新 **übereinander schlagen** 〔分けて書く〕⇨ übereinander

ü·ber·ein|kom·men [ユーバーアイン・コメン] 分離 (kam überein; übereingekommen; ⓶s)
自《文語》〔mit+③と〕〔zu 不定詞句と〕〔‥³と‥することで〕意見が一致する ▷ Ich bin mit ihm *übereingekommen*, die Zusammenarbeit zu erweitern. 私は共同作業を拡大することで彼と意見が一致した

Ü·ber·ein·kunft [ユーバーアイン・クンフト] 女 die (⓶2格 -; ⓶ ..künfte) (意見の)一致, 合意

ü·ber·ein|stim·men [ユーバーアイン・シュティメン] 分離 (stimmte überein; übereingestimmt; ⓶h)
自 ❶ 〔mit+③と〕〔‥³と〕意見が一致する ▷ In diesem Punkt *stimmt* er mit dir *überein*. この点では彼は君と意見が一致している
❷ (発言内容などが)一致する ▷ Die Aussagen der Zeugen *stimmen* nicht *überein*. 証人たちの証言は食い違っている

Ü·ber·ein·stim·mung [ユーバーアイン・シュティムング] 女 die (⓶2格 -; ⓶ -en) (意見の)

①, ②, ③, ④=1格, 2格, 3格, 4格の名詞

致, 合意; (発言内容などの)一致

ü·ber·fah·ren [ユーバーファーレン] [非分離]
(du überfährst, er überfährt; überfuhr; überfahren; [完了]h)
[他] ❶ 〖④と〗〔..^{4}を〕(車などで)ひく ▷ Er hat einen Fußgänger *überfahren.* 彼は歩行者をひいてしまった
❷ 〖④と〗〔信号・交通標識など^{4}を〕見落として〈無視して〉通り過ぎる ▷ ein Signal *überfahren* 信号を見落とす〈無視する〉 / Er hat die weiße Linie *überfahren.* 彼は(道路の)白線を越えてしまった
❸ 《口語》〖④と〗〔..^{4}を〕(考える暇など与えずに)言いくるめる ▷ Ich lasse mich nicht *überfahren.* 私は言いくるめられることはない

ü·ber·fährst [ユーバーフェーアスト] überfahren の [現在]

Ü·ber·fahrt [ユーバー・ファールト] [女] *die* ([単] 2 格 –; [複] -en) (海・川・運河などを)船で渡ること, 渡河, 渡航

ü·ber·fährt [ユーバーフェーアト] überfahren の [現在]

Ü·ber·fall [ユーバー・ファル] [男] *der* ([単] 2 格 -[e]s; [複] ..fälle) (相手の不意をつく)**襲撃**, 奇襲 ▷ einen *Überfall* auf die Bank planen 銀行の襲撃を計画する / 《比ゆ》Verzeihen Sie bitte meinen *Überfall*! 突然おじゃましてすみません

ü·ber·fal·len [ユーバーファレン] [非分離]
(er überfällt; überfiel; überfallen; [完了]h)
[他] ❶ 〖④と〗〔..^{4}を〕(不意に)**襲う**, 襲撃〈奇襲〉する ▷ eine Bank *überfallen* 銀行を襲う / Er wurde auf der Straße *überfallen.* 彼は路上で襲われた
❷ 〖④と〗(恐怖・眠気などが)〔..^{4}を〕襲う ▷ Plötzlich *überfiel* mich eine furchtbare Müdigkeit. 突然ひどい眠気が私を襲った
[イディオム] ④+***mit Fragen überfallen*** ..^{4}を質問攻めにする

ü·ber·fäl·lig [ユーバー・フェリヒ]
[形] ❶ (飛行機などが)到着が遅れている
❷ とっくに時期を失している; 《経済》支払い期限が過ぎた

ü·ber·fällt [ユーバーフェルト] überfallen の [現在]

ü·ber·fiel [ユーバーフィール] überfallen の [過去]

ü·ber·flie·gen [ユーバーフリーゲン] [非分離]
(überflog; überflogen; [完了]h)
[他] ❶ 〖④と〗(航空機・鳥などが)〔..^{4}を〕飛びながら越えて行く
❷ 〖④と〗〔本など^{4}に〕ざっと目を通す

ü·ber|flie·ßen [ユーバー・フリーセン] [分離]
(floss über; übergeflossen; [完了]s)
[自] (水などが入れ物から)あふれ出る

ü·ber·flog [ユーバーフローク] überfliegen の [過去]

ü·ber·flo·gen [ユーバーフローゲン] überfliegen の [過分]

ü·ber·flü·geln [ユーバーフリューゲルン] [非分離]
(überflügelte; überflügelt; [完了]h)
[他] 〖④と〗〔..^{4}を〕(軽く)しのぐ

Ü·ber·fluss [ユーバー・フルス] [男] *der* ([単] 2 格 -es; [複] なし) 必要以上の量があること, 過剰, 過多
[イディオム] ***im Überfluss*** あり余るほど, ぜいたくに
zu allem Überfluss その上, おまけに

Über·fluß [旧⇒新] Überfluss

ü·ber·flüs·sig [ユーバー・フリュッスィヒ] [形] **余計な**, 不必要な, むだな ▷ *überflüssige* Worte 余計なことば / Es ist *überflüssig*, dass du dir Sorgen machst. 君が心配する必要はない

ü·ber·flu·ten [ユーバーフルーテン] [非分離]
(überflutete; überflutet; [完了]h)
[他] 〖④と〗(川などが)〔..^{4}を〕水浸しにする

ü·ber·for·dern [ユーバーフォルデルン] [非分離]
(überforderte; überfordert; [完了]h)
[他] 〖④と〗〔..^{4}に〕能力以上のものを求める ▷ Mit dieser Aufgabe ist er *überfordert.* [状態受動] この課題〈任務〉は彼の力に余る

ü·ber·fuhr [ユーバーフーア] überfahren の [過去]

ü·ber·füh·ren [ユーバーフューレン] [非分離]
(überführte; überführt; [完了]h)
[他] ❶ 〖④+②と〗〔..^{4}の犯罪^{2}を〕立証〈証明〉する ▷ Er wurde des Mordes *überführt.* 彼の殺人は立証された
❷ 〖④+[方向]と〗〔病人・囚人・柩(ひつぎ)など^{4}を…へ〕運ぶ, 移送する ▷ Der Verletzte wurde in eine Klinik *überführt.* 負傷者は病院に運ばれた

Ü·ber·füh·rung [ユーバーフュールング] [女] *die* ([単] 2 格 –; [複] -en) (道路が交差するところの)高架橋, 跨線(こせん)橋, 陸橋

ü·ber·füllt [ユーバーフュルト] [形] 超満員の ▷ Der Zug war *überfüllt.* 列車は超満員だった

ü·ber·gab [ユーバーガーブ] übergeben の [過去]

Ü·ber·gang [ユーバー・ガング] [男] *der* ([単] 2 格 -[e]s; [複] ..gänge)
❶ 〖[複] はまれ〗越えて〈渡って〉行くこと ▷ der *Übergang* über den Fluss 渡河, 川越え
❷ 越えて〈渡って〉行く所 ▷ ein *Übergang* für Fußgänger 横断歩道
❸ 移行 ▷ der *Übergang* vom Kapitalismus zum Sozialismus 資本主義から社会主義への移行

ü·ber·gan·gen [ユーバーガンゲン] übergehen [非分離] の [過分]

ü·ber·ge·ben [ユーバーゲーベン] [非分離]
(er übergibt; übergab; übergeben; [完了]h)
— [他] ❶ 〖③+④と〗〔しかるべき人^{3}に..^{4}を〕手渡す ▷ Er hat ihr den Brief persönlich

U

übergehen

übergeben. 彼は彼女にその手紙を自ら手渡した

❷ 〖⑬+④と〗〔…³に…⁴を〕任せる, ゆだねる; 引き渡す ▷ Er hat seinem Nachfolger das Amt *übergeben.* 彼は後任者に職務をゆだねる / den Dieb der Polizei *übergeben* 泥棒を警察に引き渡す

❸ 〖⑬+④と〗〔…³に…⁴を〕公開〈開放〉する ▷ ein Museum der Öffentlichkeit *übergeben* 博物〈美術〉館を一般に公開する / Die Autobahn wurde dem Verkehr *übergeben.* そのアウトバーンは開通した

❹ 〖⑬+④と〗〔敵³に…⁴を〕明け渡す ▷ dem Feind eine Festung *übergeben* 敵に要塞を明け渡す

── 再 〖(sich⁴と〗(食べたものを)吐く ▷ Er *übergab* sich. 彼は吐いた

ü·ber·ge·hen

── 分離 [ユーバー・ゲーエン] (ging über; übergegangen; 助s)

自 ❶ 〖zu+③と〗〔別のこと³に〕移る, 移行する ▷ zu einem anderen Thema *übergehen* 別のテーマに移る / Man *geht* zur Automatisierung *über.* (世の中は)オートメーション化されていく

❷ 〖in+④と〗〔…⁴に〕(徐々に)変化していく ▷ Das Fleisch ist in Fäulnis *übergegangen.* 肉は腐敗してしまった

イディオム in den Besitz+② *übergehen* …²の所有に移る ▷ Das Geschäft ist *in* ihren *Besitz übergegangen.* その店は彼女のものになった

── 非分離 [ユーバーゲーエン] (überging; übergangen; 助h)

他 〖④と〗〔…⁴を〕無視する ▷ eine Anordnung *übergehen* 指示を無視する / Sie *überging* ihn bei der Begrüßung. 彼女は彼を無視してあいさつしなかった

ü·ber·gibt [ユーバーギプト] übergeben の 現在
ü·ber·gie·ßen [ユーバーギーセン] 非分離
(übergoss; übergossen; 助h)
他 〖④+mit+③と〗〔…⁴に…³を〕注ぐ, かける, 浴びせる ▷ die Teeblätter mit kochendem Wasser *übergießen* お茶の葉の上に沸騰したお湯をかける / 〖再帰的に〗*sich* mit Benzin *übergießen* 体にガソリンをかける
ü·ber·ging [ユーバーギング] übergehen の 過去
ü·ber·goss [ユーバーゴス] übergießen の 過去
ü·ber·gos·sen [ユーバーゴッセン] übergießen の 過分
ü·ber|grei·fen [ユーバー・グライフェン] 分離
(griff über; übergegriffen; 助h)
自 〖auf+④と〗(火・感染症などが)〔…⁴に〕広がる
Ü·ber·griff [ユーバー・グリフ] 男 *der* (1 2格

-[e]s; 1 -e) (不当な)干渉, 介入, 侵害 ▷ militärische *Übergriffe* 軍事的干渉

ü·ber|ha·ben [ユーバー・ハーベン] 分離
(er hat über; hatte über; übergehabt; 助h)
他 《口語》〖④と〗〔コート など⁴を〕(他の服の)上に着て〈羽織って〉いる ▷ Sie *hatte* nur einen dünnen Mantel *über.* 彼女は上にただ薄いコートを着て〈羽織って〉いるだけだった

ü·ber·hand [ユーバーハント] 成句で *überhand nehmen* (好ましくないもの〈こと〉が)はびこる, 蔓延する ▷ Das Unkraut 〈Eine Unsitte〉 *nimmt überhand.* 雑草〈悪習〉がはびこる

ü·ber·hand|neh·men [ユーバーハント・ネーメン] 分離 (er nimmt überhand; nahm überhand; überhandgenommen; 助h) 自 旧正新 *überhand nehmen* (分けて書く) ☞ überhand

ü·ber|hän·gen [ユーバー・ヘンゲン] 分離
(hing über; übergehangen; 助h)
自 (岩などが)突き〈張り〉出している; (枝などが)垂れ下がっている (☆ ふつう現在分詞で)

ü·ber·häu·fen [ユーバー・ホイフェン] 非分離
(überhäufte; überhäuft; 助h)
他 〖④+mit+③と〗〔…⁴に…³を〕ふんだんに〈困るほど〉与える ▷ Sie wurde mit Geschenken *überhäuft.* 彼女は贈り物をありあまるほどもらった

ü·ber·haupt [ユーバーハオプト]
副 ❶ 〖否定文で〗《否定を強めて》まったく〔…ない〕 ▷ Er hat *überhaupt* keine Angst. 彼は全然心配していない

❷ 〖疑問文で〗《疑問を強めて》いったい, そもそも ▷ Wie konnte das *überhaupt* passieren? いったいどうしてそんなことが起こりえたのか

❸ 総じて, 一般に, およそ, 概して, そもそも ▷ Ich bin *überhaupt* selten zu Hause. 私はおよそめったに家にはいない / Mir gefällt es in München, *überhaupt* in Deutschland. 私はミュンヒェンが気に入っている 総じてドイツが好きです

ü·ber·heb·lich [ユーバーヘープリヒ] 形 傲慢な, 横柄な ▷ in *überheblichem* Ton 横柄な口調で / Er ist *überheblich.* 彼は傲慢だ

Ü·ber·heb·lich·keit [ユーバーヘープリヒカイト] 女 *die* (1 2格 -; 1 なし) 傲慢さ, 横柄さ

ü·ber·ho·len [ユーバー・ホーレン] 非分離
(überholte; überholt; 助h)
他 ❶ 〖④と〗〔…⁴を〕追い越す, 追い抜く (☆「追いつく」は einholen) ▷ ein Auto *überholen* 自動車を追い越す // Man darf nur links *überholen.* 追い越しは左側からしかしてはいけない

❷ 〖④と〗〔…⁴を〕(業績・成績などで)追い越す ▷ Er wird noch alle seine Mitschüler *überholen.* 彼は今に同級生をみんな追い越すだろう

❸ 〖④と〗〔機械 など⁴を〕分解検査〈修理〉する, オーバーホールする ▷ Das Auto muss dringend *überholt* werden. この自動車はぜひともすぐにオーバーホールする必要がある

ü·ber·holt [ユーバーホールト]
― überholen の 現在, 過去分
― 形 (考え方などが)時代遅れの, 古い

ü·ber·hol·te [ユーバーホールテ] überholen の 過去

ü·ber·hö·ren [ユーバーヘーレン] 非分離
(überhörte; überhört; 完了h)
他 ❶ 《④と》〔..⁴を〕聞き落とす, 聞き逃す ▷ Ich habe Ihre Frage *überhört*. 私はあなたの質問を聞き落としました
❷ 聞こえないふりをする, 聞き流す ▷ Er hat meine Warnung *überhört*. 彼は私の警告を聞き流した

ü·ber·kam [ユーバーカーム] überkommen の 過去

ü·ber·kle·ben [ユーバークレーベン] 非分離
(überklebte; überklebt; 完了h)
他 《④と》(物を)はりつけて〔..⁴を〕見えなくする, 覆い隠す ▷ ein altes Plakat *überkleben* 古いポスターを(別のものをはりつけて)見えなくする

ü·ber|ko·chen [ユーバー・コッヘン] 分離
(kochte über; übergekocht; 完了s)
自 (沸騰して)ふきこぼれる ▷ Die Milch ist *übergekocht*. 牛乳がふきこぼれた

ü·ber·kom·men [ユーバーコメン] 非分離
(überkam; überkommen; 完了h)
他 《④と》(感情などが)〔..⁴を〕襲う ▷ Bei diesem Anblick *überkam* ihn Angst. この光景を見て彼は心配になった

ü·ber·la·den [ユーバーラーデン] 非分離
(er überlädt; überlud; überladen; 完了h)
他 《④と》〔トラックなど⁴に〕荷を積みすぎる

ü·ber·lädt [ユーバーレート] überladen の 現在
ü·ber·las [ユーバーラース] überlesen の 過去
ü·ber·las·sen [ユーバーラッセン] 非分離
(er überlässt; überließ; überlassen; 完了h)
― 他 ❶ 《③+④と》〔..³に..⁴を〕(信頼して)ゆだねる, 預ける ▷ Sie *überlässt* ihre Tochter oft der Großmutter. 彼女は娘をよく祖母に預ける / Er hat mir das Auto über das Wochenende *überlassen*. 彼は私に週末の間自動車を貸してくれた / 《再帰的に》 Sie *überlassen* sich seiner Führung. 彼らは彼の指導に身を任せる
❷ 《③+④と》〔..³に判断・決定など⁴を〕任せる ▷ Er möchte ihr die Wahl *überlassen*. 彼は彼女に選択を任せたがっている
❸ 《③+④と》〔..³に..⁴を〕譲る, 与える ▷ Er *überließ* seinem Sohn das Grundstück. 彼は息子にその土地を譲った
❹ 《④+③と》〔..⁴を助けずにある状態³の〕ままにしておく ▷ Er *überließ* sie ihrer Verzweiflung. 彼は彼女を絶望のままに放っておいた / Wir *überlassen* dich nicht der Not. 私たちは君を困ったままにはしておかない

(イディオム) ④ +dem Zufall *überlassen* ..⁴を偶然に任せる ▷ Er *überlässt* alles *dem Zufall*. 彼はすべてを偶然に任せる

④ +*sich* selbst *überlassen* ..⁴を一人にしておく, 放っておく ▷ Sie *überlässt* die Kinder zu oft sich *selbst*. 彼女は子供たちを放っておきすぎる

― 再 《sich⁴+③と》〔感情・考えなど³に〕身を任せる, ふける, 浸る ▷ Er *überlässt* sich seinen Träumen. 彼は夢想にふける

ü·ber·lässt [ユーバーレスト] überlassen の 現在
ü·ber·las·tet [ユーバーラステット]
形 ❶ (トラックなどが)過重な荷を積んでいる
❷ (仕事・心配事などの)過重な負担をかかえている ▷ Er ist beruflich *überlastet*. 彼は仕事をかかえすぎている

ü·ber·lau·fen
― 分離 [ユーバー・ラオフェン] (er läuft über; lief über; übergelaufen; 完了s)
自 ❶ (容器から)あふれる, (沸騰して)噴きこぼれる ▷ Die Milch ist *übergelaufen*. ミルクがあふれた〈噴きこぼれた〉 / 《容器を主語にして》 Die Badewanne 〈Der Topf〉 ist *übergelaufen*. 浴槽があふれた〈鍋が噴きこぼれた〉
❷ (敵方に)寝返る ▷ Er ist [zum Gegner] *übergelaufen*. 彼は敵方に走った

― 形 [ユーバーラオフェン] (訪れる人で)あふれている ▷ Seine Sprechstunde ist *überlaufen*. 彼の診察時間はたくさんの患者であふれている

Ü·ber·läu·fer [ユーバー・ロイファー] 男 *der* (🔲 2格 -s; 複 -) (敵方に)寝返った者

ü·ber·le·ben [ユーバーレーベン] 非分離
(überlebte; überlebt; 完了h)
― 他 ❶ 《④と》〔..⁴に〕(耐えて)生き延びる〈残る〉 ▷ Nur die Hälfte der Einwohner hat die Katastrophe *überlebt*. 住民の半分しかその災害で生き残らなかった
❷ 《④と》〔..⁴より〕長生きする ▷ Sie hat ihren Mann um drei Jahre *überlebt*. 彼女は夫より3年長生きした

― 再 《sich⁴と》 時代遅れになる (☆ しばしば完了形で) ▷ Diese Ansichten haben sich *überlebt*. このような見解は時代遅れだ

ü·ber·le·bens·groß [ユーバー・レーベンス・グロース] 形 (立像などが)等身大以上の

ü·ber·le·gen [ユーバーレーゲン]
― 非分離 (überlegte; überlegt; 完了h)
他 《④と》〔..⁴を〕じっくり考える, 熟慮〈熟考〉する ▷ Er *überlegt* lange, ob er fahren soll. 彼は行った方がよいかどうか長いこと考える / Ich werde es mir noch einmal *überlegen*. 私はそのこ

とを再度じっくり考えてみます / Ich habe es mir anders *überlegt.* 私はそのことについて考え直した(考えが変わった) // Ich muss erst einmal *überlegen.* 私はまず一度じっくり考えなければならない

— [形] 〖③と〗〔…³より〕勝って〈優れて〉いる ([反] unterlegen) ▹ Er ist mir an Ausdauer *überlegen.* 彼は忍耐力において私より勝っている

Ü·ber·le·gen·heit [ユーバーレーゲンハイト] [女] *die* ([単] 2格 –; [複] なし) 勝って〈優れて〉いること, 優越, 卓越

ü·ber·legt [ユーバーレークト] überlegen [非分離] の [現在], [過分]

ü·ber·leg·te [ユーバーレークテ] überlegen [非分離] の [過去]

Ü·ber·le·gung [ユーバーレーグング] [女] *die* ([単] 2格 –; [複] まれに –en) **熟慮, 熟考** ▹ Das ist einer *Überlegung* wert. それは熟慮するに値する / nach reiflicher *Überlegung* 熟慮の末 / ohne *Überlegung* よく考えずに

ü·ber|lei·ten [ユーバー・ライテン] [分離] (leitete über; übergeleitet; [完了]h)

[自] 〖zu+③と〗〔…³へ〕進む〈移る〉ためのつなぎになっている ▹ Der kurze Kommentar *leitet* zum nächsten Kapitel *über.* 短いコメントがあって次の章になる

ü·ber·le·sen [ユーバーレーゼン] [非分離] (er überliest; überlas; überlesen; [完了]h)

[他] ❶ 〖④と〗〔誤植など⁴を〕見落とす

❷ 〖④と〗〔本など⁴に〕ざっと目を通す

ü·ber·lie·fern [ユーバーリーフェルン] [非分離] (überlieferte; überliefert; [完了]h)

[他] 〖④と〗〔…⁴を〕後世に伝える, 伝承する (☆ ふつう受動形で) ▹ Diese Sage ist mündlich *überliefert.* [状態受動] この伝説は口伝えで伝承されたものである

Ü·ber·lie·fe·rung [ユーバーリーフェルング] [女] *die* ([単] 2格 –; [複] –en)

❶ (後世への) 伝承

❷ 〖ふつう [複] で〗 伝承されてきたもの

ü·ber·ließ [ユーバーリース] überlassen の [過去]

ü·ber·liest [ユーバーリースト] überlesen の [現在]

ü·ber·lis·ten [ユーバーリステン] [非分離] (überlistete; überlistet; [完了]h)

[他] 〖④と〗〔…⁴を〕策略でだます, 計略にかける〈はめる〉 ▹ Es gelang ihm, seine Verfolger zu *überlisten.* 彼は策略を用いて追跡者をまくのに成功した

ü·ber·lud [ユーバールート] überladen の [過去]

ü·berm [ユーバーム] 《[口語]》〖über と定冠詞 dem の融合形〗 Der Mond steht *überm* Haus. 月が家の上に昇っている

Ü·ber·macht [ユーバー・マハト] [女] *die* ([単] 2格 –; [複] なし) (特に軍事的な) 優勢 ▹ in der *Übermacht* sein 優勢である

ü·ber·ma·len [ユーバーマーレン] [非分離] (übermalte; übermalt; [完了]h)

[他] 〖④と〗〔…⁴を〕ペンキなどを塗って見えなくする, 塗りつぶす

ü·ber·man·nen [ユーバーマンネン] [非分離] (übermannte; übermannt; [完了]h)

[他] 〖④と〗 (感情などが)〔…⁴を〕圧倒する, 打ち負かす ▹ Er wurde vom Schlaf *übermannt.* 彼は睡魔に抵抗できなかった

Ü·ber·maß [ユーバー・マース] [中] *das* ([単] 2格 –es; [複] なし) 並以上の〈多すぎる〉量があること, 過剰, 過多 ▹ ein *Übermaß* an Arbeit 多すぎる仕事

ü·ber·mä·ßig [ユーバー・メースィヒ] [形] 過度の, 過多の ▹ *übermäßige* Forderungen 過度の要求

ü·ber·mensch·lich [ユーバー・メンシュリヒ] [形] (努力などが) 超人的な, 人間業と思えない

ü·ber·mit·teln [ユーバーミッテルン] [非分離] (übermittelte; übermittelt; [完了]h)

[他] 《[文語]》〖④と〗〔あいさつ・知らせなど⁴を〕(書状・電話などで) 伝える, 伝達する ▹ Er *übermittelte* ihr telefonisch seine Glückwünsche. 彼は彼女にお祝いのことばを電話で伝えた

ü·ber·mor·gen [ユーバー・モルゲン]

[副] **あさって**, 明後日 ▹ Er kommt *übermorgen* zurück. 彼はあさって戻って来る / *übermorgen* Abend あさっての晩

ü·ber·mü·det [ユーバーミューデット] [形] 疲れ果てた, 疲労困憊(こんぱい)した

Ü·ber·mut [ユーバー・ムート] [男] *der* ([単] 2格 –[e]s; [複] なし) (危険〈迷惑〉なことをしでかすような) 大はしゃぎ, 調子の乗りすぎ, 悪のり ▹ Aus 〈Vor〉 lauter *Übermut* sprangen die Jungen von der Brücke ins Wasser. ひたすら調子に乗りすぎて少年たちは橋から水の中に飛び込んだ

ü·ber·mü·tig [ユーバー・ミューティヒ] [形] (危険〈迷惑〉なことをしでかすほど) 大はしゃぎの, 調子に乗りすぎた, 悪のりの ▹ Er wird leicht *übermütig.* 彼はすぐ調子に乗る

ü·ber·nächs·te [ユーバー・ネーヒステ] [形] 次の次の (☆ 名詞につけて) ▹ im *übernächsten* Jahr 再来年に

ü·ber·nach·ten [ユーバーナハテン] [非分離] (du übernachtest, er übernachtet; übernachtete; übernachtet; [完了]h)

[自] 〖[場所]と〗〔…に〕**泊まる** ▹ bei einem Freund 〈im Hotel〉 *übernachten* 友人のところ〈ホテル〉に泊まる

ü·ber·nach·tet [ユーバーナハテット] übernachten の [現在], [過分]

ü·ber·nach·te·te [ユーバーナハテテ] übernachten の 過去

ü·ber·näch·tigt [ユーバーネヒティヒト] 形 (見るからに)寝不足で疲れた

ü·ber·nahm [ユーバーナーム] übernehmen の 過去

Ü·ber·nah·me [ユーバー・ナーメ] 女 die (単2格 -; 複 なし) (会社などの)受け〈引き〉継ぎ; (任務などの)引き受け; (費用などの)負担; (文章などの)借用 ▷ Bei der *Übernahme* des Geschäftes gab es einige Probleme. その店を引き継ぐ際に若干の問題が生じた

ü·ber·na·tür·lich [ユーバー・ナテューアリヒ] 形 (理屈では説明できない)超自然的な; (奇跡としか言えない)すごい

ü·ber·neh·men [ユーバーネーメン] 非分離
(er übernimmt; übernahm; übernommen; 完了h)
— 他 ❶《4と》[会社など⁴を]受け〈引き〉継ぐ; 買い取る ▷ Er hat die Praxis seines Vaters *übernommen*. 彼は父親の診療所〈法律事務所〉を引き継いだ
❷《4と》[任務・責任など⁴を]引き受ける ▷ die Verteidigung des Angeklagten *übernehmen* 被告人の弁護を引き受ける
❸《4と》[費用など⁴を]負担する, 肩代わりする ▷ die Kosten *übernehmen* 費用をもつ / die Schulden *übernehmen* 借金を肩代わりする
❹《4と》[他人のもの⁴を]取り入れて利用する, 借用する; [他局の放送⁴を]中継する ▷ eine Lernmethode *übernehmen* ある学習方法を取り入れる
— 再《sich⁴と》(肉体的・経済的に)無理をする ▷ Er hat sich beim Arbeiten *übernommen*. 彼は仕事で無理をした

ü·ber·nimmt [ユーバーニムト] übernehmen の 現在

ü·ber·nom·men [ユーバー・ノムメン] übernehmen の 過分

ü·ber·par·tei·lich [ユーバー・パルタイリヒ] 形 超党派の, どの党にも与しない, 中立の

ü·ber·prü·fen [ユーバープリューフェン] 非分離
(überprüfte; überprüft; 完了h)
他《4と》[⁴を](正しいかどうか, 正しく機能するかどうか)[再度]調べる, 検査〈点検〉する ▷ eine Rechnung *überprüfen* 検算する / Er hat die Maschine *überprüft*. 彼はその機械を点検した

ü·ber|quel·len [ユーバー・クヴェレン] 分離
(es quillt über; quoll über; übergequollen; 完了s)
自 (くずかごなどが)あふれる

ü·ber·que·ren [ユーバークヴェーレン] 非分離
他《4と》[道路・川など⁴を]横切る ▷ Er hat die Fahrbahn bei Rot *überquert*. 彼は赤信号のとき車道を渡った
類語
überqueren (場所を越えて行くという意味合いで)横切る
durchqueren (一方の端から他方の端という意味合いで)横切る

ü·ber·quert [ユーバークヴェールト] überqueren の 現在, 過分

ü·ber·quer·te [ユーバークヴェールテ] überqueren の 過去

ü·ber·ra·gen [ユーバーラーゲン] 非分離
(überragte; überragt; 完了h)
他《4と》[⁴の上に]そびえている ▷ Das Bürohochhaus *überragt* alle übrigen Häuser. その高層オフィスビルは他のすべてのビルの上にそびえている / 〔比ゆ〕Er *überragte* alle an Verdiensten. 彼は功績ではだれよりも抜きんでていた

ü·ber·rannt [ユーバーラント] überrennen の 過分

ü·ber·rann·te [ユーバーランテ] überrennen の 過去

ü·ber·ra·schen [ユーバーラッシェン] 非分離
(überraschte; überrascht; 完了h)
他 ❶《4と》[⁴を](予期しないことで)驚かす ▷ Seine Entscheidung hat mich *überrascht*. 彼の決断に私は驚いた
❷《4+mit+3と》[⁴を思いがけないこと³で]喜ばす ▷ Sie hat ihn mit einem Geschenk *überrascht*. 彼女は思いがけぬ贈り物をして彼を喜ばせた
❸《4と》[⁴の]不正の現場を押さえる ▷ Die Täter wurden beim Einbruch *überrascht*. 犯人たちは押し入る現場を取り押さえられた
❹《4と》(不幸・雷雨などが)[⁴を]不意に襲う (☆ふつう受動形で) ▷ Sie wurden von einem Gewitter *überrascht*. 彼らは突然雷雨に襲われた

ü·ber·ra·schend [ユーバーラッシェント] 形 思いがけない, 意外な ▷ Sein Tod kam völlig *überraschend*. 彼の死はまったく思いがけなかった

ü·ber·rascht [ユーバーラッシュト]
— überraschen の 現在, 過分
— 形 びっくりした, 驚いた ▷ Wir waren über seine Abwesenheit sehr *überrascht*. 私たちは彼の欠席にとても驚いていた

ü·ber·rasch·te [ユーバーラッシュテ] überraschen の 過去

Ü·ber·ra·schung [ユーバーラッシュング] 女 die (単2格 -; 複 -en)
❶ (思いがけないことによる)驚き ▷ eine unangenehme *Überraschung* erleben 思いもかけぬいやな目にあう / zu meiner *Überraschung* 私

完了h, 完了s=完了の助動詞 haben, sein

が驚いたことには
❷ 思いがけぬ喜び ▷ Das ist aber eine Überraschung! これはなんてうれしいんでしょう (☆ 思いがけず贈り物や訪問などを受けたときの決まり文句) / Ich habe eine *Überraschung* für dich. 君をびっくりさせるものがあるよ (☆ 贈り物などを差し出すときの決まり文句)

ü·ber·re·den [ユーバーレーデン] 非分離
(du überredest, er überredet; überredete; überredet; 匠力h)
他【④と】+zu+③と】[‥³に‥³するよう] 説得する, 説き伏せる ▷ Sie *überredete* ihn zu einem Spaziergang. 彼女は彼に散歩に行くように説得した / [zu 不定詞句と] Ich ließ mich nicht *überreden*, den Vertrag zu unterschreiben. 私は契約書にサインするように説得されたが承知しなかった

ü·ber·re·det [ユーバーレーデット] überreden の 現在, 過分

ü·ber·re·de·te [ユーバーレーデテ] überreden の 過去

ü·ber·rei·chen [ユーバーライヒェン] 非分離
(überreichte; überreicht; 匠力h)
他【④と】[‥⁴を](厳かに)手渡す, 手交する, 授与する, 贈呈する ▷ Der Preis wurde während der Feierstunde *überreicht*. 賞は式典の間に授与された

ü·ber·ren·nen [ユーバーレンネン] 非分離
(überrannte; überrannt; 匠力h)
他 ❶【④と】[敵陣など⁴を]襲撃し蹂躙ジュする
❷【④と】[‥⁴を]突き当たって倒す

Ü·ber·rest [ユーバーレスト] 男 der (働2格 -[e]s; 働 -e) 《ふつう 複 で》残った物, 残余; 残飯, 廃墟

ü·ber·rol·len [ユーバーロレン] 非分離
(überrollte; überrollt; 匠力h)
他 ❶【④と】(列車などが)[‥⁴を](車輪の下に)巻き込む
❷《口語》【④と】[‥⁴の]不意を襲う

ü·ber·rum·peln [ユーバールムペルン] 非分離
(überrumpelte; überrumpelt; 匠力h)
他【④と】[‥⁴の]不意を襲う ▷ den Gegner *überrumpeln* 敵の不意をつく / Ich habe ihn mit einer Frage *überrumpelt*. 私は彼の不意をつく質問をした

ü·ber·run·den [ユーバールンデン] 非分離
(überrundete; überrundet; 匠力h)
他 ❶《スポ》【④と】[‥⁴を](トラック競技で)1周以上引き離す
❷《口語》【④と】[‥⁴を](軽く)しのぐ

ü·bers [ユーバース]《口語》《über と定冠詞 das の融合形》*übers* Wochenende verreisen 週末に旅行に出かける

ü·ber·sah [ユーバーザー] übersehen の 過去

ü·ber·sandt [ユーバーザント] übersenden の 過分

ü·ber·sand·te [ユーバーザンテ] übersenden の 過去

ü·ber·sät [ユーバーゼート] 形 《mit〈von〉+③と》(空・海岸・体などが)[‥³が]一面撒き散らされている, [‥³に]だらけだ

ü·ber·schät·zen [ユーバーシェッツェン] 非分離
(überschätzte; überschätzt; 匠力h)
他【④と】[‥⁴を]過大に評価する (® unterschätzen) ▷ Ich habe seine Kräfte *überschätzt*. 私は彼の力を過大に評価した / [再帰的に] sich überschätzen 自分の能力を過信する

ü·ber·schau·en [ユーバーシャオエン] 非分離
(überschaute; überschaut; 匠力h)
他【④と】[‥⁴を]見晴らす, 見渡す ▷ Von hier aus kann man das ganze Tal *überschauen*. ここから谷間全体を見渡すことができる

ü·ber|schäu·men [ユーバーショイメン] 分離
(schäumte über; übergeschäumt; 匠力s)
自 (ビールなどが容器から) 泡を立ててこぼれる

ü·ber·schla·fen [ユーバーシュラーフェン] 非分離
(er überschläft; überschlief; überschlafen; 匠力h)
他【④と】[‥⁴を]一晩〈一定の期間〉よく考える

ü·ber·schläft [ユーバーシュレーフト] überschlafen の 現在

Ü·ber·schlag [ユーバーシュラーク] 男 der (働2格 -[e]s; 働 ..schläge) 概算

ü·ber·schla·gen [ユーバーシュラーゲン] 非分離
(er überschlägt; überschlug; überschlagen; 匠力h)
—他 ❶【④と】[‥⁴を](す早く)概算する ▷ die Zahl der Teilnehmer *überschlagen* 参加者数を概算する
❷【④と】[本のページ・食事など⁴を]飛ばす, 抜かす ▷ ein Kapitel *überschlagen* (読む際に) 1章飛ばす
—再 ❶《sich⁴と》でんぐり返る, 転がる ▷ Er *überschlug* sich mehrmals, als er die Treppe hinunterstürzte. 彼は階段から落ちたとき何度もてんぐり返った
❷《sich⁴と》(声が)上ずる ▷ Seine Stimme *überschlägt* sich vor Wut. 彼の声は怒りのあまり上ずる

ü·ber·schlägt [ユーバーシュレークト] überschlagen の 現在

ü·ber·schlief [ユーバーシュリーフ] überschlafen の 過去

ü·ber·schlug [ユーバーシュルーク] überschlagen の 過去

ü·ber|schnap·pen [ユーバーシュナッペン] 分離
(schnappte über; übergeschnappt; 匠力s)
自《口語》頭が変になる, 正気でなくなる

ü·ber·schnei·den [ユーバーシュナイデン]

[非分離] (überschnitt; überschnitten; [完了]h)
[再] ❶ 〖[sich]⁴と〗交差する ▷ Die beiden Linien *überschneiden* sich. 両方の線は交差する
❷ 〖[sich]⁴と〗(時間的・分野的に)[一部]重なり合う, かちあう ▷ Ihre Arbeitsgebiete *überschneiden* sich. 彼らの仕事〈研究〉の領域は一部重なり合っている

ü·ber·schnitt [ユーバーシュニット] überschneiden の [過去]

ü·ber·schnit·ten [ユーバーシュニッテン] überschneiden の [過分]

ü·ber·schrei·ben [ユーバーシュライベン] [非分離] (überschrieb; überschrieben; [完了]h)
[他]〖④+③と〗〔土地など⁴を…³の〕名義に書き換える ▷ Er hat das Grundstück seiner Tochter *überschrieben*. 彼は土地の名義を娘のものに書き換えた

ü·ber·schrei·ten [ユーバーシュライテン] [非分離] (überschritt; überschritten; [完了]h)
[他] ❶ 〖④と〗〔道路・境界など⁴を〕越える, 渡る ▷ eine Grenze *überschreiten* 国境を越える / *Überschreiten* der Gleise ist verboten! (掲示で) 線路の横断を禁ず
❷ 〖④と〗〔限度・権限など⁴を〕超える ▷ die zulässige Geschwindigkeit *überschreiten* 制限速度を超える / Er hat seine Befugnisse *überschritten*. 彼は自分の権限以上のことをした

ü·ber·schrieb [ユーバーシュリーブ] überschreiben の [過去]

ü·ber·schrie·ben [ユーバーシュリーベン] überschreiben の [過分]

Ü·ber·schrift [ユーバー・シュリフト] [女] *die* ([単] 2 格 –; [複] -en) 表題; (新聞などの) 見出し ▷ Er hat nur die *Überschriften* gelesen. 彼は見出ししか読まなかった

ü·ber·schritt [ユーバーシュリット] überschreiten の [過去]

ü·ber·schrit·ten [ユーバーシュリッテン] überschreiten の [過分]

Ü·ber·schuss [ユーバー・シュス] [男] *der* ([単] -es; [複] -e)
❶ (諸雑費を差し引いた) 利益, 利潤, もうけ ▷ Durch das neue Verfahren entstanden hohe *Überschüsse*. 新しいやり方で大きな利潤が生じた
❷ 過剰 ▷ Der *Überschuss* an Akademikern ist zurückgegangen. 大学出が過剰な状況は下火になった

Über·schuß [旧⇨新] Überschuss

ü·ber·schüs·sig [ユーバー・シュッスィヒ] [形] 過剰な, 余分の, あり余る

ü·ber·schüt·ten [ユーバーシュッテン] [非分離] (überschüttete; überschüttet; [完了]h)
[他]〖④+mit+③と〗〔…⁴に…³を〕多量にあげる; あびせる
[イディオム] ④+*mit Fragen überschütten* …⁴に質問をあびせる
④+*mit Geschenken überschütten* …⁴に贈り物をどっさりあげる

Ü·ber·schwang [ユーバー・シュヴァング] [男] *der* ([単] 2 格 -[e]s; [複] なし) (感情が) 満ちあふれること ▷ im *Überschwang* der Begeisterung 感激に満ちあふれて

ü·ber·schwäng·lich [ユーバー・シュヴェングリヒ] [形] (表現が) 大げさな, オーバーな ▷ eine *überschwängliche* Begrüßung 大げさな歓迎のあいさつ

ü·ber·schwem·men [ユーバーシュヴェムメン] [非分離] (überschwemmte; überschwemmt; [完了]h)
[他]〖④と〗〔…⁴を〕(川が氾濫はんらんして) 水浸しにする ▷ Der Fluss hat die Felder *überschwemmt*. 川は畑を水浸しにした / 《比ゆ》 Ausländische Waren *überschwemmen* den Markt. 外国の商品が市場にあふれている

Ü·ber·schwem·mung [ユーバーシュヴェムング] [女] *die* ([単] 2 格 –; [複] -en) 氾濫はんらん, 浸水; 大水, 洪水 (＝Hochwasser)

ü·ber·schweng·lich [ユーバー・シュヴェングリヒ] [旧⇨新] überschwänglich

Ü·ber·see [ユーバー・ゼー] ([女] *die*) ([単] 2 格 –; [複] なし) 海外 (☆ 無冠詞で; ふつうアメリカを指す) ▷ aus 〈nach〉 *Übersee* 海外から〈へ〉 / in *Übersee* leben 海外で暮らす

ü·ber·seh·bar [ユーバーゼー・バール] [形] (状況などが) 全体的に把握できる, 見当がつく

ü·ber·se·hen [ユーバーゼーエン] [非分離] (er übersieht; übersah; übersehen; [完了]h)
[他] ❶ 〖④と〗〔…⁴を〕見渡す, 見晴らす ▷ Von hier aus kann ich die ganze Straße *übersehen*. ここから私は通り全体を見渡すことができる
❷ 〖④と〗〔状況など⁴を〕全体的に把握する; 〔結果など⁴を〕見通す ▷ Mit einem Blick *übersah* er die Lage. 一目で彼は全体の状況をつかんだ
❸ 〖④と〗〔…⁴を〕見落とす; 見失う ▷ Ich habe einige Fehler *übersehen*. 私はいくつかの誤りを見落とした
❹ 〖④と〗〔…⁴を〕無視する ▷ Sie hat ihn bei der Begrüßung *übersehen*. 彼女は彼を無視してあいさつをしなかった

ü·ber·sen·den [ユーバーゼンデン] [非分離] (übersandte 〈übersendete〉; übersandt 〈übersendet〉; [完了]h)
[他]〖④と〗〔…⁴を〕(特に郵便で) 送る, 送付する

ü·ber·set·zen
— [非分離] [ユーバーゼッツェン] (du, er übersetzt; übersetzte; übersetzt; [完了]h)

U

Übersetzer

他【④と】〔…⁴を〕**翻訳する**, 訳す ▷ einen Text wörtlich *übersetzen* テキストを逐語訳する / Der Roman wurde ins Deutsche *übersetzt.* その小説はドイツ語に翻訳された

―― 分離 [ユーバー・ゼッツェン] (setzte über; übergesetzt)

―― 他【[⑤Th]】【④と】〔…⁴を〕(フェリーなどで)向こう岸へ渡す ▷ Der Fährmann hat uns *übergesetzt.* 渡し守は私たちを向こう岸へ渡してくれた

―― 自【[⑤Ths,h]】(船で)向こう岸に渡る ▷ Wir sind auf das östliche Ufer des Rheins *übergesetzt.* 私たちはライン川の東岸に渡った

Ü·ber·set·zer [ユーバー・ゼッツァー] 男 *der* (⊕2格 -s; ⊛ -) 翻訳する人; 訳者, 通訳

ü·ber·setzt [ユーバー・ゼッツト] übersetzen 非分離 の 現在, 過去分

ü·ber·setz·te [ユーバー・ゼッツテ] übersetzen 非分離 の 過去

Ü·ber·set·zung [ユーバー・ゼッツング] 女 *die* (⊕2格 -; ⊛ -en) **翻訳**; 訳文 ▷ eine wörtliche *Übersetzung* 逐語訳 / Die *Übersetzung* des Textes war schwierig. このテキストの翻訳は難しかった

Ü·ber·set·zungs·pro·gramm [ユーバー・ゼッツングス・プログラム] 中 *das* (⊕2格 -s; ⊛ -e) 翻訳ソフト, 機械語への変換プログラム

Ü·ber·sicht [ユーバー・ズィヒト] 女 *die* (⊕2格 -; ⊛ -en)

❶ 〚⊛なし〛(物事を)全体的に把握する能力 ▷ die *Übersicht* verlieren 全体〈大局〉を見る目を失う

❷ 一覧表; 概要 ▷ eine *Übersicht* der unregelmäßigen Verben 不規則動詞の一覧表

ü·ber·sicht·lich [ユーバー・ズィヒトリヒ]

形 ❶ 見通しのきく ▷ eine *übersichtliche* Straßenkreuzung 見通しのよい交差点

❷ (全体の関連が)わかりやすい, 一目瞭然の ▷ Die Arbeit ist *übersichtlich* gegliedert. [状態受動] その論文はわかりやすく構成されている

ü·ber|sie·deln [ユーバー・ズィーデルン] 分離 (siedelte über; übergesiedelt; [⑤Th]s)

自 【[⑤Th]と】〔…に〕移り住む, 移転〈転居〉する (☆ 非分離用法でも用いられる)

ü·ber·sieht [ユーバー・ズィート] übersehen の 現在

ü·ber·sinn·lich [ユーバー・ズィンリヒ] 形 超感覚的な ▷ eine *übersinnliche* Welt 超感覚的な世界

ü·ber·spannt [ユーバー・シュパント] 形 (考え・要求などが)常軌を逸した, 無茶な

ü·ber·spie·len [ユーバー・シュピーレン] 非分離 (überspielte; überspielt; [⑤Th]h)

他 ❶ 【④と】〔心の動揺など⁴を〕たくみに隠す, 気づかれないようにする

❷ 【④+auf+④と】〔…⁴を…⁴に〕ダビング〈録画・録音〉する (=übertragen)

ü·ber·spitzt [ユーバー・シュピッツト] 形 (要点などを)誇張した; (要求などが)極端な ▷ Das ist *überspitzt* formuliert. [状態受動] それは誇張した形で要点がまとめられている

ü·ber·sprang [ユーバー・シュプラング] überspringen 非分離 の 過去

ü·ber·sprin·gen

―― 分離 [ユーバー・シュプリンゲン] (sprang über; übergesprungen; [⑤Th]s)

自 (火の粉などが)飛び移る

―― 非分離 [ユーバー・シュプリンゲン] (übersprang; übersprungen; [⑤Th]h)

他 ❶ 【④と】〔垣根など⁴を〕飛び越える

❷ 【④と】〔ページなど⁴を〕読みとばす

ü·ber·sprun·gen [ユーバー・シュプルンゲン] überspringen 非分離 の 過去分

ü·ber·spü·len [ユーバー・シュピューレン] 非分離 (überspülte; überspült; [⑤Th]h)

他 【④と】(洪水などが)〔…⁴を〕水浸しにする

ü·ber·stand [ユーバー・シュタント] überstehen の 過去

ü·ber·stan·den [ユーバー・シュタンデン] überstehen の 過去分

ü·ber·ste·hen [ユーバー・シュテーエン] (überstand; überstanden; [⑤Th]h)

他 【④と】〔危機・困難など⁴を〕乗り越える, 克服する ▷ Der Patient *überstand* die Operation glücklich. 患者は手術を無事に乗り切った

ü·ber·stei·gen [ユーバー・シュタイゲン] 非分離 (überstieg; überstiegen; [⑤Th]h)

他 ❶ 【④と】〔垣根など⁴を〕乗り越える ▷ eine Mauer *übersteigen* 塀を乗り越える

❷ 【④と】〔…⁴を〕上回る, 越える ▷ Das *überstieg* unsere Erwartungen. それは私たちの期待を上回るものだった

ü·ber·stei·gern [ユーバー・シュタイゲルン] 非分離 (übersteigerte; übersteigert; [⑤Th]h)

他 【④と】〔要求など⁴を〕(限度を超えたところまで)あげすぎる

ü·ber·stei·gert [ユーバー・シュタイゲルト] 形 (欲求・期待などが)度を越した ▷ Sie hat ein *übersteigertes* Selbstbewusstsein. 彼女は自意識過剰だ

ü·ber·stieg [ユーバー・シュティーク] übersteigen の 過去

ü·ber·stie·gen [ユーバー・シュティーゲン] übersteigen の 過去分

ü·ber·stim·men [ユーバー・シュティンメン] 非分離 (überstimmte; überstimmt; [⑤Th]h)

他 ❶ 【④と】〔動議など⁴を〕多数決で否決する

❷ 【④と】〔…⁴を〕投票で破る

ü·ber|strei·fen [ユーバー・シュトライフェン] 分離

①, ②, ③, ④=1格, 2格, 3格, 4格の名詞

(streifte über; übergestreift; [完了]h)
[他]〚④と〛〔服など^{4}を〕すばやく着る〈はめる・はく〉

ü·ber·strö·mend [ユーバー・シュトレーメント]
[形]（感情・情愛などが）あふれる ▷ *überströmende* Freude あふれる喜び

ü·ber·strömt [ユーバーシュトレームト] [形]（血・涙などで）覆われた ▷ ein von Schweiß *überströmtes* Gesicht 汗まみれの顔

Ü·ber·stun·de [ユーバー・シュトゥンデ] [女] *die* ([単] 2格 -; [複] -n) 超過勤務, 残業 ▷ *Überstunden* machen 残業をする

ü·ber·stür·zen [ユーバーシュテュルツェン] [非分離] (überstürzte; überstürzt; [完了]h)
— [他]〚④と〛〔..^{4}を〕（よく考えずに）大急ぎで〈あわてて〉する ▷ eine Entscheidung *überstürzen* 大急ぎで決定をする /〚過去分詞で〛eine *überstürzte* Abreise あわただしい出発
— [再]〚[sich]^{4}と〛（事件などが）次から次と起こる, 相次ぐ ▷ Die Ereignisse *überstürzten* sich. 事件が次から次と起こった

ü·ber·töl·peln [ユーバーテルペルン] [非分離] (übertölpelte; übertölpelt; [完了]h)
[他]〚④と〛〔ぼけっとしてる人^{4}を〕だます

ü·ber·tö·nen [ユーバーテーネン] [非分離] (übertönte; übertönt; [完了]h)
[他]〚④と〛（より大きな音のものが）〔声・音など^{4}を〕聞こえなくする, かき消す ▷ Der Straßenlärm *übertönte* die Musik. 通りの騒音がうるさくて音楽が聞こえなかった

ü·ber·traf [ユーバートラーフ] übertreffen の [過去]

Ü·ber·trag [ユーバー・トラーク] [男] *der* ([単] 2格 -[e]s; [複] ..träge)《商業》繰越し高

ü·ber·trag·bar [ユーバートラーク・バール]
[形] ❶（方法などが）適用〈転用〉可能な
❷（病気などが）うつる, 伝染性の
❸（特待券などが）譲渡できる, 本人以外も使える ▷ Diese verbilligte Fahrkarte ist nicht *übertragbar.* この割引乗車券は本人しか使えない

ü·ber·tra·gen [ユーバートラーゲン] [非分離] (er überträgt; übertrug; übertragen; [完了]h)
— [他] ❶〚④と〛〔..^{4}を〕（ラジオ・テレビで）**中継する** ▷ ein Konzert *übertragen* コンサートを中継する
❷〚④と〛〔..^{4}を〕書き移す;〔レコードなど^{4}を〕（テープなどに）ダビングする ▷ einen Aufsatz ins Heft *übertragen* 作文をノートに書き移す
❸〚④と〛〔..^{4}を〕翻訳する;（他の作品形式に）書き改める ▷ Er *überträgt* einen Roman aus dem Japanischen ins Deutsche. 彼は小説を日本語からドイツ語に翻訳する / Lyrik in Prosa *übertragen* 叙情詩を散文に書き改める
❹〚④+auf+④と〛〔..^{4}を..^{4}に〕適用〈転用〉する ▷ ein Gesetz der Malerei auf die Fotografie *übertragen* 絵画の手法上のきまりを写真に適用する
❺〚③+④と〛〔..^{3}に職務・権利など^{4}を〕任せる ▷ Wir *übertragen* ihm die Reparaturarbeiten. 私たちは彼に修理の仕事を任せる
❻〚④と〛〔病気など^{4}を〕うつす, 感染させる（☆ ふつう受動形で）▷ Diese Krankheit wird von Insekten *übertragen* この病気は昆虫によって感染する
❼〚④と〛〔動力など^{4}を〕伝える ▷ Die Achse *überträgt* den Antrieb auf die Räder. シャフトは動力を車輪に伝える
— [再]〚[sich]^4+auf+④と〛（病気が）〔..^{4}に〕うつる, 感染する ▷ Die Krankheit *überträgt* sich auf andere Personen. この病気は他人にうつる /《比ゆ》Ihre gute Laune *übertrug* sich auf uns alle. 彼女の機嫌のよさが私たち全員に伝染した

ü·ber·tra·gend [ユーバートラーゲント] [形] 比ゆ的な ▷ ein Wort in *übertragender* Bedeutung verwenden ある語を比ゆ的な意味で用いる

ü·ber·trägt [ユーバートレークト] übertragen の [現在]

Ü·ber·tra·gung [ユーバートラーグング] [女] *die* ([単] 2格 -; [複] -en)
❶（ラジオ・テレビの）中継〔放送〕
❷ 翻訳, 転記;（テープの）ダビング
❸ 適用, 転用
❹（病気の）伝染, 感染;（動力などの）伝達

ü·ber·trat [ユーバートラート] übertreten [非分離] の [過去]

ü·ber·tref·fen [ユーバートレッフェン] [非分離] (er übertrifft; übertraf; übertroffen; [完了]h)
[他] ❶〚④と〛〔..^{4}を〕上回る, 越える ▷ Das Ergebnis *übertrifft* alle unsere Erwartungen. その結果は私たちの期待をすべて上回るものだ
❷〚④+an〈in〉+③と〛〔..^{4}に..^{3}で〕勝る, しのぐ ▷ Du *übertriffst* ihn in der Leistung. 君は成績で彼に勝っている

ü·ber·trei·ben [ユーバートライベン] [非分離] (übertrieb; übertrieben; [完了]h)
[他] ❶〚④と〛〔..^{4}を〕**誇張する**, 大げさに述べる ▷ Du *übertreibst* seine Vorzüge. 君は彼の長所を誇張している // Er *übertreibt* immer. 彼はいつも大げさなんだ
❷〚④と〛〔..^{4}を〕やりすぎる ▷ Du *übertreibst* das Training. 君はトレーニングのやりすぎだ

Ü·ber·trei·bung [ユーバートライブング] [女] *die* ([単] 2格 -; [複] -en) 誇張; やりすぎ ▷ Er neigt zu *Übertreibungen.* 彼は物事を誇張する〈やりすぎる〉傾向がある

ü·ber·tre·ten
— [分離] [ユーバー・トレーテン] (er tritt über; trat

übertrieb

über; übergetreten)

圓 ❶ 〖医7s〗〖zu+③と〗〖他宗派3に〗改宗する；〖他党3に〗鞍替えする ▷ zur katholischen Kirche *übertreten* カトリック教会に改宗する

❷ 〖医7h,s〗〖スポ〗ラインを踏み越える

——非分離 [ユーバートレーテン] (er übertritt; übertrat; übertreten; 医7h)

他 〖④と〗〖法律・規則など4を〗犯す

ü·ber·trieb [ユーバートリープ] übertreiben の 過去

ü·ber·trie·ben [ユーバートリーベン]

—— übertreiben の 過分

—形 ❶ (要求・不信などが)度を過ぎた，過大な ▷ Seine Ängste sind *übertrieben*. 彼の心配は度が過ぎている

❷ (表現などが)誇張された，大げさな ▷ Ist das nicht ein bisschen *übertrieben*? それはちょっと大げさではないですか

ü·ber·trifft [ユーバートリフト] übertreffen の 現在

ü·ber·tritt [ユーバートリット] übertreten 非分離 の 現在

Ü·ber·tritt [ユーバー・トリット] 男 der (⓶2格 -[e]s; ⓶ -e) 〖他宗派への〗改宗; 〖他党などへの〗鞍替え

ü·ber·trof·fen [ユーバートロッフェン] übertreffen の 過分

ü·ber·trug [ユーバートルーク] übertragen の 過去

ü·ber·trump·fen [ユーバートルムプフェン] 非分離 (übertrumpfte; übertrumpft; 医7h)

他 〖④と〗〖..4を〗しのぐ，〖..4に〗勝る

ü·ber·wa·chen [ユーバーヴァッヘン] 非分離 (überwachte; überwacht; 医7h)

他 〖④と〗〖..4を〗監視する，見張る ▷ den Häftling *überwachen* 囚人を監視する / den Verkehr *überwachen* 交通の流れを見張る

ü·ber·wäl·ti·gen [ユーバーヴェルティゲン] 非分離 (überwältigte; überwältigt; 医7h)

他 ❶ 〖④と〗(感情などが)〖..4を〗圧倒する ▷ Angst *überwältigte* uns. 不安で私たちはいたたまれなくなった

❷ 〖④と〗〖泥棒など4を〗取り押さえる ▷ Der Einbrecher konnte *überwältigt* werden. 強盗は取り押さえることができた

ü·ber·wäl·ti·gend [ユーバーヴェルティゲント] 形 (数量が)圧倒的な; (光景・印象などが)人を圧倒するような，強烈な ▷ Er wurde mit *überwältigender* Mehrheit gewählt. 彼は圧倒的な多数で選ばれた

ü·ber·wand [ユーバーヴァント] überwinden の 過去

ü·ber·warf [ユーバーヴァルフ] überwerfen の 過去

ü·ber·wei·sen [ユーバーヴァイゼン] 非分離 (überwies; überwiesen; 医7h)

他 ❶ 〖④と〗〖お金など4を〗**振替で送金する**，振り込む ▷ Ich habe ihm das Honorar *überwiesen*. 私は彼に謝礼を振替で送金した / Bitte, *überweisen* Sie den Betrag auf unser Konto! この金額を私たちの口座に振り込んでください

❷ 〖④+⑦迄と〗〖病人など4を〗他の医者など4に (所見などを添えて)回す ▷ Er hat den Patienten zum Spezialisten *überwiesen*. 彼は患者を専門医に回した

Ü·ber·wei·sung [ユーバーヴァイズング] 女 die (⓶2格 -; ⓶ -en) 振替送金，振込; 振込金 ▷ Ich habe heute deine *Überweisung* erhalten. 私はきょう君の振込を受け取った

ü·ber·wer·fen [ユーバーヴェルフェン] 非分離 (er überwirft; überwarf; überworfen; 医7h)

再 〖sich4+mit+③と〗〖..3と〗仲たがいする，不仲になる ▷ Er hat sich mit seinem besten Freund *überworfen*. 彼は一番の親友と仲たがいした / 〖相互的に〗Die beiden haben sich *überworfen*. その二人は不仲になった

ü·ber·wie·gen [ユーバーヴィーゲン] 非分離 (überwog; überwogen; 医7h)

—— 圓 (数量的に)多い，優勢である ▷ Bei den Arbeitslosen *überwiegen* die Frauen. 失業者は女性のほうが多い

—— 他 〖④と〗〖..4より〗(程度などが)強い，大きい，勝っている ▷ Die Neugier *überwog* seine Bedenken. 好奇心のほうが彼のためらう気持ちよりも強かった / Das Wetter ist *überwiegend* heiter. 天気は大方晴れである

ü·ber·wie·gend [ユーバーヴィーゲント]

—— 形 (数量的に)優勢な ▷ der *überwiegende* Teil der Bevölkerung 住民の大多数

—— 副 大方，たいてい

ü·ber·wies [ユーバーヴィース] überweisen の 過去

ü·ber·wie·sen [ユーバーヴィーゼン] überweisen の 過分

ü·ber·win·den [ユーバーヴィンデン] 非分離 (überwand; überwunden; 医7h)

—— 他 ❶ 〖④と〗〖困難なこと4を〗**克服する** ▷ alle Hindernisse *überwinden* あらゆる障害を克服する

❷ 〖④と〗〖不信・偏見など4を〗(葛藤などの末)捨て去る，克服する ▷ Er *überwand* seine Vorurteile. 彼は偏見を克服した

—— 再 〖sich4と〗(意にそぐわないことを)自分を抑えてする ▷ Ich kann mich nicht *überwinden*, ihr die Wahrheit zu sagen. 私は彼女にどうしても本当のことが言えない

Ü·ber·win·dung [ユーバーヴィンドゥング] [女] *die* ([単] 2格 -; [複] なし) (困難なことの)克服; 克己, 自制

ü·ber·win·tern [ユーバーヴィンテルン] [非分離] (überwinterte; überwintert; [完了]h)
— [自] 〚[場所]と〛(動物などが)〔…で〕冬を越す; 冬眠する
— [他] 〚④+[場所]と〛〔植物⁴を屋内などで〕冬越しさせる

ü·ber·wirft [ユーバーヴィルフト] überwerfen の [現在]

ü·ber·wog [ユーバーヴォーク] überwiegen の [過去]

ü·ber·wo·gen [ユーバーヴォーゲン] überwiegen の [過分]

ü·ber·wor·fen [ユーバーヴォルフェン] überwerfen の [過分]

ü·ber·wu·chern [ユーバーヴーヘルン] [非分離] (überwucherte; überwuchert; [完了]h)
[他] 〚④と〛(雑草などが)〔畑など⁴に〕生い茂る

ü·ber·wun·den [ユーバーヴンデン] überwinden の [過分]

Ü·ber·wurf [ユーバー・ヴルフ] [男] *der* ([単] 2格 -[e]s; [複] ..würfe) (ゆったりした, 袖⁽そで⁾のない)上っ張り, ケープ

Ü·ber·zahl [ユーバー・ツァール] [女] *die* ([単] 2格 -; [複] なし) (他より)数が多いこと, 多数 ▹ in der *Überzahl* sein (他より)多数である

ü·ber·zäh·lig [ユーバー・ツェーリヒ] [形] (必要な数より多くて)余った, 余分な, 余計な

ü·ber·zeu·gen [ユーバーツォイゲン] [非分離] (überzeugte; überzeugt; [完了]h)
— [他] 〚④と〛〔…⁴を〕納得させる, なるほどと思わせる ▹ Ich habe ihn von der Richtigkeit dieser Auffassung *überzeugt*. 私は彼にこの見解の正しさを納得させた
— [再] 〚[sich]⁴と〛(自分で調べて物事の正しさなどを)確かめる, 納得する ▹ Bitte, *überzeugen* Sie sich selbst! 自分の目で確かめてください

ü·ber·zeu·gend [ユーバーツォイゲント] [形] (論拠などが)納得のいく, 説得力がある ▹ ein *überzeugendes* Argument 納得のいく論拠 / Das klingt sehr *überzeugend*. 聞いた限りではそれはとても説得力がある

ü·ber·zeugt [ユーバーツォイクト]
— überzeugen の [現在], [過分]
— [形] ❶ 〚von+③と〛〔…³に〕確信している ▹ Ich bin [davon] *überzeugt*, dass du Recht hast. 私は君が正しいと信じている / Wir sind von seiner Ehrlichkeit *überzeugt*. 私たちは彼の誠実さにいささかの疑いももっていない
❷ 信念をもった, 筋金入りの ▹ ein *überzeugter* Christ 信心深いクリスチャン

ü·ber·zeug·te [ユーバーツォイクテ] überzeugen の [過去]

Ü·ber·zeu·gung [ユーバーツォイグング] [女] *die* ([単] 2格 -; [複] -en) 確信; 信念 ▹ Ich habe die *Überzeugung* gewonnen, dass ... 私は…という確信を得た

ü·ber·zie·hen
— [分離] [ユーバー・ツィーエン] (zog über; übergezogen; [完了]h)
[他] 〚④と〛〔衣服⁴を〕(上にさらに)着る〈はく〉 ▹ Er *zog* sich einen Mantel *über* und eilte hinaus. 彼は上にコートを着て外へ飛び出した
— [非分離] [ユーバーツィーエン] (überzog; überzogen; [完了]h)
[他] 〚④+mit+③と〛〔…⁴を…³で〕かぶせる, 覆う ▹ die Sessel mit Leder *überziehen* 安楽いすを革張りにする
[イディオム] ***ein Konto überziehen*** 預金残高以上に引き出す

ü·ber·zog [ユーバーツォーク] überziehen [非分離] の [過去]

ü·ber·zo·gen [ユーバーツォーゲン] überziehen [非分離] の [過分]

ü·ber·züch·tet [ユーバーツュヒテット] [形] (動物・植物が)極端に品種改良され抵抗力などが弱い

Ü·ber·zug [ユーバー・ツーク] [男] *der* ([単] 2格 -[e]s; [複] ..züge)
❶ (寝具・家具などの)覆い, カバー ▹ Die Betten hatten bunte *Überzüge*. 掛け布団にはカラフルなカバーがしてあった
❷ (ケーキなどの)衣; 被膜 ▹ die Torte mit einem *Überzug* aus Schokolade versehen トルテにチョコレートの衣をつける

üb·le [ユーブレ] ☞ übel

üb·ler [ユーブラー] übel の [比較]

üb·lich [ユーブリヒ]
[形] 通常の, 通例の, 慣例の ▹ Es ist bei uns *üblich*, dass ... ここでは…はふつうだ / wie *üblich* いつものように

U-Boot [ウー・ボート] [中] *das* ([単] 2格 -[e]s; [複] -e) 〚Untersee*boot* の略語〛潜水艦 ▹ Das *U-Boot* taucht 〈taucht auf〉. 潜水艦が潜水〈浮上〉する

üb·rig [ユーブリヒ]
[形] 残りの, 残っている ▹ Drei Melonen sind *übrig*. メロンが3個残っている / Von dem Geld ist noch etwas *übrig*. そのお金はまだ少し残っている / Ich habe noch ein paar Tage von meinem Urlaub *übrig*. 私は休暇がまだ数日残っている / 〚名詞的に〛Das *Übrige* erzähle ich dir später. そのほかのことはあとで君に話す
[イディオム] ④+***übrig behalten*** …⁴を(使わないで)とっておく, 残しておく

U

④ +*übrig lassen* …⁴を残しておく ▷ Er hat ihr nichts vom Kuchen *übrig gelassen.* 彼は彼女にケーキを少しも残しておかなかった

für+④ *etwas* ⟨*nichts*⟩ *übrig haben* …⁴に関心がある⟨ない⟩ ▷ *Für* Politik *hat* er *nichts übrig.* 政治に彼は無関心だ

im übrigen (旧⇒新) *im Übrigen* ところで ▷ *Im Übrigen* habe ich ganz vergessen, dir zu danken. それはそうと私は君にお礼を言うのをすっかり忘れていた

übrig bleiben 残っている ▷ Von der Suppe ist nichts *übrig geblieben.* スープはまったく残っていなかった / Es *blieb* mir nichts anderes *übrig,* als ihm zu folgen. 私には彼に従う以外に方法はなかった (☆ 文頭の es は穴埋め)

üb·rig|be·hal·ten [ユーブリヒ・ベハルテン] 分離 (er behält übrig; behielt übrig; übrigbehalten; 支h) 他 (旧⇒新) **übrig behalten** (分けて書く) ☞ übrig

üb·rig|blei·ben [ユーブリヒ・ブライベン] 分離 (blieb übrig; übriggeblieben; 支s) 自 (旧⇒新) **übrig bleiben** (分けて書く) ☞ übrig

üb·ri·gens [ユーブリゲンス]
副 ところで, それはそうと ▷ *Übrigens,* hast du schon gehört, dass … ところで君は…のことを聞いたかい

üb·rig|las·sen [ユーブリヒ・ラッセン] 分離 (er lässt übrig; ließ übrig; übriggelassen; 支h) 他 (旧⇒新) **übrig lassen** (分けて書く) ☞ übrig

üb·te [ユープテ] üben の 過去

Ü·bung [ユーブング] 囡 *die* (単 2 格 -; 複 -en)
❶ 練習, 訓練 ▷ Ihm fehlt die *Übung.* 彼は練習不足だ / 《ことわざ》 *Übung* macht den Meister. 修業が名人を生む
❷ 練習問題; 《音楽》 練習曲 ▷ die *Übungen* zu Lektion 1 第 1 課の練習問題
❸ (大学の授業科目としての)演習 ▷ an einer *Übung* teilnehmen 演習に参加する
❹ (軍隊・消防などの)演習 ▷ Die Feuerwehr rückte zu einer *Übung* aus. 消防隊は演習に出動した
❺ 《体操》 演技 ▷ am Reck eine *Übung* turnen 鉄棒の演技をする

U·fer [ウーファー] 中 *das* (単 2 格 -s; 複 -) (川・湖・海 などの) 岸 ▷ ans andere *Ufer* schwimmen 向こう岸に泳いで行く / Der Fluss ist über die *Ufer* getreten. 川が氾濫した

U·fo [ウーフォ] 中 *das* (単 2 格 -[s]; 複 -s) 《unidentified *f*lying *o*bject の略語》ユーフォー, 未確認飛行物体 (☆ドイツ語では unbekanntes Flugobjekt と言う) ▷ Hast du ein *Ufo* gesehen? 君はユーフォーを見たことがあるかい

UFO [ウーフォ] =Ufo

Uhr

[uːɐ̯ ウーア]

囡 *die* (単 2 格 -; 複 -en)

格	単 数	複 数
①	die Uhr	die **Uhren**
②	der Uhr	der Uhren
③	der Uhr	den Uhren
④	die Uhr	die Uhren

❶ 時計
eine goldene *Uhr* 金時計
auf die *Uhr* sehen 時計を見る
die *Uhr* stellen 時計を合わせる
Die *Uhr* schlägt drei. 時計が 3 時を打つ
Die *Uhr* geht nach ⟨vor⟩.
時計は遅れて⟨進んで⟩いる
❷ 【複 なし】(時刻表示の単位として) 時じ (☆ 1 時間 2 時間の「時間」は Stunde)
fünf *Uhr* dreißig
5 時 30 分 (☆ 数字を用いるときは 5.30 Uhr と書く)
Wie viel *Uhr* ist es?
何時ですか
Es ist ein *Uhr.*
1 時です (☆ *eine Uhr* は「1 つの時計」)
Es ist zwölf *Uhr* nachts. 夜中の 12 時です
gegen drei *Uhr* 3 時ごろに
um 4 *Uhr* 4 時に

Uhr·ma·cher [ウーア・マッハー] 男 *der* (単 2 格 -s; 複 -) (時計を売ったり修理したりする)時計屋

U·hu [ウーフ] 男 *der* (単 2 格 -s; 複 -s) 《鳥》ワシミミズク

Ulk [ウルク] 男 *der* (単 2 格 -s ⟨まれに -es⟩; 複 なし) (仲間うちでの)ふざけ, 冗談 ▷ *Ulk* machen ふざける

ul·ken [ウルケン] (ulkte; geulkt; 支h)
自 ⟨*mit*+3と⟩ […²を⟩からかう

ul·kig [ウルキヒと] 形 《口語》こっけいな, おもしろい, おかしな ▷ eine *ulkige* Grimasse schneiden おもしろい顔をする

Ulm [ウルム] (中 *das*) 《都市名》ウルム(西ドイツバーデン・ヴュルテンベルク州の都市; ☞ 地図 D-4)

Ul·me [ウルメ] 囡 *die* (単 2 格 -; 複 -n) 《植物》ニレ

Ul·ti·ma·ten [ウルティマーテン] Ultimatum の 複数

ul·ti·ma·tiv [ウルティマティーフ] 形 (要求などが)最後通牒ちょうとしての, 最終的な

Ul·ti·ma·tum [ウルティマートゥム] 中 *das* (単 2 格 -s; 複 ..maten) 最後通牒ちょう
イディオム ③ +*ein Ultimatum stellen* …³に最後通牒をつきつける

Ul·ti·mo [ウルティモ] 男 *der* (単 2 格 -s)

(月の)末日、晦日みそか
Ult·ra·rot [ウルトラ・ロート] 中 *das* (⓶2格 -s; ⓶なし) 赤外線
Ult·ra·vi·o·lett [ウルトラ・ヴィオレット] 中 *das* (⓶2格 -s; ⓶なし) 紫外線

um
[om ウム]

── 前《④支配》
☆ 定冠詞との融合形: ums
☆ 代名詞との結合形: darum, worum など
❶《空間》…の周りを〈に〉; …を回って〈曲がって〉(☆ herum を伴うことがある)
Sie saßen *um* den Tisch.
彼らはテーブルの周りに座っていた
Er geht *um* den Teich [herum].
彼は池の周りを歩く
Sie trägt eine Kette *um* den Hals.
彼女はネックレスを首につけている
um die Ecke biegen
角を曲がる
Er schaut vorsichtig *um* sich.
彼は注意深くあたりを見回した
❷《時間》
a)《時刻》…に ▷ *um* 5 Uhr 5 時に / *Um* wie viel Uhr treffen sie sich? 彼らは何時に会うのか
b)《おおよその時間》…のころに (☆ しばしば herum を伴う) ▷ *um* Weihnachten [herum] クリスマスのころに / *um* 3 Uhr herum 3 時ごろに
❸《差異》…だけ (☆ 比較級などと) ▷ Er ist *um* ein Jahr älter. 彼は 1 つ年上だ / Das Brett ist *um* 7 cm zu lang. その板は 7 センチ長すぎる
❹《同一名詞を繰り返して》《連続・反復》Schritt *um* Schritt ゆっくりと / einen Fehler *um* den anderen machen まちがいを次から次へとする
《イディオム》④ +*um*+④ *bitten* …⁴に…⁴を頼む
*sich*³ *Sorgen um*+④ *machen* …⁴の心配をする
um+② *willen* …²のために ▷ *um* der Gesundheit *willen* 健康のために / *Um* der Kinder *willen* ließen sie sich nicht scheiden. 子供のために彼らは離婚しなかった
um jeden Preis 是が非でも
um keinen Preis 断じて…ない ▷ *Um keinen Preis* ändere ich meinen Entschluss. 断じて私は決心を変えない

── 接《zu 不定詞句と》《目的》…するために
Er ging in die Stadt, *um* einzukaufen.
彼は買い物をするために町へ行った
《結果を表して》
Er kam, *um* gleich wieder wegzugehen. 彼は来たがすぐにまた立ち去った
《形容詞+*genug*〈*zu*+形容詞〉と呼応して》
Er ist alt genug, *um* das zu begreifen. 彼はそれを理解できるだけの年になっている(十分な年なのでそれを理解できる)
Sie ist noch zu jung, *um* das zu verstehen.
彼女はまだ若すぎてそれが理解できない
《断り書きとして;語順に影響しない》
Um die Wahrheit zu sagen, ich hasse ihn.
本当のことを言うと私は彼のことを憎んでいる
《イディオム》*um so*+比較級 …《旧⇨新》*umso*+比較級 … それだけますます…(⇨ umso)

── 副《口語》およそ、約 (☆ しばしば die や herum を伴う) ▷ Ich brauche *um* [die] 100 Euro [herum]. 私はおよそ 100 ユーロ必要だ

★ *um*..《分離・非分離前つづり》
《分離》[ウム..]
a) 《(…の周りに)》*um*binden 巻きつける, *um*legen (肩・首などに)かける
b) 《転倒》*um*fallen 倒れる, *um*kippen ひっくり返る; *um*stoßen 突き倒す
c) 《変更》*um*steigen 乗り換える, *um*ziehen 引っ越しをする
d) 《やり直し》*um*bauen 改築する; sich *um*kleiden 着替える
《非分離》[ウム..]
a) 《(…の周りを)》*um*geben 取り囲んでいる, *um*stellen 包囲する
b) 《迂回うかい》*um*fahren 迂回する, *um*gehen 避けて通る

---

um|än·dern [ウム・エンデルン] 分離
(änderte um; umgeändert; ⓶h)
他《④と》《服など⁴を》(別の形に)直す; 作り直す, 書き直す

um|ar·bei·ten [ウム・アルバイテン] 分離
(arbeitete um; umgearbeitet; ⓶h)
他《④と》《服など⁴を》(別の形に)直す; 作り直す, 書き直す

um·ar·men [ウムアルメン] 非分離
(umarmte; umarmt; ⓶h)
他《④と》〔…⁴を〕抱きしめる ▷ Er *umarmte* sie liebevoll. 彼は彼女をやさしく抱きしめた

Um·bau [ウム・バオ] 男 *der* (⓶2格 -[e]s; ⓶なし) (建物の)改築, 改造 ▷ Das Geschäft ist wegen *Umbau[s]* geschlossen. 《状態受動》店は改装のため閉まっている

um|bau·en [ウム・バオエン] 分離
(baute um; umgebaut; ⓶h)
他《④と》《建物など⁴を》作り直す, 改築する ▷ eine Scheune in ein 〈zu einem〉 Wohnhaus *umbauen* 納屋を住居に改築する

um|bet·ten [ウム・ベッテン] 分離
(bettete um; umgebettet; ⓶h)
他《④と》《病人⁴を》他のベッドに移す; 〔遺体⁴を〕別の墓に移す

um|bie·gen [ウム・ビーゲン] [分離]
(bog um; umgebogen)
— [他] 〖[完了]h〗〖④と〗〔針金など^{4}を〕折り曲げる ▷ einen Draht *umbiegen* 針金を折る
— [自] 〖[完了]s〗《口語》引き返す, U ターンする

um|bil·den [ウム・ビルデン] [分離]
(bildete um; umgebildet; [完了]h)
[他] 〖④と〗〔内閣など^{4}を〕改造する, 改組する

um|bin·den [ウム・ビンデン] [分離]
(band um; umgebunden; [完了]h)
[他] 〖④と〗〔エプロンなど^{4}を〕結ぶ,〔マフラーなど^{4}を〕(首に)巻く ▷ Er *bindet* sich einen Schlips *um.* 彼はネクタイをしめる

um|blät·tern [ウム・ブレッテルン] [分離]
(blätterte um; umgeblättert; [完了]h)
[自] (新聞などの)ページをめくる ▷ Er *blätterte um* und las weiter. 彼はページをめくって読み続けた

um|brin·gen [ウム・ブリンゲン] [分離]
(brachte um; umgebracht; [完了]h)
— [他] 〖④と〗〔…^{4}を〕**殺す** ▷ Sie hat ihn aus Eifersucht *umgebracht.* 彼女は嫉妬のあまり彼を殺した
— [再] 〖[sich]^{4}と〗自殺する ▷ Er hat sich aus Liebeskummer *umgebracht.* 彼は恋の悩みから自殺した

Um·bruch [ウム・ブルフ] [男] *der* ([単] 2 格 -[e]s; [複] ..brüche) (政治などの分野での) 根本的な変化, 変革

um|dre·hen [ウム・ドレーエン] [分離]
(drehte um; umgedreht)
— [他] 〖[完了]h〗 ❶ 〖④と〗〔…^{4}を〕**回す** ▷ Er hat den Schlüssel *umgedreht.* 彼は(鍵穴に差し込んだ)鍵を回した
❷ 〖④と〗〔…^{4}を〕**裏返す** ▷ die Schallplatte *umdrehen* レコードを裏返す / Er hat seine Socken *umgedreht.* 彼は靴下を裏返した
[イディオム] ③+***den Arm umdrehen*** …^{3}の腕をねじ上げる
— [再] 〖[完了]h〗〖[sich]^{4}と〗振り返る ▷ Die Leute *drehten* sich nach uns *um.* 人々は私たちの方を振り向いた
— [自] 〖[完了]s,h〗《口語》引き返す, U ターンする

U

um·ei·nan·der [ウム・アイナンダー] [副] 〖前置詞 um と einander「互い」の結合形; 前置詞 um の意味用法に準じて用いられる〗 Sie kümmern sich nicht viel *umeinander.* 彼らはお互いのことをあまり気にかけない (☆ sich^4 um+④ kümmern …^{4}を気にかける)

um·fah·ren
— [分離] [ウム・ファーレン] (er fährt um; fuhr um; umgefahren; [完了]h)
[他] 〖④と〗〔…^{4}を〕乗り物をぶつけて倒す
— [非分離] [ウムファーレン] (er umfährt; umfuhr; umfahren; [完了]h)
[他] 〖④と〗〔…^{4}を〕(乗り物で)迂回する

um·fährt [ウムフェーアト] umfahren [非分離] の [現在]

um|fal·len [ウム・ファレン] [分離]
(er fällt um; fiel um; umgefallen; [完了]s)
[自] ❶ (物が)倒れる, ひっくり返る ▷ Die Vase *fiel um.* 花びんが倒れた
❷ (意識を失って)倒れる, 卒倒する ▷ Er ist ohnmächtig *umgefallen.* 彼は意識を失って倒れた
❸《口語》(精神的な圧力によって) 態度〈意見〉を変える ▷ Er ist plötzlich *umgefallen* und hat sich auf die Seite des Gegners gestellt. 彼は突然態度を変えて敵方についた

Um·fang [ウム・ファング] [男] *der* ([単] 2 格 -[e]s; [複] ..fänge)
❶ **周囲の長さ** ▷ der *Umfang* eines Baumstammes 木の幹の周囲の長さ
❷ (本・仕事などの) **分量**; (知識などの) 範囲 ▷ Das Buch hat einen *Umfang* von 400 Seiten. その本は 400 ページある
❸ (災害などの) 規模, 大きさ ▷ Man muss das Problem in seinem vollen *Umfang* sehen. その問題は全体的に見なければならない

um·fan·gen [ウムファンゲン] [非分離]
(er umfängt; umfing; umfangen; [完了]h)
[他] 《文語》〖④と〗〔…^{4}を〕抱きしめる; (夕闇などが)包みこむ

um·fang·reich [ウム・ファング・ライヒ] [形] (知識などが) 範囲の広い, 広範な; (本・仕事などが) 分量の多い ▷ ein *umfangreiches* Buch 大部の本 / Sein Wissen ist sehr *umfangreich.* 彼の知識は非常に広範だ

um·fängt [ウムフェングト] umfangen の [現在]

um·fas·sen [ウムファッセン] [非分離]
(umfasste; umfasst; [完了]h)
[他] ❶ 〖④と〗〔…^{4}の数量を〕(内容として) **含む** ▷ Das Buch *umfasst* vierhundert Seiten. その本は 400 ページある
❷ 〖④と〗〔…^{4}を〕抱き〈握り〉しめる ▷ Er *umfasst* mich. 彼は私を抱きしめる / Sie hat seine Hände *umfasst.* 彼女は彼の両手を握りしめた

um·fas·send [ウムファッセント] [形] 広範囲に及ぶ, 広範な; (自白が)全面的な ▷ eine *umfassende* Bildung 幅広い教養 / Der Angeklagte legte ein *umfassendes* Geständnis ab. 被告人は全面的な自白をした

um·fing [ウムフィング] umfangen の [過去]

um|for·men [ウム・フォルメン] [分離]
(formte um; umgeformt; [完了]h)
[他] 〖④と〗〔…^{4}の〕形を変える;〔システムなど^{4}を〕作り直す

Um·fra·ge [ウム・フラーゲ] [女] *die* ([単] 2 格 -; [複]

umkehren

-n) アンケート ▷ Über dieses Problem müssen wir eine *Umfrage* machen. この問題について私たちはアンケートをとらねばならない

um·fuhr [ウムフーア] umfahren 非分離 の 過去

um|funk·ti·o·nie·ren [ウム・フンクツィオニーレン] 分離 (funktionierte um; umfunktioniert; 匠h)
他 ❶《④と》[…⁴を別の用途のもの⁴⁽³⁾に》変える ▷ ein altes Lager zu einer Diskothek *umfunktionieren* 古い倉庫をディスコに変える

um·gab [ウムガープ] umgeben の 過去

Um·gang [ウム・ガング] 男 der (⊕2格 -[e]s; ⊕ なし) つきあい、交際 ▷ Er meidet jeden *Umgang* mit den Nachbarn. 彼は隣人とのつきあいも避けている / Der ist doch kein *Umgang* für dich! あいつとはつきあわない方がよい

um·gan·gen [ウム・ガンゲン] umgehen の 非分離 過去

um·gäng·lich [ウム・ゲングリヒ] 形 つきあいやすい、人づきあい〈愛想〉のいい ▷ Er ist ein *umgänglicher* Mensch. 彼はつきあいやすい人だ

Um·gangs·for·men [ウム・ガングス・フォルン] 複名 (⊕2格 -; ⊕ -en) 人とのつき合い方

Um·gangs·spra·che [ウム・ガングス・シュプラーヘ] 女 die (⊕2格 -; ⊕ -n) 口語、話し言葉、俗語 (☆「書き言葉」は Schriftsprache,「標準語」は Hochsprache,「方言」は Mundart)

um·ge·ben [ウム・ゲーベン] 非分離 (er umgibt; umgab; umgeben; 匠h)
他 ❶《④と》[…⁴を》取り囲んでいる ▷ Eine Hecke *umgibt* den Garten. 生け垣がその庭を取り囲んでいる
❷《④+mit+③と》[…⁴を…³で]取り囲む、周りを囲む ▷ Er *umgibt* das Grundstück mit einem Zaun. 彼はその土地を柵で取り囲む

Um·ge·bung [ウム・ゲーブング] 女 die (⊕2格 -; ⊕ -en)
❶ (ある場所の)周辺、周辺地域 ▷ Die Stadt hat eine sehr schöne *Umgebung*. その町の周辺はとても美しい
❷ (生活などの)環境 ▷ sich⁴ an seine neue *Umgebung* gewöhnen 新しい生活環境に慣れる

um·ge·hen
── 分離 [ウム・ゲーエン] (ging um; umgegangen; 匠s)
自 ❶《mit+③+副詞》[…³を…に》扱う ▷ Er *geht* mit seinen Sachen sehr liederlich *um*. 彼は物の扱いが非常にぞんざいだ / Sie kann gut mit Kindern *umgehen*. 彼女は子供の扱いがじょうずだ
❷ (病気・うわさなどが)広がる、広まる ▷ Die Grippe *geht um*. インフルエンザが広がる
❸ (幽霊が)出る ▷ Hier im Schloss sollen Gespenster *umgehen*. この城には幽霊が出るとのうわさだ

── 非分離 [ウム・ゲーエン] (umging; umgangen; 匠h)
他 ❶《④と》[いやなこと⁴を]避ける、回避する ▷ Sie *umging* die Antwort auf seine Frage. 彼女は彼の質問に答えるのを避けた
❷《④と》[…⁴を]避けて通る、迂回する ▷ Die Straße *umgeht* die Innenstadt. この道路は町の中心部を迂回している
❸《④と》[規則など⁴を]すり抜ける ▷ ein Gesetz *umgehen* 法の網をくぐる

um·ge·hend [ウム・ゲーエント] 形 さっそくの、折り返しの ▷ *umgehend* antworten 折り返し返事をする

um·ge·kehrt [ウム・ゲケーアト] 形 逆の ▷ in *umgekehrter* Reihenfolge 逆の順序で / Die Sache ist genau *umgekehrt*. 事情はまさに逆だ

um·ge·stie·gen [ウム・ゲシュティーゲン] umsteigen の 過分

um·ge·zo·gen [ウム・ゲツォーゲン] umziehen の 過分

um·gibt [ウムギプト] umgeben の 現在

um·ging [ウムギング] umgehen の 非分離 の 過去

Um·hang [ウム・ハング] 男 der (⊕2格 -[e]s; ⊕ ..hänge) (服飾) ケープ

um·her [ウムヘーア] 副 あらゆる方向に、あちこちに ▷ Die Trümmer des Flugzeuges lagen weit *umher*. あたり一帯に飛行機の残骸が散乱していた

um·her|bli·cken [ウムヘーア・ブリッケン] 分離 (blickte umher; umhergeblickt; 匠h)
自 あたりを見回す

um·her|ge·hen [ウムヘーア・ゲーエン] 分離 (ging umher; umhergegangen; 匠s)
自《口語》(公園・町中などを)ぶらぶら歩く

um·her|lau·fen [ウムヘーア・ラオフェン] 分離 (er läuft umher; lief umher; umhergelaufen; 匠s)
自《口語》(当てもなく)あちこち歩き回る

um·hül·len [ウムヒュレン] 非分離 (umhüllte; umhüllt; 匠h)
他《④+mit+③と》[…⁴を…³で]くるむ、包む

Um·kehr [ウム・ケーア] 女 die (⊕2格 -; ⊕ なし) 引き返すこと ▷ Der dichte Nebel zwang die Maschine zur *Umkehr*. 濃霧のため飛行機は引き返さざるをえなかった

um|keh·ren [ウム・ケーレン] (kehrte um; umgekehrt)
── 自 匠s 引き返す ▷ Auf halbem Wege mussten wir *umkehren*. 私たちは道半ばで引き

返さなければならなかった
— [他] ❶ 〚[完了]h〛〚④と〛〔‥⁴を〕裏返す, ひっくり返す ▹ Strümpfe *umkehren* 靴下を裏返す
❷ 〚④と〛〔順序など⁴を〕逆にする ▹ die Reihenfolge *umkehren* 順番を逆にする

um|kip·pen [ウム・キッペン] [分離]
(kippte um; umgekippt)
— [自] 〚[完了]s〛 ❶ (物が)倒れる, ひっくり返る; (ボートなどが)転覆する
❷ 《口語》(気分が悪くなって)気絶する, 卒倒する
❸ (汚染されて河川などが)生物の生息できない状態になる
— [他] 〚[完了]h〛〚④と〛〔‥⁴を〕倒す

um|klei·den [ウム・クライデン] [分離]
(kleidete um; umgekleidet; [完了]h)
[再] 《文語》〚[sich]⁴と〛着替える (=umziehen)

um|kom·men [ウム・コメン] [分離]
(kam um; umgekommen; [完了]s)
[自] (事故などで)**命を失う**, 死ぬ ▹ Bei dem Erdbeben sind viele Menschen *umgekommen.* その地震の際に多くの人が命を失った / 《比ゆ》 Ich *komme um* vor Langeweile. 私は退屈で死にそうだ

Um·kreis [ウム・クライス] [男] *der* ([単] 2格 -es; [複] なし) (ある場所の)周辺, 周辺部

um·krei·sen [ウムクライゼン] [非分離]
(umkreiste; umkreist; [完了]h)
[他] 〚④と〛〔‥⁴の〕まわりを回る

um|krem·peln [ウム・クレムペルン] [分離]
(krempelte um; umgekrempelt; [完了]h)
[他] ❶ 〚④と〛〔袖・裾など⁴を〕折り返す, まくり上げる
❷ 〚④と〛〔靴下など⁴を〕裏返しにする
❸ 《口語》〚④と〛〔‥⁴を〕根本的に変える

Um·lauf [ウム・ラオフ] [男] *der* ([単] 2格 -[e]s; [複] なし)
❶ (貨幣の) 流通; (うわさの) 流布 ▹ Geld 〈ein Gerücht〉 in *Umlauf* bringen 貨幣を流通させる〈うわさを広める〉 / Ein Wort kommt in *Umlauf.* あることばがはやる
❷ (会社などでの)回覧文書

um|le·gen [ウム・レーゲン] [分離]
(legte um; umgelegt; [完了]h)
[他] ❶ 〚④と〛〔立っているもの⁴を〕倒す, 横にする; 〔襟など⁴を〕折り返す ▹ die Rückenlehne des Autositzes *umlegen* 自動車の座席の背もたれを倒す
❷ 〚④と〛〔‥⁴を〕(肩・首などに)かける, 巻く ▹ Sie *legt* sich eine Halskette *um.* 彼女はネックレスをつける
❸ 《口語》〚④と〛〔‥⁴を〕(冷酷に)撃ち殺す ▹ Die Verbrecher *legten* drei Polizisten *um.* 犯人たちは3人の警察官を撃ち殺した
❹ 〚④と〛〔費用・土地など⁴を〕割り振る〈当てる〉 ▹ Die Ausgaben wurden auf die Beteiligten *umgelegt.* 出費は参加者に割り振られた

U

um|lei·ten [ウム・ライテン] [分離]
(leitete um; umgeleitet; [完了]h)
[他] 〚④と〛〔‥⁴を〕迂回させる ▹ Der Verkehr wurde wegen eines Unfalls *umgeleitet.* 交通は事故のため迂回させられた

Um·lei·tung [ウム・ライトゥング] [女] *die* ([単] 2格 -; [複] -en) 迂回路

um·lie·gen·de [ウム・リーゲンデ] [形] 付近の, 近辺〈周辺〉の (☆ 名詞につけて) ▹ die *umliegenden* Dörfer 付近の村々

um·rah·men [ウムラーメン] [非分離]
(umrahmte; umrahmt; [完了]h)
[他] 〚④と〛〔‥⁴を〕取り囲む, 縁取る; (演奏などが)〔催し物⁴の〕前後を飾る

um·ran·den [ウムランデン] [非分離]
(umrandete; umrandet; [完了]h)
[他] 〚④と〛〔‥⁴の〕縁を飾る, 縁取りをする; (印をつけるために)丸で囲む ▹ die Fehler rot *umranden* 誤りの箇所に赤丸をつける

um·rei·ßen
— [分離] [ウム・ライセン] (riss um; umgerissen; [完了]h)
[他] 〚④と〛〔‥⁴を〕(激しい勢いで)倒す ▹ Der Sturm hat das Zelt *umgerissen.* あらしがテントを吹き倒した
— [非分離] [ウムライセン] (umriss; umrissen; [完了]h)
[他] 〚④と〛〔‥⁴の〕概略を述べる ▹ Er *reißt* die Situation kurz *um.* 彼は状況の概略を手短に述べる

um·rin·gen [ウムリンゲン] [非分離]
(umringte; umringt; [完了]h)
[他] 〚④と〛〔‥⁴を〕取り巻く, 取り囲む ▹ Die Schüler *umringten* den Lehrer. 生徒たちが先生を取り巻いた

um·riss [ウムリス] umreißen [非分離] の [過去]

Um·riss [ウム・リス] [男] *der* ([単] 2格 -es; [複] -e)
輪郭 (☆ 複数形でしばしば1つの物体の輪郭を表す) ▹ In der Dunkelheit konnten wir nur die *Umrisse* der Häuser erkennen. 暗闇で私たちは家々の輪郭しかわからなかった
[イディオム] ***in Umrissen*** 大まかに

Um·riß [旧⇒新] Umriss

um·ris·sen [ウムリッセン] umreißen [非分離] の [過分]

ums [ウムス] 〚um と定冠詞 das の融合形〛 durch einen Unfall *ums* Leben kommen 事故で死ぬ

um|sat·teln [ウム・ザッテルン] [分離]
(sattelte um; umgesattelt; [完了]h)
[自] 《口語》職業・専攻などを変える, 鞍替えする

る; 転職〈転科〉する

Um·satz [ウム・ザッツ] [男] *der* ([単] 2格 -es; [複] ..sätze) 《商業》 **売り上げ** ▷ Der *Umsatz* steigt 〈sinkt〉. 売り上げが伸びる〈落ちる〉

um|schal·ten [ウム・シャルテン] [分離] (schaltete um; umgeschaltet; [完了]h)

[自] テレビのチャンネル〈ラジオのダイヤル〉を変える ▷ aufs achte Programm *umschalten* チャンネルを 8 に変える / *Schalt* mal *um!* ちょっとチャンネルを変えてくれ

Um·schal·ter [ウム・シャルター] [男] *der* ([単] 2格 -s; [複] -) 切り替えスイッチ; (キーボードの)シフトキー

Um·schlag [ウム・シュラーク] [男] *der* ([単] 2格 -[e]s; [複] ..schläge)

❶ **封筒** ▷ den *Umschlag* öffnen 開封する / den *Umschalg* zukleben 封筒に封をする / einen Brief in einen *Umschlag* stecken 手紙を封筒に入れる

❷ (本などの)カバー ▷ Der *Umschlag* des Buches ist schon eingerissen. [状態受動] その本のカバーはもう(端のほうから)やぶれている

❸ 〚ふつう [複] で〛 湿布 ▷ kalte 〈warme〉 *Umschläge* machen 冷〈温〉湿布をする

❹ 〚[複] なし〛(天候・気分などの) 急変 ▷ Der *Umschlag* seiner Stimmung war mir unerklärlich. 彼の気分が急に変わったのは私には不可解だった

um|schla·gen [ウム・シュラーゲン] [分離] (er schlägt um; schlug um; umgeschlagen)

── [自] 〚[完了]s〛(天候・雰囲気などが) 急変する ▷ Das Wetter ist *umgeschlagen.* 天候が急変した

── [他] 〚[完了]h〛 ❶ 〚④と〛〔..⁴を〕斧で倒す ▷ einen Baum *umschlagen* 木を斧で倒す

❷ 〚④と〛〔襟など⁴を〕折り返す;〔ページ⁴を〕めくる ▷ die Manschetten *umschlagen* カフスを折り返す

❸ 〚④と〛〔貨物⁴を〕(特に船から貨車などに) 積み替える ▷ Hier werden Güter aller Art *umgeschlagen.* ここであらゆる種類の貨物が積み替えられる

um·schlang [ウムシュラング] umschlingen の [過去]

um·schlie·ßen [ウムシュリーセン] [非分離] (umschloss; umschlossen; [完了]h)

[他] 〚④と〛(柵などが)〔..⁴を〕取り囲んでいる

um·schlin·gen [ウムシュリンゲン] [非分離] (umschlang; umschlungen; [完了]h)

[他] 〚④と〛〔..⁴に〕腕をからませ抱きつく

um·schloss [ウムシュロス] umschließen の [過去]

um·schlos·sen [ウムシュロッセン] umschließen の [過分]

um·schlun·gen [ウムシュルンゲン] umschlingen の [過分]

um·schrei·ben

── [分離] [ウム・シュライベン] (schrieb um; umgeschrieben; [完了]h)

[他] 〚④と〛〔..⁴を〕書き直す〈換える〉 ▷ Der Schriftsteller *schrieb* die Novelle *um.* 小説家はその短編小説を書き直した

── [非分離] [ウムシュライベン] (umschrieb; umschrieben; [完了]h)

[他] ❶ 〚④と〛〔..⁴を〕(間接的な)別のことばで表現する, 言い換える ▷ einen schwierigen Begriff *umschreiben* 難しい概念を別の語で言い換える

❷ 〚④と〛〔..⁴を〕(要点にしぼって)述べる ▷ Er *umschrieb* meine Pflichten kurz. 彼は私の義務を手短に述べた

um·schrieb [ウムシュリープ] umschreiben [非分離] の [過去]

um·schrie·ben [ウムシュリーベン] umschreiben [非分離] の [過分]

um|schu·len [ウム・シューレン] [分離] (schulte um; umgeschult; [完了]h)

── [他] ❶ 〚④と〛〔..⁴を〕(別の新しい職につけるように)再教育〈再訓練〉する ▷ sich⁴ *umschulen* lassen 再教育〈再訓練〉を受ける

❷ 〚④と〛〔..⁴を〕転校させる (☆ ふつう受動形で)

── [自] (別の新しい職につけるように)再教育〈再訓練〉を受ける

um·schwär·men [ウムシュヴェルメン] [非分離] (umschwärmte; umschwärmt; [完了]h)

[他] ❶ 〚④と〛(昆虫・コウモリなどが)群れをなして〔..⁴の〕周りを飛びまわる

❷ 〚④と〛(崇拝者が)〔..⁴を〕群れをなして取り囲む (☆ ふつう受動形で)

Um·schwei·fe [ウム・シュヴァイフェ] [複名] 回りくどさ, 冗長さ ▷ ohne *Umschweife* 単刀直入に, 率直に

um|schwen·ken [ウム・シュヴェンケン] [分離] (schwenkte um; umgeschwenkt; [完了]s)

[自] 意見などを突然変える; 変節する

Um·schwung [ウム・シュヴング] [男] *der* ([単] 2格 -[e]s; [複] ..schwünge) (状況・気分・意見などの)急変, 激変 ▷ Plötzlich trat ein *Umschwung* seiner Stimmung ein. 突然彼の気分〈機嫌〉ががらっと変わった

um|se·hen [ウム・ゼーエン] [分離] (er sieht um; sah um; umgesehen; [完了]h)

[再] ❶ 〚[sich]⁴+[場所]と〛〔…を〕**見回す**; 見て回る ▷ Sie *sah* sich in meiner Wohnung neugierig *um.* 彼女は私の住まいを好奇の目で見回した

❷ 〚[sich]⁴と〛(見るために)振り返る ▷ Sie *sah* sich immer wieder nach ihm *um.* 彼女は繰

り返し彼の方を振り返った
❸ 〘sich⁴+nach+❸と〙[…³を]探す, 探し回る ▷ Sie *sah* sich in der Stadt nach einem Kleid *um*. 彼女は町でワンピースを探し回った

um|set·zen [ウム・ゼッツェン] 分離
(setzte um; umgesetzt; 助h)
他 ❶ 〘❹と〙[杭など⁴を]他の場所に移す
❷ 〘❹と〙[…⁴を](一定期間内に)売る, 売りさばく

Um·sicht [ウム・ズィヒト] 女 *die* (❷2格 −; ❸ なし)思慮深さ, 周到さ

um·sich·tig [ウム・ズィヒティヒ] 形 思慮深い, 周到な

um·so [ウム・ゾ] 副 〘比較級と〙それだけますます〈いっそう〉… ▷ *umso* besser それだけますますよい
イディオム *je*+比較級, *umso*+比較級 …すればするほどそれだけますます…; …なのでそれだけますます ▷ Je schneller der Wagen ist, *umso* größer ist die Gefahr. 車は速ければ速いほど危険もそれだけ大きい

um·sonst [ウム・ゾンスト]
副 ❶ (報酬をもとめずに)無料で, ただで ▷ Er hat *umsonst* gearbeitet. 彼はただ〈無報酬〉で働いた
❷ (代金がかからず)無料で, ただで ▷ Wir durften *umsonst* mitfahren. 私たちはただで車にいっしょに乗せてもらえた
❸ むだに, 無益に, いたずらに ▷ Seine Bemühungen waren *umsonst*. 彼の努力はむだだった / Sie hat *umsonst* gewartet. 彼女は待ったがむだだった
イディオム *nicht umsonst* 理由なしに…ではない ▷ Ich habe *nicht umsonst* davor gewarnt. 私がそのことに注意するように言ったのも理由あってのことだ

um·sor·gen [ウムゾルゲン] 非分離
(umsorgte; umsorgt; 助h)
他 〘❹と〙[…⁴の]面倒をみる, 世話をする

um|sprin·gen [ウム・シュプリンゲン] 分離
(sprang um; umgesprungen; 助s)
自 ❶ (風向きなどが)突然変わる
❷ 〘口語〙〘mit+❸+様態と〙[…³を…に]扱う(☆ふつう否定的な意味合いで) ▷ So kannst du nicht mit ihr *umspringen*. そんなふうに彼女のことを扱ってはだめだ

Um·stand [ウム・シュタント] 男 *der* (❷2格 −[e]s; ❸ ..stände)
❶ 事情 ▷ ein entscheidender *Umstand* 決定的な事情 / den veränderten *Umständen* Rechnung tragen 変化した事情を考慮に入れる / Wenn es die *Umstände* erlauben, komme ich. 事情が許せば行きます〈来ます〉
❷ 〘ふつう❸で〙手間, めんどう ▷ Mach dir meinetwegen keine *Umstände*! 私におかまいなく
イディオム *unter allen Umständen* どんなことがあっても, いずれにせよ
unter keinen Umständen どんなことがあっても…ない
unter Umständen 事情によっては (略 u.U.)

um·ständ·lich [ウム・シュテントリヒ] 形 ❶ (仕事などが)めんどうな, 手間のかかる ▷ Diese Methode ist zu *umständlich*. この方法はめんどうすぎる
❷ (やり方が)もたもたした, 悠長な; (説明などが)回りくどい ▷ Er ist bei allem, was er tut, sehr *umständlich*. 彼はすることがすべて非常にもたもたしている

um|stei·gen [ウム・シュタイゲン] 分離
(stieg um; umgestiegen; 助s)
自 乗り換える ▷ Ich muss in Frankfurt *umsteigen*. 私はフランクフルトで乗り換えなくてはならない / in die Linie 3 *umsteigen* 3番線に乗り換える / 〘比ゆ〙 Er ist aufs Fahrrad *umgestiegen* 彼は(車から)自転車に乗り換えた

um·stel·len
―― 分離 [ウム・シュテレン] (stellte um; umgestellt; 助h)
―― 他 ❶ 〘❹と〙[…⁴を](他の場所に)移す, 置き換える ▷ Sie *stellten* die Möbel in diesem Zimmer *um*. 彼らはこの部屋の家具の配置を変えた
❷ 〘❹と〙[…⁴を]切り替える ▷ einen Schalter *umstellen* スイッチを切り替える / die Uhren auf die Sommerzeit *umstellen* 時計を夏時間に合わせる / Sie haben die Produktion auf Spielwaren *umgestellt*. 彼らは生産をおもちゃに切り替えた
―― 再 〘sich⁴と〙(新しい環境などに)順応する; 切り替わる ▷ Er konnte sich schnell *umstellen*. 彼はすぐに順応することができた
―― 非分離 [ウムシュテレン] (umstellte; umstellt; 助h)
他 〘❹と〙[…⁴を]包囲する ▷ Die Polizei *umstellte* das Gebäude. 警察は建物を包囲した

um|sto·ßen [ウム・シュトーセン]
(er stößt um; stieß um; umgestoßen; 助h)
他 〘❹と〙[…⁴を]突き倒す

um·strit·ten [ウム・シュトリッテン] 形 (評価の)定まっていない, 議論の余地がある ▷ Der Wert dieses Bildes ist nach wie vor *umstritten*. この絵の価値は依然として定まっていない

Um·sturz [ウム・シュトゥルツ] 男 *der* (❷2格 −es; ❸ ..stürze) (政権の暴力的な)転覆 ▷ durch einen *Umsturz* an die Macht gelangen 政権を倒して権力の座につく

um|stür·zen [ウム・シュテュルツェン] 分離

(stürzte um; umgestürzt)
— [自]〖[完了]s〗(勢いよく)ひっくり返る
— [他]〖[完了]h〗〖[4]と〗〔‥^{4}を〕(勢いよく)ひっくり返す

um|tau·schen [ウム・タオシェン] [分離]
(tauschte um; umgetauscht; [完了]h)
[他] 〖[4]と〗〔‥^{4}を〕(買った店で等価のものと)取り換える ▷ Sie *tauscht* den Rock, den sie gestern gekauft hat, gegen eine Bluse *um.* 彼女はきのう買ったスカートをブラウスと取り換える / ein Geschenk *umtauschen* もらった贈り物を(店に返して他の商品と)取り換える

um|tun [ウム・トゥーン] [分離]
(tat um; umgetan; [完了]h)
[他]〖[4]と〗〔エプロンなど^{4}を〕(身体に)巻き〈結び〉つける

um|wan·deln [ウム・ヴァンデルン] [分離]
(wandelte um; umgewandelt; [完了]h)
[他]〖[4]+in+[4]〈zu+[3]〉と〗〔‥^{4}を‥$^{4(3)}$に〕変える, 変更する; 改築〈改造〉する

Um·weg [ウム・ヴェーク] [男] *der* ([単] 2 格 -[e]s; [複] -e) **回り道** ▷ einen *Umweg* machen 回り道をする

Um·welt [ウム・ヴェルト] [女] *die* ([単] 2 格 -; まれに [複] -en)
❶ **環境** ▷ die soziale und kulturelle *Umwelt* 社会的および文化的環境 / die Verschmutzung der *Umwelt* 環境の汚染
❷《集合的に》周囲の人たち ▷ Er fühlt sich von seiner *Umwelt* missverstanden. 彼は周囲の人たちから誤解されていると感じる

Um·welt·auf·la·ge [ウム・ヴェルト・アオフ・ラーゲ] [女] *die* ([単] 2 格 -; [複] -n) 環境基準

Um·welt·au·to [ウム・ヴェルト・アオト] [中] *das* ([単] 2 格 -s; [複] -s) 低公害車

um·welt·be·dingt [ウム・ヴェルト・ベディングト] [形] (災害・病気などについて)環境が原因の

Um·welt·be·din·gung [ウム・ヴェルト・ベディングング] [女] *die* ([単] 2 格 -; [複] -en)〖ふつう [複] で〗環境条件

um·welt·be·las·tend [ウム・ヴェルト・ベラステント] [形] 環境を悪化させる

Um·welt·be·las·tung [ウム・ヴェルト・ベラストゥング] [女] *die* ([単] 2 格 -; [複] -en) 環境を悪化させること

um·welt·be·wusst ([旧] ..wußt) [ウム・ヴェルト・ベヴスト] [形] 環境保護意識を持った

Um·welt·be·wusst·sein [ウム・ヴェルト・ベヴスト・ザイン] [中] *das* ([単] 2 格 -s; [複] なし) 環境保護意識

um·welt·feind·lich [ウム・ヴェルト・ファイントリヒ] [形] 環境に有害な

Um·welt·fra·ge [ウム・ヴェルト・フラーゲ] [女] *die* ([単] 2 格 -; [複] -n) 環境問題

um·welt·freund·lich [ウム・ヴェルト・フロイントリヒ] [形] 環境にやさしい

Um·welt·ka·ta·stro·phe [ウム・ヴェルト・カタストローフェ] [女] *die* ([単] 2 格 -; [複] -n) 環境を破壊する大災害

Um·welt·kri·mi·na·li·tät [ウム・ヴェルト・クリミナリテート] [女] *die* ([単] 2 格 -; [複] なし) 環境汚染犯罪

Um·welt·pa·pier [ウム・ヴェルト・パピーア] [中] *das* ([単] 2 格 -s; [複] なし) 再生紙

Um·welt·schutz [ウム・ヴェルト・シュッツ] [男] *der* ([単] 2 格 -es; [複] なし) 環境保護〈保全〉 ▷ Wir setzen sich in unserer Freizeit für den *Umweltschutz* ein. 私たちは暇なときには環境保護のために尽力する

Um·welt·schutz·ge·setz [ウム・ヴェルト・シュッツ・ゲゼッツ] [中] *das* ([単] 2 格 -es; [複] -e) 環境保護法

Um·welt·steu·er [ウム・ヴェルト・シュトイアー] [女] *die* ([単] 2 格 -; [複] -n) 環境税

Um·welt·sün·der [ウム・ヴェルト・ズュンダー] [男] *der* ([単] 2 格 -s; [複] -)《口語》環境を汚染〈破壊〉する人

Um·welt·ver·schmut·zung [ウム・ヴェルト・フェアシュムッツング] [女] *die* ([単] 2 格 -; まれに [複] -en) 環境汚染 ▷ der Kampf gegen die *Umweltverschmutzung* 環境汚染との闘い

um·welt·ver·träg·lich [ウム・ヴェルト・フェアトレークリヒ] [形] 環境に負担をかけない

Um·welt·zer·stö·rung [ウム・ヴェルト・ツェアシュテールング] [女] *die* ([単] 2 格 -; まれに [複] -en) 環境破壊

um|wer·fen [ウム・ヴェルフェン] [分離]
(er wirft um; warf um; umgeworfen; [完了]h)
[他]〖[4]と〗〔‥^{4}を〕ひっくり返す, 突き倒す

um|zie·hen [ウム・ツィーエン] [分離]
(zog um; umgezogen)
— [自]〖[完了]s〗**引っ越しをする** ▷ in eine größere Wohnung 〈nach München〉 *umziehen* より大きな住まい〈ミュンヒェン〉に引っ越す
— [再]〖[完了]h〗〖[sich]^{4}と〗**着替える** ▷ Ich habe mich fürs Theater *umgezogen.* 私は芝居を見に行くために着替えた
— [他]〖[完了]h〗〖[4]と〗〔‥^{4}に〕別の服を着せる, 着替えさせる ▷ ein Kind *umziehen* 子供に別の服を着せる

um·zin·geln [ウムツィンゲルン] [非分離]
(umzingelte; umzingelt; [完了]h)
[他] 〖[4]と〗〔‥^{4}を〕包囲する ▷ Die Stadt ist vom Feind *umzingelt.* [状態受動] 町は敵に包囲されている

Um·zug [ウム・ツーク] [男] *der* ([単] 2 格 -[e]s; [複] ..züge)
❶ 引っ越し ▷ der *Umzug* in eine neue

U

Wohnung 新しい住まいへの引っ越し / ③+ beim *Umzug* helfen …の引っ越しの手伝いをする / Ich muss mir für den *Umzug* Urlaub nehmen. 私は引っ越しのために休暇をとらなければならない
❷ (カーニバルなどの)パレード, 行進, 行列 ▷ an einem *Umzug* teilnehmen 行進に参加する

un·ab·än·der·lich [ウン・アップ・エンダーリヒ/ウン・アップ・エン..] 形(決定などが)変えられない, 変更できない ▷ Die Entscheidung ist *unabänderlich*. その決定は変えることができない

un·ab·ding·bar [ウン・アップ・ディング・バール/ウン・アップ・ディング..] 形(前提・要求などが)絶対に必要な, 絶対に譲れない

un·ab·hän·gig [ウン・アップ・ヘンギヒ]
形 ❶ 独立している ▷ ein *unabhängiger* Staat 独立国家 / Sie ist finanziell *unabhängig*. 彼女は経済的に独立している
❷ 《von+③と》 《…に》依存していない ▷ Unser Vorhaben ist vom Wetter *unabhängig*. 私たちの計画は天候に左右されない
(イディオム) ***unabhängig davon, ob ...*** …かどうかにかかわりなく ▷ Ich gehe auf jeden Fall hin, *unabhängig davon, ob* du mitkommst oder nicht. 私は君がいっしょに来ようが来まいがいずれにしても行く

Un·ab·hän·gig·keit [ウン・アップ・ヘンギヒカイト] 女 die (働 2格 -; 働 なし) 独立; 依存していないこと ▷ Dieses Volk kämpfte um seine *Unabhängigkeit*. この国民は独立を求めて戦った

un·ab·kömm·lich [ウン・アップ・ケムリヒ/ウン・アップ・ケム..] 形《文語》(仕事などから)抜け出られない, (その場に)いなくてはならない

un·ab·läs·sig [ウン・アップ・レッスィヒ/ウン・アップ・レッ..] 形 (嫌なことが)途切れることのない, 絶え間〈間断〉のない

un·ab·seh·bar [ウン・アップ・ゼー・バール] 形 予測〈見当〉がつかない

un·ab·sicht·lich [ウン・アップ・ズィヒトリヒ] 形 故意〈意図的〉でない, 《副詞的に》そのつもりでないのに, うっかり

un·acht·sam [ウン・アハトザーム] 形 注意力が十分でない, 不注意な ▷ Er ließ *unachtsam* eine Tasse fallen. 彼はうっかりして茶碗を落とした

un·an·ge·bracht [ウン・アン・ゲブラハト] 形(その状況に)ふさわしくない, 不適切な

un·an·ge·mes·sen [ウン・アン・ゲメッセン] 形 《文語》(要求などが)不相応の, 不適切な

un·an·ge·nehm [ウン・アンゲネーム] (比較 -er, 最上 -st)
形 不快な, 不愉快な, いやな; 困った ▷ ein *unangenehmer* Geruch 不快なにおい / Er ist ein *unangenehmer* Mensch. 彼はいやな人だ / in eine *unangenehme* Lage geraten 困った状況に陥る
(イディオム) ***unangenehm werden*** (物事が)困ったことになる ▷ Das kann sehr *unangenehm werden*. それは大変困ったことになりかねない

un·an·nehm·bar [ウン・アン・ネーム・バール/ウン・アン・ネーム..] 形(要求などが)受け入れられない

Un·an·nehm·lich·keit [ウン・アンネームリヒカイト] 女 die (働 2格 -; 働 《ふつう 複》 -en) 不愉快な〈めんどうな〉こと ▷ sich³ *Unannehmlichkeiten* ersparen 不愉快な思いをしないですます

un·an·sehn·lich [ウン・アン・ゼーンリヒ] 形(見た感じが)よくない, 見栄えのしない ▷ ein *unansehnliches* Haus 見栄えのしない家

un·an·stän·dig [ウン・アン・シュテンディヒ] 形 礼儀に反する, 無作法な; 卑猥な ▷ ein *unanständiges* Benehmen 無作法な態度

un·ap·pe·tit·lich [ウン・アペティートリヒ] 形(食事などが)食欲をそそらない, まずそうな

Un·art [ウン・アールト] 女 die (働 2格 -; 働 -en) (人に不快な感じを与える)悪い癖; 無作法な〈行儀の悪い〉行為 ▷ Diese *Unart* musst du dir abgewöhnen. このような悪い癖は君はやめなければならない

un·ar·tig [ウン・アールティヒ] 形(子供が)言うことを聞かない, 聞き分けのない ▷ Die Kinder waren heute sehr *unartig*. 子供たちはきょうはとても聞き分け〈行儀〉が悪かった

un·auf·fäl·lig [ウン・アオフ・フェリヒ]
—形 目立たない, 地味な, 控え目な ▷ eine *unauffällige* Farbe 目立たない色
—副 こっそりと, 人に気づかれないように ▷ Er folgte ihr *unauffällig*. 彼は彼女のあとをこっそりつけた

un·auf·find·bar [ウン・アオフ・フィント・バール/ウン・アオフ・フィント..] 形 見つけ出せない, 見つからない

un·auf·ge·for·dert [ウン・アオフ・ゲフォルデルト] 副 (要求されることなく)自ら進んで

un·auf·halt·sam [ウン・アオフ・ハルトザーム/ウン・アオフ・ハルト..] 形(進行が)止めることのできない ▷ Die Krankheit schritt *unaufhaltsam* fort. 病気は手のほどこしようもなく進行した

un·auf·hör·lich [ウン・アオフ・ヘーアリヒ/ウン・アオフ・ヘーア..] 形 絶え間ない (☆ 述語的に用いない) ▷ Es schneite den ganzen Tag *unaufhörlich*. 一日中絶え間なく雪が降った

un·auf·merk·sam [ウン・アオフ・メルクザーム] 形 注意を集中していない, 注意して聞いていない; (客に対する態度が)不親切な

un·auf·rich·tig [ウン・アオフ・リヒティヒ] 形 不誠実な, 不正直な ▷ Er war *unaufrichtig* zu mir. 彼は私に対して不誠実だった

un·aus·ge·gli·chen [ウン·アオス·ゲグリッヒェン] [形] (気分が)不安定な, 気まぐれな ▷ Sie hat ein *unausgeglichenes* Wesen. 彼女は気まぐれな性格だ

un·aus·ge·setzt [ウン·アオス·ゲゼッツト] [副] 絶え間なく (＝unaufhörlich)

un·aus·lösch·lich [ウン·アオス·レッシュリヒ/ウン·アオス·レッシュ..] [形] 《文語》 忘れられない, 忘れ難い

un·aus·sprech·lich [ウン·アオス·シュプレヒリヒ/ウン·アオス·シュプレヒ..] [形] 《文語》 表現できないほどの, 名状しがたい

un·aus·steh·lich [ウン·アオス·シュテーリヒ/ウン·アオス·シュテー..] [形] (ひどく機嫌が悪く)我慢できない ▷ Du bist heute *unausstehlich*! 君はきょう機嫌が悪くてやりきれない

un·aus·weich·lich [ウン·アオス·ヴァイヒリヒ/ウン·アオス·ヴァイヒ..] [形] 避けられない, 逃れられない

un·bän·dig [ウン·ベンディヒ]
— [形] (怒り·喜びなどが)抑えられない, 激しい
— [副] 《程度を表して》 ものすごく

un·bar [ウン·バール] [形] (支払いなどが)現金でない, 振り替え〈小切手〉などによる

un·barm·her·zig [ウン·バルム·ヘルツィヒ] [形] 無慈悲な, 情け容赦のない, 冷酷な

un·be·ach·tet [ウン·ベアハテット] [形] (誰からも)注意を払われない, 顧みられない

un·be·an·stan·det [ウン·ベアンシュタンデット] [形] 異議を唱えられない, 文句をつけられない; 〘副詞的に〙 異議を唱えられる〈文句をつけられる〉ことなく

un·be·dacht [ウン·ベダハト] [形] 思慮を欠く, 軽率な ▷ eine *unbedachte* Äußerung 思慮を欠く〈不用意な〉発言

un·be·denk·lich [ウン·ベデンクリヒ] [形] 疑念〈不審〉を持つ必要のない; 〘副詞的に〙 ためらわずに, 安心して

un·be·deu·tend [ウン·ベドイテント] [形] 重要でない, 価値の低い ▷ ein *unbedeutendes* Detail 重要でない細かいこと

un·be·dingt [ウン·ベディングト/ウン·ベディングト]
— [形] **無条件の**, 絶対の ▷ Sie hat zu ihm *unbedingtes* Vertrauen. 彼女は彼を無条件に信頼している
— [副] ぜひとも, どうしても ▷ Wir müssen ihm *unbedingt* helfen. 私たちは彼をぜひとも助けねばならない / Das ist nicht *unbedingt* erforderlich. それはどうしても必要というわけではない

un·be·fan·gen [ウン·ベファンゲン] [形] ❶ 気後れしない, 臆しない ▷ Er ist anderen gegenüber ganz *unbefangen*. 彼は人に対してまったく臆するところがない ❷ 偏見のない, 公正な ▷ ein *unbefangener* Richter 公正な裁判官

un·be·frie·di·gend [ウン·ベフリーディゲント] [形] 不満足な, 満足のいかない

Un·be·fug·te [ウン·ベフークテ] [男] *der* / [女] *die* (形容詞変化 ☞ Alte 表 I) 権限〈資格〉のない人 ▷ Zutritt für *Unbefugte* verboten! 関係者以外立入禁止

un·be·gabt [ウン·ベガープト] [形] 才能のない

un·be·greif·lich [ウン·ベグライフリヒ/ウン·ベグライフ..] [形] 理解できない, 不可解な ▷ Es ist *unbegreiflich*, dass er so was glaubt. 彼がそんなことを信じるなんて理解できない

un·be·grenzt [ウン·ベグレンツト/ウン·ベグレンツト] [形] 無限の, 無制限の ▷ Ihm kann man *unbegrenzt* vertrauen. 彼は限りなく信頼できる

un·be·grün·det [ウン·ベグリュンデット] [形] 根拠〈理由〉のない ▷ Seine Bedenken sind nicht *unbegründet*. 彼の懸念も理由のないことではない

Un·be·ha·gen [ウン·ベハーゲン] [中] *das* ([単] 2格 -s; [複] なし) 不快な〈居心地の悪い〉気分

un·be·hag·lich [ウン·ベハークリヒ] [形] 居心地のよくない; 不快な ▷ ein *unbehagliches* Zimmer 居心地の悪い部屋

un·be·hel·ligt [ウン·ベヘリヒト/ウン·ベヘ..] [形] じゃまされない, 煩わされない ▷ Hier kann ich *unbehelligt* arbeiten. ここなら私は煩わされずに仕事ができる

un·be·herrscht [ウン·ベヘルシュト] [形] 自制心のない, 感情的な ▷ Er ist *unbeherrscht*. 彼は自制心がない

un·be·hin·dert [ウン·ベヒンデルト/ウン·ベヒン..] [形] (入室などが)妨げられない

un·be·hol·fen [ウン·ベホルフェン] [形] (動作·態度などが)たよりない, おぼつかない ▷ Der Kranke ist beim Gehen etwas *unbeholfen*. その病人は歩くのがちょっとたよりない

un·be·irr·bar [ウン·ベイル·バール/ウン·ベイル..] ＝unbeirrt

un·be·irrt [ウン·ベイルト/ウン·ベイルト] [副] (何事にも)惑わされる〈動じる〉ことなく ▷ Er hat *unbeirrt* sein Ziel verfolgt. 彼は迷わず自分の目標を追求した

un·be·kannt [ウン·ベカント] [形] **知られていない**; 無名の ▷ ein *unbekannter* Komponist 無名の作曲家 / Das war mir bis heute *unbekannt*. それは私はきょうまで知らなかった / Eine Frau Konerding ist mir völlig *unbekannt*. コーナーディングさんという女性は私はまったく知らない / 〘名詞化して〙 ein *Unbekannter* 見知らぬ人 (☆ 男性) / das Grabmal des *Unbekannten* Soldaten 無名戦士の墓標

U

Unbekannte

Un·be·kann·te [ウン・ベカンテ] 男 der / 女 die (形容詞変化 ☞ Alte 表 I) 見知らぬ人

un·be·küm·mert [ウン・ベキュムメルト / ウン・ベキュメルト] 形 のんきな, 無頓着な ▷ *unbekümmert* leben のんきに暮らす

un·be·lehr·bar [ウン・ベレーア・バール / ウン・ベレーア..] 形 度し難い

un·be·liebt [ウン・ベリープト] 形 (みんなに)好かれていない, 人気のない ▷ Er ist überall *unbeliebt*. 彼はどこでも好かれていない
(イディオム) *sich¹ bei+③ unbeliebt machen* …³に嫌われる

un·be·mannt [ウン・ベマント] 形 (宇宙船・ボートなどが)無人の ▷ ein *unbemanntes* Raumschiff 無人の宇宙船

un·be·merkt [ウン・ベメルクト] 形 だれにも気づかれない ▷ Er konnte *unbemerkt* verschwinden. 彼はだれにも気づかれずに立ち去ることができた

un·be·mit·telt [ウン・ベミッテルト] 形 資金〈資産〉のない

un·be·nom·men [ウン・ベノメン] 形 〚成句で〛 ③+*unbenommen sein*〈*bleiben*〉《文語》(あることをするかしないかは)…³に委ねられている, 任されている

un·be·o·bach·tet [ウン・ベオーバハテット] 形 誰にも見られていない

un·be·quem [ウン・ベクヴェーム] 形 ❶ (使用などの観点から)快適でない ▷ Der Sessel ist *unbequem*. その安楽いすは座り心地が悪い / Er sitzt *unbequem*. 彼は座り心地が悪そうにしている
❷ (相手にするのが)いやな, 煩わしい ▷ Er war ihr *unbequem*. 彼は彼女にとって煩わしかった / ein *unbequemer* Kritiker (注文の多い)うるさい批評家 / eine *unbequeme* Kritik 耳の痛い批評

un·be·re·chen·bar [ウン・ベレッヒェン・バール / ウン・ベレ..] 形 (人の行動が)予測できない ▷ Im Zorn ist er *unberechenbar*. 怒ると彼は何をするかわからない

un·be·rech·tigt [ウン・ベレヒティヒト] 形 権利〈資格〉のない

un·be·rührt [ウン・ベリューアト] 形 ❶ (人の手などで)触れられていない, 使われていない
❷ 〚von+③と〛〔苦痛・騒音など³に〕心を動かされない

un·be·scha·det [ウン・ベシャーデット / ウン・ベシャー..] 副 〚②支配〛…にもかかわらず(＝trotz)

un·be·schol·ten [ウン・ベショルテン] 形 非の打ちどころのない, 評判のよい

un·be·schrankt [ウン・ベシュランクト] 形 遮断機のない ▷ ein *unbeschrankter* Bahnübergang 遮断機のない踏切

un·be·schränkt [ウン・ベシュレンクト / ウン・ベシュレンクト] 形 制限されていない, 無制限の ▷ Sie genießt sein *unbeschränktes* Vertrauen. 彼女は彼の全幅の信頼を受けている

un·be·schreib·lich [ウン・ベシュライプリヒ / ウン・ベシュライプ..] 形 ことばでは表せない, 筆舌につくしがたい ▷ ein *unbeschreibliches* Gefühl どうにも言い表せない気持ち / 〚程度を強めて〛Sie war *unbeschreiblich* schön. 彼女はことばでは言い表せないほど美しかった

un·be·schwert [ウン・ベシュヴェーアト] 形 心配〈悩み〉のない ▷ Er hatte eine *unbeschwerte* Jugend. 彼は気楽な青春時代を過ごした

un·be·se·hen [ウン・ベゼーエン / ウン・ベゼー..] 形 (行為などが)熟慮されたものでない
(イディオム) ③+④+*unbesehen glauben* …³の…⁴を十分考えもしないで信じる

un·be·setzt [ウン・ベゼッツト] 形 (場所などが)占められていない, ふさがれていない

un·be·son·nen [ウン・ベゾネン] 形 十分に熟慮されていない, 思慮のない

un·be·sorgt [ウン・ベゾルクト] 形 心配していない ▷ Sei〈Seien Sie〉 *unbesorgt*! 心配なく

un·be·stän·dig [ウン・ベシュテンディヒ] 形
❶ 気まぐれな, 気の変わりやすい
❷ (天候などが)不安定な ▷ Das Wetter war während der letzten Zeit *unbeständig*. 天気はこのところ不安定だった

un·be·stech·lich [ウン・ベシュテッヒリヒ / ウン・ベシュテヒ..] 形 ❶ 買収されない ▷ ein *unbestechlicher* Beamter 賄賂のきかない役人
❷ (判断に際して)何ものにも左右されない, 惑わされない ▷ ein *unbestechlicher* Kritiker 周囲の意見に影響されることのない批評家

un·be·stimmt [ウン・ベシュティムト] 形 ❶ 決まっていない, 定められていない ▷ Es ist *unbestimmt*, wann er kommt. いつ彼が来るかは決まっていない
❷ 漠然とした ▷ *unbestimmte* Ängste 漠然とした不安

un·be·strit·ten [ウン・ベシュトリッテン / ウン・ベシュトリッ..] 形 (反論の余地なく誰からも)認められている

un·be·tei·ligt [ウン・ベタイリヒト / ウン・ベタイ..] 形 無関心な, 興味を示さない

un·be·tont [ウン・ベトーント] 形 (音節などが)アクセント〈強勢〉のない

un·beug·sam [ウン・ボイクザーム / ウン・ボイク..] 形 信念を曲げない, 意志の強固な, 不屈の

un·be·wacht [ウン・ベヴァハト] 形 監視〈見張り〉のいない, 見張られていない

un·be·weg·lich [ウン・ベヴェークリヒ / ウン・ベヴェーク..]
形 ❶ （手足などが）動かない，動かせない；〖副詞的に〗じっと動かずに
❷ （反応が）のろい，機転のきかない；無表情の

un·be·wusst (旧 ..wußt) [ウン・ベヴスト] 形 無意識の，知らず知らずの，意図しない ▷ eine *unbewusste* Angst 無意識の不安 / Ich habe es ganz *unbewusst* getan. 私はそれをまったく無意識にやってしまった

un·be·zahl·bar [ウン・ベツァール・バール / ウン・ベツァール..]
形 ❶ （値段・家賃などが）支払えない
❷ （金銭に変えられないほど）貴重な

un·be·zähm·bar [ウン・ベツェーム・バール / ウン・ベツェーム..]形 （好奇心などが）抑制できない，抑えがたい

un·blu·tig [ウン・ブルーティヒ] 形 （革命などが）無血の，血を流さない ▷ ein *unblutiger* Putsch 無血クーデター

un·brauch·bar [ウン・ブラオホ・バール] 形 使えない ▷ Das Gerät ist *unbrauchbar* geworden. この器械はもう使えなくなった

und

[ont ウント]

接 〖並列〗
❶ 〖語句を結びつけて〗…と…，…や…
du *und* ich
君と私
arme *und* reiche Leute
貧しい人々や裕福な人々
Männer, Frauen *und* Kinder
男たちや女たちや子供たち (☆3つ以上の語句を並べ，それですべてだと言う場合に最後の語句の前に置く)
Er liebt seine Kinder *und* vor allem seinen Sohn. 彼は子供たちを とりわけ息子を愛している
〖数字を結合させて〗
Zwei *und* drei ist fünf.
2たす3は5
❷ 〖文〈動詞〉を結びつけて〗 そして
Sie essen *und* trinken.
彼らは食べそして飲む
Er erzählte, *und* sie hörten aufmerksam zu.
彼は語り彼らは注意深く聞いた
《対立的意味合いで》
Alle verreisen, *und* ich muss zu Hause bleiben. みんなは旅行に出かけるけれども私は家にいなければならない
《結果的意味合いで》
Es regnet stark, *und* die Wege wurden unpassierbar. 強く雨が降って道は通れなくなった
《条件的意味合いで》
Komm her, *und* ich verzeihe dir.
こちらへ来い そしたら君を許してやる
❸ 《返答を促す反問や反論を導いて》*Und* was soll ich jetzt tun? それで私にどうしろと言うのだ / Na *und*? それがどうだと言うんだ
❹ 〖主語と述部を結合させて〗《意外という気持ちを表して》Ich *und* tanzen? 私が踊るのかい / Er *und* hilfsbereit! 彼が親切だって
❺ 〖zu 不定詞句や dass 文に対応する表現を作って〗 Er ist im Stande *und* erzählt es allen weiter. (=… im Stande, es allen weiter zu erzählen) 彼はそのことをみんなに言いふらしかねない / Sei so gut *und* hilf mir! (=… gut, mir zu helfen) お願いだから手伝って / Es fehlte nicht viel, *und* er wäre aus dem Fenster gefallen. (= … viel, dass er aus dem Fenster gefallen wäre) もう少しで彼は窓から落ちるところだった
❻ 〖認容文を導いて〗 Ich gehe jetzt, *und* wenn es noch so regnet. どんなに雨が降っていても私はもう行きます
イディオム *Und ob* 〈wie〉《強い肯定を表して》もちろん ▷ Hat dir der Film gefallen? – *Und wie*! 映画は気に入った—うん すごく
und so weiter (略 usw.)〈*und so fort* (略 usf.)〉《列挙をしめくって》…など，等々

★ 同一の語を結びつけて強調を表す ▷ Es regnete *und* regnete. 雨が降りに降った / Das Flugzeug stieg höher *und* höher. 飛行機はますます高く上昇した

★ 冠詞，so などを反復的に結びつけて前述したことを具体的に繰り返すことを避ける ▷ Aus dem *und* dem Grund sagte er ab. しかじかの理由で彼は断った / Er sagte, es sei so *und* so gewesen. 彼は事情がかくかくしかじかだと言った

---

un·dank·bar [ウン・ダンク・バール]
形 ❶ 恩知らずな ▷ Es wäre *undankbar*, ihm jetzt nicht zu helfen. 彼をいま助けないとしたらそれは恩知らずと言うものだ
❷ （仕事などが）割に合わない ▷ eine *undankbare* Arbeit 割に合わない仕事

un·denk·bar [ウン・デンク・バール / ウン・デンク..]形 考えられない，想像を超えている ▷ Ich halte es für *undenkbar*, dass … 私は…とはとても考えられない

un·deut·lich [ウン・ドイトリヒ] 形 はっきりしない，不明瞭な ▷ ein *undeutliches* Foto 不鮮明な写真 / eine *undeutliche* Aussprache 不明瞭な発音 / *undeutlich* schreiben 読みにくい字で書く / sich⁴ *undeutlich* ausdrücken あいまいに表現する

Un·ding [ウン・ディング] 中 das 〖成句で〗 *es ist*

unduldsam

ein Unding+*zu* 不定詞句〈*dass* 文〉《口語》…は無意味〈ナンセンス〉だよ

un·duld·sam [ウン・ドゥルザーム] 形 寛容〈寛大〉でない, 狭量な

un·durch·dring·lich [ウン・ドゥルヒドリングリヒ/ウン・ドゥルヒドリング..] 形 (森などが) 入り込めないほどうっそうとした ▷ Der Wald war *undurchdringlich*. 森は入り込めないほどうっそうとしていた

un·eben [ウン・エーベン] 形 (道などが) 平らでない, 平坦でない

un·echt [ウン・エヒト] 形 偽物の, 模造の ▷ Sie trägt *unechten* Schmuck. 彼女は模造のアクセサリーを身につけている / (比ゆ) Sein Mitgefühl ist *unecht*. 彼の同情は見せかけだ

un·ehe·lich [ウン・エーエリヒ] 形 婚姻によらない ▷ ein *uneheliches* Kind 非嫡出子

un·ein·ge·schränkt [ウン・アイン・ゲシュレンクト/ウン・アインゲシュレンクト] 形 無制限の, 無条件の

un·ei·nig [ウン・アイニヒ] 形《成句》*sich*³ *uneinig sein* 意見が分かれている〈割れている〉 ▷ In diesem Punkt *sind* wir beide uns noch *uneinig*. この点で私たち二人はまだ意見が分かれている

un·eins [ウン・アインス] 形《文語》(意見などが) 一致していない, 異なる (☆名詞につけて用いない)

un·emp·find·lich [ウン・エムプフィントリヒ] 形 (暑さ・寒さなどに) 強い, 抵抗力のある; (侮辱などに) 平然としている

un·end·lich [ウン・エントリヒ] 形 果てしない, 無限の ▷ das *unendliche* Meer 果てしない海 / Er hat eine *unendliche* Geduld. 彼には際限のない忍耐がある / Die Zeit schien ihm *unendlich*. その時間は彼には無限の長さに思われた / (程度を強めて) *unendlich* viele Menschen 無数の人々

Un·end·lich·keit [ウン・エントリヒカイト] 女 *die* (⑭ 2 格 –; ⑭ なし) 果てしない〈際限のない〉こと, 無限

un·ent·behr·lich [ウン・エントベーアリヒ/ウン・エントベーア..] 形 不可欠な, 欠かせない ▷ ein *unentbehrliches* Werkzeug 欠かせない道具 / Er ist *unentbehrlich*. 彼はなくてはならぬ存在だ

un·ent·gelt·lich [ウン・エントゲルトリヒ/ウン・エントゲルト..] 形 無料の, ただの ▷ Die Reparatur ist *unentgeltlich*. この修理は無料だ

un·ent·schie·den [ウン・エントシーデン] 形 まだ決まっていない; 引き分けの ▷ Es ist noch *unentschieden*, ob er das Auto kauft. 彼がその自動車を買うかどうかまだ決まっていない / Das Spiel endete *unentschieden*. 試合は引き分けに終わった

Un·ent·schie·den [ウン・エントシーデン] 中 *das* (⑭ 2 格 –s; ⑭ –) 《スポ》引き分け

un·ent·schlos·sen [ウン・エントシュロッセン] 形 決心がつかない ▷ Er war noch *unentschlossen*. 彼はまだ決心がついていなかった

un·ent·wegt [ウン・エントヴェークト/ウン・エントヴェークト..] 形 (☆述語として用いない)
❶ 粘り強い, 倦むことを知らない ▷ das *unentwegte* Verfolgen eines Zieles 目標の粘り強い追求
❷ ひっきりなしの ▷ Sie redete *unentwegt*. 彼女はひっきりなしにしゃべった

un·er·bitt·lich [ウン・エアビットリヒ/ウン・エアビット..] 形 (願いなどを) 聞き入れない; (考えなどを) 変えようとしない ▷ Er blieb *unerbittlich* bei seinen Forderungen. 彼はあくまで自分の要求を変えようとしなかった

un·er·fah·ren [ウン・エアファーレン] 形 経験のない ▷ Er ist darin noch *unerfahren*. 彼はそのことに関してまだ経験がない

un·er·find·lich [ウン・エアフィントリヒ/ウン・エアフィント..] 形《文語》理解できない, 不可解な ▷ aus *unerfindlichen* Gründen 不可解な理由で

un·er·freu·lich [ウン・エアフロイリヒ] 形 (人を悲しく・腹立たしくさせるような) 不愉快な, うれしくない ▷ eine *unerfreuliche* Mitteilung 不愉快な知らせ

un·er·füll·bar [ウン・エアフュルバール/ウン・エアフュル..] 形 (願い・頼みなどが) かなえられない

un·er·gie·big [ウン・エアギービヒ] 形 (土壌などが) 収穫〈収穫〉の乏しい; (話し合いなどが) 有益でない

un·er·gründ·lich [ウン・エアグリュントリヒ/ウン・エアグリュント..] 形 解明できない, 理由のわからない, 不可解な ▷ ein *unergründliches* Rätsel 不可解ななぞ

un·er·heb·lich [ウン・エアヘープリヒ] 形 大したことのない, 些細な ▷ ein *unerheblicher* Schaden 微々たる損害

un·er·hört [ウン・エアヘーアト]
形 ❶ (憤慨するほど) ひどい ▷ eine *unerhörte* Frechheit ひどい厚かましさ
❷ 途方もない, ものすごい ▷ in einem *unerhörten* Tempo ものすごい速度で / Das war *unerhört* interessant. それは途方もなくおもしろかった

un·er·klär·lich [ウン・エアクレーアリヒ/ウン・エアクレーア..] 形 説明のつかない, 不可解な ▷ Es ist mir *unerklärlich*, wie das geschehen konnte. どうしてそんなことが起こりえたのか私にはわけがわからない

un·er·läss·lich (⑭ ..läß..) [ウン・エアレスリヒ/ウン・エアレス..] 形 不可欠な, どうしても必要な ▷ eine *unerlässliche* Voraussetzung 不可欠

①, ②, ③, ④=1 格, 2 格, 3 格, 4 格の名詞

な前提

un·er·laubt [ウン・エアラオプト] [形] 許可されていない, 不許可の; 〖副詞的に〗 無断で

un·er·mess·lich ([旧] ..meß..) [ウン・エアメスリヒ/ウン・エアメス..] [形] 《文語》 計り知れない, 途方もない ▷ *unermessliches* Leid 計り知れない悲しみ

un·er·müd·lich [ウン・エアミュートリヒ/ウン・エアミュート..] [形] 倦むことのない, 根気のよい ▷ mit *unermüdlichem* Fleiß 倦むことのない勤勉さで

un·er·quick·lich [ウン・エアクヴィックリヒ] [形] 《文語》 不愉快な, 不快な

un·er·reich·bar [ウン・エアライヒ・バール/ウン・エアライヒ..]

[形] ❶ (手の)届かないところにある

❷ (目標が)達成できない, (地位などが)手に入れられない

❸ 《口語》 (電話などで)連絡がとれない ▷ Herr Fischer ist im Moment *unerreichbar.* フィッシャーさんはただいま連絡がつきません

un·er·reicht [ウン・エアライヒト/ウン・エアライヒト] [形] (記録などが)誰にも達成されていない, 前人未踏の

un·er·sätt·lich [ウン・エアゼットリヒ/ウン・エアゼット..] [形] (好奇心・知識欲などが)飽くことを知らない

un·er·schöpf·lich [ウン・エアシェップフリヒ/ウン・エアシェプフ..] [形] 尽きることのない, 無尽蔵の ▷ Sein Gesprächsstoff war *unerschöpflich.* 彼の話題は尽きることがなかった

un·er·schro·cken [ウン・エアシュロッケン] [形] (どんなことも)恐れない, 恐れを知らない ▷ Er kämpft *unerschrocken* für seine Ideale. 彼は自分の理想のために何ものをも恐れずに闘う

un·er·schüt·ter·lich [ウン・エアシュッターリヒ/ウン・エアシュッ..] [形] (どんなことにも)揺るがない ▷ mit *unerschütterlicher* Ruhe 悠然〈泰然〉と

un·er·schwing·lich [ウン・エアシュヴィングリヒ/ウン・エアシュヴィング..] [形] (価格などが)高すぎて買えない ▷ ein *unerschwingliches* Auto 高価すぎて買えない自動車

un·er·sprieß·lich [ウン・エアシュプリースリヒ/ウン・エアシュプリース..] [形] 《文語》 (会話・討論などが)無益の

un·er·träg·lich [ウン・エアトレークリヒ/ウン・エアトレーク..] [形] がまんできない, 耐えられない ▷ *unerträgliche* Schmerzen がまんできない痛み / Dieser Mensch ist *unerträglich.* こういう人はがまんがならない

un·er·war·tet [ウン・エアヴァルテット/ウン・エアヴァル..] [形] 思いがけない, 予期しない, 意外な ▷ Er starb plötzlich und *unerwartet.* 彼は突然思いがけなく死んだ

un·er·wünscht [ウン・エアヴュンシュト] [形] (客などが)歓迎されない, 望ましくない

UNESCO [ウネスコ] [女] *die* 〖United Nations Educational, Scientific, and Cultural Organization の略語〗 ユネスコ(国連教育科学文化機関)

un·fä·hig [ウン・フェーイヒ]

[形] ❶ (自分の任務を果たす)能力がない, 無能な ▷ Er ist völlig *unfähig.* 彼はまったく無能だ

❷ 〖zu＋[3]と〗 [··³をすることが] できない ▷ Er ist *unfähig* zu weiterer Arbeit. 彼は仕事を続けることができない / 〖zu 不定詞句と〗 Er ist *unfähig*, darüber zu entscheiden. 彼はそのことについて決定を下すことができない

un·fair [ウン・フェーア] [形] フェアでない, 公正〈公平〉でない ▷ Er spielt *unfair.* 彼の試合のしかたはフェアでない

Un·fall [ウン・ファル] [男] *der* ([単] 2 格 -[e]s; [複] ..fälle)

事故, 災害 ▷ ein tödlicher *Unfall* 死亡事故 / Er hatte gestern einen *Unfall* mit dem Auto. 彼はきのう自動車事故にあった

Un·fäl·le [ウン・フェレ] Unfall の [複数]

Un·fall·wa·gen [ウン・ファル・ヴァーゲン] [男] *der* ([単] 2 格 -s; [複] -) 救急車

un·fass·bar ([旧] ..faß..) [ウン・ファス・バール/ウン・ファス..] [形] 理解しがたい; (貧困などが)想像を絶する ▷ ein *unfassbarer* Gedanke 理解しがたい考え

un·fehl·bar [ウン・フェール・バール/ウン・フェール..] [形] (決定などが)決して間違わない, 誤謬(ごびゅう)のない

un·flä·tig [ウン・フレーティヒ] [形] 《文語》 (言動などが)礼儀に反する, 無作法な, 野卑な

un·för·mig [ウン・フェルミヒ] [形] (形が)不格好な

un·fran·kiert [ウン・フランキーアト] [形] (手紙などが)まだ切手のはっていない, 郵便料金未納の

un·frei [ウン・フライ]

[形] ❶ (言論などの)自由のない

❷ (手紙などが)まだ切手のはっていない, 郵便料金未納の

un·freund·lich [ウン・フロイントリヒ]

[形] ❶ 不親切な, 無愛想な ▷ ein *unfreundliches* Gesicht machen 無愛想な顔をする / Sei doch nicht so *unfreundlich* zu ihr! 彼女にそうそっけなくするなよ

❷ (天候が)雨がちで寒い ▷ Das Wetter war recht *unfreundlich.* 天気はかなり雨がちで寒かった

Un·frie·den [ウン・フリーデン] [男] *der* ([単] 2 格 -s; [複] なし) 不和, 仲たがい, 軋轢(あつれき)

un·frucht·bar [ウン・フルフト・バール]

[形] ❶ (土地などが)不毛な

❷ 生殖能力のない, 不妊の

Un·fug [ウン・フーク] [男] *der* ([単] 2 格 -[e]s; [複] なし)

U

Ungar

❶ ばかげたこと ▷ Rede keinen *Unfug*! ばかげたことを言うな
❷ (破損などを引き起こす)悪さ，(悪質な)いたずら ▷ *Unfug* treiben 悪さをする

Un·gar [ウンガル] 男 *der* (複 2·3·4格 -n; 複 -n) ハンガリー人

un·ga·risch [ウンガリシュ] 形 ハンガリー[人]の; ハンガリー語の ▷ die *ungarische* Küche ハンガリー料理

Un·garn [ウンガルン] (冠 *das*) 《国名》ハンガリー (用法: ☞ Deutschland)

un·ge·ach·tet [ウン·ゲアハテット／ウン·ゲアハ..] 前《②支配；後置されることもある》《文語》…を顧みず，…にもかかわらず (=trotz) ▷ *ungeachtet* wiederholter Beschwerden 再三の苦情にもかかわらず

un·ge·ahn·te [ウン·ゲアーンテ／ウン·ゲアーン..] 形 (困難などが)予想を上回る，予想外の，思いもかけない (☆ 名詞につけて)

un·ge·be·ten [ウン·ゲベーテン] 形 (客などが)招かれてもいないのにやって来た，招かれざる

un·ge·bil·det [ウン·ゲビルデット] 形 教養のない，無学な ▷ ein *ungebildeter* Mensch 教養のない人

un·ge·bro·chen [ウン·ゲブロッヘン] 形 (勇気などが)くじけない，不屈の

un·ge·bühr·lich [ウン·ゲビューアリヒ／ウン·ゲビューア..] 形《文語》(態度などが)礼儀にはずれる，無礼な

un·ge·bun·den [ウン·ゲブンデン] 形 (生活などが)束縛されない，気ままな

Un·ge·duld [ウン·ゲドゥルト] 女 *die* (複 2格 -; 複 なし) (待ちきれなくて)いらいら〈じりじり〉すること；いらだち ▷ voller *Ungeduld* いらいらしながら

un·ge·dul·dig [ウン·ゲドゥルディヒ] 形 気の短い，いらいらした ▷ Er wartete *ungeduldig*. 彼はいらいらして待っていた

un·ge·eig·net [ウン·ゲアイグネット] 形 適していない ▷ Diese Methode ist dazu völlig *ungeeignet*. この方法はそれにまったく適していない

un·ge·fähr [ウン·ゲフェーア／ウン·ゲフェーア..]
— 副 おおよそ，だいたい ▷ *ungefähr* vier Stunden おおよそ4時間／Sie ist *ungefähr* 50 Jahre alt. 彼女はだいたい50歳だ
— 形 おおよその，だいたいの (☆ 名詞につけて) ▷ eine *ungefähre* Zahl おおよその数

un·ge·fähr·lich [ウン·ゲフェーアリヒ] 形 危険でない (☆ ふつう述語として) ▷ Diese Expedition ist verhältnismäßig *ungefährlich*. この探検旅行は比較的危険はない

un·ge·hal·ten [ウン·ゲハルテン] 形《文語》立腹している，腹を立てている

un·ge·hemmt [ウン·ゲヘムト] 形 ❶ (進歩などが)止められない；(感情などが)抑制のきかない
❷ 気後れく〈物おじ〉しない；《副詞的に》気後れ〈物おじ〉することなく

un·ge·heu·er [ウン·ゲホイアー／ウン·ゲホイ..] 形 (大きさ・強さなどが)途方もない，ものすごい ▷ eine *ungeheuere* Summe 途方もない金額／Er war *ungeheuer* erregt. 彼はものすごく興奮していた

Un·ge·heu·er [ウン·ゲホイアー] 中 *das* (複 2格 -s; 複 -) (伝説などの)怪獣；《比ゆ》残虐なく粗暴な〉人，人でなし

un·ge·heu·er·lich [ウン·ゲホイアーリヒ／ウン·ゲホイ..] 形 けしからぬ，もってのほかの，とんでもない ▷ Die Behauptung ist *ungeheuerlich*. その主張はもってのほかだ

un·ge·ho·belt [ウン·ゲホーベルト／ウン·ゲホー..] 形 (特に男子が)粗野な，がさつな

un·ge·hö·rig [ウン·ゲヘーリヒ] 形 礼儀にはずれる，無礼な ▷ Es war *ungehörig* von dir, dich so zu benehmen. そんな態度をとるとは君も無礼だった

un·ge·hor·sam [ウン·ゲホーアザーム] 形 従順でない，言うことを聞かない ▷ Der Schüler ist seinem Lehrer gegenüber *ungehorsam*. その生徒は先生の言うことを聞かない

Un·ge·hor·sam [ウン·ゲホーアザーム] 男 *der* (複 2格 -s; 複 なし) 従順でないこと；不服従

un·ge·le·gen [ウン·ゲレーゲン] 形 都合の悪い ▷ zu *ungelegener* Zeit 都合の悪い時に

un·ge·lenk [ウン·ゲレンク] 形《文語》(動きなどが)ぎこちない；(筆跡などが)たどたどしい

un·ge·lernt [ウン·ゲレルント] 形 (労働者が)職業訓練を受けていない

un·ge·lo·gen [ウン·ゲローゲン] 副《口語》うそでなく，本当に

un·ge·löst [ウン·ゲレースト] 形 (問題などが)解決されていない，未解決の

un·ge·mein [ウン·ゲマイン／ウン·ゲマイン] 形 (程度が)非常に大きい ▷ *ungemeine* Fortschritte machen 非常に大きい進歩をとげる

un·ge·müt·lich [ウン·ゲミュートリヒ] 形 居心地のよくない ▷ Dort war es kalt und *ungemütlich*. そこは寒く居心地がよくなかった
(イディオム) *ungemütlich* werden《口語》(腹を立てて)不機嫌になる

un·ge·nannt [ウン·ゲナント] 形 (寄付者などが)匿名の，名前を隠した

un·ge·niert [ウン·ジェニーアト／ウン·ジェニーアト] 形 気後れしない，遠慮のない；《副詞的に》遠慮せず，平気で

un·ge·nieß·bar [ウン·ゲニース·バール／ウン·ゲニース..] 形 ❶ 食べられない，飲めない ▷ *ungenießbare*

(状態), (場経), (場所), (方向), …=状態，様態，場所，方向，…を表す語句

Pilze 食べられないキノコ
❷《口語》機嫌が悪くてやりきれない ▷ Der Chef ist heute *ungenießbar*. チーフはきょう機嫌が悪くて(私は)やりきれない

un·ge·nü·gend [ウン・ゲニューゲント] 形 不十分な; (成績が)不可 ▷ Die Treppe war *ungenügend* beleuchtet. [状態受動] 階段は照明が不十分だった / Er erhielt die Note „*ungenügend*". 彼は不可[の成績]をもらった

un·ge·ra·de [ウン・ゲラーデ] 形 奇数の(☆「偶数の」は gerade)▷ eine *ungerade* Hausnummer 奇数の番地

un·ge·ra·ten [ウン・ゲラーテン] 形 (子供が)しつけがうまくいかなかった, しつけの悪い

un·ge·recht [ウン・ゲレヒト] 形 公正〈正当〉でない ▷ ein *ungerechtes* Urteil 不当な判決

Un·ge·rech·tig·keit [ウン・ゲレヒティヒカイト] 女 die (複 2 格 -; 複 -en)
❶《複 なし》不正, 不当, 不公平 ▷ So eine *Ungerechtigkeit*! なんたる不公平だ
❷ 不正〈不当〉な言動;《ふつう 複 で》不正〈不当〉な状況 ▷ Seine Entscheidung ist eine große *Ungerechtigkeit*. 彼の決定は非常に不当だ / soziale *Ungerechtigkeiten* abschaffen 社会の不正な状況を取り除く

un·ge·reimt [ウン・ゲライムト] 形 (話などが)ばかげた

un·gern [ウン・ゲルン] 副 いやいや ▷ Ich singe nicht *ungern*. 私は歌うのがきらいではない

un·ge·rührt [ウン・ゲリューアト] 形 心を動かされない, 平然とした (☆ 名詞につけて用いない) ▷ Sie weinte, er aber blieb völlig *ungerührt*. 彼女は泣いたが彼はまったく平然としていた

un·ge·schickt [ウン・ゲシックト]
形 ❶ 器用でない, 不器用な ▷ Er ist zu *ungeschickt*, um das zu reparieren. 彼は不器用なのでそれを修理することができない / Ich habe mich *ungeschickt* ausgedrückt. 私は自分の気持ち〈考え〉がうまく言えなかった
❷ (やり方として)賢明でない ▷ Es ist *ungeschickt*, das jetzt zu sagen. それをいま言うのは賢明でない
❸ (動きなどが)ぎこちない ▷ eine *ungeschickte* Bewegung ぎこちない動き

un·ge·stört [ウン・ゲシュテーアト] 形 じゃまされない, 妨げられない ▷ Hier können wir *ungestört* arbeiten. ここはじゃまされずに仕事ができる

un·ge·stüm [ウン・ゲシュテューム] 形《文語》(気性・動作などが)激しい, 荒々しい ▷ Er hat ein *ungestümes* Wesen. 彼は気性が激しい

un·ge·sund [ウン・ゲズント]
形 ❶ 健康によくない ▷ Rauchen ist *ungesund*. 喫煙は健康によくない
❷ 健康でない, 不健康な ▷ Er sieht *ungesund* aus. 彼は不健康に見える /《比ゆ》*ungesunde* wirtschaftliche Verhältnisse 不健全な経済状況

Un·ge·tüm [ウンゲテューム] 中 das (複 2 格 -s; 複 -e)
❶ (伝説などの)怪獣
❷《口語》どでかくて不格好なもの ▷ ein *Ungetüm* von einem Hut どでかい不格好な帽子

un·ge·wiss (旧 ..wiß) [ウン・ゲヴィス] 形 不確かな, はっきりしていない ▷ eine *ungewisse* Zukunft 不確かな未来 / Es ist *ungewiss*, ob sie heute kommt. 彼女がきょう来るかどうかははっきりしていない

(イディオム) ④＋*über*＋④ *im Ungewissen lassen* …に…についてはっきり言わないでおく

Un·ge·wiss·heit (旧 ..wiß..) [ウン・ゲヴィスハイト] 女 die (複 2 格 -; 複 なし) 不確か, 不確実

un·ge·wöhn·lich [ウン・ゲヴェーンリヒ] 形 通常と異なる, ふつうでない ▷ eine *ungewöhnliche* Kälte 異常な寒さ / Es ist *ungewöhnlich*, dass … …は珍しい /《程度を強めて》ein *ungewöhnlich* heißer Tag 異常に暑い日

un·ge·wohnt [ウン・ゲヴォーント] 形 (仕事・環境などに)慣れていない, 不慣れな; ふだんとは違った ▷ eine *ungewohnte* Umgebung 慣れない環境 / Diese Arbeit ist ihm noch *ungewohnt*. この仕事に彼はまだ慣れていない

un·ge·wollt [ウン・ゲヴォルト] 形 望んでいない, 意図していなかった;《副詞的に》心にもなく, 心ならずも ▷ eine *ungewollte* Schwangerschaft 望んでいなかった妊娠

un·ge·zähl·te [ウン・ゲツェールテ] 形 (数えられないほど)多くの (☆ 名詞につけて) ▷ *ungezählte* Male 数えきれないほど何回も

Un·ge·zie·fer [ウン・ゲツィーファー] 中 das (複 2 格 -s; 複 なし) (集合的に) (ノミなどの)害虫, (ネズミなどの)有害小動物

un·ge·zo·gen [ウン・ゲツォーゲン] 形 (特に子供が)しつけの悪い, 言うことを聞かない; (振舞いなどが)無作法な, そんざいな ▷ Deine Antwort war sehr *ungezogen*. 君の答え方は非常に失礼だった

un·ge·zwun·gen [ウン・ゲツヴンゲン] 形 (態度などが)自然な, 無理のない ▷ Sie benimmt sich *ungezwungen*. 彼女はのびのびと振舞う

Un·glau·be [ウン・グラオベ] 男 der (複 2 格 -s, 3·4 格 -n; 複 なし) 信じないこと, 不信; (宗教上の)不信心

un·gläu·big [ウン・グロイビヒ]
形 ❶ (表情などが)疑うような, 信じられないというような ▷ Er sah mich *ungläubig* an. 彼は私を疑わしげに見た
❷《やや古語》信仰のない, 神を信じない

un·glaub·lich [ウン・グラオプリヒ/ウン・グラオブ..]

[形] ❶ 信じられない ⊳ eine *unglaubliche* Geschichte 信じられない話
❷ (憤慨するほど)ひどい ⊳ eine *unglaubliche* Frechheit ひどい厚かましさ / [Das ist] *unglaublich*! [それは]ひどい
❸《口語》途方もない, すごい ⊳ eine *unglaubliche* Summe 途方もない金額 /《程度を強めて》Sie sieht noch *unglaublich* jung aus. 彼女はまだすごく若く見える

un·glaub·wür·dig [ウン・グラオプ・ヴュルディヒ] [形] (人・証言などが)信じられない, 信用できない

un·gleich [ウン・グライヒ]
— [形] 同じでない, 等しくない ⊳ Er hat *ungleiche* Hände. 彼は手の大きさが違う
— [副] 〘比較級を強めて〙 はるかに, ずっと ⊳ *ungleich* besser はるかによい

un·gleich·mä·ßig [ウン・グライヒ・メースィヒ] [形] ❶ 不規則な
❷ 不均等の; 〘副詞的に〙 不均等に

Un·gleich·mä·ßig·keit [ウン・グライヒ・メースィヒカイト] [女] *die* ([単] 2格 –; [複] なし) 不規則; 不均等

Un·glück [ウン・グリュック] [中] *das* ([単] 2格 -[e]s; [複]-e)
❶ (大きな)事故, 災害 ⊳ ein *Unglück* verhindern 事故〈災害〉を防ぐ / Es ist ein schweres *Unglück* geschehen. 大惨事が起きた (☆ 文頭の es は穴埋め)
❷ 〘[複] なし〙 不幸, 不運 ⊳ Glück im *Unglück* 不幸中の幸い / *Unglück* in der Liebe haben 失恋する〈振られる〉/ Der Krieg stürzte das Land ins *Unglück*. 戦争はその国を悲惨な状態に陥れた
[イディオム] ***zu allem Unglück*** その上悪いことに ⊳ *Zu allem Unglück* wurde er dann auch noch krank. さらに不運なことに彼はその上病気にもなった

un·glück·lich [ウン・グリュックリヒ] [形] ❶ 不幸な, 惨めな; 悲しんでいる ⊳ ein *unglücklicher* Mensch 不幸な人 / sich⁴ *unglücklich* fühlen 自分のことを不幸〈惨め〉だと思う / ein *unglückliches* Gesicht machen 悲しそうな顔をする
❷ 運の悪い, 不運な ⊳ ein *unglücklicher* Zufall 運の悪い偶然 / ein *unglückliches* Ende nehmen 不運な結果に終わる / eine *unglückliche* Liebe 実らない〈片思いの〉恋
❸《悪い結果を引き起こすという意味で》へたな, まずい ⊳ eine *unglückliche* Wahl treffen へたな選択をする / Das ist *unglücklich* formuliert. [状態受動] それは表現のしかたがまずい(誤解が生じる)

un·glück·li·cher·wei·se [ウン・グリュックリッヒャー・ヴァイゼ] [副] 不運にも, 運悪く

U

un·glück·se·lig [ウン・グリュック・ゼーリヒ] [形] (出来事などが)不幸を招く, 不運な; (人が)不幸に見舞われた, 気の毒な

Un·gna·de [ウン・グナーデ] [女] *die* ([単] 2格 –; [複] なし) 不興 ⊳ in *Ungnade* fallen 不興を買う

un·gnä·dig [ウン・グネーディヒ] [形] (機嫌が悪いため)無愛想な, つっけんどんな ⊳ *ungnädig* antworten つっけんどんに答える

un·gül·tig [ウン・ギュルティヒ] [形] (乗車券などが)無効の; (紙幣などが)通用しない ⊳ Der Pass wird am 1. (ersten) Mai *ungültig*. そのパスポートは5月1日に期限が切れる

Un·guns·ten [ウン・グンステン] [複名] 不利益 ⊳ zu meinen 〈seinen〉 *Ungunsten* 私〈彼〉の不利になるように

un·güns·tig [ウン・ギュンスティヒ] [形] (何かをするのに)不都合な, ぐあいの悪い; 不利な ⊳ zu einem *ungünstigen* Zeitpunkt ぐあいの悪いときに / unter *ungünstigen* Bedingungen arbeiten 不利な条件で働く

un·gut [ウン・グート] [形] 〘成句で〙 ***ein ungutes Gefühl haben*** いやな予感がする ⊳ Er *hatte ein ungutes Gefühl* bei dieser Sache. 彼はこの件でいやな予感がした

un·halt·bar [ウン・ハルト・バール/ウン・ハルト..] [形] ❶ (理論・主張などが)維持できない ⊳ Diese Theorie hat sich als *unhaltbar* erwiesen. この理論は批判にたえられないことがわかった
❷ (状態などが緊急に)改善を必要とする ⊳ Die sanitären Zustände im Katastrophengebiet sind *unhaltbar*. 被災地の衛生状態はすぐにも改善が必要だ

un·hand·lich [ウン・ハントリヒ] [形] (大きさ・重さなどの点で)使いにくい, 扱いにくい ⊳ Das Gerät ist zu *unhandlich*. この器具は使いにくすぎる

Un·heil [ウン・ハイル] [中] *das* ([単] 2格 -[e]s; [複] なし)《文語》不幸な出来事, 災い, 災禍

un·heil·bar [ウン・ハイル・バール/ウン・ハイル..] [形] (病気などが)不治の, 治せない ⊳ Diese Krankheit ist in dem fortgeschrittenen Stadium *unheilbar*. この病気は進行した段階では治しようがない

un·heil·voll [ウン・ハイル・フォル] [形] 災いが起こりそうな, 緊迫した ⊳ die *unheilvolle* Entwicklung der Politik 政治の緊迫した展開

un·heim·lich [ウン・ハイムリヒ/ウン・ハイム..] [形] ❶ 不気味な, 気味の悪い ⊳ eine *unheimliche* Stille 不気味な静けさ / Er ist mir *unheimlich*. 彼は気味が悪い / Mir wurde *unheimlich* zumute. 私は気味が悪くなった
❷《口語》《程度を表して》ものすごい ⊳ Ich habe *unheimlichen* Hunger. 私は腹がぺこぺこだ / Er hat sich *unheimlich* gefreut. 彼はものすごく喜んだ

un·höf·lich [ウン・ヘーフリヒ] 形 無作法な, 無礼な, 失礼な ▷ eine *unhöfliche* Antwort 失礼な返事 / Er ist zu mir sehr *unhöflich* gewesen. 彼は私に対して非常に無礼だった

Un·höf·lich·keit [ウン・ヘーフリヒカイト] 名 die (❷2格-; ❸なし) 不作法, 無礼, 失礼

Un·hold [ウン・ホルト] 名 der (❷2格-[e]s; ❸-e) (人などを傷つける)ひどいやつ, 人でなし

U·ni [ウ=] 名 die (❷2格-; ❸-s)《*Universität* の略語》《口語》大学 ▷ Er ist Dozent an der *Uni*. 彼は大学で講師をしている / Ich gehe heute nicht zur *Uni*. 私はきょう大学へ行かない

U·ni·form [ウニ・フォルム/ウ・ニ・フォルム] 名 die (❷2格-; ❸-en) (軍人・警察官などの)制服 ▷ [eine] *Uniform* tragen 制服を着ている

U·ni·kum [ウーニクム] 名 das (❷2格-s; ❸-s) 《口語》(愉快な)変わり者

un·in·te·res·sant [ウン・インテレサント] 形 興味をひかない, おもしろくない, つまらない ▷ ein *uninteressantes* Buch つまらない本 / Deine Meinung ist für mich *uninteressant*. 君の意見など私にはどうでもいい

U·ni·on [ウニオーン] 名 die (❷2格-; ❸-en) (政党・国家などの)連合, 同盟, 連邦 ▷ die Europäische *Union* ヨーロッパ連合 (❸ EU)

u·ni·ver·sal [ウニヴェルザール] 形 《文語》❶ (知識が)きわめて多領域にわたる ❷ 全世界の, 全世界に及ぶ ▷ Die Lösung der Umweltprobleme ist von *universalem* Interesse. 環境問題の解決は世界中の人が興味をもっている

U·ni·ver·si·tät ━━
[univerzitέːt ウニヴェルズィテート]
名 die (❷2格-; ❸-en)

(総合)**大学** (❸ Uni)
die *Universität* [in] Köln
ケルン大学
Er wohnt in der Nähe der *Universität*.
彼は大学の近くに住んでいる
an einer *Universität* studieren
大学で学んでいる
Er ist Dozent an einer *Universität*.
彼は大学で講師をしている
auf die〈zur〉*Universität* gehen 大学に通う

U·ni·ver·si·täts·bib·li·o·thek [ウニヴェルズィテーツ・ビブリオテーク] 名 die (❷2格-; ❸-en) 大学図書館

U·ni·ver·si·täts·kli·nik [ウニヴェルズィテーツ・クリーニク] 名 die (❷2格-; ❸-en) 大学病院

U·ni·ver·sum [ウニヴェルズム] 名 das (❷2格-s; ❸なし) 宇宙 (= Weltall)

un·kennt·lich [ウン・ケントリヒ] 形 (変化したため元のものが)見分けられない; (文字が)判読できない ▷ Sein Gesicht war durch den Verkehrsunfall völlig *unkenntlich* geworden. 彼の顔は交通事故でまったく見分けがつかなくなってしまっていた

Un·kennt·nis [ウン・ケントニス] 名 die (❷2格-; ❸なし)《文語》知らないこと, 無知 ▷ *Unkenntnis* [der Gesetze] schützt nicht vor Strafe. [法律を]知らなかったといっても処罰を免れることはできない

un·klar [ウン・クラール] 形
❶ (表現などが)わかりにくい, 理解しにくい ▷ Er hat sich zu *unklar* ausgedrückt. 彼の表現はあまりにもわかりにくかった
❷ 不確かな, はっきりしない ▷ Es ist mir *unklar*, wie das geschehen konnte. それがどうして起こりえたのか私にはよくわからない
❸ (画像などが)不鮮明な, ぼやけた; (感じ・記憶などが)漠然とした, ぼんやりした ▷ ein *unklares* Bild 不鮮明な写真〈画像〉
《イディオム》❹ +**über**+❹ *im Unklaren lassen* ‥⁴に‥⁴についてははっきりしたことを知らせないでおく ▷ Sie hat ihn *über* ihre Entscheidung lange *im Unklaren gelassen*. 彼女は彼に自分の決断について長いことはっきり言わないでおいた

Un·klar·heit [ウン・クラールハイト] 名 die (❷2格-; ❸-en) わかりにくいこと; 不確かさ; 不鮮明

un·klug [ウン・クルーク] 形 (やり方として)賢明でない, 思慮のない ▷ Es wäre *unklug*, ihm das zu sagen. 彼にそれを言うのは賢明ではないだろう

un·kom·pli·ziert [ウン・コムプリツィーアト] 形 (器具などが)複雑でない, 簡単な; (人が)扱いにくくない

Un·kos·ten [ウン・コステン] 名 複数 (予定外の)追加の出費 ▷ Durch seinen Umzug nach Bonn sind ihm diesen Monat große *Unkosten* entstanden. ボンへの引っ越しによって彼は今月大きな出費があった

Un·kraut [ウン・クラオト] 名 das (❷2格-[e]s; ❸..kräuter) 雑草 ▷ *Unkraut* ausreißen 雑草を引き抜く

un·längst [ウン・レングスト] 副 最近, 先ごろ

un·lau·ter [ウン・ラオター] 形 《文語》(動機などが)不純な; (手段などが)不正な

un·leid·lich [ウン・ライトリヒ] 形 不機嫌な

un·le·ser·lich [ウン・レーザーリヒ] 形 (筆跡などが)読みにくい

un·lieb·sam [ウン・リープザーム] 形 (出来事などが)不愉快な, 嫌な; (客などが)歓迎されない

un·lo·gisch [ウン・ローギシュ] 形 非論理的な ▷ eine *unlogische* Schlussfolgerung 非論理的な結論

un·lös·bar [ウン・レース・バール/ウン・レース..] 形 (問題などが)解決できない, 解けない

Un·lust [ウン・ルスト] 名 die (❷2格-; ❸なし)

unmäßig

(あることを)したくない気分, 嫌気 ▷ Das Kind geht mit *Unlust* ans Klavier. 子供はいやいやピアノに向かう

un·mä·ßig [ウン・メースィヒ] 形 度を越した, 過度の ▷ *unmäßig* trinken (酒を)飲みすぎる /《程度を強めて》Sie ist *unmäßig* dick. 彼女は並外れて太っている

Un·mä·ßig·keit [ウン・メースィヒカイト] 囡 *die* (複2格 –;複 なし) 過度, 行き過ぎ

Un·men·ge [ウン・メンゲ] 囡 *die* (複2格 –;複 -n)《口語》非常に多数〈大量〉 ▷ eine *Unmenge* Bücher 〈von Büchern〉非常に多くの本 / Er hat eine *Unmenge* Bier getrunken. 彼はビールをしこたま飲んだ

Un·mensch [ウン・メンシュ] 男 *der* (複2·3·4格 -en;複 -en) 人でなし, 人非人 ▷ Ich bin doch kein *Unmensch*. 私だって話せばわかる人間だよ; 私をこわがる必要はない

un·mensch·lich [ウン・メンシュリヒ/ウン・メンシュ..]
形 ❶ 非人間的な; 残酷な
❷《程度を表して》ものすごい ▷ *unmenschliche* Schmerzen ものすごい痛み / Es ist heute *unmenschlich* heiß. きょうはものすごく暑い

un·merk·lich [ウン・メルクリヒ/ウン・メルク..] 形 (変化などが)気づかない, 目に見えない

un·miss·ver·ständ·lich (形 ...miß..) [ウン・ミスフェアシュテントリヒ/ウン・ミスフェアシュテント..] 形 (誤解の余地のないほど)はっきりとした ▷ *unmissverständlich* die Meinung sagen きっぱりと意見を言う

un·mit·tel·bar [ウン・ミッテル・バール] 形 直接の, すぐの (=direkt) ▷ mein *unmittelbarer* Vorgesetzter 私の直属の上司 / in *unmittelbarer* Nähe des Bahnhofs 駅のすぐ近くに / *unmittelbar* nach dem Essen 食後すぐに

un·mo·dern [ウン・モデルン] 形 現代的〈モダン〉でない, 時代〈流行〉遅れの ▷ ein *unmodernes* Kleid 流行遅れのドレス

un·mög·lich [ウン・メークリヒ/ウン・メーク..]
— 形 ❶ 不可能な ▷ Das ist technisch *unmöglich*. そんなことは技術的に不可能だ / Es ist *unmöglich*, daran teilzunehmen. それに参加するのは不可能だ /《名詞的に》das *Unmögliche* möglich machen 不可能を可能にする
❷《口語》とんでもない, 非常識な ▷ Sie trug ein *unmögliches* Kleid. 彼女はとんでもないドレスを着ていた

イディオム sich⁴ *unmöglich machen* 面目を失う
— 副《口語》《ふつう können と》決して…〈できない ▷ Das kann ich *unmöglich* tun. そんなことは私は決してできない

un·mo·ra·lisch [ウン・モラーリシュ] 形 不道徳な, 不品行な ▷ Er führt ein *unmoralisches* Leben. 彼は不品行な生活を送っている

un·mo·ti·viert [ウン・モティヴィーアト] 形 動機のない, いわれのない;《副詞的に》理由もなく

un·mün·dig [ウン・ミュンディヒ] 形 未成年の(現在ドイツでは18歳未満)

un·mu·si·ka·lisch [ウン・ムズィカーリシュ] 形 音楽の才能のない, 音楽的でない

Un·mut [ウン・ムート] 男 *der* (複2格 -[e]s;複 なし)《文語》不満の〈腹立たしい〉気持ち

un·nach·ahm·lich [ウン・ナーハ・アームリヒ/ウン・ナーハ・アーム..] 形 まねのできない; 比類ない ▷ eine *unnachahmliche* Gabe まねのできない才能

un·nach·gie·big [ウン・ナーハ・ギービヒ] 形 譲歩しない, 妥協のない

un·nach·sich·tig [ウン・ナーハ・ズィヒティヒ] 形 容赦のない

un·nah·bar [ウン・ナー・バール/ウン・ナー..] 形 (人の印象が)近寄りがたい, とっつきにくい ▷ Er wirkt so *unnahbar*. 彼はとてもとっつきにくい感じがする

un·na·tür·lich [ウン・ナテューアリヒ] 形 (状態などが)不自然な, 異様な; (態度などが)わざとらしい ▷ Sein Gesicht hatte eine *unnatürliche* Blässe. 彼の顔色は異様に青白かった / Sein Benehmen war *unnatürlich*. 彼の態度はとらとらしかった

un·nö·tig [ウン・ネーティヒ] 形 不必要な, 余計な, 無用の ▷ sich³ *unnötige* Sorgen machen 無用の心配をする

un·nütz [ウン・ニュッツ] 形 無益な, むだな, 不必要な ▷ Es ist *unnütz*, darüber zu streiten. そのことについて言い争うのはむだだ

UNO [ウー・ノ] 囡 *die* (複2格 -;複 なし)《*United Nations Organization* の略語》国際連合, 国連 (☆ドイツ語では die Vereinten Nationen)

un·or·dent·lich [ウン・オルデントリヒ]
形 ❶ (住まいなどが)整頓されていない ▷ ein *unordentliches* Zimmer 整頓されていない部屋
❷ (性格・服装などが)だらしのない ▷ Er ist sehr *unordentlich*. 彼は非常にだらしがない

Un·ord·nung [ウン・オルドヌング] 囡 *die* (複2格 -;複 なし) 整頓されていない状態, 乱雑 ▷ Die *Unordnung* in dem Zimmer war unbeschreiblich. その部屋の乱雑さは言いようのないほどひどいものだった

un·par·tei·isch [ウン・パルタイイシュ] 形 (争い事で)どちらにも偏らない, 公平な, 中立の ▷ ein *unparteiischer* Schiedsrichter 公平な審判員

un·pas·send [ウン・パッセント] 形 (場所・時期などが)適切でない, 都合の悪い, あいにくの ▷ eine *unpassende* Bemerkung machen その場にふさわしくないことを言う

un·päss·lich [旧 ..päß..] [ウン・ペスリヒ] 形 《やや口語》体調がすぐれない ▷ sich⁴ *unpässlich* fühlen 気分がすぐれない

un·per·sön·lich [ウン・ペルゼーンリヒ] 形 ❶ (人の対応で)親しさを見せない, 事務的な ▷ ein ganz *unpersönlicher* Brief きわめて事務的な手紙
❷ 個性のない, 非個性的な ▷ Die Einrichtung des Zimmers war sehr *unpersönlich*. その部屋の家具のそろえ方はひどく個性がなかった

un·prak·tisch [ウン・プラクティシュ] 形 ❶ 非実用的な, 実際の役に立たない
❷ (日常生じる問題で)手際の悪い

un·qua·li·fi·ziert [ウン・クヴァリフィツィーアト] 形 ❶ (発言・冗談などが)低級な
❷ (特定の職業につく)資格のない; (仕事などが)資格を必要としない

Un·rast [ウン・ラスト] 女 *die* (複 2格 -; 複 なし)《文語》(絶えず何かをしないではいられない)不安定な気持ち

Un·rat [ウン・ラート] 男 *der* (複 2格 -[e]s; 複 なし)《文語》ごみ, くず, 廃棄物

un·recht [ウン・レヒト]
形 ❶ 不都合な, 適切でない ▷ zur *unrechten* Zeit kommen 都合の悪い時に来る
❷《文語》(道義的に)正しくない, 不正の ▷ eine *unrechte* Tat 不正行為
イディオム ❸ +*unrecht tun* ..³ に不当なことをする
unrecht haben 旧⇒新 Unrecht haben ☞ Unrecht

Un·recht [ウン・レヒト] 中 *das* (複 2格 -[e]s; 複 なし) 不正, 不当; 不正〈不当〉な行為 ▷ ein *Unrecht* begehen 不正を犯す
イディオム *Unrecht haben* まちがっている
zu Unrecht 不当にも

un·recht·mä·ßig [ウン・レヒト・メースィヒ] 形 (所有などが)法律に基づかない, 不法な, 違法な

un·red·lich [ウン・レートリヒ] 形《文語》不誠実な, 欺瞞ぎまん〈詐欺〉的な

un·re·gel·mä·ßig [ウン・レーゲル・メースィヒ] 形 不規則な, 一様でない ▷ ein *unregelmäßiges* Leben führen 不規則な生活を送る

un·reif [ウン・ライフ]
形 ❶ (果物・穀物などが)熟していない
❷ (人が)未熟の

un·rein [ウン・ライン]
形 ❶ (空気・水などが)汚れた, 汚い
❷ (音が)澄んでいない

un·rich·tig [ウン・リヒティヒ] 形 (主張などが)正しくない, 間違っている

Un·ru·he [ウン・ルーエ] 女 *die* (複 2格 -; 複 -n) ❶ (複 なし)騒々しさ, 喧騒 ▷ In der Klasse herrschte ständig *Unruhe*. クラスの中は絶えず騒がしかった
❷ (複 なし) (心の)動揺, 不安 ▷ in *Unruhe* geraten 不安になる / in *Unruhe* sein 不安である
❸ (人々の間の)不満, 怒り ▷ Das neue Gesetz sorgte für *Unruhe* im Land. 新しい法律は国民の間に不満を引き起こした
❹ (複 で) (抗議などによる)騒動, 騒乱 ▷ blutige *Unruhen* 流血の騒動

un·ru·hig [ウン・ルーイヒ]
形 ❶ 落ち着きない; 落ち着かない ▷ ein *unruhiges* Leben führen 落ち着かない生活を送る / Er wartete *unruhig* auf die Rückkehr seiner Frau. 彼は妻の帰りを心配しながら待っていた
❷ 騒がしい, 騒々しい ▷ *unruhige* Kinder 騒がしい子供たち / eine *unruhige* Wohngegend 騒々しい住宅地

un·rühm·lich [ウン・リュームリヒ] 形 (生き方などが)称賛に値しない, 誇れない, 恥ずべき

uns [ウンス] 《人称代名詞 wir の3·4格》
❶ 《3格》私たちに ▷ Kannst du *uns* helfen? 私たちの手助けをしてくれますか / Er hat *uns* alles gesagt. 彼は私たちにすべて話してくれた / Er saß hinter *uns*. 彼は私たちの後ろに座っていた / Das bleibt unter *uns*! これはここだけの話だよ / 《再帰代名詞として》Kaufen wir *uns* ein Eis? アイスクリームを買おうか / 《相互的に》Wir müssen *uns* helfen. 私たちは互いに助け合わなければならない
❷ 《4格》私たちを ▷ Niemand hat *uns* gesehen. だれも私たちのことを見なかった / 《再帰代名詞として》Wir setzen *uns* auf die Bank. 私たちはベンチに座る / 《相互的に》Wann sehen wir *uns*? いつ会いましょうか

un·sach·lich [ウン・ザッハリヒ] 形 (批判・論拠などが)事実に即さない, 主観的な

un·sag·bar [ウン・ザーク・バール／ウン・ザーク..] 形 言いようもない; 《副詞的に》(言いようもないほど)とても, ひどく ▷ *unsagbare* Angst 〈Freude〉言いようもない不安〈喜び〉／《程度を強めて》sich⁴ *unsagbar* freuen ひどく喜ぶ

un·schäd·lich [ウン・シェートリヒ] 形 害にならない, 無害な ▷ Dieses Mittel ist für Menschen *unschädlich*. この薬剤は人間には無害である

un·scharf [ウン・シャルフ]
形 ❶ (輪郭などが)ぼんやりした, ぼけた
❷ (論述などで細かな点が)明確でない

un·schätz·bar [ウン・シェッツ・バール／ウン・シェッツ..] 形 (計り知れないほど)きわめて大きな

un·schein·bar [ウン・シャイン・バール] 形 (特に美しいわけではないが)目立たない ▷ *unscheinbare* weiße Blüten 目立たない白い花

un·schlüs·sig [ウン・シュリュスィヒ] 形 決心

Unschlüssigkeit

のつかない；優柔不断な
(イディオム) *sich³ über*+④ *unschlüssig sein* …について決心がつかない ▷ *Ich bin* mir noch *unschlüssig*, ob ich das Haus kaufen soll oder nicht. 私はその家を買うべきかどうか決心がつかない

Un·schlüs·sig·keit [ウン・シュリュッスィヒカイト] 女 *die* (複2格 –; 複 なし) 決心のつかないこと，優柔不断

un·schön [ウン・シェーン] 形 (光景などが)美しくない；(態度などが)感じしない；(物事が)不快な

Un·schuld [ウン・シュルト] 女 *die* (複2格 –; 複なし)

❶ 無実，潔白 ▷ *Ich glaube an seine Unschuld.* 私は彼の無実を信じる

❷ 純真； 無邪気 ▷ *eine kindliche Unschuld* 子供のような純真さ

un·schul·dig [ウン・シュルディヒ]

形 ❶ 罪がない，無実の；責任がない ▷ *Ich bin unschuldig.* 私は無実です / *Er ist an dem Unfall nicht ganz unschuldig.* 彼はその事故にまったく責任がないわけではない

❷ 汚れを知らない， 純真な； 無邪気な ▷ *unschuldige* Kinder 純真な子供たち / *ein unschuldiges* Vergnügen (人に害を及ぼすことのない)無邪気な楽しみ

un·schwer [ウン・シュヴェーア] 副 《文語》難なく，苦もなく，たやすく

un·selbst·stän·dig [ウン・ゼルプスト・シュテンディヒ] 形 (経済的・精神的に)自立していない

Un·selbst·stän·dig·keit [ウン・ゼルプスト・シュテンディヒカイト] 女 *die* (複2格 –; 複 なし) (経済的・精神的に)自立していないこと

un·se·li·ge [ウン・ゼーリゲ] 形 (事件などが)不幸〈災い〉を招く，命取りの (☆名詞につけて)

un·ser

[ʊ́nzɐ ウンザー]

── 《不定詞類；1人称複数 wir に対する所有冠詞》

格	男性	女性	中性	複数
①	unser	unser*e*	unser	unser*e*
②	unser*es*	unser*er*	unser*es*	unser*er*
③	unser*em*	unser*er*	unser*em*	unser*en*
④	unser*en*	unser*e*	unser	unser*e*

[注] 語尾が -e, -er, -es の場合，語幹の e を省き，unsre, unsrer, unsres となることがある．また，語尾が -em, -en の場合，語幹の e を省き，unserm, unsern となることがある

❶ 私たちの，我々の
unser Sohn 私たちの息子
uns[e]re Eltern 私たちの両親
die Kinder *uns[e]rer* Nachbarn 私たちの隣人の子供たち
Das ist *unsere* Schuld. それは私たちの責任だ
《習慣的なかかわりを表して》
Wir müssen erst einmal *unseren* Mittagsschlaf halten. 私たちはまず昼寝をしなければならない

【呼びかけに】
Unser lieber Hans! 私たちの愛するハンス

❷ 《名詞的に；省かれた名詞に基づき dies*er* に準じて変化する》私たちのもの ▷ *Das sind nicht eure Bücher, sondern uns[e]re.* それは君たちの本ではなく私たちのだ

── ☞ wir

un·se·re [ウンゼレ] ☞ unser
un·se·rem [ウンゼレム] ☞ unser
un·se·ren [ウンゼレン] ☞ unser
un·se·rer [ウンゼラー] ☞ unser
un·se·res [ウンゼレス] ☞ unser

un·si·cher [ウン・ズィッヒャー]

形 ❶ (どうなるかが)確定していない，決まっていない；不確実な ▷ *Es ist noch unsicher,* ob er heute kommt. 彼がきょう来るかどうかはまだ確定していない

❷ 自信のない；確信がもてない ▷ *Er wurde immer unsicherer.* 彼は自信がますますぐらついた / *Ich bin unsicher,* ob … 私は…かどうか確信がもてない

❸ (状況などが)安定していない，不穏で；(結果・方法などが)信頼できない ▷ *unsichere* politische Verhältnisse 不穏な政治情勢 / *Die Methode ist zu unsicher.* その方法は信頼性があまりにも少なすぎる

❹ (技術などが)危なっかしい，おぼつかない，心もとない ▷ *Er fährt noch ziemlich unsicher.* 彼の運転はまだかなり危なっかしい

❺ (場所などが)安全でない，危険な ▷ *ein unsicherer* Weg 危険な道

Un·si·cher·heit [ウン・ズィッヒャーハイト] 女 *die* (複2格 –; 複 -en) (物事の推移の)不確定さ；(状況などの)不安定さ；(物事に対し)自信のないこと；(危険などに対し)安全でないこと

Un·si·cher·heits·fak·tor [ウン・ズィッヒャーハイツ・ファクトーア] 男 *der* (複2格 -s; -en) 不確定要素

un·sicht·bar [ウン・ズィヒト・バール] 形 目に見えない ▷ *Luft ist unsichtbar.* 空気は目に見えない

Un·sinn [ウン・ズィン] 男 *der* (複2格 -[e]s; 複 なし)

❶ ばかげたこと，ナンセンス ▷ *Das ist doch alles Unsinn.* それはすべて実にばかげたことだ / *Unsinn* machen (後悔するような)ばかげたことをする

❷ (ばかげた)いたずら ▷ Lass den *Unsinn*! い

たずらはよしなさい

un·sin·nig [ウン・ズィニヒ]
形 ❶ ばかげた，くだらない ▷ Es ist *unsinnig*, so etwas zu tun. そういうことをするのはばかげている
❷《口語》《程度を表して》ものすごい，法外な ▷ *unsinnig*〈*unsinnig* hohe〉Forderungen stellen 法外な要求をする

Un·sit·te [ウン・ズィッテ] 女 *die* (⤶ 2 格 -; ⤶ -n)（社会的・個人的な）悪い習慣，悪習 ▷ Es ist eine gefährliche *Unsitte*, im Bett zu rauchen. ベッドでタバコを吸うのは危険な悪習だ

un·sitt·lich [ウン・ズィットリヒ]
形 ❶ 不道徳な; 性的下心をもった
❷（法律）公序良俗に反する

uns·re [ウンズレ] ☞ unser

un·sterb·lich [ウン・シュテルプリヒ] 形 不死の，不滅〈不朽〉の ▷ die *unsterbliche* Seele 不滅の霊魂 / die *unsterblichen* Werke Beethovens ベートーベンの不朽の作品

un·stet [ウン・シュテート] 形（目つきなどが）落ち着きのない

un·still·bar [ウン・シュティル・バール/ウン・シュティル..] 形（飢え・渇きなどが）いやせない

Un·stim·mig·keit [ウン・シュティミヒカイト] 女 *die* (⤶ 2 格 -; ⤶ -en)《ふつう ⤶ で》
❶（計算などの）まちがい ▷ Bei der Überprüfung der Rechnung stieß man auf *Unstimmigkeiten*. 検算をしていてまちがいを見つけた
❷ 意見の相違〈不一致〉▷ In dieser Frage gab es *Unstimmigkeiten*. この問題では意見の相違があった

un·strei·tig [ウン・シュトライティヒ/ウン・シュトラ..] 形（議論の余地のないほど）明らかな

Un·sum·me [ウン・ズメ] 女 *die* (⤶ 2 格 -; ⤶ -n)《ふつう ⤶ で》ばく大な金額，巨額 ▷ Dieses Projekt hat *Unsummen* gekostet. このプロジェクトはばく大な金がかかった

un·sym·met·risch [ウン・ズュメートリッシュ] 形 左右対称でない

un·sym·pa·thisch [ウン・ズュムパーティシュ] 形 好感のもてない，気に入らない

un·ta·de·lig [ウン・ターデリヒ/ウン・ター..] 形 非の打ちどころのない，申し分のない ▷ Sein Benehmen ist *untadelig*. 彼の振舞い〈態度〉は申し分ない

un·tad·lig [ウン・タードリヒ/ウン・タード..] ＝untadelig

Un·tat [ウン・タート] 女 *die* (⤶ 2 格 -; ⤶ -en) 悪行，悪事 ▷ Er hat für seine *Untaten* büßen müssen. 彼は自分の悪行に対し償いをしなければならなかった

un·tä·tig [ウン・テーティヒ] 形 何もせずに; なすすべもなく ▷ Er stand *untätig* herum. 彼は何もしないでぼさっと立っていた

un·taug·lich [ウン・タオクリヒ] 形（仕事などに）適していない，役に立たない

un·teil·bar [ウン・タイル・バール/ウン・タイル..] 形（財産・数などが）分けられない，不可分の

un·ten [ウンテン]
副 ❶ 下に〈で〉，下の方に〈で〉（⤶ oben）▷ nach *unten* 下の方へ / von oben bis *unten* 上から下まで / rechts *unten* im Bild 絵〈写真〉の右下に / Ganz *unten* in der Schublade findest du die Briefe. 引き出しの一番下に手紙があるよ / Die Kiste ist *unten* isoliert.〔状態受動〕その箱は底に防水加工が施されている
❷ 下〈裏〉側に ▷ Diese Seite muss *unten* liegen. こちら側が下〈裏〉にならねばならない
❸（住まいの）下の階に ▷ Sie wohnen *unten* im Haus. 彼らは建物の下の階に住んでいる
❹（テキストの）後ろの方で ▷ Siehe *unten*! 下記参照（⤶ s.u.）
❺（社会の）下層に ▷ Er hat sich von *unten* hochgearbeitet. 彼は下層から努力して出世した

un·ter ━━━
[ónṭɐ ウンター]

━━ 前 【③・④支配】

☆ 空間関係の表示において位置を表す場合は 3 格，方向を表す場合は 4 格を支配する
☆ 定冠詞との融合形:《口語》unterm, untern
☆ 代名詞との結合形: darunter, worunter など

❶《空間》（⤶ über, auf）
a)【3 格】《位置》…の下で〈に〉
Er steht *unter* einem Baum.
彼は木の下に立っている
Der Hund liegt *unter* dem Tisch.
犬はテーブルの下に寝そべっている
Sie wohnt *unter* uns.
彼女は私たちの下の階に住んでいる
〖hindurch と呼応して〗
Der Zug fuhr *unter* der Brücke hindurch.
汽車は橋の下を通過した
b)【4 格】《方向》…の下へ〈に〉
Der Hund kriecht *unter* den Tisch.
犬はテーブルの下に腹ばいに潜り込む
Er legt den Schlüssel *unter* die Matte.
彼は鍵をマットの下に置く

❷《数量・値など》
a)【3 格】…より下で，…未満 ▷ Kinder *unter* 16 Jahren 16 歳未満の子供たち / *unter* dem Durchschnitt liegen 平均以下である / Die Temperatur liegt *unter* null. 気温は氷点下だ
b)【4 格】…より下へ ▷ *unter* den Durchschnitt sinken 平均以下に下がる

❸《混在》
a)【3格】《位置》…の間に, …の中で ▷ Der Brief lag *unter* den Akten. 手紙は書類の中にあった / Sie war die Intelligenteste *unter* meinen Schülern. 彼女は私の生徒の中で最も頭がよかった / Das bleibt *unter* uns! これはここだけの話だよ
b)【4格】《方向》…間に, …の中へ ▷ Er mischte sich *unter* die Zuschauer. 彼は観衆の中にまぎれ込んだ
❹《支配》
a)【3格】…のもとで〈に〉 ▷ Er steht *unter* ärztlicher Kontrolle. 彼は医者の監視下にある
b)【4格】…のもとへ〈に〉 ▷ Man stellte das Gebäude *unter* Denkmalschutz. その建物は文化財保護のもとに置かれた
❺【3格】《状況・条件》…のもとで ▷ Kann ich Sie *unter* dieser Nummer erreichen? この(電話)番号であなたに連絡がとれますか / *unter* der Bedingung, dass … …という条件のもとで

(イディオム) ***unter anderem***〈***anderen***〉(なかでも)とりわけ(☆ 人を意識する場合はふつう anderen を用いる)(略 u.a.) ▷ *Unter anderem* hat er auf diese Frage hingewiesen. とりわけ彼はこの問題に注意を喚起した
unter der Hand ひそかに, こっそりと
unter uns gesagt ここだけの話だが ▷ *Unter uns gesagt*, er ist ein Faulpelz. ここだけの話だが彼は怠け者なんだよ

── 副【数値と】…より少なく, …未満(反 über) ▷ Die Bewerber waren alle *unter* 30 Jahre alt. 応募者は全員 30 歳未満だった

★ **unter..**《分離・非分離前つづり》
《分離》[ウンター..]
《下へ》*unter*gehen 沈む, *unter*tauchen 潜る
《非分離》[ウンター..]
《過小》*unter*bieten 低い値をつける, *unter*schätzen 過小に評価する

Un・ter・arm[ウンター・アルム] 男 der (複 2格 -[e]s; 複 -e) 前腕(手と肘の間を指す;「上腕」は Oberarm)

un・ter・band[ウンターバント] unterbinden の 過基

Un・ter・be・wusst・sein(旧 ..wußt..) [ウンター・ベヴスト・ザイン] 中 das (複 2格 -s; 複 なし)《心理》潜在意識

un・ter・bie・ten[ウンタービーテン] 非分離
(unterbot; unterboten; 助 h)
他 ❶【4格と】[…4より](競売などで)低い値をつける ▷ Er hat alle Konkurrenten *unterboten*. 彼は競争相手のだれよりも低い値をつけた / einen Preis *unterbieten* 値段をほかより下げる
❷《スポ》【4格と】《記録・タイム4を》縮める ▷ die Bestzeit um zwei Sekunden *unterbieten* ベストタイムを 2 秒縮める

un・ter・bin・den[ウンタービンデン] 非分離
(unterband; unterbunden; 助 h)
他【4格と】[他人のしようとする..4を]はばむ, 阻止する

un・ter・blei・ben[ウンターブライベン] 非分離
(unterblieb; unterblieben; 助 s)
自(検査・措置など)が行われない, 起こらない ▷ Das ist leider *unterblieben*. それは残念ながら行われなかった

un・ter・blieb[ウンターブリープ] unterbleiben の 過基

un・ter・blie・ben[ウンターブリーベン] unterbleiben の 過分

un・ter・bot[ウンターボート] unterbieten の 過基

un・ter・bo・ten[ウンターボーテン] unterbieten の 過分

un・ter・brach[ウンターブラーハ] unterbrechen の 過基

un・ter・bre・chen[ウンターブレッヒェン] 非分離
(du unterbrichst, er unterbricht; unterbrach; unterbrochen; 助 h)
他 ❶【4格と】[..4を]中断する ▷ das Studium *unterbrechen* 大学での勉学を中断する / Er *unterbricht* seine Reise für zwei Tage. 彼は 2 日間旅行を中断する / Die Stromversorgung war mehrere Stunden lang *unterbrochen*. [状態受動]電力供給は数時間断たれたままだった
❷【4格と】[..4の]話をさえぎる ▷ Er *unterbrach* den Redner mit einer Frage. 彼は質問をして演説者の話をさえぎった
(イディオム) ***die Schwangerschaft unterbrechen*** 妊娠を中絶する

Un・ter・bre・chung[ウンターブレッヒュング] 女 die (複 2格 -; 複 -en) 中断, 遮断 ▷ die *Unterbrechung* der Reise 旅行の中断 / ohne *Unterbrechung* 中断されることなく

un・ter・brei・ten[ウンターブライテン] 非分離
(unterbreitete; unterbreitet; 助 h)
他《文語》【3+4格と】[..3に計画など4を](審議などのために)提示する

un・ter・brichst[ウンターブリヒスト] unterbrechen の 現基

un・ter・bricht[ウンターブリヒト] unterbrechen の 現基

un・ter・brin・gen[ウンター・ブリンゲン] 分離
(brachte unter; untergebracht; 助 h)
他 ❶【4+in+3格と】[..4を..3に]しまう, 入れる ▷ In diesem Koffer habe ich alles *unterge-*

bracht. このトランクに私はすべてのものを入れた ❷【④+〖場所〗と】[…に…に](少しの間)宿泊できるようにする; 収容する ▷ die Gäste im Hotel *unterbringen* 客をホテルに泊まれるようにする / Die Verletzten wurden im Krankenhaus *untergebracht*. 負傷した人たちは病院に収容された

❸《口語》【④+bei+③と】[…を…に³]就職させる ▷ Er hat seine Nichte bei der Bank *untergebracht*. 彼は姪に銀行の勤め口を世話した

un·ter·bro·chen [ウンター・ブロッヘン] unterbrechen の 〖過分〗

un·ter·bun·den [ウンター・ブンデン] unterbinden の 〖過分〗

un·ter·der·hand [ウンター・デア・ハント] 副 〖旧⇒新〗 **unter der Hand** ひそかに, こっそりと

un·ter·des·sen [ウンター・デッセン] 副 そうこうしている間に; その間に (=inzwischen)

un·ter·drü·cken [ウンタードリュッケン] 〖非分離〗 (unterdrückte; unterdrückt; 〖助〗h)

他 ❶【④と】〖感情・笑いなど⁴を〗抑える, 押し殺す ▷ Er konnte seine Erregung nicht *unterdrücken*. 彼は自分の興奮を抑えてはおけなかった / ein Gähnen *unterdrücken* あくびをかみ殺す

❷【④と】〖報道・記事など⁴を〗押さえる, 差し止める ▷ bestimmte Nachrichten *unterdrücken* 特定のニュースを差し止める

❸【④と】[…を]弾圧する; 抑圧する ▷ einen Aufstand grausam *unterdrücken* 反乱を残虐な手段で弾圧する

Un·ter·drü·ckung [ウンタードリュックング] 女 *die* (〖複〗2格 -; 〖複〗-en) 抑圧, 弾圧; (感情など)の抑制; (情報などを)にぎりつぶすこと

un·te·re [ウンテレ] 形 下の, 下位の (☆名詞につけて; 最上級は unterst; 〖複〗obere) ▷ der *untere* Teil 下の部分 / in den *unteren* Stockwerken 下の階で(に) / die *unteren* Klassen der Schule 学校の低学年

un·ter·ei·nan·der [ウンター・アイナンダー] 副 〖前置詞 unter と einander「互い」の結合形〗(一方が他方の下になるように)上下に; 互いの間で ▷ nicht nebeneinander, sondern *untereinander* 左右ではなく上下に / Das können wir *untereinander* ausmachen. それは私たちの間で取り決めることができる

un·ter·ent·wi·ckelt [ウンター・エントヴィッケルト] 形 (子供などが)発育不全の; (産業などの)開発の遅れた ▷ *unterentwickelte* Länder 開発途上国

un·ter·er·nährt [ウンター・エアネールト] 形 栄養不良の

Un·ter·fan·gen [ウンター・ファンゲン] 中 *das* (〖複〗2格 -s; まれに 〖複〗-) (危険が伴うかもしれない)難しい試み

un·ter·fas·sen [ウンター・ファッセン] 〖分離〗 (fasste unter; untergefasst; 〖助〗h)

他【④と】[…の]腕を(下から)つかんで支える; 腕を組む ▷ einen Betrunkenen *unterfassen* 酔っ払いの腕をとって支える / 〖過去分詞で〗 Er ging mit der Freundin *untergefasst* spazieren. 彼はガールフレンドと腕を組んで散歩に行った

Un·ter·füh·rung [ウンター・フュールング] 女 *die* (〖複〗2格 -; 〖複〗-en) (道路が交差するところの)高架橋下の道路, 地下道

Un·ter·gang [ウンター・ガング] 男 *der* (〖複〗2格 -[e]s; 〖複〗なし)

❶ 没落, 滅亡; 破滅, 堕落 ▷ der *Untergang* des Römischen Reiches ローマ帝国の滅亡

❷ 〖複〗なし〗(天体が)沈むこと (〖反〗Aufgang)

un·ter·ge·ben [ウンター・ゲーベン] 形【③と】[…³の]配下にいる, 部下である

Un·ter·ge·be·ne [ウンター・ゲーベネ] 男 *der* / 女 *die* (形容詞変化 ☞ Alte 表 I) 下の者, 部下, 配下 (☆「上司」は *der/die* Vorgesetzte)

un·ter|ge·hen [ウンター・ゲーエン] 〖分離〗 (ging unter; untergegangen; 〖助〗s)

自 ❶ (天体が)沈む (〖反〗aufgehen) ▷ Die Sonne *geht unter*. 太陽が沈む

❷ (船などが水中に)沈む ▷ Das Boot ist *untergegangen*. ボートは沈んだ

❸ 没落〈滅亡〉する; 破滅〈堕落〉する ▷ Dieses Reich ist vor etwa tausend Jahren *untergegangen*. この帝国は約千年前に滅亡した

un·ter·ge·ord·net [ウンター・ゲオルドネット] 形 下位の, 副次的な ▷ Diese Frage ist von *untergeordneter* Bedeutung. この問題はあまり重要ではない

un·ter·glie·dern [ウンターグリーデルン] 〖非分離〗 (untergliederte; untergliedert; 〖助〗h)

他【④と】〖テキストなど⁴を〗(いくつかの小さな部分に)区分する, 分ける

un·ter·gra·ben [ウンター・グラーベン] 〖非分離〗 (er untergräbt; untergrub; untergraben; 〖助〗h)

他【④と】〖名声など⁴を〗(気づかないうちに)しだいに失わせる〈失墜させる〉 ▷ Diese Gerüchte *untergruben* sein Ansehen. これらのうわさが彼の名声をしだいに失墜させていった

un·ter·gräbt [ウンターグレープト] untergraben の 〖現在〗

un·ter·grub [ウンターグループ] untergraben の 〖過去〗

Un·ter·grund [ウンター・グルント] 男 *der* (〖複〗2格 -[e]s; まれに 〖複〗..gründe)

❶ 〖複〗なし〗(反体制の)地下運動 ▷ im *Untergrund* arbeiten 地下活動をする / Er muss-

te in den *Untergrund* gehen. 彼は地下にもぐらざるをえなかった
❷ 表土（土壌の最上層を指す）；（建物が立っている）地盤；（機械などが置かれる）基盤
❸ （絵画の）地塗り，ファウンデーション；（模様などの）地

Un·ter·grund·bahn [ウンター・グルント・バーン] 囡 *die* (֍ 2格 -; ֍ -en) 地下鉄 (֍ U-Bahn)

un·ter·halb [ウンター・ハルプ]
前【❸支配】…の下方に〈で〉(֍ oberhalb) ▷ *unterhalb* des Knies ひざの下に / 【前置詞 von と】Die Altstadt liegt *unterhalb* vom Schloss. 旧市街は城の下にある

Un·ter·halt [ウンター・ハルト] 男 *der* (֍ 2格 -[e]s; ֍ なし)
❶ 生計；（離婚による）扶養料；（子供の）養育費
❷ （施設・建物などの）維持

un·ter·hält [ウンター・ヘルト] unterhalten の 現在

un·ter·hal·ten [ウンター・ハルテン] 非分離
(du unterhältst, er unterhält; unterhielt; unterhalten; 完了 h)
— 再 ❶ 【sich⁴+mit+③と】〈…³と〉(うちとけて楽しく)語り合う，話をする，歓談する ▷ Ich *unterhalte* mich gern mit ihm. 私は彼と話をするのが好きだ / 【相互的に】Sie haben sich oft über verschiedene Probleme *unterhalten*. 彼らはよくいろいろな問題について語り合った

類語

sich⁴ unterhalten うちとけて楽しく語り合う
diskutieren 特定のテーマについて議論する
plaudern 軽いテーマについておしゃべりする

❷ 【sich⁴と】楽しく時を過ごす ▷ Sie hat sich im Theater gut *unterhalten*. 彼女は劇場で楽しい時を過ごした
— 他 ❶ 【④と】(楽しく時を過ごせるように)〈…⁴の〉相手をする，気を配る ▷ Er hat seine Gäste gut *unterhalten*. 彼はじょうずに客の相手をした
❷ 【④と】〈…⁴を〉養う，扶養する ▷ Er hatte eine große Familie zu *unterhalten*. 彼は大家族を養わなければならなかった
❸ 【④と】〔施設・建物など⁴を〕(使える状態に)維持する ▷ Die Anlage wird von der Stadt *unterhalten*. この施設は市によって維持されている
❹ 【④と】〔会社など⁴を〕経営する ▷ Er *unterhält* eine Pension. 彼はペンションを経営している
❺ 【④と】〔関係など⁴を〕保つ，維持する ▷ Sie *unterhalten* einen lebhaften Briefwechsel. 彼らは盛んな文通を続けている

un·ter·halt·sam [ウンター・ハルトザーム] 形 (時間のたつのを忘れるほど) 楽しい，おもしろい ▷ Der Film war sehr *unterhaltsam*. その映画はとてもおもしろかった

un·ter·hältst [ウンター・ヘルツト] unterhalten の 現在

Un·ter·hal·tung [ウンター・ハルトゥング] 囡 *die* (֍ 2格 -; ֍ -en)
❶ (うちとけた楽しい)語らい，歓談 ▷ eine interessante *Unterhaltung* 興味深い語らい
❷ 【֍ なし】（客などが楽しく過ごせるように）相手をする〈気を配る〉こと；楽しく時を過ごすこと ▷ Die *Unterhaltung* der Gäste war schwer. 客たちを楽しませるのは難しかった
❸ 【֍ なし】経営；（施設・関係などの）維持

Un·ter·hal·tungs·in·dus·trie [ウンター・ハルトゥングス・インドゥストリー] 囡 *die* (֍ 2格 -; ֍ -n) 娯楽産業

Un·ter·hal·tungs·mu·sik [ウンター・ハルトゥングス・ムズィーク] 囡 *die* (֍ 2格 -; ֍ なし) 娯楽音楽（流行歌・ロック・大衆音楽など）

Un·ter·hal·tungs·pro·gramm [ウンター・ハルトゥングス・プログラム] 中 *das* (֍ 2格 -s; ֍ -e) 娯楽番組

Un·ter·hal·tungs·sen·dung [ウンター・ハルトゥングス・ゼンドゥング] 囡 *die* (֍ 2格 -; ֍ -en) 娯楽番組

Un·ter·hemd [ウンター・ヘムト] 中 *das* (֍ 2格 -[e]s; ֍ -en) (肌着の)シャツ，アンダーシャツ

un·ter·hielt [ウンター・ヒールト] unterhalten の 過去

Un·ter·holz [ウンター・ホルツ] 中 *das* (֍ 2格 -es; ֍ なし) （森の）下生え，（低木・灌木などの）やぶ

Un·ter·ho·se [ウンター・ホーゼ] 囡 *die* (֍ 2格 -; ֍ -n) ズボン下（複数形で1つのズボン下を指す）

un·ter·ir·disch [ウンター・イルディシュ] 形 地下〈地中〉の ▷ *unterirdische* Gänge 地下通路

un·ter·jo·chen [ウンター・ヨッヘン] 非分離
(unterjocht; unterjochte; unterjocht; 完了 h)
他 【④と】〔民衆など⁴を〕弾圧する，抑圧する ▷ Minderheiten *unterjochen* 少数派〈マイノリティー〉を押さえつける

un·ter·kel·lern [ウンター・ケレルン] 非分離
(unterkellerte; unterkellert; 完了 h)
他 【④と】〔建物など⁴に〕地下室をつける (☆ しばしば過去分詞で) ▷ ein *unterkellertes* Haus 地下室がついている家

un·ter|kom·men [ウンター・コメン] 分離
(kam unter; untergekommen; 完了 s)
自 ❶ 【③と】〈…に〉泊めてもらう
❷ 【口語】【③と】〈…に〉雇ってもらう

Un·ter·kunft [ウンター・クンフト] 囡 *die* (֍ 2格 -; ֍ ..künfte) 泊まる所，宿 ▷ eine *Unter-*

①, ②, ③, ④=1格, 2格, 3格, 4格の名詞

kunft für eine Nacht suchen 一夜の宿を探す

un·ter·lag [ウンターラーク] unterliegen の 過去

Un·ter·la·ge [ウンター・ラーゲ] 女 die (感2格 -; 徼 -n)

❶ 《ふつう 徼 で》(あることを証明するための)書類 ▷ alle erforderlichen *Unterlagen* einreichen 必要な書類をすべて提出する

❷ (物を傷めたりしないために)下に敷くもの, 下敷き ▷ Das Gerät steht auf einer *Unterlage* aus Gummi. その器具はゴム製の下敷きの上に置かれている

un·ter·las·sen [ウンターラッセン] 非分離
(er unterlässt; unterließ; unterlassen; 匠力h)

他 ❶ 《④と》[‥⁴を]やめる, よす ▷ Ich wollte ihn danach fragen, aber ich *unterließ* es. 私は彼にそのことを聞こうと思ったがやめた

❷ 《④と》[なすべきこと⁴を]しない, 怠る ▷ Er hat es *unterlassen*, rechtzeitig Bescheid zu geben. 彼は早めに連絡することを怠った

un·ter·lässt [ウンターレスト] unterlassen の 現在

un·ter·lau·fen [ウンターラオフェン] 非分離
(er unterläuft; unterlief; unterlaufen; 匠力s)

自 《③と》(思い違いなどを)[‥³が]うっかりしてしまう ▷ Ihm ist ein Irrtum *unterlaufen*. 彼はうっかり思い違いをしてしまった

un·ter·läuft [ウンターロイフト] unterlaufen の 現在

un·ter·le·gen
— 分離 [ウンター・レーゲン] (legte unter; untergelegt; 匠力h)

他 《④と》[‥⁴を](あるものの)下に置く, 入れる, 敷く ▷ dem Kranken ein Kissen *unterlegen* 病人の背にクッションを当てる

— 非分離 [ウンターレーゲン] (unterlegte; unterlegt; 匠力h)

他 《③+④と》[‥³に曲·歌詞など⁴を]つける ▷ einer Melodie einen Text *unterlegen* メロディーに歌詞をつける

— 形 [ウンターレーゲン] 《③と》[‥³より]劣っている (☆ ふつう述語として用いる; 徼 überlegen) ▷ Sie ist ihrem Mann geistig *unterlegen*. 彼女は知能的に夫より劣っている

— [ウンターレーゲン] unterliegen の 過分

Un·ter·le·gen·heit [ウンターレーゲンハイト] 女 die (感2格 -; 徼 なし) 劣っていること (徼 Überlegenheit)

Un·ter·leib [ウンター・ライプ] 男 der (感2格 -[e]s; 徼 -e) 下腹部

un·ter·lief [ウンターリーフ] unterlaufen の 過去

un·ter·lie·gen [ウンターリーゲン] 非分離
(unterlag; unterlegen)

自 ❶ 《匠力s》負ける, 屈する ▷ Er *unterlag* seinem Gegner bei der Wahl. 彼は選挙で相手に負けた / Er ist der Versuchung *unterlegen*. 彼は誘惑に負けた

❷ 《匠力h》《③と》[‥³に]支配される, さらされている ▷ Die Kleidung *unterliegt* der Mode. 服装は流行に支配される

un·ter·ließ [ウンターリース] unterlassen の 過去

un·term [ウンターム] 《unter と定冠詞 dem の融合形》

un·ter·ma·len [ウンターマーレン] 非分離
(untermalte; untermalt; 匠力h)

他 《④+mit+③と》[‥のバックに音楽³を]流す (☆ ときには musikalisch と) ▷ einen Film mit Musik 〈musikalisch〉 *untermalen* 映画のバックに音楽を流す

un·ter·mau·ern [ウンターマオエルン] 非分離
(untermauerte; untermauert; 匠力h)

他 《④と》[主張など⁴を](資料などで)裏づける

Un·ter·mie·ter [ウンター・ミーター] 男 der (感2格 -s; 徼 -) (住居の)また借り人

un·ter·mi·nie·ren [ウンターミニーレン] 非分離
(unterminierte; unterminiert; 匠力h)

他 《文語》《④と》[名声·抵抗力など⁴を]しだいに失わせる

un·ter·nahm [ウンターナーム] unternehmen の 過去

un·ter·neh·men [ウンターネーメン] 非分離 (er unternimmt; unternahm; unternommen; 匠力h)

他 《④と》[‥⁴を](気晴らしのために)する ▷ Was wollen wir heute Abend *unternehmen*? 今晩は何をしようか

〈イディオム〉 *einen Versuch unternehmen*+*zu* 不定詞句 ... …の試みを行う

etwas 〈*nichts*〉 *unternehmen* (あることを防ぐ対策として)なにかをする〈なにもしない〉 ▷ Hast du in der Sache schon *etwas unternommen*? 君はその件でもう何か策を講じたか / Dagegen hat er *nichts unternommen*. それに対して彼はなんの対策も講じなかった

Un·ter·neh·men [ウンターネーメン] 中 das (感2格 -s; 徼 -)

❶ 企業 ▷ ein großes 〈kleines〉 *Unternehmen* 大〈小〉企業

❷ 企て, 試み ▷ ein kühnes *Unternehmen* 大胆な企て

Un·ter·neh·mer [ウンターネーマー] 男 der (感2格 -s; 徼 -) 企業家, 事業家, 事業主

Un·ter·neh·mung [ウンターネームング] 女 die (感2格 -; 徼 -en) 企業 (＝Unternehmen); 企て, 試み

un·ter·nimmt [ウンターニムト] unternehmen の 現在

un·ter·nom·men [ウンターノムメン] unternehmen の 過分

un·ter|ord·nen [ウンター・オルドネン] [分離]
(ordnete unter; untergeordnet; [完了]h)
— [他] 〖④+③と〗〔‥^{4}を‥^{3}の〕下位に置く ▷ Er *ordnete* seine Pläne denen seiner Frau *unter.* 彼は自分の計画よりも奥さんの計画を優先させた
— [再] 〖[sich]^{4}と〗(組織に組み込まれ, 上司などの命令などに)従う ▷ Es fällt ihm nicht leicht, sich *unterzuordnen.* 上司の指示に従うことは彼にとって容易なことでない

Un·ter·pfand [ウンター・プファント] [中] *das* ([単] 2 格 -[e]s; [複] ..pfänder) 《文語》(あることを)証明〈保証〉するもの (☆ 2 格 などを伴う)

Un·ter·re·dung [ウンターレードゥング] [女] *die* ([単] 2 格 -; [複] -en) (問題を解決するための)話し合い, 協議, 会談 ▷ Die *Unterredung* findet morgen statt. 話し合いはあす行われる

Un·ter·richt [ウンターリヒト] [男] *der* ([単] 2 格 -[e]s; [複] なし)
授業 ▷ ein langweiliger *Unterricht* 退屈な授業 / den *Unterricht* versäumen 授業をさぼる / Er hat täglich acht Stunden *Unterricht.* 彼は毎日授業が 8 時間ある / Der *Unterricht* fällt aus. 授業が休講になる / während des *Unterrichts* 授業の間に

un·ter·rich·ten [ウンターリヒテン] [非分離]
(unterrichtete; unterrichtet; [完了]h)
— [自] (教師として)教える ▷ Sie *unterrichtet* an einem Gymnasium. 彼女はギムナジウムで教壇に立っている
— [他] ❶ 〖④と〗(教師が)〔‥^{4}を〕教える ▷ Er *unterrichtet* Physik. 彼は物理を教える
❷ 〖④と〗(教師が)〔‥^{4}に〕教える ▷ Er *unterrichtet* die Schüler in Englisch. 彼は生徒たちに英語を教えている
❸ 〖④+über+④〈von+③〉と〗〔‥^{4}に‥$^{4(3)}$を〕知らせる ▷ soweit ich *unterrichtet* bin [状態受動] 私の知っている限りでは
— [再] 〖[sich]^4+über+④と〗〔‥^{4}について〕情報を得る, 知る ▷ Der Arzt *unterrichtet* sich über den Zustand seines Patienten. 医者は患者の状態について報告を受ける

Un·ter·rock [ウンター・ロック] [男] *der* ([単] 2 格 -[e]s; [複] ..röcke) スリップ, ペチコート

un·ter·sa·gen [ウンターザーゲン] [非分離]
(untersagte; untersagt; [完了]h)
[他] 〖④と〗〔‥^{4}を〕禁じる (☆ ふつう状態受動で) ▷ Es ist *untersagt,* Alkohol zu trinken. アルコールを飲むことを禁止されている

Un·ter·satz [ウンター・ザッツ] [男] *der* ([単] 2 格 -es; [複] ..sätze) (ポット・植木鉢・グラスなどを置く)下敷き, 台皿, コースター

un·ter·schät·zen [ウンターシェッツェン]
[非分離] (unterschätzte; unterschätzt; [完了]h)
[他] ❶ 〖④と〗〔‥^{4}を〕過小に評価する ([反] überschätzen) ▷ Er hat mich *unterschätzt.* 彼は私を見くびった
❷ 〖④と〗〔距離・スピードなど^{4}を〕実際より少なく見積もる

un·ter·schei·den [ウンターシャイデン] [非分離]
(du unterscheidest, er unterscheidet; unterschied; unterschieden; [完了]h)
— [他] ❶ 〖④+von+③と〗〔‥^{4}を‥^{3}から〕**区別する** ▷ das Richtige vom Falschen *unterscheiden* 正しいこととまちがったことを区別する / Die Zwillinge kann man schwer voneinander *unterscheiden.* そのふたごはほとんど見分けがつかない
❷ 〖④+von+③と〗(あることが)〔‥^{4}を‥^{3}から〕区別する特徴である ▷ Die Vernunft *unterscheidet* den Menschen vom Tier. 理性が人間と動物を区別する
❸ 〖④と〗〔‥^{4}を〕(輪郭などを手掛かりに)識別する, 見分ける ▷ In der Dunkelheit konnte er die Häuser nicht *unterscheiden.* 暗くなって彼は家を識別することができなかった
❹ 〖④と〗〔‥^{4}を〕分類する, 区分する ▷ Die Erzeugnisse werden nach ihrer Größe *unterschieden.* 製品はサイズによって区分けされる
— [自] 〖zwischen+③と〗〔‥^{3}を〕区別する ▷ zwischen Echtem und Unechtem *unterscheiden* 真贋(しんがん)の区別をする
— [再] 〖[sich]^4+von+③と〗異なる ▷ Er *unterscheidet* sich kaum von seinem Bruder. 彼は彼の兄〈弟〉とほとんど区別がつかない / Ihre Ansichten *unterscheiden* sich in mehreren Punkten. 彼らの考え方はいくつかの点で異なっている

Un·ter·schen·kel [ウンター・シェンケル] [男] *der* ([単] 2 格 -s; [複] -) 下腿(かたい); 脛(すね)

un·ter·schie·ben
— [分離] [ウンター・シーベン] (schob unter; untergeschoben; [完了]h)
[他] 〖③+④と〗〔‥^{3}の下に‥^{4}を〕押し〈差し〉込む ▷ dem Kranken ein Kissen *unterschieben* 病人の体の下にクッションを押し込む
— [非分離] [ウンターシーベン] (unterschob; unterschoben; [完了]h)
[他] 〖③+④と〗〔‥^{3}に‥^{4}を〕なすりつける, 〔‥^{4}を‥^{3}の〕せいにする ▷ Man hat mir diese Äußerung *unterschoben.* 私はこの発言をしたことにされてしまった

un·ter·schied [ウンターシート] unterscheiden の [過去]

Un·ter·schied [ウンター・シート] [男] *der* ([単] 2 格 -[e]s; [複] -e)
違い, 相違, 差異 ▷ ein feiner *Unterschied* 微妙な違い / Zwischen diesen Dingen be-

U

steht kein *Unterschied.* これらの間には差違がない

[イディオム] ***im Unterschied zu***+③ 〈***zum Unterschied von***+③〉 …³と異なって ▷ *Im Unterschied zu* ihr ist er faul. 彼女と異なって彼は怠け者だ

un·ter·schie·den [ウンターシーデン] unterscheiden の [過分]

un·ter·schied·lich [ウンター・シートリヒ] [形] 違った, 異なった; いろいろの (2 つ以上の物体の, あるいは 1 つの物体の異なった時点での相違を表す) ▷ Die Leistungen waren ziemlich *unterschiedlich.* 成績はかなりのばらつきがあった

un·ter·schla·gen [ウンターシュラーゲン] [非分離] (er unterschlägt; unterschlug; unterschlagen; [完了]h)

[他] ❶ 〖④と〗〔金など⁴を〕横領する, 着服する ▷ Er hat Geld *unterschlagen.* 彼はお金を横領した / einen Brief *unterschlagen* 手紙を横取りする

❷ 〖④と〗〔重要なこと⁴を〕伏せておく, 言わないでおく ▷ Sie hat entscheidende Tatsachen *unterschlagen.* 彼女は決定的な事実を伏せていた

un·ter·schlägt [ウンターシュレークト] unterschlagen の [現在]

un·ter·schlug [ウンターシュルーク] unterschlagen の [過去]

Un·ter·schlupf [ウンター・シュルプフ] [男] *der* ([単] 2 格 -[e]s; まれに [複] -e) (雨などを)避ける場所; 避難場所, 逃げ場

un·ter|schlüp·fen [ウンター・シュリュプフェン] [分離] (schlüpfte unter; untergeschlüpft; [完了]s)

[自] 《口語》 〖[場所]と〗〔…に〕逃げ込む, 身を隠す

un·ter·schob [ウンターショーブ] unterschieben [非分離] の [過去]

un·ter·scho·ben [ウンターショーベン] unterschieben [非分離] の [過分]

un·ter·schrei·ben [ウンターシュライベン] [非分離] (unterschrieb; unterschrieben; [完了]h)

[他] 〖④と〗〔…⁴に〕 **署名〈サイン〉する** ▷ einen Brief *unterschreiben* 手紙にサインする / Der Vertrag ist noch nicht *unterschrieben.* [状態受動] その契約はまだサインされていない

un·ter·schrei·ten [ウンターシュライテン] [非分離] (unterschritt; unterschritten; [完了]h)

[他] 〖④と〗〔予定の金額など⁴を〕下回る ([反] überschreiten)

un·ter·schrieb [ウンターシュリーブ] unterschreiben の [過去]

un·ter·schrie·ben [ウンターシュリーベン] unterschreiben の [過分]

Un·ter·schrift [ウンター・シュリフト] [女] *die* ([単] 2 格 -; [複] -en) 署名, サイン ▷ Die *Unterschrift* ist gefälscht. [状態受動] このサインは偽物だ

un·ter·schritt [ウンターシュリット] unterschreiten の [過去]

un·ter·schrit·ten [ウンターシュリッテン] unterschreiten の [過分]

un·ter·schwel·lig [ウンター・シュヴェリヒ] [形] 意識下の ▷ *unterschwellige* Ängste 意識下の不安

Un·ter·see·boot [ウンター・ゼー・ボート] [中] *das* ([単] 2 格 -[e]s; [複] -e) 潜水艦, 潜水艇 ([略] U-Boot)

Un·ter·set·zer [ウンター・ゼッツァー] [男] *der* ([単] 2 格 -s; [複] -) (ポット・植木鉢・グラスなどを置く)下敷き, 台皿, コースター

un·ter·setzt [ウンター・ゼッツト] [形] ずんぐりした, 小太りの ▷ *untersetzte* Männer ずんぐりした男たち

un·ter·stand [ウンターシュタント] unterstehen の [過去]

Un·ter·stand [ウンター・シュタント] [男] *der* ([単] 2 格 -[e]s; [複] ..stände) (雨やどりなどができる屋根などの)遮蔽(しゃへい)物のある場所

un·ter·stan·den [ウンターシュタンデン] unterstehen の [過分]

un·ters·te [ウンターステ] [形] 〖unter の最上級〗 一番下の (☆ 名詞につけて) ▷ die *unterste* Gehaltsstufe 給料の一番下の等級

un·ter·ste·hen [ウンターシュテーエン] [非分離] (unterstand; unterstanden; [完了]h)

— [自] 〖③と〗〔…³の〕管理下〈管轄下〉にある, 下に配属されている ▷ Diese Behörde *untersteht* dem Außenministerium. この役所は外務省の管轄下にある

— [再] 〖[sich]⁴+zu 不定詞句と〗〔…を〕厚かましくもする ▷ Er hat sich *unterstanden,* mich anzufassen. 彼は厚かましくも私の体に手を触れた

un·ter·stel·len

— [分離] [ウンター・シュテレン] (stellte unter; untergestellt; [完了]h)

— [他] 〖④+[場所]と〗〔…⁴を…に〕(雨露などから守るため一時的に)置く, 入れる ▷ das Fahrrad in der Scheune *unterstellen* 自転車を納屋に入れる

— [再] 〖[sich]⁴と〗 (雨などを避けるために)避難する ▷ Er *stellte* sich während des Regens unter einer Brücke *unter.* 彼は橋の下で雨宿りをした

— [非分離] [ウンターシュテレン] (unterstellte; unterstellt; [完了]h)

[他] ❶ 〖③+④と〗〔…⁴を…³の〕下〈管轄下〉に置く, 下に配属する (☆ しばしば受動形) ▷ Diese Behörde ist dem Kultusministerium *unterstellt.* [状態受動] この役所は文部省の管轄下に置かれている

U

❷ 〚③＋④と〛〔…³にしていない〈言っていない〉こと⁴を〕なすりつける ▷ Wollen Sie mir *unterstellen*, dass ich lüge? あなたは私がうそをついていると言うのですか

❸ 〚④と〛〔…⁴を〕仮定する ▷ *Unterstellen* wir einmal, dass ... …と仮定してみよう

un·ter·strei·chen [ウンターシュトライヒェン] [非分離] (unterstrich; unterstrichen; [完了]h)

[他] ❶ 〚④と〛〔…⁴の〕下に線を引く, アンダーラインを引く ▷ einige Wörter *unterstreichen* いくつかの単語にアンダーラインを引く

❷ 〚④と〛〔…⁴を〕強調する, 力説する ▷ Die Notwendigkeit der Zusammenarbeit wurde *unterstrichen*. 協力の必要性が強調された

un·ter·strich [ウンターシュトリヒ] unterstreichen の [過去]

un·ter·stri·chen [ウンターシュトリッヒェン] unterstreichen の [過分]

un·ter·stüt·zen [ウンターシュテュッツェン] [非分離] (unterstützte; unterstützt; [完了]h)

[他] ❶ 〚④と〛〔…⁴を〕**支援〈支持〉する** ▷ die Kandidaten einer Partei *unterstützen* ある党の候補者たちを支援する / Er hat unseren Vorschlag *unterstützt*. 彼は私たちの提案を支持してくれた

❷ 〚④と〛〔…⁴を〕援助する ▷ Sie hat mich bei meiner Forschung *unterstützt*. 彼女は私の研究を援助してくれた

❸ 〚④と〛 (薬などが)〔…⁴を〕促進する ▷ Dieses Mittel *unterstützt* den Heilungsprozess. この薬は治癒のプロセスを早める

Un·ter·stüt·zung [ウンターシュトゥッツング] [女] *die* ([単] 2 格 –; [複] –en) **支援, 支持; 援助** ▷ Er kann mit meiner *Unterstützung* rechnen. 彼は私の支援を当てにしてもかまわない

un·ter·su·chen [ウンターズーヘン] [非分離] (untersuchte; untersucht; [完了]h)

[他] ❶ 〚④と〛〔…⁴を〕**調べる**, 調査する, 検査する ▷ die Ursachen des Unfalls *untersuchen* 事故の原因を調べる / Sein Koffer wurde am Grenzübergang eingehend *untersucht*. 彼のトランクは国境の検問所で綿密に調べられた

❷ 〚④と〛〔…⁴を〕診察する ▷ Der Arzt *untersucht* einen Kranken. 医者が病人を診察する

❸ 〚④と〛〔…⁴を〕研究する ▷ Ich *untersuche* die deutsche Sprache. 私はドイツ語の研究をしている

un·ter·sucht [ウンターズーフト] untersuchen の [現在], [過分]

un·ter·such·te [ウンターズーフテ] untersuchen の [過去]

Un·ter·su·chung [ウンターズーフング] [女] *die* ([単] 2 格 –; [複] –en)

❶ **調査**, 検査; 診察; 研究 ▷ eine genaue *Untersuchung* der Unglücksursache 事故原因の正確な調査

❷ 研究論文 ▷ eine *Untersuchung* schreiben 研究論文を書く

Un·ter·tan [ウンター・ターン] [男] *der* ([単] 2 格 –s; [複] –en) (君主国などの)臣民, 臣下

Un·ter·tas·se [ウンター・タッセ] [女] *die* ([単] 2 格 –; [複] –n) (カップ・茶碗ちゃわんの)受け皿

un·ter|tau·chen [ウンター・タオヘン] [分離] (tauchte unter; untergetaucht)

—[自] 〚[完了]s〛 ❶ (水中に)沈む, 潜る ([反] auftauchen) ▷ Der Taucher ist mehrmals im Meer *untergetaucht*. 潜水夫は何度も海に潜った

❷ 姿を消す; (追跡を逃れて)姿をくらます, 潜伏する ▷ Er ist in der Menge *untergetaucht*. 彼は人込みに姿を消した

—[他] 〚[完了]h〛〚④と〛〔…⁴を〕(水中に)沈める ▷ Er hat seinen Freund *untergetaucht*. 彼は友人を水の中に沈めた

un·ter·tei·len [ウンタータイレン] [非分離] (unterteilte; unterteilt; [完了]h)

[他] 〚④と〛〔…⁴を〕(いくつかの部分に)分ける, 区分する, 仕切る (☆ しばしば状態受動で) ▷ Das Buch ist in fünf Kapitel *unterteilt*. 本は 5 つの章に分けられている

un·ter·trei·ben [ウンタートライベン] [非分離] (untertrieb; untertrieben; [完了]h)

[自] (実際よりも)少な目〈控え目〉に言う, 謙遜けんそんして言う ([反] übertreiben)

un·ter·trieb [ウンタートリープ] untertreiben の [過去]

un·ter·trie·ben [ウンタートリーベン] untertreiben の [過分]

un·ter·wan·dern [ウンターヴァンデルン] [非分離] (unterwanderte; unterwandert; [完了]h)

[他] 〚④と〛〔組織など⁴に〕潜入する, もぐり込む

un·ter·warf [ウンターヴァルフ] unterwerfen の [過去]

Un·ter·wä·sche [ウンター・ヴェッシェ] [女] *die* ([単] 2 格 –; [複] なし) 下着, 肌着

un·ter·wegs [ウンターヴェークス]

[副] **途中で** ▷ Er traf *unterwegs* seinen Lehrer. 彼は途中で先生に会った

[イディオム] ***unterwegs sein*** 旅の途上である; 外出している ▷ Er *ist unterwegs* nach Bonn. 彼はボンに向かっているところだ / Er *ist* den ganzen Tag *unterwegs*. 彼は一日中出歩いている / 《比ゆ》 Bei ihr *ist* ein Baby *unterwegs*. 彼女は妊娠している

un·ter·wei·sen [ウンターヴァイゼン] [非分離] (unterwies; unterwiesen; [完了]h)

[他] 《文語》〚④＋in＋③と〛〔…⁴に…³を〕教える, 教授する

U

die **Un·ter·welt** [ウンター・ヴェルト] 囡 (⑫2格 -; ⑬ なし) (大都会などの)犯罪者の世界; 《神話》冥土ホネ, 黄泉ネの国 (☆ 定冠詞を必ず伴う)

un·ter·wer·fen [ウンターヴェルフェン] 非分離
(er unterwirft; unterwarf; unterworfen;)
— 他 (④と) [‥⁴を]征服する ▷ ein Land *unterwerfen* 国を征服する
— 再 ❶ [(sich⁴と)] 降伏する ▷ Die Rebellen *unterwarfen* sich bedingungslos. 反乱者たちは無条件降伏した
❷ [(sich⁴+③と)] 〔命令など³に〕従う ▷ Ich *unterwerfe* mich dem Richterspruch. 私は判決に服する

un·ter·wies [ウンターヴィース] unterweisen の 過去

un·ter·wie·sen [ウンターヴィーゼン] unterweisen の 過分

un·ter·wirft [ウンターヴィルフト] unterwerfen の 現在

un·ter·wor·fen [ウンターヴォルフェン] unterwerfen の 過分

un·ter·wür·fig [ウンターヴュルフィヒ/ウンター・ヴュル..] 形 (卑屈な態度で)ぺこぺこする

Un·ter·wür·fig·keit [ウンターヴュルフィヒカイト/ウンターヴュル..] 囡 die (⑫2格 -; ⑬ なし) (卑屈な態度で)ぺこぺこすること

un·ter·zeich·nen [ウンターツァイヒネン] 非分離 (unterzeichnete; unterzeichnet; 医了h)
他《文語》(④と) [‥⁴に]署名〈サイン〉する ▷ einen Brief *unterzeichnen* 手紙にサインする

un·ter·zie·hen [ウンターツィーエン] 非分離 (unterzog; unterzogen; 医了h)
再 [(sich⁴+③と)] 〔苦労なこと³を〕引き受ける ▷ Er hat sich ungern dieser Aufgabe *unterzogen*. 彼はしぶしぶこの任務を引き受けた
イディオム ④+*einer Analyse unterziehen* ‥⁴を分析する
④+*einer genauen Untersuchung unterziehen* ‥⁴を詳しく診察する
sich⁴ einer Operation unterziehen 手術を受ける

un·ter·zog [ウンターツォーク] unterziehen の 過去

un·ter·zo·gen [ウンターツォーゲン] unterziehen の 過分

Un·tie·fe [ウン・ティーフェ] 囡 die (⑫2格 -; ⑬ -n) (川・海などの)浅い所, 浅瀬 ▷ Das Schiff ist in eine *Untiefe* geraten. 船は浅瀬に乗り上げた

un·trag·bar [ウン・トラーク・バール/ウン・トラーク..] 形 ❶ (状況などが)耐えられない, 受け入れがたい ❷ (経済的に)負担できない

un·treu [ウン・トロイ] 形 不誠実な, 不実の; 忠実でない ▷ ein *untreuer* Ehemann 不実な夫

Un·treue [ウン・トロイエ] 囡 die (⑫2格 -; ⑬ なし) 不貞, 浮気

un·tröst·lich [ウン・トレーストリヒ/ウン・トレースト..] 形〔成句で〕*über*+④ *untröstlich sein* ‥⁴について(慰めることができないほど)悲しがって〈くやしがって〉いる

un·über·brück·bar [ウン・ユーバーブリュック・バール/ウン・ユーバーブリュック..] 形 (対立などが)調停できない

un·über·legt [ウン・ユーバーレークト] 形 思慮のない, 軽率な, 軽はずみな

un·über·seh·bar [ウン・ユーバーゼー・バール/ウン・ユーバーゼー..] 形 ❶ (多すぎたり大きすぎたりして)見渡すことのできない
❷ (誤りなどが)見逃しようのない, 明らかな
❸ (結果などが)見通せない

un·über·treff·lich [ウン・ユーバートレフリヒ/ウン・ユーバートレフ..] 形 (超えられないほど)すぐれた

un·über·wind·lich [ウン・ユーバーヴィントリヒ/ウン・ユーバーヴィント..] 形 (不安・障害などが)克服できない

un·um·gäng·lich [ウン・ウムゲングリヒ/ウン・ウムゲング..] 形 (措置などが)しないで済まされない, 絶対に避けられない, 不可避の

un·um·stöß·lich [ウン・ウムシュテースリヒ/ウン・ウムシュテース..] 形 (決定などが)覆すことのできない, 最終的な, 決定的な

un·um·strit·ten [ウン・ウムシュトリッテン/ウン・ウムシュトリッ..] 形 (事実などが)議論の余地のない, 明白な

un·um·wun·den [ウン・ウムヴンデン/ウン・ウムヴン..] 形 率直な, 単刀直入な

un·un·ter·bro·chen [ウン・ウンターブロッヘン/ウン・ウンタブロ..] 形 絶え間のない, 途切れることのない (☆ 述語として用いない) ▷ Es regnet *ununterbrochen*. 雨が絶え間なく降る

un·ver·än·der·lich [ウン・フェアエンダーリヒ/ウン・フェアエン..] 形 変わらない, 不変の ▷ ein *unveränderliches* Naturgesetz 不変の自然法則

un·ver·än·dert [ウン・フェアエンデルト/ウン・フェアエン..] 形 (病状などが)変わっていない

un·ver·ant·wort·lich [ウン・フェアアントヴォルトリヒ/ウン・フェアアント..] 形 無責任な ▷ Sein Verhalten ist *unverantwortlich*. 彼の態度は無責任だ

un·ver·bes·ser·lich [ウン・フェアベッサーリヒ/ウン・フェアベ..] 形 (人・性格が改善の余地がなく)どうしようもない, 度しがたい ▷ Du bist wirklich *unverbesserlich*. 君は本当に度しがたいやつだ

un·ver·bind·lich [ウン・フェアビントリヒ/ウン・

フェアビント..]
[形] ❶ (あることに対して)拘束力〈義務〉をもたない ▷ Er konnte ihr nur eine *unverbindliche* Auskunft geben. 彼は彼女に保証できない〈責任のもてない〉情報しか与えることができなかった
❷ (応対などがていねいだが)そっけない ▷ Ihre Antwort war kurz und *unverbindlich.* 彼女の返事は短くそっけなかった

un·ver·blümt [ウン・フェアブリュームト/ウン・フェアブリュームト] [形] 率直な, 単刀直入な, あけすけな, あからさまな

un·ver·dor·ben [ウン・フェアドルベン] [形] (食料品などが)まだ傷んでいない

un·ver·dros·sen [ウン・フェアドロッセン/ウン・フェアドロッ..] [形] (嫌なことがあっても)くさらない, 気力を失わない

un·ver·ein·bar [ウン・フェアアイン・バール/ウン・フェアアイン..] [形] (見解などが)相いれない

un·ver·fälscht [ウン・フェアフェルシュト/ウン・フェアフェルシュト] [形] (変化を受けず)元〈以前〉のままの, 純粋な

un·ver·fäng·lich [ウン・フェアフェングリヒ/ウン・フェアフェング..] [形] (質問・状況などが)当惑することのない, 当たり障りのない, 無難な, たわいのない

un·ver·fro·ren [ウン・フェアフローレン/ウン・フェアフロー..] [形] 生意気な, 横柄な

un·ver·gäng·lich [ウン・フェアゲングリヒ/ウン・フェアゲング..] [形] 不滅の, 不朽の ▷ die *unvergänglichen* Werke Bachs バッハの不朽の作品

un·ver·ges·sen [ウン・フェアゲッセン] [形] 忘れられていない, 思い出に残る

un·ver·gess·lich ([旧] **..geß..**) [ウン・フェアゲスリヒ/ウン・フェアゲス..] [形] 忘れられない, 忘れ難い ▷ Er wird mir immer *unvergesslich* bleiben. 彼のことは私はいつまでも忘れられないでしょう

un·ver·gleich·lich [ウン・フェアグライヒリヒ/ウン・フェアグライヒ..] [形] 比類ない, たぐいまれな ▷ ein *unvergleichlicher* Anblick 他に比べようもないほどの眺め / 《程度を強めて》 Sie ist *unvergleichlich* schön. 彼女はたぐいまれな美女だ

un·ver·hält·nis·mä·ßig [ウン・フェアヘルトニス・メースィヒ/ウン・フェアヘルトニス..] [副] 不釣り合いなほど, 異常に

un·ver·hofft [ウン・フェアホフト/ウン・フェアホッフト] [形] 思いがけない, 予期しない(ふつううれしいことに関して用いる) ▷ ein *unverhofftes* Wiedersehen 思いがけない再会

un·ver·hoh·len [ウン・フェアホーレン/ウン・フェアホー..] [形] (感情などが)あからさまな, むき出しの ▷ mit *unverhohlener* Neugier 好奇心をむき出しにして

un·ver·käuf·lich [ウン・フェアコイフリヒ/ウン・フェアコイフ..] [形] 非売品の

un·ver·kenn·bar [ウン・フェアケン・バール/ウン・フェアケン..] [形] まちがえようのない, まぎれもない ▷ Das ist ein *unverkennbares* Anzeichen dieser Krankheit. これはこの病気のまぎれもない兆候だ

un·ver·letz·lich [ウン・フェアレッツリヒ/ウン・フェアレッツ..] [形] (人権などが)侵すことのできない

un·ver·meid·lich [ウン・フェアマイトリヒ/ウン・フェアマイト..] [形] 避けようのない, 不可避の ▷ Es ist leider *unvermeidlich*, dass ... …ということは残念ながら避けられない

un·ver·min·dert [ウン・フェアミンデルト] [形] (勢いなどが)衰えていない ▷ mit *unverminderter* Heftigkeit 依然変わらぬ激しさで

un·ver·mit·telt [ウン・フェアミッテルト] [形] まったく突然の, まったく急な, 出し抜けの, 唐突の ▷ *Unvermittelt* brach er seine Rede ab. まったく突然彼は演説を止めてしまった

Un·ver·mö·gen [ウン・フェアメーゲン] [中] *das* ([単] 2格 -s; [複] なし) 能力の欠如, 無能力, 無能 ▷ das *Unvermögen*, sich⁴ anzupassen 適応能力の欠如

un·ver·mu·tet [ウン・フェアムーテット] [形] 予期しなかった, 思いがけない; 〖副詞的に〗 思いがけず

Un·ver·nunft [ウン・フェアヌンフト] [女] *die* ([単] 2格 -; [複] なし) 無分別, 無思慮 ▷ Es ist reine *Unvernunft*, bei diesem Wetter baden zu gehen. こんな天気のときに泳ぎに行くなんてまったく無謀だ

un·ver·nünf·tig [ウン・フェアニュンフティヒ] [形] 無分別〈無思慮〉な ▷ Sei doch nicht so *unvernünftig*! そう聞き分けのないことを言うな〈無分別なことをするな〉

un·ver·rich·te·te [ウン・フェアリヒテテ] [形] 〖成句で〗 ***unverrichteter Dinge*** 目的〈思い〉を果たせずに

un·ver·rich·te·ter·din·ge [ウン・フェアリヒテター・ディンゲ] [副] [旧⇨新] **unverrichteter Dinge** (分けて書く) ☞ unverrichtete

un·ver·schämt [ウン・フェアシェームト] [形] 恥知らずな, 厚かましい, 生意気な ▷ Er lügt *unverschämt.* 彼は厚かましくもうそをつく

un·ver·schul·det [ウン・フェアシュルデット/ウン・フェアシュル..] [形] (窮地などに陥ったのは)自分のせい〈落ち度〉ではない, 自分に責任のない

un·ver·se·hens [ウン・フェアゼーエンス/ウン・フェアゼー..] [副] 知らないうちに, いつのまにか, 不意に ▷ Er war *unversehens* eingetreten. 彼は知らぬ間に中に入って来ていた

un·ver·sehrt [ウン・フェアゼーアト]
[形] ❶ (人が)無事な; 〖副詞的に〗 無事に
❷ (物が)無傷の, 損傷のない; (封印などが)開けられていない

un·ver·söhn·lich [ウン・フェアゼーンリヒ/ウン・

フェアゼーン..] [形] 和解する気のない; (対立などが)調停のしようもない ▹ Er blieb *unversöhnlich.* 彼は依然として和解に応じようとしなかった

Un·ver·stand [ウン·フェアシュタント] [男] *der* ([単] 2 格 –[e]s; [複] なし) 無分別, 無思慮 ▹ aus *Unverstand* 無分別から

un·ver·stan·den [ウン·フェアシュタンデン] [形] (他人に)理解してもらえない

un·ver·ständ·lich [ウン·フェアシュテントリヒ] [形] ❶ (ことばなどが)よく聞き取れない, 意味不明な ▹ Er murmelte *unverständliche* Worte. 彼はよく聞き取れない〈意味不明な〉ことばをつぶやいた

❷ (物事が)理解できない, 不可解な ▹ Es ist mir *unverständlich,* wie so etwas geschehen konnte. どうしてそのようなことが起こりえたのか私には理解できない

Un·ver·ständ·lich·keit [ウン·フェアシュテントリヒカイト] [女] *die* ([単] 2 格 –; [複] なし) (ことばなどが)意味不明なこと; (物事が)不可解なこと

Un·ver·ständ·nis [ウン·フェアシュテントニス] [中] *das* ([単] 2 格 ..nisses; [複] なし) 無理解 ▹ Er stieß auf *Unverständnis.* 彼は図らずも理解してもらえなかった

un·ver·träg·lich [ウン·フェアトレークリヒ/ウン·フェアトレーク..]

[形] ❶ (見解などが)相いれない

❷ (人と)協調できない

❸ (食物が)消化の悪い, 消化しにくい

Un·ver·träg·lich·keit [ウン·フェアトレークリヒカイト/ウン·フェアトレーク..] [女] *die* ([単] 2 格 –; [複] なし) (食物の)不消化

un·ver·wandt [ウン·フェアヴァント] [副] (目をそらさず長いこと)じっと, まじまじと

un·ver·wech·sel·bar [ウン·フェアヴェクセル·バール/ウン·フェアヴェク..] [形] (他の物と)取り違えようもない, 独特の ▹ Sein Stil ist *unverwechselbar.* 彼の文体は独特だ

un·ver·wüst·lich [ウン·フェアヴューストリヒ/ウン·フェアヴュースト..]

[形] ❶ (材質などが) じょうぶな ▹ ein *unverwüstlicher* Stoff じょうぶな布

❷ (何事にも)揺るがない, 失われることのない ▹ Er hat einen *unverwüstlichen* Humor. 彼はどんなときにもユーモアを失うことがない

un·ver·zagt [ウン·フェアツァークト] [副] 《やや古語》 (困難な状況にあっても)たじろがず, しりごみせず

un·ver·zeih·lich [ウン·フェアツァイリヒ/ウン·フェアツァイ..] [形] (過ちなどが重大で)許すことができない ▹ ein *unverzeihlicher* Fehler 許しがたい誤り

un·ver·züg·lich [ウン·フェアツュークリヒ/ウン·フェアツューク..] [副] 《文語》 即座に, 即刻

un·voll·en·det [ウン·フォル·エンデット/ウン·フォルエン..] [形] 未完[成]の, でき上がっていない ▹ Der Roman ist *unvollendet.* その小説は未完成だ

un·voll·kom·men [ウン·フォル·コメン/ウン·フォル·コム..] [形] 不完全な, 不十分な ▹ *unvollkommene* Kenntnisse 不完全な知識

Un·voll·kom·men·heit [ウン·フォルコメンハイト/ウン·フォルコムメン..] [女] *die* ([単] 2 格 –; [複] なし) 不完全さ; 不十分さ

un·voll·stän·dig [ウン·フォル·シュテンディヒ/ウン·フォル·シュテン..] [形] 完全でない, 不備のある ▹ Die Liste ist noch *unvollständig.* リストはまだ不完全だ

un·vor·ein·ge·nom·men [ウン·フォーア·アイン·ゲノメン] [形] (判断などが)先入観にとらわれない, 偏見のない

un·vor·her·ge·se·hen [ウン·フォーア·ヘーア·ゲゼーエン] [形] 予測していなかった, 不測の, 思いがけない ▹ *unvorhergesehene* Schwierigkeiten 予測していなかった困難

un·vor·sich·tig [ウン·フォーア·ズィヒティヒ] [形] 軽はずみな, 不注意〈不用意〉な ▹ eine *unvorsichtige* Bemerkung 不用意な発言

un·vor·stell·bar [ウン·フォーア·シュテル·バール/ウン·フォーア·シュテル..]

[形] ❶ 想像できない ▹ Es ist mir *unvorstellbar,* wie das passieren konnte. そのようなことがどうして起こりえたか私には想像しがたい

❷ 《程度を表して》 想像を絶するほどの, ものすごい ▹ eine *unvorstellbare* Entfernung 想像を絶する距離 / Das war *unvorstellbar* schön. それはものすごく美しかった

un·vor·teil·haft [ウン·フォア·タイルハフト] [形] (服などが)似合わない; (体などが)格好の悪い ▹ eine *unvorteilhafte* Frisur 似合わないヘアースタイル

un·wahr [ウン·ヴァール] [形] 真実〈事実〉でない, 虚偽の

un·wahr·schein·lich [ウン·ヴァールシャインリヒ]

[形] ❶ ありそうもない, 本当と思えない ▹ Es ist *unwahrscheinlich,* dass er so spät noch kommt. こんなに遅くなってもまだ彼が来るとは思えない

❷ 《程度を表して》 (ありそうにもないほど)ものすごい ▹ ein *unwahrscheinliches* Glück すごい幸運 / Er hat sich *unwahrscheinlich* gefreut, dass ... 彼は…ということをものすごく喜んだ

un·weg·sam [ウン·ヴェークザーム] [形] (しっかりした道がなく)歩きにくい, 車などで走りにくい

un·wei·ger·lich [ウン·ヴァイガーリヒ/ウン·ヴァイ..] [形] (事故などが)起こるべくして起こった, 不可避の; 〘副詞的に〙 かならず (☆ 述語として用いない)

U

un·weit [ウン・ヴァイト] [前]〘②支配〙…から遠くないところに ▷ *unweit* der Stadt 町から遠くないところに /〘副詞的に〙*unweit* von hier ここからあまり離れていないところに

Un·we·sen [ウン・ヴェーゼン] [中] *das* ([単] 2 格 -s; [複] なし)(社会秩序を乱すような)悪事 ▷ In dieser Gegend treibt eine Bande von Autodieben ihr *Unwesen.* このあたりで自動車泥棒の一味が悪事を働いている

un·we·sent·lich [ウン・ヴェーゼントリヒ] [形] 本質的でない, 重要でない ▷ *unwesentliche* Änderungen 本質にかかわらない変更

Un·wet·ter [ウン・ヴェッター] [中] *das* ([単] 2 格 -s; [複] -) (強い風・雨・雹などを伴った)あらし, 暴風雨 ▷ ein verheerendes *Unwetter* すさまじいあらし

un·wich·tig [ウン・ヴィヒティヒ] [形] 重要でない ▷ Dieses Problem ist vorläufig *unwichtig.* この問題はさしあたり重要でない

un·wi·der·ruf·lich [ウン・ヴィーダー・ルーフリヒ/ウン・ヴィーダー・ルーフ..] [形] (決定などが)最終的に確定した

un·wi·der·steh·lich [ウン・ヴィーダー・シュテーリヒ/ウン・ヴィーダー・シュテー..]
[形] ❶ (衝動などが)抑えがたい ▷ ein *unwiderstehlicher* Drang 抑えがたい衝動
❷ (魅力が)抗しがたい; (抗しがたいほど)魅力〈魅惑〉的な ▷ sich für *unwiderstehlich* halten 自分のことを魅力的だと思っている

un·wie·der·bring·lich [ウン・ヴィーダー・ブリングリヒ/ウン・ヴィーダー・ブリング..] [形] (時間・損失などが)取り返しのつかない

Un·wil·le [ウン・ヴィレ] [男] *der* ([単] 2 格 -ns, 3·4 格 -n; [複] なし) (軽い)立腹, 不興, 不機嫌 ▷ Er konnte seinen *Unwillen* nicht zurückhalten. 彼は腹が立ってくるのを抑えることができなかった

un·wil·lig [ウン・ヴィリヒ]
[形] ❶ 不機嫌な (☆ 述語として用いない) ▷ Er schüttelt *unwillig* den Kopf. 彼は不機嫌そうに首を振る
❷ いやいやながらの ▷ Er tat *unwillig* seine Pflicht. 彼はいやいやながら義務を果たした

U

un·will·kom·men [ウン・ヴィルコメン] [形] (客などが)歓迎されない, 望ましくない

un·will·kür·lich [ウン・ヴィルキューアリヒ/ウン・ヴィルキューア..] [形] 無意識の;〘副詞的に〙思わず ▷ eine *unwillkürliche* Reaktion 無意識の反応 / Er drehte sich *unwillkürlich* um. 彼は思わず振り返った

un·wirk·sam [ウン・ヴィルクザーム] [形] (措置などが)効果のない

un·wirsch [ウン・ヴィルシュ] [形] (機嫌などが悪く)無愛想な, つっけんどんな

un·wirt·lich [ウン・ヴィルトリヒ] [形] (土地などが)荒涼として, 寒々とした; (気候などが)厳しい

un·wis·send [ウン・ヴィッセント]
[形] ❶ 無知の
❷ (あることについて)知らない, 知らされていない

Un·wis·sen·heit [ウン・ヴィッセンハイト] [女] *die* ([単] 2 格 -; [複] なし) 知らないこと; 無知 ▷ aus *Unwissenheit* 無知のため

un·wohl [ウン・ヴォール]
[形] ❶ 気分がすぐれない; 気分が悪い
❷ 居心地が悪い ▷ Sie fühlte sich in seiner Gesellschaft *unwohl.* 彼女は彼と一緒にいると気持ちが落ち着かない

Un·wohl·sein [ウン・ヴォール・ザイン] [中] *das* ([単] 2 格 -s; [複] なし)《文語》気分がすぐれないこと, 体の不調

Un·wort [ウン・ヴォルト] [中] *das* ([単] 2 格 -[e]s; [複] ..wörter 〈-e〉)(感心しない)よくないことば

un·wür·dig [ウン・ヴュルディヒ]
[形] (扱いなどが)侮辱〈屈辱〉的な ▷ Er wurde in *unwürdiger* Weise beschimpft. 彼は侮辱的なやり方で罵倒された
[イディオム] ②+*unwürdig sein* …²に値しない, ふさわしくない ▷ Er *ist* der Auszeichnung *unwürdig.* 彼はこの表彰を受けるに値しない

Un·zahl [ウン・ツァール] [女] *die* ([単] 2 格 -; [複] なし) 無数, 数え切れないほどの数 ▷ Eine *Unzahl* von Tauben flog auf einmal ab. 無数のハトが一度に飛び立った

un·zäh·lig [ウン・ツェーリヒ/ウン・ツェー..] [形] 無数の, 数え切れないほどの ▷ *unzählige* Male 数え切れないほど何度も

un·zer·trenn·lich [ウン・ツェアトレンリヒ/ウン・ツェアトレン..] [形] (離れられないほど)親密な, 非常に仲のよい

Un·zucht [ウン・ツフト] [女] *die* ([単] 2 格 -; [複] なし) わいせつ〈みだらな〉行為

un·züch·tig [ウン・ツュヒティヒ] [形] (映画・文書などが)わいせつの

un·zu·frie·den [ウン・ツ・フリーデン] [形] 満足していない, 不満な ▷ Sie ist mit ihren Schülern *unzufrieden.* 彼女は自分の生徒たちに満足していない / ein *unzufriedenes* Gesicht machen 不満そうな顔をする

un·zu·gäng·lich [ウン・ツー・ゲングリヒ]
[形] ❶ (道などがないため)近づきがたい ▷ ein *unzugängliches* Gebirge 人の入り込めないような山岳地帯
❷ (人が)近寄りがたい, うちとけない

un·zu·läng·lich [ウン・ツー・レングリヒ] [形] 不十分な ▷ eine *unzulängliche* Ausbildung 不十分な教育

un·zu·sam·men·hän·gend [ウン・ツザメン・ヘンゲント] [形] 論理的なつながり〈関連〉のない

un·zu·ver·läs·sig [ウン・ツー・フェアレスィヒ] 形 信頼できない, 信用のおけない, 当てにできない ▷ Sie ist eine *unzuverlässige* Person. 彼女は信頼できない人だ

un·zwei·deu·tig [ウン・ツヴァイ・ドイティヒ] 形 (返事の内容などが) 明確な, 明白な, はっきりした

un·zwei·fel·haft [ウン・ツヴァイフェルハフト/ウン・ツヴァイ..] 形 (成功・勝利などが) 疑う余地のない; 《副詞的に》疑いもなく

üp·pig [ユッピヒ]
形 ❶ (量が) おびただしい, たっぷりの ▷ ein *üppiges* Mahl たくさん料理のある食事
❷ (女性の体が) 豊満な; (植物が) 繁茂した ▷ Sie hat einen *üppigen* Busen. 彼女は豊満な胸をしている

ur·alt [ウーア・アルト] 形 非常に年をとった; 非常に古い ▷ ein Märchen aus *uralten* Zeiten 大昔からのおとぎ話

ur·bar [ウーア・バール] 形 農業に適した
(イディオム) ④ +*urbar machen* …⁴を開墾〈開拓〉する; 干拓する

Ur·en·kel [ウーア・エンケル] 男 der (⊕2格 -s; ⊕ -) ひまご, 曾孫

Ur·groß·mut·ter [ウーア・グロース・ムッター] 女 die (⊕2格 -; ⊕ ..mütter) 曾祖母

Ur·groß·va·ter [ウーア・グロース・ファーター] 男 der (⊕2格 -s; ⊕ ..väter) 曾祖父

Ur·he·ber [ウーア・ヘーバー] 男 der (⊕2格 -s; ⊕ -) (芸術運動などの) 首唱者; (クーデターなどの) 首謀者, 張本人

u·rig [ウーリヒ] 《口語》(雰囲気などが) 素朴な, (祭りなどが) 昔のままの

U·rin [ウリーン] 男 der (⊕2格 -s; ⊕ なし) 尿 ▷ den *Urin* untersuchen lassen 尿を検査してもらう

u·ri·nie·ren [ウリニーレン]
(urinierte; uriniert; 完了h)
自 小便をする

Ur·kun·de [ウーア・クンデ] 女 die (⊕2格 -; ⊕ -n) (公的な) 証明書, 証書 ▷ eine *Urkunde* ausstellen 証明書を交付する

Ur·laub [ウーア・ラオプ] 男 der (⊕2格 -[e]s; ⊕ -e)
(勤務者の) 休暇 ▷ ein bezahlter *Urlaub* 有給休暇 / einen Tag *Urlaub* nehmen 1日休暇をとる / Wann hast du *Urlaub*? 君はいつ休暇をとるのですか / Er verbrachte seinen *Urlaub* an der See. 彼は休暇を海辺で過ごした / Er ist noch nicht aus dem *Urlaub* zurück. 彼はまだ休暇から帰っていない
(イディオム) *auf* 〈*in, im*〉*Urlaub sein* 休暇中である

Ur·lau·ber [ウーア・ラオバー] 男 der (⊕2格 -s; ⊕ -) (保養地などで) 休暇を過ごす人 ▷ Im Sommer gibt es hier mehr *Urlauber* als Einheimische. 夏にはここは休暇でやって来る人のほうが住民よりも多くなる

Ur·laubs·rei·se [ウーア・ラオプス・ライゼ] 女 die (⊕2格 -; ⊕ -n) 休暇旅行 ▷ eine *Urlaubsreise* planen 休暇旅行を計画する

Ur·ne [ウルネ] 女 die (⊕2格 -; ⊕ -n)
❶ 骨壺
❷ 投票箱; (抽選用の) くじ箱

Ur·sa·che [ウーア・ザッヘ] 女 die (⊕2格 -; ⊕ -n)
原因 ▷ die unmittelbare *Ursache* 直接の原因 / die *Ursachen* für das Unglück ermitteln 事故の原因を突き止める
(イディオム) *Keine Ursache!* 《礼を言われて》どういたしまして, とんでもありません
(類語)
Ursache 出来事の原因
Grund 主に人の心理状態や行動の元になる要因, 理由
Anlass 人の行為を引き起こすことになる要因, きっかけ

ur·säch·lich [ウーア・ゼッヒリヒ]
形 ❶ (関係が) 因果的な ▷ ein *ursächlicher* Zusammenhang 因果関係
❷ 原因の ▷ die *ursächliche* Klärung 原因の解明

Ur·sprung [ウーア・シュプルング] 男 der (⊕2格 -[e]s; ⊕ ..sprünge) 起源, 源 ▷ der *Ursprung* des Lebens 生命の起源 / der *Ursprung* der Mosel モーゼル川の源

ur·sprüng·lich [ウーア・シュプリュングリヒ/ウーア・シュプリュング..] 形 もともとの, 当初の, 本来の ▷ Der *ursprüngliche* Plan wurde geändert. 当初の計画は変更された / *Ursprünglich* wollte er Seemann werden. 最初彼は船乗りになりたいと思った

Ur·teil [ウル・タイル] 中 das (⊕2格 -[e]s; ⊕ -e)
❶ 《法律》判決 ▷ Das *Urteil* lautet auf drei Jahre Gefängnis. 判決は3年の禁固である / ein *Urteil* fällen 判決を下す
❷ 判断; (しっかりした) 意見 ▷ ein objektives *Urteil* 客観的な判断 / sich³ über+④ ein *Urteil* bilden …⁴に関して自分の意見をもつ

ur·tei·len [ウル・タイレン]
(urteilte; urteilt; 完了h)
自 判断する, 判断〈評価〉を下す ▷ sachlich *urteilen* 客観的に判断する / Man darf nicht nach dem äußeren Schein *urteilen*. 外見で判断してはならない

ur·tüm·lich [ウーア・テュームリヒ] 形 =urwüchsig

Ur·wald [ウーア・ヴァルト] 男 der (⊕2格 -[e]s; ⊕ ..wälder) 原始林, 原生林 ▷ tropischer

urwüchsig

Urwald 熱帯原生林

ur·wüch·sig [ウーア・ヴュークスィヒ] 形 (風土などが人の手が入らず)昔のままの

Ur·zeit [ウーア・ツァイト] 女 *die* (単2格 -; 複 -en) 太古, 原始時代 ▷ seit *Urzeiten* 大昔から

USA [ウーエスアー-] 複名 《*United States of America* の略語》アメリカ合衆国(ドイツ語では die Vereinigten Staaten von Amerika)

usf. [ウント・ゾー・フォルト] 《*und so fort* の略語》…など, 等々

U·sus [ウーズス] 男 *der* (単2格 -; 複 なし)《口語》(小さなグループの)慣習, 慣例, ならわし ▷ Es ist hier so *Usus*, dass … ここでは…するのが慣習になっている

usw. [ウント・ゾー・ヴァイター] 《*und so weiter* の略語》…など, 等々

U·ten·sil [ウテンズィール] 中 *das* (単2格 -s; 複 ..silien)《ふつう複 で》(特定の目的に必要な)道具, 用具 ▷ Er nahm seine *Utensilien* und ging zum Angeln. 彼は道具一式を持って釣りに出かけた

U·ten·si·li·en [ウテンズィーリエン] Utensil の 複数

U·to·pie [ウトピー-] 女 *die* (単2格 -; 複 -n) (実現不可能な)夢物語 ▷ Die Weltraumfahrt ist keine *Utopie* mehr. 宇宙飛行はもはや夢物語ではない

U·to·pi·en [ウトピーエン] Utopie の 複数

u·to·pisch [ウトーピシュ] 形 ユートピア的な, 空想的な, 夢想的な ▷ ein *utopischer* Roman ユートピア小説 / Dieses Ziel ist *utopisch*. この目標は現実離れしている

U

状態, 様態, 場所, 方向, …=状態, 様態, 場所, 方向, …を表す語句

v V [faʊ ファオ]

Va·ga·bund [ヴァガブント] 男 *der* (變 2·3·4格 -en; 複 -en)《やや古語》放浪者

va·ga·bun·die·ren [ヴァガブンディーレン] (vagabundierte; vagabundiert; 完了h) 自 放浪生活を送る; 放浪する

va·ge [ヴァーゲ] 形 (記憶などが)漠然とした, ぼんやりした ▷ Davon habe ich nur *vage* Vorstellungen. そのことについて私は漠然としたイメージしかもっていない

Va·gi·na [ヴァギーナ/ヴァーギナ] 囡 *die* (變 2格 -; 複 Vaginen)《解剖》腟[膣], ワギナ

Va·gi·nen [ヴァギーネン] Vagina の 複数

va·kant [ヴァカント] 形《文語》空席の, 欠員の ▷ eine *vakante* Stelle 空席のポスト

Va·kua [ヴァークア] Vakuum の 複数

Va·ku·en [ヴァークエン] Vakuum の 複数

Va·ku·um [ヴァークウム] 中 *das* (變 2格 -s; 複 Vakua〈Vakuen〉) 真空, 真空状態

Vam·pir [ヴァムピーア] 男 *der* (變 2格 -s; 複 -e) 吸血鬼

Va·nil·le [ヴァニレ/..リェ] 囡 *die* (變 2格 -; 複 なし) バニラ(香料・食用に用いる)

va·ri·a·bel [ヴァリアーベル] 形 (状況に応じて)変えられる, 変動の (☆ 語尾がつくと variabl.. となる)

va·ri·ab·le [ヴァリアーブレ] variabel

Va·ri·an·te [ヴァリアンテ] 囡 *die* (變 2格 -; 複 -n) (細部・うわべだけが異なる)別形, 異形, 変形, 変種

Va·ri·a·ti·on [ヴァリアツィオーン] 囡 *die* (變 2格 -; 複 -en) 変化, バリエーション

Va·ri·e·té [ヴァリエテー] =Varietee

Va·ri·e·tee [ヴァリエテー] 中 *das* (變 2格 -s; 複 -s) (曲芸・踊り・音楽などが楽しめる)演芸場, 寄席

va·ri·ie·ren [ヴァリイーレン] (variierte; variiert; 完了h)
— 自 (少しずつ)異なる, (いろいろに)変わる ▷ Die Beiträge *variieren* je nach Einkommen. 分担金は収入に応じて異なる
— 他 (變4と)(..に)(部分的な修正で)変化をつける ▷ Dieses Modell lässt sich beliebig *variieren*. このモデルは好きなように変化をつけることができる

Va·sall [ヴァザル] 男 *der* (變 2·3·4格 -en; 複 -en) (封建時代の)家臣, 家来, 家人; 召し使いのような人

Va·se [ヴァーゼ] 囡 *die* (變 2格 -; 複 -n) 花びん ▷ Sie stellte Blumen in eine *Vase*. 彼女は花を花びんにいけた

Va·se·li·ne [ヴァゼリーネ] 囡 *die* (變 2格 -; 複 なし)《商標》ワセリン(減摩剤などとして用いる)

Va·ter
[fáːtɐ ファーター]
男 *der* (變 2格 -s; 複 Väter)

格	単 数	複 数
①	der Vater	die Väter
②	des Vaters	der Väter
③	dem Vater	den Vätern
④	den Vater	die Väter

父, 父親, おとうさん (☆「母」は Mutter)
ein strenger *Vater* 厳しい父
Er ist *Vater* von drei Kindern.
彼は3人の子供の父親である
Er war immer wie ein *Vater* zu ihr.
彼は彼女にいつも父親のように接した
Er ist *Vater* geworden. 彼は父親になった

Vä·ter [フェーター] Vater の 複数

Va·ter·land [ファーターラント] 中 *das* (變 2格 -[e]s; 複 ..länder) 祖国, 故国 ▷ Er liebte sein *Vaterland* über alles. 彼は祖国を何よりも愛した

vä·ter·lich [フェーターリヒ]
形 ❶ 父[親]の; (親族などが)父方の ▷ Er soll das *väterliche* Geschäft übernehmen. 彼は父親の商売を引き継ぐように言われている
❷ 父親のような ▷ ein *väterlicher* Freund 父親のような友人

Va·ter·un·ser [ファーター・ウンザー] 中 *das* (變 2格 -s; 複 -)《宗教》主の祈り

Va·ti [ファーティ] 男 *der* (變 2格 -s; 複 -s) おとうちゃん, パパ (☆ Vater の愛称形;「おかあちゃん」は Mutti)

v. Chr. [フォーア クリスト〈クリストゥス〉]《*vor* Christo〈Christus〉の略語》[西暦]紀元前

Ve·ge·ta·ri·er [ヴェゲターリアー] 男 *der* (變 2格 -s; 複 -) 菜食主義者

ve·ge·ta·risch [ヴェゲターリシュ] 形 菜食[主義]の ▷ *vegetarisch* leben 菜食主義の生活をする

Ve·ge·ta·ti·on [ヴェゲタツィオーン] 囡 *die* (變 2格 -; まれに 複 -en) (特定地域の)植生

ve·ge·tie·ren [ヴェゲティーレン]

(vegetierte; vegetiert; 医丁h)
自 経済的に苦しい暮らしをする

ve·he·ment [ヴェヘメント] 形 (動作・口調などが)激しい, 荒々しい ▷ eine *vehemente* Äußerung (感情などをあらわにした)激しい発言

Ve·hi·kel [ヴェヒーケル] 中 *das* (⊕2格-s; ⊕-)
❶ ぽろ車; 《口語》車
❷ 《文語》(伝達などの)手段, 媒体

Veil·chen [ファイルヒェン] 中 *das* (⊕2格-s; ⊕-)《植物》スミレ

Ve·ne [ヴェーネ] 女 *die* (2格-; ⊕-n)《医学》静脈 (⇔ Arterie)

Ve·ne·dig [ヴェネーディヒ] (中 *das*)《都市名》ベニス, ベネチア (イタリア北東部)

Ven·til [ヴェンティール] 中 *das* (⊕2格-s; ⊕-e) (液体・気体の出入りを調節する)栓, 弁, バルブ

Ven·ti·la·ti·on [ヴェンティラツィオーン] 女 *die* (⊕2格-; ⊕なし) 換気, 通気

Ven·ti·la·tor [ヴェンティラートーァ] 男 *der* (⊕2格-s; ⊕-en) 換気装置, 換気扇

Ven·ti·la·to·ren [ヴェンティラトーレン] Ventilator の 複数

Ve·nus [ヴェーヌス] 女 *die* (⊕2格-; ⊕なし)《天文》金星

★ **ver..** [フェア..]〔非分離前つづり〕
a)《語幹の形容詞が表す状態に》*ver*bessern 改善する (← besser), *ver*deutlichen (← deutlich) わかりやすくする
b)《語幹の名詞が表すものの生成》*ver*filmen (← Film) 映画化する, *ver*dunsten (← Dunst) 蒸発する
c)《死》*ver*hungern 餓死する, *ver*dursten のどが渇いて死ぬ
d)《間違い》sich *ver*rechnen 計算違いをする, sich *ver*hören 聞き違いをする
e)《終結》*ver*blühen しぼむ, *ver*brennen 焼失する
f)《反義》*ver*achten 軽蔑する (← achten), *ver*kaufen 売る (← kaufen), *ver*mieten 貸す (← mieten)

---

ver·ab·re·den [フェアアップレーデン] 非分離
(du verabredest, er verabredet; verabredete; verabredet; 医丁h)
— 他《④と》〔..⁴を〕(口頭で)**取り決める**, 申し合わせる (ふつう個人的なことに関して用いる) ▷ einen Termin *verabreden* 期日を取り決める
— 再《sich⁴+mit+③と》〔..³と〕**会う約束をする** ▷ Ich habe mich mit ihr vor dem Kino *verabredet*. 私は彼女と映画館の前で会う約束をした / Sie *verabreden* sich für morgen. 彼らはあす会う約束をする

ver·ab·re·det [フェアアップレーデット]
— verabreden の 現在, 過分
— 形 取り決めた, 申し合わせた; 会う約束をした ▷ wie *verabredet* 申し合わせた通りに / zur *verabredeten* Zeit 約束の時間に

ver·ab·re·de·te [フェアアップレーデテ] verabreden の 過去

Ver·ab·re·dung [フェアアップレードゥング] 女 *die* (⊕2格-; ⊕-en) (人と会う)約束, アポイントメント; 取り決め, 申し合わせ ▷ Ich habe heute eine *Verabredung*. 私はきょう人と会う約束がある

ver·ab·scheu·en [フェアアップショイエン] 非分離 (verabscheute; verabscheut; 医丁h)
他《④と》〔..⁴を〕嫌悪する, 忌み嫌う ▷ Ich *verabscheue* seine Handlungsweise. 私は彼のやり方が嫌いだ

ver·ab·schie·den [フェアアップシーデン] 非分離 (verabschiedete; verabschiedet; 医丁h)
— 再《sich⁴+von+③と》〔..³に〕**別れを告げる** ▷ Er hat sich noch nicht von ihr *verabschiedet*. 彼はまだ彼女に別れのあいさつをしていなかった / Ich muss mich leider schon *verabschieden*. もう残念ながらおいとましなければなりません
— 他 ❶《④と》〔去る人⁴に〕別れを告げる; 〔..⁴を〕(一定の儀式に従って)解任〈退職〉させる ▷ Der Offizier wurde feierlich *verabschiedet*. その将校は厳粛な儀式のもとに送り出された
❷《④と》〔議案など⁴を〕(可決し)通過させる

ver·ach·ten [フェアアハテン] 非分離
(du verachtest, er verachtet; verachtete; verachtet; 医丁h)
他《④と》〔..⁴を〕**軽蔑する** ▷ Man *verachtet* den Lügner. うそつきは軽蔑される / Sie *verachtet* Bestechung und Verrat. 彼女は買収と裏切りを軽蔑する

ver·ach·tet [フェアアハテット] verachten の 現在, 過分

ver·ach·te·te [フェアアハテテ] verachten の 過去

ver·ächt·lich [フェアエヒトリヒ]
形 ❶ 軽蔑的な, さげすむような ▷ ein *verächtlicher* Blick 軽蔑的なまなざし
❷ (人・態度などが)軽蔑すべき, 侮蔑すべき ▷ ein *verächtlicher* Kerl 軽蔑すべきやつ

Ver·ach·tung [フェアアハトゥング] 女 *die* (⊕2格-; ⊕なし) 軽蔑, 侮蔑 ▷ voller *Verachtung* ばかにしきったようすで

ver·all·ge·mei·nern [フェアアルゲマイネルン] 非分離 (verallgemeinerte; verallgemeinert; 医丁h)
他《④と》〔..⁴を〕一般化〈普遍化〉する ▷ Diese Beobachtung kann man nicht *verallgemeinern*. このような観察結果は一般化することがで

---

①, ②, ③, ④=1格, 2格, 3格, 4格の名詞

きない

ver·al·ten [フェアアルテン] 非分離
(veraltete; veraltet; 完了s)
自 (時がたって)古くなる, 時代遅れになる

ver·al·tet [フェアアルテット] 形 時代遅れの; (機械などの)性能的に古いタイプになった ▷ *veraltete* Wörter すたれたことば

Ve·ran·da [ヴェランダ] 女 die (⊕2格 −; ⊕ ..randen) ベランダ ▷ Wollen wir heute auf der *Veranda* frühstücken? きょうはベランダで朝食をとろうか

Ve·ran·den [ヴェランデン] Veranda の 複数

ver·än·der·lich [フェアエンダーリヒ] 形 (気候などが)変わりやすい, 不安定な

ver·än·dern [フェアエンデルン] 非分離
(veränderte; verändert; 完了h)
— 他 【4と】【…⁴を】(外観的に・本質的に) 変える ▷ Der Bart *verändert* ihn stark. ひげで彼の風貌はひどく変わる / Dieses Erlebnis hat ihn sehr *verändert*. この経験を通して彼は非常に変わった
— 再 ❶ 【sich⁴と】(外観的に・本質的に) 変わる ▷ Sie hat sich äußerlich kaum *verändert*. 彼女の外見はほとんど変わらなかった / Die Situation *veränderte* sich grundlegend. 状況は根本的に変わった
❷ 【sich⁴と】職を変える ▷ Ich möchte mich *verändern*. 私は職を変えたい

ver·än·dert [フェアエンデルト] verändern の 現在, 過去分詞

ver·än·der·te [フェアエンデルテ] verändern の 過去

Ver·än·de·rung [フェアエンデルング] 女 die (⊕2格 −; ⊕ -en) 変化, 変更 ▷ keine *Veränderung* vornehmen いかなる変更もしない

ver·ängs·tigt [フェアエングスティヒト] 形 不安〈心配〉になった, おびえた

ver·an·kern [フェアアンケルン] 非分離
(verankerte; verankert; 完了h)
他 【4と】(船⁴を)錨で止める, 係留する

ver·an·lagt [フェアアンラークト] 形 【運動】【…の】素質〈天性〉がある; 性質・体質的に […に] ▷ Sie ist musikalisch *veranlagt*. 彼女には音楽の素質がある

Ver·an·la·gung [フェアアンラーグング] 女 die (⊕2格 −; ⊕ -en) 素質, 体質 ▷ Er hat eine *Veranlagung* zum Politiker. 彼は政治家の素質がある

ver·an·las·sen [フェアアンラッセン] 非分離
(er veranlasst; veranlasste; veranlasst; 完了h)
他 ❶ 【4+zu+③と】【…⁴を…³に】仕向ける ▷ Sein Benehmen hat uns zu diesem Entschluss *veranlasst*. 彼の態度によって私たちはこのような決断をすることになった / 【zu 不定詞句

と】Sie *veranlasste* ihn, sofort aufzubrechen. 彼女は彼が即刻出発するように仕向けた
❷ 【4と】[…⁴が実行されるように] 指示する ▷ Er hat die Räumung des Saales *veranlasst*. 彼は広間の清掃を指示した
イディオム *sich⁴ zu+③ veranlasst fühlen* …³をしなければならないように感じる

Ver·an·las·sung [フェアアンラッスング] 女 die (⊕2格 −; ⊕ なし) (ある行動を起こさせるだけの)根拠, 理由; 誘因, きっかけ
イディオム *auf meiner ⟨seiner⟩ Veranlassung hin* 私〈彼〉の指示に基づいて

ver·an·schau·li·chen [フェアアンシャウリヒェン] 非分離 (veranschaulichte; veranschaulicht; 完了h)
他 【4と】[説明など⁴を](図形などを用いて)わかりやすくする

ver·an·schla·gen [フェアアンシュラーゲン] 非分離 (er veranschlagt; veranschlagte; veranschlagt; 完了h)
他 【4と】[費用・時間など⁴を]見積もる ▷ die Kosten zu niedrig *veranschlagen* 費用を低く見積もりすぎる

ver·an·stal·ten [フェアアンシュタルテン] 非分離 (veranstaltete; veranstaltet; 完了h)
他 【4と】[デモ・展示会・バザーなど⁴を]催す, 開催する ▷ ein Fest *veranstalten* 祭りを催す

Ver·an·stal·tung [フェアアンシュタルトゥング] 女 die (⊕2格 −; ⊕ -en)
❶ 催し物, 行事 ▷ Die *Veranstaltung* findet im Freien statt. 行事は屋外で催される
❷ (⊕ なし)(催し物の)開催 ▷ die *Veranstaltung* einer Tagung 会議の開催

ver·ant·wor·ten [フェアアントヴォルテン] 非分離 (verantwortete; verantwortet; 完了h)
— 他 【4と】[…⁴の]責任を負う ▷ Er wird sein Tun selbst *verantworten* müssen. 彼は自分の行為に対し自分で責任を負わねばならないであろう
— 再 【sich⁴と】申し開きをする, 釈明〈弁明〉する ▷ Er musste sich für seine Tat *verantworten*. 彼は自分の行為の申し開きをしなければならなかった

ver·ant·wort·lich [フェアアントヴォルトリヒ]
形 ❶ 責任のある, 責任を負うべき ▷ ein *verantwortlicher* Redakteur 責任編集者 / Eltern sind für ihre Kinder *verantwortlich*. 親には子供に対する責任がある / Ich fühle mich dafür *verantwortlich*. 私はそれに対して責任を感じる
❷ (任務・ポストなどが)責任の伴った ▷ eine *verantwortliche* Stellung 責任のある地位
イディオム ④+*für*+④ *verantwortlich machen* …⁴に対する責任を…⁴に問う ▷ Du kannst den

Arzt *für* seinen Tod *verantwortlich machen.* 君はその医者に彼の死に対する責任を問うことができる

Ver·ant·wort·lich·keit [フェアアントヴォルトリヒカイト] [女] *die* ([単] 2 格 –; [複] なし) 責任

Ver·ant·wor·tung [フェアアントヴォルトゥング] [女] *die* ([単] 2 格 –; [複] なし) **責任** ▷ eine schwere *Verantwortung* 重い責任 / die *Verantwortung* für+[4] übernehmen …^{4}に対する責任を取る

ver·ar·bei·ten [フェアアルバイテン] [非分離]
(verarbeitete; verarbeitet; [完了]h)
[他] ❶ 〘[4]と〙〔…^{4}を〕**加工する** ▷ Bleche *verarbeiten* 板金加工をする / die Seide zu einem Kleid *verarbeiten* 絹をドレスに仕立てる
❷ 〘[4]と〙〔情報など^{4}を〕整理する, 把握する ▷ Er musste die Eindrücke erst *verarbeiten.* 彼は印象をまず整理しなければならなかった

ver·ar·gen [フェアアルゲン] [非分離]
(verargte; verargt; [完了]h)
[他] 《文語》〘[4]と〙〔…^{4}を〕悪意にとる

ver·är·gern [フェアエルゲルン] [非分離]
(verärgerte; verärgert; [完了]h)
[他] 〘[4]と〙〔…^{4}を〕怒らせる, 機嫌を損ねる (☆ しばしば状態受動で) ▷ Er war darüber sehr *verärgert.* 彼はそのことを非常に怒っていた

Ver·ar·mung [フェアアルムング] [女] *die* ([単] 2 格 –; まれに [複] –en) 貧困化

ver·arz·ten [フェアアールツテン] [非分離]
(verarztete; verarztet; [完了]h)
[他] 〘[4]と〙〔けが人など^{4}の〕応急手当をする

ver·äu·ßern [フェアオイセルン] [非分離]
(veräußerte; veräußert; [完了]h)
[他] 〘[4]と〙 (お金が必要になって)〔…^{4}を〕売却する, 処分する

Verb [ヴェルプ] [中] *das* ([単] 2 格 –s; [複] –en) 《文法》動詞

ver·band [フェアバント] verbinden の [過去]

Ver·band [フェアバント] [男] *der* ([単] 2 格 –[e]s; [複] ..bände)
❶ **包帯** ▷ Sie legte ihm einen *Verband* an. 彼女は彼の包帯を巻いてやった
❷ (複数の集団からなる)連盟; 協会, 団体 ▷ Er ist Vorsitzender des *Verbandes.* 彼は連盟の議長だ
❸ 《軍事》(複合的な)部隊; 編隊; 艦隊

ver·ban·nen [フェアバンネン] [非分離]
(verbannte; verbannt; [完了]h)
[他] 〘[4]と〙〔…^{4}を〕(国外などに)追放する; 流罪にする ▷ Er wurde aus Deutschland *verbannt.* 彼はドイツから追放された
[イディオム] [4]+***auf eine Insel verbannen*** …^{4}を島流しにする

Ver·ban·nung [フェアバンヌング] [女] *die* ([単] 2 格 –; [複] なし) 追放, 流罪

ver·barg [フェアバルク] verbergen の [過去]

ver·bat [フェアバート] verbitten の [過去]

ver·bau·en [フェアバオエン] [非分離]
(verbaute; verbaut; [完了]h)
[他] ❶ 〘[4]と〙〔視野・通路など^{4}を〕建物で遮る
❷ 〘[4]と〙〔お金・木材など^{4}を〕建築に使う〈費やす〉

ver·ber·gen [フェアベルゲン] [非分離]
(er verbirgt; verbarg; verborgen; [完了]h)
— [他] ❶ 〘[4]+[場所]と〙〔…^{4}を…に〕**隠す**; かくまう ▷ Was *verbirgst* du hinter deinem Rücken? 君は背中に何を隠しているのか / Sie *verbarg* einen Flüchtling in ihrem Haus. 彼女は難民を自分の家にかくまった
❷ 〘[4]と〙〔…^{4}を〕秘密にする ▷ Ich kann nicht *verbergen,* dass ich ihn liebe. 私は彼を愛していることを秘密にしておけない
— [再] 〘[sich]^4+[場所]と〙〔…に〕隠れる ▷ Er hat sich hinter einem Baum *verborgen.* 彼は木の後ろに隠れた

ver·bes·sern [フェアベッセルン] [非分離]
(verbesserte; verbessert; [完了]h)
— [他] ❶ 〘[4]と〙〔…^{4}を〕**改善〈改良〉する** ▷ eine Methode *verbessern* 方法を改善する / die finanzielle Lage *verbessern* 経済状態をよくする
❷ 〘[4]と〙〔成績^{4}を〕向上させる;〔記録^{4}を〕更新する ▷ Er hat seine sportliche Leistung *verbessert.* 彼はスポーツの成績を向上させた
❸ 〘[4]と〙〔誤りなど^{4}を〕訂正する ▷ einen Fehler *verbessern* まちがいを正す
❹ 〘[4]と〙〔…^{4}のことば・文字などを〕訂正する ▷ Es passt ihr nicht, wenn man sie *verbessert.* 彼女は人にことばの誤りを訂正されることを好まない
— [再] ❶ 〘[sich]^{4}と〙 (生活条件・成績などが)良くなる, 向上する ▷ Sie hat den Arbeitsplatz gewechselt, weil sie sich finanziell *verbessern* kann. 彼女は経済的条件がよくなるので職場を替えた
❷ 〘[sich]^{4}と〙 自分の言ったことばを訂正する ▷ Er hat sich mehrmals *verbessert.* 彼は何度も発言を訂正した

ver·bes·sert [フェアベッセルト] verbessern の [現在], [過分]

ver·bes·ser·te [フェアベッセルテ] verbessern の [過去]

Ver·bes·se·rung [フェアベッセルング] [女] *die* ([単] 2 格 –; [複] –en) **改善**, 改良; (誤りなどの)訂正

ver·be·ten [フェアベーテン] verbitten の [過分]

ver·beu·gen [フェアボイゲン] [非分離]
(verbeugte; verbeugt; [完了]h)
[再] 〘[sich]^{4}と〙 (特にあいさつをするために)**腰をかが**

める，お辞儀をする，会釈する ▷ Er *verbeugte* sich tief vor ihr. 彼は彼女に向かって深くお辞儀をした

Ver·beu·gung [フェアボイグング] [女] *die* ([単] 2格 –; [複] –en) お辞儀，会釈 ▷ In Japan macht man eine *Verbeugung* anstatt des Händeschüttelns. 日本では握手の代わりにお辞儀をする

ver·bie·gen [フェアビーゲン] [非分離] (verbog; verbogen; [完了]h)
[他] 〖④と〗〔釘(くぎ)など^{4}を〕曲げて変形させる ▷ Das Kind hat die Gabel *verbogen*. 子供はフォークを曲げてしまった

ver·bie·ten [フェアビーテン] [非分離] (du verbietest, er verbietet; verbot; verboten; [完了]h)
— [他] 〖③+④と〗〔‥^{3}に‥^{4}を〕**禁止する**，禁じる ▷ Der Arzt hat mir das Rauchen *verboten*. 医者は私に喫煙を禁止した / 〖zu 不定詞句と〗 Ich habe den Kindern *verboten*, auf der Straße zu spielen. 私は子供たちに路上で遊ぶことを禁止した / 〖過去分詞で〗 Rauchen *verboten*! 禁煙
— [再] 〖[sich]^{4}と〗(事柄の性質からして)許されない ▷ Ein solches Handeln *verbietet* sich von selbst. そのような行為は当然禁止されている

ver·bin·den [フェアビンデン] [非分離] (du verbindest, er verbindet; verband; verbunden; [完了]h)
— [他] ❶ 〖④と〗〔‥^{4}に〕**包帯をする** ▷ eine Wunde *verbinden* 傷口に包帯をする
❷ 〖④と〗〔‥^{4}を〕**結ぶ**，結びつける，つなぐ ▷ den Schlauch mit dem Wasserhahn *verbinden* ホースを蛇口につなぐ / 《比ゆ》 Er hat die Dienstreise mit einem Besuch bei uns *verbunden*. 彼は出張を兼ねて私たちを訪ねてくれた
❸ 〖④+mit+③と〗〔‥^{4}を‥^{3}と〕(電話で)**つなぐ** ▷ Können Sie mich bitte mit Herrn Engel *verbinden*? 《電話口で》エンゲル氏につないでいただけますか // Bleiben Sie bitte am Apparat, ich *verbinde*. どうかそのままお待ちください おつなぎします
❹ 〖④+mit+③と〗〔ある地点^{4}を他の地点^{3}と〕結ぶ，つなぐ ▷ Der Kanal *verbindet* die Nordsee mit der Ostsee. この運河は北海とバルト海をつないでいる
❺ 〖④と〗〔‥^{4}を〕結びつける，つなぎとめる ▷ Uns *verbinden* gemeinsame Interessen. 我々を結びつけているのは共通の利害だ
❻ 〖④+mit+③と〗〔‥^{4}を‥^{3}と〕関連づける ▷ Mit diesem Begriff *verbinde* ich eine ganz andere Vorstellung als du. この概念に対しては私は君とはまったく異なるイメージをもっている
[イディオム] ③+*die Augen verbinden* ‥^{3}に目隠しをする
— [再] ❶ 〖[sich]^{4}+mit+③と〗〔‥^{3}と〕結びつく；化合する ▷ Wasserstoff *verbindet* sich mit Sauerstoff. 水素は酸素と化合する
❷ 《文語》〖[sich]^{4}と〗結婚する

ver·bind·lich [フェアビントリヒ]
[形] ❶ 愛想のよい，親切な ▷ Sie lächelte *verbindlich*. 彼女は愛想よく微笑んだ
❷ 拘束力〈義務〉の伴う ▷ eine *verbindliche* Zusage 拘束力の伴う承諾

Ver·bind·lich·keit [フェアビントリヒカイト]
[女] *die* ([単] 2格 –; まれに [複] –en)
❶ 愛想，親切
❷ (約束・契約などの)拘束力

Ver·bin·dung [フェアビンドゥング] [女] *die* ([単] 2格 –; [複] –en)
❶ (2つ以上のものを)**結びつける〈つなぐ〉こと**；結合，接合
❷ (列車などの)**接続** ▷ Nach Köln gibt es von hier eine direkte *Verbindung*. ケルンへはここから直通で行ける
❸ (電話の)接続 ▷ Endlich bekamen wir *Verbindung*. やっと電話が通じた
❹ (他の地点との)連絡；連絡路 ▷ Durch die Katastrophe war die *Verbindung* zur Außenwelt unterbrochen. [状態受動] 大災害によって外界との連絡がとれなくなっていた
❺ (人との)つながり ▷ Ich habe die *Verbindung* zu ihr verloren. 私は彼女とのつながりを失ってしまった
❻ 関連 ▷ Das heutige Ereignis steht mit dem gestrigen nicht in *Verbindung*. きょうの出来事はきのうのとは関連がない
❼ 《化学》化合物
[イディオム] ***in Verbindung mit***+③ ‥^{3}と関連して
sich^{4} mit+③ ***in Verbindung setzen*** ‥^{3}と連絡をとる

ver·birgt [フェアビルクト] verbergen の [現在]

ver·bis·sen [フェアビッセン] [形] 粘り強い，しぶとい

ver·bit·ten [フェアビッテン] [非分離]
(verbat; verbeten; [完了]h)
[再] 〖[sich]^{3}+④と〗〔気にさわることなど^{4}を〕しないようにと強く要求する ▷ Ich *verbitte* mir solche Frechheiten. そういう無礼なことはしないでほしい

ver·bit·tert [フェアビッテルト] [形] 世をすねた，ひねくれた，ひがんだ

ver·blas·sen [フェアブラッセン] [非分離]
(verblasste; verblasst; [完了]s)
[自] (色が)あせる；(記憶などが)薄れる

ver·blen·den [フェアブレンデン] [非分離]
(verblendete; verblendet; [完了]h)
[他] 〖④と〗〔‥^{4}から〕思慮分別を失わせる (☆ ふつう状態受動で)

ver·blüf·fen [フェアブリュッフェン] [非分離]

V

verblühen

(verblüffte; verblüfft; 完了h)

他 《4と》 […⁴を》あぜんとさせる ▷ Seine Antwort *verblüffte* uns. 彼の答えに私たちはあぜんとした /《過去分詞で》Er stand *verblüfft* da. 彼はあぜんにとられて立ちつくしていた

ver·blü·hen [フェアブリューエン] 非分離

(verblühte; verblüht; 完了s)

自 （花が）しぼむ ▷ Die Rosen sind schon *verblüht*. バラはすでにしぼんでしまった

ver·blu·ten [フェアブルーテン] 非分離

(verblutete; verblutet; 完了s)

自 出血多量で死ぬ ▷ Er ist am Unfallort *verblutet*. 彼は事故現場で出血多量で死んだ

ver·bog [フェアボーク] verbiegen の 過去

ver·bo·gen [フェアボーゲン] verbiegen の 過分

ver·bor·gen [フェアボルゲン]

— verbergen の 過分

— 形 《危険などが》隠された，気づかれない；（人里離れて）人目につかない

イディオム **im Verborgenen** 秘密裏に，ひそかに

— 動 (verborgte; verborgt; 完了h)

他 《3+4と》 […³に…⁴を》貸す

ver·bot [フェアボート] verbieten の 過去

Ver·bot [フェアボート] 中 *das* （複2格 -[e]s；複 -e）禁止；禁止命令 ▷ ein *Verbot* aufheben 禁止を解除する

ver·bo·ten [フェアボーテン] verbieten の 過分

ver·brach [フェアブラーハ] verbrechen の 過去

ver·bracht [フェアブラハト] verbringen の 過分

ver·brach·te [フェアブラハテ] verbringen の 過去

ver·brannt [フェアブラント] verbrennen の 過分

ver·brann·te [フェアブランテ] verbrennen の 過去

Ver·brauch [フェアブラオホ] 男 *der* （複2格 -[e]s；複 なし）消費；消費〈使用〉量 ▷ Der *Verbrauch* an 〈von〉 Butter ist gestiegen. バターの消費量が増えた

イディオム **sparsam im Verbrauch sein** 使用量がわずかですむ ▷ Das Waschpulver *ist sparsam im Verbrauch*. この粉せっけんは使用量が少なくてすむ

ver·brau·chen [フェアブラオヘン] 非分離

(verbrauchte; verbraucht; 完了h)

他 《4と》 […⁴を》**消費する**；（ある目的のために）使う ▷ Wir *verbrauchen* viel Strom. 私たちはたくさんの電気を消費する / Sie hat diesen Monat wieder 2 000 Euro *verbraucht*. 彼女は今月も 2000 ユーロ使ってしまった

Ver·brau·cher [フェアブラオハー] 男 *der* （複2格 -s；複 -）消費者（＝Konsument）

ver·bre·chen [フェアブレッヒェン] 非分離

(er verbricht; verbrach; verbrochen; 完了h)

他 《4と》 〔悪いこと⁴を〕する（☆ふつう完了形で）

Ver·bre·chen [フェアブレッヒェン] 中 *das* （複2格 -s；複 -）犯罪；犯罪的行為 ▷ ein *Verbrechen* begehen 犯罪を犯す / Das *Verbrechen* wurde noch nicht aufgeklärt. その犯罪はまだ解明されていない

Ver·bre·cher [フェアブレッヒャー] 男 *der* （複2格 -s；複 -）犯罪者，犯人

ver·brei·ten [フェアブライテン] 非分離

(du verbreitest, er verbreitet; verbreitete; verbreitet; 完了h)

— 他 ❶ 《4と》 〔うわさ・ニュースなど⁴を〕**広める**；広く伝える ▷ Die Nachricht wurde durch Rundfunk und Fernsehen *verbreitet*. そのニュースはラジオとテレビを通じて広まった

❷ 《4と》 〔病気など⁴を〕広める；〔熱・においなど⁴を〕放射〈発散〉する ▷ Der Krieg *verbreitete* Angst und Schrecken. 戦争は人々に不安と恐怖を引き起こした

— 再 ❶ 《sich⁴と》 （うわさ・ニュースなどが）**広まる**，広く伝わる ▷ Das Gerücht hat sich rasch *verbreitet*. そのうわさはあっというまに広まった

❷ 《sich⁴と》 （病気・においなどが）**広がる** ▷ Die Krankheit hat sich schnell *verbreitet*. その病気は急速に蔓延した

❸ 《文語》《sich⁴+über+4と》 〔…⁴について〕（延々と）事こまかに述べる

ver·brei·tern [フェアブライテルン] 非分離

(verbreiterte; verbreitert; 完了h)

他 《4と》 〔…⁴の〕幅を広げる

ver·brei·tet [フェアブライテット] verbreiten の 現在、過分

ver·brei·te·te [フェアブライテテ] verbreiten の 過去

Ver·brei·tung [フェアブライトゥング] 女 *die* （複2格 -；複 なし）（ニュース・病気などが）広まること；広めること ▷ Das Gerücht fand schnelle *Verbreitung*. うわさはすぐに広まった

ver·bren·nen [フェアブレネン] 非分離

(verbrannte; verbrannt)

— 自 《完了s》 ❶ **焼失する**，焼けてなくなる ▷ Die Möbel sind alle *verbrannt*. 家具はすべて焼けてしまった

❷ 焼け死ぬ ▷ Mehrere Menschen sind in der Wohnung *verbrannt*. 何人かの人が家の中で焼け死んだ

❸ 焦げる ▷ Der Braten ist total *verbrannt*. 焼き肉はすっかり焦げてしまった

— 他 《完了h》 《4と》 […⁴を〕**燃やす，焼く** ▷ Sie *verbrennt* alte Briefe. 彼女は古い手紙を燃やす / Sie wurden als Hexen *verbrannt*. 彼女らは魔女として火刑に処せられた

— 再 《sich⁴と》 ❶ やけどする ▷ Er

hat sich am Herd *verbrannt*. 彼はレンジでやけどした

❷ 〖sich³+❹と〗〔…⁴を〕やけどする ▷ Mit heißer Suppe hat er sich die Zunge *verbrannt*. 熱いスープで彼は舌をやけどした

ver·bricht [フェアブリヒト] verbrechen の 現在

ver·brin·gen [フェアブリンゲン] 非分離
(verbrachte; verbracht; 完了h)
⦿他 〖❹と〗〔時⁴を〕過ごす ▷ Er *verbringt* das Wochenende mit ihr. 彼は週末を彼女と過ごす

ver·bro·chen [フェアブロッヘン] verbrechen の 過分

ver·bum·meln [フェアブメルン] 非分離
(verbummelte; verbummelt; 完了h)
⦿他 ❶ 〖❹と〗〔自由な時間など⁴を〕無駄に過ごす〈費やす〉
❷ 〖❹と〗〔約束・支払いなど⁴を〕うっかり忘れる

ver·bun·den [フェアブンデン]
— verbinden の 過分
— 形 〖成句で〗❸+*verbunden sein* …³に感謝すべき義務を負っている

ver·bün·den [フェアビュンデン] 非分離
(verbündete; verbündet; 完了h)
⦿再 〖sich⁴と〗同盟を結ぶ (☆ しばしば状態受動で) ▷ Die beiden Staaten waren [miteinander] *verbündet*. 両国は同盟を結んでいた

Ver·bün·de·te [フェアビュンデテ] 男 der / 女 die (形容詞変化 ☞ Alte 表 I) 同盟者, 同盟国

ver·bür·gen [フェアビュルゲン] 非分離
(verbürgte; verbürgt;)
⦿他 〖❹と〗〔権利など⁴を〕保証する

ver·bü·ßen [フェアビューセン] 非分離
(verbüßte; verbüßt; 完了h)
⦿他 〖❹と〗〔刑⁴に〕服する

Ver·dacht [フェアダハト] 男 der (❷格 -[e]s; ❸格 なし) (犯罪などの) 疑い, 疑惑, 嫌疑 ▷ ein unbegründeter *Verdacht* 根拠のない疑い / Ich habe den *Verdacht*, dass er doch nicht kommen wird. 彼はやはり来ないのではないかと私は思う

イディオム ❹+*im* ⟨*in*⟩ *Verdacht haben* …⁴を疑っている

im ⟨*in*⟩ *Verdacht stehen* 疑われている

ver·däch·tig [フェアデヒティヒ] 形 怪しい, 怪しげな, 不審な ▷ ein *verdächtiges* Verhalten 怪しげな振舞い / sich⁴ *verdächtig* machen 人の疑惑を買う

ver·däch·ti·gen [フェアデヒティゲン] 非分離
(verdächtigte; verdächtigt;)
⦿他 〖❹+❷と〗〔…⁴に…²の〕疑い〈嫌疑〉をかける ▷ Man *verdächtigte* ihn des Diebstahls. 彼は盗みの疑いをかけられた

イディオム ❹+*unschuldig* ⟨*zu Unrecht*⟩ *verdächtigen* 無実なのに〈不当にも〉…⁴に嫌疑をかける

ver·dam·men [フェアダメン] 非分離
(verdammte; verdammt; 完了h)
⦿他 〖❹と〗〔…⁴を〕手厳しく批判する, 弾劾する ▷ Seine Handlungsweise wurde von allen *verdammt*. 彼のやり方はみんなから手厳しく批判された

ver·dammt [フェアダムト]
形 《口語》❶ いまいましい, しゃくにさわる ▷ *Verdammt*! (うまくいかなかったときなどに) ちくしょう, くそったれ
❷ ものすごい, ひどい ▷ Ich hatte *verdammtes* Pech. 私はひどく運が悪かった〈ついてなかった〉/ Es war *verdammt* heiß. くそ暑かった

ver·dan·ken [フェアダンケン] 非分離
(verdankte; verdankt; 完了h)
⦿他 〖❸+❹と〗〔…³は…⁴の〕おかげである, 〔…³に…⁴を〕負っている ▷ Er *verdankt* ihr seine Rettung. 彼が助かったのは彼女のおかげだ

ver·darb [フェアダルプ] verderben の 過去

ver·dau·en [フェアダオエン] 非分離
(verdaute; verdaut; 完了h)
⦿他 〖❹と〗〔食物⁴を〕消化する ▷ Diese Speise ist gut zu *verdauen*. この料理は消化によい

Ver·dau·ung [フェアダオウング] 女 die (❷格 -; ❸格 なし) (食物の) 消化

Ver·deck [フェアデック] 中 das (❷格 -[e]s; ❸格 -e) (乳母車・車などの, 開け閉めのできる) 幌, 車蓋

ver·de·cken [フェアデッケン] 非分離
(verdeckte; verdeckt; 完了h)
⦿他 〖❹と〗〔…⁴を〕覆い隠す; 〔視界⁴を〕遮る ▷ Die Bäume *verdecken* die Aussicht auf den See. 木々が湖への眺望を遮っている

ver·der·ben [フェアデルベン]
(du verdirbst, er verdirbt; verdarb; verdorben)
— 自 〖完了s〗 (食料品が) 傷む, 腐る ▷ Das Fleisch *verdirbt*. 肉が腐る /〖過去分詞で〗*verdorbene* Speisen 傷んだ料理
— 他 〖完了h〗 ❶ 〖❹と〗〔料理⁴などを〕だめにする, だいなしにする; 〔気分⁴などを〕ぶちこわす ▷ Sie hat den Kuchen *verdorben*. 彼女はケーキをだめにしてしまった / Ich habe mir selbst die Freude daran *verdorben*. 私は自分でその喜びをぶちこわしてしまった
❷ 〖❹と〗〔…⁴を〕堕落させる ▷ Sie hat ihn *verdorben*. 彼女は彼を堕落させてしまった
— 再 〖完了h〗〖sich³+❹と〗〔自分の…⁴を〕損なう, 傷める ▷ Er hat sich bei der schlechten Beleuchtung die Augen *verdorben*. 彼は不十分な照明のもとで目を悪くしてしまった

Ver·der·ben [フェアデルベン] 中 das (❷格 -s; ❸格 なし)《文語》(身の) 破滅 ▷ Sie hat ihn ins *Verderben* gestürzt. 彼女は彼を破滅に追い込んだ

ver·deut·li·chen [フェアドイトリッヒェン] 非分離
(verdeutlichte; verdeutlicht; 医h)
他 【④と】[‥⁴を](図・例などを用いて)わかりやすくする ▷ Er versuchte, den Unterschied dazwischen an einem Beispiel zu *verdeutlichen*. 彼は例を用いてそれらの相違をわかりやすくしようと試みた

ver·die·nen [フェアディーネン] 非分離
(verdiente; verdient; 医h)
他 ❶【④と】[‥⁴を]稼ぐ；もうける ▷ Geld *verdienen* 金を稼ぐ / Wie viel *verdient* er im Monat? 彼は月にどのくらい稼ぐのですか // Seine Frau *verdient* gut. 彼の奥さんは収入がいい
❷【④と】[‥⁴の]資金を稼ぐ ▷ Sie hat sich ihr Studium selbst *verdient*. 彼女は学資を自分で稼いだ
❸【④と】[‥⁴を受けるに]ふさわしい，値する ▷ Sie *verdient* Vertrauen. 彼女は信頼されるにふさわしい / Seine Tat *verdient* Anerkennung. 彼の行為は評価されるべきである

Ver·dienst [フェアディーンスト]
— 中 *das* (⑬ 2格 -[e]s; ⑬ -e) 功績，手柄，功労
— 男 *der* (⑬ 2格 -[e]s; まれに ⑬ -e) 収入，稼ぎ ▷ Er hat einen guten *Verdienst*. 彼はかなりの収入がある

ver·dient [フェアディーント]
— verdienen の 現在, 過分
— 形 功績〈功労〉のある

ver·dien·te [フェアディーンテ] verdienen の 過分

ver·dirbst [フェアディルプスト] verderben の 現在

ver·dirbt [フェアディルプト] verderben の 現在

ver·dop·peln [フェアドッペルン] 非分離
(verdoppelte; verdoppelt; 医h)
— 他【④と】[‥⁴を]2倍にする ▷ die Geschwindigkeit *verdoppeln* 速度を2倍にする
— 再【sich⁴と】2倍になる ▷ Die Produktionskosten haben sich *verdoppelt*. 生産費は2倍になった

ver·dor·ben [フェアドルベン] verderben の 過分

ver·dor·ren [フェアドレン] 非分離
(verdorrte; verdorrt; 医s)
自 (植物が)干からびる

ver·drän·gen [フェアドレンゲン] 非分離
(verdrängte; verdrängt; 医h)
他【④と】[‥⁴を]押しのける，追い出す；《心理》[不快な記憶など⁴を]意識から排除する ▷ Er wollte mich von meinem Platz *verdrängen*. 彼は私を席から押しのけようとした

Ver·drän·gung [フェアドレングング] 因 *die* (⑬ 2格 -; まれに ⑬ -en) 押しのけること，追い出し，排除

ver·dre·hen [フェアドレーエン] 非分離
(verdrehte; verdreht; 医h)
他 ❶【④と】[‥⁴を](無理に)ねじる，ねじ曲げる ▷ Sie hat ihm den Arm *verdreht*. 彼女は彼の腕をねじあげた
❷【④と】[事実など⁴を]ゆがめる，歪曲⁽ﾜｲｷｮｸ⁾する ▷ Sie hat den Sinn seiner Worte *verdreht*. 彼女は彼のことばを曲解した

ver·drie·ßen [フェアドリーセン] 非分離
(verdross; verdrossen; 医h)
他【④と】[‥⁴の]気持を傷つける，[‥⁴を]腹立たしい気分にさせる

ver·drieß·lich [フェアドリースリヒ] 形 (物事がうまくいかず)不機嫌な，ぶすっとした ▷ ein *verdrießliches* Gesicht machen 不機嫌な顔をする

ver·dross [フェアドロス] verdrießen の 過去

ver·dros·sen [フェアドロッセン]
— verdrießen の 過分
— 形 機嫌をそこねた

ver·drü·cken [フェアドリュッケン] 非分離
(verdrückte; verdrückt; 医h)
— 再《口語》【sich⁴と】こっそり逃げ出す
— 他《口語》【④と】[大量の食べ物⁴を]平らげる

Ver·druss [フェアドルス] 男 *der* (⑬ 2格 -es; なし) (失望などから生じる)腹立たしさ，不愉快な〈苦々しい〉思い ▷ *Verdruss* empfinden 腹立たしさを覚える

Ver·druß [旧→新] Verdruss

ver·dün·nen [フェアデュンネン] 非分離
(verdünnte; verdünnt; 医h)
他【④と】[‥⁴を](水などを加えて)薄める ▷ Farbe mit Wasser *verdünnen* 絵の具を水で薄める

ver·duns·ten [フェアドゥンステン] 非分離
(verdunstete; verdunstet; 医s)
自 蒸発する ▷ Das Wasser im Topf ist fast völlig *verdunstet*. なべの水はまったくと言ってよいほど蒸発してしまった

ver·dür·be [フェアデュルベ] verderben の 接II

ver·durs·ten [フェアドゥルステン] 非分離
(verdurstete; verdurstet; 医s)
自 のどが渇いて死ぬ ▷ Er ist in der Wüste *verdurstet*. 彼は砂漠で飲み水がなくて死んだ

ver·dutzt [フェアドゥッツト] 形 当惑した，あぜん〈呆然⁽ﾎﾞｳｾﾞﾝ⁾〉とした，あっけにとられた

ver·eh·ren [フェアエーレン] 非分離
(verehrte; verehrt; 医h)
他 ❶【④と】[‥⁴を]尊敬する ▷ Sie *verehrte* den Lehrer tief. 彼女は先生を深く尊敬していた / 《過去分詞で》Meine *verehrten* Damen

und Herren! ご出席の皆様方

❷ 〘④と〙〔‥^{4}を〕あがめる, 崇拝する ▷ Die Griechen *verehrten* viele Götter. ギリシャ人は多くの神々をあがめていた

❸ 〘③+④と〙〔‥^{3}に‥^{4}を〕贈る ▷ Er hat ihr einen Blumenstrauß *verehrt*. 彼は彼女に花輪を贈った

ver·ei·di·gen [フェアアイディゲン] [非分離]
(vereidigte; vereidigt; [完了]h)
[他] 〘④と〙〔証人・大統領・初年兵など^{4}に〕宣誓させる

Ver·ein [フェアアイン] [男] *der* (㊐単 2格 -[e]s; [複] -e) (共通の目的をもつ人々がつくる)会, 団体, 協会 ▷ ein eingetragener *Verein* 社団法人 ([略] e.V.)

ver·ein·ba·ren [フェアアインバーレン] [非分離]
(vereinbarte; vereinbart; [完了]h)
[他] 〘④と〙〔‥^{4}を〕**取り決める** ▷ den Zeitpunkt der Zusammenkunft *vereinbaren* 会合の時間を取り決める / 〘過去分詞で〙 Wie *vereinbart*, komme ich heute Abend zu dir. 約束通り私は今晩君のところへ行きます

[イディオム] ④+***mit***+③ ***vereinbaren können*** ‥^{4}を‥^{3}と一致〈調和〉させることができる (☆ ふつう否定形で) ▷ Das *kann* ich nicht *mit* meinem Gewissen *vereinbaren*. それは私の良心と相いれない

Ver·ein·ba·rung [フェアアインバールング] [女] *die* ([単] 2格 -; [複] -en) 取り決め, 申し合わせ, 合意, 協定 ▷ mündliche *Vereinbarungen* 口頭での取り決め

ver·ei·nen [フェアアイネン] [非分離]
(vereinte; vereint; [完了]h)
— [他] 《文語》〘④と〙〔‥^{4}を〕一つにまとめる ▷ mit *vereinten* Kräften 力を合わせて

[イディオム] ***die Vereinten Nationen*** 国際連合

— [再] 《文語》〘[sich]^{4}と〙 一つにまとまる ▷ Sie wollen sich zu einer Partei *vereinen*. 彼らは一つの政党にまとまるつもりだ

ver·ein·fa·chen [フェアアイン・ファッヘン]
[非分離] (vereinfachte; vereinfacht; [完了]h)
[他] 〘④と〙〔やり方など^{4}を〕簡単にする

ver·ein·heit·li·chen [フェアアイン・ハイトリッヒェン] [非分離] (vereinheitlichte; vereinheitlicht; [完了]h)
[他] 〘④と〙〔規準など^{4}を〕統一する, 規格化する

ver·ei·ni·gen [フェアアイニゲン] [非分離]
(vereinigte; vereinigt; [完了]h)
— [他] 〘④と〙〔‥^{4}を〕**一つにまとめる** ▷ mehrere Geschäfte zu einer Kette *vereinigen* いくつもの店を一つのチェーン店に統合する

[イディオム] ④+***in sich***^{3} ***vereinigen*** ‥^{4}を併せもっている ▷ Er *vereinigt* sehr gegensätzliche Eigenschaften *in* sich. 彼は相反する性質を併せもっている

die Vereinigten Staaten von Amerika アメリカ合衆国

— [再] 〘[sich]^{4}と〙 一つにまとまる, 手を結ぶ, 提携する ▷ Sie haben sich gegen ihn *vereinigt*. 彼らは彼に対抗して手を結んだ

Ver·ei·ni·gung [フェアアイニグング] [女] *die* ([単] 2格 -; [複] -en)
❶ (共通の目的をもつ人々がつくる)会, 団体, 協会 ▷ eine *Vereinigung* für die Freunde klassischer Musik クラシック音楽愛好家の会
❷ (組織体などの)統合, 併合, 合併

ver·ein·zelt [フェアアインツェルト] [形] ときたまの, 散発的な ▷ Diese Pflanze tritt *vereinzelt* im Hochgebirge auf. この植物は高山地帯にときたま生える

ver·eist [フェアアイスト] [形] (道路などが)凍結した

ver·ei·teln [フェアアイテルン] [非分離]
(vereitelte; vereitelt; [完了]h)
[他] 〘④と〙〔暗殺計画など^{4}を〕挫折ざせつさせる

ver·en·den [フェアエンデン] [非分離]
(verendete; verendet; [完了]s)
[自] (比較的大きな動物が空腹・疫病などのために)死ぬ ▷ Während des strengen Winters sind viele Tiere *verendet*. 厳しい冬の間に多くの動物が死んだ

ver·er·ben [フェアエルベン] [非分離]
(vererbte; vererbt; [完了]h)
[他] ❶ 〘③+④と〙〔‥^{3}に‥^{4}を〕遺産として残す ▷ Er hat seinem Sohn sein ganzes Vermögen *vererbt*. 彼は息子に全財産を残した
❷ 〘③+④と〙〔‥^{3}に‥^{4}を〕遺伝的に伝える ▷ Diese Begabung hat ihm sein Vater *vererbt*. 彼のこの才能は父親譲りのものだ

Ver·er·bung [フェアエルブング] [女] *die* ([単] 2格 -; まれに [複] -en) 遺伝

ver·fah·ren [フェアファーレン] [非分離]
(er verfährt; verfuhr; verfahren)
— [自] 〘[完了]s〙 ❶ 〘[様態]と〙〔…のように〕**行動する, 振舞う** ▷ Sie ist dabei sehr vorsichtig *verfahren*. 彼女はその際とても注意深く行動した
❷ 〘mit+③+[様態]と〙〔‥^{3}を…に〕扱う ▷ Er *verfuhr* streng mit ihr. 彼は彼女に対して厳しい態度をとった
— [他] 〘[完了]h〙 〘④と〙〔燃料・金など^{4}を〕車を走らせて費やす ▷ zwei Liter Benzin *verfahren* ガソリンを2リットル費やす
— [再] 〘[完了]h〙 〘[sich]^{4}と〙 (車で)道をまちがえる ▷ Ich habe mich bei dem Nebel völlig *verfahren*. 私は霧のためにまったく誤った方向に車を走らせた

[イディオム] ***eine verfahrene Situation*** 行き詰まった状況

Ver·fah·ren [フェアファーレン] 田 *das* (⑫2格 -s; ⑫ -)

❶ (作業行程上の)方法 ▷ ein neues *Verfahren* entwickeln 新しい方法を開発する

❷《法律》訴訟手続き ▷ ein *Verfahren* einleiten 訴訟手続きを開始する

ver·fährt [フェアフェールト] verfahren の 現在

Ver·fall [フェアファル] 男 *der* (⑫2格 -[e]s; ⑫ なし)(建物の)老朽化;(文化などの)衰退;(人の)衰え, 衰弱

ver·fal·len [フェアファレン] 非分離
(er verfällt; verfiel; verfallen; 完了s)

自 ❶ (建物が)老朽化する, 荒廃する ▷ Sie ließen das Gebäude *verfallen*. 彼らはこの建物を荒れるにまかせた

❷ (健康などが)衰える, 衰弱する ▷ Der Kranke *verfiel* zusehends. その病人は日増しに衰弱していった

❸ (文化・権力などが)衰退する ▷ Die Sitten *verfielen* mehr und mehr. この風習はますます衰退していった

❹ 有効期限が過ぎる ▷ Die Fahrkarte *verfällt* morgen. この切符はあすで期限が切れる

❺ [in+④と][…に]陥る ▷ Er *verfiel* wieder in den gleichen Fehler. 彼は再び同じ過ちを犯してしまった

❻ [③と][…の]とりこになる ▷ Er ist dem Alkohol *verfallen*. 彼は酒のとりこになった / Er ist ihr *verfallen*. 彼は彼女のいいなりだ

ver·fällt [フェアフェルト] verfallen の 現在

ver·fäl·schen [フェアフェルシェン] 非分離
(verfälschte; verfälscht; 完了h)

他 [④と][事実など⁴を]歪曲する

ver·fan·gen [フェアファンゲン] 非分離
(er verfängt; verfing; verfangen; 完了h)

再 [sich⁴と](魚など⁴が)(網などに)ひっかかる

ver·fäng·lich [フェアフェングリヒ] 形 (状況などが)やっかいな, 面倒な

ver·fängt [フェアフェングト] verfangen の 現在

ver·fas·sen [フェアファッセン] 非分離
(verfasste; verfasst; 完了h)

他 [④と][小説・記事など⁴を]書く ▷ Er hat einige Novellen *verfasst*. 彼はなん編かの短編小説を書いた

Ver·fas·ser [フェアファッサー] 男 *der* (⑫2格 -s; ⑫ -) 著者, 作者; (文書などの)作成者

Ver·fas·sung [フェアファッスング] 女 *die* (⑫2格 -; ⑫ -en)

❶ (⑫ なし)(身体などの)調子, コンディション ▷ Er ist in keiner guten *Verfassung*. 彼は体の調子がよくない

❷ 憲法 (=Konstitution)

ver·fau·len [フェアファオレン] 非分離
(verfaulte; verfault; 完了s)

自 腐る, 腐敗する ▷ Die Äpfel waren bereits *verfault*. リンゴはすでに腐っていた

ver·fech·ten [フェアフェヒテン] 非分離
(er verficht; verfocht; verfochten; 完了h)

他 [④と][宗教上の教えなど⁴を]擁護する

ver·feh·len [フェアフェーレン] 非分離
(verfehlte; verfehlt; 完了h)

他 [④と][目標⁴を]はずす, 当てそこなう ▷ Der Schuss *verfehlte* das Ziel. 弾丸は的をはずれた

ver·fehlt [フェアフェールト] 形 (措置などが)誤った, 不適切な ▷ Die Maßnahmen der Regierung sind völlig *verfehlt*. [状態受動] 政府の措置は完全な失敗だ

ver·fein·det [フェアファインデット] 形 仲たがいしている, 敵対している

ver·fei·nern [フェアファイネルン] 非分離
(verfeinerte; verfeinert; 完了h)

他 [④と][文体など⁴を]洗練する; [方法など⁴を]改良する; [味など⁴を]より風味のあるものにする

ver·ficht [フェアフィヒト] verfechten の 現在

ver·fiel [フェアフィール] verfallen の 過去

ver·fil·men [フェアフィルメン] 非分離
(verfilmte; verfilmt; 完了h)

他 [④と][…⁴を]映画化する ▷ Der Bestseller wird bald *verfilmt*. そのベストセラーはまもなく映画化される

ver·fing [フェアフィング] verfangen の 過去

ver·flie·gen [フェアフリーゲン] 非分離
(verflog; verflogen)

— 自 [完了s] ❶ (香り・霧・感情などが)消えてなくなる ▷ Das Aroma ist *verflogen*. 芳香が消えてなくなった

❷ (時間が)飛ぶように過ぎ去る

— 再 [完了h] [sich⁴と](飛行機などが)方角をまちがえる ▷ Der Pilot *verflog* sich im Nebel. パイロットは霧の中で方角を見失った

ver·flie·ßen [フェアフリーセン] 非分離
(verfloss; verflossen; 完了s)

自 (色が)交じり合う, (輪郭・境界などが)あいまいになる

ver·flog [フェアフローク] verfliegen の 過去

ver·flo·gen [フェアフローゲン] verfliegen の 過去分詞

ver·floss [フェアフロス] verfließen の 過去

ver·flos·sen [フェアフロッセン] verfließen の 過去分詞

ver·flu·chen [フェアフルーヘン] 非分離
(verfluchte; verflucht; 完了h)

他 [④と][…⁴を]のろう, 呪詛する ▷ Er wurde von den Anhängern einer Sekte *verflucht*. 彼はある宗派の信奉者たちによってのろいをかけられた

ver·flucht [フェアフルーフト] 形《口語》いまいましい (=verdammt) ▷ Das ist eine *ver-*

fluchte Sache. それはいまいましいことだ

ver·flüch·ti·gen [フェアフリュヒティゲン] 非分離 (verflüchtigte; verflüchtigt; 完了h)
再 ❶ 《sich⁴と》（アルコールなどが）気化〈蒸発・揮発〉する
❷ （香り・霧などが）消えてなくなる

ver·focht [フェアフォホト] verfechten の 過去
ver·foch·ten [フェアフォホテン] verfechten の 過分

ver·fol·gen [フェアフォルゲン] 非分離 (verfolgte; 完了h)
他 ❶ 《⁴と》〔..⁴を〕追跡する ▷ Er wurde von der Polizei *verfolgt*. 彼は警察に追跡された /〔過去分詞で〕Er fühlte sich *verfolgt*. 彼はあとをつけられているような気がした
❷ 《⁴と》〔..⁴を〕追う ▷ die Spur des Wildes *verfolgen* 野獣の足跡を追う / Sie hat ihn mit Blicken *verfolgt*. 彼女は彼のことを目で追った /《比ゆ》 die politische Entwicklung aufmerksam *verfolgen* 政治の動向を注意深く見守る / Der Gedanke *verfolgt* mich Tag und Nacht. その考えが日夜私の脳裏を去らない
❸ 《⁴と》〔目的など⁴を〕追求する ▷ eine fortschrittliche Politik *verfolgen* 進歩的な政治を行う
❹ 《⁴と》〔..⁴を〕（政治的な理由などから）迫害する ▷ Im Dritten Reich wurden die Juden *verfolgt*. 第三帝国ではユダヤ人は迫害された

Ver·fol·ger [フェアフォルガー] 男 der (単2格 -s; 複 -) 追跡者, 追っ手

Ver·fol·gung [フェアフォルグング] 女 die (単2格 -; 複 -en) （犯人などの）追跡; （目的などの）追求; （異教徒などの）迫害

ver·fü·gen [フェアフューゲン] 非分離 (verfügte; verfügt; 完了h)
自 ❶ 《über+⁴と》〔..⁴を〕自由に〈好きに〉使う ▷ Er kann über sein Taschengeld frei *verfügen*. 彼は小遣いを自由に使える
❷ 《文語》《über+⁴と》〔..⁴を〕（自由に〈好きに〉できるものとして）もっている ▷ Er *verfügt* über ein umfangreiches Wissen. 彼は該博な知識をもっている
— 他 《⁴と》（役所などが）〔..⁴を〕指示する, 命じる ▷ Der Minister *verfügte* den Bau der Talsperre. 大臣がダムの建設を命じた

Ver·fü·gung [フェアフューグング] 女 die (単2格 -; 複 -en) （役所などの）指示
(イディオム) ③+④+*zur Verfügung stellen* ..³に..⁴を自由に〈好きに〉使わせる ▷ Ich *stelle* Ihnen gern mein Auto *zur Verfügung*. 私はあなたに喜んで私の車を提供いたします
③+*zur Verfügung stehen* ..³が自由に〈好きに〉使える ▷ Ich *stehe* Ihnen jederzeit gern *zur Verfügung*. 私はいつでも喜んであなたのお役に立ちます
④+*zur Verfügung haben* ..⁴を自由に〈好きに〉使える ▷ Wir *haben* nicht genügend finanzielle Mittel *zur Verfügung*. 私たちには自由に使える十分な資金がない

ver·fuhr [フェアフーア] verfahren の 過去
ver·füh·ren [フェアフューレン] 非分離 (verführte; verführt; 完了h)
他 ❶ 《⁴と》〔女性など⁴を〕誘惑する ▷ Er hat das Mädchen *verführt*. 彼はその女の子を誘惑した
❷ 《⁴と+zu+³と》〔..⁴をそそのかして〈惑わして〉..³〕させる ▷ Wir haben ihn zum Trinken *verführt*. 私たちは彼をそそのかして酒を飲ませた

ver·füh·re·risch [フェアフューレリシュ] 形 （外観などが）誘惑的な, 心をそそる

Ver·füh·rung [フェアフュールング] 女 die (単2格 -; 複 -en) 誘惑 ▷ die *Verführung* einer Minderjährigen 未成年者の誘惑

ver·gab [フェアガープ] vergeben の 過去
ver·galt [フェアガルト] vergelten の 過去
ver·gan·gen [フェアガンゲン]
— vergehen の 過分
— 形 過ぎ去った, この前の ▷ *vergangene* Woche 先週 / *vergangene* Nacht 昨夜

Ver·gan·gen·heit [フェアガンゲンハイト] 女 die (単2格 -; 複 なし)
過去 (☆「現在」は Gegenwart, 「未来」は Zukunft) ▷ Er hatte eine dunkle *Vergangenheit*. 彼には暗い過去があった

ver·gäng·lich [フェアゲングリヒ] 形 長く続かない, はかない, 無常の ▷ Schönheit ist *vergänglich*. 美しさというものは長く続かないものだ

ver·gaß [フェアガース] vergessen の 過去
ver·gä·ße [フェアゲーセ] vergessen の 接II
ver·ge·ben [フェアゲーベン]
(er vergibt; vergab; vergeben; 完了h)
他 ❶ 《③+⁴と》〔..³の罪を⁴を〕許す ▷ Sie hat ihm die Beleidigung nie *vergeben*. 彼女は彼の侮辱を決して許さなかった
❷ 《⁴と》〔求められたもの⁴を〕与える, 授ける; 割りふる ▷ ein Stipendium *vergeben* 奨学金を与える / Sie hat die Stelle an ihn *vergeben*. 彼女はそのポストを彼に与えた
(イディオム) *bereits* 〈*schon*〉 *vergeben sein* 《口語》すでに結婚〈婚約〉している ▷ Unsere Söhne sind schon *vergeben*. 私たちの息子たちはすでに結婚〈婚約〉している
sich³ nichts vergeben 体面に傷がつかない, 恥にならない ▷ Du *vergibst* dir *nichts*, wenn du dorthin mitgehst. 君がいっしょにそこに行っても別に恥にはならない

ver·ge·bens [フェアゲーベンス]
副 むだに, むなしく ▷ Man hat *vergebens* ver-

sucht, ihn davon abzuhalten. 彼にそれをさせないように試みたがむだだった

ver·geb·lich [フェアゲーブリヒ] [形] むだな, むなしい, 無益な ▷ Er bat sie *vergeblich*, mit ihm ins Kino zu gehen. 彼は彼女にいっしょに映画に行くように頼んだがむだだった

ver·ge·gen·wär·ti·gen [フェアゲーゲンヴェルティゲン] [非分離] (vergegenwärtigte; vergegenwärtigt; [完了]h)
[再]〖[sich]^3+④と〗〔…^{4}を〕ありありと思い浮かべる

ver·ge·hen [フェアゲーエン] [非分離]
(verging; vergangen)
— [自]〖[完了]s〗❶ (時間が) 過ぎ去る ▷ Wie rasch die Zeit *vergeht*! なんと早く時は流れることよ
❷ (痛み・笑いなどが) 消え去る, なくなる ▷ Die Schmerzen *vergingen*. 痛みが治まった / Mir ist der Appetit *vergangen*. 私は食欲がなくなった
❸ 〖vor+③と〗〔…^{3}を〕とても強く感じる ▷ Ich *vergehe* vor Hunger. 私は空腹で死にそうだ
— [再]〖[完了]h〗〖[sich]^4+an+③と〗〔…^{3}に対して〕暴行をはたらく ▷ Er hat sich an einem Mädchen *vergangen*. 彼は少女に暴行をはたらいた

Ver·ge·hen [フェアゲーエン] [中] *das* (単 2 格 -s; 複 -) 違反 ▷ Er hat sich eines *Vergehens* schuldig gemacht. 彼は違反を犯してしまった

ver·gel·ten [フェアゲルテン] [非分離]
(er vergilt; vergalt; vergolten; [完了]h)
[他]〖④+mit+③と〗〔…^{4}に…^{3}で〕報いる; 報復〈仕返し〉をする (☆ ふつう悪い行為に関して用いる) ▷ Man soll Böses mit Gutem *vergelten*. 悪には善をもって報いるべきである

Ver·gel·tung [フェアゲルトゥング] [女] *die* (単 2 格 -; 複 なし) 報復, 仕返し (＝Rache)

ver·ges·sen

[fɛɐ̯gɛ́sn̩ フェアゲッセン] [非分離]

[現在]	ich vergesse	wir vergessen
	du **vergisst**	ihr vergesst
	er **vergisst**	sie vergessen
[過去]	ich **vergaß**	wir vergaßen
	du vergaßest	ihr vergaßt
	er vergaß	sie vergaßen
[過分]	vergessen	[完了] haben

— [他] ❶〖④と〗〔…^{4}を〕忘れる
den Namen der Straße *vergessen*
通りの名前を忘れる
Ich habe seine Telefonnummer *vergessen*.
私は彼の電話番号を忘れてしまった
Das werde ich dir nie *vergessen*.
君のした〈してくれた〉ことは私は決して忘れないよ (☆ 親切や仕打ちなどを指して)
Er *vergisst* schnell. 彼は物忘れがひどい
❷〖④と〗〔…^{4}するのを〕忘れる ▷ Ich habe *vergessen*, die Brille mitzunehmen. 私はめがねを持って来るのを忘れてしまった
❸〖④と〗〔…^{4}を〕置き忘れる ▷ Ich habe meine Uhr bei dir *vergessen*. 私は時計を君のところに忘れてきた
— [再]〖[sich]^{4}と〗我を忘れる

ver·gess·lich [フェアゲスリヒ] [形] 忘れっぽい ▷ Er wird immer *vergesslicher*. 彼はますます忘れっぽくなる

ver·geß·lich [旧⇒新] vergesslich

ver·geu·den [フェアゴイデン] [非分離]
(vergeudete; vergeudet; [完了]h)
[他]〖④と〗〔お金など^{4}を〕浪費する, むだに使う ▷ Er hat seine Zeit *vergeudet*. 彼は時間をむだに費やしてしまった

Ver·geu·dung [フェアゴイドゥング] [女] *die* (単 2 格 -; 複 -en) 浪費, むだ遣い

ver·ge·wal·ti·gen [フェアゲヴァルティゲン] [非分離] (vergewaltigte; vergewaltigt; [完了]h)
[他]〖④と〗〔…^{4}を〕暴力で犯す, 強姦(ごうかん)する ▷ Die Frau wurde *vergewaltigt*. その女性は強姦された

Ver·ge·wal·ti·gung [フェアゲヴァルティグング] [女] *die* (単 2 格 -; 複 -en) 婦女暴行, 強姦(ごうかん)

ver·ge·wis·sern [フェアゲヴィッセルン] [非分離]
(vergewisserte; vergewissert; [完了]h)
[再]〖[sich]^4+②と〗〔…^{2}を〕確かめる

ver·gibt [フェアギプト] vergeben の [現在]

ver·gie·ßen [フェアギーセン] [非分離]
(vergoss; vergossen; [完了]h)
[他]〖④と〗〔液体^{4}を〕こぼす

ver·gif·ten [フェアギフテン] [非分離]
(vergiftete; vergiftet; [完了]h)
— [他] ❶〖④と〗〔…^{4}に〕毒を入れる ▷ Speisen *vergiften* 料理に毒を入れる / 《比ゆ》die Luft *vergiften* 大気を汚染する
❷〖④と〗〔…^{4}を〕毒殺する ▷ Sie hat ihren Mann *vergiftet*. 彼女は夫を毒殺した
— [再] ❶〖[sich]^{4}と〗食中毒にかかる ▷ Er hat sich an Pilzen *vergiftet*. 彼はキノコにあたった
❷〖[sich]^{4}と〗服毒自殺する ▷ Sie hat sich mit Tabletten *vergiftet*. 彼女は服毒自殺した

ver·gilt [フェアギルト] vergelten の [現在]

ver·ging [フェアギング] vergehen の [過去]

ver·giss [フェアギス] vergessen の [命令]

vergiß [旧⇒新] vergiss

Ver·giss·mein·nicht (旧 ..giß..) [フェアギス・マイン・ニヒト] [中] *das* (単 2 格 -[e]s; 複 -[e]) 《植物》ワスレナグサ (☆ Vergiss mein nicht!「私を忘れないで」を 1 語に書いたもの)

ver·gisst [フェアギスト] vergessen の [現在]

vergißt [旧⇒新] vergisst

V

Ver·gleich [フェアグライヒ] 男 der (@2格 -[e]s; @-e) 比較, 直喩 ▷ ein treffender *Vergleich* 適切な比較

(イディオム) **im Vergleich zu ⟨mit⟩**+③ …³と比べれば

ver·glei·chen [フェアグライヒェン] 非分離 (verglich; verglichen; 完了h)

他 ❶ 〖④と〗〔…⁴を〕比較する, 比べる ▷ Sie *vergleicht* vor dem Kauf die Preise. 彼女は購入する前に値段を比較する / Das ist nicht zu *vergleichen*! それはまったく別のことだ

❷ 〖④+mit+③と〗〔…⁴を…³に〕たとえる ▷ Im Gedicht wurde sie mit einer Rose *verglichen*. 詩の中で彼女はバラにたとえられた

ver·glich [フェアグリッヒ] vergleichen の 過去

ver·gli·chen [フェアグリッヒェン] vergleichen の 過分

ver·gnü·gen [フェアグニューゲン] 非分離 (vergnügte; vergnügt; 完了h)

再 〖(sich)⁴と〗 楽しい時間を過ごす ▷ Die Kinder *vergnügten* sich am Strand. 子供たちは浜辺で遊び興じていた

Ver·gnü·gen [フェアグニューゲン] 中 das (@2格 -s; @なし)

楽しみ, 喜び ▷ Die Arbeit machte ihm *Vergnügen*. その仕事は彼にとって喜びだった / mit *Vergnügen* 喜んで / zum *Vergnügen* 楽しむために

(イディオム) **Viel Vergnügen!** 大いに楽しんでいらっしゃい

類語
Vergnügen 気持ちが満たされて得られる楽しみ
Spaß 積極的にかかわって得る気軽な楽しみ

ver·gnügt [フェアグニュークト] 形 楽しい, 楽しそうな ▷ Es war ein *vergnügter* Abend. それは楽しい夕べだった

Ver·gnü·gun·gen [フェアグニューグンゲン] 複名 気晴らし, 娯楽

Ver·gnü·gungs·park [フェアグニューグングス·パルク] 男 der (@2格 -s; @-s) 遊園地

ver·gol·ten [フェアゴルテン] vergelten の 過分

ver·goss [フェアゴス] vergießen の 過去

ver·gos·sen [フェアゴッセン] vergießen の 過分

ver·göt·tern [フェアゲッテルン] 非分離 (vergötterte; vergöttert;)

他 〖④と〗 〔…⁴を〕神のごとく敬う

ver·gra·ben [フェアグラーベン] 非分離 (er vergräbt; vergrub; vergraben; 完了h)

— 他 〖④と〗〔…⁴を〕(隠すために地中に) 埋める ▷ Die Räuber haben den Schatz unter einem Baum *vergraben*. 盗賊たちは木の下に宝物を埋めた (☆ 3·4 格支配の前置詞の場合 3 格が用いられる)

— 再 〖(sich)⁴+in+④と〗〔…³に〕没頭する ▷ Er hat sich in die Arbeit *vergraben*. 彼は仕事に没頭した

ver·gräbt [フェアグレープト] vergraben の 現在

ver·grämt [フェアグレームト] 形 悲嘆にくれた, 悲しみにやつれた

ver·grif·fen [フェアグリッフェン] 形 品切れの; 絶版の ▷ Das Buch ist *vergriffen*. その本は品切れ〈絶版〉だ

ver·grö·ßern [フェアグレーセルン] 非分離 (vergrößerte; vergrößert; 完了h)

— 他 〖④と〗〔…⁴を〕大きくする, 拡大する (反 verkleinern) ▷ einen Raum *vergrößern* 部屋を広げる / Ich habe die Aufnahme *vergrößert*. 私は写真を引き伸ばした

— 再 〖(sich)⁴と〗 大きくなる, 拡大される ▷ Der Betrieb hat sich *vergrößert*. その会社は大きくなった

ver·grub [フェアグループ] vergraben の 過去

Ver·güns·ti·gung [フェアギュンスティグング] 女 die (@2格 -; @-en) (特定の条件下で与えられる) 特典; 割引 ▷ *Vergünstigungen* für Senioren 老人のための特典〈割引〉

ver·gü·ten [フェアギューテン] 非分離 (vergütete; vergütet; 完了h)

他 ❶ 〖③+④と〗〔…³に損害などを⁴〕償う, 弁償する, 補償する ▷ Die beschädigte Ware wurde ihm *vergütet*. 破損した商品に対する弁償金が彼に支払われた

❷ 《官庁》〖④と〗〔仕事など⁴の〕報酬を支払う

ver·haf·ten [フェアハフテン] 非分離 (verhaftete; verhaftet; 完了h)

他 〖④と〗〔…⁴を〕逮捕する ▷ Die Polizei hat den Mörder *verhaftet*. 警察は殺人者を逮捕した

ver·haf·tet [フェアハフテット] verhaften の 現在, 過分

ver·haf·te·te [フェアハフテテ] verhaften の 過去

Ver·haf·tung [フェアハフトゥング] 女 die (@2格 -; @-en) 逮捕

ver·half [フェアハルフ] verhelfen の 過去

ver·hält [フェアヘルト] verhalten の 現在

ver·hal·ten [フェアハルテン] 非分離 (du verhältst, er verhält; verhielt; verhalten; 完了h)

再 ❶ 〖(sich)⁴+様態と〗〔…のように〕振舞う, 〔…の〕態度をとる ▷ Er hat sich ihr gegenüber vorsichtig *verhalten*. 彼は彼女に対し慎重に振舞った

❷ 〖(sich)⁴+状態と〗〔…の〕事情〈状況·状態〉である ▷ In Wirklichkeit *verhält* sich die Sache ganz anders. 現実にはその件の事情はまったく別だ

❸ 〖(sich)⁴+zu+③+状態と〗〔…³に対して〕…

の〕比例関係にある ▷ Die Breite *verhält* sich zu Höhe wie 1 zu 2. 幅は高さに対し 1 対 2 の関係になっている

Ver·hal·ten [フェアハルテン] [中] *das* ([単] 2 格 -s; [複] なし) **態度**, 振舞い ▷ Er versuchte sein *Verhalten* zu rechtfertigen. 彼は自分の振舞いを正当化しようと試みた

Ver·hält·nis [フェアヘルトニス] [中] *das* ([単] 2 格 ..nisses; [複] ..nisse)
❶ **割合**, 比率 ▷ Sie teilten im *Verhältnis* zwei zu drei. 彼らは 2 対 3 の割合で分けた
❷ (人と人との)**関係**, 間柄, 仲 ▷ Das *Verhältnis* zwischen ihr und ihrer Schwiegermutter ist nicht gut. 彼女と姑(しゅうとめ)の関係はよくない / Er hat ein *Verhältnis* mit dieser Frau. 彼はこの女性と性的関係がある
❸ 〖[複] で〗(生きていく上での)生活状況〈条件〉 ▷ die klimatischen *Verhältnisse* 気象状況 / Er lebt über seine *Verhältnisse*. 彼は分不相応な暮らしをしている

ver·hält·nis·mä·ßig [フェアヘルトニス・メースィヒ] [副] **比較的**, わりに ▷ Es ist noch *verhältnismäßig* warm. まだわりに暖かだ

ver·hältst [フェアヘルツト] verhalten の [現在]

ver·han·deln [フェアハンデルン] [非分離] (verhandelte; verhandelt; [完了]h)
[自] 〖über+④と〗〔…^{4}について〕**交渉する**, 折衝する, 話し合う ▷ Die Vertreter der beiden Regierungen *verhandeln* über den Friedensvertrag. 両国政府の代表は平和条約について交渉する

Ver·hand·lun·gen [フェアハンドルンゲン] [複名] **交渉**, 折衝, 話し合い ▷ Die *Verhandlungen* verliefen in freundlicher Atmosphäre. 交渉は友好的な雰囲気の中で進められた

Ver·hand·lungs·tak·tik [フェアハンドルングス・タクティック] [女] *die* ([単] 2 格 -; [複] -en) 交渉の駆け引き

ver·hän·gen [フェアヘンゲン] [非分離] (verhängte; verhängt; [完了]h)
[他] ❶ 《文語》〖④と〗〔戒厳令など^{4}を〕布告する; (裁判所が)〔刑罰^{4}を〕言い渡す ▷ Über die Stadt wurde der Ausnahmezustand *verhängt*. 町に非常事態宣言が出された
❷ 〖④+mit+③と〗〔窓・ドアなど^{4}に…^{3}を〕掛けて覆う ▷ ein Fenster mit einer Wolldecke *verhängen* 毛布を掛けて窓を覆う

Ver·häng·nis [フェアヘングニス] [中] *das* ([単] 2 格 ..nisses; [複] ..nisse) 《文語》(個人的な, 大きな)不幸, 災い, 命取り ▷ Diese Frau wurde ihm schließlich zum *Verhängnis*. この女性が結局彼の命取りになった

ver·häng·nis·voll [フェアヘングニス・フォル] [形] 不幸〈災い〉を招く, 命取りになる, 致命的な ▷ ein *verhängnisvoller* Irrtum 致命的な思い違い

ver·härmt [フェアヘルムト] [形] (様子などが)悲しみにやつれた

ver·här·ten [フェアヘルテン] [非分離] (verhärtete; verhärtet; [完了]s)
[自] (石膏(せっこう)・粘土・土壌などが)かたくなる ▷ Der Boden *verhärtet*. 土壌がかたくなる

ver·hasst [フェアハスト] [形] 嫌われた, いやな ▷ Er ist überall *verhasst*. 彼はどこでも嫌われている

ver·haßt [旧⇒新] verhasst

ver·hed·dern [フェアヘッデルン] [非分離] (verhedderte; verheddert; [完了]h)
[再] 《口語》 ❶ 〖[sich]^{4}と〗(ひもなどが)からまって〈ひっかかって〉動けなくなる
❷ 〖[sich]^{4}と〗(講演などである個所を)何度も読み違えて先に進めなくなる, ひっかかる

ver·hee·rend [フェアヘーレント] [形] (台風・火災・感染症などが)すさまじい, 猛威をふるう, 壊滅的な

ver·hei·len [フェアハイレン] [非分離] (verheilte; verheilt; [完了]s)
[自] (傷・骨折などが)治る ▷ Die Wunde *verheilt* nur langsam. 傷がなかなか治らない

ver·heim·li·chen [フェアハイムリッヒェン] [非分離] (verheimlichte; verheimlicht; [完了]h)
[他] 〖③+④と〗〔…^{3}に…^{4}を〕**言わずにおく**, 隠して〈秘密にして〉おく ▷ Du *verheimlichst* mir doch etwas! 君はやっぱり私に何か隠している

ver·hei·ra·tet [フェアハイラーテット]
[形] **結婚している**, 既婚の ▷ eine *verheiratete* Frau 既婚の女性 / Sie ist *verheiratet*. 彼女は結婚している / 《比ゆ》 Mein Mann ist mit seiner Firma *verheiratet*. 私の夫は会社と結婚したようなものだ

ver·hei·ßungs·voll [フェアハイスングス・フォル] [形] 期待を抱かせる ▷ ein *verheißungsvoller* Anfang 幸先(さいさき)のよいスタート

ver·hel·fen [フェアヘルフェン] [非分離] (er verhilft; verhalf; verholfen; [完了]h)
[自] 〖③+zu+③と〗〔職など^{3}が得られるように…^{3}に〕手助けする

ver·herr·li·chen [フェアヘルリヒェン] [非分離] (verherrlichte; verherrlicht; [完了]h)
[他] 〖④と〗〔戦争など^{4}を〕誤った形で賛美する

ver·hielt [フェアヒールト] verhalten の [過去]

ver·hilft [フェアヒルフト] verhelfen の [現在]

ver·hin·dern [フェアヒンデルン] [非分離] (verhinderte; verhindert; [完了]h)
[他] 〖④と〗〔災難・事故など^{4}を〕**防ぐ**, 阻止する ▷ Das Schlimmste konnte gerade noch *verhindert* werden. 最悪の事態はかろうじて避けることができた

V

[イディオム] ***verhindert sein*** (病気・用事などのために)来られない ▷ Er *war* wegen Krankheit *verhindert.* 彼は病気のために来られなかった

ver·höh·nen [フェアヘーネン] [非分離]
(verhöhnte; verhöhnt; [完了]h)
[他]〖④と〗〔…⁴を〕あざける, 嘲笑ちょうしょうする

ver·hol·fen [フェアホルフェン] verhelfen の [過分]

Ver·hör [フェアヘーア] [中] *das* ([単] 2 格 -[e]s; [複] -e) (警察による)尋問

ver·hö·ren [フェアヘーレン] [非分離]
(verhörte; verhört; [完了]h)
— [他]〖④と〗(警察官が)〔容疑者⁴を〕尋問する (☆ 証人を尋問する場合は vernehmen を用いる) ▷ Er wurde stundenlang *verhört.* 彼は数時間尋問された
— [再]〖[sich]⁴と〗聞き違いをする ▷ Da habe ich mich wohl *verhört.* それはどうやら私が聞き違いをしたらしい

ver·hül·len [フェアヒュレン] [非分離]
(verhüllte; verhüllt; [完了]h)
[他]〖④と〗〔…⁴を〕覆う, 覆い隠す ▷ Sie *verhüllte* das Gesicht mit einem Schleier. 彼女は顔をベールで覆った / Die Bergspitzen sind von Wolken *verhüllt.* [状態受動] 山頂は雲に覆われている /〖現在分詞で〗ein *verhüllender* Ausdruck 婉曲えんきょく的な言い回し

ver·hun·gern [フェアフンゲルン] [非分離]
(verhungerte; verhungert; [完了]s)
[自] 餓死する, 飢え死にする ▷ Noch heute *verhungern* viele Menschen in der Welt. 今日でもなお世界中で多くの人が飢えて死んでいる

ver·hü·ten [フェアヒューテン] [非分離]
(verhütete; verhütet; [完了]h)
[他]〖④と〗〔…⁴を〕(予防措置などによって)防ぐ, 防止する ▷ eine Katastrophe *verhüten* 大災害を防止する

Ver·hü·tungs·mit·tel [フェアヒュートゥングス・ミッテル] [中] *das* ([単] 2 格 -s; [複] -) 避妊法, 避妊具

ver·ir·ren [フェアイレン] [非分離]
(verirrte; verirrt; [完了]h)
[再]〖[sich]⁴と〗道に迷う ▷ Er hat sich im Wald *verirrt.* 彼は森で道に迷ってしまった /〖[方向]と〗*sich* in den Sperrbereich *verirren* 立ち入り禁止区域に迷い込む

ver·ja·gen [フェアヤーゲン] [非分離]
(verjagte; verjagt; [完了]h)
[他]〖④と〗〔家畜をねらいにきた動物・ハエなど⁴を〕追い払う

ver·jäh·ren [フェアイェーレン] [非分離]
(verjährte; verjährt; [完了]s)
[自] (犯罪・請求権などが)時効になる

ver·ju·beln [フェアユーベルン] [非分離]
(verjubelte; verjubelt; [完了]h)
[他]《口語》〖④と〗〔お金⁴を〕遊びに使う

ver·jün·gen [フェアユンゲン] [非分離]
(verjüngte; verjüngt; [完了]h)
— [他]〖④と〗〔…⁴を〕若返らせる ▷ die Nationalmannschaft *verjüngen* ナショナルチームを若返らせる
— [再]〖[sich]⁴と〗(塔・柱などが)しだいに細くなる ▷ Die Säule *verjüngt* sich im oberen Teil. その柱は上の部分で細くなっている

ver·kam [フェアカーム] verkommen の [過去]

ver·kannt [フェアカント] verkennen の [過分]

ver·kann·te [フェアカンテ] verkennen の [過去]

Ver·kauf [フェアカオフ] [男] *der* ([単] 2 格 -[e]s; [複] ..käufe)
売ること; 売却, 販売 ([反] [Ein]kauf) ▷ der *Verkauf* der alten Möbel 古い家具の売却

Ver·käu·fe [フェアコイフェ] Verkauf の [複数]

ver·kau·fen

[fɛɐ̯káufn̩ フェアカオフェン] [非分離]

[現在]	ich verkaufe	wir verkaufen
	du verkaufst	ihr verkauft
	er verkauft	sie verkaufen
[過去]	ich **verkaufte**	wir verkauften
	du verkauftest	ihr verkauftet
	er verkaufte	sie verkauften
[過分]	**verkauft**	[完了] haben

— [他]〖④と〗〔…⁴を〕売る ([反] kaufen)
Waren *verkaufen* 品物を売る
Sie *verkauft* Eier auf dem Markt.
彼女は市場で卵を売る
Das Haus ist schon *verkauft.*
[状態受動] その家はすでに売却ずみだ
— [再] ❶〖[sich]⁴+[様態]と〗売れ行きが〔…〕だ ▷ Das Buch *verkauft* sich gut. その本はよく売れる
❷《口語》〖[sich]⁴+[様態]と〗(面接などで)〔…に〕自分を売り込む〈アピールする〉

Ver·käu·fer [フェアコイファー] [男] *der* ([単] 2 格 -s; [複] -)
❶ (商店などの)売り子, 店員
❷《法律》売り主〈手〉([反] Käufer)

Ver·käu·fe·rin [フェアコイフェリン] [女] *die* ([単] 2 格 -; [複] ..rinnen)〖Verkäufer の女性形〗売り子, 女店員

ver·kauft [フェアカオフト] verkaufen の [現在], [過分]

ver·kauf·te [フェアカオフテ] verkaufen の [過去]

Ver·kehr [フェアケーア] [男] *der* ([単] 2 格 -s〈まれに -es〉; まれに [複] -e)
❶ (主に車の)交通, 通行, 往来 ▷ Ein Polizist regelt den *Verkehr.* 巡査が交通を整理する / Der *Verkehr* ist hier am stärksten. 交通量はこの地点がもっとも多い / In der Stadt

V

verkehren

herrscht lebhafter *Verkehr*. 町中は往来にぎやかだ
❷《婉曲に》性的交渉
❸ (人との)交際, つきあい, 交流 (☆ この意味ではふつう Umgang を使う)
(イディオム) ❹ +*aus dem Verkehr ziehen* …⁴を流通から引き上げる ▷ alte Banknoten *aus dem Verkehr ziehen* 古い紙幣を回収する

ver·keh·ren [フェアケーレン] 非分離
(verkehrte; verkehrt; 庭5h)
—自 ❶ 【時間などと】(バス・汽車などが)(…の時間などに)**運行(運航)する** (☆ 完了の助動詞としてsein も用いられる) ▷ Dieser Zug *verkehrt* nicht an Sonn- und Feiertagen. この列車は日曜祭日には運行していない (☆ 並列する単語の共通部分を省略する場合, 省略箇所に「-」をつける)
❷ 【mit+❸と】 【…³と】交際する ▷ Meine Eltern *verkehren* mit dieser Familie. 私の両親はこの家族とつきあいがある
❸ 【場所と】 【…に】(客として)出入りする ▷ In diesem Lokal *verkehren* viele Künstler. この飲食店には大勢の芸術家が出入りしている
—他 【❹と】 【意味などを⁴を】曲解する, [物事⁴を]逆にする ▷ Seine Worte wurden völlig *verkehrt*. 彼のことばはまったく曲解された
—再 【sich⁴と】+in+❹と 【逆のもの⁴に】変わる ▷ Seine Liebe *verkehrte* sich in Hass. 彼の愛は憎しみに変わった

Ver·kehrs·am·pel [フェアケーアス・アムペル] 女 die (❷2格 -; ❷-n) 交通信号機

Ver·kehrs·amt [フェアケーアス・アムト] 中 das (❷2格 -[e]s; ❷..ämter) 観光協会

Ver·kehrs·in·sel [フェアケーアス・インゼル] 女 die (❷2格 -; ❷-n) (道路につくられた)安全地帯

Ver·kehrs·mit·tel [フェアケーアス・ミッテル] 中 das (❷2格 -s; ❷-) 交通機関, 輸送機関 ▷ die öffentlichen *Verkehrsmittel* benutzen 公共交通機関を利用する

Ver·kehrs·netz [フェアケーアス・ネッツ] 中 das (❷2格 -es; ❷-e) 交通網

Ver·kehrs·prob·lem [フェアケーアス・プロブレーム] 中 das (❷2格 -s; ❷-e) 交通問題

ver·kehrs·reich [フェアケーアス・ライヒ] 形 (道路などが)交通量の多い

Ver·kehrs·un·fall [フェアケーアス・ウン・ファル] 男 der (❷2格 -[e]s; ❷..fälle) 交通事故 ▷ Bei dem *Verkehrsunfall* ist er umgekommen. その交通事故で彼は死んだ

Ver·kehrs·ver·ein [フェアケーアス・フェアアイン] 男 der (❷2格 -[e]s; ❷-e) 観光協会

Ver·kehrs·zei·chen [フェアケーアス・ツァイヒェン] 中 das (❷2格 -s; ❷-) 交通標識, 道路標識

ver·kehrt [フェアケーアト] 形 ❶ 逆の, さかさまの, あべこべの ▷ die *verkehrte* Richtung 逆の方向
❷ (考えたこととは違う)まちがった ▷ Er macht alles *verkehrt*. 彼は何をやっても見当違いのことしかしない

ver·ken·nen [フェアケンネン] 非分離
(verkannte; verkannt; 庭5h)
他 【❹と】 [状況など⁴を]見誤る, 誤解する

ver·kla·gen [フェアクラーゲン] 非分離
(verklagte; verklagt; 庭5h)
他 《法律》 【❹と】 […⁴を]訴える, 告訴する ▷ Sie *verklagt* ihn wegen Körperverletzung. 彼女は彼を傷害のかどで告訴する

ver·klei·den [フェアクライデン] 非分離
(verkleidete; verkleidet; 庭5h)
—再 【sich⁴と】 **変装する** ▷ Er hat sich als Matrose *verkleidet*. 彼は船員に変装した
—他 ❶ 【❹と】 […⁴を]変装させる ▷ Sie *verkleidete* ihn als Seeräuber. 彼女は彼を海賊に変装させた
❷ 【❹と】 [壁など⁴に]上張りする〈化粧張り〉をする

ver·klei·nern [フェアクライネルン] 非分離
(verkleinerte; verkleinert; 庭5h)
—他 【❹と】 […⁴を]小さくする; 減少させる (⇔ vergrößern) ▷ die Abteilung *verkleinern* その部門を縮小する
—再 【sich⁴と】 小さくなる, 減少する ▷ Die Geschwulst hat sich *verkleinert*. 腫瘍は小さくなった

ver·knüp·fen [フェアクニュプフェン] 非分離
(verknüpfte; verknüpft; 庭5h)
他 【❹と】 […⁴を]結びつける, 結び合わせる ▷ die Enden einer gerissenen Schnur *verknüpfen* 切れたひもの端を結び合わせる / 《比ゆ》 Er hat die Dienstreise mit einem Besuch bei ihr *verknüpft*. 彼は出張を兼ねて彼女を訪問した

ver·kom·men [フェアコメン] 非分離
(verkam; verkommen; 庭5s)
自 ❶ 落ちぶれる ▷ Die Familie *verkam* immer mehr. その家はますます落ちぶれた
❷ (家などが)朽ちる, 荒廃する; (食物が)腐る, 傷む ▷ Seine Wohnung ist völlig *verkommen*. 彼の住まいはまったく荒廃してしまった

ver·kör·pern [フェアケルペルン] 非分離
(verkörperte; verkörpert; 庭5h)
他 ❶ 【❹と】 […⁴を]演じる ▷ die Rolle des Helden *verkörpern* 英雄の役を演じる
❷ 【❹と】 […⁴を]体現〈具現〉する ▷ den Geist Preußens *verkörpern* プロイセンの精神を体現する

ver·kraf·ten [フェアクラフテン] 非分離
(verkraftete; verkraftet; 庭5h)
他 【❹と】 [つらいことなど⁴を](精神的に)克服する

ver·kramp·fen [フェアクラムプフェン] 非分離
(verkrampfte; verkrampft; 匿h)
再 ❶ 《sich⁴と》(筋肉が)痙攣を起こす, ひきつる
❷ 《sich⁴と》(振舞いが不安などから)こわばる, 硬直する, こちこちになる

ver·krie·chen [フェアクリーヒェン] 非分離
(verkroch; verkrochen; 匿h)
再 《sich⁴+3向と》(動物が)[…に]もぐり込む, 隠れる ▷ Der Hund *verkroch* sich unter das Bett〈unter dem Bett〉. 犬はベッドの下にもぐり込んだ

ver·kroch [フェアクロッホ] verkriechen の 過去

ver·kro·chen [フェアクロッヘン] verkriechen の 過分

ver·kün·den [フェアキュンデン] 非分離
(verkündete; verkündet; 匿h)
他 ❶ 《④と》[…⁴を]公に知らせる, 公表する ▷ das Wahlergebnis *verkünden* 選挙結果を公表する
❷ 《④と》[…⁴を](自慢げに)伝える ▷ Er *verkündete* stolz, dass er die Prüfung bestanden hat. 彼は試験に受かったと誇らしげに伝えた

ver·kün·di·gen [フェアキュンディゲン] 非分離
(verkündigte; verkündigt; 匿h)
他 《④と》[神の教えなど⁴を]広める

ver·kür·zen [フェアキュルツェン] 非分離
(verkürzte; verkürzt; 匿h)
他 《④と》[…⁴を]短くする, [時間⁴を]短縮する ▷ ein Brett *verkürzen* 板を短くする / Die Arbeitszeit wurde *verkürzt*. 労働時間が短縮された

Ver·kür·zung [フェアキュルツンク] 女 *die* (⊕ 2格 -; ⊕ -en) 短くすること; 短縮

ver·la·den [フェアラーデン] 非分離
(er verlädt; verlud; verladen; 匿h)
他 《④と》[荷物・部隊など⁴を]積み込む

ver·lädt [フェアレート] verladen の 現在

Ver·lag [フェアラーク] 男 *der* (⊕ 2格 -[e]s; ⊕ -e) 出版社, 発行所 ▷ Er arbeitet in einem *Verlag*. 彼は出版社で働いている

ver·la·gern [フェアラーゲルン] 非分離
(verlagerte; verlagert; 匿h)
他 《④と》[重心など⁴を](バランスを保つために)移す, 移動させる

ver·lan·gen [フェアランゲン] 非分離
(verlangte; verlangt; 匿h)
— 他 ❶ 《④と》[…⁴を]**要求する**, 求める ▷ eine Antwort *verlangen* 回答を要求する / Die Arbeiter *verlangen* mehr Geld. 労働者たちはもっとお金を払うように求める / Was hat er dafür *verlangt*? 彼はその代金としていくら要求しましたか
❷ 《④と》[…⁴を](電話口などに)呼び出す ▷ Sie werden am Telefon *verlangt*. あなたにお電話です
❸ 《④と》(物事が)[…⁴を]必要とする ▷ Diese Arbeit *verlangt* Geduld. この仕事は忍耐を必要とする
— 自 ❶ 《nach+③と》[…³に]来てくれと言っている ▷ Sie *verlangte* nach dir. 彼女は君に来るようにと言っていた
❷ 《nach+③と》[…³を]欲しいと言う, 欲しがる ▷ Der Kranke *verlangte* nach Wasser. 病人は水を飲みたがった

Ver·lan·gen [フェアランゲン] 中 *das* (⊕ 2格 -s; まれに ⊕ -)
❶ 要求, 要請 ▷ Die Eintrittskarte ist auf *Verlangen* vorzulegen. 入場券は求めに応じて提示しなければならない
❷ 欲求, 望み ▷ Er hatte ein großes *Verlangen* danach, sie wiederzusehen. 彼は彼女との再会をとても切望していた

ver·län·gern [フェアレンゲルン] 非分離
(verlängerte; verlängert; 匿h)
— 他 《④と》[…⁴を]**長くする**, [時間など⁴を]**延長する** ▷ eine Schnur *verlängern* ひもを長くする / Wir *verlängern* den Urlaub um eine Woche. 私たちは休暇を1週間延長する
— 再 《sich⁴と》(有効期限が)延長される ▷ Der Vertrag *verlängert* sich automatisch. 契約は自動延長される

ver·län·gert [フェアレンゲルト] verlängern の 現在, 過分

ver·län·ger·te [フェアレンゲルテ] verlängern の 過去

Ver·län·ge·rung [フェアレンゲルング] 女 *die* (⊕ 2格 -; ⊕ なし) 長くすること; 延長

Ver·län·ge·rungs·schnur [フェアレンゲルングス・シュヌーァ] 女 *die* (⊕ 2格 -; ⊕ ..schnüre)《電気》延長コード

ver·lang·sa·men [フェアラングザーメン] 非分離
(verlangsamte; verlangsamt; 匿h)
他 《④と》[歩調・テンポなど⁴を]遅くする

ver·langt [フェアラングト] verlangen の 現在, 過分

ver·lang·te [フェアラングテ] verlangen の 過去

ver·las [フェアラース] verlesen の 過去

Ver·lass [フェアラス] 男 *der* (⊕ 2格 -es; ⊕ なし) 信用, 信頼
(イディオム) *auf*+④ *ist Verlass*〈*kein Verlass*〉…⁴を頼りにできる〈できない〉

Ver·laß 旧⇒新 Verlass

ver·las·sen [フェアラッセン]
— 非分離 (du, er verlässt; verließ; verlassen; 匿h)
— 他 ❶ 《④と》[今までいた場所⁴を]**去る**, あとにする ▷ Er hat die Party früh *verlassen*. 彼

verlässlich

はそのパーティーを早めに引き上げた / Er hat gegen 5 Uhr seine Wohnung *verlassen*. 彼は5時ごろ家を出た / die Autobahn *verlassen* アウトバーンを出る
❷ 《④と》〔..⁴を〕見捨てる, 置き去りにする ▷ Sie hat ihre Familie *verlassen*. 彼女は家族を見捨てた
— 再 《sich⁴+auf+④と》〔..⁴を〕**頼りにする**, あてにする ▷ Auf ihn kann man sich nicht *verlassen*. 彼は頼りにならない
— 形 《人がいなくて》寂しい; 《見捨てられて》孤独の ▷ Er fühlt sich *verlassen*. 彼は孤独な気分になる

ver·läss·lich [フェアレスリヒ] 形 《人・情報などが》信用〈信頼〉できる, 頼りになる

ver·läß·lich [旧=新] verlässlich

ver·lässt [フェアレスト] verlassen の 現在

Ver·lauf [フェアラオフ] 男 der (複2格 -[e]s; 複なし)
❶ 経過, 過程, 進展 ▷ Der *Verlauf* der Krankheit ist normal. その病気の経過は正常である / im *Verlauf* des Gesprächs 会話の過程で
❷ 《道・河川・境界線などの》延びる方向, 延び方 ▷ den *Verlauf* einer neuen Straße festlegen 新しく建設する道路のコースを確定する

ver·lau·fen [フェアラオフェン] 非分離
(er verläuft; verlief; verlaufen)
— 自 《匠s》❶ 《様態と》〔…のように〕**経過する** ▷ Die Operation ist gut *verlaufen*. 手術は無事にすんだ
❷ 《方向などと》《線状のものが》〔..へ〕延びている ▷ Der Weg *verläuft* durch den Wald. この道は森を通って延びている
❸ 《絵の具・インクなどが》にじむ
— 再 《匠h》❶ 《sich⁴と》道に迷う ▷ Die Kinder haben sich im Wald *verlaufen*. 子供たちは森で道に迷った
❷ 《sich⁴と》《群衆などが》散って行く

ver·läuft [フェアロイフト] verlaufen の 現在

ver·le·ben [フェアレーベン] 非分離
(verlebte; verlebt; 匠h)
他 《④と》〔時間⁴を〕過ごす ▷ drei Jahre in Deutschland *verleben* ドイツで3年間過ごす

ver·lebt [フェアレープト] 形 《自堕落な生活のために》老けた

ver·le·gen [フェアレーゲン]
— 非分離 (verlegte; verlegt; 匠h)
— 他 ❶ 《④+方向と》〔..⁴を…へ〕移す, 移転させる ▷ Er hat seinen Wohnsitz nach Bonn *verlegt*. 彼は住所をボンに移した
❷ 《④と》〔..⁴の予定された時間を〕《別の時間に》変える, 移す; 繰り上げる〈下げる〉《☆ 早める場合も遅くする場合もある》 ▷ Die Tagung ist auf Montag *verlegt* worden. その会合は月曜日に移された
❸ 《④と》〔..⁴を〕置き忘れる ▷ Sie hat ihre Brille *verlegt*. 彼女はめがねを置き忘れた
❹ 《④と》〔線路など⁴を〕敷く
❺ 《④と》〔..⁴を〕出版する ▷ Dieser Verlag *verlegt* vorwiegend Kinderbücher. この出版社は主として子供向けの本を出している
— 再 《sich⁴+auf+④と》〔..⁴に〕《作戦を》切り替える ▷ Er *verlegte* sich aufs Schmeicheln. 彼はご機嫌をとる作戦に切り替えた
— 形 困惑〈当惑〉した, おどおどした ▷ Er stand *verlegen* da. 彼は困惑して立ちすくんでいた
(イディオム) *nie um+④ verlegen sein* 《返事など》⁴に窮することがない ▷ Er war nie um eine Ausrede *verlegen*. 彼は言い訳に窮することがなかった

Ver·le·gen·heit [フェアレーゲンハイト] 女 die (複2格 -; 複なし) 困惑, 当惑 ▷ Vor *Verlegenheit* errötete sie. 困惑のあまり彼女は顔を赤らめた
(イディオム) ④+*in Verlegenheit bringen* ..⁴を当惑させる

Ver·le·ger [フェアレーガー] 男 der (複2格 -s; 複 -) 発行者《☆「出版社」は Verlag》

ver·lei·den [フェアライデン] 非分離
(verleidete; verleidet; 匠h)
他 《③+④と》〔..³の休暇など⁴を〕ぶちこわす, 台無しにする

ver·lei·hen [フェアライエン] 非分離
(verlieh; verliehen; 匠h)
他 ❶ 《④と》〔..⁴を〕貸す《☆ ビデオ・自転車・ボートなどを賃貸料をとって貸す場合に用いられる; 住居・自動車などの場合には vermieten を用いる》 ▷ Fahrräder *verleihen* 自転車を賃貸しする / Er *verleiht* seine Bücher nicht gern. 彼は自分の本を貸すのを好まない
❷ 《④と》〔称号・勲章など⁴を〕授ける, 授与する ▷ Ihm wurde ein Orden *verliehen*. 彼に勲章が授与された
❸ 《文語》《③+④と》《物事が》〔..³に..⁴を〕与える ▷ Die Wut *verlieh* ihm neue Kräfte. 怒りが彼に新たな力を与えた

ver·lei·ten [フェアライテン] 非分離
(verleitete; verleitet; 匠h)
他 《④+zu+③と》〔..⁴を悪いこと³に〕誘惑する, そそのかす ▷ Sie hat ihn zum Diebstahl *verleitet*. 彼女は彼をそそのかして盗みをさせた

ver·ler·nen [フェアレルネン] 非分離
(verlernte; verlernt; 匠h)
他 《④と》〔習ったこと⁴を〕《使わないために》忘れる, できなくなる ▷ Er hat sein Deutsch wieder völlig *verlernt*. 彼はドイツ語をまたかつて

---

①, ②, ③, ④=1格, 2格, 3格, 4格の名詞

忘れてしまった
ver·le·sen [フェアレーゼン] 非分離
(er verliest; verlas; verlesen; 完了h)
— 他 [(4)と] [(名前など)⁴を] 読み上げる
— 再 [(sich)⁴と] 読み違いをする

ver·let·zen [フェアレッツェン] 非分離
(du, er verletzt; verletzte; verletzt; 完了h)
— 他 ❶ [(4)と] [..⁴に] 傷を負わせる, けがをさせる ▷ Bei dem Unfall wurde er leicht *verletzt*. その事故で彼は軽い傷を負った

[類語]

verletzen 人に傷を負わせる
verwunden (戦死までも含み) 武器などで人に重い傷を負わせる
beschädigen 物に損傷を与える
schaden 人や物に損害を与える

❷ [(4)と] [..⁴の] 気持ちを傷つける, 感情を害する ▷ Seine Worte *verletzten* sie zutiefst. 彼のことばは彼女の気持ちを深く傷つけた / [現在分詞で] *verletzende* Worte 人を傷つけることば / [過去分詞で] Er schwieg *verletzt*. 彼は感情を害して黙っていた

❸ [(4)と] [規則など]に違反する; [国境・領空など]⁴を侵犯する

— 再 ❶ [(sich)⁴と] けがをする, 負傷する ▷ Er hat sich beim Rasenmähen *verletzt*. 彼は芝刈りをしていてけがをした / [過去分詞で] Der Fahrer war schwer *verletzt*. 運転手は重傷だった

❷ [(sich)³+(4)と] [..⁴に] けがをする, 負傷する ▷ Er hat sich die Hand *verletzt*. 彼は手にけがをした

ver·letzt [フェアレッツト]
— verletzen の 現在, 過去分
— 形 けがをした

ver·letz·te [フェアレッツテ] verletzen の 過去
Ver·letz·te [フェアレッツテ] 男 *der* / 女 *die* (形容詞変化 ☞ Alte 表 I) 負傷者, けが人 ▷ Die *Verletzte* wurde ins Krankenhaus transportiert. 負傷者(女性)は病院に運ばれた

Ver·let·zung [フェアレッツング] 女 *die* (複2格 -; 複 -en)
❶ けが, 傷 ▷ Sie wurde mit schweren *Verletzungen* ins Krankenhaus gebracht. 彼女は重傷を負って病院にかつぎこまれた
❷ (規則などの)違反; (領空などの)侵犯

ver·leug·nen [フェアロイグネン] 非分離
(verleugnete; verleugnet; 完了h)
他 [(4)と] [..⁴を] 否定する〈否認〉する ▷ Er hat seinen Freund *verleugnet*. 彼は自分の友人を知らない人だと言った

ver·leum·den [フェアロイムデン] 非分離
(verleumdete; verleumdet; 完了h)

他 [(4)と] [..⁴を] 中傷する, そしる, 誹謗する

ver·lie·ben [フェアリーベン] 非分離
(verliebte; verliebt; 完了h)
再 [(sich)⁴と] ▷ Er hat sich in das Mädchen *verliebt*. 彼はその少女にほれた

ver·liebt [フェアリープト] 形 恋をしている, ほれている ▷ Sie ist in ihn *verliebt*. 彼女は彼に恋をしている

ver·lief [フェアリーフ] verlaufen の 過去
ver·lieh [フェアリー] verleihen の 過去
ver·lie·hen [フェアリーエン] verleihen の 過分

ver·lie·ren
[fɛɡliːran フェアリーレン] 非分離

現在	ich verliere	wir verlieren
	du verlierst	ihr verliert
	er verliert	sie verlieren
過去	ich verlor	wir verloren
	du verlorst	ihr verlort
	er verlor	sie verloren
過分	verloren	完了 haben

— 他 ❶ [(4)と] [持ち物など]⁴を] なくす, 紛失する, 落とす
den Schlüssel *verlieren*
鍵をなくす
Ich habe meinen Ausweis *verloren*.
私は身分証明書をなくしてしまった
❷ [(4)と] [肉親・友人]⁴を] 失う; 見失う ▷ Er hat mit sechs Jahren seinen Vater *verloren*. 彼は6歳で父親を亡くした
❸ [(4)と] [..⁴を] 失う ▷ Er *verliert* seinen Arbeitsplatz. 彼は職を失う / das Bewusstsein *verlieren* 意識を失う / Wir dürfen keine Zeit *verlieren*. 私たちは時間をむだにできない / Er hat bei einem Unfall ein Bein *verloren*. 彼は事故で脚を1本失ってしまった
❹ [(4)と] [..⁴に] 負ける ▷ den Krieg *verlieren* 戦争に負ける / eine Wette *verlieren* 賭けに負ける

— 自 [an+(3)と] [..³を] 失う ▷ an Ansehen *verlieren* 名声を失う / Das Flugzeug *verliert* an Höhe. 飛行機が高度を失う

— 再 ❶ [(sich)⁴と] 消えてなくなる; (人が広い会場などで)見えなくなる ▷ Die Angst *verlor* sich allmählich. 心配が徐々に消えて行った / Er *verlor* sich in der Menge. 彼は群衆にまぎれて見えなくなった
❷ [(sich)⁴+in+(3)と] [..³に] 没頭する, ふける ▷ Er *verlor* sich in Erinnerungen. 彼は思い出にふけった

Ver·lie·rer [フェアリーラー] 男 *der* (複2格 -s; 複 -) 敗者; (持ち物を)なくした人
ver·ließ [フェアリース] verlassen の 過去
ver·liest [フェアリースト] verlesen の 現在

ver·lischt [フェアリッシュト] verlöschen の 現在
ver·lo·ben [フェアローベン] 非分離
(verlobte; verlobt; 完了h)
再 〖sich⁴と〗婚約する ▷ Er hat sich gestern mit ihr *verlobt*. 彼はきのう彼女と婚約した / 〖相互的に〗Sie haben sich [miteinander] *verlobt*. 彼らは婚約した
ver·lobt [フェアロープト] 形 婚約している ▷ Sie ist *verlobt*. 彼女は婚約している
Ver·lob·te [フェアロープテ] 男 der / 女 die (形容詞変化 ☞ Alte 表I) 婚約者, フィアンセ
Ver·lo·bung [フェアローブング] 女 die (単2格 -; 複 -en) 婚約 ▷ Sie haben ihre *Verlobung* bekannt gegeben. 彼らは婚約を発表した
ver·lo·cken [フェアロッケン] 非分離
(verlockte; verlockt; 完了h)
他 〖4＋zu＋3と〗(物事が)〔…⁴を…³に〕誘う, いざなう ▷ Das schöne Wetter *verlockt* uns zu einem Spaziergang. 天気がよくて私たちは散歩に行きたくなる
ver·lo·gen [フェアローゲン] 形 うそつきの
ver·lor [フェアロール] verlieren の 過去
ver·lo·ren [フェアローレン]
— verlieren の 過去分詞
— 形 ❶ 失われた ▷ *verlorene* Mühe むだになった努力
❷ 救いようのない ▷ Er ist hoffnungslos *verloren*. 彼を救う方法はまったくない
(イディオム) *verloren gehen* (札入れなどが)なくなる, 失われる
ver·lo·ren|ge·hen [フェアローレン・ゲーエン] 分離
(ging verloren; verlorengegangen; 完了s)
自 (旧→新) *verloren gehen* (分けて書く) ☞ verloren
ver·losch [フェアロッシュ] verlöschen の 過去
ver·lo·schen [フェアロッシェン] verlöschen の 過去分詞
ver·lö·schen [フェアレッシェン] 非分離
(es verlischt; verlosch 〈verlöschte〉; verloschen; 完了s)
自 (火・光などが)消える
ver·lo·sen [フェアローゼン] 非分離
(verloste; verlost; 完了h)
他 〖4と〗〔賞品⁴などを〕誰が受け取るかをくじで決める
ver·lud [フェアルート] verladen の 過去
Ver·lust [フェアルスト] 男 der (単2格 -es 〈まれに -s〉; 複 -e)
❶ 〖複 なし〗(物などを)なくすこと, 紛失; (物などを)失うこと ▷ Am nächsten Tag bemerkte er den *Verlust* seiner Brieftasche. 次の日彼は札入れをなくしたことに気づいた
❷ 〖複 なし〗(死によって人を)失うこと ▷ den *Verlust* des Vaters überwinden 父の死を克服する
❸ 損失, 損害 ▷ einen materiellen *Verlust* erleiden 物質的な損害をこうむる
ver·ma·chen [フェアマッヘン] 非分離
(vermachte; vermacht; 完了h)
他 〖(3)＋4と〗〔…³に…⁴を〕遺産として残す
Ver·mächt·nis [フェアメヒトニス] 中 das (単2格 ..nisses; 複 ..nisse)
❶ 遺言, 遺言状
❷ 遺産
ver·mag [フェアマーク] vermögen の 現在
ver·mäh·len [フェアメーレン] 非分離
(vermählte; vermählt; 完了h)
再 〖sich⁴と〗《文語》結婚する
ver·maß [フェアマース] vermessen の 過去
ver·meh·ren [フェアメーレン] 非分離
(vermehrte; vermehrt; 完了h)
— 他 〖4と〗〔…⁴を〕増やす ▷ Er *vermehrte* sein Vermögen in jedem Jahr um eine Million. 彼は財産を毎年100万ユーロ増やした
— 再 ❶ 〖sich⁴と〗(数量が)増える, 増加〈増大〉する ▷ Die Zahl der Unfälle hat sich von Jahr zu Jahr *vermehrt*. 事故の件数は年々増えた
❷ 〖sich⁴と〗(動植物が)増殖〈繁殖〉する ▷ Das Unkraut *vermehrt* sich rasch. 雑草ははびこる
ver·mehrt [フェアメールト] 形 増加した;〖副詞的に〗ますます
ver·mei·den [フェアマイデン] 非分離
(du vermeidest, er vermeidet; vermied; vermieden; 完了h)
他 〖4と〗〔…⁴を〕避ける, 回避する ▷ einen Konflikt *vermeiden* 衝突を避ける / 〖zu 不定詞句と〗Er *vermeidet* es, mit ihr zusammenzutreffen. 彼は彼女と出会うのを避ける
(類語)
vermeiden めんどうあるいは不都合な結果を引き起こすようなことを避ける
umgehen 本来しなければならないことを工夫をこらして避ける
Ver·mei·dung [フェアマイドゥング] 女 die (単2格 -; まれに 複 -en) 回避
ver·mes·sen [フェアメッセン]
— 非分離 (er vermisst; vermaß; vermessen; 完了h)
— 他 〖4と〗〔土地などを〕厳密に測定する
— 再 〖sich⁴と〗測りそこなう, 測量を間違う
— 形 不遜な, 僭越な, 傲慢な
ver·mied [フェアミート] vermeiden の 過去
ver·mie·den [フェアミーデン] vermeiden の 過去分詞
ver·mie·ten [フェアミーテン] 非分離

(vermietete; vermietet; 完了h)
― 他 [④と][..⁴を](賃貸料をとって)貸す (☆ふつう住居・自動車などを賃貸料をとって貸す場合に用いられる; ビデオ・自転車・ボートなどの場合には verleihen を用いる; ⇔ mieten) ▷ Autos *vermietet* 車を賃貸しする / Die Wohnung hat sie einem Japaner *vermietet*. その住居を彼女は日本人に貸した

Ver·mie·ter [フェアミーター] 男 *der* (⇔ 2格 -s; ⇔ -) 貸し主; (特に)家主 (⇔ Mieter)

ver·min·dern [フェアミンデルン] 非分離
(verminderte; vermindert; 完了h)
― 他 [④と][..⁴を]減らす, 低下させる ▷ Er *vermindert* die Geschwindigkeit seines Wagens. 彼は自動車のスピードを落とす
― 再 [(sich)⁴と](影響力・速度などが)落ちる; (痛みなどが)やわらぐ ▷ Die Schmerzen haben sich *vermindert*. 痛みがやわらいだ

ver·mi·schen [フェアミッシェン] 非分離
(vermischte; vermischt; 完了h)
― 他 [④と][..⁴を]混ぜる, 混ぜ合わせる ▷ Whisky mit Soda *vermischen* ウイスキーをソーダで割る
― 再 [(sich)⁴+mit+③と][..³と]混ざる, 混ざり合う ▷ Wasser *vermischt* sich nicht mit Öl. 水は油と溶け合わない

ver·mis·sen [フェアミッセン] 非分離
(vermisste; vermisst; 完了h)
他 ❶ [④と][..⁴が]ないのに気づく ▷ Ich *vermisse* seit gestern meine Brille. 私はきのうからめがねが見つからない
❷ [④と][..⁴が]いなくて寂しく思う ▷ Wir haben ihn sehr *vermisst*. 私たちは彼がいなくて非常に寂しい思いをした

ver·misst [フェアミスト]
― vermessen の 現在, 過去
― 形 行方不明の ▷ Sein Sohn ist *vermisst*. 彼の息子は行方不明だ / [名詞化して] die Zahl der *Vermissten* 行方不明者の数

ver·mißt 旧⇒新 vermisst

ver·mit·teln [フェアミッテルン] 非分離
(vermittelte; vermittelt; 完了h)
― 他 [③+④と][..³に..⁴を]仲介する, 斡旋する ▷ Ich habe ihm eine Wohnung *vermittelt*. 私は彼に住居を世話した
イディオム **eine Ehe vermitteln** 仲人をする
― 自 仲裁する, 調停する ▷ zwischen zwei Gegnern *vermitteln* 2人の敵対者の調停をする

Ver·mitt·ler [フェアミットラー] 男 *der* (⇔ 2格 -s; ⇔ -) 仲裁人, 調停者; 仲介〈斡旋〉者, ブローカー

Ver·mitt·lung [フェアミットルング] 女 *die* (⇔ 2格 -; ⇔ -en)

❶ [⇔ なし] 仲介, 斡旋
❷ 仲裁, 調停
❸ 電話交換局〈室〉

ver·mocht [フェアモホト] vermögen の 過分
ver·moch·te [フェアモホテ] vermögen の 過去
ver·mö·ge [フェアメーゲ] 前 《文語》[《②支配》…の力で, …のおかげで

ver·mö·gen [フェアメーゲン] 非分離
(er vermag; vermochte; vermocht; 完了h)
他 《文語》[④と][..⁴するこができる] ▷ Er *vermochte* [es] nicht, mich zu überzeugen. 彼は私を納得させることができなかった

Ver·mö·gen [フェアメーゲン] 中 *das* (⇔ 2格 -s; ⇔ -) 財産 ▷ Er hat sich damit ein großes *Vermögen* erworben. 彼はそのことで財をなした

ver·mö·gend [フェアメーゲント] 形 財産のある, 裕福な

ver·mu·ten [フェアムーテン] 非分離 (du vermutest, er vermutet; vermutete; vermutet; 完了h)
❶ [④と][..⁴と]推測する ▷ Er *vermutet*, dass sie heute kommt. 彼は彼女がきょう来ると思っている / Ich *vermute*, er kommt nicht wieder. 私は彼は再び戻って来ないと思う / Man *vermutet* Brandstiftung. 放火だろうと推測されている
❷ [④と+場所と][..⁴が…にいると]思う ▷ Ich habe dich in Bonn *vermutet*. 私は君がボンにいると思った
イディオム **es ist zu vermuten, dass ...** たぶん…だろう

ver·mu·tet [フェアムーテット] vermuten の 過分
ver·mu·te·te [フェアムーテテ] vermuten の 過去

ver·mut·lich [フェアムートリヒ]
― 形 推測〈推定〉上の ▷ der *vermutliche* Täter 犯人と推定される人物
― 副 (推測に基づいて)おそらく, たぶん ▷ *Vermutlich* hat sie sich geirrt. おそらく彼女は思い違いをしたのだろう

Ver·mu·tung [フェアムートゥング] 女 *die* (⇔ 2格 -; ⇔ -en) 推測, 推量

ver·nach·läs·si·gen [フェアナーハレスィゲン] 非分離 (vernachlässigte; vernachlässigt; 完了h)
他 [④と][..⁴を]おろそかにする, ほったらかしにする ▷ Er *vernachlässigte* seine Pflichten. 彼は義務をおろそかにした / [過去分詞で] Sie fühlt sich von ihm *vernachlässigt*. 彼女は彼にほったらかしにされていると感じる
イディオム **④+vernachlässigen können** ..⁴を(重要でないので)無視してかまわない, 放っておいてもいい

ver·nahm [フェアナーム] vernehmen の 過去
ver·neh·men [フェアネーメン] 非分離

(er vernimmt; vernahm; vernommen; [完了]h)
[他] ❶《文語》〖④と〗〔声・物音^{4}を〕**聞く**, 聞き取る ▷ Ich *vernahm* ein leises Geräusch im Nebenzimmer. 私は隣の部屋でかすかな物音がするのを聞いた
❷〖④と〗〔証人^{4}を〕尋問する（☆ 容疑者を尋問する場合 verhören を用いる）▷ Der Zeuge wurde *vernommen.* 証人は尋問された

Ver·neh·mung [フェアネームング] [女] *die* ([単] 2 格 –; [複] –en)《法律》(裁判所・警察による)尋問, 審問, 事情聴取

ver·nei·nen [フェアナイネン] [非分離]
(verneinte; verneint; [完了]h)
[他]〖④と〗〔質問^{4}に〕ノーと答える（[反] bejahen）▷ eine Frage *verneinen* 質問にノーと答える /〖現在分詞で〗eine *verneinende* Antwort erhalten 否定の答えを受け取る

ver·net·zen [フェアネッツェン]
(vernetzte; vernetzt; [完了]h)
[他]〖④と〗〔コンピュータ^{4}を〕ネットで結ぶ

ver·nich·ten [フェアニヒテン] [非分離]
(vernichtete; vernichtet; [完了]h)
[他]〖④と〗〔‥^{4}を〕**全滅〈壊滅〉させる**;〔文書^{4}を〕(形として残らないように) 処分する ▷ den Feind *vernichten* 敵を全滅する / Die Ernte wurde durch den Hagel *vernichtet.* 収穫は雹(ひょう)ですっかりだめになった /〖現在分詞で〗eine *vernichtende* Niederlage 壊滅的な敗北

Ver·nich·tung [フェアニヒトゥング] [女] *die* ([単] 2 格 –; [複] –en) 全滅〈壊滅〉させること; せん滅

ver·nimmt [フェアニムト] vernehmen の [現在]

ver·nom·men [フェアノムメン] vernehmen の [過分]

Ver·nunft [フェアヌンフト] [女] *die* ([単] 2 格 –; [複] なし) **理性**, 分別; 道理 ▷ Er ist endlich wieder zur *Vernunft* gekommen. 彼はやっとまた理性を取り戻した
[イディオム] ④+***zur Vernunft bringen*** ‥^{4}に理性を取り戻させる

ver·nünf·tig [フェアニュンフティヒ] ([比較] –er, [最上] –st)
[形] ❶ **理性的な**, 分別のある ▷ Er ist ein *vernünftiger* Mensch. 彼は分別のある人だ
❷ 筋の通った, まともな ▷ Der Gedanke ist *vernünftig.* その考えはまともだ
❸《口語》ちゃんとした ▷ eine *vernünftige* Arbeit suchen ちゃんとした仕事を探す

V

ver·öf·fent·li·chen [フェアエッフェントリッヒェン] [非分離] (veröffentlichte; veröffentlicht; [完了]h)
[他]〖④と〗〔‥^{4}を〕(印刷物などによって)**公表する**, 出版する ▷ einen Roman *veröffentlichen* 長編小説を出版する

Ver·öf·fent·li·chung [フェアエッフェントリヒュング] [女] *die* ([単] 2 格 –; [複] –en) (印刷物などによる)公表; 出版, 刊行

ver·ord·nen [フェアオルドネン] [非分離]
(verordnete; verordnet; [完了]h)
[他]〖③+④と〗(医者が)〔‥^{3}に‥^{4}を〕**指示する** ▷ Der Arzt *verordnete* ihr absolute Ruhe. 医者は彼女に絶対安静を命じた / ein Medikament *verordnen* 薬を処方する

Ver·ord·nung [フェアオルドヌング] [女] *die* ([単] 2 格 –; [複] –en) (行政当局の)指示, 命令

ver·pach·ten [フェアパハテン] [非分離]
(verpachtete; verpachtet; [完了]h)
[他]〖④と〗〔土地など^{4}を〕賃貸する, 賃貸しする

ver·pa·cken [フェアパッケン] [非分離]
(verpackte; verpackt; [完了]h)
[他]〖④と〗〔‥^{4}を〕(売ったり運んだりできるように) 包む, 包装する, 梱包(こんぽう)する

Ver·pa·ckung [フェアパックング] [女] *die* ([単] 2 格 –; [複] –en)
❶〖[複] なし〗包装, 梱包(こんぽう), 荷造り
❷ (特に商品の)包装紙, 梱包(こんぽう)ケース

Ver·pa·ckungs·müll [フェアパックングス・ミュル] [男] *der* ([単] 2 格 –[e]s; [複] なし) 包装材料のごみ

ver·pas·sen [フェアパッセン] [非分離]
(du, er verpasst; verpasste; verpasst; [完了]h)
[他] ❶〖④と〗〔‥^{4}に〕(時間に遅れて) **間に合わない**; 乗り遅れる;〔機会^{4}を〕のがす ▷ einen Zug *verpassen* 列車に乗り遅れる
❷〖④と〗〔‥^{4}に〕会いそこなう ▷ Ich habe ihn *verpasst.* 私は彼と行き違いになった
[イディオム] ③+***eine Ohrfeige verpassen*** ‥^{3}にびんたを食らわす

ver·passt [フェアパスト] verpassen の [現在], [過分]

ver·pass·te [フェアパステ] verpassen の [過去]

ver·pes·ten [フェアペステン] [非分離]
(verpestete; verpestet; [完了]h)
[他]〖④と〗〔大気など^{4}を〕(排気ガスなどで) 汚染する

ver·pfle·gen [フェアプフレーゲン] [非分離]
(verpflegte; verpflegt; [完了]h)
[他]〖④と〗〔‥^{4}の〕食事の世話をする

Ver·pfle·gung [フェアプフレーグング] [女] *die* ([単] 2 格 –; まれに [複] –en) 食事の世話, 賄い; (賄いとして出される)食事 ▷ ein Zimmer mit voller *Verpflegung* (ペンションなどの) 3 食つきの部屋

ver·pflich·ten [フェアプフリヒテン]
[非分離] (verpflichtete; verpflichtet; [完了]h)
— [他] ❶〖④+zu+③と〗〔‥^{4}に‥^{3}の〕義務を負わせる, 義務づける ▷ Das Gesetz *verpflichtet* ihn zum Schadenersatz. 法律上彼には損害賠償の義務がある /〖過去分詞で〗Ich fühle mich *verpflichtet*, ihm zu helfen. 私は彼を助

けなければならない義務を感じる
❷ 〖④と〗〔俳優・選手など4と〕(出演・出場などの)契約を結ぶ ▷ Der Fußballspieler wurde für zwei Jahre *verpflichtet.* そのサッカー選手は2年の出場契約を結んだ
— [再] ❶ 〖[sich]4+zu+③と〗〔…3を〕確約する ▷ Ich habe mich *verpflichtet*, die Aufgabe zu übernehmen. 私はこの任務を引き受けることを確約した
❷ 〖[sich]4と〗(俳優・スポーツ選手などが出演・出場などの)契約を結ぶ ▷ Der Sänger hat sich für zwei Jahre *verpflichtet.* その歌手は2年の出演契約を結んだ

ver·pflich·tet [フェアプフリヒテット] [形] 〖zu+③と〗〔…3をする〕義務がある ▷ Ich bin zu dieser Zahlung *verpflichtet.* 私はこれを支払う義務がある / 〖zu 不定詞句と〗Ich fühle mich *verpflichtet*, ihm zu helfen. 私は彼を助けなければならない義務を感じる

Ver·pflich·tung [フェアプフリヒトゥング] [女] *die* ([単]2格 –; [複] –en)
❶ 義務; 職責
❷ 〖[複]で〗《文語》債務

Ver·putz [フェアプッツ] [男] *der* ([単]2格 –es; [複] –e) モルタル, しっくい

ver·put·zen [フェアプッツェン] [非分離]
(verputzte; verputzt; [完了]h)
[他] 〖④と〗〔壁など4に〕モルタル〈しっくい〉を塗る

ver·rann [フェアラン] verrinnen の [過去]

Ver·rat [フェアラート] [男] *der* ([単]2格 –[e]s; [複] なし) 裏切り ▷ *Verrat* begehen 裏切る

ver·rät [フェアレート] verraten の [現在]

ver·ra·ten [フェアラーテン] [非分離]
(er verrät; verriet; verraten; [完了]h)
[他] ❶ 《口語》〖④と〗〔秘密など4を〕こっそり教える ▷ ein Geheimnis *verraten* 秘密をこっそり教える / Sie hat uns sein Versteck *verraten.* 彼女は私たちに彼の隠れ家をこっそり教えた
❷ 〖④と〗〔友人・祖国など4を〕裏切る ▷ Er hat seinen Freund *verraten.* 彼は友人を裏切った
❸ 〖④と〗(表情などが)〔…4を〕表す, 示す ▷ Seine Miene *verriet* seinen Schrecken. 彼の表情には驚きの色が表れていた

Ver·rä·ter [フェアレーター] [男] *der* ([単]2格 –s; [複] –) 秘密漏洩(ろうえい)者, 密告者; 裏切り者

ver·rä·te·risch [フェアレーテリシュ]
[形] ❶ (押さえた感情などが)読み取れる, おのずと表れている ▷ eine *verräterische* Miene (本心が)おのずと表れている表情
❷ (行為・計画などが)裏切りの, 背信の

ver·rech·nen [フェアレヒネン] [非分離]
(verrechnete; verrechnet; [完了]h)
— [再] 〖[sich]4と〗計算違いをする ▷ Ich habe mich bei der Addition *verrechnet.* 私は足し算するときに計算違いをした
— [他] 〖④と〗〔…4を〕差引勘定する ▷ die Renovierungskosten mit der Miete *verrechnen* 修繕に立て替えた費用を家賃から差し引く

ver·rei·sen [フェアライゼン] [非分離]
(verreiste; verreist; [完了]s)
[自] 旅行に出かける, 旅に出る ▷ Er ist für zwei Wochen *verreist.* 彼は2週間の予定で旅に出た / 《結果の状態を表して》Sie ist zurzeit *verreist.* 彼女はいま旅行中だ

ver·rei·ßen [フェアライセン] [非分離]
(verriss; verrissen; [完了]h)
[他] 〖④と〗〔演出・作品など4を〕酷評する, こき下ろす

ver·ren·ken [フェアレンケン] [非分離]
(verrenkte; verrenkt; [完了]h)
[他] 〖③+④と〗〔…3の腕など4を〕脱臼(だっきゅう)させる

ver·rich·ten [フェアリヒテン] [非分離]
(verrichtete; verrichtet; [完了]h)
[他] 《文語》〖④と〗〔仕事など4を〕きちんと行う, 遂行する

ver·riet [フェアリート] verraten の [過去]

ver·rin·gern [フェアリンゲルン] [非分離]
(verringerte; verringert; [完了]h)
— [他] 〖④と〗〔…4を〕(数量的に)減らす ▷ die Kosten *verringern* 費用を減らす
— [再] 〖[sich]4と〗(数量的に)減る, 減少する ▷ Die Anzahl der Teilnehmer hat sich *verringert.* 参加者の人数が減った

ver·rin·nen [フェアリンネン] [非分離]
(verrann; verronnen; [完了]s)
[自] 《文語》(時間が)過ぎ去る

ver·riss [フェアリス] verreißen の [過去]

ver·ris·sen [フェアリッセン] verreißen の [過分]

ver·ron·nen [フェアロンネン] verrinnen の [過分]

ver·ros·ten [フェアロステン] [非分離]
(verrostete; verrostet; [完了]s)
[自] 錆(さ)びる, 錆びつく

ver·rü·cken [フェアリュッケン] [非分離]
(verrückte; verrückt; [完了]h)
[他] 〖④と〗〔家具など4を〕(他の場所に)動かす

ver·rückt [フェアリュックト] ([比較] –er, [最上] –est)
[形] 《口語》 ❶ 気の狂った, 頭がおかしい ▷ ein *verrückter* Mensch 気の狂った人 / Sie schrie wie *verrückt.* 彼女は気が狂ったように叫んだ
❷ 非常識な, とっぴょうしもない, 途方もない ▷ ein *verrückter* Einfall とっぴょうしもない思いつき

Ver·ruf [フェアルーフ] [男] *der* 〖成句で〗
④+***in Verruf bringen*** …4の評判を落とす
in Verruf geraten 〈***kommen***〉 評判が悪くなる, 不評を買う

ver·ru·fen [フェアルーフェン] [形] 評判のよくない, 悪名の高い

Vers [フェルス] 男 der (⓶2格 -es; ⓶ -e)《詩学》(韻などを踏んだ)詩・戯曲などの)一行

ver·sa·gen [フェアザーゲン] 非分離
(versagte; versagt; 助h)
— 自 ❶ (機械など)が)機能しなくなる ▷ Der Motor *versagte*. エンジンがかからなくなった / Plötzlich *versagen* die Bremsen. 突然ブレーキがきかなくなる / Die Stimme *versagte* ihm. 彼は声が出なかった
❷ (人が)期待された力が出せない ▷ Der Student hat bei der Prüfung *versagt*. その学生は試験に失敗した
— 他 【④と】[..⁴を]拒絶する, 断る ▷ Er *versagte* ihr jegliche Hilfe. 彼は彼女にどのような援助も断った
— 再 《文語》【sich³+④と】[..⁴を]断念する ▷ Er hat sich alles *versagt*. 彼はすべてのことをあきらめた

Ver·sa·ger [フェアザーガー] 男 der (⓶2格 -s; ⓶ -)(期待された力が出せなかった)敗北者

ver·sah [フェアザー] versehen の 過去

ver·sam·meln [フェアザムメルン] 非分離 (ich versammle, versammelte; versammelt; 助h)
— 他 【④+場所と】[..⁴を…に]集める, 集合させる ▷ die Schüler in der Aula *versammeln* 生徒を講堂に集合させる / Er *versammelte* die Familie um sich. 彼は家族を自分の周りに集めた
— 再 【sich⁴+場所と】[…に]集まる, 集合する ▷ Sie *versammelten* sich um 6 Uhr vor dem Bahnhof. 彼らは6時に駅前に集合した

Ver·sam·melt [フェアザムメルト] versammeln の 現在, 過去分

Ver·sam·mel·te [フェアザムメルテ] versammeln の 過去

Ver·samm·lung [フェアザムルング] 女 die (⓶2格 -; ⓶ -en) 集会, 会合 ▷ zur *Versammlung* gehen 集会に行く

Ver·sand [フェアザント] 男 der (⓶2格 -[e]s; ⓶ なし)
❶ (商品の)発送, 出荷
❷ (商品の)発送部

Ver·sand·haus [フェアザント・ハオス] 中 das (⓶2格 -es; ⓶ ..häuser) 通信販売会社

ver·sank [フェアザンク] versinken の 過去

ver·säu·men [フェアゾイメン] 非分離
(versäumte; versäumt; 助h)
— 他 ❶ 【④と】[..⁴に]間に合わない, 乗り遅れる ▷ Er wird den Zug *versäumen*. 彼は列車に乗り遅れるだろう
❷ 【④と】[集会など⁴を]欠席する ▷ den Unterricht *versäumen* 授業に欠席する
❸ 【④と】[本来すべきこと⁴を]しない, 怠る ▷ Er hat seine Pflicht *versäumt*. 彼は自分の義務を果たさなかった
❹ 【④と】[機会など⁴を]のがす, 逃がす;〔時間〕を〕むだにする ▷ Er hat die Gelegenheit *versäumt*, ihr seine Liebe zu gestehen. 彼は彼女に自分の愛を告白する機会をのがした

Ver·säum·nis [フェアゾイムニス] 中 das (⓶2格 ..nisses; ⓶ ..nisse)(義務などの)不履行, 怠慢

ver·schaf·fen [フェアシャッフェン] 非分離
(verschaffte; verschafft; 助h)
他 【③+④と】[..³に/..⁴を]世話する ▷ Er *verschaffte* mir eine Wohnung〈eine Stelle〉. 彼は私に住まい〈就職口〉を世話してくれた
イディオム *sich* + ④ + *verschaffen*(仕事・お金など)⁴をなんとかして手に入れる, 調達する

ver·schär·fen [フェアシェルフェン] 非分離
(verschärfte; verschärft; 助h)
他 ❶ 【④と】[検査・規定など⁴を]より厳しくする
❷ 【④と】(出来事などが)[政治状況など⁴を]より緊迫化〈激化〉させる

ver·schen·ken [フェアシェンケン] 非分離
(verschenkte; verschenkt; 助h)
他 【④と】[自分の持っているもの⁴を]贈り物として与える, あげる, やる ▷ Diese Bluse werde ich *verschenken*. このブラウスはだれかにあげてしまおう /《比ゆ》den Sieg *verschenken* 勝利をみすみす逃がす

ver·scher·zen [フェアシェルツェン] 非分離
(verscherzte; verscherzt; 助h)
他 【sich³+④と】[人の信頼など⁴を]自分の落ち度で失う

ver·scheu·chen [フェアショイヒェン] 非分離
(verscheuchte; verscheucht; 助h)
他 【④と】[蚊・ハエ・鳥など⁴を](脅して)追い払う

ver·schi·cken [フェアシッケン] 非分離
(verschickte; verschickt; 助h)
他 ❶ 【④と】[商品・手紙など⁴を](大量に)発送する
❷ 【④と】[..⁴を](療養などに)行かせる(☆ ふつう受動形で)

ver·schie·ben [フェアシーベン] 非分離
(verschob; verschoben; 助h)
— 他 ❶ 【④と】[..⁴を]延期する ▷ Er *verschob* seine Abreise auf den nächsten Tag. 彼は出発を翌日に延期した
❷ 【④と】[..⁴の]位置を変える, ずらす ▷ Wir müssen den Schrank *verschieben*. 私たちは戸棚の位置を変えなければならない
❸ 【コンピ】【④と】[データなど⁴を]移動する
— 再 ❶ 【sich⁴と】(物の)位置が変わる, ずれる ▷ Der Teppich hat sich *verschoben*. カーペットがずれてしまった
❷ 【sich⁴と】(時間的に)遅れる, 延期される ▷ Der Beginn der Vorstellung *verschob* sich um einige Minuten. 上演の開始が数分遅れた

ver·schie·den [フェアシーデン]
[形] ❶ 異なった, 相違した ▷ Wir sind *verschiedener* Meinung. 私たちは見解が異なっている (☆ Meinung は 2 格) / Die Gläser sind in der Größe *verschieden.* それらのグラスは大きさがさまざまだ
❷ 〔複数形の名詞と〕 いくつかの, 何人かの ▷ Ich hatte noch *verschiedene* Fragen. 私はまだいくつか質問があった
[イディオム] ***verschiedenes*** [旧⇨新] **Verschiedenes** いろいろな〈さまざまの〉こと ▷ *Verschiedenes* ist mir noch unklar. いろいろなことがまだ私にはよくわからない

ver·schim·meln [フェアシムメルン] [非分離] (verschimmelte; verschimmelt; [完了]s)
[自] かびがはえる

ver·schla·fen [フェアシュラーフェン]
— [非分離] (er verschläft; verschlief; verschlafen; [完了]h)
— [自] 寝坊する, 寝過ごす ▷ Ich habe gestern *verschlafen.* 私はきのう寝坊した
— [他] ❶ 〖④と〗 〔..^{4}を〕眠ったりしてぼうっと過ごす ▷ Ich habe den ganzen Tag *verschlafen.* 私は一日中眠って過ごした
❷ 《口語》 〖④と〗 〔..^{4}を〕うっかり忘れる ▷ Er hat unsere Verabredung *verschlafen.* 彼は私たちとの約束をすっぽかした
— [形] 眠気のさめていない, 寝ぼけた ▷ Er war noch ganz *verschlafen.* 彼はまだ完全に寝ぼけていた

ver·schläft [フェアシュレーフト] verschlafen の [現在]

ver·schla·gen [フェアシュラーゲン]
— [非分離] (er verschlägt; verschlug; verschlagen; [完了]h)
[他] 《スポーツ》 〖④と〗 〔ボール^{4}を〕打ち損なう, 打ち損じる
[イディオム] ③+***den Appetit*** 〈***die Sprache***〉 ***verschlagen*** (光景などが) ..^{3}の食欲〈ことば〉を失わせる
— [形] 狡猾な, ずる賢い, 抜け目のない

ver·schlägt [フェアシュレークト] verschlagen の [現在]

ver·schlang [フェアシュラング] verschlingen の [過去]

ver·schlech·tern [フェアシュレヒテルン] [非分離] (verschlechterte; verschlechtert; [完了]h)
— [他] 〖④と〗 〔状況など^{4}を〕悪くする, 悪化させる ▷ Dadurch hat er seine Lage noch *verschlechtert.* そのことによって彼は自分の立場をさらに悪くした
— [再] 〖[sich]^{4}と〗 (状況などが) 悪くなる, 悪化する ▷ Sein Gesundheitszustand hat sich *verschlechtert.* 彼の健康状態は悪化した

Ver·schleiß [フェアシュライス] [男] *der* ([属] 2 格 -es; [複] なし) (体力などの)消耗, (タイヤなどの)摩耗, 摩滅

ver·schlei·ßen [フェアシュライセン] [非分離] (verschliss; verschlissen)
— [自] 〖[完了]s〗 (衣類などが) 擦り切れる〈減る〉; 摩耗する
— [他] 〖[完了]h〗 〖④と〗 〔衣類など^{4}を〕擦り切らす〈減らす〉; 〔機械など^{4}を〕摩耗させる

ver·schlep·pen [フェアシュレッペン] [非分離] (verschleppte; verschleppt; [完了]h)
[他] ❶ 〖④と〗 〔..^{4}を〕無理やり連れ〈運び〉去る ▷ Die Frauen wurden von Soldaten *verschleppt.* 女性たちは兵隊たちに無理やり連れ去られた
❷ 〖④と〗 〔病気など^{4}を〕長引かせる, こじらす; 〔交渉など^{4}を〕引き伸ばす
❸ 〖④と〗 (虫などが) 〔感染症など^{4}を〕伝播させる, まき散らす

ver·schlief [フェアシュリーフ] verschlafen の [過去]

ver·schlie·ßen [フェアシュリーセン] [非分離] (verschloss; verschlossen; [完了]h)
— [他] ❶ 〖④と〗 〔..^{4}に〕鍵をかける, 錠をおろす, 〔家^{4}の〕戸締まりをする ▷ Sie *verschloss* alle Zimmer. 彼女はすべての部屋に鍵をかけた
❷ 〖④と〗 〔容器など^{4}に〕栓・ふたなどをする ▷ eine Flasche mit einem Korken *verschließen* びんに栓をする
[イディオム] ***die Augen*** 〈***die Ohren***〉 ***vor***+③ ***verschließen*** ..^{3}が見えない〈聞こえない〉ふりをする
— [再] 〖[sich]^4+③と〗 〔..^{3}に〕心を閉ざす, 耳を貸さない ▷ Er konnte sich der Tatsache nicht *verschließen,* dass ... 彼は…という事実を受け入れざるをえなかった

ver·schlin·gen [フェアシュリンゲン] [非分離] (verschlang; verschlungen; [完了]h)
[他] ❶ 〖④と〗 〔..^{4}を〕(よくかまないで)がつがつ食べる ▷ Der Hund *verschlingt* das Fleisch. 犬は肉をがつがつ食べる / 《比ゆ》 Das Projekt wird Millionen *verschlingen.* このプロジェクトには何百万もの金がかかるだろう
❷ 〖④と〗 〔本など^{4}を〕むさぼり読む

ver·schliss [フェアシュリス] verschleißen の [過去]

ver·schlis·sen [フェアシュリッセン] verschleißen の [過分]

ver·schloss [フェアシュロス] verschließen の [過去]

ver·schlos·sen [フェアシュロッセン]
— verschließen の [過分]
— [形] 閉鎖的な, 打ちとけない ▷ Er ist ein sehr *verschlossener* Mensch. 彼は非常に閉鎖的な人間だ

V

ver·schlu·cken [フェアシュルッケン] [非分離]
(verschluckte; verschluckt; [完了]h)
— [他] 〖④と〗〔食べ物など^{4}を〕(ふつううっかりして)飲み込む ▷ Er hat aus Versehen einen Kirschkern *verschluckt*. 彼はうっかりしてサクランボの種を飲み込んでしまった
— [再]〖[sich]^{4}と〗むせる ▷ *sich* beim Essen *verschlucken* 食事をしていてむせる

ver·schlug [フェアシュルーク] verschlagen の [過去]

ver·schlun·gen [フェアシュルンゲン] verschlingen の [過分]

Ver·schluss [フェアシュルス] [男] *der* ([単] 2 格 -es; [複] ..schlüsse) 錠; 留め金; 栓, ふた; ボタン, ファスナー; 《写真》シャッター

Ver·schluß [旧⇒新] Verschluss

ver·schlüs·seln [フェアシュリュッセルン] [非分離] (verschlüsselte; verschlüsselt; [完了]h)
[他]〖④と〗〔秘密文書など^{4}を〕暗号化する ([反] entschlüsseln)

ver·schmel·zen [フェアシュメルツェン] [非分離]
(er verschmilzt; verschmolz; verschmolzen)
— [他]〖[完了]h〗〖④と〗〔金属^{4}を〕溶け合わせる
— [自]〖[完了]s〗(金属が)溶け合う, 融合する

ver·schmer·zen [フェアシュメルツェン] [非分離]
(verschmerzte; verschmerzt; [完了]h)
[他]〖④と〗〔苦しみ・悲しみなど^{4}を〕乗り越える

ver·schmie·ren [フェアシュミーレン] [非分離]
(verschmierte; verschmiert; [完了]h)
[他] 〖④と〗〔壁の穴・裂け目など^{4}を〕(モルタル・石膏(せっこう)などを塗って)ふさぐ

ver·schmilzt [フェアシュミルツト] verschmelzen の [現在]

ver·schmitzt [フェアシュミッツト] [形] (まなざし・ほほえみなどが)いたずらっぽい, お茶目な

ver·schmolz [フェアシュモルツ] verschmelzen の [過去]

ver·schmol·zen [フェアシュモルツェン] verschmelzen の [過分]

ver·schmut·zen [フェアシュムッツェン] [非分離]
(verschmutzte; verschmuzt)
— [他]〖[完了]h〗〖④と〗〔服など^{4}を〕汚す
— [自]〖[完了]s〗(服などが)汚れる

Ver·schmut·zung [フェアシュムッツング] [女] *die* ([単] 2 格 -; [複] -en) (物などを)汚すこと; (環境の)汚染

ver·schnau·fen [フェアシュナオフェン] [非分離]
(verschnaufte; verschnauft; [完了]h)
[自]《口語》一息つく, 一息入れる

ver·schnör·kelt [フェアシュネルケルト] [形] 渦巻き〈唐草〉模様の

ver·schob [フェアショーブ] verschieben の [過去]

ver·scho·ben [フェアショーベン] verschieben の [過分]

ver·schol·len [フェアショレン] [形] 行方のわからない, 消息不明の ▷ Er ist seit fünf Jahren *verschollen*. 彼は 5 年前から行方がわからない / Das Flugzeug ist *verschollen*. 飛行機は消息を絶った

ver·scho·nen [フェアショーネン] [非分離]
(verschonte; verschont; [完了]h)
[他] ❶ 〖④と〗〔..^{4}に〕危害〈損害など〉を及ぼさない, 容赦する (☆「本来ならば危害・損害が及んでもよいはずだが」という意味合いが伴う) ▷ die Gefangenen *verschonen* 捕虜に危害を加えない /〖過去分詞で〗Einige Gebäude sind vom Erdbeben *verschont* geblieben. いくつかの建物が地震の被害を免れた
❷ 〖④+mit+③と〗〔..^{4}を..^{3}で〕煩わさない ▷ *Verschone* mich mit deinen Witzen! 君のしゃれはもうかんべんしてくれ

ver·schrän·ken [フェアシュレンケン] [非分離]
(verschränkte; verschränkt; [完了]h)
[他]〖④と〗〔腕・足など^{4}を〕組む, 組み合わせる

ver·schrei·ben [フェアシュライベン] [非分離]
(verschrieb; verschrieben; [完了]h)
— [他] ❶ 〖④と〗〔療法など^{4}を〕指示する;〔薬^{4}を〕処方する ▷ Der Arzt *verschrieb* ihr mehrere Medikamente. 医者は彼女に何種類かの薬を処方した
❷ 〖④と〗〔紙・鉛筆など^{4}を〕書いて使い果たす ▷ eine Menge Papier *verschreiben* (書いて)多量の紙を使い果たす / einen Bleistift *verschreiben* 鉛筆を 1 本使い減らす
— [再] ❶ 〖[sich]^{4}と〗書きまちがえる ▷ Ich habe mich oft *verschrieben*. 私はしばしば書きまちがえた
❷ 《文語》〖[sich]^4+③と〗〔..^{3}に〕没頭する, 打ち込む ▷ Er hat sich völlig der Musik *verschrieben*. 彼は音楽に全身全霊を打ち込んだ

ver·schrieb [フェアシュリーブ] verschreiben の [過去]

ver·schrie·ben [フェアシュリーベン] verschreiben の [過分]

ver·schro·ben [フェアシュローベン] [形] (考え方などが)偏屈な, 風変わりな

ver·schul·den [フェアシュルデン] [非分離]
(verschuldete; verschuldet; [完了]h)
[他] 〖④と〗〔..^{4}を〕(自分の過失で)引き起こす ▷ Der betrunkene Autofahrer hat den Unfall *verschuldet*. その酔った運転手がその事故を起こした
[イディオム] ***verschuldet sein*** 借金〈負債〉がある

ver·schüt·ten [フェアシュッテン] [非分離]
(verschüttete; verschüttet; [完了]h)
[他] ❶ 〖④と〗〔コーヒー・砂糖など^{4}を〕(誤って)こぼす
❷ 〖④と〗 (土砂・雪崩などが)〔..^{4}を〕埋めつくす,

V

生き埋めにする

ver·schwand [フェアシュヴァント] verschwinden の [過去]

ver·schwei·gen [フェアシュヴァイゲン] [非分離]
(verschwieg; verschwiegen; [完了]h)
[他] 〖④と〗〔真実など^{4}を〕言わないでおく, 黙っている ▷ Du *verschweigst* mir doch etwas! 君はやはり何か私に隠している

ver·schwen·den [フェアシュヴェンデン] [非分離]
(verschwendete; verschwendet; [完了]h)
[他] 〖④と〗〔…^{4}を〕むだに費やす, 浪費する ▷ Er hat viel Mühe darauf *verschwendet*. 彼はそのことに多大な労力を払ったがむだだった

ver·schwen·de·risch [フェアシュヴェンデリシュ] [形] 金遣いの荒い, 浪費的な ▷ Er führt ein *verschwenderisches* Leben. 彼は金遣いの荒い生活を送っている

Ver·schwen·dung [フェアシュヴェンドゥング] [女] *die* (㊀ 2 格 –; ㊁ –en) むだ遣い, 浪費

ver·schwieg [フェアシュヴィーク] verschweigen の [過去]

ver·schwie·gen [フェアシュヴィーゲン]
— verschweigen の [過分]
— [形] ❶ 口の堅い, 秘密を守る
❷ (場所が)あまり人の来ない, ひっそりとした

ver·schwin·den [フェアシュヴィンデン] [非分離]
(du verschwindest, er verschwindet; verschwand; verschwunden; [完了]s)
[自] ❶ 見えなくなる, 消える ▷ Die Sonne *verschwand* hinter den Bergen. 太陽は山々の後ろに消えた (☆ 3·4 格支配の前置詞の場合ふつう 3 格が用いられる)
❷ なくなる, いなくなる (☆ ふつう完了形で) ▷ Meine Handtasche ist *verschwunden*. 私のハンドバッグがなくなってしまった / *Verschwinde*! とっととといなくなれ

ver·schwom·men [フェアシュヴォメン] [形] (輪郭などが) ぼんやりした, ぼやけた; (表現·構想などが) あいまいな

ver·schwor [フェアシュヴォーア] verschwören の [過去]

ver·schwo·ren [フェアシュヴォーレン] verschwören の [過分]

ver·schwö·ren [フェアシュヴェーレン] [非分離]
(verschwor; verschworen; [完了]h)
[再] 〖[sich]^{4}と〗(権力などと闘うために) ひそかに結託する, 共謀する

Ver·schwö·rung [フェアシュヴェールング] [女] *die* (㊀ 2 格 –; ㊁ –en) (特に国家権力に対する) 陰謀, 謀議, 謀反 ▷ In Zentralamerika gibt es oft *Verschwörungen*. 中央アメリカではしばしば国家転覆の陰謀が企てられる

ver·schwun·den [フェアシュヴンデン] verschwinden の [過分]

ver·se·hen [フェアゼーエン] [非分離]
(er versieht; versah; versehen; [完了]h)
— [他] ❶ 〖④+mit+③と〗〔…^{4}に…^{3}を〕備え〈取り〉つける ▷ ein Zimmer mit Vorhängen *versehen* 部屋にカーテンを取りつける
❷ 〖④+mit+③と〗〔…^{4}に…^{3}を〕与える, 供給する ▷ Sie hat ihn für die Reise mit Proviant *versehen*. 彼女は彼に旅行の食べ物を持たせてやった / 〖再帰的に〗 *sich* mit allem Nötigen *versehen* 必要なものをすべて調える〈用意する〉
❸ 〖④と〗〔職務など^{4}を〕果たす ▷ Er hat seinen Dienst gewissenhaft *versehen*. 彼は自分の務めを誠実に果たした
— [再] 《口語》〖[sich]^{4}と〗(不注意から) 見間違える

Ver·se·hen [フェアゼーエン] [中] *das* (㊀ 2 格 –s; ㊁ –)
(不注意による, ふつう小さな) まちがい, 過失
[イディオム] ***aus Versehen*** (不注意などで) まちがって, うっかり (＝versehentlich)

ver·se·hent·lich [フェアゼーエントリヒ] [副] (不注意などで) まちがって, うっかり ▷ Hans nahm *versehentlich* den Mantel seines Freundes mit. ハンスはうっかりして友人のコートを持って行ってしまった

ver·sen·ken [フェアゼンケン] [非分離]
(versenkte; versenkt; [完了]h)
[他] 〖④と〗〔…^{4}を〕沈める ▷ ein Schiff *versenken* 船を沈没させる

ver·set·zen [フェアゼッツェン] [非分離]
(versetzte; versetzt; [完了]h)
— [他] ❶ 〖④と〗〔…^{4}を〕(他の場所へ) 移す, 置き換える ▷ Bäume *versetzen* 樹木を移植する / die Mauer um einen Meter *versetzen* 壁を 1 メートルずらす
❷ 〖④と〗〔…^{4}を〕配置替えする, 転勤〈転属〉させる ▷ Er ist nach Bonn *versetzt* worden. 彼はボンに転勤になった
❸ 〖④と〗〔生徒^{4}を〕進級させる ▷ Man hat meinen Sohn *versetzt*. 私の息子は進級した
❹ 〖④+mit+③と〗〔…^{4}を…^{3}と〕混ぜる ▷ Wein mit Wasser *versetzen* ワインを水で割る
❺ 《口語》〖④と〗〔…^{4}に〕待ちぼうけを食わせる ▷ Sie hat ihn schon zum dritten Mal *versetzt*. 彼女は彼にもう三度も待ちぼうけを食わした
❻ 〖④と〗〔…^{4}を〕質に入れる ▷ Er hat seine Uhr *versetzt*, um die Miete zu bezahlen. 彼は家賃を払うために時計を質に入れた
❼ 〖④+in+④と〗〔…^{4}を…^{4}の状態に〕陥らせる ▷ Das *versetzte* ihn in Wut 〈Verlegenheit〉. そのことで彼は激怒〈困惑〉した
[イディオム] ③+***einen Schlag*** 〈***Tritt***〉 ***versetzen*** …^{3}を殴る〈ける〉

Versetzung

— 再 〖sich⁴+in+④と〗〔…⁴の〕立場になって考える ▷ *Versetzen* Sie sich bitte einmal in meine Lage! 一度私の身にもなってください

Ver·set·zung [フェアゼッツング] 囡 *die* (⊕ 2格 -; ⊕ -en)
❶ (他の場所に)移すこと、置き換え
❷ 配置変え、転勤、転属
❸ (生徒の)進級
❹ 質入れ

ver·seu·chen [フェアゾイヒェン] 非分離
(verseuchte; verseucht; 完了h)
他 〖④と〗〔大気・地下水など⁴を〕(有害物質などで)汚染する

ver·si·chern [フェアズィッヒェルン] 非分離
(versicherte; versichert; 完了h)
— 他 ❶ 〖④+mit+③と〗〔…²に〕保険をかける ▷ Sie hat ihren Mann gegen Unfall *versichert*. 彼女は夫に傷害保険をかけた / Das Haus ist gegen Feuer *versichert*. [状態受動] この家には火災保険がかけられている
❷ 〖③+④と〗〔…³に…⁴を〕断言〈明言〉する、言い切る ▷ Er *versicherte* uns, dass er den besten Eindruck von uns gehabt hätte. 彼は私たちに非常によい印象をもったとはっきりと言った
— 再 ❶ 〖sich⁴と〗保険に入る ▷ Er hat sich gegen Unfall *versichert*. 彼は傷害保険に入った
❷ 《文語》〖sich⁴+②と〗〔…²について〕確かめる、確認する ▷ Er wollte sich unserer Hilfe *versichern*. 彼は私たちの援助に関し確約をとりつけたかった

ver·si·chert [フェアズィッヒェルト] versichern の 現在, 過分

ver·si·cher·te [フェアズィッヒェルテ] versichern の 過去

Ver·si·che·rung [フェアズィッヒェルング] 囡 *die* (⊕ 2格 -; ⊕ -en)
❶ 保険; 保険契約 ▷ eine *Versicherung* abschließen 保険契約を結ぶ
❷ 断言、明言; 確約 ▷ Er gab mir die *Versicherung*, dass… 彼は私に…であることを確約した

ver·sieht [フェアズィート] versehen の 現在

ver·sin·ken [フェアズィンケン] 非分離
(versank; versunken; 完了s)
自 沈む ▷ Das Boot ist im See *versunken*. ボートは湖に沈んだ

Ver·si·on [ヴェルズィオーン] 囡 *die* (⊕ 2格 -; ⊕ -en)
❶ (物事についての)見解; (テキストの)解釈
❷ (製品の、一部異なる)モデル、型 ▷ die neue *Version* eines Fernsehgerätes テレビの新しいモデル

ver·söh·nen [フェアゼーネン] 非分離
(versöhnte; versöhnt; 完了h)
— 他 〖④+mit+③と〗〔…⁴を…³と〕和解させる、仲直りさせる ▷ Sie hat ihn mit seinem Vater *versöhnt*. 彼女は彼を彼の父親と和解させた
— 再 〖sich⁴+mit+③と〗〔…³と〕和解する、仲直りする ▷ Ich habe mich mit ihr *versöhnt*. 私は彼女と和解した

ver·söhn·lich [フェアゼーンリヒ] 形 (雰囲気などが)和解的な、和解〈仲直り〉する用意がある

Ver·söh·nung [フェアゼーヌング] 囡 *die* (⊕ 2格 -; ⊕ -en) 和解、仲直り

ver·sor·gen [フェアゾルゲン] 非分離
(versorgte; versorgt; 完了h)
— 他 ❶ 〖④+mit+③と〗〔…⁴に…³を〕支給〈供給〉する ▷ die Leute mit Kleidung *versorgen* 人々に衣料を支給する / die Stadt mit Trinkwasser *versorgen* 町に飲料水を供給する
❷ 〖④と〗〔…⁴の〕世話をする、めんどうをみる、手入れをする ▷ einen Kranken *versorgen* 病人の世話をする / den Garten *versorgen* 庭の手入れをする
— 再 〖sich⁴+mit+③と〗〔…³を〕調える、用意する ▷ Er *versorgte* sich mit allem Nötigen. 彼は必要なものをすべて調えた

Ver·sor·gung [フェアゾルグング] 囡 *die* (⊕ 2格 -; ⊕ なし)
❶ 支給、供給
❷ 世話、面倒

ver·spä·ten [フェアシュペーテン] 非分離
(du verspätest, er verspätet; verspätete; verspätet; 完了h)
再 〖sich⁴と〗遅れる、遅刻する ▷ Ich habe mich ein wenig *verspätet*. 私は少し遅刻した / [過去分詞で] Der Zug ist *verspätet* angekommen. 列車は遅れて到着した

ver·spä·tet [フェアシュペーテット] verspäten の 現在, 過分

ver·spä·te·te [フェアシュペーテテ] verspäten の 過去

Ver·spä·tung [フェアシュペートゥング] 囡 *die* (⊕ 2格 -; ⊕ -en)
遅れ、遅刻、遅延 ▷ Bitte entschuldigen Sie meine *Verspätung*! 遅れて申し訳ありません / Der Zug hat eine Stunde *Verspätung*. 列車は1時間遅れている

ver·sper·ren [フェアシュペレン] 非分離
(versperrte; versperrt; 完了h)
他 〖④と〗〔通路など⁴を〕遮る、遮断する、ふさぐ
イディオム ③+den Blick 〈die Sicht〉 *versperren* …³の視野〈視界〉を遮る

ver·spie·len [フェアシュピーレン] 非分離
(verspielte; verspielt; 完了h)

状態, 様態, 場所, 方向, …=状態, 様態, 場所, 方向, …を表す語句

[他]〘④と〙〔お金など[4]を〕賭(か)け事で失う;〔幸運など[4]を〕自分の不注意でふいにする

ver·spot·ten [フェアシュポッテン] [非分離]
(verspottete; verspottet; [完了]h)
[他]〘④と〙〔..[4]を〕あざける, 嘲笑(ちょうしょう)〈嘲弄(ちょうろう)〉する ▷ Er wurde von seinen Mitschülern *verspottet.* 彼は同級生に嘲笑された

ver·sprach [フェアシュプラーハ] versprechen の [過去]

ver·spre·chen [フェアシュプレッヒェン] [非分離]
(du versprichst, er verspricht; versprach; versprochen; [完了]h)
── [他] ❶〘③+④と〙〔..[3]に..[4]を〕**約束する** ▷ Sie *verspricht* ihm Hilfe. 彼女は彼に援助を約束する /〘zu 不定詞句と〙Er hat mir *versprochen*, pünktlich zu sein. 彼は時間を守ると約束した /〘過去分詞で〙wie *versprochen* 約束通りに
❷〘④と〙〔..[4]に〕なりそうだ,〔..[4]と〕期待できそうだ ▷ Das Wetter *verspricht* schön zu werden. 天気はよくなりそうだ
── [再] ❶〘[sich][4]と〙言いまちがえる, 言いそこなう ▷ Er *versprach* sich mehrmals. 彼は何度も言いまちがえた
❷〘[sich][3]+von+③+④と〙〔..[3]に..[4]を〕期待する ▷ Ich hatte mir von ihm eigentlich mehr *versprochen.* 私は本当は彼がもっとやってくれるものと思っていた

Ver·spre·chen [フェアシュプレッヒェン] [中] *das* ([単] 2 格 -s; [複] -) **約束** ▷ Er hat ihr das *Versprechen* gegeben, bald wiederzukommen. 彼は彼女にすぐ戻って来ると約束した

Ver·spre·chung [フェアシュプレッヒュング] [女] *die* ([単] 2 格 -; [複] -en)〘成句で〙③+***leere*** 〈***große***〉 ***Versprechungen machen*** ..[3]にから〈たいそうな〉約束をする

ver·sprich [フェアシュプリヒ] versprechen の [命令]

ver·sprichst [フェアシュプリヒスト] versprechen の [現在]

ver·spricht [フェアシュプリヒト] versprechen の [現在]

ver·spro·chen [フェアシュプロッヘン] versprechen の [過分]

ver·spü·ren [フェアシュピューレン] [非分離]
(verspürte; verspürt; [完了]h)
[他]〘④と〙〔..[4]を〕感じる (☆ 物理的な刺激だけではなく, 心理的な刺激の場合も含む) ▷ Er *verspürte* das Bedürfnis, allein zu sein. 彼は一人になりたくなった

ver·staat·li·chen [フェアシュタートリヒェン]
[非分離] (verstaatlichte; verstaatlicht; [完了]h)
[他]〘④と〙〔..[4]を〕国有化〈国営化〉する

ver·stand [フェアシュタント] verstehen の [過去]

Ver·stand [フェアシュタント] [男] *der* ([単] 2 格 -[e]s; [複] なし) **知力, 理解力, 判断力; 分別, 理性** ▷ Er hat einen scharfen *Verstand.* 彼は頭脳明晰(めいせき)だ
[イディオム] ***den Verstand verlieren*** 正気を失う〈気が狂う〉

ver·stan·den [フェアシュタンデン] verstehen の [過分]

ver·stän·dig [フェアシュテンディヒ] [形] 分別のある ▷ Der Kleine ist für sein Alter schon sehr *verständig.* その子供は年齢の割にはもうとても分別がある

ver·stän·di·gen [フェアシュテンディゲン] [非分離]
(verständigte; verständigt; [完了]h)
── [他]〘④と〙〔..[4]に〕(事件などを) **知らせる, 通報する** ▷ Er *verständigte* die Polizei von diesem Vorfall. 彼はこの事件のことを警察に通報した
── [再] ❶〘[sich][4]+mit+③と〙〔..[3]と〕意思を疎通させる ▷ Ich konnte mich nur schwer mit dem Ausländer *verständigen.* 私はその外国人と意思を疎通させるのにさんざん苦労した
❷《文語》〘[sich][4]+mit+③と〙〔..[3]と〕合意する, 折り合いをつける

Ver·stän·di·gung [フェアシュテンディグング]
[女] *die* ([単] 2 格 -; [複] なし)
❶ 意思の疎通, コミュニケーション
❷《文語》通知, 通報

ver·ständ·lich [フェアシュテントリヒ]
[形] ❶ **聞き取れる** ▷ Seine Worte waren nicht *verständlich.* 彼のことばは聞き取れなかった
❷ (内容が) 理解できる ▷ Der Text ist leicht *verständlich.* そのテキストは容易に理解できる
❸ (要求・反応などが) もっともな, 納得のいく ▷ Sein Verhalten ist durchaus *verständlich.* 彼の態度には十分納得がいく

ver·ständ·li·cher·wei·se [フェアシュテントリヒァー・ヴァイゼ] [副] もちろん, 当然

Ver·ständ·nis [フェアシュテントニス] [中] *das* ([単] 2 格 ..nisses; [複] なし) (人の立場などに対する) **理解** ▷ Er hat wenig *Verständnis* für die Jugend. 彼は若者に対する理解があまりない / Ich habe volles *Verständnis* für seine Lage. 私は彼の立場がよくわかる
[イディオム] ***für*** +④ ***um Verständnis bitten*** ..[4]という事情に対して理解を求める

ver·ständ·nis·los [フェアシュテントニス・ロース] [形] (なぜなのかなど) 理解できない, わけのわからない;〘副詞的に〙理解できずに, わけがわからずに

ver·ständ·nis·voll [フェアシュテントニス・フォル] [形] (上司などが) 理解のある, 物わかりのよい

ver·stär·ken [フェアシュテルケン] [非分離]
(verstärkte; verstärkt; [完了]h)

V

verstauchen

── 他 《④と》 〔…⁴を〕強くする, 強化〈補強〉する ▷ eine Wand *verstärken* 壁を補強する / die Mannschaft *verstärken* チームを強化する

── 再 《sich⁴》 強くなる, 強まる ▷ Der Sturm *verstärkt* sich. あらしが激しくなる

ver·stau·chen [フェアシュタオヘン] 非分離
(verstauchte; verstaucht; 完了h)
再 《sich》³+《④と》 〔足など⁴を〕捻挫する, くじく ▷ Er hat sich den Fuß *verstaucht*. 彼は足を捻挫した

ver·stau·en [フェアシュタオエン] 非分離
(verstaute; verstaut; 完了h)
他 《④と》 〔…⁴を〕(狭い空間に)(うまく)詰め込む, 積み込む ▷ Hast du das Gepäck schon im Auto *verstaut*? 君は荷物をもうちゃんと車に積んだか

Ver·steck [フェアシュテック] 中 *das* (複 2格 -[e]s; 複 -e) 隠し場所; 隠れ家 ▷ Er sucht ein *Versteck* für sein Geld. 彼はお金の隠し場所を探す

ver·ste·cken [フェアシュテッケン] 非分離
(versteckte; versteckt; 完了h)
── 他 《④と》 〔…⁴を〕隠す ▷ Hat jemand mir meine Brille *versteckt*? だれか私のめがねを隠しましたか

── 再 《sich》⁴+《場所と》 〔…に〕隠れる ▷ Wir haben uns hinter einem Baum *versteckt*. 私たちは木の後ろに隠れた (☆ 3・4 格支配の前置詞の場合 3 格が用いられる)

ver·steckt [フェアシュテックト]
── verstecken の 現分, 過分
── 形 隠された, 遠回しの, おぼろげに分かる ▷ ein *versteckter* Vorwurf 遠回しの非難

ver·steck·te [フェアシュテックテ] verstecken の 過去

ver·ste·hen ──
[fɛɐ̯ʃteːən フェアシュテーエン] 非分離

現在		
ich verstehe		wir verstehen
du verstehst		ihr versteht
er versteht		sie verstehen
過去		
ich verstand		wir verstanden
du verstandst		ihr verstandet
er verstand		sie verstanden
過分	verstanden	完了 haben

── 他 ❶ 《④と》 〔…⁴を〕(内容的に)理解する ▷ Diesen Satz *verstehe* ich nicht. この文を私は理解できない
Dies Buch ist schwer zu *verstehen*. この本は理解するのが難しい
Er *versteht* Englisch. 彼は英語がわかる
Verstanden? わかったか
Ich *verstehe*. 《相手の発言に対して》わかります

類語
verstehen ふつう内容の簡単な事柄を理解する
begreifen ふつう内容の複雑な事柄を理解する
einsehen 他人から論拠を示されたりなどして理解する

❷ 《④と》 〔…⁴の気持ち・考えなどが〕わかる, 理解できる ▷ Ich *verstehe* dich nicht. 私は君のことがわからない / Wenn ich dich richtig *verstanden* habe, … 君の言うことを正しく理解したのであれば… / Bitte *verstehen* Sie mich nicht falsch, aber … どうぞ誤解しないでほしいのですが…

❸ 《④と》 〔ことばなど⁴を〕(聴覚的に)聞き取る ▷ Sprich lauter, ich *verstehe* dich sonst nicht. もっと大きい声で話せよ そうでないと君の言うことが聞き取れない

❹ 《④と》 〔態度など⁴に〕納得がいく, 理解する ▷ Ich kann sein Benehmen nicht *verstehen*. 私は彼の行動に納得がいかない / Diese Entscheidung *verstehe* ich nicht. このような決定は私には理解できない / Er *versteht* keinen Spaß. 彼はまったく冗談を解さない

❺ 《④と》 〔…⁴に〕熟達している ▷ Er *versteht* seinen Beruf. 彼は自分の職業に熟達している

イディオム ③+④+*zu verstehen geben* …³に…⁴をほのめかす

④+*unter*+③ *verstehen* …³ということを…⁴だと理解する ▷ *Unter* „Glück" *verstehe* ich folgendes: … 私は「幸福」ということを次のようなこと すなわち…だと理解している

etwas〈*viel, nichts*〉*von*+③ *verstehen* …³について知識がある〈おおいにある, ない〉 ▷ Sie *versteht nichts*〈*viel*〉*von* Musik. 彼女は音楽に関して何もわからない〈造詣が深い〉

── 再 ❶ 《sich》⁴+*mit*+③と 〔…³と〕意見〈気〉が合う ▷ Ich *verstehe* mich sehr gut mit ihm. 私は彼ととても馬が合う / 《相互的に》 Sie *verstehen* sich gut. 彼らはよく理解し合っている

❷ 《sich》⁴+*auf*+④と 〔…⁴がじょうずである〕 ▷ Er *versteht* sich aufs Fotografieren. 彼は写真を撮るのがじょうずだ

ver·stei·fen [フェアシュタイフェン] 非分離
(versteifte; versteift; 完了h)
── 他 《④と》 〔襟など⁴を〕(芯などで)堅くする; 〔塀・柵など⁴を〕(支柱などで)補強する

── 再 ❶ 《sich》⁴と 〔関節などが〕堅くなる

❷ 《sich》⁴+*auf*+④と 〔ある考えなど⁴に〕固執する

ver·stei·gern [フェアシュタイゲルン] 非分離
(versteigerte; versteigert; 完了h)
他 《④と》 〔…⁴を〕競売にかける, せりに出す ▷ ein Gemälde *versteigern* 絵を競売にかける

①, ②, ③, ④=1格, 2格, 3格, 4格の名詞

Ver·stei·ge·rung [フェアシュタイゲルング] [女] *die* ([単] 2格 –; [複] -en) 競売, せり, オークション (＝Auktion)

ver·stei·nert [フェアシュタイネルト] [形] 化石化した

[イディオム] ***wie versteinert*** (石になったように)呆然と

Ver·stei·ne·rung [フェアシュタイネルング] [女] *die* ([単] 2格 –; [複] -en) 化石

ver·stel·len [フェアシュテレン] [非分離] (verstellte; verstellt; [完了]h)

— [他] ❶ 〘④と〙〔…^{4}の位置などを〕調節する ▷ die Autositze *verstellen* 自動車の座席の位置を調節する / Man kann den Tisch in der Höhe *verstellen.* その机は高さを調節することができる / Wer hat mir den Wecker *verstellt*? だれが目ざまし時計の時間を変えたんだ

❷ 〘④と〙〔通路など^{4}を〕ふさぐ, さえぎる ▷ Man *verstellte* die Tür mit Kisten. ドアを木箱でふさいだ

❸ 〘④と〙〔…^{4}を〕(人を欺くために)変える ▷ Er *verstellte* seine Handschrift. 彼は筆跡を偽った

— [再] 〘[sich]^{4}と〙 うわべを装う, 偽る ▷ Er *verstellte* sich und tat, als ob er schliefe. 彼はそらとぼけて眠ったふりをした

Ver·stel·lung [フェアシュテルング] [女] *die* ([単] 2格 –; [複] なし) 偽装, 偽り, うわべの装い

ver·steu·ern [フェアシュトイエルン] [非分離] (versteuerte; versteuert; [完了]h)

[他] 〘④と〙〔収入など^{4}に対して〕税を納める ▷ Er muss auch seine Nebeneinkünfte *versteuern.* 彼は副収入にも税金を払わなければならない

ver·stie·gen [フェアシュティーゲン] [形] (考えなどが)非現実的な, 無茶な

ver·stieß [フェアシュティース] verstoßen の [過去]

ver·stim·men [フェアシュティムメン] [非分離] (verstimmte; verstimmt; [完了]h)

[他] 〘④と〙〔…^{4}を〕不機嫌にする,〔…^{4}の〕感情を害する ▷ Diese Antwort *verstimmte* ihn. この返事を聞いて彼は不機嫌になった / 〘過去分詞で〙 *Verstimmt* verließ er den Saal. 機嫌を損ねて彼は広間から出て行った

ver·stimmt [フェアシュティムト] [形] (楽器が)調子の狂った

Ver·stim·mung [フェアシュティムング] [女] *die* ([単] 2格 –; [複] -en) 不機嫌, 不興

ver·stockt [フェアシュトックト] [形] (自分の過ちなどを認めようとしない)かたくなな, 意固地な

ver·stoh·len [フェアシュトーレン] [形] ひそかな; 〘副詞的に〙 こっそりと ▷ Sie wurde *verstohlen* gemustert. 彼女はこっそりと観察された

ver·stop·fen [フェアシュトプフェン] [非分離] (verstopfte; verstopft; [完了]h)

[他] 〘④と〙〔穴・管など^{4}を〕(物を詰めて)ふさぐ; (沈殿物などが)詰まらせる

Ver·stop·fung [フェアシュトプフング] [女] *die* ([単] 2格 –; [複] -en) 便秘

ver·stor·ben [フェアシュトルベン] [形] 亡くなった, 死去した

Ver·stor·be·ne [フェアシュトルベネ] [男] *der* / [女] *die* (形容詞変化 ☞ Alte 表 I) 故人 ▷ Der *Verstorbene* war Mitglied des Landtags. 故人は州議会の議員だった

ver·stört [フェアシュテーアト] [形] うろたえた, 取り乱した, 狼狽した ▷ Er war durch den Tod seiner Frau ganz *verstört.* 彼は奥さんの死にまったくうろたえていた

Ver·stoß [フェアシュトース] [男] *der* ([単] 2格 -es; [複] ..stöße) (法律・規則などに対する)違反

ver·sto·ßen [フェアシュトーセン] [非分離] (er verstößt; verstieß; verstoßen; [完了]h)

— [自] 〘gegen+④と〙〔法律・規則など^{4}に〕違反する ▷ Er hat gegen die Vorschrift *verstoßen.* 彼は規則に違反した

— [他] 〘④と〙〔グループなど^{4}を〕追い出す; 〔特に子供^{4}を〕勘当する

ver·stößt [フェアシュテースト] verstoßen の [現在]

ver·strei·chen [フェアシュトライヒェン] [非分離] (verstrich; verstrichen; [完了]h)

[他] 〘④と〙〔バターなど^{4}を〕塗る

ver·streu·en [フェアシュトロイエン] [非分離] (verstreute; verstreut; [完了]h)

[他] ❶ 〘④と〙〔粉状・粒状のもの^{4}を〕まく, まき散らす; 誤ってこぼす

❷ 〘④と〙〔玩具など^{4}を〕ちらかす, 〔服など^{4}を〕脱ぎっぱなしにする

ver·strich [フェアシュトリヒ] verstreichen の [過去]

ver·stri·chen [フェアシュトリッヒェン] verstreichen の [過分]

ver·stri·cken [フェアシュトリッケン] [非分離] (verstrickte; verstrickt; [完了]h)

[他] 〘④と〙〔…^{4}を〕(スキャンダル・争いごとなどに)巻き込む, 引き入れる

ver·stüm·meln [フェアシュテュムメルン] [非分離] (verstümmelte; verstümmelt; [完了]h)

[他] 〘④と〙〔…^{4}の〕手足などを切断する ▷ Der Mörder hatte seine Opfer *verstümmelt.* 殺人者は犠牲者を切りきざんでいた

ver·stum·men [フェアシュトゥムメン] [非分離] (verstummte; verstummt; [完了]s)

[自] 《文語》(急に)黙り込む; (会話などが)とぎれる; (鐘などが)鳴りやむ

Ver·such [フェアズーフ] [男] *der* ([単] 2格 -[e]s; [複] -e)

❶ 試み ▷ Der *Versuch* schlug fehl. 試みは失敗した

V

❷ 実験 ▷ ein physikalischer *Versuch* 物理実験

Ver·su·che [フェアズーヘ] Versuch の [複数]

ver·su·chen [フェアズーヘン] [非分離]
(versuchte; versucht; [完了]h)
— [他] ❶ 〖④と〗〔…^{4}を〕試みる, 試す, やってみる ▷ Er *versucht*, sie zu trösten. 彼は彼女を慰めようと試みる / Ich habe vergeblich *versucht*, es ihr zu erklären. 私は彼女にそのことを説明しようとしたがむだだった
❷ 〖④と〗〔…^{4}を〕味わってみる, 試食〈試飲〉する ▷ *Versuchen* Sie einmal diesen Wein? このワインを試飲してみませんか
[イディオム] ***es mit***+③ ***versuchen*** …^{3}を(役に立つかどうか)試してみる ▷ Er *versuchte es mit* diesem Medikament. 彼はこの薬を試してみた
versucht sein 〈***sich***^{4} ***versucht fühlen***〉+***zu*** 不定詞句《文語》…したい気持ちにかられる
— [再] 〖[sich]^{4}と〗(できるかどうか)試してみる ▷ Er *versucht* sich in einem Beruf. 彼はある職業で自分を試してみる

ver·sucht [フェアズーフト] versuchen の [現在], [過分]

ver·such·te [フェアズーフテ] versuchen の [過去]

Ver·su·chung [フェアズーフング] [女] *die* ([単] 2格 –; [複] –en) 誘惑 ▷ einer *Versuchung* standhalten 誘惑に打ち勝つ

ver·sun·ken [フェアズンケン] versinken の [過分]

ver·ta·gen [フェアターゲン] [非分離]
(vertagte; vertagt; [完了]h)
[他]《文語》〖④と〗〔会議など^{4}を〕延期する ▷ Die Verhandlung wurde auf morgen *vertagt*. 交渉はあすに延期された

ver·tan [フェアタン] vertun の [過分]

ver·tat [フェアタート] vertun の [過去]

ver·tau·schen [フェアタオシェン] [非分離]
(vertauschte; vertauscht; [完了]h)
[他] 〖④と〗〔他人のもの^{4}を〕(自分のものとまちがえて)持って行く ▷ Jemand hat meinen Mantel *vertauscht*. だれかが私のコートをまちがえて着ていってしまった

ver·tei·di·gen [フェアタイディゲン] [非分離]
(verteidigte; verteidigt; [完了]h)
[他] ❶ 〖④と〗〔…^{4}を〕(攻撃に立ち向かって)守る, 防衛する ([反] angreifen) ▷ das Land *verteidigen* 国を防衛する / 《スポーツ》 Er konnte seinen Titel erfolgreich *verteidigen*. 彼はタイトルを防衛するのに成功した
❷ 〖④と〗〔…^{4}を〕(非難などから)弁護〈擁護〉する ▷ Er hat seinen Standpunkt hartnäckig *verteidigt*. 彼は自分の立場を頑強に守った
❸ 〖④と〗(弁護士が)〔被告人^{4}を〕弁護する ▷ Der Angeklagte wurde von einem sehr bekannten Anwalt *verteidigt*. その被告人は非常に有名な弁護士に弁護してもらった

Ver·tei·di·ger [フェアタイディガー] [男] *der* ([単] 2格 –s; [複] –)
❶ 防衛する人
❷ (刑事事件の)弁護人 (＝Rechtsanwalt)
❸ 《スポーツ》 後衛, バック ([反] Angreifer)

ver·tei·digt [フェアタイディヒト] verteidigen の [現在], [過分]

ver·tei·dig·te [フェアタイディヒテ] verteidigen の [過去]

Ver·tei·di·gung [フェアタイディグング] [女] *die* ([単] 2格 –; [複] –en)
❶ (攻撃から)守ること; 防衛, 防御 ([反] Angriff) ▷ die *Verteidigung* einer Stellung 陣地の防衛
❷ 弁護, 擁護; 弁明

ver·tei·len [フェアタイレン] [非分離]
(verteilte; verteilt; [完了]h)
— [他] ❶ 〖④と〗〔…^{4}を〕分け与える, 配る, 配布する ▷ Er *verteilte* Bonbons an die Kinder. 彼はキャンデーを子供たちに分けてやった
❷ 〖④と〗〔…^{4}を〕割り振る, 割り当てる ▷ Sie *verteilten* die Kosten gleichmäßig auf alle. 彼らは費用を全員に均等に割り振った
— [再] 〖[sich]^4+[場所]と〗〔…に〕分散する, 分かれる ▷ Die Gäste *verteilten* sich auf die verschiedenen Räume. 客たちはいくつかの部屋に分散した

ver·teilt [フェアタイルト] verteilen の [現在], [過分]

ver·teil·te [フェアタイルテ] verteilen の [過去]

Ver·tei·lung [フェアタイルング] [女] *die* ([単] 2格 –; まれに [複] –en) 配布, 分配; 割り振り, 割り当て

ver·teu·ern [フェアトイエルン] [非分離]
(verteuerte; verteuert; [完了]h)
[再] 〖[sich]^{4}と〗(値段などが)高くなる

ver·teu·feln [フェアトイフェルン] [非分離]
(verteufelte; verteufelt; [完了]h)
[他] 〖④と〗〔…^{4}を〕悪者に仕立てあげる

ver·teu·felt [フェアトイフェルト]
— [形]《口語》(問題があって)やっかいな, わずらわしい ▷ eine *verteufelte* Situation やっかいな状況
— [副]《口語》《否定的な意味合いで》ひどく, とても ▷ *verteufelt* schwierig ひどく難しい

ver·tie·fen [フェアティーフェン] [非分離]
(vertiefte; vertieft; [完了]h)
— [他] ❶ 〖④と〗〔穴など^{4}を〕深くする, 掘り下げる ▷ einen Graben *vertiefen* 溝を深くする
❷ 〖④と〗〔知識など^{4}を〕深める ▷ Wir müssen unsere Kenntnisse *vertiefen*. 私たちは知識をさらに深めなければならない
— [再] ❶ 〖[sich]^{4}と〗(知識などが)深まる; (溝などが)深くなる
❷ 〖[sich]^4+in+④と〗〔…^{4}に〕没頭する, 熱中する

V

▷ Er *vertiefte* sich in seine Arbeit. 彼は仕事に没頭した

ver·ti·kal [ヴェルティカール] 形 垂直の, 鉛直の (=senkrecht; ® horizontal)

ver·til·gen [フェアティルゲン] 非分離
(vertilgte; vertilgt; 匿了h)
他 ❶ 《④と》[害虫など⁴を](薬剤などで)絶滅させる
❷ 《④と》[ケーキなど⁴を]平らげる

ver·to·nen [フェアトーネン] 非分離
(vertonte; vertont; 匿了h)
他 《④と》[詩・映画など⁴に]曲をつける

ver·trackt [フェアトラックト] 形 《口語》(状況などが)込み入った, やっかいな

Ver·trag [フェアトラーク] 男 der (® 2格 -[e]s; ® ..träge)
契約; 条約 ▷ einen *Vertrag* abschließen 契約を結ぶ

Ver·trä·ge [フェアトレーゲ] Vertrag の 複数

ver·tra·gen [フェアトラーゲン] 非分離
(er verträgt; vertrug; vertragen; 匿了h)
—— 他 ❶ 《④と》[..⁴に](体質的・性格的に)耐えられる (☆ ふつう否定形で) ▷ Er *verträgt* keinen Alkohol. 彼はアルコールが飲めない / Er kann Hitze nicht *vertragen*. 彼は暑さに弱い
❷ 《口語》《④と》[批判など⁴を]怒ったりすることなく受け入れる ▷ Er *verträgt* keine Kritik. 彼は批判を冷静に受け止めることができない
—— 再 ❶ 《sich⁴+mit+③と》[..³と]仲良くする ▷ Ich habe mich mit ihr immer gut *vertragen*. 私は彼女といつも仲良くやってきた /《相互的に》Die beiden *vertragen* sich gut miteinander. その二人は折り合いがよい
❷ 《sich⁴+mit+③と》[..³に]合う, 調和する (☆ ふつう否定形で) ▷ Sein Verhalten *verträgt* sich nicht mit seiner gesellschaftlichen Stellung. 彼の態度は彼の社会的地位にふさわしくない

ver·trag·lich [フェアトラークリヒ] 形 契約〈条約〉による, 契約〈条約〉上の

ver·träg·lich [フェアトレークリヒ] 形 ❶ (食物が)胃に負担をかけない〈やさしい〉 ▷ Diese Speise ist sehr *verträglich*. この料理は非常に消化がいい
❷ (他人と)仲良くやっていける, 協調性のある ▷ Er ist ein *verträglicher* Mensch. 彼は協調性のある人だ

ver·trägt [フェアトレークト] vertragen の 現在

ver·trat [フェアトラート] vertreten の 過去

ver·trau·en [フェアトラオエン] 非分離
(vertraute; vertraut; 匿了h)
自 《③》〈auf+④と》[..³,⁴を]信頼〈信用〉する ▷ Du kannst ihm unbedingt *vertrauen*. 君は彼を無条件に信頼してもかまわない / Wir *vertrauen* darauf, dass er es tut. 私たちは彼がそれをしてくれるものと信じている

Ver·trau·en [フェアトラオエン] 中 das (® 2格 -s; ® なし)
信頼, 信用 ▷ Sie hat nur wenig *Vertrauen* zu ihm. 彼女は彼をほとんど信用していない

ver·trau·ens·se·lig [フェアトラオエンス・ゼーリヒ] 形 (人が)簡単に人を信用する

ver·trau·ens·wür·dig [フェアトラオエンス・ヴュルディヒ] 形 (人が)信頼〈信用〉するに値する

ver·trau·lich [フェアトラオリヒ]
形 ❶ 内密の, 内緒の, 内々の ▷ eine *vertrauliche* Mitteilung 内密の知らせ
❷ 仲のよい, 親密な ▷ im *vertraulichen* Ton 親密な調子で

ver·träumt [フェアトロイムト]
形 ❶ 夢想にふける, 夢見るような
❷ (村などが)のどかな

ver·traut [フェアトラオト]
形 ❶ (なじみが深く)親しい, 親密な ▷ Sie sind sehr *vertraut* miteinander. 彼らは非常に親しくしている
❷ よく知っている, 精通した ▷ Nirgends war ein *vertrautes* Gesicht zu sehen. どこにもなじみの顔が見えなかった / Diese Melodie ist uns allen *vertraut*. このメロディーは私たちみんながよく知っている
イディオム **mit+③ vertraut sein** ..³に精通している
sich⁴ mit+③ vertraut machen ..³に精通する

ver·trei·ben [フェアトライベン] 非分離
(vertrieb; vertrieben; 匿了h)
他 ❶ 《④と》[..⁴を]追い出す, 追い払う ▷ den Feind aus dem Lande *vertreiben* 敵を国から追い払う
❷ 《④と》[..⁴を](大量に)販売する, 売りさばく ▷ Er *vertreibt* seine Waren zu einem sehr billigen Preis. 彼は商品を非常に安い値で売りさばく
イディオム **sich³ die Zeit mit+③ vertreiben** (読書など)³で暇をつぶす

Ver·trei·bung [フェアトライブング] 女 die (® 2格 -; ® なし) (ある場所から)追い出す〈追い払う〉こと; 追放

ver·tret·bar [フェアトレート・バール] 形 (計画案などが)支持〈是認〉できる

ver·tre·ten [フェアトレーテン] 非分離
(er vertritt; vertrat; vertreten; 匿了h)
他 ❶ 《④と》[..⁴の]代理〈代わり〉を務める ▷ Könntest du mich bei der Sitzung *vertreten*? 会議のとき私の代わりができませんか
❷ 《④と》[..⁴の]利益・権利などを]代表する ▷ Ein tüchtiger Anwalt hat ihn vor Gericht *vertreten*. 有能な弁護士が法廷で彼の代理人

Vertreter

を務めた
❸【(4)と】[..⁴の]販売外交員〈セールスマン〉である ▷ Herr Bauer *vertritt* die Firma Müller. バウアーさんはミュラー商会のセールスマンである
❹【(4)と】〔意見・見解など⁴を〕主張する, 支持する ▷ Er *vertrat* die Auffassung, dass ... 彼は…という見解をとった

(イディオム) *sich³ die Beine vertreten* (長時間座っていたあとに)足をほぐすために歩く

vertreten sein (代表として)出席している ▷ Bei dem internationalen Kongress *war* auch eine japanische Delegation *vertreten*. その国際会議には日本の代表団も出席していた

Ver·tre·ter [フェアトレーター] 男 *der* (複 2 格 -s; 複 -)
❶ (販売の)外交員, セールスマン ▷ Er *ist Vertreter* einer Autofirma. 彼は自動車会社のセールスマンだ
❷ 代理人, 代わり; 代表者 ▷ Während meiner Abwesenheit ist Herr Müller mein *Vertreter*. 私の不在の間ミュラーさんが私の代理を務める
❸ (特定の意見・立場などの)代表的人物, 主唱者

Ver·tre·tung [フェアトレートゥング] 女 *die* (複 2 格 -; 複 -en)
❶ 代理, 代行 ▷ die *Vertretung* übernehmen 代理を引き受ける / in *Vertretung* des Direktors 社長の代わりに
❷ 代表[団]; 在外公館

ver·trieb [フェアトリープ] vertreiben の 過去

Ver·trieb [フェアトリープ] 男 *der* (複 2 格 -[e]s; 複 なし)
❶ 【複 なし】販売
❷ (会社の)販売部

ver·trie·ben [フェアトリーベン] vertreiben の 過分

ver·tritt [フェアトリット] vertreten の 現在

ver·trock·nen [フェアトロックネン] 非分離
(vertrocknete; vertrocknet; 完了h)
自 (草木が)枯れる, (泉などが)干上がる

ver·trug [フェアトルーク] vertragen の 過去

ver·tun [フェアトゥーン] 非分離
(vertat; vertan; 完了h)
― 他【(4)と】〔時間・お金など⁴を〕無駄に費やす, 浪費する
― 再【sich⁴と】間違える, 思い違いをする

ver·tu·schen [フェアトゥッシェン] 非分離
(vertuschte; vertuscht; 完了h)
他【(4)と】〔事件など⁴を〕もみ消す ▷ einen Skandal *vertuschen* スキャンダルをもみ消す

ver·übeln [フェアユーベルン] 非分離
(verübelte; verübelt; 完了h)
他【(3)+(4)と】[..³に対して..⁴のことで]気を悪くする, 腹を立てる

ver·üben [フェアユーベン] 非分離
(verübte; verübt; 完了h)
他【(4)と】〔悪事など⁴を〕行う

ver·ul·ken [フェアウルケン] 非分離
(verulkte; verulkt; 完了h)
他【(4)と】[..⁴を]からかう

ver·un·glü·cken [フェアウン・グリュッケン] 非分離
(verunglückte; verunglückt; 完了s)
自 事故にあう ▷ Er ist mit dem Auto *verunglückt*. 彼は自動車事故にあった

ver·un·stal·ten [フェアウン・シュタルテン] 非分離
(verunstaltete; verunstaltet; 完了h)
他【(4)と】(傷などが)〔顔など⁴を〕醜くする

ver·un·treu·en [フェアウン・トロイエン] 非分離
(veruntreute; veruntreut; 完了h)
他《文語》【(4)と】〔お金など⁴を〕横領する, 着服する

ver·ur·sa·chen [フェアウーア・ザッヘン] 非分離
(verursachte; verursacht; 完了h)
他【(4)と】[..⁴を]引き起こす ▷ Er hat in betrunkenem Zustand einen Unfall *verursacht*. 彼は酔っ払っていて事故を引き起こした

ver·ur·sacht [フェアウーア・ザハト] verursachen の 現在, 過分

ver·ur·sach·te [フェアウーア・ザハテ] verursachen の 過去

ver·ur·tei·len [フェアウル・タイレン] 非分離
(verurteilte; verurteilt; 完了h)
他 ❶【(4)と】[..⁴に]有罪の判決を下す (☆「無罪を言い渡す」は freisprechen) ▷ Er wurde zu drei Jahren Freiheitsstrafe *verurteilt*. 彼は3年の自由刑に処せられた
❷【(4)と】[..⁴を]厳しく非難する ▷ Sie haben seine Tat aufs Schärfste *verurteilt*. 彼らは彼の行為をきわめて厳しく非難した

(イディオム) *zu+³ verurteilt sein* ..³に運命づけられている ▷ Sein Plan *war* von vornherein *zum* Scheitern *verurteilt*. 彼の計画は最初から失敗する運命にあった

Ver·ur·tei·lung [フェアウル・タイルング] 女 *die* (複 2 格 -; 複 -en)
❶ (裁判官の)有罪の判決〈言い渡し〉
❷ 激しい非難

ver·viel·fa·chen [フェアフィール・ファッヘン] 非分離
(vervielfachte; vervielfacht; 完了h)
― 他【(4)と】〔売り上げ⁴を〕何倍にもする
― 再【sich⁴と】(数量が)何倍にもなる

ver·viel·fäl·ti·gen [フェアフィール・フェルティゲン] 非分離
(vervielfältigte; vervielfältigt; 完了h)
他【(4)と】[..⁴を]コピーする, 複写する (1 枚だけでなく, 複数の枚数をコピーする場合に用いる) ▷ einen Brief *vervielfältigen* 手紙を何枚かコピーする

ver·voll·komm·nen [フェアフォル・コムネン] 非分離 (vervollkommnete; vervollkommnet;

---

①, ②, ③, ④=1 格, 2 格, 3 格, 4 格の名詞

[完了]h)

[他] 〚④と〛〔技術など4を〕完全なものにする ▷ Er bemüht sich, seine Kenntnisse in der deutschen Sprache zu *vervollkommnen.* 彼はドイツ語の知識を完璧かんぺきなものにしようと努力する

ver·voll·stän·di·gen [フェアフォル・シュテンディゲン] [非分離] (vervollständigte; vervollständigt; [完了]h)

[他] 〚④と〛〔コレクションなど4を〕補って完全にする

ver·wach·sen [フェアヴァクセン]

— [非分離] (er verwächst; verwuchs; verwachsen; [完了]s)

[自] (傷口などが治って) ふさがる

— [形] (人・植物が) 奇形の

[イディオム] ***mit*+③ *verwachsen sein*** (会社など)3と一体化している

ver·wächst [フェアヴェクスト] verwachsen の [現在]

ver·wah·ren [フェアヴァーレン] [非分離] (verwahrte; verwahrt; [完了]h)

— [他] 《文語》〚④と〛〔お金など4を〕(安全に) 保管しておく

— [再] 《文語》〚(sich)4と〛(非難・嫌疑などに) 強く抗議する

ver·wahr·lo·sen [フェアヴァール・ローゼン] [非分離] (verwahrloste; verwahrlost; [完了]s)

[自] ❶ (放置されて) 荒れる, 荒廃する; (服装などが手入れされず) 汚れていく ▷ ein Gebäude *verwahrlosen* lassen 建物を荒れるにまかせる

❷ (青少年が) ぐれる, 不良になる ▷ Er war völlig *verwahrlost.* 彼は完全な不良になってしまっていた

ver·wal·ten [フェアヴァルテン] [非分離] (verwaltete; verwaltet; [完了]h)

[他] 〚④と〛〔財産・業務など4を〕**管理する** ▷ den Nachlass *verwalten* 遺産を管理する

Ver·wal·ter [フェアヴァルター] [男] *der* ([単] 2 格 -s; [複] -) 管理人, 管理者

Ver·wal·tung [フェアヴァルトゥング] [女] *die* ([単] 2 格 -; [複] -en)

❶ 〚[複] なし〛 **管理** ▷ Das Gebäude steht unter staatlicher *Verwaltung.* その建物は国の管理下にある

❷ (会社などの) 管理部 ▷ Er arbeitet in der *Verwaltung* des Krankenhauses. 彼は病院の管理部で働いている

ver·wan·deln [フェアヴァンデルン] [非分離] (verwandelte; verwandelt; [完了]h)

— [他] 〚④と〛〔..4を〕(まったく別のものに) **変える** ▷ Die Hexe *verwandelte* die Prinzessin in ein Kätzchen. 魔女はその王女を子猫に変えた

— [再] 〚(sich)4と〛(まったく別のものに) 変わる ▷ Die Flüssigkeit hat sich in Dampf *verwandelt.* その液体は蒸気になった

Ver·wand·lung [フェアヴァンドルング] [女] *die* ([単] 2 格 -; [複] -en) (まったく別のものへの) 変化, 変貌へんぼう

ver·wandt [フェアヴァント]

— verwenden の [過分]

— [形] ❶ **親類〈親戚しんせき〉の** ▷ Er ist mit ihr nahe *verwandt.* 彼は彼女と近い親戚関係にある / *verwandte* Sprachen 同系の言語

❷ 類似の, 似かよった ▷ *verwandte* Gedanken 類似の考え

ver·wand·te [フェアヴァンテ] verwenden の [過去]

Ver·wand·te [フェアヴァンテ] [男] *der* / [女] *die* (形容詞変化 ☞ Alte 表 I)

親戚しんせき, 親類 ▷ ein naher *Verwandter* 近い親戚(男性) / Sie ist eine *Verwandte* von mir. 彼女は私の親戚です

Ver·wandt·schaft [フェアヴァントシャフト] [女] *die* ([単] 2 格 -; [複] -en)

❶ 〚[複] なし〛《集合的に》**親族**, 親類, 親戚しんせき ▷ Die ganze *Verwandtschaft* war zur Hochzeit eingeladen. [状態受動] 親族全員が結婚式に招待されていた

❷ 親戚〈血縁〉関係

❸ (物事の) 類似性; (言語などの) 親族関係 ▷ Zwischen den beiden Plänen bestand eine gewisse *Verwandtschaft.* それらの 2 つの計画の間にはある種の類似性があった

ver·warf [フェアヴァルフ] verwerfen の [過去]

ver·war·nen [フェアヴァルネン] [非分離] (verwarnte; verwarnt; [完了]h)

[他] 〚④と〛(警察・裁判所が)〔違反行為を犯した..4に〕警告を与える

ver·wech·seln [フェアヴェクセルン] [非分離] (ich verwechsle; verwechselte; verwechselt; [完了]h)

[他] 〚④と〛〔..4を〕**他のものとまちがえる**, 思い違いをする, 混同する ▷ Namen *verwechseln* 名前をまちがえる〈混同する〉 / Er verwechselte die Telefonnummern. 彼は電話番号をまちがえた / Sie hat mich mit meinem Bruder *verwechselt.* 彼女は私を私の兄〈弟〉と思い違いした

[イディオム] ***sich3 zum Verwechseln ähnlich sein* 〈*sehen*〉** 見まちがえるほど似ている

Ver·wechs·lung [フェアヴェクスルング] [女] *die* ([単] 2 格 -; [複] -en) 取り違え, 思い違い, 混同

ver·we·gen [フェアヴェーゲン] [形] 大胆不敵な, 向こう見ずな

ver·weh·ren [フェアヴェーレン] [非分離] (verwehrte; verwehrt; [完了]h)

[他] 〚③+④と〛〔..3に..4を〕禁じる

ver·weich·li·chen [フェアヴァイヒ・リヒェン] [非分離] (verweichlichte; verweichlicht)

V

verweigern

――自 [医ァs] (人が贅沢ぎぃさなどから)柔弱になる
――他 [医ァh] 《④と》(贅沢ぎぃさなどから) [‥⁴を]柔弱にしてしまう

ver·wei·gern [フェアヴァイゲルン] 非分離
(verweigerte; verweigert; 医ァh)
他 《④と》[‥⁴を]拒む, 拒否する ▷ Der Zeuge *verweigerte* die Aussage. 証人は供述を拒んだ

ver·wei·len [フェアヴァイレン] 非分離
(verweilte; verweilt; 医ァh)
自 《文語》《場所と》[…に]とどまる

Ver·weis [フェアヴァイス] 男 *der* (⊕2格 -es; ⊛ -e)
❶ 叱責しっせき ▷ einen *Verweis* bekommen 叱責される
❷ (テキストの中の)参照指示

ver·wei·sen [フェアヴァイゼン] 非分離
(verwies; verwiesen; 医ァh)
他 ❶ 《④+auf+④と》[‥⁴に‥⁴を]指摘〈指示〉する ▷ den Leser auf eine Tabelle *verweisen* 読者に表のことを指摘する / Ein Schild *verweist* auf den nächsten Parkplatz. 標識板が次の駐車場の場所を表示している
❷ 《④+an+④と》[‥⁴に相談に行くように‥⁴に]指示する ▷ Man *verwies* mich an die zuständige Behörde. 私は所轄の役所に相談に行くように指示された
❸ 《④+aus〈von〉+③と》[‥⁴に‥³から]出て行くように命じる ▷ einen Schüler von der Schule *verweisen* 生徒を放校処分にする
(イディオム) ④+*des Landes verweisen* ‥⁴を国から追放する

ver·wel·ken [フェアヴェルケン] 非分離
(verwelkte; verwelkt; 医ァs)
自 (花などが)しおれる, しぼむ ▷ Die Blume ist schon *verwelkt*. 花はすでにしおれてしまった

ver·wen·den [フェアヴェンデン] 非分離
(du verwendest, er verwendet; verwandte 〈verwendete〉; verwandt 〈verwendet〉; 医ァh)
――他 《④と》[‥⁴を]用いる, 使用する ▷ ein Waschmittel *verwenden* 洗剤を使う / Er hat viel Zeit auf die Sache *verwandt* 〈*verwendet*〉. 彼はその件に多くの時間をかけた
――再 《文語》《sich⁴+für+④と》[‥⁴のために]尽力する, とりなす ▷ Er *verwendet* sich für den Bau eines Spielplatzes. 彼は遊び場の建設のために尽力する

ver·wen·det [フェアヴェンデット] verwenden の 現在, 過分

ver·wen·de·te [フェアヴェンデテ] verwenden の 過去

Ver·wen·dung [フェアヴェンドゥング] 女 *die*
(⊕2格 -; ⊛ -en) 使用; 使い道, 用途 ▷ Ich habe keine *Verwendung* dafür. 私にはその使い道がない

ver·wer·fen [フェアヴェルフェン] 非分離
(er verwirft; verwarf; verworfen; 医ァh)
他 《④と》[考え・計画などを](不適当だとして)受け入れない, はねつける, 退ける

ver·werf·lich [フェアヴェルフリヒ] 形 《文語》
(道徳的に見て)はねつける〈退ける〉べき

ver·wer·ten [フェアヴェーアテン] 非分離
(verwertete; verwertet; 医ァh)
他 《④と》[‥⁴を](材料として)活用する, 役立てる ▷ Altpapier beim Herstellen von Kartons *verwerten* ボール紙をつくるときに故紙を活用する

ver·we·sen [フェアヴェーゼン] 非分離
(verweste; verwest; 医ァs)
自 (死体などが)腐敗する (☆ 肉・果物などが「腐る」は verfaulen) ▷ Die Leichen begannen schon zu *verwesen*. 死体はすでに腐敗し始めていた

ver·wi·ckeln [フェアヴィッケルン] 非分離
(verwickelte; verwickelt; 医ァh)
――再 《sich⁴と》(糸などが)もつれる
――他 《④+in+④と》[‥⁴をスキャンダル・争いごとなどに]巻き込む, 引き入れる (☆ ふつう受動形で)

ver·wi·ckelt [フェアヴィッケルト] 形 (物事が)こんがらがった, もつれた, 込み入った

ver·wies [フェアヴィース] verweisen の 過去

ver·wie·sen [フェアヴィーゼン] verweisen の 過分

ver·wil·dern [フェアヴィルデルン] 非分離
(verwilderte; verwildert; 医ァs)
自 (庭などが)荒れる, 荒れ果てる

ver·wirft [フェアヴィルフト] verwerfen の 現在

ver·wirk·li·chen [フェアヴィルクリッヒェン] 非分離 (verwirklichte; verwirklicht; 医ァh)
――他 《④と》[理念・計画などを]実現する ▷ Er konnte die Ziele *verwirklichen*. 彼は目標を実現することができた
――再 《sich⁴と》(理念・計画などが)実現する; 現実になる ▷ Unsere Hoffnung hat sich nicht *verwirklicht*. 私たちの希望は実現しなかった

ver·wirk·licht [フェアヴィルクリヒト] verwirklichen の 現在, 過分

ver·wirk·lich·te [フェアヴィルクリヒテ] verwirklichen の 過去

ver·wir·ren [フェアヴィレン] 非分離
(verwirrte; verwirrt; 医ァh)
他 ❶ 《④と》[糸などを]もつれさせる, くしゃくしゃにする ▷ Der Wind *verwirrt* ihr das Haar. 風で彼女の髪がくしゃくしゃになる
❷ 《④と》[‥⁴の頭を]混乱させる, 困惑させる ▷ Diese Frage *verwirrte* ihn. この質問で彼は混乱してしまった

ver·wirrt [フェアヴィルト]
形 ❶ 困惑した ▷ Er war ganz *verwirrt*.

はすっかり困惑していた
❷ (糸などが)もつれた, くしゃくしゃになった

ver·wi·schen [フェアヴィッシェン] 非分離
(verwischte; verwischt; (助)h)
—— 他 《④と》[‥⁴を](不注意から)こすってぼやけさせる ▷ die Schrift *verwischen* (インクなどで書いた)文字をこすってぼやけさせてしまう / (比喩) die Spuren eines Verbrechens *verwischen* 犯罪の痕跡を消し去る
—— 再 《(sich)⁴と》(輪郭などに)ぼやける, 薄れる ▷ Im Lauf der Zeit *verwischen* sich die Erinnerungen. 時がたつにつれて思い出が薄れる

ver·wöh·nen [フェアヴェーネン] 非分離
(verwöhnte; verwöhnt; (助)h)
他 《④と》[‥⁴を]甘やかす ▷ Sie *verwöhnt* ihren Sohn zu sehr. 彼女は息子を甘やかしすぎる

ver·wöhnt [フェアヴェーント]
形 ❶ 甘やかされた, わがままに育った ▷ Das Kind ist sehr *verwöhnt*. その子供は非常にわがままに育った
❷ (客が)好みのうるさい; (舌が)贅沢になれた

ver·wor·fen [フェアヴォルフェン]
—— verwerfen の 過分
—— 形 道徳に反した, 堕落した

ver·wor·ren [フェアヴォレン] 非分離 形 (状況などが)混乱した; (話などが)支離滅裂な ▷ Die Lage war ziemlich *verworren*. 状況はかなり混乱していた / eine *verworrene* Erklärung 支離滅裂な説明

ver·wuchs [フェアヴークス] verwachsen の過分

ver·wun·den [フェアヴンデン] 非分離
(verwundete; verwundet; (助)h)
他 《④と》[‥⁴を](武器などで)負傷させる ▷ Er wurde im Krieg schwer *verwundet*. 彼は戦争で重傷を負った

ver·wun·der·lich [フェアヴンダーリヒ] 形 不思議な, 奇妙な, おかしな

ver·wun·dern [フェアヴンデルン] 非分離
(verwunderte; verwundert; (助)h)
他 《④と》[‥⁴を]不思議がらせる ▷ Es hat ihn *verwundert*, dass … …ということは彼を不思議がらせた

Ver·wun·de·te [フェアヴンデテ] 男 der / 女 die (形容詞変化 ☞ Alte 表Ⅰ) (武器などによる)負傷者 ▷ Der *Verwundete* stöhnte leise. 負傷者はかすかなうめき声を上げた

ver·wün·schen [フェアヴュンシェン] 非分離
(verwünschte; verwünscht; (助)h)
他 《④と》[‥⁴を]呪う

ver·wur·zelt [フェアヴルツェルト] 形 《(in+③と)》[故郷・伝統など³と](深いところで)強く結びついている

ver·wüs·ten [フェアヴューステン] 非分離
(verwüstete; verwüstet; (助)h)
他 《④と》[国土など⁴を]荒廃させる, 廃墟にする ▷ Das Erdbeben hat das ganze Land *verwüstet*. 地震で国中が廃墟になった

ver·za·gen [フェアツァーゲン] 非分離
(verzagte; verzagt; (助)s 《まれに(助)h》)
自 気おくれする, 弱気になる, ひるむ

ver·zäh·len [フェアツェーレン] 非分離
(verzählte; verzählt; (助)h)
再 《(sich)⁴と》数えまちがえる, 数えそこなう

ver·zau·bern [フェアツァオベルン] 非分離
(verzauberte; verzaubert; (助)h)
他 ❶ 《④と》[‥⁴の姿を]魔法で変える ▷ einen Prinzen in einen Frosch *verzaubern* 魔法で王子をカエルに変える
❷ 《④と》(人・物などが)[‥⁴を](美しさなどによって)魅了する

ver·zeh·ren [フェアツェーレン] 非分離
(verzehrte; verzehrt; (助)h)
—— 他 ❶ 《④と》[食事など⁴を]食べる (☆ 飲むことも含まれる) ▷ Der Gast hat nichts *verzehrt*. 客は何も手をつけなかった
❷ 《④と》[‥⁴を](肉体的・精神的に)消耗させる ▷ Die Krankheit hat seine Kräfte völlig *verzehrt*. 病気で彼は体力をすっかり消耗してしまった
—— 再 《(sich)⁴と》(悲嘆・恋しさなどで)憔悴する, やつれる

ver·zeich·nen [フェアツァイヒネン] 非分離
(verzeichnete; verzeichnet; (助)h)
他 ❶ 《④と》[‥⁴を]書き留める, 記載する (☆ ふつう状態受動で) ▷ In dieser Liste sind die Namen *verzeichnet*. このリストには名前が記載されている / (比喩) Ich habe einen Erfolg zu *verzeichnen*. 私は成功した (←成功と記載することができる)
❷ 《④と》[‥⁴を](絵などを)描きそこなう
❸ 《④と》[事実など⁴を](小説などで)ゆがめる, 歪曲する

Ver·zeich·nis [フェアツァイヒニス] 中 das (⽊ 2格 -nisses; 複 ..nisse) 目録, リスト, 索引 ▷ ein *Verzeichnis* aufstellen 目録を作る

ver·zei·hen [フェアツァイエン] 非分離
(verzieh; verziehen; (助)h)
他 《④と》[非礼・過失など⁴を]許す, かんべんする ▷ So etwas kann ich nicht *verzeihen*. そういうことは私は許せない / Diese Äußerung wird er dir nie *verzeihen*! 君のこの発言を彼は決して許すことはないだろう / *Verzeihen* Sie bitte die Störung! おじゃましてすみません / *Verzeihen* Sie bitte, können Sie mir sagen, wie spät es ist? すみませんが何時かお教えいただけますか

Ver·zei·hung [フェアツァイウング] 女 die (⽊ 2格 -; 複 なし)

許し ▷ *Verzeihung*! すみません，ごめんなさい

ver·zer·ren [フェアツェレン] 非分離
(verzerrte; verzerrt; 匪h)
― 他 ❶ 【④と】〔音・像など⁴を〕ゆがめる ▷ Der Spiegel *verzerrt* die Gestalt. この鏡は姿がゆがんで映る / 《比ゆ》einen Vorgang *verzerrt* darstellen 出来事を歪曲して述べる
❷ 【④と】〔顔など⁴を〕ゆがめる（☆ ふつう状態受動で）
― 再 【sich⁴と】〔顔が〕ゆがむ ▷ Sein Gesicht hat sich vor Schmerz *verzerrt*. 彼の顔は痛みのあまりゆがんだ

Ver·zicht [フェアツィヒト] 男 *der* (⑮ 2 格 -[e]s; ⑮ -e)（権利などの）**放棄**，（計画などの）**断念** ▷ auf+④ *Verzicht* leisten …⁴を放棄〈断念〉する

ver·zich·ten [フェアツィヒテン] 非分離
(verzichtete; verzichtet; 匪h)
自 【auf+④と】〔権利など⁴を〕**放棄する**，〔計画など⁴を〕断念する ▷ Er hat auf sein Erbe *verzichtet*. 彼は自分の相続財産を放棄した

ver·zieh [フェアツィー] verzeihen の 過去
ver·zie·hen [フェアツィーエン]
― verzeihen の 過分
― 非分離 (verzog; verzogen)
― 他 【匪h】 ❶ 【④と】〔顔・口など⁴を〕ゆがめる ▷ Er *verzog* sein Gesicht. 彼は顔をゆがめた
❷ 【④と】〔子供⁴を〕甘やかして育てる（☆「甘やかす」は verwöhnen）▷ Sie hat ihre Kinder *verzogen*. 彼女は子供たちを甘やかして育てた
― 再 【匪h】 ❶ 〔表情などが〕ゆがむ
❷ 【sich⁴と】他のところに移動して行く ▷ Der Nebel *verzieht* sich. 霧が徐々にはれる / Das Gewitter hat sich *verzogen*. 雷雨が通り過ぎて行った /《比ゆ》Als die Gäste kamen, *verzog* er sich schnell. 客が来たとき彼はすばやく姿を消した
― 自 【匪s】 引っ越す ▷ Er ist nach Wien *verzogen*. 彼はウィーンに引っ越した

ver·zie·ren [フェアツィーレン] 非分離
(verzierte; verziert; 匪h)
他 【④と】〔服・菓子など⁴を〕飾る，装飾する

ver·zin·sen [フェアツィンゼン] 非分離
(verzinste; verzinst; 匪h)
― 他 【④+mit+③と】（ふつう銀行が）〔…に対して…³の〕利子〈利息〉を払う ▷ das Guthaben mit 5 % *verzinsen* 預金に対して 5 % の利子を払う
― 再 【sich⁴+mit+③と】（預金などが）〔…³の〕利子〈利息〉を生む

ver·zog [フェアツォーク] verziehen の 過去
ver·zo·gen [フェアツォーゲン] verziehen の 過分
ver·zö·gern [フェアツェーゲルン] 非分離
(verzögerte; verzögert; 匪h)
― 他 【④と】〔…⁴を〕遅らせる；延期する ▷ Das schlechte Wetter *verzögerte* die Ernte. 悪天候のために収穫が遅れた / Er hat die Abreise *verzögert*. 彼は出発を延期した
― 再 【sich⁴と】遅れる ▷ Seine Ankunft hat sich *verzögert*. 彼の到着は遅れた

ver·zol·len [フェアツォレン] 非分離
(verzollte; verzollt; 匪h)
他 【④と】〔…⁴の〕関税を払う ▷ Haben Sie etwas zu *verzollen*? 何か課税品をお持ちですか

ver·zwei·feln [フェアツヴァイフェルン] 非分離
(verzweifelte; verzweifelt; 匪s)
自 絶望する ▷ Er *verzweifelte* am Leben. 彼は人生に絶望した

ver·zwei·felt [フェアツヴァイフェルト]
形 ❶ 絶望した，絶望的な ▷ Er war ganz *verzweifelt*. 彼はまったく絶望していた / eine *verzweifelte* Lage 絶望的な状況
❷ 必死の，死にもの狂いの ▷ ein *verzweifelter* Kampf 死にもの狂いの戦い

Ver·zwei·flung [フェアツヴァイフルング] 女 *die* (⑮ 2 格 -; ⑮ なし) 絶望；自暴自棄，やけくそ ▷ Das hat er vor *Verzweiflung* getan. それは彼がやけくそになってしたことだ

ver·zwei·gen [フェアツヴァイゲン] 非分離
(verzweigte; verzweigt; 匪h)
再 【sich⁴と】（太い枝・樹冠などが）いくつもの枝に分かれる

ver·zwickt [フェアツヴィックト] 形《口語》(状況などが）込み入った，ややこしい，厄介な

Ve·te·ran [ヴェテラーン] 男 *der* (⑮ 2·3·4 格 -en; ⑮ -en) 古参兵；(組織内の）古株

Ve·te·ri·när [ヴェテリネーア] 男 *der* (⑮ 2 格 -s; ⑮ -e) 獣医

Vet·ter [フェッター] 男 *der* (⑮ 2 格 -s; ⑮ -n)（男の）いとこ ▷ Ich habe viele *Vettern*. 私はいとこがたくさんいる

vib·rie·ren [ヴィブリーレン]
(vibrierte; vibriert; 匪h)
自〔弦などが音を出して〕振動する，震える

Vi·deo [ヴィーデオ] 中 *das* (⑮ 2 格 -s; ⑮ -s) ビデオ
〈イディオム〉 ④+*auf Video aufnehmen* …⁴をビデオに録画する

Vi·de·o·band [ヴィーデオ·バント] 中 *das* (⑮ 2 格 -[e]s; ⑮ ..bänder) ビデオテープ

Vi·de·o·clip [ヴィーデオ·クリップ] 男 *der* (⑮ 2 格 -s; ⑮ -s)（特にポップスの）プロモーションビデオ

Vi·de·o·film [ヴィーデオ·フィルム] 男 *der* (⑮ 2 格 -[e]s; ⑮ -e) ビデオ映画

Vi·de·o·ge·rät [ヴィーデオ·ゲレート] 中 *das* (⑮ 2 格 -[e]s; ⑮ -e) ビデオデッキ

Vi·de·o·ka·me·ra [ヴィーデオ·カメラ] 女 *die* (⑮ 2 格 -; ⑮ -s) ビデオカメラ

Vi·de·o·kas·set·te [ヴィーデオ·カセッテ] 女

①, ②, ③, ④=1 格, 2 格, 3 格, 4 格の名詞

Vi·de·o·plat·te [ヴィーデオ・プラッテ] 囡 *die* (⊕2格 -; ⊕ -n) ビデオディスク

Vi·de·o·cor·der [ヴィーデオ・レコーダー] 男 *der* (⊕2格 -s; ⊕ -) ビデオレコーダー

Vi·de·o·spiel [ヴィーデオ・シュピール] 中 *das* (⊕2格 -[e]s; ⊕ -e) テレビゲーム

Vi·de·o·te·le·fon [ヴィーデオ・テレフォーン] 中 *das* (⊕2格 -s; ⊕ -e) テレビ電話

Vi·de·o·thek [ヴィーデオテーク] 囡 *die* (⊕2格 -; ⊕ -en) 貸しビデオ店

Vieh [フィー] 中 *das* (⊕2格 -[e]s; ⊕ なし) 《集合的に》**家畜**; (特に) 飼い牛 ▷ *Vieh* halten 家畜を飼う / das *Vieh* füttern 家畜にえさをやる

viel
[fi:l フィール]

―― 形 (比較 mehr, 最上 meist; 反 wenig)

――《複数形の名詞と》❶ **多くの**, たくさんの (☆特に1・4格で格語尾のつかないことがある)
viele Leute 多くの人々
viele kleine Häuser たくさんの小さな家
Ich habe zum Geburtstag *viel[e]* Blumen bekommen. 私は誕生日に花をたくさんもらった
die *vielen* Freunde その多くの友人たち
Wie *viele* Gäste sind gekommen? 何人のお客さんが来たのですか
in *vielen* Fällen 多くの場合に
❷ 《名詞的に》多くのもの〈人〉▷ *viele* dieser Bücher これらの本の多く / *Viele* können das nicht verstehen. 多くの人はそれが理解できない

――《単数形の名詞と》❶ **多くの**, たくさんの (☆冠詞類を伴わない場合ふつう格語尾をつけない)
viel Geld 多くのお金
viel Obst essen 果物をたくさん食べる
Er hat *viel* Arbeit. 彼は仕事がたくさんある
Hat das so *viel* gekostet?
それはそんなに高かったのか
Viel Glück! ご多幸を祈ります
Vielen Dank! 大変ありがとう
❷ 《名詞的に (中性形); 格語尾のつかない場合は「量」が, つく場合は「種類」が強調される》たくさん; 多くのもの〈こと〉▷ *viel* trinken たくさん飲む / Er hat *viel* gegessen. 彼はたくさん食べた / Er hat *vieles* erlebt. 彼は多くのことを経験した / Er weiß *viel* 〈*vieles*〉. 彼はたくさんのこと〈いろんなこと〉を知っている (☆ viel は知識量を表し, vieles は知識の多様性を表す)

―― 副 大いに, 大変 ▷ Sie haben *viel* gelacht. 彼らは大いに笑った / Er hat uns *viel* geholfen. 彼は大変私たちの手助けになった

(イディオム) *viel*+比較級 はるかに〈ぐっと〉… ▷ Sein Garten ist *viel* größer als meiner. 彼の庭は私のよりもずっと大きい
viel sagend (態度・表情などが) 意味深長な

vie·ler·lei [フィーラー・ライ] 形 さまざまな, いろいろな (☆ 語尾をつけない) ▷ Auf diesem Tisch lagen *vielerlei* Dinge. 机の上にいろいろなものが横たわっていた / 《名詞的に》Ich habe noch *vielerlei* zu tun. 私はまだしなければならないことがいろいろある

viel·fach [フィール・ファッハ] 形 何回もの, たびたびの ▷ ein *vielfacher* Olympiasieger 何回もオリンピックで優勝した人 / ein *vielfach* gefaltetes Papier 何回も折りたたんだ紙

Viel·falt [フィール・ファルト] 囡 *die* (⊕2格 -; ⊕ なし) 多様, 多彩

viel·fäl·tig [フィール・フェルティヒ] 形 種々の, さまざま〈いろいろ〉な

viel·leicht
[filáiçt フィライヒト]

副 ❶ **ひょっとしたら**, もしかすると
Vielleicht kommt sie morgen.
ひょっとしたら彼女はあす来るかも知れない
Kommst du mit? ― *Vielleicht*!
君もいっしょに来るかい？―行けたらね
Vielleicht hat er sich doch geirrt. もしかすると彼はやはり思い違いをしたのかも知れない
《「もしできれば」という遠慮がちな依頼を表して》
Würden Sie *vielleicht* das Fenster schließen? 窓を閉めていただけませんか
《修辞的疑問文で》《否定の答えを期待して》
Sollen wir *vielleicht* tatenlos zusehen?
ひょっとして何もせず傍観していたほうがよいとでも言うのかい
❷ 《口語》《要求にいらだちの意味合いを付加して》*Vielleicht* benimmst du dich jetzt anständig! さあ行儀よくしなさい
❸ 《口語》《感嘆を強めて》すごく, 本当に ▷ Ich war *vielleicht* aufgeregt! 私は本当に興奮していた
❹ 《口語》ほぼ, 約 ▷ *vielleicht* fünfzig Leute ほぼ 50 名の人

viel·mals [フィール・マールス] 副 いくえにも, 重々, くれぐれ (☆ 感謝・おわび・あいさつなどの表現で用いられる) ▷ Ich bitte *vielmals* um Entschuldigung. 重々おわび申し上げます

viel·mehr [フィール・メーア/フィール・メーア] 副 《…というよりは》むしろ, かえって, 逆に ▷ Man sollte ihn nicht verurteilen, *vielmehr* sollte man ihm helfen. 彼のことは手厳しく批判すべきではない むしろ手助けしてやるべきだ

viel·sa·gend [フィール・ザーゲント] 形 (旧⇒新) viel sagend (分けて書く) ☞ *viel*

viel·sei·tig [フィール・ザイティヒ] 形 (知識・関心などが) 多方面にわたる ▷ Er hat eine *vielseiti*-

ge Bildung. 彼の教養は幅が広い

vier
[fiːɐ̯ フィーア]

〖基数〗**4** (用法: ☞ drei)
die *vier* Jahreszeiten 四季
unter *vier* Augen 二人きりで
〖格を明示する場合, ② は vierer, ③ は vieren〗
auf allen *vieren* gehen よつんばいで歩く

Vier·eck [フィーア·エック] [中] *das* ([単] 2格 -[e]s; [複] -e) 四角形

viert [フィーアト]
[形]〖序数〗**第4の**, 4番目の (用法: ☞ dritt)

vier·tel [フィルテル] [形]〖分数〗4分の1の (☆ 格語尾をつけない) ▷ ein *viertel* Liter 4分の1リットル
[イディオム] ***viertel***+時刻 (その時刻より)45分前 ▷ *viertel* drei 2時15分
drei viertel+時刻 (その時刻より)15分前 ▷ drei *viertel* drei 2時45分

Vier·tel [フィルテル] [中] *das* ([単] 2格 -s; [複] -)
❶ **4分の1** ▷ ein *Viertel* vom Kuchen ケーキの4分の1 / ein *Viertel* Wein ワイン4分の1リットル
❷《時刻表示》15分 ▷ Es ist ein *Viertel* nach 〈vor〉 zwei. 2時15分〈15分前〉
❸ (都市·町などの)区域, 地区

Vier·tel·jahr [フィルテル·ヤール] [中] *das* ([単] 2格 -[e]s; [複] -e) 四半期(1年を4等分した期間, 3カ月)

Vier·tel·stun·de [フィルテル·シュトゥンデ] [女] *die* ([単] 2格 -; [複] -n) 15分 (4分の1時間の意味) ▷ Wir haben noch eine *Viertelstunde* bis zum Abflug. 飛行機が出発するまでまだ15分ある

vier·zehn [フィル·ツェーン]
〖基数〗**14** (用法: ☞ drei)

vier·zehnt [フィル·ツェーント]
[形]〖序数〗第14の, 14番目の (用法: ☞ dritt)

vier·zig [フィルツィヒ]
〖基数〗**40** (用法: ☞ drei)

vier·zigst [フィルツィヒスト] [形]〖序数〗第40の, 40番目の(用法: ☞ dritt)

Vil·la [ヴィラ] [女] *die* ([単] 2格 -; [複] Villen) (庭を備えた大きな)**邸宅**, 屋敷 ▷ Sie wohnten in einer hübschen *Villa* am Rand der Stadt. 彼らは町のはずれにある感じのいい邸宅に住んでいた

V

Vil·len [ヴィレン] Villa の [複数]

Vi·o·la [ヴィオーラ] [女] *die* ([単] 2格 -; [複] Violen)《楽器》ヴィオラ

Vi·o·len [ヴィオーレン] Viola の [複数]

vio·lett [ヴィオレット] [形] **すみれ色の, 紫色の** ▷ die *violette* Blüte des Veilchens 紫色のスミレの花

Vio·li·ne [ヴィオリーネ] [女] *die* ([単] 2格 -; [複] -n) バイオリン ▷ Er spielt sehr gut *Violine.* 彼はバイオリンがとてもじょうずだ

Vi·o·lin·kon·zert [ヴィオリーン·コンツェルト] [中] *das* ([単] 2格 -[e]s; [複] -e) バイオリン協奏曲

Vi·o·lin·schlüs·sel [ヴィオリーン·シュリュッセル] [男] *der* ([単] 2格 -s; [複] -) 高音部記号, ト音記号

Vi·o·lon·cel·li [ヴィオロン·チェリ] Violoncello の [複数]

Vi·o·lon·cel·lo [ヴィオロン·チェロ] [中] *das* ([単] 2格 -s; [複] ..celli)《楽器》チェロ (＝Cello)

Vi·ren [ヴィーレン] Virus の [複数]

vir·tu·ell [ヴィルトゥエル] [形]《コンピュータ》仮想の, バーチャルの ▷ *virtuelle* Realität バーチャルリアリティ

Vir·tu·o·se [ヴィルトゥオーゼ] [男] *der* ([単] 2·3·4格 -n; [複] -n) (音楽の)名手

Vi·rus [ヴィールス] [中] *das* / [男] *der* ([単] 2格 -; [複] Viren) ウイルス, ヴィールス

Vi·sa [ヴィーザ] Visum の [複数]

Vi·sa·ge [ヴィザージェ] [女] *die* ([単] 2格 -; [複] -n)《口語》《軽蔑した言い方で》顔, つら

vis-a-vis, vis-à-vis [ヴィザヴィー] [前]〖③支配; 後置されることが多い〗《やや古語》…の向かいに (＝gegenüber)

Vi·si·on [ヴィズィオーン] [女] *die* ([単] 2格 -; [複] -en)《文語》
❶〖ふつう [複] で〗幻覚, 幻想
❷ 未来像, ビジョン

Vi·si·te [ヴィズィーテ] [女] *die* ([単] 2格 -; [複] -n) (主治医の)回診

Vi·si·ten·kar·te [ヴィズィーテン·カルテ] [女] *die* ([単] 2格 -; [複] -n) **名刺** ▷ Er überreicht ihr seine *Visitenkarte.* 彼は彼女に名刺を手渡す

Vi·sum [ヴィーズム] [中] *das* ([単] 2格 -s; [複] Visa) ビザ, 査証 (☆「パスポート」は Pass) ▷ ein *Visum* beantragen ビザを申請する

vi·tal [ヴィタール]
[形] ❶ 生命力にあふれた, 行動力〈バイタリティー〉のある
❷《文語》(事柄が)死活に関わる

Vi·ta·min [ヴィタミーン] [中] *das* ([単] 2格 -s; [複] -e) ビタミン ▷ Gemüse enthält viel *Vitamin* C. 野菜にはビタミンCが多量に含まれている

Vi·ze·prä·si·dent [フィーツェ·プレズィデント] [男] *der* ([単] 2·3·4格 -en; [複] -en) 副大統領

Vo·gel [フォーゲル] [男] *der* ([単] 2格 -s; [複] Vögel) **鳥** ▷ einen *Vogel* halten 鳥を飼っている / Die *Vögel* zwitschern. 鳥たちがさえずる / Auf dem Baum sitzt ein *Vogel.* 木に鳥が1羽止まっている / Der *Vogel* flog auf den Baum. 鳥が木の上に飛んで行った

イディオム **einen Vogel haben** 頭がおかしい ▷ Du hast ja einen Vogel. 君は頭がおかしいんじゃないか

Vö·gel [フェーゲル] Vogel の 複数

Vo·gel·bee·re [フォーゲル・ベーレ] 囡 die (⊕ 2 格 -; ⊕ -n) 《植物》ナナカマドの実

Vo·gel·scheu·che [フォーゲル・ショイヒェ] 囡 die (⊕ 2 格 -; ⊕ -n) 案山子〈かかし〉

Vo·ka·bel [ヴォカーベル] 囡 die (⊕ 2 格 -; ⊕ -n) (外国語の)単語 ▷ Vokabeln auswendig lernen 単語を暗記する

Vo·kal [ヴォカール] 男 der (⊕ 2 格 -s; ⊕ -e) 母音 (☆「子音」は Konsonant)

Volk [フォルク] 中 das (⊕ 2 格 -es 〈まれに -s〉; ⊕ Völker)

❶ 民族, 国民 ▷ das deutsche Volk ドイツ民族〈国民〉

❷ 《⊕ なし》《集合的に》人民 ▷ die Vertreter des Volkes 人民の代表者たち

❸ 《⊕ なし》《集合的に》(上流階級に対して)庶民, 民衆, 大衆 ▷ Er stammte aus dem Volk. 彼は庶民の出だった

❹ 《⊕ なし》《口語》《集合的に》群衆 ▷ Auf dem Platz drängte sich das Volk. 広場には群衆がひしめき合っていた

Völ·ker [フェルカー] Volk の 複数

Völ·ker·wan·de·rung [フェルカー・ヴァンデルング] 囡 die (⊕ 2 格 -; ⊕ -en) 民族大移動

Volks·hoch·schu·le [フォルクス・ホーホ・シューレ] 囡 die (⊕ 2 格 -; ⊕ -n) (夜間開かれる, 生涯教育のための)市民大学

Volks·lied [フォルクス・リート] 中 das (⊕ 2 格 -[e]s; ⊕ -er) 民謡, フォークソング

Volks·tanz [フォルクス・タンツ] 男 der (⊕ 2 格 -es; ⊕ ..tänze) 民族舞踊, フォークダンス

Volks·tracht [フォルクス・トラハト] 囡 die (⊕ 2 格 -; ⊕ -en) 民族衣装

Volks·tum [フォルクストゥーム] 中 das (⊕ 2 格 -s; ⊕ なし) 民族性, 国民性

volks·tüm·lich [フォルクステュームリヒ] 形 大衆的な, 通俗的な ▷ volkstümliche Kunst 大衆芸術

Volks·wa·gen [フォルクス・ヴァーゲン] 男 der (⊕ 2 格 -s; ⊕ -) 《商標》フォルクスワーゲン(自動車; ⊕ VW)

Volks·wirt·schaft [フォルクス・ヴィルトシャフト] 囡 die (⊕ 2 格 -; ⊕ -en) 国民経済

voll
[fol フォル]
比較 voller 最上 vollst

形 ❶ いっぱいの, 満ちた, ぎっしりの (⊗ leer)
ein volles Glas
なみなみとつがれたグラス
Der Bus war brechend voll.
バスははちきれんばかりに超満員だった
Der Koffer ist nur halb voll.
トランクは半分しか詰まっていない
Er hat den Mund voll.
彼は口いっぱいにほおばっている
Er hat beide Hände voll.
彼は両手がふさがっている

❷ 《前置詞のように名詞を伴って; ただし名詞は無語尾》…でいっぱいの
ein Glas voll Wein
ワインがなみなみとつがれたグラス
ein Garten voll Blumen
花でいっぱいの庭
Der Eimer ist voll Wasser.
バケツに水がいっぱい入っている
Sie sah ihn voll Freude an.
彼女は彼をさもうれしそうに見つめた
《名詞が形容詞を伴う場合 2 格〈まれに 3 格〉の格語尾をつける》
ein Korb voll frischer Eier 〈frischen Eiern〉
新鮮な卵がいっぱい入ったかご
Das Zimmer war voll schönster antiker Möbel. 部屋は非常に美しい古風な家具でいっぱいだった
《前置詞 von を伴って》
Der Koffer war voll von Geldscheinen.
トランクは紙幣でいっぱいだった

❸ 完全な, 全部の, 全面的な ▷ ein volles Jahr まる 1 年 / drei volle Monate まる 3 ヵ月 / die volle Summe 全額 / die volle Verantwortung übernehmen 全面的に責任をとる / Sie hat ihn voll unterstützt. 彼女は彼を全面的に支援した / mit voller Kraft 全力で

❹ ふっくらした, ふくよかな ▷ Sie ist etwas voller geworden. 彼女は少しふっくらした

Voll·bart [フォル・バールト] 男 der (⊕ 2 格 -[e]s; ⊕ ..bärte) 顔一面のひげ ▷ Er trug einen Vollbart. 彼は顔中にひげをはやしていた

voll·bracht [フォルブラハト] vollbringen の 区分

voll·brach·te [フォルブラハテ] vollbringen の 区分

voll·brin·gen [フォルブリンゲン] 非分離
(vollbrachte; vollbracht; 完了 h)
他 《文語》《④と》《容易でないこと⁴を》成し遂げる, 完成させる

voll·en·den [フォルエンデン/フォレン..] 非分離
(vollendete; vollendet; 完了 h)
他 《文語》《④と》《仕事など⁴を》完成させる, 仕上げる

voll·en·det [フォルエンデット/フォレン..] 形 完璧〈かんぺき〉な, 非の打ちどころのない ▷ Sie hat das Werk vollendet gespielt. 彼女はその作品を完

璧に演奏した
(イディオム) ④ **+vor vollendete Tatsachen stellen** …⁴に既成事実をつきつける ▷ Er wurde vor vollendete Tatsachen gestellt. 彼は既成事実をつきつけられた

vol·lends [フォレンツ] 副 すっかり, 完全に ▷ Er hat die Arbeit *vollends* erledigt. 彼はその仕事をすっかりかたづけた

Voll·en·dung [フォルエンドゥング／フォレン..] 囡 die (⊕ 2 格 -;⊕ なし) 完成, 完結; 完璧ぺき, 完全無欠

vol·ler [フォラー] 形 [前置詞のように名詞を伴って] …でいっぱいの, …で満ちた ▷ eine Tüte *voller* Kirschen サクランボのいっぱい入った袋 / Sein Herz war *voller* Freude. 彼の心は喜びで一杯だった

> ★ voller は, voll と原則的に交換可能であるが, ein Glas *voll* Wein「ワインがなみなみとつがれたグラス」, eine Tasse *voll* Kaffee「コーヒーがなみなみとつがれたカップ」の場合 voller を用いない

Vol·ley·ball [ヴォリ・バル] 男 der (⊕ 2 格 -[e]s; ⊕ ..bälle)
❶ 〖⊕ なし〗 バレーボール ▷ *Volleyball* spielen バレーボールをする
❷ バレーボール用のボール

völ·lig [フェリヒ] 形 完全な, まったくの ▷ *völlige* Gleichberechtigung 完全同権 / Sie hat mich *völlig* missverstanden. 彼女は私を完全に誤解した

voll·jäh·rig [フォル・イェーリヒ] 形 成年に達している (⊕ minderjährig) ▷ Sie ist noch nicht *volljährig*. 彼女はまだ成年に達していない

voll·kom·men [フォル・コメン／フォル・コメン]
形 ❶ 完璧かんぺきな, 欠点のない ▷ Sein Glück war *vollkommen*. 彼の幸福は申し分のないものだった
❷ 完全な, まったくの ▷ Du hast *vollkommen* Recht. まったく君の言う通りだ

Voll·macht [フォル・マハト] 囡 die (⊕ 2 格 -; ⊕ -en) (交渉などの)全権, 代理権; 委任状

Voll·mond [フォル・モーント] 男 der (⊕ 2 格 -[e]s; ⊕ なし) 満月 (☆「新月」は Neumond) ▷ Heute haben wir *Vollmond*. きょうは満月だ

Voll·pen·si·on [フォル・パンズィオーン] 囡 die (⊕ 2 格 -; ⊕ なし) 3 食付きの宿泊 (☆ ふつう無冠詞で;「2 食付きの宿泊」は Halbpension) ▷ ein Zimmer mit *Vollpension* 3 食付きで泊まれる部屋

voll·schlank [フォル・シュランク] 形 (女性が)小太りの

voll·stän·dig [フォル・シュテンディヒ]
── 形 全部そろった, 完сти
した ▷ Diese Sammlung ist noch nicht *vollständig*. このコレクションはまだ完全ではない
── 副 完全に, まったく ▷ Das Dorf hat sich *vollständig* verändert. 村はまったく変わってしまった

voll·stre·cken [フォルシュトレッケン] 非分離 (vollstreckte; vollstreckt; ⊕h) 他 〖④と〗[判決などを] 執行する

Voll·tref·fer [フォル・トレッファー] 男 der (⊕ 2 格 -s; ⊕ なし)
❶ (標的への)直撃弾, (パンチの)決定打
❷ (本・曲などの)大当たり, 大ヒット

voll·wer·tig [フォル・ヴェーアティヒ] 形 (代りの物が)完全に等価の (= gleich wertig)

voll·zäh·lig [フォル・ツェーリヒ] 形 全員〈全部〉そろった ▷ Sie waren *vollzählig* versammelt. 彼らはみんなそろっていた

voll·zie·hen [フォルツィーエン] 非分離 (vollzog; vollzogen; ⊕h)
── 他 〖④と〗(公的に定められたこと⁴を)実行する, 執行する ▷ eine Strafe *vollziehen* 刑を執行する
── 再 〖sich⁴と〗(変化などが)生じる, 起こる ▷ Diese Veränderung hat sich nur zögernd *vollzogen*. この変化は徐々にしか生じなかった

voll·zog [フォルツォーク] vollziehen の 過去

voll·zo·gen [フォルツォーゲン] vollziehen の 過分

Voll·zug [フォル・ツーク] 男 der (⊕ 2 格 -[e]s; まれに ⊕ ..züge) (刑などの)執行

vom [フォム] 〖von と定冠詞 dem の融合形〗 *vom* Morgen bis zum Abend 朝から晩まで

von
[fɔn フォン]

前 〖③支配〗
☆ 定冠詞との融合形: vom
☆ 代名詞との結合形: davon, wovon など
❶ 〖出発点〗…から
Der Zug kommt *von* Berlin.
列車はベルリンから来る
Wir fliegen *von* Berlin nach Wien.
私たちはベルリンからウィーンへ飛行機で行く
❷ 〖基点〗…から ▷ *von* dem Balkon auf die Straße schauen バルコニーから通りを見下ろす / 〖aus を伴って〗 *Von* dem Turm aus kann man das ganze Tal überblicken. その塔から谷全体が見渡せる / *von* oben 上から / *von* rechts 右から / *von* weitem 遠くから
❸ 〖出所〗…から ▷ Das Fahrrad hat er seinem Freund gekauft. その自転車は彼が友人から買ったものだ / Was willst du *von* mir? 君は私にどうしてほしいのだ / 〖her などを伴って〗

①, ②, ③, ④ = 1 格, 2 格, 3 格, 4 格の名詞

Vom Meer her wehte ein starker Wind. 海から強い風が吹いていた
❹《離脱箇所》…から ▷ Der Apfel fällt *vom* Baum. リンゴは木から落ちる / Er nimmt ein Bild *von* der Wand. 彼は絵を壁からはずす
❺《開始時点》…から ▷ *von* 2 bis 3 Uhr 2時から3時まで / *vom* Morgen bis zum Abend 朝から晩まで / Das Geschäft ist *von* Montag bis Freitag geöffnet. [状態受動] 店は月曜日から金曜日まで開いている / Sie kannten sich *von* klein auf. 彼らは子供のときからの知り合いだ
❻《関与》…について, …に関して ▷ Ich habe *von* dem Unfall gelesen. 私はその事故について読んだ / Wir haben gerade *von* ihm gesprochen. 私たちはちょうど彼について話していた
❼《所属・目的語関係》…の ▷ die Mappe *von* Hans ハンスのかばん / ein Gedicht *von* Goethe ゲーテの詩 / Das war ein Freund *von* mir. それは私の友人でした / der Export *von* Wein ワインの輸出 / der Bau *von* Autobahnen アウトバーンの建設

★ **2格とvon**
固有名詞, 人称代名詞, 名詞が冠詞類・修飾語句を伴わない場合に2格の代用形としてvonが用いられる。なお, 口語では2格形を用いることができるにもかかわらず von がよく用いられる ▷ der Mantel *von* meiner Tante (=der Mantel *meiner Tante*) 私のおばのコート

❽《部分に対する全体》…の中〈うち〉の ▷ einige *von* ihnen 彼らのうちの数人 / Einer *von* euch muss es getan haben. 君たちのだれかがそれをしたにちがいない / Gib doch dem Kind etwas *von* dem Kuchen! その子にケーキを少し分けてやりなさい
❾《受動文の行為者》…によって ▷ Er wird *von* ihr gelobt. 彼は彼女にほめられる / Er wurde *von* einem Auto angefahren. 彼は自動車にぶつけられた

類語
von 行為者あるいは行為性を感じられるもの
durch 自然現象的原因もしくは仲介者
mit 手段

❿《数量・日付などを表す名詞と》…の ▷ ein Flug *von* vier Stunden 4時間のフライト / die Zeitung *von* gestern きのうの新聞
⓫《具備する性格》…の ▷ Der Wein ist *von* bester Qualität. このワインは最上級のものだ / Sie war eine Frau *von* großer Schönheit. 彼女は非常に美しい女性だった / ein Mann *von* Tat 実行の人
⓬《かつての貴族の身分を表す符号として姓の前につけて》Alexander *von* Humboldt アレクサンダー フォン フンボルト
⓭《原因》…のために ▷ Er ist müde *vom* Laufen. 彼は走ったために疲れている
⓮〖特定の語句と〗*von*+③ abhängen …³しだいである

【イディオム】 *von ... ab* …から ▷ *Von* acht Uhr *ab* bin ich wieder zu Hause. 8時以降は私は再び家にいます
von ... an …から ▷ *von* Anfang *an* 最初から
von ... her …から ▷ Er kennt sie *von* der Schulzeit *her*. 彼は彼女のことを学校に通っているときから知っている
von mir aus《口語》私に関しては ▷ *Von mir aus* kannst du gehen. 私は君が出かけてもかまわないよ

von·ei·nan·der [フォン・アイナンダー] 副 《前置詞 von と einander「互い」の結合形》互いから; 互いについて; 互いによって ▷ Die Laternen stehen etwas zu weit *voneinander*. 街灯間の距離が少し離れすぎている / Sie sind *voneinander* enttäuscht. [状態受動] 彼らは互いに幻滅し合っている
von·stat·ten [フォン・シュタッテン] 副 《成句で》《文語》*vonstatten gehen* (仕事などは)はかどる, 進捗(しんちょく)する

vor
[foːɐ̯ フォーア]

前《③・④支配》
☆ 空間関係の表示において位置を表す場合は3格, 方向を表す場合は4格を支配する
☆ 定冠詞との融合形: vorm, vors など
☆ 代名詞との結合形: davor, wovor など
❶《3・4格》《空間》(⇔ hinter)
a) 〖3格〗《位置》…の前で〈に〉
vor dem Eingang warten
入口の前で待っている
Vor dem Haus steht ein großer Baum.
家の前に大きな木が立っている
Plötzlich stand er *vor* mir.
突然彼が私の前に立っていた
kurz *vor* der Kreuzung
交差点のすぐ手前で
einen Kilometer *vor* München
ミュンヒェンの1キロ手前で
Er ging zwei Schritte *vor* ihr.
彼は彼女の2歩前を歩いた
〖her と呼応して〗
Der Hund rennt *vor* dem Fahrrad her. 犬が自転車の前を走る
b) 〖4格〗《方向》…の前へ〈に〉

voran

vors Hotel fahren ホテルの前に乗りつける Er stellte den Tisch *vor* das Fenster. 彼は机を窓の前に置いた Sie tritt *vor* die Tür. 彼女はドアの外に出る Sie hat ihn bis *vor* die Tür gebracht. 彼女は彼を戸口まで送った

❷《3格》《時間》…の前に（⇔ nach）▷ *vor* dem Essen 食事前に / Kurz *vor* der Hochzeit wurde sie krank. 結婚式の直前に彼女は病気になった / *vor* einigen Jahren 数年前に / Es ist zwei Minuten *vor* vier [Uhr]. 4時2分前だ

❸《3格》《順序》…の先に ▷ Er starb *vor* ihr. 彼は彼女よりも先に死んだ / Sie war *vor* mir an der Reihe. 彼女は私より順番が先だった

❹《3格》《原因》…のあまり ▷ Er weinte *vor* Schmerzen. 彼は苦痛のあまり泣いた / Er konnte *vor* Freude nicht schlafen. 彼は喜びのあまり眠れなかった

❺《3格》《対象》…に対して ▷ Sie hat Respekt *vor* ihm. 彼女は彼に対して敬意をもっている / Sie fürchteten sich *vor* ihm. 彼らは彼を恐れていた

(イディオム) *vor allem* とりわけ、特に *vor kurzem* 先ごろ、つい最近 *vor sich¹ hin* ひとりひそかに ▷ Sie weinte *vor sich hin.* 彼女はひとりひそかに泣いた

★ **vor..** [フォーア..]《分離前つづり》

a)《前へ》*vor*rücken （押して）前に動かす, *vor*schieben 前に押し出す

b)《先に》*vor*gehen 先に行く, *vor*arbeiten 前もって働く

c)《提示》*vor*führen 見せる, *vor*lesen 読んで聞かせる

---

vo·ran [フォラン] 副 先頭に立って ▷ Der Lehrer *voran*, die Kinder hinterdrein. 先生が先頭に立って子供たちが後ろから

vo·ran|ge·hen [フォラン・ゲーエン] 分離 (ging voran; vorangegangen; 匠ぬs)

自 ❶（仕事などは）はかどる、進捗<しんちょく>する ▷ Die Arbeit *geht* gut *voran*. 仕事がうまくはかどる

❷《3格》[..³に]の先頭に立って行く ▷ Der Lehrer *geht* den Schülern *voran*. 先生は生徒たちの先頭に立って行く / 《過去分詞で》am *vorangegangenen* Tag 前日に

vo·ran|kom·men [フォラン・コメン] 分離 (kam voran; vorangekommen; 匠ぬs)

自 前進する ▷ Sie *kommen* im Schnee nur mühsam *voran*. 彼らは雪の中をやっとの思いで前進する / 《比ゆ》Sie sind mit ihrer Arbeit gut *vorangekommen*. 彼らは仕事が順調にはかどった

vor|ar·bei·ten [フォーア・アルバイテン] 分離 (arbeitete vor; vorgearbeitet; 匠ぬh)

— 他《4格》[..⁴分だけ長く]（後てその分休むため）前もって働く ▷ einen Tag *vorarbeiten* 1日分だけ前もって働く

— 再《sich⁴と》（努力して）上位〈上の地位〉に進む

Vor·ar·bei·ter [フォーア・アルバイター] 男 der （⇔ 2格 -s; ⇔ -）職長, 職工長, 人夫頭

vo·raus [フォラオス]

副《3格》[..³に] 先行して ▷ Er war den anderen weit *voraus*. 彼は他の人たちのずっと先にいた / Er war seiner Zeit weit *voraus*. 彼は時代をはるかに先んじていた

(イディオム) *im voraus* (⇒新) *im Voraus* 前もって ▷ Vielen Dank *im Voraus*! 前もってお礼を言います

vo·raus|ge·hen [フォラオス・ゲーエン] 分離 (ging voraus; vorausgegangen; 匠ぬs)

自 ❶（他の人より）先に行く ▷ Ihr könnt *vorausgehen*, ich komme nach. 君たちは先に行ってもかまいません 私はあとから行きます

❷《3格》[..³に] 先行する ▷ Dem Streit gingen mehrere Missverständnisse *vorausgegangen*. この争いに先だっていくつもの誤解があった

Vo·raus·sa·ge [フォラオス・ザーゲ] 女 die （⇔ 2格 -; ⇔ -n）予想, 予言

vo·raus|se·hen [フォラオス・ゼーエン] 分離 (er sieht voraus; sah voraus; vorausgesehen; 匠ぬh)

他《4格》〔事態の展開など⁴を〕予測〈予見〉する ▷ Es war *vorauszusehen*, dass diese Ehe scheitern würde. この結婚が失敗するであろうことは予測できた

vo·raus|set·zen [フォラオス・ゼッツェン] 分離 (setzte voraus; vorausgesetzt; 匠ぬh)

他《4格》[..⁴を] 当然のことと考える; 前提とする ▷ Er *setzt* stillschweigend *voraus*, dass ... 彼は暗黙裏に当然…であると考える / Diese Tat *setzt* großen Mut *voraus*. この行為は大きな勇気を必要とする

Vo·raus·set·zung [フォラオス・ゼッツング] 女 die （⇔ 2格 -; ⇔ -en）前提, 前提条件 ▷ von falschen *Voraussetzungen* ausgehen まちがった前提から出発する / unter der *Voraussetzung*, dass ... …という前提のもとで, もし…ならば

vo·raus·sicht·lich [フォラオス・ズィヒトリヒ]

— 形 予想される, 見込まれる（☆ 述語として用いない）▷ die *voraussichtliche* Verspätung des Zuges 列車の予想される遅れ

— 副（見込みとして）たぶん〈おそらく〉…だろう

(状態), (様態), (場所), (方向), …=状態, 様態, 場所, 方向, …を表す語句

▷ *Voraussichtlich* wird er erst morgen kommen. たぶん彼はあすにならないと来ないだろう

vor|bau·en [フォーア・バオエン] [分離]
(baute vor; vorgebaut; [完了]h)
[自] 〖③と〗〔誤解・危険など³が〕生じないようにする ▷ einem Irrtum *vorbauen* 勘違いが生じないようにする

Vor·be·halt [フォーア・ベハルト] [男] *der* (⊕ 2 格 -[e]s; ⊛ -e) (態度表明の)留保, 保留; 留保条件

vor|be·hal·ten [フォーア・ベハルテン] [分離]
(er behält vor; behielt vor; vorbehalten; [完了]h)
[再] 〖[sich]³+④と〗〔‥⁴の権利を〕(まだ手放さずに)保持する, 留保する ▷ Er *behielt* sich gelegentliche Kontrollen *vor.* 彼はときおり検査する権利を留保した
[イディオム] ③+***vorbehalten sein*** 〈***bleiben***〉 ‥³の権利である ▷ Es *bleibt* Ihnen *vorbehalten,* ob Sie dem Vorschlag zustimmen. 提案に賛成するかどうかはあなたの自由です

vor·bei [フォーア・バイ/フォル..]
[副] ❶ 〖an+③と〗〔‥³のそばを〕**通り過ぎて** ▷ Der Wagen war im Nu an mir *vorbei.* 車はあっという間に私のそばを通り過ぎていた
❷ (時間が)**過ぎ去って** ▷ Der Winter ist *vorbei.* 冬は過ぎ去った

vor·bei|fah·ren [フォーア・バイ・ファーレン] [分離]
(er fährt vorbei; fuhr vorbei; vorbeigefahren; [完了]s)
[自] 〖an+③と〗〔‥³のそばを〕(乗り物で)通り過ぎる, (乗り物が)通り過ぎる

vor·bei|ge·hen [フォーア・バイ・ゲーエン] [分離]
(ging vorbei; vorbeigegangen; [完了]s)
[自] ❶ 〖an+③と〗〔‥³のそばを〕通り過ぎる
❷ (痛みなどが)消え去る, なくなる

vor·bei|kom·men [フォーア・バイ・コメン] [分離]
(kam vorbei; vorbeigekommen; [完了]s)
[自] 〖an+③と〗〔‥³のそばを〕通り過ぎる; すり抜ける

vor·bei|re·den [フォーア・バイ・レーデン] [分離]
(redete vorbei; vorbeigeredet; [完了]h)
[自] 〖an+③と〗(別の話をして)〔話すべき問題³に〕触れない

Vor·be·mer·kung [フォーア・ベメルクング] [女] *die* (⊕ 2 格 -; ⊛ -en) (本の)序文, 前書き; (講演などの)前置き

vor|be·rei·ten [フォーア・ベライテン] [分離]
(du bereitest vor, er bereitet vor; bereitete vor; vorbereitet; [完了]h)
— [再] 〖[sich]⁴+auf 〈für〉+④と〗〔‥⁴の〕**準備〈用意〉をする** ▷ Er hat sich lange auf eine Prüfung *vorbereitet.* 彼は長い時間をかけて試験の準備をした
— [他] ❶ 〖④と〗〔‥⁴の〕**準備〈用意〉をする** ▷ eine Reise *vorbereiten* 旅の準備をする / Er *bereitete* die Unterrichtsstunde gut *vor.* 彼は授業の準備を十分にした
❷ 〖④+auf+④と〗〔‥⁴に‥⁴に対する〕**準備〈用意〉をさせる** ▷ Der Trainer hat die Mannschaft auf das Spiel sehr gut *vorbereitet.* コーチはチームに試合の準備を十分にさせた

vor·be·rei·tet [フォーア・ベライテット]
— vorbereiten の [現在], [過分]
— [形] 準備ができている; 心がまえができている ▷ Er ist gut *vorbereitet.* 彼は準備が十分にできている / Darauf war ich nicht *vorbereitet.* そのことは私は予期していなかった

Vor·be·rei·tung [フォーア・ベライトゥング] [女] *die* (⊕ 2 格 -; ⊛ -en) **準備**, 用意, 支度 ▷ *Vorbereitungen* zur Abreise treffen 出発の準備をする

vor·be·straft [フォーア・ベシュトラーフト] [形] 前科のある

vor|beu·gen [フォーア・ボイゲン] [分離]
(beugte vor; vorgebeugt; [完了]h)
— [自] 〖③と〗〔病気など³を〕**予防する**, 防止する ▷ einer Krankheit *vorbeugen* 病気の予防をする
— [再] 〖[sich]⁴と〗前方に身をかがめる; 身を乗り出す ▷ Er *beugte* sich so weit *vor,* dass er fast aus dem Fenster gefallen wäre. 彼は危うく窓から落ちそうになるほど身を乗り出した

Vor·bild [フォーア・ビルト] [中] *das* (⊕ 2 格 -[e]s; ⊛ -er) (優れているために人がまねたいと思う)手本, 模範 ▷ Er ist mein *Vorbild.* 彼は私の手本だ

vor·bild·lich [フォーア・ビルトリヒ] [形] 手本になりうる, 模範的な ▷ Sein Verhalten ist *vorbildlich.* 彼の態度は模範的だ

vor|brin·gen [フォーア・ブリンゲン] [分離]
(brachte vor; vorgebracht; [完了]h)
[他] 〖④と〗〔苦情・願いなど⁴を〕(しかるべきところに)申し立てる, 申し出る

vor·de·re [フォルデレ] [形] 前〈前方〉にある (☆ 名前につけて; [反] hintere) ▷ Die *vorderen* Pläze sind schon besetzt. 前の席はもうふさがっている

Vor·der·grund [フォルダー・グルント] [男] *der* (⊕ 2 格 -[e]s; ⊛ なし) (絵などの)前景; (物事の)前面 ▷ die Personen im *Vordergrund* des Fotos 写真に写っている前の方の人たち / Diese Frage rückt jetzt mehr in den *Vordergrund.* この問題はこれからさらに重要になってくる
[イディオム] ④+***in den Vordergrund stellen*** (問題など)⁴を前面に押し出す
im Vordergrund stehen 重要な問題になっている

V

vor·der·grün·dig [フォルダー・グリュンディヒ] [形] (内容の)浅はかな, 皮相な, 表面的な

Vor·der·mann [フォルダー・マン] [男] *der* ([単] 2格 -[e]s; [複] ..männer) (列などで)前にいる人

Vor·der·sei·te [フォルダー・ザイテ] [女] *die* ([単] 2格 -; [複] -n) 前面

vor·dring·lich [フォーア・ドリングリヒ] [形] 《文語》(案件などが)緊急の, 切迫した, 差し迫った

Vor·druck [フォーア・ドルック] [男] *der* ([単] 2格 -[e]s; [複] -e) (印刷された)記入用紙, 書式

vor·ei·lig [フォーア・アイリヒ] [形] (行動・判断などが)性急な, 早まった ▷ *voreilig* handeln 性急に行動する

vor·ei·nan·der [フォーア・アイナンダー] [副] 《前置詞 vor と einander「互い」の結合形》 互いの前に, 互いに向かい合って; 互いに対して ▷ Sie fürchteten sich *voreinander.* 彼らは互いにこわがっていた (☆ sich^4 vor+③ fürchten …^{3}をこわがる)

vor·ein·ge·nom·men [フォーア・アイン・ゲノメン] 《文語》[形] 偏見を持った, 先入観にとらわれた

vor|ent·hal·ten [フォーア・エントハルテン] [分離]
(er enthält vor; enthielt vor; vorenthalten; [完了]h)
[他] 《③+④と》〔…^{3}に知らせるべき情報など^{4}を〕知らせないで〈言わないで〉おく

vor·erst [フォーア・エーアスト] [副] さしあたり, 当面 ▷ *Vorerst* wollen sie noch keine Kinder haben. さしあたり彼らはまだ子供をつくらないつもりだ

Vor·fahr [フォーア・ファール] [男] *der* ([単] 2·3·4格 -en; [複] -en) 先祖 ▷ die mütterlichen 〈väterlichen〉 *Vorfahren* 母方〈父方〉の先祖

vor|fah·ren [フォーア・ファーレン] [分離]
(er fährt vor; fuhr vor; vorgefahren; [完了]s)
[自] ❶ (乗り物で)玄関先に乗りつける
❷ (乗り物で)先に行く
[イディオム] ***bis zu***+③ ***vorfahren*** (乗り物で)…^{3}までまっすぐに進む

Vor·fahrt [フォーア・ファールト] [女] *die* ([単] 2格 -; [複] なし) (交差点などでの車の)**優先権** ▷ Er hat die *Vorfahrt* nicht beachtet. 彼は優先権を守らなかった

Vor·fall [フォーア・ファル] [男] *der* ([単] 2格 -[e]s; [複] ..fälle) (ふつう不愉快な突然の)**出来事**, 事件 ▷ Dieser *Vorfall* ließ sich nicht länger vertuschen. この事件はもはやこれ以上隠蔽できなかった

vor|fal·len [フォーア・ファレン] [分離]
(er fällt vor; fiel vor; vorgefallen; [完了]s)
[自] (突然いやなことが)起こる ▷ Was ist gestern *vorgefallen*? きのう何が起きたのだ

vor|fin·den [フォーア・フィンデン] [分離]
(fand vor; vorgefunden; [完了]h)
[他] 《④と》〔…^{4}を〕(ある所に来て)見いだす ▷ Als ich zurückkehrte, *fand* ich ihn nicht mehr *vor.* 私が戻ったとき彼はもういなかった / 《[状態]と》 Ich *fand* das Wohnzimmer in großer Unordnung *vor.* (私が帰って来ると)居間はひどく散らかっていた

vor|füh·len [フォーア・フューレン] [分離]
(fühlte vor; vorgefühlt; [完了]h)
[自] 《口語》《bei+③と》〔…^{3}に〕(意向を尋ねる前に)それとなく打診する, さぐりを入れる

vor|füh·ren [フォーア・フューレン] [分離]
(führte vor; vorgeführt; [完了]h)
[他] ❶ 《④と》〔商品など^{4}を〕(性能などを説明しながら)見せる, 披露する, 実演する ▷ Der Verkäufer *führte* den Kunden verschiedene Geräte *vor.* 店員は客たちにいくつかの器具を実演して見せた
❷ 《④と》〔映画など^{4}を〕上映〈上演〉する; 〔魔術など^{4}を〕実演する ▷ Dias *vorführen* スライドを見せる

Vor·gang [フォーア・ガング] [男] *der* ([単] 2格 -[e]s; [複] ..gänge) **出来事**; (出来事の)経過, 成り行き

Vor·gän·ger [フォーア・ゲンガー] [男] *der* ([単] 2格 -s; [複] -) 前任者 ([反] Nachfolger) ▷ Er war mein *Vorgänger.* 彼が私の前任者でした

Vor·gar·ten [フォーア・ガルテン] [男] *der* ([単] 2格 -s; [複] ..gärten) (比較的小さな)前庭

vor|ge·ben [フォーア・ゲーベン] [分離]
(er gibt vor; gab vor; vorgegeben; [完了]h)
[他] 《④と》〔…^{4}であると〕(自分の身を守るために)うそを言う ▷ Er *gab vor,* von dieser Sache nichts zu wissen. 彼はこの件について何も知らないと虚偽の申し立てをした

vor·geb·lich [フォーア・ゲープリヒ] [形] 自称の, 表向きの (=angeblich)

vor·ge·fass·te [フォーア・ゲファステ] [形] あらかじめ抱かれた (☆ 名詞につけて) ▷ eine *vorgefasste* Meinung 先入観 / ein *vorgefasster* Plan 前もって決められていた計画

vor·ge·faß·te [旧⇒新] vorgefasste

vor|ge·hen [フォーア・ゲーエン] [分離]
(ging vor; vorgegangen; [完了]s)
[自] ❶ (時計などが実際の時刻より)**進んでいる** ([反] nachgehen) ▷ Die Uhr *geht* zehn Minuten *vor.* この時計は10分進んでいる
❷ 《口語》 (人よりも)先に行く ▷ Bitte *geh* schon *vor,* ich komme gleich nach. 先に行っててくれ すぐあとから行くから
❸ 《[場所]と》〔…で〕起こる, 生じる ▷ Er begriff nicht, was um ihn herum *vorging.* 彼は自分の周りで何が起きているのかわからなかった
❹ 《[様態]と》〔…の〕行動をとる, 態度に出る ▷ Er *ging* gegen Verleumdungen mit aller Schärfe *vor.* 彼は中傷に対してきわめて厳しい態度に出た

V

Vorkehrung

❺ (重要性など)優先する ▷ Die Gesundheit *geht vor*. 健康がまず一番 / Das *geht* allem anderen *vor*. このことは何事よりも優先する

vor·ge·kom·men [フォーア・ゲコメン] vorkommen の 過分

Vor·ge·schich·te [フォーア・ゲシヒテ] 囡 *die* (⓸2格 -; ⓸ なし)
❶ 有史以前, 先史
❷ (そうなるまでの)いきさつ, 原因になる出来事, 背景

vor·ge·schla·gen [フォーア・ゲシュラーゲン] vorschlagen の 過分

Vor·ge·setz·te [フォーア・ゲゼッツテ] 男 *der* / 囡 *die* (形容詞変化 ☞ Alte 表 I) 上司, 上役 (☆「部下」は der/die Untergebene) ▷ Sein *Vorgesetzter* ist sehr verständnisvoll. 彼の上司は非常に物わかりがよい

vor·ge·stellt [フォーア・ゲシュテルト] vorstellen の 過分

vor·ges·tern [フォーア・ゲスターン] 副 おととい, 一昨日 ▷ Ich habe ihn *vorgestern* angerufen. 私は一昨日彼に電話をかけた

vor|grei·fen [フォーア・グライフェン] 分動 (griff vor; vorgegriffen; 完助h)
自 ❶ 《③と》〔…³よりも〕先に言って(くて)しまう
❷ 〔下されるべき決定など³について〕前もってあれやこれや話をする

vor|ha·ben [フォーア・ハーベン] 分動 (er hat vor; hatte vor; vorgehabt; 完助h)
他 《④と》〔…⁴の〕予定〈計画〉をもっている ▷ *Hast* du morgen Abend schon etwas *vor*? 君は明晩すでに何か予定が入っているかい / Ich *habe* heute Abend nichts *vor*. 私は今晩なんの予定もない / 《zu 不定詞句と》Ich *habe vor*, ihn morgen aufzusuchen. 私は彼をあす訪問するつもりだ

Vor·ha·ben [フォーア・ハーベン] 甲 *das* (⓸2格 -s; ⓸ -) 計画 ▷ Er konnte sein *Vorhaben* nicht ausführen. 彼は自分の計画を実行できなかった

vor|hal·ten [フォーア・ハルテン] 分動 (er hält vor; hielt vor; vorgehalten; 完助h)
他 ❶ 《③+④と》〔…³の前に…⁴を〕差し出して持っている; 突きつける ▷ Er *hielt* ihr einen Spiegel *vor*. 彼は彼女のために鏡を持っていてやった / 〈再帰的に〉 *sich* vor dem Gähnen die Hand *vorhalten* あくびの際に口に手を当てる
❷ 《③+④と》〔…³に対して…⁴を〕とがめる, 非難する ▷ Er *hielt* ihr oft ihre Unpünktlichkeit *vor*. 彼は彼女に時間のルーズさをたびたびとがめた

vor·han·den [フォーア・ハンデン] 形 手持ち〈手元〉の; 存在している ▷ Das *vorhandene* Heizöl reicht bis März aus. 手持ちの灯油で3月まで足りる / Es sind noch genügend Vorräte *vorhanden*. まだ十分な蓄えがある (☆ 文頭の es は穴埋め)

Vor·hang [フォーア・ハング] 男 *der* (⓸2格 -[e]s; ⓸ ..hänge)
❶ (厚地の)カーテン (☆ レースなどの「薄地のカーテン」は Gardine) ▷ einen *Vorhang* aufziehen 〈zuziehen〉カーテンをあける〈閉める〉
❷ (舞台の)幕 ▷ Der *Vorhang* im Theater geht auf. 劇場の幕があく

Vor·hän·ge [フォーア・ヘンゲ] Vorhang の 複数

vor·her [フォーア・ヘーア/フォーア・ヘーア] 副 (事が起こる前に)前もって, あらかじめ; (それより)以前に ▷ Warum haben Sie mir das nicht *vorher* gesagt? あなたはなぜ私にそのことを前もって言わなかったのですか / kurz *vorher* 少し前に / einige Tage *vorher* 数日前に / am Tage *vorher* 前の日に

Vor·herr·schaft [フォーア・ヘルシャフト] 囡 *die* (⓸2格 -; ⓸ なし) 《文語》(政治・経済・文化などでの)優位な〈支配的な〉地位

vor|herr·schen [フォーア・ヘルシェン] 分動 (herrschte vor; vorgeherrscht; 完助h)
自 (ある考え/流行などが)支配的である, (他に比べて)より広く広まっている

Vor·her·sa·ge [フォーア・ヘーア・ザーゲ] 囡 *die* (⓸2格 -; ⓸ -n) 予想, 予言

vor·her|sa·gen [フォーア・ヘーア・ザーゲン] 分動 (sagte vorher; vorhergesagt; 完助h)
他 《④と》〔未来の出来事⁴を〕前もって言う, 予測〈予言〉する ▷ Er hatte mir die Folgen *vorhergesagt*. 彼は私に結果を予言していた

vor·her|se·hen [フォーア・ヘーア・ゼーエン] 分動 (er sieht vorher; sah vorher; vorhergesehen; 完助h)
他 《④と》〔未来の出来事⁴を〕前もって知る, 予見〈予知〉する ▷ Die Niederlage hat man nicht *vorhersehen* können. この敗北は予見することができなかった

vor·hin [フォーア・ヒン/フォーア・ヒン] 副 さっき, 先程, いましがた ▷ Ich habe ihn *vorhin* gesehen. 私は彼をいましがた見かけた

Vor·hof [フォーア・ホーフ] 男 *der* (⓸2格 -[e]s; ⓸ ..höfe) (大きな建物の)前庭

vo·ri·ge [フォーリゲ] 形 前の, 先の (☆ 名詞につけて) ▷ Die Versammlung fand *vorige* Woche statt. 集会は先週開かれた / im Mai *vorigen* Jahres 前年の5月に / im *vorigen* Jahrhundert 前世紀に

Vor·kämp·fer [フォーア・ケムプファー] 男 *der* (⓸2格 -s; ⓸ -) (思想などの)先駆者, パイオニア

Vor·keh·rung [フォーア・ケールング] 囡 *die* (⓸2格 -; ⓸ -en) 《ふつう 複で》(安全・保護のための)事前の対策, 予防措置

vor|kom·men [フォーア・コメン] 分離
(kam vor; vorgekommen; 医りs)
自 ❶ (ふつうよくないことが) 起こる ▷ So etwas ist mir noch nicht *vorgekommen*. そういうことに私はまだ出会ったことがない
❷《③に》《状態》》[..³に…ように] 思われる (主に不信感・奇異な印象について用いる) ▷ Das *kam* mir merkwürdig *vor*. それは私には奇異に思えた / Dieser Mann *kommt* mir bekannt *vor*. この男の人にはどこかで会った気がする /《非人称主語 es と》Es *kam* mir *vor*, als hätte ich das schon einmal gesehen. 私はまるでそれを以前一度見たことがあるような感じがした
❸《場所と》[…に] 存在する, 見いだされる ▷ In dem Text *kommen* viele Fehler *vor*. このテキストには誤りが多く見いだされる

Vor·komm·nis [フォーア・コムニス] 田 das
(⑯ 2格 ..nisses; ⑯ ..nisse) (よくない)出来事, 事件 ▷ merkwürdige *Vorkommnisse* 奇妙な出来事

vor|la·den [フォーア・ラーデン] 分離
(er lädt vor; lud vor; vorgeladen; 医りh)
他《④と》[..⁴を] (法廷・警察などに) 呼び出す, 召喚する

Vor·la·ge [フォーア・ラーゲ] 囡 die (⑯ 2格 -; ⑯ -n)
❶《⑯ なし》(証明書などの) 呈示 ▷ gegen *Vorlage* des Personalausweises 身分証明書の呈示と引き替えに
❷ (ふつう手仕事などの) 手本; 原型 ▷ nach einer *Vorlage* 手本に従って

vor|las·sen [フォーア・ラッセン] 分離
(er lässt vor; ließ vor; vorgelassen; 医りh)
他《④と》[..⁴を] (店のレジなどで) 順番を譲る ▷ eine alte Frau an der Kasse im Supermarkt *vorlassen* スーパーマーケットのレジで年老いた女性に順番を譲る

Vor·läu·fer [フォーア・ロイファー] 男 der (⑯ 2格 -s; ⑯ -)
先駆者 ▷ ein *Vorläufer* der abstrakten Malerei 抽象絵画の先駆者

vor·läu·fig [フォーア・ロイフィヒ]
形 さしあたりの, 暫定的な, 仮の ▷ eine *vorläufige* Entscheidung 仮の決定 / Die Maßnahmen sind nur *vorläufig*. この措置は暫定的なものでしかない / Ich wohne *vorläufig* im Hotel. 私はさしあたりホテルに泊まる

vor·laut [フォーア・ラオト]
形 (特に子供が出しゃばって) 余計な口をきく ▷ Sei nicht so *vorlaut*! そんな余計な口をさしはさむな

vor|le·gen [フォーア・レーゲン] 分離
(legte vor; vorgelegt; 医りh)
他 ❶《④と》[..⁴を] (審議などのために) 提出する ▷ dem Parlament einen Gesetzentwurf *vorlegen* 国会に法案を提出する
❷《④と》[成果⁴を] 公にする ▷ Der Autor *legt* einen ersten Roman *vor*. その作家は最初の長編小説を世に出す
❸《文語》《③+④と》[..³に..⁴を] (処理してもらうために) 差し出す ▷ Das Schreiben wurde ihm zur Unterschrift *vorgelegt*. 書状はサインのために彼のところに持って来られた

vor|le·sen [フォーア・レーゼン] 分離
(er liest vor; las vor; vorgelesen; 医りh)
他《④と》[童話など⁴を] 読んで聞かせる; [詩など⁴を] 朗読する ▷ Soll ich dir den Brief *vorlesen*? 私が手紙を読みましょうか

Vor·le·sung [フォーア・レーズング] 囡 die (⑯ 2格 -; ⑯ -en)
(大学の) 講義 ▷ Er geht zur 〈in die〉 *Vorlesung*. 彼は講義を聴きに行く

vor·letz·te [フォーア・レッツテ]
形 (☆名詞につけて) ❶ 最後から 2 番目の
❷ 前の前の ▷ *vorletzte* Woche 先々週

Vor·lie·be [フォーア・リーベ] 囡 die (⑯ 2格 -; ⑯ -n)
特別に愛好していること ▷ Er hat eine *Vorliebe* für klassische Musik. 彼はクラシック音楽が特に好きだ / mit *Vorliebe* 特に好んで

vor|lie·gen [フォーア・リーゲン] 分離
(lag vor; vorgelegen; 医りh)
自 ❶《③と》(処理されるべきものとして)[..³の] ところ〈手元〉にある, [..³に] 寄せられている ▷ Mir *liegt* eine Beschwerde *vor*. 私のところに苦情が寄せられている
❷ (根拠・理由・思い違いなどが) ある, 存在する ▷ Hier muss ein Missverständnis *vorliegen*. この点で誤解があるに違いない

vorm [フォーアム]《口語》〔*vor* と定冠詞 *dem* の融合形〕Das Auto hielt *vorm* Haus. 車は家の前に止まった

vor|ma·chen [フォーア・マッヘン] 分離
(machte vor; vorgemacht; 医りh)
他《③+④と》[..³に..⁴を] (手本になるように) やって見せる ▷ Komm, ich *mache* dir die Tanzschritte *vor*. さあ ぼくが君にダンスのステップをやって見せてやる

vor|mer·ken [フォーア・メルケン] 分離
(merkte vor; vorgemerkt; 医りh)
他《④と》[期限・注文など⁴を] (後で思い出すために) 書き留める

vor·mit·tag [フォーア・ミッターク] 副 [旧⇒新] Vormittag

★ vormittag は, 従来の正書法で heute, morgen, gestern および曜日を表す語と結びつき「…の午前に」という意味で用いられていたが, 新正書法では下に示すように, heute のような場合は大文字書き, 曜日を表す語の場合は一語書きとする:
heute vormittag ⇒ heute Vormittag 「今

日の午前に」
Montag Vormittag ⇨ Montagvormittag
「月曜日の午前に」

Vor·mit·tag
[fóːmɪtaːk フォーア・ミッターク]
男 der (⊕2格 -[e]s; ⊕ -e)

午前 (⊗ Nachmittag)
Es schneite den ganzen *Vormittag*.
午前中ずっと雪が降っていた
am *Vormittag* 午前に

vor·mit·tags [フォーア・ミッタークス]
副 午前[中]に ▷ Er ist *vormittags* zu Hause. 彼は午前中家にいる
[注] 曜日を表す語と結びつき「…曜日の午前に」と言う場合, 新正書法では一語で書く ▷ Mittwoch vormittags ⇨ mittwochvormittags「水曜日の午前に」

Vor·mund [フォーア・ムント] 男 der (⊕2格 -[e]s; ⊕ -e ⟨..münder⟩) 後見人

vorn [フォルン]
副 前に, 前の方に (☆「後ろに」は hinten) ▷ *vorn* sitzen 前の方に座っている / Bitte *vorn* einsteigen! 前の方からご乗車ください / 〚前置詞句と〛 *vorn* im Schrank 戸棚の前の方に / nach *vorn* gehen 前の方へ行く
(イディオム) *von vorn* 前から; はじめから ▷ alles noch einmal *von vorn* erzählen すべてもう一度はじめから話す

Vor·na·me [フォーア・ナーメ] 男 der (⊕2格 -ns, 3·4格 -n; ⊕ -n)
(姓に対して) 名 (☆「姓」は Nachname, Familienname)

vor·ne [フォルネ] =vorn

vor·nehm [フォーア・ネーム]
形 ❶ 高級の, 上品な ▷ ein *vornehmes* Hotel 高級ホテル / Sie ist sehr *vornehm* gekleidet. 彼女の服装はとても上品だ
❷ 高潔な, 気高い ▷ Er denkt und handelt sehr *vornehm*. 彼は考え方も行動も非常に高潔だ
❸ 上流階級の ▷ Sie kommt aus einer *vornehmen* Familie. 彼女は上流家庭の出だ

vor|neh·men [フォーア・ネーメン] 分離 (er nimmt vor; nahm vor; vorgenommen; 完了h)
他 ❶ 〚sich³+④と〛[..⁴をすることを]決心する, 計画する ▷ Ich habe mir heute diese Arbeit *vorgenommen*. 私はきょうこの仕事をすることに決めた / 〚zu 不定詞句と〛Er hat sich *vorgenommen*, mit dem Rauchen aufzuhören. 彼は禁煙する決意をした
❷ 〚sich³+④と〛[..⁴に]取りかかる, 取り組む ▷ *sich* eine Arbeit *vornehmen* 仕事に取りかかる

(イディオム) *eine Änderung vornehmen* 《文語》変更を加える
eine Untersuchung vornehmen 《文語》調査をする

vor·nehm·lich [フォーア・ネームリヒ] 副 《文語》 特に, とりわけ ▷ Sie interessiert sich *vornehmlich* für Psychologie. 彼女はとりわけ心理学に興味をもっている

vorn·he·rein [フォルン・ヘライン] 副 〚成句で〛 *von vornherein* 最初から, はじめから ▷ Er hat es *von vornherein* gewusst. 彼はそれを最初から知っていた

Vor·ort [フォーア・オルト] 男 der (⊕2格 -[e]s; ⊕ -e)
郊外; 近郊 ▷ Manche Angestellte kommen aus den *Vororten* zur Arbeitsstelle. 郊外から仕事場に通ってくる社員も相当数いる

Vor·rang [フォーア・ラング] 男 der (⊕2格 -[e]s; ⊕ なし) 優位; 優先権

Vor·rat [フォーア・ラート] 男 der (⊕2格 -[e]s; ⊕ ..räte) 蓄え, 在庫, ストック ▷ einen großen *Vorrat* an 〈von〉 Lebensmitteln haben 食料品を多量に蓄えてある / Die *Vorräte* sind aufgebraucht. [状態受動] 蓄えは全部使い果たしてしまった

vor·rä·tig [フォーア・レーティヒ] 形 (商品などが) 在庫として倉庫にある; 貯蔵して〈蓄えて〉ある (☆ ふつう述語として)

Vor·recht [フォーア・レヒト] 中 das (⊕2格 -[e]s; ⊕ -e) 特権, 特典

Vor·re·de [フォーア・レーデ] 女 die (⊕2格 -; ⊕ -n) 《口語》 前置き, 前口上

Vor·rich·tung [フォーア・リヒトゥング] 女 die (⊕2格 -; ⊕ -en) 装置; 設備, 仕掛け

vor|rü·cken [フォーア・リュッケン] 分離
— 他 〚完了h〛 〚④と〛 [..⁴を](押して)前に動かす〈ずらす〉 ▷ einen Schrank *vorrücken* 戸棚を押して前に動かす
— 自 〚完了s〛 ❶ 前の方へ動く, 前へ進む; (時が)経つ ▷ Er ist in die erste Reihe *vorgerückt*. 彼は最前列に進んだ
❷ 《軍事》 (部隊が)敵に向かって前進する

vors [フォーアス] 〚vor と定冠詞 das の融合形〛 *vors* Hotel fahren ホテルの前に乗りつける

vor|sa·gen [フォーア・ザーゲン] 分離 (sagte vor; vorgesagt; 完了h)
他 〚③+④と〛 [..³に 答えなど⁴を](小さな声で)そっと教える ▷ Der Schüler *sagte* seinem Nachbarn die Antwort *vor*. その生徒は隣の生徒にそっと答えを教えた

Vor·satz [フォーア・ザッツ] 男 der (⊕2格 -es; ⊕ ..sätze) 決意 ▷ einen *Vorsatz* fassen 決意する

vor·sätz·lich [フォーア・ゼッツリヒ] [形] 故意の, 意図的な (☆ 述語として用いない) ▷ ④+*vorsätzlich* töten …⁴を故意に殺す

vor|schie·ben [フォーア・シーベン] [分離] (schob vor; vorgeschoben; [完了]h)
[他] ❶ 〚④と〛〔…⁴を〕前に押し〈突き〉出す; 押して前へ動かす
❷ 《文語》〚④と〛〔…⁴を〕(交渉などの)前面に立てる; 傀儡(かいらい)として担ぎ出す
❸ 《文語》〚④と〛〔病気など⁴を〕口実にする
[イディオム] ***den Riegel vorschieben*** かんぬきを掛ける

Vor·schlag [フォーア・シュラーク] [男] *der* ([単] 2格 -[e]s; [複] ..schläge)
提案 ▷ einen *Vorschlag* annehmen 提案を受け入れる / Er hat meinen *Vorschlag* abgelehnt. 彼は私の提案を断った

Vor·schlä·ge [フォーア・シュレーゲ] Vorschlag の [複数]

vor|schla·gen [フォーア・シュラーゲン] [分離] (du schlägst vor, er schlägt vor; schlug vor; vorgeschlagen; [完了]h)
[他] ❶ 〚④と〛〔…⁴を〕提案する ▷ Ich habe ihm eine andere Lösung *vorgeschlagen.* 私は彼に別の解決策を提案した / 〚zu 不定詞句と〛Er *schlug vor*, gleich aufzubrechen. 彼はすぐ出発することを提案した
❷ 〚④と〛〔…⁴を〕(地位・役職などに)推薦する (= empfehlen) ▷ Ich habe ihn für ein Amt *vorgeschlagen.* 私は彼をある公職に推薦した

vor·schnell [フォーア・シュネル] [形] (行動・判断などが)性急な, 早まった

vor|schrei·ben [フォーア・シュライベン] [分離] (schrieb vor; vorgeschrieben; [完了]h)
[他] 〚③+④と〛〔…³に…⁴を〕指示〈指図〉する ▷ Er hat mir *vorgeschrieben*, wie ich mich verhalten soll. 彼は私にどう振舞うべきか指図した / Ich lasse mir von dir nichts *vorschreiben*! 私は君の指図なぞ一切受けない / Das Gesetz *schreibt vor*, dass das Gericht darüber zu entscheiden hat. 法律はそれについては裁判所が決定すべきであると定めている
[イディオム] ***die vorgeschriebene Geschwindigkeit*** 法定速度

Vor·schrift [フォーア・シュリフト] [女] *die* ([単] 2格 -; [複] -en)
(ある状況ですべきことを定めた)規則, 規定; 指示, 指図 ▷ die *Vorschriften* beachten 規定を守る / gegen die *Vorschriften* verstoßen 規則に違反する / Er nimmt ein Medikament nach *Vorschrift* ein. 彼は薬を指示通りに服用する

Vor·schuss [フォーア・シュス] [男] *der* ([単] 2格 -es; [複] ..schüsse) (給料・報酬などの)前払い金; 前借り

Vor·schuß [旧⇒新] Vorschuss

vor|se·hen [フォーア・ゼーエン] [分離] (er sieht vor; sah vor; vorgesehen; [完了]h)
[他] 《文語》 ❶ 〚④と〛〔…⁴することを〕予定している (☆ ふつう状態受動で) ▷ Es ist *vorgesehen*, einige Bestimmungen zu ändern. いくつかの規則を変更することが考えられている
❷ 〚④+für+④と〛〔職など⁴を…⁴に〕予定している ▷ Sie war für den Posten *vorgesehen.* [状態受動] 彼女はこのポストに予定されていた

Vor·sicht [フォーア・ズィヒト] [女] *die* ([単] 2格 -; [複] なし)
用心, 注意, 慎重 ▷ Hier ist äußerste *Vorsicht* nötig. ここは大いに用心する必要がある / *Vorsicht*! 危ない, 気をつけて / *Vorsicht*, Glas! ガラスに注意 / mit *Vorsicht* 慎重に

vor·sich·tig [フォーア・ズィヒティヒ] ([比較] -er, [最上] -st)
[形] 用心〈注意〉深い, 慎重な ▷ Er hat sich *vorsichtig* ausgedrückt. 彼は慎重に意見を述べた / Sei *vorsichtig*! 危ないよ, 気をつけて

vor·sichts·hal·ber [フォーア・ズィヒツ・ハルバー] [副] 念のために

Vor·sitz [フォーア・ズィッツ] [男] *der* ([単] 2格 -es; [複] なし) (会議などの)議事進行, 司会 ▷ den *Vorsitz* haben 議長である / den *Vorsitz* führen 議長を務める

Vor·sit·zen·de [フォーア・ズィッツェンデ] [男] *der* / [女] *die* (形容詞変化 ☞ Alte 表 I) 議長; 会長, 委員長, 理事長 ▷ Er wurde zum *Vorsitzenden* gewählt. 彼は議長に選ばれた

vor|sor·gen [フォーア・ゾルゲン] [分離] (sorgte vor; vorgesorgt; [完了]h)
[自] 〚für+④と〛〔老後など⁴のために〕あらかじめ備える ▷ für das Alter ⟨den Winter⟩ *vorsorgen* 老後〈冬〉に備える

Vor·spann [フォーア・シュパン] [男] *der* ([単] 2格 -[e]s; [複] -e) (映画・テレビドラマの)クレジットタイトル (キャスト, スタッフなどを紹介する字幕)

Vor·spei·se [フォーア・シュパイゼ] [女] *die* ([単] 2格 -; [複] -n) 前菜, オードブル ([反] Nachspeise)

Vor·spiel [フォーア・シュピール] [中] *das* ([単] 2格 -[e]s; [複] -e) 《音楽》前奏曲; 序曲; 《演劇》序幕

vor|spre·chen [フォーア・シュプレッヒェン] [分離] (er spricht vor; sprach vor; vorgesprochen; [完了]h)
── [他] ❶ 〚③+④と〛〔…³に…⁴を〕(手本として)発音して〈言って〉みせる ▷ dem Zeugen den Eid *vorsprechen* 証人に(あとについて言うように)宣誓の文言を読みあげる
❷ (オーディションで)朗唱〈朗読〉してみせる
── [自] 《文語》〚bei+③と〛〔…³のところに〕(相談

などのために〕行く ▷ **Wann kann ich bei Ihnen** *vorsprechen*? いつ私はあなたのところに行ってもいいですか

Vor·sprung [フォーア・シュプルング] 男 *der* (⊕ 2格 -[e]s; ⊕ ..sprünge) (競技などの)リード; (発展などによる)優位 ▷ **einen großen** *Vorsprung* **haben** 大きくリードしている

Vor·stadt [フォーア・シュタット] 女 *die* (⊕ 2格 -; ⊕ ..städte) 都市の周辺地域, 町外れ, 郊外 ▷ **in der** *Vorstadt* **wohnen** 町外れに住んでいる

Vor·stand [フォーア・シュタント] 男 *der* (⊕ 2格 -[e]s; ⊕ ..stände) (企業・協会などの)首脳部, 役員会, 理事会, 幹事会, 幹部会

Vor·stands·mit·glied [フォーア・シュタンツ・ミット・グリート] 中 *das* (⊕ 2格 -[e]s; ⊕ -er) 役員, 幹部

vor|stel·len
[fóːɐ̯ʃtɛlən フォーア・シュテレン] 分離

現在
ich stelle	... vor	wir stellen	... vor
du stellst	... vor	ihr stellt	... vor
er stellt	... vor	sie stellen	... vor

過去
ich stellte	... vor	wir stellten	... vor
du stelltest	... vor	ihr stelltet	... vor
er stellte	... vor	sie stellten	... vor

過分 **vorgestellt**　完了 **haben**

——他 ❶ 〖③+④と〗〔…³に…⁴を〕紹介する **Er hat uns seine Verlobte** *vorgestellt*. 彼は私たちに彼の婚約者を紹介した
❷ 〖④と〗〔作品・製品などを〕発表する ▷ **Die Firma** *stellt* **in Kürze ihr neues Modell** *vor*. この会社は近いうちに新しいモデルを発表する
❸ 〖④と〗〔時計⁴の〕針を進める (☆「時計の針を遅らす」は zurückstellen) ▷ **Er hat seine Uhr um drei Minuten** *vorgestellt*. 彼は時計を3分進めた

——再 ❶ 〖sich⁴と〗 自己紹介する ▷ **Darf ich mich** *vorstellen*? 自己紹介をしてもよろしいでしょうか
❷ 〖sich³+④と〗〔…⁴を〕想像する, 思い浮かべる ▷ **Das kann ich mir gut** *vorstellen*. それは十分に想像がつく / **Ich kann mir meine Tante noch gut** *vorstellen*. 私はおばのことをまだよく覚えている / 〖状態と〗 **Er hatte sich seine Arbeit interessanter** *vorgestellt*. 彼は自分の仕事がもっと興味深いものと思っていた
❸ 〖sich⁴と〗 (就職などのために)面接を受ける ▷ **Bitte** *stellen* **Sie sich mit Ihren Zeugnissen beim Personalchef** *vor*! 証明書を持って人事部長のところで面接を受けてください

Vor·stel·lung [フォーア・シュテルング] 女 *die* (⊕ 2格 -; ⊕ -en)

❶ 〖⊕ はまれ〗 紹介; 自己紹介 ▷ *die* **Vorstellung der neuen Mitarbeiter** 新しい仕事仲間の紹介
❷ (就職などの)面接 ▷ **Kommen Sie bitte morgen zur** *Vorstellung* **in mein Büro**. どうぞ明日面接に私の事務所に来てください
❸ 〖しばしば ⊕ で〗 イメージ, 心像 ▷ **Das entspricht meinen** *Vorstellungen*. それは私が思い浮かべていたものに一致する
❹ 〖⊕ なし〗 想像 ▷ **Das existiert nur in deiner** *Vorstellung*. それは君が単にそう思っているだけのことだよ
❺ (演劇などの)上演, 公演; (映画の)上映 ▷ **Die** *Vorstellung* **beginnt um 19 Uhr**. 上演〈上映〉は19時に始まる

Vor·stel·lungs·ge·spräch [フォーア・シュテルングス・ゲシュプレーヒ] 中 *das* (⊕ 2格 -[e]s; ⊕ -e) (就職などのための)面接

Vor·stoß [フォーア・シュトース] 男 *der* (⊕ 2格 -es; ⊕ ..stöße) 突撃

Vor·stra·fe [フォーア・シュトラーフェ] 女 *die* (⊕ 2格 -; ⊕ -n) 前科 ▷ **Er hat eine** *Vorstrafe*. 彼には前科がある

vor|täu·schen [フォーア・トイシェン] 分離 (täuschte vor; vorgetäuscht; 完了h)
他 〖④と〗〔…⁴の〕ふりをする, 〔…⁴を〕装う ▷ **Überraschung** *vortäuschen* 驚いたふりをする / **Er** *täuschte* **eine Krankheit** *vor*, **um früher gehen zu können**. 彼は早退できるように病気のふりをした

Vor·teil [フォーア・タイル] 男 *der* (⊕ 2格 -s くまれに -es); ⊕ -e)
❶ 長所, 利点, メリット ▷ **Der** *Vorteil* **dieser Methode ist offensichtlich**. この方法のメリットは明らかだ / **Alles hat seine** *Vor*- **und Nachteile**. 物事にはすべて長所と短所がある (☆並列列された単語の共通部分を省略する場合 省略箇所に「-」をつける)
❷ 利益〈得〉になること ▷ **Er denkt immer an seinen** *Vorteil*. 彼はいつも自分が得することを考えている
イディオム ③+*gegenüber im Vorteil sein* …³に比べて有利な立場にある
aus+③ *Vorteile ziehen* …³から利益を引き出す

vor·teil·haft [フォーア・タイルハフト] 形 有利な, 得な ▷ **ein** *vorteilhaftes* **Angebot** 有利な申し出

Vor·trag [フォーア・トラーク] 男 *der* (⊕ 2格 -[e]s; ⊕ ..träge)
❶ 講演 ▷ **ein öffentlicher** *Vortrag* 公開講演 / **einen** *Vortrag* **halten** 講演をする / **Der** *Vortrag* **findet in der Kunsthalle statt**. その講演は美術館で行われる
❷ 〖⊕ なし〗 (講演などの)話しぶり, (詩などの)朗

読; (楽曲などの)演奏, 歌唱

Vor·trä·ge [フォーア・トレーゲ] Vortrag の 複数

vor|tra·gen [フォーア・トラーゲン] 分離
(er trägt vor; trug vor; vorgetragen; 完了h)
他 ❶ 《4と》《詩など⁴を》朗読する; 《楽曲など⁴を》演奏する ▷ ein Gedicht *vortragen* 詩を朗読する / einige Lieder von Schubert *vortragen* シューベルトの歌曲を数曲歌う / Sie trug ein Stück auf dem Klavier *vor*. 彼女はピアノで1曲弾いた

❷《文語》《4と》《願い・意見など⁴を》(正式な形で)伝える; (公の場で)報告する ▷ Tragen Sie Ihre Angelegenheit schriftlich *vor*! あなたのご用件は書面にてお伝えください / Auf dem Kongress wird er die Ergebnisse seiner Forschungen *vortragen*. 会議で彼は自分の研究成果を報告するでしょう

vor·treff·lich [フォーア・トレフリヒ] 形 非常に優秀な, すばらしい ▷ ein *vortrefflicher* Koch 非常に優秀なコック / Es hat mir *vortrefflich* geschmeckt. それはとてもおいしかった

vo·rü·ber [フォリューバー]
副《文語》❶ 通り過ぎて ▷ Der Wagen ist *vorüber*. 車は通り過ぎた
❷ (時間が)過ぎ去って ▷ Der Winter ist *vorüber*. 冬は過ぎ去った

vo·rü·ber|ge·hen [フォリューバー・ゲーエン] 分離 (ging vorüber; vorübergegangen; 完了s)
自 ❶《an+3と》〔…³のそばを〕通り過ぎる ▷ Er ist an mir grußlos *vorübergegangen*. 彼は私にあいさつもせず通り過ぎていった
❷ (痛み・危険などが)なくなる

vo·rü·ber·ge·hend [フォリューバー・ゲーエント] 形 一時的な ▷ Das Geschäft ist *vorübergehend* geschlossen. [状態受動]店は一時的に閉店している

Vor·ur·teil [フォーア・ウル・タイル] 中 das (@2格 -s〈まれに -es〉; @-e) 偏見, 先入観 ▷ *Vorurteile* gegen Farbige 有色人種に対する偏見

Vor·ver·kauf [フォーア・フェアカオフ] 男 der (@ 2格 -[e]s; @ なし) (入場券などの)前売り

Vor·wahl·num·mer [フォーア・ヴァール・ヌマー] 女 die (@ 2格 -; @-n) = Vorwählnummer

Vor·wähl·num·mer [フォーア・ヴェール・ヌマー] 女 die (@ 2格 -; @-n) (電話の)市外局番

Vor·wand [フォーア・ヴァント] 男 der (@ 2格 -[e]s; @..wände) 口実 ▷ einen *Vorwand* finden 口実を見つける / eine Einladung unter einem *Vorwand* absagen 口実を使って招待の出席の返事を取り消す

類語
Vorwand これからする行為を正当化するために持ち出す都合のよい理由

Ausrede 落度などを言い繕うために持ち出す勝手な理由

vor·wärts [フォーア・ヴェルツ/フォル..]
副 前方へ, 前へ (☆「後方へ」は rückwärts) ▷ *vorwärts* gehen 前進する / drei Schritte *vorwärts* machen 3歩前に出る

イディオム *mit+3 vorwärts kommen* (仕事など)³がはかどる ▷ Ich bin *mit* der Arbeit gut *vorwärts gekommen*. 私は仕事が順調にはかどった

vorwärts gehen (事柄・状態などが)はかどる, 順調に進捗する

vor·wärts|ge·hen [フォーア・ヴェルツ・ゲーエン] 分離 (ging vorwärts; vorwärtsgegangen; 完了s)
自 (旧⇒新) *vorwärts gehen* (分けて書く) ☞ vorwärts

vor·wärts|kom·men [フォーア・ヴェルツ・コメン] 分離 (kam vorwärts; vorwärtsgekommen; 完了s) 自 (旧⇒新) *vorwärts kommen* (分けて書く) ☞ vorwärts

vor·weg [フォーア・ヴェック]
副 ❶ (他のことをする前に)前もって, あらかじめ
❷ (列などの)先に立って

vor·weg|neh·men [フォーア・ヴェック・ネーメン] 分離 (er nimmt vorweg; nahm vorweg; weggenommen; 完了h)
他《4と》〔…⁴を〕先に言う〈する〉 ▷ das Ergebnis *vorwegnehmen* 結果を先に言う

vor|wei·sen [フォーア・ヴァイゼン] 分離
(wies vor; vorgewiesen; 完了h)
他《文語》《4と》〔証明書など⁴を〕見せる, 提示する

vor|wer·fen [フォーア・ヴェルフェン] 分離
(er wirft vor; warf vor; vorgeworfen; 完了h)
他《3+4と》〔…³に…⁴を〕非難する ▷ Er *wirft* mir Faulheit *vor*. 彼は私の怠惰さを非難する / Er *warf* ihr *vor*, dass sie gelogen hatte. 彼はうそをついたと彼女を非難した

vor·wie·gend [フォーア・ヴィーゲント] 副 主に; だいたい, おおむね ▷ Das Publikum bestand *vorwiegend* aus Jugendlichen. 観客は主に青少年たちだった / Das Wetter wird *vorwiegend* heiter. 天気はだいたい晴れる

vor·wit·zig [フォーア・ヴィッツィヒ] 形 (特に子供が)出しゃばりで小生意気な

Vor·wort [フォーア・ヴォルト] 中 das (@ 2格 -[e]s; @ -e) (本の)前書き, 序文, はしがき (☆「後書き」は Nachwort)

Vor·wurf [フォーア・ヴルフ] 男 der (@ 2格 -[e]s; @..würfe) 非難 ▷ Die *Vorwürfe* trafen ihn schwer. それらの非難は彼にとって大きなショックだった

イディオム *3+Vorwürfe machen* …³を非難する

sich³ Vorwürfe machen 自分を責める

Vor·zei·chen [フォーア・ツァイヒェン] 中 *das* (⊛ 2格 -s; ⊛ -) 前兆, きざし, 前触れ ▷ *Das kann ein Vorzeichen für ein großes Erdbeben sein.* これは大地震の前触れかもしれない

vor|zei·gen [フォーア・ツァイゲン] 分離
(zeigte vor; vorgezeigt; 医助h)
他 [④と] (証明書など⁴を)見せる, 呈示する ▷ *die Fahrkarte vorzeigen* 切符を見せる

vor·zei·tig [フォーア・ツァイティヒ] 形 予定より早い, 早めの, 早まった ▷ *Das Kind wurde vorzeitig geboren.* 子供は予定より早く生まれた

vor·zie·hen [フォーア・ツィーエン] 分離
(zog vor; vorgezogen; 医助h)
他 ❶ [④+③と] [‥⁴を‥³よりも]好む ▷ *Er zieht Rotwein dem Weißwein vor.* 彼は白ワインよりも赤ワインを好む // *Ich ziehe es vor, zu Fuß zu gehen.* 私は歩いていくほうがいい

❷ [④と] [‥⁴を]ひいきする; 優先的に扱う ▷ *Der Lehrer zieht die Schülerin den anderen gegenüber vor.* 先生はその女生徒を他の生徒よりひいきする

❸ [④と] [‥⁴を]前方へ引く ▷ *Kannst du deinen Sitz ein wenig vorziehen?* (車などで)座席を少し前に引いてくれますか / *Er zieht den Schemel unter dem Tisch vor.* 彼はテーブルの下のスツールを引き出す

❹ [④と] (試験・選挙・集会などを)予定を早めて行う ▷ *Diese Arbeiten müssen wir vorziehen.* これらの仕事には予定より早く着手しなければならない

Vor·zim·mer [フォーア・ツィマー] 中 *das* (⊛ 2格 -s; ⊛ -) (事務所で, ふつう秘書のいる)受付の部屋, 控えの間

Vor·zug [フォーア・ツーク] 男 *der* (⊛ 2格 -[e]s; ⊛ ..züge)

❶ (人・物の)優れたところ, 長所 ▷ *Einer seiner Vorzüge ist seine Ehrlichkeit.* 彼の長所の一つは彼の正直さだ / *Man muss die Vorzüge und Nachteile gegeneinander abwägen.* メリットとデメリットを比べて吟味しなければならない

❷ [⊛ なし] 優先 ▷ *den Vorzug verdienen* 優先的な扱いを受けて当然である

イディオム ❸ +*den Vorzug geben* ‥³のほうを優先させる

vor·züg·lich [フォーア・ツューグリヒ] 形 非常に優れた, すばらしい ▷ *Dieser Wein ist vorzüglich.* このワインはすばらしい

Vo·ta [ヴォータ] Votum の 複数

Vo·ten [ヴォーテン] Votum の 複数

Vo·tum [ヴォートゥム] 中 *das* (⊛ 2格 -s; ⊛ Voten ⟨Vota⟩) (賛成あるいは反対の)意思表示

vul·gär [ヴルゲーア] 形 野卑な, 下品な

Vul·kan [ヴルカーン] 男 *der* (⊛ 2格 -s; ⊛ -e) 火山 ▷ *Der Vulkan ist ausgebrochen.* その火山は噴火した / *Aus dem Vulkan strömt Lava.* 火山から溶岩が流れ出る

Vul·kan·aus·bruch [ヴルカーン・アオス・ブルフ] 男 *der* (⊛ 2格 -[e]s; ⊛ ..brüche) 火山の爆発

VW [ファオヴェー/フォオヴェー] (⊛ 2格 -[s]; ⊛ -s) 《*Volkswagen* 略語》《商標》フォルクスワーゲン(自動車)

w W [ve: ヴェー]

Waa·ge [ヴァーゲ] 女 *die* (⦿ 2 格 -; ⦾ -n)
秤, 計量器; 水準器 ▷ Ich stelle mich auf die *Waage*. 私は体重計にのる(体重を計る) / Vorteil und Nachteil halten sich die *Waage*. 長所と短所が均衡している

waa·ge·recht [ヴァーゲ・レヒト] 形 水平な(☆「垂直な」は senkrecht) ▷ Das Brett liegt *waagerecht*. 板が水平に置かれている

waag·recht [ヴァーク・レヒト] ＝waagerecht

Waag·scha·le [ヴァーク・シャーレ] 女 *die* (⦿ 2 格 -; ⦾ -n) 天秤ばかりの皿

Wa·be [ヴァーベ] 女 *die* (⦿ 2 格 -; ⦾ -n) 蜜蜂はちの巣

wach [ヴァッハ]
形 ❶ 目がさめている, 起きている(☆ ふつう述語として) ▷ *wach* werden 目がさめる / Der Lärm hat mich *wach* gemacht. 騒音で私は目がさめた
❷ (精神的に) 生き生きした ▷ mit *wachem* Interesse 強い関心をもって

Wa·che [ヴァッヘ] 女 *die* (⦿ 2 格 -; ⦾ -n)
❶ 見張り, 監視員;《軍隊》歩哨ほしょう (☆ 集合的にも用いられる) ▷ Vor dem Tor stand eine *Wache*. 門の前に見張りが立っていた
❷《⦾ なし》見張ること ▷ [auf] *Wache* stehen 見張りをしている / die *Wache* übernehmen 見張りを引き継ぐ
❸ 交番 ▷ Der Betrunkene wurde auf die *Wache* gebracht. 酔っ払いは交番に連れて行かれた

wa·chen [ヴァッヘン]
(wachte; gewacht; 完了h)
自 ❶《über+④と》監視する, 見張る ▷ Die Polizei *wacht* über den Verkehr. 警察が交通を監視する
❷《文語》目をさましている, (眠らずに)起きている ▷ Sie hat die ganze Nacht *gewacht* und auf ihn gewartet. 彼女は一晩中眠らずに彼を待っていた

wach|ru·fen [ヴァッハ・ルーフェン] 分離
(rief wach; wachgerufen; 完了h)
他《④と》《感情・記憶などを》呼び起こす

Wachs [ヴァクス] 中 *das* (⦿ 2 格 -es; ⦾ -e) 蝋ろう; ワックス ▷ das Auto mit *Wachs* polieren 自動車をワックスで磨く

wach·sam [ヴァッハザーム] 形 (思わぬことが起きないように) 油断なく見張る ▷ *wachsame* Hunde よく見張りをする犬たち

wach·sen
[váksn ヴァクセン]

現在	ich wachse	wir wachsen
	du wächst	ihr wachst
	er wächst	sie wachsen
過去	ich wuchs	wir wuchsen
	du wuchsest	ihr wuchst
	er wuchs	sie wuchsen
過分	gewachsen	完了 sein

― 自 (☆ 変化形上表参照)
❶ (人・植物などが)育つ, 成長する
Das Kind *wächst* im Mutterleib. 子供は母の胎内で育つ
Pflanzen *wachsen* bei Nacht schneller als am Tag. 植物の成長は昼間より夜のほうが速い
sich³ einen Bart *wachsen* lassen ひげを伸ばす
❷ (数量が)増える, ふくらむ ▷ Unsere Familie ist inzwischen *gewachsen*. 私たちの家族はそうこうする間に増えた
❸ (程度が)激しくなる ▷ Sein Ärger *wächst* immer mehr. 彼の怒りはますます激しくなる

― 他 (wachste; gewachst; 完了h)
《④と》《スキー板などに》ワックスを塗る

wäch·sern [ヴェクセルン] 形 蝋ろうの; 蝋のような

wächst [ヴェクスト] wachsen 自 の現在

Wachs·tum [ヴァクストゥーム] 中 *das* (⦿ 2 格 -s; ⦾ なし) 成長, 発育; 発展 ▷ das rasche *Wachstum* der Weltbevölkerung 世界人口の急激な膨張

Wäch·ter [ヴェヒター] 男 *der* (⦿ 2 格 -s; ⦾ -) 警備員, 監視人, 見張り, 番人

wa·cke·lig [ヴァッケリヒ] 形 (いす・歯などが)ぐらぐらする ▷ ein *wackeliger* Stuhl ぐらぐらするいす / Der Tisch steht *wackelig*. 机がぐらぐらする

wa·ckeln [ヴァッケルン]
(wackelte; gewackelt; 完了h)
自 ❶ (いす・家などが)ぐらぐらする ▷ Der Tisch *wackelt*. テーブルはぐらぐらする
❷《mit+③と》《…³を》振る, 揺り動かす ▷ Sie *wackelt* mit den Hüften. 彼女は腰を振る

wack·lig [ヴァックリヒ] ＝wackelig

Wa·de [ヴァーデ] 女 *die* (⦿ 2 格 -; ⦾ -n) ふくらはぎ ▷ Er hat kräftige *Waden*. 彼はふくらはぎ

がっしりしている

Waf·fe [ヴァッフェ] 囡 *die* (⊕ 2格 -; ⊕ -n) 武器, 兵器 ▷ Er hat keinen Gebrauch von seiner *Waffe* gemacht. 彼は武器を使用しなかった / die *Waffen* niederlegen 戦闘をやめる

Waf·fel [ヴァッフェル] 囡 *die* (⊕ 2格 -; ⊕ -n) 《料理》ワッフル

Waf·fen·still·stand [ヴァッフェン・シュティル・シュタント] 男 *der* (⊕ 2格 -[e]s; ⊕ ..stände) 休戦, 停戦 ▷ den *Waffenstillstand* brechen 停戦を破る

wa·ge·hal·sig [ヴァーゲ・ハルズィヒ] =waghalsig

wa·ge·mu·tig [ヴァーゲ・ムーティヒ] 形 (危険を冒す)勇気のある, 大胆な, 勇敢な

wa·gen [ヴァーゲン] (wagte; gewagt; 完h)
—他 ❶ 《④と》[…⁴を]あえて〈思い切って〉する ▷ einen Angriff *wagen* 思い切って攻撃をする / Sie *wagte* es nicht, ihn anzusprechen. 彼女は彼に話しかける勇気が出なかった
❷ 《④と》《生命など⁴を》(ある目的のために)賭ける ▷ Für die Rettung der Opfer hat er sein Leben *gewagt*. 彼は命を賭けて犠牲者の救助にあたった
—再 《sich⁴+auf/inと》[…に]勇気を出して〈思い切って〉行く ▷ Sie *wagte* sich nicht mehr auf die Straße. 彼女はもう通りに出て行こうとはしなかった / 《比ゆ》 *sich* an eine schwierige Aufgabe *wagen* 困難な課題に勇気を出して取り組む

Wa·gen
[vá:gn ヴァーゲン]
男 *der* (⊕ 2格 -s; ⊕ -)

格	単数	複数
①	der Wagen	die Wagen
②	des Wagens	der Wagen
③	dem Wagen	den Wagen
④	den Wagen	die Wagen

❶ 《口語》自動車, 車 (=Auto)
ein neuer *Wagen*
新車
einen *Wagen* fahren 〈parken〉
車を運転〈駐車〉する
❷ (荷物・人を運ぶ)車; 《鉄道》車両; 馬車 ▷ ein Zug mit zehn *Wagen* 10両編成の列車

wä·gen [ヴェーゲン] (wägte 〈wog〉; gewogen; 完h)
他 《文語》《④と》[…⁴を]じっくり検討する〈吟味〉する

Wag·gon [ヴァゴーン/..ゴン] =Wagon
Wa·gon [ヴァゴーン/..ゴン] 男 *der* (⊕ 2格 -s; ⊕ -s) 《鉄道》車両; (特に)貨車 ▷ ein Güter-

zug mit zwanzig *Wagons* 20両編成の貨物列車

wag·hal·sig [ヴァーク・ハルズィヒ] 形 向こう見ずの, 命知らずの

Wag·ner [ヴァーグナー] 《人名》ワーグナー (☆ Richard Wagner はドイツの作曲家. 1813–83)

Wag·nis [ヴァークニス] 中 *das* (⊕ 2格 ..nisses; ⊕ ..nisse) 大胆なリスクの伴う行為 ▷ Diese Reise ist ein *Wagnis*. この旅行は大胆な企てだ

Wahl [ヴァール] 囡 *die* (⊕ 2格 -; ⊕ -en)
❶ 《⊕ なし》選択 ▷ eine richtige *Wahl* 正しい選択 / vor der *Wahl* stehen 選択を迫られている / Mir fällt die *Wahl* schwer. 私にはこの選択は難しい / Ich habe keine andere *Wahl*. 私はほかに選択の余地がない
❷ 《ふつう⊕ で》選挙 ▷ geheime *Wahlen* 秘密選挙 / *Wahlen* abhalten 選挙を行う
❸ 《⊕ はまれ》投票 ▷ Er geht zur *Wahl*. 彼は投票に行く
❹ 《⊕ なし》選出[されること] ▷ die *Wahl* der Abgeordneten 代議士の選出

wäh·len [ヴェーレン] (wählte; gewählt; 完h)
—他 ❶ 《④と》[…⁴を]選ぶ, 選択する ▷ als Geschenk ein Buch *wählen* 贈り物として本を選ぶ / Ich habe diesen Weg *gewählt*. 私はこの道を選んだ // Haben Sie schon *gewählt*? もうお決まりですか (☆ レストランでの客の注文をたずねる決まり文句)
❷ 《④と》[電話の番号⁴を]回す, 押す ▷ Welche Nummer hast du *gewählt*? どの番号を回したのですか
❸ 《④と》[…⁴を]選出する ▷ Heute wird ein neuer Vorstand *gewählt*. きょう新しい幹部が選出される / 《④+zum Bürgermeister *wählen* …⁴を市長に選出する
—自 ❶ 選ぶ (☆ 行為そのものを表す) ▷ Du kannst nur zwischen diesen Möglichkeiten *wählen*. 君はこれらの可能性の中からしか選べない
❷ 投票をする ▷ Ich darf noch nicht *wählen*. 私はまだ投票権がない

Wäh·ler [ヴェーラー] 男 *der* (⊕ 2格 -s; ⊕ -) (選挙の)選挙人, 投票者

Wahl·er·geb·nis [ヴァール・エアゲープニス] 中 *das* (⊕ 2格 ..nisses; ⊕ ..nisse) 選挙結果

wäh·le·risch [ヴェーレリシュ] 形 好みのうるさい, えり好みをする

Wahl·kampf [ヴァール・カンプフ] 男 *der* (⊕ 2格 -[e]s; ⊕ ..kämpfe) 選挙戦

wahl·los [ヴァール・ロース] 副 (選択に際し)特にあるものにこだわることなく, 手当たりしだいに ▷ Er sieht sich *wahllos* alles im Fernsehen an. 彼は手当たりしだいになんでもテレビを見る

Wahl·sys·tem [ヴァール・ズュステーム] 中 *das*

完h, 完s=完了の助動詞 haben, sein

wählte

(⦿2格 -s; ⦿ -e) 投票制度
wähl·te [ヴェールテ] wählen の過去
Wahl·ur·ne [ヴァール・ウルネ] 囡 die (⦿2格 -; ⦿ -n) 投票箱
Wahl·zet·tel [ヴァール・ツェッテル] 男 der (⦿2格 -s; ⦿ -) 投票用紙
Wahn [ヴァーン] 男 der (⦿2格 -[e]s; ⦿ なし) 妄想
wäh·nen [ヴェーネン]
(wähnte; gewähnt; 助動 h)
他 《文語》《④+ 再述 と》《…が…にいると》《誤って》思う
Wahn·sinn [ヴァーン・ズィン] 男 der (⦿2格 -[e]s; ⦿ なし) 狂気, 精神異常 ▷ Er verfiel in Wahnsinn. 彼は発狂した
wahn·sin·nig [ヴァーン・ズィニヒ]
形 ❶ 気が狂った, 精神異常の ▷ Bist du wahnsinnig? 君は気でも触れたんじゃないの
❷ 気違いじみた ▷ ein wahnsinniger Plan 気違いじみた計画
❸ 《口語》《程度を表して》ものすごい, ひどい ▷ Ich habe wahnsinnigen Hunger. 私は腹がものすごく減っている / Das ist ja wahnsinnig teuer. それはべらぼうに高いじゃないか
Wahn·sin·ni·ge [ヴァーン・ズィニゲ] 男 der / 囡 die (形容詞変化 ☞ Alte 表 I) 狂人, 精神異常者
wahr [ヴァール]
形 ❶ (偽りなどではなく)真実の, 実際にあった ▷ eine wahre Geschichte 実際にあった話 / Das ist traurig, aber wahr. それは悲しいことだが真実だ / Ist das wahr? それは本当ですか / Das kann doch nicht wahr sein! まさかそんなことはありえないよ
❷ (偽物ではなく)本物の, 本当の, 真の ▷ ein wahres Glück 本当の幸せ / Er ist ein wahrer Künstler. 彼は真の芸術家だ / Es ist ein wahres Wunder. それはまさに奇跡だ / der wahre Täter 真犯人
イディオム ④+*wahr machen* (約束・主張など)⁴を実行する ▷ Er hat sein Versprechen wahr gemacht. 彼は約束を実行した
..., nicht wahr? 《念を入れて》ね、そうだろう ▷ Du kommst doch mit, *nicht wahr?* 君も来るでしょうね
wah·ren [ヴァーレン] (wahrte; gewahrt; 助動 h)
他 ❶ 《④と》《…⁴を》保つ, 保持する ▷ Er wahre seinen guten Ruf. 彼は名声を保った / den Sicherheitsabstand wahren 安全な車間距離を保つ
❷ 《④と》《権利など⁴を》守る ▷ Er suchte seine Interessen zu wahren. 彼は自分の利益を守ろうとした
wäh·ren [ヴェーレン] (währte; gewährt; 助動 h)

自 《文語》(物事が)続く(=dauern)

wäh·rend
[vέːrənt ヴェーレント]
— 前 ❷ 《くまれに口語; ③》支配《(時間)…の間に; …の間ずっと
während des Essens 食事の間に
während des Krieges 戦争中に
Während der Arbeit darf man nicht rauchen. 仕事中は禁煙だ
《③と》
während drei Monaten 3ヵ月の間
— 接 《従属; 定動詞後置》
❶ 《同時》…の間 ▷ Er schlief, während sie las. 彼女が本を読んでいる間彼は眠っていた / Wärend die Sonne schien, lagen sie am Strand. 太陽が輝いている間彼らは海辺に寝そべっていた
❷ 《対立》…であるのに対して ▷ Während er arbeiten muss, geht sie spazieren. 彼は働かねばならないのに対して彼女は散歩に行く
wahr·haft [ヴァールハフト] 形 《文語》真の, 本当の (=wahr)
wahr·haf·tig [ヴァールハフティヒ] 副 本当に, 実際に ▷ Das habe ich wahrhaftig nicht getan. それを私は本当にやっていない
Wahr·heit [ヴァールハイト] 囡 die (⦿2格 -; ⦿ -en)
真実, 事実, 真相, 真理 ▷ Das ist die Wahrheit. それが真実だ / Sag mir die Wahrheit! 本当のことを言え / Seine Behauptung beruht auf Wahrheit. 彼の主張は事実に基づいている / 《挿入句として》um die Wahrheit zu sagen 本当のことを言うと
イディオム *in Wahrheit* 本当は, 実際は
wahr|neh·men [ヴァール・ネーメン] 分離動
(er nimmt wahr; nahm wahr; wahrgenommen; 助動 h)
他 ❶ 《④と》《…⁴を》知覚する, 気づく ▷ ein Geräusch wahrnehmen 物音が聞こえる / einen Lichtschein wahrnehmen 光を感じる / einen unangenehmen Geruch wahrnehmen いやなにおいに気づく
❷ 《④と》《機会など⁴を》利用する, 〔権利⁴を〕行使する ▷ eine günstige Gelegenheit wahrnehmen 有利な機会を利用する
❸ 《④と》《利益⁴を》代表する; 〔義務⁴を〕引き受ける; 〔期限など⁴を〕守る
Wahr·neh·mung [ヴァール・ネーミュング] 囡 die (⦿2格 -; ⦿ -en) 知覚
Wahr·neh·mungs·ver·mö·gen
[ヴァール・ネーミュングス・フェアメーゲン] 中 das (⦿2格 -s; ⦿ なし) 知覚能力
wahr·sa·gen [ヴァール・ザーゲン]

(状態), (様態), (場所), (方向), …=状態, 様態, 場所, 方向, …を表す語句

(wahrsagte; gewahrsagt ⟨旧⇒新⟩ sagte wahr; wahrgesagt⟩; 旧h)
他 《④と》［将来など⁴を］(手相〈トランプ〉などで)占う ▷ Die Zigeunerin hat ihm die Zukunft *wahrgesagt* ⟨*gewahrsagt*⟩. ジプシー女は彼の将来を占った // aus den Karten *wahrsagen* トランプで占う / Ich habe mir *wahrsagen* lassen. 私は占ってもらった

wahr·schein·lich [ヴァール・シャインリヒ]
— 副《ある程度の確信をもって》**たぶん**, おそらく ▷ *Wahrscheinlich* schneit es heute. たぶんきょう雪が降るだろう
— 形《旧⇒新 -er, 旧⇒新 -st》ありそうな, 蓋然性のある ▷ Es ist nicht *wahrscheinlich*, dass …　…ということはありそうにもない

Wahr·schein·lich·keit [ヴァール・シャインリヒカイト] 女 *die* (旧 2格-; まれに 新 -en) 蓋然性, 可能性, 公算, 確率

Wäh·rung [ヴェールング] 女 *die* (旧 2格-; 新 -en) 通貨 ▷ Die *Währung* der Bundesrepublik ist der Euro. (ドイツ)連邦共和国の通貨はユーロである / in ausländischer *Währung* zahlen 外貨で支払う

Wahr·zei·chen [ヴァール・ツァイヒェン] 中 *das* (旧 2格-s; 新-) (土地・都市・組織体などの)象徴, シンボル ▷ Der Eiffelturm ist das *Wahrzeichen* von Paris. エッフェル塔はパリの象徴だ (☆ Eiffelturm [アイフェル・トゥルム])

Wai·se [ヴァイゼ] 女 *die* (旧 2格-; 新 -n) 孤児, みなし子, 遺児 ▷ Er ist *Waise* geworden. 彼は孤児になった

Wal [ヴァール] 男 *der* (旧 2格-[e]s; 新 -e) 《動物》クジラ

Wald
[valt ヴァルト]
男 *der* (旧 2格-es; 〈まれに -s〉; 新 Wälder)

森, 森林
ein dunkler *Wald*
暗い森
durch den *Wald* wandern
森を歩く
Er hat sich im *Wald* verirrt.
彼は森で道に迷った
Er sieht den *Wald* vor lauter Bäumen nicht. 《比ゆ》彼は木だけを見て森を見ない(小さなことにこだわって重要なことを見失う)

Wäl·der [ヴェルダー] *Wald* の 複数
Wald·meis·ter [ヴァルト・マイスター] 男 *der* (旧 2格-s; 新-) 《植物》クルマバソウ
Wald·ster·ben [ヴァルト・シュテルベン] 中 *das* (旧 2格-s; 新 なし) (大気汚染による)森林の枯死
Wal·fisch [ヴァル・フィッシュ] 男 *der* (旧 2格

-[e]s; 新 -e) 《動物》クジラ
Wall [ヴァル] 男 *der* (旧 2格-[e]s; 新 Wälle) 塁壁, 土塁; 堤防, 土手
Wäl·le [ヴェレ] *Wall* の 複数
wal·lend [ヴァレント] 形 (水が)沸き立っている, たぎっている
Wall·fahrt [ヴァル・ファールト] 女 *die* (旧 2格-; 新 -en) 聖地参り, 巡礼
Wal·nuss (旧 ..**nuß**) [ヴァル・ヌス] 女 *die* (旧 2格-; 新 ..nüsse) 《植物》クルミ
wal·ten [ヴァルテン]
自 《成句》《④+*walten lassen* …⁴が作用を及ぼすようにする ▷ Gnade ⟨Gerechtigkeit⟩ *walten lassen* 寛大な措置をとる〈公正に振る舞う〉
Wal·ze [ヴァルツェ] 女 *die* (旧 2格-; 新 -n) 円筒; (機械の)円筒形部品; (道路工事用などの)ローラー
wäl·zen [ヴェルツェン] (wälzte; gewälzt; 旧h)
— 他 ❶《④+方向と》〔重い大きな物⁴を…へ〕転がして動かす〈行く〉▷ einen Stein zur Seite *wälzen* 石を転がしてわきにどける
❷《④+auf+④と》〔責任・費用など⁴を…⁴に〕転嫁する
❸《口語》《④と》〔本など⁴を〕いろいろ取り出して〈あちこちめくって〉調べる; 〔問題・計画など⁴を〕いろいろ検討する
— 再 《*sich*⁴と》転げ回る; (眠れず何度も)寝返りを打つ ▷ Er *wälzte* sich vor Schmerzen am Boden. 彼は痛みのあまり床〈地面〉を転げ回った
Wal·zer [ヴァルツァー] 男 *der* (旧 2格-s; 新-) 《舞踏》ワルツ; 《音楽》ワルツ曲, 円舞曲 ▷ einen *Walzer* tanzen ワルツを1曲踊る
wand [ヴァント] winden の 過去
Wand [ヴァント] 女 *die* (旧 2格-; 新 Wände)
❶ (家の中の)**壁** (☆「外壁」は Mauer) ▷ eine dünne *Wand* 薄い壁 / die *Wände* tapezieren 壁に壁紙をはる / sich⁴ an die *Wand* lehnen 壁に寄り掛かる / An der *Wand* hing ein Bild. 壁に絵が1枚掛かっていた
❷ 岩壁 (= Felswand)
《イディオム》《④+*an die Wand stellen* …⁴を銃殺する (← 壁際に立てる)
Wän·de [ヴェンデ] *Wand* の 複数
Wan·del [ヴァンデル] 男 *der* (旧 2格-s; 新 なし) (根本的・本質的な)**変化** ▷ Die Sprache befindet sich in ständigem *Wandel*. 言語は絶えず変化している
wan·deln [ヴァンデルン]
(wandelte; gewandelt)
— 他 《旧h》《④と》〔…⁴を〕変える (=ändern)
— 再 《*sich*⁴と》(根本的・本質的に)変わる ▷ Seine Ansichten haben sich *gewandelt*. 彼の意見は変わった

— 自 [過去]s] 《文語》ぶらぶら歩く, 散策する
Wan·de·rer [ヴァンデラー] 男 der (⊕ 2格 -s; 複 -) 徒歩旅行をする人, ハイカー

wan·dern [ヴァンデルン]
(wanderte; gewandert; [過去]s)
自 ハイキングをする ▷ Sie sind heute drei Stunden durch den Wald *gewandert*. 彼らはきょう3時間森を歩いた ／《比ゆ》Der Brief *wanderte* sofort in den Papierkorb. 手紙はすぐにくずかごに捨てられた

wan·der·te [ヴァンデルテ] wandern の [過去]
Wan·de·rung [ヴァンデルング] 女 die (⊕ 2格 -; 複 -en) ハイキング ▷ eine weite *Wanderung* machen 遠くまでハイキングをする
Wan·der·vo·gel [ヴァンダー・フォーゲル] 男 der (⊕ 2格 -s; 複 ..vögel)
❶ 《複 なし》ワンダーフォーゲル (20世紀初頭ドイツで始まった青年の山野徒歩旅行運動;「渡り鳥」の意味)
❷ ワンダーフォーゲルの会員
Wand·lung [ヴァンドルング] 女 die (⊕ 2格 -; 複 -en) (根本的・本質的な) 変化
Wand·ta·fel [ヴァント・ターフェル] 女 die (⊕ 2格 -; 複 -n) 黒板
wand·te [ヴァンテ] wenden「向ける」の [過去]
Wand·tep·pich [ヴァント・テッピヒ] 男 der (⊕ 2格 -s; 複 -e) (壁掛け用の) タペストリー
Wand·uhr [ヴァント・ウーア] 女 die (⊕ 2格 -; 複 -en) 掛け時計
Wan·ge [ヴァンゲ] 女 die (⊕ 2格 -; 複 -n) 《文語》頬
wan·ken [ヴァンケン] (wankte; gewankt)
自 ❶ [過去]h] (倒れそうになるほど) 揺れる, 揺らぐ ▷ Der Turm *wankte* und stürzte ein. 塔は揺れて倒壊した
❷ [過去]s] [方向]と] よろよろ〈ふらふら〉歩いて行く ▷ Der Betrunkene *wankte* nach Hause. 酔っ払いはふらふらしながら家に帰った
(イディオム) ④+**ins Wanken bringen** (決心など)⁴をぐらつかせる
ins Wanken geraten (倒れそうになるほど) 揺れ出す, (決心などが) 揺らぎ出す

wann
[van ヴァン]

【疑問副詞】
❶ (時間) いつ
Wann kommt er?
彼はいつ来ますか
Wann ist sie geboren?
彼女はいつ生まれたのか
Von *wann* bis *wann*?
いつからいつまで
Seit *wann* wohnen sie hier?

いつから彼らはここに住んでいるのですか
【間接疑問文で】
Ich weiß nicht, *wann* der Zug eintrifft. 列車がいつ到着するのか私はわかりません
❷ 《条件》どういう場合に ▷ Ich weiß nicht, *wann* eine Prüfung als bestanden gelten kann. 私はどういう場合に試験が合格とみなされうるのかわからない
(イディオム) **dann und wann** ときおり, ときどき

Wan·ne [ヴァンネ] 女 die (⊕ 2格 -; 複 -n) (細長い大きめの) 桶; (特に) 湯船, 浴槽
Wan·ze [ヴァンツェ] 女 die (⊕ 2格 -; 複 -n)
❶ 《昆虫》ナンキンムシ
❷ 小型盗聴器
Wap·pen [ヴァッペン] 中 das (⊕ 2格 -s; 複 -) (盾などに描いた) 紋章
wapp·nen [ヴァップネン]
(wappnete; gewappnet; [過去]h)
再 《sich⁴+gegen「für」+④と》〔危険・批判など⁴に〕備える, 心の準備をする
war [ヴァール] sein の [過去]
warb [ヴァルプ] werben の [過去]
Wa·re [ヴァーレ] 女 die (⊕ 2格 -; 複 -n)
商品, 品物, 品 (☆ 集合的にも用いられる) ▷ erstklassige *Ware* führen 一流の品物を扱う ／ Diese *Ware* verkauft sich nur schlecht. この品は売行きが悪い
wä·re [ヴェーレ] sein の [接II]
Wa·ren·an·ge·bot [ヴァーレン・アン・ゲボート] 中 das (⊕ 2格 -[e]s; 複 -e) 商品の供給
Wa·ren·haus [ヴァーレン・ハオス] 中 das (⊕ 2格 -es; 複 ..häuser) デパート, 百貨店 (=Kaufhaus)
Wa·ren·zei·chen [ヴァーレン・ツァイヒェン] 中 das (⊕ 2格 -s; 複 -) 商標, トレードマーク ▷ ein eingetragenes *Warenzeichen* 登録商標
warf [ヴァルフ] werfen の [過去]

warm
[varm ヴァルム]

[比較] wärmer [最上] wärmst

形 ❶ 暖かい
warme Luft
暖かい空気
ein *warmer* Winter 暖冬
ein *warmes* Zimmer 暖かい部屋
eine *warme* Gegend 温暖な地方
Mir ist *warm*. 私は暖かだ; 少し暑い
Hier ist es *warm*. ここは暖かい
eine *warme* Decke 暖かい掛け布団
sich⁴ *warm* anziehen 暖かい服装をする
❷ 温かい
warmes Wasser 湯, 温水
das Essen *warm* machen 食事を温める

Der Kaffee ist noch *warm*.
コーヒーはまだ温かい
sich⁴ *warm* duschen 温かいシャワーを浴びる
Heute Abend essen wir *warm*.
今晩は温かい食事をとる (☆ ドイツでは夕食に火を使わないパンやハム・ソーセージだけの「冷たい食事」kalte Küche をとることも多い)
❸ (心の)温かい, 心のこもった, 親切な ▷ *warme* Worte 温かいことば / ein *warmes* Herz haben 温かい心をもっている

【イディオム】 *sich³+④+warm halten* …⁴の好意を失わないようにする

Wär·me [ヴェルメ] 囡 *die* (覆 2格 -; 閥 なし)
❶ あたたかさ ▷ Sie spürte die *Wärme* seines Körpers. 彼女は彼の体のぬくもりを感じた
❷ (心などの)温かさ ▷ Ihr fehlt menschliche *Wärme*. 彼女には人間的な温かさがない

wär·men [ヴェルメン]
(wärmte; gewärmt; 覆 h)
他 【④と】温める, 暖かくする ▷ Der Ofen *wärmt* das Zimmer. ストーブで部屋が暖まる / sich³ die Hände am Feuer *wärmen* 手を火にあてて温める / [再帰的に] Er *wärmt* sich am Ofen. 彼はストーブで体を温める

wär·mer [ヴェルマー] warm の 比較

warm|hal·ten [ヴァルム・ハルテン] 囚動 (er hält warm; hielt warm; warmgehalten; 覆 h) 他
(但⇒新) **warm halten** (分けて書く) ☞ warm

wärmst [ヴェルムスト] warm の 最上

war·nen [ヴァルネン] (warnte; gewarnt; 覆 h) 他 【④+vor+③と】 […⁴に…³に気をつけるように】警告〈注意〉する ▷ Ich habe dich vor ihr *gewarnt*. 私は君に彼女に用心するように言ったでしょ / [zu 不定詞句と] Er *warnte* sie davor, zu nahe ans Ufer zu treten. 彼は彼女に岸に近づきすぎないように注意した ∥ Komm mir nicht zu nahe, ich *warne* dich! おれに近づくな 注意しとくぞ(痛い目にあっても知らんぞ)

【イディオム】 *Vor Taschendieben wird gewarnt!* すりに注意

warn·te [ヴァルンテ] warnen の 過去

War·nung [ヴァルヌング] 囡 *die* (覆 2格 -; 閥 -en) (危険な目にあわないように前もってする)警告, 注意

war·ten

[vártn̩ ヴァルテン]

現在	ich warte	wir warten
	du wartest	ihr wartet
	er wartet	sie warten
過去	ich wartete	wir warteten
	du wartetest	ihr wartetet
	er wartete	sie warteten
過分	gewartet	完了 haben

— 自 ❶ 【auf+④と】[…⁴を]待つ
Viele Leute *warten* auf den Bus.
多くの人がバスを待っている
Ich habe lange auf ihn *gewartet*.
私は長いこと彼を待っていた
Zu Hause *wartet* eine Überraschung auf euch. 家に帰ると驚くことが君たちを待っているよ
Ich kann nicht länger *warten*.
私はこれ以上待てない
Wie lange soll ich noch *warten*?
私はまだどれだけ待ったらいいのですか
Ich kann *warten*.
待っていられます(まだ時間がある)

【類語】
warten 人や出来事を待っていて時を過ごす行為そのものに焦点がある
erwarten 人が来たり, 出来事が生じるのを期待して待つ気持ちに焦点がある

❷ 【mit+③と】 […³を](ある時期まで)待つ, しないでおく ▷ Wir werden mit dem Essen noch etwas *warten*. 私たちはもう少し食事をするのを待ちます

— 他 【④と】[…⁴の]手入れをする ▷ Die Maschine muss regelmäßig *gewartet* werden. この機械は定期的に手入れをしなければならない

Wär·ter [ヴェルター] 男 *der* (覆 -s; 閥 -) 世話をする〈見張る〉人; 看守; 灯台守

War·te·saal [ヴァルテ・ザール] 男 *der* (覆 2格 -[e]s; 閥 ..säle) (駅の比較的大きい)待ち合い室〈ホール〉

war·te·te [ヴァルテテ] warten の 過去

War·te·zim·mer [ヴァルテ・ツィマー] 囲 *das* (覆 2格 -s; 閥 -) (病院などの)待合室

War·tung [ヴァルトゥング] 囡 *die* (覆 2格 -; 閥 -en) 整備, メンテナンス, 手入れ ▷ die *Wartung* des Aufzugs エレベータの整備

wa·rum

[varóm ヴァルム]

【疑問副詞】
なぜ, どうして (=wieso)
Warum willst du nach Hause gehen?
君はなぜ家に帰りたがるのか
【間接疑問文で】
Ich weiß nicht, *warum* sie geweint hat.
私には彼女が泣いたのかわからない

【イディオム】 *der Grund, warum …* なぜ…かの理由 ▷ *Der Grund, warum er das gesagt hat, ist mir unbekannt*. 彼がそう言った理由は私にはわからない

Warum nicht? なぜいけないのか, いいではないか; もちろん ▷ Kommst du mit? - *Warum nicht?* 君も来るかい─もちろん

覆 h, 覆 s=完了の助動詞 haben, sein

War·ze [ヴァルツェ] [女] *die* ([単] 2格 –; [複] –n) いぼ(疣)

was

[vas ヴァス]

①	②	③	④	複 数
was	wessen	なし	was	なし

☆ 文法上の性による区別がない

— 〖疑問代名詞; 文頭に置かれる〗

☆ 前置詞と結びつく場合は, ふつう 「wo[r]..＋前置詞」によって置き換えられるが, 疑問代名詞を強調する場合, 口語では両者を離して用いることがある

❶ 何が; 何を

Was ist das?
それはなんですか
Was machst du da?
そこで何をしているんだ
Was hast du gesagt? 君はなんと言ったの
Was ist [los]? どうしたんだ
Was denn? いったいなんなんだ
〖間接疑問文で〗
Weißt du, *was* dort passiert ist?
そこで何が起きたのか知っているかい
〖名詞化された形容詞と〗
Was gibt es Neues?
何か新しい〈変わった〉ことがありますか
〖前置詞と〗
Um *was* 〈＝Worum〉 handelt es sich?
問題はなんなの

❷ 《理解しかねるという気持ちを表して》 **なんだって** ▷ Hans ist verhaftet worden. – *Was*? ハンスが逮捕されたよ—なんだって / Ach *was*! そんなことあるもんか, なんてことだ

❸ いくら, いくつ ▷ *Was* kostet das? それはいくらですか

❹ 〖auch, immer などを伴い認容文で〗 *Was* es auch immer sei, sage es mir! それがなんであろうと私に言いなさい

★ ***was für [ein]*** 《種類について》 どのような, どんな (☆ für は格を支配せず, 名詞の格は文中の役割によって決まる; 抽象名詞, 物質名詞, または複数形の名詞の場合, ein を省き, was für だけになる)
Was für ein Kleid möchtest du?
どのようなドレスがほしいのですか
Was für Schuhe hat er sich gekauft?
彼はどんな靴を買ったのですか
Was für Wein trinkst du gern?
君はどのようなワインが好きなのですか
〖für [ein] は was から分離することがある〗
Was haben Sie *für* Beschwerden?
どのような痛みがあるのですか
〖感嘆文で〗
Was für ein Lärm! なんという騒音
Was für ein herrliches Wetter!
なんとすばらしい天気だ

— 〖不定関係代名詞〗

❶ 〖先行詞をそれ自身の中に含み, 不特定のものを指示する; 1·4 格形しかなく, どの格形が用いられるかは不定関係文内での格関係に基づく; 不定関係文の主文中の役割を明示するために主文の文頭に指示代名詞を置く, ただしこの指示代名詞は不定関係代名詞と同形の場合省略できる〗

…すること〈もの〉

Was du gesagt hast, [das] ist nicht richtig.
君の言ったことは正しくない
Erzähle, *was* du erlebt hast!
君が体験したことを話しなさい

❷ 〖das, 不定代名詞 (etwas, nichts), 中性名詞化したもの (einiges, alles, vieles など) を先行詞として〗 Das, *was* du sagst, stimmt nicht. 君が言っていることは正しくない / Das ist etwas, *was* ich tief bedauere. それは私が非常に残念に思うことだ / Das ist doch das Schönste, *was* es gibt. やはりそれが存在するもっとも美しい〈すばらしい〉ものだ

❸ 〖先行する文の意味内容を先行詞として〗 Er hat die Prüfung bestanden, *was* seine Eltern sehr freute. 彼は試験に合格したが そのことは彼の両親をとても喜ばせた

— 〖不定代名詞〗《口語》 何か (☆ etwas の口語形) ▷ Das ist ja ganz *was* anderes! それはまったく別のことじゃないか

[イディオム] ***so was*** そういうもの ▷ Hast du *so was* schon einmal gesehen? 君はそういうものをかつて見たことがあるかい / 《憤慨・驚きを表して》 [Na] *so was*! なんてことだ

weißt du was 《提案をする際に》 ねえ, どうだい ▷ *Weißt du was*, wir gehen ins Kino. ねえ映画に行こうよ

Wasch·an·la·ge [ヴァッシュ・アン・ラーゲ] [女] *die* ([単] 2格 –; [複] –n) 洗車装置

Wasch·be·cken [ヴァッシュ・ベッケン] [中] *das* ([単] 2格 –s; [複] –) (ふつう壁に取りつけられた) 洗面器, 洗面台

Wä·sche

[ヴェッシェ] [女] *die* ([単] 2格 –; [複] –n)

❶ 〖[複] なし〗《集合的に》 洗濯物 ▷ Die *Wäsche* ist noch nicht trocken. 洗濯物はまだ乾いていない

❷ 〖[複] なし〗《集合的に》 下着 ▷ die *Wäsche* wechseln 下着を替える / frische *Wäsche* anziehen 洗いたての下着を着る

❸ 洗濯 ▷ Das Kleid ist bei der *Wäsche* eingegangen. このドレスは洗濯して縮んでしまった

Wä·sche·beu·tel [ヴェッシェ・ボイテル] [男]

der ([単] 2 格 -s; [複] –) (汚れた)洗濯物を入れる袋

Wä·sche·fach [ヴェッシェ·ファッハ] [中] *das* ([単] 2 格 -[e]s; [複] ..fächer) 下着用仕切り棚

wa·schen

[váʃn̩ ヴァッシェン]

[現在]	ich wasche	wir waschen
	du **wäschst**	ihr wascht
	er **wäscht**	sie waschen
[過去]	ich wusch	wir wuschen
	du wusch[e]st	ihr wuscht
	er wusch	sie wuschen
[過分]	gewaschen	[完了] haben

[他] ❶ 〖④と〗〔..⁴を〕洗う; 洗濯する

die Wäsche *waschen*
下着を洗う
Kann man dieses Hemd in der Waschmaschine *waschen*? このシャツは洗濯機で洗うことができますか
Ich muss mal mein Auto *waschen* lassen.
私は一度洗車してもらわねばならない
Er *wäscht* einmal in der Woche.
彼は週に一度洗濯をする

❷ 〖④と〗〔体など⁴を〕洗う, きれいにする ▷ Die Mutter *wäscht* das Kind. 母親は子供の体を洗う / Er *wäscht* sich das Gesicht. 彼は顔を洗う / 〖再帰的に〗Er *wäscht* sich. 彼は体を洗う

[イディオム] ***Geld waschen*** マネーローンダリング〈資金洗浄〉をする

Wä·sche·rei [ヴェッシェライ] [女] *die* ([単] 2 格 –; [複] -en) クリーニング店, 洗濯屋 ▷ Wäsche in die *Wäscherei* geben 洗濯物をクリーニング店に出す

Wä·sche·schleu·der [ヴェッシェ·シュロイダー] [女] *die* ([単] 2 格 –; [複] -n) (洗濯物の)脱水機

Wä·sche·trock·ner [ヴェッシェ·トロックナー] [男] *der* ([単] 2 格 -s; [複] –) (洗濯物の)乾燥機

Wasch·lap·pen [ヴァッシュ·ラッペン] [男] *der* ([単] 2 格 -s; [複] –)

❶ (身体を洗うための)入浴用タオル
❷ 《口語》臆病(おくびょう)者, 弱虫, 意気地なし

Wasch·ma·schi·ne [ヴァッシュ·マシーネ] [女] *die* ([単] 2 格 –; [複] -n) 洗濯機

Wasch·mit·tel [ヴァッシュ·ミッテル] [中] *das* ([単] 2 格 -s; [複] –) 洗剤

Wasch·pul·ver [ヴァッシュ·プルファー] [中] *das* ([単] 2 格 -s; [複] –) 粉末洗剤

wäschst [ヴェッシュスト] waschen の [現在]

wäscht [ヴェッシュト] waschen の [現在]

Was·ser

[vásɐ ヴァッサー]

[中] *das* ([単] 2 格 -s; [複] –)

❶ 〖[複] なし〗水

kaltes *Wasser* 冷たい水
warmes *Wasser* 湯
heißes *Wasser* 熱湯
Wasser kochen 湯を沸かす
ein Zimmer mit fließendem *Wasser*
水道設備のある部屋
das *Wasser* abdrehen 水道の栓を閉める

❷ (河川·湖沼·海などの)水 ▷ Die Fische leben im *Wasser*. 魚は水中で生活をする / 《比ゆ》Das *Wasser* steht ihm bis zum Hals. 彼は(経済的に)あっぷあっぷしている(← 水が彼の首まできている)

was·ser·dicht [ヴァッサー·ディヒト] [形] (時計などが)防水の, 耐水の; (コートなどが)水を通さない

Was·ser·fall [ヴァッサー·ファル] [男] *der* ([単] 2 格 -[e]s; [複] ..fälle) 滝

Was·ser·far·be [ヴァッサー·ファルベ] [女] *die* ([単] 2 格 –; [複] -n) 水彩画用絵の具

Was·ser·hahn [ヴァサー·ハーン] [男] *der* ([単] 2 格 -[e]s; [複] ..hähne) (水道の)蛇口; 給水栓, 給水コック ▷ den *Wasserhahn* aufdrehen 蛇口をひねってあける

wäs·se·rig [ヴェッセリヒ] ＝wässrig

Was·ser·lei·tung [ヴァッサー·ライトゥング] [女] *die* ([単] 2 格 –; [複] -en) 水道

Was·ser·man·gel [ヴァッサー·マンゲル] [男] *der* ([単] 2 格 -s; [複] なし) 水不足

Was·ser·me·lo·ne [ヴァッサー·メローネ] [女] *die* ([単] 2 格 –; [複] -n) 《植物》スイカ

wäs·sern [ヴェッセルン] (wässerte; gewässert; [完了]h)

[他] ❶ 〖④と〗〔..⁴を〕(柔らかくしたり洗浄するために)水につける, 浸す
❷ 〖④と〗〔植物など⁴に〕十分に水をやる

Was·ser·pflan·ze [ヴァッサー·プフランツェ] [女] *die* ([単] 2 格 –; [複] -n) 水生植物

Was·ser·qua·li·tät [ヴァッサー·クヴァリテート] [女] *die* ([単] 2 格 –; まれに [複] -en) 水質

was·ser·scheu [ヴァッサー·ショイ] [形] 水を恐れる

Was·ser·ski [ヴァッサー·シー] [男] *der* ([単] 2 格 -s; [複] -[er]) (水上スキー用の)スキー ▷ *Wasserski* fahren 水上スキーをする

Was·ser·sport [ヴァッサー·シュポルト] [男] *der* ([単] 2 格 -[e]s; [複] なし) 水上競技

Was·ser·stoff [ヴァッサー·シュトフ] [男] *der* ([単] 2 格 -[e]s; [複] なし) 水素 ([記号] H) ▷ Wasser besteht aus *Wasserstoff* und Sauerstoff. 水は水素と酸素からできている

Was·ser·ver·schmut·zung [ヴァッサー·フェアシュムッツング] [女] *die* ([単] 2 格 –; [複] -en) 水質汚染

wäss·rig [ヴェスリヒ] [形] 水分の多い; 水っぽい ▷ eine *wässrige* Milch 水っぽい牛乳

wäß·rig [旧⇨新] wässrig

wa·ten [ヴァーテン] (watete; gewatet; [完了]s)
[自] (小川・ぬかるみ・沼地などの中を)歩いて行く

wat·scheln [ヴァッチェルン]
(watschelte; gewatschelt; [完了]s)
[自]《口語》(アヒルなどが)よたよた歩く

Watt [ヴァット] [中] *das*
— ([単] 2格 -[e]s; [複] -en) (特に北海沿岸の) 干潟(ひがた)
— ([単] 2格 -s; [複] -) 《電力の単位》 ワット ▷ die Glühbirne mit 40 *Watt* 40ワットの電球

Wat·te [ヴァッテ] [女] *die* ([単] 2格 -; [複] -n) 綿(わた); 脱脂綿

WC [ヴェーツェー] [中] *das* ([単] 2格 -[s]; [複] -[s])
(水洗式の)トイレ (☆ 英語の *w*ater*c*loset の略)

we·ben [ヴェーベン]
(webte ⟨wob⟩; gewebt ⟨gewoben⟩; [完了]h)
[他]〘④と〙〔…^{4}を〕織る ▷ einen Teppich *weben* じゅうたんを織る

We·ber [ヴェーバー] [男] *der* ([単] 2格 -s; [複] -) 織工, 機(はた)織り

Web·stuhl [ヴェーブ・シュトゥール] [男] *der* ([単] 2格 -[e]s; [複] ..stühle) 織機

Wech·sel [ヴェクセル] [男] *der* ([単] 2格 -s; [複] -)
❶〘[複] はまれ〙**交代**, 入れ替え; (季節などの)移り変わり; (天候・気分などの)変化 ▷ ein *Wechsel* in der Führung 指導部内の交代 / ein jäher *Wechsel* der Temperatur 温度の急激な変化
❷《商業》手形

Wech·sel·geld [ヴェクセル・ゲルト] [中] *das* ([単] 2格 -[e]s; [複] なし) 釣り銭, おつり

wech·sel·haft [ヴェクセルハフト] [形] (天気などが)変りやすい; (出来具合いなどが)不安定な

wech·seln [ヴェクセルン]
(ich wechsle; wechselte; gewechselt; [完了]h)
— [他] ❶〘④と〙〔…^{4}を〕**替える**, 取り替える (☆ ふつう古くなったものを新しいものと取り替えることを表す) ▷ Er *wechselt* täglich die Wäsche. 彼は毎日下着を取り替える / das Thema *wechseln* 話題を変える / den Beruf *wechseln* 転職する
❷〘④と〙〔お金^{4}を〕**くずす**; **両替する** ▷ Kannst du mir 100 Euro *wechseln*? 100ユーロくずれますか / Ich möchte Yen gegen Euro *wechseln*. 私は円をユーロに両替したい
❸〘④と〙〔ことば・あいさつなど^{4}を〕交わす, 取り交わす ▷ Sie *wechselten* nur wenige Worte. 彼らはわずかにことばを交わしただけだった / die Ringe *wechseln* (婚礼の式で)指輪を交換する
— [自] (天候・気分などが) **変わる**, 変化する ▷ Das Wetter *wechselt* ständig. 天候が絶えず変わる

wech·sel·sei·tig [ヴェクセル・ザイティヒ] [形] 相互の; 交互の ▷ *wechselseitige* Beziehungen 相互的関係

wech·sel·te [ヴェクセルテ] wechseln の [過去]

wechs·le [ヴェクスレ] wechseln の [現在]

we·cken [ヴェッケン]
(weckte; geweckt; [完了]h)
[他] ❶〘④と〙〔…^{4}を〕(眠りから)**起こす**, 目をさまさせる ▷ Bitte *weck* mich um 7 Uhr! 7時に起こしてください
❷〘④と〙〔感情など^{4}を〕呼び起こす ▷ Seine Worte haben alte Erinnerungen in ihr *geweckt*. 彼のことばは彼女の古い記憶を呼び起こした

We·cker [ヴェッカー] [男] *der* ([単] 2格 -s; [複] -)
目覚まし時計 ▷ den *Wecker* auf 5 Uhr stellen 目覚まし時計を5時にセットする

weck·te [ヴェックテ] wecken の [過去]

we·deln [ヴェーデルン]
(wedelte; gewedelt; [完了]h)
[自]〘mit+③と〙〔…^{3}を〕振る ▷ Der Hund *wedelte* mit dem Schwanz. 犬がしっぽを振った

we·der [ヴェーダー] [接]〘並列; 成句で〙
weder ..., noch ~ …でもなければ～でもない ▷ Dafür habe ich *weder* Zeit *noch* Geld. 私はそのための時間もなければ金もない / Er wollte *weder* essen *noch* trinken. 彼は食べようともしなかったし飲もうともしなかった

weg [ヴェック]
[副]《口語》**離れて** ▷ Der Parkplatz ist weit *weg* von hier. 駐車場はここからずっと離れた所にある / Hände *weg*! 手をどけろ / *Weg* mit euch! お前らはあっちへ行け
[イディオム] ***weg sein*** 去った, いなくなった, なくなった ▷ Er *war* schon *weg*. 彼はもういなかった / Der Zug *ist* schon *weg*. 列車はもう出発していた / Die Schmerzen *sind weg*. 痛みはなくなった

★ **weg..** [ヴェック..]〘分離前つづり〙
a)《離れて》*weg*gehen 立ち去る, *weg*kommen 立ち去る
b)《除去》*weg*nehmen 取り去る, *weg*ziehen 引っ張ってどける; *weg*werfen 捨てる

Weg
[veːk ヴェーク]
[男] *der* ([単] 2格 -es ⟨まれに -s⟩; [複] -e)

❶ (ふつう舗装されていない)**道**
ein steiler *Weg* 急な道
ein privater *Weg* 私道
der *Weg* durch den Wald
森の中の道
Dieser *Weg* führt zur Burg.
この道は城に通じている
❷ (目的地までの)**道** ▷ der *Weg* zum Museum 博物館への道 / den *Weg* verlieren 道に迷

W

う

❸ 道のり ▷ einen weiten *Weg* zur Arbeitsstelle haben 職場まで距離がある〈遠い〉
❹ 方法, 仕方, やり方 ▷ Wir müssen einen *Weg* finden, ihr zu helfen. 私たちは彼女を助ける方法を見つけなければならない / (ことわざ) Wo ein Wille ist, ist auch ein *Weg*. 成せば成る（←意志のあるところにはそれを成す方法がある）

(イディオム) ⑶+*aus dem Weg gehen* …³を避ける
⑶+*im Wege sein* …³のじゃまになっている
⑷+*nach dem Weg fragen* …⁴に道をたずねる
auf dem Weg 途中で ▷ *auf dem Weg* nach München ミュンヘンに行く途中で / Ich traf ihn *auf dem Weg* zur Arbeit. 私は彼に仕事に行く途中で会った
eigene Wege gehen 自立の道を歩む, 自分の考えで行動する

we·gen
[véːgn ヴェーゲン]
前 [⑵支配]
《原因・理由》…のために (☆冠詞・形容詞を伴わない名詞の場合無語尾のこともある; また口語では3格とも用いられる)
wegen des schlechten Wetters
悪天候のために
Das Geschäft ist *wegen* Umbau geschlossen. [状態受動] 店は改装のため休業中だ

weg|fah·ren [ヴェック・ファーレン] 分離
(er fährt weg; fuhr weg; weggefahren; 完了h)
自 (乗り物が)走り去る; (乗り物で)走り去る

weg|fal·len [ヴェック・ファレン] 分離
(er fällt weg; fiel weg; weggefallen; 完了s)
自 (廃止・削除などによって)なくなる (☆ふつう können と) ▷ Der letzte Absatz im Text kann *wegfallen*. テキストの最後の段落はなくてもかまわない

weg|ge·hen [ヴェック・ゲーエン] 分離
(ging weg; weggegangen; 完了s)
自 ❶ 立ち去る ▷ Er ist vor zehn Minuten *weggegangen*. 彼は10分前に立ち去った
❷《口語》(汚れ・痛みなどが)とれる, なくなる;(商品が)売れる, はける ▷ Der Fleck auf der Bluse *geht* nicht mehr *weg*. ブラウスの染みはもうとれない

weg|kom·men [ヴェック・コメン] 分離
(kam weg; weggekommen; 完了s)
自《口語》❶ (ある場所を)離れる, 立ち去る ▷ aus dem Büro *wegkommen* オフィスを出る
❷ (金銭などが)盗まれてなくなる
❸ (辛いことなどを)乗り越える, 克服する
❹ [(程度)と] 〔…の〕結果に終わる ▷ Er ist bei dem Geschäft gut *weggekommen*. 彼はその商売でうまくいった

weg|neh·men [ヴェック・ネーメン] 分離 (er nimmt weg; nahm weg; weggenommen; 完了h)
他 ❶ [⑷と] [..⁴を]取り去る ▷ Würden Sie bitte Ihre Sachen hier *wegnehmen*? ここにあるあなたの物をどけてもらえませんか
❷ [⑶+⑷と] [..³から..⁴を]取り上げる, 奪う ▷ Mutti, der Junge hat mir die Puppe *weggenommen*. ママ あの男の子が私の人形を取った / Der Kühlschrank *nimmt* viel Platz *weg*. その冷蔵庫はたくさん場所を取る

weg|tre·ten [ヴェック・トレーテン] 分離
(er tritt weg; trat weg; weggetreten; 完了s)
自 後ろへ下がる;《軍隊》(整列などを止めて)解散する ▷ *Wegtreten*！解散！

Weg·wei·ser [ヴェーク・ヴァイザー] 男 der (⑶2格 -s; 徸 -) 道路標識, 道標, 道しるべ ▷ An der Kreuzung steht ein *Wegweiser*. 十字路に道しるべが立っている

weg|wer·fen [ヴェック・ヴェルフェン] 分離
(er wirft weg; warf weg; weggeworfen; 完了h)
他 [⑷と] [..⁴を]投げ捨てる; 〔不用になったもの⁴を〕(ごみ箱などに)捨てる ▷ die brennende Kippe *wegwerfen* タバコの燃えさしを投げ捨てる

weg|zie·hen [ヴェック・ツィーエン] 分離
(zog weg; weggezogen)
— 他 [完了h] [⑷と] [..⁴を]引っ張ってどける ▷ einen Karren *wegziehen* 手押し車を引いてどける
— 自 [完了s] 引っ越して行く, 転居する

weh [ヴェー] 形 痛い (☆名詞につけて) ▷ einen *wehen* Zahn haben 歯が痛い
(イディオム) *O（Ach）weh！*(心痛・悲痛などを表して)なんと悲しいこと
weh tun (旧⇒新) wehtun

We·he [ヴェーエ] 女 die (⑶2格 -; 徸 -n) 《ふつう 徸》陣痛 ▷ Die *Wehen* setzen ein. 陣痛が始まる

we·hen [ヴェーエン] (wehte; geweht; 完了h)
— 自 ❶ (風が)吹く ▷ Der Wind *weht* vom Meer her. 風が海から吹いて来る
❷ (旗が)風にひるがえる, なびく
— 他 [⑷+⑸方向と] (風が)[..⁴を…へ]運ぶ ▷ Der Wind *weht* uns den Sand ins Gesicht. 風が私たちの顔に砂を吹きつける

weh·lei·dig [ヴェー・ライディヒ] 形 (痛みなどに対して)すぐ痛がる, すぐ泣き言を言う

Weh·mut [ヴェー・ムート] 女 die (⑶2格 -; 徸 なし) (過ぎ去ったことなどに対して抱く)物悲しさ, 哀愁

weh·mü·tig [ヴェー・ミューティヒ] 形 物悲しい, 哀愁を帯びた ▷ *wehmütige* Lieder 哀愁を帯びた歌

Wehr [ヴェーア] 中 das (⑶2格 -[e]s; 徸 -e) (川の中に設けられた)堰

wehren

(イディオム) **sich⁴ zur Wehr setzen** 身を守る，抵抗する

weh・ren [ヴェーレン] (wehrte; gewehrt; 助h)
再 (sich⁴と) 身を守る，抵抗する ▷ Er hat sich heftig gegen die Vorwürfe *gewehrt*. 彼は非難に激しく反論した

wehr・los [ヴェーア・ロース] 形 (攻撃などに対して)何もできない，無防備の ▷ Sie stand seinen Drohungen *wehrlos* gegenüber. 彼女は彼の脅迫に対し何もできずにいた

Wehr・macht [ヴェーア・マハト] 名 die (⊕ 2格 -; ⊕ なし) (1935年から45年までの，ドイツの)国防軍

Wehr・pflicht [ヴェーア・プフリヒト] 名 die (⊕ 2格 -; ⊕ なし) 兵役の義務

weh・te [ヴェーテ] wehen の 過去

weh|tun [ヴェー・トゥーン] 分離
(tat weh; wehgetan; 助h)
自 ❶ 《③と》 《…³に》(肉体的・精神的に)痛みを与える ▷ Habe ich dir *wehgetan*? 痛かったかい (← 私は君に痛くなるようなことをしたか)
❷ (頭・歯などが)痛い ▷ Der Kopf *tut* mir *weh*. 私は頭痛がする

Weib [ヴァイプ] 中 das (⊕ 2格 -es 〈まれに -s〉; ⊕ -er)《口語》《否定的な意味合いで》女

Weib・chen [ヴァイプヒェン] 中 das (⊕ 2格 -s; ⊕ -)《Weib の縮小形》(動物の)雌 (⇔ Männchen)

Wei・ber [ヴァイバー] Weib の 複数

wei・bisch [ヴァイビシュ] 形 (性格が)めめしい (☆ 男性について用いる)

weib・lich [ヴァイプリヒ]
形 ❶ **女性の**，女の; 雌の (⇔ männlich) ▷ eine *weibliche* Angestellte 女性の従業員 / Anna ist ein *weiblicher* Vorname アンナは女性の名前だ
❷ 女性的な，女らしい ▷ eine *weibliche* Figur 女らしい体つき

weich [ヴァイヒ] (比較 -er, 最上 -st)
形 ❶ **やわらかい** (⇔ hart) ▷ *weiches* Brot やわらかいパン / ein *weicher* Stoff (手触りの)やわらかな布 / Die Nudeln sind zu *weich* geworden. 麺(めん)がやわらかくなりすぎた
❷ (光・音などが)やわらかな; (性格などが)やさしい

Wei・che [ヴァイヒェ] 名 die (⊕ 2格 -; ⊕ -n) (鉄道の)転轍(てんてつ)機，ポイント

wei・chen [ヴァイヒェン]
(wich; gewichen; 助s)
自 ❶ 《vor+③と》《…³に》屈して退く ▷ Sie *wichen* der Gewalt. 彼らは暴力に屈した
❷ (不安・緊張などが)消え去る ▷ Allmählich *wich* die Angst. 徐々に不安は消えていった

(イディオム) **nicht von+③ weichen** 《文語》…³から離れない ▷ Er *wich* nicht vom Bett des Kranken. 彼は病人のベッドから離れなかった

weich・lich [ヴァイヒリヒ] 形 (人・教育などが)軟弱な，弱腰の

Weich・tier [ヴァイヒ・ティーア] 中 das (⊕ 2格 -[e]s; ⊕ -e)《ふつう ⊕ で》軟体動物

Wei・de [ヴァイデ] 名 die (⊕ 2格 -; ⊕ -n)
❶ (牛などを放牧してある)牧草地; 放牧場，牧場 ▷ die Kühe auf die *Weide* treiben 牛を放牧場へ追い立てる
❷ 《植物》柳

wei・den [ヴァイデン]
(weidete; geweidet; 助h)
—— 自 (家畜が放牧場で)牧草を食べる ▷ Die Schafe *weiden* auf der Weide. 羊が牧草地で草を食べている
—— 再 《文語》《sich⁴+an+③と》 他人の不幸など³を》見ておもしろがる ▷ Sie *weidete* sich an seiner Angst. 彼女は彼が不安がるのを見ておもしろがった

wei・gern [ヴァイゲルン]
(weigerte; geweigert; 助h)
再 《sich⁴+zu 不定詞句と》 […することを]拒む，拒否する ▷ Ich *weigere* mich, dies zu unterschreiben. 私はこれにサインすることを拒否する

Wei・ge・rung [ヴァイゲルング] 名 die (⊕ 2格 -; ⊕ -en) 拒否，拒絶

Wei・he [ヴァイエ] 名 die (⊕ 2格 -; ⊕ -n)《キリスト教》聖別式

wei・hen [ヴァイエン] (weihte; geweiht; 助h)
他 《③と》《祭壇など³に》聖別の儀式をほどこす

Wei・her [ヴァイアー] 男 der (⊕ 2格 -s; ⊕ -)《特に南ドイツ》小さな湖，池

Weih・nach・ten [ヴァイナハテン] 中 das (⊕ 2格 -; ⊕ -)
クリスマス，キリスト降誕祭 (☆ ふつう無冠詞で; 複数形で一度のクリスマスを指すこともある) ▷ *Weihnachten* feiern クリスマスを祝う / weiße *Weihnachten* haben 雪のあるクリスマスを迎える / Ich will ihn zu *Weihnachten* besuchen. 私はクリスマスに彼を訪ねるつもりだ / Frohe 〈Fröhliche〉 *Weihnachten*! クリスマスおめでとう

(イディオム) ③+④+zu **Weihnachten schenken** …³に…⁴をクリスマスに贈る

weih・nacht・lich [ヴァイナハトリヒ] 形 クリスマスの，クリスマスらしい ▷ Das Wohnzimmer war *weihnachtlich* geschmückt. [状態受動] 居間はクリスマスらしく飾りつけられていた

Weih・nachts・abend [ヴァイナハツ・アーベント] 男 der (⊕ 2格 -[e]s; ⊕ -e) クリスマスイヴ

Weih・nachts・baum [ヴァイナハツ・バオム] 男 der (⊕ 2格 -[e]s; ⊕ ..bäume) クリスマスツリー

Weih·nachts·be·sche·rung [ヴァイナハツ・ベシェールング] [女] *die* ([単] 2格 –; [複] –en) クリスマスに贈り物を渡す〈配る〉こと

Weih·nachts·fei·er·tag [ヴァイナハツ・ファイアー・ターク] [男] *der* ([単] 2格 –[e]s; [複] –e) クリスマスの休日 (12月25日あるいは26日)

Weih·nachts·geld [ヴァイナハツ・ゲルト] [中] *das* ([単] 2格 –[e]s; まれに [複] –er) クリスマス手当て

Weih·nachts·ge·schäft [ヴァイナハツ・ゲシェフト] [中] *das* ([単] 2格 –[e]s; [複] なし) クリスマスセール

Weih·nachts·ge·schenk [ヴァイナハツ・ゲシェンク] [中] *das* ([単] 2格 –[e]s; [複] –e) クリスマスプレゼント

Weih·nachts·kar·te [ヴァイナハツ・カルテ] [女] *die* ([単] 2格 –; [複] –n) クリスマスカード

Weih·nachts·lied [ヴァイナハツ・リート] [中] *das* ([単] 2格 –[e]s; [複] –er) クリスマスキャロル

Weih·nachts·mann [ヴァイナハツ・マン] [男] *der* ([単] 2格 –[e]s; [複] ..männer) サンタクロース ▷ Unsere Kinder glauben noch an den *Weihnachtsmann.* うちの子供たちはまだサンタクロースを信じている

Weih·nachts·markt [ヴァイナハツ・マルクト] [男] *der* ([単] 2格 –[e]s; [複] ..märkte) クリスマスの市

Weih·nachts·stern [ヴァイナハツ・シュテルン] [男] *der* ([単] 2格 –[e]s; [複] –e) クリスマスツリーに飾る星

Weih·nachts·zeit [ヴァイナハツ・ツァイト] [女] *die* ([単] 2格 –; [複] なし) クリスマス期間 (待降節 Advent の始まりから1月6日まで)

Weih·rauch [ヴァイ・ラオホ] [男] *der* ([単] 2格 –[e]s; [複] なし) 乳香; (乳香をたいた)香煙

weil

[vail ヴァイル]

[接] 〔従属; 定動詞後置〕《理由》**…だから**, …なので (☆ 主に未知の理由を述べる場合に用いる; ふつう主文の後ろ)

Er kommt heute nicht, *weil* er krank ist.
彼は病気なのできょう来ない

Weil er eine Panne hatte, kam er zu spät.
車が故障〈パンク〉したため彼は遅れて来た

〔主文中の deshalb などと呼応して〕
Er blieb deshalb zu Hause, *weil* es draußen schneite. 外は雪が降っていたので彼は家に留まった

〔warum などの疑問文に対する答えに〕
Warum ist er nicht gekommen? – *Weil* er krank ist. なぜ彼は来なかったの–病気なのです

[類語]
weil 理由を新しい情報として挙げる
da 既知の理由を二次的情報として挙げる
denn 先行する主文に対して理由を補足的に述べる

Wei·le [ヴァイレ] [女] *die* ([単] 2格 –; [複] なし)
しばらくの間 (☆ ふつう不定冠詞と) ▷ Sie strickte noch eine *Weile* an einem Pullover. 彼女はまだしばらくの間セーターを編んでいた
[イディオム] ***nach einer Weile*** しばらくしてから
vor einer Weile しばらく前に

wei·len [ヴァイレン] (weilte; geweilt; [完了]h)
[自] 《文語》(ある場所にある期間)留まる, 滞在する

Wei·mar [ヴァイマル] ([中] *das*) 《都市名》 ワイマール, ヴァイマル (☞ 地図 E-3)

Wein

[vain ヴァイン]

[男] *der* ([単] 2格 –[e]s; [複] –e)

❶ **ワイン**, ブドウ酒
süßer 〈herber〉 *Wein*
甘口〈辛口〉のワイン
den *Wein* kühl stellen ワインを冷やす
eine Flasche *Wein* trinken ワインを1びん飲む
❷ 〘[複] なし〙《植物》(ワイン用の)ブドウ ▷ *Wein* anbauen ブドウを栽培する / 《ブドウの房を集合的に指して》 *Wein* lesen ブドウを摘む

Wein·brand [ヴァイン・ブラント] [男] *der* ([単] 2格 –[e]s; [複] ..brände) ブランデー

wei·nen

[váinən ヴァイネン]

[現在]	ich weine	wir weinen
	du weinst	ihr weint
	er weint	sie weinen
[過去]	ich weinte	wir weinten
	du weintest	ihr weintet
	er weinte	sie weinten
[過分]	geweint	[完了] haben

[自] **泣く**
Das Baby *weinte* nach seiner Mutter.
赤ん坊は母親を求めて泣いた
Er *weinte* über sein Unglück.
彼は自分の不幸を泣いた
〔同族目的語を伴って〕
Er *weinte* bittere Tränen um einen Verstorbenen. 彼は故人を悼んで悲嘆の涙を流した

[類語]
weinen (一般的に)泣く
heulen 泣きわめく
schluchzen むせび〈すすり〉泣く
schreien 赤ん坊が大声で泣く

wei·ner·lich [ヴァイナーリヒ] [形] いまにも泣き出しそうな; 涙もろい

W

Wein·kar·te [ヴァイン・カルテ] [女] *die* ([単] 2格 –; [複] –n) (レストランなどの) ワインリスト

Wein·kel·ler [ヴァイン・ケラー] [男] *der* ([単] 2格 –s; [複] –) ワイン用地下貯蔵室; 地下のワイン酒場

Wein·ken·ner [ヴァイン・ケナー] [男] *der* ([単] 2格 –s; [複] –) ワイン通

Wein·le·se [ヴァイン・レーゼ] [女] *die* ([単] 2格 –; [複] –n) ブドウ摘み

Wein·lo·kal [ヴァイン・ロカール] [中] *das* ([単] 2格 –[e]s; [複] –e) ワイン酒場

Wein·pro·be [ヴァイン・プローベ] [女] *die* ([単] 2格 –; [複] –n) ワインの試飲

Wein·re·be [ヴァイン・レーベ] [女] *die* ([単] 2格 –; [複] –n) (ワイン用の)ブドウ

Wein·stu·be [ヴァイン・シュトゥーベ] [女] *die* ([単] 2格 –; [複] –n) ワイン酒場

wein·te [ヴァインテ] weinen の [過去]

Wein·trau·be [ヴァイン・トラオベ] [女] *die* ([単] 2格 –; [複] –n) ブドウの房

wei·se [ヴァイゼ] [形] (人生経験を積んで)賢い, 賢明な, 思慮深い ▷ Das ist ein *weiser* Ratschlag. それは思慮深い助言だ

..wei·se [..ヴァイゼ] 〘接尾辞; 副詞を作る〙 …の仕方で ▷ stunden*weise* 時間単位で

Wei·se [ヴァイゼ] [女] *die* ([単] 2格 –; [複] –n)
❶ やり方, 仕方, 方法 ▷ auf diese *Weise* このやり方で / Das erledige ich auf meine *Weise*. それは私の流儀で処理する
❷ (簡単な) メロディー, 旋律
[イディオム] ***in keiner Weise*** まったく〈決して〉…ない ▷ Er hat mir *in keiner Weise* geholfen. 彼は私をまったく助けてくれなかった

wei·sen [ヴァイゼン] (wies; gewiesen; [完了]h)
── [他] ❶ 《文語》 〘③+④と〙 〔‥^{3}に‥^{4}を〕指し示す ▷ Er *wies* dem Fremden den Weg zum Bahnhof. 彼は見知らぬ人に駅に行く道を教えた
❷ 〘④+aus〈von〉+③と〙 〔‥^{4}に‥^{3}から出て行くように〕指示する ▷ Sie *wies* die lärmenden Kinder aus dem Zimmer. 彼女は騒いでいる子供たちに部屋から出て行くように言った
[イディオム] ④+***von der Schule weisen*** ‥^{4}を放校する
④+*[weit]* ***von sich^{3} weisen*** (提案など)^{4}をはねつける, 振り払う ▷ Er hat den Verdacht *[weit] von sich gewiesen*. 彼はその疑いを振り払った
── [自] 〘[方向]と〙 〔…を〕指し示す ▷ Er *wies* mit der Hand auf ein Haus. 彼は手で一軒の家を指した

Weis·heit [ヴァイスハイト] [女] *die* ([単] 2格 –; [複] なし) (人生経験などから得られる) 知恵, 英知 ▷ die *Weisheit* des Alters 老人の知恵

weis|ma·chen [ヴァイス・マッヘン] [分離] (machte weis; weisgemacht; [完了]h)
[他] 《口語》 〘③+④と〙 〔‥^{3}に‥^{4}を〕真実だと思い込ませる

weiß

[vais ヴァイス]

── wissen の [現在]

── [形] ([比較] weißer, [最上] weißest)
白い, 白色の
weiße Lilien
白ユリ
ein *weißes* Tischtuch
白いテーブル掛け
Die Braut trug ein *weißes* Kleid.
花嫁は白のドレスを着ていた
weiße Haare 白髪
die *weiße* Rasse
白色人種
das *Weiße* Haus
ホワイトハウス (☆ 米国の大統領官邸)
weiße Weihnachten
雪のあるクリスマス
Er wurde *weiß* vor Wut.
彼は怒りのあまり顔が蒼白(そうはく)になった
Er ist in den letzten Jahren ganz *weiß* geworden. 彼はここ数年で髪がまっ白になった

Weiß [ヴァイス] [中] *das* ([単] 2格 –[es]; まれに [複] –)
白, 白色
[イディオム] ***in Weiß*** 白い服を着て

weis·sa·gen [ヴァイス・ザーゲン]
(weissagte; geweissagt; [完了]h)
[他] 〘④と〙 〔未来など^{4}を〕予言する

Weiß·bier [ヴァイス・ビーア] [中] *das* ([単] 2格 –[e]s; [複] –e) ヴァイスビール (小麦, 大麦から作られた淡色ビール; = Weizenbier)

Weiß·brot [ヴァイス・ブロート] [中] *das* ([単] 2格 –[e]s; [複] –e) 白パン

Wei·ße [ヴァイセ] [男] *der* / [女] *die* (形容詞変化 ☞ Alte 表 I) 白人 (☆「黒人」は *der/die* Schwarze)

Weiß·glas [ヴァイス・グラース] [中] *das* ([単] 2格 –es; [複] ..gläser) (分別回収の対象になる) 透明びん

weiß·lich [ヴァイスリヒ] [形] 白っぽい, 白味がかった

weißt [ヴァイスト] wissen の [現在]

Weiß·wein [ヴァイス・ヴァイン] [男] *der* ([単] 2格 –[e]s; [複] –e) 白ワイン ▷ Ich trinke lieber *Weißwein* als Rotwein. 私は赤ワインより白ワインのほうが好きだ

Weiß·wurst [ヴァイス・ヴルスト] [女] *die* ([単] 2格 –; [複] ..würste) (子牛の肉で作られた) 白ソーセージ (ゆでて食べる)

Wei·sung [ヴァイズング] [女] *die* ([単] 2格 –; [複]

W

-en)《文語》指示, 指令, 命令

weit
[vait ヴァイト]

— [形] ([比較] weiter, [最上] weitest)
❶ 広い, 広々とした ([反] eng)
eine *weite* Ebene
広い平野
Er liebt ein *weites* Meer.
彼は広々とした海が好きだ
Die Tür stand *weit* offen.
ドアは広くあいていた
im *weiteren* Sinne
《比ゆ》広義で
Er hat ein *weites* Herz.
彼は広い心の持ち主だ
❷ 遠い, 距離の長い ▷ eine *weite* Reise machen 遠くまで旅をする / Der Weg ist mir zu *weit*. その道は私には遠すぎる / Bis zum Bahnhof war es sehr *weit*. 駅まで非常に遠かった / Er wohnt nicht *weit* [entfernt] von hier. 彼はここから遠くないところに住んでいる / Wie *weit* ist es bis dorthin? そこまでどのくらいの距離がありますか / 〖[数量]と〗 Er sprang 4 Meter *weit*. 彼は4メートルの距離を跳んだ
❸ (時間的に) はるか先〈前〉の ▷ Bis Weihnachten ist es noch *weit*. クリスマスまではまだまだだ / Das Ereignis liegt nun so *weit* zurück. その出来事はもうずっと以前のことだ
❹ (衣服・靴などが) ゆったりした ▷ Die Schuhe sind mir zu *weit*. この靴は私には大きすぎる
❺ 〖wie, so などと〗《程度を表して》 Wie *weit* bist du mit deiner Arbeit? 仕事はどこまで進みましたか / Die Pläne sind so *weit*, dass ... 計画は…のところまで進んでいる
[イディオム] ***bei weitem*** はるかに, ずば抜けて ▷ Er ist *bei weitem* der beste Schüler. 彼はずば抜けてできる生徒だ
von weitem 遠くから
weit und breit あたり一帯に ▷ *Weit und breit* war kein Mensch zu sehen. 見渡す限り人っ子ひとり見えなかった
zu weit gehen やり〈言い〉すぎ ▷ Er ist *zu weit gegangen*. 彼はやりすぎた
— [副] ❶ 〖比較級と〗《差を強調して》 はるかに, ずっと ▷ Er ist *weit* älter als du. 彼は君よりもずっと年上だ
❷ (進歩などの程度が) とても, だいぶ ▷ Er ist im Deutsch schon *weit* fortgeschritten. 彼はドイツ語がもうだいぶ進歩した

weit·aus [ヴァイト・アオス] [副] 〖比較級・最上級と〗 はるかに, ずっと, 断然 ▷ *weitaus* besser (他よりも)はるかによい / Er spielt *weitaus* am besten Fußball. 彼はサッカーが他のだれよりもずっとじょうずだ

Weit·blick [ヴァイト・ブリック] [男] *der* ([単] 2格 -[e]s; [複] なし) 先見の明

Wei·te [ヴァイテ] [女] *die* ([単] 2格 -; [複] -n)
❶ 広さ, 広がり, 広大さ ▷ die *Weite* des Weltalls 宇宙の広がり
❷ (衣服などの, 特に周囲の長さに関する) サイズ
❸ 《スポーツ》 (ジャンプなどで到達した) 距離
[イディオム] ***in die Weite blicken*** 遠方を見る

wei·ten [ヴァイテン] (weitete; geweitet; [完了]h)
— [他] 〖[4]と〗 〔靴など⁴を〕 広げる
— [再] 〖[sich]⁴と〗 広がる ▷ Seine Augen *weiteten* sich vor Entsetzen. 彼の目は驚愕(きょうがく)のあまり大きく開いた

wei·ter [ヴァイター]
— [形] 〖weit の比較級〗
❶ より広い; より遠い ▷ Der Weg war doch *weiter*, als ich dachte. その道はやはり私が考えたよりも遠かった
❷ これ以上の, (さらに) ほか〈次〉の (☆ 名詞につけて) ▷ Habt ihr noch *weitere* Fragen? 君たちはまだほかに質問があるかい / *weitere* zwei Jahre さらに次の2年間
— [副] ❶ 《継続を表して》 もっと先へ ▷ Bitte, *weiter*! 先を続けてください
❷ それ以上, それ以外に ▷ *Weiter* sagte er nichts. それ以上彼は何も言わなかった
❸ 今後も, さらに ▷ Ich werde *weiter* für ihn sorgen. 私は今後も彼のめんどうをみます
[イディオム] ***nichts weiter als ...*** …以外の何ものでもない ▷ Das ist *nichts weiter als* ein Versehen. それは不注意によるまちがい以外の何ものでもない
ohne weiteres 簡単に, あっさりと
und so weiter ([略] usw.) …等々 ▷ Äpfel, Melonen *usw*. リンゴ・メロン等々

wei·ter|fah·ren [ヴァイター・ファーレン] [分離] (er fährt weiter; fuhr weiter; weitergefahren; [完了]s)
[自] (乗り物で・乗り物が)[一時止まったのち]さらに先へ進む, 走り続ける ▷ Wir können in fünf Minuten *weiterfahren*. 私たちは5分後にまた走ることができます

wei·ter|ge·hen [ヴァイター・ゲーエン] [分離] (ging weiter; weitergegangen; [完了]s)
[自] ❶ (休憩の後, 再び) 先へ進む ▷ Bitte *weitergehen*, nicht stehen bleiben! どうぞ立ち止まらないで, 先に進んでください
❷ (物事が) さらに先へ進む, 続行する

wei·ter·hin [ヴァイター・ヒン]
[副] ❶ 引き続いて, 今後も ▷ Ich werde dich *weiterhin* besuchen. 私は今後も君を訪ねるよ
❷ さらに, その上 (=außerdem, ferner)

weit·ge·hend [ヴァイト・ゲーエント] ([比較] -er

W

weitherzig

〈weiter gehend〉, 最上 -st〈weitestgehend〉）
形 広範囲にわたる，大幅の ▷ *weitgehende* Zugeständnisse 大幅な譲歩

weit·her·zig [ヴァイト・ヘルツィヒ] 形 (他人に対して)寛大な，心の広い；気前のよい，太っ腹な

weit·läu·fig [ヴァイト・ロイフィヒ]
形 ❶ (建物・庭園などが)広い
❷ (説明などが)回りくどい
❸ 遠縁の

weit·schwei·fig [ヴァイト・シュヴァイフィヒ]
形 (説明などが)冗長な，回りくどい

weit·sich·tig [ヴァイト・ズィヒティヒ]
形 ❶ 遠視の (反 kurzsichtig) ▷ Er ist stark *weitsichtig*. 彼はひどい遠視だ
❷ 先を見通す，先見の明をもった ▷ Er handelt immer *weitsichtig*. 彼はいつも先を見通して行動する

Weit·sprung [ヴァイト・シュプルング] 男 der (単2格 -[e]s; 複 なし) (スポーツ) 走り幅跳び

Wei·zen [ヴァイツェン] 男 der (単2格 -s; 複 なし)(植物)小麦

Wei·zen·bier [ヴァイツェン・ビーア] 中 das (単2格 -[e]s; 複 -e) ヴァイツェンビール(小麦・大麦から作られた淡色ビール；＝Weißbier)

Wei·zen·brot [ヴァイツェン・ブロート] 中 das (単2格 -[e]s; 複 -e) 小麦パン，白パン

welch [ヴェルヒ] 副〔不定冠詞あるいは形容詞の前に〕〔感嘆を表して〕なんと (☆ 名詞と直接結びつく場合は welcher の疑問冠詞としての用法 ❸ を参照) ▷ *Welch* ein Glück! なんという幸運 / *Welch* großer Erfolg! なんという大成功

wel·che [ヴェルヒェ] ☞ welcher
wel·chem [ヴェルヒェム] ☞ welcher
wel·chen [ヴェルヒェン] ☞ welcher

wel·cher

[vélçɐ ヴェルヒャー]

格	男性	女性	中性	複数
①	welcher	welche	welches	welche
②	welches	welcher	welches	welcher
③	welchem	welcher	welchem	welchen
④	welchen	welche	welches	welche

[注]男性・中性の2格で名詞が2格語尾 -[e]s をもつ場合，welchen になることもある

—〔冠詞類；疑問冠詞〕
❶《既知の対象の中から特定のものを選び出して》どの，どちらの
Welches Kind meinst du?
どちらの子供のことを言っているの
Welche Filme kommen zurzeit im Kino?
映画館ではいまどの映画が上映されていますか
Mit *welchem* Zug bist du gekommen?
君はどの列車で来たのですか

〔間接疑問文で〕
Er fragte sie, *welche* Wünsche sie noch habe. 彼は彼女にまだどんな願い事があるのかたずねた
❷【名詞的に】Hier sind mehrere Bücher. *Welches* willst du haben? ここに本が何冊かあるが 君はどれがほしいですか
❸《文語》《感嘆を表して》なんと (☆ 不定冠詞あるいは強変化の形容詞と用いられる場合，welch の項を参照) ▷ *Welche* Begeisterung! なんという感激

—〔不定代名詞〕
《不特定の量・数を表して》いくらか，いくつか；いく人か (☆ 文脈ですでに触れられた物質名詞や複数形の名詞を受ける) ▷ Brauchst du Geld? – Ich habe noch *welches*. お金がいるかい―私はまだいくらか持っているよ / Ich habe keine Zigaretten, hast du *welche*? 私はタバコを切らしている 君は持っているかい

—〔関係代名詞；2格形がない；文語で，特に格関係をはっきりさせるため，あるいは同じ形態が連続するのを避ける場合に用いられる〕die Frau, *welcher* Hausmeister Ballweg den Brief gab 管理人のバルヴェークが手紙を渡した女性 (☆ der にすると Hausmeister の定冠詞とまちがえられる) / die, *welche* die Bänke beschädigt haben それらのベンチを壊した人たち (☆ die を用いると die, die die と die が連続してしまう)

wel·ches [ヴェルヒェス] ☞ welcher

welk [ヴェルク] 形 (花などが)しおれた，しぼんだ ▷ Die Blumen sind *welk* geworden. 花はしおれた

wel·ken [ヴェルケン] (welkte; gewelkt; 助 s)
自 (花などが)しおれる，しぼむ

Wel·le [ヴェレ] 女 die (単2格 -; 複 -n)
❶ 〔ふつう 複 で〕波 ▷ hohe *Wellen* 高波
❷ (髪の)ウエーブ ▷ sich³ das Haar in *Wellen* legen lassen 髪にウェーブをかけてもらう
(イディオム) *die grüne Welle* (一定の速度で走ると)連続する青信号，グリーンウェーブ

Well·pap·pe [ヴェル・パッペ] 女 die (単2格 -; 複 -n) ダンボール紙

Welt [ヴェルト] 女 die (単2格 -; 複 -en)
❶〔複 なし〕世界 ▷ die ganze *Welt* 全世界 / eine Reise um die *Welt* machen 世界一周旅行をする / Das ist das Schönste auf der *Welt*. これは世界中で一番美しいものだ / Er weiß nicht, was in der *Welt* vorgeht. 彼は世界で何が起こっているか知らない
❷〔複 なし〕世間 ▷ Er zog sich von der *Welt* zurück. 彼は世間から身を引いた
❸(ある領域を指して)世界，界 ▷ die wissenschaftliche *Welt* 科学界 / Er lebt in einer anderen *Welt*. 彼は現実がわかっていない

❹ 〖㊖なし〗宇宙 ▷ die Entstehung der *Welt* 宇宙の誕生

(イディオム) **auf die ⟨zur⟩ Welt kommen** この世に生をうける, 生まれる

ein Kind zur Welt bringen 子供を産む

in aller Welt〖疑問文で〗いったい ▷ Warum *in aller Welt* hast du nichts davon erzählt? 君はいったいどうしてそのことについて何も話さなかったのか

Welt·all [ヴェルト・アル] 中 *das* (㊖2格 -s; ㊖なし) 宇宙 (Weltraum「宇宙空間」とそこに存在する物質の総体を指す)

Welt·an·schau·ung [ヴェルト・アン・シャオウング] 女 *die* (㊖2格 -; ㊖ -en) 世界観

welt·be·kannt [ヴェルト・ベカント] 形 世界中に知られた, 世間周知の

welt·be·rühmt [ヴェルト・ベリュームト] 形 世界的に有名な, 世界的名声のある

Welt·be·völ·ke·rung [ヴェルト・ベフェルケルング] 女 *die* (㊖2格 -; ㊖なし) 世界人口

welt·fremd [ヴェルト・フレムト] 形 世間知らずの, 世事にうとい

Welt·frie·den [ヴェルト・フリーデン] 男 *der* (㊖2格 -s; ㊖なし) 世界平和

Welt·ge·schich·te [ヴェルト・ゲシヒテ] 女 *die* (㊖2格 -; ㊖なし) 世界史

Welt·kar·te [ヴェルト・カルテ] 女 *die* (㊖2格 -; ㊖ -n) 世界地図

Welt·krieg [ヴェルト・クリーク] 男 *der* (㊖2格 -[e]s; ㊖ -e) 世界大戦 ▷ der Erste ⟨Zweite⟩ *Weltkrieg* 第一次〈二次〉世界大戦

Welt·kul·tur·er·be [ヴェルト・クルトゥーア・エルベ] 中 *das* (㊖2格 -s; ㊖なし) (ユネスコによる) 世界文化遺産

welt·lich [ヴェルトリヒ] 形 現世の, この世の; 世俗的な ▷ *weltliche* Freuden この世の楽しみ

welt·män·nisch [ヴェルト・メニシュ] 形 (振舞いなどの) 世慣れて悠然としている

Welt·meis·ter [ヴェルト・マイスター] 男 *der* (㊖2格 -s; ㊖ -) 世界チャンピオン

Welt·raum [ヴェルト・ラオム] 男 *der* (㊖2格 -[e]s; ㊖なし) 宇宙空間

Welt·raum·fahrt [ヴェルト・ラオム・ファールト] 女 *die* (㊖2格 -; ㊖ -en) 宇宙飛行 (＝Raumfahrt)

Welt·raum·müll [ヴェルト・ラオム・ミュル] 男 *der* (㊖2格 -[e]s; ㊖なし) (人工衛星の残骸などの) 宇宙廃棄物

welt·weit [ヴェルト・ヴァイト] 形 世界的な, 世界中の, 世界中に広がった

wem [ヴェーム]

❶〖疑問代名詞 wer の3格〗だれに ▷ *Wem* hast du das Buch gegeben? 君にだれにその本をあげたのですか

❷〖不定関係代名詞 wer の3格〗*Wem* es nicht passt, der kann gehen. 都合の悪い人は立ち去ってもかまわない

wen [ヴェーン]

❶〖疑問代名詞 wer の4格〗だれを ▷ *Wen* hast du eingeladen? 君はだれを招待したのですか

❷〖不定関係代名詞 wer の4格〗*Wen* ich einmal gesehen habe, dessen Gesicht vergesse ich nicht wieder. 私は一度会った人の顔を二度と忘れない

Wen·de [ヴェンデ] 女 *die* (㊖2格 -; ㊖ -n)

❶〖㊖なし〗(方針などの)転換; (状況などの)大きな変化 ▷ Eine unerwartete *Wende* ist eingetreten. 予期せぬ大きな変化が生じた

❷ (時代の)転換期 ▷ an der *Wende* des 20. (zwanzigsten) Jahrhunderts 20世紀の終わりに

(イディオム) *die Wende* (旧東ドイツの) 政治的・経済的転換

Wen·de·kreis [ヴェンデ・クライス] 男 *der* (㊖2格 -es; ㊖ -e) (地理) 回帰線 ▷ der nördliche ⟨südliche⟩ *Wendekreis* 北〈南〉回帰線

Wen·del·trep·pe [ヴェンデル・トレッペ] 女 *die* (㊖2格 -; ㊖ -n) らせん階段

wen·den [ヴェンデン]

— (du wendest, er wendet; wendete; gewendet; (助)h)

— 他 〖❹と〗〔..⁴を〕**裏返す** ▷ den Braten *wenden* 焼き肉を裏返す // Bitte *wenden*! (㊖ b.w.) 裏面をご覧ください

— 自 (来た方向に)折り返す (車などで)ターンする ▷ Ich konnte in der engen Straße nicht *wenden*. 私は狭い道路でターンすることができなかった

— (wendete ⟨wandte⟩; gewendet ⟨gewandt⟩; (助)h)

— 他 〖❹＋(方向)と〗〔..⁴を…に〕**向ける** ▷ den Kopf nach rechts *wenden* 頭を右の方に向ける / Er *wendete* seine Schritte zur Tür. 彼はドアに向って歩いた / Sie *wendete* ⟨*wandte*⟩ kein Auge von dem Kind. 彼女は子供から目を離さなかった

— 再 ❶ 〖sich⁴＋an＋❹と〗〔..⁴に〕**問い合わせる**, 相談〈依頼〉する ▷ *sich* an die zuständigen Stellen *wenden* 管轄の役所に問い合わせる / An wen soll ich mich *wenden*? 私はだれに相談したらよいのですか

❷ 〖sich⁴と〗(体の)向きを変える ▷ Sie *wandte sich* nach links. 彼女は左の方を向いた

❸ 〖sich⁴と〗(情勢がある方向に)向きが変わる ▷ Es hat sich alles zum Guten *gewendet* ⟨*gewandt*⟩. すべてがよい方に向かった (☆ 文頭の

(旧⇒新) ＝新正書法の指示, ㊖ ＝旧正書法の指示

Wen·de·punkt [ヴェンデ・プンクト] 男 der (⊕ 2格 -[e]s; ⊕ -e) (人生などの)転換期, 変わり目

wen·de·te [ヴェンデテ] wenden の 直過

wen·dig [ヴェンディヒ] 形 (車などが)操縦しやすい; (選手などが)動きのいい, 機敏な; (商売人などが)機転のきく

Wen·dung [ヴェンドゥング] 女 die (⊕ 2格 -; ⊕ -en)
❶ 向きを変えること, 転回 ▷ eine jähe *Wendung* machen 急に向きを変える
❷ 言い回し (＝Redewendung)

we·nig
[vé:nɪç ヴェーニヒ]

— 形 (比較 weniger, 最上 wenigst)
— 〖単数形の名詞と〗
❶ わずかの, 少量の (☆ ふつう格語尾をつけない; 反 viel)
wenig Geld
わずかのお金
Er isst *wenig* Obst.
彼はあまり果物を食べない
Er hat heute nur *wenig* Zeit.
彼はきょう時間がほんの少ししかない
Er kann nur *wenig* Englisch.
彼はほんの少ししか英語ができない
❷ 〖名詞的に(中性形)〗わずかなもの〈こと〉 ▷ *wenig* verdienen 稼ぎが少ない / Er weiß nur *wenig*. 彼はほんの少ししか知らない / Das ist mir zu *wenig*. それは私には少なすぎる / Ich habe genauso *wenig* verstanden wie du. 私も君と同じくらいしかわからなかった
イディオム *ein wenig* 少し (＝ein bisschen) ▷ Ich habe *ein wenig* Zeit. 私は少し時間がある / Ich habe *ein wenig* geschlafen. 私は少し眠った

— 〖複数形の名詞と〗
❶ わずかの, 少数の (☆ 特に1・4格で格語尾のつかないことがある)
wenige Leute
わずかな人々
in *wenigen* Tagen
数日後に
mit *wenigen* Worten
あまりことばを費やさないで
❷ 〖名詞的に〗わずかな人 ▷ Das wissen nur *wenige*. それを知っているのはわずかな人だけだ

— 副 あまり〈少ししか〉…でない ▷ Ich bin *wenig* beliebt. 私はあまり好かれていない / Wir sehen uns nur *wenig*. 私たちはたまにしか会わない

we·ni·ger [ヴェーニガー] 形〖wenig の比較級〗より少ない, よりわずかな ▷ Er verdient *weniger* als ich. 彼は稼ぎが私より少ない / Ich habe jetzt *weniger* Zeit als vorher. 私は今は以前より時間がない / Je mehr er verspricht, desto *weniger* glaube ich ihm. 約束すればするほど私は彼のことがますます信じられなくなる

we·nigst [ヴェーニヒスト] 形〖wenig の最上級〗最も少ない ▷ Er verdient am *wenigsten* von uns. 彼は私たちの中で最も稼ぎが少ない

we·nigs·tens [ヴェーニヒステンス]
副 《物事のあるべき最低限度を表して》少なくとも, せめて ▷ Laden Sie ihn doch *wenigstens* einmal ein! 少なくとも一度は彼を招待しなさいよ / 《発言を制限して》Das Haus kostet fast eine halbe Million, *wenigstens* sagt das der Makler. その家は50万[ユーロ]近くする, 少なくともそう仲介屋は言っている

★ 見積りにおける最低の数量を単に示す場合には mindestens を用いる ▷ *Mindestens* 50 000 Zuschauer waren im Stadion. 少なくとも5万人の観衆がスタジアムにいた

wenn
[vɛn ヴェン]

接 《従属; 定動詞後置》
❶ 《条件》もし…ならば, …の場合
Wenn du willst, kannst du mitkommen.
そうしたいならばいっしょに来てもいいよ
Wenn das Wetter schön ist, gehen wir spazieren. 天気がよければ私たちは散歩に行く
wenn möglich
可能ならば
Wenn nötig, komme ich sofort.
必要ならばすぐにまいります
〖接続法 II と〗
Wenn er Geld hätte, würde er ein Auto kaufen. お金があれば彼は自動車を買うでしょう(実際はないので買わない)
Wenn du rechtzeitig gekommen wärst, hättest du ihn noch getroffen. 君は早めに来ていたら彼になんとか会うことができたのに
《es と呼応して》
Es würde mich freuen, *wenn* du kämest.
もし君が来てくれるならばうれしいのだが
Wie wäre es, *wenn* wir mit zu Abend essen? 夕食をいっしょにするのはいかがですか
❷ 《時間; 未来の出来事》…するとく(したら)〉(すぐ) ▷ Sag bitte Bescheid, *wenn* du fertig bist. すんだら知らせてくれ / *Wenn* ich angekommen bin, rufe ich dich an. 到着したら君に電話をするよ
❸ 《時間; 反復的出来事》…するときには(いつも) (☆ 過去形の wenn 文は必ず反復的出来事を表す) ▷ Immer *wenn* er kommt, bringt er Blu-

①, ②, ③, ④ ＝1格, 2格, 3格, 4格の名詞

Werdegang

men mit. 彼が来るときにはいつも花を持ってくる / *Wenn* es regnete, blieb er zu Hause. 雨が降ったときにはいつも彼は家にいた

❹ 〖接続法 II と非現実の願望文を導く; doch, nur を伴って〗…ならばなあ ▷ *Wenn* er doch bald käme! 彼がすぐに来てくれればなあ

(イディオム) **als 〈wie〉 wenn ...** あたかも…であるかのように (=als ob) ▷ Er lachte, *als wenn* ihm alles gleichgültig wäre. 彼はすべてどうでもよいかのように笑った

auch wenn ... …の場合でも, かりに…だとしても (☆ 一般的な状況および想定された事柄に言及する) ▷ Wien ist schön, *auch wenn* es regnet. 雨が降っていてもウィーンは美しい / Ich würde diesen Mann nicht heiraten, *auch wenn* er steinreich wäre. 彼がたとえ大金持ちであっても私はこういう男とは結婚しないでしょう

wenn auch ... …であるが, …でも (☆ 現実に起きている〈起きた〉事柄に言及する) ▷ Wien ist schön, *wenn* es *auch* regnet. 雨が降っているがウィーンは美しい /〖主文に so, doch を伴って〗*Wenn* er *auch* mein Freund ist, so kann ich dies doch nicht entschuldigen. 彼が私の友人であっても私はやはりこのことを許すことができない

wenn·gleich [ヴェン・グライヒ] =obwohl
wenn·schon [ヴェン・ショーン] 圃 〖成句で〗 *Na wennschon!* どうっていうことないよ, まあいいさ
wennschon, dennschon どうせなら徹底的に

wer

[ve:ɐ ヴェーア]

①	②	③	④	複 数
wer	wessen	wem	wen	なし

☆ 文法上の性による区別がない

──〖疑問代名詞〗
だれが
Wer kommt mit?
だれがいっしょに来るの
Wer hat das getan?
だれがそれをしたのですか
Wer ist da? そこにいるのはだれだ
〖間接疑問文で〗
Ich weiß nicht, *wer* das ist.
私はそれがだれか知らない
〖譲容文で〗
Wer auch immer kommt, er ist uns willkommen. だれが来ようと私たちは歓迎する
〖修辞疑問文で〗
Wer weiß, was noch geschieht!
あとまだ何が起こるかだれがわかると言うのか(だれもわからない)

──〖不定関係代名詞; 先行詞をそれ自身の中に含み, 不特定の人を指示する; どの格形が用いられるかは不定関係文内での格関係に基づく; 不定関係文の主文中の役割を明示するために主文の文頭に指示代名詞を置く. ただしこの指示代名詞は不定関係代名詞と同形の場合省略される〗…する人 ▷ *Wer* das behauptet, [der] lügt. そういうことを言う人はうそをついているのだ / *Wer* etwas weiß, soll die Hand heben. 何か知っている人は手を上げなさい

──〖不定代名詞; 文頭には置かれない〗《口語》だれか, ある人 (=jemand) ▷ Es hat *wer* geklopft. だれかがノックをした (☆ 文頭の es は穴埋め)

(イディオム) *wer sein* ひとかどの〈名の通った〉人物である ▷ In seiner Stadt *ist* er *wer*. 彼の町では彼はひとかどの人物だ

Wer·be·agen·tur [ヴェルベ・アゲントゥーア] 囡 *die* (⊕ 2 格 -; ⊕ -en) 広告代理店
Wer·be·ak·ti·on [ヴェルベ・アクツィオーン] 囡 *die* (⊕ 2 格 -; ⊕ -en) 広告キャンペーン
Wer·be·fern·se·hen [ヴェルベ・フェルンゼーエン] 中 *das* (⊕ 2 格 -s; ⊕ なし) テレビコマーシャル放送
Wer·be·gra·fik [ヴェルベ・グラーフィック] 囡 *die* (⊕ 2 格 -; ⊕ -en) コマーシャルグラフィック
Wer·be·kam·pag·ne [ヴェルベ・カムパニェ] 囡 *die* (⊕ 2 格 -; ⊕ -n) 広告キャンペーン
wer·ben [ヴェルベン]
(du wirbst, er wirbt; warb; geworben; 完了h)
──自 ❶ 〖für+④と〗〖商品などを〗宣伝をする ▷ für eine neue Waschmaschine *werben* 新しい洗濯機の宣伝をする
❷ 〖um+④と〗〔…を〕得ようと努める ▷ Die Kandidaten *werben* um die Gunst der Wähler. 候補者は有権者に気に入られようと努める

──他 〖④と〗〔…を〕募集〈勧誘〉する ▷ Mitglieder *werben* 会員を募集する

Wer·be·sen·dung [ヴェルベ・ゼンドゥング] 囡 *die* (⊕ 2 格 -; ⊕ -en) コマーシャル放送
Wer·be·text [ヴェルベ・テクスト] 男 *der* (⊕ 2 格 -[e]s; ⊕ -e) 広告文, コピー
Wer·be·tex·ter [ヴェルベ・テクスター] 男 *der* (⊕ 2 格 -s; ⊕ -) コピーライター, 広告文案家
Wer·be·wirt·schaft [ヴェルベ・ヴィルトシャフト] 囡 *die* (⊕ 2 格 -; まれに ⊕ -en) 広告産業
Wer·bung [ヴェルブング] 囡 *die* (⊕ 2 格 -; ⊕ -en)
❶ 宣伝, 広告, コマーシャル
❷ (会員などの) 募集, 勧誘

Wer·bungs·kos·ten [ヴェルブングス・コステン] 複名 広告〈宣伝〉費
Wer·de·gang [ヴェーアデ・ガング] 男 *der* (⊕ 2 格 -s; ⊕ なし) (人の) 経歴 ▷ beruflicher *Werdegang* 職歴

wer·den
[vé:ɐdn ヴェーアデン]

現在	ich werde	wir werden
	du wirst	ihr werdet
	er wird	sie werden
過去	ich wurde	wir wurden
	du wurdest	ihr wurdet
	er wurde	sie wurden
過分	geworden	完了 sein

[注] 助動詞として用いられる場合 過分 worden

—自 ❶ 〖名詞的述語と〗〔…に〕**なる**
Er *wird* Arzt. 彼は医者になる
Sie *wurde* seine Frau. 彼女は彼の奥さんになった
Er *wird* bald Vater. 彼はまもなく父親になる
Sein Traum ist Wirklichkeit *geworden*. 彼の夢は現実になった
Was willst du *werden*? 君は何になりたいのですか(どんな職業につきたいのですか)
〖非人称主語 es, 場所と〗
Es *wird* Abend 〈Nacht, Frühling〉. 夕方〈夜, 春〉になる
❷ 〖zu+③と〗〔…³に〕なる(☆質的な変化を表す) ▷ Das Wasser *wird* zu Eis. 水が氷になる / Er *wurde* zum Dieb. 彼はどろぼうになった
❸ 〖形容詞的述語と〗〔…に〕なる ▷ Die Milch *wurde* sauer. ミルクはすっぱくなった / Mein Vater ist gestern 80 Jahre alt *geworden*. 私の父親はきのう 80 歳になった / Wie *wird* das Wetter? 天候はどうなるだろう / 〖非人称主語 es と; 文中ではふつう省略される〗Es *wird* warm. 暖かくなる / Plötzlich *wurde* ihm übel. 突然彼は気分が悪くなった

—助 ❶ 〖zu のない不定詞と; 未来時制を作る〗
Sie *werden* nächste Woche verreisen. 彼らは来週に旅に出る
Das *wird* er sein Leben lang nicht vergessen. そのことを彼は一生忘れないでしょう(※未来形にはふつう推量の意味合いが加わる; 未来に関することでも生起が確実な場合には現在形を用いる ▷ Sie *hat* morgen Geburtstag. 彼女はあす誕生日です)
《現時点の事柄に関する推量を表して》
Jetzt *werden* wohl alle da sein. たぶんもう全員来ているだろう
《主語が 1 人称; 意志の表明を表して》
Das *werde* ich nie vergessen! そのことは私は決して忘れない
《主語が 2 人称; 命令あるいは勇気づけを表して》
Du *wirst* jetzt schlafen gehen! お前はもう寝なさい
Keine Angst, du *wirst* die Prüfung schon bestehen! 心配すんな君はきっと試験に受かるよ
❷ 〖zu のない完了不定詞と; 未来完了時制を作る〗
In zwei Monaten *wird* er die Arbeit geschafft haben. 2ヵ月後には彼は仕事を終えているでしょう
《過去の事柄に関する推測を表して》
Er *wird* jetzt dort schon angekommen sein. 彼はいまもうそこに到着していることでしょう
❸ 〖過去分詞と; 受動形を作る; 完了形の過去分詞は worden でその助動詞は sein〗
Die Tür *wird* um acht Uhr verschlossen. ドアは 8 時に閉められる
Wir sind betrogen *worden*. 私たちはだまされた
〖自動詞の過去分詞と非人称受動形を作る〗
Sonntags *wird* nicht gearbeitet. 日曜日は仕事が休みだ

wer·fen
[vérfn ヴェルフェン]

現在	ich werfe	wir werfen
	du wirfst	ihr werft
	er wirft	sie werfen
過去	ich warf	wir warfen
	du warfst	ihr warft
	er warf	sie warfen
過分	geworfen	完了 haben

—他 ❶ 〖④と〗〔…⁴を〕**投げる**
einen Ball *werfen* ボールを投げる
das Buch in die Ecke *werfen* 本を隅に放り投げる
Der Betrunkene wurde aus dem Lokal *geworfen*. 酔っ払いは飲食店から放り出された
Er *wirft* weit. 彼は遠くまで投げる
❷ 〖④と〗(哺乳類の動物が)〖子⁴を〗産む ▷ Die Katze hat zwei Junge *geworfen*. 猫が子を 2 匹産んだ

—再 〖(sich⁴+方向と〗〔…に〕身を投げる ▷ *sich* auf das Bett *werfen* ベッドの上に身を投げる

Werft [ヴェルフト] 女 die (⓶ 2 格 -; ⓷ -en) 造船所, ドック ▷ ein Schiff in der *Werft* überholen 船をドックで解体修理する

Werk [ヴェルク] 中 das (⓶ 2 格 -es〈まれに -s〉; ⓷ -e)
❶ (芸術などの)**作品** ▷ ein unvollendetes *Werk* 未完成の作品 / 〖集合的に〗das *Werk* Goethes ゲーテの全作品
❷ 仕業 ▷ Diese Intrige ist sein *Werk*. この陰謀は彼の仕業だ
❸ (比較的大きな)工場, 製作所
〖イディオム〗 *ein gutes Werk tun* 善行を行う
sich⁴ ans Werk machen 仕事に取り掛かる

wer·ken [ヴェルケン] (werkte; gewerkt; 完了 h)

[自]（手や体を使って）働く，仕事をする

Werk·statt [ヴェルク・シュタット] [女] *die* ([単] 2 格 –; まれに [複] ..stätten)（職人の）**仕事場**，作業場；修理〈整備〉工場 ▹ den Wagen in die *Werkstatt* bringen 自動車を修理工場へ出す

Werk·stät·te [ヴェルク・シュテッテ] [女] *die* ([単] 2 格 –; [複] –n) ＝Werkstatt

Werk·tag [ヴェルク・ターク] [男] *der* ([単] 2 格 –[e]s; [複] –e) 平日，ウィークデー ([反] Feiertag) ▹ Dieser Zug verkehrt nur an *Werktagen*. この列車は平日しか運行されない

werk·tags [ヴェルク・タークス] [副] 平日に，ウィークデーに ▹ Dieser Zug verkehrt nur *werktags*. この列車は平日のみ運行される

werk·tä·tig [ヴェルク・テーティヒ] [形] 職業についている ▹ die *werktätige* Bevölkerung 就労人口

Werk·zeug [ヴェルク・ツォイク] [中] *das* ([単] 2 格 –[e]s; [複] –e)

❶（個々の）**道具**，工具 ▹ Die Säge ist ein *Werkzeug*. のこぎりは道具である

❷〘[複] なし〙《集合的に》（ある作業に必要なすべての）道具，道具一式 ▹ Das *Werkzeug* liegt in der Kiste. 道具は箱に入っている

wert [ヴェーアト]

[形] ❶〘[程度]と〙〔…の〕**価値〈値打ち〉がある** ▹ Das Fahrrad ist nichts *wert*. その自転車は一銭の値打ちもない / Das Bild ist eine Million Euro *wert*. この絵は 100 万ユーロの値打ちがある

❷〘②〈④〉と〙〔…2(4)に〕**値する**，ふさわしい ▹ Das ist nicht der Mühe 〈die Mühe〉 *wert*. それは骨折りがいがない

Wert [ヴェーアト] [男] *der* ([単] 2 格 –es 〈まれに –s〉; [複] –e)

❶〘[複] なし〙（金銭的な）**価値**，値，値打ち ▹ Das Bild hat einen *Wert* von 1 000 Euro. その絵は 1000 ユーロの値打ちがある

❷（物事の）**価値** ▹ Seine Auskünfte waren uns von großem *Wert*. 彼の情報は私たちにとって大変価値があった

❸〘[複] で〙価値あるもの，貴重なもの

❹ 数値 ▹ die *Werte* von einem Messgerät ablesen 測定器の数値を読み取る

[イディオム] ***Wert auf***＋④ ***legen*** …4に価値を置く，重要視する

wer·ten [ヴェーアテン]
(wertete; gewertet; [完了]h)

[他]〘④と〙〔…4を〕評価する ▹ Meine Arbeit wurde niemals richtig *gewertet*. 私の仕事は一度も正しく評価されたことがない

..wer·tig [..ヴェーアティヒ]〘接尾辞; 形容詞を作る〙…の価値のある ▹ gleich*wertig* 価値の等しい

wert·los [ヴェーアト・ロース] [形] **価値〈値打ち〉のない** ▹ Diese Information ist für uns *wertlos*. この情報は私たちにとって無価値だ

Wert·pa·pier [ヴェーアト・パピーア] [中] *das* ([単] 2 格 –s; [複] –e)（手形，小切手などの）有価証券

Wert·stoff [ヴェーアト・シュトフ] [男] *der* ([単] 2 格 –[e]s; [複] –e)（空容器・古紙など）リサイクル可能なもの

wert·voll [ヴェーアト・フォル] [形] **価値〈値打ち〉のある** ▹ eine *wertvolle* Entdeckung 価値ある発見 / Das Gemälde ist sehr *wertvoll*. その絵は非常に値打ちがある

We·sen [ヴェーゼン] [中] *das* ([単] 2 格 –s; [複] –)

❶〘[複] なし〙（物事の）**本質** ▹ Das ist nicht das *Wesen* der Sache. それは事の本質ではない

❷〘[複] なし〙（人を特徴づける）性格，人柄，気質 ▹ Er hat ein heiteres *Wesen*. 彼は性格が明るい

❸《どのような存在かを問題にしつつ》存在するもの ▹ der Mensch als soziales *Wesen* 社会的存在としての人間

we·sent·lich [ヴェーゼントリヒ]

― [形] **本質的な**，主要な ▹ ein *wesentlicher* Unterschied 本質的な相違

[イディオム] ***im Wesentlichen*** 本質的に，根本的に ▹ Das ist *im Wesentlichen* nichts Neues. それは本質的になんら新しいことではない

― [副] ❶ 非常に，とても ▹ Er hat sich nicht *wesentlich* verändert. 彼はあまり変わっていなかった

❷〘比較級と〙はるかに，ずっと ▹ Es geht ihr schon *wesentlich* besser. 彼女はもうずっとよくなっている

die **We·ser** [ヴェーザー] [女] ([単] 2 格 –; [複] なし)《川名》ヴェーザー川（ドイツ北部; 定冠詞を必ず伴う; ☞ 地図 D-3～2）

wes·halb [ヴェス・ハルプ]〘疑問副詞〙なぜ，どうして（＝warum）

Wes·pe [ヴェスペ] [女] *die* ([単] 2 格 –; [複] –n)《昆虫》スズメバチ ▹ Er wurde von einer *Wespe* gestochen. 彼はスズメバチに刺された

wes·sen [ヴェッセン]

❶〘疑問代名詞 wer, was の 2 格〙**だれの**; なにの ▹ *Wessen* Buch ist das? それはだれの本ですか

❷〘不定関係代名詞 wer, was の 2 格〙*Wessen* ich bedarf, das will ich niemandem verkaufen. 私が必要なものはだれにも売るつもりはない

Wes·si [ヴェッスィー] [男] *der* ([単] 2 格 –s; [複] –s)《口語》《旧西ドイツの人を指して》西の人〈やつ〉

West [ヴェスト]〘無変化〙西（無冠詞で; ＝Westen; [反] Ost）

Wes·te [ヴェステ] [女] *die* ([単] 2 格 –; [複] –n)《衣類》ベスト，チョッキ ▹ Er trägt einen Frack

W

mit weißer *Weste*. 彼は白のベストに燕尾服を着ている

Wes・ten [ヴェステン] 男 *der* (単2格 -s; 複 なし)
❶《ふつう無冠詞で》西 (略 W; 反 Osten) ▷ Der Wind kommt von *Westen*. 風は西から吹いて来る / Die Sonne geht im *Westen* unter. 太陽は西に沈む
❷《定冠詞と》(国・町などの)西部; 西の地域 ▷ Sie wohnt im *Westen* der Stadt. 彼女は町の西部に住んでいる

Wes・tern [ヴェステルン] 男 *der* (単2格 -s; 複 -) 西部劇映画, ウエスタン

West・eu・ro・pa [ヴェスト・オイローパ] (中 *das*)《地名》西ヨーロッパ, 西欧(用法: ☞ Deutschland)

west・lich [ヴェストリヒ]
——形 (比較 -er, 最上 -st)
❶ 西の (反 östlich) ▷ ein *westlicher* Wind 西風 / im *westlichen* Teil der Stadt 町の西部に / *westlich* von Köln ケルンの西側に
❷ 西欧の ▷ *westliche* Korrespondenten 西欧の特派員
——前《2支配》…の西に ▷ *westlich* der Grenze 国境の西側に

wes・we・gen [ヴェス・ヴェーゲン]《疑問副詞》なぜ, どうして (=warum)

Wett・be・werb [ヴェット・ベヴェルプ] 男 *der* (単2格 -s; 複 -e) コンクール, コンテスト ▷ Sie bekam den ersten Preis im *Wettbewerb*. 彼女はコンクールで1位になった

Wet・te [ヴェッテ] 女 *die* (単2格 -; 複 -n) 賭け ▷ eine *Wette* abschließen 賭けをする / Ich habe die *Wette* gewonnen. 私は賭けに勝った
イディオム **um die Wette laufen** 競走する

wett・ei・fern [ヴェット・アイフェルン]
(wetteiferte; gewetteifert; 助 h)
自 競い合う ▷ um den ersten Platz *wetteifern* 1位を目指して競い合う

wet・ten [ヴェッテン]
(wettete; gewettet; 助 h)
——自 賭けをする, 賭ける ▷ um eine Flasche Wein *wetten* ワインを1本賭ける / Wollen wir *wetten*? 賭けをしようか
——他《4格と》[…を]賭ける ▷ Was *wettest* du? 君は何を賭けますか
イディオム **Ich wette, dass …** きっと…だ, 賭けてもいいよ

Wet・ter
[vέtɐ ヴェッター]
中 *das* (単2格 -s; 複 なし)

天気, 天候
Wie ist das *Wetter*?
天気はどうですか

Das *Wetter* ändert sich. 天候が変わる
Heute ist schönes *Wetter*.
きょうは晴天だ
das *Wetter* vorhersagen 天気を予報する

Wet・ter・be・richt [ヴェッター・ベリヒト] 男 *der* (単2格 -[e]s; 複 -e) (ニュースなどの)天気予報, 気象通報

Wet・ter・hahn [ヴェッター・ハーン] 男 *der* (単2格 -[e]s; 複 ..hähne) (雄鳥をかたどった)風向計, 風見鶏

Wet・ter・leuch・ten [ヴェッター・ロイヒテン] 中 *das* (単2格 -s; 複 なし) 雷光, 稲光, 稲妻

wet・tern [ヴェッテルン]
(wetterte; gewettert; 助 h)
自 激しい調子で文句を言う, ののしる

Wet・ter・sa・tel・lit [ヴェッター・ザテリート] 男 *der* (単2・3・4格 -en; 複 -en) 気象衛星

Wet・ter・um・schlag [ヴェッター・ウム・シュラーク] 男 *der* (単2格 -[e]s; 複 ..schläge) 気象の急変

Wet・ter・vor・her・sa・ge [ヴェッター・フォーアヘーア・ザーゲ] 女 *die* (単2格 -; 複 -n) 天気予報

Wet・ter・wech・sel [ヴェッター・ヴェクセル] 男 *der* (単2格 -s; 複 -) 気象変化

Wett・kampf [ヴェット・カムプフ] 男 *der* (単2格 -[e]s; 複 ..kämpfe) (スポーツ) 競技, 試合 ▷ den *Wettkampf* gewinnen〈verlieren〉試合に勝つ〈負ける〉

wett|ma・chen [ヴェット・マッヘン] 分離
(machte wett; wettgemacht; 助 h)
他《口語》《4格と》[欠点などを]補う, 埋め合わせる

Wett・streit [ヴェット・シュトライト] 男 *der* (単2格 -[e]s; 複 なし) 競争, 競い合い

wet・zen [ヴェッツェン] (wetzte; gewetzt; 助 h)
他《4格と》[刃物などを](といで)鋭利にする

WG [ヴェーゲー] 女 *die* (単2格 -; 複 -s) (*Wohngemeinschaft* の略語) 住居共同体(家族関係を前提とせず, 共同で1つの住まいに暮らす人々の集団)

Whis・ky [ヴィスキ] 男 *der* (単2格 -s; 複 -s) ウイスキー

wich [ヴィヒ] weichen の 過去

Wicht [ヴィヒト] 男 *der* (単2格 -[e]s; 複 -e)
❶ (伝説などの)小人
❷《口語》《子供を指して》おちびちゃん

wich・tig
[víçtɪç ヴィヒティヒ]
比較 -er 最上 -st

形 **重要な**, 重大な, たいせつな
eine *wichtige* Person 重要な人物
eine *wichtige* Entscheidung 重大な決定
einen *wichtigen* Brief schreiben
たいせつな手紙を書く

①, ②, ③, ④=1格, 2格, 3格, 4格の名詞

widersprach

Das ist nicht so *wichtig*. それはそんなに重要ではない
(イディオム) ④+*wichtig nehmen* …⁴を重要視する
sich⁴ wichtig machen もったいぶる

Wich·tig·keit [ヴィヒティヒカイト] 囡 *die* (㊤2格 -; ㊥ なし) 重要性, 重大さ ▷ Diese Aufgabe ist von großer *Wichtigkeit*. この任務は非常に重要だ

Wi·ckel [ヴィッケル] 男 *der* (㊤2格 -s; ㊥ -) 湿布

wi·ckeln [ヴィッケルン]
(wickelte; gewickelt; 医刁h)
── 他 ❶ 【④と】【糸・毛糸など⁴を】巻く ▷ Sie *wickelt* Wolle zu einem Knäuel. 彼女は毛糸を巻いて玉にする
❷ 【④と】【…³に】包帯などを巻く ▷ die verletzte Hand *wickeln* けがをした手に包帯を巻く
❸ 【④と】【…⁴を】包む, くるむ ▷ ein Geschenk in Papier *wickeln* 贈り物を紙に包む / Das Baby muss noch *gewickelt* werden. その赤ん坊はまだおむつが必要だ
❹ 【④と】＋aus＋③と】【…⁴を包んでいるもの³から】取り出す ▷ ein Geschenk aus dem Papier *wickeln* 贈り物を包み紙から取り出す
── 再 【sich⁴+in＋④と】【…³にくるまる ▷ *sich* in eine Decke *wickeln* 毛布にくるまる

Wid·der [ヴィッダー] 男 *der* (㊤2格 -s; ㊥ -) 雄羊

wi·der [ヴィーダー] 前 【④支配】《文語》…に反して, 逆らって ▷ *wider* Erwarten 予期に反して

wi·der·bors·tig [ヴィーダー・ボルスティヒ] 形 (子供が) 反抗的な, 言うことを聞かない

wi·der·fah·ren [ヴィーダー・ファーレン] 非分離
(er widerfährt; widerfuhr; widerfahren; 医刁s)
自 《文語》【③と】【…³の身に】起こる, 降りかかる ▷ Ihm *widerfuhr* ein Unglück. 彼の身に不幸が起こった

wi·der·fährt [ヴィーダー・フェーアト] widerfahren の 現在

wi·der·fuhr [ヴィーダー・フーア] widerfahren の 過去

Wi·der·ha·ken [ヴィーダー・ハーケン] 男 *der* (㊤2格 -s; ㊥ -) (矢じり・釣り針などの, 先が抜けにくくなっている) 逆鈎(さかばり)

Wi·der·hall [ヴィーダー・ハル] 男 *der* (㊤2格 -[e]s; まれに ㊥ -e) 《文語》 反響, こだま (＝ Echo)

wi·der|hal·len [ヴィーダー・ハレン] 分離
(hallte wider; widergehallt; 医刁h)
自 反響する, こだまする ▷ Die Schritte *hallten* auf dem Pflaster *wider*. 足音は歩道に反響した

wi·der·le·gen [ヴィーダー・レーゲン] 非分離
(widerlegte; widerlegt; 医刁h)
他 【④と】【…⁴が】誤りであることを論証する, 論破する ▷ Es war nicht schwer, seine Ansicht zu *widerlegen*. 彼の見解を論破するのは難しくなかった

wi·der·lich [ヴィーダーリヒ] 形 不快な, いやな, 嫌悪を催させる ▷ ein *widerlicher* Geruch いやなにおい / Sein Verhalten ist mir *widerlich*. 彼の態度は私には不快だ

wi·der·na·tür·lich [ヴィーダー・ナテューアリヒ] 形 (振舞い・感情などが) あるべき姿と異なる; 自然の理に背く, 倒錯した

wi·der·recht·lich [ヴィーダー・レヒトリヒ] 形 不法な, 違法な ▷ *widerrechtlich* abgestellte Fahrzeuge 違法駐車の車両

Wi·der·re·de [ヴィーダー・レーデ] 囡 *die* (㊤2格 -; ㊥ -n) 反論, 口答え ▷ Mein Vater duldete keine *Widerrede*. 私の父は口答えを許さなかった / ohne *Widerrede* 文句を言わずに

wi·der·rief [ヴィーダーリーフ] widerrufen の 過去

Wi·der·ruf [ヴィーダー・ルーフ] 男 *der* (㊤2格 -[e]s; ㊥ -e) 撤回, 取り消し

wi·der·ru·fen [ヴィーダー・ルーフェン] 非分離
(widerrief; widerrufen; 医刁h)
他 【④と】(主張・告白など⁴を) 撤回する, 取り消す

Wi·der·sa·cher [ヴィーダー・ザッハー] 男 *der* (㊤2格 -s; ㊥ -) 《文語》 敵, 敵対者

wi·der·set·zen [ヴィーダー・ゼッツェン] 非分離
(widersetzte; widersetzt; 医刁h)
再 【sich⁴+③と】【…³に】逆らう, 抵抗 〈反抗〉 する ▷ Er *widersetzte* sich hartnäckig der Aufforderung, seinen Ausweis vorzuzeigen. 彼は身分証明書を見せるようにという要求に頑強に逆らった

wi·der·setz·lich [ヴィーダー・ゼッツリヒ] 形 反抗的な, 言うことをきかない, 不従順な

wi·der·sin·nig [ヴィーダー・ズィニヒ] 形 不合理な, 非常識な, ばかげた

wi·der·spens·tig [ヴィーダー・シュペンスティヒ] 形 (子供などが) 反抗的な, 手に負えない

wi·der·spie·geln [ヴィーダー・シュピーゲルン] 分離 (spiegelte wider; widergespiegelt; 医刁h)
── 他 ❶ 【④と】【…⁴の姿を】映す ▷ Das Wasser *spiegelt* den Himmel *wider*. 水が空を映している
❷ 【④と】(作品などが) (時代背景など⁴を) 映し出す, 反映する; (ある感情が) (顔・目などに) 表れる
── 再 ❶ 【sich⁴+と】(物の姿が) 映る; ▷ Die Bäume *spiegeln* sich im See *wider*. 木々が湖に映っている
❷ (時代背景などが) 映し出される

wi·der·sprach [ヴィーダーシュプラーハ] wider-

医刁h, 医刁s＝完了の助動詞 haben, sein

wi·der·spre·chen [ヴィーダーシュプレッヒェン] 非分離 (er widerspricht; widersprach; widersprochen; 匙h)
— 自 ❶ 《③と》 〔…³に〕異議〈異論〉を唱える, 反論する ▷ Sie *widersprach* ihm mit keinem Wort. 彼女は彼に一言も反論しなかった
❷ 《③と》〔…³に〕相いれない, 矛盾する ▷ Dies *widerspricht* den bisherigen Behauptungen. これは従来の主張と矛盾する
— 再 《(sich)³と》言うことが以前と異なる ▷ Du *widersprichst* dir doch ständig! 君はいつも言うことが違う

wi·der·spricht [ヴィーダーシュプリヒト] widersprechen の 直現

wi·der·spro·chen [ヴィーダーシュプロッヘン] widersprechen の 過分

Wi·der·spruch [ヴィーダーシュプルフ] 男 der (単 2 格 -[e]s; 複 ..sprüche)
❶ (複 なし) 反論, 異議 ▷ Er duldet keinen *Widerspruch*. 彼は反論をいっさい許さない / auf *Widerspruch* stoßen 反対にあう / ohne *Widerspruch* 異議なく
❷ 矛盾 ▷ ein logischer *Widerspruch* 論理的矛盾 / Seine Taten stehen im *Widerspruch* zu seinen Worten. 彼の行為は彼のことばと矛盾している

wi·der·sprüch·lich [ヴィーダーシュプリュヒリヒ] 形 (証言などが)矛盾した, つじつまが合わない

wi·der·spruchs·los [ヴィーダーシュプルフスロース] 副 反論することなく ▷ Er nimmt alles *widerspruchslos* hin. 彼はすべて反論することなく受け入れる

wi·der·stand [ヴィーダーシュタント] widerstehen の 過去

Wi·der·stand [ヴィーダーシュタント] 男 der (単 2 格 -[e]s; まれに 複 ..stände) 抵抗; 反対 ▷ den *Widerstand* aufgeben 抵抗をあきらめる / Seine Wünsche stießen bei seinen Eltern auf *Widerstand*. 彼の願いは両親の反対にあった

wi·der·stan·den [ヴィーダーシュタンデン] widerstehen の 過分

wi·der·stands·fä·hig [ヴィーダーシュタンツフェーイヒ] 形 (病気などに対して)抵抗力のある; (腐食・湿気などに)強い ▷ *widerstandsfähig* gegen Krankheiten 病気に対して抵抗力がある

wi·der·stands·los [ヴィーダーシュタンツロース] 形 抵抗しない, 逆らわない ▷ Er ließ sich *widerstandslos* verhaften. 彼は抵抗せずに逮捕された

wi·der·ste·hen [ヴィーダーシュテーエン] 非分離 (widerstand; widerstanden; 匙h)
自 ❶ 《③と》〔…³に〕逆らう, 抵抗する ▷ dem Feind *widerstehen* 敵に抵抗する / einer Versuchung *widerstehen* 誘惑に屈しない
❷ 《③と》〔荷重・腐食などに〕耐える, もちこたえる ▷ Das Haus *widerstand* dem heftigen Sturm. この家は激しいあらしに耐えた

wi·der·stre·ben [ヴィーダーシュトレーベン] 非分離 (widerstrebte; widerstrebt; 匙h)
自 《③と》(ある行為が)〔…³の〕意にそわない, 気が進まない ▷ Es *widerstrebt* mir, über andere Leute zu reden. 私は他人のことについて話をするのはいやだ

Wi·der·streit [ヴィーダーシュトライト] 男 der (単 2 格 -[e]s; 複 なし)《文語》対立, 矛盾, ジレンマ

wi·der·wär·tig [ヴィーダーヴェルティヒ] 形 不愉快な, 不快な, いやな

Wi·der·wil·le [ヴィーダーヴィレ] 男 der (単 2 格 -ns, 3・4 格 -n; 複 なし) 嫌悪 (☆ Abneigung より強く, Abscheu より弱い) ▷ einen großen *Widerwille* gegen+④ haben …⁴が大嫌いである

wi·der·wil·lig [ヴィーダーヴィリヒ] 形 しぶしぶの, 不承不承の ▷ Er ging *widerwillig* mit. 彼はいやいやいっしょに行った

wid·men [ヴィットメン] (widmete; gewidmet; 匙h)
— 他 ❶ 《③+④と》〔…³に自作の作品⁴を〕ささげる, 献じる ▷ Er *widmete* ihr ein Gedicht. 彼は彼女に自作の詩をささげた
❷ 《④+③と》〔時間・精力など⁴を…³に〕ささげる, 費やす ▷ Er *widmete* den ganzen Abend seinen Kindern. 彼は一晩中子供たちの相手をして過ごした
— 再 《(sich)⁴+③と》〔…³に〕専念する, 没頭する ▷ *sich* dem Studium *widmen* 学業に専念する / Sie *widmet* sich ihren Kindern. 彼女は子供たちの世話に専念する

Wid·mung [ヴィットムング] 女 die (単 2 格 -; 複 -en) (著書などの)献辞, 献詞

wid·rig [ヴィードリヒ] 形 不利に働く; (風向きが)逆の ▷ *widrige* Umstände 不利な状況, 逆境

wie

[vi: ヴィー]

—《疑問副詞》
❶《様態・方法》どんな; どのように
Wie war das Wetter?
天気はどうでした
Wie soll ich das machen?
それはどのようにしたらよいのですか
Wie komme ich zum Bahnhof?
駅にはどのように行ったらいいのですか
Wie heißen Sie 〈*Wie* ist Ihr Name〉?

あなたのお名前はなんとおっしゃいますか
Wie gefällt Ihnen das Bild?
その絵はいかがですか(気に入りましたか)
〖間接疑問文で〗
Ich weiß nicht, *wie* er es gemacht hat.
私は彼がそれをどうやったのかわからない
〖非人称主語 es と〗
Wie war es in Deutschland?
ドイツはいかがでしたか
Wie geht es Ihnen? ごきげんいかがですか
❷〚形容詞・副詞と〛〘程度〙どのくらい ▷ *Wie* alt ist sie? 彼女は何歳ですか / *Wie* spät ist es? 何時ですか / *Wie* groß? どのくらいの大きさか / *Wie* lange? どのくらいの長さか / *Wie* oft? 何度, 何回
❸〚感嘆文で〛なんと ▷ *Wie* schön! なんと美しい〈すばらしい〉/ *Wie* schade! なんと残念なことだ
❹〚認容文で〛どのように[…しようが], どれほど[…であろうとも] ▷ *wie* man es auch macht どのようにそれをしようが / *wie* klug du auch sein magst どれほど君が賢かろうと

イディオム *Und wie!*〚肯定の応答として〛Ist es kalt draußen? – *Und wie!* 外は寒いかい―そりゃもう
Wie bitte?《聞き取れなかったことばを聞き返して》え なんですって
Wie denn? いったいどうやって

___
wie viel [ヴィー フィール / ヴィー フィール]
〚注〛原則的に viel に格語尾をつけないが, 複数の1・4格の場合は格語尾をつけてもよい
a) どれだけの, どれくらいの
Wie viel〈*Wie viele*〉Kinder haben Sie?
あなたは何人のお子さがおありですか
Wie viel Uhr ist es? 何時ですか
〖名詞的に〗
Wie viel wiegst du?
君は体重がどのくらいあるの
〖間接疑問文〗
Ich weiß es nicht, *wie viel* er verdient.
私は彼がどのくらい稼ぐのか知らない
〖比較級と〗
Wie viel jünger ist sie als du?
彼女は君よりいくつ若いのですか
b)〚感嘆文・認容文で〛*Wie viel* Geld das gekostet hat! なんと金のかかったこと / *Wie viel* er auch verdient, er ist nie zufrieden. どんなに金を稼いでも彼は決して満足しない

___
── 接〚従属; 定動詞後置〛
❶〚比較〛…のように
ein Mann *wie* er
彼のような男性

Er weinte *wie* ein Kind.
彼は子供のように泣いた
Sie liebt ihn *wie* einen Vater.
彼女は彼を父親のように愛している
Er stand *wie* gelähmt da.
彼は麻痺したように立っていた
wie Sie wissen
ご存じのように
Wie du siehst, habe ich viel zu tun.
ご覧の通り私はすることがたくさんある
❷〚so+形容詞・副詞と〛〘同等の比較〙…と同じ程度に[…] ▷ Er ist so alt *wie* du. 彼は君と同い年だ / Das Auto fährt so schnell, *wie* ich erwartet habe. その自動車は私が期待した通りのスピードが出る / so bald *wie* möglich できるだけ早く
❸《語句の並列的結合》…も…も ▷ Männer *wie* Frauen 男の人たちも女の人たちも
❹《列挙》(たとえば)…のような ▷ viele Tiere, *wie* Kühe, Pferde, Schweine usw. たくさんの動物(たとえば)牛・馬・豚などのような
❺《同時》…すると ▷ *Wie* ich aus dem Fenster schaute, sah ich ihn kommen. 私が窓から見ると彼の来るのが見えた
❻《関係文; 主文の名詞を受ける人称代名詞と》…のような ▷ Er hat eine Uhr, *wie* ich sie brauche. 彼は私が必要とするような時計を持っている / Das ist ein Wein, *wie* er von Frauen auch gern getrunken wird. これは女性にも喜んで飲まれるようなワインだ

イディオム *wie immer* いつものように
wie schon gesagt すでに言ったように
wie wenn... あたかも…であるかのように(＝als ob) ▷ Er tat, *wie wenn* er schliefe. 彼は眠っている振りをした

wie·der
[víːdɐ ヴィーダー]

副 ❶《反復を表して》再び, また
Ich fahre *wieder* nach Bonn.
私は再びボンへ行く
Er war *wieder* nicht zu Hause.
彼はまた家にいなかった
Die Sitzung wurde *wieder* verschoben.
会議はまた延期された
Das ist *wieder* etwas anderes.
それはまた別の話だ
Das darfst du nie *wieder* tun.
そんなことは君は二度としてはいけない
❷《復元を表して》再び[元の状態へ] ▷ Sie ist *wieder* gesund geworden. 彼女は再び健康になった / Er wurde *wieder* freigelassen. 彼は釈放されてまた自由になった / Ich bin gleich *wieder* da. すぐ戻ってまいります

wiedererkennen

❸《見方を変えると》また、他方 ▷ So schlimm ist es auch *wieder* nicht. それはまたそんなひどいわけでもない

❹《同じように》…もまた ▷ Die neue Therapie blieb *wieder* ohne Erfolg. 新しい治療法もまた成果がないままだった

(イディオム) ④＋*wieder erkennen* …⁴が以前会った人〈見たもの〉だとわかる ▷ Ich habe ihn kaum *wieder* erkannt. 私はほとんど彼だということがわからなかった

④＋*wieder finden*《なくしたもの》⁴を見つける ▷ Er hat seinen Schlüssel *wieder* gefunden. 彼はなくした鍵を見つけた

④＋*wieder gutmachen*《損害など》⁴を弁償する、償う

④＋*wieder sehen* …⁴に再び会う ▷ Im letzten Jahr hat sie ihn *wieder* gesehen. 昨年彼女は彼に再び会った / Wann *sehen* wir uns *wieder*? 今度はいつ会えるうか

hin und wieder ときどき、ときおり

immer [und immer] wieder 繰り返し、何度も何度も ▷ Er machte *immer wieder* denselben Fehler. 彼は繰り返し同じまちがいをした

schon wieder またもや ▷ Es regnet ja *schon wieder*. またもや雨が降っている

wieder verwertbar 再利用可〈リサイクル〉可能な

★ **wieder..**《分離・非分離前つづり》
《分離》[ヴィーダー..]
a)《返却》*wieder*geben 返す、*wieder*holen 取り返して来る
b)《戻る》*wieder*kommen 戻って来る

wie·der|er·ken·nen [ヴィーダー・エアケネン] 分離 (erkannte wieder; wiedererkannt; 匠7h) 他(旧⇨新) **wieder erkennen**（原則的に分けて書く）☞ wieder

wie·der|fin·den [ヴィーダー・フィンデン] 分離 (fand wieder; wiedergefunden; 匠7h) 他(旧⇨新) **wieder finden**（原則的に分けて書く）☞ wieder

Wie·der·ga·be [ヴィーダー・ガーベ] 女 die (黒 2 格 -; 複 -n) 複製;（音の）再生

wie·der|ge·ben [ヴィーダー・ゲーベン] 分離 (er gibt wieder; gab wieder; wiedergegeben; 匠7h)

他 ❶《③＋④と》[…³に…⁴を]返す、返却する ▷ Er *gibt* ihr ein geliehenes Buch *wieder*. 彼は彼女に借りた本を返す

❷《④と》［見聞きしたこと⁴を]（ことばで）再現する、伝える ▷ ein Gespräch wörtlich *wieder*geben 会話の内容をことば通りに報告する

❸《④と》［情景など⁴を]（作品として）再現する ▷ Der Maler *gab* die idyllische Stimmung eindrucksvoll *wieder*. その画家は牧歌的な雰囲気を印象深く描き出していた

❹《④と》［音・画面など⁴を]再生する ▷ Der Lautsprecher *gibt* die Bässe zu stark *wieder*. そのスピーカーは低音部の再生が強すぎる

wie·der·ge·holt [ヴィーダー・ゲホールト] wiederholen の 過分

wie·der·gut|ma·chen [ヴィーダー・グート・マッヘン] 分離 (machte wiedergut; wiedergutgemacht; 匠7h) 他(旧⇨新) **wieder gutmachen**（原則的に分けて書く）☞ wieder

wie·der·her·stel·len [ヴィーダー・ヘーア・シュテレン] 分離 (stellte wieder her; wiederhergestellt; 匠7h)

他《④と》[破損したものなど⁴を]元どおりにする、修復する；［…⁴の]健康を回復させる

wie·der·ho·len
── 非分離 [ヴィーダーホーレン] (wiederholte; wiederholt; 匠7h)

他 ❶《④と》[…⁴を]繰り返す ▷ Das Experiment musste *wiederholt* werden. 実験は繰り返さなければならなかった / eine Sendung *wiederholen* 番組を再放送する

❷《④と》[…⁴を]繰り返し言う ▷ Er *wiederholte* seine Forderungen. 彼は自分の要求を繰り返し述べた

❸《④と》[…⁴を]復習〈おさらい〉する ▷ Die Schüler *wiederholen* Vokabeln. 生徒たちは外国語の単語の復習をする

── 再《sich⁴と》(出来事などが) 繰り返し起こる、繰り返される ▷ Das *wiederholte* sich schon mehrere Male. そのことはもう何度も繰り返し起こっている

── 分離 [ヴィーダー・ホーレン] (holte wieder; wiedergeholt; 匠7h)

他《④と》[…⁴を]取り返して〈取り戻して〉来る ▷ Er *holte* den ins Wasser gefallenen Ball *wieder*. 彼は水に落ちたボールを取って来た

wie·der·holt [ヴィーダー・ホールト]
── wiederholen 非分離 の 過分
── 形 たびたびの、再三再四の；《副詞的に》繰り返し ▷ Er hat *wiederholt* darum gebeten. 彼はそのことを繰り返し頼んだ

wie·der·hol·te [ヴィーダー・ホールテ] wiederholen 非分離 の 過基

Wie·der·ho·lung [ヴィーダー・ホールング] 女 die (黒 2 格 -; 複 -en) 繰り返し ▷ die *Wiederholung* einer Sendung 番組の再放送

Wie·der·hö·ren [ヴィーダー・ヘーレン] 成句で
Auf Wiederhören!《電話などで》さようなら

wie·der|käu·en [ヴィーダー・コイエン] 分離 (käute wieder; wiedergekäut; 匠7h)

他《④と》(草食動物が)[…⁴を]反芻する;《口語》[同じこと⁴を]何度も繰り返す

wie·der|keh·ren [ヴィーダー・ケーレン] 分離

①，②，③，④＝1格，2格，3格，4格の名詞

(kehrte wieder; wiedergekehrt; [完了]s)
[自]《文語》❶ 帰ってくる(＝wiederkommen)
❷ (物事が)繰り返される

wie·der|kom·men [ヴィーダー・コメン] [分離]
(kam wieder; wiedergekommen; [完了]s)
[自] ❶ **戻って〈帰って〉来る** ▷ *Komm bald wieder!* すぐ戻って来なさい
❷ 出直して来る ▷ Ich werde morgen *wiederkommen.* 私はあすまた出直して来ます / Können Sie nicht morgen *wiederkommen*? あすもう一度おいでいただけませんか / 《比ゆ》Diese Gelegenheit *kommt* niemals *wieder*! こんな機会はもう二度とやって来ない

wie·der|se·hen [ヴィーダー・ゼーエン] [分離] (er sieht wieder; sah wieder; wiedergesehen; [完了]h) [他] 〘④と〙 〔..⁴に〕再会する(☆ 新正書法では「再び」の意味を強調する場合分けて書く) ☞ wieder

Wie·der·se·hen
[víːdɐzeːən ヴィーダー・ゼーエン]
[中] *das* ([単] 2 格 –s; [複] なし)

再会
das *Wiedersehen* feiern
再会を祝う
Auf *Wiedersehen*! さようなら

wie·de·rum [ヴィーデルム] [副] 《文語》再び，もう一度 ▷ *Wiederum* ist ein Jahr vergangen. 再び 1 年が過ぎ去った

Wie·der·ver·ei·ni·gung [ヴィーダー・フェアアイニグング] [女] *die* ([単] 2 格 –; [複] なし) 再統一 ▷ die *Wiedervereinigung* Deutschlands ドイツ再統一

wie·der·ver·wert·bar [ヴィーダー・フェアヴェーアト・バール] [形] **wieder verwertbar** (分けて書く) ☞ wieder

Wie·ge [ヴィーゲ] [女] *die* ([単] 2 格 –; [複] –n) **ゆりかご** ▷ Die Mutter schaukelt die *Wiege.* 母親はゆりかごを揺する

wie·gen [ヴィーゲン]
— (wog; gewogen; [完了]h)
[他] ❶ 〘④と〙 〔..⁴の重さ〈目方〉を〕**量る** ▷ den Brief *wiegen* 手紙を量る / Kartoffeln *wiegen* ジャガイモを量る / 〘再帰的に〙 Er *wiegt* sich jeden Abend. 彼は毎晩体重を量る
❷ 〘④と〙 〔..⁴の〕**重さ〈目方〉がある** ▷ Das Paket *wiegt* 3 Kilo. その小包は重さが 3 キロだ / Wie viel *wiegst* du? 君の体重はどのくらいですか / Ich *wiege* 60 kg. 私は体重が 60 キロだ
— (wiegte; gewiegt; [完了]h)
— [他] 〘④と〙 〔..⁴を〕揺する，揺り動かす ▷ das Kind in der Wiege *wiegen* 子供をゆりかごに入れて揺する
[イディオム] ④＋***in den Schlaf wiegen*** ..⁴を揺すって寝かしつける
— [再] 〘[sich]⁴と〙 体を揺する，揺り動かす ▷ Sie *wiegt* sich in den Hüften. 彼女は腰を振る

Wie·gen·lied [ヴィーゲン・リート] [中] *das* ([単] 2 格 –[e]s; [複] –er) 子守歌

wie·hern [ヴィーエルン]
(wieherte; gewiehert; [完了]h)
[自] (馬が)いななく

Wien [ヴィーン] ([中] *das*) 《都市名》ウィーン (オーストリアの首都; ☞ 地図 H–4)

Wie·ner [ヴィーナー]
— [形] ウィーンの ▷ *Wiener* Würstchen ウィンナーソーセージ
— [男] *der* ([単] 2 格 –s; [複] –) ウィーンの人
— [女] *die* ([単] 2 格 –; [複] –) 〘ふつう [複] で〙 ウィンナーソーセージ

wies [ヴィース] weisen の [過去]

Wies·ba·den [ヴィース・バーデン] ([中] *das*) 《都市名》ヴィースバーデン (☞ 地図 D–3)

Wie·se [ヴィーゼ] [女] *die* ([単] 2 格 –; [複] –n)
草原 ▷ Auf der *Wiese* blühten herrliche Blumen. 草原にはすばらしい花が咲いていた

Wie·sel [ヴィーゼル] [中] *das* ([単] 2 格 –s; [複] –) 《動物》イタチ

wie·so [ヴィ・ゾー] 〘疑問副詞〙
なぜ，どうして (＝warum) ▷ *Wieso* kommst du erst jetzt? 君はどうして今ごろになって来るの / Du hast gelogen! – *Wieso*? 君はうそをついたな—どうして / 〘間接疑問文で〙 Ich weiß nicht, *wieso* er nachgibt. 私は彼がなぜ譲歩するのかわからない

wie·viel [ヴィ・フィール/ヴィー・フィール] 〘疑問副詞〙 [旧⇨新] **wie viel** (分けて書く) ☞ wie

wie·viel·te
[vifíːltə ヴィー・フィールテ]

[形] **何番目の** (☆ 名詞につけて)
Die *wievielte* Station ist es?
何番目の駅ですか
〘名詞的に〙
Den *Wievielten* haben wir heute? – Heute ist der 2. (zweite) [Mai] 〈Heute haben wir den 2. (zweiten) [Mai]〉. きょうは何日ですか—きょうは [5 月] 2 日です

wie·weit [ヴィ・ヴァイト] 〘疑問副詞〙 どの程度，どれだけ ▷ Ich weiß nicht, *wieweit* er die Wahrheit gesagt hat. 私は彼がどの程度真実を言ったのかわからない

wild [ヴィルト] ([比較] –er, [最上] –est)
[形] ❶ **野生の** ▷ *wilde* Pferde 野生の馬 / Diese Blumen wachsen *wild.* これらの花は自生する / 《比ゆ》ein *wilder* Bart 無精ひげ
❷ **未開の，野蛮な** ▷ *wilde* Stämme 未開の種族
❸ (人が)乱暴な，手に負えない; (物事が)荒々

W

しい, 荒れ狂う ▷ ein *wildes* Kind 乱暴な子供 / ein *wilder* Sturm 荒れ狂う嵐
❹ 怒り狂った ▷ ein *wilder* Bulle 怒り狂った雄牛

Wild [ヴィルト] [中] *das* ([単] 2格 -es 〈まれに -s〉; [複] なし) 《集合的に》(狩猟の対象になる)**野生動物**; 猟獣, 猟鳥

Wild·bret [ヴィルト·ブレット] [中] *das* ([単] 2格 -s; [複] なし) (野生動物の)肉

Wild·dieb [ヴィルト·ディーブ] [男] *der* ([単] 2格 -[e]s; [複] -e) 密猟者

Wil·de·rer [ヴィルデラー] [男] *der* ([単] 2格 -s; [複] -) 密猟者 (＝Wilddieb)

wil·dern [ヴィルデルン]
(wilderte; gewildert; [完了]h)
[自] 密猟する

Wild·fang [ヴィルト·ファング] [男] *der* ([単] 2格 -[e]s; [複] ..fänge) (手に負えないほど)活発な子供; わんぱく小僧, おてんば娘

wild·fremd [ヴィルト·フレムト] [形] 《口語》まったく見知らぬ〈なじみのない〉 ▷ ein *wildfremder* Mensch まったく見知らぬ人

Wild·le·der [ヴィルト·レーダー] [中] *das* ([単] 2格 -s; [複] なし) (特にシカ類の)柔らかい革, バックスキン

Wild·nis [ヴィルトニス] [女] *die* ([単] 2格 -; [複] ..nisse) 原野, 荒野 ▷ die Tiere der *Wildnis* 原野の動物たち

Wild·schwein [ヴィルト·シュヴァイン] [中] *das* ([単] 2格 -[e]s; [複] -e) 《動物》イノシシ

Wild·was·ser [ヴィルト·ヴァッサー] [中] *das* ([単] 2格 -s; [複] -) (山間の)急流, 奔流

Wil·helm [ヴィルヘルム] 《男名》ヴィルヘルム

will [ヴィル] wollen の [現在]

Wil·le [ヴィレ] [男] *der* ([単] 2格 -ns, 3·4格 -n; [複] なし) **意志** ▷ Er hat einen starken *Willen.* 彼は意志が強い / Sie hat den festen *Willen,* sich zu ändern. 彼女は自分を変えようと固く心に決めている

wil·len [ヴィレン] [前] 〖成句で〗 ***um***+② ***willen*** ..²のために ▷ Er hat das Rauchen *um* der Gesundheit *willen* aufgegeben. 彼は健康のためにタバコをやめた

wil·len·los [ヴィレン·ロース] [形] 自分の意志を持たない; 〖副詞的に〗 人が言う〈する〉がままに

wil·lens [ヴィレンス] [副] 〖成句で〗 ***willens sein***+***zu*** **不定詞句** …する気〈用意〉がある ▷ Unter bestimmten Bedingungen *bin* ich *willens zu* helfen. 一定の条件が満たされれば私は手助けをしてもよいと思っている

wil·lens·schwach [ヴィレンス·シュヴァッハ] [形] 意志の弱い

wil·lens·stark [ヴィレンス·シュタルク] [形] 意志の強い

wil·lig [ヴィリヒ] [形] (他人の求めることを)進んでする ▷ *willig* arbeiten 進んで働く

will·kom·men [ヴィル·コムメン]
([比較] -er, [最上] -st)
[形] **歓迎すべき**, 歓迎される ▷ eine *willkommene* Nachricht 歓迎すべきニュース / Er ist ein *willkommener* Gast. 彼は歓迎される客だ / Du bist uns jederzeit *willkommen.* 君は私たちのところではいつでも歓迎だ
[イディオム] ④+***willkommen heißen*** ..⁴に歓迎のあいさつをする, ..⁴を歓迎する
Herzlich willkommen! ようこそ[おいで下さいました]; 《長い別れの後で》お帰りなさい

Will·kür [ヴィル·キューア] [女] *die* ([単] 2格 -; [複] なし) **恣意**, 気まま, 勝手 ▷ Sie ist seiner *Willkür* ausgeliefert. [状態受動] 彼女は彼のなすがままだ

will·kür·lich [ヴィル·キューアリヒ]
[形] ❶ **恣意的な** ▷ die *willkürlichen* Anordnungen eines Vorgesetzten 上司の恣意的な指示
❷ (抽出などが)無作為の
❸ 《生理》(筋肉などが)随意の

willst [ヴィルスト] wollen の [現在]

wim·meln [ヴィムメルン]
(wimmelte; gewimmelt; [完了]h)
[自] ❶ 〖von+③と〗 〔多くのうごめく人·動物など³で〕いっぱいである ▷ Die Straße *wimmelte* von Menschen. 通りは人でいっぱいだった / 〖非人称主語 es と〗 Auf dem See *wimmelte* es von Booten. 湖はボートでいっぱいだった
❷ (人·虫などが)うようよしている ▷ Die Ameisen *wimmelten* im Wald. アリが森にうようよしていた

wim·mern [ヴィムメルン]
(wimmerte; gewimmert; [完了]h)
[自] しくしく〈めそめそ〉泣く, すすり泣く ▷ Das kranke Kind *wimmerte* leise. 病気の子供は小さな声でしくしく泣いていた

Wim·pel [ヴィムペル] [男] *der* ([単] 2格 -s; [複] -) (細長い)三角旗, ペナント

Wim·per [ヴィムパー] [女] *die* ([単] 2格 -; [複] -n) 〖ふつう [複] で〗 まつげ
[イディオム] ***ohne mit der Wimper zu zucken*** 平然と, 動ずることなく (← 1 本のまつげもぴくりともさせずに)

Wind [ヴィント] [男] *der* ([単] 2格 -es 〈まれに -s〉; [複] -e)
風 ▷ ein heftiger *Wind* 激しい風 / Der *Wind* kommt von Norden. 風が北から吹いて来る / Sie geht bei *Wind* und Wetter spazieren. 彼女はどんな天気でも〈天気が悪いときでも〉散歩にでかける
[イディオム] ④+***in den Wind schlagen*** (忠告など)⁴

Wippe

Wind·beu·tel [ヴィント・ボイテル] 男 der (⦿2格-s; ⦿-) シュークリーム

Win·de [ヴィンデ] 女 die (⦿2格-; ⦿-n) 巻き上げ機, ウインチ

Win·del [ヴィンデル] 女 die (⦿2格-; ⦿-n) おしめ ▷ die Windel[n] wechseln おしめを替える

win·den [ヴィンデン] (wand; gewunden; 匠h)
再 ❶ 《sich⁴と》体をくねらせる, 身をよじる ▷ Der Kranke *wand* sich vor Schmerzen. 病人は痛さのあまり身をよじった
❷ 《sich⁴と》体をくねらせて(はって)行く ▷ Die Schlange *windet* sich durchs Gras. 蛇が草の中を体をくねらせてはって行く / (比ゆ) Der Bach *windet* sich durch das Tal. 小川は谷間を曲がりくねって流れている
❸ 《sich⁴と》(植物が成長して)巻きついていく ▷ Der Efeu *windet* sich um die Säule. キヅタは円柱に巻きついて成長する
❹ 《sich⁴と》言い逃れをしようとする ▷ Vor Verlegenheit hat er sich *gewunden*. 困惑して彼は言い逃れをしようとした

Wind·ener·gie [ヴィント・エネルギー] 女 die (⦿2格-; ⦿なし) 風力エネルギー

win·dig [ヴィンディヒ] 形 風の強い, 風の吹きつける ▷ ein *windiger* Tag 風の強い日 / Gestern war es sehr *windig*. きのうは風が非常に強かった

Wind·müh·le [ヴィント・ミューレ] 女 die (⦿2格-; ⦿-n) 風車

wind·schief [ヴィント・シーフ] 形 (建物・壁などが)傾いた, かしいだ

Wind·schutz·schei·be [ヴィント・シュッツ・シャイベ] 女 die (⦿2格-; ⦿-n) (車などの)風防ガラス, フロントガラス

wind·still [ヴィント・シュティル] 形 風のない; (風除けのおかげで)風の来ない ▷ Heute ist es *windstill*. きょうは風がない

Win·dung [ヴィンドゥング] 女 die (⦿2格-; ⦿-en) (ふつう⦿で)(川・道などの)蛇行; 螺旋 ▷ Die Treppe führt in engen *Windungen* bis zur Turmspitze. 階段は狭い螺旋を描きながら塔の先端まで続いている

Wink [ヴィンク] 男 der (⦿2格-[e]s; ⦿-e) (手などによる)合図 ▷ ein heimlicher *Wink* ひそかな合図

Win·kel [ヴィンケル] 男 der (⦿2格-s; ⦿-)
❶ 《数学》角, 角度 ▷ ein rechter *Winkel* 直角 / Die beiden Linien bilden einen *Winkel* von 45°. その2つの線の作る角度は45度だ (☆ ° は Grad と読む)
❷ (部屋などの)隅 (=Ecke)
❸ 直角定規

Win·kel·zug [ヴィンケル・ツーク] 男 der (⦿2格-[e]s; ⦿..züge)《ふつう⦿で》(意図が見抜かれないような)巧妙なやり方

win·ken [ヴィンケン] (winkte; gewinkt; 匠h)
── 自 ❶ 《③と》〔..³に〕(手などを振って来るように)合図する ▷ dem Kellner *winken* 給仕に来るように合図する / Er *winkte* einem Taxi. 彼は手を上げてタクシーを呼んだ
❷ (あいさつなどをするために手などを)振る ▷ Die Kinder *winkten* mit Fähnchen. 子供たちは小旗を振っていた / zum Abschied *winken* 別れに手(ハンカチなど)を振る
❸ 《③と》(賞品・報酬などが)〔..³を〕待ち受けている ▷ Dem Sieger *winkt* ein wertvoller Preis. 勝利者には高価な賞品が与えられる
── 他 《④と 》《+⦿と》〔..³を…へ〕合図して来させる ▷ den Kellner an den Tisch *winken* 給仕に合図してテーブルまで来させる

wink·te [ヴィンクテ] winken の 過去

win·seln [ヴィンゼルン] (winselte; gewinselt; 匠h) 自 (犬が)クンクン鳴く ▷ Sein Hund *winselt* vor der Tür. 彼の犬はドアの前でクンクン鳴いている

Win·ter
[víntɐ ヴィンター]
男 der (⦿2格-s; ⦿-)

冬
ein harter *Winter* 厳しい冬
Er war den ganzen *Winter* über erkältet. 彼は冬中かぜをひいていた
Wir fahren jeden *Winter* zum Skilaufen. 私たちは毎冬スキーに出かける
im *Winter* 冬に

Win·ter·gar·ten [ヴィンター・ガルテン] 男 der (⦿2格-s; ⦿..gärten) (室内鑑賞植物用などの, ガラス張りの)室内庭園, サンルーム

win·ter·lich [ヴィンター・リヒ] 形 (天候などが)冬らしい, 冬の; (服装などが)冬向きの ▷ eine *winterliche* Landschaft 冬景色

Win·ter·sport [ヴィンター・シュポルト] 男 der (⦿2格-[e]s; ⦿なし) ウインタースポーツ ▷ *Wintersport* treiben ウインタースポーツをする

Win·zer [ヴィンツァー] 男 der (⦿2格-s; ⦿-) ブドウ栽培業者(ふつうワインの製造も行う)

win·zig [ヴィンツィヒ] 形 ごく小さな, ごくわずかな ▷ ein *winziges* Fenster ちっぽけな窓 / eine *winzige* Menge ごくわずかな量

Wip·fel [ヴィプフェル] 男 der (⦿2格-s; ⦿-) こずえ(樹木の先端部) ▷ Der Wind rauscht in den *Wipfeln* der Bäume. 風が木々のこずえでざわざわと音をたてている

Wip·pe [ヴィッペ] 女 die (⦿2格-; ⦿-n) シーソー ▷ Die Kinder schaukeln auf der *Wip-*

pe. 子供たちはシーソーに乗って遊んでいる
wip·pen [ヴィッペン] (wippte; gewippt; 医ラh)
圁 シーソーをする
(イディオム) **mit den Beinen wippen** 足を上下に揺する

wir
[viːɐ ヴィーア]

〖人称代名詞; 1人称複数1格〗

①	②	③	④	所有冠詞
wir	unser	uns	uns	unser

☆ 単数 ich

❶ 私たちは〈が〉, 我々は〈が〉
Wir müssen jetzt gehen.
私たちはもう行かなければならない
Wir kommen bald zurück.
私たちはすぐに戻って来ます
〖*Wir* wollen あるいは「定動詞(接続法I)+*wir*」の形で〗〖相手の行動を促して〗
Wir wollen nun auf sein Wohl trinken.
さあ彼の健康を祝して乾杯しよう
Gehen *wir* langsam! そろそろ出かけましょう
wir Deutschen 私たちドイツ人は (☆ 同格(1格)の名詞化された形容詞はふつう弱語尾 –en をつける)
❷ 〖講演者などが ich の代わりに〗 *Wir* werden später darauf zurückkommen. のちほどその点にもう一度触れることになります
❸ 〖口語〗〖子供や患者に対する発話で; 2人称の代名詞の代わりに〗〖親しみを込めて〗 Aber Kinder, das dürfen *wir* doch nicht machen. こらこらおまえたち そんなことはしてはいけないんだよ

Wir·bel [ヴィルベル] 男 der (⍺2格 -s; ⍺ -)
❶ (水・空気などの)渦, 渦巻き
❷ (脊柱の)椎骨
(イディオム) **viel Wirbel um**+④ **machen** …⁴のために大騒ぎをする

wir·beln [ヴィルベルン] (wirbelte; gewirbelt)
—— 圁 (医ラs) (方向) […へ]渦を巻いて舞い上がる〈流れ落ちる〉 ▷ Der Staub ist in die Höhe *gewirbelt*. ほこりが渦を巻いて舞い上がった / (比喩) Sie *wirbelte* über die Tanzfläche. 彼女はくるくる回りながらダンスフロアを動き回った
—— 他 (医ラh) (④+方向) […⁴を…へ]舞い上げる, 巻き上げる ▷ Der Wind *wirbelte* die trockenen Blätter in die Luft. 風で枯れ葉が空中に舞い上がった

Wir·bel·säu·le [ヴィルベル・ゾイレ] 女 die (⍺2格 -; ⍺ -n) 脊柱, 背骨
Wir·bel·tier [ヴィルベル・ティーア] 中 das (⍺2格 -[e]s; ⍺ -e) 脊椎動物
wirbst [ヴィルプスト] werben の 現在
wirbt [ヴィルプト] werben の 現在
wird [ヴィルト] werden の 現在
wirf [ヴィルフ] werfen の 命令
wirfst [ヴィルフスト] werfen の 現在
wirft [ヴィルフト] werfen の 現在
wir·ken [ヴィルケン] (wirkte; gewirkt; 医ラh)
圁 ❶ (医療と) […の]効き目〈効果〉がある ▷ Kaffee *wirkt* belebend. コーヒーには覚醒効果がある / Sein Zuspruch *wirkte* ermunternd auf uns. 彼のことばは私たちを元気づけた / Die Tabletten *wirken* gegen Kopfschmerzen. この錠剤は頭痛にきく
❷ 《文語》(世の中に貢献する形で)働く, 活動する ▷ Der Arzt hat lange in diesem Dorf *gewirkt*. その医者は長い間この村で働いた
❸ (印象と) […の]印象を与える ▷ Er *wirkt* noch immer jung. 彼は相変わらず若く見える
(イディオム) **Wunder wirken** (薬などが)驚くほどよくきく

wirk·lich
[vírklɪç ヴィルクリヒ]

—— 副 本当に, 実際に
Bist du *wirklich* dort gewesen?
君は本当にそこにいたのか
Wirklich? 本当ですか
Wirklich! 本当だ
《発言を強めて》
Ich weiß es *wirklich* nicht.
私はそのことを本当に知らない
—— 形 ❶ (架空のことではなく)現実の, 実際の ▷ Das *wirkliche* Leben ist ganz anders. 現実の人生はまったく別だ / Wie ist sein *wirklicher* Name? 彼の本名はなんですか
❷ 真の, 本当の ▷ Er war mein einziger *wirklicher* Freund. 彼は私の唯一の真の友だ

Wirk·lich·keit [ヴィルクリヒカイト] 女 die (⍺2格 -; まれに ⍺ -en)
現実 (=Realität; ⍺ Ideal) ▷ die harte *Wirklichkeit* 厳しい現実 / in *Wirklichkeit* 実際は

wirk·sam [ヴィルクザーム] 形 よくきく, 効果的な ▷ ein *wirksames* Medikament よくきく薬
Wirk·sam·keit [ヴィルクザームカイト] 女 die (⍺2格 -; なし) 効果, ききめ, 実効性
wirk·te [ヴィルクテ] wirken の 過去
Wir·kung [ヴィルクング] 女 die (⍺2格 -; ⍺ -en)
作用; (作用によって生じる)結果, 効果, 効き目 ▷ eine schnelle *Wirkung* すみやかな効き目 / ohne *Wirkung* bleiben 効果をあげないままである / Die erhoffte *Wirkung* blieb aus. 期待した結果は起こらなかった
wir·kungs·los [ヴィルクングス・ロース] 形 効果のない ▷ Das Medikament war *wirkungs*-

los. その薬は効果がなかった

wir·kungs·voll [ヴィルクングス・フォル] 形 効果が著しくある, 効果的な ▷ Die Schaufenster sind *wirkungsvoll* dekoriert. ショーウインドーは効果的に飾られていた

wirr [ヴィル]
形 ❶ 乱れた, 乱雑な, 雑然とした ▷ Die Papiere lagen *wirr* in der Schublade umher. 書類が引き出しの中に雑然と入れられていた
❷ (思考などが)混乱した ▷ *wirres* Zeug reden とりとめのないことを話す

Wir·ren [ヴィレン] 複女 (社会的・政治的)混乱, 無秩序

Wirr·kopf [ヴィル・コプフ] 男 *der* (複2格 -[e]s; 複 ..köpfe) 頭の混乱した人

Wirr·warr [ヴィル・ヴァル] 男 *der* (複2格 -s; 複 なし) 大混乱

wirst [ヴィルスト] werden の 現2

Wirt [ヴィルト] 男 *der* (複2格 -[e]s; 複 -e) 飲食店の主人, マスター ▷ Der *Wirt* bediente seine Gäste selbst. マスターは客たちに自分で給仕〈応対〉していた

Wir·tin [ヴィルティン] 女 *die* (複2格 -; 複 ..tinnen) Wirt の女性形

Wirt·schaft [ヴィルトシャフト] 女 *die* (複2格 -; 複 -en)
❶ 〚⦾ はまれ〛 経済 ▷ die freie *Wirtschaft* 自由経済
❷ (小さな)飲食店 (＝Gastwirtschaft)

wirt·schaf·ten [ヴィルトシャフテン] (wirtschaftete; gewirtschaftet; 完了 h)
自 (家計などを)やりくりする; (収益などを)効果的に運用する

wirt·schaft·lich [ヴィルトシャフトリヒ]
形 ❶ 経済の, 経済上の, 財政的な ▷ die *wirtschaftliche* Entwicklung des Landes 国の経済の発展 / Sie ist *wirtschaftlich* noch von ihren Eltern abhängig. 彼女は経済的にまだ両親に頼っている
❷ 経済的な, 効率のよい ▷ ein *wirtschaftlicher* Wagen (燃費がよくて)経済的な自動車

Wirt·schafts·po·li·tik [ヴィルトシャフツ・ポリティーク] 女 *die* (複2格 -; 複 なし) 経済政策

Wirts·haus [ヴィルツ・ハオス] 中 *das* (複2格 -es; 複 ..häuser) (宿泊も可能な)飲食店, 飲み屋

wi·schen [ヴィッシェン]
(wischte; gewischt; 完了 h)
他 ❶ 〚④と〛〚..⁴を〛ふき取る, ぬぐう ▷ Staub *wischen* ほこりをふき取る / die Krümel vom Tisch *wischen* パンくずをテーブルからふき取る
❷ 〚④と〛〚..⁴を〛ふいてきれいにする; 〔目・口などを⁴〕をぬぐう ▷ den Boden *wischen* 床²をふく / sich³ den Mund *wischen* 口をぬぐう

イディオム *sich³ mit der Hand über die Stirn wischen* (汗などをとるために)手で額をぬぐう

wis·pern [ヴィスペルン]
(wisperte; gewispert; 完了 h)
他〚成句で〛③＋④＋*ins Ohr wispern* ..³に..⁴を耳打ちする ▷ Sie *wisperte* ihm ihre Telefonnummer *ins Ohr*. 彼女は彼に自分の電話番号を耳打ちした

Wiss·be·gier (⦾ Wiß..) [ヴィス・ベギーア] 女 *die* (複2格 -; 複 なし) 知識欲, 好奇心

wiss·be·gie·rig (⦾ wiß..) [ヴィス・ベギーリヒ] 形 知識欲の旺盛ルなな, 知識欲に燃えた

wis·sen

[vísn ヴィッセン]

現在	ich weiß	wir wissen
	du weißt	ihr wisst
	er weiß	sie wissen
過去	ich wusste	wir wussten
	du wusstest	ihr wusstet
	er wusste	sie wussten
過分	gewusst	完了 haben

— 他 ❶ 〚④と〛〚..⁴を〛知っている, わかっている (☆ ④は副文またはそれを受ける das, es や viel, nichts などの数量詞)
Ich *weiß*, dass er lügt.
私は彼がうそをついていることを知っている
Ich *weiß* nicht, wo er ist.
私は彼がどこにいるのか知らない
Das *weiß* ich ganz genau.
それは本当にそうなんだ(← 詳しく知っている)
Woher *weißt* du das?
君はそのことをどうやって知ったの
Woher soll ich das *wissen*?
そんなことわかるわけがないじゃないか (← どこからそのことを知れと言うのだ)
Wenn ich das *gewusst* hätte!
それがわかっていたならばなあ
Er *weiß* alles.
彼はすべてのことを〈なんでも〉知っている
Ich *weiß* nichts davon.
私はそのことについて何も知らない
Was *weißt* du denn davon! それについて君はいったい何を知っているのか(何も知らないのだから..⁴に..)
❷ 〚④と〛〚..⁴を〛(情報・知識として)知っている (☆ ④は普通名詞) ▷ Ich *weiß* seine Telefonnummer. 私は彼の電話番号を知っている / *Weißt* du vielleicht eine bessere Lösung? ひょっとしたらもっとよい解決の仕方を知っているかい / *Weißt* du ein gutes Mittel gegen Kopfschmerzen? 頭痛によくきく薬を知っているかい
❸ 〚④と〛〔どうしたらいいか〕わかっている ▷ Er

Wissen

weiß nicht, was er tun soll. 彼はどうしたらよいのかわからない / Ja, ich *weiß* [es]! わかってますよ / Ich *weiß* [es] auch nicht. 私にもわかりません
❹ 〖④と〗〖…⁴を〗覚えている ▷ *Weißt* du [das] noch? そのことをまだ覚えているかい / Das *weiß* ich nicht mehr. そのことはもう覚えていない
❺ 〖zu 不定詞句と〗〖…する〗やり方を知って〈心得て〉いる ▷ Er *weiß* mit Kindern umzugehen. 彼は子供の扱いがうまい
(イディオム) ④+*in Sicherheit wissen* …⁴が安全な状態にいることを知る
④+④+*wissen lassen* …⁴に…⁴を知らせる，伝える
von+③ *nichts wissen wollen* …³のことは何も聞きたくない, …³とはいっさいかかわりたくない ▷ Davon *will* ich *nichts* mehr *wissen*. そのことについて私はもういっさいかかわりたくない
Weißt du 〈*Wissen Sie*〉《話しかけるときに相手の注意を喚起して》 あのね, いいかい ▷ *Weißt du*, er tut mir Leid. あのね 私は彼が気の毒なんだ
wer weiß だれもわからない ▷ *Wer weiß*, was alles noch kommt. これからどんなことが起こるかわかったもんじゃない
wie Sie wissen ご存じのように
— 圓 〖von+③〉〈um+④〉と〗〖…³⁽⁴⁾について〗知っている ▷ Sie *weiß* um seine Nöte. 彼女は彼の苦境を知っている

Wis·sen [ヴィッセン] 田 *das* (迴 2格 -s; 迴 なし) (総体的な)知識 (☆個々の「知識」に関してはKenntnis) ▷ Er besitzt ein umfangreiches *Wissen*. 彼は広範な知識をもっている / meines 〈unseres〉 *Wissens* 私の〈私たちの〉知る限りでは / m.W. 〈u.W.〉 / ohne mein *Wissen* 私に無断で (← 私の承知なしに)

Wis·sen·schaft [ヴィッセンシャフト] 囡 *die* (迴 2格 -; 迴 -en)
学問, 科学 ▷ Er widmet sich der *Wissenschaft*. 彼は学問に専念する

Wis·sen·schaft·ler [ヴィッセンシャフトラー] 男 *der* (迴 2格 -s; 迴 -) 学者, 科学者

wis·sen·schaft·lich [ヴィッセンシャフトリヒ] 形 学問〈科学〉上の, 科学的な ▷ eine *wissenschaftliche* Zeitschrift 学術雑誌

wis·sens·wert [ヴィッセンス・ヴェーアト] 形 知る価値のある ▷ *wissenswerte* Neuigkeiten 知っておくべき新しい出来事

wis·sent·lich [ヴィッセントリヒ] 形 故意の, 意図的な; 〖副詞的に〗それと知りながら, わざと

wisst [ヴィスト] wissen の 直現, 命現

wißt (旧⇨新) wisst

wit·tern [ヴィッテルン]
(witterte; gewittert; 完了h)
他 ❶ 〖④と〗(猟犬などが) 〖獲物⁴のにおいを〗嗅ぎつける ▷ Der Hund *witterte* das Reh. 犬はノロジカの居場所を嗅ぎつけた
❷ 〖④と〗〔チャンス・危険・事件など⁴の〕気配を感じる, 嗅ぎつける

Wit·te·rung [ヴィッテルング] 囡 *die* (迴 2格 -; 迴 -en)
❶ (一定期間の)天候, 天気 ▷ warme *Witterung* 暖かい天気
❷ (犬・野獣などの)嗅覚きゅうかく; (獲物などの)におい ▷ Der Hund hat eine gute *Witterung*. 犬は嗅覚がいい / die *Witterung* aufnehmen (犬などが)獲物のにおいをかぎつける
(イディオム) *eine besondere Witterung für*+④ *besitzen* …⁴に対して特別な勘をもっている

Wit·we [ヴィトヴェ] 囡 *die* (迴 2格 -; 迴 -n) 未亡人, 寡婦, 後家, やもめ (☆「男やもめ」はWitwer) ▷ Sie ist *Witwe* geworden. 彼女は未亡人になった

Wit·wer [ヴィトヴァー] 男 *der* (迴 2格 -s; 迴 -) 〖男〗やもめ (☆「未亡人」はWitwe)

Witz [ヴィッツ] 男 *der* (迴 2格 -es; 迴 -e)
❶ (気のきいた)冗談, ジョーク, しゃれ; 小話 ▷ ein guter *Witz* うまいしゃれ / einen *Witz* erzählen 小話を聞かせる / Das ist doch ein *Witz*! それは冗談だろう(本当じゃないだろう)
❷ 〖(迴 なし〗 機知, ウイット ▷ Er hat viel *Witz*. 彼は機知に富んでいる

wit·zeln [ヴィッツェルン]
(witzelte; gewitzelt; 完了h)
圓 皮肉っぽい冗談を言う, からかう, 茶化す

wit·zig [ヴィッツィヒ] 形 機知〈ウイット〉に富んだ ▷ Er ist sehr *witzig*. 彼は非常に機知に富んでいる / 〈反語的に〉Sehr *witzig*! 全然おもしろくない, つまらない

witz·los [ヴィッツ・ロース]
形 ❶ 〖口語〗無駄な, 無意味な ▷ Es ist völlig *witzlos*, ihn überzeugen zu wollen. 彼を納得させようとするのはまったく無駄だ
❷ 機知〈ウイット〉のない (迴 witzig)

wo
[vo: ヴォー]

副 ❶ 〖疑問副詞〗 どこに〈で〉
Wo wohnen Sie?
あなたはどこに住んでいるのですか
Wo liegt das Buch?
その本はどこにありますか
Von *wo* kommt der Zug?
どこからその列車は来るのですか
Wo gehst du hin? 君はどこへ行くのか
Wo kommst du her? 君はどこから来たのか
〖間接疑問文で〗
Ich weiß nicht, *wo* er gewesen ist.
私は彼がどこにいたのか知らない

(状態), (様態), (場所), (方向), …=状態, 様態, 場所, 方向, …を表す語句

〔認容文で〕
Wo immer du auch sein magst, ich denke an dich. どこに君がいてもぼくは君のことを思っている
❷〔関係副詞; 先行詞が普通名詞の場合, 場所を表す「前置詞+関係代名詞」で言い換えられるが, 固有名詞の場合はつねに wo を用いる〕《空間》Ich fahre heute nach Köln, *wo* er einige Jahre gelebt hat. 私はきょう彼が数年暮らしたことのあるケルンに行きます / Ich liebe die Stadt, *wo* (=in der) ich geboren bin. 私は私の生まれた町が好きだ / 〔先行詞なしで〕Bleib stehen, *wo* du bist! そこでじっとしていろ
[イディオム] ***jetzt* 〈*nun*〉*, wo* ...** …した今では

wob [ヴォーブ] weben の [過去]

wo·bei [ヴォ・バイ] [副]〔was と前置詞 bei の結合形; bei の意味用法に準じて用いられる〕
❶〔疑問副詞〕何の際に ▷ *Wobei* ist das geschehen? それは何の最中に起きたのか
❷〔関係副詞〕Er gab ihr die Blumen, *wobei* er vermied, sie anzusehen. 彼は彼女に花を渡したが その際彼は彼女を見ようとしなかった

Wo·che

[vɔ́xə ヴォッヘ]

[女] *die* ([単] 2 格 –; [複] –n)

《月曜日から日曜日までを指して》週;《期間を指して》…週間（☆「日」は Tag,「月」は Monat,「年」は Jahr）
jede *Woche* 毎週
diese *Woche* 今週
die letzte *Woche* 先週
die nächste *Woche* 来週
alle drei *Wochen* 3 週間ごとに
Er bekommt drei *Wochen* Urlaub.
彼は 3 週間の休暇をもらう
Ich muss zweimal in der *Woche* zum Arzt.
私は週に 2 度医者に行かなければならない

Wo·chen·en·de [ヴォッヘン・エンデ] [中] *das* ([単] 2 格 –s; [複] –n)
週末, ウイークエンド ▷ am *Wochenende* 週末に / übers *Wochenende* verreisen 週末に旅行に出かける / Ein schönes *Wochenende*! よい週末を（☆ 週末を迎えるときのあいさつ）

wo·chen·lang [ヴォッヘン・ラング] [形] 数週間にわたる, 数週間続く, 何週間もの

Wo·chen·tag [ヴォッヘン・ターク] [男] *der* ([単] 2 格 –[e]s; [複] –e)
週日, 平日, ウイークデー ▷ Der Laden ist an allen *Wochentagen* geöffnet. [状態受動] その店は週日はいつも開いている

wö·chent·lich [ヴェッヒェントリヒ] [形] 毎週の, 1 週間ごとの ▷ Die Zeitung erscheint *wöchentlich*. この新聞は週刊です / zweimal *wöchentlich* 週に 2 回

Wöch·ne·rin [ヴェヒネリン] [女] *die* ([単] 2 格 –; [複] ..rinnen) 産褥期の婦人, 分娩後の産婦

Wod·ka [ヴォトカ] [男] *der* ([単] 2 格 –s; [複] –s) ウオッカ

wo·durch [ヴォ・ドゥルヒ] [副]〔was と前置詞 durch の結合形; durch の意味用法に準じて用いられる〕
❶〔疑問副詞〕何によって ▷ *Wodurch* ist das passiert? 何が原因でそれは起きたのか
❷〔関係副詞〕Er hat den Wecker nicht gehört, *wodurch* er verschlafen hat. 彼は目覚まし時計が聞こえなくて それで彼は寝過ごした

wo·für [ヴォ・フューア] [副]〔was と前置詞 für の結合形; für の意味用法に準じて用いられる〕
❶〔疑問副詞〕何のために ▷ *Wofür* brauchst du das Geld? 君は何のためにその金が必要なんだ / *Wofür* hast du dich entschieden? 君はどれに決めたのか（☆ sich[4] für+[4] entscheiden ··[4]に決める）
❷〔関係副詞〕Der Sport, *wofür* er sich am meisten interessiert, ist Fußball. 彼が最も興味をもっているスポーツはサッカーだ

wog [ヴォーク] wiegen「量る」, wägen の [過去]

Wo·ge [ヴォーゲ] [女] *die* ([単] 2 格 –; [複] –n)《文語》大波（☆「波」は Welle）

wö·ge [ヴェーゲ] wiegen の [接II]

wo·ge·gen [ヴォ・ゲーゲン] [副]〔was と前置詞 gegen の結合形; gegen の意味用法に準じて用いられる〕
❶〔疑問副詞〕何に向かって ▷ *Wogegen* bist du gestoßen? 君は何にぶつかったのか（☆ gegen+[4] stoßen ··[4]にぶつかる）
❷〔関係副詞〕Er bat um Aufschub, *wogegen* ich nichts einzuwenden hatte. 彼は延期を頼んで来たが そのことに私はまったく異存がなかった

wo·gen [ヴォーゲン] (wogte; gewogt; [完了]h)
[自]《文語》(海などが) 大きな波を立てる

wo·her

[vohéːɐ̯ ヴォ・ヘーア]

[副] ❶〔疑問副詞〕どこから
Woher kommst du?
君はどこから来たのですか
Woher weißt du das?
どこから君はそれを知ったのですか
Woher kommt das Geräusch?
その物音はどこからしているの
❷〔関係副詞〕Sie gehen dorthin zurück, *woher* sie gekommen sind. 彼らは来たところへ戻る / 〔先行詞なしで〕Geh zurück, *woher* du gekommen bist. 来たところへ戻れ

W

wo·hin
[vohín ヴォ・ヒン]

副 ❶ 【疑問副詞】どこへ
Wohin gehst du?
君はどこへ行くのですか
Wohin soll ich mich setzen?
どこへ座ったらいいのですか
❷ 【関係副詞】Du kannst [dorthin] gehen, *wohin* du willst. 君は自分の行きたいところへ行ってもかまわない

wohl [ヴォール]

副 ❶ たぶん，おそらく ▷ Jetzt werden *wohl* alle da sein. たぶんもう全員来ているだろう / Er wird *wohl* schon abgereist sein. 彼はおそらくもう出発したでしょう / Das kann man *wohl* sagen. そう言ってもおそらくよいだろう / Gehst du hin? – *Wohl* kaum! 君はそこへ行きますか―たぶん行かないだろうね /《否定的な発言で；調子をやわらげる》Du spinnst *wohl*! 君は頭がおかしいよ /《wollen を伴い，疑問文の形で》《命令を強めて》Willst du *wohl* damit aufhören! 君はそれをやめてくれるだろうね

類語
wohl (一般的に)たぶん，おそらく
wahrscheinlich (ある程度の確信をもって)たぶん
vielleicht (wahrscheinlich より低い確信度で)ひょっとすると
vermutlich (推測に基づき)おそらく，たぶん

❷ 元気に，気分よく ▷ Ich fühle mich heute *wohl*. 私はきょう気分がよい / Ist dir nicht *wohl*? 君は気分がよくないのか / Leben Sie *wohl*! お元気で (☆ 別れのあいさつ)
❸ 快適に，心地よく ▷ Zu Hause fühle ich mich am *wohlsten*. 家にいるのが私は一番快適だ / Schlaf *wohl*! お休みなさい
❹ よく (☆ 比較 besser, 最上 am besten) ▷ Der Plan war *wohl* überlegt. [状態受動] その計画はよく考え抜かれていた

イディオム *wohl aber* 《否定を受けて》《対立を強める》(…ではないが)しかし ▷ Er ist nicht dumm, *wohl aber* faul. 彼はばかではないがしかし怠け者だ

wohl ... aber 確かに…だが (=zwar) ▷ *Wohl* ist er noch jung, *aber* doch schon sehr erfahren. 確かに彼はまだ若いがしかしもう非常に経験豊かだ

Wohl [ヴォール] 中 das (❷ 格 -[e]s; ❸ なし) 幸せ；健康 ▷ Wir trinken auf sein *Wohl*. 私たちは彼の健康を祈って乾杯する / Zum *Wohl*! 健康を祈って (☆ 乾杯のことば)

Wohl·ge·fal·len [ヴォール・ゲファレン] 中 das (❷ 格 -s; ❸ なし) 満足，満悦

wohl·ge·fäl·lig [ヴォール・ゲフェリヒ] 形 満足げな，満足そうな

wohl·ha·bend [ヴォール・ハーベント] 形 裕福な，富裕な，金持ちの

woh·lig [ヴォーリヒ] 形 (暖かさなどが)気持ちよい，心地よい，快適な

Wohl·stand [ヴォール・シュタント] 男 der (❷ 格 -[e]s; ❸ なし) (物質的な)豊かさ，裕福 ▷ im *Wohlstand* leben 裕福に暮らす

Wohl·tat [ヴォール・タート] 女 die (❷ 格 -; -en)
❶ (特に貧しい人に対する)善行，施し
❷ 《❸ なし》(疲れた人などを)気持ちよく〈ほっと〉させるもの ▷ Das heiße Bad war eine wahre *Wohltat*. 熱いふろは実に気持ちのよいものだった

wohl·tä·tig [ヴォール・テーティヒ] 形 慈善の ▷ Geld für *wohltätige* Zwecke 慈善が目的のお金

wohl·tu·end [ヴォール・トゥーエント] 形 (静けさなどが)気持ちのよい，心地よい，快適な

Wohl·wol·len [ヴォール・ヴォレン] 中 das (❷ 格 -s; ❸ なし) 好意 ▷ Er genießt das *Wohlwollen* des Direktors. 彼は所長に気に入られている

Wohn·be·zirk [ヴォーン・ベツィルク] 男 der (❷ 格 -[e]s; -e) 住宅地区

woh·nen
[vó:nən ヴォーネン]

現在	ich wohne	wir wohnen
	du wohnst	ihr wohnt
	er wohnt	sie wohnen
過去	ich wohnte	wir wohnten
	du wohntest	ihr wohntet
	er wohnte	sie wohnten
過分	gewohnt	完了 haben

自 ❶ 《場所と》(…に)住んでいる，住む
Wo *wohnt* er?
彼はどこに住んでいるのですか
Sie *wohnt* noch bei ihren Eltern.
彼女はまだ両親のところに住んでいる
Ich habe lange Zeit in Bonn *gewohnt*.
私は長いことボンに住んでいた
auf dem Land〈in der Stadt〉*wohnen*
いなかで〈町で〉住む
❷ 《場所と》(ホテルなどに)一時的に滞在する，泊まる ▷ In welchem Hotel *wohnen* Sie? どのホテルにお泊りですか

イディオム *zur Miete wohnen* 間借りしている

Wohn·ge·gend [ヴォーン・ゲーゲント] 女 die (❷ 格 -; -en) 住宅地域

Wohn·ge·mein·schaft [ヴォーン・ゲマインシャフト] 女 die (❷ 格 -; -en) 住居共同

①，②，③，④=1格，2格，3格，4格の名詞

wollen

体(家族関係を前提とせず共同で1つの住まいに暮らす人々の集団; 國 WG)

wohn・haft [ヴォーンハフト] 形《官庁》《書面と》 […に]居住している ▷ Er ist in Bonn *wohnhaft*. 彼はボンに居住している

wohn・lich [ヴォーンリヒ] 形 (住まいなどが)生活するのに快適な, 住み心地のよい

Wohn・ort [ヴォーン・オルト] 男 *der* (⊕2格 -[e]s; ⊕ -e) 居住地

Wohn・sitz [ヴォーン・ズィッツ] 男 *der* (⊕2格 -es; ⊕ -e)《文語》(書類など居住地の)住所; 定住地 ▷ Er ist ohne festen *Wohnsitz*. 彼は住所不定である

wohn・te [ヴォーンテ] wohnen の 過去

Woh・nung
[vó:nuŋ ヴォーヌング]

女 *die* (⊕2格 -; ⊕ -en)

格	単　数	複　数
①	die Wohnung	die Wohnungen
②	der Wohnung	der Wohnungen
③	der Wohnung	den Wohnungen
④	die Wohnung	die Wohnungen

住まい, 居住
eine kleine *Wohnung*
小さな住まい
eine *Wohnung* mieten
住まいを借りる
die *Wohnung* wechseln
引越しをする
Er sucht eine neue *Wohnung*.
彼は新しい住まいを探す
eine *Wohnung* mit vier Zimmern, Küche, Bad, Balkon und Zentralheizung 4つの部屋と台所・ふろ・バルコニーおよびセントラルヒーティングつきの住まい

★ **Haus と Wohnung**
Haus が建物を指すのに対し, Wohnung はその中の居住空間を指す. したがって, アパート・マンションなどの建物には Haus を用い, その中の一つ一つの住まいには Wohnung を用いる

Woh・nungs・not [ヴォーヌングス・ノート] 女 *die* (⊕2格 -; ⊕ なし) 住宅難

Wohn・wa・gen [ヴォーン・ヴァーゲン] 男 *der* (⊕2格 -s; ⊕ -) (自動車で引く)トレーラーハウス, 移動住宅

Wohn・zim・mer [ヴォーン・ツィマー] 中 *das* (⊕2格 -s; ⊕ -)
居間, 茶の間, リビングルーム

wöl・ben [ヴェルベン] (wölbte; gewölbt; 完了h) 再《*sich*⁴と》アーチ形になっている, 湾曲している

▷ Eine Steinbrücke *wölbt* sich über den Fluss. 石橋が川の上にアーチ形にかかっている

Wöl・bung [ヴェルブング] 女 *die* (⊕2格 -; ⊕ -en) (ドーム・天井・門などの)アーチ

Wolf [ヴォルフ] 男 *der* (⊕2格 -[e]s; ⊕ Wölfe)《動物》オオカミ

Wöl・fe [ヴェルフェ] Wolf の 複数

Wolf・gang [ヴォルフガング]《男名》ヴォルフガング

Wol・ke [ヴォルケ] 女 *die* (⊕2格 -; ⊕ -n)
雲 ▷ Die *Wolken* ziehen schnell dahin. 雲が速く流れて行く / Der Himmel ist von *Wolken* bedeckt. [状態受動] 空は雲に覆われている /《比ゆ》Er ist aus allen *Wolken* gefallen. 彼はびっくり仰天した(← 雲から落ちた)

Wol・ken・krat・zer [ヴォルケン・クラッツァー] 男 *der* (⊕2格 -s; ⊕ -) 超高層ビル, 摩天楼(☆ 英語 skyscraper のドイツ語訳)

wol・ken・los [ヴォルケン・ロース] 形 (空が)雲一つない

wol・kig [ヴォルキヒ] 形 曇った ▷ ein *wolkiger* Himmel 曇り空 / heiter bis *wolkig* 晴れたり曇ったり

Woll・de・cke [ヴォル・デッケ] 女 *die* (⊕2格 -; ⊕ -n) (羊毛の)毛布

Wol・le [ヴォレ] 女 *die* (⊕2格 -; ⊕ -n)
❶ 毛糸 ▷ ein Schal aus *Wolle* 毛糸のマフラー
❷《⊕ なし》毛織物, ウール地 ▷ eine Jacke aus *Wolle* ウールの上着
❸ 羊毛, ウール ▷ Dieses Schaf hat eine dichte *Wolle*. この羊は毛が濃い

wol・len
[vólən ヴォレン]

現在	ich will du willst er will	wir wollen ihr wollt sie wollen
過去	ich wollte du wolltest er wollte	wir wollten ihr wolltet sie wollten
不定	wollen, gewollt	完了 haben
接I	wolle	接II wollte

— 《話法の助動詞》
— 《不定詞と; 過去分詞は wollen》

❶《意志・意図》…したい, …するつもりだ, …しようと思う
Ich *will* arbeiten.
私は働きたい
Wohin *willst* du fahren?
君はどこへ行くつもりですか
Ich *wollte* gerade gehen, als er hereinkam.
彼が入って来たとき私はちょうど出かけようとしていた

完了h, 完了s＝完了の助動詞 haben, sein

wollte

《間接話法で》
Er sagte, er *wolle* ihr schreiben.
彼は彼女に手紙を書くつもりだと言った
《wir を主語にして》《提案(疑問文)・要求(平叙文)を表して》
Wollen wir gehen? 行きましょうか
Wir *wollen* jetzt aufbrechen! さあ出発しよう
《相手に対するていねいな要求を表して》
Wollen Sie bitte Platz nehmen!
どうぞお座りください
《wohl を伴い,疑問文の形で》《命令を表して》
Willst du wohl endlich still sein!
もういいかげんに静かにしろよな
《接続法 II で》《ていねいな願いを表して》
Ich *wollte* Sie fragen, ob ...
私はあなたに…かどうかおたずねしたいのです
❷《話者が必ずしも真と認めない主語の主張》
…と主張する ▷ Er *will* dich gestern gesehen haben. 彼は君をきのう見たと言っている
❸《完了不定詞と》《了解》…ということにしよう
▷ Das *will* ich nicht gesehen haben. それは私は見なかったことにしよう
❹《物を主語にして;否定詞と》《傾向》なかなか…しようとしない ▷ Das Fenster *wollte* einfach nicht zugehen. 窓は(閉めようとしたが)どうしても閉まらなかった
❺《物を主語にして》《役割を表して》…の意図をもつ ▷ Dieser Aufsatz *will* einen Überblick geben. この論文の意図は概観を与えることにある
❻《受動不定詞と》《必要性》…しなければならない《原義的には「…されてい]ることを求めている」》
▷ Die Sache *will* gut überlegt sein. その件はよく考えなくてはだめだ / Geld *will* verdient werden. 金は稼がなければならない(何もしないでは手に入らない)

— 《本動詞を省略して;過去分詞は gewollt》
❶《方向》と;移動動詞の省略》[…に](行き)たい,[…に](行く)つもりだ ▷ Ich *will* nach Hause. 私は家に帰りたい / Er *wollte* nicht ins Bett. 彼は寝ようとしなかった
❷《tun の省略》…をしたい, …をするつもりだ ▷ Ich tue, was ich *will*. 私はしたいことをする // Du darfst keine Süßigkeiten mehr haben! – Aber ich *will*! 君はもう甘いものを食べてはだめだよ—でも食べたいんだ / Wenn du *willst*, kannst du mitkommen. よければ君はいっしょに来てもかまわないよ

【イディオム】 **ob du willst oder nicht** 好むと好まざるとにかかわらず
Wie du willst! お好きなように

— 他《過去分詞は gewollt》
❶《④と》[…⁴を]**望む** ▷ Was *willst* du von mir? 君は私にどうしてほしいのだ / 《dass 文と》

Sie *will* nicht, dass du mitgehst. 彼女は君にいっしょに行ってほしくない
❷《口語》《④と》(物が)[…⁴を]必要とする ▷ Diese Pflanze *will* viel Sonne. この植物は日光がたっぷり必要だ

woll·te [ヴォルテ] wollen の 過去, 接II

Wol·lust [ヴォルスト] 女 *die* (⊕ 2格 –; ⊕ なし)
《文語》官能のよろこび

wo·mit [ヴォ・ミット] 副《was と前置詞 mit の結合形; mit の意味用法に準じて用いられる》
❶《疑問副詞》何を使って ▷ *Womit* soll ich die Schuhe putzen? 何で靴を磨けばよいのですか / *Womit* beschäftigen Sie sich jetzt? 今はどんな仕事にたずさわっているのですか (☆ sich⁴ mit +③ beschäftigen …³にたずさわる)
❷《関係副詞》Er gab ihr eine kurze Auskunft, *womit* sie zufrieden war. 彼は彼女に簡単な情報を与えたが彼女はそれで満足した

wo·mög·lich [ヴォ・メークリヒ] 副 もしかすると, ひょっとすると ▷ Sie ist *womöglich* schon da. もしかすると彼女はもう来ているかもしれない

wo·nach [ヴォ・ナーハ] 副《was と前置詞 nach の結合形; nach の意味用法に準じて用いられる》
❶《疑問副詞》何を求めて;何に従って ▷ *Wonach* sucht er? 彼は何を探しているの (☆ nach +③ suchen …³を探す)
❷《関係副詞》Der Bericht, *wonach* er verunglückt ist, trifft nicht zu. 彼が事故にあったという知らせはまちがっている / Das war es, *wonach* er sich sehnte. それが彼のあこがれていたものだった

Won·ne [ヴォンネ] 女 *die* (⊕ 2格 –; ⊕ -n)《文語》無上の喜び, 歓喜 ▷ Es ist eine *Wonne*, ihrem Klavierspiel zuzuhören. 彼女のピアノの演奏を聞くのはこの上ない喜びだ

wo·ran [ヴォ・ラン] 副《was と前置詞 an との結合形; an の意味用法に準じて用いられる》
❶《疑問副詞》何に接して ▷ *Woran* lehnt er sich? 彼は何に寄りかかっているのですか / *Woran* denkst du? 君は何を考えているの (☆ an +④ denken …⁴を考える)
❷《関係副詞》Das war alles, *woran* er sich erinnern konnte. それが彼の思い出せるすべてだった

wo·rauf [ヴォ・ラオフ] 副《was と前置詞 auf の結合形; auf の意味用法に準じて用いられる》
❶《疑問副詞》何の上に ▷ *Worauf* soll ich mich setzen? 何に座ったらいいのですか / *Worauf* wartest du? 君は何を待っているのですか (☆ auf+④ warten …⁴を待つ)
❷《関係副詞》Das ist es, *worauf* er sich freut. それが彼が楽しみにしていることなのだ (☆ sich⁴ auf+④ freuen …⁴を楽しみにする)

wo·raus [ヴォ・ラオス] 副《was と前置詞 aus の結

合形; aus の意味用法に準じて用いられる】

❶ 【疑問副詞】何から ▷ *Woraus* besteht das? それは何からできているのか (☆ aus+❸ bestehen …³からできている)

❷ 【関係副詞】Er erschrak nicht, *woraus* ich schließe, dass er Bescheid wusste. 彼が驚かなかったことから私は彼が知っていたと推論する

wor·den [ヴォルデン] werden 助 ❸ の 過分

wo·rin [ヴォリン] 副 【was と前置詞 in の結合形; in の意味用法に準じて用いられる】

❶ 【疑問副詞】何の中に ▷ *Worin* befand sich das Instrument? その器具は何に入っていたのか

❷ 【関係副詞】Es gibt vieles, *worin* ich nicht mit ihm übereinstimme. 私が彼と意見を異にすることはたくさんある

Work·sta·tion [ワーク・ステイション] 女 *die* (複 2格-; 複-s) ワークステーション

Wort
[vɔrt ヴォルト]
中 *das*

— (複 2格 -es〈まれに -s〉; 複 Wörter) (個々の) 語, 単語
ein neues *Wort* 新語
Der Satz besteht aus zehn *Wörtern*. その文は10語から成っている
Dieses *Wort* hat mehrere Bedeutungen. この語には意味がいくつかある
イディオム *Wort für Wort* 一語一語
— (複 2格 -es〈まれに -s〉; 複 -e)

❶ (まとまった意味を表す) ことば ▷ Er versteht kein *Wort* Deutsch. 彼はドイツ語が一言もわからない / Sie brachte vor Angst kein *Wort* hervor. 彼女は不安のあまり一言も口がきけなかった / 【しばしば 複】freundliche *Worte* 親切なこと / schöne *Worte* machen お世辞を言う / Ich traue seinen *Worten* nicht. 私は彼のことばを信じない / Er wechselte ein paar *Worte* mit ihr. 彼は彼女と二言三言ことばを交わした / Mit diesen *Worten* verließ er den Saal. こう言って彼は広間を出て行った

❷ 【ふつう 複 で】(含蓄のある) ことば; (歌の) 歌詞 ▷ Diese *Worte* stammen von Nietzsche. このことばはニーチェのものだ

❸ 【複 なし】約束 ▷ Er hält sein *Wort*. 彼は約束を守る

イディオム ④+*in Worte fassen* …⁴をことばで表す ▷ Ich kann meinen Eindruck schwer *in Worte fassen*. 私の印象をことばで言い表すのは難しい
④+*nicht zu Worte kommen lassen* …⁴に発言をさせない
das letzte Wort haben wollen 自分が正しいことをどうしても示そうとする ▷ Er *will* immer *das letzte Wort haben*. 彼はいつも自分の思い通りにしようとする
das Wort ergreifen (会議などで) 発言する
in Worten (数字ではなく, 3 は drei のように) 文字で
mit anderen Worten 別のことばで言うと (略 m. a.W.)
mit einem Wort 一言で
ohne ein Wort zu sagen 一言も言わずに
sich⁴ zu Wort melden (手などを挙げて) 発言の許可を求める
ums Wort bitten 発言を求める

Wör·ter [ヴェルター] Wort「語」の 複数

Wör·ter·buch [ヴェルター・ブーフ] 中 *das* (複 2格 -[e]s; 複 ..bücher)
辞書, 辞典, 字引 (☆「事典」は Lexikon) ▷ ein deutsch-japanisches *Wörterbuch* 独和辞典 / ein Wort im *Wörterbuch* nachschlagen ある単語を辞書で引く

wort·karg [ヴォルト・カルク] 形 口数が少ない, 無口な, 寡黙な

wört·lich [ヴェルトリヒ] 形 原文の語句に忠実な ▷ eine *wörtliche* Übersetzung 逐語訳
イディオム ④+*wörtlich nehmen* …⁴をことば〈文字〉通りにとる ▷ Das darfst du nicht so *wörtlich nehmen*. そのことをことば通りに受け取ってはならない

wort·los [ヴォルト・ロース] 形 無言の, 黙ったままの ▷ Sie reichte mir *wortlos* die Hand. 彼女は無言で私に手を差し出した / eine *wortlose* Verständigung ことばを用いない意思の疎通

Wort·schatz [ヴォルト・シャッツ] 男 *der* (複 2格 -es; まれに 複 ..schätze)
(ある言語・個人などの) 語彙, ボキャブラリー ▷ Er hat einen großen *Wortschatz*. 彼は語彙が豊かだ

wort·wört·lich [ヴォルト・ヴェルトリヒ] 形 ことばく文字〉通りの (☆ wörtlich の強調形)

wo·rü·ber [ヴォリューバー] 副 【was と前置詞 über の結合形; über の意味用法に準じて用いられる】

❶ 【疑問副詞】何について ▷ *Worüber* habt ihr gesprochen? 君たちは何について話していたのか (☆ über+④ sprechen …について話す)

❷ 【関係副詞】Ich habe alles erfahren, *worüber* ich mich informieren wollte. 私は知りたかったすべてのことを知った

wo·rum [ヴォルム] 副 【was と前置詞 um の結合形; um の意味用法に準じて用いられる】

❶ 【疑問副詞】何をめぐって ▷ *Worum* handelt es sich denn? いったい何が問題なんだ (☆ es handelt sich um+④ …⁴が問題だ)

❷ 【関係副詞】Alles, *worum* sie bat, wurde erledigt. 彼女が頼んだことはすべて処理された

旧⇒新 = 新正書法の指示, 複 = 旧正書法の指示

wo·run·ter [ヴォルンター] 副 《was と前置詞 unter の結合形; unter の意味用法に準じて用いられる》

❶《疑問副詞》何の下に ▷ *Worunter* hast du den Brief gefunden? 何の下に君は手紙を見つけたのですか / *Worunter* leidet er am meisten? 彼は何を一番悩んでいるのか（☆ unter+③ leiden ‥³に悩む）

❷《関係副詞》Er gebrauchte viele neue Begriffe, *worunter* ich mir nicht viel vorstellen kann. 彼は私にあまりよくわからない新しい概念をたくさん使った

wo·von [ヴォ・フォン] 副 《was と前置詞 von の結合形; von の意味用法に準じて用いられる》

❶《疑問副詞》何について; 何から ▷ *Wovon* sprichst du? 君は何について話しているのか / *Wovon* hast du das Schild entfernt? 君はそのプレートを何から取りはずしたのか（☆ ④+von+③ entfernen ‥⁴を‥³から取りはずす）

❷《関係副詞》Er erwähnte etwas, *wovon* ich schon gehört hatte. 彼は私がすでに聞いていたことに言及した

wo·vor [ヴォ・フォーア] 副 《was と前置詞 vor の結合形; vor の意味用法に準じて用いられる》

❶《疑問副詞》何の前に ▷ *Wovor* stellst du den Tisch? 何の前に君は机を置くのですか / *Wovor* hast du Angst? 君は何が不安なのか（☆ vor+③ Angst haben ‥³に不安をもつ）

❷《関係副詞》Das ist das Einzige, *wovor* er sich fürchtet. それが彼が恐れている唯一のことだ

wo·zu [ヴォ・ツー] 副 《was と前置詞 zu の結合形; zu の意味用法に準じて用いられる》

❶《疑問副詞》何のために ▷ *Wozu* brauchst du das? それは何のために必要なのか / *Wozu* hat er dir denn geraten? 彼は君にいったい何をするように助言したのか（☆ ④+zu+③ raten ‥³に‥⁴をするように助言する）

❷《関係副詞》Ich muss noch arbeiten, *wozu* ich aber keine Lust habe. 私はまだ仕事をしなければならないのだが する気になれない

Wrack [ヴラック] 田 *das* (⊕ 2格 -[e]s; ⊛ -s 《まれに -e》) 難破船, 廃船; (放置された飛行機・自動車などの)残骸

Wu·cher [ヴーハー] 男 *der* (⊕ 2格 -s; ⊛ なし) (法外な)暴利, 高利

wu·chern [ヴーヘルン] (wucherte; gewuchert; 匠h,s)
自 (植物が)繁茂する, ぼうぼう生える ▷ Das Unkraut hat sehr *gewuchert*. 雑草がとても繁茂した

wuchs [ヴークス] wachsen 匠 自 の 過Ⅱ

Wuchs [ヴークス] 男 *der* (⊕ 2格 -es; ⊛ なし)

❶ 体つき, 体格, 背丈 ▷ ein Mädchen von schlankem *Wuchs* すらっとした少女

❷ 成長, 発育 ▷ eine Pflanze mit schnellem *Wuchs* 成長の早い植物

wüch·se [ヴュークセ] wachsen の 接Ⅱ

Wucht [ヴフト] 囡 *die* (⊕ 2格 -; ⊛ なし) (物にぶつかる)力, 激しさ, 勢い ▷ mit aller *Wucht* zuschlagen 力いっぱい殴りかかる

wuch·ten [ヴフテン]
(wuchtete; gewuchtet; 匠h)
他 《口語》《④+⊕方向と》《重いものを…へ》(力を込めて)持ち上げる, 載せる; 降ろす

wuch·tig [ヴフティヒ]
形 ❶ (殴打・突き・投げなどが)力のこもった
❷ (家具などが)ずしんと重い
❸ (建物などが)どっしりとした

wüh·len [ヴューレン] (wühlte; gewühlt; 匠h)
― 自 ❶ (動物が足などで・人間が手で)穴を掘る, 掘り返す ▷ Der Maulwurf *wühlt* in der Erde. モグラが地面に穴を掘る / Die Kinder *wühlen* mit den Händen im Sand. 子供たちは両手で砂に穴を掘る

❷《⊕場所と》《…を》ごそごそ探す ▷ Er *wühlt* in seinem Koffer. 彼はトランクの中をごそごそ探す
―― 再《sich⁴と》(モグラ・ミミズなどが地中を)掘って進む

〈イディオム〉 **ein Loch in die Erde wühlen** (動物などが)地中に穴を掘る

Wulst [ヴルスト] 男 *der* (⊕ 2格 -es; ⊛ Wülste) (特にものの端に出来る)細長い膨らみ ▷ Der Deckel hat einen *Wulst* am Rand. ふたの端が厚くなっている

Wüls·te [ヴュルステ] Wulst の 複数

wuls·tig [ヴルスティヒ] 形 細長く膨らんだ; (唇が)厚く膨らんだ

wund [ヴント] 形 (皮膚などが)擦りむけた ▷ *wunde* Füße 擦りむけた足 / Er läuft sich *wund*. 彼は歩いて靴ずれをつくる

Wun·de [ヴンデ] 囡 *die* (⊕ 2格 -; ⊛ -n) 傷, 傷口 ▷ eine leichte *Wunde* 軽い傷 / eine tödliche *Wunde* 致命傷 / Der Arzt nähte die *Wunde*. 医者は傷口を縫った /《比ゆ》eine alte *Wunde* wieder aufreißen 古傷を暴く

Wun·der [ヴンダー] 田 *das* (⊕ 2格 -s; ⊛ -)

❶ 奇跡; 不思議なこと ▷ Er glaubt an *Wunder*. 彼は奇跡を信じる / Es war ein *Wunder*, dass er den Flugzeugabsturz überlebte. 彼が飛行機の墜落で死ななかったのは奇跡的なことだった / Es ist kein *Wunder*, dass … …ということは決して不思議なことではない /《比ゆ》Diese Arznei wirkt *Wunder*. この薬は驚くほどきく

❷ 驚異; 驚嘆に値するもの ▷ die *Wunder* der Natur 自然の驚異 / Diese Maschine ist ein *Wunder* an Genauigkeit. この機械は驚くほど精密にできている

wun·der·bar [ヴンダー・バール]

würdig

(比較 -er, 最上 -st)

形 ❶ **すばらしい**, すてきな, みごとな ▷ ein *wunderbarer* Abend すばらしい夕べの催し / Er tanzt *wunderbar*. 彼の踊りはすばらしい /《強調を表して》Der Stoff ist *wunderbar* weich. その生地はすばらしくやわらかい

❷ 奇跡的な ▷ die *wunderbare* Rettung der Schiffbrüchigen 難船者の奇跡的な救助

wun·der·lich [ヴンダーリヒ] 形 (考え方・振舞いなどが)**奇妙な**, 変わった, 風変わりな

wun·dern [ヴンデルン]
(wunderte; gewundert; 完了h)
—再 〖(sich)⁴+über+④と〗[‥⁴を]**不思議〈奇異〉に思う**, [‥⁴の意外さに]驚く ▷ Ich *wundere* mich über sein Verhalten. 私は彼の(予想外の)態度に驚いている /《dass 文で》Er *wunderte* sich, dass alles so gut klappte. 彼はすべてがとてもうまくいったので驚いていた
—他 〖(④と〗(事の意外さが)[‥⁴を]**不思議がらせる**; 驚かす ▷ Sein Verhalten *wundert* mich. 彼の(予想外の)態度に私は驚いている /《Es *wundert* mich, dass er nicht kommt. 彼が来ないのは不思議だ

wun·der·schön [ヴンダー・シェーン] 形 驚くほど美しい ▷ Sie ist *wunderschön*. 彼女は驚くほど美しい

wun·der·te [ヴンデルテ] wundern の 過去

wun·der·voll [ヴンダー・フォル] 形 すばらしい, すてきな, みごとな (=wunderbar)

Wunsch [ヴンシュ] 男 der (単 2格 -es 〈まれに -s〉; 複 Wünsche)
❶ **願望**, 望み ▷ ein bescheidener *Wunsch* ささやかな望み / Sein *Wunsch* geht in Erfüllung. 彼の望みはかなえられる / Er hat den *Wunsch*, Maler zu werden. 彼の望みは画家になることだ
❷ (人に向けられた)願い ▷ einen *Wunsch* äußern 願いを述べる
❸ 〖ふつう 複 で〗人の幸運を願う気持ち ▷ Beste *Wünsche* zum Geburtstag! お誕生日おめでとう

Wün·sche [ヴュンシェ] Wunsch の 複数

wün·schen
[vʏnʃn ヴュンシェン]

現在	ich wünsche	wir wünschen
	du wünschst	ihr wünscht
	er wünscht	sie wünschen
過去	ich wünschte	wir wünschten
	du wünschtest	ihr wünschtet
	er wünschte	sie wünschten
過分	gewünscht	完了 haben

—他 ❶ 〖③+④〗[‥³に‥⁴を]**願う**, 望む, 祈る
Ich *wünsche* Ihnen herzlich, dass …

私はあなたに…であること〈すること〉を心から願う
Ich *wünsche* dir alles Gute!
万事君の幸運を祈る
Ich *wünsche* Ihnen guten Appetit.
《食事の際に》おいしく召し上がってください
❷ 〖文語〗〖(④と〗[‥⁴を]**望む**; 要求する
Schon lange habe ich das innig *gewünscht*.
もう長いこと私はそのことを心から望んでいた / Er *wünschte*, um 6 Uhr geweckt zu werden. 彼は6時に起こしてもらいたいと言った

(イディオム) ③+*eine gute Reise wünschen* ‥³に楽しい旅行を祈る
③+*gute Besserung wünschen* ‥³の早い回復を祈る
③+*viel Erfolg wünschen* ‥³に大いなる成功を祈る
Was wünschen Sie bitte? 《店員が客に対して》何をお望みでしょうか
—再 〖(sich)³+④と〗[‥⁴を]ほしがる, 望む ▷ Er *wünschte* sich ein Fahrrad zu Weihnachten. 彼はクリスマスのプレゼントに自転車をほしがった

wün·schens·wert [ヴュンシェンス・ヴェーアト] 形 望ましい ▷ eine *wünschenswerte* Verbesserung 望ましい改善

wünsch·te [ヴュンシュテ] wünschen の 過去

wur·de [ヴルデ] werden の 過去

wür·de [ヴュルデ]
❶ 〖werden の接続法II; しばしば他の動詞の接続法IIの書き換え形式として用いられる〗
Wenn ich Zeit hätte, *würde* ich dir helfen (=hülfe ich dir). 時間があれば私は君の手助けをするのだが
❷ 〖接続法Iの代用形として〗Ich habe gesagt, ich *würde* ihn am Sonntag besuchen. 私は彼を日曜日に訪ねると言った
❸ 〖外交的接続法として〗Was *würdest* du dazu sagen?《相手の意見を求めて》君はそれについてどう思いますか

Wür·de [ヴュルデ] 女 die (単 2格 -; 複 -n)
❶ 〖複 なし〗(人間の)**尊さ**, 尊厳; 威厳, 品格 ▷ die *Würde* des Menschen 人間の尊厳
❷ (称号などのつく高い)位 ▷ akademische *Würden* 学位

Wür·den·trä·ger [ヴュルデン・トレーガー] 男 der (単 2格 -s; 複 -) 高位高官の人

wür·de·voll [ヴュルデ・フォル] 形 (態度などが)威厳〈品格〉のある

wür·dig [ヴュルディヒ]
形 ❶ 厳かな, 荘重な; 威厳〈品格〉のある ▷ ein *würdiges* Begräbnis 厳かな葬儀 / eine *würdige* Haltung 威厳ある態度
❷ 〖(②と〗[‥²に]値する, ふさわしい ▷ Er ist des Vertrauens nicht *würdig*. 彼は信頼に値

完了h, 完了s=完了の助動詞 haben, sein

würdigen

しない // einen *würdigen* Nachfolger suchen 後継者にふさわしい人物を探す

wür·di·gen [ヴュルディゲン] (würdigte; gewürdigt; 完了h) 他 ④と […の業績などを]認める〈認めて称賛する〉

イディオム ④+*keiner Antwort*〈*keines Blickes*〉 *würdigen* …⁴を答える〈見る〉に値しないと見なす ▷ Er *würdigte* mich *keines Blickes*. 彼は私に一瞥もくれなかった

Wurf [ヴルフ] 男 *der* (⊕2格 -[e]s; ⊕ Würfe)
❶ (ボール・ハンマーなどを)投げること, 投擲; 投げて届く距離 ▷ ein *Wurf* mit einem Speer 槍を投げること / Der zweite *Wurf* betrug mehr als 60 m. 2回目の飛距離は60メートルを超えた
❷ (⊕ はまれ)《集合的に》(特定の哺乳動物の)一腹の子 ▷ ein *Wurf* Wölfe 一腹のオオカミの子

Würfe [ヴュルフェ] Wurf の 複数

Würfel [ヴュルフェル] 男 *der* (⊕2格 -s; ⊕ -)
❶ さいころ, ダイス;《数学》立方体 ▷ den *Würfel* werfen さいころを投げる〈振る〉/ Der *Würfel* zeigt eine Zwei. さいころの目は2だ
❷ 立方体の形をしたもの ▷ Er tut zwei *Würfel* Zucker in den Kaffee. 彼は角砂糖を2つコーヒーに入れる

イディオム ***Die Würfel sind gefallen.*** 賽は投げられた(決断はくだされた, 後戻りはできない)(☆ シーザーがルビコン川を渡るときに言ったとされることば)

wür·feln [ヴュルフェルン] (würfelte; gewürfelt; 完了h)
── 自 さいころを振る, ダイスゲームをする ▷ Sie haben um Geld *gewürfelt*. 彼らは金を賭けてダイスゲームをした / 成句と eine Drei *würfeln* さいころを振って3を出す
── 他 ④と [ジャガイモなど⁴を] 賽の目に切る

Wür·fel·zu·cker [ヴュルフェル・ツッカー] 男 *der* (⊕2格 -s; ⊕ -) 角砂糖

wür·gen [ヴュルゲン] (würgte; gewürgt; 完了h)
── 他 ④と […の首を絞める ▷ Er hat sie *gewürgt*. 彼は彼女の首を絞めた

イディオム ④+*zu Tode würgen* …⁴を絞め殺す
── 自 [an+③と] […³を]飲み込もうと苦労する ▷ Sie *würgte* an einem harten Stück Brot. 彼女はかたいパンを一切れ飲み込もうと苦労した

Wurm [ヴルム] 男 *der* (⊕2格 -[e]s; ⊕ Würmer) (ミミズ・カイコ・ウジなどの)足がなく細長い虫 ▷ Er befestigt einen *Wurm* als Köder an der Angel. 彼は虫を餌として釣り針につける

wur·men [ヴルメン] (wurmte; gewurmt; 完了h) 他《口語》④と (物事が) …⁴を怒らせる (☆ 受動形を作らない)

Wür·mer [ヴュルマー] Wurm の 複数

Wurst [ヴルスト] 女 *die* (⊕2格 -; ⊕ Würste) ソーセージ, 腸詰め (☆「ハム」は Schinken) ▷ ein Stück〈eine Scheibe〉*Wurst* 1本〈1片〉のソーセージ / die *Wurst* braten ソーセージを焼く / ein Brot mit *Wurst* belegen パンにソーセージを載せる

イディオム ***Das ist mir Wurst*〈*Wurscht*〉.**《口語》それは私にはどうでもいい

Würst·chen [ヴュルストヒェン] 中 *das* (⊕2格 -s; ⊕ -) 小さなソーセージ (☆ Wurst の縮小形) ▷ Wiener *Würstchen* ウィンナーソーセージ

Würs·te [ヴュルステ] Wurst の 複数

Wür·ze [ヴュルツェ] 女 *die* (⊕2格 -; ⊕ -n) 香辛料, 薬味, スパイス ▷ Pfeffer als *Würze* verwenden コショウを香辛料として使う /《ことわざ》In der Kürze liegt die *Würze*. ことばは簡潔を尊ぶ (← 簡潔さのなかにぴりっとした味がある)

Wur·zel [ヴルツェル] 女 *die* (⊕2格 -; ⊕ -n)
❶ (植物の)根 ▷ Die Pflanze treibt *Wurzeln*. 植物が根を出す / *Wurzeln* schlagen (植物が)根を下ろす;《比ゆ》(人がある場所に)定着する
❷ 歯根; 毛根
❸《数学》平方根 ▷ Die *Wurzel* aus 9 ist 3. 9の平方根は3である

イディオム *die Wurzel allen Übels* 諸悪の根源

wur·zeln [ヴルツェルン] (wurzelte; gewurzelt; 完了h)
自 (植物が)根づく, 根を張る〈下ろす〉▷ Die Eiche *wurzelt* tief im Boden. カシが地中深く根を下ろしている /《比ゆ》Das Interesse für diese Probleme *wurzelt* in seiner Schulzeit. これらの問題への関心は彼の学校時代に根ざしている

wür·zen [ヴュルツェン] (würzte; gewürzt; 完了h) 他 ④と […に](香辛料などで)味つけする, 風味を添える

wür·zig [ヴュルツィヒ] 形 香辛料〈薬味〉のきいた, 風味のある; 香ばしい, かぐわしい

wusch [ヴーシュ] waschen の 過去

wü·sche [ヴューシェ] waschen の 接II

wuss·te [ヴステ] wissen の 過去

wußte [⊕⇒新] wusste

wüss·te [ヴュステ] wissen の 接II

wüßte [⊕⇒新] wüsste

Wust [ヴスト] 男 *der* (⊕2格 -[e]s; ⊕ なし) 乱雑, 雑然, ごちゃごちゃ

wüst [ヴュースト]
形 ❶ 荒れ果てた, 荒涼とした ▷ eine *wüste* Gegend 荒涼とした地域
❷ (部屋などが)雑然とした ▷ Hier sieht es ja *wüst* aus. ここは雑然としているね
❸ (祭などが)荒々しい

Wüs·te [ヴューステ] 女 *die* (⊕2格 -; ⊕ -n) 砂

漠; (植物の育たない)不毛地帯 ▷ eine *Wüste* auf Kamelen durchqueren 砂漠をラクダに乗って横断する

Wut [ヴート] [女] *die* ([単] 2格 –; [複] なし) **激怒**, 激昂 ▷ Er geriet in *Wut*. 彼は激怒した / Er schlug vor *Wut* mit der Faust auf den Tisch. 彼は激昂してこぶしでテーブルをたたいた

wü·ten [ヴューテン] (wütete; gewütet; [完了]h)
[自] ❶ (人が激怒して)**荒れ狂う**, 暴れる ▷ Er sprang zornig auf und *wütete*. 彼は腹を立てて立ち上がり荒れ狂った
❷ (あらしなどが)荒れ狂う; (火事・病気などが)猛威をふるう

wü·tend [ヴューテント] [形] 激怒している, 怒り狂っている ▷ ein *wütender* Mensch 激怒している人 / Sie ist *wütend* auf mich. 彼女は私に激怒している / mit *wütender* Stimme 怒り狂った声で

x X [ɪks イクス]

X-Chro·mo·som [イクス・クロモゾーム] 囲 *das* (⊕ 2格 -s; ⊕ -en)《医学》X 染色体

X-Strah·len [イクス・シュトラーレン] 復名 エックス線, レントゲン線

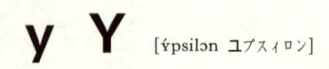

y Y [ýpsilɔn ユプスィロン]

Y-Chro·mo·som [ユプスィロン・クロモゾーム] 囲 *das* (⊕ 2格 -s; ⊕ -en)《医学》Y 染色体

Yen [イェン] 男 *der* (⊕ 2格 -[s]; ⊕ -[s]) 円(日本の通貨および通貨単位)

---

①, ②, ③, ④ = 1格, 2格, 3格, 4格の名詞

z Z [tsɛt ツェット]

Za·cke [ツァッケ] [女] *die* ([単] 2格 –; [複] –n) (ふつう列をなして) 突き出ているもの; (のこぎり・櫛くし・フォークなどの)歯, (葉の)ぎざぎざ ▷ Bei dem Kamm fehlen einige *Zacken.* その櫛は歯がいくつか欠けている

Za·cken [ツァッケン] [男] *der* ([単] 2格 –s; [複] –) 《口語》＝Zacke

za·ckig [ツァッキヒ] [形] (岩などが)のこぎりの歯のような, ぎざぎざの; 《口語》(動きなどが)きびきびした

zag·haft [ツァークハフト] [形] ためらいがちの, おそるおそるの; 〘副詞的に〙 おそるおそる, こわごわ ▷ Er öffnete *zaghaft* die Tür. 彼はおそるおそるドアをあけた

zäh [ツェー]
[形] ❶ (肉が)かたい ▷ Das Fleisch ist sehr *zäh.* その肉は非常にかたい
❷ (液状のものが)ねばねばした ▷ Das Öl ist *zäh* geworden. オイルがねばねばしてきた
❸ (人が)頑健な, タフな ▷ ein *zäher* Mensch タフな人
❹ 粘り強い, 不屈の ▷ Mit *zähem* Fleiß erreichte er sein Ziel. 粘り強く頑張って彼は目的を達した

Zahl [ツァール] [女] *die* ([単] 2格 –; [複] –en)
❶ 数 ▷ die *Zahl* Acht 8という数 / zwei *Zahlen* addieren 2つの数を足す / [4]+in *Zahlen* angeben ‥^{4}を数で示す
❷ 数字 ▷ arabische 〈römische〉 *Zahlen* アラビア〈ローマ〉数字
❸ 〘[複] なし〙 個数, 人数 ▷ die *Zahl* der Bücher 冊数 / die *Zahl* der Mitglieder beschränken 会員の数を限定する

zahl·bar [ツァール・バール] [形] 《商業》〘[期間]と〙 (請求書などが)支払われるべき ▷ *zahlbar* binnen zwei Wochen 支払い期限は2週間

zah·len

[tsá:lən ツァーレン]

[現在]	ich zahle	wir zahlen
	du zahlst	ihr zahlt
	er zahlt	sie zahlen
[過去]	ich zahlte	wir zahlten
	du zahltest	ihr zahltet
	er zahlte	sie zahlten
[過分]	gezahlt	[完了] haben

— [他] ❶ 〘[4]と〙〔お金^{4}を〕払う
200 Euro *zahlen* 200ユーロ払う
Wie viel hast du dafür *gezahlt*?
いくらそれに払ったのですか
❷ 〘[4]と〙〔家賃・税金など^{4}を〕払う, 支払う (☆この意味では bezahlen をよく用いる)
— [自] 支払いをする, 金を払う ▷ bar 〈mit einem Scheck〉 *zahlen* 現金〈小切手〉で払う / Herr Ober, bitte *zahlen* 〈*zahlen* bitte〉! ボーイさん お勘定をお願いします / Der Betrieb *zahlt* gut. その会社は賃金がいい

zäh·len [ツェーレン] (zählte; gezählt; [完了]h)
— [自] ❶ 数を数える ▷ Das Kind kann schon bis 20 *zählen.* その子供はもう20まで数えられる / 《比ゆ》 nicht bis drei *zählen* können 非常に頭が悪い(← 3まで数えられない)
❷ 〘zu+[3]と〙 〔‥^{3}に〕数えられる ▷ Auch er *zählt* zu unseren Freunden. 彼も私たちの友人の一人だ
❸ 〘auf+[4]と〙 〔‥^{4}を〕当てにする, 見込む ▷ Du kannst auf meine Hilfe *zählen.* 君は私の援助を当てにしてもかまわない
❹ (価値あるものと)認められる ▷ Hier *zählen* nur Leistungen. ここでは業績だけが物をいう
— [他] ❶ 〘[4]と〙 〔‥^{4}の数を〕数える ▷ Geld *zählen* 金を数える / die Äpfel *zählen* リンゴを数える
❷ 〘[4]+zu+[3]と〙〔‥^{4}を‥^{3}に〕数える ▷ Ich *zähle* ihn zu meinen Freunden. 私は彼を友人の一人と思っている
❸ 《文語》 〘[4]と〙 (数量的に)〔‥^{4}で〕ある ▷ Die Stadt *zählt* 100 000 Einwohner. この町の人口は10万である
[イディオム] ***die Tage bis ... zählen*** …までの日を指折り数えて待つ ▷ Sie *zählte die Tage bis* zum Tag seiner Ankunft. 彼女は彼の到着までの日を指折り数えて待っていた

Zah·len·sys·tem [ツァーレン・ズュステーム] [中] *das* ([単] 2格 –s; [複] –e) (十進法などの)記数法

Zah·len·wert [ツァーレン・ヴェーアト] [男] *der* ([単] 2格 –[e]s; [複] –e) 数値

Zäh·ler [ツェーラー] [男] *der* ([単] 2格 –s; [複] –)
❶ (電気・ガス・水道などの)メーター
❷ 《数学》 分子 (☆「分母」は Nenner)

Zahl·kar·te [ツァール・カルテ] [女] *die* ([単] 2格 –; [複] –n) 郵便振替払込用紙

zahl·los [ツァール・ロース] [形] 無数の, (数えられないほど)多数の ▷ *zahllose* Beschwerden 多数の苦情

zahl・reich [ツァール・ライヒ]
彫 ❶ 多数の, 大勢の ▷ *zahlreiche* Zuschauer 多数の観衆
❷ 多人数から成る ▷ eine *zahlreiche* Familie 大家族

zahl・te [ツァールテ] zahlen の 過去

zähl・te [ツェールテ] zählen の 過去

Zah・lung [ツァールング] 女 die (単2格 -; 複 -en) 支払い ▷ Die *Zahlung* erfolgte in bar. 支払いは現金でなされた
(イディオム) ④+*in Zahlung nehmen* …⁴を下取りする

Zäh・lung [ツェールング] 女 die (単2格 -; 複 -en) 数を数えること

Zah・lungs・mit・tel [ツァールングス・ミッテル] 中 das (単2格 -s; 複 -) (現金・小切手・手形などの)支払手段

zahm [ツァーム]
彫 ❶ (動物が)人になれた (☆家畜には用いない) ▷ eine *zahme* Krähe 人になれたカラス
❷ (批評などが)穏やかな, 控え目な

zäh・men [ツェーメン] (zähmte; gezähmt; 匿h)
他 (④と)〔野生の動物⁴を〕飼いならす ▷ einen Wolf *zähmen* オオカミを飼いならす

Zahn [ツァーン] 男 der (単2格 -es くまれに -s >; 複 Zähne)
❶ 歯 ▷ ein fauler *Zahn* 虫歯 / sich³ die *Zähne* putzen 歯を磨く / Ein *Zahn* schmerzt. 歯が1本痛む / Bei mir wackelt ein *Zahn*. 私は歯が1本ぐらぐらする / Mir ist ein *Zahn* ausgefallen. 私は歯が1本抜けた / (比ゆ) Beiß die *Zähne* zusammen! 歯を食いしばってこらえろ
❷ (歯車・のこぎり・櫛などの)歯 (=Zacke)
(イディオム) ③+*die Zähne zeigen* …³に歯向う

Zahn・arzt [ツァーン・アールツト] 男 der (単2格 -es; 複 ..ärzte)
歯医者, 歯科医 ▷ Ich muss zum *Zahnarzt* gehen. 私は歯医者に行かなければならない

Zahn・ärz・tin [ツァーン・エーアツティン] 女 die (単2格 -; 複 ..tinnen) Zahnarzt の女性形

Zahn・bürs・te [ツァーン・ビュルステ] 女 die (単2格 -; 複 -n) 歯ブラシ

Zäh・ne [ツェーネ] Zahn の 複数

zahn・los [ツァーン・ロース] 彫 歯のない, 歯の抜けた;(赤ん坊が)歯の生えていない

Zahn・pas・ta [ツァーン・パスタ] 女 die (単2格 -; 複 ..pasten) 練り歯磨き ▷ eine Tube *Zahnpasta* チューブ入りの練り歯磨き1本

Zahn・pas・te [ツァーン・パステ] 女 die (単2格 -; 複 -n) =Zahnpasta

Zahn・schmerz [ツァーン・シュメルツ] 男 der (単2格 -es; 複 -en)
〔ふつう 複 で〕歯痛 ▷ Ich habe *Zahnschmer*zen. 私は歯が痛い

Zan・ge [ツァンゲ] 女 die (単2格 -; 複 -n)
❶ ペンチ; やっとこ; 火ばさみ
❷ 〔ふつう 複 で〕(エビ・クワガタ虫などの)角
(イディオム) ④+*in die Zange nehmen* …⁴を(言い逃れできないように)詰問する ▷ Die Kriminalbeamten *nahmen* den Verbrecher *in die Zange*. 刑事たちは犯人をきびしく詰問した

Zank [ツァンク] 男 der (単2格 -[e]s; 複 なし) (些細なことでの)口げんか, 口論, 言い争い

zan・ken [ツァンケン] (zankte; gezankt; 匿h)
再 (sich⁴と) (特に子供たちが)けんかをする ▷ Die Kinder *zankten* sich um den Fußball. 子供たちがサッカーボールの取り合いでけんかをしていた

zän・kisch [ツェンキシュ] 彫 よく口げんかをする, 口論好きな

Zäpf・chen [ツェプフヒェン] 中 das (単2格 -s; 複 -) (薬)座薬

zap・fen [ツァプフェン] (zapfte; gezapft; 匿h)
他 (④と)〔ビール・ガソリンなど⁴を〕(たる・タンクなどの)栓を抜いて)注ぐ, つぐ ▷ Der Wirt *zapfte* Bier. 店の主人は(たるから)ビールを注いだ

Zap・fen [ツァプフェン] 男 der (単2格 -s; 複 -)
❶ (たるなどの)栓
❷ 《植物》(針葉樹の)毬果

zap・pe・lig [ツァッペリヒ] 彫 (口語) (子供が)じっとしていない, そわそわして落着かない

zap・peln [ツァッペルン]
(zappelte; gezappelt; 匿h)
自 手足をばたばたさせる, じたばたする, もがく ▷ Die Fische *zappelten* im Netz. 魚が網の中でばたばた跳ねた
(イディオム) ④+*zappeln lassen* …⁴をじらす, わざと待たせて気をもませる

Zar [ツァール] 男 der (単2・3・4格 -en; 複 -en) ツァーリ(ロシア皇帝の称号)

zart [ツァールト]
彫 ❶ (注意深く扱わないと)すぐこわれそうな, きゃしゃな, ひ弱な ▷ *zarte* Knospen ひ弱なつぼみ / *zarte* Hände きゃしゃな手 / *zarte* Haut 柔肌 / *zarte* Seide 薄い絹
❷ (食べ物が)やわらかな, (感じが)やわらかな ▷ *zartes* Fleisch やわらかな肉 / eine *zarte* Farbe やわらかな色
❸ 心のこもった, やさしい ▷ *zarte* Fürsorge 心のこもった世話

zärt・lich [ツェーアトリヒ] 彫 (愛する〈好意をもっている〉人に対して)やさしい, やさしさのこもった ▷ ein *zärtlicher* Vater やさしい父 / *zärtliche* Worte やさしさのこもったことば / dem Kind *zärtlich* übers Haar streichen 子供の髪をやさしくなでる

Zau・ber [ツォオバー] 男 der (単2格 -s; 複 なし)

❶ 魔法, 魔術; 魔力 ▷ einen *Zauber* anwenden 魔法を使う
❷ (抗しがたい)魅力 ▷ Er ist ihrem *Zauber* erlegen. 彼は彼女の魅力には勝てなかった

Zau·be·rei [ツァオベライ] 囡 *die* (⊕ 2 格 -; ⊕ -en)
❶ 【⊕なし】魔法, 魔術
❷ (演芸としての)奇術, 手品 ▷ *Zaubereien* vorführen 手品を披露する

Zau·be·rer [ツァオベラー] 男 *der* (⊕ 2 格 -s; ⊕ -)
❶ 魔法使い, 魔術師
❷ 奇術師, 手品師

zau·ber·haft [ツァオバーハフト] 形 (人・衣装などの)魅力的な, すばらしい

Zau·ber·künst·ler [ツァオバー・キュンストラー] 男 *der* (⊕ 2 格 -s; ⊕ -) 手品師, 奇術師

zau·bern [ツァオベルン]
(zauberte; gezaubert; 助 h)
── 他 【④と】 [..⁴を] 魔法でつくる ▷ Die Fee *zauberte* ein Schloss. 妖精は魔法で城をつくった / (比ゆ) Sie *zaubert* aus den Resten eine herrliche Mahlzeit. 彼女は残り物ですばらしい食事をつくる
❷ 【④+方向と】[..⁴を…から]手品で出して見せる ▷ Er *zauberte* eine Taube aus seinem Hut. 彼は手品でハトを帽子から取り出した
── 自 魔法を使う; 手品を使う ▷ Die alte Hexe kann *zaubern*. その年老いた魔女は魔法が使える

zau·dern [ツァオデルン]
(zauderte; gezaudert; 助 h)
自 ちゅうちょする, ためらう ▷ ohne zu *zaudern* ちゅうちょすることなく

Zaum [ツァオム] 男 *der* (⊕ 2 格 -[e]s; ⊕ Zäume) 馬勒, ブライドル(くつわ・くつわ・手綱などの) ▷ einem Pferd den *Zaum* anlegen 馬に馬勒をつける / (比ゆ) Du musst deine Gefühle im *Zaume* halten. 君は感情を抑えなければならない

Zäu·me [ツォイメ] Zaum の 複数

Zaun [ツァオン] 男 *der* (⊕ 2 格 -[e]s; ⊕ Zäune) 垣根, 柵, 囲い ▷ Die Kinder schlüpften durch den *Zaun*. 子供たちは柵をするりと抜けた

Zäu·ne [ツォイネ] Zaun の 複数

Zaun·kö·nig [ツァオン・ケーニヒ] 男 *der* (⊕ 2 格 -s; ⊕ -e) 《鳥》ミソサザイ

z.B. [ツム バイシュピール] 《*zum Beispiel* の略語》たとえば

Ze·bra [ツェーブラ] 中 *das* (⊕ 2 格 -s; ⊕ -s) 《動物》シマウマ

Zeb·ra·strei·fen [ツェーブラ・シュトライフェン] 男 *der* (⊕ 2 格 -s; ⊕ -) 横断歩道 ▷ über den *Zebrastreifen* gehen 横断歩道を越えて行く

Ze·che [ツェッヒェ] 囡 *die* (⊕ 2 格 -; ⊕ -n)
❶ (飲食店の)勘定, 飲食代 ▷ die *Zeche* bezahlen 飲み食いした勘定を払う / die *Zeche* prellen 勘定を踏み倒す
❷ 鉱山; 鉱坑

ze·chen [ツェッヒェン] (zechte; gezecht; 助 h)
自 《口語》(仲間と一緒に)大いに飲む

Zeh [ツェー] 男 *der* (⊕ 2 格 -s; ⊕ -en) =Zehe

Ze·he [ツェーエ] 囡 *die* (⊕ 2 格 -; ⊕ -n) 足の指 (☆"手の指" は Finger) ▷ Er stellte sich auf die *Zehen*. 彼はつま先立った / auf den *Zehen* つま先立って

zehn
[tseːn ツェーン]
【基数】**10** (用法: ☞ drei)
die *Zehn* Gebote (モーゼの)十戒
Ich wette *zehn* gegen eins, dass …
私は…と確信している(← 10 対 1 の割りで…に賭ける)

zehnt [ツェーント]
形 【序数】**10** 番目の (用法: ☞ dritt)

zehn·tau·send [ツェーン・タオゼント] 【基数】1万

zehn·tel [ツェーンテル] 形 【分数】10 分の 1 の (☆ 格語尾をつけない) ▷ ein *zehntel* Liter 10 分の 1 リットル

zeh·ren [ツェーレン] (zehrte; gezehrt; 助 h)
自 ❶ 【an+③と】[..³を]消耗する, むしばむ ▷ Die Sorgen um das Geschäft *zehrt* an seiner Gesundheit. 商売上の心労が彼の健康はむしばまれる / Fieber *zehrt*. 熱は体を衰弱させる
❷ 【von+③と】[蓄えなど³を](生活を維持するために)取り崩す, 食いつぶす
❸ 【von+③と】[思い出など³を]糧に生きる, [..³の]余韻に浸る

Zei·chen [ツァイヒェン] 中 *das* (⊕ 2 格 -s; ⊕ -)
❶ 印, 目印; 記号 ▷ ein *Zeichen* in den Baum kerben 印を木に刻み込む / Das *Zeichen* „+" steht für die Addition. 記号「+」は加法を表している (☆ + は plus と読む) / chemische *Zeichen* 化学記号
❷ (身振りなどによる)合図, サイン ▷ das *Zeichen* zur Abfahrt 出発の合図 / Zum *Zeichen* ihrer Zustimmung hoben sie die Hand. 賛成の意思表示として彼らは手を挙げた
❸ 兆候, 前兆 ▷ Schwüle Hitze ist meist ein *Zeichen* für ein kommendes Gewitter. 蒸し暑さはたいてい間近い雷雨の前兆だ
❹ (あることを間接的に示す)現象 ▷ Das ist ein *Zeichen* dafür, dass er ein schlechtes Gewissen hat. これは彼が良心のとがめを感じている証拠だ

zeich·nen [ツァイヒネン] (du zeichnest, er

zeichnet; zeichnete; gezeichnet; [完了]h)
[他]〘④と〙〔··^{4}を〕(線で)**描く**, スケッチ〈デッサン〉する; 〔図面^{4}を〕引く ▷ eine Skizze *zeichnen* スケッチを描く / eine Landschaft *zeichnen* 自然をスケッチする
[イディオム] ***von*+③ *gezeichnet sein*** ··^{3}の兆候がでている ▷ Er *ist vom* Tode *gezeichnet*. 彼は死相が現れている

Zeich·ner [ツァイヒナー] [男] *der* ([単] 2 格 –s; [複] –) デザイナー, 図案家; 製図工 ▷ Er ist als *Zeichner* beschäftigt. 彼はデザイナーとして働いている

zeich·ne·te [ツァイヒネテ] zeichnen の [過去]

Zeich·nung [ツァイヒヌング] [女] *die* ([単] 2 格 –; [複] –en)
❶ (鉛筆・パステルなどによる)**線画**, デッサン ▷ eine *Zeichnung* von einer Person anfertigen 人物のデッサンを制作する
❷ 図面, 設計図 ▷ eine *Zeichnung* im Maßstab 1: 30 縮尺 30 分の 1 の図面 (☆ 1: 30 は eins zu dreißig と読む)
❸ (動物の皮・葉などの)模様, 斑点$^{はん}_{てん}$, 斑紋

Zei·ge·fin·ger [ツァイゲ·フィンガー] [男] *der* ([単] 2 格 –s; [複] –) **人指し指** ▷ mit dem *Zeigefinger* auf+④ deuten 人指し指で··^{4}を指し示す

zei·gen

[tsáign ツァイゲン]

[現在]	ich zeige	wir zeigen
	du zeigst	ihr zeigt
	er zeigt	sie zeigen
[過去]	ich **zeigte**	wir zeigten
	du zeigtest	ihr zeigtet
	er zeigte	sie zeigten
[過分]	**gezeigt**	[完了] haben

— [他] ❶〘③+④と〙〔··^{3}に··^{4}を〕**見せる**
Er *zeigt* dem Polizisten seinen Ausweis.
彼は警察官に身分証明書を見せる
Er hat ihr die ganze Stadt *gezeigt*.
彼は彼女に町中を見せた
❷〘③+④と〙〔··^{3}に··^{4}を〕(身振りなどで)**示す**, 教える ▷ Er hat mir *gezeigt*, wie man das Gerät bedient. 彼は私にその器具をどう操作するかを教えてくれた / Er *zeigt* mir den Weg zum Bahnhof. 彼は私に駅への道を教える
❸〘④と〙〔能力などのあること^{4}を〕見せる ▷ Mut *zeigen* 勇気のあるところを見せる / Nun *zeige*, was du kannst! さあ君ができることを見せてごらん
❹〘④と〙〔感情など^{4}を〕表す, 示す ▷ Er will keine Gefühle *zeigen*. 彼はいかなる感情も表に出そうとしない / Sie *zeigte* keinerlei Interesse für solche Themen. 彼女はそのようなテーマにいかなる興味も示さなかった
❺〘④と〙(測定器具が)〔··^{4}を〕**示す** ▷ Die Uhr *zeigt* fünf. 時計が 5 時を指している
— [自]〘[方向]と〙〔…を〕**指す**, 指し示す ▷ Er *zeigte* mit dem Finger auf ein Haus. 彼は指で 1 軒の家を指した / Der Wegweiser *zeigt* nach Osten. 道標は東を指し示している
— [再] ❶〘[sich]^4+[場所]と〙〔…に〕**姿を見せる**, 現れる ▷ Sie *zeigte* sich auf dem Balkon. 彼女はバルコニーに姿を見せた / Am Himmel *zeigten* sich die ersten Sterne. 空に最初の星が現れた
❷〘[sich]^{4}と〙 明らかになる ▷ Es *zeigte* sich, dass er uns getäuscht hatte. 彼が私たちをだましていたことが明らかになった
❸〘[sich]^4+[状態]と〙(あることに対して)〔…の〕態度を示す, ようすを見せる ▷ Er hat sich darüber sehr befriedigt *gezeigt*. 彼はそのことに非常に満足しているようすを見せた

Zei·ger [ツァイガー] [男] *der* ([単] 2 格 –s; [複] –) (時計・地震計などの)針, 指針 ▷ der große 〈kleine〉 *Zeiger* der Uhr 時計の長針〈短針〉

zeig·te [ツァイクテ] zeigen の [過去]

zei·hen [ツァイエン] (zieh; geziehen; [完了]h)
[他]《文語》〘④+②と〙〔··^{2}のことで··^{4}を〕咎^{とが}める

Zei·le [ツァイレ] [女] *die* ([単] 2 格 –; [複] –n) **行** ([略] Z.) ▷ die ersten drei *Zeilen* 最初の 3 行 / in der dritten *Zeile* von oben 〈unten〉 上〈下〉から 3 行目に
[イディオム] ③+***ein paar Zeilen schreiben*** ··^{3}に簡単な手紙を書く
zwischen den Zeilen lesen 行間を読む

zeit [ツァイト] [前]〘②支配〙〘成句で〙***zeit meines*** 〈***seines*** など〉 ***Lebens*** 私〈彼〉の一生の間

Zeit

[tsait ツァイト]
[女] *die* ([単] 2 格 –; [複] –en)

❶〘[複] なし〙**時, 時間**
Die *Zeit* vergeht schnell.
時がどんどん過ぎ去る
Zeit ist Geld.
[ことわざ] 時は金なり
❷〘[複] なし〙(自由に使える)**時間, 暇** ▷ Hast du jetzt für mich *Zeit*? 私のために時間がありますか / Ich habe keine *Zeit*. 私は暇がない / Wir dürfen jetzt keine *Zeit* verlieren. 私たちは今一刻もむだにできない / die *Zeit* mit Lesen verbringen 暇な時間を読書で過ごす
❸〘[複] なし〙(ある長さの)時間 (☆ ふつう形容詞と) ▷ kurze *Zeit* warten しばらくの間待つ / Ich brauche noch etwas *Zeit* dafür. それには私はもう少し時間が必要だ / seit einiger *Zeit* 少し前から / vor langer *Zeit* ずいぶん前に
❹ (時点としての)時間; (人生などの)ある時間,

Z

Zeitungsartikel

時期 ▷ *Zeit* und Ort des Treffens festlegen 会合の時間と場所を決める / Hast du die genaue *Zeit*? 正確な時間がわかりますか / einen Passanten nach der *Zeit* fragen 通行人に時間を尋ねる / eine schöne *Zeit* verbringen すてきな時間をすごす / die schönste *Zeit* des Lebens 人生のもっとも美しい時期 / sich⁴ an die *Zeit* der Kindheit erinnern 子供の時を思い出す

❺ (歴史・人生の特定の)時代; 時期 ▷ die *Zeit* Goethes ゲーテの時代 / die *Zeit* der Ernte 収穫の時期 / in der *Zeit* vor dem Krieg 戦前の時期に / in früheren *Zeiten* 以前

(イディオム) *eine Zeit lang* 少しの間
Es ist [höchste] Zeit + zu 不定詞句 もうそろそろ…する必要がある ▷ *Es ist jetzt nicht die Zeit darüber zu sprechen.* 今はそのことについて話すべき時ではない
mit der Zeit 時とともに、徐々に
nach langer Zeit だいぶ経ってから
seit der Zeit その時以来
seit kurzer Zeit 少し前から
vor der Zeit その時より前に
vor kurzer Zeit 少し前に
zu jeder Zeit いつでも
zur rechten Zeit ちょうどよい時に
zur Zeit a) …の時代に ▷ *zur Zeit* Goethes ゲーテの時代に
b) (旧⇒新) zurzeit 現在のところ、目下

Zeit·al·ter [ツァイト・アルター] 中 *das* (⑯2格 -s; ⑯ -) (歴史的観点から区分された)**時代**, 年代 ▷ im *Zeitalter* der Technik 技術の時代に

Zeit·an·sa·ge [ツァイト・アン・ザーゲ] 女 *die* (⑯2格 -; ⑯ -n) (テレビ・ラジオなどによる)時報

Zeit·ar·beit [ツァイト・アルバイト] 女 *die* (⑯2格 -; ⑯ なし) (パートタイムの)出向勤務

Zeit·geist [ツァイト・ガイスト] 男 *der* (⑯2格 -[e]s; ⑯ なし) 時代精神

zeit·ge·mäß [ツァイト・ゲメース] 形 時流に合った

Zeit·ge·nos·se [ツァイト・ゲノッセ] 男 *der* (⑯ 2・3・4格 -n; ⑯ -n) 同時代の人

zeit·ge·nös·sisch [ツァイト・ゲネスィシュ] 形 同時代の

zei·tig [ツァイティヒ] 形 早めの; (普通より)早い時期の ▷ Er ist heute *zeitig* aufgestanden. 彼はきょう早めに起きた

Zeit·lang [ツァイト・ラング] 女 *die* 〖成句で〗 *eine Zeitlang* (旧⇒新) *eine Zeit lang* 少しの間

zeit·le·bens [ツァイト・レーベンス] 副 一生の間

zeit·lich [ツァイトリヒ] 形 時間上の, 時間的に ▷ Die Erlaubnis war *zeitlich* begrenzt. 許

可は期限つきだった

zeit·los [ツァイト・ロース] 形 (思想・様式などの)時代〈時流〉に制約されない; 時間を超越した

Zeit·lu·pe [ツァイト・ルーペ] 女 *die* (⑯2格 -; ⑯ なし) スローモーション ▷ das entscheidende Tor in *Zeitlupe* zeigen 決定的なゴールをスローモーションで見せる

Zeit·maß [ツァイト・マース] 中 *das* (⑯2格 -es; ⑯ -e) (音・動きなどの)テンポ, 速度

Zeit·not [ツァイト・ノート] 女 *die* (⑯2格 -; ⑯ なし) 時間の不足 ▷ in *Zeitnot* sein 時間が足りない / in *Zeitnot* geraten 時間が足りなくなる

Zeit·punkt [ツァイト・プンクト] 男 *der* (⑯2格 -[e]s; ⑯ -e) (時間の流れの中で問題になる特定の)時点, 時機 ▷ den günstigen *Zeitpunkt* verpassen 好機を逃す / Zu diesem *Zeitpunkt* war er schon abgereist. この時点では彼はもう出発してしまっていた

zeit·rau·bend [ツァイト・ラオベント] 形 (仕事などが)時間を取る, 手間取る

Zeit·raum [ツァイト・ラオム] 男 *der* (⑯2格 -[e]s; ⑯ ..räume) (ある時点からある時点までの)時間, 期間 ▷ Das gilt für einen *Zeitraum* von zwei Jahren. それは2年間有効である

Zeit·rech·nung [ツァイト・レヒヌング] 女 *die* (⑯2格 -; ⑯ なし) (ある時点からの)年代の数え方 ▷ die christliche *Zeitrechnung* (キリストの誕生を紀元元年とする)西暦

Zeit·schrift [ツァイト・シュリフト] 女 *die* (⑯2格 -; ⑯ -en) 雑誌, 定期刊行物 ▷ eine wissenschaftliche *Zeitschrift* 科学雑誌

Zei·tung

[tsáitʊŋ ツァイトゥング]

女 *die* (⑯2格 -; ⑯ -en)

格	単 数	複 数
①	die Zeitung	die Zeitungen
②	der Zeitung	der Zeitungen
③	der Zeitung	den Zeitungen
④	die Zeitung	die Zeitungen

新聞
eine regionale *Zeitung*
地方紙
eine *Zeitung* abonnieren
新聞を予約購読する
Das habe ich in der *Zeitung* gelesen.
それは私は新聞で読んだ
Er arbeitet bei der *Zeitung*.
彼は新聞社に勤めている

Zei·tungs·an·zei·ge [ツァイトゥングス・アン・ツァイゲ] 女 *die* (⑯2格 -; ⑯ -n) 新聞広告

Zei·tungs·ar·ti·kel [ツァイトゥングス・アル

ティーケル] [男] *der* ([単] 2 格 -s; [複] -) 新聞記事

Zeit·un·ter·schied [ツァイト・ウンターシート] [男] *der* ([単] 2 格 -[e]s; [複] -e) 時間差, 時差

Zeit·ver·geu·dung [ツァイト・フェアゴイドゥング] [女] *die* ([単] 2 格 -; [複] なし) 時間の浪費

Zeit·ver·lust [ツァイト・フェアルスト] [男] *der* ([単] 2 格 -[e]s; [複] なし) 時間の損失

Zeit·ver·treib [ツァイト・フェアトライプ] [男] *der* ([単] 2 格 -[e]s; まれに [複] -e) 時間〈暇〉つぶし

zeit·wei·lig [ツァイト・ヴァイリヒ] [形] 一時的な, 暫時的な; 〖副詞的に〗時折

zeit·wei·se [ツァイト・ヴァイゼ] [副] しばらくの間, 一時的に; ときどき

Zel·le [ツェレ] [女] *die* ([単] 2 格 -; [複] -n)
❶ 《生物》細胞 ▷ Die *Zellen* sterben ab. 細胞が壊死(えし)する
❷ (修道院などの質素な) 小部屋; (刑務所の) 監房
❸ (ハチの巣の) 巣房
❹ (政治組織の) 細胞

Zell·tei·lung [ツェル・タイルング] [女] *die* ([単] 2 格 -; [複] -en) 細胞分裂

Zel·lu·loid [ツェルロイト] [中] *das* ([単] 2 格 -[e]s; [複] なし) セルロイド

Zelt [ツェルト] [中] *das* ([単] 2 格 -es 〈まれに -s〉; [複] -e)
テント ▷ Sie haben am See ein *Zelt* aufgeschlagen. 彼らは湖畔にテントを張った

zel·ten [ツェルテン] (zeltete; gezeltet; [完了]h)
[自] テントで暮らす, キャンプをする ▷ Sie haben im Urlaub *gezeltet.* 彼らは休暇の間テントで暮らした

Zelt·platz [ツェルト・プラッツ] [男] *der* ([単] 2 格 -es; [複] ..plätze) キャンプ場

Ze·ment [ツェメント] [男] *der* ([単] 2 格 -[e]s; [複] -e) (建築用などの) **セメント** (☆「コンクリート」は Beton) ▷ Kies, *Zement* und Wasser mischen 砂利とセメントと水を混ぜる

ze·men·tie·ren [ツェメンティーレン] (zementierte; zementiert; [完了]h)
[他] 〖④と〗〔中庭・道など⁴を〕セメントで固める

zen·sie·ren [ツェンズィーレン] (zensierte; zensiert; [完了]h)
[他] ❶ 〖④と〗 (教師が)〔…⁴に〕**点をつける** ▷ Mein Aufsatz wurde mit „gut“ *zensiert.* 私の作文は「良」の点がつけられた
❷ 〖④と〗〔出版物・手紙など⁴を〕**検閲する** ▷ In diesem Land werden sämtliche Zeitungsmeldungen scharf *zensiert.* この国ではすべての新聞報道は厳しく検閲される

Zen·sur [ツェンズーア] [女] *die* ([単] 2 格 -; [複] -en)
❶ (学校での) **成績評価**, 評点 ▷ Er erhielt eine gute *Zensur* in Deutsch. 彼はドイツ語でよい点をもらった
❷ 〖[複] なし〗 (出版物・手紙などの) **検閲** ▷ Der Film hat die *Zensur* passiert. その映画は検閲をパスした

Zen·ti·me·ter [ツェンティ・メーター] [男] *der* / [中] *das* ([単] 2 格 -s; [複] -, 3 格 -[n])
《長さの単位》センチメートル ([記号] cm) ▷ Das Lineal ist 30 *Zentimeter* lang. その定規は長さが 30 センチだ

Zent·ner [ツェントナー] [男] *der* ([単] 2 格 -s; [複] -)
《重量の単位》ツェントナー (ドイツでは 50 kg, オーストリア・スイスでは 100 kg を意味する; [記号] Ztr.)

zent·ral [ツェントラール]
[形] ❶ (町などの) **中心部の**, 中央の ▷ Das Hotel liegt *zentral.* ホテルは中心部にある
❷ 中心的な ▷ ein *zentrales* Problem 中心的な問題
❸ 中央からの ▷ Die Anlage wird *zentral* gesteuert. その装置は中央から操作される

Zent·ra·le [ツェントラーレ] [女] *die* ([単] 2 格 -; [複] -n)
❶ (会社・銀行などの) 本社, 本部
❷ 電話交換室; インフォメーションセンター

Zent·ral·ein·heit [ツェントラール・アインハイト] [女] *die* ([単] 2 格 -; [複] -en) 《[コンピュータ]》 CPU (中央演算処理装置)

Zent·ral·hei·zung [ツェントラール・ハイツング] [女] *die* ([単] 2 格 -; [複] -en) セントラルヒーティング, 集中暖房

zent·ra·li·sie·ren [ツェントラリズィーレン] (zentralisierte; zentralisiert; [完了]h)
[他] 〖④と〗〔行政・運営など⁴を〕中央集権化する

Zent·ren [ツェントレン] Zentrum の [複数]

Zent·rum [ツェントルム] [中] *das* ([単] 2 格 -s; [複] Zentren)
❶ **中心**, 中央 ▷ das *Zentrum* eines Kreises 円の中心 / im *Zentrum* der Stadt wohnen 町の中心部に住んでいる / Er steht im *Zentrum* des öffentlichen Interesses. 彼は世間の注目の的になっている
❷ 中心地; (施設などの) センター ▷ Paris war ein kulturelles *Zentrum.* パリは文化の中心地だった

> ★ **zer..** [ツェア..] 〖非分離前つづり〗
> 《粉々の状態》 *zer*brechen 割る, *zer*reißen 引き裂く, *zer*schlagen 粉々にする

zer·brach [ツェアブラーハ] zerbrechen の [過去]

zer·bre·chen [ツェアブレッヒェン] [非分離] (du zerbrichst, er zerbricht; zerbrach; zerbrochen)
— [他] 〖[完了]h〗 〖④を〗〔…⁴を〕**割る**, 砕く ▷ Sie hat ihre Brille *zerbrochen.* 彼女はめがねを割ってしまった
— [自] 〖[完了]s〗 **割れる**, 砕ける ▷ Der Teller ist

zu Boden gefallen und *zerbrochen*. 皿が床に落ちて割れた
(イディオム) **sich³ den Kopf zerbrechen** 頭を悩ます
zer·brech·lich [ツェアブレッヒリヒ] 形 割れやすい ▷ Porzellan ist *zerbrechlich*. 磁器は割れやすい
zer·brichst [ツェアブリヒスト] zerbrechen の 現在
zer·bricht [ツェアブリヒト] zerbrechen の 現在
zer·bro·chen [ツェアブロッヘン] zerbrechen の 過分
Ze·re·mo·nie [ツェレモニー/..モーニエ] 女 *die* (⊕2格 -; ⊕ -n) 儀式, 式典, セレモニー
ze·re·mo·ni·ell [ツェレモニエル] 形 儀式の, 式典の
Ze·re·mo·ni·en [ツェレモニーエン/..モーニエン] Zeremonie の 複数
zer·fah·ren [ツェアファーレン] 形 (注意が)散漫な, ぼんやりした
Zer·fall [ツェアファル] 男 *der* (⊕2格 -[e]s; ⊕ なし) (建造物などの, 時間をかけた)崩壊; (国などの)滅亡
zer·fal·len [ツェアファレン] 非分離
(er zerfällt; zerfiel; zerfallen; 助 s)
自 (徐々に)崩れる; (国などが)崩壊する ▷ Die alte Mauer *zerfiel* zusehends. その古い壁は目に見えて崩れていった
zer·fällt [ツェアフェルト] zerfallen の 現在
zer·fiel [ツェアフィール] zerfallen の 過去
zer·flei·schen [ツェアフライシェン] 非分離
(zerfleischte; zerfleischt; 助 h)
他 (④と) (動物が)〔獲物などを⁴を〕ずたずたに引き裂く
zer·flie·ßen [ツェアフリーセン] 非分離
(zerfloss; zerflossen; 助 s)
自 (熱で)溶ける, 溶解する
zer·floss [ツェアフロス] zerfließen の 過去
zer·flos·sen [ツェアフロッセン] zerfließen の 過分
zer·gan·gen [ツェアガンゲン] zergehen の 過分
zer·ge·hen [ツェアゲーエン] 非分離
(zerging; zergangen; 助 s)
自 (氷・脂などが)溶ける
zer·ging [ツェアギング] zergehen の 過去
zer·knirscht [ツェアクニルシュト] 形 (罪などを)深く悔いている
zer·las·sen [ツェアラッセン] 非分離
(er zerlässt; zerließ; zerlassen; 助 h)
他 《料理》(④と)(バターなど⁴を)(温めて)溶かす
zer·lässt [ツェアレスト] zerlassen の 現在
zer·le·gen [ツェアレーゲン] 非分離
(zerlegte; zerlegt; 助 h)
他 ❶ (④と)〔機械など⁴を〕分解する, 解体する ▷ Er hat sein Motorrad *zerlegt*. 彼は自分のバイクを分解した
❷ (④と)〔焼いた肉など⁴を〕切って分ける
zer·le·sen [ツェアレーゼン] 形 (書籍などが)読まれて傷んだ, ぼろぼろの
zer·ließ [ツェアリース] zerlassen の 過去
zer·lumpt [ツェアルムプト] 形 (服が)ぼろぼろの; ぼろの服を着た
zer·mal·men [ツェアマルメン] 非分離
(zermalmte; zermalmt; 助 h)
他 (④と)〔落石などが〕(..⁴を)押しつぶす
zer·mür·bend [ツェアミュルベント] 形 心身ともに消耗させる ▷ Das lange Warten ist *zermürbend*. 長く待つのは心身ともに疲れる
zer·rann [ツェアラン] zerrinnen の 過去
Zerr·bild [ツェル·ビルト] 中 *das* (⊕2格 -[e]s; ⊕ -er) (現実の姿をおもしろおかしく)ゆがめてある描写, 戯画, 風刺画
zer·rei·ßen [ツェアライセン] 非分離
(zerriss; zerrissen)
—他 (助 h) (④と) (..⁴を)引き裂く, 引きちぎる ▷ ein Papier *zerreißen* 紙を引き裂く / (比ゆ) Er wurde von einem Tiger *zerrissen*. 彼はトラに食い殺されてしまった
—自 (助 s) (紙などが)やぶれる, 裂ける; (糸などが)切れる ▷ Dieser Stoff *zerreißt* leicht. この生地はやぶれやすい
zer·ren [ツェレン] (zerrte; gezerrt; 助 h)
—他 (④+ 方向と) (..⁴を…へ)引きずり込む; (..⁴を…から)引きずり出す ▷ Sie hat ihn aus dem Bett *gezerrt*. 彼女は彼をベッドから引きずり出した
—自 (an+③と) (..³をぐいぐい引く ▷ Der Hund *zerrte* an der Kette. 犬は鎖をぐいぐい引いた
zer·rin·nen [ツェアリンネン] 非分離
(zerrann; zerronnen; 助 s)
自 (雪などが徐々に)溶ける
zer·riss [ツェアリス] zerreißen の 過去
zer·ris·sen [ツェアリッセン] zerreißen の 過分
zer·ron·nen [ツェアロンネン] zerrinnen の 過分
Zer·rung [ツェルング] 女 *die* (⊕2格 -; ⊕ -en) 筋(腱)をちがえること; 靱帯損傷
zer·rüt·tet [ツェアリュッテット]
形 ❶ (結婚・家庭生活などが)破綻している
❷ (健康がひどく損なわれた; (精神的に)錯乱した
zer·schel·len [ツェアシェレン] 非分離
(zerschellte; zerschellt; 助 s)
自 粉々に砕ける ▷ Das Flugzeug ist am Boden *zerschellt*. 飛行機は地面にぶつかってこっぱみじんになった
zer·schla·gen [ツェアシュラーゲン] 非分離
(er zerschlägt; zerschlug; zerschlagen; 助 h)

zerschlägt

―他 【④と】〔…⁴を〕(打ったり落としたりして)**粉々にする** ▷ Er hat eine Vase *zerschlagen*. 彼は花びんを粉々に割った

―再 【sich⁴と】(計画などが)だめになる ▷ Meine Hoffnungen *zerschlugen* sich. 私の期待はついえた

zer·schlägt [ツェアシュレークト] zerschlagen の 現在

zer·schlug [ツェアシュルーク] zerschlagen の 過去

zer·schmet·tern [ツェアシュメッテルン] 非分離 (zerschmetterte; zerschmettert; 匠h)

他 【④と】〔落石・弾丸などが〕〔身体の一部⁴を〕打ち砕く

zer·set·zen [ツェアゼッツェン] 非分離 (zersetzte; zersetzt; 匠h)

―他 ❶ 【④と】〔…⁴を〕(化学的に)**分解する** ▷ Die Säure *zersetzt* das Metall. 酸は金属を腐食する

❷ 【④と】〔既存の秩序など⁴を〕くずす, 崩壊させる ▷ die Moral *zersetzen* 道徳を退廃させる / 〔現在分詞で〕*zersetzende* Strömungen (既存の社会秩序などを)崩壊させる流れ

―再 【sich⁴と】(化学的に)分解する ▷ Eine organische Verbindung *zersetzt* sich. 有機化合物は分解する

zer·sprang [ツェアシュプラング] zerspringen の 過去

zer·sprin·gen [ツェアシュプリンゲン] 非分離 (zersprang; zersprungen; 匠s)

自 (グラス・花瓶などが)粉々に砕ける

zer·sprun·gen [ツェアシュプルンゲン] zerspringen の 過分

zer·stäu·ben [ツェアシュトイベン] 非分離 (zerstäubte; zerstäubt; 匠h)

他 【④と】〔香水など⁴を〕噴霧する, スプレーする

zer·stö·ren [ツェアシュテーレン] 非分離 (zerstörte; zerstört; 匠h)

他 【④と】〔…⁴を〕**破壊する** ▷ Diese Brücke wurde durch Bomben im Krieg *zerstört*. この橋は戦争のとき爆弾で破壊された

zer·stört [ツェアシュテーアト] zerstören の 現在, 過分

zer·stör·te [ツェアシュテーアテ] zerstören の 過去

Zer·stö·rung [ツェアシュテールング] 女 die (単2格 -; 複 -en) 破壊

zer·streu·en [ツェアシュトロイエン] 非分離 (zerstreute; zerstreut; 匠h)

―他 ❶ 【④と】〔…⁴を〕(四方八方へ)**散らす** ▷ Der Wind *zerstreut* überallhin die Blätter. 風は木の葉を四方八方へ吹き散らす

❷ 【④と】 (ふつう警察が)〔…⁴を〕追い散らす ▷ Die Polizei *zerstreute* die Demonstranten. 警察はデモ隊を追い散らした

❸ 【④と】〔疑い・不信・不安など⁴を〕取り除く ▷ Ich konnte seine Zweifel *zerstreuen*. 私は彼の疑惑を取り除くことができた

―再 【sich⁴と】(人が)散って行く ▷ Die Zuschauer *zerstreuten* sich nach dem Ende der Vorstellung. 観客は上演後散って行った

zer·streut [ツェアシュトロイト]

形 ❶ 気の散った, ぼんやりした ▷ Er ist immer *zerstreut*. 彼はいつもぼんやりしている

❷ 散らばった, 散りじりの ▷ *zerstreut* liegende Häuser 散在している家々

Zer·streu·ung [ツェアシュトロイウング] 女 die (単2格 -; 複 -en) 気晴らし, 気分転換, 娯楽 ▷ *Zerstreuung* suchen 気晴らしを求める

zer·tei·len [ツェアタイレン] 非分離 (zerteilte; zerteilt; 匠h)

―他 【④と】〔…⁴を〕(部分に)**分ける** ▷ einen Braten *zerteilen* 焼肉を(切って)分ける

―再 【sich⁴と】(雲・霧などが)散る ▷ Die Wolken *zerteilten* sich. 雲が晴れた

zer·trüm·mern [ツェアトリュメルン] 非分離 (zertrümmerte; zertrümmert; 匠h)

他 【④と】〔家具・窓ガラスなど⁴を〕粉々に壊す

Zer·würf·nis [ツェアヴュルフニス] 中 das (単2格 ..nisses; 複 ..nisse) 反目, 不和

zer·zau·sen [ツェアツァオゼン] 非分離 (zerzauste; zerzaust; 匠h)

他 【④と】〔髪など⁴を〕くしゃくしゃにする

ze·tern [ツェーテルン] (zeterte; gezetert; 匠h)

自 わめき(どなり)ちらす; 大声で嘆く

Zet·tel [ツェッテル] 男 der (単2格 -s; 複 -) メモ用紙 ▷ einen *Zettel* an die Tür kleben メモをドアに貼りつける

Zeug [ツォイク] 中 das (単2格 -[e]s; 複 なし)

《口語》❶ (軽蔑的な意味合いで) 物, 代物など ▷ Weg mit dem *Zeug*! そんなものは捨ててしまえ / Wo hast du das *Zeug* her? そんなものをどこから手に入れたのだ

❷ くだらぬこと, たわごと (☆ ふつう形容詞を伴う) ▷ dummes *Zeug* reden ばかげたことを言う

イディオム *das Zeug zu* +③ …³の素質をもっている ▷ Er *hat das Zeug zu* einem guten Lehrer. 彼には良い教師になる素質がある

Zeu·ge [ツォイゲ] 男 der (単2·3·4格 -n; 複 -n)

❶ (事故などの場に)居合わせた人; 目撃者; 立会人 ▷ Er war *Zeuge* des Unfalls. 彼は事故の目撃者だった

❷ 《裁判》証人 ▷ als *Zeuge* vor Gericht aussagen 証人として法廷で証言する

zeu·gen [ツォイゲン] (zeugte; gezeugt; 匠h)

―他 (男性が女性との間に)〔子供⁴を〕つくる, もうける (☆ 女性の場合は ein Kind empfangen「子供を身ごもる」と言う) ▷ Er hat mit ihr

---

①, ②, ③, ④=1格, 2格, 3格, 4格の名詞

zwei Kinder *gezeugt*. 彼は彼女との間に二人の子供をつくった
— 自 【von+③と】〔..³を〕証明する ▷ Seine Arbeit *zeugt* von großem Können. 彼の仕事は大変な能力があることを示している

Zeu·gen·aus·sa·ge [ツォイゲン・アオス・ザーゲ] 女 *die* (単2格 -; 複 -n) 証人の供述

Zeu·gin [ツォイギン] 女 *die* (単2格 -; 複 ..gin-nen) Zeuge の女性形

Zeug·nis [ツォイクニス] 中 *das* (単2格 ..nisses; 複 ..nisse)
❶ (学校などの)成績〈能力〉証明書 ▷ Er hatte nur gute Noten im *Zeugnis*. 彼の通信簿はよい評点ばかりだった
❷ (物事を)証明するもの ▷ Die alten Tempel sind wichtige *Zeugnisse* der Vergangenheit. これらの古い寺院は当時を知る上で重要なものだ

Zick·zack [ツィック・ツァック] 男 *der* (単2格 -[e]s; 複 -e) ジグザグ ▷ im *Zickzack* fahren ジグザグに走る

Zie·ge [ツィーゲ] 女 *die* (単2格 -; 複 -n) 《動物》ヤギ

Zie·gel [ツィーゲル] 男 *der* (単2格 -s; 複 -)
❶ れんが ▷ *Ziegel* brennen れんがを焼く
❷ かわら(瓦) (=Dachziegel)

Zie·gen·bock [ツィーゲン・ボック] 男 *der* (単2格 -[e]s; 複 ..böcke) 雄ヤギ

zieh [ツィー] zeihen の 過去基本形

zie·hen ―――――

[tsíːən ツィーエン]

現在	
ich ziehe	wir ziehen
du ziehst	ihr zieht
er zieht	sie ziehen

過去	
ich **zog**	wir zogen
du zogst	ihr zogt
er zog	sie zogen

過去分詞	完了
gezogen	haben, sein

— 他 【完了h】 ❶ 【④と】〔..⁴を〕引く, 引っ張る
Ein Pferd *zieht* den Wagen. 馬が荷車を引く
【方向と】
das Boot aus dem Wasser *ziehen* ボートを水から引き上げる
die Gardinen vor das Fenster *ziehen* カーテンを窓に引く
die Aufmerksamkeit auf sich⁴ *ziehen* 《比ゆ》注意を自分の方に向けさせる
❷ 【④+an+③と】〔..³の..⁴を〕引っ張る ▷ Sie hat ihn an den Haaren *gezogen*. 彼女は彼の髪を引っ張った
❸ 【④と】〔..⁴を〕抜く, 取り出す ▷ das Messer *ziehen* ナイフを抜く / Der Arzt hat ihm einen Zahn *gezogen*. 医者は彼の歯を抜いた
❹ 【④と】〔..⁴を〕(作動させるために)引く ▷ die Notbremse *ziehen* 非常ブレーキを引く
❺ 【④と】〔線など⁴を〕引く; 〔ひも・弦など⁴を〕張る ▷ einen Kreis *ziehen* 円を描く
❻ 【④と】〔植物を〕栽培する
イディオム ④+*in Erwägung ziehen* ..⁴を考慮に入れる
④+*nach sich³ ziehen* (結果として)..⁴をもたらす ▷ Die Sache hat üble Folgen *nach sich gezogen*. その事は悪い結果をもたらした
einen Schluss aus+③ *ziehen* ..³からある結論を引き出す

— 自 ❶ 【完了h】〔an+③と〕〔..³を〕引く, 引っ張る ▷ Der Hund *zieht* an der Leine. 犬が綱を引っ張る
❷ 【完了s】【方向と】〔...に〕(グループで)移動する ▷ Demonstranten *ziehen* zum Rathaus. デモ隊が市役所の方に向かう / Die Zugvögel *ziehen* nach Süden. 渡り鳥が南に渡って行く
❸ 【完了s】【方向と】〔...に〕引っ越す ▷ Wir wollen aufs Land *ziehen*. 私たちはいなかに引っ越すつもりだ
イディオム *es zieht* すき間風が入る ▷ Tür zu, *es zieht*! ドアを閉めて すき間風が入るよ
Tee ziehen lassen お茶の味を出す

— 再 【完了h】〔**sich**⁴と〕(会議などが)長引く ▷ Die Rede *zieht sich* vielleicht! スピーチは実に長いじゃないか

Ziel [ツィール] 中 *das* (単2格 -[e]s; 複 -e)
❶ 目標, 目的 ▷ ein klares *Ziel* haben はっきりした目標をもっている / Mit zähem Fleiß erreichte er sein *Ziel*. 粘り強く頑張って彼は目的を達した / Er studiert mit dem *Ziel*, Lehrer zu werden. 彼は教師になることを目標に大学で勉学している

類語
Ziel 人が達成しようとして努力する目標
Zweck ある行為の目指す目的

❷ 目的地; (ゴール) ゴール ▷ das *Ziel* einer Reise 旅の目的地 / Er ist am *Ziel* angelangt. 彼は目的地〈ゴール〉に着いた
❸ (射撃などの)的, 標的 ▷ ein *Ziel* treffen 的に当たる

ziel·be·wusst (単 ..wußt) [ツィール・ベヴスト] 形 目的意識をもった ▷ *zielbewusst* handeln 目的意識をもって行動する

zie·len [ツィーレン] (zielte; gezielt; 完了h)
自 ❶ (銃などで)ねらいをつける ▷ Der Jäger *zielte* auf den Hirsch. 猟師はシカにねらいをつけた
❷ 〔auf+④と〕(発言などが)〔..⁴に〕向けられたものである ▷ Worauf *zielt* deine Frage? 君の

質問のねらいは何だ

Ziel·schei·be [ツィール·シャイベ] [女] *die* ([単] 2 格 –; [複] –n) 標的 ▷ zur *Zielscheibe* des Spottes 〈der Kritik〉 werden 嘲笑〈批判〉の対象になる

ziel·stre·big [ツィール·シュトレービヒ] [形] (目標に対して)ひたむきの; 〘副詞的に〙ひたすら

zie·men [ツィーメン] (ziemte; geziemt; [完了]h) [再] 《文語》〘[sich]⁴と〙(態度などが礼儀として)ふさわしい (☆ ふつう否定形で)

ziem·lich [ツィームリヒ]

— [副] ❶ かなり, 相当に ▷ *ziemlich* kalt かなり寒い / Es ist *ziemlich* spät geworden. かなり遅くなった

❷ 《口語》ほとんど, ほぼ (＝fast)

— [形] 《口語》かなりの, 相当の (☆ 名詞につけて) ▷ Er hat ein *ziemliches* Vermögen. 彼は相当の財産をもっている

Zier·de [ツィーアデ] [女] *die* ([単] 2 格 –; まれに [複] –n) 飾り, 装飾

zie·ren [ツィーレン] (zierte; geziert; [完了]h)

— [他] 〘[4]と〙(ある物が)〔…⁴を〕飾る, 〔…⁴の〕飾りになる ▷ Ein kostbarer Ring *zierte* ihre Hand. 高価な指輪が彼女の手を飾っていた

— [再] 〘[sich]⁴と〙(不安·プライドなどから)辞退〈遠慮〉する ▷ Du brauchst dich nicht zu *zieren*, es ist noch genug Kuchen da. 君は遠慮する必要はない ケーキはまだ十分にある

zier·lich [ツィーアリヒ]

[形] ❶ (作りが)小さくてかわいい, かれんな, ほっそりとした ▷ ein *zierliches* Mädchen かれんな少女 / *zierliche* Hände ほっそりした手

❷ (振舞いなどが)優雅な, 品のいい

Zif·fer [ツィッファー] [女] *die* ([単] 2 格 –; [複] –n)

❶ 数字 ▷ arabische 〈römische〉 *Ziffern* アラビア〈ローマ〉数字 / eine Zahl in *Ziffern* schreiben 数を数字で書く

❷ (法律の条項などを示す)数字 ▷ Paragraf 39, *Ziffer* 4 第 39 条 第 4 項

Zif·fer·blatt [ツィッファー·ブラット] [中] *das* ([単] 2 格 –[e]s; [複] ..blätter) (時計の)文字盤

Zi·ga·ret·te [ツィガレッテ] [女] *die* ([単] 2 格 –; [複] –n)

紙巻タバコ, シガレット ▷ *Zigaretten* mit Filter フィルターつきのタバコ / eine *Zigarette* rauchen タバコを吸う / sich³ eine *Zigarette* anzünden タバコに火をつける / Er bietet ihr eine *Zigarette* an. 彼は彼女にタバコを勧める

Zi·ga·ril·lo [ツィガリロ] [男] *der* / [中] *das* ([単] 2 格 –s; [複] –s) シガリロ (細巻きの小さな葉巻)

Zi·gar·re [ツィガレ] [女] *die* ([単] 2 格 –; [複] –n) 葉巻, シガー ▷ eine Kiste *Zigarren* 1 箱の葉巻

Zi·geu·ner [ツィゴイナー] [男] *der* ([単] 2 格 –s; [複] –) ジプシー

Zi·geu·ne·rin [ツィゴイネリン] [女] *die* ([単] 2 格 –; [複] ..rinnen) Zigeuner の女性形

Zim·mer

[tsɪ́mɐ ツィムマー]

[中] *das* ([単] 2 格 –s; [複] –)

格	単 数	複 数
[1]	das Zimmer	die Zimmer
[2]	des Zimmers	der Zimmer
[3]	dem Zimmer	den Zimmern
[4]	das Zimmer	die Zimmer

部屋

ein sonniges *Zimmer*
日当たりのよい部屋
ein möbliertes *Zimmer* mieten
家具つきの部屋を借りる
Zimmer frei!
空き室あり

Zim·mer·leu·te [ツィムマー·ロイテ] Zimmermann の [複数]

Zim·mer·mäd·chen [ツィムマー·メートヒェン] [中] *das* ([単] 2 格 –s; [複] –) (ホテルなどの)客室係のメード

Zim·mer·mann [ツィムマー·マン] [男] *der* ([単] 2 格 –[e]s; [複] ..leute) 大工

zim·mern [ツィムメルン]
(zimmerte; gezimmert; [完了]h)
[他] 〘[4]と〙〔木工品⁴を〕作る

Zim·mer·tem·pe·ra·tur [ツィムマー·テムペラトゥーア] [女] *die* ([単] 2 格 –; [複] –en) 室温

zim·per·lich [ツィムパーリヒ] [形] 神経過敏な, 極度に神経質な ▷ Sei nicht so *zimperlich*, es tut ja gar nicht weh! そんなにびくびくするなちっとも痛くないよ

Zimt [ツィムト] [男] *der* ([単] 2 格 –es 〈まれに –s〉; [複] –e) 《料理》シナモン, 肉桂

Zink [ツィンク] [中] *das* ([単] 2 格 –[e]s; [複] なし) 亜鉛

Zinn [ツィン] [中] *das* ([単] 2 格 –[e]s; [複] なし) 錫; 《集合的に》錫製の食器

Zins [ツィンス] [男] *der* ([単] 2 格 –es; [複] –en) 〘ふつう [複] で〙利子, 利息 ▷ 3 Prozent *Zinsen* 3%の利子

Zin·sen [ツィンゼン] [複名] 利子, 利息, 金利 ▷ Er kann von seinen *Zinsen* leben. 彼は利息で暮らしていける

Zip·fel [ツィプフェル] [男] *der* ([単] 2 格 –s; [複] –) (特に生地などの, とがった)端 ▷ die *Zipfel* eines Handtuches ハンカチの(四方の)端

zir·ka [ツィルカ] [副] 〘[数量]と〙約, およそ ([略] ca.)

Zir·kel [ツィルケル] [男] *der* ([単] 2 格 –s; [複] –)

❶ (製図用の)コンパス ▷ mit dem *Zirkel* einen Kreis zeichnen コンパスで円を描く

❷ サークル, 同好会 ▷ Die Studenten bilde-

Z

ten einen *Zirkel.* 学生たちはサークルをつくった

zir·ku·lie·ren [ツィルクリーレン]
(zirkulierte; zirkuliert; 匠h,s)
自 (空気・血液などが)循環する; (偽札などが)出回る; (うわさなどが)広まる

Zir·kus [ツィルクス] 男 *der* (⊕ 2格 -; ⊕ ..kusse)
サーカス, 曲芸団 ▷ *Er geht in den Zirkus.* 彼はサーカスを見に行く

zir·pen [ツィルペン] (zirpte; gezirpt; 匠h)
自 (コオロギなどが)リンリン鳴く

zi·schen [ツィッシェン]
(zischte; gezischt; 匠h)
自 シューッ〈ジューッ〉と音をたてる ▷ *Das Bügeleisen zischte auf dem feuchten Tuch.* アイロンが湿った布の上でシューッと音をたてた / *Die Schlange zischt.* 蛇がシューッと音をたてる

Zi·tat [ツィタート] 中 *das* (⊕ 2格 -[e]s; ⊕ -e) 引用文, 引用句

Zi·ther [ツィター] 女 *die* (⊕ 2格 -; ⊕ -n) (楽器)ツィター ▷ *Zither spielen* ツィターを弾く

zi·tie·ren [ツィティーレン]
(zitierte; zitiert; 匠h)
他 ❶《④と》[..4を]引用する ▷ *einen Ausspruch von Goethe zitieren* ゲーテのことばを引用する
❷《口語》《④+⑤⑤と》[..4を役所・法廷などに]呼び出す ▷ *Er wurde vor Gericht zitiert.* 彼は法廷に召喚された

Zit·ro·ne [ツィトローネ] 女 *die* (⊕ 2格 -; ⊕ -n)
《果物》レモン ▷ *Tee mit Zitrone* レモンティー / *eine Zitrone auspressen* レモンをしぼる

zit·te·rig [ツィッテリヒ] =zittrig

zit·tern [ツィッテルン] (zitterte; gezittert; 匠h)
自 震える, 小刻みに揺れる, 震動する ▷ *Seine Hand zitterte, als er schoss.* 彼は鉄砲を撃ったとき手が震えた / *vor Furcht* 〈*Kälte*〉 *zittern* 恐怖〈寒さ〉で震える

zit·ter·te [ツィッテルテ] zittern の 國去

zitt·rig [ツィットリヒ] 形 (手・声などが)震えている ▷ *Sie antwortete mit zittriger Stimme.* 彼女は震える声で答えた

Zi·vi [ツィヴィ] 男 *der* (⊕ 2格 -; ⊕ -s) 《口語》兵役代替任務をしている若者 (☆「兵役代替任務」は Zivildienst)

zi·vil [ツィヴィール] 形 市民の, 民間の ▷ *Er ist im zivilen Leben Bauingenieur.* 彼は市民生活では(除隊すれば)建築技師だ

Zi·vil [ツィヴィール] 中 *das* (⊕ 2格 -s; ⊕ なし) 平服, 私服 ▷ *Zivil tragen* 平服を着ている / *in Zivil* 私服で

Zi·vil·dienst [ツィヴィール・ディーンスト] 男 *der* (⊕ 2格 -[e]s; ⊕ なし) 兵役代替任務

Zi·vi·li·sa·ti·on [ツィヴィリザツィオーン] 女 *die* (⊕ 2格 -; ⊕ -en) 文明

zi·vi·li·sie·ren [ツィヴィリズィーレン]
(zivilisierte; zivilisiert; 匠h)
他《④と》[未開部族など4を]文明化する

zi·vi·li·siert [ツィヴィリズィーアト]
形 ❶《口語》(態度などが)洗練された
❷ (国などが)文明化された

Zi·vi·list [ツィヴィリスト] 男 *der* (⊕ 2・3・4格 -en; ⊕ -en) (軍人に対する)民間人

zog [ツォーク] ziehen の 國去

zö·ge [ツェーゲ] ziehen の 接Ⅱ

zö·gern [ツェーゲルン]
(zögerte; gezögert; 匠h)
自 ためらう, ちゅうちょする ▷ *Sie hat lange mit ihrer Zusage gezögert.* 彼女は長いこと承諾をためらった / *ohne zu zögern* ためらうことなく

Zoll [ツォル] 男 *der* (⊕ 2格 -[e]s; ⊕ Zölle)
❶ 関税 ▷ *Zoll bezahlen* 関税を払う / *Auf dieser Ware liegt kein Zoll.* この品物には関税がかかっていない
❷《⊕ なし》税関 ▷ *den Zoll passieren* 税関を通過する

Zoll·amt [ツォル・アムト] 中 *das* (⊕ 2格 -[e]s; ⊕ ..ämter) 税関

Zoll·be·am·te [ツォル・ベアムテ] 男 *der* (形容詞変化 ☞ Alte 表Ⅰ) 税関職員

Zoll·be·hör·de [ツォル・ベヘーアデ] 女 *die* (⊕ 2格 -; ⊕ -n) 税関

Zöl·le [ツェレ] Zoll の 複数

Zoll·kon·trol·le [ツォル・コントロレ] 女 *die* (⊕ 2格 -; ⊕ -n) 税関検査

Zöll·ner [ツェルナー] 男 *der* (⊕ 2格 -s; ⊕ -)《口語》税関職員

Zoll·ta·rif [ツォル・タリーフ] 男 *der* (⊕ 2格 -s; ⊕ -e) 関税税率表

Zo·ne [ツォーネ] 女 *die* (⊕ 2格 -; ⊕ -n)
❶ (ある特徴で区切られる)地域, 区域 ▷ *eine entmilitarisierte Zone* 非武装地帯 / *in der blauen Zone parken* 青区域(一定の時間のみ駐車できる区域)で駐車する
❷ (地理)(気候などで区分された)地帯, 帯 ▷ *die heiße* 〈*kalte*〉 *Zone* 熱〈寒〉帯
❸ (交通機関・電話などの)料金区間 ▷ *ein nach Zonen abgestufter Tarif* 料金区間で段階づけられた料金表

Zoo [ツォー] 男 *der* (⊕ 2格 -s; ⊕ -s)
動物園 (☆ Zoologischer Garten の省略形) ▷ *in den Zoo gehen* 動物園に行く / *Sie besuchen oft den Zoo.* 彼らはしばしば動物園を訪れる

Zo·o·lo·gie [ツォオロギー] 女 *die* (⊕ 2格 -; ⊕ なし) 動物学

zo·o·lo·gisch [ツォオローギシュ] 形 動物学[上]の

Zopf [ツォプフ] 男 *der* (⊕ 2格 -[e]s; ⊕ Zöpfe) (ふつう三つ編みの)おさげ[髪]

Zöpfe

Zöp·fe [ツェプフェ] Zopf の 複数
Zorn [ツォルン] 男 der (単 2格 -[e]s; 複 なし) 怒り ▷ Sie gerät leicht in Zorn. 彼女はすぐに腹を立てる
zor·nig [ツォルニヒ] 形 怒った, 腹を立てた ▷ Er ist zornig geworden. 彼は怒った
Zo·te [ツォーテ] 女 die (単 2格 -; 複 -n) わいせつな冗談

zu
[tsu: ツー]

—— 前 《3 支配》
☆ 定冠詞との融合形: zum, zur
☆ 代名詞との結合形: dazu, wozu

❶ 《方向》 …の方へ, …のところへ
zum Bahnhof gehen
駅へ行く
zum Ufer schwimmen
岸に向かって泳いで行く
Er kommt heute zu mir.
彼はきょう私のところに来る
Er ist zum Arzt gegangen.
彼は医者に行った
zu einem Fest gehen
お祭り〈お祝いの催し〉へ行く
Er geht noch zur Schule.
彼はまだ学校に通っている
von Ast zu Ast 枝から枝へ
Von Jahr zu Jahr wurde es besser.
年々よくなった

★ 地名の場合には nach を, 海・湖などの水辺の場合には an を用いる ▷ Er fährt nach Bonn. 彼はボンへ行く / Wir gehen an den See. 私たちは湖に行く

❷ 《対象》 …に対して ▷ die Liebe der Mutter zum Kind 子供に対する母親の愛 / Er ist sehr nett zu mir. 彼は私に非常に親切だ
❸ 《目的》 …のために ▷ ein Platz zum Spiel 遊び場 / zur Erholung 休養のために / Sie gehen zum Baden. 彼らは泳ぎに行く / Ich sage dir das zu deiner Beruhigung. 私は君を安心させるために君にそのことを言う
❹ 《時点》 …の時に ▷ zum Wochenende 週末に / zum zweiten Mai 5月2日に / Zu Weihnachten hatten wir Schnee. クリスマスに雪が降った / zu jeder Zeit いつでも / zu jener Zeit 当時 / zur rechten Zeit ちょうどよい時に
❺ 《時間的移行》 …にわたって〈かけて〉 ▷ Es geschah in der Nacht vom 6. (sechsten) zum 7. (siebten) Mai. それは5月の6日から7日にかけて起きた
❻ 《結果》 …に ▷ Das Wasser ist zu Eis geworden. 水は氷になった / Er ist zum Vorsitzenden gewählt worden. 彼は議長に選ばれた
❼ 《付加》 …に（添えて） ▷ Wein zum Essen trinken 食事にワインを飲む / Sie nimmt keinen Zucker zum Kaffee. 彼女はコーヒーに砂糖を入れない
❽ 《数量, 価額と》 …で, …の ▷ zwei Kilo Äpfel zu drei Euro kaufen 3ユーロで2キロのリンゴを買う / Ich brauche zwei Briefmarken zu einundfünfzig Cent. 私は51セントの切手を2枚必要で
❾ 《場所》 …の所で ▷ zu Hause sein 家にいる / der Dom zu Köln ケルンの大聖堂
❿ 《数量と》 …で; …ずつ ▷ Wir saßen zu dritt auf dem Sofa. 私たちは3人でソファーに座っていた / zu viert 4人で〈ずつ〉
⓫ 《比例》 …対… ▷ Die Mannschaft hat drei zu zwei gewonnen. そのチームは3対2で勝った
⓬ 《手段》 …で ▷ zu Fuß 歩いて, 徒歩で / zu Pferd 馬に乗って
⓭ 《判断》 …のことに ▷ Zu meiner Überraschung kam er schließlich doch noch. 私が驚いたことには彼は最後にはなんとかやって来た

イディオム **bis zu**+③ …³までに ▷ bis zur Haltestelle 停留所まで / Diese Arbeit muss bis zum ersten März fertig sein. この仕事は3月1日までに仕上がっていなければならない / Bis zu zehn Studenten können wir Stipendien gewähren. 10名の学生まで私たちは奨学金を与えることができる
zu+③ **hinaus** …³のところから ▷ zur Tür hinaus ins Freie gehen ドアから屋外へ出ていく

—— 副 ❶ あまりにも
Er arbeitet zu viel.
彼は働きすぎる
Die Bluse ist zu teuer.
このブラウスは高すぎる
Dazu ist er noch zu klein.
それには彼はまだ小さすぎる
〔als dass, um ... zu と〕
Er ist zu jung, um das zu verstehen.
彼は若すぎてそれが理解できない
Er ist noch zu klein, als dass er das verstünde. 彼はまだ小さすぎてそれが理解できない
❷ 《方向と》 〔…の〕方へ, 〔…に〕向かって ▷ nach Norden zu 北の方へ / auf uns zu 私たちの方に向かって
❸ 《続行などを要求する命令文で》 Immer zu! さあどんどんやれ

★ **zu viel** 多すぎる
zu viel Arbeit 多すぎる仕事
zu viel Zucker in den Tee tun

①, ②, ③, ④＝1格, 2格, 3格, 4格の名詞

紅茶に砂糖を入れすぎる
Ich habe *zu viel* Fleisch gegessen.
私は肉を食べすぎた
Es waren *zu viele* Leute auf der Party.
パーティーは人が多すぎた
(☆ 文頭の es は穴埋め)
〖名詞的に〗
Er weiß *zu viel*.
彼はあまりに多くを知りすぎている
Du hast schon *zu viel* gesagt.
君はもう十分言いすぎているよ

☆ *zu wenig* 少なすぎる
Er hat noch *zu wenig* Erfahrung.
彼はまだ経験が少なすぎる
Wir haben *zu wenig* Leute für dieses Projekt. 私たちがこのプロジェクトを遂行するには人が少なすぎる
〖名詞的に〗
Sie isst *zu wenig*.
彼女は食べるのが少なすぎる
Davon weiß er *zu wenig*.
そのことについて彼は知らなさすぎる

— 形《口語》閉じている，閉まっている (⇔ auf)
▷ Das Fenster ist *zu*. 窓は閉まっている / Tür *zu*! ドアを閉めろ

— 副 (☞ 付録「IV 文法キーポイント」)
〖zu 不定詞を作って〗
Es ist schwer, ihn *zu* verstehen.
彼を理解するのは難しい
Er verspricht mir, ein Buch *zu* schicken..
彼は私に本を送ると約束する
Sie bittet ihn [darum], bald wieder *zu* kommen. 彼女は彼にすぐにまた来てくれと頼む
〖名詞を修飾して；内容を規定する〗
Ich habe keine Lust *zu* arbeiten.
私は仕事をする気がない
Er hat den Auftrag, uns am Bahnhof ab*zu*holen. 彼は私たちを駅に出迎えるように指図を受けている
〖目的語関係にある名詞を規定して〗
Hier bekommt man alles *zu* kaufen.
ここではなんでも買える
Haben Sie etwas *zu* verzollen?
《税関で》課税品を何かお持ちですか
Zimmer *zu* vermieten《揭示で》貸間あり
〖形容詞を修飾して〗
Er ist bereit, ihr *zu* helfen.
彼は彼女を助ける心積もりでいる
〖特定の動詞と〗
Er scheint glücklich *zu* sein.
彼は幸せそうだ

Er braucht nicht *zu* kommen.
彼は来る必要がない
〖um と〗
Er kam, um sich *zu* vergewissern.
彼は確かめるために来た
〖[an]statt と〗
Er schaute nur zu, anstatt ihr *zu* helfen. 彼は彼女を助けることもせずにただ見ているだけだった
〖ohne と〗
Er ging durch den Regen, ohne einen Mantel *zu* tragen. 彼はコートも着ずに雨の中を歩いて行った
《断わり書きとして》
Um die Wahrheit *zu* sagen, ich schätze ihn nicht hoch. 本当のことを言うと私は彼を高く評価していない

★ *zu* 不定詞句+*sein* …されうる，…されねばならない
Das Buch *ist* leicht *zu* lesen.
この本は簡単に読める
Diese Frage *ist* schwer *zu* beantworten.
この質問は答えるのが難しい
Die Arbeitskleidung *ist* mit*zu*bringen.
作業着は持参しなければならない

★ *zu*+現在分詞《未来受動分詞を作って》…されうる，…されるべき
ein nicht *zu* vergessendes Erlebnis
忘れえない体験
die *zu* lösenden Probleme
解決されるべき問題

★ *zu* 不定詞句+*haben* …する〈しうる，したい，すべき〉ものがある，…すべき任務《義務》がある
Sie *haben* nichts *zu* essen.
彼らは食べるものが何もない
Er *hat* heute viel *zu* tun.
彼はきょうすべきことがたくさんある
Ich *habe* noch eine Stunde *zu* arbeiten.
私はもう1時間働かなければならない

★ zu.. [ツー..]《分離前つづり》
a)《…方に》*zu*beißen かみつく，*zu*greifen つかむ
b)《向かって》*zu*gehen 向かって行く，*zu*laufen 向かって走る
c)《閉じた状態》*zu*binden 結んで閉じる，*zu*drehen 回してしめる; *zu*bleiben 閉じたままになっている

Zu·be·hör [ツー・ベヘーア] 中 *das* (⑯ 2格 -[e]s; ⑯ なし)《集合的に》(機械などの) 付属品, アクセサリー; (建物などの) 付属設備

zu|bei·ßen [ツー・バイセン] 分離

⸻
匧h, 匧s=完了の助動詞 haben, sein

(biss zu; zugebissen); 匜h)
自 (犬などが)かみつく

zu|be|rei|ten [ツー・ベライテン] 分離
(bereitete zu; zubereitet; 匜h)
他 《④と》〔食事⁴の〕用意をする;〔…⁴を〕料理〈調理〉する ▷ das Frühstück zubereiten 朝食の用意をする

Zu·be·rei·tung [ツー・ベライトゥング] 囡 die (២ 2格 -; ២ なし) (食事の)用意, 料理, 調理; (薬の)調合

zu|bil·li·gen [ツー・ビリゲン] 分離
(billigte zu; zugebilligt; 匜h)
他 《③+④と》〔…³に権利・利益など⁴を〕認める

zu|bin·den [ツー・ビンデン] 分離
(band zu; zugebunden; 匜h)
他 《④と》〔…⁴を〕(ひもなどで)結んで閉じる〈しめる〉 ▷ Er bindet einen Sack zu. 彼は袋の口をしばる

zu|blei·ben [ツー・ブライベン] 分離
(blieb zu; zugeblieben; 匜s)
自 《口語》(ドアなどが)閉じたままになっている

zu|brin·gen [ツー・ブリンゲン] 分離
(brachte zu; zugebracht; 匜h)
他 《④+場所と》〔…⁴を…で〕(やむを得ず)過ごす ▷ Er musste eine Nacht im Freien zubringen. 彼は一晩野宿をしなければならなかった

Zuc·chi·ni [ツキーニ] Zucchino の 複数
Zuc·chi·no [ツキーノ] 男 der (២ 2格 -s; Zucchini) 《ふつう で》《植物》ズッキーニ(キュウリに似た野菜)

Zucht [ツフト] 囡 die (២ 2格 -; ២ なし) (動物の)飼育; (魚などの)養殖; (植物の)栽培; (細菌の)培養

züch·ten [ツュヒテン]
(züchtete; gezüchtet; 匜h)
他 《④と》〔…⁴を〕(品種改良の目的で)飼育〈養殖〉する, 栽培する, 〔細菌⁴を〕培養する ▷ Hier werden besonders Pferde gezüchtet. ここでは特に馬の飼育が行われている

Züch·ter [ツュヒター] 男 der (២ 2格 -s; ២ -) 飼育家, 養殖者; 栽培家

Zucht·haus [ツフト・ハオス] 中 das (២ 2格 -es; ២ ..häuser) (旧刑法時代の)重懲役刑務所

züch·ti·gen [ツュヒティゲン]
(züchtigte; gezüchtigt; 匜h)
他 《文語》《④と》〔…⁴を〕(むちでたたくなどして)折檻をする, 〔…⁴に〕体罰を加える

Zucht·per·le [ツフト・ペルレ] 囡 die (២ 2格 -; ២ -n) 養殖真珠

zu·cken [ツュケン] (zuckte; gezuckt; 匜h)
自 びくっ〈びくびく〉と動く ▷ Der Patient zuckte beim Einstechen der Nadel. 患者は針を刺したときびくっと動いた
イディオム *mit den Achseln* 〈*Schultern*〉 *zucken* 肩をすくめる (☆「分からない, どうでもよい」などのしぐさ)

zü·cken [ツュッケン] (zückte; gezückt; 匜h)
他 《④と》〔刀など⁴を〕さっと抜く

Zu·cker [ツッカー] 男 der (២ 2格 -s; ២ -)
❶ 砂糖 ▷ weißer Zucker 白砂糖 / ein Löffel Zucker スプーン 1 杯の砂糖 / ein Stück Zucker 角砂糖 1 個 / Sie trinkt den Kaffee mit ⟨ohne⟩ Zucker. 彼女は砂糖を入れて〈入れずに〉コーヒーを飲む / Nehmen Sie Zucker zum Tee? 紅茶にお砂糖を入れますか
❷ (២ なし) 《口語》糖尿病 ▷ Er hat Zucker. 彼は糖尿病だ

Zu·cker·do·se [ツッカー・ドーゼ] 囡 die (២ 2格 -; ២ -n) (円筒形の)砂糖入れ

Zu·cker·krank·heit [ツッカー・クランクハイト] 囡 die (២ 2格 なし) 糖尿病

zu·ckern [ツッケルン]
(zuckerte; gezuckert; 匜h)
他 《④と》〔…⁴を〕砂糖で甘くする ▷ den Kaffee zuckern コーヒーに砂糖を入れて甘くする

zu|de·cken [ツー・デッケン] 分離
(deckte zu; zugedeckt; 匜h)
他 ❶ 《④と》〔…⁴を〕(物をかぶせて)覆う ▷ Er deckte den Kranken mit einer Decke zu. 彼は病人に毛布をかけてやった
❷ 《④と》〔…⁴に〕ふたをする ▷ den Topf zudecken 鍋にふたをする

zu·dem [ツ・デーム] 副 《文語》その上, さらに (= außerdem)

zu|dre·hen [ツー・ドレーエン] 分離
(drehte zu; zugedreht; 匜h)
—他 《④と》〔栓など⁴を〕回してしめる (២ aufdrehen) ▷ den Wasserhahn zudrehen 水道の栓を回してしめる / die Heizung zudrehen 暖房をひねって止める
イディオム *⟨③⟩+das Gesicht ⟨den Rücken⟩ zudrehen* …³に顔〈背中〉を向ける
—再 《sich⁴+③と》〔…³の方を〕振り向く ▷ Er drehte sich ihr zu. 彼は彼女の方を振り向いた

zu·dring·lich [ツー・ドリングリヒ] 形 押しの強い, 押しつけがましい, ずうずうしい

zu|drü·cken [ツー・ドリュッケン] 分離
(drückte zu; zugedrückt; 匜h)
—他 《④と》〔ドアなど⁴を〕押して閉める
—自 (握手のときに)強く握りしめる

zu·ei·nan·der [ツ・アイナンダー] 副 《前置詞 zu と einander「互い」の結合形》Sie passen gut zueinander. 彼らは似合いだ (☆ zu+③ passen …³に合う)

zu|er·ken·nen [ツー・エアケネン] 分離
(erkannte zu; zuerkannt; 匜h)
他 《③+④と》〔…³に…⁴を〕(審査などして)与えることを認める ▷ Man hat ihm den ersten Preis

zuerkannt. 彼は1等賞を授与されることになった

zu·erst [ツ・エ[ー]アスト]
副 ❶ **一番先に；最初に**，まず（反 zuletzt）▷ Er kam immer *zuerst*. 彼はいつも一番先に来た / Was wollen wir *zuerst* machen? 私たちは最初に何をしようか / Daran muss man sich *zuerst* gewöhnen. そのことにまず慣れねばならない

❷ **初めて** ▷ Sie haben sich *zuerst* in Köln gesehen. 彼らはケルンで初めて会った

❸ **はじめは，最初は** ▷ *Zuerst* bemerkte er noch gar nichts. はじめは彼はまだまったく何も気づいていなかった

Zu·fall [ツー・ファル] 男 der (複2格 -[e]s; ..fälle)
偶然 ▷ Es war ein *Zufall*, dass ... .というのは偶然だった / Durch *Zufall* erfuhr ich von seinem Tod. 偶然に私は彼の死を知った

Zu·fäl·le [ツー・フェレ] Zufall の 複数

zu|fal·len [ツー・ファレン] 分離
(es fällt zu; fiel zu; zugefallen; 完h s)
自 ❶（ドア・ふたなどが）ひとりでに閉まる ▷ Die Tür ist *zugefallen*. ドアがひとりでに閉まった
❷【③と】〔苦労〈予期〉せず.^³の〕ものになる；（遺産などが）[.^³に]転がり込む
❸【③と】（仕事・責任などが）[.^³に]課せられる

zu·fäl·lig [ツー・フェリヒ]
— 形 **偶然の** ▷ ein *zufälliges* Zusammentreffen 偶然の出会い / Sie traf ihn *zufällig* in der Stadt. 彼女は彼に偶然町で出会った
— 副 《口語》【ていねいなたずね方の疑問文で】もしや，ひょっとしたら ▷ Hast du *zufällig* einen Kugelschreiber bei dir? もしかしてボールペンを持ってない

Zu·flucht [ツー・フルフト] 女 die (複2格 -; 複なし) 避難場所，逃げ場 ▷ Während des Krieges fand er in der Schweiz *Zuflucht*. 戦争中彼はスイスに避難場所を見いだした
(イディオム) *Zuflucht zu*+③ *nehmen* ..³に救いを求める〈逃避する〉 ▷ Er nahm *Zuflucht* zum Alkohol. 彼は酒に救いを求めた

zu·fol·ge [ツ・フォルゲ] 前【③支配；後置】…に基づいて；…によれば ▷ seinem Wunsch *zufolge* 彼の願いに応じて

zu·frie·den [ツ・フリーデン] (比較級 -er, 最上級 -st)
形 ❶ 〖mit+③と〗[.^³に]**満足している** ▷ Er ist mit dem neuen Wagen *zufrieden*. 彼は新しい車に満足している / Ist sie mit ihrem neuen Kollegen *zufrieden*? 彼女は新しい同僚に満足しているか / Bist du jetzt *zufrieden*? これでいいか（すべては君の望みどおりになったかい） / Er ist nie *zufrieden*. 彼は決して満足することがない

❷ 満ち足りた ▷ ein *zufriedenes* Gesicht machen 満足そうな顔をする
(イディオム) ❹+*zufrieden lassen*《口語》..⁴をそっとしておく，煩わすない
④+*zufrieden stellen* ..⁴を満足させる
zufrieden stellend 満足のいく ▷ Das Ergebnis war *zufrieden stellend*. 結果は満足のいくものだった

*sich*⁴ *mit*+③ *zufrieden geben* ..³に満足する ▷ *Mit* diesem kleinen Verdienst wollte er sich nicht *zufrieden geben*. このような少ない収入では彼は満足しようとしなかった

zu·frie·den|ge·ben [ツフリーデン・ゲーベン] 分離
(er gibt zufrieden; gab zufrieden; zufriedengegeben; 完h) 再 (旧⇒新) **zufrieden geben**（分けて書く）

zu·frie·den|las·sen [ツフリーデン・ラッセン] 分離
(er lässt zufrieden; ließ zufrieden; zufriedengelassen; 完h) 他 (旧⇒新) **zufrieden lassen**（分けて書く）☞ zufrieden

zu·frie·den|stel·len [ツフリーデン・シュテレン] 分離
(stellte zufrieden; zufriedengestellt; 完h) 他 (旧⇒新) **zufrieden stellen**（分けて書く）☞ zufrieden

zu|fü·gen [ツー・フューゲン] 分離
(fügte zu; zugefügt; 完h)
他【③+④と】[.^³に]苦痛・損害など⁴を**与える**，加える ▷ Er hat ihr einen schweren Verlust *zugefügt*. 彼は彼女に甚大な損失を与えた

Zu·fuhr [ツー・フーア] 女 die (複2格 -; 複なし)
（燃料などの）供給，補給；寄付

zu|füh·ren [ツー・フューレン] 分離
(führte zu; zugeführt; 完h)
— 他 ❶【③+④と】[.^³に]燃料など⁴を**入れる，送る，流す**；〔慈善事業など³に収益など⁴を〕回す
❷【④と】（客など⁴を）（会社などに）紹介する
— 自〖auf+④と〗（道などが）[..⁴の方に]通じている

Zug

[tsu:k ツーク]
男 der (複2格 -es〈まれに -s〉; 複 Züge)

格	単 数	複 数
①	der Zug	die Züge
②	des Zug**es**	der Züge
③	dem Zug	den Züg**en**
④	den Zug	die Züge

❶ **列車**
Der *Zug* fährt um 8 Uhr ab. その列車は8時に発車する
Er steigt in den letzten *Zug* nach Nagano ein. 彼は長野行きの最終列車に乗り込む

❷ **行列，隊列** ▷ ein langer *Zug* von

Flüchtlingen 難民の長い列
❸ 〖[複] なし〗(鳥の)渡り; 雲の流れ
❹ (飲み物を)飲み込むこと; (空気などを)吸い込むこと ▷ Er leerte das Glas in einem *Zug.* 彼はグラスを一気に飲みほした / einen *Zug* aus der Zigarette tun タバコを一服する
❺ 顔立ち; 顔つき ▷ Sie hatte scharfe *Züge.* 彼女は彫りの深い顔立ちをしていた
❻ (性格上の) 特徴 ▷ Dieses Stadtviertel trägt noch dörfliche *Züge.* この市街区はまだ村の特徴を残している
❼ 〖[複] なし〗 すき間風; (ストーブなどの)通気 ▷ Hier herrscht ständiger *Zug.* ここは絶えずすき間風が吹く
❽ 〖ふつう [複] で〗 筆致, 筆遣い ▷ ein guter 〈schlechter〉 *Zug* 好手〈悪手〉
❾ (チェスなどの)指し手

Zu·ga·be [ツー・ガーベ] [女] *die* ([単] 2格 −; [複] −n) 聴衆のアンコールにこたえての再演, アンコール ▷ Der Sänger gab noch zwei *Zugaben.* 歌手はアンコールにこたえてさらに 2 曲歌った

Zu·gang [ツー・ガング] [男] *der* ([単] 2格 −[e]s; [複] ..gänge)
❶ (ある場所に通じる)通路, 入口 ▷ Alle *Zugänge* zum Flughafen waren gesperrt. [状態受動] 空港に通じるすべての道は封鎖されていた
❷ 〖[複] なし〗 立ち入り; 出入り ▷ Der *Zugang* ist für Unbefugte verboten. [状態受動] 《立て札などで》 関係者以外立ち入り禁止 / Er hat jederzeit *Zugang* zum Direktor. 彼はいつでも社長に会うことができる
❸ 〖[複] なし〗(芸術などに対する) 理解力 ▷ Er hat keinen *Zugang* zur modernen Musik. 彼は現代音楽がさっぱりわからない

Zu·gän·ge [ツー・ゲンゲ] Zugang の [複数]

zu·gäng·lich [ツー・ゲングリヒ]
[形] ❶ 利用〈入手〉可能な ▷ Diese Daten sind für jeden *zugänglich.* この資料はだれでも入手〈利用〉可能だ / Die Bibliothek ist allgemein *zugänglich.* その図書館は一般に開放されている
❷ 〖③〈für+④〉と〗 〔..³⁽⁴⁾に〕心を開いている, 〔..³⁽⁴⁾を〕受け入れることのできる ▷ Er ist einem guten Rat stets *zugänglich.* 彼はよい忠告にはいつも耳を貸す
❸ (人が)つき合いやすい, 親しみやすい

Zü·ge [ツューゲ] Zug の [複数]

zu|ge·ben [ツー・ゲーベン] [分離]
(er gibt zu; gab zu; zugegeben; [完了]h)
[他] 〖④と〗〔犯行など⁴を〕**白状する** ▷ Der Angeklagte hat den Diebstahl *zugegeben.* 被告人は盗みを白状した
[イディオム] ***Zugegeben, dass ..., aber ~*** …ということは認めるが しかし～

zu|ge·hen [ツー・ゲーエン] [分離]
(ging zu; zugegangen; [完了]s)
[自] ❶ 〖auf+④と〗〔..⁴の方に〕**向かって行く** ▷ Ich *ging* einige Schritte auf ihn *zu.* 私は数歩彼の方に歩み寄った
❷ (ドアなどが)閉まる, 閉じる ▷ Der Koffer *geht* nicht *zu.* トランクが閉まらない
[イディオム] ***es geht***+[様態]+***zu*** (物事が)…のようすで経過する ▷ Auf dem Fest *ging es* lustig *zu.* お祝いの会は楽しかった

zu·ge·hö·ri·ge [ツー・ゲヘーリゲ] [形] (ある物に)属する(☆ 名詞につけて) ▷ ein Haus mit *zugehörigem* Garten kaufen 庭付きの家を買う
[イディオム] ***sich***⁴+③+***zugehörig fühlen*** (ある集団)³に属していると感じる

Zu·ge·hö·rig·keit [ツー・ゲヘーリヒカイト] [女] *die* ([単] 2格 −; [複] なし) 所属

zu·ge·hört [ツー・ゲヘーアト] zuhören の [過分]

Zü·gel [ツューゲル] [男] *der* ([単] 2格 −s; [複] −) 手綱(たづな) ▷ die *Zügel* straffer anziehen 手綱をさらに引き締める; 《比ゆ》(規律などの)締めつけを厳しくする

zü·gel·los [ツューゲル・ロース] [形] 自制心のない, (情熱などが)押さえのきかない

zü·geln [ツューゲルン] (zügelte; gezügelt; [完了]h)
[他] 〖④と〗〔感情など⁴を〕抑制する ▷ Er *zügelte* nur mit Mühe seine Neugier. 彼はやっとのことで自分の好奇心を抑えた

zu·ge·macht [ツー・ゲマハト] zumachen の [過分]

Zu·ge·ständ·nis [ツー・ゲシュテントニス] [中] *das* ([単] 2格 ..nisses; [複] ..nisse) (要求などに対する)譲歩, 容認
[イディオム] ③+***Zugeständnisse machen*** ..³に譲歩する

zu|ge·ste·hen [ツー・ゲシュテーエン] [分離]
(gestand zu; zugestanden; [完了]h)
[他] 〖③+④と〗〔..³に権利など⁴を〕**認める** ▷ Diesen Rabatt können wir nur unseren alten Kunden *zugestehen.* この割引は私どもの昔からのお客様にしか認めることができません

zu·gig [ツーギヒ] [形] (通路などが)すき間風の入る ▷ ein *zugiger* Korridor すき間風の吹く廊下

zü·gig [ツューギヒ] [形] 滞りのない, スムーズな ▷ Die Arbeit geht *zügig* voran. 仕事がスムーズに進む

zug·kräf·tig [ツーク・クレフティヒ] [形] (人々を)引きつける力のある

zu·gleich [ツ・グライヒ]
[副] 同時に ▷ Sie kamen *zugleich* an. 彼らは同時に到着した / Er ist Komponist und Sänger *zugleich.* 彼は作曲家であるとともに歌手である

Zug·luft [ツーク・ルフト] [女] *die* ([単] 2格 −; [複] なし)

すき間風 ▷ In diesem Raum herrscht *Zugluft*. この部屋はすき間風が入る

zu|grei·fen [ツー・グライフェン] [分離]
(griff zu; zugegriffen; [完了]h)
[自] ❶ (食べ物などを手を伸ばして) つかむ ▷ Bitte *greifen* Sie *zu*! 《食事の時に》どうぞご遠慮なくお取りください
❷ (チャンスなどに) 飛びつく; (なくならないうちに)買う ▷ Bei diesem Angebot muss man *zugreifen*. こういう申し出のときは飛びつかなければ〈買わなければ〉だめだ

zu·grun·de [ツ・グルンデ] (＝zu Grunde)
[副]〘成句で〙③+④+***zugrunde legen*** …³の基礎〈根底〉に…⁴を置く ▷ Er *legte* seinem Vortrag ein Wort von Goethe *zugrunde*. 彼はゲーテのことばに基づいて講演を行った
③+***zugrunde liegen*** …³の基礎〈根底〉にある ▷ Was ist das Gesetz, das diesem Urteil *zugrunde liegt*? この判決の基になっている法律は何ですか
④+***zugrunde richten*** …⁴を破滅させる, だめにする ▷ Er hat die Firma *zugrunde gerichtet*. 彼は会社を倒産させた
zugrunde gehen (物事が)破滅する, だめになる; (人が)死ぬ ▷ Viele Kulturen sind schon *zugrunde gegangen*. すでに多くの文化が滅びた

die **Zug·spit·ze** [ツーク・シュピッツェ] [女] ([単] 2格 –; [複] なし) 《山名》 ツークシュピッツェ(バイエルン州南部とオーストリアとの国境にあるドイツで最も高い山; 2963 m; 定冠詞を必ず伴う)

zu·guns·ten [ツ・グンステン] [前]〘②支配; まれに後置されるが, その場合は③支配〙…のために, …に有利になるように (＝zu Gunsten) ▷ Er verzichtete *zugunsten* seiner Schwester auf das Erbe. 彼は妹〈姉〉のために遺産の相続を放棄した

zu·gu·te [ツ・グーテ] [副]〘成句で〙③+④+***zugute halten*** 《文語》…³が…⁴であることを斟酌(しんしゃく)する, 考慮する
③+***zugute kommen*** …³のためになる, 役に立つ
sich³+④+***zugute kommen lassen*** 〈***sich***³+④+***zugute tun***〉(自分のためになること)⁴をする
sich³ ***etwas*** 〈***viel***〉 ***auf***+④ ***zugute halten*** 《文語》…⁴を少し〈大いに〉誇る

Zug·vo·gel [ツーク・フォーゲル] [男] *der* ([単] 2格 –s; [複] ..vögel) 渡り鳥

zu|hal·ten [ツー・ハルテン] [分離]
(er hält zu; hielt zu; zugehalten; [完了]h)
— [他]〘④と〙〔窓など⁴を〕(手で押さえたりして)開かないようにする; 〔口など⁴を〕(手などで)塞(ふさ)ぐ
— [自]〘auf+④と〙(人・乗り物などが)〔…⁴に向かって〕行く

zu·hau·se [ツ・ハオゼ] ＝zu Hause

zu|hö·ren [ツー・ヘーレン] [分離]
(hörte zu; zugehört; [完了]h)
[自] (話・音楽などに) **耳を傾ける**, 傾聴する ▷ Er hat fast nicht gesprochen, sondern nur *zugehört*. 彼はほとんど話さずに耳を傾けるだけだった / *Hör* mal *zu*! (私の言うことを注意して)ちょっと聞いてくれ

Zu·hö·rer [ツー・ヘーラー] [男] *der* ([単] 2格 –s; [複] –) (議論などの) **聞き手**; (講演・コンサートなどの)聴衆 ▷ Die *Zuhörer* applaudierten dem Pianisten begeistert. 聴衆はピアニストに熱狂的な拍手を送った

Zu·hö·re·rin [ツー・ヘーレリン] [女] *die* ([単] 2格 –; [複] ..rinnen) Zuhörer の 女性形

zu|knöp·fen [ツー・クネプフェン] [分離]
(knöpfte zu; zugeknöpft; [完了]h)
[他] 〘④と〙〔服など⁴の〕ボタンをかける ([反] aufknöpfen)

zu|kom·men [ツー・コメン] [分離]
(kam zu; zugekommen; [完了]s)
[自] ❶ 〘auf+④と〙〔…⁴の方に〕近づいて来る ▷ Sie *kam* mit ausgebreiteten Armen auf mich *zu*. 彼女は両手を広げて私に近づいて来た
❷ 〘auf+④と〙(問題などが)〔…⁴の〕目前に控えている ▷ Nächstes Jahr *kommen* eine Menge Ausgaben auf uns *zu*. 来年私たちは多額の出費をしなければならなくなる
❸ 《文語》〘③と〙〔…³に〕ふさわしい, 資格がある ▷ Die Entscheidung darüber *kommt* ihm nicht *zu*. そのことを決定する資格は彼にはない
[イディオム] ③+④+***zukommen lassen*** …³に…⁴を与える ▷ Er hat ihr Geld *zukommen lassen*. 彼は彼女に金を与えた

Zu·kunft [ツー・クンフト] [女] *die* ([単] 2格 –; [複] なし)
❶ **未来** (☆「現在」は Gegenwart,「過去」は Vergangenheit) ▷ Die *Zukunft* gehört der Jugend. 未来は若者たちのものである
❷ (人の) **将来**, 前途 ▷ Du musst auch an deine *Zukunft* denken. 君も自分の将来のことを考えなければならない / eine große *Zukunft* haben 前途有望である
[イディオム] ***in Zukunft*** 今後は

zu·künf·tig [ツー・キュンフティヒ]
[形] **未来の**, 将来の, 今後の ▷ meine *zukünftige* Frau 将来私の妻になる人 / *Zukünftig* werde ich darauf achten. 今後はそのことに注意を払います

Zu·la·ge [ツー・ラーゲ] [女] *die* ([単] 2格 –; [複] –n) (本給のほかに支給される)手当て

zu|las·sen [ツー・ラッセン] [分離]
(er lässt zu; ließ zu; zugelassen; [完了]h)
[他] ❶ 〘④と〙〔…⁴を〕**許す**, 認める ▷ Er wollte keine Ausnahme *zulassen*. 彼は例外を認めようとはしなかった / 〘物を主語にして〙 Diese Worte

Z

lassen keine andere Interpretation *zu.* これらのことばは別の解釈を許さない
❷〖[4]と〗〔..⁴を〕許可〈認可〉する ▷ Er wurde zum Studium *zugelassen.* 彼は大学進学が許可された / Der Kraftwagen ist noch nicht *zugelassen.* [状態受動] この自動車はまだ運行の許可が下りていない
❸《口語》〖[4]と〗〔窓・包みなど⁴を〕閉めたままにしておく, あけないでおく ▷ Bitte, *lass* doch das Fenster *zu*! 窓は閉めておいてください

zu·läs·sig [ツー・レッスィヒ] [形] 許可〈認可〉される; 許容しうる ▷ die *zulässige* Höchstgeschwindigkeit 最高制限速度

Zu·lauf [ツー・ラオフ] [男] *der* ([単] 2格 -[e]s; [複] なし) (客の)入り ▷ Das neue Kaufhaus hat großen *Zulauf.* その新しいデパートは大いに繁盛している

zu|lau·fen [ツー・ラオフェン] [分離]
(er läuft zu; lief zu; zugelaufen; [完了]s)
[自] ❶〖auf+[4]と〗〔..⁴の方に〕向かって走る ▷ Voller Angst *lief* sie auf das Haus *zu.* 不安で胸が一杯になって彼女は家に向かって走った
❷ (猫・犬などが)迷い込む ▷ Uns ist ein Kater *zugelaufen.* 私たちのところに猫が迷い込んできた
❸〖[状態]と〗〔先で…の形に〕なっている ▷ Der Rock *läuft* unten eng *zu.* スカートは下の方で狭くなっている
[イディオム] ***Wasser zulaufen lassen*** (湯船などに)水を注ぎ足す

zu|lei·ten [ツー・ライテン] [分離]
(leitete zu; zugeleitet; [完了]h)
[他] ❶〖[3]+[4]と〗〔器具など³に電気など⁴を〕通す, 流す
❷〖[3]+[4]と〗〔..³に情報⁴を〕流す, 伝える

zu·letzt [ツ・レッツト]
[副] ❶ 最後に, 一番あとに ([反] zuerst) ▷ Er kam immer *zuletzt.* 彼はいつも最後に来た / Er bleibt meistens bis *zuletzt.* 彼はたいてい最後まで残る
❷《口語》(前回)最後に ▷ Wann hast du ihn *zuletzt* gesehen? 彼に最後に会ったのはいつですか
❸ ついに, 最後は ▷ *Zuletzt* verlor er die Geduld. ついに彼は堪忍袋の緒を切った
[イディオム] ***nicht zuletzt*** 特に, わけても ▷ Zum Gelingen unseres Ausflugs trug *nicht zuletzt* das gute Wetter bei. 私たちのハイキングが成功したのはわけても好天気のお陰だ

zu·lie·be [ツ・リーベ] [前]〖[3]支配; 後置〗…のために, …のためを思って ▷ Ihrem Mann *zuliebe* ist sie zu Hause geblieben. 夫のためを思って彼女は家にとどまった

zum [ツム]〖zu と定冠詞 dem の融合形〗*zum* Bahnhof gehen 駅に行く / vom Morgen bis *zum* Abend 朝から晩まで / *Zum* Lernen ist man nie zu alt. 勉強するのに年をとりすぎているということはない

zu|ma·chen [ツー・マッヘン] [分離]
(machte zu; zugemacht; [完了]h)
— [他]《口語》❶〖[4]と〗〔..⁴を〕閉める ([反] aufmachen), 閉じる ▷ ein Fenster *zumachen* 窓を閉める / eine Flasche *zumachen* びんにふたをする
❷〖[4]と〗〔店⁴を〕閉める; たたむ ▷ Er musste sein Geschäft *zumachen.* 彼は店をたたまなければならなかった
— [自]《口語》(店などが)閉まる ▷ Die Bibliothek *macht* heute um vier Uhr *zu.* 図書館はきょう4時に閉まる

zu·mal [ツ・マール]
— [副]《文語》特に, とりわけ ▷ Wir haben ihn alle sehr gern, *zumal* unser Sohn. 私たちみんながそうだが 特に息子は彼を非常に好いている
— [接]〖従属; 定動詞後置〗《文語》ことに…なので, …だからなおさら ▷ Sie nahm die Einladung gerne an, *zumal* sie nichts vorhatte. 予定がなかったのでなおさらのこと喜んで彼女は招待を受けた

zu·min·dest [ツ・ミンデスト] [副] (十分ではないが)少なくとも, せめて ▷ Er hätte *zumindest* grüßen müssen. 彼はせめてあいさつぐらいはすべきだったよ

zu·mu·te [ツ・ムーテ] [副]〖[3]+[状態]と〗〔..³は…の〕気分だ (=zu Mute) ▷ Mir ist seltsam *zumute.* 私は妙な気持ちだ

zu|mu·ten [ツー・ムーテン] [分離]
(mutete zu; zugemutet; [完了]h)
[他]〖[3]+[4]と〗〔..³に無理〈不当〉なこと⁴を〕要求する ▷ Das kannst du ihm nicht *zumuten.* それを彼に要求するのはむちゃだよ

Zu·mu·tung [ツー・ムートゥング] [女] *die* ([単] 2格 -; [複] -en) 耐え難いこと〈もの〉(騒音・乱雑さなど)

zu·nächst [ツ・ネーヒスト]
[副] ❶ まずはじめに ▷ Das muss *zunächst* festgestellt werden. それはまずはじめに確認されねばならない
❷ 最初は ▷ Er war *zunächst* nicht aufgefallen. 彼は最初目立っていなかった
❸ さしあたり, 今のところ, 当分 ▷ Das ist *zunächst* noch nicht vorgesehen. [状態受動] それは今のところまだ予定されていない

Zu·nah·me [ツー・ナーメ] [女] *die* ([単] 2格 -; [複] -n) 増加, 増大 ([反] Abnahme) ▷ die *Zunahme* des Gewichts 体重の増加

Zu·na·me [ツー・ナーメ] [男] *der* ([単] 2格 -ns, 3・4格 -n; [複] -n) 姓, 名字 (=Familienname)

zün·den [ツュンデン] (zündete; gezündet; [完了]h)

Z

zurechtkommen

—— 自 (ロケットの駆動装置などが)**点火**する；(エンジンなどが)かかる ▷ Der Motor *zündet* nicht. エンジンがかからない

—— 他 【(4)と】[爆弾など⁴に]**点火**する ▷ eine Bombe *zünden* 爆弾に点火する

zün·dend [ツュンデント] 形 (演説・提案などが)熱狂的な共感を呼び起こす ▷ eine *zündende* Rede 感動的な演説

Zun·der [ツンダー] 男 *der* (⊕2格 -s; ⊕ -) (ひうちで打ち出した火をとるために用いる)火口

Zün·der [ツュンダー] 男 *der* (⊕2格 -s; ⊕ -) (爆弾などの)点火装置, 信管

Zünd·holz [ツュント·ホルツ] 中 *das* (⊕2格 -es; ⊕ ..hölzer) 《特に南ドイツ・オーストリア》マッチ (＝Streichholz)

Zünd·stoff [ツュント·シュトフ] 男 *der* (⊕2格 -[e]s; ⊕ -e) 起爆薬; 【⊕なし】紛争の種, 火種

Zün·dung [ツュンドゥング] 女 *die* (⊕2格 -; ⊕ -en) (爆弾・ロケットなどの)点火; (エンジンなどの)点火装置

zu|neh·men [ツー·ネーメン] 分離
(er nimmt zu; nahm zu; zugenommen; 助h)
自 ❶ (体重が)増える, 太る (⊕ abnehmen) ▷ Ich habe schon wieder ein Kilo *zugenommen*. 私はまたもや1キロ太った
❷ (程度・量などが)増大する, 増える; (月が)満ちてくる ▷ Die Dunkelheit *nimmt* zu. ますます暗くなる / 【現在分詞で】ein *zunehmender* Mond 満ちてくる月 / *zunehmend* 〈in *zunehmendem* Maße〉ますます

Zu·nei·gung [ツー·ナイグング] 女 *die* (⊕2格 -; ⊕なし) 好意 ▷ Sie empfand *Zuneigung* für ihn 〈zu ihm〉. 彼女は彼に好意を抱いた

Zunft [ツンフト] 女 *die* (⊕2格 -; ⊕ Zünfte) (中世の)同業組合, ツンフト

Zünf·te [ツュンフテ] Zunft の 複数

zünf·tig [ツュンフティヒ] 形 《口語》ちゃんとした, 本格的な ▷ ein *zünftiges* Fest 本格的な祭り

Zun·ge [ツンゲ] 女 *die* (⊕2格 -; ⊕ -n)
❶ 舌 ▷ sich³ aus Versehen auf die *Zunge* beißen まちがって舌をかんでしまう / 《比ゆ》eine spitze 〈boshafte〉 *Zunge* haben 口が悪い / Der Alkohol löste ihm die *Zunge*. アルコールで彼の舌が滑らかになった(多弁になった)
❷ 《料理》タン ▷ Ich mag *Zunge*. 私はタンが好きだ

zu·nich·te [ツ·ニヒテ] 副 《成句で》
(4)+*zunichte machen* 《文語》(希望・計画など)⁴を打ち砕く
zunichte werden 《文語》(希望・計画などが)打ち砕かれる

zu·oberst [ツ·オーバースト] 副 (積み重ねられたものの)一番上に (⊕ zuunterst)

zu|ord·nen [ツー·オルドネン] 分離
(ordnete zu; zugeordnet; 助h)
他 【(4)+(3)と】[..⁴を..³に]分類する

zu|pa·cken [ツー·パッケン] 分離
(packte zu; zugepackt; 助h)
自 (すばやく手を伸ばして)つかむ

zup·fen [ツプフェン] (zupfte; gezupft; 助h)
—— 他 ❶ 【(4)と】[..⁴を]つまんで引っ張る ▷ sich³ mit der Pinzette die Augenbrauen *zupfen* (引き抜くために)眉毛をピンセットでつまみ上げる
❷ 【(4)と】[..⁴を]つまびく ▷ die Saiten der Gitarre *zupfen* ギターの弦をつまびく

—— 自 【an+(3)と】[..³を](繰り返し)つまむ ▷ verlegen an der Tischdecke *zupfen* 困惑してテーブルクロスをつまんでいじる / nervös am Bart *zupfen* いらいらしてひげを引っ張る

Zupf·in·stru·ment [ツプフ·インストルメント] 中 *das* (⊕2格 -[e]s; ⊕ -e) (ギター・琴などの)撥弦楽器

zur [ツーア] 《zu と定冠詞 der の融合形》*zur* Schule gehen 学校に行く / *zur* Tür hinausgehen ドアから出て行く / Sie hob alle seine Briefe *zur* Erinnerung auf. 彼女は彼の手紙をすべて思い出のために取っておいた

zu|ra·ten [ツー·ラーテン] 分離
(er rät zu; riet zu; zugeraten; 助h)
自 【(3)+zu+(3)と】[..³に..³するように]助言する, 勧める (⊕ abraten) ▷ Er *rät* mir *zu*, dieses Haus zu kaufen. 彼は私にこの家を買うように勧める

zu|rech·nen [ツー·レヒネン] 分離
(rechnete zu; zugerechnet; 助h)
他 【(4)+(3)と】[..⁴を..³の一部に]数え入れる

zu·rech·nungs·fä·hig [ツー·レヒヌングス·フェーイヒ] 形 《法律》責任能力のある

Zu·rech·nungs·fä·hig·keit [ツー·レヒヌングス·フェーイヒカイト] 女 *die* (⊕2格 -; ⊕なし) 《法律》責任能力

zu·recht|fin·den [ツレヒト·フィンデン] 分離
(fand zurecht; zurechtgefunden; 助h)
再 【(dch)⁴と】(知らない土地で)行くべき道がわかる, 迷わずに行ける ▷ Er konnte sich in der Dunkelheit nicht mehr *zurechtfinden*. 彼は暗闇の中でもはやどっちへ行っていいのかわからなかった / 《比ゆ》Es dauerte lange, bis sie sich an ihrem neuen Arbeitsplatz *zurechtfand*. 彼女は新しい職場で勝手がわかるようになるまでに長いことかかった

zu·recht|kom·men [ツレヒト·コメン] 分離
(kam zurecht; zurechtgekommen; 助s)
自 ❶ 【mit+(3)と】[..³と]うまくやっていく ▷ Ich *komme* mit meinem neuen Kollegen gut *zurecht*. 私は新しい同僚とうまくやっていけ

zurechtlegen

❷ 《mit+③と》[..³を]うまく使いこなす ▷ Er kommt mit der Maschine nicht zurecht. 彼は機械をうまく使いこなせない

❸ (列車・催しなどに)間に合う ▷ Er kam gerade noch zurecht. 彼はかろうじて間に合った

zu·recht|le·gen [ツレヒト・レーゲン] 分離
(legte zurecht; zurechtgelegt; 医h)
他《④と》[食器など⁴を](しかるべきところに)きちんと置く
(イディオム) sich³ eine Ausrede 〈eine Entschuldigung〉 zurechtlegen 言い訳〈謝罪のことば〉を考えておく

zu·recht|ma·chen [ツレヒト・マッヘン] 分離
(machte zurecht; zurechtgemacht; 医h)
— 他《口語》《④と》[食事・ベッドなど⁴の]支度〈用意〉をする
— 再《sich⁴と》(外出のために化粧として)身なりを整える

zu|re·den [ツー・レーデン] 分離
(redete zu; zugeredet; 医h)
自《③と》[..³を]説得する ▷ Ich habe ihm lange zureden müssen, bevor er endlich zum Arzt ging. 彼がようやく医者のところに行くようになるまでには私は彼を長いこと説得しなければならなかった

Zü·rich [ツューリヒ] (田das) 《都市・州名》チューリッヒ(スイス; ☞ 地図 D-5)

zür·nen [ツュルネン] (zürnte; gezürnt; 医h)
自《文語》《③と》[..³に]腹を立てる

zu·rück [ツリュック]
副 ❶ (元のところへ)帰って, 戻って ▷ Ist er schon von der Reise zurück? 彼はもう旅行から戻っていますか

❷ 帰りは ▷ Zurück sind wir gelaufen. 帰りは私たちは歩きました / Die Fahrt hin und zurück kostet 40 Euro. 往復の運賃は40ユーロだ / Bitte einmal Köln hin und zurück! ケルンへの往復切符1枚ください

❸ 後ろへ〈に〉, 後方へ〈に〉 ▷ Drei Schritte zurück! 3歩後ろへ

(イディオム) Zurück zur Natur! 自然へ帰れ (☆ J.-J. ルソーの思想を端的に表現したことば)

★ **zurück..** [ツリュック..] 《分離前つづり》
a) 《後ろへ》zurücktreten 後ろへ下がる, zurückziehen 後ろへ引く
b) 《戻って》zurückfahren (乗り物で)帰る, zurückgehen (元いた場所に)戻る
c) 《返却》zurückgeben 返す, zurückzahlen 返済する, zurückwerfen 投げ返す
d) 《追想》zurückblicken 回顧する, zurückdenken 回想する

---

zu·rück|blei·ben [ツリュック・ブライベン] 分離
(blieb zurück; zurückgeblieben; 医s)
自 ❶ (ある場所に)とどまる, あとに残る ▷ Sie ist allein zurückgeblieben. 彼女はひとり家に残った

❷ (結果として)あとに残る; (後遺症が)残る ▷ Nur die Erinnerung blieb zurück. 思い出だけが残った

❸ (能力・発育などが)遅れている ▷ Das Kind ist geistig zurückgeblieben. その子供は知能の発達が遅れている

zu·rück|bli·cken [ツリュック・ブリッケン] 分離
(blickte zurück; zurückgeblickt; 医h)
自 後ろを見る, 振り返る; 《比ゆ》回顧する

zu·rück|den·ken [ツリュック・デンケン] 分離
(dachte zurück; zurückgedacht; 医h)
自《an+④と》[..⁴を]思い出す, 回想する

zu·rück|fah·ren [ツリュック・ファーレン] 分離
(er fährt zurück; fuhr zurück; zurückgefahren)
— 自《医s》❶ (乗り物で)帰る, 戻る ▷ Er ist mit der Bahn zurückgefahren. 彼は汽車で帰った

❷ (驚いて)後ろへ飛びのく ▷ Bei dem Knall ist er erschrocken zurückgefahren. そのバーンという音で彼は驚いて後ろへ飛びのいた

— 他《医h》《④と》[..⁴を](車で)送り帰す ▷ Er hat mich nach Hause zurückgefahren. 彼は私を家まで車で送ってくれた

zu·rück|fal·len [ツリュック・ファレン] 分離 (er fällt zurück; fiel zurück; zurückgefallen; 医s)
自 ❶ 後ろ〈元の場所〉へ倒れる ▷ sich⁴ in den Sessel zurückfallen lassen 安楽いすにどしんと腰を下ろす

❷ 順位が下がる ▷ auf den letzten Platz zurückfallen 最下位に落ちる

❸ 《状態と》[悪い状態に]再び陥る ▷ Er ist in seinen alten Fehler zurückgefallen. 彼は再び昔の過ちを犯した

❹ 《auf+④と》[責任者である..⁴に]はね返ってくる ▷ Wenn meine Kollegen schlampig arbeiten, fällt das auf mich zurück. 同僚がいいかげんな仕事をするとそれは私にはね返ってくる

zu·rück|fin·den [ツリュック・フィンデン] 分離
(fand zurück; zurückgefunden; 医h)
自 帰り道がわかる ▷ Ich finde allein in die Stadt zurück. 私は一人でも町への帰り道が分かります

(イディオム) den Weg zurückfinden 戻る道がわかる ▷ Er fand den Weg zu dem Ort nicht mehr zurück. 彼はもはやその場所に戻る道が分からなくなった

zu·rück|füh·ren [ツリュック・フューレン] 分離
(führte zurück; zurückgeführt; 医h)
他 ❶ 《④と》[..⁴を](元の場所に)連れ戻す

---

①, ②, ③, ④=1格, 2格, 3格, 4格の名詞

Er *führte* uns in die Stadt *zurück*. 彼は私たちを町に連れ戻してくれた
❷ 【④＋auf＋④と】〔..の原因〈起源〉が..⁴にあるとする ▷ Die Polizei *führt* den Unfall auf die vereiste Straße *zurück*. 警察はその事故の原因を凍った道路のせいだとしている

zu·rück|ge·ben [ツリュック・ゲーベン] 分離 (er gibt zurück; gab zurück; zurückgegeben; 完了h)
他 【③＋④と】〔..³に..⁴を〕返す，返却する ▷ Kannst du mir das Buch bis nächste Woche *zurückgeben*? その本を来週までに返してくれますか

zu·rück|ge·hen [ツリュック・ゲーエン] 分離 (ging zurück; zurückgegangen; 完了s)
自 ❶ 〔元いた場所に〕戻る，引き返す ▷ Ich muss noch einmal ins Hotel *zurückgehen*. 私はもう一度ホテルに戻らなければならない
❷ 後ろへ下がる，後退する ▷ Sie *ging* zwei Schritte *zurück*. 彼女は2歩後ろへ下がった
❸ 【auf＋④と】〔..⁴に〕源がある，由来する ▷ Diese Redewendung *geht* auf Luther *zurück*. この言い回しはルターに由来する
❹ (熱など)下がる；(痛みなど)引く ▷ Das Fieber *ging* nur langsam *zurück*. 熱は徐々にしか下がらなかった

zu·rück|kom·men [ツリュック・コメン] zurückkommen の 過分

zu·rück|grei·fen [ツリュック・グライフェン] 分離 (griff zurück; zurückgegriffen; 完了h)
自 【auf＋④と】〔蓄えなどに〕(必要に迫られて)手をつける，〔..に〕の手助けを求める

zu·rück|hal·ten [ツリュック・ハルテン] 分離 (er hält zurück; hielt zurück; zurückgehalten; 完了h)
—— 他 ❶ 【④と】〔..⁴を〕引き止める ▷ Sie haben mit allen Mitteln versucht, ihn *zurückzuhalten*. 彼らはあらゆる手段を用いて彼を引き止めようとした
❷ 【④と】〔感情など⁴を〕抑える ▷ Er *hielt* seinen Ärger *zurück*. 彼は怒りを抑えた
—— 再 【sich⁴と】自制する ▷ Er *hielt* sich beim Trinken etwas *zurück*. 彼はお酒を少し控えていた ／ sich bei 〈in〉 einer Diskussion *zurückhalten* ディスカッションに際し積極的に発言せずに控え目にしている

zu·rück·hal·tend [ツリュック・ハルテント] 形 控え目な，遠慮がちな ▷ Er ist sehr *zurückhaltend*. 彼は非常に控え目だ

zu·rück|keh·ren [ツリュック・ケーレン] 分離 (kehrte zurück; zurückgekehrt; 完了s)
自 帰る，戻る（＝zurückkommen）

zu·rück|kom·men [ツリュック・コメン] 分離 (kam zurück; zurückgekommen; 完了s)
自 ❶ 帰って〈戻って〉来る ▷ Wann *kommt* ihr von der Reise *zurück*? 君たちはいつ旅行

から戻って来るのですか
❷ 【auf＋④と】〔..⁴を〕再び取り上げる ▷ auf ein Thema *zurückkommen* あるテーマを再び取り上げる

zu·rück|las·sen [ツリュック・ラッセン] 分離 (er lässt zurück; ließ zurück; zurückgelassen; 完了h)
他 【④と】〔..⁴を〕あとに残す，置いていく ▷ Die Flüchtlinge mussten ihren gesamten Besitz *zurücklassen*. 難民たちは財産をすべてあとに残していかねばならなかった

zu·rück|le·gen [ツリュック・レーゲン] 分離 (legte zurück; zurückgelegt; 完了h)
他 ❶ 【④と】〔..⁴を〕(元の場所に)戻す ▷ Er *legte* den Hammer in den Kasten *zurück*. 彼はハンマーを道具箱に戻した
❷ 【④と】〔..⁴を〕(売らずに)取って置く ▷ Könnten Sie mir die Bluse bis morgen *zurücklegen*? このブラウスをあすまで取って置いていただけませんか
❸ 【④と】〔お金⁴を〕ためる ▷ Sie *legt* jeden Monat 200 Euro für eine Reise *zurück*. 彼女は旅行のために毎月200ユーロためている
❹ 【④と】〔ある距離⁴を〕進む ▷ Der Radfahrer hat heute 210 km *zurückgelegt*. そのサイクリストはきょう210キロ進んだ

zu·rück|lie·gen [ツリュック・リーゲン] 分離 (lag zurück; zurückgelegen; 完了h)
自 【時間と】〔...〕以前のことである ▷ Das Ereignis *liegt* schon einige Jahre *zurück*. その出来事はもう数年前のことである

> ★ 短い期間の場合は Es ist schon ... her. を用いる ▷ *Es ist schon* einige Tage *her*. それはもう数日も前のことである

zu·rück|neh·men [ツリュック・ネーメン] 分離 (er nimmt zurück; nahm zurück; zurückgenommen; 完了h)
他 ❶ 【④と】〔返されたもの⁴を〕受け取る；〔返品など⁴を〕引き取る ▷ Diese Ware wird nicht *zurückgenommen*. この商品は返品がききません
❷ 【④と】〔約束・訴えなど⁴を〕取り消す，撤回する

zu·rück|ru·fen [ツリュック・ルーフェン] 分離 (rief zurück; zurückgerufen; 完了h)
—— 自 改めてこちらから電話をする ▷ Ich bin momentan in Eile, kann ich *zurückrufen*? 私は今急いでいるので後でこちらから電話をかけてもよいですか
—— 他 ❶ 【④と】〔..⁴を〕呼び戻す ▷ die Kinder ins Haus *zurückrufen* 子供たちを家に呼び戻す

zurückschlagen

❷ 《④と》〔…⁴と〕大声で答える
(イディオム) ❸+④+*ins Gedächtnis zurückrufen* …³に…⁴のことを思い起こさせる
*sich*³+④+*ins Gedächtnis zurückrufen* …⁴の記憶を呼び起こす

zu·rück|schla·gen [ツリュック・シュラーゲン] 分離 (er schlägt zurück; schlug zurück; zurückgeschlagen; 匠了h)
—— 他 ❶ 《④と》〔ボール⁴を〕打ち〈けり〉返す ▷ den Ball in die Mitte des Feldes *zurückschlagen* ボールをフィールドの真ん中にけり返す
❷ 《④と》〔攻撃など⁴を〕撃退する ▷ die feindlichen Truppen *zurückschlagen* 敵部隊を撃退する
❸ 《④と》〔ふたなど⁴を〕(ひっくり返して)開ける；〔カーテンなど⁴を〕(後ろに引いて)開ける；〔襟⁴を〕折り返す
—— 自 (殴った相手に)殴り返す, 反撃する

zu·rück|schre·cken [ツリュック・シュレッケン] 分離 (schreckte zurück; zurückgeschreckt; 匠了h)
自 驚いてあとずさりする；(結果を恐れて)尻込みする ▷ Er *schreckt* vor nichts *zurück*. 彼は何事にも尻込みしたりはしない

zu·rück|set·zen [ツリュック・ゼッツェン] 分離 (setzte zurück; zurückgesetzt; 匠了h)
他 ❶ 《④と》〔…⁴を〕元の場所に座らせる〈置く〉 ▷ den Topf auf die Herdplatte *zurücksetzen* 鍋をレンジプレート(加熱板)に戻す /〔再帰的に〕*Setz* dich sofort auf deinen Platz *zurück*! すぐに自分の席に戻りなさい
❷ 《④と》〔…⁴を〕後ろへ下げる ▷ einen Stuhl einen Meter *zurücksetzen* いすを1メートル後ろに下げる
❸ 《④と》〔…⁴を〕(他の人よりも)不利に扱う, なおざり〈ないがしろ〉にする ▷ Du darfst ihn nicht so *zurücksetzen*. 君は彼をそんなになおざりにしてはいけない

zu·rück|ste·cken [ツリュック・シュテッケン] 分離 (steckte zurück; zurückgesteckt; 匠了h)
—— 他 《④と》〔…⁴を〕元の位置に差し込む
—— 自 《口語》望んだ〈期待した〉ものよりも少ないもので満足する

zu·rück|ste·hen [ツリュック・シュテーエン] 分離 (stand zurück; zurückgestanden; 匠了h)
自 ❶ (家などが)引っ込んだところに立っている
❷ 〔hinter+③〕〔…³に〕劣っている

zu·rück|stel·len [ツリュック・シュテレン] 分離 (stellte zurück; zurückgestellt; 匠了h)
他 ❶ 《④と》〔…⁴を〕元の場所に戻す (☆「立てる」場合だけに限られない) ▷ ein Buch in den Schrank *zurückstellen* 本を本箱に戻す / die Butter in den Kühlschrank *zurückstellen* バターを冷蔵庫に戻す

❷ 《④と》〔…⁴を〕売らずに取っておく
❸ 《④と》〔時計⁴の針を〕戻す；〔暖房など⁴を〕弱くする
❹ 《④と》〔すべきことなど⁴を〕(他のより重要なことのために)一時見合わせる, やらないでおく
❺ 《④+von+③と》〔…³に兵役など⁴を〕猶予する

zu·rück|tre·ten [ツリュック・トレーテン] 分離 (er tritt zurück; trat zurück; zurückgetreten; 匠了s)
自 ❶ 後ろへ下がる ▷ ein paar Schritte *zurücktreten* 数歩後ろに下がる / Bitte *zurücktreten*! (駅のホームで)お下がりください
❷ 辞職〈辞任〉する ▷ Der Minister ist nicht *zurückgetreten*. 大臣は辞職しなかった

zu·rück|ver·set·zen [ツリュック・フェアゼッツェン] 分離 (versetzte zurück; zurückversetzt; 匠了h)
—— 他 《④+in+④と》〔…⁴を…⁴の時代に〕引き戻す
—— 再 《sich⁴+in+④と》〔…⁴の時代に〕戻ったつもりになって物事を考え)る

zu·rück|wei·chen [ツリュック・ヴァイヒェン] 分離 (wich zurück; zurückgewichen; 匠了s)
自 (恐れなどから数歩)後ろに下がる, あとずさりする ▷ Er ist vor dem fahrenden Auto *zurückgewichen*. 彼は走ってくる車に驚いて数歩あとずさりした / vor Schwierigkeiten *zurückweichen* 困難に尻込みする

zu·rück|wei·sen [ツリュック・ヴァイゼン] 分離 (wies zurück; zurückgewiesen; 匠了h)
他 《④と》〔申し出など⁴を〕はねつける, 拒絶する；〔難民など⁴を〕(国境などで)追い返す ▷ Sie *wies* sein Angebot schroff *zurück*. 彼女は彼の申し出をそっけなく断った / eine Verleumdung entschieden *zurückweisen* 中傷に断固たる態度で反論する

zu·rück|wer·fen [ツリュック・ヴェルフェン] 分離 (er wirft zurück; warf zurück; zurückgeworfen; 匠了h)
他 ❶ 《④と》〔ボールなど⁴を〕投げ返す
❷ 《④と》〔…⁴を〕後戻り〈後退〉させる ▷ die Wirtschaft des Landes *zurückwerfen* 国の経済を後退させる

zu·rück|zah·len [ツリュック・ツァーレン] 分離 (zahlte zurück; zurückgezahlt; 匠了h)
他 《④と》〔借金など⁴を〕返済する

zu·rück|zie·hen [ツリュック・ツィーエン] 分離 (zog zurück; zurückgezogen; 匠了h)
—— 他 ❶ 《④と》〔…⁴を〕後ろへ引く, 引き戻す ▷ Er *zog* seine Hand *zurück*. 彼は手を引っ込めた / einen Vorhang *zurückziehen* カーテンをあける
❷ 《④と》〔訴え・動議など⁴を〕取り下げる
—— 再 ❶ 《sich⁴と》(静かなところに)引きこもる ▷ Er *zog* sich in sein Zimmer *zurück*. 彼は

(状態), (様態), (場所), (方向), …=状態, 様態, 場所, 方向, …を表す語句

部屋に引きこもった
❷ 〖sichと〗〔仕事などから〕引退する ▷ Er *zog sich* aus der Politik *zurück*. 彼は政界から引退した

Zu·ruf [ツー・ルーフ] 男 *der* (⸺2格 -[e]s; ⸺ -e) 呼びかけ, 呼び声
〈イディオム〉④+*durch Zuruf wählen* (委員など)⁴を発声により選出する

zu|ru·fen [ツー・ルーフェン] 分離
(rief zu; zugerufen; 匠h)
他〖④+③と〗〔かなり遠くにいる人³に…⁴と〕大声で伝える ▷ Er *rief* ihr *zu*, sie solle warten. 彼は彼女に待つようにと大声で言った

zur·zeit [ツァ・ツァイト] 副 現在のところ, 目下

Zu·sa·ge [ツー・ザーゲ] 女 *die* (⸺2格 -; ⸺ -n) (招待などに対する)承諾, (要求などの)受諾 (⇔ Absage)
〈イディオム〉③+*eine Zusage machen* …³に(要求などに)応じるとの約束をする

zu|sa·gen [ツー・ザーゲン] 分離
(sagte zu; zugesagt; 匠h)
— 他 〖③+④と〗〔…³に要求などに応じることを⁴〕約束する ▷ Er hat mir Unterstützung *zugesagt*. 彼は私に援助を約束した
— 自 ❶ (招待などを)承諾する ▷ Ich habe bereits *zugesagt*. 私はもう承諾した
❷ 〖③と〗〔…³の〕気に入る ▷ Diese Wohnung *sagt* mir sehr *zu*. 私はこの住まいが非常に気に入っている

zu·sam·men
[tsuzámən ツザメン]

副 ❶ いっしょに(⇔ allein)
Sie sind immer *zusammen*.
彼らはいつもいっしょだ
Ich habe mit ihm *zusammen* gearbeitet.
私は彼といっしょに働いた
❷ 全部で, ひっくるめて ▷ Das kostet *zusammen* 50 Euro. それは全部で50ユーロになる
〈イディオム〉*Zusammen oder getrennt?* (会計は)ごいっしょですか別々ですか

★ **zusammen..** [ツザメン..] 〖分離前つづり〗
a) 《いっしょに》 *zusammen*arbeiten 協力して働く, *zusammen*leben いっしょに暮らす
b) 《集合》 *zusammen*kommen 集まる, *zusammen*laufen 集まる
c) 《接合》 *zusammen*binden 束ねる, *zusammen*setzen 組み立てる
d) 《縮小》 *zusammen*falten 折りたたむ, *zusammen*legen 折りたたむ
e) 《倒壊》 *zusammen*brechen 崩れ落ちる, *zusammen*fallen 崩れ落ちる

Zu·sam·men·ar·beit [ツザメン・アルバイト] 女 *die* (⸺2格 -; ⸺ なし) 共同作業, 協力 (= Kooperation)

zu·sam·men|ar·bei·ten [ツザメン・アルバイテン] 分離 (arbeitete zusammen; zusammengearbeitet; 匠h)
自 (同一の目標に対し)協力して働く〈仕事をする〉

zu·sam·men|bal·len [ツザメン・バレン] 分離 (ballte zusammen; zusammengeballt; 匠h)
— 他〖④と〗〔紙など⁴を〕丸める
— 再〖sichと〗(雲などが)ひとかたまりになる

zu·sam·men|bei·ßen [ツザメン・バイセン] 分離 (biss zusammen; zusammengebissen; 匠h)
他〖④と〗〔歯⁴を〕食いしばる ▷ Er *biss* vor Schmerzen die Zähne *zusammen*. 彼は痛みのあまり歯を食いしばった

zu·sam·men|bin·den [ツザメン・ビンデン] 分離 (band zusammen; zusammengebunden; 匠h)
他〖④と〗〔花・髪・糸など⁴を〕束ねる, 結び合わせる

zu·sam·men|bre·chen [ツザメン・ブレッヒェン] 分離 (er bricht zusammen; brach zusammen; zusammengebrochen; 匠s)
自 ❶ 崩れ落ちる, 倒壊する ▷ Die Brücke ist *zusammengebrochen*. 橋が崩れ落ちた
❷ (人がショックなどで)倒れる ▷ Er ist vor Erschöpfung *zusammengebrochen*. 彼は疲労で倒れてしまった
❸ (送電〈給水〉システム・交通網などが)機能しなくなる ▷ Der Verkehr in der Innenstadt ist *zusammengebrochen*. 市の中心部の交通は麻痺状態だった

zu·sam·men|brin·gen [ツザメン・ブリンゲン] 分離 (brachte zusammen; zusammengebracht; 匠h)
他 ❶〖④と〗〔資金など⁴を〕調達する, 工面する
❷《口語》〖④と〗〔…⁴を〕することができる
❸〖④と〗〔人⁴を〕引き合わせる

Zu·sam·men·bruch [ツザメン・ブルフ] 男 *der* (⸺2格 -[e]s; ⸺ ..brüche)
❶ (システムなどの)崩壊 ▷ ein wirtschaftlicher *Zusammenbruch* 経済システムの崩壊
❷ (ショックなどのため)倒れること ▷ Er war einem *Zusammenbruch* nahe. 彼は今にも倒れそうだった

zu·sam·men|drän·gen [ツザメン・ドレンゲン] 分離 (drängte zusammen; zusammengedrängt; 匠h)
— 他〖④と〗〔数多くの人⁴を〕(押し返したりすることで)互いに押し合う状態にする

zusammenfahren

――再 〘sich⁴と〙(四方八方から集まり)互いに押し合う, 互いに体を寄せ合う

zu·sam·men|fah·ren [ツザムメン・ファーレン]
〘分離〙 (er fährt zusammen; fuhr zusammen; zusammengefahren)
――自 〘匪助s〙 ❶ 《口語》(車などが)衝突する
❷ (人が驚いて)びくっとする
――他 〘匪助h〙〘④と〙(車をぶつけて)[…⁴を]負傷させる; 破損する

zu·sam·men|fal·len [ツザムメン・ファレン]
〘分離〙 (er fällt zusammen; fiel zusammen; zusammengefallen; 匪助s)
自 ❶ (物が)崩れ落ちる, 倒壊する ▷ Das Gebäude wird bald *zusammenfallen*. その建物はまもなく倒壊するだろう
❷ (催しなどが時間的〈時期的〉に)重なる, かち合う ▷ Die beiden Veranstaltungen *fallen zusammen*. その2つの催しは時間的に重なる
❸ やせ衰える ▷ Er ist in letzter Zeit stark *zusammengefallen*. 彼は最近ひどくやせ衰えた
❹ しぼむ, 縮む; (火勢が)衰える

zu·sam·men|fal·ten [ツザムメン・ファルテン]
〘分離〙 (faltete zusammen; zusammengefaltet; 匪助h)
他〘④と〙[紙・タオルなど⁴を]折りたたむ

zu·sam·men|fas·sen [ツザムメン・ファッセン]
〘分離〙 (fasste zusammen; zusammengefasst; 匪助h)
他 ❶ 〘④と〙[…⁴を]要約する, 手短にまとめる ▷ Er *fasste* seine Eindrücke in wenigen Sätzen *zusammen*. 彼は自分の印象をちょっとした文章にまとめた / *Zusammenfassend* kann man sagen, dass … 要約すると…と言うことができる
❷ 〘④と〙[いくつかの集団⁴を](より大きな集団に)統合する

Zu·sam·men·fas·sung [ツザムメン・ファッスング] 女 *die* (複2格 -; 複 -en) まとめ, 要約, 要旨, レジュメ, アブストラクト

zu·sam·men·ge·hö·rig [ツザムメン・ゲヘーリヒ] 形 一体〈一対〉をなしている ▷ die *zusammengehörigen* Spielkarten 組になっているトランプのカード

Zu·sam·men·halt [ツザムメン・ハルト] 男 *der* (複2格 -[e]s; 複 なし) まとまり, 団結 ▷ Die Mannschaft hat einen guten *Zusammenhalt*. このチームはよくまとまっている

zu·sam·men|hal·ten [ツザムメン・ハルテン]
〘分離〙 (er hält zusammen; hielt zusammen; zusammengehalten; 匪助h)
――自 (ばらばらにならないで)まとまっている, 団結している ▷ Wir wollen immer *zusammenhalten*. 私たちはいつも団結していよう
――他 ❶ 〘④と〙[…⁴を](ばらばらにならないように)結びつけている ▷ Eine Schnur *hält* das Bündel *zusammen*. 1本のひもでその束はくくられている /《比喩》Er *hielt* sein Geld *zusammen*. 彼はお金をむだに使わなかった
❷ 〘④と〙[…⁴を](ばらばらにならないように)まとめる ▷ Es ist schwer, die Mannschaft *zusammenzuhalten*. このチームをまとめるのは難しい

Zu·sam·men·hang [ツザムメン・ハング] 男 *der* (複2格 -[e]s; 複 ..hänge)
関連, つながり ▷ die historischen *Zusammenhänge* feststellen 歴史的関連を確かめる / Zwischen den beiden Ereignissen besteht kein *Zusammenhang*. この2つの出来事の間には何の関連もない
〘イディオム〙 **④ + in Zusammenhang mit +③ bringen** …⁴を…³と関連づける
im〈in〉Zusammenhang mit +③ stehen …³と関連している
in diesem Zusammenhang この関連において

zu·sam·men|hän·gen [ツザムメン・ヘンゲン]
〘分離〙 (hing zusammen; zusammengehangen; 匪助h)
自 ❶〘mit +③と〙[…³と]関連している ▷ Seine Entscheidung *hängt* mit den vorangegangenen Ereignissen *zusammen*. 彼の決定はそれに先だって起こった出来事と関連がある
❷ (複数の物が)つながっている, 結びついている ▷ Die beiden Teile *hängen* nur lose *zusammen*. この2つの部品はゆるくつながっているだけだ

zu·sam·men·hän·gend [ツザムメン・ヘンゲント]
形 ❶ 関連のある ▷ Wir erörtern alle damit *zusammenhängenden* Fragen. 私たちはそれに関連する問題をすべて論議する
❷ (報告などが)まとまりのある, 理路整然とした; 《副詞的に》理路整然と

zu·sam·men·hang·los [ツザムメン・ハング・ロース] 形 (話などが)まとまりのない, 支離滅裂な

zu·sam·men·klapp·bar [ツザムメン・クラップ・バール] 形 (机・ナイフなどが)折りたたみ式の

zu·sam·men|klap·pen [ツザムメン・クラッペン]
〘分離〙 (klappte zusammen; zusammengeklappt)
――他〘匪助h〙〘④と〙[折りたたみ式のもの⁴を]折りたたむ ▷ den Liegestuhl *zusammenklappen* デッキチェアーを折りたたむ
――自〘匪助s〙《口語》(人が疲労などで)倒れる

zu·sam·men|kom·men [ツザムメン・コメン]
〘分離〙 (kam zusammen; zusammengekommen; 匪助s)
自 ❶ (人が一定の目的をもって)集まる, 集って来る ▷ Die Mitglieder des Klubs *kommen* einmal wöchentlich *zusammen*. クラブのメン

①, ②, ③, ④ = 1格, 2格, 3格, 4格の名詞

バーは毎週一度集まる
❷ (不快なことが)同時に起こる ▷ An diesem Tag *kam* alles *zusammen*. この日にあらゆることが同時に起きた
❸ (寄付金などが)集まる ▷ Bei der Sammlung *kamen* viele Spenden *zusammen*. 募金の際にたくさんの寄付が集まった

zu·sam·men|krat·zen [ツザムメン・クラッツェン] 分離 (kratzte zusammen; zusammengekratzt; 完了h)
他【④と】〔お金⁴を〕かき集める

Zu·sam·men·kunft [ツザムメン・クンフト] 女 die (❸2格 –; ❸..künfte) 集まり, 会合 ▷ die monatliche *Zusammenkunft* der Vereinsmitglieder 協会メンバーの毎月の会合

zu·sam·men|läp·pern [ツザムメン・レッペルン] 分離 (läpperte zusammen; zusammengeläppert; 完了h)
再《口語》《sich⁴と》(小さな金額が)積もり積もって大きくなる

zu·sam·men|lau·fen [ツザムメン・ラオフェン] 分離 (er läuft zusammen; lief zusammen; zusammengelaufen; 完了s)
自 ❶ (人が)集まる ▷ Die Menschen *liefen* vor der Kirche *zusammen*. 人々は教会の前に集まった
❷ (水が低い所に)集まる; (線が)交わる
❸《口語》(色が)交じり合う, (布地などが)縮む

zu·sam·men|le·ben [ツザムメン・レーベン] 分離 (lebte zusammen; zusammengelebt; 完了h)
自 (ふつうカップルとして)いっしょに暮らす ▷ Sie haben lange *zusammengelebt*. 彼らは長い間いっしょに暮らした

zu·sam·men|le·gen [ツザムメン・レーゲン] 分離 (legte zusammen; zusammengelegt; 完了h)
— 他 ❶【④と】〔..⁴を〕(小さくするために)折りたたむ (☆折り目ができるようにきちんと「折りたたむ」は falten) ▷ *Lege* die Zeitung *zusammen*! 新聞をたたみなさい
❷【④と】〔..⁴を〕ひとつにまとめる, 統合する ▷ Die beiden Abteilungen wurden *zusammengelegt*. その2つの課は統合された
— 自 金を出し合う ▷ Wenn wir alle *zusammenlegen*, ... 私たちがみんなでお金を出し合えば…

zu·sam·men|neh·men [ツザムメン・ネーメン] 分離 (er nimmt zusammen; nahm zusammen; zusammengenommen; 完了h)
— 他【④と】〔力・思考など⁴を〕集中する ▷ Du musst alle deine Kräfte *zusammennehmen*. 君は全力を出さなければならない / allen Mut *zusammennehmen* あらん限りの勇気を奮い起こす
— 再《sich⁴と》気をしっかりもつ ▷ *Nimm* dich

gefälligst *zusammen*!《いらだちの気持ちをこめて》しっかりしろよ

zu·sam·men|pral·len [ツザムメン・プラレン] 分離 (prallte zusammen; zusammengeprallt; 完了s)
自 (人・車などが)激しく衝突する

zu·sam·men|pres·sen [ツザムメン・プレッセン] 分離 (presste zusammen; zusammengepresst; 完了h)
他【④と】〔ふつう2つのもの⁴を〕強く押しつける ▷ Er *presste* die Lippen *zusammen*. 彼は唇をきゅっと結んだ

zu·sam·men|raf·fen [ツザムメン・ラッフェン] 分離 (raffte zusammen; zusammengerafft; 完了h)
他【④と】〔..⁴を〕(手当たり次第に)かき集める; 〔金⁴を〕貪欲に貯める

zu·sam·men|rot·ten [ツザムメン・ロッテン] 分離 (rottete zusammen; zusammengerottet; 完了h)
再《sich⁴と》(群集などが自然発生的に)暴徒化する

zu·sam·men|rü·cken [ツザムメン・リュッケン] 分離 (rückte zusammen; zusammengerückt)
— 他【完了h】【④と】〔..⁴の〕間隔を詰める ▷ die Stühle *zusammenrücken* いすの間隔を詰める
— 自【完了s】(席などの)間隔を詰める ▷ *Rücken* Sie noch etwas *zusammen*! もう少し詰めてください

zu·sam·men|sa·cken [ツザムメン・ザッケン] 分離 (sackte zusammen; zusammengesackt; 完了s)
自《口語》(人・建物などが)崩れ落ちる

zu·sam·men|schla·gen [ツザムメン・シュラーゲン] 分離 (er schlägt zusammen; schlug zusammen; zusammengeschlagen)
他 ❶【④と】〔..⁴を〕(音が出るように)打ち合わせる ▷ die Hacken〈Absätze〉*zusammenschlagen* かかとを打ち鳴らす / 《比ゆ》die Hände überm Kopf *zusammenschlagen* ひどく驚く (← 頭をおおおに頭上で手を打ち合わせる)
❷《口語》【④と】〔..⁴を〕たたき壊す ▷ Er *schlug* im Zorn alle Möbel *zusammen*. 彼は腹立ちまぎれに家具をすべてたたき壊した
❸《口語》【④と】〔..⁴を〕殴り倒す, たたきのめす ▷ Er wurde gestern auf der Straße *zusammengeschlagen*. 彼はきのう通りで殴り倒された
❹【④と】〔新聞・ハンカチなど⁴を〕折りたたむ

zu·sam·men|schlie·ßen [ツザムメン・シュリーセン] 分離 (schloss zusammen; zusammengeschlossen; 完了h)
再《sich⁴と》(共通の利益のために)手を結ぶ, 合併〈提携〉する ▷ Die beiden Firmen haben sich *zusammengeschlossen*. その2つの会社

は合併した

zu·sam·men|schmel·zen [ツザ␣メン・シュメルツェン] 分離 (er schmilzt zusammen; schmolz zusammen; zusammengeschmolzen; 匠刁s)

自 (雪などが) 溶けて少なくなる; (蓄えなどが) 少なくなる ▷ Das Geld ist bis auf einen kleinen Rest *zusammengeschmolzen*. 金は残りわずかになった

zu·sam·men|set·zen [ツザ␣メン・ゼッツェン] 分離 (setzte zusammen; zusammengesetzt; 匠刁h)

—— 他 《④と》〔‥⁴を〕**組み立てる; 組み合せてつくる** ▷ Er *setzt* die Uhr wieder *zusammen*. 彼は (分解した) 時計をもう一度組み立てる

—— 再 ❶ 《sich⁴+aus+③と》〔‥⁴から〕**成る, 構成される** ▷ Das Gerät *setzt* sich aus vielen Teilen *zusammen*. この器械はたくさんの部品からできている

❷ 《sich⁴と》(話し合うために) 会う ▷ Können wir uns einmal *zusammensetzen*, um alles zu besprechen? すべてのことを話し合うために一度お会いできませんか

Zu·sam·men·set·zung [ツザ␣メン・ゼッツング] 女 die (覆 2格 –; 覆 –en) (組織などの) **構成**; (物質の) **組成** ▷ die *Zusammensetzung* des Komitees 委員会の構成

Zu·sam·men·spiel [ツザ␣メン・シュピール] 中 *das* (覆 2格 –[e]s; 覆 なし) 共同作業, 協力, チームワーク

zu·sam·men|stau·chen [ツザ␣メン・シュタオヘン] 分離 (stauchte zusammen; zusammengestaucht; 匠刁h)

他 《④と》〔‥⁴を〕**きつく《こっぴどく》しかる**

zu·sam·men|ste·cken [ツザ␣メン・シュテッケン] 分離 (steckte zusammen; zusammengesteckt; 匠刁h)

他 《④と》〔生地・髪などを〕(ピンなどで) **つなぎ留める**

zu·sam·men|stel·len [ツザ␣メン・シュテレン] 分離 (stellte zusammen; zusammengestellt; 匠刁h)

他 ❶ 《④と》〔‥⁴を〕(いろいろのものを組み合せて) **つくる** ▷ ein Menü *zusammenstellen* 食事の献立をつくる / ein Programm *zusammenstellen* プログラムを作成する / eine Stadtrundfahrt *zusammenstellen* 市内巡りのプランを決める

❷ 《④と》〔‥⁴を〕**いっしょに置く, 並べる** ▷ Tische *zusammenstellen* テーブルを並べる

Zu·sam·men·stoß [ツザ␣メン・シュトース] 男 *der* (覆 2格 –es; 覆 ..stöße) (自動車などの) **衝突** ▷ ein frontaler *Zusammenstoß* 正面衝突

zu·sam·men|sto·ßen [ツザ␣メン・シュトーセン] 分離 (er stößt zusammen; stieß zusammen; zusammengestoßen; 匠刁s)

自 ❶ 《mit+③と》〔‥³と〕**衝突する** ▷ Der Zug *stieß* mit dem Lastwagen *zusammen*. 列車はトラックと衝突した / 《相互的に》Die beiden Wagen sind frontal *zusammengestoßen*. その 2 台の車は正面衝突した

❷ (庭などが) 境を接している; (線などが) 交わる ▷ Unsere Grundstücke *stoßen zusammen*. 私たちの地所は境を接している

zu·sam·men|tref·fen [ツザ␣メン・トレッフェン] 分離 (er trifft zusammen; traf zusammen; zusammengetroffen; 匠刁s)

自 ❶ **出会う** ▷ Wir *trafen* zufällig in der Stadt *zusammen*. 私たちは偶然町で会った

❷ (出来事が時間〈時期〉的に) **重なる, かち合う** ▷ Die beiden Ereignisse *trafen zusammen*. その 2 つの出来事は同時に起きた

Zu·sam·men·tref·fen [ツザ␣メン・トレッフェン] 分離 *das* (覆 2格 –s; 覆 なし)

❶ (人の) **出会い**

❷ (出来事の) **重なり合い, 併発**

zu·sam·men|tre·ten [ツザ␣メン・トレーテン] 分離 (er tritt zusammen; trat zusammen; zusammengetreten)

—— 他 《匠刁h》《④と》〔花壇などを⁴〕**踏みつけて傷める, 〔‥⁴を〕踏んだり蹴ったりして傷つける**

—— 自 《匠刁s》(委員会などのメンバーが) **集まる, 集合する** ▷ Der Vorstand ist *zusammengetreten*. 理事会のメンバーが集まった

zu·sam·men|trom·meln [ツザ␣メン・トロメルン] 分離 (trommelte zusammen; zusammengetrommelt; 匠刁h)

他 《口語》《④と》〔関連の人々を⁴〕**呼び集める, 召集する**

zu·sam·men|tun [ツザ␣メン・トゥーン] 分離 (tat zusammen; zusammengetan; 匠刁h)

再 《sich⁴と》**力を合わせる, 手を組む; 連合する** ▷ Die beiden haben sich gegen mich *zusammengetan*. そのふたりは手を組んで私に対抗した

zu·sam·men|zäh·len [ツザ␣メン・ツェーレン] 分離 (zählte zusammen; zusammengezählt; 匠刁h)

他 《④と》〔数字・金額などを⁴〕**合計〈合算〉する**

zu·sam·men|zie·hen [ツザ␣メン・ツィーエン] 分離 (zog zusammen; zusammengezogen)

—— 他 《匠刁h》❶ 《④と》〔‥⁴を〕(引っ張って) **小さく〈狭く〉する, すぼめる** ▷ ein Netz *zusammenziehen* 網を引きしぼる / die Augenbrauen *zusammenziehen* 眉をひそめる

❷ 《④と》〔部隊・警察などを⁴〕**集結する** ▷ im Grenzgebiet Truppen *zusammenziehen* 国境地帯に部隊を集結する

❸ 【④と】〔金額・数字など〕合算する, 合計する

━ 再 【匠h】 ❶ 《sich》と〕（雷雲などが）発生する

❷ 《sich》と〕（筋肉・血管などが）収縮する

━ 自 【匠s】（ある人と）同じ住まいに引っ越す ▷ *Er ist mit seinem Freund zusammengezogen.* 彼は友人といっしょの住まいに引っ越した

zu·sam·men|zu·cken [ツザムメン・ツッケン] 分動 【匠s】（zuckte zusammen; zusammengezuckt）

自（驚き・痛みなどのために）ぎくっと〈びくっと〉する

Zu·satz [ツー・ザッツ] 男 *der* (⊕2格 -es; ⊛ ..sätze)

❶ 《⊕ なし》（添加物などの）添加, 追加 ▷ unter *Zusatz* von Essig die Zutaten mischen 酢を加えながら材料を混ぜ合わせる

❷（食品などの）添加物

❸（本文の）付録, 補遺, 追記; 付帯条項

Zu·satz·ge·rät [ツー・ザッツ・ゲレート] 中 *das* (⊕2格 -[e]s; ⊛ -e) 追加［拡張］機器, アタッチメント

zu·sätz·lich [ツー・ゼッツリヒ] 形 追加の, 余分の;【副詞的に】さらに ▷ *zusätzliche* Ausgaben 追加の支出

zu|schan·zen [ツー・シャンツェン] 分動 (schanzte zu; zugeschanzt; 匠h)

他《口語》【③+④と】［…³に有利なポストなど⁴を〕ひそかに世話する

zu|schau·en [ツー・シャオエン] 分動 (schaute zu; zugeschaut; 匠h)

《特に南ド・オーストリア・スイス》=zusehen

Zu·schau·er [ツー・シャオアー] 男 *der* (⊕2格 -s; ⊛ -)

見物人;（競技・演劇などの）観客, 観衆;（テレビの）視聴者 ▷ Ein ungeheurer Jubel brach unter den *Zuschauern* aus. ものすごい歓声が観衆の中にわき起こった

zu|schi·cken [ツー・シッケン] 分動 (schickte zu; zugeschickt; 匠h)

他【③+④と】［…³に…⁴を（求めに応じて）送付する, 送り届ける ▷ *Der Kaufmann schickte dem Kunden die Ware zu.* 商人は顧客に商品を送付した

zu|schie·ben [ツー・シーベン] 分動 (schob zu; zugeschoben; 匠h)

他 ❶【④と】［ドアなど⁴を〕押して閉める

❷【③+④】[…³の方に…⁴を〕押しやる ▷ *Sie schiebt ihm das Glas zu.* 彼女は彼の方にグラスを押しやる

イディオム ▷ +*die* Schuld 〈*die* Verantwortung〉 *zuschieben* …³に罪を押しつける〈責任を転嫁する〉

zu|schie·ßen [ツー・シーセン] 分動 (schoss zu; zugeschossen)

━ 他【匠h】【④と】〔資金など⁴を〕援助するために）提供する

━ 自【匠s】〔auf+④と〕[…⁴をめがけて]突進する

Zu·schlag [ツー・シュラーク] 男 *der* (⊕2格 -[e]s; ⊛ ..schläge) 割り増し料金;（給与以外に支払われる）手当 ▷ Für Intercityzüge muss man *Zuschlag* bezahlen. 都市間連絡特急列車には割り増し料金が必要だ

zu|schla·gen [ツー・シュラーゲン] 分動 (er schlägt zu; schlug zu; zugeschlagen)

━ 他【匠h】 ❶【④と】[…⁴をバタン〈バタン〉と閉める ▷ *Er schlug wütend das Buch zu.* 彼は怒って本をバタンと閉じた

❷【④と】〔ある金額⁴を〕（価格などに）上乗せする ▷ *Drei Prozent Provision wurden auf den Preis noch zugeschlagen.* 3 パーセントの手数料が価格にさらに上乗せされた

━ 自 ❶【匠s】（ドアなどが）バタン〈バタン〉と閉まる ▷ *Das Fenster ist zugeschlagen.* 窓がバタンと閉まった

❷【匠h】殴りかかる ▷ mit der Faust *zuschlagen* こぶしで殴りかかる

zu|schlie·ßen [ツー・シュリーセン] 分動 (schloss zu; zugeschlossen; 匠h)

他【④と】〔住い・ドアなど⁴に〕鍵をかける ▷ den Koffer *zuschließen* トランクに鍵をかける

zu|schnap·pen [ツー・シュナッペン] 分動 (schnappte zu; zugeschnappt)

自 ❶【匠s】（ドアなどが）バタンと閉まる

❷【匠h】（動物が）パクッと食いつく

zu|schnei·den [ツー・シュナイデン] 分動 (schnitt zu; zugeschnitten; 匠h)

他【④と】[…⁴を]裁断する ▷ den Stoff für die Bluse *zuschneiden* 生地をブラウス用に裁断する

Zu·schnitt [ツー・シュニット] 男 *der* (⊕2格 -[e]s; ⊛ -e)（服などの）裁断の仕方

zu|schnü·ren [ツー・シュニューレン] 分動 (schnürte zu; zugeschnürt; 匠h)

他【④と】〔包みなど⁴を〕ひもで縛る

Zu·schrift [ツー・シュリフト] 女 *die* (⊕2格 -; ⊛ -en)（記事・番組などに対する）投書;（提供品などに対する）申し込み

Zu·schuss [ツー・シュス] 男 *der* (⊕2格 -es; ⊛ ..schüsse) 助成金, 補助金 ▷ einen *Zuschuss* beantragen 〈erhalten〉助成金を申請する〈受け取る〉

Zu·schuß (旧⇒新) Zuschuss

zu|se·hen [ツー・ゼーエン] 分動 (er sieht zu; sah zu; zugesehen; 匠h)

自 ❶【③と】[…³に]（関心をもって）見る, 見守る ▷ *Sie sah ihm bei der Arbeit zu.* 彼女は彼の

仕事ぶりをじっと見ていた
❷ (なにもせずに)黙って見ている ▷ Er musste hilflos *zusehen*, wie sein Haus abbrannte. 彼は家が焼け落ちるのを手をこまねいて見ていなければならなかった
❸ 〖dass 文, wie 文と〗〔…になるように〕努める, 心がける, 注意する ▷ *Sieh zu*, dass du nicht so spät kommst! あまり遅れないように心がけてくれ

zu·se·hends [ツー・ゼーエンツ] [副] 目に見えて, 見る見るうちに

zu|set·zen [ツー・ゼッツェン] [分離]
(setzte zu; zugesetzt; [完了]h)
— [他] ❶ 〖④と〗〔…^{4}を〕添加する, 加える ▷ dem Wein Wasser *zusetzen* ワインに水を加える
❷ 〖④と〗〔金^{4}を〕(事業などにつぎ込んで)損をする
— [自] 《口語》 ❶ 〖③と〗〔…^{3}に〕しつこく頼む〈せがむ〉 ▷ Sie *setzte* ihm *zu*, bis er nachgab. 彼女は彼が譲歩するまでしつこく頼んだ
❷ 〖③と〗(暑さ・病気などが)〔…^{3}の〕身にこたえる, 心身を弱らせる ▷ Die Hitze *setzte* ihm stark *zu*. この暑さに彼はとてもまいっていた
[イディオム] ③+***mit Bitten zusetzen*** …^{3}にうるさく頼む
③+***mit Fragen zusetzen*** …^{3}を質問攻めにする

zu|si·chern [ツー・ズィッヒェルン] [分離]
(sicherte zu; zugesichert; [完了]h)
[他] 〖③+④と〗〔…^{3}に要請に応じることなど^{4}を〕確約する ▷ Der Handwerker hat mir *zugesichert*, dass er heute kommen werde. 職人は私にきょう来ると確約した

zu|spie·len [ツー・シュピーレン] [分離]
(spielte zu; zugespielt; [完了]h)
[他] ❶ 〖③+④と〗〔…^{3}にボール^{4}を〕パスする
❷ 〖③+④と〗〔報道関係など^{3}に情報など^{4}を〕(偶然を装って)入手させる, 流す

zu|spit·zen [ツー・シュピッツェン] [分離]
(spitzte zu; zugespitzt; [完了]h)
— [再] 〖[sich]^{4}と〗(事態などが)緊迫する
— [他] 〖④と〗〔棒など^{4}の〕先をとがらせる

zu|spre·chen [ツー・シュプレッヒェン] [分離]
(er spricht zu; sprach zu; zugesprochen; [完了]h)
— [自] ❶ 〖③+[様態]と〗〔…^{3}に…の〕ことばをかける ▷ Sie *spricht* ihm freundlich 〈tröstend〉 *zu*. 彼女は彼に親切な〈慰めの〉ことばをかける
❷ 《文語》〖③と〗〔…^{3}を〕食べる, 飲む ▷ Er hat dem Bier reichlich *zugesprochen*. 彼はビールをたっぷり飲んだ
— [他] 〖③+④と〗(判決などで)〔…^{4}を…^{3}の〕ものと認める ▷ Das Kind wurde bei der Scheidung der Mutter *zugesprochen*. 子供は離婚に際し母親に引き取られるべきであると認定された
[イディオム] ③+***Mut zusprechen*** …^{3}に励ましのことばをかける
③+***Trost zusprechen*** …^{3}に慰めのことばをかける

Zu·spruch [ツー・シュプルフ] [男] *der* ([単] 2 格 -[e]s; [複] なし)
❶ 《文語》激励〈慰み〉のことば
❷ (客の)入り ▷ Das Lokal hatte mittags viel *Zuspruch*. その飲食店は昼頃いつも繁盛していた

Zu·stand [ツー・シュタント] [男] *der* ([単] 2 格 -[e]s; [複] ..stände)
❶ 〖[複] はまれ〗**状態**; (病人の) 容体 ▷ Der Garten war in einem verwahrlosten *Zustand*. 庭は荒れ果てた状態だった / Der *Zustand* des Kranken hat sich gebessert. 病人の容体はよくなった
❷ 〖ふつう [複] で〗情勢, 状況 ▷ die politischen *Zustände* im Lande 国内の政治情勢

zu·stan·de [ツ・シュタンデ] (=zu Stande)
[副] 〖成句で〗 ④+***zustande bringen*** …^{4}を成立〈実現〉させる ▷ eine Einigung *zustande bringen* 合意を成立させる
zustande kommen 成立〈実現〉する ▷ Eine Einigung ist nicht *zustande gekommen*. 合意は成立しなかった

Zu·stän·de [ツー・シュテンデ] Zustand の [複数]

zu·stän·dig [ツー・シュテンディヒ] [形] 所轄の, 担当の ▷ die *zuständige* Behörde 所轄官庁 / Wer ist dafür *zuständig*? この件の担当はだれですか

zu·stat·ten [ツ・シュタッテン] [副] 〖成句で〗 ③+***zustatten kommen*** …^{3}に役に立つ

zu|ste·cken [ツー・シュテッケン] [分離]
(steckte zu; zugesteckt; [完了]h)
[他] 〖③+④と〗〔…^{3}に…^{4}を〕こっそり与える

zu|ste·hen [ツー・シュテーエン] [分離]
(stand zu; zugestanden; [完了]h)
[自] 〖③と〗 (…の権利〈権限〉が)〔…^{3}に〕ある ▷ Uns *stehen* im Jahr 40 Urlaubstage *zu*. 私たちには年に 40 日の有給休暇をもらう権利がある

zu|stel·len [ツー・シュテレン] [分離]
(stellte zu; zugestellt; [完了]h)
[他] ❶ 〖④と〗〔郵便物など^{4}を〕配達する, 送付する ▷ Die Post wird hier täglich zweimal *zugestellt*. 郵便物はここでは日に 2 度配達される
❷ 〖④と〗〔…^{4}を〕(物を置いて)ふさぐ ▷ Wir haben die Tür mit einem Schrank *zugestellt*. 私たちは戸棚でドアをふさいだ

Zu·stel·ler [ツー・シュテラー] [男] *der* ([単] 2 格 -s; [複] -) 郵便配達人 (=Briefträger)

zu|stim·men [ツー・シュティメン] [分離]
(stimmte zu; zugestimmt; [完了]h)
[自] 〖③と〗〔…^{3}に〕**賛成〈賛同〉する**, 同意する ▷

Er *stimmte* dem Plan *zu.* 彼はその計画に賛成した

Zu·stim·mung [ツー・シュティムング] 女 *die* (輸 2格-; まれに -en) 賛成, 賛同, 同意 ▷ Sein Vorschlag fand allgemeine *Zustimmung.* 彼の提案は大方の賛同を得た

zu|sto·ßen [ツー・シュトーセン] 分離
(er stößt zu; stieß zu; zugestoßen)
— 他 〖ED h〗〖③と〗〖ドアを⁴と〗突いて〈けって〉閉める ▷ Er *stieß* die Tür mit dem Fuß *zu.* 彼はドアを足でけって閉めた
— 自 ❶ 〖ED h〗(人・物をナイフなどで)突く ▷ Er *stieß* mit dem Messer zweimal *zu.* 彼はナイフで2度突いた
❷ 〖ED s〗〖③と〗[…³の]身に起こる ▷ wenn mir etwas *zustößt* 私の身に何かが起こったなら

zu·ta·ge [ツ・ターゲ] 副 〖成句で〗(=zu Tage)
④+*zutage bringen* 〈*fördern*〉(真実など⁴を)明るみに出す
zutage kommen 〈*treten*〉(隠れていた物などが)見えるようになる

Zu·tat [ツー・タート] 女 (輸 2格-; 輸 -en)
❶ (ふつう 複 で)(料理などの)材料
❷ (服などの)付属品

zu·teil [ツ・タイル] 副 〖成句で〗③+*zuteil werden* 〖文語〗(栄誉などが)…³に与えられる

zu|tei·len [ツー・タイレン] 分離
(teilte zu; zugeteilt; ED h)
他 ❶ 〖③+④と〗[…³に]仕事・任務など⁴を割り当てる, 割り振る
❷ 〖④と〗(取り分・配給料など⁴を)分配する ▷ Im Krieg wurden die Lebensmittel der Bevölkerung *zugeteilt.* 戦時中食料は住民に配給された

Zu·tei·lung [ツー・タイルング] 女 (輸 2格-; 輸 -en) 割り当て, 割り振り; 分配, 配分; 割り当て分, 取り分

zu·tiefst [ツ・ティーフスト] 副 ひどく, とても

zu|tra·gen [ツー・トラーゲン] 分離
(er trägt zu; trug zu; zugetragen; ED h)
他 ❶ 〖③+④と〗[…³に…⁴を](こっそり)伝える ▷ Er *trägt* mir alles *zu*, was er hört. 彼は聞いたことをすべて私に教えてくれる
❷ 〖③+④と〗[…³に…⁴を]運んで行く ▷ Das Kind *trägt* dem Vater das Holz *zu.* 子供は父親に薪⁴を運んで行く
イディオム *es trug sich zu, dass* … 〖文語〗…ということが起きた

zu|trau·en [ツー・トラオエン] 分離
(traute zu; zugetraut; ED h)
他 〖③+④と〗[…³に…⁴が]できると思う ▷ Diese Tat kann ich ihm nicht *zutrauen.* こういうことが彼にできるとは私には思えない / Ich *traue* ihm *zu*, dass er uns betrügt. 私は彼なら我々をだましかねないと思う / 〖再帰的に〗Er *traute* sich zu viel *zu.* 彼は自分を過信していた

Zu·trau·en [ツー・トラオエン] 中 *das* (輸 2格 -s; 輸 なし) (ある人に対する)信用, 信頼 ▷ Zu ihm habe ich kein *Zutrauen* mehr. 彼のことを私はもう信用していない

zu·trau·lich [ツー・トラオリヒ] 形 信頼に満ちた; 〖副詞的に〗こわがる〈物おじする〉ことなく ▷ Der Hund näherte sich ihr *zutraulich.* その犬はこわがるようすもなく彼女に近づいてきた

zu|tref·fen [ツー・トレッフェン] 分離
(er trifft zu; traf zu; zugetroffen; ED h)
自 (推測などが)事実に合致する, 正しい; (状況などを)正しくとらえている, 適切である ▷ Was er sagt, *trifft* nicht *zu.* 彼の言うことは事実でない / 〖副分詞で〗eine *zutreffende* Bemerkung 適切なコメント
イディオム *Zutreffendes bitte unterstreichen!* 《アンケートなどで》該当箇所にアンダーラインを引いてください

Zu·tritt [ツー・トリット] 男 *der* (輸 2格 -[e]s; 輸 なし) (特定の場所への)立ち入り ▷ *Zutritt* verboten 〈Kein *Zutritt*〉! 立ち入り禁止
イディオム *freien Zutritt zu*+③ *haben* …³に自由に立ち入ることができる

Zu·tun [ツー・トゥーン] 中 *das* (輸 2格 -s; 輸 なし) 力を貸すこと, 助力, 手助け
イディオム *ohne mein* 〈*sein* など〉 *Zutun* 私〈彼など〉の手助けなしで

zu·un·terst [ツ・ウンタースト] 副 (積み重ねられたものなどの)一番下に (輸 zuoberst)

zu·ver·läs·sig [ツー・フェアレッスィヒ] 形 信用〈信頼〉できる ▷ Er ist *zuverlässig.* 彼は信用できる / aus *zuverlässiger* Quelle 確かな筋から

Zu·ver·sicht [ツー・フェアズィヒト] 女 *die* (輸 2格 -; 輸 なし) (物事が思い通りにいくという)確信 ▷ voller *Zuversicht* 確信に満ちて

zu·ver·sicht·lich [ツー・フェアズィヒトリヒ] 形 (物事が思い通りにいくという)確信に満ちた

zu·viel [ツ・フィール] 形 〖但=新〗**zu viel** (分けて書く) ☞ zu

zu·vor [ツ・フォーア] 副 それ以前に, その前に, 先に ▷ Ich muss *zuvor* noch telefonieren. 私はその前にまず電話しなければならない / Nie *zuvor* hatte ich so etwas erlebt. それまでに私はそういうことを一度も経験していなかった

zu|vor|kom·men [ツフォーア・コメン] 分離
(kam zuvor; zuvorgekommen; ED s)
自 ❶ 〖③と〗[…³に]先んじる ▷ Er wollte bezahlen, aber ich bin ihm *zuvorgekommen.* 彼は払おうとしたが彼より先に私が払った
❷ 〖③と〗[…³が]起こる前に必要な行動をとる ▷ Er ist meinen Wünschen *zuvorgekommen.* 彼は私の希望を何も言わないうちにかなえて

くれた

zu·vor·kom·mend [ツ・フォーア・コメント] [形] よく気がきいて親切な, 態度がていねいでやさしい

Zu·wachs [ツー・ヴァクス] [男] *der* ([単] 2格 -es; [複] なし) 増加, 成長

zu·we·ge [ツ・ヴェーゲ] [副] 〖成句で〗 (＝zu Wege) ④+***zuwege bringen*** (仕事など)⁴を仕上げる, 完成させる

zu·wei·len [ツ・ヴァイレン] [副] 《文語》 ときどき, ときたま

zu|wei·sen [ツー・ヴァイゼン] [分離] (wies zu; zugewiesen; [完了]h)
[他] 〖③+④と〗 〔…³に仕事・役割・予算など⁴を〕割り当てる

zu|wen·den [ツー・ヴェンデン] [分離] (wendete zu 〈wandte zu〉; zugewendet 〈zugewandt〉; [完了]h)
— [再] ❶ 〖[sich]⁴+③と〗 〔…³の方を〕向く ▷ Er *wendet* sich dem Ausgang *zu.* 彼は出口の方を向く
❷ 〖[sich]⁴+③と〗 〔…³に〕取り組む, 手をつける ▷ Er *wendete* 〈*wandte*〉 sich einem neuen Thema *zu.* 彼は新しいテーマに取り組んだ
— [他] ❶ 〖④+③と〗 〔…⁴を…³に〕向ける ▷ das Gesicht der Tür *zuwenden* 顔をドアの方に向ける
❷ 〖③+④と〗 〔…³に金銭など⁴を〕(ある目的のために)与える, 寄付する ▷ einer Organisation eine große Summe *zuwenden* ある団体に多額の寄付をする

Zu·wen·dung [ツー・ヴェンドゥング] [女] *die* ([単] 2格 -; [複] -en) 財政的援助, 寄付

zu·we·nig [ツ・ヴェーニヒ] [形] [旧⇨新] **zu wenig** (分けて書く) ☞ zu

zu|wer·fen [ツー・ヴェルフェン] [分離] (er wirft zu; warf zu; zugeworfen; [完了]h)
[他] ❶ 〖④と〗 〔ドアなど⁴を〕勢いよく閉める ▷ Er hat die Tür des Wagens von außen *zugeworfen.* 彼は車のドアを外からバタンと閉めた
❷ 〖③+④と〗 〔…³にボールなど⁴を〕投げつける ▷ *Wirf* mir den Ball *zu!* ボールをほうってくれ

zu·wi·der [ツ・ヴィーダー] [形] 〖成句で〗 ③+***zuwider sein*** …³の気に入らない ▷ Er *ist* mir *zuwider.* 私は彼が気に食わない

zu·wi·der|han·deln [ツヴィーダー・ハンデルン] [分離] (handelte zuwider; zuwidergehandelt; [完了]h)
[他] 〖③と〗 〔法律・規約など³に〕違反する

zu|win·ken [ツー・ヴィンケン] [分離] (winkte zu; zugewinkt; [完了]h)
[自] 〖③と〗 〔…³に〕(離れたところから身振りで)あいさつする ▷ Er *winkte* ihr mit der Hand *zu.* 彼は彼女に手を振ってあいさつした

zu|zah·len [ツー・ツァーレン] [分離] (zahlte zu; zugezahlt; [完了]h)
[他] 〖④と〗 〔…⁴を〕(追加分として)さらに払う

zu|zie·hen [ツー・ツィーエン] [分離] (zog zu; zugezogen)
— [他] 〖[完了]h〗 ❶ 〖④と〗 〔カーテンなど⁴を〕引いて閉める ▷ Er hat die Gardinen *zugezogen.* 彼はカーテンを引いて閉めた
❷ 〖④と〗 〔専門家⁴の〕 意見を求める ▷ Er wurde als Gutachter *zugezogen.* 彼は鑑定人として意見を求められた
— [再] 〖[完了]h〗 〖[sich]³+④と〗 〔良くないこと⁴を〕(不注意で)自分の身に招く, こうむる ▷ *sich* eine Erkältung *zuziehen* かぜをひく / Er hat sich den Zorn des Vorgesetzten *zugezogen.* 彼は上司の怒りをかった
— [自] 〖[完了]s〗 (よその土地から)引っ越して来る ▷ Die Familie ist erst vor kurzem *zugezogen.* その家族はつい最近引っ越して来たばかりだ

Zu·zug [ツー・ツーク] [男] *der* ([単] 2格 -[e]s; [複] ..züge) 移住

zu·züg·lich [ツー・ツュークリヒ] [前] 〖②支配〗 《文語》 …を加算して (☆ 冠詞・形容詞を伴わない名詞は単数の場合は無語尾, 複数の場合は 3 格語尾をつける) ▷ *zuzüglich* des Portos für den Versand 発送料金を加算して

zwang [ツヴァング] zwingen の [過去]

Zwang [ツヴァング] [男] *der* ([単] 2格 -es 〈まれに -s〉; [複] Zwänge) **強制, 強要, 束縛** ▷ Es besteht kein *Zwang*, daran teilzunehmen. それに参加しろという強制はない(参加は自由だ) (☆ 文頭の es は穴埋め) / gesellschaftlichen *Zwängen* ausgesetzt sein (道徳などの)社会的束縛にさらされている
[イディオム] ***ohne Zwang*** 強制されずに〈せずに〉
unter Zwang 強制されて ▷ Dieses Geständnis wurde *unter Zwang* abgelegt. この自白は強制されたものだ

Zwän·ge [ツヴェンゲ] Zwang の [複数]

zwän·gen [ツヴェンゲン] (zwängte; gezwängt; [完了]h)
[他] 〖④+[方向]と〗 〔…⁴を…へ〕むりに押し込む〈詰め込む〉 ▷ Er *zwängte* die Kleider in den Koffer. 彼はトランクに服をむりやり詰め込んだ

zwang·los [ツヴァング・ロース]
[形] ❶ **形式ばらない, くつろいだ, 打ち解けた** ▷ eine *zwanglose* Unterhaltung くつろいだ歓談
❷ 不定期な, 不規則な ▷ Die Zeitschrift erscheint in *zwangloser* Folge. この雑誌は不定期に刊行される

zwangs·läu·fig [ツヴァングス・ロイフィヒ] [形] (結果などが)必然的な

zwangs·wei·se [ツヴァングス・ヴァイゼ] [副] 強制的に, 無理やり

zwan·zig [ツヴァンツィヒ]
〖基数〗 **20** (用法: ☞ drei)

Z

zwan·zigst [ツヴァンツィヒスト]
[形]〘序数〙**第 20 の**, 20 番目の (用法: ☞ dritt)

zwar [ツヴァール] [副]〘成句で〙
und zwar 詳しく言うと; それも, しかも (☆ 強勢を伴う) ▷ Er kommt heute, *und zwar* um vier Uhr. 彼はきょう来る 詳しく言うと 4 時に
zwar ..., aber 〈***doch***〉 確かに…ではあるが ▷ *Zwar* ist er noch jung, *aber* er ist schon sehr erfahren. 確かに彼はまだ若いがしかしもう非常に経験豊かだ / Er hat *zwar* nicht viel Geld, führt *aber* ein glückliches Leben. 彼は確かに金はあまりないが幸せな生活を送っている

Zweck [ツヴェック] [男] *der* ([単] 2 格 -[e]s; [複] -e)
❶ (ある行為の目指す) **目的** ▷ Was ist der *Zweck* der Reise? 旅行の目的は何ですか / Diese Aktion hat ihren *Zweck* völlig verfehlt. この行動は目的をまったく果たさなかった / ([ことわざ]) Der *Zweck* heiligt die Mittel. 目的は手段を正当化する
❷〘[複] なし〙(ある行為のもつ) 意味 ▷ Es hat keinen *Zweck*, länger zu warten. これ以上待つのは無意味だ / Das hat doch alles keinen *Zweck*. それはやっぱりみな何の役にも立たない
❸〘ふつう [複] で〙(利用・使用の) 目的 ▷ Kernenergie für friedliche *Zwecke* nutzen 核エネルギーを平和的目的のために利用する

zweck·dien·lich [ツヴェック・ディーンリヒ] [形] (指図などが) 目的にかなった, 役に立つ

Zwe·cke [ツヴェッケ] [女] *die* ([単] 2 格 -; [複] -n) 画鋲(がびょう)

zweck·los [ツヴェック・ロース] [形] **無意味な**, むだな ▷ Es ist *zwecklos*, hier um Hilfe zu bitten. ここで助けを求めてもむだだ

zweck·mä·ßig [ツヴェック・メースィヒ] [形] **目的にかなった**; 得策な, 機能的な, 実用的な ▷ Es ist nicht *zweckmäßig*, die Reise zu verschieben. 旅行を延期するのは得策でない / Die Ausstattung des Wagens ist *zweckmäßig*. この車の装備は機能的だ / Sie war immer *zweckmäßig* gekleidet. [状態受動] 彼女はいつも実用的な服装をしていた

zwecks [ツヴェックス] [前]〘②支配〙《官庁》…の目的で, …のために

zwei

[tsvai ツヴァイ]

☆ 格を明示する場合, ② zweier, ③ zweien
〘基数〙**2** (用法: ☞ drei)
Er ist Vater *zweier* Kinder.
彼は 2 人の子供の父親である
zu *zweien* 2 人で, 2 人ずつ

zwei·deu·tig [ツヴァイ・ドイティヒ]
[形] ❶ **二通りに解釈できる**, あいまいな ▷ Die Antwort war *zweideutig*. 返事はあいまいなものだった
❷ (冗談などが) きわどい (二様の解釈ができ, その一方が下品であるという意味) ▷ Er erzählt gern *zweideutige* Witze. 彼はきわどいしゃれを言うのが好きだ

zwei·er·lei [ツヴァイアーライ] [形] 2 種類の (☆ 格語尾をつけない) ▷ *zweierlei* Sorten Papier 2 種類の紙

zwei·fach [ツヴァイ・ファッハ] [形] 2 倍の, 二重の

Zwei·fel [ツヴァイフェル] [男] *der* ([単] 2 格 -s; [複] -)
疑い, 疑念 ▷ unbegründete *Zweifel* 根拠のない疑い / Es besteht kein *Zweifel* an seiner guten Absicht. 彼の善意は疑う余地もない (☆ 文頭の es は穴埋め)
[イディオム] ***außer Zweifel sein*** 疑う余地がない
ohne Zweifel 明らかに ▷ Er hat *ohne Zweifel* Recht. 彼は明らかに正しい
sich³ über + ④ im Zweifel sein …⁴について迷っている ▷ Ich *bin* mir noch dar*über im Zweifel*, ob ich daran teilnehmen werde. 私はそれに参加しようかどうかまだ迷っている

zwei·fel·haft [ツヴァイフェルハフト]
[形] ❶ **疑わしい**, おぼつかない ▷ Es ist *zweifelhaft*, ob er das durchhalten kann. 彼がそれを辛抱し通せるかどうかは疑わしい
❷ いかがわしい ▷ Er macht *zweifelhafte* Geschäfte. 彼はいかがわしい商売をしている

zwei·fel·los [ツヴァイフェル・ロース] [副] **疑いもなく**, 明らかに ▷ *Zweifellos* hat er Recht. 疑いもなく彼の言うことは正しい

zwei·feln [ツヴァイフェルン]
(ich zweifle; zweifelte; gezweifelt; [完了]h)
[自]〘an + ③と〙[…³を] **疑う** ▷ An seinem guten Willen habe ich nie *gezweifelt*. 彼の善意を私は疑ったことがない / Er *zweifelte*, ob sie die Wahrheit gesagt hat. 彼は彼女が真実を述べたかどうか疑っていた

zwei·fels·oh·ne [ツヴァイフェルス・オーネ] [副] 疑いもなく, 明らかに

zwei·fel·te [ツヴァイフェルテ] zweifeln の [過去]

zweif·le [ツヴァイフレ] zweifeln の [現在]

Zweig [ツヴァイク] [男] *der* ([単] 2 格 -es 〈まれに -s〉; [複] -e)
❶ **枝**, 小枝 (☆ Stamm「幹」から直接伸びた太い「枝」は Ast; Zweig は Ast から分かれた「枝, 小枝」) ▷ Der Vogel hüpft von *Zweig* zu *Zweig*. 鳥が枝から枝へぴょんぴょん跳ぶ.
❷ (学問・産業などの) 分野, 部門 ▷ ein neuer *Zweig* der Elektroindustrie 電機産業の新しい分野

Zweig·stel·le [ツヴァイク・シュテレ] [女] *die* ([単] 2 格 -; [複] -n) (銀行・企業などの) 支店, 支社, 出

Z

張所

zwei·hun·dert [ツヴァイ・フンデルト] 【基数】200, 2百

Zwei·kampf [ツヴァイ・カムプフ] 男 der (⊕2格 -[e]s; ⊕ ..kämpfe) (2人の)決闘, 一騎打ち; 《スポ》(2選手〈チーム〉の)対抗試合

zwei·mal [ツヴァイ・マール] 副 2回, 2度; 2倍 ▷ Er war schon *zweimal* in Kyoto. 彼はすでに2度京都を訪れている / Er ist *zweimal* so alt wie du. 彼は君の倍の年齢だ

zwei·schnei·dig [ツヴァイ・シュナイディヒ] 形 両刃の, もろ刃の

zwei·sei·tig [ツヴァイ・ザイティヒ]
形 ❶ (印刷などが)両面の
❷ (記事などが)2ページの
❸ (契約が)双方的な

zwei·spra·chig [ツヴァイ・シュプラーヒヒ] 形 2ヵ国語で書かれた; (母国語のように)2ヵ国語を話す ▷ ein *zweisprachiges* Wörterbuch (独独に対して独和のような)2ヵ国語辞典 / Sie ist *zweisprachig*. 彼女は2ヵ国語を話すくバイリンガルだ

zweit [ツヴァイト]
形《序数》第2の, 2番目の(用法: ☞ dritt) ▷ der *Zweite* Weltkrieg 第二次世界大戦 / Friedrich der *Zweite* (=Friedrich *II*.) フリードリヒ2世 / zu *zweit* 2人で

zwei·tau·send [ツヴァイ・タオゼント] 【基数】2000, 2千

zwei·tens [ツヴァイテンス]
副 第2に ▷ Ich komme nicht mit. Erstens habe ich kein Geld, *zweitens* keine Zeit. 私はいっしょに行かない 第1に金がないし第2に時間がない

Zweit·schrift [ツヴァイト・シュリフト] 女 die (⊕2格 -; ⊕ -en) 副本, 写し, コピー

Zwerch·fell [ツヴェルヒ・フェル] 中 das (⊕2格 -[e]s; ⊕ -e) 《解剖》横隔膜

Zwerg [ツヴェルク] 男 der (⊕2格 -es 〈まれに -s〉; ⊕ -e) (伝説などの)小人 ▷ Schneewittchen und die sieben *Zwerge* 白雪姫と7人の小人

Zwet·sche [ツヴェッチェ] 女 die (⊕2格 -; ⊕ -n) 《植物》西洋スモモ, プラム

zwi·cken [ツヴィッケン]
(zwickte; gezwickt; 匠 h)
他 【④+in+④と】[..³の..⁴を]つねる ▷ Sie *zwickte* ihn in den Arm. 彼女は彼の腕をつねった
❷ 【④と】(衣類が)[..⁴を](窮屈で)締めつける ▷ Die neue Hose *zwickt* [mich]. この新しいズボンは[私には]窮屈だ

Zwick·müh·le [ツヴィック・ミューレ] 女 die (⊕2格 -; ⊕ -n) (どうしても抜け出せない)窮地, 苦境

Zwie·back [ツヴィー・バック] 男 der (⊕2格 -[e]s; まれに ⊕ ..bäcke〈-e〉) 《ふつう集合的に》(一種の)ラスク (2度焼きしたパン菓子)

Zwie·bel [ツヴィー・ベル] 女 die (⊕2格 -; ⊕ -n) 《植物》タマネギ; (チューリップなどの)球根 ▷ *Zwiebeln* schälen 〈in Ringe schneiden〉タマネギの皮をむく〈を輪切りにする〉

Zwie·licht [ツヴィー・リヒト] 中 das (⊕2格 -[e]s; ⊕ なし) 薄明かり

zwie·lich·tig [ツヴィー・リヒティヒ] 形 (態度などが)得体の知れない, 怪しげな

Zwie·spalt [ツヴィー・シュパルト] 男 der (⊕2格 -[e]s; まれに ⊕ ..spälte) (精神的な)葛藤, 相克 ▷ der *Zwiespalt* zwischen Gefühl und Vernunft 感情と理性の相克

zwie·späl·tig [ツヴィー・シュペルティヒ] 形 (思いなどが)あれこれ迷う, 悩む; (性格などが)分裂した

Zwie·spra·che [ツヴィー・シュプラーヘ] 女 die (⊕2格 -; ⊕ なし) 《文語》(想像上の人物との)対話 ▷ stumme *Zwiesprache* mit dem Toten halten 死者と語らう

Zwie·tracht [ツヴィー・トラハト] 女 die (⊕2格 -; ⊕ なし) 《文語》不和, 反目

Zwil·ling [ツヴィリング] 男 der (⊕2格 -s; ⊕ -e) ふたご, (☆単数では1人を指す) ▷ Die beiden Töchter sind *Zwillinge*. このふたりの娘はふたごだ / Sie ist ein *Zwilling*. 彼女はふたごだ

zwin·gen [ツヴィンゲン]
(zwang; gezwungen; 匠 h)
— 他 【④+zu+③と】[..⁴に..³を] 強いる, 強制する ▷ Man *zwingt* ihn zu einem Geständnis. 彼は自白を強いられる / Man hat ihn *gezwungen*, die Wahrheit zu sagen. 彼はむりやり真実を言わされた /『事柄を主語にして』Die Situation *zwang* uns, rasch zu handeln. 状況は私たちの迅速な行動を必要としていた
— 再 【sich⁴+zu+③と】むりして[..³を]する ▷ Du musst dich *zwingen*, etwas mehr zu essen. 君はむりしてでももう少し食べなければだめだ

zwin·gend [ツヴィンゲント] 形 (理由などが)やむを得ない; (論拠などが)説得力のある

Zwin·ger [ツヴィンガー] 男 der (⊕2格 -s; ⊕ -)
❶ (柵などで囲った, 主に犬用の)飼育場
❷ (血統書付きの犬の)育種場

zwin·kern [ツヴィンケルン]
(zwinkerte; gezwinkert; 匠 h)
自 まばたきする, しばたたく; ウインクをする ▷ mit den Augen *zwinkern* 目をぱちぱちさせる

Zwirn [ツヴィルン] 男 der (⊕2格 -[e]s; ⊕ なし) (縫いものに使う)より糸, 撚糸

zwi·schen
[tsvíʃn̩ ツヴィッシェン]

— [前]〔③・④支配〕
☆ 空間関係の表示において位置を表す場合は 3 格, 方向を表す場合は 4 格を支配する
☆ 代名詞との結合形: dazwischen
❶《空間》
a)〔3 格〕《位置》…の間で〈に〉
Ich saß *zwischen* ihm und ihr.
私は彼と彼女の間に座っていた
Er hält eine Zigarette *zwischen* den Fingern. 彼はタバコを指に挟んでいる
《3 つ以上のものに関しても (☞ unter)》
Der Brief lag *zwischen* den Papieren.
手紙は書類の間にあった
b)〔4 格〕《方向》…の間へ〈に〉
Sie stellt sich *zwischen* ihn und mich.
彼女は彼と私の間に立つ
eine Garage *zwischen* die beiden Häuser bauen 車庫を 2 軒の家の間に建てる
《3 つ以上のものに関しても (☞ unter)》
Er setzte sich *zwischen* die Gäste.
彼は客の間に座った
❷《時間》
a)〔3 格〕…の間に ▷ Ich komme *zwischen* zwei und drei Uhr. 私は 2 時から 3 時の間に来ます / *Zwischen* Weihnachten und Neujahr arbeiten wir nicht. クリスマスと新年の間は私たちは働かない
b)〔4 格〕…の間に〈へ〉 ▷ Mein Urlaub fällt *zwischen* die Feiertage. 私の休暇は休日に挟まれている
❹〔3 格〕《関係》 …の間で〈に〉 ▷ Verhandlungen *zwischen* Japan und China 日本と中国の間の交渉 / Der Unterschied *zwischen* den beiden besteht darin, dass … 両者の相違は…にある
— [副]〔[数詞]と〕〔…の〕間の ▷ Er ist *zwischen* 30 und 40 Jahre alt. 彼は 30 から 40 の間の年齢だ

Zwi·schen·ab·la·ge [ツヴィッシェン・アップ・ラーゲ] [女] *die* ([単] 2 格 –; [複] –n) 《コンピュータ》 クリップボード

zwi·schen·durch [ツヴィッシェン・ドゥルヒ] [副] その間に, その合間に ▷ Sie arbeitete von sieben bis achtzehn Uhr und machten *zwischendurch* nur eine kleine Pause zum Essen. 彼女は 7 時から 18 時まで働いたがその間食事をするため短い休憩をとっただけだった

Zwi·schen·fall [ツヴィッシェン・ファル] [男] *der* ([単] 2 格 –[e]s; [複] ..fälle)
❶ (何かの最中に起こり, 進行を妨げる)突発的な出来事〈事件〉 ▷ ein ärgerlicher *Zwischenfall* 腹立たしい突発的な出来事 / Die Reise verlief ohne *Zwischenfälle.* 旅行は何事もなく終わった
❷〔ふつう [複] で〕 騒動, 騒乱 ▷ Es kam zu blutigen *Zwischenfällen.* 流血の騒動になった

Zwi·schen·la·ger [ツヴィッシェン・ラーガー] [中] *das* ([単] 2 格 –s; [複] –) (核廃棄物などの)一時保管処理場

Zwi·schen·la·ge·rung [ツヴィッシェン・ラーゲルング] [女] *die* ([単] 2 格 –; [複] なし) (核廃棄物などの)一時保管処理

Zwi·schen·raum [ツヴィッシェン・ラオム] [男] *der* ([単] 2 格 –[e]s; [複] ..räume) (物と物の間の)あき, 空間, スペース; すき間, 間隔 ▷ der *Zwischenraum* zwischen den Häusern 家と家の間の空間

Zwi·schen·spiel [ツヴィッシェン・シュピール] [中] *das* ([単] 2 格 –[e]s; [複] –e) 《音楽》 間奏曲; 《劇》 幕間狂言

Zwi·schen·zeit [ツヴィッシェン・ツァイト] [女] *die* ([単] 2 格 –; [複] –en) 《スポーツ》 (競走などの途中で計る)一定区間を進むのにかかった時間, ラップタイム
[イディオム] ***in der Zwischenzeit*** (次のことが始まるまでの)間の時間, 合間 ▷ Ich werde *in der Zwischenzeit* abspülen. 私はその合間に食器でも洗っておきましょう

Zwist [ツヴィスト] [男] *der* ([単] 2 格 –[e]s; [複] –e) 《文語》 不和, 不仲, 反目 ▷ mit+③ in *Zwist* geraten …³と不仲になる

zwit·schern [ツヴィッチェルン]
(zwitscherte; gezwitschert; [完了]h)
[自] (鳥が)さえずる ▷ Jeden Morgen *zwitscherten* die Vögel im Garten. 毎朝鳥が庭でさえずっていた

Zwit·ter [ツヴィッター] [男] *der* ([単] 2 格 –s; [複] –) 《生物》 雌雄同体

zwo [ツヴォー] 〔基数〕 2 (=zwei; zwei はよく drei と聞き間違えられるため, 特に電話で代りに用いられる)

zwölf [ツヴェルフ]
〔基数〕 12 (用法: ☞ drei)

zwölft [ツヴェルフト]
[形]〔序数〕 第 12 の, 12 番目の (用法: ☞ dritt)

Zyk·len [ツュークレン] Zyklus の [複数]

Zyk·lon [ツュクローン] [男] *der* ([単] 2 格 –s; [複] –e) サイクロン(インド洋に発生する熱帯低気圧)

Zyk·lus [ツュークルス] [男] *der* ([単] 2 格 –; [複] Zyklen) 《文語》 サイクル, 循環

Zy·lin·der [ツィリンダー/ツュ..] [男] *der* ([単] 2 格 –s; [複] –)
❶ 円筒, 円柱 ▷ Wie berechnet man den Inhalt eines *Zylinders*? 円柱の体積はどのように求めるのか
❷ (エンジンの)シリンダー, 気筒 ▷ ein Motor

Z

mit vier *Zylindern* 4気筒エンジン
❸ シルクハット ▷ Er erschien in Frack und *Zylinder.* 彼は燕尾服とシルクハットで現れた
zy·nisch [ツューニシュ] 形 冷笑的な, シニカルな
Zy·nis·men [ツュニスメン] *Zynismus* の 複数
Zy·nis·mus [ツュニスムス] 男 *der* (単2格 –; 複 ..nismen)
❶ 《複 なし》冷笑的な考え方〈姿勢〉

❷ 冷笑的な発言
Zyp·res·se [ツュプレッセ] 女 *die* (単2格 –; 複 -n)《植物》イトスギ
zz., zzt. [ツァ・ツァイト]〖*zurzeit* の略語〗現在のところ, 目下
z.Z. [ツァ・ツァイト]〖*zur Zeit* の略語〗(旧⇒新) zz., zzt.

状態, 様態, 場所, 方向, …＝状態, 様態, 場所, 方向, …を表す語句

■付録目次■

I	アルファベット	934
II	発音とつづりの読み方	935
III	人称変化表,格変化表	942
IV	文法キーポイント	950

  A　文 ……………………………………………… 950
    1 文の種類 / 2 文の構成

  B　動詞 …………………………………………… 954
    1 動詞の形 / 2 時制(時称) / 3 分詞 / 4 受動形 / 5 接続法 /
    6 命令形 / 7 助動詞 / 8 複合動詞 / 9 非人称動詞 / 10 再帰動詞
    補足1：-eln, -ern 型動詞 / 2：「zu 不定詞句+sein」と未来受動分詞 / 3：haben 支配・sein 支配 / 4：間接話法の補足

  C　名詞 …………………………………………… 967
    1 性(文法上の) / 2 数 / 3 複数形 / 4 格
    補足5：2格語尾 -s と -es の使い分け

  D　冠詞類 ………………………………………… 971
    1 冠詞類 / 2 定冠詞 / 3 不定冠詞 / 4 ゼロ冠詞(無冠詞) / 5 定冠詞類 / 6 不定冠詞類 / 7 所有冠詞 / 8 否定冠詞 / 9 冠飾句

  E　代名詞 ………………………………………… 974
    1 人称代名詞 / 2 再帰代名詞 / 3 指示代名詞 / 4 相互代名詞

  F　前置詞と接続詞 ……………………………… 975
    1 前置詞 / 2 接続詞

  G　形容詞と副詞 ………………………………… 977
    1 形容詞 / 2 副詞類(副詞規定) / 3 比較変化
    補足6：否定

  H　関係文 ………………………………………… 981
    1 関係代名詞 / 2 関係副詞

V	数詞	984
VI	手紙・Eメールの書き方	987
VII	分綴法	990
VIII	新正書法	991
IX	和独索引	997
X	不規則動詞変化表	1015

I アルファベット

ドイツ語のアルファベットは，4つの文字を除き，英語と同一です．ßは語頭に用いられることがなく，したがって大文字がありません． AOU の3文字に変音符 ¨ がついたものはウムラウトまたは変母音と呼びます．なお，筆記体は，ドイツ人独自のものがありますが，英語風に書いてもさしつかえありません．

ラテン文字		発　　音		ドイツ文字		筆　記　体	
A	a	a:	アー	𝔄	𝔞	𝒜	𝒶
B	b	be:	ベー	𝔅	𝔟	ℬ	𝒷
C	c	tse:	ツェー	ℭ	𝔠	𝒞	𝒸
D	d	de:	デー	𝔇	𝔡	𝒟	𝒹
E	e	e:	エー	𝔈	𝔢	ℰ	ℯ
F	f	εf	エフ	𝔉	𝔣	ℱ	𝒻
G	g	ge:	ゲー	𝔊	𝔤	𝒢	ℊ
H	h	ha:	ハー	ℌ	𝔥	ℋ	𝒽
I	i	i:	イー	ℑ	𝔦	𝒥	𝒾
J	j	jɔt	ヨット	ℑ	𝔧	𝒥	𝒿
K	k	ka:	カー	𝔎	𝔨	𝒦	𝓀
L	l	εl	エル	𝔏	𝔩	ℒ	ℓ
M	m	εm	エム	𝔐	𝔪	ℳ	𝓂
N	n	εn	エン	𝔑	𝔫	𝒩	𝓃
O	o	o:	オー	𝔒	𝔬	𝒪	𝒪
P	p	pe:	ペー	𝔓	𝔭	𝒫	𝓅
Q	q	ku:	クー	𝔔	𝔮	𝒬	𝓆
R	r	εr	エル	𝔕	𝔯	ℛ	𝓇
S	s	εs	エス	𝔖	ſ, s	𝒮	𝓈
T	t	te:	テー	𝔗	𝔱	𝒯	𝓉
U	u	u:	ウー	𝔘	𝔲	𝒰	𝓊
V	v	fau	ファオ	𝔙	𝔳	𝒱	𝓋
W	w	ve:	ヴェー	𝔚	𝔴	𝒲	𝓌
X	x	ɪks	イクス	𝔛	𝔵	𝒳	𝓍
Y	y	ýpsilɔn	ユプスィロン	𝔜	𝔶	𝒴	𝓎
Z	z	tsεt	ツェット	ℨ	𝔷	𝒵	𝓏
	ß	εstsét	エス・ツェット		ß		ß
Ä	ä	ε:	エー	𝔄̈	𝔞̈	𝒜̈	𝒶̈
Ö	ö	ø:	エー	𝔒̈	𝔬̈	𝒪̈	𝒪̈
Ü	ü	y:	ユー	𝔘̈	𝔲̈	𝒰̈	𝓊̈

付録

II 発音とつづりの読み方

1 発音表記

ドイツ語のつづりは表音文字（発音を示す文字）としての性格を保持しており，発音とかなり正確に対応している（☞ VII 分綴法）．したがって，ドイツ語の場合，つづりの読み方をしっかり学べば，（母音の長短，アクセントの位置などを除き）発音の表記なしでも原則的に単語を正しく発音することができる．

2 アクセント

ドイツ語のアクセントは，原則的に第1音節に置かれる．しかし，アクセントの位置によって意味が異なる動詞もある．また，外来語はもちろんのこと，ドイツ語本来の語にも例外があるため，アクセントの位置は一つひとつ辞書で調べることが重要である．なお，アクセントは発音記号の場合，母音の上の ´ によって，カナ表記の場合は太字によって表記する．

Abend	[áːbn̩t アーベント]	晩
übersetzen	[ýːbɐzɛtsn̩ ユーバー・ゼッツェン]	向こう岸へ渡す
übersetzen	[yːbɐzétsn̩ ユーバーゼッツェン]	翻訳する
Universität	[univɛrzitɛ́ːt ウニヴェルズィテート]	大学
lebendig	[lebéndiç レベンディヒ]	生き生きした

(☆ 発音記号は Duden Bd. 6: Das Aussprachewörterbuch に基づく)

3 ドイツ語の発音

ドイツ語の発音は，日本語と比べ，口の開け方や閉じ方が全体的にはっきりしている．

3-1 母音

[aː アー] [a ア] 口を大きく開けた日本語のア音．

Plan	[plaːn プラーン]	計画
Ball	[bal バル]	ボール

[iː イー] [ɪ イ] 唇を横に平たく引き緊張させ，口の開きをできる限り狭くする．ただし，単音は長音よりも口の張りがゆるい．

Liebe	[líːbə リーベ]	愛
Mitte	[mítə ミッテ]	中心

[eː エー] 日本語のイー音に聞こえるくらい，口を横に強く引き，開きを狭くする（☞ 図1）．

Leben	[léːbn̩ レーベン]	生命

[ɛː エー] [ɛ エ] 日本語のエ音よりも口をはっきり開く．

Träne	[trɛ́ːnə トレーネ]	涙
Bett	[bɛt ベット]	ベッド

[oː オー] 日本語のオ音よりも口をずっと丸め，舌を上へ上げる（☞ 図2）．

Brot	[broːt ブロート]	パン

[ɔ オ] 口を丸めるが，[oː] よりも口を広く開ける．

Gott	[gɔt ゴット]	神

発音記号	説明	例		
[uː ウー] [ʊ ウ]	唇を強く丸め、口の開きを小さくし緊張させ、舌を奥に引く。日本語のウ音にならないように注意 (☞ 図3).	**Hut** **Hund**	[huːt フート] [hʊnt フント]	帽子 犬
[yː ユー]	唇を [uː] の形に丸め、舌を [iː] の位置に置く (☞ 図4).	**Hügel**	[hýːgl ヒューゲル]	丘
[ʏ ユ]	唇を [ʊ] の形に丸め、舌を [ɪ] の位置に置く.	**Hütte**	[hʏ́tə ヒュッテ]	小屋
[øː エー]	唇を [oː] の形に丸め、舌を [eː] の位置に置く (☞ 図5).	**Möbel**	[møːbl メーベル]	家具
[œ エ]	唇を [o] の形に丸め、舌を [e] の位置に置く.	**Hölle**	[hœ́lə ヘレ]	地獄
[ə エ]	軽く発音した日本語のエ音.	all*e*	[álə アレ]	すべての
[au アオ]	ア音の方を強く発音する。日本語の「アウ」の音よりは「アオ」の音に近い.	**Haus**	[ha̯us ハオス]	家
[ai アイ]	ア音の方を強く発音する.	**Eis**	[a̯is アイス]	氷
[ɔy オイ]	オ音の方を強く発音する。後に続く母音 [y] も唇を丸める.	**heute**	[hɔ́ytə ホイテ]	きょう
[ɐ̯ ア] [ɐ]	母音化した [ər] [r]. 軽い [a] に近い.	**Vater** **Tür**	[fáːtɐ ファーター] [tyːɐ̯ テューア]	父 ドア

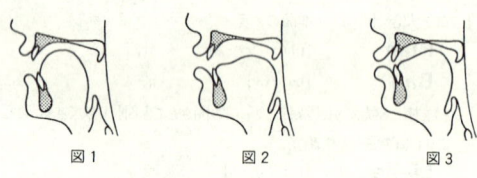

図1　　図2　　図3

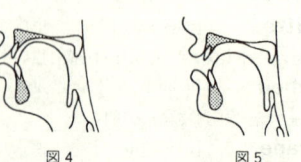

図4　　図5

[注]

本辞典では、以上のものの他に次の音声記号も使用している。

[l̩] / [n̩]：　[əl] / [ən] からあいまい母音 [ə] の脱落したもの

[i̯]　　：　半母音化した [i]　　　　[ã]：　フランス語の鼻母音

3-2　子音

[p プ]　[b ブ]　唇をしっかり閉じて，息を勢いよく出す．無声音・有声音の対立がある．

Pass　　[pas パス]　　パスポート
Bus　　[bus ブス]　　バス

[t ト]　[d ド]　舌先を上の歯茎につけて息を止め，それを急に離しつつ息を出す．有声音・無声音の対立がある．

Tod　　[toːt トート]　　死
Dorf　　[dɔrf ドルフ]　　村

[k ク]　[g グ]　舌の後部を上あごの奥に当ててふさぎ，息を勢いよく出す．有声音・無声音の対立がある．

Koch　　[kɔx コッホ]　　コック
Geld　　[gɛlt ゲルト]　　金

[m ム]　唇をしっかり閉じて，鼻から声を出す．日本語のマ行の子音よりも強く響かせる（☞ 図6）．

Mond　　[moːnt モーント]　　月

[n ン]　舌先を上の歯茎につけて，鼻から声を出す．日本語のナ行の子音よりも強く響かせる（☞ 図7）．

Nebel　　[néːbl̩ ネーベル]　　霧

[ŋ ング]　舌の後部を上あごの奥にあててふさぎ，鼻から息を出す（☞ 図8）．

Ding　　[dɪŋ ディング]　　物

[l ル]　舌先を上の歯茎につけたまま息を舌の両側から出す（☞ 図9）．

Liebe　　[líːbə リーベ]　　愛

[f フ]　[v ヴ]　上の歯で下唇を押さえ，その間から息を出す（☞ 図10）．有声音・無声音の対立がある．

Vogel　　[fóːgl̩ フォーゲル]　　鳥
Wein　　[vain ヴァイン]　　ワイン

[pf プフ]　両唇を閉じてから下唇を上の歯でかみ，その間から勢いよく息を出す．

Pferd　　[pfeːɐt プフェーアト]　　馬

[s ス]　[z ズ]　舌先を上の歯茎に近づけ，その間から息を強く出す．有声音・無声音の対立がある．日本語の「シ」「ジ」にならないようにする．

Kies　　[kiːs キース]　　砂利
Sand　　[zant ザント]　　砂

[ʃ シュ]　唇を丸め，舌の前部を歯茎の奥に近づけ，その間から勢いよく息を出す．

schon　　[ʃoːn ショーン]　　もう

[r ル]　舌先あるいは口蓋垂（☞ 図11）を震わす．

rot　　[roːt ロート]　　赤い

[h]　声帯を狭めて息を出す．

Hut　　[huːt フート]　　帽子

[x]　舌の後部を軟口蓋に近づけて息を出す（☞ 図12; 4-2 の ch）．

Nacht　　[naxt ナハト]　　夜

[ç ヒ]	[iː] よりも舌の前部を硬口蓋に近づけて息を出す (☞ 図13; 4-2 の ch).		
	ich	[ɪç イッヒ]	私は
[j]	日本語のヤ行の子音と同じ音. 舌の位置は [ç] と同一.		
	Japan	[jáːpan ヤーパン]	日本
[ts ツ]	日本語のツ音に近いが, 舌先をより強く上の歯茎につける.		
	Zug	[tsuːk ツーク]	列車
[tʃ チュ]	舌の前部を歯茎につけ, 息で勢いよく離す.		
	Deutsch	[dɔytʃ ドイチュ]	ドイツ語
[ǀ]	語頭の (および音節の頭を形成する) 母音に伴う声門閉鎖音. 喉頭を閉鎖した後で, これを再度力強く開きつつ発音する. 語頭のものは省略し, 語中のもののみを示す.		
	Verein	[fɛɐǀáin フェアアイン]	会

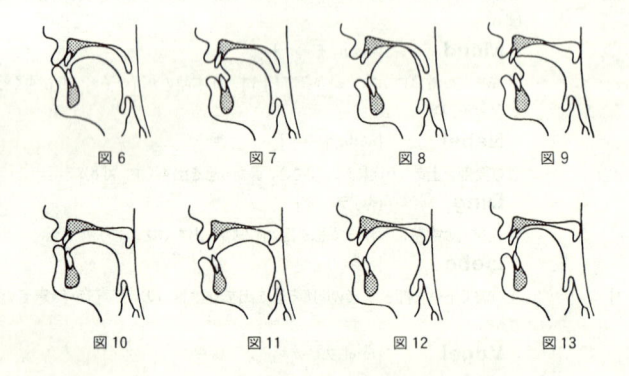

図6　　図7　　図8　　図9

図10　　図11　　図12　　図13

4　つづりの読み方

4-1　原則

ドイツ語のつづりは本来, 次例が示すように, ローマ字に似た表音文字として用いられる.

Tante	[tántə タンテ]	おば		**Name**	[náːmə ナーメ]	名前
finden	[fíndn̩ フィンデン]	見つける		**Bibel**	[bíːbl̩ ビーベル]	聖書
Tunnel	[tón̩l トゥンネル]	トンネル		**gut**	[guːt グート]	よい
Heft	[hɛft ヘフト]	ノート		**Leben**	[léːbn̩ レーベン]	生命
Onkel	[ɔ́ŋkl̩ オンケル]	おじ		**oben**	[óːbn̩ オーベン]	上に
Haus	[haus ハオス]	家		**Mai**	[mai マイ]	5月

しかし, ローマ字の知識が応用できない, ドイツ語特有のつづりもある. それらを以下に説明するが, 例外などもあるため, 単語の読み方は辞書の発音表記で確認するという習慣を身につけること. なお, 母音の長短に関しては, アクセントのある音節の場合, 後ろに子音字1つが来れば長母音 (上列右側を参照), 子音字が複数重なれば短母音 (上列左側を参照) という大ざっぱな規則を立てることができる.

発音とつづりの読み方

4-2 ドイツ語特有のつづり方

1) 母音字

ä	[ɛ エ]	**Lärm**	[lɛrm レルム]	騒音
	[ɛː エー]	**Träne**	[trɛ́ːnə トレーネ]	涙
ö	[œ エ]	**Löffel**	[lœfl レッフェル]	スプーン
	[øː エー]	**Möbel**	[mǿːbl メーベル]	家具
ü	[ʏ ユ]	**Hütte**	[hʏ́tə ヒュッテ]	小屋
	[yː ユー]	**Hügel**	[hýːgl ヒューゲル]	丘
aa	[aː アー]	**Haar**	[haːɐ ハール]	髪

(☆ 母音字の重複は長母音の印. 以下の事例も参照)

ee	[eː エー]	**Tee**	[teː テー]	茶
oo	[oː オー]	**Boot**	[boːt ボート]	ボート
ie	[iː イー]	**Liebe**	[líːbə リーベ]	愛

(☆ ie は ii の変形)

ei	[ai アイ]	**Arbeit**	[árbait アルバイト]	労働
eu	[ɔy オイ]	**Freund**	[frɔynt フロイント]	友人
äu	[ɔy オイ]	**träumen**	[trɔ́ymən トロイメン]	夢を見る

2) 子音字

j	[j]	**Japan**	[jáːpan ヤーパン]	日本
r	[r]	**Gras**	[graːs グラース]	草
s+母音	[z]	**Rose**	[róːzə ローザ]	バラ

(☆ 母音を伴わない場合, [s] として発音される: **Haus** [haus ハオス] 家)

ss, ß	[s ス]	**Fluss**	[flʊs フルス]	川
		essen	[ɛsn̩ エッセン]	食べる
		Straße	[ʃtráːsə シュトラーセ]	通り
		draußen	[dráusn̩ ドラオセン]	外で

> ★ **ss, ß の使い分け** (☞ VIII 新正書法 1-1)
>
> 新正書法では, 先行する母音が短母音の場合に ss, 長母音 (あるいは二重母音) の場合に ß とつづる.
>
> 従来の正書法では, 前後を母音に挟まれ, かつ前の母音が短いときにのみ ss が用いられ, その他の場合には ß が用いられた:
>
> **küssen** [kʏ́sn̩ キュッセン] キスをする
> (前後を母音に挟まれ, かつ前の母音が短い; 新正書法でも -ss-)
> **Straße** [ʃtráːsə シュトラーセ] 通り (前の母音が長い; 新正書法でも -ß-)
> **Fluß** [flʊs フルス] 川 (母音が後続しない; 新正書法では -ss)

v	[f フ]	**Vogel**	[fóːgl フォーゲル]	鳥

(☆ 外来語の v は母音の前で [v ヴ] と発音される: **Klavier** [klavíːɐ クラヴィーア] ピアノ)

付録

w	[v ヴ]	**Wein**	[vain ヴァイン]		ワイン
x	[ks クス]	**Taxi**	[táksi タクスィ]		タクシー
z	[ts ツ]	**Zimmer**	[tsímɐ ツィムマー]		部屋

ch (a, o, u, au の後で [x])

Nacht	[naxt ナハト]		夜
noch	[nɔx ノッホ]		まだ
rauchen	[ráuxn̩ ラオヘン]		タバコを吸う
Buch	[bu:x ブーフ]		本

(その他の場合 [ç ヒ])

lächeln	[lɛ́çln̩ レッヒェルン]		ほほえむ
nicht	[nɪçt ニヒト]		…ない
Küche	[kʏçə キュッヒェ]		台所
Recht	[rɛçt レヒト]		権利
leicht	[laiçt ライヒト]		軽い
China	[çí:na ヒーナ]		中国
München	[mʏ́nçn̩ ミュンヒェン]		ミュンヒェン
Milch	[mɪlç ミルヒ]		牛乳
Furcht	[fʊrçt フルヒト]		恐怖

chs	[ks クス]	**Fuchs**	[fʊks フクス]	キツネ
ck	[k ク]	**Zucker**	[tsókɐ ツッカー]	砂糖
dt	[t ト]	**Stadt**	[ʃtat シュタット]	町
pf	[pf プフ]	**Apfel**	[ápfl̩ アプフェル]	リンゴ
qu	[kv クヴ]	**Quittung**	[kvítʊŋ クヴィットゥング]	領収証

(☆ 字母 q は qu の組み合わせでしか用いられない)

sch	[ʃ シュ]	**Schule**	[ʃú:lə シューレ]	学校
tsch	[tʃ チュ]	**Deutsch**	[dɔytʃ ドイチュ]	ドイツ語

..ds, ..ts, ..tz [ts ツ]

abends	[á:bn̩ts アーベンツ]		晩に
rechts	[rɛçts レヒツ]		右に
Katze	[kátsə カッツェ]		猫

..ng	[ŋ ング]	**bringen**	[bríŋən ブリンゲン]	持って行く
語頭の **sp..**	[ʃp シュプ]	**sprechen**	[ʃpréçn̩ シュプレッヒェン]	話す
語頭の **st..**	[ʃt シュト]	**Stein**	[ʃtain シュタイン]	石

(☆ 語頭以外では [st] と発音される: **Kiste** [kiste キステ] 木箱)

語末の **..b**	[p プ]	**Dieb**	[di:p ディープ]	どろぼう

(☆ 母音を含む語尾が付加されると [b] と発音される: **Diebe** [dí:bə ディーベ] Dieb の複数形)

語末の **..d**	[t ト]	**Kind**	[kɪnt キント]	子供

(☆ 母音を含む語尾が付加されると [d] と発音される: **Kinder** [kíndɐ キンダー] Kind の複数形)

語末の **..g**	[k ク]	**Tag**	[ta:k ターク]	日

(☆ 母音を含む語尾が付加されると [g] と発音される: **Tage** [táːgə ターゲ] Tag の複数形)

語末の **..ig**　　[ɪç イヒ]　　　　**König**　　　　[kǿːnɪç ケーニヒ]　　　王

(☆ 母音を含む語尾が付加されると [g] と発音される: **Könige** [kǿːnɪgə ケーニゲ] König の複数形)

3) その他

語末の **..er**　　[ɐ ア-]　　　　**Mutter**　　　　[mútɐ ムッター]　　　母

(☆ 定冠詞 der, 人称代名詞 er, 非分離前つづり ver.., zer.. などは末尾の r のみを母音化させる: **der** [dɛɐ デア]　**er** [eːɐ エーア]　**ver..** [fɛɐ.. フェア..]　**zer..** [tsɛɐ.. ツェア..]; ☞ 3-1 の [ɐ ア])

語末の **..r**　　[ɐ ア]　　　　**Tür**　　　　[tyːɐ テューア]　　　ドア

(☆ 語尾や前つづりでアクセントを伴わない場合に生じる. ただし長母音 [aː] の後ろではやや [r] に近い音で, (音節末で) アクセントのある短母音の後ろでは, はっきり [r] と発音される: **Haar** [haːɐ ハール] 髪, **Perle** [pérlə ペルレ] 真珠)

長音記号の **h**　　直前の母音が長母音であることを示す: **Bahn** [baːn バーン] 鉄道

(☆ 語頭では [h] として発音される: **hoch** [hoːx ホーホ] 高い)

III 人称変化表，格変化表

A 動詞

1 現在人称変化

1-1 人称語尾（語幹に次の人称語尾をつける）

ich	-e	wir	-en
du	-st	ihr	-t
er	-t	sie	-en

1-2 人称変化

〈規則変化〉

ich	lerne	wir	lernen
du	lernst	ihr	lernt
er	lernt	sie	lernen

〈不規則変化〉（ウムラウトタイプと i / ie タイプ）

ich	fahre	wir	fahren
du	fährst	ihr	fahrt
er	fährt	sie	fahren

ich	laufe	wir	laufen
du	läufst	ihr	lauft
er	läuft	sie	laufen

ich	helfe	wir	helfen
du	hilfst	ihr	helft
er	hilft	sie	helfen

ich	lese	wir	lesen
du	liest	ihr	lest
er	liest	sie	lesen

2 過去人称変化

2-1 人称語尾（過去基本形に次の人称語尾をつける）

ich	-	wir	-[e]n
du	-st	ihr	-t
er	-	sie	-[e]n

2 人称変化

〈規則変化〉

ich	lernte	wir	lernten
du	lerntest	ihr	lerntet
er	lernte	sie	lernten

〈不規則変化〉

ich	kam	wir	kamen
du	kamst	ihr	kamt
er	kam	sie	kamen

≪現在人称変化細則≫

1) **規則動詞**の場合,動詞の語幹が –d, –t で終わるならば,2・3 人称の単数,2 人称複数で語幹と人称語尾の間に口調上の **e** を入れる.

arbeiten 働く	: du arbeit*e*st	er/ihr arbeit*e*t
reden 話す	: du red*e*st	er/ihr red*e*t

   また,動詞の語幹が **l, r** 以外の子音+–**m**, –**n** で終わるならば,2・3 人称の単数および 2 人称複数で語幹と人称語尾の間に **e** を入れる.

atmen 呼吸する	: du atm*e*st	er/ihr atm*e*t
öffnen あける	: du öffn*e*st	er/ihr öffn*e*t
rechnen 計算する	: du rechn*e*st	er/ihr rechn*e*t

2) **不規則動詞**の場合,語幹が –**d**, –**t** で終わっていても,2 人称単数で口調上の **e** を入れない.また,3 人称単数でも,語幹が –**d** で終わる場合,–**t** のみをつけ,語幹が –**t** で終わる場合,人称語尾を何もつけない.2 人称複数は口調上の **e** を入れて –**et** とする.

laden 積む	: du lädst	er lädt (但し ihr lad*e*t)
braten 焼く	: du brätst	er brät (但し ihr brat*e*t)

3) **語幹**が –**s**, –**ß**, –**x**, –**z** で終わる場合,2 人称単数で人称語尾の **s** は落ちる.また,語幹が –**sch** で終わる場合は,口調上の **e** は任意である.

blasen 息を吹く	: du bläst	grüßen あいさつする : du grüßt
boxen ボクシングをする	: du boxt	heizen 暖房する : du heizt
wünschen 願う	: du wünsch[*e*]st	

≪過去基本形の作り方≫

1) **規則動詞(弱変化動詞)**は,語幹に接辞 –**te** をつける.なお,語幹が –**d**, –**t** で終わるものと,語幹が –**m**, –**n** で終わり,その前が **h, l, r** 以外の子音のものは,口調上の **e** を入れる.

kaufen 買う	: kaufte	spielen 遊ぶ : spielte
retten 救う	: rett*e*te	baden ふろに入る : bad*e*te
atmen 呼吸する	: atm*e*te	öffnen あける : öffn*e*te

2) **不規則動詞1(強変化動詞)**は,語幹の母音を変える.**不規則動詞2(混合変化動詞)**は,幹母音を変え,かつ語幹に接尾辞 –**te** をつける.

gehen 行く	: ging	kommen 来る : kam
kennen 面識がある	: kannte	bringen 持って行く : brachte

   [注]
   過去基本形が –**d**, –**t** で終わる動詞は,2 人称の単数複数で口調上の **e** を挿入する.また,–**sch**, –**ss**, –**ß**, –**chs** で終わる動詞の 2 人称単数も –**est** になる.

fand (< finden 見つける)	: du fand*e*st	ihr fand*e*t
trat (< treten ける)	: du trat*e*st	ihr trat*e*t
wusch (< waschen 洗う)	: du wusch*e*st	
aß (< essen 食べる)	: du aß*e*st	
wuchs (< wachsen 育つ)	: du wuchs*e*st	

3 現在完了時制

⟨haben 支配⟩

ich habe	} ... getanzt	wir haben	} ... getanzt
du hast		ihr habt	
er hat		sie haben	

⟨sein 支配⟩

ich bin	} ... gefahren	wir sind	} ... gefahren
du bist		ihr seid	
er ist		sie sind	

4 過去完了時制

⟨haben 支配⟩

ich hatte	} ... getanzt	wir hatten	} ... getanzt
du hattest		ihr hattet	
er hatte		sie hatten	

⟨sein 支配⟩

ich war	} ... gefahren	wir waren	} ... gefahren
du warst		ihr wart	
er war		sie waren	

5 未来形

5-1 単純未来

ich werde	} ... lernen	wir werden	} ... lernen
du wirst		ihr werdet	
er wird		sie werden	

5-2 未来完了時制

⟨haben 支配⟩

ich werde	} ... getanzt haben	wir werden	} ... getanzt haben
du wirst		ihr werdet	
er wird		sie werden	

⟨sein 支配⟩

ich werde	} ... gefahren sein	wir werden	} ... gefahren sein
du wirst		ihr werdet	
er wird		sie werden	

6 動作受動

6-1 現在人称変化

ich werde	} ... gelobt	wir werden	} ... gelobt
du wirst		ihr werdet	
er wird		sie werden	

6-2　過去人称変化

ich wurde		wir wurden		
du wurdest	… gelobt	ihr wurdet	… gelobt	
er wurde		sie wurden		

6-3　現在完了人称変化

ich bin		wir sind		
du bist	… gelobt worden	ihr seid	… gelobt worden	
er ist		sie sind		

7　状態受動

7-1　現在人称変化

ich bin		wir sind		
du bist	… eingeladen	ihr seid	… eingeladen	
er ist		sie sind		

7-2　過去人称変化

ich war		wir waren		
du warst	… eingeladen	ihr wart	… eingeladen	
er war		sie waren		

≪過去分詞の作り方≫

1) **規則動詞（弱変化動詞）** は，語幹に **ge-** および **-t** をつける．

　　kochen 料理する　　　：**gekocht**　　　　weinen 泣く　　：**geweint**

[注]

① 語幹が **-t, -d** などで終わる動詞の場合，口調上の **e** を挿入する．

　　warten 待つ　　　　　：**gewartet**　　　　reden 話す　　　：**geredet**

② アクセントが第一音節にない動詞の場合，**ge-** をつけない．

　　studieren 大学で学ぶ　：studiert

　　prophezeien 予言する　：prophezeit

2) **不規則動詞1（強変化動詞）** は，一部，幹母音を変えつつ，**ge-** および **-en** をつける．**不規則動詞2（混合変化動詞）** は，幹母音を変えつつ，**ge-** および **-t** をつける．

　　gehen 行く　　　　　：**gegangen**　　　　kommen 来る　　：**gekommen**

　　denken 考える　　　 ：**gedacht**　　　　 bringen 持って行く：**gebracht**

3) **分離動詞** の場合は，基礎動詞の過去分詞の前に分離前つづりをつける．**非分離動詞** の場合，基礎動詞の過去分詞から **ge-** を取り除いたものに非分離前つづりをつける．

　　abfahren 乗り物で出発する：**abgefahren**　　aufhören やめる　：**aufgehört**

　　verkaufen 売る　　　　　：**verkauft**　　　zerreißen 引き裂く：**zerrissen**

8 接続法第1式
8-1 人称語尾と第1式現在人称変化

ich	-e	wir	-en		ich	lerne	wir	lernen
du	-est	ihr	-et		du	lernest	ihr	lernet
er	-e	sie	-en		er	lerne	sie	lernen

☆ **-eln, -ern** で終わる動詞は，2人称の単数複数で **e** を挿入しない．直説法と同一になる．

8-2 第1式過去・未来人称変化

ich habe	wir haben
du habest … gelernt	ihr habet … gelernt
er habe	sie haben

(☞ haben 支配)

ich sei	wir seien
du sei[e]st … gekommen	ihr seiet … gekommen
er sei	sie seien

(☞ sein 支配)

ich werde	wir werden
du werdest … kommen	ihr werdet … kommen
er werde	sie werden

(☞ 未来形)

9 接続法第2式
9-1 人称語尾 (過去基本形に次の語尾をつける)

ich	-[e]	wir	-[e]n
du	-[e]st	ihr	-[e]t
er	-[e]	sie	-[e]n

9-2 第2式現在人称変化

ich	lernte	wir	lernten		ich	käme	wir	kämen
du	lerntest	ihr	lerntet		du	kämest	ihr	kämet
er	lernte	sie	lernten		er	käme	sie	kämen

☆ 規則動詞の場合，直説法過去形と同一．不規則動詞の場合，ウムラウトの可能な幹母音はウムラウトさせる．

9-3 第2式過去人称変化

〈haben 支配〉

ich hätte	wir hätten
du hättest … gelernt	ihr hättet … gelernt
er hätte	sie hätten

〈sein 支配〉

ich wäre	wir wären
du wär[e]st … gekommen	ihr wäret … gekommen
er wäre	sie wären

B 冠詞類
1 定冠詞と定冠詞類 (welcher, mancher, jeder など)

	定冠詞				定冠詞類			
格	男性	女性	中性	複数	男性	女性	中性	複数
1	der	die	das	die	dieser	diese	dieses	diese
2	des	der	des	der	dieses	dieser	dieses	dieser
3	dem	der	dem	den	diesem	dieser	diesem	diesen
4	den	die	das	die	diesen	diese	dieses	diese

2 不定冠詞と不定冠詞類

	不定冠詞				不定冠詞類			
格	男性	女性	中性	複数	男性	女性	中性	複数
1	ein	eine	ein	なし	mein	meine	mein	meine
2	eines	einer	eines	なし	meines	meiner	meines	meiner
3	einem	einer	einem	なし	meinem	meiner	meinem	meinen
4	einen	eine	ein	なし	meinen	meine	mein	meine

☆ 所有冠詞: mein 私の, dein 君の, Ihr あなたの, sein 彼の, ihr 彼女の, sein それの; unser 私たちの, euer 君達の, Ihr あなた達の, ihr 彼[女]らの/それらの

C 名詞
1 格変化

	格	男性名詞	女性名詞	中性名詞	
単数	1	der Vater	die Frau	das Kind	das Auto
	2	des Vaters	der Frau	des Kindes	des Autos
	3	dem Vater	der Frau	dem Kind	dem Auto
	4	den Vater	die Frau	das Kind	das Auto
複数	1	die Väter	die Frauen	die Kinder	die Autos
	2	der Väter	der Frauen	der Kinder	der Autos
	3	den Vätern	den Frauen	den Kindern	den Autos
	4	die Väter	die Frauen	die Kinder	die Autos

☆ 男性名詞と中性名詞は単数2格で –[e]s をつける. 女性名詞は単数で格語尾を持たない.
☆ 複数1格形がすでに –n あるいは –s で終わっている場合には何もつけない.

2 男性弱変化名詞と特殊な格変化をする名詞

	格	男性弱変化		特殊な格変化
		「人間」	「猿」	「名前」
単数	1	der Mensch	der Affe	der Name
	2	des Menschen	des Affen	des Namens
	3	dem Menschen	dem Affen	dem Namen
	4	den Menschen	den Affen	den Namen

D 代名詞

1 人称代名詞

格	1人称 単数	1人称 複数	2人称 親称 単数	2人称 親称 複数	2人称 敬称 単数/複数	3人称 単数			3人称 複数
1	ich	wir	du	ihr	Sie	er	sie	es	sie
2	meiner	unser	deiner	euer	Ihrer	seiner	ihrer	seiner	ihrer
3	mir	uns	dir	euch	Ihnen	ihm	ihr	ihm	ihnen
4	mich	uns	dich	euch	Sie	ihn	sie	es	sie

2 再帰代名詞

格	1人称 単数	1人称 複数	2人称 親称 単数	2人称 親称 複数	2人称 敬称 単数/複数	3人称 単数			3人称 複数
1	(ich)	(wir)	(du)	(ihr)	(Sie)	(er)	(sie)	(es)	(sie)
3	mir	uns	dir	euch	sich	sich	sich	sich	sich
4	mich	uns	dich	euch	sich	sich	sich	sich	sich

3 関係代名詞

格	男性	女性	中性	複数
1	der	die	das	die
2	dessen	deren	dessen	deren
3	dem	der	dem	denen
4	den	die	das	die

E 形容詞の格変化

1 定冠詞類と用いられる場合

格	男性 「大きな机」	女性 「青い花」	中性 「小さな家」
1	der große Tisch	die blaue Blume	das kleine Haus
2	des großen Tisches	der blauen Blume	des kleinen Hauses
3	dem großen Tisch	der blauen Blume	dem kleinen Haus
4	den großen Tisch	die blaue Blume	das kleine Haus

格	複数 「赤い屋根」
1	die roten Dächer
2	der roten Dächer
3	den roten Dächern
4	die roten Dächer

2 不定冠詞類と用いられる場合

格	男　性	女　性	中　性
	「彼の大きな机」	「彼女の青いブラウス」	「彼の新しい家」
1	sein großer Tisch	ihre blaue Bluse	sein neues Haus
2	seines großen Tisches	ihrer blauen Bluse	seines neuen Hauses
3	seinem großen Tisch	ihrer blauen Bluse	seinem neuen Haus
4	seinen großen Tisch	ihre blaue Bluse	sein neues Haus

格	複　数
	「彼女の青い目」
1	ihre blauen Augen
2	ihrer blauen Augen
3	ihren blauen Augen
4	ihre blauen Augen

3 冠詞類を伴わない場合

格	男　性	女　性	中　性	複　数
	「赤いワイン」	「短い休息」	「冷たいビール」	「青い目」
1	roter Wein	kurze Ruhe	kaltes Bier	blaue Augen
2	roten Weins	kurzer Ruhe	kalten Biers	blauer Augen
3	rotem Wein	kurzer Ruhe	kaltem Bier	blauen Augen
4	roten Wein	kurze Ruhe	kaltes Bier	blaue Augen

☆ 語幹末尾が -el の形容詞は，格語尾を伴う場合，語幹の e を省く：ein dunkles Zimmer (＜dunkel)「暗い部屋」．また，語幹末尾が -en, -er の形容詞の場合は，ふつう語幹の e を省く：ein teu[e]res Auto「高い自動車」．

4 形容詞の名詞的用法
4–1 男性・女性・複数の変化形は「人」を表す

格	男　性	女　性	複　数
	「年老いた男」	「年老いた女」	「年老いた人々」
1	der Alte /ein Alter	die Alte /eine Alte	die Alten/Alte
2	des Alten /eines Alten	der Alten /einer Alten	der Alten/Alter
3	dem Alten /einem Alten	der Alten /einer Alten	den Alten/Alten
4	den Alten /einen Alten	die Alte /eine Alte	die Alten/Alte

4–2 中性の変化形は「事物」を表す

格	中性単数	
	「古いもの〈こと〉」	「なにかよいもの〈こと〉」
1	das Alte /Altes	etwas Gutes
2	des Alten /(なし)	(なし)
3	dem Alten /Altem	etwas Gutem
4	das Alte /Altes	etwas Gutes

IV 文法キーポイント

A 文

1 文の種類

1-1 平叙文

行為・出来事・状態などを叙述する場合に用いる文．定動詞は第2位に置く．イントネーションは降り音調．文末にピリオドを打つ．

Ich lerne fleißig Deutsch. 私は熱心にドイツ語を学ぶ

1-2 疑問文

1) 決定疑問文 相手から ja あるいは nein の答えを要求する疑問文．定動詞を文頭に置く．イントネーションは昇り音調．

Hast du keine Angst? 恐がっていないか

2) 補足疑問文 事柄の一部が未知の場合に用いられる疑問文．疑問詞（あるいは「前置詞＋疑問詞」）を文頭に置く．定形の動詞を第2位に置く．イントネーションは降り音調．

Wo **ist** sie geboren? 彼女はどこで生まれたのか

Mit wem **geht** er zur Schule? だれといっしょに彼は学校へ行くの

[注]

疑問詞は，未知の要素を確定しようとして用いられる語．疑問代名詞・疑問副詞・疑問冠詞の3種類に分かれる．

① 疑問代名詞 (wer「誰」と was「何」)

Wen hast du dort gesehen? だれを君はそこで見たの

Was willst du von mir? 君は私にどうしろと言うのだ

② 疑問冠詞 (welch*er*「どの，どれ」と was für [ein]「どのような」)

Welche Filme laufen zurzeit im Kino?

いまどの映画が放映されていますか

Was für ein Auto hat er gekauft?

彼はどんな自動車を買ったのですか

③ 疑問副詞 (wann, wo, woher, wohin, warum〈wieso〉, wie など)

Wann ist sie geboren? 彼女はいつ生まれたのか

1-3 命令文

話し相手に対する命令・要求などを表す文．イントネーションは降り音調．強い強勢を持ち，感嘆符をつける．

1) 親称 du, ihr の関係の命令文では命令形を文頭に置き，主語を省く．

Bring mir das Buch! 私にその本を持ってきなさい

[注]

① 主語を特に強調する場合あるいは対照的に提示する場合は主語を付加する ▷ **Bring du** mir das Buch!「君が私にその本を持ってきなさい」

② 分離動詞の場合，前つづりは分離する ▷ **Bring** doch deinen Lehrer **mit**!「先生も連れて

来いよ」

2) 敬称 Sie の関係の命令文では，動詞を先置し，その後ろに主語を置く．
Setzen *Sie* **sich!** おかけください

[注]
敬称の命令文は結果的に疑問文と同一の形式になるため，疑問文を作り，イントネーションだけを命令口調にすると覚えてもよい．
　Lernen Sie fleißig Deutsch? あなたは真面目にドイツ語を学んでいますか
　　→ Lernen Sie fleißig Deutsch! 真面目にドイツ語を学びなさい

1-4　感嘆文

激しい感情（喜び・怒り・興奮など）を表す文．平叙文の形式をとることも，疑問文の形式をとることもある．疑問文の形式の場合，定動詞を文末に置くことがある．イントネーションは降り音調．表記上，文末に感嘆符を置く．
　Hier ist es aber kalt! ここは寒い
　Glück und Glas, wie leicht bricht das! 幸せとグラス，なんと壊れ易いものか
　Wie schön doch das Wetter ist! 天気はなんとすばらしいんだ

2　文の構成
2-1　文肢（文成分）

文中の語句の配列順序を変える（たとえば文頭に語句を移動させる）場合，一かたまりで移動する語群．

Er	besucht **seine alte Tante** *ab und zu.*
彼は	年老いた叔母をときどき訪れる
Seine alte Tante	besucht er *ab und zu.*
年老いた叔母を	彼はときどき訪れる
Ab und zu	besucht er **seine alte Tante.**
ときどき	彼は年老いた叔母を訪れる

[注]
文肢は，削除すると文が非文になる補足成分と削除しても文が非文にならない添加成分とに分かれる（太字が補足成分，イタリックが添加成分）．
　Ich wohne *seit drei Jahren* **in Berlin**. 私は3年前からベルリンに住んでいる
　Er legt **das Buch** *langsam* **auf den Tisch**. 彼はゆっくり本を机の上に置く

2-2　文型

動詞と補足成分が構成する文構造．主な文型を挙げるが，下線の文肢は主語と動詞を除く補足成分（S＝主語，V＝動詞，P＝述語，O＝目的語，A＝副詞類；なお，右肩の数字は格を示す）．

　S-V　　　：Das Kind schreit. 子供が叫ぶ
　S-V-P　　：Der Lehrer ist krank. 先生は病気だ
　S-V-A　　：Er fährt nach Hamburg. 彼はハンブルクに行く

文法キーポイント

Der Arzt wohnt in Köln. その医者はケルンに住んでいる

S-V-O : Die Mutter schiebt den Kinderwagen[4].
母親は乳母車を押す

Er hörte meinen Worten[3] aufmerksam zu.
彼は私のことばに注意ぶかく耳を傾けた

Die Klasse gedachte des verstorbenen Schülers[2].
そのクラスは亡くなった生徒を偲んだ

Ich zweifle nicht an deinem guten Willen.
私は君の善意を疑うわけではない

S-V-O-O : Sie vermietet dem Studenten[3] eine Wohnung[4].
彼女はその学生に住居を賃貸ししている

Der Staatsanwalt klagt den Mann[4] des Mordes[2] an.
検事はその男を殺人で訴える

Die Arbeit hat mich[4] drei ganze Tage[4] gekostet.
私はその仕事をするのに丸3日費やした

Er fragte ihn[4] nach seinem Namen.
彼はその人に名前を尋ねた

Antworte mir[3] auf meine Frage!
私の質問に答えてちょうだい

S-V-O-A : Der Lehrer legt das Buch[4] auf den Tisch.
先生は本を机の上に置く

Der Lehrer dankt dem Schüler[3] für die Hilfe.
先生は生徒に手助けの礼を言う

S-V-O-P : Er nannte die Frau[4] eine gute Arbeiterin[4].
彼はその女性を働き者だと言った

Der Lehrer bezeichnet den Schüler[4] als fleißig.
先生はその生徒を真面目だと評している

2-3 文肢配列（語順）
動詞以外の，文中での文肢の並べ方．

1) 形態的規則 形態的に長い文肢ほど後方に置かれる．たとえば，名詞の目的語と代名詞の目的語が並列する場合，前者が後者よりも後方に置かれる．

Ich habe ihm ein Buch geschenkt. 私は彼に本を贈った
Ich habe es dem Freund geschenkt. 私はそれを友人に贈った

2) 統語的規則 動詞と密接な関係にある文肢ほど後方に置かれる．たとえば，述語や補足成分としての副詞類などは文末に近いところに置かれる．これらは動詞と一つの意味的なかたまりを形成し，動詞と統語的にもっとも近い．

Er war heute sehr **müde**. 彼は今日非常に疲れていた
Er wohnte damals **in Köln**. 彼は当時ケルンに住んでいた

3) 伝達的規則 伝達上の情報価値が大きい文肢ほど後方に置かれる．たとえば，不定冠詞のついた目的語と定冠詞のついた目的語が並列する場合，前者が後者よりも後方に置かれる．すなわち，既知の情報より未知の情報の方が情報上の価値が大きい．

Ich habe dem Freund ein Buch geschenkt.

私は友人に本を贈った

Ich habe das Buch einem Freund geschenkt.

私はその本を友人に贈った

[注]

平叙文の文頭には次のような語句が置かれる.

① 先行する文で言及され，新しく述べる事柄の話題 (テーマ)

Dort steht ein Wagen. **Er** gehört meinem Vater …

そこに車がある それは私の父のものだ…

② 先行する文に関連する場所・時間・理由など

Vor ihm stand eine Bank, und **dort** saßen drei alte Männer.

彼の前にベンチがひとつあった そしてそこには三人の老人が座っていた

③ 強調するもの，あるいは対比的なテーマ

Ein Lügner ist er!

うそつきだ 奴は

An seinen Freund hat er nicht geschrieben.

友人には彼は手紙を書かなかった

2-4 枠構造

主文では定動詞と不定詞・過去分詞・分離前つづり・述語が，また，副文では接続詞などと定動詞が作る一種の枠.

Heute **hat**	er ein Buch		**gekauft**.	きょう彼は本を買った
Hat	er heute	ein Buch	**gekauft**?	彼はきょう本を買いましたか
wenn	er heute	ein Buch	**kauft**	もし彼がきょう本を買えば

2-5 枠外配列

枠構造の後ろに語句を置くこと. 次のような語句が枠外に置かれる.

1) 副文.

Er lädt mich in das Wochenendhaus ein, **das seinen Eltern gehört**.

彼は両親の所有する週末の家に私を招待する

2) 比較対象を表す als, wie 句.

Ich habe schneller geschwommen **als er**.

私は彼よりも速く泳いだ

Du hast dich benommen **wie ein kleines Kind**.

君は小さな子供のように振舞った

3) zu 不定詞句.

Er wurde aufgefordert, **seinen Ausweis zu zeigen**.

彼は証明書を見せるように要求された

B 動詞

1 動詞の形

1-1 定形と不定形

定形: 人称語尾のついている形. 　不定形: 人称語尾のついていない形.

[注]

動詞の形は必ず定形か不定形かのどちらかである. 下例のゴチックの部分が定形, イタリックの部分が不定形である ▷ Franz **will** heute seinen Freund *besuchen*.「フランツは今日友人を訪ねるつもりだ」

1-2 定動詞

(人称語尾を伴う) 定形の動詞.

[注]

定動詞の位置と文のタイプ

① 平叙文　定動詞は第2位
　Er **kommt** morgen früh nach Mannheim. 彼は早朝マンハイムに来る
② 決定疑問文　定動詞は文頭
　Kommt er morgen wirklich? 彼は明日本当に来るのか
③ 補足疑問文　定動詞は第2位
　Wann **kommt** er eigentlich? 彼は本来いつ来るのか
④ 命令文　定動詞は文頭
　Genieße deine Jugend! 君の青春を楽しめ
⑤ 副文　定動詞は文末
　Er fragte sie, warum sie immer zu spät **komme**.
　彼は彼女になぜいつも遅刻するのかとたずねた

1-3 不定詞

不定形の動詞. 不定詞は単純不定詞と完了不定詞に分けられる (単純不定詞はふつう単に不定詞とも呼ばれる).

1) 単純不定詞は,「語幹＋ -en」によって作る.
　kaufen 買う　　lernen 学ぶ
2) 完了不定詞は,「過去分詞＋完了の助動詞 (haben, sein)」によって作る.
　gelacht haben (＜lachen 笑う)　　gekommen sein (＜kommen 来る)

[注]

不定詞は, 頭文字を大文字にし, 中性名詞としても用いることができる ▷ Ich habe ihr beim **Einsteigen** geholfen.「私は彼女が乗車する際に手助けをした」

1-4 不定詞句

不定詞によって形成される句. 不定詞は末尾に置かれる. 句例を示すのに用いられる.

　heute ins Kino gehen きょう映画に行く (こと)
　ihn im Zug getroffen haben 彼と汽車で会った (こと)

[注]

名詞句, 命令表現などとして用いられる ▷ Obst essen ist gesund.「果物を食べるのは健康によい」/ Maul halten!「黙れ」

1-5 zu 不定詞[句]

zu を伴って用いられる不定詞[句].

作り方

1) zu は不定詞の前に置く. 完了不定詞・受動形の場合は助動詞の前に置く. 分離動詞の場合は分離前つづりと基礎動詞部分との間に zu を入れる.

  単純不定詞 : **zu** arbeiten
  完了不定詞 : gearbeitet **zu** haben
  受動不定詞 : gelobt **zu** werden
  分離動詞 : ab**zu**fahren

2) 不定詞句内では, zu 不定詞を末尾に置き, さらに目的語・副詞類などをその前に置く.

fleißig Deutsch **zu lernen** 勤勉にドイツ語を学ぶ(こと)

heute Abend ins Kino **zu gehen** 今晩映画に行く(こと)

3) zu 不定詞句は, 主文との関係がはっきり分かるように, または誤解が生じないように, 必要に応じてコンマを打って区切る.

Es steht dir offen **zu gehen**. 行くかどうかは君の自由だ

Es steht dir offen, **das zu tun**. それをするかどうかは君の自由だ

用法

1) 主語

Ihn zu überzeugen ist schwer. 彼を納得させるのは難しい

[注]

zu 不定詞句は上例のように文頭に置かれることもあるが, ふつう es を先行させ, 末尾に置かれる ▷ **Es** ist schwer, **ihn zu überzeugen**.

2) 述語

Sein Ziel war, **Politiker zu werden**. 彼の目標は政治家になることだ

3) 目的語

 a) 4格 (es を先行させることもある)

  Wir beschließen, **ihn zu entlassen**.

  私たちは彼を解雇することを決める

  Ich lehne **es** ab, **über diese Dinge zu diskutieren**.

  私はこの件について議論することを拒否する

 b) 前置詞句 (da[r]..＋前置詞の結合形を先行させることもある)

  Sie bittet ihn [**darum**], **bald wieder zu kommen**.

  彼女は彼にすぐにまた来てくれと頼む

[注]

形容詞の目的語として用いられることもある ▷ Er ist **bereit**, **ihr zu helfen**.「彼は彼女の手助け

をする用意がある」

4) 名詞修飾（＝付加語）

Sie hat die Absicht, **ihn zu unterstützen**. 彼女は彼を支持するつもりだ

5) 副詞類

a) um … zu

Er musste hart arbeiten, **um** sein Ziel **zu** erreichen.

彼は目標を達成するために粘りづよく働かねばならなかった

[注]

「genug, zu＋形容詞」と呼応して用いられることがある ▷ Er ist zu jung, um das zu verstehen.「彼はそれを理解するには若過ぎる」

b) ohne … zu

Er ging durch den Regen, **ohne** einen Mantel **zu** tragen.

彼はコートも着ずに雨のなかを歩いて行った

c) [an] statt … zu

Er schaute nur zu, **[an] statt** ihr **zu** helfen.

彼は彼女に手を貸すことなくただ見ているだけだった

2　時制（時称）

動詞の持つ，時間に関する文法カテゴリー．直説法の場合，現在・過去・未来・現在完了・過去完了・未来完了の6種類がある．

[注]

ドイツ語には，英語の進行形にあたる形式がない．現在進行形・過去進行形などはそれぞれ現在形・過去形などで表現される．

He is thinking of her all the time. 彼はいつも彼女のことを考えている
→ Er denkt immer an sie.

2-1　現在時制

不定詞の語幹に次の人称語尾をつけて作る時制．

用法（人称変化は942ページを参照）

1) 現在起きている事柄を述べる．

Die Kinder **spielen** im Garten. 〔現前の出来事〕

子供たちは庭で遊んでいる

Wir **warten** auf den nächsten Zug. 〔少し前から続いている出来事〕

私たちは次の列車を待っている

Er **besucht** oft das Theater. 〔習慣的出来事〕

彼はよく芝居を見に行く

2) 未来に起きる事柄を述べる．

Wir **kommen** bald zurück. 私たちはすぐに戻って来る

Du **bekommst** einen Brief. 君は手紙を一通受け取る

[注]

日記・年表などで過去の出来事を叙述するためにも用いられる．ただし，過去の事柄であることを示す時間副詞類（年号など）が必要である ▷ 1914 beginnt der erste Weltkrieg. 「1914 年には第 1 次世界大戦が始まる」

2-2　現在完了時制

完了不定詞の助動詞 haben, sein を現在人称変化させて作る時制（人称変化は 944 ページを参照）．

用法 過去の出来事を現在の立場から述べる（☞「過去時制」）．主に日常会話で用いられる．英語と異なり，過去の時点を表す副詞類と結合する．

Er **hat** gestern ein Auto **gekauft.**
彼はきのう自動車を買った

Ich **bin** gerade aus der Stadt **zurückgekommen.**
私は今ちょうど町から帰って来たところです

2-3　過去時制

過去形の作る時制（人称変化は 942 ページを参照）．

用法 過去の出来事を描写するのに用いられる．原則的に物語特有の時制である（☞「現在完了時制」）．

Damals **war** er sehr arm. Er **hatte** kein Haus, …
当時彼はとても貧しかった 家もなかったし…

2-4　過去完了時制

完了不定詞の助動詞 haben, sein を過去人称変化させて作る時制（人称変化は 944 ページを参照）．

用法 ある事柄が他の過去の事柄よりもさらに以前に生じたことを表す．

Nachdem er uns **angerufen hatte**, besuchte er uns.
彼は私たちに電話をした後訪ねて来た

2-5　未来形

「不定詞＋ werden」をもとにし，werden を現在人称変化させて作る時制．

用法（人称変化は 944 ページを参照）

1) 未来に起きる事柄を表す．ふつう推量の意味合いが加わる．

Das **wird** er sein Leben lang nicht **vergessen.** そのことを彼は一生忘れないだろう

2) 現時点の事柄に関する推量を表す．

Er **wird** jetzt im Büro **sein.** 彼はいまオフィスにいるだろう

[注]

① 1人称の主語の場合，意志の表明にも用いられる．

Das werde ich auf keinen Fall tun!
そんなことは私はどんなことがあってもやらない

② 2 人称の主語の場合，命令にも用いられる．

Du wirst jetzt schlafen gehen! お前はもう寝なさい

2-6　未来完了時制

「完了不定詞＋werden」をもとにし，werden を現在人称変化させて作る時制．

用法（人称変化は944ページを参照）

1) 未来のある時点に終了していると推量される事柄を表す．ただし，未来の時点を表す副詞類が必要である．

   Morgen **wird** er die Arbeit **beendet haben**.

   明日には彼はその仕事を終えてしまっているだろう

2) 過去のある時点に起きたと推量される事柄を表す．

   Er **wird** jetzt dort schon **angekommen sein**.

   彼はいまもうそこに到着したことでしょう

3　分詞

3-1　過去分詞

用法（作り方は945ページを参照）

1) 助動詞とともに．

   Er **ist** heute ins Kino **gegangen**.　　〔完了形〕

   彼はきょう映画に行った

   Er **wurde** gestern im Wald **ermordet**.　〔動作受動〕

   彼は昨日森で殺された

   Die Tür **ist** seit gestern **geöffnet**.　　〔状態受動〕

   ドアは昨日から開けられている

2) 述語的および副詞類的に（他動詞の場合は「…された」という受動的意味，自動詞の場合は「…した」という完了的な意味になる）．

   Der Versuch scheint **gelungen**.

   この試みは成功したように思える

   Das Wörterbuch lag **aufgeschlagen** auf dem Tisch.

   辞書は開かれたまま机の上に置かれていた

3) 名詞を修飾して（＝付加語；形容詞に準じた格変化をする）．

   Man jagt einen **entflohenen** Sträfling. 逃げた囚人を追跡する

   Er nahm die **angebotene** Stelle. 彼は申し出のあったポストを受けた

   [注] 名詞化した形容詞としても用いられる ▷ *der* / *die* Verletzte「負傷者」

3-2　現在分詞

作り方 不定詞に -d を付加して作る．

spielend（＜spielen 遊ぶ）　lächelnd（＜lächeln ほほえむ）　rudernd（＜rudern ボートをこぐ）

ただし: tuend（＜tun する), seiend（＜sein …である）

用法 行為・出来事・状態を継続中のものとして表す．

1) 名詞を修飾して（＝付加語；形容詞に準じた格変化をする）．

   Er hat dem **abfahrenden** Zug nachgesehen. 彼は発車する列車を見送った

2) 副詞的．

   Die Hunde sprangen **kläffend** über den Graben.

   犬たちはキャンキャン言いながら溝を飛び越えて行った

[注]
① 英語の進行形 (be +-ing) に対応する述語的用法はない (Er ist **schlafend**. のようには用いない).
② 名詞化して用いられることもある ▷ *der / die* Reisende「旅行者」

3-3　現在分詞句

現在分詞を基礎とする分詞句. なお, 分詞句と主文との間は必要に応じてコンマで区切る.

Sie öffnete die Tür[,] **am ganzen Körper zitternd**.
彼女は全身を震わせながらドアを開けた

Blumen in den Händen tragend[,] zogen sie auf den Domplatz.
花を手に持って彼らは大聖堂広場に向かった

4　受動形

本動詞の過去分詞と受動の助動詞 (werden, sein) の組み合わせによって作られる動詞の形式. 動作受動と状態受動がある.

4-1　動作受動

「過去分詞+werden」の組み合わせによる受動形式 (人称変化は 944～5 ページを参照).

1) 平叙文の場合, 受動の助動詞は第 2 位に, 過去分詞は文末に置かれる.

Der Briefträger **wird** von einem Hund **gebissen**.
郵便配達人は犬にかまれる

2) 能動文の 4 格目的語が受動文の主語になる.

Der Patient wird vom Arzt untersucht. 患者は医者の診察を受ける
　← Der Arzt untersucht **den Patienten**. 医者は患者を診察する

3) 能動文の主語は, 必要に応じて, von, durch 前置詞句によって表される. なお, von は人 (動作主) の場合に, durch は行為性の感じられない事物 (原因手段) の場合に用いられる.

Der Schüler wurde **vom Lehrer** gelobt.
その生徒は先生にほめられた

Das Haus wurde **durch Bomben** zerstört.
その家は爆弾で破壊された

Die Nachricht wurde **durch den Rundfunk** verbreitet.
そのニュースはラジオによって広められた

[用法] 能動文が動作主 (能動文の主語) のする行為を表すのに対し, 動作受動文は被動作者 (能動文の目的語) に対してなされる行為を表す. すなわち, 前者が動詞の表す事柄を動作主の視点から述べるのに対し, 後者は被動作者の視点から述べる.

Der Schüler wird vom Lehrer gelobt. 生徒は先生にほめられる
　← Der Lehrer lobt den Schüler. 先生は生徒をほめる

[注]
動作主が不明あるいは動作主を表したくない場合や, 事象そのものを動作主に関連づけることなく述べる場合に用いられる ▷ Seien Sie vorsichtig, wenn Sie einen alten Wagen kaufen. Da wird man leicht betrogen.「中古の車を買う時に注意しなさい 欺されやすいものなんだ」

4-2 非人称受動

4格目的語を持たない動詞から作られる受動形式．主語のない文になる．定動詞は3人称単数．動作主を主語の位置からはずすことによって，行為のみを取り出し，出来事として表現する．なお，文頭にしばしば es を置く．

Sonntags **wird** nicht **gearbeitet**. 日曜日は仕事休みだ
→ *Es* **wird** sonntags nicht **gearbeitet**.

4-3 状態受動

「他動詞の過去分詞＋sein」の組み合わせによる受動形式（人称変化は945ページを参照）．

用法 他動的動詞の行為によって生じた結果状態を表す．

Die Tür **ist geöffnet**. (← Die Tür ist geöffnet worden.)

ドアは開けられている

5 接続法

事柄を事実以外のもの（単にあり得ること，ないし想像しうるもの）として提示する動詞の形．第1式（本書では接続法I）と第2式（本書では接続法II）の2種類がある．

5-1 時制

接続法の時制は，現在・過去・未来の3種類に分けられる．

1) 現在: 主文または文脈と同時的な(時には後に起こる)事柄を表す場合に用いる．

Er sagte, er **sei** krank.

彼は病気だと言った

Er sagte, dass sie gleich **zurückkomme**.

彼は彼女がすぐに戻って来ると言った

Wenn ich Zeit **hätte**, **ginge** ich ins Kino.

もし時間があれば　映画に行くのになあ

2) 過去: 主文または文脈より以前に起こった事柄を表す場合に用いる．

Er sagte, dass er früher Lehrer **gewesen sei**.

彼は以前先生をしていたと言った

Wenn er Geld **gehabt hätte**, **wäre** er nach Japan **gefahren**.

もしお金があったならば　彼は日本へ行ったことでしょう

3) 未来: 主文または文脈より後に起こる事柄を表す場合に用いる．

Er sagte, dass sie gleich **zurückkommen werde**.

彼は彼女がすぐに戻って来ると言った

5-2 第1式

用法 （人称変化は946ページを参照）

1) ある人のことば，意見，考えなどを間接的に再現する間接話法．

Sie sagte, ihre Eltern **seien** im Urlaub.

彼女は両親が休暇中だと言った

また，名詞などに付加する内容規定文などにも第1式が用いられる．

Die Annahme, dass er bereits **abgereist sei**, war falsch.

彼がすでに旅立っただろうという推測は誤りだった

[注]

① 話者が間接話法の副文の事柄を事実と認めている場合には直説法の動詞を，また，話者が間接話法の伝達内容文の事柄に懐疑的な立場をとる場合には第2式が用いられる．

Sie hat mich tagtäglich gefragt, was ich werden **will**.
彼女は私に将来何になるのかと来る日も来る日も尋ねた

Einige sagen, er **wäre** 120 Jahre alt [, aber ich glaube es nicht].
彼は120歳だと言う人もいる[が　私はそう思わない]

② 話しことばや第1式が直説法と同形になる場合，代用形として第2式が用いられる．

Er sagte mir, dass ich keinen Mut **hätte**.
彼はぼくには勇気がないと言った

2) 3人称の主語（単数，まれに複数）に対する話者の願望などを表す要求話法．使用解説書，料理説明書などで用いられる．

Gott **segne** den König! 王に神の御加護あれ

Man **nehme** dreimal täglich eine Tablette! 1日3回1錠服用のこと

5-3　第2式

用法（人称変化は946ページを参照）

1) 非現実的な条件と，それに基づく帰結を述べる非現実話法．

Wenn ich Geld **hätte**, **ginge** ich ins Kino.
お金があれば 私は映画に行くのになぁ

[注]

① 条件文は，定形を文頭に置いた形式でも表される．

Hätte ich genug Zeit, so würde ich dir helfen．（＝Wenn ich genug Zeit **hätte**, …）
時間が十分あれば　君の手助けをするのだが

② 第2式形が直説法の形態と同一の場合，代用形として werden の第2式が好んで用いられる．

Wenn ich Geld hätte, **kaufte** ich ein Haus. もしお金があれば家を買うのだが
　→ Wenn ich Geld hätte, **würde** ich ein Haus **kaufen**.

2)「あたかも…かのように」と非現実的なたとえを表す als ob 文．

Er sieht aus, **als ob** er krank **wäre**. 彼はまるで病人のように見える

[注]「als＋定動詞」という形式でも用いられる ▷ Er sieht aus, **als wäre** er krank.

3)「申し訳ありませんが，…」という遠慮がちの感じを伝える外交的接続法．

Ich **hätte** eine Frage. 質問があるのですが

Könnten Sie mir bitte das Fenster öffnen?
窓を開けていただけませんでしょうか

6　命令形

話し相手に対する命令・要求などを表す動詞の形．

作り方（2人称の形しかない）

1) 親称 du, ihr の関係の相手に．

a) 動詞の語幹に単数では -e, 複数では -t を付加する.

	du に対して	ihr に対して
lernen 学ぶ	: lerne!	lernt!
denken 考える	: denke!	denkt!

[注]
① 単数の語尾 -e は, 特に口語でしばしば省かれる. 特に不規則動詞の場合, 省くのがふつうである ▷ **Komm** herein und wärme dich!「中に来て体を暖めなさい」
② -eln, -ern 型の動詞の場合, 単数の語尾 -e は必ずつける. なお, 語幹の e は, -eln 型の動詞の場合, ふつう省き, -ern 型の動詞の場合は, 口語で省く.
   Schüttle das Glas! グラスを揺すれ
   Kich[e]re nicht! 忍び笑いなんかするな
③ -igen で終わる動詞および m, n を含む複子音で語幹が終わる動詞の場合, 単数の語尾 -e は必ずつける. また, 語幹が -d, -t で終わる動詞の場合は -e をつけるのがふつうである.
   Entschuldige bitte! ごめんなさい
   Atme! 息をして
   Öffne die Tür! 扉を開けてくれ
   Antworte mir sofort! 私にすぐ答えて
   Rede ihm das aus! 彼に話しをしてそれを思い止まらせろ
④ 語幹が -d, -t で終わる動詞の場合, ihr に対応する命令形では口調上の e を挿入する ▷ Arbeitet!「働け」/ Redet!「話せ」
⑤ 再帰代名詞は 2 人称の形になる ▷ Setz dich〈Setzt euch〉!「座りなさい」

b) 直説法の人称変化で幹母音 e を i〈ie〉に変える動詞の場合, 複数は -t をつけるだけだが, 単数では同じように幹母音 e を i〈ie〉に変える. ただし, 語尾 -e はつけない.

	du に対して		ihr に対して
essen 食べる	: **iss!**	(du isst)	**esst!**
sprechen 話す	: **sprich!**	(du sprichst)	**sprecht!**

2) 敬称 Sie の関係の相手に対して単数複数ともに, 語幹に語尾 -en をつけて作る. ただし, -eln, -ern 型動詞の場合は語幹に語尾 -n をつける.

Schweigen Sie! お黙りなさい
Schütteln Sie bitte das Glas! グラスを揺すってください

[注]
敬称の命令形は本来, 接続法第 1 式から派生形で, したがって, 動詞 sein の命令形は sind ではなく, seien になる ▷ Seien Sie vorsichtig!「気をつけてください」

---

7 助動詞

不定詞と結びつき, 活用形を作る助けをしたり, さまざまな意味合いを付加したりする動詞. 時制や受動態の形成に関与する助動詞 (haben, sein, werden) と話法の助動詞 (dürfen, können, mögen, müssen, sollen, wollen) に大別される.

Er **hat** ein Buch gekauft. 彼は本を買った

Ich **muss** einen Brief schreiben. 私は手紙を書かなければならない

(☆ ふつうに用いられる動詞は本動詞と呼ぶ.)

7–1 話法の助動詞

本動詞と結びつき，さまざまな意味合いを付加する動詞 (dürfen, können, müssen, sollen, wollen, mögen〈möchte〉; 人称変化，意味用法は辞書本体のそれぞれの項目を参照).

7–2 話法の助動詞文の構成

1) 平叙文では，話法の助動詞を第 2 位に，本動詞は文末に置く.

   Ich **muss** heute einen Brief **schreiben**. 私はきょう手紙を書かなければならない

   [注]

   各完了時制の場合，話法の助動詞は本動詞とともに文末に置かれる ▷ Ich habe heute in die Stadt **gehen müssen.**「私はきょう町へ行かなければならなかった」

2) 決定疑問文の場合，話法の助動詞は文頭に置く.

   Musst du heute noch nach Bonn **fahren**?

   君はきょう中にボンに行かなければならないのですか

3) 補足疑問文の場合，疑問詞を文頭に，話法の助動詞を第 2 位に置く.

   Wie **kann** ich nach Bonn **fahren**?

   どのようにして私はボンに行けますか

4) 副文の場合，話法の助動詞は本動詞とともに文末に置かれる.

   …, dass du nach Deutschland **fahren willst**.

   君がドイツに行くつもりであること…

5) 話法の助動詞を複数重ねて用いることも，未来形を作ることも，また，zu 不定詞を作ることもできる.

   Einem Freund **muss** man vorbehaltlos trauen **können**.

   友人というものは無条件で信頼できるものでなければならない

   Ihre Frau **wird** morgen wieder spazieren gehen **können**.

   奥さんは明日にはふたたび散歩に出かけることができるでしょう

   Er erklärte ausdrücklich, noch einmal wiederkommen *zu* **wollen**.

   彼はもう一度戻って来るつもりだとはっきり言明した

7–3 独立的用法

本動詞を伴わず用いられること．話法の助動詞がすでに本動詞化している場合と結合する本動詞が省略されている場合とがある.

1) 本動詞化している事例.

   Er **kann** gut Japanisch. 彼は日本語がじょうずだ

   Die beiden **mögen** sich. 二人は好き合っている

2) 結合する本動詞が省略された事例.

   a) 移動動詞の省略 (方向を表す語句などが不可欠).

   Er **wollte** nicht *ins* Bett. 彼は寝ようとしなかった

   Ich **muss** jetzt *in die Stadt*. 私はこれから町へ行かねばならない

   b) 動詞 tun の省略 (本動詞の繰り返しを避けるときに行われるものであるが，ふつう das や es な

どの代名詞を伴う).

Das **darfst** du nicht. それは君はしてはならない

Ich **muss** *es*. 私はそれをしなければならない

[注]

独立的用法の場合, 完了形の過去分詞は ge—t の形になる ▷ Er hat zum Arzt **gemusst**.「彼は医者に行かなければならなかった」

8 複合動詞

前つづりを伴う動詞. 分離動詞, 非分離動詞, 分離・非分離動詞などがある.

[注]

不規則動詞を基礎動詞とする複合動詞はやはり不規則に人称変化する.

[分離動詞]	abfahren	ich	fahre …ab	wir	fahren …ab
	乗り物で出発する	du	fährst …ab	ihr	fahrt …ab
		er	fährt …ab	sie	fahren …ab
[非分離動詞]	ertragen	ich	ertrage …	wir	ertragen …
	堪える	du	erträgst …	ihr	ertragt …
		er	erträgt …	sie	ertragen …

8-1 分離前つづり

主文の定動詞として用いられる場合, 基礎動詞から分離する前つづり.

ab.., an.., auf.., aus.., bei.., ein.., empor.., fort.., her.., hin.., los.., mit.., nach.., vor.., weg.., wieder.., zu.., zurück.., zusammen.. など.

分離動詞

分離前つづりをもつ複合動詞.

1) アクセントは必ず分離前つづりにある. 過去分詞は, 基礎動詞の過去分詞に前つづりを付加する. zu 不定詞は前つづりと基礎動詞の間に zu を挿入する.

		過去分詞	zu 不定詞
ab|fahren	出発する	: abgefahren	ab**zu**reisen
an|rufen	電話をかける	: angerufen	an**zu**rufen
auf|stehen	起きる	: aufgestanden	auf**zu**stehen

2) 主文の定動詞として用いられる場合, 基礎動詞部分と前つづりが分離する. 助動詞文や副文の場合は分離しない.

Er **steht** morgens um 7 Uhr **auf**. 彼は朝 7 時に起きる

Steht er morgens um 7 Uhr **auf**? 彼は朝 7 時に起きるのですか

Steh noch früher **auf**! もっと早く起きなさい

Er muss morgens um 7 Uhr **aufstehen**. 彼は朝 7 時に起きなければならない

…, dass er morgens um 7 Uhr **aufsteht**. 彼が朝 7 時に起きること…

8-2 非分離前つづり

主文の定動詞として用いられる場合でも, 基礎動詞から分離しない前つづり.

be.., ent..(emp..), er.., ge.., miss.., ver.., zer..

[注]

emp.. は ent.. が f で始まる語と結合することによって変形したものである ▷ ent..＋fangen → empfangen「迎える」

非分離動詞

非分離前つづりをもつ複合動詞. アクセントは基礎動詞に置かれる. 過去分詞は, 基礎動詞の過去分詞形から ge.. を省き, 前つづりをつける. また, zu 不定詞を作る場合, 単一動詞と同一に扱われる.

	過去分詞	zu 不定詞
bestellen 注文する	: bestellt (＜gestellt)	zu bestellen
verstehen 理解する	: verstanden (＜gestanden)	zu verstehen

Erkenne dich selbst! 汝自身を知れ！

[注]

① 過去分詞が不定詞と同形になる動詞がある ▷ vergessen「忘れる」など
② 過去分詞が 3 人称単数現在と同形になる動詞がある ▷ entdecken「発見する」など

8-3　分離・非分離前つづり

主文の定動詞として用いられる場合, 意味用法に応じて分離したりしなかったりする前つづり.

　　durch.., hinter.., über.., um.., unter.., wider.., wieder..

分離・非分離動詞

分離・非分離前つづりをもつ複合動詞. アクセント, zu 不定詞の作り方, 過去分詞は, 分離動詞として用いられる場合は分離動詞に, 非分離動詞として用いられる場合は非分離動詞に準ずる.

	アクセント	zu 不定詞句	過去分詞
分　離	übersetzen	überzusetzen	übergesetzt
非分離	übersétzen	**zu** übersetzen	übersetzt

Der Fährmann **setzt** die Leute **über**. 渡し守が人々を渡す

Er **übersetzte** den Text wörtlich. 彼はテクストを逐語的に訳した

9　非人称動詞

常に非人称の es と結びつき, 一まとまりの意味を表す動詞. 自然現象を表す場合や熟語などに用いられる.

　　Es **regnet** seit gestern. きのうから雨が降っている
　　Es **gefällt** mir in München. 私はミュンヒェンが気に入る

10　再帰動詞

再帰代名詞と密接に結びつき, 一つのまとまった意味を表す動詞. 再帰代名詞については E 2 を参照.

　　sich^4 freuen 楽しみに待つ

Die Kinder **freuen sich** auf die Ferien.

子供たちは休みを楽しみにしている

sich³+④+merken …⁴を覚える

Ich kann **mir** den Straßennamen nicht **merken**.

私はその通りの名前を覚えることができない

補足 1: -eln, -ern 型動詞

一部の動詞は, 不定詞の語末が -eln ないし -ern で終わる. これらの動詞の場合.

a) 1・3人称の複数では人称語尾として -en でなく, -n がつく.

| angeln | 釣りをする | : wir⟨sie⟩ angeln |
| rudern | ボートを漕ぐ | : wir⟨sie⟩ rudern |

[参照] tun する: wir⟨sie⟩ tun

b) -eln 型の動詞の場合, 語幹の e は1人称単数において落ちる. -ern 型の動詞の場合, 口語で語幹の e が落ちることがある.

angeln	釣りをする	: ich **angle**
klingeln	ベルを鳴らす	: ich **klingle**
rudern	ボートをこぐ	: ich **rudre** ⟨rudere⟩

補足 2: 「zu 不定詞句+sein」と未来受動分詞

1 zu 不定詞句+sein 受動文に対応し, 話法的意味合い (可能性・必然性) が伴う.

[可能] Das Buch **ist** leicht **zu lesen**.

この本は簡単に読むことができる

[必然] Der Ausweis **ist** am Eingang **vorzulegen**.

証明書は入り口で提示しなければならない

2 未来受動分詞 現在分詞に zu を付加して, 名詞修飾 (付加語) として用いられるもの.「…されうる, されるべき…」という, 可能あるいは必然の意味を伴う受動的意味を表し, 「zu 不定詞句+sein」の構造 (ないし「話法の助動詞+受動文」) に対応する.

die **anzuerkennende** Leistung 評価されうる⟨されるべき⟩業績

　← die Leistung, die anzuerkennen ist

　← die Leistung, die anerkannt werden kann⟨muss⟩

補足 3: haben 支配・sein 支配

完了の助動詞として haben あるいは sein を要求すること. sein を用いるのは次に挙げる一部の自動詞のみである.

1 移動を表す自動詞.

Der Gast **ist** pünktlich **gekommen**. 客は時間どおりに来た

Die Kinder **sind** zu Bett **gegangen**. 子供たちは寝に行った

2 状態変化を表す自動詞.

Die Kerze **ist erloschen**. ろうそくが消えた

Er **ist** von dem Lärm **aufgewacht**. 彼は騒音で目がさめた

3 特殊な自動詞 (sein, bleiben, begegnen, gelingen, geschehen など).

Er **ist** lange Zeit im Ausland **gewesen**. 彼は長い間外国にいた

Er **ist** im Zimmer **geblieben**. 彼は部屋の中にとどまった

[注]

一部の動詞は意味用法に応じて haben を要求することもあれば sein を要求することもある.

Er **hat** zwei Stunden **geschwommen**. 彼は2時間泳いだ

Er **ist** an das andere Ufer **geschwommen**. 彼は向こう岸まで泳いだ

補足 4: 間接話法の補足

1 間接平叙文

接続詞によって導入される形式と接続詞によって導入されない形式がある.

Er sagte, { dass sie gleich zurückkomme.
sie komme gleich zurück.

彼は彼女がすぐに戻って来ると言った

(← Er sagte: „Sie kommt gleich zurück."）

2 間接疑問文

決定疑問文の場合, 従属接続詞 ob によって, 補足疑問文の場合, 疑問詞を文頭に置いて作る.

Ich fragte ihn, **ob** er sie besucht habe. 私は彼に彼女を訪問したかたずねた

(← Ich fragte ihn: „Hast du sie besucht?")

Ich fragte ihn, **wo** er gewesen sei. 私は彼にどこにいたのかたずねた

(← Ich fragte ihn: „Wo bist du gewesen?")

3 独立的間接話法

発話を導入する主文を伴わない間接話法.

Er rief die Bedienung und sagte, er wolle zahlen. Das Essen **sei** ausgezeichnet gewesen. 彼は給仕を呼んだ そして勘定を払いたい 料理はすばらしかったと言った.

C 名詞

1 性 (文法上の)

名詞が持つ性. 男性・女性・中性の3種類に分かれる. 事物や概念を表す名詞にも文法上の性がある.

男性名詞: Vater 父　　Brief 手紙　　Tisch 机
女性名詞: Mutter 母　　Wand 壁　　Uhr 時計
中性名詞: Kind 子供　　Buch 本　　Dach 屋根

[注]

① 国名, 地名は, 一部を除いて, ゼロ冠詞と共に用いられるが, 形容詞が付加される場合, 中性名詞として扱われる.

das neue Deutschland「新生ドイツ」
② 合成名詞の文法上の性は，基礎語に基づいて決められる．
der Deutschlehrer「ドイツ語教師」← das Deutsch+**der** Lehrer
die Briefmarke「郵便切手」← der Brief+**die** Marke

2 数

名詞のもつ，指示物の可算性に基づく文法カテゴリー．単数と複数からなる．単数形は，名詞の指示対象が非可算的である（1つ2つと数えられない）場合，および可算的（1つ2つと数えられる）ならば1つのものである場合に，複数形は，可算的なものが2つ以上ある場合に用いられる．

[非可算]　Er trinkt Milch. 彼はミルクを飲む
[1つ]　Er hat ein Kind. 彼には子供が1人いる
[2つ以上]　Er hat zwei〈drei〉Kinder. 彼には子供が2人〈3人〉いる

3 複数形

複数を表す形．

作り方 複数形の作り方には6つのタイプがある．それぞれの名詞がどのタイプに属するかは原則的に辞書による以外に知る方法がない．

1) ゼロ語尾式

Spiegel 鏡　→ Spiegel　　Mittel 手段　→ Mittel

[注]
ウムラウトの可能な母音を持つ男性名詞の場合でも，ウムラウトを起こすものと起こさないものとがある ▷ Wagen「自動車」→ Wagen / Apfel「リンゴ」→ Äpfel

2) -e 式

a) ウムラウトを起こさないもの．
Tag 日　→ Tage　　Brief 手紙　→ Briefe
b) ウムラウトを起こすもの．
Gast 客　→ Gäste　　Baum 木　→ Bäume

[注]
-nis に終わる中性名詞・女性名詞の場合，子音を重ねて複数語尾をつける ▷ Geheimnis → Geheimnisse「秘密」/ Kenntnis → Kenntnisse「知識」

3) -er 式

a) ウムラウトを起こさないもの．
Ei 卵　→ Eier　　Bild 絵　→ Bilder
b) ウムラウトを起こすもの．
Gott 神　→ Götter　　Mann 男　→ Männer

4) -[e]n 式

a) -en をつける名詞．
Frau 女性　→ Frauen　　Pflicht 義務　→ Pflichten

[注]

① 語末に -e を持たない男性弱変化名詞はすべてこのタイプに属する ▷ Bär「クマ」/ Held「英雄」, Mensch「人間」/ Polizist「警官」/ Prinz「プリンス」/ Soldat「兵隊」/ Präsident「大統領」/ Student「大学生」

② 接辞 -keit, -heit, -schaft, -ung を持つ女性名詞はすべてこのタイプに属する ▷ Schönheit「美しさ」/ Fähigkeit「能力」/ Mannschaft「チーム」/ Erfindung「発明」

③ -in に終わる女性名詞に語尾 -en をつける際, 子音を重ねる ▷ Freundin「女友達」→ Freundinnen / Lehrerin「女性教師」→ Lehrerinnen

b) -n のみをつける名詞.

 Auge 目 → Augen Insel 島 → Inseln

5) -s 式

 Auto 自動車 → Autos Foto 写真 → Fotos

[注]

主に外来語に不規則な複数形を作る名詞がある ▷ Firma「会社」→ Firmen / Museum「博物館」→ Museen

4　格

名詞[句]の文中での役割. 格は 1 格・2 格・3 格・4 格の 4 種類からなる. それぞれ原則的に日本語の「が, の, に, を」に対応する. 文中の名詞[句]はかならずいずれかの格を持つ.

用法 (格変化は 947 ページを参照)

1) 1 格 (主格)　主語・述語・呼びかけなどとして用いられる.

 Der Mann drückt auf den Knopf. 男はボタンを押す

 Er ist **ein Lügner**. 彼は嘘つきだ

 Komm, **Vater**! お父さん 来て

2) 2 格 (属格)　付加語・目的語・述語・副詞類などとして用いられる.

 Dort steht der Wagen **des Direktors**. そこに所長の車がある

 Man klagt ihn **des Massenmordes** an. 彼は大量殺人の罪で起訴される

 Früher war er **anderer Meinung**. 以前彼は意見が違っていた

 Er reist **zweiter Klasse**. 彼は 2 等で旅行する

3) 3 格 (与格)　目的語・関心の 3 格・所有の 3 格・利害の 3 格などとして用いられる.

 Er hörte **meinen Worten** aufmerksam zu.

 彼は私のことばに注意ぶかく耳を傾けた

 a) 所有の 3 格　動詞の行為・出来事が及ぶ対象物と所有関係にある人を表す 3 格.

  Er sieht **dem Kind** in die Augen. 彼は子供の目を見る

  Wir waschen **uns** die Hände. 私たちは手を洗う

 b) 関心の 3 格　動詞の行為・出来事に対する話し手の関心を表したり, あるいは聞き手の関心を引くために用いられる 3 格. 命令文などに用いられる. 1 人称か 2 人称の人称代名詞に限定される.

  Falle **mir** nicht aus dem Fenster! 窓から転げ落ちないで

Das war **dir** eine Lust! それは君実におもしろかったよ

c) **利害の3格**　主ная行為・出来事と利害関係にある人物を表す3格. für 前置詞句によって置き換えることができる.

Er öffnet **der Frau** die Tür. (= Er öffnet **für die Frau** die Tür.)
彼は婦人のためにドアを開ける

4) 4格（対格）　目的語・副詞類などとして用いられる.

Er schreibt dem Freund **einen Brief**. 彼は友人に手紙を書く

Dieser Versuch ist **die Mühe** wert. この試みは努力するだけの価値がある

Es hat **den ganzen Tag** geregnet. 一日中雨が降っていた

[注]

① 数量を表し, 形容詞を修飾する ▷ Der Graben ist **einen Meter** tief.「溝は深さが1メートルだ」

② 不定詞の意味上の主語を表す ▷ Er sieht **den Lehrer** das Buch lesen.「彼は先生が本を読むのを見る」

補足 5: 2格語尾 -s と -es の使い分け

1 -es の用いられる場合.
  a) 1音節の名詞: 原則的に -es
    Buch 本　　→ Buches　　Kind 子供　　→ Kindes
  b) 末尾が -s, -ss, -x, -tsch, -z の名詞: かならず -es
    Haus 家　　→ Hauses　　Prozess 訴訟　→ Prozesses
    Reflex 反射　→ Reflexes　Putsch 反乱　→ Putsches
    Satz 文　　→ Satzes
    [注] -nis は -nisses になる ▷ das Zeugnis「成績証明書」→ des Zeugnisses.
  c) 末尾が -sch, -st の名詞: -s よりむしろ -es
    Fisch 魚　　→ Fisches　　Verlust なくすこと → Verlustes

2 -s の用いられる場合.
  a) アクセントのない音節で終わる複数音節の名詞: かならず -s
    Sessel 安楽いす → Sessels　Lehrer 教師　→ Lehrers
  b) 母音あるいは「母音＋h」で終わる名詞: かならず -s
    Auto 自動車　→ Autos　　Schuh 靴　　→ Schuhs
  c) 固有名詞: 原則的に -s
    die Hauptstadt Deutschlands 〈Deutschlands Hauptstadt〉ドイツの首都

3 -es も -s も用いられる場合.
  a) アクセントのある音節で終わる複数音節の名詞
    Erfolg 成功　→ Erfolg[e]s　Gepäck 荷物　→ Gepäck[e]s
  b) 合成語
    Fremdwort 外来語　→ Fremdwort[e]s
  c) 末尾音節が二重母音の名詞
    Hai サメ　→ Hai[e]s　　Bau 建築　→ Bau[e]s

| Ei 卵 | →Ei[e]s |

D 冠詞類

1 冠詞類

冠詞のように, 名詞句の句頭に置かれ, 名詞と性・数・格において呼応する語群. 格変化の仕方に基づき, 定冠詞に準じる定冠詞類と不定冠詞に準じる不定冠詞類に分かれる.

[注]

複数の冠詞類を並列的に用いることはできない (das mein Buch とは言わない). 例外は dieser と所有冠詞の結合 ▷ diese seine Erklärung「この彼の説明」

2 定冠詞

冠詞の一つ der (格変化は 947 ページを参照).

用法 名詞がなんらかの要因によって特定されている場合に用いる.

1) 名詞の指示物が先行の文脈ですでに言及されている. 物質名詞も特定される場合には定冠詞を.

   Dort steht ein Haus. **Das** Haus gehört mir.
   そこに家が 1 軒立っている その家は私のだ

   Ich trinke **den** Kaffee schwarz.
   私はこのコーヒーをブラックで飲む

2) 名詞が 2 格名詞・関係文などによって限定される.

   Sein Sieg war **das** Ereignis dieses Winters.
   彼の勝利はこの冬の一大事件だった

   Ich habe **den** Eindruck, dass sie gelogen hat.
   私は彼女がうそをついたという印象を持っている

   Das Geld, das er ihr geliehen hat, ist schon aufgebraucht.
   彼が彼女に貸したお金はもう使い果たされてしまった

3) 名詞が世界に 1 つしか存在しない事物を指す.

   Die Erde kreist um **die** Sonne. 地球は太陽の周りを回る

4) 名詞が日常生活の中で共通の了解が得られる対象物を指す.

   Wann kommt **der** Briefträger? 郵便配達人はいつ来るのですか

5) 名詞が指示物の全体を総称的に表す. 単数の場合と複数の場合があるが, 単数の場合は指示物全体を集合的に表すため, 改まった感じになる.

   Der Mensch ist ⟨**Die** Menschen sind⟩ ein soziales Wesen.
   人間は社会的存在である

   [注]

   ① 最上級の形容詞に付加される ▷ Goethe ist **der** bedeutendste Dichter.「ゲーテはもっとも重要な詩人である」

   ② 格を明示するために用いられる ▷ Er zieht Kaffee **dem** Tee vor.「彼は紅茶よりもコーヒーが好きだ」

③ 中性以外の地名・国名に付加される ▷ **der** Rhein「ライン川」/ **die** Schweiz「スイス」
④ 人名あるいは地名が形容詞を伴う場合，付加される．この場合，2格でも名詞自体は変化しないのが原則である ▷ **die** blonde Andrea「ブロンドのアンドレア」/ die Bevölkerung **des** heutigen Berlin「今日のベルリンの住民」
⑤ アクセントを伴い，「この…，その…」と指示的意味を持つ指示冠詞的にも用いられる ▷ **D e r** Mann dort ist mein Onkel.「そこの男の人は私の叔父だ」

3 不定冠詞

冠詞の一つ ein（格変化は 947 ページを参照：複数形はない）．

[用法] 名詞の指示する現実界の対象物が不特定の場合に用いる．

1) 指示物を当該の文脈のなかではじめて取り上げる．
Auf dem Berg steht **eine** kleine Kirche. 山の上に小さな教会が立っている

2)「…は…だ」と，指示物の属性，特性などを述べる．
Er ist **ein** Lügner. 彼は嘘つきだ
Sein Benehmen ist **eine** Schande. 彼の態度は恥さらしだ
Das Auto ist **ein** Verkehrsmittel. 自動車は交通手段である

3) 名詞が代表的一例を示し指示物全体を総称的に表す．
Eine Dame tut das nicht. 婦人たるものはそのようなことをすべきでない

[注]

アクセントを伴い，基数としても用いられる ▷ Das macht einen Euro.「それは 1 ユーロになる」

4 ゼロ冠詞（無冠詞）

（定冠詞，不定冠詞との対比で）意味的観点から想定される冠詞の一つ．

[用法]

1) 不特定の複数のものを表す．
Er pflückt **Blumen**. 彼は花を摘む

2) 不特定の物質，抽象概念を表す．
Ich trinke **Milch**. 私はミルクを飲む
Der Ring ist aus **Gold**. その指輪は金でできている

3)「(…は) …だ」というように，職業・国籍などをただ命名的に挙げる．
Er ist **Arzt**. 彼は医者だ
Sie ist nach ihrer Herkunft **Französin**. 彼女はフランス生まれだ

[注]

親族名詞も固有名詞的にゼロ冠詞で用いられることがある ▷ **Vater** fährt nach Wien.「父はウィーンに行く」

5 定冠詞類

定冠詞に準じた格変化をする冠詞類．指示冠詞 (dies*er*, jen*er*, solch*er*)，不定数冠詞 (jed*er*, manch*er*, all*er*)，疑問冠詞 (welch*er*) の 3 種類に分かれる．以下のような格語尾をつける．

格	男 性	女 性	中 性	複 数
1	-er	-e	-es	-e
2	-es	-er	-es	-er
3	-em	-er	-em	-en
4	-en	-e	-es	-e

[注] 定冠詞類の格変化を，dieser で代表させ，dieser 型と呼ぶことがある．

6 不定冠詞類

不定冠詞に準じる格変化をする冠詞類．不定冠詞類には所有冠詞・否定冠詞・疑問冠詞がある．以下のような格語尾をつける．

格	男 性	女 性	中 性	複 数
1	-△	-e	-△	-e
2	-es	-er	-es	-er
3	-em	-er	-em	-en
4	-en	-e	-△	-e

[注]
① 不定冠詞類の格変化は，不定冠詞が複数形を持たないため，所有冠詞の mein に代表させて，mein 型と呼ぶことがある．
② 定冠詞類と不定冠詞類との相違は，男性1格と中性1・4格で定冠詞類が強語尾をとる点のみである（△で印をつけた箇所）．

7 所有冠詞

不定冠詞類の一つ．所有関係を表す．

	1人称	2人称		3人称		
		親 称	敬 称			
単 数	mein「私の」	dein「君の」	Ihr「あなたの」	sein「彼の」	ihr「彼女の」	sein「それの」
複 数	unser「私たちの」	euer「君達の」	Ihr「あなた達の」	ihr「彼[女]らの，それらの」		

8 否定冠詞

不定冠詞類の kein．不定冠詞・ゼロ冠詞の否定形に相当するもので，不特定のものを否定する場合に用いる．

　　Er hat **kein** Auto. 彼は自動車を持っていない

9 冠飾句

名詞を修飾する語句が補足成分や添加成分を伴い長くなったもの．特に現在分詞や過去分詞を含

む.

Das **in Fäulnis übergegangene** Fleisch ist ungenießbar.
腐りかけた肉は食べられない

Wir beobachten die **stark im Wind schwankenden** Bäume.
私たちは風で激しく揺れる木々をじっと見る

E 代名詞
名詞[句]を代用する語.

1 人称代名詞
人称（1人称・2人称・3人称）を表す代名詞（変化形は948ページを参照）.

[注]

3人称単数には文法上の性に応じた男性・女性・中性の3種類の形がある. 3人称の人称代名詞は, 人を表す以外に, 名詞の代用形としても用いられる. 男性名詞の代用形としてerが, 女性名詞の代用形としてsieが, 中性名詞の代用形としてesが, 複数形の名詞の代用形としてsieが用いられる. ▷ Die Tür quietscht, **sie**（＝die Tür）muss geölt werden. 「ドアがきしむ オイルをささなければだめだ」

親称 親しい関係の相手（家族, 友人など）・同僚・子供などに対して用いる2人称の代名詞（du, ihr）.

敬称 まだそれほど親しくない相手に対して用いる2人称の代名詞（Sie）. 3人称複数（sie）からの派生形で, それと区別するために常に頭文字を大書する.

[注]

① 2人称代名詞の使い方は相互的. すなわち, du, ihrで呼びかけられる相手にはdu, ihrで, Sieで呼びかけられる相手にはSieで呼び返す. ただし, 子供と大人の対話に限り, 子供がSieで呼びかけ, 大人がduで呼びかけるということはある.

② 相手の名前を呼ぶ場合, du, ihrを用いる間柄ならば, 名（Vorname）を, Sieを用いる間柄ならば, 姓（Nachname）を用いる.

Was machst **du** heute Abend, **Hans**? 今晩何をするの ハンス

Was machen **Sie** heute Abend, **Herr Bauer**? 今晩何をするのですか バウアーさん

2 再帰代名詞
主語と同一の人・事物を指す代名詞.「自分自身」という意味を持ち, 主語の他動的行為が主語自身に向けられていることを表す（変化形は948ページを参照）.

Er betrachtet **sich**⁴ im Spiegel. 彼は鏡で自分の姿を見る

Ich kann es **mir** nicht verzeihen, dass ich das getan habe.
私はそんなことをしでかしてしまった自分が許せない

Er denkt nur an **sich**⁴ selbst. 彼は自分のことしか考えない

3 指示代名詞
特定の人物・事物などを「その人, それ」と指示する代名詞 der.

Wo ist denn Hans？- **D e r** ist im Garten.

ハンスはいったいどこにいるの—やつは庭にいるよ

Da ist eine blaue Bluse. **D i e** nehme ich.

あそこに青いのブラウスがある それを私は買います

[注]

① 文中ですでに言及された名詞を受けても用いられる．ふつう前置詞句あるいは 2 格の名詞を伴う．

Sie fuhren mit dem Auto meines Vaters und **dem** meines Onkels.

彼らは私の父の車とおじの車で行った

② 不定関係代名詞文を受け，格関係を明示する．

Wer einmal gelogen hat, **dem** glaube ich nicht.

一度うそをついた人は私は信じない

4　相互代名詞

複数の人を表す名詞を主語とし，「お互いに…」という意味で用いられる再帰代名詞．前置詞と用いられる場合は，「前置詞＋einander」の形になる．

Die Gäste begrüßen **sich**⁴.

客たちはあいさつを交わしている

Es ist schön, dass sie **aneinander** denken.

彼らがお互いのことを思い合っていることは美しいことだ

F　前置詞と接続詞

1　前置詞

名詞と結合し，格形とは異なったさまざまな関係を表す語．原則として名詞句の前に置かれるが，一部の前置詞は名詞句の後ろにも置かれる．

Die Schule steht **gegenüber** der Kirche 〈der Kirche **gegenüber**〉.

学校は教会の向かいにある

1-1　格支配

後続の名詞に一定の格を要求すること．2 格名詞と結びつくものを 2 格支配の，3 格名詞と結びつくものを 3 格支配の，4 格名詞と結びつくものを 4 格支配の，用法によって 3 格を支配したり，4 格を支配したりするものを 3・4 格支配の前置詞と呼ぶ．

1) 4 格支配の主な前置詞．

bis, durch, entlang, für, gegen, ohne, um

2) 3 格支配の主な前置詞．

ab, aus, außer, bei, gegenüber, mit, nach, seit, von, zu

3) 2 格支配の前置詞．

anstatt, aufgrund, außerhalb, bezüglich, diesseits, innerhalb, jenseits, oberhalb, statt, trotz, unterhalb, während, wegen

4) 3・4 格支配の前置詞．

an, auf, hinter, in, neben, über, unter, vor, zwischen

[注]

3・4格支配の前置詞は,動作の行われる(あるいはある状態が続いている)位置「どこそこで」を表すときには3格を,動作によって人やものが移動して行く方向「どこそこへ」を表すときには4格を支配する.

〈4格の場合〉

Das Kind geht **in den Garten**. 子供は庭に入って行く

Er legt ein Buch **auf den Tisch**. 彼は本を机の上に置く

〈3格の場合〉

Das Kind spielt **in dem Garten**. 子供は庭で遊んでいる

Das Buch liegt **auf dem Tisch**. その本は机の上にある

1-2 定冠詞の融合形

人や事物を「その…」と,特に強く指示することのない定冠詞と前置詞が融合した形.

am	< an dem	**ans**	< an das	**aufs**	< auf das
beim	< bei dem	**fürs**	< für das	**im**	< in dem
ins	< in das	**überm**	< über dem	**ums**	< um das
vom	< von dem	**zum**	< zu dem	**zur**	< zu der

Er geht allein **ins** Kino. 彼は一人で映画に行く

Ich muss **zum** Zahnarzt gehen. 私は歯医者に行かなければならない

1-3 疑問代名詞との結合形

事物を表す疑問代名詞 was と前置詞が結合した形(「wo-+前置詞」;母音で始まる前置詞の場合は「wor-+前置詞」).

Woran denkst du? 何を君は考えているの

Wozu brauchst du das? 何のために君はそれが必要なの

1-4 人称代名詞との結合形

事物を表す人称代名詞と前置詞が結合した形 (「da-+前置詞」; 母音で始まる前置詞の場合は「dar-+前置詞」).

dabei, dadurch, dafür, dagegen, dahinter, damit, danach, daneben, daran, darauf, daraus, darein, darin, darüber, darum, darunter, davon, davor, dazu, dazwischen

An der Ecke parkte ein Wagen, **dabei** stand ein Polizist.

角に車が駐車していた そのそばには警察官が立っていた

Er trinkt Kaffee, **danach** geht er spazieren.

彼はコーヒーを飲み その後で散歩に行く

1-5 前置詞句の用法

1) 目的語　　　Ich fürchte mich **vor der Prüfung**.

　　　　　　　私は試験が怖い

2) (主語および目的語に対する)述語

　　　　　　　Die Bank ist **aus Holz**.

　　　　　　　そのベンチは木製だ

　　　　　　　　　　Er trinkt den Kaffee **ohne Zucker und Milch**.
　　　　　　　　　　彼は砂糖とミルクを入れずにコーヒーを飲む
　3) 副詞類　　　　Er arbeitet **vom Morgen bis zum Abend**.
　　　　　　　　　　彼は朝から夕方まで働く
　4) 名詞修飾　　　Das ist ein Ereignis **von historischer Bedeutung**.
　　　　　　　　　　それは歴史的意味を持つ出来事である

1-6　動詞・形容詞・名詞の前置詞支配

動詞・形容詞・名詞が特定の前置詞を要求すること.

　　　Er **denkt an** die Mutter. 彼は母親のことを思う
　　　Er ist **stolz auf** diese Ergebnisse. 彼はこれらの結果を誇りに思っている
　　　Die **Teilnahme an** dieser Reise ist freiwillig. この旅行への参加は任意である

2　接続詞

語・語句・文などを結びつける語. 対等の関係で結びつけるものを並列接続詞, 一方を他方に従属させて結びつけるものを従属接続詞と呼ぶ.

2-1　並列接続詞

aber; denn; doch; jedoch; [entweder] … oder; sondern; sowohl … als auch; weder … noch; nicht nur …, sondern auch; und

　　Er erzählt, **und** sie hören aufmerksam zu. 彼は語り 彼らは注意深く聞く

2-2　従属接続詞

als; als ob; bevor; bis; da; damit; dass; ehe; falls; indem; nachdem; ob; obwohl ⟨obgleich⟩; während; weil; wenn; wie

　　Als er das Haus verließ, begann es zu regnen. 彼が家を出たとき 雨が降り始めた

G　形容詞と副詞

1　形容詞

　用法　物事の属性を表す (格変化は 948 ページを参照).

　1) 名詞を修飾する (付加語的用法). 格変化をする.

　　Er hat einen **schnellen** Wagen.

　　彼は速い車を持っている

　2) 主語および目的語に対する述語として用いられる (述語的用法).

　　Er war **froh**. 彼は陽気だった

　　Ich finde das Problem **schwierig**. 私はその問題を難しいと思う

　3) 動詞の行為, 状態などを限定する (副詞類的用法).

　　Er gebraucht das Wort **vorsichtig**. 彼はことばを用心深く使う

　[注]

　① 語幹末尾が -el の形容詞は, 格語尾を伴う場合, 語幹の e を省く　▷ ein **dunkles** Zimmer (＜dunkel)「暗い部屋」

　　また, 語幹末尾が -en, -er の形容詞の場合は, ふつう語幹の e を省く　▷ ein **teu[e]res** Auto「高い自動車」

② 名詞を伴わず，代わりに頭文字を大書し，「…の人」「…のもの」の意味で用いられる．格変化は名詞を伴った場合と同一の語尾をつける（☞ 949 ページ）．

2　副詞類（副詞規定）

行為などに関する時間・場所・様態などを規定する文肢．副詞類には副詞・形容詞・前置詞句・2 格および 4 格名詞などがなる．

Der Gast kommt **heute** an.
客はきょう到着する

Er arbeitet **in Berlin**.
彼はベルリンで働いている

Das Mädchen liest **den ganzen Tag**.
少女は一日中読書をする

Eines Tages kam ein Zirkus in unsere Stadt.
ある日私たちの町にサーカスがやって来た

3　比較変化

形容詞，副詞が比較級・最上級と変化すること．比較級・最上級に対して基本になる形を原級と呼ぶ．

[作り方]

1) **形容詞**　比較級は原級に -er, 最上級は -st をつけて作る．ウムラウトするもの，不規則に変化をするものもある．

原級		比較級	最上級
klein	小さい	– kleiner	– kleinst
tief	深い	– tiefer	– tiefst
arm	貧しい	– **ärmer**	– **ärmst**
jung	若い	– **jünger**	– **jüngst**
hoch	高い	– **höher**	– **höchst**
gut	よい	– **besser**	– **best**
viel	多くの	– **mehr**	– **meist**

[注]

① -d, -t, -ss, -ß, -z に終わる形容詞の場合，最上級は口調上の e を入れ，-est になる．-sch で終わる場合も，ふつう口調上の e が入る．

gesund	健康な	– gesund**est**	leicht	軽い	– leicht**est**
nass	ぬれた	– nass**est**	kurz	短い	– kürz**est**
frisch	新鮮な	– frisch[**e**]**st**			

ただし，最後の音節にアクセントがない場合，口調上の e は入れない．

bedeutend	意味のある	– bedeutend**st**	malerisch	絵画の	– malerisch**st**

② -e 以外の母音や -h に終わる形容詞の場合，最上級で口調上の e を入れることもある．

neu	新しい	– neu[**e**]**st**
froh	喜びに満ちた	– froh[**e**]**st**

③ -e で終わる形容詞の場合，比較級では r のみを付加する．

weise	賢い	−	weiser

④ 語末が -el に終わる形容詞の場合，比較級で語幹の e を落とす．-er に終わる形容詞の場合，比較級で e を落とすこともある．

dunkel	暗い	−	dunkler	trocken	乾燥した	− trock[e]ner
teuer	高い	−	teu[e]rer			

2) **副詞**　比較級は -er，最上級は am -sten によって作る．

原級		比較級	最上級
gern	好んで	− lieber	− am liebsten
lange	長く	− länger	− am längsten
sehr	非常に	− mehr	− am meisten

[用法]

1) 名詞修飾的（付加語的）

原級の場合と同一の格語尾をつける．最上級では定冠詞を伴う．

Damals wohnte er in einem **größeren** Haus.
当時彼はもっと大きな家に住んでいた

Kennen Sie **den höchsten** Berg in Deutschland?
あなたはドイツでもっとも高い山を知っていますか

2) 述語的

a) 二者を比較し，一方の方が他方よりも程度が高いことを表す場合，述語に「比較級 [+ als]」を用いる．

Sein Wagen ist **schneller** [als mein Wagen].
彼の自動車の方が[私の自動車よりも]速い

b) 三者以上を比較し，そのなかで「一番…だ」と言う場合，述語に最上級を用いる．

▶ 定冠詞を伴う形（どの形式を用いるかは，補いうる名詞の性・数による）

der -ste（男性単数）　　das -ste（中性単数）
die -ste（女性単数）　　die -sten（複数）

Hans ist von uns allen **der lustigste**.
ハンスは私たちの中でもっとも愉快なやつだ

Sie ist **die fleißigste** in dieser Klasse.
彼女はこのクラスの中でもっとも勤勉だ

[注]

事物に関して用いる場合，最上級の後に補う名詞が文中の他の箇所に使われていなければならない ▷ *Der Baum* ist **der größte** in dem Garten.「この木は庭で一番大きいものだ」

▶ am -sten の形

Er ist **am fleißigsten** in dieser Klasse. 彼はこのクラスでもっとも勤勉だ

[注]

① 主語をいくつかの状況のもとで比較し，ある状況のもとで「一番…だ」と言う場合にも用いる
▷ Jeder Student ist vor dem Examen **am fleißigsten**.「どの学生も試験の前がもっとも勤勉

だ」
　② 人に関する場合，この形式よりも，定冠詞を伴う形式の方が好まれる．

　　c) 原級による比較形式
　　　▶ so＋原級＋wie: 程度が同一であることを表す．
　　　　Der Lehrer ist **so alt wie** mein Vater.
　　　　先生は私の父と同じ年だ
　　　▶ nicht so＋原級＋wie: 程度が同一でないことを表す．
　　　　Hans ist **nicht so dumm wie** ich.
　　　　ハンスは私ほど馬鹿ではない

3-3　副詞的
二者の比較には「比較級 [＋als]」を，三者以上の比較には「am＋-sten」の形を用いる．
　1) 二者の比較．
　　Er raucht **mehr als** ich.
　　彼は私よりも喫煙量が多い
　2) 三者以上の比較．
　　Er trinkt **am liebsten** Rotwein.
　　彼は赤ワインが一番好きだ

3-4　絶対最上級と絶対比較級
絶対最上級　他と比較することなく，「きわめて…」と，程度の高いことを表す最上級．定冠詞を省くこともある．
　　Er übersieht nicht **den kleinsten** Fehler.
　　彼はどんな小さなまちがいも見逃さない
　　Er war wirklich in **größter** Not.
　　彼は本当に非常に困っていた
絶対比較級　他と比較することなく，「比較的…」と，相対的な程度を表す比較級．
　　Das ist noch das **kleinere** Übel.
　　それはまだましな方だ
　　Ich habe ihn **längere** Zeit nicht gesehen.
　　私は彼にここしばらく会っていない

補足 6: 否定（辞書本体見出し語 nicht の項も参照）
　部分否定　文の一部（文肢ないし語）を否定すること．nicht を原則的に否定すべき文肢や語の直前に置く．ただし，主文の定動詞の前に置くことはない．また，多くの場合, sondern を伴う．
　　Er konnte das Knie **nicht** krumm machen.
　　彼はひざを曲げることができなかった
　　Er fährt **nicht** heute, *sondern* morgen ab.
　　彼が出発するのはきょうではなくあすです
　文否定　文全体（主語と述部からなる事柄）を否定するもの．

1 文否定の **nicht** は原則的に文末に置く.

Er kommt heute **nicht**.

彼はきょう来ない

Er besucht uns vermutlich **nicht**.

彼は私たちをおそらく訪ねて来ないだろう

2 不定詞・過去分詞・分離前つづり・述語がある場合はそれらの前に置かれる.

Er wird **nicht** Arzt.

彼は医者にならない

Er reist heute **nicht** ab.

彼がきょう出発しない

Er ist heute **nicht** abgereist.

彼はきょう出発しなかった

Er wird heute **nicht** abreisen.

彼がきょう出発しないだろう

3 目的語と文否定の nicht.

a) 前置詞を伴わない目的語の場合, nicht はふつうその後ろに置かれる.

Er nahm das Geld **nicht**.

彼はそのお金を取らなかった

b) 前置詞を伴う目的語の場合, nicht はその前にも後ろにも置かれる.

Er erinnert sich **nicht** an mich 〈an mich **nicht**〉.

彼は私のことを覚えていない

H 関係文

関係詞を含み, 他の文に従属する文（副文の一種）.

[作り方] 関係詞（あるいはそれを含む前置詞句）を文頭に, 定動詞を文末に置く. ふつう先行詞の直後に置かれ, かならず前後をコンマで区切る.

Der Mann, *der dort steht*, ist mein Onkel.

そこに立っている男性は私のおじです

[用法] 先行詞の属性や先行詞を特定するのに必要な情報を表す用法を「制限的用法」, 先行詞に関する補足的な説明をつけ加える用法を「非制限的用法」と呼ぶ.

Hunde, *die bellen*, beißen nicht.

ほえる犬はかまない

Wir fuhren zu Onkel Hans, ***den** wir in beklagenswertem Zustand vorfand*.

私たちはおじのハンスのところへ行ったが 私たちの見たおじは哀れむべき状態だった

[注]

非制限的用法の場合, 主文に対して「反意」「理由」などの意味関係を表すことがある.

Das Mädchen, ***dessen** Mutter krank geworden ist*, kommt heute nicht in die Schule.

その少女は母親が病気になったのできょうは学校に来ない

文法キーポイント

1 関係代名詞

主文の特定の名詞に関係文を関連づける働きをもつ代名詞. 定関係代名詞と不定関係代名詞に分かれる.

1-1 定関係代名詞

名詞を先行詞として持つ関係代名詞 der (格変化形などは辞書本体の der の項目を参照). 不定関係代名詞と対をなす.

1) 性・数は先行詞と同一で, 格は関係文の動詞との格関係に基づく. 英語と異なり, 省略することができない.

Der Mann, **der** dort steht, ist mein Onkel.
　　　　　└── 男性・単数・1格

そこに立っている男性は私のおじです

2) 前置詞に支配される場合, 前置詞の後ろに置かれる.

Hier ist das Hotel, **in dem** ich einen Monat gewohnt habe.

これが私が1ヵ月泊まったホテルです

[注]

定関係代名詞が事物を表し, 前置詞とともに用いられる場合, しばしば「wo[r]-＋前置詞」の結合形が用いられる ▷ Das ist der Stuhl, **worauf** er immer sitzt.「それは彼がいつも座っている椅子です」

1-2 不定関係代名詞

先行詞を意味的に含む関係代名詞. wer「…する人」と was「…するもの〈こと〉」がある. 格形は関係文中での格関係に基づく.

1) wer (1格 wer, 2格 wessen, 3格 wem, 4格 wen)

Wer so fleißig ist, dem muss alles gelingen.

これほど勤勉な人にはすべてうまくいくにちがいない

2) was (1格 was, 2格 wessen, 3格 なし, 4格 was)

Was einmal geschehen ist, ist nicht zu ändern.

一度起こったことは変えることができない

[注]

① 不定関係代名詞の主文中における役割を明示するために, 主文に指示代名詞を置く. ただし, この指示代名詞は wer …, der / was …, das のように不定関係代名詞と同形の場合, 省略することができる.

Wen man in seine Wohnung lässt, **dem** muss man auch vertrauen können.

自分の住まいに入れようとするならば信用できる人でなければならない

Wer nicht arbeiten will, [**der**] soll nicht essen.

働く意志のない者は食うべきでない

Was du gesagt hast, [**das**] ist nicht richtig.

君の言ったことは正しくない

② was は das, etwas, nichts, einiges, alles, vieles, 形容詞派生の中性名詞や文意を先行詞とする場合にも用いられる.

Das ist *das Beste*, **was** ihr tun könnt.

これは君たちができる最善のものだ

Ich habe die Prüfung bestanden, **was** meine Eltern sehr freute.

私は試験に合格したが そのことは両親を非常に喜ばせた

2　関係副詞

関係詞として用いられる副詞．主に場所を表す．先行詞が国名や地名などの固有名詞および副詞の場合は関係副詞のみが用いられるが，先行詞が普通名詞の場合，「前置詞＋定関係代名詞」を用いることもできる．

Ich fahre nach Mannheim, **wo** ich studiert habe.

私は大学に通っていたマンハイムに行きます

Ich liebe die Stadt, **wo** ich geboren bin. (＝…, **in der** ich geboren bin.)

私は自分の生まれた町が好きだ

V 数詞

A 基数

0	null	15	fünfzehn	100	[ein]hundert
1	eins	16	sechzehn	101	hundert[und]eins
2	zwei	17	siebzehn	200	zweihundert
3	drei	18	achtzehn	300	dreihundert
4	vier	19	neunzehn	400	vierhundert
5	fünf	20	zwanzig	500	fünfhundert
6	sechs	21	einundzwanzig		
7	sieben	22	zweiundzwanzig	1 000	[ein]tausend
8	acht	30	dreißig	1 001	tausend[und]eins
9	neun	40	vierzig	10 000	zehntausend
10	zehn	50	fünfzig	100 000	hunderttausend
11	elf	60	sechzig	1 000 000	eine Million
12	zwölf	70	siebzig	1 000 000 000	eine Milliarde
13	dreizehn	80	achtzig	1 000 000 000 000	eine Billion
14	vierzehn	90	neunzig		

B 序数 (1., 3., 8. を除き，19. までは基数に -t を，20. 以上は -st を付ける)

1.	**erst**	8.	**acht**	20.	zwanzigst
2.	zweit	9.	neunt	21.	einundzwanzigst
3.	**dritt**	10.	zehnt	100.	hundertst
4.	viert	11.	elft	101.	hundert[und]erst
5.	fünft	12.	zwölft	111.	hundert[und]elft
6.	sechst	13.	dreizehnt	1 000.	tausendst
7.	sieb[en]t	19.	neunzehnt		

C 分数 (分子は基数，分母は序数に -el を付ける)

$^1/_2$	[ein] halb	$^1/_3$	ein drittel
$^1/_4$	ein viertel	$^3/_4$	drei viertel
$^1/_{100}$	ein hundertstel	$6\,^7/_8$	sechs [und] sieben achtel

D 倍数 (基数+-fach)，回数 (基数+-mal)，分類数 (序数+-ens)

2倍の	zweifach	3倍の	dreifach	4倍の	vierfach		
2回	zweimal	3回	dreimal	4回	viermal		
第1に	erstens	第2に	zweitens	第3に	drittens	第4に	viertens

付録

数詞の実例

A 小数： 小数点は，コンマ (Komma) を用いる．小数点以下の数はふつう一つずつ読む．

例： 8,27 (acht Komma zwei sieben)

B パーセント： パーセント (Prozent) の記号は %．なお，Prozent をそのまま書くことも，略語 v.H. (vom Hundert) を用いることもある．

例： 4% ⇨ vier Prozent　　⇨ 4 v. H. (vier vom Hundert)
　　 20% ⇨ zwanzig Prozent ⇨ 20 v. H. (zwanzig vom Hundert)

C 年月日

例：
1946 年	neunzehnhundertsechsundvierzig (1946)　　[注] 二桁ずつ読む
2004 年に	im Jahre zweitausendvier (im Jahre 2004)
紀元前 62 年	zweiundsechzig vor Christus (62 vor Christus/62 v. Chr)
西暦 900 年	neunhundert nach Christus (900 nach Christus/900 n. Chr)
2004 年 5 月 15 日に	am fünfzehnten Mai zweitausendvier (am 15. Mai 2004)

D 時刻： 公式な表記(左側)と日常的な表記(右側)がある．

例：
Es ist {
- 15.00 Uhr
- 15.10 Uhr
- 15.15 Uhr
- 15.20 Uhr
- 15.25 Uhr
- 15.30 Uhr
- 15.35 Uhr
- 15.40 Uhr
- 15.45 Uhr
- 15.50 Uhr
- 16.00 Uhr

Es ist {
- drei Uhr.
- zehn [Minuten] nach drei.
- [ein] Viertel nach drei/ Viertel vier.
- zwanzig nach drei/ zehn vor halb vier.
- fünf vor halb vier.
- halb vier.
- fünf nach halb vier.
- zehn nach halb vier/ zwanzig vor vier.
- [ein] Viertel vor vier/ drei Viertel vier.
- zehn vor vier.
- vier Uhr.

[注]
公式な表記の読み方は 15.00 Uhr なら fünfzehn Uhr, 15.10 Uhr なら fünfzehn Uhr zehn と読む．

E 電話番号： 一桁ずつ読んでも，二桁ずつ読んでもよい．

例： (03 46) 23 74 58

null drei vier sechs zwei drei sieben vier fünf acht

null drei sechsundvierzig dreiundzwanzig vierundsiebzig achtundfünfzig

F 金額

例： 9,70 €　　neun Euro siebzig

G 数式の読み方

例:
$3+4=7$	Drei plus (または und) vier ist sieben.
$6-4=2$	Sechs minus (または weniger) vier ist zwei.
$2 \cdot 4=8$	Zwei mal vier ist acht.
$4:2=2$	Vier [geteilt] durch zwei ist zwei.
$3^2=9$	Drei hoch zwei (または Drei im Quadrat) ist neun.
$3^3=27$	Drei hoch drei ist siebenundzwanzig.
$\sqrt{16}=4$	Quadratwurzel (または Zweite Wurzel) aus sechzehn ist vier.
$\sqrt[3]{27}=3$	Kubikwurzel (または Dritte Wurzel) aus siebenundzwanzig ist drei.
$A=B$	A [ist] gleich B.
$A \neq B$	A [ist] ungleich (または nicht gleich) B.
$A<B$	A ist kleiner als B.
$A \leq B$	A ist kleiner als oder gleich B.
$A>B$	A ist größer als B.
$A \geq B$	A ist größer als oder gleich B.
$(x+y)^2=a$	Klammer [auf], x plus y, Klammer [zu], hoch zwei ist a.
$y=f(x)$	y ist f (または Funktion) von x.
$n!$	n-Fakultät

VI 手紙・Eメールの書き方

A 手紙

1. 封筒の書き方

```
① Taro Yamada
   Hongo 5-30-21
   Bunkyo-ku, Tokyo                              切手
   113-0033 Japan


              ② Herrn Klaus Fischer
                 Schumannstraße 22
                 10117 Berlin
                 Germany
```

① 自分の氏名，住所は，以下のような順で左上に書く．

Taro Yamada	← 氏名
Hongo 5-30-21	← 町名など
Bunkyo-ku, Tokyo	← 市町村名，都道府県名
113-0033 Japan	← 郵便番号，国名

② 相手の氏名と住所は，以下のような順で真ん中に書く．

Herrn Klaus Fischer	← 氏名
Schumannstraße 22	← 通り名，家屋番号
10117 Berlin	← 郵便番号，都市名など
Germany	← 国名(英語で書くとよい)

[注]

相手の氏名の前に，男性ならば Herrn (3格;「..さん宛てに」の意味)，女性ならば Frau を付ける．肩書きのある人(たとえば Professor, Doktor)の場合は，Herrn Prof. Edwin Schulz, Frau Prof. Dr. Renate Schmidt のように書く．

2. 便箋の書き方

```
                                    ① Tokyo, 16. April. 04
   ② Sehr geehrter Herr Hans Bauer,
   ③ haben Sie vielen Dank für Ihren freundlichen Brief vom 2. Sept.
   ......
   ......
   ④ Mit freundlichen Grüßen
   ⑤ Ihr Susumu Sasaki          ←署名(必ず自署)
```

付録

手紙・Eメールの書き方

① 発信地(ふつう都市名)と日付(日＋月＋年の順)を書く．

② 呼びかけ

Sie で呼び合うあまり親しくない人の場合,
- 男性なら　　Sehr geehrter Herr…,
- 女性なら　　Sehr geehrte Frau…,

Sie で呼び合うが，かなり親しい人の場合,
- 男性なら　　Lieber Herr…,
- 女性なら　　Liebe Frau…,

du で呼び合う相手の場合
- 男性なら　　Lieber＋名前 (たとえば Lieber Klaus),
- 女性なら　　Liebe＋名前 (たとえば Liebe Gabi),

相手が会社または団体の場合　　Sehr geehrte Damen und Herren,

[注] 呼びかけの後ろにふつうコンマを打つ．感嘆符を打つこともできる．

③ 本文

呼びかけの後ろにはふつうコンマを打つが，その場合，小文字で書き始める．呼びかけの後ろに感嘆符を打つこともできるが，その場合は大文字で書き始める．

④ 結びの言葉

行を改める．ただしピリオドは打たない．

公式的な場合，あるいは
Sie で呼び合うあまり親しくない人の場合　　　Mit freundlichen Grüßen

[注] きわめて公式な場合には Hochachtungsvoll と書くこともある．

Sie で呼び合うが，かなり親しい人の場合　　　Mit herzlichen Grüßen

[注] 親しさをさらに示す場合には Herzliche Grüße と略することもある．

du で呼び合う相手の場合，親しさに応じて　　Herzliche Grüße
　　　　　　　　　　　　　　　　　　　　　Viele Grüße
　　　　　　　　　　　　　　　　　　　　　Herzlichst

⑤ 署名

署名は自署する．

Sie で呼び合う人の場合，
- 男性なら Ihr を用いる　：　Ihr Susumu Sasaki
- 女性なら Ihre を用いる　：　Ihre Yuki Sasaki

du で呼び合う人の場合，
- 男性なら dein を用いる：　dein Susumu
- 女性なら deine を用いる：　deine Yuki

[注] 相手が複数の場合，dein/deine は euer/eure になる．

B Eメール (E-Mail)

Eメールの場合, 基本は手紙の場合と同じ. ただし, 差出人, 宛名, 発信地や日付などはわざわざ書く必要はない. 呼びかけからすぐに本文に入る. なお, 署名に Ihr/Ihre や dein/deine を付けない.

Lieber Susumu,

wenn du mal nach Deutschland kommst, dann musst du mich unbedingt besuchen. …

…

Viele Grüße

Frank

☆ パソコン・メール関連の単語 (英語からの借用語は一部省いた)

コンピュータ	der Computer	データベース	die Datenbank
ノートパソコン	das Notebook	バックアップ	die Sicherungskopie
周辺機器	die Peripherie		
モニター	der Monitor	インターネット	das Internet
ディスプレー	der Bildschirm	ネットワーク	das Netzwerk
ウインドウ	das Fenster	ホームページ	die Homepage
	das Window	ウェブサイト	die Website
キーボード	die Tastatur	電子メール	die E-Mail
キー	die Taste	電子メールアドレス	die E-Mail-Adresse
エンターキー	die Eingabetaste	送信者	der Absender
コントロールキー	die Steuertaste	受信者	der Empfänger
シフトキー	die Umschalttaste	メーリングリスト	die Mailingliste
スペースキー	die Leertaste	ドット	der Punkt
タブキー	die Tab-Taste	ウィルス	das Virus
デリートキー	die Löschtaste		
バックスペースキー	die Rücktaste	起動する	starten
ファンクションキー	die Funktionstaste	アクセスする	zugreifen
マウス	die Maus	インストールする	installieren
ダブルクリック	der Doppelklick	ダウンロードする	herunterladen
左クリック	der Linksklick	フォーマットする	formatieren
右クリック	der Rechtsklick	クリックする	anklicken
カーソル	der Cursor	入力する	eingeben
アイコン	das Icon	ドラッグする	ziehen
フォルダー	der Ordner	キャンセルする	abbrechen
プリンタ	der Drucker	保存する	speichern
フロッピーディスク	die Diskette	消去する	löschen
ハードディスク	die Festplatte	上書きする	überschreiben
ドライブ	das Laufwerk	ソートする	sortieren
ファイル	die Datei	チャットする	chatten
テキストファイル	die Textdatei	検索する	suchen
添付ファイル	der Anhangsdatei	解凍する	entpacken
メニュー	das Menü	転送する	transferieren
ワープロソフト	das Textprogramm	ネットサーフィンする	surfen
スペルチェッカー	das Rechtschreibprogramm	印刷する	drucken
ごみ箱	der Papierkorb	モバイルの	mobil

VII 分綴法

改行により単語の一部が次行に送られることを分綴(ぶんてつ)と呼びます．前行に留まった部分にハイフン (-) をつけます．なお，本書では，分綴できる箇所を「・」によって表記しました．以下，分綴に関する主な規則を挙げますが，これら以外にも細則がいくつかあるため，分綴を実際に行なう場合は，本書の見出し語の表記で分綴点を確認するようにしてください．

1 原則

話音節（発音上自然に区切れる音節）に基づいて分綴する (☞ VIII 新正書法 5-3).

Rei·se	[ライゼ]	旅
Haus·frau	[ハオス・フラオ]	主婦
Ab·fahrt	[アップ・ファールト]	出発

2 子音字の分綴

a) -ff-, -mm-, -nn-, -pp-, -ss- (-ß は **b** を参照), -tt-, -zz- のように同一の子音字が重なる場合，後ろの子音字を次行に送る．

kom·men	[コメン]	来る
ken·nen	[ケンネン]	面識がある
küs·sen	[キュッセン]	キスをする

b) -sch-, -ch-, -ß- は分綴することはない．

wa·schen	[ヴァッシェン]	洗う
Wa·che	[ヴァッヘ]	見張り
bei·ßen	[バイセン]	かむ

c) 長音記号の h の後の音節が母音で始まる場合，後ろの母音とともに次行に送る．

se·hen	[ゼーエン]	見る

(☆ 後ろの音節が子音で始まる場合，前の母音と結びつく：**oh·ne** [óːnə オーネ]「…なしで」)

新正書法との相違

1) -ck- の分綴（たとえば Zucker）; ☞ VIII 新正書法 5-2
   従来　　：　Zuk-ker　　　新正書法：　Zu-cker
2) -st- の分綴（たとえば gestern）; ☞ VIII 新正書法 5-1
   従来　　：　ge-stern　　　新正書法：　ges-tern
3) 3つの子音字の連続（たとえば Schiffahrt）; ☞ VIII 新正書法 1-2
   従来　　：　Schiffahrt　　→　Schiff-fahrt（分綴に際し，脱落した子音字を復活させる）
   新正書法：　Schifffahrt　　→　Schiff-fahrt（元々脱落させないで書く）

VIII 新正書法

1998年8月にドイツ語の新しい正書法が施行されました．従来の正書法は，今後も誤りとはみなされませんが，2005年までの移行期間を経た後，廃止されます．以下，従来の正書法との変更点を概略します．

1 音声の文字表記
1-1 ß と ss

従来の正書法では，先行する母音が短く，かつ後続する母音も存在する場合にのみ ss とつづったが（たとえば küssen「キスをする」），「新正書法」では先行する母音の長短のみが基準になる．すなわち，先行する母音が長母音(あるいは二重母音)の場合に ß，短母音の場合に ss とつづる．したがって，従来と異なり，短母音に後続する場合は，後ろに母音がなくても必ず ss になる．

【従来】	【新】
daß …ということ	dass
Fluß 川	Fluss

この改訂によって，従来，後続する母音の有無によって引き起こされる ß と ss の混在が解決される．

【従来】			【新】
Fluß — Flüsse	（複数形）		Fluss — Flüsse
küssen — küßte	（過去形）		küssen — küsste

ただし，活用によって母音の長短が異なる場合は，ß と ss が混在することになる．（ ）内は従来の正書法によるものである．

- essen 食べる ： er isst (ißt); er aß
- wissen 知っている： er weiß ； er wusste (wußte)

1-2 子音字の連続

同一子音字が3つ連続する場合，従来は，その一つを省略することになっていたが，「新正書法」では3つの文字をすべて書く．

【従来】	【新】
Stilleben 静物画	Stillleben
Schiffahrt 航行	Schifffahrt

[注]

-ie, -ee にさらに e をつける場合，従来通り e を省略する ▷ der See「湖」— die Seen (不可 Seeen)

また，schreien「叫ぶ」の過去分詞として——従来 geschrien と geschrieen の2形が認められていたが——「新正書法」では geschrien のみが認められる．

1-3 派生形

a) 派生形では，「語幹保持の原則」がとられる．したがって，例えば，Roheit「粗野」は，派生元 roh「粗野な」のつづりがそのまま保持され，Rohheit とつづられる．

【従来】	【新】	派生元
numerieren 番号をつける	nummerieren	<Nummer

付録

plazieren	置く	platzieren	<Platz
Roheit	強靱さ	Rohheit	<roh

b) 派生元の語幹が -a-, -au- の場合,従来の -e-, -eu- は -ä-, -äu- になる.

【従来】		【新】	派生元
behende	敏捷な	behände	<Hand
Stengel	茎	Stängel	<Stange
schneuzen	鼻をかむ	schnäuzen	<Schnauze

1-4 外来語

外来語の表記で,原語に基づくつづりの他に,ドイツ語化したつづりも認められる.

【従来】		【新】
Spaghetti	スパゲッティ	Spagetti/Spaghetti
Photographie	写真	Fotografie/Photographie
potentiell	潜在的な	potenziell/potentiell

[注]

従来のつづりのみが引き続き認められるものも多くある ▷ Baby「赤ん坊」/ Ingenieur「技師」/ Restaurant「レストラン」

2 大文字書き

名詞かどうかの判断基準は,冠詞・前置詞・付加語などと結合するかどうかという形式的なものになったため,従来よりもずっと多くのものが大文字書きされるようになる.

[注]

2人称代名詞 du, ihr を手紙の中で用いる場合,従来は,語頭を大文字で書いていたが,「新正書法」では,このような場合でも小文字で書く ▷ Lieber Hans, ich danke **dir** für die Einladung.「親愛なるハンス,私は君の招待に感謝する」

2-1 時間区分の名詞

vorgestern, gestern, heute, morgen, übermorgen などに続く一日の時間区分を表す語は,語頭を大文字で書く.

【従来】		【新】
heute morgen	今朝	heute Morgen
morgen abend	明晩	morgen Abend
gestern nacht	昨夜	gestern Nacht

2-2 熟語的表現の名詞

熟語的表現で,動詞や前置詞と結びつく名詞的要素も,語頭を大文字で書く.

【従来】		【新】
schuld haben	責任がある	Schuld haben
recht haben	正しい	Recht haben
außer acht lassen	無視する	außer Acht lassen

in bezug auf	…に関して	in Bezug auf

2-3 名詞化形容詞

a) 言語名.

 auf/in Deutsch ドイツ語で

 Er spricht Englisch. 彼は英語を話す

[注]

副詞的に用いられる場合は, 従来通り小文字で書く ▷ Sie spricht englisch.「彼女は英語で話す」

b) 接続詞で結びつけられる名詞化形容詞.

 Jung und Alt 若者と老人

 der Konflikt zwischen Arm und Reich 貧困者と金持ちの間の闘争

c) 不定数詞などと用いられる形容詞および序数

 Er tat **alles Mögliche**.

 彼はできる事はすべてやった

 Er kam als **Dritter** an die Reihe.

 彼は三番手で順番が回って来た

 Jeder **Fünfte** lehnte das Projekt ab.

 五人に一人がその計画に反対した

 Ich muss noch **Verschiedenes** erledigen.

 私はまだいろいろな事を片付けなければならない

[注]

① all, viel, wenig; (der, die, das) eine, (der, die, das) andereなどは小文字で書く ▷ Das haben schon **viele** erlebt.「それはすでに多くの人々が経験したことだ」

② 先行あるいは後続する名詞に関連づけられている場合, 小文字で書く ▷ Sie sah sich zahlreiche Kleider an; am Ende wählte sie **das blaue**.「彼女は数多くのドレスを見た; 結局青いのを選んだ」

③ 慣用的な「形容詞＋名詞」の場合, 形容詞の語頭は, 固有名詞性が弱いならば小文字で, 強いならば大文字で書く ▷ das schwarze Brett「黒板」/ der Schiefe Turm「(ピサの)斜塔」

d) 前置詞との結合.

【従来】		【新】
bis ins kleinste	細部まで	bis ins Kleinste
im allgemeinen	一般に	im Allgemeinen
beim alten bleiben	元のままである	beim Alten bleiben

[注]

① 前置詞と形容詞などから成る熟語でも, 冠詞を含まないものは小文字で書く ▷ bis auf weiteres「当分の間」

②「aufs / auf das＋最上級」の結合の場合, 最上級は大文字書きも小文字書きも可能である ▷ aufs Herzlichste / aufs herzlichste「心から」

3 分かち書きと一語書き

結合に形式的意味的な自立性が認められる場合，分かち書きを原則とし，一語書きを例外とする．

3-1 動詞との結合

a）動詞．

【従来】		【新】
kennenlernen	知り合いになる	kennen lernen
sitzenbleiben	落第する	sitzen bleiben
spazierengehen	散歩する	spazieren gehen

b）名詞的前つづり(分かち書きをする場合，名詞の語頭は大文字)．

【従来】		【新】
kopfstehen	びっくり仰天する	Kopf stehen
maßhalten	節度を守る	Maß halten

c）複合的副詞．

【従来】		【新】
auseinandersetzen	取り組む	auseinander setzen
vorwärtsgehen	はかどる	vorwärts gehen

d）形容詞(過去分詞)．

【従来】		【新】
bekanntmachen	一般に知らせる	bekannt machen
zufriedenstellen	満足させる	zufrieden stellen
gefangennehmen	捕虜にする	gefangen nehmen
verlorengehen	なくなる	verloren gehen

[注]

-ig, -isch, -lich で終わる形容詞と結合する場合も含まれる．

lästigfallen	わずらわしくなる	→ lästig fallen
übrigbleiben	残っている	→ übrig bleiben

e）動詞 sein との結合は常に分かち書きする．

【従来】		【新】
dasein	いる	da sein
zurücksein	戻っている	zurück sein

3-2 so, wie, zu＋形容詞

【従来】		【新】
soviel Geld	そんな多くのお金	so viel Geld
zuviel Geld	多すぎる金	zu viel Geld
zuwenig Erfolg	少なすぎる成果	zu wenig Erfolg
wieviel Personen	何人の人	wie viel[e] Personen

3-3 その他

a）形容詞的前置詞句は，一語書きも分かち書きも認められる．

außer Stande sein,	außerstande sein	…できない
im Stande sein,	imstande sein	…できる
zu Grunde gehen,	zugrunde gehen	滅びる
zu Mute sein,	zumute sein	…の気分である

b) 複合的前置詞は一部，一語書きも分かち書きも認められる．

an Stelle,	anstelle	…の代わりに
auf Grund,	aufgrund	…に基づいて
zugunsten,	zu Gunsten	…の利益になるように

[注]

① anhand, anstatt, infolge, zufolge などは従来通り一語で書く．

② 複合的接続詞は sodass ⟨so dass⟩ のみが分かち書きと一語書きの2様が認められる（ただし，anstatt, indem, solange などは従来通り一語書き）．

③ irgend＋etwas ⟨jemand⟩ は一語書きする ▷ irgendetwas「なにかあるもの」／ irgendjemand「誰かある人」

4　句読法

4-1　und, oder など

und, oder などによって文を結びつける場合，(文の区分を明確に示そうとするのでないならば)コンマは用いない．

　　Die Musik wird leiser **und** der Vorhang hebt sich und das Spiel beginnt.
　　音楽が小さくなりカーテンが上がり 劇が始まる

　　Seid ihr mit meinem Vorschlag einverstanden **oder** habt ihr Einwände vorzubringen?　君たちは僕の提案を受け入れるか それとも異議を唱えるか

4-2　コンマ

成句的な(短縮された)副文の場合，従来とは異なり，コンマの使用は書き手に任せられる．

　　Wie bereits gesagt[,] verhält sich die Sache anders.
　　既に言った通り，状況は変わっています

4-3　導入文

引用文の後に導入文がある場合，「感嘆符⟨疑問符⟩＋引用符」の後にコンマが置かれる．

【従来】	【新】
„──!" rief er. 「──」と彼は叫んだ	„──!", rief er.

【従来】	【新】
„──?" fragte er. 「──」と彼はたずねた	„──?", fragte er.

4-4　アポストロフィー

人名の2格を示す -s，人名から付加される派生接辞 -sch の前でもアポストロフィーを用いる．

　　Carlo's Taverne　カルロの飲食店
　　Einstein'sche Relativitätstheorie　アインシュタインの相対性理論

5　行末での分綴（一般的規則は V 分綴法を参照）

5-1 単独の短母音と -st-

従来と異なり、単独の母音字および -st- も分綴することができる.

		【従来】	【新】
Abend	晩	分綴不可	A-bend
Ofen	オーブン	分綴不可	O-fen
Kasten	箱	Ka-sten	Kas-ten
sechste	6番目の	sech-ste	sechs-te

5-2 -ck-

-ck- は、従来のように -k-k- と分けずに、その前で分綴する.

		【従来】	【新】
backen	焼く	bak-ken	ba-cken
trocken	乾いた	trok-ken	tro-cken
Zucker	砂糖	Zuk-ker	Zu-cker

5-3 派生語と外来語

話音節(発音上自然に区切れる音節)での分綴も、語源的な観点に基づく分綴も認められる.

【従来】		【新】
dar-um	それゆえに	da-rum / dar-um
ein-an-der	互いを	ei-nan-der / ein-an-der
hin-auf	上の方へ	hi-nauf / hin-auf
He-li-ko-pter	ヘリコプター	He-li-kop-ter / He-li-ko-pter
in-ter-es-sant	興味深い	in-te-res-sant / in-ter-es-sant

IX 和独索引

あ

愛 *die* Liebe
相変わらず immer noch; nach wie vor
あいさつする grüßen
合図 *das* Zeichen; *das* Signal
アイスクリーム *das* Eis
合図する winken
愛する lieben
あいまいな zweideutig
合う passen
会う treffen
青い blau
赤い rot
明かり *das* Licht
上がる steigen
明るい hell
赤ん坊 *das* Baby
秋 *der* Herbst
明らかな klar
あきらめる auf|geben
悪魔 *der* Teufel
あける öffnen; auf|machen
上げる heben; erhöhen; steigern
あご *das* Kinn; *der* Kiefer
朝 *der* Morgen
あさって übermorgen
足 *der* Fuß
脚 *das* Bein
味 *der* Geschmack
　味がする schmecken
　味をみる kosten
アジア (*das*) Asien
あした morgen
汗をかく schwitzen
遊び *das* Spiel
遊ぶ spielen
与える geben
暖〈温〉かい warm
温める wärmen
頭 *der* Kopf
頭のよい klug; intelligent
新しい neu
当たる treffen
厚い dick
熱い heiß
暑い heiß
扱う behandeln
集まる *sich*[4] versammeln
集める sammeln
あて名 *die* Adresse; *die* Anschrift
跡 *die* Spur
あとで später; nachher
アドバイス *der* Rat; *der* Ratschlag
穴 *das* Loch
アナウンサー *der* Ansager
兄 *der* Bruder
姉 *die* Schwester
危ない gefährlich
油 *das* Öl
アフリカ (*das*) Afrika
甘い süß
雨傘 *der* Regenschirm
甘やかす verwöhnen
網 *das* Netz
雨が降る regnen
アメリカ (*das*) Amerika
アメリカ合衆国 USA [複]
アメリカの amerikanisch
誤り *der* Fehler
謝る *sich*[4] entschuldigen
粗い grob
洗う waschen
あらし *der* Sturm
あられが降る hageln
現れる erscheinen; auf|treten
アリ *die* Ameise
ありがとう Danke!
あるいは oder
歩く gehen
アルコール *der* Alkohol
アルバム *das* Album
アルファベット *das* Alphabet
暗記する auswendig lernen
安全な sicher
案内 *die* Führung
案内所 *die* Information
案内する führen
安楽いす *der* Sessel

い

胃 *der* Magen
いいえ nein
イースター *das* Ostern
言い訳 *die* Ausrede
言う sagen
家 *das* Haus
…以外には außer
医学 *die* Medizin
怒っている zornig
生き生きとした lebendig
イギリス (*das*) England
イギリス人 *der* Engländer
イギリスの englisch
生きている leben
息をする atmen
行く gehen; (乗り物で) fahren
いくらかの einige
池 *der* Teich
意見 *die* Meinung; *die* Ansicht
石 *der* Stein
意志 *der* Wille
意識的な bewusst
医者 *der* Arzt
いす *der* Stuhl
泉 *die* Quelle
いずれにせよ sowieso
以前 früher
忙しい beschäftigt
急ぐ *sich*[4] beeilen
痛み *der* Schmerz
イタリア (*das*) Italien
いたるところで überall
位置 *die* Lage
1月 *der* Januar
一度 einmal
市場 *der* Markt
いつ wann
いつか irgendwann
1階 *das* Erdgeschoss
一昨日 vorgestern
いっしょに zusammen; gemeinsam
一定の bestimmt
いっぱいの voll

一般的な allgemein
一方的な einseitig
一方では einerseits
いつでも jederzeit
いつも immer; stets
意図 die Absicht
糸 der Faden
井戸 der Brunnen
いとこ (男の) der Vetter;
　(女の) die Kusine
いなか das Land
稲光がする blitzen
犬 der Hund
祈る beten
いびきをかく schnarchen
衣服 die Kleidung
今 jetzt; nun
居間 das Wohnzimmer
今まで bisher
意味 die Bedeutung;
　der Sinn
意味する bedeuten
意味のある sinnvoll
意味のない sinnlos
妹 die Schwester
いらいらした nervös
入口 der Eingang;
　(乗り物用の) die Einfahrt
色 die Farbe
いろいろな verschieden
祝う feiern
いわば sozusagen
いわゆる so genannte
インク die Tinte
印象 der Eindruck
インフルエンザ die Grippe

う

ウエートレス die Kellnerin
上に oben
受かる (試験に) bestehen
受け入れる akzeptieren;
　auf|nehmen
受け継ぐ (遺伝で) erben
受取人 der Empfänger
受け取る bekommen;
　erhalten; empfangen
動く sich⁴ bewegen
ウサギ das Kaninchen;
　der Hase
牛 (雌) die Kuh;
　(雄) der Ochse

失う verlieren
後ろに hinten
薄い dünn
薄暗い düster
うそ die Lüge
うそをつく lügen
歌 das Lied
歌う singen
疑い der Zweifel
疑いもなく zweifellos
疑い深い misstrauisch
疑う zweifeln
打ち明ける an|vertrauen
内気な schüchtern; scheu
打ち切る ab|brechen
宇宙 der Kosmos;
　der Weltraum
撃つ schießen
打つ schlagen
美しい schön
うつす (病気を) an|stecken
映る sich⁴ spiegeln
腕 der Arm
うなずく nicken
奪う rauben
馬 das Pferd
馬にのる reiten
生まれる geboren werden
　(<gebären)
海 das Meer; die See
うめく stöhnen
埋める vergraben
裏側〈面〉 die Rückseite
裏切り der Verrat
裏切る verraten
うらやむ beneiden
売り切れた ausverkauft
売る verkaufen
上着 die Jacke
うわさ das Gerücht
運河 der Kanal
運送 der Transport
運転手 der Fahrer
運転する fahren
運転免許証 der Führer-
　schein
運動 die Bewegung;
　(スポーツ) der Sport
運命 das Schicksal

え

絵 das Bild

絵を描く malen
エアコン die Klimaanlage
永遠の ewig
映画 der Film
映画館 das Kino
影響 der Einfluss
影響を与える beeinflussen
英語 das Englisch
英語の englisch
英雄 der Held
駅 der Bahnhof
枝 der Zweig; der Ast
エネルギー die Energie
絵はがき die Ansichtskarte
選ぶ wählen
エレベーター der Fahrstuhl;
　der Aufzug
円 der Kreis
延期する auf|schieben;
　verschieben
エンジニア der Ingenieur
演習 die Übung;
　(大学の) das Seminar
援助 die Hilfe;
　die Unterstützung
援助する unterstützen
エンジン der Motor
演説 die Rede
演奏会 das Konzert
演奏する spielen
遠足 der Ausflug
延長する verlängern
煙突 der Schornstein
鉛筆 der Bleistift
遠慮がちな zurückhaltend

お

尾 der Schwanz
甥 der Neffe
追い越す überholen
おいしい lecker;
　gut schmecken
追い払う vertreiben
王 der König
追う verfolgen
雄牛 der Ochse
王子 der Prinz
王女 die Prinzessin
横断する durchqueren
オウム der Papagei
オオカミ der Wolf
大きい groß; (声・音が) laut

| 大きくする vergrößern
| 大きさ die Größe
| 多くの viel
| 大げさな übertrieben
| オーケストラ das Orchester
| オーストリア (das) Österreich
| オーストリア人 der Österreicher
| オートバイ das Motorrad
| 丘 der Hügel
| おかしい komisch; lustig
| 小川 der Bach
| 起きる auf|stehen
| 置き忘れる liegen lassen
| 置く stellen; legen; setzen
| 憶病な feige
| 贈り物 das Geschenk
| 贈る schenken
| 送る schicken
| 遅れ die Verspätung
| 遅れる sich verspäten; (時計が) nach|gehen
| 起こす wecken
| 怒った zornig
| 起こる geschehen; vor|kommen; sich⁴ ereignen; passieren
| 怒る sich⁴ ärgern
| おじ der Onkel
| 惜しい schade
| 教える lehren; unterrichten; bei|bringen
| お辞儀する sich⁴ verbeugen
| 押す drücken; schieben
| お世辞 das Kompliment
| 遅い (速度が) langsam; (時間が) spät
| 遅くとも spätestens
| おそらく wahrscheinlich; wohl; vermutlich
| 恐れる fürchten
| 恐ろしい schrecklich; furchtbar; entsetzlich
| 穏やかな mild
| 陥る geraten
| 落ち着いた ruhig
| 落ち着きのない unruhig
| 落ちる stürzen; (試験で) durch|fallen
| 夫 der Mann
| 弟 der Bruder

おとぎ話 das Märchen
男 der Mann
男の子 der Junge
男の人 der Mann
脅す drohen; bedrohen
訪れる besuchen
おととい vorgestern
おとな der/die Erwachsene
おとなしい artig
踊る tanzen
驚かす überraschen; erschrecken
驚き die Überraschung; der Schrecken
驚く erschrecken; staunen
驚くほどの erstaunlich
同じ gleich
同じように ebenfalls
おば die Tante
おはよう Guten Morgen!
オフィス das Büro
オペラ die Oper
おぼれ死ぬ ertrinken
重い schwer
思いがけない überraschend
思い出させる erinnern
思い出す sich⁴ erinnern
思い違い der Irrtum
思いつき der Einfall; die Idee
思い出 die Erinnerung; das Andenken
思う glauben
重さ das Gewicht
おもしろい interessant
おもちゃ das Spielzeug
主な hauptsächlich
親 Eltern ⓟ
親指 der Daumen
泳ぐ schwimmen
およそ ungefähr; etwa
オランダ (das) Holland; die Niederlande ⓟ
折りたたむ falten
降りる (乗物から) aus|steigen
折る brechen
織る weben
折れる brechen
オレンジ die Orange
終わり das Ende; der Schluss
音楽 die Musik
音楽会 das Konzert
温度 die Temperatur

温度計 das Thermometer
おんどり der Hahn
女 die Frau
女の子 das Mädchen
女の人 die Frau; die Dame
音符 die Note

か

課 (教科書) die Lektion
蚊 die Mücke
カーテン die Gardine; (厚手の) der Vorhang
カード die Karte
カーブ die Kurve
階 der Stock; die Etage
回 das Mal
貝 die Muschel
会員 das Mitglied
絵画 das Gemälde
海岸 die Küste
会議 die Sitzung; die Konferenz; der Kongress
解決 die Lösung
外交官 der Diplomat
外国 das Ausland
外国語 die Fremdsprache
外国人 der Ausländer
解雇する entlassen
開催される statt|finden
開始 der Beginn
会社 die Firma
外出する aus|gehen
階段 die Treppe
快適な bequem
解答 die Lösung
買い物をする ein|kaufen
改良する verbessern
会話 das Gespräch
買う kaufen
返す zurück|geben
カエル der Frosch
変える [ver]ändern
帰る zurück|kehren; zurück|kommen
顔 das Gesicht
香り der Duft
画家 der Maler
価格 der Preis
科学 die Wissenschaft
化学 die Chemie

鏡　*der* Spiegel
輝く　scheinen; glänzen
鍵(かぎ)　*der* Schlüssel
　鍵(かぎ)をかける　zu|schließen; ab|schließen
書き留める　notieren; auf|schreiben
垣根　*der* Zaun
書く　schreiben; (描く) zeichnen; malen
家具　*das* Möbel
確実な　sicher
確信している　überzeugt sein
隠す　verstecken; verbergen
学生　(男の) *der* Student; (女の) *die* Studentin
楽譜　Noten [複]
学部　*die* Fakultät
学問　*die* Wissenschaft
隠れる　*sich*^{4} verstecken
影 (陰)　*der* Schatten
欠けている　fehlen
掛ける　hängen
賭(か)ける　wetten
過去　*die* Vergangenheit
かご　*der* Korb
傘　*der* [Regen]schirm
火山　*der* Vulkan
火災　*der* Brand
賢い　klug
歌手　*der* Sänger
貸す　leihen; borgen; (賃貸する) vermieten
数　*die* Zahl
ガス　*das* Gas
かぜ(風邪)　*die* Erkältung
　かぜをひく　*sich*^{4} erkälten
風　*der* Wind
稼ぐ　verdienen
数える　zählen
家族　*die* Familie
ガソリン　*das* Benzin
肩　*die* Schulter
形　*die* Form
かたい　hart
かたづける　erledigen
刀　*das* Schwert
価値　*der* Wert
価値のある　wertvoll
家畜　*das* Vieh
ガチョウ　*die* Gans
勝つ　gewinnen; siegen
楽器　*das* Instrument
学期　*das* Semester
かっこ　*die* Klammer
学校　*die* Schule
合唱団　*der* Chor
かつて　einmal
活動的な　aktiv
活発な　lebhaft
カップ　*die* Tasse
仮定する　an|nehmen
角　*die* Ecke; *die* Kante
カトリック教徒　*der* Katholik
悲しい　traurig
かなり　ziemlich
金(かね)　*das* Geld
　金持ちの　reich
鐘　*die* Glocke
可能性　*die* Möglichkeit
可能な　möglich
かばん　*die* Tasche; *die* Mappe
花びん　*die* Vase
かぶる　(帽子を) auf|setzen
　かぶっている　tragen; auf|haben
壁　*die* Wand; *die* Mauer
神　*der* Gott
紙　*das* Papier
雷がなる　donnern
髪の毛　*das* Haar
かむ　beißen; kauen
カメラ　*die* Kamera; *der* Fotoapparat
カメラマン　*der* Fotograf
仮面　*die* Maske
科目　*das* Fach
火曜日　*der* Dienstag
からし　*der* Senf
カラス　*die* Krähe; (大型の) *der* Rabe
ガラス　*das* Glas
体　*der* Körper
からにする　leeren
からの　leer
借りる　sich^3 leihen; sich^3 borgen; (賃借する) mieten
軽い　leicht
ガレージ　*die* Garage
カレンダー　*der* Kalender
川　*der* Fluss
革　*das* Leder
かわいい　hübsch
かわいそうな　arm
乾いた　trocken
かわいらしい　niedlich
乾かす　trocknen
変わる　*sich*^{4} [ver]ändern
皮をむく　schälen
カン　*die* Büchse
癌(がん)　*der* Krebs
考え　*der* Gedanke
考える　denken
間隔　*der* Abstand
観客　*der* Zuschauer
環境　*die* Umwelt; *die* Umgebung
関係　*die* Beziehung; *das* Verhältnis
観光客　*der* Tourist
頑固な　hartnäckig
看護婦　*die* Krankenschwester
観察する　beobachten; betrachten
感謝　*der* Dank
感謝している　dankbar
感謝する　danken
患者　*der* Patient
慣習　*der* Brauch
観衆　*das* Publikum
感情　*das* Gefühl
感じる　fühlen; empfinden; spüren
関心　*das* Interesse
感心する　bewundern
間接の　indirekt
完全な　vollkommen
肝臓　*die* Leber
簡単な　einfach
缶詰　*die* Dose
乾杯　Prost!; Prosit!
完璧(かんぺき)な　perfekt
完了する　ab|schließen
関連している　zusammen|hängen

き

木　*der* Baum; (木材) *das* Holz
黄色の　gelb
議員　*der/die* Abgeordnete
消える　verschwinden; (火などが) erlöschen
記憶　*das* Gedächtnis
気温　*die* Temperatur
機会　*die* Gelegenheit

機械	die Maschine
議会	das Parlament
着替える	sich⁴ um|ziehen
危機	die Krise
企業	das Unternehmen
聞く	hören
喜劇	die Komödie
危険	die Gefahr; das Risiko
危険な	gefährlich
期限	der Termin; die Frist
気候	das Klima
記号	das Zeichen
岸	das Ufer
技師	der Ingenieur
技術	die Technik
技術の	technisch
基準	der Maßstab
キス	der Kuss
キスをする	küssen
傷	die Wunde
傷つける	verletzen; (気持ちを) kränken
犠牲[者]	das Opfer
奇跡	das Wunder
季節	die Jahreszeit
汽船	der Dampfer
規則	die Regel
規則的な	regelmäßig
貴族	der Adel
北	der Norden
期待	die Erwartung
汚い	schmutzig
議長	der/die Vorsitzende
気づく	merken; bemerken
喫茶店	das Café
切手	die Briefmarke
きっと	bestimmt; sicher; gewiss
キツネ	der Fuchs
切符	die Fahrkarte; der Fahrschein
気に入る	gefallen
絹	die Seide
記念碑	das Denkmal
きのう	gestern
機能	die Funktion
キノコ	der Pilz
厳しい	streng
寄付する	spenden
希望	die Hoffnung
気前のいい	freigebig; großzügig
奇妙な	komisch; merkwürdig; seltsam
義務	die Pflicht
決める	[sich⁴] entscheiden
気持ち	das Gefühl
疑問	die Frage
客	der Gast; (店の) der Kunde
客観的な	objektiv
キャベツ	der Kohl
キャンパス	der Campus
休暇	Ferien (榎); (会社などの) der Urlaub
急行列車	der D-Zug; der Schnellzug
休日	der Feiertag
救助	die Rettung
牛肉	das Rindfleisch
牛乳	die Milch
休養する	sich⁴ erholen
給料	das Gehalt
きょう	heute
教育	die Erziehung
教育する	erziehen
教会	die Kirche
教科書	das Lehrbuch
競技場	das Stadion
行儀のよい	brav
供給	(商品の) das Angebot
教師	(男の) der Lehrer; (女の) die Lehrerin
教室	das Klassenzimmer
教授	der Professor
強制する	zwingen
業績	die Leistung
競争	die Konkurrenz
兄弟	der Bruder
兄弟姉妹	Geschwister (榎)
強調する	betonen
共通の	gemeinsam
器用な	geschickt
脅迫する	bedrohen
恐怖	die Furcht
興味	das Interesse
興味深い	interessant
興味をもつ	sich⁴ interessieren
教養	die Bildung
教養のある	gebildet
共和国	die Republik
許可	die Erlaubnis
許可する	erlauben; genehmigen
去年	letztes Jahr
拒否する	ab|lehnen
距離	die Entfernung
霧	der Nebel
ギリシャ	(das) Griechenland
キリスト教	das Christentum
キリスト教徒	der Christ
切る	schneiden; (スイッチを) aus|schalten
着る	an|ziehen
きれいな	schön; hübsch; (清潔な) sauber
記録	(スポーツなどの) der Rekord
キログラム	das Kilogramm
キロメートル	der Kilometer
議論	die Diskussion
議論する	diskutieren
気をつける	auf|passen
金	das Gold
銀	das Silber
緊急の	dringend
銀行	die Bank
禁止	das Verbot
近所	die Nachbarschaft
近所の人	der Nachbar
禁じる	verbieten
緊張	die Spannung
筋肉	der Muskel
勤勉な	fleißig
金曜日	der Freitag

く

空間	der Raum
空気	die Luft
空港	der Flughafen
偶然	der Zufall
偶然の	zufällig
空想	die Fantasie
空腹	der Hunger
9月	der September
草	das Gras
臭い	stinken
腐った	faul
鎖	die Kette
くし(櫛)	der Kamm
苦情を言う	klagen
薬	die Arznei; das Medikament
癖	die Gewohnheit
具体的な	konkret
果物	das Obst; die Frucht
口	der Mund; (動物の) das Maul

唇	*die* Lippe
靴	*der* Schuh
クッキー	*das* Gebäck
靴下	(短い) *die* Socke; (長い) *der* Strumpf
国	*das* Land; *der* Staat
首	*der* Hals
区別する	unterscheiden
クマ	*der* Bär
組み合わせ	*die* Kombination
クモ	*die* Spinne
雲	*die* Wolke
曇った	wolkig
暗い	dunkel
暮らす	leben
クラス	*die* Klasse
グラス	*das* Glas
クラブ	*der* Klub
比べる	vergleichen
グラム	*das* Gramm
クリーニング	*die* Reinigung
クリーム	*die* Sahne
繰り返す	wiederholen
クリスマス	*das* Weihnachten
来る	kommen
グループ	*die* Gruppe
苦しむ	leiden
苦しめる	quälen
車	*das* Auto; *der* Wagen
黒い	schwarz
詳しい	ausführlich
軍[隊]	*das* Militär; *die* Armee

け

毛	*das* Haar
計画	*der* Plan
警官	*der* Polizist
経験	*die* Erfahrung
経済	*die* Wirtschaft; *die* Ökonomie
警察	*die* Polizei
計算する	rechnen
芸術	*die* Kunst
芸術家	*der* Künstler
軽率な	leichtsinnig
軽蔑する	verachten
警報	*der* Alarm
刑務所	*das* Gefängnis
契約	*der* Vertrag
ケーキ	*der* Kuchen
けが	*die* Verletzung
けがをする	sich⁴ verletzen
毛皮	*der* Pelz
劇場	*das* Theater
けさ	heute Morgen
消す	löschen; aus|machen
けちな	geizig
血液	*das* Blut
結果	*das* Ergebnis; *die* Folge
欠陥	*der* Fehler; *der* Mangel
結婚	*die* Heirat; *die* Ehe
結婚式	*die* Hochzeit
決して…ない	nie; gar nicht
決心する	sich⁴ entschließen
欠席している	fehlen; abwesend sein
決定	*die* Entscheidung
決定する	entscheiden
決定的な	entscheidend
月曜日	*der* Montag
結論	*die* Schlussfolgerung
煙	*der* Rauch
険しい	(山などが) steil
権威	*die* Autorität
原因	*die* Ursache
見学する	besichtigen
けんかする	streiten
元気な	munter
研究	*die* Forschung
研究所	*das* Institut
研究する	[er]forschen
現金の	bar
言語	*die* Sprache
健康	*die* Gesundheit
健康な	gesund
検査する	kontrollieren
現実	*die* Wirklichkeit; *die* Realität
現実の	wirklich
原始的な	primitiv
原子爆弾	*die* Atombombe
幻想	*die* Illusion
原則	*das* Prinzip
現代の	modern
建築家	*der* Architekt
憲法	*die* Verfassung
厳密な	genau
権利	*das* Recht
権力	*die* Macht

こ

語	*das* Wort
濃い	(コーヒー・茶が) stark
語彙	*der* Wortschatz
行為	*die* Handlung; *die* Tat
幸運	*das* Glück
幸運な	glücklich
公園	*der* Park
講演	*der* Vortrag
硬貨	*die* Münze
郊外	*der* Vorort
後悔する	bereuen
公開の	öffentlich
合格する	bestehen
高価な	teuer
交換する	tauschen; aus|tauschen
抗議	*der* Protest
講義	*die* Vorlesung
好奇心の強い	neugierig
抗議する	protestieren
工業	*die* Industrie
公共の	öffentlich
航空便	*die* Luftpost
合計	*die* Summe
攻撃する	an|greifen
広告	*die* Anzeige
口座	*das* Konto
交差点	*die* Kreuzung
子牛	*das* Kalb
公式の	offiziell
口実	*der* Vorwand
工場	*die* Fabrik
交渉する	verhandeln
行進する	marschieren
公正な	gerecht
功績	*der* Verdienst
紅茶	*der* Tee
交通	*der* Verkehr
皇帝	*der* Kaiser
講堂	*die* Aula
行動する	handeln
口頭の	mündlich
公表する	veröffentlichen
幸福	*das* Glück
幸福な	glücklich
興奮	*die* Aufregung; *die* Erregung
興奮する	sich⁴ auf|regen
候補者	*der* Kandidat
公務員	*der* Beamte
声	*die* Stimme
コート	*der* Mantel
コーヒー	*der* Kaffee

氷　*das* Eis
誤解　*das* Missverständnis
誤解する　missverstehen
5月　*der* Mai
小切手　*der* Scheck
呼吸する　atmen
こぐ　rudern
国際的な　international
国籍　*die* Staatsangehörigkeit
告白する　gestehen
黒板　*die* Tafel
克服する　überwinden
国民　*das* Volk; *die* Nation
穀物　*das* Getreide
国立の　staatlich
午後　*der* Nachmittag
ここに　hier
心　*das* Herz; *die* Seele
心からの　herzlich
試み　*der* Versuch
試みる　versuchen
孤児　*die* Waise
こじき　*der* Bettler
故障　*die* Panne
コショウ　*der* Pfeffer
個人　*das* Individuum
個人的な　persönlich
こする　reiben
午前　*der* Vormittag
答え　*die* Antwort;
　(解答) *die* Lösung
答える　antworten
誇張する　übertreiben
国家　*der* Staat; *die* Nation
コック　*der* Koch
こっけいな　komisch
小包　*das* Paket
コップ　*das* Glas
孤独な　einsam
子供　*das* Kind
ことわざ　*das* Sprichwort
断る　ab|lehnen
粉　*das* Pulver
このあいだ　neulich
このごろ　neuerdings
好み　*der* Geschmack
ごはん　*der* Reis
コピー　*die* Kopie
コピーする　kopieren
古風な　altmodisch
ごみ　*der* Müll
ゴム　*der* ⟨*das*⟩ Gummi
小麦　*der* Weizen

小麦粉　*das* Mehl
米　*der* Reis
小屋　*die* Hütte
転がる　rollen
殺す　töten; um|bringen
転ぶ　fallen;
　(勢いよく) stürzen
こわい　furchtbar
壊れた　kaputt
コンクリート　*der* Beton
昆虫　*das* Insekt
困難　*die* Schwierigkeit
困難な　schwierig
こんにちは　Guten Tag!
今晩　heute Abend
こんばんは　Guten Abend!
婚約する　*sich*⁴ verloben

さ

最近　neulich; kürzlich
最後に　schließlich
さいころ　*der* Würfel
最初に　zuerst
最初の　erst
咲いている　blühen
才能　*die* Begabung
才能のある　begabt
財布　*das* Portmonee
さがす　suchen
魚　*der* Fisch
下がる　fallen; sinken
桜　*die* Kirsche
酒　*der* Alkohol
サケ　*der* Lachs
叫ぶ　schreien
避ける　vermeiden
下げる　senken
ささげる　widmen
ささやく　flüstern
差し込む　stecken
刺す　stechen
…させる　lassen
作家　*der* Schriftsteller
サッカー　*der* Fußball
さっき　vorhin
作曲家　*der* Komponist
作曲する　komponieren
雑誌　*die* Zeitschrift
砂糖　*der* Zucker
砂漠　*die* Wüste
寂しい　einsam
さびる　rosten

妨げる　hindern;
　verhindern
寒い　kalt
さようなら　Auf Wiedersehen!
皿　*der* Teller
サラダ　*der* Salat
サラリーマン　*der/die* Angestellte
猿　*der* Affe
去る　verlassen
三角形　*das* Dreieck
参加する　teil|nehmen
3月　*der* März
産業　*die* Industrie
残酷な　grausam; brutal
賛成する　zu|stimmen
残念だ　Schade!
残念ながら　leider
散歩　*der* Spaziergang
散歩する　spazieren gehen

し

詩　*das* Gedicht
市　*die* Stadt
死　*der* Tod
…時　*die* Uhr
試合　*das* Spiel;
　der Wettkampf
幸せな　glücklich
塩　*das* Salz
シカ　*der* Hirsch
しかし　aber
4月　*der* April
時間　*die* Zeit;
　(単位) *die* Stunde
時間通りの　pünktlich
試験　*die* Prüfung;
　das Examen
試験する　prüfen
事故　*der* Unfall
地獄　*die* Hölle
時刻表　*der* Fahrplan
自己紹介する　*sich*⁴ vor|stellen
仕事　*die* Arbeit
事実　*die* Tatsache
死者　*der/die* Tote
支出　*die* Ausgabe
辞書　*das* Wörterbuch
詩人　*der* Dichter
地震　*das* Erdbeben
静かな　ruhig; still

和独索引		
沈む	sinken; unter|gehen	
姿勢	die Haltung; die Stellung	
自然	die Natur	
舌	die Zunge	
従う	folgen; gehorchen	
親しい	vertraut	
下に	unten	
7月	der Juli	
市長	der Bürgermeister	
質	die Qualität	
失業している	arbeitslos	
実験	das Experiment; der Versuch	
実現する	verwirklichen	
実際に	wirklich; tatsächlich	
知っている	kennen; wissen	
嫉妬深い	eifersüchtig	
失敗	der Misserfolg	
失敗する	misslingen; scheitern	
失望	die Enttäuschung	
失望させる	enttäuschen; (失望する) sich^t enttäuschen	
質問	die Frage	
質問をする	fragen	
実用的な	praktisch	
私的な	privat	
事典	das Lexikon	
自転車	das Fahrrad	
自動車	das Auto; der Wagen	
自動販売機	der Automat	
品物	die Ware	
死ぬ	sterben	
支配する	herrschen	
自白	das Geständnis	
自白する	gestehen	
しばしば	oft	
芝生	der Rasen	
支払い	die Zahlung	
支払う	zahlen; bezahlen	
自分の	eigen	
自分で	selbst; selber	
脂肪	das Fett	
島	die Insel	
姉妹	die Schwester	
市民	der Bürger	
示す	zeigen	
湿った	feucht	
閉める	schließen; zu|machen	
地面	der Boden; die Erde	

社会	die Gesellschaft
ジャガイモ	die Kartoffel
市役所	das Rathaus
写真	das Foto; das Bild
写真を撮る	fotografieren
シャツ	das Hemd
じゃまをする	stören
ジャム	die Marmelade
車輪	das Rad
シャワーを浴びる	duschen
州	(ドイツ・オーストリアの) das Land
週	die Woche
自由	die Freiheit
11月	der November
集会	die Versammlung
10月	der Oktober
習慣	die Gewohnheit
宗教	die Religion
集合する	sich^t versammeln
従順な	gehorsam
住所	die Adresse; die Anschrift
重大な	ernst
じゅうたん	der Teppich
自由な	frei
12月	der Dezember
十分な	genügend
十分に	genug
週末	das Wochenende
住民	die Bevölkerung; der Einwohner
重要な	wichtig
修理する	reparieren
修了する	ab|schließen
主観的な	subjektiv
授業	der Unterricht
熟した	reif
祝祭日	der Feiertag
宿題	die Aufgabe
宿泊する	übernachten
手術	die Operation
手術する	operieren
手段	das Mittel
主張する	behaupten
出血する	bluten
出産	die Geburt
出発する	ab|fahren
出版社	der Verlag
首都	die Hauptstadt
主婦	die Hausfrau
趣味	das Hobby
受話器	der Hörer
順応する	sich^t an|passen

準備する	sich^t vor|bereiten
賞	der Preis
上演	die Aufführung; die Vorstellung
障害	das Hindernis
紹介する	vor|stellen
奨学金	das Stipendium
乗客	der Passagier
状況	die Situation
消極的な	passiv
条件	die Bedingung
証拠	der Beweis
正午	der Mittag
詳細な	ausführlich
称賛	das Lob
正直な	ehrlich; aufrichtig
乗車券	die Fahrkarte; der Fahrschein
少女	das Mädchen
使用する	gebrauchen; verwenden
小説	der Roman; (短編) die Novelle
状態	der Zustand
招待する	ein|laden
冗談	der Scherz; der Spaß
商店	der Laden; das Geschäft
衝突する	zusammen|stoßen
商人	der Kaufmann; der Händler
情熱的な	leidenschaftlich
少年	der Junge
商売	das Geschäft
消費者	der Verbraucher
商品	die Ware
上品な	vornehm
消防隊	die Feuerwehr
情報	die Information; die Auskunft
証明	der Beweis
証明書	der Ausweis; das Zeugnis
証明する	beweisen
将来	die Zukunft
勝利	der Sieg
上陸する	landen
女王	die Königin
職業	der Beruf
食事	das Essen
植物	die Pflanze
食欲	der Appetit
助言	der Rat; der Ratschlag

和独索引

助言する	raten
女子学生	*die* Studentin
処女	*die* Jungfrau
徐々に	allmählich; langsam
初心者	*der* Anfänger
女性	*die* Frau
処置	*die* Maßnahme
食器	*das* Geschirr
ジョッキ	*der* Krug
書店	*die* Buchhandlung
所得	*das* Einkommen
署名する	unterschreiben
所有している	besitzen
知らせ	*die* Nachricht
知られていない	unbekannt
知り合う	kennen lernen
知る	kennen lernen; erfahren
印	*das* Zeichen
城	*das* Schloss; *die* Burg
白い	weiß
素人	*der* Laie
神経質な	nervös
信仰	*der* Glaube
人口	*die* Bevölkerung
人工の	künstlich
診察する	untersuchen
紳士	*der* Herr
真実	*die* Wahrheit
真珠	*die* Perle
人種	*die* Rasse
信じる	glauben
申請	*das* Gesuch
人生	*das* Leben
神聖な	heilig
親戚	*der/die* Verwandte
親切な	freundlich
新鮮な	frisch
心臓	*das* Herz
慎重な	vorsichtig
心配	*die* Sorge
新聞	*die* Zeitung
進歩	*der* Fortschritt
辛抱強い	geduldig
信頼する	[ver]trauen
真理	*die* Wahrheit
森林	*der* Wald
人類	*die* Menschheit
親類の	verwandt

す

酢	*der* Essig
巣	*das* Nest
水準	*das* Niveau
スイス	*die* Schweiz
推薦する	empfehlen
推測する	vermuten
垂直の	senkrecht; vertikal
スイッチ	*der* Schalter
スイッチを入れる	ein|schalten
スイッチを切る	aus|schalten
水平線	*der* Horizont
水平な	waagerecht
水曜日	*der* Mittwoch
吸う (タバコなどを)	rauchen
数学	*die* Mathematik
スープ	*die* Suppe
スカート	*der* Rock
スキー	*der* Ski
好きだ	mögen; gern haben
救う	retten
少なくとも	wenigstens; mindestens
すぐに	gleich; sofort
少しの	ein bisschen; ein wenig; etwas
過ごす	verbringen
涼しい	kühl
進む (時計が)	vor|gehen
スズメ	*der* Spatz
勧める	empfehlen
スタンプ	*der* Stempel
頭痛	Kopfschmerzen (pl.)
すっぱい	sauer
すてきな	nett
すでに	schon; bereits
捨てる	weg|werfen
ストーブ	*der* Ofen
ストッキング	*der* Strumpf
ストライキ	*der* Streik
ストライキをする	streiken
砂	*der* Sand
すなわち	nämlich; d.h. (=das heißt)
すばらしい	großartig; wunderbar
スプーン	*der* Löffel
すべての	aller
滑る	rutschen
スポーツ	*der* Sport
ズボン	*die* Hose
住まい	*die* Wohnung
隅	*die* Ecke; *der* Winkel
スミレ	*das* Veilchen
住む	wohnen
すらりとした	schlank
スリッパ	*der* Pantoffel
する	machen; tun; (スポーツなどを) spielen
ずる賢い	schlau
鋭い	scharf
座っている	sitzen
座る	*sich⁴* setzen
澄んだ	klar

せ

姓	*der* Familienname
性	*das* Geschlecht; *der* Sex
税	*die* Steuer
性格	*der* Charakter
正確な	genau; exakt; korrekt
正義	*die* Gerechtigkeit
請求書	*die* Rechnung
清潔な	sauber; rein
制限する	ein|schränken; beschränken
成功	*der* Erfolg
成功する	gelingen
生産的な	produktiv
政治	*die* Politik
政治の	politisch
政治家	*der* Politiker
誠実な	ehrlich
聖書	*die* Bibel
正常な	normal
精神	*der* Geist
成人	*der/die* Erwachsene
精神的な	geistig; seelisch
せいぜい	höchstens
製造する	her|stellen; produzieren
成長する	wachsen
生徒	(男の) *der* Schüler; (女の) *die* Schülerin
政党	*die* Partei
政府	*die* Regierung
制服	*die* Uniform
征服する	erobern
生命	*das* Leben
精力的な	energisch
世界	*die* Welt
席	*der* Platz
石炭	*die* Kohle
責任	*die* Verantwortung

付録

石油　das Öl
咳をする　husten
世代　die Generation
積極的な　aktiv
セックス　der Sex
せっけん　die Seife
絶対的な　absolut
説得する　überreden
絶望する　verzweifeln
説明する　erklären
節約する　sparen
背中　der Rücken
ぜひ　unbedingt
背広　der Anzug
狭い　eng; schmal
ゼミ　das Seminar
世話をする　pflegen; sorgen
線　die Linie
千　tausend
選挙　Wahl
先日　neulich
選手　der Spieler
先生　(男の) der Lehrer;
　(女の) die Lehrerin
戦争　der Krieg
選択　die Wahl;
　die Auswahl
洗濯する　waschen
洗濯物　die Wäsche
船長　der Kapitän
宣伝　die Werbung;
　die Reklame
セント　der Cent
全部で　insgesamt
専門　das Fach
専門家　der Fachmann; der
　Spezialist

そ

相違　der Unterschied
騒音　der Lärm
相互の　gegenseitig
掃除する　auf|räumen
操縦する　steuern; lenken
創造する　schaffen
想像する　sich³ vor|stellen
相続する　erben
相続人　der Erbe
相対的な　relativ
ソース　die Soße
ソーセージ　die Wurst
速度　die Geschwindigkeit

底　der Grund; der Boden
そこに　da; dort
阻止する　verhindern
そして　und
注ぐ　gießen
育つ　wachsen
率直な　offen; aufrichtig
外で　draußen
その上　außerdem
そのとき　dann
祖父　der Großvater
祖母　die Großmutter
空　der Himmel
そる　rasieren
損害　der Schaden
尊敬　die Achtung
尊敬する　verehren
存在する　existieren
損失　der Verlust
損傷　die Beschädigung
尊重する　achten

た

ダース　das Dutzend
題名　der Titel
大学　die Universität;
　die Hochschule
大学生　(男の) der Student;
　(女の) die Studentin
退屈な　langweilig
体験　das Erlebnis
体験する　erleben
滞在　der Aufenthalt
大使館　die Botschaft
大臣　der Minister
大切な　wichtig
体操　die Gymnastik;
　das Turnen
大胆な　kühn
態度　das Verhalten
大統領　der Präsident
台所　die Küche
逮捕する　verhaften
タイヤ　der Reifen
太陽　die Sonne
平らな　flach; eben
大陸　der Kontinent
対立　der Gegensatz
絶え間ない　ununterbrochen
耐える　ertragen
タオル　das Handtuch
倒れる　fallen

高い　hoch; (値段が) teuer
高さ　die Höhe
宝　der Schatz
だから　deshalb; deswegen
滝　der Wasserfall
妥協　der Kompromiss
タクシー　das Taxi
確かな　sicher
確かめる　fest|stellen
助け　die Hilfe
助ける　helfen
尋ねる　fragen
訪ねる　besuchen
戦い　der Kampf
戦う　kämpfen
たたく　schlagen; klopfen
正しい　richtig
ただ…だけ　nur
ただで　umsonst
立ち上がる　auf|stehen
立ち去る　weg|gehen
立ち止まる　stehen bleiben
経つ　(時が) vergehen
立っている　stehen
建物　das Gebäude
建てる　bauen; errichten
たとえば　zum Beispiel
谷　das Tal
楽しい　fröhlich
楽しみ　das Vergnügen;
　der Spaß
楽しむ　genießen;
　sich⁴ vergnügen
頼み　die Bitte
頼む　bitten
タバコ　die Zigarette
タバコを吸う　rauchen
たびたびの　häufig
たぶん　wohl;
　wahrscheinlich
食べる　essen;
　(動物が) fressen
卵　das Ei
魂　die Seele
だます　betrügen; täuschen
黙っている　schweigen
タマネギ　die Zwiebel
ため息をつく　seufzen
試す　versuchen; probieren
ためらう　zögern
ためる　(お金を) sparen
足りる　aus|reichen;
　genügen
だれ　wer

だれか jemand
段階 *die* Stufe
単語 *das* Wort
短縮する verkürzen
単純な einfach
誕生日 *der* Geburtstag
ダンスをする tanzen
男性 *der* Mann
短編小説 *die* Novelle
暖房する heizen
暖炉 *der* Kamin

ち

血 *das* Blut
地位 *die* Position
地域 *das* Gebiet
小さい klein;
　(音・声が) leise
チーズ *der* Käse
チーム *die* Mannschaft
近い nah[e]
違い *der* Unterschied;
　die Differenz
誓う schwören
近ごろ neuerdings;
　heutzutage
地下室 *der* Keller
近づく sich⁴ nähern
地下鉄 *die* U-Bahn
力 *die* Kraft
地球 *die* Erde
遅刻する sich⁴ verspäten
知識 *die* Kenntnis
知人 *der/die* Bekannte
地図 *die* Landkarte;
　(市街の) *der* Stadtplan
父 *der* Vater
チップ *das* Trinkgeld
地平線 *der* Horizont
致命的な tödlich
茶 *der* Tee
茶色の braun
着陸する landen
チャンス *die* Chance
チャンネル *der* Kanal
注意 *die* Achtung;
　die Aufmerksamkeit
注意を払う achten;
　auf|passen
注意深い aufmerksam
中央 *die* Mitte
中国 (*das*) China

中国人 *der* Chinese
忠実な treu
駐車場 *der* Parkplatz
駐車する parken
抽象的な abstrakt
昼食 *das* Mittagessen
中心 *die* Mitte
中断する unterbrechen
ちゅうちょする zögern
注文する bestellen
中立の neutral
チョウ *der* Schmetterling
調査する untersuchen
聴衆 *das* Publikum
頂上 *der* Gipfel
ちょうど eben; gerade
貯金する sparen
直接の direkt; unmittelbar
チョコレート *die* Schokolade
著者 *der* Autor
賃金 *der* Lohn

つ

追跡する verfolgen
ついに endlich; schließlich
通訳 *der* Dolmetscher
杖 *der* Stock
使う gebrauchen
捕まえる fangen
つかむ fassen; greifen
疲れた müde
月 (天体) *der* Mond;
　(暦) *der* Monat
次の nächst; folgend
突く stoßen
机 *der* Tisch
つけ加える hinzu|fügen
伝える mit|teilen
土 *die* Erde
続く (会議などが) dauern
続ける fort|setzen
包む ein|packen
つなぐ verbinden
つねに immer; stets
翼 *der* Flügel
ツバメ *die* Schwalbe
つぼみ *die* Knospe
妻 *die* Frau
つまずく stolpern
罪 *die* Schuld; *die* Sünde
積む laden
摘む pflücken

つめ(爪) *der* Nagel
冷たい kalt; kühl
強い stark
つらい hart
釣る angeln

て

手 *die* Hand
出会う begegnen
提案 *der* Vorschlag
提案する vor|schlagen
提供する an|bieten
抵抗 *der* Widerstand
訂正する korrigieren;
　verbessern
ていねいな höflich
テープ *das* Band
手紙 *der* Brief
敵 *der* Feind
出来事 *das* Ereignis
適切な passend; geeignet
できるだけ möglichst;
　so...wie möglich
出口 *der* Ausgang;
　(乗り物) *die* Ausfahrt
デザート *der* Nachtisch
テスト *der* Test
鉄 *das* Eisen
哲学 *die* Philosophie
哲学者 *der* Philosoph
手伝う helfen
徹底的な gründlich
鉄道 *die* Eisenbahn
テニス *das* Tennis
手荷物 *das* Gepäck
手袋 *der* Handschuh
手本 *das* Muster;
　das Vorbild
寺 *der* Tempel
テレビ *das* Fernsehen;
　der Fernseher
手渡す aus|händigen
点 *der* Punkt
天 *der* Himmel
店員 (男の) *der* Verkäufer;
　(女の) *die* Verkäuferin
天気 *das* Wetter
電球 *die* Glühbirne;
　die Birne
典型的な typisch
天国 *der* Himmel;
　das Paradies

天才　das Genie
天使　der Engel
電車　(路面) die Straßenbahn
天井　die Decke
伝説　die Sage
電池　die Batterie
テント　das Zelt
伝統　die Tradition
展覧会　die Ausstellung
電話　das Telefon
電話する　an|rufen; telefonieren
電話番号　die Telefonnummer

と

度　der Grad
ドア　die Tür
ドイツ　(das) Deutschland
ドイツ語　das Deutsch
ドイツ[人・語]の　deutsch
ドイツ人　der/die Deutsche
トイレ　die Toilette
塔　der Turm
動機　das Motiv
道具　das Werkzeug
当時　damals
同情　das Mitleid
当然の　selbstverständlich
到着する　an|kommen
道徳　die Moral
動物　das Tier
動物園　der Zoo
同様に　gleichfalls
道路　die Straße
討論　die Diskussion; die Debatte
討論する　diskutieren
遠い　fern; weit
通り　die Straße
とかす　(髪を) kämmen
時　die Zeit
ときどき　manchmal
解く　lösen
毒　das Gift
読者　der Leser
独身の　ledig
独創的な　originell
特徴　das Merkmal; das Kennzeichen
特徴のある　charakteristisch
特に　besonders; insbesondere
特別の　besondere; speziell
独立した　selbstständig
時計　die Uhr
溶ける　schmelzen
どこから　woher
どこに　wo
どこへ　wohin
床屋　der Friseur
年　das Jahr; (年齢) das Alter
都市　die Stadt
閉じる　schließen; zu|machen
図書館　die Bibliothek
戸棚　der Schrank
土地　(地所) das Grundstück
途中で　unterwegs
突然　plötzlich
取って来る　ab|holen
とどまる　bleiben
どの　welcher
どのくらいの　wie viel
飛ぶ　fliegen
跳ぶ　springen
トマト　die Tomate
止まる　halten; stoppen
泊まる　übernachten
友達　(男の) der Freund; (女の) die Freundin
土曜日　der Samstag; der Sonnabend
トラ　der Tiger
ドライバー　der Fahrer
トラック　der Last[kraft]wagen
トランク　der Koffer
トランプ　die Spielkarte; die Karte
鳥　der Vogel
取り扱う　behandeln
取り替える　aus|tauschen; wechseln; um|tauschen
取り消す　(注文などを) ab|bestellen
取りやめにする　ab|sagen
努力する　sich⁴ bemühen; sich⁴ an|strengen
取る　nehmen
奴隷　der Sklave
どろぼう　der Dieb
どんな　was für ein

トンネル　der Tunnel

な

ナイフ　das Messer
内容　der Inhalt
治す　heilen
直す　(誤りを) verbessern; korrigieren
長い　lang
長い間　lange
流れる　fließen
泣く　weinen
鳴く　(小鳥が) singen
慰める　trösten
殴る　schlagen; prügeln
投げる　werfen; (勢いよく) schleudern
ナシ　die Birne
なぜ　warum
なぞ　das Rätsel
夏　der Sommer
納得させる　überzeugen
なでる　streicheln
等々　und so weiter; usw.
何　was
何か　etwas
鍋　der Topf
名前　der Name; (姓に対して) der Vorname
怠け者の　faul
生の　roh
波　die Welle
涙　die Träne
なめる　lecken
習う　lernen
鳴る　(ベル・電話などが) klingeln
なる　(…に) werden
慣れる　sich⁴ gewöhnen

に

におい　der Geruch
においがする　riechen; (悪臭) stinken
苦い　bitter
2月　der Februar
肉　das Fleisch
憎しみ　der Hass
憎む　hassen
肉屋　der Fleischer;

der Metzger
逃げる　fliehen; flüchten
二三の　einige
西　*der* Westen
偽の　falsch
日曜日　*der* Sonntag
日記　*das* Tagebuch
日光　*die* Sonne
似ている　ähnlich
日本　(*das*) Japan
日本語　*das* Japanisch
日本[語・人]の　japanisch
日本人　*der* Japaner
入場券　*die* Eintrittskarte
ニュース　*die* Nachricht
入浴する　baden
煮る　kochen
庭　*der* Garten
鶏　*das* Huhn;
　(雄) *der* Hahn;
　(雌) *die* Henne
人気のある　beliebt; populär
人形　*die* Puppe
人間　*der* Mensch
妊娠している　schwanger

ぬ

縫う　nähen
脱ぐ　aus|ziehen
盗み　*der* Diebstahl
盗む　stehlen
布　*das* Tuch
塗る　streichen
ぬれた　nass; feucht

ね

寝入る　ein|schlafen
願い　*der* Wunsch
願う　wünschen
ネクタイ　*die* Krawatte
猫　*die* Katze
ねじ　*die* Schraube
ネズミ　*die* Maus;
　(大型) *die* Ratte
値段　*der* Preis
熱　*das* Fieber
眠る　schlafen
寝る　schlafen;
　(就寝する) ins Bett gehen

年金　*die* Rente
年齢　*das* Alter

の

農民　*der* Bauer
能力　*die* Fähigkeit
ノート　*das* Heft
残す　hinterlassen; zurück|lassen
残り　*der* Rest
ノックする　klopfen
望み　*der* Wunsch
望む　wünschen; hoffen
のどが渇いた　durstig; Durst haben
伸ばす　aus|strecken
昇る　(天体が) auf|gehen
飲み込む　schlucken
飲み物　*das* Getränk
飲む　trinken;
　(薬を) ein|nehmen
乗り換える　um|steigen
乗り物　*das* Fahrzeug
乗る　ein|steigen; auf|steigen

は

葉　*das* Blatt
歯　*der* Zahn
パートナー　*der* Partner
肺　*die* Lunge
はい　ja; (否定の疑問文の場合) doch
灰色の　grau
バイオリン　*die* Geige
ハイキング　*der* Ausflug; *die* Wanderung
歯医者　*der* Zahnarzt
配達する　liefern
履いている　tragen; an|haben
売店　*der* Kiosk
俳優　(男の) *der* Schauspieler; (女の) *die* Schauspielerin
入る　ein|treten
ハエ　*die* Fliege
墓　*das* Grab
ばか　*der* Narr
破壊する　zerstören

はがき　*die* Postkarte; *die* Karte
博士　*der* Doktor
ばかな　dumm
はかる　messen;
　(重さを) wiegen
拍手　*der* Beifall
爆弾　*die* Bombe
爆発する　explodieren
博物館　*das* Museum
激しい　heftig
箱　*der* Kasten; *die* Kiste; *die* Karton; *die* Schachtel
運ぶ　tragen
はさみ　*die* Schere
橋　*die* Brücke
はしご　*die* Leiter
始まる　an|fangen; beginnen
始まり　*der* Anfang
初めて　zum ersten Mal
始める　an|fangen; beginnen
場所　*der* Ort; *die* Stelle
走る　laufen; rennen;
　(乗り物が) fahren
バス　*der* Bus
パスポート　*der* Pass
旗　*die* Fahne; *die* Flagge
バター　*die* Butter
裸の　nackt
畑　*das* Feld; *der* Acker
はだしの　barfuß
働く　arbeiten
ハチ　*die* Biene
8月　*der* August
はちみつ　*der* Honig
罰　*die* Strafe
はっきりした　klar
発見する　entdecken
罰する　strafen
発送する　ab|schicken
発展　*die* Entwicklung
発明する　erfinden
ハト　*die* Taube
花　*die* Blume;
　(果樹の) *die* Blüte
鼻　*die* Nase
話す　sprechen
花束　*der* Strauß
花婿　*der* Bräutigam
花嫁　*die* Braut
羽　*die* Feder

母	die Mutter
浜辺	der Strand
ハム	der Schinken
早い	früh
速い	schnell
腹	der Bauch
バラ	die Rose
払う	zahlen; bezahlen
針	die Nadel
春	der Frühling
はりつける	kleben
晩	der Abend
パン	das Brot
パン屋	der Bäcker; (店) die Bäckerei
ハンカチ	das Taschentuch
番組	das Programm
番号	die Nummer
判断する	urteilen; beurteilen
半島	die Halbinsel
犯人	der Täter
半分	die Hälfte
半分の	halb

ひ

火	das Feuer
日	der Tag
ピアノ	das Klavier
ビール	das Bier
比較する	vergleichen
比較的	relativ; verhältnismäßig
東	der Osten
光	das Licht
光る	glänzen; leuchten
引き裂く	zerreißen
引き出し	die Schublade
ひく (コーヒー豆などを)	mahlen
引く	ziehen
低い	niedrig
ひげ	der Bart
悲劇	die Tragödie
飛行機	das Flugzeug
ひざ	das Knie; der Schoss
秘書 (女性)	die Sekretärin
非常に	sehr
ピストル	die Pistole
ひそかな	heimlich
額	die Stirn
左に	links
左の	linke
日付	das Datum
引っ越しをする	um|ziehen
羊	das Schaf
必要な	nötig; notwendig
否定する	verneinen; leugnen
美徳	die Tugend
人殺し	der Mörder
ひとりで	allein
非難する	vor|werfen
皮肉	die Ironie
皮肉な	ironisch
皮膚	die Haut
暇	die Zeit
秘密	das Geheimnis
ひも	die Schnur
百	hundert
冷やす	kühlen
費用	Kosten (複)
秒	die Sekunde
病院	das Krankenhaus; die Klinik
病気	die Krankheit
病気の	krank
表現する	aus|drücken
評判	der Ruf
表面的な	oberflächlich
開く	auf|machen; öffnen; eröffnen
昼 (正午)	der Mittag; (夜に対して) der Tag
広い	weit; (幅が) breit
広場	der Platz
びん	die Flasche
品質	die Qualität
頻繁に	oft
貧乏な	arm

ふ

不安	die Angst
不安げに	ängstlich
風景	die Landschaft
風習	die Sitte
封筒	der [Brief]umschlag
夫婦	das Ehepaar
不運	das Pech; das Unglück
笛	die Flöte
増える	zu|nehmen; sich⁴ vermehren
フォーク	die Gabel
深い	tief
不快な	übel; unangenehm
不可欠な	unentbehrlich
不可能な	unmöglich
武器	die Waffe
吹く	blasen; (風が) wehen
複雑な	kompliziert
袋	der Sack; der Beutel; die Tüte
不幸な	unglücklich
負傷する	sich⁴ verletzen
侮辱	die Beleidigung
侮辱する	beleidigen
婦人	die Frau; die Dame
ふた	der Deckel
豚	das Schwein
舞台	die Bühne
ふたご	der Zwilling
再び	wieder
ふつうの	gewöhnlich; normal
物価	Preise (複)
復活祭	das Ostern
ぶつかる	stoßen
太い	dick
ブドウ	die Traube
船	das Schiff
部分	der Teil
部分的に	zum Teil
増やす	vermehren
冬	der Winter
ブラウス	die Bluse
ブラシ	die Bürste
フランス	(das) Frankreich
フランス語	das Französisch
フランス[語・人]の	französisch
古い	alt
震える	zittern
振舞う	sich⁴ verhalten; sich⁴ benehmen
ブレーキをかける	bremsen
触れる	berühren
ふろに入る	baden
分	die Minute
雰囲気	die Atmosphäre; die Stimmung
文化	die Kultur
文学	die Literatur
文法	die Grammatik
文明	die Zivilisation

へ

平均	der Durchschnitt

平日	*der* Wochentag
平和	*der* Frieden
平和な	friedlich
ページ	*die* Seite
ベッド	*das* Bett
別の	andere
蛇	*die* Schlange
部屋	*das* Zimmer
減る	ab|nehmen
ベル	*die* Klingel
変化	*die* Veränderung
勉強する	lernen; (大学で) studieren
偏見	*das* Vorurteil
弁護士	*der* Rechtsanwalt
返事	*die* Antwort
ベンチ	*die* Bank
変な	komisch; merkwürdig

ほ

棒	*der* Stock
妨害する	stören
放棄する	auf|geben; verzichten
冒険	*das* Abenteuer
方向	*die* Richtung
報告	*der* Bericht
帽子	(縁のある) *der* Hut; (縁のない) *die* Mütze
放送する	senden
方法	*die* Methode
訪問する	besuchen
法律	*das* Gesetz
暴力	*die* Gewalt
ほえる	bellen
頬(ほお)	*die* Wange; *die* Backe
ボーイ	*der* Kellner
ホール	*die* Halle; *der* Saal
ボール	*der* Ball
ボールペン	*der* Kugelschreiber
ほがらかな	heiter
牧師	*der* Pfarrer
ほこり(埃)	*der* Staub
誇り	*der* Stolz
星	*der* Stern
補充する	ergänzen
保守的な	konservativ
保証	*die* Garantie
保証する	garantieren

ポスター	*das* Plakat
ポスト	*dir* Stellung
細い	dünn; schmal
ボタン	*der* Knopf
墓地	*der* Friedhof
ホテル	*das* Hotel
ほとんど	fast; beinahe
炎	*die* Flamme
ほめる	loben
掘る	graben
彫る	schnitzen
本	*das* Buch
本屋	*die* Buchhandlung
本当に	wirklich; tatsächlich
本当の	wahr; wirklich; echt
本能	*der* Instinkt
翻訳	*die* Übersetzung
翻訳する	übersetzen
本来は	eigentlich

ま

毎回	jedes Mal
毎週	jede Woche
毎月	jeden Monat
毎月の	monatlich
毎年	jedes Jahr
マイナス	minus
毎日	jeden Tag
毎日の	täglich; alltäglich
前に	vorn
前へ	nach vorn; vorwärts
前もって	vorher
まくら	*das* Kissen
負ける	verlieren
曲げる	biegen
孫	*der* Enkel
まじめな	ernst
増す	zu|nehmen
まず	zuerst
貧しい	arm
混ぜる	mischen
また	wieder
まだ	noch
または	oder
町	*die* Stadt
まちがい	*der* Fehler; *das* Versehen
まちがえる	*sich*⁴ irren
まちがいの	falsch
まつ	*die* Kiefer
待つ	warten

まっすぐな	gerade
まったく…ない	gar nicht
祭り	*das* Fest
窓	*das* Fenster
窓ガラス	*die* Fensterscheibe
窓口	*der* Schalter
まとめる	zusammen|fassen
学ぶ	lernen; (大学で) studieren
招く	ein|laden
まねる	nach|ahmen
魔法	*der* Zauber
豆	*die* Bohne
まもなく	bald
守る	schützen; verteidigen; (約束を) halten
丸い	rund
マルク	*die* Mark
まれに	selten
回す	drehen
回る	*sich*⁴ drehen
満足している	zufrieden
まん中	*die* Mitte
万年筆	*der* Füller

み

実	*die* Frucht
見える	(…のように) aus|sehen
磨く	putzen
右に	rechts
右の	recht
未婚の	ledig
短い	kurz
水	*das* Wasser
湖	*der* See
店	*der* Laden; *das* Geschäft
見せる	zeigen
溝	*der* Graben
満たす	füllen
道	*der* Weg
見つける	finden
ミツバチ	*die* Biene
緑色の	grün
港	*der* Hafen
南	*der* Süden
醜い	hässlich
見晴らし	*die* Aussicht; *der* Überblick
身振り	*die* Gebärde;

die Geste
見本市　*die* Messe
耳　*das* Ohr
みやげ　*das* Souvenir
名字　*der* Familienname
未来　*die* Zukunft
魅力的な　reizend
見る　sehen; an|sehen
民主主義　*die* Demokratie
民主的な　demokratisch
民族　*das* Volk

む

無意味な　sinnlos
迎えに行く　ab|holen
迎える　empfangen
無限の　unendlich
無効の　ungültig
虫　*das* Insekt
蒸し暑い　schwül
矛盾　*der* Widerspruch
無条件の　bedingungslos
むしろ　eher; vielmehr
難しい　schwierig; schwer
息子　*der* Sohn
結ぶ　binden; verbinden
娘　*die* Tochter
むだに　vergeblich;
　vergebens; umsonst
胸　*die* Brust
村　*das* Dorf
紫色の　violett
無料の　kostenlos; frei

め

目　*das* Auge
芽　*der* Keim
姪　*die* Nichte
名刺　*die* Visitenkarte
迷信　*der* Aberglaube
名人　*der* Meister
名声　*der* Ruhm
明白な　deutlich
名誉　*die* Ehre
明瞭な　deutlich
命令　*der* Befehl
命令する　befehlen
めがね　*die* Brille
目覚し時計　*der* Wecker
目立つ　auf|fallen

メモ　*die* Notiz
面　*die* Fläche
めんどうな　umständlich
めんどり　*die* Henne

も

…もまた　auch
毛布　*die* Decke
燃える　brennen
目撃者　*der* Zeuge
目的　*der* Zweck
目標　*das* Ziel
木曜日　*der* Donnerstag
潜る　tauchen
模型　*das* Modell
文字　*der* Buchstabe;
　die Schrift
もちろん　natürlich;
　selbstverständlich
持って行く　mit|nehmen
持っている　haben
持って来る　mit|bringen;
　holen
戻る　zurück|gehen;
　zurück|kommen
物　*das* Ding
物語　*die* Geschichte;
　die Erzählung
模範　*das* Vorbild
模範的な　vorbildlich
木綿　*die* Baumwolle
モモ　*der* Pfirsich
燃やす　verbrennen
もらう　bekommen
森　*der* Wald
門　*das* Tor
問題　*das* Problem

や

やかん　*der* Kessel
ヤギ　*die* Ziege
焼く　（肉などを）braten;
　（パンなどを）backen
約　etwa
役　*die* Rolle
訳す　übersetzen
約束する　versprechen
役に立たない　nutzlos
役に立つ　nützlich; nutzen
役人　*der* Beamte

やけどする　sich⁴ verbrennen
野菜　*das* Gemüse
易しい　leicht
やさしい　zärtlich
安い　billig
休む　ruhen;
　sich⁴ ausruhen
野生の　wild
やせた　mager
やせる　ab|nehmen
家賃　*die* Miete
薬局　*die* Apotheke
やっぱり　doch
野党　*die* Opposition
屋根　*das* Dach
破る　（約束などを）brechen
山　*der* Berg;
　（集合的に）*das* Gebirge
やめる　auf|hören; lassen
やわらかい　weich; sanft

ゆ

湯　warmes Wasser
遺言　*das* Testament
憂鬱な　melancholisch
有益な　nützlich
夕方　*der* Abend
優雅な　elegant
勇敢な　tapfer
勇気　*der* Mut
勇気ある　mutig
有効な　gültig
有罪の　schuldig
友情　*die* Freundschaft
夕食　*das* Abendessen
ユースホステル　*die* Jugendher-
　berge
有能な　tüchtig
郵便　*die* Post
郵便局　*die* Post;
　das Postamt
ゆうべ　gestern Abend
有名な　berühmt; bekannt
有利な　günstig
有料の　gebührenpflichtig
幽霊　*das* Gespenst
ユーロ　*der* Euro
誘惑する　verführen
床　*der* [Fuß]boden
愉快な　lustig
雪　*der* Schnee
雪が降る　schneien

行く	gehen; (乗り物で) fahren
輸出する	exportieren
輸送	*der* Transport
ゆっくりとした	langsam
輸入する	importieren
指	(手の) *der* Finger; (足の) *die* Zehe
指輪	*der* Ring
弓	*der* Bogen
夢	*der* Traum
夢を見る	träumen
ユリ	*die* Lilie
ゆりかご	*die* Wiege
ゆるい	locker
許す	entschuldigen; verzeihen
緩める	lockern; lösen

よ

良い	gut
容易な	leicht
用意のできた	bereit
陽気な	heiter; lustig; fröhlich
要求	*die* Forderung; *der* Anspruch
要求する	fordern; verlangen
用紙	*das* Formular
用心深い	vorsichtig
幼稚園	*der* Kindergarten
羊毛	*die* Wolle
ようやく	endlich, erst
ヨーロッパ	(*das*) Europa
ヨーロッパ人	*der* Europäer
余暇	*die* Freizeit
予感する	ahnen
抑圧する	unterdrücken
浴室	*das* Badezimmer; *das* Bad
横切る	überqueren; durchqueren
横にして置く	legen
汚れ	*der* Schmutz
汚れた	schmutzig; dreckig
予測する	vorher|sagen
ヨット	*das* Segelboot
酔っぱらった	betrunken
予定を持っている	vor|haben
呼ぶ	rufen
予防する	vor|beugen

読む	lesen
予約する	reservieren lassen
夜	*die* Nacht
喜び	*die* Freude
喜ぶ	sich⁴ freuen
喜んで	gern
弱い	schwach

ら

雷雨	*das* Gewitter
ライオン	*der* Löwe
落第する	durch|fallen
ラジオ	*das* Radio
乱用する	missbrauchen

り

利益	*der* Gewinn
理解する	verstehen; begreifen
陸	*das* Land
りこうな	klug
離婚	*die* Scheidung
離婚する	sich⁴ scheiden lassen
利子	Zinsen (複)
理性的な	vernünftig
理想	*das* Ideal
理想的な	ideal
立候補する	kandidieren
理髪師	*der* Friseur
理由	*der* Grund
流行	*die* Mode
流暢な	fließend
リュックサック	*der* Rucksack
量	*die* Quantität
猟	*die* Jagd
両替する	wechseln
料金	*die* Gebühr
領事館	*das* Konsulat
領収証	*die* Quittung
両親	Eltern (複)
利用する	benutzen
両方	beide
料理	*das* Gericht
料理する	kochen
旅券	*der* Pass
旅行	*die* Reise
旅行する	reisen
旅行代理店	*das* Reisebüro
理論	*die* Theorie

理論的な	theoretisch
リンゴ	*der* Apfel
倫理	*die* Moral

れ

例	*das* Beispiel
例外	*die* Ausnahme
礼儀正しい	anständig; höflich
冷静な	ruhig
冷蔵庫	*der* Kühlschrank
冷淡な	kühl
礼拝	*der* Gottesdienst
歴史	*die* Geschichte
レストラン	*das* Restaurant
列	*die* Reihe
列車	*der* Zug
恋愛	*die* Liebe
れんが	*der* Ziegel
練習	*die* Übung
練習する	üben

ろ

廊下	*der* Flur; *der* Korridor
老人	*der*/*die* Alte
ろうそく	*die* Kerze
労働	*die* Arbeit
労働者	*der* Arbeiter
浪費する	verschwenden
録音テープ	*das* Tonband
6月	*der* Juni
ロケット	*die* Rakete
路地	*die* Gasse
ロシア	(*das*) Russland
論理	*die* Logik
論理的な	logisch

わ

ワイシャツ	*das* Hemd
ワイン	*der* Wein
若い	jung
沸かす	kochen
わかる	verstehen
別れ	*der* Abschied
別れる	(あいさつをして) sich⁴ verabschieden
惑星	*der* Planet

分ける	teilen	忘れる	vergessen	割る	zerbrechen
わざと	absichtlich	渡す	geben	悪い	schlecht; schlimm
わずかの	wenig; gering	わびる	*sich* entschuldigen		
忘れっぽい	vergesslich	笑う	lachen		

X 不規則動詞変化表

1. 冒頭に不定詞を示す．過分 は過去分詞，接II は接続法II．なお，本来の接続法IIの形が現在「würde＋不定詞」によって代わられつつあるものは学習上の観点から (würde) と示す．　**2.** 現在形（直説法）と命令形で幹母音が変わるものはイタリックで示す．　**3.** 2人称敬称は sie に準じるので省く．　**4.** [　] は省略可能を示す．　**5.** 複合動詞はそれぞれ前つづりを取り除いた形で調べること．

	現在形	命令形	過去形	現在形	命令形	過去形
	1 backen （パンなどを）焼く			**2 befehlen** 命じる		
ich	backe		**backte**	befehle		**befahl**
du	*bäckst**	backe!	backtest	*befiehlst*	*befiehl*!	befahlst
er	*bäckt***		backte	*befiehlt*		befahl
wir	backen		backten	befehlen		befahlen
ihr	backt	backt!	backtet	befehlt	befehlt!	befahlt
sie	backen		backten	befehlen		befahlen
	過分 **gebacken**	接II backte		過分 **befohlen**	接II (würde)	
	3 beginnen 始める			**4 beißen** かむ		
ich	beginne		**begann**	beiße		**biss**
du	beginnst	beginne!	begannst	beißt	beiß[e]!	bissest
er	beginnt		begann	beißt		biss
wir	beginnen		begannen	beißen		bissen
ihr	beginnt	beginnt!	begannt	beißt	beißt!	bisst
sie	beginnen		begannen	beißen		bissen
	過分 **begonnen**	接II (würde)		過分 **gebissen**	接II bisse	
	5 bergen 救出する			**6 bersten** 裂ける		
ich	berge		**barg**	berste		**barst**
du	*birgst*	*birg*!	bargst	*birst*	*birst*!	barstest
er	*birgt*		barg	*birst*		barst
wir	bergen		bargen	bersten		barsten
ihr	bergt	bergt!	bargt	berstet	berstet!	barstet
sie	bergen		bargen	bersten		barsten
	過分 **geborgen**	接II (würde)		過分 **geborsten**	接II (würde)	
	7 bewegen (…する)気にさせる			**8 biegen** 曲げる, 曲がる		
ich	bewege		**bewog**	biege		**bog**
du	bewegst	beweg[e]!	bewogst	biegst	bieg[e]!	bogst
er	bewegt		bewog	biegt		bog
wir	bewegen		bewogen	biegen		bogen
ihr	bewegt	bewegt!	bewogt	biegt	biegt!	bogt
sie	bewegen		bewogen	biegen		bogen
	過分 **bewogen**	接II (würde)		過分 **gebogen**	接II (würde)	
	9 bieten 値をつける			**10 binden** 縛り〈結び〉つける		
ich	biete		**bot**	binde		**band**
du	bietest	biet[e]!	bot[e]st	bindest	bind[e]!	band[e]st
er	bietet		bot	bindet		band
wir	bieten		boten	binden		banden
ihr	bietet	bietet!	botet	bindet	bindet!	bandet
sie	bieten		boten	binden		banden
	過分 **geboten**	接II böte		過分 **gebunden**	接II bände	
	11 bitten 頼む			**12 blasen** 息を吹く		
ich	bitte		**bat**	blase		**blies**
du	bittest	bitte!	bat[e]st	*bläst*	blas[e]!	bliesest
er	bittet		bat	*bläst*		blies
wir	bitten		baten	blasen		bliesen
ihr	bittet	bittet!	batet	blast	blast!	bliest
sie	bitten		baten	blasen		bliesen
	過分 **gebeten**	接II bäte		過分 **geblasen**	接II bliese	

付録

不規則動詞変化表

	現在形	命令形	過去形	現在形	命令形	過去形
	13 bleiben とどまる			**14 braten** (肉などを)焼く		
ich	bleibe		**blieb**	brate		**briet**
du	bleibst	bleib[e]!	bliebst	*brätst*	brat[e]!	briet[e]st
er	bleibt		blieb	*brät*		briet
wir	bleiben		blieben	braten		brieten
ihr	bleibt	bleibt!	bliebt	bratet	bratet!	brietet
sie	bleiben		blieben	braten		brieten
	過分 **geblieben**	接Ⅱ	bliebe	過分 **gebraten**	接Ⅱ	briete
	15 brechen 折れる			**16 brennen** 燃える		
ich	breche		**brach**	brenne		**brannte**
du	*brichst*	*brich*!	brachst	brennst	brenn[e]!	branntest
er	*bricht*		brach	brennt		brannte
wir	brechen		brachen	brennen		brannten
ihr	brecht	brecht!	bracht	brennt	brennt!	branntet
sie	brechen		brachen	brennen		brannten
	過分 **gebrochen**	接Ⅱ	bräche	過分 **gebrannt**	接Ⅱ	(würde)
	17 bringen 持って行く〈来る〉			**18 denken** 考える		
ich	bringe		**brachte**	denke		**dachte**
du	bringst	bring[e]!	brachtest	denkst	denk[e]!	dachtest
er	bringt		brachte	denkt		dachte
wir	bringen		brachten	denken		dachten
ihr	bringt	bringt!	brachtet	denkt	denkt!	dachtet
sie	bringen		brachten	denken		dachten
	過分 **gebracht**	接Ⅱ	brächte	過分 **gedacht**	接Ⅱ	dächte
	19 dringen 入って来る〈行く〉			**20 dürfen** …してもよい		
ich	dringe		**drang**	*darf*		**durfte**
du	dringst	dring[e]!	drangst	*darfst*		durftest
er	dringt		drang	*darf*		durfte
wir	dringen		drangen	dürfen		durften
ihr	dringt	dringt!	drangt	dürft		durftet
sie	dringen		drangen	dürfen		durften
	過分 **gedrungen**	接Ⅱ	(würde)	過分 **dürfen***	接Ⅱ	dürfte
	21 empfangen 受け取る			**22 empfehlen** 勧める		
ich	empfange		**empfing**	empfehle		**empfahl**
du	*empfängst*	empfang[e]!	empfingst	*empfiehlst*	*empfiehl*!	empfahlst
er	*empfängt*		empfing	*empfiehlt*		empfahl
wir	empfangen		empfingen	empfehlen		empfahlen
ihr	empfangt	empfangt!	empfingt	empfehlt	empfehlt!	empfahlt
sie	empfangen		empfingen	empfehlen		empfahlen
	過分 **empfangen**	接Ⅱ	empfinge	過分 **empfohlen**	接Ⅱ	(würde)
	23 empfinden 感じる			**24 erschrecken** 驚く		
ich	empfinde		**empfand**	erschrecke		**erschrak**
du	empfindest	empfind[e]!	empfand[e]st	*erschrickst*	*erschrick*!	erschrakst
er	empfindet		empfand	*erschrickt*		erschrak
wir	empfinden		empfanden	erschrecken		erschraken
ihr	empfindet	empfindet!	empfandet	erschreckt	erschreckt!	erschrakt
sie	empfinden		empfanden	erschrecken		erschraken
	過分 **empfunden**	接Ⅱ	empfände	過分 **erschrocken**	接Ⅱ	(würde)
	25 essen 食べる			**26 fahren** 乗り物で行く		
ich	esse		**aß**	fahre		**fuhr**
du	*isst*	*iss*!	aßest	*fährst*	fahr[e]!	fuhrst
er	*isst*		aß	*fährt*		fuhr
wir	essen		aßen	fahren		fuhren
ihr	esst	esst!	aßt	fahrt	fahrt!	fuhrt
sie	essen		aßen	fahren		fuhren
	過分 **gegessen**	接Ⅱ	äße	過分 **gefahren**	接Ⅱ	führe

	現在形	命令形	過去形	現在形	命令形	過去形
	27 fallen 落ちる			**28 fangen** 捕まえる		
ich	falle		**fiel**	fange		**fing**
du	*fällst*	fall[e]!	fielst	*fängst*	fang[e]!	fingst
er	*fällt*		fiel	*fängt*		fing
wir	fallen		fielen	fangen		fingen
ihr	fallt	fallt!	fielt	fangt	fangt!	fingt
sie	fallen		fielen	fangen		fingen
	過分 **gefallen**	接II	fiele	過分 **gefangen**	接II	finge
	29 fechten フェンシングをする			**30 finden** 見つける		
ich	fechte		**focht**	finde		**fand**
du	*fichtst*	*ficht*!	fochtest	findest	find[e]!	fand[e]st
er	*ficht*		focht	findet		fand
wir	fechten		fochten	finden		fanden
ihr	fechtet	fechtet!	fochtet	findet	findet!	fandet
sie	fechten		fochten	finden		fanden
	過分 **gefochten**	接II (würde)		過分 **gefunden**	接II	fände
	31 flechten 編む			**32 fliegen** 飛ぶ		
ich	flechte		**flocht**	fliege		**flog**
du	*flichtst*	*flicht*!	flochtest	fliegst	flieg[e]!	flogst
er	*flicht*		flocht	fliegt		flog
wir	flechten		flochten	fliegen		flogen
ihr	flechtet	flechtet!	flochtet	fliegt	fliegt!	flogt
sie	flechten		flochten	fliegen		flogen
	過分 **geflochten**	接II (würde)		過分 **geflogen**	接II	flöge
	33 fliehen 逃げる			**34 fließen** 流れる		
ich	fliehe		**floh**			
du	fliehst	flieh[e]!	floh[e]st			
er	flieht		floh	fließt		**floss**
wir	fliehen		flohen			
ihr	flieht	flieht!	floht			
sie	fliehen		flohen	fließen		flossen
	過分 **geflohen**	接II (würde)		過分 **geflossen**	接II	(würde)
	35 fressen (動物が)食べる			**36 frieren** 寒く感じる		
ich	fresse		**fraß**	friere		**fror**
du	*frisst*	*friss*!	fraßest	frierst	frier[e]!	frorst
er	*frisst*		fraß	friert		fror
wir	fressen		fraßen	frieren		froren
ihr	fresst	fresst!	fraßt	friert	friert!	frort
sie	fressen		fraßen	frieren		froren
	過分 **gefressen**	接II	fräße	過分 **gefroren**	接II	(würde)
	37 gären 発酵する			**38 gebären** 産む		
ich				gebäre		**gebar**
du				gebärst	gebär[e]!	gebarst
er	gärt		**gor***	gebärt		gebar
wir				gebären		gebaren
ihr				gebärt	gebärt!	gebart
sie	gären		goren**	gebären		gebaren
	過分 **gegoren***	接II (würde)		過分 **geboren**	接II	gebäre
	39 geben 与える			**40 gedeihen** すくすく成長する		
ich	gebe		**gab**	gedeihe		**gedieh**
du	*gibst*	*gib*!	gabst	gedeihst	gedeih[e]!	gediehst
er	*gibt*		gab	gedeiht		gedieh
wir	geben		gaben	gedeihen		gediehen
ihr	gebt	gebt!	gabt	gedeiht	gedeiht!	gedieht
sie	geben		gaben	gedeihen		gediehen
	過分 **gegeben**	接II	gäbe	過分 **gediehen**	接II	gediehe

不規則動詞変化表

	現在形	命令形	過去形	現在形	命令形	過去形
	41 gehen 行く			**42 gelingen** 成功する		
ich	gehe		**ging**			
du	gehst	geh[e]!	gingst			
er	geht		ging	gelingt		**gelang**
wir	gehen		gingen			
ihr	geht	geht!	gingt			
sie	gehen		gingen	gelingen		gelangen
	過分 **gegangen**		接II ginge	過分 **gelungen**		接II gelänge
	43 gelten 有効である			**44 genesen** 平癒する		
ich	gelte		**galt**	genese		**genas**
du	*giltst*	*gilt!*	galt[e]st	genest	genes[e]!	genasest
er	*gilt*		galt	genest		genas
wir	gelten		galten	genesen		genasen
ihr	geltet	geltet!	galtet	genest	genest!	genast
sie	gelten		galten	genesen		genasen
	過分 **gegolten**		接II gälte*	過分 **genesen**		接II (würde)
	45 genießen 楽しむ			**46 geschehen** 起こる		
ich	genieße		**genoss**			
du	genießt	genieß[e]!	genossest			
er	genießt		genoss	*geschieht*		**geschah**
wir	genießen		genossen			
ihr	genießt	geniesst!	genosst			
sie	genießen		genossen	geschehen		geschahen
	過分 **genossen**		接II genösse	過分 **geschehen**		接II geschähe
	47 gewinnen 勝つ			**48 gießen** 注ぐ		
ich	gewinne		**gewann**	gieße		**goss**
du	gewinnst	gewinn[e]!	gewannst	gießt	gieß[e]!	gossest
er	gewinnt		gewann	gießt		goss
wir	gewinnen		gewannen	gießen		gossen
ihr	gewinnt	gewinnt!	gewannt	gießt	gießt!	gosst
sie	gewinnen		gewannen	gießen		gossen
	過分 **gewonnen**		接II (würde)	過分 **gegossen**		接II (würde)
	49 gleichen 似ている			**50 gleiten** すべる		
ich	gleiche		**glich**	gleite		**glitt**
du	gleichst	gleich[e]!	glichst	gleitest	gleit[e]!	glitt[e]st
er	gleicht		glich	gleitet		glitt
wir	gleichen		glichen	gleiten		glitten
ihr	gleicht	gleicht!	glicht	gleitet	gleitet!	glittet
sie	gleichen		glichen	gleiten		glitten
	過分 **geglichen**		接II gliche	過分 **geglitten**		接II glitte
	51 glimmen 赤く光る			**52 graben** 掘る		
ich				grabe		**grub**
du				*gräbst*	grab[e]!	grubst
er	glimmt		**glomm***	*gräbt*		grub
wir				graben		gruben
ihr				grabt	grabt!	grubt
sie	glimmen		glommen**	graben		gruben
	過分 **geglommen****		接II (würde)	過分 **gegraben**		接II (würde)
	53 greifen つかむ			**54 haben** 持っている		
ich	greife		**griff**	habe		**hatte**
du	greifst	greif[e]!	griffst	*hast*	hab[e]!	hattest
er	greift		griff	*hat*		hatte
wir	greifen		griffen	haben		hatten
ihr	greift	greift!	grifft	habt	habt!	hattet
sie	greifen		griffen	haben		hatten
	過分 **gegriffen**		接II griffe	過分 **gehabt**		接II hätte

不規則動詞変化表

	現在形	命令形	過去形	現在形	命令形	過去形
	55 halten 持っている			**56 hängen** 掛かっている		
ich	halte		**hielt**	hänge		**hing**
du	*hältst*	halt[e]!	hielt[e]st	hängst	häng[e]!	hingst
er	*hält*		hielt	hängt		hing
wir	halten		hielten	hängen		hingen
ihr	haltet	haltet!	hieltet	hängt	hängt!	hingt
sie	halten		hielten	hängen		hingen
	過分 **gehalten**	接Ⅱ	hielte	過分 **gehangen**	接Ⅱ	hinge
	57 hauen 殴る			**58 heben** 持ち上げる		
ich	haue		**haute**	hebe		**hob**
du	haust	hau[e]!	hautest	hebst	heb[e]!	hobst
er	haut		haute	hebt		hob
wir	hauen		hauten	heben		hoben
ihr	haut	haut!	hautet	hebt	hebt!	hobt
sie	hauen		hauten	heben		hoben
	過分 **gehauen**	接Ⅱ	haute	過分 **gehoben**	接Ⅱ	(würde)
	59 heißen …という名前である			**60 helfen** 手助けをする		
ich	heiße		**hieß**	helfe		**half**
du	heißt	heiß[e]!	hießest	*hilfst*	*hilf*!	halfst
er	heißt		hieß	*hilft*		half
wir	heißen		hießen	helfen		halfen
ihr	heißt	heißt!	hießt	helft	helft!	halft
sie	heißen		hießen	helfen		halfen
	過分 **geheißen**	接Ⅱ	hieße	過分 **geholfen**	接Ⅱ	hülfe
	61 kennen 面識がある			**62 klingen** 鳴る		
ich	kenne		**kannte**	klinge		**klang**
du	kennst	kenn[e]!	kanntest	klingst	kling[e]!	klangst
er	kennt		kannte	klingt		klang
wir	kennen		kannten	klingen		klangen
ihr	kennt	kennt!	kanntet	klingt	klingt!	klangt
sie	kennen		kannten	klingen		klangen
	過分 **gekannt**	接Ⅱ	(würde)	過分 **geklungen**	接Ⅱ	klänge
	63 kneifen つねる			**64 kommen** 来る		
ich	kneife		**kniff**	komme		**kam**
du	kneifst	kneif[e]!	kniffst	kommst	komm[e]!	kamst
er	kneift		kniff	kommt		kam
wir	kneifen		kniffen	kommen		kamen
ihr	kneift	kneift!	knifft	kommt	kommt!	kamt
sie	kneifen		kniffen	kommen		kamen
	過分 **gekniffen**	接Ⅱ	kniffe	過分 **gekommen**	接Ⅱ	käme
	65 können …することができる			**66 kriechen** はう		
ich	*kann*		**konnte**	krieche		**kroch**
du	*kannst*		konntest	kriechst	kriech[e]!	krochst
er	*kann*		konnte	kriecht		kroch
wir	können		konnten	kriechen		krochen
ihr	könnt		konntet	kriecht	kriecht!	krocht
sie	können		konnten	kriechen		krochen
	過分 **können***	接Ⅱ	könnte	過分 **gekrochen**	接Ⅱ	(würde)
	67 laden 積む			**68 lassen** …させる		
ich	lade		**lud**	lasse		**ließ**
du	*lädst*	lad[e]!	lud[e]st	*lässt*	lass!	ließest
er	*lädt*		lud	*lässt*		ließ
wir	laden		luden	lassen		ließen
ihr	ladet	ladet!	ludet	lasst	lasst!	ließt
sie	laden		luden	lassen		ließen
	過分 **geladen**	接Ⅱ	(würde)	過分 **lassen***	接Ⅱ	ließe

不規則動詞変化表

	現在形	命令形	過去形	現在形	命令形	過去形
	69 laufen 走る			**70 leiden** 苦しむ		
ich	laufe		**lief**	leide		**litt**
du	*läufst*	lauf[e]!	liefst	leidest	leid[e]!	litt[e]st
er	*läuft*		lief	leidet		litt
wir	laufen		liefen	leiden		litten
ihr	lauft	lauft!	lieft	leidet	leidet!	littet
sie	laufen		liefen	leiden		litten
	過分 **gelaufen** 接II liefe			過分 **gelitten** 接II litte		
	71 leihen 貸す			**72 lesen** 読む		
ich	leihe		**lieh**	lese		**las**
du	leihst	leih[e]!	liehst	*liest*	lies!	lasest
er	leiht		lieh	*liest*		las
wir	leihen		liehen	lesen		lasen
ihr	leiht	leiht!	lieht	lest	lest!	last
sie	leihen		liehen	lesen		lasen
	過分 **geliehen** 接II liehe			過分 **gelesen** 接II läse		
	73 liegen 横になっている			**74 lügen** うそをつく		
ich	liege		**lag**	lüge		**log**
du	liegst	lieg[e]!	lagst	lügst	lüg[e]!	logst
er	liegt		lag	lügt		log
wir	liegen		lagen	lügen		logen
ihr	liegt	liegt!	lagt	lügt	lügt!	logt
sie	liegen		lagen	lügen		logen
	過分 **gelegen** 接II läge			過分 **gelogen** 接II (würde)		
	75 mahlen (穀物などを)ひく			**76 meiden** 接触を避ける		
ich	mahle		**mahlte**	meide		**mied**
du	mahlst	mahl[e]!	mahltest	meidest	meid[e]!	mied[e]st
er	mahlt		mahlte	meidet		mied
wir	mahlen		mahlten	meiden		mieden
ihr	mahlt	mahlt!	mahltet	meidet	meidet!	miedet
sie	mahlen		mahlten	meiden		mieden
	過分 **gemahlen** 接II (würde)			過分 **gemieden** 接II miede		
	77 melken 乳をしぼる			**78 messen** はかる		
ich	melke		**melkte***	messe		**maß**
du	melkst	melk[e]!	melktest	*misst*	miss!	maßest
er	melkt		melkte	*misst*		maß
wir	melken		melkten	messen		maßen
ihr	melkt	melkt!	melktet	messt	messt!	maßt
sie	melken		melkten	messen		maßen
	過分 **gemolken**** 接II melkte			過分 **gemessen** 接II (würde)		
	79 misslingen 失敗する			**80 mögen** 好きだ		
ich				mag		**mochte**
du				magst		mochtest
er	misslingt		**misslang**	mag		mochte
wir				mögen		mochten
ihr				mögt		mochtet
sie	misslingen		misslangen	mögen		mochten
	過分 **misslungen** 接II misslänge			過分 **gemocht*** 接II möchte		
	81 müssen …しなければならない			**82 nehmen** 取る		
ich	*muss*		**musste**	nehme		**nahm**
du	*musst*		musstest	*nimmst*	nimm!	nahmst
er	*muss*		musste	*nimmt*		nahm
wir	müssen		mussten	nehmen		nahmen
ihr	müsst		musstet	nehmt	nehmt!	nahmt
sie	müssen		mussten	nehmen		nahmen
	過分 **müssen*** 接II müsste			過分 **genommen** 接II nähme		

不規則動詞変化表

	現在形	命令形	過去形	現在形	命令形	過去形
	83 nennen 名づける			**84 pfeifen** 口笛を吹く		
ich	nenne		**nannte**	pfeife		**pfiff**
du	nennst	nenn[e]!	nanntest	pfeifst	pfeif[e]!	pfiffst
er	nennt		nannte	pfeift		pfiff
wir	nennen		nannten	pfeifen		pfiffen
ihr	nennt	nennt!	nanntet	pfeift	pfeift!	pfifft
sie	nennen		nannten	pfeifen		pfiffen
	過分 **genannt** 接II (würde)			過分 **gepfiffen** 接II pfiffe		
	85 preisen 賞賛する			**86 quellen** わき出る		
ich	preise		**pries**			
du	preist	preis[e]!	priesest			
er	preist		pries	*quillt*		**quoll**
wir	preisen		priesen			
ihr	preist	preist!	priest			
sie	preisen		priesen	quellen		quollen
	過分 **gepriesen** 接II priese			過分 **gequollen** 接II (würde)		
	87 raten 勧める			**88 reiben** こする		
ich	rate		**riet**	reibe		**rieb**
du	*rätst*	rat[e]!	riet[e]st	reibst	reib[e]!	riebst
er	*rät*		riet	reibt		rieb
wir	raten		rieten	reiben		rieben
ihr	ratet	ratet!	rietet	reibt	reibt!	riebt
sie	raten		rieten	reiben		rieben
	過分 **geraten** 接II riete			過分 **gerieben** 接II riebe		
	89 reißen ぷっつり切れる〈裂ける〉			**90 reiten** （馬などに）乗る		
ich	reiße		**riss**	reite		**ritt**
du	reißt	reiß[e]!	rissest	reitest	reit[e]!	ritt[e]st
er	reißt		riss	reitet		ritt
wir	reißen		rissen	reiten		ritten
ihr	reißt	reißt!	risst	reitet	reitet!	rittet
sie	reißen		rissen	reiten		ritten
	過分 **gerissen** 接II risse			過分 **geritten** 接II ritte		
	91 rennen （速く）走る			**92 riechen** においがする		
ich	renne		**rannte**	rieche		**roch**
du	rennst	renn[e]!	ranntest	riechst	riech[e]!	rochst
er	rennt		rannte	riecht		roch
wir	rennen		rannten	riechen		rochen
ihr	rennt	rennt!	ranntet	riecht	riecht!	rocht
sie	rennen		rannten	riechen		rochen
	過分 **gerannt** 接II (würde)			過分 **gerochen** 接II (würde)		
	93 ringen 取っ組み合う			**94 rinnen** 少しずつゆっくりと流れる		
ich	ringe		**rang**			
du	ringst	ring[e]!	rangst			
er	ringt		rang	rinnt		**rann**
wir	ringen		rangen			
ihr	ringt	ringt!	rangt			
sie	ringen		rangen	rinnen		rannen
	過分 **gerungen** 接II (würde)			過分 **geronnen** 接II (würde)		
	95 rufen 呼ぶ			**96 saufen** （動物が）飲む		
ich	rufe		**rief**	saufe		**soff**
du	rufst	ruf[e]!	riefst	*säufst*	sauf[e]!	soffst
er	ruft		rief	*säuft*		soff
wir	rufen		riefen	saufen		soffen
ihr	ruft	ruft!	rieft	sauft	sauft!	sofft
sie	rufen		riefen	saufen		soffen
	過分 **gerufen** 接II riefe			過分 **gesoffen** 接II (würde)		

付録

不規則動詞変化表

1022

	現在形	命令形	過去形	現在形	命令形	過去形
	97 saugen 吸う			**98 schaffen** 創造する		
ich	sauge		**sog***	schaffe		**schuf**
du	saugst	saug[e]!	sogst	schaffst	schaff[e]!	schufst
er	saugt		sog	schafft		schuf
wir	saugen		sogen	schaffen		schufen
ihr	saugt	saugt!	sogt	schafft	schafft!	schuft
sie	saugen		sogen	schaffen		schufen
	過分 **gesogen****	接II (würde)		過分 **geschaffen**	接II (würde)	
	99 scheiden 離婚させる			**100 scheinen** 輝く		
ich	scheide		**schied**	scheine		**schien**
du	scheidest	scheid[e]!	schied[e]st	scheinst	schein[e]!	schienst
er	scheidet		schied	scheint		schien
wir	scheiden		schieden	scheinen		schienen
ihr	scheidet	scheidet!	schiedet	scheint	scheint!	schient
sie	scheiden		schieden	scheinen		schienen
	過分 **geschieden**	接II schiede		過分 **geschienen**	接II schiene	
	101 scheißen くそをする			**102 schelten** しかる		
ich	scheiße		**schiss**	schelte		**schalt**
du	scheißt	scheiß[e]!	schissest	*schiltst*	*schilt!*	schalt[e]st
er	scheißt		schiss	*schilt*		schalt
wir	scheißen		schissen	schelten		schalten
ihr	scheißt	scheißt!	schisst	scheltet	scheltet!	schaltet
sie	scheißen		schissen	schelten		schalten
	過分 **geschissen**	接II schisse		過分 **gescholten**	接II (würde)	
	103 schieben 押して動かす			**104 schießen** 撃つ		
ich	schiebe		**schob**	schieße		**schoss**
du	schiebst	schieb[e]!	schobst	schießt	schieß[e]!	schossest
er	schiebt		schob	schießt		schoss
wir	schieben		schoben	schießen		schossen
ihr	schiebt	schiebt!	schobt	schießt	schießt!	schosst
sie	schieben		schoben	schießen		schossen
	過分 **geschoben**	接II (würde)		過分 **geschossen**	接II (würde)	
	105 schlafen 眠る			**106 schlagen** 殴る		
ich	schlafe		**schlief**	schlage		**schlug**
du	*schläfst*	schlaf[e]!	schliefst	*schlägst*	schlag[e]!	schlugst
er	*schläft*		schlief	*schlägt*		schlug
wir	schlafen		schliefen	schlagen		schlugen
ihr	schlaft	schlaft!	schlieft	schlagt	schlagt!	schlugt
sie	schlafen		schliefen	schlagen		schlugen
	過分 **geschlafen**	接II schliefe		過分 **geschlagen**	接II schlüge	
	107 schleichen そっと歩く			**108 schleifen** とぐ		
ich	schleiche		**schlich**	schleife		**schliff**
du	schleichst	schleich[e]!	schlichst	schleifst	schleif[e]!	schliffst
er	schleicht		schlich	schleift		schliff
wir	schleichen		schlichen	schleifen		schliffen
ihr	schleicht	schleicht!	schlicht	schleift	schleift!	schlifft
sie	schleichen		schlichen	schleifen		schliffen
	過分 **geschlichen**	接II schliche		過分 **geschliffen**	接II schliffe	
	109 schließen 閉める			**110 schlingen** 巻きつける		
ich	schließe		**schloss**	schlinge		**schlang**
du	schließt	schließ[e]!	schlossest	schlingst	schling[e]!	schlangst
er	schließt		schloss	schlingt		schlang
wir	schließen		schlossen	schlingen		schlangen
ihr	schließt	schließt!	schlosst	schlingt	schlingt!	schlangt
sie	schließen		schlossen	schlingen		schlangen
	過分 **geschlossen**	接II schlösse		過分 **geschlungen**	接II (würde)	

	現在形	命令形	過去形	現在形	命令形	過去形
	111 schmeißen 投げる		**schmiss**	**112 schmelzen** 溶ける		**schmolz**
ich	schmeiße		schmiss	schmelze		schmolz
du	schmeißt	schmeiß[e]!	schmissest	*schmilzt*	*schmilz!*	schmolzest
er	schmeißt		schmiss	*schmilzt*		schmolz
wir	schmeißen		schmissen	schmelzen		schmolzen
ihr	schmeißt	schmeißt!	schmisst	schmelzt	schmelzt!	schmolzt
sie	schmeißen		schmissen	schmelzen		schmolzen
	過分 **geschmissen** 接II		schmisse	過分 **geschmolzen** 接II		(würde)
	113 schneiden 切る		**schnitt**	**114 schreiben** 書く		**schrieb**
ich	schneide		schnitt	schreibe		schrieb
du	schneidest	schneid[e]!	schnitt[e]st	schreibst	schreib[e]!	schriebst
er	schneidet		schnitt	schreibt		schrieb
wir	schneiden		schnitten	schreiben		schrieben
ihr	schneidet	schneidet!	schnittet	schreibt	schreibt!	schriebt
sie	schneiden		schnitten	schreiben		schrieben
	過分 **geschnitten** 接II		schnitte	過分 **geschrieben** 接II		schriebe
	115 schreien 叫ぶ		**schrie**	**116 schreiten** 悠然と歩く		**schritt**
ich	schreie		schrie	schreite		schritt
du	schreist	schrei[e]!	schriest	schreitest	schreit[e]!	schritt[e]st
er	schreit		schrie	schreitet		schritt
wir	schreien		schrien	schreiten		schritten
ihr	schreit	schreit!	schriet	schreitet	schreitet!	schrittet
sie	schreien		schrien	schreiten		schritten
	過分 **geschrien** 接II		(würde)	過分 **geschritten** 接II		schritte
	117 schweigen 黙る		**schwieg**	**118 schwellen** 腫れる		**schwoll**
ich	schweige		schwieg	schwelle		schwoll
du	schweigst	schweig[e]!	schwiegst	*schwillst*	*schwill!*	schwollst
er	schweigt		schwieg	*schwillt*		schwoll
wir	schweigen		schwiegen	schwellen		schwollen
ihr	schweigt	schweigt!	schwiegt	schwellt	schwellt!	schwollt
sie	schweigen		schwiegen	schwellen		schwollen
	過分 **geschwiegen** 接II		schwiege	過分 **geschwollen** 接II		(würde)
	119 schwimmen 泳ぐ		**schwamm**	**120 schwinden** 減る		**schwand**
ich	schwimme		schwamm	schwinde		schwand
du	schwimmst	schwimm[e]!	schwammst	schwindest	schwind[e]!	schwand[e]st
er	schwimmt		schwamm	schwindet		schwand
wir	schwimmen		schwammen	schwinden		schwanden
ihr	schwimmt	schwimmt!	schwammt	schwindet	schwindet!	schwandet
sie	schwimmen		schwammen	schwinden		schwanden
	過分 **geschwommen** 接II		(würde)	過分 **geschwunden** 接II		(würde)
	121 schwingen 振る		**schwang**	**122 schwören** 誓う		**schwor**
ich	schwinge		schwang	schwöre		schwor
du	schwingst	schwing[e]!	schwangst	schwörst	schwör[e]!	schworst
er	schwingt		schwang	schwört		schwor
wir	schwingen		schwangen	schwören		schworen
ihr	schwingt	schwingt!	schwangt	schwört	schwört!	schwort
sie	schwingen		schwangen	schwören		schworen
	過分 **geschwungen** 接II		(würde)	過分 **geschworen** 接II		(würde)
	123 sehen 見る		**sah**	**124 sein** …である		**war**
ich	sehe		sah	*bin*		war
du	*siehst*	*sieh[e]!*	sahst	*bist*	sei!	warst
er	*sieht*		sah	*ist*		war
wir	sehen		sahen	*sind*		waren
ihr	seht	seht!	saht	*seid*	seid!	wart
sie	sehen		sahen	*sind*		waren
	過分 **gesehen** 接II		sähe	過分 **gewesen** 接II		wäre

不規則動詞変化表

	現在形	命令形	過去形	現在形	命令形	過去形
	125 senden 送る			**126 singen** 歌う		
ich	sende		**sandte**	singe		**sang**
du	sendest	send[e]!	sandtest	singst	sing[e]!	sangst
er	sendet		sandte	singt		sang
wir	senden		sandten	singen		sangen
ihr	sendet	sendet!	sandtet	singt	singt!	sangt
sie	senden		sandten	singen		sangen
	過分 **gesandt***		接Ⅱ sendete	過分 **gesungen**		接Ⅱ (würde)
	127 sinken 沈む			**128 sitzen** 座っている		
ich	sinke		**sank**	sitze		**saß**
du	sinkst	sink[e]!	sankst	sitzt	sitz[e]!	saßest
er	sinkt		sank	sitzt		saß
wir	sinken		sanken	sitzen		saßen
ihr	sinkt	sinkt!	sankt	sitzt	sitzt!	saßt
sie	sinken		sanken	sitzen		saßen
	過分 **gesunken**		接Ⅱ (würde)	過分 **gesessen**		接Ⅱ säße
	129 sollen …すべきだ			**130 spalten** 割る		
ich	soll		**sollte**	spalte		**spaltete**
du	sollst		solltest	spaltest	spalt[e]!	spaltetest
er	soll		sollte	spaltet		spaltete
wir	sollen		sollten	spalten		spalteten
ihr	sollt		solltet	spaltet	spaltet!	spaltetet
sie	sollen		sollten	spalten		spalteten
	過分 **sollen***		接Ⅱ sollte	過分 **gespalten***		接Ⅱ spaltete
	131 speien 嘔吐する			**132 spinnen** 糸を紡ぐ		
ich	speie		**spie**	spinne		**spann**
du	speist	spei[e]!	spiest	spinnst	spinn[e]!	spannst
er	speit		spie	spinnt		spann
wir	speien		spie[e]n	spinnen		spannen
ihr	speit	speit!	spiet	spinnt	spinnt!	spannt
sie	speien		spie[e]n	spinnen		spannen
	過分 **gespien**		接Ⅱ (würde)	過分 **gesponnen**		接Ⅱ (würde)
	133 sprechen 話す			**134 sprießen** 芽を吹く		
ich	spreche		**sprach**	sprieße		**spross**
du	*sprichst*	*sprich*!	sprachst	sprießt	sprieß[e]!	sprossest
er	*spricht*		sprach	sprießt		spross
wir	sprechen		sprachen	sprießen		sprossen
ihr	sprecht	sprecht!	spracht	sprießt	sprießt!	sprosst
sie	sprechen		sprachen	sprießen		sprossen
	過分 **gesprochen**		接Ⅱ spräche	過分 **gesprossen**		接Ⅱ (würde)
	135 springen 跳ぶ			**136 stechen** 刺す		
ich	springe		**sprang**	steche		**stach**
du	springst	spring[e]!	sprangst	*stichst*	*stich*!	stachst
er	springt		sprang	*sticht*		stach
wir	springen		sprangen	stechen		stachen
ihr	springt	springt!	sprangt	stecht	stecht!	stacht
sie	springen		sprangen	stechen		stachen
	過分 **gesprungen**		接Ⅱ (würde)	過分 **gestochen**		接Ⅱ (würde)
	137 stehen 立っている			**138 stehlen** 盗む		
ich	stehe		**stand**	stehle		**stahl**
du	stehst	steh[e]!	stand[e]st	*stiehlst*	*stiehl*!	stahlst
er	steht		stand	*stiehlt*		stahl
wir	stehen		standen	stehlen		stahlen
ihr	steht	steht!	standet	stehlt	stehlt!	stahlt
sie	stehen		standen	stehlen		stahlen
	過分 **gestanden**		接Ⅱ stünde*	過分 **gestohlen**		接Ⅱ (würde)

不規則動詞変化表

	現在形	命令形	過去形	現在形	命令形	過去形
139 steigen のぼる				**140 sterben** 死ぬ		
ich	steige		**stieg**	sterbe		**starb**
du	steigst	steig[e]!	stiegst	*stirbst*	stirb!	starbst
er	steigt		stieg	*stirbt*		starb
wir	steigen		stiegen	sterben		starben
ihr	steigt	steigt!	stiegt	sterbt	sterbt!	starbt
sie	steigen		stiegen	sterben		starben
	過分 **gestiegen**	接Ⅱ	stiege	過分 **gestorben**	接Ⅱ	stürbe
141 stieben 飛び散る				**142 stinken** 悪臭を放つ		
ich	stiebe		**stob***	stinke		**stank**
du	stiebst	stieb[e]!	stobst	stinkst	stink[e]!	stankst
er	stiebt		stob	stinkt		stank
wir	stieben		stoben	stinken		stanken
ihr	stiebt	stiebt!	stobt	stinkt	stinkt!	stankt
sie	stieben		stoben	stinken		stanken
	過分 **gestoben****	接Ⅱ	(würde)	過分 **gestunken**	接Ⅱ	stänke
143 stoßen 突く				**144 streichen** 塗る		
ich	stoße		**stieß**	streiche		**strich**
du	*stößt*	stoß[e]!	stießest	streichst	streich[e]!	strichst
er	*stößt*		stieß	streicht		strich
wir	stoßen		stießen	streichen		strichen
ihr	stoßt	stoßt!	stießt	streicht	streicht!	stricht
sie	stoßen		stießen	streichen		strichen
	過分 **gestoßen**	接Ⅱ	stieße	過分 **gestrichen**	接Ⅱ	striche
145 streiten 争う				**146 tragen** 運ぶ		
ich	streite		**stritt**	trage		**trug**
du	streitest	streit[e]!	stritt[e]st	*trägst*	trag[e]!	trugst
er	streitet		stritt	*trägt*		trug
wir	streiten		stritten	tragen		trugen
ihr	streitet	streitet!	strittet	tragt	tragt!	trugt
sie	streiten		stritten	tragen		trugen
	過分 **gestritten**	接Ⅱ	stritte	過分 **getragen**	接Ⅱ	trüge
147 treffen 会う				**148 treiben** 追い立てる		
ich	treffe		**traf**	treibe		**trieb**
du	*triffst*	triff!	trafst	treibst	treib[e]!	triebst
er	*trifft*		traf	treibt		trieb
wir	treffen		trafen	treiben		trieben
ihr	trefft	trefft!	traft	treibt	treibt!	triebt
sie	treffen		trafen	treiben		trieben
	過分 **getroffen**	接Ⅱ	träfe	過分 **getrieben**	接Ⅱ	triebe
149 treten ける				**150 trinken** 飲む		
ich	trete		**trat**	trinke		**trank**
du	*trittst*	tritt!	trat[e]st	trinkst	trink[e]!	trankst
er	*tritt*		trat	trinkt		trank
wir	treten		traten	trinken		tranken
ihr	tretet	tretet!	tratet	trinkt	trinkt!	trankt
sie	treten		traten	trinken		tranken
	過分 **getreten**	接Ⅱ	träte	過分 **getrunken**	接Ⅱ	tränke
151 tun する				**152 verderben** (食料品が)傷む		
ich	tue		**tat**	verderbe		**verdarb**
du	tust	tu[e]!	tat[e]st	*verdirbst*	verdirb!	verdarbst
er	tut		tat	*verdirbt*		verdarb
wir	tun		taten	verderben		verdarben
ihr	tut	tut!	tatet	verderbt	verderbt!	verdarbt
sie	tun		taten	verderben		verdarben
	過分 **getan**	接Ⅱ	täte	過分 **verdorben**	接Ⅱ	verdürbe

不規則動詞変化表

	現在形	命令形	過去形	現在形	命令形	過去形
	153 vergessen 忘れる			**154 verlieren** なくす		
ich	vergesse		**vergaß**	verliere		**verlor**
du	*vergisst*	*vergiss!*	vergaßest	verlierst	verlier[e]!	verlorst
er	*vergisst*		vergaß	verliert		verlor
wir	vergessen		vergaßen	verlieren		verloren
ihr	vergesst	vergesst!	vergaßt	verliert	verliert!	verlort
sie	vergessen		vergaßen	verlieren		verloren
	過分 **vergessen** 接II vergäße			過分 **verloren** 接II (würde)		
	155 wachsen 育つ			**156 waschen** 洗う		
ich	wachse		**wuchs**	wasche		**wusch**
du	*wächst*	wachs[e]!	wuchsest	*wäschst*	wasch[e]!	wusch[e]st
er	*wächst*		wuchs	*wäscht*		wusch
wir	wachsen		wuchsen	waschen		wuschen
ihr	wachst	wachst!	wuchst	wascht	wascht!	wuscht
sie	wachsen		wuchsen	waschen		wuschen
	過分 **gewachsen** 接II wüchse			過分 **gewaschen** 接II (würde)		
	157 weichen 屈して退く			**158 weisen** 指し示す		
ich	weiche		**wich**	weise		**wies**
du	weichst	weich[e]!	wichst	weist	weis[e]!	wiesest
er	weicht		wich	weist		wies
wir	weichen		wichen	weisen		wiesen
ihr	weicht	weicht!	wicht	weist	weist!	wiest
sie	weichen		wichen	weisen		wiesen
	過分 **gewichen** 接II wiche			過分 **gewiesen** 接II wiese		
	159 wenden 向ける			**160 werben** 宣伝をする		
ich	wende		**wendete***	werbe		**warb**
du	wendest	wend[e]!	wendetest	*wirbst*	*wirb!*	warbst
er	wendet		wendete	*wirbt*		warb
wir	wenden		wendeten	werben		warben
ihr	wendet	wendet!	wendetet	werbt	werbt!	warbt
sie	wenden		wendeten	werben		warben
	過分 **gewendet**** 接II wendete			過分 **geworben** 接II (würde)		
	161 werden …になる			**162 werfen** 投げる		
ich	werde		**wurde**	werfe		**warf**
du	*wirst*	werd[e]!	wurdest	*wirfst*	*wirf!*	warfst
er	*wird*		wurde	*wirft*		warf
wir	werden		wurden	werfen		warfen
ihr	werdet	werdet!	wurdet	werft	werft!	warft
sie	werden		wurden	werfen		warfen
	過分 **geworden*** 接II würde			過分 **geworfen** 接II würfe		
	163 wiegen 量る			**164 winden** 体をくねらせる		
ich	wiege		**wog**	winde		**wand**
du	wiegst	wieg[e]!	wogst	windest	wind[e]!	wand[e]st
er	wiegt		wog	windet		wand
wir	wiegen		wogen	winden		wanden
ihr	wiegt	wiegt!	wogt	windet	windet!	wandet
sie	wiegen		wogen	winden		wanden
	過分 **gewogen** 接II wöge			過分 **gewunden** 接II (würde)		
	165 wissen 知っている			**166 wollen** …したい		
ich	*weiß*		**wusste**	*will*		**wollte**
du	*weißt*	wisse!	wusstest	*willst*	wolle!	wolltest
er	*weiß*		wusste	*will*		wollte
wir	wissen		wussten	wollen		wollten
ihr	wisst	wisst!	wusstet	wollt	wollt!	wolltet
sie	wissen		wussten	wollen		wollten
	過分 **gewusst** 接II wüsste			過分 **wollen*** 接II wollte		

不規則動詞変化表

	現在形	命令形	過去形	現在形	命令形	過去形
	167 ziehen 引く			**168 zwingen** 強いる		
ich	ziehe		**zog**	zwinge		**zwang**
du	ziehst	zieh[e]!	zogst	zwingst	zwing[e]!	zwangst
er	zieht		zog	zwingt		zwang
wir	ziehen		zogen	zwingen		zwangen
ihr	zieht	zieht!	zogt	zwingt	zwingt!	zwangt
sie	ziehen		zogen	zwingen		zwangen
	過分 **gezogen**	接II	zöge	過分 **gezwungen**	接II	zwänge

- **1** * 別形 backst ** 別形 backt
- **20** * 別形 gedurft
- **37** * 別形 gärte ** 別形 gärten *** 別形 gegärt
- **43** * 別形 gölte
- **51** * 別形 glimmte ** 別形 glimmten *** 別形 geglimmt
- **65** * 別形 gekonnt
- **68** * 「やめる」の意味では gelassen
- **77** * 別形 molk ** 別形 gemelkt
- **80** * 不定詞を伴う助動詞の場合 mögen
- **81** * 別形 gemusst
- **97** * 別形 saugte ** 別形 gesaugt
- **125** * 別形 gesendet
- **129** * 別形 gesollt
- **130** * 別形 gespaltet
- **137** * 別形 stände
- **141** * 別形 stiebte ** gestiebt
- **159** * 別形 wandte ** gewandt
- **161** * 助動詞の場合 worden
- **166** * 別形 gewollt

主な参考文献

ABC der deutschen Nebensätze 1993
ABC der schwachen Verben 1968
ABC der starken Verben 1962
Bertelsmann Die neue deutsche Rechtschreibung 1996
Brockhaus-Wahrig Deutsches Wörterbuch. 6Bde. 1980-84
Duden Rechtschreibung der deutschen Sprache Duden Bd.1 1996
Duden Stilwörterbuch Duden Bd.2 1988
Duden Fremdwörterbuch Duden Bd.5 1982
Duden Aussprachewörterbuch Duden Bd.6 1990
Duden Bedeutungswörterbuch Duden Bd.10 1985
Duden Redewendungen und sprichwörtliche Redensarten Duden Bd.11 1992
Duden Das große Wörterbuch der deutschen Sprache. 6Bde. 1976-81
Duden Das große Wörterbuch der deutschen Sprache. 8Bde. 1993-95
Duden Deutsches Universalwörterbuch. 1996
Kempcke, G.: Handwörterbuch der deutschen Gegenwartssprache 2Bde. 1984
Klappenbach, R. Steinitz, W.: Wörterbuch der deutschen Gegenwartssprache 6Bd. 1968-77
Langenscheidts Großwörterbuch Deutsch als Fremdsprache 1993
Meyers großes Handlexikon 1984
Schülerduden Die richtige Wortwahl 1977
Schülerduden Bedeutungswörterbuch 1986
Ullstein Lexikon der deutschen Sprache 1969
Eisenberg, P.: Grundriß der deutschen Grammatik 1989
Engel, U.: Deutsche Grammatik 1988
Helbig, G./Buscha, J.: Deutsche Grammatik 1984

『アクセス独和辞典』三修社 1999
『アポロン独和辞典』同学社 1997
木村・相良『独和辞典』(新訂版)博友社 1979
『キャンパス独和辞典』郁文堂 1995
『クラウン独和辞典』(第2版) 三省堂 1997
『新現代独和辞典』三修社 1995
『新コンサイス独和辞典』三省堂 1998
『デイリーコンサイス独和辞典』三省堂 1982
『郁文堂 独和辞典』(第二版)郁文堂 1993
『独和大辞典』(第2版)小学館 1998
『独和中辞典』研究社 1996
『ハンディ マイスター独和辞典』大修館 1997
『プログレッシブ独和辞典』小学館 1994
『マイスター独和辞典』大修館 1992
『ドイツ語類語辞典』三修社 1986
『現代和独辞典』三修社 1980
『広辞苑』(第五版)岩波書店 1998
『デイリーコンサイス国語辞典』三省堂 1995
例解新国語辞典 三省堂 1997
『ドイツ政治経済法制辞典』郁文堂 1990

Excel
Deutsch-Japanisches
Wörterbuch

2004 年 4 月 1 日　第 1 版 発行

エクセル 独和辞典 [新装版]

2016 年 3 月 1 日　第 9 刷

編　者　在　間　　進

発 行 者　大 井 敏 行

発 行 所　株式会社 郁 文 堂

〒113-0033　東京都文京区本郷 5—30—21
電話 (03) 3814-5571　郵便振替 00130-1-14981

製版・印刷　　研 究 社 印 刷 株 式 会 社

落丁乱丁などの不良品はお取替えいたします
許可なく複製・転載することを禁じます

ISBN 978-4-261-07261-7

中部ヨーロッパ

1 : 6 300 000

0 — 100 — 200 km

SCHW

DÄNEMARK
Odense
Nord- friesische Inseln
Flensburg
Schleswig
Husum
Helgoland
Heide
Kiel
Fehmarn

Nordsee
Ostfriesische Inseln
Wilhelmshaven
Cuxhaven
Lübeck
Wismar
Stralsund
Greifs
Emden
Bremerhaven
Hamburg
Schwerin
Rostock

NIEDER- LANDE
Groningen
Oldenburg
Bremen
Lüneburg
LÜNEBURGER HEIDE
Neubrandent

MITTELEUROPÄISC

Haarlem
Amsterdam
Leiden
Den Haag
Enschede
Utrecht
Arnheim
Osnabrück
Celle
Hannover
Wolfsburg
Brandenburg
Berlin
Hameln
Braunschweig
Rotterdam
Bielefeld
Hildesheim
Salzgitter
Potsdam
Münster
TEUTOBURGER WALD
WESER- BERGLAND
Goslar
Magdeburg
Eindhoven
Ruhrgebiet
Gelsen- kirchen
Hamm
Paderborn
HARZ
Wittenberg
Dessau
Antwerpen
Essen
Dortmund
Kassel
Halle (Saale)
Gent
Duisburg
Bochum
Göttingen
Merseburg
Brüssel
Krefeld
Wuppertal
Eisenach
Weimar
Leipzig
BELGIEN
Düsseldorf
Solingen
Leverkusen
ROTHAAR-GEB.
DEUTSCHLAND
Gotha
Erfurt
Jena
Meißen
D
Lüttich
Aachen
Köln
Siegen
HESSISCHES BERGLAND
Gera
Chemnitz
Charleroi
Bonn
Marburg
Gießen
Fulda
THÜRINGER W.
Zwickau
RHEINISCHES SCHIEFERGEBIRGE
WESTERWALD
Suhl
ARDENNEN
EIFEL
Koblenz
TAUNUS
RHÖN
Hof
ERZGEBIRGE
Charleville Mézières
LUXEMBURG
Wiesbaden
Frankfurt
Offenbach
FRANKENW.
Eger
Pilsen
Reims
Trier
Mainz
Darmstadt
SPESSART
Bayreuth
Bamberg
FICHTEL- GEB.
HUNSRÜCK
Worms
ODEN- WALD
Würzburg
BÖHMER
Ludwigshafen
Mannheim
Erlangen
OBERPFÄLZER WALD
Kaiserslautern
Saarbrücken
PFÄLZER WALD
Heidelberg
Fürth
Nürnberg
BAYERISCHER WALD
Metz
Rothenburg
St-Dizier
Nancy
Karlsruhe
Heilbronn
FRÄNKISCHE ALB
Pforzheim
Stuttgart
Regensburg
FRANKREICH
Straßburg
Baden-Baden
Tübingen
Reutlingen
Ingolstadt
VOGESEN
OBERRHEINISCHE TIEFEBENE
SCHWARZWALD
SCHWÄBISCHE ALB
Ulm
Augsburg
Landshut
Passau
Langres
Donau
München
Dijon
Mülhausen
Freiburg
Rosenheim
Salzburg
Besançon
ALPENVORLAND
Isar
Inn
Basel
Konstanz
Friedrichshafen
Kempten
Füssen
Garmisch- Partenkirchen
Berchtesgade
Sankt Gallen
Bregenz
Aarau
Zürich
LIECHTENSTEIN
Innsbruck
ÖSTE
Luzern
Schwyz
Vaduz
HOHE TAUERN
Bern
Interlaken
Andermatt
SCHWEIZ
Lausanne
BERNER ALPEN
Bozen
Villach
Rhône
Genfer See
Udine
Genf
WALLISER ALPEN
A
Bellinzona
DOLOMITEN
ITALIEN
Lyon
Como